AERONAUTISCHER VERLAG

ALFRED OPPERMANN

Oppermann

Wörterbuch der modernen Technik

Band 2 Englisch - Deutsch
Volume 2 English - German

I – Z

Dictionary of Modern Technology

1. Auflage
1st Edition 1985/86

2. Auflage
2st Edition 1990

Alfred Oppermann - Aeronautischer Verlag
Postfach 15 - 8011 Baldham/München

ISBN 3-9801227-1-9

instrumental flight time Instrumentenflugzeit
instrumental straggling instrumentell bedingte Streuung
instrumentation Gerätepark, Instrumentarium, Instrumentierung, Meßgeräteausrüstung
instrumentation and control Messen u. Regeln
instrumentation boom Instrumentenausleger
instrumentation cable Signalkabel
instrumentation recorder Meßwert-Registriergerät
instrumentation tape Spezialmagnetband für Meßwert- u. Datenaufzeichnung
instrumented mit Instrumenten versehen
instrumented engines, more deeply umfassende Testinstrumentierung (Turbofan)
instrumented for night flying Nachtfluginstrumentierung
insufficientdepth of focus Tiefenunschärfe
insufficient focus Tiefenschärfe, Unschärfe
insufficient lube oil Schmierölmangel
insufficient modulation Untersteuerung
insufficient temperature Untertemperatur
insufflate, to einblasen
insulance Isolationswiderstand
insulate isolieren
insulate metal from radiant heat Metallschutz für Strahlungswärme
insulated base Isoliersockel
insulated gate Feldeffekttransistor (mit isolierter Steuelektrode), Isolierschicht
insulated handle isolierter Handhebel
insulated joint Isolierstoß
insulated pliers Isolierzange, isolierte Zange
insulated plug ring isolierter Stöpselring
insulated runner system Isolierkanalsystem (für angußloses Spritzen)(Spritzgußform)
insulated section isolierter Gleisabschnitt
insulated sleeving Isolierschlauch
insulated space Isolierraum
insulated vehicle Thermowagen
insulating bush(ing) Isolierbüchse, -muffe, Durchführungsisolator
insulating case Isolierbecher, -gehäuse
insulating casing Isoliermantel
insulating clamp Isolierklemme, Isolierlatte
insulating compound for electric cable Kabelmasse (pla), Isoliermasse
insulating conductor isolierter Leiter
insulating cover Isolierhülse, nichtleitende Umhüllung
insulating cup Isolierteller
insulating cylinder Isolierrolle
insulating disk Isolierscheibe
insulating dishplate Isolierlasche
insulating film Isolierschicht
insulating flange Isolierflansch
insulating intermediate layer Isolierende, Zwischenlage
insulating joint Isolierstoß, -verbindung
insulating layer Isolationsschicht, isolierende (Zwischen)schicht
insulating ledge Isolierleiste
insulating linen Isolierleinen
insulating map Isoliermatte
insulating mat Isoliermantel, -teppich
insulating material Isoliermaterial, -stoff
insulating material for refrigerator vane Isoliermaterial für Kühlwagen
insulating medium Isoliermittel
insulating oil Isolieröl
insulating paper Isolierschicht (Papier)
insulating pipe cutting plier Isolierrohrabschneider
insulating pipe pliers Abmantelungszange
insulating plate Isolierplatte
insulating plug Isolierstöpsel
insulating power Isoliervermögen, -volumen
insulating property Isolierfähigkeit, Isoliervermögen, -zwischenlage
insulating quality property Isolierfähigkeit
insulating sheath Isolierbecher, -hülse, Isolierschlauch
insulating side plate Laschenisoliereinlage
insulating sleeve Isolierrohr
insulating strength Isolationsfestigkeit
insulating tape Isolierstreifen
insulating-tape-reproducing machine Isolierbandherstellungsmaschine
insulating tubing Isolierrohr, -schlauch
insulating varnish Isolierlack
insulating washer Isolierscheibe
insulation Isolierschutz, Isolierung, Wärme- u. Kälteschutz
insulation against freezing Frostschutzisolierung
insulation against loss of heat Wärmeschutz, Wärmeisolierung
insulation bead Isolierperle
insulation blanket Isoliermantel
insulation clip Isolationshaken, Isolierbefestigung
insulation curve Dämmkurve
insulation fault Isolationsfehler
insulation for heat and cold Isolierung gegen Hitze u. Kälte
insulation from earth Isolation gegen Erde
insulation indicator Isolationsprüfer
insulation layer Isolierzwischenlage
insulation loss Isolationsverlust
insulation material Isolationsmaterial, Isoliermaterial, Isolierwerkstoff
insulation material for pressed product Isolierpreßmasse
insulation plate Isolierplatte (Düse)
insulation resistance Durchgangswiderstand, innerer Widerstand, Isolationswiderstand
insulation rib Isolierrippe
insulation sheat or covering Isolierhülle
insulation tester Isolationsmesser, -prüfer, Isolationsprüfung
insulation value Dämmzahl
insulator Isolierkörper, -stoff, Nichtleiter, Isolator
insulator bracket Isolierstütze
insulator cap Isolatorkappe
insulator column Isolatorsäule
insulator for communication circuits Schwachstromisolator
insulator groove Drahtlager an Isolator od. Doppelglocke
insulator, metallic metallischer Isolator (kurzgeschlossene Viererleitung, deren Eingangswiderstand theoretisch unendlich groß ist)
insulator, porcelain Prozellanisolator

insulator string Isolatorkette
insulator-type transformer Topfwandler
insulator washer Isolierscheibe
Insul/rite elastomeric material Insul/rite elastomerer Verbundstoff
Insul/rite nozzle Insul/rite-Schubdüse
insurance, accidents and damages Versicherung für Schäden u. Unfälle
insurance accounting Versicherungsbuchhaltung
insurance company Versicherungsgesellschaft
insurance coverage durch Versicherung gedeckte Summe (komm)
insurance, government eigenstaatliche Versicherung
insurance item Unfallreserveartikel
insurance on hull and equipment Kaskoversicherung
insurance policy Versicherungspolice (komm)
insurnace premium Versicherungsprämie (komm)
insurance-type item Unfallreserveartikel, Unfallreserveteil
insure versichern (Versicherungswesen)
insured policy holder Versicherungsnehmer
insurmountable unübersteigbar, unüberwindlich
insusceptible to aging alterungsunempfindlich
insusceptible to shock stoßunempfindlich
insusceptiblity Beständigkeit
intaglio Tiefrelief
intake Ansaug-, Einströmöffnung, Einführungsrohr, Einfüllstutzen
intake adapter Lufteintrittszwischenring
intake air Ansaugluft
intake air cleaner Ansaugluftfilter (Verbrennungsmotor)
intake air-flame heater Ansaugluftvorwärmer
intake air heater Ansaugluftheizung
intake air scope Luftansaughutze
intake air silencer Ansauggeräuschdämpfer
intake air temperature Anlauflufttemperatur
intake area Grundwassereinzugsgebiet
intake branch Saugstutzen (Pumpe u. Verdichter)
intake camshaft Einlaßnockenwelle
intake case front fairing Nasenkappe (Twk)
intake casing Verdichtereintrittsgehäuse
intake "capture" stream tube Auffangsstromröhre (aerodyn)
intake center body Eintrittsnebenkörper
intake chamber Ansaugkammer
intake cone Ansaugkegel
intake connection Ansauganschluß
intake cross-sectional area Querschnittsfläche des Lufteinlaufs (aerodyn)
intake de-icing Lufteinlaufenteisungsanlage
intake diffusory Fangdiffusor
intake distortion Einlaufstörung
intake duct Ansaugkanal, -leitung
intake edge Eintrittskante (Schaufel v. Dampfturbine)
intake elbow Ansaugkrümmer
intake end Eintrittsende (des Saugschlauchs einer Feuerlöschpumpe), Einlaßseite (eines Schraubenverdichters)
intake fan Vorsatzläufer (Lader), Zulüfter
intake filter Ansaugfilter (Verdichter)
intake fitting Ansaugstutzen
intake flare Eintrittstrichter
intake for cabin air intercooler Einlaß für Kabinenluftkühler
intake funnel Ansaugtrichter
intake grille Ansaugrost (Verbrennungsmotor)
intake guide unit Dralldrossel (Turboverdichter), Eintrittsleitapparat (Turboverdichter)
intake header Ansaugsammler
intake hub fairing Eintrittsnabenverkleidung
intake jack Eintrittsleitschaufelstellzylinder
intake lip Lufteintrittswulst
intake loss Einlaufverlust
intake manifold Ansaugkrümmer, -leitung, Ladeleitung, Standrohr, Verteilungsrohr
intake manifold boost or pressure Ladedruck
intake manifold connector tube Ansaugrohr
intake manifold gasket Stößelkammerabdeckung
intake manifold heater Ansaugluftvorwärmer
intake manifold heating element Heizelement im Ansaugkrümmer
intake manifold section Ansaugkrümmerteilstück
intake nozzle Ansaugstutzen (Turboverdichter)
intake or air induced by the rocket motor exhaust gases Luftinduktion durch Strahl des Raketenmotors
intake order Ineinnahmeverfügung
intake period Öffnungsdauer (Einlaßventil)
intake pipe Ansaugrohr (Motor)
intake port Einlaßkanal, -schlitz, Gemischeintrittsöffnung im Zylinder
intake pressure Ansaug-, Einlaßdruck
intake probe Drucksonde (Lufteintrittskanal)
intake ram Eintrittsleitschaufelzylinder
intake recovery Eintrittsdruckrückgewinn
intake recovery factor Eintrittsdruckrückgewinnfaktor
intake-roar silencer Ansauggeräuschdämpfer
intake rocker lever Einlaßventilkipphebel
intake screen Ansaugsieb (Lenzpumpe), Ölpumpensieb
intake side Ansaugseite des Motors
intake silencer Ansauggeräuschdämpfer, Ansaugschalldämpfer
intake spillage Überströmen des Lufteinlaufes (aerodynamisch)
intake stack Ansaugstutzen
intake stroke Ladehub
intake system Ansaugleitung
intake temperature Ansaugtemperatur (Verdichter u. Vakuumpumpe
intake throat area Einlauffläche
intake total pressure Eintrittsgesamtdruck
intake total temperature Eintrittsgesamttemperatur
intake vacuum pressure Ansaugunterdruck
intake well Einpreßbohrung
integer ganze Zahl, ganzzahlig, Ganzzahl
integer attribute Ganzzahl-Attribut
integer, binary ganze Dualzahl
integer multiple ganzzahlige Vielfache
integer number ganze Zahl, Ganzzahl
integer optimization ganzzahlige Optimierung, integrale Programmierung
integer part ganzzahliger Teil (ALGOL)
integer, positive positive ganze Zahl
integer programming ganzzahlige Programmierung, Ganzzahlplanungsrechnung

integer-slot winding Ganzlochwicklung
integer, unsigned vorzeichenlose ganze Zahl
integers ganze Zahl, Ganzzahl
integrable, to integrieren, einfügen, einordnen
integral angegossen, aus einem Stück bestehend, ganz(zahlig), integral, vollständig, zu einem Stück gehörend
integral action Integralwirkung
integral action controller integralwirkender Regler
integral action controller (automatic control) I-Regler, Integralregler
integral action factor Integrationsbeiwert
integral action time Nachgebezeit, -stellzeit
integral back-up system Überlagerungssystem
integral body (space) Integralkörper
integral boundary (computer) Wortgrenze
integral brake system abhängige Bremsanlage (Bordhydraulik)
integral calculus Integralrechnung
integral cam angefräster Nocken
integral colour correction mask Farbkorrekturmaske
integral construction (aero) Integralbauweise
integral control and interrogate aerial integrale Überwachungs- u. Abfrageantenne
integral control unit (automatic control) I-Regler, Integralregler
integral controller time Nachgebezeit
integral domain Integritätsbereich (math)
integral dose (nuclear) gesamt absorbierende Dosis
integral dose (volume dose) Raumdosis
integral, double doppeltes Integral, Doppelintegral
integral electric starter eingebauter elektrischer Anlasser
integral equation Integralgleichung
integral exhaust manifold angegossene Auspuffleitung
integral expression Integralausdruck
integral foam system Integralschaumsystem (pla)
integral fuel tank Kraftstoffintegraltank
integral function ganze Funktion, Ganzfunktion
integral horsepower motor Motor ab 1PS
integral in the time domain Integral nach der Zeit im Originalbereich
integral kilowatt motor Motor ab 1 Kilowatt Nennleitstung aufwärts
inegral lockwasher unverlierbares od. angebautes Unterlegteil
integral logarithm Integrallogarithmus
integral low volume booster motor integrales Boosterteil mit geringem Volumen (Rakete)
integral magnetic compass eingebauter Magnetkompaß
integral main tank in the wing Integraltank im Tragflügel
integral manual control eingebaute Handbetätigung (Magnetventil)
integral manufacturing system Integralbauweise
integral monitor Integralmonitor (Antenne)
integral motor Großmotor
integral moulded seat integral geformter Sitz, Schalensitz
integral multiple ganzes Vielfaches
integral nacelle Integralgondel
integral number ganze Zahl, ganzzahlig...
integral nut Gewindebohrung
integral of error compensation Kompensation durch Fehlerintegration
integral operator Integraloperator
integral part Bestandteil, angebautes, angeflanschtes, angegossenes, eingeschweißtes od. fest eingebautes Teil, ganzzahliger Teil, Kennziffer des Logarithmus (math)
integral part of the structure integraler Bestandteil der Zelle
integral plus rate ID-Regler
integral plus rate action control(automatic control) ID-Regler
integral polynominal ganzzahliges Polynom
integral power supply eingebautes Stromversorgungsteil
integral primary video extractor integraler Primärvideoextrakter
integral propellant charge integrierte Treibladung, zu einem Stück zusammengefügte Treibladung
integral quotient ganzzahliger Quotient
integral rational function ganze rationale Funktion
integral reactor Integralreaktor, Reaktor in integrierter Bauweise
integral rocket/ramjet vehicle Flugkörper mit integralem Rakten-/Staustrahlmotor
integral seriation Integralzerlegung
integral shuttle Wiederholbetrieb
integral sign Integralzeichen
integral sine Integralsinus
integral skin Integralbehäutung
integral slaving cricuit integrierte Nachlaufschaltung
integral spin ganzzahlige Ladung
integral step bordeigene Treppe
integral subdomain Teilbereich, Unterintensitätsbereich
inegral superheat boiling water reactor integrierter Siedewasser-Überhitzerreaktor
integral taken over a surface Oberflächenintegral
integral tank eingebauter Behälter, Integralbehälter
integral test piece Integralprobe(stück)
integral theorem Integralsatz
integral time Nachstellzeit
integral tracer eingepreßter Leuchtspurkörper od. -satz
integral transform integrale Transformation
integral transformation Integraltransformation
integral value Integralwert
integral variable damping progressive Dämpfung
integrally bladed mit Integralbeschaufelung
integrally cast angegossen (Flansch an Flügel großer Schiffspropeller usw)
integrally colored massegefärbt
integrally forged in einem Stück geschmiedet
integrally moulded angeformt (Spritzguß), angepspritzt, eingespritzt (Spritzgießen), eingeschäumt (pla)
integralness Ganzzahligkeit
integrand Integrand
integranular corrosion Korngrenzkorrosion
integraph Integraph (math)
integrate, to ergänzen, integrieren

integrate over a cycle, to integrieren über eine Periode
integrated action curve integrierte Ansprechkurve (Mine)
integrated air defense integrierte Luftverteidigung (Nato)
integral aircraft self-defence chaff and flare dispenser integriertes Täuschkörpersystem für Selbstschutz
integrated along circuit integrierte Analogschaltung
integrated circuit Festkörperschaltkreis, integriete (Mikro)schaltung, integrierter Schaltkreis
integrated circuit and reed relays for interjet silencer Schalldämpfungsanlage für Strahltriebwerk
integrated circuit artwork master Vorlage für IC-Herstellung
integrated circuit electronic digital counter Digitalzählerwerk mit integrierter Schaltung
integrated circuit logic integrierte Schaltlogik
integrated cockpit integrierte Cockpitkonstruktion (Avionik)
integrated communications networks komplettes integriertes Fernmeldesystem
integrated communication system integriertes Fernmeldesystem (Nato)
integrated complex for extracting integrierter Komplex für Extrahieren (math)
integrated control console integrierter Bedienerplatz
integrated crew fighting compartment Einraumbesatzungsstand
integrated data base integrierte Datenbasis
integrated data control network integriertes Datensteuerungsnetz
integrated data processing integrierte Datenverarbeitung (IDV)
integrated data processing center (IDPC) integriertes Datenverabreitungszentrum
integrated data processor integriertes Datenverarbeitungsgerät
integrated data system integriertes Datensystem
integrated design approach integriertes Konstruktionsprinzip (av)
integrated design or experimental team integriertes Entwurfs- u. Versuchteam
integrated digital circuit integrierte Digitalschaltung
integrated digital processing integrierte Digitaldatenverarbeitung
integrated display Mehrfachanzeige, integriertes Anzeigegerät od. Schirmbilddarstellung
integrated display system integriertes Anzeigensystem
integrated dose Integraldosis
integrated electronic control (IEC) integrierte elektronische Triebwerkregelung
integrated electronic control test IEC-Prüfgerät, integrierte elektronische Triebwerkregelanlage, Prüfgerät für inegrierte elektronische Triebwerkregelung
integrated electronics eingebaute od. integrierte Elektronik
integrated engine and exhaust system integriertes Triebwerk/Abgassystem
integrated film circuit integrierte Schichtschaltung
integrated flight and fire control IFFC
integrated flight display system integriertes Fluginstrumentensystem
integrated flight system Flugleitanlage, integriertes Flugführungssystem
integrated flowmeter eingebauter Volumenmesser (Flüssigkeit)
integrated flying control system ergänztes Flugüberwachungssystem
integrated GPS information in multi-sensor GPS-Zurüstkompensation (av)
integrated hybride integriertes hybrides Teil
integrated information system integriertes Informationssystem
integrated logic circuit integrierte logische Schaltung
integrated maintenance concept integrietes Wartungskonzept
integrated management and information system (IMIS)(computer) integriertes MIS-System
integrated map display that operates with the multifunction display integriertes Kartendarstellungssystem für Bildschirmgerät (av)
integrated mean runway friction value integrierter mittlerer Pistenwert
integrated micro-circuit integrierte Mikroschaltung
integrated multi-national fighter program integriertes multinationales Kampfflugzeugprogramm
integrated navigation data display integrierte Anzeigemöglichkeit (Avionik)
integrated navigation system (coupled with microflex attitude and heading reference system)(MAHRS) Fluglage- und Steuerkursbezugssystem, MAHRS-System
integrated neutron flux integrierter Neutronenfluß
integrated nozzle assembly integriertes Austrittsgehäuse (Turbine)(av)
integrated permanent, periodic magnet system integriertes permanent perdiodisches Magnetsystem
integrated presentation and control system IPACS
integrated satellite (IS) Beobachtungssatellit
integrated screen technology (electron) IS-Technik
integrated solid state circuit Festkörperschaltkreis
integrated stringer integrierter Stringer
integrated system Systemintegration (av)
integrated technical group (ITG) integrierte technische Gruppe für nicht gemeinsame Elemente (Avionik)(av)
integrated test station integrierte Prüfstation
integrated thermal micrometeoroid garment (ITMG) integrierter Wärme- u. Mikrometeoritenschutz (Raumanzug)
integrated thick film network integrierte Dickfilmschaltung
integrated transport system Verkehrsverbund
integrated VOR/glideslope receiver integrierter

VOR/Gleitweg-Empfänger
integrated warning system integriertes Warnsystem (Avionik)
integrating accelerometer I-Gerät
integrating amplifier integrierender od. summierender Verstärker
integrating analog input device Analogeingabe zur integrierten Messung, integrierende Analogeingabe
integrating channel Summenkanal
integrating circuit Integrierkeis, -schaltung, integrierter Schaltkreis, integrierte Schaltung (IC), integrierendes Netzwerk, Integrator, Integrierglied
integrating current meter Integralzähler, integrierender Zähler, Stromverbrauchszähler
integrating device Zählwerk
integrating divider integrierender Frequenzteiler
integrating factor integrierender Faktor
integrating frequency meter summierender Frequenzzähler od. Wechselstromzähler
integrating gear Integriergetriebe, mechanischer Integrierer
integrating gyro Integrationskreisel
integrating high technology integrierte Spitzentechnologie
integrated horizontal situation Horizontbildeinblendung
integrating instrument Integriergerät, integrierendes Meßinstrument
integrating ionization chamber integrierende Ionisationskammer
integrating mechanism Integriergetriebe
integrating, mechanism mechanischer Integrierer
integrating meter integrierender Zähler, integrierendes Meßgerät
integrating motor Meßmotor
integrating network Integrationsschaltung, Integrierer, integrierendes Netzwerk, integrierende Schaltung, Integrator, Integrierglied
integrating photometer integrierender Lichstrommesser, integrierendes Photometer
integrating plotter Integriergerät (zeichnend), Integraph
integrating the Doppler radar attitude and heading reference system and navigation computer integrieren des Dopplerradar mit Fluglage- u. Kursreferenzsystem sowie Navigationsrechner
integrating the FADEC with other aircraft control systems Integration der Triebwerkreglung mit anderen Regelsystemen
integrating wattmeter zählender Leistungsmesser
integration Einordnung, Ergänzung, Integration
integration amplifier Integrierverstärker
integration and testing of "radiating" avionic Integrationsprüfung mit der "strahlenden" Avionik
integration by parts partielle Integration
integration constant Integrationskonstante
integration/development problem Entwicklungs- und Integrationsproblem (av)
integration device Integrationsgerät
integration hall Integrationsraum, -halle
integration in the European air tourism industry Konzentrationstendenz in der europäischen Flugtouristik
integration information presentation and control system IIPACS
integration into a superior defensive system Integration in ein übergordnetes Defensivsystem (Überlagerungsempfänger)
integration measurement method integrierendes Meßverfahren
integration of new development and existing air traffic system Integration von Neuplanung mit vorhandenem Luftverkehrssystem
integration of the equipment Ausrüstungsintegration
integration of the nozzle Integration der Schubdüse, Schubdüsenintegration
inegration, rectangular Rechteckintegration
integration testbed Integrationsprüfstand
integration time Integrationszeit (Röhre)
integration, trapezoidal Trapezintegration
integration with aircraft system Anpassung des Triebwerks an die Zelle
integrator Integrator, Integrieranlage, Integrierschaltung, Integrierer, Integrationsschaltung, integrierendes Netzwerk, integrierende Schaltung, Integrierglied
integrator, ball and disk Kugelintegrierer
integrator cathode Integratorkathode (Minendruckempfänger)
integrator circuit Integratorkreis
integrator flight director integrierter Steuerbefehlsanzeiger
integrator, hard limited Integrierer mit harter Begrenzung
integrator, incremental inkrementaler Integrierer, Servointegrierer, Entscheidungsintegrator
integrator, inverse Inversschaltung, Umkehrintegrator
integrator, limited Integrierer mit harter Begrenzung
integrator, plotter's wheel Radintegrator
integrator, saturating inkrementaler Integrierer, Entscheidungsintegrator, Servointegrierer
integrator, servo inkrementaler Integrierer, Servointegrierer
integrator, shaft Integratorwelle
integrator shaft assembly Integratorwellenbaugruppe
integrator, soft limited Integrierer mit weicher Begrenzung
integrator, summing summierender Integrator, summierender Integrierverstärker
integrity system Systemintegrität
integrometer Integrometer (Planimeter zur Trägheitsmomentermittlung)
intellectual ability amplification Intelligenzverstärkung
intelligence Aufklärung, Auskunft, Einsicht, gegenseitiges Einvernehmen, Intelligenz, Mitteilung, Nachricht, Information, Signal
intelligence (information) Modulationsinhalt, Nachrichtengehalt
intelligence amplification Intelligenzverstärkung
intelligence analysis Nachrichtenauswertung

intelligence and reconnaissance (I & R) Aufklärung und Erkundung
intelligence-bearing element Informationsschritt
intelligence center Nachrichtenzentrale
intelligence deviation Nachrichtenübermittlungsabweichung
intelligence division Nachrichtenabteilung
intelligence officer Nachrichtenoffizier
intelligence quotient Intelligenzquotient
intelligence service Nachrichtendienst
intelligence signal Nachrichten-, Nutzsignal
intelligency concerning to enemy Nachrichten- über den Feind
intelligent programmierbar
intelligent aircraft "intelligentes", "programmierbares" Luftfahrzeug
intelligent automaton lernender Automat
"intelligent" keyboard "intelligente" Tastatur
intelligent terminal programmierbare(s) Datenstation od. Endgerät
intelligibility of phrases Satzverständlichkeit
intelligibility of speech Sprachdeutlichkeit
intelligibility of syllables Silbendeutlichkeit
intelligibility of word Wortverständlichkeit
intelligible verständlich klar
intelsat aerial Intelsat-Antenne
in-temperature Eintrittstemperatur
intended state Sollstand
intended track angestrebter Flugweg, beabsichtiger od. vorgesehener Kurs über Grund
intended trajectory plane vorgeschriebene Bahnebene
intended use vorgesehener Verwendungszweck
intense blue flame Stichflamme
intense, to angespannt, gespannt, heftig
intensification modulation Helligkeitsmodulation
intensification of fire Feuersteigerung
intensification of work Arbeitsintensivierung, Intensivierung der Arbeit od. Tätigkeit
intensifier Multiplikator
intensifier electrode Nachbeschleunigungselektrode
intensifier ring Nachbeschleunigungsring
intensify marker Hellmarke
intensify modulation Helligkeitssteuerung, Helltastung
intensifying bath Verstärkungsbad
intensifying screen Verstärkerfolie, -schirm
intensitometer Dosisleistungsmesser, Intensitometer
intensity Dosisleistung, Fluß, Grad, Intensität, Stärke, Stromstärke, Heftigkeit (chem), Helligkeit (Kathodenstrahlröhre)
intensity circuit Bildhelligkeitsschaltung
intensity control Helligkeitsregelung, Helligkeitssteuerung, Helligkeitsregler, Intensitätsregelung
intensity discrimination Kontrastempfindlichkeit, Kontrastempfindung
intensity measurement Stärkemessung
intensity modulated hellgesteuert, Intensitätsbeeinflussung, Intensitätssteuerung
intensity modulation Helligkeitsmodulation (Kathodenstrahlröhre), Intensitätsmodulation (Laufzeitröhre), Aufhellungssteuerung
intensity of draught Zugstärke des Ventilators
intensity of echo Echointensität, Echostärke
intensity of electron beam Kathodenstrahlintensität
intensity of exposure Belichtungsstärke
intensity of field Feldintensität, -stärke
intensity of heat Hitzegrad
intensity of ionization current Intensitätsstromstärke
intensity of light Helligkeit
intensity of magnetization Intensität der Magnetisierung, Magnetisierungsmenge, Magnetisierungsstärke
intensity of noise Geräuschstärke
intensity of picture-current Bildstromstärke
intensity of precipitation Niederschlagsstärke
intensity of received field Empfangsfeldstärke
intensity of stress Spannunngsgrad
intensity of ultraviolet radiation Intensität der Ultraviolettstrahlung
intensity pedestal Grundhelligkeit
intensity range of negative Negativumfang
intensity unknown (weather report only) (Wind-)Stärke unbekannt
intensity voltage Helligkeitsspannung
intentional jitter jammer unit (IJJU) Radargerät mit Entstöreinrichtung gegen beabsichtigte Störungen
intensive-care equipment Intensivpflegeausrüstung
inter-account transfer kostenmäßige Umbuchung
interact, to aufeinander einwirken, wechselweise wirken, wechselwirken
interact with, to aufeinander wirken
interacting particle Wechselwirkungsteilchen
interaction geggenseitige Beeinflußung, Wechselwirkung, wechselseitige Handhabung
interaction (between sockets of a multicoupler) Entkopplung (zwischen Buchsen eines Trennverstärkers)
interaction, absence of Rückwirkungsfreiheit
interaction between rotor and fuselage Wechselwirkung zwischen Rotor und Zelle (av)
interaction circuit phase velocity kalte Phasengeschwindigkeit
interaction cross section Reaktions-, Wechselquerschnitt
interaction debugging aid Testhilfe im Dialogverfahren
interaction effect Wechselwirkungseffekt
interaction factor Rückwirkungsdämpfungsmaß, Rückwirkungsfaktor, Wechselwirkungsfaktor
interaction force Wechselwirkungskraft
interaction gap Koppel-, Wechselwirkungsspalt
interaction impedance Kopplungswiderstand
interaction, real-time...graphic device Echtzeit-Grafikdialoggerät
interaction space Koppel-, Wechselwirkungsraum
interaction terminal Dialogstation
interaction user Dialogbetriebsteilnehmer
interactive communication Dialogverkehr
interactive debugging aid (IDA) integrierte Dialogtesthilfe
interactive FORTRAN Dialog-FORTRAN
INTERACTIVE MODE Dialogbetrieb, -verkehr
interactive system dialogfähiges System (EDV)
interactive task Arbeit mit Dialogverfahren
interactive terminal on the airport Dialog-

station auf dem Flughafen
interaircraft communication Verständigung von Bord zu Bord
interaircraft voice or command communication Befehlsübermittlung zwischen Flugzeugen
inter-area communication Verständigung von Gebiet zu Gebiet
interative differential analysis Iterationslösung von Differentialgleichungen
interatomic zwischenatomar
interatomic distance interatomarer Abstand
interatomic force zwischenatomare Kraft
interbedded schales and sandstone Schieferton u. Sandstein in Wechsellagerung (geol)
interblock gap Blockzwischenraum (Speicherraum zwischen zwei aufeinanderfolgenden Datengruppen auf Magnetband)(dig), Blocklücke, Zwischenraum, Kluft
interblock space Blockzwischenraum, Blocklücke (dig), Kluft
intercalation of shale, sandstone with Sandstein mit Einlagerung von Schieferstein
intercardinal Quadrantenpunkt der Kompaßrose (NO,SO, SW, NW), Zwischenkardinalpunkt
intercarrier demodulator Differenzträger-Demodulator, Intercarrier-Demodulator
intercarrier interference ratio Intercarrier-Störabstand
intercarrier noise suppression Rauschunterdrückung
intercarrier sound demodulator Intercarrier-Tonmodulator, Differenzträger-Verfahren
intercarrier sound system Differenzträger-Verfahren
intercept (astro) Gestirnshöhenunterschied
intercept, to (ILS,VOR-radil etc.) einfliegen in, eindrehen auf, anschneiden (Funkleitstrahl)
intercept, to (nav) eindrehen auf Sollstandlinie, abfangen, abhören, Weg abschneiden, unterwegs abfangen
intercept a message Meldung abfangen
intercept angle Ansteuerungswinkel (Sollstandlinie)
intercept condition Fangzustand
intercept data storage position Abfangspeicherstelle (in Speichervermittlung) (dig, teg), Nachrichtenabfangstation
intercept method Mithörverfahren
intercept point Abfangpunkt
intercept receiver Aufklärungsempfänger, Jägerleitempfänger, Lauschempfänger
intercept search elektronische Suche (ELOKA)
intercept service Lauschdienst
intercept set or receiver Horchempfänger
intercept, to ansteuern
intercepter Jagdflugzeug
intercepting Bescheidansage, Umschaltung auf Bescheidansage
intercepting catching effect abfangende Wirkung
intercepting circuit Abfangskreis
intercepting station Abhörstelle
intercepting system Abfangsystem
intercepting trunk Abhör- u. Hinweisleitung, Bescheidleitung (Fsp.)
interception Einholen (auf kürzestem Wege), Erfassung (ELOKA), Abfangen
interception activity Abhörtätigkeit
interception flight Sperrflug
interception noise Stromverteilungsrauschen
interception of radiocommunications Auffangen von Funksignalen
interception or listening station Abhörstation
interception service Abhördienst
interception station Abhörstation
interception tactics Abfangtaktik
interceptor Abwehrjäger, Jagdflugzeug besonders großer Flughöhe u. Steigfähigkeit, Klappe um die Wirkung von Spaltflügeln zu stören (av), Ölabscheider
interceptor aircraft Verteidigungsjagdflugzeug
interceptor grid Fanggitter
interchairing of coils Spulenverkettung
intechange Austausch, Vermischung
interchange circuit Schnittstellenleitung
interchange of heat Wärmeaustausch
interchange rows and columns in a matrix Reihen u. Kolonnen in einer Matrix vertauschen
interchangeability Austauschbarkeit (unter einander), Austauschwechselbarkeit, Vertauschbarkeit
interchangeability (of gear wheels) Umsteckbarkeit
interchangeability of fuzes Austauschbarkeit der Zünder
interchangeable austauschbar, auswechselbar
interchangeable contact piece auswechselbares Kontaktstück
interchangeable feed auswechselbare Kartenzuführung
interchangeable fixed central core nozzle austauschbare Schubdüse mit starrem Abgaskegel (av)
interchangeable flow beam austausch- u. auswechselbare Eruptionsdüse
interchangeable interface module to match flight control system (jumbo-jet) auswechselbares Zwischenmodul für Anschluß an Flugregelanlage
interchangeable item vollaustauschbarer Artikel
interchangeable lens auswechselbare Optik, Auswechselobjektiv, Austauschobjektiv
interchangeable lower surface panel screwed on flap austauschbare Unterdecken für Landeklappen (Schraubverbindung)
interchangeable number plate frame Wechselrahmen für Kennzeichenschild
interchangeable or detachment magazine Wechsekassette
interchangeable part vollaustauschbarer Teil
interchangeable power unit Austauschtriebwerk
interchangeable print train auswechselbare Typenzuführung
interchangeable read-only memory auswechselbarer Festwertspeicher
interchangeable type bar auswechselbare(r) Typenstab, -stange
interchannel time displacement error Zeitverschiebung des Lesesignals verschiedener Spuren gegeneinander (Magnetband)(dig)
intercity anc regional route Intercity- u. Regionalstrecke

intercity traffic Intercity-Verkehr
intercom Bordeigenverständigung, Befehlsübermittlungsanlage, Bordsprechanlage, Interfonanlage
intercom system Gegen(lauf)sprechanlage
intercommunication Bord-, Eigenverständigung, (electr) Wechselverkehr,Querverbindung, Wechselsprechen, wechselseitiger Sprechverkehr, Verständigung, Eigenverkehr im Flugzeug, gegenseitiger Verkehr
intercommunication channel Funkquerverbindung
intercommunication circuit Linienwählerleitung
intercommunication link Datenbrücke
intercommunication plane installation Eigenverständigungsanlage, Bordfernsprechanlage
intercommunication pore spaces untereinander verbundene Porenräume
intercommunication speaker Sprechstelle
intercommunication switch Zentralumschalter
intercommunication system Bordeigenverständigung, Bordverständigungsanlage, Eigenverständigungsanlage, Gegensprechanlage, Reihenanlage, Reihenschalter, Sprechanlage, Wechselsprechanlage
intercommunication telephone system Fernsprechreihenanlage
interconnect, to miteinander verbinden, koppeln
interconnect Koppelung
interconnected network vermaschtes Netz
interconnected pore space untereinander verbundene Porenräume
interconnected star connection Zickzackschaltung, -verbindung
interconnecting offenzellig
interconnecting feeder Verbindungsleitung (zwischen zwei Kraftwerken), Kuppelleitung
interconnecting fuel pipes Brennstoffverbindungsleitung
interconnecting mains vermaschtes Netz
interconnecting shaft running at overcritical speed in the wing leading edge box überkritisch drehende Verbindungswelle im Flügelnasenkasten
interconnection Netzkopplung, Netzverbund, Verschränkung, Zwischenschaltung, Verbundbetrieb (Kraftstoff)
interconnection and trunking scheme Gruppierungsübersicht
interconnection, direct Querverbindung (im Amt)
interconnection of phases Phasenverkettung
interconnection system Verbundnetz
interconnector Ausgleichsleitung, Brennkammer-Verbindungsrohr, Verbindungsrohr, Umzündstutzen (Brennkammer)
interconnector balance pipe Umzündeinsatz
intercontinental alliance internationales Gemeinschaftssystem (Avionik)
intercontinental guided missile interkontinentales ferngelenktes Geschoß
intercontinental range capabilities Interkontinentalreichweite
intercooler Zwischenkühler
intercooler coolant pump Zwischenkühler-Kühlstoffpumpe
intercooler matrix Zwischenkühler-Wabenteil
intercooler radiator Ladeluftkühler
intercooling Zwischenkühlung
intercooling system circulating pump Umlaufpumpe mit Zwischenlaufsystem
intercooling system header tank Fallbehälter im Zwischenkühlsystem
intercosmos launcher vehicle Interkosmos-Trägerfahrzeug
intercostal zwischen den Rippen befindlich
intercostal plate Interkostalplatte
intercouple miteinander verbinden, zusammenschalten
intercoupled suspension Verbundfederung (Kfz)
intercrystalline brittleness interkristalline Brüchigkeit
intercrystalline corrosion interkristalline Korrosion
intercrystalline rupture interkristalliner Bruch
intercycle Umsteuerzyklus, Zwischenzyklus, Zwischengang
intercylinder baffle Zylinderschaftleitblech
intercylinder baffle ring Zwischenzylinderleitring
intercylinder ring Zwischenzylinderring
intercylinder space Zwischenraum zwischen den Zylindern
interdependence gegenseitige Abhängigkeit, voneinander abhängig
interdialing Zwischenwahl
interdict Einhaltsbefehl
interdiction Abriegelung, Untersagung, Verbot
interdiction aircraft Interdiktionsflugzeug
interdiction fire Behinderungsschießen
interdiction mission Abriegelungseinsatz
interdigital interval Zwischenwahlzeit
interdigital magnetron Doppelkamm-Magnetron, interdigitales Magnetron
interdigital pause Zwischenwahlzeit
interdisciplinary approach to problem interdisziplinäre Arbeitsweise
interdot flicker Zwischenpunktflimmern
interelectrode capacitance Elektrodenkapazität, innere Röhrenkapazität, Kapazität zwischen den Elektroden, Zwischenelektrodenkapazität
interelectrode gap Elektrodenabstand
interelectrode space Elektrodenabstand
inter-engaging ineinandergreifend
interest Anteilnahme, Interesse, Nutzen, Zins
interest coupon Zinsschein
interest crediting Zinsgutschrift
interest earned Habenzinsen
interest on loans and overdrafts Sollzinsen
interest profile Interessenprofil
interesting tank explosionssicherer Tank
interface Grenzschicht, Oberflächenschicht, Schnittstelle, Verbindungsstelle (dv), Nahtstelle (Schweißen), Grenzfläche, Kontaktstelle, Anschlußpunkt, Berührungsfläche, Zusammenbaufläche, Trennfläche
interface, to anpassen, anschalten, verflechten, verknüpfen
interface adapter Anpassungsschaltung, Schnittsellenumsetzer, Interface-Adapter
interface area Schnittfläche
interface board Schnittstellenplatine (Avionik)

interface board Schnittstellenplatine (Avionik)
interface, bore Rohrinnenwand, Rohrseelenwand
interface box Schnittstellengerät
interface cabinet Anschlußschrank
interface, cable Kabelschnittstelle
interface, channel...adapter in byte multiplex mode Bytemultiplexkanalanschluß
interface circuit Interface-Schaltung, Schnittstellenleitung
interface circuitry Verbindungsschaltung
interface, clock pulse Taktschnittstelle
interface communications in transit Schnittstellenübertragung im Transit
interface compability Schnittstellenkompabilität
interface conditions Grenzflächenbedingungen
interface conductivity Zwischenschicht-Leitfähigkeit
interface connection Nahtstellenanschluß
interface contact Stirnkontakt
interface control Schnittstellensteuerung
interface control document Anschlußstellenvorschrift
interface converter Schnittstellenumsetzer
interface data Bezugsdaten, Bezugsdatum
interface definition Schnittstellenaufteilung, Schnittstellendefinition
interface, device Peripherieschnittstelle
interface, device...adapter Geräteschnittstellenanpassung
interface, device standard normierter Geräteanschluß
interface dimension Anschlußmaß
interface, dual standard zweifache Normschnittstelle
interface electronics elektronische Anpassung, Schnittellenelektronik (air-to-air missile)(mili)
interface equipment Anschlußgerät (Nahtstellenanordnung zwischen peripheren Geräten u. einer zentralen Datenverarbeitungseinheit), Nahtstellengerät, Anschaltgerät, Koppelstellengerät, Schnittstellengerät, Anpassungsgerät (EDV)
interface error Schnittstellenfehler
interface error description code Gerätebeschreibungscode
interface expander Schnittstellenvervielfacher
interface, high-speed channel Schnellkanalnahtstelle
interface, input/output Ein-/Ausgabe-Schnittstelle, E/A-Schnittstelle (Standardschnittstelle)
interface layer Kathodenzwischenschicht
interface lockout Anschlußsperre
interface, memory band standard...trunk code Speicherbank-Normalanschlußkennung (SBNK)
interface, memory standard Speichernormschnittstelle
interface multiplier Schnittstellenvervielfacher
interface network verketteter Netzplan
interface, netzwork-independent netzunabhängige Schnittstelle
interface, oil-water Grenzfläche Öl/Wasser
interface, parallel...trunk Parallelanschluß
interface potential Grenzflächenpotential
interface, program Programmanschluß, Programmschnittstelle
interface rating Bewertungsgrad an Berührungsfläche
interface reaction Grenzflächenreaktion
interface requirements Schnittstellenbedingungen
interface resistance Zwischenschichtwiderstand
interface restart...program Anschlußprogramm zum Restart
interface simulator Schnittstellensimulator
interface, software Programmanschluß, Programmschnittstelle
interface specification Schnittstellenbedingung
interface standard Nahtstellennorm
interface, standard Standardnahtstelle, Standardschnittstelle, Standardanschluß, Standard-Interface
interface, standard...control Normanschlußsteuerung
interface, standard...lockout Normanschlußsperre
interface, standard...register Normanschlußregister
interface, standard...trunk Normanschluß, Standardanschlußkanal, -stelle
interface, standard...trunk code Normanschlußkennung, Standardanschlußkennung
interface, synchronizing Synchronisierschnittstelle
interface, system Anlagenschnittstelle
interface system for data processing Interface-System für die Datenverarbeitung
interface, system standard Systemnormschnittstelle (SN), Systemnormanschluß
interface trunk Schnittstellenkabel
interface wiring Schnittstellenverdrahtung
interface subnets verknüpfte Teilnetze
interfaced with a laser warning receiver LWR mit Laserwarnempfänger gekoppelt
interfacial activity Grenzflächenaktivität
interfacial angle Flächenschnittwinkel, Grenzflächenwinkel
interfacial condensation Grenzflächenkondensation
interfacial film Grenzflächenfilm
interfacial forces Grenzflächenkräfte Öl/Wasser
interfacial forces, film Grenzflächenkräfte (Erdöl/Wasser)
interfacial phenomenon Grenzflächenerscheinung
interfacial polycondensation Grenzflächenpolykondensation
interfacial relationship Grenzflächenbeziehung
interfacial surface energy Grenzflächenenergie
interfacial temperature Grenzflächentemperatur
interfacial tension Grenzflächenspannung, Oberflächen-, Zwischenflächenspannung
interfacial work Grenzflächenreibungsarbeit
interfacially active agent grenzflächenaktiver Stoff
interfacility link Zwischenverbindung
interfacing Verknüpfung
interfacing circuitry Übergangsschaltung
interfere, to interferieren
interfere with, to störend einwirken
interference Interferenz, Störung (Funk), Überla-

gerung, Schwingung (maschinell ungleichförmiger Gang), Abmaß (Einheitspassung), Umweltveränderung, gegenseitige Beeinflussung, Preßsitz (Metallrohre)
interference, to stören (Funkwesen)
interference analyzer Interferenzanalysator, Störanalysator
interference apparatus Interfrenzgerät
interference area Störgebiet (Radar), Verwirrungsgebiet
interference band Interferenzstreifen
interference blanker Störaustastschaltung
interference, body-wing gegenseitige Beeinflussung von Tragflügel u. Rumpf
interference by a powerful station Durchschlagen eines starken Senders
interference by other stations Störung durch andere Sender (ungewollt)
interference colour Interfrenzfarben
interference comparator Interferenzkomperator
interference contrast Interferenzkontrast, Interferenzunterschied
interference drag Interfrenzwiderstand, Wechselwirkungswiderstand, gegenseitige Beeinflussung zweier Gegenstände im Luftstrom
interference effect Interferenzvorgang, Interferenzwirkung
interference eliminating condenser Störungsschutz
interference factor Stör(ungs)faktor
interference fading Interferenzfading, Interferenzschwund (Radar)
interference field Interferenzfeld, Störfeld
interference field strength Störfeldstärke
interference figure Interferenzaufnahme, Interferenzbild (Überschneidung der Toleranzfelder)
interference filter Interferenz-, Störfilter
interference fit Passung mit Übermaß, Festsitz
interference fit fastening method Interferenzbefestigungsmethode
interference fit thread screw Preßsitzgewindeschraube
interference-free optical transmission and feed-back between the flight control computers, autopilot and the flying-control servos störgeschützte Glasfaserkabel für die Übermittlung der Steuersignale und Rückmeldungen zwischen dem Flugregler, den zugehörigen Rechnern und Servostellgeneratoren (Avionik)
interference-free service störungsfreier Betrieb
interference fring Interferenzstreifen (Optik)
interference from power line Starkstromstörung, Störung durch Starkstrom
interference from power system Starkstromstörungssystem
interference guard band Schutzfrequenzband, Schutzbereich (Post)
interference guard bands unbenutze Wellenbänder zwischen den Übertragungskanälen zur Vermeidung gegenseitiger Störungen
interference inverter Entstördiode, Entstörkreis (TV), Störungskompensatorstufe
interference level Störhöhe, -pegel, -spiegel
interference location Störungssuche
interference locator Störsuchgerät
interference maximum region Bereich des Interferenzmaximums
interference measuring device Interferenzmesser, Störflächenmesser
interference microphone Rücksprechmikrophon
interference microscope Interferenzmikroskop, Mikrointerferometer
interference-multisection filter Drosselkette
interference of the forward wing with the rear wing Interferenzerscheinung zwischen den beiden Flügelpaaren (av)
interference pattern Interferenzbild
interference pattern jamming station Störstelle
interference phenomenon Interferenzerscheinung, Interferenzvorgang
interference photometer Interferenzphotometer
interference problem, electromagnetic elektromagnetisches Interferenz- od. Störproblem
interference pronge störanfällig
interference proof störungssicher
interference-proof laser command link störfester, modulierter Laserstrahl
interference rejection circuit Störschutzschaltung
interference, relative immunity of relativ unempfindlich gegen elektromagnetische Störungen (Avionik)
interference spectroscope Interferenzspektroskop
interference suppression Entstörung
interference suppression capacitor Störschutzkondensator
interference suppressor Entstörer, Entstörgerät, Störschutzeinrichtung, Störabsperrer, Störsperre, Siebkreis (elektrisch)
interference term Interferenzterm
interference time arbeitsablaufbedingte Brachzeit bei Mehrstellenbedienung
interference trap Störschutzfilter, Störsperre (TV)
interference unit Störgeräuschgenerator
interference voltage Störspannung
interference wave Stör(ungs)welle
interference with reception Empfangsstörung (Sender)
interferential action Interferenzwirkung
interfereometer Interferometer, Interferentialrefraktor
interfering frequency Störfrequenz
interfering frequency response Störfrequenzgang
interfering signal Störsignal, Störspannung
interfering voltage Störspannung
interferometer Interferometer (zur Messung des Brechungsindex von Stoffen)
interferometer path Interferometerstrecke
interferometer principle (to measure the changing relative bearings of their VHF signals transmitted to differnt antennas on the aircraft) Interferenzprinzip (gemessen werden die Relativpeilungen der von den Flugzeugantennen empfangenen VHF-Sendungen)
interfin space Rippenzwischenraum
interfin velocity Geschwindigkeit im Rippen-

zwischenraum
interflacial period Zwischeneiszeit
interflow Überströmen (Hydraulikanlage)
intergranular intergranular
intergranular attack Korngrenzenkorrosion (bei Metallgefügen)
intergranular brittleness Korngrenzensprödigkeit (in Metallgefüge)
intergranular cohesion Kornzusammenhalt (Metallgefüge)
intergranular corrosion interkristalline Korrosion, Korngrenzkorrosion
intergranular crack interkristalliner Riß, Korngrenzriß
intergranular fracture interkristalline Rißbildung
intergranular oxidation intergranulare Oxydation
intergranular porosity Porenraum zwischen Sandkörner
intergranular pressure effektive Spannung (Kraftübertragung von Korn zu Korn), wirksame Spannung (Kraftübertragung)
intergranular strength interkristalline Festigkeit
intergranular stress effektive od. wirksame Spannung (Kraftübertragung von Korn zu Korn)
intergranular stress corrosion interkristalline Spannungskorrosion
intergranular weakness interkristalline Schwäche
inter-group traffic Nahverkehr
interheater (gas turbine) Zwischenerhitzer
interim addendum vorläufiger Nachtrag
interim aerial delivery system Hilfsabsetzanlage
interim audit Zwischenbetriebsprüfung (komm)
interim bill Interimsrechnung (komm)
interim billing Zwischenrechnung
interim change vorläufige Änderung (Vorschrift)
interim commission Interimskommission
interim committee Interimsausschuß
interim daily system operability tägliche Interim-Systemfunktionsprüfung
interim financial aid Überbrückungsbeihilfe
interim level of reverse vorläufiger Bevorratungssollsatz, vorläufiges Bevorratungssoll
interim management organization vorläufige Managementorganisation (komm)
interim measure Behelfslösung, vorläufige Maßnahme (zur Behebung eines Fehlers)
interim phase Zwischenphase
interim pricing Zwischenpreisermittlung
interim publication vorläufige Druckschrift
interim publication change vorläufige Änderung einer Dienstvorschrift
interim report Zwischenbericht
interim, requirement...file Bedarfszwischenspeicher
interim, secondary-requirement...file Sekundärbedarfszwischenspeicher
interim specification vorläufige Aufschlüsselung, vorläufige Spezifikation
interim standard of readiness interimistische Einsatzbereitschaftsnormen
interim store Zwischenspeicher (EDV)
interim support zwischenzeitliche Unterstützung
interim test behelfsmäßige Prüfung
interim time complicance technical order vorläufige technische Anweisung
interior im Innern, innerlich, intern, Innenaufnahme (Film)
interior and back surface corrosion innere Korrosions, Rückseitenkorrosion
interior angle Innenwinkel
interior ballistic Innenballistik
interior ballistic data innerballistische Daten
interior bracing Innenverspannung
interior brazed filled at base hartgelötete Verbindungsfuge am Geschoßboden
interior brazed fillet innere Hartlötfuge
interior column Innenpfeiler, Innensäule
interior column footing Innenpfeiler-, Innensäulenfundament
interior communication Befehlsübermittlungsanlage, Bordsprechanlage, Interfonanlage
interior communication system (IC system) Befehls- u. Meldeanlage (bordintern)(Schiff)
interior diameter lichter Durchmesser
interior equipment Innenausstattung
interior guard duty Standortwachdienst
interior harbour Innenhafen
interior heater Frischluftheizung
interior heater operated from cooling water system Kühlwasserheizung
interior height lichte Höhe
interior layout Einrichtungsvorschlag
interior lighting fitting Innenbeleuchtung
interior mirror Innenspiegel
interior of a rocket Raketeninneres
interior of the fuselage Rumpfinneres
interior or indoor photography Innenaufnahme
interior or inside duty Innendienst
interior or inside space of the basket Korbraum
interior strutting Innenverspannung
interior surface Innenfläche
interior surface of the bore hole Bohrungswandoberfläche (TB)
interior volume for experiments nutzbares Experimentvolumen (sp)
interlace eng verschlingen, ineinander verflechten
interlace (IFF,SSR) Wechselabfrage
interlace factor Zeilensprungfaktor
interlace ratio Zeilensprungfaktor, -verhältnis
interlaced verschachtelt
interlaced field Halbbild
interlaced frame Zeilensprunghalbbild
interlaced network verkettetes Netz (Nachrichtensystem (dig, teg)
interlaced record(ing) verschachtelte Aufzeichnung (auf Magnettrommel)
interlaced spanning alternierende od. springende Zerlegung, sprungweise Abtastung, Zeilensprungverfahren, Zeilensprungabtastung
interlaced storage assignment Verschachtelungszuordnung
interlacing Zwischenzeilenverfahren (TV)
interlacing balance Verflechtungsbilanz, Einsatz/Ausstoß-Tafel, Input/Output-Matrix, Schachbrettbilanz
interlaminar interlaminar
interlaminar strength Schichtfestigkeit, Spaltwiderstand, Spaltfestigkeit
interlayer Sicherheitsglas
interleaf Zwischenlage

interleave (IFF,SSR) Antwortüberlappung
interleave, to überlappen, verzahnen (dv), verschachteln
interleaved subscript mittlerer Index
interleaving, cycle Zyklenschachtelung
interline zwischen den Zeilen einschalten
interline flicker Zwischenzeilenflimmern, Zwischenlinienflimmern
interline lead Zeilendurchschuß, Durchschuß
interline rhythm Zwischenzeilenrhythmus
interlining Auskleidung, Zwischenzeilenschaltung
interlink verketten
interlinked two-phase current verketteter Zweiphasen(wechsel)strom
interlock Sperre, Riegel, Verriegelung, Verblockung, Verblocken
interlock circuit Blockschleife, Kontrollschaltung, Sperrschaltung, Verriegelungsschaltung, Verriegelungsstromkreis
interlock, control brush Steuerbürstenverriegelung, -kontrolle
interlock of shrouded turbine blade Deckbandstoßstelle von Turbinenkranz
interlock package Stromverriegelungsschaltkreis
interlock, power Verriegelungssignal der Stromversorgung
interlock signal abhängiges Signal
interlock, to ineinandergreifen
interlocked cutter set gekuppelter Fräsersatz (Werkzeugmaschine)
interlocked switch verriegelter Schalter
interlocked type of flexible metal hose gefalzter, biegsamer Metallschlauch
interlocking contact Verriegelungskontakt
interlocking control Abhängigkeitsschaltung (Werkzeug)
interlocking device Verblockungssystem, Verriegelungseinrichtung
interlocking, electrical (signalling) elektrischer Verschluß
interlocking installation Stellwerkanlage
interlocking side milling cutter gekuppelter verstellbarer Nutenfräser, nachstellbarer Nutenfräser
interlocking switch group Verriegelungsschaltung
interlocking system Verriegelungssystem
interlook dead period Ansprechsperrzeit (UW-Minen)
interlude Vorprogramm, Zwischenprogramm, Zwischenspiel
intermediary dazwischenliegend, intermediär
intermediary design review Entwurfszwischenprüfung
intermediate mittel(fristig), zwischen..., Zwischenglied, Zwischenform, -kopie, Zwischenmittel, -stufe, -stück, -produkt
intermediate accelerator Zwischenbeschleuniger
intermediate aft selection (tail boom) mittleres Endstück (Leitwerkträger)
intermediate aircraft station vermittelnde Bordfunkstelle
intermediate alloy Vorlegierung, Zwischenlegierung
intermediate altitude (approach) Zwischenhöhe
intermediate amplifier Zwischenverstärker
intermediate annealing Zwischenglühung
intermediate aperiodic circuit aperiodischer Zwischenkreis
intermediate approach Zwischenanflug
intermediate-approach area Zwischenanflugbereich
intermediate-approach obstacle clearance Hindernisfreiheit im Zwischenanflugbereich
intermediate-approach track Zwischenanflugkurs (über Grund)
intermediate arbor support Zwischentraglager für Dorn (w)
intermediate asbestos layer Asbesteinlage
intermediate atomic weight mittleres Atomgewicht
intermediate ballistics Übergangsballistik
intermediate bandwidth dazwischenliegende Bandbreite
intermediate base oil Erdöl mit Paraffin- u. Asbestbasis
intermediate bearing Zwischenlager
intermediate bottom Zwischenboden
intermediate bushing Zwischenbuchse
intermediate cable Kabelzwischenstück, Zwischenkabel
intermediate casing Zwischenverkleidung
intermediate casing including gear (base module) Zwischengehäuse mit Getriebe (Grundmodul)
intermediate cave Multi-Curie-Zelle
intermediate ceiling Zwischendecke
intermediate chain Zwischenkette
intermediate circuit Zwischekühlkreis
intermediate circuit reception Zwischenkreisempfang
intermediate coat Zwischenschicht
intermediate compressor casing mittleres Verdichtergehäuse
intermediate constituent intermetallische Verbindung (chem)
intermediate control Hauptgruppenkontrolle
intermediate control break Hauptgruppentrennung, -wechsel
intermediate control change Hauptgruppentrennung, -wechsel
intermediate control field Hauptgruppen-Kontrollfeld
intermediate control number Hauptgruppenbegriff
intermediate coolant Zwischenkühlmittel
intermediate coupling Mittelwertkupplung (Reaktor)
intermediate cycle Hauptgruppen-Programmgang
intermediate data Zwischenergebnisse (ALGOL)
intermediate deck Zwischenboden
intermediate discharge station Zwischenabwurfstelle
intermediate disk of slitting roller Mittelscheibe an Vielstreifenschere
intermediate distributing frame (IDF) Zwischenverteiler (Fernsprecher)
intermediate drawn product Zwischenziehprodukt
intermediate drive shaft Zwischenwelle
intermediate driving axle (rail) Blindachse
intermediate echo suppressor Zwischenechosperre
intermediate electrode Zwischenelektrode
intermediate energy mittlere Energie
intermediate exchange Zwischenvermittlung

intermediate-film method Zwischenfilmmethode
intermediate-film system Fernkino, Zwischenfilmverfahren
intermediate-film transmitter Fernsehzwischenfilmsender, Zwischenfilmgeber
intermediate form Zwischenform
intermediate frequency Zwischenfrequenz
intermediate frequency amplification ZF-Verstärkung
intermediate frequency amplifier ZF-Verstärker, Zwischenfrequenzverstärker
intermediate frequency generator or oscillator Telegraphieüberlagerer, Zwischenfrequenzgenerator
intermediate frequency input ZF-Eingang, Zwischenfrequenz-Eingang
intermediate frequency jamming ZF-Stören, ZF-Störung (ELOAK), Zwischenfrequenzstörung (ELOKA)
intermediate-frequency oscillator Telegraphie-Überlagerer
intermediate-frequency output ZF-Ausgang, Zwischenfrequenzausgang
intermediate frequency point Zwischenfrequenzpunkt
intermediate frequency rejection Zwischenfrequenzselektion
intermediate frequency signal ZF-Signal
intermediate-frequency stage Zwischenfrequenzstufe
intermediate-frequency transformer ZF-Transformator, Zwischenfrequenztransformator
intermediate gear Mitnehmerscheibe (Kupplung), Treibscheibe (Kupplung), Zwischenrad
intermediate gear assembly Zwischenwelle
intermediate gear box Zwischengetriebe
intermediate gearbox Winkelgetriebe
intermediate gearing Zahnradvorgelege, Zwischengetriebe
intermediate gearwheel Zwischenrad
intermediate glider Übungssegelflug
intermediate grid Hilfsgitter
interemdiate image Zwischenabbildung, Zwischenbild
intermediate image-forming optical system zwischenabbildende Optik
intermediate-image modulation Zwischenbildmodulation
intermediate information Zwischeninformation
intermediate landing Zwischenlandung
intermediate layer Zwischenlage(r), Zwischenschicht, Beilauffaden
intermediate level (approach) Zwischenhöhe
intermediate level assembly Zwischenhebellagerung
intermediate level maintenance Zwischenstufenwartung
intermediate link motion Zwischengetriebe
intermediate liosolubility mittlere Fettlöslichkeit
intermediate liquid (galvanic) Zwischenflüssigkeit
intermediate longitudinal Zwischenlängsträger, Zwischenträger im Luftschiff
intermediate member Mittelglied, Zwischenelement, -träger
intermediate metall ply Metalleinlage
intermediate negative (film) Internegativ
intermediate neutron mittelschnelles Neutron
intermediate nucleus Zwischenkern
intermediate number Zwischennummer
intermediate objective Angriffszwischenziel
intermediate office Zwischenamt
intermediate or link circuit transmitter or continuous wave transmitter Zwischenkreissender
intermediate or second interplane strut Mittelstück, -strebe
intermediate parachute Zwischenschirm
intermediate phase Zwischenphase
intermediate piloting Führung durch Zwischenführungsstück
intermediate plate Zwischenblech
intermediate platform (rail) Mittelbahnsteig
intermediate plug and cable adapter assembly Zwischenkupplung
intermediate point Zwischenpunkt
intermediate position Mittel-, Übergangsstellung, Zwischenlage, Zwischenstellung
intermediate positive Interpositv (Film)
intermediate power amplifier Leistungs-Zwischenverstärker
intermediate preparation Zwischenform, -stufe (chem)
intermediate pressure compressor Mitteldruckverdichter
intermediate product Zwischenprodukt
intermediate projection Zwischenabbildung, Zwischenbild
intermediate quantity Zwischenwert
intermediate rafter Freisparren, Leersparren
intermediate range ballistic missile (IRBM) ballistischer Mittelstreckenflugkörper
intermediate rating Zwischenleistung
intermediate reaction Zwischenreaktion
intermediate reactor intermediärer od. mittelschneller Reaktor
intermediate reflux (oil) Zwischenreflux
intermediate region mittlerer Bereich
intermediate register (IR) Zwischenregister
intermediate repeater Zwischenverstärker
intermedaite resistance Serienwiderstand, Vorschaltwiderstand
intermediate rest position Zwischenraststellung
intermediate result Zwischenergebnis
intermediate rib Zwischenrippe
intermediate ring Zwischenring
intermediate roll stand Mittelgerüst
intermediate sector Zwischensektor
intermediate shaft Vorgelegewelle, Zwischenwelle
intermediate shim Abstandsstück, Zwischenlage
intermediate ship or aircraft station vermittelnde See- od. Luftfunkstelle
intermediate signal box (rail) Zwischenblock
intermediate sight Zwischenablesung
intermediate size Zwischengröße, -maß
intermediate sleeper (rail) Mittelschwelle
intermediate slide Mittelschlitten
intermediate slide valve Mitteldruckschieber
intermediate smal-section and wire rolling mill Feinstahlwalzwerk, Mittelwalzwerk, Drahtwalzwerk
intermediate socket Mignonfassung
intermediate space Zwischenraum
intermediate spectrum reactor (nuclear)

mittelschneller Reaktor
intermediate stage Übergangszustand, Zwischenstadium, -stufe, -zustand
intermediate stage-structure Übergangsstruktur
intermediate state Zwischenstadium, Zwischenzustand
intermediate station Zwischenstation
intermediate stop Zwischenhalt, -landung, Zwischenanschlag (Werkzeugmaschine)
intermediate-stop flight durchgehender Flugplan, Nonstopflug
intermediate stop flight plan with departure message (DEP)(TRU)(PLA), durchgehender Flugplan mit Startmeldung
intermediate storage schneller Hilfsspeicher, Zwischenspeicher, Zwischenspeicherung, Notizblockspeicher
intermediate store Notizblockspeicher, schneller Hilfsspeicher, Zwischenspeicher
intermediate string Zwischenkette
intermediate structure Zwischenstufengefüge
intermediate strut Zwischenstiel, -strebe
intermediate support Seilbahnzwischenstütze
intermediate switch Kreuzschalter, Zwischenschalter
intermediate switchboard Zwischenvermittlung
intermediate synoptic observation synoptische Zwischenbeobachtung
intermediate synoptic hour synoptischer Zwischentermin
intermediate synoptic observation synoptische Zwischenbeobachtung
intermediate synoptic space synoptischer Zwischenraum
intermediate tapping (steam) Zwischendampfentnahme
intermediate tempering Zwischenweichglühen
intermediate term Zwischenglied
intermediate test Zwischentest (päd)
intermediate timing gear (motor vehicle) Zwischenrad
intermediate total Zwischensumme
intermediate town marker Orientierungszeichen in einer Stadt ohne Flugplatz
intermediate track Zwischenkurs über Grund
intermediate transmitter Zwischensender
intermediate transverse Zwischenquerträger (Luftschiff)
intermediate transverse frame or ring Zwischenring
intermediate tube mittleres Kanonenrohr (MB-Sitz)
intermediate-type submarine cable Flachseekabel
intermediate warning point Zwischenauffüllpunkt
intermediate wave Übergangswelle
intermediate well Zwischenbohrung
intermediate wheel Zwischen(zahn)rad
intermediate wheel gearing Zwischenradgetriebe mit Zwischenrad
intermediate word Zwischenwort
intermesh, to ineinandergreifen (Rührfinger)
intermeshing Vermaschung
intermeshing fingers ineinandergreifende Rührfinger
intermetallic component intermetallische Verbindung
intermetallic compound halbleitende Verbindung intermetallische Verbindung
intermetallic conductor intermetallischer Leiter
intermetallic semiconductor intermetallischer Halbleiter
interminable unaufhörlich, unendlich
interministic conception or interpretation interministische Auffassung
intermit, to intermittieren, unterbrechen
intermittent intermittierend, in der Mitte liegend, mittels..., Verbindungs..., zeitweilig aussetzen, instationär
intermittent automatic train running control punktförmige Zugbeeinflussung
intermittent commercial and amateur service (ICAS) aussetzender kommerzieller u. Amateurbetrieb
intermittent contact intermittierender od. periodischer Kontakt, Wackelkontakt, zeitweise Leitungsberührung
intermittent contact printer intermittierende Kontaktkopiermaschine
intermittent control Aussetzregelung
intermittent current pulsierender od. intermittierender Strom, aussetzender Strom, unterbrochener Gleichstrom
intermittent defect zeitweise Störung (Fehler)
intermittent direct current getasteter Gleichstrom
intermittent discharge aussetzende Entladung
intermittent disconnection zeitweilige Unterbrechung
intermittent duty aussetzender Betrieb während gleichbleibender Belastung, Leistung bei intermittierendem Betrieb, Zeitleistung
intermittent earth (fault) aussetzender Erdschluß
intermittent earth circuit zeitweiliger Erdschluß
intermittent error intermittierender Fehler
intermittent failure unregelmäßig auftretende Störung
intermittent fault aussetzender Fehler od. Schaden, intermittierender Fehler od. Schaden
intermittent feed or control (machine tool) schrittweiser Vorschub, Sprungvorschub, Springschaltung, Sprungschaltung
intermittent film feed bildweise Schaltung, Schrittschaltung des Films
intermittent film motion bildweise Schaltung, Schrittschaltung des Films
intermittent film movement bildweise Schaltung, Schrittschaltung des Films
intermittent fire stoßweises Feuer
intermittent gating intermittierende Torsteuerung (Torpedo)
intermittent ground aussetzender Erdschluß
intermittent integration absatzweise Summierung (Zähler)
intermittent jet aircraft Flugzeug mit intermittierendem Staustrahlrohr
intermittent jet engine Pulsostrahltriebwerk, intermittierendes Luftstrahltriebwerk, zeitweilig aussetzendes Strahltriebwerk
intermittent light unterbochenes Feuer,

Wechsellicht, Blinkfeuer
intermittent load aussetzende Belastung, Aussetzbelastung (z.B. Durchlaufbetrieb)
intermittent loading gestaffelte Pupinisierung
intermittent mechanism Schrittschaltwerk
intermittent method of grinding Durchschiebeverfahren beim Schleifen
intermittent movement Filmfortschaltung, schrittweise Bewegung
intermittent noise intermittierender Lärm, holperndes Geräusch (Wälzlager, bei beschädigten Laufbahnen oder Rollen)
intermittent operation intermittierender Betrieb, Aussetzbetrieb, aussetzender Betrieb (elektrische Maschinen)
intermittent periodic duty periodisch aussetzender Betrieb mit gleichbleibender Belastung
intermittent photometry Wechsellichtmessung, Flimmerphotometrie
intermittent positive control (IPC) aktive intermittierende Kontrolle
intermittent printer Schrittkopiermaschine (Foto)
intermittent rating Leistung bei intermittierendem Betrieb, Zeitleistung
intermittent reception unterbrochener Empfang
intermittent scanning zeitliche unregelmäßige Abtastung (elektronische Schutzmaßnahme)
intermittent service aussetzender Betrieb, Aussetzerbetrieb
intermittent-service area Zone wechselnder Empfangsgüte ausserhalb des Grundwellenbereichs, Bodenwellenradarzone (Rundfunk)
intermittent signal Blinksignal, -zeichen
intermittent sprocket (film camera) Schaltrolle, untere Transporttrommel
intermittent stress stoßweise Beanspruchung
intermittent table feed Sprungtischschaltung
intermittent test Prüfung bei aussetzender Entladung
intermittent transportation Intermodalverkehr
intermittent trouble unregelmäßig auftretender Fehler
intermittent voltage unterbrochene Spannung
intermittent weld Stoßschweißung
intermittent work unterbrochene Arbeit
intermodulation Erregung von Differenztönen, gegenseitige Modulation, Zwischenmodulation
intermodulation distortion Verzerrung durch Zwischenmodulation
intermodulation frequency Differenzton, Kombinationston (Störung)
intermodulation noise Klirrgeräusch
intermolecular inter-, zwischenmolekular
intermolecular chain intermolekulare Kette
intermolecular forces Zusammenschaltkräfte
intern intern, innerlich
internal innere(r), innen befindlich
internal absorption innere Absorption
internal address header Internadressenvorsatz
internal administration Hausverwaltung
internal air line Inlandsluftverkehrsstrecke
internal air transport communication Inlandsluftverkehrsverbindung
internal audit Innenrevision (komm)
internal auxiliary store interner Reservespeicher
internal binary operation code interner binärer Operationsschlüssel
internal blackening Kolbenschwärzung
internal blocking Blockierung
internal blower Innengebläse
internal bracing wire Innenverspannungsdraht
internal capacitance innere Röhrenkennkapazität, Kapazität zwischen den Elektroden, Elektrodenkapazität, Wicklungs-, Windungskapazitä-
internal cast Ausguß des Innenhohlraum eines Fossils (geol)
internal characteristic innere Kennlinie
internal check interne Kontrolle
internal circuit Inlandsverbindung, interne Leitung (tel)
internal civil aviation Inlandluftfahrtwesen
internal clearance Lagerluft
internal clock Taktgeber (dv)
internal clock pulse supply interne Taktversorgung
internal code interner Code, Interncode
internal combustion engine Verbrennungskraftmaschine, Verbrennungs(kraft)motor
internal combustion engines fuel Brennstoff für Verbrennungsmotore
internal combustion machine Verbrennungsmotor
internal combustion type Innenverbrennungstyp
internal communication Befehlsübermittlungsanlage, Bordsprechanlage, Interphonanlage
internal condensation Inkohlung
internal connection innere Verbindung
internal contact Innenkontakt
internal-contact gear innenverzahntes Zahnrad
internal control interne Steuerung
internal conversion innere Umwandlung
internal-conversion coefficient Konversionsfaktor, Konversionskoeffizient
internal-conversion electron Konversionselektron
internal cooling innere Kühlung
internal corrosion of line pipes Innenkorrosion von Leitungsrohren
internal copying attachment Innenkopiereinrichtung, Innennachformeinrichtung (Werkstück-
internal counter Gaszähler, -zählrohr
internal cracking Kernrissigkeit
internal current innerer Strom, interner Strom
internal cutting Bearbeitung der Innenfläche
internal decimal item internes Dezimal-Datenwort
internal deposition interne Ablagerung
internal detector of temperature eingebautes (elektrisches) Thermometer
internal diagnosis Eigendiagnose
internal diameter of pipe innerer Rohrdurchmesser
internal distribution Hausverteilung
internal dose innere Dosis
internal drive shaft Antriebswelle (Hydraulikpumpe)
internal efficiency innerer Wirkungsgrad
internal equivalent temperature innere Ersatztemperatur
internal expanding brake Innenbackenbremse
internal exposure innere Bestrahlung od. Strahlenexplosion
internal factor (gamma value) Intervallfaktor

internal fire-box boiler Kessel mit Innenfeuerung
internal firing or heating Innenfeuerung
internal floating-point item internes Gleitkomma-Datenwort
internal flush joint drill pipe innen glattes Bohrgestänge, nach aussen verdickte Gestängerohre
internal flush tool joint Gestängeverbinder mit freiem Durchgangsquerschnitt
internal force interne Kraft, von innen wirkende Kraft
internal freight Innenfracht
internal friction Eigenreibung, innere Reibung
internal friction angle Winkel der inneren Reibung (Bodenmechanik)
internal fuel Innentankkraftstoff
internal fuel tank Kraftstoffinnentank
internal fuse Innenzünder
internal gage Bohrungslehre
internal gas counter Gaszähler, Gaszählrohr
internal gear innenverzahntes Zahnrad, Rad mit Innenverzahnung
internal gear milling Innenzahnradfräsen (Werkzeug)
internal gear, plant Hohlrad (eines Planetengetriebes)
internal grinder Innenschleifmaschine
internal grinding Innenschliff
internal grinding attachment Innenschleifeinrichtung
internal-grinding fixture Innenschleifvorrichtung
internal-grinding machine Innenschleifmaschine
internal grinding of straight bores Innenschliff zylindrischer Buchsen
internal grinding of taper bores Innenschliff konischer Rundflächen
internal-grinding spindle Innenschleifspindel
internal-grinding work Innenschleifarbeit
internal guidance repairman Mechaniker für FK-Bordlenkanlage
internal guidance system Bordlenkanlage
internal haze innere Trübung (pla)
internal heating (of electrolyte) Selbstaufheizung (der Schmelze)
internal impedance Innenwiderstand
internal intrinsic energy innere Energie
internal keyseating machine working on the draw-out principle Keilnutenziehmaschine für Innenkeilnuten (w)
internal lap-leakage innere Undichtigkeit
internal light Bordlampe
internal-limit gauge Grenzlehrdorn, Grenzlochlehre, Toleranzlochlehre
internal-limit threshold gauge Gewindegrenzlehrdorn
internal line number interne Anschluß- od. Leitungsnummer
internal logic interne Logik (eines Digitalrechners), interner Funktionsablauf
internal loss Eigenverlust, innerer Verlust
internal magnetic focus tube Kathodenstrahlröhre mit magnetischer Fokussierung
internal measurement Innenmessung
internal measuring Innenmessung
internal measuring instrument Innenmeßgerät, Meßinstrument für Bohrung
internal-measuring instrument with spring-type rest Innenmeßgerät mit federndem Anschlag
internal memory Arbeitsspeicher, interner Speicher (dv), innerer Speicher, Zentralspeicher (EDV)
internal milling attachment Innenfräsapparat
internal-mirror tube in cathode design Kathodenstrahlröhre mit Innenspiegel
internal model internes Modell
internal modulating oscillator Eigenmodulationsoszillator
internal mold Ausguß des Innenhohlraum eines Fossils (geol)
internal momentum innerer Moment
internal movement Innenantrieb
internal name interner Name (EDV)
internal noise (electron) Eigenrauschen, Kabinengeräuschpegel
internal oil operating system Ölkreislauf im inneren des Motors od. eines Gerätes
internal operation code trap Programmunterbrechung durch nicht decodierbaren Operationsteil
internal or inside diameter Innendurchmesser
internal order flow innerbetrieblicher Auftragsdurchlauf
internal pair (production) Konversionselektronenpaar(bildung)
internal perspective center bildseitiger Hauptpunkt (Optik)
internal perspective centre of the lens bildseitiger Hauptpunkt der Linse
internal photoelectric effect innerer Photoeffekt
internal pinion with inside gearing inneres Vorgelege, Triebwerk mit Innenverzahnung
internal plant Innenanlage
internal plated or reinforced refractory brick innenarmierter feuerfester Stein
internal-pole dynamo Innenpoldynamo
internal power train Eigenverbrauch
internal pressure Innendruck
internal procedure interne Prozedur
internal process interner Prozeß od. Vorgang
internal ratio inneres Teilverhältnis (math)
internal recessing (machine tool) Inneneinstechen
internal reinforcing member innere Versteifung des Flügels
internal relationship innerer Zusammenhang
internal representation interne Darstellung
internal resistance Innenwiderstand (eines anstoßenden Oszillators), Quellwiderstand
internal resistance of a cell innerer Zellenwiderstand
internal rupture Innenriß, innerer Riß
internal screw Innengewinde, Muttergewinde
internal seal (glass) Durchschmelzung, innere Verschmelzung
internal serration Kerbzahnnabenprofil
internal service Innendienst
internal side turning tool for corner work Inneneckdrehmeißel
internal slackness Luft od. Spiel im Getriebe
internal slipping innerer Schlupf (w)
internal sort internes Sortieren, interne Sortierung (EDV)
internal springing Innenfederung

internal station-side loop modeminterne teilnehmerseitige Schleife
internal storage interner od. innerer Speicher, Innenspeicher, Zentralspeicher
internal storage capacity Innenspeicherkapazität
internal store interner od. innerer Speicher, Zentralspeicher
internal strain innere Beanspruchung
internal stress Innenspannung, Eigenspannung, innere Spannung
internal structure Innenaufbau
internal structure of the fuselage Innenaufbau des Rumpfes
internal supercharger Innenverdichter
internal surface Innenfläche
internal symbolic dictionary (ISD) Internadreßtabelle
internal symbolic dictionary card Internadreßkarte
internal synchronization Eigensynchronisation
internal taper Innenkegel
internal task interner Prozeß
internal teeth Innenverzahnung
internal teeth fan type lock washer Fächerscheibe innen verzahnt
internal teeth lock washer federnde Zahnscheibe innen verzahnt
internal telegraph charge Inlandstelegraphengebühr
internal telephone installation Fernsprech-Inneneinrichtung
internal tension Eigenspannung
internal thread Innengewinde
internal-threaded-measuring instrument Innenmeßgerät
internal threading machine Innengewindeschneidmaschine
internal timing circuit interne Taktversorgung
internal toothing Innenverzahnung
internal transadmittance innere Steilheit (Halbleiter)
internal transfer pinion type counter innenverzahnter Zähler
internal transmission density (lighting) dekadische(s) Extinktion od. Absorptionsmaß
internal transport innerbetriebliches Förderwesen
internal tube capacity Röhrenkapazität
internal-upset casing joint innen verstärkte Futterrohrverbindung
internal upset drill pipe innen verstärktes Bohrgestänge
internal vibrator Innenvibrator
internal viscosity Eigenviskosität
internal voltage innere Spannung
internal voltage drop innerer Spannungsabfall
internal waviness Schlieren in durchsichtigem Material (pla)
internal wheelcase inneres Getriebe (E)
internal wing truss Flügelinnenstrebe
internal wiring Innenleitung
internal wrenching bolt Imbusbolzen, Innensechskantbolzen, Innensechskantschraube
internal wrenching head Schraubenkopf mit Innensechskant (GB)
internal yield pressure strength Streckgrenze durch Innendruck (Rohr)
internally relieved ring Winkelring
internally spring starting wheel innengefedertes Anlaufrad
internally spring eingefedert
internally stabilized against aircraft movements interne Stabilisierung gegen Flugzeugbewegungen
international advance-preparation service internationales Vorbereitungsverfahren
international aerodrome internationaler Flugplatz
international aeronautical federation internationaler Luftfahrtverband
international agreement internationales Abkommen
international agreement on railway traffic internationales Übereinkommen über Eisenbahnfrachtverkehr
international air carrier association (IACA)
international air convention internationales Luftfahrtabkommen
international air law internationales Luftrecht
international air navigation internationale Luftfahrt
international airport internationaler Flughafen
international air service internationaler Flugdienst
international air traffic association internationaler Luftverkehrsverband
international association for testing materials international wissenschaftliche Vereinigung für Werkstoffprüfung
international astronautical federation (IAF) internationale astronautische Föderation
international atomic energy agency (IAEA) internationale Atomenergie-Organisation
international broadcasting station internationale Rundfunksendestelle
international call Auslandsverbindung
international call sign internationales Rufzeichen, Unterschiedssignal, Rufzeichen mit Landeskenner (ELOKA)
international calling frequency internationale Ruffrequenz
international candle internationale Kerze
international carriage internationaler Transport
international cartel internationales Kartell
international circuit Auslandsverbindung, internationale Leitung od. Verbindung
international civil aviation organization (ICAO) internationale Zivil-Luftfahrt-Organisation
international code internationaler Signalcode
international code of airworthiness internationale Lufttüchtigkeitsordnung
international code of signals internationaler Signalcode
international commercial terms "INCOTHERMS" internationale Handelsbezeichnungen
international commission on radiological unit and measurement internationale Kommission für radiologische Einheit u. Strahlenmessung
international communication service internationaler Fernmeldedienst
international connection Auslandsverbindung
international consignment-note internationaler Frachtbrief

international control commission internationale Kontrollkommission
international council for the exploration of the sea internationaler Rat für Meeresforschung
international convention for the safety of life at sea internationales Übereinkommen zum Schutz des menschlichen Lebens auf See
international CS internationales Rufzeichen
international date line internationale Datumsgrenze, Datumwechsel
international design rules internationale Konstruktionsvorschriften
international dialing Auslandswahl
international electric unit internationale elektrische Einheit
international exchange Auslandsvermittlung
international federation of the national standarizing association internationaler Verband des nationalen Normenausschusses
international fine technics association (IFTA) internationale Feinwerktechnik-Vereinigung
international flight Auslandsflug
internation frequency registration board (IFRB) internationaler Ausschuß für Frequenzregistrierung
international gate way center or exchange Auslandsvermittlung
international geophysical year (IGY) internationales geophysikalisches Jahr (IGJ)
international institute of refrigeration internationales Kälteinstitut
international level internationale Ebene
international list of telegraph offices zwischenstaatliches Verzeichnis der Telegraphenanstalten
international meteorological code internationaler Wetterschlüssel
international meteorological organization (IMO) internationale meteorologische Organisation
international meteorological teleprinter network in Europe (IMTNE) internationales Wetterfernschreibnetz
international monitoring system internationales Überwachungssystem
international morse code internationales Morsealphabet
international normal atmosphere internationale Normalatmosphäre
international NOTAM office internationales NOTAM-Büro
international ohm internationales Ohm
international order Staatsgefüge
international port Welthafen
international position Platz für zwischenstaatlichen Verkehr
international radiotelegraph convention zwischenstaatlicher Funkvertrag
international radio silence internationale Funkstille
international radium standard internationaler Radiumstandard
international rated power internationale Nennleistung nach Cina (in England gleich größte Steigleistung)
international record internationaler Rekord
international regulatory regime internationale Reglementierung
international reseau internationales Netz von Wetterbeobachtungsstellen, internationale Wetterwarten
international scientific radio unit internationale wissenschaftliche Radiovereinigung
international signal code internationaler Signalcode
international spelling table internationale Buchstabiertafel
international standard 8mm tape cassettes with associated groun replay equipment internationale 8mm-Norm für Videokassetten mit bodengestützten Abspielgeräten (av)
international standardization association internationale Normalisierungsgemeinschaft
international standards internationale Normen
international standards and recommended practices internationale Richtlinien u. Empfehlungen
international sun-earth explorer ISEE-B-Satellit zum Ermitteln der Wechselbeziehung zwischen Sonne u. Erde
international system of units internationales Einheitensystem
international telecommunications convention Weltnachrichtenvertrag (W.N.V.)
international telecommunication service internationaler Fernmeldedienst
international telecommunication unit (ITU) internationaler Fernmeldeverein, Weltnachrichtendienst
international telegraph alphabet internationaler Fernschreibcode, internationales Telegrafenalphabet
international telegraph code internationaler Fernschreibcode, internationales Telegrafenalphabet
international teletype code internationaler Fernschreibcode
international traffic route Weltverkehrsweg
international transit loading dimensions internationales Transitlademaß
international travel service ITS
international ultraviolet explorer IUE-Satellit zur Ultraviolettstrahlenforschung
intern-environment model internes Aussenweltmodell (päd)
internetwork transfer circuit Übergangsleitung von einem Netz ins andere
interneuron Zwischenneuron
internment Internierung
internodal distance Knotenabstand
internodal link Knotenpunktverbindung (Fernmeldebetrieb)
internuclear distance Kernabstand, -distanz
interocular distance Augenabstand
interoffice communication interne Informationsübermittlung
interoffice trunk Ortsverbindungsleitung
interoffice trunk cable plant Kabelnetz mit Ortsverbindungsleitung
interoperability Interoperabilität (System), Möglichkeiten der betrieblichen Zusammenarbeit
interoperable betrieblich od. funktionell austauschbar, zusammenschaltbar

interoperable and exchange data with other systems Datenaustausch und Interoperabilität mit anderen Systemen (STRIL)(av)
interoperable tactical data reporting system for combined operations gegenseitiges taktisches Datenmeldesystem (milit)
interorbital ferry Fähre zwischen Umlaufbahnen
interorbital space ferry Raumfähre zwischen Umlaufbahnen
interorbital space ferry vehicle Raumfähre zwischen Fahrzeugen auf Umlaufbahnen
interpass (welding) Schweißauflage
interpass distance Kaliberabstand (Walzenkalibrierung)(Walzwerk)
interpass temperature Lagentemperatur
interpenetrating samples durchdringende, ineinandergreifende od. überlagernde Stichproben
interperdiodic failure detection außerplanmäßige Mängelentdeckung
interperse gang-punching Stanzen mit durchsetzten Leitkarten
interpersonal communication Kommunikation von Mensch zu Mensch
interpersonal comparison of utilities interpersoneller Vergleich der Nutzwerte, Vergleich der Nutzwerte zwischen mehreren Personen
interpersonal sensitivity Einfühlungsvermögen
interphase reactor Ausgleichsdrossel
interphase transformer Ausgleichsdrossel, Saugdrosselspule
interphone Befehlsübermittlungsanlage, Bordverständigungsanlage, Bordsprechanlage, Interfonanlage, Eigenverständigungsanlage, unmittelbare Sprechleitung (Fernmeldeleitung)
interphone amplifier Eigenverständigungsverstärker, Bordsprechverstärker
interphone communication Wechselsprechverkehr
interphone control Schaltkasten zum Aussensprechanschluß
interphone control station Kommandostelle einer Bordverständigungsanlage
interphone cordage Verkabelung der Bordsprechanlage
interphone drop direkte Dienstsprechverbindung
interphone operation Eigenverständigung
interphone panel Interfonbedientafel
interphone system Befehlsübermittlungsanlage, Bordverständigung, Eigenverständigungsanlage, Gegensprechanlage, Interfon(anlage), Zwischentelefon
interplanar interplanar, zwischen den Ebenen
interplanar crystal spacing Abstand von Kristallebenen
interplanar spacing Ebenenabstand
interplane communication Bord/Bord-Verkehr (zwischen Flugzeug u. Flugzeug)
interplane strut Tragflächenstiel, Flügelstiel, Zellenstiel
interplanetary aviation Weltraumschiffahrt
interplanetary course interplanetare Übergangsbahn
interplanetary craft Raumschiff
interplanetary dust interplanetarer Staub
interplanetary flight interplanetarer Flug
interplanetary magnetic field interplanetarisches Magnetfeld
interplanetary material interplanetarische Materie
interplanetary medium interplanetare Materie
interplanetary monitoring probe interplanetare Meßsonde
interplanetary navigation interplanetare Navigation, Raumnavigation
interplanetary plasma interplanetares Plasma
interplanetary radio contact interplanetarer Funkkontakt
interplanetary research Raumfahrtforschung
interplanetary rocket interplanetare Rakete
interplanetary space interplanetarer Raum
interplanetary space probe interplanetare Raumsonde
interplanetary spacecraft to measure ultraviolet radioation interplanetare Ultraviolettstrahlung
interplanetary system interplanetares System
interplanetary trajectory interplanetare Bahn
interplanetary travel interplanetare Raumfahrt
interplant railway station Werksbahnhof
interpolate interpolieren, zwischenschalten
interpolation Einschaltung, Interpolation
interpolation formula Interpolationsformel
interpolation oscillator Interpolationsoszillator, Intervalloszillator
interpolation resistance Interpolationswiderstand
interpolator Interpolator, (Karten)mischer, Lochkartenmischer, Umsetzer
interposable zwischenschaltbar
interpose dazwischenliegen, einfügen, intervenieren
interposer bail Auslöseschwinge
interposer link Schubklinkenhebel (Rechenstanzer)
interposer setup bail Schubklinkenhebelschwinge
interposition Einfügung, Intervenierung
interposition circuit Fernplatzrufleitung
interposition trunk Platzverbindungsleitung (Fsp), Übergabeleitung (Fsp)
interpret auswerten, bewerten, interpretieren
interpretation Auslegung, Deutung, Zeichenerklärung
interpretation of aerial photo Luftaufnahmeauswertung
interpretation of an instruction Auswertung einer Instruktion, Instruktionsauswertung
interpretation of card Lochstreifenübersetzung
interpretation of data Auswerten von Daten, Datenauswertung
interpretation of drilling results Auswertung, Auslegung od. Deutung von Bohrergebnissen
interpretation of indicator pattern Lesung des Schirmbildes (Avionik)
interpretation of information Auslegen von Nachrichten
interpretation of photography Bildauswertung
interpretation of rule Regelauslegung
interpretation, stratigraphic stratigraphische Auswertung od. Deutung, Schichteneinordnung
interpretation time Auswert(e)zeit
interpreter Dolmetscher, Interpretierprogramm

(dv), Lochstreifenübersetzer (Lochkarte, Lochstreifen(abstaster)(Fernschreiber), interpretierendes Programm, Interpretierer
interpreter, alphabetic Alphabetlochschrift-übersetzer
interpreter, card Lochschriftübersetzer
interpreter code Interpretiercode (dv)
interpreter emitter Impulsgeber
interpreter, input reader Eingabeler-/Interpret
interpreter installation Dolmetscheranlage, Simultananlage
interpreter, punched card Drucksatz
interpreter type bar Schreibfeld für Lochstreifenübersetzer (MB)
interpreting Interpretierung (dig), Übersetzen (Daten), Übertragung der Lochstreifen in Klartext
interpreting card punch Schreiblocher mit Lochschriftübersetzung, Schreiblocher mit Datenumformer
interpreting program Auswerteprogramm
interpreting routine interpretierendes Programm, Interpretierprogramm, Interpreter
interpretive interpretativ (Programm)(dig), Interpretiercode
interpretive program Auswerteprogramm, interpretierendes Programm, Interpretierprogramm, Interpreter
interpretive routine Intertierprogramm, interpretierendes Programm, Interpreter
interpretive system Pseudoprogramm
interpretive trace program interpretierendes Protokollprogramm
interpupillary distance Augenabstand
interrecord gap Satzlücke, -zwischenraum, Startstoppzwischenraum, startender Stopp-Zwischenraum, Start-Stopp-Lücke
interrecord sequence field Sortierfeld für Satzfolge
interrecord slack byte Füllbyte (zwischen logischen Sätzen)(COBOL)
interrogate abfragen
interrogate feature Abfrageeinrichtung
interrogating pulse Abfrageimpuls
interrogating radar Abfrageradargerät
interrogating signal Abfragesignal
interrogating sonar Abfragesonar
interrogating typewriter Abfrageblattschreiber
interrogation Abfrage, Abfragung
interrogation bandwidth Abfragestrahlbreite
interrogation coding Abfragecodierung
interrogation, counter Zählerabfrage
interrogation coverage Abfragereichweite
interrogation feature Abfragezusatz
interrogation frequency Abfragefrequenz
interrogation frequency air-to-ground transmission Abfragefrequenz Bord/Boden-Übermittlung
interrogation generator Abfrageimpulsgenerator
interrogation mark Fragezeichen
interrogation-path sidelobe suppression Nebenzipfelunterdrückung auf Abfrageweg
interrogation program Abfrageprogramm
interrogation pulse Abfrageimpuls
interrogation pulse pair Abfrageimpulspaar
interrogation radar Abfrageradar
interrogation range Abfragereichweite
interrogation recurrence frequency Abfragefolgefrequenz
interrogation signal Abfragesignal
interrogation, status Zustandsabfrage
interrogation-suppressed time delay Gesamtlaufzeit (Transponder)
interrogation terminal Abfragestation
interrogation trial Verhör
interrogation typewriter Abfrageblattschreiber
interrogator Abfragegerät, Abfragesender, Interrogator, impulsgetasteter Abfragesender
interrogator located on the ground Abfragegerät am Boden
interrogator receiver Abfrageempfänger
interrogator-responder Frage/Antwortgerät, Interrogator-Responsor
interrogator-responser Interrogator-Responsor
interrogator-responsor Abfragegerät
interrogator, signal Signalabfrageeinrichtung
interrogator transmitter Abfragesender
interrupt (flowchart) Grenzstelle, (Programm)-Unterbrechung, trennen, unterbrechen, abbrechen (Start)
interrupt address table Unterbrechungstabelle
interrupt analysis Unterbrechungsanalyse
interrupt, attenuation...request Anrufunterbrechung(sanforderung)
interrupt, automatic automatische Unterbrechung
interrupt, automatic program automatische Programmunterbrechung
interrupt bit Unterbrechungsstelle, Unterbrechbarkeitsstelle
interrupt channel Interruptkanal, Unterbrecherkanal
interrupt clause Unterbrechungsursache
interrupt-code register Unterbrechungs-Schlüsselregister
interrupt, communication Datenübertragungsunterbrechung
interrupt condition Unterbrechungsbedingung
interrupt, conditional program...request bedingte Anforderung an Programmsteuerung
interrupt, console...key Anruftaste
interrupt, console...request Anrufunterbrechung, Anforderung des Blattschreibers, Anforderung durch Anruftaste
interrupt, console...routine Blattschreiber-Unterbrechungsroutine
interrupt control block (ICB) Unterbrechungssteuerblock
interrupt decode Unterbrechungsanalyseroutine, Unterbrechungsdecodierer
interrupt decoder Routine zur Unterbrechungs-Entschlüsselung, Unterbrechungsanalyseroutine, Unterbrechungsdecodierer
interrupt decoding Unterbrechungsanalyse
interrupt distributor Unterbrechungsverteiler
interrupt, error...sequence control program Fehlerunterbrechungsfolgeprogramm
interrupt, external externe Unterbrechung-(sanforderung)
interrupt, fault Fehlerunterbrechung (FU)
interrupt flag Unterbrechermarke
interrupt flag register Unterbrechungs(marken)register (dig), Programmunterbrechungsregister
interrupt handling Unterbrechungsbehandlung
interrupt handling system Unterbrechungssystem
interrupt indication Unterbrechungsanzeige

interrupt, input/output Ein-/Ausgabeunterbrechung
interrupt level (Programm)unterbrechungsebene
interrupt, manual...request externe Unterbrechungsanforderung
interrupt mask Unterbrechungsmaske
interrupt mask register Unterbrechungsmaskenregister
interrupt mechanism Unterbrechungstechnik
interrupt mode Betriebsart "HALTEN", Betriebsart "EINGRIFF"
interrupt, multilevel mehrstufige Programmunterbrechung
interrupt pending Unterbrechung (Programmablauf) nicht abgefertigt (dig)
interrupt, pending anstehende od. schwebende Unterbrechung
interrupt, priority Vorrangsteuerung
interrupt, program control Unterbrechung der Programmsteuerung, Programmsteuerungs-Unterbrechung
interrupt, program controlled (PCI) programmgesteuerte Unterbrechung
interrupt, program system Programmunterbrechungssystem
interrupt register Unterbrechbarkeitsregister
interrupt request Unterbrechungsanforderung, Unterbrechungswunsch
interrupt request button Anruftaste
interrupt routine Eingriffsprogramm, Unterbrechungsprogramm
interrupt servicing Unterbrechungsbehandlung
interrupt signal Eingriffssignal, Unterbrechungssignal
interrupt state Unterbrechungszustand (dig)
interrupt status register Funktionszustandsregister, Unterbrechungszustandsregister
interrupt subsystem Untersystem zur Programmanforderung
interrupt system Unterbrechungssystem
interrupt technique Unterbrechungstechnik
interrupt, termination ablaufende Anforderung
interrupt, termination...pending Abschlußanforderung nicht abgefertigt
interrupt, unconditional program unbedingte Programmunterbrechung
interrupt, unconditional program...request unbedingte Anforderung an Programmsteuerung
interrupt weight Unterbrechungsgewicht
interruptability routine Unterbrechbarkeitsprogramm, -routine
interrrupted conditions wave unterbrochene ungedämpfte Welle
interrupted continuous wave unterbrochene ungedämpfte Welle
interrupted continuous-wave transmission Impulssenden
interrupted current Unterbrechungsstrom, Öffnungsstrom
interrupted cut (machine tool) unterbrochener Schnitt
interrupted d.c. zerhackter Gleichstrom
interrupted hardening gebrochenes Härten, Stufenhärten, Warmbadhärten
interrupted helical blade unterbrochener Schneckenflügel
interrupted hook teeth PU-Zahnung
interrupted quenching Warmbadhärtung, gebrochenes Härten, Stufenhärtung, Thermalhärtung
interrupted ringing selbsttätige Rufwiederholung (Fsp)
interrupted thread unterbrochenes Gewinde
interrupter Sicherungsklappe, Unterbrecher
interrupter contact Unterbrecherkontakt
interrupter disk Unterbrecherscheibe
interrupter disk trouble Lochscheibenfehler
interrupter mounting Unterbrechermontierung
interrupter or buzzer receiver Tickerempfänger
interrupter spark Unterbrecherfunke
interrupter spring Fliehbackenfeder, Unterbrecherfeder
interrupter spring shaft Unterbrecherfederwelle
interrupter switch Unterbrecherschalter
interrupter wheel Unterbrecherrad, -scheibe
interruptibility Unterbrechbarkeit
interruptible unterbrechbar
interrupting capacity Abschaltleistung, Abschaltvermögen, Ausschaltvermögen
interruption (Programm)unterbrechung, Zwischenruf, das Abbrechen
interruption arc Abreißbogen, Öffnungslichtbogen, Unterbrecherlichtbogen
interruption cable Hilfskabel, Notkabel
interruption, fault Fehlerunterbrechung
interruption-free unterbrechungsfrei
interruption frequency Unterbrechungsfrequenz
interruption in boradcasting Sendepause
interruption key Unterbrechungstaste
interruption noise Unterbrechungsgeräusch
interruption of a flight Flugunterbrechung
interruption of circuit Stromunterbrechung
interruption of column depth Unterbrechung der Spaltenhöhe
interruption of current Stromunterbrechung
interruption of work Arbeitsunterbrechung
interruption, pending anstehende od. schwebende Unterbrechung
intersect kreuzen, unterschneiden
intersecting hyperbolic fields gekreuzte Hyperbelfelder
intersecting line Schnittlinie
intersection Abzweigung, Einmündung (Rollbahn), Kreuzung von Start- u. Lande- od. Rollbahnen, Autobahnauffahrt, Kurskreuzung (Schnittpunkt zweier Vorleitstrahlen), Kreuzungsstelle (Gleise), Zusammentreffen zweier Schienenwege (Bahn), Unterschneidung von Flächen (math), Verschneidung von Flächen (math)
intersection angle Schnittwinkel
intersection at a very small angle schleifender Schnitt, Schleifschnitt (math)
intersection jog Durchschneidungssprung
intersection line Schnittkurve, -linie (math)
intersection of cross Kreuzung, Schnittlinie
intersection of gauge line (rail) theoretische Herzstückspitze
intersection of lodes (mining) Gangkreuz, Scharkreuz
intersection of runways Pistenkreuzung
intersection of two hyperbolic lines Schnitt zweier Hyperbelstandlinien
intersection point Kreuzpunkt, Schnittpunkt,

intersection, point of Schnittpunkt
intersection point of diagonals Diagonalenschnittpunkt
intersection sign (AGA) Kreuzungszeichen
intersection table Peiltischanlage
intersection take-off Start von einer Rollbahn, Einmündung aus..., Start von einer Rollbahneinmündung in Start- u. Landebahn
intersector Intersektionsschaltung (dv)
intersetting packing ineinandergreifende Packungsringe (w)
intersperse einsprengen, einstreuen
intersperse among, to verteilen zwischen
intersperse gangpunching stanzen mit durchsetzten Leitkarten
interspersed gangpunching Folgestanzen mit durchsetzten Hauptkarten, Gruppenstanzung aus Hauptkarten, Gruppenstanzen mit durchsetzten Leitkarten (lo)
interstage coasting antriebsloser Flug zwischen den Stufen
interstage compressor case Zwischenstufenverdichtergehäuse
interstage function Stufenfunktion, Funktion zwischen den Stufen
interstage punching Lochen zwischen den Zeilen einer Lochkarte (lo), Stanzen zwischen Lochkartenzeilen, Zwischenlochung
interstage section Verbindungsbaugruppe
interstate zwischen den einzelnen Bundesstaaten, zwischenstaatlich
interstate or foreign air commerce Luftaussenhandel, zwischenstaatlicher Lufthandel
interstation noise suppression Rauchunterdrückung
interstellar craft Weltraumschiff (interstellar zwischen den Sternen)
interstellar flight interstellarer Flug
interstellar space interstellarer Raum, Weltenraum
interstice Fuge, Furche, Lücke, Masche, Ritze, Zwischengitterplatz, Zwischengitterraum, Pore (im Gewebe)
interstice-synchronizing method Lücken-Synchronisierungsverfahren
interstitial Zwischengitteratom
interstitial diffusion Zwischengitterdiffusion
interstitial ion Zwischengitterion
interstitial mechanism Zwischengitter(platz)-mechanismus
interstitial pore Porenraum
interstitial position Zwischengitterplatz
interstitial space Porenraum, Porenvolumen, Zwischenraum
interstitial water Haftwasser (im Ölsand)
interstructure Unterteilung
intersystem interference Rauschen od. Störung zwischen den Systemen
intersystem combinations Interkombinationen
interthrough switch Zwischenstellenumschalter
intertoll dialing Fernwahl
intertrack bond Schienenquerverbinder
intertrack time displacement Zeitverschiebung des Lesesignals
intertripping Mitnahmeschaltung
intertropical innerhalb der tropischen Zonen
intertropical convergence zone intertropische Konvergenzzone
intertropical front intertropische Front, Grenze der Windströmung der N. u. S. Hemisphäre
intertropical weather front intertropische Wetterfront
interturbine nip Turbinenvorspannung
interturn capacitance Windungskapazität
interturn continuity test Spulenwindungsschlußprüfer
interturn short-circuit tester Spulenwindungsschlußprüfer
interval Abschnitt, Abstand, Intervall, Pause, Schnittlinie, Zwischenraum (zeitlich)
interval between graticule wires Fadendistanz
interval between gun Geschützzwischenraum
interval between pulse Impulspause
interval between two booking operations Pausenzeit zwischen zwei Buchungen
interval factor Ladefaktor, Pausenfaktor
interval of integration Integrationsintervall, Intervallschrift
interval of station Meßpunktabstand, Stationsabstand
interval of the hole Bohrlochabschnitt
interval of time Zeitabschnitt, -abstand
interval, output selection Ausgabeauswahlintervall
interval recording disk Kurzzeitmeßrad
interval rule Intervallregel
interval, significant kennzeichnendes Intervall
interval-signaling system Pausensignalanlage
interval spacing mechanism Intervallgeber
interval synchronizing method Lücken-Synchronisierungsverfahren
interval time register Intervallzeitregister
interval, time-slot (memory I/O control) Arbeitsintervall
interval timer Intervallzeitgeber, Schaltuhr
intervalve coupling Kopplung zwischen zwei Röhren, Röhrenkopplung
intervalvometer Bildfolgeregler
intervention Eingriff (in Programmablauf durch Eintasten von Daten)(dig)
interwinding capacity of a transformer Kapazität zwischen Transformatorwicklung
interword space Gruppenabstand, Wortabstand
intimatemixture Durchmischung
intimate threading zügiger Gang
intimately or homogeneously mixed innig gemisch
into the sun gegen die Sonne
intolerable unerträglich
intowind, to land gegen den Wind landen
intra-area communication Verständigung von Gebiet zu Gebiet, Fernmeldeverbindung innerhalb eines Kontrollbezirkes, Verbindung zwischen Bezirkskontrollstellen, Fernmeldeverbindung zwischen Bezirksstellen (S)
intraatomic interatomar
intrablock subgroup Binnenblockuntergruppe, Untergruppe innerhalb der Blöcke
intractable Bedienungsanforderung (dig)
intra-exchange call Internverbindung
intra-exchange traffic Internverkehr
intraformational breccia Konglomerat
intramolecular innermolekular
intramolecular chain innermolekulare Kette

intramolecular rearrangement innermolekulare Umlagerung
intranuclear im Kerninneren, innernuklear
intra-plant betriebsintern
intrapulse phase shifting Intrapulsphasenmodulation (Avionik)
intrarecord sequence field Sortierfeld für Kartenfolge
intrarecord slack byte Füllbyte (innerhalb logischer Sätze)(COBOL)
intrastate zwischen den Staaten
intrasystem systemintern
intra-system interference Störungen innerhalb eines Systems
intra-vehicular cover layer (IVCL) für Fahrzeuginneres geschaffene Feuerschutzanlage
intra-vehicular suit Anzug für Gebrauch innerhalb des Raumfahrzeugs
intrepid's ascent stage Aufstiegsbaugruppe des Intrepid
intricat kompliziert, verwickelt, schwierig (Werkzeugbau)
intricate spacecraft coupling ring Kupplungsrinfg für Raumflugkörper
intrinsic inner, innerlich, eigentlich, persönlich
intrinsic-barrier transistor Eigenleiterschicht-Transistor
intrinsic brillancy Flächenhelligkeit, -helle
intrinsic conduction Eigenleitung
intrinsic conductivity Eigenleitfähigkeit, Intrinsic-Leitfähigkeit
intrinsic density Intrinsicdichte
intrinsic error rate Ursprungsfehlerhäufigkeit (Fehlerhäufigkeit der Daten von Übertragung)
intrinsic fatigue resistance Ursprungsfestigkeit
intrinsic function eingebaute Funktion, interne Standardfunktion
intrinsic geometry of a surface innere Geometrie einer Fläche
intrinsic induction Magnetisierungsintensität
intrinsic magnetic flux density magnetische Polarisation
intrinsic magnetic moment magnetisches Eigenmoment
intrinsic or inner infrasonic innerer Infraschall
intrinsic radiance Strahlungsvermögen
intrinsic semiconductor Eigenhalbleiter
intrinsic temperature range Eigenleitungs-Temperaturgebiet
intrinsic transconductance Gegenwirkleitwert
intrinsic value eigentlicher, wahrer Wert
intrinsic viscosity Strukturviskosität, Grundviskosität
introduce bekannt machen, einführen
introduction letter Empfehlungsschreiben
introduction of automatic working Einführung eines Wahlbetriebs
introspection Introspektion (päd)
intruded body Intrusionsmasse
intrusion Intrusion (eindringen von feurig, flüssigen Gesteinen in Absatzgesteine)(geol)
intrusion detection and identification system Anlage zur Ortung u. Identifizierung von Eindringlingen (Radar)
intrusion detection system Einbruchmeldeanlage
intrusion of water Eindringen von Wasser (Bohrloch)
intrusive rock Intrusivgestein (geol)
intrusive sheet Lagergang, schichtenparalleler Gesteinsgang (geol)
intumescence Intumeszenz
intumescent schaumbildend
intumescent coating Brandblählack
inundation of a petroliferous bed Verwässerung einer erdölführenden Schicht (geol)
inundation of limit Hochwasserbett
inunvading flood(ing) Überschwemmung
invading fluid eindringende Flüssigkeit
invalid ungültig, formal falsch, falsch formatiert
invalid bit Ungültigkeitsbit (EDV)
invalid character unzulässiges od. verbotenes Zeichen
invalid character check Gültigkeitsprüfung, -kontrolle Plausibilitätskontrolle
invalid code ungültiger Code
invalid control signal unzulässiges Steuersignal
invalid data address unzulässige Datenadresse
invalid format entry formal falsche Angabe
invalid key ungültiger Schlüssel (COBOL)
invalidity travel and transport equipment Beschädigten-Fahr- u. Transportgerät
invalied address ungültige Adresse
invar Handelsmarke für 36% Nickelstahl, Invar
invariably ohne Ausnahme, unveränderlich, unweigerlich
invariance of a cybernetical system Invarianz eines kybernetischen Systems
invariancy Invarianz (math)
invariant invarinat (math)
invarsteel Invarstahl
invasion of the drilling fluid Eindringen der Bohrflüssigkeit
inventory Bestandsaufnahme, Inventar(verzeichnis), Einbringung, Einsatz, Inventur, Lagerbestand, Stückliste, Warenbestand
inventory account Sachkonto
inventory accounting Inventurabrechnung
inventory accounting monetary Bestandwertbuchführung, Inventurwertbuchführung
inventory accounting monetary code Inventurwertbuchführungscode
inventory, actual...availability Ist-Eindeckung
inventory adjustment Bestandsberichtigung, Inventurberichtigung
inventory adjustment voucher Inventurberichtigungsbeleg
inventory and inspection branch Inventur- u. Inspektionsabteilung
inventory and material accounting Bestands- u. Materialabrechnung
inventory asset aktivierbarer Bestand
inventory balance Inventurbestand, Ist nach Bestandsaufnahme
inventory building Lagerbildung
inventory calculation Bestandsrechnung
inventory control Bestandsführung, Lagerdisposition, Materialdisposition, Lagerkontrolle, Lagerwirtschaft
inventory count Bestandszählung, gezählter Bestand, Inventurzählung
inventory count card Inventurzählkarte, Zählkarte für Bestandsaufnahme

inventory counting card Inventurzählkarte
inventory cutoff voucher number letzte Belegnummer vor dem Inventurstichtag
inventory data Bestandsdaten, Daten der Bestandskarte
inventory deadline date Inventurstichtag, Stichtag der Bestandsaufnahme
inventory file Bestandskartei, auf Magnetband gespeicherte Bestandsdaten (lo)
inventory maintenance Bestandskontrolle, Bestandshaltung, Lagerhaltung (komm)
inventory management Lagerdisposition
inventory records Bestandsaufzeichnungen (Listen, Kartei)(komm)
inventory status report Lagerbestandsbericht, Bericht über Lagerbestand
inventory store Auskunftsspeicher, Bestandsspeicher (Platzreservierungssystem)(dig)
inventory system Bestandssystem (System für absatzweise Datenverarbeitung mit Lochkarten)(dv)
inventory theory Lagerhaltungstheorie
inventory turnover Lagerumschlag (komm)
inventory unbalance card Inventurdifferenzkarte
inventory updating Bestandsfortschreibung
inventory verification Inventurprüfung, Lagerbestandsprüfung
inverse entgegengesetzt, umgekehrt
inverse amplification factor Durchgriff (Elektron)
inverse anode voltage Anodensperrspannung
inverse common base circuit Basisschaltung "rückwärts" (Halbleiter)
inverse common collector circuit Kollektorschaltung "rückwärts"
inverse common emitter circuit Emitterschaltung "rückwärts"
inverse contangent Arcuskontangens
inverse correlation negative Korrelation
inverse current entgegengerichteter Strom Gegenstrom, Sperrstrom
inverse current or reflux Rückstrom
inverse direction Sperrichtung
inverse feedback Gegenkopplung, negative Rückkopplung
inverse feedback amplifier Gegenkopplungsverstärker
inverse flow Gegenfluß, -strom
inverse function reziproke Funktion, Umkehrfunktion (math)
inverse gain repeater jammer Wiederholstörsender in Gegenphase
inverse gate NICHT-Glied, Negationsglied, Negator, Inverter, NICHT-Schaltung, Negationsschaltung
inverse hour Inhour (Reaktivitätstechnik)
inverse hyperbolic function Area-Funktion
inverse induced entgegengesetzt gerichtet, induziert
inverse-induced current Gegenstrom (Fsp)
inverse integrator Inversschaltung (Analogrechner), Umkehrintegrator
inverse leakage current Sperrstrom
inverse locus of point inverse Ortskurve
inverse logarithm Numerus (math)
inverse matrix Kehrmatrix (math)
inverse modulation Gegenmodulation
inverse network umgekehrtes Netzwerk (Elektron)
inverse neutral telegraph transmission Einfachstrom-Arbeitsstrombetrieb (Drahtfernschreiben)
inverse niquist plot reziprokes Nyquistdiagramm
inverse of a matrix inverse Matrix
inverse of syllables Silbenumkehrung
inverse of the basis Inverse der Jacob'schen Matrix
inverse of viscosity Zähigkeitskehrwert
inverse operation inverser Betrieb (Halbleiter)
inverse operator inverser Operator
inverse-parallel connection Antiparallelschaltung
inverse peak voltage negative Spitzenspannung, Sperrspitzenspannung, Spitzensperrspannung
inverse period Sperrzeit
inverse photo-electric effect inverser photoelektrischer Effekt
inverse point Umkehrpunkt
inverse position computation Berechnung von Länge u. Richtung einer geodätischen Linie (zweite geodätische Hauptaufgabe)
inverse potential Gegenspannung, Sperrspannung
inverse power factor Leistungsfaktorkehrwert
inverse power law Schallausbreitungsgesetz
inverse probability Rückschlußwahrscheinlichkeit
inverse range integrator Integrator für Entfernungskehrweite
inverse ratio Reziprokizität, umgekehrtes Verhältnis
inverse rectifier Wechselrichter
inverse segregation umgekehrte Seigerung (Metallurgie)
inverse simulation (automatic control) inverse Simulation
inverse sine transformation ARC-Sine-Transformation
inverse-speed characteristic Reihenschlußverhalten, weiches Drehzahlverhalten
inverse-speed motor Reihenschlußmotor
inverse square law quadratisches Entfernungsgesetz, photometrisches Entfernungsgesetz (Optik), Schallausbreitungsgesetz (quadratisch)
inverse standing wave ratio Anpassungsfaktor
inverse tangent Arcustangens
inverse taper wing umgekehrter Trapezflügel
inverse time delay mit abhängiger Verzögerung (Überstromschutz)
inverse time element Trägheit (Sicherung)
inverse time lag unabhängig verzögert
inverse time-lag circuit breaking reziprok abhängig verzögerte Auslösung
inverse time lag relay reziprok abhängiges Zeitrelais
inverse-time limit overcurrent relay unabhängiges Überstromzeitrelais
inverse-time relay Invertzeitrelais
inverse transducer Prüfschwinger (Torpedo)
inverse transducer dial Prüfschwingskala (Torpedo)
inverse transform Rücktransformation
inverse trigonometric zyklometrisch (math)
inverse trigonometric(al) function Arcusfunktion, zyklometrische Funktion
inverse value Reziprokwert
inverse voltage Gegenspannung, Sperrspannung,

Rückwärtsspannung (Halbleiter)
inverse voltage feedback Spannungsgegenkopplung
inversely filled in umgekehrter Ladungsfolge laboriert
inversely proportional umgekehrt proportional
inversely proportional quantities umgekehrt proportionale Größen
inversing mapping inverse Abbildung
inversion Höhenverkehrung (Optik), boolesche Komplementierung, NICHT-Verknüpfung, Negation, Inversion (eines Halbleiters), Überkippung, Kappenumkehrung (Fsch)
inversion condition Inversionswetterlage, stabile Luftschichtung
inversion density Inversionsdichte
inversion error überspringende Vertauschung
inversion factor Inversionsfaktor
inversion frequency Inversionshäufigkeit
inversion in space Inversion im Raum
inversion layer Inversionsschicht
inversion of image Bildaufrichtung
inversion of precipitation Niederschlagsinversion
inversion of temperature Temperaturumkehr
inversion of the configuration Konfigurationsumkehrung
inversion point Inversionspunkt
inversion temperature Inversionstemperatur
inversity proportional in umgekehrtem Verhältnis, umgekehrt proportional
inversor Inversor (Photo)
invert, to hochkant, umkehren, umwenden, um 180 Grad drehen, hochkant stellen, in Kehrlage bringen, umdrehen, umstülpen, invertieren
invert back, to wechselrichten
invertable blade (screwdriver) Umsteckklinke
inverted antenna Antenne mit Strahlumkehr (Cassegrain-Antenne)
inverted carburetor Fallstromvergaser
inverted commas Anführungszeichen
inverted cone umgekehrter Kegel (Antenne)
inverted crosstalk unverständliches Nebensprechen (durch Invertieren)
inverted cup seal Hutmanschette
inverted engine Motor mit hängendem Zylinder
inverted file invertierte Datei
inverted flight condition Rückfluglastfall
inverted flying Rückflug
inverted fold übergekippte Falte (Fsch)
inverted gull wing umgekehrter Knickflügel
inverted image auf dem Kopf stehendes Bild
inverted-image range finder Invertentfernungsmesser, Invertmeter
inverted in-line engine Reihenmotor mit hängendem Zylinder
inverted L antenna L-Antenne
inverted load Rückenbelastung
inverted loop Looping aus Rückenlage
inverted machine Induktionsmotor mit Läuferspeisung u. kurzgeschlossenem Ständer
inverted normal loop Looping aus Rückenlage nach unten
inverted or divided image Kehrbild
inverted outside loop Looping aus Rückenlage nach oben
inverted plan view Ansicht nach unten
inverted print edit Austausch von Dezimalpunkt u. -komma
inverted rotary converter Gleichstrom/Wechselstrom-Einankerumformer
inverted speech invertierte od. verschlüsselte Sprache
inverted stereo pseudoskopischer Effekt
inverted thermionic valve Elektronenröhre deren Kathode zw. Gitter u. Anode liegt
inverted-type carburetor Fallstromvergaser
inverted-type engine Motor mit hängendem Zylinder
inverted V negative V-Stellung
inverted V-twin engine hängender Zweizylinder-V-Motor
inverted valve hängendes Ventil
inverter Inverter, Umformer, Wechselrichter
inverter (NOT-circuit) Inverter
inverter (thyratron) Inverter, NICHT-Glied, Negationsglied, Negator, NICHT-Schaltung, Negationsschaltung
inverter failure warning lamp Störungs-Warnlampe
inverter ground test switch Umformer-Bodenprüfschalter
inverter module Umkehrglied, Umkehrmodul
inverter, static statischer Wandler od. Wechselrichter
inverting prism Umkehrprisma
inverting stage Umkehrstufe
invest capital, to Kapital investieren
investigate erforschen, prüfen, untersuchen
investigate closly, to unter die Lupe nehmen
investigation Ermittlung, Nachforschung, Prüfung, Untersuchung
investigation board Untersuchungsausschuß
investigation, geophysical geophysikalische Untersuchung od. Nachforschung
investigation in series Serienprüfung, Reihenprüfung, -untersuchung
investigation of safety Sicherheitsuntersuchung (av)
investigation on the functional process Untersuchung über Funktionsablauf
investigation, regional Regionaluntersuchung
investing heavily in test and repair facilities Investitionsaufwand für Prüf- und Reparaturanlagen (Flugzeugwartung)
investment Anlage (Handel)
investment company Kapitalanlagegesellschaft
investment incentive Investitionsanreiz
investment portion of the premium Sparprämie
investment tax credit Investitionssteuervergünstigung
investment tax credit system Investitionsförderungsgesetz
investmoney in, to Geld hineinstecken in
invigilator Überwachungsgerät
inviscid fluid reibungsfreie Flüssigkeit
invisible radiation beyond the violet Dunkelstrahlung
invitation Einladung, Ladung
invitation to tender Aufforderung zur Abgabe eines Angebotes, Ausschreibung (komm)
invoice Rechnung, spezifische Warenrechnung
invoice amount Rechnungsbetrag
invoice auditing Rechnungsprüfung (komm)

invoice clerk Fakturist
invoice control Rechnungskontrolle
invoice duplicate Rechnungsdurchschrift
invoice, to fakturieren
invoicing computer Fakturiercomputer
invoicing machine Fakturiermaschine
involute Evolvente, Abwicklungskurve
involute form evolventenförmige (Zähne eines Zahnrades), Evolventenprofil (der Zähne eines Zahnrades)
involute gear Evolventenrad, Zahnrad mit Evolventenverzahnung
evolute gear cutter scheibenförmiger Zahnradfräser
involute of a circle Abwicklungskurve eines Kreises, Kreisevolvente
involute tooth Evolventenzahn
involute helical gear Evolventenschrägzahnrad
involute helicoid surface schraubenförmige Evolventenfläche
involute screw Evolventenschraube
involute-tooth gear Evolventenverzahnung, Evolventenrad
involute-tooth system Evolventenverzahnung
involute worm Evolventenschnecke
involution Potenzierung, Zurückbildung
involve einbeziehen, mit sich bringen, verwickeln in
involving and experimental payload experimentale Nutzlast in die Umlaufbahn befördern (sp)
inwall Kernmauerwerk
inwardly im Inneren, innerlich
I/O area Ein/Ausgabebereich
I/O buffer Ein/Ausgabepufferspeicher, Ein/Ausgabepuffer
I/O cable Ein/Ausgabekabelstrang
I/O channel Ein/Ausgabekanal
I/O channel queue list Liste der Kanalwarteschlange
I/O channel register Kanalregister
I/O code converter Ein/Ausgabe-Codewandler
I/O control Ein/Ausgabe-Steuerung
i-o-control Eingabe-Ausgabe-Steuerung
I/O control macro Makroaufruf zur Ein/Ausgabesteuerung
I/O control program Ein/Ausgabesteuerprogramm
I/O control routine Ein/Ausgabesteuerprogramm
I/O control system (IOCS) Ein/Ausgabesystem (EAS), Ein-Ausgabe-Steuersystem
I/O date Ein/Ausgabedaten
I/O device Ein/Ausgabegerät, E/A-Gerät
I/O error Ein/Ausgabefehler
I/O instruction Ein/Ausgabebefehl
I/O interface Ein/Ausgabe-Schnittstelle, E/A-Schnittstelle (Standard-Schnittstelle)
I/O medium Ein/Ausgabemedium, E/A-Datenträger
I/O multiplexer Sammler/Verteiler
I/O operation Ein/Ausgabeoperation
I/O processor Ein/Ausgabeprozessor, E/A-Prozessor
I/O program Ein/Ausgabeprogramm
I/O queue address list Adreßliste der E/A-Warteschlange
I/O rester supervisor call Ein/Ausgabeaufruf, E/A-Aufruf
I/O unit Ein/Ausgabeeinheit, E/A-Einheit
IOCS input/output controller system
iodic acid Jodsäure
iodide Jodid, Jodsalz
jodiferous jodhaltig
jodine bromide Bromjodid, Bromjod
iodine chloride Chlorjod, Jodchlorid
iodine colour scale Jodfarbzahl, JFZ
iodine index Jodzahl
iodine monochloride Einfachchlorjod, Jodchlorür
iodine number Jodzahl
iodine pentoxine Jodpentoxyd
iodine test Jodprobe
iodine titrochloride Jodchlorid
iodizing (of a negative) jodieren
iodometric jodometrisch
iodyrite Jodsilber
ion accelerator Ionenbeschleuniger
ion activity Ionenaktivität
ion associates Ionenassoziaten
ion avalanche Ionenträgerlawine
ion beam Ionenstrahl(ung)
ion-beam micromachining technique Ionenstrahl-Mikroschneidetechnik
ion beam scanning massenspektrometrische Ionenstrahlanalyse
ion beam sputtering Ionenstrahlzerstäubung
ion burn Ionenfleck
ion chamber Ionisationskammer
ion cloud or clust Ionenwolke
ion collection Ionensammlung
ion column Ionensäule
ion compensation Ionenzusammensetzung
ion concentration Ionendichte, Ionenkonzentration, Ionenzahl
ion conduction Ionenleitung, Leitung II. Ordnung
ion counter Ionenzähler, Ionisationsmesser
ion current Ionenstrom
ion-current integrator Ionenstrom-Integriergerät
ion deflection Ionenablenkung
ion density Ionendichte, -konzentration
ion detector Ionensonde, -detektor
ion-dipole bond heteropolare Bindung, Ionenbindung
ion dose rate Ionendosisrate
ion emission Ionenabgabe
ion engine Ionenantrieb, Ionentriebwerk, Ionenstrahltriebwerk
ion etching method Ionenätzverfahren
ion exchange Ionenaustausch
ion-exchange column Ionenaustauschsäule
ion-exchange resin Ionenaustauschharz
ion-exchange resin adsorption Adsorption an Ionenaustauschharz
ion-exchange separation Trennung durch Ionenaustausch
ion exchanger Ionenaustauscher
ion feedback Ionisationsdosimeter
ion flotation Ionenflotation
ion-formed ionenbildend
ion gauge Ionisationsmanometer
ion getter pump Ionen(getter)pumpe
ion gun Ionenkanone, -quelle
ion implantation Ioneneinpflanzung, Ionenimplantation (Halbleiter)
ion laser Ionenlaser
ion microprobe analyzer Ionenstrahlmikrosonde
ion microthruster Ionen-Ausstoßtriebwerk

ion migration Ionenwanderung
ion mobility Ionenbeweglichkeit (chem)
ion motor Ionenantrieb, Ionen(strahl)triebwerk (Raumfahrt)
ion motor, electrostatic elektrostatisches Ionen(strahl)triebwerk
ion pair (yield) Ionenpaar(ausbeute)
ion propulsion Ionenantrieb (Rakete)
ion-propulsion engine Ionenstrahltriebwerk
ion rocket Ionenrakete
ion sensor Ionensensor (Raumfahrt)
ion sheat Ionenschicht
ion source Ionenquelle
ion spot Einbrennfleck, Ionenfleck, Ionenbrennfleck
ion spreading Ionenspreizung
ion therapy or transfer Ionophorese
ion thruster Ionenantrieb, elektrostatischer Antrieb, Ionen(strahl)triebwerk (Raumfahrt)
ion trap Ionenfalle, Ionenfänger
ion yield Ionenausbeute
ionic atmosphere Ionenwolke
ionic beam Ionenstrahlen, -strahlung
ionic binding Ionenbindung
ionic bond Elektrovalenz, (hetero)polare Bindung, Ionenbindung
ionic centrifuge Ionenschleuder, -zentrifuge
ionic charge Ionenladung
ionic cleavage Ionenspaltung
ionic cloud Ionenwolke
ionic collision Ionen(zusammen)stoß
ionic colour Ionenfarbe
ionic compound heteropolare Verbindung, Ionen(ver)bindung
ionic concentration Ionendichte, Ionenkonzentration
ionic conduction Ionenleitung
ionic-conduction current Ionenleit(ungs)strom
ionic conductivity Ionenäquivalentleitfähigkeit, Ionenleitfähigkeit
ionic content Ionengehalt
ionic core Ionenrumpf
ionic current Ionenstrom
ionic discharge device Ionenableiter
ionic dissociation elektrolytische Dissoziation
ionic focusing Gaskonzentration
ionic friction Ionenreibung
ionic-heated cathode entladungsgeheizte Kathode, Selbstaufheizkathode
ionic hypothesis Ionentheorie (chem)
ionic interference Ionisationsstörung
ionic lattice Ionengitter (chem)
ionic link heterpolare Bindung
ionic linkage Ionenbindung
ionic loudspeaker Ionenlautsprecher
ionic microphone Ionenmikrophon
ionic migration Ionenwanderung
ionic mobility Ionenbeweglichkeit
ionic modulation Ionenmodulation (Antenne)
ionic product Ionenprodukt
ionic quantimeter Ionendosimeter
ionic radius Ionenradius
ionic reaction Ionenreaktion
ionic replacement Ionenaustausch
ionic semiconductor Ionenhalbleiter
ionic series Ionenreihe
ionic sound source Ionenschallquelle
ionic spread Ionenspreizung
ionic state Ionenzustand
ionic strength Ionenstärke
ionic surface active agent ionogenes Tensid
ionic theory Ionentheorie
ionic tube Ionenröhre
ionic valence Ionenwertigkeit (chem)
ionic valve Elektronenröhre, -ventil, Ionenröhre, -ventil, weiche Röhre
ionic velocity Ionengeschwindigkeit
ionic wind elektrischer Wind, Ionenwind
ion-ion recombination Ion-Ion-Rekombination
ionium Ionium
ionizable ionisierbar
ionization Ionisation, Ionisierung
ionization breakdown voltage Ionisationsspannung
ionization by collision Stoßionisation
ionization by impact Stoßionisation
ionization calorimeter Ionisationskalorimeter
ionization chamber Ionisationskammer
ionization chamber detector Strahlungsmeßgerät mit Ionisationskammer
ionization chamber region Ionisationskammerbereich
ionization coefficient Ionisierungskoeffizient, Ionisationskoeffizient
ionization constant Ionisationskoeffizient, Ionisationskonstante
ionization cross section Ionisierungsquerschnitt
ionization current Ionisationsstrom
ionization density Ionisierungsdichte
ionization, dissociative dissoziative Ionisierung
ionization dose meter Ionisationsdosimeter
ionization dosimeter Ionisationsdosismesser, -meter
ionization energy Ionisationsarbeit, Ionisationsenergie, Ionisierungsenergie, -arbeit
ionization energy, lowering Reduktionsionisierungsenergie
ionization frequency Ionisierungshäufigkeit
ionization gauge Ionisationsmanometer, Vakuum-Meßröhre (nach Ionisationsprinzip)
ionization loss Ionisationsverlust, Ionisierungsverlust
ionization manometer Ionisationsmanometer
ionization-manometer tube Ionisationsmanometerröhre
ionization of molecules of oxygen and nitrogen Ionisierung der Sauerstoff- u. Stickstoffmoleküle
ionization path Ionisierungsbahn
ionization pocket chamber Taschenionisationskammer
ionization potential Ionisierungspotential, Ionisierungsenergie, Ionisationsspannung, Ionisierungsspannung
ionization probability Ionisierungswahrscheinlichkeit
ionization pulse Ionisationsimpuls
ionization pump Ionenpumpe (Vakuum)
ionization rate Ionisationsgeschwindigkeit
ionization space Ionisierungsraum
ionization state Ionisationszustand
ionization, stepwise Ionisierung in Stufen
ionization striking voltage Ionisationsspannung,

Entladespannung
ionization time Aufbauzeit, Ionisierungszeit
ionization track Ionisierungsbahn
ionization type vacuum gauge tube Ionisationsmanometerröhre
ionization vacuum gauge Ionisationsmanometer
ionization voltage Ionisierungsspannung
ionizator Ionisator
ionized ionisiert
ionized argon laser Argonlaser
ionized cloud ionisierte Wolkenbank, Ionenwolke
ionized exhaust gas flow ionisierter Abgasstrom
ionized layer Ionisationsschicht, ionisierte Schicht
ionizer Ionisierungsmittel, Ionisator
ionizing energiereich
ionizing agent Ionisierungsmittel
ionizing capacity Ionisierungsvermögen
ionizing circuit Ionisationskreis
ionizing collision Ionisierungsstoß
ionizing electrode Ionisierungselektrode
ionizing energy Ionisierungsarbeit, -energie
ionizing event Ionisationsvorgang, -akt
ionizing particle ionisierendes Teilchen
ionizing power Ionisierungsvermögen
ionizing radiation ionisierende Strahlung
ionizing rays ionisierende Strahlen
ionizing solvent ionisierendes Lösungsmittel
ionizing time Aufbauzeit, Ionisierungszeit
ionizing voltage Zündspannung
ionodyn ionodyn
ionofon Ionophon
ionogenic ionenerzeugend
ionogenic complex ionogener Komplex
ionogram Ionogramm
ionomer Ionomer (pla)
ionometer Ionometer (chem, radioaktiv)
ionophoresis Ionophorese (chem)
ionoquantimeter Röntgenstrahlenmesser
ionore Ionenrumpf
ionoscope Bildspeicherröhre, Ionograph, Ionoskop
ionosphere Heavysideschicht, Ionosphäre, ionosphärische Absorption
ionosphere disturbance Störung der Ionosphäre
ionosphere sounding Echolotung der Ionosphäre
ionospheric absorption Absorbierung in der Ionosphäre
ionospheric change Ionosphärenänderung
ionospheric disturbance Störung der Ionosphäre
ionospheric disturbance forecast ionosphärische Störungsvorhersage
ionospheric path error Peilfehler durch Ionosphäre, Raumwellenfehler
ionospheric prediction ionosphärische Vorhersage
ionospheric ray or wave Raumwelle (Elektron)
ionospheric region Ionosphärenschicht
ionospheric scatter ionosphärische Streuausbreitung
ionospheric storm Ionosphärensturm
ionospheric wave ionosphärische Welle, Ionosphärenwelle
ionotherapy Ionentherapie
ionotophoresis Ionentherapie, Ionophorese
ionotropy Ionentautomerie (chem)
IOR input/output register
IOS input/output system
I-pin I-Stütze
I-pin I-Stütze
IP initial point
I/P identification of position
IP compressor MD-Verdichterrotor
IP stator MD-Verdichterleitapparat
IPL (initial program loader) Urlader
IPL block Ureingabeblock
IPL record Ureingabeblock
IPOT inductive potentiometer
IR ice of runway
IR Infrarot
IR intermediate register
IR decoy IR-Scheinziel, IR-Täuschstrahler, Infrarottäuschstrahler (Radar)
IR detector using mercury cadmium telluride (MCT) IR-Detektor auf Quecksilber-Cadmiumtellurid-Basis (Radar)
IR drop Ohmscher Spannungsabfall
IR forest fire detector Infrarot-Waldbranddetektor
IR, forward looking nach vorne gerichtetes Infrarotgerät
IR linescan camera IR-Zeilenrasterkamera (Zielverfolgungsradar)
IR spectrometer Infrarotspektrometer
IR warning Infrarotwarndetektor
IR/TV guidance system IR- und TV-Lenksystem (Zielverfolgungsradar)
IR/UV scanner IR/UV-Scanner
IRF interrogation recurrence frequency
iridesce, to irisieren
iridescence Irisation, Schillern (Erdöl)
iridescent irisierend
iridize irisieren
iridizing Changierung
IRIG (interrange instrumentation group)
irising in and out Iris-Auf- u. Abblendung
iron Holzkohlenroheisen
iron-asbestos gasket Eisen-Asbestdichtung
iron alum Eisenalaun
iron box Eisenmuffe
iron carbide kohlensaures Eisen
iron cast directly from the blast furnace Hochofenguß
iron cement Eisenkitt
iron circuit Eisenkreis, Eisenweg
iron-clad eisenbewehrt, eisenumgeben, gepanzert
iron-clad ammeter gekapselter Strommesser
iron-clad electric motor eingekapselter Elektromotor, Panzermotor
iron-clad plate Panzerplatte
iron clay or steel clad coil Topfkernspule
iron clay Toneisenstein, Sphärosiderit
iron clipper Kabeleisenklipper
iron-constantan couple Eisen-Konstantan-Thermoelement
iron container Eisenbehälter, Eisenwanne
iron-core coil Eisen(kern)spule
iron-core frame aerial or antenna Eisenrahmenantenne
iron-core inductance Eisenkerninduktivität
iron-core loop aerial Eisenrahmenantenne
iron-core transformer Eisen(kern)transformator
iron-cored inductor Eisendrossel
iron-dust (cored) coil Eisen(staub)kernspule, Massekernspule, Staubkernspule
iron-dust core Eisenpulverkern, Eisenstaubkern, Massekern

iron filament ballast tube Eisenwasserstoffstromregulatorröhre, Eisenwasserstoffwiderstandsröhre, Eisenwiderstand, Röhre beruhend auf Eisenwiderstand
iron filling Eisenfeilspan
iron handed übersteuert (Flugzeug durch Piloten)
iron hydrogen resistance Eisenwasserstoffröhre, Eisenwasserstoffwiderstand
iron jacket Eisenmantel, Eisenummantelung
iron lamination Eisenblatt, -paket
iron man automatisches Kurssteuergerät
iron mike Kreiselsteuerung (slang)
iron modulator Eisenmodulator
iron nipper Kabel(ar)schäkel
iron nitride Eisennitrid, salpetersaures Eisen
iron of ferric chloride Chloreisen
iron ore, brown Brauneisen(erz), Brauneisenstein, Limonit
iron oxide layer Eisenoxidbeschichtung
iron phosphide Phosphoreisen
iron pipe Eisenrohr, -röhre
iron-plate box Eisenblechmuffe
iron plating Panzerung
iron post Eisenständer, -träger
iron-power core Eisenmassekern, Eisenpulverkern
iron pyride Eisenkies, Pyrit, Schwefelkies (Mineral)
iron rivet Eisenniet
iron rust Eisenrost
iron scales Eisenhammerschlag
iron shield Eisenpanzer(ung)
iron-stone, argillaceous Sphärosiderit, Toneisenstein
iron-vane instrument Dreheiseninstrument
iron whipping Eisendrahtumspinnung, Eisenwicklung, Krarupumspinnung
ironwork eisernes Bauzeug, Hüttenwerk
irradiance Bestrahlungsstärke
irradiate, to bestrahlen
irradiated fuel bestrahlter Spaltstoff
irradiated fuel store (reactor) Gruftgebäude
irradiated plastics bestrahlter Kunststoff
irradiated point Strahlauftreffpunkt
irradiated slug bestrahlter Spaltstoffblock
irradiation Leuchten, Strahlen, Überstrahlung, Irradiation, Lichthofbildung, Bestrahlen (radioaktiv), Einstrahlung (phys), Strahlungsintensität (phys), Durchstrahlung (radioaktiv)
irradiation apparatus Bestrahlungsapparat, Bestrahlungsgerät, -kanone
irradiation at long distance Fernbestrahlung
irradiation at short distance Nahbestrahlung
irradiation bridge stand Bestrahlungsbrücke
irradiation by solar rays Sonnenbestrahlung
irradiation casing Bestrahlungsgehäuse
irradiation channel Bestrahlungskanal, Bestrahlungstunnel (radioaktiv)
irradiation damage Strahlungsschaden
irradiation drum Bestrahlungstrommel
irradiation hole Bestrahlungskanal
irradiation injury Strahlenbeschädigung, Strahlenschaden
irradiation product Bestrahlungsprodukt
irradiation reactor Bestrahlungsreaktor
irradiation sickness Strahlenkrankheit
irradiation stand Bestrahlungsstativ
irradiation time Bestrahlungszeit
irradiation vessel Bestrahlungsgefäß
irradiator Strahler
irrational gegensinnig, irrational, widersinnig
irrational fraction irrationaler Bruch (math)
irrational number irrationale Zahl (math)
irrational ratio irrationales Verhältnis
irrationality Irrationalität
irreducibility Unzerlegbarkeit
irreducible radical irreduzible Wurzel (math)
irregular unregelmäßig
irregular air carrier Bedarfs(luft)verkehrsunternehmen
irregular engine operation Motorstörungen (Otto-, Dieselmotor)
irregular error unregelmäßiger instrumenteller Fehler, zufälliger instrumenteller Fehler
irregular lode unregelmäßiger od. unterbrochener Gang
irregular removal rate außerplanmäßige Ausbauquote
irregularity belangloser Fehler, Ordnungswidrigkeit, Unebenheit (Boden), Ungleichförmigkeit (Werkstück)
irresolvable nicht mehr auflösbar (math)
irrespective ohne Rücksicht auf, unabhängig von
irreversible control irreversible Steuerung, selbsthemmende Steuerung
irreversible magnetic process irreversibler magnetischer Vorgang
irreversible process nicht umkehrbarer Vorgang
irreversible surface selbsthemmendes Ruder
irreversibly nicht umkehrbar, irreversibel
irritant Reizgas, -mittel, -stoff
irritant agent reizender Kampfstoff
irritant candle Reizkerze
irritant capsule Reizkapsel, -würfel
irritant gas candle Reiztopf
irritant-gas generator Reizgastopf
irritant gas projectile Reizgasgeschoß
irritant training agent Übungsreizstoff
irritating agent Reizkampfstoff
irritating smoke Dampf von Reizgasen
irrotational field wirbelfreies Feld
irrotational flow drallfreie Strömung
IRSTS (infra-red search and track system) IR-gestütztes Zielsuch- und -verfolgungssystem
ISAM (index sequential access method) indiziert sequentielle Zugriffsmethode
ISAR (inverse synthetic-aperture radar) technique ISAR-Technologie
ISAS institut of space and aeronautical science
isallobar Linien gleichen Druckes (meteo)
I-scope I-Bildschirm
I-section I-Profil
ISD internal symbolic dictionary
ISD card Internadreßkarte
isentropic expausion isentropische Expausion
isinglass Hausenblase, Marienglas
I-signal (in-phase signal) I-Signal (phasenrichtiges Buntsignal für Farben der I-Linie im Farbtondiagramm)
island Leitungssammelhalterung
island of resistance or pocket Widerstandsnest

ISLS interrogation path sidelobe suppression
isobar Isobare, Linien gleichen Luftdrucks
isobaric isobar
isobaric chart Isobarenkarte, Luftdruckkarte
isobaric control Gleichdruckregelung (Kabinendruck), Gleichdruckregler (Kabinendruckregelung), Gleichdrucksteuerung
isobaric pressure gleichbleibender Druck
isobaric space Spin-Konfigurationsraum
isobaric spin quantum number Isotopenspin-Quantenzahl, Kernspin-Quantenzahl
isobaric transformation isobare Umwandlung
isobarometrical racking apparatus isobarometrischer Faßfüllapparat
isobath or depth contours Isobaten
isobront Isobronte
isobrontic chart or map Isobrontenkarte
isobronton Isobronte
isobutyl Isobutyl
isocandela curve Kurve gleicher Lichtstärke
isocenter Isozentrum
isocenter triangulation Radialtriangulation mit winkeltreuen Punkten
isochoric adiabatic flame temperature isochore adiabatische Verbrennungstemperatur
isochromatic farbwertgleiche Dichte (Foto), isochromatisch, gleichfarbig
isochromic isochromatisch
isochromous curve Isochrome
isochronal gleichdauernd
isochrone Linien gleicher Zeit
isochrone determination Standlinienbestimmung mit Hilfe von Isochronen
isochrone line of equal time Zeitlinie
isochronism gleich schneller Gang, zeitlicher Gleichlauf, Isochronismus
isochronous periodisch mit gleichbleibender Frequenz
isochronous cyclotron Isochronzyklotron
isochronous distortion Gleichlaufverzerrung
isochronous margin Gleichlaufspielraum
isoclinal von gleicher Inklination
isoclinal fold Isoklinalfalte (geol)
isoclinals Linien mit gleicher Neigung
isocline Isoklinalfalte (geol)
isocline line Isokline, Linie gleicher Inklination (geol)
isoclinic wing drehelastischer Flügel
isoclinics Isoklinen (geol)
isoclinics line isoklinische Linie (geol)
isocount contour Isoimpulskurve
isocount surface Isoimpulsfläche
isodiaphere isodiapher
isodimorphism Isodimorphie
isodose (curve surface) Isodose, gleichmäßig
isodose chart Isodosenkarte
isodose contour Isodosenkurve
isodose curve Isodosenkurve, Kurve mit gleicher Dosis
isodose recorder Isodosenschreiber
isodose surface Isodosenoberfläche
isodrome Isodrome
isodynamic line Isodyname, Linie mit gleicher Kraftwirkung
isoelastic gyro isoelastischer Kreisel
isoelectric point isoelektrischer Punkt
isoelectronic isoelektronisch
isogal Linie gleicher Schwere (geol)
isogam Isogamme, Linie gleicher Schwerewerte
isogon Linie gleicher Ortsmißweisung, Isogone, Mißweisungsgleiche
isogonal gleichwinklig, winkeltreu
isogonality Gleichwinkligkeit, Winkeltreue
isogonic Isogone
isogonic chart or map Isogonenkarte, isogonische Karte
isogonic line Isogone, Linie gleicher Deklination, Linie gleicher magnetischer Mißweisung (geol, seismologisch)
isogram Isogramm
isogrivs Isogriven
isohydric isohydrisch
isohypsal chart or map Isohypsenkarte
isolac Isolierlack
isolate, to (GB) extrahieren (dv), herausziehen
isolated activity isolierter Vorgang
isolated area geschützter Bereich
isolated basin abflußlose Wanne
isolated element invariantes Element
isolated location geschützte(r) Speicherzelle, Speicherplatz, Gruppenspeicherplatz in Kassetten
isolated pore Einzelpore
isolated standoff terminal Abstandsisolator
isolated thunderstorms vereinzelte Gewitter
isolated vehicle Einzelfahrzeug
isolating capacitor Sperr-, Trennkondensator
isolating choke Trenndrossel
isolating cock Absperrhahn
isolating diode Trenndiode
isolating link Trennlasche
isolating pump warning light Isolierpumpenwarnlampe
isolating resistor Entkopplungswiderstand, Trennwiderstand
isolating switch Trenn(schutz)schalter
isolating tap Abstellhahn
isolating tube Absperrröhre, Isolierröhre, Trennröhre
isolating valve Absperrventil, Isolierventil
isolation Abdämmung, Absonderung, Abtrennung, Entkopplung, Isolation, Isolierung, Schutz, Sperrung, Trennung
isolation amplifier Trennungsverstärker
isolation apparatus Ausscheidungsapparat
isolation area Isolationsgebiet
isolation booth Schallschutzkabine
isolation diode Trenndiode
isolation from the open sea Abschnürung vom offenen Meer (geol)
isolation of malfunction Störungssuche
isolation procedure Störungssuche
isolation quarters Absonderungsabteilung, Isolierstation
isolation resistor Trennwiderstand
isolation transformer Trenntransformator
isolation valve Absperrventil
isolator Isolationsmittel, Isolator, Richtleiter, Richtteiler, Richtungsisolator, Richtungsleitung, Trenner, Trennschalter
isolator chain Isolatorenkette
isolator stage Pufferstufe, Trennstufe
isoline Isoline
isolux line Isoluxe (Linie gleicher Beleuchtungsstärke)
isomagnetic isomagnetisch

isomagnetic isomagnetisch
isomer Isomer (chem), Isomere (met.)
isomer separation Isomerentrennung
isomeric branching isomere Verzweigung
isomeric level isomeres Niveau
isomeric nucleus isomerer Kern
isomeric state isomerer Zustand
isomeric transition Isomerer Übergang
isomerism Isomerie
isometric isometrisch
isometric axle isometrische Achse
isometric chart isometrisches Schaubild
isometric contraction isometrische Kontraktion
isometric latitude isometrische Breite
isometric projection isometrische Projektion
isometric view isometrische Ansicht
isomorphic extension field äquivalenter Erweiterungskörper
isomorphism Isomorphismus
isomorphous homöomorph, isomorph, gleichgestaltet
isomorphy Isomorphie
isomyl alcohol Isomylalkohol
isopach Konvergenzlinie, Linie gleicher Mächtigkeit, Mächtigkeitslinie
isopach map Mächtigkeitskarte
isophot curve Lampe, Isophote (Linie gleicher Energiestrahlung, Helligkeit od. Leuchtdichte)
isophotic curve Beleuchtungsgleiche, Kurve gleicher Beleuchtungsstärke
isophotic line Linie gleicher Beleuchtungsstärke
isophthalic acid Isophthalsäure
isopleth Isoplethe
isopolymorphic isopolymorph
isopolymorphism Isopolymorphismus
isopotential surface Äquipotentialfläche, Fläche konstanten Potentials, konstante Potentialfläche, Niveaufläche
isopren Isoprene
isopropyl alcohol Isopropylalkohol, IPA
isoquot Isoquote
isosceles gleichschenklig (Dreieck)
isostatic equilibrium isostatisches Gleichgewicht
isostatics Isostatik
isostructural isostrukturell, von gleichem Aufbau
isothere Isothere
isotherm Isotherme
isothermal change of state (condition) thermische Zustandsänderung
isothermal curve Isotherme, Wärmegleiche
isothermal expausion isotherme Expausion
isothermal forging process isothermisches Schmieden
isothermal layer isotherme Schicht
isothermal layer of the atmosphere Luftschichten gleicher Temperatur
isothermal line Isotherme Wärmegleiche
isothermal region isothermischer Bereich
isothermal surface Temperaturfläche
isothymol Isothymol
isotime (curve) Geschwindigkeitsisobare
isotonic isotonisch
isotope Isotop
isotope abundance Isotopenhäufigkeit
isotope analyzer Isotopenhäufigkeitsanalysator
isotope application Isotopenwanderung
isotope Brayton system radioisotopes Brayton-System
isotope chart Isotopentafel
isotope chemistry Isotopenchemie
isotope dilution Isotopenverdünnung
isotope dilution analysis Isotopenverdünnungsanalyse
isotope dilution method Isotopenverdünnungsmethode
isotope effect Isotopeneffekt, Isotopierverschiebung
isotope enrichment Isotopenanreicherung
isotope fractionation Isotopentrennung
isotope generator Isotopenbatterie
isotope-production reactor Nukliderzeugungsreaktor
isotope separation Isotopentrennung
isotope separation apparatus Isotopentrennvorrichtung
isotope separation factory Isotopentrennungsanlage
isotope separation plant Isotopentrennungsanlage
isotope shift Isotopieverschiebung
isotope shift anomaly Anomalie der Isotopenverschiebung
isotope specific activity spezifische Aktivität des Isotopes
isotope structure Isotopenaufbau
isotope-tracer measurement Messung mit isotopem Indikator
isotopic Isotopie
isotopic abundance Isotopenhäufigkeit
isotopic activation cross section Isotopenaktivierungsquerschnitt
isotopic carrier Isotopenträger, isotoper Träger
isotopic composition Isotopenzusammensetzung
isotopic compound Isotopenverbindung
isotopic constitution Isotopenzusammensetzung
isotopic dilution analysis Isotopenverdünnungsanalyse
isotopic enrichment Isotopenanreicherung
isotopic exchange (rate) Isotopenaustausch(geschwindigkeit)
isotopic flux isotoper Fluß
isotopic generator Isotopengenerator
isotopic mass Atommaß, Isotopengewicht
isotopic mixture Isotopengemisch
isotopic number Isotopennummer
isotopic ratio Isotopenhäufigkeitsverhältnis
isotopic separation Isotopentrennung
isotopic space Isotopenraum, Spinkonfigurationsraum, Spinraum
isotopic spin Isotopenspin, isobarer Spin, Iso-Spin
isotopic spin quantum number Isotopenspin-Quantenzahl, Kernspin-Quantenzahl
isotopic spin selection rule Isotopenspinauswahlregel
isotopic symbol Isotopensymbol
isotopic table Isotopentafel
isotopic tracer isotoper Indikator od. Tracer, Isotopenindikator
isotopic variable Isotopenspin
isotopic weight Isotopengewicht
isotron Isotron (elektromagnetisches Isotopen-

trenngerät)
isotropic antenna sphärische Antenne, Kugelstrahler, Kugelantenne, isotroper Strahler
isotropic body isotroper Körper
isotropic material isotropisches Material
isotropic radiation isotrope Strahlung
isotropic radiator isotroper Strahler, Kugelstrahler
isotropic source isotroper Strahler
isotropism Isotropie
isotropy Isotropie
isovelocity condition Bedingungen konstanter Schallgeschwindigkeit (Ozeanographie)
ISS industrial security section
ISS ionosphere sounding satellite
ISSA interservice support agreement
ISSC interservice supply support coordinator
ISSL initial spares support list
ISSM interim surface-to-surface missile
ISSN international standard serial number
ISSRO interservice supply support records office
issuance Ausgabe (von Material)
issuance (of a clearance) Erteilung (Freigabe)
issuance of a clearance Freigabeerteilung
issuance of orders Befehlserteilung
issue Ausgabe, Ausgang, Austritt, Ausströmung, Ergebnis
issue a patent erteiltes Patent bekannt machen
issue a ticket Fahrkarte ausgeben
issue control code Ausgabe-Kontrollcode
issue data Ausgabedaten, Auslieferungsangaben
issue document Anforderungs- u. Ausgabebeleg
issue group Auslieferungsgruppe
issue list Ausgabeliste
issue of dividends Gewinnausschüttung
issue of letters patent Patenterteilung
issue order Auslieferungsanweisung
issue priority Auslieferungsvorrangstufe
issue priority designator Ausgabegruppe, Auslieferungsvorranggruppe (Materialauslieferungssystem)
issue priority system Auslieferungsvorrangsystem
issue procedure Ausgabeverfahren
issue rate Ausgaberate
issue requirement Ausgabebedarf
issue room Ausgaberaum, Hellgat (Vorrats- u. Geräteraum auf Schiffen)
issue slip Ausgabebeleg, Auslieferungsanweisung
issue to tender Abgabe an Tender
issue voucher Ausgabebeleg
issue with, to be ausgerüstet sein mit
issuer Ausgeber
issuing a maintenance release Ausstellung einer Flugbereitschaftserklärung (S), Ausstellung eines Wartungsabnahmescheins
issuing association ausgebender Verband (Organisation)
issuing authority herausgebende Stelle, Herausgeber
issuing depot Abgabedepot, Ausgabedepot, Auslieferungsdepot
issuing facility operation klarmachen zur Abgabe (Mine)
IST initial service test
isthmus Landenge
I-strut I-Stiel
isulated container Isoliercontainer
ISUM intelligence summary
ISV inlet swirl vane
IT market penetration Pauschalmarktpenetration
it offers an accuracy of within 0,4 per cent(re) of the distance flow Höchstmeßfühler von nur 0,4 Prozent der Flugstrecke
ITA international telegraph alphabet
itabirite Eisenglimmerschiefer, Itabirit
itaconic acid Itaconsäure
italics Kursivschrift, Schrägdruck, Schrägschrift
italics under test Meßling, Prüfling
ITB inadvertent transmission of classified (information)
ITC identification-type code
ITC intertropical convergence zone
ITCS integrated target command system
ITDE interchannel time deisplacement error
ITDS integrated tactical data systems
item Artikel, Betrachtungseinheit, einzelner Gegenstand, Einzelgegenstand, Element, Einzelausgabe (Testmethodik), Posten, Objekt, Position (Liste), Punkt (der Tagesordnung), Versorgungsartikel (spezifisch), Datenwort (Oberbegriff für Datenelement u. Datengruppe)(COBOL), Dateneinheit, Größe (Oberbegriff für Datenwort, Literal u. vorgesehene Konstante)
item, alphabetic alphabetisches Datenwort (COLBOL)
item, alpha(nu)meric alphanumerisches Datenwort
item, arithmetic Rechendatenwort (COBOL)
item, binary Dualdatenwort (COBOL), binäres Datenwort
item card Artikelkarte
item category Artikelkategorie
item characteristic (Versorgungs)artikelmerkmal
item characteristics data elements Einzelmerkmale der Artikel
item characteristics data requirement Merkmalfrage
item code Sachnummer
item, contiguous abhängiges Datenwort (COBOL)
item, control break Gruppenbegriff (COBOL)
item cost Positionspreis, Artikelpreis
item counter Postenzähler
item, data Datenwort (Oberbegriff für Datenelement u. Datengruppe)(COBOL), Dateneinheit, Größe (Oberbegriff für Datenwort, Literal und vorgesehene Konstante)
item dependent positionsabhängig
item design Spezifikation für Aufstellung von Posten
item, format Formateinzelangabe (ALGOL)
item, group Datengruppe (kurz für Datenwortgruppe) (COBOL)
item in bill of material Stücklistenposition
item, internal decimal internes Dezimaldatenwort
item, internal floating-point internes Gleitkomma-Datenwort
item, non-contiguous unabhängiges Datenwort

(COBOL)
item, non-numeric nichtnumerisches Datenwort (COBOL)
item not on tape nicht auf Band gespeicherter Artikel
item, numeric numerisches Datenwort (COBOL)
item of supply Versorgungsartikel
item, program Programmelement
item requisition card Materialanforderungskarte
item specification Artikelaufteilung, Artikelspezifikation
item, variable-length Datenwort mit variabler Länge (COBOL)
itemize einzeln aufzählen, einzeln aufführen
iterate iterieren
iterated fission probability Wahrscheinlichkeit für Mehrfachspaltung
iteration Iteration (dig), Iterien (math), Schritt (dig)
iteration algorithm Iterationsalgorithmus
iteration factor Wiederholungsfaktor
iteration index Iterationsindex (math, lo), Schleifenindex, Zyklenindex, Zyklenzahl, Zyklusindex
iteration loop Iterationsschleife, Iterationszyklus (dig)
iteration principle Iterationsmethode, Iterationsverfahren
iteration rate Iterationsgeschwindigkeit (Hschr.)
iterative iterativ, schrittweise
iterative addition iterative od. schrittweise Addition
iterative analog computer iterativarbeitender Analogrechner
iterative attenuation constant schrittweise Kettendämpfung
iterative-attenuation content Kenndämpfungsinhalt, Kettendämpfungsinhalt
iterative attenuation factor Kettendämpfungsfaktor
iterative attenuation per section Kettendämpfung je Glied
iterative coefficient Kettendämpfung
iterative impedance Kenndämpfungswiderstand, Kettenimpedanz, Kettenwiderstand, Wellenwiderstand
iterative loop Iterationsschleife, Wiederholungsprogramm (Rechner)
iterative matrix Kettenmatrix
iterative method Iterationsverfahren
iterative network Kettenleiter, Kettenschaltung
iterative operation iterative od. schrittweise Operation, iteratives od. schrittweises Rechnen
iterative or characteristic impedance Kenndämpfungswiderstand
iterative parameter Kettenparameter
iterative phase Kennphase, Kettenphase
iterative phase coefficient Kettenwinkelmaß
iterative phase constant Kennwinkelmaß, Kettenwinkelmaß
iterative-phase factor Kettenphasenfaktor
iterative process iterative od. schrittweise Operation, iteratives od. schrittweises Rechnen
iterative propagation coefficient Kettenübertragungsmaß
iterative-propagation constant Kettenübertragungsmaß
iterative transfer constant Kettenübertragungsmaß
ITF international transport workers federation
ITF intertropical front
ITG Integrated Technical Group
itineray Linienführung, Reiseweg, Route
itineray lever Fahrstraßensignalschalter
I-type semiconductor i-leitendes Material
IU instrument unit
ivanium (an aluminum alloy) Avanium
izod impact figures scale Izodkerbzähigkeitsskala
izod value Kerbschlag nach Izodverfahren

J

J-box circuit breaker Schutzschalter auf Verteilerkasten (Elektronikraum)
J-CATCH Joint Countering of Attack Helicopters
J-display J-Darstellung, J-Schirmbilddarstellung (Avionik)
J-groove J-Naht (Schweißtechnik)
J-indicator J-Sichtgerät
J-J-coupling J-J-Kopplung
J-shaped distribution J-förmige Verteilung
jab picken, stechen
jack Arbeitszylinder, Hebebock, Hebearm Klinkenstecker, Einfahrzylinder (Fahrwerk), Niederhalter (Blechbiegemaschine), Verbindungsklinke (Fernmeldetechnik), Winde
jack adapter Heberansatzstück
jack an aircraft, to Flugzeug aufbocken
jack-and-pinion press Presse mit Zahnstange u. Kurbel
jack arrangement Klinkenanordnung
jack barrel Klinkenhülse
jack body or socket Klinkenkörper
jack bolt Abdrückschraube
jack box Radiostöpselkasten
jack bush Klinkenbuchse, -hülse
jack claw Hebebockklaue
jack connection Strecken- u. Buchsenverbindung
jack equipment Klinkenausrüstung
jack finder Klinkensucher
jack for busy tone Besetztklinke
jack for the cable reel Kabeltrommelwinde
jack hammer leichter Bohrhammer
jack hand-winch Handwinde
jack housing (helicopter) Schneckengehäuse (im Heckrotorstellwerk)(Hschr)
jack, hydraulic and mechanical hydraulischer u. mechanischer Wagenheber
jack latch Federriegel
jack lift Hubkarren
jack line or live switchboard Klinkenumschalter
jack mounting Klinkenmontierung
jack multiple Klinkenvervielfachgerät
jack plane Abrichthobel, Schrupphobel
jack point Aufbockbeschlag, Aufbockpunkt
jack screw Hebeschraube, Schraube zum Zusammenziehen von Steckerhälften
jack-screw Schraubengewinde

jack-screw actuator Spindelversteller
jack shaft Blindwelle, Nebenwelle, Übersetzungswelle, Vorgelegewelle, Zwischenwelle
jack sleeve Klinkenhülse
jack socket Hebestutzen
jack space Klinkenfüllung
jack spring Klinkenfeder
jack-stay Längsstrebe
jack straw arrangement regellose Anordnung (Glasfaser)
jack switch Klinkenschalter
jack switchboard Klinkenumschalter
jack switch spring Klinkenspannung
jack-top binding post Klemmschraube mit Buchse für Stecker
jack up, to hochheben, in die Höhe heben
jack with auxiliary contacts Schaltbuchse
jack with built-in damper Zylinder mit Pufferung (w)
jacket umhüllen, umkleiden, Umhüllung, Vergaserheizmantel, Zylindermantel, Ummantelung (Maschine)
jacket copper Mantelkupfer
jacket file accountability Bestandsnachweisung in Sammelmappe
jacket furnace Mantelofen
jacket of bullet Geschoßmantel
jacket tube Mantelrohr
jacket ventilation Mantelkühlung, Umlaufkühlung
jacketed bottom Dampfboden
jacketed bullet or projectile Mantelgeschoß
jacketed carburetor Vergaser mit Heizmantel
jacketed cylinder Dampfmantelzylinder
jacketed gun Mantelkanone
jacketed indirect cylinder doppelwandiger Warmwasserbereiter
jacketed shelf Heizblech, Heizplatte (pla)
jacketed shelf dryer Heizplattentrockner, Trockenschrank (pla)
jacketed storage of deep-frozen pack Doppelkammer-Gefrierlagerung
jacketed through doppelwandiger Trog
jackfield, patching Stöpselfeld (teg)
jacking and mooring kit Aufbock- u. Verankerungsausrüstung
jacking beam Aufbockauflage
jacking diagram Aufbockdiagramm
jacking pad Aufbockansatz
jacking pads Abstützvorrichtung (Tunnelvortriebmaschine)
jacking plate Abziehplatte (einer Abziehvorrichtung für Wälzlager), Quersteg (einer Ab ziehvorrichtung für Wälzlager)
jacking-up hochheben
jacks Buchsen von Schaltplatten
jackscrew Hebeschraube
jackscrew trunnion nut Schraubenspindelmutter
jackshaft hintere Zwischennabe, Spindelschaft
Jacobian determinant Jacobi'sche Determinante
Jacottet connector Jacottet-Verbinder
jade Beilstein, Jade, Jadeit (Mineral), Nephrit
jag Kappung
jag, to induzieren (magnetische Rißprüfung)
jagged ausgezackt
jam blockieren, festkeilen, festklemmen, pressen, quetschen, sich einklemmen, Verklemmung (von Lochkarten), Kartenstau, Kartenanstoß, Kartentransporthemmung, Kartensalat (slang), Papiertransportfehler
jam anticipation signal Beleganstoßwarnsignal
jam, card...detector Kartenstaumeldeeinrichtung
jam circuit Kartenanstoßkreis
jam, circuit Stromkreis für Kartenanstoß
jam contact Kartenbruchkontakt
jam-resistant radio terminal störsichere Funkstation
jam sense bar Beleganstoßstange
jamin effect Fließwiderstand
jammer (Radar)Störsender
jammer modulator Störmodulator
jamming Störung (ELOKA), Radarstörung, Senderstörung, Störung durch Fremdsender, Ladehemmung
jamming beam Störstrahl (ELOKA)
jamming, danger of Gefahr des Festkeilens (Bohrzeug)
jamming device Störvorrichtung
jamming frequency Störfrequenz (F)
jamming handles Klemmvorrichtung
jamming nomograph Radarstörnomogramm
jamming radio station Störfunkstelle
jamming station (Radar-)Störsender
jangle, to klirren
J-antenna J-Antenne
japanned, to lackiert, mit Japanlack überzogen (Schiffsbau)
japanning Emaillelackierung
jar irdenes od. gläsernes Gefäß ohne Griff u. Tülle, Krug, rütteln (Formsand)
jar weight Schlaggewicht (Bohrzeug)
jars, drilling Bohrschere, Rutschschere, Schlagschere
jars, fishing Fallfangschere, Fangschere
JATO jet-assisted takeoff
JATO bottle Starthilferakete, Strahlstarthilfe
JATO unit Starthilfe, Strahlstarthilferakete
javelin formation of aircraft Schwarmkolonne
jaw Backe (Schraubstock), Kinnlade, Klaue (Kupplung), Spannbacke, Maul (Schraubschlüssel), Fanghaken, Fangschere, Amboß (einer Lehre)
jaw and turnbuckle Spannschloß mit Gabelkopfschraube
jaw arrangement Klauenanordnung
jaw breaker Backenbrecher
jaw clutch coupling Zahnkupplung
jaw chuck Backenfutter
jaw clutch Backenkupplung
jaw crusher Backenbrecher, Backenquetsche
jaw for wire rail machine Backe an Drahtstiftmaschine
jaw liner auswechselbares Backenfutter
jaw-opening attachment Einrichtung zur Lösung der Spannbacken (w)
jaw-shaped klauenförmig
jaws of a vice Schraubstockbacken
J-box circuit breaker Schutzschalter für Verteilerkasten (Elektronikraum)
JCL job control language
jeep (TV-system) Drahtfenstersystem
jellied gasoline Benzingel(ee) (Napalm)
jelling agent Geliermittel
jenny Tastzirkel (Zirkel mit Zirkel- u. Taster-

spitze)(slang)
jerk plötzliche od. ruckartige Bewegung, Ruck, Stoß, Sprung (Erdbeben)
jerk line Zupfseil für pennsylvanische Bohrung
jerkmeter Stoßmesser
jerky motion or movement ruckweise Bewegung
JES job entry subsystem
jet Detonationsstrahl, Düse mit Strahlaustritt, Explosionsstrahl, Gießloch, Pechkohle, Staudruckstrahl (Hohlladung), Strahl, ausspritzen, ausstoßen, ausströmen, hervorschießen, Düsenflugzeug, Strahlstrom, Strahlflugzeug
jet activity Düsenjägerflugbetrieb
jet agitator Strahlmischer
jet air knife coater Düsenabstreifvorrichtung (Aluminiumbad einer Feueraluminierungsanlage)(Walzwerk)
jet air stream Strahlstrom
jet aircraft Hochleistungsluftfahrzeug, Luftfahrzeug mit Strahlantrieb, Strahlflugzeug
jet aircraft engine fuel Düsenkraftstoff
jet aircraft, high performance strahlgetriebenes Hochleistungsflugzeug
jet-aircraft operation Betrieb mit Strahlflugzeug
jet airliner Düsenverkehrsflugzeug
jet airplane Strahlflugzeug
jet angle Strahlanstellwinkel
jet apparatus Strahlapparat
jet assisted take-off (JATO unit) Startrakete
jet assisted takeoff Start mit Hilfsstrahlantrieb
jet-assisted take-off unit or take-off assist Starthilfe durch Düsen
jet barker Gagatschäler, Strahlentrinder
jet belt Raketengürtel
jet bit Düsenmeißel
jet bit drilling Düsenmeißelbohrung
jet black pechschwarz
jet blast Abgasstrahl, Düsenstrahl, Rückstoßböe
jet blasting (machine tool) Freistrahlen
jet break Ablauf für strahlgetriebenes Luftfahrzeug, Endkurvpunkt (bei 360-Grad-Platzanflug)
jet breakup Strahlteilung (Hohlladung)
jet burner Strahlbrenner
jet carburetor Düsenvergaser
jet chamber Düsenkammer, Mischkammer
jet coefficient Schub/Lift-Verhältnis der Strahlklappe
jet condenser Einspritzkondensator, -verdichter
jet control Strahlsteuerung
jet cooling Konvektionskühlung
jet core Strahlstromachse
jet crushing Strahlzerkleinerung, Strahlzertrümmerung
jet deflection Strahlablenkung
jet deflector Strahlablenker, Strahldeflektor
jet deviation Strahlablenkung (Düsenantrieb)
jet deviation by water injection Schubvektorsteuerung durch Einspritzen von Flüssigkeit
jet drier Düsentrockner, Strahltrockner
jet drill Strahlbohrer
jet drilling Flamm(strahl)bohren, Strahlbohren
jet-driven rotor strahlgetriebener Rotor
jet drone Strahlflugkörper
jet engine Düsentriebwerk, Luftstrahltriebwerk, Strahlmotor, Strahltriebwerk
jet engine fairing Strahltriebwerkverkleidung
jet engine inlet Strahltriebwerkeinlauf
jet engine nacelle Strahltriebwerkgondel
jet-engine test bed Strahltriebwerkprüfstand
jet evaporation method (oil) Aufblaseverfahren (Erdölgewinnung)
jet fighter Strahljäger
jet flame Stichflamme
jet flap Strahlklappe
jet flap aircraft Strahlklappenflugzeug
jet-flap effect Strahlklappeneffekt
jet flap method (by blower)(aero) Ausblasen von Zusatzluft
jet flap power Strahlklappenleistung
jet flap rotor Strahlklappenrotor (Dorand-Rotor)
jet flapped wing Blasflügel
jet flight simulator Strahlflugsimulator
jet flow gate (hydraulic) Strahlschutz
jet freighter Strahlfrachter
jet fuel Düsenkraftstoff, -treibstoff, Turbinentreibstoff
jet helicopter Strahlhubschrauber
jet hole Luftstrahlöffnung (Luftkissenfahrzeug)
jet impact pulverizer for coal Prallmühle für Kohlenstaubfeuerung
jet, in...-lift condition (VTOL) strahlgetragen
jet initial Ablaufpunkt für Strahlflugzeuge, Einflugpunkt für strahlgetriebenes Luftfahrzeug
jet interceptor Strahl(abfang)jäger
jet lapping Strahlläppen
jet-lift Hubtriebwerk
jet-lift aircraft Hubstrahlflugzeug
jet-lift engine Hubstrahltriebwerk
jet-lift system Hubstrahlsystem
jet-lift transport Hubstrahltransportflugzeug
jet-liner Düsenverkehrsflugzeug
jet mill Strahlmühle
jet milled dampfstrahlgemahlen
jet mixer Strahlmischer, Mischer (Mantelstromtriebwerk)
jet mixing chamber Strahlmischkammer
jet molding nozzle geheizte Spritzdüse (Kunststoff)
jet motor Strahltriebwerk
jet mould Spritzform mit geheizter Düse (pla)
jet moulding machine (for thermosetting plastics) Spritzgießmaschine für Duroplast
jet noise Abgaslärm, Düsenlärm
jet nozzle Austrittsdüse, Schubdüse, Strahldüse
jet nozzle adjustment gearbox Schubdüsenverstellergetriebe
jet nozzle and exhaust pipe Rückstoßmotoraustrittsdüse
jet nozzle to control the aircraft in hover flight Druckluftdüse für Schwebeflugsteuerung
jet of a hose Strahlrohr
jet of air Luftstrahl
jet of flame Stichflamme
jet of liquid fire Feuerstrahl
jet of steam Dampfstrahl
jet of water Wasserstrahl

jet operation Betrieb mit Strahlflugzeug
jet operating piston Düsensteuerkolben
jet orifice Düsenaustrittsfläche, Düsenöffnung
jet passenger card Mitfluggenehmigung für Strahlflugzeuge
jet penetration pattern Durchstoßschema für Strahlflugzeuge
jet perforating Strahlperforieren (Explosion)
jet perforator Strahlbohrer (Explosion)
jet piercing Düsenbohren, Strahl(düsen)-bohrung
jet pipe Strahlrohr
jet pipe automatic regulator Strahlrohrregler
jet pipe length, minimal minimale Schubrohrlänge
jet pipe pressure indicator Abgasrohrdruckanzeiger
jet pipe shroud Abschirmrohr, Wärmeisolierung des Strahlrohrs
jet pipe temperature limiter Strahlrohrtemperaturbegrenzer
jet plume pattern Abgasausbreitung von Strahltriebwerken
jet-powered anti-emitter attack drone strahlgetriebene Antiradardrohne
jet-powered basic trainer strahlgetriebenes Grundschulflugzeug
jet-powered vertical take-off strahlgesteuerter Senkrechtstart
jet processing Düsenabstreifverfahren
jet-proof lighting fitting strahlwassergeschützte Leuchte
jet propellant Düsenkraftstoff, -treibstoff, Turbinentreibstoff
jet-propelled düsenangetrieben, mit Strahlantrieb, strahlgetrieben
jet-propelled aircraft Düsenflugzeug, Düsenjäger, Luftfahrzeug mit Strahlantrieb, Strahlflugzeug
jet propulsion Reaktionsantrieb, Rückstoßantrieb, Strahlantrieb, Strahlvortrieb
jet-propulsion aircraft Düsenflugzeug, Heißluftstrahlantrieb, Reaktionsluftantrieb
jet propulsion fuel Düsentreibstoff
jet propulsion motor Rückstoßmotor
jet pump Strahlpumpe
jet pump (steam engine) Injektor (Dampfmaschine)
jet-pump principle Strahlpumpenprinzip
jet reaction Rückstoß
jet-reaction control Rückstoßsteuerung
jet relay Flüssigkeitsstrahlrelais
jet setting Düseneinstellung
jet silencer (aero) Schalldämpfer der Schubdüse
jet size Düsenkaliber
jet speed Strahlgeschwindigkeit
jet spoiler (fuel injection) Strahlspoiler
jet-spray branch pipe Mehrzweckstrahlrohr
jet-spray burner Sprühdüsenbrenner
jet starter Triebwerkanlaßeinheit
jet stem Düsenrohr, Düsenschaft
jet stream Düsenstrahl
jet, stream (aero) Strahlstrom
jet teardrop tropfenförmiges Durchstoßverfahren für Strahlflugzeug
jet temperature indicator Düsentemperaturanzeiger
jet temperature test set Eich- u. Prüfgerät für Strahlrohrthermometer, Prüfgerät für Abgastemperaturanlage
jet test bed Strahltriebwerkprüfstand
jet thrust Schub (unter Normalbedingung), Standschub, Strahlschub
jet thruster Steuerraketenmotor
jet, to herausspritzen
jet traffic Verkehr mit Strahlflugzeugen
jet turbulence Rückstoßböe
jet unit Strahlgerät, Strahltriebwerk
jet wash Düsenbohren, Düsenstrahl, Düsenwirbel, Strahlbohren, Strahlböe, Düsenböe
jet-wing interference Strahl/Flügel-Interferenz
jetborne (VTOL) strahlgestützt, -getragen
jettison arrangement Überbordwerfvorrichtung
jettison Cannon Cannon-Absprengsatz
jettison gear Abwurfeinrichtung, Absprengeinrichtung
jettison gun Abstoßzylinder
jettison lever Abwurfhebel
jettison safety Auswurfsicherheit (Zünder)
jettison safety switch Notabwurf-Sicherheitsschalter
jettison selector switch Stationsschalter (Außenlasten)
jettison slip for antispin parachute Antitrudelschirm-Ausklinkvorrichtung
jettison switch Notabwurfschalter
jettison system Absprenganlage, Abwurfanlage, Schnellablaßanlage (Kraftstoff)
jettison test Notwurfversuch
jettison, to ablassen, absprengen, abstoßen, abwerfen
jettison valve Schnellablaßventil
jettisonable abwerfbar
jettisonable aerodynamic braking ausladend aerodynamischer Bremsschild
jettisonable canopy abwerfbares Kabinendach
jettisonable fairing abwerfbare Verkleidung
jettisonable fuel tank Abwurftank, Kraftstoffabwurftank
jettisonable nose cone abwerfbarer Bugkegel
jettisonable research probe abwerfbarer Versuchskörper
jettisonable tank abwerfbarer Außentank, Abwurftank
jettisoning Notwurf, Schnellablassen, Versagerabwurf (FK)
jettisoning area Notwurfgebiet
jettisoning gear Schnellablaß
jettisoning lever Notzug
jettisoning test Notwurfversuch
jettisoning water Wasserabwurf
jetty Ladedamm, Ladezunge
jetty rock Kofferleitdamm
jewel Lagerstein (Tachometer), Leuchtenabdeckscheibe
jewel adjusting lock nut Sicherungsmutter (Tachometer), Edelsteinlager (Meßgerät)
jewel bracket Lagersteg (Tachometer)
jewel pivot bearing Steinlager (Zapfen od. Spitze)
jewel stylus Edelsteinnadel
jewel support Lagersteinschraube
jeweled bearing Lagerung in Steinen, Steinlager(ung), Spitzenlagerung

jeweled light Leuchte mit facettiertem Deckglas
jib Auslegearm, Klüver, Paßlehre
jib ballast Auslegegegengewicht (Kran)
jib boom Spitzenausleger (Bagger)
jib crane Auslegekran, Galgenkran
jib crane boom Kranausleger
jib handle Auslegekurbel
jib operating mechanism Auslegerbedienungsvorrichtung
JIC joint intelligence committee
JICA joint intelligence collecting agency
JICS joint intelligency coordination staff, CIA (CIA "central intelligence agency)
JIDE joint intersystem data exchange
JIFDATS joint services inflight data transmission(...system)
jiffy board Visierjustierschraube
jig Anreißvorrichtung, Bauvorrichtung, Einspannvorrichtung, Setzmaschine, Schablone, Siebsetzmaschine, Stützform (Schaumstoff)
jig and fixture design Entwurf von Vorrichtungen, Vorrichtungskonstruktion (w)
jig borer Waagerecht-Koordinaten-Bohrmaschine (früher Lehrenbohrwerk)
jig boring Lehrenbohren, Schablonenbohren
jig boring and milling machine Lehrenbohr- u. Fräsmaschine
jig boring machine Lehrenbohrwerk
jig bush Bohrbuchse
jig drill Lehrenbohrwerk, Waagerecht-Koordinaten-Bohrmaschine (früher Lehrenbohrwerk)
jig lathe Profildrehbank
jig mill Lehrenfräsmaschine (w)
jig point Wiegemarke
jig saw Laubsäge, Rahmenspaltsäge, Wippsäge
jig sweep Jig-Gerät
jig welding Konturenschweißen, Schweißen in einer Vorrichtung
jigger Koppelspule, Kopplungstransformator
jigger conveyor Schüttelrutsche
jigging screen Rüttelsieb
J-indicator Anzeigegerät Typ-J, J-Sichtgerät
jitter Signalunstabilität, Flackern, Flattern, Flimmern, zittern des Signals
jitter effect Schaukeleffekt
jitter switch Impulsfolgeänderungsschalter
jitterbug Jitterbug (Impulsgeneratortyp)
jitterbug pulse Jitterbug-Impuls
jitterfree zitterfrei
jitterfree operation (radar) flimmerfreier Betrieb
JK-bistable element JK-Kippglied (Binärschaltung)
JMB joint movement branch
JMC joint management committee
JMCC joint mobile communications center
JMTG joint military terminology group
JNACC joint nuclear accident coordinating center
JND just noticeable difference
job Arbeitsplatz, -stück, auszuführende Arbeit
job account data Abrechnungsdaten
job account file Abrechnungsdatei
job account listing Abrechnungsprotokoll
job account number Verrechnungskontonummer
job account report Auftragsabrechnungsprotokoll
job accounting Erstellen von Programm-Abrechnungsunterlagen, Aufgabenverrrechnung
job agreement auftragsmäßige Wartung
job analysis Arbeits(platz)analyse
job assessment Festlegen des Arbeitswertes (Arbeitsstudie)
job breakdown Arbeitsunterteilung
job card Arbeitskarte
job-change-over Übergang zu neuer Serie (Werkzeugherstellung)
job classification Arbeitsklassifizierung
job classification statistics Berufsgruppenstatistik
job control Ablaufvorbereitung, Job-Kontrolle, Bereitstellungsprogramm, Ablaufvorbereiter
job control card Ablaufsteuerkarte
job control inspection Baukontrolle
job control language (JCL) Auftrags(steuer)-sprache, Job-Kontrollsprache
job-control parameter Ablaufparameter
job control statement Job-Kontrollanweisung
job control system Auftragssteuerungssystem
job, conversational remote...entry (CRJE) Stapelferneingabe im Dialogbetrieb
job costing Auftragsabrechnung
job designator Arbeitsversorgungscode
job distribution register Ablaufverteilungsregister
job distributor register Ablaufverteilerregister
job entry subsystem (JES) Job-Eingabesubsystem
job file Auftragsdatei
job input device Auftragseingabegerät
job input stream Job-Eingabefluß
job input tape Auftragseingabeband
job level Auftragsebene
job library Auftragsbibliothek, Job-Bibliothek
job, local...entry Auftragsnaheingabe
job lot production Kleinserienfertigung
job macro call Auftragsprozeduraufruf
job macro card Auftragsmakrokarte
job macro command Auftragsmakrokommando
job macro definition Auftragsmakrodefinition
job macro library Auftragsprozedurbibliothek
job management Auftragsverwaltung, Job-Management
job management system Auftragsverwaltungssystem
job name Auftragsname
job number Arbeitsauftragsnummer (komm)
job order Arbeitsauftrag (komm)
job order cost system Arbeitsauftragskostenabrechnung (komm)
job-order scheduled bedarfsgesteuert
job order sheet Arbeitsauftragszettel
job-oriented auftragsbezogen
job-oriented terminal aufgabenorientierte Außenstation (dv)
job pool Auftragswarteschlange
job priority Auftragspriorität, Auftragsvorrang
job, priority...scheduling Vorrang-Jobbearbeitung
job queue Auftragswarteschlange
job reporting routine Auftragsprotokollprogramm
job scheduler Auftragsprioritätssteuergerät, Joborganisationsprogramm, Jobscheduler

job scheduling Aufgabensteuerung
job selection Auftragsauswahl, Ablaufauswahl
job sequence (Monitor-)Ablauffolge
job shop Maschinenwerkstatt
job statement Jobanweisung
job step Jobbetriebsanweisungsschritt
job stream Aufgabenzusammenstellung, Job-Folge, Programmablauffolge, Job-Monitorablauf, Job-Auftragsanweisungsfolge
job timing Arbeitsdiagramm
job validation Auftragssyntaxprüfung
job variable Auftragsvariable
job variable reference Jobvariablenbezug
jobbing foundary Kundengießerei
jobbing house Ersatzteilfirma
jockey pulley Spannrolle
jockey roller Reiterrädchen, Reiterröllchen, Spannrolle
jockey weight Laufgewicht
jodobenzene Jodbenzol
jodoform Jodoform
jog Knick, Unstetigkeit einer Kurve
joggle aufstoßen (Karte), anschlagen (Karte), ausrichten (Karte), rütteln, schütteln, verzahnen, verzinken (Tischlehre)
joggle plate Kartenanstoßplatte (lo), Kartenanschlagplatte (lo)
joggle the control stick, to Steuerknüppel leicht hin- u. herbewegen
joggled-built beam verdübelter Balken
joggling Stauchverschränkung
johannite Johannit (uranhaltiges Mineral)
Johnson effect Johnson-Effekt
Johnson noise Johnson-Geräusch, thermisches Rauschen, Wärmerauschen, Widerstandsrauschen
join aneinanderfügen, anschließen, anstücken, verbinden, verknüpfen
join by casting angießen
join holding pattern, to in Warterunde einfliegen
join traffic circuit, to in Platzrunde einfliegen
joined wing rearward or forward-staggered (-ve or +ve) Verbundflügel mit positiver oder negativer Staffelung
joinery for buildings Bauschreinerei
joining Auseinanderlagerung, Schaltung, Verbindung(sstelle), Zusammenfügung, Zusammensetzung
joining piece Verbindungsstück
joining point Verbindungspunkt
joining ring Anschlußring, Verbindungsring
joining shackle Verbindungsschäkel
joint Charnier, Eckpunkt, Kluft, Talfuge
joint airport gemeinsamer Zivil- u. Militärflughafen
joint and junction terminals Einsatzklemmen
joint area Klebfugenfläche
joint, bell and spigot Glockenverbindung bei Gußeisenrohr
joint bolt Gelenkbolzen
joint box Kabelbrunnen
joint capacitance gemeinsame Kapazität
joint communication gemeinsamer Fernmeldeverkehr (innerhalb eines Staates)
joint conditioning time Nachhärtungsfrist
joint development Gemeinschaftsarbeit
joint disc Gelenkscheibe
joint face Trennfläche
joint face of molding box Kastenteilfläche
joint facing Dichtungsauflage (Flansch)
joint fuel supply group Hydranten-Betriebs-Gesellschaft
joint glue Montagekleber
joint grease Dichtungsfett
joint leakage Lecken durch undichte Rohr- u. Gestängeverbindung
joint line Bindenaht, Fließnaht (pla)
joint lubrication Gelenkschmierung
joint make-up loss Längenverlust bei Rohrzusammenschraubung
joint model Fugenmodell
joint nuclear research center gemeinsame Kernforschungsstelle
joint of the bed Lagerfuge
joint or connect in parallel, to parallelschalten
joint ownership Markengenossenschaft
joint pin Gelenkbolzen
joint pipe Anschlußrohr, Verbindungsröhre
joint plane Kluftfläche (geol)
joint plate Anschlußblech, Verbindungsplatte
joint program management group (JPMG) gemeinsame Programmleitungsgruppe (av)
joint pusher Scharnierstiftdrücker
joint radar frequency/laser warning system kombiniertes Radar- und Laserwarnsystem
joint research gemeinsame Forschungsarbeit
joint resistance Gesamtwiderstand, Kombinationswiderstand
joint ring Dichtungsring, -scheibe
joint rod Gelenkstange, Scharnierstange
joint, rotary safety Sicherheitsgestängeverbinder
joint rubber Dichtungsgummi
joint sealer Fugenversiegelungsmasse
joint section (rail) Gemeinschaftsstrecke
joint services of enterprices Kombination von Dienstleistungen verschiedener Unternehmen
joint setting (rail) Stoßregulierung
joint signature Mitzeichnung
joint sleeper (rail) Fugenschwelle, Stoßschwelle
joint sleeve Gelenkstulpe
joint station (rail) Gemeinschaftsbahnhof
joint strength Abstreiffestigkeit
joint support Gelenkstütze
joint thickness Fugendicke
joint washer Dichtungsring
joint welding Verbindungsschweißen
jointed coupling Gelenkkupplung
jointed cross shaft axle Achse mit Querkardanwelle
jointed-flange connection Bördelverbindung
jointer Abrichtwerkzeug (für Sägen)
jointer cable Kabellöter
jointer's tent Lötzelt
jointer's vise Spleißblock
jointing Verbindungsherstellung, Verbindungsschweißen, druckfeste Dichtung, Zusammenfügen
jointing chamber Kabel(löt)brunnen
jointing clamp Kluppe (elektr)
jointing compound Dichtmasse
jointing edge Kleberand
jointing machine Fugenmaschine
jointing manhole Einsteigschacht, Kabel-

brunnen, -schacht, Lötbrunnen
jointing material Dichtungsmaterial, -mittel
jointing sleeve Drahtverbindungshülse, Hülsenverbinder
jointing solution Dichtmittel
jointless fugenlos
joints and fastening Verbindungsmittel
jolt lift moulding machine Rüttel-Abhebe-Formmaschine
jolt piston Rüttelkolben
jolt-ramming machine Rüttelformmaschine
jolt squeeze pinlift moulding machine Rüttel-Preß-Abhebeformmaschine
jolt squeeze turnover machine Rüttel-Preß-Wendeformmaschine
jolt turnover moulding machine Rüttel-Wendeformmaschine
jolter Rüttelformmaschine (Gießerei)
jolting device Schüttelmaschine
jolts Rütteln
Jordan mill Kegelstoffmühle (pap)
jot Stäubchen, atomares Teilchen
Joukowsky-strut profile Joukowsky'sches Strebenprofil
Joukowsky strut section Joukowsky'scher Strebenabschnitt
joule Joule (elektr. Leistungseinheit)
Joule heat Joule'sche Wärme
Joulean effect Joule-Effekt (Stromwärme)
Joule's heat loss Joule'scher od. Ohm'scher Wärmeverlust
Joule's law Ohm'sches Gesetz
Joule-Thomson effect Joule-Thomson-Effekt
journal Achszapfen, Achsschenkel, Achsstummel, Kurbelzapfen, Lagerzapfen, Wellenzapfen, Tagebuch, Tageszeitung, Zeitschrift
journal bearing Gleitlager, Kurbelwellenlager (Wellenzapfen), Achslager, Halslager, hinteres Lager, Traglager, Zapfenlager, Zylinderlager
journal bearing bush Laufbuchse
journal box guide Achslagerführung
journal bush Achsschenkelbuchse
journal, drilling Bohrjournal, -tagebuch
journal friction Zapfenreibung
journal or gudgeon oil Schmierzapfenöl
journal roll Streifenrolle
journal teleprinter Kontrollfernschreiber
journal voucher Buchungsbeleg (komm)
journal web filled Kurbelwangenausrundung
journalling, call record (CRJ) Rufdatenverarbeitung, Rufdatenaufzeichnung
journey Reise zu Lande
journey log book Bordbuch, Flugbuch
journey with touristic aims Reise mit touristischer Zielsetzung
joy-stick Steuerknüppel, Griffsteuerung (radar measurement system)
juddering of the coupling "Scheppern" der Kupplung
judgement, absolute absolute Beurteilung, Reizbenennung, Reizdefinition
judgement and observation Beurteilung und Beobachtung
jumble, to durcheinanderwerfen, wahllos vermengen
jumbo Bohrjumbo, Bohrwagen, Jumbo
jumbo mixer car Großraummischerwagen
jumbos for well-hole drilling Großlochbohrgestänge
jump sprunghafte Änderung des Instrumentenstandes, Absprung (Fsch), hüpfen, springen, Programmverzweigung, Weiche, Sprung (EDV), Abgangsfehler(winkel), Verzweigung
jump angle Abgangsfehlerwinkel
jump beds Schichten verwechseln (geol)
jump card Abgangsfehlerprüfscheibe
jump code Sprungcode
jump command Sprungkommando (LL)
jump, conditional bedingter Sprung, bedingte Verzweigung
jump, conditional...instruction bedingter Sprung- od. Verzweigungsbefehl
jump control Sprungbefehl-Steuerschaltung
jump door Fallschirmspringertür
jump exit Sprungluke
jump feed Sprungtischvorschub
jump firing Erschießen des Abgangsfehlerwinkels
jump function Sprungbefehl
jump in brightness Helligkeitssprung
jump instruction Sprungbefehl, Verzweigungsbefehl, -instruktion
jump-joined stumpf zusammengestoßen
jump joint (weld) gestauchter Stoß
jump jointed stumpf gestoßen od. angefügt
jump light Absetzleuchte
jump master of paratroops Absetzer (Fsch)
jump mill Springwalzwerk
jump of electron Elektronensprung, -übergang
jump of the electrons from one orbit into another Sprung der Elektronen von einer in die andere Bahn
jump-off abspringen (mit Fallschirm)
jump-off base Absprungbasis, -hafen, -flugplatz
jump-off line Ausgangslinie, markierte Startlinie
jump-off position Ausgangsstellung
jump or interrupted cut unterbrochener Schnitt
jump order Sprungbefehl
jump-out pin Sicherungsbolzen
jump platform Sprungplattform (Fsch)
jump refusal Sprungverweigerung
jump seat Klappsitz, Notsitz
jump sheet Plattenweiche (Auflegeweiche)
jump signal Absetzsignal
jump site, tripe Dreisprunganlage
jump spark überspringender Funke, Überspringfunke, Zündfunke
jump spark coil Induktionsspule
jump start Sprungstart
jump strut Sprungstartfahrwerk (av)
jump take-off Sprungstart (Hschr)
jump target Schnellschußziel
jump, unconditional unbedingter Sprung, unbedingte Verzweigung
jump, unconditional...instruction unbedingter Sprungbefehl
jump voltage Sprung-, Stoßspannung
jump welding Stumpfschweißung
jumper Bohrstahl eines Preßlufthammers, Rangierdraht, mit Schaltdraht verbunden, Schalt(ader)draht, Stauchhammer, Überbrückungsdraht, Verbindungsdraht
jumper bar Kontaktschiene, -stück, Unter-

brechungsschiene
jumper cable Prüfleitung, Schaltleitung, Überbrückungsleitung, Schienenverbindungskabel
jumper cord Vermittlungsschnur
jumper cord with plug Vermittlungsschnur mit Schaltklinke
jumper lead Überbrückungsdraht
jumper plug Springkontakt, Überbrückungsstecker
jumper ring Tragring für Schaltdrähte
jumper tube Ölanschlußstutzen
jumper wire Rangierdraht, Schaltdraht, Schaltader, Verteilerschalter, Verteilerdraht, Überbrückungsdraht
jumper-wire connection Schaltdrahtverbindung
jumpering Umspringen, Verbindung durch Schaltdraht
jumpering module Rangierbaugruppe
jumping autogiro Sprungstarttragschrauber
jumping drilling Stauchbohrung
jumping-frequency magnetron Springfrequenz-Magnetron
jumping giro Sprung/Start-Tragschrauber
jumping-off airfield Absprungflugplatz
jumping-off position Ausgangsstellung
jumping of picture Bildtanzen, Bildzittern (TV)
jumping, to überspringen
jumpmaster Absetzer (LL)
junction Kontaktstelle, Autobahnauffahrt, Einmündung, Rollbahnabzweigung, Unipolartransistor mit Übergang, Zonenübergang, Übergangszone (Halbleiter), Anschluß, Zusammenfluß, Kreuzung, Trennungsbahnhof, Vereinigung, Knotenpunkt
junction area Übergangszone
junction bead transistor Perlenschichttransistor
junction bench mark Höhenmarke eines Knotenpunkts
junction block (main spar) Anschlußklemmleiste
junction board Verbindungsleitungsschrank
junction box Abzweigkasten, Anschlußkasten, Einziehkasten, Verteilerkasten (Fsp), Winkeltriebgehäuse (MS)
junction buoy Vereinigungstonne
junction butt point of contact or power connection point Stoßpunkt
junction cable Verbindungs(leitungs)kabel
junction call Nahverkehrsgespräch
junction capacitance Sperrschichtkapazität (Halbleiter), Übergangskapazität
junction center Knotenamt
junction center group selector Knotenamtgruppenwähler
junction chamber Trompetengewölbe
junction channel Seitenkanal, Stichkanal, Verbindungskanal
junction circuit Verbindungsleitung
junction, collector Kollektorsperrschicht, -übergang, Kollektor-Basis-Zonenübergang
jump collector, diffused diffundierter Zonenübergang
junction curve (rail) Verbindungskurve
junction cut-off (road, rail) Anschlußstrecke, Anschlußgleis
junction diode Flächendiode (Halbleiter)
junction element Verbindungselement
junction, emitter Emittersperrschicht, Emitter(basiszonen)übergang
junction field effect transistor (electron) JUGFET, Sperrschicht-Feldeffekttransistor
junction finder Verbindungsleitungssucher
junction group Leitungsbündel
junction indicator Verbindungsleitungsklappe
junction, input selection...register Eingabeauswahlknotenregister (EAWKR)
junction laser Halbleiterlaser
junction line (rail) Ortsverbindungsleitung, Verbindungsbahn, -linie, Zweiglinie
junction-line panel Verbindungsleitungsfeld
junction multiple Verbindungsleitungs-Vielfachfeld
junction network Netzspinne, Verbindungsleitungsnetz
junction of side road with main road Wegeeinmündung
junction of the wing with the fuselage Anschluß des Flügels an Rumpf
junction or concentration ring Sammelöse
junction photo-transistor Photo-Flächentransistor
junction plane Trennungsebene
junction point Stoßpunkt, -stelle, Übergangspunkt, -stelle, Verbindungspunkt, V-Stelle
junction pole Überführungsmast
junction position Vermittlungsplatz
junction rail Verbindungsgleis, -schiene
junction-rail of a crossing Leitzunge einer Kreuzung, Mittelschiene
junction railway (rail) Verbindungsbahn, -linie, Zweiglinie
junction roller Kreuzrolle
junction service Nahverkehr, Netzgruppenverkehr, Verbindungsleitungsverkehr
junction stage Durchschaltebene
junction station Anschlußstation, Zweigstation
junction switch box Sammelschalter
junction switching position Vermittlerplatz , Verbindungsstelle
junction temperature Sperrschichttemperatur (Röhre), Grenzschichttemperatur, Netzschichttemperatur
junction tetrode Flächentetrode
junction traffic Nahverkehr, Netzgruppenverkehr, Verbindungsleitungsverkehr
junction transistor Flächen-, Schichttransistor
junction type diode Flächendiode
junction type rectifier Flächengleichrichter
junction width Sperrschichtdicke (Halbleiter)
junction working or operation Ortsverbindungsleitung
junctor Crossbar-Verbindungsglied
juncture Fuge, Gelenk, Naht, Verbindungsstelle, Stoßband, Verbindungspunkt
juncture strip Stoßband
junior airport control tower operating rating Lizenz für Kontrollturm-Assistent
junior cave Curie-Zelle
junk Abfall, Alteisen, Schrott
junk end of a rope Tauende
junkhead Zylinderkopf von Bristol-Rohrschiebemotor
jurisdiction Zuständigkeit (Weisungsbefugnis)
jury strut actuators Notzylinder für Stütz-

strebenbetätigung
jury strut Hilfsstrebe (av)
just-below-horizon path Ausbreitungsweg bis zum Horizont
just-noticeable difference (JND) Unterschiedsschwelle, Unterscheidungsschwelle
justification, area of Ausschlußbereich
justification, automatic line automatischer Zeilenausschluß
justification column Spalte für Begründung
justification data Ausschlußangabe
justification, forced Zwangsausschließen
justification, hyphenless Zeilenausschluß ohne Silbentrennung
justification line Zeilenausschluß
justification program Zeilenausschlußprogramm, Zeilenausschließprogramm
justified links- od. rechtsbündig ausgerichtet
justified clause Datenwortbündigkeitsklausel, -eintragung (COBOL)
justify ausschließen
justifying perforator ausschließender Perforator
jutout, to herausspringen, hervorragen
jute tape or serving Juteband, -umspinnung
juxta position Nebeneinanderstellung, Nebensetzung
juxtapose nebeneinanderstellen
J-value Wert der inneren Quantenzahl

K

K Sollkosten als Geldbetrag
K absorption limit K-Absorptionskante
K-band K-Band
K-capture K-Einfang (Atomphysik)
K-day K-Tag, Tag-K
K-device Haube mit Farbladung und Zünder (panzerbrechendes Geschoß)
K-display K-Darstellung, K-Schirmbilddarstellung
K-electron K-Elektron
K meson K-Meson
K transfer Feuerverlegung
Kaerber's method Kärber'sches Verfahren
kalantite Isolationsmaterial für Kabel
kaleidophon Kaleidophon, Tonschwingungsspiegel
kaleidoscopic kaleidoskopisch
kallirotron Kallirotron
kamacite Kamazit
Kant's and Lapace's cosmogenics Kant-Lapace'sche Hypothese
kaolin deposit Kaolinlager
kaolin ferrous sandstone Kaolinsandstein
kaolinite Kaolinit
kaolinization Kaolinisierung
Kaplan turbine Kaplan-Turbine
kapok Kapok, Seidenbaumwolle
kapok-lined waist-coat Kapokweste
Kapp coefficient Kapp-Faktor, Kapp-Koeffizient
Kapp phase advancer or vibrator Kapp-Vibrator
Kapton, aluminised...polyimide film/Beta marquisette (for superinsulation) Kapton gives reflective insulation, Beta glass fibre acts as spacer to separate reflective surfaces.) aluminisierte Polyimidfolie mit Kapton u. Beta-Marquisette (Kapton zur Isolierung durch Reflexion, Beta-Marquisette als Zwischenschicht zwischen reflektierenden Flächen)
Karlsbad twin Karlsbad-Zwilling
Karman fillet aerodynamischer Übergang nach Karman
Karman vortex Karman-Wirbel
Karolus cell Karolus-Zelle
kasolite Kasolit (uranhaltiges Mineral)
katabatic wind katabatischer od. absteigender Wind, Fallwind
katergol Katergol
Katzmayer effect Wirkung periodischer Schwingungen auf die Tragfläche
Kaurit glue Kauritleim
Kaurit glueing Kauritverleimung
kc KHz, Kilohertz
KDAR Kleindrohne (Antiradar)
KDE data records, maintaining format descriptions of Wartung von Eingabeformaten für Dateisätze
KDE file, new neue Datendatei
KDE-program Dateidaten-Eintastprogramm
kedge Wurfanker
kedge firing Wurffeuerung
keel angle Kielwinkel
keel block (locks and dry docks) Kielstapel
keel blocking Kiellager
keel fin Kielflosse
keel girder Heckträger
keel line Kiellinie
keel skid fibreglass fairing Kielspant-Glasfaserkunststoffverkleidung
keeler Abwaschwanne (Bohrgestänge)
keelson Kielschwein (Innenkiel bei Schiffen u. Flugbooten)
keen scharf, spitz, kantig
keen-edged mit scharfer Schneide
keep behalten, bewahren, festhalten, sich halten, konservieren, unverändert bleiben, Buch führen
keep advised, to auf dem Laufenden halten
keep-alive anode (electron) Erregeranode, Halteanode
keep-alive electrode (CRT) Zündstift, Erregeranode, Halteanode, Hilfsanode, Vorionisationselektrode
keep-alive voltage Vorionisierungsspannung, positive Vorspannung bei Nulloden
keep course auf Kurs halten
keep excited ein Relais unter Spannung halten
keep in stock, to auf Lager halten
keep in the track in der Spur bleiben, im Gleis bleiben
keep of the waters by timbering, to die Gewässer durch Holzverdämmung abhalten
keep under water unter Wasser lagern
keep up-to-date fortschreiben, auf den neuesten Stand bringen od. ...halten
keep upright! nicht stürzen!, aufrecht transportieren!
keep well clear halten Sie genügend Abstand
keepback zurückhalten
keeper Anker, Magnetjoch (Torpedo), Halter, Rückschlagklinke, Verriegelungsplatte

keeper lock Schließblech, Magnetanker (Relais), Relaisanker, Hilfselektrode (Raumfahrt), Keeper
keeper ring Sicherungsring
keeping an account Kontoführung
keeping back Zurückbleiben des Schiebers, Schieberzurückbleibung
keeping constant Konstanthaltung
keeping in stock Lagerung (von Gütern), Güterlagerung
keeping of telephone accounts Fernsprech-Rechnungsdienst
keeping fault Straffhaltung
keeping quality Haltbarkeit von Waren, Warenhaltbarkeit
keeping the pressure Druckhaltung
keeping up the steam Dampfhalten
Keer arc furnace Keer-Lichtbogenofen
Keith-line switch Keith-Vorwähler
Keith-master switch Gruppenvorwähler, Keith-Vorwähler
Keller furnace Keller-Ofen
Kellog switch Kellogschalter
kelly bushing Mitnehmerstangenbuchse
kelly, drill steam Drehtischeinsatz, Mitnehmerstangeneinsatz
kelly, haxagonal sechskantige Mitnehmerstange
kelly joint Mitnehmerstange
kelly packer Mitnehmerstangenpacker
kelly stub Mitnehmerstangenübergang
Kelvin absolute electrometer Kelvin'sches Absolutelektrometer
Kelvin arrival curve Thomsonkurve
Kelvin balance Stromwaage
Kelvin bridge Kelvin-Brücke
Kelvin double bridge Doppelbrücke, Kelvinbrücke
Kelvin effect Eindringtiefe, Hauteffekt, Hautwirkung, Skineffekt, Stromveränderung
Kelvin electrometer Quadrantenelektrometer nach Kelvin
Kelvin **scale** absolute Temperaturskala, Kelvin-Temperaturskala
Kelvin temperature Kelvintemperatur
Kelvin temperature scale Absoluttemperaturskala, Kelvinskala
Kennelly-Heaviside layer Heaviside-Schicht, Kennelly-Heaviside-Schicht
kenopliotron Kenopliotron
kenotron Kenotron, Hochvakuumglühkathodengleichrichterröhre, Hochvakuumdiode
Keplerian motion Kepler'sche Bewegung
Kepler's law Kepler'sches Gesetz
keratometer Keratometer
kerf Kernkronenrille
kernel Atomrumpf, Integralkern
kernel function Kernfunktion
kernel tube, inner Kernrohr (Raketenbrennkammer)
kerogen Kerogen
kerosene Kerosin, raffiniertes Leuchtpetroleum
kerosene blend Kerosingemisch
kerosene blow torch Petroleumlötlampe
kerosene can Petroleumkanne
kerosene furnace Petroleumlötofen
Kerr cell Kerr-Kondensator
Kerr-cell camera Kerrzellenkamera
Kerr-cell circuit Kerr-Zellenschaltung
Kerr effect magneto-optischer Kerreffekt, Kerr'sches Phänomen
ketonic group Ketongruppe
kettle of the compass Kompaßbüchse, Kompaßkessel
kettle-shaped kesselförmig
kettle still Harzherstellungsblase
KEV Elektronenkilovolt
kevatron Kevatron (Teilchenbeschleuniger)
key Funktaste, Hebelschalter, Kennbegriff (LPG), Taste, Codierung, Verschlüsselung, Längskeil, Querkeil, Schlüssel, Zeichenerklärung (Radar), Funktaste
key, to morsen, tasten, festkeilen, aufkeilen
key action Klappenmechanismus
key, actual echter Schlüssel (COBOL)
key address Schlüsseladresse (Computer)
key, adjustable...touch verstellbare Anschlagstärke
key, advancing schreibende Taste mit Vorschub
key and slot Federkeil u. Nut
key arrangement Keilanordnung
key, ascending aufsteigender (Sortier)-schlüssel (COBOL)
key, backspace Rücktaste
key bank Tastenreihe
key-bar Keilstahl, Kombinationsstab
key bar rotor Keilstabläufer
key bed Leitschicht (geol), Keilfläche
key blank Schlüsselrohling
key bolt Keilbolzen
key buckle Keilangel (Gattersäge)
key-button lifter Tastenknopfheber
key, cancel Löschtaste
key chamber Tastenbehälter
key chirp Tastengeräusch
key click Tastklick, Tastschlag, Tastprellen
key, code Codetaste
key collar Setzkeil, Schließkeil
key, command Befehlstaste
key, console interrupt Anruftaste
key, control Bedienungstaste
key controlled tastengesteuert
key-controlled card punch Kartenlocher (manuell), Lochkartenlocher
key-controlled waves getastete Wellen
key, dimensional unit Maßeinheitenschlüssel
key-driven, to tastaturgesteuert, tastengesteuert
key-driven keyboard Tastenantriebs-Tastenfeld
key-driven machine Tastenantriebsmaschine
key-driver Keilauszieher, Keiltreiber
key drop Tastenhub
key, drum shaft Trommelwellenkeil
key, eccentric hub Exzenternabenkeil
key, end-of-transmission Endetaste
key, escaping schreibende Taste mit Vorschub
key field Kennbegriffsfeld, Schlüsselfeld
key field entry Schlüsselfeldeintrag
key field length Schlüsselfeldlänge
key, figures Zifferntaste
key function Schlüsselstellung, Tastenstellung
key groove Keilnut
key-grooving machine Keilnutmaschine
key guide Schlüsselführung, Tastenlenkung
key head Keilnase, Tastenkopf, Taster
key high-power airborne processor Hochlei-

stungsprozessor für den Bordgebrauch (av)
key horizon Bezugshorizont, Leithorizont, Leitschicht (geol)
key horn Klappenhorn
key identification Schlüsselkennzeichnung
key industry Schlüsselindustrie
key instruction Schlüsselbefehl (Computer)
key interlock Tastensperre
key interlocking Schlüsselverschluß
key, invalid ungültiger Schlüssel (COBOL)
key length Schlüsselfeldlänge
key lever Fahrstraßenhebel
key light Hauptbeleuchtung
key list Schlüsselliste
key location Kennbegriffslage
key lock bar Tastensperrschwinge
key map Übersichtskarte
key measuring point Schlüsselmeßstelle (Reaktor)
key metering Tastenzählung
key mine Schlüsselmine
key modulation getastete Schwundregelung, Tastenmodulation
key, non-advancing schreibende Taste ohne Vorschub
key number Passermarken-, Kennummer
key of a bolt Splint, Vorstecker
key of a map Zeichenerklärung, Zeichenschlüssel
key of arch Keil des Gewölbes
key of picture Helligkeitsumfang
key-operated switch Schlüsselschalter
key panel assignment Tastenfeldbelegung
key personnel leitendes Personal
key plan Schemazeichnung
key point (high, low) Ausgangspunkt
key position Ausgangspunkt, Schlüsselstellung
key, printing schreibende Taste
key proportioning Keilberechnung
key pulsing Tastenfernwahl
key punch Handlocher, manueller Locher, Tastaturlocher
key punching handgesteuertes Lochen, Handlochen, manuelles od. tastaturgesteuertes Lochen
key-rack Schlüsselbrett
key-relay Tastenrelais (Radar)
key, release Auslösetaste
key seat Keilschlitz, Keilsitz, Schlitz im Keil
key-seat cutter Keilnutenfräser
key seat reamer Keilsitzräumer
key-seat steel rule Keilnutenlineal
key seating Keilnutenziehen
key-seating, to Keilnuten einarbeiten
key seating machine Keilnutenziehmaschine
key selection Tasten(an)wahl
key sender Zahlengeber
key sender lamp Zahlengeberlampe
key sending-B-position B-Platz mit Zahlengeber
key sending position Zahlengeberplatz
key-set keyboard Tasteneinstell-Tastenfeld
key-set machine Tasteneinstellungsmaschine
key-set selection Nummern-Tastenwahl
key set selection of telephone numbers Tastenwahl von Fernsprechnummern
key, shaft Wellenkeil
key, shift Umschalttaste
key signature Vorzeichnung
key-slot chisel Keillochmeissel
key-slot pin Stift mit Keilschlitz
key speed Handgeschwindigkeit, Handtempo, manuelle Geschwindigkeit
key, stay-down arrtierbare Taste
key steel Keilstahl
key stoning Erzeugung eines trapezförmigen Rasters
key, storage select Speicherwahltaste
key strip Tastenstreifen
key stroke Tastenanschlag
key stroke counter Anschlagzähler
key switch Schlüsselkontakt, Stromschlüssel
key switching center (switch) Netzknoten
key to weather code numbers and symbols Windschlüssel
key thump Tastgeräusch, Tastklick, Tastprellen, Tastschlag
key transmitter Schlüsselfreigabe(einrichtung), Tastersender (Fsp)
key-type drill chuck Bohrfutter mit Zahnkranz
key type pull head Ziehkopf mit Steckkeilbefestigung (w)
key-type station selector Tastenwahl
key unit Tasteneinheit, Tastengerät
key verify Lochkartenprüfung
key washer Sicherungsscheibe
key waying machine Keilnutenstoßmaschine
key-wedge Keilschlüssel, Tangentialkeil
key well Einpreßbohrung
key width Keildicke
key with memory Tastgerät mit Speicherung
key word Schlagwort, Stichwort, Lexem
key work Klappenmechanismus
keyboard Akkordiongriff, Einstellwerk, Klaviatur, Manual, Schlüsselbrett, Tastatur, Tastenfeld, Tastwerk
keyboard, to eintasten, über Blattschreiber eingeben, einspeichern (Rechner usw.)
keyboard actuated punch Streifenlocher mit Tastensteuerung
keyboard, alphameric alpha(nu)merische (Eingabe)tastatur
keyboard buffer Zeichenspeicher
keyboard, classification Fachwählertastatur
keyboard clearance Löschung (Zeichen)
keyboard computer Tastenrechenmaschine
keyboard contact Tastenschalterkontakt
keyboard-controlled tastaturgesteuert, tastengesteuert
keyboard controlled verification tastaturgesteuertes Prüfen
keyboard, electronic elektronische Tastatur
keyboard, entry Eingabetastatur
keyboard entry manuelle Eingabe, Konsoleingabe, Tastatureingabe, Handeingabe
keyboard entry station Tastatureingabestation
keyboard frequency management system, dual doppelte Drucktastenfrequenzeingabe
keyboard, high-speed Schnellschreibtastatur
keyboard inquiry Tastaturabfrage
keyboard lock Tastensperre
keyboard lockout Verriegelungseinrichtung (Senden von Daten über Tastatur)
keyboard module Tastaturbaustein
keyboard perforator Lochstreifenstanzer,

Tastenlocher
keyboard preselection Vorwahl mit dem Tastenfeld
keyboard printing telegraph Tastenschnelltelegraph
keyboard punch Locher mit Tastatur (L-Streifen od. L-Karten)
keyboard request Abruf über Taste (Rechner)
keyboard restoring contact Tastatur-Rückstellkontakt
keyboard selection Tastaturwahl
keyboard sender Sender mit Tastenfeld, Tastengeber
keyboard system, digital digitales Tastenfeldsystem
keyboard transmitter Tastengeber
keyboard typewriter Klaviaturschreibmaschine
keyboard unit Tastenwerk
keyed automatic gain control getastete ungedämpfte Welle
keyed carrier transmission Betrieb mit getastetem Träger
keyed carrier transmission Betrieb mit getastetem Träger
keyed clamping circuit getastete Anklammerungsschaltung, Klemmschaltung
keyed connector unverwechselbare Steckvorrichtung
keyed continuous wave getastete, ungedämpfte Welle
keyed CW jamming getastete CW-Störung (elektronische Kampfführung), getastete Dauerstrichstörung (elektronische Kampfführung), getastetes CW-Stören, getastetes Dauerstrichstören
keyed drive shaft Antriebswelle mit Nut und Feder
keyed fastening Keilverbindung, Passfeder-, Scheibenfederverbindung
keyed frequency getastete tonüberlagerte Welle
keyed frequency wave getastete Trägerwelle, tonlose Telegraphie, Trägertastung, ungedämpfte Welle
keyed gear ausgekeiltes Zahnrad
keyed lock ring Sicherungsring (Twk)
keyed modulation getastete Modulation
keyed record Block mit Schlüsselfeld
keyer elektronischer, elektrischer od. mechanischer Taster, Tasteinrichtung, Tastgerät, Blinkgeber, Radarmodulator, Blinkzeichengeber, Zeichengeber
keyer adapter Faksimilimodulator
keyer tube Schaltröhre, Taströhre
keyhole mask Schlüssellochmaske
keyhole notch der Schlüssellochkerb
keyhole saw Lochsäge, Spitzsäge, Stichsäge
keying Aufkeilung, Codieren (Rechner), Keilverbindung, Setzen auf Setzmaschine, Tastung, Verkeilen, Verschlüsseln, Umtastung, Tastverkehr (Morse)
keying and reading Ein- u. Austasten
keying capacity limit Eintastkapazitätssperre
keying chirps Zirpen beim Tasten
keying circuit Tastkreis, Tastleitung
keying device Tasteinrichtung, Taster
keying error Eintastfehler (Rechner), Fehleintastung
keying filter Schaltknackfilter, Tastklickfilter, Weichtastfilter
keying-head Tastkopf
keying machine Tastapparat, Tastmaschine
keying mistake Tippfehler, Eintastfehler (Rechner)
keying mode entsprechende Tastung
keying of tie of a lock gate Keilvorrichtung der Zugstange am Schleusentor
keying relay Tastrelais
keying sequence Tastfolge
keying signal Tastzeichen
keying space Tastzwischenraum, Tastpause
keying speed Eintastgeschwindigkeit (Rechner), Tastgeschwindigkeit
keying system Tastanordnung
keying tube Taströhre
keying valve Taströhre
keying wave Tastwelle, Zeichenwelle
keying with keying filter Weichtastung
keying with out keying filter Harttastung
keyless ringing automatischer Ruf
keynote Grundton
keyplate Schlüsselschild
keypunch Locher mit Tastatur (Lochstreifen od. Lochkarten), Handlocher, manueller Locher
keyset Tastenfeld, Tastatur
keystone correction Trapezentzerrung
keystone distortion Schlüsselverzerrung, Trapezfehler, Trapezverzerrung
keystone effect Trapezeffekt, Trapezverzeichnung
keystone-shaped trapezförmig
keystone-shaped delineation of a scanning pattern Kisseneffekt
keyway Keilbahn, Keilnut, Keilnuten fräsen
keyway broaching machine Keilnutenhobelmaschine, Keilnutenstoßmaschine
keyway cutter Scheibenfräser zum Nutenfräsen (w)
keyway cutterbar Nutmesser
keyway cutting Keilnutenstoßen
keyway gauge Keillehre
keyway milling Keilnutenfräsen
keyway tool Keilnutenstoßmeissel
keywaying Keilnutfräsen, -herstellung
keywaying milling machine Keilnutfräsmaschine
keyword Kennwort, Schlüsselwort (Rechner)
keyword-in-context index KWIC-Index, Register nach signifikanten Titelworten geordnet (Rechner)
keyword-in-context-indexing Dokumentationsverfahren KWIC
keyword macro Kennwortmakro, Schlüsselwort-Makro
keyword macro instruction Kennwortmakroaufruf, Schlüsselwort-Makro-Aufruf, Schlüsselwortmakroinstruktion
kg Kilogrammes
kHz Kilohertz
kick, to mit dem Fuß stoßen
kick-back power supply Rückstoßstromversorgungsgerät
kick-back pulse Rückschlagimpuls
kickdown switch Kickdown-Schalter, Übergasschalter
kick-off valve Steigrohrstartventil (Öl)

kick-out Auslösung
kick-out of cards maschineller Ausstoß von Karten (MB)
kick-sorter (pulse analysator) Impulsröhren-Analysator
kick stage Kickstufenantrieb
kick-starter Kick-Starter, Schnellanlasser, Schocker
kick starter components Kickstarterteile
kidney nierenförmiges Gegengewicht
kiesel guhr brick Kieselgurstein
kieserite Kieserit (Mineral)
killes, to be accidentally bei einem Umfall umkommen
killed or deoxidized steel beruhigter od. vergossener Stahl
killed or deoxidized temper-hardening automatic steel beruhigter Vergütungsautomatenstahl
killed spirits Lötsäure, Lötwasser
killer Lumineszenzgift, Verminderer der Nachleitung
killer circuit fremdgesteuerte Austastschaltung
killer squitter drosselnde Falschsignale
killer winding Dämpfungswicklung
killing of fluorescence Fluoreszenzunterdrückung
kill-lime, to Kalk verlöschen
kiln-drying Ofentrocknung
kiln-drying probe Darrprobe
kiln regulation Darrordnung
kiloampere Kiloampere
kilo cycle Gigahertz (KMc/s, GC/s/, GHz
kilocycles /sec. Kilohertz
kilodyne Kilodyn
kilogass Kilogauss
kilogram atom Kilogrammatom
kilogram-caloric große Kalorie, Kilo(gramm)-kalorie
kilogram molecule Kilogrammolekuel, Kilomol
kilogrammeter Kilogrammeter
kilojoule Kilojoule
kilometer bonus or premium Kilometerprämie
kilometer circle Kilometerzirkel
kilometers covered zurückgelegte Kilometer
kilometers flow Flugkilometer
kilometer's per hour Stundenkilometer, Kilometerstuanden
kilometric waves LF-Bereich, Kilometerwellen
kiloohm Kiloohm
kilopond (kp) 1000 Pond
kilovar-hour Blindkilowattstunde, Kilovarstunde
kilovolt Kilovolt
kilovolt-ampere Kilovoltampere
kilowatt Kilowatt (elektrische Maßeinheit)
K-indicator Anzeigegerät Typ K, K-Sichtgerät
kind Art, Gattung, Sorte
kind of stressing Beanspruchungsart
kind of terpentine Terpentinart
kind to a shaft die Welle schonend, gute Laufeigenschaften aufweisend (Lager)
kindle Feuer anzünden, anfachen
kinematic kinematisch
kinematic chain or linkage kinematische Kette
kinematic gauge (rail) kinematische Begrenzungslinie
kinematic reversal kinematische Umkehrung
kinematic theory kinematische Theorie
kinematic viscosity (pla) Viskositäts-Dichteverhältnis, Verhältnis zwischen spezieller Zähigkeit u. Dichte
kinematics Bewegungslehre, Getriebelehre, Kinematik, Phoronomie
kinemometer Kinemometer
kinescope (US) Fernseh(empfangs)röhre, Bildwiedergaberöhre
kinescope recording gefilmtes Fernsehprogramm
kinesthesia Kinesthesie
kinesthesis dreidimensionales Gefühl beim Flieger
kinesthetic sensitivity Gleichgewichtsgefühl beim Fliegen, kinesthesisches Empfindungsvermögen
kinetheodolite (space) Kinetheodolit
kinetic Kinetik
kinetic control Regelung von massebehaftetem System
kinetic energy Arbeitsvermögen, Bewegungsenergie, lebende Kraft, kinetische Energie od. Kraft
kinetic energy at the muzzle Mündungsarbeit, Mündungsenergie, Mündungswucht
kinetic-energy missile Wuchtgeschoß
kinetic engineer Kinetiker
kinetic friction Reibungsgrenze beim Rutschen
kinetic head kinetische Druckhöhe, Staudruck
kinetic heating (aero) Erhitzung durch Luftreibung, kinetische Aufheizung
kinetic pressure (aero) dynamischer Druck
kinetic pressure of plasma kinetischer Druck des Plasmas
kinetic quantity lineares Moment, Bewegungsgröße
kinetic reaction, of reaktionskinetisch
kinetic theory of gases kinetische Gastheorie
kinetic theory of reaction Reaktionskinetik
kinetobaric effect kinetobarischer Effekt
kineto-elastodynamics Kineto-Elastodynamik
king bolt Achsschenkelbolzen
king journal (crane) Drehzapfen, Königssäule, Königszapfen
king pillar (crane) Königszapfen, Königssäule, Königswelle, Königsstock, Drehzapfen
king pin Achsschenkelbolzen, Königswelle, Königszapfen
king pin geometry Lenkgeometrie
king post Königsstück, Sprungstütze, Stützträger
king post (steel stream) Mittelstütze
king post brace Sprengträger
king post of a truss Hängesäule eines Fachwerkträgers
king rod senkrechte Zugstange im Hebewerk
king strut Königsstück
kingbolt Königsbolzen, Königsstange
kingston valve Seeventil (Schiff), Wasseraustrittsventil (unten, hinten im Ausblasekopf)(Torpedo)
kink Knick (Draht), Schleife, Knickpunkt
kink, to Kinken bilden (Seile)
kinking Kinkenbildung (Draht)
Kirchhoff approximation Kirchhoff'sche Näherung

kit-bag Fallschirmtragetasche, Waffentasche
kit certification Einbauzertifikation
kit letter Formänderungsbuchstabe
kite aerial Drachenantenne
kite balloon Fesselballon
kite control surface Kastenruder
kite otter Scherdrachen (Räumgerät)
kite pendant Drachenständer (Räumgerät)
kite sling Drachenspann (Räumgerät)
kite snatch block Klappblock für Drachenleine (Räumgerät)
kite sounding Drachenmessung
kite wire Drachenleine
Klausen propulsion Klausen-Antrieb
Klein-Nishina absorption Klein-Nishina-Absorption
Klein-Nishina scattering Klein-Nishina-Streuung
klieg light Jupiterlampe
Klimsch compilation method (cartogr) Höhenauszugsverfahren (nach Klimsch)
Klimsch-variomat compilation method (carto) Höhenlinienauszugsverfahren über Strichwandler (nach Klimsch)
Klingelfuss accelerometer Härtemesser nach Klingelfuß
klinometer Neigungsmesser
K/L ratio K/L-Verhältnis
klystron Klystron, Laufzeitröhre
klystron amplifier Klystronverstärker
klystron beam Elektronenstrahl
klystron bunching Elektronenbündelung im Klystron
klystron control grid Klystronsteuergitter
klystron frequency multiplier Klystron-Frequenzvervielfacher
klystron generator Klystrongenerator
klystron grid Klystrongitter
klystron local oscillator Klystron-Empfangsüberlagerer, Klystronüberlagerungsoszillator
klystron modulator Klystronmodulator
klystron oscillator Klystronoszillator
klystron power supply Klystronnetzgerät
klystron power unit Klystronnetzgerät, Klystronnetzteil
klystron reflector Klystronreflektor, Reflektorraum
klystron repeller Reflektoranode
klystron signal source Klystronsignalgenerator
klystron tube mount Klystronsockel
klystron tuner Klystronabstimmgerät
klystron tuning Klystronabstimmung
klystron tuning tool Klystron-Abstimmhebel, Klystron-Abstimmschlüssel
km Kilometer
knack Knick, Kunstgriff
knead, to durcharbeiten (in Schnecke)
kneader Innenmischer, Knetmaschine, Kneter
kneader arm Knetarm
kneader blade Knetarm
kneader mixer Knetmischer
kneading blade Knetflügel
kneading mill Knetapparat, Knetmühle
kneading process Knetprozeß
knee Rohrkniestück
knee-and-rail lock clamp Auslegerfestklemmung (w)
knee clamping Konsolklemmung
knee elevating screw Konsolhubspindel
knee in a characteristic Kennlinienknick
knee lever Knieheber, Winkelheber
knee of curve scharfe Krümmung (einer Kurve)
knee piece Kniestück od. Eckstück eines Rohrs
knee press Kniehebelpresse
knee roll (saddle) Kniepausche
knee strip Knieprofil
knee-type milling machine Konsolfräsmaschine
knee valve Knieventil
kneeling position knieender Anschlag
knife assembly (torpedo) Kappmesser (für A-Kabel), Kappvorrichtung
knife blade Messerkontakt
knife blade clip Messerschalterklemme
knife clip terminal Blattklemmenanschluß
knife-coat, to aufstreichen, rakeln (pla)
knife coating Rakelstreichverfahren, Walzenstreichverfahren, Streichen mit Rakel auf Walze
knife disconnect-connector Messerschalter
knife edge Keilschneide, Lagerschneide, Messerkante
knife-edge armature relay Schneidenankerrelais
knife-edge bearing Schneidenlager
knife-edge block Schneidenlager
knife-edge method Schlierenkantenmethode
knife-edge pointer Messerzeiger (Meßinstrument)
knife-edge relay Ankerrelais, Schneidenankerrelais, Relais mit Schneidenlagerung
knife-edge support Schneidenlagerung
knife-edge suspension Schneide(n)aufhängung, Schneide(n)lagerung
knife file Messerfeile
knife for pulp (engine) Holländermesser
knife limit switch Hebelendschalter
knife-line attack Messerlinienangriff (Korrosion)
knife-line corrosion Nahtrandkorrosion
knife, rope Seilmesser
knife seal Labyrinthsteg (Twk)
knife shaped lightning arrester Schneidenblitzableiter
knife-switch Messerschalter
knife-switch prong Kontaktmessergabel, Kontaktmesserklaue
knife test Messerprobe
knife-type cutting device Schneidstahlablängvorrichtung
knifing filler Spachtelmasse, Ziehspachtel
knit stricken, zusammenknüpfen
KNL (combined navigation and landing system) KNL (kombiniertes Navigations- u. Landesystem)
KNL approach indicator KNL Anflugphasenanzeige
KNL flight simulation, circular error KNL Flugsimulator, Streuung der Aufsatzpunkte
KNL hovering indicator KNL Schwebefluganzeiger
KNL navigation indicator KNL Navigationsanzeiger
knob Einstellknopf, Stellknopf

knob, adjustment Justageknopf
knob, column select Spaltenwählknof
knob, horizontal fine adjustment horizontale Feineinstellung
knob insulator Knopfisolator
knob, locking Feststellknopf, -knauf
knob, manual clutch manueller Kupplungsknopf, manuelle Kupplungseinstellung
knob, manual feed manueller Zuführungsknopf
knob shaft Drehknopfwelle
knob skirt Knopfrand
knob switch Knebelschalter
knobbed plug Knaufstöpsel
knobbled or bloomery iron Herdfrischeisen
knobbling Herdfrischarbeit
knobbling fire Feinfeuer
knock Klopfen (des Motors), Schlag, Stoß
knock, to klopfen, schlagen, stoßen
knock characteristic Klopfverhalten (von Ottokraftstoffen)
knock down, to abbauen (Gerät), niederschlagen, überfahren
knock-down aircraft Flugzeug in zerlegtem Zustand, zerlegtes Flugzeug
knock-down girder zerlegbarer Träger
knock engine test Bestimmung der Klopffestigkeit (von Ottokraftstoffen)
knock inhibition Klopfbremse
knock intensity Klopfstärke, Klopfintensität
knock meter Klopfstärkemeßgerät
knock-off, to abschlagen, knacken
knock-on atom Rückstoßatom
knock-on electron Deltaelektron
knock-out Ausdrückvorrichtung
knock-out, to aus der Form schlagen, Waffe zum Schweigen bringen, außer Gefecht setzen
knock-out bar Ausdrückbalken
knock-out junction box Scherbelwandverteilungsdose
knock-out pin Ausdrückstift, Drückstift (Auswerfer)(Bomben usw)
knock-out pin plate Ausdrückstiftplatte
knock-out spindle Steckachse
knock promoters Klopfförderer
knock proof klopffest
knock property Klopfeigenschaft, Klopfverhalten (von Ottokraftstoffen)
knock rating Bestimmung der Klopffestigkeit, Klopfeinschätzung, Oktanzahl
knock reference fuel Vergleichskraftstoff zur Bestimmung der Klopffestigkeit
knock resistance Klopffestigkeit
knock suppressor Klopfbremse
knock-test engine Motor für Klopffestigkeitsprüfung
knocked-down demontiert, zerlegt
knocked-down aircraft Flugzeug in zerlegtem Zustand, zerlegtes Flugzeug
knocked-down girder zerlegter Träger
knocked-on atom angestoßenes Atom
knocking klopfendes Geräusch
knocking behaviour Klopfverhalten
knocking characteristics Klopfeigenschaften
knocking inception (depending on ignition moment) Klopfeinsatz (abhängig vom Zündzeitpunkt)
knocking noise klopfendes Geräusch (Motor, Wälzlager), Klopfgeräusch (Motor, Wälzlager)
knocking-out Abschuß, Herausstoßen, Umlagerung
knocking-out discomposition Atomumlagerung (im Gitterverband)
knocking-out effect Atomumlagerung (im Gitterverband), Atomeffekt
knocking process Klopfvorgang
knocking surface ignition klopfende Oberflächenzündung
knocking tendency Klopfneigung
knockless klopffest (Ottokraftstoff)
knockless gasoline klopffester Kraftstoff
knockless petrol klopffester Ottokraftstoff
knockmeter Klopfmeßgerät
knockoff top Berstkappe
knockout bottle Wasserabscheider (eines Kompressors)
knockout effect außergefechtsetzende Wirkung
knockout key Keiltreiber
knockout plug Verschlußscheibe
knockout rod Auswerfbolzen (Spritzguß)
knockout tool Austreiber (Lehrdorn)
knockproof klopffest (Ottokraftstoff)
Knoop hardness Knoop-Härte (Werkstoffprüfung)
Knoop hardness number Knoop-Härtezahl (Werkstoffprüfung)
knot (KT) Knoten (eine Seemeile pro Stunde)
knot lead Knotenpunktlast
knotted bar iron Knoteneisen
knotted line test (parachute) Versuch mit verknoteten Fangleinen (Fsch)
knotting of the net Maschenknotung, Netzknotung
know-how Know-how, "wissen wie", Erfahrungswissen, Fachwissen, Wissensstand, Sachverstand, Erfahrung
know-how experience praktische Erfahrung, praktische Fertigungserkenntnis
known data point (KDP) Richtpunkt, vermessener Punkt
known-distance (firing) range Schulgefechtsschießstand
known-distance tank firing range Panzerschulschießstand
known target bekanntes Ziel
known traffic gemeldeter Verkehr
knuckle Gelenkband, Gelenkverbindung
knuckle bolt (rail) Kuppelbolzen
knuckle joint embossing press Kniehebelmatrizenpresse, Kniehebelprägepresse
knuckle-joint press Kniehebelpresse
knuckle line (of the margin plates) Knicklinien (der Randplatten)(Schiffsbau)
knuckle pin (motor) Kurbelzapfen des angelenkten Pleuels
knuckle pin (rail) Kuppelbolzen
knuckle radius Knickradius (Statik)
knuckle thread Rundgewinde
knuckling Knickung (im Gegensatz zu einer Kröpfung)
knuckling joint Knickverbindung
Knudsen flow Knudsenströmung
Knudsen gauge Vakuummesser für kleinste Gasdrücke nach Knudsen

Knudsen number Knudsenzahl
knurl Kreuzrändel
knurl, to kordieren, rändeln, riffeln
knurled collar Abstandsring mit kordeliertem Rand
knurled knob Rändelknopf
knurled nut Bördelmutter
knurled screw Daumenschraube, Kordelschraube, Rändelschraube
knurled thumb nut Rändelmutter
knurlhead screw Rändelschraube
knurling Rändelung, Kordelwerkzeug
kobrit packing Kobritdichtung
kodurite Kodurit
Kollsmann number Höhenmessereinstellwert
Kollsmann station barometer sensitiver Höhenmesser
Koltschug aluminium Koltschug-Aluminium
konel Konel (Metall)
Kotelnikov's theorem Abtasttheorem
KPSI kilopound per square inch
Krarup cable Krarupkabel
Krarup loading Krarupisierung
Krarup winding Krarupumspannung, Krarupwicklung
KRT cathode-ray tube
Krüger cell Krüger-Element
Krüger flap actuator Stellmotor der Krügerklappe
Krüger flaps Krügerklappen
krypton Krypton
K-scan K-Darstellung
KSI kilopound per square inch
KT knot
KTB Johnson-Effekt
KU-band radar KU-Band-Radar
kuk Maßeinheit für Luftdichte (meteor)
Kurie plot (Fermi plot) Kurie-Diagramm, Fermi-Diagramm
kurtosis Kurtosis, Exzess
KW Kilowatt
KWIC index KWIC-Index
KX-ray K-Röntgenstrahlung
KY Tasteinrichtung
Kybiak organism Kybiak-Organismus (päd)
kymograph (electr) Kymograph, Schwingungsschreiber, Wendezeiger (Luftfahrt)
KZO Kleindrohen-Zielortung

L

L Anflugkursfeuer (siehe LM, LO)
L left (runway identification)
L Liter
L locator (see LM, LO)
"l" Westergaard radius of relative stiffness of rigid pavement Westergaard-Radius der relativen Steifigkeit starrer Decken
lab Labor
label Bezeichnungsschild (aufgeklebt), Kenngruppe, Marke (Programmierung), Kennsatz, Merkmal, Etikett
label, to auszeichnen, etikettieren
label adhesive Etikettenkleber
label, beginning reel Spulenanfangsetikett, Spulenvorsatz
label check Etikettenprüfung, Kennsatzprüfung
label checking routine Etikettprüfprogramm, Etikettprüfroutine
label, checkpoint Fixpunktetikett, Checkpoint-Etikett
label, continuation Fortsetzungsetikett
label, disk Plattenspeicheretikett
label, dummy leeres Anfangsetikett
label, end-of-file Dateiendetikett, Dateinachsatz, Nachsatz, Endetikett
label, end-of-tape Bandnachsatz, Spulenendetikett, Spulennachsatz
label, end-of-volume EOV-Etikett, Spulenendetikett
label, ending file Dateiendetikett, Dateinachsatz, Nachsatz, Endetikett
label error Etikettfehler
label expression Markenausdruck
label field Etikettfeld
label, file...card Dateietikettkarte
label, file...record Dateietikettblock
label, file header Dateianfangsetikett, Dateivorsatz
label, file trailer Dateiendetikett, Dateinachsatz, Nachsatz, Endetikett
label format Etikettformat
label generation Etiketterzeugung
label group Etikettfolge
label handling Etikettbehandlung, Etikettverarbeitung
label, handling file manuelles Dateietikett, manueller Dateinachsatz
label, header (HDR) Dateianfangsetikett, Dateivorsatz
label, header...check Vorsatzprüfung (Band), Kennsatzprüfung (Platte)
label identifier Etikettkennzeichen
label, identifying Kennsatz
label information Etikettinformation, Etikettangaben
label, input Eingabekennsatz
label name Etikettname, Kennsatzname (COBOL)
label, non-standard nicht normiertes Etikett, Nichtstandardetikett
label, object revision level Objektschild
label parameter Etikettanweisung, Etikett-Parameter
label presence checking Prüfen auf vorhandene Etiketten
label processing Etikettverarbeitung
label, programmer-prepared Benutzeretikett
label, pseudo Pseudokennung
label, random access Großspeicheretikett
label, reading routine Kennungsroutine
label records clause (COBOL) Etikettformeintragung, Kennsatzformeintragung, Etikettformklausel, Kennsatzformklausel
label return (LBRET) Rücksprung aus der Etikettroutine
label run-time parameter Etikettablaufparameter
label sector Kennsatzsektor (dv)
label sequence Etikettfolge
label set Etikettgruppe
label, standard Standardetikett, Standardkennsatz, normiertes Etikett
label, standard file Standarddateietikett
label, standard file header Standarddatei-

anfangsetikett
label, standard header Standardanfangs-etikett
label, standard volume (VOL) Standard-großspeicheretikett, Standardspulenetikett
label statement Etikettanweisung
label, tape header Bandanfangsetikett
label track Kennsatzspur (dv)
label, trailer Dateiendetikett, Dateinachsatz, Endetikett, Nachsatz, Schlußetikett
label treatment Etikettbehandlung, Etikett-verarbeitung
label, user Benutzeretikett
label, user header (UHL) Benutzeranfangsetikett
label, user...parameter Benutzeretikett-anweisung
label, user trailer Benutzerendetikett
label, user's Benutzeretikett
label, volume...number Spulenetikettnummer
label, volume trailer EVO-Etikett, Spulen-etikett
label writing device Adressenbeschriftungs-einrichtung
labeling Etikettierung
labeling configuration Etikettierung
labelled atom markiertes Atom
labelled common block benannter gemeinsamer Speicherblock (FORTRAN)
labelled compound markierte Verbindung
labelled molecule markiertes Molekül
labelled sample mit Aufschrift versehene Probe
labile labil, unstabil
labor cost distribution Lohnkostenverteilung (komm)
labor efficiency Arbeitsleistung
labor market Arbeitsmarkt (komm)
labor report Arbeitsbericht (komm)
labor saving arbeitssparend (komm)
laboratory Laboratorium, Versuchswerkstatt
laboratory combustion tube Verbrennungsrohr für Laboratorien
laboratory command and control Steuer- u. Regelsystem für Labor (Raumstation)
laboratory coordinate Labor(atoriums)koordinate
laboratory crusher Laboratoriumsmühle
laboratory designed for scientific study and space application Laboratorium für wissenschaftliche Studie und Nutzanwendung
laboratory equipment Laborgerät
laboratory experiment Laborversuch
laboratory frame Laboratoriumssystem
laboratory investigation Laboruntersuchung
laboratory measurement Labormessung, Prüffeldmessung
laboratory module Labormodul (Stromver-sorgungssystem)(sp)
laboratory scale Laboratoriumsmaßstab
laboratory simulation of space environment Laboratorium für Simulierung von Raum-, u. Umweltbedingungen
laboratory sole Laboratoriumsherd
laboratory standard Meßformel
laboratory system Labor(atoriums)system
laboratory test Laboratoriumsprüfung, Labor-(atoriums)versuch
laboratory truck Laboratoriums(kraft)wagen
laboratory yield Laboratoriumsausbeute
labour Anstrengung, Mühe, schwere körper-liche Arbeit
labour-intensive item arbeitsaufwendiges Element (sp)
labour-saving device arbeitsparende Vorrichtung
labradorite Labradorfeldspat, Labradorit
LABS low-altitude bombing system
LABS start-switch LABS-Einschalter
labyrinth of loudspeaker Lautsprechertonführung
labyrinth packing or gland Labyrinthdichtung
labyrinth substance or stuffing box Labyrinth-stopfbuchse
lace Litze, Schnur, Spitze (Textil), mit einer Schnur befstigen, verschnüren
lace punching Ablochen einer Kartenspalte auf sämtlichen Lochpositionen, vollständiges Lochen aller Spalten einer Lochkarte
LACES (London airport cargo electronics data procesing scheme)
lacing Kartenspalte auf sämtlichen Loch-positionen ablochen
lacing of the net Netzriemen
lacing or forming board Labelformbrett
lack Mangel, Fehler, Unkorrektheit
lack, to fehlen, mangeln, nicht vorhandensein
lack of agreement das Nichtzustandekommen
lack of air Luftmangel
lack of compression zu geringe Verdichtung, zu wening Verdichtung
lack of definition Unschärfe
lack of depth Tiefenunschärfe
lack of focus of the camera Unschärfe der Kameraeinstellung
lack of fuel Kraftstoffmangel, Benzinverlust
lack of gasoline Kraftstoffmangel
lack of oxygen Sauerstoffmangel
lack of picture definition Bildunschärfe
lack of rationalization Rationalisierungs-defizit
lack of standard symbology mangelnde Symbolnormung
lack of uniformity Ungleichförmigkeit, Ungleichmäßigkeit, Ungleichziffer
lacmoid Lakmoid
lacquer Lack (auf Cellulosebasis)
lacquer preservatives Lackpflegemittel
lacquered wire Lackdraht (elektr)
lacquering shop Lackierwerkstatt
lacquers and paints for the automative industry Lacke u. Farben für Kraftfahrzeuge
lacrimator Reizkörper
lacrimator tear gas Tränengas
LACRU Light Aircraft Carriage and Release Unit
lactate Lactat, Laktate
lactic acid Milchsäure
lacto nitrile Lactonitril
ladder Montageleiter, Laufmasche, Leiter, Niedergang
ladder, to laufen (Maschine)
ladder attenuator Kettenspannungsteiler
ladder fire Reihenfeuer, Reihenschießen
ladder hasp Fahrthaspel
ladder hook Fahrthaken
ladder shaft or way Fahrtschacht
ladder trailer Montageleiteranhänger
ladder-type filter Abzweigfilter, Siebkette
ladle kettenförmige Siebschaltung

ladle analysis of each heat of steel Schöpfprobenanalyse von jeder Stahlschmelze
ladle pourer Eingießer
LADS Lightweight Airdefense System
laevo rotatory linksdrehend (chem, Molekül)
LAF (load alleviation function)(gust alleviation) LAF Böenaussteuerung (av)
lag, to hinterherhinken, nacheilen (Strom), bremsen, hemmen, rückwärtsschwenken, zurückbilden, nacheilen bei Geräten
lag angle Schwenkwinkel (Hschr)
lag circuit Weichtastfilter
lag element Verzögerungsglied
lag hinge Schwenkgelenk (Hschr)
lag of air-intake valve Nacheilen des Einlaßventils
lag of release Auslösezeit
lag of the photoelectric cell Nachhinken der Zelle
lag screw Holzschraube mit Rundkopf, Schlüsselschraube
lag screw anchor Gewindebuchse für Vierkant-Holzschrauben
lag, time Verzögerung, Zeitdifferenz, zeitlicher Verzug
lagged ummantelt
lagging, to hemmend, isolierend, phasenverspätet, isoliert, isolationsbeschichtet, nacheilend
lagging current nacheilender Strom
lagging movement Schwenkbewegung
lagging of phase Phasennacheilung
lagging of tide Gezeitenverzögerung
lagoon deposit lagunare Ablagerung (geol)
laid down abgelagert (geol)
laid-up abgelegt, abgerüstet
Lambert conformal conic projection Lambert's flächentreue Kegelprojektion
lambertite Lambertit (uranhaltiges Mineral)
lame Lamelle, Plättchen
lame, to unvollkommen, hinken, lahm
lamella Blättchen, Lamelle, Plättchen
lamellar blättchenförmig, lamellar, streifenförmig
lamellar chisel Lamellenmeißel
lamellar structure blättrige Struktur (geol)
Lamilloy (transpiration-cooled, laminated structural material) **Lamilloy** (ist eine laminierter Verbundwerkstoff mit Schwitzkühlung)(av)
lamina Kollektorlamelle, Lamelle des Kollektors, dünnes Plättchen
laminar aus dünnen parallelen Schichten bestehend, blätterförmig, lamellenförmig, laminar
laminar boundary layer laminare Grenzschichten
laminar film laminare Schicht
laminar flow Laminarströmung, wirbelfreie Strömung (aerodynamisch), einfache od. glatte Strömung, Fadenströmung
laminar-flow airfoil Laminarprofil
laminar flow control (LFC) Laminarhaltung der Strömung
laminar flow past plates Parallelanströmung von Platten
laminar friction laminare Reibung
laminar fuselage Laminarrumpf
laminar layer wirbelfreie Grenzzschicht
laminar profile (aero) Laminarprofil
laminar separation Ablösung einer laminaren Grenzschicht
"Laminarflo" electron gun Laminarflo-Elektronenkanone
laminate in Blätter spalten, Schicht(preß)stoff, Schichtstoff herstellen, Schichtstoffherstellung
laminate, to laminieren, feingeschichtet (chem), aufeinanderschichten
laminated aus dünnen Folien bestehend, lamellenartig, plattfenförmig, streifig, blätterförmig, geschichtet, gewalzt, lamelliert
laminated antenna geschichtete Antenne
laminated bearing Lager aus Schichtstoff
laminated, bearing Schichtstofflager
laminated board Stäbchenplatte
laminated brush switch Bürstenschalter
laminated by plastics kunststoffbeschichtet
laminated channel section blätterförmiges U-Profil
laminated coax (telecom) schichtenweise aufgebautes Koaxialkabel
laminated conductor lamellierte Stromschiene
laminated contact Bürstenkontakt
laminated core Blechkern, geblätterter Kern, Kern aus blätterdünnem Eisen, Lamellenkern
laminated epoxyd Schichtepoxyd
laminated fabric doubliertes Gewebe
laminated fibre building board Holzfaserplatte (geschichtet)
laminated glass Schichtsicherheitsglas, Mehrschichtensicherheitsglas, Verbund(sicherheits)glas
laminated iron core Eisenblechkern, Kern aus geblättertem Eisen
laminated leaf spring Blattfederpaket
laminated line Schicht(en)leiter
laminated magnet Blättermagnet, Lamellenmagnet, Magnetbündel
laminated metal Mehrschichtmetall
laminated mica Spaltglimmer
laminated mo(u)lding Schichtpreßstoffformstück
laminated mo(u)lding die Schichtpreßform
laminated nickel stack transducer Schwinger aus Nickellamelle
laminated panel Sandwichplatte, Verbundplatte
laminated paper Hartpapier
laminated phenolic-resin bended cotton fabric sheet Hartgewebe (phenolharzgebunden, Baumwollgewebe, Plastik)
laminated plastics Hartgewebe, Hartpapier, Plattenmaterial, Schicht(preß)stoff
laminated plastics article Schichtpreßstoff
laminated plastics panel Tafel (lam)
laminated preform geschichteter Verformling
laminated pressure vessel gewickelter Hochdruckbehälter
laminated product Schichtpreßstofferzeugnis
laminated radiator arrangement Lamellenheizkörper
laminated record Schichtplatte
laminated safety glass Sicherheitsglas
laminated shale Blätterschiefer, dünnblättriger Schieferton (geol)
laminated sheet Schichtpreßstoffplatte,

Hartgewebeplatte (pla)
laminated sheeting kaschierte Folie
laminated shell Ringgeschoß, Ringgranate
laminated shim geschichtete Beilegefolie
laminated spring Blattfeder
laminated spring coupling Federpaketkupplung
laminated structure dünnblättrige Struktur, Laminarstruktur, Lamellargefüge
laminated synthetic-resin bonded sheet Hartgewebe (kunstharzgebunden, pla)
laminated veneer Flächenpreßmaschine
laminated window laminierte Scheibe
laminated wood Preßschichtholz
laminated wood types Lagenholz
laminated yoke Blechpaket
laminating film Kaschierfolie
laminating machine Laminiermaschine, Verbundschichtmaschine (pla)
laminating material laminierbarer Werkstoff
laminating mill Platinwalzwerk
laminating sheet Schichtfolie
lamination Absonderung nach Schieferung (Schichten) (geol), Schichtfolie, Lamellenstruktur, Lamellierung, Transformatorblech
lamination coating Spritzbefilmen (pla)
lamination, corrugated runzliche Absonderung nach Schichtflächen (geol)
lamination, cross Kreuzfeinschichtung
lamination welding Plattieren
laminography Schichtaufnahme
Lamor frequency Lamor-Frequenz
"lamp" aircraft bemanntes Penetrationsflugzeug für geringe Höhen
lamp and pushbutton panel Lampen- u. Tastenfeld
lamp, bit display Bitanzeigelampe
lamp black Lampenschwarz
lamp bracket Lampenarm, Lampenhalter
lamp bulb Glühlampe, Lampenkolben
lamp-burner case Lampenbrennerkapsel
lamp cap with blind frame Leuchtenkappe mit Blendrahmen
lamp capping cement Lampensockelkitt
lamp carrier Lampenträger
lamp chimney or cylinder Lampenzylinder
lamp circuit Lampenstromkreis
lamp cord Trennlitze
lamp detector Lampensucher
lamp diffuser Blendschirm
lamp-dimming rheostat Abblendwiderstand (einstellbar)
lamp door Deckelring
lamp-globe collar Lampenkuppelfassung
lamp guard Lampenschutzkorb
lamp holder with cord grip Lampenfassung mit zentraler Drahteinfügung
lamp hour Lampenbrennstunde
lamp housing or box Lampenkasten
lamp panel Lampenfeld
lamp post Lampengestell
lamp repeater Meldelämpchen
lamp resistance Lampenwiderstand
lamp rim Lampenkranz, Lampenring
lamp shade Lampenabblendschirm, Reflektor
lamp signal Blinksignal, Lampensignal
lamp signalling Lampensignalisierung
lamp-socket mounting Lampenstreifen
lamp stop warning fine pitch kleine Steigungsminenkriegführung
land mobile station bewegliche Landfunkstelle
land navigation zurechtfinden im Gelände
land of off-shore wind or breeze Landwind
land on slope, to Schräglandefähigkeit
land on water, to wassern (Wasserflugzeug), auf dem Wasser landen
land-ornithopter Land-Schwingenflügler
land pattern Lötaugenmuster
land plane Landflugzeug
land position switch Landestellungsanzeiger
land radio station Land-Funk-Stelle
land reclamation pump Schöpfwerkpumpe
land rescue unit Landrettungstrupp
land return Bodenecho
land sailplane Landsegelflugzeug
land segment Feldsegment
land slide Erdrutsch, Grundlawine
land slowly, to langsam landen
land soaring glider Landsegelflugzeug
land station ortsfeste Funkstelle (beweglicher Funkdienst), Landfunkstelle
land-station charges Landegebühr
land surface Abquetschrand, Erdoberfläche, Tagesoberfläche (geol)
land surveying Landvermessung
land surveyor Feld-, Landvermesser
land take-off Landabflug
land tint Landfarbton
land transport Landtransport, Transport auf dem Landweg
land transport vehicle Landtransportfahrzeug
land transportation Landtransport
land vehicle Landfahrzeug
land with a bump, to eine Bumslandung machen, Erdmine, Flattermine, hart landen
land without the brakes ohne Bremsen landen
landed casing abgesetzte Verrohrung (Bohrloch)
landed or fixed property Liegenschaft
landfall Land in Sicht, Landfall (astronomisch)
landholder Landeigentümer
landing against or into the wind Gegenwindlandung
landing aid Blindlandeanlage, Landehilfe
landing angle (aero) Ausrollwinkel, Ansetzwinkel (Flugbetrieb), Landewinkel
landing-approach and flare characteristic Anflug- u. Ausschwebeeigenschaft
landing-approach chute Landeanflugbremsschirm
landing approach parachute Landeanflugbremsschirm
landing area Landebereich, Landungsgebiet, Start- u. Landebereich, Abtriftgebiet
landing area floodlight Landebahnleuchte, Landescheinwerfer
landing area for airborne troops Absetzgelände für Luftlandetruppen
landing attack Landungsangriff
landing bag Dämpfungsluftkissen (LL)
landing bag spigot Lufteinlaufzapfen für Landekissen
landing ballast Landungsballast
landing barge or boat Landungsboot
landing beacon (station) Landefunkfeuer
landing beam Gleitstrahl, Landestrahl
landing, blind Blindlandung, Instrumentenlandung
landing brake Landungsbremse, Radbremse

landing call push (elevator) Ruf-Druckknopf
landing characteristics Landeeigenschaften
landing charge Landegebühr
landing chart Landekarte
landing circle Landekreis
landing clearance (ATC) Landegenehmigung, Landefreigabe
landing climb performance Steigleistung aus dem Landezustand, Steigleistung in der Landebereitschaft od. Landezustandsform
landing compass Bezugskompaß
landing competition Lande-Wettbewerb
landing configuration Landezustand eines Flugzeugs, Landekonfiguration
landing configuration, overshooting in the Durchstarten in Landekonfiguration
landing corridor Landekorridor
landing control and logic unit (LCLU) Landeregel- u. Logikgerät
landing craft Landungsboot, Landungsfahrzeug
landing craft and bases LANCRAB
landing crew Landemannschaft (Luftschiff u. Segelflugzeug)
landing cross or wind cone Landekreuz
landing, cross wind Seitenwindlandung
landing cross wind Landung mit Seitenwind
landing, dead stick Landung ohne Motor
landing deck Landedeck, Rolldeck
landing deceleration parachute Landebremsschirm
landing depth Einbautiefe (Verrohrung)
landing direction Landerichtung
landing-direction indicator Landerichtungsanzeiger, Landeweiser
landing direction light Landefeuer, Landelicht
landing distance Landelaufstrecke, Landelänge
landing distance available verfügbare Landelaufstrecke
landing, down wind Landung mit Rückenwind
landing, emergency Notlandung
landing equipment Landeanlage
landing entrance Aufzugstür
landing equipment Luftlandegerät
landing facility Einrichtung zur Erleichterung der Landung, Landeerleichterungseinrichtung
landing fee or charge Landegebühr
landing field Landegelände, Landeplatz, Landungsfeld
landing flap Landeklappe
landing flap position indicator Landeklappen-Anzeigegerät
landing flaps and slats circuit Landeklappen- u. Vorflügelkreishydraulik
landing flaps power relay Schaltrelais der hinteren Flügelklappen
landing flare Landepfad-Befeuerung
landing floodlight Landebahn-Scheinwerfer
landing, forced Notlandung
landing forecast Landewettervorhersage
landing fuel weight tatsächliches Kraftstoffgewicht bei der Landung
landing gear Ausfahren des Fahrwerks, Fahrgestell, Kufenfahrwerk, Landungsgestell, Stoßfahrgestell
landing gear anchorage point Anschluß von Bug- u. Hauptfahrwerk
landing gear actuating cylinders Fahrwerkbetätigungszylinder
landing gear axle Fahrwerkachse
landing gear bay Fahrwerkraum
landing gear control circuit Fahrwerk-Steuerstromkreis
landing gear control lever (switch) Fahrwerkbedienhebel(schalter), Fahrwerksteuerhebel-(schalter)
landing gear control switch Fahrwerksteuerschalter
landing-gear design Einfahrkinematik (Fahrgestell)(av)
landing-gear difficulty Fahrwerkstörung
landing gear door Fahrwerkausfahrverriegelung, Fahrwerkklappe
landing gear emergency lowering system Fahrwerk-Notausfahranlage
landing-gear extended speed zulässige Geschwindigkeit bei ausgefahrenem Fahrwerk
landing gear fairing Landekufenverkleidung, Fahrwerkabdeckung
landing gear for surface loading and maneouvrability Bodendruck u. Manövrierbarkeit des Fahrwerks
landing-gear forgings Fahrgestellschmiedeteile (Flugzeug)
landing gear geometry Fahrwerksgeometrie, geometrische Verhältnisse am Fahrwerk
landing gear indicator circuit Fahrwerk-Anzeigestromkreis
landing gear kneeling provision Höhenverstellung des Fahrwerks
landing-gear light Fahrwerkwarnleuchte, Fahrwerkkontrollampe, Fahrwerk-Kontrolllicht
landing-gear master model Fahrwerkschachtmodell (av)
landing-gear motor Fahrwerkausfahrmotor
landing-gear-operating speed zulässige Geschwindigkeit bei Fahrwerkbetätigung
landing-gear part Fahrwerkteil
landing-gear position indicator Fahrwerkstellungsanzeiger
landing gear selector lever Fahrwerkbedienhebel, Fahrwerkschalterhebel
landing gear selector valve Fahrwerkumsteuerventil
landing gear shock strut Federbein
landing gear, special spezielles Teleskopfederbein (Flugzeugfahrgestell)
landing gear springing Fahrgestellfederung
landing gear strut Fahrwerkstrebe, Federbein
landing gear, sturdy robustes Fahrwerk
landing gear track Fahrwerkspurweite
landing gear tread (A) Fahrwerkspurweite
landing gear trouble Fahrwerkschwierigkeit, Fahrwerkstörung
landing-gear unsafe blinker Fahrwerkwarnblinker
landing gear uplock Einfahrverriegelung, Fahrwerkeinfahrverriegelung
landing gear warning altitute switch höhenabhängiger Fahrwerkwarnschalter
landing gear warning circuit Fahrwerk-Warnstromkreis
landing gear warning light Fahrwerkkontrollampe
landing gear warning signal simulator Fahr-

werkwarnsignalgeber
landing gear warning speed switch fahrtabhängiger Fahrwerkwarnschalter
landing gear warning switch Fahrwerkwarnschalter
landing gear warning system Fahrwerkwarnanlage, Fahrwerkwarnsystem
landing-gear well flap Fahrwerkklappe
landing gear with STO performance Sprungstartfahrwerk (Flugzeug)
landing gears Fahr- u. Schwimmerwerke
landing gross roll Ausrollen, Landelauf(strecke)
landing gross weight Bruttolandegewicht, höchstzulässiges Landegewicht
landing ground Landeplatz, Landungsplatz, Rollfeld, unbefestigtes Flugfeld
landing ground roll Landelauf(strecke)
landing ground run Landerollstrecke
landing guidance Landeleitung
landing head-lamp Landescheinwerfer
landing hook Landespieß
landing impact Landestoß
landing information Landeinformation
landing, instrument Blindlandung
landing intermediate station Zwischenlandestation
landing interval Abstand zwischen einzelnen Landungen, Landeabstand
landing lamp Landescheinwerfer
landing lamp filament switch Landelampenheizfadenschalter
landing lamp switch Landelampenschalter
landing lane Anflugschneise, Landeschneise
landing length Landestrecke
landing, level waagerechte Landung
landing light Bordscheinwerfer, Landefeuer, Landescheinwerfer
landing light effect Landelichtwirkung
landing light, retractable einziehbarer Landescheinwerfer
landing lights aligning target Richttafel für Landescheinwerfer
landing lights cutout relay Landescheinwerfer-Abschaltrelais
landing limit Landegrenze
landing load Landegewicht, Landelast, Landestoßbelastung, Landestoßkraft
"landing logic unit" "Landelogikeinheit"
landing mark (M) Landezeichen (M)
landing mat Landematte (für Behelfslandebahn)(Stahlrostplatte)
landing minima Landeminima
landing noise levels Landelärmwerte
landing of a space vehicle, aerodynamic aerodynamische Landung
landing off field Außenlandung
landing on water Wasserlandung
landing operation Landeunternehmen, Landungsunternehmung
landing or flying deck Landungsdeck
landing order Landeauftrag
landing outside an airfield Außenlandung
landing, pancake Landung mit Durchsacken
landing parachute Landebremsschirm
landing party Landungstrupp
landing path Landestreifen (D), Landeweg, Gleitweg des Flugzeugs
landing permission Landeerlaubnis
landing permit Landeerlaubnis
landing place or port Landestelle, Landeziel, Landungsort, Landungsstelle
landing point Landestelle, Landeziel
landing point, predetermined vorbestimmtes Landeziel
landing position Landestellung (Fahrwerk)
landing, powerstall Landung mit noch nicht stehendem Motor
landing, precision Ziellandung
landing priority Landevorrecht, Landevorrang
landing procedure Anflug-Sinkverfahren, Sinkverfahren, Landevorgang
landing profile Landeprofil
landing prohibited Landeverbot
landing prohibition Landeverbot
landing radio beacon Landefunkfeuer
landing ramp Ablaufbahn (Segelflugzeuge), Landesteg
landing rate Landefolge
landing report Landemeldung
landing restriction Landeverbot
landing ring, circular kreisförmig deformierbarer Landering
landing rocket Landungsbremsrakete
landing roll Ausrollen bei der Landung, Landelauf(strecke)
landing, roof Dachlandung (Hschr)
landing run Ausrollen, Ausrollstrecke, Landelaufstrecke
landing run (space) Landegleitstrecke
landing run with brakes Auslaufstrecke mit Bremsen
landing run with flaps Auslaufstrecke mit Landeklappen
landing run without brakes Auslaufstrecke ohne Bremsen
landing run without flaps Auslaufstrecke ohne Landeklappen
landing searchlight Landescheinwerfer, Landelicht
landing sequence Landefolge
landing ship for tank Landeschiff für Panzer
landing shock Landestoß
landing ski Gleitkufe, Landeski
landing ski assembly Schneekufengestell
landing smoke signal Landerauchzeichen
landing speed Landegeschwindigkeit
landing spot or point Landestelle, Landungspunkt
landing stage Landebrücke, Landedamm
landing stopped engine Landung mit stehendem Motor
landing strip Landebahn, Landepiste, Landebereich, Landestreifen
landing surface Landefläche
landing switch (elevator) Stockwerkschalter
landing system, computerized automatic rechnergesteuertes automatisches Landesystem
landing-T Lande-T, Landungs-T
landing taxes Landegebühren
landing tee Lande-T, Landeweiser, Landekreuz
landing terrain Rollfeld, unbefestigtes Flugfeld
landing tetrahedron Lande-Tetraeder
landing threshold Landeschwelle
landing transition Landetransition
landing velocity Landegeschwindigkeit (LL)

landing weather forecast Landewettervorhersage
landing weight Landegewicht
landing wheel Fahrwerkrad, Landerad, Laufrad (Fahrwerk)
landing wire Gegenkabel, Tragflächenkabel, Gegendraht (Flugzeugträger)
landing with brakes Landung mit Bremsen
landing with stopped engine Landen mit stehendem Motor
landing with the airscrew stopped Landung mit stehender Schraube
landing without flaps Landung ohne Klappen
landing without use of brakes Landen ohne Bremsen
landing zone Landeraum (LL), Landungsfeld, Landungszone
landing zone acquisition Erfassen der Landezone
landline Landleitung
landline communication, direct direkte Fernsprechverbindung (FS)
landline pressure transducer Druckmeßwertwandler
landline teletype circuit Drahtfernschreibverbindung
landline teletypewriter Drahtfernschreibmaschine
landing velocity Landegeschwindigkeit
landmark Geländepunkt, Kennungsmarke, Landemarke, landfestes Seezeichen, Markstein, Navigationsbake, Ortungspunkt, Richtbake
landmark beacon Landmarkierungsbake
Landore (pig and ore) process or method Landore-Verfahren
landspace target Geländescheibe
landspacing Verkehrsfläche
lane (DECCA) Streifen
lane and zone identification Schneisen- u. Zonenanzeige
lane identification (DECCA) Grobortung
lane of approach (ATC) Anflugschneise
Langsdorf chamber Langsdorfkammer
Langsdorf counter Langsdorfzähler
language, algorithmic algorithmische Sprache
language analysis Sprachanalyse
language, artificial künstliche Sprache
language, assembly Assemblersprache, Assembler, Assemblier(er)sprache
language, automatic coding automatische Codier- od. Programmiersprache
language, automatic programming automatische Codier- od. Programmiersprache
language, automatic...translation automatische od. maschinelle Sprachübersetzung, maschinelle Übersetzung
language, basic Grundsprache
language, common einheitliche Maschinensprache, Standardsprache
language, computer Maschinensprache, Rechnersprache
language, computer-independent maschinenunabhängige Programmiersprache
language, computer-oriented maschinennahe od. maschinenorientierte Programmiersprache
language, EDS machine EDS-Maschinensprache
language element Sprachelement
language, exchange-oriented programming vermittlungstechnisch orientierte Programmiersprache
language, executive control (ECL) Ablaufsteuersprache
language, file control Dateiüberwachungssprache
language, formalization Formalisierung einer Sprache
language, formalized formalisierte Sprache
language, formatted formatierte Sprache
language, formula Formelsprache
language, job control (JCL) Auftrags(steuer)sprache
language laboratory Sprachlabor, Tonbandprogramm (päd)
language laboratory testing methods Testverfahren im Sprachlabor
language, low level Grundsprache
language, machine Maschinensprache, Rechnersprache
language, machine-oriented maschinennahe od. maschinenorientierte Programmiersprache
language name Sprachenname (COBOL)
language, problem-oriented benutzerorientierte od. problemnahe Programmiersprache, problemorientierte (Programmier)sprache
language processor Übersetzer(programm), Übersetzungsprogramm, Umsetzer, Umsetzprogramm, Sprachübersetzer
language processor listing Übersetzungsprotokoll
language, program(ming) Programmiersprache
language, reference Bezugssprache
language speech research laboratory Sprachforschungslabor (päd)
language statement Sprachanweisung
language, symbolic (programming) symbolische Programmiersprache, Symbolsprache
language translation Übersetzung
language translation, automatic automatische Sprachübersetzung
language translation computer Sprachübersetzungsmaschine
language, typesetting Satzsprache
language, typographic instruction typografische Befehlssprache
L-antenna L-förmige Antenne
lantern picture Diapositivbild
lantern pinion Hohl(spiegel)trieb
lantern-slide Glasdiapositiv
lantern-slide projection Dia(positiv)projektion
lantern-slide scanning Diapositivabtastung
lanthanide Lanthanid (seltene Erde)
lanthanide contraction Lanthanidenkontraktion
lanthanide series Lanthanidenreihe
LANTRIN Low-Altitude Navigation and Targeting Infrared System for Night
LANTRIN targeting pod LANTRIN-Feuerleitbehälter (Radar)
lanyard Reißleine, Taljereep
lap Falte, Lappung, Naht, Rundstrecke, Überdeckung, Vorstoß, Läppscheibe, Läppwerkzeug, Überlappung, übergreifende Kante, läppen, polieren, schmirgeln, Umwicklung, Runde, Rundstrecke
lap and lead of the slide valve Voreilung des Dampfschiebers
lap belt Bauchgurt (Fsch)

lap dissolve weiche Überblendung, Überblenden
lap dissolve shutter Überblendungsblende, Überblendungseinrichtung
lap-in einschleifen (Ventile)
lap joint Überlapp(t)klebung, Überlappstoß
lap pack parachute Schoßpackfallschirm
lap-phasing Überlappung
lap-riveting Überlappungsnietung
lap sealing Überlapp(t)siegeln
lap seam weld überlappte Nahtschweißung
lap-solvent sealing Überlapp(t)siegeln mit Kleblöser
lap strap (safety harness) Bauchgurt (Anschnall-Gurtzeug)
lap strip bulk head Überlappung am Spant
lap time Anzugszeit (A), Trocknungsbeginn
lap track network Räumstreifennetz (U-Mine)
lap-type parachute Schoßkissenfallschirm
lap weld Überlappstoß, überlappte Schweißung, Überlappungsschweißung
lap-welded überlappt geschweißt
lap-welding Lappschweißung, Überlappt-schweißen
lap winding Schleifenwicklung
Laplace azimuth Laplacesches Azimut
Laplace equation Laplace'sche Gleichung
Laplace transform Laplace'sche Transformation
lapped bearing Paßlager
lapped surface geläppte Oberfläche (Metall)
lapping engine Bandleitungsmaschine
lapping machine Läppmaschine
lapping material Läppmittel
lapping time Anzugszeit (E), Trocknungsbeginn (pla)
lapping stick Läppdorn
lapping wheel Läppscheibe
lapse Storno, Ablauf (Zeit), Abfall, Verfließen, Verjährung
lapse notice Kündigung einer Versicherung (komm)
lapse rate vertikales Temperaturgefälle
lapsing Abfall, Ablauf, Verjährung, Verfall, ungültig werden
lard oil Specköl, Walöl
large ausgedehnt, breit, geräumig, groß, umfassend
large aircraft Großflugzeug
large amplitude wing rocking Tragwerkrütteln mit hoher Amplitude
large-area flicker Großflächenflimmern
large-area photo-multiplier Multiplier mit großer Photokathode
large-authority stability augmentation system stabilitätserhöhendes System hoher Autorität (AC)
large board Grundkarte, Stammkarte (dv)
large calorie Kilogrammkalorie
large capacity (said of cable) hochpaariges Kabel
large capacity aircraft Großraumflugzeug
large capacity airport tank truck Großraum-Flugfeldtankwagen
large-capacity condenser großer Kondensator, Großkondensator
large cargo aircraft Großraumfrachtflugzeug
large-current arc Hochstrombogen
large drag of the tailplane hoher Luftwiderstand des Leitwerks (av)
large drawn sections großdimensionierte gezogene Profile
large dummy installation Großschein(werfer)-anlage
large firing valve Hauptanlaßventil
large high-vacuum chamber Hochvakuumkammer
large laminated ring gewalzter Zahnradkranz
large passenger step Großfluggasttreppe
large producer Großproduzent
large radar plot integriertes Darstellungsgerät für taktische Abläufe und Navigation auf dem Radarschirm
large rear loading door große Heckladerampe
large-scale in großem Maßstab
large-scale attack Großangriff
large-scale battle or fight Großkampf
large-scale chart großmaßstäbliche Karte
large scale integrated circuit fortschrittlicher höchstintegrierter Matrixschaltkreis (Avionik)
large-scale integrated circuit chip hochintegrierter Detektormatrix-Chip (Radar)
large-scale integrated (LSI) circuitry hochintegrierter LSI-Schaltkreis (Avionik)
large-scale integration (LSI) LSI-Schaltung, Großschaltkreis
large-scale map Karte mit großem Maßstab
large-scale series production Großserienbau
large-screen laser generated situation display Großbildschirm-Laser-Lagedarstellungsgerät
large-screen picture technique Breitwand-Filmtechnik
large-screen television projector Fernseh-Großbildprojektor
large screen tube Großschirmröhre
large side window for emergency access and good ventilation große Seitenfenster für Lüftung und Notausstieg
large-signal characteristic Großsignaleigenschaft
large slotted flap großflächige Spaltklappe
large snow blower Großschneeschleuder
large sodium iodide gamma ray detector some associated electronics großvolumiger Natriumiodiddetektor einer Nachweiselektronik (Avionik)
large space telescope Weltraumteleskop
large-steam-forgings manufacture Dampfhammerschmiede
large storage computer Rechner mit großer Speicherkapazität
large-surface cathode Großflächenkathode
large throat area variation Flächenänderung im engsten Düsenquerschnitt
large vertical-aperture antenna Antenne mit großem vertikalem Öffnungswinkel
large-volume fuselage großvolumiger Rumpf (Flugzeug)
largely a test-bed effort prüfstandgebundenes Programm (FK-System)
largest baggage volume größter Gepäckstauraum
Larmor precession Larmor-Präzession
Larmor radius Larmorradius
LAS Leitungsanschlußsteuerung
laser (light amplification by stimulated emission of radiation) Lichtverstärker (Lichtverstärkung durch induzierte Emission von Strahlung)

laser aid to close air support Lasergerät für die Luftnahunterstützung
laser aircraft tracking system Flugzeugbahnverfolgung durch Laser
laser altimeter Laserhöhenmesser (av)
laser altimeter pulses of infrared radiation are transmitted in 1° beam Laserhöhenmesser senden sehr kurze IR-Impulse mit einem Öffnungswinkel von 1° aus
laser and market target system Laserzielmarkierungsgerät
laser as a high-speed cutting tool Laserstrahl als Schneidwerkzeug hoher Geschwindigkeit
laser-based visual system Laserprojektionssystem (Radar)
laser-beam cutting machine Laserschneidmaschine
laser beam drilling Laserstrahlbohren (TB)
laser beam guidance Laserleitstrahllenkung
laser bomb kit Laserbombenrüstsatz
laser cloud-base meter Laser-Wolkenhöhenmesser
laser-crystal oven Laserkristallofen
laser cutter Lasercutter, Laserschneider
laser datum line Laserbezugsachse
laser-designated laserbeleuchtet
laser designating device Laserzuweisungsgerät
laser-designation pod Laserzielzuweisungsbehälter (Zielverfolgungsradar)
laser designator Laserzielbeleuchter
laser designator and receiver Laserzielbeleuchter- u. -empfänger
laser designator, coupled gekoppelter Laserzielbeleuchter
laser equipment for ground-based application Bodenlasergerät
laser for acquisition and automatic guidance of satellites and aircraft Verfahren zur Erfassung und automatische Nachführung von Satelliten u. Flugkörper mittels Laser
laser geodynamic satellite Satelliten "LAGEOS"
laser guidance application Laserlenkmittel
laser-guided bomb Laserlenkbombe, lasergelenkte Bombe
laser-guided dual-role (aircraft and armour) lasergelenkter Mehrzweck-FK
laser gyro Laserkreisel
laser gyro inertial system Ringlaserkreisel
laser gyro know-how Laserkreisel-Know-how
laser-illuminated AOI projection Projektionssystem auf Laserbasis
laser image generation lasergestützter Bildgenerator (Avionik)
laser interferometer Laserinterferometer
laser irradiation Laserstrahlung
laser light source for imagery recording Laserlichtquelle für Bildaufzeichnung
laser proximity fuse Laser-Annäherungszünder
laser pulse is transmitted zeitverschobener (Laser)impuls (Radar)
laser pulse output Laserimpulsleistung
laser radar Laserradar
laser-radar-measurement Laser-Radarmessung
laser-range finder Laser-E-Messer, Laser-Entfernungsmesser
laser rangefinder and fire-control system Laser-E-Messer und Feuerleitsystem
laser rangefinder/designator and FLIR Laser-E-Messer/Zielzuweiser
laser ranging for laser tracking network Laser-Entfernungsmessung für das Laserüberwachungsnetz
laser-ranging observation Laser-Entfernungsbeobachtung
laser-rangefinder reflector Laser-Entfernungsmesser
laser-rangefinding system Laserentfernungsmeßsystem
laser ranger and designator Laser-E-Messer und Zielbeleuchter (Sichtgerät)
laser ranger for air/surface Laserentfernungsmesser für Luft/Boden
laser ranging Laserentfernungsmesser
laser reflector Laserreflektor
laser reflector to aid in measuring precisely the earth-moon distance Laserstrahlenreflektor zum Bestimmen von Erde/Mond-Entfernung (über Satellit)
laser scanning system Laserabtastsystem
laser seeker Lasersuchkopf
laser seeker system Lasersuchsystem
laser tracker Laserfolgegerät
laser-trimmer system Laser-Trimmersystem
laser warning receiver system Laserwarnempfänger(system)(Avionik)
laser weapon Rakete mit Laserkopf
laser weapon designation Laserzielbeleuchter (Zielverfolgungsradar)(Sichtgerät)
laser welding Laserschweißen, Lichtstrahlschweißen
laserphony Laserphonie
Lasertrak (a navigation display unit) Lasertrak (Navigationsanzeigegerät)
Lasertrak/Laserref system is designed to complement the main flight management system, the combined... die Kombination aus **Lasertrak** und **Laserref** soll das eigentliche Flugmanagementsystem ergänzen
lash, to anbinden, befestigen, festbinden, festzurren (Steuerruder), peitschen (See)
lashing Lasching, Ringverzurrung, Verzurrung, Zurrung
lashing cord Befestigungsleine
lashing hook Planenverschnürungshaken
lashing of rope Schlagen des Seils (Bohrung)
lashing rope Befestigungsseil
lashing strap Haltegurt (Torpedo)
lashing strip Schaufelstreifen (Turbine)
lashing technique Befestigungsverfahren, Verzurrungsverfahren
lashup vorläufiger Zusammenbau
lashup operational test Funktionsprüfung im Laboraufbau
lashup test Versuch im Laboraufbau
lasing Laserstrahlen, das
lasing device Laser(gerät)
lasing effect Laserwirkung
lasing medium Lasermedium
lasing system laseraktives System
LASS Low-Altitude Surveillance System Überwachungssystem für den unteren Luftraum
last card indication Gruppenanzeige (lo)
last-choice route Letztweg (vermittlungstechn), Regelweg
last column contact Überhubkontakt (lo,dig)
LASS Low-Altitude Surveillance System Über-

wachungssystem für den unteren Luftraum
last card indication Gruppenanzeige (lo)
last-choice route Letztweg (vermittlungstechn), Regelweg
last column contact Überhubkontakt (lo,dig)
last-generation system Vorgängersystem (ATC)(av)
last incidence of a configuration letzte Inzidenz einer Konfiguration
last-line lockup Schlußzeilensperre (EDV) (Binärschaltung), taktgesteuertes Flipflop
last parade Überprüfung nach der Fahrt
last radio contact letzte Radioverbindung
last-resort target Ausweichziel
last stage of a booster rocket Trägerraketenletztstufe
last-word clock Horizontal(meß)uhr
lasting anhaltend, dauerhaft, bleibend
LAT geographische Breite
LAT latitude
latax Querbeschleunigung, seitliche Beschleunigung
latch maschineninterner Schalter (dv), Anschlag, Drücker, Klinke, Riegel, Schnapper, Sperrhebel (Wiggins-Schnelltrennkuppiung), Klinkwerk, Rastklinke, Rastnase
latch against, to einklinken gegen
latch-and-fire mechanism federgespannter Auslösemechanismus (A)
latch bistable element Auffang-Flipflop
latch body Rastbolzengehäuse
latch cam Verriegelungsnocken
latch closure Riegelverschluß
latch contact Kombinationsschieberkontakt
latch contactor Feststellschütz
latch for pivoting window Drehfensterriegel
latch guide Riegelführung
latch handle Verriegelungsgriff
latch hook Auslegerhaken (verladbar)
latch-in device Verklinkung (Schalter)
latch-in-type switch verklinkter Schalter
latch jack Fänger für Schöpfbüchsenbügel
latch lever Klinkenhebel, Sperrhebel, Sperrklinke
latch lock Federschloß, Sperrstift zum Rohrverriegelungshebel (Geschoß)
latch mechanism Verklinkung, Verriegelung
latch pick coil Erregerspule eines kontaktverriegelnden Relais
latch pin Verriegelungsbolzen
latch pin fitting Verriegelungsbeschlag
latch pivot Drehzapfen zum Rohrverriegelungshebel (Geschoß)
latch plate Drückstiftplatte, Halteplatte für Metallspritzteile
latch plunger cam Rastbolzenhebel
latch position in verriegelter Stellung
latch release handle (hammer) Entriegelungsgriff
latch restoring bail Riegelrückstellschwinge
latch screw Verriegelungsschraube
latch shaft Fall(en)achse, Verriegelungsspindel
latch solenoid Verriegelungsspule
latch spring Sperrhebelfeder (Wiggins-Schnelltrennkupplung), Verriegelungsklinkenfeder
latch stop Verriegelungs(klinken)anschlag
latch together, to miteinander verriegeln
latch, travel lock Zurrhebelsperre
latch trip Entriegelung
latch trip coil Entriegelungsspule
latch-type locking lug Einklinkvorrichtung
latch-type selector Verriegelungsselektor
latch valve Sperrventil
latched relay Sperrelais (Twk)
latching button verriegelnde Taste, Verriegelungsknopf
latching control operate Dauerkontaktgabeeinheit
latching device Klinkensystem (eines Wärmeauslösers), Verklinkung (Schalter), Verriegelungsvorrichtung (eines Schützes)
latching dog Sperrklinke
latching mechanism Verriegelung
latching pin Feststellstift, Fixierstift, Verriegelungsstift
latching relay Verriegelungsrelais
latching switch Verriegelungsschalter
latching tool Verriegelungshaken (Stauluftturbine)(Bodengerät)
latching valve Sperrventil
latching voltage Haltespannung
late ehemalig, neueste(r), spät, verspätet
late bid verspätet eingehendes Angebot
late date später Termin
late effects Spätschäden
late entry fee Nachmeldegebühr, Nachnenngeld
late factor pick zweite Faktorenauswahl
late failures Verschleißausfälle
late gate Spättorimpuls
late gate former Spättorimpulsgenerator
late gate generator Spättorimpulsgenerator
late gate transformer Spättorimpulstransformator
late ignition timing Spätzündung
late proporsal verspätet eingegangenes Angebot
late radiation effect Strahlenspätschaden
late scramble verspäteter Alarmstartbefehl
late start date später Anfangstermin
latency Wartezeit (dv), Reaktionszeit (päd)
latency, average...time durchschnittliche Zugriffszeit
latency period Induktionsperiode
latency time Wartezeit (dv), Zugriffszeit, Latenzzeit (Wartezeit, bis die Information unter dem auf der richtigen Spur lesebereiten Kopf erscheint)(Rechner)
latensification Latensifikation (Verstärkung des latenten Bildes)(Photographie)
latent verborgen, eingefroren, gebunden, ruhend, latent
latent defect versteckte Mängel
latent electric charge gebundene Ladung
latent electronic image gespeichertes Bild
latent energy potentielle Energie
latent heat gebundene od. latente Wärme, Verdunstungskälte, Schmelzwärme
latent heat of condensation latente Verflüssigungswärme
latent heat of conversion Umwandlungswärme
latent heat of evaporation Verdämpfungswärme
latent heat of solidification Kristallisationswärme
latent heat of transformation latente Umwandlungswärme

latent heat of vaporization latente Verdampfungswärme
latent image latentes od. gespeichertes Bild
latent injury Spätschaden
latent magnetization (phys) latente Magnetisierungsfähigkeit
latent of sublimation isobare Verdampfungswärme
latent period Latentzeit, Verdampfungszeit, Verdunstungintervall
latent tissue injury Gewebespätschäden
lateral seitlich, Seiten..., Ansatzstück
lateral adjustment Seitenverstellung
lateral adjustment screw Nivellierschraube für Querneigung
lateral air Seitenspiel
lateral aisle Quergang
lateral amplification (optic) Abbildungsmaßstab, Lateralvergrößerung
lateral angular lead of target or angle in advance of present line of sight at which gun must be laid Seitenwinkelvorhalt
lateral area Mantelfläche (math)
lateral attitude Querlage, Querneigung, Schräglage
lateral autostabilization Stabilisierungsautomatik für Seitensteuerung
lateral axis Querachse
lateral block profile Seitenblockprofil
lateral bracing Windverband
lateral channel Seitenkanal
lateral chromatic aberration chromatische Queraberration
lateral component of velocity Seitenkomponente der Geschwindigkeit, Seitengeschwindigkeit
lateral compression ratio (photo) seitliche Zusammendrängung
lateral contraction Querzusammenziehung, Querkontraktion
lateral control Quersteuerung (Hschr)
lateral correction knob Seitenwinkelverbesserungsknopf
lateral corrugation Querriffelung
lateral cross-sectional area Seitenquerschnittsfläche
lateral cyclic pitch control periodische Quersteuerung
lateral deflection Seitenabweichung, Seitenverschiebung, Großkreisabweichung
lateral deviation Querabweisung, Großkreisabweichung, Seitenabweichung, Seitenfehler, Seitenverschiebung
lateral/directional instability Seiteninstabilität
lateral-directional oscillation Schwingung um Längs- und Hochachse
lateral/directional stability Seiten/Richtstabilität
lateral discharge seitliche Entladung, Nebenentladung
lateral dispersion Breiten-, Seitenstreuung
lateral displacement of the crest with depth seitliche Verlagerung des Scheitels mit zunehmender Tiefe (geol)
lateral distribution Querverteilung
lateral drift landing Schiebelandung, Landung mit Seitenabtrift
lateral drift of a bore hole seitliche Abweichung eines Bohrlochs
lateral edge (crystal) Randkante
lateral extension Querdrehung
lateral extension of the bed (machine tool) Seitenbett
lateral face (crystal) Randfläche
lateral fault Blattverschiebung (geol)
lateral force Querkraft, Seitenkraft
lateral force coefficient Querkraftbeiwert
lateral gain (side lap) Streifengewinn (LUBI)
lateral guiding force Seitenführungskraft
lateral inhibition laterale od. örtliche Hemmung, laterale Inhibition
lateral instability (area) Querlabilität, Querinstabilität, Rollinstabilität, Seiteninstabilität
lateral intake duct Lufteinlaufschacht
lateral inversion (TV) Kehrbild, seitenverkehrtes Bild, Seitenumkehr
lateral leveling Quernivellierung
lateral leveling screw Nivellierschraube für Querneigung
lateral limits seitliche Begrenzung, Seitengrenze
lateral line lighting (aero) Seitenreihenbefeuerung
lateral load Querkraftaufnahme
lateral magnification (optic, TV) Lateralvergrößerung, Quervergrößerung
lateral magnifying power Quervergrößerung
lateral migration Lateralmigration, Wanderung im wesentlichen einer Schicht (geol)
lateral moment of inertial Breitenträgheitsmoment
lateral or horizontal dispersion or speed Seitenstreuung
lateral overlap Seitenruderbedeckung (LUBI)
lateral parity check vertikale Gleichheits- od. Paritätskontrolle (dig)
lateral percusion fuse Seitenaufschlagzünder
lateral pitot-type air intake Pitotlufteinlauf
lateral plane Querebene
lateral play Seitenspiel
lateral power Biegekraft
lateral pressure Horizontalschub, Seitendruck, Seitenschub
lateral pull seitlicher Zug, Seitenzug
lateral push-pull load Quersteuerschublast
lateral push-pull rod Quersteuerschubstange (Hschr)
lateral radiator Kühlerteilblock
lateral resection seitwärts Einschneiden
lateral section Querschnitt, Profil
lateral separation Seitenstaffelung, Seitenabstand (aeronautisch)
lateral shift Bildseitenverschiebung (TV)
lateral shower Seitenschauer
lateral slide Seitenschieber
lateral squall Seitenwindboe
lateral spacing (aircraft) seitlicher Abstand
lateral stability Querstabilität, Stabilität um die Längsachse
lateral stability in cruise flight Querstabilität im Reiseflug
lateral stability in roll Rollstabilität
lateral steering course Seitensteuerkurs
lateral stub wing Stummelflügel
lateral support seitliche Abstützung (Stütz-

schwimmer)
lateral thrust Seitendruck, Seitenschub, Horizontalschub
lateral-thrust unit Bugstrahlruder
lateral tilt Nadirdistanz, Schrägstellung, quer zur Flugrichtung
lateral torque tube Querverbindungswelle (Hschr)
lateral tracking telescope Seitenrichtfernrohr
lateral traction Seitenführungskraft, Seitenstabilität
lateral traverse (rail) Seitenbeweglichkeit
lateral trim Quertrimmung, Seitenlastigkeit, Trimmung um die Längsachse
lateral velocity Abtriftgeschwindigkeit
lateral waste Austrieb (pla)
lateral yielding seitliches Ausweichen (od. Nachgeben)
laterally reversed seitenverkehrt, spiegelbildlich
latest combat vehicle moderne Kampffahrzeuge
latest type neuestes Baumuster
latex Latex
lathe, a 10 inch Drehbank von 25 cm Spitzenhöhe
lathe and planer tool grinder Dreh- u. Hobelstahlschleifmaschine
lathe carrier Drehherz (E)
lathe chuck Drehfutter
lathe dog Drehherz, Mitnehmer
lathe, drill-pipe Bohrgestängedrehbank
lathe equipment Drehbankausrüstung
lathe tool Drehstahl
lathe work Dreharbeit
latitude geographische Breite, Spielraum, Umfang
latitude compensated free gyro breitenkompensierter freier Kreisel
latitude compensation circuit Schaltkreis für die Kompensation geographischer Breiten
latitude correction Breitengradkorrektur (geophys)
latitude-longitude coordinates geographische Koordinaten
latitude of exposure Spielraum in der Expositionszeit
LATS litton automated test set
lattice Gitter (Halbleiter), Raster, Gatter, Gitterwerk, mit Holz vergittern, Netz, Spaltstoffgitter, Verbundgitter
lattice array Gitteranordnung
lattice bar Vergitterungsstab, Gitterstab, Diagonalstab, -versteifung, Füllungsstab
lattice beam Gitterbalken, Gitterträger
lattice binding Gitterbindung
lattice binding energy Gitterenergie
lattice bond Gitterbindung
lattice bonding force Gitterbindungskraft
lattice bracing Netzverband
lattice bridge Gitterträgerbrücke
lattice cell Gitterzelle
lattice chart Netzkarte
lattice coil Honigwabenspule, Spule mit Wabenwicklung
lattice constant Gitterabstand, Gitterkonstante
lattice defect Gitterstörstelle, Strukturfehler, Gitterbaufehler, Gitterfehlstelle
lattice deformation Gitterstörstelle
lattice design Gittermuster, Netzmuster
lattice diffusion Gitterdiffusion
lattice dislocation Gitterstörstelle
lattice disregistry Gitterunregelmäßigkeit
lattice electron Gitterelektron
lattice energy Gitterenergie
lattice expansion Gitterdehnung
lattice filter Brückenfilter, Gitterfilter, Kreuzgliedfilter
lattice floring Sprossenbelag
lattice frame (machines) Fachwerkgestell
lattice fuselage Gitterrumpf
lattice girder Gitterbalken, Gitterträger
lattice hole Gitterloch
lattice imperfection (nuclear) Gitterstörstelle, Gitterfehler (Kristallographie)
lattice jib Fachwerkausleger
lattice jig Gitterausleger
lattice matrix Gittermatrix (Gesamtsystem der Reaktorenzellen)
lattice network Brückenschaltung, Kreuzglied, Vierpolkreuzglied
lattice parameter Raumgitter-Parameter, Gitterkonstante (Kristallographie)
lattice plane Gitterebene, Netzebene
lattice point Gitterplatz, Gitterpunkt
lattice pole for aerial lines Gittermast, Hochspannungsmast
lattice reactor Gitterreaktor
lattice rib Fachwerkrippe
lattice section Vierpolkreuzglied, Kreuzglied, X-GLed
lattice spacing Gitterabstand
lattice steel mast Gitterstahlmast
lattice structure Gitteranordnung, Gitterzusammenhang, Netz(werk)struktur
lattice structure, massive ring with a massiver Ring in Gitterkonstruktion (Twk)
lattice theory Verbandstheorie (math)
lattice tower Gittermast
lattice truss Gitterbalken, Gitterträger
lattice type Gittertyp
lattice type access Gitterrostlaufsteg
lattice type filter Kreuzgliedfilter, Mehrfachsieb
lattice type network Kreuzgliedfilter
lattice unit Einheitszelle
lattice vacancy Gitterfehlstelle, Gitterloch
lattice vibration Gitterschwingung
lattice void Gitterloch
lattice winding Wabenwicklung
lattice work Fachwerk, Gitterkonstruktion, Raumtragwerk
latticed gitterförmig
lattried section gegliederter Querschnitt
Laue diagram Laue-Diagramm
Laue diffraction pattern Laue-Bewegungsdiagramm
Laue X-ray difraction pattern Laue-Diagramm
launch Start (Segelflugzeug)
launch a model ein Modell starten
launch alert receiver ("Compass Sail") arbeitender Warnempfänger ("Compass Sail")(Radar)
launch and boost motor Start- und Marschtriebwerk (av)
launch azimuth, to auf Abschußazimut
launch base Abschußrampe, Startrampe, Startplattform, Abschußzentrum (sp)

launch booster Starttriebwerk
launch by towing Seilstart
launch by towing rope start Zugstart
launch complex Abschußanlage, Startrampe
launch control centre Abschußkontrollzentrale
launch control facility command and control equipment Kontrolleinrichtung in der Kommandozentrale
launch cue Abschußfreigabe
launch cycle Abfeuervorgang
launch date Abschußdatum
launch dispersion Abschußzeitabweichung
launch escape system Rettungsanlage, Startrettungsanlage
launch escape tower Gerüst der Rettungsanlage, Rettungsturm (sp)
launch escape tower jettisoned Abstoßen des Rettungsturms (sp)
launch frame (space) Abschußrampe, Startrampe, Startplattform
launch from a catapult Schleuderstart
launch phase Startphase
launch readiness Abschußbereitschaft
launch sequence Abschußvorgang
launch site Abschußanlage
launch stand Stützgerüst
launch tariffs Startkosten (av)
launch thrust Startschub
launch time Abschußzeit
launch tube Abschußrohr
launch tube/container Transport- und Startbehälter (av)
launch vehicle Trägerrakete, Trägerfahrzeug
launch vehicle program Trägerfahrzeugprogramm
launch vehicle third stage Trägerraketendrittstufe
launch-weight Abschußgewicht
launch window Zielfenster
launched cruise missile, sea schiffsgesteuerter Marschflugkörper
launcher Flugzeugkatapult, Raketenwerfer, Ankopplungstrichter (Wellenleiter), Startgerät (Marschflugkörper), Launcher (Rakete), Startgestell
launcher adapter Startgeräteadapter
launcher rail Startschiene
launcher rocket or vehicle (space) Startrakete, Startstufe, Trägerrakete
launcher safety switch Raketen-Bodensicherheitsschalter
launcher tube (rocket) Abschußrohr
launcher with two missiles Zwillingsstarter
launcher's solid strap-on boosters Feststoff-Zusatztriebwerke (sp)
launching Katapultstart, Start, Stapellauf
launching angle Katapultwinkel
launching base (space) Abschußrampe, Startplattform, Startrampe
launching by means of rubber rope Gummiseilstart
launching catapult Startkatapult
launching costs Programmanlaufkosten
launching cradle (ship) Ablaufschlitten, Stapellaufschlitten
launching crew Startmannschaft
launching deck (aero) Startdeck
launching device (waveguide) Ankopplungstrichter
launching drag Startwiderstand
launching elastic Gummistartseil
launching equipment Starteinrichtung
launching equipment for rocket probe Abschußanlage für Forschungsrakete
launching frame Startgestell
launching horn Ankopplungstrichter
launching, methods of Startarten, -methoden
launching nose Schnabel
launching nose cross-girder Querträger für Vorbauschnabel (Brückenbau)
launching nose pin Schnabelbolzen (Brückenbau)
launching of electric field lines Ablösung elektrischer Feldlinien
launching pad Abschußplattform
launching phase (space) Startphase
launching platform (rocket) Abschußplattform, Abschußtisch, Startrampe
launching platform trailer Abschußplattformanhänger
launching rack Startgestell
launching rail Startschiene
launching rail (guide missile) Abschußrinne
launching ramp Startgestell, Startrampe
launching rope Startseil
launching silo unterirdische Abschußbasis, unterirdische Abschußrampe
launching site Abschußbase, Startanlage
launching sites, equipment for...guidance automatic checkout Ausrüstung für Abschuß, Führung und automatische Prüfung
launching slide (ship) Ablaufschlitten, Stapellaufschlitten
launching system Abschußrampe
launching track Startgestell, Verschubbahn
launching vehicle Trägerfahrzeug, Trägerrakete
launching way (ship) Ablaufbahn, Slipp
launching winch Schleppwinde (Segelflugzeug)
laurate Laurat, Laurinsäureester
Laval nozzle Lavaldüse
law of burning Verbrennungsgesetz
law of conservation of energy Energieerhaltungsgesetz, Gesetz zur Erhaltung der Energie
law of constant heat summation (chem) Gesetz der konstanten Wärmesumme, Hess'sches Gesetz
law of contradiction Satz vom ausgeschlossenen Widerspruch
law of conversation of mass Gesetz zur Erhaltung der Masse
law of cooling Abkühlungsgesetz
law of cosine Kosinussatz (math)
law of dilution Verdünnungsgesetz
law of distribution Verteilungsgesetz
law of effect Effektivgesetz (päd)
law of elasticity Elastizitätsgesetz
law of electrostatic attraction Coulomb'sches Gesetz
law of elongation Dehnungsgesetz
law of emission Emissionsgesetz
law of excluded middle Satz vom ausgeschlossenen Dritten
law of exponents Potenzgesetz (math)
law of falling bodies Fallgesetz (math)
law of gas diffusion Gasdiffusionsgesetz

law of gravitation Gravitationsgesetz, Newton'sches Gesetz (phys)
law of gravity Gravitationsgesetz, Massenanziehungsgesetz (phys)
law of imagery (Abbe's) Abbildungsgesetz von Abbe
law of induction Induktionsgesetz
law of inertia Trägheitsgesetz (phys)
law of isomorphism Gesetz von Mitscherlich
law of isothermal radiation Gesetz der Isothermen
law of large number Gesetz der großen Zahl
law of least squares Gesetz der kleinsten Quadrate (math)
law of mass action Massenwirkungsgesetz (chem, math)
law of mass effect Massenwirkungsgesetz
law of mixture Mischungsregel (chem)
law of moment or momentum Drehimpulssatz
law of motion Bewegungsgesetz
law of multiple proportion Gesetz der multiplen Proportion
law of nature Naturgesetz (phys)
law of partial pressure Partialdruckgesetz
law of personal and real property Schätzungsrecht, Sachrecht
law of probability Wahrscheinlichkeitsgesetz, Zufallsrecht
law of rational indices Hauey'sches Gesetz, Rationalitätsgesetz
law of reciprocal proportion Gesetz der reziproken Proportion (chem)
law of reflection Reflektionsgesetz, Rückwurfgesetz
law of relativity Relativitätsgesetz
law of resistance Widerstandsgesetz
law of retraction Brechungsgesetz (Optik)
law of return force Rückstellgesetz
law of sequence Gesetz der Serie
law of similitude Ähnlichkeitsgesetz, Ähnlichkeitsregel
law of sines Sinussatz (math)
law of spell Brechungsgesetz (Optik)
law of stage Stufengesetz
law of sums Summengesetz (math)
law of volumes Gay-Lussac'sches Gesetz
lawful gesetzlich erlaubt, rechtsgültig
lay Montageanordnung, Schlag eines Seiles, Leitungen verlegen
lay a cable, to ein Kabel legen
lay cable on ground, to Kabel im Tiefbau verlegen
lay danbuoys, to Bojen werfen
lay-down, to stoßbearbeiten
lay-down a box barrage, to Feuerabriegelung schießen (geol)
lay-down a gathering Lagen machen
lay-down gap Aufgabestrecke
lay for direction, to der Seite nach richten
lay ground (cloth) signals, to Auslegezeichen am Boden legen
lay of a cable Drallänge eines Kabels
lay out, to anreißen, auslegen (Fsch)
lay out a store, to ein Lager anlegen (geol)
lay reciprocally, to gleichlaufend stellen
lay seams, to Schweißverbindung ausrichten
lay shaft or countershaft Vorgelege
lay-up of engine Umbauphase eines Triebwerks (av)
layer Bank, Bett, Flötz, Horizont, Lager, Schicht(höhe), Schweißlage, Steckling, Strahlerebene
layer armour Schichtenpanzerung
layer blasts Kammerschießen
layer-by-layer application Überschichten (Schaumstoff)
layer charge Schichtladung
layer controller Schichtregler
layer corrosion Schichtkorrosion
layer depth Sprungschichttiefe, Schichttiefe (geol)
layer depth effect Schichteffekt, Sprungschichteffekt (UW-Akustik)
layer effect (sonar) Schichteffekt (UW-Akustik), Sprungschichteffekt (UW-Akustik)
layer filter Schichtfilter
layer insulation Lagenisolation (Tranformator)
layer large charge Schichtgroßladung
layer lattice Schicht(en)gitter
layer of adhesive Klebgummischicht
layer of air Luftschicht
layer of clay Tonlage, Tonschicht
layer of clouds Wolkenschicht
layer of gas Gasschwaden
layer of grease Fettschicht
layer of mold Humusschicht
layer of plasma Plasmaschicht
layer of powder Pulverschicht (unter Pulverschweißen)
layer of stability Stabilitätsschicht
layer of temperature Inversionsschicht
layer of tin foil Staniolbelag
layer of vorticity Wirbelschicht
layer of weather-worn material Verwitterungsschicht
layer of weld Schweißlage
layer plane Schichtebene
layer plate Höhenschichtplatte
layer potentiometer Schicht- u. Drehpotentiometer
layer-reader sorter Lagesortiermaschine
layer resistance Schichtwiderstand
layer restrictor Schichtenhöhenbegrenzer (Walzwerk)
layer step Schichtstufe (Kartographie)
layer strength Schichtfestigkeit
layer thickness Schichtdicke
layer tinting Höhenschichtenfärbung
layer-type potentiometer Schichtenpotentiometer (Schaumstoff)
layer weld Schweißlage
layer-wise bonding Lagenverleimung
layer-wound lagenweise gewickelt
layer-wound bobbin Bifilarspule
layered closure Etagennaht, Schichtnaht
layered material geschichtetes Material
layered network geschichtetes Netzwerk
layering apparatus Auslegeapparat, Leger
layering yard Erzsortierlager
laying agent Minenlager (U-Mine)
laying by bearing Richten nach Seitenwinkel
laying by survey Planrichten
laying chute Ablageschacht, Ablegeschacht (Minenlager)
laying depth Wassertiefe (auf die, die

Mine geworfen wird), Wurftiefe
laying device Richtgerät, Richtmittel
laying directly in the ground kanalfreie Verlegung (Fernmeldenetz)
laying error Richtfehler
laying facility Wurfeinrichtung (U-Mine)
laying for direction Seitenrichten, Legen der Seitenrichtung
laying gun azimuth Einrichten des Rohrs der Seite nach
laying head Legekonus (Drahtkühleinrichtung) (Walzwerk), Windungsleger
laying of a cable Kabelauslegung
laying-on computer Seitenwinkelrechner
laying out plate große Anreißplatte
laying out tool Anreißwerkzeug
laying party Verlegetrupp
laying pipe Legekonus, Windungsleger (Drahtkühleinrichtung)(Walzwerk)
laying pipeline Rohrleitungsverlegung, Verlegung der Rohrleitung
laying position Wurfposition
laying practice Richtübung
laying speed Wurffahrt (Minenlegen)
layout Lageplan, Anlage, Arbeitsplanung, Aufbau, Entwurf, Gesamtanordnung, Skizze, Übersichtsplan, Übersichtsskizze, Aufmachung, Layout, Belegungsplan (eines Tastenfelds), Ausstellungsweise, Einteilung (dig), Abwicklung (Verzahnung), Aufriß, Planung, Projektierung, Konstruktion
layout and stitch detail Faltschema, Nahtschema, Nahtquerschnitt (Fsch)
layout character Drucksteuerzeichen, Formatsteuerzeichen
layout, disk file...chart Plattendateientwurfsblatt (EDV)
layout, disk...form Plattensatzübersichtsblatt (EDV)
layout drawing Grundrißzeichnung
layout instruction Gestaltungsbefehl
layout line Anrißlinie, Rißlinie (A)
layout man Anreißer
layout of design Entwurfsanordnung
layout of the manoeuvre network Streckenführung des operativen Verkehrsnetzes
layout of tonnage Einteilung der Schiffstonnage
layout of units Gliederung der Kräfte
layout plan Belegungsplan, Lageplan
layout, printer Listenbild
layout procedure Anordnungsprozedur (ALGOL), Gestaltung
layout work Anreißen
layover Liegezeit
layshaft Doppelstirnradwelle (Twk), Vorgelegewelle, Zwischenwelle
layshaft gear Vorgelegerad
layshaft gear cluster Vorgelegezahnradblock
layup, to vorrichten, anordnen, aufeinanderschichten
Lazy eight horizontale Acht
LB local battery
lb Pounds (weight)
LBA Luftfahrt-Bundesamt
L-band L-Band
L-cathode L-Kathode
LC bomb (light case bomb) Minenbombe (dünnwandige Sprengbombe)
LC ratio Induktivitäts/Kapazitätsverhältnis
LCD (lowest common denominator) kleinster gemeinsamer Nenner (math)
LCD flat-screen display Flüssigkristall-Flachbildschirm (Avionik)
LCN (load classification number) Tragfähigkeits(kenn)zahl
L-display L-Darstellung
L/D lift/drag ratio
L/D ratio (ratio of length to diameter) Längsdurchschnittsverhältnis
LDG (landing) Landung
LDI (landing direction indicator) Landerichtungsanzeiger
LE leading edge
leach liquor Lauge, Lösungsmittel
lead Anhaltspunkt, Ader, Blei(stiftmine), Führung, Gewindesteigung, Anschnitt (Reibahle), Blindmaterial, Durchschuß, Lenkung, Hinweis, Leitung(skabel), Lot, Phasenvoreilung, Reglette, Senklot, Steigungshöhe, Voreröffnung, Zuleitung, Voreilung
lead (fuze) Übertragungsladung (Zünder)
lead (wire) Anschlußleitung, Auswanderung, Plusleitung
lead absorber Bleiabsorber, Bleiabsorbierer
lead accumulator Bleiakkumulator, Bleibatterie, Bleisammler
lead-acid accumulator Blei(säure)-batterie
lead-acid battery Säurebatterie, Bleisammler, Bleiakkumulator
lead-acid cell Bleiakkumulatorzelle
lead age Bleialter
lead air material area federführender LW-Materialbereich
lead aircraft Führungsflugzeug, Leitflugzeug, Spitzenflugzeug
lead and return Hin- u. Rückführung
lead angle Anschnitt (einer Schneidbacke), Anschnittwinkel (eines Gewindes), Vorhaltewinkel
lead angle (helical gear) Steigungswinkel
lead angle computation Berechnen des Vorhaltewinkels
lead angle to work Freiwinkel (US)
lead anode Bleianode
lead-antimony alloy Blei/Antimon-Legierung
lead azide Bleiazid
lead base bearing metal Bleilagermetall
lead bath Bleibad
lead bender Drahtbiegemaschine
lead bonder (semicond) Mikrodrahtbonder
lead bronze Bleibronze
lead-bronze bearing Bleibronzelager
lead burning Bleilöten durch Zusammenschmelzen
lead cable Bleimantelkabel
lead-cable jointer Bleikabellöter
lead cable press Bleikabelpresse, Bleimantelpresse
lead cam (machine tool) Leitkurve
lead carbonate Cerussit, kohlensaures Bleioxyd
lead card Vorlaufkarte
lead casting Bleiguß
lead-casting, automatic...machine Zeilengießautomat

lead-casting, TTS...machine TTS-Bleisatzmaschine, TTS-Setzmaschine
lead castle Bleikammer
lead cathode Bleikathode
lead cell battery Bleiakkumulator
lead chamber Bleikammer (Reaktor)
lead chart (AA firing) Planfeuertafel
lead chromate chromsaures Bleioxyd
lead-coat, to verbleien
lead-coated feuerverbleit
lead coating Bleimantel, Bleiüberzug, Verbleien
lead-coating process Feuerverbleiung, Verbleien
lead composition Bleisatz
lead composition program Bleisatzprogramm
lead-compound Bleiverbindung
lead computing optical sight optisches Zielgerät mit Vorhaltrechner
lead-computed optical sighting optisches Zielgerät mit Vorhaltrechner (Zielerfassungsradar)
lead computing sight Vorhaltevisier, Zielgerät mit Vorhalterechner
lead-computing system, electro-optical elektrooptisches Vorhalteberechnungssystem
lead content of fuel Bleigehalt des Kraftstoffs
lead controller (automatic control) D-Regler
lead cover Bleimantel
lead-covered verbleit
lead-covered cable Bleimantelkabel, Bleirohrkabel
lead covered rubber cable Gummibleikabel
lead covering Bleimantel, Bleiüberzug
lead cut-out Bleisicherung, Schmelzsicherung
lead deflection or arming or allowance for height speed Vorhalt
lead deposit (battery) Bleischlamm
lead disk (battery) Bleischeibe, Polkopfverstärkung
lead doped petrol Bleibenzin
lead driver Spitzenfahrer
lead dust Bleistaub
lead-dust storage cell Bleistaubsammler
lead electro deposit galvanischer Bleiniederschlag
lead equivalent Bleigewicht, Bleiäquivalent
lead extrusion press Bleitransportpresse
lead filler Bleischeibe, Bleizwischenlage
lead fluorsilicate Kieselfluorblei, kieselfluorwasserstoffsaures Blei
lead for netting Netzblei
lead-free fuelbleifreier Kraftstoff, bleifreier Treibstoff
lead-free petrol bleifreies Benzin
lead-free soda lime glass belifreies Natronkalkglas
lead fuse Bleisicherung, Schmelzsicherung
lead glass Bleiglas
lead-glass window Bleiglasfenster
lead-in Antenneneinführung, Ableitung, Einführungsöffnung, Stromzuführung, Zuführung, Zuleitung (zu Geräten)
lead-in a manoeuvre, to Flugmanöver einleiten
lead-in bush Durchführungstülle
lead-in bushing Durchführungsbuchse
lead-in cable Einführungskabel (Luftleitung)
lead-in charge Übertragungsladung (Zünder)
lead-in continuous phase fein verteiltes Blei
lead-in cord Zuleitungskabel
lead-in feed or supply line Zuführung
lead-in fuze Übertragungsladung der Zündung
lead-in insulator Durchführungsisolator, Einführungsisolator
lead-in lighting Leitbefeuerung, Leitfeuer (bei Anflug)
lead-in lighting system Leitbefeuerungssystem (für Anflug)
lead-in lights Leitfeuer (Anflug)
lead-in pole Einführungsgestänge
lead-in sleeve Durchführungstülle
lead-in spiral Einlaufrille
lead-in tube Durchführungsröhre, Einführungsstutzen
lead-in wire Antennenzuleitung, Einführung, Einführungsdraht, Spulendrahtende, Stromzuführung, Zuführungsdraht, Zuleitungsdraht
lead inductance Leitungsinduktion, Zuleitungsinduktivität
lead, inside...facing Bleiauskleidung
lead, interline Durchschuß, Zeilendurchschuß
lead, interparagraph Absatzdurchschuß
lead jacket Bleimantel
lead-lag axis Schwenkgelenkachse
lead-lag hinge Schwenkgelenk (Hschr)
lead-lag network Vor- u. Nacheilkreis
lead-lag network Vor- und Nacheilkreis
lead-line cabinet bleigefüttertes od. bleiausgeschlagenes Gehäuse, Gehäuse mit Bleiabschirmung od. Bleiausschlag
lead lining Bleiauskleidung, Bleiausschlag, Bleiseele, Bleiverkleidung, Verbleien
lead-loaded insulating sleeve Bleikunststoffmuffe
lead mark Zielmarke
lead method for age definition Bleimethode
lead monoxide Bleiglätte, Bleimonoxyd (gelbe Bleiglätte), Bleioxyd
lead network (automatic control) Vorhaltnetzwerk
lead ochre Bleimennige
lead of a component (electron) Anschlußdraht eines Bauteils
lead of a helical groove to be milled Steigung einer fräsenden schraubenförmigen Nut
lead of a spiral Spiralsteigung
lead of slide valve Schiebervoreilung
lead-out Übertragungsladung (Zünder)
lead-out groove Auslaufrille, Ausschaltrille
lead-out support (rail) Durchsteckträger für Schwerlasten
lead-over groove Überleitrille
lead oxide Bleikalk, Bleioxyd
lead oxyde Bleiglätte
lead packing Bleidichtung
lead phosphide Phosphorblei
lead pig Bleibarren, Bleiblock, Blockblei, Blockmulde, Muldenblei
lead pipe Bleirohr, Bleiröhre
lead pipe expanding plier Rohraufweitezange
lead plated galvanisch verbleit
lead plating Verbleiung
lead plug Bleistopfen
lead point Vorhaltepunkt
lead poisoning Bleivergiftung, Saturnismus

lead prediction Vorhalterechnung
lead press Bleipresse
lead press cure Vulkanisation in der Bleimantelpresse
lead protection Bleischutz, Bleiummantelung
lead-pursuit attack Zielverfolgungsangriff
lead-pursuit course Zielverfolgungskurs
lead-pursuit path Zielverfolgungsweg
lead race channel Triebwasserkanal, Werkkanal
lead resistance Zuleitungswiderstand
lead response of a fuel Bleiempfindlichkeit eines Kraftstoffs
lead rubber apron Bleigummischürze
lead screen Bleischirm
lead screw Bewegungsschraube, Führungsschraube, Leitspindel, Schraubenspindel, Verstellschraubenspindel
lead-screw nut Leitspindelmutter, Leitspindelschloß
lead screw wear Leitspindelverschluß
lead seal Bleiplombe
lead sealing pliers Plombenzange, Plombierzange
lead selenide Bleiselenid, Klaustalit
lead selenide detector Bleiseleniddetektor
lead service pipe Bleidruckrohr
lead sheating Bleimantel
lead sheet Bleiblech
lead shield Bleiabschirmung
lead sleeve Bleimuffe
lead silicate Bleisilikat
lead spindle Führungsschraube, Führungsspindel
lead stamping punch plier Plombierzange, Plombenzange
lead stearate Bleistearat
lead storage-battery Bleiakkumulator, Bleisammler
lead straightener Drahtrichtmaschine
lead sulfide detector Bleisulfiddetektor
lead sulphide detector Bleiglanzdetektor
lead sulphide single crystal Bleisulfid-Einkristall
lead supply Zulauf
lead susceptibility Bleiempfindlichkeit (Kraftstoff)
lead time Anlaufzeit, Entwicklungsphase, Produktionsplanungsphase, Vorbereitungsphase, Vorbereitungszeit
lead titanate Bleititanat
lead-through capacitor Durchführungskondensator
lead-through filter Durchführungsfilter
lead-through insulator Durchführungsisolator
lead track (rail) Ablaufgleis
lead typesetting Bleisatz
lead, typesetting output Bleisatzausgabe
lead washer Bleiring
lead-water exchanger Bleiwasser-Wärme-(aus)tauscher
lead wire elektrischer Leitungsdraht, Leitungskabel
lead wool Bleiwolle
leaded fuel gebleiter Kraftstoff
leaded gasoline Bleibenzin
leaded-in bolt eingebleiter Bolzen
leader Draht, Führer, Informationsträger, Kopfinformation, Papiervorspann (Photo), Vorspann
leader card Vorlaufkarte
leader document Vorlaufbeleg, Vorläufer
leader of radar personnel Meßtruppführer
leader routine Vorlaufroutine
leader sheet Vorlaufbeleg, Vorläufer
leader tape Vorspannband
leading Phasenvoreilung
leading axle (rail) Vorderachse, Leitachse, Lenkachse
leading beam Bakenstrahl
leading black Schwarzvorläufer
leading bogie (rail) Vorderdrehgestell
leading cable Einführungsleitung
leading car Spitzenwagen
leading, card...edge Kartenvorderkante
leading coefficient Anfangskoeffizient
leading dimension Hauptabmessung
leading distortion Voreilverzerrung
leading down Herabführung
leading edge Flügeleintrittskante, Flügelnase, Vorderflanke (Impuls), Vorderkante (eines Tragflügelprofils), Vorderteil, (Rippen)nase
leading-edge air duct Vorderkantenkühlluftführung
leading edge control horn Blattnasen-Ausgleichshorn
leading-edge cooling Eintrittskantenkühlung
leading edge erosion Vorderkantenerosion
leading-edge flap Nasenklappe
leading edge flap actuator Vorflügelstellglied
leading edge flap drive Vorflügelstellmotor
leading edge flap lock actuator Verriegelungsmotor für vordere Flügelklappen
leading edge flap lock control switch Verriegelungssteuerschalter (für vordere Flügelklappe)
leading edge flap relay Schaltrelais für vordere Flügelklappen
leading edge flap takeoff control relay Startstellungssteuerrelais der vorderen Flügelklappen
leading edge flap warning switch Entriegelungswarnschalter (für vordere Flügelklappen)
leading edge H-box Schaltkasten für vordere Flügelklappen
leading-edge-light Flächennasenkanten-Anstrahlungslampe
leading edge of a wing (aero) Flügeleintrittskante, Flügelvorderkante
leading edge of brush Bürstenvorderkante, auflaufende Bürstenkante, Bürstenauflaufkante
leading edge of the airscrew (blade) Blattnase, Eintrittskante (des Luftschraubenblatts), Lastkante, Stirnkante, Vorderkante
leading-edge prosition indicator Anzeigeleuchte für die Vorflügelstellung
leading edge profile Profil der Flügelvorderkante, Flügelvorderkantenprofil
leading edge pulse time (electron) Anstiegszeit der Vorderflanke
leading edge radiator (aero) Nasenkühler
leading-edge section Nasenkasten
leading edge slat Klappnase, Nasenklappe
leading edge stiff against torsion drehsteife Flügelnase
leading edge string strip (aero) Nasenleiste, Stirnleiste

leading-edge suction Saugwirkung an der Vorderkante (AC)
leading-edge sweep angle Flügelvorderkantenwinkel
leading-edge sweep angle range Flügelvorderkantenschwenkbereich
leading edge tank Flügelnasentank
leading edge unlock warning switch Entriegelungswarnschalter (der vorderen Flügelklappen)
leading end Bandanfang, Streifenanfang (EDV)
leading feature Hauptmerkmal
leading-in cable Einführungskabel, Zuführungskabel
leading-in conductor Einführungsdraht, Einführungsleiter
leading-in double bracket Einführungsdoppelstütze (elektr)
leading-in insulator Durchführungsisolator, Einführungsisolator
leading-in line (rail) Zufahrtsgleis
leading-in manhole Einführungsbrunnen
leading-in socket or tube Durchführungsrohr, Einführungsrohr
leading-in wire Einführungsdraht, ankommende od. hereinkommende Leitung, Zuleitungsdraht
leading load kapazitive od. voreilende Belastung
leading mark Bezugspunkt
leading of phase Phasenvoreilung
leading of troops Truppenführung
leading particulars Hauptdaten, Hauptmerkmale
leading phase voreilende Phase
leading power factor negativer Leistungsfaktor, kapazitiver od. voreilender Leistungsfaktor
leading principle Leitsatz
leading running axle (rail) vordere Laufachse
leading species gangbarste Sorten (Waren)
leading spring Vorderfeder
leading sweep of the airscrew blade (aero) Vorwärtspfeilung der Luftschraube
leading tank Spitzenpanzer, Haupttank
leading tongs Plombenzange, Plombierzange
leading truck (rail) vorderer Laufradsatz
leading zero führende Null
leading zeros may be emitted führende Nullen dürfen entfallen (math)
leadsman Lotgänger, Lotgast
leaf of fan-shaped gate Fächerflügel
leaf print Blattabdruck (geol)
leaf shale Blätterschiefer, dünnblättriger Schieferton
leaf sight Klappvisier
leaf spring Blattfeder
leaf-spring anti-corrosion strip Federzwischenstreifen
leaf-type quadrant sight Quadrantenvisier
leaf valve (refering to leaf) Federplattenventil
leaflet Faltblatt
leak Leck, Undichte
leak, casing Undichtheit der Verrohrung
leak coil Abzweigwiderstand, Querspule
leak conductance Ableitung, Leitungskonstante, Querleitwert
leak current Leckstrom
leak detection Leckprüfung
leak detector Leckstellensucher, Lecksuchgerät (av)
leak detector, time-saving zeitsparendes Lecksuchgerät (av)
leak finder Lecksucher
leak hunter Lecksucher
leak impedance Parallel-, Querimpedanz
leak inductance Querinduktivität
leak-loading Belastung mit Ableitung od. Querspulen
leak rate Dichtigkeitsrate
leak reactance Ableitungswiderstand, Abzweigungswiderstand, Nebenschließungswiderstand, Nebenschlußwiderstand, Gleichstromwiderstand, Leckwiderstand
leak retardent fuel tank selbstabdichtender Kraftstoffbehälter, bei dem das Auslaufen bei Beschädigung nur langsam erfolgt
leak test Leckprüfung
leak-tight lecksicher
leak-tight system lecksicheres System
leakage Lecken, Leckverlust, Schwund, Verlust durch Auslecken, Neutronenausfluß (Reaktor), Durchlaßstrahlung (Reaktor), Kriechstromverlust (elektr), Streuverlust
leakage area between cylinder walls and baffles freier Durchtrittsquerschnitt zwischen Druckleitblechen u. Zylindern
leakage attenuation Ableitungsdämpfung
leakage coefficient Streukoeffizient, Streuzahl, Streuziffer, Streufaktor
leakage conductance Reziprokwert des Isolierwerts, Leckleitwert
leakage coupling Streukopplung
leakage current Ableitstrom, Kriechstrom (Oberflächenstrom bei Isolierstoffen), Vorstrom (Glimmentladung), Verluststrom, Anzapfdampf, Anzapfstrom, Leckstrom, Reststrom, vagabundierender Strom, Vorstromentladung
leakage current Fehlerstromrelais
leakage detection Leckortung (Pipeline)
leakage factor Streufaktor, Streukoeffizient, Streuzahl, Streuziffer
leakage field Streufeld
leakage finding Leckortung
leakage flow Schneckenrückdruckvolumen (axial), Rückdruckvolumen (Leckfluß, Leckströmung)
leakage flow constant Leckflußkonstante
leakage flux Streufluß (Magnet)
leakage Hopkinson coefficient Hopkinson'scher Streufaktor
leakage impedance Streuimpedanz
leakage indicator Erdschlußanzeiger, Erdschlußprüfer
leakage inductance Streuinduktivität, Streukapazität
leakage light falsches Licht
leakage loss Leckverlust
leakage measurement Kurzschlußmessung
leakage of a transformer Übertragerstreuung
leakage of charge Ladungsverlust
leakage of neutron (nuclear) Neutronenausfluß
leakage on one phase Phasenerdschluß

leakage or stray current vagabundierender Strom
leakage path Kriechstrecke, Kriechweg, Nebenschließungsweg, Nebenschlußweg
leakage pickup Brummschleife über Isolation
leakage pipe Leckisolierung (Motor)
leakage power Verlustleistung
leakage probability Leckfaktor
leakage protection Fehlerschutz
leakage protective system Isolationsfehler-Schutzsystem
leakage radiation Leckstrahlung, Streustrahlung
leakage rate Größe des Sickerverlusts, Leckverlust
leakage reactance Streureaktanz
leakage tester Erdschlußprüfer, Lecksucher
leakage, to test for auf Dichtigkeit prüfen
leakance current Ableitungsstrom, Leckstrom
leakance meter Ableitungsmesser
leake-indicator panel Fehleranzeigefeld
leake tester Leckprüfer
leakproof motor pump lecksichere Motorpumpe
leakproof seal lecksichere Dichtung
leakproof test Dichtigkeitsprüfung
leaktight joint vollkommen dichte Verbindung
leaky, to be lecksein
leaky condenser unvollkommener Kondensator
leaky insulation unvollkommener Isolator
leaky waveguide durchlässiger Hohlleiter
leaky-waveguide antenna Hohlleiterschlitz-antenne
lean arm, hager, mager (Brennstoff-Luftgemisch), lehnen, sich neigen, sich stützen
lean best power mixture stärkeres Feingemisch (von Brennstoff und Luft), günstigstes Brennstoff-Luftgemisch (Motor)
lean concrete Magerbeton
lean-mix concrete Magerbeton
lean mixture armes, mageres Kraftstoffgemisch, Brennstoff-Luftgemisch von geringem Brennwert
lean-to tent Halbzeit
leaning-out of the mixture Verarmung des Gemisches
leap bewegen, hüpfen, springen
leapfrog test Bocksprung-Prüfprogramm (dig), Durchprüfung
Lear Siegler fail-operative automatic landing system betriebsfähiges Allwetterlandesystem von Lear Siegler
learner behaviour Adressatenverhalten (päd)
learning automaton lernfähiger Automat
"learning curve experience" "Erfahrung entlang der Lernkurve" (Simulator)(av)
learning machine lernender Automat (päd)
learning matrix Lernmatrix (päd)
learning model Lernmodell, Lerntheorie
learning of a language Spracherlernung
learning phase Lernphase
learning system Lernsystem (päd)
learning theory Lerntheorie
learning track Lernweg (päd)
learning variable (programmed instruction) Lernvariable (programmierter Unterricht)
lease-back Rückleasing (av)
lease equity ratio Verhältnis: ermieteter Wert zu langfristiger Verbindlichkeit zu Eigenkapital

Leasecraft platform Experimentierplattform (Raumstation)
leased circuit service Leitungsmietdienst, Leitungsüberlassung
leased line Mietleitung (dv)
leased-line network Mietleitungsnetz (EDV)
leased networks service Leitungsmietdienst, Leitungsüberlassung
leased wire circuit Mietleitung
leasing Leasingverfahren, Mietvertrag
leasing of federally subsidized housing units through the gouvernment Globalanmietung
leasing of lines Leitungsüberlassung
least common denominator kleinster gemeinsamer Nenner
least common multiple kleinster gemeinsames Vielfaches
least-cost combination Minimalkosten-Kombination
least recently used am längsten unbenutzt (EDV)
least significant bit niedrigstwertiges Bit
least significant character niedrigstwertiges Zeichen
least significant digit letzte Stelle einer Zahl, niedrigstwertige Ziffer (math), Stelle einer Zahl mit dem niedrigsten Stellenwert
least-square Kleinstquadrat, kleinstes Quadrat
least-squares curve Ausgleichskurve
least time track Flugweg geringsten Zeitbedarfs, günstigste Kurslinie (Schiffahrt)
least-voltage coincidence detector Kleinstsignalkoinzidenzdetektor
leather belt Ledertreibriemen
leather case Ledereetui
leather combination suit Lederüberanzug
leather fitting Lederbeschlag
leather gasket Dampfkolbenpackung, Lederdichtung, Lederring
leather goods for the automative industry technische Lederartikel für Kfz.
leather packing Lederdichtung, Lederliderung, Lederpackung
leather pneumatic buffer Luftkissenlederpolster
leather protector pad (quick release) Zentralschloßpolster (Fsch)
leather slide Lederschieber
leather washer Lederdichtung, Lederring, Lederscheibe, Lederunterlegscheibe
leatherette covering Kunstlederbezug
leatheringor packing of a piston Dichtung eines Kolbens
leatheroid Kunstleder
lea.e Erlaubnis, belassen, lassen, zurücklassen
leave an instrument, to ein Meßgerät eingeschaltet lassen
leave cable slack in manhole, to Kabelzuschlag (Vorratslänge) in Schacht lassen
leaving edge ablaufende Bürstenkante
leaving signal Auslaufsignal, Detachierungssignal
leaving velocity Austrittsgeschwindigkeit (Flüssigkeit, Gas), Ausstoßgeschwindigkeit (Torpedo)
Leblanc connection Leblanc'sche Schaltung
Leblanc exciter Leblanc'scher-Phasenschieber
Leblanc phase advancer Leblanc'scher-Phasen-

schieber
Leblanc process Leblanc-Sode-Prozeß
Lecher line Lecherleitung
Lecher line or system Lecherdrähte, Lecherleitung, Lechersystem
Lecher wire (system) Lechersystem, Zweidrahtwellenleiter
Leclanche battery or cell Leclanche-Element, Salmiakelement
lecture or verbal report and consultation Vortrag
lecture reprint Vortragsabdruck
LED Light-Emitting-Diode
ledge Absatz, Lager, Sims
ledge of plane Hobelanschlag
ledger Hauptbuch (komm)
ledger account Hauptkonto
ledger card Hauptkarte, Kontenkarte, Leitkarte
ledger card updating and maintenance Kontenführung
ledger, magnetic...equipment Magnetkontengerät
Leduc's current Leduc-Strom
lee Leeseite, vom Wind abgekehrte Seite, Windschattenseite
leeway Abtrift (av)
left-about Kehrtwendung links!
left accumulator linker Akkumulator
left aft door uplock switch Einfahrverriegelungsschalter der linken hinteren Hauptfahrwerkklappe
left associated element linksassoziiertes Element
left averted photographs linksverschwenkte Aufnahmen
left bank Linksneigung, linke Zylinderreihe (Motor)
left body turn Linksdrehung durch Hüfteinknicken (Freifallsprung) (Fsch)
left command Linkskommando
left congruent element linkskongruiertes Element
left control arm (manual control unit) Lenkzwischenhebel (Schaltlenkeinrichtung)
left forward door uplock switch Einfahrverriegelungsschalter der linken vorderen Hauptfahrwerkklappe
left gas exhaust connector linker Anschluß für Gasauslaß
left gas inlet connector linker Anschluß für Gaseinlaß
left-hand links(laufend), linksseitig, linksgängig (Propeller)
left-hand address Anfangsadresse, Startadresse
left-hand circuit linke Platzrunde, Linksplatzrunde
left-hand cross-slide tool-box (E) linker Querbalkensupport (w)
left-hand cut (A) linksschneidend
left-hand derivative linksseitige Derivierte, vordere Derivierte
left-hand deviation Linksabweichung
left-hand die Schneideisen für Linksgewinde
left-hand drive Linkssteuerung
left-hand end (LHE) Beginn
left-hand engine Backbordmotor, Linksläufer (Drehrichtung des Motors), Linksmotor
left-hand feed Linkszuführung
left-hand justified linksbündig
left-hand nut Mutter mit Linksgewinde
left-hand propeller Linksschraube
left-hand rail head (A) linker Querbalkensupport (w)
left-hand rotation Linksdrehung (w), Drehung entgegen dem Uhrzeigersinn, Linksschnitt, Linkslauf (z.B. Motor)
left-hand rotor linksdrehender Rotor
left-hand rule Linkehandregel
left-hand side head Seitensupport links
left-hand thread linksgängig, Linksgewinde
left-hand traffic circuit Platzrunde "links"
left-hand twist Linksdrall
left-hand zero führende Null
left-handed linksgängig, linkshändig, linkslaufend
left-handed airscrew linksdrehende Luftschraube
left-handed polarization Linksdrehung, Linkspolarisation
left-handed screw linksgängige Schraube
left justified linksbündig (dv), links angeglichen
left lay Linksdrall
left margin linker Rand
left-most höchstwertig
left offset tool abgesetzter linker Seitenmeißel
left output primary oil pump assembly Zwillingspumpe (Primärpumpe, Getriebe)
left output primary oil pump external drive gear Antriebsrad zur Zwillingspumpe (CD-Getriebe)
left output secondary oil pump screen Sekundärpumpensieb (CD-Getriebe)
left overflow linker Überlauf
left parenthesis linke Klammer, Klammer "auf"
left part linke Seite (ALGOL)
left part list Liste der linken Seite (ALGOL)
left push turn Linksdrehung durch Anstoßen (Freifallsprung)(Fsch)
left regular lay cable Kabel mit Linksdrall
left-right direction finder Kurspeiler
left-right indicator Kursanzeiger
left-right perception Links-Rechts-Eindruck
left rudder Seitenruderausschlag "links", linkes Seitenruderpedal
left rudder, to give Seitenruder "links" geben
left-shift Linksshift, Linksverschiebung, Stellenverschiebung nach "links" (dig)
left side engine Backbordmotor
left side of aircraft Backbordseite des Luftfahrzeugs
left side of an equation linke Seite einer Gleichung
left slop Linksneigung
left unit element linkes "Einselement", Linkseins, linksseitiges Einselement
left wing Backbordtragfläche
left zero print Nullschreibung "links"
left zero verification Prüfung auf führende Nullen (EDV)
leg Ausgang (einer Schaltung), Ast einer Kurve, Bein, Fuß (z.B. Maschine), Streckenabschnitt (Luftverkehr), Schenkel eines Zirkels (oft auch Arm od. Speiche), Teilflugstrecke bei Anflug, Teil einer Platzrunde,

Warterunde, Zweig (einer Leitungsverbindung)
leg A (sonar search pattern) Teil A (Sonarsuchschema)
leg between present and future position Auswanderungsstrecke
leg difference coefficient Querwegübersetzung
leg housing Strebengehäuse
leg line release lever (MB-seat) Auslösehebel der Beinrückholgurte
leg of an angle Schenkel eines Winkels
leg of a traffic pattern Teil eines Landeverfahrens
leg of compass Schenkel eines Zirkels
leg restraining device Beinrückholeinrichtung (MB-Sitz)
leg restraint line Beinrückholgurt (MB-Sitz)
leg room Beinbewegungsfreiheit der Insassen
leg strap Beingurt (Fsch)
leg strap loop vordere Hüftschlaufe (Fsch)
leg strap lug Beingurtanschlußstück (Fsch)
legal gesetzlich, gesetzmäßig, rechtsgültig
legal committee (ICAO) Rechtsausschuß
legal definition gesetzliche Definition
legal impediment gesetzliches Hindernis
legal revision Rechtseinspruch
legal section Rechtsabteilung
legal status Rechtsstellung
legal tender gesetzliches Zahlungsmittel
legal time Einheitszeit
legend Zeichenerklärung (Karten usw.)
legislative enactments affecting mines and minerals Bergwerke u. Mineralien betreffende gesetzliche Verordnung
legitimate gesetzmäßig, folgerichtig
LEM Laserentfernungsmesser
lemma Lemma, Hilfssatz (EDV)
lemniscate Lemniskat (Radar), Lemniskatenkennlinie, Schleifenlinie
lemniscate curve Lemniskatenkennlinie
Lenard rays Lenardstrahlen
Lenard tube Lenardröhre
lending circuit Ferndienstleitung
lending condition Leihbedingung
length Ausdehnung, Dauer (Photo), Länge, Strecke
length adjustment Längeneinteilung
length attribute Längenattribut, Längenmerkmal (EDV)
length between centers Spitzenabstand-Drehlänge (Drehbank)
length, block...field Blocklängenfeld, Blockstellenfeld (EDV)
length code Längencode, Längenfaktor, Längenschlüssel (EDV)
length correction (tape) Längenkorrektion, Längenreduktion, Längenverbesserung
length entry Längenangabe
length error Längenfehler (EDV)
length error flag Längenfehleranzeige
length, explicit explizite Länge
length feed Längsvorschub (bei Drehmaschinen)
length feed stop Längsanschlag
length gage Längenmeßgerät (O-Begriff für Schieblehren, Bügelmeßschrauben u. Parallelendmaße)
length, implied implizierte Länge
length, incorrect falsche Länge
length indication, incorrect Längenfehleranzeige
length indicator, suppress (SLI) Unterdrückung der Längenanzeige
lenght mantissa, variable variable Mantissenlänge
length measuring gear Längenmeßeinrichtung (Brennschneideinrichtung einer Stangengießanlage)
length measuring technique Längenmeßtechnik
length modifier Längenfaktor, Längenschlüssel (EDV)
lenght modulation, pulse Pulslängen-Modulation
length of a cable Kabelstrecke, Kabellänge
length of a side Seitenlänge
length of after-body of flying boat Länge des Flugboothinterteils
length of bar Stablänge
length of brake path Bremsweg
length of break Ausschaltstrecke, Gesamtschaltstrecke
length of chord Profiltiefe, Tragflächenspannweite
length of conversation Gesprächsdauer
length of cordite sticks Pulverlänge
length of engagement Einschraublänge
length of filament Fadenlänge
length of fluorescent trace Leuchtstrichlänge
length of fore-body of flying boat Länge des Flugbootvorderteils
length of free migration travel Weglänge
length of grip Klemmlänge
length of land chain Kettenlänge
length of landing run Auslauflänge
length of overhang Ausladung (Querbalken)
length of plateau Vorplatzlänge, Plateaulänge
length of section Feldlänge, Sektionslänge (EDV)
length of shadow Schattenlänge
length of take-off run Länge der Anlaufstrecke
length of the land chain Kettenmaß
length of the scale Länge der Skala, Skalenlänge
length of time Zeitspanne
length of travel Schalthub, Wegstrecke
length of trip segment Etappenlänge
length quotient Längenquotient
length, register Registerlänge (EDV)
length sheeting Bahnlänge, Streckenlänge
length specification Längenangabe
length stop Längsanschlag
length/track ratio Lenkverhältnis (Kettenfkz)
lengthen, to dehnen, längen, recken, strecken, verlängern
lengthen instruction Verlängerungsinstruktion
lengthening Strecken, Streckung, Verlängerung
lengthening piece Anstückung, Verlängerungsstück
lengthening spindle Verlängerungsachse
lengthway perforated tape Längslochstreifen
lengthwise in Längsrichtung
lengthwise dimension Längsabmessung
lengthwise motion Längsbewegung
lens Antennenlinse
lens antenna Linsenantenne
lens aperture Objektivöffnungswinkel, Öffnungsverhältnis
lens attachment Objektivfassung

lens barrel Linsen, Objektivfassung
lens bias Linsenvorspannung
lens cap Objektivdeckel
lens carrier Objektivträger
lens cell Linsensatz
lens coating reflexmindernder Belag
lens combination Objektivsatz
lens concentration Linsenkonzentration
lens cone Objektivstutzen, Objektivtubus
lens cone clamp Spannband zum Objektivtubus
lens coverage Gesichtsfeld, Sichtfeld
lens distortion Objektivverzweigung
lens drum Linsentrommel
lens drum scanner Linsenkranzabtaster
lens element Einzellinse
lens error Linsenfehler, Objektivfehler
lens hood Gegenlichtblende, Kameralichtklappe, Sonnenblende
lens mask Schattenmaske
lens opening Lichtöffnung (Scheinwerfer)
lens port Kabinenfenster
lens ring or adapter Objektivring
lens scanning disc Linsenscheibe
lens screen Linsenschirm
lens-shaped sand body linsenförmige Sandstruktur (geol)
lens shield Sonnenblende, Objektivblende
lens speed Lichtstärke (des Objektivs)
lens turret Objektivrevolver, Revolverkopf
lens-type gun-mount Linsenlafette
lens, wide angle camera Weitwinkelkameralinse, Weitwinkelkameraobjektiv
lensing-out auskleidend (geol)
lensweld Schutzglas
lenticular apparatus Linsenapparat
lenticular cloud linsenförmige Wolke, Lenticulariswolke
lenticular colour process Linsenraster-Farbverfahren
lenticular intercalation linsenförmige Einlagerung (geol)
lenticular profile Linsenprofil
lenticular sand linsenförmiger Sandkörper
lenticular screen Linsenraster(bildwand), Kristallperlwand
lenticularity linsenförmiges Auftreten (geol)
Lenz law Lenz-Gesetz
LEO low earth orbit erdnahe Umlaufbahn
LEO capacity ernahe Umlaufbahnkapazität (einer Nutzlastrakete)(sp)
lepton Lepton (Sammelname für Elektron, Positron, Neutrino)
less noise Lärmentwicklung
less Stealth-resistant, shorter-wavelength radar Ortung von Stealth-Zielen (Zielverfolgungsradar)
less than or equal to kleiner gleich...
less-than-carload lot Stückgut
lessee Leasingnehmer
lessen abnehmen, kleiner werden, verkleinern, verringern
lessen, to herabmindern
lesson Lehre, Lektion, Unterrichtsstunde
lessor Leasinggeber
let gestalten, zulassen, vermieten
letdown Sinkflug (bei Anflug u. Landung)
letdown in hinges, to herunterklappen
letdown procedure Blindlandeverfahren
lethal amount Lethaldosis, tödliche Dosis
lethal effect tödliche Wirkung
lethal mutation Lethalmutation
lethal time Lethalzeit
letharging to be hartfühlig
lethargy Lethargie (logarithmisches Energiemaß)
letout herauslassen
letter Buchstabe, Type, Brief, Urkunde, mit Buchstaben od. Zahlen versehen, stempeln, Masse eintragen
letter blank Buchstabenblank, Buchstabenweiß, Leerschritt
letter blank key Buchstabenblanktaste, -leertaste
letter, capital Großbuchstabe
letter combination Buchstabenkombination, Buchstabenzusammenstellung
letter-figure shift Zeichenwechsel
letter-gram Brieftelegramm
letter nail Bezeichnungsnagel (auf Straßen)
letter of agreement FS-Betriebsvereinbarung
letter of instruction Anweisung, Weisung
letter requesting payment Mahnbrief (komm)
letter shift Buchstabenumschaltung, Buchstabenwechsel
letter-shift signal Buchstabenumschaltsignal
letter space Buchstabenabstand
letter string Buchstabenkette, Buchstabenreihe
letter symbol Buchstabenzeichen
lettering Bezifferung, Buchstabenbezeichnung, Schrift
letters case Buchstabenreihe
letters shifting Buchstabenumschaltung
letting down Herunterholen (Höhenwechsel)
levee Schutzdamm (natürlich od. künstlich)
level eben, waagerecht (Ebene), Flüssigkeitsstand (in Behälter), Höhenlage, Niveau, ebene od. waagerechte Fläche, Meeresspiegel, Horizontalwurf, Wasserwaage, Stufe (COBOL), Flughöhe (nav)
level, to ausgleichen, ausrichten, ebnen, nivellieren, planieren, richten (Bleche), stützen (Kurskreisel)
level adjustment Einpegeln, Einpegelung
level an aircraft, to ein Flugzeug nivellieren
level assignment Höhenzuweisung
level-blanked attitude flache Querlage
level broadening Niveauverbreiterung, Pegelausdehnung (phys)
level canal or channel schleusenloser Kanal
level change Höhenänderung
level change value (automatic control) Sprungwert
level characteristic flache Kennlinie, Pegel(kenn)linie, Pegeldiagramm
level, circular spirit Dosenlibelle
level compensation Pegelausgleich, Pegelkompensation
level compensator Pegelausgleicher, Pegelkompensator (Elektron)
level-compound excitation Flachverbunderregung, Verbunderregung
level-compound generator Kompoundgenerator für konstante Spannung
level contact Dekadenkontakt
level control Pegelregler, Standregelung
level converter Pegelkonverter
level correction Korrektion des Neigungs-

fehlers (Nivellieren)
level course Ausgleichsschicht, Gleichschicht
level crossing Planübergang, Schrankenanlage
level crossing (rail) höhengleicher Bahnübergang, Niveauübergang, schienengleicher Straßenübergang, Pegelüberschreitung
level crossing warning signal Warnsignal, Warnkreuz (Bahnübergang)
crossing with railroad schienengleicher Bahnübergang
level density Niveaudichte
level detector circuit Nivelliermeldekreis
level diagram Höhenliniendarstellung, Höhenliniendiagramm, Niveaukarte, Pegelausgleich, Pegelschaulinie
level-difference indicator Höhendifferenzmelder
level distribution Energieniveauverteilung
level drift Feldortsstrecke
level equalization Pegelausgleich
level flight Horizontalflug, Waagerechtflug
level flight bombardement Waagerechtbombenabwurf
level-flight limited speed sichere Horizontalfluggeschwindigkeit
level flight with normal climb power normale Flugleistung im Horizontalflug
level-flying speed Horizontalfluggeschwindigkeit
level-free vein gelöster Gang (Getriebe)
level from line of sight from ship to missile Flugkörperwinkel
level generator Pegelgeber, Pegelsender
level-gradient device (brake)(rail) Ebenegefälle, Umstellvorrichtung
level hunting Wahl über verschiedene Höhenschritte
level indicator Füllstandsanzeiger, Pegelanzeiger, Stufenbezeichner (Prozessor), Stufenbezeichung (COBOL)
level landing Normallandung
level-lock toggle Riegelkipphebel
level measuring Füllstandsmessung (Behälter), Pegelmessung (Fernverbindung)
level measuring instrument Pegelmesser
level meter Pegelmesser, Pegelanzeigegerät
level monitoring Pegelüberwachung (Nav)
level multiple Dekadenvielfach, Höhenschrittvielfach(feld)
level number Stufennummer (COBOL)
level of abrasion Abrasionsebene, -fläche
level of aspiration Anspruchsniveau (päd)
level of availability Verfügbarkeit (Speicherkapazität)(EDV)
level of convection Konvektionsstand
level of cybernetics kybernetische Instanz
level of drive Querbelastung
level of energy Energieniveau (phys)
level of free convection freier Konvektionsstand
level of maintenance Materialerhaltungskategorie (Flugzeugwartung)
level of oil in the separator Ölspiegel in Gasabscheider
level of orders Auftragsbestand (komm)
level of perceived noiseness Lästigkeitspegel
level of performance Leistungsgrad
level of program Programmstufe (dig)
level of radioactivity Gehalt an Radioaktivität, Radiaktivitätsgehalt
level of significance Instrumentenwahrscheinlichkeit, Signifikanzzahl
level off auslaufen
level-off, to abfangen bei Landung, in Horizontalflug übergehen
level or height Höhenregion
level or horizontal flight Waagerechtflug
level parameter Niveauparameter
level-period meter Leistungs- u. Periodenmeßgerät
level plain waagerechte Ebene od. Fläche
level point Nivellierungspunkt, Fallpunkt (ballistisch)
level point range waagerechte Schußweite
level punched paper tape, 5- 5-spuriger (5er) Lochstreifen (dv)
level receiver (control) Pegelempfänger
level receiving unit Pegelempfänger
level recorder Intensitätsbeeinflussung
level recorder controller schreibender Niveauregler
level regulation Pegelregulierung, Niveaueinstellung
level sender Pegelsender
level sense Spannungsabfrage
level sensor Füllstandsfühler, Pegelmesser, Standmesser
level setting Basisklemmschaltung (TV)
level shift Niveauverschiebung
level spacing Niveauabstand
level speed Horizontalfluggeschwindigkeit (Navigation)
level structure Niveauaufbau, Niveaustruktur
level surface ebene Fläche, Niveaufläche, Sohlenoberfläche
level telephone Höhenreihe
level to attitude of flight, to in Fluglage bringen
level transportation Waagerechtbeförderung, Waagerechtförderung
level tube Niveauröhre, Wasserwaage
level turn Horizontalkurve
level width Niveaubreite
levelator in Höhe verstellbare Arbeitsbühne
leveled time nivellierte Zeit
leveler Richtmaschine (Walzwerk), Lotabgriff (Kreisel), Beobachter am Nivelliergerät, Nivelleur
leveler nut Einstellmutter
leveling geometrisches Nivellement, Höhenbestimmung, Höhenmessung, das Nivellieren, das Horizontieren, Einebnung (der Buckel beim Schweißen), das Einpegeln, Horizontierung
leveling accuracy Horizontiergenauigkeit, Nivelliergenauigkeit
leveling aids Nivellierhilfsmittel
leveling angle Horizontierwinkel
leveling assembly Horizontieranlage, Nivellieranlage (Zielsuchgerät)
leveling bar Planierstange
leveling, barometric barometrische Höhenmessung (meteor)
leveling block Ausgleichsblock, Nivellierblock
leveling bottle Niveauflasche
leveling bracket Nivellierauflage
leveling bubble Horizontier(ungs)libelle
leveling by means of barometer barometrische

Höhenmessung
leveling circuit Gittervorspannungsstabilisator
leveling course Ausgleichsschicht, Ausgleichslage (Straßenbau)
leveling datum Bezugshorizont (Geodäsie), Horizontfläche
leveling device Horizontiervorrichtung
leveling error Winkelabweichung von der Waagerechten
leveling fixture Lotablaufmeßgerät, Nivelliergestell
leveling foot Horizontierspindel (Prüfstand)
leveling gyro Horizontkreisel
leveling handwheel Horizontierkurbel
leveling indicator Libelle (am Klapptisch eines Prüfstands), Dosenlibelle
leveling instrument Nivellierinstrument
leveling jack Horizontierspindel, Heber mit Horizontiervorrichtung, Fahrzeugstütze, Stützwinde, Horizontierstütze, Nivellierauflage
leveling lug Nivellierauflage
leveling machine Richtmaschine
leveling material Nivelliermasse
leveling mechanism Nivelliervorrichtung
leveling motor Nachdrehgetriebe (Autopilot)
leveling of high precision Feineinwägung erster Ordnung, Nivellement erster Ordnung
leveling-off Abflachung
leveling pad Meßfläche, Quadrantenebene, Quadrantenfläche
leveling plate Meßplatte (horizontierbar), Nivellierplatte, Quadrantenebene, Richtplatte
leveling platform Meßplatte (horizontierbar)
leveling point Nivellierpunkt, Meßpunkt
leveling rate Aufrichtgeschwindigkeit (Kreisel)
leveling rod Nivellierplatte
leveling rod, self-reading selbstlesende Nivellierplatte
leveling rod, speaking selbstanzeigende Nivellierplatte
leveling rod switch Stützschalter (Kurskreisel)
leveling screw Einstellschraube, Fuß(stell)-schraube, Horizontalspindel, Horizontierungsspindel (Brückenbau), Horizontalschraube
leveling socket Quadrantenebene
leveling switch Horizontierschalter
leveling systen Horizontiersystem, Stützsystem (Kurskreisel)
leveling the model Höheneinpassung
leveling torque motor Aufrichtmotor (Kurskreisel)
leveling, trigonometric trigonometrische Höhenmessung
leveling valve Verstellventil
leveling worm Horizontierschnecke
levelling Nivellieren, Nivellierung (Flugzeug), Nivellement, Einwägung
levelling agent Verlaufmittel (Farben)
levelling and orientation Horizontierung und Justierung
levelling block Nivellierblock
levelling bracket Nivellierauflage
levelling device Horizontier(ungs)vorrichtung
levelling effect Ausspannung
levelling instrument Nivellierinstrument
levelling jack handle Horizontiergriff
levelling loop Stützkreis (Kurskreisel)
levelling or displacement bottle Hubflasche
levelling plate Nivellierplatte
levelling point Nivellierpunkt
levelling power (of a bath) Einebnungsvermögen
levelling ring Horizontierring
levelling rod Nivellierstange
levelling rule Nivellierlatte
levelling switch Horizontalschalter, Stützschalter (Kurskreisel)
levelling system Horizontiersystem, Nivelliersystem, Stützsystem (Kurskreisel)
levelman Beobachter am Nivelliergerät, Nivelleur
levels of cybernetics kybernetische Instanzen
levels of supply Bevorratungssoll, Bevorratungssätze
lever action Hebelwirkung
lever action closure Hebelverschluß (Verpackung)
lever actuator (knife switch) Hebelschaltglied
lever-adjusted cat-shear Hebeljustierschneideschere
lever-adjusted cat-whisker crystal detector Hebeldetektor
lever advantage Hebelübersetzung
lever apparatus Hebelvorrichtung
lever arm Hebelarm, Hebelstange, Stellhebel
lever arm of a force Dreharm, Hebelarm einer Kraft
lever arrangement Hebelanordnung
lever arresting device Hebelfangvorrichtung
lever assembly Kupplung
lever bolt Lagerbolzen (für Hebel), Zurrhebellagerbolzen (Rohrverzurrung)(Torpedo)
lever boss Hebelnabe
lever brake Handbremse, Hebelbremse
lever cable Hebelseilzug
lever catching device Hebelfangvorrichtung
lever chain Hebelkette
lever commutator switch Hebelumschalter
lever control Hebelsteuerung, Hebelschaltung
lever controlled lathe Drehmaschine mit Hebelschaltung
lever differential Hebeldifferential
lever expanding device Hebelverlängerungsvorrichtung
lever for adjusting brushes Bürstenstellhebel
lever for shifting friction-disk shaft Hebel zur Verschiebung der Riemenscheibe
lever fork Gabelbolzen
lever, fulcrumed zweiarmiger Hebel
lever guide Hebelführung
lever handle Handhebel
lever housing (starter) Einspurhebelgehäuse
lever jack Hebelwinde
lever key Hebeltaste, Kippschalter
lever limit switch Hebelendschalter
lever-type lock Hebelfeststellung, -fixierung
lever-type stargage Rohrseelenmesser mit Hebelübertragung
lever lock Hebelriegel
lever locking trigger Umschalthebelsperre
lever mechanism Hebelwerk
lever multiplier Hebelmultiplikator
lever nippers Hebelbeißzange
lever of stability Stabilitätshebelarm
lever one armed einarmiger Hebel

lever operated chuck (machine tool) Hebelspannfutter
lever-operated hand pump Schwengelpumpe
lever pawl Sperrklinke
lever pin Hebelstift
lever, pivoted drehbar gelagerter Hebel
lever press Hebelpresse
lever principle Hebelgesetz
lever pump Hebelpumpe
lever punch Hebel(block)stanze
lever punch machine Hebellochstanze
lever punching press Hebellochstanze
lever ratchet Hebelknarre
lever-relation diagram Hebelbeziehung
lever release Hebelauslösung
lever, ribbon reverse Farbband-Umschalthebel
lever, rocking hin- u. hergehender Hebel
lever safety valve Hebelsicherheitsventil, gewichtsbelastetes Sicherheitsventil
lever-set keyboard Hebelstellwerk
lever shaft Ankerwelle (Uhrwerk), Einspurhebeldrehbolzen (Anlasser), Einspurhebelwelle (Lenkung)
levershaft (servo lever) Lagerbolzen (Schaltkolbenhebel)(Getriebe)
lever shears Hebelschere
lever spring Hubfeder
lever starter Hebelanlasser
lever stop Hebelarretierung, Hebelhemmung, Hebelfeststellung
lever stud (tachometer) Reglerhebelzapfen
lever switch Griffumschalter, Handschalter, Hebelumschalter, Kurbel(aus)schalter, Kurbelumaschalter
lever system Gestängegetriebeschalter, Steuerhebelwerk
lever-test bar Hebelprobe (Werkstoffprüfung)
lever transmission Hebelübersetzungsverhältnis
lever, traverse a einen Hebel umlegen
lever type fuel pump Hebelkraftstoffpumpe
lever type hand gun (lubrication) Handhebelpresse
lever type limit switch Hebelendschalter
lever type starter Flachbahnanlasser
lever-type switch Hebelschalter
leverage (ratio) Armverhältnis, Hebelverhältnis
levered-suspenion undercarriage Schwinghebelfahrwerk
leverless cultivator hebellose Heckmaschine
levogyration Linksdrehung
levopolarization Linkspolarisation
levorotatory linksdrehend
Leyden jar Leydener Flasche
LF low frequency (30 to 3000 kHz), Langwellen (30 bis 3000 kHz)
LFC laminar flow control
LFC on all wetted surfaces LFC und alle benetzten Flächen
LFC on wing, nacelle and tail LFC an Flügel, Gondel u. Leitwerk
LGT (light or lighting) Feuer od. Befeuerung
LGTD (lighted) beleuchtet
LHA local hour angle
LHE left-hand end
LH/RH missile selector relay Raketen-Vorwahlrelais rechts/links
LHX missions, different verschiedene Einsatzaufgaben des LHX
LHX program LHX-Entwicklung
LHX scout and attack mission LHX-Einsatzprofil
liability Verbindlichkeit, Ausstand, Haftung, Passivum, Haftbarkeit (komm)
liability to detonation Klopfneigung
liability to interferences Stör(ungs)anfälligkeit
liable, to ausgesetzt, haftbar, unterworfen, verbindlich (komm)
liable to duty abgaben-, zollpflichtig (komm)
liaison Fühlungnahme, Verbindung, Zusammenarbeit (komm)
liaison airplane Verbindungsflugzeug
liaison and observation (VBH) helicopter Verbindungs- u. Beobachtungshubschrauber
liaiosn communication Querverbindung (FM)
liaison-courier (service) Verbindungs-/Kurierdienst
liaison engineer Verbindungsingenieur, Beaufsichtigungsingenieur
liaison fire Angliederungsschießen
liaison helicopter Verbindungshubschrauber
liaison man Verbindungsmann, -person
liaison net Verbindungsnetz
liaison officer Verbindungsoffizier
liaison party or detachment Verbindungstrupp
liaison/scout helicopter Verbindungs- und Aufklärungshubschrauber
liaison squadron Verbindungsstaffel
liberal access to lower surface, access to front and rear beam freier Zugang zu den unteren Flächen sowie Zugang zu Vorder- u. Hinterholm
liberate, to lösen, freisetzen
liberated, to be freiwerdend (chem)
liberation Ablösung, Befreiung
liberation of electrons Elektronenaustritt, freiwerden von Elektronen
liberator tank Entmetallisierungsbad
librarian Bibliotheks- u. Verwaltungsprogramm
librarian program Bibliotheks-Verwaltungsprogramm
library Befehlsbibliothek, Bücherei, Programmbibliothek, Programmsammlung
librarian program Bibliotheks-Verwaltungsprogramm
library Befehlsbibliothek, Bücherei, Programmbibliothek, Programmsammlung
library, alternate Zweitbibliothek
library area Bibliothekbereich
library, assembly macro Makrobibliothek
library, automatic module...search automatisches Absuchen der Modulbibliothek
library, call Grundbibliothek
library, card image Kartenbibliothek
library comparison Bibliotheksvergleich (EDV)
library, core image Bibliothek ausführbarer Programme, Bibliothek für Lademoduln, Programmbibliothek, Speicherbildbibliothek
library dictionary Inhaltsverzeichnis einer Bibliothek
library disk Bibliotheksplatte
library element Bibliothekselement
library element group Bibliothekselementengruppe
library identification Bibliothekskennzeichen
library identifier Bibliothekskennzeichen
library, job macro Auftragsprozedurbibliothek
library, macro Makrobibliothek

library maintenance Bibliotheksverwaltung
library maintenance routine Bibliotheksverwaltungsprogramm, Programmband-Verwaltung (dv)
library, module Modulbibliothek
library name Bibliotheksname (EDV)
library, object Maschinenprogrammbibliothek, Objektbibliothek
library, object module Modulbibliothek, Bibliothek der übersetzten Programme
library of sound signature Schallkennungsbibliothek
library of subroutines Unterprogramm-Bibliothek (dig)
library, output Ausgabebibliothek (EDV)
library overflow Bibliotheksüberlauf
library, permanent permanente Bibliothek
library program Bibliotheksprogramm
library, program Programmbibliothek
library, relocatable (module) Bibliothek für verschiebliche Programme, Bibliothek für Objektmoduln
library routine Bibliotheksprogramm (dig)
library science Bibliothekswissenschaft
library section Bibliotheksabschnitt
library serve Ausgabe von Bibliotheken
library service routine Bibliotheksausgabe
library, standard load Standard-Ladeprogrammbibliothek
library subroutine Bibliotheksunterprogramm (dig)
library, subroutine Unterprogramm-Bibliothek
library, system executive Organisationsprogrammbibliothek
library, tape Bibliothek auf Band
library tape Bibliotheksband
library, temporary temporäre Bibliothek
library, to initialize a program eine Programmbibliothek einrichten
library track Hinweisspur
library update Ändern von Bibliotheken
library update routine Bibliotheksänderung
library, user program Anwenderprogrammbibliothek, Benutzerprogramm-Bibliothek (BPB)(EDV)
license Konzession, Ausweis, Berechtigung, Erlaubnis
license agreement Lizenzabkommen
license arrangement Lizenzvertrag
license costs Lizenzgebühren
license for the construction Baulizenz, Nachbaurecht
license holder, "C" Inhaber des C-Scheines
license plate Schild mit Nummern der benutzten Patente
license plate bracket Kennzeichenschildhalter (Kfz)
license plate lamp Kennzeichenleuchte
license production Lizenzbau
license selling Lizenzfertigung
license, subject to...arrangements lizenzpflichtig
license test, pilot's Flugzeugführerprüfung
license under a patent Lizenz auf ein Patent
licensed lizensiert
licensed under patents Lizenzbau auf Grund von Patentrechten
licensee licensor agreement Lizenzvertrag
licenser Lizenzgeber
licensing Lizenzerteilung
licensing (of personnel) Erteilung einer Erlaubnis (an Zivilluftfahrtpersonal)(Ö)
licensing commercial launches kommerzielle Startlizenz
lid of cartridge case Kartuschendeckel
lid of machine-gun stock Kastendeckel
lie at anchor vor Anker liegen
liebigite Liebigit (uranhaltiges Mineral)
life belt Rettungsgürtel, Schwimmweste, Rettungsweste (Taucher)
life center Mitlaufkörnerspitze
life characteristics Lebensdauerkennlinie
life-cycle costs of a solar-dynamic system Lebensdauerkosten des Sonnengeneratorsystem (Raumstationversorgung)(sp)
life distribution Lebensdauerverteilung
life expectancy voraussichtliche Lebenserwartung (elektronischer Bauteile)
life insurance policy Lebensversicherungspolice (komm)
life jacket Schwimmweste
life jacket inflation Schwimmwestenentfaltung
life of a patent Patentdauer
life of a well Ergiebigkeitsdauer einer Bohrung
life of gear Getriebelebensdauer
life of partnership Beteiligungszeit
life preserver Schwimmrettungsgerät
life-preserving jacket Schwimmweste
life-rest or saving belt Schwimmweste
life runway Betriebspiste
life-saving equipment Lebensrettungsausrüstung
life-saving jacket Schwimmweste
life-saving raft Rettungsfloß, Rettungsinsel
life-saving service Rettungsdienst
life support and environmental control system Lebenserhaltungs- und Umweltkontrollsystem
life support control system Lebenserhaltungskontrollsystem
life support system Ausrüstung zur Lebenserhaltung, Lebenserhaltungssystem
life test Dauerprüfung, Lebensdauerprüfung (Materialerprobung)
life time Lebensdauer, mittlere Lebensdauer, Verfallszeit, Zerfallszeit
life-time body burder Körperbelastung innerhalb der Lebensdauer
life-time of the electronics geplante Nutzungsdauer der Elektronik (ATC)
life vest Schwimmweste
lifeboat Rettungsboot
lifecycle costs (ILS) Lebenswegkosten (ILS)
lifeline Halteleine, Sicherungsleine (Fsch)
liferaft Rettungsfloß, Rettungsinsel
lifesaving parachute Rettungsfallschirm
lift Abbauhöhe, Auftrieb, Aufzug, Hebedaumen, Hebung, Hubhöhe
lift, to anheben, hochheben
lift and delivery pump Saug- u. Druckpumpe
lift-and-propulsion system Hub- u. Vortriebsystem
lift at height incidence Auftrieb bei hoher Anstellung (AC)

lift boosting auftriebserhöhen
lift, buoyant statischer Auftrieb
lift capability Auftriebskapazität (sp)
lift characteristic Auftriebscharakteristik
lift coefficient Auftriebsbeiwert, Auftriebskoeffizient
lift component Auftriebskraft, Komponente senkrecht zur Bewegungsrichtung
lift ontrol, direct direkte Auftriebssteuerung
lift conveyor Höhenförderer
lift-cruise engine Hub/Marschtriebwerk
lift-cruise fan-engine for vertical flight Hub/Schub-Zweikreistriebwerk für den Senkrechtflug
lift cruise fans Schubbläser
lift-cruise installtion with adjustable deflector Hub/Schub-Anlage mit flexibler Schaufelverstellung
lift-cruise power plant Hub/Marsch-Triebwerkanlage
lift curve slope Neigung der Auftriebskurve
lift decrement Auftriebsverlust
lift distribution Auftriebsverteilung
lift/drag, aerodynamic parameter Verhältnis zwischen Auftrieb und Widerstand (aerodynamische Güte)(av)
lift/drag curve and lift coefficient Abhängigkeit der aerodynamischen Güte vom Auftriebswert (av)
lift drag ratio Gleitzahl, Verhältnis zwischen Auftrieb u. Luftwiderstand
lift-drag ratio reziproke Gleitzahl
lift dumper Bodenspoiler
lift dumper (hydraulic system) Druckhelteventil (av)
lift dumper for maximum deceleration Auftriebsspoiler trägt zur Kürzung der Landerollstrecke bei
lift engine Hubtriebwerk
lift engine, direct reines Hubtriebwerk
lift engine installation Hubtriebwerkeinbau
lift engine, pure reines Hubtriebwerk
lift exhaust unit Hubabgasanlage (VTDL)
lift fan Hubbläser, Hubgebläse, Hubgebläserotor
lift fan air intake Lufteinlaß für Hubbläser
lift-fan aircraft mit Hubgebläse ausgestattetes Flugzeug
lift-fan craft Hubgebläseflugzeug
lift-fan engine Bläserhubtriebwerk
lift-fan gas duct Gasrohr für Hubbläser
lift-fan installation Einbau von Hubbläsern
lift-fan installed weight Installationsgewicht der Hubtriebwerke
lift-fan pod Hubgebläsegondel
lift-fan supported flight hubstrahlgesteuerter Flug
lift fan VTOL aircraft Hubbläser-VTOL-Flugzeug
lift fire, to Feuer vorlegen
lift flap Auftriebsklappe
lift gas generator Hubgasgenerator
lift increase device auftriebserhöhende Einrichtung
lift installation Hubanlage
lift jet Hubstrahl(flugzeug)
lift jet door Hubstrahlklappe
lift jet engine Hubstrahltriebwerk
lift-jet pod Hubbläsergondel, Hubstrahlgondel
lift-jet thrust Hubstrahlschub
lift loading Auftriebsbelastung
lift-lock Kammschleuse
lift loss Auftriebsverlust
lift losses due to interference effects during transition interferenzbedingter Auftriebsverlust in der Transition
lift measurement Auftriebsmessung
lift motor Aufzugsmotor
lift of a lock Höhe des Schleusenabfalls, Schleusenkammer
lift of a pump Förderhöhe
lift of key Tastenhub
lift-off Abheben, Senkrechtstart
lift-off mass (rocket) Anfangsmasse
lift-off parachute Fallschirm mit Ausziehod. Hilfsfallschirm
lift-off speed Abhebegeschwindigkeit, Auftrieb(sgeschwindigkeit), Abhebefluggeschwindigkeit
lift-off-type parachute Abhebefallschirm
lift-off weight Abhebegewicht
lift or load chain Hubkette
lift out, to herausheben, herausnehmen
lift-plus-lift/cruise propulsion Zweivektorsystem (Hubtriebwerk und kombiniertes Hub- und Schubtriebwerk)(av)
lift pod Hubgondel
lift position Hubstellung, Auftriebsstellung
lift-propulsion engine Hub/Vortriebstriebwerk
lift/propulsion system, a Auftriebs/Vortriebssystem
lift, pump Pumpensaughöhe
lift ratio Auftriebsverhältnis
lift reheat eingeschalteter Nachbrenner
lift slope Auftriebsgradient (aerodyn)
lift slope of the wind Auftriebsgradient
lift strut (aero) auftriebserzeugende Strebe, Auftriebsstrebe, Strebe zwischen Fläche und Rumpf bei Hochdecker
lift-the-dot fastener "zieh-hier"-Knopf
lift thrust Hubschub
lift-thrust engine Hub/Vortriebs-Triebwerk
lift track Hubkran
lift truck Hubwagen
lift truck and fork lift Hubwagen und Stapler
lift turbofan Mantelstromhubtriebwerk, Zweistromhubtriebwerk
lift turbojet Einstromhubtriebwerk
lift valve senkrecht öffnender Schieber
lift variation Auftriebsschwankung
lift vector Hubvektor
lift vortex Auftriebswirbel
lift web Tragegurt (Fsch)
lift wire Spanndraht, Abfangkabel gegen Auftriebskraft, Haupttragseil
lift wire lug Hauptkabelbeschlag
lifter Hebedaumen, Knagge, Nocken
"liftime" primer lebenslange Haftgrundierschicht (Flugzeuglackierung)
lifting airscrew Hubschraube, Tragschraube
lifting and forcing pump Saug- u. Druckpumpe, doppelt wirkende Pumpe
lifting and lowering arrangement Hebe- u. Senkvorrichtung
lifting and tipping device Hubkippvorrichtung
lifting angle (aero) Auftriebswinkel
lifting apparatus Hebegerät, Hebevorrichtung, Hubvorrichtung

lifting appliance Hebezeug
lifting armature Hebemagnetanker
lifting attachment Aufwindvorrichtung
lifting body research vehicle auftriebserzeugender Flugkörper, Versuchsgleiter
lifting bridge Hubbrücke
lifting by suction Saugförderung
lifting cam Hebedaumen
lifting capacity Hebekraft, Hubleistung, Hebeleistungsfähigkeit
lifting capacity of air Hebefähigkeit der Luft
lifting condensation level Hebungskondensationsniveau
lifting controller Hubkontroller, Hubschaltwalze
lifting costs Förderkosten
lifting cylinder Hubzylinder
lifting device Hebevorrichtung, Hebezeug
lifting element Huborgan
lifting eyebolt Heißbeschlag, Heißöse
lifting fan (aero) Hubgebläse, Hubrotor
lifting flank Ablaufkurve (Nocken)
lifting force Auftriebskraft, Hebekraft, Hubkraft
lifting frame Hebegerüst
lifting fuselage Flugzeugrumpf, der durch seine Formgebung an der Auftriebserzeugung teilnimmt
lifting gas Füllgas, Traggas
lifting gas content or capacity Traggasinhalt
lifting gear Hebevorrichtung, Aufhängevorrichtung, Hebegerät, Hubvorrichtung, Hubwerk (Kran)
lifting jack Bauwinde, Hebezeug, Hebewinde, Wagenwinde, Wagenheber, Zahnstangenwinde, Hebeschraube (Kran)
lifting jet Hubstrahl
lifting jet aggregate Hubstrahlaggregat
lifting jet with peripheral turbine Hubbläser mit Umfangturbine
lifting line Verbindungslinie
lifting lug Heißbeschlag
lifting magnet Hebeelektromagnet, Hebemagnet, Hubmagnet, Last(hebe)magnet
lifting-magnet-type crane Magnetkran
lifting magnet with movable pole shoes Lastmagnet mit beweglichen Polen
lifting mechanism Hebemechanismus, Hubstange
lifting method, artifical künstliches Förderverfahren
lifting molding machine Abhebeformmaschine (Giesserei)
lifting motor Hubmotor
lifting movement Hubbewegung
lifting of clouds Abheben der Wolken
lifting pawl Hebeklinke
lifting platform, electric rear elektrisch betriebene Hubplattform (Hschr)
lifting platform for railway Hebebühne für Schienenfahrzeug
lifting piler Hubstapler (A)
lifting pin or post Abhebestift
lifting plane tragende Fläche
lifting position Hubzustand
lifting power Auftrieb(skraft), Hebekraft, Hubkraft
lifting power or capacity Tragfähigkeit, Tragkraft, Belastbarkeit (Hubwerk)
lifting press Hebepresse, Hubpresse
lifting propeller or helicopter rotor Tragschraube (Hschr)
lifting-propulsion system Hub/Vortriebsystem
lifting pump Hebepumpe, Saugpumpe
lifting ring Huböse
lifting rod Abhebesäule, Königsstange
lifting screw Hubschnecke, Schneckenförderer, Wasserschnecke
lifting set Hubsatz
lifting ship Hebeschiff (für U-Boot)
lifting slide (machine tool) Hebeschlitten
lifting sling Aufhängejoch, Traverse
lifting speed Hubgeschwindigkeit
lifting stacker Hubstapler (E)
lifting stud Hebestift
lifting surface Auftriebsfläche, tragende Fläche, auftriebserzeugende Fläche (Tragflügelflugzeuge)
lifting surface theory Tragflächentheorie
lifting table or platform Hebetisch, Hebetrog
lifting tackle Heißzeug, Flaschenzug
lifting tongs Hebegreifer
lifting velocity Hubgeschwindigkeit
lifting vortex tragender Wirbel
lifting-water swirl Hebewasserwirbel
lifting wheel Hubrad
lifting yoke Aufhängejoch, Traverse
lifts of the ground, the aeroplane das Flugzeug hebt ab
light AA gun leichtes Flakgeschütz
light-absorbing lichtschluckend
light absorption Lichtabsorption, Licht(ab)-schwächung
light adaption Hellanpassung
light aero-engine Leichtflugmotor
light air dünne Luft (Luftdruck), Zug (Beaufort 1)
light airborne multi-purpose system (LAMPS) helicopter Mehrzweckhubschrauber
light aircraft, succeding nachfolgendes Leichtluftfahrzeug
light airplane Leichtflugzeug
light airplane or plane engine Leichtflugmotor
light alloy Leichtmetallegierung
light alloy bodies and coachwork Leichtmetallaufbauten u. Karosserien
light alloy casting Leichtmetallguß
light alloy chromium-plated cylinder Leichtmetallchromzylinder
light alloy fan blades produced by precision drop forging präzisionsgeschmiedete Leichtmetallschaufeln
light-alloy panel Fußplatte aus einem leichten Werkstoff gefertigt
light alloy piston Leichtmetallkolben
light alloy sheet Leichtmetallblech
light alloy trailer Leichtmetallanhänger
light, approach Anflugfeuer
light arc Lichtbrücke
light atom leichtes Atom
light attack aircraft Luftnahunterstützungsmuster (Hschr.)
light band galvanometer Spiegelgalvanometer
light barge Leuchtprahm
light barrier Lichtschranke
light barrier testing device Lichtschranken-

prüfgerät
light beam Lichtstreifen, Leuchtstreifen
light-beam chopper Lichtzerhacker
light beam, modulated modulierter Lichtstrom
light bodied dünnflüssig
light bomb Leuchtbombe
light, boundary Platzrandfeuer
light buoy Leuchtboje
light breeze leichte Brise (Beaufort II)
light car Kleinwagen
light-carbureted hydrogen Einfachkohlenwasserstoff
light-case bomb Sprengbombe (dünnwandig), Minenbombe
light change-over switch Lichtumschalter
light characteristic (of a glow lamp) optische Kennlinie
light chopper Lichtsirene, Lochscheibengenerator
light cluster Scheinwerfergruppe
light, coherent unzusammenhängendes Licht
light column Lichtsäule
light communication Lichtverbindung
light connection Lampenschaltung
light construction Leichtbau
light, contact Landebahnfeuer
light-control characteristic Lichtsteuercharakteristik, Lichtsteuerkennlinie
light corpuscle Lichtkorpuskel
light cruiser kleiner Kreuzer
light current lichtelektrischer Strom, Photostrom, Schwachstrom
light cut-off Feuerschutzklappe
light-dark lines Hellinien
light-dark range Hell-Dunkel-Intervall
light diffuser Lichtverteilungsschirm
light diffusing screen Weichzeichner
light dynamo Lichtmaschine
light effect Lichtgebilde
light element leichtes Element
light-emitting diode (for displays) Leuchtdiode (für Anzeigenvorrichtungen), lichtemittierende Diode, Leuchtdiodenanzeigengerät
light energy Lichtenergie, Lichterzeugung
light equipment Kleingerät
light exclusion Lichtabschluß
light exposure Belichtung
light fillet leichte Kehlnaht
light filter Farbfilter, Lichtfilter, Strahlenfilter
light-fitting Beleuchtungskörper
light, fixed feste Feuer
light, flashing Blinkfeuer
light fluctuation Lichtschwankung
light fog falsches Licht
light form construction Leichtformbau
light-gap checking device Lichtspaltprüfeinrichtung
light-gap method Lichtspaltverfahren
light-gap testing method Messung nach dem Lichtspaltverfahren
light guide Lichtleiter
light guide, flexible flexibler Lichtleiter
light gun Lichtpistole, Signalscheinwerfer
light, homing Ansteuerungsfeuer
light horizontal pendulum Horizontallichtpendel
light house transmitter receiver Sender/ Empfänger mit Scheibenröhre
light house transmitter receiver Sender/ Empfänger mit Scheibenröhre
light house tube Lichtturmröhre, Scheibenröhre
light hydrogen leichter Wasserstoff
light icing leichte Vereisungsbedingungen (Hubschrauberbetrieb)
light, incoherent zusammenhängendes Licht
light intensity Beleuchtungsstärke, Lichtintensität, Helligkeit
light intensity control Regulierung der Lichtintensität
light intensity, lower geringere Leuchtstärke
light intensity variation Lichtintensitätsschwankung, Lichtschwankung, Wechsellicht
light interceptor leichter Abfangjäger
light intra-theatre transport LIT-Flugzeug
light kerosene Leichtkerosin
light lens Leuchtenabdeckglas
light level Helligkeitsniveau
"light-lift" launcher leistungsstarke Trägerrakete (sp)
light line Sperrlinie für Beleuchtung
light list Leichtfeuerverzeichnis
light-load period Zeit geringer Belastung
light loaded leichtbespult
light loading Leichtbespulung, leichte Beladung
light lock Lichtschleuse
light lubricant niedrigviskoses Schmieröl
light machine gun team Maschinengewehrtrupp
light machinery oil niedrigviskoses Maschinenöl
light magnet Lichtmagnet
light maintenance company leichte Instandsetzungskompanie
light, marker Abstandslicht, Abstandsfeuer
light meson leichtes Meson
light message Leuchtmeldung
light metal alloy Leichtmetall-Legierung
light meter Lichtmeßgerät, Luxmeter, Belichtungsmesser, Photometer
light-microsecond Lichtmikrosekunde
light milling or cutting Schlichtfräsen
light modulation Lichtmodulation, Lichtsteuerung
light modulator Lichtmodulator, Lichtregler, Lichtrelais, Lichtsteuergerät
light motorcycle Kleinkraftrad
light motor transport column kleine Kraftwagenkolonne
light multiplication Lichtverstärkung
light negative mit negativem Lichtleitfähigkeitskoeffizient
light nucleus leichter Kern
light observation helicopter LOH, leichter Beobachtungshubschrauber
light-off das Zünden (Strahltriebwerk)
light oil dünnflüssiges od. niedrigviskoses Öl
light, on/off Netzkontrollampe
light-optical lichtoptisch
light-optical microscope Lichtmikroskop
light oscillation Lichtschwingung
light output Lichteffekt, Lichtleistung, Leuchtkraft, Lichtausbeute
light output ratio (of fittings) Betriebswirkungsgrad einer Leuchte (GB)
light path Lichtweg, Strahlengang
light pen Leuchtstift, Lichtgriffel, Licht-

griff (Sichtgerät)
light pen detect(ion) Lichtstifteingabe
light pencil elektronischer Schreibstift, Lichtschreiber
light period Aufleuchtdauer, Leuchtdauer
light pickup Lichtabnehmer (EDV)
light pipe Lichtleiter
light plane competition Leichtflugzeug-Wettbewerb
light plane record Leichtflugzeugrekord
light plate Mittelblech
light pneumatic float bridge leichte Schlauchbootbrücke
light, port Backbordlicht
light position Hellstellung
light preservative oil niedrigviskoses Schutzöl, dünnflüssiges Korrosionsschutzöl
light pressure Lichtdruck
light propagation Lichtfortpflanzung
light pulse Lichtimpuls
light push switch Lichtschubschalter
light quantity meter Lichtflußmesser
light quantum Lichtquant, Photon
light railway Schmalspurbahn, Nebenbahn, Sekundärbahn
light ray indicator Lichtstrahlanzeiger
light, ready Bereit-Anzeigelampe
light, recognition Kennlicht
light reflector Leuchtenreflektor
light reflex Lichtreflex
light refraction anomaly Lichtbrechnungsanomalie
light regulation Lichtregelung
light relay Fremdlicht, Lichtmodulation, Lichtregler, Lichtrelais, Lichtsteuerungseinrichtung, Lichtventil
light resistance Lichtbeständigkeit, Lichtwiderstand
light rheostat Regelwiderstand für Lichtstärke
light road Leichtbaustraße
light rocket Leuchtrakete
light rolling mill Feinstahlwalzwerk
light rust leichter Rostansatz
light scatter Streulicht
light scattering Lichtstreuung
light scattering cross section Lichtstreuungsquerschnitt
light scattering diagram Lichtstreuungsdiagramm
light scattering measurement Lichtstreumessung
light scattering table Lichtstreuungstabelle
light scattering value (lateral) Schleierwert (pla)
light scratch feiner Kratzer
light seaplane Wasserleichtflugzeug
light searchlight leichte Flakscheinwerfer
light section leichter Formstahl
light section engineering Stahlleichtbau
light section iron Kleineisen
light section mill Feineisenwalzwerk
light section race dünnwandiger Ring (Walzwerk)
light-section rolling mill Feinstahlwalzwerk
light-section rolling mill Feinstahlwalzwerk
light sector Leuchtfeuersektor
light seeking homing system auf Licht ansprechende Zielsuchanlage
light segment Lichtsegment
light sensation lichtempfindlich, Lichtempfindung
light-sensitive cell Photozelle
light-sensitive substance Schichtkathode
light sensitive tube Fotozelle, lichtempfindliche Röhre
light sensitivity Lichtempfindlichkeit
light sensor Lichtsensor, Lichtfühler
light shield Gegenlichtblende
light ship Feuerschiff
light signal Fanal, Lichtsignal
light-signal message Lichtspruch
light signalling equipment Lichtsignalgerät
light signals used at night (to guide panels toward their objectives) Nachtbefeuerung
light source Lichtquelle
light spill (of a projector) unerwünschter Lichtaustritt
light spindle switch Lichtdrehschalter
light spot Leuchteffekt, Lichtfleck, Lichtmarke, Lichtpunkt
light-spot galvanometer Lichtmarkengalvanometer
light spring balance Feinmeßfederwaage
light stability Lichtbeständigkeit, Lichtechtheit (Zeichenerkennung)
light-stabilized sealer Lichtschutzgrund
light standard unit steel trestle leichtes Stahlpfeilgerät
light steel blade Leichtmetallkühlrippe
light steel pipe Leichtstahlrohr
light stimulus Lichtreiz
light straw (coloured) hellstrohgelb (Anlaßfarbe)
light surface force leichte Unterwasserstreitkraft
light switch Lichtschalter
light switch mechanical lock lever Lichtschaltersperre
light table Leuchttisch
light, tail Schlußlicht
light tank Kleinpanzerkraftwagen
light threshold Lichtschwelle (optisches Lesen) (EDV)
light tones helle Bildstellen
light traffic Lichtverkehr
light transmission Lichtdurchlässigkeit
light transmission value Lichtdurchlässigkeitszahl (Jodfarbskala)
light transmittance Lichtdurchlässigkeit
light trap Lichtfalle, Lichtschleuse
light truck leichter LKW
light up, to anheizen
light-up control Zündregelung
light-up position Zündstellung
light-up sensor override Zündgeberübersteuerung (Triebwerkregler)
light-up signal Zündsignal
light value Lichtwert (Foto)
light valve Lichthahn, Lichtmodulator, Lichtsteuergerät, Lichtsteuer(ungs)einrichtung, Lichtventil
light vessel Feuerschiff
light vibration Lichtschwingung
light volatile (said of fuel) leicht siedend
light warning set (LWS) leichtes Frühwarnradar(gerät), leichtes Radarwarngerät

light water leichtes Wasser, Normalwasser
light water moderated reactor Leichtwasserreaktor
light waterline Leichtladelinie, Leichtwasserlinie
light wave communication system Lichtleiter-Fernmeldeanlage
light waves Lichtwellen
light weapon leichte Waffe
light weight Leergewicht
light-weight alloy Leichtlegierung
light weight construction Leichtkonstruktion, Leichtbauweise
light weight RWR leichter Radarwarnempfänger
light wind leichter, schwacher Wind
light with leading sector Leitfeuer
light-work leichte Arbeit
lighted airway befeuerte Luftverkehrsstraße
lighted beacon befeuerte Bake (Seef.)
lighten heller werden, sich aufklären (Wetter), blitzen, anzünden, beleuchten, erleichtern, leichter machen
lightening condition Helligkeitsbedingung
lightening hole Erleichterungsloch
lighter shade hellere Farbtönung
lighter-than-air aircraft Luftfahrzeug leichter als Luft
lighter weight guidance system leichtes Führungssystem
lightface Dünndruck
lightflash-resistant lichtblitzsicher
lightguide Lichtleiter
lighthouse tube Scheibenröhre (Magnetron)
lighting Beleuchtungswesen, Lichttechnik
lighting aid Befeuerungshilfe
lighting aperture Beleuchtungsfenster
lighting battery Lichtbatterie
lighting battery ignition device Lichtbatteriezünder
lighting bus bar Lichtsammelschiene
lighting circuit Lichtstromkreis
lighting connection Lichtkupplung
lighting control (TV) Lichtregie
lighting engineering Beleuchtungstechnik
lighting equipment Beleuchtungsausrüstung, Beleuchtungseinrichtung, Beleuchtungsanlage
lighting facility Beleuchtungseinrichtung
lighting fees Beleuchtungsgebühren
lighting filament Heizfaden, Lampenfaden
lighting fitting for domestic and commercial use Leuchten für Hausleuchten u. Zweckleuchten
lighting main Hauptlichtleitung
lighting-off blower Anfahrgebläse (Schiffskessel)
lighting-off contact Zündkontakt (Schiffskessel)
lighting-off switch Zündschalter (Schiffskessel)
lighting-off system Zündeinrichtung (Schiffskessel)
lighting plant Beleuchtungsanlage
lighting rail Lichtzeile
lighting rod Fangstange des Blitzableiters
lighting set Lichtmaschinensatz, Lichtaggregat
lightning sensor system Blitzsensorsystem (Radaranlage)
lighting switch Blitzschutzschalter
lighting system for heliport which is completely self-contained autonome Anlage zur zeitweiligen Befeuerung des Hubschrauberlandeplatzes
lighting technology Lichttechnik
lighting test Zündversuch
lighting transformer Lichttransformator
lightly plasticized anplastiziert
lightning lightning (militärisches Fernsprechwesen-Vorrangbezeichnung)
lightning arrester Blitzschutz
lightning arrester for poles Stangenblitzableiter
lightning arrester relay Blitzschutzrelais
lightning current Blitzstrom
lightning discharge Blitzentladung, Blitzschlag
lightning generator Stoßspannungsgenerator
lightning protection Blitzschutz
lightning protection fuse Blitzschutzsicherung (Elektron)
lightning protection installation Blitzschutzanlage
lightning protection strip Blitzschutzstreifen
lightning protection system Blitzschutzsystem (Radaranlage)
lightning protector Blitzableiter, Blitzschutz
lightning rod Blitzableiter(stange), Fangstange des Blitzableiters
lightning switch Blitzschutzschalter
lightning stroke Blitzschlag
lightout relay Hauptschaltrelais
lightpen Lichtstift (nav)
lightplane Leichtflugzeug
"lights out" principle Dark-Cockpit-Konzept
lightweight advanced technology turbine Spitzentechnikleichtturbine
lightweight airborne digital computer Leichtbau-Borddigitalrechner
lightweight amplifier Leichtverstärker
lightweight and small size geringes Gewicht und kleine Abmessung
lightweight bladed-type fuel cell leichter faltbarer Kraftstoffvorratsbehälter
lightweight carbon-fibre composite and metallised flat plate integrated radar and IFF antenna with a computer-programmed but electromechanically operated scanning system Planarantenne besteht aus einem metallbeschichteten KFK-Teller, der von einem programmgesteuerten Schwenkmechanismus bewegt wird (Richtfunk)
lightweight digital microcompressor leichter digitaler Mikroprozessor
lightweight engine construction Leichtbautriebwerk
lightweight fighter Leichtbaujäger
lightweight four-barrel ship-defence missile system vierrohrige Leichtversion des Schiffverteidigungs-FK-Systems
lightweight internal platform leichte Trägheitsplattform
lightweight jet engine Leichtbaustrahltriebwerk
lightweight lift engine Leichtbauhubtriebwerk
lightweight lift jet leichtes Hubstrahltriebwerk
lightweight load Leichtlast
lightweight milled-frame construction aus dem Vollen gefrästes Bauteil

lightweight Nomex high temperature resistant nylon (comfort lines) Leichtgewebe aus hochtemperaturbeständigem Nomex (für Polsterung)
lightweight offset parabolic antenna of complex shape komplex geformte Parabolantenne mit seitlicher Einspeisung (AEW)
lightweight starter Leichtanlasser
lightweight terrain following radar leichtes Terrainfolgeradar
lightweight turbine Leichtbauturbine
lightweight turbojet engine Leichtbau-TL-Triebwerk
lignate, to ausseigern, sich entmischen
ligneous asbestos Holzasbest
lignicidal holzzerstörend
lignin cellulose Holzfaserstoff
lignin plastics Lignin-Kunststoff
lignite Braunkohle mit Holztextur, Lignit
lignoleate Holzölsäure
LIH (light intensity high) Hochleistungsbefeuerung
like charge gleiche Ladung
like poles gleichohmige Pole
LIL (light intensity low) Niederleistungsbefeuerung
limb äusseres Teil, Körperglied
limb, more gently dipping flacher einfallender Schenkel (geol)
limb of a magnet Magnetkorn
limb, synclinal Muldenflügel, Muldenschenkel
limber Protzenwagen
limber eye Protzöse
limber frame Protzgestell
limbus Horizontalkreis, Limbus
lime Kalziumoxyd
lime alkalinity Kalkalkalität
lime-cemented sandstone Sandstein mit kalkigem Bindemittel
lime-connected sandstone Sandstein mit kalkigem Bindemittel
lime content Kalkgehalt
lime dust Kalkstaub
lime kiln Kalkbrennofen
lime-kiln gas Kalkofengas
lime-loam brick Kalksandziegel
lime milk Kalkmilch, Kalktünche
lime ore Kalkerz
lime pit or basin Kalkgrube, Kalkloch
lime powder Kalkpuder, Kalkpulver
lime sandstone Kalksandstein
lime slag Kalkschlacke
lime slaked in air abgestandener, verwitterter Kalk
lime slaking Kalklöschung
lime store Kalklager
lime-tannate mud mit gerbsaurem Kalk versetzte Spülung
lime-treated mud mit Kalk behandelter Bohrschlamm, Kalkspülung
limeburning kiln Kalkbrennofen
limen Schwellenwert
limen, absolute Absolutschwelle
limen, difference (DL) Unterschiedsschwelle, Unterscheidungsschwelle
limestone addition Kalksteinzuschlag
limestone, asphaltic Asphaltkalkstein, mit Asphalt getränkter Kalkstein
limestone, carboniferous Knotenkalk
limestone, cherty hornsteinführender Kalkstein
limestone, concretionary Knotenkalk
limestone formation Kalksteinformation
limestone, fossiliferous fossilführender Kalkstein
limestone, numilite Numilitenkalk, numilitenführender Kalk
limestone of organic origin Kalkstein organischer Entstehung, organischer Kalkstein
limestone, oil-bearing ölführender Kalkstein
limestone, oil-impreganted ölimprägnierter od. öldurchtränkter Kalkstein, Ölkalk
limestone, oolitic oolitischer Kalkstein
limestone, platey Plattenkalk
limestone, porous poröser Kalkstein
limestone-quarry Kalksteinbruch (geologischer Aufschluß)
limestone, reef Riffkalkstein
limestone, siliceous Kieselkalk, kieselartiger Kalkstein
limestone, very fossilferous fossilreicher Kalkstein
liminal difference Unterschiedsschwelle, Unterscheidungsschwelle
liminal value Schwellenwert
limit Grenze (phys), Grenzmaß, Schranke
limit angle Grenzwinkel
limit angle of attack optimaler Anstellwinkel
limit-area smoke screen Kleinvernebelung
limit bridge Toleranzanzeiger, Toleranzmeßbrücke
limit comparator Grenzwertvergleicher
limit error Überlauf, Bereichsüberschreitung
limit figure Grenzzahl
limit frequency Grenzfrequenz, Bandgrenze eines Bandes
limt gap gauge Grenzrachenlehre
limit gauge Grenzlehre
limit indicator or finger Toleranzanzeiger
limit load Grenzbelastung, Grenzlast, Traglast, sichere Last
limit, lower unterer Grenzwert
limit measurement Grenzmaß
limit of accuracy Fehlergrenze
limit of adhesion Adhäsionsgrenze, Klebegrenze
limit of audibility Hör(barkeits)grenze
limit of carrying capacity größte Ladefähigkeit
limit of current Höchststromstärke
limit of definition Schärfenfeldgrenze
limit of elasticity Elastizitätsgrenze
limit of endurance Kaltverfestigungsgrenze
limit of error Fehlergrenze
limit of ignitability Zündgrenze
limit of illumination Beleuchtungsgrenze
limit of inaccurace Fehlergrenze (messen)
limit of inflammability Zündungsgrenze
limit of lift Hubbegrenzung am Hebezeug
limit of loading capacity größte Ladefähigkeit
limit of perceptibility Wahrnehmbarkeitsgrenze
limit of power Leistungsgrenze
limit of power range Leistungsgrenzwert
limit of proportionality Belastungsgrenze des Materials
limit of shunt signal Rangierhaltesignal, Rangiergrenztafel
limit of strain-hardening Kaltverfestigungsgrenze

limit of stress Beanspruchungsgrenze
limit of temperature Temperaturgrenze
limit of tension Grenzspannung, größte zulässige Zugkraft
limit of the normal major bed (water) Hochwassergrenze, Hochwasserlinie
limit of the values Grenzwert der Glieder (Rechner)
limit of tolerance Toleranzwert, Verträglichkeitsgrenze, Abmaß
limit of travel Endstellung, Endlage
limit of work-hardening Kaltverfestigungsgrenze
limit plug gauge Grenzlehrdorn
limit pointer Toleranzanzeiger
limit priority Grenzvorrang (Rechner)
limit ring ga(u)ge Grenzlehrring
limit sensitivity Grenzempfindlichkeit (einer Röhre)
limit speed Höchstgeschwindigkeit, Grenzgeschwindigkeit, Grenzdrehzahl
limit stop Anschlag, Begrenzung(sanschlag)
limit stress Grenzbelastung
limit switch Auflaufkontakt, Begrenzungsschalter, Endschalter
limit-switch actuating cam Endschalternocken
limit switch actuator Endschalteranschlag
limit switch arm Endschalterlineal
limit switch inset Einsatz-Grenztaster
limit, upper oberer Grenzwert
limit value Extremwert, Grenzwert, Schwellenwert
limit value monitor Grenzwertkontrolleinrichtung
limit viscosity Grenzviskosität
limitating regulator Grenzregler
limitation Einengung
limitation of amplitude Amplitudenbegrenzung
limitation of frequency band Frequenz(band)begrenzung
limitation of interference Störbegrenzung
limitation of radio traffic Funkbeschränkung
"limited agreement" "begrenzte Vereinbarung"
limited approval Freigabe der Vorserie
limited approval production Fertigung der Vorserie
limited attack Angriff mit begrenztem Bild
limited by solid mould Formbegrenzung
limited command units (reduced Ledningsenhet or Red LE) Führungszentrale mit eingeschränkter Befugnis (reducerad Ledningsenhet =Red LE=)
limited-commercial pilot rating begrenzter Berufsflugzeugführerschein
"limited cross channel synchronization" "begrenzte Quersynchronisierung"
limited extent begrenzter Umfang
limited file Abgabe von Veröffentlichungen
limited-gain operational amplifier Operatorschaltung mit begrenztem Verstärker
limited integrator Integrierer mit Begrenzung
limited-life engine (missile) Einmalantrieb
limited proportionality begrenzte Proportionalität
limited reset sensor Temperaturbegrenzungsfühler (Druckluftanlage)
limited service begrenzter Dienst
limited sideways flight speed begrenzte Seitwärtsfluggeschwindigkeit (Hschr)
limited slip (motor vehicle) Selbstsperrdifferential
limited space charge accumulation component, LSA (component electron) LSA-Bauelement
limited stability (automatic control, telecom) begrenzte Stabilität
limited standard begrenztes Standardmodell
limited visibility begrenzte Sicht
limiter Begrenzer(schaltung)
limiter diode Begrenzerdiode
limiter diode valve Begrenzerdiodenröhre
limiter, hard harter Begrenzer
limiter, soft leichter od. weicher Begrenzer
limiting amplifier Begrenzerverstärker
limiting chain Spannkette
limiting characteristic Begrenzerkennlinie
limiting circuit Begrenzerschaltung
limiting condition Grenzbedingung
limiting conductivity (electrolyte) Äquivalentleitwert bei unendlich starker Vedünnung
limiting creep stress Dauerstandsfestigkeit
limiting current Grenzstrom
limiting current coil Begrenzungsdrossel
limiting dimension Grenzmaß
limiting firepressure Vorvakuumbeständigkeit, Vorvakuumgrenzdruck
limiting frequency Grenzfrequenz
limiting friction höchster Reibwert, Reibungshöchstwert, Reibungsgrenze
limiting gradient Grenzsteigung, maßgebende Steigung, Grenzgefälle
limiting load factor Höchstlastvielfaches
limiting Mach number (aero) Grenz-Machzahl
limiting mechanism (aileron cable quadrant) Querruder-Ausschlagbegrenzer
limiting meridian (chart) Begrenzungsmeridian
limiting overhaul intervals Begrenzung der Zwischenüberholzeiten
limiting overload characteristics (diode) Grenzstromkennlinie
limiting parallel (chart) Begrenzungsparallele
limiting point Häufigkeitswert
limiting position Endlage, Endstellung
limiting pressure (vacuum) Enddruck
limiting range of stress Beanspruchungsgrenze, Dauerschwingfestigkeit, Dauerfestigkeitsbereich (beiderseits der Nullinie)
limiting resistance or preresistor Vorwiderstand
limiting resistor Begrenzungswiderstand
limiting sensitivity Grenzempfindlichkeit
limiting span length Grenzspannweite
limiting speed Grenzgeschwindigkeit, Höchstgeschwindigkeit, Grenzdrehzahl
limiting stress höchstzulässige Spannung (Festigkeit)
limiting value Grenzwert der Leistung, Häufigkeitswert
limiting value of a function Häufigkeitswert
limiting velocity Grenzgeschwindigkeit
limiting viscosity number Grenzviskositätszahl (in Gramm je Liter), Staudingergröße, Staudingerzahl (in Gramme je Milliliter)
limiting wing fuel gross weight Flügelkraftstoff-Nullgewicht, Gesamtfluggewicht bei leerem Flügeltank
limits of effective current range zulässige obere

und untere Stromgrenze
limits of integration Integrationsgrenzen
limits of power range for meter accuracy zulässige obere und untere Leistungsgrenzwerte
limits of variation Streugrenzen (Statistik)
limonite Brauneisen(erz), Brauneisenstein, Limonit
limpid klar, rein (Flüssigkeit)
limy sandstone kalkhaltiger Sandstein
limy shale kalkhaltiger Schieferton
LINAS-equipment Laserentfernungsmesser und Markierzielsucher
linchip Steckachse
linchip hub Steckachsennabe
lincrusta (a type of fabric) Linkrusta
Lindemann window Strahlenaustrittsfenster
L-indicator L-Sichtgerät, Anzeigegerät mit Ablenkung Typ L
line Baureihe, Kurve, Leitung, Linie, Reihe
line a bearing, to ein Lager ausfüttern
line adapter Leitungsanschluß, Systemanschlußschaltung
line adapter frame Leitungsanschlußeinsatz
line adapter module Leitungsanschlußbaugruppe, Sende-/Empfangsumsetzer
line adapter set Leitungsanschlußgruppe (LA)
line adapter set for...lines Leitungsanschlußgruppe für AE
line adapter switch Leitungsumschalter
line address of the offering port Leitungsadresse des Zubringers
line addressing Zeilenadressierung
line, adiabatic adiabatische Linie, Druckvolumenkurve
line amplifier Leitungsverstärker
line amplitude Zeilenamplitude
line amplitude control Zeilenbreitenregler
line astern Line-Astern (Formationsanflugform)
line-at-a-time printer Zeilendrucker
line-at-a-time printing Zeilendruck, Parallelausdrucken
line attenuation Leitungsdämpfung, Leitungsverlust
line, automatic justification automatischer Zeilenausschluß
line, bailing Löffelseil, Schlämmseil, Schöpfseil
line balance Leitungsnachbildung
line balancer (telecom) Leitungsentzerrer
line balancing Leitungsabgleich
line bank Leitungskontaktbank
line bar Leitungsschiene
line battery Linienbatterie
line blanking Zeilenaustastung, Zeilenunterdrückung (TV)
line blanking interval Zeilenaustastlücke (TV)
line blanking level Zeilenaustastpegel (TV)
line blanking pulse Zeilenaustastimpuls
line, blocking and unblocking of...s Sperren und Entsperren von Leitungen
line boring machine Hauptlagerfeinbohrmaschine
line branch-off unit Staffelgehäuse
line-break relay Drahtbruchrelais
line breakage Leitungsbruch
line breaker (rail) Hauptausschalter, Notausschalter
line broadcasting (electron) Drahtfunk
line broadening Linienverbreiterung
line brush Kontaktarm für Sprechleitung
line buffer Leitungspuffer
line buffer control Leitungspuffersteuerung
line building-out network (telecom) Ergänzungsnetzwerk, Leitungsergänzung, Verlängerungsleitung
line burner Brennerröhre, Reihenbrenner
line-by-line zeilenweise
line-by-line tape reader (punched tape) Zeilenleser
line-by-line technique Zeilenfräsmethode (Werkstoff)
line, cabinet supply Schrankversorgungsleitung
line capacitance Leitungskapazität
line capacity Leitungskapazität
line carrying very high voltage Höchstleistung
line, cat(head) Spillseil, Wickelseil
line cell Leitungszelle
line change Zeilenwechsel
line chief Flugbetriebswartungsmeister
line choke Liniendrossel
line choking coil Schutzdrosselspule
line circuit, outgoing abgehender Leitungskreis (EDV)
line circuit-breaker Überstromschalter
line code Leitungscode
line commutator Linienumschalter
line component recognition Einheitenanschlagung bei Fernverarbeitung
line computer, course Kursrechner
line concentrator Leitungskonzentrator, Wählsternschalter
line, concentrator control Konzentrator-Steuerleitung (KSL)
line, concentrator trunk Konzentrator-Verbindungsleitung (KVL)
line condition Leitungszustand
line connection anode battery Anodennetzanschluß, Netzanode
line constant Konstante je Längeneinheit
line construction Leitungsbau, Telegraphenbau
line construction on poles Stangenbau
line contact Leitungskontakt
line contact bank a-b-Kontaktsatz, Leitungskontaktbank
line contactor Anrufrelais, Linienrelais, Überstromschalter
line, control Steuerleitung
line control Zeilensteuerung (TV)
line control, asynchronous communication single Start/Stop-Steuerung für eine Leitung
line control brush Zeilensteuerbürste
line, control...program Steuerleitungsprogramm
line-control signal Leitungs-Steuerungssignal
line coordinates Linien-, Leitungskoordinaten
line cord Netzanschlußschnur
line-cord resistor Heizungsvorwiderstand
line correction Fehlerkorrektur bei Fernverarbeitung (dv)
line count Zeilenstandanzeige
line counter Zeilenzähler (COBOL)
line cross-country gas Ferngasleitung
line current Gesamtstrom, Leitungsstrom, Linienstrom, Netzstrom
line cutting Bohrseilabschneidung
line data channel Ferndatenkanal
line, dependent...concentrator unselbständiger Leitungskonzentrator

line description Leitungsbeschreibung
line description generator Leitungsbeschreibungsgenerator
line dip Leitungsdurchschlag
line direction determination Linienauswahl, Linienführung
line disconnect switch Leitungstrennschalter
line distribution block Linienverzweiger
line disturbance Netzstörung
line drawing Strichzeichnung, Umrißzeichnung
line drawing method Griffelverfahren
line driver Kabeltreiber, Linientreiber
line drop Spannungsunterschied, Spannungsgefälle (entlang einem Leiter)
line duration Zeilendauer
line dynamometer Drahtspannungsdynamometer
line, edge-water Randwasserlinie (Öl)
line element Strichelement, Linienelement
line entry Zeileneingabe (Rechner)
line equalization Leitungsentzerrung
line equalizer Leitungsentzerrer
line equivalent Leitungsäquivalent
line expansion Leitungserweiterung
line failure Leitungsfehler, Leitungsstörung, Netzausfall
line fault Leitungsfehler, Leitungsstörung, Bruchlinie, Störungslinie, Verwerfungslinie (geol)
line fault service Störungsdienst
line feature Leitungsanschluß (Rechner)
line feed Zeilenvorschub
line feed character Zeilenvorschubzeichen
line feed code Zeilenvorschubcode
line feed mechanism Zeilenfinder, Zeilensucher (lo)
line feeder Verstärkungsleitung
line feeding unit Leitungsspeisung
line filter Netzfilter
line finder Leitungssucher
line flicker Zeilenflimmern (TV)
line flow diagram Linienflußbild
line flyback Zeilenrücklauf (TV), Rücklauf (Kathodenstrahlröhre)
line focus Strichfokus
line-focus tube Strichfokusröhre
line formation Linienaufstellung
line frequency Horizontalfrequenz, Netzfrequenz, Zeilenfrequenz, Zeilenwechselfrequenz, Zeilen(wechsel)zahl
line frequency generator Zeilenkippgerät
line frequency to frame frequency ratio Zeilen/Raster-Frequenzverhältnis
line, gas input Gaseinpreßleitung
line, gas outlet Gasausströmleitung
line gate Zeilentor
line grating Linienraster
line group Leitungsbündel
line height Zeilenhöhe (TV)
line imgage generator zeilenweise arbeitender Bildgenerator (Cockpit)(av)
line impedance Leitungsnachbildung
line impulse methode Zeilenimpulsverfahren
line inhomogenity Leitungsinhomogenität
line inspection Flugzeugkontrolle bei Privatmaschinen nach 25 Flugstunden
line insulator (Frei)leitungsisolator
line integral Linienintegral, Liniensumme
line intercept Lauschempfänger
line interception or tapping Lauschdienst
line interlace Zeilensprungverfahren, Zwischenzeilenabtastung (TV)
line interlace flicker Zwischenzeilenflimmern (TV)
line interlacing Zeilensprung
line, internal...number interne Leitungsnummer (ILN), interne Anschlußnummer (IAN)
line interruption Verbindungsunterbrechnung
line irregularity Leitungsinhomogenität
line item Position (in Listen, Tabellen usw)
line, jerk Zupfseil für pennsylvanische Bohrung
line joining points Verbindungslinie sämtlicher Punkte
line-jump scanning Zeilensprungverfahren, Zeilensprungabtastung
line justification Zeilenausschluß
line lag Laufzeit des Stromes über eine Leitung, Leitungsverzögerung
line leader Zeilenvorspann
line-length phase shifter Leitungsphasenschieber
line level Leitungsstufe
line limitating device with transfer printing Postenautomat
line load Linienlast, Streckenlast
line lock Zeilensynchronisierung
line, long-distance...termination Fernteilnehmeranschluß
line-loop Fernkanal (Datenfernübertr)
line loop operation Fernverarbeitung (dv)
line loss Leitungsdämpfung, Leitungsverlust
line loss inefficiency niedriger Wirkungsgrad durch Leistungsverlust
line losses Betriebsdämpfung
line maintenance Feldinstandsetzung
line man Bahnwärter, Freileitungsmonteur, Leitungsmann, Störungssucher, Streckenarbeiter, Rotter
line matching transformer Leitungsanpassungsübertrager
line material Bauzeug, Linienmaterial
line, memory word address Speicherwortadreßleitung
line microphone Linienmikrophon
line, modification of the...description Änderung der Leitungsbeschreibung
line monitor Leitungsüberwachungsgerät
line multiplexer Leitungsmultiplexer
line multiplexer controller Leitungsmultiplexersteuerung
line noise Leitungsrauschen
line, non-transient...error permanenter Leitungsfehler
line note Leitungsnotiz
line notepad counter Leitungsnotiz-Blockzähler
line notepad cycle Leitungsnotizblockzyklus
line number Leitungsnummer, Zeilennummer (COBOL)
line number clause Zeilenklausel (COBOL), Zeileneintragung
line of action Angriffslinie (Kraft), Eingriffslinie (Zahnrad)
line of application (of a force) Wirkungslinie
line of approach beacon Ansteuerungsfeuer
line of attack or thrust Stoßlinie
line of avionic Avionikbaureihe

line of bearing Peilstrahl, Peilungslinie
line of breach Trennschnitt
line of centres of a waveguide Hohlleiterachse
line of collimation Kollimationsachse, Sehlinie, Ziellinie, Zielstrahl
line of communication Nachrichtenleitung, Nachschubstraße
line of confinement Kettenlinie
line of contact Berührungslinie, Eingriffslinie
line of convergence zusammenlaufende Linie
line of course Kurslinie (nav)
line of defense Verteidigungslinie
line of demarcation Abgrenzungslinie, Abmarkierungslinie, Demarkationslinie, Grenzlinie (phys)
line of departure Abgangsrichtung
line of departure of the projectile Geschoßabgangsrichtung
line of dip Einfallinie, Fallinie (geol), Deklinationslinie
line of direction Baufluchtlinie
line of discontinuity Unterbrechungslinie
line of divergence auseinanderlaufende Linie
line of electric flux elektrische Feldlinie
line of electric force elektrische Kraftlinie
line of equal amplitude (of waves) Hubhöhenlinie
line of equal barometric pressure Isobare, Linien gleichen Luftdrucks
line of equal gravity Linie gleicher Schwere (phys)
line of equal inclination Linien gleicher Inklination
line of equal magnetic dip Isokline, Linie gleicher Inklination
line of equal magnetic variation Linie gleicher Kompaßabweichung
line of equal rise Hub-/Höhenlinie
line of equal thickness Konvergenzlinie, Linie gleicher Mächtigkeit, Mächtigkeitslinie
line of equal value of gravity Isogamme, Linie gleicher Schwerewerte (phys)
line of fire Geschoßflugbahn, Schußlinie, Schießrichtung, Zielweg
line of flux Feldlinienvektor
line of force Feldlinie, Hilfskreis
line of intersection Schnittlinie zweier Flächen, Abschneidelinie, Durchdringungslinie, Durchschnittlinie, Schnittlinie
line of magnetic flux magnetische Feldlinie, Flußlinie
line of magnetic force magnetische Kraftlinie
line of march Marschlinie
line of observation or sight Sehlinie
line of operation Operationslinie
line of orientation Orientierungslinie, Ortungslinie
line of out guards Vorpostenkette
line of penetration Durchdringungslinie
line of perforation Strichperforation
line of position Standlinie
line of sight Meßlinie (Schiffswaffenleitung), Sichtlinie, Visierlinie, Visiermarke, Ziellinie
line-of-sight constraint quaisoptische Reichweite (Radar)
line-of-sight course Deckungskurs
line-of-sight coverage quasioptische Reichweite
line-of-sight distance Sichtweite
line-of-sight from missile to target Sichtlinie vom Flugkörper zum Ziel
line of sight from ship to missile Sichtlinie vom Schiff zum Flugkörper
line of sight from ship to target Sichtlinie vom Schiff zum Ziel
line of sight-rear (LOS-R) quasi optic area system LOS-R-System mit quasioptischer Reichweite
line-of-sight restriction Sichtweitenbehinderung
line-of-sight stabilisation in missiles kreiselstabilisierter Suchkopf von Flugkörpern
line of sight stabilization Kursstabilisierung
line of sight to missile Sichtlinie zum Torpedo (Torpedofeuerleitung)
line of site Visierlinie, Ziellinie, (Line-of-Sight)
line of skirmishers Feuerkette, Schützenkette, Schützenlinie
line of sounding Lot(ungs)linie
line of spectrum Linienspektrum
line of striction Kehllinie
line of supply Nachschubstraße, Nachschubweg
line of the vertical Schwerkraftlinie
line of through the nucleus Kernlinie
line of thrust Schubstrahl, Stoßlinie
line of total force Kraftlinie des Erdmagnetismus
line of trail Spurlinie
line of vorticity (or vortex line) Wirbellinie
line of welding fertige Schweißnaht
line of zero drift Steuerstrich
line or path of contact Eingriffslinie (Zahnrad)
line-oriented routine leitungsorientiertes Programm
line-oriented subroutine leitungsorientiertes Teilprogramm
line original Strichvorlage (Reproduktion)
line outage Leitungsausfall
line output pentode Horizontal-Endpentode
line overlap Bildstreifen, Längsüberdeckung
line parameter Leitungsparameter
line, permanent...error permanenter Leitungsfehler
line pilot Linienpilot
line pipe, plain-end Leitungsrohr mit glatten Enden
line plug connector Netzstecker
line polarity reversal Leitungsumpolung
line position register Zeilenstellungsregister (dig)
line post Leitungsklemmer
line power cord Netzstromkabel
line pressure Leitungsdruck
line pressure gauge Druckmesser für Leitungsdruck
line pressure level Schalldrucklinienpegel
line print Strichvorlage
line printer Zeilendrucker (dig)
line printing Zeilendruck
line production mark sheet Zeilendruckermarkierungsbelag
line production system Durchlauffertigung, Fließfertigung
line program Leitungsprogramm

line program impuls Zeilenprogrammimpuls
line program selector Zeilenprogrammselektor
line proportionate section leitungsproportionaler Teil
line pulsing Laufzeitkettentastung
line radiation Linienstrahlung
line radio Drahtfunk (über Leitung), Hochfrequenzverbindung
line radio amplifier Drahtfunkverstärker
line radio feeder Drahtfunkspeiseleitung, Drahtfunk-Zuführungsleitung
line radio high-pass filter Drahtfunk-Hochpaßfilter
line radio low-pass filter Drahtfunktiefpaßfilter
line radio station Drahtfunksender
line radio transmitter Drahtfunksender
line records Liniennachweis
line register Zeilenregister (Drucker)
line refuelling machine, on Maschine zum Be- u. Entladen des Betriebes
line register Zeilenregister (Drucker), Ferndatenregister
line regulation Regelabweichung bei Netzspannungsänderungen
line relay Anrufrelais, Linienrelais, Leitungsrelais, Rufmagnet
line replaceable unit (LRU) Schnelltauschbaugruppe, LRU-Baugruppe
line resolution Auflösungsvermögen der Zeilen, Zeilenauflösungsvermögen
line ringing current Linienrufstrom
line rod Fluchtstab
line-route map Drahtverbindungskarte (FM)
line sampling Linienstichprobenverfahren
line scan Zeilenabtastung
line scan camera Zeilenabtastkamera
line-scan circuit Zeilenkippschaltung
line scan equipment Zeilenabtastgerät
line-scan geometry Zeilenabtastgeometrie (Infrarotkamera)
line scan radar Radar mit Zeilenabtastung
line scanner Zeilenabtaster
line scanning Zeilenablenkung, Zeilenabtastung
line scanning mirror drum Zeilenspiegelrad
line scanning pattern Zeilenraster
line scratches Kontaktgeräusch, Kratzgeräusch (Fsp)
line sealing strichweiser Klebstoffauftrag, strichweises Verkleben
line search Streckenaufklärung
line search number Nummer der Aufklärungsstrecke
line section Teilstrecke
line seizure Leitungsbelegung
line-select key Zeilenauswahltaste (Avionik)
line selection Horizontalschnitt, Leitungsauswahl
line selection device Zeilenauswahl-Einrichtung
line selector Leitungswähler, Sucher, Zeilenwähler, Zeilenwahlschalter
line selector switch Leitungswahlschalter
line sensing unit Leitungsfühler
line sensor Abtaster, Zeilenabtaster
line separating filter Leitungsweiche
line separation vertikaler Druckzonenabstand (Zeichenerkennung)
line separtor Fangleinenkamm, Fangleinenordner (Fsch)
line sequence number Leitungslaufnummer
line sequential system Zeilenfolgesystem
line shading Strichschattierung
line shaft Längswelle, Übertragungswelle, Wellenleitung
line shaft drive Längswellenantrieb
line shafting Transmissionswelle (Wälzlager)
line shape Linienverlauf (Spektralanalyse)
line shape function Leitungsformfunktion
line shifting Transmission
line shot Geschoßaufschlag in der Ziellinie
line side Netzseite einer Anlage
line-side loop leitungsseitige Schleife
line signal Leitungszeichen (Verm)
line, signalling Signalleitung
line simulator künstliche Leitung, Leitungsnachbildung
line size Leitungsdurchmesser, Seilstärke
line skew Zeilenschräglauf
line skipping Zeilenvorschub (dv)
line slew resolver Zeilenschnellabtastvorrichtung
line snatch Fangleinenstreckung (Fsch)
line source Netzsteckdose, Linienquelle (CB-Kampfstoffe)
line squall Linienboe, Boeenwalze
line-space ratio Breitenverhältnis von Linie zu Zwischenraum
line spacing Zeilenabstand, Zeilentransport, Zeilenvorschub, Zeilenzwischenraum, Zeilenschaltung
line-specific leitungsproportional
line spectrum Linienspektrum
line speed Fahrgeschwindigkeit des Bohr- od. Förderseils, Leitungsgeschwindigkeit, Seilgeschwindigkeit, Startkontrollgeschwindigkeit
line splitter Kanalaufteiler
line status directory Leitungszustandsregister
line status table Leitungszustandstabelle
line storage tube Linienspeicherröhre
line stowing Einschlaufen der Fangleinen (Fsch)
line strength Linienbreite (Spektroskopie)
line stretch Fangleinenstreckung (Fsch)
line stretcher Posaune (ausziehbare Leitung)
line, subscriber Anschlußleitung
line, suction and delivery Saug- u. Druckleitung
line supervisor unit, automatic automatische Leitungsüberwachung
line supply voltage Netzspannung
line supply voltage fluctuation Netzspannungsschwankung
line-supporting strap Leitungsstützschelle
line sweep circuit Zeilenablenkschaltung, Zeilenkippschaltung
line switch Leitungsschalter, Sprechtaste (Telephon), Hauptschalter (Regler)
line switchboard Linienumschalter, Vorwählergestell
line switching Leitungswählen (dv), Direktvermittlung
line switching method Durchschalteprinzip
line sync pulse Zeilensynchronisierimpuls
line synchronization Zeilengleichlauf, Zeilensynchronisation
line synchronizing pulse Horizontalwechsel, Zeilensynchronimpuls
line tapping device Ortungsgerät, Lauschdienst-

gerät
line taxi service Zubringerdienst
line telephony Leitungstelephonie
line teleprinter Zeilenfernschreiber
line termal Leitungsklemme
line terminal Hauptkontakt (zwei od. mehr Kontakte einer Steckvorrichtung), Leitungsabschluß
line terminal unit Leitungsabschlußeinheit, Leitungsabschlußvorrichtung
line terminating Teilnehmeranschluß
line terminating circuit Teilnehmerschaltung
line termination Leitungsabschluß(einheit), Leitungsende
line termination circuit Leitungsabschlußschaltung
line termination controller Leitungsabschlußsteuerung (LAS)
line termination facility for the serving offering port Leitungsabschlußeinrichtung für den Abnehmer/Zubringer
line termination unit Leitungsanschlußeinheit, Teilnehmerschaltung (Testendesteuerung)
line termination unit simulator Leitungsanschlußeinheitsimulator
line test program Leitungsprüfprogramm
line test request Anforderung der Leitungsprüfung
line test set Feldprüfgerät, tragbares Prüfgerät
line testing Leitungsprüfung
line the inlet, fan ducts and hot exhaust ducts Auskleidung von Einlauf, Bläser- u. Primärstromkanal
line time Leitungsbelegungsdauer
line time base Zeilengerät, Zeilenkipper
line-to-line verkettet
line-to-line fault Leitungsberührung
line-to-line spacing Zeilenabstand (Drucker)
line-to-line voltage verkettete Spannung
line-to-neutral (adj) Phase gegen Erde
line-to-store transfer Einspeicherung (Übertragung von Nachrichten, von der Leitung in den Eingangsspeicher einer Speichervermittlung)(dig)
line trace Registerlinie
line transformation Zeilentransformation
line transformer Leitungsübertrager, Zeilentransformator, Zeilenübertrager
line, transient...error vorübergehender Leitungsfehler
line translation Zeilenumsetzung
line traversal Bildzeilendurchlauf
line triggering signal Netzträger (Oszillograph)
line up (take-off) zum Start bereitstellen
line up, to ausfluchten, abstimmen (Feuerleitgerät), sich aufstellen, antreten (milit), aufstellen (Flugzeug zum Start), formieren
line up naturally, to spannungsfrei verlegen (Rohrleitungen)
line-up stud (on gun) Markenstück
line valve Strömungsventil
line velocity Fahrgeschwindigkeit
line voltage Netzspannung, Leiterspannung, Leitungsspannung, verkettete Spannung
line voltage, AC Netzwechselspannung
line voltage compensation Netzspannungskompensierung
line voltage fluctuation Netzspannungsschwankung
line voltage range Netzspannungsbereich
line voltage variation Netzspannungsschwankung
line voltmeter Phasenspannungsmesser
line vortex Linienwirbel
line walker Pipelinebegeher, Streckenläufer
line wear Seilabnutzung, Seilverschleiß des Bohr- od. Förderseils, Seilfahrgeschwindigkeit
line weight (drafting) Strichbreite
line welding Rollennahtschweißung
line width Fluoreszenzstrichbreite, Strichstärke, Zeilenbreite
line wiper A-B-Arm
line wire Blockleitung, Leitungsdraht
line-wire, copper Kupferleitungsdraht
line with heavy gradients Hügellandstrecke
lineage structure Verzweigungsstruktur
linear absorption coefficient linearer Absorptionskoeffizient
linear acceleration gradlinige, lineare Beschleunigung
linear accelerator Linearbeschleuniger
linear activity (nuclear) lineare Aktivität
linear actuator Linearstellglied
linear amplification lineare Verstärkung
linear amplifier Linearverstärker
linear and rotary actuator Linear- u. Rotationsstellglied
linear and rotary servo actuator kraftverstärkter Linear- u. Rotationsstellmotor, Linear- u. Rotationsservogerät
linear antenna array linear Dipolgruppe
linear array lineare Dipolanordnung
linear attenuation coefficient linearer Schwächungskoeffizient
linear ball bearing lineares Kugellager
linear carrier-frequency pulse voltage amplifier trägerfrequenter linearer Spannungsverstärker
linear colloid Linearkolloid
linear complex linearer Komplex (päd)
linear control system lineares Regelsystem
linear coordinate Linearkoordinate
linear decrease linearer Abfall
linear deflection circuit linearer Ablenkkreis
linear deformation (electron) lineare Gleichrichtung
linear density of electric charge lineare Ladungsdichte
linear dependence lineare Abhängigkeit
linear detector linearer Detektor
linear dimension Längenabmessung, lineare Größe
linear distance Luftlinie, kürzester Abstand
linear distortion lineare Verzerrung
linear electron accelerator Elektronen-Linearbeschleuniger
linear element lineares Glied, Streckenelement, Streckenteilchen
linear energy transfer (LET) lineares Energie-Übertragungsvermögen, linearer Energieumsatz
linear equation lineare Gleichung
linear expansion lineare Ausdehnung
linear extension Dehnungslänge
linear extrapolation distance linearer Extrapolationsabstand

linear feed principle, squintless winkelfehlerfreie Linearspeisung
linear fluid motor Hydromotor für gradlinige Bewegung (w)
linear frequency discriminator linearer Frequenz-Diskriminator
linear harmonic oscillator linearer harmonischer Oszillator
linear hydraulic motor Hydromotor für gradlinige Bewegung (w)
linear increase of velocity lineare Geschwindigkeitszunahme, Lineargeschwindigkeitsverstärkung
linear induction motor Linearinduktionsmotor, Linearmotor (linearer Drehstrom-Induktionsmotor), Wanderfeldmotor
linear integrated circuit analoge integrierte Mikroschaltung, linearer integrierter Schaltkreis
linear interpolation lineare Interpolation
linear light Linearfeuer (Luftfahrt), gradliniger Lichtstrahl
linear linkless feed lineare, gurtlose Munitionszuführung
linear linkless feed system gurtloses Zuführsystem (Munition)
linear-logarithmic linear-logarithmisch
linear-logarithmic intermediate-frequency amplifier linear logarithmischer ZF-Verstärker
linear macro molecule lineares Makromolekül
linear measure Längenmaß
linear measuring scale (automatic control) Linearmaßstab
linear modulation gradlinige, lineare od. verzurrungsfreie Modulation
linear molecular chain unverzweigte od. gradlinige Molekülkette
linear molecule Kettenmolekül
linear momentum lineares Moment, linearer Impuls, lineare Bewegungsgröße
linear motor with longitudinal flux Longitudinal-Fluß-Linearmotor
linear motor with transverse flux Longitudinal-Fluß-Linearmotor, Transversal-Fluß-Linearmotor
linear movement Längsbewegung
linear movement friction welding (pla) Linearschweißen
linear optimization Planungsrechnung, lineare Programmplanung, Linearplanung, Linearprogrammierung, lineare Optimierung, lineare Optimalisierung
linear-path system Streckensteuerung
linear perspective Linearperspektive
linear pitch Längsteilung
linear polarization Linearpolarisierung
linear power density (nuclear) lineare Stableistung, Stableistungsdichte
linear power rating (reactor) Stableistung
linear program lineares Programm (päd)
linear programming lineare Optimierung, Linearplanung, Linearprogrammierung, lineare Programmplanung, Linearprogrammplanung, lineare Planungsrechnung
linear pulse amplifier linearer Impulsverstärker
linear pulse-voltage amplifier linearer Impulsspannungsverstärker
linear radiator (antenna) Linearstrahler
linear radio-frequency spectrometer lineares Hochfrequenzmassenspektrometer
linear range lineare Reichweite
linear rectification lineare Gleichrichtung
linear relationship lineare Besserbeziehung
linear resistor Ohm'scher Widerstand
linear response detector Prüfgerät mit linearer Anzeige
linear RF mass spectrometer lineares Hochfrequenz-Massenspektrometer
linear scale lineare Skala, Linearskala, Linearmaßstab
linear scan lineare Abtastung
linear selection direkte Wortauswahl (im Kernspeicher mit einer Ansteuerungsleitung pro Wort)(dv)
linear sequence of instructions lineare Befehlsfolge (dig)
linear set of equation lineares Gleichungssystem
linear space linearer Raum, Vektorraum
linear specific power (reactor) Stableistung
linear speed Geschwindigkeit
linear stopping power lineares Bremsvermögen
linear sweep lineare Ablenkung
linear sweep voltage lineare Ablenkspannung
linear time base Sägezahnspannung, Kippspannung, lineare Zeitbasis
linear time base generator Kippgenerator
linear transducer linearer Wandler
linear transducer (automatic control) Linearmaßstab
linear transfer circuit lineares Übertragungsglied
linear travel of stock Transportweg des Materials
linear unit lineares Glied
linear vibration translatorische Vibration
linearity control Linearitätsregelung
linearity curve Linearitätskurve
linearity error Linearitätsfehler
linearity test pattern Geometrietestbild, Linearitätstestbild (TV)
linearizing resistance Linearisierungswiderstand
linearly dependent linear abhängig (math)
linearly distored linear verzerrt
lined waveguide dielektrisch belasteter Hohlleiter
linemen's plier Kabelzange, Telephonzange
linen Leinen, aus Leinwand, Segeltuch
linen cap or patch for screw bungs Dichtungsläppchen für Spunde
linen tester Fadenzähler
liner Nachbrennereinsatz, Flammrohr, Einsatz, eingesetzte Zylinderlaufbuchse, Futter
liner bushing Grundbuchse
liner collar Bund der Zylinderlaufbuchse
liner dome Flammrohrkopf (Twk)
liner film Auskleidungsfolie (pla)
liner of a pump Pumpenzylinderfutter
liner out Anreißer
liner puller Ausziehvorrichtung für Pumpenzylinderbuchsen
lines emitted by ionized atoms Ionenatomlinien
lines of rest Rastlinien (Werkstoffprüfung)
lines per minute (LPM) Zeilen/Minute
linewidth Strichstärke
linguistic analysis Sprachanalyse

lining Bremsbelag (Rad), Futter (Auskleidung), Kaschierung
lining of a bearing Lagerausguß
lining of channel bed Kanalsohle
lining of the bearing Lagerausguß, Lagerfutter
lining piece Futterstück
lining rail Randschiene
link binden (von Programmen), Verbindungsglied, Verbindungsstück, Bindeglied, Rücksprungbefehle (dig), Kette(nverbindung), Relaiskette Schaltglied, Übertragungseinrichtung, Gelenk, Kettenglied, Verbindungskette
link (poppet actuator) Stange (Ventilbetätigungsplatte)(Kraftstoffanlage)
link address Anschlußadresse (Plattenspeicher), Bindeadresse, Kettungsadresse, Verbindungsadresse
link and test connector for printed board Steckverbinder zum Schalter u. Prüfen für gedruckte Schaltung
link box Verteilerkasten
link bracket Kulissenlager, Schwingenlager
link-by-link transmission abschnittweise (durch Signalwiederholung zwischenkontrollierte) Übertragung
link chain Bindegliederkette, Gelenkkette
link circuit Verbindungsleitung (dv)
link connection rod Nebenpleuelstange
link coupling Gelenkkupplung
link, data...control Leitungssteuerung, Programmverbindung, unpolare Bindung
link deflector Gurtgliedabweiser
link drive Stangenantrieb
link encryption On-Line-Verschlüsselung (für Richtverbindung)
link field Kettungsfeld
link filler Ergänzungsstück zum Gurtglied
link finding Wegesuche (Koppler)
link line Verbindungsleitung
link line connector (MB-seat) Kupplungsstück (zwischen Haupt- u. Steuerschirm)
link lock Verbindungsstangensperre
link lock spring Feder zur Verbindungsstangensperre
link method Stab/Zugverfahren
link modification Anschlußändung, Änderung 2. Art
link motion part Steuerungsteil
link name Kettungsname
link operating crank lever driving bracket Transportgabel
link pin Ablenkbolzen
link plate Kettenlasche
link polygon Seilpolygon
link quadrilateral bellcrank throttle control Gelenkviereck
link radius Anlenkradius
link record Streckensatz
link rod Anlenkpleuel, Nebenpleuel
link roller Kulissenrolle
link route Verbindungsstrecke (FS)
link term Glied
link-trainer Linktrainer, Schulungsgerät für Piloten, Simulator
linkage Verkettung, Verknüpfung, Verbindung, Programmverbindung
linkage, basic Hauptumschaltbefehl
linkage between the nuclei (chem) Kernverknüpfung
linkage brake Gestängebremse
linkage convention Programmverbindungsrichtlinien (Rechner)
linkage convention Richtlinien der Programmverbindung, unpolare Bindung, Atombindung, Elektronenpaarbindung, Durchflutung (elektr), Amperewindungszahl
linkage editor Linkage-Editor (Rechner), Binder, Modulbinder (LNKEDT)
linkage editor control card Bindersteuerkarte
linkage editor parameter card Bindersteuerkarte
linkage editor run Binde(r)lauf
linkage electron Bindungselektron
linkage element Verbindungsglied (Rechner)
linkage energy Bindungsenergie
linkage force Bindungskraft (chem)
linkage lever Regulierhebel
linkage, logical logische Verknüpfung
linkage, program Programmverknüpfung
linkage rod Regulierstange, Verbindungsstange
linkage run Binde(r)lauf
linkage symbol Programmverbindungssymbol, Verknüpfungsadresse
linkage to a nucleus Kernverknüpfung
linkage tube Lenkspurstangenrohr
linked by the ASCB to all the other flight systems Datenbus mit allen anderen Bordsystem in Verbindung
linked circuit verketteter Kreis
linked numbering scheme verdeckte Kennzifferverteilung
linked routine verbundenes Programm (Rechner)
linked subroutine abgeschlossenes, verbundenes od. geschlossenes Unterprogramm
linked time allowance Kettenpufferzeit
linking address Anschlußadresse (Plattenspeicher)(EDV), Bindeadresse, Kettungsadresse
linking of atoms Atomverkettung, Atomverknüpfung
linking, program Programmverknüpfung
linking section Programmverbindungskapitel
linking sequence Anschlußbefehl (Unterprogramm)(dig), Anschlußbefehlsfolge, Folge von Anschlußbefehlen, Instruktionsfolge für Programmverbindung
linoleate Linoleat
linoleic acid Linolsäure
linolenate Linolenat
linseed oil Leinöl
lint Kantenstaub
linters Linters (kurzfasrige Baumwolle)
lintless cloth nichtfasernder Lappen
lip (canopy) Basiserweiterung (Fsch)
lip Lippe, Nase, Tülle (Kanne), Ausgußöffnung einer Gießpfanne, Schneidkante des Drehstahls
lip angle Keilwinkel (Drehstahl), Anschliff
lip clearance angle Schneidenfreiwinkel
lip nozzle Zapfendüse mit Ablenkfläche
Lipowitz alloy Lipowitzlegierung, -metall
lips, blunt stumpfe Lippen (AC)
liquate Seigerungsrückstand
liquate subsequently or again, to nachseigern, nachsickern
liquated copper Darrkupfer
liquation or refining process Seigerung

liquefaction of gases Verflüssigung von Gasen
liquefaction point Verflüssigungspunkt
liquefied gas Flüssiggas, flüssiges Erdölgas
liquefy, to verflüssigen, auflösen, flüssig machen
liquefying agent Verflüssigungsmittel
liquefying point Verflüssigungspunkt
liquid absorption Flüssigkeitsaufnahme
liquid accumulator Flüssigkeitsakkumulator
liquid additive flüssiges Zusatzmittel
liquid air breathing apparatus Atemgerät mit flüssiger Luft (A)
liquid air cycle engine (LACE)(space) Lace-Antrieb
liquid air plant Sprengluftanlage
liquid ammonia Ammoniakwasser, Salmiakgeist
liquid assets flüssige Mittel, Umlaufvermögen
liquid assetes to operating expenses Betriebsmittel/Betriebsaufwendungen (komm)
liquid axidant tank Behälter für flüssigen Sauerstoffträger
liquid burning pot torch Warnfackel mit flüssigem Brennstoff
liquid circuit Flüssiggaskreislauf
liquid column Flüssigkeitssäule
liquid compass Flüssigkeitskompaß, Fluidkompaß, Schwimmkompaß
liquid condenser Flüssigkeitskondensator
liquid controller Flüssigkeitsanlasser, Flüssigkeitsregler
liquid coolant flüssiges Kühlmittel
liquid-cooled flüssigkeitsgekühlt
liquid cooled engine flüssigkeitsgekühltes Triebwerk (av)
liquid-cooled garment Bekleidung mit Flüssigkeitskühlung
liquid-cooled reactor flüssiggekühlter Reaktor
liquid cooling Flüssigkeitskühlung
liquid cooling garment Bekleidung mit Flüssigkeitskühlung
liquid-crystal-display (LCD) Flüssigkristallanzeigegerät, Flüssigkristall-Sichtanzeige, Flüssigkristallanzeigevorrichtung
liquid-crystal display (LCD) **screen** Flüssigkristallbildschirm (Weitwinkelcockpit)
liquid crystal instrument display for aircraft LCD-Instrumentierung (Bordservicebereich)(av)
liquid cycle Flüssigkeitskreislauf
liquid damping Flüssigkeitsdämpfung
liquid densiometer Flüssigkeitsdichtemesser
liquid drop Flüssigkeitstropfen
liquid, electrically conductive elektrisch leitende Flüssigkeit
liquid expansion thermometer Flüssigkeitsthermometer
liquid flow counter Durchflußzähler, Radioaktivitätszähler für Flüssigkeit
liquid flow measuring instrument Flüssigkeitsdurchflußmesser
liquid fluid Flüssigkeitsäule
liquid fluorine flüssiges Fluor
liquid fuel Betriebsstoff, flüssiger Brennstoff, flüssiger Kraftstoff
liquid fuel burner Brenner für flüssigen Brennstoff
liquid-fuel reactor Reaktor mit flüssigem Spaltstoff
liquid-fuelled low-thrust vehicle for transporting spacecraft Raumschlepper mit schubschwachem Flüssigtreibstofftriebwerk (sp)
liquid-fuelled motor Flüssigkeitstriebwerk
liquid-fuelled ramjet Flüssigkeitsstaustrahlmotor (av)
liquid-fuelled rocket Flüssigkeitsrakete
liquid hydrogen flüssiger Wasserstoff, Flüssigwasserstoff-Flugkraftstoff, Flüssigwasserstoff als Flugkraftstoff
liquid hydrogen/liquid oxygen motor Wasserstoff/Sauerstoff-Triebwerk
liquid hydrogen pipe Flüssigwasserstoffleitung
liquid hydrogen system Flüssigsystem
liquid hydrogen tank Flüssigwasserstoffbehälter
liquid incendiary bomb Flüssigkeitsbrandbombe
liquid-in glass thermometer Flüssigkeitsthermometer
liquid jet pump Flüssigkeitsstrahlpumpe
liquid joint seal flüssiges Dichtungsmittel
liquid junction potential Diffusionspotential
liquid lapping (machine tool) Strahllappen, Hydrolappen
liquid level Flüssigkeitsspiegel
liquid level control Flüssigkeitsregelung
liquid level controller Flüssigkeitsstandregler
liquid level gauge Flüssigkeitsmeßsonde
liquid level indicator Flüssigkeitsanzeiger
liquid level measuring instrument Flüssigkeitsstandmesser, Flüssigkeitsvorratsmesser
liquid levelling switch Flüssigkeitsschalter, Libellenschalter
liquid limit Fließgrenze, unterer Plastizitätszustand
liquid-liquid extraction Flüssig/Flüssig-Extraktion, Extraktion "flüssig/flüssig", Lösungextraktion
liquid-liquid extractor Extraktionsapparat für Flüssigkeiten
liquid-liquid potential Flüssigkeitspotential, Diffusionspotential
liquid measure Flüssig(keits)maß, Flüssig(keits)messer
liquid-metal Flüssigmetall
liquid-metal cooled reactor Reaktor mit Flüssigmetallkühlung
liquid-metal cooling circuit Flüssigmetallkühlkreis
liquid metal fast breeder reactor (LMFBR) Flüssigmetall-Schnellbrüter
liquid metal fuel cell Flüssigmetall-Brennstoffelement
liquid metal fuel reactor Reaktor mit Flüssigmetallspaltstoff
liquid-metal heat transfer Wärmeübertragung flüssiger Metalle, Wärmeübertragungssystem durch flüssiges Metall
liquid metal MHD generator Flüssigmetall-MHD-Generator
liquid metal pump Flüssigmetallpumpe
liquid-metal reactor Flüssigmetallreaktor
liquid metal valve Flüssigmetallventil
liquid meter Flüssigkeitsmesser
liquid mixture Flüssigkeitsgemisch
liquid mustard gas flüssiger Lost, flüssiges

Senfgas
liquid nitrogen storage and converter trailer Anhänger für Lagerung und Umwandlung von Flüssigstickstoff
liquid nuclear fuel flüssiger Kernbrennstoff
liquid-operated fluid bed flüssigkeitsdurchströmte Wirbelschicht (chem)
liquid oxidizer flüssiger Sauerstoffträger
liquid-oxidizer launcher, solid-fuel Rakete mit festem Treibstoff und flüssigem Oxidator (sp)
liquid oxidizer tank Oxydatortank
liquid oxygen Flüssigsauerstoff, Sprengluft
liquid oxygen converter Flüssigsauerstoffverdampfer, Flüssigsauerstoffwandler
liquid oxygen explosive Flüssigluft-Sprengstoff
liquid oxygen generator set Flüssigkeitssauerstoffversorgung
liquid oxygen semitrailer Halbanhänger für Flüssigsauerstoff
liquid oxygen storage equipment Flüssigsauerstoff-Vorratsbehälter
liquid oxygen system Flüssigkeitssauerstoffanlage, -system
liquid oxygen tank Flüssigkeitssauerstoffbehälter
liquid oxygen trailer Anhänger für Flüssigsauerstoff
liquid oxygen vent Überlauf für Flüssigsauerstoffanlage
liquid ozone flüssiges Ozon
liquid painting material flüssiger Anstrichstoff
liquid particle Flüssigkeitspartikel, Flüssigkeitsteilchen
liquid penetrant inspection Werkstoffprüfung nach dem Eindringverfahren
liquid penetrant method Eindringverfahren (Materialprüfung)
liquid permeability Flüssigkeitspermeabilität
liquid phase Flüssigkeitsphase (Sumpf), flüssige Phase
liquid phase medium flüssiges Medium
liquid plastic compound flüssiger Kunststoff
liquid polishing compound flüssige Polierpaste
liquid pressure thermometer Flüssigkeitsfederthermometer
liquid propane diffuser Sprühverteilanlage für flüssiges Propan
liquid propellant flüssiger Raketentreibstoff, Flüssigkeitstreibstoff
liquid propellant rocket Flüssigkeitsrakete
liquid propellant rocket engine Flüssigkeitsraketentriebwerk
liquid propellant rocket motor Flüssigraketenmotor
liquid quantity measuring instrument Flüssigkeitsmesser für Mengen, Flüssigkeitsvorratsmesser
liquid quart Kannenmaß
liquid quenching Abschrecken durch Eintauchen in Öl od. Wasser
liquid receiver Kältemittelsammler (Kälteanlagen)
liquid refigurant Kältemittelflüssigkeit
liquid releasing tool Ablaßstutzen (Zubehör)
liquid resistance Flüssigkeitswiderstand, flüssiger Widerstand
liquid resistor Flüssigkeitsrheostat, Flüssigkeitswiderstand
liquid rheostat Flüssigkeits-Regelwiderstand
liquid ring pump Flüssigkeitsringpumpe
liquid rocket Flüssigtreibstoffraketenmotor, Flüssigkeitsrakete
liquid rocket additive Flüssigkeitsraketen-(Treibstoff)zusatz
liquid rocket fuel flüssiger Raketentreibstoff
liquid rocket motor Flüssig(keits)raketenmotor
liquid rocket oxidizer Flüssigkeitsraketenoxidator
liquid rocket propellant flüssiger Raketentreibstoff, Raketenflüssigtreibstoff
liquid rocket propulsion Flüssigkeitsraketenantrieb
liquid rolling transporter rollender Transportbehälter für Kraftstoff
liquid-sample counter Flüssigkeitszählrohr
liquid-sample holder Flüssigkeitsmeßgefäß
liquid sampler Flüssigkeitsprobenehmer
liquid sampling Entnahme von Flüssigkeitsproben
liquid scintillation counter Flüssigkeits-Szintillationszähler, Messung mit flüssigen Szintillatoren
liquid scintillation spectroscopy Flüssigkeitsszintillationsspektrometrie
liquid scintillator flüssiger Szintilator
liquid seal Abdichtung durch Sperrflüssigkeit (z.B. Sperrwasser od. Sperröl), Flüssigkeitssperre (einer hydrodynamischen Gleitdichtung)
liquid seal ring Sperrflüssigkeitsring (Gleitringdichtung)
liquid-seal trap hydraulischer Verschluß
liquid sealed stirrer gland Flüssigkeitsrührverschlußbuchse
liquid separator Flüssigkeitsabscheider
liquid shrinkage Schrumpfung bis zur Erstarrung (Gußstück)
liquid sight indicator Flüssigkeitsanzeigefenster (Abschmiervorrichtung)
liquid soap flüssige Seife
liquid sodium flüssiges Natrium
liquid sodium cooled reactor mit Flüssignatrium gekühlter Reaktor
liquid solenoid valve Mangetventil mit Flüssigkeitsleitung (Kälteanlage)
liquid solution flüssige Lösung
liquid-specimen container Flüssigkeitsmeßgefäß
liquid spirit duplicator Unterdruckvervielfältiger
liquid spray thrustor (space) Flüssigkeitsstrahltriebwerk
liquid spring Ölfederstrebe
liquid-spring suspension Flüssigkeitsfederung
liquid starter Flüssigkeitsstarter, Flüssigkeitsanlasser
liquid state Flüssigkeitszustand
liquid steel flüssiger Stahl (Stahlwerk)
liquid steel level control Badspiegelregulierung (Stranggießen)
liquid storage tank Lagerbehälter für Flüssigkeiten
liquid strainer Filter in Flüssigkeitsleitung (Kälteanlage)
liquid surface Flüssigkeitsoberfläche
liquid suspension reactor Flüssigkeitssuspensionsreaktor
liquid tester Flüssigkeitsprüfgerät
liquid thermometer Flüssigkeitsthermometer

liquid type compass Flüssigkeitskompaß
liquid-type gasket cement flüssiger Klebstoff für Dichtungen
liquid-vapour equilibrium diagram Siedepunktdiagramm, Siede(punkt)kurve
liquid vehicle Bindemittellösung, Trägerflüssigkeit
liquid volume Flüssigkeitsvolumen
liquid waste flüssiger Abfallstoff
liquid well Flüssigkeitsgefäß (Schiffstechnik)
liquidation, inventory Abbau der Vorräte
liquidensitometer Flüssigkeitsdichtemesser
liquidometer elektrischer Flüssigkeitsmengenmesser, Liquidometer (Reaktor mit naßer Suspension)
liquidometer resistance checker Widerstandsprüfgerät für Liquidometer
liquidometer unit setting and checking stand Einstell- u. Prüfgerät für Liquidometer
liquidus point temperature Flüssigkeitspunkttemperatur, Liquiduspunkt-Temperatur
liquified petroleum gas verflüssigtes Erdgas, Flüssiggas, Speichergas, Treibgas
liquifier Verflüssigungsapparat
Lissajous figures Lissajous-Figuren
Lissajous-pattern Lissajous-Figur (Sichtgerät)
list Liste, Schlagseite, Verzeichnis, Krängung
list, to auflisten, anlisten, listen, in Listenform ausdrücken, in Listen eintragen, katalogisieren
list, arrears Rückstandsliste (komm)
list cycle Listengang
list, date-bound parts terminabhängige Stückliste
list, device assignment Gerätezuweisungsliste
list, DO-implied Liste mit implizierter Schleife (FORTRAN)
list, drawing requisition Zeichnungsbestelliste
list entry Posteneingang, Posteneintragung, Listeneintragung (komm)
list, formal parameter Formalparameterliste (ALGOL)
list generator Listenprogrammgenerator (LPG)
list, identical parts Gleichteilestückliste
list, identifier Namensliste (ALGOL)
list, indented parts Strukturstückliste
list, indented usage Strukturverwendungsnachweis
list indicator Listenanzeige
list, input/output Ein/Ausgabeliste (FORTRAN)
list instruction Befehlsliste, Befehlsvorrat
list, I/O queue address Adreßliste der E/A-Warteschlange
list, issue Ausgabeliste
list, left part Liste der linken Seite (ALGOL)
list of accompanying decuments Unterlagenbeipackliste
list of components Stammliste
list of exceptions Ausnahmeliste
list of gross wages Bruttolohnliste
list of instructions Befehlsliste (dig), Dispositionsliste
list organization Listenorganisation
list, original parts Ausgabestückliste
list print Listenschreibung, Auflisten, Protokollierung
list procedure Listenprozedur (ALGOL)
list processing Listenverarbeitung
list, program Übersetzungsprotokoll
list program generator Listenprogrammgenerator
list, queuing Wartebereich
list, selective wahlweise Einzelpostenschreibung
list, simple einfache Ein-/Ausgabeliste (FORTAN)
list speed Einzelganggeschwindigkeit, "List-Geschwindigkeit"
list speed control "List-Geschwindigkeitskontrolle"
list, subscript Indexliste
list, swap Ausschußmeldung
list, switch Verteilerliste (ALGOL)
list, type Typenliste (ALGOL), Listenschreibung, Auflistung
list, variant...number Variantenlistennummer
list, variant parts Variantenstückliste
listen, to anhören, lauschen, zuhören, mithören (Marine, FM-Wesen)
listen in Mithören (Radar)
listener echo Hörecho
listening attachment Hörsatz
listening circuit or loop Lauschschleife
listening coil Hörspule
listening connection Höranschluß
listening frequency Hör-, Wachfrequenz
listening fallery Hörstollen
listening-in box Abfragekasten
listening-in equipment Abfrageapparat, Mithörgerät
listening-in relay Zwischenhörrelais
listening jack Mithörklinke
listening key Abfrageschalter, Mithörschalter, Mithörschlüssel, Mithörtaste
listening or gear tube Höhrrohr
listening or speaking key Abfrageschalter
listening or tapping circuit Abhörstromlauf
listening position Hörstellung
listening post Höranlage, Horchposten, Horchstellung
listening pursuit Horchverfolgung
listening report Horchmeldung
listening service Horchdienst
listening trumpet Horchtrichter
listeing tube Hörschlauch
listening watch (radio comc) Empfangsbereitschaft (Heer), Mithören (Marine), Hörbereitschaft, Hörwacht
lister für Listenschreibung geeignetes bzw. ausgebildetes Druckwerk
listing Auflisten, Listenschreibung (dv), Protokollierung
listing, control card Steuerkartenprotokoll
listing control instruction Listen-Steuerbefehl
listing device Ausgabegerät für Protokollierung, Gerät zur Protokollierung
listing, external address Externadreßtabelle
listing, external-reference Querverweisliste
listing format Druckformat, Druckbild
listing, language processor Übersetzungsprotokoll
listing, memory address Adreßliste
listing, parameter Parameterprotokollierung
listing, program Übersetzungsprotokoll, Programmprotokoll

listing, selective wahlweise Einzelpostenschreibung
listing, source Primärprogrammprotokoll
literal buchstäblich, wörtlich, Literal
literal, alphabetic alphabetisches Literal (CO)
literal, alphameric alpha(nu)merisches Literal
literal key Buchstabenschlüssel
literal, non-numeric nichtnumerisches Literal (COBOL)
literal, numeric numerisches Literal (COBOL)
literal pool Literalbereich
literal, to relocate a ...pool einen Literalbereich absetzen
literature Literatur, Schrifttum, Literaturverzeichnis
litharge gelbe Bleiglätte
lithium-drifted germanium detector lithiumgedrifteter Germaniumdetektor
lithium ferrite memory core Lithium-Ferrit-Speicherkern
lithium hydroxide container Lithium-Hydroxyd-behäter (sp)
lithium-sulphur battery, long-life langlebige Lithium-Sulphurbatterie
lithochromatic print Ölbilderdruck
lithographic ink Lithographenfirnis
lithographic plate Lithographenplatte
lithographic sheet Lithographenblech
lithologic boundary Gesteinsgrenze (geol)
lithologic marker Gesteinsleitschicht (geol)
lithologic properties Gesteinsbeschaffenheit (geol)
lithologic structure Gesteinsstruktur (geol)
lithology Bestimmung u. Beschreibung von Gestein, Lithologie (geol)
lithosphere Lithosphäre, Gesteinsmantel der Erde (geol)
litmus paper Lackmuspapier (chem)
litmus tincture Lackmustinktur
little change geringer Wechsel, geringe od. kleine Änderung
little change in temperature geringer Temperaturwechsel
Litton Automated Test Set LATS
littoral location of a well Bohrpunkt im Küstenland
live unter Spannung stehend
live, to lebendig, sich bewegend, stromführend
live axle Differentialachse, direkte Antriebsachse, drehende Achse, Treibachse, Triebachse
live centre umlaufende Aufnahmespitze bei Werkzeugmaschine, Mitlaufkörnerspitze
live descent Sinken des Luftfahrzeugs
live drop Sprung aus Luftfahrzeug
live hole Gang mit hochwertigen Erzen
live jump Sprung aus Flugzeug (Fsch)
"live" lead unter Spannung stehender Leiter
live or running center mitlaufende Spitze
live-roller feed bed Auflaufrollgang
live shell scharfgeladene Granate
live steam Frischdampf, Kesseldampf, offener Dampf
live test scharfe Prüfung
live track (tank) nichtwartungsfreie Kette
live transmission Direktübertragung
live wire stromführender Leiter od. Draht
liver stone Hepatit
lixiviate, to auslaugen (Wasser)
LJungstroem air preheater LJungstroem-Luftvorwärmer (für Verbrennungsluft)(Dampferzeugungsanlage)
LLGA long-lead go-head Bewillung "Teile langer Lieferfristen zu bestellen"
LLZ (localizer) Landekurssender
LM (locator, middle) Anflugfunkfeuer am Haupteinflugzeichen
LM ascent Start von Mondoberfläche (space)
LM ascent engine burn time Aufstiegsraketenmotor des Mondlandefahrzeugs (space)
LM elliptical descent orbit insertion LM, Eintritt in elliptische Mondumlaufbahn
LM hatch Luke des Mondlandefahrzeugs (space)
LM jettisoned Abtrennen der Aufstiegsbaugruppe (space)
LM landing pads Landefüße des Mondfahrzeugs (space)
LM landing radar Landeradar des Mondlandefahrzeugs (space)
LM life support system Versorgungssystem des Mondladefahrzeugs (space)
LM touchdown on lunar surface Mondlandung (space)
LMT (local mean time) Mittlere Ortszeit
LNKEDT linkage editor
LO (locator outer) Anflugfunkfeuer am Voreinflugzeichen
load Beschickung (Preßform), Belastung, Ladung, Last, Tragkraft, Bereitstellung, Auflast (Ingenieurgeologie), Beanspruchung, Transportgut, Verbraucher, komplette Ladung (Munition), Schüttlast, Betriebsdienstleistung
load a line (with coil) bespulen, pupinisieren
load acting at the top von oben belastet
load acting on the inside Innenbelastung
load address Ladeadresse
load admittance plane komplexe Ebene des Belastungsleitwerts
load allowance Belastungszuschlag, Gewichtszuschlag, Lastzuschlag
load alternation Lastwechsel
load-and-depth-control power lift regelnder Kraftheber
load-and-go Umwandeln u. Ausführen (Rechner)
load and lashing plan Positions- u. Verzurrplan (LL)
load and lock, to laden und sichern
load and test (instruction) Laden und Testen (Befehl) (EDV)
load and test long Laden und Testen lang (Befehl) (EDV)
load and test short Laden und Testen kurz (Befehl) (EDV)
load application point Lastangriffspunkt
load area address Bereitstellungsadresse
load at a nodal point Belastung am Knotenpunkt
load at rupture Bruchbelastung, Bruchlast
load audit Protokolldrucken
load balance Belastungsausgleich
load bank L-Bank, Lastbank (Reaktor)
load bay (aero) Laderaum
load bearing area tragende Fläche
load bearing capacity Tragfähigkeitskapazität
load-bearing core tragender Kern (TB)

load-bearing strength Tragfähigkeit (Piste)
load-bearing structure tragende Struktur
load bearing wing covering (aero) tragende Haut des Flügels
load-break switch Lasttrennschalter
load button Ladetaste
load call Ladeaufruf, Bereitstellungsaufruf (dv)
load capacitance Bürdekapazität, Lastkapazität, Ziehkapazität
load capacitor Belastungskondensator
load capacity Tragfähigkeit
load capacity number zugelassener od. zulässiger Rollbahnbelastungswert
load card Ladekarte (dig), Programmlochkarte (Rechner)
load carrying ability Belastbarkeit
load carrying capacity Tragfähigkeit, Belastbarkeit, Festigkeit
load carrying rivet Kraftniet
load carrying weld Kreuzstoß
load carrying wing covering (aero) tragende Haut des Flügels
load case Belastungsfall, Lastfall
load cell Belastungsmeßgeber, Kraftmeßdose, Lastmeßdose
load center Laststation, Lastverteilungsraum (Bordnetz)
load change Belastungsschwankung, Lastschwankung
load characteristic Belastungscharakteristik, Belastungskennlinie
load circuit Ausgangskreis, Belastungskreis, Verbraucherstromkreis
load-circuit voltage pulse Spannungsimpuls vom Lastkreis
load classification number (LCN)(aero) Rollbahnbelastungswert, Tragfähigkeitszahl
load coefficient (aero) Lastvielfaches
load commutated converter lastgeführter Stromrichter
load compensation Belastungsausgleich, Lastausgleich
load complement Laden Komplement (Befehl)
load complement long Laden Komplement lang (Befehl)
load complement short Laden Komplement kurz (Befehl)
load condition Belastungszustand
load configuration Aussenlastenanordnung
load control (aero) Ladekontrolle
load-controlled lastenabhängig, beladungskontrolliert
load counting Leistungszählung
load current Gesamtstromaufnahme, Arbeitsstrom
load curve Belastungskurve
load cycle Lastspiel
load-deflection curve Lastdurchbiegungskurve (pla)
load-dependent control valve lastabhängiges Regel- od. Steuerventil
load-dependent damping lastabhängige Dämpfung
load descriptor Segmentkopf (Rechner)
load descriptor block Segmentkopfsperre
load diagram Belastungsdiagramm
load diagram or curve Belastungskurve, Lastverteilung, Lastschema
load disconnecting switch Lasttrennschalter
load dispatcher Lastverteiler, Lastverteilungsingenieur
load dispatching Lastverteilung
load-dispatching center Lastverteilerwarte
load-dispatching plant Lastverteileranlage
load displacement Ladeverdrängung (Schiff)
load, disposable Betriebsladung
load distortion unregelmäßige Lastverteilung (Flugzeugfrachtraum)
load distributing station Lastverteilungsstelle
load distribution Ladungsverteilung, Lastverteilung
load distribution switch Mischwandler
load distributor Lastverteiler
load draught Ladetiefgang (Schiff)
load, drill pipe Bohrgestängelast
load due to wind pressure Windbelastung, Windlast
load duration Belastungsdauer
load, dynamic...balancing dynamische Arbeitslastverteilung
load efficiency Lastwirkungsgrad
load-elongation diagram Last-Dehnungs-Schaubild
load equalization Belastungsausgleich
load error lastenabhängiger Fehler
load-extension curve Last-Dehnungskurve
load factor Ausnutzungsgrad, Lastfaktor, Lastvielfaches, Belastungsfaktor (der kurzzeitig gemittelten Höchstlast), Zuladungsfaktor (av)
load field Bereitstellungsteil
load flexibility Beladungsflexibilität
load follower Lastfolger (Reaktor)
load-free speed Leerlaufdrehzahl
load-frequency control Frequenzleitungsregelung
load halfword Laden Halbwort (Befehl)
load impedance Klemmenscheinwiderstand, Aussenwiderstand, Belastungswiderstand, Endimpedanz, Verbraucherimpedanz
load impedance diagram Generatordiagramm
load indicator Ansteuerungskontrollgerät, Belastungsanzeiger
load in compression Druckbeanspruchung
load independent current lastunabhängiger od. eingeprägter Strom
load indicating washer geeichte Unterlegscheibe
load, initial...address Anfangsladeadresse
load instruction Ladeinstruktion, Ladeanweisung, Ladebefehl
load isolator Lastanpassungsglied
load library Bibliothek der ladefähigen Programme, Programmbibliothek
load library table Programmbibliothekstabelle
load library tape Programmband
load library update Ändern einer Programmbibliothek
load limit Belastungsgrenze, Beladungsgrenze, sichere Last
load-limit of a bridge Tragfähigkeit einer Brücke
load limitation Beladungsbeschränkung, Belastungsgrenze
load-limiting energy attenuator lastbegrenzender Dämpfer

load line Lademarke, Belastungskurve (Elektron), Röhrencharakteristik (el), Röhrenkennlinie (el), Lastlinie (Halbleiter), Tiefladelinie
load long Laden lang (Befehl)
load management program Ladeorganisation
load mark Bandanfangsmarke (Mangetband) (dig)
load measuring capsule Belastungsmeßgeber
load message Belademeldung
load mode Lademodus
load module Lademodul
load moment Lastmoment
load multiple Laden mehrfach (Befehl)
load name Phasenname, Segmentname
load negative Laden negativ (Befehl)
load negative long Laden negativ lang (Befehl)
load negative short Laden negativ kurz (Befehl)
load of a safety valve Belastungsgewicht
load on a generating station Kraftwerksbelastung
load on a line Belastung einer Leitung
load on roadway Fahrbahnbelastung
load on the instrument transformer Bürder des Meßwandlers
load operand Ladeoperand, -teil
load-over-spring-travel diagram Federdiagramm
load parameter Ladeparameter
load path Krafteinleitungsweg
load paths Lastübertragungswege (Twk)
load peak Belastungsspitze
load per unit of length Längeneinheitslast
load plate Tragrahmen
load point Bandanfangsmarke (Magnetband) (dig), Ladeadresse, Ladepunkt
load point gap Anfangszwischenraum
load positive Laden positiv (Befehl)
load positive long or short (instruction) Laden positiv lang od. kurz (Befehl)
load program Ladeprogramm, Laderoutine, Programmlader
load range Belastungsbereich, Laststufe
load rate tariff Überverbrauchstarif
load relief Spannungsanhaftung
load requirements Belastungserfordernisse
load resistance Aussenwiderstand, Belastungswiderstand
load resistor Ballastwiderstand, Belastungswiderstand
load reversal Lastwechsel
load rheostat Belastungsregler
load ring Korbring, Tragring (Ballon)
load, root Wurzelsegment, Hauptsegment
load routine Ladeaufruf
load, scattered streuendes od. gestreutes Laden
load scratch pad Laden Zwischenspeicher (Befehl)
load securing chain Spannkette
load sensing device Kraftmeßgerät
load-sharing device Lastausgleichsvorrichtung
load-shearing power management system lastverteilende Leistungsregelung
load sheet Ladeplan
load short Laden kurz (Befehl)
load simulation Buchungssimulation
load site Aufstellungsort
load spacing Spulenabstand, Spulenentfernung
load spectra under service conditions Beanspruchungs-Charakteristik
load-speed condition Last/Drehzahl-Verhältnis (Twk)
load spread and distribution Krafteinleitung und Kraftweiterführung
load station Beladepunkt
load statistics Belastungsstatistik
load suppression gear Kondensator-Druckregler
load switch Ladeschalter
load test Belastungsprobe, Lastprobe
load time Ladezeit, Vorbereitungszeit
load tolerance Belastungszuschlag, Gewichtszuschlag, Lastzuschlag
load torque Lastdrehmoment
load transmission Lastübertragung
load triangle Lastdreieck (Statik)
load typein Ladeaufruf
load variation Belastungsschwankung
load verification Eichung, Gewicht
load waination Kräftevermittlung
load water line Lade(wasser)linie (Flugboot)
load word Laden Wort (Befehl)
load, work-station...chart Arbeitsplatzbelastungsübersicht
loadability Belastungsfähigkeit
loadable ablauffähig, ablaufbereit, ladefähig
loadable phase ablauffähige Phase
loadable program ladefähiges, ablauffähiges od. ablaufbereites Programm
loadable tape builder Programmbanderzeuger
loaded antenna angepaßte, bescherte od. belastete Antenne
loaded area belastete Fläche
loaded cable belastetes Kabel, Kabel mit erhöhter Induktivität, Pupinkabel
loaded cable section Pupineinheit, Pupinleitung
loaded continuously krarupisiert
loaded grinding wheel zugesetzte Schleifscheibe
loaded in shear auf Scherung beansprucht
loaded length of spring Federvorspannweg
loaded-push-pull amplifier angepaßter Gegentaktverstärker
loaded switch Schalter mit Vorspannung
loaded tire radius statischer Reifenhalbmesser
loaded to capacity vollbeladen
loader Lader, Ladeprogramm, Laderoutine, Programmlader, Ladetaste, Einfüller, Lademaschine
loader, absolute Absolutlader, Ladeprogramm, Laderoutine
loader, automatic cartridge automatische Kassettenladeeinrichtung
loader, basic program Standardladeprogramm
loader, bootstrap selbstladendes Programm, Urlader
loader-bootstrap Ureingabeprogramm
loader bootstrap program Ureingabeprogramm (Rechner)
loader, initial program Großspeicherauszug
loader, initial program...block Ureingabeblock
loader, phase Phasenlader
loader, program Lader, Programmlader, Ladeprogramm, Laderoutine
loader, relocatable Relativlader, Laderprogramm für verschiebliche Programme

loader, relocatable-program Relativ-Lader, Laderprogramm für verschiebliche Programme
loader, relocating verschiebliches Laderprogramm (Programmverarbeitung)
loader routine Lader, Programmlader, Laderprogramm, Laderoutine
loader, scatter gestreutes Laden
loading Beladen, Einlegen (von Werkstücken), Laden, Ladung, Munitionierung
loading action Ladevorgang
loading agent Beschwerungsmittel
loading and unloading Ladearbeit, Be- u. Entladen, Umladen, Beschicken und Entladen (Reaktor)
loading and unloading equipment Be- u. Entladeeinrichtung
loading antenna Verlängerung (Antenne)
loading area Ladebereich, Verladefläche
loading assumption Belastungsannahme
loading barrow Munitionskarren
loading belt Verladeband
loading bin Füllrumpf, Überladerumpf, Überladetrichter
loading bridge Passagierbrücke, Verladebrücke, Portalkran
loading capacity Belastungsfähigkeit, Belastbarkeit, Ladefähigkeit, Ladevermögen, Nutzlast, Tragfähigkeit
loading, capacity Kapazitätsbelastung
loading chamber Ladungsraum
loading charging hopper Ladetrichter
loading chart Beladeplan
loading check list Ladekontrolliste
loading chock Ladekeil, Ladeklotz
loading circuit Ladestromkreis
loading coil Pupinspule (Fsp), Verlängerungsspule (Antenne), abgestimmte Spule, Antennenverlängerungsspule, Belastungsspule
loading coil case Pupinspulenkasten
loading coil pot Spulenkasten
loading coil section Ladungsabschnitt, Spulenfeld
loading coil unit Pupinsatz, Spulensatz
loading compatibility Ladeverträglichkeit
loading condenser Sammelkondensator
loading condition Beladungszustand, Belastungszustand, Einladungsverhältnis, Ladeverhältnis, Lastfall
loading connector Belastungsstecker
loading constraint kapazitive Beschränkung
loading crane Batteriekran, Ladekran
loading crew Beladetrupp, Belademannschaft
loading current Aufladestrom
loading curve Belastungskurve
loading cycle Ladevorgang, Lastspiel
loading data Ladedaten, Ladetabellen
loading dead time Ladeverzugszeit
loading density Ladedichte (Munition)
loading depot Fülliste, Laborierbetrieb
loading detail Ladetrupp
loading device Ladevorrichtung
loading diagram Belastungskurve, Ladediagramm
loading-dose treatment Stoßbehandlung
loading drum Ladetrommel (Walzwerk)
loading effect Belastungswirkung, Beschickungseffekt
loading end Füllöffnung des Gefechtskopfes
loading equipment Verladeeinrichtung, Verladegerät
loading equipment for deads (mining) Bergeverladungseinrichtung
loading error Belastungsfehler (dig), Lastfehler
loading facility Sprengstoff-Füllstelle
loading factor Belastungsmaß, Gemeinkostenzuschlagfaktor
loading flexibility Beladungsflexibilität, Belastungsschwankung
loading floor Ladefläche
loading frame Ladegestell
loading frame with box Ladegestell mit Aufsatz
loading function Belastungsfunktion
loading gangway (rail) Überladebrücke
loading gate Ladeklappe
loading gauge Lademaß, Transitlademaß, Durchgangsprofil, Begrenzungsprofil, Begrenzungslinie, Lichtraumprofil, Umgrenzung des lichten Raumes
loading gear Ladegerät, Lademittel, Ladegeschirr (Güterbeförderung)
loading groove Füllnut (Wälzlager)
loading guide Ladeführung
loading guide, internal innere Ladeschiene (Torp)
loading handbook Ladehandbuch (Lufttransport)
loading handling bridge Ladesteg
loading hatch Ladeluke
loading hole Füllöffnung, Ladekanal (Reaktor)
loading hopper Ladevorrichtung (Schiff)
loading inductance Belastungsspule, Verlängerungsspule
loading installation Verladeeinrichtung
loading lag Ladeverzugszeit
loading lamp Vorschaltlampe
loading lash Ladelasche
loading level, low geringe Ladehöhe
loading lever Belastungshebel
loading light Ladescheinwerfer
loading line Fertigungsstraße, Füllstraße
loading list Ladeliste
loading lug Aufhängeöse (UW-Mine)
loading machine Beschickungsmaschine, Lademaschine
loading machine, fuel Beschickungs-, Lademaschine (Reaktortechnik)
loading manifest Ladeliste, Ladeverzeichnis
loading manual Ladungshandbuch (Lufttransport)
loading master Lufttransportmeister
loading material Füllgut, Füllstoff
loading mechanism (material test) Ladeeinrichtung, Beladungsmechanismus
loading movement, manual Ladegriff
loading nose cage Übernahmekopfhaube
loading notch Ladeausschnitt (Kanone)
loading of an antenna Belastung einer Antenne
loading of goods Güterverladung
loading of mines Minenübernhame (U-Mine)
loading of the frame Rahmenlast
loading of weapon Laden der Waffe
loading officer Verladeoffizier
loading on bottle bottom Bodenbelastung (Lockstück mit Boden)(Walzwerk)
loading on the rear fuselage has been reduced Minderung der Rumpfheckbelastung
loading on walls Wandbelastung
loading operation Ladeoperation, Ladetätigkeit

loading or dead time Ladeverzugszeit
loading or issue of ammunition Munitionsausstattung
loading order (L/O) Füllauftrag (Munitionsfertigung)
loading pack of maps Einsatzkartenausstattung
loading pattern Belastungsform
loading per square meter Belastung je qm
loading per unit area spezifische Flächenbelastung
loading period Ladefrist (Eisenbahn)
loading plan Beladeplan, Ladeplan, Stauplan (Lufttransport)
loading plank or rack Verladebohle
loading plant Verladeanlage
loading plate Druckkammerplatte, Ladelöffel
loading platform Ladeplattform (Seitenstapler), Ladebühne, Laderampe
loading plug Ladestopfen
loading point Beladepunkt (Lufttransport), Füllpunkt (Tanklager), Lastangriffspunkt, Ladeplatz, Ladestelle, Pupinpunkt, Spulenpunkt, Verladeort, Verladestelle
loading pole Ladejoch, Ladestange
loading port Ladungshafen
loading position Ladestellung
loading pot for overhead line Spulenkasten für Freileitungen
loading press Ladepresse (Munition)
loading pressure Ladedichte (Munition)
loading procedure Beladungsverfahren, Ladungsvorgang, Verladeverfahren
loading process Ladevorgang
loading profile Ladungsprofil
loading profit Verwaltungsgewinn
loading pulse Belastungsimpuls
loading rack Beladegerüst, Ladegestell
loading rack discharge outlet Füllrohr
loading ram on setter Aufschiebevorrichtung (Bergbau)
loading rammer Ansetzer
loading ramp Ladepodest, Laderampe, Verladerampe
loading ramp angle Belastungswinkel
loading rate Belastungsgeschwindigkeit
loading ratio Flottenverhältnis, Ladungsverhältnis
loading receipt Verladeschein
loading recess Ladeloch
loading requirement Lastannahme
loading resistance Ballastwiderstand, Belastungswiderstand
loading resistor Belastungsregler, Belastungswiderstand, Lastwiderstand
loading road Ladestraße, Befüllstraße
loading roll Spannrolle
loading routine (Programm)lader, Ladeprogramm, Laderoutine
loading safe ladesicher
loading scheme Bespulungsplan, Ladeplan
loading section Belastungsabschnitt, Spulenabschnitt, Spulenfeld
loading section building-out network Spulenfeldergänzung
loading section point Spulenfestpunkt
loading sequence Belastungsfolgen
loading set Belastungssatz
loading shock Belastungsstoß, Ladeschock
loading siding Ladegleis
loading site Beladeplatz (Lufttransport)
loading sling Ladeschlinge
loading space Ladefläche
loading specification Laborierspezifikation (Munition)
loading spring Belastungsfeder
loading staff Verladestab
loading station Füllstation (Bergbau), Einladebahnhof, Verladebahnhof
loading system Ladeanlage, Verladesystem
loading table Verladeplan
loading tackle Lademittel
loading team Laderotte
loading test Belastungsprobe
loading test on inverted aircraft Rückbelastungsprüfung
loading through Einflußrinne
loading time Beladezeit, Belastungszeit, Ladeverzugszeit, Ladezeit
loading track Ladegleis
loading tray Ladeschwenker
loading unit Verladungseinheit, Spulensatz
loading winch Ladewinde
loading, work-station Arbeitsplatzbelegungsrechnung
loading, work-station...clock Arbeitsplatzbelegungsuhr
loadmaster Lufttransportmeister, Belastungsmesser (Anzeiger in %), Lastmeter
loads, distriubtion of Verteilung der Belastung
loads on the pilot were classified as visual, auditory, cognitive or psychomotor (VACP) Beanspruchungsspektrum des Piloten wurde in visuelle, auditive, kognitive und psychomotorische Beanspruchungen unterteilt
loadstone Magneteisenerz, Magneteisenstein, natürlicher Magnet
loan Anleihe, Darlehen (komm)
loan accounting Darlehensbuchhaltung
loan capital Darlehenskapital (komm)
loan condition Darlehensbedingung (komm)
loan interest Darlehenszins (komm)
loan or lease return Rückgabe aus Pacht- u. Leihvertrag (komm)
loaner Darlehensnehmer (komm)
lobby Interessenkreis, Vorhalle
lobe Keule, Strahlungskeule, Nockenbuckel (elektronischer Zipfel), Maul (des Steuersacks), Rotorzahn (Schraubenverdichter), Nockenvorsprung
local AA commander örtliches Flakfeuer
local action Lokalkorrosion
local actuator control unit Stellelement
local apparent time scheinbare Ortszeit
local authorities Ortsvorstand
local batch processing Ortsstapelverarbeitung
local battery OB, Ortsbatterie
local battery operation Ortsbatteriebetrieb
local battery system Ortsbatteriesystem
local call Anruf im Ort, Internverbindung, Ortsruf, Ortsverkehr
local call switching circuit (computer concentrator) Internverbindungsschaltung
local carrier Trägerzuführung (Elektron)
local carrier demodulation or reception Empfang mit Trägerzusatz
local cell Lokalelement

local chart Karte der näheren Umgebung
local circuit Ortsstromkreis (Fsp)
local-circuit line Nebenanschlußleitung
local concentration lokale od. örtliche Konzentration
local contact bank C-Kontaktsatz
local control Bedienung am Gerät, Nahbedienungsgerät, Nahbedienung, Ortsbedienung, örtliche Bezirkskontrolle (av)
local control unit Nahbediengerät
local control zone Nahverkehrsbezirk
local corrosion Lokalkorrosion
local declination Ortsmißweisung
local defense unit Landesschütze
local dosage lokale od. örtliche Dosis
local elastic instability örtlich begrenzte elastische Unbeständigkeit
local element (corrosion) Lokalelement
local end Endeinrichtung
local exchange Endvermittlungsstelle, Ortsvermittlungsstelle
local extension circuit Ortsverlängerungsleitung (OVL)
local flight Ortsrundflug
local-flight log Bewegungskontrolle für örtlichen Flug
local-flight operation örtlicher Flugbetrieb
local flying restriction örtliche Flugbeschränkung
local gravity örtliche Schwerkraft
local hour angle (LHA) Ortsstundenwinkel, örtliche Zeitverschiebung
local indicator Ortssichtgerät
local input Naheingabe
local job entry Auftragsnaheingabe
local job processing (LJP) lokale Jobverarbeitung (Rechner)
local job variable lokale Auftragsvariable
local keying Ortstastung
local level örtliche Tangentialebene
local line (as opposed to in-plant line) Ortsleitung
local-loop operation Kurzschluß
local Mach number örtliche od. lokale Machzahl
local magnetic attraction örtlich begrenzte magnetische Anziehung
local manufacture Herstellung in eigenen Werkstätten
local mean time mittlere Ortszeit
local mode Lokalbetrieb, unabhängiger Betrieb
local or garrison battery Ortsbatterie
local oscillator Empfangsoszillator, Empfängeroszillator, Empfängerüberlagerer, Hilfsoszillator für Überlagerungsempfang, Überlagerungsoszillator, Schwebungssummer, Superhetoszillator (Radar), Hilfssender, Oszillator eines Überlagerungsempfängers
local oscillator cavity Überlagungsoszillator-Hohlraum
local oscillator circuit Überlagungsoszillatorschaltung
local oscillator frequency Überlagererfrequenz
local oscillograph Ortskurvenschreiber
local parallax on the horizon Lokalhorizontparallaxe
local parameter lokales Parameter
local passenger transport Lokalpassagierverkehr
local power lokale od. örtliche Leistung (Sender usw.)
local purchase dezentrale Beschaffung
local purchase item dezentral beschaffter od. dezentral zu beschaffender Artikel
local reconnaissance Nahaufklärung
local record (computer, terminal) Datensicherung durch Mitschreiben
local reinforcement lokale, örtliche Verstärkung
local repair shop örtliche Reparaturwerkstatt
local reporting office Meldestelle
local reserve Abschnittsreserve
local sawtooth Steuersägezahn
local scientific survey module (LSSM) Mondbodenfahrzeug, Monderforschungsfahrzeug (space)
local sensitivity of a rectifier-type echo suppressor örtliche Empfindlichkeit einer stetig arbeitenden Echosperre
local service airline Regionalfluggesellschaft
local sideral time (LST) Ortssternzeit
local smoke screening Kleinvernebelung
local source recording Datenerfassung am Entstehungsort
local subscriber Ortsteilnehmer
local subscriber station Ortsteilnehmeramt
local supply activities örtliche Nachschubdienststellen
local support in assault Stoßreserve
local switching center Ortsvermittlung
local symbol lokales Parameter
local television line Fernsehortsleitung
local traffic Internverkehr (Konzentrator, Rechner)
local transportation örtliches Verkehrsmittel
local value Stellenwert (math)
local vertical Ortsvertikale
local warning system örtliches Warnsystem (Zielverfolgungsradar)
local weather condition örtliche Wetterbedingung, Platzwetter (FS)
localiser receiver Landekursbordgerät
locality to be occupied Einsatzort, zu besetzende Zone
localization Begrenzung, Lokalisierung, Eingrenzung, Lagenbestimmung
localization, broad fault Fehlereingrenzung, Fehlerortung
localization of a fault Fehlerortsbestimmung, Fehlereinkreisung, -feststellung
localization of rocket Raketenortung
localization resistance Eingrenzungswiderstand
localization test Eingrenzungsmessung, Ortsmessung
localize auf einen bestimmten Ort zurückführen (Ursache der Störung), beschränken, lokalisieren
localized aufgefunden
localized corrosion örtliche Korrosion, Lokalkorrosion, Lochfraß (Korrosion)
localizer Anflugbakensender, Kursführungssender, Landeführungsgerät, Landekurssender, Hauptbake, ILS-Landekurssender
localizer beam Funkleitstrahl zur Einweisung in waagerechter Ebene bei Blindlandung, QMS-Leitstrahl (ILS-Verfahren)
localizer beam deviation Leitstrahlwanderung

localizer course Landekurs, Funkleitstrahlkurs (ILS)
localizer receiver Funkleitstrahlempfänger
localizing and distance-from-runway Pistenentfernungswert
localizing lighting Arbeitsplatzbeleuchtung, Platzbeleuchtung
locate, to einstellen, in eine bestimmte Lage bringen, in seiner Lage sicher festlegen, ein Werkstück in die Vorrichtung aufnehmen, auffinden, lokalisieren
locate a well Bohrung ansetzen
locate and measure source of infrared (radiation in space to) Quellen infraroter Strahlen im Weltraum feststellen und vermessen
locate by circlips mittels Sicherungsringe sichern
locate by pins, to lokalisieren mit Nadeln
locate fault, to Fehler eingrenzen
located at word boundary auf Wortgrenze ausgerichtet
locating bearing Führungslager
locating dog Fixiernase
locating equipment Ortungsgerät (nav)
locating hole Haltloch
locating key Führungsnase
locating lip Zentrierbund
locating lug Fixieransatz
locating notch Einstellkerbe, Paßnut
locating of target Zielfeststellung
locating peg Feststellstift
locating pin Fixierstift, Heftbolzen zum Zusammenheften von Blechen vor der Benietung
locating pip Fixierhöcker
locating plunger Raststift der Teilscheibe
locating point Arrtierpunkt
locating screw Heftschraube
locating sleeve Bundbuchse
locating stud an special clip Heftschrauben an Spezialschelle
location Anbringung, Anordnung, in einer bestimmten Lage, Aufnahme eines Werkstückes in eine Vorrichtung, Eingrenzung, Lageort, Ort, Speicherplatz, Speicherstelle, Speicherzelle (dig)
location, addressable aufrufbarer Speicherplatz
location, buffer Pufferzelle
location, control area Steuerbereichszelle
location counter Adreßpegel (im Assembler), Befehlszähler (dig), Befehlsregister, Befehlsfolgezählregister, Befehlsfolgezähler, Operationszähler, Programmschrittzähler, Befehlsadreßregister
location counter reference Adreßpegelstandangabe
location, counter reference Sternadresse
location data superimposed eingespielte Standortdaten (SAR)
location indicator Ortskennung
location, isolated geschützter Speicherplatz, geschützte Speicherzelle
location, memory Speicherplatz, Speicherstelle
location of a fault Fehlerort (Radar)
location of injector plunger Drehlage des Pumpenkolbens
location of testing position Anordnung der Meßstellen
location of the center of gravity Schwerpunktlage
location of the illuminator (which can be charted or pre-surveyed) Koordinaten des Zielbeleuchtungsradars (die aus der Karte entnommen und vorher vermessen werden)
location optimization Standortoptimierung
location planning for airport Standortplanung für Flughafen
location, protected geschützter Speicherplatz, geschützte Speicherzelle
location selection planning Standortplanung
location, start cycle Startzykluszelle
location starting Anfangsadresse
location, storage Speicherplatz, Speicherstelle
location, symbolic symbolisch adressierter Arbeitsspeicherplatz
locator Ansteuerungsfunkfeuer, Platzfunkfeuer (ILS)
locator beacon Platzfunkfeuer
locator card Verschlußfanghebel, Lageortkarte
locator system Lageortsystem
locator template Dreiarmgerät, Schitzschablone (Photogrammetrie)
lock Schloß, Verschluß, Sperrvorrichtung, Schleuse; festklemmen, verriegeln, sperren, verschließen, einschließen, befestigen, festlegen, sichern
lock (with chamber) Kammerschleuse
lock and latch actuator Verschlußmechanismus
lock bolt Riegel, Sperriegel, Verriegelungsbolzen
lock center piece Schloßmittelstück
lock circuit controller Weichenriegelkontakt, Weichenriegelschalter
lock-down button Einrasttaste
lock-down switch Drehdruckschalter
lock equipment Schleusenausrüstung
lock field Verriegelungsfeldwicklung
lock for delivery van Lieferwagenschloß
lock frame Verschlußschlitten
lock-in amplifier Einfangverstärker, Fanghilfsverstärker
lock-in position Raststellung, Rastung
lock-in range Fangbereich, Mitnehmerbereich
lock knob Einrastknopf, Raster, Verschlußknopf
lock nut Feststellmutter, Gegenmutter, Sicherungsmutter, Klemmutter
lock-on Aufschaltung (Radar), Anhängen, Zielfesthalten
"lock-on" and to track the target Zielaufschaltung nach dem Start (FLIR)
lock-on, faster beschleunigte Aufschaltung
lock-on sensitivity Anhängeempfindlichkeit, Zielerfassungsempfindlichkeit (Radar)
lock-on voltage Anhängespannunng, Aufschaltspannung (Radar)
lock option Verriegelungsangabe
lock pin protector flap Verschluß-Schutzkappe (Fsch)
lock plate Schloßblech, Sicherungsblech
lock plunger Verriegelungsbolzen
lock position limit switch Verriegelungsendschalter (vordere Flügelklappen)
lock proving Weichenriegelüberwachung
lock resolver Justier-, Funktionsdrehmelder
lock ring Sicherungs-, Spann-, Sprengring

lock spigot Verriegelungszapfen (Fahrwerk)
lock spring Sprengring, Verschlußfeder
lock support Zurrlager
lock switch Stellschalter
lock-type contact Selbsthaltekontakt
lock, valve washer Ventilklemmstück
lock washer Federring (Schraubensicherung), Sicherungsringscheibe
lock wire Sicherungsdraht
lock, with mit Verriegeln (COBOL)
lock with double opposed gate doppelte Kammerschleuse
lock with falling latch Fallschloß
lockable oscillator Mitnahmegenerator, Mitnahmeoszillator
locked approach verschloßener Zugang zu Sicherheitstüren (Schiff)
locked basin Innenbecken
locked control blockierte Steuerung
locked control stability Stabilität mit festgehaltenem Steuer
locked in a fixed position in verriegelter Stellung
locked-in oscillator Überlagerungsoszillator
locked oscillator Mitnahmeoszillator
locked-pulse jammer Radarstörsender mit Impulsverzögerung
locking automatische Zielverfolgung, Mitnahme, Sperrung, Synchronisierung
locking, to sichern, verriegeln, sperren
locking arm Sperrarm, Verriegelungshebel, Verblockungshebel (bei Tiefenrudersperrung)(Torp)
locking, arranged eingebaute Blockierung
locking arrangement for gunring Ringfeststellung
locking assembly Hakenverriegelung (vordere Flügelklappen), Verriegelungskopf
locking battery Haltebatterie
locking block Ausfahrverriegelungsschalter
locking bolt Arretierbolzen, Sicherungsbolzen, Sperrstück
locking bush Arretierbuchse
locking button Sperrtaste
locking by track circuit (rail) vom Gleichstrom abhängiger (od. zugbedienter) Verschluß
locking cam Einzahnrad
locking capability Sperrfähigkeit (Gleichrichter)
locking chamber Verriegelungsringnut (Twk)
locking circuit Haltestromkreis
locking clamp Verschlußklaue
locking cone Verschlußkegel (Fsch)
locking contact Verriegelungskontakt
locking crab ring klemmbarer Abtriftring (Reihenmeßkamera)
locking device Feststellvorrichtung, Verriegelungs-, Arretiervorrichtung
locking device catch Arretierung, Blockierung, Sperrvorrichtung
locking differential Sperrausgleichgetriebe, Sperrdifferential
locking disk Arretier-, Verschluß-, Rasterscheibe
locking dog Verriegelungsklaue (Wiggings-Schnelltrennkupplung)
locking dog groove Verriegelungsnut (Wiggings-Schnelltrennkupplung)
locking effect Mitnahmeeffekt
locking element Sicherungselement
locking features for screw fastening Schraubensicherung
locking frame Stellwerkeinrichtung
locking gear winding Arretierradwicklung
locking groove Verriegelungsnut
locking hook Verriegelungshaken, Verschlußhaken
locking-in Synchronisierung (Elektron)
locking-in position Lagensicherung
locking insert Sicherungseinsatz
locking key Gegenschlüssel, Schalter mit festen Stellungen, Sicherungskeil, Sperrtaste
locking latch Verschlußriegel
locking lever Ruderblockier(ungs)hebel
locking load Verriegelungskraft
locking lug Laschenöse, Verriegelungsnase (Fsch)
locking magnet Sperrmagnet, Verschlußmagnet, Selbstsicher(ungs)magnet
locking mechanism Verriegelung
locking notch Verriegelungsschlitz
locking nut notch Verriegelungsnutenschlitz
locking of route lever Fahrhebelverschluß, Fahrstraßenhebelsperre
locking or holding current Haltestrom
locking or ratchet wheel Sperrad
locking or ratchet wrench Sperrklinkengriff
locking over center Selbstverriegelung (durch Bewegung über den größten Abstand hinweg)
locking pawl Nachschlagsicherung
locking pin Feststellbolzen, Sicherungsstift, Sperrbolzen, Verriegelungsbolzen, Verriegelungsstift, Zurrbolzen, Arretierstift, Spannbolzen (an Panzerkette und Zahnrad), Verschlußstift (Fsch, Rettungs- u. Sicherheitsgerät), Vorsteckstift (Fsch), Riegelbolzen, Schnappstift, Stützsäule
locking pin projector flap Verschlußklappe (Fsch, Rettungs- u. Sicherheitsgerät)
locking plate Sicherungsblech, Sicherungsplatte, Sperrscheibe, Nockenscheibe für Programmlauf (Kreisel u. Torpedo), Befestigungsplatte
locking plunger Sperre zum Puffergehäuse
locking plunger collar Griffknopf der Sperre zum Puffergehäuse
locking plunger, magnetic needle Magnetnadelfeststeller
locking port Verriegelungsanschluß
locking pressure Formschließkraft, Zuhaltekraft (pla), Schließdruck (Presse)
locking prong Lappen (eines Sicherungsbleches)
locking pushbutton Rastdruckknopf
locking recess Schlußnische, Verriegelungsausnehmung, Verriegelungsöffnung
locking relay Kipprelais, Sperrelais, Verriegelungsrelais, Halterelais, Haftrelais, selbsthaltendes Relais
locking ring Klemmring, Richtmutter, Sicherungsring (für Wellen u. Bohrungen), Spannring, Sprengring (Kolbenbolzen), Stapelring (Metallbehälter f. Munition), Schließring (der Preßform)
locking ring breeching Verschlußring
locking ring nutbreaker Zapfenschlüssel mit Mutterbrechklaue

locking ring pin Sicherungsstift für Lagerring (Schwenkgetriebe)
locking ring remover Sicherungsringausbaugerät, Ausbaugerät für Schraubring
locking ring spanner Zapfenschlüssel für Schraubring
locking rod Zurrstange
locking safety pin Sperrstift (Geschoßzünder)
locking screw Feststellschraube, Gewindestift, Fangschraube, Klemmschraube, Halteschraube, Stellschraube
locking screw (adjusting arm lever) Sicherungsschraube (Drehzahlmesser)
locking screw (on gear) Fangschraube (Getriebe)
locking screw (securing screw) Sicherungsschraube, Arretierschraube
locking signal Sperrzeichen
locking sleeve Sicherungshülse
locking slide Verriegelungsschieber
locking slot Verschlußfenster (Fsch-Verpackungssack)
locking slot flap Verschlußfensterklappe (Fsch-Verpackungssack)
locking spring Sicherungsfeder, Sperrfeder, Sprengfeder (für Nutmutter)
locking stirrup Sperrbügel
locking stow Verschlußeinschlaufung (Fsch-Verpackungssack)
locking stow flap Verschlußschlaufenklappe (Fsch-Verpackung)
locking stow loop Verschlußfensterschlaufe (Fsch-Verpackungssack)
locking strip Sicherungsleiste, Zahnscheibe
locking stud Verriegelungsbolzen
locking switch Schalter mit verschließbarer Überkappe
locking tab Sicherungslappen, Verriegelungszunge
locking tape Verschlußband (Fsch)
locking terminal lug Krallenkabelschuh (zum Anlöten)
locking tooth Sperrzahn
locking torque Anziehdrehmoment (f. Schrauben, Muttern usw), Anziehmoment (f. Schrauben, Muttern usw)
locking tone Synchronisierton
locking trail Mitnahmeversuch, Synchronisationsversuch
locking travel Verriegelungsstrecke
locking valve Sperrventil
locking voltage Mitnahmespannung
locking washer Sicherungsblech, -scheibe
locking well Widerlager für Verriegelungsblock
locking wire Sicherungsdraht, Plombendraht
locking yoke Wiegenklemmschraubenkopf, Sperrbügel
locknut Befestigungsmutter, Feststellmutter, Gegenmutter, Nutmutter, Sicherungsmutter
lockout Sperre, Steuerfunktionsabgabe (Drehmelder)
lockout, block Blocksperre
lockout, clock pulse Taktsperre
lockout coil Verblockungsspule
lockout control Sperrsteuerung
lockout control valve Steuerschieber zur Federungsblockierung
lockout control valve, suspension sperrbarer Stoßdämpfer
lockout cylinder connecting adapter Anschlußstück des sperrbaren Stoßdämpfers
lockout cylinder control valve lever Schalthebel für Stoßdämpfersperrventil
lockout cylinder control valve piston Steuerkolben des sperrbaren Stoßdämpfers
lockout cylinder lever Anschlußarm für sperrbaren Stoßdämpfer
lockout cylinder remote control lever connecting arm Anschlußarm für sperrbaren Stoßdämpfer
lockout cylinder, suspension sperrbarer Stoßdämpfer
lockout exhaust valve Absperr- u. Entlüftungsventil
lockout flux Verblockungsfluß
lockout indicator light, suspension Kontrollleuchte für Stoßdämpfersperrung
lockout, information output register Taktsperre (INFARS)
lockout, interface Anschlußsperre
lockout multivibrator Sperrimpulsgenerator (Multivibrator)
lockout plunger hydraulisches Schloß (Torpdeo)
lockout position Sperrstellung
lockout relay Sperrelais
lockout, standard interface Normanschlußsperre
lockout, subscriber Teilnehmersperre
lockout switch Sperrschalter
lockout system, suspension Stoßdämpfersperrsystem
lockout, trunk switch Kabelsperre (Schalter)
lockout valve Blockierventil, Sperrventil
lockpin Sperrstift
lockpin hole Loch für Arretierungsstift
lockplate tang Sicherungsblechlappen, Sicherungsblechnase
lockscrew Feststellschraube, Fixierschraube als Sicherungsstift verwendeter Gewindestift, Klemmschraube, Sicherungsschraube, Verschlußschraube
locksmith Schlosser
lockspring Sperrfeder (Relais)
lockstitch machine Steppstichvernähung (Fsch)
lockup (torque converter) Überbrückung (Drehmomentwandler)
lockup clutch Überbrückungskupplung
lockup cutoff valve Entlastungsschieber für Überbrückungskupplung
lockwire, to mit Draht sichern
locomotion Ortsveränderung
locomotive type boiler Lokomotivendampfkesseltyp
LOCOMS Loss of Consciousness Monitoring System (FLIR)
locus geometrischer Ort, Ortskurve
locus diagram Ortsdiagramm
LOD console routine Ladeaufruf
LODAR Direktstrahlpeilung
LODCS linar orbiter data conversion system
lode matter Gangkörper
lode of medium dip flachfallender Gang
lodestar Leitstern, Polarstern
lodestone Magneteisenstein
lodge aufnehmen, aufbewahren, unterbringen
Lodge valve Ionenröhre nach Lodge
LOFAR low frequency analysis and recording

(Betriebsart: elektronisches Überwachungssystem)
loft board Strakbrett
loft department Strakabteilung
loft floor Modellboden
loft layout drawing Strakzeichnung
loft system Schnürbodensystem (Fsch)
lofting Formgebung
lofting drawing Strakzeichnung
lofting procedure Glättungsverfahren an der äußeren Form des Flugzeugs
Loftin-White circuit Loftin-White-Schaltung
lofty himmelanstrebend, hoch, luftig
log Betriebsbuch, Dienstbuch (Heer), Stationsbuch, Tagebuch, Logbuch, Protokoll
log, to aufzeichnen, protokollieren
log (logarithmic) logarithmisch
log-amplifier logarithmischer Verstärker
log, before-image Vorabbild
log book Bordbuch, Flugreisebuch (S), Triebwerklebenslaufkarte
log book pocket Packkontrollbuchstabe (Fsch)
log card Packkontrollbuch (LL)
log crib Balkenstapel
log, electric well elektrisches Profil am Bohrkopf, elektrisches Bohrprofil
log-glass Logglas
log, input data Eingabeprotokoll
log law capacitor Kondensator mit logarithmischem Kapazitätsverlauf
log level period meter logarithmisches Leistungs- u. Periodenmeßgerät
log line Logleine
log-log coordinates doppelt logarithmische Koordinaten
log mode Protokollmodus
log, modification Änderungsprotokoll
log-n-meter Neutronenmeßgerät mit logarithmischer Anzeige
log of pressure altitude Logarithmus der Druckhöhe
log of total pressure Logarithmus des Gesamtdrucks
log, output of...s and summaries Ausgabe von Protokollen u. Übersichten
log, rate penetration Bohrfortschrittsdiagramm
log record Fallschirmkontrollbuch
log record book Packkontrollbuch (Fsch)
log runner Baumstammkufe
log scale instrument Instrument mit logarithmischer Skala
log tape Aufzeichnungsband, Protokollband, Sicherstellungsband
log, test...cell Testprotokollzelle (TPZ)
log, well Bohrprofil
logarithm Logarithmus (math)
logarithm, Briggsian Briggscher Logarithmus
logarithm, common dekadischer Logarithmus, Logarithmus zur Basis 10
logarithm, hyperbolic logischer od. natürlicher Logarithmus
logarithm, natural natürlicher Logarithmus
logarithm of static pressure Logarithmus des statischen Drucks
logarithm to the basis 2 Logarithmus dualis (math), Logarithmus zur Basis 2, binräer Logarithmus, dyadischer Logarithmus
logarithmic logarithmisch
logarithmic calibration logarithmische Eichung
logarithmic decrement logarithmische Abnahme, logarithmisches Dämpfungsglied
logarithmic diagram or plot einfachlogarithmisches Diagramm (A)
logarithmic energy decrement logarithmischer Energieverlust, logarithmisches Energiedekrement
logarithmic energy loss logarithmischer Energieverlust
logarithmic horn (electron) Exponentialtrichter
logarithmic mean temperature mittlere logarithmische Temperatur
logarithmic scale logarithmischer Maßstab, logarithmische Skala
logarithmic spiral logarithmische Spirale
logarithmic viscosity number logarithmische Viskositätszahl
logarithmicmeter Logometer
logatom Logatom, Silbe
logbook Bautagebuch
logbook, aircraft Bordbuch, Logbuch, Lebenslaufkarte des Motors od. Flugzeugs
logger Mitschreiber, Registriereinrichtung, Schreibgerät, Meßschreiber, Meßwerterfassungsgerät
logging Meßwerterfassung, Protokollierung
logging and crediting of flight time Eintragung u. Beglaubigung von Flugzeiten
logging apparatus Untersuchungsgerät
logging cycle cell Protokollzykluszelle
logging cycle location Protokollzykluszelle
logging device Ausgabegerät für die Protokollierung, Gerät zur Protokollierung
logging typewriter Protokollblattschreiber
logic binär, boolesch, funktionell (dv), logisches Schema, Steuerteil, Logikteil, logisch
logic addition logische Addition
logic Boolean boolesche Logik
logic card tester (providing "Go and" "No Go" indications) Prüfgerät
logic circuit Logikschaltung, logische Verknüpfung, logische Schaltung
logic circuitry Logikschaltung
logic, combination...element logisches Element, Verknüpfungsglied
logic, control Ansteuerlogik
logic, cycle permission Zykluserlaubnislogik
logic decision logische Entscheidung
logic design logischer Aufbau, funktioneller Entwurf, logisches Konzept, logische Struktur
logic diagram logisches Diagramm, Funktionsplan, Funktionsschaltbild, logischer Plan, Logistikschaltbild
logic element logisches Element, Verknüpfungsglied, logisches Schaltelement, logisches Schaltglied
logic, emitter-coupled...device emittergekoppelter Logikbaustein
logic, formal formale Logik
logic function logische Funktion, Schaltfunktion (dig)
logic ground Logikerde
logic instruction logischer od. boolescher

Befehl, logische Instruktion, Logikbefehl
logic interconnection logische Verknüpfung
logic, internal interne Logik, interner Funktionsablauf
logic mathematical Logikkalkül, mathematische od. symbolische Logik, Logistik
logic, memory output request Speicherausgabeanforderungslogik
logic, memory protection Speicherbereichschutzlogik
logic multiplication logische od. boolesche Multiplikation, nichtadditive Multiplikation
logic operation funktionelle od. logische Operation, logische Verknüpfung
logic output Ausgabe der Verknüpfungsglieder
logic product Konjunktion
logic proposition logische Aussage
logic, quadruple output selection Vierfachausgabe-Auswahllogik
logic, recognition Erkennungselektronik, Erkennungslogik
logic, register Registerlogik
logic section Logikteil
logic, selection Auswahllogik
logic, selection...indicator Auswahllogikanzeiger
logic shift binäres od. logisches (Ver)schieben
logic, special priority Sonderprioritätslogik (SPL)
logic symbol boolesches, funktionelles od. logisches Symbol
logic, symbolic Logikkalkül, mathematische od. symbolische Logik, Logistik
logic, testing of state interpreting Prüfstandauswertung
logic, testing-state recognizing Prüfzustandsauswertung
logic threshold Schwellenwertglied (Binärschaltung
logic unit Digital-Baustein (Schaltglied), Logikbaustein
logic value of occupancy logischer Stellenwert
logic variable Schaltvariable (dig), Logikvariable
logical binär, boolesch, funktionell (dv)
logical addition logische Addition
logical address logische Adresse
logical AND circuit UND-Glied, UND-Schaltung, UND-Gatter, Koinzidenzgitter, logische Schaltung, Koinzidenschaltung
logical assignment statement boolesche Ergibtanweisung (FORTRAN)
logical calculus Logistik
logical circuit logische Schaltung
logical comparison logischer Vergleich, Identitätsvergleich
logical connective boolescher Operator, boolesches Operationssymbol, Funktor, logischer Plan, Logikschaltbild, logische Verknüpfung
logical connector logische Verbindung, boolescher Operator, boolesches Operationssymbol
logical decision logische Entscheidung
logical design Rechnerlogik (dv), funktioneller Entwurf (dv), logische Planung, logischer Aufbau (eines Rechners), logisches Konzept, logischer Entwurf, logische Struktur
logical diagram Funktionsplan, Funktionsschaltbild, logisches Diagramm (Rechner)
logical element Verknüpfungsglied, Schaltglied, logisches Schaltelement, Verknüpfungselement (EDV), boolescher Elementarausdruck (FORTRAN)
logical element (N/C,computer) logisches Element
logical expression boolescher Ausdruck
logical factor boolescher Faktor
logical file logische Datei
logical file control processor logisches Ein-/Ausgabesystem
logical flag byte logisches Markierungsbyte
logical flowchart logisches Flußdiagramm
logical function logische Funktion od. Verknüpfung, Schaltfunktion
logical IF statement boolesche Wennanweisung (FORTRAN)
logical input/output control system including error handling for card punching logisches Ein-/Ausgabesystem für Lochkartenausgabe mit Fehlerbehandlung
logical input/output control system including error handling for disk storage logisches Ein-/Ausgabesystem für Plattenspeicher mit Fehlerbehandlung
logical instruction logischer Befehl, logische Instruktion, boolescher Befehl, Logikbefehl
logical leading end Leseanfang
logical level logische (Verarbeitungs)stufe, logische Ebene
logical level FCP logische Stufe des EAS (Ein-/Ausgabesystem)
logical linkage logische Verknüpfung
logical multiplication logische od. nichtadditive Multiplikation, boolesche Multiplikation (EDV)
logical multiply boolesche, logische od. nichtadditive Multiplikation
logical negation logische Negation
logical net logisches Netz
logical NOT sign logisches NICHT-Zeichen (dv)
logical operand logischer Operand
logical operation aussagenlogische Funktion, Operation od. Verknüpfung, Entscheidungsschritt, funktionelle od. logische Operation, funktionelle od. logische Verknüpfung, logischer Vorgang (EDV), Entscheidungsschritt (EDV)
logical operator funktioneller od. logischer Operator
logical OR circuit ODER-Glied, ODER-Gatter, Inklusive-ODER-Schaltung
logical organization logische Organisation (dig)
logical primary boolescher Primärausdruck, logischer Elementarausdruck
logical product UND-Funktion, UND-Verknüpfung (EDV), Konjunktion
logical program funktionelles od. logisches Programm
logical record Datensatz (Gegensatz zu Block), logischer Datensatz (EDV)
logical record length Satzlänge
logical selector Vergleichsselektor
logica-sementical information logisch-semantische Information (päd)
logical shift binäres od. logisches (Ver)schieben, Ringschiften, zyklische Stellenwertverschiebung, zyklisches Verschieben, Ringschieben, zyklische Verschiebung

logical sum ODER-Funktion, ODER-Verknüpfung, Disjunktion, inklusives ODER
logical symbol boolesches, funktionelles od. logisches Symbol (EDV)
logical term boolescher od. logischer Term
logical test funktionelle od. logische Prüfung
logical unit Digitalbaustein, Logikbaustein
logical unit number symbolische Gerätenummer (ALGOL)
logical value boolescher, funktioneller od. logischer Wert, Aussagewert, Wahrheitswert
logical value of occupancy logischer Stellenwert (cyb)
logical variable Logikalvariable, Schaltvariable
logistic, material management Material wirtschaftlicher Logistik
logistic module Versorgungsmodul (sp)
logistic support logistische Anforderung od. Unterstützung
logistic support compability Querversorgungsmöglichkeit
logistic system Logistiksystem
logistical terminal logistische Kontrollstelle (Transportwesen)
logistics support Nachschubunterstützung, logistische Unterstützung
logistics system logitische Betreuung
logistics time nachschubbedingte Wartezeit
logographics sign logographisches Zeichen
logon Logon
loiter Patrouillenflug
loiter, to im Spar- u. Warteflug fliegen
loitering Sparflug, Warteflug
lone electron Einzelelektron
LONG (longitude) geographische Länge
long adjustable rod Schubstange
long approach langer od. verlängerter Anflug, Langanflug
long base method Langbasisverfahren
long borer Abbohrer
long-burning torch Dauerbrandfackel
long car Langgondel
long-chain molecule langkettiges Molekül
long counter Neutronenzähler mit großem Meßbereich
long course großer Federweg
long-delay fuze Zünder mit langer Verzögerung
long distance Langstrecke
long-distance air traffic control Fernflugsicherung
long-distance and local connector Ortsfernleitungswähler
long-distance cable terminal Fernkabelendverschluß
long-distance call signal Fernanrufzeichen, Fernleitung, Weitverkehrsleitung
long-distance circuit Fernamtsschaltung, Fernleitung, Weitverkehrsleitung
long-distance communication equipment Weitverkehrseinrichtung
long-distance connection Weitverkehrsverbidnung
long-distance data transmission Datenfernübertragung
long-distance dialing Selbstwählverkehr
long-distance flight Dauerflug, Fernaufklärungsflug, Langstreckenflug, Weitstreckenflug
long-distance generating station Fernkraftwerk
long-distance helical waveguide schraubenförmiger Wellenleiter für Weitverkehr
long-distance irradiation Fernbestrahlung
long-distance jetliner Langstreckenstrahlverkehrsflugzeug
long-distance junction section Fernvermittlungsschrank
long-distance line relay Fernanrufrelais
lond-distance line termination Fernteilnehmeranschluß
long-distance motor-coach train Fernschnelltriebwagen
long-distance navigation system Langstreckennavigationsverfahren
long-distance radio aid Radiounterstützung über weite Strecken
long-distance radio navigation Langstreckenfunknavigation
long-distance radio station Großfunkstation, Großfunkstelle, Radiogroßstation
long-distance receiver Großstationsempfänger, Weitverbindungsempfänger
long distance reconnaissance Fernaufklärung
long-distance reconnaissance plane Fernaufklärer
long-distance record Streckenrekord
long-distance station Großfunkstation, Großsender
long-distance subscriber termination Fernteilnehmeranschluß
long-distance supply Fernversorgung
long-distance supply station Fernkraftwerk
long-distance switch Fernnachwähler
long-distance telecommunication circuit Nachrichten-Fernverkehrsleitung
long-distance telephony receiver Telephonie-Großstationsempfänger
long-distance thermometer Fernthermometer
long-distance traffic Fernverkehr, Weitverkehr
long-distance trial Dauerprobe
long-distance trunk group Weitverkehrsbündel
long-distance trunk position Fernverkehrsplatz
long-duct nacelle thermodynamische Auslegung (Turbofan)
long-duration echo Langzeitecho
long-duration pulse Langimpuls
long fatigue life Dauerermüdungsfestigkeit
long fatigue life in the training spectrum at training Konstruktionslebensdauer innerhalb eines Beanspruchungsspektrums (av)
long-flame gas coal Gasflammkohle
long-flaming run-of-the-mine gas coal Gasflamm(en)förderkohle
long focus lens Linse mit großer Brennweite
long fold Längsfaltung der Kappe (Fsch)
long fold, making the...parachute Legen der Längsfaltung der Kappe (Fsch)
long fuselage structure exclusive of nose and tail sections Hauptrumpfabschnitt ohne Bug u. Leitwerk
long gondola Langgondel
long half-life material Material mit großer Halbwertzeit
long handed tool Fernbedien(ungs)gerät
long-haul (air) service Langstrecken(flug)linie
long-haul configuration Langstreckenkon-

figuration (Flugzeug)
long-haul ER (extended range) **module** reichweitengesteigerte Langstreckenversion (Verkehrsflugzeug)
long-haul flight Langstreckenflug
long-haul traveller Langstreckenreisende
long-haul tri-jet Langstrecken-Tri-Jet
long jumper Abbohrer (Bergbau)
long landing lange Landung
long lead time item Teile mit langer Lieferzeit
long-life lithium-sulphur battery langlebige Lithium/Sulphur-Batterie
long life mold Dauerform
long life oil Öl für verlängerten Wechselintervall
long-lifed delayed neutron langlebiges verzögertes Neutron
long-line effect Bildstörung durch zu lange Leitung (TV)
long lined intake langer Einlauf mit Schallisolierung
long link chain langgliedrige Kette
long nose pliers Spitzzange
long period creep testing machine Zeitstandprüfmaschine
long-period recording Dauerregistrierung
long-persistance screen Bildschirm mit langer Nachleuchtdauer
long pick-up ranges Auffaßentfernung (Radarwarntechnik)
long-precision floating point constant Gleitpunktkonstante mit erweiterter Mantissenlänge (Rechner)
long-pull magnet Elektromagnet mit langer Strecke gleicher Zugkraft
long-pulse Langimpuls, Strich
long range Langstrecke, Fernbereich, für große Entfernung od. Reichweite
long-range air navigation Langstrecken(flug)-navigation
long-range air navigation system (LORAN) LORAN-Fernbereichs-Navigationsanlage nach Impuls-Hyperbelverfahren
long-range air superiority rule Luftüberlegenheitsaufgabe mit hoher Reichweitenanforderung
long-range airborne interception radar for the air defence version Interzeptionsradar der Luftverteidigungsversion
long-range alphaparticle weitreichendes Alphateilchen
long-range bombardment airplane Fernkampfflugzeug
long-range bomber Langstreckenbomber
long-range Coulomb potential weitreichendes Coulomb'sches Potential
long-range cruising Mach number wirtschaftliche Machzahl (maximale Reichweite) (Steigflug)
long-range detection and passive target identification Entfernungsreichweite und Identifizierungsleistung (Radarwarnempfänger)
long-range fighter control Jägerweitführung
long-range fire Fernschießen
long-range flame Flammenweitwerfer
long-range flight Langstreckenflug
long-range flying boat Langstreckenflugboot
long-range fog lamp Nebelscheinwerfer
long-range forecast langfristige Wettervorhersage
long-range fuel tank Langstreckenkraftstofftank
long-range group weitreichende Gruppe
long-range, high-altitude and low-level radar Weitbereichs- und Tieffliegerradar (mili)
long-range high-capacity, tri-jet dreistrahliges Langstreckengroßraumflugzeug
low-range jet powered drone strahlgesteuerte Langstreckendrohne
long-range mail plane Langstreckenpostflugzeug
long range missile detection early warning radar Frühwarnungsradar großer Reichweite
long-range navigation Weitbereichsnavigation, Fernstrecke-, Langstreckennavigation
long-range navigation aid Langstreckennavigationshilfe
long-range navigation chart Langstreckennavigationskarte
long-range navigational aid Fernbereichs-Navigationseinrichtung, Langstreckennavigationshilfe
long-range oblique photography system Schrägaufnahmesystem
long-range or pursuid fighter Zerstörer
long-range over water flight Langstreckenflug über See
long-range Phoenix missile Lenkwaffe-Phönix großer Reichweite
long range propagation of low-frequency radio waves Fernausbreitung von Langwellen
long-range propagation system Langstrecken-Radaranlage
long-range radar Großauffaßweiteradar, Radar mit großer Auffaßweite, Radargeräte-Reichweite, Weitbereichsradargerät (Flugsicherung), Großrundsuchanlage
long-range radar digitizer receiving equipment digitalisierender Radarempfänger großer Reichweite
long range radio beacon Fernfunkfeuer
long-range radio navigation system Langstrecken(funk)navigationsverfahren
long-range reconnaissance Fernaufklärung
long-range reconnaissance airplane Fernaufklärer, Fernaufklärungsflugzeug
long-range reconnaissance plane Fernerkunder
long-range rocket Rakete mit großer Reichweite, interplanetarische Rakete
long range route chart Langstreckenverbindungskarte
long-range search aircraft Langstreckensuchluftfahrzeug
long range search radar Weitbereichssuchradar
long-range stand-off missile (LRSOM) Langstrecken-Abstandsflugkörper
long-range supersonic interceptor missile supersonische weitreichende Lenkwaffe
long-range surveillance radar weitreichendes Überwachungsradar
long-range version reichweitengesteigerte Version (Flugzeug)
long-range viewer (FLIR) FLIR-Sichtgerät
long-range weather forecast Langstreckenwettervorhersage

"long reach" hohe Reichweite
long reach igniter plug überlange Zündkerze
long-rod-insulator Langstabilisator
long-screw measuring engine Meßspindel
long series twist drill langer Spiralbohrer
long shell Langgeschoß
long-shot Fernaufnahme, Gesamtaufnahme, Langgeschoß
long-slot antenna Langschlitzantenne
long-slot direction coupler Langschlitzrichtkoppler
long stroke, to langhubig
long-stroke landing gear Fahrwerk(bein) mit langem Federweg
long stroke pumping unit Langhubpumpe
long supply Überbevorratung
long-tail pair kathodengekoppelte Gegentaktstufe
long-tailed amplifier Symmetrieverstärker mit Kathodenkopplung
long-tailed circuit Symmetrieverstärker mit Kathodenkopplung
long-term drift Langzeitauswanderung
long-term exposure Langzeitprüfung
long-term growth Fähigkeit zur Leistungssteigerung
long-term operating efficiency Arbeitswirkungsgrad
long-term recorder langfristiger Aufzeichner
long-term resistance to static and dynamic langzeitige statische u. dynamische Belastung (TB)
long-term speed variation langsame Geschwindigkeitsschwankung (Magnetband)
long-term storage of message Langzeitspeicherung von Nachrichten
long-test ammeter Anlegerstrommesser
long the horizon (photogrammetry) Kimmfehler
long-time creep test Prüfung der Dauerstandsfestigkeit
long-time for sideslip to corrected langsame Schiebeflugkorrektur
long-time program Langzeitprogramm
long-time prompter Lang(zeit)wecker
long-time prompter list Langweckerliste
long-time prompter program Langweckerprogramm
long-time test Langzeitversuch
long transmission line Fernleitung
long tube vertical evaporator Vertikalrohrverdampfer
long wave Langwelle
long wave bank Langwellenbereich
long wave coil Langwellenspule
long wave direction finder Langwellenpeiler
long wave of very low frequency lange Welle
long-wave radiation langwellige Strahlung
long-wave transmitter Langwellensender
long-way working Strebbau
long-welded rail lückenloses Gleis, durchgehend geschweißte Langschiene
long-wire aerial Langdrahtantenne
longeron Längsträger, Holm, Rumpflängsleiste
longest flight duration höchste Flugdauer (Geräte u. Maschinen)
longest range höchste Reichweite
longevity Langlebigkeit, Gesamtlebensdauer

longhole cutter Langlochfräser
longitude geographische Länge
longitude computer Nord/Süd-Rechner, N/S-Rechner
longitude counter Längengradzählwerk
longitude equation Koordinatenbedingung für die geographische Länge
longitude module Längenmodul
longitude set push button Längengradtaste
longitude signal Signal zur Längenbestimmung
longitudinal acceleration Längsbeschleunigung
longitudinal adjustment screw Nivellierschraube für Längsneigung
longitudinal air stream filter Längsstromfilter
longitudinal arrangement (of the layers of the double fabric) Längsschlag, Parallelschlag
longitudinal axis (ACM-navigation lights) Längsachse
longitudinal axis of inertia Längsträgheitsachse
longitudinal back-mixing Rückvermischung in Längsrichtung (chem)
longitudinal ball bearing Längskugellager
longitudinal beam Längsschwelle, Längsträger
longitudinal boring machine Langlochbohrmaschine
longitudinal bracing Längsverband, Längsverstrebung
longitudinal bulkhead Längsschott
longitudinal carriage (machine tool) Bettschlitten, Langschlitten, Planschlitten
longitudinal carrier cable Längstragseil
longitudinal center of flotation Formschwerpunkt in der Längsachse (Schiff)
longitudinal centre of buoyancy Formschwerpunkt in der Längsachse
longitudinal check Blockprüfung, Längsparityprüfung, Längsparitykontrolle, Längssummenkontrolle, Longitudinalprüfung
longitudinal check character Längskontrollzeichen (EDV)
longitudinal chromatic aberration chromatische Längsaberration, Farblängsabweichung
longitudinal circuit nichtverkürzte Leitung
longitudinal clinometer (aero) Längsneigungsmesser
longitudinal coefficient (ship) Völligkeitsgrad der Spantflächenskala
longitudinal compressive force longitudinale Druckkraft, Längsdruckkraft
longitudinal component Längskomponente. Längsschiffskomponente (Magnetismus)
longitudinal conductivity Längsleitfähigkeit
longitudinal control Höhensteuerung, Längssteuerung, Abstandsregelung (im Straßenverkehr)
longitudinal control arm Längslenker (Hinter- u. Vorderachse)
longitudinal corner crack Kantenlängsriß
longitudinal crack Längsriß
longitudinal crack of material Längsriß im Werkstoff
longitudinal current Längsströme (auf beiden Leitungen in gleicher Richtung)
longitudinal cut Längsschnitt
longitudinal cutter Längsschneider
longitudinal cyclic control system zyklische Nicksteuerung

longitudinal damping Längsdämpfung
longitudinal dead limit Längsanschlag
longitudinal decalage Schränkungswinkel
longitudinal deck längs zur Brückenachse verlegte Fahrbahn
longitudinal deformation Längenänderung, Längenverformung
longitudinal degree of freedom longitudinaler Freiheitsgrad
longitudinal diaphragm Längsschott
longitudinal differential protection Längsvergleichsschutz
longitudinal dihedral angle Schränkungswinkel
longitudinal dike Parallelwerk
longitudinal dirction Längsrichtung
longitudinal dispersion Längsstreuung
longitudinal displacement Längsbewegung, Längsverschiebung
longitudinal division plate or machine Längenteilmaschine
longitudinal-drum boiler Längstrommelkessel (Dampferzeugungsanlage)
longitudinal electromotive force Längs-EMK
longitudinal error Längenfehler
longitudinal expansion lineare Ausdehnung
longitudinal expansion coefficent Längsausdehnungskoeffizient
longitudinal extension Längsdehnung, lineare Ausdehnung
longitudinal face crack Flächenlängsriß
longitudinal fault Längsverwerfung (geol)
longitudinal feed (machine tool) Längsgang, Längsvorschub, Längszug, Langvorschub, Langzug (Leit- u. Zugspindeldrehmaschine)
longitudinal flexibility Längsflexibilität
longitudinal force Längskraft, Vorschubkraft
longitudinal force girder Längskraftträgerwanne
longitudinal fracture Längsbruch
longitudinal frame Längsspant
longitudinal framing Längsspantenbauweise, Längsspantensystem (Schiffsbau)
longitudinal gore or panel Längsbahn
longitudinal gradient Längsgefälle, Längsneigung (geol)
longitudinal groove Längsrille
longitudinal grooves tread Längsrillenprofil
longitudinal inertial axis Trägheitslängsachse
longitudinal instability (aero) Längsstabilität, Instabilität um die Querachse
longitudinal joint Längsfuge (Betonstraßenbau)
longitudinal level Längslibelle
longitudinal levelling Längsnivellierung
longitudinal levelling screw Nievellierschraube für Längsneigung
longitudinal load factor Lastvielfaches in Längsrichtung
longitudinal lurch (aircraft) Aufbäumen
longitudinal magnetic field Längsmagnetfeld
longitudinal magnetization Abbildungsmaßstab der Tiefe, Längsmagnetisierung, Tiefenvergrößerung
longitudinal magnification Achsenvergrößerung, Längsvergrößerung
longitudinal member Längsprofil
longitudinal metacenter Längenmetazentrum
longitudinal milling machine Längsfräsmaschine, Langfräser
longitudinal mode Längenausbreitungsart
longitudinal moment Längsmoment
longitudinal motion Längsbewegung
longitudinal movement Längsverschiebung, Längsbewegung, Leitungszug
longitudinal oscillation Längsschwingung, Nickschwingung, Schüttelbewegung des Flugzeugs
longitudinal overlap Längsüberdeckung (LUBI)
longitudinal parity Blockparität
longitudinal parity check horizontale Gleichheits- od. Paritätskontrolle, Längsparitykontrolle, Längssummenkontrolle, Longitudinalprüfung, Blockprüfung, Blocksicherung
longitudinal pitch Längsteigung
longitudinal plane Längsebene
longitudinal planing Längshobeln
longitudinal play Axialluft, Längsspiel
longitudinal point of fire Zündposition der Mine in Bezug auf Längsschiffsrichtung
longitudinal pole Längsschiffspol
longitudinal position Längsposition
longitudinal position of center of flotation Lage des Schwimmpunktes in Längsrichtung
longitudinal of position of center of gravity Schwerpunktlage in Längsrichtung
longitudinal positions of center of buoyancy Lage des Auftriebszentrums in Längsrichtung
longitudinal push-pull rod Längssteuerschubstange (Hschr)
longitudinal rail Längsschiene
longitudinal recess for handling Greifkante (Container)
longitudinal reduction in area Längszusammenziehung (Rohrherstellung)
longitudinal redundance check (LRC) Blockprüfung, Longitudinalprüfung, Längsparitätsprüfung, Längsprüfung, Längsparitykontrolle, Längsparityprüfung, Längssummenkontrolle, Blocksicherung (Rechner)
longitudinal redundance check character Blockprüfungszeichen, Längsparitätszeichen (EDV)
longitudinal redundancy check register horizontales Bit-Prüfregister
longitudinal redundance error horizontaler Bit-Fehler
longitudinal reinforcement Längsversteifung
longitudinal restraint Längsverankerung
longitudinal sampling Längsprobennahme
longitudinal seam Längsnaht (Fsch)
longitudinal-seam pipe or tube Längsnahtrohr (Erzeugnis)
longitudinal-seam tube welding plant Längsnahtrohr-Schweißanlage (Walzwerk)
longitudinal section Längs(ein)schnitt
longitudinal separation Längsabstand (Formation)(Brückenbau), Längsstaffelung (ATC)
longitudinal shear Längsbeanspruchung
longitudinal shore guy Uferbalkenverankerung (Brückenbau)
longitudinal shrinkage Längsschrumpfung
longitudinal sill Langschwelle zum Fundamentrost
longitudinal slide Bettschlitten, Längsschlitten, Planschlitten (Werkzeug)
longitudinal slip ratio Längsschlupfverhältnis

longitudinal slope Längsgefälle, Längsneigung
longitudinal slot Längsgut, Längsschlitz
longitudinal soldered joint in Längsrichtung verlaufende Lötnaht
longitudinal spherical aberration sphärische Längsaberration
longitudinal spline gerader Keil
longitudinal stability Längsstabilität, Stabilität um die Querachse (AC)
longitudinal stay Linienanker
longitudinal stick positioner Längstrimmeinrichtung
longitudinal stiffened Längssteifigkeit
longitudinal stiffener Längsholm
longitudinal stop Längsanschlag
longitudinal strain Längsbeanspruchung
longitudinal strength Ausdehnungsfestigkeit, Längsfestigkeit (Schiff), Zugfestigkeit
longitudinal stress Längsspannung
longitudinal stretching unit Längsreckanlage
longitudinal stringer Längsprofil, -achse, Längsversteifung
longitudinal strut Längssteife
longitudinal test specimen Längsprobe (welding)
longitudinal torque tube Querrudersteuerwelle (Steuerknüppelbock)
longitudinal track recording system Längsspurverfahren
longitudinal travel Längshub
longitudinal traverse Längszug, Längsvorschub (Werkzeug), Längsgang (Werkzeug)
longitudinal trim Höhentrimmung, Trimmung um die Querachse (AC)
longitudinal tube Längsrohr
longitudinal turning (machine tool) Langdrehen
longitudinal valley Längstal (parallel zum Streichen)(geol)
longitudinal vent Radialschlitz (Fsch)
longitudinal vibration Dehnungsschwingung, Längsschwingung
longitudinal vibration of a crystal Kristalllängsschwingung
longitudinal view Längsansicht, Längsaufriß
longitudinal wave Druckwelle, Längswelle, Longitudinalwelle
longitudinal-weld pipe mill Längsnahtrohr-Schweißanlage (z. Herstellung von Rohren mit Längsnaht)
longitudinal-weld tube making plant Längsnahtrohr-Schweißanlage (Walzwerk)
longitudinal wind component Längswindkomponente
longterm planning model langfristiges Planungsmodell
longterm prognosis Langzeitprognose
look-ahead Vorgriff (in Lesebereich) (dv)
look-ahead field Vorgriffsfeld (dv)
look-down capability Bodensichtpotential, Abwärtssichtfähigkeit (Avionik)
look-up capability Ortungsreichweite (Zielverfolgungsradar)
lookup table Nachschlagetabelle, Tabelle
looking hole Schauloch, Guckloch
looming Luftspiegelung (meteor)
loop Programmschleife, Schleife, Zyklus, geschlossener Regelkreis, Leitungsschleife, Reaktorkreislauf, Ladebügel, Rahmenantenne, Rahmenluftfilter, Wellenbauch, Schlinge, Looping
loop alignment error Ausrichtungsfehler
loop amplifier (electron) Rahmenverstärker
loop and hook Kegelband
loop antenna Peilrahmen, Rahmenantenne, Schleifenantenne, Ringantenne
loop area Windungsfläche
loop attenuation Schleifendämpfung
loop cable Doppeladerleitung
loop capacitance Schleifenkapazität
loop checking Fehlerkontrolle mit Rückwärtsübertragung
loop circuit Dopelleitung, Sprechschleife
loop clamp Tangentialspannband
loop, closed geschlossener Regelkreis
loop, closed...stabilization (power supply) Stabilisierung durch Regelung, geschlossene Schleife
loop compensator Kompensator der Rahmenantenne
loop connection Schleifenschaltung
loop coupling Schleifenkopplung
loop crank Rahmenkurbel
loop current Schleifenstrom
loop decremeter Schleifendämpfungsmesser
loop-detector Schleifendetektor (Bandbehandlungsanlagen)(Walzwerk)
loop dialling Schleifensystem, Schleifenimpulswahl, Schleifenwahl (Ruhestrom), Ziffernwahl mit Schleifenimpulsgabe (Ruhestrom)(Fsp)
loop direction finder Rahmenpeiler, Rahmenpeilgerät
loop disconnect pulsing Schleifenwahl (Ruhestrom), Ziffernwahl mit Schleifenimpulsgabe
loop dryer Gewebetrockner (ohne Spannung), Schleifentrockner
loop effect Rahmeneffekt, Rahmenwirkung
loop error Schleifenschlußfehler (geophys)
loop forming Schleifenbildung (pla)
loop gain Rückkopplungsschleifenverstärkung
loop galvanometer Schleifengalvanometer
loop-gate transmitter Lochstreifensender mit Kulissenführung für doppeltes Abtasten des Meldekopfes (teg)
loop glass dome durchsichtige Rahmenantennenkuppel
loop hanger Aufhängebügel (Spule ect)
loop-hole Guckloch, Schauloch
loop in homing position Peilrahmen in Zielfluglage
loop, internal station-side modeminterne teilnehmerseitige Schleife
loop iteration Iterationsschleife (Rechner)
loop LR-switch LR-Schalter (links/rechts-Schalter) für Rahmenantenne
loop line (rail) Schleifenlinie (zurück zur Hauptlinie)
loop, line-side leitungsseitige Schleife
loop measurement Schleifenmessung
loop motor Rahmenantennenmotor
loop of film spannungslose Filmschleife
loop of oscillograph Oszillographenschleife
loop, open offene(r) Schleife od. Regelkreis
loop oscilloscope Schleifenoszillograph
loop, program Programmschleife (EDV)
loop, program control Programmsteuerungsschleife (EDV)
loop range Vierkursfunkfeuer mit schleifen-

förmiger Antenne
loop, rapid access Schnellzugriffsspur
loop ratio Windungsverhältnis der einzelnen Wicklungen (Mes)
loop receiver Rahmenempfänger
loop reception Rahmenempfang
loop, recirculating Registerspur
loop resistance Doppelleistungswiderstand, Schleifenwiderstand
loop resistance measurement or test Schleifenwiderstandsmessung
loop road Hindernisumführung
loop scavenged Diesel engine Dieselmotor mit Umkehrspühlung
loop, self-resetting selbstrücksetzende Schleife (teg)
loop stick antenna Ferritstabantenne
loop stop Programmstopp durch Dauerschleife
loop strength knickbruchfest, Knotenfestigkeit
loop switching frequency Rahmenumschaltfrequenz
loop test Schleifenmessung
loop tunnel Kehrtunnel
loop type clamp Rohrschelle
loop type range Kursfunkfeuer mit Rahmenantenne
looped circuit Doppelleitung, Leitungsschleife, Schleifenleitung
looped filament schleifenförmiger Glühfaden (Kohlefaden)
looping Durchlaufen (Programmschleife) (dig), Schleifenbildung, Schlingenbildung, Schleifenberührung, Looping, Überschlag im Kunstflug (av)
looping mill Umsteckwalzwerk
loose cable loses verseiltes Kabel
loose change gear Wechselrad
loose circulation Spülung verlieren (Bohrung)
loose collar Stellring
loose connection or contact Wackelkontakt
loose creeping inner race Innenring mit losem Sitz
loose fit Gewindepassung "grob"
loose framing weite Umrahmung
loose-leaf binder Loseblattsammelmappe
loose pulley Losscheibe (w)
loose rounds lose Munition
loose running fit weiter Laufsitz
loosely bound schwach gebunden
loosely braided cordage lose gekoppeltes Seil
loosen lockern, lösen, locker werden, losspannen
looseness Grad der Lockerung, loser Zusammenhang, Spiel (im Getriebe usw)
loosening Lockerung, Lockerwerden
loosening connection lösbare Verbindung
LOP (line of position) Standlinie
LOP-line or position Positionsstandlinie
lop-sided self-locking nut selbstsicherende Asymmetriemutter
LORAC link LORAC-Kette
LORAN (long-range air navigation) LORAN, Fernnavigation nach Hyperbelverfahren
LORAN A LORAN-A, Standard-LORAN-A
LORAN base length LORAN-Basislänge
LORAN C (Standard-)LORAN C
LORAN chain LORAN-Netz
LORAN link LORAN-Kette
LORAN pair LORAN-Sendepaar
LORAN station LORAN-Station
LORAN system LORAN-Verfahren, Langstreckennavigationsverfahren nach LORAN
LORANGEE LORANGEE-Bordempfänger
Lorentz contraction Lorentz-Kontraktion
Lorentz force Lorentz-Kraft
Lorentz start-stop apparatus Lorentz-Spring-Schreiber
LOROP long-range oblique photography
lorry Förderwagen, Lastwagen, Lore
lorry substructure Aufbauten für LKW
LOS-F-H (Line of Sight -Forward- Heavy)
LOS-R (Line of Sight -Rear)
Loschmidt number (arogado number) Loschmidt sche Zahl
lose control die Steuergewalt verlieren (Flz)
lose height Höhe aufgeben
lose one's bearing, to verfranzen, sich verfliegen
lose orientation sich verfliegen, Orientierung verlieren, sich verirren
lose out of sight, to aus der Sicht verlieren
loss Dämpfung, Einbuße, Verlust
loss angle Dämpfungswinkel, Verlustwinkel
loss angle of shielding factor Verlustwinkel der Durchgriffskapazität
loss area Dämpfungsfläche, Verlustfläche
loss by evaporation Verdunstungsverlust
loss by friction Reibungsverlust
loss coefficient Verlustkoeffizient
loss due to leakage Dichtigkeitsverlust
loss factor Verlustfaktor, Betriebsdämpfung, Verlustbeiwert, Verlustziffer
loss frequency Schadenhäufigkeit
loss from cooling Abkühlverlust
loss in burning Abbrand
loss in carrying capacity Verlust an Transportleistungsvermögen (Öl)
loss-in time Nachgehen
loss meter Verlustzähler
loss of accuracy Genauigkeitsverlust (dig)
loss of altitude Höhenverlust
loss of charge Ladeverlust
loss of circulation Spülungsverlust (Bohrung)
loss of circulation zone Spülverlustzone, Zone in der Spülungsverluste auftreten (Ölbohrung)
loss of control Verlust an Steuerbarkeit
loss of core Kernverlust
loss of drift or lift Auftriebsverlust
loss of flying speed Verlust an Luftfahrzeuggeschwindigkeit
loss of heat Wärmeabführung, Wärmeabgabe, Wärmeentwicklung, Wärmeverlust
loss of junction Übergangsverlust
loss of mangánese Manganabbrand
loss of mosture Feuchtigkeitsverlust, Verdunstung
loss of operationak availability Verlust der Einsatzfähigkeit
loss of orientation Orientierungsverlust
loss of power Leitungsverlust, Antriebsverlust
loss of producing time Förderzeitausfall, Förderzeitverlust
loss of production Produktionsausfall, Förderverlust
loss of radio contact abreißen der Funk-

verbindung
loss of returns Spülungsverlust
loss of revenue Ertragsverlust
loss of signal Signalverlust
loss of speed Geschwindigkeitsabfall
loss of tail rotor effectiveness (LTE) mangelhafte Heckrotorwirkung (Hschr)
loss of thrust Schubverlust (Jet)
loss of time Stockung, Stau, Zeitverlust
loss of watt Wattverlust
loss per section Streckendämpfung
loss resistance Verlustwiderstand
loss settlement Schadensregulierung
loss statistics Schadensstatistik
loss-summation method Einzelverlustverfahren
loss, total Totalverlust
losses, frictional Reibungsverluste
lossy cable Dämpfungskabel
lost call Fehlanruf
lost cost travel option Niedrigpreisreisemöglichkeit
lost drill pipe verlorenes Bohrgestänge
lost drilling tools verlorenes Bohrwerkzeug
lost motion Hubverlust
lost motion play toter Gang
lost significance Genauigkeitsverlust
lost time Verlustzeit
lost, to be sich verfliegen, verfranzen
lot Posten, Serie, Los (A), Bauserie, größere Anzahl, Lot
lot history Lebenslauf des Loses
lot shipment Sammelladung
lot size criteria Losgrößenkriterien
lot test Losprüfung
lot tolerance percent defective (LTPD) Rückweisegrenze, rückweisende Qualitätsgrenzlage
loud hailer Richtlautsprecher hoher Leistung
loudness Lautheit, Lautstärke(neinheit)
loudness contour of ear Ohrenempfindungsgrenze
loudness judgement Lautstärkebeurteilung
loudness level Lautstärkepegel
loudness meter Lautsärkemeßgerät
loudness of the sound Schallaut
loudness sensation Lautstärkeempfindung
loudness summation method Lautheitssummenmethode
loudspeaker blind frame Lautsprecherblendrahmen
loudspeaker capacitor Lautsprecherkondensator
loudspeaker car Lautsprecherwagen
loudspeaker diaphragm Lautsprechermembrane
loudspeaker dividing network Frequenzweiche
loudspeaker horn Lautsprechertrichter
loudspeaker tube Endröhre, Lautsprecherröhre
loudspeaker voice cell Schwingspule
loudspeaking telephone Lautfernsprecher
louver Leitblech (heiße Luft im Trockner), Luftschlitz der Motorhaube (mit jalousieartiger Abdeckung)
louver-board Jalousieladen
louver shutter Jalousieverschluß
louvered access plate Zugangsdeckel mit Luftschlitzen
louvered dorsal intake door Jalousieklappe
louvered slide Schlitzwand
louvre Leitblech (heiße Luft im Trockner)
louvre-type slot Kühlluftschlitz
louvred screen Lamellengitter
low Tief, niedrig, tiefliegend, schlecht, Lufttiefdruck (meteo)
low-access memory Schnellspeicher, Speicher mit geringem Zugriff
low-access storage or store Speicher mit geringer Zugriffszeit
low aerobatics Kunstflug in niedriger Höhe
low-air pressure Luftunterdruck
low-alloyed steel niedriglegierter Stahl
low-altitude airfield attack system System für den Tiefflugangriff von Flugplätzen
low-altitude bombing radar Radar mit Bombenabwurf im Tiefflug
low-altitude bombing system Anlage für den Bombenabwurf aus geringer Höhe
low-altitude circular orbit by direct injection Direkteinschuß in eine niedrigere kreisförmige Erdumlaufbahn
low-altitude circular orbit with transfer ellipse to another orbit Einschuß in eine niedrigere kreisförmige Erdumlaufbahn mit nachfolgendem Hohmann-Übergang in eine andere Umlaufbahn
low-altitude earth orbit erdnahe Umlaufbahn
low altitude elliptical orbit by direct injection Direkteinschuß in eine niedrigere elliptische Erdumlaufbahn
low-altitude, high-speed camera Kamera für Höhengeschwindigkeitseinsätze in niedriger Höhe
low-altitude, high-speed dash Tiefflug mit hoher Unterschallgeschwindigkeit (AC)
low-altitude high-speed gust response Böenansprechverhalten im schnellen Tiefflug (AV)
low-altitude high subsonic speed cruise schallnahe Marschgeschwindigkeit in niedriger Höhe (AC)
low-altitude parachute extraction system (LAPES) Tiefflugfallschirmausziehsystem
low-altitude penetration Durchstoßen in geringer Höhe, Eindringung od. Einflug in geringer Höhe
low-altitude surveillance radar (LASR) Tieffliegerradar
low-altitude trials Erprobungen aus geringer Höhe (LL)
low angle Flachwinkel
low-angle fire Flachschuß, Feuer in der unteren Winkelgruppe
low angle radiation Ausstrahlung unter kleinem Erhebungswinkel
low approach Tiefanflug, niedriger Anflug
low area Gebiet tiefen Luftdrucks
low aspect ratio geringe Flügelstreckung, geringes Schaufelhöhenverhältnis (Twk)
low aspect ratio wing Flügel geringer Streckung
low attack ground fighter Tiefangriffsflugzeug
low-background counter Zähler mit niedrigem Nulleffekt od. Untergrund
low beam Abblendlicht
low-bed trailer Tiefladeanhänger
low binder absorption geringer Bindemittelbedarf (chem)
low binding lockere Bindung
low brass (80% Cu, 20% Zn) Messinglegierung
low break-even factor on direct operating

costs niedrige Rentabilitätsgrenze
low built car Niederrahmenwagen
low bypass niedriges Durchsatzverhältnis
low capacity fuze Sicherung geringer Stromstärke
low-bypass reheated turbofan niedriges Nebenstromverhältnis
low capture material Material mit niedrigem Einfangquerschnitt
low carbon core Kern mit niedrigem Kohlenstoffgehalt (Einsatzhärtung)
low carbon steel Stahl mit niedrigem Kohlenstoffgehalt
low ceiling niedrige Hauptwolkengrenze
low center of gravity tiefe Schwerpunktlage, Tiefenschwerpunktlage, Haftung am Erdboden, tiefliegender Schwerpunkt
low clouds tiefhängende Wolken
low community noise gedämpfter Lärmpegel
low consumption geringer Verbrauch
low-consumption cathode Sparkathode
low-consumption equipment Gerät mit geringer Leistungsaufnahme
low cost inertia navigation Low-Cost-Trägheitsnavigation
low-cost low-orbit launcher (little EO) Little EO, billige Trägerrakete
"low-cost" turbojet-powered trainers "kostengünstiger" Strahltrainer
low crossing tiefes Überfliegen
low-current protector Feinspannungseinsatz
low-cycle fatigue Ermüdungsversuch mit Kurzzyklus, untere Grenzlastspielzahl (Ermüdung nach wenigen Umdrehungen z.B. Rotorwelle)
low-cyclic fatigue zyklische Ermüdung
low cyclone depression Tiefdruckgebiet
low data rate langsame Datengeschwindigkeit
low-definition niedrigzeilig
low-density polyethylene Polyäthylen niedriger Wichte
low-density, singly-crystal turbine blades Turbine mit Einkristallschaufeln geringer Dichte (Twk)(av)
low density traffic area Luftraum mit geringer Verkehrsdichte
low density tunnel Unterdruck(wind)kanal
low dip flaches od. geringes Einfallen (geol)
low-dipping stratum flach einfallende Schicht, sanft geneigte Schicht (geol)
low distortion Verzerrungsfreiheit, geringe Verzerrung
low drag cowling aerodynamisch günstige Haubenverkleidung geringen Widerstands
low-drag fuselage "Neue Rumpftechnologie" (NRT) (mit widerstandsarmen Konfiguration
low-drag helicopter widerstandsarmer Hubschrauber
low-drag, high lift wing hochentwickelte Tragfläche mit niedrigem Luftwiderstand und hohem Auftrieb
low-drag trailing aerial Schleppantenne mit geringer Störung
low-drift crystal Schwingquarz mit kleinen Temperaturkoeffizienten
low dummy descriptor block Anfangsleerblock
low earth orbit erdnahe Umlaufbahn
low-emission infrared target geringer IR-Anstrahlpegel
low end of main memory unterer Bereich des Arbeitsspeichers
low-energy radiation weiche Strahlung
low engine and accessory unit change time kürzere Austausch- u. Instandsetzungszeit
low-engined kleinmotorig
low-enrichment uranium schwach angereichertes Uran
low excited state schwach angeregter Zustand
low explosive Pulversprengstoff
low-fare market Markt für niedrige Tarife
low firing angles untere Winkelgruppe
low flow geringes od. schweres Fließvermögen (pla)
low-flux core Niederflußreaktorkern, Reaktor mit niedrigem Elektronenfluß, Niederflußreaktor
low flying area Tieffluggebiet
low-flying antiship missile tieffliegender Seezielflugkörper
low flying operation Tiefflug
low-fyling order Tiefflugauftrag
low-flying or -level attack Tiefangriff
low flying route Tiefflugstrecke
low frame Niederrahmen
low-frame chassis Niederrahmenfahrgestell
low freeze explosive schwer gefrierbarer Sprengstoff
low frequency (LF) Kilometerwellen (Bereich), Langwellen (Bereich)(LF), Niederfrequenz (30- 3 000 KHz)
low frequency amplifier (electron) Niederfrequenzverstärker
low frequency channel frequenztiefer Kanal
low-frequency characteristic Niederfrequenzkurve
low-frequency choke Niederfrequenzdrossel
low-frequency compensation Niederfrequenzausgleich
low-frequency cone loudspeaker Tieftonkonus
low-frequency cutoff untere Gundfrequenz
low-frequency dialing Unterlagerungsfernwahl
low-frequency direction finder Langwellenpeiler
low-frequency direction finding Langwellenpeilung
low-frequency disturbance Niederfrequenzstörung
low-frequency end (of band) unteres Ende des Frequenzbandes
low-frequency filter Niederfrequenzsiebkette
low-frequency (induction) furnace Niederfrequenzofen
low-frequency machine Niederfrequenzmaschine
low-frequency muffler Hochtondurchlasser
low-frequency noise Zeilenrauschen (TV)
low-frequency noise transmitted Übertragung niederfrequenter Schallschwingung
low-frequency oscillation Unterbandoszillator (TACAN-Bodenstelle)
low-frequency rejection filter (electron) Tiefensperre, Tiefensperrfilter
low-frequency ringer Niederfrequenzrufsatz
low-frequency selection Niederfrequenztonselektion

low-frequency signaling Zeichengabe für Niederfrequenz
low-frequency signaling current niederfrequenter Rufstrom
low-frequency speaker Tieftonlautsprecher
low-frequency suppression filter Tief(en)sperre
low-frequency valve Niederfrequenzröhre
low-frequency vibrations (6,3-16 Hz) niederfrequente Schwingung (6,3 und 16 Hz)
low-gain antenna ungerichtete Antenne
low gear unterer Ladergang
low gear friction clutch Reibungskupplung für unteren Gang
low-geometry counter Zähler mit ungünstiger Geometrie
low-grade coal Ballastkohle
low-grade cryptographic system Schlüsselsystem geringer Festigkeit
low-grade massecuite Nachproduktfüllmasse
low-grade strike Nachsud
low-grade vacuum pan Nachvakuum
low gravity oil Schweröl
low hysteresis spring Feder geringer Hysterese
low hysteresis steel Stahl mit geringer Hysterese
low impedance niederohmig (Elektron)
low-in carbon kohlenstoffarm
low-in manganese manganarm
low-in phosphorous phosphorarm
low inertia Gerät mit geringer Trägheit der bewegten Teile
low intensity approach light lichtschwaches Anflugfeuer, Niederleistungsanflugbefeuerung
low intensity jamming schwache Störung, schwaches Stören (ELOKA)
low intensity light Licht von kleiner Leuchtkraft
low intensity lighting system Niederleistungsbefeuerung(system)
low intensity omni-directional lights Mittellinienfeuer, Niederleistungs-Rundstrahlfeuer
low intensity runway lights Niederleistungsstartbahnbefeuerung
low key unterer Notpunkt (Anflug bei Triebwerkausfall)
low-level amplifier Kleinsignalverstärker (Rechner)
low level approach Tiefanflug
low level attack Tiefflugangriff
low level attack aircraft Tiefflieger
low-level blanking Grundgeräuschaustastung
low-level bombing attack Bombentiefangriff
low-level bus Niederrahmenomnibus
low level circuit Stromkreis mit kleinster (od. trockener) Belastung
low level CSS Minimalkraft-Griffsteuerung (Flugregler)
low-level DC data tranmission facility Gleichstrom-Datenübertragungseinrichtung (Rechner)
low level DC data transmission system Gleichstrom-Datenübertragungssystem mit niedriger Sendespannung
low-level dosimeter Dosimeter für kleine Dosen
low-level endurance without afterbruner Tiefflug ohne Nachbrenner
low-level flight Tiefflug
low-level force switch Minimalgriffkraft-Schalter (Flugregler)
low-level indicator Leerstandanzeiger
low-level intermediate frequency amplifier subunit ZF-Vorverstärker
low-level intruder reporting service Tieffliegermeldedienst
low-level language Grundsprache, niedere Computersprache, Maschinensprache
low-level measuring method (nuclear) Low-Level-Meßtechnik
low level modulation (electron, telcom) Modulation vor der Verstärkerstufe
low-level navigation capability Tiefflugnavigationsanlage
low-level operation Tiefflugeinsatz
low-level penetration Eindringvermögen im Tiefflug
low-level penetration warning system Tieffliegermeldedienst
low-level practice firing Tiefflugschießübung, Tiefflugübungsschießen
low-level precise navigation and position reporting Tiefflugnavigation u. Standortbestimmung
low-level precision strike Präzisionstiefangriff
low-level pulse radar altimeter Impulsradarhöhenmesser für den Tiefflug
low-level radar Radargerät für den bodennahen Bereich
low-level service reservoir Rücklaufbehälter, Rücklaufreservoir
low-level signal Kleinsignal (Rechner)
low-level stage Vorstufe
low-level target tiefstliegendes Ziel
low-level unit supply Niederspannungsversrogung
low-level warning switch Niedrigstand-Warnschalter
low-level waste Abfall niedriger Aktivität
low-level wind Bodenwinde
low-life cycle cost Wirtschaftlichkeit
low lift platform truck Hubwagen
low lift pump Niederdruckpumpe
low-lift truck Niederhubwagen
low-light CCTV system, high resolution hochauflösende Fernsehkamera mit Restlichtverstärkung
low-light illuminance Illuminanz (auftreffender Lichstrom)
low-light level schwacher Helligkeitsgrad
low-light level camera lichtstarke Kamera, Restlichtkamera
low-light level technology Nachtsichttechnik, Restlichttechnik
low-light-level television Dämmerlicht-Fernsehsystem, Nachtsicht-Fernsehen
low-light photography Restlichtphotographie
low-light sensor Restlichtsensor
low-light television Restlichtfernsehen
low-light television subsystem Nachtfernsehanlage
low-light TV camera Restlicht-Fernsehkamera (Weitwinkelcockpit)
low-load range Kleinlastbereich
low load start Anlauf (Anlassen) unter geringer Last

low loader Tieflader
low-loading amplifier angepaßter Gegentaktverstärker
low-loading level geringe Ladehöhe
low-loading trailer Tiefladeanhänger
low-loss verlustarm
low-loss condenser Kondensator mit geringen dielektrischen Verlusten
low-loss propagation Ausbreitung mit geringem Verlust
low-lubricity fuel Kraftstoff mit geringer Schmiereigenschaft
low-luminescent source schwach selbstleuchtende Lichtquelle
low-luminosity lichtschwach (TV)
low-maintenance rotor head wartungsfreundlicher Rotorkopf
low-melting metal Metall mit niedrigem Schmelzpunkt
low melting point niedrigschmelzend
low minimum cyclone area of low pressure Zyklone
low-moisture level niedriger Feuchtewert
low-mortality part Teil mit geringem Verschleiß
low-mortality repair part Ersatzteil mit niedriger Verschleißquote
low-noise rauscharm, störungsarm
low-noise amplifier rauscharmer Verstärker
low-noise device rauscharmes Element
low-noise figure amplifier rauscharmer Verstärker
low-noise level rauscharm, spektralrein, geringe Lärmentwicklung
low-noise maser rauscharmer Maserverstärker
low-noise mixer Empfindlichkeitsmischer
low-noise operation geräuscharmer Lauf
low-noise parametric amplifier parametrischer Verstärker mit niedrigem Rauschfaktor
low-noise tape Low-Noise-Band (Elektron)
low-noise tube rauscharme Röhre
low-noise unit geräuscharmes Gerät
low number of revolution niedrige Drehzahl
low oblique (aerial photography) Steilaufnahme (LUBI)
low oblique camera Kamera für Steilaufnahmen (LUBI)
low-oblique photograph Steilluftbild
low-occupancy signal spectrum Signalspektrum mit niedrigem Besetzungsgrad
low-octane fuel Kraftstoff mit niedriger Oktanzahl
low-ohmic contact niederohmiger Kontakt
low-ohmic resistance niedriger Ohmwiderstand
low oil content ölarm (z. B. ölarmer Leistungsschalter)
low oil pressure Öldruck zu niedrig
low-oil pressure switch Öldruckwarnschalter
low-oil pressure tubing Motorölrückleitung
low-oil pressure warning light Öldruckkontrolleuchte (Motor), Kontrolleuchte für Motoröldruck
low-oil pressure warning (light) switch Öldruckschalter
low on fuel knapp an Treibstoff
low-order niederwertig, niedrigstwertig
low-order bit position niedrigste Bitstelle
low-order burst or shell Fehlzerspringer
low-order detonation unvollständige Detonation
low-order digit Ziffer mit niedrigem Stellenwert, Ziffer mit niederem Stellenwert
low-order functioning (projectile) unvollständige Detonation
low-order position Stelle mit niedrigem Dezimalwert, niedrigstwertige Stelle
low overall Grundschwelle, Stauschwelle
low paper condition Papiervorratsende
low pass Niedriganflug, Tiefflug über Landepiste (av)
low-pass amplifier Breitbandverstärker
low-pass connecting filter Anschaltfilter
low-pass delay network Tiefpaßkettenleiter, Hochfrequenzsperrkette, Kettenleitung
low-pass selective circuit Hochfrequenzsperrkreis
low-performance aircraft Leichtflugzeug
low pitch kleiner Blatteinstellwinkel, kleine Steigung (Propeller)
low-placed tailplane niedrig angesetzte Höhenflosse
low-power diode transistor logic (LPDTL) Diodentransistorlogik niedriger Leistungsaufnahme (LPDTL)
low-power diode transistor micrologic Dioden-Transistor-Mikrologik mit niedriger Verlustleistung
low power drain geringer Stromverbrauch
low-power ferrite limiter Ferritbegrenzer für kleine Leistung
low-power gain Verstärkung im niedrigen Leistungsbereich
low-power microscope schwach vergrößerndes Mikroskop
low-power modulation Modulation auf niedrigem Pegel, Vorstufenmodulation
low-power motorgenerator Schwachstromumformer
low-power nuclear reactor Kernreaktor mit geringer Leistung, Niedrigleistungsreaktor
low-power objective schwaches Objektiv
low-power pile Kernreaktor geringer Leistung, Niederleistungsreaktor
low-power station Kleinstation
low-power termination Niederleistungsstück (Wellenleiter)
low-power transistor transistor logic Transistorlogik mit niedriger Verlustleistung
low-power waveguide termination Hohlleiter-Meßwiderstand
low-powered Niederleistungs..., schwachmotorig, kleinmotorig, mit geringer Kraft
low-powered airplane schwachmotoriges Flugzeug
low-powered engine schwacher Motor
low-pressure Niederdruck
low-pressure air Druckluft geringen Druckes, Niederdruckluft
low-pressure air compressor ND-Luftverdichter (Schiffstechnik), Niederdruckluftverdichter (Schiffstechnik)
low-pressure air line Niederdruckluftleitung
low-pressure air strainer Filter für geregelte Luft
low-pressure air supply (torpedo) Luftweg zum Brennstoffgefäß und Ölgefäß
low-pressure air system Niederdruck-Druck-

luftsystem
low-pressure area Tiefdruckgebiet, Zyklone
low-pressure atomizer Niederdruckölbrenner
low-pressure blower ND-Gebläse (Schiffstechnik), Niederdruckgebläse
low-pressure center Tiefdruckkern
low-pressure chamber Höhendruckkammer, Höhendruckraum, Höhendruckprüfstand, Höhenprüfkammer, Unterdruckkammer
low-pressure cloud chamber Niederdrucknebelkammer, Unterdrucknebelkammer (Atomphysik)
low-pressure cold air Kaltlufttief
low-pressure compressor (LPC) Niederdruckverdichter (NDV), ND-Verdichter
low-pressure container Niederdruckgefäß (Dampfkessel, Gasflasche)
low-pressure control Niederdruckschalter (Kältemaschine)
low-pressure cylinder Niederdruckzylinder
low-pressure die process Niederdruck-Preßgußverfahren
low-pressure filter (LPF) Niederdruckfilter, ND-Filter
low pressure fuel cock Niederdruckbrennstoffhahn
low-pressure fuel cock control Niederdruck-Brennstoffhandbedienung, Steuerung für Niederdruckbrennstoffhahn
low pressure fuel cock control lever Steuerungshebel für Niederdruckbrennstoffhahn
low-pressure fuel filter Kraftstoffvorfilter, Kraftstoffvorreiniger
low-pressure fuel injection Niederdruckkraftstoffeinspritzung
low-pressure gage Niederdruckmanometer
low-pressure gas burner Niederdruckgasbrenner
low-pressure gasholder Niederdruckgasbehälter
low-pressure heating Niederdruckheizung
low-pressure hose Niederdruckschlauch
low-pressure hose assembly Niederdruckschlauchleitung
low-pressure hydraulic monitor Hydraulikmindestdrucküberwacher
low-pressure impeller Radialteil des ND-Laufrades (Turbine)
low-pressure indicator Warndruckzeiger (Bremse)
low-pressure inducer Axialteil des ND-Laufrades (Turbine)
low-pressure laminate Niederdrucklaminat, Niederdruckschichtstoff (pla)
low-pressure laminating Niederdruck-Schichtstoffherstellung
low-pressure mercury arc Tiefdruckgebiet
low-pressure moulding Kontaktverfahren, Niederdruckpreßverfahren (pla)
low pressure plastic Niederdruckkunststoff
low pressure reaction propulsion Niederdruckreaktionsantrieb
low-pressure reaction rotor Niederdruck-Reaktionsrotor
low-pressure safety valve Niederdruck-Sicherheitsventil
low-pressure sand casting Niederdruck-Sandfußverfahren
low-pressure sensing line Unterbetriebsdruckgeberleitung
low-pressure speed probe ND-Wellendrehzahlmesser
low-pressure stage Niederdruckstufe
low-pressure steam Niederdruckdampf
low-pressure steam engine Niederdruck-Dampfmaschine
low-pressure technology Niederdrucktechnologie (Wartungsbereich)
low-pressure test Niederdruckprüfung
low-pressure test chamber Niederdruckprüfkammer
low-pressure tire Niederdruckreifen
low-pressure torch (welding) Injektorbrenner
low-pressure turbine ND-Turbine, Niederdruckturbine
low-pressure vacuum pump Niedervakuumpumpe
low-pressure valve Niederdruckventil
low-pressure warm gas warmes Niederdruckgas
"low probability of intercept" (LPI) **technology** Reduzierung der Erfassungsvielfältigkeit (Wartung)
low-range print Kleinumfangkopie
low range radio altimeter for low approach Funkhöhenmesser für unteren Höhenbereich
low-resistance niederohmig
low-resistance direction Durchgangsrichtung, Durchlaßrichtung
low-resistance winding niederohmige Wicklung
low resistor Niederohmwiderstand
low-risk Minimierung des Entwicklungsrisikos (Luft- und Raumfahrt)
low rudder Seitenruderausschlag nach unten (beim Steuerwechsel), Tiefenruder
low-set tailplane tief angesetztes Höhenleitwerk
low-shring film (stable base) schrumpfarmer Schichtträger
low side kaltes Ende (Kathode)
low-sidelobe antenna (with very high-speed electronic beam steering on both elevation and azimuth, compact transmitter, spectrally pure frequency generation, processor software to be very quaickly reconfigurable) **Gruppenantenne** (mit zweidimensionaler elektronischer Strahlsteuerung, Schnelltrennkupplung und extrem schwachen Nebenkeulen, kompakter Senderaufbau, hoher Frequenzreinheit, extrem rasch umprogrammierbare Signalverarbeitung (av)
low sidelobe level Niederkeulendämpfung
low-signature loitering drone Antiradardrohne
low sinking speed geringe Sinkgeschwindigkeit
low snow dispersion flacher Schneeauswurf
low speed langsamlaufend, niedertourig
low-speed adjusting screw Leerlaufeinstellschraube
low speed adjustment Einregulierung für Langsamlauf
low-speed buck bocken bei niedriger Drehzahl (Motor)
low-speed capability Langsamflugeigenschaft (milit).
low speed characteristic Langsamlaufeigenschaft (Motor)
low speed cycle mechanischer Gang

low speed engine Langsamläufer
low-speed flight Langsamflugeigenschaft
low speed flight envelope Langsamflugbereich
low speed flying quality Lansamflugeigenschaft
low-speed handling Verhalten im Langsamflug
low-speed handling characteristic Langsamflugeigenschaft
low-speed handling presents no problem Beherrschung des Langsamflugbereichs (Hschr)
low speed lift characteristic Auftriebscharakteristik bei niedriger Geschwindigkeit
low speed line Fernmeldeleitung für langsame Datenübertragung
low speed nozzle Leerlaufdüse
low speed operation Betrieb mit langsamer Geschwindigkeit
low speed performance Leistung bei niedriger Drehzahl, Langsamflugleistung
low-speed remote job entry Dialog-Jobverarbeitung (Rechner)
low-speed stall Strömungsabriß bei geringer Geschwindigkeit
low-speed tunnel Unterschallwindkanal
low speed wind tunnel Unterschallwindkanal
low static volume transduer Kontraktionsdosengebung (statischer Druck in Dose)
low-stop filter Hochfrequenzsiebkette, Hochpaßfilter (Elektron)
low structure weight gewichtsparende Bauweise (Verkehrsflugzeuge)
low supercharged engine Bodenmotor, Motor mit geringer Aufladung
low supercharger gear unterer Ladegang
low tape Signal Streifenende
low temperature für niedrige Temperatur, Kältetemperatur, Tieftemperatur
low temperature annealing or stress relieving autogenes Entspannen (phys)
low temperature brittleness Kältebiegeschlagwert, Kältesprödigkeit (pla)
low temperature carbonization Schwelen, Schwelung, Tiefvergasung, Tiefverkokung, Urdestillation, Urverkokung, Verschwelung
low temperature carbonization gas Schwelgas
low temperature carbonization of coal Kohlenschwelung
low temperature distillation Schwelung
low temperatur environment (space) Tieftemperaturumgebung
low temperature grease Kältefett
low temperature insulation Kältedämmung, Kälteisolierung
low temperature irradiation Bestrahlung bei geringer Temperatur
low temperature limiting circuit Niedrigtemperaturbegrenzungskreis
low temperature physics Kältephysik
low temperature reactor Tieftemperatur-Reaktor
low temperature rectification Niedertemperatur-Fraktionierung (Gas)
low temperature sinking process Gefrierverfahren, Schockfrosten, Tiefgefrierverfahren
low temperature stability Kältebeständigkeit, Tieftemperaturbeständigkeit
low temperature tar Schwelteer, Urteer
low tension Niederspannung, Heizspannung (elektrisch u. mechanisch)
low tension battery Heizbatterie
low tension circuit Niederspannungskreis
low tension end Niederspannungseite
low tension fuse Niederspannungssicherung
low tension ignition Niederspannungszündung
low tension installation Niederspannungsanlage
low tension insulation Niederspannungsisolierung
low tension insulator Niederspannungsisolator
low tension line Niederspannungsleitung
low tension machine Niederspannungsmaschine
low tension network Niederspannungsnetz
low tension side Niederspannungsseite
low tension switch(gear) Niederspannungsschalter(anlage)
low tension winding Niederspannungswicklung
low tension wire Niederspannungsleitung
low-time constant circuit Stromkreis mit kleiner Zeitkonstante
low toss niedriger Schleuderwurf
low turn-round time Niedrigbodenzeit, niedrige Bodenzeit (od. Wartungszeit)
low vacuum Niedervakuum
low vacuum tube Niedervakuumröhre
low-value niedrigster Wert (COBOL), Niedrigstwert
low-valued resistor Niederohmwiderstand
low-velocity neutron langsames Neutron
low-velocity scanning langsames Abtasten (TV)
low viscosity Dünnflüssigkeit
low viscosity index (LVI) Dünnflüssigkeitszahl
low visibility landing Schlechtwetterlandung
low-visibility operations Betrieb bei geringer Sicht (FS)
low volatile schach flüchtig
low voltage apparatus Niederspannungsapparat
low-voltage arc Niedervoltbogen
low-voltage circuit Niederspannungskreis
low-voltage fuse Niederspannungssicherung
low-voltage installation Niederspannungsanlage
low voltage lamp Niedervoltlampe
low-voltage main Niederspannungsnetz
low-voltage protection Nullspannungsschutz, Spannungsrückgangschutz, Unterspannungsschutz (E-Motor)
low-wing monoplane Tiefdecker
low-yielding traffic ertragsschwacher Verkehr
lower airfoil cooling root feed sketch untere Luftzuführung
lower and lower levels of RCS präzise und zuverlässige Meßwerte für die Radarrückstrahleigenschaften (Stealth)
lower and pull-out mechanism Absenkziehmechanismus
lower band Unterring
lower band spring Unterringfeder
lower bend of the characteristic unterer Kennl nienknick
lower boards Jalousiebretter
lower bound untere Grenze (ALGOL,COBOL)
lower branch (of a meridian) unterer Meridian
lower brushes untere Bürsten
lower card lever unterer Kartenhebel
lower chassis of crane Unterwagen
lower clouds untere Wolkenschicht
lower column Unterständer
lower command untere Führung, untergebene

Stelle
lower component of composite aircraft Unterflugzeug
lower curtate untere (Lochungs)zone
lower cycle Niederdruckkreis
lower deck Zwischendeck, unteres Deck
lower deviation unteres Abmaß
lower differential flight control unteres Differential der Flugsteuerung
lower disc loading niedrige Kreisflächenbelastung (VTOL-Entwurf)
lower drag brace unterer Knicksteuerschenkel (Fahrwerk)
lower drag characteristic widerstandsarme Umströmung
lower drag link unterer Teil der (Hauptfahrwerk)knickstrebe
lower drag link arm Ausfahrverrliegelungsarm
lower drag link cam Ausfahrverriegelungsfalle, Ausfahrverriegelungsnocke
lower drop arm unterer Lenkhebel
lower edge Unterkante
lower equipment bay unteres Geräteabteil
lower fairing untere Verkleidung
lower flange Untergurt (Fsch)
lower flange travelling rail Unterflanschlaufwerk
lower flap panel Kegelklappe (Fsch)
lower front control panel untere Gravurplatte (E-Meßgerät)
lower half-power point unterer Halbleistungspunkt
lower housing Okularstutzen (E-Meßgerät), untere Gehäuseschale
lower jaw (landing gear) unterer Verriegelungshaken
lower jaw retaining lever (landing gear) Sperrklinke für den unteren Verriegelungshaken (am Fahrwerk)
lower ladder Unterleiter
lower lateral band Basisband (Fsch)
lower left portion, to unten links
lower leg Saugarm
lower limit unterer Grenzwert, Untergrenze (Luftraum)
lower-limit measurement Kleinstmaß
lower limiting filter Kondensatorkette
lower limiting frequency untere Grenzfrequenz
lower-limiting measurement Kleinstmaß
lower lobe galley Unterdeckküche
lower longeron Rumpfunterholm (av)
lower-minimum measurement Kleinstmaß
lower noise level niedriger Geräuschpegel
lower or dromer window Dachluke
lower or ease down, to herunterfahren, heruntergehen (mit Druck beim Füllen)
lower overcast niedrige Wolkendecke
lower-powered range unterer Schubbereich
lower ram Unterstempel
lower recoil force niedrige Rückstoßkraft
lower regulating plate untere Führungsplatte (Richtanlage)
lower scattered niedrig aufgerissen (Wolken)
lower scavenge pump chamber block unterer Spülpumpenkammerblock
lower scavenge pump gears unteres Spülpumpengetriebe
lower shield racket Unterschildträger
lower side band unteres Seitenband
lower specific fuel consumption Senkung des spezifischen Kraftstoffverbrauchs
lower speech interference level niedriger Sprachinterferenzpegel
lower supersonic range unterer Überschallbereich
lower surface (of a wing) Tragflächenunterseite, Unterseite eines Flügels
lower surface leading-edge separation Ablösung der Strömung an der unteren Flügelvorderkante (AC)
lower the aerial Antenne auskurbeln
lower the casing into well Verrohrung einlassen
lower the drill stem Bohrgestängen einlassen od. herunterlassen
lower the drilling tools into the well Bohrwerkzeug einlassen (Seilbohrung)
lower the level of the drilling mud Spiegel der Spülung absenken
lower, the undercart das Fahrwerk ausfahren
lower the water table Grundwasserspiegel absenken
lower-thrust magneto-plasma-dynamic motor schubschwaches magnetohydrodynamisches MHD-Triebwerk
lower-thrust of commercial engine schubschwächere Version eines Ziviltriebwerks
lower torque link unterer Teil der Federbeinschere
lower variation unteres Abmaß
lower water Liegendwasser (geol)
lower wing Unterflügel
lowering Ausfahren, Senken, Tiefstellung
lowering air fares Flugtarifsenkung
lowering device Niederlaßvorrichtung, Senkvorrichtung
lowering of maintenance costs Verringerung der Wartungskosten
lowering of the surface tension Oberflächenspannungserniedrigung
lowering of visor Öffnen des Schutzschildes
lowering of visor nose, landing gear absenken der Nase, öffnen des Schutzschildes u. ausfahren des Fahrwerks
lowering time Senkzeit
lowermost bed unterste Schicht (geol)
lowest cloud layer tiefste Wolkenschicht
lowest common dominator kleinster gemeinsamer Nenner
lowest echelon of supply niedrigste Nachschubebene
lowest fuel consumption rate niedrigste Kraftstoffsverbrauchsrate
lowest limit of dimension Mindestmaß
lowest-order bit niedrigstwertiges Bit
lowest temperature niedrigste Tempeatur
lowest total life-cycle costs niedrigstmögliche Lebensdauerkosten (Auslegungskriterien der technischen Neuerungen)(av)
lowest upper pool elevation niedrigstes Oberwasser
lowest useful frequency LUF, niedrigste brauchbare Weitverkehrsfrequenz
lowest useful high frequency niedrigste brauchbare Weitverkehrsfrequenz, LUHF
lowest vibration of any operational HELO niedrigster Schwingungspegel des Einsatz-

hubschraubers
LOX liquid oxygen
loxodrome Kursgleiche, Loxodrome
loxodrome rhumb line schief laufende Kursgleiche
loxodromic curve Kursgleiche, Loxodrome
loxodromic spiral Dwarslinie
lozenge Rhombus, Stern, Zeichen, Raute
L pad L-Glied
LP compressor bearing support ND-Verdichterlager
LP compressor rotor Niederdruckverdichter
LP compressor shaft ND-Verdichterwelle
LP fan blade ND-Bläserschaufel
LP fan disc ND-Bläserscheibe
LP fan disc and blade ND-Bläserscheibe und Bläserschaufel
LP fuel filter Niederdruckbrennstoffilter
LP reducing valve Niederdruckreduzierventil
LP shaft front end Niederdruckwellenstumpf
LP turbine ND-Turbine
LP turbine assembly ND-Turbinenabschnitt
LP warning light Warnlicht für niedrigen Druck
LPC longitudinal parity check
LPF low-pressure filter
LPG Listenprogrammgenerator
LPM lines per minute
LR long-range
LRC level recorder controller
LRC longitudinal redundance check
LRG (long-range) große Reichweite
LRU line-replaceable unit
LRU-level LRU-Ebene (line-replaceable unit)
L scanner Radarabtaster vom Typ L
L scope Radaranzeigegerät vom Typ L
L-section L-Glied
LSQ (line-squall) Linienboe
LST local-sideral-time
LTD (limited) begrenzt, beschränkt
L-test L-Test
LTPD lot tolerance percent defective
LTT (landline teletypewriter) Drahtfernschreibmaschine
L-type cathode Vorratskathode
L-type oscilloscope Radaranzeigegerät vom Typ-L
lubber line (Kompaß)anliegestrich
lube (lubricant) Schmiermittel, Schmierstoff
lube discharge filter Schmierölfilter
lube oil additive Schmierölwirkstoff
lubricant additive Schmiermittelzusatz
lubricant coloidal graphite oil graphitiertes Schmieröl
lubricant supply Schmierstoffversorgung
lubricate schmieren, ölen
lubricated composite linear material geschmierte Kompositionswerkstoffbüchse
lubricating and cooling engine bearing schmieren und kühlen des Triebwerklagers
lubricating can Schmierölkanne
lubricating compressor Schmierkompressor
lubricating efficiency Schmierfähigkeit
lubricating equipment Abschmiergerät, Schmieranlage
lubricating film Schmierfilm
lubricating gun Druckschmierpresse
lubricating nipple Druckschmierkopf, Schmiernippel
lubricating of jet body Schmieröldüse
lubricating oil consumption Schmierölverbrauch
lubricating oil edge filter Schmierölspaltfilter
lubricating oil filter Schmierölfilter
lubricating oil manufacture Schmierölherstellung
lubricating oil pump Schmierölpumpe
lubricating spray Schlichtung
lubricating valve Schmierventil
lubricating wick Schmierdocht
lubrication Ölung, Ölversorgung, Schmierung
lubrication chart Schmierplan
lubrication diagram Schmierplan, Schmierschema
lubrication gun Fettpresse, Handschmierpresse, Schmierpresse
lubrication instruction Schmiervorschrift
lubrication of gears Getriebeschmierung, Lagerabschmierung
lubrication, oil bath Ölbadschmierung
lubrication pipe Schmierleitung
lubricative quality Schmierstoffgüte
lubricator Öler, Schmierapparat
lubricator, sight feed Tropföler
lubricator wheel Ölantriebsrad
lubricity Schmierfähigkeit, Filmfestigkeit (Geräteabschmierung), Schlüpfrigkeit
lucid klar, leuchtend, lichtvoll
LUF lowest useful frequency
lug Anguß (Preßspritze, Spritzgießen)(pla), Anschlußstück (Fsch), Ansatz (Werkzeug, dig), Henkel (Werkzeug), Laschenöse (Fsch), Lötfahne (Schweißen), Nase (w), Haltenase (Spurtafelbrücke), Laschenöse (Fsch)
lug band Anhängeschelle (Flz.-Rakete)
lug crimber Kabelschuhkerbzange
lug head Ohrenkopf (w)
luge Nase (techn)
luggage boot flap handle Kofferklappengriff
luggage boot handle Kofferraumgriff
luggage boot hinge Kofferscharnier
luggage boot lock Kofferraumschloß
luggage carrier for motor cycle Gepäckträger für Motorräder
luggage compartment Gepäckraum
luggage net or rack Gepäcknetz, Gepäckgallerie
lugging capacity of an engine Fähigkeit eines Motors zur Entwicklung eines guten Durchzugmoments
LUHF lowest useful high frequency
Lukasiewicz notation polnische Schreibweise, klammerfreie Schreibweise, Präfixschreibweise (EDV)
lumen Lumen (internationale Lichtstärke)
lumen-hour internationale Lumenstunde
lumen meter Lichtstrommesser, Lumenmeter
lumenophor Lumenophor
lumeter Helligkeitsmesser, Lumenmesser
LUMF lockheed underwater missile facility
luminaire bündige Bauweise, Einbauleuchte (A)
luminair efficiency Betriebswirkungsgrad (einer Leuchte) (A)
luminance Leuchtdichte, Lumineszenz
luminance factor Emissionsgrad
luminance-information Hell(e)information, Helligkeitsinformation

luminance radiance Helligkeit als physische Größe
luminance signal Helligkeitssignal
luminance temperature schwarze Temperatur
luminar navigation and anti collision system Leitstrahlverfahren mit Kennzeichnung verschiedener Höhenschritte
luminescence Leuchten, Lumineszenz, Umstrahlung
luminescence threshold Lumineszenzschwelle, Helligkeitsschwelle
luminescent centre Lumineszenzzentrum
luminescent material Leuchtstoff, Phosphorinstrumente (nachleuchtend, phosphorisiert)
luminescent screen Leuchtschirm
luminescent-screen tube Leuchtschirmröhre
luminescent substance Leuchtmasse, Leuchtsubstanz
luminescent tube Leuchtstoffröhre
luminescent tubes Leuchtziffer
luminosity Helligkeit
luminosity factor Lichtausbeute
luminosity function Helligkeitsfunktion, Leuchtfunktion
luminosity test (oil) Brenneigenschaftprüfung
luminous glänzend, leuchtend, scheinend
luminous absorption Lichtabsorption
luminous advertisement(ing) Lichtreklame
luminous aigrette or beam Lichtbündel, Strahlenbündel
luminous arc Effektbogen, Flammbogen
luminous brightness of a surface Flächenhelle, Flächenhelligkeit
luminous call system Lichtrufanlage
luminous capacitor Flächenleuchte, Leuchtkondensator
luminous centre of gravity Beleuchtungsschwerpunkt
luminous circuit diagram Leuchtschaltbild
luminous cloud Lichtstreifen
luminous colour print Leuchtfarbendruck
luminous column Leuchtfaden, Lichtsäule
luminous compass Leuchtkompaß
luminous cone Lichtkegel
luminous crystal Leuchtquarz, Leuchtresonator
luminous current Glimmstrom
luminous dial Leuchtzifferblatt
luminous directional reflectance richtungsabhängiges Reflexionsvermögen
luminous discharge Glimmentladung
luminous discharge lamp Glimmentladungslampe
luminous disk Leuchtscheibe
luminous edge magischer Rahmen
luminous efficacy (of a source) Lichtausbeute (einer Lichtquelle)
luminous efficiency (of a complex radiation) visueller Nutzeffekt (Zusammensetzung der Strahlung), photometrisches Strahlungsäquivalent
luminous electron Leuchtelektron
luminous element Leuchtkörper der Glühlampe
luminous emittance spezifische Lichtausstrahlung
luminous energy Lichtenergie
luminous envelope Lichthülle
luminous excitance at a point of a surface spezifische Lichtausstrahlung an einem Punkt einer Fläche
luminous field Leuchtfeld, leuchtendes Feld
luminous-field diaphragm Kollektorblende, Leuchtfeld(iris)blende (Optik)
luminous figure Leuchtziffer
luminous flame leuchtende Flamme (Öl)
luminous flow line diagram Übersichtsleuchttafel
luminous fluorescenct paint phosphoreszierende Leuchtfarbe
luminous flux Lichtstrom
luminous flux density spezifische Lichtausstrahlung (GB)
luminous flux per time unit Lichtmenge in der Zeiteinheit
luminous fluxmeter Lichtstrommesser
luminous ground mark erleuchtetes od. leuchtendes Landezeichen (A)
luminous hand Leuchtzeiger
luminous intensity (of a source in a given direction) Lichtsträke (einer Lichtquelle in einer Richtung)
luminous intensity direction curve Lichtverteilungskurve
luminous intensity reproduction Helligkeitswiedergabe
luminous instruments selbstleuchtende Instrumente
luminous numerals Leuchtziffern
luminous or radium paint Radiumbelag
luminous paint Leuchtfarbe
luminous phenomenon Leuchterscheinung
luminous phenomenon or light producted during detonation Detonationsleuchter
luminous phosporescent paint phosphoreszierende Leuchtfarbe
luminous point Leuchtanzeigen, Lichtpunkt (Auf Bildschirm)
luminous points (infrared)(ICT) Lichtpunkte
luminous power Leuchtkraft
luminous projectile Leuchtspurgeschoß
luminous radioactive paint radioaktive Leuchtfarbe
luminous reflectance Remissionsgrad
luminous sensitivity Lichtempfindlichkeit
luminous sight Leuchtvisier
luminous signaling installation Lichtrufanlage
luminous spectrum sichtbares Spektrum
luminous spot Leuchtfleck
luminous stream leuchtender Streifen
luminous streamers Entladungsleuchtstreifen
luminous substance Leuchtmasse
luminous tracing tape Lichttrassierband
luminous transmittance Lichttransmissionsgrad
luminescence Umstrahlung
Lummer-Brudhon cube Lummer-Bruthon-Würfel, Photometerwürfel
lump sum Pauschale, Pauschalsatz (komm)
lump sum settlement Regulierung durch Einmalzahlung, Kapitalabfindung
lump sum taxation Pauschalbesteuerung
lumped konzentriert (auf einen Punkt), in Blöcken, in Stücken
lumped capacity punktförmig verteilte Kapazität
lumped characteristic Schwingungskennlinie
lumped constant konzentrierte Konstante

lumped loading punkförmige Ladung
lumped uranium Uran in Blöcken
lumped uranium lattice Uranblockgitter
Luna lander Luna-Mondlandemodul (sp)
lunar base Mondstützpunkt, Mondbasis
lunar construction Aufbau des Erdtrabanten
lunar excursion module Mondexkursionseinheit (Apollo), Mondlandefahrzeug
lunar ionisphere Mondionosphäre
lunar landing bug Mondlandeeinheit (Apollo)
lunar landing concept regard to the propulsion system used, flight path mechanics, control and navigation of the spacecraft Mondlandekonzept aus den Perspektiven von Antrieb, Bahnmechanik, Lenkung u. Navigation
lunar landing module Mondlandefahrzeug
lunar landing research vehicle (LLRV) Mondererforschungsfahrzeug
lunar landing vehicle crew Besatzung des Mondlanders
lunar line waveguide Lunarhohlleiter
lunar logistic vehicle (LLV) Mondnachschubfahrzeug
lunar module (LM) Mondlandefahrzeug
lunar module ascent stage Aufstiegsbaugruppe des Intrepid
lunar module shelter Mondschutzraum
lunar orbit Mondumlaufbahn, Umkreisung des Trabanten
lunar orbit insertion (LOI) Eintauchen auf eine Mondumlaufbahn, Eintritt in Mondumlaufbahn (sp)
lunar orbit insertion burn Brennstufe für Eintauchen in die Mondumlaufbahn
lunar orbit insertion (LOI) into elliptical lunar orbit, velocity retrograded Einschuß in elliptische Mondumlaufbahn, Brenndauer, Geschwindigkeitsverminderung (sp)
lunar orbit rendezvous Rendezvous in Mondumlaufbahn
lunar orbiter data conversion Umwandlung von Lunar-Orbiter-Daten
lunar overshoes Überschuhe für Aufenthalt auf dem Mond
lunar probe Mondrakete
lunar receiving laboratory Mondempfangslaboratorium (sp)
lunar soil container Behälter für Bodenproben
lunar supply mission rocket Mondtransportrakete
lunar surface-to-orbit shuttle Raumfähre zwischen Mond u. Fahrzeugen auf Mondumlaufbahn
lunar tremors Bebentätigkeit des Mondes
Luneberg lens (a plastic hemisphere with a higher refractive index at the control)
Luneberg-Linse (mehrere ineinandergeschachtelte Kugelschalen mit unterschiedlichem Brechungsindex)
Luneberg lens scanning system Luneberg-Linsen-Abtastsystem
lung irritant erstickendes Lungengift, Kampfstoff, Lungenreizstoff
lung motor Lungenmotor (Lebensrettungsgerät)
lunging "stotternde" Bewegung, Bewegung mit Geschwindigkeitsänderungen (w)
lunit Mondgestein
lurking helicopter Hubschrauber in Lauerstellung
lute, to abdichten, dichten, kitten, verschmieren, verkitten, zusammenkitten
lute Dichtungsmittel, -ring, Gummiring
luting agent Lutierungsmittel
luting material Dichtungsmaterial
LWS light warning set
LV single-phase circuit Niederspannungs-Einphasennetz
Lycra elastomer fabric (retains tubing close to skin) Elastomerfaser Lycra (hält Kühlschläuche in Hautnähe)
lydian stone schwarzer Kieselschiefer
lye-dissolving tank Laugenauflösebehälter
lye recovery plants Laugenrückgewinnungsanlagen
lye slude alkalischer Schlamm
lyophobic Lyophob
lyophilic Lyophil
lyophilisation Wasserentziehung durch Kälte
lyophilisation installation Gefriertrocknungsanlage, Lyophilisationsanlage
lyophilization Gefriertrocknung, Lyophilisierung
LYR layer, layered

M

M Momentdrehmelder
m metres
M-display M-Darstellung, M-Schirmbilddarstellung
M-electron M-Elektron
M-electron capture M-Einfang
M-indicator M-Sichtgerät
M out of N code M-aus-N-Code
M-plane Minenräumflugzeug
M-scan M-Anzeige, M-Darstellung, M-Schirm, M-Schirmbilddarstellung
M-storm magnetischer Sturm
M-type cathode Matrixkathode
macadam Chaussierung, Steinschotter
macadam pavement Kieselschlag
macadam road Makadamweg
macadam surface Makadamdecke
macadamization Chaussierung
macadamize, to chaussieren, makadamisieren
macadamizing Kieselschlag
MACE Minimum Area Crutchless Ejector
MACE saddle lug MACE-Aufhängung
Mach and altitude, total temperature modul calibrator Eichgerät für Mach-, Höhen- u. Gesamttemperatur-Baustein
Mach and altitude servo calibrator Eichgerät für Mach- u. Höhenregler
Mach and IAS indicator Indikator für Machzahl u. angezeigte Eigengeschwindigkeit
Mach angle Mach'scher Winkel
Mach automatic control loop Machregelkreis
Mach cone Mach'scher Kegel
Mach cone probe Mach-Regelsonde
Mach control Machregelung, Machregler
Mach cutout transsonische Ausblendung (Flugregler)
Mach effect Mach-Effekt
Mach fan Verdünnungsfächer

Mach front Mach'sche Druckfront (av)
MACH HOLD MACH HOLD (Einhalten der Machzahl)
Mach hold Machhaltung, Machhaltesignal, Machzahl-Haltung
Mach hold command Mach-Haltesignal
Mach hold mode Mach-Haltebetrieb
Mach hold switch Mach-Halteschalter
Mach line Mach'sche Welle (aerodynamisch)
Mach number Machsche Zahl (aerodynamisch)
Mach number change Mach-Zahländerung
Mach number, critical kritische Machzahl
Mach number, Reynolds number and dynamic pressure can be individually varied of parameter Mach-Zahl, Reynolds-Zahl und Staudruck einzeln variieren für Parameter (Testung im transsonischen Windkanal)
Mach pressure ratio transducer Ferndruckgeber
Mach reflection Mach'sche Reflexion
Mach stem Mach'sche Welle, Mach'scher Stamm, Mach'sche Druckfront
Mach switch Machschalter
Mach trim compensator Mach-Trimmausgleich
Mach trim fault relay Machtrimmreglerausfallsrelais
Mach wave Mach'sche Welle
Mach-Zehnder interferomter Interferometer nach Mach-Zehnder, Mach-Zehndersches Interferometer
Mach 2 cruise Mach-2-Reiseflug
machete Heckmesser
machinability Bearbeitbarkeit (Werkstück od. Werkstoff), Schnittbearbeitbarkeit, Zerspanbarkeit
machine Maschine, spanabhebend, bearbeitend, Rechner, Rechneranlage
machine abstract maschinell erstelltes Referat
machine accounting Maschinenbuchhaltung
machine address absolute Adresse, Maschinenadresse
machine-aided programming automatische Codierung od. Programmierung, maschinenunterstützte Programmierung
machine all over, to allseitig bearbeiten
machine assisted detection rechnergestütze Ortung
machine audit maschinelle Überprüfung
machine-available time Maschinenwirkzeit, Rechnerwirkzeit
machine bending for casings Mantelbeugemaschine (Reifen)
machine bolt Befestigungsschraube, Kopfschraube
machine cable Maschinenkabel
machine capacity Maschinenkapazität
machine casting Maschinenguß
machine check automatische (Geräte)prüfung, Eigenprüfung, Selbstprüfung, Maschinenprüfbedingung
machine check indicator Anzeiger für Maschinenfehler
machine cipher system Maschinenschlüsselsystem
machine code Maschinensprache (päd), Maschinencode, Rechnercode
machine code compiler Compiler im Maschinencode
machine coding Maschinencodierung
machine, common-...language einheitliche Maschinensprache, Standardsprache
machine-computing technique maschinelle Rechentechnik
machine configuration Maschinenanordnung
machine construction steel Maschinenbaustahl
machine control maschinelle Steuerung, rechnergesteuert
machine cycle Bearbeitungszyklus, Folge der Arbeitsgänge (w), Maschinenperiode, Maschinenzyklus (dig)
machine development maschinelle Entwicklung
machine direction Abzugsrichtung, Laufrichtung (Papierfräser)
machine-direction orientation Längsorientierung (einer Folie)
machine down time Maschinenstillstandszeit, störungsbedingte Brachzeit
machine driving gear Gangwerk
machine, EDS...language EDS-Maschinensprache
machine effective utilization index effektiver Maschinen-Nutzungsindex
machine efficiency index Betriebsmittelleistung (Arbeitsstudie)
machine element Maschinenelement, maschinengebundener Teilvorgang
machine embroiders or stitching Kurbelei
machine employment Maschineneinsatz
machine end (tool) Einspannende
machine equation Maschinengleichung, Rechnergleichung
machine error Maschinenfehler (durch falsche Progrmmierung)(dig), Maschinenstörung
machine error list Maschinenfehlerstatistik
machine factory Maschinenbauanstalt, Maschinenfabrik
machine failure Maschinenausfall
machine fault Maschinenfehler (technischer Fehler)(dig)
machine features index Maschinenausrüstungsliste
machine for composing and distributing type (graph) Setz- und Ablegemaschine
machine for filling belts Gurtfüller (Munition)
machine for making wire nails or tacks Drahtstiftmaschine
machine for simultaneous testing of severals specimens Vielprobenmaschine
machine for rasping colors Feinzerreibungsmaschine für Farben u. Lacke
machine for squaring frame (ship) Spantenschmiergelmaschine
machine for testing building material Baustoffprüfmaschine
machine format Darstellung von Daten in Maschinensprache (dig)
machine foundation plate Maschinenfundament, Maschinenbett, Maschinengrundplatte
machine from the solid aus dem Vollen (od. Ganzen) herausgearbeitet
machine function Maschinenfunktion
machine giving northings and eastings Hoch- u. Seitenwertgeber
machine-glazed paper maschinenglattes Papier
machine grinding Maschinenschliff, maschinelles Schleifen

machine ground maschinengeschliffen
machine gun, to mit Maschinengewehr beschießen
machine gun armament Maschinengewehrbewaffnung
machine gun attachment Maschinengewehrbefestigung
machine gun brackets Maschinengewehrhalterung, MG-Halterung
machine gun camera Lichtbildmaschinengewehr
machine gun carrier Gewehrträger
machine gun chronograph V-Null-Kadenzschreiber
machine gun cocking lever MG-Spannstange
machine gun crew Maschinengewehrbedienung
machine gun drive Maschinengewehrantrieb
machine gun fork Maschinengewehrhalter
machine gun in floor Bodenmaschinengewehr
machine gun interconnection Maschinengewehrverbindung
machine gun lever or trigger Maschinengewehrabzug, MG-Abzugshebel, MG-Drücker
machine gun microphone (A) Linienmikrophon
machine gun mike Linienmikrophon
machine gun mirror Maschinengewehrspiegel
machine gun mount or station Maschinengewehrstand
machine gun platform Maschinengewehrplattform
machine gun platoon Maschinengewehrzug
machine gun ring Maschinengewehrring
machine gun section Maschinengewehrtruppe
machine gun sights Stangenvisiereinrichtung
machine gun sleigh mount Maschinengewehrschlitten
machine gun squad leader Gewehrführer
machine gun support Maschinengewehrbock
machine gun timing or synchronization gear Maschinengewehr-Steuerungsvorrichtung
machine gun training apparatus Maschinenwaffenlehrgerät
machine gun trigger Maschinengewehrhebel
machine halt Maschinenstopp
machine, hard...check harter Maschinenfehler
machine hardware Maschinenausstattung
machine idle time arbeitsablaufbedingte Brachzeit (Arbeitsstudie)
machine impression (graph) Maschinendruck
machine-independent maschinenunabhängig (Rechner)
machine index card Maschinenindexkarte
machine instruction Maschinenbefehl, Maschineninstruktion, Befehl in Maschinensprache
machine instruction code Maschinenbefehlscode (EDV)
machine intelligence Maschinenintelligenz
machine interference überlappende Brachzeit (bei Mehrstellenarbeit)
machine jaw vice Maschinenschraubstock
machine key Paßfeder, Scheibenfeder
machine key ringing (telcom) halbautomatischer Ruf
machine language Maschinensprache (dig), Rechnersprache
machine language code Maschinenbefehlscode
machine language coding Umschlüsselung in Maschinencode
machine learning Lernfähigkeit (einer Maschine)
machine lens mounting Linsenlafette
machine-level programming direkte Programmierung
machine load Maschinenbelastung
machine loading schedule Auslastungsplan für Maschine (dig)
machine logic Maschinenfunktion
machine malfunction Maschinenstörung (EDV)
machine maximum time maximale Nutzungszeit
machine molding Maschinenformen (Gießerei)
machine moulding Maschinenformerei (Gießerei)
machine, multiple-address Mehradreßmaschine
machine, multiple virtual...support Mehrsystembetrieb
machine nut Maschinenmutter
machine oil Maschinenöl, Schmieröl
machine operation Maschinenoperation, Rechnerfunktion, Rechneroperation
machine operator Maschinenbediener, Operator
machine oriented maschinenorientiert
machine-oriented language maschinennahe od. maschinenorientierte Programmiersprache
machine-oriented programming system maschinenorientiertes Programmierverfahren
machine output Maschinenausgabe
machine part Maschinenelement
machine password Rechnerkennwort
machine platoon Maschinenzug
machine processing maschinelle Verarbeitung
machine program Maschinenprogramm
machine prop beam Maschinenkappe (Vortriebsmaschine)(Bergbau)
machine punched card Lochkartenmaschine
machine radiation source maschinelle Strahlenquelle
machine-readable maschinell lesbar, maschinenlesbar
machine-readable document maschinell lesbarer Beleg (komm)
machine-readable form maschinenlesbare Form
machine-readable medium maschinenlesbarer Datenträger
machine-recognizable maschinell lesbar, maschinenlesbar
machine recording maschinelles Berichtswesen
machine records unit MB-Stelle
machine requirement erforderliche Maschinenausstattung, benötigte Maschinenausrüstung
machine ringing halbautomatisches Rufen (Fsp-Handvermittlung)
machine riveting Maschinennietung
machine run Maschinen(durch)lauf
machine running time Maschinen(durch)laufzeit
machine screw Maschinenschraube
machine script maschinenlesbare Datendarstellung, Maschinensprache
machine sensible (computer) maschinenlesbar
machine-sensible information maschinenlesbare Information
machine sequencing Reihenfolgefestlegung von Maschinen, Festlegung der Reihenfolge der Maschinenbearbeitung
machine, serial parallel Serien-Parallel-Maschine
machine set composition Maschinensatz

machine set-up time Einrichtzeit, Rüstzeit
machine slewing range Maschinenschwenkbereich (Spiralbohrschweißanlage)(Walzwerk)
machine slide Maschinengleitbahn, Maschinenschlitten
machine, soft...check weicher Maschinenfehler
machine spindle Maschinenspindel
machine-spoilt work time maschinenbedingte Ausfallzeit
machine subscriber Endgerät einer Datenübertragungsleitung (dig)
machine switching system Maschinenwählersystem, Selbstanschlußsystem
machine taper Aufnahmekegel
machine telegraph Maschinentelegraph
machine time verfügbare Maschinenzeit, Zeit die ein Rechner zur Aufgabenlösung benötigt (dig), Rechnerzeit
machine tool Werkzeugmaschine
machine tool building or manufacture Werkzeugmaschinenbau
machine-tool control device Werkzeugmaschinenschaltgerät (w)
machine translation (of language) maschinelle od. automatische (Sprach)übersetzung
machine transport Stückgutsammelsendung
machine, two-address Zwei-Adreß-Maschine
machine type selector (telecom) Maschinenwähler
machine unit Einheit der analogen Rechnergröße (Analogrechner)(dig), Maschineneinheit
machine, unit record Lochkartenmaschine
machine utilization Maschinenbelegung
machine variable Maschinengröße, Maschinenvariable
machine, virtual virtuelle Maschine
machine with optimal equipment Maschine mit optischem od. wahlweisem Zubehör
machine word Maschinenwort (dv)
machine word length Wortlänge
machined all over allseitig bearbeitet
machined from the solid aus dem Vollen (od. Ganzen) herausgearbeitet
machined laminated tube bearbeitetesRohr aus Schichtpreßstoff
machined part spanabhebend hergestelltes Teil (pla)
machined rod bearbeiteter Stab (pla)
machined together in einem Arbeitsgang zueinander passend bearbeitet
machinery Maschinerie, Mechanismus, Getriebe, Triebwerk, Betriebsanlage
machinery casting Maschinenguß
machinery compartment Motorraum
machinery component Maschinenaggregat, Maschinenbestandteil
machinery steel Maschinenstahl
machines arranged in flow lines in Fließreihe angeordnete Maschinen
machining (machine work) Maschinenarbeit
machining allowance Bearbeitungszugabe (an Material u. Zeit)
machining characteristics Berarbeitungsverhalten
machining costs Bearbeitungskosten
machining cycle Arbeitsablauf
machining flat surfaces Bearbeiten ebener Flächen (w)
machining length Arbeitslänge
machining operation Arbeitsvorgang, Bearbeitungsvorgang, Zerspanungsvorgang
machining process spanabhebende Fertigung
machining qualities Bearbeitungseigenschaften
machining time Arbeitsdauer, Arbeitszeit, Bearbeitungszeit
machining tolerance Bearbeitungstoleranz, Bearbeitungszugabe
machining zone Arbeitsbereich
machinist gelernter Arbeiter des Maschinenbaus, Lokomotivführer
machmeter Machmesser
mackerel sky (Himmel mit) Schäfchenwolken (meteo)
Maclaurin series Maclaurin'sche Reihe
macro Makroinstruktion (dv)
macro-analysis Makroanalyse, Makrountersuchung (dv)
macro assembler Makroassembler
macro, assembly...library Makrobibliothek
macro assembly program Makroassembler
macro-axis (cryst) Makroachse
macro call Makroruf
macro (call) card Makro(aufruf)karte
macro code Makrocode
macro crystalline makrokristallin
macro definition Makrodefinition
macro definition exit (MEXIT) (instruction) Mexit (Verarbeiten Makrodefinition Ende) (Befehl)
macro definition header Makroanfanganweisung
macro definition trailer Makroendeanweisung
macro diagonal Makrodiagonale
macro dictionary block Makroverzeichnisblock
macro directory Makroverzeichnis
macro, EDS...processor EDS-Makro-Übersetzer
macro, EDS assembler with DIAKON...s EDS-Assembler mit Diakon-Makros (EDSASS)
macro expansion Makroausdehung, Makroumwandlung
macro fossil Großversteinerung, Makrofossil (geol)
macro generating program Makroumwandler, Makrogenerierer
macro generation Makroumwandlung
macro generator Makroumwandler, Makrogenerierer
macro-gravimetric makrogravimetrisch
macro identifier Makrokennzeichnung
macro-imprinting Makrodruck (Metall)
macro, input/output control Makroaufruf zur Ein-/Ausgabesteuerung
macro-instruction Makrobefehl (dig), Makroinstruktion
macro, job...call Auftragsprozeduraufruf
macro, job...card Auftragsmakrokarte
macro, job...command Auftragsmakrokommando
macro, job...definition Auftragsmakrodefintion
macro, job...library Auftragsprozedurbibliothek
macro language Makrosprache
macro library Makrobibliothek
macro library, update Ändern einer Makrobibliothek
macro maintenance program Makroführungsprogramm
macro molecular dispersion makromolekulare Dispersion

macro molecule Makromolekül
macro operand Makrooperand
macro operand table Makrooperandentabelle
macro phase Makrophase
macro processor Makroübersetzer
macro programming Makroprogrammierung
macro projection Makroprojektion
macro prototype statement Makroprototypanweisung
macro pyramide Makropyramide
macro, receive Empfangsmakro
macro section Makroteil
macro statement Makroaufruf
macrodiagonal Makrodiagonale
macrography Makrographie
macroimaging system port Öffnung für Makroaufnahmen
macroscopic makroskopisch, mit bloßem Auge wahrnehmbar, grobes Gefüge betreffend
macroscopic cross section makroskopischer Streuquerschnitt
macroscopic flux variation makroskopische od. räumliche Flußvariation
macroscopic pile (or reactor) theory makroskopische Reaktortheorie
macroscopic properties of a plasma Makro-Eigenschaften eines Plasmas
macroscopic section makroskopischer Wirkungsquerschnitt
macroscopic state grober od. makroskopischer Zustand
macroscopically makroskopisch
macrostructure Makrostruktur, Grobgefüge
macrostructure of teaching algorithm Makrostruktur eines Lehralgorithmus (päd)
MADAR malfunction detection analysis and recording
made of composite material verbundwerkstoffverstärkt (av)
made to be fit anpassen, einpassen
mae west Fangleinenüberschlag, Kappendurchschlag (Fsch), Schwimmweste
MAG magnetics
mag drop Drehzahlabfall, Zündstörung
mag tape locator Magnetbandlader (EDV)
mag track mißweisender Anflugkurs (av)
magalloy castings Gußteile aus Mangnesiumlegierung
magazine Magazin, Vorratsspeicher, Kasten, Lager, Munitionsraum, Niederlassung (Agentur), Vorratsraum (Speicher), Zeitschrift
magazine call Magazinanruf
magazine casting Kassettenrahmen
magazine catch Magazinhalter
magazine chamber (gun) Magazingehäuse
magazine coupling Kassettenkupplung
magazine day and night handle Tag/Nacht-Wahlhebel (LUBI)
magazine definition Magazindefinition
magazine driving pin Kassettenschlüssel
magazine-fed rifle Mehrlader
magazine-feed attachment Zuführung der Werkstücke über Magazin, Magazinzuführung (w)
magazine frame Magazinhalter
magazine hand lamp Kabelhandlampe
magazine latch lever Magazinsperrhebel
magazine lock Kassettenriegel
magazine, magnetic card Lesezugriff, Magnetkartenspeichermagazin
magazine, mass storage Großspeichermagazin
magazine mechanism Mehrladeeinrichtung
magazine number Magazinnummer
magazine or receiver floor plate Kastenboden
magazine, receiving Ablagefach, Kartenablage(fach), Ablageschacht, Kartenausgabefach
magazine retaining lock assembly Kassettenhaltevorrichtung
magazine retaining pin Magazinhaltehebel
magazine side platine Magazinseitenplatine
magazine slide Magazinschlitten
magazine slide anchor Magazinschlittenanker
magazine slide back plate Magazinrückplatte
magazine spring-base stud Federkopf (an Pistole)
magazine status analysis Magazinzustandsanalyse
magazine usage analysis Magazinzustandsanalyse
magdyno set Zündlichtanlage
Mage satellite apogee motor Mage-Apogäumtriebwerk (sp)
magic number magische Nukleonenzahl
magic tee Wellenleiter-Kopplungseinrichtung
magmatic intrusion Magmenintrusion
magnaflux, to magnafluxprüfen, Magnafluxprüfung durchführen, auf magnetischem Wege zerstörungsfrei auf Risse prüfen
magnaflux inspection Magnafluxprüfung
magnaflux inspection means Fehlersucher
magnaflux-inspection test Magnafluxprüfung, Magnetpulverprüfung
magnaflux testing Magnafluxprüfen
magnafluxing magnetische Oberflächenprüfung
magnalite Magnalit
magnesia Magnesia, Talkerde
magnesia stone or brick Magnesiastein
magnesian magnesinhaltig
magnesian slat Talkschiefer
magnesite bottom Magnesitherd
magnesite brick Magnesitziegel
magnesite lining Magnesitauskleidung, Magnesitzustellung
magnesium alloy Magnesiumlegierung
magnesium arsenate Magnesiumarsenat
magnesium, chloride Chlormagnesium
magnesium content Magnesiumgehalt
magnesium flashlight Magnesiumblitzlicht
magnesium formate Magnesiumformat
magnesium hydroxide Magnesiumoxydhydrat
magnesium hypophosphite Magnesiumhypophosphit
magnesium light Magnesiumlicht, Magnesiumblitzlicht
magnesium oxide Bittererde
magnesium perborate Magnesiumperborat
magnesium peroxide Magnesiumhyperoxyd
magnesium torch römische Kerze, Magnesiumfackel
magnesium wire Magnesiumdraht
magnesium zinc Magnesiumzink
magnesium zirconate for the thermal barrier Magnesiumzirkonat als Hitzesperre
magnesyn Magnesyndrehmelder
magnesyn remote compass Magnesyn-Fernkompaß

magnet bracket carrier Magnetträger
magnet carrier Magnetschelle
magnet case or housing Magnetgehäuse
magnet chuck magnetische Aufspannvorrichtung, Magnetspannfutter, -schraube
magnet circuit Magnetkreis
magnet coil Feldspule, Magnetwicklung
magnet-core aerial Magnetkernantenne, Magnetstabantenne
magnet couple Magnetpaar
magnet coupling Magnetkupplung
magnet field antenna Magnetfeldantenne
magnet frame Magnetjoch
magnet holder or carrier Magnetschelle, Magnetträger
magnet intensifier Magnetverstärker
magnet separator Magnetabscheider, Magnetseparator
magnet, superconducting supraleitender Magnet
magnet support or holder Magnetträger
magnet tester Magnetprüfgehäuseapparat
magnet-testing apparatus Magnetprüfer
magnet type fluorescent starter Magnetanlasser, Magnetstarter
magnet wheel Magnetrad
magnetic magnetisch, mißweisend (nav)
magnetic acceleration Nachbeschleunigung mittles Magnetfeld
magnetic-acoustic mine Magnet/Akustikmine
magnetic actuation magnetische Auslösung
magnetic aftereffect magnetische Nachwirkung, magnetische Relaxation
magnetic airborne detection magnetische Erfassung aus der Luft
magnetic airborne detector magnetischer Borddetektor
magnetic amplifier Magnetverstärker (automatic control)(av), Transduktorverstärker
magnetic amplifier bridge circuit Magnetverstärker-Brückenschaltung
magnetic analysis magnetische Analyse
magnetic analyzer magnetischer Analysator
magnetic anomaly magnetische Unregelmäßigkeit
magnetic anomaly detection (MAD) Erfassung magnetischer Anomalie
magnetic anomaly detection (MAD) **gear for ASW classification and localization** Magnetfeldsonde für U-Bootklassifizierung und -Ortung
magnetic anomaly detector (MAD) Magnetfeldsonde
magnetic anomaly due to structure magnetische Anomalie auf Grund einer Struktur (geol)
magnetic arm Magnetschenkel
magnetic assembly Magnetblock
magnetic atom(ic) form factor magnetischer Atomfaktor
magnetic attraction magnetische Anziehung
magnetic axis magnetische Achse, Magnetachse
magnetic azimuth Abweichungswinkel der Magnetnadel, Kurswinkel, Nadelzahl, mißweisende Richtung
magnetic balance (instrument) magnetische Waage
magnetic, balanced...drum ausgewuchtete Magnettrommel
magnetic bearing mißweisende Peilung (nav)
magnetic bias (magnetic tape) Vormagnetisierung, magnetische Vorspannung
magnetic blast magnetische Blasung
magnetic blow-out arrester Funkenableiter mit magnetischem Gebläse
magnetic blow-out circuit-breaker Schalter mit magnetischer Blasung
magnetic blow-out coil Funkenlöscherspule
magnetic brake Magnetbremse
magnetic bridge Permeabilitäts- u. Reluktanzmeßbrücke
magnetic bubble Magnetbläschen (sehr kleiner magnetisierter Bereich im Festkörper)
magnetic bubble storage Domänentransportspeicher, Magnetblasenspeicher
magnetic capacity or susceptibility magnetische Kapazität
magnetic card Magnetkarte (dv)
magnetic-card file Magnetkartenspeicherdatei
magnetic-card magazine Magnetkartenmagazin
magnetic card number Magnetkartennummer
magnetic card storage (unit) Magnetkartenspeicher
magnetic-card store Magnetkartenspeicher
magnetic cell magnetisches Speicherelement od. Speicherzelle
magnetic character Magnetschriftzeichen
magnetic character printer Magnetschriftdrucker
magnetic character reader Magnetschriftleser
magnetic characteristic magnetische Eigenschaft
magnetic chuck magnetische Anspannvorrichtung, Magnetspannfutter, Magnetschraube
magnetic circuit magnetischer Kreis
magnetic circuit breaker Magnetschutzschalter
magnetic cloud chamber Magnetnebelkammer
magnetic clutch Pulverkupplung
magnetic cobber Magnetscheider
magnetic coil Magnet(isierungs)spule
magnetic compass Magnetkompaß
magnetic compass calibrator set Magnetkompaßkalibriergerät
magnetic cooling magnetische Kühlung
magnetic core Ferritkern, Magnetkern
magnetic core calculator Magnetkernspeicher
magnetic-core inductor Magnetkern-Induktorspule
magnetic core matrix Magnetkernmatrix
magnetic core memory Magnetkernspeicher
magnetic core storage Kernspeicher, Magnetkernspeicher (dig)
magnetic core store Kernspeicher, Magnetkernspeicher (dig)
magnetic constanter (electron) Magnetkonstanter
magnetic, counter Zählmagnet
magnetic counter magnetischer Zähler
magnetic coupling induktive Kupplung, Magnetkupplung
magnetic course mißweisender Kurs
magnetic course to destination magnetischer Zielkurs
magnetic crack detector Magnafluxgerät, magnetischer Anrißsucher
magentic creep magnetische Nachwirkung
magnetic creeping langsame Zunahme der Magnetisierung
magnetic cycle magnetischer Kreisprozeß
magnetic damping Magnetdämpfung, magne-

tische Dämpfung
magnetic declination magnetische Abweichung, Ortsmißweisung (Kompaß), magnetische Deklination (Kompaß)
magnetic-deflection CR-tube and yoke assembly Kathodenstrahlröhre mit magnetischer Ablenkeinheit
magnetic deflector magnetische Ablenkvorrichtung
magnetic delay (magnetic tape) Zeitabstand zwischen Schreib- u. Lesekopf
magnetic delay line magnetische Verzögerungszeit
magnetic density magnetische Dichte, Kraftliniendichte, Stärke des Magnetfeldes
magnetic detector (electron) Magnetgleichrichter, Erdfeldsonde, Magnetdetektor
magnetic deviation Deklination, magnetische Abweichung (Kompaß), Mißweisung, Ortsmißweisung (nav)
magnetic diode Magnetdiode
magnetic dip Inklinationswinkel, Mißweisung
magnetic dipole magnetischer Dipol
magnetic dipole moment magnetisches Dipolmoment, Coulomb'sches Moment
magnetic-disc data base Magnetplattenspeicher

magnetic disc store Magnetplattenspeicher, Plattenspeicher, Scheibenspeicher
magnetic discontinuity Luftspalt im Eisenkern
magnetic disk Magnetplatte (Magnetplattenspeicher)(dig)
magnetic disk memory Magnetscheibenspeicher, Scheibenspeicher (dig)
magnetic disk storage or store Magnetplattenspeicher, Plattenspeicher, Scheibenspeicher
magnetic disk storage unit Magnetplattengerät
magnetic dispersion magnetische Streuung
magnetic double refraction Cotton-Mouton-Effekt, magnetische Doppelbrechung
magnetic drain plug Magnetabscheider
magnetic dressing magnetische Aufbereitung
magnetic drive magnetische Kupplung
magnetic drive railway Magnetbahn
magnetic drum Magnettrommel
magnetic drum data processing machine Magnettrommelrechner
magnetic drum file memory Magnettrommelgroßraumspeicher
magnetic drum reader and recorder Magnettrommelableser u. -aufnehmer
magnetic drum storage Magnettrommelspeicher, Trommelspeicher
magnetic drum storage power unit Magnettrommelspeicher-Netzeinheit
magnetic drum storage unit Magnettrommeleinheit
magnetic drum store (Magnet)trommelspeicher
magnetic elongation Magnetostriktion, Joule-Effekt
magnetic equator magnetischer Äquator
magnetic examination magnetische Prüfung
magnetic fatigue magnetische Nachwirkung
magnetic field Magnetfeld
magnetic field antenna Magnetfeldantenne
magnetic field balance Magnetfeldwaage
magnetic field density Magnetfelddichte
magnetic field depending resistor (MDR) magnetfeldabhängiger Resistor
magnetic field intensity magnetische Feldstärke
magnetic field of coil magnetisches Feld von Spulen
magnetic field penetration Eindringtiefe des Magnetfeldes
magnetic field shot Magnetfeldstoß
magnetic field strength magnetische Feldstärke
magnetic field stud welding Magnetfeld-Lichtbogenschweißen
magnetic film memory (computer) Magnetfilmspeicher
magnetic film storage or store Magnetfilmspeicher
magnetic fishing tool magnetisches Fangwerkzeug (Bohrung)
magnetic fixed...head nichtverstellbarer Magnetkopf
magnetic fixed head disk unit Magnetplatte mit Festkopf
magnetic flow detection magnetische Durchflutungsprüfung
magnetic fluctuation noise Barkhausen-Effekt
magnetic flux Feldliniendichte, Induktionsfluß, Kraftlinienfluß (gemessen in Maxwell), magnetischer Fluß, Magnetfluß, magnetischer Induktionsfluß
magnetic flux density Linien der magnetischen Induktion B (gemessen in Weber), magnetische Flußdichte, magnetische Induktion
magnetic flux density meter magnetischer Flußdichtemesser (E)
magnetic flux lead Flußzuführungskabel
magnetic flux line magnetische Feldlinie
magnetic flux or current magnetischer Fluß
magnetic focusing magnetische Fokussierung
magnetic force Magnetkraft
magnetic forming Formen mit Magnetkraft
magnetic friction magnetische Reibung
magnetic-fuzed antitank mine Panzerabwehrmine mit Magnetzünder
magnetic grader Magnetscheider
magnetic grate Magnetrost, magnetischer Abscheider, Magnetabscheider
magnetic grid declination Nadelabweichung
magnetic ground track magnetischer Übergrundkurs
magnetic gyro magnetischer Kreisel
magnetic hammer Magnethammer
magnetic hammer break or interrupter Hammerunterbrecher, Neef'scher Hammer, Wagner'scher Hammer
magnetic handlamp Magnetstableuchtlampe
magnetic head Magnetkopf, Tonkopf
magnetic head mount Magnetkopfaufnahmeeinrichtung
magnetic head plate Magnetkopfgrundplatte
magnetic heading mißweisender Steuerkurs
magnetic holding plate (machine tool) Magnetspannplatte
magnetic hum modulation magnetische Brummodulation
magnetic hysteresis magnetische Hysterese od. Reibungskraft
magnetic hysteresis loop magnetische

Hystereseschleife
magnetic impulse generator (rail) magnetischer Impulsgeber, magnetisches Gleisgerät
magnetic induction magnetische Induktion
magnetic induction ground mine Grundmine mit Induktionszündung
magnetic induction or charge magnetische Belegung
magnetic inductive capacity magnetische Durchdringbarkeit
magnetic ink Magnetfarbe, Magnettinte, magnetische Druckfarbe
magnetic ink character reader Leser für Magnettintenzeichen
magnetic-ink character recognition (MICR) Magnetschrifterkennung (EDV), Magnetschriftverfahren, magnetische Zeichenerkennung
magnetic ink font Magnetschrift
magnetic intensity magnetische Feld- od. Polstärke
magnetic intensity mine magnetische Feldstärkemine (UW-Mine)
magnetic interaction magnetische Wechselwirkung
magnetic interrupter Magnetsummer
magnetic iron-core Magneteisenstein, Magnetit
magnetic lag magnetischer Rückschritt
magnetic latching magnetische Verriegelung
magnetic layer magnetische Schicht
magnetic leakage magnetischer Streufluß
magnetic ledger equipment Magnetkontengerät
magnetic ledger-card computer Magnetkontenautomat, Magnetkontencomputer, Magnetkontenrechner
magnetic lens magnetische Linse
magnetic lens spectrometer Spektrometer mit magnetischer Linse
magnetic levitation linear induction motor-powered vehicle Magnetschwebefahrzeug mit Linearinduktionsmotor
magnetic leviation vehicle Magnetschwebefahrzeug
magnetic limit Temperaturgrenze der Magnetisierungsfähigkeit
magnetic line magnetische Kraftlinie
magnetic line of forces Linie des magnetischen Kraftfeldes, magnetische Feldlinie
magnetic line starter Motorschalter mit Überstrom-Nullspannungsauslösung
magnetic link (high tension line) Blitzanzeiger
magnetic lock Magnetverschluß
magnetic logic Doppler navigation computer digitaler Dopplerrechner
magnetic loss magnetischer Verlust, Hystereseverlsut, Ummagnetisierungsverlust
magnetic map Weltkarte der Deklination
magnetic material Magnetwerkstoff
magnetic-matrix switch Magnetkernmatrixschalter
magnetic meory Magnetspeicher (dv)
magnetic memory drum Magnettrommelspeicher
magnetic memory plate (computer) Magnetspeicherplatte
magnetic meridian magnetischer Meridian (Längengrad)
magnetic microphone Magnetmikrophon
magnetic microscope Elektronenmikroskop
magnetic-mirror geometry Magnetspiegelgeometrie
magnetic moduiation Magnetmodulation, magnetische Modulation
magnetic moment magnetisches Moment
magnetic moulding Magnetformverfahren
magnetic multipole radiation magnetische Multipolstrahlung
magnetic needle Magnetnadel
magnetic-needle mine Magnetnadelmine (UW-Mine)
magnetic-needle-type firing mechanism Magnetnadelzündgerät (UW-Mine)
magnetic north pole magnetischer Nordpol
magnetic north pole detector Polsensor (Mine)
magnetic objective Magnetlinse (Optik)
magnetic ore magnetisches Erz
magnetic particle clutch Magnetpulverkupplung
magnetic particle inspection Magnetpulverprüfung
magnetic pendulum Magnetpendel
magnetic permeability magnetischer Induktionskoeffizient, magnetische Leitfähigkeit
magnetic permeance magnetischer Leitwert
magnetic perturbation erdmagnetischer Sturm, magnetische Störung, magnetisches Gewitter
magnetic pick-up elektromagnetischer Tonabnehmer
magnetic plate memory Magnetplattenspeicher
magnetic plug Magnetfilter, Magnetkerze, Magnetstopfen (einschraubbar in Schmierölfilter)
magneatic polarization magnetische Polarisation
magnetic pole magnetischer Pol, Pol eines Magneten, Magnetpol
magnetic potential magnetische Spannung, Magnetspannung
magnetic potential of coil Spulendurchflutung
magnetic-powder clutch Magnetpulverkupplung
magnetic powder coated tape (Zwei-)Schichtband (EDV)
mangetic powder testing methode Mangetpulverprüfverfahren
magnetic power of rotation magnetisches Drehvermögen
magnetic pressure magnetischer Druck
magnetic printing Magnetfarbendruck, Kopierdämpfung
mangetic pulse welding Magnetimpulsschweißen
magnetic property Magnetisierbarkeit
magnetic pumping Gyro-Relaxationseffekt, magnetisches Pumpen
magnetic pyrites Magnetkies
magnetic quantity magnetische Größe
magnetic quantum number Achsenquantenzahl, magnetische Quantenzahl
magnetic reaction (electron) elektromagetische od. induktive Rückkopplung
magnetic reading and recording unit Magnetbandlese- u. Schreibgerät
magnetic reading magnetische Abtastung
magnetic reading head Magnetlesekopf
magnetic recorder Magnettongerät
magentic recording magnetische Aufzeichnung

magnetic recording foil Magnettonfolie
magnetic recording medium Magnettonmaterial
magnetic resistance magnetischer Widerstand
magnetic resonance magnetische Resonanz od. Abstimmung, magnetischer Widerhall, magnetisch in Resonanz befindlich
magnetic return path magnetischer Rückschluß, magnetische Rückleitung
magnetic reversal Ummagnetisierung, Ummagnetisierungsfrequenz, magnetische Umsteuerung
magnetic rigidity magnetische Steifigkeit
magnetic rod storage Magnetstäbchenspeicher
magnetic roll magnetische Umlenkwalze
magnetic rotation Faraday-Effekt, Magnetrotationsspektrum, magnetische Drehung
magnetic saturation magnetische Sättigung, Eisensättigung
magnetic scattering amplitude magnetische Streuamplitude
magnetic screen Magnetrost, Magnetschirm
magnetic screening magnetische Abschirmung
magnetic selection rule magnetische Auswahlregel, Auswahlregel für magnetische Quantenzahlen
magnetic separation magnetische Aufbereitung (Trennung), Magnetabscheider
magnetic separator Eisenabscheider, Magnetabscheider, Magnetfilter, Magnetausscheider, Magnetscheider
magnetic sheet Magnettonfolie, Magnettonplatte
magnetic shell magnetische Doppelschicht, magnetisches Blatt, magnetische Schale, Magnetschale
magnetic shield magnetischer Schirm
magnetic shielding magnetische (Ab)schirmung
magnetic slide coupling Magnetgleitkupplung
magnetic slot wedge Nutverschlußkeil aus Magnetwerkstoff, magnetische Deckleiste
magnetic sound record copying machine Magnetton-Kopieranlage
magnetic sound recorder magnetischer Tonaufzeichner
magnetic sound-recording head Magnetisierungskopf
magnetic sound-recording instrument Magnettongerät
magnetic sound-recording method Magnettonverfahren
magnetic specimen holder Magnethalter
magnetic spectrograph Geschwindigkeitsspektrograph, magnetischer Spektrograph
magnetic spot Magnetfleck
magnetic squeezer magnetische Preßformmaschine
magnetic state Magnetisierungszustand
magnetic steel-tape recording Stahlbandaufnahme
magnetic storage magnetischer Speicher
magnetic storm (erd)magnetischer Sturm
magnetic stray field Magnetstreufeld
magnetic striction Magnetostriktion
magnetic strip Magnetstreifen
magnetic-strip account card computer Magnetkontenautomat, Magnetkontencomputer, Magnetkontenrechner
magnetic stripe technique Magnetstreifentechnik (Bordcomputer)
magnetic-striped ledger unit Magnetkonteneinheit
magnetic sublevel magnetisches Teilniveau
magnetic substance magnetischer Stoff
magnetic susceptibility magnetisches Aufnahmevermögen, magnetische Empfindlichkeit, magnetische Suszeptibilität
magnetic suspension magnetische Aufhängung
magnetic suspension vehicle Magnetkissenfahrzeug
magnetic sweep magnetisches Räumen, magnetisches Räumgerät (UW-Minen)
magnetic sweep gear magnetisches Räumgerät
magnetic sweep reel Kabeltrommel für Räumgerät (UW-Minen)
magnetic switch assembly Induktionseinrichtung (UW-Minen)
magnetic system magnetische Vorrichtung
mangetic tachometer magnetisch betriebener Geschwindigkeitsmesser, magnetischer Umdrehungsmesser
magnetic tape Magnet(ton)band
magnetic tape archiv Bandarchiv
magnetic-tape cartridge Kassette, Magnetbandkassette, Patrone
magnetic tape cassette unit Magnetbandkassettengerät
magnetic tape check Magnetbandprüfung
magnetic tape control Magnetbandsteuerung
magnetic tape control equipment Magnetbandsteuergerät
magnetic tape controlled or fed magnetbandgesteuert
magnetic tape controlled tape punching magnetbandgesteuertes Streifenlochen
magnetic tape-controlled typewriter bandgesteuerte Schreibmaschine
magnetic tape controller Magnetbandsteuerung, Bandsteuereinheit
magnetic-tape converter Umsetzer Lochkarte/Magnetband, Umsetzer Lochstreifen/Magnetband, Magnetband-Konverter
magnetic tape cross talk Kopiereffekt
magnetic tape data storage unit Magnetbanddatenspeicher
magnetic tape data transfer Magnetbandtransfer, Magnetbandübertrager
magnetic tape device Magnetbandgerät
magnetic tape digital memory Magnetband-Digitalspeicher
magnetic tape drive Magnetbandlaufwerk
magnetic tape equipment Magnetbandgerät
magnetic-tape-fed card punching magnetbandgesteuertes Stanzen von Lochkarten
magnetic tape file Magnetbanddatei
magnetic tape for the storage of data Magnetbänder für das Speichern von Daten
magnetic tape handler Magnetbandgerät (Laufwerk)(dig)
magnetic tape input output Magnetband Eingabe/Ausgabe
magnetic tape instrument Magnetbandgerät
magnetic tape mark Band(schreib)marke
magnetic tape memory Magnetbandspeicher, magnetisches Speicherwerk

magnetic tape output Magnetbandausgabe, Bandausgabe
magnetic tape reader Magnetbandabtaster (dig), Magnetbandleser, Magnetband-Lesegerät
magnetic tape reader and recorder Magnetbandabtaster u. -aufnehmer
magnetic tape recorder Magnetbandgerät
magnetic tape recording Magnetbandaufzeichnung
magnetic tape reproduction Magnettonbandwiedergabe
magnetic tape storage (Magnet)bandspeicher
magnetic tape store (Magnet)bandspeicher
magnetic tape subsystem Magnetbandsubsystem
magnetic tape-to-card converter Magnetband-Lochkarten-Umsetzer (dig)
magnetic tape-to-printer converter Magnetband-Drucker-Umsetzer
magnetic tape-to-punched card converter Magnetband-Lochkarten-Umsetzer
magnetic tape transmission terminal Magnetbandeinheit für Datenfernverabreitung
magnetic tape transport Magnetbandlaufwerk, Magnetbandtransport
magnetic tape unit Magnetbandelement, Magnetbandeinheit, Magnetbandgerät, Magnetbandspeicher (dig)
magnetic telephone Magnettelephon
magnetic thin film dünne magnetische Schicht (EDV)
magnetic thin film storage Dünnschichtspeicher, Dünnfilmspeicher
magnetic-to-paper-tape conversion magnetbandgesteuertes Streifenlochen
magnetic torsion balance magnetische Torsionswaage
magnetic track Magnetspur (Magnetband), mißweisender Kurs über Grund (nav)
magnetic track angle mißweisender Kurswinkel über Grund
magnetic track required beabsichtigter mißweisender Kurs über Grund
magnetic transfer Kopiereffekt
magnetic transition temperature magnetische Umwandlungstemperatur
magnetic trap magnetische Falle
magnetic traverse field magnetisches Querfeld
magnetic treatment magnetische Behandlung
magnetic tube of force magnetische Kraftröhre
magnetic-type earphone elektromagnetischer Hörer
magnetic-type fuze magnetischer Zünder
magnetic-type speedometer Wirbelstromtachometer
magnetic unit cell magnetische Elementarzelle
magnetic variation chart Mißweisungskarte, Mißweisung (bezogen auf geographisch Nord), Mißweisungswert (bezogen auf geographisch Nord), magnetische Änderung, Deklination
magnetic variation chart Karte mit mißweisendem Meridian
magnetic variation correction and transition to CDI (course deviation indicator) Korrektur der Mißweisung und Übergang auf CDI-Betrieb (Bordcomputer)
magnetic vector magnetischer Vektor
magnetic vibration magnetische Vibration
magnetic vibrator Magnetrüttler
magnetic viscosity magnetische Nachwirkung, magnetische Viskosität
magnetic washer magnetische Unterlegscheibe
magnetic well magnetischer Topf
magnetic wind information Windangabe (mißweisend)
magnetic wire Magnetdraht
magnetic-wire memory Magnetdrahtspeicher (EDV)
magnetic-wire storage or store Drahtspeicher, Magnetdrahtspeicher
magnetically operated switch Magnetschalter
magnetising force magnetische Erregung
magnetism Magnetismus
magnetite Magneteisenerz, Magnet(eisen)stein
magnetizability Magnetisierbarkeit, Magnetisierfähigkeit, Magnetisierungskoeffizient
magnetizable magnetisierbar, magnetisierfähig
magnetizable product magnetisierbares Material
manetization Magnetisierung
magnetization characteristic Magnetisierungseigenschaft, Magnetisierungskurve
magnetization curve Magnetisierungseigenschaft, Magnetisierungskurve
magnetization cycle Magnetisierungszyklus
magnetize magnetisieren, magnetisch machen
magnetized magnetisiert
magnetized in the same sense gleichnamig magnetisiert
magnetized spot Element einer magnetischen Aufzeichnung, magnetische Stelle (dig)
magnetized to saturation magnetisch gesättigt
magnetizer Magnetisiergerät
magnetizing coil Feldspule, Magnetwicklung
magnetizing equipment Magnetisierapparat
magnetizing field Erregerfeld, Magnetisierungsfeld
magnetizing force magnetisierende Kraft, Magnetisierung
magneto magnetelektrische Maschine, Magnetapparat, Magnetzündapparat
magneto and dynamo coupling Magnetzünder- u. Lichtmaschinenkupplung
magneto armature tester Magnetzünderanker-Prüfapparat
magneto bell Wechselstromglocke, Wechselstromwecker
magneto block Magnetblock
magneto board Klappschrank für Induktoranruf
magneto booster Handmagnetanlaßzünder
magneto booster coil switch Zündverstärkerschalter
magneto brush coal Magnetzünderkohle
magneto calling Induktoranruf
magneto chemistry Magnetochemie
magneto coil Zündanker (Kfz)
magneto coupling Magnetkupplung
magneto crank Induktorkurbel
magneto drive driven gear Magnetzünderantriebsrad
magneto drive gear Zwischenrad des Magnetzünderantriebs

magneto electric bell Induktorwecker
magneto electric geneator Generator mit permanentem Feld
magneto electric machine magnetelektrische Maschine
magneto exchange Vermittlungsamt mit Induktoranruf
magneto fire alarm system Induktor-Feuermeldesystem
magneto-flywheel ignition Schwungradmagnetzündung
magneto gear Magnetrad
magneto-gear driving shaft Magnetradantriebswelle
magneto generator Magnetinduktor, Zündlichtmaschine
magneto governor automatischer Zündzeitpunktversteller (Kfz)
magneto guard Magnetsplitterfänger
magneto housing timing pad Strichmarkenfeld am Magnetzündergehäuse (Kfz)
magneto ignition Magnetzündung
magneto lead Magnetkabel
magneto microphonic relay Mikrophonrelais
magneto mounting plate Magnetzünderträger
magneto-motive magnetomotorisch
magneto photophoresis Magnetophotophorese
magneto resistor potentiometer Feldplattenpotentiometer
magneto resistor sensor (MR-Sensor) Feldplattenfühler
magneto ringing Induktoranruf, Induktorruf
magneto safety gap Sicherheitsstrecke des Magnetzünders
magneto spindle oil cup Magnetspindelölfangschale
magneto starter Magnetstarter
magneto switch Zündschalter
magneto switchboard Klappschrank für Induktoranruf
magneto switchboard exchange OB-Vermittlung(sstelle), Vermittlung mit Induktoranruf
magneto telephone station Induktorapparat
magneto timing Magnetregelung, Zündpunkteinstellung
magneto timing scale Magneteinstellskala
magneto-to-filter cable Zündverstärkerleitung
magneto wiring Zündkabelleitung
magnetoactivation magnetische Aktivierung
magnetoadvance stop Zündverstelleranschlag (Außenbordmotor)
magnetoanemometer Anemometer mit Generator, elektrodynamischer Anemometer
magnetoband effect magnetischer Bandeffekt
magnetodetonation wave magnetische Detonationswelle
magnetodynamic plasma motor magnetoplasmadynamischer Antrieb (MPDA)
magnetodynamo Magnetdynamo
magnetoelectric generator magnetischer Generator
magnetofluid mechanics Magnetohydrodynamik, Magnetoströmungsmechanik
magnetogasdynamics Magnetogasdynamik
magnetogram Magnetogramm
magnetograph Magnetfeldstärkeschreiber, Magnetograph
magnetohydrodynamic Magnetohydrodynamik
magnetohydrodynamic channel magnetoplasmadynamischer Kanal
magnetohydrodynamic converter magnetohydrodynamischer Umwandler
magnetohydrodynamic generation magnetohydrodynamische Stromerzeugung
magnetohydrodynamic generator (MDH) magnetohydrodynamischer Generator, MHD-Generator
magnetohydromatic thrust device magnetohydromatischer Antrieb, MHD-Antrieb (Kurzform)
magnetometer Magnetfeldmesser, Magnetometer
magnetomotive force magnetomotorische Kraft
magneton oscillator Magnetoszillator
magnetophone magnetischer Tonaufzeichner, Magnettonaufzeichner
magnetoscope Magnetoskop
magnetosphere Magnetosphäre
magnetosphere research Erforschung der Magnetosphäre, Magnetosphärenerforschung
magnetosphere satellite Magnetosphärensatellit
magnetostatic Magnetostatik
magnetostriction Magnetostriktion
magnetostriction loudspeaker Magnetostriktionslautsprecher
magnetostriction microphone Magnetostriktionsmikrophon
magnetostriction oscillator Magnetostriktionsgenerator, Magnetostriktionsoszillator
magnetostriction transducer Magnetostriktionsumwandler
magnetostriction vibrator Magnetostriktionsschwinger
magnetostrictive delay line magnetostriktive Verzögerungsstrecke
magnetostrictive delay-line storage magnetostriktiver Speicher
magnetron Magnetron
magnetron amplifier Magnetronverstärker
magnetron arcing Überschlag im Magnetron
magnetron average plate current metering circuit Magnetronstrommeßkreis
magnetron oscillation Magnetronschwingung
magnetron oscillator Magnetrongenerator, Magnetronoszillator
magnetron pulling Magnetronfrequenzziehen, Magnetronlastverstimmung
magnetron pushing Fehltastung des Magnetrons, Magnetronstromverstimmung
magnetron pulse transformer Magnetronimpulstransformator
magnetron pulsing circuit Magnetronkreis
magnification changer Vergrösserungswechsler
magnification coefficient Vergrösserungsfaktor
magnification factor Q-Faktor (eines Schwingkreises), Vergrösserungsfaktor, Gütefaktor (eines Schwingkreises)
magnification of 100 diameters 100fach lineare Vergrößerung
magnification power (lens) Vergrösserungsfaktor
magnifier Lupe, Verstärker
magnify vergrößern (Optik)
magnifying arrangement Vergrößerungsvor-

richtung
magnifying device Vergrößerungsvorrichtung
magnifying glass Lupe
magnifying sight lens Visierlupe
magnitude Betrag, Größenordnung
magnitude class Größenklasse
magnitude of error Fehlergröße
magnitude of nucleus Kerngröße
magnitude of the dip Größe des Einfallens (geol)
magnitude of the pulse Impulsgröße
magnitude relation Größenbeziehung
magnitudinal order Größenordnung
Magnus effect (ballistics) Magnuseffekt
magslip (Magslip-)Drehmelder
maiden flight Erstflug, Jungfernflug (av)
mail airship Postluftschiff
mail carrying aircraft Postflugzeug
mail compartment Postabteilung
mail flight Postflug
mail flying boat Postflugboot
mail load Postladung
mail memory Arbeits-, Hauptspeicher (dig)
mail pick-up device Postaufnahmegerät
mail plane Postflugzeug
mail rocket Postrakete
mail ton-kilometres performed zurückgelegte Kilometertonnen im Postdienst, geleistete Posttonnenkilometer
main AC bus system Drehstrom-Hauptschienensystem, Drehstrom-Hauptstromschienensystem, Hauptdrehstromsammelschienensystem, Hauptwechselstromschienensystem
main accumulator Hauptdruckspeicher
main air ammunition dump Lufthauptmunitionsanstalt
main air head Hauptwetterstrecke
main air lead Hauptluftrohr (Torpedo)
main air park Stammluftpark
main air pipe Hauptluftleitung, Kesselluftleitung (Schiff)
main air pipe aligning fixture Hauptluftrohrrichtrahmen
main air pipe joint Hauptluftrohrflansch
main air reservoir Hauptluftbehälter (Hydraulikbremse)
main air swirler Hauptluftwirbler
main airway radio beacon Hauptfunkfeuer
main aisle Hauptgang (in Lager) (geol)
main and nose gear bogie positioners Einstellglieder für Haupt- u. Bugfahrwerkschemel
main anode Hauptanode
main approach direction Hauptanflugrichtung
main approach path Hauptanflugbahn, Hauptanfluggrundlinie, Hauptanflugweg
main approach route Hauptfahrwasser
main approach sector Haupteinflugschneise, Hauptanflugsektor
main arbor Federwelle
main arbor pinion and disc Federwelle mit Federteller
main aspect Schwerpunktaspekt
main assemblage, missile Flugkörper-Hauptteil
main attachment fitting Lagerstück (Fahrwerk)
main avionic bay Hauptelektronikschacht
main axis of the pod Behälterlängsachse
main axis or inertia Hauptträgheitsachse
main ballast tank Haupttauchtank
main bang Start-, Such-, Sendeimpuls
main barrel (carburetor) Hauptlufttrichter (Vergaser)
main base of supply Hauptnachschubstelle
main beacon Hauptbake (Radar)
main-beam killing Hauptstrahlunterdrückung
main beam warning lamp Fernlichtkontrollleuchte
main bearing Grund-, Haupt-, Wellenlager
main bearing cap Kurbelwellenlagerdeckel
main bearing shell Kurbelwellenlagerschale
main blast line Hauptwindleitung
main block Hauptblock, Textblock
main bulkhead Hauptspantschnitt
main bus bar Hauptsammelschiene
main cable Hauptlinie, Hauptlinienkabel, Hauptstrangkabel
main cargo floor Hauptfrachtboden
main carrier cable Haupttragseil
main carrier wave Hauptträgerwelle
main change in form Hauptformänderung
main channel Hauptwasserlandebahn, Hauptrinne
main characteristic Hauptmerkmal
main check valve Hauptabsperrventil
main circuit Hauptstromkreis, Stammleitung
main circuit-breaker reset button Wiedereinschaltknopf für Hauptstromschalter
main circuit contact Hauptkontakt
main circuit resistance Hauptstromwiderstand
main circuit side or circuit trunk line Stammleitung
main competitor Hauptkonkurrent
main component Hauptbestandteil
main computer Hauptrechner
main computer complex Hauptrechnerkomplex
main connecting rod Haupttriebstange
main control direction-finder station Hauptpeilstelle
main control room Hauptfahrstand
main control surface Hauptruder, Hauptsteuerruder
main control unit Hauptleitwerk, zentrales Leitwerk (bei Mehrrechnerbetrieb)
main coolant radiator Hauptkühlstoffkühler
main cooling system circulating pump Umlaufpumpe im Hauptkühlsystem
main cooling system header tank Fallbehälter im Hauptkühlsystem
main cooling system relief valve Überdruckventil im Hauptkühlsystem
main crankcase section mittleres Kurbelgehäuseteil (beim Doppelsternmotor)
main current generator Hauptschlußgenerator, Hauptstromgenerator
main current motor Hauptstrommotor
main current relay Primärrelais
main current river Hauptströmung
main deck cargo door Hauptdeckfrachtpforte, Hauptdeck-Frachttür
main defense or fighter defense area Hauptschutzzone
main deformation Hauptformänderung
main difference Hauptunterschied
main dike or flood gate Hauptdeich, Hauptschütz

main direction-finding station DF-Station, Peilleitstelle
main distributing frame Hauptverteiler
main distribution board Verteilungstafel
main distribution frame Anschlußverteiler
main driving pinion Hauptplanzugritzel
main drum or cylinder Hauptwalze
main drum wheel Haupttrommelrad
main dual spool valve Hauptsteuerschieber
main electrical control center Lastverteilungsraum
main engine Hauptmaschine, Hauptmotor
main engine drive Hauptmotor(en)antrieb
main engine test Vollmotor(en)versuch
main entrance door Kabinentür
main exchange Hauptamt, Hauptvermittlungsstelle, Vollamt, Vermittlungszentrale
main exchange area Hauptamtbereich
main factory or plant Stammwerft, Stammwerk, Hauptwerk
main feathering circuit breaker warning lamp Hauptverstellung der Stromschalterwarnlampe
main-feed check valve Hauptspeiseventil
main feeder Hauptspeiseleitung (elektr)
main filter Hauptfilter
main flash Hauptstrahl
main flow Hauptströmung
main fold Hauptfalte (geol)
main frame Hauptspantschnitt, Hauptverteilergestell, Zentraleinheit
main frame memory Hauptarbeitsspeicher
main framework Hauptrahmen
main fuel control Hauptkraftstoffregler
main fuel feed line Kraftstoffhauptförderleitung
main fuel manifold Haupteinspritzrohr, Hauptkraftstoffringleitung
main fuel pump Hauptkraftstoffpumpe
main fuel system Kraftstoffhaupttank
main fuse Hauptsicherung
main gallery Hauptstollen (Bergbau)
main gap Hauptentladungsstrecke
main gear Hauptantrieb
main gear beam Hauptfahrwerksschwinge
main-gear downlock switch Hauptfahrwerkausfahrverriegelungsschalter
main gear retraction extension and change in attitude Fahrwerkhöheneinstellung
main gear squat switch Hauptfahrwerkscherenschalter
main governor or regulator (of a tube) Hauptregler (einer Röhre)
main groups of commodities Hauptwarengruppen
main guide Durchgangsleitung
main harness Hauptstrang
main hauling line Hauptzugkabel
main highway Hauptverkehrsstraße
main hoisting tackle Haupthubwerk
main ignition lead Hauptzündkabel
main ignition system Hauptzündanlage
main ignition unit Hauptzündgerät
main inlet Hauptzuleitung
main inlet dike or sluice Haupteinlaufschütz
main instrument console Hauptinstrumentenkonsole
main jet Haupt(zumeß)düse (Vergaser)
main jet holder Hauptdüsenträger
main landing gear Hauptfahrwerk
main landing gear wheel Hauptfahrwerkrad, Hauptlaufrad (Fahrwerk)
main leg coefficient Hauptwegübersetzung
main lift web Hauptträgergurt (Fsch)
main lighting Hauptbeleuchtung
main line Hauptflugstrecke, Hauptleitung, Hauptstrecke
main liner Verkehrsflugzeug für Hauptflugstrecke
main listening area or sector Haupthorchraum
main load distributing station Hauptlastverteilungsstelle
main lobe Hauptkeule, Hauptlappen
main lobe of radiation Hauptstrahlungskeule
main longitudinal Hauptlängsträger
main lube pump Schmierölhauptpumpe
main lubricating-oil line Hauptverteilerleitung
main magnet fuse Hauptmagnetzünder
main maintenance base Hauptwartungszentrum (einer Luftfahrtgesellschaft)
main marker Haupteinflugzeichen
main memory Arbeitsspeicher, Hauptspeicher, Primärspeicher
main memory address Arbeitsspeicheradresse
main memory area Arbeitsspeicherbereich
main memory block Arbeitsspeicherblock
main memory buffering Arbeitsspeicherpufferung
main memory capacity Arbeitsspeicherausbau, Arbeitsspeicherkapazität
main memory cycle Arbeitsspeicherzyklus
main memory extension Arbeitspeichererweiterung
main memory location Arbeitsspeicherplatz, Arbeitsspeicherstelle, Arbeitsspeicherzelle
main memory module Arbeitsspeichermodul, Hauptspeichermodul
main memory print Speicherabzug, Speicherausdruck
main memory requirement Speicherbedarf, Arbeitsspeicherplatzbedarf
main memory resident arbeitsspeicherresident
main memory section Arbeitsspeicherbereich, Arbeitsspeicherstelle
main memory size Arbeitsspeichergröße
main memory space Arbeitsspeicherplatz
main memory stack Arbeitsspeicherblock
main meteorological office or station Hauptflugwetterwarte
main metering jet Hauptdüse, Hauptzumeßdüse (Vergaser)
main mooring cable Hauptverankerungskabel
main mooring line Fesselseil, Verankerungstau (Luftschiff)
main mooring-mast line Hauptverankerungsmastseil, Ankermasttau (Luftschiff)
main motor Haupttriebwerk
main nozzle or jet Hauptdüse
main observation section Hauptbeobachtungsraum
main oil gallery Hauptölzuleitungskanal
main oil supply and pressure system Hauptölzufuhr u. Drucksystem
main operational feature Hauptbetriebsmerkmal
main or chief central office Knotenamt (Fsp)
main or primary air Primärluft

main or primary current Hauptstrom
main or trunk airway Hauptluftlinie, Hauptstrecke
main or trunk line Verbindungsrichtung
main oscillator Hauptoszillator, Hauptsender
main panel Boden (Fsch)
main parachute Hauptfallschirm
main parachute deployed Entfaltung des Hauptfallschirms (sp)
main path Hauptbahn
main pipe Hauptleitung, Hauptrohr, Hauptzuleitung
main plane structure Tragwerkverband
main plotting station Hauptmeßstelle
main point Hauptpunkt, Hauptsache
main point of penetration Haupteinbruchstelle
main pole Hauptpol
main port side landing wheels linke Hauptfahrwerkeinheit
main potential Hauptspannung
main power fuse Hauptnetzsicherung
main power plant Hauptmaschinenanlage
main power shield Stromverteilertafel
main processor Hauptrechner
main program Haupt-, Leitprogramm (dig)
main propeller shaft innere Treibschrauben-welle
main propulsion Schiffsantrieb
main propulsion cubicle Betriebsschalttafel der Hauptantriebsanlage (UBoot)
main propulsion engineering Schiffsantriebstechnik
main propulsion gear room (ship) Getrieberaum de Schiffsantriebsanlage
main propulsion repair (group, team) Antriebsinstandsetzung
main protection Hauptschutz
main pulley Hauptantriebswellenscheibe
main quantum number Hauptquantenzahl
main radiator Hauptkühler
main radio aid to navigation Hauptnavigationsfunkfeuer, Hauptnavigationshilfsmittel
main radio navigational aid Hauptfunknavigationshilfe
main range tube or general view tube or oscilloscope Übersichtsrohr (Elektronik)
main receiving direction Hauptempfangsrichtung
main recording optical system optisches Hauptaufzeichnungssystem
main reflector, highly accurate hochpräziser Hauptreflektor (Bordelektronik)
main-regulator board Hauptreglertafel
main relay Linienrelais
main repeater station Hauptverstärkeramt
main reserve Hauptreserve
main resonance Hauptresonanz
main resonance frequency Hauptresonanzfrequenz
main rest position Hauptstartstellung
main road Chaussee, Hauptstraße
main rotor Hauptrotor
main rotor blade Hauptrotorblatt (Hschr)
main rotor blade gripbearing Hauptrotorblattanschlußlager
main rotor blast Hauptrotorgebläse
main rotor head Hauptrotorkopf
main rotor hub Hauptrotornabe, Hauptrotorkopf (Hschr)
main rotor mast Hauptrotormast
main route Hauptlinie im Luftverkehr
main routine Hauptprogramm
main runway Hauptpiste, Hauptstartbahn, Hauptlandebahn, Hauptpistenpaar
main runway selected basic length Grundlänge der Hauptstart- u. -Landebahn
main scavenging Hauptprüfung
main seam Radialnaht (Fallschirmkappe)
main send subscriber Hauptsendeteil-Teilnehmer
main separation screen Hauptseparationstrommel (Bergbau)
main shaft assembly Hauptwelle
main shaft bearing Hauptantriebslager (Motor)
main shaft coupling Läuferwellenkupplung
main shear wire Diagonalverspannung zur Aufnahme von Scherbeanspruchung (Luftschiff)
main silencer Auspuffhauptschalldämpfer
main sill Hauptsohle
main spar Hauptholm
main spar flange Hauptholmgurt
main spark plug Hauptzündkerze
main spindle Hauptspindel
main spring Schlagfeder, Triebfeder
main squat switch Hauptfahrwerkscherenschalter
main stabilizer drogue (MB-seat) großer Steuerschirm (Bremsschirm)
main standard Hauptserie
main station Hauptanschluß (Fsp)
main station intersection method Hauptschnittverfahren
main step (of a hull or float) Hauptstufe (Rumpf od. Schwimmer)
main storage Arbeitsspeicher, Hauptspeicher, Primärspeicher
main stringer Hauptstringer
main strut Hauptstrebe
main stuffing box Hauptstopfbüchse (bei einem Verdichter usw)
main support casing Hauptträgergehäuse (Twk)
main support ring Haupttragring
main supporting element Haupttragwerk
main supporting surface gesamttragende Fläche
main switch Hauptschalter
main switch panel Hauptschaltertafel
main switch station Hauptschalt(er)warte
main synoptic observation synoptische Hauptterminbeobachtung, synoptische Wetterbeobachtung (meteo)
main system Hauptleitung, Leitungsanlage, Leitungsnetz, Ringleitung, Ringschaltsystem
main table reserve valve Hauptumsteuerventil des Maschinentisches (w)
main tank Hauptbehälter, Hauptkraftstofftank
main tank vent Haupttauchzellenventil (Torpedo)
main telephone station Teilnehmerhauptanschluß
main tension Hauptspannung
main theorem of the theory of games Hauptsatz der Theorie der Matrixspiele
main throttle Gashebel
main through-traffic line (rail) Hauptabfuhrstrecke

main thrust bearing Hauptdrucklager
main tilting axis Haupttippachse
main track (rail) durchgehendes Gleis, Hauptgleis, Sammelgleis, Stammgleis
main transformer rectifier Haupttransformator-Gleichrichter
main transmission gear Hauptantriebsrad
main transmission gearbox Hauptgetriebe
main transmission, input to the Anschluß an die Hauptkraftübertragung
main transmission line Hauptübertragungsleitung, Hauptübertragungsschiene
main transmitter Hauptsender
main transmitter modulation of radar equipment Steuerteil
main transmitter pulse Hauptsendeimpuls
main transmitting direction Hauptstrahlrichtung
main transmitting valve Senderend(e)röhre
main transverse Hauptquerträger
main trench Schlüsselgraben
main truck route or airway beacon Hauptstreckenfeuer
main tuning button Hauptabstimmknopf
main undercarriage Hauptfahrgestell
main undercarriage door Hauptfahrwerkschachtklappe
main urban population center Hauptballungszentrum
main value Fahrventil (Turbine)
main velocity component Hauptgeschwindigkeit
main warning light Hauptwarnleuchte
main wind direction Hauptwindrichtung
main windway Hauptwetterstrecke, Hauptwetterpaß
main wing Hauptflügel, Haupttragfläche
main wing wheel Hauptflügellaufrad (Hschr)
main wireless station Hauptfunkstelle
main zone center Hauptfernamt
mainframe reservation computer Hauptreservierungsrechner (Buchung)(av)
mainline program Hauptprogramm
mainline and hydraulic pump Ölpumpe (Triebwerk)
mains aerial Licht/Netzantenne
mains-connection unit Netzgerät
mains current Lichtstrom, Netzstrom
mains failure Netzausfall, Netzunterbrechung
mains-feed netzgespeist
mains feed unit (radio) Netzspeisungsgerät
mains filter Siebkreis
mains frequency Netzfrequenz
mains frequency indicator Netzfrequenzanzeiger
mains frequency meter Netzfrequenzmesser
mains fluctuation Netzschwankung, Netzunruhe
mains hold Netzsynchronisierung
mains hum Netzbrummen, Netzton
mains lead Netzanschlußkabel, Netzanschlußschnur
mains locking Netzverriegelung
mains monitor Netzwächter
mains noise Netzgeräusch, Netzstörung
mains-operation Netzbetrieb
mains-powered system netzgespeist
mains receiver Empfänger für Gleichstrom (Netzanschluß), Empfänger für Wechselstrombetrieb (Netzanschluß), Lichtnetzempfänger, Netz(anschluß)empfänger
mains rectifier Netzgleichrichter
mains supply Netzstromversorgung, Netzzuführung, Speiseleitung, Stromnetz, Vollnetzanschluß
mains switch Netz(aus)schalter, Netzumschalter
mains switchboard Netzschalttafel
mains synchronization Netzsynchronsierung, Netzgleichschaltung
mains tapping panel Spannungswähler
mains transformer Netztrafo, Netztransformator, Netzumspanner
mains unit adapter Netzgeräteeinsatz
mains variation Netzschwankung, Spannungsschwankung
mains voltage fluctuation Netzspannungsschwankung
mains voltage stability Netzkonstante
MAINT maintenance
maintain aufrechterhalten, einen Zustand beibehalten, behaupten, unterhalten, warten, instandhalten
maintain (when followed by altitude) Haltung (der Höhe)
maintain analog instrument Wartungsbedarf für analoges Instrument (Bordelektronik)
maintain bottom hole flowing pressure above bubble point Fließdruck an Bohrlochsohle über dem Entgasungspunkt halten
maintain data link contact Datenverbindung aufrechterhalten (Bordcomputer)
maintain engine and airframe component Wartung der Triebwerk- und Zellenkomponente (av)
maintain full-hole fluid level Bohrloch vollhalten (beim Ziehen des Gestänges)
maintain heading, to Steuerkurs einhalten
maintain present heading bleiben Sie auf gegenwärtigen Kurs
maintain straight and level flight, to Kurs u. Höhe halten
maintain your own separation halten Sie Ihre eigene Staffelung
maintainability Unterhaltbarkeit, Wartbarkeit (Zuverlässigkeit)
maintaining business jets Unterhalt von Geschäftsflugzeugen (Wartung)
maintaining current Haltestrom
maintaining large engines Großtriebwerkwartung (av)
maintenance Aufrechterhaltung, Instandhaltung, Wartung, Pflege der Betriebsmittel
maintenance action vorbeugende Wartungsmaßnahme (Hschr)
maintenance activity Betreuungsbereich
maintenance aids Wartungshilfsmittel
maintenance and conversion work Wartungsarbeit und Zellenaufbau (av)
maintenance and engineering service Wartungs- und Instandsetzungsfirma (av)
maintenance and modification work Wartung und Änderungsüberholung (av)
maintenance and overhaul expenses Wartungs- und Überholungsaufwand (av)
maintenance and storage room Versorgungs- u. Lagerraum
maintenance area Wartungszone
maintenance arrangement Wartungsvereinbarung

(unter Luftfahrtgesellschaften)
maintenance assembly and disassembly (MAD)(nucelar) Instandhaltung, Ein- u. Ausbau
maintenance burder in adjusting the complex control schedules and verifying the results aufwendiges Einstell- und Prüfverfahren im Rahmen der Wartung (av)
maintenance capability Wartungsmittel
maintenance charge Instandhaltungsgebühr, Instandhaltungskosten, Wartungskosten
maintenance check Unterhaltskontrolie (S), Wartungskontrolle, Wartungsprüfung, Wartungsprobe (Funkantenne)
maintenance circuit Haltestromkreis
maintenance concept Wartungskonzept, Wartungsvorschrift
maintenance condition Unterhaltungszustand
maintenance console Wartungsfeld (dig), Wartungspult
maintenance contract Pflegeabkommen, Wartungsvertrag (Rechner), Abonnementvertrag, ABO-Vertrag
maintenance contracts, civil zivile Betreuungsarbeiten (Flugzeugwartung)
maintenance, control and...panel Bedienungs- u. Wartungsfeld
maintenance cooperation Wartungskooperation, Wartungszusammenarbeitung (av)
maintenance, corrective Instandsetzung
maintenance cost Instandhaltungskosten, Wartungskosten
maintenance cost as a specific engineering objective, low niedrige Wartungskosten bei spezifischen Konstruktionsvorgaben (av)
maintenance department Leitungsüberwachungsdienst
maintenance echelon Instandsetzungsstaffel
maintenance equipment Instandsetzungssatz für Fernmeldegerät
maintenance facilities Wartungsaktivitäten (Luftfahrzeuge)
maintenance factor Verminderungsfaktor (Beleuchtung)
maintenance, font Schriftenverwaltung
maintenance forecast Schätzung des zukünftigen Anfalls an Materialerhaltungsarbeit
maintenance-free wartungsfrei
maintenance-free part wartungsfreies Teil
maintenance infrastructure Wartungsinfrastruktur (Luftfahrzeuge)
maintenance instruction Wartungsvorschrift
maintenance, instruction chain Befehlskettenblockverwaltung
maintenance kit Instandsetzungssatz für Fernmeldegerät, Auswechselsatz für Fernmeldegerät, Ersatzteil für Fernsprecher
maintenance, library...routine Wartungsprogramm der Programmbibliothek
maintenance list Verwaltungsliste
maintenance log book Unterhaltungsbuch(S) Wartungsbuch
maintenance man or engineer Kundendiensttechniker, Wartungstechniker
maintenance man-hoursper flight hour Wartungsarbeitsstunden pro Flugstunde
maintenance manual Instandhaltungshandbuch, Unterhaltshandbuch (S), Wartungshandbuch
maintenance method Unterhaltsmethode, Wartungsmethode
maintenance need, simplified reduzierter Wartungsbedarf (Bordelektronik)
maintenance need, little geringer Wartungsanspruch (Bordelektronik)
maintenance of fuselage Wartung des Rumpfes
maintenance of pressure Aufrechterhaltung des Drucks, Druckerhaltung
maintenace of text data address table Adreßbuchverwaltung für Textdaten
maintenance of the airplane Wartung des Flugzeugs, Flugzeugwartung
maintenace of track Gleisunterhaltung
maintenance, off-line...program Off-Line-Wartungsprogramm
maintenance, on-line...program On-Line-Wartungsprogramm
maintenance part Ersatzteil, Wartungsteil
maintenance party Werkstattrupp
maintenance platoon Abschleppzug, Werkstattzug, Instandsetzungszug
maintenance personnel Wartungspersonal
maintenance philosophy Materialerhaltungskonzept (Vorbeugewartung)(av)
maintenance, preventive Überwachung und Instandhaltung, vorbeugende Wartung
maintenance procedures Wartungsverfahren
maintenance processor Wartungsprozessor
maintenance program Wartungsprogramm
maintenance program for basic planning data Dispositionsstammdaten-Verwaltung
maintenance program for bills of material Stücklistenverwaltung
maintenance program for work-station data Arbeitsplatzverwaltung
maintenance, random access controller and disk storage...program Wartungsprogramm für Großspeichersteuerung u. Plattenspeicher
maintenance rate Wartungsintervall, Wartungszeitraum (dig)
maintenance regulations Wartungsvorschriften
maintenance release Flugbereitschaftserklärung (S), Wartungsabnahmeschein
maintenance, remedial Bedarfswartung
maintenance request Arbeitsauftrag (für Instandsetzungsarbeiten), Instandsetzungsauftrag
maintenance requirement Forderung für die Materialerhaltung
maintenance requirement list Ersatzteilbedarfsliste
maintenance resources, direct direkter Wartungsaufwand
maintenance routine Instandhaltung, laufende Wartung, planmäßige Wartung, regelmäßige Unterhaltungsarbeiten
maintenance schedule (machine tool) Wartungsplan
maintenance, scheduled planmäßige Wartung
maintenance, scheduled time planmäßige Wartungszeit
maintenance, servicing and overhaul companies Wartungs- u. Überholungswerften
maintenance spending Wartungsausgaben (av)
maintenance staff Pflegepersonal, Wartungspersonal
maintenance stand Arbeitsbühne

maintenance stand-by time Wartungsbereitschaftszeit
maintenance, supplementary außerplanmäßige Wartung
maintenance, supplementary...time außerplanmäßige Wartungszeit
maintenance support index Wartungsindex
maintenance technical training technische Ausbildung im Rahmen der Materialerhaltung
maintenance telemetering (space) Weltraumfernmessung
maintenance time (computer) Wartungszeit
maintenance tool Instandhaltungsgerät
maintenance trailer Werkstattwagen
maintenance treatment Erhaltungstherapie
maintenance troops Instandsetzungstruppe
maintenance unit Instandsetzungseinheit, Instandsetzungsverband, Wartungseinheit
maintenance, unscheduled unplanmäßige Wartung (Luftfahrzeuge)
maintenance vehicle Instandhaltungsfahrzeug, Reparaturfahrzeug, Werkstattwagen
maintenance, width Dicktenblockverwaltung
maintenance work Instandhaltungsarbeit, Unterhaltungsarbeit, Wartungsarbeit
major größer, hauptsächlicher, wichtiger
major accident schwerer Unfall
major air command wichtiges Luftwaffenkommando
major air route Hauptflugstrecke
major apex face Hauptspitzenfläche
major assembly Einbaugerät, Hauptbaugruppe
major axis große Achse
major bearing support structure Hauptlagerblock
major body of water Hauptwasserkörper
major combination Großgerät
major component Hauptbaugruppe, Hauptbestandteil
major control Übergruppenkontrolle (lo)
major control break Übergruppenwechsel
major control change Übergruppentrennung, Übergruppenwechsel
major control field Hauptkontrollfeld, Übergruppen-Kontrollfeld
major cycle Großperiode, Hauptperiode, Hauptzyklus (dig)
major damage schwere Beschädigung, großer Sachschaden
major defect Hauptfehler (Zuverlässigkeit)
major deficiencies größere Mängel
major diameter Aussendurchmesser, Gewindedurchmesser
major display Hauptsichtgerät
major duty Haupttätigkeitsmerkmal
major electronic system Hauptelektroniksystem, Hauptelektronikanlage
major end item Hauptgerät, Hauptmaterial, Großgerät
major equipment Hauptgerät
major failure Hauptausfall (statistisch)
major field Übergruppenkontrollfeld
major fold größte Falte, Hauptfalte (geol)
major group assembly Hauptbaugruppe
major item Hauptartikel
major item log book Hauptartikelgerätebegleitbuch
major item of supply Hauptversorgungsartikel
major key Hauptsortierbegriff
mojor limitation schwerwiegende Einschränkung (Hubschrauberbetrieb)
major load (Rockwell hardness test) Gesamtlast, Gesamtgewicht
major lobe Hauptkeule, Hauptlappen, Hauptzipfel
major lobe (of space pattern) Platzhauptzipfel
major loop Hauptregelkreis
major missiled and satellite tracking ranges Lenkwaffen- u. Satellitenbahnverfolgungsstation
major nuclear power nukleare od. atomare Großmacht
major ocean convoy port größerer Übersee/-Ozeanhafen
major offensive operation Großangriff
major overhaul Grundüberholung (Gerät, Motor usw)
major periodic inspection große periodische Inspektion
major port großer Hafen, Großhafen, Haupthafen
major principal plane of stress (soil mechanic) Hauptspannungsebene Senkrecht zur Richtung der größten Hauptspannung
major principal stress (soil mechanics) größte Hauptspannung
major relay station große Relaisstelle, Großsendestation
major repair Hauptinstandsetzung
major reservation system Reservierungsvorgang, Buchungsvorgang (av)
major rework vollständige Aufarbeitung (angefallener Reparaturen)
major routine port Hauptleithafen
major secondary item Sekundärhauptartikel
major segregation Blockseigerung (Metall)
major sort key Hauptsortierbegriff
major step GPS equipment leistungsfähiger GPS-Empfänger (Avionik)
major stress größere od. hauptsächliche Beanspruchung
major structure Haupstruktur
major tape relay station große Lochstreifen-Relaisstelle
major task Haupttask
major test point Hauptmeßpunkt
major thread diameter Gewindeaußendurchmesser
major world air route area Haupt-Welt-Flugstreckengebiet
major world air routes (MWAR) Hauptstrecke des Weltflugverkehrs
majority carrier Majoritätsträger
majority carrier contact Majoritätsträgerkontakt
majority element Mehrheits-, Majoritätsglied
majority emitter Majoritäts-, Mehrheitsemitter
majority game Majoritätsspiel
majority gate Majoritätsgatter (log)
majority interest Mehrheitsbeteiligung
make Ausführungsform, Fabrikat (dig), Anfertigung, Erzeugnis, Herstellung, Produktion
make, to anfertigen, bewirken, ausmachen, betragen, herstellen, machen, fertigen, verfertigen, veranlassen
make a dead stick landing, to Landen mit stehendem Propeller

make a fix, to einen Standort bestimmen
make a good landing, to glatte Landung machen
make a landing, to ein Anlegemanöver durchführen
make a quick steep ascent, to wegreißen vom Boden
make a rotten landing, to schlecht landen
make accessible, to zugängig machen
make alkaline, to alkalisieren
make-and-break contact Wechselkontakt
make-and-break cycle Schaltschritt zwischen zwei benachbarten Stellungen
make-and-break device Unterbrecherscheibe
make-and-break igniter Abreißzünder
make-and-break ignition Abreißzündung
make-and-break magneto Abreißzündmagnet
make-and-break switching device Wechselkontakt-Schaltvorrichtung
make-and-break transient Ein- u. Ausschwingung
make and intermediate landing, to Zwischenlandung machen
make blunt, to abstumpfen
make-busy arrangement Belegungsvorrichtung, Besetzteinrichtung
make contact Arbeitskontakt, Schließer, einen Kontakt schließen (to)
make-contact unit Arbeits-, Schließkontakt
make current Einschaltstrom
make dead, to stromlos machen, totlegen (Leitung)
make for, to ansteuern (Kurs)
make impulse Schließ(ungs)impuls
make-make contact Doppelarbeitskontakt
make out ermitteln, feststellen, schließen
make pulse Schließ(ungs)impuls
make ready for flight, to startbereit machen
make setting Ansprecheinstellung
make terms or conditions, to Bedingungen aufstellen
make time Ansprechverzug, Einschaltverzug, Schließungszeit
make up for, to nachholen
make-up piece Paßrohr
make-up track Ordnungsgleis
make-up valve Ausgleichsventil
make way, to Fahrt machen
make with appropriateness, to sachgemäß herstellen
makeshift behelfsmäßig, Notbehelf, provisorisch, vorläufig, vorübergehend
makeshift antenna Behelfsantenne
makeshift construction Behelfskonstruktion
makeshift landing state Behelfslandebrücke
makeshift tolls Behelfswerkzeug
making capacity Einschaltvermögen
making current release Einschaltstromauslöser, Schließstrombetätiger
making way (aircraft) Fahrtmachen
maladjustment Falscheinstellung
male and female mo(u)ld Matrize und Patrize
male contact connector strip Steckerleiste
male coupler assembly Kupplungsinnenteil (vollständig, mechanisch)
male die Oberschnitt
male fishing trip Fangzapfen
male part of ground-in joint Kernschliff
male piece hervorstehender Teil, Klaue, Nase, Patrize
male thread Aussengewinde, Bolzengewinde
maleic acid Maleinsäure
maleic anhydride Maleinsäureanhydrid
malformation Fehlöffnung (Fsch)
malfunction Fehlöffnung (Fsch), Fehlleistung, Funktionsstörung, Maschinenfehler (dv), Störung (im Gerät), fehlerhafte Funktion (EDV)
malfunction detection Störungssuche
malfunction detection system unit Gerät der Fehlerdetektionsanlage
malfunction engine standhaftes Triebwerk
malfunction indicator Fehleranzeige, Störungsanzeige (dig), Pannenwarnleuchte (Kfz), Störungsanzeiger
malfunction, program-sensitive programmabhängiger od. programmbedingter Fehler
malfunction routine Diagnosenprogramm, Diagnostikprogramm, diagnostisches Programm, Fehlersuchprogramm
malinger, to simulieren (etwas Nachahmen), vortäuschen
malleability Kaltbildsamkeit, Kaltformbarkeit, Schmierbarkeit, Warmverformung
malleability when cold Härtung durch Kalthämmerbarkeit, Kaltschmiedbarkeit
malleable (cast) iron schmiedbares Gußeisen, Temperguß
malleable chain gegossene Kette
mallet handle Klöppel des Wheatstonelochers
mallet or drumstick Handfeustel, Mokerhammer, Schlägel
Maltese-cross transmission Malteserkreuzgetriebe
maltose determination Maltosebestimmung
mammoth battery Mammutbatterie
manacle Handfessel, Handschleife
management Führungskräfte, Management, Betriebsführung, Handhabung, Direktion, Geschäftsleitung, Geschäftsführung (komm)
management and procedure office Büro für Management u. Verfahrensereglung
management, automated automatisiertes Management
management code Managementcode, Bewirtschaftungscode
management control Kontrollfunktion der Geschäftsleitung (komm)
management data Managementangaben
management, data...system (DMS) Datenverwaltungssystem
management decision Unternehmensspiele
management, external page storage Seitenspeicherverwaltung
management games Unternehmerspiele
management incapabilites Managementschwierigkeiten (Avionik)
management information system (MIS) Management-Informationssystem, Versorgung der Unternehmensführung mit Informationen
management operating system Unterstützung der Unternehmensleitung bei Entscheidungen
management, real memory Realspeicherverwaltung
management routine Verwaltungsprogramm
management, task Prozeßverwaltung, Aufgaben-

verwaltung, Task-Management
manager Direktor, Geschäftsführer, Mitglied der Geschäftsleitung, Vorstand (komm)
managing director Geschäftsführer
mancarrying rocket bemannte Rakete
mancreated environ-mental activity künstliche Untergrundaktivität
Manchon stretcher Manchonspanner
man/machine interface (information technology) Mensch-Maschine-Schnittstelle (Informationstechnologie)(av)
mand-tended free flyer freifliegende Raumplattform (sp)
mandatory entry Pflichteintrag
mandatory instruction Mußanweisung
mandatory reports Pflichtmeldungen
mandrel Aufspanndorn
mandrel-bar extractor Dornstangenausziehmaschine (Herstellung nahtloser Rohre)
mandrel-bar reeler Dornstangenglättwalzwerk (zum Lösen der Dornstange aus dem Rohr)
mandrel bar steadier Dornstangenführung (Walzwerk)
mandrel bar stripper Dornauszieher (Walzwerk)
mandrel forming Rundbiegen (Rohre)
mandrel forming aufdornen
mandrel socket Fangbirne
maneton joint Kurbelzapfenklemmverbindung
maneuver area Manövriergebiet, Bewegungsareal
maneuverability Flugbewegung, Manövrierfähigkeit, Wendigkeit
maneuverable reentry vehicle lenkbares Wiedereintrittsfahrzeug
maneuvering apparatus Bedienungsvorrichtung
maneuvering capability Manövriereigenschaft
maneuvering chain Bedienungskette
maneuvering device Rangieranlage
maneuvering flight Manövrierflug, Abfangflug
maneuvering in pitch and yaw Nick- u. Gierbewegung
maneuvering load factor Abfanglastvielfaches, Manövrierlastvielfaches
maneuvering laods Manövrierbelastungen (während des Fluges)
maneuvering or shunting winch Rangierwinde
maneuvering speed Manövriergeschwindigkeit
maneuvering V-N diagram Manövrier-V-N-Diagramm
maneuvering valve Manövrierventil
maneuvering winch Bedienungswinde
manganate Manganat, mangansaures Salz
mangane perchloride Manganperchlorid
manganese alum Manganalaun
manganese bronze manganhaltige Bronze
manganese carbide Mangankarbid
manganese content Mangangehalt
manganese dioxide Mangansuperoxyd
manganese nickel sivler Manganneusilber
manganese ore Manganerz
manganese oxide Manganoxyd
manganese peroxide Mangansuperoxyd
manganese steel Manganstahl
manganese steel frog Manganstahlherzzstück
manganese steel rail Manganstahlschiene
manganese tetroxide Manganoxyduloxyd
manganic aluminate Manganaluminat
manganic compound Manganverbindung
manganic perchloride Manganphosphat
manganiferous manganhaltig, manganreich, manganangereichert
manganite graues Manganerz, Manganit
manganous aluminate Manganoaluminat
manganous chloride Manganchlorür
manganous hydrosulphide Manganhydrosulphür
manganous oxide Manganoxyd
manganous sulphide Mangansulfür
manhole (of an engine) Fahrloch
manhole cover Mannlochdeckel
manhole cover hook Hebevorrichtung für Schachtdeckel
manhole cavit klappbares Mannloch, Mannlochdeckelbehälter
manhole coor Mannlochverschluß
manhole end plate Mannlochboden
manhole or pit cable Kabelbrunnen
manhole ring Mannlochversteifung
manhour Kopfarbeitsstunde, Lohnstunde
manhours for assembly or disassembly Mannstunden für Zusammenbau od Zerlegung (Ziviltriebwerk)(av)
manifest number Lademanifestnummer
manifold Ladeleitung, verzweigtes Leitungssystem, Verteilerrohr, vielfältig, Ablaßrohr, Ladeleitung, Rohrverteiler, Sammelleitung
manifold aboslute pressure absoluter Ladedruck
manifold density method Bestimmung der Leistung auf Grund des Ladedrucks
manifold header Sammelrohr
manifold pressure Ladedruck
manifold pressure connection Ladedruckanschluß
manifold pressure control Leitungsdruckkontrolle, Ladedruckregler
manifold pressure gage Ladedruckmeßgerät (Motor)
manifold pressure gauge Ladedruckmesser
manifold pressure limiting regulator Ladedruckbegrenzer, Ladedruckgrenzregler
manifolding Ausbildung und Anordnung eines verzweigten Rohrleitungssystems
manifolds Krümmer
manipulate mit Verständnis behandeln od. handhaben
manipulate, to manipulieren, verschieben
manipulated variable Stellgröße
manipulation Betätigung, Bedienung, Fernbedienung
manipulation of arms Waffenbedienung
manipulator arm on Spacehab Manipulatorarm am Spacehab (sp)
manipulative deception Täuschung durch Scheinverkehr
manipulator Fernbedienungsgerät, Manipulator, Blockwender, Handgeber, Kantvorrichtung, Objekttisch
manmachine communication Mensch/Manschine-Verkehr
manmed fibre Kunstfaser, Chemiefaser
manmade interference nichtatmosphärische Störungen
manmade isotope künstliches Isotop
manmade radar deception absichtlich beabsichtigte Radartäuschung
manmade radar interference absichtlich beabsichtigte Radartäuschung

manmade statics nichtatmosphärische Störungen
manned earth-orbit research station bemannte Weltraumstation
manned operation bedienter Betrieb
manned orbiting laboratory (MOL) bemanntes Raumlaboratorium
manned orbiting laboratory (MOL) **project** MOL-Projekt (sp)
manned spacecraft bemanntes Raumfahrzeug
manned spaceflight bemannter Raumflug, bemannte Weltraumfahrt
manned space flight research guidance committee Forschungslenkausschuß für bemannte Raumfahrt
manned spaceship bemanntes Raumfahrzeug
manned space station bemannte Raumstation
Mannesmann roll-piercing process Mannesmann-Schrägwalzenverfahren
Mannesmann tubing Mannesmann-Röhre
manoeuver Flugbewegung, Manöver
manoeuver the enemy out of position, to herausmanövrieren
manoeuverability Manövrierfähigkeit
manoeuvering in confined area Manövrieren bei begrenztem Raumverhältnis
manoeuvering load factor Sicherheitsbelastungsfaktor, Auftriebsfaktor
manoeuvering speed Geschwindigkeit für Ruderbetätigung, Manövriergeschwindigkeit (Hartruder)
manoeuvering spider Halteleinenbund
manoeuvering valve (hood) (balloon or airship) Manövrierventilhaube
manoeuvrability Lenkbarkeit (Flugzeug usw), Steuerbarkeit, Wendigkeit, Beschleunigungsvermögen (Motor usw)
manoeuvrable lenkbar (wending), manövrierfähig, wendig (Flz)
manoeuvrable re-entry vehicle steuerbarer Wiedereintrittskörper (sp)
manoeuvre (aircraft) Flugbewegung
manoeuvre area Manövriergebiet
manoeuvre boost Manövriereinleitung
manoeuvre point (in manoeuvring flight the curvature of the flight path introduces additional lift forces, notably on the tail, which contribute to stability, and the point where the lift due to a change in incidence acts in manoeuvring flight is known as) **MP** entstehen auf Grund der Bahnkrümmung insbesondere am Höhenleitwerk zusätzliche Auftriebskräfte, die zur Stabilität beitragen, und der Punkt, wo der durch Anstellwinkeländerungen hervorgerufene Auftrieb angreift, wird als Manövrierpunkt bezeichnet)
manoeuvre, sustained (subsonic) stationäre Manöver (Überschall)(AC)
manoeuvring area Rollfeld
manoeuvring flap, automatic (automatic camber) automatische Manövrierklappe (variable Wölbung)
manoeuvring flight Manövrierflug
manoeuvring load factor Manövrierlastfaktor, Abfanglastvielfaches
manoeuvring speed Rollgeschwindigkeit
manograph Druckschreiber, Manograph
manometer Druckmesser, Manometer
manometer pressure angezeigter Druck, Manometerdruck
manometer vacuum gauge Manovakuummeter
manometric lifting or delivery height manometrische Förderhöhe
manometric unit manometrisches Bauteil
manpack high-frequency radio Einmann-HF-Funkgerät
manpower Arbeitskraft, Arbeitspotential
manrope Manntau
mantissa Mantisse (math), reiner Zahlenwert, numerische Mantisse, Stellenzahl (bei Gleitpunktdarstellung)
mantissa, variable-length Mantisse variabler Länge, variable Mantissenlänge
mantle corbel Mantelknagge
mantle echo Hog, unscharfes Echo
manual Beschreibung, Betriebshandbuch, Betriebsanleitung, Handbuch, von Hand bedient, von Hand gefertigt, Handleitung, schriftliche Anleitung
manual access Zugriff zur Speicherzelle über Bedienpult (dig)
manual accumulator (tank) Handhöhenrichtdruckspeicher (Hydraulik)
manual antenna position control Antennenhandeinstellung
manual automatic Handverstellungsautomation
manual brake release lever Bremshandhebel
manual caging feststellen von Hand (Kreisel)
manual charger Handdurchlader
manual cocking ring Handspannring
manual cocking roller Handspannrolle
manual connection establishment Verbindungsaufbau manuell (VAM)
manual console diagnostic manuelle Fehlersuche vom Bedienungstisch aus, von Hand untersucht
manual control Handregelung, nichtselbsttätige Regelung, Handsteuerung
manual-control freewheeling handbetätigter Freilauf
manual coupler Manualkoppler
manual course manueller Übergrundkurs
manual CW circuit Handfunktelegraphieverbindung, Handtastfunkverbindung
manual data (MD) manuell eingegebene Daten
manual data input (MDI) manuelle Dateneingabe
manual data insertion unit manueller Dateneingeber
manual entry manuelle Eingabe, Konsoleingabe, Tastatureingabe, Handeingabe
manual entry unit Handeingabeeinheit, Gerät für manuelle Eingabe
manual exchange Handamt, Handvermittlung-(samt), Vermittlungsstelle handbetrieben
manual-feed knob Drehknopf für manuellen Vorschub
manual gain control Handverstärkungsregler, manueller Verstärkungsregler
manual heading manueller Steuerkurs
manual input Eingabe von Hand (Tastatur), manuelle Eingabe, Konsoleingabe, Tastatureingabe, Handeingabe
manual input unit Handeingabeeinheit, Gerät für manuelle Eingabe

manual interrupt request externe Unterbrechungsanforderung
manual keyboard entry Eingabe über Tastatur
manual manipulation Handbedienung, Tastaturbetätigung
manual manipulation scram handbetätigte Notabschaltung
manual mode manueller Arbeitsmodus
manual of instruction Betriebsanleitung, technische Beschreibung, Gebrauchsanweisung, Betriebsanweisung
manual operation Handbetrieb, manuelle Bedienung
manual override manuelle Übersteuerung (Schiff)
manual override device manueller Notauslöser (Rettungsfallschirm)
manual override key Löschtaste (lo), manueller Notauslöser
manual override lever Handnotauslösehebel (Rettungsfallschirm)
manual patching Durchschaltung von Hand
manual percusion control mechanische Auslösevorrichtung für die Schlagbolzenzündung
manual perforator Handlocher (für Lochstreifen), manueller Locher, Tastaturlocher
manual pressure-generating cylinder Handbremszylinder
manual processing station von Hand zu bedienende Datenverarbeitungsstelle
manual punched card Handlochkarte
manual radiotelegraphy procedure (morse) Handfunktelegraphieverfahren, Handtastfunkverfahren
manual range control E-Handeinstellung
manual range in-out microswitch Mikroschalter zur Hand-E-Einstellung
manual ranging manuelle Entfernungsmessung
manual reduction time manuelle Reduzierzeit von Meßergebnissen
manual release Handauslösung, Handbetätgung
manual release system Handauslöseanlage, Handauslösesystem
manual request Anforderung über Bedien(er)pult (dig), manuelle Anforderung (durch Operator)
manual reservoir Bremsflüssigkeitsbehälter, Bremsölbehälter
manual resetting manuelles Rücksetzen (Tastatur usw)
manual screw press Handspindelpresse
manual selection manuelle Wahl
manual selector Handwählschalter
manual sequential starting Hochfahrschaltung von Hand
manual shut off valve Handabsperrventil
manual soldering Handlöten
manual speed Handtastgeschwindigkeit
manual starting handle Anwerfzuggriff, Handstartgriff
manual switching Handschaltung, Handvermittlung
manual system Hand(vermittlungs)system
manual tape mounting Bandeinlegen von Hand
manual target indication graphische Zielanzeige
manual target tracking Zielverfolgung von Hand
manual telegraphy Handtelegraphie
manual telex-satellite handbediente TW-Nebenstellenanlage
manual timing Handverstellung
manual tracking Richten von Hand, Zielverfolgung von Hand (Radar), Handrichtverfahren
manual tracking error signal Fehlerspannung bei manueller Zielverfolgung
manual transcription manuelle Datenübertragung von Medium zu Medium (Schreibmaschinentext auf Lochstreifen)(dig)
manual transit initiate manuelle Sendeauslösung
manual transmission Schaltgetriebe
manual traverse drive Seitenrichthandantrieb
manual traversing Schwenken von Hand
manual traversing bypass valve Trennschieber (Hydraulik)
manual traversing control handle Seitenrichtkurbel
manual traversing system Seitenrichthandantrieb
manual trim system Handtrimmung
manual trip lever plunger Handauslösestößel (BBs)
manual trip release (circuit breaker) Handauslöser
manual trip switch Handauslöseschalter (für Kamera)
manual tuning nichtautomatische Abstimmung
manual tuning head Regelung von Hand
manual tuning transducer von Hand abstimmbarer Wandler
manual volume control handbedienter Lautstärkeregler
manual welding Handschweißen
manual word generator Handeingabegerät
manual Y/R button Schalter "Handbetrieb Kurs/Querneigung"
manual yaw/roll button Schalter "Handbetrieb Kurs/Querneigung"
manualization Durchführungsanleitung
manually-controllable propeller handbetätigter Verstellpropeller
manually operated handbetätigt, mit Handbedienung, von Hand bedient, Handverstellung
manually-operated mixture control handbetätigte Gemischeinstellung
manually operated non-return valve durch Hand betätigtes Rückschlagventil
manually operated parachute Fallschirm mit Handauslösung
manually-operated punched card Handlochkarte
manually operated valve Ventil mit Handantrieb
manually prepared von Hand hergestellte Lochstreifen (dig)
manually started diagnosis Handdiagnose
manufacture Erzeugung, Herstellung, Fabrikation, Verfertigung
manufacture, to herstellen, fabrizieren, fertigen
manufacture in quantity Serienfertigung
manufacture of plated wire memories Herstellung von Speichermatrizen aus metallbeschichtetem Draht

manufacture protection Herstellungsschutz
manufacture specification Fertigungsspezifikation, Herstellungsart
manufactured gas Industriegas, Vergasungsgas
manufactured good Fertigerzeugnis
manufactured head Setzkopf, Schreibkopf
manufactured metal article Metallfertigerzeugnis
manufacturer Erzeuger, Fabrikant, Hersteller, Produzent, Herstellerwerk
manufacturer and prime contractor Fertigungs- und Systemfirmen (av)
manufacturer process Arbeitsverfahren, Fertigungsverfahren, Produktionsmethode
manufacturer's code Herstellercode
manufacturer's date Herstellerangaben, Fertigungsdaten
manufacturer's file Herstellerteilekennzeichenliste
manufacturer's identifying number Herstellerteilekennzeichen
manufacturer's item-identifying number identifiziertes Herstellerkennzeichen
manufactuer's joint Herstellerverschluß, Fabriknaht
manufacturer's mark Fabrikzeichen, Firmenzeichen
manufacturer's number Fabrik-, Seriennummer
manufacturer's part number Herstellerteilenummer
manufacturer's performance specification Leistungsangaben des Herstellers
manufacturer's quality control certificate Werkprüfbescheinigung, Kontrollnummernangabe
manufacturers service bulletin Wartungshandbuch (Flugzeug)
manufacturer's source control Bezugsquellen festlegende Herstellerzeichnung
manufacturer's specification Werkspezifikation
manufacturer's standard Werksnorm
manufacturing affiliate Konzernwerk
manufacturing and machining properties Herstellungs- u. Verarbeitungseigenschaft
manufacturing capability Fertigungspotential, Fertigungskapazität
manufacturing capability, aviation luftfahrttechnische Fertigungskenntnisse
manufacturing contract Fertigungsauftrag
manufacturing control Fabrikationssteuerung, Fertigungsdisposition (komm)
manufacturing cost Fertigungskosten, Herstellungskosten, Produktionskosten (komm)
manufacturing defect Fertigungsfehler, Produktionsausschußware
manufacturing department Fabrikationsabteilung, Produktionsabschnitt
manufacturing development Fertigungsentwicklung, Produktionsphase
manufacturing district Industriebezirk, Produktionsgebiet
manufacturing engineer Fertigungsingenieur
manufacturing engineering Arbeitsplanung
manufacturing failure fertigungsbedingter Ausfall, Produktionsausfall
manufacturing firm Herstellerfirma
manufacturing group Herstellergruppe, Warengruppe
manufacturing instruction Fertigungsanleitung, Produktionsanweisung
manufcaturing layout Fertigungsplan, Produktionsplan
manufacturing length Fabrikationslänge, Fertigungslänge, Produktionslänge
manufacturing method Herstellungsgang, Herstellungsmethode, Herstellungsweise, Produktionsmethode, Produktionsverfahren
manufacturing number Fabrikationsnummer, Warennummer
manufacturing operation Fabrikationsvorgang, Produktionsablauf, Fertigungsumaluf (av)
manufacturing order Fabrikauftrag, Herstellungsorder, Werksauftrag (komm)
manufacturing output Produktionsleistung
manufacturing overhead Fertigungsgemeinkosten
manufacturing period Herstellungsperiode, Produktionslaufzeit
manufacturing plant Fabrikanlage
manufacturing preparation Fertigungsvorbereitung, Produktionsanlaufvorbereitung
manufacturing procedure Verarbeitungsverfahren
manufacturing process Fertigungsprozeß, Fertigungsverfahren, Herstellungsprozeß, Produktionsverfahren
manufacturing process plan (MPP) Fertigungsablaufplan, Produktionsablaufplan
manufacturing program Fertigungsfolge, Herstellungsprogramm, Produktionsprogramm
manufacturing research Produktionsforschung
manufacturing right Lizenzrecht, Nachbaurecht
manufacturing run-in test Dauerversuch mit Fertigungsmuster
manufacturing schedule Fabrikationsprogramm, Produktionsprogramm
manufacturing scheme Fabrikationsplan, Produktionsprogramm
manufacturing technique Fertigungsverfahren, Herstellungsmethode, Herstellungsverfahren, Produktionsverfahren
manufacturing technique (greater use of exotic materials and advanced...to achieve low fuelburn and better releability) **Fertigungstechnik** (stärkerer Einsatz "exotischer" Werkstoffe und fortschrittliche Fertigungstechniken, um den Kraftstoffverbrauch zu senken und die Zuverlässigkeit zu erhöhen)
manufacturing technology Fertigungsgtechnik
manufacturing technology transfer Fertigungstechnologietransfer (av)
manufacturing testing Fertigungsprüfung, Produktionskontrolle
manufacturing time Fertigungszeit, Herstellungszeit, Produktionszeit
manufacturing tolerance Herstellungstoleranz, Fertigungstoleranz
manuscript Manuskript, Programmliste, Programmtabelle
manuscript cover Manuskriptmappe
many-bodied vaporizer Mehrkörperverdampfer
many-body forces Mehrkörperkräfte
many-body problem Mehrkörperproblem
many-lined system Vielliniensystem
many-particle system Mehrteilchensystem
MAO mailing address only

MAO military assistance office
MAP military assistance program
MAP mutual assistance plan
MAP military aid program
map Abbildung (math), Landkarte
map accuracy specifications Bestimmungen über Kartengenauigkeit
map, aeronautical Luftfahrerkarte
map agency Kartenstelle
map aiming point Kartenrichtpunkt
map, air survey Karte nach Luftbildaufnahme, Luftbildaufnahmekarte
map align Einrichten einer Karte (dig)
map allowance Kartenausstattungssoll, Kartensoll
map and chart surveying Geländeaufnahme
map area Kartengebiet (geogr)
map base Kartenbasis
map board Kartentafel
map carrier Kartenhalter
map case Kartenschutzhülle
map chart kombinierte Land/Seekarte, Küstenkarte
map compilation Kartenentwurf(sbearbeitung), Kartenvervollständigung
map compiler Kartenentwurfsbearbeiter
map content Karteninhalt
map controlled kartiert nur mit Kartengenauigkeit
map conventional sign Landkartenzeichen
map-coordinate system Kartenkoordinatensystem
map correction book Kartenverbesserungsbuch
map correlated display Kartennavigationsgerät
map course Kartenkurs (nav)
map coverage Kartendeckung
map depot Kartenlager
map display navigation system Kartenanzeige-Navigationssystem
map display unit Kartendarstellungsgerät
map distance Kartenentfernung
map, district Gebietskarte
map, entry on Karteneintragung
map equipment Kartenausstattung
map fire Planschießen, Schießen mit Karte
map, geological reconnaissance vorläufige geologische Übersichtskarte
map, geological subsurface geologische Karte des Untergrunds, Horizontalschnittkarte, Strukturkarte (geol)
map information geographical data base digital gespeicherte Karteninformation
map mode Bodenbild
map grid Kartengitternetz
map, hydrographical hydrographische Karte
map level Kartenniveau
map location Kartenstandort
map mounting board Kartenbrett
map of cable lay-out Kabellageplan
map of mineral deposits Minerallagerstättenkarte (geol)
map of network Leitungsskizze, Netzplan
map office Kartenraum, Plankammer
map or plan paper Landkartenpapier
map outfit Kartenausrüstung
map-plotting apparatus Kartierungsgerät
map-plotting or drawing Kartenherstellung, Kartierung
map plump point Kartennadir
map profractor set Plansektor
map projection Kartenprojektion
map protractor Kartenwinkelmesser
map range Kartenentfernung, Kartenabstand
map rectification Kartenberichtigung
map scale Kartenmaßstab
map section Kartenausschnitt, Kartenabschnitt
map sheet, geologic geologisches Kartenblatt
map showing altitude Höhenkarte
map sketch Kartenskizze
map square Gradabteilung, Gradfeld, Planquadrat
map sticker Landkartenaufzieher
map, structure contour Strichlinienkarte
map, subsurface contour Isobathenkarte, Tiefenkurvenkarte (geol)
map, surface-structure Strukturkarte der Oberfläche (geol)
map symbols Kartenzeichen
map, topographic topographische Karte (geol, contour)
mapped memory Bildspeicher
mapping Abbildung, Geländeaufnahme, kartographischer Einsatz (Hschr)
mapping by means of central perspective Abbildung durch Zentralperspektive
mapping camera Reihenmeßkamera
mapping, detailed geological geologische Detailkartierung
mapping, large-scale großmaßstäbliche Kartierung
mapping, hybrid associative teilassoziative Abbildung
mapping pen Feder für Kartenzeichner, Zeichenfeder
mapping photography Luftmeßbilder, Luftmeßbildwesen
mapping radar Kartenbildradar
mapping sensor Kartiergerät (Radar)
mapping, set associative teilassoziative Abbildung
mapping supplies Material zur Herstellung von Karten
mapping, surface Kartieren der Oberfläche, Oberflächenkartierung (geol)
mapping system Kartiersystem
maps and charts for airman (catalogue) Fliegerkartenkatalog
MAR memory address register
marbled or strained paper marmoriertes Papier
marcasite Markasit, Speerkies
march column Marschkolonne
march maintenance nach Bedarf durchgeführte Instandsetzung
march order Marschbefehl, Marschorder
march performance Marschleistung (Twk)
march reconnaissance Marschaufklärung
march route Marschroute, Marschstrecke
march schedule Marschübersicht
march section or unit Marschgruppe
march security Marschsicherheit
march table Marschplan, Marschtafel
marching ability Marschfähigkeit
marching interval Marschabstand
Marconi aerial Einpolluftleiter, Marconiantenne
Marconi coherer Marconi-Fritter

Marconi transmitter Marconi-Sender
mareng fuel cell Bezintank aus gummiimprägniertem Stoff
margarite Bergglimmer, Margarit, Perlglimmer, Perlschnur
margin Rand (einer Seite, drucktechnisch), Spielraum, Unterschied zwischen 2 Werten
margin adjustment Schreibrandsetzer
margin information Randangaben
margin, left linker Rand (COBOL)
margin list Differenzliste
margin of communication Sicherheitswinkel
margin of safety Sicherheitsgrad, Sicherheitsspielraum, Sicherungszuschlag, Sicherheits. grenze, Sicherheitsmarge
margin perforation Randlochung
margin-punched card Randlochkarte, randgelochte od. randgekerbte Karte
margin release Schreibrandauslöser, Rand-(aus)löser
margin, right rechter Rand (COBOL)
margin stop Randsteller
marginal angle Randwinkel
marginal annotation Randanmerkung, Randbemerkung (dv)
marginal check Grenzprüfung, Grenzwertprüfung, Randwertkontrolle, Randwertprüfung Toleranzprüfung (dv)
marginal-check module Marginal-Check-Prüfeinrichtung (MC), Grenzwertprüfeinrichtung
marginal checking Grenzprüfung, Randwertkontrolle, Randwertprüfung
marginal classification Randeinteilung
marginal coefficient Randkoeffizient
marginal condition Rand-, Grenzbedingung
marginal cost Grenzkosten
marginal current Grenzstrom
marginal definition Randschärfe
marginal discharge Grenz-, Randentladung
marginal distortion Randverteilung
marginal distortion value Verzerrungsgrenzwert
marginal embossing (of film) Randprägung
marginal engine-out climb Steigleistungsgrenze bei Triebwerkausfall
marginal error Randfehler (dv)
marginal expectation Grenzerwartungswert
marginal force Randkraft
marginal note Randangabe (Karte)
marginal operation Grenzstrombetrieb
marginal-operation relay Grenzstromrelais
marginal or peripheral ray Randstrahl
marginal perforation Randlochung
marginal performing component im Grenzwertbereich arbeitendes Bauteil
marginal pitch Randabstand (Niete)
marginal, programmed...check programmierte Grenzwertprüfung od. Toleranzprüfung
marginal punching Randlochung
marginal ray Randstrahl
marginal relay Grenzrelais
marginal release Randauslösung
marginal stop Randhemmung, Randsteller
marginal test(ing) Grenz(wert)prüfung, Randwertkontrolle, Randwertprüfung
marginal track Randspur
marginal utility theory Grenznutzentheorie
marginal vortex Randwirbel (aerodyn)
marginal weather conditions Randwetterbedingungen, Wettergrenzbedingungen
marginal well Bohrung am Rande eines Ölfeldes, Randbohrung
"Marietta process" Druckwiederaufbauverfahren, Wiederaufbau des Druckes in einer Lagerstätte (geol)
marine air corps section Marine/Land-Fliegerabteilung
marine airport Wasserflughafen
marine auxiliary set Schiffsaggregat
marine aviation unit Marinelandfliegerverband
marine barometer Marinebarometer, Marineluftdruckmesser
marine chart Seekarte
marine climate Meeresklima
marine corps Marinetruppe
marine deposit Meeresablagerung
marine derivatives Varianten für die Schiffahrt (Bordcomputer usw.)
marine engine Schiffsmotor
marine engineering Schiffsmaschinenbau, Wasserfahrzeugbau
marine equipment Schiffsausrüstung, Seeausrüstung
marine handbook Seehandbuch
marine, light Seefahrtfeuer
marine observation satellit Meeresbeobachtungssatellit
marine or naval aviation Seeflugwesen
marine radio beacon Seefunkfeuer
marine salvage equipment for seaplane Rettungsgerät für Wasserflugzeuge
marine sediments, near-shore küstennahe Meeressedimente
marine transgression marine Transgression, Meeresüberflutung
mariner's Marineinfanterie
mariner's knot Seemannsknoten
marinisation of aviation turbines Umbau von Flugzeugturbinen zur Verwendung in der Schiffahrt
maritime air Meeresluft
maritime distress frequency Seenotfrequenz
maritime environmental protection Schutz der maritimen Umwelt
maritime mobile service Seefunkdienst
maritime operational control system operatives Schiffahrtsleitsystem
maritime patrol aircraft Seeraumüberwachung
maritime patrol version Seeraumüberwachungsversion (Hschr)
maritime patrol version, armed bewaffnete Seeraumüberwachungsversion (Hschr)
maritime radio navigation service Seenavigationsdienst
maritime reconnaissance mission Hochseeaufklärung
maritime surveillance aircraft with equipment appropriate to EEZ patrol Seeraumüberwachungsflugzeug mit geeigneter Ausrüstung
maritime surveillance platform Seeraumüberwachungsaufgabe
maritime surveillance role Aufgaben der Seeraumüberwachung
maritime surveillance version Umrüstsatz
mark Marke, Schutzmarke, Zeichen; Bau-

muster; Einschnitt, Kerbe, Eindruck eines Schlagstempels; Stromschritt (Einfachstrom, Fernschreiben), Trennschritt (Doppelstrom, Fernschreiben)
mark, to bezeichnen, kennzeichnen, markieren, anreißen, anzeichnen
mark, admissible zulässige Markierung
mark, bench Abrißpunkt, Festpunkt, Fixpunkt
mark by stakes or beacons, to abbacken (Fahrwasser)
mark channel Markierungskanal (dig)
mark, class-of-service Teilnehmerklassenkennung
mark column Markierungsspalte
mark colum pitch Markierungsspaltenabstand
mark discrimination Unterscheidung von Markierungen
mark entry Markierungseintrag
mark field Strichmarkierungsfeld
mark-hold Ruhestromzustand
mark in dot-and-dash pattern Strichpunktieren
mark in inches in Zoll einteilen
mark inclination Strichneigung
mark input system Markierungseingabesystem
mark length Strichlänge
mark of division Trennungszeichen
mark of elision Auslassungszeichen, Einschaltungszeichen
mark-over übertippen
mark, photo sensing optisch lesbare Markierung, Photofühlmarke
mark position Markierungsposition, Markierungsstelle
mark position sort feature Lagesortiereinrichtung
mark read feature Markierungsleseeinrichtung, Markierungslesezusatz
mark read field Markierungslesen, Markierungslesefeld
mark reading Markierungslesen, Markierungsabtaster
mark reading rate Markierungslesegeschwindigkeit
mark reading station Markierungslesestation
mark recognition Erkennung von Markierungen, Markierungserkennung
mark scanning Markierungslesen, Markierungsabtasten
mark sense feature Markierungslesezusatz
mark sense field Markierungslesefeld
mark-sensed punching Zeichenlochung (lo)
mark-sensing Mark-Sensing, Zeichenabfühlung (lo), Markierungslesen, Markierungsabtasten, "Mark-Sensing"-Zeichenleseverfahren
mark sensing card Zeichenlochkarte
mark sensing method Zeichenlochverfahren
mark-sensing producer Kartendoppler mit Zeichenlochung (lo)
mark sheet Markierungsbeleg
mark sheet reader Markierungsleser
mark sheet reader paper Markierungsleserpapier, ML-Papier
mark-space multiplier unit Modulationsmultiplizierer, Time-Division-Multiplizierer (nicht empfohlen)
mark thickness Strichstärke
mark, timing Zeitmarke
mark with an asterisk mit einem Stern bezeichnen
marked by angezeigt, markiert durch
marked by the apparence of durch das Auftreten von...gekennzeichnet (Störungsanfälligkeiten an Geräten usw)
marked change in weather ausgeprägte Wetteränderung, Wetterumschlag
marked fall-off Ausgaberückgang
marker Anzeiger, Einsteller, Indexregisterstelle, Markierung, Markierstelle (dig), Markierungsfeuer (Flugplatz), Einflugzeichen, Leuchtstrich, Signalbake, Markierungsvorrichtung, Bezugshorizont, Leithorizont, Leitschicht (geol)
marker, address Adreßmarke
marker beacon Einflugzeichensender, Markierungsfunkfeuer
marker beacon receiver Empfänger für...
marker beacon receiver indicator Markierungsfunkfeuer-Empfängerbediengerät
marker beacon system Markierungsfunkfeuerempfangsanlage
marker, beginning tape Bandanfangsmarke
marker, beginning-of information (BIM) Anfangsmarke
marker bit Kenn(zeichen)bit
marker, end Endmarke
marker, ending tape Bandendemarke
marker, frame Dokumentenmarkierer (am Schneidetisch)
marker-gate output signal Meßmarkenauftastimpuls
marker light Begrenzungsleuchte, Begrenzungsfeuer (aero)
marker out Anreißer
marker pips Frequenzmarkierungszeichen
marker pulse Markier(ungs)impuls
marker radio beacon (aero) Marker, Markierungsfunkfeuer
marker range ring Abtastring
marker range screen Abtastschirm
marker receiver Markierungsfunkfeuerempfänger, Marker-Bordgerät
marker sequence control Einstellerablaufsteuerung
marker system Markierersystem
marker, terminating set Anschlußsatzeinsteller
marker thread Kennfaden
marker transmitter (aero) Markierungssender
markers (airfield) Marker (Gegenstände), Platzzeichen, Sitzzeichen
market anaylsis Marktanalyse, Marktforschung
market breakthrough Marktpotential
market control for CRS Marktkontrolle für Computerreservierungssystem (av)
market coverage Marktbearbeitung
market forecasting point Marktprognose
market improvement Aufwärtsentwicklung
market participation Marktanteil
market potential attained erreichter Marktanteil
marketing presence Marktpräsenz (Luftfahrt)
market prospects Marktaussichten
market report Marktbericht
market research Marktforschung, Marktanalyse
market share Marktanteil
"market slot" "Marktlücke"
marketing activities Verkaufsförderung

marketing advantage Marketingvorteil
marketing arrangements Marketingabkommen (av)
marketing assistance Vermarkuntshilfe
marketing development Absatzentwicklung
marketing effort Marketingbemühung
marketing function Marketingfunktion
marketing inquiry Marktbeobachtung
marketing logic Marketinglogik
marketing philosophy Marketingphilosophie
marketing policy Marktnischenpolitik (av)
marketing reappraisal Marketingneueinschätzung, Neueinschätzung des Marktes
marketing report Marktbericht
marketing sector or side Marketingsektor (av)
marketplan program Absatzplan
marking Markierung (Aufzeichnungsträger) (EDV)
marking aids Markierungshilfen
marking apparatus Markier-, Signierapparat
marking awl Reißahle, Reißspitze
marking battery Zeichenbatterie
marking bias Überwiegen nach Zeichenseite
marking brush Signierpinsel
marking code Markierungscodezeichen
marking contact Signalstrom-, Zeichenkontakt
marking current Signalstrom, Zeichenstrom, Arbeitsstrom (Stromschritt)
marking device Markiervorrichtung, Zeichenvorrichtung
marking element stoppolarer Schritt
marking, end-of-word Wortendezeichen
marking error rate Markierungsfehlerrate
marking gage Anreißlehre, Strichmaß
marking gauge Parallelmaß
marking hammer Zeichenhammer
marking, handwritten manuelle Markierung
marking impuls Zeichenimpuls
marking indicator Markierungszeiger
marking-off on the rollers Abklatschen auf den Walzen
marking-off table Anreißplatte
marking, otpical...reading optisches Markierungslesen
marking out Einfluchten, Anreißen
marking pulse stoppolarer Schritt
marking, reference Bezugsmarke
marking sequence Einstellablauf (Koppler)
marking signal Stromschritt (Einfachstrom), Trennschritt (Doppelstrom), Markierungszeichen
marking stick Mark(ierungs)stab
marking stop (relay) vorderer Anschlag der Kontaktfeder
marking strip Bezeichnungsstreifen, Markierungsstreifen
marking surface Begrenzungsfläche der Markierung
marking template Schablone
marking, timing...pitch Abstand der Taktmarken
marking tolerance Markiertoleranz
marking tool Anreißwerkzeug
marking transmission Abstimmsendung
marking wave Tastwelle, Zeichen(strom)-welle (Elektron)
marking, write Schreibmarke
markings (airfield) Marken (Flächenzeichen), Kennzeichnungen
Markov chain Markoff'sche Kette
Markov process Markoff'scher Prozeß, diskreter Markoff'scher Prozeß
Markov source Markoff'sche Quelle
Markovien teaching algorithm Markoff'scher Lehrlogarithmus (päd)
markense position Zeichenlochstelle (MB)
markensed date Zeichenlochdaten (MB)
markensing Zeichenlochung (dv)
marline spike Spleißnadel
MAROTS Maritime OTS
marriage pendant Zwischenständer (Stromkabel-Schleppleine)
married portion zusammengelaschtes Kabel
mars research craft Marsforschungsfahrzeug
Mars-type station "Marsbahnhof (sp)
marsh crying Feldentwässerung
marshal, to einweisen, einwinken (durch Zeichen)
marshaller Einwinker
marshalling area Einwinkfläche
marshalling camp Verladelager (LL)
marshalling procedure Einwinkverfahren
marshalling signal Einwinkzeichen
Martin-Baker articulated seat Martin-Baker-Gelenksitz (Hschr)
marvels of flying die Wunder des Fliegens
MASER (short for microwave amplification by simulated emission of radiation) Maser (quantenmechanischer Verstärker)
maser amplifier Maserverstärker
maser receiver Maserempfänger
maser, solid state molekularverstärkter Festkörper
mash zu Brei zerquetschen, Maische
mash cooler Maischekühler
mash tub Maischepfanne
mask Maske (Atmungsgerät), Abdeckung, mit einer Maske versehen, verdecken, abdecken, ausblenden
mask aligner Maskenjustiervorrichtung
mask angle Deckungswinkel
mask bit Maskenbit (EDV)
mask facepiece Schutzmaskenkörper
mask instruction Ausblendebefehl (EDV)
mask, interrupt Unterbrechungsmaske
mask microphone Haubenmikrophon
mask register Maskenregister
mask, signification Gleitkommagenauigkeit (Programmaske)
mask-to-regulator connector Verbindungsstück "Maske-Druckregler" (Sauerstoffflasche) (Rettungs- u. Sicherheitsgerät)
mask tube Profilstrahlröhre
masked battery gedeckte Batterie
masked front maskierte Front
masked headlamp Tarnscheinwerfer
masking Abdeckung, Abschattung (Radar), Maskieren (elektronische Kampfführung), Maskierung (ELOKA)
masking angle Abschattungswinkel (Radar), Deckungswinkel (Radar)
masking antenna Maskierungsantenne
masking audiogram Maskierungsaudiogramm, Verdeckungsaudiogramm
masking data Verdeckungsdaten
masking effect Maskierungseffekt, Verdeckungseffekt, Verdeckungserscheinung
masking level Verdeckungspegel

masking material Abdeckmaterial
masking or shutter blade Abdeckflügel
masking paper Abdeckpapier
masking plate Blendenfolie, Rasterblende
masking process Rasterverfahren
masking recording Abdeckaufzeichnung
masking resolution Masken-Auflösungsvermögen
masking tape Abdeckklebeband
masking transmitter Tarnsender
masonite wetterfester Kunststoff
mass absorption Masse(n)absorption
mass absorption coefficient Massenabsorptionskoeffizient
mass absorption effect Massenabsorptionseffekt
mass abundance Konzentration in Gewichtsprozenten
mass acceleration Masse(n)beschleunigung
mass action law Massewirkungsgesetz
mass air flow durch einen Querschnitt hindurchströmende Luftmenge
mass air transporation Massenluftverkehr
mass analysis Massenanalyse
mass analyzer Massenanalysator
mass-and-spring system Masse-Feder-System
mass approach massierter Lösungsversuch
mass assignment Massenbestimmung
mass asymmetry Massenasymmetrie
mass attenuation coefficient Massenschwächungskoeffizient
mass attraction Massenanziehung
mass axis of an airfoil imaginäre Linie zwischen Flugzeugschwerpunkt u. Tragflächenelement
mass balance Gewichtsausgleich an Steuerungsorganen
mass-balance weight Ausgleichsgewicht
mass-balanced statisch ausgeglichen
mass balancing Massenausgleich
mass center Massenschwerpunkt, Mittelpunkt
mass centroid Massenmittelpunkt
mass change Massenänderung
mass coating Massenbelegung (Schichtdickenmessung)
mass coefficient of absorption Massenabsorptionskoeffizient
mass-colored (optical glass) in der Masse gefärbt
mass communication Massenkommunikation
mass computer storage Massenspeicher
mass concentration Massenkonzentration
mass conversion factor Umrechnungsfaktor
mass conversion velocity Massenumsetzungsgeschwindigkeit
mass correction (defect) Massendefekt
mass decrement Massendefekt, Massendekrement
mass defect Massendefekt
mass deficit (defect) Massendefekt
mass density Dichte des Luftstrom, Massendichte
mass density of air Luftdichte
mass density of soil Dichte des Bodens
mass destruction Großzerstörung, Massenvernichtung
mass destruction weapon Massenvernichtungswaffe
mass-detonating in der Masse detonierend
mass difference Massendifferenz, Massenunterschied
mass discharge piston Beschleunigungspumpenkolben (Vergaser)
mass distribution in ionised areas and regions of high neutral particle density Massenverteilung in ionisierten Feldern u. in Zonen hoher Protenendichte
mass element or particle Massenteilchen
mass-energy equivalence Masseenergieäquivalenz
mass-energy equivalence principle Masse-Energie-Äquivalenzprinzip
mass-energy total Summe von Masse und Energie
mass-energy equivalent Masse-Energie Äquivalenz
mass-energy relation Masse-Energie-Beziehung
mass equilibrium Massenausgleich
mass equivalent Massenäquivalent
mass extinction Massenextinktion
mass fire function Feuerzusammenfassung (Rechengerätefunktion)
mass flow durch einen Querschnitt hindurchströmende Luftmenge, Mengenstrom, Maximaldurchsatz
mass flow control valve Durchflußregler (Klimaanlage)
mass flow density Massenstromdichte
mass flow rate Massendurchsatz
mass flow requirements are rather greater höherer Luftmasserdurchsatz (Turbine)(av)
mass flowmeter Durchflußmengenmesser, Mengenzähler
mass formula Massenformel
mass formula empirical empirische Massenformel (Atomphysik)
mass formula, semiempirical halbempirische Massenformel (Atomphysik)
mass impedance Massenwiderstand
mass increase Massenzunahme
mass, index-sequential...storage file Magnetkartenspeicherindexdatei
mass inertia Trägheit der Masse
mass loss Massenverlust
mass memory Massenspeicher, Großraumspeicher
mass memory device Großspeicher, Massenspeichervorrichtung
mass moment Massenmoment
mass moment of inertia Massenträgheitsmoment
mass movement gravitative Abtragung, Massenbewegung durch Einfluß der Schwerkraft, Massenselbstbewegung
mass number Massenzahl, Nukleonenzahl (Isotop)
mass of cold air Kaltluftmassen
mass of granules Granulatmasse (pla)
mass of manoeuvre bewegliche Kräftegruppe
mass of solid granules feste Granulatmasse (Kunststoffverarbeitung)
mass of tail unit Leitwerkmasse
mass of the earth Erdmasse
mass of the electron Elektronenmasse, Masse des Elektrons
mass of the interacting nuclei Masse der Ausgangskerne
mass of the plane Masse des Flugzeugs

mass of the product nuclei Masse der erzeugten Kerne
mass of warm air Warmluftmassen
mass parachute descent Massenfallschirmabsprung
mass per unit area Masse je Flächeneinheit
mass point (particle) Massenpunkt
mass polymerization Blockmischpolymersisation, Substanzpolymerisation, Polymerisation in Masse
mass procedure, to in Massen herstellen
mass-produce hollow components Großreihenfertigung von Hohlteilen
mass produced parts in Massenproduktion gefertigte Teile (w)
mass-production Massenproduktion, Massenfertigung, Mengenfertigung
mass production goods Massengüter
mass production industry Serienfertigung von Massenkonsumgütern
mass production run Massenproduktionsserie
mass radiator Massenstrahler
mass raid Großverbandseinflug
mass raid tracker Großverbandskursfolger
mass random memory Massenspeicher mit direktem Zugriff (EDV)
mass range Reichweite eines Teilchens (in g/cm2)
mass rate of flow Massendurchsatz
mass ratio Massenverhältnis
mass reactance Massenreaktanz, -trägheit
mass reduction Massenkontraktion, Massenschrumpfung (phys)
mass resistivity spezifischer Massenwiderstand
mass resonance Gesamtmassenresonanzpunkt (Rüttelversuch)
mass scale Massenskala, Massenanzeige
mass scattering Massenstreuung
mass scattering coefficient Massenstreuungskoeffizient
mass separation Massentrennung
mass separator Massenabscheider, Massensepartor, Massentrenner
mass servicing theory Bedienungstheorie, Theorie der Massenbeschleunigung, Warteschlangentheorie
mass severance pay Abfindungszahlung mit Massenentlassung
mass spectrogram Massenspektroramm
mass spectrograph Massenspektrograph
mass spectrographic analysis massenspektrographische Analyse
mass spectrometer Massenspektrograph, Massenspektrometer
mass spectrometer detector massenspektrometrisches Nachweisgerät
mass spectrometer leak detector Leckspurgerät nach dem Prinzip des Massenspektrometers
mass spectrometric massenspektrometrisch
mass spectrometric method massenspektrometrische Methode
mass spectrometric technique massenspektrometrische Anwendung od. Technik
mass spectrometry Massenspektrometrie
mass spectroscope Massenspektrograph
mass spectroscopy Massenspektroskopie
mass spectrum Massenspektrum
mass stopping power Energieverlust, Flächendichte, Massenbremsvermögen
mass storage Großspeicher (dig)
mass storage device Großspeichergerät
mass storage magazine Großspeichermagazin
mass storage unit magazine Großspeichermagazin
mass synchrometer Höchstfrequenzmassenspektrometer
mass throughput Massendurchsatz (Raumfahrtantrieb)
mass track Großverbandsflugweg
mass track telling Durchsage von Großverbandsflugwegen, Großverbandsdurchsage
mass transfer Luftmassenbewegung (Aerodynamik), Volumenstrom (Aerody), Massenübergang (Atomphys), Stoffaustausch (Atomphys), Stoffübergang (Atomphys), Massendurchsatz
mass transfer coefficient Massendurchgangszahl
mass unbalance torque Unwuchtmoment
mass unit weight (soil mechanics) Feuchtraumgewicht, Raumgewicht od. Rohwichte des natürlich gewachsenen Bodens
mass velocity Mengenflußdichte (Atomphys)
mass wasting gravitative Abtragung, Massenbewegung (durch Einfluß auf Schwerkraft), Massenselbstbewegung
mass welding fixture or jig Schweißgroßvorrichtung
massed attack Massenangriff
massed day attack Tagesgroßangriff
massed fire Feuerzusammenfassung, zusammengefaßtes Feuer, massiertes Feuer
massing of fire Feuerzusammenfassung, Massierung des Feuers (auf ein einzelnes Ziel), Feuerschwerpunkt
massing of material Materialanhäufung
massive massig, massiv, wuchtig
massive aircraft towing tractor Schlepper für Großflugzeuge
massive-bare tire Großstollenreifen
massive control abd signal processing power umfangreiche Steuer- und Signalverarbeitungseinrichtung
massive-dose treatment Stoßbehandlung
massive one-piece box section kastenförmiger Hohlkörper aus einem Stück
"massive" processing power "massive" Verarbeitungskapazität (Avionik)
massive raid Massenangriff
massive retaining wall Schwergewichtsstützmauer
mast Rotormast, Segelmast, Stahlmast, Mastbaum
mast bearing Mastlager
mast bow-steading line Verankerungsleine vom Mast zur Gierleine des Luftschiffs
mast bumping Mastschlagen
mast hoisting drum Seiltrommel zum Hochziehen des Bohrmastes
mast line (main mooring) Verankerungsleine vom Mast zur Hauptverankerungsleine des Luftschiffs
mast moring Mastvertäuung
mast or pole set in concrete einbetonierter Mast
mast, tubular steel Stahlrohrmast

mast, tubular steel Stahlrohrmast
mast, tubular telescoping aufziehbarer Bohrrohrmast, Teleskopröhrenmast
master Meister; in Zusammensetzungen: hauptsächliche, Haupt-
master accounting card Buchungsmatrize
master alloy Vorlegierung
master and link rod assembly Gruppe von Haupt- u. Nebenpleueln, Pleuelstern
master arm Steuerarm (Fernbediengerät)
master armament switch Schußwaffenhauptschalter
master artwork Originalvorlage (für Mikroverfilmung)
master balance tape in Bestandband (Eingabe)(MB)
master bias oscillator (tape recorder) Hauptvormagnetisieroszillator
master blade Abdeckflügel, Flügelblende
master cam Führungsschablone einer Kopiereinrichtung, Urnocken
master camera control panel Kamerahauptbedientafel
master card Hauptkarte, Leitkarte, Matrizenkarte, Bestandskarte (lo)
master card control of verification hauptkartengesteuertes Prüfen (lo)
master card controlled hauptkartengesteuert
master card controlled skipping device hauptkartengesteuerte Springeinrichtung (lo)
master card file Leitkarte, Leitkartenablage, Leitkartensatz (dig)
master card gang punching Stanzen mit durchsetzten Hauptkarten (lo)
master card insertion device Einrichtung zur Einführung von Lochkarten in Lochstation
master card operation Arbeitsgang mit Hauptkarte (lo)
master caro Leitkarte, Matrizenkarte, Programmkarte, Stammkarte (lo)
master caution light Hauptwarnleuchtschild
master caution light reset relay Hauptwarnleuchtschildrückstellrelais
master clock Hauptuhr, Taktgeber, Taktgenerator, Zeitgeber (dig)
master compass Mutterkompaß
master connecting rod Hauptpleuel
master control board or desk Hauptmischpult
master control carburetor Vergaser mit vollkommen selbsttätiger Regelung
master control system Fernüberwachungszentrale (Überwachungsvon Navigationshilfen)(av)
master controller Hauptschalter
master controller link Hauptsteuerhebel (Hschr)
master contour template detaillierte Schablone für Flächen- u. Leitwerkbau
master cross reference index Hauptquerverweisungsindex
master data sheet Leitblatt
master depot Leitdepot (USAF)
master drill jig Grundbohrvorrichtung, Urbohrvorrichtung
master equipment allowance light Hauptausrüstungsnachweisung
master equipment authorization list (MEAL) Hauptausrüstungsnachweisung
master file Bestandsdatei, Hauptdatei, Leitdaten (Kartenstapel, Magnetband), Stammband, Stammkarte, Stammdatei (dv, lo)
master-file block Block im Hauptsatzbereich
master form Grundform, Urmodell
master frequency meter Wechselstromzähler
master gage Kontrollehre, Prüflehre, Vorrichtungslehre
master gain control Hauptverstärkungsregler
master gate valve Hauptschieber
master gauge Kontrollehre, Prüfkaliber, Vorrichtungslehre
master generator Muttergenerator
master ground station Hauptbodenstation, Hauptbodenstelle
master handle Steuergriff (Fernbediengerät)
master-imoulse generator frequency Haupttaktfrequenz
master index Grundindex, Hauptindex
master indicator Hauptanzeigegerät, Mutteranzeigegerät (Kompaß)
master indicator compass Kompaßhauptanzeiger
master international frequency register internationale Frequenzkarte
master key Grundtaste, Hauptschlüssel, Haupttaste
master lever Prüflibelle
master magnetic compass Kurskreisel, Mutterkompaß
master monitor Erdkontrollgerät, Bodenkontrollsichtschirm
master number contact Sammelkontakt
master number double contact Doppelsammelkontakt
master on-off Hauptschaltung
master operation card Arbeitsgang-Hauptkarte
master or control level Kontrollibelle
master or pillar buoy Spierentonne
master oscillator Steuersenderoszillator
master oscillator circuit Steuerkreisteil
master oscillator power amplifier Leistungsverstärker des Steuersenders
master oscillator power amplifier frequency double Leistungsverstärker des Steuersenders mit Frequenzverdopplung
master oscillator stage Steuerstufe (eines Senders)
master paper Umdruckoriginalpapier
master payroll Stammsatz für Lohnabrechnung (komm)
master payroll card Hauptkarte für Lohnabrechnung, Matrizenlohnkarte (lo)(komm)
master pilot lamp Hauptüberwachungslampe
master plan Generalausbau, Grundmodell
master plate Platte (Bearbeitungsvorrichtung zur Einstellung von Bohrungsabständen), Meisterplatte
master plot Bilddeckungspause (Radar)
master PPI Haupt-PPI-Anzeigegerät, Haupt-PPI-Sichtgerät, Hauptrundsichtgerät
master print Musterkopie
master program Haupt-, Rahmenprogramm
master program for connection monitoring Rahmenprogramm für Verbindungsüberwachung
master program for route selection Rahmenprogramm für Richtungswahl
master program for trunk blocking and

unblocking Rahmenprogramm für Sperren u. Entsperren von Trunks
master record Stammband, Stammeintrag, Stammdatei, Stammkartei (EDV, lo)
master reference gyro Kreiselzentrale
master regulator Hauptregler, Hauptschalter
master repair schedule Instandsetzungsprogramm
master, restart...program Restartrahmenprogramm
master rod Hauptpleuel
master rod bearing Hauptpleuellager
master rod cylinder Hauptzylinder (beim Sternmotor, enthält das Hauptpleuel)
master router template Bohrschablone
master routine Hauptprogramm, Rahmenprogramm
master scheduler Masterscheduler, Rahmenplaner
master scheduling Fertigungsgrobplanung
master searchlight Hauptscheinwerfer, Leitscheinwerfer
master sequence selector Programmschalter
master sergeant (in maintenance) Oberschirmmeister (Radar), Oberfeuerwerker
master shot Gesamtaufnahme (Kamera)
master slave Servomanipulator
master slave manipulator Master-Slave-Manipulator (amerik. Fernbediengerät), Ferngreifer, Servomanipulator
master sound negative Mustertonnegativ
master sound track Mustertonspur
master spline breiter Keilzahn in einer sonst gleichmäßigen Teilung der Kerbverzahnung (zur Sicherung richtigen Einbaus)
master station Hauptsender, Sendestation, Steuersender
master station calibration Zielwählereinstellgerät (Bodengerät)
master summary sheet Betriebsabrechnungsbogen (komm)
master switch Hauptschalter, Haupttaste, Haupttrennschalter
master switching matrix Hauptschaltmatrix
master system tape (MASTAP) Systemstammband (EDV)
master tape Hauptband (dv), Bestandsband, Normband, Stammband, Systemurband
master-type load (sage) Hauptband-Ladeprogramm, Stammband-Ladeprogramm
master template Musterschablone, Urschablone
master test gage Urlehre
master track index Hauptspurindex
master trigger pulse Hauptsteuerimpuls
master trigger unit Steuergenerator für Auslöseimpuls
master vane Bezugsleitschaufel
master watch Hauptuhr, Zentraluhr
mastery or control of the air Luftherrschaft
masticator Kneter, Knetmaschine, Gummikneter, Mastikator
masticator blade Kneterschaufel, Mastikatorschaufel
mat runway Mattenpiste
match Zündholz; Zusammenstellung: gut zu einer anderen passenden Sache od. Person, sportlicher Wettkampf; passend, verbinden, zueinander passend zusammenstellen, zueinander passen, aufeinander passen (Werkstücke)
match, to anpassen, aufeinanderpassen, einpassen, angleichen, vergleichen
match eam-cards, to Lochkarten auf Paarigkeit abgleichen
match-merge Mischen mit Aussteuern (lo)
match-merge eam cards, to Lochkarten mischen mit Aussteuerung
match plane Spundhobel
match plate Modellplatte (Formerei)
matched compressor stator geteiltes Verdichtergehäuse
matched impedance angepaßte Impedanz, angepaßter Scheinwiderstand
matched metal dies starre Formen (Kunststoff beidseitig starr)
matching Anpassung, Reihenmatch (Ausmischen von Lochkarten
matching attenuation Anpassungsdämpfung
matching bar Anpassungsstück
matching cards paarige Karten
matching efficiency Anpassungswirkungsgrad
matching element Anpassungsglied
matching impedance Anpassungsimpedanz
matching load Anpassungslast
matching module Anpassungsgruppe, Anpassungsmodul
matching network Anpassungsnetzwerk
matching of expeditious ground handling to supersonic flight schedule dem Flugplan angepaßte rasche Bodenabfertigung
matching pad Anpassungsglied, Transformationsglied
matching pillar Anpassungsstift
matching plate Anpassungsblende, Anpassungsplatte, Anpassungsstück
matching-pointer-type sighting gear Folgezeigerzieleinrichtung
matching primary cards paarige Erstkarten
matching pulse Anpassungsimpuls
matching, send-side...transformer sendeseitiger Anpassungsübertrager
matching strip Anpassungsstreifen
matching stub (radar and electr) Abstimmpfeife, Abgleichspindel
matching transformer Anpassungstransformator, Anpassungsübertrager, Stichleitungsübertragungstransformator
matching unit Anpassungsgerät
MATE materials for advanced turbine engine
mate, to ineinanderpassen, eingreifen (Zahnräder usw)
material körperlich, stofflich, wesentlich, wichtig; Rohstoff, Werkstoff
material accounting Materialabrechnung
material and manufacturing development aspect Entwicklungsaspekt der Werkstoff- u. Fertigungstechnik (TB)
material behaviour Materialverhalten, Werkstoffverhalten (Materialprüfung)
material code Materialschlüssel
material concentration Materialverdichtung, Werkstoffverdichtung
material constant Werkstoffkonstante
material cost Materialkosten
material cost code Materialkostencode
material damage Sach-, Materialschaden

material defect Materialfehler
material distribution Materialverteilung
material economy Materialausnutzung (Spaltstoff)
material facilities branch Lagerabteilung
material failure fertigungsbedingter Ausfall
material, fissile spaltbares Material
material flow Materialfluß
material for overhead line Obermaterial
material for permanent road Oberlagenbeschaffenheit, Oberstoff (Straßenbau)
material for protection against gas Gasschutzmittel
material handling innerbetrieblicher Transport
material handling equipment Lagertransportgerät
material hazards radioaktive Verseuchung eines Laboratoriums
material in-transit file Kontrollkartei für Unterwegsgüter
material inventory Materialverzeichnis, Werkstoffnachweis
material made of wooden latticework Holzstabgewebe
material management Materialmanagement
material management logistic materialwirtschaftliche Logistik
material of helically and circumferentially wound tungsten wires spiralförmig gewickelter Wolframdraht
material of whitch the frame is built Rahmenbaustoff
material or property damage Sachschaden
material outgoing Materialausgang
material-processing and technology module with an array of furnaces Werkstoffmodule mit metallurgischer Einrichtung (space shuttle)
material processing, automated automatische Werkstoffverarbeitung (av)
material requirement list Materialbedarfsliste, Werkstoffanforderungsliste
material requirement mobilization card Materialanforderungskarte, Werkstoffbedarfskarte
material requisition Materialanforderung
material requisition card Materialentnahmekarte
material research Werkstofforschung, Materialerprobung
material saving werkstoffsparend
material science experiment werkstoffwissenschaftliches Experiment (sp)
material shortage Mangel an Material, Werkstoffknappheit (w)
material, sound absorbent lärmdämpfende, lärmdämmende Triebwerksauskleidung
material specification Gütevorschrift, Werkstoffleistungsblatt, Materialbeschaffenheitsnachweis
material strength Materialfestigkeit, Werkstoffwiderstand
material suitable for lost-wax casting is used Werkstoff der im Wachsausschmelzverfahren präzisionsgegossen wird (Twk)
material testing Materialprüfung, Werkstoffprüfung
material testing reactor Materialprüfungsreaktor, Werkstoffzentrifuge
material to be crushed, ground and milled Mahlgut
material to be melted Schmelzgut
material to be pulverized Feinmahlgut
material transaction register Materialbewegungsliste (komm), Werkstofflaufkarte
material transfer card Materialumbuchungskarte
material utilisation Materialdisposition
material wastage Materialverschwendung, Rohstoffmißbrauch (w)
materialization Materialisation
materialization of energy Paarbildung
materially der Hauptsache nach, im Wesentlichen
materials and life science field Material- und Biowissenschaftsgebiet (sp)
materials for constructing models Werkstoffe für Modellbau
materials for loose covers Polsterschonstoffe
materials handling equipment (MHE) Lagertransportgerät
materials, high performance...for rockets and spacecraft hochwertige Werkstoffe für Raumfahrzeuge
materials, magnetic magnetische Werkstoffe
materials research Werkstofferprobung
materials science double rack (MEDEA) werkstoffwissenschaftliches Experiment (sp)
materials used in the production of the Apollo space suit Materialien für Apollo-Raumanzüge
materials with the improved qualitiy, modern lightweight... moderner leichter Verbundwerkstoff mit hoher Oberflächengüte (av)
mathematic logic Logistik
mathematical analysis of languages Sprachanalyse (päd)
mathematical check arithmetische Prüfung, Rechenprobe, Rechenprüfung, mathematische Kontrolle
mathematical computation mathematische Berechnung
mathematical expection Erwartungswert
mathematical expression mathematischer Ausdruck
mathematical function mathematische Funktion
mathematical linguistics mathamtische Linguistik
mathematical logic Logistik (päd), mathamtische od. symbolische Logik, theoretische Logik, Algebra der Logik, Logikkalkül
mathematical model mathematisches Modell
mathematical modelling mathematisch erstelltes Modell
mathematical process mode mathematisches Prozeßmodell
mathematical programming mathematische Programmierung
mathematical term mathematischer Ausdruck
mathematics, abstract abstrakte od. reine Mathematik
mathematics, applied angewandte Mathematik
mating faces aufeinanderliegende od. aufeinanderpassende Flächen (w)
mating jig Aufbockvorrichtung für Montage
mating surfaces aufeinanderliegende od. aufeinandergearbeitete Flächen
mating system Flügelverfahren am Bläseraustritt

matrix Hohlstempel, Matrix, Wertetabelle, Wertetafel, Verknüpfungsnetzwerk, Lochteil einer Stanze, Grundgefüge (Material), Unterstempel
matrix, adressing Adressierungsmatrix
matrix, adjoint adjungierte Matrix
matrix, admittance Leitwertmatrix
matrix algebra Matrizenrechnen, Matrixalgebra
matrix, algebra Rechnen mit Matrizen
matrix area Matrixbereich
matrix, area Bereichsmatrix
matrix, automatic...tester Prüfsatz
matrix, availability Belegungsmatrix
matrix calculus Matrizenrechnung
matrix-cathode Matrixkathode
matrix-connected group Koppelfeldanschlußgruppe
matrix-connected set Koppelfeldanschluß (KFA)
matrix-connected set control Koppelfeldanschlußsteuerung
matraix-connected set decoder Koppelfeldanschlußdecodierer
matrix-connected set decoder selector Koppelfeldanschlußdecodierauswahl
matrix-connected set operation Koppelfeldanschlußoperation
matrix, decoder Decodiermatrix, Decodiernetzwerk, Entschlüsselungsmatrix
matrix expansion feature Matrixerweiterung
matrix, extent Bereichsmatrix
matrix, extent...size Länge der Bereichsmatrix
matrix, input switching...network Eingabekoppler (EK)
matrix inversion Matrizenumkehrung
matrix mechanics Heisenberg'sche Quantenmechanik, Matrizenmechanik
matrix memory Koordinatenspeicher, Matrixspeicher, Matrizenspeicher
matrix, memory wiring Arbeitsspeicherverdrahtungsfeld
matrix notation Matrizendarstellung, Matrixschreibweise, Matrizenschreibweise
matrix of coefficient Koeffizientenmatrix, Matrix der Koeffizienten
matrix or embedding material Einbettungsmaterial, Schallabdichtungsstoff
matrix-oxide cathode Matrix-Oxydkathode
matrix printer Matrixdrucker, Mosaikdrucker, Drahtdrucker, Rasterdrucker, Mosaikrasterdrucker, Stiftdrucker
matrix product Matrixprodukt
matrix read data Matrixlesedaten
matrix, reversed Matrize mit Umkehrgruppierung
matrix, reversed switching angeklappte Matrixanordnung
matrix size specification Matrixangabe
matrix, stack Speicherblock
matrix storage Koordinatenspeicher, Matrixspeicher, Matrizenspeicher
matrix storage tube Matrix(speicher)röhre
matrix store Matrixspeicher, Matrizenspeicher
matrix, store Speichermatrix
matrix, switching Koppeleinheit
matrix, switching...array Koppelfeld, Koppelnetzwerk, Durchschalte(netz)werk
matrix, switching...group Koppelgruppe
matrix, switching...point Koppelpunkt
matrix, switching...relay Koppelrelais
matrix, switching...stage Koppelstufe
matrix whose elements are matrices Übermatrix
matrix, wiring Verdrahtungsfeld
MATS military air transport service
matt finish Mattanstrich
matt molding Mattpreßverfahren
matt varnish Mattlack
matter Angelegenheit, Gegenstand, Materie, Stoff, darauf ankommen, daran gelegen sein
matter ray Materiestrahl
matter tensor Materietensor
matting Abdeckaufzeichnung, Tonstreifenverschmälerung
mattock Kappeisen, Fallhaue, Schräghammer
"mature" satellite system "ausgereiftes" Satellitensystem
maturing Reifeprozeß (Anmischen der Klebstoffkomponenten), Alterung (Film), Nachreifung (Kunststoff)
maturing time optimale Härtungszeit (Glas), Reifungszeit
maul Handramme, Schlägelstampfer
maverick Anreißer
MAX maximum
maxima thermometer Thermometer mit Anzeige der Höchsttemperatur
maximal elevation angle maximaler Lagewinkel
maximal ramp maximales Abstellgewicht
maximal voltage relay Maximalspannungsrelais
maximal zero-fuel weight Höchstleertankmasse (Flz)
maximax criterion Maximax-Kriterium
maximization Maximierung, Maximisierung
maximize, to auf den Höchstwert bringen
maximum am Größsten, Größtwert, Höchstgrad, Höchstmaß, Maximum
maximum adhesion Reibungsgrenze
maximum admissible concentration (MAC) maximal zulässige Konzentration (MZK)(chem)
maximum aircraft "Gs" höchste Flugzeugbeschleunigung
maximum all-out level power höchste Kurzleistung, Höchstkurzleistung (Notleistung, nur im Waagerechtflug u. nicht länger als 5 Min. zulässig)
maximum allowable airspeed indicator Sicherheitsfahrtmesser
maximum allowable concentration Schädlichkeitsgrenze
maximum allowable dose höchstzulässige Dosis, zulässige Höchstmenge
maximum allowavle error zulässige Fehlertoleranz
maximum allowable operating pressure höchzulässiger Betriebsdruck
maximum allowable operating time höchstzulässige Betriebszeit
maximum allowable transmission loss höchstzulässiger Übertragungsverlust
maximum all-up weight höchstzulässiges Fluggewicht
maximum altitude (Dienst)gipfelhöhe
maximum ammeter Maximumstromanzeiger
maximum amplitude Maximalwert der Ampli-

tude, Maximalamplitude, Schwingungsbauch
maximum amplitude or maximum deflection of the oscillation Höchstausschlag der Schwingung, höchstzulässiger Schwingungsausschlag
maximum and minimum thermometer Höchst- u. Minimumthermometer
maximum angular difference in velocity vector of satellite and stage Relativgeschwindigkeit zwischen Satellit und ausgebrannter Stufe (sp)
maximum angular limits maximaler Ausschlag (Steuerorgan)
maximum anticipated air temperature vorausberechneter Höchstwert der Lufttemperatur
maximum application temperature Anwendungsgrenztemperatur (Hüttenwesen)
maximum asymmetric short-circuit current Stoßkurzschlußstrom (TRS)
maximum attainable angle of attack (but still unstalled) maximaler Anstellwinkel (bei dem noch keine Strömungsablösung auftritt)
maximum average anode current maximaler Anodenstrom(mittelwert)
maximum boost Höchstladedruck
maximum boost altitude Volldruckhöhe
maximum braking gradient Bremsgrenzneigung
maximum breadth Breite über alles (Schiff)
maximum capacity Höchstleistung, Höchstlast, Höchstkapazität
maximum capacity machine (machine tool) Höchstleistungsmaschine
maximum ceiling Schußhöhe
maximum chamber Größtmaß des Ladungsraumes
maximum chamber pressure maximaler od. höchster Nenngasdruck
maximum charge größte Ladung (Munition)
maximum clearance Größtspiel
maximum climb Steigflug für schnelles Steigen
maximum climbing angle günstiger Steigflugwinkel
maximum compression pressure Verdichtungsenddruck
maximum concentrated weight per metre Höchstmetergewicht
maximum concentration höchstzulässige Konzentration (chem)
maximum concentration of sulphurdioxide höchstzulässige Schwefeldioxidkonzentration
maximum condition maximaler Ausschlag
maximum configuration Maximalausbau, Vollausbau
maximum continuous power höchste Dauerleistung
maximum continuous power and/or thrust Dauerhöchstleistung, Dauerhöchstschub
maximum continuous rating Nenndauerleistung, höchste Dauernennleistung
maximum continuous thrust höchster Dauerschub
maximum continuous thrust rating maximale Dauerschubleistung
maximum coverage maximale Erfassungswahrscheinlichkeit (Laserwarnempfänger)(av)
maximum credible accident größter anzunehmender Unfall
maximum cross section Nullspant
maximum crosscountry speed Höchstgeschwindigkeit (im Gelände)
maximum cruising power höchstzulässige Dauerleistung
maximum current Höchstromstärke, Maximalstrom, Stromspitze
maximum current relay Höchststromrelais
maximum cut-out Höchstausschalter, Maximalausschalter, Überstromausschalter
maximum damage fire Wirkungsfeuer
maximum danger depth maximale Gefährdungstiefe (Tiefflug)
maximum dazzle of signal light Blendungsgrenze
maximum deflection maximaler Ausschlag, größte Durchbiegung
maximum demand kurzzeitig gemittelte Höchstlast, Maximal-, Spitzenbelastung
maximal demand indicator Maximalzähleranzeiger, Zähler mit Höchstverbrauchsangabe
maximum-demand meter Höchstverbrauchsmesser (Strom, Kraftstoff)
maximum descent gradient maximaler Sinkgradient
maximum design speed Bemessungshöchstgeschwindigkeit
maximum deviation sensitivity Hubanpassung (empfangsseitig)
maximum dimension Größtmaß
maximum displacement Maximalverschiebung
maximum display limitation maximaler Darstellungsbereich
maximum disposable load größtmögliche Lademenge
maximum distortion Höchstwert der Verzerrung
maximum dose rate höchste Dosisleistung
maximum down-pitch surface angle maximaler Stabilisatorausschlag beim Drucken
maximum downward "lifting" capability maximaler "Abtrieb"
maximum draft größter Tiefgang (Schiff)
maximum drop to arm maximale Fallstrecke bis zur Entsicherung
maximum dry rating Höchstleistung ohne Nachbrennbetrieb
maximum dry thrust Höchstschub ohne Nachbrennbetrieb
maximum dry-operating limit zulässige Höchstleistung ohne Nachbrennbetrieb
maximum duration of call Höchstdauer des Gesprächs
maximum dynamic column load maximale dynamische Stützenbelastung
maximum echo range größte Echoentfernung
maximum economical tonnage optimale Tonnage
maximum-effect Maximumeffekt
maximum effective range maximale Gebrauchsschußentfernung, wirksame Höchstschußweite
maximum effective sonar speed (obsolete) höchstmögliche Sonarfahrt (taktisch)
maximum efficiency maximaler Wirkungsgrad
maximum efficiency (thrust) maximale Leistungsfähigkeit (Schub)(av)
maximum efficiency, use of time-division

multiplexing Zeitmultiplexverfahren mehrerer Datenströme (Bordcomputer)
maximum effort climb (short look) Steigung mit maximaler Steigleistung (Kurzorientierung)
maximum effort search maximaler Suchaufwand
maximum elevation Dachwinkel, größte Rohrerhöhung, Höhenrichtfeld (Geschütz), Richtbereich der Höhe nach (Geschütz)
maximum elevation angle maximaler Lagewinkel (Grad)
maximum elevation firing angle größte Erhöhung, größter Erhöhungswinkel
maximum elimination rate Höchstablösungsquote
maximum emergency power Nothöchstleistung
maximum empty weight maximale Leermasse
maximum endurance Höchstflugdauer
maximum endurance chart Höchstflugdauerdiagramm
maximum engine overspeed höchste Motorüberdrehzahl
maximum engineering limit technischer Maximalwert
maximum equivalent conductance (electrolysis) höchste Äquivalenzfähigkeit
maximum error Maximalfehler
maximum exhaust velocity maximale Auspuffgeschwindigkeit
maximum extracted weight maximale Ausziehmasse
maximum firing range größter Schußbereich, größte Schußweite
maximum flight range größte Flugreichweite
maximum flow stop Höchstdurchflußanschlag
maximum flying distance Marschflugreichweite (milit), Reiseflugreichweite (zivil)
maximum frequency sweep größter Frequenzhub
maximum gas pressure Höchstgasdruck
maximum gross take-off weight Höchststartmasse (av)
maximum gross weight höchstzulässiges Fluggewicht
maximum ground adhesion maximale Bodenhaftung
maximum heat value oberer Heizwert
maximum height größte Höhe
maximum horsepower Höchstpferdestärke
maximum horsepower of an engine größte PS-Zahl einer Maschine
maximum immission concentration maximale Immissionskonzentration (MIK)
maximum impulse indicator Höchstwertzeiger
maximum indicator Höchstwertzeiger, Schleppzeiger
maximum in-flight weight höchstzulässiges Fluggewicht
maximum input range maximaler Meßbereich
maximum intensity method Höchstwertverfahren
maximum interference Größtübermaß
maximum internal fuel normaler Kraftstoffvorrat
maximum landing weight Höchstlandegewicht
maximum licensed take-off weight höchstes zulässiges Startgewicht
maximum life cycle (tactical systems) Lebenswegeigenschaft (taktisches System)
maximum lift Höchstauftrieb (aerodyn)
maximum load Bruch-, Grenz-, Höchstlast
maximum load testing Höchstbelastungsuntersuchung
maximum loading condition Höchstwert von Kräften
maximum material condition (tolerance) Zusammentreffen von engster Bohrung und stärkster Welle
maximum mean camber Höchstdurchschnittkrümmung
maximum mean camber of a wing section größte mittlere Krümmung eines Teilstücks einer Tragfläche
maximum milling diameter Großdurchmesser der Fräsfläche
maximum moving and handling capacity maximale Bewegungs- u. Abfertigungskapazität
maximum number of electrons in shell
weak mixture größtzulässige Reisedauerleistung mit armem Gemisch und Höchstbelastungszahl
maximum of a curve Scheitelwert od. Scheitelpunkt einer Kurve, Kulminationspunkt
maximum of radiation Strahlungsmaximum
maximum of reliability höchste Betriebszuverlässigkeit
maximum operating frequency maximale Betriebsfrequenz
maximum operating limit speed maximale Betriebsgrenzgeschwindigkeit
maximum operational speed maximale Einsatzgeschwindigkeit
maximum or black-level picture signal Oberstrich (TV)
maximum or maximal accelerometer Höchstbeschleunigungsmesser
maximum or peak current Höchststrom
maximum output Höchstleistung, Spitzenleistung
maximum overload torque Kippmoment des Induktionsmotors
maximum overshoot Überschwingweite
maximum overspeed größte Geschwindigkeitsüberschreitung, höchste Überdrehzahl
maximum payload Schwerpunktgrenze
maximum peak anode current maximaler Anodenstrom (Scheitelwert)
maximum peak forward voltage maximale Anodensperrspannung in Durchlaßphase (Scheitelwert)
maximum performance climbing turn maximale Steigkurve
maximum permissible höchstzulässig, maximal zulässig
maximum permissible body burden höchstzulässige Strahlenbelastung des Körpers
maximum permissible concentration höchst zulässige Konzentration od. Verseuchung
maximum permissible dose höchstzulässige Dosis
maximum permissible elevation of water surface höchstzulässiger Wasserstand
maximum permissible exposure höchstzulässige Strahlenexponierung

maximum permissible service temperature Dauerwärmebeanspruchung
maximum permissible weight zulässiges Höchstgewicht
maximum permissible working pressure höchstzulässiger Betriebsdruck
maximum permitted speed Vmo/Mmo maximale Betriebs-Mach-Zahl
maximum position Höchststellung
maximum power (for all out level flight) 5 Minuten-Höchstleitung (für Waagerechtflug zulässig)(E)
maximum power altitude Volldruckhöhe für Höchstleistung, Volleistungshöhe
maximum power for climb größte Steigleistung, Nennleistung (E)
maximum power rating Höchstkurzleistung, Nennhöchstleistung (E)
maximum pressure governor Überdruckschalter, Überdruckwächter
maximum propeller governed speed höchste Regeldrehzahl der Verstelluftschraube
maximum propeller overspeed zulässige Luftschraubenüberdrehzahl
maximum ramp weight Rollgewicht, Höchstrollmasse (Start)(av)
maximum range maximale Entfernung, Sollreichweite, größte Reichweite (Torp.), größte Fahrtstrecke
maximum range potentiometer Maximalentfernungspotentiometer, Potentiometer für maximale Entfernung
maximum rating Grenzwert, Höchstleistung
maximum recommended cruising power höchstempfohlene Reiseleistung
maximum reduction in perceived noise höchstmögliche Reduzierung des wahrnehmbaren Lärms
maximum retention time Speicherdauer
maximum revolutions höchste Drehzahl, Höchstdrehzahl, Höchstumdrehungen
maximum safe sichere Last
maximum safe airspeed indicator Sicherheitsfahrtmesser
maximum safe value höchstzulässiger Wert
maximum speed Betriebshöchstgeschwindigkeit, Höchstgeschwindigkeit, Höchstfahrt, Nenndrehzahl
maximum speed, at bei voller Drehzahl
maximum service lift Haltbarkeitsgrenze
maximum stability Stabilitätsmaximum
maximum stress Höchstspannung (Festigkeit), Oberspannung
maximum surge current maximaler einmaliger Kurzschlußstromimpuls
maximum take-off Höchststartmasse (av)
maximum take-off gross weight höchstzulässiges Startgewicht
maximum take-off power höchste Startleitung
maximum take-off weight Höchstabfluggewicht, höchstzulässiges Startgewicht
maximum taxi weight höchstzulässiges Rollgewicht
maximum taxying weight (AR) zulässiges Rollhöchstgewicht
maximum thermometer höchsttemperaturanzeigendes Thermometer, Maximumthermometer
maximum tensile stress Höchstwertspannung
maximum thrust Höchstschub, Höchststoß
maximum torque available indicator Höchstdrehmomentanzeiger
maximum total pressure ratio Gesamtverdichtungsdruckverhältnis
maximum up-pitch surface angle maximaler Stabilisatorausschlag beim Ziehen
maximum usable frequency höchste brauchbare Weitverkehrsfrequenz, MUF
maximum useful load Höchstzuladung
maximum vertical speed höchste senkrechte Geschwindigkeit
maximum voltage relay Höchstspannungsrelais, Maximalspannungsrelais, Überspannungsrelais
maximum VTOW Senkrechtstartgewicht
maximum weak-mixture power höchste Sparleistung
maximum weight höchstzulässiges Fluggewicht
maximum wind chart Maximalwindkarte
maximum zero-fuel weight Höchstleertankgewicht, höchstzulässiges Flügelleertankgewicht, Höchstleertankmasse
max. RPM maximale Umdrehung per Minute
max. speed lable Maximalgeschwindigkeitstafel
Maxwell-Boltzmann statistics Maxwell-Boltzmann-Statistik
Maxwell-Boltzmann velocity distribution law Maxwell-Boltzmann'sches Geschwindigkeits-Verteilungsgesetz
Maxwell bridge Maxwell'sche Brücke
Maxwell distribution Maxwellverteilung
Maxwell earth Maxwellerde
Maxwell field Maxwell'sches Feld
Maxwell turn Maxwellwindung
Maxwell velocity distribution Maxwell'sche Geschwindigkeitsverteilung
Maxwell'ian field of vision Maxwell'sches Gesichtsfeld
Maxwell'ian view Maxwell'sches Gesichtsfeld
Maxwell's demon Maxwell'scher Dämon
Maxwell's equation Maxwell'sche Gleichung, Feldgleichung
MAY may
mayday relay Übermittlung von Notverkehr
Mayer's theory Mayer'sche Theorie
mb milibars
Mc Megahertz
MCM Monte-Carlo-Method
MCS multi-channel switch
MCT Mercury Cadmium Telluride
MD manual data
MD-6 fin control relay MD-6-Steuerrelais
MDAP mutual defense assistance program
MDE Momentdifferentialempfänger
MDF medium-frequency distortion-finding station
MDG Momentdifferentialgeber
MDI manual data input
MDS minimum discernible signal
MDS sensors Meßfühler der Fehlerdetektionsanlage
ME Momentempfänger
MEA minimum enroute altitude
MEACON masking beacon
MEACONIN Meacon-Funkfeuermaskierung

mean mittel, mittlere, mittlerer, Durchschnitt, das Mittel (math), Mittelwert
mean access time mittlere Zugriffszeit
mean aerodynamic chord mittlere Flügeltiefe (aerodyn), mittlere aerodynamische Tiefe
mean annual temperature Hauptjahresmitteltemperatur
mean blade-width ratio mittleres Propellerblattbreitenverhältnis zum Durchmesser
mean camber Krümmung des Skeletts
mean camber line Skelettlinie
mean chord mittlere Flügeltiefe, mittlere aerodynamische Tiefe
mean chord of a tapered wind Quotient (Flächeninhalt geteilt durch Spannweite)
mean cycle mittlere Zahl der Arbeitsspiele bis zum Ausfall
mean cycle between failures mittlerer Ausfallabstand (in Lastspielen)
mean cycles to failure mittlere ausfallfreie Zyklen
mean daily maximum temperature mittlere Tageshöchsttemperatur
mean daily minimum temperature mittlere Tagestiefsttemperatur
mean effective brake pressure mittlerer wirksamer Bremsdruck
mean effective exhaust velocity mittlere wirksame Auspuffgeschwindigkeit
mean effective pressure mittlerer Arbeitsdruck, Mitteldruck
mean failure time mittlere Ausfallzeit
mean flying condition mittlerer Flugzustand
mean free path mittlere freie Weglänge
mean free path of photons freie Weglänge der Lichtquanten
mean free travel mittlere freie Weglänge
mean, geometric geometrisches Mittel
mean geometric chord mittlere geometrische Flügel- od. Profiltiefe
mean geometrical pitch of a propeller mittlere geometrische Steigung einer Luftschraube
mean high-water neaps mittleres niedrigstes Tidehochwasser (Kurzform MN THW) (Gewässerkunde)
mean high-water springs mittleres höchstes Tidehochwasser, MNTHW (Kurzform) (Gewässerkunde)
mean indicated pressure indizierter mittlerer Druck
mean information mittlere Information
mean length of chord (of a wing) mittlere Tiefe einer Tragfläche
mean life of excited atoms Anregungsdauer
mean line of an airfoil profile Mittellinie eines Flügelprofils
mean line of an airfoil section Skelettlinie
mean line of fire Nullinie
mean logarithmic energy decrement mittleres logarithmisches Energiedekrement
mean logarithmic energy loss mittlerer logarithmischer Energieverlust
mean low water mittleres Tideniedrigwasser, MTNW (Kurzform), mittlerer Tideniedrigwasserstand (Gewässerkunde)
mean low-water neaps MNTNW, mittlerer niedrigster Tideniedrigwasserstand, mittleres niedrigstes Tideniedrigwasser (Gewässerkunde)
mean low-water springs mittlerer höchster Tideniedrigwasserstand, mittleres höchstes Tideniedrigwasser, MHTNW (Kurzform), Gewässerkunde
mean maintenance time mittlere Wartungszeit
mean monthly maximum temperature mittlere Monatshöchsttemperatur
mean monthly temperature mittlere Monatstemperatur
mean night maximum temperature nächtliche Höchsttemperatur
mean of communication Verbindungsmittel
mean or center line (axis) Profillinie
mean path of the air molecule Wellenlänge des Luftmoleküls
mean perpendicular Mittelsenkrechte
mean piston speed mittlere Kolbengeschwindigkeit
mean power mittlere Leistung
mean power-kw mittlere Impulsleistung
mean pressure Mitteldruck
mean proportion Durchschnittsverhältnis, mittlere Proportion
mean range mittlere Reichweite
mean rate of stressing mittlere Beanspruchungsgeschwindigkeit
mean sea level mittlerer Meeresspiegel, Normal-Null (D)
mean solar time mittlere Sonnenscheindauer
mean spherical candle power (M.S.C.P.) mittlere sphärische Lichtstärke
mean spherical response (microphone) mittlere Empfindlichkeit bei diffusem Schalleinfall
mean speed Durchschnittsgeschwindigkeit, mittlere Geschwindigkeit
mean square amplitude mittleres Amplitudenquadrat
mean square deviation mittlere quadratische Abweichung, mittlerer quadratischer Fehler, Standardabweichung
mean square distance mittlerer quadratischer Abstand
mean square equivalent meter (microscopic) mittlerer quadratischer Äquivalentdurchmesser
mean square error statischer Gesamtfehler
mean square length of moderation (nuclear) mittlere quadratische Bremsweglänge
mean square velocity mittleres Geschwindigkeitsquadrat
mean stress Mittelspannung
mean temperature Mitteltemperatur, mittlere Temperatur
mean temperature difference mittlere Temperaturdifferenz, mittlerer Temperaturunterschied
mean tensile strain Formänderungsfestigkeit
mean tide level Tidemittelwasser(stand), TMW (Kurzform)(Gewässerkunde)
mean time Mittelzeit, mittlere Lebensdauer
mean time between failures (MTBF) mittlere Funktionsdauer, mittlerer Ausfallabstand, mittlere störungsfreie Zeit
mean time between maintenance (MTBM) mittlerer Wartungsabstand, mittlerer Störungsabstand
mean time between stops (MTBS)(computer)

mittlere Zeit zwischen Stopps
mean time of failure (MTTF) mittlere Funktionsdauer
mean time to first failure (MTTFF) Erwartungswert des ersten Ausfalls
mean time to repair (MTTR) mittlere Reparaturzeit
mean time value Zeitmittelwert
mean transinformation content per character mittlerer Transinformationsbelag (FS)
mean upper hemispherical candle power obere halbräumliche Lichtstärke
mean value Mittelwert, Durchschnittswert
mean value method Mittelwertverfahren, Mittelwertmethode
mean value of periodic quantity Mittelwert einer periodischen Größe, Gleichheitswert
mean value theorem Mittelwertsatz
mean velocity Durchschnittsgeschwindigkeit, mittlere Geschwindigkeit, Normalgeschwindigkeit
mean vertical deviation mittlere Höhenabweichung (av)
mean water level mittlerer Wasserstand
mean wind mittlerer Wind
mean wind direction mittlere Windrichtung
mean wind frequency mittlere Windhäufigkeit
mean zonal candle power mittlere Lichtstärke in einer gegebenen Zone
meander belt or strip Mäanderband
meander-shaped mäanderförmig
meaning Bedeutung, Nachrichteneinheit, Nachrichteninhalt, semantischer Gehalt eines Zeichens, Sinn
means of combat (arms and ammunition) Kampfmittel
means of lighting Leuchtmittel
means of observation Beobachtungsmittel
means of protection Abdeckmasse
means of supply movement Nachschubmitte
means or leadership Führungsmittel
meantime, in the inzwischen
meanwhile inzwischen
measurable, to meßbar
measurand Meßgröße, Meßgegenstand
measure Maß, Maßnahme, Einfüllmeßgefäß
measure analysis Maßanlyse
measure, basic Grundsatzbreite (eines Textes)
measure equipment Meßeinrichtung
measure for saving Sparmaßnahme
measure, full Zeilensollmaß
measure instruction Satzbreitenbefehl (EDV)
measure low-energy electrons and ions, to messen mit geringer Energie von Elektronen u. von Ionen
measure or aesthetics ästhetisches Maß
measure of altitude or elevation Höhenmaß
measure of central tendency Mittelwerte
measure of dispersion Streuungsmaß
measure of gravity (phys) Schweremessung
measure of information Nachrichtenmaß
measure of stability Stabilitätsmaß
measure of steadiness Beständigkeitsgrad
measure of variability Streuungsmaß
measure of volume Raummaß
measure the bias control, to Teilkreisbereich messen
measure the depth of a shaft with a plumb line, to einen Schacht abseigern
measured angle gemessener Winkel
measured by aircraft durch Luftfahrzeug gemessen
measured by balloon durch Ballon gemessen
measured by searchlight durch Wolkenscheinwerfer gemessen od. ermittelt
measured ceiling gemessene Haupt-Wolkenuntergrenze
measured quantity Meßwert
measured rate Zeitgebühr
measured temperature gemessene Temperatur
measured value Meßwert, Prüfwert
measured value processing Meßwertverarbeitung
measured value reduction Meßwertverdichtung
measured variable Meßwert, Meßergebnis, Meßgröße
measured variables amplifier Meßwertverstärker
measured variables transmitter Meßwertgeber
measurement Dimension, Abmessung, Ausmessung, Meßergebnis, Messung, Meßmethode
measurement, accuracy of Meßgenauigkeit
measurement acquisition in real time Echtzeiterfassung von Daten (EDV)
measurement dimensions and non-destructive testing Dimensions- und zerstörungsfreie Prüfung (Flz.-Wartung)
measurement, exactitude of Meßgenauigkeit
measurement, inexactitude of Messungsgenauigkeit
measurement in wind-tunnel Messung im Windkanal
measurement instrument Meßeinrichtung, Meßgerät, Meßinstrument
measurement, length of Meßlänge
measurement, limit of Meßgrenze
measurement method Meßverfahren, Meßmethode
measurement of angles Winkelmessung
measurement of current Strömungsmessung, Strommessung
measurement of electromotive force Messung elektromotorischer Kraft
measurement of emission Emissionsmessung
measurement of emission current Emissions(strom)messung
measurement of electron density and temperature Messen von Elektronendichte u. Elektronentemperatur
measurement of pitch and yaw rate Messung der Nick- u. Gierlageänderung
measurement of productivity Produktivitätsmessung
measurement of resistance Widerstandsmessung
measurement of second reflection component Mitflußmessung
measurement of the angle of deviation Messung des Abweichungswinkels
measurement of the meteorite density Messung der Meteoritendichte
measurement of the natural frequency Messung der Eigenschwingung
measurement of time difference Messung der Laufzeitdifferenz

measurement of transshipment factors Messung der Umschlagfaktoren
measurement of volume Messung des Rauminhalts, Volumenmessung
measurement or depth of hole Bohrlochtiefenmessung
measurement, rapidity of Meßgeschwindigkeit
measurement, result of Meßergebnis
measurement, series of Meßreihe
measurement setup Meßanordnung, Meßaufbau, Meßwerterfassung
measurement transducer Meßwandler
measurement of precaution Vorbeugungs-, Vorsichtmaßnahme
measures of security Sicherheitsmaßnahme
measuring, absolute method of Absolutmeßverfahren, absolute Meßwerterfassung
measuring accuracy Meßgenauigkeit
measuring air transport growth, traffic volume Wachstumsbemessung nach dem Verkehrsvolumen
measuring amplifier Meßverstärker
measuring and recording Messen und Registrieren
measuring and tracking functions Meß- u. Verfolgungsfunktion (Radar)
measuring angle Meßwinkel
measuring anvil Amboß (fester Meßanschlag einer Schraublehre)
measuring apparatus Meßgerät, Meßapparat
measuring arm Meßarm
measuring axis Meßachse
measuring, basic...setup grundlegender Meßaufbau
measuring chain Lachterkette, Meßkette
measuring circuit Meßschaltung
measuring coil Meßspule
measuring commutator Meßumschalter
measuring condenser Meßkondensator
measuring current Meßstrom (elektr)
measuring data Meßdaten, Meßwerte
measuring device Meßapparat, Meßeinrichtung, Meßanordnung, Meßvorrichtung
measuring direction Meßrichtung
measuring drum Meßtrommel
measuring electrode Meßelektrode
measuring equipment Meßeinrichtung
measuring equipment switchboard Schalttafel der Meßeinrichtung
measuring error or fault Meßfehler
measuring geometry (optic) Meßgeometrie
measuring glass Mensur, Meßglas, Meßzylinder, Standglas
measuring hopper Meßtrichter
measuring inaccuracy Meßungenauigkeit, Meßunsicherheit
measuring instrument Meßeinrichtung, Meßgerät, Meßinstrument, Meßwerkzeug
measuring jaw Anschlag (einer Rundpassungslehre), Meßanschlag
measuring junction Meßstelle
measuring laboratory Meßhaus, Observatorium
measuring lamp temperature Meßlampentemperatur
measuring level Meßpegel
measuring line Meßstrich, Meßlinie
measuring loop Meßschleife
measuring magnifier Meßlupe
measuring mark Meßmarke
measuring method Meßmethode, Meßverfahren
measuring microscope Meßlupe, Meßmikroskop
measuring of horizontal angle Horizontalwinkelmessung
measuring point Anschlag (Meßanschlag einer Schraubenlehre), Meßansatz, Meßstelle, Meßpunkt
measuring-point amplifier Meßverstärker
measuring-point selector switch Meßstellenumschalter (elektr. Meßtechnik)
measuring-pressure generator Meßdruckgeber
measuring purpose Meßbestimmung, Meßzweck
measuring quantity Meßgröße
measuring range Meßabschnitt, Meßbereich, Meßbezirk, Meßregion
measuring rod Meßstab
measuring rod with spherical ends Kugelendmaß
measuring roller or knob Meßwalze
measuring room Meßkammer, Meßraum
measuring runway friction Pistenreibung messen
measuring screw Meßbolzen, Meßschraube
measuring section Meßabschnitt, Meßbezirk, Meßstrecke
measuring sector Meßbezirk, Meßfeld, Meßsektor
measuring set Meßgerät
measuring spark gap Meßfunkenstrecke
measuring spindle Meßspindel
measuring spring Meßfeder
measuring surface Meßabschnitt, Meßfläche
measuring system for runway visual range Meßsystem für Pistenreichweite
measuring table Meßtisch
measuring tank Meßgefäß
measuring tape Bandmaß, Meßbank
measuring technique Meßtechnik, Meßverfahren
measuring the phase Phasenmessung
measuring tool Meßwerkzeug
measuring transducer Regeldrossel, Meßtransduktor, Meßumsetzgerät
measuring transformer Meßwertbeförderer, Meßwertumformsatz, Meßwertwandler
measuring transmitter Meßtransduktor, Meßsender, Meßwertgeber
measuring tube Meßrohr
measuring uncertainty Meßunsicherheit, Meßungenauigkeit
measuring valve Meßventil
measuring vane Meßflügel
measuring vessel Meßgefäß
measuring voltage Meßspannung
measuring wedge Meßkeil
measuring wheel Meßrad
mechanic Mechaniker, Monteur, Schlosser, maschinell, mechanisch, maschinenmäßig, ohne Nachdenken
mechanic, aircraft Flugzeugwart
mechanic, engine Motorenwart
mechanical maschinell, maschinenmäßig, mechanisch, schablonenmäßig
mechanical-acoustical mechanisch-akustisch
mechanical action mechanische Einwirkung
mechanical adding device mechanisches Summierwerk
mechanical adjustment (machine tool) maschinelle Ein- od. Verstellung

mechanical advantage Kraftgewinn, Übersetzung (Hebel, Zahnrad)
mechanical advantage shifter automatische, mechanische, selbsttätige od. verstellbare Steuerungsuntersetzung
mechanical age technisches Zeitalter
mechanical alignment mechanische Ausrichtung od. Fluchtung
mechanical analogue computer mechanischer Analogrechner
mechanical antisweep float Reißboje (Sperre)
mechanical arm Manipulator, mechanischer Arm
mechanical assembly mechanische Baugruppe
mechanical assembly technique Baukastenprinzip
mechanical atomizer Druckzerstäuber
mechanical atomizing oil burner Druckzerstäubungsölbrenner
mechanical axis (of a lens) Formachse
mechanical balance Auswuchtungsverhältnis, Massenausgleich
mechanical bias mechanische Vorspannung
mechanical bond Haftwirkung
mechanical brake mechanische Bremse
mechanical breakaway torque Anlaufdrehmoment (Tachogenerator)
mechanical cager mechanischer Feststeller (Kreisel)
mechanical caging mechanisches Feststellen
mechanical caging lever mechanischer Feststellhebel
mechanical capacitance mechanische Kapazität, mechanische Belastbarkeit
mechanical casting wheel Gießmaschine mit Drehtisch
mechanical center mechanische Nullstellung, geometrischer Mittelpunkt
mechanical character printer mechanischer Zeichendrucker
mechanical characteristic Drehmoment-Drehzahlkurve, Drehmoment-Tourenzahlkennlinie
mechanical chopper Zerhacker
mechanical chopper relay Zerhackerrelais
mechanical circuit type Baukastenschaltung
mechanical classifier mechanischer Klassierer
mechanical clutch disengage mechanism mechanische Auskupplungsvorrichtung
mechanical commutator mechanischer Kollektor, Kommutator od. Unterbrecher
mechanical compensator or corrector (direction indicator) mechanischer Funkbeschicker
mechanical compliance Federungswiderstand
mechanical component Maschinenbauteil
mechanical computer mechanischer Rechner
mechanical construction type Baukastenkonstruktion
mechanical contact seal Gleitringdichtung
mechanical control mechanischer Regler
mechanical convection mechanische Kraftübertragung od. Weiterführung
mechanical counter mechanisches Zählwerk
mechanical counter/pointer altimeter mechanischer Zeiger/Zählwerk-Höhenmesser
mechanical C/P encoding altimeter mechanischer Zeiger/Zählwerk-Höhenmesser mit Codierer
mechanical cutter Schneidgreifer (Ankertau, Räumgerät)
mechanical deicers mechanische Einteisungsvorrichtung
mechanical delay mechanisches Verzögerungsverhältnis
mechanical design mechanische Konstruktion
mechanical dictionary elektronisch gespeichertes Wörterbuch, Maschinenwörterbuch
mechanical didactics mechanische Didaktik
mechanical differential Differentialgetriebe
mechanical disconnect mechanische Trennung
mechanical drawing Maschinenzeichnung, Düsenziehverfahren (pla)
mechanical dressing Putzen von Hand
mechanical dressing process mechanische Aufbereitung, Trockenaufbereitung
mechanical drift indicator mechanischer Bohrlochabweichungsmesser
mechanical efficiency mechanischer Wirkungsgrad, Nutzeffekt, -leistung
mechanical/electromechanical controls mechanische/elektromechanische Steuervorrichtungen (av)
mechanical electro-plating Plattierung mit bewegten Kathoden
mechanical endurance test (TB) Schwingfestigkeitsuntersuchung
mechanical engineering institute Maschinenbauanstalt
mechanical engineering standards committee Fachnormenausschuß Maschinenbau
mechanical engineering technician Maschinenbautechnik
er**mechanical equivalent of heat** Arbeitswert der Wärmeeinheit, mechanischer Hitzegegenwert, Wärmearbeitswert, Wärmegleichwert
mechanical erosion mechanische Erosion
mechanical excavator Trockenbagger
mechanical excitation mechanische Erregung
mechanical expander mechanischer Expander (Rohrherstellung)(Walzwerk)
mechanical failure funktionsbedingter Ausfall
mechanical feed press Presse mit Werkstoffzuführung
mechanical feedback differential gear mechanisches Rückführdifferentialgetriebe
mechanical feed punching machine Stanzautomat
mechanical filter magnetostriktives Filter, Schutzsieb, Schwebestoffilter
mechanical finishing mechanische Fertigbearbeitung, mechanische Oberflächenbehandlung
mechanical flight dynamischer Flug
mechanical follow-through (power steering) mechanische Handbetätigung bei Ausfall der Lenkunterstützung
mechanical follow-up mechanism mechanische Rückführung, mechanisches Rückführgestänge
mechanical force transmission kraftschlüssige Übertragung
mechanical freedom mechanische Freiheit (Beschleunigungsmesser)
mechanical fuze mechanischer Zünder
mechanical gas shelter Gasautomat
mechanical gear shift starter (motor vehicle)

C-Anlasser, Schubtriebanlasser
mechanical governor Fliehkraftregler
mechanical guide mechanische Führung
mechanical hand mechanische Hand, Robotergriff (zur Metallfesthaltung)
mechanical handling equipment Handhabungsgerät, Umschlaggerät
mechanical haulage mechanische Beförderung
mechanical hysteresis mechanische Hysterese
mechanical image impedance mechanische Kennimpedanz, mechanischer Kennwiderstand
mechanical insertion Einrücken (von Metallteilen in Spritzlinge)
mechanical integrating device Integriervorrichtung
mechanical interference mechanische Störung
mechanical interlock mechanische Sperre
mechanical interlock relay mechanischverblocktes Relais
mechanical jack mechanisches Stellglied, mechanischer Stellzylinder od. Wagenheber
mechanical jamming mechanische Störmaßnahmen (ELOKA)
mechanical lever interlocking cabin mechanisches Stellwerk
mechanical lift mechanischer Auftrieb
mechanical limit Anschlag, mechanische Begrenzung
mechanical linkage Umstellhebel (Hydraulikanlage), Verstellanlage (Twk), mechanische Verbindung
mechanical load mechanische Beanspruchung
mechanical lock lever (lights switch) Lichtschaltersperre (Kfz)
mechanical measurement mechanisches Meßverfahren
mechanical memory mechanische Speicherung
mechanical metamorphism kinetische Metamorphose
mechanical minelaying equipment Minenverlegegerät (Landmine)
mechanical mixer mechanischer Minenräumen
mechanical moment mechanisches Moment
mechanical no-back mechanische Rücklaufsperre
mechanical nose-fuse mechanischer Kopfzünder
mechanical oil-atomizer burner Ölzerstäuberdüse
mechanical operated switch Auslöseschalter für Fernsteuerung, Betätigungsschalter für Steuergerät
mechanical panthograph manipulator Scherenmanipulator, Storch(en)schnabelmanipulator
mechanical performance maschinelle Durchführung
mechanical pilot (aero) Selbststeuerung, Autopilot, Flugregler
mechanical pivoting mechanisches Schwenken
mechanical plasma cutting torch Plasma-Maschinen-Schneidbrenner (Spezialrohrschweißanlage)
mechanical porosity mechanische Porosität
mechanical post and telecommunication equipment Anlage zur Mechanisierung des Post- u. Fernmeldewesens
mechanical power Antriebsleistung
mechanical power transmission mechanische Kraftübertragung
mechanical press mechanische Presse
mechanical pre-stretch mechanische Vorstreckung
mechanical programming unit mechanische Programmiereinheit (Rechner)
mechanical properties of a material mechanische Eigenschaften eines Materials
mechanical protective shutter mechanischer Schutzdeckel
mechanical pulp Holzschliff
mechanical pump Handpumpe, manuelle Pumpe
mechanical punch Handlocher, manueller Locher, Tastaturlocher
mechanical reactance mechanischer Blindwiderstand, mechanische Reaktanz
mechanical recorder or register mechanisches Zählwerk, mechanisches Register
mechanical recording head Schneiddose, Schneider, Schneidkopf
mechanical rectifier mechanischer Gleichrichter
mechanical register mechanisches Register
mechanical resistance mechanische Dämpfung, mechanische Resistanz, mechanischer Widerstand
mechanical scanning area mechanisch schwenkbare Antenne
mechanical sensing mechanische Abfühlung
mechanical step motor Schrittschaltmotor
mechanical spring restraint rate gyro federgefesselter Wendekreisel
mechanical stabilizer mechanische Dämpfungsflosse (av)
mechanical stoker Ladevorrichtung zur Bekohlung von Feuerungen
mechanical stowing with scraper Schrapperversatz (Bergbau)
mechanical stowing with slinder Schleuderversatz (Bergbau)
mechanical strain mechanische Beanspruchung, mechanischer Zug
mechanical strength mechanische Festigkeit
mechanical stress Beanspruchung, mechanische Spannung
mechanical sweep mechanisches Räumen, mechanisches Räumgerät (UW-Mine)
mechanical switch Schaltsperre (Hauptlichtschalter)
mechanical system mechanisches System
mechanical telemetry mechanische Telemetrie
mechanical system check mechanische Systemprüfung (Bordelektronik)
mechanical time fuze mechanischer Zeitzünder
mechanical translation automatische Sprachübersetzung, Simultanübersetzung, maschinelle Übersetzung
mechanical transport service Kraftfahrtruppe
mechanical velocity selector mechanischer Geschwindigkeitsselektor, Neutronenmonochromator
mechanical verifier mechanischer Handlochprüfer (lo, dig)
mechanical wood pulp Holzschliff
mechanical workshop Bearbeitungswerkstatt
mechanically schablonenartig
mechanically actuated switch Schalter mit Kraftantrieb
mechanically biased mechanisch vorgespannt
mechanically controlled variable pitch airscrew

mechanisch verstellbare Schraube
mechanically operated flaps mechanisch betätigte Klappen
mechanically operated inlet valve (M.O.I.V) gesteuertes Einlaßventil
mechanically retractable undercarriage mechanisch einziehbares Fahrgestell
mechanically rotated linear patch array mechanisch geschwenkte linear Antenne (Radar)
mechanics of flight Flugmechanik
mechanics of similitude Ähnlichkeitsmechanik
mechanics of solid bodies Mechanik der festen Körper (w)
mechanics of the atom Atomtechnik
mechanisation equipment Mechanisierungseinrichtung
mechanism Mechanismus, Getriebe, Räderwerk, Vorrichtung
mechanism, ballistically powered ballistisch angetriebener Mechanismus
mechanism for vertical movement Höhenantrieb für die Höhenbewegung
mechanism of aging Alterungsvorgang
mechanism of failure Ausfallmechanismus
mechanism unit (of a servo) mechanischer Teil (eines Servos)
mechanization Mechanisierung
mechanized Kraftwagenflak (AA)
mechanized maintenance production control system maschinelles Produktionskontrollverfahren für Materialerhaltung
mechanized production control system maschinelles Produktionskontrollverfahren
mechanized property accounting maschinelles Betriebswesen, MB-Wesen, maschinelle Bestandsnachweisführung
mechanized supply system maschinell gesteuertes Versorgungsverfahren, mechanisiertes Versorgungssystem
mechanoelectrical mechanoelektrisch
mechano-electronic transducer mechanisch-elektronischer Übertrager
mechatronics (mechanics and electronics mixed) Mechatronik (Mechanik u. Elektronik)
MECU Main Engine Control Unit (Regler)
Meddo-equipment (radar device) Meddogerät
MEDEA materials science double rack MEDEA werkstoffwissenschaftliches Experiment (sp)
median Medianwert, Zentralwert, die Mitte einnehmend, mittlere(r)
median energy mittlere Energie
median lethal dose mittlere Lethaldosis
median lethal time mittlere Lethalzeit
median life zentrale Lebensdauer
mediation Mediation, Vermittlung
medical/biological module biomedizinisches Modul (space shuttle)
medical equipment Sanitätsausrüstung
medical evacuation Ambulanzdienst
medical examination ärztliche Untersuchung
medical examiner untersuchender Arzt, Inspektionsarzt
medical fitness einwandfreier Gesundheitszustand (fliegertauglich)
medical flight Heilflug, Höhenflug
medical installation Sanitätseinrichtung
medical ionization Ionentherapie
medical isolation Krankenisolierung, Patientenabsonderung
medical radio isotope medizinisches Radioisotop
medical-re-examination ärztliche Nachuntersuchung
medical requirement gesundheitliche Anforderung, ärztliche Verhaltensmaßregel
medical supplies Sanitätsmaterial
medical supply depot Sanitätsmaterialpark
medical treatment ärztliche Behandlung
medical uses of radioactivity medizinische Anwendung der Radioaktivität
medico-biological study on the effect of space flight on man (space) medizinisch-biologische Studie der Raumflugauswirkung auf den Menschen
medium Medium, Mittel, Stoff
medium AA gun (37/59 cm) mittleres Flakgeschütz
medium access storage Speicher mit mittlerer Zugriffszeit
medium access store Speicher mit mittlerer Zugriffszeit
medium antitank gun mittlere Panzerabwehrkanone
medium bank mittlere Querlage (av)
medium, blank unbeschrifteter Datenträger
medium-bypass mittleres Nebenstromverteilernetz
medium carbon steel Stahl mit mittlerem Kohlenstoffgehalt (0,30-0,60% C)
medium climbing turn mittlere gezogene Kurve (av)
medium cloud mittelhohe Wolken
medium detonation mittelstarkes Klopfen
medium distance IT arrangement Mittelstrekkenpauschalflugreise
medium distance radio aid to air navigation Funknavigationshilfsmittel für mittlere Entfernung
medium, empty unbeschrifteter Datenträger
medium energy mittlere Energie
medium-energy motor mittelenergetischer Antrieb
medium-energy nuclear physics Mittelenergiephysik
medium fit Gewindepassung "mittel-fein"
medium force fit Festsitz
medium frequency Mittelfrequenz, mittlere Frequenz, Mittelwelle, Hektometerwelle, MF, Mittelwellenbereich (300-3 000KHz)
medium frequency band Mittelfrequenzbereich, Mittelwellenbereich
medium frequency DF MF Fremdpeilstation
medium frequency direction finding station Mittelwellen-Funkpeilstelle
medium frequency telegraphy Mittelfrequenztelegraphie
medium gliding turn mittlere Kurve im Gleitflug
medium grade ore Erz mittleren Grades
medium grained mittelkörnig
medium-haul twinjet zweistrahliges Mittelstreckenmuster (Flz)
medium-heavy fragment mittelschweres Bruchstück
medium high-frequency wave transmitter Grenzwellensender

medium, input Eingabemedium, Eingabemittel
medium-intensity jamming mittelstarke Störung (elektronische Kampfführung), mittelstarkes Stören (ELOKA)
medium loading mittlere Bespulung od. Belastung
medium/longhaul jet transport Mittel/Langstreckenstrahlflugzeug
medium nucleus mittelschwerer Kern
medium of propagation Ausbreitungsmedium, Ausbreitungsträger
medium plate Mittelblech
medium pressure part Mitteldruckteil
medium-pressure tyre Mitteldruckreifen
medium range (up to 800m) mittlere Entfernung
medium-range high-capacity jet transport Mittelstreckengroßraumflugzeug
medium-range aircraft Mittelstreckenluftfahrzeug, Mittelstreckenflugzeug
medium-range forecast Mittelfristvorhersage, Mittelfristwettervorhersage
medium range jet aircraft Mittelstreckenstrahlflugzeug
medium range navigation (system) Mittelstreckennavigation(ssystem)
medium range navigation system for aircraft Mittelstreckennavigationssystem für Flugzeuge
medium-range radar Mittelbereichsradar(gerät) (Flugsicherung), Radargerät mittlerer Reichweite
medium-range search aircraft Mittelstreckensuchluftfahrzeug
medium-range semi-active radar-guided air-to-air missile halbaktiv radargelenkter Luft-Luft-Flugkörper
medium-range surface-to-air missile (MSAM) Fla-FK-System mittlerer Reichweite
medium-range surveillance radar Mittelstreckenbereichsüberwachungsradar(anlage)
medium-range terminal area radar Mittelbereichsradaranlage
medium range tri-jet Mittelstrecken-Trijet
medium reduction Mediumzerkleinerung, Mittelzerkleinerung
medium resolution Auflösungsvermögen
medium scale mittlerer Maßabstand
medium-scale integration (MSI) MSI (wird nicht übersetzt)
medium sight gestrichenes Korn (Schußwaffe)
medium signal area Bereich mittlerer Feldstärke
medium-sized mittelgroß
medium-sized city Mittelgroßstadt
medium-sized helicopter mittelschwerer Hubschrauber
medium-speed concentrator mittelschneller Konzentrator (KMS)
medium supercharged engine Mitteldruck-Lademotor
medium supercharger gear erster Ladergang (für mäßige Aufladung)
medium supercharger ratio Laderübersetzung für mäßige Aufladung (mittlere Nennhöhe, erster Ladergang)
medium thick profile (aerodynamics) halbdickes od. mittleres Profil
medium turn mittlere Kurve (25-45 Grad)
medium, virgin unvorbereiteter Datenträger
medium volatile mittelflüchtig (chem)
medium wave mittlere Welle
medium-wave radio beacon Mittelwellenfunkfeuer
medium wave transmitter Mittelwellensender
medullary ray Markstrahl
medullary tube Markröhre
meet begegnen, entgegenkommen, entsprechen, stoßen auf..., sich treffen, zusammenkommen
meet requirements, to Anforderungen entsprechen
meeting Sitzung, Tagung, Versammlung, Zusammenkunft
meeting engagement Begegnungsgefecht
meeting, long-drawn-out langwierige Verhandlung
megacycle (mc) Megahertz
megacycles per second Megahertz (10 Hz)
megaohm Megaohm
megger Isolationsmeßgerät
Meissner circuit or oscillation Meissner-Schaltung
melamine resin Melaminharz
melamine formaldehyde resin Melamin-Formaldehydharz
melatite insulation Melatitisolator
melatitic acid Honigsäure
melt, to flüssig werden, schmelzen
melt down Einschmelzen, Niederschmelzen
melt film coating Schmelzverfahren (Beschichten)
melt spinning Schmelzspinnen, Schmelzspinnverfahren
melt temperature Schmelztemperatur (pla)
melt viscosity Schmelzviskosität
melt zone Schmelzzone, Schneckenschmelzzone (pla)
melted quartz geschmolzener Quarz
melted snow abgetauter Schnee (meteo)
melting and vaporization of the material Schmelz- u. Verdampfungsvorgang (TB)
melting centrifuge Schmelzschleuder
melting equipment Schmelzeinrichtung
melting fusion Verschmelzung
melting point Fließpunkt, Schmelzpunkt, Schmelz(wärme)grad
melting point bath Bad zur Schmelzpunktbestimmung
melting point tube Schmelzpunktröhrchen
melting-point pressure curve Schmelzdruckkurve
melting-point reduction additive schmelpunkterniedrigendes Element (TB)
melting pot Schmelzkessel
melting process Schmelzarbeit, Schmelzprozeß, Schmelzverfahren, Schmelzvorgang
melting rate Schmelzgeschwindigkeit, Schmelzleistung
melting section Schmelzzone
melting speed Schmelzgeschwindigkeit
melting time Schmelzdauer
melting together of contacts zusammenschmelzen od. -schmoren von Kontakten
member Bauteil, Körperteil, Glied
member of a bomb disposal squad Feuerwerker
member of a combat crew Kampfflieger
member of a data set Glied einer Datei
member of a file Glied einer Datei

member of antitank unit Panzerjäger
member of the crew Mitglied der Besatzung
member subjected to bending Biegeträger
membership Mitgliedschaft
membrane Federplatte, Häutchen, Membran
membrane potential Membranpotential
memorial information memoriale Information
memory Gedächtnis, Informationsspeicher, Datenspeicher
memory address counter Speicheradressenzähler
memory access chain Speicherzugang
memory acknowledgement signal Speicherzyklusquittung
memory address register (MAR) Speicheradressenregister (dv)
memory address select register Speicher-Adressenauswahlregister
memory, addressee volladressierter Speicher
memory allocation Speicherverteilung, Speicherplatzzuteilung, Speicherzuordnung, Speicherplatzzuweisung
memory allotment Arbeitsspeicherbelegung
memory and process request control Speicher-u. Anforderungssteuerung
memory area Speicherbereich, Speicherabschnitt, Speicherfeld
memory array Speichermatrix
memory array tester Speicherfeldprüfgerät
memory, assignment of core...space Kernspeicherbelegung
memory, associative assoziativer Speicher, inhaltsadressierter Speicher, Assoziativspeicher
memory bank address Speicherbandadresse
memory bank Speicherbank
memory bank address for current cycle Speicherbandadresse für laufenden Zyklus
memory bank address register Speicherbankadreßregister (SBADR)
memory bank bit counter Speicherbankschrittzähler (SBSZ)
memory bank cycle address Speicherbankzyklusadresse (SBZAD)
memory bank, failure Ausfall "Speicherbank"
memory bank free indicator Speicherbank-Freimelder (SBF)
memory bank free register Speicherbank "FREI" Register
memory bank junction Speicherbankknoten
memory bank occupancy Speicherbankbelegung (SBBEL)
memory bank output sequency Speicherbankausgabefolge (SBAF)
memory bank standard interface trunk code Speicherbank-Normanschlußkennung (SBNK)
memory, bipolar bipolarer Speicher
memory bit Speicherelement
memory, bit-organized bitorganisierter Speicher
memory block Matrixblock, Speicherblock
memory, bootstrap Start-Routinespeicher
memory buffer capacity Speicher-Pufferkapazität
memory buffer register Speicher-Pufferregister
memory buffering Arbeitsspeicherpufferung
memory, bulk Großraumspeicher
memory bus controller Sammelschienenkontrolle des Speichers
memory, cache Notizblockspeicher
memory capacity Speichergröße, Speicherkapazität, Speichervolumen
memory capacity requirements Speicher(platz)bedarf
memory, catalog Katalogspeicher
memory cell Speicherelement, Speicherzelle
memory change-over routine Speicher-Umschaltroutine
memory circuit Speicherkreis, Speicherstromkreis, Speicherschaltung
memory circuit boards Speicherschaltkarten
memory, coincident-current Koinzidenzstromspeicher, Koinzidenzspeicher
memory, connection Verbindungsspeicher, Zwischenspeicher
memory content Speicherinhalt, Speicherkontent
memory, content-addressable Assoziativspeicher
memory-content addressee assoziativer od. nichtadressierter Speicher, Assoziativspeicher
memory control Speicheransteuerung, Speichersteuerung (dig)
memory, core Kernspeicher, Magnetspeicher
memory, core...address Kernspeicheradresse
memory, core...area Kernspeicherbereich
memory, core...call Kernspeicheranruf
memory, core...cell Kernspeicherzelle
memory, core...cycle Kernspeicherzyklus
memory, core...drive voltage Kernspeicherregelspannung
memory, core...fault Kernspeicherfehler
memory, core...location Kernspeicherzelle
memory, core...region Kernspeicherbezirk
memory, core...space Kernspeicherplatz
memory, core...threshold voltage Kernspeicherschwellenspannung
memory, core...word Kernspeicherwort
memory cycle Speicherzyklus
memory cycle acknowledgement Speicherzyklusquittung (SZQ)
memory cycle 1 microsecound Speicherzyklus 1 Mikrosekunde
memory cycle request Speicherzyklusanforderung (SZA)
memory cycle request register Speicherzyklus-Anforderungsregister (SZAR)
memory cycle time Gedächtniszykluszeit, Zykluszeit des Arbeitsspeichers, Speicherzykluszeit
memory, data addressed associativer od. inhaltsadressierter Speicher, Assoziativspeicher
memory deallocation Speicherplatzfreigabe
memory, delay-line Laufzeitspeicher, Verzögerungsspeicher
memory device Datenspeicher(einheit), Speicher(einheit), Speichereinrichtung (EDV)
memory, disk Magnetplattenspeicher, Plattenspeicher, Scheibenspeicher
memory drum Speichertrommel
memory, drum Magnettrommelspeicher, Trommelspeicher
memory dump Ausführung eines Post-Mortem-

Programms (ausdrucken des Speicherinhalts), Speicherauszug (Index)(dig), Speicherabzug, Speicherausdruck
memory dump and print Zweiphasenspeicherauszug
memory dump key Speicherauszugsschlüssel
memory dump number Speicherauszugsnummer
memory dump routine Speicherauszugsroutine
memory, dynamic dynamischer Speicher, ausdehnbarer Speicher, erweiterungsfähiger Speicher
memory effect Memory-Effekt (Massenspektrometer)
memory, erasable löschbarer Speicher
memory expansion feature Kernspeichererweiterung, Arbeitsspeichererweiterung
memory, extended Zusatzspeicher
memory, external externer Speicher, Außenspeicher
memory, failure of...bank Ausfall "Speicherbank"
memory, fast Schnellspeicher, Speicher mit schnellem Zugriff, Schnellzugriffsspeicher
memory fault stop Speicherfehler "HALT" (SFH)
memory, ferromagnetic ferromagnetischer Speicher
memory field zentrales od. mittleres Speicherfeld
memory, high-speed Schnellspeicher, Speicher mit schnellem Zugriff, Schnellzugriffsspeicher
memory, high-speed...block Schnellspeicherblock
memory input buffer Eingabepuffer im Arbeitsspeicher
memory input indicator Speichereingabemeldung (SEM)
memory input/output control Speicher-Ein-/Ausgabesteuerung (SAES)
memory, interchangeable read-only auswechselbarer Festwertspeicher
memory load indicator Speicherplatzangabe
memory location Speicherplatz, Speicherstelle
memory location register Speicheradreßregister
memory, magnetic-core Magnetkernspeicher
memory, main Arbeitsspeicher, Hauptspeicher, Primärspeicher
memory, main-frame Arbeitsspeicher
memory map Arbeitsspeicherbelegung, Querverweisliste (FORTRAN)
memory, mapped Bildspeicher
memory, mass Großspeicher
memory, matrix Matrixspeicher, Matrizenspeicher
memory, mercury Quecksilberspeicher
memory module Speichermodul
memory, non-addressable nichtadressierbarer Bereich des Arbeitsspeichers, nichtadressierbarer Arbeitsspeicherbereich od. Schattenspeicher
memory, notepad Notizblockspeicher, schneller Hilfsspeicher, Zwischenspeicher
memory, notetape Zwischenspeicherband
memory occupancy table Speicherbelegungsliste
memory occupancy table maintenance Speicherbuchhaltung
memory of a channel Gedächtnis eines Kanals
memory operation Speicheroperation, Speicherbearbeitung
memory operation code Speicheroperationscode (SOPC)
memory operation code register Speicheroperationsregister
memory operation control Speicheroperationssteuerung (SOPS)
memory operation mode Speicheroperationsmodus (SOPM)
memory output indicator Speicherausgabemeldung (SAM)
memory output request Speicherausgabeanforderung (SAF)
memory output request logic Speicherausgabeanforderungslogik
memory output request register Speicherausgabe-Anforderungsregister (SAFR)
memory, parallel Parallelspeicher
memory parity Speicherparität (EDV)
memory performance Speicherfähigkeit
memory, permanent Permanentspeicher, fester od. permantener Speicher, Festspeicher, Dauerspeicher, energieunabhängiger Speicher, Strukturspeicher
memory, photo-optical photographischer Speicher, Filmspeicher, Bildspeicher
memory plane Speicherebene
memory, post-mortem...print Speicherauszug nach Abschluß des Programmlaufs
memory print Speicherabzug, Speicherausdruck, Speicherauszug
memory printout Speicherabzug, Speicherausdruck
memory properties Speichereigenschaften
memory protect Bereichsschutz, Speicherbereichsschutz, Speicherschreibsperre
memory protect deactiviation register Speicherschutz-Ungültigkeitsregister
memory protect error Speicherschutzfehler
memory protect extension feature Speicherschutzerweiterung
memory protect feature Bereichsschutz, Speicherbereichsschutz, Speicherschreibsperre
memory protect key Speicherschutzschlüssel, Bereichsschlüssel, Speicherschlüssel
memory protect recognizer Bereichsschutzauswertung
memory protect switch Bereichsschutzschalter
memory protect violation Bereichsüberschreibung im APS, Speicherbereichsschutzfehler
memory protect violation bit Speicherbereichsschutzfehlerbit (SBS-Bit), Speicherschutzfehlerbit
memory protection Speicherschreibsperre, Datenspeicher-Schreibsperre, Speicherbereichschutz (dig)
memory protection logic Speicherbereichsschutzlogik
memory pulse test Impulsprüfung des Speichers
memory, pure associative Katalogspeicher
memory, random access Direktzugriffsspeicher, Speicher mit wahlfreiem od. direktem Zugriff, Randomspeicher
memory, rapid Schnellspeicher, Speicher mit schnellem Zugriff, Schnellzugriffsspeicher

memory, rapid-access Speicher mit kurzer Zugriffszeit, Speicher mit unmittelbarem Zugriff
memory read amplifier Kernspeicherleseverstärker
memory, read-only Festwertspeicher, Totspeicher, Festspeicher (AROM), assoziativer Festwertspeicher
memory read cycle Speicherlesezyklus
memory, real Realspeicher, Arbeitsspeicher
memory region Speicherbezirk
memory region address Bezirksadresse, Regionadresse
memory region address register Bezirksadreßregister
memory region change Bezirkswechsel
memory region command Speicherbezirksbefehl
memory region indication Bezirksangabe
memory register (MR) Speicher(platz)bedarf
memory relocation Umspeicherung
memory-resident arbeitsspeicherresident
memory scope Speicherelektronenstrahloszillograph
memory, scratchpad (SPM) Zwischenspeicher, schneller Hilfsspeicher, Notizblockspeicher
memory select register Speicher-Adressenauswahlregister
memory selection Speicherauswahl
memory selection circuit Speicherauswahl-Steuerungsschaltung
memory selection command Speicherauswahlbefehl
memory selection register Speicherauswahlregister (SAR)
memory, self-loading...print selbstladender Speicherauszug
memory, semiconductor main Halbleiterarbeitsspeicher
memory sense amplifier Speicherleseverstärker (Bordcomputer)
memory, shaded nichtadressierbarer Bereich des Arbeitsspeichers, nichtadressierbarer Speicher, nichtadressierbarer Arbeitsspeicherbereich, Schattenspeicher
memory, shared gemeinsam genutzter Speicher
memory size Speichergröße, Speicherkapazität
memory, slow Speicher mit langer Zugriffszeit, langsamer Speicher, Speicher mit hoher Zugriffszeit
memory snapshot Speicherauszug (Unterprogramm)(dig)
memory solenoid Speicherbremsspule, Speicherkupplung (phi)
memory space administration Speicherplatzverwaltung
memory space requirements Speicher(platz)bedarf
memory special priority Speichersonderpriorität (SSP)
memory special priority condition Speichersonderprioritätszustand (SSPZ)
memory stack Kernspeicherblock, Matrixblock, Speicher-Matrixblock
memory standard interface Speichernormschnittstelle
memory, state of the...bank Prüfzustand der Speicherbank, Prüfzustand "SB"
memory structure Speichereinteilung
memory table Speicherliste
memory, tag Etikettenspeicher
memory technology Speichertechnik
memory test computer (MTC) Speicherprüfgerät
memory test control Speicherteststeuerung (STS)
memory test routine Speicherprüfroutine, Speichertestprogramm
memory, thin film Dünnschichtspeicher, Dünnfilmspeicher
memory unit Speichereinheit (SE)
memory unit rotating dual-sided magnetic disc rotierender Speicher, doppelseitig beschriebener Magnetplattenspeicher
memory, unused...area nicht belegter Speicher(platz)
memory, volatile nicht permanenter Speicher, energieunabhängiger Speicher
memory voltage Speicherspannung
memory wiring matrix Arbeitsspeicherverdrahtungsfeld
memory word Speicherwort
memory word address Speicherwortadresse (SWAD)
memory word address line Speicherwortadreßleitung
memory word address register Speicherwortadressenregister
memory word input Speicherworteingabe (SWE)
memory, word-organized Speicher mit Wortstruktur, wortorganisierter Speicher
memory word output Speicherwortausgabe (SWA)
memory, working Arbeitsspeicher, Hauptspeicher, Primärspeicher
mend, to ausbessern, flicken, instandsetzen, nachbessern, reparieren, verbessern
meniscus Kuppe des Quecksilberthermometers, Linse mit sichelförmigem Querschnitt
mensuration Messung, Vermessung
mensuration axis Meßachse
mental control Umweltregelanlage
mental fitness geistige Tauglichkeit
mepasin sulfonamide Mesulfam
Mercator flying Fliegen nach Koppelnavigation auf Basis der Merkatorkarte
Mercator map Merkatorkarte
Mercator's chart Merkator Karte, wachsende Karte
mercerized cotton merzerisierte Baumwolle
merchant aircraft carrier (MAC) Hilfsflugzeugträger (mili)
merchant bar Handelsstabstahl, Packetierschweißstahl, Paketstahl, Stabeisen
merchant cargo ship Handelsfrachter
merchant fleet Handelsflotte
merchant lead Hüttenweichblei
merchant marine Handelsmarine
merchant mill Stabstahlwalzwerk
merchant quality Handelsqualität, -güte
merchant service Handelsschiffahrt
merchant ship broadcast (mercast) Rundspruchdienst für Handelsschiffe
merchant ship casualty report Handelsschiffverlustmeldung
merchant ship collective call sign Sammel-

Rufzeichen für Handelsschiffe
merchant shipping cargo space Handelsschiffstonnage
merchant shipping plot Handelsschiffahrts-Lagekarte
merchant ships control Handelsschiffsmeldedienst
merchant ships control reporting Handelsschiffsmeldesystem
merchant tonnage Handelsschiffsraum
merchantable marktgängig
mercoid switch Quecksilberschalter
mercuration Mercurierung
mercurial quecksilberhaltig
mercurial air pump Quecksilberluftpumpe
mercurial barometer Quecksilberbarometer
mercurial horn ore Quecksilberhornerz
mercurial pendulum Quecksilberpendel
mercuric arsenite Quecksilberarsenidoxyd
mercuric chromate Quecksilberchromatoxyd
mercuric cyanide Quecksilberzyanid
mercuric iodide Jodquecksilberoxyd, Quecksilberjodid
mercuric nitrate Quecksilberoxydnitrat
mercuric oxydcyanide Quecksilberoxydzyanid
mercuric sulphate Quecksilbervitriol
mercuric sulphide Quecksilbersulfid
mercuric sulphocyanide Quecksilberrhodanid
mercurous acetate Quecksilberazetatoxydul
mercurous chloride Calomel, Quecksilberchlorür
mercurous iodide Jodquecksilberoxydul, Quecksilberjodür
mercurous nitrate Quecksilberoxydulnitrat
mercurous nitrate test Quecksilbernitratprüfung
mercurous oxalate Quecksilberoxolatoxydul
mercurous oxide Quecksilberoxydul
mercurous sulphate Quecksilbersulfatoxydul
mercurous sulphicyanide Quecksilberrhodanür
mercurous sulphide Quecksilbersulfür
mercurous tannate Quecksilbertannatoxydul
mercurous thiocyanate Quecksilberrhodanür
mercury Merkur, Quecksilber, Hg-Quecksilber
mercury air pump Quecksilberluftpumpe
mercury allow Quecksilberlegierung
mercury arc inverter Quecksilberdampf-Wechselrichter
mercury arc lamp Quecksilberdampflampe
mercury arc rectifier Quecksilberdampfgleichrichter, Quecksilberdampfumformer, Quecksilberdampfröhre
mercury-arc converter Quecksilberdampfstromrichter
mercury-arc rectifier equipment Quecksilbergleichrichter
mercury-arc tube Quecksilberdampfentladungsröhre, Quecksilberdampfventil
mercury ballistic Quecksilberdämpfung
mercury barometer Quecksilberbarometer, Quecksilberluftdruckmesser
mercury batch Quecksilberbehälter
mercury battery Quecksilberbatterie, Quecksilberzelle
mercury bowl Quecksilberkessel
mercury breaker Quecksilberstrahlunterbrecher
mercury bulb Quecksilbersäule
mercury cathode Quecksilberkathode
mercury cell dry-battery Quecksilbertrockenbatterie
mercury chloride Barometersäule, Quecksilbersäule, Quecksilberfaden
mercury column Barometer-, Quecksilbersäule
mercury contact Quecksilberkontakt, Quecksilberschließer
mercury contact relay Relais mit Quecksilberkontakt od. -schließer
mercury contact tube Quecksilberkontaktröhre, Quecksilberschaltröhre, Quecksilberwippe
mercury content Quecksilbergehalt
mercury converter Quecksilbergleichrichter, Quecksilbermischstufe, Quecksilberumformer
mercury cup Quecksilbernäpfchen, Quecksilberschale, Quecksilbertopf
mercury cyanide Quecksilberzyanid
mercury damper Quecksilberdämpfer (Kreisel)
mercury delay line Quecksilberverzögerungsleitung
mercury diffusion pump Quecksilberdiffusionspumpe
mercury discharge lamp Quecksilberentladungslampe, Quecksilberrückströmungsanzeiger
mercury electrode Quecksilberelektrode
mercury fulminate Knallquecksilber
mercury gauge Quecksilbermanometer, Quecksilbervakuummeter
mercury halide Quecksilberhalogen
mercury-in-glass contact thermometer Quecksilber-Kontaktthermometer
mercury-in-steel thermometer Bourdonthermometer
mercury interrupter Quecksilberausschalter, Quecksilberunterbrecher
mercury iodide Quecksilberjodid
mercury isotope Quecksilberisotop
mercury jet interrupter Quecksilberstrahlunterbrecher
mercury lamp Quecksilberlichtlampe
mercury manometer Quecksilbermanometer
mercury memory Quecksilberspeicher
mercury-mist-cooled fast reactor schneller Reaktor mit Quecksilbernebelkühlung
mercury motor meter Quecksilberzähler
mercury nutation damper (syncom) Quecksilberdämpfer für Nutationen
mercury of converter Quecksilberdampf-Stromrichter
mercury oleate Quecksilberoleat
mercury or mercurial therometer Quecksilberwärmegradmesser
mercury, phenolate Phenolquecksilber
mercury pocket or bag Quecksilbersack
mercury pool (of discharge tube) Kathodensumpf, Quantumvorrat, Quecksilbermasse
mercury-pool cathode Quecksilberkathode
mercury pool or sump Quecksilbermasse
mercury pool switch Quecksilberröhrenschalter, Quecksilberschaltröhre
mercury pressure Quecksilberdruck
mercury process Quecksilberverfahren
mercury purification apparatus Quecksilberreinigungsapparat
mercury relay Quecksilberschalter

mercury salicylate Quecksilbersalizylat
mercury spectrum Quecksilberspektrum
mercury stem Quecksilberfaden
mercury storage Quecksilberspeicher
mercury store Quecksilberspeicher
mercury strain test Quecksilberreißprüfung
mercury switch Quecksilberschalter, Quecksilberumschalter, Quecksilberwippe, Quecksilberkippschalter, Schaltröhre
mercury switch breaker Quecksilberschalter
mercury switch erection Aufrichtung über Quecksilberschaltung
mercury switch tube Quecksilberschaltröhre, Quecksilberwippe
mercury tank Quecksilberbehälter, Quecksilberspeicher
mercury thermometer Quecksilberwärmegradmesser
mercury thread Quecksilberfaden
mercury trap (vacuum pump operation) Quecksilberfalle
mercury turbine interrupter Quecksilber-Turbinenunterbrecher
mercury-type battery Quecksilberbatterie
mercury vacuum gauge Quecksilbervakuummeter
mercury-vapor arc lamp Quecksilberdampflampe
mercury-vapor bulb Quecksilberdampflampe
mercury-vapor rectifier Quecksilberdampf-Gleichrichter
mercury-vapor triode Triode mit Quecksilberdampffüllung
mercury-vapor tube (with thyratron) Quecksilberdampfröhre (mit Glühkathode), Thyratronröhre
mercury-vapor tube of the thyratron type Quecksilberdampflampe mit Steuergitter
mercury-vapor tube with control grid Quecksilberdampflampe mit Steuergitter
mercury-vapor turbine Quecksilberdampfturbine
mercury-wetted relay Schutzgaskontaktrelais mit quecksilberbenetzten Kontakten
merge, to mischen, vereinigen, zusammenmischen, aufgehen in, verschmelzen, fusionieren
merge, to (radar targets) sich überdecken (Radarziele)
merge EAM cards, to Lochkarten mischen
merge, file Mischen von Dateien
merge generator Mischprogrammgenerator
merge instruction Mischbefehl
merge operation Mischoperation
merge pass Mischdurchlauf
merge point Fusions-, Sammel-, Treffpunkt
merge program Mischprogramm
merge, relocated Mischen und Umladen
merge run Mischdurchlauf
merge signal Mischsignal
merge sorting Sortieren und Mischen (lo)
merge, stripped Mischen ohne Folgeadreßfeld
merge test Mischprüfung
merged vereinigt (Flugwege)
merged wing body geschlossener Flügelkörper
merger Fusion, Verschmelzung (dig), Mischen (EDV)
merging Mischen, Zusammenführen (lo)
merging program Mischprogramm
merging routine Mischprogramm
merging tracks sich vereinigende Flugwege
meridian Meridian, Längengrad
meridian band Längenstreifen
meridian, central Mittelmeridian
meridian circle Meridiankreis (Passageninstrument)
meridian distance (astro) Meridiandistanz (Stundenwinkel eines Gestirns in Meridiannähe)
meridian distance (plane surveying) Ortswert (UTM), Rechtswert (Gauß-Krüger)
meridian hour curve Stundenkurve
meridian of lens Meridian einer Linse
meridian of longitude Längenkreis
meridian of the earth Erdmeridian
meridian passage Meridiandurchgang
meridian transit Meridiandurchgang
meridional cell meridionale Zelle
meridional circulation Meridionalzirkulation
meridional coefficient Meridionalkoeffizient
meridional exchange meridionaler Austausch
meridional field curvature meridionale Bildfeldkrümmung (Optik)
meridional flow Meridionalströmung
meridional index meridionaler Index, Meridionalindex
meridional orthographic map projection äquatorständige orthographische Abbildung od. Projektion
meridional parts Meridionalteile
meridional plane Meridianebene, erster Hauptschnitt (Optik)
merit factor scale Skala für Personalbeurteilungsmerkmale
merit figure Bewertungszahl
merit grade Beurteilungsklasse
merit rate Leistungsanteil, Leistungszulage (bei Mitarbeit im Betrieb)
Mershon-capacitor Mershon-Kondensator
MERU milli-earth's rate unit
MESA technique MESA-Technik
MESA-transistor MESA-Transistor
mesh Masche(nweite), Zahneingriff, Geflecht, Netz
mesh, to eingreifen, ineinandergreifen, kämmen (Zahnräder)
mesh chamber Ionisationskammer mit Netzwandung
mesh circuit Maschenkreis (elektrisches Netzwerk)
mesh connection Deltaschaltung, Maschenschaltung
mesh-like maschenartig
mesh-oxide cathode Netzoxydkathode
mesh section of a network Kettenleitermasche
mesh surface covering Reflektorbespannung
mesh target Bannerschleppziel
mesh type network Maschennetz
mesh voltage Dreieckspannung, kleinste verkettete Spannung
mesh with, to kämmen mit, im Eingriff sein mit (Zahnräder)
meshed anode Maschenanode
meshed network Maschennetz, vermaschtes Netz, Maschenwerk
mashes per unit area Maschendrahtzahl
meshing (to teeth) ineinandergreifen (Zähne)
meshing magnetic switch Einspurmagnetschalter

meshing movement Einspurbewegung
meshing surface Überdeckung (Radar)
mesic atom Mesonatom, mesisches Atom
mesic charge mesonische Ladung
mesic X-rays mesonische Röntgenstrahlung
Mesney circuit Mesney-Schaltung
mesomerism Mesomerie
meson-active mesonaktiv
meson caputre Mesoneneinfang
meson decay Mesonenzerfall
meson field Mesonenfeld
meson-induced star Mesonenstern
meson life Mesonenlebensdauer
meson-meson effect Meson-Meson-Effekt
meson-nucleon scattering Meson-Nukleonstreuung
meson physics Mesonenphysik
meson production Mesonenbildung, Mesonenproduktion
meson-proton scattering Meson-Protonstreuung
meson scattering Mesonenstreuung
meson shower Mesonenschauer
meson theory Mesonentheorie
meson track (end) Mesonenbahn(ende)
meson wave function Mesonen-Wellenfuktion
meson yield Mesonenausbeute
mesonic mesonisch
mesonic atom Meso(n)atom
mesonic charge mesonische Ladung
mesonic moment mesonisches Moment
mesonic X-rays mesonische Röntgenstrahlen
mesophere Mesophäre
mesopic vision Dämmerungssehen, mesopisches Sehen, Übergangssehen
mesothorium Mesothorium
mesoton schweres Elektron, Meson
message (MSG) Spruch, Nachricht Informationstheorie, Fernschreiben, Fernspruch, Rundspruch, Telegramm (abgeschlossene verarbeitbare Datenmenge)
message aborted condition Bedingung abgebrochener Meldung
message accounting Gebührenerfassung, Gebührenverrechnung
message advance nächste Nachricht
message assembly Spruchzusammenstellung
message authentication Spruchauthentisierung, Spruchabgleichung
message, automatic...switching center automatische Speichervermittlung
message beginning character Nachrichten-Beginnzeichen
message blank Meldekarte, Telegrammformular, Telegrammvordruck(blatt)
message buffering facility gepufferte Nachrichtenverwaltung
message byte Nachrichtenbyte
message center Meldekopf, Nachrichtenzentrale, Spruchzentrale
message character Meldungsbeginnzeichen
message component Spruchkomponente, Nachrichtenkomponente
message container Meldebüchse, Nachrichtenbehälter
message container for drop message Abwurfpatrone, Nachrichtenbombe
message content Nachrichteninhalt, Spruchinhalt
message desk Telegrammpult
message detector Metallsucheinrichtung
message, discrete diskrete Nachricht, Einzelnachricht, Geheimmeldung
message dissemination Nachrichtenverteilung
message distribution Nachrichtenverteilung
message dropping Meldeabwurf, Nachrichtenabwurf
message element Spruchelement
message ending Ende der Meldung
message, error Ausfallmeldung
message error in diversity reception Übertragungsfehler beim Diversityempfang
message error record Nachrichtenfehlersatz
message exchange Nachrichtenaustausch
message externals Spruchkopf und -ende
message, failure Ausfallmeldung
message, fault Ausfallmeldung
message feedback Fehlerkontrolle mit Rückwärtsübertragung
message flow Nachrichtenfluß
message format Meldungsschema, Nachrichtenformat, Spruchschema
message for the safety of human life Meldung für die Sicherheit des menschlichen Lebens
message group Meldungsgruppe, Nachrichtengruppe
message handling Spruchbehandlung
message header Nachrichtenkopf (Vorlaufinformation, Vorlaufdaten, Vorlaufsatz)
message heading Nachrichtenkopf, Übermittlungsvorsatz der Meldung, Meldungskenngruppe
message identification Kennzeichnung des Spruchs, Meldungskennung (ICAO)
message identification group Kenngruppe der Meldung
message identifier Nachrichtenkennung
message indicator Meldungskenngruppe, Spruchkenngruppe
message information Nachrichteninhalt (Nutzsignal)
message instruction Spruchanweisung
message-interception net Abhörnetz
message keying element Spruchschlüsselelement
message layout Meldeplan
message length Umfang der Meldung, Nachrichtenlänge
message log Nachrichtenprotokoll
message logging Nachrichtenaufzeichnung
message mode, multiple Mehrnachrichtenverarbeitung (Bordcomputer)
message, multi-address Rundschreibnachricht
message organization symbol Nachrichtenstruktursymbol
message part Spruchhauptteil
message preamble Nachrichtenkopf
message priority Nachrichtenpriorität, Vorrang der Nachrichten
message processing Nachrichtenverarbeitung, Textverarbeitung
message processing program Nachrichtenverarbeitungsprogramm
message queues data set Nachrichten-Warteschlangendatei
message queuing Einordnen der aufgelaufenen Nachrichten

message rate Einzelgebühr, Gesprächsgebühr
message recipient Nachrichtenempfänger
message register Telephongesprächszähler, Gesprächszählwerk
message relay centre Umtelegraphiervermittlung
message relay system (storage system) Umtelegraphiersystem
message relaying system, semi-automatic halbautomatisches Nachrichtenübertragungssystem
message, response Antwortmeldung
message run Meldelauf
message section Spruchzentrale (USA)
message segment Teilnachricht
message, single-address Meldung od. Spruch mit Einzeladresse (FS, milit)
message sink Nachrichtensenke
message source Nachrichtenquelle
message space Nachrichtenmenge, Nachrichtenraum
message subgroup Meldungsuntergruppe, Nachrichtenuntergruppe
message switching Nachrichtenvermittlung, Nachrichtenverteilung, Speichervermittlung, Telegrammvermittlungsanlage
message switching center Nachrichtenweiche, Nachrichtenvermittlungsstelle, Speichervermittlungsstelle
message switching network Speichervermittlungsplatz
message switching system Nachrichtenverteilungsanlage, Nachrichtenvermittlungssystem, Speichervermittlungstechnik
message switching technology Vermittlungstechnik
message switching with data-base retrieval function Speichervermittlungs- und Datenbanksuchfunktion (ATC)
message-taking service Fernsprechauftragsdienst
message throughput Nachrichtenendedurchsatz
message transfer time (waiting time plus actual transmission time) Übermittlungszeit
message transistor Telegrammübertrager
message transition delay Telegrammlaufzeit
message transmission Nachrichtenübertragung, Textübertragung
message unit Gesprächseinheit
message visualisation device Dauerstellungsgerät für Meldungen
message-waiting indicator Nachrichtenwartezeitanzeiger
messed concentration of weapon Schwerpunktbildung
messenger aircraft Kurierflugzeug
messenger call installation Botenrufanlage
messenger-wire clamp Tragseilklemme, Tragseilschelle
messmotor Meßmotor
mesytil oxide Mesytiloxyd
MET (meteorological) (y) Wetter(kunde)
metabolon radioaktives Folgeprodukt
metacenter Metazentrum
metacentric height metazentrische Höhe (Schiffb.)
metacentric stability metazentrische Stabilität (Schiffbau)
metacentry(ally) metazentrisch
metacreosol Metacreosol
metadyne Metadyn
metadyne converter Metadynumformer, Metadynconverter
metadyne generator Metadyngenerator
metadyne motor Metadynmotor
meta-language Metasprache (päd)
metal airscrew Metallschraube
metal arc Metallichtbogen
metal-arc welding Bogenschweißung, Metall-Lichtbogenschweißen
metal-armed metallarmiert
metal asbestos gasket Metallasbestdichtung
metal-backed screen metallhinterlegter Schirm einer Röhre)
metal backing Metallhinterlegung
metal band saw Bandsäge für Metall
metal bar Metallsteg
metal base Metallgrundplatte, Metallsockel
metal bellow Federungskörper
metal bending Metallbiegen
metal-bonded spar and shell construction Metallklebeverfahren in Holm- u. Schalenbauweise
metal-bonded to rubber components Metallgummiteile, Schwingmetall
metal box or case Metallbüchse
metal braid Metallgeflecht
metal-braided,to metallumflochten, metallumsponnen, metallumwickelt
metal brake Abkantpresse
metal bumping Blechformen
metal-case conductor Panzerader
metal case erection switch Aufrichtschalter in Metallgehäuse
metal case crystal unit Quarz mit Metallgehäuse
metal cased or covered bullet Mantelgeschoß
metal-ceramic Keramik-Metallgemisch
metal-ceramic travelling wave tube Metall-Keramik-Wanderfeldröhre
metal chips Metallspäne
metal cistern or reservoir Metallgefäß
metal-clad box Panzerholzkasten
metal-clad cable Kabel mit Metallmantel
metal-clad laminate Halbzeug
metal-coated mit Metall überzogen, metallüberzogen
metal coating Metallauflage, Metallbelag, Metallbeschlag, Metallüberzug
metal colo(u)ring Metallfärbung
metal components eingebaute Metallkomponenten (Aufklärungshubschrauber)
metal conduit Stahlpanzerrohr
metal cone Metallkonus
metal-cone kinescope Bildröhre mit Konusteil aus Metall
metal construction Metallbauweise
metal, controllable pitch...airscrew verstellbare Metallschraube
metal, corrosion-resistant korrosionsbeständiger Werkstoff
metal covering Metallbeplankung
metal cutting spanabhebendes Mittel, spanabhebende Metallbearbeitung
metal-cutting machine tool spanabhebende Werkzeugmaschine
metal cutting material Schneidmetall
metal-cutting saw Metallsäge

metal detector Metallsucher
metal diaphragm Metallmembran
metal disk Metallscheibe
metal distribution ratio Niederschlagsverteilungsverhältnis
metal, drawn gezogenes Metall
metal edge Anschlag (eines Lineals)
metal electrode Metallelektrode
metal-enclosed dry-reed relay Stahlkoppler, Stahlrelais
metal end cap Metallkappe
metal engine container Stahlbehälter für Triebwerk
metal engraver Stahlstecher
metal envelope or cover Metallhülle
metal facing Metallverkleidung
metal-filament lamp Metallglühlampe
metal filler Metallfüllmittel (Schweißdraht u. Elektroden)
metal fitting Metallbeschlag
metal float Metallschwimmer
metal foil Metallfolie
metal foil of a capacitor Kapazitätsbelag
metal foil or leaf Metallblättchen
metal-forming technique Metallformverfahren
metal frame work Metallgerippe
metal fuselage Metallrumpf
metal, fusible leichtschmelzbares Metall
metal gage Metallschablone
metal gauze Metallgeflecht
metal handle Metallgriff
metal hinged falling gate eisernes Klapptor
metal horn Blechtrichter
metal hose Metallschlauch
metal hull or boat Metallboot
metal, hull protected against corrosion korrosionsgeschützter Metallbootskörper
metal insulator semiconductor transistor MIS-Transistor
metal interference filter Metall-Interferenzfilter
metal inventory Metalleinsatz
metal ion concentration cell Ionenelement
metal label Metallschildchen
metal load-carrying spar tragender Metallholm
metal-loaded oxide cathode metallbewehrte Oxydkathode
metal mass of the engine Maschinenmasse
metal mercury accelerometer Metall-Quecksilber-Beschleunigungsmesser
metal migration Feinwanderung
metal mist Metallnebel
metal model plane Metallflugmodell
metal, noble Edelmetall
metal, nonferrous nichteisenhaltiges Metall
metal oxide semiconductor transistor "MOST" MOS-Transistor, Feldeffekt-Transistor mit Metall-Oxid-Halbleiter-Aufbau
metal part Metallteil
metal-pipe Metallröhre, Metallrohr
metal plane Metallflugzeug
metal-plate lens Metallplattenlinse
metal plating Metallauflage
metal processing Metallverarbeitung
metal propeller Metall-Luftschraube
metal radiography Röntgenmetallographie
metal radome radiator with plastic wind facing reflector Strahler mit Metallschutzkörper u. Plastikfenster zum Reflektor
metal receiving tube Strahl(en)empfangsröhrenmetall
metal rectifier elektrischer Metallgleichrichter (Seelen- od. Kupferoxydplatten)
metal reinforcement Metallarmierung
metal rib Metallrippe (av)
metal scrap Metallabfall
metal screening Metallabschirmung
metal section Metallprofil, Metallschnitt
metal-semiconductor field-effect transistor (MESFET) schnelles Bauelement im Ladungsträger (Radarwarntechnik)
metal shaving Metallspan
metal sheathed metallgeschützt
metal-sheathed conductor metallabgeschirmte Leitung, Panzeraderleitung
metal sheathing Metallüberzug, Metallummantelung
metal sheet with good bend properties Falzblech
metal shielding Metallabschirmung
metal skin Blechbeplankung, Blechhaut
metal-slitting cutter Schlitzfräser
metal slitting saw Schlitzfräser
metal spar Metallholm (av)
metal sponge Rohrreiniger, Rohrwischer
metal spraying Metallspritzmethode, Schoop'sches-Verfahren, Spritzmetallisieren
metal spraying process Metallspritzverfahren
metal stearate Metallstearat (Stabilisiermittel)
metal strip Metallband, Metallstreifen
metal surface, single curvature einfach gekrümmte Metalloberfläche
metal-tank mercury-arc rectifier Quecksilberdampfgleichrichter in Metallkolben
metal thermometer Metallwärmegradmesser
metal-to-metal contact metallische Berührung
metal transfer Materialwanderung
metal tube elektronische Metallröhre
metal tubing Metallröhre, Metallrohr
metal vapour Metalldampf
metal-vapour column Metalldampfstrecke
metal-vapour lamp Metalldampflampe
metal varnish Metallack
metal-walled ionization chamber Ionisationskammer mit Metallwandung
metal waste Metallabfall
metal web Stegblech
metal wing Metallflügel (av)
metal working arts Metallbearbeitungstechnik
metal yoke or bridge Metallbügel
metalescent metallischglänzend
metalized aufgedämpfte Metallschicht
metalizing Metallisierung
metallic aus Metall, metallisch
metallic alloy Metallegierung
metallic armour Metallbewehrung
metallic bond metallische Bindung
metallic bonded metallischgebunden
metallic calcium Kalziummetall
metallic cartridge Mantelgeschoß
metallic compound Metallverbindung
metallic delay lenses Mikrolinsen, Verzögerungslinsen
metallic diffusion coating metallische Diffusionsschicht

metallic filament Metallfaden
metallic filament incandescent lamp Metallfadenglühlampe
metallic finish paint Metallic-Anstrich (av)
metallic link belt Stahlgurt
metallic lustre Metallglanz
metallic mirror Metallspiegel
metallic oxide Metalloxyd
metallic oxide cathode Metalloxydkathode
metallic packing Metalldichtung
metallic polar duplex Doppelstromgegensprechen auf Doppelleitungen
metallic powder Hilfsmetallstaub
metallic rectifier cell metallische Gleichrichterzelle, Sperrschichtgleichrichter
metallic rectifier stack assembly Trockengleichrichtergruppe
metallic resistor Metallwiderstand
metallic seal metallische Abdichtung
metallic signaling system Schleifensystem
metallic sleeve Abschirmschlauch
metallic sodium Natriummetall
metallic uranium metallisches Uran
metallised composite planar array integrated radar and IFF antenna, software-controlled signal processing using a dedicated 32bit computer and extensive use of LSI VLSI circuit phasengesteuerte Verbundwerkstoffantenne mit Metallbeschichtung und integriertem IFF, eines programmgesteuerten Signalprozessors auf der Basis eines 32-bit-Rechners bei Schaltkreisen in ILS- und VLSI-Technik (av)
metallising Vakuummetallisieren (E)
metallization Aufspritzen flüssigen Metalls auf Oberfläche mittels Preßluft, Metallspritzverfahren
metallization layer Metallschicht
metallize, to metallisieren
metallized paper capacitor MP-Kondensator
metallzed resistor metallisierter Schichtwiderstand (elek)
metallized tube Röhre mit Metallüberzug
metallizing Metallisieren, Metallauftrag
metallizing alloy Auftropflegierung
metallography Metallkunde, Metallographie
metalloid metallartig, metalloidisch
metalloid cutting tool Hartmetallwerkzeug
metalloprotein Schwermetallprotein
metallurgic hard lead Hüttenhartblei
metallurgic merchant lead Hüttenweichblei
metallurgic zinc Hüttenzink
metallurgical coke Hochofenkoks
metallurgical engineer Hüttenmann
metallurgical engineering Hüttentechnik, Hüttenwesen
metallurgical furnace Hüttenofen
metallurgical knowledge Hüttenkunde
metallurgical oil metallurgisches Öl
metallurgical or blast-furnace coke Hüttenkoks
metallurgical or smelting plant Hüttenwesen
metallurgical product Hüttenerzeugnis
metallurgical properties in the substrats metallurgische Eigenschaften des Substrats
metallurgical works or plant Hüttenwerk
metallurgically bonded metallurgisches Verbindungsverfahren
metallurgy of mercury Quecksilberhüttenwesen
metamorphic rock metamorphes Gestein (geol)
metamorphism, contact Kontaktmetamorphose (geol)
metamorphism, dynamic Druckmetamorphose, Druckumwandlung von Gesteinen, Dynamometamorphose (geol)
metamorphism, thermal Thermometamorphose
METAR aviation routine weather report (in international meteorological figure code) METAR-Flugwettermeldung (im internationalen Wetterziffernschlüssel)
metastable metastabil (pla)
metastable atom metastabiles Atom
metastable equilibrium metastabiles Gleichgewicht
metastable excited state metastabiler angeregter Zustand
metastable niveau metastabiles Niveau
metastable state metastabiler Zustand
metatorbernite Metatorbernit (uranhaltiges Mineral)
"meteobeacons" "automatische Wetterstationen" (auf Mars und andere Planeten)(sp)
meteor burst transmission Übertragung über Meteorschweife
metazeunerite Metazeunerit (uranhaltiges Mineral)
meteor echo record Meteorechoregistrierung
meteor impact Meteoraufschlag
meteor scatter meteorische Streuung
meteoric matter meteorischer Stoff
meteoric propagation, scatter meteorologische Streustrahlung
meteorograph Aerograph, Meteorograph
meteorological aeroplane Wetterflugzeug
meteorological agency meteorologisches Amt
meteorological assistant Wetterwart
meteorological authority Wetterdienstbehörde
meteorological balloon Pilotballon
meteorological briefing mündliche Wetterberatung
meteorological broadcast Wetterfunk, Wettermeldung durch Radio
meteorological broadcast station Wetterfunkstelle
meteorological conditions Wetterbdingungen, Wetterlage
meteorological conditions of visibility meteorologische Sichtbedingungen
meteorological data collection meteorologische Datensammlung
meteorological data dissemination meteorologische Datenverteilung
meteorological disturbance Wetterstörung
meteorological documentation schriftliche Wetterberatung
meteorological element meteorologische Bestandteile
meteorological equipment Wetterdienstgerät
meteorological fixed telecommunication network festes Wetterfernmeldenetz
meteorological hazardous conditions gefährliche Wetterverhältnisse
meteorological information meteorologische Information, Wetterberatung, Wetterauskunft
meteorological information during flight Wetterberatung während des Fluges

meteorological instruments meteorologisches Instrument
meteorological limit Wetterscheide
meteorological measurement Wettermessung
meteorological message meteorologisches Fernschreiben, Wettermeldung
meteorological minima Wettermindestwerte
meteorological observation meteorologische Beobachtung, Wetterbeobachtung
meteorological observer Wetterbeobachter
meteorological observing station Wetterbeobachtungsstation
meteorological office Wetterwarte
meteorological phenomenon Wettererscheinung
meteorological platoon Wetterzug
meteorological radar Wetterradar
meteorological radiogram meteorologisches Funkschreiben, Wetterfunktelegramm
meteorological radiotelegram Wetterfunktelegramm
meteorological reconnaissance aircraft Wettererkundungsflugzeug
meteorological reconnaissance flight Wettererkundungsflug
meteorological report Wettermeldung
meteorological satellite, geostationary geostationärer Wettersatellit
meteorological service (convention) Wetterdienst(abkommen)
meteorological-service instruments Wetterdienstgeräte
meteorological situation Wetterlage
meteorological station Wetterwarte
meteorological summary Wetterzusammenstellung, meteorologische Übersicht
meteorological telecommunication Wetterfernmeldewesen
meteorological telegram Wettertelegramm
meteorological transmission Wettersendung
meteorological tropics meteorologische Wendekreise
meteorological visibility meteorologische Sicht
meteorological warning Wetterwarnung
meteorological watch office Wetterüberwachungsstelle (Flug-)
meteorological zone meteorologische Zone
meteorologist Flugmeteorologe
meteorology, aeronautical Flug-Wetterkunde
meter Elektrizitätszähler, Meßeinrichtung, Meter, Meßgerät, Meßwerkzeug
meter, to bemessen, messen, zumessen
meter base Zählergrundplatte
meter battery Zählerbatterie
meter board Zählertafel
meter bottom bearing Unterlage beim Zähler
meter bridge Meterbrücke
meter calibrating equipment Zählereicheinrichtung, Zählereichgerät, Zählerprüfeinrichtung
meter candle Meterkerze
meter case Instrumenten-Zählergehäuse
meter change-over clock Zählerschaltuhr
meter cover Zählerkappe
meter cup-board Zählerschrank
meter frame Systemträger
meter indicator Zählerkontrollzeichen, Meterzähler
meter key Zähl(er)taste
meter-kilogram-second system Meter-Kilogramm-Sekunden-System
meter lamp Zählerkontrollampe, Zählerüberwachungslampe
meter movement Meßwerk
meter per second Metersekunde, Sekundenmeter
meter point Instrumentenzeiger
meter rack Zählergestell
meter reading Zählerablesung
meter rectifier Meßgleichrichter
meter relay Zähl(er)relais
meter rule Metermaß
meter signal Zählerüberwachungslampe
meter support Systemträger
meter terminal cover Klemmendeckel
meter transfer button Meßgerät-Umschaltknopf
meter wire Zählader
metered fuel chamber kalibrierte Brennstoffkammer
metered fuel to discharge nozzle kalibrierte Brennstoffkammer zur Einspritzdüse
metered hole kalibrierte Düse
metering Abmessen, Zumessen (Kraftstoff)
metering characteristics Zumeßkennwerte
metering control Zählerüberwachung
metering equipment Meßausrüstung
metering fuse Rohrbruchventil (mangelnde Rohrbruchsicherung)
metering notch Zumeßschlitz
metering of call charges Gebührenermittlung
metering orifice Messungsöffnung
metering over junctions Zählung über Verbindungsleitungen
metering panel Meßschiene, Kontrolltabelau
metering pin Dämpferstab
metering point Meßpunkt, Meßstelle
metering relay Zähl(er)relais
metering section (Schnecken)schmelzzone
metering tube kalibriertes Dämpferrohr
metering valve Dosierventil, Nadelventil, Zumeßventil
metering zone Homogenisierzone, Plastifizierzone
methacrylate Methacrylsäureester
methacrylic acid Methacrylsäure
methacrylic ester Metacrylsäureester
methacrylic methyl ester Methacrylsäuremethylester
methane Grubengas, Sumpfgas, Methan
methane-air mixture Methan/Luftgemisch
methane series Methanreihe
methanol Methanol, Methylalkohol
methanol bottle Methanolbehälter
method Arbeitsprozeß, Arbeitsverfahren
method by altitude Höhenmethode, Höhenverfahren
method, drilling Bohrverfahren
method for rationalization and optimalization Rationalisierungs- u. Optimierungsverfahren
method, magnetic...of prospecting magnetisches Schürfverfahren (geol)
method of actuating Betätigungsart
method of adjusting Angleichmethode der Lautstärkemessung, Einpassungsverfahren
method of alloting woods to a number of periods Fachwerkbauart

method of analysis Analysiermethode, Auswertemethode, Analysenverfahren (chem), Bestimmungsanalyse
method of approach Art des Vorgehens (bei mathematischem Problem usw)
method of attack Art der Inangriffnahme, Angriffsverfahren
method of attributes Attributverfahren
method of balancing Ausgleich(s)verfahren, Nachbildungsverfahren
method of boring Bohrverfahren
method of calculation Berechnungsart, Berechnungssystem, Berechnungsweise
method of calibration Eichverfahren
method of construction fare Tarifbildungsverfahren
method of coping, flight-tested Austesten einer Steuerlogik (Avionik)
method of determination Bestimmungsmethode
method of deviation Ablenkungsmethode
method of disengagement Darstellungsverfahren
method of dissection Schnittverfahren
method of electrical image Spiegelbildverfahren
method of fire Feuerart
method of fluctuation or fluxion Differentialrechnung (math)
method of free nuclear induction Spin-Echo-Verfahren
method of image Spiegelungsverfahren
method of images reflection principle Spiegelungsmethode, -prinzip, -verfahren
method of infinite continued fractions Kettenbruchmethode
method of isolation (or insulation) Isolierungsmethode
method of iteration Iterationsverfahren
method of laying foundation Gründungsverfahren
method of least error squares Methode der kleinsten Fehlerquadrate
method of least squares Methode der kleinsten Quadrate
method of manufacture Herstellungsverfahren
method of measurement Ausmeßverfahren, Meßmethode
method of modulation Modulationsverfahren
method of moments Methode der Momente
method of operation Arbeitsprozeß, Arbeitsverfahren, Arbeitsweise, Betriebsart, Betriebsmethode
method of overlapping maps koordinierte Doppelauswahl, Methode der koordinierten Doppelauswahl
method of path coefficients Methode der Pfadkoeffizienten
method of plasma diagnostics Meßmethoden
method of plotting using polar coordinates Rayonnieren
method of preparation Herstellungsverfahren (chem)
method of preservation Konservierungsverfahren
method of production Fabrikations-, Herstellungsverfahren, Herstellungsprozeß, Herstellungsmethode, Herstellungsweise
method of programming Programmierverfahren
method of prospecting, geophysical geophysikalisches Schürfverfahren
method of prospecting, telluric-currents geophysikalisches Schürfverfahren mit Hilfe natürlicher Erdströme
method of recording with lamp black Rußverfahren
method of refueling Art des Tankens
method of selected points Methode der auserwählten Punkte
method semiaverage Methode der Halbreihenmittelwerte
method of separation Trennungsmethode
method of speaking Sprechtechnik
method of test Versuchsdurchführung
method of testing Prüfverfahren
method of the critical way Methode des kritischen Weges
method of tracking pendelndes Angleichen (Elektroakustik)
method of translating Wählverfahren mit Umrechner
method of treatment Behandlungsweise, Verfahrensweise
method of trunk-offering (telecom) Anbietverfahren
method of variable Variablenmethode, Variablenprüfverfahren
method of variable density Schattierungsverfahren
method of weapon selection Verfahren der Waffenauswahl
methodically adjusted methodisch umgerechnet
methodology Methodik, Verfahren
methods Produktionstechnik
methods of cooling turbine blades Kühlung der Turbinenschaufeln
methods of fire Feuerarten
methods of launching Startarten
methyl acetate Methylazetat
methyl, acrylate Acrylsäuremethylester
methyl alcohol Methanol
methyl ester of acrylic acid Acrylsäuremethylester
methyl ethyl ketone peroxide Butanox
methyl methacrylate Methylmetacrylat, Methylacrylsäuremethylester
methyl silicone oil Methylsilikonöl
methylated spirit Brennspiritus, denaturierter Alkohol
methylic ether Holzäther
methylol melamine Methylolmelamin
meticulous pedantisch genau, akurat, übermäßig sorgfältig
meticulous procedure sorgfältiges Vorgehen
metric calculator Dezimalrechnung
metric fastener metrisches Befestigungsteil
metric fine thread metrisches Feingewinde
metric measure Dezimalmaß
metric plug Zündkerze mit metrischem Gewinde
metric radar Meterwellenradar
metric space metrischer Raum (Topologie)
metric system metrisches System
metric system of measurement metrisches Meßsystem
metric thread metrisches Gewinde, Millimetergewinde

metric values metrische Einheiten
metric waves UKW, VHF (Bereich), Ultrakurzwellnen, Meterwellen (Radio)
metrication Einführung des metrischen Systems, Übergang zum metrischen System
metrology Metrologie (Maß- u. Gewichtskunde), Meßtechnik
metron content maximale numerische Energie
MEW manufacturer's empty weight
mezzanine Zwischenstock
MF medium frequency (300 to 3 999 kHz)
MF aid Mittelwellenfunkhilfe
MF direction finder Mittelfrequenzpeiler
MF radio beacon Mittelfrequenzfunkbake
MF radio range Mittelwellen-Vierkursfunkfeuer
MF radio telephone station Mittelwellen-Sprechfunkstelle
MFA aircraft noise monitoring system
MFD Multi-Function Display
MFP date moisture fungous proofing date
MFS mittleres Flarak-System (Bordrechner)
MG Momentgeber
MHD generator magnethydrodynamischer Generator
MHO Siemenseinheit (des Leitwertes)
MHz Megahertz
mica Glimmer, Talkglimmer
mica capacitor Glimmerkondensator
mica condenser Glimmerkondensator
mica dielectric Dielektrikum aus Glimmer
mica end-window counter Fensterzählrohr, Glockenzählrohr (mit Glimmerfenster)
mica flakes Glimmerblättchen, Glimmerplättchen, Glimmerschuppen
mica heater band Glimmerheizband
MICA missile (several target simultaneouly for multi-shot engagements)(RDI) RDX verfolgt mehrere Ziele für eine gleichzeitige Bekämpfung mit dem Luft-Luft-FK
mica plate Glimmerplatte
mica punching machine Glimmerstanzmaschine
mica sheet Glimmerplatte
mica slate or chist Glimmerschiefer
mica washer Glimmerscheibe, Unterlegscheibe aus Glimmer
mica window Glimmerfenster
micaceous copper Kupferglimmer
micaceous geothite Rubinglimmer
micaceous hematic schist Eisenglimmerschiefer
micaceous sandstone glimmerführender Sandstein
micanite Kunstglimmer, Mikanit
micarta Micarta (Firmenbezeichnung für Glimmerprodukt)
MICR (magnetic ink character recognition) magnetische Zeichenerkennung
micro (prefix indicating 10-6) Mikrographie
micro-adjustment device Gemeinstellung
micro-alloy Mikrolegierung
micro-alloy diffused transistor mikrolegierungsdefundierter Transistor
micro-alloy technique Mikro-Alloy-Technik, MAT-Technik
microammeter Mikroamperemeter
microampere Mikroampere
micro assembly zusammengesetzte Mikroschaltung, Mikrobaustein
micro-autography Mikroautographie
micro-autoradiograph Mikroautoradiograph
microbar mikrobar
micro beam Mikrostrahl
microcard Filmlochkarte, Filmfensterkarte, Mikrofilmkarte, Fensterlochkarte
micro-cellular soling material Porensohlen (Zellgummi)
micro-cellular sonic insulation system System mikrozellularer Geräuschisolierung
microchemistry Mikrochemie
micro-chronometer wheel Kurzzeitmesserrad
micro-circuit Mikroschaltkreis, mikrominiaturisierte Schaltung, Mikroschaltungsanlage
micro-circuit construction Mikro-Schaltkreiskonstruktion
microcircuitry Mikroschaltung(sanlage)
micro code Mikrocode, Mikrobefehlscode
microcommand and status storing register Zustands- u. Melderegister
micro-command Mikrobefehl
microcomputer test device Mikrocomputer-Testeinrichtung
micro-crystalline mikrokristallin
microdial Mikroskala
micro-editor Mikrofilmschneidetisch
microelectric fabrication mikroelektrische Fertigung
microelectronic computer mikroelektronischer Bordrechner
micro-element Mikroelement, Kleinstelement
micro-etch test Mikroätzversuch (Gefügeuntersuchung)
microfarad Mikrofarad
micro-field strength Mikrofeldstärke
microfilm aperture punch card Mikrofilmlochkarte
microfilm camera Mikrofilmkamera
microfilm, computer output to (COM) Computerausgabe auf Mikrofilm
microfilm equipment Mikrofilmgerät
microfilm files, military militärische Mikrofilmdokumentation
microfilm printer Rückvergrößerungsgerät
microfilm processing Mikrofilmverarbeitung, Entwicklungsautomat, Mikrofilmentwicklungsautomat
microfilm reader Mikrofilmlesegerät
microfilm, recording on Mikrofilmaufzeichnung
microfilm testing device Mikrofilmprüfgerät
microfilm, updated aktualisierter Mikrofilm
microfilming Mikroverfilmung
microfinish Feinstbearbeitung
micro flow-chart Befehlsdiagramm
microform Mikrofilmformulardia, Formulardia
microfossil Kleinversteinerung, Mikrofossil (geol)
microfuse Feinsicherung, Kleinsicherung
microfuse of lighting arrestor Feinsicherung
microgage Endmaß mit rundem Querschnitt
micrograph photo(graph) Kleingefügebild
microgravity Mikroschwerkraft (sp)
microgravity experiment Mikroschwerkraft-Experiment (sp)
microgravity experiments payload Mikro-

schwerkraft-Experimentalnutzlasten (sp)
microgravity interests Mikroschwerkraftaktivität (sp)
microgravity processing Werkstoffverarbeitung unter Mikroschwerkraft (sp)
microgravity research Mikrogravitätsexperiment (sp)
"microgravity research board" Mikroschwerkraftforschung (sp)
microgravity research, highlighted include advanced spacecraft subsystem hochentwickeltes Raumflugkörpersystem der Mikroschwerkraftforschung (sp)
microgravity research project Mikroschwerkraftprojekt (sp)
microgravity ride Mikroschwerkraftexperiment
microgravity the centre-point of space research effort Mikrogravität als Schwerpunkt der Raumfahrtforschung (sp)
microgroove Mikrorille
microgroove record Mikrorillenplatte
micro-inch Mikrozoll, einmillionstel Zoll, (0,000 001 Zoll)
micro-instability Mikroinstabilität
micro-instruction Mikrobefehl, Mikroinstruktion, Kleinstinstruktion
micro-instruction retry Wiederholung von Mikrogrammschritten
micro irradiation Mikrostrahlung
micro jet roll coater Schlitzdüsenauftragmaschine
micro-jet roll coating Luftbürstenverfahren, Luftpinselverfahren mit Walzenauftrag
micro-logic element Mikrologikelement
micromanometer Feindruckmanometer
micro-message Mikrotelegramm
micro-message termination Mikrotelegrammanschluß
micrometeorites Mikrometeoriten
micrometeoroid shielding Mikrometeoritabschirmung
micrometer Feinmesser, Klein(st)messer, Mikrometer
micrometer calipers Schraublehre, Schraubenmikrometer, Bügelschraublehre
micrometer calipers gauge Feinmeß(schrauben)-lehre
micrometer depth gauge Feinmeßtiefenlehre
micrometer eyepiece Meßokular, Mikrometerokular
micrometer gauge Feinmeß(tiefen)lehre, Tiefenmikrometer
micrometer length stop Längsanschlag mit Feineinstellung
micrometer magnifier Mikrometerlupe
micrometer ocular Mikrometerokular
micrometer ring Teilring
micrometer screw Feinstellschraube, Mikrometerschraube
micrometer screw gauge Feinschraubenlehre, Feinstellschraube
micrometer spark gap Mikrometerfunkenstrecke
micrometric measurement Feinmessung
microminiature amplifier Mikroverstärker
microminiature circuit mikrominiaturisierte Schaltung, Mikroschaltung
microminiature computer mikrominiaturisierter Computer
microminiature radio altimeter Mikrominiatur-Funkhöhenmesser
microminiaturised processing electronics elektronische Verarbeitungseinrichtung
microminiaturization Mikrominiaturisierung, Kleinstausführung, Mikroausführung
microminiaturization techniques Mikrominiaturisierungs-Techniken
microminiaturized IFF interrogator mikrominiaturisiertes IFF-Abfragegerät
microminiaturized ILS receiver mikrominiaturisierter ILS-Empfänger
micromodule Kleinstbaugruppe, Mikromodul
micromodule technique Mikromodultechnik
micron Mikron (Längeneinheit-1/1000mm)
micron absorption band of CO2 Mikronabsorptionsband von CO2
Micronair rotary atomizer for low- and ultra-low volume spraying Micronair-Rotationssprühdose für Fein- u. Feinstsprühung
micronize, to mikornisieren
micronutrient Bioelement
microoperation Mikrooperation, Kleinstverarbeitung
microorder sequence Mikrobefehlsfolge
microorganic growth Befall durch Mirkoorganismen, Mikrobenbefall
microorganism Kleinstlebewesen
micropaleontology Mikropaleontologie
microphone Mikrophon, Schallempfänger
microphone battery Mikrophonbatterie, Mikrophonelement
microphone blanket Mikrophonkappe
microphone-boom Mikrophonantenne, Mikrophongalgen
microphone buzzer Mikrophonsummer
microphone cable Mikrophonkabel
microphone capsule Mikrophon-, Sprechkapsel
microphone cell Mikrophonelement
microphone circuit Mikrophon(strom)kreis
microphone control console Mikrophonreglerpult
microphone coupling Mikrophonauskopplung
microphone current Mikrophonstrom
microphone effect Mikrophoneffekt
microphone extension cable or lead Verlängerungskabel für Mikrophon
microphone for director Regiemikrophon
microphone hiss Mikrophonrauschen
microphone holder Mikrophonträger
microphone hummer Mikrophonsummer
microphone noise Mikrophongeräusch, Mikrorauschen, Mikrophonschmoren
microphone power supply Mikrophonnetzteil
microphone recording Mikrophonaufnahme
microphone relay Mikrophonrelais, Mikro-(phon)schütz
microphone responsiveness Ansprechkonstante
microphone socket Kupplungsdose
microphone stand Mikrophonständer, -stativ
microphone transformer Mikrophontransformator, Mikrophonübertrager
microphone VF current Sprechstrom für Mikrophon
microphonic carbon Mikrophonkohle
microphonic effect Mikrophoneffekt
microphonic noise (of a tube) Klingfähigkeit, Röhrenklingen, Mikrophonie

microphonic tube mikrophonische Röhre
microphonic voltage Klingspannung
microphonics Klingneigung
microphonism Klingen, Mikrophoneffekt, Mikrophonie
microphony Mikrophoneffekt, Mikro(phon)-klingen
microphotometer Mikrophotometer
microphysics Mikrophysik
microplasma welding Mikroplasmaschweißen
microprocessor-based channel selection system Kanalwahl erfolgt mit Mikroprozessorunterstützung (Bordcomputer)
microprocessor-controlled HF radio equipment mikroprozessorgesteuertes HF-Funkgerät
microprocessor-controlled impulse-generating test stand mikroprozessorgesteuerter Hydraulikprüfstand (Wartungsanlage)
microprocessor-controlled interface mikroprozessorgesteuerte Schnittstelleneinheit (Bordcomputer)
microprocessor controls Mikroprozessorsteuerung (Bordcomputer)
microprocessor for the computing function Mikroprozessor für Rechenfunktion
microprogram Mikroprogramm
microprogram control method Mikroprogramm-Steuermethode
microprogram control technique Mikroprogramm-Steuermethode
microprogram, diagnostic Diagnose-Mikroprogramm
micropyrometer Mikropyrometer
microrays Dezimeterwellen
microsampler Mikroprobe(n)nehmer
microsecond Mikrosekunde
microsecond interrogation Abfrage in Mikrosekunden
microscope Feinsehrohr, Mikroskop
microscope mounting Mikroskopaufbau, Mikro(skop)aufhängung
microscope, petrographic petrographisches Mikroskop
microscope, polarizing Polarisationsmikroskop
microscope projection Mikroprojektion
microscope slide Objektivträger
microscope stage Mikroskopstativ
microscopic(al) mikroskopisch
microscopic absorption cross section Absorptionsquerschnitt
microscopic cross section mikroskopischer Wirkungsquerschnitt
microscopic examination Prüfung od. Untersuchung unterm Mikroskop
microscopic inspection (for metal defects) mikroskopische Untersuchung (von Metallfehlern)
microscopic pile theory mikroskopische Reaktortheorie
microscopic space-time structure mikroskopische Raum-Zeit-Struktur
microscopy Feinstrukturuntersuchung, Mikroskopuntersuchung
microstrip Bandleiter, Mikrostreifen(leiter), Mikrostrip, Streifenleitung
microstrip antenna for use with radio altimeter Mikrostreifenleitungsantenne für Funkhöhenmesser (av)
microstructure Feingefüge, Mikrostruktur
microstructure examination Mikrostrukturprüfung, Prüfung der Mikrostruktur
microswitch plunger Mikroschalterstößel
microswitch striker Anschlag für Mikroschalter
microsyn Nullabgriff
microsyn excitation line Mikrosyn-Erregerleitung
microsynchronization Mikrosynchronisation (Vermittlungstechnik)
microthruster Kleinsttriebwerk
microthruster for satellite attitude control and orbit Kleinsttriebwerk für Lage- u. Bahnsteuerung
microtron Mikrotron (Elektronenzyklotron)
microvoltage Mikrospannung
microwatt Mikrowatt
microwave Mikrowelle, Zentimeterwelle (Funk) (3000-30 000 Megahertz)
microwave absorption mat Mikrowellenabsorptionsmatte
microwave altimeter Mikrowellenhöhenmesser
microwave amplifier Dezi-Verstärker
microwave amplitude modulator Ferritmodulator
microwave antenna Mikrowellenantenne
microwave beam Mikrowellenstrahlung
microwave circulator Mikrowellenzirkulator
microwave communication Mikrowellenverbindung
microwave component Mikrowellenbauelement
microwave console Mikrowellenprüfschrank
microwave detector Mikrowellengleichrichter
microwave dielectrometer Mikrodekameter
microwave disc-seal amplifier Mikrowellenverstärker
microwave engineering Mikrowellentechnik
microwave fading Mikrowellenschwund
microwave feed equipment Hohlleitersystem
microwave fence, transportable tragbarer Mikrowellenzaun
microwave frequencies Frequenzen von 300 bis 3000 MHz
microwave generator Mikrowellengenerator, Mikrowellensender
microwave guidance Mikrowellen-Leitstrahlsteuerung
microwave hybrids hybrider Mikorwellenschaltkreis (Bordcomputer)
microwave hybrids are used in avionics hybride Mikrowellebkomponente für Avionikausrüstung (av)
microwave landing, converter system to Wandler für Mikrowellen-Landesystem
microwave landing system Mikrowellen-(Blind)-landesystem, MLS, Mikrolandeanlage, Mikrowellenlandesystem, Zentimeterwellen-Landeanlage (von Sperry)
microwave lens antenna Mikrowellen-Linsenantenne
microwave link Mikrowellenbrücke, Mikrowellenverbindung, Richtfunkverbindung
microwave magnetron Mikrowellenmagnetron
microwave metal lens Mikrowellenlinsenantenne
microwave/millimeter integrated circuit (MMIC) (av)
microwave mixer Mikrowellenmischstufe
microwave mixer diode Mikrowellenmischdiode
microwave modulation Mikrowellenmodulation
microwave monolithic integrated circuit (MIMIC) technology Mikrowellenschaltkreis (av)

microwave optics Mikrowellenoptik
microwave polarimeter Mikrowellenpolarimeter
microwave propagation Mikrowellenfortpflanzung
microwave radar Mikrowellenradar
microwave radiometry Mikrowellenradiometrie
microwave receiver Mikrowellenempfänger, Radarempfänger
microwave refractometer Mikrowellenrefraktometer
microwave region Mikrowellenbereich, Zentimeterbereich
microwave relay Mikrowellenrelais, Radarrelais
microwave relay station Mikrowellenrelaisstelle
microwave resonator Mikrowellenresonator
microwave scanning beam landing system (TILS) Mikrowellen-Abtaststrahl-Landesystem
microwave signal generator Mikrowellenmeßsender
microwave single-sideband modulator Mikrowellen-Einseitenbandmodulator
microwave spectroscopy Mikrowellenspektroskopie
microwave structure Mikrowellenbauelement
microwave test console (HAWK) HF-Prüfschrank (HAWK)
microwave tetrode Mikrowellentetrode
microwave therapy Mikrowellentherapie, Ultrakurzwellentherapie
microwave transmitter Mikrowellensender, Radarsender
microwave traveling wave tube Mikrowellen-Wanderfeldröhre
microwave triode Mikrowellentriode
microwave tube Mikrowellenröhre, Kleinströhre
mid-air mitten in der Luft, in freier Luft
mid-air recovery of drones Flugzeugbergung
mid-base Mitte des Basisteils (der Platzrunde)
mid-base leg Mitte des Bauteils (Platzrunde)
mid-connection Mittenverbindung
mid-correction Bahnkorrektionsmanöver
midcourse correction Mittkursmanöver, Marschphasenkorrektur
mid-course phase Marschphase, mittlerer Flugabschnitt
mid-course tracking station Flugbahnvermessungsstation für mittleren Flugabschnitt
mid-downwind Mitte des Rückenwindteils (Platzrunde)
mid-field crossing Überquerung in Platzmitte, Flughafenüberquerung in Platzmitte
mid-frequency Mittenfrequenz
mid-latitude mittlere Breite
mid-load impedance Impedanz einer mit halber Spule beginnenden Leitung
mid-parallel mittlerer Breitengrad
mid-point Halbierungspunkt, Meßpunkt, Mittelpunkt, Wechselpunkt
mid-point weight Gewicht der Einsatzmitte
mid-position Mittellage, Mittelstellung
mid-proportion Mittelteil
mid-range Bereichsmitte, mittlerer Bereich
mid-range engine Triebwerk der Mittelklasse
mid-section Rumpfmittelteil
mid-series filter termination Filterabschluß durch halbes Längsglied
mid-series terminated network mit einem halben Längsglied endender Kettenleiter
mid-series termination Kettenglied 2. Art
mid-series (mid-shunt) **termination of a network** Kettenleiterabschluß durch Längsglied
mid-ships section Hauptspantschnitt
mid-shunt filter termination Filterabschluß durch halbes Querglied
mid-shunt section Kettenglied erster Art
mid-shunt terminated network mit einem halben Querglied endender Kettenleiter
mid-shunt termination Kettenglied 1. Art
mid-tolerance mittelabgezapft
mid-value of class interval Klassenmitte (Statistik)
mid-vertical Mittelsenkrechte
mid-wing land based aircraft landgestützte Mitteldecker
mid-wing plane Mitteldecker (Flugzeug)
MIDAS missile defense alarm system
midband Bandmitte
midband frequency Bandmittenfrequenz
midcourse correction Bahnkorrektur
middle Mitte, Mittel-, mittlere(r) Teil
middle contact basin Mittelkontaktgefäß
Middle-European Time (MET) mitteleuropäische Zeit
middle-latitude flying Fliegen auf mittleren Breiten
middle limb of fold Mittelschenkel einer Falte (geol)
middle locator Platzfunkfeuer am Haupteinflugzeichen
middle marker (ILS) Haupt-Einflugzeichen, HEZ (Haupteinflugzeichen), Mittelsignal
middle marker beacon Haupteinflugzeichen
middle of band Bandmitte
middle or center wing Mitteldeck, Mittelfläche
middle piece Mittelstück
middle position Mittellage
middle shell Mittelboden
middle strut Mittelstiel, Mittelstrebe
midget kleiner Gegenstand
midget capacitor Kleinkondensator
midget coil Spule in Kleinstausführung
midget crystal clock Kleinquarzuhr
midget crystal oven Kleinquarzthermostat
midget light Stufenlinsen-Kleinscheinwerfer
midget microphone Kleinstmikrophon, Zwergmikrophon
midway auf halbem Wege
MIFG shallow fog
MIG miniature integrating gyroscope
migrate, to wandern
migration Wanderung, Auswanderung, Bewegung, Weichmacherwanderung
migration area Wanderfläche (Reaktortheorie)
migration length Wanderlänge (Reaktortheorie)
migration of electrons Elektronenwanderung
migration of ions Ionenbewegung, -wanderung
migration of line position Zeilenverlagerung, Zeilenverschiebung
migration rate Wanderungsgeschwindigkeit
migration speed of an ion Wanderungsgeschwindigkeit eines Ions
migration, vertical senkrechte Wanderung, Vertikalmigration (geol)
MIL military
mil 10/3 Zoll, 1/1000 Zoll

MIL-specification self-contained gyro system MIL-Spzifikation unabhängiges Kreiselsystem
MILAIP military aeronautical information publication
mild carbon steel kohlenstoffarmer Stahl'
mild steel Weichstahl, Stahl mit niedrigem Kohlenstoffgehalt, Flußstahl, Baustahl
mild steel plate Flußeisenblech
mile, nautical Seemeile (1,85318 km)
mileage zurückgelegte Meilenzahl, Entfernung in Meilen
mileage indicator Meilenzähler, Wegstreckenmesser
mileage recorder Fahrtrechner, Kilometerzähler
miles counter Entfernungsanzeiger
miles per hour Meilen pro Stunde
military administration or government Militärverwaltung
military aerodrome Militärflugzeug
military aeronautical information publication militärisches Luftfahrthandbuch
military aeronautical operations militärischer Flugbetrieb
military aeronautics Militärluft(schiff)fahrt
military aid program militärisches Hilfsprogramm
military aircraft Kriegsflugzeug, Luftrüstung, Militärflugzeug
military airfield Militärflugplatz
military air operations militärischer Flugbetrieb
military airship Militärluftschiff
military air traffic control militärisches Flugsicherungssystem (ATC)
Military Air Traffic Control Center MATRAC
military area Wehrkreis
military aviation Militärfliegerei, Militärflugwesen
military aviation formation Truppenfliegerverband
military balloon Militärballon
military bridge (equipment) Kriegsbrücke (-ngerät)
military channel Dienstweg
military combat aircraft Kampfflugzeug, militärisches Flugzeug

design development of a military combat aircraft, the Entwurf u. Entwicklung eines Kampfflugzeugs

-Fixed weight- Crew and support systems (ejection seats, oxygen, ect.). instruments, avionics and weapons. These items are specified in the Operational Requirement and are invariant with aircraft size.

-Airframe weight- structure and systems. Systems weight tends to scale with structure weight, because of the direct influence of size on control actuation and hydraulic pump requirements, lengths of wiring, piping etc., so it is usually legitimate to couple them.

-Powerplant- engine and associated subsystems (starting etc.).

-Fuel- (Including pipes, pumps, collector boxes, etc.).

The project design sizing equation may, therefore, be written:

$$\frac{\text{Airframe weight}}{\text{Take-off weight}} + \frac{\text{Powerplant wt.}}{\text{Take-off weight}} + \frac{\text{Fuel wt.}}{\text{T/O wt.}} + \frac{\text{Fixed wt}}{\text{T/O wt.}} = 1$$

*Festes Gewicht - Besatzung und dazugehörige Systeme (Schleudersitze, Sauerstoff usw.), Instrumente Avionik u. Waffen. Diese Komponente wird in ihren Einzelheiten von den Einsatzanforderungen festgelegt u. ist von der Flugzeuggröße unabhängig.

*Zellengewicht- Zelle u. System. Da zwischen dem Steuer- u. Hydrauliksystem u. der Flugzeuggröße ein direkter Zusammenhang besteht, werden die Systemgewichte meist als Teil des Zellengewichts betrachtet.

*Antriebsgewicht-Triebwerk(e) u. dazugehörige Untersysteme (Anlasser usw.).

*Kraftstoffgewicht- Kraftsoff einschließlich Rohrleitung, Pumpen, Sammeltanks usw.

Eine Faustformel für die Größenbemessung läßt sich demnach wie folgt ausdrücken:

$$\frac{\text{Zellengewicht}}{\text{Startgewicht}} + \frac{\text{Antriebsgewicht}}{\text{Startgewicht}} + \frac{\text{Kraftgewicht}}{\text{Startgewicht}} + \frac{\text{Festes Gewicht}}{\text{Startgewicht}} = 1$$

airframe weight fraction Zellengewicht
blade cooling technique Schaufelkühlung
complexity of the high-lift device Komplexität der Hochauftriebshilfe
cruise back Marschrückflug
cruise back, economic wirtschaftlicher Marschrückflug
cruise out, economic wirtschaftlicher Marschhinflug
drag, induced induzierter Widerstand
economic cruise back wirtschaftlicher Marschrückflug
economic cruise out wirtschaftlicher Marschflug
effect of fixed weight fraction on growth factor Einfluß des Festgewichtsanteils auf den Zunahmefaktor
effect of tolerance in weight Einfluß von Schätzwertabweichungen für Gewicht
formative stage of a project Entstehungsphase eines Projekts, Projektentstehungsphase
forward-facing surfaces in supersonic flow vorgelagerte Ecken bei Überschallanströmung
fuel fraction Kraftstoffgewichtsanteil, Kraftstoffgewicht
"growth factor" "Zunahmefaktor"
induced drag induzierter Widerstand
integration of the nozzle Integration der Schubdüse, Schubdüsenintegration
loiter Patrouillenflug
long-range air superiority role Luftüberlegenheitsaufgabe mit hoher Reichweitenforderung
mission performance requirement Auftragsleistung
percentage increase in thrust due to burning additional fuel down-stream of the turbine

Schubsteigerung durch Nachbrennung od. prozentuale Schubzunahme
point performance requirement Punktleistungsanforderung
powerplant fraction Antriebsgewichtsanteil, Antriebsgewicht
profile drag Profilwiderstand
ratio of the airflow from the low-pressure compressor Verhältnis des Luftdurchsatzes im Niederdruckverdichter
reheat result in a large increase in thrust Nachverbrennung ergibt eine erhebliche Schubzunahme
reheat temperature Nachverbrennungstemperatur
"shock wave" Stoßwelle
sizing the aircraft Größenbemessung
structural weight fraction Zellengewichtsanteil
subsonic air superiority mission Luftüberlegenheitsmission (Unterschall)
subsonic drag Unterschallwiderstand
supersonic air superiority mission Luftüberlegenheitsmission (Überschall)
supersonic drag Überschallwiderstand
wing planform Flügelgrundriß

military combat ceiling Kampfgipfelhöhe
military communications satellite (Milcomsat) militärischer Nachrichtensatellit
military construction militärisches Bauwesen
military contractor of supplies Lieferant von Wehrmaterial
military communications system Militärelektronik (militärisches elektronisches System)
military control zone militärische FS-Kontrollzone
military counterintelligence militärische Abschirmung
military distriction commander in occupied territory Wehrmachtbefehlshaber in besetztem Gebiet
military eduction Wehrerziehung
military flight operation militärischer Flugbetrieb
military flyer Militärflieger
military flying activity militärischer Flugbetrieb
military flying instructor Militärfluglehrer
military flying pupil or novice or aircadet Militärflugschüler
military flying school Militärfliegerschule
military flying test Militärfliegerprüfung, Militärflugzeugführerprüfung
military geography Wehrgeographie
military geology Wehrgeologie
military government area headquarters Kommandantur
military information wehrwichtige Nachricht
military key item lebenswichtiger militärischer Versorgungsartikel
military load capability militärische Zuladung
military microfilm files militärische Mikrofilmdokumentation
military motor vehicle driving license Wehrmachtsführerschein
military motor vehicle instructors license Wehrmachtsfahrlehrerschein
military observer Militärbeobachter
military pilot Militärflugzeugführer, Militärpilot
military pilot's test or examination Militärfliegerprüfung, Militärflugzeugführerprüfung
military police Feldgendarmerie
military policeman Feldgendarm, Militärpolizist
military police regulations Feldgendarmerievorschrift
military police service Ordnungsdienst (MP)
military post garrison or station Wehrmachtsstandort
military power 100% Kampfleistung bei 100% Drehzahl
military power (on aircraft) militärische Luftleistung
military power climb Steigflug bei Kampfleistung
military reactor Reaktor für militärische Zwecke
military requirement militärische Forderung
military requirement in wartime Kriegserfordernis
military reservation Wehrmachtsgelände
military school Heeresbildungsanstalt
military science Kriegswissenschaft
military secret (confidential military) geheime Kommandosache
military security Abwehr
military security control office Abwehrstelle
military service Militärdienst
military service ceiling militärische Dienstgipfelhöhe
military service documents Wehrpapiere
military sketch Geländeskizze
military soveneignty Wehrhoheit
military small computer militärischer Kleinrechner
military specification militärische Spezifikation, Military Specification (als Titel)
military stores Heeres-, Wehrmachtsbestände
military surveillance and reconnaissance satellite Überwachungs- und Aufklärungssatellit
military technique division kriegstechnische Abteilung
military technology Rüstungstechnologie
military training Wehrausbildung, Wehrertüchtigung
military training plane militärisches Übungsflugzeug
military-type nuclear reactor Kernreaktor für militärische Zwecke
military usage or custom Truppengebrauch
military use or purpose Militärzweck
milk-of-lime grit Kalkgrieß
milk-of-lime grit separator Kalkmilchgrießabscheider
mill Mill (tausendster Teil eines Dollars)
mill Mühle, Walzwerk, Spinnerei, Papierfabrik usw.
mill, to fräsen, walzen
mill away, to abfräsen
mill base Anreibung, Mahlgut
mill base formulation Mahlgutzusammensetzung
mill bay Walzwerkhalle

mill blunt file Flachstumpffeile
mill blunt scraper Flachstumpfschaber
mill charge Mühlenversatz
mill edge Walzkante, gekerbter Rand
mill file Flachfeile, Schlichtfeile
mill floor Hüttensohle
mill for rolling light section Feineisenwalzwerk
mill for rolling shapes Kaliberwalzwerk
mill gearing Walzengetriebe
mill heat product Walzwerkwarmprodukt
mill in a sidewise direction, to walzenstirnfräsen
mill length Herstellungslänge von Röhren
mill limits Walztoleranz
mill motor Walzenzugmotor (Walzwerk)
mill off, to abfräsen
mill or shop floor Hüttenflur
mill pick Messerpicke
mill pinion Kammwalze (Walzwerk)
mill saw Mühl(en)säge, Vertikalgattersäge
mill scale Glühspan, Hammerschlag
mill spring Walzensprung (Walzwerk)
mill table Arbeitsrollgang (Walzwerk)
mill temperature, at walzwarm
mill test pressure Werkprüfdruck
mill-type motor Walzenzugmotor (Walzwerk)
milled edge Hochkante
milled fibers gemahlene Kurzfaser
milled-frame technology Gefräst-Rahmentechnik
milled head screw Rändelschraube
milled main spar which form gefräster Holmkasten
milled teeth (file) gefräste Zähne
Miller bridge Miller-Brücke
Miller capacitor Miller-Kondensator
Miller circuit Miller-Kreis
Miller effect Miller-Effekt
Miller integrator Miller-Integrator
Miller time-base Miller-Zeitbasis
Miller transitron Miller-Transitron
Miller tube Miller-Röhre
Miller valve Miller-Integrator
milli- (prefix indicating 10-3) Milli-
milliambert Milliambert
milliammeter Milliamperemeter
milliampere Milliampere
millibar millibar (meteo)
millicurie Millicurie
millidiopter Millidioptrie
millidyne per sq. cm mikrobar
milliearths rate unit (MERU) ein tausendstel, ERU
milligram(me) Milligramm
milligauss Milligauss
millihenry Millihenry
millilux Millilux
millimeter Millimeter
millimetric radar Millimeterwellenradar
millimetric waves EHF (Bereich), Millimeterwellen
millimicrofarad Nanofarad
millimicrohenry Nanohenry
millimicron Millimikron, Millimeter
millimicrosecond pulse Nanosekundenimpuls
millimicrosecond pulse generator Generator für Nanosekundenimpuls
millimu Millikron
milling and centering machine Abläng- u. Zentriermaschine
milling-annealed walz(werk)geglüht
milling arbor for shell end mills Aufsteckfräserdorn
milling attachment Fräsapparat, Fräsvorrichtung
milling automatic Fräsautomat
milling carriage Frässpindelkopf, Frässpindelschlitten
milling, chemical chemische Abtragung
milling chip Frässpan
milling cutter Schlitzfräser
milling cutter backed for clearance hinterdrehter Fräser
milling cutter for vee-guides Prismenfräser
milling cutter for worm Schneckenfräser
milling cycle Mahlgang
milling feed Fräsvorschub
milling fixture Fräsvorrichtung
milling head (machine tool) Fräskopf, Fräsmesserkopf, Frässpindelkopf, Messerkopf
milling machine arbor Aufsteckfräsdorn Fräserdorn
milling machine collet Reduziereinsatzhülse, Zwischenstück (w)
milling machine for sprocket rings, spezial Spezialzahnkranzwälzmaschine (w)
milling machine template Frässchablone
milling nose Frässpindelkopf
milling operation Fräsarbeit, Fräsgang
milling or grinding process Mahlverfahren
milling out Ausfräsen
milling planer kombinierte Hobel- u. Fräsmaschine
milling plant Mahlwerk
milling quill Frässpinole
milling saddle Frässpindelkopf, Frässpindelschlitten
milling spindle Frässpindel
milling spindle column Frässpindelständer
milling spindle head Frässpindelkopf
milling tool Rändelwerkzeug
milling up the fish Fräsen des Fisches (Bohrloch)
milling work Fräsarbeit
milling, zig-zag...control Zickzack-Fräsmaschinensteuerung
millings Frässpäne
milliohm Milliohm
million cycles/sec. Megahertz
millipore membrane filter Millipore-Membranfilter
milliroentgen Milliröntgen
millisecond Millisekunde
millivolt(meter) Millivolt(meter)
milliwatt Milliwatt
millstone runer Mahlstein
mimeographed copy Umdruck, Vervielfältigung
MIMIC Microwave/Millimetre wave integrated Circuit
mimic bus Leuchtschaltbild
mimic connection diagram Blindschaltbild
mimic diagram for rapid tracing Blindschaltbild für schnelle Fehlersuche
mimic switching diagram Blindschaltbild
MIMIC will use a new material, gallium

arsenide (GaAs) Mimic basiert auf der Gallium-Arsenid-Technologie (GaAs)
MIN minutes
M-indicator Anzeigegerät Typ-M, M-Sichtgerät
mine Mine, Bergwerk, Grube, Zeche
mine accessories Minenzubehör
mine, acoustic Akustikmine
mine actuating level Ansprechwert, Minenansprechwert (UW-Mine)(MAL)
mine actuation radius Minenansprechradius
mine air conditioning system Wetteraufbereitung (Bergbau)
mine assembly condition Minenzustandscode (ZK)
mine assembly instruction Minenherrichtungsanweisung
mine assembly man Minenmechaniker
mine assembly manual Herrichtungsvorschrift für Minen
mine assembly personnel Minenklarmacherpersonal
mine assembly record and check of sheet Minenkennkarte
mine battery Minenbatterie
mine body Minengefäß (U-Mine)
mine bomb Minenbombe
mine booster Minenzündverstärker
mine buoy Sprengboje
mine burial Einbetten od. Einsenken der Mine, Sickergraben der Mine
mine cable Minenankertau
mine canister Minenbehälter
mine capacity Minentragfähigkeit (Flugzeug), Minenfassungsvermögen (Minenleger)
mine captain Obersteiger (Bergbau)
mine car Grubenwagen, Kastenkipper, Muldenkipper, Hund (Mine)
mine car receiving and repulsion device Auffang- u. Rückstoßvorrichtung (für Förderwagen)
mine car trippler Förderwagenwipper
mine cargo Minenpaket (U-Mine)
mine carrier Minenträger (U-Mine)
mine carrying capacity (naval mines) Minenfassungsvermögen (Minenleger), Minentragfähigkeit (Flugzeug)
mine case Minengefäß (U-Mine)
mine case depth Standtiefe des Minengefäßes, Überankerungstiefe (Ankertaumine)
mine case opening Minengefäßöffnung (U-Mine)
mine chamber Sprengkammer
mine chart Minenfeldplan (U-Mine)
mine classification Minenklassifizierung
mine classification sonar Minensuch- u. Klassifizierungssonar
mine clearance das Minenräumen
mine clearance detonating line Minenräumsprengschnur
mine clearance operation Mine-Clearing-Operation
mine clearance vessel Minenräumfahrzeug (U-Mine)
mine clearing cord Minenräumschnur
mine clearing equipment Minenräumgerät
mine clearing ladder Minenräumleiter
mine clearing operation Minenfreiräumoperation (U-Mine)
mine clearing party Minenräumtrupp
mine configuration Zustandscode
mine counter measure Minenbekämpfung
mine countermeasures command and support ship (MCC) Führungs- und Unterstützungsschif für Minenabwehr
mine crater Sprengtrichter
mine defense Verteidigung mit Minensperren
mine exploding net Knallnetz
mine filling Versatz
mine grenade Minengranate
mine-laying tender C-Boot, Minenboot
mine surveying Markscheidewesen
mine-surveying appliance Markscheidezeug
mine-surveying instrument Markscheidegerät, Markscheideinstrument
mine sweeper Minensucher(boot), Räumboot
miner Kohle(n)bergmann, Knappe
mineral composition Mineralzusammensetzung
mineral content Mineralgehalt
mineral deposit Mineralablagerung, Minerallagerstätte (geol)
mineral fiber Gesteinsfaser, Mineralfaser, andere anorganische Kunstfaser
mineral filler mineralischer Füllstoff
mineral lard oil Schneidöl (Gemisch aus 30-50% Specköl u. 70-50% Mineralöl)
mineral lubricants Schmiermittel auf Mineralölbasis
mineral oil Mineralöl
mineral pigment mineralisches Pigment
mineral pitch Erdpech, Naturasphalt
"mineral rights" Mineralrechte
mineral-salt-mine Salzbergwerk
mineral sources on the earth Rohstoffquellen auf der Erde
mineral spirit Kristallöl, Schwerbenzin
mineral vein Mineralader, Mineralgang
mineral wax Mineralwachs
mineral wool Schlackenwolle
mineralization Inkohlung, Vererzung, Durchdringung mit Mineralstoffen
mineralogic composition mineralogische Zusammensetzung
minerals, rock-forming gesteinsbildende Mineralien
minerals, useful nutzbare Mineralien
minesweeping helicopter Minenräumhubschrauber (milit)
mingle, to vermengen, sich vermischen
mingler Maischtrog, Mischtrog
miniature accelerometer Miniaturbeschleunigungsmesser
miniature aircraft Miniaturflugzeug
miniature bearing Kleinstkugellager
miniature camera Kleinbildkamera
miniature carbon microphone Miniaturkohlemikrophon
miniature circuit-breaker Miniaturleitungsschalter
miniature core Miniaturkern
miniature electronics Miniaturelektronik Mikroelektronik
miniature hollow-charge munitions which descend by parachute fallschirmgebremste Tochterhohlladung
miniature image orthicon Kleinstaufnahmeröhre nach dem Orthikon-Prinzip
miniature inertial platform Miniaturträgheits-

plattform
miniature integrating gyroscope (MIG) Miniatur-I-Wendekreisel
miniature lamp Kleinlampe
miniature machine Kleinstmaschine
miniature panel control station Miniaturschalttafelstation
miniature precision gyrocompass (MPG) Miniatur-Präzisionskreiselkompaß
miniature pressure transducer Miniaturdruckregler
miniature radio compass Kleinfunkkompaß
miniature rate gyroscope Miniaturwendekreisel
miniature-screw base (lamp) Miniaturschraubsockel
miniature sealed slave relay luftdichtes Miniaturrelais
miniature semi-conductor pressure transducer miniaturisierter Halbleiterdruckgeber
miniature single-axis rate gyro miniaturisierter Wendelkreisel
miniature smooth plug-in connector (for modules and slide-in units) miniaturisierter Steckverbinder (zur Kontaktierung von Baugruppen) (Bordcomputer)
miniature switch Kleinschalter
miniature transmitter Mikrosender
miniature TV camera, focused scharfgestellte Miniaturkamera
miniature twin-axis gyroscope miniaturisierter Wendekreisel
miniaturisation accelerometer miniaturisierter Beschleunigungsmesser (space)
miniaturised electronic circuits miniaturisierte Schaltungen
miniaturisation of electronics, ever increasing circuit integration Miniaturisierung und Integration elektronischer Schaltkreise
miniaturization Miniaturdimensionierung, Miniaturisierung
miniaturization of avionics system Miniaturisierung des Avioniksystems
miniaturization techniques Miniaturisierung
miniaturized technology Miniaturisierungstechnik (av)
miniaturized and largely system-independent target simulator miniaturisierter systemunabhängiger Zielsimulator
miniaturized electronics miniaturisierte elektronische Steuerung
miniaturized gimballed platform miniaturisierte Kreiselplattform
miniaturized servo system Kleinservogerät
miniaturized tachometer generator miniaturisierter Tachometergenerator (space)
miniaturized teleprinter Kleinfernschreibmaschine
minicomputer-based unit flight-tested Regler auf Minocomputerbasis für das Triebwerk (zivil)(av)
minicomputer for air traffic Kleinstrechner zum Automatisieren der Luftverkehrskontrolle
minicomputers for the electronic system and the interface unit to the computer miniaturisierter Rechner mit dazugehöriger Schnittstelleneinheit für Bordelektronik
mini-dispenser pod miniaturisierter Abwurfbehälter (av)
miniflare Minileuchtfackel
minima hyperbola Minimahyperbel
minima thermometer Thermometer für niedrigste Temperatur
minimal-latency coding Bestzeitprogrammierung
minimal size high pressure solenoid valve Elektrohochdruckhahn geringer Abmessung
minimax principle Minimaxprinzip
minimax strategy Minimaxverfahren
minimax theorem Rückversicherungsprinzip
minimization of interference between the rotor and the aerofoils in vertical and horizontal flight Verringerung der Wechselwirkung zwischen Rotor u. Tragflügel bei Horizontal- u. Vertikalflug
minimize, to (auf das Kleinstmaß) herabmindern, herabdrücken, zurückführen
minimize (telecom traffic) Minimize (Art der FM-Verkehrseinschränkung)
minimum Kleinstmaß, Mindest(wert), Minimum
minimum (value) Geringstwert, Tiefstwert, Minimalwert
minimum acceptable reliability Mindestzuverlässigkeit
minimum access program Bestzeitprogramm, Optimalprogramm, optimales Programm
minimum-access programming Programmierung mit minimaler Zugriffszeit (dig), Bestzeitprogrammierung, Bestzeitcodierung, optimale Programmierung
minimum-access routine Bestzeitprogramm, Optimalprogramm, optimales Programm
minimum allowable wall thickness zulässige Mindestwandstärke
minimum altitude Mindestflughöhe
minimum and area requirement minimaler Flächenbedarf
minimum arc voltage Bogen-Mindeststromstärke
minimum assumption Mindestannahme
minimum audibility Hörschwelle, Minimalhörbarkeit
minimum audible field untere Hörgrenze, Hörschwelle (MAF)
minimum audible level Hörschwelle
minimum average value Mindestdurchschnittswert
minimum barrel elevation Mindestrohrerhöhung
minimum bearing Minimumpeilung
minimum blowing current Ansprechstrom
minimum breadth Mindestbreite
minimum breaking load Mindestbruchlast
minimum burner pressure valve (aero) Leerlaufventil (Düsenantrieb)
minimum burnout ratio (reactor) Durchbrennsicherheit
minimum burst altitude Mindestdetonationshöhe
minimum burst altitude override Aufheben der Mindestdetonationshöhe
minimum chamber Größtmaß des Ladungsraums
minimum chargeable weight frachtpflichtiges Mindestgewicht (Güterbeförderung)
minimum clear length benutzte Mindestlänge (einer Piste)
minimum clear width benutzbare Mindestbreite (einer Piste)
minimum clearance Kleinstspiel, Mindest-

abstand
minimum clearing (direction finding) Enttrübung des Minimums, Null-Enttrübung (Ortung)
minimum climb angle Minimalsteigwinkel
minimum coat Mennigeüberzug
minimum-coded tape unjustiertes Endlosband
minimum configuration Mindestausrüstung, Mindestausstattung, Minimalkonfiguration
minimum control deflection Mindestruderausschlag
minimum control speed Geschwindigkeit noch ausreichender Steuerbarkeit, Mindestgeschwindigkeit mit gewahrter Steuerbarkeit, Geradeaus-Mindestfluggeschwindigkeit bei Triebwerkausfall
minimum control speed in free air Mindestgeschwindigkeit mit gewahrter Steuerbarkeit in der Luft
minimum control speed on or near the ground Mindestgeschwindigkeit mit gewahrter Steuerbarkeit am Boden(nähe)
minimum cost solution Minimalkostenlösung
minimum creep rate Kleinstkriechrate
minimum critical heat flux ratio minimales kritisches Wärmeflußverhältnis
minimum critical heat flux ratio (MCHF) (reactor) Durchbrennsicherheit
minimum crossing altitude Mindestüberflughöhe
minimum cruising level Mindestreiseflughöhe
minimum cure time Mindesthärtezeit
minimum current Minimalstrom, Unterstrom
minimum current relay Mindeststromkreis, Minimalstromkreis
minimum cut-out Minimal(aus)schalter
minimum-delay coding Bestzeitprogrammierung
minimum delay programming Bestzeitprogrammierung, Bestzeitcodierung, optimale Programmierung
minimum depth Mindesttiefe (Seefahrt)
minimum descent altitude Mindestsinkflughöhe
minimum design weight Mindestrechnungsgewicht
minimum detectable power kleinste nachweisbare Leistung
minimum detectable signal kleinstes wahrnehmbares Signal
minimum detectable voltage größte Empfindlichkeit
minimum dimension Kleinstmaß
minimum direction finder Minimumpeilung (Funkpeilung)
minimum direction finding method Minimumpeilung
minimum discernible signal (MDS) kleinstes wahrnehmbares Signal
minimum displacement minimaler Steuerweg
minimum distance code (computer) Code mit Mindest-Hammingabstand
minimum-distance route L-R Minimalentfernungsanzeige
minimum-distance route L-R indication Minimalentfernungsanzeige
minimum educational qualification Mindestqualifikation
minimum eigenvalue kleinster Eigenwert
minimum elevation firing angle kleinste(r) Erhöhung(swinkel)
minimum emitter voltage Emitterrestspannung
minimum energy trajectory Flugbahn mit Mindestenergieverbrauch
minimum engineering limit technischer Minimalwert
minimum enlistment period Mindestverpflichtungszeit
minimum enroute altitude Mindeststreckenflughöhe
minimum facility Minimum an Anlagen
minimum fine-tuning device Minimumschärfer
minimum flight altitude Mindestflughöhe
minimum flight path computer Minimum-Flugwegrechner
minimum flight speed Mindestfluggeschwindigkeit
minimum flow stop Mindestdurchflußanschlag
minimum flying speed (aero) kleinstmögliche Geschwindigkeit
minimum focusing distance kürzeste Einstellentfernung (Foto)
minimum frontal area minimale Stirnfläche (AC)
minimum fuel (automatic control) treibstoffoptimal
minimum fusing current Ansprechstrom, Grenzstrom
minimum gain Minimalverstärkung
minimum gate trigger current Mindestzündstrom
minimum-gauge Minuslehre, Schlechtseite
minimum glide-path angle Gleitwegmindestwinkel
minimum gliding angle Mindestgleitflugwinkel
minimum gliding ratio Kleinstgleitzahl
minimum heat consumption Wärmemindestabnahme (Fernheizung)
minimum height Mindesthöhe
minimum holding altitude Mindestwartehöhe über NN
minimum IFR enroute altitude IFR-Mindestmarschhöhe (mili), IFR-Mindestreisehöhe (zivil)
minimum inductor or capacitor filter Filter mit möglichst wenigen Induktivitäten u. Kapazitäten
minimum initial approach altitude Anfangsanflugmindesthöhe
minimum initial overhead height Mindest-Platzanflughöhe, Mindestanflughöhe für Landeplatz
minimum interference Kleinstübermaß
minimum internal yield pressure strength Mindestgrenze durch Innendruck (Röhre)
minimum interval Mindestkennintervall (Fsch u. EDV)
minimum inventory Mindestbestand
minimum ionization minimale Ionization (niedrigste spezifische Ionisation)
minimum jamming range Störwechselpunkt
minimum landing requirement Mindestlandeerfordernis
minimum latency Mindestlatenz, Mindestsuchzeit, Minimalsuchzeit
minimum latency (computer) geringste Zugriffszeit
minimum latency coding Bestzeitprogrammierung, Bestzeitcodierung, optimale

Programmierung
minimum-latency programming Bestzeitprogrammierung, Bestzeitcodierung, optimale Programmierung
minimum level Minimalpegel (Tank)
minimum limit Kleinstmaß
minimum line of detection Mindesterfassungslinie (taktisch)
minimum line of interception Mindestabfanglinie (taktisch)
minimum load Mindestlast, Mindestbeladung, Belastungstal (im Tagesablauf)
minimum loading requirement Mindestvorschrift für Beanspruchung
minimum mandatory requirement Mindestsoll für Anforderung
minimum measure Mindestmaß
minimum moment of inertia of section kleinstes axiales Trägheitsmoment des Querschnitts (w)
minimum net loss Mindestrestdämpfung
minimum noise figure minimale Rauschzahl
minimum normal burst altitude normale Mindestdetonationshöhe
minimum number of theoretical plates theoretische Mindestbodenzahl
minimum obstacle clearance Mindesthindernisfreiheit, Mindesthindernisabstand
minimum of weight Mindestgewicht
minimum operating condition Mindesteinsatzfähigkeit
minimum operating current Mindestansprechstrom
minimum operating value Ansprechwert
minimum operating voltage Ansprechspannung
minimum order limitation Mindestbestellgrenze
minimum overlap time required mindestens erforderliche Überlappungszeit
minimum parts reduzierter Ersatzteilbedarf (Avionik)
minimum pause (telcom) Mindestpause
minimum performance index Mindestleistungswert
minimum performance properties of casing Mindestbelastungsgrenze bei Futterrohre
minimum performance standard Mindestforderung (MPS)
minimum permitted size Kleinstmaß
minimum phase/frequency current (electron) Minimal-Phasen/Frequenz-Charakteristik
minimum phase-shift network or structure Minimalphasensystem
minimum pitch Mindestabstand (zwischen Markierungsspalten)
minimum plating depth Mindestwurftiefe
minimum point Minimum, Tiefstpunkt
minimum position Nullage (Kreisel)
minimum potential gradient Mindestspannungsgradient
minimum-power cutout Minimalleistungsschalter
minimum-power relay Minimalleistungsrelais
minimum pressure Mindestdruck, Minimum des Luftdrucks
minimum pressure governor Unterdruckschalter, Unterdruckwächter
minimum pressure point Unterdruckspitze
minimum pressure range Minderdruckbereich
minimum processing time Mindestverarbeitungszeit, minimale Bearbeitungszeit, minimale Verarbeitungsdauer
minimum progressive failure fortschreitender Minimalbruch (Bodenmechanik)
minimum protect time Mindestschutzzeit
minimum pulse field (MPF) Mindestpulsfeldstärke (UW-Mine)
minimum quality surveillance Mindestqualitätsüberwachung
minimum radius (screw thread) Kernhalbmesser, Kernradius
minimum radius pinch experiment (MIRAP) MIRAP-Experiment
minimum range kürzeste Meßentfernung, Mindesteinsatzdistanz, Mindestentfernung, Mindestschußweite, kürzeste Schußentfernung, Wechselpunktentfernung, Grenze des Nahbereichs, minimale Entfernung, Nahbereichsgrenze
minimum range (radar) Nahgrenze
minimum range clinometer Deckungswinkelmesser
minimum range potentiometer Minimalentfernungspotentiometer, Potentiometer für kurze Entfernung
minimum rate of climb Mindeststeiggeschwindigkeit
minimum ratio between DBN heat flux and local heat flux (nuclear) Siedeabstand, Siedegrenzwert
minimum receiver pressure Entleerungsdruck (computer, air)
minimum reflux ratio Mindestrücklaufverhältnis (chem)
minimum relay Minimalrelais
minimum release altitude Mindestabwurfhöhe
"minimum" requirement for variable stages and blades "Minimum" an Verstell- und Abblasemöglichkeit (Staustahltriebwerk)
minimum reserve level Mindestreservesoll
minimum reset time Mindestrückstellzeit
minimum returned signal kleinstes wahrnehmbares Echo
minimum RPM minimum Umdrehung per Minute
minimum run Mindestentfernung (Eisenbahn- u. Straßenverkehr)
minimum safe altitude Sicherheitsmindesthöhe über Meer, Sicherheitsmindestflughöhe, Einhaltung der Sicherheitsmindesthöhe (ATC)(Radar)
minimum safe depth Mindesttiefe (Seefahrt)
minimum safe distance (MSD)(nuclear) Sicherheitsabstand
minimum safe flight altitude Sicherheitsmindestflughöhe über Meer od. NN (D)
minimum safe fuze setting (MSFS) zulässige kleinste Zünderstellzeit
minimum safe height Sicherheitsmindestflughöhe über Grund (GND)
minimum safe level Sicherheitsmindestflughöhe
minimum safe range Mindestsicherheitsabstand (Schiffahrt)
minimum safe release altitude sichere Mindestauslösehöhe (Waffen)
minimum safe stand-off distance Mindest-

sicherheitsabstand
minimum safety altitude Mindestsicherheitshöhe
minimum safety distance (IR) Wahrnehmbarkeitsgrenze
minimum sampling frequency Mindestimpulsfrequenz
minimum scale of AA defence (UK) Fla-Mindestverteidigung
minimum screening time Mindestdauer der Nebelwand
minimum sector altitude (TERPS) Sektorenmindesthöhe
minimum security Mindestmaß an Sicherheit (Geheimhaltung)
minimum security standard Sicherheitsmindestnorm
minimum self-screening range Maskierungsgrenze (Radar)
minimum separabile Auflösungsvermögen des Auges, einfache Trennschärfe (Ophtalmologie)
minimum separation Mindestabstand, Mindeststaffelung
minimum shear stress Mindestscherspannung (Bodenmechanik)
minimum single-cycle field Mindestdruckfeld mit Einfachperiode (U-Mine)
minimum slant range Wechselpunktentfernung
minimum spacing Mindestabstand (U-Mine)
minimum speed Geringstgeschwindigkeit, Mindest-, Minimalgeschwindigkeit
minimum speed for steady unstalled flight Mindestgeschwindigkeit bei stationärem Flug
minimum speed non-prescribed nicht vorgeschriebene Mindestgeschwindigkeit
minimum speed of descent Mindestsinkgeschwindigkeit
minimum speed prescribed vorgeschriebene Mindestgeschwindigkeit od. Mindestdrehzahl
minimum stability Stabilitätsminimum
minimum stalling speed (aero) kleinstmögliche Geschwindigkeit
minimum steady flight speed stationäre stetige Mindest(flug)geschwindigkeit
minimum stockage Mindestbevorratung
minimum stockage authorization zulässige Mindestbevorratung
minimum stop screw Anschlagschraube für kleinste Durchflußmenge
minimum strength Mindestfestigkeit
minimum stress Unterspannung
minimum stress limit Grenzlinie der Unterspannung, Unterspannung der Dauerfestigkeit
minimum subsistence Existenzminimum
minimum subsistence rate Mindestversorgungssatz
minimum sum (logic circuit) Minimalsumme
minimum survival kit Notausrüstung
minimum-sweep cruise aerodynamics Reiseflugaerodynamik bei minimaler Pfeilung
minimum switch Minimalschalter
minimum system configuration Anlagenmindestausstattung
minimum take-off safety speed Sicherheitsmindeststartgewicht
minimum temperature niedrigste Temperatur
minimum thermometer Minimumthermometer, Niedrigstwärmegradmesser
minimum thread engagement Mindesteinschraublänge
minimum-time route zeitlich kürzeste Flugstrecke
minimum transmission level meter Mindestwertanzeiger
minimum triggering level Auslöseschwelle
minimum turning radius minimaler Wenderadius
minimum unstick speed Mindestabhebegeschwindigkeit
minimum value Kleinstwert, Mindestwert, Niedrigstwert
minimum vapour pressure Siedeminimum
minimum vertical clearance (OPS) vertikaler Mindestabstand (über Hindernissen)
minimum vertical obstacle clearance vertikale Mindesthindernisfreiheit
minimum vertical separation Höhenmindeststaffelung
minimum visibility Mindestsicht
minimum voltage Mindestspannung, Spannungsmindestwert
minimum voltage relay Mindestspannungsrelais, Unterspannungsrelais
minimum wall thickness Mindestwandstärke
minimum wavelength Grenzwellenlänge
minimum weather Wettermindestbedingung(en)
minimum weather conditions Wettermindestbedingungen
minimum weight Mindestfluggewicht, minimale Masse (Schub)
minimum weight brake and wheels Leichtgewichtsbremsen u. -räder
mining debris Schutthalde
mining dial Markscheideinstrument
mining industry Montanindustrie
mining inspector Schichtmeister
mining law Berggesetz
mining or working method Abbauverfahren
mining property Bergwerkseigentum
mining railway Bergwerksbahn
mining region Abbaufeld
mining regulation Bergordnung
mining theodolite Markscheideinstrument
ministry of international trade and industry Ministerium für internationalen Handel u. Industrie
ministry of transportation Verkehrsministerium
minitrack ground station Bodenstation des Minitracksystem
minitrack system Minitrack-System (Bahnvermessung für Satelliten)
minium Bleimennige, Bleioxyduloxyd, Bleiplumbat, Bleirot, Bleitetroxyd, Bleizinnober, Minium, rotes Bleioxyd
minometer Minometer (Lade- u. Meßgerät für Taschenionisationskammer)
minor gering(er), geringfügig, klein(er), unbedeutend, untergeordnet, Untergruppe
minor accident leichter Unfall
minor apex face Nebenspitzenfläche
minor axis kleinste Achse, Nebenachse
minor changes geringfügige Änderungen
minor control Untergruppenkontrolle (lo)
minor control break Untergruppenwechsel, Untergruppentrennung

minor control change Untergruppentrennung, Untergruppenwechsel
minor control field Untergruppenkontrollfeld
minor crash leichter Unfall, unbedeutender Bruch
minor cycle Kleinperiode, Kleinzyklus, Nebenperiode, Nebenzyklus (dig)
minor defect leichter Schaden (technisch), Nebenfehler (Zuverlässigkeit)
minor determinant Unterdeterminante
minor diameter Kerndurchmesser
minor exchange Nebenamt, Unteramt, Verbundamt
minor failure Nebenausfall (statistisch)
minor folding Kleinfaltung, Spezialfaltung
minor interval kleines Intervall
minor load (Rockwell hardness test) Vorlast
minor lobe Nebenkeule, Nebenzipfel
minor relay station kleine Relaisstelle
minor reflection echos Mehrfachechos, Umwegechos
minor test point untergeordneter Meßpunkt
minor thread diameter Gewindebolzen-Kerndurchmesser
minorant function Teilfunktion
minority Minderjährigkeit, Minderzahl
minority carrier Minoritätsträger
minority-carrier injection Minoritätsträgerinjektion
minority carrier storage Speicherung von Minderheitsträgern
minus minus, weniger, Minuszeichen
minus adjustment Minusberichtigung
minus coefficient negativer Koeffizient (math)
minus gauge Minuslehre
minute clearance Saugsitz
minute of arc Kreisbogenminute
minute of latitude Breitenminute
minute of longitude Längenminute
minute wheel großes Bogenrad, Minutenrad, Mittelrad
mips (million instruction per second)(processor) Mop/s (Millionen Operationen je Sekunde)(Bordcomputer)
mirage Luftspiegelung
mirage landing Glattwasserlandung
mirror Parabolspiegel
mirror diameter Spiegeldurchmesser
mirror drive Spiegelantrieb
mirror drive amplifier Spiegelantriebsverstärker
mirror drive and casing assembly Baugruppe "Spiegelantrieb u. Feststellteil"
mirror drum Spiegelrad, Spiegeltrommel
mirror effect of the ground Spiegelwirkung der Erde
mirror element Spiegelelement
mirror finish Spiegelschliff
mirror finished surface Hochglanzfläche
"mirror furnaces" for melting silicon in zero gravity condition Spiegelofen zum Herstellen von Siliziumrohstoff bei Schwerelosigkeit
mirror galvanometer Spiegelgalvanometer
mirror heating facility in the MEDEA materials-science double rack Spiegelofen MEDEA (materialwissenschaftliches Experiment "Doppelrack" für Einzelexperimente und Anlagen)(sp)
mirror image Spiegelbild
mirror image element Spiegelelement
mirror image nuclei Spiegelkerne
mirror-image operation Spiegelbildbearbeitung
mirror image symmetry Spiegel(bild)gleichheit
mirror instrument Lichtzeigerinstrument, Spiegelinstrument
mirror nuclides Spiegelnuklide
mirror observation Spiegelbeobachtung
mirror optic Spiegeloptik
mirror or reflector frame Spiegelrahmen
mirror oscillograph Spiegeloszillograph
mirror pairs of elements Spiegelelementenpaar
mirror pairs of nuclei Spiegelelementenpaar
mirror reading Spiegelablesung
mirror reflection echos Mehrfachechos, Umwegechos
mirror reflector Spiegelreflektor
mirror reflex bombsight Reflexvisier
mirror scale Spiegelskala
mirror scanning wheel Spiegelrad
mirror screw Spiegelschraube
mirror sight Spiegelvisier
mirror support (runway marker light) Reflektorfuß (Startbahnleuchte)
mirror supporting ring Reflektortragring (Startbahnleuchte)
mirror symmetry Spiegelgleichheit, Spiegelsymmetrie
mirror vibrating schwingender od. vibrierender Spiegel
mirror writing Spiegelschrift
MIRV manoeuvrable re-entry vehicle
MIS management information system
MIS transistor MIS-Transistor
misadjustment Fehleinstellung
misalignment Fehlorientierung, ungenaue Ausrichtung (Magnetband in Laufwerk)(dig), Flucht(ungs)fehler, schlechte Ausrichtung, Verlagerung, Versetzung, schlechte Justierung
misalignment (of image or track) falsche Ausrichtung
miscalculate, to falsch berechnen
miscalculation Rechenfehler
mis-channeled document Irrläufer
miscibility Mischbarkeit, Vermengbarkeit
miscible vermengbar, vermischbar
misfeed fehlerhafte Zuführung, Transportfehler, Zuführungsfehler (dv), Fehler beim Belegabzug (komm)
misfire Aussetzer, Fehlschuß, Fehlzündung (Motor), Versager, Zündversager (Munition)
misfire, to fehlzünden (Motor)
misfiring Aussetzen der Zündkerze, Fehlzündung (Magnetron), fehlerhaftes Arbeiten (Magnetron)
misfit, to schlecht passen (Lager in Lagerschale)
misleading drilling results irreführende Bohrergebnisse
misleading information irreführende Angabe
mismatch Fehlabweichung, Fehlanpassung, Konturabweichung (mechanisch)
mismatched impedance Falschanpassung des Widerstands
mismatching Fehlanpassung

mismatching factor Falschanpassungsfaktor, Fehlanpassungsfaktor
mismatching of impedance Falschanpassung des Widerstands
mismeasurement Fehlmessung
misphased falschphasig, phasenfalsch
misplaced core (foundry) versetzter Kern (Gußform)
misprint Druckfehler
mispunched falsche od. fehlerhafte Lochung, fehlerhafte od. falsche Stanzung, Falschlochung
"misread instrument" Fehlablesung
misroute, to fehlleiten
misrouted message falschgerouteter Spruch (milit), falschgeleitete Meldung (ICAO)
misrouted requisition fehlgeleitete Anforderung
misrouted tape relay message fehlgeleitete Lochstreifenmeldung
misrun nicht ausgelaufenes Gußstück
misrun casting Fehlgußstück
miss Fehlgänger, Fehlschuß
miss an oil sand Ölsand überbohren
miss distance Trefferablage (vom Ziel)
miss one's way, to fehlgehen
miss vector Fehlvektor
miss, to fehlen, verfehlen, vermissen, versäumen, versagen, falsch orientieren
missapproach procedure Fehlanflugverfahren
missed approach (ATC) Fehlanflug
missed-approach altitude Fehlanflughöhe
missed-approach area Fehlanflugbereich
missed-approach obstacle clearance Hindernisfreiheit im Fehlanflugbereich
missed-approach point Fehlanflugpunkt
missed approach poor visibility verfehlter Schlechtwetteranflug
missed approach procedure Fehlanflugverfahren, Verfahren für Fehlanflug
missed approach track Fehlanflug (über Grund)
missent message fehlgeleitete Meldung, falschgeleiteter Spruch (milit)
missent tape relay message fehlgesendete Lochstreifensendung
missfire Fehlfeuerung
missile Geschoß, Lenk-, Schleuderwaffe
missile accelerometer calibration Kalibrieren des Beschleunigungsmessers
missile angle Geschoß-, Aggregatlagerwinkel
missile, anti-missile Antirakete, Raketenabwehrgeschoß
missile arming relay Raketenschärferelais
missile away switch Raketenträgerabwurfsperrschalter
missile-borne radar Radargerät für Raketenflugkörper
missile calibration (MCC) Kalibrieren od. Ausrichten der Lenkwaffe
missile case Lenkwaffengehäuse
missile checkout Prüfung der Lenkwaffe
missile compensating tank Ausgleichstank für Lenkwaffe
missile computer Lenkwaffen-Bordrechner
missile control Flugkörperlenkung
missile electronics Elektronik der Raketenflugkörper
missile energy absorber Lenkwaffendämpfer
missile equipment-miscellaneous Lenkwaffen-Bordausrüstung u. Zubehör
missile fire hold relay Stationsschalter-Halterelais
missile guidance (Fern)lenkung des Flugkörpers, Flugkörper(fern)lenkung
missile guidance set power Führungsbaugruppe
missile guide-beam receiver Leitstrahlempfänger, Leitstrahlbordgerät
missile has the capability of multiple targeting der Lenkwaffe Ziele einspeisen od. einprogrammieren
missile homing system Zielsuchverfahren für Raketenflugkörper
missile, infrared heat-seeking wärmesuchender Flugkörper
missile interlock relay Raketen-Stromversorgungumschaltrelais
missile launching site Abschußbasis
missile layer Richtschütze
missile master Flugkörperkommandogerät
missile oscillation Geschoßpendelung
missile program Flugkörperprogramm
missile radar Zielverfolgungsradar
missile rails Lenkwaffenstartschienen
missile range Raketenabschußbasis
missile return system Flugkörper-Rückführungssystem
missile row Abschußbasenreihe
missile shielding cylinder (reactor) Trümmerschutzzylinder
missile, ship-launched schiffsgestützte Lenkwaffe
missile silo Flugkörpersilo
missile site radar MSR
missile squib safety circuit breaker Schutzschalter-Raketenvorschärfer
missile support, handling equipment Lenkwaffen-Bodenhilfsausrüstung, Bodenhilfsgerät für Lenkwaffen
missile, tactical taktischer Flugkörper
missile target indicating radar Zielerfassungsradar
missile telemeter Flugkörpertelemeter
missile terminology Lenkwaffentechnik
missile test (MTC) Lenkwaffenprüfung
missile test channel Raketenprüfkreis
missile test equipment Lenkwaffenprüfgerät
missile tracking Flugkörperverfolgung
missile tracking radar (MTR) Flugkörperverfolgungsradar(gerät)
missile trajectory Flugkörperflugbahn
missile transfer relay Raketenwahlrelais (Flügelspitze)(Rumpf)
missile weapons Lenkwaffen
missile with ramjet propulsion Flugkörper mit Staustrahlantrieb
missile's sophisticated guidance system optimizes the tracker hochentwickeltes FK-Lenksystem optimiert die Ansteuerung (Zielverfolgungsradar)
missiles using thrust vectoring Lenkwaffen mit Schubvektorsteuerung
missing (in action) vermißt, unauffindbar
missing aircraft vermißtes Luftfahrzeug
missing page interruption Seitenwechselanforderung
missing, to be vermißt werden

mission Bildauftrag (LUBI), Einsatz(aufgabe), Flugauftrag
mission adaptive wing MAW-Erprobungsträger
mission avionics Einsatzavionikgerät
mission capability (mission computer) Mehrzweckeignung (Einsatzrechner)
mission category Einsatzabteilung, Einsatzkategorie
mission commander (SAR) SAR-Einsatzleiter
mission communication Kommunikationsausstattung
mission control center Einsatzkontrollzentrale
mission control room Einsatzkontrollraum
mission data recording system Einsatzdatenschreiber (Bordcomputer)
mission equipped empty weight Missionsleermasse (ELOKA)
mission payload Missionsausrüstung (ELOKA)
mission performance (requirement)(AC) Auftragsleistung
mission profile Einsatzdiagramm, Einsatzmöglichkeiten, Flugprogramm, Einsatzprofil
mission report Fliegermeldung
mission-review report Gesamt(bild)meldung (LUBI)
mission schedule Einsatzplan
mission simulator Einsatzsimulator (AEW)
mission success rate Einsatzerfolgswahrscheinlichkeit
mission system spezifische Missionsausrüstung (elektronisches Überwachungssystem)
mission system avionics in the airborne early warning system MSA für das AWE-System (milit)
mission time Einsatzzeit
mist feuchter Dunst, leichter Nebel
mist-consumers Nebelverzehrer, Nebelauflöser
mist cooling nozzle Sprühkühldüse
mist, galactic galaktischer Nebel (space)
mistake Fehler (Programmierung), (menschlicher) Fehler, Irrtum, Mißgriff, Versagen
mistake in charging Fehler in der Gebührenberechnung
misting of the window Beschlagen des Fensters
mistral Mistral (meteor)
mistuning Falschabstimmung
misty weather Waschküche, nebeliges Wetter (Fliegersprache)
misunderstanding Meinungsverschiedenheit, Mißverständnis
misuse falsche Behandlung, Mißbrauch
misuse of controls falsche Bedienung der Steuerorgane
miter Gehrung, Achtelschlag, Gierung
miter box Gehr-, Schneidlade, Winkeltrieb
miter gage Anreißlehre (Kreissäge)
miter gear Kegelrad mit 45 Grad Achs(en)stellung
miter gear or miter-wheel gearing Winkelgetriebe
miter gears Kegelradpaar mit Übersetzungsverhältnis (w)
miter-wheel gearing Kegelradgetriebe, Winkelgetriebe
mitgate abschwächen, mildern, verringern
mitred level glass schräge Libelle
mix, to mischen, vermengen (chem)
mixed adhesive Reaktionskleber (Mischkleber), Zweikomponentenklebstoff
mixed base Kombination, wechselnde Basis
mixed-base crude gemischtbasisches Rohöl
mixed-base notation Gemischtbasis-Schreibweise (dig), Zweibasendarstellung (math), Gemischtbasisdarstellung (dig), Radixschreibweise od. Zahlendarstellung mit gemischter od. wechselnder Basis
mixed base oil Erdöl mit Paraffin- u. Asphaltbasis
mixed-blast plant Mischwindanlage (Hochofen)
mixed cargo Stückgüter, Stückgut
mixed-cell foam gemischtzelliger Schaumstoff
mixed-cells gemischtporig, gemischtzellig (Schaumstoff)
mixed-class configuration Gemischtklassenausführung (Produktion)
mixed consignment for distribution by mail Wurfsendung
mixed construction Gemischtbauweise
mixed crystal Mischkristall
mixed cycle engine Semi-Dieselmotor
mixed display Mischbildschirm
mixed exhaust gemischter Abgasstrom
mixed flow impeller Mischflußschnellrührer (Kunststoffverarbeitung)
mixed friction Mischreibung (Roll- u. Gleitreibung)
mixed fuel reactor Reaktor mit gemischtem Brennstoff
mixed gas nacelle Gasmischergondel
mixed grain steel Stahl mit unterschiedlicher od. gemischter Korngröße
mixed grouping Serienparallelkombination
mixed-high system Höhenmischsystem
mixed layer durchmischte od. isotherme Schicht
mixed light Mischfeuer
mixed light lamp Mischlichtlampe
mixed lighting Mischlicht (Foto)
mixed molecule Mischmolekül
mixed network Verbundnetz (Vermittlungsstelle)
mixed number gemischter Bruch (math)
mixed or collective consignment Sammelladung
mixed plug Mischsäule
mixed polycondensate Mischpolykondensat
mixed polyelectric potential Mischpotential
mixed-radix notation Radixschreibweise od. Zahlendarstellung mit wechselnder Basis, Gemischtbasisschreibweise, Gemischtbasis-Darstellung
mixed reflection gemischte Reflexion
mixed sampling gemischtes Stichprobenverfahren, ungleichartige Stichproben(ent)nahme
mixed semiconductor gemischter Halbleiter
mixed-spectrum reactor Mischspektrumreaktor, Reaktor mit gemischtem Neutronenspektrum
mixed supplies gemischte Versorgungsgüter
mixed text gemischter Text (Funkspruch)
mixed transmission gemischte Durchlassung
mixed unit Mischtriebwerk
mixed video gemischtes Videosignal
mixer Mischanlage, Mischapparat, Mischer, Mischmaschine, Mischtrommel, Mischver-

stärker, Misch(er)kreis, erster Detektor, Mischgatter, Mischstufe, Odergatter (dig)(Empfänger)
mixer amplifier Mischverstärker
mixer amplifier circuit Misch- u. Verstärkerschaltung
mixer and kneader Aufbereitungsmaschine, Kompoundiermaschine
mixer block (heater) Mischkammer (Generator)
mixer casing Mischkopf
mixer chamber Mischkammer, Mischraum
mixer chute Mischflosse
mixer circuit Mischkreis
mixer console (electron,TV) Mischverstärker
mixer coupling stub Mischstufenkopplungsglied
mixer diode Mischdiode
mixer duplexer Hohlleiterweiche u. Mischstufe
mixer head Mischkopf
mixer head (burner) Mischrohrkopf
mixer itself os of the "forced type" Schubdüse arbeitet mit Zwangsmischung
mixer, mechanical mechanischer Mischer
mixer metal Mischeisen (Hüttenwesen)
mixer of main receiver Mischkopf zum Sende(r)überlagern
mixer preamplifier Mischvorverstärkerstufe
mixer-settler (nuclear) Misch- u. Trennstoffe einer Aufbereitungsanlage, Misch-Setz-Stoffaustauscher, Mischabsetzer
mixer-settler principle (nuclear) Misch-Setz-Prinzip, Mixer-Settler-Prinzip
mixer shell Mischergehäuse
mixer-slinger Mischer-Slinger, Misch- u. Füllgerät
mixer stage (electron) Mischstufe
mixer technology Mischerkonzept
mixer tube Mischröhre, Mischrohr, Modulationsventilröhre
mixer type hot metal car Roheisenmischwagen
mixer valve Mischröhre, Mischrohr, Mischventil
mixer vessel Mischgefäß (Hüttenwesen)
mixer with propeller Propellermischer, Schraubenmischer
mixer with staggered baffle Freifallmischer
mixing amplifier Komponenten-Mischverstärker, Überblendverstärker
mixing and kneading Aufbereitung
mixing apparatus Mischapparat, Mischer, Mischwerk
mixing baffles Leitbleche mit absichtlich erzeugter Wirbelbildung
mixing battery Mischbatterie (E)
mixing booth Mischer, Mischraum
mixing box Mischkammer (Kälteanlage)
mixing by gravity Mischung durch Schwerkraft
mixing by hand Mischung von Hand
mixing can Mischkanne
mixing chamber Mischkammer (Mischer, Vergaser)
mixing circuit Mischkreis, Mischschaltung
mixing cock Mischhahn
mixing drum Mischtrommel
mixing efficiency Homogenisierungsausbeutung (Isotopentrennung)
mixing fan Mischventilator (Reaktor)
mixing faucet Mischarmatur (Sanitäranlage), (Wasser)mischbatterie (Sanitäranlage)
mixing fog Mischungsnebel
mixing formula Mischformel, Mischspezifikation, Mischvorschrift (chem)
mixing head Mischkopf
mixing hexode Mischhexode, Sechspolmischröhre
mixing jet Mischdüse
mixing length Mischungsdauer, Mischungslänge, Mischungsweg
mixing lever Übersetzerhebel
mixing lever bearing Übersetzerhebellager
mixing mill Mischwalze
mixing network Mischnetzwerk
mixing nozzle Mischdüse, Fangdüse
mixing nozzle with spin effect Drallmischdüse
mixing platform Mischbühne
mixing point (automatic control) Mischpunkt
mixing propeller Rührpropeller
mixing proportion Mischungsverhältnis
mixing ratio Mischungsverhältnis
mixing ratio of angular position signal Lageaufschaltung
mixing region Mischzone
mixing screw Mischschnecke
mixing section Mischstufe, Mischteil
mixing sieve Staubsieb mit Trommel, Trommelsieb
mixing stage Summierstufe
mixing tank Mischgefäß, Mischkessel, Mischtank
mixing tap Mischhahn
mixing time (time required to achieve a homogeneous combination on ingredients) Rührzeit (Schaumstoff)
mixing transformer (electron) Mischübertrager
mixing tube (burner) Mischrohr (E)
mixing unit Mischeinrichtung, Mischgerät
mixing valve for heating installation Heizungsmischer
mixing zone Mischzone
mixmaster Datenmischer (EDV), Mischauswerter (EDV)
mixture Mischung, Gemisch, Gattierung (Hochofen)
mixture, combustible brennbare Mischung
mixture control Gemischdosierung, Gemischregelung, Gemischregler
mixture control, automatic selbsttätige Gemischregulierung
mixture control lever Gemischhebel
mixture corrector Gemischregler
mixture distribution Gemischverteilung
mixture of air masses Luftmischung
mixture of hydrogen and helium Wasserstoffheliumgas
mixture of ions and electrons Ionen/Elektronen-Gemisch
mixture of sand and gravel, natural Kiessand
mixture of turbine exhaust gases and compressed cold air Mischgas, bestehend aus Turbinenabgase u. komprimierter Kaltluft
mixture ratio Gemischregler, Gemischverhältnis, Mischungsverhältnis
mixture ratio for complete combustion theoretisches Gemischverhältnis (Brenngemisch)
mixture strength Gemischverhältnis, Gemischanreicherungsgrad, Gemischwert, Gemisch-

zusammensetzung
mixture supply Gemischversorgung
mixup the fall of bombs, to durcheinanderwerfen von Bomben
MKR (marker radio beacon) Markierungsfunkfeuer
MKTU markmanship training unit
ML military payroll money list
ML land mobile station (telecom)
ML mission load
ML mine laying
ML statute mile
MLA auxiliary motor launch
MLC master labor contract
MLC (military load class) militärische Lastenklasse
MLCP mobile land command post
MLD minimum line of detection
MLG forward door selector valve Umsteuerventil der vorderen Hauptfahrwerksklappe (Hydraulikanlage)
MLH medium lift helicopter
MLI minimum line of interception
MLP master logistics plan
MLP control hub Mehrzeilenkontrollbuchse (EDV)(lo)
MLR main line of resistance
MLRS multiple-launch rocket system
MLRS crew MLRS (multiple-launch rocket system)-Bedienungspersonal (sp)
MLS microwave landing system
MLS and ILS equipment Landeführungssystem MLS/ILS
MLT mission load table
MLU memory loading unit
MLWS minimum level water stand
MM (middle marker beacon) Haupteinflugzeichen
MM (mess-motor) Meßwertwandler (induktiver Geber für Drehbewegungen)
MM missile mast (Flugkörper-Einsatzleitsystem)
MM minute man (three-stage solid-propellant) Interkontinental Ballistik-Missile
MMAXCT maximum maintenance correction time
MMD missile and munitions divison
MME missile maintenance equipment
MMIC microwave/millimeterwave integrated circuit
MMLR mobile mortar locating radar
MMO (main meteorological office) Hauptflugwetterwarte
MMR minimum marginal return
MMRR miniaturized multipurpose recorder/reproducer
MMRS multi-mode radar system
MMW Millimeterwellenbereich
MNC Major NATO Command(er)
MNECP mobile national emergency command posts
mnemonic das Gedächtnis stützen, mnemotechnisch, mnemoteschnischer Gerätename, Gerätekurzbezeichnung
mnemonic abbreviation mnemo- technische Abkürzung
mnemonic code Buchstabencode (dig), mnemo-(tech)nischer Code, mnemotechnische Operationsverschlüsselung, mnemotechnischer Befehlscode, mnemotechnische Verschlüsselung
mnemonic device name Gerätekurzbezeichnung, mnemotechnischer Gerätename
mnemonic, extended...instruction code Unterbefehl zum Maschinenbefehl
mnemonic, extended...operation code erweiterter mnemotechnischer Operationscode
mnemonic machine instruction Maschinenbefehl in Assemblersprache
mnemonic name (symbolischer) Maschinenname, Merkname, mnemotechnischer Gerätename, Gerätekurzbezeichnung
mnemonic notation mnemotechnische Notation
menmonic operation code mnemotechnischer od. symbolischer Operationscode od. Operationsschlüssel
mnemonics symbol mnemonisches Symbol od. Zeichen, mnemotechnisches Symbol od. Zeichen
MNM (minimum) Mindest...
MNM holding altitutde Mindestwartehöhe
MNO muninational operation
MNOS metal nitride oxyde semiconductor
MNPLRS micronavigation position location reporting (...system)
MNPS minimum navigation performance specification
MNPS conept MNPS-Konzept
MNT (monitor, monitoring, monitored) Überwachungsgerät, überwachen, überwacht
MO movement orders
MOA medium observation aircraft
MOAMA mobile air material area
MOATS message originating and terminating station
MOB main operating base
mobile beweglich, mobil, motorisiert, vollbeweglich, fahrbar, verlegefähig
mobile AAA (anti-aircraft artillery) Kraftwagenflak
mobile aeronautical telecommunication station bewegliche Flug-Fernmeldestelle
mobile air filter mobiler Luftfilter
mobile and transportable air defence radar system bewegliche u. verlastbare Luftverteidigungs-Radaranlagen
mobile and transportable radar display and data handling system bewegliche u. verlastbare Radar-Darstellungs- u. Datenverarbeitungsanlage
mobile antenna Fahrzeug-, Tornisterantenne
mobile antiaircraft missile beweglicher Fla-Flugkörper
mobile anti-aircraft missile system to intercept low-flying aircraft Waffensystem zur Abwehr tieffliegender Ziele
mobile base program Programm zur Einrichtung mobiler Stützpunkte
mobile chain-reacting unit beweglicher Kernreaktor
mobile compressed air starter trolley pneumatisches Anlaßaggregat
mobile container/palette lift platform selbstfahrende Container/Palettenhubplattform
mobile contact repair team beweglicher Instandsetzungstrupp
mobile control tower mobiler Kontrollturm

(Flugsicherungseinrichtung)
mobile engine run-up unit fahrbarer Triebwerkprüfstand
mobile engine test facility mobiler Triebwerkprüfstand
mobile generating sets fahrbare Elektrozentrale
mobile generating sets for construction sites fahrbare Elektrozentralen für Baustelle
mobile hydraulic test set mobile Hydraulikprüfanlage
mobile liquid leichtflüssig
mobile lubricating equipment fahrbare Schmieranlage
mobile radio service beweglicher Funkdienst, bewegliche Funkstelle
mobile radio-transport-operation Funkbetriebs-Kraftwagen
mobile reactor beweglicher od. fahrbarer Reaktor
mobile repair facilities (electrono-optics) mobile Instandsetzungsanlage (Optronik)
mobile repair shop fahrbare Reparaturwerkstätte
mobile service beweglicher Funkdienst
mobile service satellite FM-Satellit für beweglichen Funkdienst (av)
mobile shop bodies Verkaufswagenaufbauten
mobile station bewegliche Funkstelle, Mobilstation
mobile surgical station bewegliche Bodenfunkstelle
mobile telescopic maintenance platform fahrbare Teleskopwartungsbühne
mobile warfare Bewegungskrieg
mobile X-ray security system fahrbares Durchstrahlungsgerät (Sicherheitsdienst)(av)
mobility Ladungsträgerbeweglichkeit
mobility (of charge carriers) Beweglichkeit der Ladungsträger
mobility of an ion Ionenbeweglichkeit
mobility of cathode spot Kathodenfleckbeweglichkeit
mobility of charge carriers Ladungsträgerbeweglichkeit
mobility of electrons Elektronenbeweglichkeit
mobilization plan Mobilmachungsplan
mobilization regulation Mobilmachungsbestimmung
mobil-lounge fahrbarer Warteraum
mobilophone Gegensprechverkehrgerät, Sprechfunkgerät, motorisierte Telephonzentrale
mock fog eingebildeter Nebel infolge Luftspiegelung, falscher Nebel
mock seam falsche Naht
mock-up engine Attrappe, Prüfmodell
mock-up for vibration tests Attrappe für Schwingungsversuche
mock-up from the first stage aft-end Attrappe vom Erststufenheck
mock-up of front fuselage Rumpfbugattrappe
MOD moderate (used to qualify icing, turbulence, interference reports) mässig (wird verwendet zur Kennzeichnung von Vereisung, Böigkeit, Störungen durch atmosphärischen elektrischen Entladungen)
mode Frequenzstufe, genormter Impulsabstand, Wellentyp, Betriebsart (Sekundärradar), Modus (dv), häufigster Wert (statistisch), Betriebszustand (Geräte), Verfahren, Zustand, Schwingbereich (Röhre), Art und Weise, Erscheinungsform
mode adapter Anschalteeinheit
mode, automatic automatischer Arbeitsmodus
mode changer Moduswandler, Wellentypumformer, Wellenwandler
mode check light Betriebsartenkontrolleuchte
mode, complex komplexer Modus
mode coupler Wellentypkoppler
mode filter Modusfilter, Wellentypfilter
mode identifier Moduskennzeichnung
mode immediate Direktmodus
mode in application Anwendungsweise
mode in operation Arbeitsweise
mode in statistics wahrscheinlicher Verteilungswert
mode indicator Betriebsartenanzeiger
mode insert Formeinsatz
mode, instruction Befehlsmodus
mode light Betriebsartenkontrolleuchte
mode, manual manueller Arbeitsmodus
mode, memory operation Speicheroperationsmodus (SOPM)
mode of concentration Konzentrationsart
mode of formation Bildungsweise, Entstehungsart
mode of motion Schwingungsform
mode of operation Bereichsmodus, Arbeitsweise, Betriebsart
mode of origin Entstehungsbedingung, Entstehungsart
mode of oscillation Schwingungsform, -weise
mode of payment Zahlungsmodus, Zahlungsweise
mode of processing Verarbeitungsart, Verarbeitungsweise
mode of propagation Ausbreitungart, Ausbreitungsform (ICAO)
mode of resonance Resonanzform
mode of signaling Signalisierungsverfahren
mode of transmission Übertragungsart, Übertragungsverfahren
mode of vibration Schwingungsform
mode, off-line indirekter od. rechnerunabhängiger Betrieb, Off-Line-Betrieb
mode, on-line direkter od. rechnerabhängiger Betrieb, On-Line-Betrieb
mode, real reeller Modus
mode, receive Empfangsbetrieb, Empfangsmodus (EDV)
mode, screening Rastermodus, Aufrasterungsmodus (Radar)
mode selection feature Betriebsartenwählanlage
mode selection relay Betriebsarten-Wahlrelais
mode selection switch Betriebsartenwahlschalter
mode selection unit Betriebsartenwähler
mode selector Betriebsartenwahlschalter
mode selector switch Betriebsartenwahlschalter
mode shapes Biegeschwingungsformen, Frequenzlinien, Spannungslinien
mode shift Schwingbereichänderung, Umschaltung (von passiv auf aktiv)
mode skip Fehlzündung (Magnetron)
mode skipping Frequenzinkonstanz, -springen
mode spacing Modenabstand (Laser)

mode, standarized nominierter Modus
mode statement Modellanweisung
mode, substitute Substitutionsmodus
mode suppression Nebenwellenunterdrückung
mode suppressor Schwingungsmodusunterdrücker
mode switch Betriebsartenschalter
mode switching Betriebsartenwahl
mode switching logic Betriebsartenschalt-logik
mode, SSR Sekundärrundsichtradarmodus
mode theory Eigenfunktionstheorie
mode transducer Moduswandler, Wellentyp-umformer, Wellentypwandler
mode, transparent transparenter Modus
model Modell, Baumuster, Muster, Gußmodell
model, aero...engine Flugmodellmotor
model aeronautics Modellflugwesen
model aeroplane components Flugmodell-bauteile
model aeroplane records Flugmodellrekorde
model aircraft competition Flugmodell-wettbewerb
model aircraft exhibition Flugmodellausstellung
model aircraft school Modellbauschule
model-airplane components Flugmodellbauteile
model aviation Modellflugwesen
model basin Schleppbehälter (av)
model basin test Basinversuch
model builder Modellbauer
model computer Modellrechner
model construction kit Modellbaukasten
model control Fernsteuerung von Modellen, Modellsteuerung
model control system Modellregelkreis
model, convertible umrüstbares Flugzeug
model designation or number Baumuster-bezeichnung
model flying meeting Modellflugveranstaltung
model-following manoeuvre control gespei-chertes Flugdynamikmodell (LHX-Cockpit)
model glider Segelflugmodell
model, mathematical mathematisches Modell
model method Modellmethode
model missile Modellaggregat
model number Baumusterbezeichnung
model of nucleus Atomkernmodell
model of simulation Simulationsmodell (päd)
model statement Modellanweisung
model of the atom Bohr-Atommodell, Sommerfeld-Atommodell
model plane Flugzeugmodell
model, radiator Kühlermodell
model suspension Modellaufhängung
model test (wind tunnel) Modellversuch
model test stand Modellmeßanlage
model with tubular fuselage Modell mit Rohrrumpf
modellist Modellbauer
modem (modulator-demodulator) Signalumsetzer
moderate mittelmäßige, mittlere
moderate breeze mäßiger Wind (Beaufort 4)
moderate bypass ratio turbofan Zweikreiser mit mäßigem Durchsatzverhältnis
moderate energy mittlere Energie
moderate-energy neutron Neutron mittlerer Energie
moderate gale mäßiger Sturmwind (Beaufort 7)
moderate, to abbremsen, moderieren
moderate turbulence mäßige Turbulenz
moderated pile moderierter Reaktor
moderating block Bremsblock, Moderatorblock
moderating column Brems-, Moderatorsäule
moderating medium Bremsmittel, Moderator
moderating power Bremsverhältnis
moderating process Bremsprozeß, Bremsvorgang
moderating ratio Bremsverhältnis
moderation Abbremsung, Neutronenbremsung, Moderierung (Atomphy)
moderation of neutrons Bremsung von Neutronen (im Raumlabor)(sp)
moderator Bremsmittel, Moderator
moderator control Bremsmittelregelung
moderator-uranium lattice Moderator-Urangitter
modern advanced methods modernes Instand-setzungsverfahren (Flz.-Wartung)
modern blade, aerodynamics aerodynamische Auslegung der Rotorblätter
modern digital avionics hochentwickelte Digitalavionik
modern digital avionics equiopment moderne Digitalavionik
modern fast patrol boat moderner Patroler (Schnellboot)
modern foreign language teaching Fremd-sprachenunterricht (päd)
modern horizontal situtation indicator (HSI) moderner Horizontalsituationsanzeiger
modernising avionic fits Avionikmoderni-sierung (Serviceausstattung)(av)
modes of steering Flugführungsarten
modification Änderung (allgem), Formänderung (technisch), Veredelung, Abänderung, Umgestaltung, Umwandlung
modification, additional Zusatzmodifikation
modification, address Adressenmodifikation, Adreßmodifikation, Adressen(um)änderung
modification, address...register Adressenhilfs-register
modification, automatic address automatische Adressenmodifikation
modification card Änderungskarte
modification entry Modifikationseintrag, Änderungseintrag, Umwandlungseintrag
modification field Modifikationsteil, -feld
modification file Änderungsdatei, Bewegungs-datei, Umwandlungsdatei, Kurzzeitdatei, Vorgangsdatei
modification for trans-oceanic operation für Überwasserflüge erforderliche Modifkation (Verkehrsflugzeug)
modification, full Vollmodifikation
modification instruction Korrekturanweisung, Umbauanleitung
modification kit Formänderungssatz
modification log Änderungsprotokoll
modification master log Änderungshauptbuch
modification module Änderungsmodul
modification of scan patern and beam shape scharfgebündelte Sendekeule hoher Leistung (av)
modification of the line description Änderung der Leitungsbeschreibung
modification of the systems Erweiterung des Erfassungspotentials (Feuerleitradar)
modification or quality Qualitätsregulierung
modification package Änderungspaket

modification parameter Modifikationsanweisung
modification, partial Halbmodifikation
modification plate Formänderungsschild, Schild für Änderungsangaben
modification program Änderungsprogramm, Änderungsroutine
modification proposal Änderungsvorschlag
modification record Änderungssatz
modification record plate Formänderungsnach weisplatte, Formänderungsschild
modification run Änderungslauf
modification, running Jeweils-Änderung
modification service Änderungsdienst, Fortschreibung
modification specialist Änderungspezialist (Avionikmodernisierung)
modification statement Modifikationsanweisung
modification tape Änderungsband
modification to the fan and the low-pressure section modifizierte Bläser- und Niedertruckteile (Twk)(av)
modification to total maintenance schemes Änderungsüberholung bis zu kompletten Materialerhaltungspaketen (Wartung)(av)
modification type Änderungsklasse
modification work Modifizierungsauftrag
modified abgewandelt (chem), formgeändert
modified aerofoil section modifiziertes Laminarprofil
modified AN/TPS-63 radar system capable of detecting aircraft and missiles modifiziertes Radarsystem AN/TPS-63 für die Ortung von Flugzeugen und Flugkörpern
modified and recalibrated engine and reheat fuel control system modifiziertes und neukalibriertes Triebwerk- u. Nachbrennerkraftstoffsystem
modified civil airborne receivers in tankers, transports and support aircraft Einbau modifizierte ziviler Bordausrüstungs in Tanker, Transport- und Unterstützungsflugzeuge
modified clear gemischter Text
modified copal resin Kopanolkunstharz
modified engine abgeänderter Motor
modified inlet annulus modifizierter Einlaufring
modified lower airbrake modifizierte Luftbremse
modified natural plastics umgewandelte Naturstoffe
modified propeller abgeänderte Luftschraube
modified resin abgewandeltes od. veredeltes Harz
modified version modifizierte Ausführung (Bordcomputer)
modified ward module housing radar altimeter modifiziertes Kopfmodul mit Radarhöhenmesser (FK-System)
modified wood chemisch behandeltes od. stabilisiertes Holz
modifier Modifikator, Modifizierfaktor
modifier antenna Korrekturantenne
modifier bit Modifikationsbit
modifier block Modifikationsblock, Änderungsblock (EDV)
modifier, digit Operationsergänzung (EDV)
modifier register Indexregister, B-Register, Basis(adreß)register, Bezugsregister
modifier store Indexspeicher
modifier, utility...card Dienstprogramm-Änderungskarte
modify, to abwandeln, verändern, umwandeln, Formänderung durchführen, umrüsten, modifizieren (EDV)
modifying sign Bestimmungszeichen
modifying the fan reduction gear Modifikation am Bläseruntersetzungsgetriebe (Twk)
moding Schwingbereichsänderung, Frequenzspringen
modular analog computer Modul-Analogrechner
modular assembly modulare Bausteinzusammensetzung
modular concept Prinzip der Einheitsbauweise, Prinzip der Modularbauweise, Modulbauweise
modular construction Modulbauweise
modular co-operation Modulanordnung
modular co-ordination Modulanordnung
modular design Aufbau nach Baukastenprinzip, Modul(ar)bauweise
modular design keeps maintenance to a minimum geringer Wartungsaufwand durch Modulartechnik
modular detail modulare Einzelheit, Moduleinzelheit
modular dimension modulare Abmessung, modulares Richtmaß
Modular Engine Test System METS
modular gap Abstand vom Raster
modular grid modularer Raster
modular hydrofoil Modul-Tragflügelboot
modular increment modularer Sprung
modular line modulare Gerade od. Linie
modular point modularer Punkt
modular, redundancy by...operation Modularitätsredundanz
modular replacement Modulaustausch
modular replacement, simple rationeller Modulaustausch
modular stand-alone units with own power conversion system (sp) modular aufgebaute Einheiten mit eigenem Wandlersystem (Energieversorgung der Raumstation)
modular stand-off weapon (MSOW) modulare Abstandswaffe (MSOW), MSOW-Kampfmittelbehälter (av)
modularity Modularität
modulate, to modulieren, zusammensetzen
modulated amplifier Modulationsstufe, modulierter Verstärker
modulated at audio-frequency tonmoduliert, tonüberlagert
modulated carrier wave modulierte Trägerwelle
modulated continuous wave A-2 (Betriebsart, modulierte ungedämpfte Welle)
modulated continuous wave telegraphy tönende Telegraphie
modulated CW jamming modulierte Dauerstrichstörung (elektronische Kampfführung), modulierter Dauerstrichstörsender (ELOKA)
modulated DECCA moduliertes DECCA-System
modulated dimension teilmodulare Abmessung
modulated light beam modulierter Lichtstrom
modulated signal 30% Modulation mit 400HZ
modulating choke Steuerdrossel

modulating cylinder Bremsdrucksimulator
modulating frequency Modelfrequenz, Modulationsfrequenz
modulating piston Regelschieber
modulating tube Beeinflussungsröhre
modulating valve Durchflußregelventil (Drosselventil)
modulating voltage Modulationsspannung
modulation Abstimmung, Aussteuerung, Beeinflussung, Modelung, Modulierung, Modulation, Stufenleiter, Tasten
modulation, amplitude (AM) Amplitudenmodulation
modulation, angle Winkelmodulation
modulation at audio-frequency Tonüberlagerung
modulation, binary frequency binäre Frequenzmodulation
modulation calibration test set Modulationseichgerät
modulation capability Modulationsfähigkeit, Modulierbarkeit
modulation characteristic Modulationscharakteristik, Modulationskennlinie, Modulationskurve
modulation circuit Modulationsanordnung, Modulationskreis
modulation circuit after Harbich, Pungs and Gerth Modulationsschaltung nach Harbich, Pungs u. Gerth
modulation converter Modulationsumwandler
modulation depth Modelungsgrad, Modulationsgrad, Modulationstiefe
modulation distortion Modulationsklirrfaktor
modulation down-ward subtraktive Modulation
modulation element Modulationselement
modulation eliminator Modulationsunterdrücker
modulation envelope Modulationshüllkurve, Modulationsverlauf, moduliertes Signal
modulation equipment Modulationsgerät
modulation factor Modulationsfaktor, Modulationsgrad
modulation, frequency (FM) Frequenzmodulation
modulation frequency Modulationsfrequenz
modulation frequency response Modulationsfrequenzgang
modulation generator Modulationssteuergerät
modulation in depth starke, tiefe Modulation
modulation in opposition Gegenmodulation
modulation in shallow schwache Modulation
modulation index Modulationsindex, Modulationsgrad
modulation indicator Aussteuerungsanzeigeröhre
modulation input Informationseingang, Modulationsangebot (EDV)
modulation input impedance Modulationseingabeimpedanz (EDV)
modulation level Modulationsniveau
modulation measurement Modulations(ab)messung
modulation meter Aussteuerungskontrollgerät, Modulationsmesser, Modulationsanzeiger
modulation monitor Modulationskontrollgerät, Modulationsüberwachungsgerät
modulation, multi-level mehrstufige Modulation
modulation noise Modulationsrauschen
modulation note Modelton
modulation of fuel flow to the engine Regelung des Kraftstoffdurchflusses im Triebwerk
modulation of the electron beam Modulation des Elektronenstrahls
modulation percentage prozentualer Modulationsgrad
modulation, phase Phasenmodulation
modulation piston Überlagerungsschieber (Steuerorgan)
modulation, polarised dipole (deprecated) Aufzeichnung mit Rückkehr nach Null (polarisiert), polarisiertes RZ-Schreibverfahren
modulation power Modulationsleistung
modulation products Modulationsprodukte
modulation, quaternary frequency quaternäre Frequenzmodulation
modulation rate Schrittgeschwindigkeit, Modulationsgeschwindigkeit, Tastgeschwindigkeit, Telegraphiergeschwindigkeit
modulation rate in Bauds (generally corresponds to the transmission speed in bit's) Schrittgeschwindigkeit in Baud's
modulation reactor Modulationsdrossel, Steuerdrossel
modulation sensitivity Modulationssteilheit
modulation, single-stage einstufige Modulation
modulation suppression Modulationsunterdrückung
modulation-suppression rate Modulationsunterdrückungsgrad
modulation system Modulationsschaltung, Modulationssystem
modulation, ternary frequency ternäre Frequenzmodulation
modulation threshold Modulationsschwelle
modulation to dark condition Modulation, Modelierung u. Steuerung auf Dunkel
modulation to light condition Hellsteuerung
modulation transfer function Modulationsverstärkung
modulation voltage Modulationsspannung
modulation, Z-axis Helligkeitsmodulation
modulator Modler, Modulator, Tastgerät, Sender-Signalumsetzer
modulator choke Modulatordrossel
modulator circuit Modulatorschaltung
modulator-demodulator Modulator-Demodulator
modulator driver Modulator-Treiberstufe
modulator electrode Steuerelektrode, Steuerzylinder, Wehnelt-Elektrode
modulator load (pulse radar) Modulator-Prüfgerät (Impulsradar)
Modulator Orbital Propulsion System for Subsatellite (MOPSS)
modulator section Modulatorteil
modulator stage Modulatorstufe (Radar)
modulator tube Modulatorröhre, Steuerröhre
modulator unit Modulatorbaugruppe
modulator valve or tube Beeinflussungsröhre
module Einschub (Kernspeichererweiterung), Baustein, Glied (schaltungstechnisch), Modul (gerätetechnisch), Kennzahl, Zahnmodul

module, additional addressing zusätzlicher Adreßblock
module, alarm Alarmbaugruppe
module, attenuator Dämpfungsbaugruppe
module, automatic...library search automatisches Absuchen der Modulbibliothek
module card Modulkarte
module card deck Modulkartenstapel
module change Änderungsmodul
module, character-parallel output Baustein für Zeichen-Parallel-Ausgabe
module, character-serial input Baustein für Zeichen-Serien-Eingabe
module, character-serial output Baustein für Zeichen-Serien-Ausgabe
module, circuit Schaltungsmodul
module commonality Baugruppengemeinsamkeit
module control Modulsteuerung
module, control Steuermodul
module, extract Änderungsmodul
module for parallel input of characters Baustein für Zeichen-Parallel-Eingabe
module for parallel output of characters Baustein für Zeichen-Serien-Ausgabe
module for serial input of characters Baustein für Zeichen-Serien-Eingabe
module, individual Einzelmodul
module, jumpering Rangierbaugruppe (RG)
module library Modulbibliothek
module, line adapter Sende-/Empfangsumsetzer
module, main memory Arbeitsspeichermodul
module, marginal-check Marginal-Check-Prüfeinrichtung (MC), Grenzwertprüfeinrichtung
module, memory Speichermodul
module, modification Änderungsmodul
module name Modulname
module, plug-in pc steckbare Plattenbaugruppe
module, program Programm-Modul
module, programming programmierbares Modul, Programmiermodul
module replacement in the field Modulaustausch im Einsatz
module, restart Wiederstartbaugruppe
module, revision Änderungsmodul
module, segregate a small pressurised separates, klimatisiertes Modul (sp)
module, semiconductor memory Halbleiter-Speichermodul
module, source Quellenmodul
module, termination Systemanschlußbaugruppe
module, test Testbaugruppe (TBG)
module unit Baugruppe, Baustein, Modulbauteil
modulo-N check Modulo-N-Kontrolle, Modulo-N-Prüfung, Restprüfung
modulo-N count Modulo-N-Zählen
modulo-N counter Modulo-N-Zähler
modulon-check Querrestkontrolle
modulus Maß, Modul, Zahl
modulus in compression Elastizitätsmodul bei Druck
modulus in flexure Elastizitätsmodul bei Biegung
modulus in sheat Schubmodul
modulus in tension Elastizitätsmodul bei Zug
modulus of cubic compressibility K-Modulus
modulus of decay Abklingmodulus, Ausschwingmodulus
modulus of elasticity (in shear) Schubmodul, Elastizitätsmodul (bei Zugbeanspruchung), Dehnmaß
modulus of elongation Dehnungsmodul
modulus of extension Elastizitätsmodulus, Dehnungsmodulus
modulus of rigidity Elastizitätsmodul, Schubmodul, Starrheitsmodul
modulus of shear Schubmodul
modulus of shearing Schermodul, Schubsteife
modulus of stretch Reckmodul (Textil) (Verhältnis der Belastungszunahme zum Längenwachstum g/denier)
modulus of torsional shear Torsionsmodulus
modulus of transparency Durchsichtigkeitsmodul
mogul cap Lampensockel (A)
moil Absprengkappe, Haube (Flugzeugkanzel)
Moire analysis Moire-Interferenzanalyse, optische Interferenzanalyse
Moire grid shadow method Moire-Gitterschattenmethode, Moire-Interferenzanalyse, optische Interferenzanalyse
Moire pattern ("Flammformen") Moire-Formen, Interferenzlinie, Interferenzbild
moisten, to anfeuchten, befeuchten, benetzen
moistening plant Befeuchtungsanlage
moisture Feuchtigkeit (Wassergehalt eines Stoffes)
moisture absorption Wasseraufnahmevermögen
moisture absorption of an insulator Wasseraufnahmevermögen von Isolierstoffen
moisture absorptivity Saugfähigkeit
moisture, condensation of niederschlagen von Feuchtigkeit
moisture content Feuchtigkeitsgehalt, Feuchtigkeitsgrad, Wassergehalt
moisture content of nitrogen präzise Analyse des Feuchtegehalts im Stickstoff (sp)
moisture content of the air Feuchtigkeitsgrad der Luft
moisture control Feucht(igkeits)regelung
moisture corrosion Schwitzwasserkorrosion
moisture equilibrium Feuchtigkeitsgleichgewicht
moisture fungus proofing date Datum der Konservierung gegen Schimmelbildung
moisture indicator Feuchtigkeitsanzeiger
moisture in-timber meter Holzfeuchtemesser
moisture-proof feuchtigkeitsbeständig, feuchtigkeitsgeschützt, feuchtigkeitsfest, feuchtigkeitssicher, Wasserdampf undurchlässig
moisture-repellent hydrometrischer Flügel
moisture separator Flüssigkeitsabscheider (pneumatisches System)
moisture vapour-proof envelope feuchtigkeitssichere Schutzhülle
MOL (manned orbiting laboratory) bemanntes Raumlaboratorium
mol Mol, Molekulargewicht in Gramm
molar körperlich, massig, massiv
molar heat capacity molare Wärmekapazität
molar percentage molares Prozent
molar specific heat molare spezifische Wärme
molar volume Mol(ar)volumen
molar weight Molgewicht
mold Hohlstempel, Mantelform (pla)

mold casting Formgießverfahren, Formguß
mold cavity Formenhohlraum
mold clamping Formenschluß, Formzuhaltung (Spritzgießmaschine), Werkzeugzuhaltung (Spritzgießen)
mold clamping force Form(en)schließkraft, Formzuhaltekraft, Werkzeugschließkraft, Werkzeugzuhaltekraft (Spritzgießmaschine)
mold clamping pressure Formschließdruck, Formzuhaltedruck, Werkzeugschließdruck, Werkzeugzuhaltedruck
mold closing time Preßschließzeit (adh)(A)
mold design and construction Formenbau (Kunststoffverarbeitung)
mold drier Formtrockner (Gießerei)
mold frame Kokillenhubrahmen (Stranggießen)
mold heating Formheizung, Werkzeugheizung (Spritzgießmaschine)
mold height Formhöhe, Werkzeughöhe (Spritzgießmaschine)
mold height adjustment Formhöhenverstellung (Spritzgießmaschine)
mold impression Formenhohlraum
mold lubricant (rubber) Formeneinstreichmittel
mold opening stroke Formenöffnungshub, Werkzeugöffnungshub (Spritzgießmaschine)
mold parting line Formteilungsebene, Formtrennebene
mold reinforcement gagger Formarmierung (Gießerei)
mold release Trennmittel
mold release agent Antihaftmittel, Entformungsmittel (auf Form auftragen), Formtrennmittel (auf Form auftragen)
mold shrinkage Schwindmaß, Schwindung
mold skid depth Profiltiefe
mold spraying agent Formausspritzmittel
mold table Kokillenhubtisch (Gießerei)
mold table guide Kokillenhubtischführung
mold, to abformen, einformen, formen, modellieren, pressen
mold tube Rohrkokilleneinsatz (Stranggießen)
mold vent Formentlüftungskanal
mold venting Entlüften der Form
moldability Formbarkeit, Preßbarkeit, Verarbeitbarkeit
moldable or fictile insulating substance Isoliermasse
molded formgepreßt
molded base line Tiefgangsgrundlinie
molded breadth Breite in der Konstruktionswasserlinie, Breite über Spanten (Schiffsbau)
molded fiber board Hartfaserplatte
molded insulation gepreßte Isoliermasse, Isolierformstück
molded laminate Schichtstoffpreßformstück
molded lead covering gepreßter Bleimantel
molded rod gepreßter Stab (pla)(A)
molder's nail Kernnagel
molding Formarbeit, Kehlleiste, Zierleiste
molding board geharzte Pappe
molding compound Preßmasse
molding corner clip Zierleistenstecklasche
molding plane iron Kehlhobeleisen
mole Mol, Molekulargewicht in Gramm
molecular alignment Gleichrichtung der Moleküle
molecular ampere currents amper'sche Molekularströme
molecular amplifier Molekularverstärker
molecular attraction Anziehung der Moleküle, molekulare Anziehung, Molekularanziehung
molecular beam Molekularstrahl
molecular cohesion Zusammenhalt der Moleküle
molecular conductivity Molekularleitfähigkeit
molecular density Moleküldichte
molecular distillation Molekulardestillation
molecular electronics Molekularelektronik
molecular epitaxy techniques to put a thin layer of MCT on a silicon base Molekularstrahlepitaxie in dünner Schicht auf Silizium aufgetragen (av)
molecular excitation Molekülanregung
molecular force Molekularkraft
molecular force field Molekularkraftfeld
molecular grid or lattice Molekülgitter
molecular heat Mol(ekular)wärme
molecular ion Molekülion
molecular microwave oscillator Molekular-Mikrowellenoszillator
molecular polarization Molekülpolarisation
molecular refraction Lichtbrechungsvermögen, Molekularrefraktion
molecular resonance absorption Absorption durch molekulare Resonanz
molecular rotary power molekulares Drehvermögen
molecular stopping power molekulares Bremsvermögen
molecular structure Molekül(auf)bau
molecular system Molekülsystem
molecular theory Molekulartheorie
molecular vacuum gauge Molekularvakuummeter
molecular velocity Molekulargeschwindigkeit
molecular vibration Molekülschwingung
molecular volume Molvolumen
molecular weight Molekulargewicht
molecule Massenteilchen, Molekel, Molekül
molecule ion Molekülion
molecule, oscillation Schwingungsmolekül
molecule, rotation Rotationsmolekül
molecule, spectrum Spektrumsmolekül
molefraction Molenbruch
mole-pump Maulwurfpumpe
mole-ratio Molverhältnis
Molien organism Mole'scher Organismus
molten geschmolzen, schmelzflüssig
molten aluminium flüssiges Aluminium
molten-fin coating Schmelzverfahren
molten metal flüssiges, geschmolzenes Metall
molten plastic geschmolzener Kunststoff
molybdenum disulphide Molybdändisulfid
molybdenum steel Molybdänstahl
moment Augenblick, Moment, Nu, subjektives Zeitquant, Zeitpunkt
moment about the nucleus Kernpunktmoment
moment at the joint Eckmoment
moment coefficient Momentbeiwert
moment curve Momentkurve, Momentlinie
moment diagram Momentdiagramm, Momentschaubild
moment distribution (method) Crossverfahren, Momentenausgleichverfahren nach Cross,

Impulsverteilung
moment equation Aggregatgleichung (g/m), Momentgleich
moment generating function momentenerzeugende Funktion
moment load Momentbelastung
moment matrix Matrix der Momente
moment of acceleration Beschleunigungsmoment
moment of a couple Drehmoment, Kupplungsmoment
moment of a dipole Dipolmoment
moment of a magnet magnetisches Moment
moment of flexure Biegemoment
moment of force Kraftmoment, statisches Moment
moment of gravitational force Schwerkraftmoment
moment of gyration Schwungmoment
moment of inertia Beharrungsvermögen, Trägheitsmoment, Schwungmoment, Massenträgheitsmoment
moment of inertia of area Flächenträgheitsmoment (w)
moment of inertia of cross-sectional area Trägheitsmoment des Querschnitts
moment of inertia of solids Massenträgheitsmoment
moment of interception Abfangaugenblick
moment of load Belastungsmoment
moment of momentum Drall (Achs(en)umdrehung), Elektronendrall, Drehimpuls
moment of normal force Kernmoment
moment of pitch Nickmoment
moment of propeller thrust Schraubenkraftmoment, Schraubenzugmoment
moment of resistance aufnehmbares Moment, Trägheitsmoment, Widerstandsmoment
moment of rotation Torsionsmoment
moment of tail unit Leitwerkmoment
moment of the main supporting planes Haupttragflügelmoment
moment of torsion Drehmoment, Torsionsmoment
moment pole Momentenpol, Momentenpunkt, Drehpunkt
moment, resultant resultierendes Moment
moment to change trim one inch (MTI) Trimmoment für einen Zoll Trimmänderung
moment transmitting joint Momentenanschluß
moment zero point Momentennullpunkt
momentary augenblicklich, kurzzeitig
momentary contact operate channel kurzzeitiger Kontaktgabekanal
momentary inventory unit Inventurwertbuchhaltung (komm)
momentary target Augenblickzeit
momentary value Augenblicks-, Momentwert
momentum Bewegungsenergie, Bewegungsgröße, kinetische Energie, bewegende Kraft, Betriebskraft, Impuls, Triebkraft (phys), Wucht
momentum-charge ratio (nuclear) magnetische Steifigkeit
momentum conservation Erhaltung des Impulses
momentum density (nuclear) Impulsdichte
momentum distribution Impulsspektrum, Impulsverteilung
momentum of body Impuls, Bewegungsgröße, Bewegungsmoment
momentum range Impulsintervall
momentum representation (nuclear) Impulsdarstellung
momentum starter Schwungkraftanlasser
momentum theorem Impulssatz, Momentensatz (phys)
momentum transportation theory Impulstransporttheorie
momentum wheel Stabilisierungsschwungrad (space)
momentum wheel with active magnetic bearing Schwungrad mit aktiver Magnetlagerung
monadic operation monadische Operation, monadische Verknüpfung
monatomic einatomig, monatomar
monatomic gas einatomiges od. monatomares Gas
monatomic hydrogen monatomarer Wasserstoff
monatomic molecule einatomiges od. monatomares Molekül
monaural listening or reception einohriges Hören
monazite sand Monazitsand (thriumhaltig)
monel metal-plated monelmetallplattiert
monergol (propellant) Monergol
monetary fluctuion Paritätsschwankung
monetary inventory unit Inventurwertbuchhaltung
money-making potential, greater größeres Ertragspotential (Luftfracht)
monitor Bildkontrollempfänger, Monitor, Kontrollbeamter, Kontrollempfänger, Kontrollinstrument, Mithörender, Normempfänger, Speicherauszug (Unterprogramm) (dig), Überwachungsprogramm, Überwachungsgerät, Monitorprogramm, Warngerät
monitor area Monitorbereich, Kontrollbereich
monitor call Aufruf an den Ablaufteil, Organisationsprogrammaufruf
monitor card Monitorsteuerkarte
monitor card deck Monitorkartenstapel
monitor chamber Monitorkammer
monitor console Überwachungstisch
monitor, continuous-request Daueranforderungsüberwachung
monitor control card Monitorsteuerkarte
monitor control card set Monitorkontrollkartensatz Monitorsteuerkartensatz
monitor control statement Monitorsteueranweisung
monitor counter Überwachungszählrohr
monitor current Überwacherstrom
monitor facility Überwachungseinrichtung
monitor file Monitordatei
monitor fishing zone and ocean current Fischereizone und Meeresströmung überwachen
monitor, general...checking routine allgemeines Überwachungsprogramm
monitor information Monitorinformation
monitor ionization chamber Überwachungsionisationskammer
monitor jack Mithör-, Überwachungsklinke
monitor job sequence Monitorablauffolge
monitor job stream Monitorablauffolge,

Monitoreingabe
monitor line Überwachungsleitung (ATC)
monitor loudspeaker Kontrollautsprecher
monitor, output voltage Spannungsüberwachung
monitor panel Kontrollfeld, Überwachungsfeld
monitor parameter card Monitorsteuerkarte
monitor phase Monitorphase, Kontrollphase
monitor position (telcom) Störungs(melde)-stelle
monitor printer Kontrolldrucker
monitor program Monitor(programm), Überwachungsprogramm
monitor receiver Kontrollempfänger, Monitor
monitor routine Monitor(programm), Überwachungsprogramm
monitor run Kontrollauf, Monitorlauf, Überwachungslauf
monitor session Monitorlauf
monitor set Monitor, Überwachungsgerät
monitor, slave Parallelanzeige
monitor socket Meßbuchse
monitor statement Monitoranweisung
monitor step Monitorschritt
monitor supervisor (computer) Monitorprogramm
monitor the mission Überwachungsmission
monitor, to überwachen (im Radar), kontrollieren (Geräteablauf)
monitor, to run under...control unter Steuerung des Monitors ablaufen
monitor, to run without...control ohne Steuerung des Monitors ablaufen
monitor transmitter Kontrollsender
monitor tube Bildkontrollröhre
monitored approach überwachter Anflug
monitored, automatically automatisch überwacht
monitored frequency überwachte Frequenz
monitoring Betriebsüberwachung, Funktionskontrolle, Überwachung
monitoring activity Kontrolldienststelle
monitoring aerial Kontrollantenne
monitoring aircraft noise Fluglärmüberwachung
monitoring amplifier Meßverstärker, Überwachungsverstärker, Abhörverstärker, Kontrollverstärker
monitoring antenna Überwachungsantenne
monitoring,automatic...system automatisches Regelsystem
monitoring box Abhörbox
monitoring button Mithörtaste
monitoring circuit Mithöreinrichtung, Prüfschaltung, Überwachungskreis, Überwachungsschaltung
monitoring, connection Verbindungsüberwachung
monitoring console Kontrollkonsole
monitoring control Mithörregler
monitoring control system Regelsystem
monitoring counter Überwachungszähler
monitoring depot Überwachungsdepot
monitoring device Überwachungsvorrichtung
monitoring electronic display Überwachung elektronischer Anzeige
monitoring element Rückführglied
monitoring equipment Kontrollausrüstung
monitoring feedback Rückführung zur Schließung des Regelkreises
monitoring foil Kontrollfolie
monitoring for radiation Messung der Strahlendosis
monitoring function, independent unabhängige Überwachungsfunktion
monitoring, hardware...circuit Hardware-Überwachungsschaltung
monitoring installation Mithöreinrichtung
monitoring instrument Kontrollgerät, Überwachungsgerät, Dosimeter, Strahlenspürgerät, Verstrahlungsmeßgerät, Meßgerät, Meßinstrument, Überwachungsinstrument
monitoring ionization chamber Überwachungs-Ionisationskammer
monitoring loudspeaker Abhörlautsprecher
monitoring machine Mitlesemaschine
monitoring, master program for connection Rahmenprogramm für Verbindungsüberwachung
monitoring of direction or rotation Drehrichtungskontrolle
monitoring of the distribution of atmospheric ozone Ozonverteilung in der Atmosphäre
monitoring of the distribution of water vapour in the atmosphere Feuchtigkeitsverteilung in der Atmosphäre
monitoring picture Kontrollbild, Suchbild
monitoring pilot überwachender Pilot
monitoring point Überprüfungspunkt, Überwachungspunkt (Zuverlässigkeit)
monitoring printer Kontrolldrucker, Kontrollblattschreiber
monitoring radio receiver Kontrollempfänger, Überwachungsempfänger
monitoring receiver Kontrollempfänger
monitoring reception Kontrollempfang
monitoring request Überwachungsanforderung
monitoring routine Überwachungsroutine
monitoring service Abhördienst, Überwachungsfunkdienst
monitoring station Überwachungsfunkstelle
monitoring switch Kontrollschalter, Überwachungsschalter, Wählschalter
monitoring switchboard Überwachungsschaltschrank
monitoring system Kontrollsystem, Überwachungssystem
monitoring team Strahlenschutzgruppe
monitoring teleprinter Mitlesemaschine
monitoring, to reset the...counter den Überwachungszähler löschen
monitoring tube Kontrollröhre
monitor's position Kontrollplatz
monitron Monitron (Strahlenüberwachungsgerät)
monkey (of a pile driver) Fallklotz
monkey spanner Universal(schrauben)schlüssel
monkey wrench Engländer, englischer Schraubenschlüssel, Franzose, Mutterschlüssel, verstellbarer Schraubenschlüssel
mono- or multiple-pulse (up to 5Hz) **range finders multi-sensor weapon system** Laserentfernungsmesser mit Einzel- und Mehrfachimpulsbetrieb (Radarwarntechnik)
mono-acceleration Mono-Beschleunigung
monoatomic einatomig, monoatomar
monoatomic gas einatomiges Gas
monoatomic layer monoatomare Schicht
monoblock barrel Vollrohr
monoblock rotor hub einteilige Rotornabe

monochromatic einfarbig, monochromatisch
monochromatic beam monochromatischer Strahl
monochromatic emission monochromatisches Emissionsvermögen
monochromatic energy density monochromatische Energiedichte
monochromatic radiation monochromatische Strahlung, energiemonogene Strahlung
monochromating crystal Kristall zur Herstellung monochromatischer Strahlen
monochromatization Monochromatisierung
monochromator Monochromator
monochrome display monochromes Sichtgerät
monochrome monitor for avionics surveillance application, 5inch... monochromes 5-Zoll-Bildschirmgerät hoher Auflösung für elektronische Sensoren
monochrome multifunction display monochromes Mehrfunktionsbildschirmgerät (Avionik)
monochrome raster multi-function display (cockpit display) monochromer Rasterbildschirm (Sichtgerät)(av)
monochrome signal Schwarz/Weiß-Signal
monochrome transmission Einfarbübertragung, Monochromübertragung
monoclinal flexure Flexur, Kniefalte, Monoklinalfalte (geol)
monoclinal fold Flexur, Kniefalte, Monoklinalfalte (geol)
monocline Monoklinale, Monokline (geol)
monocoque Schalenbau, Wickelrumpf
monocoque construction Schalenbauweise
monocoque fuselage Schalenrumpf, Walfischrumpf
monocoque fuselage-model Schalenrumpfmodell (av)
monocoque metal body or fuselage Metallwickelrumpf
monocoque structure Schalenbauteil
monocoque type Schalenbauweise
monocoque wing Schalenflügel
monocrystal Einkristall, Monokristall
monocrystals for structural application Monokristalle für den Zellenbau
monocular helmet-mounted display monokulares Helmvisier
monocyclic blade pitch control monozyklische Blattverstellung
monocular lens Monokellinse
mono-energetic monoenergetisch
monoenergetic electron monoenergetisches Elektron
monoenergetic neutron monoenergetisches Neutron
monoenergetic protons monoenergetische Protonen
monoenergetic radiation monoenergetische Strahlung
monoergic (monoenergetic) monoenergetisch
monofilament Ein(zel)faden (Fsch)
monoisotopic element monoisotopisches Element
monokinetic monokinetisch
monolever control Einhebelschaltung (A)(w)
monolith Festkörperschaltung, Festkörperschaltkreis, Monolith
monolithic circuit Monolithschaltung, mikrominiaturisierte Festkörperschaltung
monolithic integrated circuit monolithisch integrierte Schaltung
monolithic silicon circuit monolithische Siliziumschaltung
monomial multivibrator monostabiler Multivibrator
monomolecular monomolekular, von der Dicke eines Moleküls (Schmierfilm usw)
monomolecular layer monomolekulare Schicht
monomolecular reaction monomolekulare Reaktion
monophase alternation Einphasen-Halbwelle
monophase alternator Einphasen-Wechselstromgenerator
monophase current Einphasenstrom
monophase main Einphasennetz
monophase power supply Einphasennetz
monoplane Eindecker
monoplane, conventional (resists bending by absorbing end loads in spar caps and, to an extent, in the skin) konventioneller Tragflügel (nimmt Biegekräfte durch Verformung der Holmgurte und zum Teil auch der Behäutung auf)(av)
monoplane fuselage model Rumpfeindecker
monoplane model Eindeckerflugmodell, Rumpfeindecker
monoplane spar model Stabeindecker
monopole magnet Monopolmagnet, Einpolmagnet
monopropellant Einzeltreibstoff
monopropellant and bi-propellant auxiliary propulsion system Mono- u. Bi-Treibstoff-Hilfsantriebssystem
monopropellant and bi-propellant auxiliary propulsion system for attitude and orbital control of orificial satellite Mono- u. Bi-Treibstoff Hilfsantriebssystem für Satellitenlage- u. Bahnsteuerung
monopulse decoder Monopulsdecoder
monopulse Doppler tracking radar and fire control system Monopulsdopplerzielverfolgungsradar und Feuerleitsystem
monopulse method Einpulsverfahren, Monopulsverfahren
monopulse operation Monopulsbetrieb
monopulse radar Monopulsgerät
monopulse radar system Monopulsradarsystem
monopulse technique Monopulstechnik
monopulse tracking radar Monopuls-Zielverfolgungsradar
monorail conveyor Einschienen-Förderbahn
monorail system Monorailsystem
monoscope Testbildröhre
monosleeve valve engine Motor mit nur einem Steuerschieber (nach Burt-McCollum)
monostable circuit monostabile Kippschaltung, monostabile Schaltung, monostabiler Multivibrator, monostabiles Flip-Flop
monostable flip-flop monostabile (Kipp)-schaltung, monostabiler Multivibrator, monostabiles Flip-Flop
monostable multivibrator monostabile (Kipp)-schaltung, monostabiles Flip-Flop
monostable trigger circuit monostabile (Kipp)schaltung, monostabile Schaltung,

monostabiler Multivibrator, monostabiles Flip-Flop
monostatic system monostatisches Gerät
monotron Fernsehröhrenprüfgerät, Monotron
monovalence Einwertigkeit
monovalent einwertig (chem)
monovariant equilibrium einfaches Gleichgewicht
monoxide Monoxyd
Monte-Carlo method Monte-Carlo Methode (math, log)
Monte-Carlo step of sampling Monte-Carlo-Stichprobenverfahren
Monte-Carlo study Monte-Carlo-Berechnung
Monte-Carlo technique Monte-Carlo-Methode
monthly balance sheet Monatsabrechnung (komm)
monthly charge monatliche Maschinenmiete
monthly consumption Monatsverbrauch
monthly mean pressure Monatsmittelwert des (Luft)drucks
monthly summary card Monatssummenkarte
monthly transaction register Monatsregister der Versorgungsvorgänge
moon circling trajectory Mondumlaufbahn
moon corridor Mondflugkorridor
moon flyby Mondvorbeiflug
moon in eclipse Mondbeschattung
moon landing Mondlandung
moon orbit Umlaufbahn um den Mond, Mondumlaufbahn
moon orbit telemeter Mondbahn-Telemeter
moon-quakes or tremor Mondbeben
moon rocket Mondrakete
moon satellite Mondsatellit
moonshine Vielfachechoerzeuger
moon shot Mondschuß
moon's gravitational field Gravitationsgrenze
moon's orbit Mondbahn
moonstone Abart des Feldspates
moor Schiff festmachen, verankern, vertäuen
moor an aircraft, to ein Flugzeug verankern
Moore (tube) lamp Linestrallampe, Moore-Lampe
moored mine Anker(tau)mine
moored sweep mechanisches Räumen
mooring Verankerung (von Flugzeugen od. Schiffen)
mooring area Liegeplatz
mooring band Verankerungsgurt für Ballonfesselleinen
mooring cable Verankerungskabel (Schiff)
mooring drag Heckbeschwerung bei Verankerung (von Sportflugzeugen)
mooring facilities Verankerungsmöglichkeiten
mooring harness Ballongurtwerk
mooring line Verankerungsleine, Vertäuwerk (Schiff)
mooring loop Aufhängeschleife für Ballastsack (Luftschiff), senkrechte Schleife für den Sandsack
mooring mast Ankermast (für Luftschiff)
mooring place Ankerplatz
mooring ring Verankerungsring
mooring rope Hantierleine zum Verankern, Verankerungsseil
mooring rope drum retaining wire Scherdraht, Trommelsicherungsdraht (Minenanker)
mooring rope drum spindle Achse der Ankertautrommel, Ankertautrommelachse (Minenanker)
mooring spindle konischer Ausleger
mooring spring buffer Pufferfeder (zum Ankertau)
mooring tower Ankermast
mop Büschel, Quaste, Wischlappen, Aufwischer
mopping-up detachment Säuberungstrupp
MOPS (1,2 million operations/sec) MOPS (1,2 Millionen Operationen pro Sekunde)
MOPSS Modulator Orbital Propulsions System for Subsatellite
morability Fahrbarkeit
morable rose fahrbares Gießrohr
moratorium Aufschub, Moratorium, Stillhaltekredit, Zahlungsaufschub (komm)
more engine power Steigerung des Schubbedarfs (Twk)(av)
more engine power (enhances manoeuvrability, weapon-carrying cabability within load limits) **Mehr Schub bedeutet:** bessere Manövrierfähigkeit mit größerer Nutzlastkapazität innerhalb der Festigkeitsgrenzen)(av)
more kinds of mission Einsatzvielseitigkeit
morpheme Morphem
morphogram Morphogramm
morphogrammatic compound morphogrammatische Kette
morphological morphologisch
morphology Morphologie
morphy calipers Tastzirkel (mit einer Zirkel- u. einer Tastspitze (w)(A)
Morse alphabet of code Morsealphabet
Morse character Morsezeichen
Morse code tone Morsezeichen
Morse code transmission das Morsen
Morse, contracted...figure signals abgekürzte Morsezahlen
Morse corruption or error in reception Horchfehler
Morse dash Morsestrich
Morse dot Morsepunkt
Morse embosser Reliefschreiber
Morse inker Farbrädchenschreiber
Morse key Morsetaste
Morse lamp Blinkapparat, Blinklampe, Morselampe
Morse printer Morseschreiber
Morse receiver Farbschreiber, Morseempfänger
Morse reception Schreibempfang
Morse sender Morsegeber
Morse signal Morsezeichen
Morse strip or tape Morsestreifen
Morse system Morsesystem
Morse taper Klopfer, Morsetaste
Morse telegraph Morseapparat, Morsegerät, Morsetelegraph
Morse to five-unit code converter Umsetzer von Morsestreifen in Fünfschritt-Lochstreifen
Morse transmitter Morsesender
mortage amortization Hypothekentilgung
mortage bond Hypothekenanleihe
mortality rate Ausfallquote (Produktion)
mortar Handwerfer, Mörser, Mörtel, Reibschale
mortar and artillery-locating radar Mörser- u. Artillerieortungsradargerät
mortar emplacement Granatwerferstand
mortar gunner Werferschütze

mortar locating radar Radargerät für Granatwerf(er)ortung, Mörserortungsradar
mortar pit Granatwerfernest
mortar section Granatwerfergruppe
mortar shell Granatwerfergeschoß, Wurfgranate
mortar-shell fuse Wurfgranatzünder
mortar smoke shell Nebelwurfgranate
mortar team Granatwerfertrupp
mortise Nut, Stemmloch, Zapfenloch
mortise chisel Lochbeitel
mortise dead lock Einsteckschloß
mortise latch Einsteckriegel
mortise, to verzapfen
mortise wheel Zahnrad mit Winkelzahn
mortising machine Stemmaschine
mortize, to nuten
Morton wave current Morton-Wellenstrom
MOS Metal-Oxide Semiconductor
MOS capacitor MOS-Kondensatordiode
MOS/LSI technology MOS/LSI-Technologie
MOS transistor MOS-Transistor, Feldeffekt-Transistor mit Metall-Oxid-Halbleiteraufbau
mosaic Bildzusammensetzung (LUBI), Mosaik
mosaic electrode Mosaikelektrode
mosaic printer Matrixdrucker, Mosaikdrucker, Drahtdrucker, (Mosaik)rasterdrucker, Stiftdrucker, Nadeldrucker
mosaic radar map aus Radarbildern zusammengesetzte Karte
mosaic screen Rasterkathode, Rasterschirm
mosaic strip Bildreihe (LUBI)
mosaic structure (of metal crystal) Fehlbauerscheinung
mosaic-type storage iconoscope Ladungsspeicherbildabtaster
Moseley curve Moseley'sche Kurve
Moseley number Kernladungszahl, Ordnungszahl
Moseley's relation Moseley'sche Beziehung
mosquito boat E-Boot
MOSFET transistor Feldeffekttransistor mit Metall-Oxid-Halbleiteraufbau
most cost-effective fighter kostenwirksamstes Kampfflugzeug
most efficient balance of revenues and costs Komponentenlebensdauer und Wirtschaftlichkeit (av)
most effective use of resources höchstmöglicher Wirkungsgrad der Resonancen (av)
most powerful intercept leistungsgestärktes Feuerleitradar
most probable position (MPP) wahrscheinlichster Standort
most significant digit höchstwertige Ziffer (math)
, Stelle einer Zahl mit dem höchsten Stellenwert
most significant part höchste Stelle einer Zahl
most stringent test Test mit maximalem Schärverlust.
most sophisticated general aviation equipment fortschrittliche Ausrüstung für die allgemeine Luftfahrt
mothball, to einmotten (Geräte)
mother aircraft Mutterflugzeug
mother board Verdrahtungsplatte, Verdrahtungsfeld
mother crystal Mutterkristall
mother rock Erdölmuttergestein

motioceptive information motiozeptive Information (päd)
motion Antrieb, Bewegung, Gang
motion, amount of Bewegungsgröße
motion balance Wegvergleich
motion detector Bewegungsdetektor
motion drag Bewegungswiderstand
motion drive Bewegungsantrieb
motion, freedom of Bewegungsfreiheit
motion in pitch um die Querachse
motion, law of Bewegungsgesetz
motion of a line of sight Visierlinienbewegung
motion of the center of gravity Schwerpunktbewegung
motion of the ether Ätherbewegung
motion, path of Bewegungsbahn
motion, periodical periodische Bewegung
motion, phenomenon of Bewegungsvorgang
motion-picture camera Filmaufnahmekamera, Kinoaufnahmegerät
motion-picture projector Filmvorführapparat, Projektor
motion, progressive fortschreitende Bewegung
motion, skipping hüpfende Bewegung
motion/sound cue Bewegungs- u. Geräuscheffekt
motion, stage of Bewegungsstufe
motion system, six-axis Bewegungssystem mit sechs Freiheitsgraden (av)
motion, to put in in Bewegung setzen
motion, unidirection Bewegung in einer Richtung
motion, uniformly accelerated gleichförmig beschleunigte Bewegung
motion unsharpness Bewegungsunschärfe
motion, velocity of Bewegungsgeschwindigkeit
motional branch Bewegungszweig
motional displacement Bewegungsunschärfe
motional impedance (electronics) kinetischer Scheinwiderstand
motional resistance dynamischer Verlustwiderstand
motivation Motivation (päd)
motivator Motivator (päd)
motive force Bewegungskraft, Triebkraft
motive power Antriebskraft, Bewegungskraft
motive power unit Motorenanlage
MOTNE (meteorological operational telecommunications network Europe) europäisches Flugwetter-Fernmeldenetz (MOTNE)
motor Erreger, Kraftmaschine, Motor
motor airplane model Motorflugmodell
motor-alternator Gleich-/Wechselstrom-Umformer
motor an engine einen Verbrennungsmotor elektromotorisch antreiben (für Einlauf od. Reib(ungs)leistungsbestimmung)
motor armature Motoranker
motor board Laufwerkplatte
motor, balanced ausgewuchteter Motor
motor-balloon motorisierter Fesselballon
motor board engine Motor für Boot, Bootsmotor
motor bracket Motorgrundplatte, Motorkonsole
motor brake Motorbremse
motor car Triebwagen
motor-car body sheet Karosserieblech
motor carriage for gun Kraftwagenkanonen-

wagen
motor carrier safety regulations Sicherheitsbestimmungen für den Güterkraftverkehr
motor case Motorgehäuse, Triebwerkgehäuse, Brennkammer
motor cavitation characteristics Kavitationsmerkmale (Außenbordmotor)
motor chamber Brennkammer (Rakete)
motor-circuit switch Motorstromkreisschalter
motor coach Triebwagen
motor-coach train elektrischer Triebwagenzug
motor coils Motorwicklungen
motor column Fahrzeugkolonne
motor combination Gruppierung der Motore
motor compartment Motorkammer (E-Torpedo)
motor contactor Motorschaltschütz
motor control phase Motorsteuerphase (Torp)
motor-control relay Motorsteuerrelais
motor controller E-Motor-Magnetschaltgerät, Elektromotorschalter
motor converter Motorumwandler (elek)
motor converter dynamotor Einankerumformer (Drehstrom-Gleichstrom)
motor convoy or column Kraftfahrzeugkolonne
motor cooling system Motorkühlanlage, -system
motor cover Motorschutzkasten
motor cowling arrangement Motorverkleidung (Außenbordmotor)
motor cradle Motortransportgestell
motor cue Motorstartmarke
motor delay motorisch gesteuertes Verzögerungsrelais (UW-Mine)
motor-drive amplifier Motorantriebsverstärker
motor-drive circuit Motorantriebskreis
motor-drive drum gear Spielausgleichsrad "oben" (Schwenkgetriebe)
motor-drive duplicating punch Motorwiederholungslocher (lo)
motor drive punch Motormagnetlocher, Motorlocher, Locher mit automatischer Zuführung
motor drive verifier Motorlochprüfer
motor-driven adjusting unit motorische Verstellung (Spiralrohrschweißanlage) (Walzwerk)
motor-driven buzzer Motorsummer
motor-driven DF loop motorgetriebener DF-Peilrahmen
motor-driven duplicating punch Wiederholungslocher
motor-driven flywheel motorgetriebenes Schwungrad
motor-driven punch Motorlocher, Locher mit automatischer Zuführung, Motormagnetlocher
motor-driven set point adjuster motorischer Sollwertsteller
motor-driven ventilator Motorgebläse
motor-driven verifier Motorlochprüfer
motor electric brake elektrische Bremse mit Motorbremslüfter
motor, enclosed type geschlossener Motor
motor excitation Motorerregung
motor excitation supply Motorerregerspannung
motor failure Motordefekt, Motorstörung
motor fairing Motorverkleidung, Triebwerkverkleidung
motor fan elektrischer Fächer, Gebläse
motor field (servo motor) Erregerwicklung
motor-field control voltage Feldregelungsspannung
motor-field drive Feldregelung (Elektromotor)
motor field winding Erregerwicklung (elektr)
motor for rapid scanning Schnellabtastmotor
motor freight Güter für den Straßentransport, Straßengüter
motor-freight classification Straßengüterklassifizierung
motor-freight regulation Bestimmungen über Straßentransport
motor fuel Motorbetriebsstoff, Motorkraftstoff
motor-fuel gas storage Speichergasanlage
motor gasoline Motorenbenzin, Vergaserkraftstoff für Kraftfahrzeuge
motor, geared untersetzter Motor
motor generator Motorgenerator, Tachogenerator (nur Stellmotor), Umformer (Gleichstrom-Gleichstrom, Gleichstrom-Wechselstrom od. Wechselstrom-Wechselstrom anderer Frequenz)
motor-generator for welding Schweißumformer
motor-generator room Umformerraum (Schiff)
motor-generator set Motordynamo, Motorgenerator, Umformergruppe
motor-glider Motorsegler (av)
motor governor Drehzahlregler des Motors, Motorregler
motor grab Motorgreifer
motor grader Erdhobel, Planierfahrzeug
motor head (rockets) Motorkopf
motor hood Motorhaube
motor igniter Treibsatzanzünder
motor igniter plug Treibsatzanzünderstecker
motor igniter retainer Halterahmen für Treibsatzanzünder
motor igniting squib Triebwerkanzündsatz
motor input Leistungsaufnahme des Motors
motor installation Triebwerkeinbau
motor, integrating Meßmotor
motor, inverted Motor mit hängenden Zylindern
motor, jet Düsenmotor
motor launch Küstenwachboot
motor lorry Lastkraftwagen
motor maintenance repair shop platoon Kraftwagenwerkstattzug
motor, medium-energetic mittelenergetischer Antrieb
motor-meter Motorzähler
motor mine planter Hafenminenleger
motor mix Antiklopfmittel (Treibstoff)
motor mount ring Motormontagering für Sternmotore
motor octane number Motoroktanzahl
motor-octel Antiklopfmittel
motor oil Motoröl
motor-operated motorisch angetrieben
motor-operated punch Motorlocher, Locher mit automatischer Zuführung, Motormagnetlocher
motor-operated shutoff valve Elektromotorabsperrventil, elektromotorbetätigtes Absperrventil

motor-operated switch Schalter mit Motorantrieb
motor output Motorleistung
motor over, to durchdrehen (Motor)
motor park Kraftfahrzeugpark
motor part Motorteil
motor pickup Störspannung durch Motorprüfstand, Motorabgriff
motor plate Antriebsplatte (Schlagschrauber)
motor polyp grab Motorpolypgreifer (Fördermittel)
motor pressure Brennkammerdruck
motor protecting release Motorschutzauslöser
motor protection switch Motorschutzschalter
motor puller Motorabziehvorrichtung
motor puller stand Motordemontageblock
motor pulley Antriebsscheibe, Riemenscheibe
motor pumps, portable and mobile trag- u. fahrbare Motorspritzen
motor punch Locher mit automatischer Zuführung, Motor(magnet)locher
motor reaction motorische Reaktion
motor regulations Vorschriften für den Straßentransport
motor, reversible umsteuerbarer Motor
motor rewind motorische Rückspulung (Filmkamera/Projektor)
motor roller Elektrorolle (Walzwerk/Rollgang)
motor-roller table Elektrorollgang (Walzwerk)
motor rumble Laufgeräusch des Motors, Motorenerschütterung
motor running test Motorleistungsprüfung
motor scooter Motorroller
motor scooter bodywork Motorrollerkarosserie
motor scraper Schürfschaufelmotorwagen
motor shaft Motorwelle
motor ship Motorschiff
motor skin Motorverkleidung, Triebwerkverkleidung
motor spare parts section Kraftfahrersatzteilstaffel
motor-speed cyclic switch Drehzahlwechselschalter
motor spindle Motorspindel
motor start relay Motoranlaßrelais (Torpedo)
motor-starting switch Anwurfschalter, Motoranlaßschalter
motor stator Motorstator
motor stop Motorspannungsunterbrecher
motor, supercharged Motor mit Vorverdichtung
motor support Motorplatte
motor support staging Triebwerkaufhängegerüst
motor, suspension of the Motoraufhängung
motor sweeper Straßenkehrmaschine
motor tachogenerator Motortachogenerator
motor-tachometer Tachogenerator (nur Stellmotor)
motor tank truck Motorkesselwagen
motor terminal board Motorklemmbrett
motor torpedo boat Torpedoschnellboot
motor-troque generator kleiner Generator für Fernsteuerung
motor-traffic control KFZ-Leitung, Kraftfahrzeugleitung
motor train set elektrischer Triebwagenzug
motor train set rail Triebwagenzug
motor transport Kraftfahrtransport, Kraftwagentransport
motor transport battalion Kraftfahrabteilung, Kraftwagentransportabteilung
motor transport column Kraftwagentransportkolonne, Transportkolonne
motor-transport equipment KFZ-Gerät, Kraftfahrzeug
motor transport supply Kraftfahrzeugversorgung
motor transport tube Kraftradschlauch
motor trouble Motorstörung
motor truck Motorlastwagen
motor tube Brennkammer (Rakete), Triebwerkrohr
motor tug Hafenschlepper mit Motorantrieb
motor-type electric brake elektrische Bremse mit Motorbremslüfter
motor-type relay Relais mit Spuleneinrichtung
motor using liquid hydrogen and liquid oxygen Flüssigwasserstoff/Flüssigsauerstoff-Motor
motor, vapourproof gasdicht gekapselter Motor
motor-vehicle Kraftfahrzeug
motor-vehicle accident Kraftfahrzeugunfall
motor-vehicle collision Kraftfahrzeugzusammenstoß
motor-vehicle column Lastwagenzug
motor-vehicle control Kraftfahrzeugüberwachung
motor-vehicle drive system Kraftfahrzeugantriebsanlage
motor-vehicle engine Kraftfahrzeugmotor
motor-vehicle inspection service Inspektion des Kraftfahrwesens
motor-vehicle mechanic Kraftfahrzeughandwerker
motor-vehicle park Kraftfahrzeugpark
motor-vehicle tax Kraftfahrzeugsteuer
motor-vehicle technology and related equipment Kraftfahrzeug- u. Gerätetechnik
motor-vehicle trailer Kraftfahrzeuganhänger
motor-vehicle with coupled axles Triebfahrzeug mit Kuppelantrieb
motor-vehicle with independent axles Triebfahrzeug mit Einzelachsantrieb
motor volts recording lead Registrierleitung für Motorspannung
motor winch Motorwinde
motor-winch for cable Kabelkraftwinde
motor winding Motorwicklung
motor with compound characteristics Motor mit Doppelschlußverhalten
motor with reciprocating movement Schwingmotor
motorbus Autobus, Kraftomnibus
motorcar Kraftwagen
motorcar for winch launching Windenauto
motorcycle Kraftrad, Motorrad
motorcycle battalion Kradschützenbataillon
motorcycle bulb Motorradglühlampe
motorcycle chain Motorradkette
motorcycle division Kradabteilung
motorcycle engine Motorradmotor
motorcycle frame component Motorradrahmenteil
motorcycle handle bar grip Kraftradlenkergriff, Motorradlenkergriff
motorcycle headlamps Motorradscheinwerfer

motorcycle hub spindle Motorradachse
motorcycle messenger Kradmelder
motorcycle plane Kraftradflugzeug
motorcycle platoon Kradschützenzug
motorcycle point of advance guard Kradspitze
motorcycle rifleman Kradschütze
motorcycle scout Kradspäher
motorcycle sidecar Seitenwagen für Motorrad, Motorradseitenwagen, Motorradbeiwagen
motorcycle stands Motorradständer
motorcycle troops Kradschützenschwadron
motorcyclist Kradfahrer, Motorradlenker, Motorradfahrer
motoric program motorisches Programm
motoring (of handwheels) Eigenbewegung der Handräder
motoring method Prüfung mit Antrieb durch einen anderen Motor
motoring spring Antriebsfeder (Bombenbündel)
motorization of the army Heeresmotorisierung
motorized artillery motorisierte Artillerie
motorized balloon motorisierter Fesselballon
motorized caterpillar sledge Motorraupenschlitten, motorisierter Raupenschlitten
motorized division Panzergrenadierdivision, leichte motorisierte Division
motorized fuel valve Kraftstoffventil mit Motorantrieb
motorized gun Kraftzuggeschütz
motorized infantry motorisierte Infanterie
motorized infantry battalion motorisiertes Infanteriebataillon
motorized march Kraftwagenmarsch
motorized troops motorisierte Truppen
motorless aeroplane motorloses Flugzeug, Segelflugzeug
motorless flight motorloser Flug, Segelflug
motorless model Modell ohne Motor
motors designed for use in bundles Triebwerksbündelung
motorway restaurant and petrol station Autobahnraststätte u. Tankstelle
mottled fleckig, gesprenkelt, gemasert, maseriert
mottled pig iron halbiertes Roheisen
mottled with pig iron Kerneisen
mould Backform, Gußform, Matrize, Modell, Stanzform
mould cavity Matrize (pla)
mould charge Beschickung (Preßform)
mould clamp Formenschluß, Formenverschluß
mould closing time Preßschließzeit (E)
mould for reverse moulding Mantelform
mould impression Kontur od. Umriß der Preßform
mould insert Formeneinsatz, Matrizeneinsatz, Stempeleinsatz
mould lubricant Formengleitmittel
mould machining Gußformbearbeitung
mould parting line Formteilungsebene
mould-release agent Antihaftmittel, Entformungsmittel, Formentrennmittel, Formenwachs
mould slide Schieber (Preßform)
mould wax Formenwachs
mould with Kegelform (Preßform)
mould, to formen, abformen, einformen, modellieren, pressen
mouldability Verarbeitbarkeit (E)
moulded article Formteil, Formstoff, Preßstoff, Preßteil
moulded capacitor vergossener Kondensator
moulded glass Preßglas
moulded knob for control lever Isolierknopf für Schalthebel
moulded laminate Schichtpreßstofformstück, Preßteil aus Schichtpreßstoff
moulded laminated formgepreßtes Rohr
moulded laminated plastic tube formgepreßte Röhre
moulded laminated section formgepreßtes Profil aus Schichtpreßstoff
moulded laminated tube formgepreßtes Schichtstoffrohr
moulded part Formpreßstück, Formpreßteil, Preßteil
moulded piece Spritzpreßling
moulded plastic Kunstharzformteil, Preßmasse (Kunststoff)
moulded retaining flange Formhalteflansch
moulded rod gepreßter Stab (pla)
moulded screw geformte Schraube (z.B. gepreßte..)
moulded seal for static stress statische Formdirchtung
moulded thermosetting material Preßstoff aus warmhärtbarer Preßmasse
moulded thread geformtes od. gepreßtes Gewinde
moulded titanium element gepreßtes Titanstück
moulding Formen, Pressen in Formen (pla), Ziehen über Formen, Verstärkungsrippe im Guß, Formleiste, Verkleidung
moulding art Technik des Formens (Gußstücke, Preßstücke), Formtechnik
moulding board geharzte Pappe
moulding chain Fräskette
moulding compound Formmasse, Preßmasse
moulding compound preparation equipment Formstoffaufbereitungsanlage (Gießerei)
moulding cutter Profilmesser, -dauer (pla)
moulding cycle Preßvorgang (pla), Formungs-, Preß-, Spritzzyklus
moulding machine Formmaschine
moulding material cotton cord filler Cordfaserpreßmaschine
moulding operation Preßvorgang (pla)
moulding pin Abhebestift, Formstift
moulding practice Preßtechnik
moulding pressure Spritzdruck aus dem Formteil
moulding shrinkage Formenschwindmaß
moulding technique Preßtechnik, -verfahren
moulding time Druckzeit, Formzeit, Preßzeit (pla)
mount Aufhängevorrichtung, Einbauvorrichtung (Motor)
mount a guard, to auf Posten ziehen
mount a map, to Karte aufziehen (geogr)
mount of crown, a Balligkeit
mount, to aufstellen, einbauen, errichten, montieren
mount with all-round traverse Rundumlafette
mountain arc Gebirgsbogen (geol)
mountain breeze Bergwind (meteo)
mountain building Gebirgsbildung, Orogenese (geol)
mountain effect Gebirgseffekt (geol)

mountain engineer regiment Gebirgs/Pionier-Regiment (milit)
mountain infantry battalion Gebirgsjäger-bataillon (milit)
mountain limestone Kohlenkalkstein (geol)
mountain making Gebirgsbildung, Orogenese (geol)
mountain-making movement gebirgsbildende Bewegung (geol)
mountain-making, orogenic orogenetische Bewegung (geol)
mountain range Bergkette, Gebirgskette (geol)
mountain rescue unit Bergrettungseinheit
mountain supply column Gebirgsfahrkolonne
mounted in a four gimbal, gyro-stabilized inertial platform vierfach kardanisch aufgehängte Plattform
mounted on befestigt auf, aufgebracht auf, aufgespannt auf (w)
mounted on gimbals kradanisch gelagert
mounted rifle platoon Infanteriereiterzug
mounted section Gruppe zu Pferde
mounted stone Abziehstein (w)
mounter pattern plate Modellplatte mit aufgerheftetem Modell (Giesserei)
mounting Aufbau, Aufhängung, Fassung, Lagerung, Rumpfbock
mounting angle Befestigungswinkel
mounting attachment Motorbefestigungs-anschluß
mounting bracket Befestigungsbrücke, Befestigungsplatte, Befestigungsschelle
mounting diagram Montageschema, Montage-diagramm
mounting, embedding Einbettungsmedium
mounting flange Anbauflansch, Einbauplatte für Sternmotor
mounting frame Aufhängerahmen, Einbaurahmen
mounting-gear lock plate (starter) Spannritzelsperre
mounting goat Bergziege (Kollisionsschutz-Radargerät)
mounting gun Lafettierung
mounting instruction Montageanweisung, Montageplan
mounting location Einbauplatz
mounting pad Anbaukonsole, bearbeitende Anbaufläche
mounting plate Einbauplatte für Sternmotore
mounting position Einbauposition
mounting rack Aufbaugestell
mounting ring Einbauring für Sternmotore
mounting section of aero-engine Gehäuseteil zur Befestigung des Flugmotors am Traggerüst
mounting space Einbauplatz
mounting stud Stiftschraube zur Befestigung, Befestigungsbolzen
mounting support Halterung
mounting surface Anschlußfläche
mounting system Halterungen, Haltesystem
mounting tab Befestigungslappen (Fsch)
mounting track Befestigungsschiene
mounting tray (afterbody) Befestigungsbügel (Torpedo)
mounting trunnion Federbeinlager
mounting winch Aufbauwinde, Winde zum Aufbau des Bohrturms
mounting wire Montagedraht
mountings Anschlußstücke, Befestigungsteile
mouse Schubdüseneinsatz
mousetrap Fangklappe, Klappventil
mouth Maul, Mund, Mündung, Öffnung, Rachen, Bohrloch, Gicht (mech.)
mouth area of nozzle Mündungsfläche
mouth diameter Basisdurchmesser (Fsch)
mouth, diameter of the Maulweite, Mundlochweite (Bohrung)
mouth lock Öffnungssicherung (Fsch)
mouth of fuse setter Stellbecher (Bohrung)
mouth of the bore hole Mundloch der Bohrung
movable abatics Schleppverhau
movable aircraft camera mounting Kamera-gestell für beweglichen Einbau (in das Flugzeug)
movable cross-rail beweglicher Querbalken
movable disc-relay Scheibenrelais
movable electrode bewegliche Elektrode
movable elevator bewegliches Höhenleitwerk (av), bewegliches Höhenruder (av)
movable gunsight Klappkorn
movable housing beweglicher Ständer
movable installation fahrbare Einrichtung
movable jaw bewegliche Klemmbacke
movable kidney nierenförmiger dynamischer Schwingungsdämpfer, pendelndes Gegengewicht
movable nozzle Schwenkdüse
movable outer wing schwenkbarer Flügelteil
movable pressure-gauge connection drehbare Manometeraufnahme
movable short (circuit) Reaktanzleitung
movable slot veränderlicher Spalt
movable sprayer fahrbarer Sprüher, fahrbares Gießrohr (Kunststoffverarbeitung)
movable stanchion Klappstütze
movable surface bewegliche Fläche, Steuerfläche (av)
move Zug, Bewegung, Antriebsmechanismus
move characters (instruction) Übertragen "Zeichenfolge" (Befehl)
move immediate "Übertragen" sofort (Befehl)
move in or out of range, to in od. außer Wirkungsbereich kommen
move into, to einlesen (Daten in Speicher)
move into, data Dateneinlesen (in Speicher)
move laterally seitwärts Abladen
move mode Übertragungsmodus, Übertragen ohne Wortmarke, Übertragungsart
move, non-numeric nichtnumerisches Bringen (COBOL), nichtnumerische Übertragung
move, numeric numerisches Bringen (COBOL), numerische Übertragung
move numerics (instruction) Übertragen numerisch (Befehl)
move remainder (instruction) Übertragen Rest (Befehl)
move statement Übertragungsbefehl, Bringanweisung (COBOL), Übertragungsanweisung
move the casing Verrohrung bewegen (Bohrloch)
move, to bewegen, in Gang bringen, an einen anderen Ort verlegen, sich bewegen od. verlagern, rückwärtslaufen, übertragen (innerhalb des Speichers)(EDV), umziehen
move toward integration Integrationsbestrebung

move with offset (instruction) Übertragen mit Versetzen (Befehl)
move zones (instruction) Übertragen Zonen (Befehl)
movement area (aerodrome) Bewegungsfläche, Rollfeld
movement at angle Schrägfahrt
movement data (aircraft) Angaben über Luftfahrzeugbewegungen
movement, disharmonics disharmonische Bewegung (geol)
movement, empirogenic empirogenetische Bewegung, Undation (geol)
movement free from play spielfreier Gang
movement in depth Parallaxenbewegung, Tiefenbewegung
movement index figure of font (MET) Kennzahl für Frontverlagerung
movement message (aircraft) Luftfahrzeugbewegungsmeldung
movement, mountain-marking gebirgsbildende Bewegung (geol)
movement of front Frontenbewegung, Frontenverlagerung (meteo)
movement of phonograph Grammophonlaufwerk, Sprechmaschinenlaufwerk
movement of stroke Hubbewegung
movement of supplies Nachschubbewegung
movement of the counter Zählertransport
movement of underground water Bewegung des Untergrundwassers (hydr)
movement order Transportbefehl, Bewegungsauftrag
movement order or order to shift fire Verlagerungsbefehl (milit)
movement, orogenic orogenetische Bewegung (geol)
movement parallel to front Querfahrt
movement, tectonics tektonische Bewegung
movement timetable Bewegungsübersicht
movement with cylinder escapement Werk mit Zylinderhemmung
mover Bewegungsvorrichtung, Antriebsmotor, Triebkraft
moves forward and upwards on track auf Schienen laufende Sitzschale (av)
movie kinematographische Aufnahme, Laufbild
movie camera Kinokamera
movie projector Laufbildwerfer
moving air bewegte Luft
moving and handling capacity Bewegungs- u. Abfertigungskapazität
moving camera Laufbildkamera
moving charge Ladung in Bewegung
moving coil Drehspule, Schwingspule
moving coil ammeter Drehspulenamperemeter, Drehspulenstrommesser
moving coil drive Drehspulenantrieb, Schwingspulenantrieb
moving coil galvanometer Drehspulengalvanometer
moving coil instrument Drehspuleninstrument, Schwingspuleninstrument
moving coil loudspeaker elektrodynamischer Lautsprecher, fremderregter dynamischer Lautsprecher
moving coil microphone (elektro)dynamisches Mikrophon, Tauchspulenmikrophon
moving coil mirror galvanometer Drehspulen-Spiegelgalvanometer
moving coil oscillograph Drehspulenoszillograph
moving coil pick-up Drehspulentonabnehmer, elektrodynamischer Tonabnehmer
moving coil pointer galvanometer Drehspulen-Zeigergalvanometer
moving coil relay Drehspulenrelais, Drehspulenschütz
moving coil speaker (elektro)dynamischer Lautsprecher, Tauchspulenlautsprecher
moving coil spot galvanometer Drehspulen-Lichtmarken-Galvanometer
moving coil torque Stellspule
moving coil vibration galvanometer Drehspulen-Vibrationsgalvanometer
moving-conductor loudspeaker elektrodynamischer Lautsprecher
moving-conductor microphone elektrodynamisches Mikrophon
moving-conductor receiver elektrodynamischer Fernhörer
moving contact bewegliches Schaltstück
moving-contact spring Steuerkontaktfeder
moving coordinate system bewegliches Koordinatensystem
moving drill rig Versetzen der Bohrtürme, Bohrturmversetzung
moving field bewegliches Feld (Radar)
moving frame drehbarer Rahmen
moving frame aerial drehbare Rahmenantenne
moving gear Fahrvorrichtung
moving into position in Stellung gehen
moving iron Dreheisen
moving iron ammeter Weichbleistrommesser, Weicheisenstrommesser
moving iron instrument Dreheiseninstrument, Weichbleiinstrument, Weicheiseninstrument
moving iron instrument movement Dreheisenmeßwerk
moving iron loudspeaker elektromagnetischer od. induktordynamischer Lautsprecher
moving iron measuring instrument Weicheisenmeßgerät
moving iron meter Dreheiseninstrument
moving iron microphone elektromagnetisches Mikrophon (mit Eisenanker)
moving iron receiver elektromagnetischer Fernhörer mit Eisenanker
moving iron voltmeter Dreheisenspannungsanzeiger, Dreheisenspannungsmesser, Weicheisenspannungsmesser
moving joint Gelenkstelle, Gelenkverbindung
moving-magnet galvanometer Drehmagnetgalvanometer, Nadelgalvanometer
moving-magnet instrument Drehmagnetinstrument, Drehmagnet-Meßgerät
moving map display (unit) Rollkartendarstellung(sgerät)
moving map navigation display bewegliche Navigationskartendarstellung
moving parts (engine) arbeitende Maschinenteile
moving period Bewegungsintervall, Bildwechselzeit, Schaltperiode
moving picture Laufbild
moving-picture camera Filmaufnahmekamera (im Cockpit montiert)

moving-picture filming kinematographische Aufnahme
moving-picture positive Kinopositiv
moving plate Rotorplatte (Hschr)
moving plates Rotorpaket
moving power bewegende Kraft, bewegliche Energie
moving radar target bewegliches Radarziel
moving rail bewegliche Schiene
moving rudder bar beweglicher Seitenruderhebel (F-16)(av)
moving sleeve Gleitbuchse
moving tape transmitter Gleitbandsender
moving target bewegliches, fahrendes Ziel
moving-target indication (MTI) Festzeichenausblendung, Festzeichenunterdrückung, Standzeichenlöschung, Festzeichenlöschung (Radar)(ATC), Ausblendung von Festzeichenunterdrückung (Radar)(ATC)
moving-target indicator Festzeichenlöscher
moving-vane instrument Dreheiseninstrument, Weicheiseninstrument
MPC multi-channel communication program
MPH (statute miles per hour) MPH (Statute miles je Stunde)
MPM message processing module
MPMs message processing modules
MPP most probable position
mps (metres per second) mps (Meter je Sekunde)
MPW (maximum permissible weight) MPW (zulässiges Höchstgewicht)
MPWP (maximum permissible working pressure)
MQT (military qualification test)
MR (memory register or requirement) MR (Speicher-Register)
MRA (minimum reception altitude) MRA (niedrigste Empfangshöhe)
MRCS (multiple RPV control system)
MRG (medium range)(SAR aircraft) MRG (mittlere Reichweite)(SAR-Flugzeug)
MRV maneouvrable reentry vehicle
MRVIR (medium resolution visible and infrared) Sensor mit mittlerer Auflösung für den sichtbaren Bereich u. Infrarotbereich
MS (minus) MS (minus)
MS/DOS microsoft disk operating system
MSA (Mission System Avionics)
MSA (minus safe altitude) MSA (Sicherheitsmindesthöhe über Meer)
MSAM medium-range surface-to-air missile (milit)
MSD-radar (multimode silent digital) MSD-Radar
MSG (message) MSG (Meldung)
MSL (mean sea level) MSL (mittlerer Meeresspiegel)(auf amtlichen deutschen Karten: Normal Null (NN)
MSOW modular stand-off weapon
MSR multi-mode silent radar
M-type transmitter Schrittgeber
MTBF (mean time between failures) MTBF (mittlere störungsfreie Zeit)
MTBM (mean time between malfunction)
MTC (memory test computer)
MTCC (military terminal control center)
MTD (moving target detection) Detektion bewegter Ziele (milit)
MTDE (Modern Technology Demonstrator Engine)
MTFF (Man-Tended Free Flyer) freifliegende Raumplattform (sp)
MTI moving target indicator, moving target indication Festzeichenunterdrückung
MTR (missile tracking radar)
MTR (single main and tail rotor)
MTRE (missile test and readiness equipment)
MTTF (mean time of failure)
MTTFF (mean time to first failure)
MTTR (mean time to repair)
mud additive Spülungszusatz (Öl)
mud agitator Schlickagitator (Minen)
mud-and-snow tire Matsch-Schneereifen, M+S-Reifen
mud apron Schmutzfänger
mud auger (Bohr)schappe, Schappenbohrer
mud blast Schlammstrahlgebläse
mud cake of the bore hole Filterkuchen der Bohrlochwandung zerstören
mud cake resistivity Spülungskuchenwiderstand (Bergbau)
mud circulation Spülungskreislauf
mud, clay base Tonspülung
mud-column, rising aufsteigende Spülungssäule
mud conditioning Bohrschlammaufbereitung, Spülungsschlammkonditionierung
mud-crack Haarriß (pla)
mud cracks Trockenrisse im Schlamm
mud cyclone Schlammabscheider, Spülungszyklon
mud degassing Schlammentgasung, Spülungsentgasung (Ölbohrung)
mud desanding Schlammentsandung
mud-discharge line Spülungsausflußleitung
mud discharging valve Schlammablaßventil
mud, drilling Bohrschlamm
mud ditch Spülrinne
mud drum Schlammsammler (Dampferzeugungsanlage), Untertrommel (Schiffskessel)
mud excluder Schmutzabstreifer
mud exhauster for cleaning sewers Kanalschlammsauger
mud filter cake Spülungsfilterkuchen
mud filtrate Bohrschlammfiltrat
mud flaps Schmutzfänger
mud flat Schlickfläche (Küste)
mud flow line (mining) Spülungsablaufleitung
mud flue Schlammrinne
mud guard Kotflügel (Auto)
mud invasion, depth of Eindringungstiefe der Spülung, Schlammflüssigkeit
mud-laden fluid Bohrschlamm, Spülschlamm, Spülung
mud lighter Baggerprahm
mud mixer Bohrschlammischer
mud mobility test Schlammgängigkeitsprüfung
mud-off Wandung des Bohrlochs mit Schlamm verkleiden
mud pit Schlammbecken, Schlammkule, Spülgrube
mud pit level recorder Registrierinstrument für den Flüssigkeitsspiegel in der Bohrschlammgrube
mud pond Schlammbecken, Schlammkule
mud pressure Spülungsdruck
mud pressure, surge of the Anschwellen

od. Hochgehen des Spülungsdrucks
mud pump Schlammpumpe
mud pump pressure Spülungspumpendruck
mud pump valve Schlammpumpenventil
mud return velocity Geschwindigkeit der Spülung im Ringraum
mud screen Schüttelsieb
mud screen, discharge box for Auffangkasten für Bohrgut vom Schüttelsieb
mud suction hose Schlauch zum Ansaugen von Spülschlamm
mud suction tank Schlammsaugtank, Spülungssaugbehälter
mud system (mining) Spüleinrichtung
mud, temperature of the Spülungstemperatur
mud tight closure schlammdichter Verschluß
mud-up verschlammen
mud volcano Salse, Schlammsprudel, Schlammvulkan
mud water loss Spülwasserverlust
mud weight Spülungsgewicht
mud, weight suspending properties of the Tragfähigkeit der Spülung
muddy water test Schlammwasserversuch
mudsill Bodenschwelle, Grundschwelle (Öl)
mudstone schlichtungsloser Tonstein
mue meson My-Meson (pi-Meson)
mue-mesonic atom My-Atom (pi-Mesonatom)
mueon My-Meson (pi-Meson)
mueon beam My-Mesonstrahl, (pi-Mesonenstrahl)
MUF maximum usable frequency
muff Muffe, manschettenartiges od. muffenartiges Teil
muffle Muffel, Auspufftopf, Flaschenzug
muffle furnace Muffelofen
muffle, to einwickeln, Schall dämpfen (durch umwickeln mit Tüchern)
muffle-type lehr Kanalmuffel
muffler Auspufftopf, -dichtung, Schalldämpfer
muffler and exhaust compartment Abgasraum
muffler cutout Auspuffklappe
muffler explosion Knallen im Auspuffrohr
muffler guard Auspufftopfschutzgitter
muffler shield Abgastopfabdeckung
muggy drücken (meteor)
multi (in Zusammensetzung) mehr-, vielfach
multi-access check-in system Mehrfachzugriff-Reservierung (av)
multiaccess computer Rechner mit Mehrfachzugriff
multiaccess computing Vielfacheingriff-Rechner
multi-address call Rundschreibverbindung
multi-address circuit Rundschreibverfahren
multi-address connection Rundschreibverbindung
multi-address distribution Rundschreibverteiler
multi-address distribution network Rundschreibverteilernetz
multi-address instruction Mehradreßbefehl
multi-address message Mehrfachadressennachricht, Rundschreiben, Nachricht mit vielen Adressen, Rundschreibnachricht
multi-address mode Rundschreibbetrieb
multi-address operation Rundschreibbetrieb
multi-address service Rundschreibbetrieb
multialkali photosurface Multialkaliphotokathode
multianode measurement technique Mehrfachwellentyp-Meßtechnik
multi-anode rectifier Mehranodenventil
multiaperture core Mehrlochkern (Transfluxor)
multiaperture device Viellochschaltung
multi-aspect block signal (rail) Mehrabschnittsignal
multiaspect colour-light signal (rail) mehrbegriffiges od. vielbedeutendes Farblichtsignal
multiaspect indexing vieldimensionale Indexierung (Dokumentation)
multiaxial impact behaviour test Stoßversuch
multiaxial state of stress mehrachsiger Spannungszustand
multiaxial stress condition mehrachsiger Spannungszustand
multiaxis control Mehrachsensteuerung
multi-axis hand controller mehrachsiger Steuergriff (Steuerruder)(av)
multiaxis platform (space) Mehrachsenplattform (Raumfahrt)
multiaxis spin test inertial facility (MASTIF) MASTIF-Trainer der NASA
multiaxis system mehrachsiges System (Fernmeldegerät)
multiaxle drive Mehrachsenantrieb
multi-band aerial or antenna Allwellenantenne, Mehrbandantenne, Universalantenne
multiband operation Mehrbandbetrieb
multi-bank engine Mehrreihenmotor, Vielreihenmotor, Sternmotor
multi-bank radial engine Reihenmotor, Vielsternmotor
multibarrel mehrläufig
multibarrel gun Mehrrohrgeschütz
multibase powder mehrbasiges Pulver (Rohrmasse)
multibase propellant mehrbasiges Treibmittel
multibeam antenna Mehrstrahlantenne
multibeam CRT Multibeam-Cathode-Ray-Tube, Vielstrahlkathodenstrahlröhre
multibeam fringes Mehrstrahlinterferenzen
multibeam oscillograph tube Mehrstrahloszillographenröhre
multibeam oscilloscope Mehrstrahloszillograph, Vielstrahloszillograph
multibeam receiving aerial Mehrstrahlantenne
multibeam unit Mehrstrahlröhre, Vielstrahlgerät
multibeamed sonar system Mehrstrahl-Sonaranlage
multibit memory location Speicherstelle für mehrere Informationselemente
multiblade reamer (threading machine) mehrschneidiger Entgrater
multibladed mehrflügelig (Lüfter), vielschaufelig
multibladed propeller Mehrblattluftschraube
multibomb container Schüttkasten für Bomben
multibranched vielgliedrig (Kette, chem.), mehrfach verzweigt
multibreak switch Serienschalter
multicand register Multikand-Divisorregister
multi-carrier multi-channel system (telecom)

Mehrträger-Mehrkanalsystem
multicavity filter mehrfasiger Hohlraumfilter
multicavity klystron Mehrkammerklystron
multicavity magnetron Vielkammermagnetron, Vielkreismagnetron (für Radaranlagen), Wanderfeldmagnetron
multicavity mould Mehrfachform, Mehrfachwerkzeug (Spritzgießen)
multicavity VM tube Mehrkreistriftröhre
multicell horn Facettentrichter, mehrzelliger Trichter
multicell launcher mehrzelliges Startgerät
multicell structure (av) Mehrzellenbau
multicellular vielzellig
multicellular horn Facettentrichter, mehrzelliger Trichter
multicellular instrument Multizellularinstrument
multicellular voltmeter Multizellularvoltammeter
multicenter process Mehrzentrenprozeß
multichamber labyrinth seal Mehrkammer-Labyrinthdichtung
multichamber nozzle Mehrkammerdüse
multichannel analyzer Mehrkanalanalysator (Neutronenflugzeitmessung)
multichannel cable mehrkanalige Kabelverbindung
multichannel carrier telephone system Vielträgerfrequenz-Sprecheinrichtung, Mehrträgerfrequenz-Fernsprechen, Trägerfrequenzvielfachtelephonie
multichannel coincidence Mehr-, Vielfachkanal-Koinzidenzsystem
multichannel communication Mehrkanal-Datenübertragungssteuerung, Mehrkanal-Fernmeldeverbindung
multichannel communication program (MCP) Mehrkanal-Datenübertragungsprogramm
multichannel communication recorder Mehrkanal-Registriergerät
multichannel communication system Mehrkanal-Datenübertragungssystem, Mehrkanalsystem (Kurzwort)
multichannel data recorder Mehrkanal-Datenschreiber, Mehrkanalmeßwertschreiber
multichannel dipole switch Mehrwegvielpolschalter
multichannel encryption Mehrkanalkryptierung
multichannel modulation Mehrfachmodulation
multichannel multipulse modulation Mehrkanal-Impulsmodulation
multichannel operation Mehrkanaloperation
multichannel pulse height discriminator Vielkanal-Impulshöhendiskriminator
multichannel radio telephone Mehrkanal-Funkfernschreibverfahren
multichannel radio transmitter Mehrkanal-Rundfunksender
multichannel recorder Mehrkanal-Sprachaufzeichnungsgerät
multichannel spectrometer Vielkanalspektrometer
multichannel straight receiver Mehrkanal-Geradeausempfänger
multichannel switch (MCS) Mehrkanalschalter
multichannel switch cabinet Schrank für Mehrkanalschreiber
multichannel system Mehrkanalverfahren (TV)
multichannel telegraph(y) Mehrkanaltelegraph(ie), mehrwegige Telegraph(ie)
multichannel television Mehrkanalfernsehen
multichannel termination set Vielbandendsatz
multichannel transmission Mehrkanalübertragung, Mehrkanalverfahren, mehrwegige Übertragung, Vielkanalübertragung
multichannel transmission technique Mehrkanalübertragungsverfahren
multichannel trunking Vielfachverbindung mit mehreren Kanälen
multichannel voice frequency telegraphy Mehrfachträgerfrequenztelegraphie mit Tonfrequenzbereich, tonfrequente Mehrfachtelegraphie
multicharacter input Mehrzeicheneingabe
multichip Multichip
multichip component Multichipbaustein
multichip set Multi-Chip-Satz
multichip technology Mehrsichttechnik
multicircuit switch Serienschalter
multicircuit system Mehrkreisanordnung
multicoil relay Vielspulenrelais
multicollar thrust bearing Kammlager
multi-colour, flexible data electronic display elektronisches Mehrfarbendarstellungsgerät mit Datenflexibilität
multi-colour spin scan camera system Mehrfarben-Drallabtastkamera
multicompany operating plane Gemeinschaftsbetriebsplan
multicomponent zusammengesetzt, aus vielen Komponenten bestehend, Mehrkomponenten
multicomponent mixture Vielstoffgemisch, Mehrstoffmischung
multicomponent tone Mehrkomponententon
multicomputer system Mehrprozessorsystem, Mehrrechnersystem, Vielfachcomputersystem
multicomputing Bearbeitung durch mehrere zusammengeschaltete Computer
multi-conductor cable Mehr(fach)leiterkabel
multi-conductor plug Mehrfachstecker, Vielfachstecker
multi-conductor receptacle Mehrfachbuchse
multicontact mehrpolig, vielpolig
multicontact connector Vielkontaktsteckverbindung
multicontact gang switch Stufenvielfachschalter
multicontact plug Mehrfachstecker
multicontact relay Vielkontaktrelais
multicontrol Mehrfachkontrolle, Vielfachkontrolle
multicore cable end Adernendkabel
multicore or multiple cable vieladriges Kabel
multicore soldering wire Hohldraht mit mehreren Seelen
multicoupler (electron) Antennenverstärker, Trennverstärker
multicoupler for telemetry receiver Mehrfachkoppler für Fernmeßempfänger
multicurie cell (nuclear) Multicuriezelle
multicycle card feeding Mehrgangkartenzuführung, Kartenmehrfachdurchlauf
multicycle feeding Mehrkartenzuführung, Kartenmehrfachdurchlauf

multicyclone dust collector Multizyklonentstäubung
multicylinder engine Mehrzylinder, Vollmotor
multicylinder turbine mehrgehäusige Turbine
multi-daylight press Etagenpresse
multi-deck record card Mehrdeck(loch)-karte
multi-denomination mehrstufig, vielseitig
multi-denomination device mehrstellige Werteinstellvorrichtung
multidetecting system Mehrfachdecksystem
multidetector search head Mehrfachsuchkopf (Landminensuche)
multidevice controller Mehrgerätesteuerung
multidigit mehrstellig, vielstellig (math)
multi-dimension mehrdimensional
multidirectional hydraulic control valve hydraulisches Steuerventil für mehrere Strömungsrichtungen
multidirectional inertia reel safety Allrichtungssicherheit der Trägheitsrolle
multidisc clutch Mehrscheibenkupplung, Vielscheibenkupplung
multi-drive disc storage Großplattenspeicher (mehrerer Laufwerke/Steuerung)
multidrop circuit Übertragungsleitung mit mehreren Stationen (Gruppenverbindung)
multidrop transmission (computer) Übertragung zwischen mehreren Stationen
multi-echelon supply system Versorgungssystem mit mehreren Ebenen
multielectrode Mehrfachelektrode
multielectrode metak-tank rectifier Mehrelektroden-Tankgleichrichter
multielectrode tube Mehrelektrodenröhre
multielectrode valve Mehrelektrodenröhre
multielement vielzellig
multielement counter tube Mehrelektroden-Zählröhre
multiemitter transistor Multiemittertransistor
multiemulator Multiemulator
multiengine mehrmotorig, vielmotorig
multiengine pod Mehrtriebwerkgondel
multi-engine turbine-powered aircraft mehrmotoriges Turboflugzeug
multi-engine turbine-powered regional aircraft mehrmotoriges turbinengetriebenes Regionalflugzeug
multi-file processing Mehrdatenverarbeitung
multiflute mehrnutig
multifont reader Multifontleser
multi-frequency ringing generator Mehrfrequenz-Rufgenerator
multi-fuel drive Mehrstoffbetrieb
multi-fuel engine Motor für Mehrstoffbetrieb (verschiedene Kraftstoffe)
multifunction card machine Mehrfunktions-Karteneinheit
multifunction control panel makes it possible to select engine power setting in relation to phase of flight, such as full-power take-off or goaround, climb, cruise, maximum-power cruise and take-off at less than full power MFD-Anzeigegerät kann den Triebwerkschub in Abhängigkeit von der Flugphase Start mit konstanter oder variabler Leistung, Steigflug, wirtschaftlicher oder schneller Reiseflug, Durchstarten vorgewählt werden
multifunction CRT display for a radar picture Mehrfunktionssichtgerät für ein Radarbild
multi-function display mehrzweckgeeignetes Bildschirmsichtgerät
multifunction display and control console (MDCC) Mehrzweck-Bedien- und Überwachungskonsole (MDCC)
multifunction display with a head-up display Mehrfunktionsbildschirm mit Blickfeldsichtgerät
multi-function propulsion blowing engine Triebwerk mit Verstellschaufelbläser
multi-function radar Mehrbetriebsartenradar
multi-function secure communication link abhörsicheres Mehrzweckfernmeldegerät
multigap arrester Vielfachfunkenstrecke
multigrid tube Mehrgitterröhre
multigroup model Vielgruppenmodell
multigroup theory Vielgruppentheorie
multi-gun cathode-ray tube Mehrstrahl-Elektronenröhre
multihead cable machine mehrspulige Kabelmaschine
multihead milling machine Fräsmaschine mit mehreren Spindelköpfen
multihead nuclear force (MLF) multilaterale Atomwaffenstreitmacht
multihole construction Mehrlochkonstruktion
multi-hop Mehrfachreflektion
multi-hop radio relay link Richtfunkverbindung mit vielen Richtfeldern
multi-hop transmission Übertragung über Mehrfachreflexion
multi-hulled ship Mehrkörperschiff
multiimpression mould Mehrfachform
multi-influence sweep system Mehrfachräumsystem (U-Mine)
multijob scheduling Vielfach-Jobsteuerung
multijet mehrdüsig, vieldüsig
multi-lamp fire Viellampenfeuer
multilateral joint European program multilaterales europäisches Gemeinschaftsprogramm
multilateral sound track Mehrfachzackenschrift
multilayer circuit board mehrlagiges Verdrahtungsfeld (Plotter)
multilayer plywood Vielschichtsperrholz
multilayer pressure vessel gewickelter Hochdruckbehälter
multilayer winding Mehrlagenwicklung, viellagige Wicklung
multilength number Zahlenwert mit beliebig großer Stellenzahl (math)
multilevel address indirekte Adresse
multilevel addressing indirekte Adressierung
multilevel interrupt Programmanforderung auf verschiedenen Ebenen
multilevel modulation mehrstufige Modulation
multilevel programming Parallelprogrammierung
multiline format Mehrzeilenformat
multimemory configuration Multispeichereinheit
multimemory system Mehrspeichersystem
multimemory unit Mehrspeichereinheit
multimesh or multisection network mehrgliedriger Kettenleiter
multimeter Universalmesser, Vielfachmeßgerät

multi-mission flexibility Mehrzwecktauglichkeit
multi-modal distribution vielgipflige Verteilungskurve
multi-mode airborne fire-control radar Mehrzweckwaffenleitradar (milit)
3D multi-mode frequency-agile radar, which will be programmed to react automatically to ECM and, like the Arabel, it will use a rotating antenna with electronic scanning. It will have a range of 60km. Das **frequenzagile 3-D-Radar** arbeitet mit mehreren Betriebsarten, hat eine Reichweite von 60km und besitzt wie Arabel eine rotierende Antenne mit elektronischer Strahlsteuerung. Das Radar reagiert programmgesteuert und automatisch auf feindliche EloGM-Aktivitäten
multimode measurement techniques Mehrfachwellentypmessung
multimode operation Betrieb mit mehreren Betriebsarten, Vielzweckbetrieb
multi-mode radar Mehrbetriebsartenradar, Mehrfachbetriebsradar, Mehrzweckbordradar
multi-mode silent digital radar MSD-Radar
multimotor mehrmotorig, vielmotorig
multimu valve Regel(exponential)röhre
multinational co-operation multinationale Kooperation
multi-needle compass rose or card Mehrnadelrose
multinozzle motor vieldüsiger Motor
multipair cable vielpaariges Kabel
multipart mehrteilig
multipass dryer Mehrfachbahnentrockner (Kunststoffverarbeitung)
multipass heat exchanger Mehrfachwärmeaustauscher
multipass welding Mehrlagenschweißung
multipath distortion Verzerrung durch Mehrwegübertragung
multipath effect Mehrwegeffekt
multipath fading Mehrwegschwund
multipath reflection Mehrwegreflexion
multipath transmission Mehrwegübertragung, mehrwegige od. vielwegige Übertragung
multipen recorder Vielfachschreiber
multiphone system Sammelgesprächseinrichtung
multiplane or quadruplane Vieldecker
multiplate cloud chamber Vielplattennebelkammer
multiplaying operator Multiplikationssymbol (ALGOL)
multiple mannigfaltig, Mehrfache, multipel, vielfach, parallel geschaltet, Vielfachsteuerung
multiple access Vielfachzugriff
multiple acquisition and guidance radar Mehrfachzielerfassungs- u. Führungsradar
multiple address Mehrfachadresse, Mehrfachanschrift
multiple address code Mehradressencode
multiple address instruction Mehrfachadressenbefehl, Mehrfachadresseninstruktion
multiple address machine Mehradressenmaschine
multiple address message Meldung mit Mehrfachadresse, Rundschreibnachricht, Spruch mit Reihenadresse
multiple aerial Mehrfachantenne, Strahlergruppe, Vielfachantenne
multiple alloy steel mehrfachlegierter Stahl
multiple amplifier Mehrfachverstärker
multiple answering equipment Vielfachabfrageeinrichtung
multiple-aperture core Mehrlochkern
multiple azimuth report korrespondierende Seitenwertmeldung (Flugabwehr), korrespondierende Peilmeldung (Nav)
multiple-bead Schweißraupe (aus mehreren Lagen)
multiple belt entanglement Flächendrahthindernis
multiple blade agitator Mehrfachbalkenrührer (Rührorgan)
multiple bond Mehrfachbindung
multiple cable joint Verzweigungsmuffe
multiple cabling Vielfachverkabelung
multiple-call indicator Reihenrufanzeiger
multiple channels with high frequency equipment Hochfrequenz-Mehrkanalausrüstung
multiple charge (explosive) gestreckte Ladung
multiple charged mehrfach geladen
multiple-choice methode Auswahlmethode
multiple-choice response Auswahlantwort
multiple circuit Mehrfachstromkreis
multiple coating Mehrfachüberzug
multiple collision Mehrfachstoß
multiple-column control (feature) Mehrspaltensucher, Mehrspaltensucheinrichtung
multiple-column control gang Mehrspaltengang
multiple column selection device Mehrspaltensucher, Mehrspaltensucheinrichtung (lo)
multiple column selector Mehrspaltensucher, Mehrspaltensucheinrichtung
multiple compartment drum vacuum filter Zellenfilter
multiple condenser Kondensatorwanne
multiple condensor Mehrfachkondensator
multiple conductor Bündelleiter
multiple conductor cable Mehrleiterkabel, vieladriges Kabel
multiple connection Mehrfachanschluß, Nebeneinanderanschluß, Verzweigungsanschluß, Vielfachschaltung, Vielfachanschluß
multiple connection Mehrfachstecker
multiple connection plate Sternplatte
multiple connector Mehrpol-Steckverbindung
multiple contact socket Federleiste
multiple container Blockkasten
multiple control Mehrfachregelung
multiple converter Mehrfachstromrichter
multiple Coulomb scattering Mehrfach-Coulomb-Streuung
multiple-current generator Mehrstromgenerator
multiple cut lathe Vielschnittdrehbank
multiple decay Mehrfachzerfall, Verzweigung, Vielfachzerfall
multiple decoder Mehrfachdecoder
multiple delay fuze Mehrfachverzögerungszünder (FK-System)(milit)
multiple-die press Stufenpresse
multiple disintegration Mehrfachzerfall, Verzweigung, Vielfachzerfall
multiple disk brake Mehrscheibenbremse

multiple disk brake Mehrscheibenbremse
multiple disk clutch Lamellenkupplung, Mehrscheibenkupplung
multiple double throw switch Kellogschalter
multiple-drift method Mehrfacharbeitsverfahren zur Windbestimmung
multiple drift wind aus mehrfachen Abtriftbeobachtungen ermittelter Wind
multiple drilling under one location Herunterbringen mehrerer Bohrlöcher eines Ansatzpunktes
multiple drill press Gelenkspindelbohrmaschine
multiple-duct conduit Kabelkanal mit mehreren Einzelrohrzügen
multiple echo Mehrfachecho, Vielfachecho
multiple electrode spot weld Vielfachpunktschweißung
multiple electrometer Multizellularvoltmeter
multiple encryption mehrfache Verschlüsselung, Mehrfachkryptierung
multiple extraction Weiterleitungsauszug an verschiedene Depots
multiple feed Mehrfachspeisung
multiple feedback Mehrfachrückkopplung
multiple-file option Mehrdateieingabe (COBOL), Mehrdateieintragung
multiple-flute end mill mehrnutiger Schaftfräser
multiple-fly cutter Schlagfräser mit mehreren Meißeln
multiple formation Mehrfachbildung
multiple-function array radar (MAR)
multiple fuse Mehrzünder
multiple-graph Mehrfachschaubild
multiple grating Beugungsgitter
multiple grid valve Mehrgitterröhre
multiple-gun mount Mehrlauflafette
multiple hole extrusion die Mehrlochdüse
multiple input Vielfachzugriff, Mehrfachzugriff
multiple input design of this system Mehrfacheingang des Systems
multiple, integer ganzzahliges Vielfaches
multiple integration Mehrfachintegration
multiple interlaced scanning Mehrfachzeilen-Sprungverfahren
multiple interlacing Mehrfachzeilensprung
multiple interruption Vielfachunterbrechung
multiple ionization Mehrfachionisation
multiple jet carburetor Registervergaser
multiple joint Kabelmuffenverzweigung
multiple-joint box Aufteilungsmuffe, Kabelmuffenverzweigungskasten
multiple junction station Knotenpunktbahnhof
multiple launcher Mehrrohrwerfer
multiple layer input/output boards of the logic section Mehrschicht-Schaltkarten der Logik- sowie Ein-/Ausgabeschaltung
multiple-length arithmetic Rechnen mit mehrfacher Stellenzahl (dig), Arbeiten mit mehrfacher Wortlänge od. Genauigkeit, Rechnen mit doppelter Wortlänge
multiple length working Arbeiten mit mehrfacher Wortlänge od. Genauigkeit
multiple lens camera Mehrfachreihenbildkamera
multiple line card Mehrzeilenkarte
multiple-line printing Mehrzeilenschreibung
multiple-line read selection Mehrzeilenabfühl(ungs)steuerung
multiple line reading Mehrzeilenabfühlung
multiple line request apparatus Mehrfachschlußapparat
multiple lobing Aufzipfelung (Antennendiagramm)
multiple manometer Mehrfachmanometer
multiple meson production mehrfache Mesonenbildung
multiple message gekettete Nachrichten
multiple metering Mehrfachzählung
multiple moding Mehrfachmodulierung
multiple modulation Mehrfachmodulation
multiple number selection feature Mehrfachzahlenauswahleinrichtung
multiple operation wiederholte Operation
multiple operator welding machine Mehrfachschweißmaschine
multiple-operator welding unit Mehrfachschweißmaschine
multiple or collecting turnbuckle Mutterspannschloß
multiple overflow block Mehrfachüberlaufblock
multiple overflow record Mehrfachüberlaufblock
multiple paddle agitator Mehrbalkenrührer
multiple paddle mixer Schaufelrührwerk, Mehrfachbalkenrührer (Mischer)
multiple particle reaction Mehrteilchenreaktion
multiple pinion production mehrfache pi-Mesonenbildung
multiple plate clutch Mehrscheibenkupplung
multiple plate or multiple-disk brake Lamellenbremse
multiple plunger press Stufenpresse
multiple-plunger pump Mehrkolbenpresse
multiple point mehrschneidig (A)
multiple-port air value Mehrwegluftventil
multiple precision mehrfache Wortlänge (Genauigkeit)
multiple precision working Arbeiten mit mehrfacher Wortlänge od. Genauigkeit
multiple process Mehrfachprozeß
multiple production Mehrfachbildung
multiple programming Parallelprogrammierung, Simultanarbeit, Simultanverarbeitung, Mehrprogrammverarbeitung, Programmverzahnung, Parallelarbeit
multiple-pulse trigger Mehrfachimpulsauslöser
multiple pump Mehrfachpumpe
multiple punch Mehrfachstanze, Vielfachlochmaschine
multiple punching Mehrfachlochung
multiple-purpose machine Mehrzweckmaschine (Werkzeugmaschinen)
multiple radiotelegram Mehrfachfunktelegramm
multiple-range instrument Vielbereichsinstrument
multiple-receiver connection to antenna Antennenringleitung
multiple reel operation Mehrspuleneintragung
multiple-reel option (COBOL) Mehrspulenangabe
multiple reflection Mehrfachreflektion
multiple-reflection echo Umwegecho (Radar)
multiple reflection path Zickzackweg
multiple resonance Mehrfachresonanz
multiple resonant circuit Parallelresonanzkreis
multiple rhombic aerial Mehrfach-Rhombus-

antenne
multiple road junction Straßen-, Wegspinne
multiple sampling Mehrfachstichprobenprüfung
multiple sampling plan Mehrfachstichprobenplan, Mehrfachstichprobenprüfplan
multiple scanning Mehrkanalmethode, Vielfachabtastungsmethode
multiple scattering Vielfachstreuung
multiple screw mehrspindlige Schnecke
multiple screw extruder Mehrschneckenmaschine
multiple-sensor navigation system Bedien- und Anzeigegerät des hybriden Navigationssystems (Weitwinkelcockpit)
multiple series Gruppenschaltung, Mehrfachschaltung
multiple set Dateigruppe
multiple shock system Mehrstoßsystem (AC)
multiple shot moulding Mehrstufenverfahren
multiple-shot survey Vierpunktvermessung (Bohrlochabweichung)
multiple signal mehrdimensionales Signal, Mehrfachzeichen
multiple sound track Mehrfachtonspur
multiple spark gap Mehrfachfunkenstrecke, Reihenfunkenstrecke, Serienfunkenstrecke, unterteilte Funkenstrecke
multiple speed motor Motor mit Drehzahlstufen
multiple-spindle head Vielspindelkopf
multiple-spindle milling Fräsen mit Mehrspindelmaschine
multiple-spline shaft Sternkeilwelle
multiple-splined driving shaft Antriebskeilwelle
multiple-spooling machine Mehrspulenmaschine
multiple spread card feature Kartenspreizeinrichtung
multiple-stage parachute recovery system Stufenbergungsfallschirm
multiple-stage separating column mehrstufige Trennkolonne
multiple step cutting Mehrstufenfräsen (Werkzeugmaschine)
multiple stop device Anschlagkreuz
multiple-stop flight Flug mit mehreren Zwischenlandungen
multiple-strand chain mehrsträngige Kette
multiple switchboard Vielfachschrank, Vielfachumschalter
multiple system monopolare Schaltung
multiple tape lister Mehrfachbandschreiber
multiple target attack Mehrfachzielbekämpfung
multiple target tracking Mehrfachzielerfassung
multiple target tracking and attack Mehrfachzielverfolgung und Mehrfachzielbekämpfung
multiple tariff meter Mehrfachtarifzähler
multiple telegraph Mehrfachtelegraph
multiple telephony Mehrfachfernsprechen, Mehrfachtelephonie
multiple thread mehrgängiges Gewinde
multiple thread milling cutter (machine tool) Kammfräser
multiple throw switch Vielfachumschalter
multiple-tile duct mehrzügiges Formstück (Kabelverlegung)
multiple-tile duct for cable mehrzügiges Formstück, Mehrlochformstück, mehrfacher od. mehrzügiger Kabelkanal
multiple-tone transmitter Vieltonsender
multiple-tool block (machine tool) Vielmeißeleinrichtung, Vielfachmeißelhalter
multiple tool lathe Vielmeißeldrehbank, Vielmeißeldrehmaschine
multiple tooth clutch Vielzahnkupplung
multiple track (computer) Mehrfachspur
multiple track operation Mehr(fach)spuroperation
multiple track radar range MTR-Verfahren
multiple transmission Mehrfachantrieb, Mehrachsenantrieb, Mehrfachsenden, Vielfachübermittlung
multiple transmission on line Mehrfachantrieb auf Leitung
multiple tube Mehrfachröhre, Mehrsystemröhre, Verbundröhre
multiple tube count (nuclear) Störzählung
multiple tube filter Kerzenfilter
multiple tube Geiger counter Mehrfach-Geiger-Zähler
multiple tube receiver (electron) Mehrröhrenempfänger
multiple tuned mehrfachabgestimmt (radar)
multiple-tuned antenna mehrfachabgestimmte Antenne
multiple tuner Vielfachabstimmgerät, Vielfachabstimmvorrichtung, vielfache Abstimmvorrichtung
multiple tuning (antenna) Vielfachabstimmung, Mehrfachabstimmung
multiple twin cable viererverseiltes od. vierpaariges Kabel
multiple-twin formation Diesel-Horst-Martin-Verseilung, Vielfachzwillingsverseilung
multiple type fixture Werkstückspannvorrichtung mit mehreren Spannstellen (w)
multiple-unit aerial (with skew) Mehrfachantenne (mit schräggesetzten Einzelelementen)
multiple-unit capacitor Mehrfachkondensator
multiple-unit contactor Mehrfachschütz
multiple-unit control Mehrfachsteuerung, Vielfachsteuerung
multiple-unit control car Steuerwagen
multiple-unit control system or controller Stromwächtersteuerung
multiple-unit semiconductor device Mehrfachhalbleitersystem
multiple-unit steerable antenna (MUSA) Antenne mit schwenkbarer Charakteristik, Mehrfach-Richtungsantennensystem mit einstellbarem Strahlungswinkel
multiple-unit train mehrgliedrige Zugeinheit, mehrgliedriger Fernschnelltriebwagen, Triebwagenzug
multiple-unit tube Mehrsystem, Verbundröhre
multiple-valued character Vielwertigkeit
multiple-valued logic mehrwertige Logik
multiplex-velocity ammunition Munition mit veränderlichen Ladungen
multiple V-gear Keilradgetriebe
multiple virtual machine support Mehrsystembetrieb
multiple-way duct Kabelformstück, mehrzügiger Kanal
multiple-way switch Mehrwegschalter, mehrwegiger Umschalter

multiple-wheel landing gear Mehrradfahrwerk
multiple-wire aerial mehrdrahtige Antenne, Mehrdrahtantenne
multiple-wire system Mehrleitersystem
multiple wires Vielfachverdrahtung
multiple X-Y recorder Mehrfach-Koordinatenschreiber
multiples, integral ganzzahlige Vielfache
multiplex mehrfach ausnutzen
multiplex, asynchronous time asynchrones Zeitmultiplex, ansynchrones Zeitvielfaches
multiplex, asynchronous time-division asynchrones Zeitvielfach, Zeitmultiplexasynchron
multiplex, block...channel Blockmultiplexkanal
multiplex, block...channel expansion feature Blockmultiplexkanalausbau, Blockmultiplexkanalerweiterung
multiplex, block...channel extension Blockmultiplexkanal-Erweiterung, Blockmultiplexkanalausbau
multiplex bus and complex software Multiplexbus und komplexe Software (Trainingsflugzeug)(av)
multiplex, byte...channel Bytemultiplexlkanal
multiplex, byte...channel extension Bytemultiplexerweiterung
multiplex, byte...extension feature Bytemultiplexerweiterung
multiplex, byte...operation Bytemultiplexbetrieb
multiplex carrier-current telephony Mehrkanal-Trägerfrequenztelephonie
multiplex channel Multiplexkanal
multiplex code transmission Multiplexübertragung von codierten Sprüchen, Mehrfachübertragung
multiplex control Wähl- u. Verteilergerät
multiplex data bus Multiplexdatenbus (Bordcomputer)(av)
multiplex, frequency-division...working Frequenzmultiplexbetrieb
multiplex printing telegraphy Mehrfach-Drucktelegraphie
multiplex radio transmission Mehrfachübertragung
multiplex, space-division...method Raummultiplexverfahren
multiplex, space-division...switching group Durchschaltegruppe für Raummultiplex
multiplex, space-division...switching network Raummultiplexkoppelfeld
multiplex switchboard Multiplexumschalter
multiplex system Multiplexanlage, Vielbandsystem
multiplex system, which controls system oxygen supply Multplexanlage für Regelung der Sauerstoffzufuhr
multiplex telegraph Mehrfachtelegraph
multiplex, time-division...method Zeitmultiplexverfahren
multiplex traffic Multiplexverkehr
multiplex transmission Multiplexübertragung
multiplex-wave winding Parallelwicklung, Reihenwicklung, Serienwicklung
multiplex winding Reihenparallelwicklung
multiplex, word...operation Wortmultiplexbetrieb
multiplex working or operation Mehrfachverkehr
multiplexed exchange unit Multiplexaustauscheinheit
multiplexed passenger-entertainment system Multiplexanlage zur Unterhaltung der Passagiere
multiplexer Datenübertragungssteuereinheit, Mehrfachkoppler
multiplexer, asynchronous time-division... asynchrones Zeitvielfaches, Zeitmultipex-asynchron
multiplexer, block...channel Blockmultiplexkanal
multiplexer, block...channel expansion feature Blockmultiplexkanalausbau, Blockmultiplexkanalerweiterung
multiplexer, byte...extension Bytemultiplexerweiterung
multiplexer channel Multiplex(er)kanal
multiplexer, input/output Sammlerverteiler
multiplexer, line Leitungsmultiplexer
multiplexer, line...controller Leitungsmultiplexsteuerung
multiplexer, output Ausgabeverteiler
multiplexer, remote Geschwindigkeitsumsetzer
multiplexer, solid-state Halbleiter-Multiplexer
multiplexer, space-division Raummultiplexteil
multiplexer, space-division...controller Raummultiplexsteuerung
multiplexer, space-division...network Raummultiplexnetzwerk
multiplexer subchannel Multiplexunterkanal
multiplexing Mehrfachbetrieb, Mehrfachkanalausnutzung, Unterteilung eines Übertragungskanals in mehrere Kanäle
multiplexing equipment Kanalbündelungseinrichtung, Multiplexeinrichtung
multiplexing, equipment Mehrkanalgerät
multiplexing, frequency-division Frequenzmultiplexbetrieb
multiplexing system Multiplexsystem
multiplexor channel Multiplexkanal
multiplexor printing telegraphy Mehrfachdrucktelegraphie
multiplicand (factor) Multiplikand
multiplicand register Multiplikand-Divisor-register
multiplication Getriebeübersetzung, Multiplikation, Vervielfachung
multiplication amplifier Vielfachverstärker
multiplication, arbitrary-precision Multiplikation mit beliebiger Stellenzahl
multiplication bar Multiplikationstaste
multiplication circuit Multpilkationsschaltung
multiplication constant Multiplikationskonstante, Mehrfachkonstante, Vermehrungskonstante
multiplication effect Multiplikationseffekt, Vermehrungswirkung
multiplication factor Multiplikations-, Reproduktions-, Vermehrungsfaktor
multiplication factor expansion Multplikation mit erweiterten Faktoren
multiplication floating-point Gleitkomma-Multiplikator
multiplication, high-speed Schnell-Multiplikation
multiplication length Multiplikationslänge

multiplication, logic logische od. boolesche Multiplikation, nichtadditive Multiplikation
multiplication, logical logische od. boolesche Multiplikation, nichtadditive Multiplikation
multiplication of vectors Vektormultiplikation
multiplication point Multiplikationsstelle, Vermehrungspunkt
multiplication table Einmaleinskörper (mechanische Rechenmaschine), Multiplikationstafel
multiplication time Multiplikationszeit (dig)
multiplicative multiplikativ, verstärkend
multiplicative ion loading multiplikative Ionenabsaugung
multiplicative mixer multiplikativer Mischer
multiplicator gap loading Multipliaktionsleitwert
multiplicity Mehrzahl, Menge, Vielfalt
multiplier Multipliziereinrichtung (dv), Bereichsschalter, Einmaleinskörper, Meßwiderstand, Multiplizierschaltung, Verstärker, Vervielfacher, Voltmeterwiderstand, Voltmeterschaltwiderstand, Vorsteckteiler
multiplier, analog...unit Analogmultiplizierer
multiplier, constant...unit Festwertmultiplizierer, Koeffizientpotentiometer
multiplier chain Vervielfacherschaltung
multiplier, five-digit Fünfziffernmultipliziereinrichtung
multiplier, function Funktionsmultiplizierer, Funktionsmultipliziergerät
multiplier gain Multiplierverstärkung, Verstärkungsfaktor des Multipliers
multiplier, interface Schnittstellenvervielfacher
multiplier phototube Photovervielfacher
multiplier, potentiometer Servomultiplizierer
multiplier, quarter-squares Parabelmultiplizierer
multiplier quotient register Multiplikator-Quotientregister
multiplier register Multiplikatorregister
multiplier stage Vervielfacherstufe
multiplier tube Multiplierröhre, Vervielfacherröhre, Vervielfältigungsröhre
multiplier zero error Nullpunktfehler eines Multiplizierers
multipling Vielfachschaltung
multiply charged mehrfach geladen
multiply charged cosmic rays mehrfach geladene kosmische Strahlen
multiply circuit Vervielfacherschaltung
multiply decimal (instruction) Multiplizieren "dezimal" (Befehl)
multiply, floating gleitende Multiplikation
multiply halfword (instruction) Multiplizieren "Halbwort" (Befehl)
multiply, hardware festverdrahtete Multiplikation
multiply instruction Multiplikationsbefehl
multiply, logical logische od. boolesche Multiplikation, nichtadditive Multiplikation
multiply long (instruction) Multiplizieren "lang" (Befehl)
multiply short (instruction) Multiplizieren "kurz" (Befehl)
multiply statement Multiplikationsbefehl, Multiplikationsanweisung (COBOL)
multiply, to multiplizieren, vermehren, verstärken, vervielfachen
multiply word (instruction) Multiplizieren "Wort" (Befehl)
multiplying Vielfachschaltung
multiplying device Vergrößerungsvorrichtung
multiplying factor Bereichsfaktor
multiplying machine Multiplikationsmaschine
multiplying manometer Feindruckmesser
multiplying operator Multiplikations-Operator (ALGOL), Multiplikationssymbol
multiplying on the expression in parentheses Ausmultiplizieren der runden Klammern
multiplying power Erweiterungsfaktor, Empfindlichkeitsfaktor (eines Galvanometer-Nebenschlusses)(Bordcomputer)
multiplying punch Multiplizierlocher
multiplying unit Einmaleinskörper, Multipliziereinheit
multipoint accumulations ortsveränderliche Funkstellen (Radaranlagen)(av)
multipoint circuit Übertragungsleitung mit mehreren Stationen (Gruppenverbindung)
multipoint connection Mehrpunktverbindung
multipoint connector Steckerleiste, Steckkontaktleiste, Mehrfachsteckverbinder
multipoint line Übertragungsleitung mit mehreren Stationen (Gruppenverbindung)
multipoint plug Mehrfachstecker, Messerleiste
multipoint selector mehrstufiger Wähler
multipoint transmission Übertragung zwischen mehreren Stationen
multipolar mehrpolig, multipolar, vielpolig
mulitpolar admittance matrix Mehrpol-Leitwertmatrix
multipole Multipol
multipole connector Mehrkontaktstecker
multipole emission Multipolstrahlung
multipole moment Multipolmoment
multipole radiation Multipolstrahlung
multiposition on-off switch Mehrstellenschalter
multiposition switch unit Mehrstellenschalter
multiposition signal Mehrpunktsignal
multiprocessing Simultanverarbeitung (gleichzeitige Problembearbeitung durch mehrere Rechenwerke od. Rechner), Simultanarbeit, Mehrprogrammverarbeitung, Programmverzahnung, Parallelarbeit
multiprocessing mode Mehrprozessorbetrieb
multiprocessing system Mehrprozessorsystem, Mehrrechnersystem
multiprocessor control structure of local significance dezentrale Multiprozessorstruktur (Bordcomputer)(av)
multiprocessor features Konfigurationssteuerpult (Bordcomputer)(av)
multiprocessor operation Rechnerverbundbetrieb
multiprocessor system Mehrprozessorsystem, Mehrrechnersystem
multiprogram control Simultansteuerung für mehrere Programme (dig)
multiprogrammed type computers parallelprogrammierte Rechner
multiprogramming Mehrprogrammbetrieb, Multiprogrammierung, Programmverzahnung, Simultanarbeit, Simultanverarbeitung, Mehrprogrammverarbeitung
multiprogramming mode Mehrprogrammbetrieb

multiprogramming operation Simultanablauf
multiprogramming system (MPS) Mehrprogrammsystem (Bordcomputer)(av)
multipulse technique Mehrfachimpulsverfahren
multipunch Mehrfachlochung
multipunch control Vielfachlochprüfung
multipunch print suppression Schreibunterdrückung bei Mehrfachlochung
multipurpose aircraft Mehrzweckflugzeug
multipurpose automatic navigator automatisches Mehrzwecknavigationsgerät
multipurpose computer Mehrzweckrechenanlage, Mehrzweckrechner
multipurpose CRT display Mehrzweckbildschirmgerät (für Kampfflugzeug)
multipurpose design Mehrzweckhalle
multipurpose design with moveable interior Mehrzweckhalle ohne feste Einbauten
multipurpose display system Mehrzweckanzeigesystem
multipurpose helicopter Mehrzweckhubschrauber
multipurpose interfaces of this system multifunktionale Auslegung der Schnittstellen (Bordcomputer)(av)
multipurpose self-propelled loader selbstfahrende Mehrzweckladevorrichtung
multipurpose snap-up/snap-down radar Mehrbetriebsartenradar
multirange amplifier Mehrbereichsverstärker (Bordcomputer)(av)
multirange, amplifier Analogeingabeverstärker für mehrere Betriebe (EDV)
multi-reading feature Mehrfachleseeinrichtung
multi-reel file Mehrspulendatei
multi-role development Mehrzweckweiterentwicklung
multi-role electronic scanning radar Mehrzweckabtastradar
multirole turboprop STOL aircraft Mehrzweck-STOL-Flugzeug mit PTL-Antrieb
multiscaler Vielfachuntersetzer, Vielfachzähler
multiseated aircraft mehrsitziges Luftfahrzeug
multisection circuit or filter Mehrkreisfilter
multisection network mehrgliedriger od. vielgliedriger Kettenleiter
multi-section telescopic mast Laufkran mit Teleskopmast (Wartungsanlage)(av)
multi-sensor attack aircraft Multisensor-Luftangriffsflugzeug
multi-sensor display, digital digitales Multisensor-Anzeigegerät
multisection tube Mehrsystemröhre, Verbundröhre
multisequential system Mehrsequenzrechner, Mehrsequenzsystem
multispar sandwich panel construction Mehrholm-Sandwichplattenkonstruktion
multipsectral emissions encountered multispektrales Bedrohungssignal (Bordcomputer)
multispectral film camera multispektrale Filmkamera (Bordavionikausrüstung)
multispectral photography (space) Multispektralaufnahme
multispectral photography for earth resource prospecting (space) Multispektralaufnahme für Bodenschatzsuche
multispectral scanner Multispektralgerät
multispectral scanning equipment multispektrale Abtastvorrichtung
multistability Multistabilität
multistable storage multistabiler Speicher, Speicher mit mehreren stabilen Lagen
multistage allocation mehrphasige Zuweisung
multistage amplifier Kaskadenverstärker, Mehrfachverstärker, Mehrstufenverstärker, Mehrröhrenverstärker, mehrstufiger Verstärker
multistage blower Mehrstufenlader (Motor)
multistage connection via concentrator mehrstufige Verbindung über Konzentratoren
multistage counter current extraction apparatus mehrstufige Gegenstrom-Extraktionsanlage
multistage exchange reaction mehrstufige Austauschreaktion
multistage or multicellular pump Differentialpumpe
multistage receiver Mehrstufenempfänger
multistage rocket Mehrstufenrakete
multistage separation mehrstufige Trennung, Mehrstufentrennung
multistage turbine Mehrstufenturbine, mehrstufige Turbine
multistaging Mehrstufigkeit
multistrand or multichannel cable Mehrfachkabel
multisystem Zusammenschluß mehrerer Systeme
multisystem automatic test equipment (MATE) Mehrfachprüfausrüstung (MATE)
multisystem communication unit Konfigurationssteuerung (av)
multisystem unit Konfigurationssteuereinheit (Bordcomputerprogramm)
multitask operation Mehrprozeßbetrieb
multitasking Multitasking (dv)
multitasking mode Mehrprozeßbetrieb
multiterm expression zusammengesetzter Ausdruck
multitester Multimeter, Vielfachmeßgerät, Vielfachprüfgerät
multitone Heulton, Multiton
multitone (measuring) method Mehrtonverfahren
multitrack pulse angle (ATC) Leitlinienimpulsverfahren (UKW)
multitransit electron tube weitabstimmbare Elektronenröhre
multitude Menge, Vielheit
multitudinous mannigfaltig, vielfach
multiuser computer Gemeinsachftsrechner
multivalent vielwertig (chem)
multivalued logic mehrwertige Logik
multivaluedness Mehrdeutigkeit, Vieldeutigkeit
multivibrator Multivibrator(schaltung), Kippschaltung, Zungenfrequenzmesser, Takter
multivibrator, astable astabiler Multivibrator
multivibrator, bistable bistabile Kippschaltung, bistabiler Multivibrator, Flip-Flop-Schaltung, Triggerschaltung
multivibrator, free-running freischwingender Multivibrator
multivibrator, monostable monostabile (Kipp)-schaltung, monostabiler Multivibrator, monostabiles Flip-Flop

multivibrator, one-shot monostabile (Kipp)-schaltung, monostabiler Multivibrator, monostabiles Flip-Flop
multivolume mehrspulig
multivolume file sich über mehrere Datenträger erstreckende Datei, Mehrplattendatei, Mehrspulendatei
multiwave pattern Mehrfacheinfall
multiwire cable mehradriges Kabel
multiwire proportional counter Proportionalzähler mit mehreren Zähldrähten
multizone reactor Mehrzonenreaktor
MUM multi-use mine
mumetal Mumetall
mumetal alloy Mumetallegierung
muratic acid pickle Salzsäurebeize
muriate Chlorstrontium
murkiness Lufttrübung (meteor)
Murray code Murray-Alphabet
Murray loop test Murray-Schleifenmessung
MUSA multiple-unit steerable antenna
muscle diaphragm Stellmembran
muscovit Kaliglimmer
muscular tension Muskelspannung
mush area Interferenzgebiet
mushing Fliegen in halbüberzogenem Flugzustand, zu schnelles Abfangen aus Sturzflug
mushroom contact Pilzkontakt
mushroom head of breech Verschlußkopf
mushroom head rivet Pilzkopfniet
mushroom head screw Flachrundschraube mit Schlitz
mushroom head square shank Flachrundkopf mit Vierkantansatz
mushroom-head valve Pilzventil
mushroom-headed heavy-duty push button Pilztaster
mushroom parachute Pilzfallschirm
mushroom tappet (follower) Pilzstössel
mushroom-type follower Pilzstössel
mushroom-type valve Pilzventil
mushroom valve Pilzventil, Tellerventil, Kegelventil
mushroom valve lifter Pilzstössel
mushroom ventilator Pilzkopflüfter (Schiff)
mushy controls weiche Steuerruder
musical spark transmitter tönender Funksender, Tonfunksender
mustard gas Lost (Senfgas)
mutal Charakteristik der Röhre
mutation Mutation, Veränderung
mutation stop Mutationsregister, Veränderungsregister
mutilate, to verstümmeln (Spruch usw)
mutilated gestört (Sendetext)
mutilated character verstümmeltes Zeichen
mutilated group verstümmelte Buchstabengruppe (Radar)
mutilated message verstümmelte Meldung
mutilated type font Zeichenveränderung
mutilation Verstümmelung
muting akustische Dämpfung, Geräuschsperre, Rauschsperre
muting cable Kabel für Empfangssperre
muting relay Dämpfungsrelais
muting switch Schalter für Geräuschsperre
muting threshold Ansprechschwelle für Geräuschsperre
mutual gegenseitig, gemeinsam, wechselseitig
mutual admittance Kurzschlußsteilheit (Vierpoltheorie)
mutual assistance program gegenseitiges Hilfsprogramm
mutual attraction gegenseitige Anziehung
mutual broadcasting system Gleichwellen-Rundfunkverfahren
mutual capacitance gegenseitige Kapazität
mutual conductance Steilheit einer Röhre
mutual coupling Transformatorkupplung
mutual defense assistance program Programm für gegenseitige Verteidigungshilfe
mutual exchange program Austauschprogramm
mutual impedance Kennwiderstand, Kopplungswiderstanc, Leerlaufwiderstand
mutual inductance Gegeninduktivität, Gegeninduktionskoeffizient, Wechselinduktion
mutual inductance-type mine detector Minensuchgerät mit Gegeninduktivitätsbrücke
mutual induction gegenseitige Induktion
mutual information Transinformation, übertragende Information
mutual information content wechselseitiger Informationsgehalt
mutual interference effects Übersprechstörungen
mutual logistic support gegenseitige logistische Unterstützung
mutual per unit length Gegeninduktivitätsbelag
mutual relationship Wechselbeziehung
mutual repulsion gegenseitige Abstoßung
mutual resistance Verstärkerwiderstand
mutual screening Fremdmaskierung (ELOKA)
mutual support gegenseitige Unterstützung
mutuality Gegenseitigkeit
mutually complementary metal-forming process sich ergänzendes formgebundenes Verfahren (TB)
mutuator Stromrichter, Umwandler
muzzle Gewehrmündung, Rohrmündung
muzzle adapter Mündungsvorsatz
muzzle blast Mündungsdruckwelle, -knall
muzzle blast smoke Mündungsrauch
muzzle boresight Fadenkreuz (Rohrmündung)
muzzle brake Mündungsbremse
muzzle brake lock Sicherungsstück für Mündungsbremse
muzzle brake locking ring Sperring für Mündungsbremse
muzzle clamp vordere Rohrhalterung
muzzle compensator Mündungsfeuerdämpfer, Rückstoßverstärker
muzzle cover Müdnungsdeckel
muzzle cover or portector Müdnungskappe, Mündungsschoner
muzzle diffuser Rauschverteiler
muzzle disc Mündungseinsatz
muzzle disturbance Störeinfluß an der Mündung
muzzle energy Mündungsenergie, Mündungswucht
muzzle fitment Mündungsvorsatz
muzzle gas pressure Mündungsgasdruck
muzzle heaviness Vorderlastigkeit des Rohrs
muzzle impact safety test Prüfung cer

Rohr- u. Mündungssicherheit
muzzle jump Mündungsschwingung, Auswanderung der Rohrmündung nach oben
muzzle level Mündungswaagerechte
muzzle loader Vorderlader
muzzle mirror Mündungsspiegel
muzzle momentum Mündungskraft, Mündungswucht
muzzle or initial velocity Mündungsgeschwindigkeit
muzzle plug Mündungsschoner
muzzle preponderance Mündungslastigkeit
muzzle recoil brake Mündungsbremse
muzzle reference fire control mündungsbezogene Feuerleitung
muzzle safety Maskensicherheit
muzzle velocity Anfangsgeschwindigkeit (von Null), Mündungsgeschwindigkeit
muzzle wave Mündungsdruckwelle
MVL Medium Launch Vehicle (sp)
MWAR major world air routes
MWO meteorological watch office
MX mixed type of ice formation (white and clear)
Mylar polyester film, alumines (reflective insulation) aluminisierte Polyesterfolie Mylar (Isolierung durch Reflexion)
myrametric waves Längstwellen, Myriameterwellen, VLF (Bereich)
myriare Quadratkilometer

N

N (north or nothern latitude) N (Nord oder nördliche Breite)
N.A.C.A. National Advisory Committee for Aeronautics
N.A.C.A. cowling Haube für Sternmotor
N-address instruction n-Adreßbefehl
n-core-per-bit storage Speicher mit n-Kernen pro Bit
n-core-per-bit store Speicher mit n-Kernen pro Bit (EDV)
N-LOS non-line of sight (av)
n-tulpe register Register n-facher Wortlänge
n-type semi-conductor N-Halbleiter, N-Type-Halbleiter, Überschußleiter
NACA National Air Carrier Association
nacelle Gondel, Flugzeugrumpf
nacelle and thrust-reverse development Gondel- und Schubumkehrentwicklung (av)
nacelle engine installation Gondeltriebwerk
nacelle fairing Motorgondelfläche, Verkleidung
nacelle fire extinguisher push button Druckknopf für Motorgondelfeuerlöscher
nacelle fire warning lamp Motorgondel-Feuerwarnlampe
nacelle forward centre beam frame Triebwerkgondelspant
nacelle, quiet lärmgedämpfte Triebwerkgondel
nacelle rear fairing Düsenverkleidung
nacette, engine Ballonkorb, Motorgondel
NADGE front line of Nato's air defense NADGE Vorposten der Nato-Luftverteidigung
nadir distance Nadirabstand, Nadirdistanz
nadir point Bildnadirpunkt (Lubi), Nadir
naegite Nägit (thoriumhaltiges Mineral)
NAFLI natürliche Fluglageanzeige
nail puller Nagelzieher
nail set Nageltreiber
nail, to vernageln
NAIOP navigational aid inoperative (for parts)
NAK negative acknowledgement
naked leer, nackt, ungeladen
naked eye, with the mit bloßem Auge
naked flame offene Flamme
naked reactor Reaktor ohne Reflektor
naked wire blanker Draht
NAMCO Nihon Aeroplane Manufacturing Company
name Name (COBOL, FORTRAN)
name definition entry Namendefinitionseintrag
name definition field Namendefinitionsfeld
name, external externer Name
name field Namenfeld
name, internal interner Name, Speichername
name of card Kartenname
name plate Typenschild, Warenplakette
name plate, engine Motorschild
name, qualified klassifizierter Name
name, simple einfacher Name
name, subscript Indexname (COBOL)
name, subscripted indizierter Name
name, symbolic symbolischer Name (COBOL, FORTRAN)
name transmitter Namengeber, Namensender
named constant benannte Konstante
NAND circuit NAND-Schaltung, NICHT-UND-Glied
NAND element NICHT-UND-Glied, NAND-Glied
NAND operation NAND-Verknüpfung, NAND-Funktion, negierte Konjunktion
nanosecond memory system, 500 500 Nanosekundenspeichersystem
nanosecond radar system Nanosekunden-Radarsystem
nanosecond store Nanosekundenspeicher
nap-of-the-earth flying Schleichflugeinsatz
Naperian logarithm Logarithmus zur Basis E, natürlicher Logarithmus
naphta Erdöl, Naphta, Petroleum
naphthenate Naphthenat
naphthene-base oil Erdöl mit Asphaltbasis
naphthol Naphthol
Napierian logarithm Napier'scher Logarithmus, natürlicher Logarithmus, hyperbol'scher Logarithmus
Napier's analogies Napier'sche Analogie
Napier's diagram Napier'sches Diagramm
Napier's logarithm Napier'scher Logarithmus
narrow eng, klamm, schmal
narrow-angle light fitting Tiefstrahler
narrow-angle projector Normalwinkelprojektor
narrow band amplifier Schmaldbandverstärker
narrow band frequency modulation Schmalband-Frequenzmodulation
narrow band relay system Schmalbandsendeanlage, Schmalband-Übertragungsanlage
narrow band saw Tischbandsäge
narrow band transmission Schmalbandübertragung

narrow band transmission of radar pitcures in real time Schmalbandechtzeitübertragung von Radarbildern
narrow beam measurement Kleinfeldmessung
narrow beam radiogoniometer Schmalsektorpeiler, Schmalsektorradiogoniometer
narrow beam product of ground-based laser designator scharfgebündelte Keule eines bodengestützten Laserzielbeleuchters (Zielverfolgungsradar)(av)
narrow-bodied gunship version Kampfunterstützungsversion (Hschr)
narrow-body aircraft schmalrumpfiges Flugzeug
narrow channel Kille, Meerenge
narrow conductive metal tube stromführendes metallisches Röhrchen (TB)
narrwo delta wing schmaler Deltaflügel
narrow edge Schmalkante
narrow face Schmalseite (z.B. einer Kokille)
narrow fuel type range schmales Brennstoffband (Kesselfeuerung)(Dampferzeugungsanlage)
narrow gage field railway Feldbahn
narrow gate enger Austastimpuls
narrow-gauge railroad Schmalspurgleis
narrow guide Schmalführung
narrow or substandard film Kleinfilm
narrow passage enge Durchfahrt
narrow path schmaler Suchstreifen (Minenjagd)
narror-path locator Schmalstreifen-Ortungsgerät (Minenjagd)
narrow-pencil beam radar Radargerät mit scharfer Bündelung
narrow pilar file Stiftenfeile
narrow pulse enger Impuls
narrow roller lifting band Rollenheißgurt
narrow shower dichter Schauer (Ionen)
narrow span emfpindlicher Meßbereich
narrow-strip mill Schmalbandwalzwerk
narrow-track engspuriges Fahrwerk (av)
narrow V-belt Schmalkeilriemen
narrowing Einengung, Verschmählerung
NASA National Aeronautics and Space Administration
nasa boom Überschallstaurohr
NASARR North American search and range radar
NASCOM National Aeronautics and Space Administration Communications Network
nascent entstehend (chem), freiwerdend, naszierend, im Entstehen begriffen
nascent neutron naszierendes Neutron, Neutron im Entstehungszustand
NASMO NATO Starfighter Management Office
NASO looks after the search radar, the IR detection system NASO ist für das Radar, das Infrarotortungssystem und für die elektronische Überwachung zuständig (av)
NASO non-acoustic system operator Operator für nichtschallgeschütztes System (NASO) (integriertes System)(elektronisches Überwachungssystem)(av)
NASP National Airport System Plan
nasty schlecht, unangenehm (Wetter)
national defense system Verteidigungssystem, Wehrform, Wehrsystem
national design Nationalkriegsflagge
national flag Nationalflagge
national grid Energienetz
national guard frequency nationale Wachfrequenz
national highway Nationalstraße, Reichsstraße
national space development agency nationale Raumfahrtentwicklungsbehörde
national space development centre nationales Raumfahrtentwicklungszentrum
nationality and registration marks Staatszugehörigkeits- u. Eintragungszeichen, Hoheits- u. Eintragungszeichen
nationality mark Staatszugehörigkeitszeichen
nationality plates Nationalitätenkennzeichen
nationalization Nationalisierung
nationwide dialing Selbstwählferndienst
native asphalt Erdpech, Naturasphalt
native language Maschinencode
NATRAP-system narrow-band transmissions of radar pictures
natrium metal Natriummetall
natron Nartiumkarbonat, Soda
natural natürlich, nicht künstlich
natural abundance natürliche Häufigkeit
natural activity natürliche Aktivität (Atomphysik)
natural ageing natürliche Alterung, das Kaltauslagern (Aluminim)
natural aggregate Naturaggregat
natural angle of response natürlicher Böschungswinkel
natural background radiation natürlicher Strahlenpegel, natürliche Untergrundstrahlung
natural barrier Geländehindernis
natural base natürliche Basis (eines Zahlensystems, e=2,71828...)
natural circulation Naturumlauf (Dampferzeugungsanlage)
natural circulation boiling water reactor Siedewasserreaktor mit Naturumlauf
natural circulation reactor Reaktor mit Naturumlauf
natural connection reactor Reaktor mit Konvektionskühlung
natural-convection reactor Reaktor mit natürlicher Konvektion, Reaktor mit Konvektionskühlung
natural coordinates natürliche Koordinaten
natural current Erdstrom
natural damping Eigendämpfung
natural detector Kontaktgleichrichter
natural divergence Eigenstreuung
natural-draft cooling tower Kaminkühler (Hüttenwesen)
natural elastomer natürliche Elastomere
natural environment natürliche Umwelt
natural excitation operation Betrieb mit natürlicher Erregung
natural expansion compensation natürlicher Dehnungsausgleich (Fernheiznetz)
natural fibre Naturfaser
natural finish wood naturpoliertes Holz
natural firing point Einsatz der Eigenschwingung
natural flexural frequency Biegeeigenfrequenz
natural flight indication (NAFLI) natürliche Fluganzeigelage
natural force Naturkraft

natural frequency Antenneneigenfrequenz, Resonanzfrequenz, Selbstfreqeuenz, Eigenschwingungszahl
natural frequency of the aerial Antenneneigenschwingung
natural frequency of vibration Eigenschwingungszahl
natural fuel reactor Naturbrennstoffreaktor
natural-function generator (Funktions)-geber für analytische Funktionen
natural gas Erdgas, Naturgas
natural gas, helium-bearing heliumhaltiges Erdgas
natural gas liquid natürliches Flüssiggas
natural gas, occurrence of Erdgasvorkommen
natural gas reforming Erdgasveredelung
natural gas rig Erdgasplattform
natural gasoline Erdgasbenzin, Naturgasolin, Benzin, hergestellt von Erdgasen
natural gasoline, casing-head Erdgasbenzin, Naturgasolin
natural gasoline plant Erdgasgewinnungsanlage, Gasolingewinnungsanlage
natural horizon sichtbarer Horizont, Kimm
natural hydrocarbons N/Kohlenwasserstoffe
natural inductance natürliche Induktivität
natural interference natürliche Störungen
natural isotopic composition natürliche Isotopenzusammensetzung
natural isotopic mixture natürliches Isotopengemisch
natural landmark natürlicher Markierungspunkt im Gelände
natural-law function generator (Funktions)-geber für analytische Funktionen
natural logarithm natürlicher Logarithmus, Nepier'scher Logarithmus
natural magnet natürlicher Magnet
natural mica Rohglimmer
natural mode Eigenschwingungszustand
natural mode of vibration Eigenschwingungsform
nautral motion Eigenbewegung, Eigenschwingung
natural motion period Eigenschwingungsdauer, Eigenbewegungsperiode
natural nuclear time natürliche Kernzeit
natural number natürliche Zahl
natural obstacle natürliches Hindernis
natural-occuring natürlich vorkommend
natural-occuring isotope natürlich vorkommendes Isotop
natural-occuring radioactivity natürliche Radioaktivität
natural-occuring uranium natürliches Uran
natural oil-seepage Ölausbiß, natürlicher Ölaustritt, Fettloch
natural or primitive state Naturzustand
natural oscillating frequency Eigenfrequenz
natural-oscillation Eigenschwingung
natural pack Plattenspeicher mit einheitsgerechten Adressen
natural period Eigenschwingungszahl
natural period of oscillation Eigenschwingungsperiode
natural period of vibration Eigenschwingungsdauer
natural pitch period Eigenstampfdauer
natural potential Eigenpotential
natural protection Geländeschutz
natural radar screening natürliches Radarhindernis
natural radiation source natürliche Strahlungsquelle
natural radioactive nuclide natürlich radioaktives Nuklid
natural radioactivity natürliche Radioaktivität
natural radionuclide natürliches Radionuklid
natural reading (photo) Seitenrichtung
natural resin natürliches Harz, Naturharz
natural resonance frequency Eigenfrequenz
natural resource of a country naturgebundene Rohstoffquelle eines Landes
natural roll damping natürliche Rolldämpfung
natural roll period Eigenrolldauer
natural rubber Naturkautschuk
natural sandstone Natursandstein
natural satellite natürlicher Satellit
natural scale Maßstabverhältnis, Zahlenmaßstab
natural scatter Eigenstreuung
natural self-purification natürliche Selbstreinigung
natural silk Naturseide
natural slope natürlicher Böschungswinkel (im Grenzgleichgewicht)
natural static atmosphärisches Rauschen
natural steel Rennstahl, Rohstahl, Schmelzstahl, Wolfsstahl
natural strain normale Dehnung
natural synoptic period natürliche synoptische Periode
natural synoptic region natürlicher synoptischer Bereich
natural synoptic season natürliche synoptische Jahreszeit
natural uranium natürliches Uran, Natururan
natural uranium fuel Natururanbrennstoff
natural unranium fuel(ed) reactor Natururanreaktor
natural uranium graphite reactor Natururan-/Graphit-Reaktor
natural uranium heavy water reactor schwerwassermoderierter Natururanreaktor
natural uranium reactor Natururanreaktor, Reaktor mit natürlichem Uran
natural uranium slug Block aus natürlichem Uran, Natururanblock
natural vibration Eigenschwingung
natural vibration period Eigenschwingungsdauer
natural vibration rate Eigenschwingungszahl
natural vibration time Eigenschwingungszeit
natural voltage Eigenspannung
natural voltage time Eigenspannungsperiode
natural wave length natürliche Wellenlänge, Eigenwelle, Eigenwellenlänge
natural weathering Freibewitterung
naturally naturgemäß, natürlich
naturally aspirated selbstanseugend
naturally aspirated engine nichtaufgeladener Motor, Saugmotor, selbstansaugender Motor
naturally hard naturhart
nature Natur, natürliche Beschaffenheit, Wesen, Eigenart
nature of a charge Ladungssinn

nature of bottom Beschaffenheit des Grundes (Fluß, Meer, See)
nature of combat Charakter des Gefechts
nature of flow Fließverlauf
nature of ground Bodenbeschaffenheit
nature of the coast Küstenbeschaffenheit
nature of the soil Bodenbeschaffenheit
nature of the terrain Geländebeschaffenheit
nautical auf das Seewesen bezüglich, nautisch
nautical almanac nautisches Jahrbuch
nautical chart or map hydrographische od. nautische Karte, Seekarte
nautical chart catalog Seekartenkatalog
nautical electronic Schiffselektronik
nautical evening twillight nautische Abenddämmerung
nautical mile Seemeile (1, 852 km), nautische Meile (1, 8532 km)
nautical morning twillight nautische Morgendämmerung
nautical or maritime navigation Schiffsnavigation, Schiffsortung
nautical road Seeschiffahrtsstraße, Wasserstraße
nautical twillight nautische Dämmerung
NAV Navigation
NAV naval equipment
NAV/attack system Flugführungsinformation (Avionik)
NAV selector Navigationswählgerät
navaid Navigationshilfe
navaid inspection Prüfung der Navigationshilfe
navaid monitoring equipment Überwachungsmonitor von Navigationshilfen
naval Schiffs...
naval academy Marineakademie
naval aeronautics Marineluftfahrt
naval aerocorps unit Marineseefliegerverband
naval aerostatics Marineluftschiffahrt
naval airbase Wasserflugstützpunkt
naval aircraft Marineflugzeug, Marineluftfahrzeug
naval airforce division Marinefliegerabteilung
naval air service Marineluftfahrt
naval airship Marineluftschiff
naval airship pilot Marineluftschiffführer
naval airstation Marineluftstation
naval air-station or base Seeflugstation
naval-appropriation bill Marinehaushaltsgesetz
naval architect or engineer Schiffsbauingenieur
naval assault detachment Marinestoßtrupp(en)-abteilung
naval aviation Marineluftfahrt, Marineflugwesen
naval aviation observer Marinebeobachter
naval base Flottenstützpunkt
naval coast artillery Marineartillerie
naval communications officer Marinenachrichtenoffizier
naval data-handling system Kriegsschiffdatenverarbeitungsanlage
naval district or base Marinestation
naval electronic system Kriegsschiffselektronikanlage
naval engineer Marineingenieur
naval engineer officer Marineingenieuroffizier
naval expenditionary force Marineexpeditionskorps
naval forces Seestreitkräfte
naval gun fire control system Schiffsfeuerleitgerät
naval inspector general Marinegeneralinspektor
naval mobile logistic support schwimmende Versorgung (Marine)
naval-ordnance bureau (D) Marineartilleriezeugamt
naval-ordnance department Marinewaffenamt
naval-ordnance inspection service Marinedepotinspektion
naval personnel replacement Marineersatzwesen
naval pilot Marine/Seeflugzeugführer
naval radio station Seefunkstelle, Marinefunkstelle
naval reserve Marinereserve, Marineersatzwesen
naval seaplane Marinewasserflugzeug
naval signal station Marinesignalstelle
naval tactical data system (NTDS) taktisches Datenverarbeitungs- und -übertragungssystem
naval target, effectivness against gesteigerte Waffenwirksamkeit gegen Seeziele
naval training school Marineschule
naval unit Flotteneinheit
NAVARHO (system) NAVARHO (Verfahren), Langstreckennavigationsverfahren
nave Radnabe
nave borer Nabenbohrer
nave disk Nabenscheibe
nave or wheel box Nabenbüchse
navigable balloon Lenkballon
navigable semicircle (nautic) schiffbarer Halbkreis
navigate Navigation (Betriebsart LN-3)
navigation Navigation, Ortung, Flugnavigation, Schiffartskunde
navigation accurace Ortungsgenauigkeit
navigation aid Navigationshilfe
navigation aid monitoring system Überwachungssystem von Navigationshilfen (Bordcomputer)(av)
navigation, air...computer Navigationsrechengerät
navigation and attack system Navigations- und Angriffsleitsystem (Zielverfolgungsradar)
navigation and communication system for civil aircraft Navigations- u. Übertragungssystem für Zivilflugzeuge
navigation and communication system for military aircraft Navigations- u. Übertragungssystem für Militärflugzeuge
navigation and control service Navigations- und Fluglenkungsdienst (Bordcomputer)
navigation and flight management system Navigations- und Flugmanagementsystem (Bordcomputer)
navigation and weapon aiming subsystem Navigations- u. Waffenzielsuchuntersystem
navigation and weapon delivery accuracy Navigations- und Waffeneinsatzgenauigkeit (Zielverfolgungsradar)
navigation, astronomical Astronavigation
navigation buoy Navigationsboje
navigation channel Fahrrinne, Fahrwasser
navigation compass Ortungskompaß, Navigationskompaß
navigation computer Navigationsrechner

navigation compass Ortungskompaß, Navigationskompaß
navigation computer Navigationsrechner
navigation computer subassembly Rechner-Navigationsteil (LB-3)
navigation computer unit (NCU) Navigationsrechner
navigation control unit Bediengerät (LN-3)
navigation data Flugführungssymbole
navigation display Flugleitanzeiger (Bordcomputer)(av)
navigation flame float Schwimmleuchtzeichen
navigation FLIR FLIR-Navigationskamera
navigation frequency Navigationsfrequenz
navigation guide Bake, Landezeichen, Seezeichen
navigation heading and attitude reference system Kurs- u. Fluglagebezugssystem
navigation information can be overlaid on weather radar system Navigationsinformation wird in das Wetterradarbild eingeblendet (Bordcomputer)
navigation instrument Navigationsgerät, Ortungsgerät, Navigationsinstrument, Kursrechner
navigation lamp Navigationslampe
navigation light Navigationslicht, Stellungslicht
navitation light relay panel Relaistafel für Positionsleuchten
navigation lights Navigationsleuchten, Navigationslichter, Positionslampen, Positionsleuchten zur Festsetzung der Anforderungen für Navigationslampen
navigation lights flasher Positionsleuchten-Blinkgeber
navigation lock gate Schleusentor
navigation log Navigationslogbuch, Navigationseintragung
navigation or nautical signal or sign Schiffahrtssignal, Schiffahrtszeichen
navigation or steering table Steuertafel
navigation position Navigationsposition
navigation radius Aktionsradius
navigation requirement Navigationsanforderung (av)
navigation room Orterbüro, Ortungsbüro
navigation satellite Navigationssatellit
navigation satellite system eigenständiges Satellitensystem für Navigationszwecke
navigation shipping Schiffahrt
navigation smoke float Schwimmrauchzeichen
navigation system Navigationssystem
navigation system control panel Bedienpult für Navigationssystem
navigation system, self-contained autonomes Navigationssystem
navitation, terrestrial Navigation mit Erdsicht
navigation triangle Navigationsdreieck
navigation warning Flugwarnung, Luftfahrtwarnung
navigational aid (NAVAID) Flugnavigationshilfe, Navigationseinrichtung
navigational aid inoperative for parts Navigationshilfe wegen fehlender Teile nicht einsatzbereit od. unklar
navigational assistance navigatorische Unterstützung
navigational counter-countermeasures Navigationsschutzmaßnahmen
navigational countermeasures Navigationsgegenmaßnahmen
navigational equation Navigationsgleichung
navigational equipment Navigationsausrüstung
navigational error Navigationsfehler
navigational guidance navigatorische Führung
navigational instrument Navigationsgerät, Navigationsinstrument
navigational microfilm projector Mikrofilmprojektor für Schiffahrt
navigation parallax base length Navigationsparallaxabstand (Torpedofeuerleitung)
navigational planet Navigationsplanet
navigational plotting equipment Navigationsbesteck (Zeichengerät)
navigational radar Navigationsradargerät
navigational radio beacon Navigationsfeuer
navigational radio marker beacon Navigationsfunkfeuer
navigational reference point Kontrollpunkt
navigational reference station Kontrollpunkt
navigation reset technique Navigationskorrektionsverfahren
navigational satellite Navigationssatellit
navigational stars Navigationssterne, Astronavigation
navigational system Navigationsanlage, Navigationssystem
navigational triangle Navigationsdreieck
navigational wanring Luftfahrtwarnung
navigator Navigator, Navigationsgerät, Beobachter, Orter
navigator calculator Navigationstaschenrechner
navigator indicator Anzeigegerät für Navigator
navigator's chart table Ortungskartentisch
NAVSTAR Navigation Satellite Timing and Ranging/Global Positioning System
Navstar GPS (Global Position System)
Navstar/GPS most elaborate five-channel equipment with both C/A and P,5 codes Navstar GPS in der Komplettversion (Code C/A und P,5 Kanäle)
Navstar/GPS P-code receiver Navstar/GPS-P-Code-Empfänger
Navstar/GPS satellite navigation system Satellitennavigationssystem Navstar GPS
Navstar/GPS system used a constellation of satellites placed in orbit at an altitude of 20 187 km. They complete their circular orbits in half a sidereal day, that is 11hr 57min. **Navstar GPS** besteht aus einem Netz von Navigationssatelliten in 20 187 km Höhe mit einer Umlaufzeit von 11h 57min.
NAVWASS (navigation and weapon aiming subsystem) NAVWASS, Navigations- u. Waffenzielsystem
navy antiaircraft Marineflak
navy department Marineleitung, Marineministerium
navy department inspection service Marineinspektion
navy department specification Marinenormvorschrift
navy radio bearing station Marinepeilfunkstelle
NAU (network addressable unit) adressier-

NC (network control) Netzwerksteuerung
NCP (network control program) Netzwerksteuerprogramm
NCP generation NCP-Generierung
NCP generation language NCP-Generierungssprache
NCP generation procedure NCP-Generierungsprozedur
NCP-L NCP-lokal
NCP-LR NCP-lokal/entfernt
NCP-R NCP-entfernt
NCP, remote NCP des entfernt stehenden Rechners
NCR optical type font Lesen NOF-Schrift
near nahe, dicht heran, genau
near air collision Fastzusammenstoß (Lfz)
near-by illustration nahestehende Abbildung
near circular orbit kreisförmige Erdumlaufbahn
near collision Beinahezusammenstoß
near-earth orbit erdnahe Umlaufbahn
near-forward scattering Streuung überwiegend in Vorwärtsrichtung
near-head-on situations with high deflection and high closing rate hohe Annäherungs- und Auswanderungsgeschwindigkeit (IFFC integrated Flight and Fire Control)
near miss Beinahetreffer, Fastzusammenstoß, gefährliche Begegnung zwischen Luftfahrzeugen, Kollisionsgefahr, Zusammenstoßgefahr, Fehl-, Nah-, Nebentreffer
near-monochromatic radiation fast monochromatische Strahlung
near point Nahpunkt (Lubi)
near region Nah(e)bereich
near the ground (performanes) am Boden, in Bodennähe
near-vacuum conditions bei stark reduziertem Luftdruck
nearest approach Mindest-, Sicherheitsabstand
nearest neighbor coupling Kopplung nächster Nachbarn
nearing metal Antifriktionsmetall
neat aerodynamisch günstig, ordentlich
neat grouping klare, übersichtliche Anordnung
neat line einwandfreie Sichtzone, klare Linie, Kartenbildbegrenzungslinie
nebula Nebelfleck
nebula projector Nebelapparat
nebulous neb(e)lig, undeutlich, verschwommen
necessary erforderlich, nötig, notwendig, zwangsläufig
necessary object Gebrauchsgegenstand
necessary power Kraftbeanspruchung
necessary speed erforderliche Rechengeschwindigkeit (Hschr.-Simulator)
neck Ansatz (Schraube), Halsstück, Einschnürung, Hohlkehle, Laufzapfen, Wellenhals
neck collar journal Halszapfen
neck-groove binding Halsbindung
neck iace microphone Kehlkopfmikrophon
neck of cartridge Hülsenhals
neck of tube Röhrenhals
neck radius Radius der Hohlkehle
necked cylinder hold-down bolt als Dehn- od. Taillenschraube ausgeführte Zylinderbefestigungsschraube
necked-down bolt Dehnschraube
necked-down portion eingeschnürter Teil, Einschnürung eines Ventilschaftes
necked-down riser verengter Steiger (Gießerei)
necking Einschnürung, Einhalsen (Schraube)
neckstrap (harness) Halsriemen
need for space Raumnot
need, to bedürfen, brauchen, nötig haben
needle Kanüle, Kompaßnadel, Nadel, Balken (Instrument), Zeiger
needle aspiration Nadelpunktion
needle bearing Feinnadellager, Nadelkäfig
needle bearing for propeller shaft Gelenkwellennadellager
needle bearing track nadelgelagerte Scharnierkette
needle bush Nadelbuchse
needle bushing Nadelhülse
needle cage Nadelkäfig
needle control Nadelregelung
needle controlled valve nadelgesteuerte Düse
needle cup Nadelbehälter
needle deflection Zeigerausschlag
needle drag Rückstellkraft der Nadel
needle excursion Zeigerausschlag (Meßinstrument)
needle firing mechanism Magnetnadelzündgerät (UW-Mine)
needle force Auflagedruck, Nadeldruck
needle galvanometer Nadelgalvanometer
needle mine Magnetnadelmine (UW-Mine)
needle noise Abspielgeräusch, Nadelgeräusch
needle of gasoline inlet valve Einführungsnadel
needle point Nadelspitze
needle point discharge strahlartige Entladung
needle point spark gap Nadelfunkenstrecke
needle pressure Nadeldruck
needle pulse Nadelimpuls
needle roller bearing Nadellager (Walzlager)
needle scratch Abspielgeräusch, Nadelgeräusch
needle scratch filter Nadelgeräuschfilter
needle shutoff nozzle Nadelverschlußdüse (Spritzgießen)
needle spring Nadelfeder
needle talk Mitsingen der Nadel, Nadelgeräusch
needle telegraph Nadeltelegraph, Zeigertelegraph
needle throw Nadelausschlag
needle thrust bearing Axialnadellager
needle tip Nadelspitze
needle-type magnetic mine Magnetnadelmine
needle valve Nadelventil
needle valve file Nadelventilfeile
needle valve spray nozzle with pilot pin geschlossene Zapfendüse (Einspritzdüse)
needle vibration galvanometer Nadelvibrationsgalvanometer
needle wear Nadelabnutzung, Nadelverschleiß
needle width Zeigerbreite, Pinselbreite (Wendezeiger)(Fliegersprache)
needs of the market Marktbedürfnis
negated dynamic input dynmischer Eingang mit Negation (Binärschaltung)
negated inhibiting input Sperreingang mit Negation (Binärschaltung)

negating input or output Eingang mit Negation (Binärschaltung)
negation Inversion, boolesche Komplementierung, Negation, NICHT-Verknüpfung
negation mask Negationsmaske (EDV)
negative ablehnend, negativ, verneinend
negative acceleration negative Beschleunigung, Verzögerung
negative acknowledgement character Zeichen für negative Rückmeldung, negative Antwort (Übertragungstechnik), negative Quittung, negative Rückmeldung, Schlechtquittung
negative altitude negativer Höhenwinkel, Tiefenwinkel
negative amplitude negative Amplitude
negative an effect, to eine Wirkung aufheben bzw. ins Gegenteil verkehren
negative angle of site negativer Geländewinkel
negative anode-current feedback Anodenstromgegenkopplung
negative anode potential Bremsspannung
negative anode answer negative Antwort, Absage
negative area negatives Gebiet, Stromeintrittszone
negative balance Minussaldo
negative balance selector Saldenselektor
negative balance test Saldenprüfung
negative bending moment Aufwölbungsmoment (Balken)
negative bias negative Vorspannung
negative-bias value Wert der negativen Vorspannung
negative biasing of grid Gitterblockierung
negative binomial distribution negative Binomialverteilung
negative booking operation Rückbuchung
negative booster Zusatzmaschine in Gegenschaltung
negative boosting (transformer) Saugtransformator
negative brush Minusbürste
negative buoyancy Untertrieb
negative caster Vorlauf, negativer Nachlauf (Räder)
negativer camber negativer Sturz
negative caster (wheels) negativer Nachlauf
negative charge negative Ladung
negative contrast Negativkontrast
negative control Störfrequenzsperrung
negative control grid Intensitätsgitter
negative correlation negative Korrelation
negative current feedback Stromgegenkopplung
negative density Negativschwärzung
negative dihedral negative V-Stellung
negative dispersion negative Dispersion
negative displacement negativer Ruderausschlag
negative drag in Vortrieb umgekehrter Luftwiderstand
negative electrode negative Elektrode, negative Kathode
negative electron negatives Elektron
negative energy state negativer Energiezustand
negative entropy Negentropie (päd), Instabilität, Unsicherheit
negative excess negativer Überschuß
negative failure negatives Unterlassen
negative feedback Gegenkopplung, negative Rückkopplung (Regelungstechnik), negative Rückführung
negative-feedback amplifier gegengekoppelter Verstärker
negative-feedback circuit Gegenkopplungskreis
negative feedback winding Gegenkopplungswicklung
negative feeder Rückstromleitung
negative film Rohfilm, Negativfilm
negative flooded mit Untertrieb (U-Boot)
negative follow-up Gegenkopplung
negative G negative Beschleunigung, negative Maschinenbeschleunigung
negative gate negativer Torimpuls
negative gauge pressure Unterdruck
negative glow Glimmlicht für Entladungslampen, negatives Glimmlicht
negative going negativ gerichtet, in negativer Richtung, negativ laufend
negative going edge negative Flanke (eines Impulses)
negative-going signal in negativer Richtung verlaufendes Signal
negative gradient negativer Gradient (Oszillograph)
negative grid oscillator Oszillator mit Rückkopplung u. Arbeitspunkt bei negativer Gitterspannung
negative ground negativer Masseanschluß
negative guide vane setting Gegendarstellung (der Schaufeln eines Eintrittleitapparats) (Turbinenverdichter)
negative impedance amplifier Impedanzverstärker
negative impedance converter Widerstandswandler zur Erzielung negativer Widerstände
negative impedance repeater Negativleitungsverstärker
negative ion Anion, negatives Ion, negative Ionensäule
negative kilocalorie Frigorie
negative kinetic energy negative kinetische Energie
negative lead Minusanschluß, negative Zuleitung
negative lens Negativlinse, Zerstreuungslinse
negative lift negativer Auftrieb, Negativauftrieb
negative local curve negative Ortskurve
negative loss negativer Verlust
negative-lug terminal Minusklemme (Batterie)
negative matrix Negativmatrix
negative meson negatives Meson
negative meson capture Einfang negativer Mesonen
negative mirror Konvexspiegel, Zerstreuungsspiegel, Wölbungsspiegel
negative modulation Dunkelsteuerung, Negativmodulation
negative moment negatives Drehmoment (im Uhrzeigersinn)
negative mueon negatives my-Meson
negative multinominal distribution mehrdi-

mensionale Pscal'sche Verteilung, negativ-polynominale Verteilung
negative or capacity reactance Kapazitätsreaktanz, kapazitiver Blindwiderstand
negative output negative Ausgangsspannung, negatives Ausgangssignal
negative overmodulation Dunkelübersteuerung
negative phase negative Phase (Stoß- u. Druckwelle), Unterdruckphase (Stoß- u. Druckwelle)
negative phase-sequence reactance Gegenreaktanz
negative photo plane Bildebene
negative photographic print Negativkopie
negative picture Negativbild
negative pion negatives by-Meson
negative plate Minusplatte
negative pole Minuspol, negativer Pol
negative positioning negative Positionierung
negative potential Minuspotential
negative power supply Minusströmungsversorgung, Netzteil für negative Stromversorgung, Netzteil mit negativem Strom
negative preserver Filmkonservierungsmittel (Photo)
negative pressure Unterdruck
negative pressure relief Unterdruckausgleich
negative pressure signal Unterdrucksignal (U-Mine)
negative printing plate Negativprägeplatte
negative proton Antiproton, negatives Proton
negative pulse negativer Impuls
negative rake (tool holder) negativer Spanwinkel, längere Vorderkante
negative-rake cutter Fräser mit negativem Spanwinkel
negative ramp negative Rampe (eines Impulses)
negative rate disk spring Gegendrucktellerfeder
negative reactance kapazitiver Widerstand
negative reaction Gegenkopplung, negative (Rück)kopplung
negative reactor negativer Reaktor
negative reinforcing steel negativer Bewehrungsstahl (für negativen Biegemoment)
negative reply Fehlanzeige, verneinende Antwort
negative-resistance circuit Schaltung mit negativem Widerstand
negative resistance oscillator Dynatron-Oszillator, Transitron-Oszillator
negative-resistance repeater Negistor, Zweidrahtverstärker mit negativem Widerstand
negative root negative Wurzel (math)
negative segregation negative Seigerung (Metallurgie)
negative sequence field impedance Gegenimpedanz, Impedanz vom gegenläufigen Feld
negative-sequence reactive power Blindleistung der gegenläufigen Komponente
negative signal negatives Signal
negative signal input negatives Eingangssignal
negative skewness negative Schiefe
negative skin-friction negative Wandreibung
negative slip Rutschen der gebremsten Räder
negative stability labiles Gleichgewicht
negative stagger Staffelung nach Hinten
negative stagger of a combination of wings negative Anstellung des unteren Flügels gegenüber dem oberen (Doppeldecker)
negative steel Stützbewehrung
negative sweep Vorpfeilung (av)
negative tank Untertriebszelle (U-Boot)
negative temperature coefficient negativer Temperaturkoeffizient
negative temperature gradient negativer Temperaturgradient (Ozeanographie)
negative terminal Minusklemme, Minuspol
negative thermal senkrechte Luftströmung (meteor)
negative torque sensor (NTS) Sensor für negatives Drehmoment
negative-torque system Drehmomentausgleichsanlage (Twk)
negative transconductance negative Steilheit
negative transconductance generator or oscillator Bremsfeldgenerator
negative transconductance oscillator Schwingkreis mit negativer Steilheit
negative transmission Übertragung mit negativer Modulation
negative trigger negativer Steuerimpuls
negative valence negative Valenz
negative voltage feedback Spannungsgegenkopplung
negative vortex negativer Wirbelzopf
negative yawing moment Rechtsdrehen der Flugzeugnase
negator NICHT-Glied, Negationsglied, Negator, Inverter NICHT-Schaltung, Negationsschaltung
negator spring Transportfeder (Grantgewehr)
negatron Negatron (ein negatives Elektron der Elektronenröhre)
neglect unberücksichtigt lassen, versäumen, übersehen, vernachlässigen
negligence Fahrlässigkeit, Nachlässigkeit, Unachtsamkeit
negligent flying fahrlässiges od. leichtsinniges Fliegen, nachlässige Luftfahrzeugführung
negligible error Abweichung die vernachlässigt werden kann
negotiate unterhandeln, verhandeln
neighbor atom Nachbaratom
neighborhood traffic Nachbarortsverkehr
neighboring position Nachbarstellung
neodymium Neodym
neon-approach lights (not operative until further notice) Neon-Anflugbefeuerung (nicht in Betrieb bis weitere Bekanntgabe)
neon-approach lights (resumed operation) Neon-Anflugbefeuerung (wieder in Betrieb)
neon arc lamp selbstleuchtender Lichtmodulator
neon light indicator panel Glimmlampenplatte
neon oscillator Glimm(lampen)oszillator
neon stabilizer Glimmstabilisatorröhre
neon tester Glimmröhrenprüfgerät
neon tube Neonröhre
neon tube rectifier Glimmgleichrichter,

Leuchtröhrengleichrichter
neon tuning indicator Neonabstimmanzeiger
neoprene-coated nylon (inter-lines) neoprenbeschichtetes Nylon (in Form einer blasenartigen Hülle als Sperrschicht für den zur Druckbelüftung erforderlichen Sauerstoff)
neoprene-covered cable neoprenbeschichtetes Kabel
neper (a unit of noise intensity) Neper
nephoscope Nephoskop, Wolkenmesser, Wolkenspiegel (meteo)
nephrite Nephrit
neptunium series Neptuniumreihe
Nernst bridge Nernst-Brücke
Nernst lamp Nernst-Lampe, Nernst-Brenner
nerve network Nervennetz, Neuronennetz
Nesa glass Nesa-Glas
nest, completly nested vollständige Schachtelung (von Schleifen)(FORTRAN)
nested geschachtelt
nesting Einschachtelung, Schachtelung, Verschachtelung (dv)
nesting level Schachtelungsniveau
nesting loop geschachtelte Schleife
nesting storage Stapelspeicher
nesting store Stapelspeicher, Kellerspeicher
nesting subroutine geschachteltes Unterprogramm
NET National Ecconomic Transportation
net Netz, Badgruppe
net aircraft asset total Nettoflugzeug "aktiva"
net allowable power loadings zuverlässige Nettoleistungsbelastung (VTOL-Konstruktion)(Strahlflugzeug)
net authentication Netzauthentisierung
net balance Nettosaldo, direkte Saldierung
net balance correction Saldenkorrektur
net balance counter direkt saldierender Zähler
net balance counter positions direkt saldierende Zählersteller
net brake horsepower an der Welle verfügbare reine Nutzleistung
net call Netzruf
net call sign Netzrufzeichen
net calorific power unterer Heizwert
net calorific value unterer Heizwert
net communication Netzverkehr
net control station Kreisleitstelle (milit), Hauptfunkstelle, Leitfunkstelle, Leitungszentrale eines Netzes
net crown Netzring
net current assets Nettoumlaufvermögen
net earning Nettoverdienst, Reingewinn, Reinergebnis, Reinertrag
net effect Nutzeffekt
net effectiveness Nutzwirksamkeit
net efficiency Nettowirkungsgrad, Nutzleistung
net gain Nettogewinn, Gesamtverstärkung
net gradient (of climb) sicherer Steigwinkel, Nettosteigwinkel (av)
net height Nettohöhe, sichere Höhe (av)
net information content Nettoinformationsinhalt
net-laying vessel Netzleger
net level premium reserve Nettodeckungskapital (komm)
net load Nutzlast
net loss Gesamtverlust, Restdämpfung
net loss variation with amplitude amplitudenabhängige Dämpfungsänderung
net magnitude of torque Effektivdrehmoment
net minimum specific fuel consumption spezifischer Mindestnettokraftstoffverbrauch
net minimum thrust Mindestnettoschub
net non-operating express nichtbetriebliche Nettoausgabe
net of coordinates Koordinatennetz
net pay Nettoverdienst (komm)
net premium Nettoprämie (komm)
net production Nettoproduktion
net profit Reinertrag, Reingewinn, Nettoverdienst (komm)
net range tatsächliche Entfernung
net resistance Gesamtwiderstand
net ring Netzring
net salary Nettogehalt
net-shaped electrode Netzelektrode
net space rate of line sight absolute Winkelgeschwindigkeit der Visierlinie im Raum
net sweep Netzräumgerät (UW-Mine)
net take-off flight path sichere Startflugbahn
net terrestrial radiation Strahlungsbilanz der Erdoberfläche
net thrust Nettoschub
net toggle Netzknebel
net transport Nettotransport
net-type arresting barrier Fangnetz (Fanganlage)
net-usable storage netto-nutzbare Lagerfläche
net voltage Restspannung
net weight Leergewicht, Netto(gewicht), Reingewicht
net weight hauled Nutzlast
net worth (capital plus reserves) Eigenkapital (Grundkapital plus Reserven)
NETKOOR netzorientiertes Koordinierungsprogramm
nett density Reindichte
netting accurace Treffgenauigkeit (einer Frequenzeinstellung)
network Maschenwerk (chem), Kettenleiter 1.Art, Netz, Verbindungsnetz
network along Netzmodell, Netzwerknachbildung
network analyser Ersatznetzwerk, Netzwerkgleichungslöser
network analysis Netzplantechnik
network analyzer Netzwerkanalysator, Rechner für Netzberechnungen (eines Analogrechners), Netzanalysator
network, automatic digital (AUTODIN) automatisches digitales Netz
network, broadband Breitbandnetz
network calculator Netz(werk)analysator, Rechner für Netzberechnungen
network circuit Verbindung im festen Flugfernmeldenetz
network, class of Netzklasse
network clock pulse Netztakt
network clock pulse generation Netztakterzeugung
network communication Fernmeldenetz
network configuration Netzform, Netzstruktur,

Vermaschungsart
network constant Netzkonstante
network current working Einfachstrombereich
network, data communication fernmeldetechnisches Datennetz
network design Netzgestaltung, Netzaufbau
network determinant Leitungsskizze
network, digital Digitalnetz
network, digital-up Wählvermittlungsnetz
network for line termination Netzwerk für Leitungsabschluß
network, gentex Gentexnetz
network-independent interface netzabhängige Schnittstelle
network input/output system Netz-Ein-/Ausgabesystem
network, input switching Eingabekoppler
network, integrating Integrierer, Integrationsschaltung, integrierendes Netzwerk, integrierende Schaltung, Integrator, Integrierglied
network junction Netzknoten
network, leased line Mietleitungsnetz
network, leased...s service Leitungsmietdienst, Leitungsüberlassung
network level (upper/lower) Netzknoten
network mesh Kettenleiterglied
network, multipoint Mehrpunktverbindung
network node Netzknoten
network of air routes Flugroutennetz, Flugstreckennetz
network of coordinate points Koordinatenpunktenetz
network of lodes Gangverzweigung
network-oriented coordination program netzorientiertes Koordinierungsprogramm (NETKOOR)
network-oriented program netzorientiertes Programm
network-oriented routine netzorientiertes Programm
network-oriented subroutine netzorientiertes Teilprogramm
network parameter Netzwerkkenngröße
network planning Netzplanung
network planning technique Netzwerktechnik
network, private telegraph privates Fernschreibnetz, Privatfernschreibnetz
network, private telephone privates Fernsprechnetz
network program Netzwerkrechnerprogramm
network protector Maschennetzschalter
network radio communication Sternverkehr
network, remote-control program for switching...s Fernsteuerung für Raummultiplexkoppelfelder
network setup Netzstruktur
network size Netzausdehnung
network, space-division multiplex switching Raummultiplexkoppelfeld
network, speed patch Sprechwegenetz
network, switched Wählnetz
network, switching Koppelfeld, Koppelnetzwerk, Durchschalte(netz)werk
network synthesis Systemsynthese
network system Leitungssystem, Leitungsnetz, Maschennetz
network, telephone Fernsprechnetz
network teletype Fernschreibnetz
network theory Vierpoltheorie
network, through connection Durchschaltenetzwerk
network timing pulse Netztakt
network widening Streckennetzausbau
neuroelectric current Nervenelektrizität, Nervenaktionsstrom
neuroelectricity Nervenelektrizität
neuron model Neuronenmodell
neuron simulator Nervennetzmodell, Neuronennetzmodell
neuron threshold Neuronenschwelle, Reizschwelle
neutral absorber Graufilter, neutral absorbierender Körper
neutral air layer indifferentes Gleichgewicht
neutral arm Meßdiagonale
neutral autotransformer Erdschlußreaktanz
neutral axis Biegeachse, Nullachse, Nullinie, Spannungsnullinie, Mittellinie eines belasteten Trägers (Festigkeitslehre)
neutral axis of beam neutrale Achse
neutral compensator Erdschlußreaktanz, Löschtransformator
neutral conductor Sternpunktleiter, Nullleiter, Mittelleiter
neutral current Einfachstrom
neutral current generator Einfachgenerator
neutral current mode Einfachstrombetrieb
neutral current operation Einfachstrombereich
neutral current signal(l)ing Einfachstromsignal
neutral density film Dichtefilm
neutral density filter neutralgraues Filter, Neutralfilter
neutral density polarizing filter Polarisationsfilter mit normalem Schwärzungsgrad
"neutral display" "neutrale Flugplandarstellung" (av)
neutral earthing Nullpunkterdung
neutral electrode neutrale Elektrode
neutral equilibrium indifferentes Gleichgewicht
neutral feeder Nulleitung
neutral fiber neutrale Faser (Statik)
neutral filter Neutralfilter (Photo)
neutral flame neutrale Flamme, Sauerstoffazethylenschweißflamme
neutral flow plane (forge) Fließschneide
neutral gas (space) Neutralgas
neutral gas density Neutralgasdichte
neutral glass Neutralglas
neutral gray wedge Goldberg-Keil, Graukeil
neutral grounding Nullpunkterdung
neutral gyro kräftefreier Kreisel
neutral inversion unsymmetrische Sternspannung
neutral line Nullinie
neutral line of beam neutrale Achse
neutral line of magnet Magnetindifferenzstelle, Indifferenzstelle eines Magnets
neutral meson Neutretton
neutral meson shield Ausbeute aus neutralen Mesonen, Neutralmesonenausbeute
neutral particle Neutralteilchen
neutral point Indifferenzpunkt, Schnittpunkt der Achsen von Hoch- u. Tiefdruckgebiet (meteor
neutral position reverence hole Nullbezugsbohrung

neutral rig position Rüstungsbezugsstellung
neutral relay neutrales od. unpolarisiertes Relais, polarisiertes Relais mit mittlerer Ruhestellung des Ankers
neutral square-wave voltage Rechteckeinfachspannung
neutral stable air neutrale Luftschicht (meteor)
neutral stability indifferentes Gleichgewicht, indifferentes Stabilitätsverhalten
neutral state jungfräulicher Zustand (Neutron)
neutral terminal Sternpunktklemme
neutral-to-ground potential Nullpunktspannung
neutral track (rail) spannungsfreier nichtabisolierter Streckenabschnitt
neutral wire Mittelleiter
neutral wire for burying Nulleiterdraht für Erdverlegung
neutral zone Indiffernezzone, Totzone, Totbereich, Unempfindlichkeitsbereich
neutralator Löschtransformator
neutrality (of a gimbal) or gyro mounting Lahmlegung, Neutralisierung
neutralization Aufhebung, Entkupplung, Indifferenz (phys)
neutralization circuit Neutralisationsschaltung
neutralization fire Niederhaltungsschießen
neutralization number Neutralisationszahl, Säurezahl (A)
neutralize, to eine Wirkung aufheben, neutralisieren, lähmen, lahmlegen, wieder aufheben
neutralizing Neutralisierung, wirkungsaufhebend
neutralizing agent neutralisierendes Agens
neutralizing capacitance Entkopplungskapazität, Neutralisationskapazität
neutralizing capacitor Entkopplungskondensator, Neutralisationskondensator, Neutro(dyn)kondensator
neutralizing chemic firing Lähmungsschiessen
neutralizing circuit Neutralisationsschaltung
neutralizing control Normalflugstellung des Steuers
neutralizing voltage Neutralisierungsspannung
neutrally mounted (as a compass mounted on gimbals) indifferent aufgehängt
neutrodyne capacitance Entkopplungskapazität, Neutralisationskapazität
neutrodyne capacitor Entkopplungskondensator
neutrodyne circuit Neutralisierungsschaltung, Neutrodynschaltung
neutrodyne connection Neutrodynschaltung
neutrodyne receiver Neutrodynempfänger
neutrodyne reception Neutrodynempfang (Elektron)
neutrodyning capacitance Entkopplungskapazität (zum ausgleich der Gitter/Anodenkapazität) (Elektron)
neutron absorber Neutronenabsorber, Neutronenfänger
neutron-absorbing neutronenabsorbierend
neutron-absorbing characteristics Absorptionscharakteristik für Neutronen
neutron-absorbing material Absorptionsmittel für Neutronen, Neutronenfangstoff
neutron absorption (nuclear) Neutronenabsorption, Neutroneneinfang
neutron absorption cross-section Neutronenabsorptionsquerschnitt, Absorptionsquerschnitt für Neutronen
neutron activation Aktivierung durch Neutronen
neutron activation analysis Neutronenaktivierungsanalyse
neutron age Neutronenalter, Fermialter
neutron-alpha reaction Neutron-Alpha-Reaktion (n,a-Reaktion)
neutron attenuation Neutronenschwächung
neutron balance Neutronenbilanz, Neutronengleichgewicht
neutron binding (energy) Neutronenbindung(senergie)
neutron bomb Neutronenbombe
neutron bombardement Neutronenbeschießung
neutron burst Neutronenimpuls, Neutronenzerfall
neutron capture Neutroneneinfang, Neutronenabsorption
neutron capture cross-section Einfangsquerschnitt für Neutronen, Neutronenfangquerschnitt
neutron capture gamma-rays Gammastrahlen aus einem n-y-Prozeß
neutron capture gamma spectroscopy Neutroneneinfang-Gammaspektroskopie
neutron capture reaction Neutroneneinfangreaktion
neutron chamber Neutronenkammer
neutron chopper Neutronenchopper, Neutronenstrahlunterbrecher
neutron converter Neutronenkonverter
neutron counter Neutronenzählrohr
neutron cross-section Neutronenwirkungsquerschnitt
neutron cycle Neutronenzyklus
neutron decay Neutronenzerfall
neutron deficiency core Neutronenmangelkern
neutron-deficient neutronenarm
neutron-deficient isotope Isotop mit Neutronendefizit
neutron deflection Neutronenausschlag
neutron defraction Neutronenbeugung
neutron degradation Neutronen(ab)bremsung
neutron density Neutronendichte
neutron density and flux (reactor) Neutronenfluß
neutron deposit Neutronenlagerung
neutron detecting chamber Neutronenkammer
neutron detection Neutronendetektion, Neutronennachweis
neutron detector Neutronennachweisgerät
neutron diffraction (apparatus) Neutronenbeugung(sgerät)
neutron diffusion Neutronendiffusion
neutron dosimeter Neutronendosimeter
neutron dosimetry Neutronendosimetrie
neutron economy Neutronenersparnis, Neutronenökonomie, Neutronenwirtschaftlichkeit
neutron-electron interaction Neutron-Elektron-Wechselwirkung
neutron energy Neutronenenergie, Neutronenarbeitsfähigkeit
neutron energy distribution Verteilung der Neutronenenergie
neutron energy group Neutronenarbeitsfähigkeitsgruppe
neutron excess Neutronenüberschuß

neutron excess core Neutronenüberschußkern
neutron excess number Neutronenüberschußzahl
neutron flux Neutronenfluß
neutron-flux distribution Verteilung des Neutronenflußes, Neutronenflußverteilung
neutron-flux level Höhe des Neutronenflußes
neutron fraction Neutronenanteil
neutron-gamma reaction Neutronen-/Gammareaktion (n,y-Reaktion)
neutron gun or howitzer Neutronenkollimator
neutron hardening Erhöhung od. Zunahme der mittleren Neutronenenergie, Härtung des Neutronenspektrums, Neutronenhärtung
neutron-induced durch Neutronen erzeugt, neutroneninduziert
neutron-induced fission Spaltung durch Neutronen
neutron-induced radio-isotope durch Neutronen erzeugtes Radioisotop
neutron-induced reaction durch Neutronen eingeleitete Reaktion
neutron intensity Neutronenintensität, Neutronenheftigkeit
neutron inventory Neutroneneinsatz (Gesamtzahl der anwesenden Neutronen)
neutron irradiation Neutronenbestrahlung
neutron leakage or escape Ausdampfen von Neutronen, Neutronenentweichung
neutron level Höhe des Neutronenflusses
neutron life-time Neutronenlebensdauer
neutron log (oil) Neutronenlog
neutron magnetic moment magnetisches Neutronenmoment
neutron mass Neutronenmasse
neutron moment Neutronenaugenblick, Neutronenmoment
neutron monitoring Neutronenflußmessung
neutron monochromator Neutronenmonochromator, Neutronenregistrierschreiber
neutron multiplication Neutronenmultiplikation, Neutronenvermehrung, Neutronenvervielfachung
neutron-neutron reaction Neutron-Neutron-Reaktion (n,n-Reaktion)
neutron number Neutronenzahl
neutron number density Neutronenzahldichte
neutron off-spring Neutronenabkömmling
neutron optics Neutronenkunde, Neutronenoptik, Neutronenwissenschaft
neutron path length Neutronenweglänge
neutron period Zeitkonstante des Neutronenflußes, Neutronenflußperiode
neutron physics Neutronenphysik, Neutronenkörperkunde
neutron pip Neutronenausschlag, Neutronenimpuls, Neutronenechoausschlag
neutron poison effect Neutronenvergiftung (unerwünschte Neutronenabsorption)
neutron poisoning Neutronenvergiftung (unerwünschte Neutronenabsorption)
neutron population Höhe des Neutronenflußes, Neutronenbevölkerungshöhe
neutron produced fission Spaltung durch Neutronen
neutron producer Neutronenerzeuger
neutron production Neutronenbildung, Neutronenerzeugung
neutron-proton distance Abstand Neutron-Proton, Neutron-Protonabstand
neutron-proton interaction Neutron-Proton-Wechselwirkung
neutron-proton mass difference Massendifferenz-Neutron-Proton
neutron-proton ration Verhältnis von Neutron zu Proton
neutron-proton reaction Neutron-Protonreaktion
neutron radiation Neutronenstrahlung, Neutronenabkühlung
neutron radiation surface neutronenemittierende Fläche
neutron radio-activation analysis Neutronenaktivierungsanalyse
neutron radiography Neutronenradiographie, Neutronendurchstrahlung
neutron reflector Neutronenreflektor, Neutronenrückstrahler
neutron resonance Neutronenabstimmung, Neutronenresonanz, Neutronengleichklang
neutron scattering Neutronenstreuung
neutron scattering cross-section Neutronenstreuquerschnitt
neutron shield Abschirmung gegen Neutronen, Neutronenschild
neutron shutter Neutronenverschluß, Neutronenabdeckung
neutron source Neutronenquelle
neutron source calibration Eichung der Neutronenquelle
neutron spectrometer Neutronenspektrometer
neutron spectrometry Neutronenspektrometrie
neutron spectrum Neutronenspektrum
neutron speed Neutronengeschwindigkeit
neutron spin orientation Orietierung des Neutronenspins
neutron theraphy Neutronenbehandlung, Neutronentheraphie
neutron thermopile Neutronenthermosäule
neutron total cross-section Gesamtquerschnitt od. totaler Wirkungsquerschnitt für Neutronen
neutron transmission Neutronendurchgang, Neutronentransmission
neutron transport equation Transportgleichung für Neutronen
neutron velocity Neutronengeschwindigkeit
neutron velocity selector Neutronengeschwindigkeitsselektor, Neutronenmonochromator
neutron wave Neutronenwelle
neutron wave-length Neutronenwellenlänge
neutron yield Neutronenausbeute, Neutronenempfindlichkeit
neutron yield per absorption Neutronenausbeute je Absorption
neutron yield per fission Neutronenausbeute je Spaltung
neutronic reactor Kernreaktor
neutrophon Neutrophon
never exceed speed zulässige Höchstgeschwindigkeit
new frisch, neu (erschienen), noch nicht gebraucht
new assembly of an engine Ersatz- od. Erstzusammenbau eines Motors, Neuzusammenbau
new assignment Neuzuweisung, Neuzuordnung
new avionics Neumotorisierung (av)

new control word transfer cycle Übertragungsgang für neues Kontrollwort
new feature Entwurfsmerkmal
new feed system neues (Munitions)zuführungssystem (milit)
new feeder types of aircraft neue Zubringermuster (von Flugzeugen)
new field wildcat Aufschlußbohrung für Erdöl- u. Gaslagerstätten
new-line character (NL) Zeilenvorschubzeichen
new maintenance technique neues Wartungsverfahren (von Geräten)
new organization Neuaufstellung, Neubildung, Neugliederung
new pol wildcat Erweiterungsbohrung von erschlossenem Ölfeld
new production speed Artikel aus Neuproduktion
new radar system which uses pulse compression modernes Radar mit Pulskompression
new series (of periodicals) neue Folge
new verb Programmiererverb
news caster Nachrichtenansager, Nachrichtensprecher
news message Pressetelegramm
news paper mail pilot Luftpostzeitungsflieger (veraltet), Luftpostpilot
news paper service plane Zeitungsflugzeug
news satellite Nachrichtensatellit
Newton fringe Newton'sche Ringe od. Fransen
Newtonian liquid Newton'sche Flüssigkeit
Newtonian mechanics Newton'sche Mechanik
Newton's law gravitation Newton'sches Gravitationsgesetz
next nächst..., nächstfolgend
next-generation project zukunftsorientiertes Projekt
next group clause Folgeleisten-Klausel (COBOL), Folgeleisteneintragung
next record field Folgesatzsuchfeld
NfL Nachrichten für Luftfahrer
NGT (night) NGT (Nacht)
nibbler Nagemaschine, Spezialstempel zum Stanzen schwieriger Formen aus Metall
nibbler template Stanzschablone für schwierige Formen
nibbling machine Stanze für schwierige Formen, Dekupiermaschine
nibbling saw Dekupiersäge
niche Auskehlung, Nische, Einbuchtung
Nicholl's chart Nicholl'sches Diagramm
nichrome Chromnickel
nichrome tube Chromnickelrohr
nichrome wire Chromnickeldraht
nick Einkerbung (Oberflächenfehler), Einschnitt, Kerbe
nick bend test Kerbbiegeprobe
nick, to einkerben, vertiefen
nicked, to eingekerbt
nickel alkaline cell Nickelsammler
nickel alloy Nickellegierung
nickel alloy casting, high-temperature resistant hochwarmfeste Nickelgußlegierung (für Turbinen)
nickel and cobalt based difficult-to-machine material, the schwerzerspanbarer Werkstoff aus Nickel- u. Kobaltbasis
nickel anode Nickelanode
nickel-base compressor turbine vane ring Nickelbasislegierung für Gaserzeugerturbinenleitkranz des Triebwerks (av)
nickel-based alloy Nickellegierung (Twk)
nickel base Nickelbasis (bei Legierungen)
nickel bath Nickelbad
nickel bronze Nickelbronze
nickel-cadmium accumulator Nickel-Kadmium-Akkumulator
nickel-cadmium battery Nickel-Kadmiumakkumulator
nickel cadmium cell Nickel-Kadmium-Element (Batterie)
nickel carbonyl Kohlenoxydnickel
nickel catalyst Nickelkatalysator
nickel clad copper electrode nickelüberzogene Kupferelektrode
nickel coating Nickelüberzug
nickel-chromium steel Chromnickelstahl
nickel-chromium steel wire Chromnickel-Stahldraht
nickel foil Nickelfolie, Nickelpapier
nickel-iron alkaline accumulator Edison-Sammler, Nickel-Eisenakkumulator, Stahlakkumulator, Stahlbatterie
nickel-iron wire Nickeleisendraht
nickel isotope Nickelisotop
nickel plating Nickelüberzug, Vernickeln
nickel-rivet Nickelstahlnagel
nickel sheet Nickelblech
nickel silver Neusilber
nickel-steel Nickelflußeisen, Nickelstahl
nickel-steel casting Nickelstahlguß
nicking tool Einstechstahl (an Drehbank)
Nicol analyzer Nicol'scher Analysator
Nicol's prism Nicol'sches Prisma
night air mail Nachtluftpost
night-air-mail service Nachtluftpostdienst
night-air-traffic or service Nachtluftverkehr
night and in poor visibility conditions (HNVS) Nachtsichtsystem HNVS (Infrarotzielsucher)
night attack Nachtangriff
night bomber Nachtbombenflugzeug, Nachtbomber
night bombing attack Nachtbombenunternehmen
night combat Nachtgefecht
night effect Dämmerungseffekt, Nachteffekt, Nachtwirkung
night fighter area Nachtjagdgebiet
night-fighter detection apparatus (radar) Nachtjagdwarndienst
night fighter operation (against an objective) Objektnachtjagd
night fighter pursuit Verfolgungsnachtjagd
night fighter school Nachtjagdschule
night fighter squadron Nachtjagdgruppe
night fighter unit Nachtjagdverband
night fighting Nachtluftkampf
night finder commander Nachtjagdfliegerführer
night firing Nachtschießen
night-flight operation Nachtflugbetrieb
night flying charts Nachtflugkarten
night flying equipment Nachtflugausrüstung
night flying instruction Nachtflugausrüstung
night-flying pilot Nachtflieger
night-flying training Nachtflugausbildung
night frequency Nachtfrequenz
night glass Nachtglas (Optik)
night gliding Nachtsegelflug

night illumination Nachtbeleuchtung
night instrument lighting device Instrumentennachtbeleuchtung (Freifallsprung)
night intrusion Nachteinflug, Nachtstörangriff
night landing Nachtlandung
night-landing equipment Nachtlandeeinrichtung
night landing point Nachtlandepunkt (Hschr)
night landing site Nachtlandeplatz (Hschr)
night load Nachtbelastung
night low-flying operation Nachttiefflug
night marking Nachtmarkierung
night mission Nachtbildauftrag (Lubi)
night movement of vehicle Nachtfahren
night observation Nachtbeobachtung
night observation device (NOD) Nachtbeobachtungsgerät
night octant Nachtoktante
night operation Nachteinsatz, Nachtflugbetrieb, Nachtoperation, Nachtunternehmen
night photo reconnaissance Nachtbildaufklärung
night photography Nachtaufnahme
night pilot Nachtflieger
night plan Nachteinsatzplan
night plane für Nachtflugzeug ausgerüstetes Flugzeug, Nachtflugzeug
night position Nachtstellung
night power (current) Nachtstrom
night raid Nachtangriff
night rate Nachtgebühr
night reconnaissance Nachtaufklärung, Nachterkundung
night-reconnaissance mission Nachtaufklärungseinsatz
night reconnaissance system for low-level operations Nachtaufklärungssystem für Tiefflugeinsätze
night search Nachtsuche
night service Nachtdienst
night service connection Nachtverbindung
night-service position Nachtdienstplatz
night shift Nachtarbeit, Nachtschicht
night sight Nachtvisier, Nachtsichtgerät, Nachtzielgerät
night sight bleed plug Entlüftungschraube (an Nachtsichtgerät)
night signal indicating ship's course to following unit Nachtfahrtanzeiger
night sky advertisement or advertising Himmelslichtwerbung
night-sky glow or light Nachthimmelsleuchten
light-sky luminescence Nachthimmelsleuchten
night switching relay Nachtrelais
night-time navigation Nachtnavigation
night-time visual range Nachtsichtbereich, Nachtsichtweite
night, to fly at nachtfliegen
night trunk position Nachtfernschrank
night viewing device Nachtsehgerät
night vision Nachtsehen, Nachtsichtgerät, Nachtsehvermögen
night vision aid Nachtsichtgerät
night vision equipment Nachtsehgerät
night-vision performance Nachtsichtleistung
night vision periscope Nachtsehperiskop, Bildverstärkerfahrgerät
night vision sensor Nachtsichtsenor, Restlichtsensor
night visual range Nachtsichtbereich, Nachtsichtweite
night war plane Nachtkampfflugzeug
night warfare Nachtkampfführung
night weapon sight Nachtzielgerät
night wave Nachtwelle (Radar)
nightwork Nachtarbeit
Nike-Hercules with high-explosive warhead Nike-Hercules mit Sprenggefechtskopf
nil-return Fehlanzeige
nil test Nulltest
nil visibility Sichtweite Null
nimbostratus Nimbostratuswolke, Regenwolke (meteor)
nimbostratus pannus Nimbostratus Pannus
N-indicator N-Sichtgerät, Anzeigegerät Typ N
nine-edge leading Zuführung mit Unterkante vorn, Neunkantenzuführung
nine level tape Neunspurmagnetband
nineprong pliers (typewriter repair) Neunfingerzange
nines complement Neunerkomplement (dig)
ninety-column card neunzigspaltige Lochkarte
ninety degree approach (ATC) 90 Grad Anflug zur Anfluggrundlinie
ninety eight % military RPM climb Steigflug bei 98% Nenndrehzahl
ninety-five percentile dummy fünfundneunzig Prozent-Puppe (Schleudersitz)
niobium alloy Nioblegierung
niobium-doped niobdotiert
niobium isotope Niobmetall (hochschmelzendes Schwermetall)
NIP nagdge improvement plan
NIP notice of intelligence potential
nip Vorspannung (mechanisch), Einlaufspalt (Abzugswalze), der Kinken (Hochofen), Verdrückung (geol), Verquetschung (geol)
nip of sweep wire gescheuerte Stelle einer Räumleine, Kinken der Räumleine
nip off, to abkneifen
nip pressure Aufwalzdruck (Bandbeschichtungsanlge)(Walzwerk)
nip roll Laminierrolle (Bandbeschichtungsanlage)(Walzwerk), Haltewalze
nip, to abzwicken, abkneifen, kneifen, vorspannen
Nipher shield Nipher-Schutztrichter (für Niederschlagmeßgerät)
Nipkow disc Nipkow'sche Scheibe, Spirallochscheibe
nipper roll Haltewalze
nippers, end-cutting Vorschneider (Beißzange)
nippers-pliers Drahtschneidezange, Kneifzange
nipple Dichtkegel, Nippel (Rohr)
nipple welded to heater pipe angeschweißter Nippel am Heizrohr
nipples Kugelschmierköpfe
nippling unit Annippelvorrichtung (Elektro-Reduktionsofen)
NIPR National Industrial Plant Reserve
NIPS National Information Processing System
NIR nose impact rocket
NIS (NATO Identification System)
NIS net identification sign
nital Nital (alkoholische Salpertersäure)
nital etch Ätzung in alkoholischer Salpetersäure
nitrating mixture Nitriergemisch

nital etching Nitalätzung
niton Niton, NT, Radon, Radiumemanation, RaEm
nitrate base Nitratschichtträger
nitrate explosive Sprengsalpeter
nitrate of potassium Kaliumnitrat, Salpeter
nitration Nietrierung
nitration apparatus Nitrierapparat
nitration depth Nitriertiefe
nitric acid Salpetersäure
nitric acid soda pulp Salpetersäurezellstoff
nitride nuclear fuel nitridischer Kernbrennstoff
nitride, to aufsticken, nitrieren
nitrided case nitrierte Schicht
nitrided steel Nitrierstahl
nitrided surface hardness Nitrierhärte (Wärmebehandlung der Stähle)
nitriding Nitrierhärten, Nitrierung
nitriding distortion Nitrierverzug
nitriding hardness Nitrierhärte
nitriding nitrogen case hardening Nitrierhärtung
nitriding steel Nitrierstahl
nitriding temperature Nitriertemperatur (Wärmebehandlung der Stähle)
nitrile group Nitrilgruppe
nitrile pillow container kissenförmiger Nitrilbehälter
nitrile rubber Nitrilkautschuk
nitro alloy Nitrierstahl
nitro purge Stickstoffablaßvorrichtung
nitrocellulose Collodiumwolle
nitrocellulose communcation lacquer NC-Kombinationslack
nitrocellulose cotton solution NC-Wollelösung
nitrocellulose dope Nitrozelluloselack
nitrocellulose emulsion Nitroemulsion
nitrocellulose flake powder Nitrozellulose-blättchenpulver
nitrocellulose lacquer Nitrozelluloselack
nitrocellulose plasticizer Nitroweichmacher
nitrocellulose pulp Nitrozellulosebrei
nitrocellulose sealer Nitrosperrgrund
nitrocellulose surfacer Nitrospachtel
nitrocellulose thinner Nitroverdünner (Verdünner der Nitrolacke)
nitrogen charging kit Stickstoffüllgerät
nitrogen cycle Stickstoffkreislauf
nitrogen cylinder Stickstoffbehälter
nitrogen dioxide Stickstoffdioxyd, Untersalpertersäure
nitrogen-filled lamp Nitrolampe
nitrogen fixation Abbinden von Stickstoff
nitrogen floride Chlorstickstoff
nitrogen gas Stickstoffgas
nitrogen-hardening Nitrieren, Nitrierhärtung
nitrogen isotope Stickstoffisotop
nitrogen metabolism Stickstoffumsatz
nitrogen monoxide Stickstoffmonoxid
nitrogen mustard gas Stickstofflost
nitrogen pentoxide Stickstoffpentoxyd
nitrogen purge Stickstoffausspülung
nitrogen purging Stickstoffausspülung
nitrogen sweep Stickstoffspülung (Ölverkochung)
nitrogen tank Stickstoffbehälter, -tank
nitrogen tetroxide Stickstofftetroxyd
nitrogenization Nitrierung
nitroglycerine Nitroglyzerin
nitroglycerine flask powder Nitroglyzerin-Blättchenpulver
nitrol alkoholische Salpetersäure
nitromethane Nitromethan
nitrous acid salpetrige Säure
nitrous oxide gas Lachgas
nitrurate nitrieren
N-leaved rode Blattkurve (math)
NL new-line character
NLOS Non-Line-of-Sight (Helmvisier)(av)
NM (nautical miles) NM (Semmeile 1,852km)
NML (normal) NML (normal)
NNE (north-north-east) NNE (Nord-Nordost)
NNW (north-north-west) NNW (Nord-Nordwest)
no-address instruction adressenloser od. adressenfreier Befehl, Nulladreßbefehl
no ATA no actual time of arrival
no-back lock drive member Antriebskörper der Rücklaufsperre (Schwenkgetriebe)
no-backlash (A) spielfrei (z.B. Ritzel)
no blast fence interference keine Störung durch Stahlschutzblende
no-break power supply unterbrechungsfrei, ausfallsichere Stromversorgung
no-current condition Pause
no-current period Pausenschritt
no-delay call Schnellverkehrsgespräch
no-delay circuit Schnellverkehrsleitung
no-delay exchange Schnellverkehrsamt
no-delay exchange line Schnellamtsleitung
no-delay expected keine Verzögerung erwartet
no-delay group selector Schnellamtsgruppenwähler
no-delay network Schnellverkehrsnetz
no-delay operation Schnellverkehr, Sofortverkehr
no-delay service Schnelldienst, Sofortverkehr
no-delay telephone service Fernsprech-Schnellverkehr
no Doppler error kein Dopplerfehler
No.1 grid voltage Steuergitterspannung
No.2 grid voltage Schirmgitterspannung
no-go flag Stoppanzeige
no-home record indirekter Satz, Überlaufsatz
no lane skipping kein Überspringen von Standlinienstreifen
no-lift direction Nullauftriebsrichtung
no-load adjustment Leerlaufeinstellung
no-load capacity Eigenarbeit
no-load characteristic Leerlaufcharakteristik, Leerlaufkennlinie, statische Kennlinie
no-load current Leerlaufstrom
no-load cut-out Leerlaufausschalter, Nullausschalter
no-load field Leerlauffeld
no-load impedance Leerlaufimpedanz, Leerlaufwiderstand
no-load in inspection unbelastet
no-load loss Leerlaufverlust
no-load operation Leerlauf
no-load point Leerlaufpunkt
no-load power Leerlaufleistung
no-load ratio Leerlaufübersetzung
no-load speed Leerlaufdrehzahl
no-load voltage Leerlaufspannung
no longer in force hinfällig, ausserkraft, nicht länger in Kraft
no microphonism keine Mikrophonie

no mode switching keine Betriebswahl
NO-OP instruction Leerbefehl, Überspringbefehl, Übersprungbefehl, NO-OP-Befehl
no-operation (NO-OP) Nulloperation
no-operation instruction keine Operation, Leerbefehl, NO-OP-Befehl, Übersprungbefehl, Überspringbefehl
no-pressure laminate Kontaktschichtstoff
no-pressure resin druckloshärtendes Harz
no rewind ohne Rückspulen
"no-shows"-passenger No-Show-Passagier
no significant change (NOSIG) keine bedeutsame Wetteränderung, keine wesentliche Wetteränderung
no-step error keine Umschaltfehler
no-such-number tone generator Hinweistonerzeuger
noble gas Edelgas
noble gas CW laser Edelgaslaser
noble metal Edelmetall, edles Metall
noble-metal double-pole contact Edelmetalldoppelkontakt
noble-metal uniselector motorswitch Edelmetall-Motordrehwähler
NOC normally open contact
nocto visor Nachtsichtgerät
nocto visor scan Ultrarotabtastung
nodal diagram Knotendarstellung
nodal equation Knotenpunktgleichung
nodal keying Tastung mit Knotenpunkt einer Antenne
nodal keying of plant Netzknotenpunkt
nodal keying of vibration Schwingungsknoten
nodal plane or surface Knotenebene, Knotenfläche
nodal point (of a network) Netzknotenpunkt, Objektivknotenpunkt (Linse)
nodal-position measurement Knotenabbildungsmessung
nodalized pylon suspension system Knotenträgersystem (H)
Nodamatic suspension Nodamatic-Aufhängung
Nodamatic transmission suspension system schwingungsfreie Transmissionsaufhängung Nodamatic
noddle Knollen, Knoten, Knötchen, Niere (geol)
node Knotenpunkt, Nullpunkt, Nullstellung, Schwingungsknoten, Wellenknoten, Objektivknotenpunkt, Verzweigungspunkt
node oscillation or node standing wave Schwingungsknoten
nodes Betriebstunnel (sp)
nodular knotenförmig, knotig, kugelig
nodular limestone Knotenkalk, Knollenkalk, knötiger Kalkstein
nodular shale Knotenschiefer
nodule Knolle, Knötchen, Knoten, Niere (geol)
nodule of agrillaceous iron stone Toneisensteinknolle
nodule of clay iron ore Toneisensteinknolle
nodule, pyrite Pyritknolle, Schwefelkiesknolle
nodulus cementite kugeliger Zement
NOF (international NOTAM office) NOF (internationales NOTAM-Büro)
noise Stör..., Rausch.., unbeschriebener Teil eines Magnetbandes, Geräusch, Lärm, Störung, Summen
noise abatement Lärmminderung
noise abatement procedure lärmminderndes Abflugverfahren, Lärmverhütungsverfahren
noise abatement route Flug auf Routen mit Lärmvorschrift
noise-absorbent lining schallabsorbierende Auskleidung
noise absorbent silencer schallschluckende Anlage
noise-absorbing characteristic lärmabsorbierende Eigenschaft
noise acceptance criteria Lärmpegelkriterien
noise analyzer Geräuschanalysator, Lärmanalysator
noise and airworthiness factor Lärmpegel und Lufttüchtigkeitsfaktor (Hschr)
noise and bird gun Vogelschlagkanone
noise and bird gun loudspeaker Vogelschlagkanonen-Lärmlaboratorium
noise audiogram Geräuschaudiogramm, Lärmaudiogramm
noise bandwidth Rauschbandbreite
noise behind the signal Modulationsrauschen
noise block Störblock
noise cancellation Rauschunterdrückung, Lärmunterdrückung, Störschallunterdrückung
noise cancelling circuit Rauschunterdrükkerschaltung
noise carrier rauschender Träger
noise characteristic Rauschkurve, Lärmcharakteristik
noise check Lärmüberwachung
noise component Rauschanteil
noise, composite...rating-CNR zusammengesetzter Lärmwert
noise conductance Rauschleitwert
noise content Rauschgehalt
noise control Bekämpfung von Lärm, Lärmbekämpfung, Rauschminderung
noise control area Lärmschutzbereich
noise control technique Verfahren zur Einschränkung der Eigengeräusche
noise converter Rauschpegel, Lärmpegel
noise crash Störspannungsspitze
noise criteria Geräuschrichtwerte, Rauschkriterien
noise current Störstrom
noise current, equivalent äquivalenter Diodengleichstrom
noise damping Lärmbekämpfung, Rauschminderung
noise-damping agent Entdröhnungsmittel
noise decrease Rauschabnahme, Lärmminderung
noise diode Hochtastrauschdiode
noise disturbance Lärmbelästigung
noise effect Rauscheffekt
noise equivalent Rauschäquivalent
noise field (intensity) Störfeld(stärke)
noise figure Rauschmaß, Rauschzahl
noise figure of a stage Stufenrauschzahl
noise filter Entstörungsfilter, Geräuschfilter, Rauschfilter, Störfilter
noise fluctuation Störgeräuschatmen
noise footprint Bodenlärmkontur (Hschr)
noise generator Geräuschgenerator, Rauschgenerator
noise guards Lärmschutzmittel

noise increase Rauschzunahme, Lärmzunahme
noise intensity Geräuschstärke
noise inverter Störaustastung
noise jamming Rauschstörung (ELOKA)
noise killer (radio) Knallschutzgerät
noise killer, interference eliminator Störbefreier, Lärmentzieher
noise legislation Lärmvorschrift
noise level Geräuschpegel, Geräuschspiegel, Lärmpegel, Lärmspiegel, Rauschpegel, Störamplitude, Störhöhe, Störlautstärke, Störniveau, Störspiegel, Störpegel, Innenlärmniveau (Hschr)
noise level adaption Störanpassung, Lärmanpassung
noise level contours Lärmpegelkonturen
noise level estimate Geräuschanalyse, Lärmanalyse
noise level inside the cabin Geräuschpegel in der Kabine
noise level meter Fremdspannungsmesser
noise level requirement Lärmpegelvorschrift
noise limitation Lärmgrenzwert, Störbegrenzung
noise limiter Krachsperre, Lärmbegrenzer, Störbegrenzer
noise limits for take-off Startlärmgrenzwerte
noise lock Rauschsperre
noise matching Rauschanpassung
noise meter Geräusch(spannungs)messer, Geräuschspannungs(an)zeiger, Lautstärkemesser
noise miser lärmgeizig
noise-modulated jamming Rauschstörung (ELOKA)
noise monitoring at airport Fluglärmüberwachungssystem
noise of a circuit Rauschen einer Leitung
noise of battle Gefechtslärm
noise output Rauschleistung
noise output level Ausgangsstörpegel, Rauschausgang, Störausgang
noise parameter Lärmkennwert, Rauschkennwert
noise, perceived...decibel (PNDB) empfundener Lärmpegel
noise potential Rauschspannung
noise production Geräuschentwicklung (Hschr-Rotorblätter)
noise protection barrier for engine test running Lärmschutzwand für Triebwerkprobelauf
noise pulse Stör(ungs)impuls
noise pulse counter Störungszähler
noise pulse generator Störsender
noise quadripole Rauschvierpol
noise reducing antenna system störminderndes Antennensystem
noise-reducing stop Reintonblende
noise reduction Geräuschunterdrückung, Lärmminderung, Rauschverminderung
noise reduction with duct acoustic lining Lärmsenkung durch schallschluckende Auskleidung
noise regulation Lärmvorschrift, Lärmschutzbedingung (Twk)(av)
noise regulation, operating without restrictions airport Flughafen-Lärmvorschriften
noise resistance Gitterrauschwiderstand
noise selection Geräuschauswahl, Lärmauswahl
noise-sensitive airports strengste Lärmbestimmung für Flughäfen
noise signal generator Rauschgenerator
noise silencer Krachtöter
"noise slice" "Schwimmen" des Rumpfbugs
noise source Rauschgenerator, Störquelle
noise spectrum Rauschspektrum
noise spectrum at take-off Startlärmspektrum
noise spectrum on approach Anfluglärmspektrum
noise standard Geräuschnormale
noise suppression automatische Geräuschabwehr, (Funk)entstörung, Geräuschunterdrückung, Schallabwehr, Störschutzpackung
noise suppression installation Lärmdämpfungsanlage
noise suppression material Werkstoff für Schalldämpfung od. Lärmminderung
noise suppressor Rauschbegrenzer (elektrotechnisch), Schalldämpfer
noise suppressors and test houses for jet aircraft and engines Schalldämpfer u. Prüfhallen für Strahlflugzeuge u. -Triebwerke
noise survey Bestimmung des Lärmspiegels, Geräuschüberprüfung
noise temperature Rauschtemperatur
noise transmission impairment Minderung der Übertragungsgüte durch Leitungsgeräusche
noise tuning Rauschabstimmung
noise unit Geräuscheinheit, Lärmeinheit
noise, unweighted unbeschwertes Rauschen
noise voltage Geräuschspannung, Gitterrauschspannung
noise weighting Geräuschbewertung
noisefree störungsfrei
noiseless film method Klartonverfahren
noiseless flight lautloser Flug
noiseless recording Reintonverfahren
noiseless running geräuschloser Gang
noiselessness Geräuschlosigkeit, Rauscharmut, Rauschfreiheit
noisy pattern Zeichenveränderung
noisy running (engine) geräuschvoller Gang
nomenclature Bezeichnung, Nomenklatur, Namensverzeichnis, Benennung
nominal dem Namen nach, Nenn..., Nominal
nominal A-bomb nominelle Atombombe
nominal atomic bomb nominelle Atombombe (entspricht 20 000 TNT)
nominal black signal Schwarz-Testsignal (TV)
nominal bore (pipe) Nennweite
nominal candle Nominalkerze
nominal capacity Nennleistung, Sollkapazität
nominal capital Stammkapital (komm)
nominal collector ring voltage Nennankerspannung
nominal condition of use (CRT) Einflußbedingung
nominal crest working reverse voltage Nennsperrspannung (Halbleiter)
nominal cross-section Nennquerschnitt
nominal current Nennstrom
nominal current consumption Nennaufnahme
nominal diameter Nenndurchmesser

nominal diameter of the hole Nennlochdurchmesser
nominal diameter of thread Nenndurchmesser des Gewindes
nominal dimension Baunen-Maß, Sollabmessung
nominal distortion Nennverzeichnung (Optik)
nominal effect Nennleistung
nominal excitation Nennerregung
nominal excitation current Nennerregerstrom
nominal exciter response Erregungsziffer
nominal focal length Nennbrennweite
nominal frequency Nennfrequenz, Sollfrequenz
nominal-frequency selector Sollwertgeber
nominal gas capacity Nenngasleistung (av)
nominal go/no go sensitivity ja/nein-Nennempfindlichkeiten (Drehimpulsmeßinstrument)
nominal horsepower Nenn-Pferdestärke, nominelle Pferdestärke
nominal input axis Bezugsmeßachse
nominal inside diamter Nenninnendurchmesser, nominaler od. nomineller Innendurchmesser
nominal insulation Nennisolation
nominal insulation voltage Nennisolationsspannung
nominal level Sollwert
nominal line drawing Nennmaßzeichnung
nominal line width Nennzeilenreihe
nominal load Nennbelastung, Nennlast
nominal margin Nennspielraum
nominal maximum circuit fiktiver Bezugskreis
nominal measurement Baunen-Maß
nominal motor current Motor(en)nennstrom
nominal or standard voltage Nennspannung
nominal output Nennleistung
nominal peak power Nennwert der Spitzenleistung, Nennwert der Impulsspitzenleistung (Radar)
nominal pipe size Nennrohrdurchmesser
nominal pipe wall thickness Nennrohrwandstärke
nominal pitch Nennsteigung
nominal power Nennleistung
nominal power consumption Nennaufnahme
nominal pressure ND (Neudruck), Nenndruck
nominal pulse length Sollschrittlänge
nominal range Nennreichweite
nominal rating Nennleistung
nominal repeater gain Planungswert
nominal RF peak power Nennwert der HF-Spitzenleistung
nominal service life in millions of revolutions nominelle Lebensdauer in Millionen Umdrehungen
nominal size Nenninnendurchmesser, nominaler Innendurchmesser, Sollmaß
nominal speed Nenndrehzahl
nominal spin Nenndrall, Nenndrehzahl
nominal spin axis Normalleistung der Laufachse
nominal stress at fracture Nennlast beim Bruch (nicht auf tatsächlichen Querschnitt reduziert)
nominal throughput (vacuum) Nennsaugleistung
nominal transformation ratio Nennübersetzung
nominal value Nennwert
nominal voltage Nennspannung
nominal volume Nenngasinhalt
nominal wage card Nettolohnkarte
nominal wage draft Nettolohnabriß
nominal wage slip Nettolohnstreifen
nominal width Nennweite, NW
nominalist cycle Sammelgang
nomination Berufung, Ernennung, Nennung
nominator Nenner (math)
noming beacon Ansteuerungsfunkfeuer
nomogram Nomogramm, Fluchtlinientafel
nomograph Fluchtlinientafel, Nomogram
nomographic diagram Nomogramm
nomography Nomographie
non-absorbing nichtabsorbierend, schallhart
non-absorbing reflector nichtabsorbierender od. schallharter Reflektor
non-acceleration sensitve drift rate beschleunigungsunabhängiger Anteil der Auswanderung(sgeschwindigkeit)
non-accounting transaction Buchung ohne Bestandsveränderung, nicht zu Buche schlagender Versorgungsvorgang
non-acid Manila paper säurefreies Manila-Papier
non-activated nichtaktiviert
non-additivity Nichtadditivität
non-addressable memory nichtadreßierbarer Speicher od. Arbeitsspeicherbereich, Schattenspeicher
non-advancing key schreibende Taste ohne Vorschub
non-aging alterungsbeständig
non-aging property Alterungsbeständigkeit
non-aggression pact Nichtangriffspakt
non-air equivalent (material) nichtluftäquivalent(es Material)
non-ambiguous eindeutig, nicht mehrdeutig (math)
non-arcing property Lichtbogensicherheit
non-arithmetic shift Ringschiften, Ringschieben, zyklische Stell(en)wertverschiebung (math), zyklisches Verschieben (EDV), zyklische Verschiebung
nonarmored ungepanzert
nonarrival report Überfälligkeitsmeldung
nonarticulated rotor starrer Rotor (Hschr)
non-attenuated voltage Oberspannung
nonautomated ship nichtauotmatisiertes Schiff
nonautomated rectifier Entzerrungsgerät (nicht automatisch)
non-axial G nichtaxiale Beschleunigung
non-axial trolley Rollenstromabnehmer für seitlichen Fahrdraht
nonballistic reticle normale Strichplatte
nonbattle injury Wehrdienstbeschädigung
nonbitumicus coal Magerkohle
non-blocking agent Antiklebemittel (Folie)
non-blocking switching matrix blockierungsfreie Schaltmatrix, nichtblockierte Schaltmatrix (Bordcomputer)(av)
non-blocking switching matrix network blockierungsfreies Koppelfeld
non-breeder reactor nichtbrütender Reaktor
nonbuoyant cable nichtschwimmende Leine, nichtschwimmendes Kabel
noncalculated charge Schnelladung
noncapacitive kapazitätsfrei, nichtkapazitiv
non-capture disintegration Zerfall ohne vorhergehenden Einfang

non-capturing medium Medium geringer Absorption
noncarbonized steel nichtaufgekohlter Stahl
noncash expense rechnungsmäßiger Aufwand
noncentral booster aussermittiger Zündverstärker
noncentral confidence interval nichtzentrales Konfidenzintervall
noncentral force nichtzentrale Kraft
noncentral nuclear force nichtzentrale Kernkraft
nonchafing nichtscheuernd
non-chargeable call gebührenfreie Verbindung
non-check kein Gleichlauf, keine Prüfung
non-chipping forming spanlose Formung
noncircular unrund, nichtkreisförmig
noncircular canopy nichtkreisförmige Kappe (Fsch)
noncircular gear nichtverzahnte Kurvenscheibe
noncivilian wireless Feldfunktelegraphie
nonclocked control asynchrone Steuerung
nonclog impeller Kanalrad
nonclog(ging) pump verstopfungssichere Pumpe
nonclogging sewage pump nichtblockierende Abwasserpumpe
nonclustering method Einzelkontaktverfahren
noncoherent integration nichtkohärente Integration
noncoherent light nichtkohärentes Licht
non-coherent magnetron nichtkohärentes Magnetron
non-coherent mode nichtkohärentes Signalmuster (Radarecho)(av)
noncoherent moving target indication nichtkohärente Festzeichenunterdrückung
non-coherent seeker nichtkohärenter Suchkopf (Zielverfolgungsradar)
noncombustible nichtbrennbar
noncommissioned nichtbevollmächtigt
non-commissioned officer (NCO) Unteroffizier
noncommunications jamming Stören von elektronischen Ortungs- u. Leitdiensten
non-compare Vergleichsfehler (VGF), Ungleichheit
non-compare bit Vergleichsfehlerbit, Vergleicher-Fehlerbit
non-compare error Vergleicherfehler
non-compare signal Vergleicherfehlermeldung, Vergleicher-Fehlersignal
non-compare, test inhibiting signal...state Testsperrvergleichsfehler
non-compliance Nichteinhaltung
non-compliant alternative Alternativlösung (Avionik)
noncompulsory fakultativ
noncondensing turbine Gegendruckturbine
nonconducting finish nichtleitender Überzug
nonconducting state Sperrzustand
nonconductive surface nichtleitende Fläche
nonconductor Nichtleiter
nonconforming material nichtabnahmetaugliches od. nichtnormgerechtes Material
nonconformity Winkeldiskordanz
non-conjunction NAND-Verknüpfung, NAND-Funktion, negierte Konjunktion, NICHT-UND-Verknüpfung, Sheffer-Funktion
nonconservative game Nichtnullenspiel
nonconsumable electrode Punktschweißelektrode
noncontact berührungsfrei, berührungslos
noncontact gauging berührungsfreies Messen
noncontact making kontaktlos, elektronisch
noncontact probe Nichtkontaktsonde
noncontact sensing device berührungsfreie Abtasteinrichtung
non-contating loop control berührungslose Schlingenregelung (Walzwerk)
non-contaminating indifferent
noncontiguous constant unabhängige Konstante (COBOL)
noncontiguous item unabhängiges Datenwort (COBOL)
nonconitguous memory area nichtzusammenhängende Speicherbereiche
nonconversational mode Nichtdialogbetrieb
non-cooperative detection system selbstständiges Erfassungssystem (Radar)
noncorrossive korrosionsbeständig, nichtkorrosiv, unangreifbar, unzerstörbar
noncorrosive grease säurefestes Fett
noncritical pile nichtkritischer Reaktor
noncutting operation spanlose Verformung
noncrystalline nichtkristallin
non-data operation nichtdatenbezogene Operation
non-dedicated system Mehrfunktionssystem
nondeformability Formbeständigkeit, Formfestigkeit
nondelay fuse Augenblickzünder, Aufschlagzünder ohne Verzögerung
nondelivery post office Abholungspostamt
nondescript error unübersichtlicher Fehler
nondestructive zerstörungsfrei
nondestructive addition nichtlöschende od. nichtzerstörende Addition
nondestructive cursor nichtlöschendes Positionsanzeigesymbol
nondestructive read nichtlöschendes od. zerstörungsfreies Lesen, nichtzerstörendes Lesen, Lesen des Speicherinhalts ohne Verlust (Zerstörung)
nondestructive readout nichtlöschendes od. zerstörungsfreies Lesen, nichtzerstörendes Lesen
nondestructive readout memory Speicher ohne Zerstörung des Speicherinhalts beim Herauslesen der Nachricht
nondestructive test zerstörungsfreie Prüfung, Widerstandsprobe
nondestructive testing zerstörungsfreie Werkstoffprüfung
nondestructive testing, portable X-ray equipment for tragbares Gerät für zerstörungsfreies Prüfen
nondestructive tests zerstörungsfreie Versuche
non-dialled call Ruf ohne Wahl
nondimensional figure unbenannte Zahl (math)
nondimensional quantity absoluter Zahlenwert, dimensionslose Größe (math)
nondimensional ratio Zahlenverhältnis in Form einer unbenannten Zahl, absoluter Zahlenwert (math)
nondirectional richtungswirkend, richtungsunempfindlich, ungerichtet
nondirectional antenna Rundstrahlantenne,

ungerichtete Antenne
nondirectional beacon ungerichtetes Funkfeuer, Zielflugrundstrahler, Zielflugrundstrahlsender
non-direction beacon glideslope (indicator set) allseitige Lichtabstrahlung (Befeuerungssystem)(av)
nondirectional counter richtungsunabhängiger Zähler
nondirectional microphone Allrichtungsmikrophon, Kugelmikrophon, nichtgerichtetes od. ungerichtetes Mikrophon, Raummikrophon
nondirectional radio beacon ungerichtetes Funkfeuer
nondirectional reception ungerichteter Empfang
nondisjunction NOR-Funktion, NOR-Verknüpfung, Peirce-Funktion
nondissipative stub Blindleitung, verlustfreie Stichleitung
nondiversity reception Einfachempfang
nondividing or uncasizable unüberschlagbar
noneasement engine Triebwerk ohne Prüferleichterung
noneddying wirbellos, strudellos
nonelastic collision unelastischer Stoß
non-elastic cross section Wirkungsquerschnitt für nichtelastische Wechselwirkung
non-elastic integration cross section nichtelastischer Wirkungsquerschnitt, Wirkungsqzerschnitt für nichtelastische Wechselwirkung
non-electric cap Sprengkapsel
non-electric detonation Leitfeuerzündung
non-equilibrium behaviour ausserhalb der Gleichgewichtslage
non-equilibrium state unstabiler Zustand
non-equivalence Antivalenz, exklusives ODER
non-equivalence element Antivalenzglied, exklusive ODER-Schaltung
non-erasable storage Permanentspeicher, Dauerspeicher, energieunabhängiger Speicher, Strukturspeicher
non-errored nicht gestört (Textblock)
non-escaping key schreibende Taste ohne Vorschub
non-executable statement nichtausführbare Anweisung (FORTRAN)
non-expendable item Nichtverbrauchsartikel
non-expendable propellant nicht ausfliegbarer Treibstoff
non-extractable card nichtziehbare Magnetkarte
nonfading lichtecht
nonferrous nichtmetallisch
nonferrous alloy Nichtmetallegierung
nonferrous conduit and conduit fittings Installationsrohr u. Zubehör aus Nichteisenmetall
nonferrous metal Nichteisenmetall
nonfiction book Sachbuch
nonflashing rückschlaglöschend
nonflicker shutter flimmerfreie Verschlußblende
non-flow condition Nullförderung (Hydraulikpumpe)
non-fluid-filled gyro Flüssigkeitskreisel
non-flying scale model nichtfliegendes maßstäbliches Modell
non-folding rotor nichtfaltbarer Rotor
nonforfeiture Unverfallbarkeit, Dauergültigkeit, unbegrenzte Gültigkeit
non-format Internformat (ALGOL)
non-formatted language nichtformatierte Sprache
nonfraying nicht ausfransernd
non-frequency-critical nichtfrequenzempfindlich
non-freezing kältebeständig, frostsicher
non-gagged ohne Knebel
nongaseous coal gasarme Kohle
non-grounded potentialfrei
nongrowth cast iron nicht dilatierendes Gußeisen
nonhatted code einteiliges Codebuch
non-home record Spruchwechselblock, Überlaufsatz, Folgesatz
non-homogeneous substance nichthomogener Körper
non-hydrogeneous material wasserstoffreies Material
nonhygroscopic hydrametrischer Flügel
non-hypergol nichthypergol
non-icing carburetor vereisungsfreier Vergaser
non-indexing part Nicht-Indexteil
nonindicating dehydrating agent Trockenmittel ohne Sättigungsanzeige
noninductive capacitor induktionsfreier Kondensator
noninductive shunt induktionsfreier Nebenschluß, Ohm'scher Shunt
noninductive winding induktionsfreie Wicklung
non-intelligent nicht programmierbar
non-intelligible crosstalk unverständliches Nebensprechen
non-interacting ohne Wechselwirkung
non-interactive mode Nichtdialogbetrieb
non-interchangeability Unauswechselbarkeit, Unvertauschbarkeit
non-interpolation control system nichtinterpolierende Steuerung
non-intervention Nichteinmischung
non-ionizing radiation nichtionisierende Strahlung
non-irradiated unbestrahlt
non-isotopic carrier nichtisotoper Träger
nonius gradiation Noniusteilstrich
nonius zero Noniusnullpunkt
non-keyed record Block ohne Schlüsselfeld
nonleaded gasoline unverbleites Benzin
non-leakage probability Verbleibwahrscheinlichkeit
nonlinear nichtlinear, ungerade, klirrverzerrt
nonlinear attenuation Klirrdämpfung
nonlinear control nichtlineare Regelung
nonlinear distortion Frequenzverzerrung, Klirrverzerrung, nichtlineare Verzerrung
nonlinear element nichtlineares Glied
nonlinear field theory nichtlineare Feldtheorie
nonlinear optimisation nichtlineare Optimierung od. Programmierung
nonlinear potentiometer nichtlineares Potentiometer
nonlinear pulse-power amplifier nichtlinearer Impulsleistungsverstärker
nonlinear scale nichtlineare Skala
nonlinear transfer circuit nichtlineares Übertragungsglied
non-linearities nichtlineares Verhalten

nonlinearity Nichtlinearität
nonlinearity of response nichtlineare Anzeige
non-list cycle Sammelgang (lo)
non-listed item nicht katalogisierter Versorgungsartikel
non-loaded cable U-Kabel, unpupinisiertes Kabel
nonlocal global (ALGOL), nichtlokal
nonlocal field nichtlokales Feld
non-luminous flame nichtleuchtende Flamme, Oxidationsflamme
non-Markovian teaching algorithm nicht Markoff'scher Lehralgorithmus (päd)
non-metallic discarding driving band (NMDDB) nichtmetallisches Führungsband
non-metallic substance Nichtmetall
nonmetering Zählerunterdrückung, Zählerverhinderung
nonmetering relay Zählerverhinderungsrelais
nonmicrophonic klingfrei, antimikrophonisch
non-mobile reactor ortsfester Reaktor
nonmoderator nichtmoderierender Stoff
non-multiplying nicht verstärkend
non-multiplying case nicht verstärkender Fall
non-multiplying slab nicht verstärkende Platte
non-network communication netzfreie Fernmeldeverbindung
non-nuclear munition nichtnukleare Kampfmittel (Luftverteidigung)
non-numeric character nichtnumerisches Zeichen
non-numeric item nichtnumerisches Datenwort (COBOL)
non-numeric literal nichtnumerisches Literal (COBOL)
non-numeric move nichtnumerisches Bringen, nichtnumerische Übertragung, nichtnumerisches Übertragen (COBOL)
non-obligatory fakultativ
non-occupational exposure nicht berufsbedingte Bestrahlung, Strahlenexponierung
non-optimum first stage for LEO (low earth orbit) **capacity** nichtoptimale Erststufe der LEO-Kapazität (milit)
non-orbital nicht kreisförmig, nicht umlaufend
non-oscillatory circuit nichtschwingungsfähiger Kreis
non-oscillatory discharge aperiodische Entladung
non-oscillatory-type spin pendelfreies Trudeln (Fsch)
non-pageable resident
non-peak periods verkehrsarme Zeiten
non-penetrating particle nichtdurchdringendes Teilchen
nonperiodic action unperiodischer Vorgang
nonperiodic temperature change nichtperiodische Temperaturschwankung
nonperiodic variation nichtperiodische Schwankung
nonpermanent magnet fremderregter Magnet
nonpermanent runway neutrale Bahn
nonpersistent chemical agnet flüchtiger Kampfstoff
nonpersistent gas flüchtiger Kampfstoff, flüchtiges Gas
nonplanar network nicht ebenes Netzwerk
nonpolar solvent nichtpolares Lösemittel
nonpolarized return-to-zero nichtpolarisiertes RZ-Schreibverfahren, nichtpolarisiertes Schreibverfahren nach Null, NRZ-Schreibverfahren
nonpolarized return-to-zero recording nichtpolarisiertes RZ-Schreibverfahren, nichtpolarisiertes Schreibverfahren mit Rückkehr nach Null, NRZ-Schreibverfahren
nonporous fabric luftundurchlässiges Gewebe
nonpositive drive kraftschlüssiger Antrieb
nonpower driven ohne eigenen Kraftantrieb
nonpowered coasting antriebsloser Flug
nonpowered coasting towards moon antriebsloser Flug zum Mond
nonprecedence call Gespräch ohne Vorrang, gewöhnliches Gespräch
nonpressurized unter Aussendruck stehend, drucklos, nichtdurckbelüftet
nonpressurized tank druckfreier Behälter
nonprintable nicht abdruckbar, nicht ausdruckbar
nonprinting key nichtschreibende Taste, Funktionstaste
nonproduction material Material zur Herstellung von Endgeräten, Zulieferartikel
nonproductive operation organisatorische Operation
nonprofit making agency gemeinnützige Institution
non-program information Fremdinformation
non-programmable nicht programmierbar
nonradar approach Anflug ohne Radar
nonradar controlled ohne Radarkontrolle
nonradar directed ohne Radarführung
nonradiative inaktiv, strahlungslos
nonradiative element inaktives Element
nonradioactive element inaktives Element
nonradioactive tracer inaktiver Indikator od. Tracer
nonradioactive transition strahlungsfreier Übergang
nonreactive coupling reaktionsfreie od. reaktionslose Kopplung
nonreactive load Belastung durch Wirkungswiderstand, Ohm'sche Belastung
nonreactive relay induktionsfreies Relais
non-reconfigurable antenna nicht-rekonfigurierbare Antenne (av)
nonrecurrent phenomenon unperiodischer Vorgang, nichtwiederkehrender Vorgang
nonrelativistic formula nicht relative Formel
nonrelevant failure Nebenausfall (statistisch)
nonrelocatable program unverschiebliches Programm
nonrepeated circuit Leitung ohne Verstärker
nonresident nicht "fest" im Kernspeicher, Schutzstrahler, nicht resident, nicht ständig im Arbeitsspeicher befindlich
nonresonant außer Resonanz befindlich, nicht abgestimmt, mitschwingend od. resonant
nonresonant circuit aperiodischer Stromkreis
nonresonant line aperiodische Leitung, Wanderwellenspeiseleitung, Wellenwiderstand abgeschlossene Leitung
nonresonant slot nicht abgestimmter Spalt
nonretractable rotor nichtversenkbarer Rotor

nonretractable undercarriage Festfahrwerk
nonreturn flow wind tunnel offener, nicht geschlossener Windkanal (Aerodynamik)
nonreturn-to-reference recording Schreibverfahren ohne Rückkehr zum Bezugspunkt, Aufzeichnung ohne Rückkehr zum Bezugszustand
nonreturn-to-zero change (NRZ) Richtungsschrift, NRZ/C/-Schreibverfahren, Richtungsschreibverfahren
nonreturn-to-zero mark (NRZ/M) NRZ/-M-Schreibverfahren, Wechselschreibverfahren
nonreturn-to-zero method NRZ-Schreibweise
nonreturn-to-zero recording ohne Rückkehr-zu-Nullaufzeichung
nonreturning-to-reference recording Schreibverfahren ohne Rückkehr zum Bezugspunkt
nonrevenue gebührenfrei (ICAO)
nonrevenue charter and special flight freier Charter- u. Sonderflug (ICAO)
nonrevenue excess baggage freies Übergepäck
nonrevenue passengers gebührenfreie Passagiere
nonrevenue scheduled services gebührenfreier flugplanmäßiger Verkehr
nonrevenue ton-kilometres performed gebührenfreier Tonnenkilometer
nonrigid biegsam, unstarr (pla)
nonrigid airship Prallluftschiff, unstarres Luftschiff
nonrigid drive elastischer Antrieb
nonrigid plastics nichtstarrer Kunststoff
non-rigid sheeting Weichfolie (pla)
non-satisfied search command unbefriedigter Suchbefehl
nonscaling zunderbeständig
nonscaling property Zunderbeständigkeit
nonscheduled airlines operators ausserplanmäßige Luftverkehrsgesellschaften
non-scheduled operation unplanmäßiges Unternehmen
nonscheduled order manueller Auftrag
nonselectable card nichtziehbare Karte
non-self quenching nicht selbstlösend
non-self quenching counter nichtselbstlösender Zähler, nichtselbstlösendes Zählrohr
non-self quenching igniting propellant nicht selbstzündbarer Treibstoff
non-self quenching mixture nicht selbstlösendes Gemisch
non-separator type air-hydraulic accumulator Akkumulator ohne Trennungselement
non-shrinkable nichtschrumpfend
non-sinusoidal oscillator Oszillator ohne Sinusschwankung
nonskid (said of tires) profiliert, rutschsicher
nonskid flooring rutschfester Bodenbelag
nonskid surfacing rutschfester Belag
nonskid tyre Gleitschutzreifen
nonslip treads with rubber insert Trittbrettleisten mit eingezogenem Gummiprofil
nonsparking cold chisel funkenloser Meissel, Elektrikermeissel
nonspecific afferents unspezifische Bahn
nonspecific system unspezifisches System
nonspherical captive balloon asphärischer Ballon
nonspill coupling selbstabdichtende Schlauchkupplung
nonspillable vent Entlüftungsstandrohr
nonspinning trudelsicher (av)
nonspontaneously ignitable propellant nicht selbstzündbarer Treibstoff
nonstandard label nichtnormiertes Etikett, Nichtstandardetikett, Nichtstandardkennsatz, nichtstandardisiertes Etikett
non-sticking pressure breathing compensated type valve lungenautomatische Druckatmung
nonstop aufenthaltslos, ohne Halt
nonstop flight Dauerflug, Ohnehaltflug, aufenthaltsloser Flug
nonstop flight record Ohnehaltflugrekord
nonsurchage air miles zuschlagfreie Luftpost
nonswivelling bogie Nachlaufschwenkanordnug
nonsynchronized jamming nichtsynchronisierte(s) Stören od. Störung (ELOKA)
nonsystematic code nichtsystematischer Code
nonthermal nichtthermisch
nonthermal pile neutron nichtthermisches Neutron aus dem Reaktor
nontoothed ungezahnt (Sägen)
nontransient error permanenter od. schwerwiegender Fehler
nontransient line error permanenter Leitungsfehler
nontransmitting typewriter Schreibmaschine ohne Sendetastatur
nontransparent visor undurchsichtiges Visier
nontumbling gyro kunstflugtauglicher (Lot)-kreisel
nontyping mechanical functions nichtschreibende Arbeitsgänge (Fernschreibmaschine)
nonuniform nichtgleichförmig, ungleichförmig
nonuniform convergence ungleichmäßige Konvergenz (math)
nonuniform field ungleichförmiges Feld
nonuniform mixture ungleichmäßiges Gemisch
nonuniform rotation unzusammenhängende Drehung (Magnetisierungsvektor)
nonuniformity of a material Uneinheitlichkeit
nonvariable capacitor Festkondensator
nonvariable head torch Einzelbrenner
nonvariable resistor Ballastwiderstand, Festwiderstand, fester Widerstand
nonvertical wirbelfrei
nonvirgin neutron nichtjungfräuliches Neutron
nonvisual aid ohne Sicht Hilfsmittel
nonvolatile memory Dauerspeicher(ung)
nonvolatile storage Permanentspeicher, Dauerspeicher, unabhängiger Speicher, Strukturspeicher, permanenter Speicher
nonvolatile vehicle nichtflüchtiges Bindemittel
nonwoven Dacron polyester fibre (spacer material) Vlies aus Polyesterfaser DACRON (Zwischenlage)
nonzero nicht Null, von Null abweichend (math)
nonzero nuclear spin Kernspin, Ungleichnull
nonzero result Ergebnis ungleich Null
NOP no-operation
NOR circuit Weder-NOCH-Schaltung, NOR-Glied, NICHT/ODER-Glied
NOR element WEDER-NOCH-Schaltung, NOR-Glied, NICHT-ODER-Glied
NOR function Peircer'scher Pfeil, NOR-Funktion, Notfunktion, Nicod'sche Wahrheitsfunktion

NOR gate WEDER-NOCH Schaltung, NOR-Glied, NICHT/ODER-Glied
NOR operation NOR Funktion, NOR-Verknüpfung, Peirce-Funktion
normal Normale, normal senkrecht, vorschriftsmäßig
normal accelerometer Normalbeschleunigungsmesser
normal aging natürliche Alterung, Kaltauslagern (Aluminium)
normal airplane Standardflugzeug
normal axis Hochachse
normal barrage Notfeuer
normal calomel electrode Normalkalomelelektrode
normal card listing Postenschreibung (lo), Einzelvorgang
normal cathode fall normaler Kathodenfall
normal charge Verbrauchsladung
normal climb Normalsteigflug, normale Steigung bei Start
normal combustion Normalverbrennung
normal component of force Normalkraft
normal component of force on control surfaces Rudernormalkraft
normal concentration Normalkonzentration
normal contact of selector Wählerruhekontakt
normal control and trim flow-up loop Steuer- u. Rückführkreis
normal direction flow Ablauf in Normalrichtung (EDV), Fluß in Normalrichtung
normal distribution Gauss'sche Verteilung, Normalverteilung
normal distribution curve Gauss'sche Fehlerverteilungskurve
normal divider Normalteiler
normal dose Normaldosis
normal drift Normalabfall
normal drop-out hubs Normalimpulsbuchsen
normal electrode Normalelektrode
normal electrode potential Normalpotential
normal electrode potential of a metal Normalpotential eines Metalls
normal energy level Normalzustand
normal energy state normaler Energiezustand
normal entries normale Eingangsbuchsen
normal failure period Periode konstanter Ausfallrate
normal flight Normalflug
normal flying altitude Normalflughöhe
normal flying position, from aus der Normalfluglage
normal force Normalkraft
normal form Normalform
normal form of a problem linear optimization Normalform eines Problems der linearen Optimierung
normal frequency Betriebsfrequenz
normal gage, of normalspurig
normal glide Normalgleitflug, Gleitflug bei bestem Gleitwinkel
normal hydrogen electrode Normalwasserstoffelektrode
normal inpact senkrechtes Auftreffen
normal inspection normale Prüfung
normal jettison circuit normaler (Außenlasten)-abwurfstromkreis
normal landing Dreipunktladung, Normallandung
normal lapse rate normales Temperaturgefälle
normal lift Normalauftrieb
normal load Normalspannung, Nennlast, Normalbelastung, Normallast, Regelbelastung
normal loop Normalschleife
normal magnetization curve Kommutierungskurve
normal message allgemeine od. normale Meldung
normal mode noise voltage symmetrische Störspannung
normal mode noise voltage rejection symmetrische Störspannungsdämpfung, symmetrische Störspannungsunterdrückung
normal of a plane surface Normale einer Fläche
normal operating period normale Betriebs- od. Gebrauchsdauer (statistisch)
normal operating speed Normalbetriebsgeschwindigkeit
normal operation Normalbetätigung, Normalbetrieb
normal oscillator gewöhnlicher Oszillator
normal pattern Feinortung
normal pattern transmitter Feinortungssender
normal performance in operation garantiertes Leistungsniveau (Twk)(av)
normal permeability gewöhnliche Permeabilität, Permeabilität aus der Kommutierungskurve
normal pitch Normalmodul
normal polarisation Normalpolarisation
normal power Dauerleistung (Twk)
normal power climb Steigflug bei Dauerleistung
normal route Regelweg
normal speed Betriebsdrehzahl, Normalgeschwindigkeit
normal spin Normaltrudeln, normales Trudeln
normal stacker Normalablage, Normalfach, Normalablagefach
normal stage punching gerade Wechsellochung, Normallochung, Lochsystem bei dem nur die geradzahligen Zeilen verwendet werden
normal state Normalzustand
normal stress Normalspannung (Festigkeit)
normal subsonic traffic normaler Unterschallverkehr
normal temperature Bezugstemperatur, Normaltemperatur
normal termination normale Beendigung
normal terrestrial gravitational field normales Erdschwerefeld
normal to surface Oberflächennormale
normal to the trajectory Bahnnormale
normal transformer rectifier Haupttransformatorgleichrichter
normal turn Normalkurve
normal twisting Normaldrall
normal upspacing normaler Zeilentransport
normal velocity Vertikalgeschwindigkeit
normalicy band Toleranzmarke
normalization Normalisierung, Normierung
normalization factor Normierungsfaktor
normalize, to normieren (math), normalglühen, normalisieren
normalized annealed weichgeglüht
normalized plateau slope normierte Plateausteigung

normalized unit normierte Einheit
normalizing Normalglühen
normally aspirated engine Motor ohne Lader, selbstansaugender Motor
normally aspirated piston airplane Flugzeug mit normalem luftansaugendem Kolbenmotor
normally closed normal geschlossen
normally-closed auxiliary contact Hilfsschließkontakt
normally-closed contact Öffner (DIN)
normally closed side of a selector Steuerapparatruheseite
normally open normal offen
normally-open auxiliary contact Hilfsöffnungskontakt
normally-open interlock Arbeitskontakt, Hilfsöffnungskontakt
normally open relay contact Arbeitskontakt
normally open side of a selector Steuerapparatarbeitsseite
normally-open switch Stellschalter, Tastschalter
North American Search and Range Radar NASARR
north end or tip Nordende
north polar circle nördlicher Polarkreis
north reference pulse Nord-Bezugsimpuls
north ringing burst Nord-Bezugsschwingung
north solar array nördlicher Sonnenzellenausleger (Sonnenpaddel)(sp)
north-south component Nord-Südkomponente
north-south horizontal movement to capture Nord/Süd-Komponente der Auswanderung bis Lenkbeginn in Horizontalebene (Flugkörperfeuerleitung)
north-south horizontal navigations parallax displacement Nord/Süd-Komponente des Navigationsparallaxabstandes in Horizontalebene (Torpedo)
north-south horizontal range Nord/Süd-Komponente der Meßentfernung in Horizontalabene (Feuerleitung)
north-south missile capture range Nord/-Süd-Komponente der Flugkörperentfernung bei Lenkbeginn (Flugkörperfeuerleitung)
north-south navigational parallax displacement Nord/Süd-Komponente des Navigationsparallaxabstandes (Torpedofeuerleitung)
north-south parallax displacement Nord/Süd-Komponente des Parallaxabstandes (Feuerleitung)
north-south position control Nord/Süd-Positionskontrolle (Feuerleitung)
north-south range Nord/Süd-Komponente der Meßentfernung in Vertikalebene (Feuerleitung)
north-south range component Nord/Süd-Entfernungskomponente (Feuerleitung)
north-stabilized PPI in Nordrichtung stabilisiertes Rundsichtgerät
northwest corner rule Nordwesteckenregel
"north-up" mode nordorientierte Anzeigeart (Avionik)
north-wester Nordwester (Wind)
norther Norder (Wind, über Golf von Mexiko)
northerly turning error nördlicher Drehfehler
northern hemisphere nördliche Halbkugel, Nordhemisphäre
Norton's theorem Norton'sches Theorem
norway iron Holzkohleneisen
nose Backe (einer Zange), Helmrohr, Helmschnabel, Rumpfbug, Arbeitsende eines Drehstahls, Bug, Nase, Kanzel, Spindelkegel, Spindelnase, Spitze, Vorderteil, Werkzeugspitze
nose adapter booster Mundlochbuchse mit Verstärkungsladung (Bombe)
nose alighting gear Bugfahrwerk
nose and throat irritant Nasen- u. Rachenreizstoff
nose avionics compartment Avionikstauraum im Bug
nose base Kopfgehäusesockel
nose beam Bugholm (beim Rumpf)
nose block Kopfstütze, Mundlochverschlußschraube (Bombe), Zündnerersatzstück (Torp)
nose boom Bugausleger, Bugholm
nose box Nasenkasten
nose cap Bugkappe
nose cap fastener Nasenhaubenverschluß
nose cargo door Bugfrachtpforte
nose clamp Nasenklammer
nose clip Nasenklemme
nose closing plug Mundlochverschlußschraube
nose compartment Bugkanzel
nose cone Bugkegel, Bugverkleidung, Kopfhaube (Bombenbündel), Nasenverkleidung, Nasenkonus
nose cone and Q-ball Nasenkonus- u. Anstellwinkelmeßgerät
nose cone, radar absorbing radarabsorbierende Bugverkleidung
nose cowl anti-icing system Enteisungsanlage der Triebwerkgondelvorderkante
nose dive Sturzflug
nose-dive to the ground, to abstürzen
nose-diving attack Sturzangriff
nose dock Bugdock
nose-down gedrückt (Fluglage), kopflastige Fluglage
nose-down limit switch Endschalter bei kopflastiger Trimmung
nose-down moment Buglastigkeit (av)
nose-down pitching moment kopflastiges Moment (av)
nose drag Kopfwiderstand
nose droop actuating jack Stellglied für den absenkbaren Rumpfbug
nose droop setting absenkbarer Rumpfbug
nose false belo the horizon Nase fällt unter den Horizont
nose fenestration Rumpfbugverglasung
nose fuse Kopfzünder
nose-fuse shell Kopfgranate
nose fuze adapter Mundlochzwischenstück
nose gear Bugfahrwerk
nose gear door Bugfahrwerkklappe
nose gear downlock switch Bugfahrwerk-Ausfahrverr egelungsschalter
nose gear drag brace Bugfahrwerkknickstrebe, Knickstrebe für Bugfahrwerk
nose-gear scissors Bugfahrwerkfederbeinschere
nose-gear shrink strut Bugfahrwerk-Schrumpffederbein
nose-gear steering actuators Steuerzylinder für Bugfahrwerk

nose-gear trunnion Bugfahrwerklagerbolzen
nose-gear uplock switch Bugfahrwerkeinfahrverriegelungsschalter
nose guide (feeder) vordere Patronenführung
nose-gun Buggeschütz
nose-gun station Bugstand
nose hangar Bughalle
nose heavy kopflastig (Flugzeug)
nose-high schwanzlastig, in überzogener Stellung (Flugzeug)
nose housing (starter) Einspurtriebgehäuse
nose impact fuze Kopfaufschlagzünder
nose-in loading position Nase-in-Standplatz
nose instantaneous fuze Kopfaufschlagzünder
nose key Nasenkeil
nose landing gear Bugfahrwerk für Bugradlenkung
nose landing gear steering Bugradlenkung
nose landing gear steering damping Bugradlenkung u. Flatterdämpfung
nose-landing-gear steering wheel Handrad für Bugradlenkung
nose landing gear, twin-wheel zwillingsbereiftes Bugfahrwerk
nose-low kopflastig
nose-lowering speed Bugradaufsetzgeschwindigkeit
nose-mounted sector scan Bugradar mit Sektorabtastung
nose of fuselage Rumpfnase
nose of porjectile Geschoßspitze
nose of rib Rippennase
nose of the airship Vorderschiff
nose of the gear case Vorderteil des Getriebegehäuses
nose of torpedo Torpedonase
nose or bow or prow of the airship Schiffsbug
nose over, to auf den Kopf stellen (Flugzeug), sich überschlagen (bei Landung)
nose panel Kopfbahn
nose percusion fuze Aufschlagzünder
nose piece Mundstück (Schlauch), Vorderteil
nose pin Schnabelbolzen
nose plate Minenkopfplatte (U-Mine)
nose plug Mundlochverschlußschraube, Geschoßspitze, Zünderersatzstück
nose primer Torpedozündladung
nose probe Bugsonde
nose profile Bugprofil
nose protector Nasenleder, Nasenschutz
nose radar Bugradar
nose radiator Bugkühler (Flugzeug)
nose radius Eckenrundung (Drehmeißel)
nose radome Bugantennenverkleidung
nose rib Hilfsrippe, Nasenrippe
nose ring Eintrittsring (Niederdruckverdichter)
nose rod Zünderabstandsrohr
nose roller Schnabelvorschubrollen (Brückenbau)
nose section Getriebeteil des Motors, Nasenkörper, Kopfstück, Rumpfbug, -vorderteil
nose section of shell Kopfteil
nose shell Kopfgehäuse
nose shield Zünderhaube
nose shipping plug (NSP) Mundlochverschlußschraube
nose-slot cowling Nasenspaltschlitzhaube eines Motors
nose spiked bomb Stachelbombe
senhaube
nose spinner Propellernasenhaube
nose spoiler Bugverkleidung (U-Mine)
nose-steadying line (airship) Fangleine vom Luftschiffbug zum Mast
nose storage dolly Transportwagen für Flugkörperbugteil
nose strut Bugfahrwerkfederbein
nose support Brennlufteinlaß (Primärluft)(E), Kopfstütze (Raketenpackgefäß)
nose thread (of shell) Kopfgewinde (Geschoß)
nose thread adapter Zünderbuchse (Raketen)
nose tip Meßkopfspitze
nose turret Buggefechtsstand, Bugwanne, Bugkanzel
nose undercarriage down Bugfahrwerk ausgefahren
nose undercarriage up Bugfahrwerk eingefahren
nose unit Vorbauchschnabel(teil) (Brückenbau)
nose-up ziehen, gezogen, schwanzlastig (Fluglage)
nose-up attitude schwanzlastige Fluglage
nose-up limit switch Endschalter bei schwanzlastiger Trimmung
nose-up moment Schwanzlastigkeitsmoment
nose-up pitch Nickmoment (beim Landen)
nose-up position schwanzlastige Fluglage
nose-up stall Strömungsabriß mit Aufbäumen
nose weight Schwerpunktausgleichsgewicht (Anbringung hinter Bugrad bei Landung)
nosewheel Bugrad
nosewheel alignment Bugradeinstellehre
nosewheel alignment gage Bugradeinstellehre
nosewheel blown down by an air bottle Bugfahrwerk wird mit Hilfe einer Preßluftflasche ausgefahren (Flz)(av)
nosewheel centering spring Bugradzentrierfeder
nosewheel door Bugradklappe
nosewheel fairing aerodynamische Bugradverkleidung
nosewheel gear Bug(rad)fahrwerk
nosewheel incorporates brake for improved ground handling Bugfahrwerk mit Bremse zur Verbesserung der Manövrierbarkeit am Boden
nosewheel landing gear Bugradfahrwerk
nosewheel lift-off speed Geschwindigkeit beim Anheben des Bugrades
nosewheel steering Bugradsteuerung
nosewheel steering control Bugradlenkanlage, Bugradlenkung
nosewheel steering switch Schalter für Bugradlenkanlage
nosewheel tires Bugfahrwerkreifen
nosewheel turntable Bugraddrehscheibe
nosewheel well Bugfahrwerkschacht
NOSIG no significant change (for use in trend type landing forecasts) NOSIG keine bedeutsame Veränderung (für Verwendung beim Trend in der Landewettervorhersage)
nosignal current Ruhestrom
no-smoking lamp nicht rauchen Lampe
"no-smoking" switch "Nichtraucher" Schalter
no-step errors keine Umschaltfehler
not according to routine nichtgemäße Routine
NOT-AND element NICHT-UND-Glied, NAND-Glied
NOT-AND operand NAND-Funktion, NAND-

Verknüpfung, NICHT-UND-Verknüpfung, Sheffer-Funktion, negierte Konjunktion
not at present nicht gegenwärtig
NOT-circuit Inverter, NICHT-Glied, Negationsglied, Negator, NICHT-Schaltung, Negationsschaltung
not clear nicht klar, unklar (av)
NOT element NICHT-Glied, Negationsglied, Negator, Inverter, NICHT-Schaltung, Negationsschaltung
not for use "nicht für uns"
NOT gate NICHT-Glied, Negationsglied, Negator, Inverter, NICHT-Schaltung, Negationsschaltung
not-go gage Anschußlehre (A)
not-go screw gauge Ausschuß-Gewindelehrdorn
not holding nicht warten
NOT-IF-THEN operation Inhibition
"not in use" "nicht in Betrieb"
not later than... nicht später als...
not licensed nicht lizensiert
NOT operation boolesche Komplementierung, NICHT-Verknüpfung, Negation, Inversion
not real or proper uneigentlich
not standardized nichtgenormt, ungenormt
not to descend below... Sinken Sie nicht unter...
not uniform variable ungleichförmig
"not used" "nicht in Gebrauch"
NOTAM (a notice containing information concerning the establishment, condition or change in any aeronautical facility, service, procedure or hazard, the timely knowledgement of which is essential to personnel concerned with flight operations) NOTAM (eine Nachricht über Einrichtung, Zustand oder Veränderung von Luftfahrtanlagen aller Art sowie über Dienste, Verfahren od. Gefahren, deren rechtzeitige Kenntnis für Luftfahrt- u. Flugsicherungspersonal wichtig ist)
NOTAM (ICAO) Nachrichten für Luftfahrer (NFL)
NOTAM center NOTAM-Zentrale
NOTAM checklist NOTAM-Prüfliste
NOTAM class I distribution NOTAM-Verteilerklasse I
NOTAM class II distribution NOTAM-Verteilerklasse II
NOTAM clerk NOTAM-Bearbeiter
NOTAM code NOTAM-Code
NOTAM concerning an airport NOTAM hinsichtlich eines Flughafens
NOTAM concerning miscellaneous flight information NOTAM betreffend verschiedene Fluginformationen
NOTAM concerning radio aids to air navigation NOTAM betreffend Radiohilfsmitel für Luftnavigation
notation Schreibweise, Aufzeichnung, Bezeichnungssystem, Beifügung, Eintragung, Buchstabenbezeichnung in methodischen Formeln, Vermerk
notation, binary Binärdarstellung, binäre Zahlendarstellung
notation, binary-coded decimal binärcodierte Dezimaldarstellung, BCD-Darstellung
notation, biquinary Biquinärschreibweise
notation constant Notationskonstante
notation, digital digitale Darstellung, Zifferndarstellung
notation, external externe Schreibweise
notation, factorial Fakultätsschreibweise
notation, fixed-base Zahlendarstellung mit fester Basis
notation, fixed-radix Radixschreibweise mit fester Basis
notation, infix Infixschreibweise
notation, Lukasiewicz polnische Schreibweise, klammerfreie Schreibweise, Präfixschreibweise
notation, mixed-base Gemischtbasisschreibweise, Gemischtbasisdarstellung, Radixschreibweise mit gemischter Basis, Zahlendarstellung mit gemischter od. wechselnder Basis
notation, mixed-radix Gemischtbasisschreibweise, Gemischtbasisdarstellung, Radixschreibweise mit gemischter Basis, Zahlendarstellung mit gemischter od. wechselnder Basis
notation, octal Oktalschreibweise
notation, parentheses-free klammerfreie od. polnische Schreibweise, Präfixschreibweise
notation, polnish "polnische" Schreibweise, Präfixschreibweise, klammerfreie Schreibweise
notation, positional Stellenschreibweise, Stellendarstellung
notation, pure binary reine Binärdarstellung
notation, radix Radixschreibweise, Positionsdarstellung, Stellenwertschreibung
notation, substring Teilausdruck (Makrosprache)
notation, ternary ternäre Darstellung od. Schreibweise
notation variable Notationsvariable
notch Einfeilung, Feilhieb, Kappung, Keep, Kerbe, Mulde
notch aerial Nutenantenne
notch antenna Tragflächenantenne
notch diplexer Filterweiche
notch ductility Kerbzähigkeit
notch effect Kerbwirkung
notch fatigue strength Kerbdauerfestigkeit
notch impact test Kerbschlagversuch
notch index Kerbwirkungszahl
notch root Kerbgrund
notch sensitivity Kerbempfindlichkeit
notch stick kurzer Holzpflock zur Festigung u. Ermittlung der Förderung (Bohranlage für Erdöl)
notch-time fracture Dauerschlagkerbversuch, Kerbzähigkeit
notch, to einkerben, kerben
notch toughness Kerbfestigkeit, Kerb(schlag)-zähigkeit
notched eingekerbt, kerbig
notched-bar bending test Kerbbiegeprobe
notched-bar impact bending-test specimen Kerbschlagbiegeprüfung
notched-bar impact-endurance test Dauerschlagkerbversuch, Kerbschlagprobe
notched-bar pull test Kerbzugprobe
notched-bar tensile test Kerbzugprobe
notched-bar test Kerbschlagprobe, Kerbzugprobe, Kerbschlagbiegeversuch
notched card Randlochkarte, randgelochte Karte, randgekerbte Karte

notched disc Klinkenscheibe, Rastenscheibe, Schaltrad
notched line ausgehackte, (aus)gezahnte od. (aus)gezackte Linie, Zackenlinie
notched or ratched disc Klinkenscheibe
notched plate Rastenblech
notched star Rast(er)stern
notched toughness Kerbfestigkeit
notcher (motion picture) Markierungsvorrichtung
notching device Signiereinrichtung
notching press Nutenstanzprese
notching relay Impulsspeicherrelais
note Merkmal, Bemerkung (in technischen US-Vorschriften)
note amplifier Hörfrequenzverstärker
note buffer Notizpuffer
note oscillator Röhrentongenerator
note statement Merkanweisung (COBOL), Merkbefehl
notepad Notizblock
notepad cell Notizblockzelle
notepad clock pulse (interval) Notizblocktakt
notepad indicator Notizblockzeiger
notepad master program Notizblockrahmenprogramm
notepad memory Zwischenspeicher, schneller Hilfsspeicher, Notizblockspeicher
notepad processing Notizblockbearbeitung
notepad program Notizblockprogramm
notepad read mark Notizblocklesemarke
notepad restart Notizblockrestart
notepad, special...entry Sondernotiz
notepad, standing...entry Dauernotiz
notes and acceptances Schecks- u. Wechsel
notes and acceptances receivable Scheck- u. Wechselforderungen
noteworthy beachtenswert
notice Ankündigung, Anzeichen, Bekanntmachung, Benachrichtigung, flüchtige Beobachtung, Kündigungsfrist, Notiz, Wahrnehmung, Warnung
notice board Bekanntmachungstafel, schwarzes Brett
notice of aviators Mitteilung der Flieger
notice of default Inverzugsetzung
notice to airmen Bekanntmachung für Luftfahrer
notice to airmen address NOTAM-Adresse
notices to airmen (NOTAM) Nachrichten für Luftfahrer
notification Bekanntmachung
notification of departure and arrival Start- u. Landemeldung
notification of personnel call Gesprächsaufforderung
notification of qualification results Bekanntgabe der Bewertungsergebnisse
notification relating to field modification order Vormeldung zum Änderungsauftrag
notification, system Systembenachritigung (Bordcomputer)(av)
notify, to bekanntgeben, benachrichtigen
notorious allgemein bekannt, notorisch, offenkundig
nought output Ausgangssignal Null, Lesespannung bei gespeicherter binärer Null
nought output signal Ausgangssignal Null, Lesespannung bei gespeicherter binärer Null
nought state Nullzustand
noughts complement B-Komplement, Basis-Komplement
noun Substantiv (COBOL)
noun-acoustic system operator (NASO) Operateur für alle nichtakustischen Systeme (Bordcomputer)(av)
NOV (novembre) NOV (November)
Novac method Novac-Verfahren (Papierimprägnierung)
novel high-lift device Hochauftriebshilfe
novice Flugschüler (av)
novice pilot Pilotenneuling
no-volt release Nullspannungsauslöser, Nullspannungsauslösung, Ruhestromauslöser
no-voltage circuit breaker Nullspannungsausschalter
no-voltage relay Nullspannungsrelais
no-voltage release Nullspannungsauslöser, Nullspannungsauslösung, Ruhestromauslöser
Novoview system Novoview-Anlage
no-wind position Koppelort (ohne Windberücksichtigung), Windstillepunkt
nozzle Gasdüse, Helmrohr, Helmschnabel, Tülle, Mundstück an der Spitzgußmaschine, Austrittsdüse, Schubdüse, Turbinenleitkranz, Gasaustrittsöffnung (bei Leichtgeschützen), Sprühdose (Feuerlöscher)
nozzle actuation system Düsenverstellung
nozzle actuator Schubdüsenstellglied, Schubdüsenstellzylinder, Schubdüsenstellgetriebe (Twk), Schubdüsenstellmotor
nozzle actuator ram Schubdüsenstellzylinder
nozzle adapter Angußbuchsenhalter, Düsenpaßstück
nozzle adjustment Düsenregulierung
nozzle amplifier Schubdüsensignalverstärker
nozzle area Düsenquerschnitt, Schubdüsenquerschnitt, Sekundärdüsenfläche
nozzle area control Schubdüsenregelung, Schubdüsenregler
nozzle area indicator Schubdüsenflächenanzeiger
nozzle-area ration Düsenquerschnittsverhältnis, Oberflächenverhältnis der Düse
nozzle area synchro sensor Schubdüsenstellungsgeber
nozzle box Düsenbehälter, Turbineneintrittsgehäuse
nozzle box inlet Düsengehäuseeintritt
nozzle box line assembly Überleitungseinsatz für Turbineneintrittsgehäuse
nozzle box spider Trägergehäuse (Twk)
nozzle configuration Düsengestaltung
nozzle control switch Schubdüsenschließschalter
nozzle control valve Schubdüsensteuerventil
nozzle exit area Düsenaustrittsfläche
nozzle exit diameter Schubdüsenaustrittsdurchmesser
nozzle exit section Mündungsquerschnitt der Düse
nozzle feedback linkage Schubdüsenrückführgestänge, Schubdüsenrückmeldegestänge
nozzle flap Schubdüseninnenklappe
nozzle guide vane Leitschaufel

nozzle guide vane blade Eintrittsdüsenleitschaufel
nozzle guide vane insulation Leitschaufelioslierung
nozzle guide vane leading-edge Mitteldruckdüsenkranz
nozzle holders Düsenhalter
nozzle inlet Düseneinlaß
nozzle insert Düseneinsatz
nozzle lock Schubdüsenverriegelung
nozzle loss Schubdüsenverlust
nozzle outer collar äusserer Düsenring
nozzle position feedback sensor Schubdüsenstellungsgeber
nozzle position indicator Schubdüsenstellungsanzeiger
nozzle position switch Schubdüsenschalter
nozzle position transducer Schubdüsenstellungsgeber
nozzle processing Verdüsungsverfahren (Moltoprenverfahren)(pla)
nozzle pull back Düsenrückzug
nozzle pump Schubdüsenverstellpumpe
nozzle register Angußbuchse
nozzle shape Düsenform
nozzle, silencing lärmdämpfende Mischerdüse
nozzle solenoid valve Schubdüsenmagnetventil
nozzle tester Schubdüsenprüfgerät, Düsenprüfer
nozzle throat Düsenhals
nozzle throat area Düsenhalsquerschnitt
nozzle, variable area flächenvariable Düse, flächenverstellbare Düse
nozzle was later redesigned umkonstruierte Düse (Düsenflugzeugkonfiguration)(av)
NPA Non-Precision Approach
NPRM Notice of Proposed Rule-Marking
NRZC non-return-to-zero change recording
NS (nimbostratus) NS (Nimbostratus)
N-strut N-Stiel (Flugzeug)
nucelar atomgetrieben, kerntechnisch, nuklear
nuclear accident Atomsprengkörperunfall
nuclear accidents and incidents besondere Vor kommnisse, mit Stomsprengköpern
nuclear alignment Kernausrichtung
nuclear armed mit Atomsprengkopf (milit)
nuclear ash ausbegrannter Brennstoff
nuclear atom Atomkernohne Elektronen, elektronenberaubtes od. nacktes Atom, hochionisiertes Atom
nuclear attraction Kernanziehung, Anziehungskraft innerhalb des Kerns
nuclear barrier Potentialwall des Atomskerns
nuclear binding energy Bindungsenergie des Atomkerns
nuclear bombardement Kernbeschießung, Kernbeschuß
nuclear bredding Spaltstoffzüchtung
nuclear building-up reaction Aufbauprozeß
nuclear carrier atomgetriebenes Trägerschiff
nuclear cascade Kaskadenkernreaktion
nuclear catastrophe Kernexplosion
nuclear central force zentrale Kernkraft
nuclear chain reaction nukleare Kernreaktion
nuclear chain reactor Kernreaktor
nuclear characteristic Kerneigenschaft
nuclear charge Kernladung
nuclear charge distribution Ladungsverteilung im Atomkern
nuclear-charge number Atomzahl, Atomziffer, Kernladungszahl, Ordnungszahl
nuclear chemistry Kernchemie
nuclear chuttle atomare Stufe (Rakete)
nuclear component Kernbestandteil
nuclear concentration Kerngehalt
nuclear condensation Kondensation um einen Kern
nuclear constant Kernkonstante
nuclear constitution Kernaufbau
nuclear content Kerngehalt
nuclear conversion ratio Konversionsverhältnis
nuclear cooling fluid rocket Flüssigkeitsatomrakete
nuclear counter Kernzähler
nuclear cross section Kernquerschnitt
nuclear damage nuklearer Schaden
nuclear decay Kernumwandlung, Kernzerfall
nuclear decay scheme Kernumwandlungsschema, Kernzerfallsschema
nuclear delivery system Atomwaffen-Einsatzsystem
nuclear density Dichte des Atomkerns, Kerndichte
nuclear depth bomb Nuklearwasserbombe
nuclear detection satellite (NDS) Atomüberwachungssatellit
nuclear diameter Kerndurchmesser (phys)
nuclear dimension Kernabmessung
nuclear disintegration Kernumwandlung, Kernzerfall
nuclear disintegration energy Q-Wert, Zerfallsenergie des Atomkerns
nuclear disintegration of uranium Urankernzerfall
nuclear disintegration process Kernumänderungsprozeß, Kernumwandlungsverfahren
nuclear distortion Kernverformung
nuclear division Kernteilung
nuclear-drive durch Kernenergie antreiben, atomstoffbetrieben
nuclear electric stage nuklear-elektrische Antriebsstufe (sp)
nuclear electricity Kernelektrizität
nuclear electron Kernelektron
nuclear emission Kernemission
nuclear emulsion (technique) Kernemulsion (-stechnik)
nuclear energy Atomenergie, Kernenergie, Kernniveau
nuclear energy level Kernniveau
nuclear energy level diagram Kernenergieniveaudiagramm
nuclear energy level spacing Abstand des Kernniveaus
nuclear energy level width Kernniveauausbreite, Kernniveaubreite
nuclear energy plant Kernkraftwerk
nuclear energy production Kernenergieherstellung, Kernenergieproduktion
nuclear engine Kerntriebwerk
nuclear engineer Kerningenieur, Kerntechniker
nuclear engineering Nukleartechnik, Kerntechnik
nuclear evaporation Kernverdampfung
nuclear excitation Kernanregung
nuclear explosion Kernexplosion, Kernzertrümmerung
nuclear field Kernfeld

nuclear fission Kernspaltung
nuclear fission bomb Atombombe, Kernspaltungsbombe
nuclear fission rocket Kernenergierakete
nuclear fluid Kernflüssigkeit
nuclear force Kernkraft
nuclear formula Kernregel
nuclear fragment Kernbruchstück, Kernsplitter
nuclear fuel Kernbrennstoff, Spaltmaterial, Spaltstoff
nuclear fuel rocket Atomrakete, Kernrakete
nuclear fuel, vaporized verdampfter Kernbrennstoff
nuclear furnace Kernreaktor, Atomreaktor
nuclear fusion Kernfusion, Kernverschmelzung
nuclear fusion bomb Kernfusionsbombe
nuclear fusion propellant system Fusionsantrieb
nuclear fusion reaction Kernfusionsreaktion
nuclear fusion reaction cross-section Querschnitt der Kernfusionsreaktion
nuclear gamma-rays Gammastrahlen
nuclear geometrical cross-section geometrischer Kernquerschnitt
nuclear gyro Nuklearkreisel (av)
nuclear gyromagnetic ratio gyromagnetisches Verhältnis des Atomkerns
nuclear induction (method) Kerninduktion (-smethode)
nuclear instrument kerntechnisches Meßgerät
nuclear interaction Kernwechselwirkung
nuclear isobar Isobare
nuclear isobar interaction Kernisobarenwechselwirkung
nuclear isomerism Kernisomerie
nuclear isometer Kernisomer
nuclear lens Kernlinse (Optik)
nuclear level Kernniveau
nuclear level density Kernniveaudichte
nuclear light bulb engine Glühlampenreaktor (Raumfahrt)
nuclear magnet moment Kernmagnetmoment
nuclear magnetic logging (NML)(oil) kernmagnetisches Logging od. Bohrlochmessen
nuclear magnetic moment magnetisches Moment des Atomreaktors
nuclear magnetic resonance (NMR) kernmagnetische Resonanz, Kerninduktion, Kernspinresonanz, magnetische Kernresonanz
nuclear magnetic resonance spectroscopy Kernresonanzspektroskopie, NMR-Spektroskopie, Hochfrequenzspektroskopie
nuclear magnetometer Nuklearmagnetometer
nuclear magneton Bohr'sches Magneton, Kernmagneton
nuclear magnetron Kernmagnetron
nuclear mass Kernmasse
nuclear material Kernmaterial, Brennstoffmaterial
nuclear matrix element Kernmatrixelement
nuclear matter Kernmaterie
nuclear mechanical moment Kernspin
nuclear medicine Kernmedizin, Nuklearmedizin
nuclear membrane Kernmembran
nuclear microfilm Kernspurmikrofilm
nuclear model Kernmodell
nuclear molecule Kernmolekül
nuclear moment Kernmoment
nuclear motion Kernbewegung
nuclear motor Festkernantrieb
nuclear number Kernzahl
nuclear orientation Kernausrichtung, Kernorientierung
nuclear-paramagnetic resonance kernparamagnetische Resonanz
nuclear particle Kernteilchen, Nukleon
nuclear-particle recording Kernspurenregistrierung
nuclear-penetration function Kerndurchdringung
nuclear photo disintegration Kernphotoeffekt
nuclear photoeffect Kernphotozerfall, -effekt
nuclear photoelectric effect Kernphotoeffekt
nuclear photographic emulsion Kernemulsion
nuclear physicist Kernforscher, Kernphysiker
nuclear physics Kernphysik
nuclear physics technique kernphysikalische Entwicklung (scanning facility)
nuclear planning group nuklear Planungsgruppe (des Nordatlantikpakts)
nuclear plate Kernphotozelle
nuclear poison Neutronengift, Reaktorgift
nuclear polarization Kernpolarisation, Kernvormagnetisierung
nuclear polymerism Kernpolymerie
nuclear potential Kernpotential
nuclear potential energy potentielle Energie des Atomkerns
nuclear power Atomkraft, Kernkraft
nuclear power plant Kernkraftwerk
nuclear power program Kernenergieprogramm
nuclear power reactor Leistungsreaktor
nuclear power station Kernenergieanlage, Kernkraftwerk
nuclear-powered atomgetrieben, mit kerngetriebenem Triebwerk
nuclear-powered generator kernenergetischer Stromerzeuger
nuclear-powered plane atom- od. kerngetriebenes Flugzeug
nuclear-powered rocket Atomrakete, Kernrakete
nuclear-powered ship Kernenergieschiff, Reaktorschiff
nuclear-powered submarine Atom-U-Boot, Atom-Unterseeboot
nuclear-powered system for weather satellite nukleare Energiequelle für Wettersatellit
nuclear program Atomenergieprogramm
nuclear projectile nukleares Geschoß
nuclear-propelled aircraft Atomflugzeug, Kernflugzeug
nuclear property Kerneigenschaft
nuclear propulsion Kernantrieb, nuklearer Antrieb
nuclear quadrupole resonance thermometry Temperaturmessung mittels der Kernquadrupolresonanzfrequenz
nuclear quadrupole spectrum Kernquadrupolspektrum
nuclear radiation Kernstrahlung, radioaktive Strahlung
nuclear radius Kernradius
nuclear reaction Kernreaktion, Kernprozeß
nuclear reaction energy Kernreaktionsenergie
nuclear reactor Atombrenner, Kernreaktor

nuclear reactor art Reaktortechnik
nuclear reactor research program Reaktorforschungsprogramm
nuclear reactor safety Reaktorsicherheit
nuclear reactor theory Reaktortheorie
nuclear re-arrangement Kernumgruppierung
nuclear recoil Kernrückstoß
nuclear repulsion internukleare Abstoßung
nuclear research Kernforschung, Atomforschung
nuclear research emulsion Kernemulsion
nuclear research plant Kernforschungsanlage
nuclear resonance energy Kernresonanzenergie
nuclear resonance fluorescence (NRF) Kernresonanzfluoreszenz
nuclear resonance gyro Kern(resonanz)-kreisel
nuclear rocket Atomrakete, Kern(energie)-rakete
nuclear rocket motor nuklearer Raketenantrieb
nuclear rocket propulsion Atomraketenantrieb, Kernraketenantrieb
nuclear saturation Kerndurchtränkung, Kernsättigung
nuclear scattering Kernauflösung, Kernstreuung
nuclear scattering amplitude Kernstreuamplitude
nuclear science Kernwissenschaft, Atomwissenschaft
nuclear selection rule Kernauswahlregel
nuclear shape Atomkernform, Kernbildung
nuclear shell Kernschale, Atomschale
nuclear shell model Schalenmodell des Atomkerns
nuclear shell structure Schalenaufbau des Atomkerns
nuclear ship (NS) Atomschiff
nuclear shuttle nuklearer (Raum)pendler
nuclear size Atomgröße, Kerngröße
nuclear space propulsion Kernenergieraketenantrieb
nuclear species Kernart
nuclear spectrometry Kernspektrometrie
nuclear spectroscopy Kernspektroskopie
nuclear spin Kerndrehimpuls, Kernspin
nuclear spin quantum number Spinquantenzahl des Atomkerns
nuclear stability (curve) Kernstabilität (-skurve)
nuclear stability rule Kernstabilitätsregel
nuclear star Stern in der Lenkeremulsion, Zertrümmerungsstern
nuclear state Kernzustand
nuclear station Atomkraftwerk, Kernkraftwerk
nuclear statistics Kernstatistik
nuclear steam supply system (NSSS) nukleare Dampferzeugungsanlage
nuclear structure Kernaufbau, Kernstruktur, innere Struktur des Atomkerns
nuclear submarine Atomunterseeboot
nuclear superheat nukleare Überhitzung
nuclear surface tension Kernoberflächenspannung
nuclear synthesis Kernsynthese
nuclear technology Nukleartechnik, Kerntechnik, Kerntechnologie
nuclear temperature Kerntemperatur
nuclear test Atomwaffenversuch
nuclear theory Kerntheorie
nuclear time Kernzeit
nuclear trace emulsion Kernspuremulsion
nuclear track photography Korpuskularphotographie
nuclear transformation Kernumwandlung, Kernzerfall
nuclear transmutation Atomzertrümmerung, Kernumwandlung
nuclear vibration Kernschwingung
nuclear vulnerability assessment Feststellung der Verwundbarkeit durch Atomangriff
nuclear warfare Atomkriegführung
nuclear warhead Atomsprengkopf, Nukleargefechtskopf, Nuklearsprengkopf
nuclear waste managment atomare Entsorgung (Kernwaffenvernichtung)
nuclear weapons Atomwaffen, Kernwaffen, nukleare Waffen
nuclear weapons delivery system Atomsprengkörpereinsatzsystem
nuclear weapons, strategic Flugkörper mit Nukleargefechtskopf
nuclear yield nukleare Ausbeute, atomarer Detonationswert (KT-Wert)
nuclear zone Atomwaffenzone
nucleate boiling Blasensieden (Verdampfung) (phys)
nucleated kernreich
nucleation Bildung von Ummagnetisierungskeimen, Keimbildung für Kristallisation, Kristallisationskernbildung, Verdampfungskeimstelle (phys), Kernbildung
nucleation factor Nukleierungsfaktor (pla)
nucleic acid Nukleinsäure
nucleogenesis Nukleogenese (Entstehung der Atomkerne aus Uranplasma)
nucleolus Kernkörper, Nukleolus
nucleon Kernteilchen, Nukleon
nucleon-nucleon collision Nukleon-Nukleon-Stoß
nucleon-nucleon scattering Nukleon-Nukleon-Streuung, Streuung von Nukleonen an Nukleonen
nucleon number Massenzahl
nucleon-pion cascade Nukleon-Meson-Kaskade
nucleon-pion scattering Nukleon-Meson-Streuung, Streuung von Nukleonen an Mesonen
nucleonic component Nukleonenkomponente
nucleonic instrument Strahlungsmeßgerät
nucleonics Atomtechnik, Nukleonik, Kerntechnik
nucleonium Protonium
nucleoprotein Nukleoproteid (chem)
nucleor kerinneres
nucleus Atomkern, Kernschatten, Kernkörper
nucleus (crystal) germ Keimling
nucleus denudation Keimbloßlegung
nucleus formation Keimbildung
nucleus isolation Keimisolierung
nucleus isomerism Kernisomerie
nucleus of condensation Kondensationskern
nucleus of crystallization Kistallisationskern, Kristallkern, Kristallisationszentrum
nuclidic mass Atommasse

nugget natürlicher Klumpen von gediegenem Metall
nuisance Lästigkeit, Plage, Überstand, Ärgernis, Umweltbelästigung, Unannehmlichkeit
nuisance alarm falscher Alarm, Fehlalarm
nuisance attack Störangriff
nuisance dust gesundheitschädigender Staub
nuisance factor Schadensfaktor
nuisance index Störungsindex
nuisance item Störvorrichtung
nuisance operation Störeinsatz
nuisance or pirate raid Zerstörungsangriff
nuisance parameter lästiges Parameter
nuisance raid Störangriff, Stör(ungs)flug
nuisance raider Störflugzeug
nuisance warning during instrument condition Störungswarnung unter Instrumentenflugbedingung
NUL (null character)
null fehlend, nicht vorhanden, nichtig, ungünstig, Null
null and void null und nichtig
null balance Nullabgleich
null-balance amplifier Nullabgleichverstärker
null-balance potentiometer Kompensator
null character Nullzeichen (NUL)
null check Nullanzeigeprüfung (Meßinstrument)
null circle Nullkreis
null depth Nullstellentiefe
null drift Abweichung von Null (in einer Meßbrücke), Nullpunktabweichung, Drift, Nullpunktfehler, Nullpunktverschiebung
null fill-in Auffüllung der Nullstellen, Nullstellenauffüllung
null function Nullfunktion
null gear Nullrad
null hypothesis Nullhypothese
null indicator Abgleichindikator, Nullanzeigegerät, Nullinstrument (bei Meßbrücke)
null information fehlende Information
null matrix Nullmatrix
null method Null(abgleich)methode, Null-(abgleich)verfahren (Meßtechnik)
null or zero balance Nullabgleich
null parameter fehlendes Parameter
null-phase modulation Nullphasenmodulation
null position Nullage
null reading position Meßgerät-Nullstellung
null sequence Nullfolge
null signal Nullzacke, Leersignal
null statement Leeranweisung, Pseudoanweisung, Scheinanweisung
null string Nullkette (EDV)
null transmission Nullgetriebe
null vector Nullvektor
null voltage Nullspannung, Restspannung
null voltmeter Nullspannungsmesser
nullify ungültig od. nichtig machen
nulling Nullabgleich
nulling platform gimbal servo Kardanrahmenstellmotor zur Nullsteuerung
nulling potentiometer, AC Wechselstromnachsteuerpotentiometer
nullod Nullode, Sperröhre
number, abstract reine od. unbenannte Zahl
number affected by a signle overflow einfach überlaufbehaftete Zahl
number attribute Anzahlattribut
number axis Zahlenlinie
number, binary-coded system binär codiertes Zahlensystem
number, biquinary biquinäre Zahl
number checking arrangement Fangeinrichtung
number class Zahlenklasse
number, composite zusammengesetzte Zahl
number consecutively, to fortlaufend nummerieren
number couple Zahlenpaar
number detection device Nummernsucher, Nummernsucheinrichtung (lo)
number detector Nummernsucher, Nummernsucheinrichtung
number distribution Nummernverteilung
number distributor Nummernverteiler
number field Zahlenkörper, Nummernkörper
number, fixed point Festkommazahl, Festpunktzahl
number format Zahlenformat (ALGOL)
number generator Handeingabegerät (Tastaturgerät)
number, hexadecimal Hexadezimalzahl, Sedezimalzahl
number, hexadecimal...system Sedezimalsystem
number identification Identifizierung der Rufnummer
number indicating system Nummerngeber
number, intermediate control Hauptgruppenbegriff
number language Ziffernsprache
number marker Seriennummernschild
number module Zahlenmodul
number nail Bezeichnungsnagel
number notation Schreibweise, Zahlendarstellung
number of accidents which heave occured Zahl der aufgetretenen Unfälle
number of alternation Wechselzahl, Lastspielzahl
number of ampere turns Amperewindungszahl
number of atom Atomzahl, Atomziffer
number of blows per minute Schlagzahl (Bohrhammer)
number of butt joints Stoßzahl (Schweißen)
number of center Kernzahl
number of collision Stoßzahl (phys)
number of conductor Leiterzahl
number of cycle Frequenz, Periodenzahl, Lastspielzahl, Schwingungszahl, Wechselzahl, Lastwechselzahl
number of cycle of failure Lastwechselzahl
number of cycles to failure Bruchlastwechselzahl, Bruchlastspielzahl
number of defectives Zahl der fehlerhaften Stücke (Qualitätskontrolle)
number of diffusion (N.D.U) Diffusionszahl
number of digits Stellenzahl
number of double flexes Doppelknickzahl
number of dry cycles Trockenlaufzahl (Spritzgießmaschine)
number of dry cycles Trockenlaufzahl (Spritzgießmaschine)
number of dust nuclei Stäubchenzahl
number of electrons Elektronenzahl
number of electrons in a shell Besetzungszahl
number of electrostatic lines of forces

Kraftlinienzahl des elektrostatischen Feldes
number of errors Fehleranzahl
number of faces Flächenzahl
number of goods Warennummer
number of hours flown Flugstundenaufkommen (Prototype)
number of image elements Bildpunktzahl
number of impacts Stoßzahl, Trefferzahl
number of lines Linienzahl, Zeilenzahl
number of measures teeth (gears) Meßzähnezahl
number of meshes per unit area Maschendrahtzahl
number of nuclei Kernzahl
number of observed values Zahl der Bobachtungswerte (Qualitätskontrolle)
number of operation Zahl der Schaltspiele
number of oscillation Schwingungsfrequenz, Schwingungszahl
number of passenger Anzahl der Fluggäste
number of passengers carried Zahl der beförderten Fluggäste
number of phases Phasenzahl
number of picture elements Rasterzahl
number of planes Tragdeckzahl
number of point Punktzahl
number of pole Polzahl
number of radio listeners Rundfunkdichte
number of repetition Lastspielzahl
number of reversal Umschaltzahl, Lastspielzahl
number of revolution Drehzahl, Randintegral, Tourenzahl, Umlaufzahl, Umdrehungszahl
number of rings Ringzahl
number of rounds Schußzahl
number of scanning line Zeilen-Raster-Frequenzverhältnis (TV)
number of seats Sitzzahl
number of slots Nutenzahl
number of starts Gängigkeit
number of starts of a hob or a worm Gangzahl eines Walzfräsers od. einer Schnecke
number of steps Stufenzahl
number of stress repetition Lastspielzahl
number of successive images Bildwechselzahl
number of switching actuation Schalthäufigkeit
number of the frog Herzwinkel, Herzstückneigung der Weiche
number of teeth Zahn(an)zahl
number pf thread per inch Gewindegangzahl pro Zoll
number of transfer units Rückflußverhältnis (Atomphysik), theoretische Austauschzahl
number of threads starts Gangzahl (Gewinde)
number of turns Anzahl der Windungen, Windungsanzahl (Seiltrommel)
number of units waiting Zahl wartender Elemente
number of variants Variantenzahl
number of vibration Schlagzahl
number off abzählen
number one position ("NO.1" position) Führer (einer fliegenden Kampfeinheit), Rottenführer, Schwarmführer
number plate Kennzeichen-, Nummernschild
number-plate (license) Nummernplatte
number plate dialling Wahl mit Nummernschalterimpuls
number plate lamps Kennzeichenleuchten, Nummernschildleuchten
number, polyvalent vieldeutige Zahl
number protection code Ziffernsicherungscode
number, rational rationale Zahl
number, read-around Ablesezahl
number, real reelle Zahl
number-received signal Nummernquittung
number recorder Nummerndrucker
number, reel Spulennummer
number register Zahlenregister, Nummernregister
number representation numerische Darstellung, Zahlendarstellung, Schreibweise
number representation system Zahlensystem
number sequence Zahlenfolge, Zahlenreihe
number, serial fortlaufende Numerierung
number serially, to durchnummern, durchnumerieren
number series Zahlenreihe
number set Zahlenmenge
number, sexadecimal Sedezimalzahl, Hexadezimalzahl
number sign (computer) Nummernzeichen
number sized of taps in Nummern gestufte Gewindebohrer
number space Zahlenraum
number sphere Zahlenkugel
number system Nummernsystem, Zahlensystem
number tab (tape relay) Registriernummer (Lochstreifenverfahren)
number tape Zahlenlochstreifen
number theory Zahlentheorie
number three position ("NO.3" position) stellvertretender Schwarmführer
number transfer bus Speicherleitung, Registrierung zur Übertragung von Zahlen
number triple Zahlentripel
number two position ("NO.2" position) Kaczmarek, Rottenflieger (des Schwarmfliegers)
number two to land Landenummer zwei
number type bar Zifferntypenhebel, Zifferntypenzahl
number, unsigned vorzeichenlose Zahl
number wheel Ziffernrad
numbered addendum numerierter Nachtrag, numerierter Zusatz
numbered air division Luftwaffendivision
numbered publication numerierte Druckschrift
numbering Numerierung, Nummerngebung, Bezifferung, Benummerung, Nummernbezeichnung, Nummerung
numbering area Numerierungsbereich (Vermittlungstechnik)
numbering line Numerierungszeile
numbering machine Laufnummerngeber
numbering plan Numerierungsplan
numbering scheme Numerierungsschema, Zahlensystem
numbering system Numerierungssystem
numbering transmitter and comparator Laufnummernsender u. -Vergleicher
numeral numerisches Zeichen, Zahlzeichen, Ziffern, Zahlensymbol, Ziffernsymbol
numeral, binary Binärzahl, Dualzahl
numeral, decimal Dezimalzahl

numeral flag Signalflagge für Zahlen, Zahlenflagge
numeral group Zahlengruppe (Flaggensignal)
numeral keying device Zifferntaster (Koordinatenregistrieranlage)
numeral system Zahlensystem
numeration Zahlendarstellung
numerator Zähler (Bruch), Zählwerk
numeric analysis numerische Analyse
numeric character numerisches Zeichen, Ziffer, Zahlensymbol, Ziffernsymbol
numeric character set numerischer Zeichenvorrat
numeric code numerischer Code (dv), Zahlencode, Ziffercode
numeric coding numerische Codierung, numerische Verschlüsselung
numeric, concrete benannte Zahl
numeric control numerische Steuerung
numeric conversion numerische Wandlung
numeric data numerische Daten
numeric data code numerischer (Daten)-Code (EDV)
numeric editing numerische Aufbereitung
numeric, handwritten numerische Handschrift
numeric, in ascending...sequence in aufsteigend numerischer Folge
numeric information numerische Information
numeric item numerisches Datenwort (COBOL)
numeric keyboard numerische Tastatur (Kartenlocher)
numeric literal numerisches Literal (COBOL)
numeric move numerisches Bringen (COBOL), numerische Übertragung
numeric number Ziffer
numeric-picture specification Ziffern-Maskenspezifikation
numeric punch numerische Lochung, Zahlenlochung, Ziffernlochung
numeric reader Zahlenleser (EDV)
numeric representation numerische Darstellung
numeric shift Buchstabenbereich
numeric test Prüfung auf numerisch (COBOL)
numeric word numerisches Wort
numerical numerisch, zahlenmäßig, Zahlen...
numerical ability Zahlenbegabung (bei Tests)
numerical accounting machine numerische Tabelliermaschine
numerical analysis numerische Analyse, Ziffernwertung, numerische Mathematik
numerical aperture numerische Apertur (bezogen auf Mikroskop)
numerical calculation zahlenmäßige Berechnung, Zahlenrechnung
numerical code numerischer Code (dv), Zahlencode, Zifferncode
numerical coding numerische Codierung
numerical collator numerischer Kartenmischer
numerical computation Zahlenrechnung
numerical computer numerischer Rechner
numerical control numerische Steuerung
numerical-control drafting machine numerisch gesteuerte Zeichenmaschine
numerical control machine numerisch gesteuerte Werkzeugmaschine
numerical control system dezentrales digitales System (Bordcomputer)(av)
numerical control system for laser cutter Digitalsteueranlage für Laserschneidemaschine
numerical counter numerischer Zähler
numerical data Zahlenwerte
numerical density of ions and neutral particles Partialdichten von Ionen- u. Neutralteilchen
numerical density of ions and neutrons particles Partialdichten von Ionen- u. Neutronenteilchen
numerical duplicating punch Motorwiederholungslocher
numerical element numerischer Begriff
numerical entry Zahlen/Zifferneingabe
numerical equation Zahlengleichung
numerical example Zahlenbeispiel
numerical gain zahlenmäßige Verstärkung
numerical impulse Ziffernimpuls
numerical index of the vector group Schaltgruppenziffer
numerical machining Bearbeitung mit numerischer Steuerung (Lochkartensteuerung)
numerical method of integration numerische Integrationsmethode
numerical order Zahlenauftrag, Zahlenfolge
numerical positioning control numerische Einstellsteuerung
numerical print control Steuerung für numerisches Drucken
numerical print feature numerisches Drucken
numerical proportion Zahlenverhältnis, Ziffernverhältnis
numerical punch numerische Lochung, Zahlenlochung, Ziffernlochung
numerical punching Ziffernlochung, numerische Lochung, Zahlenlochung
numerical quantity numerische Größe
numerical ratio Zahlenverhältnis
numerical relations zahlenmäßige Zusammenhänge
numerical section Ziffernteil (Datenwort, Lochkarte)
numerical selector Nummernwähler
numerical series Zahlenreihe
numerical signal digitales Signal
numerical sorting numerisches Sortieren, Sortieren nach Nummern
numerical strip Nummernstreifen
numercial table Zahlentafel
numerical, tapes...control lochstreifenlose numerische Steuerung
numerical transform calculus numerische Transformationsrechnung
numerical value of air pressure Luftdruckwert
numerical value of altitude Höhenwert
numerical verifier Kartenprüfer, Prüfsymbol, funktionelles Symbol
numerically coded instruction numerisch verschlüsselter Befehl
numerically controlled programmgesteuert, numerisch gesteuert
numerically controlled inspection machine Koordinatenmeßmaschine
numerically controlled machine tool numerisch gesteuerte Werkzeugmaschine
numerically programmed machine tool numerisch gesteuerte Werkzeugmaschine
numering strip Nummernstreifen

numerous vielfach, zahlreich
numerous radar targets zahlreiche Radarziele
nummulite limestone Nummulitenkalk
nummulitic limestone Nummulitenkalk
nut Überwurfmutter (Ermeto-Rohrverbindung)
nut assembly Mutternstück
nut channel Mutternleiste
nut coke Kleinkoks, Knabberkoks
nut lock Muttersicherung
nut of removing chuck or arbor from the spindle Abdruckmutter (einer Aufsteckhalterung für Senker, Fräser, Drehdorn usw)
nut plier Mutternzange
nut-runner elektromotorisch betriebenes Mutternaufschraubgerät, Kraftschrauber
nut splice (conductor splice) Verbinder mit Mutter
nut, splined Mutter mit Kerbverzahnung
nut steel or stock Muttereisen
nut strip Mutterstrreifen (s.a. assembly nut)
nut tapping attachment Muttergewindebohreinrichtung
nut with bevelled shoulder Kegelansatzmutter
nut with neck or shoulder Halsmutter
nutatiang antenna nutierende Antenne
nutating dipole exzentrisch rotierender Dipol, Nickdipol
nutating horn kreisender od. nutierender Hornstrahler
nutation cross traverse (guidance radar) Nutationskantwinkel (FK-Feuerleitradar)
nutation damping Nutationsdämpfung (Satellit)
nutation frequency Nutationsfrequenz
nutation phasing reference Nutationsphasenbezugswert (FK-Feuerleitung)
nutator reference generator Nutator-Bezugsspannungsgenerator
nutcracker Federbeinschere
nuts and booms (navy) Balkensperre
NW (north-west) NW (Nordwest)
NWS North Warning System
nylok-insert Nylok-Einsatz (Wiggins-Schnelltrennkupplung)
nylon fabric (restraint layer for inner fabric) Gewebe aus Nylon (hält Innenlagen zusammen)
nylon honeycomb Nylonwabenkern
nylon towing cord Nylonschleppkabel
nylon withdrawall line Steuerschirmverbindungsleine (MB-Sitz)
nyquist plot Nyquistdiagramm (spezielle Ortskurve)
nyquist's theorem Nyquist'scher Lehrsatz
nystagmus Nystagmus
nystagmus rhythm Nystagmusrhythmus

O

O-ring O-Ring, Runddichtring, Rundschnurring
O-ring gasket O-Ring, Runddichtring
oar Riemen, Ruder
oar propelled craft Ruderfahrzeug
OAT outside air temperature
object air lock Objektschleuse
object code Maschinencode, Rechnercode
object computer Programmablaufrechner, Programmablaufanlage
object deck Objektprogrammkartensatz
object distance Ding-, Gegenstands-, Startweite
object drawing Zeichnen nach Vorlage
object, EDS...program Maschinenprogramm
object finder Objektsucher
object-glass carrier Objektivträger
object-glass collar Objektivring
object glass or lens aperture Objektivöffnung
object-language Objektivsprache, Zielsprache
object language program Maschinencodeprogramm, übersetztes Programm, Sekundärprogramm, Objektprogramm, ladefähiges Programm
object library Maschinenprogrammbibliothek, Objektbibliothek
object listing Protokoll des überzeugten Programms
object machine Programmablaufanlage, Programmablaufrechner
object marker Objektmarkierapparat (Radar)
object module Ausgabe eines Übersetzers, Objektmodul
object module file Moduldatei
object module library Bibliothek der übersetzten Programme, Modulbibliothek
object module library update Ändern einer Modulbibliothek
object of invention Anmeldungsgegenstand, Erfindungsgegenstand (Patent)
object program Maschinen(code)programm, Objektprogramm, übersetztes od. ladefähiges Programm
object program deck Objektprogrammkartensatz
object program listing Protokoll des übersetzten Programms
object programming Maschinenprogrammierung
object-related documentation objektbezogene Unterlagen
object revision level Objektstand
object revision level label Objektschild
object routine Objekprogramm, Machinen(code)programm, übersetztes od. ladefähiges Programm
object run Ablauf des Maschinenprogramms
object submitted for test Prüfstück (Werkstoffprüfung)**object stage or stand** Objekttisch
object-support lamina or slide Objektivträgerplättchen
object time Zeit, während der ein Programm abläuft, Programmablaufzeit
object time, at während des Programmablaufs (COBOL

objected to be blasted or demolished Sprenggegenstand
objectivated instruction objektiver Unterricht
objectivation Objektivierung (päd)
objectivation of teaching Lehrobjektivierung
objective Lernziel (päd), Angriffsziel, Kampfziel, Gefechtsziel
objective function Zielfunktion
objective function equation Zielfunktionsgleichung
objective of combat Gefechtszweck
objective of great light-transmitting capacity or power lichtstarkes Objektiv
objective or lens mount or barrel Objektivfassung
objective plane or target area Zielfläche
objective planning Planung der Betriebsziele
objective, to gegenständlich, objektiv, sachlich, unvoreingenommen, angestrebtes Ziel
objective variable Hilfsregelgröße
objectiveness Objektivation (päd)
objectiveness of teaching Lehrobjektivation
object's own shadow Eigenschatten
oblate ellipsoid of revolution abgeplattetes Rotationsellipsoid
oblatenes Abflachung der Kugel
obligation account zweckgebundenes Konto
obligation to apper before board Gestellungsbefehl, Einberufungsorder
obligation to pay Zahlungspflicht
obligatory obligatorisch, verbindlich
oblique flach auftreffend, quer, schief, schräg
oblique aerial photography Schrägaufnahme
oblique air photography Geneigtluftbild
oblique angled schiefwink(e)lig (geom)
oblique anode Schräganode, Schrägpol
oblique ball bearing Schrägkugellager
oblique conical conformal (or orthomorphic) projection schiefachsige winkeltreue Kegelprojektion
oblique conical conformal projection zwischenständige winkeltreue Kegelprojektion
oblique cylindrical conformal (or orthomorphic) projection schiefachsige winkeltreue Zylinderprojektion
oblique cylindrical conformal projection zwischenständige winkeltreue Zylinderprojektion
oblique extruder head Schrägspritzkopf
oblique fault Diagonalverwerfung, schräg zum Schichtstreifen verlaufende Störung (geol)
oblique flow Schrägströmung (aerodyn)
oblique frame Schrägrahmen
oblique head Schrägspritzkopf (extr)
oblique incidence transmission Radioübertragung mit schrägem Welleneinfall
oblique mercator projection zwischenständige Merkatorprojektion
oblique or flanking fire enfilade Schrägfeuer
oblique or slant wind Schrägwind
oblique parallelogram schiefwink(e)liges Parallelogramm
oblique photograph Schrägaufnahme
oblique projection Schrägprojektion
oblique rake schräger Spanwinkel, Schrägwinkel
oblique ridge schrägverlaufender Körpergrat
oblique shock schräger Stoß
oblique shock wave schräger Verdichtungsstoß
oblique strike recochet Querschläger
oblique test Schrägprüfung
oblique visibility Schrägsicht
obliquity Neigung(sgrad), Schiefe, Schräge
obliquity or gear-tooth profile Eingriffswinkel des Zahnflansches
obliterate ausstreichen, auswischen, ausradieren, Briefmarken entwerten, vernichten
obliterating pole piece Auslöschmagnet, Löschermagnet
oblong hole Langloch
OBOE system OBOE-System
OBSC (obscure(d) or obscuring) OBSC (undeutlich, unbekannt)
obscure dunkel, finster, unbekannt, unklar, unverständlich (Spruch)
obscure, to bedecken (völlig)
obscured verschleiert, unklar, undeutlich (Spruch)
obscuring smoke (in front of enemy) Feindvernebelung
observation area Beobachtungsraum, Überwachungsbezirk
observation airplane Beobachtungsflugzeug
observation balloon Beobachtungsballon
observation balloon section Ballonbatterie
observation basket or car lookout Spähkorb
observation battalion Artilleriebeobachtungsabteilung, Beobachtungsbataillon
observation blister Beobachtungskuppel
observation cupola Beobachtungskuppel (auf Leuchttürmen, Bohrinseln usw)
observation desk Beobachtungsplatz, Kontrollplatz, Überwachungsplatz
observation flier or pilot Überwachungsflieger
observation helicopter Beobachtungshubschrauber
observation hole Schauloch, Guckloch
observation hut Beobachtungshäuschen (Drehwaage)
observation in series Reihenbeobachtung, Serienbeobachtung
observation message Beobachtungsmeldung
observation mine Beobachtungsmine, Grundmine
observation of cosmic particles and cosmic heavy particles Beobachten von X-Teilchen und schweren Teilchen
observation of cosmic X-rays Beobachten von kosmischen Röntgenstrahlen
observation of distribution of electron energy and aurora particle Beobachten der Verteilung von Elektronenenergie und Aurorapartikeln
observation of electromagnetic waves Beobachtung von elektromagnetischen Wellen
observation of fire Feuerbeobachtung
observation of particle rays Beobachten von Elektronenteilchen
observation of plasma density Beobachtung der Plasmadichte
observation of plasma waves Beobachten von Plasmawellen
observation of solar soft X-rays Beobachten von solaren weichen Röntgenstrahlen
observation of the enemy Feinbeobachtung

observation of the horizon Kimmbeobachtung
observation of the instruments Ablesen od. kontrollieren der Instrumente
observation of worldwide distribution of critical frequencies of ionosphere Beobachten der weltweiten Ausbreitung kritischer Frequenzen in der Ionosphäre
observation panel Beobachtungstafel
observation parallax Beobachtungsparallaxe
observation period Beobachtungszeit (geophys)
observation plane Beobachtungsflugzeug
observation platform Beobachtungsdeck
observation point Beobachtungspunkt, Beobachtungsstelle, Meßpunkt, Meßstelle
observation post Ausguckposten, Beobachtungsposten, Beobachtungsstand, Beobachtungsstelle, Meßstand
observation post in a tree Baumbeobachtungsstand, Späherstand
observation post officer Beobachtungsoffizier
observation procedure Beobachtungsverfahren (Zielverfolgungsradar)
observation regiment Beobachtungsregiment
observation report Überwachungsblatt
observation serive Wetterbeobachtungsdienst, Instrumentendienst, Aufsichtsdienst
observation station Beobachtungsstation, Beobachtungsstelle, Flugwache, Wetterbeobachtungsstation
observation telescope Beobachtungsfernrohr
observation tower Aussichtsturm
observation well Beobachtungsbohrung, Beobachtungsbrunnen, Aufschlußbohrung
observation window Beoachtungsfenster, Luke, Beobachtungskuppel
observation window, bubble gewölbtes Beobachtungsfenster
observational equation Fehlergleichung
observational error Beobachtungsfehler
observational network Beobachtungsnetz, Stationsnetz
observe beobachten, wahrnehmen
observed altitude Beobachtungshöhe
observed bearing rohe Seitenpeilung
observed fire beobachtetes Schießen
observed output tatsächlich gemessene Leistung
observed result Beobachtungsergebnis
observed threshold beobachtete(r) Schwelle (-nwert)
observer Beobachter, Erkunder
observer on land Landbeobachter
observer's car Beobachtungswagen
observer's chronometer Beobachtungsuhr
observer's cockpit Beobachterraum, Beobachtungssitz
observer's compass Beobachterkompaß
observer's school Beobachterausbildung, Beobachterschulung
observer's stand Beobachterstand
observing method Beobachtungsverfahren (Zielverfolgungsradar)
OBST (obstruction) OBST (Hindernis)
obstacle clearance Hindernisfreiheit
obstacle clearance angle Hindernisfrei(heits)-winkel
obstacle clearance area Sicherheitszone
obstacle clearance limit (OCL) Hindernisfreigrenze
obstacle clearance surface (OCS) Hindernisfreifläche
obstacle cobstruction detachment or blocking party Sperrtrupp
obstacle construction service Sperrdienst
obstacle construction squad Hindernistrupp
obstacle construction unit or blocking unit Sperrverband
obstacle course Hindernisstrecke
obstacle demolition squad Hindernissprengtrupp
obstacle field Sperrfeld
obstacle, low sensitivity to reflections from geringe Empfindlichkeit auf Rückstrahlung des Hindernisses
obstacle trench Fallgruppe
obstacled area Hindernisgelände (Kfz-Prüfung)
obstruct, to aufhalten, hemmen, hindern, versperren
obstruction (Luftfahrt-)Hindernis, Verstopfung (Rohr usw), Hemme, Hindernis, Hemmnis
obstruction beacon Warnfunkfeuer (nav)
obstruction block Sperrung, Sperrblock
obstruction buoy Hindernistonne (Seefahrt)
obstruction chart Hinderniskarte
obstruction clearance Hindernisfreiheit
obstruction clearance limit Hindernisfreigrenze
obstruction clearing Hindernisbeseitigung, Schaffung der Hindernisfreiheit
obstruction gauge limit Lichtraumprofil
obstruction light Hindernislaterne, Hindernisfeuer, Warnfeuer (nav)
obstruction lighting Hindernisbefeuerung
obstruction lights Hindernisfeuer (ATC)
obstruction lights resumed operation Hindernisbefeuerung wieder in Betrieb
obstruction in the hole Hindernis im Bohrloch
onstruction marking Hindernismarkierung
obstruction marking surface Hinderniskennzeichnungsfläche, Begrenzungsebene der Hindernismarkierung
obstruction to vision Sichtbehinderung
obstructor Minenfeldschutzmittel (selbständige Waffe)(UW-Mine), Räumschutzmittel der UW-Mine`
obtain bearings sich Peilungen geben lassen
obturation Abdichtung, Liderung, Verstopfung (Rohre, Düse usw), Verschließung
obturator assembly Liderungseinrichtung
obturator inner ring Stützring
obturation pad Liderungsplatte, Liderungskopf
obturator Dichtungsmittel, Liderung, Schließvorrichtung, Verschlußvorrichtung
obturator modulation Ausblendsteuerung
obturator ring gegen Verbrennungsgase abdichtender Kolbenring mit L-förmigem Querschnitt (Feuerring beim Dieselmotor), Liderungsring
obtuse angle stumpfer Winkel (math)
obtuse angled stumpfwinklig
obviate einer Sache abhelfen, zuvorkommen
obviously designed specially for high Mach number Zelle speziell für hohe Machzahlen ausgelegt (Triebwerkkonfiguration)(av)
OC operating characteristic
"O"-carcinotron "O"-Carcinotron
OCC (occulting light) OCC (unterbrochenes Feuer)

occasion Gelegenheit, günstiger Zeitpunkt
occasional gelegentlich, zufällig
occlude absorbieren (an Oberfläche), einschließen, okkludieren, verschließen
occluded depression okkludiertes Tiefdruckgebiet (meteo)
occluded front Okklusionsfront (meteo)
occluded front velocity Okklusionsfrontgeschwindigkeit (meteo)
occluded gas eingeschlossenes od. okkludiertes Gas
occluded hydrogen eingeschlossener od. okkludierter Wasserstoff
occluder Abdeckblende
occluder knob Ausblendknopf
occlusion Absorption durch die Oberfläche, Aufsaugung, Okklusion, Verschließung, Verstopfung
occlusion of gas(es) Gasblasenbildung, Gaseinschluß
occlusion or absorption of gas Gasaufnahme
occulation, circle of perpetual (of a celestial body) Kreis der beständigen Unsichtbarkeit
occulation method of position fixing Ortsbestimmung durch Sternbedeckung
occulting and group-short-flashing light Mischfeuer (unterbrochenes Feuer u. Blitzgruppen)(Seefahrt)
occulting and short-flashing light Mischfeuer (unterbrochenes Feuer u. Blitze) (Seefahrt)
occulting light unterbrochenes Feuer
occupancy expense Raumkosten
occupancy factor Belegungsfaktor
occupancy, logical value of logischer Stellenwert
occupancy, memory...table Speicherbelegungsliste
occupancy, memory...table maintenance Speicherbuchhaltung
occupancy, memory bank Speicherbankbelegung (SBBEL)
occupancy problem Belegungsproblem, Besetzungsproblem
occupancy table Belegungstabelle
occupation Arbeitsart, Beruf, Beschäftigung, Besetzung, Gewerbe
occupation by the enemy Feinbesetzung
occupation code Arbeitsartschlüssel
occupation of position beziehen einer Stellung
occupational berufsbedingt, arbeitsbedingt
occupational analysis Tätigkeitsanalyseverfahren
occupational area Fachrichtung
occupational disease Berufskrankheit (A)
occupational exposure berufsbedingte Strahlenexponierung
occupational radiation dosage berufsbedingte Bestrahlung, Strahlendosis
occupational tolerance value berufsbedingter Toleranzwert
occupied state besetzter Zustand
occupied station Beobachtungsstandpunkt
occupied storage area belegter Speicherbereich (Bordcomputer)(av)
occupy beschäftigen, belegen, besetzen, besitzen, innehaben
occured, the accident der Unfall ereignete sich...
occurence Vorfall, Vorkommnis, zufälliges Auftreten einer Erscheinung
occurence in strat or beds Vorkommen in Schichten (geol)
occurence of minerals Mineralvorkommen, Vorkommen von Mineralien (geol)
occurence of natural gas Erdgasvorkommen
occurence of oil deposits Vorkommen von Erdöllagerstätten (geol)
occurence of pertroleum Erdölvorkommen
occurs clause Indexklausel (COBOL), Indexeintragung
OC-curve Annahmekennlinie (Statistik), Arbeitskennlinie (technisch)
ocean-air interaction Wechselwirkung Meer/Luft
ocean-bottom topography Meeresbodentopographie
ocean engineering Meerestechnik
ocean environment Meeresumwelt
ocean escort Hochseegleitboot
ocean exploration Meeresforschung
ocean flight Ozeanflug
ocean minesweeper (nonmagnetic) Hochseeminensuchboot
ocean of air Luftozean
ocean ridge Meeresrücken
ocean salvage vessel Hochseebergungsschiff
ocean search-and-rescue station Ozean-Such- u. Rettungsstation
ocean shipping Hochseeschiffahrt
ocean space management Verwaltung des Meeresraumes
ocean station Radarseestation, Ozeanstation
ocean station call sign Rufzeichen einer Ozeanstation (ICAO), Seestationrufzeichen (Radar)
ocean station vessel (OSV) Ozeanstationsschiff, schwimmender Stützpunkt (av)
ocean surveillance Ozeanüberwachung
ocean survey Hochseevermessung
ocean system ozeanografische Anlage
ocean technology Meerestechnik
ocean temperature Meerestemperatur, Seewassertemperatur
ocean transportation Überseetransport
ocean trench Tiefseegraben
ocean tug Hochseeschlepper
ocean wave electromagnetic noise elektromagnetische Störung durch Meereswellen
ocean weather ship Hochseewetterschiff, Ozeanwetterschiff
ocean weather station Ozeanwetterstation
oceangoing hochseefähig, hochseetüchtig (Fahrzeug), seetüchtig (Fahrzeug), Übersee... (Fahrzeug)
oceangoing ship Hochseeschiff, Überseeschiff
oceangoing steamship Hochseeschleppdampfer
oceangoing tanker Hochseetanker
oceangoing tug Hochseeschlepper, Seeschlepper
oceangoing vessel hochseetüchtiges Schiff
oceanic ozeanisch (meteo)
oceanic climate ozeanisches od. maritimes Klima, Seeklima
oceanic crust Ozeankruste
oceanic research Meeresforschung
oceanic traffic control ozeanische Luftver-

kehrskontrolle
oceanicity Ozeanität (Abhängigkeit vom Meeresklima)
OCEANLANT (Nato) Ocean Subarea (Western Atlantics)
oceanographic chart Meereskarte
oceanographic commission, intergovernmental zwischenstaatliche Kommission für Ozeanographie (ICAO)
oceanographic data ozeanographische Daten
oceanographic intelligence ozeanographische Erkenntnisse (Nachrichtenwesen)
oceanographic research Meeresforschung, ozeanographische Forschung
oceanographic research centre of the federal armed forces ozeanographische Forschungsanstalt der Bundeswehr
oceanographic research ship (AGOR) ozeanographisches Forschungsschiff
oceanographic ship ozeanographisches Meßschiff
oceanographic station ozeanographische Station
oceanographic survey ozeanographische Vermessung, Meeresvermessung
oceanography Meereskunde, Ozeanographie
ocelit (rod) Ocelit(stab)
OCL (obstacle clearance limit) OCL (Hindernisfreigrenze)
OCNL (occasional(ly) OCNL (gelgentlich)
OCR (optical character recognition) optische Zeichenerklärung
OCR-A font OCR-A-Schrift
OCR-A standard OCR-A-Standard
OCR-A type assignment OCR-A-Sonderbelgung
OCR application Schriftleseanwendung
OCR-B font OCR-B-Schrift
OCR paper stock OCR-Papier
OCR signer OCR-Faserschreiber
OCR silk ribbon OCR-Seidenfarbband
OCR tape reader Klarschriftstreifenleser
OCS (obstacle clearance surface) Hindernisfreifläche
OCT (october) Oktober
octa decan dioic acid Octadecan-di-säure
octagon material Achtkantmaterial
octagon poll Achtkantbahn (eines Hammers)
octagon stock Achtkantmaterial
octagonal coil Achterspule
octagonal main structure achtseitiger Hauptkörper
octagonal porcelain cap Achtkantporzellansockel
octahedral achteckig, oktaedrisch
octal digit Oktalziffer
octal notation Oktalschreibweise, Oktalsystem
octal number Oktalzahl
octal number system Oktalzahlensystem
octal socket achtpoliger Röhrensockel, Oktalfassung
octanal component of error Oktanfehlerkomponente
octanal error achtelkreisiger Fehler
octanal error component achterkreisförmige Fehlerkomponente, Oktantfehlerkomponente
octance improver Oktanzahlerhöher
octance requirement increase Anstieg des Oktanzahlanspruchs
octane number Oktanzahl
octane number system Oktanzahlsystem
octane rating Oktanwert
octane test Oktanwertprüfung
octane value Oktanwert
octant Libellensextant, Oktant (nav)
octantal error componente achterkreisförmige Fehlerkomponente, Oktantfehlerkomponente
octantal error correction achtelkreisige Funkbeschickung
octave coupler Oktavkoppel
octenic acid Oktenkarbonsäure
octet Oktette
octode Achtpolröhre, Oktode
octopole Oktopol
octulpe phantom circuit Zweiunddreißiger -Leitung, Oktupolleitung
octupole excitation Oktupolanregung
octupole radiation Oktupolstrahlung
octupole transitions Oktupolübergänge
ocular Okular (optisch)
ocular focus Dioptriennullpunkt des Okulars
ocular micrometer Okularmikrometer
ocular surface augenseitige Fläche
oculomotor augenmotorisch
oculomotor balance augenmotorisches Gleichgewicht
oculomotor imbalance gestörtes augenmotorisches Gleichgewicht
OD and MC operational direction and management control
odd ungerade (Zahl), über eine runde Zahl hinausgehend, sonderbar, wunderlich, Einzelteil von Paaren, ungeradzahlig
odd address ungeradzahlige Adresse
odd container nicht genormter Container
odd-even Ungerade-Gerade (Abk. u-g-)
odd-even bit Paritätsbit, Paritybit
odd-even check Paritätsprüfung, Paritybrüfung
odd-even effect Ungerade-Gerade-Effekt (u-g-Effekt)
odd-even mode Ungerade-Gerade-Betriebsart
odd-even nucleus Ungerade-Gerade-Kern (u-g-Kern)
odd-even parity check ungeradzahlige Gleichheits- od. Paritätskontrolle
odd-even spin Spin von u-g-Kernen
odd function ungerade Funktion (math)
odd harmonics ungerade Oberharmonische
odd leg Tastzirkel, einseitiger Taster (E)
odd-line interlaced scan ungeradzahliger Raster
odd mass ungerade Masse(nzahl)
odd-mass number ungerade Massenzahl
odd number ungerade Zahl
odd-odd Ungerade-Ungerade (Abk. u-u)
odd-odd effect ungerade-ungerade Effekt (u-u-Effekt)
odd-odd nucleus ungerade-ungerade Kern (u-u-Kern)
odd-odd spin Spin von u-u-Kernen
odd parity ungerade Parität, Unpaarigkeit
odd parity check ungeradezahlige Paritätskontrolle
odd-rotational quantum number ungerade Rotationsquantenzahl

odd-rotational state ungerader Rotationszustand
oddleg cal(l)iper einseitiger Taster
oddment compartment Gerätekasten
oddment tray Ablagefach
oddness Ungeradheit (einer Zahl)
odometer Wegmesser
odometrical method Wegmeßverfahren
odor-detection training agent Übungsriechstoff
off-and-on signal proving Signalmeldung für Halt- u. Fahrstellung
off-axis paraboloid ausseraxialer Parabolspiegel
off-base facilities Aussenanlage
off-base requisition Anforderung von Außen
off-base shipment Auslieferung
off-base storage site Lagerungsort außerhalb einer (Luftwaffen)basis
off-carraige instruments an die Waffe nicht festangebaute Feuerleitgeräte
off-ceiling dive Obergrenzentauchwinkel (Torpedo)
off-center display exzentrische Darstellung (Radar), exzentrisches Schirmbild (Radar)
off-center position Unmittigkeit (A)
off-center PPI display exzentrische PPI Darstellung, exzentrische Rundsichtdarstellung, exzentrisches PPI- o. Rundsichtschirmbild, exzentrische Radarsichtdarstellung
off-centered aussermittig
off-centering radar Bilddezentrierung, Mittenverschiebung
off-centre aussermittig (E)
off-centre dipole Exzenterdipol
off-channel selectivity Trennschärfe gegen Nachbarkanal
off color Fehlfarbe
off contact or open circuit contact Ruhekontakt
off-course correction Kursverbesserung
off-course indicator Kursablageanzeiger, Kursabweichungsanzeiger
off-course signal Kursabweichungssignal
off critical amount nichtkritische Menge
off-drive member Abtriebsglied
off-effect Off-Effekt
off, engine bei abgestelltem Motor
off field landing Außenlandung, Notlandung außerhalb eines zugelassenen Fluggeländes, Notaußenlandung
off-flag Ausfallwarnzeichen, Warnzeichen an Instrumenten
off-flight-line targets Ziele abseits des Flugzeugkurses
off gage material Werkstoff in ungebräuchlichen, nicht listenmäßigen Sonderabmessungen
off-gas pump Abgaspumpe
off-grade Abweichung (Stahlsorte)
off-grade iron Übergangs(roh)eisen
off-grade rubber Kautschuk niederer Sorte
off ground frei vom Boden (av)
off-line Off-Line, rechnungsunabhängig, von der Hauptanlage getrennt, in sich selbständig, nicht angeschlossen (dv)
off-line cipher Off-Line-Verschlüsselung
off-line cryptographic operation Off-Line-Verschlüsselung
off-line maintenance program Off-Line-Wartungsprogramm
off-line operation Off-Line-Betrieb, indirekter Betrieb, rechnungsunabhängiges Betriebsverhalten, rechnungsunabhängiger Betrieb
off-line processing unabhängige Verarbeitung, rechnerunabhängiger od. indirekter Betrieb, Off-Line-Betrieb
off-line remote batch processing indirekte Stapelfernverarbeitung
off-line seek unabhängiger Suchbefehl
off-line storage rechnerunabhängiger Speicher
off-line teleprocessing indirekte Datenverarbeitung
off-line transmission Off-Line-Übermittlung
off-line use unabhängige Benutzung
off-loading Entladung (Kathode)
off-net station netzfremde Fernmeldestelle od. Fernschreibstelle
off-normal contact Arbeitskontakt, Kopfkontakt
off-normal printout Störwertprotokoll
off-peak load Normalbelastung
off-peak period Schwachlastzeit
off-period Sperrzeit
off-position Abschaltstellung, Ausstellung, Nullstellung, Ruhestellung
off-premises extension station Außennebenstelle
off-resonance condition Falschabstimmung
off-resonance surge relay Verstimmungsschutz
off-resonance trip relay Verstimmungsschutz
off-response Off-Effekt
off-scale reading Anzeige außerhalb des Skalenbereichs
off-shelf delivery Lieferung ab Lager
offshore helicopter Offshore-Hubschrauber
off-shore oil rig Ölbohrplattform
off-shore producement Offshore-Beschaffung
off-size Abmaß, Maßabweichung, maßungenauer Fabrikationsteil
off-standard goods Partieware, Serienware
off-state Sperrzustand
off-station nicht auf Station (Ozeanstationsschiff), Schwimmerflugzeugstützpunkt außerhalb der vorgeschriebenen Position (ICAO)
off-target jamming Störung durch abgesetzten Störsender
off-the-air time Ausfallzeit
off-the-deck ejection ausschleudern am Boden (Schleudersitz)
off the ground, the aeroplane lifts itself das Flugzeug hebt ab
off-the-road locomotion Fortbewegung im Gelände
off-tube storage Speicherung ausserhalb der Bildröhre
off-turn Abweichung
offcast Fehlguß
offcenter aussermittig, exzentrisch, Nullpunktverlagerung, Nullpunktverlegung
offcuts verwendbare Abschnitte
offensive Angriff, Offensive
offensive action Angriffshandlung
offensive air support offensive Luftunterstützung
offensive air support operations offensive Luftunterstützung
offensive arm Angriffswaffe

offensive armament Angriffsbewaffnung
offensive combat Angriffsgefecht
offensive fighter Angriffsjagdflugzeug
offensive, to take the zum Angriff übergehen
offensive withdrawal ausweichen in taktisch günstigere Räume
offer for sale, to auf den Markt bringen
offer of position Stellenangebot
offering Bereitstellen (Kanalbefehl)
offering cell Zubringerzelle
offering cell block Zubringerzellenblock
offering line Zubringerleitung
offering of a channel command to the device Bereitstellen eines Kanalbefehls
offering note Zubringernote
offering port Zubringerleitung
offering port address Zubringeradresse
offering signal Anbietzeichen, Aufschaltezeichen
office Amt(sgebäude), Amtstätigkeit, Büro, Geschäftsgebäude
office and function of the paymaster official Zahlmeisterei
office automation Büroautomation
office battery Amtsbatterie
office cable Innenkabel für Vermittlungstelle
office, central zentrales Amt, Hauptamt, Zentralamt, öffentliche Vermittlungsstelle
office computer (as opposed to general purpose computers) mittlere Datentechnik (MDT)
office layout Büroanlage u. Einrichtung
office of allocation Steuerungsstelle
office of army ration supply Armeeverpflegungsamt
office of a bruner Brenndüse
office of currency control Devisenzentrale
office of naval intelligence Marineauskufntsamt
office of price-controlled (OPA) Preisüberwachungsstelle, Preisbindungsstelle
office procedures Büroverfahren
officer air transport Lufttransportführer
officer cadet Offiziersbewerber
officer candiate or cadet Offiziersanwärter
officer candidate school Offiziersschule
officer commanding a large cavalry unit höherer Kavalleriekommandeur
officer in charge Offizier im Dienst
officer in medical corps Sanitätsoffizier
officer of the day Offizier vom Tagesdienst
officer of the guard Offizier vom Wachdienst
officer reconnaissance control patrol Offiziers-Kontroll-Spähtrupp
officer's career Offizierslaufbahn
officer's club Offiziersklub, Offiziersheim
officer's commission Patent des Offiziers, Offizierspatent
officer's examination Offiziersprüfung
officer's mess Offizierskasino
officer's quarters Offiziersheim, Offiziersraum
officer's shoulder strap Achselstück, Schulterstück
officer's training Offiziersausbildung
official accountcy offizielles Rechnungswesen
official accounting Behördenbuchhaltung
official army communique Heeresbericht
official business Dienstsache
official call Dienstgespräch
official channels Dienstweg
official flight Regierungsflug, Staatsflug
official instruction gesetzliche Vorschrift
official order Befehl in Dienstsachen
official premium Bruttoprämie, Tarifprämie
official quotation amtliche Notierung (komm)
official record offizieller Rekord
official registration number of designation amtliches Kennzeichen
official regulations Dienstbestimmungen
official seal Dienstsiegel
official test flights amtliche Versuchsflüge
official travel order Marschbefehl
official use Dienstgebrauch
offing von der Küste fort nach dem Horizont gelegener Teil der See, offene See
offset bleibende Drehung, Versatz, bleibende Verformung, Abbiegung, Abweichung, seitliche Versetzung (Bombenwurf), Querabstand in Staffelformation, gestaffelt (Formation), Vorlauf (front axle)
offset angle Reibungswinkel
offset brush Gegenbürste
offset circle versetzter Kreis (FK-Reichweite)
offset, clock pulse Taktversatz(zeit)
offset connector Winkelarm (Schußwerteübertragung
offset control Dezentrierungsregler (Radar)
offset course seitlich versetzter Kurs
offset course computer Kursrechner, Rechengerät für seitlich versetzte Kurse, Flugwegrechner
offset direction-finding station Querab-Peilstation
offset frequency Frequenzabsetzung
offset frequency simplex frequenzabgesetzter Simplexstreifenbetrieb
offset gang punching versetztes Schnellstanzen (lo)
offset indicator Abweichungsanzeiger
offset parabolic directional antenna scharfbündelnde Parabolrichtantenne
offset plate Offsetdruckplatte
offset printing Offsetdruck
offset program Kompensationsprogramm
offset pulse Verschiebungsimpuls
offset ratio Abweichungsverhältnis
offset sheet Offsetdruckblech
offset spin antenna exzentrisch angeordnete rotierende Antenne
offset stacker versetzte Ablage (lo)
offset stacker control Steuerung der versetzten Ablage (lo)
offset stacking versetzte Kartenablage
offset tool abgesetzter gekröpfter Meißel (Werkzeug)
offset touchdown point versetzter Landepunkt auf Rollwegen (av)
offset tumbling mixer Taumelmischer
offset waypoint capability seitlich versetzter Wegepunkt
offset yield strength Fließgrenze (bei bestimmter plastischer Verformung)
offsetting well Nachbarbohrloch, Produktionsbohrung
offshore ablandig
offshore prospecting Offshore-Aktivitäten
offshore support operation Versorgung der Bohrinsel, Bohrinselversorgung
offtake gas delivery Gasabgang

o/g line CCT abgehender Leitungskreis
o/g outgoing abgehend
OGE Hover out of Ground Effect
OGV outlet guide vane
ogival wing ogivaler Flügel
ogive Spitzbogen, Bogenspitze, Tellerfläche
ogive of shell Geschoßspitze
ohmic drop of voltage Ohm'scher Spannungsabfall
ohmic loss Joulscher Wärmeverlust, Ohm'scher Verlust
ohmic resistance Dämpfungswiderstand, Gleichstromwiderstand, induktionsfreier Widerstand, Luftwiderstand, Ohmscher Widerstand, Verlustwiderstand
ohmic value Ohm'scher Wert
ohmmeter Ohmmeter, Widerstandsmesser
ohm-per-volt voltmeter Voltmeter mit Ohm/Volt
ohms law Ohm'sches Gesetz
ohms in internal resistance Innenwiderstand im Arbeitspunkt
oil Öl, Schmierstoff
oil, adhesive filmhaftender Ölfilm
oil and grease injector Öl- u. Fettspritze
oil and water trap Öl- u. Wasserabscheider
oil atomizer Öldüse
oil baffle Öl- u. Schmierstoffabweiser
oil barrel Ölfaß, Öltank
oil bath Ölbad, Schmierstoffbad
oil bath air cleaner Ölbadluftfilter
oil bath air filter Ölbadluftfilter
oil bath lubrication Ölbadschmierung
oil battery Ölbatterie
oil-bearing petroliferous erdölführend, erdölhaltig
oil-bearing series erdölgetränkte od. ölführende Schichtenfolge (geol)
oil-bearing stratum ölführende Schicht (geol)
oil blast circuit Impulsölschalter, Ölstromschalter
oil bleed valve kleiner Ölaustritt
oil bomb Ölbombe
oil bound oil lines Ölleitungen, die kein Öl mehr durchlassen
oil brake Öldruckbremse
oil-break switch Öltrennschalter
oil breather Ölabsaugventil
oil burner Ölbrenner, Ölfeuerung
oil-burning furnace Ölflammofen
oil-burning installation Ölfeuerungsanlage
oil cable head Ölendverschluß
oil cake Ölkuchen
oil can Ölkanne, Öler
oil canning Ölfederbein
oil capacitor Ölkondensator
oil carbon Ölkohle
oil-carbureted ölkarburiert
oil carburation Ölkarburierung
oil carried, weight of Schmierstoffgewicht
oil catch Ölfänger, Ölsammler
oil chamber Ölkammer
oil changer Ölaustauschvorrichtung
oil circuit breaker Ölschalter
oil-circulating lubrication Ölumlaufschmierung
oil-circulating tank Ölkreislaufbehälter
oil circulation Ölumlauf
oil cleaner Ölreiniger
oil cloth Wachstuch
oil coat, to mit Öl abreiben
oil coil Ölspule
oil collector Ölsammler
oil-collector tray Ölfangmulde
oil company Erdölgesellschaft
oil concession Erdölkonzession, Konzession zur Aufsuchung von Erdöllagerstätten
oil connection from LS unit to VP propeller Ölverbindung vom Gehäusemittelteil zum Verstellpropeller
oil conservator Ölausdehnungsgefäß, Ölkonservator
oil consumption Ölverbrauch
oil container Ölsammelgefäß, Ölbehälter
oil control richtige Beherrschung der Schmierung, Ölkontrolle
oil control housing Ventilgehäuse (Ölkühler)
oil control ring Ölhaltering, zur Verteilung u. Regelung der Ölmenge bei bestimmtem Kolbenring, Abstreifring für Öl
oil control valve Ölregelventil
oil-controlling wave Ölregelventil
oil-cooled generating system ölgekühlter Stromerzeuger
oil cooler Ölkühler
oil cooler baypass valve Ölkühlerüberdruckventil
oil cooler cradle Ölkühlerträger
oil cooler fan Laufrad des Ölkühlergebläses
oil cooler fan controller Ölkühlergebläseregler
oil cooler fan drive Ölkühlergebläseantrieb
oil cooler fan drive dual idler bearing cage Lagersitz für Ölkühlergebläseantrieb (Getriebe)
oil cooler fan drive housing Ölkühlergebläseantriebsgehäuse
oil cooler fan shroud Ölkühlergebläseluftführungsring
oil cooler fuel exit temperature Ölkühler-Kraftstoffaustrittstemperatur
oil cooler hose Ölkühlerschlauch
oil cooler intake Lufteinlauf des Ölkühlers
oil cooler plate Ölkühlerplatte
oil cooler screen Ölkühlerschutzgitter
oil cooler shutter control Ölkühlerklappenregelung
oil cooler tube Ölkühlerrohr
oil cooling transformator Öltransformator
oil coque Ölhahn
oil country tubular goods Ölfeldröhrengüter
oil cover Öl(er)deckel, Öl(er)klappe
oil cracking plant Ölspaltanlage
oil cup Ölfänger, Ölschale, Öltasse, Topfschale
oil cushion Ölkissen
oil damper Öldämpfer
oil dashpot Ölkatarakt
oil dashpot or damping Öldämpfung
oil deflector Ölleitblech, Ölabweiser
oil delivery tube Ölspritzrohr
oil density Öldichte
oil deposit Erdölablagerung, Erdöllagerstätten
oil dielectric capacitor Ölkondensator
oil dielectric condenser Ölkondensator
oil differential pressure switch Öldifferenzdruckschalter
oil differential pressure transmitter Öldifferenzdruckgeber
oil diffusion pump Öldiffusionspumpe

oil diluter valve Schmierölverdünnungsventil
oil dilution Ölverdünnung
oil dilution system Kaltstartanlage, Ölverdünnungsanlage
oil dip stick Ölmeßstab
oil dipper Ölschöpfer
oil discharge pipe Ölabflußrohr
oil dispenser Ölabgabegerät, Schmierstoffkraftwagen
oil dispensing equipment Ölzapfgerät
oil distributer Ölverteiler
oil distribution pipe Ölverteilungsrohr
oil distributor tube Ölverteilerbuchse (Twk)
oil diverter Ölumleiter
oil dope Ölzusatz
oil drain Ölabfluß, Ölablaß
oil drain cock Ölablaßhahn
oil drain line Ölabflußleitung, Ölablaßleitung, Rückölleitung
oil drain manifold Rückölsammler
oil drain plug Ölablaßschraube, Ölfangring
oil drain tube Ölablaßrohr
oil drain valve Ölablaßventil
oil drainage Entölung
oil drainage channel Entölungskanal
oil drainage cone Entölungskegel (um Bohrloch herum)
oil drainage container Ölfangbehälter
oil-drained channel entölter Kanal
oil draining equipment Altölablaßgerät
oil drilling equipment Ölbohrausrüstung
oil drilling operation Ölbohrtrupp
oil drop method Öltröpfchenmethode
oil duct Ölkanal
oil emulsion Ölemulsion
oil emulsion mud Ölemulsionsspülung
oil engine Dieselmotor, Ölfeuerungsmaschine, Schwerölmotor
oil escape hole Ölaustrittsöffnung (Geschoßzünder)
oil exploration company Erdölexplorationsgesellschaft, Erdölschürfgesellschaft, Gesellschaft zur Aufsuchung von Erdöllagerstätten
oil exudation Erdölausschwitzung aus Gesteinen, Ölausschwitzung (geol)
oil feed Ölspeisung, Ölzufluß, Ölzuführung
oil feed by gravity Fallöl
oil feed elbow Ölzuleitungskrümmer
oil feed pipe Ölzuführungsleitung
oil feed pipe vane Stützrippe mit Ölzuführungsrohr, Stützrippe mit Ölzuleitungsrohr
oil feed plate Ölzuführzwischenplatte
oil feed pump Öldruckpumpe, Schmierpumpe
oil feed to vane pump spindle Ölzuführung zur Flügelpumpenspindel
oil feed tube Ölzuleitungsrohr
oil feeder line Ölleitung
oil felt pad Ölfilz
oil field (Erd)ölfeld
oil field boiler Ölfelddampfkessel
oil field, develop on...rapidly Ölfeld rasch entwickeln
oil field explotation Ausbeutung von Ölfeldern, Ölfelderausbeutung
oil field going to water von Verwasserung befallenes Erdölfeld
oil field producing operation Ölfeldförderbetrieb
oil field pump Bohrfeldpumpe
oil fields, search from new Suchen nach neuen Ölfeldern
oil fill extension Öleinfüllstutzen
oil-filled cable Ölkabel
oil-filled capacitor Ölkondensator
oil filler body assembly Öleinfüllstutzen
oil filler cap Ölfüllstutzen
oil filler inlet Öleinfüllung
oil filler neck Öleinfüllkrümmer, Öleinfüllstutzen
oil filler pipe Öleinfüllrohr, Öleinfüllstutzen, Öleinguß
oil filler plug Öleinfüllstopfen, Öleinfüllstutzen, Einfüllverschraubung (Öl)
oil filler strainer Öleinfüllsieb
oil filler tube Öleinfüllstutzen
oil filling valve Öleinfüllventil
oil film Ölfilm, Schmierfilm
oil filter Ölfilter, Ölreinigungsapparat, Ölseparator, Ölabscheider
oil filter bypass manifold Ölfilterumgehungsblock, Ölumleitblock
oil filter bypass tube Ölfilterumgehungsrohr
oil filter bypass valve Ölfilterüberbrückungsventil (Kfz)
oil filter cap Ölfilterdeckel
oil filter cartridge Ölfilterpatrone
oil filter center stud Ölfilterspannbolzen
oil filter element Ölfiltereinsatz
oil filter head Ölfilterkopf
oil filter inlet tube Ölfiltereintrittsrohr
oil filter junction Ölfilteranschlußblock
oil filter pipe Ölfilterleitung
oil filter vortex chamber Ölfilterwirbelkammer
oil filtration Ölfiltration
oil finish Ölnachbehandlung
oil-fired ölgefeuert, ölfeurig, ölgeheizt
oil-fired (air) furnace Ölflammofen
oil-fired boiler ölbefeuerter Kessel
oil firing Ölfeuerung (Industrieofen)
oil firing ring Ölschleuderring, Schmierstoffschleuderring
oil flap Ölkappe
oil float Ölschwimmer
oil flotation Ölflotation, Ölschwimmaufbereitung
oil flotation process Ölschwemmverfahren
oil-flooded bearing Ölflutlager (Ausführungsart eines Walzwerklagers)
oil flow Öldurchlaß, Ölstrom
oil foam Ölschaum
oil force pump Öldruckpumpe
oil fuel heater Heizölvorwärmer
oil fuel pressure pump Heizöldruckpumpe
oil fuel pump Heizölförderpumpe
oil fuel strainer Heizöldruckpumpe
oil furnace ölgefeuerter Ofen
oil gage Ölmanometer, Ölstandsanzeiger
oil gallery langer Ölkanal
oil gas Erdölgas
oil-gas manufacture Ölgaserzeugung
oil-gas tar Ölgasteer
oil gauge Ölmanometer, Ölstandsanzeiger
oil gauge glass Ölschauglas, Ölkontrollstandsanzeige
oil gauge rod Ölmeßstab
oil geologist (Erd)ölgeologe

oil grades Ölorten
oil groove Ölnut, Schmiernut
oil guide bush Ölführungsbuchse
oil gun Ölspritze, Ölspritzflasche, Ölschmierpresse, Preßöleinfüller
oil hand pump Handölpumpe
oil-hardened ölschlußgehärtet
oil hardening Ölhärtung
oil hardening steel Ölhärtungsstahl
oil heated air-intake ölgeheizte Luftansaughutze
oil heating equipment Ölbeheizungsanlage (Industrieofen)
oil, heavy Schweröl, Industrieöl
oil-hole Schmieröffnung, Schmierloch
oil horizon erdölführender geologischer Horizont
oil hose Ölschlauch
oil hydraulic circuit ölhydraulischer Kreislauf
oil immersed ölgekühlt, ölgetaucht, unter Öl
oil immersed coil ölgekühlte Spule
oil immersed contactor Ölschütz
oil-immersed protective switch Ölschutzschalter
oil immersed tube ölgekühlte Röhre
oil immersion heater Öltauchbeheizung
oil immersion system Öltauchsystem
oil-impregnated öldurchtränkt, ölgetränkt, ölimprägniert
oil impregnated limestone öldurchtränkter Kalkstein, Ölkalk
oil impregnated rag Öllappen
oil impregnated sandstone ölgetränkter Sandstein
oil impeller Ölspritzring
oil index Bremsflüssigkeitsanzeiger
oil indicator Ölstandsanzeiger
oil industry Erdölindustrie
oil industry support fleet Hubschrauberflotte der Erdölindustrie
oil injection Öleinspritzung
oil injection device Öleinspritzvorrichtung
oil inlet Öleinlaß
oil inlet from tank Öleinlaß von Tank
oil inlet or feed Ölzufluß, Ölzufuhr
oil inlet pressure Öleintrittsdruck
oil inlet shield Ölansaugglocke
oil jacked ölgespeister Heizmantel
oil jacketed carburetor Vergaser mit ölgespeistem Heizmantel
oil jet Öldüse
oil jet breaker Ölströmungsschalter
oil jet cap Öldüsenkappe, Schmierstoffdüsenkappe
oil jet mount Öldüsenhalterung, Schmierstoffdüsenhalterung
oil jet nozzle Öldüse
oil jet subassembly Öldüse, Schmierstoffdüse
oil joint öldichte Trennfuge od. Gelenkverbindung, Ölabdichtung
oil jumper tube Ölanschlußstutzen
oil king assistant Hilfspumpenmeister
oil lamp Öllampe, Öllaterne
oil land, proved Gebiet in dem Ölführung bereits nachgewiesen ist, ölführendes Gebiet, Ölland
oil layer Ölschicht
oil lease Erdölvermutungsvertrag
oil lens ölhaltige Sandlinie
oil level Ölstand, Schmierstoffstand
oil level check Ölstandskontrolle
oil-level dipstick Ölmeßstab
oil level gage Ölstandanzeiger (A)
oil-level gage tube Ölmeßstabführungsrohr (Hschr.-Twk)
oil level orifice Ölstandsbohrung
oil level plug Ölstandspforpfen
oil-level sight plug Ölstandsichtfenster
oil line Ölkanal, Ölleitung
oil line pump Ölleitungspumpe
oil manifold Ölverteiler
oil measuring stick Ölmeßstab
oil meter Ölmeßgerät
oil mill Ölmühle
oil mining Erdölbergbau, Erdölgrubenbau, Gewinnung von Erdöl durch bergbauliche Maßnahmen
oil mist Ölnebel
oil mixture Ölmischung, Ölgemisch
oil-modified resin ölmodifiziertes (Kunst)harz
oil non-return valve Öldruckrückschlagventil
oil of turpentine Terpentinöl
oil outlet Ölabfluß
oil overflow pipe Ölüberlaufrohr
oil pan Ölfangschale
oil paper Ölpapier
oil passage Ölkanal, Schmierstoffkanal
oil pipe line Erdölrohrleitung
oil pipe line construction Erdölrohrleitungsbau
oil pit Ölloch
oil-plasticized ölplastiziert
oil plug Ölstöpsel
oil pocket bearing Ölkammerlager
oil "pool" Erdölablagerung, Erdöllager(stätte), Lagerstätte flüssiger Kohlenwasserstoffe
oil pool water Erdöllagerstättenwasser
oil port Ölkammer (Ölheizung)
oil possibility Möglichkeit Erdöl zu finden, Ölfundmöglichkeit
oil preheater Ölvorwärmer
oil pressure Öldruck
oil pressure box Öldruckdose
oil pressure ga(u)ge Öldruckmesser, Schmierstoffmesser
oil pressure pump Ölförder(haupt)pumpe, Schmierstoffhauptpumpe
oil pressure switch Öldruckschalter
oil pressure transmitter Öldruckübertrager, Öldruckübertragungsgerät
oil probe tester Ölstichprüfer
oil production Ölgewinnung, Ölförderung
oil products Ölerzeugnisse, Ölprodukte
oil property valuation Öllandbewertung, Wertbestimmung von Ölland
oil prospecting Erdölprospektion
oil prospector Erdölprospektor, Erdölsucher
oil protection Ölschutz
oil pump casing Ölpumpengehäuse
oil pump drive gear Zahnradölpumpenantriebsrad
oil-pump-driven bevel gear Ölpumpenantriebsrad
oil pump driving level Ölpumpenkegelradantrieb
oil pump gear Ölpumpenrad
oil pump gearbox Öl-Schmierstoffpumpenantrieb

oil pump idler gear getriebenes Rad der Zahnradölpumpe
oil pump pressure regulator Ölpumpendruckregler
oil pumping outfit Ölpumpenanlage
oil-purifying apparatus Ölreinigungsapparat
oil rating Öleinschätzung (Güte u. Menge des Erdöls in Lagerstätten)
oil-reactive resin ölreaktives (Kunst)harz
oil reclamation equipment for garages and workshops Ölrückgewinnungsanlage für Garagen u. Werkstätten
oil reconditioning setup Ölrückgewinnungsanlage
oil recovery Erdölgewinnung
oil refinery Ölraffinerie(anlage)
oil-refining plant Erdölverarbeitungsanlage, Ö raffinerieanlage
oil relief pressure valve Ölüberdruckventil
oil research Erdölforschung
oil reservoir bearing Ölkammerlager
oil residue Ölrückstand
oil resistance Ölwiderstand
oil-resistance tape öldichtes Isolierband
oil retainer Ölabdichtungsring
oil retainer plate Ölspritzblech
oil-retaining packing (of bearing) Lagerölabdichtung
oil retaining ring Ölfangring
oil retention Abdichtung gegen Ölaustritt
oil return from boost control unit Ölrücklauf vom Lagerdruckregler
oil return line Ölrückleitung
oil return pipe to cooler Ölrücklaufleitung zum Kühler
oil return pipe to oil tank Ölrücklaufleitung zum Öltank
oil return thread Ölrückförderschnecke
oil rig Ölbohrplattform, Erdölplattform
oil rights Erdölausbeutungsrechte
oil rigs and platform Ölbohrplattform
oil ring Ölring
oil ring bearing Ringschmierlager
oil safety lamp Ölsicherheitslampe
oil sample Ölprobe (Qualitätskontrolle)
oil sampler Ölprobennehmer
oil sand ölhaltiger Sandstein, Ölsand
oil sand, depleted erschöpfter Ölsand
oil sand, saturated gesättigter Ölsand
oil-saturated sandstone ölgesättigter Sandstein
oil saturation Ölsättigung
oil-saturation value Ölsättigungswert (Bohrkern)
oil scavenge Ölrückförderung, Schmierstoffrückförderung
oil scavenge pipe from front of engine Ölspülleitung vom vorderen Motorteil
oil scavenge pump Ölabsaug-, Rückölpumpe
oil scavenge system Rückölanlage
oil scraper ring Ölabstreifring, Ölabstreifung, Schmierstoffabstreifring
oil scoope or catcher Ölschöpfer
oil screen Ölfilter, Ölseiher, Ölsieb, Schmierstoffreinigungsanlage
oil seal Ölabdichtung
oil seal housing Öldichtungsgehäuse, Schmierstoffdichtungsgehäuse
oil seal ring kolbenringähnlicher Öldichtring
oil-sealed mit Öldichtung
oil-sealed pump Pumpe mit Öldichtung
oil seals for rotating shafts Wellen(ab)dichtungen
oil search Ölsuche
oil seepage Ölanzeichen
oil separating tank Ölabscheidebehälter
oil separation Ölabscheidung (Erdöl)
oil separator Entöler
oil separator for steam Dampfentöler, Ölabscheider
oil servo-piston ölhydraulischer Servokolben
oil shale Ölschiefer(ton), schief(e)riges Ölgestein
oil shock absorber Ölstoßdämpfer
oil shock absorption Ölstoßdämpfung
oil show or trace Ölspur
oil silk Ölseide
oil skin Ölzeug
oil skin coat Ölmantel
oil slinger Ölspritzring, Ölschleuderring (Lager)
oil slinger ring Ölschleuderring, Schmierstoffschleuderring (Lager)
oil sludge Ölschlamm
oil sludge separation Ölschlammabsonderung
oil sluice valve Ölschieber
oil smoke Ölnebel, Ölqualm, Ölrauch, Ölstaub
oil soluble resin öllösliches Kunstharz
oil spray Ölnebel, Spritzöl
oil spray nozzle Ölspritzdüse
oil spray or mist lubrication Ölbeschmierung
oil starter Ölanlasser
oil stone Abziehstein, Ölstein, Wetzstein
oil storage Öllagerung, Ölspeicherung
oil storage cabinet Ölkabinett
oil storage depot Öllagerung
oil storage tank Erdölvorratstank, Öllagertank, Ölvorratstank
oil strainer Ölfilter, Ölsieb, Schmierstoffilter
oil strainer or filter Ölseiher, Schmierstoffwiederaufbereiter
oil string Erdölfördertour
oil substitute Ölersatz
oil sump Ölschlamm, Ölsumpf
oil sump gasket Ölwannendichtung
oil sump or well Ölsammelnapf
oil supply Ölspeisung, Ölvorrat, Ölzufuhr, Ölzuführung
oil supply pump Ölförderpumpe
oil supply to constant speed unit Ölzufuhr zum Drehzahlregler mit gleichbleibender Drehzahl
oil-support operation Offshore-Betrieb
oil-support platform Offshore-Plattform
oil surface Öloberfläche
oil switch connection Ölschalteranschluß
oil system Schmierölanlage
oil system diagram Ölanlagenprüfstand
oil tank Ölbehälter, Öltank
oil tank accessor cover Handlochdeckel zum Schmieröldeckel
oil tank sealing valve Öltankverschlußventil
oil tank vent Ölbehälterentlüftung, Öffnung des Ölbehälters
oil temperature bulb Öltemperaturgeber, Schmierstofftemperaturgeber
oil temperature ga(u)ge Ölwärmemesser, Ölthermometer

oil temperature regulator Öltemperaturegler, Ölthermostat, Schmierstofftemperaturregler
oil-testing machine Ölprüfmaschine
oil thermometer Ölthermometer, Ölwärmestandsmesser
oil thermometer connection Ölthermometerverbindung
oil thermometer pocket Öltemperaturgeberaufnahme
oil thermometer pocket adapter assembly Öltemperaturgeber, Schmierstofftemperaturgeber (vollst)
oil thrower Ölschleuderring
oil thrower or oiling or lubrication ring or splash ring Spritzring
oil-tight öldicht, ölundurchlässig
oil, to (in polishing) nachpolieren
oil to break the oil seal (of an engine) das Losbrechmoment (des Motors) beim Anlassen überwinden
oil trace Ölspur
oil transformer Öltransformator
oil transportation Öltransport, Ölverfrachtung
oil trap Ölabscheider
oil trap, depositional Ölfalle bedingt durch Fazies der Schichten (geol)
oil trap, structural Ölfalle bedingt durch Tektonik der Schichten (geol)
oil tray (under motor) Ölfangblech
oil vapor Öldampf
oil vapor vent pipe Öldunstentlüfter
oil varnish lackartiger, vom Öl herrührbarer brauner Überzug der Motorteile, Öllack
oil vent (pipe) Ölentlüfter(leitung), Ölentlüftung(sleitung)
oil water Lagerstättenwasser
oil wedge Schmierkeil
oil well Ölkammer, Ölwanne (Aussparung zur Ölaufnahme)
oil well casing Erdölbohr(ungs)futterrohre
oil well, completition of an Vorbereitung einer Erdölbohrung zur Förderung
oil well derrick Ölbohrturm
oil well, drainage radius of an Entölungshalbmesser einer Erdölsonde
oil well drilling Erdölbohrung
oil well drilling contractor Erdölbohrunternehmer
oil well, exhausted erschöpfte Ölbohrung, erschöpfter Ölbrunnen
oil well plunger pump Erdölförderpumpe zur Gewinnung von Erdöl
oil well, producing fördernde Erdölbohrung, in Förderung befindliche Ölbohrung, produzierende Ölsonde
oil well pulling machine fahrbare Ölfeldwinde
oil well shooting torpedieren von Erdölbohrungen
oil well swab Erdölförderkolben
oil-wetted air cleaner Naßluftfilter (Motor)
oil-wetted air filter Naßluftfilter
oil wick Öldocht
oil wiper Ölabstreicher
oil zone Erdölzone
oiled paper Ölpapier
oiler Öler, Schmiernippel, Schmiervorrichtung
oilhydraulic brake Öldruckbremse
oiliness ölige Beschaffenheit, Schlüpfrigkeit, Schmierfähigkeit
oiliness dope Ölzusatz zur Erhöhung der Schmierfähigkeit
oiling Einfettung, Ölschmierung
oiling by pressure feed Druckschmierung
oiling pad Schmierkissen
oiling system Ölversorgung, Schmiersystem
oiling-up (of the plug) Verölen der Zündkerze
oilite selbstschmierende Bronze
oilostatic cable Öldruckstarkstromkabel
oilsight gauge Schauglas für Druckölstand
oily fettig, ölhaltig, schlüpfrig, schmierig
oily rag Öllappen
O-indicator Anzeigegerät Typ O
OJT on-the-job training
okay auf vorschriftsmäßige Beschaffenheit Prüfen, in Ordnung
okonite Okonit
olefiant gas ölbildendes Gas
olefine Olefin
olefine resin Olefinharz
oleic acid Ölsäure
oleo gear hydraulisch gefedertes Fahrwerk
oleo-leg Ölfederbein
oleo leg strut Ölfederbeinstrebe
oleo pneumatic shock absorber Öl/Luftstoßdämpfer
oleo-pneumatic shock absorber strut Öl/Luft-Federstrebe
oleo resin Ölharz
oleo resinous varnish Öl/Harzlack
oleo shock absorber Ölstoßdämpfer
oleo strut Ölfederbeinstrebe
oleo strut trunnion Ölstrebenbügel
oleo switch Fahrwerkschalter
oleo undercarriage ölgefedertes Fahrwerk
oleographic paper Ölpapier
oleum Oleum
olfactometer Geruchsmesser
olfactory test Riechprobe
olibanum Oliban
oligocene Oligozän
oligoclase Oligoklas
oligopolistic characteristic oligopolistische Entwicklung
olivine (a glassy mineral) Olivin (glasartiges Mineral)
Olympus platform Olympusplattform (Nutzlastplattform)(sp)
OM (outer marker beacon) OM (Voreinflugzeichen)
OMEGA system OMEGA-Verfahren, Langstreckennavigationsverfahren
omegatron Omegatron (Massenspektrometer)
OMF objet module file
omission of beds Schichtenausfall, Schichtenunterdrückung (geol)
omit, to auslassen, übersehen, überspringen, versäumen, vernachlässigen, weglassen
omnibearing automatische Azimutpeilung, Drehfunkfeuerpeilung
omnibearing distance facility Allrichtungsbake mit Entfernungsmeßeinrichtung
omnibearing distance navigation Polarkoordinatennavigation
omnibearing indicator automatischer Azimutanzeiger
omnibearing selector Flugstreckenwähler, Kursstreckenwähler, Azimutwähler (nav)

omnibus bodies Omnibusaufbauten
omnibus bulb Omnibusglühlampe
omnibus chassis Omnibusfahrgestell
omnibus door lock Omnibusschloß
omnibus fitting Omnibusbeschlag
omnibus radio equipment Omnibusfunk(sprech)-anlage
omnibus roof light Omnibusoberlicht
omnibus trailer Omnibusanhänger
omnibus trailer axle Omnibusanhängerachse
omnibus trailer chassis Omnibusanhänger-fahrgestell
omnibus window Omnibusfenster
omnidirectional in alle Richtungen, ungerichtet, rundstrahlend
omnidirectional air data system Luftwerterechner mit beweglichem Sensor
omnidirectional beacon Allrichtungsfeuer, Rundstrahlbake, UKW-Allrichtungssystem, UKW-Drehfunkfeuer
omnidirectional field ungerichtetes Feld
omnidirectional intensity ungerichtete Intensität
omnidirectional marker light Rundstrahlmarkierungsfeuer
omnidirectional measurement Messung ungerichteter Intensität
omnidirectional microphone Allrichtungsmikrophon, ungerichtetes Mikrophon
omnidirectional modulated reference system rundgestrahltes Bezugssystem
omnidirectional pressure allseitiger Druck
omnidirectional radiator Rundstrahler
omnidirectional radio beacon Drehfunkfeuer
omnidirectional radio range Allrichtungsfunkfeuer, Drehfunkfeuer, Drehfunknavigationsanlage
omnidirectional receiving antenna ungerichtete Antenne (Empfangsantenne)
omnidirectional sonobuoy Schallboje für rund- u. richtungssuchende Daten
omnidirectional reception Empfang aus allen Richtungen
omnidirectional transducer Rundstrahlschwinger, Rundumschwinger
omnidirectional transmitting antenna Rundstrahlantenne, ungerichtete Sendeantenne
omnidirectional uses a swivelling probe for measuring air pressure, allowing automatic sensing of airspeed at any value between hover and maximum speed, plus the direction in which the helicopter is moving Das System arbeitet mit beweglicher Sonde, um die Flugrichtung und Relativgeschwindigkeit zur umgebenden Luft innerhalb des gesamten Geschwindigkeitsbereichs bis hinab zum stationären Schwebeflug zu ermitteln
omnirange Allrichtungsfeuer, Drehfunkfeuer, rundstrahlendes Kursfunkfeuer
omnirange digital radar (ORDIR) ORDIR-System
omnitrac airborne computer Omnitrac-Bordrechner
omnitrac autopilot coupling unit Omnitrac-Aufschaltgerät für Flugregler
omnitrac computer Omnitracrechner
omnitrac control unit Bedieneinheit für das System Omnitrac, Omnitracbediengerät
omnitrac decimal control unit Omnitrac-Dezimalbediengerät
on eingeschaltet (elektr), in Betrieb
on-base issue interne Ausgabe
on-base requisition interne Anforderung
on-board and ground test equipment satelliten- und bordgestütztes Prüfgerät (Luft- und Raumfahrtsystem)
on-board APU for beating (air conditioning, electrical power and engine starting) bordeigene Kraftversorgung APU (für Heizung, Belüftung, Strom und das Anlassen der Triebwerke)
on-board armament Bordwaffe
on-board computer Bordrechner
on-board computer for the attitude control system Bordrechner für das Lageregelungssystem
on-board data processing Borddatenverarbeitung (Bordcomputer)
on-board digital computer numerischer Bordrechner
on-board entertainment Bordunterhaltungssystem
on-board management Mangementmodul
on-board oxygen generation autonome Sauerstoffversorgung (sp)
on-board single pass computer bordgestützter Einweg-Compiler
on-board sensor Sensorsystem
on-call channel Reservekanal
"on-condition maintenance" "zustandsbedingte Wartung" zustandsorientierte Wartungsmaßnahme (av)
on-course line (of a localizer) Kurslinie, Leitstrahlrichtung (eines Landekurssenders) (ILS)
on-course signal Anflugsignal, Dauerton
on course zone Dauertonsektor
on-demand system aktuelles Informationssystem
on-edge hochkantig, kantenweise
on-effect On-Effekt
on hand quantity verfügbare Menge
on-line mit der Hauptanlage verbunden, nicht selbständig, unselbsttätig, schritthaltend, angeschlossen, On-Line (EDV), leitungsverbunden, speicherfrei (teg, dig), an Datenverarbeitungsanlage angeschlossen (EDV), rechnerabhängig (EDV)
on-line automated reservation (SOLAR) Vielfachbuchungssystem (SOLAR)
on-line catalogue Katalog der angeschlossenen Geräte
on-line cipher On-Line-Verschlüsselung
on-line data capturing machine On-Line-Saldiermaschine
on-line data processing schritthaltende Datenverarbeitung, On-Line-Verarbeitung, direkte od rechnerabhängige Verarbeitung, On-Line-Verarbeitung
on-line data reduction On-Line-Datenreduktion, Parallelreduktion
on-line data transmission Datendirektübertragung
on-line device angeschlossenes Gerät
on-line encryption Zeichenverschlüsselung ohne Zwischenspeicherung, simultane od. speicherfreie Zeichenverschlüsselung (dig)(EDV)

on-line equipment On-Line-Gerät, angeschlossenes Gerät
on-line maintenance program On-Line-Wartungsprogramm
on-line mode direkter od. rechnerabhängiger Betrieb, On-Line-Betrieb
on-line operation On-Line-Betrieb, direkter od. rechnerabhängiger Betrieb, Leitungsbetrieb
on-line processing On-Line-Verarbeitung, rechnerabhängige od. direkte Verarbeitung, On-Line-Datenverarbeitung
on-line real-time programming On-Line-Echtzeitprogrammierung
on-line remote batch processing direkte Spaltenfernverarbeitung
on-line service On-Line-Verarbeitung
on-line storage rechnerabhängiger od. direkter Speicher
on-line teleprocessing direkte Datenfernverarbeitung
on-line transmission On-Line-Übermittlung
on-load switch Lastschalter
on-load tip changer Lastschalter
on-load voltage Arbeitsspannung
on-net station netzangeschlossene Fernmeldestelle, netzeigene Fernmelde- od. Fernschreibstelle
on-off code Ja-Nein-Verschlüsselung
on-off control Zweipunktregelung
on-off controller Ein/Aus-Regler, Auf/Zu-Regler, Zweipunktregler
on-off course control Hell/Dunkel-Steuerung, Schwarz/Weiß-Steuerung
on-off instrument Aus/Ein-Instrumentenschalter
on-off keying Trägertastung (Funkfeuer)
on-off pickoff Zweipunktabgriff
on-off signal(l)ing Amplitudenmodulation
on-path indication Gleitweganzeige (ILS)
on-request reporting point Meldepunkt auf Anforderung
on-response On-Effekt
on-scale deflection Ausschlag im Anzeigebereich
on-scene commander SAR-Einsatzleiter im Suchgebiet (A)
on schedule termingemäß
on-screen distortion Verzerrung auf dem Schirm (Radar)
on size bei Überlauf (dv)
on speed auf Touren
on specification spezifikationsgerecht (av)
on-state Durchlaßzustand
on-station auf Station (Ozeanstationsschiff)
on-switch/timer Einschalter/Timer
on-target amplifier Zielerfassungsverstärker
on-target automatic gain control Zielerfassung-AVR
on-target circuit Zielerfassungsstromkreis
on-target condition nach Zielerfassung
on the air sende- u. empfangsbereit
on the beat in time or on the beam taktmäßig
on-the-fly printer Drucker mit rotierender Typenwalze, Drucker mit fliegendem Abdruck
on-the-fly printing fliegender Druck (bei ständig rotierendem Typenträger)
on-the-fly readout Abtastung bei Bewegung
on-the-job training Ausbildung am Arbeitsplatz
on-the-spot aid Soforthilfe
on time departures planmäßige Abflüge
on top über der Wolkendecke, oben
on-top cruising level Reiseflughöhe über Wolkendecke
once-reflected or ray einmal reflektierter Strahl
once-through boiler Zwangsdurchlaufkessel
once-through uranium fuel cycle einmaliger Urandurchsatz (ohne Wiederaufbereitung)
oncoming, to herankommend, sich nähernd
oncoming of water Randwasservordringung im Ölträger
ondometer Ondometer, Wellenmesser
one-address code Einadreßcode (EDV)
one-address computer Einadreßcomputer, Einadreßrechner, Einadreßmaschine
one-address instruction Einadreßbefehl (EDV)
one-address instruction format Einadreß-Befehlsstruktur
one-after another nacheinander
one-ahead addressing Fortschaltungsadreßierung, implizite Adreßierung
one-arm lever einarmiger Hebel
one blade propeller Einblattluftschraube
one-coil transformer Autotransformator, Spartronsformator
one condition Einszustand
one-cylinder Einzylinder
one-digit adder serielles Addierwerk, Einzifferaddierglied, Halbaddierer, Halbaddierwerk, einstelliges Addierwerk, Halbaddierglied, Serienaddierer
one-digit subtractor Halbsubtrahierglied, Halbsubtrahierer, Einziffersubtrahierglied, Subtrahierglied mit zwei Eingängen
one-dimensional eindimensional
one-dimensional deviation eindimensionale Abweichung
one-dimensional expansion eindimensionale Ausdehnung
one-dimensional wave equation eindimensionale Wellengleichung
one-edged einschneidig
one-effect On-Effekt
one-electron bond Einzelelektronenbindung
one-electron energy scheme Einelektronenschema
one-engined einmotorig
one-flow cascade cycle (OFC) Kaskadenkreislauf mit Kältemittelgemisch (Erdgas)
one-fluid cell Flüssigkeitselement
onefrite Quecksilberglanz
one-grid tube or valve Eingitterröhre (Elektron)
one-group approximation Eingruppennäherung
one-group method Eingruppenmethode
one-group model Eingruppenmodell
one-group theory Eingruppentheorie
one-half peak divergence Halbstreuwinkel
one-half peak spread (projector) Halbstreuwinkel
one-headed rail Breitfußschiene, Vignolschiene
one-hour duty cycle einstündige Belastung
one-hour rating output Stundenleistung
one-hour-rating torque Stundendrehmoment
one-hour speed Motordrehzahl bei Stundenleistung

one hundred eighty degree approach (for a landing) Anfluglandemanöver mit gedrosselten Motoren mit 180 Grad Kurve)
one hundred eighty degree "U" turn (for a landing) mit 180 Grad Kurve zum Einschweben
one hundred eighty degree spot landing Ziellandung aus 800 Fuß Höhe mit 180 Grad Kurve
one hundred part, per center hundertstel
one-knick multivibrator monostabiler Multivibrator
one-knob-coil adjustment of tuning Eingriffspulenwechsel
one-level code Maschinencode, Rechnercode
one-level subroutine einstufiges Unterprogramm
one-line machines angeschlossene Geräte
one-man aerial tent Ein-Mann-Zelt für Arbeiten am Luftkabel
one-man shelter tent Einerzelt
one minute turn 180 Grad Kurve in einer Minute
one-out-of-ten code Eins-aus-zehn-Code
one-output Einssignal im Ausgang, Lesespannung bei gespeicherter binärer Eins, Ausgangssignal Eins
one-output signal Signal am Ausgang, Lesespannung bei gespeicherter binärer Eins, Ausgangssignal Eins, Einssignal
one-output signal to partial-output ratio Verhältnis der Ausgangssignale einer Eins und eines teilgelesenen Speicherelements
one-output to partial-output ratio Verhältnis der Ausgangssignale einer Eins und eines teilgelesenen Speicherelements
one-parameter family Einparameterschar
one parameter family of curve einparametrische Kurvenschar
one-part code einstelliges Codebuch
one-part form einlagiges Papier
one-part or -piece einteilig
one-particle Einteilchen (Elektron)
one-particle model Einteilchenmodell
one-pass milling Fräsen in einem Durchgang
one-phase grounding Phasenerdschluß
one-piece blade einteilige Schwertantenne
one-piece blind or curtain-type shutter einteiliger Rollvorhang
one-piece blind shuttle Kühlervorhang
one-piece "blisk" (blades and disk combined) **using highly cambered low-aspect-ratio blades** einteiliges Laufrad mit angegossenen stark gewölbten Schaufeln (Twk)
one-piece crankshaft Kurbelwelle aus einem Stück
one-piece rod type insulator Langstabisolator
one-piece suspension insulator einteiliger Hängeisolator
one-piece wing durchgehende od. ungeteilte Tragfläche
one-plus-one address instruction Eins-Plus-Eins-Adreßbefehl, Zweiadreßbefehl
one-plus-one instruction Eins-Plus-Eins-Adreßbefehl (EDV), Zweiadreßbefehl
one-point end-cell or emergency-cell switch Einfachzellenschalter
one-point scanning Einpunktabtastung
one-position winding Einschichtwicklung, einlagige od. einschichtige Wicklung
one-power magnification Abbildung im Maßstab, Vergrößerung
one-power system optisches System mit Abbildung im Maßstab
one-projector method Bildanhängen (Photogrammetrie)
one-pulse reply Einzelimpulsantwort
one-quarter wave Viertelwellenlänge
one-quarter wave stub Viertelwellen-Stabantenne
one-second intervall Sekundenintervall
one-second pulse Sekundenimpuls
one set-up of work eine Werkstückaufspannung
one-shot Einzelschuß (Röntgenbestrahlung)
one-shot flip-flop Monoflop (EDV)
one-shot lubrication Ein-Druck-Zentralschmierung (w)
one-shot lubricator Einschlagöler
one-shot mission einmaliger Einsatz
one-shot multivibrator monostabiler Multivibrator, monostabile Kippschaltung, monostabile Schaltung, monostabiles Flip-Flop
one-shot operation Einzelschrittbetrieb (Befehl)(EDV), Schrittbetrieb
one-shot process Direktverfahren (Kunststoffverarbeitung), Einstufenverfahren (pla)
one-shot weapon nur einmal einsetzbare Waffe
one-side automatic union melt welding Einseitenschweißverfahren (pla)
one-side relieved wheel Tellerscheibe (Schleifwerkzeug)
one-side tape card einseitige Lochstreifenkarte
one-sided branching einseitiges Abzweigen
one-speed transmission Übertragungsverhältnis, Übertragung Eins-zu-Eins
one-speed transmitter eins-zu-eins Geber
one-spindle check Einspindelwechsler
one-spindle jack Einspindelheber
one-stage image lens einstufige Linse
one-stage resin Resol (Phenolaldehydharz)
one-state Einszustand
one-step method Ein-Schritt-Verfahren
one-stop computerised shopping elektronischer Verkaufsabschluß (Buchung)(av)
one-story furnace Eintageofen
one-stroke lever wind Schnellaufzug (Filmtransport in Kamera)
one-stroked octave eingestrichene Oktave
one-switch international connection Durchgangsverbindung über zwei internationale Leitungen
one-tail test Einsegmenttest
one-tailed test einseitiger Test, Test mit einem Segment
one-time developer Einmalentwickler (Foto)
one-time fuse Schmelzsicherung
one-time pad Schlüsselblock mit endloser Reihe (EDV)
one-time process Schlüssel mit endloser Reihe, erschlüsseln, das ER-Schlüsseln
one-time process system Schlüsselsystem mit endloser Reihe, ER-System
one-time tape Schlüssellochstreifen
one-to-one assembler Eins-zu-Eins-Übersetzer (Befehl)
one-to-one correlation eindeutige Zuordnung

one-to-one sequential doppeleindeutig
one-to-one translator Eins-zu-Eins-Übersetzer
one-to-partial-select ratio Verhältnis der Ausgangssignale eines Eins und eines teilgelesenen Speicherelements
one-to-zero ratio Eins-zu-Null-Verhältnis
one-tube crystal oscillator Einröhren-Quarzoszillator
one-turn coil Einwindungsspule
one-valued eindeutig, einwertig (mathematische Funktion)
one-velocity method Eingeschwindigkeitsmethode
one-water ohne Wasser, trocken
one-way amplifier Einwegverstärker
one-way check valve Einwegrückschlagventil
one-way cock Einweghahn
one-way communication einseitiger Fernmeldeverkehr, einseitiger Informationsfluß, Einwegübertragung
one-way connection einseitig gerichtete Verbindung
one-way conversation Einwegsprechverbindung
one-way coupling Einwegkupplung (Rohrverstärker)
one-way distance-measuring experiment Einwegentfernungsmeßversuchsgerät
one-way flight corridor nur in einer Richtung zu befliegender Luftkorridor
one-way flow Einwegübertragung
one-way flow control valve Drosselrückschlagventil
one-way frequency distribution einseitige Häufigkeitsverteilung
one-way mode Einwegbetrieb, Simplexbetrieb
one-way or outgoing conductor Hinleiter
one-way overrunning clutch Freilauf
one-way pallet Einwegpalette
one-way repeater Einwegverstärker
one-way reversible operation wechselweises Richtungsschreiben
one-way reversible typewriter communication wechselweises Richtungsschreiben
one-way road Einbahnstraße
one-way route Einbahnmarschweg
one-way search Stichfahrt in einer Richtung (Minensuche)
one-way shutoff coupling Einwegkupplung mit Absperrung (Rohrverbindung)
one-way simultaneous telephone conversation Einweggespräch
one-way switch Richtungsschalter (Diode)
one-way traffic Einbahnmarschweg, Einbahnverkehr, einseitiger Verkehr
one-way transfer Einwegtransfer (Übertragungstechnik)
one-way transmission Einwegübertragung
one-way transmission loss Einwegübertraguns-verlust
one-way typewriter communication Richtungsschreiben
one-way valve Einwegventil
one-way W/T einseitiger Funkverkehr (Sprech- u. Tastfunk)
one who has right-of-way Vorfahrtberechtigter
one-wing heavy querlastig
one-wire circuit Einfachleitung
one-word memory register Einwortregister

ONERA officer national d'etudes et de recherches aerospatiales
ones complement Einerkomplement, Einserkomplement
oneshot monostabil
oneshot operation Einzelschrittbetrieb
ongoing actitivity ablaufender Vorgang
online On-Line
onloading time Verladezeit
ONR office and naval research
ONR operational nonradar-directed flight
onset of a sound Klangeinsatz
onset of cure Anvulkanisation
onset of 9G Aufbau der Beschleunigungskräfte (Twk)
onsetter Aufschieber (Schachtförderung)
onshore current auflandige Strömung
onshore drilling Festlandbohrung (Erdöl)
onshore wind auflandiger Wind
onslaught of armor Panzerangriff
onspeed Geschwindigkeit od. Drehzahl entspricht dem gewollten Wert
ontos Jagdpanzer
onyard routing instruction Weganweisung für Weiterreise
oolitic limestone oolithischer Kalkstein
ooze out, to heraussickern
OPA opaque, with type of ice formation OPA (Trübe, mit Angabe der Eisbildung)
OPAAS optimum aircraft armament system
opacifier Trübungsmittel
opacimeter Trübungsmesser
opacity Lichtundruchlässigkeit, Opazität, Deckkraft (Farbe), Strahlungsundurchlässigkeit, Undurchsichtigkeit
opalescent opalisierend, schillernd
opalescent glass mitteltrübes Glas
opaque undurchsichtig, undurchlässig, opak, licht- u. strahlungsundurchlässig, farbdeckend
opaque a negative, to ein Negativ ausdecken
opaque body lichtundurchlässiger Körper
opaque coating deckender Überzug
opaque coating, to give an deckend streichen
opaque color Deckfarbe (Foto)
opaque meal Kontrasteinlauf, Kontrastfüllung
opaque projector Episkop
opaque shade gedeckter Farbton
opaque wedge Dunkelsektor (Sidewinder)
OPAWS optimum aircraft weapons system study
OPC optical pulse compression (radar)
OPCODE Operations Code
OPCON Operational Control
open (fire control order) Fächer weit ("Fächer weit!")
open account ungedecktes Konto (komm)
open annealing das Blauglühen
open air im Freien befindlich
open antenna Hochantenne, offene Antenne
open area unbesiedeltes, offenes Gebiet
open-beam rate Zählrate bei offenem Strahlenbündel
open bubble offene Blase (Oberflächenpreßfehler)
open-burning coal Gasflammkohle
open cell offene Zelle
open cells sponge offenzelliger Schaum (Kunststoffverarbeitung)

open-cells structure offenporig
open-center display PPI-Schirm mit Nullkreisdarstellung
open center type slide valve Kolbenschieber mit Innenleitung, Umsteuerschieber mit freiem Durchlauf bei Mittelstellung, Dreifachschieber
open circuit offener, unterbrochener Kreis
open-circuit alarm device Arbeitsstrom-Alarmgerät
open-circuit alarm system Alarmeinrichtung mit Arbeitsstrom
open-circuit armature Anker mit offener Wicklung
open-circuit battery Batterie für kurzzeitigen Betrieb
open-circuit characteristic Leerlaufkennlinie
open-circuit current VFT Arbeitsstrom-WT
open circuit hall voltage Leerlauflaufhallspannung (Feldplatte)
open-circuit impedance Leerlaufimpedanz, Leerlauf(schein)widerstand
open-circuit jack Klinke deren Kontakt im Ruhezustand geöffnet ist
open-circuit loop offener Regelkreis, offene Schleife
open-circuit loss Leerlaufverlust
open-circuit operation Arbeitsstrombetrieb
open-circuit parenthesis klinkende Klammer, Klammer auf
open-circuit routine Eröffnungsroutine, Open-Routine
open circuit shop Eigentestbetrieb, offener Betrieb
open-circuit stable leerlaufstabil
open circuit system Arbeitsstromsystem
open circuit voltage Ruhespannung, Leerlaufspannung
open-circuit winding offene Wicklung
open-circuit working Arbeitsstrombetrieb
open coil armature winding offene (Anker)-wicklung
open combustion chamber Verbrennungsraum für direkte Einspritzung
open core offener Kern
open-core transformer Transformator mit offenem Eisenkern
open culvert Querrinne
open cut offener Einschnitt od. Tiegel
open-diaphragm loudspeaker Lautsprecher ohne Schallstrahler
open die zweiteiliges Gesenk
open-ended erweiterbar, ausbaubar, Bezeichnung für ein erweiterbares System
open end program offenes Lehrprogramm
open-end ratchet wrench Ratschenmaulschlüssel
open-end wrench Gabelschlüssel
open-faced die Stanzform auf massivem Stahl, Stanzmesser
open feeder Stichleitung
open filament Heizfadenbruch
open fire, to Feuer eröffnen
open flank offene Flanke
open flash Offenblitzverfahren (Lubi)
open-flash technique Offenblitzverfahren (Lubi)
open girder type aufgelöste Bauweise
open-hearth Siemens-Martin-Ofen
open-hearth pig iron Siemens-Martin-Roheisen
open-hearth practice Siemens-Martin-Betrieb
open-hearth process Herdofenprozeß
open-hearth refining Herdfrischen
open-hearth steel Herdfrischstahl, Siemens-Martin-Stah
open hole packer zylindrischer Bohrlochpacker
open jaw trip Gabelflug
open jet wind tunnel Freistrahlwindkanal
open lattice work Kreuzgitter
open line Freileitung
open line balancing network Freileitungsnachbildung
open line construction Freileitungsbau
open loop Open-Loop, Steuerung, offene Schleife, offener Regelkreis
open-loop control Steuerkette, Steuerung
open-loop system offenes System, offen prozeßgekoppelter Betrieb, Open-Loop-Betrieb, prozeßgekoppelt-offener Betrieb
open-mined unbefangen, vorurteilsfrei
open number (tape relay) offene Nummer (Lochstreifenverfahren)
open of the public zugelassen für den öffentlichen Verkehr
open or broken critical circuit offener kritischer Stromkreis
open order offene Bestellung
open Palmer scan offene Palmer-Abtastung
open-phase protection Leiterbruchschutz
open pilot's cockpit offener Führersitz
open-pore offenporig
open reduction operative Reposition, operatives Einrichten (Gerätetechnik)
open resistance unendlicher Widerstand(swert)
open routine offenes Programm, Open-Routine
open sand offener Sand
open sand casting Herdguß
open sand mold Herdgußform
open sand molding Herdformerei
open seam tubing offenes Rohr mit einer Naht
open section offenes Profil
open shop Open-Shop-Betrieb, Rechenzentrumsbetrieb mit Zulassung externen Personals
open sight Norvisier
open sight for heavy guns for close range finding Nahfeuervisier
open-sight searching telescope Sucherfernrohr
open sports airplane offenes Sportflugzeug
open standard section offenes Normalprofil
open statement Eröffnungsbefehl, Eröffnungsanweisung (COBOL), Dateieröffnungsanweisung
open stope versatzloser Abbaufirst
open storage Lagerung im Freien
open string offene Zeichenreihe (ALGOL)
open subroutine offenes Unterprogramm
open tail Gitterschwanz (av)
open the engine full-out, to Vollgas geben
open the parachute den Fallschirm öffnen
open the throttle, to Gas geben, Vollgas
open the throttle fully Vollgas geben
open-top shielded enclosure oben offene Schutzkammer
open-tube cooling Open-Tube-Kühlung
open two-seater offener Zweisitzer
open type cell offene Zelle
open type motor offener Motor
open up, to aufweiten (Rohr), sich öffnen

open up the engine, to Gas geben
open warehouse inventory offene Bestandsaufnahme, Inventur (komm)
open-water discrimination Entfernungsmeßgenauigkeit auf freiem Wasser
open wave grobes Gewebe
open wind tunnel Freistrahlwindkanal
open-wire circuit oberirdische Freileitung
open-wire line Freileitungslinie, Luftlinie, oberirdische Leitung
open-wire system Freileitungsanlage
open-wire telegraphy Freileitungstelegraphie
open-wire telephone line Fernsprechfreileitung
open wound coil Schlitzspule
opening Entfaltung (Fsch), Erörterung, Öffnung, Öffnen, Abbaustrecke
opening action Öffnungsvorgang (Fsch)
opening and closing the valve Öffnen u. Schließen des Ventils
opening button Druckknopfschalter zum Öffnen (Fsch)
opening, clean out Reinigungsöffnung
opening for changing (the workload) Einfüllöffnung für die Nutzlast
opening in the roof Dachluke
opening in the side of the cutting bit Spülloch im Bohrmeißel
opening of fire Feuereröffnung
opening of groove Kaliberöffnung
opening of the bore hole Mündung od. Mundloch der Bohrung, Tragkranzbohrung
opening pressure Öffnungsdruck (Ventil)
opening release Auslöser zum Aufschalten
opening retability Zuverlässigkeit des Füllungsvorgangs (Fsch)
opening shock Öffnungsstoß, Entfaltungsstoß
opening shock factor Entfaltungsstoßfaktor (Fsch)
opening time Ausschaltverzug, Entfaltungszeit, Öffnungsdauer
opening valve Öffnungsventil
opening voltage Öffnungsspannung
openings in the cutting bit Spüllöcher im Bohrmeißel
openside plane Einständerhobelmaschine (Werkzeug)
operability Funktionsfähigkeit
operable betriebsfähig, betriebsklar
operable program ladefähiges Programm, ablauffähiges od. ablaufbereites Programm
operable temperature range Temperaturbereich der Betriebsfähigkeit
operable, to make klarmachen (Gerät)
operand Datenteil, Operand, Rechengröße
operand address Operandenadresse, Datenadresse (dig)
operand channel Operandkanal, Datenkanal
operand conditioning instrumentale Konditionierung
operand entry Operandeneintrag
operand field Operandenfeld, Parameterfeld, Operandenteil
operand, fixed-length Operand fester Länge
operand, immediate Direktoperand
operand, instruction-specific...section befehlsgebundener Operandenteil
operand, optional wahlweiser Parameter
operand part Operandenteil, Operandenfeld
operand portion Operandenteil, Operandenfeld
operand register Operandregister (dig)
operand section Operandenfeld, Operandenteil
operand separator Operandentrennungszeichen
operand sublist unterteilter Operand (Makrosprache)
operand, variable-length Operand variabler Länge
operant operatives Verhalten (päd)
operant conditioning instrumentale od. operationale Konditionierung, Lernen am Erfolg
operant learning operatives Lernen (päd)
operate arbeiten (mechanisch), bedienen, betätigen, betreiben, handhaben, funktionieren, mechanisch einwirken
operate above capacity Überlasten (Maschine, Motor usw)
operate by remote control fernbedienen
operate characteristic Ansprechbedienung
operate curfew-free, to keine Nachtflugbeschränkung
operate mode Betriebsart Rechnen
operate switch Betriebsschalter
operate the nose landing gear, to betätigen des Bugfahrwerks
operate time Ansprechzeit (Relais)
operated by cables (flaps) durch Kabel betätigt
operated by lead-screw durch Leitspindel betätigt (w)
operated by means of tierods (flaps) durch Gestänge betätigt
operated inverted umgekehrt arbeitend od. betrieben
operating ability Betriebsfähigkeit
operating adjustment Arbeitseinstellung
operating agency representation Vertretung einer aktiven Agentur
operating angle (electron) Arbeitswinkel, Phasenanschnittwinkel
operating angle of attack range Anstellwinkelbereich
operating, anticipated...conditions zu erwartende Betriebsbedingungen
operating arm Berichtigungshebel, Betätigungsarm
operating budget Budget od. Haushaltsetat für Betriebsausgaben (komm)
operating cable Steuerseil
operating characterstic Betriebsmerkmal, Arbeitsweise, Betriebsverhältnis, Annahmekennlinie (OC)(Statistik)
operating characteristic curve Annahmekennlinie (Qualitätskontrolle)
operating circuit Arbeitsstromkreis, Betriebsstromkreis
operating coil Arbeitsspule
operating communication Betriebsmitteilung
operating, complementary negierte Operation od. Verknüpfung
operating condition Betriebsart, Arbeitsweise, Betriebsweise, Arbeitsbedingung, Betriebsbedingung, Betriebsverhältnis
operating contact Arbeitskontakt, Schließer
operating control Ablaufsteuerung, Betriebskontrolle
operating control point (rail) Betriebsstelle
operating costs Betriebskosten, Herstellungs-

kosten, Verarbeitungskosten
operating costs accounting Betriebskostenabrechnung
operating costs calculation Betriebskostenberechnung (komm)
operating costs estimate Betriebskostenschätzung (komm)
operating costs per ATM Betriebskosten angegebener Tonnenmeilen
operating costs per RTM Betriebskosten verkaufter Tonnenmeilen
operating costs per product unit Betriebskostenanteil je Produkteinheit
operating current Arbeitsstrom, Betriebsstrom
operating cycle Arbeitsgang, Arbeitsperiode, Arbeitsspiel, Arbeitszyklus, Arbeitsprozeß
operating cylinder Betriebszylinder, Arbeitszylinder
operating delay Verlustzeit durch Fehlbedienung
operating department Flugbetriebsabteilung
operating differential Schaltdifferenz
operating duty Betriebsbeanspruchung
operating economics wirtschaftlicher Betrieb, Betriebsersparnis, Betriebswirtschaftlichkeit
operating efficiency betriebliche Leistungsfähigkeit, Betriebsleistung (Gerät)
operating efficiency statistics Betriebsleistungsstatistik
operating element Betriebselement
operating empty weight Betriebsleergewicht, Betriebsleermasse
operating environment betriebsabhängige Bedingungen, Einsatzbedingungen
operating equipment Bedienungseinrichtung
operating error Bedienungsfehler
operating expenses Betriebsaufwand, Betriebsaufwendung, Betriebsausgaben
operating experience Betrieberfahrung
operating facilites betriebliche Einrichtungen
operating figures Betriebskennzahlen
operating fluid Arbeitsflüssigkeit
operating frequency Betriebsfrequenz (Radar)
operating handle or lever Bedienungshaken
operating handwheel Bedienungsrad
operating hours meter Betriebsstundenzähler
operating installation Betriebseinrichtung
operating instruction Betriebsanweisung (Handhabung des Geräts)
operating knob Bedienungsknopf
operating level Ansprechpegel, Antriebshebel, Bedienungshebel, Betriebshebel, Steuerhebelvorrichtung
operating limitation betriebliche Begrenzung
operating load Betriebsbeanspruchung
operating loss Betriebsverlust
operating magent Stellmagnet, Stellzylinder
operating maintenance Instandsetzung u. Unterhaltung, nach Bedarf durchgeführte Instandsetzung
operating manual Betriebsanleitung, Betriebsanweisung
operating method Betriebsverfahren, Arbeitsweise, Arbeitsverfahren, Arbeitsmethode
operating mode Betriebsart, Arbeitsmodus, Bereichsmodus
operating mode selection Betriebsartenwahl
operating number Befehlsnummer, Operationsordnungszahl
operating of switches Weichenstellung
operating parameter Betriebsparameter
operating personnel Bedienungspersonal
operating piston Regelkolben, Schaltkolben
operating piston-powered kolbenmotorgetrieben (Twk)
operating platform Manöverierstand (Schiff)
operating plunger (time relase unit) Auslösebolzen (Auslösezeitwerk)(Zeitzünder)
operating point Arbeitspunkt, Ruhepunkt
operating pole or rod Schaltstange
operating position Arbeitsplatz, Arbeitspunkt, Arbeitsstellung
operating practice Arbeitsverfahren (FS-Betrieb)
operating pressure Arbeitsdruck am Werkstück
operating principle Arbeitsprinzip, grundsätzliche Arbeitsweise (am Gerät), Arbeitsmethode
operating procedure Betriebsverfahren (FS)
operating profit Betriebsgewinn, Betriebsergebnis, Betriebsüberschuß (komm)
operating quadrant Arbeitsbereich
operating range Betriebsbereich, Fahrbereich, Flugbereich, Einsatzreichweite (Waffen)
operating ratio effektiver Betriebsfaktor, Wirkungsgrad
operating reactance Potier-Reaktanz
operating register Arbeitsregister
operating register pair Arbeitsregisterpaar
operating regulation Betriebsordnung
operating relation Arbeitsverhältnis (vom Werkstück zum Werkzeug)
operating result (scheduled and character) Verkehrsstatistik (planmäßiger und bedarfsmäßiger Verkehr), Betriebsergebnis
operating revenues Betriebseinnahmen, Betriebserträge, Verkehrserträge
operating revenues per RTM Betriebseinnahmen, verkaufter Tonnenmeilen
operating rod Stoßstange
operating room Bedienungsraum
operating sequence Arbeitsfolge
operating service Betriebsdienst (innerdeutscher Verkehr)
operating side Verkehrsseite
operating speed Arbeitsgeschwindigkeit, Operationsgeschwindigkeit (dig), Marschgeschwindigkeit (milit), Marschdrehzahl (av), Reisegeschwindigkeit (zivil), Reisedrehzahl (av)
operating speed of silicon-based device, IGHz is the theoretical upper limit for the... 1 GHz ist die theoretische Höchstgeschwindigkeit vom Siliziumchip (av)
operating speed ICs made of silicon Siliziumchip-Rechengeschwindigkeit (av)
operating staff Bedienungspersonal, Betriebspersonal
operating state Arbeitszustand, Betriebszustand (Gerät)
operating state message Betriebszustandsmeldung
operating state sequence register Betriebszustandsfolgeregister
operating state signal Betriebszustandsmeldung
operating stress Betriebsbelastung

operating station Radarlotsenstation (ATC)
operating supervision betriebliche Überwachung
operating switch Betriebsartenschalter (Gerät)
operating system Betriebssystem (BS), Systemprogramm (EDV)
operating system, basic grundlegendes Betriebssystem
operating system residence Betriebssystem-residenz
operating system support Betriebssystem-unterstützung
operating temperature Betriebstemperatur (dig)
operating temperature range Arbeitstemperaturbereich, Betriebstemperaturbreich
operating the transmitter at high modulation percentage Durchmodulierung des Senders
operating time Arbeitszeit (als Kostenfaktor), Betriebsdauer, Betriebszeit (Gerät), Operationszeit (im Rechner), Herstellungsdauer (Material)
operating transmitter Betriebssender
operating troubles Betriebsschwierigkeiten, Betriebsstörungen
operating value Ansprechwert, Arbeitswert
operating valve clearance Betriebsventilspiel
operating voltage Arbeitsspannung, Betriebsspannung, Bedienungsspannung, Brennspannung
operating voltage unit Bedienspannungsgerät
operating wave length Betriebswellenlänge (Radar)
operating weight Betriebsgewicht, Einsatzgewicht, militärisches Betriebs(leer)gewicht
operating weight empty Betriebsleergewicht
operating winding Erregerspule, Erregerwicklung
operation (Rechen)Operation (dig), Betrieb (Gerät), Arbeitsweise (Vorrichtung), Betätigung (Relais)
operation action Gefechtshandlung
operation, AND UND-Verknüpfung
operation and maintenance typewriter Bedienungs- u. Wartungsblattschreiber
operation, AND NOT Inhibition
operation, arithmetic arithmetische Operation, Rechenoperation
operation array Operationsfeld
operation at normal rating Nennbetrieb
operation, auxiliary Hilfsoperation
operation, average calculating durchschnittliche od. mittlere Rechenoperation, gemittelte Rechenoperation
operation away from base support stützpunktunabhängig
operation, binary binäre Operation, Dualoperation, binäre arithmetische od. dyadische Operation, dyadische Verknüpfung, Binäroperation
operation, binary Boolean dyadische boolesche Operation od. Verknüpfung
operation bit Betriebsbit
operation, Boolean boolesche Operation od. Verknüpfung
operation calculating Rechengang
operation characteristic Laufeigenschaft, Kennkurve (Radar)
operation checkout Ausprüfung, Prüffeldabnahme, Funktionsprüfung
operation circuit Arbeitsstromkreis, Betriebsstromkreis
operation code Befehlsteil, Befehlsschlüssel, Operationscode, Operationsteil (eines Befehlsworts)(dig), bedingter Befehl (päd)
operation code register Operationscodierregister
operation code trap nicht decodierbarer Operationsteil
operation, complementary negierte Operation od. Verknüpfung
operation complete Operation "beendet"
operation, complete Volloperation, vollständige Operation
operation computer Maschinenoperation, Rechnerfunktion, Rechneroperation
operation, continuous (duty) Dauerbetrieb
operation control Operationssteuerung, Einsatzkontrolle
operation control key (OCK)(computer) Funktionstaste
operation, counting Zähloperation, Zählvorgang
operation cycle Arbeitszyklus
operation, dagger NAND-Verknüpfung, NAND-Funktion, negierte Konjunktion
operation decoder Operationsumwandler, Betriebsdecodierer
operation-dependent arbeitsgangabhängig
operation drawing Fertigungsablaufzeichnung
operation, dual logischduale Operation
operation, dyadic dyadische Operation od. Verknüpfung
operation, dyadic Boolean dyadische boolesche Operation od. Verknüpfung
operation, elementary (EO) Elementaroperation
operation entry Operationseintrag, Bedienungseintrag
operation exception Operationsausnahmebedignung (EDV)
operation, extended mnemonic...code erweiterter mnemotechnischer Operationscode
operation field Operationsfeld, Arbeitsfeld
operation, fixed point Festkommaoperation, Festpunktoperation
operation, fixed-cycle Arbeitsweise mit festem Takt od. Zyklus, Operation mit festem Zyklus
operation, floating-point Gleitkommaoperation, Gleitpunktoperation
operation flow chart Arbeitsablaufdiagramm
operation, hardware festverdrahteter Funktionsablauf
operation, home-loop Lokalverarbeitung
operation, housekeeping organisatorische Operation
operation, illegal unzulässige Operation
operation in parallel Parallelbetrieb
operation, input/output Ein-/Ausgabeoperation
operation, interruption of Betriebsunterbrechung
operation, iterative iteratives Rechnen
operation limites Operationsabschlußsignal
operation limits Betriebsgrenzwerte
operation, line-loop Fernverarbeitung
operation, logic funktionelle Operation, logische Operation od. Verknüpfung
operation, machine Maschinenoperation,

Rechnerfunktion, Rechneroperation
operation, manual manueller Betrieb, manuelle Bedienung
operation material stores Betriebsmateriallager
operation, memory Speicheroperation
operation, method of Betriebsart, Betriebsmethode
operation mode Betriebsart, Funktionsart
operation mode program Prüfprogramm zum Hauptprogramm
operation mode register Operationsmodusregister
operation mode routine Prüfprogramm für das Hauptprogramm (im Rechner)
operation, monadic monadische Operation od. Verknüpfung
operation monitor Funktionswächter (Rechner)
operation, multi-mode Betrieb mit mehreren Arbeitsgängen od. Arbeitsweisen
operation, multiple track Mehrspuroperation, Mehrfachspur-Operation
operation, multi-task Mehrprozeßbetrieb
operation, NAND NAND-Verknüpfung, NAND-Funktion, negierte Konjunktion
operation, NOR NOR-Verknüpfung
operation, NOT boolesche Komplementierung, NICHT-Verknüpfung, Negation, Inversion
operation not complete Operation "nicht beendet"
operation number Arbeitsgangnummer (lo), Operationsnummer (dv)
operation of an airline Betrieb einer Luftlinie
operation of an automatic-pilot Flugdurchführung der automatischen Steuerung (od. Autopilot)
operation of the aircraft Betrieb des Luftfahrzeugs
operation of the stability augmentation systems in automatic gains Flug mit eingeschaltetem Stabilisierungssystem bei automatischer Verstärkungsanpassung
operation of the variable wing sweep Schwenken des Tragwerks
operation office Betriebsleitung
operation, off-line indirekter od. rechnerunabhängiger Betrieb, Off-Line-Betrieb
operation on the high seas Hochseeoperationen (milit)
operation, one-shot Einzelschrittbetrieb, Schrittbetrieb
operation, on-line direkter od. rechnerabhängiger Betrieb, On-Line-Betrieb
operation, OR Disjunktion, ODER-Verknüpfung
operation, overhead organisatorische Operation
operation, parallel Parallelbetrieb
operation part Operationsteil (eines Befehls), Realzeitbetrieb, schritthaltender Ablauf
operation procedure Betriebsverfahren
operation process chart Arbeitsablaufdiagramm
operation rate Operationsgeschwindigkeit, Arbeitsablaufgeschwindigkeit
operation ratio Wirkungsgrad (Rechner), effektiver Betriebsfaktor
operation, real-time Echtzeitbetrieb, Realzeitarbeitsablauf
operation record Arbeitsfolgeplan (komm)
operation, red-tape organisatorische Operation
operation register Operationsregister (dig)
operation registry Arbeitsarchiv
operation reports to management Erfolgsberichte an Geschäftsleitung
operation requires that the engine-mounting Teilremotorisierung (Flugzeugkonfiguration)(av)
operation, routine test Routinetestbetrieb
operation, scheduled planmäßige Betriebszeit
operation scheduling Arbeitsvorbereitung
operation sequence Befehlsfolge
operation, sequential folgegebundener Ablauf
operation, serial Serienbetrieb
operation, serial-parallel Serienparallelbetrieb
operation sheet Betriebsabrechnungsbogen, Bearbeitungsplan (Fertigung)
operation, simultaneous Simultanarbeit, Mehrprogrammverarbeitung, Programmverzahnung, Simultanverarbeitung
operation, single Einzelbetrieb, Einzelverarbeitung
operation, single-step Einzelschrittbetrieb, Schrittbetrieb
operation speed Arbeitsablaufgeschwindigkeit, Betriebsgeschwindigkeit (Gerät)
operation state register Betriebszustandsregister
operation state signal Betriebszustandsmeldung, Betriebszustandssignal
operation, step-by-step Einzelschrittbetrieb, Schrittbetrieb
operation, storage Speicheroperation, Speicherverarbeitung
operation, symbolic symbolische Operation od. Verarbeitung
operation system Sofortverarbeitungssystem
operation, test Testoperation, Testverarbeitung, Einsatzprüfung
operation time Laufzeit, Operationszeit (dig)
operation time counter Betriebsstundenzähler
operation, transfer Übertragungsoperation
operation, unary monadische Operation od. Verknüpfung (Befehl)
operation under unusal conditions Einsatz unter besonderen od. normalen Bedingungen
operation, utility Hilfsoperation
operation, variable cycle Arbeitsweise mit variablem Takt, Asynchronbetrieb
operation will break even kostendeckender Betrieb
operation winding Erregerspule
operational arbeitsfähig, betriebsfähig, betriebsbereit, betriebsmäßig, einsatzbereit, einsatzfähig, einsatzreif, funktionell, funktionsfähig (Gerät), präsent, betriebsbedingt, operativ
operational accessory Betriebszubehör
operational accounting Betriebsabrechnung, Betriebsbuchführung
operational adjustment taktische Einstellung (U-Mine)
operational adventage Betriebsvorteil
operational advice Einsatzberatung
operational aerodrome Einsatzflughafen
operational air traffic operationeller Flugverkehr, Einsatzflug (AIP)
operational airbase command Einsatzhafenkommandantur
operational aircraft Einsatzflugzeug, einsatzfähiges Flugzeug

operational airfield Einsatzflugplatz, Feldflugplatz, Gefechtslandeplatz
operational altitude betriebssichere Flughöhe, Dienstgipfelhöhe (Flz), Einsatzflughöhe
operational amplifier Operationsverstärker, Rechenverstärker, Funktionsverstärker
operational analysis analytische Arbeitsuntersuchung
operational area Stellungsbereich (FK-Stellung), Betriebsbereich, Operationsraum, Operationsgebiet (milit)
operational availability einsatzmäßige Verfügbarkeit
operational basic network Einsatzstammnetz
operational brevity code operationeller Kürzungscode
operational building Betriebsgebäude
operational calculus Operatorenrechnung
operational capability Einsatzfähigkeit (Gerät), Kampfleistungsfähigkeit (milit)
operational ceiling Dienstgipfelhöhe (av)
operational characteristics Betriebsmerkmale, betriebliche Merkmale, Einsatzmerkmale, Leistungsmerkmale, Wirkungsweise (U-Mine)
operational chart Arbeitsablaufplan, Arbeitsablaufschema, Schaubild für Funktionsablauf, Ablaufschaubild, Schaubild
operational check Funktionsprüfung, Arbeitsablaufprüfung
operational checkout Funktionsprüfung, Arbeitsablaufprüfung
operational command Operationsbefehl
operational concept Einsatzkonzeption, Operationskonzeption
operational condition Betriebszustand, Einsatzbedingung
operational control Betriebsflugleitung, Betriebskontrolle (ICAO), Leitung der Flugdurchführung (Ö), Betriebseinrichtung
operational control communication Fernmeldeverbindung für Flugbetriebsleitung
"Operation Control" official term for company communications **"Operation Control"** Fachausdruck für den unternehmensinternen Funkverkehr (av)
operational coverage Betriebsreichweite
operational cycle Schaltablauf, Einsatzturnus
operational data Arbeitsdaten, Funktionsablaufdaten, betriebstechnische Daten, Einsatzdaten (U-Mine)
operation date Zeitpunkt der Einsatzbereitschaft
operational decode Operationscodeumsetzer (dig)
operational deficiency betriebliche Mängel
operational dependability Betriebssicherheit, betriebsmäßige Verlässlichkeit
operational deployment kriegsmäßiger Einsatz
operational depth Einsatztiefe (Torpedo)
operational description Funktionsbeschreibung, Arbeitsanleitung
operational development force Entwicklungskommando
operational device einsatzreifes Gerät
operational direction Verstellrichtung
operational directive operative Weisung
operational distortion Arbeitsverzerrung
operational doctrine Einsatzdoktrin, Führungsgrundsätze, operative Grundsätze
operational down-time betriebliche Ausfallzeit
operational drawing Funktionszeichnung
operational ECM staff ELOGM-Einsatzbetrieb
operational economy all-round allgemeine Betriebswirtschaftlichkeit
operational effectiveness Kampfwert, Operationswirksamkeit (U-Mine)
operational efficiency Betriebseffekt, Nutzeffekt
operational electrode Arbeitselektrode
operational element Einsatzverband
operational empty weight Betriebsleergewicht
operational engineer Bordingenieur, Bordmechaniker
operational environment Einsatzbedingungen, Auftragsräume
operational equipment betriebsklares Gerät, einsatzbereites Instrument
operational essential item funktionswichtiger Artikel
operational evaluation Betriebsauswertung (komm), Flottenerprobung (milit), Truppenerprobung (milit)
operational evaluation test Prüfung der betrieblichen Leistung
operational evaluation trials Erprobung der Einsatzfähigkeit
operational exercise Einsatzübung (milit)
operational expenditure Betriebsausgaben
operational experience Betrieberfahrung (komm), Einsatzerfahrung (milit)
operational factor funktioneller Gesichtspunkt, operationeller Faktor
operational features Betriebsmerkmale
operational flexibility Anpassungsfähigkeit im Betriebsverhalten (Gerät), Betriebsflexibilität (komm), Bedienungskomfort (komm), Einsatzflexibilität (milit)
operational flight operationeller Flug
operational flight plan Betriebsflugplan (S), Flugdurchführungsplan (D)
operational flow sheet Betriebsfließschema
operational flying unit fliegender Verband (milit)
operational forces Einsatzkräfte (milit), Präsenzverbände (milit)
operational formation Einsatzverband
operational frequency Arbeitsfrequenz, Funktionsfrequenz
operational function Betriebsfunktion
operational gain Betriebserlös
operational game Einsatzspiel, operationelles Spiel (milit)
operational guidance Richtlinien für Betriebsfunktion eines Geräts
operational guide line Richtlinie für den Einsatz
operational hardware für den Betrieb geeignetes Gerät
operational hazards Betriebsgefahren
operational height Dienstgipfelhöhe, Einsatzgipfelhöhe
operational helo, lowest vibration of any niedrigster Schwingungspegel des Einsatzhubschraubers

operational hours Betriebsstunden, Betriebszeit
operational immediate (prosign O) Vorrangsbezeichnung 0
operational information Wetterauskunft für den Flugbetrieb
operational inspection Betriebsinspektion
operational intelligence Erkenntnisse für den Einsatz
operational intensity Kampfintensität (milit)
operational intensity rate Einsatzleistungsquote, Einsatzintensitätsquote (Geräte)
operational interchangeability betriebliche Austauschbarkeit
operational inventory (of equipment) Einsatzbestand (von Geräten)
operational jump Fallschirmsprungeinsatz
operational landing weight zulässiges Landegewicht
operational life Betriebslebensdauer
operational limitation Betriebsbegrenzung, Einsatzbeschränkung (UW-Mine)
operational maintenance Wartung während der Betriebszeit
operational meteorological information meteorologische Flugbetriebsinformation od. Luftfahrtbetriebsinformation
operational method Betriebsverfahren
operational performance category Betriebsleistungskategorie (ILS)
operational phase Betriebsabschnitt, Arbeitsphase
operational plan Aufmarschplan
operational planning betriebliche Planung
operational preparation Einsatzvorbereitung
operational procedure Arbeitsablauf, Betriebsablauf
operational process betrieblicher Ablauf
operational range Einsatzreichweite
operational readiness Betriebsbereitschaft, Einsatzbereitschaft
operational ready rate Klarstand
operational receiver margin Betriebsspielraum
operational recovery Bergungsoperation (mit Rettungshubschrauber)
operational regulations and environment luftrechtliche Gesetzgebung(av)
operational reliability Betriebszuverlässigkeit
operational requirement betriebliche Erfordernis
operational reserve Gangreserve
operational route analysis Streckenbetriebsanalyse
operational safety Betriebssicherheit
operational satellite operationeller Satellit
operational sequence Betriebs-, Arbeitsablauf
operational servo Operationsservo (Verstärker)
operational sign Rechenvorzeichen
operational stage Einsatzreife, Operationsabschnitt (milit)
operational standby program Programm des Reserverechengerätes
operational status Betriebszustand (Gerät)
operational status message Betriebsmeldung
operational summing amplifier Summenverstärker
operational take-off weight zulässiges Startgewicht
operational temperature range Einsatztemperaturbereich
operational test Funktionsprüfung, Einsatzprüfung (milit)
operational testing Einsatzerprobung (milit)
operational thinking operationales Denken (päd)
operational utility problem Betriebsversorgungsproblem
operationalism Operationalismus
operationally proven surveillance system einsatzerprobtes Überwachungssystem
opernationally significant einsatzwichtig
operations letter FS-Betriebsanweisung
operations manual Betriebshandbuch
operations monitor alarm Betriebsüberwachungsalarm
operations of drilling Bohrarbeiten
operations order Operationsbefehl
operations plan Einsatzplan, Operationsplan
operations planning Betriebsplanung
operations recorder Betriebsschreiber, Meßschreiber
operations research (OR) Ablauf- u. Planungsforschung, Operations-Research, Unternehmensforschung, betriebliche Verfahrensuntersuchung (BVU), mathematische Entscheidungsungsforschung, Optimalplanung, Operationsforschung
operations room Bedienungsraum
operations scheduling Arbeitsplanung, Arbeitsvorbereitung (meist zeitlich)
operations section Betriebsabteilung
operations, sequence of Operationsfolge
operations speed Operationsgeschwindigkeit
operatrive in Betrieb befindlich, wirksam, funktionsfähig
operative condition Arbeitsbedingung, Betriebsart, Betriebsbedingung, Betriebsweise
operative delay Verlustzeit durch Fehlbedienung
operative personnel Bodenpersonal
operative position Arbeitslage
operative range Arbeitsbereich, Einsatzbereich
operative speed Betriebsdrehzahl
operator Bedienerperson, Bedienungsperson, Anlagenbediener, Bediener, Operationszeichen, Maschinenbediener, Operationssymbol, Operator
operator action Maßnahme des Operators
operator, adding Summationsoperator (ALGOL), Summationssymbol
operator, airplane Flugzeughalter
operator amplifier Operatorverstärker
operator, arithmetic arithmetischer Operator, arithmetisches Operationszeichen
operator, binary Binäroperator
operator, Boolean boolescher Operator, boolesches Operationssymbol
operator call Bedienungsanruf, Bedienungsanforderung, Bedienungsaufruf
operator, central...console zentraler Bedienplatz
operator command Operatorbefehl
operator, complementary komplementärer Operator
operator, computer-oriented...control rechentechnische Bedienung
operator console typewriter Bedien(ungs)blattschreiber
operator-control assembly Rechnersteuerbaugruppe (Sergeant)

operator control panel Bedienungsfeld, Bedienungspult, Steuerpult, Konsole, Bedienerkonsole, Bedienersteuerpult
operator control routine Bedienungsprogramm
operator device Bedienungsgerät
operator, exchange-oriented...control (EOOC) vermittlungstechnische Bedienung
operator in-charge Apparaturaufsicht, Gruppenführer
operator input Bedienungseingabe
operator input/output Bedienungs-Ein-/Ausgabe
operator input/output program Bedienungs-Ein-/Ausgabeprogramm
operator intercepting (telephone) Bescheidansage durch Bedienung
operator intervention Eingriff des Operators, manueller Eingriff
operator logical boolescher Operator, boolesches Operationssysmbol
operator message Operatormeldung, Operateurmeldung (Meldung an den Operateur)
operator, multiplying Multiplikationsoperator (ALGOL), Multiplikationssymbol
operator panel Bedienungsfeld
operator part Operatorteil
operator program Bedienerprogramm
operator, relational Vergleichsoperator, Vergleichssymbol, Vergleichszeichen, Verhältnisoperator
operator request Bedienungswunsch
operator response request Sprechaufforderung an den Operator
oprator routine Bedienungsprogramm
operator, sequential Folgeoperator
operator typein Bedienungsblattschreiberanruf, Blattschreiberaufruf
operator unary (COBOL) Vorzeichen
operator's answering jack Abfrageklinke
operator's circuit Abfragestromkreis
operator's console Bedienungsfeld, Bedienungspult, Steuerpult, Bedienungskonsole, Bedienungssteuerpult
operator's desk Bedienungstisch
operator's error Telegraphierfehler
operator's handbook Bedienungshandbuch
operator's jack Anschaltklinke, Doppelanschaltklinke, Einschaltklinke für Abfrageapparat
operator's key equipment Beamtenschalterausrüstung
operator's manual Bedienungshandbuch
operator's paper tape reader Bedienungs-Lochstreifenleser
operator's plug Anschaltstöpsel
operato's position Abreitsplatz, Maschinenstand, Schrankplatz, Sprechgarnitur
operator's radar Radar des Funkers
operator's speaker circuit Dienstleitung für den inneren Bereich
operator's station Leitzentrale
operator's team Dienstgruppe
operator's telephone Abfrageapparat
operator's telephone set Abfrageeinrichtung, Abfragegehäuse
operator's telephone-: t jack Klinke zur Einschaltung de: Sprechzeugs
operator's training course Schulungskursus
OPN (open, opening, opened) OPN (offen, Öffnung, geöffnet)
Oppenheimer-Philips process Oppenheimer-Philips-Prozeß
opponent entgegenstehend, Gegner
opportunity günstige Gelegenheit
oppose Einwände machen, entgegenstellen, gegenüberstellen, Widerstand leisten
opposed entgegengerichtet, entgegengesetzt, gegenüberliegend
opposed cylinder-type engine Motor der Boxerbauart
opposed ion Gegenion
opposed piston gegenläufiger Kolben
opposed piston-type engine Motor mit gegenläufigen Kolben
opposing a control vom Steuersignal abweichen (Avionik)(av)
opposing magnetic field of armature Ankergegenfeld
opposing spring Abreißfeder, Gegenfeder
opposing winding Gegenwicklung, Gegenwindung
opposite entgegengesetzt, gegenüber befindlich
opposite angle Scheitelwinkel (geom)
opposite charge entgegengesetzte Ladung
opposite control Gegenruder (av)
opposite course Gegenkopplungskurs
opposite depot Gegendepot
opposite direction Gegenstellung
opposite-direction traffic Gegenverkehr
opposite electrode Gegenelektrode
opposite field anschließendes Halbfeld
opposite sense to each other gegenläufig
opposite sign entgegengesetztes Vorzeichen
opposite station Gegenstandspunkt (einer stereophotogrammetrischen Aufnahme), Gegenstation
oppositely charged entgegengesetzt geladen
oppositely phase voltage Spannung mit entgegengesetzter Phase
oppositely revolving co-axle airscrews gleichachsige gegenläufige Luftschrauben
oppositely rotating airscrews gegenläufige Doppelluftschrauben
opposition Bedrückung, Gegenphase, Phasenverschiebung um 90 Grad
opposition method Gegenschaltungsmethode, Gegenspannungsmethode
opposition of phase entgegengesetzte Phasenstellung
opposition, to be in in Opposition sein, dazwischen stehen
opposition to the rudder at the wingtips entgegengesetzte V-Stellung (Steuerruder)
O-P process Oppenheimer-Philips-Prozeß
OPR (operator, operate, operative, operating, operational) OPR (Halter, in Betrieb, betreiben)
OPS (operations) OPS (Betrieb)
optic angle Achsenwinkel, Gesichtswinkel Sehwinkel
optic index Brechungsindex, Brechungszahl
optic light filter Grauglasfilter, Grauscheibe, Neutralfilter
optic spectrograph Lichtspektrograph, optischer Spektrograph
optical activity optische Aktivität (Erdöl)
optical, alphameric...reader alphanumerischer Klarschriftleser

optical altimeter optischer Höhenmesser
optical barrier Lichtschranke
optical beam Lichtstrahl
optical base-line measuring apparatus Basis(meß)-apparat mit Mikroskopen od. mit optischer Koinzidenz
optical beam riding optische Leitstrahllenkung
optical cable construction Lichtkabelherstellungsverfahren
optical calculation optische Berechnung
optical center of the registering frame optischer Rahmenmittelpunkt
optical character reader Klarschriftleser
optical character reading Klarschriftlesen
optical character recognition (OCR) optische Zeichenerkennung
optical control Sichtprüfung
optical converter optischer Umsetzer
optical coupling withing the control unit engine Optokoppler für Regleranschluß (av)
optical digital encoder optisch/digitaler Codeumsetzer
optical digital encoder for height optisch-digitaler Codierer für die Höhenmeldung
optical distortion optische Verzerrung
optical dividing head optischer Teilkopf (Werkzeug)
optical document sorter optischer Belegsortierer
optical/electrical angular position optisch-elektrischer Winkelstellungsgeber
optical encoder optischer Codeumsetzer
optical fibre lightguides in digital communications links faseroptischer Lichtleiter für digitale Datenübertragung
optical fibre links for FADEC systems Glasfaserkabel für das Triebwerkregelsystem
optical-fibre view Lichtfaserendoskop
optical-fibre viewer, flexible biegsames Lichtleitfaserendoskop
optical focusing optische Einblendung od. Fokussierung
optical goniometry photographically recorder optische Winkelmessung mit fotographischer Registrierung
optical grating optisches Gitter
optical head optischer Sensorkopf (av)
optical illusion Lichttäuschung
optical image Fernsehbild, optischer Eindruck
optical incidence of degrees measured from the pilot's eye Winkel vom Grad zum Auge des Piloten
optical inspection of modern jet engine optische Inspektion moderner Strahltriebwerke
optical interference figures of crystals Achsenbilder bei Kristallen
optical light filter Reflexschutzfilter
optical limitation Sichtbegrenzung
optical mark (page) reader optischer Markierungsleser
optical mark reading optisches Markierungslesen, Markierungslesestation
optical mark scoring reader Markierungsleser
optical mass memory optischer Großspeicher
optical memory unit optischer Datenspeicher
optical microscope Lichtmikroskop
optical or visual signal Sehzeichen
optical orientation system (space) optisches Orientierungssystem
optical path Sichtlinie
optical pattern Lichtband
optical, photographic photographische Registrierung
optical photographic sound recorder Gerät zur optischen (photographischen) Schallaufzeichnung
optical point instrument Lichtzeigerinstrument
optical proximity fuze optischer Annäherungszünder (Torpedo)
optical pyrometer Glühfadenpyrometer, optisches Pyrometer, Teilstrahlungspyrometer
optical rail optische Schiene (Photo)
optical reader optischer Klarschriftstreifenleser, optischer Leser (Belegleser)(EDV)
optical reader card punch Klarschriftkartenleser, Klarschriftkartenstanzer
optical reader/sorter optischer Belegsortierer
optical refraction Lichtbrechung
optical registration optische Registrierung
optical resonance optische Resonanz
optical scanner optischer Abtaster, optische Abtastung
optical scanning optische od. photoelektrische Abtastung (Kurve), optisches Abtasten
optical scratch optische Verkratzung, Schramme
optical sight optisches Visier od. Zielgerät
optical signal optisches Signal
optical sound print Lichttonkopie
optical sound recorder Gerät zur optischen Schallaufzeichnung
optical sound reproducer Gerät zur optischen Schallwiedergabe
optical star tracker optischer Sternpeiler
optical thick optisch dick
optical thin optisch dünn
optical tracking head and fire control system optisches Verfolgungs- u. Feuerleitsystem
optically focused laser beam optischer fokussierter Laserstrahl
optics Lichtlehre, Optik
optimal program Bestzeitprogramm, Optimalprogramm, optimales Programm, Bestzeitcodierung, optimale Programmierung
optimal programming Bestzeitprogrammierung, Bestzeitcodierung, optimale Programmierung, optimales Programmieren
optimal utilization of material optimale Stoffausnutzung
optimality criterion Optimalitätskriterium
optimalize, to optimalisieren, zeitlich aufeinander abstimmen
optimalizer Optimalwertkreis
optimalizing Bestzeitprogrammierung
optimally coded program Optimalprogramm, Bestzeitprogramm, optimales Programm
optimation Optimierung
optimation of instruction Optimierung des Unterrichts (päd)
opatimising interactive communication optimale Kommunikationsmöglichkeit (Bordsprechanlage)(av)
optimising proven technology Optimalisierung bewährter Lösung (Bordcomputer-

Konfiguration)(av)
optimization dynamische Optimierung od. Programmierung
optimization, cutting waste Verschnittoptimierung
optimization, dynamic process dynamische Prozeßoptimierung
optimization, feedback process geregelte Prozeßoptimierung
optimization, feed-forward process gesteuerte Prozeßoptimierung
optimization, linear lineare Optimierung od. Planungsrechnung, lineare Programmplanung, Linearplanung
optimization, non-linear nichtlineare Optimalisierung od. Optimisierung
optimization of economical and technical process Optimierung eines ökonomischen od. technischen Prozesses, mathematische od. wissenschaftliche Optimierung
optimization transport Transportoptimierung
optimize, to optimalisieren (Optimalwertregelung)
optimizer Optimierungsrechner
optimizing peak-holding Extremwertregelung
optimum angle of incidence Winkel größten Wirkungsgrades
optimum cargo rocket vehicle optimale Lastrakete
optmium coding optimales Verschlüsseln, Bestzeitprogrammierung, Bestzeitcodierung, optimale Programmierung
optimum condition optimaler Betriebspunkt (Wartungsaufgaben)(Avionik)(av)
optimum coupling kritische od. optimale Kopplung
optimum descent optimaler Sinkflug
optimum integrity optimale Integrität
optimum lattice optimales Gitter
optimum maintainability leichte od. optimale Wartbarkeit
optimum man-machine interface optimale Mensch/Maschinen-Schnittstelle (av)
optimum maximum endurance optimale Höchstflugdauer
optimum or critical coupling optimale od. kritische Kopplung
optimum program Bestzeitprogramm, Optimalprogramm, optimales Programm, Kartierung (dv)
optimum programming Bestzeitcodierung, Bestzeitprogrammierung, optimale Programmierung
optimum reliability (kosten)optimale Zuverlässigkeit
optimum step climb altitude günstige Steigflugstufenhöhe
optimum traffic frequency (FOT) beste od. optimale Betriebsfrequenz
option Angabe, Zusatz (dv), Option, Zusatzeinrichtung (COBOL)
option, preset voreingestellte Version (Wahlbyte)
option, rounded Rundeangaben (COBOL), Rundungsoption
optional fakultativ, freigestellt, wahlweise
optional clause Fakultativklausel
optinal electronic warfare package zentrales Außenlastbediensystem (Hschr)(milit)
optional equipment wahlweiser Zubehör (Maschine, Geräte)
optional extra wahlweise Sonderausrüstung
optional facility fakultative Einrichtung
optional feature Zusatzeinrichtung
optional file Wahldatei (COBOL)
optional instruction sequence wählbare Befehlsfolge
optional landing Landung bei Bedarf
optional operand wahlweiser Operand
optional parameter wahlweises Parameter
optional quenching circuit einstellbare(r) Löschkreis, Löschschaltung
optional stop durch Druckknopf programmierte Unterbrechung
optional stop instruction bedingter Stoppbefehl
optional word Wahlwort (COBOL)
optionally signed (FORTRAN) mit od. ohne Vorzeichen
options Randbedingungen
options group Optionsgruppe
opto-electronic imaging optronisches Aufnahmeverfahren (Radar)
opto-electronic sensor elektrooptischer Sensor (Zielverfolgungsradar)
optophone Lichtsprechgerät
optophone terminal Lichtsprechstelle
optotype Optometer, Testtafel (zur Prüfung des Sehvermögens), Sehtesttafel
O/R (on reqeust) O/R (auf Aufforderung)
OR Operator für logisches, inklusives "ODER", durch logisches ODER verbunden
OR circuit ODER-Gatter, inklusive-ODER-Schaltung, ODER-Glied, ODER-Schaltung
OR element ODER-Gatter, Inklusive-ODER-Schaltung, ODER-Glied
OR ELSE Operator für logisches, exklusives "ODER"
OR, exclusive Antivalenz, exklusives ODER
OR gate ODER-Schaltung, ODER-Glied, ODER-Gatter, Inklusive-ODER-Schaltung
OR, inclusive ODER-Funktion, ODER-Verknüpfung, Disjunktion
OR operation Disjunktion, ODER-Verknüpfung
OR operator ODER-Zeichen (boolesche Algebra)
oral reconsideration Rücksprache
Orange-Cyan line Orange-Cyan-Linie
orbit Bahn, Elektronenbahn, Planetenbahn, sich auf einer Umlaufbahn bewegen (space)
orbit adjusted from elliptical to circular Eintritt in kreisförmige Mondumlaufbahn
orbit, circular Kreisbahn, kreisförmige Umlaufbahn
orbit, circumpolar Zirkumpolarbahn
orbit control (satellite) Bahnregelung
orbit control thruster Bahnkorrekturmotor (sp)
orbit counter Orbitzähler (Raumfahrt), Umlaufzähler
orbit decay Verglühen beim Wiedereintritt
orbit, eccentric stark exzentrische Umlaufbahn
orbit, elliptical Ellipsenbahn
orbit, equatorial äquatoriale Umlaufbahn
orbit, far-earth erdnahe Umlaufbahn
orbit, geostationary gestationäre od. synchrone Umlaufbahn (Raumfahrt)

orbit, geosynchronous geosynchrone Umlaufbahn
orbit height Umlaufbahnhöhe
orbit, Hohmann Hohmann-Bahn
orbit, hyperbolic hyperbolische Bahn
orbit, inclined geneigte Bahn
orbit, low-earth erdnahe Umlaufbahn
orbit of a planet Planetenbahn
orbit, parabolic Parabelbahn, parabolische Bahn
orbit phase Wartekreisphase
orbit point Wartepunkt, Umlaufpunkt
orbit, polar polare Umlaufbahn
orbit shift coil (nucelar) Ablenkspule
orbit, stationary synchrone Umlaufbahn
orbit, synchronous synchrone Umlaufbahn
orbit time of electrons Elektronenlaufzeit
orbit, to sich auf einer Umlaufbahn bewegen, kreisen, umlaufen
orbital altitude Umlaufbahnhöhe
orbital angular momentum Bahndrehimpuls
orbital base Umlaufstation, Aussenstation mit beliebiger Bahn, Kreisbahnbasis
orbital catchup Einholen mit Randezvous
orbital communication spacecraft Fernmeldesatellit
orbital compartment Umlaufkapsel
orbital control Umlaufbahnsteuerung
orbital course Bahnkurs
orbital data Bahngröße, Daten der Umlaufbahn
orbital decay Verfall der Umlaufbahn, allmählich enger werdende Umlaufbahn
orbital electron Bahnelektron, Hüllenelektron
orbital electron capture Bahnelektroneneinfang, Einfang eines Hüllenelektrons
orbital excentricity Bahnexzentrizität
orbital hyperbola Bahnhyperbel
orbital injection Einschießen (in Umlaufbahn)
orbital injection point Bahneintauchpunkt
orbital interceptor Antisatellitensatellit
orbital laboratory Raumlaboratirum
orbital launch Orbitalstart, Start von einer Umlaufbahn
orbital launcn weight Orbitalstartgewicht (Gewicht beim Start von einer Umlaufbahn)
orbital line projector Satellitenbahnprojektor
orbital management magnetisches Bahnmoment
orbital magnetism Bahnmagnetismus
orbital manoeuvring system Bahnmanövriersystem
orbital manoeuvring vehicle Raumschlepper
orbital measurement by laser Laser-Bahnvermessung (Raumfahrt)
orbital measurement made independently of earth (space) erdunabhängige Bahnvermessung
orbital model (phys) Schalenmodell
orbital moment Bahnmoment (Atomphys)
orbital momentum Bahndrehimpuls, Bahndrehmoment
orbital motion Bahnbewegung, Kreisbewegung, Orbitalbewegung
orbital motorway Autobahnring
orbital navigation Umkreisungsnavigation (Raumfahrt)
orbital parabola Bahnparabel
orbital parabolic antenna Parabolantenne im Weltraum
orbital parameter Kreisbahnparameter
orbital period Dauer eines Umlaufs, Umkreisungsdauer, Umlaufzeit
orbital perturbation Bahnstörung
orbital piston Kolben aus Ringsegmente
orbital quantum number azimutale Quantenzahl, Bahnquantenzahl
orbital re-entry Wiedereintrittsbahn
orbital refueling Bahnbetankung, Kreisbahntanken
orbital road ringförmige Umgehungsstraße, Ringstraße
orbital rocket Orbitalrakete, Kreisbahnrakete
orbital sander (machine tool) Schwingschleifer
orbital sanding attachment (machine tool) Vorsatzschwingschleifer
orbital space platform umlaufende Weltraumplattform (für Start von Flugkörpern od. Raumfahrzeugen)
orbital speed Bahngeschwindigkeit, Umlaufgeschwindigkeit
orbital stability Bahnkonstanz, Umlaufstabilität
orbital station (space) Orbitalstation
orbital technology Orbitaltechnologie
orbital theory Orbitaltheorie
orbital tracking Bahnverfolgung
orbital transfer (space) Bahnübergang
orbital transition Bahnübergang
orbital transport, reusable wiederverwendbarer Raumtransporter
orbital valence Bahnvalenz
orbital vehicle Orbitalfahrzeug
orbital velocity Bahngeschwindigkeit, Umkreisungsgeschwindigkeit, Umlaufgeschwindigkeit
orbital weapon Orbitalwaffe
orbital workshop (OWS) Werkstatt in der Umlaufbahn, erdumkreisende Werkstatt, Raumwerkstatt, Orbitallabor, Umlaufbahnwerkstatt, Weltraumstation
orbital workshop and airlock Raumwerkstatt mit Schleuse
orbital workshop programme bemannte Raumstation (Orbital-Workshop)
orbited fully equipped (spacecraft) komplett ausgerüstet in die Umlaufbahn (Raumtransporter)(sp)
orbiter (space) Orbiter, Oberstufe des Raumgleiters
orbiter part the space shuttle Umlauf des Raumtransporters
orbiter stage (space shuttle) Orbiterstufe
orbiter unmanned unbemannte Umlaufeinheit
orbiter vehicle, recoverable rückführbare Umlaufeinheit des Raumtransporters "Space-Shuttle"
orbiting (aero) Kreisen (über Flugplatz), Warteschleife, Umlauf
orbiting astronomical observatory (OAO) astronomischer Meßsatellit, umlaufendes od. astronomisches Observatorium, Orbitalobservatorium, Weltraumobservatorium
orbiting bomb Bombe auf Erdumlaufbahn, Satellitenbombe
orbiting geophysical observatory geophysikalischer Meßsatellit, umlaufendes od. geophysikalisches Observatoium (OGO)
orbiting laboratory Orbitlabor

orbiting missile with atomic warhead Orbitalwaffe mit Atomsprengkopf
orbiting plot kreisender Flugweg
orbiting satellite Umlaufsatellit
orbiting solar observatory OSO-6 bestimmtes Raumfahrzeug, Sonnenbeobachtungssatellit, umlaufendes Sonnenobservatorium
orbiting station in einer Umlaufbahn befindliche Raumstation, umlaufende od. kreisende (Welt)raumstation
orbiting the earth in a spacecraft Umkreisung der Erde mit einem Raumfahrzeug
orbiting time Umlaufzeit
orbiting, to kreisend, umlaufend
orbiting vehicle Orbitalfahrzeug, Raumfahrzeug
ORCAM (originating region code assignment method) ORCAM (Methode der Festcodezuteilung nach Ein- od. Abfluggebieten)
order Bestellung, Grad, Ordnung (Gleichung), Reihenfolge, schriftliche Anweisung, Verfügung, Erlaß, Kommando, Ordonanz, Order
order accomplishment Auftragserledigung
order accounting Auftragsabrechnung
order, alphabetic alphabetische (Reihen)folge
order analysis Auftragsstatistik
order, ascending aufsteigende (Reihen)folge, aufsteigende Ordnung
order assembly Auftragszusammenstellung
order backlog Auftragsbestand
order book Auftragsbestand, Bestellbuch
order, calling Aufruffolge (von Unterprogramm)
order chain Auftragskette
order channel Dienstkanal
order channel exchange Dienstkanalvermittlung
order code Befehlscode (dv)
order date Auftragsdatum
order department Auftragsabteilung
order, descending absteigende Folge, fallende Ordnung, absteigende Reihenfolge
order, determination of...quantity Auftragsmengenbestimmung
order-disorder transformation Ordnung-Unordnung-Umwandlung
order distributor Informationsverteiler
order entry Auftragseingang
order file Auftragsdatei, Auftragsbestand
order handling Auftragsabwicklung
order list Befehlsliste, Auftragsliste, Bestellliste
order, non-scheduled manueller Auftrag
order number Auftragsnummer, Bestellnummer
order of abundance Häufigkeitsreihe
order of aeroplane Flugzeugauftrag
order of battle Truppengliederung
order of battle or disposition of troops, allotment or allocation of troops, conventional sequence by arms and services Truppeneinteilung
order of calls Reihenfolge der Gespräche
order of depart Marschfolge, Startfolge
order of drop Fallfolge (Fsch)
order-of-fire effects Auswirkungen der Beschußfolge
order of harmonics Ordnungszahl der "Harmonischen"
order of interaction Wechselwirkungsordnung
order of magnitude Größenordnung
order of merit Reihenfolge der Wichtigkeit
order of placing Auftragserteilung
order of priority Vorrangreihenfolge (Fernschreibdienst)
order of succession Reihenfolge
order of the day Tagesbefehl, Tagesordnung
order preparation time Auftragsvorbereitungszeit
order processing Auftragsabwicklung
order quantity Auftragsstückzahl
order representation Anordnungsdarstellung
order requirement record Auftragsbedarfssatz
order sheet Warenlieferungsschein
order structure Befehlsstruktur, Befehlsaufbau, Befehlsformat, Instruktionsaufbau, Instruktionsformat (EDV)
order term Bestelltermin, Auftragstermin
order to take into operation Einsatzbefehl (Rechner)
order, to anordnen, bestellen, verfügen
order transmitter Befehlsübermittler, Auftragsübermittler
order wire Hilfsschaltung bei Montage u. Wartung der Fernmeldeeinrichtung
order wire button Diensttaste
order-wire distributor Dienstverteiler, Dienstwähler
order-wire junction Verbindungsleitung für Dienstbetrieb
order-wire junction position Fernplatz für Dienstleitungsklinken
order-wire key Dienstabfragetaste, Dienstleitungstaste
order-wire lamp Dienstanruflampe, Dienstabruflampe, Dienstaufruflampe, Ferndienstlampe
order-wire operation Dienstleitungsbetrieb
order-wire selector Dienst(leitungs)wähler
order-wire signal Dienstanrufzeichen
order-wire speaking key Dienstsprechtaste
ordered pair geordnetes Paar
ordering bias Ordnungsgütemaß
ordering records Auftragsunterlagen
orderly Befehlsempfänger, Meldegänger, Ordonanz
orderpoint-scheduled verbrauchsgesteuert
ordinal number Ordnungszahl
ordinance runner Ordonanz
ordinance school Waffenmeisterschule
ordinary gebräuchlich, gewöhnlich
ordinary carpenter's square Anschlagholzwinkel
ordinary depreciation Normalabschreibung
ordinary differential equation gewöhnliche Differentialgleichung
ordinary logarithm Brigg'scher Logarithmus, Dezimallogarithmus
ordinary low carbon steel übliches Schmiedeeisen, beunruhigter Masse(n)stahl
ordinary transport system gewöhnliche Beförderungsart (Eisenbahn)
ordinary vented squib normale elektrische Sprengkapsel
ordinary water gewöhnliches Wasser
ordinate ordinat, wohlgeordnet
ordinate axis Ordinatenachse
ORDIR principle ORDIR-Prinzip
ordnance battalion Feldzeugbataillon

ordnance branch Waffendienst
ordnance depot Feldzeuglager, Waffenlager
ordnance disposal kit Werkzeugsatz für Kampfmittelbeseitigung
ordnance field unit headquarters Feldzeugmeisterei
ordnance handling equipment Sondergerät zum Handhaben von Munition
ordnance inspectorate Waffeninspektion
ordnance interlock decoder Dekodierzwischenglied
ordnance low-level activation signal Aktivierungssignal
ordnance material Waffen u. Gerät
ordnance office Waffenamt
ordnance officer Geräteoffizier
ordnance park Gerätepark
ordnance proving or testing Waffenprüfung
ordnance repair shop Geräte- u. Geschützreparaturwerkstatt
ordnance staff Flugzeugstab
ordnance supply Waffennachschub
ordnance survey amtliche Landesvermessung
ordnance unit Gruppe "Waffen und Geräte"
ore deposit Erzablagerung, Erzlager
ore lode Erzgang
Orfordness beacon Orfordness-Funkbake
organ Funktionseinheit
organic acid organische Säure
organic approach to push operating speeds and functional densities even further durch organische Werkstoffe Rechnergeschwindigkeit und Integrationsdichte erhöhen (Avionik)
organic chemistry organische Chemie
organic crystal organischer Kristall
organic film capacitor Kunststoffkondensator
organic origin organische Herkunft, organischer Ursprung
organic scintillator organischer Szintillator
organisation structure Organisationsstruktur
organization Organisation, Bildung, Einrichtung, Gliederung, Zusammenschluß, Struktur, Dienststelle
organization, consecutive starr fortlaufendes Speicherorganisationselement, starr fortlaufende Speicherorganisation, serielle Organisation
organization for combat Gefechtsgliederung
organization instruction organisatorischer Befehl
organization of artillery Artilleriegliederung
organization of march Marschgliederung
organization of the ground Geländeverstärkung
organization, random zufällige Speicherungsform
organization, sequential starr fortlaufende(s) Speicher(ungs)organisation, serielle Organisation
organizational chart Organisationsplan
"organizational form permitting full system and management responsibility" "Organisationsform mit voller System- u. Managementverantwortung"
organizational instruction Organisationsbefehl, organisatorischer Befehl (dig)
organizational loading group Verladungsgruppe
organizational maintenance Flugbetriebswartung, Truppeninstandhaltung
organizational refusal Annahmeverweigerung seitens der Einheit
organizational staff Organisationsstab
organizational structure of the department Oragnisationsstruktur der Abteilung
organizational supply specialist Nachschubverwalter (bei der Einheit)
organize, to einrichten, ordnen, organisieren
organizing qualification organisatorische Voraussetzung
organo mat Organomatte (Glasfaer)
organogel Organogel
organosol Organosol (chemisch-kolloide Lösung in organischen Lösemitteln, Plastikdispersion fester Kunststoffe)
OR-gate Mischgatter, ODER-Gatter, ODER-Schaltung (dig)
orient a gyro, to einen Kreisel einstellen
orientable tail wheel schwenkbares Spornrad
orientation Ausrichtung, Orientierung, Phasenunterschied zwischen Geber u. Empfänger
orientation of station Stationsorientierung
oriented core raumorientierter Kern (Bohrung)
oriented towards the sun sonnenorientiert
orienting Adressenfixierung, Adressenzuweisung (dig)
orienting a map Einstellung einer Karte in Nordrichtung
orienting straight edge Ziellineal
orifice Staurandöffnung, Ausflußöffnung, Meßdüse, Mundstück, Drosselbohrung, kalibrierte Bohrung, Öffnungsbohrung
orifice assembly Rückschlagdrossel
orifice discharge coefficient Kontraktionszahl
orifice flange union Staurandflanschverbindung
orifice land Düsenkapillare
orifice meter Staurandmesser
orifice of conduit Kanalmundstück
orifice plate Meßblende, Staurandblende, kreisförmige Blendenscheibe in Rohrleitung
orifice relief (Aussparung am) Düsenaustritt, erweiterte Austrittsöffnung, Mundstück (mit Austrittserweiterung)
origin (magnetic, sedimentary) Abfolge, Herkunft, Koordinatenursprung (Nullpunkt), Ursprung
origin destination statistics Statistik über Herkunfts- u. Bestimmungsort
origin distortion Nullpunktanomalie, Nullpunktfehler
origin of coordinates Koordinatenursprung
origin of petroleum Ursprung des Erdöls
origin, point of (the point where the data originates) Entstehungsort
origin strength Ursprungsfestigkeit
origin teletype operation Aufgabeteil, Aufgabezeile
original eigenartig, Grund..., original, ursprünglich, ursächlich
original artwork Originalvorlage (für Mikroverfilmung)
original cause Entstehungsursache
original control card Originalsteuerkarte
original copy Erstausfertigung
original creation Neuschöpfung
original data Ausgangsdaten, Grunddaten
original design level normale Auslegungs-

grenze (VTOL-Konstruktion)(av)
original device assignment Standardgerätezuordnung
original flight plan Originalflugplan
original force Urkraft
original function Ausgangsfunktion, Ursprungsfunktion
original ion pair Ausgangsionenpaar
original item angeforderter Artikel
original mill heat product Walzwerkwarmprodukt
original nucleus Ausgangskern
original or true scale Wirklichkeitsmeßstab
original parts list Ausgangsstückliste
original phase Originalphase
original position Ausgangsstellung
original power Urkraft
original radiotelegram Ursprungsfunktelegramm
original saturation pressure ursprünglicher Sättigungsdruck
original specific or natural volume Eigenvolumen
original track Originalspur
originate a message eine Meldung abfassen
originate office Abgangsamt, Ursprungsamt
originate, to entspringen, erzeugen, hervorrufen
originating station Aufgabestation
origination (of NOTAM) Abfassung (Spruch od. Meldung)
origination station Aufgabestelle
originator indicator Aufgeberkenngruppe
originator message Aufgeber, Absender
originator of a message Aufgeber od. Auslieferer einer Meldung
originator's reference Bezugsverfügung des Aufgebers
originator's reference number Tagebuchnummer des Aufgebers
O-ring (packing) Rundschnurring, O-Ring
ornamental frame (arc) Zierrahmen(bogen)
ornamental hub cap Zierkappe
ornamental plate (ring) Zierscheibe(nring)
ornamental rail Zierschiene, Zierstab
ornamental ring Zierring
ornamentation Ornamentierung (Fossilien)
ornithopter Schlagflügelflugzeug, Schwingenflugzeug
orogonic movement orogenetische Bewegung
orographic fog orographischer Nebel
orographic or mountain thunderstorm Reliefgewitter
orographic rain Stauregen, orographischer Regen (meteo)
orographic wave Hinderniswelle
oropesa gear Oropesagerät (UW-Mine), Scherdrachenräumungsgerät (UW-Mine)
ORSAS also has the ability to detect a transmission power failure. If transmission becomes weak, ORSAS alerts the aircraft's computer to activate a back-up transceiver. Transmission are then automatically routed through the failed radio's best antenna **ORSAS** erkennt den Abfall der Sendeenergie eines Bordsenders und meldet den Abfall dieses Senders an den Bordrechner, damit automatisch ein Reservefunkgerät eingeschaltet wird
ORSAS is a microprocessor-controlled sequential switching unit operating in both UHF and VHF bands **ORSAS** ist ein mikroprozessorgesteuerter Folgeschalter für die Bereiche UHF und VHF
ORSAS orbit smart antenna selector Antennenumschalter mit der Bezeichnung ORSAS
orthicon Orthikon
ortho axis Orthoachse
orthochromatic farbenempfindlich, farb(ton)richtig, gleichfarbig, orthochromatisch
orthochromatic filter tonrichtiger Filter
orthocresol Orthokresol
orthodox design herkömmliche od. übliche Bauart
orthodrome Großkreis, Orthodrom (nav)
orthogonal orthogonal (math)
orthogonal biplane Doppeldecker mit rechtwinkligen Tragflächen
orthogonal families of curves orthogonale Kurvenscharen
orhtogonal parallel projection orthogonale Parallelprojektion
orthogonal needle Orthogonalanzeige
orthogonal system dem Kern zugeordnetes Orthogonalsystem
orthogonality Orthogonalität
orthographic projection orthographische Porjektion, Parallelprojektion
orthohydrogen Orthowasserstoff
orthojector circuit-breaker Ölstrahlschalter
orthometric projection orthometrische Projektion, flächentreue Projektion
orthopositronium Orthopositronium
orthoscopic or distortion-free eyepiece verzerrungsfreies Okular
Ortinghaus clutch Ortinghauskupplung
Osaka tube (ultra-high frequency tube) Osakaröhre
oscillate, to auspendeln, hin- u. herschwingen, durchpendeln, in Schwingungen versetzen, oszillieren, rütteln, vibrieren, freie Schwingungen ausführen, schwingen (Funkwesen)
oscillating agitator Schwingrührwerk
oscillating arm Schwinghebel, einarmiger Hebel
oscillating beacon Pendelfeuer, Schwebungsfeuer
oscillating capacitor (electron) Schwingkondensator
oscillating characteristic Schwingkennlinie
oscillating chute Schüttelrinne, Schüttelrutsche
oscillating circuit Resonanzkreis (Elektron), Schwingungskreis
oscillating compressor Schwingverdichter, Schwingkompressor
oscillating conveyor (A) Schüttelrinne
oscillating couple Schwingungsmoment
oscillating current Überlagerungsstrom
oscillating clystron Oszillatorklystron, schwingendes Klystron
oscillating crystal method (X-rays spectrose) Schwingkristallmethode
oscillating current oszillierender Strom, Überlagerungsstrom
oscillating direction indicators Pendelwirker
oscillating discharge oszillierende od. schwin-

gende Entladung, Schwingentladung
oscillating electric dipole schwingender elektrischer Dipol
oscillating-electron scheme with reflecting electrode Bremsfeldschaltung
oscillating electrostatic capacitance Schwingkapazität
oscillating field schüttelndes Feld
oscillating flashover mehrpoliger Überschlag
oscillating frequency Schwing(ungs)frequenz
oscillating in meter (aero) in Rollschwingung befinden
oscillating lever Schwinghebel, einarmiger Hebel
oscillating lock (rail) Pendelverschluß, schwingender Verschluß
oscillating meter Schwingungsspulenzähler, oszillierender Zähler
oscillating mill Schwingmühle
oscillating mirror Kippspiegel
oscillating motion or movement Pendelbewegung, schwingende od. pendelnde Bewegung
oscillating motor Schwenkmotor
oscillating operation Schwingbetrieb
oscillating or rocking lever hin- u. hergehender Hebel
oscillating or vibrating mirror Kippspiegel
oscillating process Schwingen, Schwingungsvorgang
oscillating property Schwingungseigenschaft
oscillating quantity Schwinggröße, Schwingeigenschaft
oscillating rotatory motion Drehschwingung, hin- u. hergehende Drehschwingung
oscillating screen Rüttelsieb, Schwingsieb
oscillating shutter schwingender Verschluß
oscillating tendency Schwingneigung
oscillating tube Oszillatorröhre
oscillating twisting machine Drehschwingmaschine, Torsionsschwingmaschine
oscillating series divergente Reihe (math)
oscillating weight Schwingmasse, Schwungrad
oscillation Eigenschwingung, Hin- u. Herbewegung, schwankende Bewegung, Schwingung, Schwankung, Pendeln, Pendelung (Fsch)
oscillation absorber Schwingungsdämpfer
oscillation amplitude Schwingungsamplitude, Schwingungsweite
oscillation analyser Schwingungsanalysator, Schwingungskontroller, Schwingungsprüfer
oscillation build-up transconductance Anschwingsteilheit (einer Röhre)
oscillation circuit Schwingkreis, Resonanzkreis (Elektron)
oscillation coil Schwingspule
oscillation constant Schwingungskonstante
oscillation damper Schwingungsdämpfer, Schwingungsvertilger
oscillation damping Schwenkdämpfer
oscillation detector Schwingaudion, Schwing(ungs)anzeiger, Wellendetektor, Wellenanzeiger
oscillation, electrical elektrische Schwingung
oscillation eletromagnetic elektromagnetische Schwingung
oscillation energy Schwingungsenergie
oscillation exciter Schwingungserreger, Schwingungserzeuger
oscillation, forced erzwungene Schwingung
oscillation frequency Schwingungsfrequenz, Eigenschwingung, Schwingungszahl
oscillation generator Schwingungserzeuger, Schwingungserreger
oscillation in coupled circuit Kopplungsschwingung
oscillation indicator Schwingungsanzeiger
oscillation limit Schwingungsgrenze
oscillation node point Schwingungsknoten
oscillation of a function Funktionsschwankung
oscillation of electrons Elektronenpendelung
oscillation of gas globe Gasblasenschwingung
oscillation of level Spiegelschwankung der Flüssigkeit
oscillation of the center of gravity Schwerpunktschwingung
oscillation of the stroke Schlagschwingung
oscillation or vacillation about zero Nulleinspielung
oscillation phase Schwingungsphase
oscillations increasing in amplitude aufklingende Schwingungen
oscillator Oszillator, Schwingkreis, Schwingungserzeuger, Schwingungserreger, Summer, Wellenerzeuger, Wellenerreger
oscillator alignment Abgleich des Oszillators, Oszillatorabgleich
oscillator, beat frequency Schwebungsoszillator
oscillator cavity Oszillatorabstimmraum
oscillator circuit Schwingkreis des Oszillators
oscillator coil Oszillatorspule
oscillator crystal Oszillatorquarz, Steuerquarz(kristall)
oscillator drift Frequenzabweichung, Frequenzverlauf der Oszillatorröhre, Frequenzwanderung eines Oszillators, Oszillatorfrequenz
oscillator grid capacitor Oszillatorgitterkondensator
oscillator harmonic interference Oberwellenstörung
oscillator padder Oszillatorserienkondensator, Padding-Reihenkondensator
oscillator section Oszillatoraggregat, Oszillatorteil
oscillator signal Oszillatorsignal
oscillator stage Oszillatorstufe, Quarzstufe
oscillator time Schwingungsperiode
oscillator timing marks Zeitmarkengeber (seism)
oscillator track above signal on all bands Oszillatorfrequenz liegt in allen Bereichen höher als Empfangsfrequenz
oscillator torsion set Drehschwingungsversuch
oscillator tube Generatorröhre, Oszillatorröhre, Schwingröhre, Schwingungserzeuger
oscillator valve Generatorröhre, Schwingröhre
oscillator voltage Oszillatorspannung, Schwingspannung
oscillatory circuit Oszillatorschaltung, Resonanzkreis (Elektron), Schwingkreis, Oszillatorkreis, Energieschaltung, Schwingungsgebilde
oscillatory current schwingender Strom
oscillatory discharge Schwingentladung

oscillatory electron schwingendes Elektron
oscilatory field schwingendes Feld
oscillatory gyro Stimmgabelwendemeßgerät
oscillatory impulse Schwingungserregung, Schwingungsimpuls
oscillatory, oscillating schwingend
oscillatory scanning Zeilenabtasten in entgegesetzter Richtung
oscillatory spin Schwingungstrudeln
oscillogram Kurvenlinie, Oszillogramm
oscillograph Kurvenschreiber, Oszillograph, Schwingungsschreiber
oscillograph, recording selbstaufzeichnender Schwingungsmesser
oscillograph tube Oszillographenröhre
oscilloscope Kennlinienschreiber, Kathodenstrahloszillograph, Oszilloskop, Oszillograph
oscilloscope camera Oszilloskopkamera, Registrierkamera
oscilloscope photograph Schirmbildaufnahme
oscilloscope probe Oszilloskopprüfspitze
oscilloscope representation Darstellung auf dem Schirm einer Bildröhre
oscilloscope sweep Zeitablenkung des Oszilloskops, Zeitachse od. Zeitlinie des Oszilloskops, Oszilloskopablenkung
oscilloscope sweep timing Zeitablenkung des Oszillators
oscilloscope trace Oszillogramm, Kennlinienaufzeichnung, Resonanzkurvenaufzeichnung
oscilloscope with delayed trigger action Oszilloskop mit Triggerverzögerung
osculating circle Schmiegkreis
osculating parabola Schmiegungsparabel
osculating plane Schmiegungsebene
osmium Osmium (OS)
osmium alloy Osmiumlegierung
osmium lamp Osmiumlampe
osmium stylus Osmiumnadel
osmotic pressure osmotischer Druck
OSRA Quiest STOL Research Aircraft
OSV ocean station vessel
Oswald's efficiency factor Oswald'scher Auftriebsfaktor (span loading is elliptical and therefore optimum e=1)(optimale Spannweitenbelastung hat den Wert e=1)
O-temper weichgeglühter Zustand
OTH-B over-the-horizon backscatter
OTH-B ra OTH-B-Radar
OTH-B testing took OTH-B-Testreihe
OTH-backscatter Frühwarnüberhorizontradar
OTH radar OTH-Radar
invariably operated in the HF band with frequencies around 10MHz and wavelengths 0f 30m because the OTH radar is confined to the band in which atmospheric reflection in effective **OTH-Radar** od. Radargeräte mit Überhorizontreichweite sind auf das untere A-Band mit Frequenzne um 10MHz und Wellenlängen um 30m angewie: um die Reflexionseigenschaften der Atmosphäre nutzen zu können
OTH-radar system Überhorizontradarsystem, OTH-Radarsystem
other deductions ausserordentlicher Aufwand
otherwise anders, auf andere Weise
OTP (on top) OTP (über der Wolkengrenze)
OTS (orbital test satellite)
Otto-cycle engine Ottomotor, Viertaktmotor
O-type backward wave amplifier Rückwärtswellenverstärker Type O
oust austreiben, entfernen
out of action ausgeschaltet, ausser Betrieb
out of adjustment nicht mehr richtig eingestellt, verstellt
out of alignment dejustiert, mechanisch verstimmt (FM), nicht ausgerichtet (mechanisch), nicht eingelaufen (Kreiselplattenfernmeldetechnik), nicht fluchtend (mechan)
out of balance nicht mehr im Gleichgewicht
out of commission ausgefallener Motor
out of control ausser Kontrolle
out of date unzeitgemäß, veraltet
out of focus dekonzentriert
out of mesh ausser Eingriff, ausgerückt
out of operation, to be kaltliegen
out of order ausser Betrieb, gestört
out of phase falschphasig
out of phase voltage phasenverschobene Spannung
out of pile melting experiment Schmelzversuch ausserhalb des Reaktors
out of production item Artikel der nicht mehr hergestellt wird
out of range schußfreie Zone
out of round unrund, Schlag (Welle)
out of roundness Unrundheit
out of service time Fehlzeit
out of sight control Fernlenkung ohne Sicht, Steuerung ohne Radar
out of stock item ausgegangener Artikel
out of tolerance condition Toleranzüberschreitung
out of track Spurfehler (Rotorblätter)
out of track rotor flatternder Heckrotor (Hschr)
out of trim vertrimmt (av)
out of true unrund, Schlag (Welle)
out of truth ungerade, unrund
out of tube position entsichert (Floßenschalter an Torpedo)
out-position Ausgangsstellung
out, to be ausgeschaltet sein
outage Ausfall (Gerät, Leitung), Verlust (an Gehalt od. Menge), Leerraum (Volumen des in einem Lagertank vorhandenen leeren Raumes), Ausdehnungsraum (Flüssigkeitsbehälter), Freiraum (Flüss...), Leeraum (Flüssig...), Transportverlust (Flüssig...), Versagen (Gerät)
outage gauge Leerpeilung
outage gauging obere Tankpeilung
outage interval Ausschaltintervall (Relaisverbindung)(Vielsatellitensystem)
outage losses Ausfallkosten, Ertragsausfall
outage, power Netzausfall, Stromausfall
outage tape Peilbandmaß für Leerpeilung
outage time Ausfallzeit
outbalance überwiegen
outboard aussenbords, bordauswärts
outboard bearing Aussenlager
outboard connector Aussensteckverbinder
outboard director Aussenanschlußsteuerwerk
outboard engine Aussenbordtriebwerk
outboard engines cutoff Abschalten der äusseren Triebwerke (space)

outboard fin Endscheibe am Leitwerk
outboard-flap actuating mechanism Antrieb der äusseren Landeklappe
outboard float seitlicher Stützschwimmer
outboard load nach aussen gerichtete Belastung
outboard motor Aussenbordmotor
outboard saddle Aussenbordsattel (Versorgungsgeschirr)
outboard saddle whip Aussensattel-Klappläufer (Ergänzung in See)
outboard stabilizing float Aussenbordstützschwimmer
outboard wing Aussenflügel
outbound abfliegend, wegfliegen von
outbound bearing Abflugpeilung (ICAO)
outbound course Abflugkurs
outbound freight Ausgangsfracht
outbound heading Abflugsteuerkurs (ICAO)
outbound leg Abflugteil
outbound leg, inbound leg (approach or holding procedure) Abflugteil (eines Anflug- od. Warteverfahrens)
outbound radial Abflugradial
outbound threshold marking Abflugschwellenmarkierung
outbound track Abflugkurs (über Grund)
outbound tracking Kursabflug (nav)
outbound traffic abgehender Verkehr
outbreak of air Luftmasseneinbruch (meteo)
outburst Strahlungsausbruch (Radiostörstrahlung der Sonne)
outburst or irruption of carbon dioxide Kohlensäureausbruch
outcome of economic consideration Wirtschaftlichkeitsgesichtspunkt
outcome variable Ergebnisvariable
outcoming electron herausfliegendes Elektron
outconnector Abbruchzeichen, Ausgangskonnektor
outcrop curvature Hakenschlagen (geol)
outcrop line Ausstrichlinie (geol)
outcrop map Ausstrichkarte (geol)
outcrop of a petroliferous bed at the surface Ausbiss erdölführender Schichten an Oberfläche (geol)
outcrop of a sharp angle ausstreichender Schichtenkopf (geol)
outcrop of a vein Ausbiß eines Ganges (geol)
outcrop of oil sand Ölsandausbiß
outcrop of the beds at the surface Ausstrich der Schichten an Erdoberfläche
outcropping at the surface Zutage ausstreichend (geol)
outcropping edge of a stratum ausstreichende(r) Schichtenkante od. Schichtenkopf
outcut method Verfahren des Gegenlauffräsens
outcut milling Gegenlauffräsen
outdoor aerial or antenna Aussenantenne, Hochantenne, Freiantenne
outdoor advertising Aussenwerbung
outdoor apparatus Freiluftgerät
outdoor equipment Freiluftausrüstung
outdoor exposure Freibewitterung
outdoor exposure test Bewittungsprüfung
outdoor finish Aussenanstrich
outdoor fitting Armatur für Aussenbeleuchtung
outdoor illumination Aussenbeleuchtung
outdoor luminate Aussenleuchte
outdoor range Freiluftanlage
outdoor resistance Aussenbeständigkeit
outdoor rollup shutter Rolladen
outdoor shot Aussenaufnahme, Freilichtaufnahme
outdoor storage Lagerung im Freien (Munition)
outdoor substation Freiluftanlage (Umspannanlage)
outdoor transformer Freilufttransformator
outdoor type Freiluftausrüstungstyp
outer aft cowling to the engine attachment flange hinterer Flansch für Triebwerkaufhängung
outer arbor support äusseres Traglager (Fräsmaschine)
outer atomizer Aussenzerstäuber
outer axis dritte Achse, Kardanachse
outer axis torquer motor zweiter Überwachungsmotor
outer ball race äussere Kugellagerpfanne
outer beacon äusseres Einflugzeichen, Voreinflugzeichen (ILS)
outer bearing Aussenlager
outer bearing ring Lageraussenring
outer coating Aussenbelag
outer combustion casing äusserer Brennkammermantel (Twk)
outer core barrel äusseres Kernrohr
outer conductor Aussenleiter
outer control wheel Aussensteuerrad (Luftkissenfahrzeug)
outer cover Laufreifen, Tragkörper
outer cover of the airship hull Schiffskörperhaut
outer covering Aussenhaut (Luftschiff)
outer cross shaft äussere Umkehrwelle
outer diameter äussere Umfangfläche, Aussendurchmesser
outer electrode Aussenelektrode
outer electron Aussenelektron, äusseres Elektron
outer-electron shell Aussenelektronenschale
outer fix Ablauffestpunkt (FS), äusserer Festpunkt
outer gimbal Kardanrahmen
outer-gimbal axis Kardanachse, dritte Achse
outer harbor freier Hafen
outer jacket Aussenmantel
outer layer Randschicht (aerody), Aussenschicht
outer locator Platzfunkfeuer am Voreinflugplatz
outer macro instruction äussere Makroinstruktion
outer marker äusseres RFZ, Aussensignal, Vorsignal, Voreinflugzeichen, VEZ (ILS)
outer marker beacon Voreinflugzeichen (VEZ)
outer marker, instrument landing system ILS-Voreinflugzeichen
outer marker site Voreinflugzeichenposition
outer most orbit äusserster Bahnkreis
outer most shell Aussenschale, äusserste Schale
outer nozzle Aussendüse
outer off balance force Unwuchtkraft
outer pack äussere Packhülle, äusserer

Verpackungssack (Fsch)
outer panel Aussenflügel
outer port engine äusserer Backbordmotor
outer product Vektorprodukt
outer propeller shaft idle gear Leerlaufzahnrad für äussere Propellerwelle
outer propeller shaft reduction gear wheel Untersetzungstreibrad für äussere Propellerwelle
outer protection type Isolierband
outer race äusserer Laufring
outer race space äusserer Abstandsring
outer radius äusserer Halbmesser
outer ring Blendring (elektr)
outer roll servo amplifier äusserer Rollrahmenregelverstärker
outer roll synchro äusserer Rollrahmendrehmelder
outer shell Aussenschale
outer-shell electron kernfernes Elektron, Valenzelektron
outer shroud and stops ring assembly Leitschaufelhaltering
outer shroud segements ring assembly Leitschaufelhaltering
outer sidewall surface Mantelaußenoberfläche
outer skin Außenhaut
outer space Weltraum
outer steam tube Sperrohr
outer surface Außenfläche
outer tube äußeres Kanonenrohr
outer wing Außenflügel
outer wing box Außenflügelkasten
outfeed Abstellung eines Werkstücks von der Schleifscheibe
outfit Anlage, Apparatur, Ausrüstung, Nachstrom
outflanking Überflügelung
outflow Ausfluß, Ausströmung
outflow time Ausfließzeit
outflow, to ausfließend (Flüssigkeit)
outflow valve Ausströmventil
outgasing Gasaustreibung
outgoing call abgehendes Gespräch
outgoing call alotter Prüfordner
outgoing circuit abgehende Leitungslinie, Ausgangsleitung
outgoing current direction abgehender Strom, Ausgangsstrom
outgoing electron herausfliegendes Elektron
outgoing flight Hinflug
outgoing lead or wire Hinleiter
outgoing line circuit abgehender Leitungskreis
outgoing one-way circuit Leitung für abgehenden Verkehr (FM)
outgoing particle herausfliegendes Teilchen
outgoing position Abgangsplatz, Ausgangsplatz
outgoing propagation time Hinlaufzeit
outgoing selector Ausgangswähler
outgoing side (of rolls) Auslaufseite (der Walzen)(Walzwerk)
outgoing traffic abgehender Verekehr (FM)
outgoing trunk abgehende Ortsverbindungsleitung
outgoing trunk multiple Verbindungsleitungsbündel für alle Abgangsplätze
outgoing trunk outlet abgehende Verbindung
outlast, to länger dauern als, überdauern
outlawing of gas warfare Gaskriegsverbot
outlaying battery Randbatterie
outlaying electron äußeres Elektron
outlaying sentry post Außenposten
outlet Absatzgebiet, Auslaßöffnung, Ausgang, Anschluß(stelle)
outlet channel Aführ(ungs)kanal
outlet current consumer Stromverbraucher
outlet deflector Austrittsjalousie, Ausgangsdeflektor
outlet guide vane case Verdichteraustrittsleitkranz (E)
outlet pipe Ablaßrohr, Auslaßstutzen
outlet, wall Wandsteckdose
outlier Erosionsrest, Klippe (geol)
outline Profil, Umriß (in groben Zügen darstellen od. entwerfen), Strichskizze ohne Schattierung
outline chart Umrißkarte
outline die Stanzform aus massivem Stahl, (Stanzmesser) (A)
outline drawing Umrißskizze mit Einbaumaßen
outline map Umrißkarte
outline of scanned area Umriß des abgetasteten Gebietes
outline or profile of rib Rippen(längs)profil
outline specification Rahmenspezifikation
outline, to eine Sache angeben, skizzieren, umreißen, darstellen, entwerfen
outlive, to länger dauern als, überleben
outloads äußere Einflüsse u. Kräfte
outlook Ausblick, Aussicht
outly, to vorlagern
outlying battery Vorfeldbatterie
outlying part of arm Vorwerk
outmaneouver, to ausmanövrieren
out-nipple Auslaßnippel
out-number an Zahl übertreffen
out-of-action ausgeschaltet, außer Betrieb, nicht einsetzbar, außer Gefecht, nicht betriebsbereit
out-of-action time Ausfallzeit
out-of-adjustment nicht mehr richtig eingestellt, verstellt
out-of-area installation Vorfeldeinrichtung (Vermittlungstechnik)
out-of-balance characteristics ungleichmäßige Beladung
out-of-balance forces nicht ausgeglichene od. ausbalanzierte Kräfte
out-of-balance moment Schwerpunktmoment
out-of-balance voltage Meßdiagonalspannung
out-of-band radiation Randaussendung
out-of-battery in Bewegung, nicht in Ruhelage
out-of-battery firing Vorlaufabfeuerung
out-of-circuit testing Prüfung am ausgebauten Bauteil
out-of-commission aircraft flugunklares Flugzeug
out-of-commission parts wegen fehlender Teile nicht einsatzbereit
out-of-control außer Kontrolle, unkontrolliert
out-of-flatness Unebenheit
out-of-focus defokussiert
out-of-focus drop unscharf abgebildetes Tröpfchenpartikel (Nebelkammer)
out-of-gauge equipment LUE-Gerät (Meßgerät)
out-of-gauge load Ladung mit Lademaß-

überschreitung
out-of-gauge move Transport mit Lademaßüberschreitung
out-of-gauge part Teil außerhalb der Toleranz
out-of-line lageversetzt
out-of-line safety device lageversetzte Sicherungsvorrichtung (Zünder)
out-of-order außer Betrieb
out-of-order condition Störzustand
out-of-phase phasenverschoben, Wechselphase (Pulsräumen)
out-of-phase current phasenverschobener Strom
out-of-phase electron falschphasiges Elektron
out-of-phase filament excitation Phasenverschiebung zwischen Heiz- u. Anodenspannung
out-of-phase modulation Chireixmodulation
out-of-phase wave phasenverschobene Welle
out-of-pile außerhalb des Reaktors
out-of-pile equipment Ausrüstung außerhalb des Reaktors
out-of-pile experiment Versuch außerhalb des Reaktors
out-of range außer Reichweite, außer Schußweite od. Sichtweite
out of summary asymmetrisch
out-of-track, to be flattern (Rotor bei Hschr)
out-of-wind windschief (Holz usw)
outphasing modulation Chireixmodulation
outplant system Außensystem (das heißt außerhalb des Betriebes, in dem die zugehörige DVA steht), außerbetriebliches System
outpost commander Vorpostenführer
outpost company Vorpostenkompanie
outpost control boat Vorpostenboot
outpost duty Vorpostendienst
outpost engagement Vorpostengefecht
outpost line vorderste Sicherungslinie
outpost line of resistance Widerstandslinie der Vorposten
outpost line of security Vorpostensicherungslinie
outpost observer Vorpostenbeobachter
outpost position Vorpostenstellung
outpost reserve Vorpostenreserve
outpost sector (boundary) Vorpostenabschnittsgrenze
outpost station Vorwarnstelle
outpost well Außenbohrung, Felderweiterungsbohrung (Öl)
output Ausgabe (dv), Ausgang(ssignal)(Funkwesen), Ausstoßvolumen, Ausbringung, Motorleistung, Ausgang, Ausgangsgröße (eines Signals), Ausgangsleistung, (Netz)-leistung
output (can be phase-synchronised by an external reference signal) Ausgangsspannung (die sich durch ein externes Referenzsignal synchronisieren läßt)(Reichweite)(av)
output acknowledgement Ausgangsquittung, Ausgabequittung
output acknowledgement register Ausgabequittungsregister
output address register Ausgabeadreßregister
output admittance Ausgangsleitwert
output alphabet Ausgabealphabet (päd)
output amplifier Leseverstärker, Ausgangs- u. Endverstärker
output, analog Analogausgabe, Analogausgang
output antenna Ausgangsantenne
output area Ausgabebereich (dig), Ausgabespeicherbereich (EDV)
output, assembly Assemblerausgabe
output at the draw-bar Leitung am Zughaken
output at the wheel rim Leitung am Radumfang
output attenuator Ausgangsspannungsleiter
output axis Abgriffachse
output axis torque Drehmoment um Abgriffachse
output bin Auffangfach
output binary Binärausgabe
output block Ausgabeblock, Ausgabeprüfspeicher, Ausgabespeicher, Ausgabeteil eines Speicher (dig)
output block counter Ausgabeblockzählung
output block length Ausgabeblocklänge
output buffer Ausgabepuffer(speicher), Ausgabespeicher
output buffer storage Ausgabepufferspeicher, Pufferspeicher, Zwischenspeicher
output buffer store Ausgabepufferspeicher, Ausgabepuffer
output capacitance Ausgangskapazität
output capacity Erzeugungsleistung, Leistungsvermögen
output card Ausgabekarte
output, card Kartenausgabe
output cavity Ausgangshohlraum
output channel Ausgabekanal
output characteristics (sonar) Merkmale des Ausgangssignals
output circuit Ausgangskreis
output circuit impedance Ausgangsimpedanz
output code Ausgabecode
output code converter Ausgabecodekonverter, Ausgabecodewandler
output code translator Ausgabecodeübersetzer
output coder Ausgabecodierer
output command Ausgabebefehl
output conductance Ausgangsleitwert
output constant distribution konstante Ausgabeverteilung
output continuity Stetigkeit des Ausgangssignals
output coupling loop Ausgangskopplungsschleife
output current Laststrom
output current, quiescent Ausgangsruhestrom (EDV)
output current range Arbeitsbereich des Ausgangsstroms (EDV)
output data Ausgabedaten
output, data...control Datenausgabesteuerung (DAS)
output, data...register Datenausgaberegister (DAR)
output deck Ausgabekartensatz
output decline curve Förderabfallkurve
output destination Ausgabeziel
output destination register Ausgabezielregister
output device Ausgabegerät, Ausgabewerk, Ausgabeteil
output disk Ausgabeplatte, Auslaufdiskette (EDV)
output distribution Ausgabeverteilung
output element Ausgabegerät, Ausgabe-

einheit
output equipment Ausgabegerät
output file Ausgabedatei
output, flip-flop bistabile Ausgangsstufe
output format Ausgabeformat
output format specification Ausgabebeschreibung (LPG)
output frequency Ausgangsfrequenz, Ausgangswechselspannung
output function Ausgabefunktion
output gap Ausgangsspalt, Auskoppelspalt
output, geometric geometrischer Ausgang
output hub Sendebuchse
output impedance Ausgangsanpassung, Ausgangsimpedanz
output indicator Ausgangsleistungsanzeiger
output, information Informationsausgabe (INFAR)
output, information...signal Informationsausgabesignal
output instruction Ausgabebefehl
output jack Ausgangsbuchse, Auskoppelbuchse, Ausgabeklinke
output letter Ausgabebuchstabe, Ausgangsnummer
output lever Lenkhebel (Bugradlenkung)
output lever connecting link Lenkhebelverbindungsglied
output library Ausgabebibliothek
output line Ausgabeleitung
output listing Ausgabeprotokoll (dig)
output load Ausgangslast
output load resistor Ausgangsbelastungswiderstand
output machine Ausgabeeinheit (MB)
output magazine Ausgabemagazin
output, memory...indicator Speicherausgabemeldung (SAM)
output, memory...request Speicherausgabeanforderung (SAF)
output, memory...request logical Speicherausgabeanforderungslogik
output, memory...request register Speicherausgabe-Anforderungsregister (SAFR)
output, memory bank...sequence Speicherbankausgabefolge (SBAF)
output, memory word... Speicherwortausgabe (SWA)
output meter Outputmeter (zur Messung der Ausgangsleistung), Ausgangsmesser
output mode Ausgabemodus
output monitor Ausgangskontrollgerät
output multiplexer Ausgabeverteiler
output noise ratio Ausgangsrauschverhältnis
output of log and summary Ausgabe von Protokoll und Übersicht
output of plotting maps Auswerteleistung, Kartierungsleistung
output of pure noble metal per ton of ore Edelmetallgehalt pro Tonne
output of traffic-intensity values Ausgabe von Verkehrswerten
output operation Ausgabeoperation
output option card Ausgabesteuerkarte
output or power per unit of displacement Hubraumleistung
output, paper tape...controller Lochstreifenausgabesteuerung
output, parallel...switching Parallelausgabekopplung
output parameter Ausgangsparameter
output, partial partielle Lesespannung
output, partial...signal partielles Lesespannungssignal
output pentode Endpentode, Fünfpolendröhre, Ausgangsröhre, Schutzgitterröhre
output per unit length Ausbringung pro Längeneinheit (Ölbohrung)
output per unit of displacement Hubraum/Literleistung
output phase Ausgabephase
output power Ausgangsleistung, abgehende Leistung
output power amplifier Endkraftverstärker
output, priority...indicator Prioritätsausgabemeldung
output, priority...indicator register Prioritätsausgabemelderegister
output procedure Ausgabeprozedur (EDV), Rückgabeprozedur (Speicher)
output program Ausgabeprogramm (EDV)
output pulse Ausgangsimpuls
output punch Ausgabelocher
output, quadruple...selection Vierfachausgabeauswahl
output, quadruple...selection logic Vierfachausgabeauswahllogik
output quantity Ausgangsgröße (päd), Endgröße, Regelgröße
output queue Ausgabewarteschlange
output raising Produktionserhöhung, Produktionssteigerung
output rate Ausgabegeschwindigkeit
output rating Leistungsrate, Ausgangsleistung (Generator)
output ratio Ausstoßquote (Daten)
output, real-time Echtzeitausgabe, Realzeitausgabe (aus Speicher)
output record (instruction) Ausgeben Satz (Befehl)
output record card Leistungslochkarte
output record length Ausgabensatzlänge
output register Ausgangsregister
output request Ausgabeanforderung
output resistance Ausgangswiderstand, Ausgangswirkungswiderstand, Ohm'scher Ausgangswiderstand
output resonator Ausgangsresonator
output routine Ausgabeprogramm, Ausgaberoutine, Ausgangslösung
output section Ausgabespeicherbereich, Ausgabeabschnitt, Ausgabebereich
output selection Ausgabeauswahl
output selection control Ausgabeauswahlsteuerung
output selection interval Ausgabeauswahlintervall
output selection register Ausgabeauswahlregister
output shaft Abtriebswelle
output shaft speed Triebwerkausgangswelle
output sign Ausgabebuchstabe (päd)
output signal Ausgangssignal, Ausgabesignal
output signal continuity Stetigkeit des Ausgangssignals
output, source Primärprogrammausgabe

output special priority Ausgangsspezialpriorität
output special priority condition Ausgangsspezialprioritätszustand
output spectra Ausgangspektrum
output speed Ausgabegeschwindigkeit (aus Speicher)(EDV)
output spooling Ausspulen von Daten
output spooling file Ausspuldatei
output stacker Kartenmagazin für bearbeitete Karten
output-stage Sendeendstufe, Ausgangsstufe
output storage Ausgabespeicher
output switch(ing logic) Ausgabekopplung
output switching matrix network Ausgabekoppler
output switching network Ausgabekoppler
output switching register Ausgabekopplungsregister
output synchronizer Ausgabe-Pufferspeicher
output tape Ausgabeband (MB), Ausgabespule, Ausgabemagnetband
output tape unit Ausgabemagnetbandgerät
output terminal Ausgangsklemme, Entnahmeklemme
output terminal noise entnehmbare Klemme
output, text Satzausgabe
output, text...device Textausgabegerät
output, text...on film or paper Textausgabe auf Film oder Papier
output, to cancel an...qeues eine Ausgabewarteschlange auflösen
output transformer Ausgangsübertrager, Nachübertrager
output, translated übersetzte Ausgabeinformation
output triode Ausgangstriode, Endtriode
output tube Endröhre, Ausgangsröhre
output typewriter Ausgabeschreibmaschine
output undisturbed...signal ungestörte od. volle Lesespannung, Ausgangssignal eines ungestörten Speicherelements
output, undisturbed one...signal Ausgangssignal einer ungestörten Eins, Spitzenspannung der ungestörten EINS
output, undisturbed-one Ausgangssignal einer ungestörten Eins, Spitzenspannung der ungestörten EINS
output, undisturbed zero...signal Spitzenspannung der ungestörten NULL, Ausgangssignal einer ungestörten Null
output unit Ausgabeeinheit, Ausgabegerät, Ausgabeteil, Ertragseinheit
output voltage Ausgangsspannung, Endspannung
output voltage may be offset Kennkurve der Ausgangsspannung läßt sich verschieben
output voltage monitor Ausgangsspannungsüberwachung
output volume Ausgabedatenträger
output wave or shaft Abtriebswelle, Kraftabgabewelle, Resultatwelle
output winding Lesewicklung
output word Ausgangswort
output, word...buffer control Wortausgabepuffersteuerung (WAPS)
output word register Ausgabewortregister
output, word...buffer control Wortausgabepuffersteuerung (WAPS)
output work queue Ausgabewarteschlange (für Dateien)
output writer Output-Writer, Ausgabedrucker
output from the computer Computerausgangssignal
outrigger Ausleger, Lafettenkreuz
outrigger base Stützlafette der Fahrgestellstütze
outrigger beam Ausleger
outrigger jack Auslegerstütze
outrigger landing gear Flügelstützräder
outrigger-type gun mount Kreuzlafette
outrigger wheel (landing gear) Auslegerrad
outrunning condition Outrunning-Bedingung (Luftstößelinduzierte Bodenbewegung überholt Luftstoßfront, Outrunning-Fall (luftstoßinduzierte....)
outscriber Ausgabeschreiber, Ausgabeumsetzer
outset Anfang, Beginn
outside air temperature (OAT) Außenlufttemperatur
outside air temperature gage Außenluftthermometer
outside air temperature sensor Außentemperatursonde
outside antenna Außenantenne, Hochantenne
outside broadcast Außenreportage, Zeitfunk
outside calipers Außentaster
outside circle (tooth) Kopfkreis
outside coating Außenanstrich
outside diameter Außendurchmesser, äußere Umfangfläche
outside dimension Außenmaß
outside door handle Außentürgriff
outside extension aussenliegende Nebenstelle
outside frosted lamp außenmattierte Lampe
outside-inside calippers Aussen/Innen-Taster
outside landing Außenlandung
outside loop senkrechte Schleife nach Vorne, Looping vorwärts
outside measurement Außenmaß, Außenabmessung
outside metallization Außenmetallisierung
outside-roller chain Kette mit seitlichen Laufroller
out-size Extragröße
outspeed an Schnelligkeit übertreffen, überholen
outstand, to ausstehen (Forderungen), herausstellen, hervorragen
outstanding accounts file Belastungsregister
outstanding feature hervorstechendes Merkmal
outstanding long-range performance hohes Langstreckenpotential (Flz)(av)
outstation Außenstation
outstation, communication controller for Datenübertragungssteuerung für Außenstation (DUSTA)
outward and inward, to hin- und zurück
outward board abgehende Plätze, Ausgangsplätze (FM)
outward flight abgehender Flug, Hinflug
outward, to außen, außerhalb, auswärts
oval cathode Ovalkathode
oval fillister header Linsenkopf
oval fillister head screw Linsenkopfschraube
oval grid Ovalgitter
oval head Linsenkopf

oval-head brass screw Linsenkopfmessingschraube
oval head countersink wood screw Linsensenkholzschraube
oval shaped body ovaler Rumpf
oval tubing Ovalröhrchen
ovalization Unrundwerden
oven battery or block Ofenblock
oven chamber section Thermostat
oven charge Ofenfüllung
ovendried ofengetrocknet
oven-dry ofentrocken, knochentrocken
oven floor Kammersohle
oven heater winding Heizwicklung für Thermostat
oven triode Triode mit Thermostat
over kommen (Sprechgruppe)
over a gunnery term Weitschuß
over and under type chassis zweiseitiges Einsteckchassis
over and under voltage relay Maximal/Minimalrelais, Spannungswächter, Über- u. Unterspannungsrelais
over and underwing fuelling Ober- u. Unterflügelbetankung
over to right, control column Knüppel nach rechts! (Steuerruder)
overage Mehrbestand
overage, to übervergüten (Stahl)
overaging zu starkes od. langes Altern (Werkstoff)
overall Arbeitskleidung, Gesamtbelag
overall attenuation Restdämpfung
overall attenuation course Restdämpfungsverlauf
overall attenuation measurement Restdämpfungsmessung
overall block diagram Gesamtblockschaltbild
overall characteristic Summencharakteristik
overall coefficient Wärmedurchgangszahl
overall contrast ratio Gradationsverhältnis, Gesamtkontrast
overall core recovery Gesamtkerngewinn
overall design (LHX represents the emergence of human engineering) ergonomisch ausgelegter Gesamtentwurf (LHX)(av)
overall diameter äußerster Durchmesser, Spitzendurchmesser
overall dimension gesamte od. größte Abmessung, Raumbedarf
overall directory Gesamtinhaltsverzeichnis
overall efficiency Gesamtwirkungsgrad (w)
overall frequency response Gesamtfrequenz
overall function Gesamtfunktion
overall gain Gesamtverstärkung
overall heat-transfer coefficient Wärmedurchgangszahl
overall height Konstruktionshöhe
overall leakage Gesamtverlust
overall length Gesamtlänge, Länge über Alles
overall length tail folded Gesamtlänge mit beigeklappter Seitenfloße
overall load factor Auslastungsgrad
overall multiplicity Gesamtmultiplikation, Gesamtvermehrung, Gesamtverstärkung
overall net-loss measurement Restmeßdämpfung zwischen den Leitungsenden
overall noise level Gesamtlärmpegel
overall operating costs Gesamtbetriebskosten
overall payload margin Nutzladespannung
overall pressure ratio Verdichtungsverhältnis, Gesamtdruckverhältnis
overall receiver gain Gesamtempfängerverstärkung
overall safety record Sicherheitsbilanz (Verkehrsluftfahrt)
overall selectivity Gesamtselektivität
overall sensitivity Gesamtempfindlichkeit
overall separation factor Gesamttrennfaktor
overall-system management and coordination Gesamtsystemführung und Koordinierung
overall system performance Gesamtleistung einer Radaranlage, Arbeitsreichweite
overall test and assembly room Prüf- und Klarmachraum
overall thickness, total Gesamtmächtigkeit
overall transmission loss Restdämpfung
overall transmission time Betriebslaufzeit
overall view of service standard Überblick über Leistungsstand, Leistungsstandüberblick
overall voltage Gesamtspannung
overall width Gesamtbreite
overall world circulation pattern globales Großzirkulationsschema
overalls Kombination, Überanzug, Hosenmantel, Überkleidung
overarch, to überwölben
overarm Balken (an Horizontfräsmaschine), Gegenhalter, Führungsarm (Fräsmaschine)
overbalance Überausgleich
overbalanced überausgeglichen
overblow tone Überblaston
overblowing das Überblasen
overboard-ambient line Außendruckmeßleitung
overboard drain line Außenbordablaßleitung, Außenbordabflußleitung
overboard scupper drain line Außenbordüberlaufablaß
overboard stem vent Außendruckdampfablaßleitung
overbunching Überbündelung
overburden Deckschicht (geol), Obergestein (Bergbau)
overburn lime, to den Kalk totbrennen
overburned particle of limestone Kalkkern, Kalkkrumpe
overburned public transportation system Überlastung öffentlicher Verkehrsmittel
overcapacity Überproduktion
overcast bedeckt (achtachtel Bewölkung)
overcast, by nine-tenth neunzehntel bedeckt (meteo)
overcast sky bedeckter Himmel
overcatering level Überladungsquote
overcenter arrangement Endlagensperre
overcharge Überladung, Überlastung
overclimb, to übersteigen (Steigflug), überziehen (Flugzeug)
overcoat Oberbekleidung, Oberzeug, Überzeug
overcoming Überwältigung, Überwindung, Bewältigung
overcompensation Überkompensierung, Überkorrektur
overcompound excitation Überverbund-

erregung
overcompounded überkompoundiert
overcompounding Überkompoundierung
overcontrol, to überkorrigieren, übersteuern
overcorrect, to überkorrigieren
overcorrected überkorrigiert
overcorrection scale Überkorrekturmaßstab
overcouple, to überkritisch koppeln
overcoupled circuit überkritisch gekoppelt
overcoupled transformer überkoppelter Transformator
overcoupling Überkopplung (Stromwandlerklasse (nach Belastbarkeit)
overcoupling leak clamp Überkupplungsschelle
overcritically coupled überkritisch gekoppelt
overcrossing Wetterbrücke, Wetterkreuz (Bergbau)
overcure resistance Überbrennbeständigkeit (Beschichtungsmasse)
overcuring Überhärtung
overcurrent Überstrom
overcurrent circuit-breaker Überstromausschalter
overcurrent class Überstromklasse
overcurrent class of a current transformer Überstromklasse für Transformator
overcurrent factor Überstromfaktor
overcurrent protection Überstromschutz
overcurrent protective relay Überstromschutzrelais
overcurrent relay Überstromrelais
overcurrent release Höchststromrelais, Maximalstromrelais, Überlastungsstromrelais
overcurrent release Überstromauslöser
overcurrent trip device Überstromauslösevorrichtung
overcurrent undervoltage circuit breaker Überstrom-Unterspannungsausschalter
overcutting of the groove Überschneiden in der Rille
overdamped aperiodisch gedämpft
over damping überkritische Dämpfung
overdegaussed überkompensiert (Meßgerät)
overdemand übergroßer Bedarf
overdesigned überdimensioniert, überentwickelt
overdeveloped überentwickelt
overdevelopment Überentwicklung
overdoped-fuel Kraftstoff mit übermäßig hohem Bleigehalt
overdraft Kontenüberziehung, Überschreitung, Überdisposition
overdrive Schnellgang (Kfz), Schonganggetriebe, Sparganggetriebe
overdriven amplifier übersteuerter Verstärker
overdryed übertrocknet, ausgetrocknet
overdue überfällig (Zahlung, Flugzeug usw)
overdue aircraft überfälliges Luftfahrzeug
overended shot Bodentreffer
overengined airplane Flugzeug mit überbemessenem oder überstarkem Motor
overetch tiefätzend (Metall)
overexcitation Übererregung, Übersteuerung
overexcite, to übererregen, übersteuern
overexpansion Überdehnung, Überexpansion
overexposed nozzle Überexpansionsdüse
overexposure Überbelichtung (Photo), Überbelastung (Transformator), Überexponierung
mit Strahlen
overfeed stoker Überschubfeuerung (Dampferzeugungsanlage)
overfilted to überkippt
overfilter, to überfiltern (Foto)
overflight strip (ATC) Überflugkontrollstreifen
overflow Überlauf (Überschreiten des Speicherraums im Register), Bereichsüberschreitung
overflow and pressure relief tube Überlauf- u. Druckausgleichsrohr (Kühler)
overflow area Folgebereich, Überlaufbereich (ISFMS)
overflow area, cylinder Zylinderüberlaufbereich
overflow arrangement Überlaufeinrichtung
overflow, automatic...test automatischer Überlauftest
overflow bit Überlaufstelle, Überlaufbit
overflow block Überlaufblock
overflow, buffer Pufferüberlauf
overflow capability Überlaufmöglichkeit
overflow card Überlaufkarte (MB)
overflow channel Überlaufrinne, Überlaufkanal
overflow check indicator Überlaufkontrollsignal
overflow condition Gleitpunktüberlaufbedingung, Überlaufbedingung
overflow connector Überlaufanschluß
overflow contact Überlaufkontakt
overflow control Überlaufkontrolle
overflow control indicator Formularwechsel mit Anzeige (Tabelliermaschine), Formularwechselanzeiger
overflow, cylinder Zylinderüberlauf
overflow data Überlaufdaten
overflow, decimal Dezimalüberlauf
overflow ejection Übertragsvorschub, Übertragungsvorschub
overflow, exponent Exponentenüberlauf
overflow, fixed point Festpunktüberlauf
overflow footing report group Überlauffluß (COBOL)
overflow heading report group Überlaufkopf (COBOL)
overflow hose Überlaufschlauch
overflow independent...record Satz im unabhängigen Folgebereich
overflow index Überlaufmarke
overflow indicator Überlaufanzeige(r) (dig), Überlaufindikator
overflow, left linker Überlauf
overflow, library Bibliotheksüberlauf
overflow line Überlaufleitung
overflow measure Übermaß
overflow memory Überlaufspeicher (EDV)
overflow, multiple...block Mehrfachüberlaufblock (EDV)
overflow, multiple...record Mehrfachüberlaufblock (EDV)
overflow oil Leckölleitung
overflow oil line connection Leckölleitungsanschluß
overflow, page Blattwechsel
overflow passage Überlaufleitung, Überlaufkanal
overflow pipe Oberwasserleitung, Überlaufleitung, Überschußleitung, Überlaufrohr
overflow pipe valve Abflußrohrventil
overflow position Überlaufstelle

overflow potential Überlaufpotential
overflow, printer Blattwechsel
overflow program transfer Zeilenbegrenzung, Programmumschaltung (dig)
overflow queue überlange Warteschlange
overflow range station Überleitstrahlstation
overflow record Folgesatz, Überlaufsatz, Spurwechselblock
overflow register Überlaufregister, Zähler für Besetzt- u. Verlustfälle
overflow repeat interlock Programmwiederholung bei Übertragschreibung
overflow reperforator Überlaufempfangslocher
overflow report Listenüberlauf
overflow return Überlaufrückfluß
overflow, right...register rechtes Überlaufregister
overflow, right accumulator rechter Überlauf
overflow rubber trimming knife Abgratmesser
overflow stacking Ablagefachwechsel
overflow storage Überlaufspeicher (EDV)
overflow switch Überlaufschalter (dig)
overflow tank Überlaufbehälter
overflow threshold Überlaufschwelle
overflow throw distortion Übersteuerung, Überstrahlung
overflow tone crystal Oberschwingungsquarz, Obertonquarz, Obertonschwinger, Oberwellenquarz
overflow, track Spurüberlauf
overflow track Überlaufspur
overflow traffic Überlaufverkehr
overflow trough Auffangwanne (für Heizöltank)
overflow tube Überlaufrohr
overflow valve Überströmventil, Abflußventil, Sicherheitsventil, Überlaufventil
overflow, variable length variable Zeilenbegrenzung
overflow water Überschußwasser (Reaktor)
overfly, to überfliegen
overfold faltiger gefaßter Umbug
overform, to nachformen
overfrequency protection Überfrequenzschutz
overfueling übermäßige Kraftstoffzufuhr (Kraftstoffregelanlage)
overfull employment Überbeschäftigung
over-fuselage air intake Lufteinlaß auf Rumpfoberseite (av)
overgarnment Overgarnment (atmungsaktive Schutzbekleidung)
overgrate air Oberwind (Feuerung)(Dampferzeugungsanlage)
overgrate blast Oberwind (Feuerung)(Dampferzeugungsanlage)
overground oberirdisch, über Grund
overground track, correlated korrelierter Übergrundkurs
overhand knot halber Schlag (drei), Packerknoten (Nr.2)(Fsch)
overhand locking knot Packerknoten (Nr.2) (Fsch)
overhang Ausladung, Überhang, Kragweite
overhang (aerial photography) Anflug/Abflugbilder
overhang angle of approach Überhang
overhang effect Andauern einer Wirkung, Nachwirken eines Einflusses
overhang radial impeller fliegend angeordnetes Radialrad
overhanging arm Gegenhalter (Fräsmaschine)
overhanging screw press with friction drive einarmige Spindelpresse mit Reibungsantrieb
overhaul Überholung, Wiederinstandsetzung, Nachprüfung, Überholen, große Werftliegezeit, Grundüberholung
overhaul and modification organisation Überholungs- und Modifizierungsfirma (av)
overhaul and repair Überholung und Instandsetzung
overhaul and repair plant rentability Überholungs- und Reparaturwerftauslastung (av)
overhaul code Code zur Bezeichnung von Überholungswerkstätten
overhaul, complete vollständige Überholung, Grundüberholung
overhaul cycle Überholungsturnus
overhaul data plate Schild der Überholungsdaten (Angaben)
overhaul facility Instandsetzungseinrichtung
overhaul handbook Überholungsanweisung
overhaul instruction Überholungsanweisung
overhaul life Abstand zwischen Überholungen, Laufzeit bis zur nächsten Überholung, Überholungslebensdauer
overhaul, longer periods between größerer Überholabstand (av)
overhaul maintain, modify and manage the use of aircraft Wartung, Überholung, Modifikation und Einsatzlenkung von Flugzeugen
overhaul man-hours of work Überholungsstundenaufwand (av)
overhaul of wide-body aircraft Überholung von Großraumflugzeugen (Werft)(av)
overhaul period Zeitraum zwischen zwei Überholungen, Überholungszeitraum, Überholungszwischenzeit
overhaul point Überholungswerkstatt
overhaul program Überholungsprogramm
overhaul service dimension Instandsetzungsmaß, Überholungsumfang
overhaul sheet Prüfblatt (Torpedo)
overhaul stand Montagegestell (für die Überholungsarbeit)
overhaul time Überholungszeit
overhaul, to überholen (durch höhere Geschwindigkeit od. Materialerhaltung)
overhauled instandgesetzt, überholt
overhauled engine überholter Motor
overhauled part überholtes Teil
overhauling and upgrading advanced milittary combat aircraft Überholung und Kampfwertsteigerung moderner Kampfflugzeuge (Avionikkonfiguration)(av)
overhauling balance of control surface Hornausgleich (aerodyn)
overhauling weight Belastungsgewicht (Kran)
overhead kopfüber, allgemeine Kosten
overhead allocation rate Kostenstellen-Gemeinkostenzuschlag
overhead anchor cable Luftankerkabel, Luftankerseil
overhead anchorage Luftverankerung
overhead approach, 360 degrees 360 Grad Platzanflug, 360 Grad Landung od. Anflug nach Überfliegen
overhead bail Kopfbügel

overhead beam Deckenbalken
overhead bit zusätzlicher Informationsschritt, informationsloses Bit
overhead bracing support Stockwerksockel (für Brücke)
overhead cable Freileitung, Luftkabel
overhead cable anchorage Luftverankerung
overhead cable railway troop Seilbahnkommandotruppe
overhead camshaft obenliegende Nockenwelle (Motor)
overhead-chain pendant-carrier conveyor mit Gehänge oberlaufender Kreisförderer
overhead-chain truck-towing conveyor obenlaufender Kreisförderer mit Transportkran
overhead charge Gemeinkosten
overhead clearance Durchfahrtshöhe (Tunnel u. Brücken)
overhead conductor rail Hängestromschiene
overhead construction Hochbau
overhead contact hook Stromabnehmerbügel
overhead container Deckencontainer
overhead cost center Gemeinkostenstelle
overhead costing Gemeinkostenrechnung
overhead cover Abdeckung
overhead crane Laufkran
overhead crossing Fahrdrahtkreuzung, Kreuzungsklemme, Wegüberführung
overhead distribution Verteilung der Gemeinkosten (komm)
overhead distribution line Freileitung
overhead exhaust valve hängendes Auslaßventil
overhead expenses allgemeine Unkosten
overhead firing Überschießen eigener Truppen
overhead firing table Überschießtafel
overhead frog Fahrdrahtweiche
overhead hoist Überkopfhebeanlage
overhead line Freileitung
overhead line fittings Freileitungsarmaturen
overhead line system oberirdische Leitungsanlage
overhead operation organisatorische Operation
overhead or aerial line Luftleitung
overhead or high-level camshaft obenliegende Nockenwelle (Motor)
overhead or suspension flange runway Oberflanschlaufwerk
overhead product Obendestillat
overhead railway Hochbahn
overhead reservoir Hochbehälter
overhead suspension Traggurt für Luftschiffe im Dock
overhead switch panel Deckenschalttafel
overhead system Freileitungssystem
overhead track Hochbahn
overhead transmission line Freileitung, oberirdische Leitung
overhead-underground system ober- u. unteriridisches Netz
overhead valve hängendes od. obengesteuertes Ventil
overhead wire Freileitung
overhearing Abhören, Mitsprechen, Überhören
overheat, to heißlaufen, überhitzen
overheating Überhitzung, Überhitzen (Waffe)
overheating warning light Überheizungs-Warnlampe, Überhitzungswarnleuchte
overhorizon communication link Überhorizont-Verbindung
overhouse aerial Dachantenne
overhouse construction fliegende Anordnung
overhung arrangement fliegende Anordnung
overhung position, in fliegend angeordnet
overirradiation Über(be)strahlung
overlaid frequency Überlagerungsfrequenz
overland cable oberirdisches Kabel, Überlandkabel
overland long-distance cable Überlandfernkabel
overlap Überdeckung (Lubi), Übergreifen, Überlappen, Überläppung, Simultanität
overlap angle Überlappungswinkel
overlap of wave trains Überlappen von Wellenzügen
overlap protective system gestaffelter Überstromschutz
overlap splice überlappende Klebestelle
overlap test Überlappungsmethode (bei Fehlerortssuche)
overlap, to überlappen, überlappende Befehlsausführung
overlap with "noise" in the original image überlappende Nutz- und Störsignale (av)
overlapping Überlappung, Simultanität, überlappende Befehlsausführung od. Verwaltung
overlapping coverage and redundancy redundante Überdeckung (Radar)
overlapping coverage area überlappender Überdeckungsbereich
overlapping length Überlappungslänge
overlapping multiple gestaffelte Vielfachschaltung
overlapping of lines Zeilenüberlappung
overlapping operation of keys überlappende Tastung
overlapping pattern überschneidendes Strahlungsdiagramm
overlapping seam Kappnaht, Kopfnaht (Fsch)
overlay Überlagerung, Deckpause, obere Lage (Glasfaser), Blaupause, Durchschlagszeichnung
overlay area Überlagerungsbereich, Überlagerungsphase
overlay defining überlagerndes Definieren
overlay file Overlaydatei, Überlagerungsdatei
overlay module Überlagerungssegment
overlay phase Überlagerungsphase
overlay point Segmentierungspunkt
overlay request Segmentaufruf
overlay routine Überlagerungsroutine
overlay segments Programmteile, die im Assembler nacheinander den gleichen Platz belegen (Programmsegmente)
overlay structure Überlagerungsstruktur
overlay, to überschreiben von Programmteilen im Arbeitsspeicher (durch andere Programmteile)
overlay transistor "Overlay-Transistor"
overlay tree Überlagerungsbaum
overlay, user Anwenderüberlagerung
overlay welding Auftragschweissung
overlayable segment überlagerbares Segment (COBOL), Überlagerungssegment (Programmsegm)
overlaying strata überlagernde Schichten (geol)
overload Mehrbelastung, Über(be)lastung

overload button Gefahrentaste, Warnblinker
overload capacity Überlastbarkeit, Überlastungsfähigkeit
overload circuit-breaker Maximalstromausschalter, Überstromausschalter
overload circuitry Überlastungsschutzschaltung, Überlastungsschutzkreis
overload clutch Drehmomentbegrenzungskupplung, Kupplung zur Sicherung gegen Überlastung
overload indicator Übersteuerungsmesser
overload limit Übersteuerungsschutz
overload point Übersteuerungspunkt
overload protection Überlastungsschutz, Überstromschutz
overload protection device Schutzeinrichtung gegen Überlastung
overload relay Überlastungsrelais, Überstromrelais
overload release Überlastungsauslösung
overload sensing control Überlastungsselbstschalter
overload spring Druckfeder
overload switch Höchststromschalter, Maximalstromschalter
overload take-off weight Überlaststartgewicht
overload tariff Überverbrauchstarif
overload test Überlastversuch
overload torque capacity Überlastbarkeit
overload valve Überdruckventil
overload valve body Überdruckventilkörper
overloading Überladung, Überlastung
overloading of air traffic control and station facilities Überlastung der Luftverkehrskontroll- u. Abfertigungseinrichtungen
overlook beaufsichtigen, flüchtig durchsehen, nicht bemerken, überblicken, übersehen
overlook an oil sand Ölsand überbohren
overlubrication Überölung, Überschmierung
overmatch Überspannung, Durchschußversuch (Panzerplatte)
overmatching Überdimensionierung
overmatching of impedance Widerstandsüberanpassung
overmodulation Übermodulation, Übersteuerung
overpower, to niederkämpfen
overpressure Überdruck, Überspannung
overprint Aufdruck auf Karton, Überdruck (Lubi)
overproduction Überproduktion
overpunch, to überlochen, überstanzen (Löschen gestanzter Informationen)
overpunching Überlochen, Überstanzen
overrate überschätzen, zu hoch veranschlagen
overreviving Lauf mit zu hoher Drehzahl
override im Lauf überholen, übersteuern (Regler), durch Übergehen ausschalten
override action Übersteuerungsvorgang
override automation control, to Regelautomatik übersteuern
override cockpit Übersteuerungscockpit
override control Korrektursteuerung
override stop überbrückbarer Anschlag, Überspringanschlag
override, to aufheben, überschreiten
overrider Stoßstangenhorn
overriding clutch Überholkupplung
overriding control Sicherung gegen Übersteuern
overriding of noise Geräuschverdeckung
overroad stay Luftanker, Überweganker
overrun area Stoppfläche
overrun brake Auflaufbremse
overrun control Filmnachlaufregler (Kamera)
overrun, to aufgleiten (meteo), im Lauf überholen, überrollen, übersteuern (Regler), durchgehen, zu weit kommen
overrunning clutch Freilaufkupplung, Überholkupplung
overrunning of a lamp Lampenüberlastung
overrunning sprag clutch Freilaufkupplung
overs überzählige Teile
oversaturation Übersättigung
overseas broadcasting Hochseerundfunk
overseas-foreign aeronautical communications station Übersee/-ausländische-Luftfahrt-Vermittlungsstation
overseas phone call Überseegespräch
overseas shipment control depot Kontrolldepot für Lieferung nach Übersee
overseas staff Überseearbeitsstab
oversecure übersichern
overseer Aufseher, Werkmeister (A)
overshoes (deicers) Gummienteiser
overshoot Überfahren, Überschwingung, Übersteuern, Überlauf
overshoot distortion Übersteuerung, Überstrahlung
overshoot interference Störungen durch Überreichweiten (Richtfunksystem)
overshoot lock Überschreibsperre
overshoot ratio Überschwingfaktor
overshoot wheel oberschlägiges Wasserrad
overshoot, to überschwingen (über Bezugswert), überrollen, zu weit kommen
overshot Fangglocke
overshot, to über etwas hinausschießen
oversimplification starke Vereinfachung
oversize Übermaß, Übergröße
oversize cargo übergroßes Frachtstück
overspeed Schleuderzahl, Überdrehzahl (Motor)
overspeed condition of an engine Überdrehzahlbedingung eines Motors
overspeed monitor Drehzahlwächter
overspeed protection Überdrehzahlschutz
overspeed protection system Überdrehzahlregelsystem (av)
overspeed protection unit Überdrehzahlschutzgerät
overspeed safety governor Drehzahlregler mit Sicherung gegen Überdrehzahl
overspeed trip gearbox driving shaft Kegelradgetriebeantriebswelle (Twk)
overspeed trip governor Überdrehzahlabschaltregler
overspeed test benches for engine components compressors and turbine Schleuderprüfstand für Komponenten von Turbinentriebwerken (av)
overstock Lagerüberbestand
overstocking Überbevorratung
overstrain Überbelastung, Überbeanspruchung
overstrength fester als erforderlich
overstress Überbeanspruchung (Gerät)
overstress an aircraft, to überbeanspruchen des Flugzeugs, Luftfahrzeug überbeanspruchen
overstretch, to überdehnen, überspannen,

überstrecken, zu stark strecken
overswing diode Energieabsorptionsdiode (Halbleiter)
overswing of a compass needle übersteuernde Kompaßnadel
oversynchronous übersynchron
overtake, to einholen, ertappen, überholen (im Verkehr), überraschen
overtaking aircraft überholendes Flugzeug
overtaking point or station (rail) Überholungsstelle, Überholbahnhof
overtaking signal Überholmelder, Überholsignal
overtax überanstrengen, überfordern
over-the-horizon Überreichweite, über den Horizont (Elektron)
over-the-horizon link Überreichweiteverbindung
over-the-horizon propagation troposphärische Überhorizontausbreitung von Wellen
over-the-horizon transmission Überhorizontverbindung
over-the-road shipment Versand mit Straßentransportmitteln
over-the-top-flight über den Wolken fliegen werfen
overthrust Schollenüberschiebung (geol)
overthrust block Überschiebungsdecke (geol)
overthrust fold Überschiebungsfalte (geol)
overthrust line Überschiebungslinie (geol)
overthrust of folds Faltungsüberschiebung (geol)
overthrust sheet Überschiebungsdecke (geol)
overtighten, to zu fest anziehen
overtime pay Überstundenlohn, Vergütung für Überstunden
overtime premium Überstundenzuschlag
overtone absolutdeckend (Farbe), Oberton
overtone absorption band Oberband
overtone crystal (unit) Obertonkristall, Oberwellenkristall
overtonging übermäßige Zangenverschraubung
overtopping of wave Überschlagen von Wellen, Brecherbildung (Wasser)
overtravel Übersteuern, zu große Steuerwege ausführen
overtravel mechanical stop Anschlagschraube (Seitenruderanschlagbegrenzer)
overturn Überkippung, Überkehrung (geol)
overturn a screw Gewinde überdrehen
overturn, to sich überschlagen (bei Landung), umstoßen, umstürzen, umwerfen
overturned fold überkippte, überneigte od. überworfene Falte (geol)
overturning moment Kippmoment, Umkehrpunkt
overtype coupler Seilbahnkuppler mit obenliegendem Zugseil, Oberseilapparat
overview of algorithm approach in Lantrin system Zielverarbeitung und -erkennung im Lantrin-Behälter (Bordcomputer)
overvoltage Überspannung, Überbeanspruchung
overvoltage circuit-breaker Überspannungsschalter
overvoltage cutout Überspannungssicherung
overvoltage operation überspannter Betrieb
overvoltage protection Überspannungsschutz
overvoltage relay Überspannungsrelais
overvoltage release Überspannungsauflösung, Überspannungsauslösung, Überspannungsschalter
overvoltage suppressor or arrester Überspannungsableiter
overvolted operation überspannter Betrieb
overwater equipment Ausrüstung für Überwasserflug
overwater hops Überwassersprünge
overwater path Überwasserstrecke
overwater propagation Ausbreitung über Wasser
overweather flight Flug oberhalb der Wetterzone
overwork, to überarbeiten, überbürden, -fordern
overwrite, to löschen durch überschreiben, überschreiben (von Daten auf Speichermedium)
overwriting Überschreiben
overzoom, to übersteigen (Steigflug)
ovionic device Glasschalter
ovoid eiförmiger Körper, oval
owing, to herrührend, ursprünglich
OWN OWN, eigen (ALGOL)
own-code module Benutzerroutine (beim Sortieren)
own natural period of oscillation Eigenperiode, Eigenschwingungsdauer eines Pendels
own natural period of vibration Eigenperiode, Eigenschwingungsdauer eines Pendels
own navigation Eigennavigation
own operating cost eigene Betriebsunkosten
own ship vertical movement Auswanderung des Schiffes in Vertikalebene (Feuerleitung)
own ships acceleration Eigenbeschleunigung
owner ID Eigentümerkennzeichnung, Eigentümername
owner identification Eigentümerkennzeichnung
owner name Eigentümerkennzeichnung, Eigentümername
ownership account Bestandskonto (einer Teilstreitkraft)
ownership account code Depotnummernschlüssel
oxalic acid Kleesäure, Oxalsäure
oxidation kinetic Oxydationskinetik
oxidation reduction cycle Redoxsystem, Redoxzyklus
oxidation reduction potential Redoxpotential
oxidation state Oxydationsstufe, Oxydationszustand
oxide coated cathode Oxydschichtkathode
oxide-coated emitter Oxydschichtemissionssubstanz
oxide coating Oxydschicht
oxide emitter Oxydemitter, Oxydkathode
oxide film Oxydfilm, Oberflächenoxydschicht
oxidizer (added to rocket fuel) Oxydator, Oxydierstoff, Sauerstoffträger
oxidizer fill valve Oxydatorfüllventil
oxidizer feeding Oxydatorleitung
oxidizer flame Oxydationsflamme, nichtleuchtende Flamme
oxidizer tank Oxydatortank, Sauerstoffträgerbehälter
oxidizing Verknüpfung (Elektrotypie)
oxidizing flame Oxydationsflamme, nichtleuchtende Flamme
oxyacethylene burner Azethylensauerstoffbrenner
oxyacethylene cutter autogener Schneid-

apparat, Brennschneider
oxyacethylene weld(ing) Autogenschweißen, Azethylensauerstoffschweißen, Sauerstoffazethylenschweißung
oxyarc cutting elektrisches Sauerstoffschneiden
oxyarc cutting electrode Sauerstoffschneidelektrode
oxydator Sauerstoffträger
oxydecoated filament Oxydfaden
oxydicing flame Oxydationsflamme, oxydierende Flamme
oxygen anode Sauerstoffpol
oxygen apparatus Sauerstoffgerät
oxygen blinker Sauerstoffblinker, Sauerstoffwächter
oxygen bottle Sauerstofflasche
oxygen bottle or container or cylinder Sauerstofflasche
oxygen breathing apparatus Sauerstoffatmungsgerät, Selbstretter
oxygen breathing apparatus for high altitude flying Sauerstoff-Höhenatmer
oxygen concentration cell Sauerstoffelement
oxygen control (i.e.lights and flow indicator) Sauerstoffwächter (auch Blinker od. Flußanzeiger genannt)
oxygen converter Sauerstoffumwandler
oxygen cutting Brennschneiden
oxygen deficiency Sauerstoffmangel
oxygen donor Sauerstoffabgeber
oxygen failure Ausfall der Sauerstoffversorgung
oxygen feed Sauerstoffzuführung
oxygen feed line Langrohrleitung
oxygen fill tube Sauerstoffüllrohr
oxygen flow indicator Sauerstoffdurchsatzanzeiger
oxygen for breathing and for suit pressurization Atem- u. Drucksauerstoff (Raumanzug)
oxygen generating system Sauerstofferzeugungssystem (sp)
oxygen-hydrogen combustion Knallgasverbrennung
oxygen in cylinders Flaschensauerstoff
oxygen mask Sauerstoffmaske
oxygen of the air Luftsauerstoff
oxygen partial pressure Sauerstoffteildruck
oxygen plant Sauerstoffgewinnungsanlage
oxygen pole Sauerstoffpol
oxygen-pressure-regulation pipe A-Belüftungsanlage
oxygen purge system Sauerstoffreinigungsanlage
oxygen relationship Sauerstoffverwandtschaft
oxygen respirator Sauerstoffatemgerät
oxygen station Sauerstoffanschluß
oxygen-supplied smoke hood Rauchschutz haube mit integrierter Sauerstoffmaske (av)
oxygen supply Sauerstoffvorrat
oxygen supply bleeder Sauerstoffentleerer
oxygen supply equipment Atemsauerstoffanlage
oxygen system Sauerstoffanlage, Flüssigsauerstoffanlage, Sauerstoffversorgungssystem (Raumfahrt)
oxygen system regulator Regler für Sauerstoffversorgungsanlage (Raumfahrt)
oxygen system selector switch Wahlschalter für Sauerstoffanlage
oxygen tank, cryogenic kryogenischer Sauerstoffbehälter
oxygen trailer Sauerstoffüllwagen
oxygen tube Atemschlauch, Sauerstoffschlauch
oxygen valve Sauerstoffventil
oxygen yielding sauerstoffabgebend
oxyhydrogen Knallgas
oxyhydrogen blowpipe Knallgasgebläse
oxyhydrogen flame Knallgasflamme
oxyhydrogen welding Knallgasschweißung, Wasserstoff/Sauerstoffschweißung
ozokerite Ozokerit
ozone attack Ozoneinwirkung
ozone cracking Ozonrißbildung
ozone distribution Ozonverteilung
ozone filtration research program Ozonfilterprogramm
ozone inhibitor Ozonschutzmittel
ozone resistance Ozonfestigkeit
ozone spectrophotometer Ozonspektrophotmeter
ozone tube Ozonrohr (einer Ozonanlage)
ozonosphere Ozonosphäre

P

P... prohibited area (folowed by identification) P... Sperrgebiet (folgt nähere Bezeichnung)
P2 (prognostic chart for 200 mb surface) P2 (Vorhersagekarte für 200 mb Fläche)
P25 (prognostic chart for 250 mb surface) P25 (Vorhersagekarte für 250 mb Fläche)
P3 (prognostic chart for 300 mb surface) P3 (Vorhersagekarte für 300 mb Fläche)
P5 (prognostic chart for 500 mb surface) P5 (Vorhersagekarte für 500 mb Fläche)
P7 (prognostic chart for 700 mb surface) P7 (Vorhersagekarte für 700 mb Fläche)
P static disturbance P statische Störung
PAC trash compactor ("Aero-Pac") Abfallverdichter ("Aero-Pac")(Bordcomputer)
pace Gangart, Schritt
pace counter Schrittzähler
pace of distance Entfernung abschreiten
pace off, to abschreiten
pace setter Schrittmachen
pace with threat changes Bedrohungsparameter (hit-to-kill weapon)
pacific area travel association PATA
pacific command Kommandobereich Pazifik
pacific high pazifisches Hochdruckgebiet (meteo)
pacing (of learning rate) Lerntempo, Fernbestimmung (päd)
pack Rückengepäck, Rückenpack, Verpackungssack (Fsch)
pack annealing furnace Haubenglühofen (Walzwerk)
pack assembly Fallschirmpack
pack belt retaining loop Bauchgurtschlaufe (Fsch)
pack closing loop Verschlußschlaufe des Verpackungssackes (Fsch)
pack closing tape Sollbruchband des Verpackungssackes (u. Bruchlast)(Fsch)
pack cone Verschlußkegel (Fsch)

pack cover Schutzlasche (Fsch)
pack end tab Laschenöse (Fsch)
pack flap Tornisterklappe, Verschlußkappe des Verpackungssacks (Fsch)
pack for carrying Rückentrage
pack frame Versteigungsrahmen (Fsch)
pack hardening of tool steel Kasteneinsatzhärten von Werkzeugstahl
pack hardening process Kasteneinsatzverfahren (Härterei)
pack heating furnace Paketwarmofen
pack method Packverfahren (Härterei)
pack of cards Kartensatz, Kartenpaket, Kartenstapel, Kartenstoß
pack opener Öffnungsvorrichtung (Minenfallschirmpack)
pack opening band or elastic Elastikband (Fsch)
pack opening elastic hook Elastikbandhaken (Fsch)
pack-opening hinge (parachute pack) Schnappverschluß
pack opening loop Öffnungsschlaufe (Fsch)
pack-opening spring d Packhüllenöffnungsfederband (Fsch)
pack (receiver) radio Tornisterfunkgerät
pack saddle Packsattel
pack serial number Plattenstapelarchivnummer
pack-shaped portable life support system tragbare Lebenserhaltungsanlage in Form eines Tornisters
pack smoke apparatus Nebeltornister
pack stiffener Packhüllenversteifung, Verpackungssack, Versteifung (Fsch)
pack strap Packriemen
pack tag Geräteschild (Fsch)
pack the carbon of electrode, to Elektroden abdichten
pack, to anhäufen, packen, verdichten (Daten u. Informationen)
pack tray Verpackungssackboden (Fsch)
pack tray assembly Boden des Verpackungssackes (Fsch)
pack-type filter Packungstypfilter
pack/uppack facility Datenkonzentrator, Zeichenkonzentrator
pack-wall system Abbau mit Bergeversatz
pack wireless set Tornisterfunkapparat
package Gehäuse, Packung, Verpackung, Untergruppe
package, application allgemeine Anwenderprogramme
package boiler Kompaktkessel
package-by-package stowing stückweise stauen
package charge geballte Ladung
package, diagnostic Fehlersichtpaket
package freight Stückgüter
package plant transportable Anlage
package, program Programmpaket
package reactor Huckepackreaktor, kompakter transportabler Reaktor
"package tour" Pauschalflugreise
package system Baugruppensystem
packaged experiment payload Experimentiernutzlast (sp)
packaging Einzelverpackung
package unit Getriebeantriebsblock
packaging concept Einbausystem
packaging system Einbausystem

packed column or tower Füllkörpersäule
packed data gepackte Daten
packed decimal gepackte Dezimalzahl
packed earth aufgeschüttete Erde
packed joint Trennstelle mit Dichtpackung
packer, open hole zylindrischer Bohrlochpacker (Ölbohrung)
packing Dichtpackung, Einfüllstoff, Großverpackung, Packung, Verpackung, Verdichten von Daten (EDV)
packing bandage Dichtungsbinde
packing base Versandbock für Flugmotor
packing branch Packwesen, Packungsart (Fsch)
packing case Transportkoffer, Versandkiste
packing chamber Dichtungskammer
packing cloth Packleinwand, Verpackungsplane, Wagendecke
packing container Transportbehälter, Versandbehälter (für radioaktives Material)
packing cord Dichtungsschnur, Verschnürungsleine
packing cover or tarpaulin Verpackungsplane
packing data card Packkontrollkarte (Fsch)
packing density Bauelementendichte, Informationsdichte bei Datenverarbeitung, Packungsdichte, Zeichendichte auf einem Speichermedium, Aufzeichnungsdichte, Schreibdichte (EDV)
packing drawing Verpackungszeichnung
packing effect Masseneffekt
packing equipment Packausrüstung (Fsch)
packing factor Packungsanteil, Verdichtungsfaktor (EDV)
packing felt Dichtungsfilz
packing fluid Sperrflüssigkeit (zum Abdichten)
packing foil Verpackungsfolie
packing fraction Packungsanteil
packing fraction gland Stopfbuchsenpackungsanteil (Bohrung)
packing gland Stopfbuchsenpackung
packing hook Packhaken (Fsch)
packing material Dichtungsmaterial
packing mode gepackte Form (zwei Dezimalziffern in 1 Byte), gepackte dezimale Form
acking of the parachute Verpacken des Fallschirms
packing of the stuffing box Stopfbuchsenpackung
packing paddle Packholz, Streichbrett (Fsch)
packing point Luftverlastelager
packing pressure Schäumdruck, Verdichtungsdruck (pla)
packing, pulse dichte Impulsaufzeichnung
packing resistant to tropical conditions Tropenverpackung
packing ring Dichtungsring, Dichtungsscheibe
packing sleeve Dichtungsbuchse
packing slip Packzettel
packing stand Versandbock für Flugmotore
packing strip Dichtleiste
packing table Packtisch (Fsch)
packing technique Packtechnik (Halbleiter)
packthread Bindfaden
pact on seabeds Meeresbodenvertrag (geol)
pad Dämpfungsglied (nicht regelbar), flache Erhebung, Unterbau, Helikopterplattform, Hubschrauberplattform, Hubschrauberstart-

rampe, Kissen, Konsole, Polster, Unterlage (für Hilfsgeräte)
pad (launcher) Startrohrbaugruppe
pad (quick release) Zentralschloßpolster (Fsch)
pad, attaching Anbauflansch, vorgezogene Fläche für Anbau
pad, attenuator Dämpfungsglied (nicht regelbar)
pad cartridge Arbeitskartusche
pad character Auffüllzeichen, Blindzeichen, Füllzeichen (EDV)
pad chief Plattformchef (Bohrinsel)
pad crew Startpersonal
pad eye Zurröse (auf Flugdeck)
pad feed sequence Blattvorschubfolge
pad propellant Treibstoff für pulvergasdruckbetätigte Vorrichtung
pad resistance Verlängerungswiderstand
pad roller Druckrolle, Leitrolle
pad safety officer Plattformsicherheitsoffizier
pad size Zahnweite über mehrere Zähne (Fräser)
padded unterpolstert
padder Verkürzer
padder capacitor Paddingkondensator, Reihenabgleichkondensator
padder condenser Verkürzungskondensator
padding Aufklotzung (Gummi), gießtechnische Verstärkung, Auffüllen mit Blinddaten (EDV), Blindgruppe, Füllwörter (EDV)
padding capacitance Serienabgleichkapazität
padding capacitor Paddingkondensator, Reihenabgleichkondensator, Verkürzungskondensator
paddle Mischbalken, Packholz (Fsch), Rührpaddel (Mischvorrichtung), Stoßplatte (Fallschirmtrennvorrichtung), Streichbrett (Fsch), Unterbrecher (Flugwegmeßgeber), Schaufel (Rührgerät)
paddle dryer Rührwerktrockner, Schaufeltrockner
paddle fan mit Kurbelwellendrehzahl laufender, nicht untersetzter Gemischverteiler
paddle gage Lehrdorn für Profilabschnitt mit nur zwei Zähnen pro Abschnitt
paddle guard Stoßplattensicherung (Fallschirmtrennvorrichtung)
paddle lanyard Schaufelradleine (Minenanker)
paddle lanyard fairlead (sinker) Führungsrohr für Schaufelradleine
paddle mechanism Propeller (an der Gefechtspistole) (Torpedo)
paddle minesweeper (PMS) Radminensuchboot
paddle mixer Balkenrührer, Schaufelrührer
paddle mixer with flat blade Blattrührer
paddle of sattelite Ausleger eines Satelliten
"paddle" periphery jet-rudder peripheres Strahlruder (av)
paddle plane Radflügelflugzeug, Schaufelflugzeug
paddle pocket (packtray) Einsteckschutzlasche, Einsteckschutztasche (Fsch)
paddle spindle Schaufelradachse (Minenanker)
paddle wheel aeroplane Schaufelradflugzeug
paddle wheel aircraft Schaufelradflugzeug
paddle wheel rotor Schaufelrotor
paddle wheel satellite Schaufelradsatellit
paddles Photozellenausleger, Solarzellenausleger
paddlock Vorhängeschloß
PADFAR program for air defense, forward area
PAE parachute adjustable equipment
PAFTA pacific area free trade area
page seitenwechseln, seitenweise umlagern
page-at-a-time printer Seitendrucker (EDV)
page chaining Seitenkettung
page change Seitenwechsel
page check Seitenprüfung, Überprüfung der Seiten
page content heading Kolumnentitel
page copy Blattausfertigung
page copy teleprinter Blattschreiber (dig)(teg)
page counter Seitenzähler
page data set Seitendatei (EDV)
page depth instruction Satzhöhenbefehl
page document Blattbeleg
page, external...table (XPT) Extern-Seitentabelle
page fault Seitenwechselanforderung
page feed Blattvorschub, Seitenvorschub
page, fixed speicherresidente Seite
page fixing Seitenfixierung, Seitenfixieren, residentmachen von Seiten
page footing (report group) Seitenfuß (COBOL)
page for insertion Austauschseite
page format Seitenformat
page frame Seitenrahmen (EDV)
page frame table Seitenrahmentabelle (EDV)
page heading Rubrik, Seitenkopf (ALGOL) (EDV)
page heading parameter Seitenüberschriftenparameter, Überschriftparameter
page heading report group Seitenkopf (COBOL)
page in, to seitenweise einlagern in den Hauptspeicher (EDV)
page-in operation Seiteneinlagerung (Seite in den Rahmen eingelagert)
page limit Seitenbegrenzung
page limit clause Seitensteuerungseintragung, Seitensteuerungsklausel (COBOL)
page listing Verzeichnis der gültigen Seiten
page makeup Umbruch
page memory Seitenspeicher
page migration Seitenwanderung (Umlagern von Seiten innerhalb externer Speicher (EDV)
page, missing...interruption Seitenwechselanforderung
page number Kolumnenziffer, Seitennummer, Seitenzahl
page numbering Seitennumerierung
page out, to seitenweise auslagern (in externen Speichern)(EDV)
page-out operation Seitenauslagerung
page overflow Blattwechsel, Seitenüberlauf (Programmierung)(COBOL)(EDV)
page pool Seitenpool (EDV)
page printer Blatt(fern)schreiber, Seitendrucker
page printer format Blattschreibersendenorm
page printer reperforator Blattschreiber mit Streifendrucker
page printer sending standard Blattschreibersendenorm
page-printing receiver Blattdruckempfänger
page printing telegraph Blattdrucktelegraph, Seitendrucktelegraph

page reader Blattleser, Seitenleser (Belegverarbeitung)
page reclamation Seitenaktivierung (ungültiger Seiten)(EDV)
page replacement Seitenersetzung, Seitenüberschreibung (EDV)
page slot Seitenfach (in externen Speichern) (EDV)
page table Seitentabelle (EDV)
page teleprinter Blattfernschreibmaschine, Blattschreiber, Seitenfernschreiber
page, to seitenwechseln (vom od. zum Hauptspeicher), seitenweise umlagern (von od. zum Hauptspeicher)(EDV)
page, to fix a eine Seite fixieren, eine Seite resident machen
page translation exception Seitenwechselanforderung
pageable seitenwechselbar, auslagerbar, auslagerungsfähig
paging Aufteilung eines Programms in Seiten (pages) von je 1024 Wörtern, Seitenwechselverfahren
paging algorithm Seitenalgorithmus
paging, demand Seitenabruf
paging device Seitenwechselspeicher, Seitenspeicher
paging drum Seitenspeicher
paging rate Seitenwechselrate
paging, segmental blockweiser Seitenwechsel
paging supervisor Seitensupervisor
paid in capital Grundkapital
paid-in or paid-up capital eingezahltes Kapital
paid-time ratio Hundertsatz der Gebührenminute je Stunde
paid-up addition by dividend Summenerhöhung durch Dividende
paid-up assurance prämienfreie Versicherung
paint Bildspur (Radar), Bildzeichen (Radar)
paint adhesion Farbadhäsion
paint and lacquer Farbe u. Lacke
paint cover or layer Deckanstrich, Deckschicht
paint is setting to touch Anstrichmasse ist trocken geworden
paint remover Abbeizmittel, Farbenabbeizmittel
paint shop Anstreicherei, Lackiererei
paint spray gun Farbspritzpistole
paint spraying booth Farbspritzkabine
paint spraying process Frabspritzverfahren
paint spraying technique Spritzlackierverfahren
paint-stenciled marking Markierung mit Schablonenanstrich
paint-storage equipment Lagerausrüstung für Farben
paint-stripping equipment Lackentfernungsgerät (Flugzeugwartung)
paint-stripping system Lackentfernungsanlage (Flugzeugwartung)
painter Fangleine
painter's tool Anstreicherwerkzeug
painter's varnish Malerfirnis
pair annihilation Paarvernichtung (Ionen)
pair creation or formation Paarbildung
pair formation Paarbildung
pair generation Paarbildung
pair of aerials Antennenpaar
pair of bevel gears Kegelradpaar
pair of compass Zirkel
pair of cords Schnurpaar
pair of jacks Zwillingsklinke
pair of needles Nadelpaar
pair of pawls Doppelsperrklinke
pair of pliers Zange
pair of poles Polpaar
pair of scales Waage
pair of scissors Schere
pair of split bearing or brasses Lagerschalenpaar (mach)
pair of stereoscopic pictures Bildpaar
pair of struts Strebenpaar
pair of values Wertepaar
pair of wedges Keilpaar
pair of wheels and axles Radsatz
pair production Paarerzeugung, Paarbildung
pair production absorption Absorption durch Paarbildung
pair production attenuation Schwächung durch Paarbildung
pair spectrometer Paarspektrometer
pair transposition Paarverstauchung
pair twisting Paarverseilung
paired cable paarverseiltes Kabel
paired of echoes Echopaare
pairing energy Paarbildungsenergie
pairing frequencies (ATC,Radar) Frequenzpaarungen
pairing of characters Zeichenpaarung
pale Blatt, Schaufel (Twk)
pale shade zarte Farbtönung
paleogeologic map abgedeckte Karte (zeigt Oberflächenverteilung der Schichten geologischer Vergangenheit)
paleontologic marker Fossilleitschicht
paleontology Paleontologie, Versteinerungskunde
pall Gabelkreuz
palladium alloy Palladiumlegierung
pallet Pallet, Stapelplatte
pallet and container center Paletten- u. Containerzentrum
pallet lifting truck Palettenhubwagen
pallet loading Palettenladung
pallet loading vehicle Palettenlader (av)
pallet of escapement Hemmungslappen
pallet transporter Palettentransporter
palletron Elektronen/Resonanzbeschleuniger
pallial sinus Mantelsinus
palloid spiral bevel gear Palloidspiralkegel
palmatic acid Cetylsäure
palm tree Hubschrauber
Palmer scan Palmerabtaster
palpable fühlbar, offenkundig, tastbar
PAM payload-assist module (sp)
PAM primary acces method
PAM time multiplex (pulse-amplitude modulation) PAM-Zeitmultiplexer
pan Pfanne, Schale
pan amalgamation Kesselamalgamation
Pan American Airways executive department Luftverkehrsgesellschaft "PAA" Geschäftsführung
Pan American Airways flight control officer Flugkontrolloffizier der "PAA"

pan boiling control apparatus Kochkontrollapparat
pancake durchsacken (vom Flugzeug)
pancake landing Bauchlandung
pancake, to niederklatschen
pancake type pick-off coil flache Abnahmespule
pancake type pick-up coil flache Aufnahmespule
panchromatic panchromatisch
pandal (a type of light metal alloy) Pandal
P-and-C purchasing and contracting officer
pandemonium Pandemonium
pane Fach, Feld einer Täfelung, Füllung
pane adjustment (window) Scheibeneinstellung (Fenster)
panel Füllung, in Felder unterteilen, Instrumentenbrett, Paneel, panellieren, Täfelung, Verkleidungsblech, Aufbaufeld, Aufbauplatte, Bauabteilung, Fachwerkfeld, Frontplatte, Hochfeld, Bordinstrumentenbrett, Hüllenbahn
panel, acoustic schallabsorbierende Auskleidung
panel code Auslegetuchcode
panel, command Kommandobefehl
panel, command key Befehlstastenfeld
panel, control and maintenance Bedienungs- und Wartungsfeld
panel corrosion Blechkorrosion
panel, generator Generatorschalttafel
panel, indicator Anzeigefeld
panel lamp or light Frontplattenlampe, Instrumententafelleuchte
panel meter Einbaumeter
panel, metering Meßschiene
panel-mounted combination unit im Instrumentenbrett montiertes Gerät
panel mounting Paneelmontage
panel office Stangenwähleramt
panel, parachute Fallschirmfeld
panel planing machine Dicktenhobel
panel, plug connector Steckerfeld
panel raising cut Abplattung
panel raising cutter head Abplattkopf
panel recess Aussaprung in der Frontplatte
panel sensitivity pressure switch hydrostatischer Empfindlichkeitsumschalter (Torpedo)
panel separation level Verkleidungstrennebene
panel supervisory Kontrollfeld
panel test Festigkeitsprüfung eines Konstruktionsteils
panel, test Testfeld (TF)
panel, test...control Testfeldsteuerung
panel, test and indicator...s Test- u. Anzeigefelder
panel toggle switch Kippschalter an der Frontplatte
panel-type magnetic compass Nahkompaß
panelling Felderbau, Lambris, Täfelung
panelling board Karosseriepappe
pangirder Kollergang
panhead Kegelkopf
panic button Notknopf, Notschalter
panic rack Schleudersitz
pannier Lastenabsetzkorb (LL)
panorama display Panoramadarstellung (eines Sichtgerätes)
panorama head Panoramakopf
panorama radar Rundumsuchgerät
panorama radar for early warning Rundumsuchgerät
panorama scope Panoramasichtgerät
panoramic adapter Panoramazusatzgerät
panoramic camera Panoramakamera
panoramic exposure Panoramaaufnahme
panoramic flight pattern display Rundumbild
panoramic lens Panorama-Objektiv (av)
panoramic monitor Frequenzbandüberwachungsgerät, Frequenzspektralanalysator, Panoramaempfänger
panoramic photograph Rundbild
panoramic receiver Panoramaempfänger
panoramic reception Panoramaempfang
panoramic search reception Panoramaempfang
panoramic view Panoramabild, Rundblickaufnahme
panoramic views of the lunar landspace Panoramabilder der Mondlandschaft (Raumfahrt)
panoramic vision system Rundumsichtprojektionsanlage
PANS (procedures for air navigation services) PANS Verfahren (Vorschriften für Luftfahrtdienste)
panting Auftreten von Spannungsbeulen
pantograph Scherenstromabnehmer, Storchschnabel (Zeichengerät), Pantograph
pantograph arm Scherenarm, Storchschnabel
pantograph engraving machine Storchschnabelgraviermaschine, Pantographengraviermaschine (w)
pantograph manipulator Scherenmanipulator, Storchschnabelmanipulator
pantograph mechanism Pantograph, Storchschnabel (w)
pants duct Y-Stück (des Lufteintrittkanals)
PAP end of paper
paper Abhandlung, Papier, Vertrag, Vortrag
paper advance Formularvorschub
paper, automatic...transport automatische Papiervorschubeinrichtung
paper bail Papierhalter
paper brake Papierbremse
paper capacitor Papierkondensator, Rollkondensator, Wickelkondensator
paper carriage Papierschlitten, Papierwagen
paper-carrying cylinder of the indicator Indikatortrommel
paper-cotton covered cable with lead covering Papierbaumwollkabel mit Bleimantel
paper condenser Becherkondensator
paper covered cable Papierkabel
paper-covered model papierbespanntes Model
paper covering Papierbespannung
paper deflector Papierleitblech
paper-drag control Papier-Zuregelung
paper drum Papiertrommel
paper envelope Papierhülle
paper fearing device Papierabreißvorrichtung
paper feed Papiertransport, Papiervorschub (im Drucker), Papierzuführung
paper feed performance Papiervorschubleistung
paper feeding Papiervorschub
paper-feeding cam Streifenvorschubdaumen
paper, four-part form vierlagiges Papier
paper guide Papierführung, Papierrandführung
paper-insulated enameled wire Lack-

papierdraht
paper-lined construction Papierfutterbauweise, Papierscheider-Bauweise
paper, low...condition Papiervorratsende
paper metal-foil laminate Schichtpreßstoff aus Papier und Metallfolien
paper, one-part form einlagiges Papier
paper packing Papierdichtung
paper parachute Papierfallschirm
paper path Papierbahn
paper pulp Gangzeug, Papierbrei
paper release Papierauslöser
paper roll Papierandruckrolle
paper scale Papiermaßstab
paper sleeve Papierhülse, Papierröhrchen
paper speed Papiervorschubgeschwindigkeit
paper, stabilization Stabilisationspapier (für Lichtsatz)
paper strip Papierstreifen
paper table Papierauflage
paper tape Lochband, Lochstreifen (dv), Papierstreifen
paper tape code Lochstreifencode, Lochstreifenschlüssel
paper tape control(ler) Lochstreifensteuerung
paper tape device Lochstreifeneinheit, Lochstreifengerät
paper tape equipment Lochstreifengerät
paper tape file Lochstreifendatei
paper tape input controller Lochstreifen-Eingabesteuerung
paper tape I/O controller Lochstreifen-Ein-/Ausgabesteuerung
paper tape output controller Lochstreifen-Ausgabesteuerung
paper tape processing Lochstreifenverarbeitung
paper tape punch Lochstreifenstanzer, Streifenlocher, Lochstreifenlocher
paper tape reader Lochstreifenabtaster, Lochstreifenleser, Lochstreifenabfühler, Streifenabtaster, Streifenleser, Streifenabfühler
paper tape reader adapter Steuerung für Lochstreifenabfühler
paper tape reader control Steuereinheit für Lochstreifenleser (dv)
paper tape reader/punch (PTRP) Lochstreifen-Leser/Stanzer
paper tape specification Lochstreifenspezifikation
paper tape-to-card-converter Lochstreifen-Lochkarten-Umsetzer, streifengesteuerter Kartenlocher (dv)
paper-tape-to-magnetic-tape converter Lochstreifen-Magnetband-Umsetzer
paper tape unit Lochstreifeneinheit, Lochstreifengerät
paper, text output on film or Textausgabe auf Film oder Papier
paper the pins, to die Stecknadel einbriefen
paper throw Papiertransport, Papierzuführung, Papiervorschub
paper throw character Vertikaltabulatorzeichen
paper transport Papiertransport, Papiervorschub, Papierzuführung
paper tubular capacitor Papierrohrkondensator
paper twine Papierbindfaden
paper, virgin unvorbereitetes Papier
paper waste Papierabgang
paper web or roll Papierbahn
paper weight Papiergewicht
paper wrapping (machine) Papierumwicklung(smaschine)
paperbase laminated sheet Hartpapierplatte
PAR (precision approach radar) PAR (Präzisionsflugradar
par pari
PAR approach PAR-Anflug
par value Pariwert
parabola Kegellinie, Parabel
parabolic aluminium-mesh aerial Parabolantenne in Aluminiummaschenkonstruktion
parabolic antenna with circularly polarized ring focus feed Parabolspiegel mit zirkularpolarisierter Speisung
parabolic arc Parabolbogen
parabolic curve Parabelkurve
parabolic detection quadratische Gleichrichtung
parabolic directional antenna, offset scharfbündelnde Parabolrichtantenne
parabolic function parabolische Funktion
parabolic lamp Parabellampe
parabolic load Parabelbelastung
parabolic motion Parabelbewegung
parabolic reflector Parabolreflektorantenne, Parabolspiegel
parabolic reflector antenna Parabolreflektorantenne
parabolic reflector antenna with a simple ring focused feed system ringförmig fokussiertes Speisesystem
parabolic reflector microphone Mikrophon mit Parabolreflektor
parabolic shape Parabolgestalt, Parabelform
parabolic steel-mesh aerial Parabolantenne in Stahlmaschenkonstruktion
parabolic trajectory parabolische Bahn
parabolic velocity Fluggeschwindigkeit, Ablösungsgeschwindigkeit, parabolische Geschwindigkeit, Überschweregeschwindigkeit
paraboloid Paraboloid
paraboloid dish Reflektorschale
paraboloid head-lamp Paraboloidscheinwerfer
paraboloid of revolution Rotationsparaboloid
paraboloidal reflector Parabolreflektor
parabomb Bremsschirmbombe (für Tiefangriff), Fallschirmbombe
parabrake, to mit Schirm bremsen
paracentric parazentrisch
parachor Parachor (Performanzgrenzwert)
parachute AAA Fallschirmflak
parachute accident Fallschirmunfall
parachute activity Fallschirmbetrieb, Fallschirmbetätigung, Fallschirmaktivität
parachute adapter Fangleinenverbindungsstück (Fsch)
parachute-arrested drop experiment MIKROBA (fallschirmgeschütztes Fallexperiment)(av)
parachute assembly Fallschirmausrüstung
parachute battalion Fallschirmjägerbataillon
parachute bomb Bremsschirmbombe (bei Tiefangriff), Fallschirmbombe
parachute brake Bremsfallschirm
parachute brake extractor Bremsschirmauszieher

parachute-braked landing Bremsschirmlandung
parachute bucket Fallschirmbehälter
parachute canopy Fallschirmhülle, Fallschirmkappe
parachute cartridge for measuring wind velocity Fallschirmpatrone für Windmessung
parachute checker Fallschirmprüfer
parachute cluster Fallschirmtraube
parachute compartment Fallschirmraum
parachute compartment door Fallschirmraumdeckel, Fallschirmraumklappe
parachute container Fallschirmabwurfbehälter
parachute container for ejection seat Fallschirmwanne für Schleudersitz
parachute cord Fallschirmleine, Fangleine
parachute deployment Auslösung des Fallschirms
parachute descent Fallschirmabsprung
parachute detachment Fallschirmjägerabteilung
parachute display Fallschirmvorführung
parachute division Fliegerdivision
parachute drag Bremsschirm
parachute-drag bomb fallschirmgebremste Bombe
parachute drop zone Absprunggebiet, Abwurfareal
parachute dummy Fallschirmpuppe
parachute examiner Fallschirmprüfer
parachute fabric Fallschirmmaterial, Fallschirmstoff
parachute flare Fallschirmleuchtkugel, Leuchtfallschirmrakete, Fallschirmfeuer, Fallschirmleuchtansatz
parachute harness Fallschirmgurtwerk
parachute jump Fallschirmabsprung
parachute jump exercise (PJE) Fallschirm (ab)sprungübung
parachute jump suit Sprungkombination
parachute jumping Fallschirmspringen
parachute jumping instruction (Fallschirm)-Sprunglehrer
parachute landing Landung mit Bremsfallschirm
parachute landing fall Landefall (Fallschirmlandung)
parachute lift web Fallschirmtrag(e)gurt
parachute loading-dropping equipment Lastenabsetzgerät
parachute mine Fallschirmmine
parachute opens der Fallschirm öffnet sich
parachute pack Fallschirmsack, Verpackungssack
parachute pack fastener Laschenöse (Fsch)
parachute pan (MB-seat) Rückwanne für Rettungsfallschirm
parachute recover system Bergungsfallschirmsystem
parachute recovery team Fallschirmbergungstrupp
parachute release altitude Fallschirmauslösehöhe
parachute releaser, combined kombinierter Fallschirmauslöser
parachute repairman Fallschirminstandsetzer
parachute restraining strap Fallschirmhaltegurt (MB-Sitz)
parachute-retarded bomb schirmgebremste Bombe
parachute rifle-regiment Fallschirmregiment
parachute rigger Fallschirmwart (LL)
parachute rigger rating Fallschirmwartzulassung
parachute rip cord or line Fallschirmreißleine
parachute rotation Fallschirmrotation
parachute school Fallschirmschule
parachute seat Fallschirmsitz
parachute section Fallschirmteil
parachute separation delay unit Verzögerungsschaltung für Fallschirmauslösung
parachute shroud-line actuator system Fangleinenverstellvorrichtung (av)
parachute shroud lines Fallschirmfangleinen
parachute skirt Ringfallschirm
parachute static line Fallschirmaufziehleine
parachute storage building Fallschirmlagergebäude
parachute stowage platform Fallschirmplatte (Luftverlasten)
parachute suspension lug Fallschirmverbindungsöse (Trennvorrichtung)
parachute suspension point Fallschirmaufhängepunkt
parachute system Fallschirmsystem
parachute tower Fallschirmturm, Sprungturm, Übungsturm für Fallschirmsprung
parachute training school Fallschirmschule
parachute tray Metallpackhülle (Fsch)
parachute troops Fallschirmtruppen
parachute unit Fallschirmeinheit
parachute vent Fallschirmöffnung
parachute withdrawal line (MB-seat) äußere Fallschirmaufziehleine
parachuting door Absetztür (Fsch)
parachuters list Springerliste
parachutist Fallschirmspringer
parachutist badge Fallschirmspringerabzeichen
parachutist rifleman Fallschirmschütze
parachutitst's automatic rifle Fallschirmgewehr
parachutist's equipment bag Gerätetasche für Fallschirmspringer
paracommand brigade Fallschirmjäger-Einsatzbrigade
paracompact parakompakt
paracompact space parakompakter Raum
paracrate Absetzbehälter
paracresol Parakresol
parade Aufmarsch, Parade, Vorbeimarsch
parade ground Exerzierplatz, Paradeplatz
paradeuterium Paradeuterium
paradioxyd benzene Hydrochinon
paradrop das Absetzen (mit Fallschirm)
paradrop formation Flugordnung für Absetzunternehmen
paradrop test Absetzversuch am Fallschirm
paradrop, to absetzen (mit Fallschirm)
paradropping das Absetzen (LL)
paraffin-base crude paraffinbasisches Rohöl
paraffin-base petroleum Erdöl mit Paraffinbasis
paraffin buildup Praffinablagerung (Rohr)
paraffin deposition Paraffinabsetzung
paraffin impregnation Paraffintränkung
paraffin, native gediegenes Paraffin
paraffin oil Paraffinöl
paraffin saturation Praffinsättigung, Paraf-

finträrkung
paraffin section Paraffinschnitt (Mikroskop)
paraffin series Paraffinreihe
paraffin shot Paraffinkugel
paraffin solvent Paraffinlösungsmittel
paraffin specimen Paraffinpräparat
paraffine hydrocarbon paraffinierter Kohlenwasserstoff
paraffined wire Wachsdraht
paraflare photoflash Abwurfblitzlichtkörper mit Fallschirm
parafoil Parafoil (Fallschirm mit veränderlicher Geometrie)
parafrag bomb Fallschirmsplitterbombe
paraglide wing Paragleiter
paraglider Gleitschirm, Paragleiter, Schirmsegler
paragonite Natronglimmer
parahydrogen Parawasserstoff
paragraph Absatz (COBOL), Paragraph (COBOL)
paragraph counter Absatzzähler
paragraph header Paragraphenüberschrift (COBOL)
paragraph name Paragraph(en)name (COBOL)
paralketone Paralketone
parallactic movement or motion Tiefenbewegung
parallax Parallaxe
parallax computer Prallaxrechner
parallax corrector Parallaxregler
parallax difference Parallaxdifferenz, Parallaxunterschied
parallax error Parallaxfehler
parallax of coordinates Koordinatenparallaxe
parallax refractometer Parallaxrefraktometer
parallax second parallaxe Sekunde
parallaxe in altitude Höhenparallaxe
parallel access Parallelzugriff(seinheit), Parallelzugriffsstufe, Simultanzugriff
parallel accounts Parallelkonten
parallel adder Paralleladdieren, Paralleladdierwerk
parallel, adapter for...operation Steuerteil für Parallelbetrieb
parallel adjustment Parallelverstellung
parallel alignment Parallelstellung, Nebeneinanderstellung
parallel arcs Parallelschaltung von Bögen
parallel arithmetic unit Parallelrechenwerk (Rechenwerk mit gleichzeitiger Übertragung von Daten aus mehreren Registerstellen)
parallel arrangement Gleichtaktschaltung, Nebeneinanderschaltung, Parallelschaltung
parallel axiom Parallelaxiom
parallel balance Summenkontrolle, Nebeneinanderausgleich
parallel balloon fabric parallel gemaserte Ballonverspannung
parallel beam Parallelstrahlenbündel, Nebeneinanderstrahlen
parallel bedding Parallelstruktur
parallel by bit bitparallel
parallel by character zeichenparallel
parallel capacitance Parallelkapazität
parallel case Parallelfall
parallel character input module Baustein für Zeichenparalleleingabe
parallel character output module Baustein für Zeicherparallelausgabe
parallel circle Parallelkreis
parallel circuit Parallelkreis, Parallelschaltung, Nebeneinanderschaltung, parallel geschalteter Stromkreis
parallel circular plate chamber Ionisationskammer mit parallelen Kreisplatten
parallel clamp Parallelschraubzwinge
parallel computer Simultanrechenanlage, Simultanrechengerät, simultaner Rechner
parallel configuration Paralleldarstellung (Zeichen)
parallel connection Parallelschaltung, Nebeneinanderschaltung
parallel coordinates Parallelkoordinaten
parallel cut Y-Schnitt
parallel digital computer Parallel/Digitalrechner (dv)
parallel display Parallelanzeige
parallel distance parallele Entfernung, Parallelentfernung
parallel displacement Parallelverschiebung
parallel distribution system Konstantspannungsverteilernetz, Parallelschaltsystem
parallel entry Paralleleingabe
parallel equation Parallelgleichung
parallel experiment Parallelversuch
parallel fabric Parallelstoff
parallel feed Parallelspeisung
parallel flight Parallelflug
parallel flow Parallelumlauf
parallel flow cataract condenser Parallelstrom-Kataraktkondensator
parallel flow cooler Parallelstromkühler
parallel flying, to parallel zum Boden
parallel full adder paralleler Volladdierer, paralleles Addierwerk
parallel ground-in step Spanleitstufe mit geradem Auslauf
parallel half adder paralleler Halbaddierer
parallel half subtracter paralleler Halbsubtrahierer
parallel hand vise Parallelfeilkolben
parallel interface trunk Parallelanschluß
parallel inverter Hauptstromwechselrichter
parallel jack Parallelklinke
parallel magazine apparatus Kamera mit nebeneinander liegenden Kassetten
parallel memory Parallelspeicher
parallel modem Parallelmodem
parallel motion Parallelbewegung
parallel notched pin Zylinderkerbstift
parallel of altitude "der Almukantarat" (im Horizontsystem), Azimutalkreis, der Höhenparallel (Horizontsystem)(av)
parallel of latitude Breitenkreis
parallel offset Parallelverschiebung
parallel ohm method Parallel-Ohmmethode
parallel operation Parallelbetrieb (dv), Parallelsystem
parallel operation bit Parallellaufbit
parallel organization parallele Organisation
parallel or dublication jack Parallelimpedanzklinke
parallel output switching Parallelausgabekopplung
parallel perspective Parallelperspektive, parallele Bildweite

parallel-plane tube Scheibenröhre
parallel planing machine Langhobelmaschine (w)
parallel-plate chamber Parallelplattenionisationskammer
parallel-plate counter chamber Parallelplatten-Zählkammer
parallel-plate electrode parallele Plattenelektrode
parallel-plate guide planparalleler Wellenleiter
parallel-plate ionization chamber Parallelplatten-Ionisationskammer
parallel-plate oscillator Parallelplattenoszillator
parallel-plate spectrometer Parallelplatten-Spektrometer
parallel postulate Parallelbedingung, Parallelpostulat, Parallelvoraussetzung
parallel printer Paralleldrucker
parallel processing Parallelverarbeitung
parallel programming Parallelprogrammierung
parallel projection Parallelprojektion
parallel punch Parallellocher
parallel-push-pull amplifier Brückengegentakt-Verstärker, Gegentakt-Parallel-Verstärker
parallel readout paralleles Auslesen (dv)
parallel receiver dataphone Empfänger-/Signalumsetzer
parallel, redundancy by...operation Parallelarbeitsredundanz
parallel representation Paralleldarstellung (Zeichen)
parallel resistance Parallelwiderstand
parallel resonance Parallelresonanz, Querresonanz
parallel resonance frequency Parallelresonanzfrequenz
parallel resonant circuit Drosselkreis, Parallelresonanzkreis
parallel rulers Parallellineal
parallel runway Parallelpiste, Parallelbahn
parallel runway system Parallelbahnsystem
parallel scanning Parallelabtastung
parallel search storage inhaltsadressierter Speicher, assoziativer Speicher, Assoziativspeicher, nichtadressierter Speicher
parallel serial Parallelserien
parallel serial converter Parallel-Serien-Umsetzer, Parallel-Serialumsetzer, Parallel/Serienwandler
parallel/serial converter Parallel/Serien-Umsetzer
parallel-serial transmission Parallel-Serien-Übertragung
parallel-series computer Parallel-Serien-Digitalrechner
parallel series conversion Parallel-Serien-Umsetzung
parallel-series converter Parallel-Serien-Umsetzer
parallel servo Parallelsteller, Parallelservo
parallel shank Zylinderschaft (Werkzeug)
parallel signal Parallelsignal
parallel single test Vergleichs/Einzelversuch
parallel-slide steam stop valve Dampfabsperrschieber
parallel spin paralleles Spin
parallel storage paralleler Speicher, Parallelspeicher, parallele Speicherung
parallel surface Parallelfläche
parallel-sweep search Längenparallelsuche mit mehreren Sucheinheiten (EDV)
parallel switch Parallelschalter
parallel system Parallelsystem
parallel-T-network Doppel-T-Schaltung
parallel the four electric generators Parallelschaltung der vier Generatoren
parallel, to parallel betrieben, parallel schalten (periphere Geräte)(dv)
parallel to the axis achsenparallel
parallel-track search Längsparallelsuche mit einer Sucheinheit
parallel transductor Transduktor in Parallelschaltung
parallel transfer Parallelübertragung
parallel transmission Parallelübertragung
parallel transmitter data-phone set Sender-Signalumsetzer
parallel-tuned IF trap Zwischenfrequenz-Sperrkreis
parallel vice Parallelschraubstock
parallel winding Parallelwicklung
parallel-wire line Paralleldrahtleitung
parallel wiring Gruppierung im Parallelogramm
parallel working Parallelbetrieb
parallel wound bobbin Scheibenspule mit Parallelwicklung
paralleled inputs Doppeleingänge
paralleling (of alternator) synchronizing Intrittkommen mit der Grundfrequenz
parallelism Parallelismus, Parallelität
parallelity Parallelität
parallelogram law Parallelogrammgesetz (math)
parallelogram linkage system Visiergestänge
parallelogram of forces Parallelogramm der Kräfte
parallelogram of speed Parallelogramm der Geschwindingkeit
parallelogramm of velocity Parallelogramm der Geschwindigkeit
parallels of latitude Breitenkreise
paralyse lähmen, unwirksam machen
paralysis Lähmung, Sperrung (Radar)
paramagnetic paramagnetisch
paramagnetic resonance absorption paramagnetische Resonanzabsorption
paramagnetic resonance method paramagnetische Resonanzmethode
paramagnetic scattering paramagnetische Streuung
paramagnetism Paramagnetismus
parameter Parameter, Achsenquerschnitt, Beiwert, Kenngröße, Meßgröße, Zahlenangabe
parameter, actual Aktualparameter, aktueller Parameter, effektiver Parameter
parameter, actual...list Aktualparameterliste
parameter, actual...part Aktualparameterteil (ALGOL)
parameter, arbitrary freier Parameter
parameter area Parameterbereich
parameter, branch Verzweigungsparameter
parameter, calibration Kalibrierungsparameter
parameter card Steuerkarte, Steuerlochkarte, Parameter(steuer)karte

parameter card deck Steuerkartenstapel
parameter card set Steuerkartensatz
parameter, comparison Vergleichsparameter
parameter-converter subsystem Parameterwandler-untersystem
parameter delimiter Parameterbegrenzer (ALGOL), Parameter-Begrenzung
parameter, edit Ausgabeparameter
parameter error Parameterfehler, Meßgrößenfehler
parameter, formal Formalparameter (ALGOL), formaler Parameter
parameter, formal...list Formalparameterliste (ALGOL)
parameter identifier Name der Steueranweisung
parameter, incrementation Schrittweitenparameter (einer Schleife)(FORTRAN)
parameter, initial Anfangsparameter (einer Schleife)(FORTRAN)
parameter, input Eingangsparameter
parameter input Versorgung (Programm)
parameter input device Parametereingabegerät
parameter, job-control Ablaufparameter
parameter, label run-time Etikettablaufparameter
parameter listing Parameterkrängung
parameter logging Parameterprotokollierung, Parametereintragung
parameter name Name der Steueranweisung, Parameterbenennung
parameter, null fehlender Parameter
parameter, optional wahlweiser Parameter
parameter, output Ausgangsparameter
parameter, page heading Seitenüberschrift(en)-parameter, Überschriftparameter
parameter, preset Vorwegparameter, vorgegebener Parameter
parameter, program Jeweils-Programm, Programmparameter
parameter, record Satzparameter
parameter, restart Wiederanlaufparameter
parameter, run-time aktueller Parameter, Ablauf(s)parameter
parameter set Parametergruppe
parameter setting instruction Parameter-Substitutionsbefehl (dig)
parameter, spacing Zeilenvorschubparameter
parameter symbolic symbolischer Parameter
parameter, terminal Endparameter (einer Schleife)(FORTRAN)
parameter word Parameterwort
parameters of a multielectrode tube Parameter einer Mehrelektrodenröhre
parameters of a warning envelope Parameter einer Warnhüllkurve
parametric amplifier parametrischer Verstärker
parametric optimization parametrische Optimierung
parametric programming parametrische Programmierung
parametric representation Parameterdarstellung, parametrische Darstellung
parametron Parametron
paramount höchst, überragend
parapet button Brüstungsleistung
parapet frame Brüstungsrahmen
paraphase
paraphase amplifier Paraphasenverstärker, Verstärker mit Phasenumkehrstufe
paraphase coupling Gegentaktschaltung mit Phasenumkehr
paraposition Parastellung
paraphrase Umschreibung, kürzende od. vereinfachende Wiedergabe in anderer Formulierung
paraphrase, to abwandeln, umformulieren
parared pararot
pararescue Rettung durch Fallschirmretter
pararescuer Fallschirmretter
parasheet Paralamelle
parasite drag (aerodyn) schädlicher Luftwiderstand
parasite resistance schädlicher Widerstand
parasitic capture parasitärer Neutroneneinfang
parasitic-capture-to-fission ratio Verhältnis des spaltungslosen Einfangs zur Spaltung
parasitic current Fremdstrom
parasitic element Sekundärstrahler, strahlungsgekoppeltes Element
parasitic oscillation Streuschwingung, wilde Schwingung, parasitäre Schwingung
parasitic resonance parasitäre Resonanz
parasitic stopper Sperre für wilde Schwingung
parasitic suppression resistor Widerstand zur Unterdrückung von Störschwingungen
parasitic suppressor Schutzwiderstand gegen Störschwingung, Schwingschutzwiderstand, Sperrkreis für wilde od. parasitäre Schwingung
parasitic trap Sperrkreis zur Unterdrückung von Störungen
parasol monoplane Hochdecker, Parasol, Schirmeindecker
parasolic acid Parasolsäure
parasuit Fallschirmanzug
paratainer well Absetzschacht für Fallschirmspringer, Abwurfschacht (Flz)
paratalkie Funksprechgerät für Fallschirmspringer
paratoluidine Paratoluidin
paratrooper Fallschirmjäger
paratrooping Absetzwesen (LL)
paravisual display (PVD) paravisuelle Rollführung
paraxial Fallflügel, Gleitfallschirm
parcel or package containing articles of value Wertpaket
parcel out, to parzellieren
parcel portage Eilgutbeförderung
parchment for worsted spinning Kammgarnpergament
parent atom Ausgangsatom
parent company Muttergesellschaft, Mutterunternehmer (komm)
parent compound Grundverbindung
parent element Ausgangselement
parent exchange übergeordnetes Amt, Hauptamt
parent fraction Anteil der Haupt- od. Muttersubstanz
parent frequency Primärfrequenz
parent isotope Ausgangsisotop, Mutterisotop
parent lattice Hauptgitter
parent material Urstoff
parent-metal hot crack test Einspannschweißversuch (Schweißsicherheitsprüfung)

parent nucleus Ausgangskern, Mutterkern
parent nuclide Ausgangsnuklid, Mutternuklid
parent or main plant Stammwerk
parent patent Stammpatent
parent peak Bezugsmaximum im Massenspektrogramm
parent plus daughter fraction Mutter- u. Tochteranteil
parent population ursprüngliche Grundgesamtheit
parent specification Hauptpatent
parentage Abstammung, Urheberschaft
parenthesis Einschaltung, runde Klammer, Parenthese
parenthesis, close rechte Klammer, Klammer zu
parenthesis-free notation polnische Schreibweise, Präfixschreibweise, klammerfreie Schreibweise
parenthesis, left linke Klammer, Klammer auf
parenthesis, open linke Klammer, Klammer auf
parenthesis, right rechte Klammer, Klammer zu
parenthesized expression Klammerausdruck
PAR-glide path PAR-Gleitweg
parhelion Nebensonne, Parhelion
parity Gleichheit, Parität
parity bit Paritätsbit, Prüfbit
parity bit generation Parityerzeugung
parity bit generator Paritygenerator
parity check Paritätsprüfung, Parity-Kontrolle Paritыprüfung, Vollständigkeitskontrolle
parity check protection Paritätssicherung
parity checker Parityprüfer
parity digit Paritätsziffer
parity error Paritätsfehler, Parityfehler
parity, even gerade Parität
parity, horizon Blockparität, Längsparität
parity, horizontal...check horizontale Paritätsprüfung, horizontale Lesekontrolle, horizontale Prüfung
parity, horizontal...counter Blockparitätszähler
parity, horizontal...error Blocksicherungsfehler
parity, horizontal...generation Blockparityerzeugung
parity insert Paritätseinsteuerung
parity, longitudinal Blockparität
parity, longitudinal...check Blockprüfung, Longitudinalprüfung, Längsparityprüfung, Längsparitykontrolle, Längssummenkontrolle
parity, odd ungerade Parität, Unpaarigkeit
parity read-after write Kontroll-Lesen
parity selection rule Paritätsauswahlregel
parity test track Prüfspur
parity, transmission...error (TPE) Übertragungsparityfehler
parity, unrecoverable read...error permanenter Fehler
parity, vertical...error Zeichensicherungsfehler
parity, vertical...generation Zeichenparityerzeugung
Parker (rustproofing) **process** Parker-Verfahren
parkerize, to parkerisieren, parken (Rostschutz)
parkerizing Parkerisieren, Phosphorisieren
parking area Abstellplatz
parking area for personnel Beschäftigten-Parkplätze
parking brake Bremse für das auf dem Rollfeld abgestellte Flugzeug
parking brake emergency control Notsteuerung für Parkbremse
parking brake handle Bremsfeststellgriff
parking brake, hydraulic hydraulische Parkbremse
parking fees Abstellgebühren
parking heater Standheizung
parking information Abstellhinweise
parking lamp or light Parkleuchte, Standlicht
parking orbit Parkbahn um die Erde, Warteumlaufbahn
parking orbit, circular kreisförmige Parkbahn
parking position Abstellposition
parking space (car park) Wagenparkplatz
parking system Parkierungssystem
Parry bell-and-hopper arrangement Parry-Verschluß
Parry closure Parry-Verschluß
Parry cup-and-cone arrangement Parry-Verschluß
PAR-scope PAR-Bildschirm
PARSQ pararescue
part Einzelteil
part charter Teilchartermarkt
part, formal parameter Formalparameterteil (ALGOL)
part function Teilfunktion
part, integer ganzzahliger Teil (ALGOL)
part, integral ganzzahliger Teil (ALGOL)
part, left linke Seite (ALGOL)
part machined teilweise bearbeitet
part number Herstellernummer, Teilnummer
part of an upgrade program Bestandteil eines Umrüstungsprogramms (Bordcomputer)
part of installation material Installationsteil
part of text Textteil
part payment slip printing Abschlagsstreifenschreibung
part product Teilprodukt (math)
part, programm Programmliste, Programmtabelle
part replacement Auswechseln von Teilen
part subject to wear Verschleißteil
part to wear out Verschleißteil
part word Teilwort
part word addressing Teilwortadressierung
part word number Teilwortnummer
partake, to teilhaben an, teilnehmen an
partel Korrekturbefehl
partial teilweise
partial cancellation Teilstornierung
partial capacitance Teilkapazität
partial carry Teilübertragung (math)
partial conductor Halbleiter
partial conversion coefficient partieller Konversionskoeffizient
partial damage Teilschaden
partial differential equation partielle Differentialgleichung (math)
partial discharge Partialfunke
partial dismantling or dismounting Teilabrüstung
partial disturbed one output signal Ausgangssignal eines teilerregten, vorher gestörten Speicherelements
partial disturbed response signal Ausgangs-

signal eines vorher gestörten Speicherelements, gestörte partielle Lesespannung
partial disturbed response voltage Ausgangssignal eines teilerregten, vorher gestörten Speicherelements, gestörte partielle Lesespannung
partial disturbed zero output signal Ausgangssignal einer teilerregten, vorher gestörten Null
partial drive pulse partieller Ansteuerungsimpuls, partieller Steuerimpuls, Teil-Treiberimpuls
partial failure Teilausfall
partial failure of the total power plant Ausfall eines oder mehrerer Triebwerke bei mehrmotorigem Flugzeug
partial flow condition Teilförderung (Hydraulikpumpensystem)
partial flow filter Teilstromfilter
partial flow oil filter Nebenstromölfilter
partial flux reversal partielle Ummagnetisierung
partial force Teilkraft
partial fraction Partialbruch (math)
partial fraction arrangement Partialbruchschaltung
partial frequency Teilfrequenz
partial level width partielle Niveaubreite
partial load region Teillastgebiet
partial loss Teilverlust
partial modification Halbmodifikation
partial operating time Teilbetriebszeit
partial or imperfect reaction Teilreaktion
partial oscillation Partialschwingung, Teilschwingung
partial output partielle Lesespannung
partial output signal partielles Lesespannungssignal
partial panel flight Teilinstrumentenflug
partial pitch Teilschritt, Teilwirkungsschritt
partial plating Teilgalvanisierung
partial pressure Partialdruck
partial product Partialprodukt, Teilprodukt
partial programm Unterprogramm, Subroutine, Teilprogramm
partial-read current Teilstrom für Lesevorgang (im Kernspeicher), Teillesestrom
partial read pulse Teilleseimpuls
partial redundancy Teilredundanz
partial restoring time Teilnachwirkzeit, Teilsperrzeit
partial routine Teilablauf
partial scan Teilabtastung
partial sense current halber Auslesestrom
partial set current halber Setzstrom
partial signal Teilzeichen
partial substitution Teilsubstitution (dig)
partial undisturbed one output signal Ausgangssignal einer teilerregten, vorher ungestörten Eins
partial undisturbed response signal Ausgangssignal eines teilerregten, vorher ungestörten Speicherelements
partial undisturbed response voltage Ausgangssignal eines teilerregten, vorher ungestörten Speicherelements
partial undisturbed zero output signal Ausgangssignal einer teilerregten, vorher ungestörten Null
partial vacuum Unterdruck, Vorvakuum
partial view Teilansicht
partial wave (phase shift) Teilwelle, Kopplungs-, Kupplungswelle
partial wire current Teilstrom für Einschreibvorgang (im Kernspeicher)
partial write pulse Teil-Schreibimpuls
partially disturbed one-output signal Ausgangssignal eines teilerregten, vorher gestörten Speicherelements
partially floated gimbal teilentlasteter (Kreisel)schwimmkörper
partially occupied band teilweise besetztes Energieband
partially selected cell teilausgewähltes Speicherelement
partially switched cell gestörtes Speicherelement
partially throttled mit verminderter Drosselöffnung, gedrosselt
participant (competition) Teilnehmer
participate, to teilhaben an, teilnehmen an
participate in surplus am Gewinn teilhaben
particle Partikel, Pünktchen, Teilchen
particle acceleration Teilchenbeschleunigung
particle accelerator Teilchenbeschleuniger
particle contamination Partikelverunreinigung
particle counter Teilchenzähler
particle density Partikeldichte, Teilchendichte
particle displacement Schallausschlag, Teilchenverschiebung
particle field Teilchenfeld, Partikelfeld
particle flux Teilchenfluß
particle gyro Kernkreisel
particle radiation Teilchenströmung
particle retarding unit Teilchenabbremser
particle shift Teilchenverschiebung
particle size Teilchengröße
particle size analysis Teilchengrößenanalyse (pla)
particle structure Teilchenstruktur
particle velocity Teilchengeschwindigkeit, Teilchenschnelle
particular besonders, einzeln, ins Einzelne gehend
particular time slots bestimmte Zeitaugenblicke (im Programm)
particulars Besonderheiten, Einzelheiten, Details
parting line Teilfuge, Trennfuge, Trennlinie
parting off and recessing tool Abstech- u. Einstechstahl
parting-off holder Abstechhalter
parting-off tool Abstechstahl
parting plane Absonderungsfläche, Trennungsfläche
parting tool Abstech-, Einstechwerkzeug
partings, shales Schiefertoneinlage in Sandstein (geol)
partition Scheidewand, Trennwand, Verteilung (über eine Fläche usw), Teilung (Preßform)
partition barrier Scheidewand
partition coefficient Unterteilungskoeffizient, Verteilungskoeffizient
partition diaphragm Zwischenwand
partition line Trennfuge
partition method Trennung durch Diffusionsverfahren

partition noise Stromverteilungsrauschen, Teilungsgeräusch
partition plate Zwischenblech
partition port or opening Schottöffnung
partition semipermeable halbdurchlässige Scheidewand
partition wall Scheidewand, Trennwand, Scheide-, Versatzmauer
partitioned data set untergliederte Datei
partitioned priority scheduling Steuerung mit teilweisem Vorrang
partload Teillast
partly-machined teilweise bearbeitet
partly overcast sky teilweise bedeckter Himmel (meteo)
partly retractable landing gear teilweise einziehbares Fahrgestell
partner line (serving line of offering line) Partnerleitung (Abnehmerleitung)
partnership Personengesellschaft
partnership deal for performance goals Teamabkommen zur Nutzung der Erprobungsergebnisse (STOL-Transporter)(av)
part-off, to abstechen (Drehbank)
part-sectional view teilweise im Schnitt dargestellte Ansicht
part-throttle Teillast, teilweise geöffnete Drossel
parts catalogue Ersatzkatalog, Ersatzteilliste
parts nearly net-shaped konturennah gegossene Teile (Twk-Konstruktion)(av)
parts or supplies for bicycles Fahrradbestandteile
parts programmer Teilprogrammierer
parts requisition master card Teileentnahme-Hauptkarte
parts substitution list Austauschliste für Ersatzteile
partword-serial teilwortweise
party connection Ringschaltung
party line Gemeinschaftsleitung
party memory Ringspeicher
party of guides Einweisungskommando
Pascal's law Pascalsches Gesetz, Gesetz der gleichmäßigen Druckfortpflanzung in Flüssigkeit
Pascals's straight line Pascalsche Gerade
Paschen-Back effect (magnet-optical phenomenon) Paschen-Back Verwandlung
Paschen's law Paschensches Gesetz
Pask device Paskgerät
pass Durchlauf, Kartendurchlauf (lo), Arbeitsgang, Ausweis, Durchgang, Fadeneinzug, Furche, Passage, Spur
pass accross, to hinwegstreichen
pass band Durchlässigkeitsbereich (eines Filters), Wellenlängenbereich (eines Filters), Durchlaßbereich (allgm), durchgelassenes Frequenzband, Lochbreite
pass band amplifier Bandpaßverstärker
pass band attenuation Durchlaßdämpfung
pass band channel Kanaldurchlaßbereich
pass band loss Durchlaßdämpfung
pass by, to vorbeifahren, vorbeifliegen, vorbeigehen, vorbeisteuern
pass control Passierscheinkontrolle
pass control SACC/SDU Astroüberwachungsanlage
pass deformation Stichformänderung
pass diameter Kaliberdurchmesser
pass-fail standard Bestanden/Nichtbestanden-Kriterium
pass frequency Durchlaßfrequenz
pass in clear, to im Klartext durchgeben
pass in review, to defilieren
pass inspection, to von Kontrolle abgenommen werden
pass of tape Durchlauf des Bandes (MB)
pass on, to übergeben, weitergeben
pass-out steam Entnahmedampf
pass-out turbine Anzapfturbine
pass over, to befahren, passieren, übergehen, überschreiten, vorüberziehen
pass-over sheave Rudertraglager
pass point Paßpunkt (photogrammetrisch bestimmt)
pass range Durchlaßbereich
pass reduction Stichabnahme (Walzwerk)
pass safely under ship, to Zielschiff in sicherem Abstand unterlaufen
pass sequence Setzplan (Rohrstoßbank) (Walzwerk), Stichfolge (Walzwerk)
pass template Kaliberschablone
pass the sweep, to Geräte verbinden
pass through, to hindurchgehen, hindurchströmen
pass, to vorbeifliegen, weitergeben, weiterreichen, vorbeigehen, sich von einem Ort zum anderen bewegen, vergehen (Zeit), vorbeistreichen (Gase), hindurchgehen, hinausgehen über..., Zeit verbringen
pass under all wide-body jets, to unterfahren aller Großraumflugzeuge
pass window Durchreiche (Schleuse)(sp)
passable befahrbar, gangbar, passierbar, überschreitbar
passage Durchgang, Durchtrittsöffnung, Kanal, Stelle (in einem Buch), Überfahrt, Verbindungsgang, Enge einer Meeresstraße (schiffbar)(nav)
passage coefficient Durchlaßkoeffizient
passage communicating with air intake Verbindungskanal mit Lufteinlaß
passage communicating with supercharger intake eye Verbindungskanal mit Laderansaugöffnung
passage for steam Dampfkanal
passage for the plug Aussparung für die Zündkerze
passage in the pump housing Pumpenzwischenkammer
passage of cards through machine Kartendurchlauf
passage of command Übergabe der Befehlsgewalt, Übergabe des Kommandos
passage of current Stromdurchlaß, Stromdurchfluß
passage of heat Wärmedurchgang
passage of risk Gefahrenübergang
passage point Durchlaufpunkt
pasage time Durchlaufzeit
passband Durchlauf des Bandes
passenger Fluggast, Passagier
passenger address equipment Bordsprechanlage
passenger address system Bordbefehlsanlage, Bordlautsprecheranlage

Bordlautsprecheranlage
passenger aeroplane Verkehrsflugzeug
passenger aircraft Passagierflugzeug
passenger and cargo vessel Fahrgast- und Frachtschiff
passenger authorization Mitfluggenehmigung
passenger baggage handling problem Abfertigungsproblem
passenger bridge Passagierbrücke
passenger cabin Fluggastkabine
passenger cable railway Standseilbahn
passenger call circuit-breaker Passagierkabinen-Rufstromschalter
passenger car Personenkraftwagen, Fahrgastgondel im Luftschiff
passenger car bodywork Personenkraftwagenkarosserie
passenger car chassis Personenkraftwagenfahrgestell
passenger car trailer Personenkraftwagenanhänger, Kfz-Anhänger
passenger-carrying capactiy Passagierkapazität (VTOL-Helikopter)(av)
passenger clearance behördliche Fluggastabfertigung
passenger compartment Fluggastraum, Passagierraum
passenger configuration Passagierkonfiguration
passenger demand Verkehrsnachfrage
passenger door Fluggasttür (Luftkissenfahrzeug)
passenger emergency oxygen system Fluggastnotsauerstoffanlage
passenger entertainment system Bordunterhaltungssystem (av)
passenger entry door Passagierkabinen-Eingangstür
passenger facilities Passagierabfertigungsanlage
passenger fare Personentarif
passenger ferry Personenfähre
passenger flying Personen-Luftverkehr
passenger handling (nichtbehördliche) Flugastabfertigung
passenger handling facilities Passagier-Abfertigungsanlage
passenger hop(ping) kurzer Passagierflug
passenger information system Passagierinformationssystem
passenger kilometres Passagier-(Flug)kilometer
passenger-km Passagier-km
passenger lift Personenaufzug
passenger list Passagierliste
passenger load factor Passagierladefaktor, Sitzladefaktor, Passagier-Beladungsfaktor
passenger loading bridge Passagierbrücke
passenger loading ramp Fluggasttreppe
passenger loading steps Fluggasttreppe
passenger loading system Fluggastbrücke
passenger manifest Fluggastverzeichnis
passenger miles Passagierkilometer, Passagiermeilen, Sitzmeilen
passenger motor vessel Fahrgastmotorschiff
passenger name check-in namentliche Passagierabfertigung (PCN)
passenger oxygen mask Fluggastsauerstoffmaske
passenger plane Passagierflugzeug
passenger quarters (airship) Fahrgasträume
passenger ramp Flugsteig
passenger rate Personengebühr, Personentarif, Personentaxe, Tarif im Luftverkehr
passenger rocket Passagierrakete
passenger roof main lights circuit-breaker Passagierkabinen-Deckenbeleuchtungs-Hauptschalter
passenger seat Passagiersitz, Gastsitz
passenger seat miles Zahlgastmeilen
passenger seat-miles 000million Zahlgastmeilen in Milliarden
passenger space Fluggastraum
passenger station Personenbahnhof
passenger steamer Passagierdampfer
passenger tariff Personentarif
passenger terminal Passagierabfertigungsanlage, Fluggastabfertigungsgebäude, Flughof, Passagierabfertigungsgebäude
passenger terminal area Passagierabfertigungszone
passenger, to be a mitfahren, mitfliegen
passenger ton-kilometres performed geleistete Fluggast-Tonnenkilometer
passenger train Reisezug
passenger train, advanced fortschrittlicher Personen- od Reisezug
passenger transfer message Transitanweisung
passenger transport flight Passagierflug
passenger transportation Personenbeförderung
passenger unit weight including baggage Passagiereinheitsgewicht mit Gepäck
passenger volume Passagieraufkommen
passenger's accomodation Passagierunterbringung
passenger's baggage Passagiergepäck
passenger's baggage, declaration (inwards) Anmeldung des Passagiergepäcks (Einfuhr)
passenger's carried beförderte Passagiere
passing area Ausweichstelle
passing bay Ausweichbucht (Straße)
passing color Übergangsfarbe (chem)
passing distance Pass(ag)ierentfernung (nav)
passing flight Pass(ag)iergefecht, Vorbeiflug
passing light Abendlicht, Backborddauerleuchte, Backbord-Positionskennlampe, Begegnungsleuchte, Begegnungslicht
passing location Ausweichstelle
passing order Leitwegberichtigung
passing run Einschießschuß (Torpedo)
passing siding Überholungsgleis
passing signal localizer Überholsignalgerät (Kfz)
passing target vorbeifliegendes Ziel (Flak)
passing test (for blowing beads) Betriebsprüfung (Torpedo)
passing the mark or stakes Zieldurchgang
passing wedge gegenläufiger Einzelkeil (Schachtausbau)
passivate Oberfläche zum Schutz gegen Korrosion unangreifbar machen
passivate, to passivieren, haltbar machen
passivation Passivierung
passive nichtansprechbereit (U-Mine)
passive acoustic classification program (PACAP) Schallklassifizierungsprogramm
passive-acoustic homing passivakustische Zielsuche (Zielsuchtorpedo)
passive acquisition receiver passiver Strahlungsempfänger

passive-active cell passives-aktives Element
passive aerial passiver Strahler
passive air defense passive Luftverteidigung
passive armor HL-Zusatzschutzpanzerung, Hohlladungszusatzschutzpanzerung
passive armour Passivpanzerung
passive array passive Gruppenantenne (RDI)
passive balance return loss passive Fehlerdämpfung
passive circuit passive Schaltung, passiver Schaltkreis
passive close-in condition Nahanlaufschaltzustand bei Passivzielsuche (Torpedo)
passive clothing Schutzkleidung
passive communication countermeasures passive Fernmeldegegenmaßnahmen (elektronische Kampfführung)
passive communication satellite passiver Fernmeldesatellit
passive contrast tracker passives Kontrastzielverfolgungsgerät
passive countermeasures passive Gegenmaßnahmen
passive countermeasures equipment Gerät für passive Gegenmaßnahmen
passive defence passive Verteidigung
passive defense passiv geführte Verteidigung
passive defense bill passive Schutzrolle
passive detection passive Entdeckung od. Erfassung (elektronische Kampfführung)
passive earth pressure passiver Bodendruck
passive ECM passive elektronische Gegenmaßnahmen
passive electronic countermeasures passive elektronische Gegenmaßnahmen
passive electronic detection capability leistungsfähiger passiver elektronischer Sensor (für Radarschirm)
passive elcetronically scanned antenna Antenne mit passiver elektronischer Strahlschwenkung
passive element Sekundärstrahler
passive gating passive Torsteuerung (Torpedo), Torsteuerung bei Passivzielsuche (Torpedo)
passive guidance system passives Zielsuchverfahren
passive homing passives Zielsuchverfahren, Passivzielsuche (Torpedo)
passive homing guidance passive Zielsuchlenkung
passive homing guidance system passive Zielsuchlenkung, passives Zielsuchlenksystem
passive IR guidance passive IR-Lenkung (av)
passive IR seeker Suchkopfsystem (av)
passive IR system passiver Infrarotgerät
passive jamming passive Störung (ELOKA), passives Stören (ELOKA)
passive location and analysis of enemy transmission passive Ortung und Analyse gegnerischer Emission
passive mass passive Masse
passive navigational countermeasures passive Navigationsgegenmaßnahmen (ELOKA)
passive night attack capability passives Nachtkampfpotential (Sichtgerät)
passive night detection passive Zielidentifizierung bei Nacht (elektronisches Überwachungssystem)(av)
passive omnidirection buoy passive Allrichtungsboje (Schallboje)
passive optical seeker technique passive optische Sucheinrichtung zur Ansteuerung von Zielen
passive redundancy kalte Reserve, passive Redundanz
passive relay station passive Relaisstation
passive resistance Übergangswiderstand
passive scatter relay passive Scatterverbindung, passive Streustrahlverbindung
passive seismometer passives Seismometer (Raumfahrt)
passive seismometer to measure moon tremors passives Seismometer zum Registrieren von Mondbeben
passive self-protection both by a radar warning receiver (RWR) and by chaff and flare dispersers passive EloGM-Ausrüstung in Form eines Radarwarnempfänger (RWE) und eines Täuschkörpersystems
passive station Wartestation
passive system passives System (Zielverfolgung)
passive system operating in the middle infrared hand passives System mit mechanischer Analyseeinheit
passive system of Stealth-targets Anti-Stealth-Fähigkeit (Radar)
passive tracking radar (IR, electrooptic, laser back-up system) passive Zielverfolgung (durch infrarote, optronische, optische und lasergestützte Systeme)
passively registering their radar and radio emission passiver elektronischer Aufklärungssatellit (ELINT)
passive transducer passiver Wandler
passkey Nachschlüssel
pass-off, to abführen, ableiten
passometer Passometer
pass-out operation Kondensationsbetrieb
pass-over, to überstreifen
passport examination Passkontrolle
pass-template drawing Kalibrierschablonenzeichnung, Kalibrierungszeichnung
password Kennwort, Parole, Verständigungswort
password, computer Rechnerkennwort
password protection Kennwort-Dateischutz
PA-system Bordlautsprecheranlage
pasteboard casting Pappengußmaschine
paste cathode Pastenkathode
paste solder Lötpaste
paste-type flux Lötfett
paste-up Klebemontage
pasted cathode Pastenkathode
pasteurization Pasteurisierung, Haltbarmachung (konservieren)
pasteurize, to pasteurisieren
pasty breiartig, klebrig, pastös, teigig
PATA pacific area travel association
patch Flicken, Pflaster, Stoffscheibe, Korrigieren (Programm im Kernspeicher), Korrektur, Phasenänderung
patch, alternative Wechselkorrekturbefehl
patch area Fleckengebiet
patch bay Schaltplatte, Schaltfeld, Stecktafel, Verbindungsfeld

patch card Korrekturkarte, Änderungskarte
patch cord steckbare Verbindungsleitung, Steckerkabel, Stecker-, Verbindungsschnur
patch effect Fleckeneffekt
patch loader Korrekturlader
patch panel Schaltplatte, Schaltfeld, Stecktafel, Schalttafel
patchboard Buchsenfeld, Schalttafel, Stecktafel, Schaltplatte, Schaltfeld
patchcord Steckschnur
patched of cloud Wolkenfetzen
patches of fog Nebelfetzen, Nebelschwaden
patches of undurance stellenweise Unterhärtung (Preßfehler)
patching jackfield Klinkenfeld, Stöpselfeld
patent action Patentklage, Patentstreit
patent application Patentanmeldung
patent applied for Patent angemeldet
patent attorney Patentanwalt
patent code Patentgesetz
patent fee Patentgebühr
patent garant Patenterteilung
patent infringement Patentverletzung
patent in issue Patentklage
patent inquiries Patentrecherchen
patent law Patentgesetz
patent letter Patenturkunde
patent litigation Patentstreit
patent log Patentbericht
patent office Patentamt, Patentbüro
patent-office drawing Patentzeichnung
patent pending Patent angemeldet
patent-reneval fee Patentjahresgebühr, Patentverlängerungsgebühr
patent right Patentrecht
patent rolls Patentregister, Patentrolle
patent specification Patentbeschreibung, Patentaufschlüsselung, Patentspezifizierung
patent statut Patentgesetz
patent suit Patentklage
patent survey Patentuntersuchung
patent tax Patentgebühr, Patenttarif
patentable patentierbar
patented at home and aboard im In- u. Ausland patentiert
patented silicone-rubber sealing process patentiertes Dichteverfahren
patented steel wire patentierter (im Bleibad gehärteter) Stahldraht
patentee Patentinhaber, Patentbesitzer
patenting, to patentieren
paternoster bailing work Paternosterschöpfwerk (Ölgewinnung)
path Kanal, Laufband, Pfad, Verlagerung
path acceleration Bahnbeschleunigung
path angle Bahnwinkel (Ballistik), Bahntangentenneigungswinkel
path attenuation Streckendämpfung
path curvature Bahnkrümmung (Strahl)
path data Weginformation
path difference Gangunterschied
path finder aircraft Pfadfinderflugzeug
path force or power Bahnkraft
path length wahre od. echte Reichweite, Weglänge
path length difference Wegdifferenz, Weglängenunterschied
path length lens aerial Weglängenlinsenantenne
path length microwave lens Verzögerungslinse für Mikrowellenantennen
path length travelled by the signal out to the satellite Signallaufweg zum Satleliten entscheidender Entfernungsfaktor
path of approach Anflugweg (Raumfahrt)
path of armature winding Ankerzweig
path of ascent Aufstiegsbahn (av)
path of body vortices Rumpfwirbelverlauf
path of contact Eingriffslinie (Zahnrad)
path of current Stromweg, Stromverlauf
path of discharge Entladungsstrecke
path of electrons Elektronenbahn
path of integration Integrationsweg (math)
path of lightning Blitzbahn
path of pilot balloon Pilotbahnkurve, Pilotbahnlinie
path of propagation Ausbreitungsweg, Ausdehnungsstrecke
path of rays Strahlengang
path of seismic waves Wellenpfad
path of spark Funkenbahn, Funkenstrecke
path of the lines of forces Kraftlinienverlauf
path over the earth Übergrundkurs
path plotting Trassieren
path ratio Übersetzungsfaktor
path-reversal principle Bahnumkehrprinzip
path selection Wegeauswahl
path, short Kurzweg, Kurzstrecke
path spin Bahndrehimpuls
path track Zugstraße
path tracking Bahnvermessung
Pathfinder is focusing on developing generic technology and defining mission possibilities Pathfinder-Programm konzentriert sich auf die Entwicklung von Weltraumtechnologie
Pathfinder technology development Technologieprogramm "Pfadfinder"
Pathfinder's programme (exploration technology, operations technology, transfer vehicle technology and humans in space) **Pfadfind-derProgramm** (Explorationstechnik, Raumflugtechnik, Raumfahrzeugtechnik und Raum fahrtmedizin)(sp)
pathometer Psychogalvanometer
patinate (coat with patina), **to** patinieren
patient monitor Patientenüberwachungsanlage
patrol Patrouillenflug, Runde, Spähtrupp, Streife (gehen)
patrol activity Spähtrupptätigkeit, Aufklärungstätigkeit
patrol air cushion vehicle (PACV) Patrouillen-Luftkissenfahrzeug
patrol airplane Aufklärungsflugzeug, Spähflugzeug
patrol bomber Fernaufklärungsbomber, Fernaufklärungsflugboot
patrol flight Aufklärungsflug, Spähflug, Streifenflug
patrol leader Aufklärungsleiter, Spähtruppführer
patrol post Streifenweg
patrol service Aufklärungsdienst, Streifendienst
patrol speed Patrouillengeschwindigkeit
patrol tank Patrouillenkampfwagen, Spähtruppwagen

patrol, to abpatrouillieren, aufklären
patrol vessel Aufklärungsfahrzeug, Bewachungsfahrzeug, Wachboot, Wachschiff
patrolling Begehung, Patrouillenflug
pattern Bild, Gestalt, Diagramm, Gußmodell, Muster, Schablone, Schleife (ATC), Antennencharakteristik, Antennendiagramm, Strahlungscharakteristik, Strahlungsdiagramm
pattern detection Zeichen(er)kennung (dv), Flächenmustererkennung, Strukturerkennung
pattern distortion Ablenkfehler
pattern-draw mechanism Abhebevorrichtung (Werkzeug)
pattern-draw turn-over molding machine Abhebeformmaschine mit Wendeplatte
pattern entry point Platzrundeneinflugpunkt (GCA)
pattern marker's lathe Holzdrehbank
pattern noise periodische Störspannung
pattern of proof shooting Beschußbild
pattern of reflection Reflexionsmuster
pattern processing Zeichenverarbeitung
pattern recognition Zeichenerkennung, automatische Gestaltserkennung, Flächenmuster-Erkennung, Strukturerkennung
pattern-running Langwinkelunabhängigkeit
pattern selector Musterwähler, Strukturwähler
pattern-sensitive fault datenabhängiger od. datenbedingter Fehler
pattern sheet gemusterter Deckbogen
pattern, thermoplastic thermoplastischer Werkstoff (TB)
paucity geringe vorhandene Anzahl od. Menge
paucity of fossils Armut an Versteinerungen, Fossilarmut (geol)
Pauli exclusion principle Ausschließungsprinzip, Pauli-Prinzip
Pauli-Fermi principle Pauli-Fermi-Prinzip
pause eine Pause einlegen, innehalten, unterbrechen
pause exit Pausenausgang (EDV)
pause in firing Feuerpause
pause message Pausenmeldung (EDV)
pause statement Pausenanweisung (EDV)
pause supervision Pausenüberwachung (EDV)
paved runway befestigte Piste, befestigte Start- u. Landebahn (D)
paved taxiway befestigte Rollbahn (Oe)
pavement Belag, Decke, Pflaster einer Straße, Pflasterung
pavement of small cobblestone in interlocking pattern Kleinpflaster (an Steigungen)
Paveway (introduced a new order of accuracy for iron bomb, taking out the effects of variations in bomb ballistis and wind. A laser seeker assembly and control fins are strapped to the nose of a standard GP bomb and wing on the rear. The target is illuminated by a 1,06 u Nd Yag lager beam and the bomb steers itself to the target)
Paveway (besteht aus einer serienmäßigen Mehrzewckbombe in Verbindung mit einem Lasersuchkopf und einem Satz Steuerflächen zur Komensation der unterschiedlichen ballistischen Eigenschaften und Witterungseinflüsse. Das Ziel wird von einem externen Nd-YAG-Laser mit 1,06um beleuchtet und von der Bombe automatisch angesteuert)
Paveway family (warhead) Paveway-Familie (Gefechtsköpfe)
Paveway II (has pop-out wings to simplify carriage) Paveway 2 besitzt ein Klappleitwerk, um den Transport zu vereinfachen
Paveway III (or low-level laser-guided bomb) LLLGB-Nachfolgesystem
Paveway III laser-guided bomb to give improved tactical flexibility in operating in the poor weather and high threat environment Laserlenkbombe Paveway 3 mit taktischem Einsatzspektrum unter schlechten Wetterbedingungen und hohem Gefechtspotential
paving brick or stone Pflasterstein, Pflasterziegel
paving hammer Steinsetzhammer
pawl Rastklinke, Sperrklinke
pawl-and-ratched mechanism Sperrgetriebe, Sperrklinkenvorrichtung
pawl coupling Klinkenapparat, Klinkenkupplung
pawl knock-off Klinkenrückstellung
pawl release lever Klinkenauslösehebel
pawl voltage Klinkenspannung
pawl wire housing (sinker) Seilscheibengehäuse für Voreilgewichtleine
pawl wire sheave (sinker) Seilscheibe für Voreilgewichtleine
PAX private automatic exchange
pax load factor Sitzladefaktor
pay a noise surcharge Lärmzuschlag bezahlen (Umweltschutz)(av)
pay button Zahlknopf
pay by the hour Wartung auf Flugstundenbasis (Triebwerkwartung)(av)
pay interest, to Zinsen bezahlen (komm)
pay load Nutzlast, Zahllast
payload accepted for a flight Flugfreigabe für Nutzlast
payload assist module (PAM) PAM-Triebwerkstufe (Raumfahrt)
payload attached installierte Nutzlast
pay load, aviochemical aviochemische Zuladung
pay load capacity Nutzlastvermögen
pay load decayed verglühte Nutzlast (sp)
payload element Nutzlastelement (sp)
payload fairing Nutzlastverkleidung (sp)
payload fairing and equipment bay (avionic section) Nutzlastverkleidung und Ausrüstungsschacht (Avionik)
pay load gap Nutzlastlücke
payload inegration center Nutzlastintegrationszentrum
pay load limitation Nutzlastbeschränkung
pay load margin deficit defizitäre Nutzlastspanne
pay load module Nutzlastmodul
payload operations control center Nutzlastbetriebszentrum
pay load penalty Nutzlasteinbuße
pay load pointing system Nutzlastrichtsystem
pay load/range characteristics Nutzlast/Reichweitediagramm, Nutzlast/Reichweite-Charakteristik
pay load/range combination Nutzlast/Reichweite-Kombination
pay load/range comparison Nutzlast/Reich-

weite-Vergleich
payload-range performance competitive vergleichbares Nutzlast/Reichweite-Potential
pay load ratio Nutzlastverhältnis
pay load structure-fuel weight ratio (in rocket) Nutzlast-Aufbaukraftstoffverhältnis
pay load weight Nutzlastgewicht
paymover Flugzeugschlepper
pay-off mandrel Ablauftrommel (Walzwerk)
pay-off matrix Auszahlungsmatrix, Spielmatrix
pay-off or cancellation of debts Schuldentilgung
pay-off period Tilgungszeitraum (komm)
pay-off table Auszahlungsmatrix, Spielmatrix
pay-off the crew, to abmustern
pay on principle, to Kapital tilgen (komm)
pay-out reel Drahthaspel
pay-out roller Auslegerolle (Kabel)
pay period Lohnzahlungsperiode (komm)
pay-roll Lohnliste
pay-roll accounting Lohn- u. Gehaltsabrechnung (komm)
pay-roll distribution Lohnverteilung
pay-roll preparation Lohnabrechnung (Vorgang)(maschinell)
pay-roll processing Lohnabrechnung (Vorgang) (maschinell)(komm)
pay-roll procedures Gehalts- und Lohnabrechnung
pay-roll tax-annual-balance Lohnsteuer-Jahresausgleich
pay, to bezahlen, sich bezahlt machen
payment Bezahlung, gezahlte Summe, Zahlung
payment schedule, obligatory verbindlicher Zahlungsplan
P-band P-Band
PBX private branch exchange
PC pilotage chart
pc board Leiterplatte
pc board with floating output Schaltungsplatte mit potentialfreier Ausgangsschaltung
PCB plenum-chamber burning
PCB system PCB-Anlage
PCI program-controlled interrupt
PCM (punched card machine) PCM (Pulse-Code-Modulation (Digitalsystem)
P-counter Befehlsfolgeregister, Befehlsfolgezähler, Operationszähler, Befehlsregister, Befehlszähler, Befehlszählregister, Programmschrittzähler, Befehlsadreßregister
PD passive detection
PDM Pulse-Dauer-Modulation (Analogsystem)
PE permanent echo
PE (ice pellets) PE (Eiskörner)
PE Programmsteuereinheit
peable plastic coating Kunststoffüberzug (abziehbar)
peak Spitze (höchste Erhebung), Maximum einer Kurve
peak aberration Spitzenabweichung
peak abnormaly Spitzenunregelmäßigkeit
peak absolute displacement absolute Maximalverschiebung
peak acceleration Maximalbeschleunigung
peak achievement hervorragende od. hervorstech vorstechende Leistung, Spitzenleistung
peak alternating gap voltage Spaltspitzenspannung, Spitzenspannung am Spalt
peak altitude Gipfelhöhe
peak amplitude Spitzenamplitude
peak amplitude of oscillation größte Amplitude
peak anode breakdown voltage Anodenzündspannung
peak anode current Spitzenanodenstrom
peak anode voltage Anodenspitzenspannung
peak-applied pressure aufgebrachter Spitzendruck
peak approximation Scheitelnäherung
peak black Maximum an Schwarz
peak blast pressure Detonationsspitzendruck
peak-blocked voltage Scheitelwert der positiven Sperrspannung
peak carrier amplitude Oberstrich
peak cathode current Kathodenspitzenstrom, Scheitelwert des Kathodenstroms
peak cathode fault current maximaler Kurzschlußstrom
peak clipping (COM) Spitzenbegrenzung
peak concentration Spitzenkonzentration
peak cross section maximaler Wirkungsquerschnitt
peak current Höchststromstärke
peak day Hauptverkehrstag
peak detection Spitzenwertermittlung
peak detector Spitzenleistungsdetektor
peak diode plate voltage Diodenspitzenspannung
peak displacement Maximalverschiebung
peak dose Spitzendosis (Strahlung)
peak dynamic pressure dynamischer Spitzendruck
peak efficiency Spitzenleistungsgrad
peak elastic stress elastische Spitzenspannung
peak emission power Spitzenleistung
peak envelope power Spitzenleistung
peak exotherme Spitzentemperatur
peak, exotherme Temperaturspitze
peak factor Scheitelfaktor
peak field Endfeld, Spitzenfeld
peak flammability value Entflammbarkeitsgrenzwert, Entzündbarkeitsgrenzwert
peak flux density maximale Induktion od. Flußdichte
peak forward anode voltage Anodenspitzenspannung in Durchlaßrichtung, Maximalanodenspannung
peak forward current Spitzensperrstrom
peak free-field soil pressure maximaler Freifeldbodendruck
peak frequency Frequenzspitze
peak gas temperature Gasspitzentemperatur
peak grid current Gitterspitzenstrom
peak gusts (Spitzen)böen
peak height of signal Spitzenhöhe eines Signals
peak-hours Hauptverkehrsstunden
peak-hours load Spitzenverkehrsstunden
peak indicator Höchstwertanzeiger, Spitzenwertanzeiger
peak inverse anode voltage Spitzenwert der Anodenspannung in Sperrichtung
peak inverse grid voltage Gittergegenspannung
peak inverse permissible rating Spitzensperrspannung

peak inverse plate voltage Spitzensperrspannung
peak level Spitzenpegel
peak limiter Begrenzungsverstärker
peak line voltage Spitzenleistungsspannung
peak load Ausnahmelast, Spitzenlast, Spitzenbelastung (Energie, teg, dig)
peak, load Belastungsspitze, Lastspitze
peak-load adjustment Spitzenausgleich
peak load current Strom bei Spitzenbelastung
peak load period Spitzenlastzeit, Stoßzeit (Energieversorgung)
peak load periods Hauptverkehrsstunden
peak load plant Spitzenkraftwerk
peak load power Spitzenlastenergie
peak load power station Spitzenkraftwerk
peak-marking current of switching device pole Scheitelwert des Einschaltstromes
peak meter Spitzenzähler
peak modulation indicator Höchstwertzeiger
peak noise Spitzenrauschen
peak noise meter Scheitelwert-Geräuschspannungsmesser
peak noise output maximale Geräuschabstrahlung, Spitzenpegel der Geräuschabstrahlung
peak of attenuation Dämpfungspol
peak of noise Geräuschspitze
peak of oscillation Schwingungsmaximum
peak of the curve Kurvenscheitelpunkt, Kurvenspitze
peak of traffic Verkehrsspitze, Stoßverkehr
peak of wave Wellenberg
peak off-state voltage positive Spitzensperrspannung (Gleichrichter)
peak or crest factor Scheitelfaktor
peak or throat halyard Gaffelfall
peak output Spitzenleistung
peak output across entire 252 channel band, 3kw 3kw Spitzenleistung über den gesamten 252-Kanalbereich
peak output voltage Ausgangsspitzenspannung
peak overpressure Spitzenüberdruck, Maximalüberdruck, Überdruckspitze
peak performance Spitzenleistung
peak period Hauptbetriebszeit, Stoßzeit
peak period of air traffic activity Spitzenverkehrszeit
peak plate current Anodenspitzenstrom
peak point Spitzenpunkt
peak power (of a radio transmitter) Oberstrichleistung, Spitzenleistung (eines Senders), Radarimpulsleistung
peak power of a transmitter Oberstrichleistung eines Senders
peak power output Oberstrichwert, Spitzenausgangsleistung, Oberstrichleistung, Spitzenleistung
peak power period Spitzenbelastung
peak pressure Spitzen(gas)druck
peak production Höchstproduktion, Spitzenförderung (Ölgewinnung)
peak pulse energy Impulsspitzenleistung (Laser)
peak pulse power maximale Impulsleistung, Impulsspitzenleistung, Spitzenleistung eines Impulses, Spitzenpulsleistung
peak pulse power-kw maximale Impulsleistung (kw)
peak pulse voltage Impulsamplitude
peak pump efficiency Pumpen-Scheitelleistung
peak radial pressure radialer Spitzendruck
peak radiation Strahlungsmaximum
peak range sidelobe level Nebenkeulenspitzenpegel
peak recording instrument Instrument zum Registrieren von Spitzenwerten
peak reflected overspace reflektierte Überdruckspitze (Atomexplosion)
peak reflected pressure Spitzendruck der reflektierten Stoßwelle
peak reflected value Spitzenwert des Reflexionsdrucks
peak relative displacement relative Maximalverschiebung
peak relative gas temperature relative Gasspitzentemperatur
peak responding rectifer Spitzengleichrichter
peak-responsive rectifier Spitzengleichrichter
peak reverse voltage Umkehrspannung
peak reverse voltage rating Spitzensperrspannung
peak rider Spitzenmodulator
peak rider detector circuit Spitzenmodulatorschaltung
peak ripple voltage Scheitelwert der Brummspannung
peak-rate production period Auslaufperiode der Produktion
peak seasonal demand jahreszeitlicher Spitzenbedarf
peak sideband power Seitenbandspitzenleistung
peak side-on overpressure Spitzenüberdruck Senkrecht zur Ausbreitungsrichtung (der Stoßfront)
peak signal Scheitelsignal
peak sound pressure Schalldruckmaximum, maximaler Schalldruck
peak speech power Spitzenwert der Sprechleistung
peak stress Spannungsspitze
peak suction maximaler Unterdruck
peak tank Piektank (Trimmtank)(Vor- u. Achterschiff, H-Schiff)
peak temperature Spitzentemperatur
peak time Spitzenzeit (Verkehr)
peak-to-peak von Spitze zu Spitze
peak-to-peak aberration Ausweichung Spitze-Spitze
peak-to-peak amplitude Schwingungsbreite, Amplitude von Spitze zu Spitze
peak-to-peak displacement Doppelamplitude
peak-to-peak excursion größte Abweichung
peak-to-peak flutter Schwankungsspitzen
peak-to-peak rectification Spitze-zu-Spitze-Gleichrichtung
peak-to-traffic day Spitzenverkehrstag (Telegrammdienst)
peak-to-traffic period Verkehrsspitze
peak traffic period Verkehrsspitze, Hauptverkehrsstunden
peak traffic rush hour Spitzenverkehrsstunde
peak transient forward current Stoßstromgrenzwert
peak transmission Durchlaßmaximum

peak transmitted power Sendespitzenleistung
peak-type rectifier Spitzengleichrichter
peak value Größtwert, Höchstwert, Gipfelwert, Maximalwert, Scheitelwert, Spitzenwert
peak value detector Spitzenwertmeßkreis
peak value indication Höchstwertanzeige
peak value indicator Höchstwertanzeiger, Maximalwertanzeiger
peak value reading Höchstwertablesung
peak velocity Scheitelgeschwindigkeit
peak vertical stress maximale Vertikalspannung
peak voltage Gipfelspannung, Scheitelspannung, Höchstspannung, Spitzenspannung
peak voltage drop Spannungsabfall
peak-voltage indicator Spitzenspannungsanzeiger
peak voltmeter Scheitelspannungsmesser, Spitzenspannungsmesser
peak voltmeter circuit Spitzenspannungsmeßkreis
peak watts Spitzenleistung
peak working volts Betriebsspitzenspannung
peaking Spitzenwertbildung
peaking circuit Impulsverteilungsschaltung
peaking coil Entzerrdrossel, Entzerrspule, Versteilerungsspule
peaking inductance Entzerrspule
peaking network Entzerrungsschaltung
peaking resistor Linearisierungswiderstand
peaking speed Spitzendrehzahl
peaking transformer Zündimpulstransformator
"peaky" spanwise loading "spitzige" Auftriebsverteilung (AC)
peanut tube Kleinströhre
peardrop Reflektorballon
pearlite Perlit (Isoliermasse)
pearl sinter Kieselsinter
pebble manganeses Mangansuperoxyd
pebble pavement Kleinpflaster
pebble reactor Pebbelreaktor (Reaktor mit Spaltstoff u. Moderator in Form kleiner Kugeln)
pebbly or single bottom Kieselgrund
peck feed Pick-Vorschub
pecker Abfühlnadel, Abfühlstift
pedal adjusting knob Pedaleinstellknopf
pedal adjusting plate (helicopter) Einstellsegment für Seitensteuerpedale
pedal adjusting tape (helicopter) Einstellsegment der Seitensteuerpedale (Hschr)
pedal angle Pedalneigungswinkel
pedal bearing Pedallager
pedal bracket Pedallagerbock
pedal change-over switch Fußumschalter
pedal circuit Stromkreis des Schienenstromschließers
pedal coupler Pedalkoppler
pedal dynamo Tretdynamo, Tretgenerator
pedal generator Tretgenerator
pedal hanger Pedalträger
pedal-operated generating unit Tretmotor, Tretsatz
pedal pad Pedalauflage, Pedalgummi
pedal shaft Pedalwelle
pedal support Pedalbock
pedestal Lagerbock (machine) Rechteckkomponente, Aufsatzständer, Fußständer
pedestal mount Sockel
pedestal-mounted and vehicle-mounted operations of laser beam-riding missile stativ- und fahrzeuggestützte Version des laserleistrahlgelenkten Fla-FK
pedestal-mounted gun Pivotgeschütz
pedestal of a bearing Lagerbock
pedestal pulse Sockelimpuls
pedometer Schrittzähler, Passimeter, Schrittmesser
peek-a-boo Sichtprüfung, Sichtkontrolle, Blockkontrolle
peek-a-boo system Sichtkartei-System
peel abschälen, sich schälen
peel-off, to ausscheren, abspringen
peel-off plastics coating Schutzüberzug, aufgespritzt od. abstreifbar (pla)
peel paint Abziehlack
peel print Abziehschrift, abziehbare Schrift
peelable coating Abdecklack, Schutzüberzug, aufgespritzt und abstreifbar (pla)
peeling off ausscheren
peeling shim geschichtete Beilegscheibe aus dünnen Folien
peen Finne eines Hammers, mit der Finne hämmern
peen over überwalzen, Werkstoff über eine Kante stemmen
peen, to verstemmen
peep sight Lochvisier
peep sight fixture Lochvisier (für Waffenjustierung)
peephole Panzerscharte, Sehöffnung
peephole protector or cover Sehklappe
Peerless amplifier Peerless-Verstärker
peg Dübel, Pflock, Stift, Drahtstift, Markierungspflock
peg board Stecktafel (im Analogrechner)
peg connection Zapfenverbindung
peg count register Belegungszähler
peg count summary Leistungszählung, Rasterzählkarte, Verkehrszählung, Zählergebnis
peg counter Rasterzählung, Strichzählung
peg counter meter Belegungszähler, Leistungszähler, Rasterzähler für Gespräche
peg model Stabmodell (Bohrung einer Lagerstätte)(geol)
Peirce function Peircefunktion, NOR-Funktion, Nicod'sche Wahrheitsfunktion
PEL Bildelement
peallable protective coating abziehbarer Überzug
peallet stückiger Kontaktkörper (für ortsfeste Katalysatoren), Kontaktkügelchen
pellicle film Ölfilm, Ölhäutchen
pellicle mirror Teilerspiegel (wird für atomphysikalische Experimente verwendet)
pellicular water Absorptionswasser
Peltier coefficient Peltier-Koeffizient
Peltier effect Peltier-Effekt
Pelton water-wheel Peltonrad
pen arm guide Schreibhebelführung
pen, electrographic stromleitender Graphit, Graphitstift
pen lever Schreibhebel
pen steel Federstahl
penaid package Eindringhilfe(nsatz)
penalty run Nachprüflauf

penalty test Zusatzprüfung
pencil Bleistift, Farbstift, dünner Elektronenstrahl
pencil beam Nadelstrahl, scharfgebündelter Strahl
pencil-beam aerial Schmalbündelantenne
pencil-beam antenna Nadelstrahlantenne
pencil-beam pattern Nadelstrahldiagramm
pencil carrier Schreibstiftträger (Koppelgerät, Nav)
pencil, conductive stromleitender Graphitstift, Elektrographitstift
pencil deflection Strahlablenkung
pencil divider Bleistiftzirkel
pencil gliding Stäbchengleichung
pencil mark Strichmarkierung, Bleistiftmarkierung
pencil marking Verweisungsmarkierung
pencil method Griffelverfahren (Elektronenstrahlröhre)
pencil of light Lichtbündel, Lichtbüschel, Lichtkegel
pencil of planes Ebenenbüschel
pencil of parallel rays Parallelstrahlenbündel (Optik)
pencil of rays Lichtbüschel, Parallelstrahlenbündel
pencil of sound rays Schallstrahlenbündel
pencil of sparks Funkenbüschel
pencil of spheres Kugelbüschel
pencil slipping Stäbchengleitung
pencil transmitter Walzenmikrophon
pencil tube Bleistiftröhre
pencil-type triode Bleitstiftröhre
pendant (control) Hängedruckknopftafel, Pendeldruckknopftafel (w)
pendant control panel Hängeschalttafel
pendant fitting Pendelleuchte (GB)
pendant push-button panel Hängedruckknopftafel, Pendeldruckknopftafel (w)
pendant switches Pendelschalter (w)
pending anhängig, angemeldet (Patent), laufend, schwebend, unentschieden
pending interrupt anstehende od. schwebende Unterbrechung
pending task unerledigte Aufgaben
pending task list Liste der unerledigten Aufgaben
pendulous float Schwebependel
pendulous gyro accelerometer Kreiselbeschleunigungsmesser
pendulous gyro integrating accelerometer integrierender Kreiselbeschleunigungsmesser
pendulous vane Aufrichtependel (pneumatische Kreiselaufrichtung)
pendulum anemometer Pendelwindmesser
pendulum ball or bob Linse am Pendel
pendulum bucket conveyor Pendelbecherwerk
pendulum contact Pendelkontakt
pendulum counterweight pendelndes Gegengewicht
pendulum governor Pendelregler
pendulum lever Pendelwaage
pendulum meter Aronzähler, Pendelzähler
pendulum mill Pendelmühle
pendulum milling Pendelfräsen
pendulum motion Pendelbewegung
pendulum motion of electrons Elektronenpendelung, Elektronenschwebung
pendulum periscope sextant Pendelperiskop-Sextant
pendulum ram impact testing machine Pendelschlagwerk
pendulum self-interrupter Pendelselbstunterbrecher
pendulum stability Pendelstabilität
pendulum start-stop telegraph Pendeltelegraph
pendulum swing Pendelschwingung
pendulum system for deployment of extraction parachute Schwungpendelsystem für Ausziehschirm
pendulum testing machine Pendelschlagwerk (Werkstoffprüfung)
pendulum-type barrel valve Pendelentlüfter
pendulum-type impact (testing) machine Pendelschlagwerk
pendulum weight Pendelgewicht
penetrability Durchdringbarkeit, Penetrationsverfahren
penetrate formation Formation durchbohren, durchteufen, durchörtern od. durchsinken (geol)
penetrate, to durchstoßen, eindringen, einfliegen
penetrate tops, to die Obergrenze durchstoßen
penetrated bed durchbohrte Schicht
penetrating background radiation durchdringende Untergrundstrahlung
penetrating by assault Durchstoß
penetrating fronts Durchfliegen von Schlechtwetterzonen (av)
penetrating or hard component of cosmic rays harte Komponente der Höhenstrahlung
penetrating power Durchdringungsvermögen
penetration Anschlagstärke, Innentränkung (Strahlenhärtemesser), Durchdringung, Eindringung(stiefe), Eindringvermögen, Spritzweite, Strahllänge, Panzerdurchschlagsleistung (milit), Tiefenwirkung (Strahlung)
penetration aid Eindringhilfe
penetration by burning Einbrand (Lacke)
penetration by hostile enemy aircraft Feindeinflug
penetration by rays Durchstrahlung
penetration capability Durchdringungsfähigkeit, Durchschlags-, Eindringvermögen
penetration factor Durchgriff
penetration, fault...range Fehlerwirkungsbreite
penetration flight Einflug
penetration frequency Durchdringungsfrequenz, Durchgangsfrequenz, Grenzfrequenz
penetration impulse generator elektromagnetischer Stoßgenerator
penetration in depth Tiefeneinbruch (geol)
penetration in feet per minute, rate of Bohrfortschritt in Fuß pro Minute (Ölgewinnung)
penetration, low-altitude Einflug in geringer Höhe
penetration notch Einbrandkerbe
penetration of burning or fusion (depth of) Einbrandtiefe
penetration of projectile Durchschlagsgeschoß
penetration pattern Durchstoßschema

penetration power Geschoßwirkung
penetration probability Durchdringungswahrscheinlichkeit
penetration procedure Durchflugverfahren, Durchstoßverfahren (durch Wolkendecke)
penetration rate Bohrfortschritt
penetration spike Landedorn
penetration turn Durchstoßkurve
penetration turn attitude Durchstoßkurvenhöhe
penetration turn area (TERPS) Durchstoßkurvenbereich
penetration twins Durchdringungszwillinge, Durchwachungszwillinge
penetrativeness Eindringungsfähigkeit
penetrative power Eindringungskraft, Geschoßwirkung
penetrometer Eindruck(tiefen)messer, Qualitätsmesser, Penetrometer (Strahlenhärtemesser)
penknife Federmesser
Pennsylvanian rig Pennsylvanisches Bohrgerät
Pennsylvanian system of drilling Pennsylvanisches Bohrverfahren
penny valve Plattenventil
penstock Druckleitung, Zuführkanal
pentade Pentade (Gruppe von 5 Elementen) (EDV)
pentagonal fünfeckig
pentagrid converter Fünfgittermischröhre
pentagrid frequency changer Fünfgitter-Mischröhre, Fünfgittermischpentode, Fünfgitterheptode
pentagrid frequency converter Fünfgittermischröhre, Fünfgittermischheptode
pentagrid tube Fünfgitterröhre, Fünfgittermischheptode
pentagrid valve Heptode
pentane lamp Pentanlampe
penthouse giebelförmiges Schirmdach
penthouse combustion chamber dachförmiger Verbrennungsraum
pentode Fünfpolröhre, Pentode
penumbra (boundary) Halbschatten
perbenzoic acid Benzopersäure
percale Perkal(stoff)
percent by volume Raumprozent, Volumenprozent
percent by weight Gewichtsprozent
percent consonant articulation Konsonantenverständlichkeit
percent excess charge Ladefaktor
percent mark Prozentzeichen
percent modulation indicator Ansteuerungsanzeiger
percent modulation meter Modulationsgradanzeiger
percent reduction of area of a test specimen prozentuale Flächenverminderung eines Prüfstückes
percent ripple voltage Brummspannungsverhältnis
percent sign Prozentzeichen
percentage Beeinflußungsfaktor, Hundertsatz, Jahresnachfüllzahl
percentage biasses differential protection Prozentualvergleichsschutz
percentage bridge Prozentbrücke
percentage composition prozentuale Zusammensetzung
percentage drag power v.H.-Anteil der zur Überwindung des Luftwiderstandes erforderlichen Leistung
percentage duty cycle Einschaltdauer
percentage increase in thrust due to burning additional fuel down-stream of the turbine Schubsteigerung durch Nachverbrennung oder prozentuale Schubzunahme
percentage inspection durch Stichproben nur an einem bestimmten Hundertsatz der zu untersuchenden Teile vorgenommene Prüfung
percentage modulation Modulationsgrad in Prozenten (dv)
percentage modulation depth Modulationstiefe
percentage modulation of a transmitter Sendedurchmodulierungshöhe
percentage occupancy prozentuale Belegung
percentage of completion Hundertsatz der ausgeführten Anmeldungen
percentage of core by recovery prozentualer Kerngewinn
percentage of delay calls Verzögerungsziffer
percentage of elongation of a test specimen prozentuale Dehnung eines Preßstückes
percentage of error Fehlerprozentsatz
percentage of lost calls Verlustziffer
percentage of modulation Modulationsgrad (in Proz
percentage of pore space Prozentgehalt an Porenraum (pla)
percentage of rejects Prozentsatz an Ausschuß
percentage of sulphur Schwefelgehalt
percentage of time on reserve Reservezeitfaktor
percentage or amount of smoke Rauchgehalt
percentage presentation Prozentanzeige (Instrument
percentage reliability prozentuale Betriebssicherheit
percentage ripple Welligkeitsgrad
percentage synchronization Synchronisierungseffekt
percentage variation prozentige Varia..on
percental share prozentualer Anteil
perception of direction Richtungseindruck
perception of loudness Lautstärkeempfindung
perception of pitch Tonhöhenempfindung
perceptron Perzeptron
perch Lenkbaum, Meßstange
perchlorid acid Überchlorsäure, Überchromsäure
percolate durchsickern, filtrieren, durchseihen
percolating tank Sickertank (Erdölgew.)
per-copy durch Abschrift
percussion Aufschlag, Erschütterung, Schlagdruck, Stoß(wirkung)
percussion boring Schlagbohrung, stossendes Bohren
percussion drilling outfit Schlagbohranlage
percussion figure Schlagfigur
percussion fire Aufschlagschießen
percussion-fired fuze Aufschlagzünder
percussion fuse Fallzünder
percussion fuze Aufschlagzünder, Aufschlagkontakt
percussion fuze for high explosive shell Granatzünder
percussion hammer locking pin knob Schlaghammersperrbolzenknopf (Schraubverschluß)

percussion ignition primer Schlagtreibladungszünder mit Verstärkerladung
percussion initiation Schlagzündung
percussion mechanism Schlagvorrichtung
percussion part of fuze (time and percussion fuze) Aufschlagzünderteil (Doppelzünder)
percussion pin Zünderbolzen (Zünder)
percussion pin of fuse or plunger Zündbolzen
percussion portion (time and percussion fuze) Aufschlagzündervorrichtung (Doppelzünder)
percussion power drill Schlagbohrer
percussion primer Schlaganzündhütchen, Schlagtreibladungsanzünder
percussion primer plug Zündhütchenträger
percussion riveter Schlagnietmaschine
percussion shell Aufschlaggranate
percussion system to drilling Schlagbohrverfahren
percussion tube Schlagtreibladungsanzünder (für Beuteltreibladung)
percussion welding Kondensationsschweißen, Schlagschweißen, Wiederstandsperlschweißen, Perkussionsschweißen
percussive boring Schlagbohren (Bergbau)
percussive drill Schlagbohrer
percussive force Stoßkraft
percussive sounding Schallreflexion
percussive strength Stoßfestigkeit
percussive test Erschütterungsprobe
percussive tool Schlagwerkzeug
percussive welding Stoßschweißung
percyclic damping Dämpfung je Schwingungsperiode (phys)
perfect fehlerlos, perfekt, vollkommen
perfect circuit betriebsfähige Leitung
perfect diffusion vollkommene Steuerung
perfect gas vollkommenes Gas
perfect gas constant Gaskonstante idealer Gase
perfect gas law Gesetz des vollkommenen Gases
perfect information game Spiel mit vollständiger Information (EDV)
perfecting engine Kegelmühle, Knetmaschine
perfectly diffuse radiation Lambert-Strahler
perfectly diffuse reflector Lambert-Reflektor
perfectly readable sehr gut verständlich
perforate, to durchbohren, durchschlagen, durchstoßen, lochen, perforieren
perforated aluminised film perforierte aluminisierte Folie
perforated card system Hollerithverfahren, Lochkartensystem
perforated casing durchlochte Verrohrung, perforiertes Futterrohr (Ölgewinnung)
perforated disc Lochscheibe (Mischkopf)
perforated drum unit Siebtrommelaggregat
perforated metal plate perforiertes Metallblech
perforated paper tape Lochstreifen
perforated pipe perforiertes Rohr
perforated plate Lochblech, Lochplatte, gelochtes Blech, Siebbodenkolonne (Destilliergefäß)
perforated primer vom Schlagbolzen durchschlagenes Zündhütchen
perforated revolving drum Düsenblasverfahren-Lochtrommel, Lochtrommel mit Düsenblasverfahren
perforated steam pipe Stechrohr (verfahrenstechnisch)
perforated tape Lochband, Lochstreifen
perforated tape, endless ungeschnittener Lochstreifen
perforated tape equipment Lochstreifengerät
perforated tape equipment, fully automatic vollautomatische Lochstreifeneinrichtung
perforated tape equipment, semiautomatic halbautomatische Lochstreifeneinrichtung
perforated tape exchange Speichervermittlung
perforated tape, printed bedruckter Lochstreifen
perforated tape reader Lochstreifenleser, Lochstreifenabfühler, Lochstreifenabtaster
perforated tape system, fully automatic vollautomatisches Lochstreifensystem
perforated tape system, operated manually manuelles Lochstreifensystem
perforated tape system, semi-automatic halbautomatisches Lochstreifensystem
perforated tape terminal office Lochstreifenendstelle
perforated tape terminal station Lochstreifen-Endstelle
perforated template Lochschablone
perforated tube Siebrohr (Meldungsgeschoß)
perforating Ablochen
perforating line Perforieranlage (Walzwerk)
perforating machine Perforiermaschine
perforating position Stanzplatz
perforating section Stanzstelle (Lochstreifen)
perforation Durchbruch, Durchlochung, Loch, Öffnung, Perforierung
perforation dimension Perforationsmaß
perforation in primer cup firing pin induct Zündhütchendurchschläger, Zündhütchendurchschlag
perforation in the drilling bit Spülloch im Bohrmeißel
perforation number Lochstreifennummer
perforation pitch Lochabstand
perforation pitch (motion picture film) Perforationsteilung
perforation rate Loch(ungs)geschwindigkeit, Stanzgeschindigkeit
perforator Lochbandgerät, Streifenlocher
perforator label Perforatorkennung, Lochermarkierung
perforator label identifier Kennzeichen für Perforatorkennung
perforator, receiving Empfangslocher
perforator switching relay Locherschaltrelais
perforator, tape Lochstreifenstanzer, Streifenlocher, Lochstreifenlocher
perforator transmitter Lochstreifensender
perform an aerobatic manoeuvre eine Kunstflugfigur ausführen
perform real time compensations in orbital Bahnberechnung in Echtzeit ausführen
perform statement Laufbefehl, Laufanweisung (COBOL), Durchlaufanweisung (COBOL)
perform, to ausführen, erledigen, machen
performance Ausführung, Erfüllung, Leistung, Verrichtung, Luftfahrzeugleistung, Stärke (Motorleistung)

performance advantages Leistungsvorteile
performance analysis Leistungsanalyse
performance analysis programme Programm zur Leistungsanalyse
performance and design requirements (PDR) Leistungs- und Auslegungsanforderungen
performance and pay load-range requirements Leistungs- und Reichweitenerfordernisse
performance and reliability improvement, continuous kontinuierliche Leistungs- und Zuverlässigkeitssteigerung (Twk)
performance assessment Leistungsbeurteilung, Leistungsbewertung
performance bond Erfüllungsgarantie, Sicherheitsleistung für Vertragserfüllung
performance bonus Leistungsprämie
performance budget nach Ausgaben gegliederter Haushaltsplan
performance calculation Leistungsblatt, Leistungsrechnung
performance characteristics Leistungsabsatzangaben, Leistungskennwerte, Leistungsdaten, Leistungsmerkmale
performance chart Leistungsdiagramm, Leistungsschaubild, Arbeitsdiagramm (eines Magnetrons)
performance check Funktionsprüfung, Leistungsprüfung
performance coefficient Leistungsbeiwert
performance column Wertungsspalte
performance criteria Leistungskriterien
performance curve Leistungskurve, Leistungslinie
performance data Leistungsgrößen, Leistungsmerkmale, Leistungswerte
performance data card Prüfkarte (Munition)
performance degradation Leistungsminderung, Leistungsverschlechterung
performance, delay...record täglicher Arbeitsnachweis
performance design point Leistungsauslegungspunkt
performance design reference point Bezugspunkt für Leistungauslegung
performance envelope Leistungsbereich
performance evaluation Leistungsbeurteilung, Leistungsbewertung, Leistungskontrolle, Leistungsprüfung, Leistungsbestimmung, Erfolgskontrolle
performance factor Gütefaktor, Leistungsfaktor
performance figure Leistungszahl (aktiv u. passiv), Verkehrsleistungswert
performance figure not given Leistung nicht angeben
performance figure, sonar Sonarleistungszahl
performance function Zielfunktion
performance glider Leistungssegelflugzeug, Übungssegelflugzeug
performance grad Güteklasse
performance guarantees garantierte Leistungsdaten (Twk)
performance in detection and tracking range Ortungs- und Zielverfolgungsreichweite (Radar)
performance incentive Leistungsanreiz
performance incentive contract Vertrag mit Leistungsanreizklausel
performance is significantly degraded by weather and smoke witterungsabhängige Leistung des Millimeterradars)
performance monitor Kontrollapparat
performance of combustion unit Brennkammerleistung
performance of test Versuchsdurchführung
performance of the built-in test system Leistungsfähigkeit des eingebauten Eigenprüfsystems (Twk)
performance properties of casing, minimum Mindestbelastungsgrenze der Futterrohre (Ölgewinnung)
performance record Arbeitsnachweis, Tätigkeitsnachweis
performance reliability Betriebssicherheit
performance requirements Leistungsanforderungen (Luftfahrzeug)
performance sailplane Leistungssegler
performance sensitivity to erosion Erosionserscheinung
perfomance specification Leistungsdaten, Leistungsspezifikation, Leistungsdetailierung, Pflichtenheft
performance standard Gütenorm
performance test Funktionsprüfung, Leistungskontrolle
performance testing Leistungsfähigkeitsprobe
performance-type glider Leistungssegelflugzeug, Übungssegelflugzeug
pergamoid Pergamoid
pericynthion mondnächster Punkt (Raumfahrt), Mondnähe Perilune
perigee Mondnähe, Perilune, mondnächster Bahnpunkt (Raumfahrt)
perigee-stage function Perigäumstriebwerkstufe (sp)
perilune Mondnähe, Perilune
perimeter Rand des Bildschirms, Umkreis, Umfang (math), Rollfeldringstraße (Flugplatz)
perimeter position Rundstellung
period Kreislauf, Periode, Punkt, Periodendauer, Sperrfrist, Zeitabschnitt, Zeitraum
period, digit Stellen(takt)zeit, Zeichendauer, Zeichenzeit
period indicator Periodenanzeiger (System der chemischen Elemente)
period light Wechselfeuer (nav)
period measurement Periodendauermessung
period meter Reaktorperiodenmeter
period of beat Schwebungsdauer
period of contact Eingriffsdauer
period of duty Dienststunden
period of dwell Stillstandsdauer, Bewegungspause
period of eighteen Achtzehnerperiode
period of embargo, blockade or stoppage Ausfuhrverbot
period of forecast Vorhersagezeitraum, Wettervorhersagezeitraum
period of illumination Aufhellungsdauer
period of inactivity or idleness Stilliegezeit
period of lighting Brennzeit, Brenndauer, Leuchtzeit
period of operation Arbeitszeit, Betriebszeit (Gerät)
period of oscillation Schwingungsdauer
period of reaction Wirkzeit
period of revolution Rotationsperiode, Um-

drehungsperiode, Umdrehungszeit
period of rotation Umdrehungszeit
period of termination Kündigungsfrist
period of the oscillation Schwingungszeit
period of time Zeitabschnitt, Zeitraum, Zeitspanne
period of time code Liefer(ungs)fristencode
period of trial Probezeit
period of validity (of a call) Gültigkeitsdauer (einer Gesprächsanmeldung)
period of vibration Schwingungsdauer
period per second Hertzeinheit, Periode der Sekunde
period range Instrumentenbereich (Reaktortechnik)
period, word Wortdauer, Wortbearbeitungszeit, Worttaktzeit, Wortzeit
periodic periodenweise, abschnittsweise, zeitweise
periodic chart Periodentabelle, Periodentafel
periodic duty Dauerbereich mit periodisch veränderlicher Belastung
periodic function periodische Funktion
periodic inspection periodische Inspektion
periodic law Periodengesetz
periodic magnetron replacement periodischer Magnetronwechsel (transistorischer Sender)
periodic scanning zyklische Abtastung
periodic table of elements periodisches Tabellieren der Einheiten
periodic time Periodendauer
periodic-trigger receiver Hilfsfrequenz-(rückkopplungs)empfänger
periodic yawing periodische Gierbewegung
periodical periodisch, regelmäßig erscheinender Zeitabschnitt
periodical charging periodische Beschickung
periodical variation (magnetic) periodische Änderung der Ortsmißweisung
periodicity periodisches Auftreten, Wiederkehr in bestimmten Zeiträumen, Frequenz, Periodenzahl, Periodizität, regelmäßige Wiederkehr, Wechselzahl
periods per seco(u)nd (P.P.S) Hertz (Hz)
periphelion Periphel, Sonnennähe
peripheral an der Außenseite befindlich, periphere Einheit, peripheres Gerät, Peripheriegerät, Anschlußeinheit, Anschlußgerät, kernfern, mittelpunktfern
peripheral adapter Peripherieanschluß
peripheral air seal äußerer Luftdichtungsring
peripheral change randliche Umwandlung
peripheral computer complex peripherer Rechnerkomplex
peripheral control instruction Ein-/Ausgabebefehl, Ein-/Ausgabeanweisung
peripheral control system peripheres Leitwerk od. Steuerwerk, Steuersystem für periphere Geräte
peripheral control unit Ein-/Ausgabesteuereinheit, E/A-Steuereinheit, Steuersystem für periphere Geräte, peripheres Leitwerk od. Steuerwerk
peripheral controller periphere Steuerung
peripheral core storage peripherer Kernspeicher
peripheral device program Geräteprogramm
peripheral electron kernfernes Elektron
peripheral equipment Peripherieausrüstung, periphere Einheit, Peripheriegerät, Anschlußeinheit, Anschlußgerät, peripheres Gerät
peripheral hem Basis (Fsch)
peripheral I/O control system Peripheriegeräte Ein-/Ausgabe
peripheral impulse turbine Gebläserad-Gleichdruckturbine
peripheral jet air cushion Luftkissen mit Ringstrahl, Randstrahler, Ringspaltstrahler
peripheral jet air-cushion vehicle Ringstrahlluftkissenfahrzeug
peripheral jet-type hovercraft Randstrahler-Luft kissenfahrzeug
peripheral line Umgrenzungslinie
peripheral milling Walzfräsen
peripheral sections (of a network) Ausläufernetz(werk)
peripheral simulator Peripheriesimulator, Randwertsimulator
peripheral speed Umfangsgeschwindigkeit
peripheral storage peripherer Speicher
peripheral store peripherer Speicher
peripheral stress or tension Umfangsspannung
peripheral taxiway peripherer Rollweg
peripheral transfer periphere Übertragung
peripheral turbine Umfangsturbine
peripheral unit periphere Einheit, peripheres Geräte, Peripheriegerät, Anschlußgerät, Anschlußeinheit
peripheral unit selection instruction Elementauswahlbefehl
peripheral unit selection register Elementauswahlregister
peripheral unit test instruction Element-Prüfbefehl
peripheral velocity Umfangsgeschwindigkeit
periphere device peripheres Gerät
periphery Außenfläche eines Körpers, Peripherie, Umfang, Umkreis
periphery tape Einhalteband, Taschengurt (Fsch)
periscope Winkelspiegel
periscopic bomb sight optisches Abwurfrohr
periscopic sighting system Winkelspiegelvisier
perishable leicht verderblich, nicht haltbar (Lebensmittel)
peristyle Säulengang
permafrost Dauerfrostboden, Permafrost
permanence of regulation Dauerhaftigkeit der Regulierung
permanent beständig bleiben, fortlaufend
permanent adhesive Festkleber
permanent buoyancy Dauerschwingfähigkeit
permanent call Dauerruf
permanent core ständig magnetischer Spulenkern, Dauermagnetkern
permanent data aufbereitete Daten
permanent device error permanenter Gerätefehler (Rechenzentrum)
permanent direct current Dauergleichstrom
permanent discharge Dauerentladung
permanent echo Festecho, Festzacke (Radar)
permanent echo cancellation (radar) Festzeichenunterdrückung, Standzeichenlöschung
permanent fault bleibender Fehler od. Schaden, beständiger Fehler od. Schaden, permanente

Störung, Dauerstörung
permanent ferrying operation Dauerfährbetrieb
permanent field line Dauerfeldlinie
permanent finish Dauerappretur
permanent flux Dauerfluß
permanent format Festwertschema
permanent fortification permanente Befestigung
permanent inventory ständige Inventur
permanent joint nicht lösbare Verbindung
permanent library permanente Bibliothek
permanent line error permanenter Leistungsfehler
permanent load Dauerbelastung, Dauerlast
permanent locking pin Kegelstift
permanent loop Schleifenberührung
permanent lubrication Dauerschmierung, Dauerölung
permanent lug festes Anschlußstück (Fsch), festes Augenstück (fallschirmähnlich am Bremsschirm)
permanent magnet clamp Haftmagnet
permanent magnet dynamic loudspeaker permanent dynamischer Lautsprecher
permanent magnetic erasing head Löschkopf mit Permanentmagnet
permanent magnet machine Dauermagnetmaschine
permanent-magnet moving-coil instrument Drehspuleninstrument
permanent-magnet moving-iron instrument Dreheiseninstrument, Eisennadelinstrument
permanent magnet steel Dauermagnetstahl
permanent magnetization Dauermagnetisierung
permanent maximum current or carrier Oberstrich
permanent memory energieunabhängiger Speicher, Dauerspeicher, permanenter Speicher, Strukturspeicher, Permanentspeicher, leistungsloser Speicher
permanent mold (casting) Dauerform(guß)
permanent note Dauerstrich (im Leitstrahlverfahren)
permanent operating temperature Beharrungstemperatur
permanent order Dauerauftrag
permanent position Dauerstellung, ständige Stellung, Strukturposition
permanent read error permanenter Lesefehler
permanent read-only-memory chip nicht löschbare Dauerspeicherplatte
permanent segment permanentes Segment (COBOL)
permanent service Dauerbetrieb
permanent set bleibende Dehnung od. Verformung
permanent signal Fehlanruf
permanent slide culture Dauerpräparat
permanent staff Stammpersonal
permanent storage energieunabhängiger Speicher, permanenter Speicher, Dauerspeicher, Strukturspeicher, Permanentspeicher, leistungsloser Speicher
permanent store permanenter Speicher, Dauerspeicher, energieunabhängiger od. leistungsloser Speicher, Strukturspeicher
permanent telephone line Dauerlinie
permanent telephone-pole line signal movement Drehpulsmeßwerk mit Dauermagnet
permanent way Gleis, Oberbau
permanently connected line festgeschaltete Verbindungsleitung
permanently connected transmission path festgeschalteter Übertragungsweg
permanently frozen ground Dauerfrostboden
permanently integrated module (space station) permanent integriertes Modul (Raumstation)
permanently switched telegraph line festgeschaltete Telegraphieleitung
permanently tune festabgestimmt
permeability Durchlässigkeit (des Stoffs), magnetische Durchdringbarkeit, Penetrationsverfahren, Permeabilität
permeability curve Permeabilitätskurve
permeability of vacuum magnetische Induktionskonstante, Leerinduktion
permeability test Durchlässigkeitsversuch
permeability to gas Gasdurchlässigkeit, Gaspermeabilität
permeability to light Lichtdurchlässigkeit
permeability to water Wasserdurchlässigkeit
permeability to water vapo(u)r Wasserdampfdurchlässigkeit
permeability tuning magnetische Abstimmung, Permeabilitätsabstimmung
permeable durchdringbar, durchlässig, permeabel
permeance magnetischer Leitwert, Permeanz
permeate durchdringen
permissible alternative zulässige zweite Möglichkeit
permissible body burden zulässige Körperbelastung
permissible concentration zulässige Konzentration
permissible contamination zulässige Verseuchung
permissible deviation Toleranz
permissible error zulässiger Fehler
permissible exposure zulässige Bestrahlung, Strahlenexponierung
permissible individual maximum pressure zulässiger Maximaldruck
permissible limits zulässige Abweichung
permissible d Regellast
permissible mean maximum pressure zulässiges mittlerer Maximalgasdruck
permissible noise level zulässiger Lärmpegel
permissible tolerance zulässige Abweichung
permissible tolerance dose zulässige Toleranz
permissible variation Abmaß (mechanisch), Abweichung (Toleranz), Toleranzabweichung, Fehlergrenze
permission number Genehmigungsnummer
permission of fire Feuererlaubnis
permission to conduct surveys Genehmigung zur Ausführung von Vermessungen
permission to land Landeerlaubnis
permission to take-off Starterlaubnis
permissive fakultativ
permissive block bedingte Raumfolge
permit Erlaubnisschein, Passierschein
permit for entry by air Einflugerlaubnis
permittivity Dielektrizitätskonstante, Permittivität
permittivity of vacuum elektrische Feldkonstante, (elektrische) Verschiebungskonstante,

(elektrische) Influenzkonstante
permutation Permutation, Tausch, Vertauschung
permutation cyclic zyklische Permutation od. Vertauschung
permutation plate Wählerkamm, Zuteilungsscheibe, Zuteilungskamm
permutation table Permutationstabelle, Permutationstafel
pernicious nachteilig, schädlich, verderblich
perpendicular lotrecht, senkrecht, perpendikular
perpendicular bisector Mittelsenkrechte
perpendicular cut Kristallschnitt senkrecht zur Achse
perpendicular line Senkrechte, Vertikale
perpendicular magnetization Quermagnetisierung
perpendicular of the axis achsensenkrecht
perpendicular side Katheten
perpendicular to the trajectory plane Bahnnormale
perpetual fortwährend, unaufhörlich
perpetual inventory laufende Inventur, permanente Inventur (komm)
perpetual inventory file laufende Bestandskartei
peroxide of magnesium Magnesiumperoxyd
persistence Beharrlichkeit, Hartnäckigkeit
persistence characteristic Nachleuchtdauercharakteristik, Nachglühcharakteristik
persistence of image spot Bildpunktdauer
persistence of plastic flow nachfließen
persistence of vision Augenträgheit, Nachbildwirkung, Visionspersistent
persistent agent Geländekampfstoff
persistent chemical warfare agent seßhafter chemischer Kampfstoff
persistent radiation Dauerstrahlung
personal accident insurance Unfallversicherung
personal account Personenkonto (komm)
personal damage Personenschaden
personal equation of error persönlicher Fehler
personal locator beacon Absprungbake, Absprungfunkfeuer
personal record sheet Stammrollenblatt
personnel Belegschaft, Besatzung, Personal, Truppe
personnel carrier Personenkraftwagen
personnel decontamination company Truppenentgiftungskompanie
personnel-equipment connector (PEC) PEC-Gerät (MB-Sitz)
personnel expenses Personalunkosten
personnel file Personenkartei
personnel guide surface canopy Leitflächenkappe für Personalfallschirm
personnel hearing Personaleinstellung
personnel-intensity personenintensiv
personnel lead quick-disconnect Schnelltrennkupplung für Zuleitungen der Besatzung
personnel license (PEL) Ausweis für (ziviles) Luftfahrtpersonal
personnel licensing Befähigungsnachweis (des Luftfahrtpersonals)
personnel loaned from agencies Fremdpersonal
personnel marker Überwachungsgerät für Betriebspersonal
personnel monitoring Strahlenüberwachung des Betriebspersonals
personnel of service Bedienungspersonal
personnel parachute Personenfallschirm
personnel-related cost Personalnebenkosten
personnel replacement transfer battalion Marschbataillon
personnel requirements Personenbedarf
personnel-safety hazard Gesundheitsgefährdung des Betriebspersonals
personnel selection Personalauswahl
personnel survival pack Schlauchbootpackung mit Notausrüstung (MB-Sitz)
personnel transfer capsule Taucherkammer
personnel turnover Personenbewegung
personnel working area Bedienungsbereich
perspective axis Schnittgerade (Bildebene u. Kartenebene, Geländebezugsebene)
perspective center Perspektivitätszentrum (Lubi), Objektivhauptpunkt
perspective computer Perspektivrechner
perspective distortion perspektive Verzeichnung (Optik), perspektive Fälschung
perspective drawing Perspektivzeichnung, Fernzeichnung, perspektive Zeichnung
perspective grid perspektives Gitter, Möbiusnetz (perspektiv verzerrtes Netz)
perspective map projection perspektive Abbildung od. Projektion
perspective map projection upon a tangent cylinder perspektive Zylinderabbildung, perspektive Zylinderprojektion
perspective, one point Einpunktperspektive, Perspektive mit einem Fluchtpunkt
perspective plane Objektivmittelebene
perspective projection Zentralprojektion
perspective ray Projektionsstrahl
perspective rectifying computer Perspektiv-Entzerrungsrechner
perspective view perspektive Ansicht od. Darstellung
perspex cover of a display Transparentdeckel eines Beobachtungsschirms
perspex cylindrical screen, translucent walzenförmig durchscheinender Perspexschirm
perspicacious durchdringend, scharfsichtig, scharfsinning, deutlich, klar, verständlich
perspiration corrosion Schwitzwasserkorrosion
PERT (program evaluation and review technique) PERT-Verfahren (Netzplantechnik)
pertain to, to mit etwas verbunden sein, gehören zu
pertaining to interior ballistics innerballistisch
pertaining to quanta or the quantum theory quantenhaft
pertinax screw driver rod Pertinaxstäbchen
pertinent angemessen, passend, zweckdienlich
pertinent sector Fachbereich
perturbance Störgröße
perturbance or perturbation Störung
perturbation function Störungsfunktion
perturbation method Störungsmethode
perturbation of equilibrium state Störung des Gleichgewichtszustands
perturbation theory Störungstheorie
perturbed orbit gestörte Bahn
perturbed trajectory gestörte Geschoßflugbahn
perturbing influence Störeinfluß
pervasive gas durchdringendes Gas
perveance Perveanz, Raumladungskonstante
perveance of a diode Diodenperveanz

perveance of a multielectrode tube or valve Perveanz der äquivalenten Diode, Raumladungskonstante
pervert, to umkehren, verdrehen, verkehren
pervious durchlässig (Boden, Stoffe)
pervious bed wasserdurchlässige Schicht
pervious layer wasserdurchlässige Schicht
pervious soil durchlässiger Boden
PESR planning element system report
PET point of equal time
petal blattförmige Ausstülpung, Klappe, Geschoßhalter
petal angle Klappenwinkel (Schubdüse)
petal caps Verschlußklappen für Fallschirmbehälter
petal hinge Klappenscharnier
petal hinge ring Klappenscharnierring
petcock Ablaßhahn, Belüftungshahn
petcock valve Ablaßhahn
petechial punktförmig, petechial
petiole stielförmig
petrification of slude Versteinerung (Schlamm) (geol)
petrifying liquid Versteinerungsmittel (Einlaßmitte)
petrochemical aus Erdöl hergestelltes chemisches Produkt
pertrochemistry Erdölchemie
petrographic character Gesteinsbeschaffenheit, Gesteinsmerkmal, petrographischer Charakter
petrographic discription Gesteinsbeschreibung, petrographische Beschreibung
petrographic investigation Gesteinsuntersuchung, petrographische Untersuchung
petrographic microscope Gesteinsmikroskop, Polarisationsmikroskop
petrography Gesteinskunde, Gesteinsbeschreibung, Petrographie
petroil mixture Zweitaktgemisch
petrol Benzin, Ottokraftstoff
petrol and air control fitting Gas- u. Luftregulier(ungs)stelle
petrol consumption Benzinverbrauch
petrol engine Ottomotor
petrol feed, gravity Bezinfalleitung
petrol pump pillar Tanksäule, Zapfsäule
petrol station pump Tanksäulenpumpe
petrol storage Benzinlagerung, Benzinvorratslager, Benzinbevorratung
petrol tank cover Tankschutzdeckel
petrol tank leaks (is leaky) Bezinbehälter leckt
petrol tap Benzinhahn
petroleum, asphaltbase Erdöl mit Asphaltbasis
petroleum branch Betriebsstoffabteilung
petroleum by-product industry Industrie der Erdölnebenprodukte
petroleum coke Petrolkoks
petroleum company Erdölgesellschaft
petroleum consumption Erdölverbrauch
petroleum "cuts" Erdölfraktionen
petroleum deposit Erdölablagerung, Erdöllagerstätte
petroleum distillation Erdöldestillation
petroleum engineer Erdölingenieur
petroleum engineering Erdöltechnik
petroleum ether Petroläther
petroleum, exploitable ausbeutbares Erdöl
petroleum exploitation Erdölausbeutung, Erdölgewinnung
petroleum exploration Erdöllagererforschung, Erforschung od. Untersuchung von Erdöllagerstätten
petroleum fractions Erdölfraktionen
petroleum gas Erdölgas, Petroleumgas
petroleum geologist Erdölgeologe
petroleum geology Erdölgeologie
petroleum harbour Petroleumhafen
petroleum industry Erdölindustrie
petroleum jelly Vaseline
petroleum oil company Erdölgesellschaft
petroleum, oils and lubricants (POL) Kraft- u. Schmierstoffe, Polprodukte
petroleum, paraffine-base Erdöl mit Paraffinbasis
petroleum pipeline Erdölrohrleitung, Erdölpipeline
petroleum pitch Erdölpech
petroleum planning committee Planungsausschuß Erdölprodukte (Nato)
petroleum product Erdölprodukt
petroleum producting engineering Erdölfördertechnik
petroleum production Erdölförderung, Erdölproduktion
petroleum prospecting Erdölprospektierung
petroleum prospector Erdölprospektor, Erdölsucher
petroleum, refined raffiniertes Erdöl
petroleum refinery Erdölraffinerie
petroleum refining Erdölraffination, Erdölraffinierung
petroleum reservoir engineer Erdöllagerstätteningenieur
petroleum solvent Petroleumlösemittel
petroleum still Erdöldestillierapparat, Erdöldestillierblase
petroleum, strong...odor starker Erdölgeruch
petroleum supply system Versorgungssystem für Erdölprodukte
petroleum transshipment port Erdölumschlagplatz
petroliferous erdölführend
petroliferous area Erdölgebiet
petroliferous bed erdölführende Schicht, Ölträger
petroliferous bed, inundation of Verwässerung einer erdölführenden Schicht (geol)
petroliferous region Erdölgebiet
petroliferous structure erdölführende Struktur (geol)
petrology Gesteinskunde
petticoat Isolationsschirm, Isolierglocke
petticoat valve besonderer Schieber zwischen Ventil u. Gasbehälter (av)
petty and minor cases of damage Bagatell- u. Kleinschäden
petty damage Bagatellschäden
pewter Zinn, Bleilegierung
PF pneumatic float
PF power factor
PF preflight
PF protection factor, performance factor
PFC private first class
PFNS position-fixing navigation system

PFTS preflight test set
p.f.u streichfertig (Lack)
PGA production go-ahead
PGM precision-guided munition
PGT page table
phanotron Phanotron, Quecksilberdampflampe mit Heizkathode, ungestörte od. ungesteuerte Gleichrichterröhre
phantastron Phantastronschaltung, Kippschaltung mit einmaliger Ablenkspannung, Linearzählschaltung
phantastron sweep generator Phantastronlenkgenerator, Phantastronkipp(spannungs)-generator
phantom Phantom (Strahlenschutz), Geisterbild (Phantom)
phantom aerial künstliche Antenne (Nachbildung)
phantom cable Kabel mit Viererverteilung, viererpupinisiertes Kabel
phantom capacity Vierschleifenkapazität
phantom circuit Phantomkreis, Phantomschaltung (Leitungstechnik), Viererkreis, Viererleitung, Viererschaltung (Leitungstechnik)
phantom circuit coil Viererspule
phantom circuit currents Viererströme
phantom circuit loading coil Phantompupinspule
phantom circuit operation Viererbetrieb
phantom coil Phantomspule, Phantomübertrager, Ringübertrager, Viererspule
phantom connection Viererschaltung
phantom drawing Durchsichtsbild
phantom element Außenringsystem
phantom frequency selector plug Tarnfrequenzwähler
phantom group kunstschaltungsfähige Leitungsgruppe, Phantomgruppe, Vierergruppe
phantom illustration Durchsichtsbild
phantom line Strichlinie (für verdeckte Kanten)
phantom loading Viererbelastung, Viererpupinisierung
phantom material gewebeäquivalentes Material
phantom operation Viererbetrieb
phantom radar target Radartrugziel
phantom repeating coil Doppelsprechringübertrager, Viererkreisübertrager, Viererleitungsübertrager
phantom signal(s) Geisterecho
phantom signal aspect Phantomlicht
phantom telephone connection Doppelsprechbetrieb
phantom telephone operation Doppelsprechbetrieb
phantom telephony Doppelsprechen
phantom-to-side unbalance Mitsprechkopplung
phantom transportation Platzwechsel
phantom utilization Viererausnutzung
phantom view Durchsichtszeichnung
phantoming Doppelsprechen, Phantombildung, Viererbildung
phase Aggregatzustand (Physik), einseitige Beleuchtung des Ziels (Winkelmessung), in die richtige Phase bringen (Wechselstrom), ladefähiger Programmteil (EDV), Phase (sichtbarer Teil eines Himmelskörpers, elektrisch, metallisch) Zeitabschnitt, Zielfehler (einseitig), Zustandsform (Physik)
phase address Phasenadresse
phase advance Phasenvorlauf, Phasenvoreilung
phase advancer Phasenvorschieber
phase ambiguity Mehrdeutigkeit der Phasenlage (dv)
phase angle Phasen(verschiebungs)winkel
phase-angle difference (of a condenser) dielektrischer Verlustwinkel
phase-angle indicator Pendelzeiger
phase angle of a current transformer Fehlwinkel eines Stromwandlers
phase angle of a current transformer Fehlwinkel eines Stromwandlers
phase angle of a potential transformer Fehlwinkel eines Spannungswandlers
phase angle of a sine wave Phasenwinkel einer Schwingung od. Welle
phase angle of a voltage transformer Fehlwinkel eines Spannungswandlers
phase-angle response Phasenwinkelabhängigkeit
phase balance relay Phasenunterbrechungsrelais
phase bandwidth Bereich der Phasenlinearität, Phasenbandbreite
phase barrier Phasentrennwand
phase belt Zonenbreite
phase boundary potential Phasengrenzpotential
phase boundary reaction Phasengrenzreaktion (Metallurgie)
phase break Schutzstrecke
phase centre Phasenzentrum
phase change Gefügeumwandlung
phase-change coefficient Phasenbelag
phase changer Phasenabgleichvorrichtung, Phasenumformer, Wendephase
phase coincidence Phasengleichheit
phase comparator Phasenvergleicher
phase comparisator Phasenvergleicher
phase comparison Laufzeitmessung, Phasenvergleich
phase comparison localizer Landekurssender mit Phasenvergleich
phase-comparison protection Phasenwinkelvergleichsschutz
phase compass Phasenkompaß
phase compensation correction Phasenentzerrung
phase compensator Phasenentzerrer, Phasenentzerrungskette
phase conductor Phasenleiter, Phasenrichter
phase constant Phasenmaß, Wellen(längen)-konstante
phase control Phasenregler, Phasenregelung
phase converter Phasenumformer
phase correcting network Phasenentzerrer
phase correction Phasenausgleich, Phasenentzerrung
phase corrector Phasenkorrektureinrichtung
phase current delay Phasenstromverzögerung
phase curve Phasenkurve
phase-detection network Phasendetektor
phase-detector multiplier Phasendetektor-Vervielfacher
phase delay Phasenverzögerung

phase delay distortion Phasenzeitfehler, Phasenzeitverzerrung
phase departure or deviation Phasenhub
phase difference Gangunterschied, Phasendifferenz, Phasenunterschied
phase difference change Änderung des Phasenunterschieds
phase difference comparison Phasendifferenzgleichung
phase discriminator Phasendiskriminator
phase displacement Phasendrehung, Phasensenkrechtschleife, Phasenverschiebung, Verschiebungswinkel der Phase, Phasenverschiebungswinkel
phase-displacement angle Fehlwinkel
phase distortion Phasendrehung, Phasenverzerrung
phase encoding method Phasenmodulationsaufzeichnung, Richtungstaktschrift, PE-Schreibweise
phase encoding recording Phasenmodulationsaufzeichnung, Richtungstaktschrift
phase end address Phasenendadresse
phase equalization Laufzeit, Phasenausgleichung
phase equalizer Phasenausgleicher, Phasenentzerrer
phase error Phasenfehler, Laufzeitfehler
phase factor Laufzeitfaktor, Phasenfaktor
phase fading Phasenschwund
phase failure (relay) Phasenausfall(relais)
phase focusing Intrittkommen mit der Grundfrequenz, Phasenfokussierung
phase frequency characteristic Phasendispersion, Phasengang
phase improving Phasenverbesserung
phase indicator Phasenindikator, Phasenzeiger
phase information in signal componentes Phaseninformation der verschiedenen Signalkomponenten
phase interferometry direction finding Phasenpeilung durch Interferometrie
phase inversion Phasenumkehr
phase inversion circuit Phasenumkehrschaltung
phase inverter Phasenumkehrer, Phasenumkehrröhre, Phasenumkehrstufe
phase inverter amplifier Umkehrverstärker
phase inverter valve Phasenumkehrröhre
phase lag Phasennacheilung, Phasenverzögerung
phase lagger or shifter Phasenrückdreher
phase lamp Phasenlampe
phase lead(ing) Phasenvoreilung
phase letter Phasenkennbuchstabe
phase limit frequency Phasengrenzfrequenz
phase linearity Phasenlinearität
phase load address Phasenanfangsadresse
phase, loadable ablauffähige Adresse
phase loader Phasenlader
phase-locked operating frequency phasenstarre Betriebsfrequenz
phase-locked oscillator phasenstarrer Oszillator (dig)
phase-locking capability phasenstarrer Betrieb
phase locus Phasenortskurve
phase measurement principle Phasenmeßprinzip eines Drehfunkfeuers
phase measuring unit Phasenmeßgerät, Phasometer
phase-modulated transmitter phasenmodulierter Sender
phase modulation Phasenmodulation (PM), Phasenwinkelmodulation
phase modulation recording Phasenmodulationsaufzeichnung, Richtungstaktschrift
phase modulator Phasenmodulator (PM), Phasenwinkelmodulator
phase monitoring Phasenüberprüfung, Phasenüberwachung
phase name Phasenbezeichnung, Phasenname
phase of a sine wave Phasenwinkel einer Schwingung
phase of improvements Modernisierungsphase (Cockpitkonfiguration)
phase of operation Betriebsphase, Einsatzphase
phase of oscillation Schwingungsphase
phase opposition Phasenverschiebung um 180 Grad
phase of wavelength constant per section Kettenwinkelmaß je Glied
phase or velocity resonance Phasenresonanz
phase pitch Phasensteuerung
phase plane Phasenebene
phase plane plot Diagramm in Phasenebene
phase position Phasenlänge
phase precompensation Laufzeitvorentzerrung
phase precorrection Phasenvorentzerrung
phase, program Programmphase
phase quadrature Quadratur, Phasenverschiebung um 90 Grad, um 90 Grad phasenverschoben
phase recorder Phasenschreiber
phase reference Phasenbezug
phase regulator Phasenregler
phase relation Phasenlage
phase relation of the AC wave form Phasenlage der Wechselschwingung
phase relationship Phasenbeziehung
phase resonance Phasenabhängigkeit, Phasenresonanz, Phasendispersion, Phasengang
phase retard Phasennachlauf
phase retardation Phasenlaufzeit, Phasenverzögerung
phase reversal Phasensprung um 180 Grad, Phasenumkehr(ung)
phase reversal Phasenvertauschbarkeit einer Emulsion
phase reversal relay Phasenumkehrrelais
phase rotation Phasenverdrehung
phase-rotation lamp (analyzer) Phasenfolgeleuchte
phase rule Phasenregel
phase sampling loop Kopplungsspule zur Phasenmessung
phase scan Phasenabtastung
phase scanning radar (study) Studie über Radar mit phasengesteuerter Abtastung
phase-selective rectifier phasenselektiver Gleichrichter
phase selectivity Phasenselektion
phase selector Phasenwähler
phase-sensitive detector phasenempfindlicher Gleichrichter
phase-sensitive detector circuit Phasendetektorschaltung
phase-sensitive eddy current technique phasenunabhängige Wirbelstromtechnik

phase-sequence indicator light Phasenfolgeanzeigeleuchte
phase shift Phasengang, Phasenänderung, Phasenhub, Phasensprung, Phasenverschiebungswinkel, Phasenverzerrung
phase shift control Phasenschieberregelung
phase-shift electronic scanning in elevation and sophisticated ECM and ECCM capability elektronische phasengesteuerte Strahlschwenkung in der Vertikalen (av)
phase shift keying Phasenumtastung
phase shift radio teletype Phasensprung-Funkfernschreiber
phase shift teletype Fernschreibbetrieb mit Phasenumtastung
phase shifter Eichphasenschieber, Phasenregler, Phasenschieber (im Drehfeld)
phase-shifter technology Phasenschiebertechnik (Avionik)
phase shifting Phasenverdrehung, Verschieben der Phase
phase shifting capacitor Betriebskondensator
phase-shifting network Phasenschieberschaltung
phase-shifting transformer Phasen(schieber)-transformator
phase space Phasenraum
phase space cell Phasenraumelement
phase splitting Phasenspaltung, Phasen(auf)-teilung
phase splitting circuit Phasenspaltschaltung, Phasenteilschaltung
phase splitting device Phasenspalter, Phasenteiler
phase spread Zonenbreite
phase stability Phasenstabilisierung, Phasenstabilität
phase start address Phasenanfangsadresse
phase step Phasenstufe
phase surface Phasenfläche
phase swing Phasenhub
phase swinging Pendel(schwingung), Pendeln des Rotors
phase theory Phasentheorie
phase-time modulation Impulszeitmodulation
phase tracker of bias error Phasenabschaltverzerrungsfehler
phase transformer Phasentransformator
phase transition Phasenübergang
phase unbalance Phasenungleichheit
phase variation Phasenschwankung
phase variation or fluctuation Phasenhub
phase velocity Phasengeschwindigkeit
phase velocity reduction Phasengeschwindigkeitsreduktion
phase velocity variation Phasengeschwindigkeitsänderung
phase voltage Phasenspannung
phase voltmeter Phasenvoltmeter
phase wave Phasenwelle
phase winding Phasenwicklung, Phasendrehung
phase 1B of the INEWS (integrated EW system) Definitionsphase des integrierten EloKa-Systems (milit)
phaseable in der Phase verstellbar
phased array AN/TPN high performance Hochleistungs-Phasenantennen-PAR-Anlage
"phased-array" concept Prinzip der Phasensteuerung
phased array, fixed, electronically scanned starre elektronisch/phasengesteuerte Gruppenantenne (av)
phased-array radar phasengesteuertes Radargerät
phased-array technique Phaseneinspeisetechnik
phasemeter Phasenmesser
phaser Phasenschieber
phasing Phaseneinstellung
phasing (of rotors) Synchronisieren der Rotoren
phasing capacitor Phasenabgleichkondensator
phasing control Phasenregelung
phasing equipment Phasendrehglied
phasing line Phasenleitung, Umwegleitung
phasing section Anpaßstück
phasing sensitive phasenempfindlich
phasing signal Phasengabe
phasing system Phasenumtastgerät
phasing time Einphaszeit
phasmajector Fernsehröhrenprüfer, Phasmajektor, Prüfbildgeber, Prüfröhre
phasotron Phasotron, Synchrozyklotron
phasotropy Phasotropie
phenantrene Phenantren
phenic acid Phensäure
pheno extraction Pheno(l)extraktion
phenol Karbol(säure), Phenol, Phenylsäure
phenol fiber bakelisierter Faserstoff, Phenolfaser
phenolic compound Phenolmasse
phenolic laminated sheet Hartgewebe (phenolharzgebunden)(pla), Phenolharzschicht
phenolic plastic Phenolharzkunststoff
phenolic resin Phenolharz
phenolic/silica compound phenolharzgetränkte Siliciumfasermatte (Avionik)
phenolic tool plastic Phenolgießharz
phenology Phenologie
phenoloid phenolartig
phenolsulphonic acid Phenolsulfonsäure
phenolsoluble phenollöslich
phenomenon of action Begleiterscheinung
phenomenon of fading Schwunderscheinung
phenyl (hybride) Phenyl(wasserstoff)
phenyl sulfuric acid Phenylschwefelsäure
phenylacetic acid Phenylessig(säure)
phenylacetic ether Phenylessigäther
phenylacetyle Phenylacetylen
phenylate, to phenylieren
phenylene blue phenylenblau
phenyletylene Phenylethylen
phenylethylic Phenyläthyl
phenylformic acid Phenylameisensäure
phenylhydrazine hydrochloride Phenylhydrazinchlorhydrat
phenylic acid Phenylsäure
PHI position and homing indicator
PHI console unit Bediengerät (PHI)
PHI indicator PHI-Anzeigegerät
PHI wind unit indicator PHI-Windskala
Philips head screw Kreuzschlitzschraube
Philips screw driver Kreuzschlitzschraubendreher
Phillips bolt head Kreuzschlitzschraubenkopf
Phillips screwdriver Kreuzschlitzschraubendreher
phone jack Kopfhörerbuchse
phone plug Kopfhörerstecker
phone-scale Phonskala

phonodeik Schallwellenaufzeichner, Wellenaufzeichnungsgerät
phonoelectro-cardiograph Elektrokardiograph mit Herztonaufzeichnung
phonoelectrocardiography Herztonaufzeichnung
phonogram position Telegrammaufnahme (Fsp)
phonogram section Fernsprech-Telegrammaufzeichnung
phonograph Phonograph
phonograph amplifier Grammophonverstärker, Schallplattenabspielverstärker
phonograph connection Grammophonanschluß
phonograph motor Schallplattenmotor
phonograph oscillator Schallplattenoszillator
phonograph pick-up Tonabnehmer
phonograph record Phonographenplatte
phonograph turntable Phonographendrehplatte, Phonographenplattenteller
phonolite Klingstein, Phonolith
phonometer Klangmesser, Geräuschmesser
phonoscope Phonoskop
phonosection Phonoteil
phonovision (storage) Bildspeicherung auf Schallplatten
phosgene (carbonylchlorid) Phosgen
phosgene gas Phosgengas
phosgenite Chlorbleispat
phosphate of lime Kalziumphosphat
phosphor Leuchtstoff, Luminophor
phosphor bronze (wire) Phosphorbronze(draht)
phosphor layer Phosphorbelag, Phosphorschicht
phosphorate, to phosphorisieren
phosphorogenic phosphoreszenzerzeugend
phosphorous (acid) phosphorig(e Säure)
phosphorous bromide Phosphorbromid
phosphorous of better quality Qualitätsphosphor
phosphorus bomb Phosphor(flieger)bombe
phosphorus chloride Phosphorchlorür, Phosphorchlorid
phosphorus cycle Phosphorkreislauf
phosphorus content Phosphorgehalt
phosphorus grenade Phosphorhandgranate
phosphorus-like phosphorhaltig, phosphorartig
phosphorus or incendiary bullet Phosphorgeschoß
phosphorus pentabromide Phosphorbromid
phosphorus pentachloride Phosphorchlorid
phosphorus tribromide Phosphorbromür
phosphorus trichloride Phosphorchlorür
photoaudio generator Lichtsirene, Lichttongenerator
photobase Aufnahmebasis
photo cathode Kathode einer Photozelle, Photokathode, Rasterkathode
photocell Fotoelement, Photoelement, Fotozelle, Lichtelement, lichtelektrischer Wandler, lichtempfindliche Zelle, Lichtzelle
photocell amplifier Photostromverstärker, Photozellenverstärker
photocell cable Photozellenkabel
photo coated with light-sensitive layer geschichtete Kathode
photocomposer, electronic elektronische Lichtsetzanlage
photocomposer unit Aufzeichnungseinheit (einer Lichtsetzanlage)
photocomposing, digital electronic...system digital-elektronisches Lichtsetzsystem
photocomposing, electronic...system Lichtsetzsystem
photocomposition, CRT elektronischer Lichtsatz (unter Verwendung einer Kathodenstrahlröhre)
photocomposition, electronic elektronischer Lichtsatz
photocomposition equipment Lichtsetzanlage
photocomposition output Lichtsatzausgabe
photocomposition program Lichtsatzprogramm
photoconductance Photoleitwert
photoconductive unter Einfluß von Licht leitend (Halbleiterelement)
photoconductive camera tube Halbleiter mit Photoschichtfernsehkameraröhre
photoconductive cell Photowiderstand, Widerstandszelle
photoconductive detector photoelektrischer Detektor
photoconductive pick-up tube Halbleiter-Bildaufnahmeröhre
photoconductive potentiometer Photopotentiometer
photoconductor Photohalbleiter
photo-decomposition Photodissoziation
photodeuteron Photodeuteron
photo diode Photodiode
photodisintegration Kernphotoeffekt
photo-dissociation Photodissozitation
photoelastic(ally) polarisationsoptisch, spannungsoptisch
photoelastic method spannungsoptisches Verfahren
photoelasticity Spannungsoptik, optische Spannungsmessung
photo-electric lichtelektrisch, photoelektrisch
photo-electric absorption photoelektrische Absorption
photo-electric amplifier Photostromverstärker, Photozellenverstärker
photo-electric attenuation Schwächung durch Photoeffekt
photo-electric cathode photoelektrische Kathode, Photokathode
photo-electric cell Photozelle
photo-electric cell effect photoelektrischer Zelleneffekt
photo-electric chopper photoelektrischer Zerhacker
photo-electric detector photoelektrischer Detektor
photo-electric effect photoelektrische Wirkung
photo-electric emission licht- od. photoelektrische Emission
photo-electric ionization photoelektrische Ionisation
photo-electric line tracer Nachlaufgerät
photo-electric method photoelektrische Elektronenmethode
photo-electric ratio licht- od. photoelektrisches Verhältnis
photo-electric reader optischer Abtaster
photo-electric reading photoelektrische Abtastung
photo-electric scanning photoelektrische Abtastung
photo-electric sensing photoelektrische Abfühlung od. Abtastung

photo-electric reflection meter or reflectometer Weißgradmesser
photo-electric scanning photoelektrische Abtastung, Photozellenabtastung
photoelectric screen photoelektrische Meßschranke
photo-electric tape reader optischer od. photoelektrischer Lochstreifenabtaster
photoelectric threshold Photoschwelle, Schwellenenergie des Photoeffekts, Schwellenenergie für Photoelektronenauslösung
photo-electric tone generator Lichtsirene, Lichttongenerator
photo-electron Photoelektron
photo-electron multiplier photoelektronischer Vervielfacher, Photoelektronenvervielfacher
photo-emissive cell Emissionsphotozelle
photo-emissive gas-filled cell Glimmzelle, Vorglimmzelle
photo engraving photomechanische Vervielfältigung
photo enlarging process Photovergrößerung
photo fission Spaltung durch Photonen
photo-flash cartridge Blitzlichtpatrone
photo-flash ejector intervalometer Blitzlichtphotoregler, Blitzlichtwerfer
photo-flash ejector selector switch Wahlschalter für Blitzlichtwerfer
photo-flash pod Blitzlichtbehälter
photo-flash release panel Blitzlichtbedientafel
photo flood lamp Gasentladungslampe für Blitzlichtaufnahme
photo-goniometer Bildmeßtheodolit
photogrammetric control photogrammetrische Vermessung
photogrammetric stereocamera Stereomeßkamera
photogrammetry Bildmeßwesen
photograph Fotographie
photograph, aerial Luftaufnahme
photograph axis Rahmenmarkenverbindungslinie (Lubi)
photograph coordinates Bildkoordinaten
photograph nadir Bildnadirpunkt (Lubi)
photograph, scale of Bildmaßstab
photograph, to photographieren
photograph with horizontal optical axis Horizontalaufnahme
photographic apparatus Luftbildgerät
photographic equipment Lichtbildausrüstung, Photoausrüstung
photographic filter Farbfilter
photographic flight Bildflug
photographic intelligence Bildauswertungsergebnis
photographic interpretation Bildauswertung, Bildinterpretation (Photogrammetrie)
photographic map Bildkarte, Kartenaufnahme
photographic mission Lichtbildauftrag, Aufnahmeflug
photographic pair Raumbild
photographic plane Luftbildflugzeug
photographic processing photographische Entwicklung
photographic processing apparatus Bildbearbeitungsgerät
photographic reading Bildlesen
photographic reconnaissance Bildaufklärung, Bilderkundung
photographic recorder system Bildmeßverfahren
photographic report Bildmeldung
photographic scale Bildmeßstab
photographic solution photographische Lösung
photographic sortie Bildflug
photographic station Bildstelle
photographic storage fotographischer Speicher, Filmspeicher
photographic strip Luftbildreihe
photographic unit Luftbildabteilung
photographs mapping Bildkartierung
photographs, time between successive Bildfolge
photography Meßbildverfahren
photography, aerial or air Luftaufnahme
photo impact Stoß eines Lichtquantes
photo interpretation key Bildauswertungsschlüssel, Bildinterpretationsschlüssel
photoionization Photoionisation, lichtelektrische Ionisation
photolithography Photolithographie
photolithography process fotolithographisches Verfahren
photolofting Anreißkopie
photolytic decomposition photolytischer Spaltprozeß
photoluminescence Photolumineszenz
photomacrography Makrophotographie
photomap Luftbildkarte, Photoplan, Bildplan(karte), Bildplanskizze mit Gitter, Bildskizze mit Gitter
photomapping company Bildmeßkompanie
photomapping platoon Bildmeßzug
photomask Photomaske
photomechanical photomechanisch
photomechanical film Reprofilm, technischer Film
photomechanical printing Photodruck
photomeson (production) Photomeson(enbildung)
photometeor Photometeor
photometer bench Photometerbank
photometer cube Photometerwürfel
photometer head Photometerkopf
photometer test plate Auffangschirm eines Photometers
photometric evaluation lichttechnische Bewertung
photometric brightness Helligkeit als physikalische Größe
photometric filter Konversionsfilter
photometric radiation equivalent photometrisches Strahlungsäquivalent
photometry Lichtstärkemessung
photo micrograph Mikrophotograph
photo micrography Kleinbildphotographie
photo microcopy Kleinlichtbildkunst
photomontage Photomontage
photomounting Photomontage
photomultiplier Photovervielfacher, Photomultiplier, Sekundärelektronen-Vervielfacher
photomultiplier tube Photovervielfacher
photo nadir Bildnadir
photon beam Photonenstrahl
photon counter Photonenzähler
photon flux Photonenfluß

photon noise Photonenrauschen
photon process Photonenprozeß
photon quantization Photonenquantelung
photoneutron Photoneutron (Atomphysik)
photoneutron cross section Wirkungsquerschnitt für Photoneutron
photoneutron emission Photoneutronenemission
photoneutron source Photoneutronenquelle
photonic data processing using organic crystals photonische Datenverarbeitung auf der Basis organischer Kristalle (av)
photonics Photonik
photonuclear Kernphoto
photonuclear cross section Wirkungsquerschnitt für Kernphotoeffekt
photonuclear threshold Schwellenwert für Kernphotoeffekt
photo-observer photographisches Registriergerät für Meßgeräteablesung bei Versuchsflügen
photooptical memory photographischer Speicher, Filmspeicher
photo-oxidation Photooxydation
photo-parallel Bildparallele
photoperiod Photoperiode
photophoresis Photophorese
photopia Hellanpassung
photoplan maßstäbliches Mosaik
photoplasticity Photoplastizität
photoplate Photoplatte
photopolarimeter Photopolarimeter
photopolymer Photopolymer
photoprint Abzug
photoprinting photographischer Zeichendruck, Lichtpauseverfahren
photoprinting telegraph Telegraph mit photographischem Zeichendruck
photoproton Photoproton
photoradiogram Funkbild
photorecce drone Photoaufklärungsflugkörper
photoreceptive material photorezeptives Material
photoreceptive storage photorezeptiver Speicher, Photorezeptorspeicher
photoreceptor Photorezeptor (EDV)
photoreceptor cell Sehzelle
photorecorder Photogrammschreiber
photo-reconnaissance Bildaufklärung
photo-reconnaissance aircraft Bildaufklärer
photoreporter Bildberichter
photoresist coating Photoresistüberzug
photo sensing mark optisch lesbare Markierung, Photofühlmarke (Magnetbandgerät)(dig), optisch lesbare Markierung
photosensitive lichtempfindlich
photosensitive probe lichtempfindliche Sonde
photosensitive target lichtempfindliche Platte, photoempfindliches Objekt
photosensitivity Lichtempfindlichkeit
photosetting equipment Photosetzanlage
photostat Photokopierapparat, Photogerät, Photokopieren
photostat equipment Nachbildungsgerät
photostatic copy Photokopie
phototelegram Bildtelegramm
phototelegraph Bildtelegraph
phototelegraphy Bildtelegraphie, Bildübertragungsgerät, Faksimiletelegraphie, Fernbildschrift, Fernphotographie, Phototelegraphie
phototelegraphy equipment Bildübertragungsgerät
phototelephony Lichttelephonie
phototheodolite camera Phototheodolit
phototimer Bestrahlungsunterbrecher
phototypesetting Fotosatz
phototypesetting equipment Fotosetzanlage
phototimer Bestrahlungsunterbrecher, Schaltuhr
photovoltaic cell Photoelement, Speicherzelle, Speicherschicht-Photozelle
photovoltaic power spezieller Leistungsbedarf (Fotozellen)(Avionik)
photovoltaic radiation detector photoelektrisches Strahlennachweisgerät
photovoltaic solar cell Energiewandler
phrase (voice communication) Sprechgruppe
phrase, to ausdrücken, nennen
phraseology (R/T) Redewendungen, Phraseologie, Redeweise, Sprechgruppe
phugoid curve Phugoidbahnkurve
phugoid in the pitch axis (stall and stability) Phugoidschwingung (Überziehen und Stabilität)(av)
phugoid oscillation langanhaltende Schwingung um die Längsachse, Phugoidschwingung
physical analysis physikalische Analyse
physical atomic weight physikalisches Atomgewicht
physical atomic weight scale physikalische Atomgewichtsskala
physical change in precision part physikalische Veränderung des Präzisionsteils
physical characteristic äußeres Merkmal (Flugplatz usw)
physical characteristics of an item äußere Merkmale eines Artikels, Beschaffenheit eines Artikels
physical condition Aggregatzustand, Gesundheitszustand
physical defects Materialmängel
physical deficiency körperliche Untauglichkeit (für einen Berufszweig), Körperfehler
physical deterioration of the fuel material Spaltstofferschöpfung
physical device tatsächliches Gerät
physical device list physikalische Geräteliste
physical dimension physikalische Dimension
physical disability physikalisches Hemmnis
physical examination ärztliche, physikalische Untersuchung
physical file control processor physikalisches Ein-/Ausgabesystem, physikalische Stufe des Ein-/Ausgabesystems
physical fitness körperliche Tauglichkeit (für einen Berufszweig)
physical inspection Gesundheitsappell
physical inventory Inventur, Lagerbestandsaufnahme
physical law physikalisches Gesetz
physical level physikalische Ebene
physical level FCP physikalische Stufe des Ein-/Ausgabesystems, physikalisches Ein-/Ausgabesystem
physical line "metallischer Leiter" (Gegensatz zu radio circuit, Funkweg)
physical mass unit physikalische Maßeinheit
physical message transfer physikalischer Datentransfer

physical operation physikalischer Vorgang
physical optics Strahlenoptik
physical or material cathode körperliche Kathode
physical phenomenon physikalischer Vorgang
physical PPI radar Tochter-PPI-Sichtgerät, Tochterrund(sicht)radar
physical process model gegenständliches Prozeßmodell
physical properties physikalische Eigenschaften, bei Werkstoffen (Festigkeitseigenschaften)
physical quantity physikalische Größe
physical record Block (im Gegensatz zum Datensatz)(COBOL), physischer od. physikalischer Satz
physical requirement körperliche Anforderung
physical Roentgen equivalent physikalisches Röntgen-Äquivalent
physical scale physikalische Skala
physical security materielle Sicherheit (mili)
physical system Systemzeit
physical test physikalischer Versuch
physical tracer physikalischer Indikator od. Tracer
physical unit number absolute Gerätenummer
physical weather analysis physische Wetteranalyse
physics laboratory physikalisches Labor
physiological frequency range physiologischer Frequenzbereich
physiological strain physiologische Anstrengung
physique Figur, Körperbau, Körperbeschaffenheit, Struktur
PI programmed instruction
piano hinge Scharnierband
piano wire Klaviersaitendraht
PIBAL Pilotballon (meteor)
pick-a-back towing Tragschlepp
pick feed schrittweiser Vorschub
pick hammer Spitzhammer
pick-off Abgriff
pick-off coil Abnahmespule
pick-off error Abgriffehler
pick-off error signal Fehlersignal
pick-off excitation Abgrifferregung
pick-off gears Wechselräder (Drehbank)
pick-off input Abgriffeingang
pick-off output Abgriffausgang
pick-off output impedance Ausgangsimpedanz des Abgriffs
pick-off phase shift Phasenverschiebung des Abgriffs
pick-off resolution Auflösungsvermögen des Abgriffs
pick-off transducer Meßgeber
pick the place to drill Bohrpunkt aussuchen
pick-up Zubuchung zum Bestand, Meßfühler, Meßwertgeber, Aufnahmegerät für reflektierte seismische Wellen (Horizontalblattfederpendel), Abtastgerät, Anzugsmoment, Geber
pick-up a wing, to einen Flügel anheben
pick-up amplifier Grammophonverstärker
pick-up angle Aufnahmewinkel
pick-up arm Tonarm
pick-up bush Schallbuchse, Tonabnehmerbuchse
pick-up capacitor Fühlerkondensator
pick-up cartridge Tonabnehmereinsatz
pick-up coil Prüfspule, Sondenspule, Suchspule
pick-up connection Grammophonanschluß
pick-up device Tonabnehmervorrichtung
pick-up from external electrical sources Einstreuung von Störungen durch fremde Stromquellen (Radar)
pick-up, digit Sektorerregung "Ziffern"
pick-up grab Fangzange
pick-up heading, to Steuerkurs aufnehmen
pick-up light Leitscheinwerfer
pick-up link transmitter Kameraverbindungssender
pick-up or search coil Prüfspule
pick-up reaction Pick-up-Reaktion (Herausreißen von Nukleonen aus dem Kern)
pick-up roll Tauchwalze
pick-up soil and rock samples, to Entnahme von Bodenproben
pick-up speed Fahrt aufholen
pick-up, to aufgreifen, aufnehmen, mit fortnehmen, abtasten, erfassen
pick-up traffic auffüllender Verkehr
pick-up tube Bildaufnahmeröhre
pick-up value Ansprechwert
pickaback plane Huckepackflugzeug
picked troops Kerntruppen
picked-up wave Empfangswelle
picker Abzugsvorrichtung, Klaubhammer, Schlagarm
picker cam Schlagexzenter
picker, card Kartenaufnehmer
picker knife Abzugsmesser
picker-stick mechanism Schützenschlagvorrichtung
picker-strike blow Schützenschlagkraft
Picket (a ground-based system signed to detect, and identify helicopters) **Picket** (ein bodengestütztes System zur Ortung und Klassifizierung von Hubschraubern)(av)
picket (surveying) Kettenhalter, Kettenstab
picket line Stahlleine, Halfterstrick
picket post Lagerpfahl
Picket system (which is entirely passive and has a range in excess of 6km, comprises a microphone array, plus a portable signal processing and display unit) **Picketsystem** (besteht aus einer Reihe von Mikrofonen und einem tragbaren Auswerte- und Anzeigegerät und besitzt eine Reichweite von mehr als 6km)
picketing bracket Befestigungskonsole
picketing bridge and towing link Greiferbrücke und Zuggelenk
picketing ground Verankerungsplatz (Flz)
picking, document Abzug (Belegleser) (EDV)
picking or sorting belt Klaubeband
picking or sorting table Klaubetisch
picking, sheet Abzug (Markierungsleser)
picking-up Überleitung
picking-up the target Einsteuerung
pickle Bombenrechner-Auslösezeitpunkt
pickle button Bombenauslöseknopf "pickle"
pickle or dip brass, to Messing abbrennen
pickle point Bombenrechner-Auslösezeitpunkt
pickle, to dekapieren, abbeizen, beizen
pickling Beizen, Dekapieren
pickling agent Abbeizmittel, Beizmittel

pickling tank Beiztank (Stahl)
picklock Dietrich, Nachschlüssel
picric acid Pikrinsäure
pictograph (i.e.the symbolic presentation of information by means of pictures) Piktogramm (d. h. symbolhafte Darstellung von Informationen durch Bilder)
pictographic sign piktographisches Zeichen
pictorial computer Rechengerät mit Kartenbilddarstellung
pictoral deviation indicator Leitkursanzeiger
"pictoral display" Modelldarstellungsgerät
pictoral navigation indicator Navigationssymbolanzeiger
pictoral presentation Bildpräsentation
pictorial processing Verarbeitung bildlich
pictorial schematic diagram illustriertes Schaltbild
picture Feldstärke, Maske (Gegensatz zum Datensatz (dv), Abbildung, Bild, Photographie, Zeichnung, Formatbeschreibung (COBOL), Formbild
picture amplifier Bildverstärker
picture analyser Bildzerleger
picture area Bildfeld, Bildbereich
picture background Bildhintergrund
picture border Bildkante
picture, brillance of Bildhelligkeit
picture carrier Bildträger, Bildtransporter
picture, center of Bildmittelpunkt
picture character Maskenzeichen
picture check print Probekopie
picture clause Maskenklausel (COBOL)
picture control Bildinhalt
picture control coil Bildeinstellungsspule
picture current Bildstrom
picture cycle Bildsprung, Bildwechsel
picture definition Bildauflösung
picture dissection Bildzerleger
picture duping print Lavenderkopie
picture element Bildelement, Bildpunkt, Rasterkopie
picture feed roller Bildtransportrolle
picture, flat flaches Bild
picture frame strut Rahmentiefenkreuz
picture frequency Bildmodulationsfrequenz
picture from the air Luftbildaufnahme
picture gate Bildabtaststelle, Bildfenster
picture geometry Bildgeometrie
picture, harsh hartes Bild
picture information Bildinhalt
picture-interval regulator Bildfolgeregler
picture line Bildlinie
picture, low luminosity lichtschwaches Bild
picture monitor Bildkontrollempfänger, Bildkontrollgerät
picture, moving bewegtes Bild
picture, noncontrasty flaues Bild
picture, number of Bildzahl
picture output Bildzeitbasis
picture-phone Bildtelephon
picture point Rasterelement, Rasterpunkt
picture quality Bildgüte, Rasterqualität
picture radio telegraphy Bildrundfunk
picture ratio Bildformat, Bildseitenverhältnis
picture receiving equipment Anlage zum Empfang von Bildsendungen
picture receiving station Bildempfangsstelle
picture recreation Bildaufzeichnung, Bildbeschreibung, Nachschrift
picture recreator Bildzusammensetzvorrichtung
picture, repetition of Bildwechsel
picture scan Bildablenkung, Bildabtastung
picture scanner Bildpunktverteiler, Rasterpunktverteiler
picture section Bildabschnitt, Bildteil
picture, sharp scharfes Bild, gestochener Rasterteil
picture sharpness Bildschärfe
picture, size of Bildformat
picture specification Abbildungsspezifikation
picture storage Bildspeicherung
picture synchronizing signal Bildsynchronisiersignal
picture synthesis Bildaufbau
picture, talking motion Tonbild
picture telegraphy equipment Faksimilegerät, Faksimiletelegraphie(gerät)
picture time-base oscillation Bildkippschwingung
picture tracing Bildbeschreibung
picture transmission Bildübertragung
picture transmission period Übertragungsdauer
picture transmitter Bildübertrager
picture transmitter power Bildsendeleistung
picture trap Bildsperre
picture tube Bildröhre, Bildschreibröhre, Fernsehröhre, Wiedergaberöhre
picture tube emission test Bildröhrenprüfer
picture unit Bildgerät
picture voltage Bildspannung
picture white Weißpegel
piece Bruchstück, Geldstück, Stück
piece-goods building Stückgutgebäude
piece list master card file Stücklistenmatrizenkartei
piece of construction in dismounted state Konstruktionsstück in zerlegtem Zustand
piece of information Auskunft
piece of pipe Rohrstück
piece-per-hour rate Akkordsatz
piece-part inspection Kontrolle einzelner Bauteile
piece-rate wages Stücklohnsatz, Akkordlohn
piece time Stückzeit
piece-work group Stücklohngruppe
piecemeal einzeln, Stück für Stück
pier Anlegestelle, Hafendamm, Kai, Ladeplatz, Landebrücke, Löschplatz (Hafen), Brückenglied, Einspannvorrichtung
pierce and cut-off die Schlag- und Schneidstempel (Werkzeug)
pierce and cut-off form die kombinierter Schlag-, Schneid- u. Formstempel (w)
pierce and form die Schlag- u. Formstempel (Werkzeug)
pierce die Schlagstempel
pierce, to durchbohren, durchlöchern, durchspießen, durchstechen
pierced-metal planking Metallplanken
pierced plank Rostplatte
pierced steel plank (PSP) Stahlrostplatte
piercement-type salt dome Durchspießungssalzdom (geol)
piercer Lochdorn
piercing die Durchlöcherungseisen, Durchschlagstempel

piercing, fusion Schmelzbohren
piercing mandrel and piercing rolls Lochdorn und Walzen
piezocrystallization Piezokristallisation
piezo-electric druck-, piezoelektrisch
piezo-electric crystal piezoelektrischer Quarz, Schwingkristall
piezo-electric effect Piezoeffekt
piezo-electric filter Quarzfilter
piezo-electric quartz piezoelektrischer Quarz
piezo-electric resonator Kristallresonator, Kristallschwinger, Quarzresonator, Quarzschwinger
piezo-electric surface Grundwasserspiegel, piezoelektrische Oberfläche
piezo-electric transducer piezoelektrischer Meßwertwandler
piezo-electricity crystal piezoelektrisches Kristall
piezoelectric transducer (the transducer converts the received signal into an ultrasonic wave) piezoelektrischer Schwinger (der Schwinger wandelt das Empfangssignal in eine Ultraschallwelle um)(Radarwarntechnik)(Braggzellenempfänger)(av)
pig iron Eisen in Masseform, Roheisen, Holzkohlenroheisen
pig iron cartel Roheisenverband
pig iron for refining Herdfrischroheisen
pig tail Ausgleichswindung einer Rohrleitung
pigeon hole Ablagefach (Kartei)
pigeon house track Taubenschlagfahrzeug
piggyback plane Huckepackflugzeug
piggy-backing (Huckepack) **sub-payload** Huckepack "aufgepropfte" Nutzlastkomponente
pigment Farbkörper, unlöslicher Farbstoff
pigment volumen Pigmentvolumen
pigmented dope mit Trockenfarbe versetzter Spannlack
pigtail biegsame Anschlußleitung, kraftarme Stromzuführung (Kreisel)
piked mit Spitze versehen
pile elektrische Batterie (höherer Spannung, aber geringerer Stromabgabe), Anodenbatterie
pile assembly Kernreaktor
pile battery Anodenbatterie
pile behaviour Reaktorverhalten
pile bridge Jochbrücke
pile-driver Ramme
pile-driver frame Rammgerüst
pile-driver raft Rammfähre
pile driver staging Rammbühne
pile driving Rammarbeit, Rammen
pile-driving engine Rammvorrichtung
pile-emitted radiation Reaktorstrahlung
pile envelope Reaktorhülle
pile geometry Reaktorgeometrie
pile kinetics Reaktorkinetik
pile material Reaktormaterial
pile neutron Reaktorneutron
pile oscillation method Reaktoroszillationsmethode
pile oscillator Reaktoroszillator
pile period Reaktorperiode, Reaktorzeitkonstante
pile period meter Reaktorperiodenmeter
pile produced im Reaktor hergestellt
pile produced radio-active source im Reaktor hergstellte Strahlungsquelle
pile produced-radio isotope im Reaktor hergestelltes Radioisotop
pile reactivity Reaktorreaktivität, Reaktorreaktionsfähigkeit
pile reproduction factor Multiplikationsfaktor, Reproduktionsfaktor, Vermehrungsfaktor
pile room Reaktorraum
pile spectrum Neutronenspektrum des Reaktors
pile technologist Reaktortechniker
pile technology Reaktortechnik, Reaktortechnolgie
pile, to aufstapeln
pile-up aufschichten
pile-up contact assembly Kontaktfedersatz
pile-up the aeroplane, to Kopfstand machen, Flugzeug auf den Kopf stellen
pilferage Abhandenkommen, Schwund
piling Paketierverfahren, Rammarbeit
piling foundation Pfahlgründung
pillar Säule, Ständer einer Werkzeugmaschine
pillar bracket Säulenarm
pillar file Maschinenmesserfeile
pillar lamp Säulenlampe
pillar lock Säulenschloß
pillar or bolt Königszapfen
pillbox Betonbunker, Maschinengewehrunterstand, Eisenbetonunterstand
pillow kissenartiger Gegenstand
pillow block Lagerblock, Stehlagerblock
pillow block bearing Lagerblockhalter, Stehlagerblockhalter
pillow block bolt Lagerblockbolzen
pillow or bone lace geklöppelte Kante
pillow-shaped scanning pattern kissenförmiger Raster
pilot Lotse, Führungsstück (Ermeto-Rohrverbindung), Führungszapfen (Ventil), Luftfahrzeugführer, Pilot
pilot alarm Kontrollwecker
pilot and mess flow control valve Durchflußregler
pilot at controls Luftfahrzeugführer od. Pilot am Steuer
pilot badge Flugzeugführerabzeichen
pilot balloon Pilotballon (Wetterdienst)
pilot balloon observation Pilotballon-Beobachtung (meteor)
pilot balloon observation not registered Pilotballonbeobachtung nicht registriert
pilot balloon observation of registered Pilotballonbeobachtung registriert
pilot beam shunt of switch factor Leitstrahlaufschaltgröße
pilot bit Führungsmeißel, Stufenmeißel
pilot bomb Peilbombe
pilot burner Fackelzünder
pilot burner assembly Zündbrenner
pilot burner attenuator Zündbrennerkraftstoffdüse
pilot bush Führungsbuchse
pilot cable Führungskabel, Prüfkabel
pilot card Steuerkarte (dig), Steuerlochkarte, Parameter(steuer)karte
pilot chart Fliegerkarte
pilot check Pilotenüberprüfung, Prüfung

durch den Flugzeugführer
pilot check list Prüfliste des Flugzeugführers, Checkliste des Piloten
pilot chute Gurthilfsfallschirm
pilot claw (motion picture) Justiergreifer
pilot code Vorcode
pilot compass Führerkompass
pilot diameter Führungszapfendurchmesser
pilot display system Anzeigesystem für den Piloten
pilot-ejection seat Flugzeugführerschleudersitz
pilot electro-optical telecommunication elektrooptische Fernmeldeanlage
pilot entrance Führerraumtür
pilot error menschliches Versagen des Flugzeugführers
pilot flame Stichflamme, Lockflamme, Zündflamme
pilot frequency Führungsfrequenz, Hilfsfrequenz, Pilotfrequenz, Steuerfrequenz
pilot hole Bohrführungsloch
pilot hole of smaler diameter Führungsloch von kleinem Durchmesser
pilot impuls Führungsimpuls, Startimpuls, Steuerimpuls
pilot in-command verantwortlicher Luftfahrzeugführer (D), verantwortlicher Pilot, Kommandant (Luftfahrzeug)
pilot indicator Gruppenmeldezeichen, Leitsignal, Platzlampe
pilot-interpreted let-downs Sinkflug unter VFR-Bedingungen
pilot jet Vordüse (Vergaser)
pilot lamp Kontrollampe, Warnlampe, die bei Störungen aufleuchtet und auf die Störungsstelle hinweist
pilot light Anzeigeleuchte, Zündflamme
pilot message Flugzeugführermeldung, Pilotenspruch
pilot, monitoring überwachender Pilot
pilot motor Kleinstmotor
pilot, no...balloon observating "foggy" keine Pilotballonbeobachtung "neblig"
pilot, no...balloon observation "high or gusty surface wind" keine Pilotballonbeobachtung "hohe und boeige Winde"
pilot, no...balloon observation "instrument trouble" keine Pilotballonbeobachtung "Instrumentenstörung"
pilot, no...balloon observation "no balloons" keine Pilotballonbeobachtung "keine Ballons"
pilot, no...balloon observation "no gas" keine Pilotballonbeobachtung "kein Gas"
pilot, no...balloon observation "raining" keine Pilotballonbeobachtung "Regen"
pilot, no...balloon observation "smoky" keine Pilotballonbeobachtung "rauchig"
pilot, no...ballon observation "snowing" keine Pilotballonbeobachtung "Schneetreiben"
pilot, no...balloon observation "thick dust" keine Pilotballonbeobachtung "starker Dunst"
pilot, no...balloon observation "unfavourable sea conditions keine Pilotballonbeobachtung "ungünstige Seebedingungen"
pilot of an aeroplane Flugzeugführer
pilot of an aircraft Luftfahrzeugführer
pilot of cards Kartenstoß (dv)
pilot officer Fliegeroffizier
pilot of power driven aircraft Motorflieger
pilot of shock wheel Stoßrad
pilot operable floor hatch vom Piloten betätigte belastbare Abwurfluke im Kabinenboden
pilot or cup balloon Hutballon
pilot parachute Hilfs(fall)schirm
pilot parachute protector flap Kegellappen, Ösenlappen (Fsch)
pilot parachute ribs Hilfsschirmfedergestell
pilot plant Versuchsanlage
pilot plant for the development of new process Versuchsanlage zur Entwicklung neuer Verfahren od. Techniken
pilot plant scale Großversuchsmaßstab
pilot point of reamer Reibahlenabschnitt
pilot pressure Vorfülldruck
pilot production Vorserienfertigung
pilot-production engine Vorserientriebwerk
pilot protection Streckenschutz
pilot pulse Auslöseimpuls
pilot radio service Lotsenfunk
pilot ratings Einteilung od. Klassifizierung der Flugzeugführerscheine
pilot receiver Pilotfrequenzempfänger, Steuerfrequenzempfänger
pilot reflexes fliegerisches Gefühl
pilot regulator Pilotregler
pilot relay Kontrollrelais, Melderelais, Platzlampenrelais, Steuerrelais, Überwachungsrelais
pilot report (PIREP) Wettermeldung der Flugzeugführer
pilot reports while in flight Pilotenmeldungen während des Fluges
pilot requests Pilotenanforderungen, Pilotenwünsche
pilot seat adjusting jig Schleudersitzabstellbock, Schleudersitzwartungsbock
pilot selector Leitselektor
pilot series Nullserie
pilot signal Gruppensignal, Leitsignal, Steuerzeichen, Überwachungssignal, Überwachungszeichen
pilot tape (ICAO) Leitlochstreifen, Leitlochkartenstreifen
pilot tape valve Lochstreifenvorsteuerventil
pilot, to lenken, führen, leiten, steuern
pilot trainer Flugschüler
pilot training Pilotenschulung
pilot valve Schaltventil, Steuerventil, Steuerwelle, Vorfühleinrichtung, Vorsteuerventil
pilot visibility Sichtbereich des Flugzeugführers
pilot wave Führungsfrequenz, Leitfrequenz, Steuerwelle
pilot weather report Wettermeldung eines Luftfahrzeugführers
pilot wire Kabelprüfdraht, Hilfsleiter, Meßdraht, Prüfdraht, Reglerleitung, Steuerleitung, Zähllader
pilot wire protection Streckenschutz mit Hilfsleitung
pilot wire regulator Steuerdrahtregler
pilot with the knees, to mit dem Knie fliegen
pilotage Sichtnavigation

pilotage chart Sichtnavigationskarte
pilotage error Steuerungsfehler
pilotage water lotsenpflichtiges Gewässer
pilotburner basket Fackelzünderflammrohr
pilotburner orifice pack Fackelzünderzumeßdüse
pilothouse Ruderhaus, Steuerhaus
piloting Führung (Luftfahrzeug), terrestrische Ortsbestimmung od. Navigation (auf Schiff)
piloting station (short-range SSM) Lenkstation
pilotless unbemannt (Flz)
pilotless aircraft unbemanntes Luftfahrzeug
pilotless target aircraft unbemanntes Zielflugzeug
pilots certificate Flugzeugführerschein
pilot's combat training school Waffenschule für fliegende Verbände
pilot's compartment Führerraum, Führersitz, Pilotensitz
pilot's compass Führerkompaß
pilot's control wheel Handrad, Steuerrad von Hand betätigt
pilot's defogging control valve Kondensschutz-Schaltventil (Druckluftanlage), Kondensschutzsteuerventil
pilot's electronic eyelevel presentation (PEEP) perspektive Flugbahnsymbolanzeige
pilot's error Bedienungsfehler, Führungsfehler
pilot's handbook Flughandbuch
pilot's headphone and microphone Pilotensprechgeschirr (Kopfhörer u. Mikrophon)
pilot's information file (PIF) Mitteilungsmappe für Flugzeugführer
pilot's ladder Lotsenleiter, Lotsentreppe, Seefallreep, Sturmleiter (Schiffahrt)
pilot's lever Leistungshebel (zellenseitig)
pilot's license or certificate Flugzeugführerschein, Luftfahrtschein
pilot's license test Flugzeugführerprüfung
pilot's license, to by obtain the Flugzeugführerprüfung ablegen
pilot's power lever Leistungshebel (zellenseitig)
pilot's prediction Radarvoraussage des Flugzeugführers
pilot's radar Radar des Piloten
pilot's report (type of ceiling observation) Wettermeldung des Luftfahrzeugführers
pilot's school Flugzeugführerschule
pilot's seat Flugzeugführersitz, Pilotensitz
pilot's slang Fliegersprache
pilot's throttle Leistungshebel (zellenseitig)
pilot's throttle lever Gashebel am Führersitz (im Flugzeug)
pilot's throttle lever signal Leistungshebelsignal
pilot's trace Flugwegpause
pilot's weather reports (PIREPS) Wettermeldungen für Luftfahrzeugführer
pi-meson Pi-Meson (T-Meson)
P-indicator Anzeigegerät Type P
pin Bolzen, Drahtstift, Ankerstift, Führungsstift (am Lampensockel), Nadel, Paßstift, Prüfstift, Sockelstift, Steckerstift, Zapfen (am Zapfenschlüssel)
pin assignment list Belegungsliste
pin base Stiftsockel
pin-base-triode Stifttriode
pin, bit Meißelzapfen
pin board Schaltfeld, Schaltplatte, Stecktafel
pin board programming Stecknadelprogrammierung
pin bushing Sperrhülse
pin carriage Stellstiftwagen in einer mechanischen Rechenmaschine
pin center Meßpunkt für Länge u. Richtung (av)
pin circlip Sicherungsscheibe
pin clip Federklemme
pin connection lock for stepwise setting Absteck-Arretierung für stufenweise Rampeneinstellung
pin connector Stiftstecker
pin contact Stiftkontakt
pin coupling Bolzenkupplung
pin, crank Kurbelzapfen
pin-cushion distortion kissenförmige Verzeichnung
pin diode Diode mit Pin-Schichtung, Pindiode
pin, double Doppelzapfen
pin drift Dorn
pin drill Zapfenbohrer
pin, drill pipe Bohrgestängezapfen
pin driver Stifttreibdorn
pin-ended column Stab mit gelenkiger Lagerung (Statik)
pin escape wheel Stiftankerrad (Uhrwerk)
pin feed Stachelbandführung
pin-feed, continuous...form Endlosformular mit Führungslochband
pin feed device Stachelradvorschub
pin feed drum or platen Stachelwalze
pin feed platen device Stachelwalzenführung, Stachelradführung (in einem Drucker)
pin fitting Tragring
pin-for-pin replacements of current silicon-based device steckerkompatible Optionen für vorhandene Siliziumchips (Bordcomputer)
pin gauge Meßzapfen
pin gear Schildrad
pin gear transmission Triebstock
pin gearing Triebstockverzahnung
pin, gudgeon Kolbenbolzen
pin guide Stiftführung
pin handle Drehstift eines Steckschlüssels
pin holder Zapfenhalter
pin hole elektrische Durchschlagstelle, Gasporen im Guß
pin hole camera Elektronenkamera mit kleinster Öffnung
pin in bellcrank Bolzen im Winkelhebel
pin insulator Stützenisolator
pin-joined column end gelenkiges Stabende (Statik)
pin-joint truss Trägerverbindung
pin line Heftlinie
pin line plate Bolzengliedplatte
pin lock (oil motor input shaft) Stiftsperre (Hydraulikmotor-Antriebswelle)(Panzer)
pin lock piston Sperrkolben (Richtanlage)
pin lock plunger Sperrstift (Richtanlage)
pin lock shaft Kraftantriebswelle (Richtanlage)
pin, locking (salvage lance) Sicherungsstift
pin, male...threads Zapfengewinde
pin-modulator Pin-Modulator
pin mount centering jig for nose wheel

trunnion Zentriergerät für Bugfahrwerk-tragzapfen
pin movement Greiferantrieb
pin nut Lagerkappe des Pendelzapfens (Torpedo)
pin of coils Ringe an der Stange
pin of drilling bit Meißelansatz
pin of forked (knuckle) joint Gabelgelenk-bolzen
pin of the tube base Steckerstift eines Röhrensockels
pin pliers Klammerbiegezange
pin plug Stiftstecker
pin-point gate Punktanguß (Anschnittart) (Spritzgießen), Nadelpunktanguß (Spritz-gießen), Punktanschnitt (Spritzgießen)
pin-point gate without tab Punktanguß ohne Vorkammer (Spritzgießen)
pin-point gating with tab Stangenpunktanguß (Spritzgießen)
pin-point sharpness gestochene Schärfe (Foto)
pin-point, to einkreisen (Fehlerquelle)
pin-pointing location Feinstandortbestimmung (Radar)
pin protector Stiftschütz
pin punch Durchkörner (Gerät)
pin rack Triebstock
pin reader Stiftabgriff
pin retainer Stiftsicherung
pin retracing lever Schlagbolzenrückzughebel (Torpedo)
pin silicon diode Silikonspitzendiode
pin socket Stifthülse, Stiftsockel, Stecker-leiste
pin spanner Zapfenschlüssel
pin straightener Stiftrichter (für Stiftröhre)
pin, sucker rod...breaks Pumpengestänge-Zapfenbrüche
pin support Stiftlagerung
pin, swivel Drehkopfbolzen
pin terminal Steckstift, Stiftkontakt
pin terminal (reactor) Stiftanschluß (Reaktor)
pin, to annageln, verstiften, anstiften (maschi-nell), feststecken
pin, tool joint Zugverbinderzapfen
pin tube base Stiftröhrensockel
pin-type coiler Stiftwickelmaschine (Walzwerk)
pin-type coiling drum Stiftwickeltrommel (Walzwerk)
pin-type grease fitting Zylinderkopfschmier-nippel mit Stifthalterung
pin-type insulator Isolator mit gerader Stütze, Stützenisolator
pin-type stirrer Stiftrührer
pin vise Feilkolben
pin way of the grain Hirnseite
pin wrench Hakenschlüssel
pinapple cone konische Kreuzspule mit schrägen Flanken, Pinapplespule
pinboard Stecktafel
pincap insulator Stützkappenisolator
pincer attack or double envelopment Zangen-angriff
pincer movement Zangenbewegung
pincers Federzange, Kolben
pincers, pair of Beißzange, kleine Kneif-zange, Pinzette
pinch Kniff, Pinch, Quetschfuß, Sicherheits-weg (Gas od. Leistungshebelführung), magnetische Komprimierung
pinch bar Klauenmaul
pinch cock Quetschhahn
pinch effect Einschnürung, Klemmeffekt, Pincheffekt
pinch field Klemmfeld, Pinchfeld
pinch off, to abkneifen, abknipsen
pinch out, to ausspitzen, auskeilen (geol)
pinched eingeklemmt
pinched base (of a tube or lamp) Quetschfuß
pinchout trap durch Auskeilen einer porösen Schicht hervorgerufene Ölfalle (geol)
pindrill Zapfenbohrer
pineapple type mixing nozzle ananasförmige Mischdüse
pinfeed platen Stachelwalze (in einem Drucker)
pinhole Feinlunker, Gaspore, Vakuole
pinion Kammwalze
pinion cage Planetenträger (Umlaufgetriebe)
pinion head for focusing eyepiece Okular-fokussierung
pinion housing Kammwalzengerüst
pinion neck Kammwalzenzapfen
pinion puller Zahnradabzieher
pinion shaft Ritzelwelle
pinion shaft assembly Hauptabtriebswelle mit Turmantriebsritzel (Richtanlage)
pinion shaft bearing Ritzelwellenlager
pinion stand Kammwalzgerüst (Walzwerk)
pinion teeth Ritzelzähne
pinion type cutter Stoßrad
pinking leichtes Klopfen des Motors
pinned verstiftet
pinned fitting Verstiftung
pinned or dowelled disc mill Stiftmühle
pinpoint Ort genau auf Karte festlegen
pinpoint photograph Punktzielbild (Lubi), Punktzielaufnahme
pinpoint the location unbalance Unwucht lokalisieren
pinpoint touchdown direkte Steuerfolgsamkeit
pint Pinte (Flüssigkeitsmaß)
pintle Achse, Stift, Zapfen, Zughaken
pintle-type injection valve Zapfendüse (Einspritzdüse)
pion Pi-Meson (T-Meson)
pion-deuteron scattering Pi-Meson-Deuteron-streuung
pion-hydrogen scattering Pi-Meson-Wasser-stoffstreuung
pion production Pi-Meson-Erzeugung
pion-proton scattering Pi-Meson-Protonstreu-ung
pion scattering Pi-Mesonenstreuung
pioneer Bahnbrecher, Pionier
pioneer flyer Pionierflieger
pip angezeigte Reflexion in einer Radarwelle auf Radarschirm, kurzer Impuls (auf dem Radarschirm
pipe Strahlflugzeug, Pfeife, Rohr(leitung)
pipe, area of wall...body Querschnittsfläche des Rohrkörpers
pipe around corner, to durch Rohr mit Richtungsänderung leiten
pipe bell Rohrmuffe, trichterartige Ausweitung am Ende des Rohrs

pipe bend Rohrbiegung, Rohrkrümmung
pipe bender Rohrbieger
pipe bending tongs Rohrbiegezange
pipe, branch Zweigrohrleitung
pipe branching Rohrabzweigung
pipe brush Rohrbürste
pipe, buried eingegrabenes od. erdverlegtes Rohr
pipe burst Rohrbruch
pipe, by-pass Umgehungsrohr
pipe clamp Rohrschelle (pla), Abstandsschelle
pipe clip Rohrschelle (pla), Abstandsschelle
pipe, coating for Röhrenschutzkleidung
pipe conduit Rohrleitungsnetz, Rohrnetz, Vollrohrkanal
pipe connection Anschlußstutzen, Rohranschluß, Rohrverbindung
pipe cramp Rohrhaken
pipe cutter Rohrschneider
pipe drilling and tapping apparatus Anbohrgerät
pipe elbow Kniestück, Rohrknie, Rohrkrümmer
pipe extrusion die Rohrziehform
pipe fastening hook Rohrhaken
pipe fitter Rohrschlosser
pipe fitting Rohrformstück, Rohrschlosserei
pipe fitting Rohrarmatur, Rohrverbindungsstück
pipe flange Rohrflansch
pipe fracture Rohrbruch
pipe friction loss Rohrreibungsverlust
pipe friction, pressure drop through Druckabfall durch Reibung an Rohrwandung
pipe, galvanized verzinktes Rohr
pipe hook Drehschlüssel für Bohrgestänge, Gestängehaken, Hakenschlüssel, Rohrhaken
pipe in a casting Saugtrichter
pipe joint Rohranschluß, Rohrmuffe, Rohrverbindung
pipe layer Rohrleger
pipe-laying Rohrlegen
pipe manifold Rohrverteiler
pipe nail Kernnagel
pipe outlet Kanalöffnung
pipe, overflow Überlaufrohr
pipe pitch Fall einer Rohrleitung
pipe, pressure Druckrohr
pipe pulling suction Ausbausog, Druckabfall
pipe reamer Rohraufbohrer
pipe reducer Rohrreduktionsstück
pipe resistance Rohrleitungswiderstand
pipe, rising Steigleitung
pipe, riveted steel genietetes Stahlrohr
pipe, riveted steel genietetes Stahlrohr
pipe, rolled gewalztes Rohr
pipe-rotation angle Gestängedrehwinkel
pipe running pressure Druckanstieg, Einbaudruck
pipe saddle Abzweigschelle
pipe scraper Rohrmolch
pipe, screen Gewebefilterrohr, Siebfilterrohr
pipe screw Überwurfschraube
pipe, seamless nahtloses Rohr
pipe section Rohrquerschnitt
pipe size Rohrdurchmesser
pipe socket Rohrstutzen, kurzes Rohrstück, Stutzen (Rohrleitung)
pipe specification Rohrbezeichnung
pipe stock Kluppe (zum Rohrgewinde schneiden)
pipe-stock Kluppe
pipe stock die Kluppenbacke
pipe stock tap Backenbohrer
pipe straightening press Rohrrichtapparat
pipe, suction Saugrohr einer Pumpe
pipe surface Rohroberfläche
pipe swage Verrohrungsbirne
pipe tap Rohrgewindebohrer
pipe, thick-walled dickwandiges Rohr
pipe, thin-walled dünnwandiges Rohr
pipe thread Rohrgewinde(gang)
pipe, thread and coupled mit Gewinde und Muffe versehenes Rohr
pipe thread, exposed freiliegender Gewinderohrgang
pipe tongs Rohrzange
pipe tongs, rotary Gestängezange
pipe union (nipple) Rohrverbindung(snippel)
pipe vise Rohrschraubstock
pipe wall Rohrwandung
pipe wall, inside of the Rohrinnenwand
pipe, welded geschweißtes Rohr
pipe welding Rohrschweißung
pipe wrapping machine Maschine zum Umhüllen von Rohrleitungen
pipe wrench Rohr(schrauben)schlüssel, Rohrzange
pipe yard Röhrenstapelplatz, Rohrlagerplatz
piped gas Leitungsgas
piped oil Erdöl nach Ablassen des Wassers (geol), durch Rohre geleitetes Öl
pipes, quick-connection Schnellkupplungsrohre
pipette Pipette, Heber, Saugröhrchen
piping Lunkerbildung, Rohrleitungsanlage
pipeline Dampfrohrleitung, Ölleitungsrohr, konzentrisches Kabel
pipeline breakage Leitungsrohrbruch
pipeline bridge Rohrleitungsbau
pipeline, capacity of a Leistungsfähigkeit einer Rohrleitung
pipeline, compressed air Druckluftleitung, Preßluftleitung
pipeline flow Rohrleitungsdurchgang
pipeline for transporting crude oil Rohrleitung für rohes od. unveredeltes Erdöl
pipeline, gas Gasrohrleitung
pipeline laying Rohrleitungsverlegung
pipeline, plastic plastische Rohrleitung
pipeline pump station Rohrleitungspumpstation
pipeline scraper Rohrleitungsreiniger
pipeline storage capacity Fassungsvermögen einer Rohrleitung, Rohrleitungsinhalt
pipeline valve Rohrleitungsventil
piping connection Austrittsstutzen, Anschluß an Druckleitung
piping finisher Köderendstück
piping lay-out Rohrleitungsanlage
pippin Kugelsicherungsstift
pippin file Sperradfeile
PIREP pilot report
pips Höcker (Radar)
pistol grip Handgriff, Handstütze, Pistolengriff
pistol-grip viewport projectors Raumfahrzeugfenster-Projektor mit Handgriff
pistol-shot silencer Knallschutzgerät, Pistolenschalldämpfer
pistol target Pistolenscheibe

piston alloy Kolbenlegierung
piston attenuator Kolbenabschwächer, Kolben(blind)teiler
piston barrel Kolbenkörper
piston blank Kolbenrohling
piston blow Durchlassen od. Durchblasen des Kolbens
piston button Sicherungspilz für Kolbenbolzen
piston clearance Kolbenspiel
piston crown Kolbenboden, Kolbengrund
piston cups for brake cylinder Kolbenmanschette für Bremszylinder
piston, deep pump Tiefpumpenkolben
piston displacement Hubraum, Hubvolumen, Kolbenverdrängung, Zylindervolumen
piston engine Kolbenmotor
piston engine fitted with "powerplant" sensoriation with on-board computer readout" Kolbentriebwerk "mit eingebauten Sensoren und Anzeige über Bordrechner"
piston engine fouling problem Verschmutzungsproblem
piston-engined fleet kolbenmotorgetriebene Drehflüglerflotte
piston-engined helicopter Kolbenmotorhubschrauber, mit Kolbenmotor ausgerüsteter Hubschrauber
piston foghorn Kolbensirene
piston head Kolbenboden
piston head ring Kolbenkopfring
piston manometer Kolbenmanometer
piston oil pump Kolbenölpumpe
piston packing Kolbenpackung
piston pin Kolbenbolzen
piston pin plug Sicherungspilz für Kolbenbolzen
piston pin retaining ring Kolbenbolzensicherung
piston-ported engine Motor mit kolbengesteuertem Ein- u. Auslaßschlitz
piston pressurized hydraulic reservoir kolbenvorgespannter Hydraulikbehälter
piston, pump Pumpenkolben
piston, replaceable austauschbarer Kolben
piston ring action Arbeiten der Kolbenringe
piston ring blank Kolbenringrohling
piston ring blow-by Durchblasen der Gase am Kolbenring
piston ring clamp Spannband für Kolbenringeinbau
piston ring flutter Flattern der Kolbenringe
piston ring gap Kolbenringlücke, Stoßfuge des Kolbenrings
piston ring groove Kolbenringnut
piston-ring lock Dichtungsschloß
piston ring sticking Festkleben der Kolbenringe
piston-ring-type oil seal kolbenringähnliche Öldicht(ungs)ringe
piston rod Kolbenstange, Pleuel
piston rod, cross-head of a Kolbenstangenkreuzkopf
piston rod guide Kolbenstangenführung
piston-rod-piston assembly Tandemkolben
piston siren Kolbensirene
piston size Kolbendurchmesser
piston skirt Kolbenmantel
piston slap Kippen des Kolbens
piston, sliding Steuerkolben (Dampfmaschine)
piston, slush pump Schlammpumpenkolben
piston speed Kolbengeschwindigkeit
piston stroke or volume Kolbenhub
piston top land Feuersteg, oberster Kolbensteg
piston travel Kolbenweg
piston type of slide valve Kolbenschieber
piston-type pump Kolbenpumpentypen
piston type pump with rotating crane and seated valve Axialkolbenpumpe mit feststehendem Zylinder, Taumelscheibenpumpe
piston-type reverse valve Umsteuerkolbenventil, Umsteuerschieber
piston type sealing rings Kolbendichtungsringe
piston value or throttle Kolbenschieber
piston valve Kolbenventil
piston valve pump Schieberpumpe
piston's ring gumming Verkleben der Kolbenringe
pit Anfressen, Kohlenschacht
pit, to anfressen, angreifen (chem)
pitch Blattsteigung, Ganghöhe, regelmäßiger Abstand, Längsneigung, Nicken (Luftfahrzeug), Steigung (Propeller, Drehflügler), Nickbewegung, Kehrwert, Zahnteilung (Gewinde), Zeichenteilung, Teilung (Schraube od. Gewinde), Neigung der Sattelachse od. eines Erzschusses im Streichen (geol)
pitch accent Tonakzent
pitch altitude Längsneigung
pitch altitude synchro Nicklagegeber
pitch altitude vane Anstellwinkelfühler
pitch and bank recording apparatus Neigungsschreiber
pitch and roll attitude stability Nick- u. Rollstabilität
pitch and roll autopilot, triplex dreifacher Nick- u. Rollflügler
pitch and roll information Nick- u. Rollsignal, Nick- und Rollinformation
pitch and roll three-wire synchron output dreikanaliger Drehmelderausgang für Nuck- und Rollsignale
pitch and roll stabilization Stampf- u. Schlingerbewegung
pitch and yaw control Nick- u. Giersteuerung
pitch angle Blatteinstellwinkel (Hschr), Steigungswinkel (Schraube), Nickwinkel (regeltechnisch), Längsneigungswinkel
pitch angle detector circuit Nickwinkelmeßkreis
pitch arm Blattverstellarm (Hschr)
pitch articulation Einstellwinkelgelenk
pitch attitude Längsachsenneigung, Nicklage, Inklinationswinkel
pitch attitude selector Längsneigungsgeber
pitch auto-stabilization Nickstabilisierungsautomatik
pitch axis Nickachse, Querachse (körperfest)
pitch axis section of amplifier Nickverstärkerteil
ptich-axis trim is by electrically operate tailplane incidence adjustment Trimmung um die Querachse erfolgt durch elektrische Verstellung des Anstellwinkels der Höhenflosse (av)
pitch bearing housing Blattlagergehäuse (Hschr)
pitch blende Eisenblende, Uranpechblende, Uranpecherz
pitch cam Steigungskurve

pitch camp, to Lager aufschlagen
pitch, chain Bolzenabstand einer Gelenkkette
pitch change Steigungsänderung
pitch-change actuation system Blattverstellsystem (Rotorblätter)(Hschr)
pitch change bearing Blattsteigungslager, Blattverstellager (Hschr)
pitch change column Blattverstellspindel (Hschr)
pitch change control Blattverstelleinrichtung
pitch change drum Blattverstelltrommel
pitch change link Blattverstellstange (Hschr)
pitch change mechanism Blattverstellanlage, Steigungsverstellmechanismus
pitch-change movement Blattverstellgestänge (Rotorblätter)(Hschr)
pitch change torque to each blade Drehmoment für Schaufelverstellung (Hschr)
pitch changing range Steigungsverstellbereich (Luftschraube)
pitch circle Teilkreis, Walzkreis
pitch circle diameter Teilkreisdurchmesser
pitch coarsing, automatic automatische Verstellung auf große Steigung
pitch cone angle Kegelwinkel der Walzfläche
pitch control Blattsteuerung, Blattverstellung, Lattenführung
pitch control, collective kollektive Rotorblattverstellung
pitch control during hover(ing) Nicksteuerung im Schwebeflug, Schwebeflugnicksteuerung
pitch control engine Nicksteuermotor
pitch control lever Blattsteuerungshebel
pitch control mechanism Blattwinkelverstellvorrichtung
pitch control rod Blattsteigungssteuerstange
pitch control stick steering Nickgriffsteuerung (Flugregler)
pitch corrected unit Steigungskorrekturgerät
pitch cutout switch Nickdämpferschalter
pitch damper Nickdämpfer
pitch damper servo Nickdämpfungsservoventil, Umsteuerventil des Nickdämpfungskanals
pitch diameter Rollkreisdurchmesser, Teilkreisdurchmesser
pitch-diameter ratio Steigungsdurchmesserverhältnis (eines Propellers), Flankendurchmesserverhältnis
pitch diameter thread Flankendurchmesser (Gewinde)
pitch-down Anstellwinkelverkleinerung (Hschr-Rotor), Abkippen
pitch-down, to den Steuerknüppel drücken
pitch error Längsneigungsfehler, Nickfehler
pitch excitation in turbulence bei Turbulenz auftretende Längsschwingungen
pitch factor Polbedeckungs-, Dehnungsfaktor
pitch gauge Neigungsmeßvorrichtung
pitch gimbal Nickrahmen (Kreisel)
pitch gimbal angle signal Nicksignal
pitch gimbal torquer Nickrahmenmomentierer, Nickrahmenüberwachungsmotor
pitch hold Nicklagenhaltung
pitch horn Blattsteuerungshorn
pitch indicator Anstellwinkelanzeiger, Steigungsanzeiger (der Luftschraube), Kippmesser
pitch in plane of rotation Stirnmodul
pitch interval Tonhöhenverhältnis
pitch is controlled monocyclically monozyklische Blattverstellung
pitch lever torque shaft Blattverstellhebelwelle (Hschr)
pitch limit computer Grenzwertrechner
pitch limit indicator höchstzulässiger Rotorblattstellwinkel
pitch line Teilkreis, Wälzgerade (Verzahnung), Profilbezugslinie (Zahnrad), Blattverstellstand (Hschr)
pitch-line speed Teilkreisgeschwindigkeit
pitch link Blattverstellstange (Hschr)
pitch measuring device Anstellwinkelgeber
pitch of an anticlinal axis Eintauchen od. Neigung einer Sattelachse (geol)
pitch of a spiral Spiralsteigung
pitch of rivets Nietteilung
pitch of spin in detonations Ganghöhe des Spins bei Detonationen
pitch of the axis Achseneinfallen, Axialgefälle, Neigung der Achse, tauchen od. untertauchen der Achse
pitch of the beat note Schwebungstonhöhe
pitch of the screw thread Ganghöhe des Schraubengewindes
pitch of the wheel Radteilung
pitch of thread Gewindesteigung
pitch of turns Ganghöhe der Windungen
pitch operating cylinder Steigungsverstellzylinder (Luftschraube)
pitch-out Kehre
pitch-over maneouvre Abkippmanöver
pitch override switch Nickdämpferschalter, Nickdämpfungsschaltung
pitch-pin Pechkiefer, Terpentinkiefer
pitch, pipe Fall einer Rohrleitung
pitch plane Nickebene
pitch probe Anstellwinkelführer
pitch program Nickprogramm
pitch quality of tone Tonart
pitch range Steigungsverstellbereich (Luftschraube), Blattverstellbereich (Hschr)
pitch rate Nickgeschwindigkeit
pitch rate cutout signal Abschaltsignal für Nickwendekreisel
pitch rate gyro Nickwinkelkreisel
pitch rate shaping circuit Nickwendesignal-Formschaltung
pitch ratio (geometrisches) Steigungsverhältnis (Luftschraube)
pitch ratio of a propeller Steigungsverhältnis
pitch reference Nickbezugslage
pitch resolver Nickfunktionsdrehmelder
pitch reversing in Bremsstellung bringen (Propeller)
pitch, roll and yaw exercises Nick-, Gier- u. Rollmanöver
pitch/roll control Nick- u. Rollsteuerung
pitch servo amplifier Nickregelverstärker
pitch setting Steigungseinstellung (Propeller, Rotor)
pitch setting mechanism Steigungsverstellvorrichtung (Luftschraube)
pitch shaft Blattverstellwelle (Hschr)
pitch spacing of blades Schaufelstellung

des Nickdrehmelders, Nickgeber
pitch speed of a propeller Steigungsgeschwindigkeit einer Luftschraube
pitch stability Nickstabilität
pitch synchro Längsneigungssynchro
pitch-synchronous (speech spectrogram) Sprechgrundfrequenzsynchron
pitch, to abkippen (Verbandsflug), neigen od. nicken um die Querachse, eintauchen, pechen, stampfen
pitch torque Nickmoment
pitch transfer relay Anzeigeumschalter (Längs- u. Beschleunigungsneigung)
pitch trim Nicktrimmung, Höhentrimmung, Stabilisatortrimmung
pitch trim actuator Stellmotor zum Austrimmen in der Nickachse
pitch trim, electrically operated elektrische Längstrimmung
pitch trim position Nicktrimmung
pitch-up Aufbäumen, Aufnicken (AC), Anstellwinkelvergrößerung (Hschr-Rotor)
pitch-up attack Angriff nach Hochziehen
pitch-up boundary kritischer Anstellwinkel
pitch-up command Hochkommando
pitch-up stall Strömungsabriß mit Aufbäumen
pitch-up tactics Kampfsprungverfahren (z.B. aus Tiefflug in Schuß- od. Wurfposition gehen)
pitch-up tail on Aufnicken bei festem Ruder
pitch-up, to den Steuerknüppel ziehen
pitch vane Anstellwinkelfühler
pitch variation Tonhöhenschwankung
pitch vertical reference Nickbezugsrichtung
pitched schräggestellt aus der Vertikalen
pitched battle erbitterter Kampf, erbittertes Gefecht
pitched blade geneigte Schaufel
pitcher Kippgerät (für Taucher)(Torpedo)
pitcher apparatus Kippgerät (f. Tiefapparat)
pitcher filler Schankrohr (Trinkwasserkühler)
pitching das Nicken (Drehung um die Querachse), Stampfbewegung
pitching acceleration Beschleunigung um die Querachse
pitching axis eintauchende Achse (geol)
pitching indicator Kipp(an)zeiger
pitching moment Längsmoment, Lastigkeitsmoment, Kippmoment, Nickbewegung, Nickmoment
pitching moment coefficient Längsmomentbeiwert
pitching moment compensator Kippmomentausgleich (Hschr), Nickmomentausgleich(er)
pitching motion Stoßbewegung
pitching oscillation Stampfschwingung (Schiff)
pitching stability Längsstabilität, Stabilität um die Querachse
pitchometer Steigungsmesser
pithy or expressive saying Kernspruch
pitlog repeater Fahrtmeßgeber
pitman Schubstange, Schwengelzugstange, Zugstange
pitman arm Lenkstockhebel, Lenkhebel (Kfz)
pitman arm shaft Lenkwelle
pitman arm shaft lever block Lenkfingerhebelgleitstein
pitman bearing Schubstangenlager, Zugstangenlager
pitman crank Schubstangenkurbel, Zugstangenkurbel
pitometer log Geschwindigkeitsmeßanlage (Staudruck-(Schiffsführung)
piton Mauerhaken
pitot boom Staurohrausleger
pitot compensated static kompensierte statische Pitotröhre
pitot cover Staurohrhaube
pitot dual static Pitot mit doppelstatischem Abgriff
pitot head Staudüse, Staurohr (nach Prandtl)
pitot head heater Staurohrheizung
pitot heater switch Staurohrheizungsschalter
pitot heating Pitotrohrheizung
pitot heating control switch Staudruckheizungsschalter
pitot intake Pitoteinlaß
pitot only einfache Pitotröhre
pitot pressure Gesamtdruck
pitot pressure heat (static hole each side of fuselage nose) Pitotstaudruckmesser (statische Öffnung auf jeder Seite der Rumpfnase
pitot pressure line Leitung für Gesamtdruck
pitot static statische Pitotröhre
pitot static airspeed indicator Fahrtmesser, Staudruckmesser (im Staurohr)
pitot-static and pressure checker Prüfgerät für Fahrtmesseranlage, Prüfgerät für Stau- u. statische Druckanlage
pitot-static boom Staurohrausleger
pitot-static drain Ablaß für Stau- u. Statikdruckleitungen
pitot-static head Staurohr (nach Prandt), Staurohrkopf
pitot-static pitch-up Staudrucksonde
pitot static probe Pitotröhre
pitot-static system Fahrtmeßanlage, Stau- u. statische Druckanlage, Staudruckanlage
pitot-static system ARIDS (Air Data Inertial Reference System) Luftwerte- und Trägheitsbezugssystem ARIDS
pitot static test set Druckmesserprüfgerät
pitot static tube Staurohr, Pitotrohr
pitot tube Pitotrohr, Staurohr, Prandtlrohr, Luftansaugmeter, Stauröhre
pitot-tube anemometer Pitotrohranemometer
pitot-type intake (one with no pre-entry body-just an open hole) Diffusor mit Pitoteintritt (Einlauf ohne vorgelagertem Zentralkörper, sozusagen ein offenes Loch)(AC)
pitot venturi tube Pitot-Venturirohr
pitot's heater Pitotrohrbeheizung
pitsaw Schrotsäge
pitsaw file Kransägenfeile
pitted contact angefressener Kontakt
pitting Einfressung, Lochfraß, Narbenbildung, Auskolkung, Vertiefung (Korrosion)
pitting corrosion Lochfraß
pitting test Lochfraßversuch, Pittingversuch
pivot Drehachse, Drehpunkt, Fallachse, Spitze, Schwenkungspunkt, Spitze, Spurzapfen, Wellenzapfen, Zapfen, Pinne, Pivot

pivot (breechblock operating handle) Drehzapfen zum Griffstück (Schubkurbel)
pivot-and-bearing joint Steckhülseneinrichtung
pivot attachment Schwenkaufsatz
pivot axis Lagerachse
pivot bearing Drehzapfenlager, Kipplager, Pendellager, Spitzenlagerung, Spurzapfenlager
pivot block Zapfenlager
pivot body Drehzapfen
pivot bolt Drehbolzen
pivot brake Wendebremse
pivot brake support Wendebremsträger
pivot broach Zapfenreibahle
pivot bushing Pivotlager
pivot chamber breech abklappbares Verschlußstück
pivot collar Zapfenkragen
pivot column Pivotkiellinie, Pivotkolonne
pivot drive Schwenkantrieb
pivot drive system linkage Rotationsstellglied
pivot file Zapfenfeile
pivot for the moveable outer section Schwenklager
pivot friction Pinnenreibung
pivot guide Zapfenführung
pivot hole Zapfenloch
pivot improve glide angle Verbessern des Gleitwinkels
pivot inclination (wheels) Spreizung
pivot inequality (theodolite) Ungleichheit der Kippachszapfen
pivot interblock switch/loader and rammer Sicherheitsschalter an Oberlafette
pivot joint Lagerspitze
pivot joint bearing Gelenklagerung
pivot locking screw Pivotfeststellung
pivot man Flügelmann am Drehpunkt
pivot mounting Pivotlafette
pivot mounting for AA gun pedestal or swivel mount Sockellafette
pivot or bearing post Pinnenträger
pivot pawl Drehklinke
pivot pin Kippzapfen
pivot pin hole Drehbolzenloch, Drehzapfenloch
pivot pin retainer Achs(en)schenkelhalter
pivot plunger Haltebolzen zur Spannstückachse
pivot plunger spring Haltebolzenfeder
pivot plunger spring plug Gegenlager für Haltebolzenfeder
pivot point Ansatzkuppe (Schraubenende)
pivot post (wrecker) Drehsäule (Kran)
pivot post lock pin Drehsäulenzurrbolzen
pivot post ring gear Drehsäulenzahnkranz
pivot post support Drehsäulenträger
pivot pressure Zapfendruck
pivot pylon schwenkbarer Unterflügelträger (für Schwenkflügel)
pivot remover Drehzapfenauszieher
pivot ring Kippring (Scheibenfederkupplung)
pivot ring (telescope mount) Drehzapfenring
pivot roller bearing Pendelrollenlager
pivot shaft drehbar gelagerte Welle
pivot ship Pivotschiff
pivot steering Wenden auf der Stelle (Kettenfahrzeug), Wenden um die Hochachse (Kettenfahrzeug)
pivot stud Drehbolzen
pivot thrust Zapfendruck
pivot turn Wendung auf der Stelle (Kettenfahrzeug)
pivot unit Drehzapfenteil (schwere Schlauchbootbrücke), Zapfenlager
pivot, to drehbar lagern, sich drehen, schwenkbar lagern, schwenken, heben und senken
pivotal bearing Steckhülse
pivotal pin Hebeldrehpunkt
pivotal point Anlenkungspunkt
pivotal shaft Hebeldrehpunkt
pivoted drehbar (an einem Zapfen) angeordnet, drehbar angelenkt od. gelagert
pivoted cylinder Zylinder mit Zapfen
pivoted dial on a speedometer Gangrolle
pivoted lever drehbar gelagerter Hebel, Schwenkhebel
pivoted locking rail Verriegelungsschiene mit Zapfen
pivoted-type bar Zapfentypenhebel
pivoting Drehen um Gelenkpunkt
pivoting arm Drehbalken
pivoting bar Schwenklineal (Radialsekator)
pivoting blade absenkbares Stützschild
pivoting chamber abklappbares Verschlußstück
pivoting fixture drehbare Haltevorrichtung
pivoting pawl Drehklinke
pivoting windows for omnibus Drehfenster für Omnibus
pix carrier Bildträger
pix i-f- amplifier Bild-ZF-Verstärker
pixel Bildelement
PJE (parachute jumping exercise) PJE (Fallschirmabsprungübung)
PL/1 (programming language/1) PL/1 (Programmiersprache)
PLA (practice low approach) PLA (Übungsanflug im Tiefflug)
placard Hinweisschild
placard airspeed zulässige Höchstgeschwindigkeit
place Speicherplatz, Stelle (innerhalb der Zeichenfolge od. Worte), Stelle im Befehlswort
place a contract, to einen Vertrag vergeben
pace a gun in traveling position, to aufprotzen
place against, to anbringen, anlegen
place authorized by table of organization Sollstelle
place, in an Ort und Stelle
place in layer, to in Schichten einbringen
place in position anbringen, ausrichten, anbauen, einbauen
place indicator (magnetic recorder) Bandstellenanzeiger
place-kilometre Platzkilometer
place mark Lattenpunkt
place name geographischer Name und/oder Ortsname
place name abbreviation Ortsnamenabkürzung
place occupied besetzter Platz
place of arrival Ankunftsort
place of crossing Übergangsstelle
place of delivery Lieferort
place of departure Abflugort
place of destination Bestimmungsort
place of employment Beschäftigungsort

place of origin Aufgabeort, Ausstellungsort
place of performance Erfüllungsort
place of publication Erscheinungsort
place of release Ort des Einsatzes (von Kampfmitteln)
place of transition or transfer Übergangsstelle
place on edge, to hochkant stellen
place orders by private contract, to freihändig vergeben
place overhead, to als Freileitung verlegen
place the signal at "danger", to Signal auf Halt stellen
place the signal at "stop", to Signal auf Halt stellen
place the well "on the beam" for pumping Bohrung zum Pumpen vorrichten (Öl)
place, to einbringen (von Daten in einen Speicher)(dv), anmelden (Gespräch), erstellen (Auftrag), legen, placieren, postieren, setzen, stellen, unterbringen (Gerät)
place to ground, to an Masse legen
place under, to unterstellen
place value Gewicht, Stellenwert
placed at an elevation erhöht angeordnet
placed under, to unterstellen, unterstellt sein, unterstellt werden
placement Anlage von Geldern (komm)
placer Transporteinrichtung, Transportvorrichtung
placing of charges Anbringen der Ladungen
placing of contracts for supplies and services Vergabe von Lieferungen und Leistungen
placing of guides Aufstellung od. Einsatz von Einweisern
placing of orders Auftragserteilung (komm)
placing of reinforcement Verlegen der Bewehrung (Beton)
placing of the compass rose or card Rosenlagerung (nav)
placing party Legetrupp
PLADS parachute low altitude delivery system
Plackian radiator Plack'scher Strahler
plain eben, einfach geschaltet, einfach gestaltet, glatt, gewöhnlich, landläufig, ohne Zubehör, unkompliziert
plain acoustic mine Akustikmine (nicht kombiniert)
plain antenna Einfachantenne
plain barrel nut Tonnenmutter
plain bearing Gleit-, Zapfenlager
plain bearing surface ohne Telleransatz (Schraubenkopf, Mutter)
plain band, quarter Bogen um neunzig Grad (Rohr)
plain bolt glatter Bolzen, Splintbolzen
plain butt weld I-Naht
plain carbinate steel glatter Karbidstahl
plain carbon steel unlegierter Kohlenstoffstahl od. Stahl
plain colo(u)r Grundierer, Unifarbe
plain connector Flachflansch
plain contact mine (naval mine) Mine mit Berührungszündung (nicht kombiniert)
plain core pin Kernlochstift
plain coupler Muffe
plain coupling Flachflansch, zylindrische Muffe
plain dress message Klartextmeldung
plain feather geradstirnige od. gewöhnliche Keilnutenfeder
plain fit Schlichtpassung
plain fixed-bed type milling machine einspindelige Planfräsmaschine (A)
plain flap Landeklappe, Wölbungsklappe, einfache Klappe
plain flat point ohne Kuppe (Schraubenende)
plain flight einfache Flügelklappe
plain grinding machine Rundlaufmaschine, Rundschleifmaschine
plain horizontal milling machine Einfachwaagerechtmaschine
plain jet Einstromtriebwerk, TL-Triebwerk (im Gegensatz zu PTL-Triebwerk)
plain jet engine Einstromtriebwerk, TL-Triebwerk (im Gegensatz zu PTL-Triebwerk)
plain language Klartext, offene Sprache
plain language from an airport Flugmeldung in offener Sprache od. im Klartext
plain milling cutter Walzenfräser
plain nozzle einfache Düse
plain of abrasion Abschleifungsfläche
plain of calculation Rechenschema
plain of noninductive resistance induktionsfreier Widerstand
plain overlap seam (aircraft fabric) überlappte Naht einer Stoffbespannung
plain side cutter Scheibenfräser ohne Kreuzverzahnung (A)
plain spiral mill Walzenspiralfräser
plain veneer Längsfurnier
plain washer Mutterscheibe, gewöhnliche, nicht federnde Unterlegescheibe
plaindress message der Plaindress, Plaindreßspruch
plait, to klöppeln, flechten
plan Lageplan
plan angle Einstellwinkel (E)
plan approach angle Komplementwinkel des Einstellwinkels
plan-end line pipe Leitungsrohr mit glatten Enden
plan for area utilization Flächennutzungsplan
plan for housebuilding Bebauungsplan
plan form Umriß eines räumlich gekrümmten Körpers (Luftschraubenblatt) im Grundriß
plan, large-scale großmaßstäblicher Plan
plan of cable layout Kabellageplan
plan position line Radarsichtgerät mit drehender Zeitlinie
plan position indicator approach PPI-Anflug (ATC)
plan position indicator departure PPI-Anflug (ATC)
plan range Horizontalabstand (Lubi)
plan showing position Lageplan
plan-speed indicator (PSI) PSI-Anzeigegerät
plan to clear Plan zur Freigabe
plan view Ansicht von oben, Draufsicht
planamilling Fräsen mit Planetenspindelfräsmaschine (A)
planar array antenna Planarantenne
planar ceramic valve Planarkeramikröhre
planar ray antenna Planarantenne
planar technique Planartechnik

planar transistor Planartransistor
planar triode Planartriode
planathreading Gewindefräsen mit Planetenspindelgewindefräsmaschine
planatol adhesive Planatol (Klebstoff für Röhren)
Planck-Einstein equation Planck-Einstein-Gleichung
Planck's constant Planck'sche Konstante, Plancksches Wirkungsquantum
Planck's constant of action Planck'sche Konstante, Plancksches Wirkungsquantum
Planck's quantum Plancksches Wirkungsquantum
Planck's quantum of action Plancksche Konstante, Plancksches Wirkungsquantum
plane Ebene, Kernspeicherebene, Matrix, Speicherebene, Speicherplatte, Hobel; auch kurz für Aeroplane (Flugzeug)
plane aerial Flächenantenne
plane arrangement ebene Anordnung
plane a switch tongue, to eine Weichenzunge abhobeln
plane cell Flügelabschnitt
plane chart gleichgradige Karte
plane chart diagram Flächenkartendiagramm
plane coil Scheibenspule
plane configuration ebene Konfiguration
plane curves ebene Kurven
plane diagonal Flächendiagonale
plane diffusion kernel Diffusionsintegralkern für Flächenquellen
plane field Feldebene
plane flying Flächenfliegen
plane geometry Plangeometrie
plane grate Planrost
plane hammer Setzhammer
plane has iron enough, the der Hobel greift (w)
plane iron Hobelmesser
plane lattice (effect) Flächengitter(wirkung)
plane mirror Planspiegel
plane net of a polyhedron ebenes Netz eines Polyeder
plane of bedding Schlichtfläche
plane of cleavage Spaltfläche
plane of complex numbers Zahlenebene
plane of contact between oil and water Berührungsfläche zwischen Öl und Wasser
plane of crystal Kristallfläche
plane of deposition Ablagerungsfläche (geol)
plane of fire (the plane perpendicular to the horizontal plane which passes through the zero point and the hitting point) Schußebene
plane-of-flight reference Leitebene
plane of forces Kraftebene
plane of fracture Bruchebene
plane of freedom um die Freiheitsachse (Kreisel)
plane of grid Gitterebene
plane of handlight standoff Handabzugsebene (Rohrgewinde)
plane of incidence Einfallsebene (geol)
plane of meridian Meridianebene
plane of mirror Spiegelebene
plane of oscillation Schwingungsebene
plane of polarization Polarisationsebene, Schwingungsebene
plane of projection Projektionsebene
plane of propeller rotation Luftschraubenebene
plane of revolution or rotation Drehebene
plane of rotation Rotationsebene
plane of rotation propeller Luftschraubenebene
plane of sight (the plane which contains the line of sight to the firing point and is perpendicular to the horizontal plane) Visierebene
plane of standard trajectory Sollschußebene
plane of stratification Schichtfläche
plane of struts (strut plane) Strebenebene
plane of symmetry Symmetrieebene
plane of the blade Schaufelebene
plane of the instrument Instrumentenebene
plane of the orbit Bahnebene
plane of the propellers is ti be behind the pressure bulkhead Propellerebene hinter dem Druckschott (av)
plane of (the registering) frame Rahmenebene
plane of the skin Schalenebene, Schalenfläche
plane of union Vereinigungsebene
plane of vibration Schwingungsebene
plane of vision Blickebene
plane or curved, antifrost or antimist safety glass Sicherheitsglas, plan od. gewölbt, nicht vereisend, nicht beschlagend
plane panel ebenes Blechfeld
plane-parallel electrode planparallele Elektrode
plane parallelism Planparallelität
plane point lattice ebenes Punktgitter
plane polarized eben polarisiert (Wellenstrahlung)
plane reference area Tragfläche (aerodynamische Bezugsfläche)
plane stress ebener Spannungszustand
plane-source Flächenquelle
plane spotter and range finder Flakmeßgerät
plane structure ebenes Tragwerk
plane table Kartenunterlage, Planunterlage
plane table mapping Meßtischaufnahme
plane table sheet Meßtischblatt
plane table survey Meßtischaufnahme
plane with handle Hobel mit Nase (w)
planer Hobelbank, Klappenträger (w)
planer attachment Sondereinrichtung für Hobelmaschine
planer bed Hobelmaschinenbett (w)
planer centres Teilvorrichtung für Hobelmaschine, Rundhobelapparat (E)
planer chuck Hobelmaschinenschraubstock (A)
planer-rectangular coordinates ebene rechtwinklige Lagekoordinaten
planer reflector aerial Flächenreflektorantenne
planer family Hobel- u. Stoßmaschine (A)
planer gauge Hobelmeißeleinstellehre (E)
planer hand Hobler (w)(A)
planer head slide Schieber des Hobelsupports
planer jack Hobelmaschinenwinde, Aufspannbock, Stützbock
planer knife file Hobeleisenfeile
planer or planing tool Hobelstahl
planer platen Hobelmaschinentisch
planer poppet Gegenhalter, Spannbock
planer (print) Klopfbrett, Klopfholz

planer table Hobelmaschinentisch
planer-type milling machine Längs-, Planfräsmaschine
planer vice Hobelmaschinenschraubstock (E)
planer vice with plain base fester Hobelmaschinenschraubstock (E)
planer vice with swivel base drehbarer Hobelmaschinenschraubstock (E)
planetarium projector Planetariumsprojektor
planetarium sky Planetariumhimmel
planetary camera Schrittkamera, Mikrofilmschrittkamera
planetary circulation planetarische Windströmung (astro)
planetary electron kernfestes Elektron, Planetenelektron
planetary gear(box) Differentialrad, Planetargetriebe, Planeten-, Umlaufgetriebe
planetary gearbox bearings Planetengetriebelager
planetary gearing Planetengetriebe, Umlaufgetriebe
planetary miller Planetenfräsmaschine
planetary milling machine Pendelfräsmaschine (w), Planetenspindelfräsmaschine (w)
planetary movement Planetenbewegung
planetary spindle Planetenspindel
planetary surface-to-orbit shuttle Raumfähre zwischen Planet u. Fahrzeugen auf Planetenumlaufbahn
planetary-type reduction gear Planetenraduntersetzungsgetriebe
planetary type thread-milling machine Planetenspindel-Gewindefräsmaschine
planetary wheel transmission Planetengetriebe
planetgear and carrier Planetengetriebe und Halterung
planetscan sensor Marsplanetenabtastsensor
planet's atmospheric Planetenatmosphäre
planimeter Planimeter
planimetric accuracy Lagegenauigkeit
planimetry Lageplan
planing Einebnen, Hobeln, Nivellierung
planing at angle Schräghobeln
planing cut Hobelschnitt, Planschnitt
planing fixture Hobelvorrichtung
planing in undercut Hobeln im Unterschnitt
planing knife or iron Hobelmesser
planing lengthwise Längshobeln
planing-machine table Hobelmaschinenschlitten
planing mill Hobelwerk
planing setup Aufspannung auf Hobelmaschinentisch
planing tool Hobelmeißel
planing works Hobelwerk
planing vertical surface Hobeln senkrechter Flächen (w), Senkrechthobeln
plank Bohle, Brett, Planke
planking Beplankung
planned aircraft buy Beschaffungsvolumen
planned material Planungsmaterial
planned on-condition and monitored maintenance zustandsbedingte Wartung
planning a depot repair facility Einrichtung eines Instandsetzungsdepots (Wartungsstation für Luftfahrzeuge)(av)
planning and analysis of overheads Gemeinkostenplanung u. -kontrolle
planning and analysis of product costs Erzeugungskostenplanung u. -kontrolle
planning and scheduling Planung und Programm
planning chart Flugvorbereitungskarte, Planungskarte
planning consultant Planungsberater
planning controller's display Planungsflugverkehrsleiter-Sichtgerät
planning controller position Planungsflugverkehrsleiterplatz (PF-Platz)
planning department Planungsabteilung, Projektierungsabteilung
planning, determination of...level Dispositionsstufenermittlung
planning, long-term financial langfristige finanzielle Planung
planning module Planungsmodul
planning office Lenkstelle
planning of physical flow of material Planung für Lagerwesen u. Materialfluß
planning stage Planungsstadium
planning the networks Netzplanung
planish, to glätten, glatthämmern
planoconvex plankonvex (Linse)
plant accounting Betriebsbuchhaltung
plant and equipment accounting Anlagenabrechnung
plant clearance officer Güteprüfer
plant condition Betriebslage
plant control Betriebsüberwachung
plant equipment Betriebsanlage (Werkseinrichtung)
plant layout Betriebsplan
plant ledger Anlagenbuchhaltung, Anlagenkonten
plant load factor Ausnutzungsfaktor eines Kraftwerks
plant management compensation Betriebsgehälter
plant record card Anlagenkarteikarten
plant safety Betriebssicherheit
plant scale Betriebsmaßstab
plash a round, to herumspritzen
plasma arc torch Plasmalichtbogenbrenner
plasma balance Plasmagleichgewicht
plasma beam Plasmastrahl
plasma coating Plasmaspritzarbeit (av)
plasma coating of magnesium zirconate is being applied to a combustion chamber under computer control rechnergestützte Magnesiumzirkonatbeschichtung einer Brennkammer durch Plasmaspritzen (Twk)
plasma density Plasmadichte
plasma flow Plasmaströmung
plasma, frequency Frequenzplasma
plasma generator Plasmagenerator (SIMOUN)
plasma hypothesis Plasmahypothese
plasma, ideal ideales Plasma
plasma interaction Plasmawechselwirkung
plasma, non-thermal nichtthermisches Plasma
plasma or electroluminescent matrix Matrix-Bildschirm auf Plasma- oder Elektrolumineszenzbasis (Weitwinkelcockpit)
plasma, potential Potentialplasma
plasma probe Plasmasonde
plasma-spray bonding technique Plasmaspray-Klebeverfahren

plasma spraying Plasmaspritzen
plasma, thermal thermisches Plasma
plasma transfusion equipment Plasmaübertragungsrichtung
plasma tube sealing Plasmadichtung der Röhre
plasma wavelength Plasmawellenlänge
plasma welding Plasmaschweißen
plaster mould Gegenguß
plaster the walls of the hole with mud Bohrlochwandung mit Schlamm verkleiden
plastic bleibend verformbar, plastisch, nachgiebig, Kunststoff, Preßstoff
plastic, a type of Pollaps, Polystrol
plastic blade, glass-fibre reinforced glasfaserverstärkter Kunststoff
plastic-boddied automobile Auto mit Kunststoffkarosserie
plastic carrier Kunststoffträgerplatte
plastic clay bildsamer od. knetbarer Ton, plastischer Ton
plastic coating Kunststoffüberzug
plastic component Kunststoffbauelement
plastic cover Plastikdeckel
plastic deformation plastische Formänderung (bleibend)(Festigkeitsfehler), plastische Verformung (phys)
plastic dust cover Kunststoffpfropfen
plastic-encapsulated unit kunststoffgekapselte Einheit
plastic fibre, of a type Vulkanfaser
plastic, flow plastisches Fließen (pla)
plastic for use aircraft interior Kunststoff für Flugzeuginnenausstattung
plastic-glad fibre-optic thread kunststoffummanteltes Glasfaserkabel (Avionik)
plastic insert Kunststoffeinsatz
plastic lighting panel Kunststofffrontplatte mit Skalenbeleuchtung, lichtführende Kunststoffplatte
plastic mallet Kunststoffhammer
plastic material plastischer Werkstoff, Plastik, Preßstoff, Kunststoffmasse, plastische Masse (pla)
plastic metal plastisches Metall
plastic nose Plastiknase
plastic plumber and fitter Kunststoffschlosser (Schweißen u.a.)
plastic processing Kunststoffverarbeitung
plastic processing industry kunststoffverarbeitende Industrie
plastic range plastischer Bereich
plastic refractory clay Klebsand
plastic resin tank Massekasten (Vorrat)
plastic resistance plastischer Widerstand
plastic scintillator Kunststoffszintillator
plastic shell Kunststoffhülle
plastic strain plastische Verzerrung, bleibende Dehnung
plastic structural component Kunststoffbauteil, Bauteil aus Kunststoff
plastic technology Kunststoffkunde
plastic template Kunststoffschablone
plastic tool Kunststoffwerkzeug für Plastik
plastic torsion bar Plastikdrehstab
plastic tube Isolierschlauch, Kunststoffschlauch
plastic washer Kunststoffring
plastic ways Führung mit Kunststoffplatten
plastic welder and fabrication Kunststoffschlosser (Schweißen u.a.)
plastic welding Kunststoffschweißen
plastic wood Klebholz, plastisches Holz
plastic working spanlose Verformung
plastic yield nichtmetallische Verformung, plastisches Fliessen
plasticine Plastillin
plasticity Plastizität
plasticized weich gemacht (pla)
plasticized sheeting Weichfolie
plasticizing capacity Verflüssigungsleistung
plasticizing cylinder with torpedo heating Plastifizierzylinder mit Innenheizung (Kolbenspritzgießmaschine)
plasticizing efficiency weichmachende Wirkung
plasticizing rate Weichmachungsgrad
plasticizing unit Plastifiziereinheit (pla)
plasticizing zone Homogenisierzone, Plastifizierzone
plastics plastische Masse (pla)
plastics chemical Kunststoffrohstoff
plastics extruding Kunststoffextrusion
plastics extrusion plant Kunststoffextrusionsanlage
plastics floor strips Streifen zum Einrahmen von Mustern in Terrazzoböden u. Marmorböden (pla)
plastics insulated cable Kunststoffkabel
plastics lining (for bearing) Futterstoff (Lagerauskleidung)
plastics pipe Kunststoffrohr (starr, in Längen geschnitten)
plastics processing Kunststoffverarbeitung
plastics sealing Kunststoffdichtung
plastics sheating plant for steel tubing Kunststoffummantelungsanlage für Stahlrohre (Walzwerk)
plastics tray Kunststoffschale
plastics tube Kunststoffrohr (biegsam, aufgerollt), formgepreßtes Rohr
plastics welding Kunststoffschweißen
plastificator Plastifikator
plastigel Plastigel
plate Anode, Breitbandmaterial (Blech), Grobblech, Plattierung, Überzug, Steg (Planetengetriebe), Platine (Uhrwerk), Werkplatte, Panel (dicke Platte von unbegrenzter Größe), Druckplatte, Druckträger, Kondensatorplatte, Ablenkelektrode (Elektronenstrahlröhre)
plate (brake and adjusting screw) Sicherungsschraube (Bremsbandeinstellschraube)
plate (of distributor) Trägerplatte (des Zündverteilers)
plate adapter Plattenadapter (Kamera)
plate air preheater Plattenluftvorwärmer (für Verbrennungsluft)(Dampferzeugeranlage)
plate-and-fin heat exchanger Wärmeaustauscher mit lamellenartigen Kühlwaben
plate and layout section (of a reproduction plate) Kopiergruppe
plate and sheet bending machine Blechbiegemaschine (Walzwerk)
plate and sheet charging machine Blecheinsatzmaschine (Walzwerk)

plate and sheet mill Blechwalzwerk
plate anemometer Druckplattenanemometer
plate arrester Plattenfunkenstrecke
plate assembly (fuel nozzle) Wirbelscheibe
plate assembly nut Mutter mit Halteplatte
plate away, to Anode durch Elektrolyse auflösen
plate axis Plattenachse, Rahmenmarkenverbindungslinie
plate baffle Prallplatte
plate battery Anodenbatterie
plate bending machine Blechbiegemaschine
plate cam Scheibenkurve
plate camera Plattenkamera
plate capacitance Anodenkapazität
plate capacitor Plattenkondensator
plate carrying box Plattenhalterwagen
plate cathode Flächenkathode
plate cell Tellerzelle (Electrolyt)
plate characteristic Anodenkennlinie (Elektronenröhre)
plate charge mine Flachhohlladungsmine
plate charging switch Anodenladeschalter
plate choke Anodendrossel
plate circuit Anodenkreis
plate circuit modulation Anoden(kreis)-modulation
plate circuit power Anodenkreisleistung
plate clipping Anodenbeschneidung
plate clutch Scheibenkupplung
plate coil Anodenkreisspule
plate column Stufenkolonne (Kolonne mit mehreren Böden)
plate commutator Scheibenumschalter
plate conductance Anodenleitwert
plate conductor Anodenleiter
plate construction Blechkonstruktion, Vollwandkonstruktion (Stahlbau)
plate conveyor Plattenband
plate coupling Anodenkupplung
plate current Anodenstrom
plate current envelope Anodenstromverlauf
plate current extrusion Anodenstromansteuerung
plate current-grid-voltage characteristic Anodenstrom-Gitterspannungs-Kennlinie, Charakteristik der Röhre, normale Kennlinie
plate current-plate voltage characteristic Anodenstrom-Anodenspannungskennlinie
plate current roll-off point Anodensättigungspunkt
plate current variation Anodenstromänderung
plate cylinder Druckplattenwalze, Plattenzylinder (Offsetpresse)
plate decoupling choke Anodenentkopplungsdrossel
plate dent test Stahlplattenausbeulungsversuch
plate detection Anodengleichrichtung
plate drying rack Plattentrockengestell
plate efficiency Anodenwirkungsgrad, Bodenwirkungsgrad, Stufenwirkungsgrad
plate efficiency, murphere Verstärkungsverhältnis (Bodenkolonne, chem)
plate electrode Plattenelektrode
plate electrometer Plattenelektrometer
plate family Anodenkennlinienschar
plate fastener Plattenverbinder (w)
plate feedback Anodenrückwirkung
plate-filameter circuit Ansaugstromkreis
plate filler Flachstrahlfutter (Stahlbau)
plate finishing line Grobbrechadjustage (Walzwerk)
plate fitting Plattenbeschlag
plate flange Scheibenflansch
plate gauge Blechlehre
plate girder Blechträger, Vollwandträger
plate girder bridge Vollwandbrücke
plate-girder construction Rahmenbauweise (Stahlbau)
plate girder web Blechträgersteg
plate giving good contrasts kontrastreiche Platte
plate glass Spiegelglas
plate hanger Plattenhalter
plate heat exchanger Plattenwärmeaustauscher
plate holder (magazine) Kassette
plate holder or magazine Plattenmagazin, Plattenwechselkassette
plate impedance Innenwiderstand
plate input Anodenbelastung
plate input power Gleichstromleistung
plate insulator Plattenisolator
plate keying Anodentastung
plate layer Oberbauarbeiter
plate level (theodolite) Alhidadenlibelle, Oberlibelle (Theodolit)
plate lightening arrester Grobblitzableiter, Plattenblitzableiter
plate limiter Anodenbegrenzer
plate load Anodenbelastungswiderstand, Anodenarbeitswiderstand, Anodenwiderstand
plate load resistance Anodenwiderstand (Wert)
plate load resistor Anodenlastwiderstand
plate marking (Druck)plattenherstellung
plate marker Blechanreißmaschine (Schiffsbau)
plate mill Grobblechwalzwerk
plate modulated magnetron anodenmoduliertes Magnetron
plate modulation Anodenmodulation
plate mould Plattenkokille (Stranggießanlage)
plate neon lamp or light Neonflächenglimmlampe
plate neutralization Anodenneutralisation
plate noise Anodenrauschen
plate nut Annietmutter, Flanschmutter
plate of framework Werkplatte
plate of the capacitor Kondensatorplatte, Kondensatorscheibe
plate or refined copper Garscheibe
plate output Anodenausgang
plate peak voltage Anodenspitzenspannung
plate piler Blechstapler (Walzwerk)
plate potential Anodenpotential
plate power Anodenstrom
plate power supply Anodenstromversorgung
plate protector Plattenblitzableiter
plate rail Flachschiene
plate resistance Anodenwiderstand, Innenwiderstand
plate resistor Anodenwiderstand, Innenwiderstand (einer Röhre)
plate return Anodenbasisschaltung, Anodenrückleitung

plate rolling mill Grobblechwalzstraße
plate saturation Anodensättigung
plate scrap Grobblechschrott
plate screw Blechschraube, Plattenschraube
plate seaming machine Blechfalzmaschine (Walzwerk)
plate, semi-circular interlocking halbmondförmige ineinandergreifende Platte
plate shape Plattenschnitt
plate-shaped cathode Flächenkathode
plate shears Blechschere, Tafelschere
plate sounder Klangplattenklopfer
plate space Plattenraum
plate structure Plattenpaket (positiver u. negativer Plattensatz)(Akkumulatorzelle)
plate supply Anodenspeisung, Anodenstromversorgung
plate supply transformer Anodenstromtransformator
plate supply voltage Anodenspeisespannung
plate swing Anodenpendelung, Schwankungsbreite der Anodenspannung
plate tank (circuit) Anodenschwingkreis
plate-to-cathode voltage Spannung zwischen Anode u. Kathode
plate transformer Anodenstromtransformator, Anodenspannungstransformator
plate transition-time angle Anodenlaufzeitwinkel
plate tuning capacitor Kondensator im Anodenschwingkreis
plate turnover device Grobblechwendevorrichtung (Walzwerk)
plate-type oil filter Spaltfilter
plate valve Plattenventil
plate voltage Anodengleichspannung
plate voltage characteristic Anodenspannungskennlinie
plate voltage excursion Anodenspannungsaussteuerung
plate voltage keying Anodentastung
plate voltage modulation Anodenspannungsmodulation
plate with wedge-shaped groove Keilnutplatte
plateau length Plateaulänge
plateau region Plateaubereich
plateau slope Plateauneigung
plateau structure Netzwerkstruktur
plated, to metallisiert, plattiert, metallüberzogen
plated box section Kastenträger (Stahlbau)
plated through hole durchplattiertes Loch, galvanisiertes Durchgangsloch
plated wire glavanisierter Draht
plated wire memory Magnetdrahtspeicher, Drahtspeicher
plated-wire memory system Speichermatrix (Speichersystem aus plattiertem Draht)
platen Druckstück, Gegendruckplatte, Schreibwalze, Preßtisch einer hydraulischen Presse, Tisch einer Fräs- od. Hobelmaschine
platen area Arbeitsfläche
platen control Schreibwalzensteuerung
platen detent Zeilenraste(r)
platen guide plate Schreibwalzenführungsplatte
platen guide shaft Walzenführungswelle
platen latch Walzenverriegelung
platen lock solenoid Walzenbremssolenoid
platen magnet Druckmagnet
platen positioning control Walzenverstellknopf
platen sliding surface Tischführung, Gleitfläche für Tische
platen variable button Walzensteckknopf
platey limestone Plattenkalk
platform accelerometer Plattformbeschleunigungsmeßgerät
platform and service structure Arbeitsbühne und Wartungsgerüst
platform angle Plattformwinkel
platform assembly Lageplattform
platform azimuth alignment accuracy range Azimutgenauigkeitsbereich
platform balance Standwaage
platform body Pritschenaufbau
platform coordinate system Koordinatensystem der Plattform
platform electronics computer subassembly Rechner-Plattformelektronikteil
platform erection error Plattformaufrichtfehler
platform film cooling passage Filmkühlbohrung in der Plattform
platform gimbal motor Kardanrahmenstellmotor (Kreiseltechnik)
platform gimbal system Plattformkardansystem
platform heading Plattformsteuerkurs
platform heat control Plattformtemperaturregelung
platform height, stabilizing jack ensure constant Stützbein für konstante Plattformhöhe
platform instruction Anschauungsunterricht
platform-rigged auf Plattform montiert
platform semitrailer Sattelanhänger ohne festen Aufbau
platform, sophisticated launch... hochentwickelte fliegende Plattform (av)
platform stabilization motor Kardanrahmenstellmotor (Kreiseltechnik)
platform stabilization servo Kardanrahmenstellmotor (Kreiseltechnik)
platform truck and bodies Pritschenwagen mit Aufbau
platform truck trailer Pritschenwagenanhänger
platform width Schaufelfußbreite
platform with gyro using flotation fluid flüssigkeitsgelagerter Kreisel
plating Aufbringen eines galvanischen Überzugs, Beplankung, Metallauflage, Plattierung, Plattierschicht, Plattieren
plating line Plattierstraße, Galvanisierstraße
plating material Plattierungswerkstoff
plating or galvanizing process Galvanisierungsprozeß
plating rack Einhängegestell
platinizing Platinisieren (Oberflächenschutzverfahren für Stahlteile durch Einbrennen von Zinkstaub, ähnlich dem Sheradisieren)
platnium Platin
platnium anode Platinanode
platnium contact bead Platinkontaktperle
platnium contact piece Platinkontaktstück
platnium electrode Platinelektrode
platnium foil Platinblech, Platinfolie
platnium fusion Platinverbindung
platnium group Metalle der Platingruppe

platnium iridium Platiniridium
platnium-plated platinplattiert
platnium-rhodium Platinrhodium
platnium sheet Platinblech
platnium wire Platindraht
platoon boundary Zuggrenze
platoon headquarters personnel or platoon command group personnel Zugtrupp
platoon in wedge formation Zugkeil
platter Verdrahtungsplatte, Aufnahmeplatte, Verdrahtungsfeld
play Aufschlußgebiet (geol), Schürfgebiet (geol), loser Zusammenhang, Partie, Spiel(raum), toter Gang
play around (of flame), to herumzüngeln
playback Abspielen, Rückspielen, Wiedergabe (auf Magnetband gespeicherte Daten)
playback amplifier Wiedergabeverstärker
playback characteristic Wiedergabecharakteristik
playback head Tonabnehmerkopf, Wiedergabekopf
playback loss Abspielfehler, Wiedergabeverlust
playback, to wiedergeben (Daten), abspielen (Magnetband mit Daten)(dv)
playback voltage Lesespannung (Magnetbandgerät, Magnettrommel)(dv)
pleasure flight Vergnügungsflug
pleated filter Faltenfilter
pleated or corrugated hose or tube Faltenschlauch
pleating machine Faltenlegemaschine (Fsch)
plenum chamber Imprägnierkammer, Massekammer, Plenumkammer, Zwischenbehälter (sog. Plenum), Saugkasten, Verdichtungsvorkammer
plenum chamber burning Kaltstrahlverbrennung (PCB), Nebenstromverbrennung
plenum chamber compressor test rig Berührungskammer auf Prüfstand
plenum chamber method Vorkammerverfahren (Glasfaserherstellung)
pleochroic halogen mehrfarbiger od. pleochroitischer Hof
plexiglass of pane Plexiglasscheibe
pliable, to biegbar, biegsam, geschmeidig, knetbar, verformbar (pla)
pliant as silk geschmeidig wie reine Seide
pliant rule Klappmaßstab, Kurvenlineal
plication Faltung einer Lagerstätte (geol)
plied glass filaments gefachte Glasseide
plied yarn gefachtes Garn
plimsoll mark Lademarke
plinth Säulenplatte, Sockelplatte
pliotron Hochvakuumgitterröhre
PLN (flight plan) PLN (Flugplan)
PLN (flight plan message, flight plan without departure message)
plot Bildrandpause, Darstellung, Diagramm, Entwurf, Kurs absetzen, graphisch darstellen, Ortungswert (Radar), Plott
plot against or versus Kurvenwerte auftragen über
plot a well into map Bohrung in Karte eintragen (geol)
plot conversion Umwandlung der Radaranzeige
plot of a mine Markscheideriß
plot or draw a map, to kartieren
plot symbol Plottsymbol
plot the rotor and critical engine loop kritisches Rotor- und Triebwerkparameter (Hschr.-Simulation)
plot, to aufzeichnen, abtragen (zeichnerisch), anreißen (zeichnerisch), hinzeichnen, eintragen (von Wettermeldungen)
plotted fire Planfeuer
plotted trajectory system Flugbahn-Überwachungsverfahren
plotter Kurvenzeichner, Plotter, Planschreiber, Kurvenschreiber, Registriergerät
plotting Abgreifen, Abzeichnen, Eintragen, einzeichnen (auf Karten u. Diagramm), Eintragung (von Wettermeldungen)
plotting board Funktionstisch, Flächenmeßplan, Koppelbrett (nav), Navigationstafel, Kurvenschreiber, Kurvenzeichner, Plotter
plotting chart Arbeitskarte
plotting interval Zeichenintervall
plotting, point punktförmiges Zeichnen
plotting scale Kartierungsmaßstab
plotting station Auswertestelle
plotting table Koppeltisch, Kurvenschreiber, Kurvenzeichner, Plotter
plough truck Schneepflug
plow wire Pflugstahldraht
plowing Rollen eines Wasserflugzeugs
PLRS position location reporting system
PLSS back pack tragbares Lebenserhaltungssystem
PLSS support straps Schultergurt für Lebenserhaltungssystem
PLT program library tape
plug Dübel, Pfropfen, Stecker, Stöpsel (elektr), Lehrdorn, auch kurz für: sparking plug Zündkerze, zupfropfen, zustöpseln, verspunden, Schraubstutzen, Verschlußschieber, Verschlußstopfen, kegelförmige Messerwalze, Klotz, Pflock, Schalterstößel, Steckkontakt, Stift, Zapfen
plug adapter Übergangsstecker
plug and kneading machine Knetmaschine
plug and ring forming Stempelziehverfahren (Folienverformung)
plug and socket Steckverbindung, Steckvorrichtung
plug and socket contact Steckvorrichtung mit Schutzkontakt
plug assist forming Stempelvorsteckverfahren (Folienverformung)
plug a well Bohrung verfüllen
plug back a well Bohrung zurückverfüllen
plug board Programmtafel (für Lochkartenmaschine)(dv), Schaltfeld, Schalttafel, Schaltplatte
plug board control Programmsteckersteuerung, Steckerfeldsteuerung
plug body Stöpselkörper
plug cartridge fuse Steckpatronensicherung
plug clamp Steckklemme
plug connector panel Steckerfeld
plug contact Steckkontakt, Stöpselkontakt
plug couple Zündkerzenthermoelement
plug cover thread Stöpselhülsengewinde
plug fitting Zapfenbeschlag
plug fouling Zündkerzenverschmutzung

plug fuse Patronenstöpsel
plug ga(u)ge Lehrdorn, Kaliberbolzen
plug guide Pfropfenführung
plug handle Stöpselgriff
plug-in Einbau, Einschub
plug-in aerial Aufsteckantenne
plug-in amplifier Einschubverstärker, einsteckbarer Verstärker
plug-in assembly Einsteckteil
plug-in board steckbare Schaltungsplatte, Einsteckkarte
plug-in card Steckkarte
plug-in circuit board steckbare Flachbaugruppe, Steckschaltkarte
plug-in circuit card steckbare Schaltungsplatte
plug-in coil Aufsteckspule
plug-in microcircuit board einsteckbare Mikroelektronikschaltkarte
plug-in modulator electronics elektronisches Steckmodul
plug-in module Einschubmodul, Modulsteckbaugruppe, Steckbaugruppe für ein Modul
plug-in panel Einsteckbediengerät
plug-in pc module steckbare Plattenbaugruppe
plug-in relay Stecksockelrelais
plug-in socket Steckdose
plug-in solid-state electronic Festkörper-Steckelektronik
plug-in switch Steckumschalter
plug-in, test..position Prüfeinbauplatz
plug-in, to den Stöpsel in eine Klinke einführen
plug-in tuner Abstimmeinschub
plug-in type circuit board steckbare Schaltungsplatte
plug-in unit Einsteckteil, Modulsteckbaugruppe, Steckbaugruppe
plug-in valve Steckventil
plug neck Stöpselhals
plug-out connection Ausnahmeanschluß
plug pin Steckerstift
plug plate Steckerplatte
plug, program Programmstecker
plug ring Stöpselring
plug ring wire Stöpselringzuführung
plug set Stöpselsitzplatte
plug selector Stöpsellinienwähler, Stöpselstromwähler
plug sleeve Stöpselhülse, Stöpselkörper
plug socket Ansteckdose, Steckbuchse, Steckfassung
plug switch Klinkenstecker, Stöpsel(um)-schalter
plug system Steckersystem
plug tester Zündkerzenprüfvorrichtung
plug, to verstopfen (A)
plug weld method Schweißmethode (durch Loch u. Rohr)
plug window Fensterabdeckung
pluggable steckbar, versetzbar
plugged bit verstopfter Meißel
plugged choke verstopfte Düse
plugged line verstopfte Rohrleitung
plugger, drill Bohrhammer (Bergbau)
plugging chart Schaltdiagramm, Schaltschema, Schalttabelle, Steckplan
plugging chisel Dreizack
plugging of dry holes Verfüllung von Fehlbohrungen
plugging pores Porenverstopfung
plugs for inspection lamps Stecker für Handleuchten
plumb bob Lotwaage, Senklot
plumb line Lotleine, Lotschnur, Lotrichtung
plumb line level Lotwaage
plumbage Graphit
plumber Rohrschlosser, Bleirohrleger, Installateur
plumber's lead pipe cutter Bleirohrabschneider
plumber's pliers Gasrohrzange
plumber's saddle Lagereisen
plumbing Installationsarbeiten, Rohr(ver)-legearbeiten
plumbing fittings Installationsteile
plumbline collimator reticle Lotablauf-Kollimatorstrichplatte
plummer block Stehlager
plunge-cut grinding Einstechschleifen
plunge of the axis Achseneinfallen, Axialgefälle, Neigung der Achse, (Unter)tauchen der Achse (geol)
plunged hole ausgezogenes Loch
plunger Abstimmkolben, Hochdruckkolben od. Preßkolben bei fließenden Medien (pla), Verriegelungsbolzen (MB-Sitz), Stempel (pla), Plungerkolben, Tauchplatte
plunger coil Tauchkernspule
plunger cylinder Spritzzylinder
plunger displacement Kolbenverdrängung
plunger key Druckknopftaste
plunger molding press Zweikolbenpresse
plunger mould Spritzpreßform (E)
plunger movement Schlägerschaltung
plunger piston or bucket Plungerkolben
plunger pump Plungerpumpe, Tauchkolbenpumpe
plunger relay Tauchkernrelais
plunger solenoid Tauchkernspule
plunger, transfer formgebender Stempel
plunger tube assembly (nose landing gear) Rohr mit Rückschlagdrossel
plunger-type acutator (sensitive switch) Schaltstiftschaltglied, Stiftschaltglied
plunger-type capacitor Tauchkondensator
plunger-type instrument Tauchkerninstrument
plunger-type pump Tauchkolbenpumpe
plunger-type relay Tauchspulenrelais (dv)
plunger-type trimmer Tauchtrimmer
plunging axis eintauchende Achse (geol)
plunging fire Senkfeuer
plural drilling Herunterbringen mehrerer Bohrlöcher eines Ansatzpunktes (Öl)
plural process Mehrfachprozeß
plural scattering Mehrfachstreuung
plus plus, zugleich
plus adjustment Plusberichtigung
plus-and-minus programming Plus-und-Minus-Programmierung
plus hub Additionskontrollbuchse
plus sign Pluszeichen
plus-up time Zugabezeit
plus-zoning Pluszonung (lo)
plush copper Chalkotrichit
plutonic rock plutonisches Gestein, Plutonit, Tiefengestein (geol)

plutonium-and-power reactor Plutoniumerzeugungs- u. Leistungsreaktor
plutonium factory Plutoniumfabrik
plutonium fission Plutoniumspaltung
plutonium-only reactor reiner Plutoniumerzeugungsreaktor
plutonium pile Plutonium(erzeugungs)reaktor
plutonium power plant Plutoniumerzeugungs- u. Leistungsrekator
plutonium-producing period Plutoniumgewinnungsperiode
plutonium reactor Plutonium(erzeugungs)-reaktor
plutonium recycle Plutoniumrückführung
plutonium separation plant Plutoniumtrennanlage
pluviometer Regenmesser (meteor)
ply Falte, Lage, Schicht (geol)
ply rating (tire) Lagenkennziffer (Reifen)
ply separation Schichtentrennung, Schichtenspaltung (E)
plymetal Sperrholzschicht, geschützt an beiden Seiten durch Alu-Blech, Sperrmetall
plywood covering Sperrholzbeplankung
plywood fairing Sperrholzverkleidung
plywood plate Sperrholzplatte
plywood rib Sperrholzrippe
plywood shelter Finnenzelt, Sperrholzzelt
PMM (permanent magnet motor) Motor mit Permanentmagnet
PMPE punch memory parity error
PN (prior notice required) PN (vorherige Meldung erforderlich)
pneumatic durch Druckluft betätigt, pneumatisch
pneumatic actuator pneumatischer Arbeitszylinder
pneumatic air hammer Druck-, Preßlufthammer
pneumatic altimeter barometrischer Hohenmesser (av)
pneumatic blast pneumatische Belastung, Druckluftbelastung
pneumatic boat bridge Schlauchbrücke
pneumatic charger Druckluftlader
pneumatic chipper Preßluftmeißel
pneumatic chuck druckluftbetätigtes Spannfutter
pneumatic chucking Druckluftspannung (w)
pneumatic closure pneumatische Dichtwulst
pneumatic control Druckluftregelung, Druckluftregler, Druckluftsteuerung, pneumatischer Regler, druckluftbetätigte Steuerung, pneumatische Steuerung
pneumatic conveying dryer Rohrtrockner mit pneumatischer Förderung
pneumatic cylinder Luftarbeitszylinder
pneumatic de-icer Druckluft-Enteiser
pneumatic dispatch carrier or container Rohrpostbuchse
pneumatic distributor pneumatischer Verteiler
pneumatic drive Druckluftantrieb, pneumatischer Antrieb
pneumatic effects using a G-suit druckluftbeaufschlagter Anti-g-Anzug (sp)
pneumatic-energy transfer system pneumatisches od. druckluftbetätigtes Übertragungssystem
pneumatic gauging pneumatisches Prüfen (E)
pneumatic governor pneumatischer Regler, Unterdruckregler
pneumatic grease gun Druckluftschmierpresse
pneumatic gun charger Druckluftdurchlader (Geschoß)
pneumatic hammer Drucklufthammer, Preßlufthammer
pneumatic hose Luftschlauch mit Kupplung
pneumatic hydraulic Preßluftvorschub
pneumatic-hydraulic actuator Druckmittelwandler (Hydraulik u. Pneumatik)
pneumatic impact wrench Druckluftschlagschrauber
pneumatic impedance pneumatische od. druckluftbetätigte Impedanz
pneumatic intensifier pneumatischer Druckerhöher
pneumatic jack Drucklufthebevorrichtung
pneumatic method Druckluftmethode (Unterwasserarbeiten)
pneumatic micrometer Druckluftmikrometer
pneumatic motor Druckluftmotor
pneumatic nozzle actuation system pneumatische Schubdüsenstellanlage
pneumatic nozzle control system pneumatische Schubdüsensteueranlage
pneumatic paint sprayer Spritzpistole
pneumatic pick Abbauhammer
pneumatic pick-hammer Druckluftabbauhammer (Bergwerk)
pneumatic pile driver Druckluftramme
pneumatic pillows Pneumatikkissen (statt Luftdruckre fen)
pneumatic pontoon bridge Schlauchbootbrücke
pneumatic position servo pneumatisches Stellgerät
pneumatic post system Rohrpostanlage
pneumatic powder screen Druckluftpuderhammer (emaillieren)
pneumatic power supply Druckluftversorgung
pneumatic pressure switch Druck(luft)schalter
pneumatic prestretch pneumatische Vorstreckung (pla)
pneumatic priority system Vorrangschaltung der Druck(luft)anlage
pneumatic propulsion pneumatischer Antrieb
pneumatic ram pneumatischer Stellzylinder
pneumatic ram-air shut-off valve Not- u. Bodenkühlluftabsperrventil
pneumatic recuperator pneumatischer Vorholer
pneumatic rivet gun Druckluftniethammer
pneumatic riveting Druckluftnietung
pneumatic riveting hammer Druckluftniethammer
pneumatic rod puller Preßluftziehvorrichtung für Bohrgestänge
pneumatic screwdriver pneumatischer Schraubendreher
pneumatic sensing pneumatische Abfühlung
pneumatic services accessibly on ground am Boden zugängliche Druckluftanlagen
pneumatic servo pneumatischer Stell(er)-motor
pneumatic servo mechanism pneumatischer Regelkreis, pneumatisches Servosystem
pneumatic shock absorber Luft/Stoßdämpfer
pneumatic shock strut Öl/Luftfederbein(strebe)
pneumatic skid suspension pneumatische

Gleitaufhängung
pneumatic splint aufblasbare Klammernschiene, pneumatische Schiene
pneumatic start Druckluftanlasser
pneumatic starter Druckluftanlaßvorrichtung
pneumatic strut Öl/Luftfederbein(strebe)
pneumatic suspension system pneumatische Abfederung (Impulsmaschine)
pneumatic switch Druckluftschalter
pneumatic system Druckluftanlage, Kaltgasschubsystem
pneumatic-system grease Schmierfett für Druckluftanlage
pneumatic tamper Druckluftstampfer
pneumatic tank valve Lufteinlaßventil (Minenprüfgerät)
pneumatic tarred car Fahrzeug mit Luftreifen
pneumatic telemetry pneumatische Telemetrie
pneumatic thermostat pneumatischer Thermostat
pneumatic timer pneumatischer Zeitgeber
pneumatic tipping gear (operated from air brake cylinder) Bremsluftkippvorrichtung
pneumatic tire tube Luftschlauch
pneumatic tire valve Reifenventil, Schlauchventil
pneumatic tire wheel luftbereiftes Rad
pneumatic-tired dozer Radplaniergerät
pneumatic-tired roller Gummiradwalze, Vielradwalze
pneumatic tool Druckluftwerkzeug, Preßluftwerkzeug
pneumatic track pneumatische Kette
pneumatic tracked vehicle Kettenfahrzeug mit aufblasbarem Gummipolster
pneumatic trough pneumatische Wanne
pneumatic tube Druckluftschlauch, Preßluftschlauch
pneumatic tube blower Rohrpostgebläse
pneumatic tube central station Rohrpostzentrale
pneumatic tube conveyor system Rohrpostanlage
pneumatic tube flarer Druck- od. Preßluftkelchmaschine
pneumatic tube post Rohrpostanlage
pneumatic-type dozer Reifenplaniergerät
pneumatic-type roller Gummiradwalze, Vielradwalze
pneumatic tyred Luftbereifung
pneumatic-tyred trailer Anhänger mit Luftreifen
pneumatic underwater test Unterwasserluftprobe (Röhre)
pneumatic valve pneumatisches Ventil
pneumatic vent Druckluftentlüftung
pneumatically operated druckluftbetrieben, preßluftbetrieben
pneumatically operated clamp druckluftbetätigter Spannbügel (w)
pneumatically reversible (control)(air motor) luftumsteuerbar
pneumercator Standmesser (Pneumat)
PN junction PN-Übergang
PNP junction transistor PNP-Flächentransistor
PNP point-contact transistor PNP-Spitzentransistor
PNP silicon planar transistor PNP-Silizium-Planar-Transistor
PNP transistor PNP-Transistor
PO (dust devils) PO (Staubwirbel)
poach, to nachstabilisieren (Nitrozellulose), stabilkochen
POB (persons on board) POB (Personen an Bord)
pock (foam) Ausblaser (Formverschäumung) (Schaumstoff)
pocket Ablagefach, Auffangvorrichtung, Basistasche (Fsch), Fangraum, Gaspatrone, Aufnahmeöffnung, Hohlraum (pla-Preßfehler), Kessel (taktisch), Loch, Luftloch (Flugwesen), Netz (in Beton usw), Pore (Beton), Tasche, Sortierfach (Lochkarten)
pocket accumulator Taschenakkumulator
pocket adding machine Kleinaddiermaschine
pocket ammeter Taschenamperemeter, Taschenstrommesser
pocket band Einhalteband (Fsch)
pocket blank Abdeckblech für Aufnahmeöffnung (Ausblasekopf)(Torpedo)
pocket chamber Taschenionisationskammer
pocket chamber-type dosimeter Taschendosimeter, Taschenionisationskammer
pocket compass Taschenkompaß
pocket counter Taschenzähler
pocket deflector spring Kartenabstreiffeder
pocket dosimeter Taschendosimeter
pocket flask Taschenbehälter
pocket flight computer Taschenflugrechner
pocket for a valve steam for a spring Federkammer
pocket grinder Preßschleifer (Papier)
pocket gun Handfeuerwaffe
pocket insulator tester Taschenisolationsmesser
pocket ion chamber Taschenionisationskammer
pocket meter Taschendosimeter
pocket of water Wasserlinse
pocket or resistance Widerstandskessel
pocket plane Taschenhobel
pocket radio receiver Taschenradioempfänger
pocket receiver Taschenempfänger
pocket, reception Ablagefach, Kartenablageschacht, Kartenausgabefach
pocket size Taschenformat
pocket-size voltmeter Taschenvoltmeter
pocket stop contact Fachstoppkontakt
pocket tape recorder Taschentonbandgerät
pocket tracer Taschenprüfgenerator
pocket transmitter Taschensender
pocket voltmeter Taschenvoltmeter
pocketing Gesenkfräsen, Aussparen durch Einzelbefehl
pocketing of valve seats Einschlagen der Ventilsitze durch das Hämmern des Ventils
pod Gondel, Tragflügelstrebe (Tragflügelboot)
pod drag Gondelwiderstand
pod for unguided rocket Behälter für ungelenkte Raketen
pod nacelle Stielgondel
pod with infrared electronic flask unit Behälter mit Infrarotelektronenblitz
podded engine Gondeltriebwerk
podded FLIR (forward looking infrared) behältergestütztes FLIR-System (av)
podded jammer Störsenderbehälter (av)
podded power plant Turboraketentriebwerk mit Gondel

point Ansatz (einer Stiftschraube), Momentendrehpunkt
point, adjustable einstellbares Komma
point angle Spitz(en)winkel (Spiralbohrer)
point blank range Kernschußweite
point blank shot Fleckschuß
point, bubble...of crude Entgasungsbeginn des Erdöls in Lagerstätte (geol)
point clause Rechendezimalpunkteintragung, Rechendezimalpunktklausel (COBOL)
point contact Punktfühung, Spitzenkontakt
point contact diode Punktkontaktdiode, Spitzendiode, Spitzenkontakt
point contact rectifier Punktgleichrichter, Spitzen(kontakt)gleichrichter
point contact transistor Punkt(kontakt)-transistor, Spitzentransistor
point coordinate Punktkoordinaten
point counter tube Spitzenzählerröhre
point defense weapon Punktverteidung
point-designation grid Artilleriepunkttafel
point detection Überwachung der Weichenstellung
point determination in space Punktbestimmung im Raum
point, Didot (equal to 0,3759 mm) topografischer Punkt
point diffusion kernel Diffusionsintegralkern für Punktquellen
point discharge (gap) Spitzenentladung(sstrecke)
point, dropping Tropfpunkt (Schmierfett)
point east Ostpunkt
point effect Spitzenwirkung
point electrode Spitzenelektrode
point emission effect Punktwirkung
point fire Punktschießen
point focal vision or imagery punktuelle Abbildung
point harness, 3- Dreipunktgurtzeug (Fsch)
point, inflection Krümmungspunkt
point junction transistor Spitzenflächentransistor
point lamp Punktlichtlampe
point lattice Punktgitter
point light (ATC) Punktfeuer
point lightning arrester Spitzenblitzableiter
point load punktförmige Last
point machine Weichenantrieb
point of acceptance Übernahmestelle
point of acquisition Erfassungsort (Flugzeug, Schiff)
point of action of resultant aerodynamic force Angriffspunkt der Luftkraftresultante
point of aim Abkommen, Haltepunkt, Visierpunkt (Bombenwurf
point of air burst Luftsprengpunkt
point of application Belastungspunkt
point of application of load Lastangriffspunkt, Lasttangenschnittpunkt
point of appreciation Wirkungspunkt
point of ascent (balloons) Startplatz
point of attachment Ansatzpunkt
point of attenuation Dämpfungspol
point of beam origin Strahlenpunkt
point of (de)calescence Kaleszenzpunkt
point of call Fallpunkt
point of calescence Haltepunkt (Schmelzkurve)
point of closed approach to the moon surface (periselenium) mondnächster Punkt der Flugbahn (Periselenium)
point of compass Himmelsgegend
point of congelation Erstarrungspunkt, Stockpunkt (pla)
point of contact Kontaktstelle
point of departure Abflugsort, Ausgangspunkt, Abflugspunkt
point of destination Bestimmungsort
point of discontinuity of eddy formation Unstetigkeitsstelle, Wirbelpunkt
point of entry Einflugpunkt
point of equal time (PET) Punkt gleicher Zeit (nav)
point of exit Ausgangspunkt, Ausflugsort
point of explosion Schußpunkt (seism), Sprengpunkt (seism)
point of firing pin Schlagspitze
point of first intended landing erster Landeort
point of greatest distance from moon surface (aposelenium) mondfernster Punkt der Flugbahn (Aposelenium)
point of impact Artillerieeinschlag, Einschlagpunkt, Geschoßaufschlag
point of inflection Wendepunkt
point of injection Einschußpunkt (in eine Umlaufbahn)
point of intersection Schnittpunkt (zweier Kurven)(math), Durchschlagspunkt, Kreuzungspunkt
point of intersection of diagonals Diagonalschnittpunkt
point of intersection of principal line with horizon trace Horizonthauptpunkt
point of intersection of the collimating axis Rahmenachsenkreuzpunkt
point of inversion Umwendungspunkt (von plus-zu-minus), Temperaturwechsel (meteo)
point of light, whose brightness is adjustable Lichtpunkt, dessen Helligkeit variiert werden kann (infrarotzielsuche)(av)
point of no return Umkehrgrenze (von plus-zu-minus), Umkehrgrenzpunkt
point of orientation Orientierungspunkt
point of origin (the point where the data originates) Entstehungsort
point of oscillation Schwingeinsatz, Berührungspunkt
point of penetration Einbruchstelle (geol)
point of perspective Perspektivitätszentrum
point of projectile Geschoßspitze
point of reference Basispunkt, Bezugspunkt
point of rupture Sprengstelle, Sprengpunkt
point of safe return Umkehrgrenzpunkt
point of self-oscillation Schwingungseinsatzpunkt
point of separation or burble point Spaltungspunkt
point of setting Untergangspunkt
point of striker of firing pin Schlagbolzenspitze
point of stream line Stromlinienpunkt
point of support Auflagepunkt, Einspannstelle
point of suspension Aufhängepunkt
point of the horizon Horizontalpunkt
point of transfer Übergabepunkt
point particle punktförmiges Teilchen
point performance Punktleistung (AC)
point performance requirement Punktleistungs-

anforderung
point plotting punktförmige Aufzeichnung, punkförmiges Zeichnen
point position Kommastellung, Punktlage
point, pour Stockpunkt (Schmieröl)
point qualifier Zeigerkennzeichner
point, railway loading Eisenbahnverladungspunkt
point, receiving Auffangstation (seism), Empfangsstation (seism)
point, return Rückkehradresse, Rücksprungadresse
point, rollback Wiederholpunkt, Wiederholungsstelle
point, setting Erstarrungspunkt (Schmieröl)
point setting Kommastellung
point shifting Kommverschiebung
point, shot Schußpunkt (seism)
point source Punktquelle
point-source aid Punktnavigationshilfen
point, survey triangulation Triangulationspunkt
point switchboard Meßstellschalter
point target Einzelziel
point thrust class Schubklasse
point-to-point circuit Standleitung, Standverbindung, festgeschaltete Verbindung
point-to-point circuit between regional office and branch office Standleitung zwischen Zweigstelle und Büro
point-to-point circuit for a single-stage concentrator network between regional office and head office Standleitung für ein einstufiges Konzentratornetz zwischen Zweigstelle und Verwaltung
point-to-point communication (ICAO) fester Nachrichtenverkehr, Streckennachrichtenverkehr, Punkt-zu-Punktverbindung, Punkt-zu-Punkt-Nachrichtenübertragung
point-to-point connection Punkt-zu-Punkt-Verbindung
point-to-point long-range transmission Punkt-zu-Punk-Weitverkehr
point-to-point positioning control Einzelpunktsteuerung, Punktsteuerung
point-to-point system Punktsteuerung
point-to-point telegraph circuit Telegraphiestandleitung
point-to-point telephone circuit festgeschaltete Fernsprechleitung, Fernsprechstandleitung
point-to-point telephone connection festgeschaltete Fernsprechverbindung
point-to-point terrestrial cable and microwave link bodengestützte Kabel- und Richtfunkverbindung (av)
point-to-point traffic Standleitungsverkehr, Punkt-zu-Punkt-Verkehr
point-to-point transmission Standleitungsübertragung
point, turning Wendepunkt
point, type size in...s Schriftgröße in Punkten
point value of indent Einzugswert in Punkten
point varnishing Gewindeendpunkt, Fluchtpunkt, Perspektive
point, yielding Fließpunkt, untere Fließgrenze (bei Dehnungsversuchen)
pointed spitz, zugespitzt
pointed bullet Spitzgeschoß
pointed chisel Spitzeisen, Spitzmeißel
pointed copper bit Spitzlötkolben
pointed drill Spitzbohrer
pointed lightening protector Spitzenblitzableiter
pointed-post reticle Zielstachel
pointed screw Spitzenschraube
pointed sight gestrichenes Korn
pointed steel-core Spitzgeschoß mit Stahlkern
pointer Hinweisadresse, Hinweismarke, Kettengabel, Nadel, Stellmarke, Winker, Zeiger(zunge), Zunge des Zeigers
pointer base Zeigerlagerung
pointer deflection Zeigerausschlag
pointer galvanometer Zeigergalvanometer
pointer instrument Zeigerinstrument
pointer, knife-edge Messerzeiger
pointer knob Pfeilknopf
pointer meter Zeigerinstrument
point qualification Zeigerkennzeichnung
pointer qualification symbol Zeigerkennzeichnungssymbol
pointer setting Zeigerstellung
pointer telegraph Zeigertelegraph
pointer-type frequency meter Zeigerfrequenzmesser
pointer-type thermometer Zeigerthermometer
pointer-type wattmeter Zeigerwattmeter
pointer variable Zeigervariable
pointing Anspitzung
pointing of a tap Gewindebohreranschnitt
pointing towel Spitzkelle
pointlike electron punktförmiges Elektron
pointwise stable punktstabil
poison Verminderer des Nachleuchtens, Gift, Neutronenfänger, vergiften
poison effect Vergiftungseffekt
poison, to vergiften
poisoning of a reactor Reaktorvergiftung
poisoning override Vergiftungsausgleich
poisonous effect Vergiftungseffekt
poisonous gas Giftgas
poisonous smoke Giftrauch
poisson bracket Klammerausdruck
Poisson distribution Poisson'sche Verteilung
Poisson's equation Poissongleichung
Poisson's ration Poisson'sche Zahl, Querkontraktionskoeffizient
poker chips in Scheiben zerfallender Schieferton im Bohrkern, Blätterschiefer, dünnblättriger Schieferton
polar adjustment Polarhöhenverstellung
polar air navigation Polarnavigation
polar angle Polarwinkel
polar atlantic air mass polare Atlantikluftmassen (meteor)
polar aurora Polarlicht
polar auroral phenomena Polarlichterscheinung
polar axis Polarachse
polar calotte Polarkalotte
polar cap absorption Wellenabsorption
polar chart Polarkarte (gnomonisch)
polar conic Polarkegelschnitt
polar continental air polare Festlandluftmassen, kontinentale Polarluft
polar continental air mass kontinentale Polarluftmassen
polar coordinate Polarkoordinate
polar coordinate method Polarkoordinatenverfahren (nav)

polar coordinate navigation system (rhotheta system) Polarkoordinaten-Navigationssystem
polar-coordinate tube Polarkoordinatenröhre
polar current Doppelstrom
polar current generator Doppelspannungsgenerator
polar current signalling Doppelstrombetrieb
polar current working Doppelstrombetrieb
polar curve aerodynamische Polare
polar curve or diagram Polarkurve, Polarlinie, Polarschaubild
polar diagram Polardiagramm, Strahlungsdiagramm in Polarkoordinaten
polar distance Poldistanz (eines Gestirns), polare Luftlinienentfernung
polar duplex Doppelstromgegensprechen
polar duplex system Doppelstromgegensprechsystem
polar eddy or vortex Polarwirbel
polar front Polarfront (meteo)
polar gnomonic projection gnomonische Polarprojektion
polar ice cap polare Eiskappe, Polareiskappe
polar low Tiefdruckgebiet an Nord- u. Südpol
polar maritime air maritime Polarluft, polare Meeresluft, polare Warmluftmassen
polar mode Doppelstrombetrieb
polar moment of inertia Flächenträgheitsmoment (Kreisel)
polar navigation Polarnavigation
polar or synchronous equatorial orbit polare und synchrone äquatoriale Bahn
polar orbit polare (Erd)umlaufbahn
polar-orbiting platform polare Plattform (sp)
polar pacific air mass polare Pazifikluftmassen
polar path gyro Polarkreisel
polar platform polare Instrumentenplattform (sp)
polar radiation pattern Strahlungsdiagramm in Polarkoordinaten
polar radius Radiusvektor
polar signal cam Wechselnocken
polar solvent polares Lösemittel (chem)
polar-square-wave voltage Doppelspannung
polar stereographic projection stereographische Polarprojektion
polar tangent Polartangente
polar-to-rectangular resolver Koordinatenwandler für polar- in kartesische Koordinaten
polaris fleet ballistic missile ballistische Marinelenkwaffe "Polaris"
polariser Polarisator
polarity bit Polaritätsbit
polarity, common...storage zentraler Polaritätsspeicher
polarity retention flip-flop Nachführkippe
polarity reversal Polaritätswechsel, Zustandswechsel, Zustandsänderung
polarity reversal termination Polaritätswechselanschluß
polarity storage Polaritätsspeicher
polarity, to reset rückpolen
polarity, to reverse sich umpolen
polarizability Polarisierbarkeit
polarizable polarisierbar
polarization battery Polarisationsbatterie
polarization capacitance Polarisationskapazität
polarization cell Polarisationselement, Polarisationszelle
polarization current Polarisationsstrom
polarization diversity reception Polarisations-diversitybetrieb
polarization, dynamic dynamische Polarisation
polarization effect Polarisationseffekt
polarization ellipse Polarisationsellipse
polarization fading Polarisationsfading, Polarisationsschwund
polarization method Polarisationsverfahren
polarization method re-use of the frequencies Polarisationsverfahren zur Mehrfachausnutzung der Frequenzbänder
polarization microscope Polarisationsmikroskop
polarization of a relay Polarisation od. Vormagnetisierung eines Relais
polarization of light Lichtpolarisation
polarization phenomenon Polarisationserscheinung
polarization photometer Polarizationsphotometer
polarization reactance Polarisations-Blindwiderstand
polarization receiving factor Polarisations-Empfangskoeffizient
polarization selective mirror Polarisationstrennungsspiegel, Spiegel zur Polarisationstrennung
polarization tube Polarisationsröhre
polarization unit vector Einheitsvektor der Polarisation
polarization variations within the basement rocks Polarisationsänderungen innerhalb der Gesteine des Grundgebirges (geol)
polarization voltage Polarisationsspannung
polarize rocket Polarisrakete
polarized dipole modulation polarisierte Aufzeichnung mit Rückkehr nach Null, polarisiertes RZ-Schreibverfahren
polarized neutron polarisiertes Neutron
polarized nucleus polarisierter Kern
polarized particle polarisiertes Teilchen
polarized return-to-zero recording polarisierte Aufzeichnung mit Rückkehr nach Null, polarisiertes Schreibverfahren mit Rückkehr nach Null, polarisiertes RZ-Schreibverfahren
polarizer Polarisator, polarisierende Substanz
polarizing angle Polarisationswinkel
polarizing current Magnetisierungsstrom
polarizing magnet Polarisierungsmagnet
polarizing microscope Polarisationsmikroskop
polarizing potential Polarisationsspannung
polarizing solar or sun prism Polarisationssonnenprisma
pole Pol, Mast
pole arc Polbogen
pole armature Polanker
pole boring apparatus Holzgestängebohrapparat
pole brace Riegel, Verstärkungstraverse
pole changer Polwechsler
pole changing Polumschaltung, Polwechsel, Umpolen, Umpolung
pole-changing connection Polumschaltung
pole changing control Regelung durch Polumschaltung

pole changing control Regelung durch Polumschaltung
pole changing spring Polwechselfeder
pole-changing starter Polumschalter
pole changing switch Polwechselschalter
pole charge (blasting) geballte Ladung
pole clearance Polabstand, Pollücke, Polzwischenraum
pole core of a magnet Magnetkern
pole detector Polungsanzeiger
pole diagram Stangenbild, Stangenplan
pole diagram book Heft mit Stützpunktbildern
pole distance Polabstand, Polentfernung, Stangenabstand
pole earth wire Blitzschutzdraht
pole face Polschuhfläche
pole fender Prellpfahl
pole finding paper Polsuchpapier
pole fittings Gestänge-, Stangenausrüstung
pole footing Mastfuß
pole foundation Mastfundament
pole grounding Stangenerdleitung, Stangenerdungsdraht
pole horn Polkante, Polhorn
pole indicator Polsucher
pole leakage Polstreuung
pole-like object stangenförmiges Gebilde
pole line Gestängeleitung, Stangenlinie
pole location diagram Stangenbild
pole or polar distance Polentfernung, Polweite
pole or post Deviationspfahl
pole paper Polklemmenpapier
pole piece Polstück
pole pitch Polteilung
pole pitch at the commutator Polteilung am Stromwender, Segmentzahl je Pol
pole plate Dachschwelle, Fußrahmen, Polplatte
pole reversal Umpolung
pole-reversing commutator unit Umschaltkollektor
pole step Polschritt
pole strength Polstärke
pole surface Polfläche
pole switch Mastschalter
pole test box Stangenuntersuchungskasten
pole tester Stangenprüfbohrer, Zuwachsbohrer
pole tooth Polzahn
pole top extension Baustangenverlängerungsstück
pole tow Deichselschlepp (av)
pole-type transformer Masttransformator
pole wiring Verdrahtung mit Farbenkennzeichnung für einzelne Leitungen
polectron Polektron (Isolationskunststoff)
poles of similar sign gleichnamige Pole
policies Geschäftspolitik
policiy, insurance Versicherungspolice
polimerization Polymerie, Polymerisation
poling Kappenverzug, Polen, Umrühren
polish notation "polnische Schreibweise" (klammerfrei), Präfixschreibweise
polished aluminium sheet poliertes Aluminiumblech (av)
polished surface Anschliff (Gestein, polierte Oberfläche)
polisher Kaliberbohrer, Schleifer, Schlichtbohrer
polishing gold powder Poliergoldpulver
polishing pad Polierteller
polishing rod and stuffing box Polierstange und Stopfbüchse (Erdölpumpsonde)
polishing rod load Last an der Polierstange
Pollag-Virag writing telegraph Schnelltelegraph nach Pollag-Virag
polling Abrufen, Sendeabruf
polling character Sendeabrufzeichen
polling method Datenabruftechnik
polling mode Anrufbetrieb
polling of terminals Datenabruf (Endstellen)
polling phase Aufforderungsphase (Sendeaufforderung)
polling/selecting mode Aufrufbetrieb
polling signal Datenaufrufsignal
pollute Verunreinigen
pollution abatement facility Entsorgungseinrichtung
pollution control Bekämpfung der Verunreinigung, Entsorgung, Umweltschutz(maßnahmen)
pollution, stream Verunreinigung von Wasserläufen
polyacrylate Polyacrylsäureester
polyaddition Additionspolymerisation
polyatomic mehratomig, vielatomig
polyatomic gas mehratomiges Gas
polybasic mehrbasisch, vielbasisch
polybasic acid mehrbasische Säure
polychromatic polenergetisch, vielfarbig
polychromatic beam polyenergetisches Strahlenbündel
polyconic projection polykonische Projektion
polycrystal Mehrkristall, Polykristall, Vielkristall
polycrystalline aus mehreren Kristallen bestehend, polykristallin
polyenergetic polyenergetisch
polyenergetic neutrons polyenergetische Neutronen
polyester base tape Polyesterband (Magnetband)(dv)
polyester, glass reinforced glasfaserverstärkter Polyester
polyester putty Polyesteretikett
polyester tankage, carries genormter Polyesterbehälter (av)
polyester varnish Polyesterlack
polyethylene Polyäthylen
polyethylene and T.F.E. coaxial cable Polyäthylen u. TFE-Koaxialkabel
polyethylene sheeting Polyäthylenfolie
polygon Vieleck, Mehreck
polygon connection Vieleckschaltung
polygon of forces Krafteck, Kraftpolygon
polyhedral projection Polyederprojektion
polyisobutylene Oppanol
polymer flow constant Fließkonstante des Polymer
polymer series polymere Reihe
polymerization Zusammenlagerung vieler Einzelmoleküle, Schleuderpolymerisation
polymorphic system polymorphes System
polynomial polynom
polynuclear mehrkernig, vielkernig
polyphase alternating current Drehstrom, Mehrphasenwechselstrom, mehrphasiger Wechselstrom
polyphase compound commutator motor Mehrphasenreihen-Schlußmotor mit Be-

grenzung der Leerlaufdrehzahl

polyphase current Mehrphasenstrom

polyphase generator Mehrphasengenerator

polyphase induction motor Drehstrommotor, Mehrphasen-Induktionsmotor

polyphase method Polyphasenverfahren, Polyphasensortieren

polyphase motor Mehrphasenmotor

polyphase oscillator Mehrphasen-Röhrengenerator

polyphase rectifier Mehrphasengleichrichter

polyphase relay Mehrphasenrelais

polyphase series commutator motor Mehrphasen-Reihenschlußmotor

polyphase shunt commutator motor Mehrphasen-Nebenschlußmotor

polyphase synchronous generator Mehrphasen-Synchrongenerator

polyphase system Mehrphasensystem

polyphase transformer Mehrphasentransformator

Polyphem fibre-optic guidance system Lichtwellenleiter gesteuertes System (av)

polyplex method Mehrkanalfrequenzumtastung

polyron rod Mischeisenstab (Antenne)

polysemantic polysemantisch

polysemy, grammatical grammatische Polysemie

polysulfide resin Polysulfidharz, Polysulfidkautschuk

polytechnical education polytechnische Erziehung

polytechnical institute technische Hochschule

polytechnical instruction polytechnischer Unterricht

polytropic polytropisch

polytropic line Polytrope

polyurethane foam, high-temperature hochwarmfester Polyurethanschaum

polyurethane lacquer coating Polyurethanlack

polyurethane top coat in critical area Polyurethandeckanstrich in kritischen Zonen

polyvalence Mehrwertigkeit

polyvalent mehrwertig (chem)

polyvalent number vieldeutige Zahl

ponded groundwater Staugrundwasser

pontoon Brückenkahn, Hohlschwimmkörper, Ponton, Schwimmer

pontoon balk Scherbalken

pontoon bay Pontonstrecke

pontoon bridge Klappbootbrücke, Pontonbrücke

pontoon carrier Pontonwagen

pontoon causeway Pontonlandungsbrücke, Schwimmer

pontoon ferry Pontonfähre

pontoon stage Schwimmsteg

pontoon stowage barge Pontonlagerprahm

pontoon supported auf Ponton gelagert

pontoon supported span Pontonbrücke

pontoon with outboard motor Motorponton

pontooneer Pontonier

pontooning pontonieren

pony masher Maischapparat

pony motor Anwurfmotor

pony truss Halbparabelfachwerkträger

pool Becken, Intressengemeinschaft, Lache, Pfuhl, Pool (gegenseitiges od. gemeinsames Vorgehen mehrerer Unternehmungen), Pufferbereich (EDV), Kanalhaltung, Ölfeld

pool area Poolbereich

pool cathode flüssige Kathode

pool cell chain Poolzellenkette

pool company for candidates of pilot Fluganwärterkompanie

pool, job Auftragswarteschlange

pool management program Poolverwaltung

pool of water Wasserpfütze

pool of paint Farbansammlung

pool organization (routine) Poolorganisation

pool reactor Schwimmbeckenreaktor, Wasserbeckenreaktor

pool rectifier Entladungsgefäß mit flüssiger Kathode, Quecksilberdampfgleichrichter, Ventil mit flüssiger Kathode

pool start address Poolanfangsadresse

pool, to relocated a literal einen Literalbereich absetzen

pool traffic Poolverkehr (av)

pool-type reactor Schwimmbeckenreaktor, Wasserbeckenreaktor

pooled terminations konzentrierte Anschlußschaltung

pooling Konzentrierung

pooling agreement Poolabkommen

pooling of classes Zusammenfassung von Klassen

pooling of equipment Zusammenschluß von Maschinen (dv)

pooling station Sammelstation

poop latern Hecklaterne

poor contact schlechter Kontakt

poor flow geringes Fließvermögen (pla), schweres Fließen (Kunststoff)

poor geometry ungünstige Geometrie

poor in oxygen sauerstoffarm

poor lignite of rescent growth junge geringwertige Braunkohle

poor lime Magerkalk

poor material schlechter, (in seinem Eigenzustand u. zurichtender) Werkstoff

poor or lean gas geringwertiges Gas

poor visibility schlechte Sicht (meteo)

poorly developed distribution network mangelhaftes Vertriebsnetz

pop-back Rückschlag in den Vergaser

pop, centre Körner

pop open, to aufplatzen (Klebstoffprüfung)

pop-out pin (snakeye) Sicherungsstift

pop pressure Öffnungsdruck

pop rivet Dornniet (mittels Aufweitdorn einer Seite einziehbarer Niet für unzugängliche Stellen)

pop, to detonieren, knallen, platzen

pop-up Solostart (Flugkörper), Angriff nach Hochziehen

pop-up attack Angriff nach Kampfsprung

pop-up cup Federwiderlager (am Füllstutzen)

pop-up flight Flugkörperstart aus einem Silo

pop-up hatch Einstiegluke

pop-up launch kalter Start, Katapultstart, Sprungstart

pop-up spring Feder (am Füllstutzen)

pop-up target Klappscheibe

pop-up technique Klappmechanismus (Zielscheibe)

pop-up washer Unterlegscheibe (am Füll-

stutzen)
pop valve Druckentlastungsventil
poppet assembly Ventilkegel, Ventilteller
poppet ball Ventilkugel
poppet ball spring Ventilkugelfeder
poppet guide Ventiltellerführung
poppet valve Tellerventil, Einschieber-Steuerung, Ringventil
poppet valve cylinder Zylinder mit Tellerventil
poppet valve engine Motor mit normalem Tellerventil (im Gegensatz zum Schiebermotor)
poppy meter Poppymeter (am Strahlenüberwachungsgerät)
popular plane Volksflugzeug
populated area bewohntes Gebiet
population Bahnzahl, Bevölkerung, Grundgesamtheit
porcelain ball Prozellankugel
porcelain filter crucible Porzellanfiltertiegel (Analyse)
porcupine Igel (am Mischer), Nadelwalze
porcupine check Plattformabstandsprüfung
pore kleine Öffnung
pore cross-section Porenquerschnitt
pore opening Porenöffnung
pore size Porengröße
pore size distribution Porengrößenverteilung
pore space Porenraum
pore space, intercommutating untereinanderverbundene Porenräume
pore water pressure Porenwasserdruck
pores of a rock Gesteinsporen, Poren vom Gestein (geol)
porosity Porosität, Sprödigkeit, Durchlässigkeit (des Stoffes), Durchlaß
porosity determination of cores Porositätsbestimmung von Bohrkernen
porosity distribution Porenraumverteilung
porosity, fracture Porenraum verursacht durch Spalten u. Haarrisse
porosity, intergranular Porenraum zwischen den Sandkörnern
porous area Konstruktionsöffnung an der Kappe (Fsch)
porous barrier poröse Wand
porous blade wall poröse Schaufelwand
porous cell schwammförmige Zelle
porous lightweight nylon leichtes poröses Nylon
porous membrane poröses, brüchiges Membran
porous outer layer poröses Blech (TB)
porous pot electrode poröse Topfelektrode
porous reactor Reaktor aus porösem Material
porpoise, to pumpen (Flug u. Landung), stampfen
porpoising Pumpen, Stampfen (wellenförmige Bewegung eines Flugbootes beim Landen, zusammengesetzt aus einer Kippbewegung um die Querachse und einer senkrechten Auf- und Abbewegung), Tauchstampfen
port Durchlaß, Kanal, Hafen, Backbord, Öffnung
port clearance Abschubkapazität od. Abtransportkapazität eines Hafens, Hafenabschubkapazität, Hafenabtransportkapazität
port corrector Backbordkorrektor
port dash red lamp control rote Kontrolllampenregelung am Backbordkontrollinstrumentenbrett
port dash UV lamps control UV-Lampenkontrolle am Backbordinstrumentenbrett
port embarkation Verladehafen
port engine Backbordmotor
port engines, to zu den Backbordmotoren
port equipment Hafenausrüstung
port fuel pressure indicator Backbord-Brennstoffdruckanzeiger
port harness and plug linkes Kabelgeschirr und Zündkerze
port inner engine der innere Backbordmotor bei viermotorigem Flugzeug
port lefthand curve Backbordkurve
port light Backbordseitenlicht, Backbordlampe, Backbordleuchte, Bachbordlicht
port loophole embrasure Scharte
port machine Backbordmaschine
port of aerial embarkation Verladeflughafen
port of arrival Ankunftshafen
port of departure Abflughafen
port pressure Gasdruck an der Gaspforte, Gaspfortendruck
port servicing agency Hafenabfertigungsstelle
port signal Backbord(licht)zeichen
port tank to all engines Backbordtank zu allen Motoren
port tank to port engines Backbordtank zu den Backbordmotoren
portability Fahrbarkeit
portable handlich, ortsveränderlich, tragbar, transportabel
portable air sampler tragbarer Luftprobesammler
portable amplifier Kofferverstärker
portable blind pull dimpler gun Warzpistole
portable bomb hoist tragbares Bombenheißgerät
portable bridge Kolonnenbrücke
portable cable measuring set Kabelmeßkoffer
portable counter tragbarer Zähler
portable drilling machine fortbewegliche od. transportable Bohranlage
portable engine fahrbarer Motor
portable fire extinguisher Handfeuerlöscher
portable footbridge beweglicher Steg
portable hoisting winch tragbare Hißwinde
portable hydraulic testing unit transportabler Druckölanlagenprüfer
portable lamp Handlampe
portable life support system autonome lebenserhaltende Anlage, tragbare Versorgungsanlage, transportables Lebenserhaltungssystem
portable life support system (PLSS) control box Bediengerät des tragbaren Lebenserhaltungssystems
portable life support system (PLSS) packs tragbare Lebenserhaltungsanlage (Raumfahrt)
portable light transportables Feuer
portable mini ground station transportierbare Mini-Erdestation (Raumfahrt)
portable motor fahrbarer, transportabler Motor
portable phonograph Koffergrammograph

portable plant bewegliche od. transportable Anlage
portable projector equipment Kofferkino
portable propeller mixer Ekatorührer (Anklemmrührer)
portable pump fahrbare (Benzin)pumpe
portable radio tragbares Funkgerät
portable radio section Tornisterfunktrupp
portable radio telephone set Kleinfunkfernsprecher
portable radio transmitter Kleinsendegerät, tragbares, schwimmfähiges u. wasserdichtes Funksendegerät
portable ramp transportable Ausfahrrampe
portable self-buoyant and water resistant tragbares, schwimmfähiges und wasserdichtes Funksendegerät
portable signal lamp case Blinktornister
portable source tragbare Strahlenquelle
portable surveillance radar for battlefield and reconnaissance tragbares Kampfzonen-Überwachungsradar
portable switchboard Feldklappenschrank
portable thermo dimpler assembly tragbares, transportables Warmwarzgerät
portable X-ray equipment for non-destructive testing tragbares Gerät für zerstörungsfreies Prüfen
porthole Seitendüse, Ochsenauge (Beleuchtung)
portion Abschnitt, Menge, Quantum, Sektion, Teil(abschnitt)
portion of message Funkspruchteil
portrait, integrated integrale Fotographie
ports covered and uncovered by the working piston kolbengesteuerte Schlitze (Zweitakt)
portside antiaircraft gun Backbordflak
POS (primary operating system) GBS (Grundbetriebssystem)
posing of the problem Problemstellung
position Lage, Lochstelle (dv), Planstelle einstellen, Positionieren, Speicherstelle (in einer Zeichenfolge), Stelle (innerhalb der Zeichenfolge od. Wort)(dv)
position according to dead reckoning Koppelstandort
position accuracy, two-dimension zweidimensionale Standortbestimmung (av)
position and attitude data Standort- u. Fluglagedaten
position and homing indicator PHI-Flugwegrechenanlage
position-bound positionsgebunden
position by radio bearings Funkpeilstandort
position change Positionsänderung
position computer Standortrechner
position coupling Platzzusammenschaltung
position coupling key Platz(um)schalter
position data Standortdaten, Platzdaten, Weginformation
position defilade verdeckte Feuerstellung
position, determination of Standortbestimmung
position error Ortungsfehler
position finding Positionsbestimmung, Standortbestimmung
position fix(ing) Standort(bestimmung)
position fortified with concrete emplacements and shelters Bunkerstellung
position grouping key Verbindungsschalter
position gyro Lagekreisel
position, high-order höherwertige Stelle, hohe Ziffernstelle
position light flasher Positionsblinklicht
position light signal Stellungs-Lichtsignal
position line Standlinie (nav)
position, low-order niedrigstwertige Stelle
position marker (ATC) Standort-Markierungssender (Radar), Einflugzeichensender
position of advanced governing forces vorgeschobene Stellungen
position of a fault Fehlerort
position of armature Ankerstellung
position of approach (radar) Anflug mit Radarführung
position of battery Batteriestellung
position of cylinders and number of cylinders another (geom) Abbildbarkeit zweier Zylinderflächen und Anzahl der Zylinderanordnung
position of equilibrium Gleichgewichtslage
position of fuel cross-feed cock Stellung des Brennstoffmehrweghahns
position of maximum illumination Aufhellungslage
position of maximum signal Peilmaximum
position of minimum signal Peilminimum
position of readiness Bereitschaftsstellung
position of record in block Platznummer des Satzes im Block
position of target Abschußpunkt
position of the center Mittelpunktlage
position of the center of gravity Schwerpunktlage
position of the center of pressure Lage des Druckmittelpunkts
position of the map Kartenlage
position of the piece Geschützstand
position of the pointer Stand des Zeigers, Zeigerstellung
position of the sun Sonnenstand
position of the trolley Katzenstellung (des Laufzeugs)(LL)
position of welding Schweißführung
position or radius vector Ortsvektor
position pilot lamp or signal Platzlampe
position plotting Standorteinzeichnung
position pulse Stellenimpuls, Zyklusimpuls
position readouts computation (gliders) rechtweisender Windkurs (Segelflugrechner)
position report (ATC) Standortmeldung
position-reporting procedure Standortmeldeverfahren
position selector switch Stationsschalter (Außenlasten)
position sensor Wegmeßsystem, Lagemeßrichtung, Wegmeßrichtung
position shunt or switch factor Lageaufschaltgröße
position sign Standortzeichen
position signal Lagesignal
position, stratigraphic stratigraphische Stellung
position, subscription Indexposition (ALGOL)
position switch assembly Flügelklappen-Stellungsschalter
position, to in die (richtige) Lage bringen
position transducer Wegmeßsystem, Lage-

position triangle Fehlerdreieck (Standortbestimmung)
position update-latitude and longitude Positionsaktualisierung -Breite u. Länge-
position vector Fahrstrahl, Radiusvektor
position warfare Stellungskampf, Stellungskrieg
positional macro instruction Stellungs-Macroaufruf
positional notation Stellenschreibweise, Stellendarstellung (dig, math)
position representation Stellenschreibweise, Stellendarstellung (dig, math)
position response (IFF)(SSR) Standortidentifizierungsantwort
positional signal (IFF)(SSR) Standortidentifizierungssignal
positionally or geometrically correct lagerichtig
positioner part (of a servo) mechanischer Teil (eines Servos), Steller (eines Regelkreises od. Stellmotors)
positioning Anstellung (Arbeitsstähle), Positionierung
positioning control Einstellsteuerung (dv), Lageeinstellung (nav)
positioning device for leads Vorhalteeinstellung
positioning element Stellglied
positioning error Positionierungsfehler
positioning function Positioniervorgang
positioning, negative negative Positionierung
positioning of flying equipment Positionierung "Fluggerät"
positioning of identification code with velocity vector and aircraft altitude for each plot Zuweisung eines Identifikationscodes zu jeder Radaranzeige mit Geschwindigkeits- u. Höhenmeßwert des Flugzeugs
positioning, positive positive Positionierung
positioning routine Positionierroutine
positioning system Positionier(ungs)system
positioning table Koordinatentische, Positioniertisch
positioning the aircraft accurately for touchdown Flugzeug in Aufsetzposition bringen
positioning time (maximum, minimum average) Positionierzeit
positions transfer print entry Stellenschreibung
positive Plusleistung, ausdrücklich, bestimmt, positiv, vorgeschrieben, zwangsläufig
positive acknowledgement positive Quittung, positive Rückmeldung, Gutquittung
positive acting sicher wirkend
positive acting clutch zwangsläufige starre Kupplung (Klauen- od. Zahnkupplung; im Gegensatz zur Reibungs- od. Flüssigkeitskupplung)
positive-action switches Sprungkontaktschalter
positive air pressure positiver Luftdruck
positive area positives Gebiet, Stromaustrittszone
positive balance Effektivbestand
positive booster Zusatzmaschine
positive caster Nachlauf
positive control in all axes of flight Steuerung in allen Freiheitsgraden (kollektive Blattsteigung)(Flugregler)
positive coupling kraft- u. formschlüssige Verbindung (zweier Teile)
positive dihedral positive V-Stellung
positive direction Wirkungsrichtung (Kraft)
positive displacement positiver Ruderausschlag
positive displacement meter Verdrängungsmesser
positive displacement pump Pumpe der Verdrängungsbauart, volumetrische Pumpe
positive displacement sliding vane pump Drehflügelpumpe
positive distortion Tonnenfehler, Tonnenverzeichnung
positive drive zwangsläufiger Antrieb
positive electron Positron
positive energy balance positive Energiebilanz
positive energy state positiver Energiezustand
positive excess positiver Überschuß
positive feedback Mitkopplung (dv), positive Rückführung (Regeltechnik)
positive feedback voltage Mitkopplungsspannung
positive field Saugfeld, positive Feldeinheit
positive filament terminal positiver Heizfadenanschluß
positive G positive (Massen)beschleunigung
positive gain factor positiver Multiplikationsfaktor (Reaktortheorie)
positive gear-type hydraulic pump Zahnradhydraulikpumpe
positive glow Anodenglimmlicht
positive-grid oscillator Barkhausen-Kurz-Oszillator, Bremsfeldgenerator
positive infinitely variable gear zwangsläufig stufenlos regelbares Getriebe
positive integer positive ganze Zahl
positive ion accelerator Beschleuniger für positiv geladene Ionen, Ionenmassebeschleuniger
positive line Plusleitung
positive modulation Hellmodulation
positive moment positives Drehmoment (gegen Uhrzeigersinn)
positive or rolling moment Quermoment
positive plate Plusplatte, positive Platte
positive pole Anode, Pluspol, positiver Pol
positive positioning positive Positionierung
positive pull-up das Hochziehen (Flz)
positive rake längere Hinterkante
positive rays positive Strahlen
positive rear wing lift auftriebserzeugende hintere Flügelfläche (av)
positive reinforcement positive Verstärkung
positive release Zwangsauslösung
positive restoring mechanische Rückführung
positive rolling moment Rollmoment
positive seat arretierter Sitz
positive seat valve arretiertes Sitzventil
positive stagger Staffelflug
positive stop fester Anschlag
positive sweep Rückpfeilung
positive temperature coefficient positiver Temperaturkoeffizient
positive terminal Pluspol
positive valence positive Valenz od. Wertigkeit
positively actuated zwangsläufig betätigt
positron Positron
positron decay Betazerfall, Positronenzerfall
positron-electron annihilation Vernichtungs-

strahlung, Zerstrahlung
positron emission Betaemission, Positronemission
positron emitter Positronenstrahler
positron radiation Positronenstrahlung
positron radiator Betastrahler, Positronenstrahler
positron theory Beta-, Positronentheorie
positron track Positronenbahn
positronium Positronium
possibility area (SAR) mögliches Unfallgebiet
possibility for future expansion Erweiterungsmöglichkeiten
possible möglicherweise (Lubi)
possible field of application Einsatzmöglichkeit
possible solution Lösungsmöglichkeit
post-accelerating electrode Nachbeschleunigungselektrode
post-acceleration Nachbeschleunigung
post-acceleration voltage Nachbeschleunigungsspannung
post accelerator Nachbeschleunigungsanode, Nachbeschleunigungselektrode
post accelerator voltage Nachbeschleunigungsspannung
post bracket Säulenarm
post brake Schlämmseil-Haspelbremse (Ölförderung)
post calculation Nachkalkulation
post-chlorinated nachchloriert
post-combustion system Nachverbrennungsanlage
post cure Nachheizen (Glas)
post deflection accelerating electrode Nachbeschleunigungselektrode
post edit nachträgliches Modifizieren von Daten
post-editing redaktionelle Nacharbeitung
post-engagement conference Kampfauswertung
post-equalization Nachentzerrung
post exchange nachträglicher Wechsel (eines Gerätes usw)
post exposure Nachbelichtung
post-fermentation Nachgärung (chem)
post flight pilot report Pilotenmeldung nach dem Flug
post flight report Wettermeldung nach dem Flug
post-formed laminated section nachgeformtes Schichtstoffprofil
post-formed mo(u)lding nachgeformtes Schichtstoffteil, nachgeformtes Formteil (pla)
post-forming sheet formbare Schichtplatte, formbare Tafel
post hanger Säulenarmlager, Säulenkonsollager, Säulenträger
post heating Nachheizen (Glas)
post hole Stangenloch
post irradiation day Tag nach der Bestrahlung
post, jack Förderradhauptlagerpfosten
post liming Nachscheidung
post limiter filtering Filterung nach dem Begrenzer
post-locating tab (electron tube retainer) Stiftmarkierungsansatz
post-mortem dump Speicherauszug nach Abschluß des Programmlaufs
post-mortem memory print Kernspeicherauszug nach Programmende, Speicherauszug nach Abschluß des Programmlaufs
post-mortem program Stützpunktprogramm (dv), Post-Mortem-(Fehlersuch)programm
post-mortem routine Post-Mortem-(Fehlersuch)programm (dig)
post-office box Schließfach
post office code Postämtercode, Postämterschlüssel
post-process gauging Messen nach Beendigung des Arbeitsgangs (E)
post-punch read Kontrollesen
post-punch read feature Kontrollesestation
post-punch read station Kontrollesestation
post record or scoring Nachsynchronisierung
post, sampson Bohrschwengelbock
post-script Nachschrift
post-selection Nachwahl
post shrinkage Nachschwindung
post squeezer Säulenpreßformmaschine
post strike analysis Wirkungsanalyse
post structure hole geologische Schürfbohrung, Strukturbohrung
post, substructure Unterbaupfosten
post, swing Schwingpfosten (Bohrung)
post-synchronization Nachsynchronisierung
post tempering treatment Nachbehandlung (Stahl)
post tensioning (prestressed concrete) Verspannung mit nachträglichem Verbund (Bewehrungsstahl)(Spannbetonbau)
post-top luminaire Mastaufsatzleuchte
post-type molding machine Säulenformmaschine
post-weld heat treatment Nachvergütung
post-write disturb pulse Schreibnachimpuls (Magnetspeicher)
postage Briefporto
postal administration Postverwaltung
postal censor office Postüberwachungsstelle
postal check account Postscheckkonto
postal matter Postsache
postal order Postanweisung
postal service Postdienst
postdock Abnahmedock
posterior end Hinterrand
posterior lobe Hinterlappen
postflight information Information nach dem Fluge
postflight inspection Nachfluginspektion
postforming nachträgliche Formung
posting card Buchungskarte
posting control code Buchungskontrollcode
posting error Buchungsfehler
posting, fixed line feste Zeileneinstellung
posting fluid Umdruckflüssigkeit (lo)
posting interpreter Kontenbeschrifter
posting operation Buchungs(vor)gang
postplant Fernübertragung (dv)
postpone aufschieben, hinausschieben, verzögern
postposted issues Buchung nach Ausgabe
postulate Grundvoraussetzung, Postulat, Axiom, als selbstverständlich unterstellen, Forderungen stellen, voraussetzen
posture of force Kräfteverteilung
postvulcanization Nachvulkanisation (unerwünschter Vorgang in vulkanisiertem

Kautschuk)
pot-annealed kastengeglüht
pot-annealing furnace Kastenglühofen
pot core Schalenkern
pot furnace Kesselofen
pot galvanizing Feuerverzinkung
pot life Dauer der Verwendbarkeit, Topfzeit (adh), Verwendbarkeitsdauer
pot, magnet Magnettopf
pot magnet coil Topfmagneterregerspule
pot type joint (Topf)gelenkkupplung
potable water chamber Trinkwasserspeicher
potable water supply emergency program Trinkwasser-Notprogramm
potamology Flußkunde
potash alum Kaliumalaun, Kaliumaluminiumsulfat
potash fertilizer (salt) Kalidünger(salz)
potash-free kalifrei
potash fusion Kaliumschmelze
potash iron alum Kalieisenalaun
potash lye Kalilauge
potash melt Kalischmelze
potash mica Kaliglimmer
potash solution Kalilösung
potassic kalihaltig
potassium aluminium sulphate Kali(um)-alaun, Kaliumaluminiumsulfat
potassium aurobromide Kaliumgoldbromür, Kaliumgoldchlorid
potassium aurocyanide Kaliumgoldcyanür
potassium carbonate kohlensaures Kali
potassium carbonide Kohlenoxydkalium
potassium cartridge Kalipatrone
potassium cell Kaliumzelle
potassium chloride Kaliumchlorid
potassium cobaltcyanide Kobaltzyankalium
potassium cobaltnitrate Kobaltkaliumnitrat
potassium cyanate zyansaures Kali
potassium dichromate Chromkali
potassium ferrisulphate Kaliumeisenalaun, Kaliumferrisulphat
potassium ferroxyanide Cyaneisenkalium, Kaliumeisenzyanid
potassium fluosilicate Kieselfluorkalium
potassium hydroxide Kalilauge, Kaliumhydrat
potassium hydroxide vapor Kalilaugendampf
potassium hypochloride Chlorkali
potassium iodided Jodkalium, jodsaures Kali
potassium iridichloride Kaliumiridiumchlorid
potassium metal Kaliummetall
potassium meta sulphate Kaliummetalbisulfat
potassium nitrate Kalisalpeter
potassium perchloride Kaliumperchlorat, überchlorsaures Kali
potassium permanganate Kaliumpermanganat
potassium permanganate solution Chamäleonlösung
potassium persulphonate überschwefelsaures Kali
potassium phenolate Phenolkalium
potassium platinchloride Kaliumplatinchlorid
potassium silicate Kaliwasserglas, kieselsaures Kali
potassium sodium carbonate Kaliumnitratkarbonat
potassium sulphocyanate Kaliumsulfozyanid
potassium tungstate Kaliumwolframat
potassium vanadate vanadinsaures Kali
potassium xanthogenate xanthogensaures Kalium
potential Potential, Spannungswert
potential antinode Spannungsbauch, Spannungsgegenknoten
potential attractive force of molecule Anziehungspotential des Moleküls
potential barrier Potentialbarriere, Potentialwall, Potentialberg, Potentialschwelle
potential barrier-penetration probability oned ranks Führernachweis im Heer, Wahrscheinlichkeit für die Durchdringung des Potentialwalls
potential cable Spannungskabel
potential causing quadrantal errors Trübungsspannung
potential, contact Kontaktspannung
potential correction vorübergehende Regelabweichung
potential curve Potentialkurve
potential demand Nachfragepotential
potential demand of European airlines Nachfragepotential der europäischen Luftverkehrsgesellschaften
potential diagram Potential(schau)bild
potential difference elektrische Spannung, Potentialunterschied, Potentialdifferenz, Spannungsunterschied, Ausgleichsdruck, Spannungsabfall, -differenz
potential difference ripple Spannungswellen
potential discharge Spannungsstoß
potential divider Spannungsschalter
potential dividing chain Spannungsteilerkette
potential drop Potentialabfall, Potentialgefälle
potential due to hydrostatic pressure hydrostatisches Potential
potential electrode Spannungselektrode
potential energy Energie der Lage, potentielle Energie
potential energy curve Potentialkurve
potential equalization Potentialausgleich (Elektronenröhre)
potential equation Potentialgleichung
potential evaporation mögliche Verdunstung, potentielle Evaporation
potential evatranspiration potentielle Evatranspiration
potential exploration Potential-Untersuchungsverfahren (Lagerstättenaufschluß)
potential flight path marker Markierung für das Flugbahnpotential
potential function Potentialfunktion
potential galvanometer spannungsempfindlicher Galvanometer
potential gradient Potentialgefälle, Spannungsgefälle, Potentialgradient
potential gum mögliche Harzbildung (bei Kraftstoffprüfung)
potential hardness increase Aufhärtbarkeit, Einhärtbarkeit
potential heat potentielle Wärme
potential hill Potentialberg
potential hole Potentialkasten, Potentialmulde
potential instability konvektive Instabilität
potential jump Potentialsprung
potential kill probability potentielle Vernich-

tungswahrscheinlichkeit
potential loop Spannungsbauch, Spannungsschleife
potential market potentieller Markt, Marktpotential (av)
potential minimum Austrittspotentialminimum, Potentialminimum, Spannungsmindestwert
potential-minimum surface virtuelle Kathode
potential, negative Minuspotential
potential node Spannungsknoten
potential of equilibrium Gleichgewichtspotential (bei Sekundäremission)
potential payload Nutzlastpotential (sp)
potential peak period Starklastzeit, Spitzenzeit
potential plateau Potentialerhöhung, Potentialplateau
potential pot Potentialtopf
potential scattering Potentialstreuung
potential short-haul vehicle potentielles Kurzstreckenfluggerät
potential surface Potentialfläche
potential temperature Potentialtemperatur
potential theory Potentialtheorie
potential transformer Spannungstransformator, Spannungswandler
potential trough Potentialnapf, Potentialsenke
potential variation Potentialänderung
potential vortex Potentialwirbel
potential vorticity potentielle Vorticity, potentielle Wirbelstärke
potential well Potentialtopf (Atomphysik), Potentialkasten, Potentialmulde
potential winding Spannungswicklung
potentiality Anwendungsmöglichkeit, Möglichkeit
potentiometer arm Potentiometerschleifer
potentiometer band Potentiometerstreifen
potentiometer braking controller Bremsregler
potentiometer chain Potentiometerkette
potentiometer circuit Kompensator, Potentiometerkreis
potentiometer, coefficient (setting) Festwertmultiplizierer, Koeffizientenpotentiometer
potentiometer command Potentiometersteuerung
potentiometer control Potentiometerregelung
potentiometer controller Kompensationsregler
potentiometer curve Potentiometerkennlinie
potentiometer, layer-type Schicht- u. Drehpotentiometer
potentiometer loading error Potentiometerlastfehler
potentiometer measuring circuit Potentiometermeßkreis
potentiometer method Kompensationsmethode
potentiometer multiplier Servomultiplizierer
potentiometer noise Potentiometerrauschen
potentiometer pick-off Potentiometergeber
potentiometer principle Kompensationsverfahren
potentiometer pyrometer Potentiometerpyrometer
potentiometer recorder Potentiometerschreiber
potentiometer, resolving Sinus/Cosinuspotentiometer
potentiometer resistor Ohm'scher Spannungsteiler, Potentiometerwiderstand
potentiometer rheostat Potentiometerregler
potentiometer set mode Betriebsart "Einstellen des Potentiometers"
potentiometer shaft Potentiometerwelle
potentiometer, sine-cosine Sinus/Cosinuspotentiometer
potentiometer stack Potentiometersatz
potentiometer stroke Potentiometerweg
potentiometer-type pick-off Potentiometerabgriff
potentiometer-type resistor Potentiometerwiderstand
potentiometer-type rheostat Potentiometerregler
potentiometer-type voltage recorder Kompensations-Spannungsschreiber
potentiometer wiper Potentiometerarm
potentiometer, wire-wound Drehpotentiometer
pothead Kabelendverschluß
pothead insulator Einführungsisolator mit Vergußkammer
pothead tail Bleirohrkabelstück zwischen Verzweigungsmuffe und Freileitung
pothead terminal Kabelendmuffe
pothead-type capnut Kapselmutterverschluß
Potier coefficient of equivalence Umrechnungsfaktor nach Potier
Potier diagram Potier-Diagramm
Potier electromotive force Potier-EMK
Potier reactance Potier-Reaktanz
potted vergossen (mit Dichtungsmasse)
potted capacitor Becherkondensator
potted connector vergossener Anschluß
potter-bucky grid Abschirmgitter aus Bleifäden
potters wheel integrator Radintegrator
pottery mine Kohleneisenstein
poultice head cylinder Zylinder mit flachem Verbrennungsraum
pound-foot Fußpfund (Drehmoment)
pound-inch Fußzoll (Drehmoment)
pound, to hämmern, zerstampfen (im Mörser)
poundal Krafteinheit, die der Masse 1lb. die Beschleunigung 1 ft.(sec.2 erteilt (im engl. Maß)
pounded eingeschlagen (von aufeinander arbeitenden Teilen)
pounding of an engine Klopfen eines Motors
pounding of valve seats Einschlagen der Ventilsitze
pour ausgießen, ausströmen lassen, gießen
pour into, to hineingießen
pour off abgießen, dekantieren
pour point Stockpunkt
pour point depressant Zusatz zur Herabsetzung des Stockpunktes
pour test Bestimmung des Stockpunkts
pour water again, to Wasser nachgießen
pourability Schüttvolumen
pourable sealing Vergußmasse
pouring concrete by chute Einbringen des Betons mittels Rutschen
pouring concrete from walkway Einbringen des Betons von einer Laufbühne
pouring-in Eingießung
pouring on Anguß, Kugelanguß (Preßspritzen)
pouring or sprue-opening gate Eingußmündung
powder bag Kartusche, Pulverbündel
powder chamber Kartuschraum, Pulverkammer, Pulverraum
powder charge Pulverladung

powder container Löschpulverbehälter
powder core Staubkern
powder density Schüttgewicht
powder density tester Schüttgewichtsapparat
powder extinguisher vehicle Pulverlöschausrüstung
powder grain Pulverkorn
powder-impulse catapult pulvergetriebenes Katapult
powder magazine Pulvermagazin, Pulverhaus
powder metallurgy Metallkeramik, Sintermetallurgie
powder metallurgy (structural component) Pulvermetallurgie (Fertigungsverfahren)
powder-metallurgy disc Pulvermetallurgie-Turbinenscheibe (Twk)(av)
powder mill Pulvermühle
powder monitor Pulverwerfer
powder pattern Pulverdiagramm
powder pellet Pulversatz
powder rocket Pulverrakete
powder screen Pudersieb
powder sprayer (decontaminating) Pulverzerstäuber
powder temperature thermometer Pulverthermometer
powder, to pulverisieren, zerstäuben
powder train Pulversatz
powder-train ignition Pulverbrennzündung
powdered charcoal Holzkohlenpulver
powdered graphit Graphitpulver
powdered uranium Uranpulver
powdery surface of the moon pulverförmiger Mondboden (Raumfahrt)
power Arbeitsleistung, Energie, Kraft, Leistung, Macht, Mandat, Motorleistung, Motorstärke, Potenz (einer Zahl)(math), Trieb, Vermögen
power accounting Stromabrechnung
power, additional...supply zusätzliche Stromversorgung
power adapter unit Netzanschlußgerät
power-amplification ratio Leistungsverstärkungsverhältnis
power amplifier Endverstärker, Leistungsverstärker
power amplifier tube Endverstärkerröhre, Leistungsverstärkerröhre
power approach Schleppgasanflug, Gasanflug
power-assisted control system Servosteueranlage, Servosteuersystem
power assisted glider Segelflugzeug mit Hilfsmotor
power at altitude Höhenleistung
power available zur Verfügung stehende Kraft
power balance, arc column Bogensäule-Leistungsbilanz
power balance, integration Integrationsleistungsbilanz
power, basic...supply Grundstromversorgung
power bell Starkstromwecker
power board Kraftschalttafel
power boosting Leistungsverstärkung
power brake Kraftbremse
power brake feel (modulator) piston Bremsdrucksimulator
power brake valve Bremsgerät (Baugruppe), Servobremsventil (Bremsgerät)
power-breeder reactor Leistungsbrutreaktor
power bumping Krafthammerbearbeitung
power busbar Kraftschiene
power-by-wire electro-hydrostatic actuator elektrisch betätigtes elektrohydrostatische Stellgerät (Flugregler)
power-by-wire electro-hydrostatic actuator for aircraft flight controls elektrisch betätigtes elektrohydrostatisches Stellgerät für die Steuerflächen von Flugzeugen (flight controls)(av)
power cable Netzkabel, Starkstromkabel
power capacitor Kondensator für große Leistung, Leistungskondensator
power car (airship) Motor(en)gondel
power circuit Arbeitsstromkreis
power closing operation Einschaltbetätigung mit Kraftantrieb
power coefficient Leistungsbedarfszahl, Leistungskoeffizient (der Reaktivität)
power component Wattkomponente, Leistungskomponente
power condenser Kondensator für große Leistung
power connecting plug or socket Kraftsteckdose
power consumer Stromverbraucher
power consuming point Verbraucherstelle
power consumption Energieverbrauch, Kraftbedarf, Leistungaufnahme, Stromverbrauch
power control Leistungskontrolle, Leistungsregelung, Leistungssteuerung
power control actuator Ruderstellglied
power control assembly Kraftsteuergerät
power control input pushrod Eingangsschubstange für Kraftsteuergerüst (Stabilator)
power control lever Gashebel (Kraft-, Stahltriebwerk), Leistungshebel (Twk)
power control manifold Verteiler (Kraftsteuergerät)
power control rod Leistungsregelstab
power control system Kraftsteuer(ungs)-anlage
power control unit Kraftverstärker
power conversion Energieumwandlung
power converter Energiewandler
power cord Anschlußkabel, Netzanschlußschnur
power corrected to standard INA-Atmosphäreleistung, nach INA-Atmosphäre berichtigte Leistung
power-current fuse Grobsicherung, Starkstromsicherung
power curve Leistungslinie
power density Leistungsdichte
power diagram Leistungsdiagramm, Leistungsschaubild
power direction relay Leistungsrichtungsrelais
power dissipation Verlustleistung
power dissipation density Verlustleistungsdichte
power distribution Netzverteilung
power distribution box Stromverteilerkasten
power distribution feature for dual system Netzverteilung für Doppelanlagen
power distribution panel Stromverteilertafel
power distribution system Stromverteilung
power distribution system (440V AC, single-phase, at 20kHz frequency) "Bordsystem" (440-V-Netz mit einphasigem 20-kHz-

Wechselstrom)(Raumstationsenergieversorgung)
power distributor Netzverteiler
power distributor attachment Netzverteiler-zusatz
power distributor rack Netzverteilerschrank
power dive Vollgassturzflug
power-down, to ausschalten
power draw (standby, operational) Leistungs-aufnahme (Bereitschaft, Betrieb)
power drive Kraftantrieb
power driven elevating lever Hebel für den Vertikalselbstgang
power-driven, to mit eigenem Kraftantrieb, kraftgetrieben, mit Kraftantrieb
power drop Leistungsabfall
power during-warn-up Anheizleistung (Schwing-quarzthermostat)
power emission paper U 3/2 Papier, Koordi-natenpapier
power end of the engine Kraftabgabeseite des Motors
power engineering Starkstromtechnik
power equipment Generatoranlage
power evaluation Leistungsbewertung
power expanded in cooling Leistungsaufwand für Kühlzwecke
power extraction Leistungsentzug
power factor Leistungsfaktor, Phasenmeter
power factor capacitance Kapazität zur Verbesserung des Leistungsfaktors
power factor compensation Phasenschieben
power factor indicator Leistungsfaktoranzeiger
power factor meter Leistungsfaktormesser
power factor of a cable Leistungsfaktor, Verlustwinkel
power failure Netzausfall, Starkstromstörung
power failure flag (Ausfall-)Warnzeichen (an Steuerinstrumenten)
power failure point Leistungsausfallpunkt, Motorausfallpunkt
power-failure warning flag Off-Warnzeichen (Stromversorgung)
power-feed selbsttätiger Vorschub, Strom-zuführung
power-feeding (repeater) station speisende Verstärkerstelle
power flash-up Leistungsspitze
power-flight Motorflug
power formula Potenzformel (math)
power frequency technische Frequenz
power fuel Betriebsstoff, Kraftstoff, Treibstoff
power, full große Leistung, voller Kraft-antrieb
power function Potenzfunktion (math), Stufenfunktion
power fuse Grobsicherung
power gain Antennengewinn, Leistungsver-stärkung, Verstärkungsziffer
power gas Kraftgas, Sauggas, Treibgas
power generation equipment Stromerzeugungs-gerät
power generator Stoßgenerator
power gluing fixture Leimgroßvorrichtung
power grid detector Kraftaudion
power hammer Krafthammer, Maschinenhammer
power-handling capacity (Antennen)leistungs-aufnahme, Durchgangsleistung
power haulback inertia reel Servo-Trägheitsrolle
power head Leistungsmeßkopf
power house Kraftstation, Kraftwerk, Maschi-nenhaus
power in aerial circuit Antennenkreisleistung
power increase Leistungssteigerung
power indicator relay Unterspannungsrelais
power-induced noise Starkstromgeräusch
power-induction noise Starkstromgeräusch, induziertes Geräusch
power industry Energiewirtschaft
power input Eingangsleistung, zugeführte Leistung
power interlock Verriegelungssignal der Stromversorgung
power jack Kraftheber
power jet Anreicherungsdüse für Volleistung
power junction box Netzverbindungskasten
power klystron Leistungsklystron
power lead Starkstromzuführung
power let-down Sinkflug bei gedrosseltem Triebwerk
power level Leistungshöhe
power-level control Leistungsregelung
power limitation Leistungsbegrenzung
power-limited performance triebwerkbedingte Grenze der Kurvenleistung (av)
power line Hochspannungsleitung, Netzleitung
power line carrier system Netzleitungssystem
power-line crossing Starkstromkreuzung
power line current Lichtstrom, Netzstrom
power line hum Netzbrummen, Netzton
power loading Leistungsbelastung (Flugzeug)
power loss Spannungsverlust, Verlustleistung
power loudspeaker Groß(flächen)lautsprecher, Kraftlautsprecher
power mains Netz, Starkstromleitung
power-managed jamming system Hochleistungs-störsender
power-management, adaptive adaptive Lei-stungssteuerung (Bordcomputer)
power management and distribution system Leistungsmanagement- und -verteilungsan-lagen (Sonnengenerator)(sp)
power management system Leistungsregel-system
power measuring device Leistungsmeßgerät
power meter Leistungsmesser, Wattmeter
power mixture Kraftmischung
power mode Potenzschreibweise
power nomograph Leistungsnomogramm
power of a prime number Primzahlpotenz
power of a set Mächtigkeit einer Menge (math)
power of absorption Absorptionsfähigkeit, Absorptionsvermögen
power of accomodation Akkomodationskraft
power of expansion or extension Dehn-kraft, Ausdehnungsleistung
power of performance curve Leistungskurve
power of ten Potenz von 10, Zehnerpotenz (math)
power of the reverse thrust tips forward the backs of unoccupied seats durch Ein-schalten der Schubumkehr kippen die Rückenlehnen freier Sitze nach vorne (Flugzeugkonfiguration)(av)
power of two quadratisch (dv), Zweier-potenz

power off Betriebsspannung "Aus", abgeschaltet, ohne Leistung, ausgeschaltet
power-off, aeroplane with Flugzeug mit abgestelltem Motor
power-off caging Feststellen durch Abschalten
power-off landing Autorotationslandung, Landung mit Leerlaufleistung, Landung mit abgestelltem Triebwerk
power-off stall Strömungsabriß bei Leerlaufleistung
power on Betriebsspannung "Ein", laufender Motor, mit Leistung
power on, aeroplane with mit arbeitendem Motor od. Triebwerk (Flugzeug)
power on caging Feststellen durch Einschalten
power-on phase Antriebsphase
power-on stall Strömungsabriß bei ungedrosseltem Triebwerk
power-only reactor reiner Leistungsreaktor
power-operated kraftbetätigt
power-operated brake Servoradbremsanlage
power operation Betätigung mit Kraftantrieb
power or control generator or master oscillator Steuergenerator
power outage Netzausfall, Stromausfall, Energieausfall
power outlet Steckdose
power output Ausgangsleistung (Motor), Leistungsabgabe
power output limitation Leistungsbegrenzung
power output per litre Literleistung
power overlap Kraftabgabe an nächsten Zylinder in der Zündfolge
power pack Hydraulikaggregat, Netzgerät, Netzteil, Stromversorgung(sgerät), Stromversorgungsteil
power package reactor transportabler Leistungsreaktor
power panel Kraftschalttafel, Netzfeld
power pentode (Hoch)leistungspentode
power per unit of displacement Hubraumleistung, Literleistung
power per unit surface Flächenleistung
power pilot Motorflieger
power piping Hochdruckrohrleitung
power plane Motorflugzeug
power plant Kraftwerk, Triebwerkanlage
power plant for telecommunication installation Energiegerät für Fernmeldeeinrichtung
power plant fraction Antriebsgewicht(santeil)
power plant installation Triebwerkeinbau
power plant instrument Triebwerküberwachungsgerät, Triebwerküberwachungsinstrument
power plant performance figure Kraftwerkkennwert
power-plant unit Triebwerkeinheit
power-plus-plutonium reactor Leistungs- u. Plutoniumerzeugungsreaktor
power pod Triebwerkstielgondel
power press Presse (Werkzeugmaschine)
power producing nuclear reactor Leistungsreaktor
power protection Leistungsschutz
power-range Leistungsbereich
power rating Anschlußwert, Nennleistung
power rating class Leistungsklasse
power ratiometer Leistungsverhältnismesser
power reactor core Kern des Leistungsreaktors, Leistungsreaktorkern
power rectifier Leistungsrichter, Netzgleichrichter
power rectifying valve Hochleistungsgleichrichterröhre
power regulation Energieregelung
power regulator Energieregler, Kraftstromregler
power relay Netzrelais, Schaltrelais
power required Kraftbedarf, Leistungsaufnahme
power required across the test Leistungsbedarf während des Versuchs
power required for take-off Abflugleistung, Startleistung, Steigleistung
power required to drive the tunnel notwendige Antriebsleistung für das Windkanalgebläse (Triebwerkprüfstand)
power requirement Anschlußwert, Leistungsbedarf
power requeirements hoher Energiebedarf des Radarsensors (av)
power reserve Energiereserve, Kraftreserve
power resistor Hochlastwiderstand
power saw Kraftsäge
power section Leistungsteil
power series Potenzreihe (math)
power series expansion Potenzreihenentwicklung
power setting Leistungseinstellung
power setting of optimum altitude Nennleistung im optimalen Höhenbereich (optimale Reisefluggeschwindigkeit)
power shear kraftgetriebene Metallschere
power shears Schnittstanze
power shift transmission Kraftschaltgetriebe
power shovel Löffelbagger
power signal generator Leistungsmeßsender
power source Stromquelle (elektr)
power source, to zur Stromversorgung
power, special...supply Sonderstromversorgung
power-specific fuel consumption leistungsspezifischer Kraftstoffverbrauch (TB)
power spectrum Leistungsspektrum
power-speed products (average power dissipated by a circuit times the propagation delay of signal through circuit) Leistungsgeschwindigkeitsprodukt (durchschnittliche Verlustleistung einer Schaltung mal der Dauer des Signalweges durch die Schaltung)
power spindle Antriebsspindel
power stage Kraftstufe (einer der vier Takte), nachgeschaltete Stufe
power standing wave ratio (PSWR) Leistungswelligkeitsfaktor, Leistungsreflektionsfaktor
power steering Hilfskraftlenkung (av)
power stroke Arbeitshub des Kolbens
power substation Umspannwerk
power supply Bordnetz, Stromversorgung
power-supply-and-range counter loop Netzgerät und Entfernungsrechner
power supply signal coder Stromversorgungssignalcodierer
power supply system Starkstromnetz
power supply transformer Stromversorgungstransformator
power supply unit Netzgerät, Netzteil,

Stromversorgungsgerät, Stromversorgungsteil
power supply voltage Netzspannung
power switch Hauptschalter, Leistungsschalter, Netzschalter
power switch group Fahrschalter
power system Kraftanlage
power systems, various verschiedene Stromerzeugungsmöglichkeiten (sp)
power take-off Zapfwelle, Zwischengetriebe
power take-off shaft Antriebswelle, Zapfwelle
power test run Probelauf unter Vollast
power tower initial configuration "Power-Tower"-Konzept (Sonnengenerator)(sp)
power traction Kraftzug
power train Kraftübertragungsteil
power transfer Energieübertragung
power transformer Netztrafo, Netztransformator
power transistor Leistungstransistor, Leistungsübertrager
power transmission Kraftübertragung
power transmission line Hochspannungsleitung, Energieübertragungsleitung, Kraftleitungslinie
power transmission system Kraftübertragungssystem, Starkstromnetz
power transmitter Kraftumlenker
power turbine Arbeitsturbine, Kraftturbine
power traverse selbsttätiger Vorschub (Werkzeugmaschine)
power turbine driven by compressed air Druckluftturbine (av)
power unit Netzgerät, Netzteil, Spannungsversorgungsteil, Stromversorgungsanlage, Triebwerkeinheit
power unit failure Ausfall einer Triebwerkeinheit
power unit inoperative Triebwerkeinheit ausgefallen
power-unit installing platoon Triebwerkmontagezug
power-up einschalten
power-up and down sequence Ein- und Ausschaltreihenfolge
power value Energiewert, Stromwert
power vector Scheinleistungszeiger
power venturi kraftgetriebenes Venturirohr
power-weight ratio Leistungsgewicht
power winding Leistungswicklung
powered aileron kraftbetätigtes Querruder
powered coal combustion Kohlenstaubverbrennung
powered coal operation Kohlenstaubbetrieb
powered-coal storage bin Kohlenstaubbehälter
powered descent and landing manoeuvre Einlenkung in die Abstiegs- u. Landebahn (Raumfahrt)
powered flight Schubflug
powered forms stacker Papierzieh- u. Ablagevorrichtung
powered initiation manoeuvre Abstieg aus der Ellipsenbahn (Raumfahrt)
powered or pulverized-coal firing Kohlenstaubbefeuerung (Walzwerk)
powered or pulverized-coal flame Kohlenstaubflamme (Walzwerk)
powered trajectory Schubflugbahn
powered turntable with a ladder extension Kraftfahrzeugdrehleiter
powered wing Triebflügel
powered wing aircraft Triebtragflächenflugzeug
powered wing concept Triebtragflügelkonzept
powerful leistungsfähig, kräftig, mächtig, stark wirksam
powerful array processor leistungsfähiger Matrixprozessor (FLIR)(av)
powerful position-determining computer system leistungsfähiger Standortrechner (Bordcomputer)(av)
powerful rig schwere Bohranlage
powerful test ergiebiger Test (av)
powerful third stages of the long march leistungsfähige Drittstufe für die Trägerrakete "Langer Marsch"
powerful two-section powered rudder zweiteiliges Seitenruder mit Kraftverstärkung (av)
powerful warhead leistungsgesteigerter Gefechtskopf (milit)
powering two fans with 90 degree thrust deviation Schubbläser mit um 90 Grad ablenkbarem Gasstrahl
P-pulse Stellenimpuls, Zyklusimpuls
PPI (plan position indicator) PPI (Rundsichtanzeigegerät)
PPI approach PPI-Anflug
PPI departure PPI-Abflug
PPI repeater Tochter-PPI-Anzeigegerät, Tochterrundsichtgerät
PPI scan PPI-Darstellung, Rundsichtdarstellung
PPR (prior permission required) PPR (vorherige Genehmigung erforderlich)
practicability Anwendbarkeit, Anwendungsmöglichkeit
practicable annehmbar, ausführbar, brauchbar
practical anwendbar, praktisch (verwendbar)
practical application praktische Anwendung, praktischer Einsatz
practical ceiling praktische Gipfelhöhe
practical chemistry angewandte Chemie
practical design zweckmäßige Formgebung (pla)
practical flying test praktische Prüfung
practical helicopter speed Geschwindigkeitsschwelle (Hschr)
practical range praktische Reichweite
practical science Realwissenschaft
practical stage Betriebsreife eines Geräts
practical wiring diagram Wirkschaltplan
practice Anwendung, Ausübung, Praxis
practice alert Luftschutzübung
practice ammunition Zielmunition, Übungsmunition
practice approach Übungsanflug
practice autorotation Notlandeübung (Hschr)
practice bomb Exerzierbombe, Übungsbombe
practice bombing Bombenwurfübung
practice emergency landing Notlandeübung
practice firing Schießübung, Übungsschießen
practice instrument approach Instrumentenanflugübung
practice instrument landing Instrumentenlandeübung
practice instrument take-off Instrumentenstartübung
practice jumb Übungsabsprung
practice landing Landeübung

practice lead Übungslot
practice low approach Tiefanflugübung
practice low approach, to Niedriganflug durchführen
practice mine Übungsmine
practice or training grenade Übungshandgranate
practice power charge Übungsladung
practice proximity fuze Annäherungszünder für Übungszwecke
practice shell Übungsgranate
practice, to anwenden, exerzieren, üben
practise theis procedures and radar interception Verfahrenstraining für radargestützte Abfangjagd (milit)
Prandtl group or number Prandtl'sche Zahl (aerodyn)
pre... in Zusammensetzungen: vor-, vorher...
preaccelerated vorbeschleunigt
preacceleration pulsing Vorbeschleunigungspulsierung (Teilchenbeschleuniger)
preaccentuation Voranhebung
preacceptance inspection Abnahmevorprüfung
pre-addressed perforated tape voradressiertes Lochband
preadjustment of homing device with respect to the target (guided missile) Voreinweisung
pre-aeration chamber Vorbelüftungsbecken
pre-airdrop procedure Absetzvorbereitung
pre-alert measures Voralarmmaßnahmen
prealignment check Vorabgleichprüfung
preamble Einleitung, Kopf einer Meldung, Präambel
preamplification Vorverstärkung
preamplification transformer Vorverstärkertransformator
preamplifier blanker Vorverstärkeraustaststufe
preamplifier stage Vorverstärkerstufe
prearcing time Ansprechdauer
prearranged call fire vorher vereinbartes Anforderungsfeuer
prearranged channel vorbereiteter Kanal
prearranged message code Code für vereinbarte Sprüche
prearranged support vorgeplante Unterstützung
preassault fire Vorbereitungsfeuer
pre-assemble vorübersetzen
pre-attack phase Vorangriffsphase (Torpedo)
preavis call Gespräch mit Voranmeldung
pre-award audit Prüfung vor Vergabe
prebaked electrode vorgebrannte Elektrode (elektrischer Schmelzofen)
prebaratic chart Bodenwettervorhersagekarte, Luftdruckvorhersagekarte
prebaric chart vorhergesagte Isobarenkarte
preblend Vormischung (Kalandrieren od. Kalandern von Kunststoffen)
prebody, to vorverdicken
pre-bombardement analysis Vorbestrahlungsanalyse
prebreathing Atmungsanpassung (LT,LL) (Rettungs- u. Sicherheitsgerät), Voratmen (LT,LL)(Rettungs- u. Sicherheitsgerät)
prebreathing procedure Atmungsanpassungsverfahren (LT,LL)(Rettungs- u. Sicherheitsverfahren)
prebreathing time Voratmungszeit (LT,LL) (Rettungs- u. Sicherheitsgerät)
prebriefed mission Einsatz mit Voranweisung
prebriefing Flugvorbesprechung
prebuncher Vorbündelungsröhre (Teilchenbündelung)
prebunching Vorbündelung (Teilchenbündelung)
prebunching cavity Vorbündelungsröhre (Teilchenbündelung)
pre-burner cycle Verbrennkammerprinzip (av)
pre-burner engine Verbrennkammertrieb werk (av)
preburner can Rohrvorbrennkammer
pre-cambrian Präkambrium, präkambrisch, Vorkambrium
pre-canceller Löschvorstufe
precanned mission vorgespeicherte Aufgabe
precarious gefährlich, riskant, unsicher
precast concrete Beton für Fertigteile, Betonteile
precast concrete beam Betonfertigbalken
precast concrete column Betonfertigstütze
precast concrete joist Betonfertigdeckenbalken
precast concrete panel Montagebetonwand
precast concrete pile Betonfertigpfahl
precast concrete slab Betonfertigplatte
precast element Fertigteil (Betonbau)
precast slab unit Kassettenplatte
precaution Sicherheitsmaßnahme, Vorsichtsmaßregel, Vorkehrung
precautionary alarm Voralarm
precautionary landing Vorsichtslandung, vorbeugende od. vorsorgliche Landung
precautionary markings Warnmarkierungen
precautionary measures Sicherheitsmaßnahmen, Vorkehrungen, Vorsichtsmaßnahmen
precautionary search vorbeugende Suche
precede, to vorausgehen, den Vorrang haben
precedence Dringlichkeit, Priorität (in Übertragung von Daten u. Nachrichten)(dig, teg), Vorrang(stufe)
precedence call Vorranggespräch
precedence category Vorrangstufe (Spruchschema)
precedence control Prioritätskontrolle, Prioritätssteuerung, Vorrangsteuerung
precedence designation Vorrangbezeichnung
precedence indicator Vorranganzeiger (Gerät)
precedence level Rangstufe, Vorrangstufe
precedence presign Vorrangsbetriebszeichen
precedence rating Dringlichkeitsstufe (der Einheiten), Prioritätsstufe, Vorrangstufe
precedence, right-of-way höchste Priorität
precedence, rule of Vorrangvorschrift (ALGOL)
precedence system Vorrangsystem (beim Durchgeben von Meldungen)
preceding vorausgehend, vorangegangen
preceding aircraft vorausfliegendes Luftfahrzeug
precepts for command and operation Führungsgrundlagen
precess, to präzedieren
precession Genauigkeit, Präzession
precession amplifier Präzessionsverstärker
precession axis Präzessionsachse
precession coil Präzessionsspule
precession of the equinoxes Präzession der Äquinoktien od. Tagundnachtgleichen
precession pickoff, gyro Kreiselpräzessionsabgriff
precession pin Anschlagstift

precession rate Präzessionsgeschwindigkeit
precession torque Präzessionsdrehmoment
precession velocity Präzessionsgeschwindigkeit
precessional force Präzessionskraft (Kreisel)
prechamber compression Vorkammerverdichtung
prechamber compression ignition engine Vorkammer-Dieselmotor
prechambering vorheriger Einbau in Sprengkammern
precharge pressure Fülldruck
precheck switch Vorprüfschalter
precious metal Edelmetall
precious metal assaying Edelmetallprobe
precious metal collector Edelmetallsammler
precious metal refiner Edelmetall(ab)scheider
precipice Abgrund, Gehänge, steiler Abfall
precipitability Fällbarkeit
precipitable abscheidbar, fällbar
precipitant Fällungsmittel
precipitate Fälligkeitsprodukt, Fällungsprodukt, Niederschlag (chem)
precipitate surface charge Oberflächenladung des Niederschlags (chem)
precipitate, to ausfällen (chem), fällen (chem), (sich) ausscheiden, sich übereilen, stürzen
precipitating agent Fällmittel
precipitating ion Fällungsion
precipitation Fällung, Herabstürzen, Niederschlag (meteo), Überstürzen
precipitation area Niederschlagsgebiet, Regengebiet
precipitation bath Fällbad (chem)
precipitation box Fällkasten
precipitation brittleness Alterungssprödigkeit
precipitation echo Niederschlagsecho
precipitation hardening Ausscheidungshärtung, Metallwarmbehandlung, Seigerungshärtung
precipitation hardening alloy aushärtbare Legierung
precipitation heat-treatment Seigerungshärtung
precipitation noise Entladungsstörung
precipitation resistant glass niederschlagabweisendes Glas
precipitation static Entladungsstörung, Funkstörung durch Niederschlag, Niederschlagsaufladung
precipitator Abscheider, Fälltank (chem)
precipitron Präzipitron (amerikanisches Strahlenmeßgerät)
precise bestimmt, genau, präzis
precise azimuth and elevation automatische präzise Höhen- und Seiteninformation (av)
precise mechanical work feinmechanische Arbeit
precise P-code receiver hochgenauer P-Code-Empfänger (Bordcomputer)
precise to form Präzisionsformschmieden
precisely calculated velocity präzise kontrollierte Bedingung (Geschwindigkeit)(av)
precision Genauigkeit(sgrad), Meßgenauigkeit
precision-adjustment drive Feineinstelltrieb
precision adjustment fire genaues Einschießen
precision altimeter Feinhöhenmesser
precision and repeatability of engine control Wiederholungsgenauigkeit (av)
precision approach PAR-Anflug
precision approach aid Präzisionsanflughilfe
precision approach radar (PAR)(ATC) Präzisionsanflugradargerät, Präzisionsradar zur Anflugkontrolle, PAR-Gerät
precision approach runway Präzisionsanflug Start- u. Landebahn (D), Präzisionsflugpiste (S)
precision attitude reference with gyrocompassing auto-alignment Präzisionslagereferenz mit Selbstausrichtung (Gyrokompaß)
precision balance Feinwaage, Milligrammwaage, Präzisionswaage
precision bearing stirrer gland Rührverschlußstopfen für Präzisionslager
precision bombing gezielter Bombenwurf
precision capacitor Meßkondensator
precision carrier-frequency offset Präzisionsoffset der Trägerfrequenz
precision-cast Feinguß
precision-cast turbine part Präzisionsgußturbinenteil
precision casting Präzisionsguß von Nichteisenlegierung
precision casting technology Feingießtechnik (Turbinen)
precision casting technique Präzisionsggußverfahren (Turbinenschaufeln)(Twk)
precision computer-controlled manufacture computergesteuerte Konstruktion und Präzisionsfertigung
precision contact Feinkontakt
precision cover glass Meßdeckglas
precision die-forging (if it is not ultimately a part ready to be fitted to an aircraft straight off the press) **Präzisionsschmiedeverfahren** (heißt ein Bauteil herstellen, das direkt von der Presse kommend seiner Verwendung zugeführt werden kann) (structure components)(av)
precision die-forging method Präzisionsschmiedeverfahren (av)
precision drill for boring connecting rod bearing Pleuellager-Feinbohrmaschine
precision, double doppelte Genauigkeit od. Präzision, doppelter Stellenwert, doppelte Stellenzahl od. Wortlänge, Rangfolge
precision electro-chemical drilling elektrochemisches Feinbohren (ECF)(TB)
precision engineering Feinmechanik
precision fire Präzisionsschießen
precision glide path PAR-Gleitweg
precision hoisting gear Feinhubwerk
precision instrument Präzisionsinstrument
precision-instrument oil Instrumentenöl
precision job Präzisionsarbeit
precision laser target designation präzise Laserzielmarkierung
precision machining Präzisionsbearbeitung
precision measurement Feinmessung
precision measurement equipment Präzisionsmeßgeräte
precision measuring instrument Präzisionsmeßgerät
precision minima PAR-Minima (Anflug)
precision, multiple mehrfache Wortlänge, doppelte Präzision od. Stellenzahl, doppelte Wortlänge
precision navigation circuitry präziser Navi-

gationsschaltkreis
precision noise figure meter Präzisionsrauschzahlmesser
precision or fine mechanics Feinmechanik
precision oscillograph Meßoszillograph
precision part Präzisionsteil
precision point landing Ziellandung
precision pressure sensor Präzisionsdrucksensor (av)
precision radar approach Präzisionsradaranflug
precision radar beacon Präzisionsradarbake
precision range mark Präzisionsentfernungsmarke
precision range mark generator Präzisionsentfernungsmarken-Generator
precision range unit Entfernungsfeinmeßstufe
precision regulator Feinregler
precision resistance for measurement purposes Meßwiderstand
precision resistor Meßwiderstand
precision scale Präzisionswaage
precision scan PAR-Abtastung
precision screw-down adjustment Feinanstellung (Anstellvorrichtung)(Walzwerk)
precision, single einfache Genauigkeit
precision slit Präzisionsspalt
precision spin genau berechnetes Trudeln
precision-stabilized turret präzisionsstabilisierter Turm
precision-surface antenna Präzisionsreflektor
precision sweep Präzisionsablenkung, Feinmeßbasis
precision terminal guidance Präzisionslenkung in der Endphase (av)
precision time Präzisionszeit
precision tracking radar Präzisionsverfolgungsradar
precision trigger Präzisionsauslöseimpuls
precision, triple dreifache Stellenzahl od. Wortlänge
precision tubing Präzisionsröhre
precision velocity Wandergeschwindigkeit
precision voltage reference Präzisionsbezugsspannungsquelle
precision weapons präzisionsgelenkte Kampfmittel
precision work Präzisionsarbeit
precision wound cheese (cross wound) zylindrische Kreuzspule mit Präzisionswicklung
precleaning Vorreinigung
preclude ausschließen, vorbeugen
PRECOM search preliminary communication search
pre-compile vorübersetzen
pre-compounded vorgemischt
preconcentration Vorkonzentration
precooler Vorkühler
pre-cooling tube Vorkühlungsrohr
precut blank vorgestanztes Rohr (pla)
predecessor Vorgänger(muster), Vorgängermodell (Flugzeugtype)
predecode vordecodieren
predeparture check Vorfluginspektion
predesign Vorentwurf
predesign phase Vorentwurfsphase
predesign work Vorentwurfsbearbeitung
predetection filter Vorerkennungsfilter
(Sonar)
predeterminated point on its orbit vorausberechneter Punkt der Umlaufbahn (sp)
predetermination Vorausbestimmung
predetermined breaking point Sollbruchstelle
predetermined landing point vorherbestimmtes Landeziel
predetermined limit Ausgangszustand
predetermined route vorbestimmte Strecke
predetermined total line vorgeschriebene Summenzeile
predetermined track festgelegter Kurs über Grund
predetermined value vorbestimmter Wert
predicate logic Prädikatenlogik
predict, to vorausberechnen, voraussagen (dig), vorhersagen (Wetter)
predicted fire Planschießen
predicted noise level vorausberechneter Lärmpegel
predicting Vorausberechnung
prediction Gesamtvorhaltewert
prediction computer Gesamtvorhalterechengerät
prediction mirror Vorhaltespiegel
prediction of failure Ausfallvorhersage
prediction range servo Vorhalteregelkreis
prediction section Vorhalteteil
prediction technique Voraussageverfahren
predictor Artilleriekommandogerät, Optimalfilter, Voraussager, Zielrechner
predischarge Vorentladung
pre-dissociation Prädissoziation
predock or preface Vorbereitungsdock
predominante height mittlere Höhe (Lubi)
pre-edit Modifizierung des Datenformats vor Verarbeitung
pre-editing redaktionelle Vorbearbeitung
pre-emphasis Präemphase, Vorverzerrung
pre-emplacement das Vorherig-in-Stellungbringen
pre-emptive strike vorbeugender Schlag
pre-enable cam Voraktivierungsnocken
pre-enable distance Vorlaufstrecke
pre-enable switch Vorlaufstreckenschalter
pre-enable, to Sucheinrichtung voraktivieren
pre-engage trim circuit Voreinkuppel-Trimmschaltung
pre-engage trim monitor Voreinkuppel-Trimmüberwacher
pre-engraved rotating band Führungsband mit Zügen und Federn
pre-entry bodies (wedges or cones) vorgelagerte Keile od. Kegel
pre-entry wedge or cone to decelerate to flow vorgelagerter Keil- od. Kegelkörper zur Erzeugung eines schiefen Stoßes (AC)
pre-equipped major component vorgerüstete Hauptbaugruppe
pre-establish vorher festsetzen
pre-evaporator Vorverdampfer (Dampferzeugungsanlage)
pre-exhaust Vorauspuff
pre-expansion chamber Auspuffvorschalldämpfer
pre-expansion gas motion Gasbewegung vor der Expansion (Nebelkammer)
pre-expansion saturation Sättigung vor der

Expansion (Nebelkammer)
pre-expansion track Nebelspur der Expansion
prefabricated cabling vorgefertigte Verkabelung
prefabricated material halbfertiges Fabrikat, Halbfertigfabrikat
prefabricated panels vorfabrizierte Platten
preface Vorbereitungsdock, Vorwort, Vorrede
preferential absorption bevorzugte Absorption
preferential acceleration of the electron bevorzugte Beschleunigung der Elektronen
preferential reflection Reflexion in bevorzugter Richtung
preferential share Vorzugsaktie (komm)
preferred acceptable quality level bevorzugte Annahmegrenzen (Qualitätskontrolle)
preferred orientation bevorzugte Richtung (Metallkunde), Hauptrichtung (Metallkunde)
preferred axis bevorzugte Achse, Hauptachse
preferred number bevorzugte od. irrationale Zahl, Normungszahl
preferred orientation bevorzugte Richtung, Hauptrichtung
prefiring Vorfeuerung
prefiring signal Abschußvorsignal
prefix vorangestellte Kennzeichnung, Vermerk, Vorsatzcode, Präfix
prefix address Vorsatzadresse
prefix notation klammerfreie od. polnische Schreibweise, Präfixschreibweise
prefix numbering scheme offene Kennziffernverteilung
prefix operator Präfixoperator
prefix, standard Standardadressenvorsatz
preflame ignition Vorreaktion im Brenngemisch
preflight vor dem Fluge (in Zusammensetzung)
preflight action Flugvorbereitung
preflight automatic self-test Vorabflug-Selbstprüfung
preflight briefing Flugvorbesprechung
preflight bulletin NOTAM-Kurzfassung
preflight check Abflugprobe (Funkgerät), Vorabflugprüfung, Vorfluginspektion
preflight checkout time Vorabflugkontrolle
preflight de-icing Vorflugenteisung
preflight engine runs Vorflugerprobung der Triebwerke
preflight information Information vor dem Fluge, Vorfluginformation
preflight information bulletin NOTAM-Kurzfassung
preflight inspection Vorfluginspektion, Prüfung auf Flugklarheit (der Maschine), Prüfung auf Flugtauglichkeit (Pilot)
preflight operational planning Flugvorplanung
preflight planning Flugplanung
preflight rating test Vorflugleistungstest
prefolded filter Faltenfilter
preform Vorformling (pla)
preform process Vorformverfahren (Glasfaser)
preform screen Vorformschirm
preform technology Vorformling (TB)
preform, to vorformen, vorschmieden
preformat Vorformatieren
preformated message vorgeformte Meldung
preformatting Vorformatieren
preformed cable vorgeformtes Kabel
preformated precipitate vorgebildeter Niederschlag
preformed sheet vorgestrecktes Folienmaterial
preforming hand method Vorformhandmethode
prefrontal fog präfrontaler Nebel
prefrontal thunderstorm präfrontales Gewitter
preheat lamp Warmstartlampe
preheated granules vorgewärmtes Granulat
preheater Anwärmevorrichtung (Benzinlötlampe)
preheating of the mixture Gemischvorwärmung
preheating torch Heizbrenner
pre-ignition vorzeitige Zündung
pre-ignition Diesel Vorkammer-Diesel
pre-implentation processing Umstellungsverfahren (MB)
pre-installation test Prüfung vor dem Einbau, Voreinbauprüfung
pre-irradiation value Vorbestrahlungswert
prejudice Beeinträchtigung, Nachteil, Voreingenommenheit, Vorurteil
prelanding check Vorlandeprüfung
prelaunch check Vorabschußprüfung
prelaunch countdown Vorabschußprüfung
prelaunch phase Vorstartphase
preliminary action or engagement einleitendes Gefecht
preliminary adjustment Voreinstellung
preliminary ball bearing Kugellager mit Fettkammer für Dauerschmierung
preliminary call einleitender Anruf
preliminary communication search Nachforschung über Flugsicherungs-Fernmeldenetz
preliminary design Vorentwurf
preliminary drawing Entwurfszeichnung, Vorentwurf
preliminary feasibility study Durchführbarkeitsstudie
preliminary flight rating test (PFRT)
preliminary heating Vorwärmung
preliminary machining operation Vorbearbeitung
preliminary mission Vorausaufgabe
preliminary note or preamble Vorbemerkung
preliminary phase Phasenvorlauf
preliminary program vorläufiges Programm, Vorlaufprogramm (dig)
preliminary spectrum Vorspektrum
preliminary stop Vortakt
preliminary study Vorstudie
preliminary technical characteristics vorläufige technische Lieferbedingungen
preliminary technical report allgemeiner technischer Bericht
preliminary test unscharfe Prüfung, Vorprüfung
preliminary treatment Vorbehandlung (Metall)
preliminary troubleshooting Grobstörungssuche
preliminary visit Inspektionsreise
preliminary warning Vorwarnung, vorläufiger Anruf
pre-loaded vorgespannt
pre-loaded ball bearing vorgespanntes Kugellager
premagnetization Vormagnetisierung
premagnetize, to vormagnetisieren
premark vorgedruckte Markierung
premature burst Frühzerspringer, Frühzünder
premature curing vorzeitige Härtung, Vorhärtung
premature disconnection vorzeitige Trennung

od. Unterbrechung
premature ignition Frühzündung, Vorzündung
premature opening vorzeitige Entfaltung (Fsch)
premediation Bedacht mit Voraussicht, Vorbedacht, vorherige Überlegung
premises Grundstück einschließlich Gebäude
premium accounting Prämienabrechnung
premium billing Prämienschreibung
premium billing file Prämienfälligkeitsregister
premium calculation Prämienkalkulation, Prämienrechnung
premium extension Prämienstundung
premium income Prämieneinnahme
premium note Prämienrechnung
premium notice writing Prämienausschreibung (komm)
premium on deposit Prämienguthaben
premium refund Prämienrückvergütung
premium reserve Deckungskapital
pre-mixed vorgemischt
pre-mixed application Untermischverfahren
premodulation clipping or limiting Begrenzung der Impulsspitzen vor der Modulation
pre-moulded wiring Kabelbaum
premonition vorherige Mahnung, Vorwarnung
pre-optive mit Vorwahl (Fsp)
preoscillation current Anschwingstrom
prepaid expenses vorausbezahlte Kosten, Vorausrechnung
preparate for processing, to konfektionieren (pla)
preparation Aufbereitung, Darstellung (chem), Anfertigung, Herstellung, Vorbehandlung (Metall), Vorbereitung(sfeuer)
preparation of drawings Herstellung von Zeichnungen
preparation of tape Herstellung eines Lochstreifens
preparation of the flight progress strips Aufbereitung der Kontrollstreifen
preparation or improvement of a position Stellung einrichten
preparative vorbereitend
preparatory flight Vorbereitungsflug
preparatory launch (PLC) Abschußvorbereitung
preparatory launch command Startvorbereitungskommando
preparatory program vorbereitendes Programm (dig)
preparatory routine vorläufiges Programm, Vorlaufprogramm
preparatory school Vorbereitungsschule
preparatory work Arbeitsvorbereitung
prepare the tape, to Streifen herstellen
prepare, to herrichten, vorbereiten, zubereiten, zurechtmachen
prepared circuit bereitgestellte Leitung (Schweißtechnik)
prepared edge formbereitete Flanke
prepared for action wirkungsbereit
prepared for use streichfertig (Lack, Kunststoff)
prepared launcher bereite Startvorrichtung
prepared position Bereitschaftstellung
prepared surface befestigte Fläche
preparedness Einsatzbereitschaft
preparing for sea Seeklarmachen
prependicular senkrecht, rechtwink(e)lig
preplanned air support vorgeplante Luftunterstützung
preplanned control vorausgeplanter Einsatz (ohne Leitungsverfahren)
preplanned fighter operation vorausgeplanter Jägereinsatz
preplanned support vorgeplante Unterstützung
preplanned target vorausgeplantes Ziel
pre-plasticizing cylinder Vorplastifizierungszylinder
pre-plasticizing method Vorplastifizierungsverfahren
preplug program Steckprogramm (EDV)
pre-plumbed bei Fertigung fest abgestimmt
pre-plumbed system starre Koaxialleitung, starrer Hohlleiterzug
prepositioning Bereitstellung
prepositioning control Einrichtung zur Voreinstellung
prepositioning of stocks Bereitstellung von Vorräten
pre-postated issues Buchung der Ausgaben
pre-posted issues im voraus verbuchte Ausgaben
prepreg process Glasvorimprägnierungsverfahren
prepregs and structural products Hochleistungs-Prepregs und Konstruktionswerkstoffe
prepress lamination vorpressen bei Schichtstoffherstellung
preprint Vorabdruck
preprinted mark vorgedruckte Markierung
preprocessor Vorlaufprogramm (EDV), Vorrechner
preproduction Vorserienfertigung
preproduction aircraft Vorserienmuster
preproduction batch Nullserie
preproduction costs Anlaufkosten
preproduction engine Vorserientriebwerk
preproduction inspection Güteprüfung vor Fertigungsbeginn, Vorfertigungsprüfung, Vorserienprüfung
preproduction lot Nullserie, pilotlos
preproduction machine Vorserienhubschrauber
preproduction model Nullserienmodell, Versuchsmodell, Versuchsmuster, Vorserienmodell
preproduction model vehicle Fahrzeug der Nullserie
preproduction proof Musterprüfung, Prüfung von Musterlosen
preproduction run Nullserie, Versuchsserie
preproduction sample Nullserienprobe, Musterpartie
preproduction series Nullserie, Vorfertigungsserie
preproduction test Musterprüfung, Vorserienprüfung
preproduction test article Nullserienmuster
preproduction test report Vorserienprüfbericht
preprpoduction test sample Vorserienprüfmuster
preprogrammed trajectory vorprogrammierte (Flug)Bahn (sp)
prep-to-ship (PTS) Versandbereitstellung, Versandvorbereitung
pre-pulse trigger Vorimpulstrigger
pre-pulse trigger generator Vorimpulstriggergenerator

prepunched cards vorgelochte Karten
prepunched tape vorgelochter Streifen
prerarefy, to vorverdünnen
preread disturb pulse Lesevorimpuls
preread head Doppellesekopf
prerecorded announcement Dienstnachricht
prerigging stand Rüstwagen
prescribed vorgeschrieben
pre-select, to vorwählen
preselect course vorgewählter Kurs
preselect heading vorgewählter Kurs (automatische Steuerung)
preselected frequency vorgewählte Frequenz
preselection Vorauswahl, Vorselektion
preselection and O-ring circuit Vorauswahl und Mischung
preselection of adjustments Vorwahl der Verstellungen
preselection of flight parameters Voreinstellung von Flugdaten
preselection RF filter Eingangsbandfilter
preselection r-f-stage Hochfrequenzstufe
preselection stage Vorselektionsstufe
preselective vorwählbar
preselector HF-Vorkreis, Vorwähler, Hochfrequenzvorstufe, Vorselektionskreis
presence Anwesenheit, Gegenwart, Vorhandensein
presense unit Vorabfühlungseinheit
presensing Vorabfühlung
presensing brushes Vorabfühlungsbürsten
present altitude gegenwärtige Höhe
present indication are gegenwärtige Anzeigen sind
present parameter vorgegebener Parameter, Vorwegparameter (dv)
present position gegenwärtige Position
present position altitude Höhe über Standort
present position data Ortungswerte
present position datum Ortungswert
present position lateral/long Standort nach Länge und Breite
present position triangle Meßdreieck
present roll/pitch angle Roll/Nickwinkel
present strength gegenwärtige Stärke
present target Meßpunkt (Schießlehre)
present weather gegenwärtiges Wetter
presentation, A-, B-, PPI-, R-, A-Darstellung, B-Darstellung, PPI-Darstellung, R-Darstellung
presentation equipment Darstellungsausrüstung
presentation pattern Schriftbild (eines Druckers)
presentation selector Darstellungswahlschalter
presentation, synthetic synthetische Darstellung
presented in front of his eyes wherever he moves his head Visiersystem das automatisch der Kopfbewegung folgt (Helmvisier)
pre-series WBS Systemkomponenten-Austauschbarkeit (Bordcomputer)
presequenced vorsortiert
preservation Erhaltung, Konservierung, Wahrung
preservation of angles Winkeltreue
preservation of lumber or wood Holzkonservierung, Holzzubereitung
preservation run Konservierungslauf
preservation treatment Schutzbehandlung
preservative Konservierungsmittel
preservative coating Schutzüberzug, Schutzstoff
preservative engine oil Motorkonservierungsöl
preservative lubricating oil Korrosionsschutzöl
preserve beibehalten, einhalten, konservieren, in gutem Zustand erhalten
preserve, to aufheben, eindauen, haltbar machen
pre-service development Versuch vor dem Einsatz
preset conditioning festgelegte Bedingung
preset counter voreinstellbarer Zähler
preset frequency gerastete Frequenz
preset guidance Programmlenkung
preset jamming voreingestellter Störsender
preset level festgesetztes Niveau
preset limit vorgewählter Grenzwert
preset operand Standardparameter
preset option Standardparameter, voreingestellte Version (Wahlbyte)
preset parameter vorgegebener Parameter, Vorwegparameter
preset time Zeitvorwahl
preset time counting zählen mit Zeitvorwahl
preset timer Zeitschaltgerät
preset, to vorher festgelegt, vorher festlegen, vorwählen
preset tool voreinstellbares Werkzeug
presetting stage Vorwählstufe
preshunk cordage vorgeschrumpftes Leinenwerk
presilencer Vortopf
presistence or decay-time of the fluorescent screen Nachleuchtdauer des Fluoreszenzschirms
presizing vorher zurichten (Glasfaser)
presolder dipped von vorneherein im Tauchbad verzinnt
pre-sort vorsortieren, grobsortieren
press drängen, drücken, pressen, stanzen
press agency Korrespondenzbüro, Presseagentur
press aircraft Presseflugzeug
press and flow operation (for forming glassware) Kippverfahren
press and shrink into warm einschrumpfen
press around, to herumpressen, biegepressen
press box or section Preßplatz
press brake Abkantpresse
press-button control Druckknopfsteuerung
press-button switch Druckknopfschalter
press chamber or casing Preßkoffer
press, concave rotary konkav rotierende Druckform
press-down, to herunterdrücken
press fit Preßsitz, Schrumpfsitzpassung
press flat, to plattdrücken
press for dismounting bands form laminated springs Federabziehpresse
press for printing Schreibpresse
press head oberer Pressentisch
press hollow, to hohlpressen
press in, to einpressen
press-locked fastener druckgesicherter Befestiger
press, mechanical mechanisches Pressen
press on, to aufpressen

press out a core from the barrel Bohrkern aus Kernrohr herauspressen od. herausdrücken
press pad (jack) Niederhalter
press piece Preßstück, Preßteil
press platen Preßtisch
press radiotelegram Pressefunktelegramm
press switch to speak Druckschalter zum Sprechen
press-to-open valve federbelastetes Ablaßventil
press-to-talk button Sprechknopf
press-to-talk button or switch Sprechtaste
press-to-talk connector Steckverbindung für Sprechknopf
press-to-test facility Funktionsprüfeinrichtung
press-to-test indicator light Anzeigelampe für Fadingprüfung, Anzeigeleuchte mit Taster
press type broaching machine Stoßräummaschine, Stoßräumpresse (A)
press-type core machine Kernpresse
press valve federbelastetes Ablaßventil
press welding Preßstumpfschweißen
press-when-setting-zero button Druckknopf für Nulleinstellung (Feuerleitanlage)
presscasting Preßguß
pressed coal or piece Preßling
pressed glass (base) Preßglas(sockel)
pressed mica Preßglimmer
pressed part Preßteil
pressed sheet gepreßte Folie (pla)
pressed, stamped and drawn parts Preßteile, Stanzteile, Ziehteile
pressed steel wheel Preßstahlrad
pressing Drücken, Pressen, Spielplatte, Stauchen
pressing-in tool, hydrostatic value Membraneindruckvorrichtung (Torpedo)
pressing screw Druckschraube
pressing technique Stanzereitechnik
pressing wheel Abdrehrädchen
pressure, absolute absoluter Druck
pressure adjusting bolt Druckregulierungsschraube
pressure adjusting screw Kompensatoreinstellschraube (Hydraulikpumpe)
pressure altimeter Druckhöhe (Höhe über Normal-Bezugsebene)
pressure altitude Druckhöhe (Höhe über Normal-Bezugsebene), Prallhöhe
prssure/altitude digital converter Druck/Höhe-Digitalkonverter
pressure amplitude Druckamplitude
pressure angle Zahneingriffswinkel
pressure, annulus Ringraumdruck
pressure-applying period Andruckzeit bei Schweißmaschinen
pressure area Druckfläche (Fsch), Druckgebiet
pressure baffle Druckleitblech
pressure balance Druckausgleich
pressure-balanced mit Druckausgleich
pressure behind the shock wave System zum Druck hinter dem Verdichtungsstoß
pressure-board mine Druckbrettmine
pressure bottle Druckbehälter
pressure, bottom hole Druck an Bohrlochsohle, Sohlendruck
pressure, bottom hole flowing Fließdruck an Bohrlochsohle
pressure build-up Druckstauung
pressure bulkhead Druckschott
pressure, bursting...of pipe Rohrsprengdruck
pressure but weld I-Naht
pressure but welding Preßstumpfschweißen
pressure cabin Druckkabine (Höhenflugzeug)
pressure, casing-head Druck am Bohrlochkopf, Bohrkopfdruck
pressure casting Preßguß
pressure center Druckzentrum, Luftdruckzentrum (meteo)
pressure chamber Druckkammer
pressure chamber double flooring for air conditioning plant Druckkammerdoppelboden für Klimaanlage
pressure chamber loudspeaker Druckkammerlautsprecher
pressure chamber speaker system with sound horn Druckkammersystem mit Schallrohr
pressure change Luftdruckänderung (meteo), Druckänderung (Druckkammer)
pressure change chart Druckänderungskarte (meteo)
pressure changes Druckänderungen, Druckschwankungen (meteo)
pressure chart Druckkarte (meteo)
pressure, circulating Spülungsdruck
pressure, cold water test Kaltwasserprüfdruck
pressure, collapsing Einbeuldruck
pressure, compaction Gebirgsdruck (geol)
pressure compensating valve Druckausgleichsventil
pressure compensator Druckregler (Kompensator)
pressure contact Druckkontakt
pressure contour line Isophyse, Höhenlinie gleichen Drucks
pressure contour map Drucklinienkarte
pressure control, accurate genaue Druckregulierung
pressure control equipment Druckregelausrüstung
pressure control line Steuerdruckleitung
pressure-controlled sensing valve druckbetätigtes Umsteuerventil
pressure controller Druckkontrollgerät
pressure controller, digital digitales Druckprüfgerät
pressure cooling Druckbelüftungskühlverfahren
pressure cup Druckkappe
pressure datum Druckbezugswert
pressure decline Druckabfall
pressure decline in the reservoir, steady stetiger Abfall des Lagerstättendrucks (geol)
pressure decrease Druckabnahme
pressure decreasing warning lamp Warnlampe für Druckabfall
pressure defined chamber Kammer für variablen Druck
pressure delay unit Druckverzögerer
pressure demand regulator Bedarfsregler für lungenautomatische Druckatmung
pressure demand system lungenautomatische

Druckatmungsanlage
pressure-dependent druckabhängig
pressure die-cast component Druckgußteil
pressure die-cast component in nonferrous metals Druckgußteile aus NE-Metallen
pressure differential Druckunterschied, proportionaler Differenzdruck
pressure, differential Differenzdruck
pressure, discharge Ausfließdruck, Ausströmungsdruck
pressure distribution Druckverteilung
pressure distribution over rear of body Druckverteilung am Hinterkörper (aerodynamisch)
pressure doubling Schalldruckverdopplung
pressure drop Druckabfall
pressure drop curve Druckabfallkurve
pressure drop through pipe friction Druckabfall durch Reibung an Rohrwandung
pressure dropping Druck fällt od. sinkt
pressure element Druckmeßzelle
pressure equilibrium Druckgleichgewicht
pressure, equalization of Druckausgleich
pressure, equalize the Druck ausgleichen
pressure equalizer Druckausgleicher
pressure equalizing plate Druckplatte, Druckausgleichplatte
pressure falling rapidly Druck fällt schnell
pressure-feed lubrication Druckschmierung
pressure feed pump Öldruckpumpe
pressure field Druckfeld
pressure filling connection Druckfüllanschluß
pressure filter Druckfilter
pressure filter chamber Druckfilterkammer
pressure filter cover Druckfilterdeckel
pressure filter element Druckfilterelement
pressure, final Enddruck
pressure firing device Druckzünder
pressure flap Druckventilklappe (Luftschiff)
pressure, flowing Druck bei geöffnetem Schieber, Fließdruck
pressure fluctuation, high-frequency hochfrequente Druckschwankung (av)
pressure fluctuations Druckschwankungen
pressure forging Stauchen
pressure, formation Formationsdruck (geol)
pressure forming Formstanzen (pla), gebogenes Fassonteil stanzen
pressure flow constant Rückdruckkonstante, Rückflußkonstante
pressure from a nitrogen bottle Druckstickstoff
pressure gas producer geblasener Gaserzeuger
pressure gate Andruckfenster
pressure ga(u)ge Federlehre, Manometer, Druckmeßkapazität
pressure gauge pointer Manometerzeiger
pressure gauge stopcock with air discharge Manometerabsperrhahn mit Entlüftung
pressure gauge testing machine Manometerprüfapparat
pressure gauge valve Manometerventil
pressure governor Druckregler
pressure gradient Druckgradient (aerodynamisch), barometrisches Gefälle (meteo), Luftdruckgradient (meteo)
pressure gradient microphone Druckgradientmikrophon
pressure guide (An)druckschiene
pressure head Staudruckmesser (aus Pitotrohr u. statischem Druckmeßrohr)
pressure head and compensated static vents flexible pipe connector Druckmeßsonde und kompensierte statische Rumpfbohrung
pressure head heater Staurohrheizung
pressure height Druckhöhe, wo Gaszellen des Luftschiffs od. Ballons voll sind
pressure-height chart Druckhöhenkarte
pressure, high internal fluid hoher Innenflüssigkeitsdruck
pressure hose Druckschlauch
pressure, hydrostatic test Wasserprüfdruck
pressure igniter Druckzünder
pressure increase Druckanstieg, Druckerhöhung
pressure increasing warning lamp Warnlampe für Druckanstieg
pressure, initial reservoir Anfangslagerstättendruck (geol)
pressure in terms of millimeter of mercury Quecksilberdruck, Quecksilbersäulendruck in Millimeter
pressure in the forehead Stirndruck
pressure in the tail pipe Druck im Schubrohr
pressure intensifier Druckerhöher
pressure junction block Druckverteiler
pressure level Druckfläche, Druckniveau
pressure-limiting valve Höchstdruckventil, Maximaldruckventil
pressure line Druckleitung, Eingriffslinie (Zahnrad)
pressure line of position Druckstandlinie
pressure line solenoid valve Solenoidventil der Druckleitung
pressure load Druckbelastung
pressure loss due to friction durch Reibung verursachter Druckverlust
pressure, loss of Druckverlust
pressure lubrication Druckschmierung
pressure maintenance Aufrechterhaltung des Drucks, Druckaufrechterhaltung
pressure manometer Druckmanometer (aerostatisch)
pressure, maximum working Höchstarbeitsdruck
pressure measurement Druckmeßanlage
pressure microphone Druckmikrophon
pressure, mill test Werkprüfdruck
pressure-mounted druckmontiert
pressure-mounted crystal druckmontierte Quarzscheibe
pressure mounting Druckhalterung
pressure, mud Spülungsdruck (Ölbohrung)
pressure, mud pump Spülpumpendruck (Ölbohrung)
pressure nozzle Druckdüse
pressure of a fluid Flüssigkeitsdruck
pressure of air in the annulus Luftdruck im Ringraum (TB)
pressure of expanding trade Druck des expandierenden Handels (komm)
pressure of foundation soil Baugrundpressung
pressure of gear-tooth profile Eingriffswinkel der Zahnflanke
pressure of light Lichtdruck
pressure of the bit on bottom Bohrdruck
pressure oil unit ölhydraulische Regelvorrichtung

pressure-operated valve durch Druck betätigtes Ventil
pressure, operating Betriebsdruck
pressure or altitude chamber Höhenraum
pressure or hole-down plate Preßplatte
pressure, original saturation ursprünglicher Sättigungsdruck (geol)
pressure, osmotic osmotischer Druck
pressure pad Preßkissen, Druckkufe
pressure pattern Druckflächensystem
pressure pattern field Luftdruckfeld (meteo)
pressure pattern flying Fliegen nach Druckflächen, Aerologation, barometrische Navigation
pressure-pattern navigation barometrische Navigation, Druckflächennavigation
pressure per unit area Flächendruck
pressure pipe Druckrohr
pressure pipe from vacuum pump Druckleitung von Sog- od. Saugpumpe
pressure piping Druckleitung, Druckrohr
pressure piston ring Gasring (Kolben)
pressure-plank mine Druckbohlenmine
pressure plate Andruckplatte (Foto), Druckplatte (Bremse)
pressure, pore water Porenwasserdruck (geol)
pressure port Druckanschluß
pressure pulsations Druckschwingungen
pressure, pump Pumpendruck
pressure pump Hubpumpe, Druckpumpe
pressure pump gears integral with spindles Druckpumpengetriebe fest verbunden mit Spindeln
pressure-raising valve Druckaufbauventil
pressure rake in fluid flow Rechen, Zaun
pressure rating Druckübertragungsmaß, elektrostatisches Übertragungsmaß
pressure ratio Bläserdruckverhältnis, Druckquotient
pressure ratio control unit Druckverhältnisregler
pressure ratio limiter Druckverhältnisbegrenzer
pressure ratio sensing Druckverhältnisabfühlung
pressure ratio sensor Druckquotientenfühler
pressure ratio switch Druckverhältnisschalter
pressure ratio transducer Druckquotientengeber, Druckverhältnisgeber
pressure ratio unit Druckverhältnisregler
pressure recorder Druckregistriergerät
pressure reducer valve Druckmindererventil, Druckreduzierventil, Druckminderungsventil
pressure reduction Druckerniedrigung, Druckverminderung
pressure refueling Druckbetankung
pressure refueling and transfer manifold Druckbetankungs- u. Umfüllverteiler
pressure region Staugebiet
pressure regulating valve Druckregelventil
pressure regulator Druckregler
pressure regulator flow control valve Druck- u. Druckflußregler
pressure regulator valve Druckreglerventil
pressure-relief operation Überdruckablaßsteuerung
pressure relief valve Druckmindererventil, Druckreduzierventil, Sicherheitsventil, Überdruckventil, Druckbegrenzerventil
pressure relief vent Überdruckaustritt
pressure relieving valve Druckentlastungsventil
pressure replacement Druckwiederaufbau
pressure response Druckempfindlichkeit, Druckübertragungsfaktor, elektroakustischer Übertragungsfaktor
pressure-responsive druckabhängig
pressure-responsive displacement druckgesteuerte Fördermengenregelung
pressure-responsive element druckempfindliches Element
pressure-responsive valving Ausrüstung mit druckgesteuerten Ventilen
pressure restoration Druckwiederaufbau
pressure return pipe from engine to cooler or oil tank Druckrücklaufleitung vom Motor zum Kühler und Öltank
pressure ring Verdichtungsring
pressure rise Druckanstieg
pressure rising Drucksteigung, Druck steigt
pressure rising rapidly Druck steigt schnell
pressure, rock Gebirgsdruck (geol)
pressure roll Andruckwalze, Papierandruckrolle
pressure roller Andruckrolle
pressure, saturation Sättigungsdruck (geol)
pressure scale barometrische Skala (Höhenmesser)
pressure screw Hebeschraube
pressure selector spool valve Kompensatorsteuerschraube (Hydraulikpumpe)
pressure sensing device Druckfühler
pressure-sensitive klebefertig, selbstklebend
pressure-sensitive adhesive Haftkleber
pressure-sensitive adhesive film klebefertige Kaschierfolie (pla)
pressure-sensitive adhesive tape Trockenklebeband, Selbstklebeband, Klebestreifen
pressure sensitivity Druckempfindlichkeit, Druckübertragungsfaktor
pressure, shunt-in Druck bei geschlossenem Schieber, Sperrdruck
pressure side Druckseite (Lader)
pressure sphere Staukugel
pressure shift of spectral lines Druckverschiebung der Spektrallinie
pressure shock Druckstoß
pressure spray nozzle Zerstäuberdüse (pla)
pressure spectrum level Pegel des Schalldruckspektrums
pressure, static statischer Druck
pressure stirrup Druckbügel
pressure storage device Druckspeichereinrichtung
pressure suit Druckanzug (Höhenflug)
pressure surface Druckseite (Tragfläche)
pressure switch Kontaktschalter, Schalter mit Druckantrieb
pressure switch problem Druckschalterproblem
pressure system Drucksystem, Luftdrucksystem (meteo)
pressure tensor Drucktensor
pressure test Abdrücken (zur Dichtigkeitsprüfung von Tanks usw)
pressure test in bore holes Druckversuch in Bohrlöchern
pressure test for static and dynamic statisch-

dynamische Tests (av)
pressure-tight glands druckdichte Führungsbuchsen
pressure tightness Druckdichte
pressure, tire-inflation Reifenluftdruck
pressure to device brake selector Druck zum Sturzflugbremshebel
pressure to hatch jack Druckleitung zum Lukenheber
pressure to hatch selector Druckleitung zum Lukenwähler
pressure to undercarriage and lap selector Druck zu Fahrwerk- u. Klappenwähler
pressure transducer Druckgeber, Druckumformer
pressure transfer medium Druckübertragungsmittel
pressure transmission Druckübertragung
pressure tube joint Druckstutzen (Rohr)
pressure, tubing-head Druck am Kopf der Steigrohre
pressure-type baffle Druckbelüftungsblech, Leitblech
pressure-type capacitor Hochdruckkondensator
pressure-type carburetor Druckvergaser
pressure-type connection Quetschverbindung
pressure-type deflector Druckbelüftungsblech, Leitblech
pressure-type electrostatic generator elektrostatischer Drucktankgenerator
pressure, uplift Auftrieb
pressure vacuum gauge Mano-Vakuummesser
pressure variation Druckabweichung, Druckschwankung, Druckänderung, Luftdruckänderung (meteo)
pressure vent pipe Druckentlüfterleitung
pressure vessel Druckgefäß
pressure vessel, all-welded ganz geschweißtes Druckgefäß
pressure-warning transmitter Druckwarnungs-Übertragungsgerät
pressure warning unit Warnanlage für Druckanlage des Flugzeugs
pressure, well-head Druck am Bohrlochkopf, Bohrlochkopfdruck
pressure wire Meßader
pressurise the propellant tanks Druckbeschaufelung der Treibstofftanks (av)
pressurised laboratory module klimatisiertes Labormodul (sp)
pressurised module klimatisiertes Modul (Weltraumstation), klimatisierte Basisstation (Raumstation)(sp)
pressurised tunnel Tieftemperaturwindkanal (Triebwerkerprobung)
pressurization Druckbelüftung(swert)
pressurization gas outlet Druckgasförderung
pressurization of the tank Druckbeaufschlagung des Kraftstoffbehälters
pressurization port Druckbelüftungsanschluß, Druckbelüftungsöffnung
pressurization pump Kabinendruckpumpe
pressurization system Druckbelüftungsanlage
pressurization troubles Schwierigkeiten mit der Druckkabine
pressurize, to druckbelüften, unter Druck setzen
pressurized air bag Lufttasche (Schwebefahrzeug)
pressurized, air-conditioned baggage compartment druckbelüfteter und klimatisierter Gepäckraum
pressurized aircraft druckbelüftetes Flugzeug, Flugzeug mit Druckbelüftung
pressurized air system Druckluftanlage
pressurized and turbocharged mit Druckbelüftung und Turbolader ausgestattet
pressurized cabin druckbelüftetes Rumpfteil, aufgeladener Fahrgastraum, Druckkabine (Höhenflugzeug)
pressurized cabin altitude Kabinendruckhöhe
pressurized clothing unter Überdruck stehende Kleidung
pressurized component unter Überdruck gesetztes Bauteil
pressurized connector Steckverbindung für gasgefüllte Leitung
pressurized elevator unter Druck stehender Aufzug (Taucher)
pressurized feeding system Druckförderung
pressurized liquid monopropellant fuel Einkomponententreibstoff
pressurized module Druckmodul (sp)
pressurized reactor Druckreaktor
pressurized suit Druckanzug
pressurized suit for emergency jump Rettungsdruckanzug
pressurized space unit Raumfahrtdruckanzug
pressurized water Druckwasser
pressurized water-dispensing system Wassersprühanlage
pressurized water plant Druckwasseranlage
pressurized water reactor Druckwasserreaktor, Preßwasserreaktor
pressurizer Druckschalter
pressurizer assembly Kabinendruckprüfgerät (Bodengerät)
pressurizing check valve Druckaufbauventil (Kraftsteuer-Bendix), Druckbelüftungs-Rückschlagventil
pressurizing system Druckerzeugungssystem, Druckbelüftungssystem, Druckbelüftungsanlage
pressurizing valve Druckaufbauventil, Druckbelüftungsventil, Druckförderventil
pressurizing valve and HP cock Druckförderventil u. Hochdruckhahn
pressworking tool Stanzereiwerkzeug
prestabilizer Vorstabilisator
pre-staff buffeting Abrißschütteln, Schütteln vor dem Abriß (Strömung)
prestage Eingangsstufe
prestall buffeting Abreißen der tragenden Luftströmung an Tragfläche, Abrißschütteln
prestart check Vorfluginspektion
prestock point Bevorratungspunkt
prestone Äthylenglykol, Preston
prestone cooling Glykohlkühlung, Heißkühlung
prestorage test Prüfung vor der Lagerung
prestore Anfangswert in Adressen- u. Indexregister
prestrained reinforced concrete Spannbeton
prestress Vorspannung
prestressed concrete beam Spannbetonbalken
prestressed concrete bridge Spannbetonbrücke
prestressed concrete column Spannbetonstütze
prestressed concrete pile Spannbetonpfahl

prestressed concrete reactor Spannbetonreaktor
prestressed steel vorgespannter Stahl
prestressing Festigkeitssteigerung des Werkstoffes durch Vorbeanspruchung bis zur bleibenden Verformung in bestimmtem Ausarbeitungsmaß
prestressing bed Spannbett (Betonbau)
prestressing tendon Spannglied
pre-stretch Vorstreckung (pla)
pre-stretched sheet vorgestrecktes Folienmaterial
prestretching cable Kabelvorbeanspruchung vor Einbau
presumptive address Basisadresse, unmodifizierte Adresse
presumptive instruction unmodifizierter Befehl (EDV)
presuperheater Vorübererhitzer (Dampferzeugungsanlage)
preswirl hole or nozzle Vordralldüse
pre-take-off check Prüfung vor dem Start
pretax benefit Vorsteuererleichterung
pretax profit Gewinn vor Steuern (komm)
pretend beanspruchen, sich ansammeln, als Vorwand benutzen, vorgeben
pretensioned reinforcement Spannarmierung
pretensioning Vorspann mit Verbund (Bewehrungsstahl)(Spannbetonbau)
pretest Vortest, Vorversuch
pre-T/R tube Vorsperröhre
pretrack, to (in accordance with radar data) Flugbahn vorausbestimmen
pretravel (sensitive switch) toter Schaltweg
pretreatment Vorbehandlung
pretreatment primer Vorbehandlungsgrundiermittel
pretrigger Vorimpuls
pre-TR-tube Vorsperröhre
prevailing direction of wind movement vorherrschende Windrichtung
prevailing regulations bestehende Vorschriften
prevailing weather condition vorherrschende Wetterbedingungen
prevailing westerlies vorherrschende Winde in Polrichtung
prevailing winds vorherrschende Winde
prevalent das Übergewicht haben, Vorherrschen
prevalve Einwegvorventil
preventation the compass card from tilting under acceleration Auswanderung der Kompaßrose bei Beschleunigung
preventer, blow-out Ausbruchverhüter, Eruptionsschieber, Eruptionsstopfbüchse
preventer pin Arretierstift
prevention Verhütung, Vorbeugung
prevention control vorbeugende FS-Kontrolle
prevention of airflow separation by avoiding sharp corners Strömungsablösung an scharfen vorspringenden Kanten (AC)
preventive action vorbeugende Maßnahme
preventive, corrosion Korrosionsschutzmittel
preventive maintance Überwachung und Instandhaltung, vorbeugende Überwachung
previous vorangehend, vorhergehend
previous instructions frühere Anweisungen
previous operating time frühere Betriebszeit
prewinding tool Einbauwerkzeug (Drahtgewindeeinsatz)
prewired circuit vorverdrahtete Schaltung
PRF (pulse recurrence frequency) PRF (Vorimpuls)
PRF divider Impulsteiler
price adjustment voucher Preisberichtigungsbeleg
price analysis Preisanalyse, Preisaufschlüsselung, Preisberechnung (komm)
price at factory Preis ab Werk (komm)
price-controlled preisgebunden
price discount Preisreduzierung, Preisreduktion
price level Preisniveau (komm)
pricing Preisfestsetzung, Bewertung eines zu verkaufenden Gegenstandes (Komm)
pricing formula Preisklausel
pricing policy Preispolitik
pricing structure Preisbildungsstruktur
prick punch Anreißkorn
prim-accord Knallzündschnur
prim-accord net Knallnetz
primaries Erstkarten
primary Erst...,Grund...,Primär..., ursprünglich, Primärausdruck, arithmetischer Ausdruck, Primärwicklung, induzierend
primary AC bus Primär-Drehstrom(sammel)-schiene, Primär-Wechselstrom(sammel)-schiene
primary access method (PAM) Primärzugriffsmethode
primary aerodynamic characteristics aerodynamisches Grundmerkmal
primary aiming point Hauptrichtungspunkt
primary allocation Primärzuweisung
primary and secondary heat exchanger Primär- und Sekundärwärmeaustauscher
primary and secondary radar extractor Primär- und Sekundärradarextraktor
primary and secondary radar video information Primär- u. Sekundärvideoinformation
primary and secondary controls Haupt- u. Hilfssteuerorgane
primary and secondary flying control Primär- und Sekundärsteueranlage (av)
primary and secondary sun sensors Fein- u. Grob-Sonnensensoren
primary approach fix Hauptanflugfestpunkt
primary audion receiver Primäraudionempfänger
primary azimuth reference primärer Azimuthbezugswert
primary barrel Mischkammer der ersten Stufe (Vergaser)
primary battle sector Hauptkampfraum
primary beam cone Hauptstrahlkegel
primary, Boolean boolescher Primärausdruck, logischer Elementarausdruck
primary brushes Erstkartenbürsten
primary burner flow schedule Primärbrennerdurchflußprogrammierung (Twk)
primary cell Primärzelle, Primärelement
primary chain emitter Rechenzeitgeber mit Impulsgeber
primary chain identifier Kettenoberbegriff
primary change Erstkartenwechsel (lo)
primary channel Erstkanal, Hauptkanal
primary circuit Primär(strom)kreis

primary coil Erstwicklung, Hauptspule, Primärspule, Umspannerwicklung
primary collision process primärer Stoßvorgang, Erststoß
primary colour Grundfarbe, Primärfarbe
primary colour signal Primärfarbsignal
primary composite structures for the wing panels parimäre Verbundstruktur für die Tragflügelfelder (av)
primary control Hauptsteuerorgan
primary control surface Hauptsteuerfläche, Haupsteuerruder
primary coolant Vorkühlmittel
primary cooling pack Primärkühleinheit
primary cosmos radiation primäre kosmische Strahlung
primary course Hauptrichtung
primary coverage area Versorgungsgebiet
primary crack Primärriß
primary current (ratio) Primärstrom(verhältnis)
primary cycle Hauptzyklus
primary cylinder Erstdatenzylinder
primary dark space (Aston dark space) Aston'scher Dunkelraum
primary data Erstdaten, Ursprungsdaten
primary data area Erstdatenbereich
primary data block Erstdatenblock
primary data extent Erstdatenbereich
primary data record Erstdatensatz
primary data set Erstkartenbahn, Primäreingabe
primary DC bus Primärgleichstrom(sammel)-schiene
primary detector Fühler
primary deposit Kontaktlagerstätte
primary electron Primärelektron
primary element Meßwertgeber
primary emission Primäremission, Primärstrahlung
primary energy Primärenergie
primary entry point primäre Eingangsstelle
primary failure Primärausfall
primary feed Erstkartenbahn, Erstkartenmagazin
primary field Erstkartenfeld, Primärfeld
primary file Erstkartendatei, Grunddatei, Primärdatei
primary fission fragment primäres Spaltbruchstück
primary fission product primäres Spaltprodukt
primary fission yield primäre Spaltausbeute
primary fixed frequency bus Primär(sammel)-schiene mit konstanter Frequenz
primary flap Schubdüseninnenklappe
primary flight control Hauptsteuerung, Hauptsteuerorgan
primary flight control monitoring Primärflugsteuerung
primary flight control surface Hauptsteuerfläche
primary flight group of instrument Hauptflugüberwachungsgerät
primary flow Primärstrom
primary form Grundform
primary, format Formatprimärausdruck (ALGOL)
primary frequency Arbeitsfrequenz, Hauptfrequenz, primäre Frequenz, Primärfrequenz
primary gear wheel Pumpenantriebsrad (Hschr)
primary gearbox Primärgetriebe (Hschr)
primary Hall effect primärer Hall-Effekt
primary head Setzkopf (Niet)
primary heat exchanger Vorkühler
primary high-pressure turbine Vorschaltturbine
primary illumination Grundbelichtung, Vorbelichtung
primary inductance Primärinduktanz
primary ion pair primäres Ionenpaar
primary ionization Primärionization
primary line Primär(steuer)leitung (Umfüllabsperrventil in Kraftstoffanlage)
primary, logical boolescher Primärausdruck, logischer Elementarausdruck
primary luminous standard Urnormale der Lichtstärke
primary manifold Primärverteilerleitung, Hauptverteilerrohr
primary, master or lead battery (with radar) Leitbatterie
primary natural radio nuclide primäres natürliches Radionuklid
primary navigation aid primäre Navigationshilfe (GPS)(av)
primary nozzle Primärdüse
primary nozzle flap Schubdüseninnenklappe
primary nuclear charge primäre Kernladung
primary nuclear fuel primärer Spaltstoff
primary operating system Grundbetriebssystem
primary or main air Hauptluft
primary or main line Hauptlinie, Hauptleitung
primary or tangential plane erster Hauptschnitt
primary phase Grundphase, Hauptphase
primary potential Vorspannung
primary power input Primärkraftaufnahme
primary power supply Hauptstromversorgung, Primärstromversorgung
primary process Elementarprozeß, Primärprozeß
primary production Probeherstellung, Versuchsherstellung
primary propelling charge Hauptladung
primary radar Primärradargerät
primary radar antenna Primärradarantenne
primary radar plot Primärradarbild, Primärradarecho
primary radar response Primärradarecho
primary radar trace on a display Primärradarspur auf dem Bildschirm
primary radar tracking Primärradarverfolgung
primary radiation Primärstrahlung
primary radiation pattern Primärdiagramm
primary radio isotope primäres Radioisotop
primary reactor Ausgangs-, Primärreaktor
primary read Erstkartenbürste
primary reference system primärer Referenzsensor (Bordcomputer)
primary relay Hauptstromrelais, Primärrelais
primary resistance Primärwiderstand
primary route Regelweg
primary SAR facilities SAR-Einrichtungen 1.Grades
primary/secondary radar correlation Korrelation der Primär- u. Sekundärradarausgänge

primary sector manifold Primärteillastringleitung (Nachbrenner)
primary selector Erstkartenauswähler
primary sequence Erstkartenfolge (lo)
primary service area Bodenwetterbereich
primary shielding Primärabschirmung, Primärschutz
primary side Primärseite
primary source Primärlichtquelle, Selbstleuchter, Erstquelle (Dokum)
primary spectrum Farbabweichung (chromat.)
primary speed Grunddrehzahl
primary station Hauptfunkstelle, Primärstation
primary storage Arbeitsspeicher, (interner) Hauptspeicher, Primär-, Urspeicher
primary sturctural material Hauptkonstruktionswerkstoff
rpimary structure tragendes Bauteil
primary supervisor primärer Supervisor
primary system Hauptanlage, Primärsystem
primary target Hauptzielfernrohr
primary task Primär-, Hauptprozeß
primary test computer for functional checks Primärtestrechner für Funktionsprüfung
primary track Original-, Primärspur
primary track index Erstdatenindex
primary trainer Grundschul(ungs)flugzeug, Flugzeug für Anfänger, Anfängerflugzeug
primary transit angle gap loading Laufzeitadmittanz, Spaltscheinleitwert
primary transmission system primäres Netz
primary triangulation Haupttriangulation
primary tuning coil Primärabstimmspule
primary turn Primärwicklung, -windung
primary uniform manifold Primärvollastringleitung (Nachbrenner)
primary unit Primärkomponente, Einheit der ersten Auswahlstufe, ursprüngliche Einheit
primary valence chain Hauptvalenzkette
primary venturi Lufttrichter der ersten Stufe (Vergaser)
primary venturi vacuum port Unterdruckkanal der ersten Stufe (Vergaser)
primary video extractor, integral integraler Primärvideoextraktor
primary voltage Haupt-, Primärspannung
primary water separator Wasservorabscheidung
primary winding Betriebsniederspannungsspule, Primärwicklung, Hauptwindung
primary wire Haupt-, Primärspannung
primary zone brushes Erstkartenzonenbürsten
primary zone casing (jet) Ringblech
primary zone ring Primärzonenring (Brennkammer)
prime Pumpe: durch Abfüllen zum Ansaugen vorbereiten, Motor: Anlaßkraftstoff einspritzen, Anstrich: grundieren
prime area Hauptbereich
prime contracting facility Hauptauftragsmöglichkeit
prime contractor Hauptauftragnehmer, Hauptvertragsnehmer
prime depot Hauptlager, Leitdepot
prime element Primelement
prime factor Primfaktor, -element
prime fill Erstfüllung (Elektrotauchlack)
prime force Primär-, Urkraft
prime input data Haupteingangsdaten (EDV)
prime meridian Ausgangs-, Nullmeridian
prime mover Antriebs-, Kraftmaschine, Primärmaschine, Kraftschlepper, Zugmaschine, Zugfahrzeug
prime number Erstzahl, Primzahl
prime piler Gutstapler (Walzwerk)
prime property class Materialklasse für die ein Leitdepot zuständige ist
prime pump Einspritzpumpe
prime sensor for aircraft velocity Hauptmeßgeber für Fluggeschwindigkeit
prime, to vorbereiten (nächste Stufe im elektronischen Zählwerk)
prime vertical camera Hauptkamera für Senkrechtaufnahmen
prime with hot oil, to heißes Öl in Lagerstellen des Motors vor Inbetriebsetzung einspritzen
primed case zündfertige Hülse
primed symbol mit Strichindex versehenes Formelzeichen
primer Vorrichtung zum Einspritzen von Anlaßkraftstoff, Grundieranstrich, Grundierung, Initialzündung, Treibladungszünder, Zündhütchen, Zündkraftstoffdüse (Twk), Zünderverstärker (UW-Mine)
primer application, electrostatic elektrostatische Grundierung
primer atomizer Anlaßkraftstoffvernebler
primer charge Übertragungs-, Zündladung
primer cotating Grundiermittel
primer cup Zündhütchenhülse
primer detonator unit Einschraubdetonator
primer pump Anlaßeinspritzpumpe
primer pump overflow Überlauf der Anlaßeinspritzpumpe
primer tubing Anlaßeinspritzleitung
primer valve Magneteinspritz-, Zündventil
priming Vorfüllen (Pumpen), Grundierung
priming and distribution valve Vorfüllunder Verteilerventil
priming charge Eingangszündung
priming coating Grundanstrich, Grundierfarbe
priming composition Initialzündsatz
priming, flip-flop...period Vorbereitungszeit
priming lever Vorpumpenhebel (Einspritzpumpe)
priming plug Füllschraube
priming reaction Beladungsreaktion
priming signal Zeitsignal des Vorbereitungsmäanders
priming system Anlaßeinspritzanlage
priming valve Vorfüllventil
principal axis of inertia Hauptträgheitsachse
principal axis of symmetry Hauptsymmetrieachse
principal axis transformation Hauptachsentransformation
principal beam Hauptstrahlenbündel
principal body axes Hauptkörperachsen
principal course of approach (ATC) Anfluggrundlinie
principal curvature Hauptkrümmung
principal deflection Hauptausschlag, Lagenausschlag
principal determinant Hauptdeterminante
principal diameter of the parabola Parabel-

achse
principal direction Hauptkrümmungsrichtung
principal distance Bildweite (Lubi)
principal E plane Haupt-E-Fläche
principal focal plane Brennebene
principal fusible cutout Hauptsicherung
principal H plane Haupt-H-Fläche
principal inductance Hauptinduktivität
principal lateral deflection angle Gesamthaltwinkel
principal line (spectroscope) Hauptlinie
principal line of sight Hauptblickrichtung
principal normal of a curve Hauptnormale einer Kurve
principal or main horizon Hauptwaagerechte
principal or main load case Hauptbelastungsfall, Hauptlastfall
principal or main vertical Hauptsenkrechte
principal or total quantum number Hauptquantenzahl
principal piece Hauptstück
principal plane Hauptlotebene (Lubi)
principal plane of symmetry Hauptsymmetrieebene
principal point Hauptbildpunkt (Lubi)
principal point of registering frame Rahmenhauptpunkt
principal-point refraction Hauptpunktbrechwert
principal-point triangulation Hauptpunkttriangulation
principal potential Hauptspannung
principal quantum number Hauptquantenzahl
principal section Hauptschnitt
principal spectrum Hauptspektrum
principal strain Hauptdehnung
principal strain and stress Hauptzug
principal stress Hauptspannung (Festigkeitslehre)
principal-stress ratio Hauptspann(ungs)verhältnis
principal surface Hauptebene
principal tangent curve Haupttangentenkurve
principal tension Hauptspannung
principal term Hauptglied
principal value Hauptwert (Funktion)(math)
principal vertical Bildhauptsenkrechte (Lubi)
principal vertical deflection angle Reglerwinkel
principal vertical line Hauptsenkrechte
principal vertical plane Hauptvertikalebene
principal vibration direction Hauptschwingungsrichtung
principal voltage Hauptspannung
principal wave Hauptwelle
principle item Kernstück
principle of a least time Prinzip der kürzesten Ankunft(szeit)
principle of construction Konstruktionsgedanke
principle of design Entwurfselement, Entwurfsgrundsatz, Konstruktionsprinzip
principle of equivalence of mass and energy Äquivalenzprinzip von Masse und Energie
principle of indeterminancy Unbestimmtheitsprinzip
principle of least action Prinzip der kleinsten Wirkung
principle of overage Mittelwertsatz
principle of overgas pressure valve Hauptgasüberdruckventil
principle of permanence Permanenzprinzip
principle of physics physikalisches Grundprinzip (Temperaturmeßradar)
principle of propulsion Antriebsprinzip
principle of propulsion by lift fans with peripheral turbines and separate gas generator Antriebsprinzip des Hubbläsers mit Umfangsturbine u. separatem Gasgenerator
principle of relativity Relativitätsprinzip
principle of sums Summensatz
principle of working Arbeitsweise
principle or theorem of momentum Impulssatz
principle release point Hauptauslaufpunkt
print, alphabetic...control alphabetische Schreibsteuerung
print bar Typenhebel, Typenstange, Druckstab, Druckstange
print buffer Druckpuffer
print chain Druckkette
print-chain cartridge Druckkettenführung
print color Druckfarbe
print command pulse Druck(auslöse)impuls
print complement Komplementärschreibung
print, constant and uniform...quality gleichbleibende gute Schriftwiedergabe
print contrast ratio Kontrastverhältnis
print contrast signal Kontrastsignal
print control character Drucksteuerzeichen
print control unit Drucksteuereinheit, Drucksteuerung, Steuereinheit für Drucker
print cycle exit Schreibgang "Ausgang"
print drum Drucktrommel, Typenwalze, Typenwelle
print effect Echoeffekt, Kopiereffekt
print format Druckbild, Druckformat
print group Druckleiste (COBOL)
print hammer Schreibhammer, Typenhammer, Druck(er)hammer
print impulse distributor Schreibimpulsverteiler
print, interchangeable...train auswechselbare Typenführung
print line Druck(er)zeile
print, loading memory (SLMP) selbstladender Speicherauszug
print member Druckglied, Typenträger
print misalignment Markiertoleranz
print monitoring Druckkontrolle
print-out (aus)drucken
print position Druckspalte, Druckstelle, Schreibstelle (lo)
print position counter entry and exit Schreibstellenzähler Ein- u. Ausgang
print position indicator Druckstellenanzeiger
print-punched form Karte mit Lochstreifenübersetzung (MB)
print punching schreibwerkgesteuertes Lochen, Schreiblochen
print quality Bildqualität, Druckqualität
print quality of specification spezifizierte Druckqualität
print reference Bildbezugsnummer (Lubi)
print roll Druckrolle
print selection common exit Schreibsteuerungsausgang
print selection entry hubs Schreibsteuerungseingang
print, self-loading memory selbstladender

Speicherauszug
print shaft Druckwalzenwelle
print space Druckzwischenraum
print, spherical...element Kugelkopfdruckelement
print storage Druckspeicher
print suppress Schreibunterdrückung
print through Kopiereffekt
print, to drucken, schreiben, stempeln, kopieren
print train Druckglied
print trimmer Schneidemaschine
print type Drucktyp
print unit Schreibwerk (eines Druckers)
print waste, to makulieren
print wheel Schreibrad, Typenrad
print, white Weißpause
printable abdruckbar
printable character (ab)druckbares Zeichen
printed character Druckbuchstabe, Druckschrift
printed circuit Schaltbild, Schaltschema (gedruckt), gedruckte Schaltung, gedruckter Schaltkreis
printed circuit board Leiterplatte, gedruckte Schaltung
printed circuit card Baugruppe (Steckkarte)
printed circuit technique gedruckte Schaltung
printed communication Fernmeldeverbindungen mit gedrucktem Beleg, gedruckte Nachricht
printed-grid-antenna gedruckte Netzantenne
printed line Druckzeile
printed matter Drucksache
printed monitor copy Kontrolldruck
printed receive tape Empfangsdruckstreifen
printed record storage Satzspeicher eines Druckers
printed service signal geschriebenes Signal
printed signal gedrucktes Signal
printer adapter Steuerung für Drucker
printer, alphameric alpha(nu)merischer Drucker
printer automatic start Wiederanlauf der Tabelliermaschine
printer, bar Stabdrucker
printer, bar line Stabdruckerleitung
printer, barrel Typenstangendrucker
printer, block Blockdrucker
printer carriage control Vorschubsteuerung (Papier)
printer carriage tape Lochband, Vorschubstreifen (am Drucker), Steuerlochstreifen, Vorschubband, Steuerlochband, Formularsteuerungslochband, Papiervorschublochband
printer, chain Kettendrucker
printer character (ab)druckbares Zeichen
printer, character Buchstabendrucker, Zeichendrucker
printer, character-at-a-time Buchstabendrucker, Zeichendrucker
printer, console Konsol(en)drucker
printer control unit Steuereinheit für Drucker, Druckersteuerung, Drucker-Steuereinheit
printer, data Datenschreiber
printer, digital Digitaldrucker, Zahlendrucker
printer, dot Matrixdrucker, Mosaikdrucker, Drahtdrucker, Nadeldrucker, Mosaikrasterdrucker, Rasterdrucker
printer, drum-type Typenabdrucker
printer, dual-carriage zweibahniger Drucker
printer, electrostatic elektrostatischer Drucker
printer file Druckerdatei
printer factor Littonwert
printer form Druck(er)formular
printer format control tape Druckerstreifen
printer graphic abdruckbares Zeichen
printer, high-speed Schnelldrucker
printer, hit-on-the-fly Drucker mit fliegendem Abdruck, Drucker mit rotierender Typenwalze
printer latch Druckerfalle
printer layout Listenbild
printer magnet Druckmagnet
printer, matrix Mosaikdrucker
printer, microfilm Rückvergrößerungsgerät
printer module Druckerbaustein
printer, monitoring Kontrollblattschreiber, Kontrolldrucker
printer, mosaic Drahtdrucker, Matrixdrucker, Mosaik(raster)drucker, Rasterdrucker, Stiftdrucker
printer, on-the-fly Drucker mit fliegendem Abdruck, Drucker mit rotierender Typenwalze
printer output Druck(er)ausgabe
printer overflow Blattwechsel
printer, page Seitendrucker
printer, page-at-a-time Seitendrucker mit Laufwerk
printer, parallel Paralleldrucker
printer perforator druckender Locher (lo)
printer program Druckprogramm
printer, rack Typenstangendrucker
printer receiving terminal transistorischer Zweifach-Diversity, HF-Funkfernschreibempfänger
printer record storage Druckersatzspeicher (EDV)
printer, serial Seitendrucker
printer, single-carriage einbahniger Drucker
printer, stylus Drahtdrucker, Matrixdrucker, Mosaik(raster)drucker, Rasterdrucker, Stiftdrucker
printer tape Druckband
printer, tape operated bandgesteuerter Drucker
printer terminal Schreibstation
printer, thermal Thermodrucker
printer unit for mobile service Feldschreiber
printer, upper/low case Schnelldrucker mit großem Zeichenvorrat (Groß- u. Kleinbuchstaben)
printer, wheel Typenraddrucker
printer, wire Drahtdrucker, Matrixdrucker, Mosaik(raster)drucker, Rasterdrucker Stiftdrucker
printer, xerographic xerographischer Drucker
printer's flower Randverzierung
printing Drucklegung
printing, address Adressenschreibung
printing, all-line repeat Allzeilen-Folgekartenbeschriftung
printing, alphabetic...punch Alpha(bet)schreiblocher
printing area Druckzone
printing cam Druckdaumen
printing card proof punch Saldierschreiblocher
printing card punch Schreiblocher
printing control Drucksteuereinheit, Drucksteu-

erung, Steuereinheit für Drucker
printing cycle Druckgang, Druckzyklus (Druckmaschine)
printing, detail Einzelgang, Postenschreibung
printing, double space zweizeiliges Drucken od. Schreiben
printing, end Randbeschriftung
printing, form Formulardruck
printing format Druckbild
printing frame Kopierrahmen
printing, group Sammelgang
printing hammer Druck(er)hammer, Typenhammer (Drucker)
printing, hit-on-the-fly fliegender Druck
printing key schreibende Taste
printing level Druckebene
printing line Druckzeile
printing loss Kopierverlust
printing, lower case Drucken mit Kleinbuchstaben
printing mechanism Schreibwerk
printing method Druckprinzip
printing module Andruckmodul
printing, on the fly fliegender Druck
printing-out measured data Ausdrucken von Meßdaten
printing-out process Auskopierprozeß
printing perforator druckender (Empfangs)-locher (lo), Lochstreifenbeschrifter, Lochschreiber, Lochkartenbeschrifter
printing position Druck-, Schreibstelle (lo)
printing program Druck-, Schreibprogramm
printing punch druckender Locher, Lochstreifenbeschrifter, (Magnet)lochschreiber
printing, punch Punktlochschreiber
printing punching schreibwerkgesteuerter Loch, Schreiblochen
printing rate Druckgeschwindigkeit, Druckleistung (Schreibgeschwindigkeit eines Druckers)
printing reception Druckempfang
printing reperforator druckender Empfangslocher
printing, repetitive Folgekratenbeschriftung
printing selection common exits Schreibsteuerungsausgang
printing selection entry hubs Schreibsteuerungseingang
printing, serial number Seriennummerndruck
printing, single-space einzeiliges Drucken
printing, slave Anschreiben druckfertiger Daten (COBOL)
printing speed Druckgeschwindigkeit, Druckleistung (Schreibgeschwindigkeit eines Druckers)
printing stamp for block printing Druckstempel
printing station Auslistestation (EDV)
printing summary punch Schreibsummenlocher
printing tape Druckstreifen
printing telegraph Drucktelegraph
printing, total Summendruck, -schreibung
printing unit Druckaggregat, Druckwerk
printing unit of three rollers dreiwalziges Eindruckwerk
printing, upper case Drucken mit Großbuchstaben
printing worm Schreibspirale
printout Abzug, Ausdruck, Speicherauszug (EDV), Auflistung (über Drucker), Druckausgabe
printout, editing of...text Aufbereiten von Text für Printouts
printout, memory Speicherabzug, -ausdruck, Speicherauszug
printout, off-normal Störwertprotokoll
printout, test Testausdruck, -meldung
prior delivery Vorlieferung
prior machine operation Vorbearbeitung
prior permission required (PPR) vorherige Genehmigung erforderlich (zur Landung)
prior probability apriorische Wahrscheinlichkeit, Wahrscheinlichkeit a priori
prior stress Vorbeanspruchung
prior, to vorzeitliche Prioritätsstufe, Dringlichkeitsstufe (dig)
prior use öffentliche, offenkundige Vorbenutzung
priorirty Dringlichkeitsgrad, Priorität, Rangfolge, Wertigkeit, Vorrangstufe, Vorfahrtsrecht, höhere Dringlichkeitsstufe (Sortieren)
priority acceptance register Prioritätsübernahmeregister
priority call Vorrangsgespräch, -verbindung
priority circuit Prioritätskreis
priority classification Vorrangeinstufung
priority connection Vorrangverbindung
priority control Ablaufwahl, Vorrangsteuerung, Prioritätssteuerung
priority controller Prioritätssteuerung, Vorrangsteuerung
priority, descending order of absteigende Priorität
priority document Dringlichkeitsbeleg, Prioritätsbeleg
priority error Prioritäts-, Hauptfehler
priority exchange Prioritätsaustausch
priority exchange register Prioritäts(aus)-tauschregister
priority feature Voranmeldung (dv)
priority function Vorrangfunktion (EDV)
priority grading Prioritätsstufe
priority group Prioritätsgruppe
priority handlung vorrangige Behandlung
priority index Prioritätsindex
priority indicator Vorranganzeiger, Prioritätssymbol
priority input register Prioritätseingaberegister
priority interrupt Prioritätsunterbrechung, Vorrangsteuerung (EDV)
priority interrupt level Prioritätsunterbrechungsebene
priority inventory Lagerhaltung nach Vorrang
priority job scheduling Vorrang-Job-Bearbeitung
priority level Prioritäts-, Vorrangstufe, Vorrangebene
priority list Hauptliste, Prioritätsreihe, Vorrang-, Vorzugsliste (EDV)
priority logic Prioritäts-, Vorranglogik
priority, memory special Speichersinderpriorität (SSP)
priority, memory special...condition Speichersinderprioritätszustand
priority message Dringlichkeitsmeldung, Prioritätsnachricht, Prioritysspruch

priority number Prioritätsnummer, Vorrangnummer (dv)
priority output indicator Prioritätsausgabemeldung
priority output indicator register Prioritätsausgabemelderegister
priority output message Prioritätsausgabemeldung
priority, output special Ausgangspezialpriorität
priority prefix Rangvermerk (Meldung), Vorrangvermerk (für Landung)
priority, process Auslaufpriorität
priority processing Verarbeitung nach Dringlichkeit, Vorrang-, Prioiritätsverarbeitung
priority program Schwerpunktprogramm
priority, program Programablaufpriorität
priority rating Dringlichkeitseinstufung
priority regulation by traffic Vorfahrtsregelung (Verkehr)
priority requisition Dringlichkeitsanforderung
priority right-of-way Vorfahrtsrecht
priority scheduling Vorrangverarbeitung, Prioritätsverarbeitung, Verarbeitung nach Rangfolge
priority scheduling system Vorrangsystem
priority scheme Rangschema
priority, sequence Ablaufpriorität
priority sequence Prioritätsreihenfolge, Vorrangfolge
priority shipment vorrangige Lieferung
priority sign Vorfahrtzeichen
priority, special...error Sonderprioritätsfehler (SPF)
priority, special...indicator Sonderprioritätswunsch
priority, special...logic Sonderprioritätslogik (SPL)
priority, special...register Sonderprioritätsregister (SPR)
priority status Bevorrechtigung, Rangstufe
priority status register Prioritätsstatus-Register
priority target Vorrangziel
priority, to cancel Priorität zurücknehmen
priority, top höchste Priorität
priority valve Druckregelventil, Hauptdruckregelventil
prism binocular Prismenfeldstecher
prism edge brechende Kante (Prisma)
prism for the reflection of laser rays Prismen zur Reflektion von Laserstrahlen
prism gear Umlenkkopf (Stereoplanigraph)
prism ghost störendes Reflexbild (durch Prisma), Störreflex
prism mounting Prismenhalter
prism of the second order Deuteroprisma
prism of the third order Tritoprisma
prism offset Parallelversetzung durch Prismen
prism photometer Prismenphotometer
prism power prismatische Ablenkung
prism support Prismenträger
prism telescope Prismenfernrohr
prism view finder Prismensucher
prism with corrective deviation Prisma mit passender Ablenkung
prism yoke Prismenbrücke
prismatic prismatisch, prismenförmig, säulenartig
prismatic axis Säulenachse
prismatic astrolabe Prismenastrolabium
prismatic bearing surface prismatische Führung (Werkzeug)
prismatic body prismatischer Körper, Prismenkörper
prismatic colour Beugungsfarbe
prismatic compass Marschkompaß, Prismenbussole
prismatic eyepiece Okularprisma, Steilsichtprisma
prismatic power prismatische Ablenkung
prismatic spectrum Prismenspektrum
prismatic square Winkelprisma
prismatic structure Faltwerk
prismatic-type diffusion Lichtstreuung durch prismatische Linse
prisoner Paßstift, Gefangener
privacy code Verschleierungscode
privacy lock Zugriffssperre (Datenschutz)
privacy of code Verschleierung eines Codes
privacy of system Verschleierungssystem
private nicht öffentlich, privat, zurück gezogen
private automatic branch exchange private automatische Nebenanschlußzentrale, Wählnebenstellenanlage
private branch exchange (PBX) Nebenstellenzentrale, Teilnehmerzentrale
private circuit Standleitung, Standverbindung, betriebsinterner Verbindungsweg
private contact bank C-Kontaktsatz
private dedicated circuit Standleitung, Standverbindung
private exchange Privatfernsprechanlage, Vermittlungsstelle einer privaten Fernmeldeanlage, Privatfernsprechzentrale
private file private Datei, Privatdatei
private flying school Privatflugschule
private helicopter pilot Privathelikopterpilot (S), Privathubschrauberführer (D), Privathubschrauberpilot (Oe)
private in an armo(u)red unit Panzerschütze
private line Privatleitung
private network betriebsinternes od. privates Netz, Privatnetz, nichtmilitärisches Netz
private pilot Privatflugzeugführer
private siding fee Anschlußgebühr (Eisenbahn)
private station Baustelle
private telegraph network privates Fernschreibnetz, Privatfernschreibanschluß, Privat-Telegraphienetz
private telephone network privates Fernsprechnetz, Privat-Fernsprechnetz
private venture development Entwicklung auf eigenes Risiko, Produktion und Entwicklung mit Selbstrisiko
private venture research Forschung auf eigenes Risiko
private volume privater Datenträger, geschützte Datei
privileg instruction privilegierter Befehl, privilegierte Instruktion
privileged instruction privilegierter Befehl
privileged I/O instruction privilegierte E/A-Anweisung
privileges appropriate to license sich aus

einem Ausweis ergebende Rechte
PROB (probability) PROB (Wahrscheinlichkeit)
probabilistic approach Wahrscheinlichkeitsverfahren
probabilistic demand probabilistische Nachfrage
probabilistic logic Wahrscheinlichkeitslogik, probabilistische Logik
probabilistic supply zufallsabhängige Versorgung
probability Wahrscheinlichkeit(smaß)
probability amplitude Wahrscheinlichkeitsamplitude
probability area (SAR) wahrscheinliches Unfallgebiet
probability calculus Wahrscheinlichkeitsrechnung
probability characteristic Wahrscheinlichkeitsmerkmal
probability circle Trefferbild
probability curve Wahrscheinlichkeitskurve
probability density Wahrscheinlichkeitsdichte
probability density function Wahrscheinlichkeitsdichte(funktion)
probability distribution Wahrscheinlichkeitsverteilung
probability distribution analyser Analysator für Wahrscheinlichkeitsverteilung
probability distribution function Wahrscheinlichkeitsverteilung
probability element Wahrscheinlichkeitselement
probability error Wahrscheinlichkeit als Funktion mehrerer Streuungskomponenten
probability estimate Wahrscheinlichkeitsrechnung
probability factor Wahrscheinlichkeitsfaktor
probability field Wahrscheinlichkeitsfeld (päd)
probability function Wahrscheinlichkeitsfunktion
probability integral Wahrscheinlichkeitsintegral
probability integral transformation Wahrscheinlichkeitsintegraltransformation
probability law Regel der Wahrscheinlichkeitsrechnung, Wahrscheinlichkeitsgesetz
probability learning Wahrscheinlichkeitslernen, informationelle Akkomodation, Lückenlernen
probability level Wahrscheinlichkeitswelle
probability limits stochastische definierte Grenzen, Wahrscheinlichkeitsgrenzen
probability mass Wahrscheinlichkeitsbelegung
probability model Wahrscheinlichkeitsmodell
probability of acceptance Annahmewahrscheinlichkeit
probability of actuation Ansprechwahrscheinlichkeit (U-Mine)
probability of attachment Anlagerungswahrscheinlichkeit
probability of collision Stoßwahrscheinlichkeit
probability of damages Schadenwahrscheinlichkeit
probability of defectives Fehlerwahrscheinlichkeit
probability of detecting Ortungswahrscheinlichkeit (Minenjagd)
probability of detection Auffaßwahrscheinlichkeit, Entdeckungswahrscheinlichkeit, Erfassungswahrscheinlichkeit, Wahrscheinlichkeit des Geortetwerdens (Seetaktik)
probability of ejection Wahrscheinlichkeit der Ablehnung
probability of error Fehlerwahrscheinlichkeit
probability of failure Wahrscheinlichkeit einer technischen Störung (dv), Ausfallwahrscheinlichkeit, Mißerfolgswahrscheinlichkeit
probability of fire-through Wahrscheinlichkeit einer Zündübertragung (im gesicherten Zünder)
probability of firing Zündwahrscheinlichkeit
probability of first round kill Abschußwahrscheinlichkeit beim ersten Schuß
probability of hit(ting) Treffwahrscheinlichkeit
probability of identification Identifizierungswahrscheinlichkeit, Wahrscheinlichkeit der Objektidentifizierung
probability of intercept Erfassungswahrscheinlichkeit (ELOGM)
probability of ionization Ionisationswahrscheinlichkeit
probability of kill Abschußwahrscheinlichkeit, Vernichtungswahrscheinlichkeit
probability of nondetection Wahrscheinlichkeit des Nichtentdecktwerdens (Seetaktik), Wahrscheinlichkeit des Unentdecktbleibens (Seetaktik)
probability of occurence Ereigniswahrscheinlichkeit
probability of recombination Rekombinationswahrscheinlichkeit
probability of rejection Rückweisewahrscheinlichkeit
probability of success Erfolgswahrscheinlichkeit
probability of survival Überlebenswahrscheinlichkeit
probability surface Wahrscheinlichkeitsfläche
probability theory Wahrscheinlichkeitstheorie
probability wave Wahrscheinlichkeitswelle
probable deviation wahrscheinlicher Fehler
probable error wahrscheinlicher Fehler
probable position, most wahrscheinlicher Standort
probable temperature wahrscheinliche Temperatur
probe Geber, Meßfühler, Meßgeber, Meßkopf, Prüfspitze, Sonde, Stabilisierungsdorn (Außenträger), Vorratsgeber, Raumflugkörper
probe and drogue refueller Tankerflugzeug mit Tankschlauch und Fangtrichter
probe and earphones for auditional aural indication Heliumsonde und Kopfhörer für die akustische Leckanzeige (av)
probe counter Spür- u. Suchzähler
probe drogue refueling system Luftbetankungsanlage mit Betankungsausleger, Luftbetankungssystem mit Fangtrichter u. Betankungsausleger
probe coupling Sondenankopplung
probe microphone Sondenmikrophon
probe of the relationship between constructor and supplier Beziehungsproblem zwischen Lieferer und Anwender (structural

construction)(av)
probe plug Tasterschaltung
probe scanning Sondenabtastung
probe tip Taster(kopf)spitze, Tastspitze
probe transformer Stiftwandler
probe tube Abtastrohr
probing frequency Spaltfrequenz
problem data field Datenfeld
problem definition Problemstellung (logisches Ablaufdiagramm), Aufgabenstellung
problem description Problembeschreibung
problem of guiding a missile to a target Flugkörperführungsproblem, Problem der Flugkörperführung (Raketen)
problem of representative Repräsentantenproblem
problem of word Wortproblem
problem-oriented aufgabenorientiert, problemorientiert
problem-oriented language problemorientierte Programmsprache (dig), problemnahe od. benutzerorientierte Programmiersprache
problem preparation Programmvorbereitung
problem program Arbeitsprogramm, Problemprogramm (EDV)
problem specification cards Problemsteuerkarten (EDV)
problem time Problemzeit
problematic(al) fraglich, problematisch, unentschieden, zweifelhaft
problems for noise and vibration Lärm- und Schwingungsprobleme (av)
problems with resonance or propeller wash interference Interferenzprobleme (av)
procedural Prozedur
procedural bias systematischer Erhebungsfehler, systematischer Fehler bei Erhebung
procedural chart Verfahrenskarte (ATS)
procedural error Verfahrensfehler
procedural paragraph Prozedurparagraph
procedural section Prozedurkapitel
procedural sentence Prozedurprogrammsatz
procedural statement Prozeduranweisung
procedure Arbeitsvorschrift, Arbeitsgang, (gerichtliches) Verfahren, Vorgehen
procedure body Prozedurhauptteil, Prozedurrumpf
procedure branching statement Steuerungsbefehl (EDV)
procedure, compile-time Übersetzungszeitprozedur
procedure declaration Prozedurvereinbarung
procedure, descriptive Spezifikationsprogrammprozedur (ALGOL)
procedure, diagnostic Diagnoseverfahren, Diagnostikverfahren
procedure division Prozedurteil, Algorithmenteil (ALGOL)
procedure, dummy Scheinprozedur (ALGOL)
procedure execution Prozedurablauf
procedure, external externe Prozedur
procedure file Prozedurdatei
procedure for air navigation services (ATC) Flugsicherungsverfahren
procedure, function Funktionsprozedur (FORTRAN)
procedure heading Prozedurvorspann, Prozedurkopf
procedure identifier Prozedurbezeichnung, Prozedurname
procedure, incorrect falsches Verfahren
procedure, input Eingabeprozedur
procedure, internal interne Prozedur
procedure, layout Anordnungsprozedur (ALGOL)
procedure, list Listenprozedur (ALGOL)
procedure message Betriebsspruch
procedure name Prozedurname, Prozedurbezeichnung
procedure, noise abatement lärmminderndes Abflugverfahren
procedure-oriented language verfahrensorientierte Programmiersprache
procedure phase Prozedurphase
procedure, recursive rekursive Prozedur (ALGOL)
procedure reference Prozeduraufruf
procedure, rerun Wiederholprozedur (COLBOL), Wiederholpunkt-Prozedur
procedure, restart Wiederanlaufverfahren
procedure sign(al) Betriebszeichen, Verfahrenszeichen
procedure statement Prozeduranweisung
procedure subprogram Prozedurunterprogramm
procedure, subroutine Subroutinenprozedur, Unterprogrammprozedur
procedure track (ICAO) Verfahrenskurve (über Grund)
procedure turn Instrumentenflugkurve, Verfahrenskurve
procedure type Prozedurtyp, Übersetzungszeitprozedurablauf
procedure word Betriebswort
proceed, to fortfahren, fortschreiten, weiterfliegen
proceed-to-dial signal Wahlaufforderungszeichen, Wahlaufforderungssignal, Wählbereitschaftszeichen
proceed-to-select signal Wahlaufforderungszeichen
proceed on course fliegen Sie auf Kurs weiter
proceeding Abhandlung, Fortschritt, Sitzungsbericht einer wissenschaftlichen Gesellschaft
process Bearbeitung, Durchführung, Prozeß, Vorgang
process a material einen Werkstoff in bestimmter Weise behandeln
process alert signal Prozeßmeldesignal
process annealing spannungsfreies Glühen
process, at...time während der Übersetzung (COBOL)
process-automated conveyor system prozeßautomatisierte Transportanlage für Fluggäste
process-automated supply of spare parts expandable items prozeßautomatisierte Ersatzteil- u. Verbrauchsgüterbereitstellung
process automation Prozeßautomatisierung
process average mittlerer Fehleranteil
process, basic Grundablauf
process camera Reprokamera
process capability Qualitätsleistungsfähigkeit der Fertigungsprozesse
process chart Flußdiagramm
process communication system Prozeßdaten-

Übertragungssystem
process computer Prozeßrechner
process computing system Prozeßrechensystem
process control Fertigungssteuerung, Prozeßsteuerung, Regelung in der Verfahrenstechnik, Verfahrensregelung
process computer Prozeßrechner
process control system Prozeßdatenverarbeitungssystem, Prozeßregler, Prozeßsteuersystem
process-controlled tape punching prozeßgesteuertes Lochstreifenlochen
process cost system Mengenrechnung
process, cyclic zyklischer Vorgang
process distribution register Ablaufverteilerregister
process, dynamic...optimization dynamische Prozeßoptimierung
process engineering chemische Verfahrenstechnik (E technisch)
process equation Prozeßgleichung
process factor Trennfaktor
process, feedback...optimization geregelte Prozeßoptimierung
process, feed-forward...optimization gesteuerte Prozeßoptimierung
process film Dokumentenfilm
process guiding system Prozeßleit(er)system, Prozeßdaten-Verarbeitungssystem, Prozeßsteuersystem
process, hardware Hardwareablauf
process identification Prozeßerkennung
process information technologische Angaben
process inspection Gütesteuerung
process interrupt Programmunterbrechung (durch Prozeß)
process, iterative iterative Operation, iteratives Rechnen
process, magnetic magnetischer Vorgang
process, memory and...request control Speicher- u. Anforderungssteuerung (SAS)
process model Prozeßmodell
process monitoring Prozeßüberwachung
process of analysing a scene Bildzerlegung
process of calculation Rechengang
process of combustion Verbrennungsvorgang
process of decay Zerfallsprozeß
process of development Entwicklungsprozeß
process of disintegration Zerfallsprozeß
process of formation Bildungsvorgang, Entstehungsprozeß
process of manufacture Herstellungs(vor)gang
process of program Programmverlauf
process of setting Abbindeverlauf (pla), Sättigungsprozeß
process optimization Prozeßoptimierung
process priority Ablaufpriorität
process, recursive rekursiver Prozeß
process request Ablaufanforderung
process request bit Ablaufanforderungsbit
process request code Ablaufanforderungscode
process request control Ablaufanforderungssteuerung
process request register Ablaufanforderungsregister
process residue Aufbereitungsrückstand
process, reversible magnetic reversibler magnetischer Vorgang
process signal Prozeßsignal
process signal I/O device Prozeßsignalformer, Signalformer
process signal I/O device controller Prozeßsignalformersteuerung
process signal I/O unit Prozeßelement
process, to verarbeiten (Daten)
process, to be...ed ablaufen
process variable Prozeßgröße
processability Verarbeitbarkeit
processability test Prüfung auf Verarbeitbarkeit
processing Arbeitsablauf, Bearbeitung, Aufbereitung, Verarbeitung
processing ability, independent unabhängige Verarbeitungskapazität (av)
processing, advanced stacked job erweiterte sequentielle Job-Bearbeitung
processing, alpha Alphaverarbeitung
processing, automatic data (ADP) automatische Datenverarbeitung
processing, background Hintergrundverarbeitung, nachrangige Verarbeitung
processing, basic stacked job einfache sequentielle Job-Bearbeitung
processing, batch schubweise od. stapelweise Verarbeitung, Schubverarbeitung, Stapelbetrieb, Stapelverarbeitung, Stapelarbeit
processing, bulk information Verarbeitung großer Datenmengen
processing capability Verarbeitungspotential
processing, concurrent verzahnt ablaufende Verarbeitung
processing, consecutive starr fortlaufende Verarbeitung(sfolge)
processing control computer Prozeßrechner
processing, control sequential logisch fortlaufende Verarbeitung
processing cost Herstellungskosten, Verarbeitungskosten (komm)
processing, cycle Zyklenwicklung
processing data Herstellungsdaten, Verarbeitungsdaten (EDV)
processing data off-line Off-Line-Verarbeitung von Daten
processing, EDS macro EDS-Makroübersetzer
processing, electronic data (EDP) elektronische Datenverarbeitung (EDV)
processing, foreground Vorrangverarbeitung
processing, file Datenverarbeitung, Verarbeitung von Daten
processing function Verarbeitungsfunktion, verarbeitungsorientierte Aufgabe
processing, information Informationsverarbeitung (EDV)
processing, integrated data (IDP) integrierte Datenverarbeitung (IDV)
processing interval Bearbeitungsintervall, Bearbeitungszeitablauf
processing irradiated fuels Kernaufbereitung bestrahlter Kernbrennstoffe
processing, label Etikett(en)behandlung, Etikett(en)verarbeitung
processing, list Listenverarbeitung
processing, local batch Ortsstapelverarbeitung
processing, message Textverarbeitung
processing mode Verarbeitungsmodus, Prozeßmodus

processing, mode of Bearbeitungsart, Verarbeitungsmodus
processing, notepad Notizblockbearbeitung
processing of measured data Meßwertverarbeitung
processing of radar information after acquisition, extraction, filtering, decoding and digitizing Verarbeitung der erfaßten, extrahierten, gefilterten, decodierten u. numerisch klassierten Radardaten
processing of structural data Strukturdatenmeßmittel
processing of work Arbeitsablauf, Bearbeitung, Verarbeitung (Daten)
processing, off-line indirekter Betrieb, rechnerunabhängiger Betrieb, Off-Line-Betrieb
processing, on-line On-Line-Verarbeitung, On-Line-Datenverarbeitung, direkte od. rechnerabhängige Verarbeitung
processing, on-line data On-Line-(Daten)-verarbeitung, direkte od. rechnerabhängige Verarbeitung
processing overlap Programmüberlappung, Verarbeitungsüberlappung (EDV)
processing, paper tape Lochstreifenverarbeitung
processing, parallel Parallelverarbeitung
processing program Verarbeitungsprogramm, Verarbeitungsroutine
processing, random frei wählbare Verarbeitung, wahlfreie Verarbeitung
processing, random access Behandlung einer Großspeicherdatei, Einzelverarbeitung
processing rate Bearbeitungstakt
processing, real-time schritthaltende Datenverarbeitung, Echtzeit-Datenverarbeitung, Sofortverarbeitung
processing, remote batch Stapelfernverarbeitung
processing request Bearbeitungsanforderung
processing section Bearbeitungsbereich, Operationsbereich, Verarbeitungsabschnitt
processing, sequential starr fortlaufende Verarbeitung(sfolge)
processing, serial serielle Datenverarbeitung, Serienverarbeitung
processing speed Verarbeitungsgeschwindigkeit, Arbeitsablaufgeschwindigkeit
processing speeds at the front end eingangsseitige Verarbeitungskapazität (VHSIC) (Bordcomputer)
processing, stacked job sequentielle (Job)-bearbeitung
processing state Verarbeitungszustand
processing station Datenverarbeitungsstelle
processing step Arbeitsgang, Verarbeitungsablauf
processing technique, digital digitales Datenverarbeitungsverfahren
processing technology Verfahrenstechnik
processing, text Textverarbeitung, Satzverarbeitung
processing time Durchführungszeit
processing track Speichermatrix, Zwischenspeicherspur
processing unit Datenverarbeitungseinheit, Prozeßeinheit, zentrale Recheneinheit, Zentraleinheit
processing unit simulator Verarbeitungseinheitssimulator
processor datenverarbeitendes Gerät, Zentraleinheit (einer Datenverarbeitungseinheit), Prozessor, Übersetzer
processor, associative assoziative Zentraleinheit
processor, automatic film Entwicklungsautomat
processor, autonomous input/output autonomer od. selbsttätiger Ein-/Ausgabeprozessor
processor, central Hauptrechner, Zentralprozessor
processor code Maschinencode, Rechnercode
processor-control statement Steueranweisung für den Übersetzer
processor-controller Verarbeitungs- und Steuereinheit
processor, high-speed Schnellrecheneinheit
processor, I/O.I. Ein-/Ausgabeprozedur, E/A-Prozessor
processor, language Sprachübersetzer
processor, macro Makroübersetzer
processor, microfilm Entwicklungsautomat, Mikrofilmentwicklungsautomat, -gerät
processor, satellite Satellitenrechner
processor stage Prozessorabschnitt, Prozessorstadium
processor state Funktionszustand der Zentraleinheit
processor state key Zustandstaste
processor state register Funktionszustandsregister
processor storage Arbeitsspeicher, Hauptspeicher, Primärspeicher
processor time Zentraleinheitszeit
processor utility register Hilfsregister
procure, to beschaffen, besorgen, herbeischaffen, verschaffen
procurement Beschaffung, Besorgung, Herbeischaffung
procurement lead time Beschaffungszeit
procurement of information Nachrichtenbeschaffung
procurement program Beschaffungsprogramm
procurement rate Beschaffungsquote, -rate
procurement source code Lieferquellencode
procurement technique Beschaffungsverfahren (komm)
prod Ahle, mit einem kurzen Werkzeug stechen
produce Ertrag, Erzeugnis, Produkt
produce a magnetic field, to ein Magnetfeld erzeugen
produce complex one-piece castings to replace parts spanend bearbeitetes Einzelteil (Flugzeugwartung)(av)
produce in quality Qualitätsproduktion
produce in quantity, to serienmäßig herstellen
produce very highly detailed image Detailtreu reproduzieren (av)
produce, to erzeugen, herstellen, hervorbringen, produzieren
produced components for the turbine section of the engine Turbinenkomponenten produzieren (Flugzeugkonfiguration)
produced gas erzeugtes Gas
producer Erzeuger, Förderbohrung, Fördersonde, in Förderung befindliche Ölbohrung,

produzierende Ölsonde, fördernde Erdölbohrung, Gasgenerator, Produzent
producer, commercial wirtschaftlich fördernde Bohrung
producer, dual Zwillingsfördersonde
producer gas Generatorgas, Sauggas
producer-gas engine Sauggasmotor
producer's risk Lieferantenrisiko, Produzentenrisiko
producing department Gewinnungsabteilung
producing depth Fördertiefe
producing gas well fördernde Gasbohrung, produzierende Erdgassonde
producing reactor Plutoniumerzeugungsreaktor, Produktionsreaktor
producing time Förderzeit, Herstellungszeit
producing time, loss of Förderzeitausfall, Förderzeitverlust
producing well fördernde od. produzierende Bohrung
producing well put on gas lift (air lift) mit Hilfe von Druckgas (druckluft)fördernde Bohrung
producing zone fördernde(s) Gebiet, Zone
product Erzeugnis, Produkt (auch math)
product and market planning Marktforschung u. Erzeugnisplanung
product assurance Produktionssicherung
product code Sachnummer
product combustion Verbrennungsprodukt
product costs Erzeugungskosten, Herstellungskosten, Produktionskosten (komm)
product diversification Produktenfächer
product engineering Fertigungstechnik, Produktionsverfahren
product identification Produktidentifizierung
product improvement Produktionsverbesserung
product manager Produktionsbereichsleiter
product overflow Produktüberlauf (dig)
product reliability demonstration test Zuverlässigkeitsnachweisprüfung
product, sophisticated electronics komplexes elektronisches Erzeugnis
production Erzeugung, Fertigung, Herstellung, Produktion
production aeroplane Serienflugzeug
production, area of Fördergebiet, fördernde Fläche, Produktionsgebiet
production aircraft Reihenflugzeug, Serienflugzeug
production capacity Produktionsfähigkeit, Produktionskapazität
production certificate Lizenz zur Serienherstellung
production coefficient Nachlieferungskoeffizient
production commenced Förderung wurde aufgenommen
production, commencement of Förderbeginn
production control Fertigungsdisposition, Fertigungssteuerung, Produktionsüberwachun, Fertigungskontrolle, -überwachung, Produktionslenkung
production, controlled Förderung unter geregeltem Gegendruck (Ölbohrung)
production creation Hervorbringung
production curtailment Produktionseinschränkung
production curve Förderkurve
production cycle Herstellungsverlauf
production, daily tägliche Produktion, Tagesförderung Tagesproduktion
production debit costs Fertigungssollkosten
production decline curve Produktionsabfallkurve (komm)
production, declining absinkende Förderung od. Produktion
production disposition Fertigungsdisposition, Produktionsdisposition
production economy wirtschaftliche Herstellung od. Produktion
production engine Serienmotor, Serientriebwerk
production engineering Fertigungstechnik, Fördertechnik, Fertigungsplanung, Produktionstechnik
production engineering department Abteilung für Fertigungsplanung
production equipment Fördereinrichtung, Produktionseinrichtung
production experience Herstellungserfahrung
production funding estimate Fertigungskostenvoranschlag
production, initial Anfangsförderung, Anfangsproduktion, anfängliche Förderung
production, intermittent Förderung mit Zwischenräumen, zeitweilig unterbrochene Förderung od. Produktion
production, job lot Kleinserienfertigung
production know-how Serienreifmachung
production life Produktionslaufzeit
production line Fertigungsstraße, Taktstraße, Umbaustraße (Diversifikation)(Flz)
production of component Bauteilfertigung
production of cores Kernherstellung
production of natural gas Erdgasförderung
production of oscillation Schwingungserzeugung
production of oxygen Sauerstoffgewinnung
production of sparks Funkenbildung
production or generation of water gas Wassergaserzeugung, Wassergasherstellung
production order Produktionsauftrag
production plan Produktionsprogramm
production planning Fertigungsdisposition, Fertigungsplanung (komm)
production platform Produktionsplattform (Tiefbohrtechnik)
production propeller made of composite materials serienmäßiger Propeller aus Verbundwerkstoff
production rate Fördermaß, Produktionsquote
production reactor Plutoniumerzeugungsreaktor, Produktionsreaktor
production rig Produktionsplattform
production run produktives Arbeiten, Herstellungsablauf
production-run, total...time Gesamtdurchlaufzeit
production schedule Fertigungsplan
production scheme Fabrikationsplan, Produktionsplan
production, settled beständige Fördermenge, stabilisierte Produktion
production, slush Anfangsspitzenproduktion
production specification Herstellungsvorschrift, Produktionsvorschrift
production stage Fertigungsreife
production technique for blade cooling sys-

tem Fertigungstechnik für Kühlsystem (TB)
production test Fabrikmessung, Förderversuch
production testing Erprobung der Erzeugnisse bei Reihenfertigung, Prüfung der Serienmotore
production the months Fertigungszeit in Monaten
production time Arbeitszeit, Herstellungszeit, Produktionszeit
production, to be in serienmäßig hergestellt werden
production, total Gesamtförderung
production type Serienmuster
production-type reactor Plutoniumerzeugungsreaktor, Produktionsreaktor
production voucher Fertigungsbeleg
production well Gewinnbohrung, Produktionsbohrung
production work Fertigungsarbeit, Fabrikationsarbeit
productive einbringend, ergiebig, rationell, rentabel, leistungsfähig, erzeugend
productive bed abbauwürdige Schicht (geol)
productive capacity Förderfähigkeit, Fördervermögen, Produktionskapazität
productive coal formation abbauwürdige Steinkohlenlagerung
productive horizon produktiver Horizont
productive labor cost Einzellohnkosten
productive power Leistungsfähigkeit, Leistungsvermögen, Produktionsvermögen
productive thinking schöpferisches Denken
productive well, commercially wirtschaftliche, produktive Bohrung
products of combustion Verbrennungsprodukte
products quality rating Bewertung der Erzeugnisse
professional photographer Fachphotograph
professional pilot Berufspilot
proficiency stall Übungsflug mit Strömungsabriß
profile 360 Grad Vollumriß
profile chord Profilsehne (aerodynamisch)
profile contour Profilkontur, Umrißskizze
profile curve Querschnittlinie
profile cutter spitzverzahnter Fräser (A), Formfräser (E), Profilfräser (E), Profilzieher
profile drag Profilwiderstand (Tragflügel)
profile drag area Profilwiderstandsfläche
profile drawing of the hole gezeichnetes Bohrprofil
profile gauge Formlehre
profile iron Formeisen
profile lines Profillinie, Querschnittsansicht auf einer Karte
profile map Profilkarte
profile milling Zerspanen (Werkstoff) (av)
profile milling/360 degree Vollumrißfräsen
profile milling machine (zweidimensionale) Nachformfräsmaschine, Formfräsemaschine
profile of a bore Bohrprofil, Profil einer Bohrung
profile of the ground Bodenprofil
profile periphery Profilumfang
profile planing Profilhobeln (Formhobeln)
profile shaping Nachformhobeln
profile-shooting Profilschießen (seims)
profiling cutter Faconmesser
profiling mechanism 360 degree Vollumrißfräseinrichtung (w)
profiling or copy milling template or pattern Kopierfräsmaschinenschablone
profilometer Profilprüfer
profit Gewinn, Reingewinn (komm), eine Gelegenheit benutzen, Nutzen ziehen, profitieren
profit and loss statement Gewinn- u. Verlustrechnung
profit-making advantage gewinnbringender Vorteil
profit-oriented company gewinnorientiertes Unternehmen
profit position Gewinnlage
profit potential Gewinnpotential
profit trend Gewinntendenz
profitability Rentabilität
profitable einträglich, gewinnbringend, vorteilhaft
profitable payload gewinnbringende Nutzlast
profound gründlich, tiefliegend, tiefschürfend
profoundity Gründlichkeit, Tiefe
prognostic chart Vorhersagekarte, Wettervorhersagekarte
prognostic upper air chart Höhenwettervorhersagekarte
program Programmieren (A), Programm
program acceptance and take-up Programmaufnahme
program acceptance and take-up routine Programmaufnahmeroutine
program, active (ab)laufendes Programm
program advance Programmfortschaltung
program address counter Adressenzähler
program alternation Programmänderung
program amplifier Studioverstärker
program, application Anwendungsprogramm
program area Programmbereich
program authorization Programmermächtigung (Flugerprobung)
program, automatic...interrupt automatische Programmunterbrechung
program, background Hintergrundprogramm
program body Programmrumpf, Programmkörper (FORTRAN)
program, bootstrap Ureingabeprogramm
program branch Programmsprung
program, branch Verzweigungsprogramm
program branching Programmverzweigung
program buffer Programmpuffer
program, calling Abrufprogramm, Rufprogramm
program card Programm(loch)karte
program, card Kartenprogramm
program card deck Programmkartenstapel
program chaining Programmkettung
program, channel Kanalprogramm
program channel Programmkanal
program, channel...start address Kanalprogrammstartadresse
program check Programmprüfung, Programmroutine, Programmtest
program, check Prüfprogramm, Testprogramm
program check routine Programmprüfroutine
program checking Ausprüfung des Programms, Programmprüfung, Programmprüfen
program, checking Prüfprogramm, Test-

programm
program circuit Rundfunkübertragungsleitung
program, common maintenance zentrales Wartungsprogramm
program, compressor Verdichtungsprogramm
program, computer Rechnerprogramm
program, computer-assisted rechnergestütztes Programm
program, concentrator control Konzentrator-Steuerprogramm
program, concentrator test Konzentrator-Prüfprogramm
program, condensing Verdichtungsprogramm
program, connection Zuschalteprogramm
program, connection and removal...s Zu- u. Abschalteprogramme
program control Programmsteuerung
program, control Steuerprogramm
program control card Programmsteuerkarte
program control instruction Assembler-Steuerbefehl, Assembler-Steuerinstruktion
program control interrupt Unterbrechung der Programmsteuerung
program, control line Steuerleitungsprogramm
program control loop Programmsteuerungsschleife
program control test routine Programmsteuerungs-Prüfroutine
program control unit Programmsteuerungseinheit (PE), Programmsteuerung
program-controlled programmgesteuert
program-controlled card stacker programmgesteuerte Ablage
program-controlled computer programmgesteuerte Rechenanlage od. Datenverarbeitungsanlage
program-controlled hyphenation programmgesteuerte Silbentrennung
program-controlled interrupt programmgesteuerte Unterbrechung
program-controlled rolling milling programmgesteuertes Walzwerk
program controller Programmregler
program, conversion Übersetzerprogramm, Übersetzer, Umsetzer, Übersetzungsprogramm, Umsetzprogramm
program coordination interrupt programmgesteuerte Unterbrechung
program coordination group Planungsgruppe
program coordinator Programmgestalter
program count Befehlszählerstand, Befehlszählerinhalt
program counter Programmspeicher, Steuer(befehls)speicher, Befehlsadreßregister, Befehlsfolgeregister, Befehls(folge)zähler, Befehls(zähl)register, Operationszähler, Programmschrittzähler, Befehlszähler
program counter content Befehlszählerstand, Befehlszählerinhalt
program counter register Befehlszählerregister
program cycle Programmgang, Programmzyklus
program cycle controller Arbeitstaktgeber
program, cyclic...distribution zyklische Programmverteilung
program, cyclic...request zyklische Programmanforderung
program, cyclic...starter zyklische Programmanforderung
program cylinder Kontaktwalze
program, date/time Datum/Uhrzeitprogramm
program-dated programmgespeichert
program debugging Fehlersuche in einem Programm (dig), Programmfehlerbeseitigung
program-dependent programmabhängig, programmspezifisch
program description Programmbeschreibung
program descriptor Programmkopf
program descriptor block Programmkopfblock
program development time Ausprüfzeit, Programmprüfzeit
program device Programmsteuerung
program, device administration Geräteverwaltungsprogramm
program, diagnostic Diagnoseprogramm, Diagnostikprogramm, diagnostisches (Fehlersuch)programm
program directory Programmverzeichnis
program distribution system Programmverteilungssystem
program distributor Programmverteiler
program drum Programmtrommel
program dump Programmabzug
program, dynamic...structure dynamische Programmstruktur
program, EDS assembler source EDS-Assemblerprogramm
program, EDS object EDS-Maschinenprogramm
program, EDS work area for service...s EDS-Work-Area für Hilfsprogramme (EDSWKA)
program, emulator control (ECP) Emulator-Organisationsprogramm, Emulator-Steuerprogramm
program error Programmfehler
program, error-correcting Fehlerkorrekturprogramm
program error ID Fehlerkennzeichen, Fehlerbezeichnung
program, error interrupt sequence control Fehlerunterbrechungsfolgeprogramm
program error recovery Programmfehlerbehandlung
program evaluation and review technique (PERT) Netzplantechnik
program event recording (PER) Programmereignisregistrierung
program, exchange-oriented vermittlungstechnisches Programm
program, executable ausführbares Programm (FORTRAN)
program execution Programm(ab)lauf, Programmausführung
program execution by "t"s t-weises Weiterschalten
program execution time Programmlaufzeit
program execution with monitor Ablauf des Programms mit Monitor
program execution without monitor Ablauf des Programms ohne Monitor
program, executive diagnostic ausführendes Prüfprogramm
program executive storage area (ESA) Programmkoordinierungsbereich
program, executive test ausführendes Prüfprogramm
program exit Programmausgang, Programm-

impuls
program exit overlap Programmschritt-überlappung
program, fault locating Fehlerlokalisierungsprogramm
program, fault response Fehler(reaktions)-programm
program fetch Programmabruf
program file Programmdatei
program, finished source-language (ablauf)-fertiges Programm
program flow Programmablauf
program flow chart Programm-Ablaufplan
program flow diagram Programm-Ablaufplan
program for exercise Übungsprogramm (päd)
program forecast Programmvorschau
program, foreground Vordergrundprogramm
program, framing Rahmenprogramm
program, function test Funktionsprüfprogramm
program, general Hauptprogramm, Rahmenprogramm
program, general machine allgemeines Maschinenprogramm
program, general post-mortem allgemeines Post-Mortem-Programm
program-generated parameter programmerzeugter Parameter
program, generating generatorerzeugendes Programm, Generatorprogramm, Generierer
program generating run Programmgenerierungslauf
program generation Programmgenerierung
program generator Programmgenerator
program, generator generatorerzeugendes Programm, Generatorprogramm, Generierer
program, group of Programmkomplex
program header block Programmanfangskennblock
program identification Programmbezeichnung, Programmname, Programmidentifikation
program identifier (code) Befehlszählercode, Befehlszählernummer
program, independent unabhängiges Programm
program, initial...loader block Ureingabeblock
program initiation Programmeinleitung
program, input Eingabeprogramm, Einleseprogramm, Eingaberoutine, Leseprogramm
program instruction Programminstruktion, Programmbefehl
program interface Programmanschluß, Programmschnittstelle
program, interpretive interpretierendes Programm, Interpretierprogramm, Interpreter
program, interpretive trace interpretierendes Protokollprogramm
program, interrogation Abfrageprogramm
program interrogation Programmabruf
program interrupt Programmunterbrechung
program interrupt control Steuerung der Programmunterbrechung
program interrupt system Programmunterbrechungssystem
program, I/O control Ein-/Ausgabe-Steuerprogramm
program item Programmelement (EDV)
program language Programm(ier)sprache
program lead time Programmanlaufzeit
program level Programmebene, Programmstufe (EDV)
program library Programmbibliothek
program, library Bibliotheksprogramm
program, library maintenance Bibliotheksverwaltungsprogramm
program library tape (PLT) Programmband
program line Modulationsleitung, Rundfunkleitung, Zubringerleitung
program, line test Leitungsprüfprogramm
program linkage Programmverknüpfung
program linking Programmverknüpfung
program linking code Programmverknüpfungsanweisung (dv)
program list Programmliste, Programmmanuskript
program listing Programmprotokoll, Übersetzungsprotokoll
program load library Anwenderprogrammbibliothek, Benutzerprogrammbibliothek (BPB)(EDV)
program load library tape Anwenderprogrammband (EDV), Benutzerprogrammband (BPB)
program load tape Programmband
program loader Programmlader
program, loader Ladeprogramm, Lader, Laderoutine
program loader, relocatable Ladeprogramm für verschiebliche Programme
program loading Laden des Programms
program loading library Bibliothek des ladefähigen Programms
program lock Programmschloß
program logic Programmlogik
program loop Programmschleife (EDV)
program, machine Maschinenprogramm
program, macro assembly Makro-Assembler
program, main(line) Hauptprogramm
program, maintenance Wartungsprogramm
program, maintenance...for basic planning data Dispositionsstammdaten-Verwaltung
program major start Übergruppen-Anfang
program management Programmverwaltung
program management board Programmleitung
program management system Programmmanagementsystem
program manager Programmleiter
program mask Programmaske
program, master Hauptprogramm, Rahmenprogramm
program, master...for connection monitoring Rahmenprogramm für Verbindungsüberwachung
program, master...for route selection Rahmenprogramm für Richtungswahl
program, master...for trunk blocking and unblocking Rahmenprogramm für Sperren und Entsperren von Trunks
program, minimum-acces Bestzeitprogramm, optimales Programm, Optimalprogramm
program minor start Untergruppenanfang
program modification Programmänderung
program, modification Änderungsroutine, Änderungsprogramm
program module Programm-Modul (EDV)
program, module Modul(eingabe)programm
program, monitor Monitor(programm), Überwachungsprogramm

program motor Programm-Antriebsvorrichtung
program name Programmbezeichnung, Programmname
program network Programmnetzplan
program, network-oriented netzorientiertes Programm
program, network-oriented coordination netzorientiertes Koordinierungsprogramm
program, nonrelocatable unverschiebliches Programm
program number Befehlszählernummer, Programmnummer
program, object Maschinencodeprogramm, maschinencodiertes Programm, Objektprogramm, übersetztes od. ladefähiges Programm
program, object-language Maschinencodeprogramm, maschinencodiertes Programm, Objektprogramm, ladefähiges od. übersetztes Programm
program of work Arbeitsprogramm, Arbeitsroutine
program, on-line maintenance On-Line-Wartungsprogramm
program, operator Bedienungsprogramm
program, operator input/output Bedienungs-Ein-/Ausgabe-Programm
program, optimal Bestzeitprogramm, optimales Programm, Optimalprogramm
program, optimally coded Bestzeitprogramm, optimales Programm, Optimalprogramm
program, optimum Bestzeitprogramm, optimales Programm, Optimalprogramm
program organization Programmgliederung, Programmorganisation (EDV)
program-oriented routines programmorientierte Routinen
program, output Ausgabeprogramm
program package Programmpaket
program parameter Jeweils-Parameter, Programmparameter (EDV)
program parameter card Programmsteuerkarte
program part Programmteil (FORTRAN)
program patching plug Hilfsstecktafel
program, peripheral device Geräteprogramm
program phase Programmabschnitt, Programmphase
program, photo compensation Lichtsatzprogramm
program planning Programmplanung
program plug Programmstecker
program, post-mortem Post-Mortem-(Fehlersuch)programm
program, preliminary vorläufiges Programm
program preparation Programmvorbereitung
program, preparatory vorbereitendes Programm
program, printer Druck(er)programm
program, printing Schreib(er)programm
program priority Ablaufpriorität, Programmpriorität, Programmvorrang
program, processing Verarbeitungsprogramm, Verarbeitungsroutine
program production time Programmherstellungsdauer, Programmproduktionszeit
program, punching Lochprogramm
program queue Programmwarteschlange
program reacceptance and take-up Programmwiederaufnahme
program, read-in Eingabeprogramm, Einleseprogramm, Eingaberoutine, Leseprogramm
program, real-time control Steuerprogramm für Echtzeitsysteme
program record Programmprotokoll
program, reenterable jederzeit verwendbares Programm, ablaufinvariantes Programm
program, reentrant jederzeit verwendbares Programm
program region address Programmbezirksadresse
program region register Programmbezirksregister
program register Befehlsregister, Instruktionsregister, Programmregister
program, relocatable verschiebliches od. verschiebbares Programm
program relocation Programm-Umadressierung, Programmverschiebung
program relocation byte Programmverschiebungsbyte
program, remote-control...for switching networks Fernsteuerung für Raummultiplexkoppelfelder
program, removal Abschalteprogramm
program repeat Programmwiederholung
program request Programmanforderung
program request bit Programmanforderungsbit
program request buffer Programmanforderungspuffer
program request control Ablauf-Anforderungssteuerung
program request register Ablaufanforderungsregister, Programmanforderungsregister
program request system Programmanforderungssystem
program, rerun Wiederhol(ungs)programm
program residence Programmresidenz
program residence time Programmverweilzeit
program restart Wiederanlauf des Programms, Wiederanlaufprogramm
program, restart Wiedereinschalteprogramm, Restart-Programm
program, restart interface Anschlußprogramm zum Restart
program, restart master Restartrahmenprogramm
program, revision Änderungsprogramm,
program revision level Programm-Ausgabestand
program routine Programmprüfung, Programmroutine
program, routine test Routineprüfprogramm
program run Programm(ab)lauf, Programmdurchlauf
program run sheet Bedieneranweisung
program run time Programmlaufzeit
program run under monitor control Ablauf des Programms mit Monitor
program run without monitor control Ablauf des Programms ohne Monitor
program running test Programmablaufprüfung
program scanner Programmprüfer
program, scanning Abtastprogramm
program, scheduler Schedulerprogramm, Steuerprogramm
program section Programmabschnitt (dig), Programmsegment
program section library Bibliothek der

Programmabschnitte
program section library maintenance Ändern eines Programmabschnittbandes
program section library updating Ändern eines Programmabschnittbandes
program sectioning Programmunterteilung, Segmentierung
program segment Programmabschnitt, Programmsegment
program segmentation Programmunterteilung
program segmenting Programmunterteilung, (Programm)segmentierung
program selection Programmauswahl
program selection key Programmauswahltaste
program, self-loading selbstladendes Programm, Selbstladeprogramm
program, self-triggering selbststartendes Programm
program sensible switch programmgesteuerter Schalter
program-sensitive error programmabhängiger od. programmtechnischer Fehler (EDV), programmbedingter Fehler (EDV)
program-sensitive fault programmabhängiger od. programmbedingter Fehler
program-sensitive malfunction programmabhängiger od. programmtechnischer Fehler
program sequence Programmfolge
program, sequence checking Folgeprüfprogramm
program, service Dienstprogramm
program set Programmabschnitt, Programm einstellen
program setup Programmstruktur
program sheet Codierungsformular, Programmformular, Programm(ier)vordruck
program, shipping Versandprogramm
program, side Nebenprogramm
program simulation Simulator(programm), Simulationsprogramm
program-simulation programmsimuliert
program, simulator Simulator(programm), Simulationsprogramm
program skip Programmsprung, Überspringen eines Programmschritts (EDV)
program skip interlock Vorschub bei Programmkontrolle
program slot Befehlszählernummer
program slot identifier Befehlszählerkennzeichnung, Befehlszählernummer
program slot number Befehlszählernummer
program, snapshot selektives Protokollprogramm
program, sort Sortierprogramm
program, sort/merge Sortier-Mischprogramm
program, sort/merge...generator Sortier-Mischprogrammgenerator
program-sort mode programmabhängiger Betrieb
program, sorting Sortierprogramm
program, source Primärprogramm, Quellenprogramm
program, source...form Primärprogrammformular, Sortierprogrammvordruck
program special priority Programmsonderpriorität
program, specific spezifisches Programm
program sponsor Programmautor
program, standard address Programmanfangsadresse
program, start sequence control Einschaltfolgeprogramm
program state Programmzustand
program state ID Programmzustandskennzeichen
program statement Programmanweisung
program, static statisches Programm
program, statistics Statistikprogramm
program status Programmzustand
program status word Programmstatuswort
program step Programmschritt
program stop Programmunterbrechung
program storage Programmspeicher
program, storage print Speicherabzugsprogramm, Speicher(aus)druckprogramm, Speicherdruckroutine
program, stored gespeichertes Programm
program structure Programmstruktur
program structure, dynamic dynamische Programmstruktur
program, subscriber connection Verbindungsprogramm
program, successor Folgeprogramm
program supervisor Monitor(programm), Überwachungsprogramm
program, supervisory Superprogramm, Leitprogramm
program supply Programmspeisung, Programmzuführung
program swap Programmaustausch
program switch Konnektor, Programmweiche, Programmschalter, variabler Konnektor
program system Programmsystem
program, system generator Aufbauprogramm
program table Programmtabelle
program tape Bibliotheksband, Programmband, Programm(loch)streifen
program tape channel Programm-Bandkanal
program tape punch Programmstreifenlocher
program, target Maschinencodeprogramm, Objektprogramm, übersetztes od. ladefähiges Programm
program termination Programmbeendigung
program test Entwicklungstest (päd), Programmprüfung, Programmtest
program, test Prüfprogramm, Testprogramm
program test bit Programmtestbit
program test flag bit Bit für Programmtests
program test routine Testprogramm
program test time Programmtestzeit
program testing Ausprüfen eines Programms, Programmprüfung
program time Programmlaufzeit
program time register Programmzeitregister
program timetable Entwicklungszeitplan (für Flugzeugmodernisierung)
program, to programmieren, einspeichern
program, to initialize a library eine Programmbibliothek errichten
program torpedo Programmlauftorpedo
program, trace Protokollprogramm, Programm zur schrittweisen Protokollierung der Ausführung eines Programms
program, trace control Traceverwaltung
program, tracing Ablaufverfolger
program track Programmspur
program transcriber Programmübertrager, Programmübertragungsroutine
program transcript Programmprotokoll

program transfer, overflow Zeilenbegrenzungs-Programmschaltung
program, translating Übersetzer(programm), Übersetzungsprogramm, Umsetzer, Umsetzprogramm
program translation Programmübersetzung, Programmumwandlung
program transmitter Programmgeber
program, trunk position Fernplatzprogramm
program, typesetting Satzprogramm
program, typesetting...system Satzprogrammsystem
program unit Programmeinheit
program, unit Einheitsprogramm, Standardprogramm
program, update Änderungsprogramm, Änderungsroutine
program, updating Aktualisierungsprogramm
program used before classroom instruction Zubringerprogramm (päd)
program, user Anwender-, Benutzerprogramm
program, utility Dienstprogramm
program waiting sequence Programmwarteschlange
program, wired festverdrahtetes Programm
program, workable ablauffähiges Programm
program write-up Programmprotokoll
programmability, free Programmierbarkeit
programmable programmierbar
programmable combination lock programmierbares Kombinationsschloß (av)
programmable feed system programmierbares System
programmable flight computer programmierbarer Flugrechner
programmable, freely programmierbar
programmable head-up display programmierbares Blickfelddarstellungsgerät
programmable rate table programmierbarer Drehtisch
programmable read-only memory programmierbarer Festspeicher
programmable remote surveillance and maintenance facilities automatische Fernüberwachungs- und -wartungseinrichtung (av)
programmable signal processing programmgesteuerte Signalverarbeitung
programmable symbol generator programmierbarer Symbolgenerator
programme controlled Programmregler
programme definition Programmdefinition
programme evaluation phase Programmauswertungsphase
programme maintenance tasks, to Programmierung der Wartung
programme manager Programmleiter
programme of events Rahmenprogramm
programmed beam antenna system for three-dimensional search and tracking programmierte Abtastung für dreidimensionale Überwachung und Zielverfolgung
programmed check programmierte Kontrolle (dig), programmierte Prüfung (EDV), programmiertes Prüfen
programmed checking programmiertes Prüfen
programmed control Zeitplanregelung
programmed control interrupt programmierte Unterbrechung (dig)
programmed expenditure Ausgabenansatz, Soll-Ausgaben
programmed facilities programmierte Einrichtung
programmed flight path programmierte Flugbahn
programmed floating-point operation programmierte Gleitkommarechnung
programmed funds veranschlagte Mittel
programmed guidance Programmlenkung
programmed incidence tailplane for V/STOL flight Höhenflosse mit programmiertem Einstellwinkel für V/STOL-Flug
programmed instruction (PI) programmierte Instruktion od. Unterweisung, programmierter Unterricht (päd)
programmed integrated system maintenance planmäßige Materialerhaltung (PME)
programmed interlock programmierte Sperre
programmed life (of missile) planmäßig vorhergesehene Lebensdauer
programmed line item programmierter Artikel
programmed maintenance planmäßige Instandsetzung
programmed marginal check programmierte Grenzwertprüfung (dv), programmierte Toleranzprüfung (dv)
programmed movement vorgeplanter Transport
programmed scheduled maintenance programmierte Materialerhaltung nach Zeitplan
programmed sequence request programmierte Ablaufanordnung
programmed stop programmierter Stopp (EDV), programmierter Halt (Werkzeugmaschinen)
programmed teaching aid programmierte Lernhilfe
programmed textbook Lehrprogrammbuch, Lehrprogrammtext (päd)
programmed turn Programmkurve, Umlenkkurve
programmed unscheduled maintenance programmierte Materialerhaltung ohne Zeitplan
programmer Programmierer (Streitkräfteplanung, EDV), Sende/Empfang-Steuerschalter
programmer amplifier Programmverstärker
programmer recorder (sonar) Aspekt-Schreiber
programmer-test station (PTS) Programmier- u. Prüfstand
programmer's console Rechnerbedienungsfeld
programmer's preparated label Benutzeretikett
programmer's three-axis reference system Dreiachsenreferenzsystem
programming Budgetierung, Programmierung (einer Rechenanlage), Programmplanung
programming, absolute Programmieren im Maschinencode od. mit absoluten Adressen, absolute Programmierung
programming aid Programmierungshilfe
programming, automatic automatische Codierung od. Programmierung, maschinenunterstützte Programmierung
programming, automatic language automatische Codier- od. Programmiersprache
programming center Programmierzentrale, Programmierteil (Torpedo)
programming consideration Hinweis für Programmieren
programming convenience Programmierkomfort
programming, conversational-mode Dialog-

programmierung
programming, convex konvex Optimierung
programming creator Programmierer (EDV)
programming device Programmiereinrichtung, Programmwerk (EDV)
programming, direct direkte Programmierung
programming documents Planungsunterlagen
programming, dynamic dynamische Optimierung od. Programmierung
programming effort Programmieraufwand
programming error Programm(ierungs)fehler
programming, exchange-oriented...language vermittlungstechnisch orientierte Programmiersprache
programming features Programmiermerkmale
programming, field by field Feld an Feld Programmierung
programming handbook Programmierhandbuch
programming, heuristic heuristische Programmierung (EDV)
programming, integer ganzzahlige Programmierung
programming language Programmier(ungs)-sprache (päd)
programming language committee Ausschuß für Programmiersprachen
programming, machine-level direkte Programmierung
programming manual Programmierhandbuch
programming method Programmierart, Programmiermethode, Programmierverfahren
programming, minimum-access Bestzeitcodierung, Bestzeitprogrammierung, optimale Programmierung
programming, minimum delay Bestzeitprogrammierung, Bestzeitcodierung, optimale Programmierung
programming, minimum latency Bestzeitcodierung, Bestzeitprogrammierung, optimale Programmierung
programming, mistake Programmierungsfehler (EDV)
programming module Programm-Modul
programming, multiple Mehrfachprogrammierung, Programmverzahnung, Multiprogramm
programming, multiplex Vielfachprogrammierung
programming, object Maschinenprogrammierung
programming of exercise Aufstellen des Übungsvorhabens
programming of motion system Leistungsanalyseausrüstung
programming, optimal Bestzeitcodierung, Bestzeitprogrammierung, optimale Programmierung
programming, optimum Bestzeitprogrammierung, Bestzeitcodierung, optimale Programmierung
programming, parallel Parallelprogrammierung
programming, parametric parametrisches Programmieren
programming personal Programmierpersonal
programming, plus-and-minus Plus-und-Minus-Programmierung
programming, quadratic Programmierung mit quadratischen Funktionen
programming, random-access Random-Access-Programmierung
programming, relative Programmieren mit relativen Adressen, relatives Programmieren
programming, serial Serienprogrammierung
programming support Programmierunterstützung
programming, symbolic symbolische Programmierung, symbolisches Programmieren
programming, symbolic system symbolisches Programmiersystem, Symbol-Programm-System
programming system Programmier(ungs)-system (Streitkräfteplanung)
programming systems and tracking equipment Programmierungs- u. Verfolgungsanlagen
programming theory Programmierungstheorie
programs evaluation and review technique (PERT) Programmbewertungs- und Überprüfungsverfahren
progress card Rückmeldekarte
progress data Fortschrittsdaten
progress in the scientific field fortschrittliche Erkenntnis der Wissenschaft
progress line Ganglinie
progress of action Gefechtsverlauf
progress of an attack Angriffsverlauf
progress of elongation Dehnungsverlauf
progress of learning Lernfortschritt (päd)
progress of the cross-section area Querschnittsverlauf
progress of work Arbeitsverlauf
progress payment Abschlagszahlung, Leistungsfortschrittszahlung, Baufortschrittszahlung, Zahlung gemäß der Arbeitsforschriften
progress report Flugverlaufsmeldung, Fortschrittsbericht, Bericht über erzielten Fortschritt (komm), Tätigkeitsbericht, Zwischenbericht
progress reporting Fortschrittsberichterstattung
progress sketch (surveying) Beobachtungsplan
progress, to fortschreiten, sich fortentwickeln, weitergehen
progress, work...supervision Arbeitsfortschrittsüberwachung
progression Progression, Reihe (math)
progression conductance modulation Stufenleiter
progression, geometrical geometrische Reihe
progression of management Aufrücken von Führungskräften
progressive allmählich, fortlaufend, fortschreitend, zunehmend
progressive balancing fortlaufende Saldenbildung
progressive calculation of interests progressive Zinsrechnung
progressive-field tube Lauffeldröhre
progressive increase progressive Steigerung
progressive maintenance (turboprop) progressive Wartung (Propellerturbine)(av)
progressive production work Fließbandarbeit
progressive reduction of area of transparency reduzierte Verglasungsversion (Cockpit)
progressive scanning fortlaufende Abtastung, Zeitfolgeverfahren
progressive totals Staffelsummen (komm)
progressive valve ram Abblaseventilstellzylinder
progressively burning powder Kernpulver
progressively variable intake swirls stufenlose verstellbare Eintrittsleitschaufeln
prohibit untersagen, verbieten
prohibited verboten, gesperrt

prohibited area (Luft)sperrgebiet, Sperrabschnitt
prohibited zone Sperrgebiet
prohibition against flying Flugverbot
prohibition from flying Startverbot
prohibition of landing Landeverbot
prohibition of importation Einfuhrverbot
prohibitive ausschließend, prohibitiv, unmöglich machen, untersagend
prohibitive cost untragbare Kosten
project Entwurf, Plan, Projektion
project a great circle line, to Projektion eines Großkreises
project analysis Projektanalyse
project chart Planungsübersicht
project definition phase Projektdefinitionsphase
project definition stage Projektdefinitionsphase
project equipment Sonderausrüstung
project execution Projektabwicklung, Projektausführung
project gain Gewinnvorhersage
project in part Teilprojekt
project life cycle Projektablauf
project location Planungsort
project management Projektführung, Projektleitung
project map display system Kartendarstellungsgerät
project, next-generation zukunftsorientiertes Projekt
projet progress dates Projektfortschrittsdaten (Neukonstruktion)
project time Projektdauer
project, to entwerfen, planen, projektieren
projected projiziert
porjected area projizierte Fläche (Lagerfläche usw)
projected diameter projizierter mittlerer Durchmesser
projected gain Gewinnvorhersage
projected map display Projektionskartendarstellung, Projektionskartengerät
projected map display system Kartendarstellungsgerät
projected moving map Projektionskartengerät, projizierte bewegliche Flugkarte
projected-scale instrument Projektionsskaleninstrument
projectile Flügelmine, Geschoß, Granate
projectile for signal pistols Geschoß für Signalpistole, Wurfkörper
projectile loading plant Geschoßladehaus
projectile particle Geschoßteilchen
projectile time Geschoßflugzeit
projectile time-of-flight servo Geschoßflugzeitservo
projecting vorgelagert
projecting type spotlights Aufbauscheinwerfer
projection Ansatz, Ausladung, Entwurf, Projektion, Vorsprung
projection area Projektionsfläche, Planungsgebiet
projection box Vorführkabine, Vorführraum
projection cathode-ray tube Bildwerfer-Kathodenstrahlröhre, Kathodenstrahlröhre
projection distance Projektionsentfernung
projection, equal area flächentreue Projektion
projection factor Tonkopfleistung
projection grid Projektionsgitternetz
projection of requirements Bedarfsschätzung
projection of computer-generated images on a large spherical screen Projektion rechnergenerierter Bilder auf gewölbtem Großbildschirm (Weitwinkelcockpit)
projection optics Projektoroptik
projection port Kabinenfenster
projection PPI Projektionsrundsichtgerät
projection printing Projektionskopieren
projection receiver Projektionsempfänger
projection scale Kinoskala
projection screen Bildwand, Projektionsfläche, Projektionsschirm
projection system in combat simulator Projektor in Luftkampfsimulator (milit)
projection tube Projektionsröhre
projection-type television tube Projektionsbildschreibröhre
projection weld Warzenpunktschweißung
projection welding Buckelschweißung, Warzenschweißung
projection without distortion of angle winkeltreue Projektion (Karte)
projective geometry darstellende od. projektive Geometrie
projective plane projektive Ebene
projector Abschußrohr, Bildwerfer, Darstellungslinie, Kinoprojektor, Ladelicht, Nachbildungskammer, Scheinwerfer, Wurfgerät
projector frame Werferrahmen
projector head Projektorkopf
projector lamp Bildwerferlampe, Projektorlampe, Scheinwerferlampe
projector lamp rake Bildwerferlampenneigung
projector rake Projektorneigung
projector rod Schießstock
projector signal Granatsignal
projector-type filament lamp Lichtwurflampe
prolate cycloid verlängerter od. verschlungener Zykloid (math)
prolific erfindungsreich, fruchtbar
prolonged weightlessness langandauernde Schwerelosigkeit (Raumfahrt)
promenade deck Promenadendeck
prominent landmark auffälliges Landschaftsmerkmal, markanter Geländepunkt
promising aussichtsreichm vielversprechend
promote aufrücken, fördern (Öl od. Gas), Vorschub leisten, im Rang befördern
promotion Beförderung, Übergang
promotion fare Vorzugstarif
prompt command Weckauftrag, Weckbefehl
prompt critical prompt kritisch
prompt fission neutron promptes Spaltneutron
prompt gamma promptes Gammaquant
prompt note Mahnzettel
prompt, special...command Sonderweckauftrag
prompt, special...instruction Sonderweckauftrag
prompter, coarse time Langzeitwecker
prompter, coarse time...location Grobweckerzelle
prompter, fine-time Feinwecker
prompter, halt-point Haltpunktwecker
prompter list Weckerliste
prompter, long-time Langzeitwecker, Langwecker

prompter, long-time...list Langweckerliste
prompter, long-time...management Langwecker-verwaltung
prompter, long-time...program Langwecker-programm
prompter managment Weckerverwaltung
prompter memory cell Weckerzelle
prompter program Weckerprogramm
prompter, receive direction Empfangswecker
prompter, send direction Sendewecker
prompter timing pulse Weckertakt
prompting exit Weckausgang
prompting note Wecknotiz
prompting software Weckereinrichtung
promptitude Promptheit, Raschheit
promulgate öffentlich bekanntmachen, verbreiten, verkünden
prone, to geneigt, nach unten gerichtet, mit der Vorderseite auf der Erde liegend
prone shelter Schützenmulde
prone to, to be neigen zu
pronounced, to ausgesprochen scharf hervortretend
prontour (prognostic contours) Vorhersage von Luftdruckisohypsen
Prony brake Prony'scher Bremszaum zur Messung der Brems-PS
Prony dynamometer Bremsdynamometer
proof Beleg, Nachweis, Beweismittel, Probe, Prüfabzug, Prüfung, Versuchsbild
proof-balancing Prüfsaldierung
proof device Schreibvorrichtung
proof feature Schreibsicherung
proof figure Prüfzahl
proof inscriber Abstimmbeschrifter
proof-loading test Belastungsversuch
proof maching Scheckabrechnungsmaschine
proof of compliance Nachweis der Erfüllung od. Übereinstimmung
proof puller (print) Fahnenabzieher
proof strength Zugfestigkeit
proof stress Prüfspannung, Punkt des Spannungs/Dehnungsschaubildes, an dem die Kurve einen festgesetzten Betrag (o,1 bis 0,5% der ursprünglichen Meßlänge) vom gradlining proportionalen Verlauf abweicht (Ersatz für Streckgrenze, wo dies undeutlich ausgeprägt ist)
proof test statischer Belastungsversuch
proof total Abstimmsumme, Kontrollsumme, Prüfsumme
prop stützen, versteifen, verstreben
prop aircraft Propflugzeug
prop efficiency Luftschraubenwirkungsgrad
prop up aufbocken
prop wash Propellerboeen
propagated error mitlaufender Fehler (EDV)
propagation Ausbreitung (elektronisch), Fortpflanzung (Wellen)
propagation characteristic Ausbreitungscharakteristik
propagation characteristic of radio waves Ausbreitungsbedingung der Funkwellen
propagation coefficient Fortpflanzungskonstante, Übertragungskoeffizient
propagation condition Ausbreitungsbedingung, Ausbreitungsverhältnis
propagation constant Fortpflanzungskonstante, Übertragungskoeffizient
propagation constant per unit length Fortpflanzung je Längeneinheit
propagation disturbance Störung durch Schwund
propagation factor Ausbreitungsfaktor
propagation frequency Fortpflanzungsfrequenz
propagation loss Ausbreitungsverlust (Wellen)
propagation of heat Wärmeausbreitung, Wärmefortpflanzung
propagation of light Lichtfortpflanzung
propagation of motion Bewegungsfortpflanzung
propagation of seismic waves Fortpflanzung seismischer Wellen
propagation of sound Schallausbreitung, Schallfortpflanzung
propagation of sound waves through water Wasserecho, Wasserschall
propagation of the explosion Fortpflanzung der Explosion (seism)
propagation of waves Wellenausbreitung, Wellenfortpflanzung
propagation path Ausbreitungsweg
propagation pattern Ausbreitungscharakteristik
propagation phenomenon Ausbreitungsvorgang
propagation segment Verzögerungssegment
propagation time Laufzeit
propagation variable Ausbreitungseigenschaft, Ausbreitungsvariable
propagation velocity Ausbreitungsgeschwindigkeit, Fortpflanzungsgeschwindigkeit
propel vorwärtstreibend
propel-around, to herumschleudern, zentrifugieren
propellant Treibmittel, Treibstoff
propellant charge Pulvertreibladung, Wurfladung
propellant combination Treibstoffkombination
propellant system layout for stage I and stage II of the Gemini-Titan 2 launch vehicle Skizzen der Treibstoffsysteme für die Erst- u. Zweitstufe des Trägerflugzeugs Gemini-Titan 2
propellant weight Treibstoffgewicht
propelled by a hybrid rocket hybrides Antriebssystem
propeller accessories Luftschraubenzubehör
propeller anti-icer Luftschraubenenteiser
propeller area Luftschraubenflächeninhalt, Propellervolumen
propeller balancing on turboprops Auswuchten von Luftschrauben an Propellerturbinen
propeller blade Luftschraubenblatt
propeller blade angle Luftschraubenblattanstellwinkel
propeller blade area Luftschraubenblattflächeninhalt, Propellervolumen
propeller blade element theory Luftschraubengrundtheorie
propeller blade pitch control Propellerblattverstellung
propeller blade shank Schaft des Luftschraubenblattes
propeller blade tip Propellerblattspitze, Schraubenflügelspitze
propeller blades, six scimitar-shaped Propeller mit sechs gekrümmten Blättern
propeller blast Luftschraubenstrahl, Propellerwindstoß
propeller blower Schraubenlüfter

propeller blower diffuser Schraubengebläse
propeller boss Luftschraubenstück
propeller brake Luftschraubenbremse, Luftschraubenwiderstand
propeller camber ratio Luftschraubenwölbungsverhältnis
propeller cavitation Luftschraubenaushöhlung
propeller characteristiac curve Luftschraubenkennlinie
propeller clearance Blattspitzenfreiheit (Propeller), Bodenfreiheit der Luftschraube, Luftschraubenbodenfreiheit
propeller collective thrust modulation Kollektivschubmodulation der Propeller
propeller cone Propellerkegel, Propellerkonus
propeller, constant speed Propeller mit gleichbleibender Geschwindigkeit
propeller constant speed unit Gerät für gleichbleibende Propellerdrehzahl
propeller control Luftschraubenlenkung, Propellersteuerung
propeller control unit Propellerkontrollvorrichtung
propeller controller Propellersteuerung
propeller controller drive Propellersteuerungsantrieb
propeller deicing fluid tank Propeller-Enteisungsflüssigkeitstank
propeller differential/collective pitch control scheduling and summing mechanism Mischer für differentielle/kollektive Propellersteigungsregelung
propeller disc Luftschraubenkreis, Propellerkreis
propeller disc area Luftschraubenkreisfläche
propeller discs, achieving a straight inflow to the... gerade Anströmung der Luftschraubenebene (av)
propeller-driven tilt-wing aircraft Kippflügelflugzeug mit Propellerantrieb
propeller efficiency Luftschraubenleistung
propeller etching Blattoberflächenbehandlung auf Riße
propeller fan Propellerventilator
propeller, fixed-pitch Propeller mit unbeweglicher Gierung
propeller flutter Luftschraubenflattern
propeller, geared down untersetzte Luftschraube
propeller governor Luftschraubensteigungsregler, Propellerregler
propeller ground clearance Luftschraubenbodenfreiheit
propeller hub Luftschraubennabe
propeller hub-cone Luftschraubennabenkonus
propeller in feathering Luftschrauben-Segelflugstellung
propeller instruction manual Propellerhandbuch
propeller interference Luftströmungseinfluß auf Luftschraube
propeller load curve Schaubild der Luftschraubenleistung
propeller master blade Mutterschraubenblatt
propeller nose piece (model) Luftschraubenlager
propeller nut Luftschraubenbefestigungsmutter
propeller operating oil Öl zur Betätigung des Propellers od. der Luftschraube
propeller pitch Luftschraubensteigung
propeller pitch change Luftschraubenverstellung
propeller pitch control Propellersteuerung, Propellerverstelleinrichtung
propeller pitch indexing Einstellung der Luftschraubensteigung
propeller pitch indicator Luftschraubensteigungsmesser
propeller pitch reversing Verstellen des Propellers od. der Luftschraube auf Bremsstellung
propeller plane of rotation Schraubenebene
propeller post Schraubensteven
propeller, quick feathering Propeller mit Schnellverstellung
propeller radius Luftschraubenradius
propeller reduction gear Luftschraubenuntersetzungsgetriebe, Propelleruntersetzungsgetriebe
propeller regulator valve Ölumsteuerbetriebsventil für Zweistellungsschraube
propeller reserving Luftschraubenbremsstellung
propeller, reversible pitch Luftschraube mit umkehrbarer Steigung
propeller revolution per minute Luftschraubendrehzahl pro Minute
propeller root Blattwurzel
propeller, rotation of Luftschraubendrehrichtung
propeller RPM Luftschraubendrehzahl
propeller section Luftschraubenprofil
propeller shaft Antriebswelle (Twk), Propellerwelle
propeller shaft gear spider Luftschraubenwellengetriebekreuz
propeller shaft oil seal scavenge pump Spülpumpe für Propellerwellenölabdichtung
propeller shafts front and rear vordere u. hintere Propellerwellen
propeller shroud Manteltiefe
propeller, six-bladed sechsbrlättrige Luftschraube (av)
propeller slip Luftschraubenschlupf
propeller slipstream Schraubenstrahl
propeller slipstream deflection Propellerstrahlablenkung
propeller speed Luftschraubendrehzahl
propeller speed control Luftschraubendrehzahlregler
propeller spinner Luftschraubennabenhaube
propeller structural clearance Abstand des Propellers von Luftfahrzeugteilen
propeller system Propelleranlage
propeller tandem hintereinander liegende Luftschrauben
propeller test stand Luftschraubenprüfstand
propeller theory Luftschraubenstrahltheorie
propeller thrust Propellerschub, Schraubenschub
propeller thrust bearing Drucklager zur Aufnahme des Luftschraubenschubs
propeller thrust line Schubrichtung des Schraubenstrahls
propeller tip Luftschraubenblattspitze
propeller tip failure Luftschraubenblattspitzenschaden
propeller tip speed Blattspitzengeschwindigkeit
propeller tipping Blechverkleidung der Blatt-

spitze u. Kante bei Holzpropeller
propeller torque Luftschraubendrehmoment
propeller turbine Propellerturbine
propeller turbine engine PTL-Triebwerk
propeller-type glass stirrer Propellerglasrührer
propeller-type test zum Nachweis der Festigkeit u. Betriebsverhalten des Propellers
propeller wash Propellerboeen, Schraubenstrahl
propeller water clearance Luftschraubenwasserfreiheit
propeller width ratio Schraubenflügelweitenverhältnis
propelling charge container Kartusche
propelling force Vortriebskraft
propelling mechanism Antriebsanlage (Torpedo)
propelling nozzle Schubdüse
proper angemessen, geeignet, passend, zugehörig, zweckmäßig
proper fraction echter Bruch (math)
proper name Eigenname
proper phase relation Phasenrichtung
proper state Eigenzustand
rpoper string eigentliche Zeichenreihe (ALGOL)
properly in geeigneter Weise
properties, minimum performance Mindestbelastungsgrenzen (Röhre)
properties of petroleum, chemical chemische Eigenschaften des Erdöls
properties of petroleum, physical physikalische Eigenschaften des Erdöls
properties of the air Eigenschaften der Luft, Lufteigenschaften
properties, tensional Zugfestigkeitseigenschaften
propertime Eigenzeit
property Eigenschaft, Besonderheit
property account Bestands-, Materialnachweis
property accounting Materialverwaltung
property accounting balance card Materialbestandskarte
property accounting branch Lagerbuchhaltungsabteilung
property accounting transaction card Bestandsnachweisführung, Bestands(nachweis)karte, Materialbewegungskarte, Materialnachweisung
property book Waffen-, Gerätebuch
property class Materialklasse, Versorgungsgüterklasse
property damage Sachbeschädigung
property damage liability insurance Sachversicherung
property disposal Materialaussonderung, Materialverwertung
property insurance Sachversicherung (komm)
property of being an integer Ganzzahligkeit
property of material Werkstoffeigenheit, Werkstoffeigenschaft
property register Anlagenverzeichnis
property responsibility Verantwortlichkeit für Güte u. Material
property subclass Materialunterklasse, Versorgungsgüterunterklasse
property tax Vermögenssteuer (komm)
propfan blades Propfan-Blätter (Propellerluftschrauben)
propfan-powered launched aircraft propfangetriebenes Luftfahrzeug
prophylactic Selbstschutzmittel, Vorbeugungsmittel
propjet (ICAO) Trubo-Propeller-Motor
propoising Tauchstampfen (Wasserflugzeug)
propolis Kitt-, Kleb-, Vorwachs
proportion Anteil, Ausmaß, Eben-, Gleichmaß, Mengenverhältnis, Proportion, Prozentsatz, Teil, Verhältnis(gleichung)
proportion of a square quadratisches Verhältnis (math)
proportion of acid Säureverhältnis
proportion of mixture Mischungsverhältnis
proportion of sulphur Schwefelgehalt
proportion proportional, verhältnismäßig
proportional band Proportionalbereich (eines Reglers)(dig)
proportional chamber Proportionalionisationskammer
proportional control Proprotionalregelung
proportional control, digital digitale Proportionalregelung (av)
proportional control factor Übertragungsfaktor
proportional controller Proportionalregeleinrichtung, P-Regeleinrichtung, P-Regler
proportional counter Proportionalzähler
proportional counter tube Proportionalzähler
proportional elastic limit Proportionalgrenze der Elastizität
proportional flow control unit Proportionator am Kraftstoffregler
proportional form Aussageform (päd)
proportional function Aussagefunktion, logische Funktion
proportional guidance Proportionallenkung (Hschr.-Simulator)
proportional ionization chamber Proportionalionisationskammer
proportional limit Proportionalitätsgrenze
proportional logic Aussagenlogik
proportional offset P-Abweichung
proportional position action Proportionalregelung
proportional region Proportionalbereich
proportional reset control Integralregelung
proportional sampling proportionale Stichprobennahme
proportional spacing typing machine Proportionalsetzmaschine
proportional variable Aussagenvariable
proportionality factor Proportionalitätsfaktor
proportionality, range of Proportionalitätsbereich, elastischer Bereich (von Werkstoffen)
proportionate angemessen, proportional
proportionating piston Dosierkolben
proportioning index Verteilungskoeffizient
proposed departure (time group only) beabsichtigte Ankunft
proposed time departure voraussichtliche Startzeit
proposition calculus Aussagenkalkül
propositional form Aussage(n)form
propositional function Aussagefunktion, logische Funktion

propositional logic Aussagenlogik
propositional variable Aussagenlogik
proprietary gas-shrouded plasma torch Gasmantel-Plasmabrenner
proprietary information Informationsschutz (Bordcomputer)
proprietary information material eigentumsrechtlich geschützte Information (Produktschutzrecht)(av)
propulsion Antrieb, Propulsion, Vortriebsfaktor
propulsion aid Vortriebshilfe
propulsion air regulator Fördergasregler (für Flüssigkeitstriebwerk), Förderluftregler (für Flüssigkeitstriebwerk)
propulsion air tank Fördergastank, Förderlufttank
propulsion auxiliaries Antriebshilfsmaschinen (Schiffsantrieb)
propulsion compartment Antriebsmodul
propulsion control Antriebssteuerung
propulsion efficiency Wirkungsgrad des Antriebs, Vortriebswirkungsgrad
propulsion efficiency gains Wirkungsgrad der Antriebssysteme
propulsion, electric elektrischer Antrieb
propulsion engine Marschtriebwerk, Schubtriebwerk, Vorwärtstriebwerk
propulsion enginer Marschtriebwerk
propulsion fan Vortriebgebläse
propulsion for forward flight Vortrieb für Reiseflug
propulsion generator Antriebsgenerator
propulsion guidance Lenkanlage
propulsion jet Antriebsstrahl
propulsion machinery Antriebsmaschinenanlage
propulsion medium Vortriebsmittel
propulsion module Antriebsbaugruppe
propulsion motor Antriebsmotor, Propellermotor (elektrischer Schiffsantrieb)
propulsion motor volts Eingangsspannung des Antriebsmotors (elektrischer Schiffsantrieb)
propulsion noise Antriebsgeräusch (UW-Akustik)
propulsion nozzle Rückstoß (n-Strahltriebwerk)
propulsion nozzle jet Rückstoßdüse (n-Strahltriebwerk), Vortriebsdüse
propulsion plant Antriebsanlage
propulsion power Antriebskraft
propulsion power unit Triebwerk
propulsion reactor Antriebsreaktor
propulsion section Antriebsteil
propulsion system Antriebssystem, Vortriebssystem (V/STOL)
propulsion system for missiles Antriebssystem für Flugkörper (Raketen)
propulsion system integration Antriebsintegration
propulsion system specific weight Leistungsgewicht des Antriebssystems (in LBS/KW)
propulsion systems exploying the evaporation of liquids Antriebe mit Flüssigkeitsverdampfung
propulsion thrust Vortriebsschub
propulsion unit Antriebsaggregat, Antriebseinheit
propulsion unit air intake Einlauf für Marschtriebwerk
propulsion unit instrument panel or power plant instrument panel Triebwerkgerätebrett
propulsive braking Bremsung durch Gegenschub
propulsive charge Treibladung
propulsive effect Treibwirkung
propulsive efficiency Antriebswirkungsgrad, Strahlwirkungsgrad, Vortriebswirkungsgrad
propulsive fan Vortriebsgebläse
propulsive force Antriebsvermögen
propulsive jet Antriebsstrahl
propulsive motor Antriebsaggregat
propulsive retardation Verzögerung durch Gegenschub
propulsive term vortriebsbezogener Term (av)
propyl alcohol Propylalkohol
"proration" Produktionseinschränkung
prosign Betriebszeichen
prospecting Lagerstättensuchen, Schürfen
prospecting ditch Schürfgraben (geol)
prospecting, electrical elektrisches Schürfen
prospecting, geophysical geophysikalisches Prospektieren od. Schürfen
prospecting pit Schürfschacht, Versuchsschacht (Öl- od. Gasbohrung)
prospecting, seismic seismisches Prospektieren od. Schürfen (geol)
prospecting trench Schürfgraben
prospective consumer potentieller Verbraucher
prospective customer Reflektant
protect, disk ..time Plattenschutzzeit
protect, minimum...time Mindestschutzzeit
protect switch Schreibringschalter
protected against high-tension hochspannungssicher, hochspannungsgeschützt
protected, automatically mit Einsatzschaltung versehen
protected by patent from patentiert vom
protected frequency geschützte Frequenz
protected location geschützte Speicherzelle, geschützter Speicherplatz
protected storage (area) geschützter Speicher(bereich)
protected synchronous mode gesicherter Synchronbetrieb
protecting cap Schutzhaube, Schutzkappe
protecting case Schutzkasten
protecting cover Schutzbedeckung, Schutzdeckel
protecting funnel Schutztrichter
protecting or ground cylinder Schutzzylinder
protecting paint Schutzanstrich
protecting resistor Schutzwiderstand
protecting screen Fangkorb
protecting sheathing Schutzhülle
protecting sheet Schutzblech
protection Abwehr, Schutz(mittel), Schutzzoll
protection against corrosion Korrosionsschutz
protection against contact Berührungsschutz
protection against electric shock hazard Berührungsspannungsschutz
protection against freezing Frostschutz
protection against rust Rostschutz
protection box Schutzdose
protection by cyclic code Sicherung durch zyklischen Code
protection by patent Patentschutz
protection by smoke screening Nebelschutz
protection check Schreibsperr(en)prüfung

protection circuit Schutzschaltung
protection cover Schutzkappe
protection covering Schutzbeleg
protection error Bereichsschutzfehler
protection, fire Feuerschutz
protection for interturn short-circuits Windungsschlußschutz
protection from radiation Schutz gegen Strahlung
protection ground Schutzerdung
protection key Bereichsschutzschlüssel
protection, memory...logic Speicherbereichsschutzlogik
protection method Sicherungsverfahren
protection of natural monuments Naturschutz
protection of trade marks Markenschutz
protection or protective cap Schutzkappe
protection, password Kennwort-Dateischutz
protection radio against interference Störschutzverhältnis
protection relay Schutzrelais
protection relay panel Generatorschutzgerät
protection sheet Montageschoner
protection survey Strahlenschutzüberwachung
protection system Schutzzeichen (COBOL), Sicherheitssystem
protection tube Schutzrohr, Sicherungsrohr
protective apparatus for high tension Hochspannungsapparat, Hochspannungsschutzvorrichtung
protective atmosphere Schutzgasatmosphäre
protective box Schutzkasten
protective capacitor Schutzkondensator
protective care or supervision Schutzaufsicht
protective casing Schutzgehäuse, Verkleidungsrohr (Stoßstange)
protective channel Knallentschärferkanal (UW-Mine)
protective channel dead period Knallentschärfungssperrzeit (UW-Mine)
protective charge Schutzladung
protective circuit Schutzkreis, Schutzschaltung, Störschutzkreis
protective clothing Gasbekleidung, Körperschutzmittel, Schutzkleidung
protective coating Schutzbeschichtung, obere Schutzschicht, Korrosionsschutz
protective coating, made to withstand high temperature hochtemperaturbeständige Schutzschicht
protective collar Schutzkragen, Schutzmanschette
protective colloid Schutzkolloid
protective cover Abdeckhaube, Schutzdeckel, Schutzüberzug
protective cover against sprayed gases Gasplanen
protective covering Schutzverkleidung
protective covering of cables Kabelschutzverkleidung
protective cover of the focal plane frame Meßrahmenschutzdeckel
protective device Schutzvorrichtung, Sicherungsanlage
protective design Schutzkonstruktion
protective dome Windschutzhaube
protective earth Blitzschutzerdung
protective encapsulation Schutzgehäuse
protective envelope Schutzhülle
protective equipment Schutzanlage
protective fire Feuerschutz
protective fitting Schutzbelag
protective gap Schutzfunkenstrecke
protective garments Schutzbekleidung
protective globe Schutzglocke
protective goggles (Splitter)schutzbrille
protective ground Schutzerde
protective hedge of fence Fangzaun, Schutzzaun
protective horn Schutzhorn
protective layer Schutzschicht
protective mat(ter) Gasschutzdecke
protective measure Schutzmaßnahme
protective motor switch Motorschutzschalter
protective overlay obere Schutzschicht
protective oxide film schützende Oxydschicht
protective paint Schutzanstrich, Schutzfärbung
protective plate Schutzplatte
protective relay Schutzeinrichtung, Schutzrelais
protective resistance bleeder Schutzwiderstand
protective resistance for rheostatic braking Bremsschutzwiderstand
protective resistor Schutzwiderstand
protective rubber sleeve Gummischutzmuffe
protective screen Schutzwand, Strahlenschutzschirm
protective service Schutzeinrichtungsdienst
protective shield Schutzbeschichtung, Schutzschild, Schutzwand
protective sleeve Schutzhülle, Schutzmanschette, Schutzmuffe
protective sparkgap (gas filled) gasgefüllte Funkenstrecke
protective squad Schutzstaffel
protective suit undurchlässiger Schutzanzug, Strahlenschutzanzug
protective system Schutzart (Motor)
protective tariff Schutzzoll
protective trailer Endband
protective tube Schutzrohr
protective wall system of land defence Schutzwall für Landesverteidigung
protective wing or flank Sicherungsflügel
protective works Schutzanlagen
protector block Blitzschutzsicherungsblock, Grobspannungsschutz
protector, casing Gummimuffe um Bohrgestänge, Rohrschutzmuffe
protector flap Schutzklappe, Schutzlasche (Fsch)
protector ground Schutzerdung
protector pad (quick release) Zentralschloßpolster
protector sleeve Schutzschlauch (Fsch)
protein crystal growth Proteinkristallzüchtung (material science experiment)(sp)
prothylactic Sanierungsmittel
protium leichter Wasserstoff, Protium
protochloride Chlorür
proton accelerator Protonenbeschleuniger
proton-alpha reaction Proton-Alpha-Reaktion
proton beam or ray Protonenstrahl
proton binding energy Protonenbindungsenergie
proton bombardement Beschießung mit Protonen
proton-deuteron reaction Proton/Deuteron-

Reaktion
proton flux Protonenstrahlung
proton-gamma reaction Proton/Gamma-Reaktion
proton induced protoneninduziert, durch Protonen erzeugt
proton-induced fission Spaltung durch Protonen
proton-induced star durch Protonen erzeugter Stern
proton launcher Proton-Trägerrakete (sp)
proton linear accelerator Linearbeschleuniger für Protonen
proton-magnetometer Protonenmagnetometer
proton mass Protonenmasse
proton microscope Protonenmikroskop
proton-neutron reaction Proton/Neutron-Reaktion
proton path or spectrum Protonenspektrum
proton-proton chain Proton-Proton-Kette (Fusionsprozeß)
proton-proton scattering Proton-Proton-Streuung, Streuung von Protonen an Protonen
proton-recoil chamber Rückstoßprotonenkammer
proton-recoil method Rückstoßprotonenmethode
proton-recoil telescope Zählrohrteleskop zur Messung von Rückstoßprotonen
proton-recoil track Nebelspur von Rückstoßprotonen
proton resonance Protonenresonanz
proton satellite Protonensatellit
proton spectrometer Protonenspektrometer
proton spectrometry Protonenspektraleigenschaft
proton spin Protonenspin
proton stripping Herausreißen von Protonen aus dem Kern
proton-synchrotron Protonensynchrotron
proton track Protonenspur
proton wave Protonenwelle
protosulphide of iron Einfachschwefeleisen
prototype Ausgangsmuster, Urbild, Vorbild, Prototyp, Erstgerät
prototype aircraft Musterflugzeug, Prototypflugzeug, Prototypluftfahrzeug
prototype analysis Vergleich mit Prototyp
prototype configuration Prototypenkonfiguration
prototype construction Prototypenbau
prototype development technology testbed Erprobungsträger für die Technologieentwicklung (sp)
prototype engine Mustermotor, Prototypmotor, Prototyptriebwerk
prototype filter Grundfilter
prototype in composite materials Verbundwerkstoff-Flugzeug
prototype phase Prototypenphase
prototype plant Musteranlage
prototype propeller Musterpropeller, Prototyppropeller, Musterluftschraube
prototype test Typenprüfung
prototype statement Musteranweisung (in einer Makrodefinition)
prototype system manufacture Prototypfertigung
protoxide of nitrogen Stickstoffoxydul
protracted heating zu langes Erhitzen
protracted irradiation fortgesetzte Bestrahlung
protracted irradiation fortgesetzte Bestrahlung
protraction Verzögerung, zeitliche Ausdehnung
protractor Auswertegerät, Strahlenzieher, Winkelmesser, Transporteur (Zeichner)
protuberance Auswuchs, Erhöhung, hervorragende Stellung, Höcker
protrude, to hervorstehen
protruding vorgelagert
PROV (provisional) PROV vorläufig
proven beweisen, erprobt, nachweisen
prove up reverses of gas Gasvorräte nachweisen
proved acreage Gebiet in dem Ölführung bereits nachgewiesen ist, ölführendes Gebiet, ÖLand
proven dispatch reliability nachweisbar hohe Einsatzregelmäßigkeit
proven reliabilty erwiesene Zuverlässigkeit
"proven working system" "kritische Funktionsprüfung" (Flugzeugwartung)
provide, to versehen mit, vorsehen, anbringen
provide with, to versehen mit
proving Erprobung, Probe, Prüfung
proving ground Versuchsgelände
proving range for small arms Beschußraum
proving stand Prüfstand
provise, to anbringen, bereithalten, beschaffen, konstruktiv vorgesehen, versehen mit
provision Bereitstellung, Bestimmung (Vorschrift), Vorkehrung
provision accounting Provisionsabrechnung
provision of second-stage guidance beschränkte Eigenlenkung der Zweitstufe (sp)
provisional einstweilig, provisorisch, vorläufig, behelfsmäßig
provisional address provisorische Adresse
provisional solution Provisorium
provisional specification vorläufige Patentbeschreibung
provisional standard Vornorm
provisioning and contractural documents Beschaffungs- u. Vertragsunterlagen
provisions concerning the production of submarine cables Kabelschutzrecht
provit and loss account Gewinn- u. Verlustkonto
prow Bug, Schiffsvorderteil
proword Betriebswort
proximary fuze automatischer Zünder (Abstands- od. Annäherungszünder), Influenzzünder
proximity unmittelbare Nähe
proximity effect Eigenkapazitätseffekt
proximity effect term Nachwirkungsglied
proximity fence sensor Zaun-Annäherungssensor
proximity field meter Nahfeldmesser
proximity fuze Abstandszünder, Annäherungszünder
proximity limit switch berührungsloser Endschalter
proximity warning system pulsierende Spannung
prussic acid Cyanwasserstoff, Hydrozyansäure
pry Hebezeug, Brecheisen
PS (plus) PS (plus)
Ps (prognostic chart) Ps (Vorhersagekarte)
pseudo address Pseudoadresse
pseudo adiabat Pseudoadiabate, Feuchtadiabate,

Sättigungsadiabate
pseudo-code symbolischer Code (dv), Pseudocode
pseudo-decimal digit Pseudodezimale
pseudo-instruction Pseudobefehl, symbolischer Befehl (dig), Übersetzerhilfsanweisung, symbolische Instruktion, symbolische Anweisung
pseudo-isochromatic table pseudoisochromatische Tabelle, Farberkennungstafel
pseudo job Pseudojob
pseudo label Pseudokennung
pseudomorph Afterkristall
pseudo-macro Pseudomakroinstruktion
pseudo pole Pseudopol
pseudo-quadrupole Pseudoquadrupol
pseudo-quadrupole effect Pseudoquadrupoleffekt
pseudo-random pseudozufällig (dv)
pseudo-random result Pseudostreuergebnis
pseudo-random sequence Pseudozufallsfolge
pseudo-range correction Pseudodistanzkorrektur (Hschr-Simulator)
pseudoscalar pseudoskalar
pseudoscalar coupling pseudoskalare Bindung
pseudoscalar meson theory pseudoskalare Mesonentheorie
pseudo stereo pseudoskopischer Effekt
pseudo through-connection Pseudodurchschaltung
pseudo vector Pseudovektor
PSI plan-speed indicator
PSN (position) PSN (Standort)
PSP (pierced steel plank) PSP (Stahlrostplatte)
PSP (programmable signal processor) programmierbarer Signalprozessor (Radar)
PSP-runway Stahlstartbahn
PSWR power standing wave ratio
psychology, information Informationspsychologie, kybernetische Psychologie
psychology of groups Gruppendynamik
psychophysics Psychophysik
psychotechnic adaptability test psychotechnische Eignungsprüfung
psychrometer Feuchtemesser, Psychrometer
psychrometer formula Psychrometerformel
psychrometric chart Kältediagramm
psychromatric station Personalprüfstelle
PTN (procedure turn) PTN (Verfahrenskurve)
PTO power take-off
PTRP (paper tape reader/punch) Lochstreifenlesestanzer
PTS prep-to-ship
PTT lines T- u. Fe-Postleitungen
p-type region P-Zone
p-type semi-conductor P-Halbleiter, P-Typ-Halbleiter, Mangelhalbleiter
public accounts committee Rechnungs-Prüfungsausschuß
public-address amplifier Rundfunkgroßverstärker
public-address loudspeaker Groß(flächen)-lautsprecher, Hochleistungslautsprecher
public-address system Lautsprecheranlage
public-address system for industrial plant Betriebslautsprecheranlage
public-address system or intercommunication system Rundspruchanlage
public aircraft Regierungsflugzeug
public air-raid shelter öffentlicher Sammelschutzraum
public correspondence öffentlicher Verkehr
public dial network öffentliches Wählnetz
public or government loan Staatsanleihe
public personnel property Staatseigentum zur persönlichen Verfügung
public protection Sammelschutz
public relations Interessenvertretung in der Öffentlichkeit, Kontaktpflege zur Öffentlichkeit (komm)
tions officer Presseoffizier
public road Verkehrsweg
public telephone öffentliche Fernsprechstelle
public telephone network öffentliches Fernsprechnetz
public use öffentlicher Verkehr, öffentliche od. offenkundige Vorbenutzung
public use, open to für den öffentlichen Verkehr zugelassen
public volume gemeinschaftlicher Datenträger
publication Herausgabe einer Schrift, Veröffentlichung
publications requirements tables Bedarfstabellen für Veröffentlichungen u. Druckschriften
publicity öffentliche Verbreitung, Reklame
publish, to bekanntgeben, veröffentlichen
published herausgegeben
published arrival route veröffentlichte Anflugstrecke
published performance ratings angegebene Leistungen
publisher Herausgeber, Veröffentlicher
puckered vent elastische Scheitelöffnung (Fsch)
puddled iron Puddeleisen
puddling Ofenfrischerei
puff of plasma Plasmastrahl
puff pipe Momentanimpuls-Steuerdüse
puff test tube Verpuffungsröhrchen
"pufferjets" Pufferjets
pufferpack Zerstäuberdose
puffy stockig (Lack)
pug and kneading machine Kneter, Knetmaschine
pug mill Kollergang, schweres Knetwerk
pug mill mixer Zwangmischer (Hüttenwesen)
pug, to kneten, mischen
pulb engine Holländer
pull (planer E) Durchzugskraft
pull-across gear Querschleppanlage (Walzwerk)
pull and cut igniter or tension release igniter Zug- u. Zerschneidezünder
pull and push cable Zug- u. Druckkabel
pull-away test das Abbremsen
pull away, to abdrehen
pull-back circuit Abschaltstromkreis (Gegenkurssperre)
pull back cylinder Rohrbeweger
pull-back spring Rückzugfeder, Schraubenzugfeder
pull-back ram Auswerferrückzugkolben, Rückdrückkolben
pull-back tape Aufreißband, Aufreißfaden
pull broach Ziehräumnadel
pull-button control Ziehknopfschaltung
pull cable Seilzug
pull casing Rohr aus Bohrloch ziehen
pull characteristic Anzugskennlinie

pull contact Zugkontakt, Zugknopf
pull control Zugregelung
pull cord Ziehleine, Zugleine, Zugschnur
pull-down Filmschritt, Filmvorschub (Mikrofilm)
pull-down claw Transportgreifer (Kamera)
pull-down mechanism Transportmechanismus (Filmkamera)
pull-down pin Transportzapfen (Filmkamera)
pull-down, to abbrechen
pull electrode Zugelektrode
pull-firing Zugzündung
pull fuze Zugzünder
pull-in coil Einzugswicklung
pull-in current Anzug(s)strom
pull-in-and-slide door Schiebetür
pull-in time Anreißzeit (Solenoid)
pull-lift chain hoist Hubzug
pull of relay Anzugskraft des Relais
pull of the earth Erdanziehungskraft
pull of the signal, to Signal auf Fahrt stellen
pull of wire Drahtzug
pull-off Druckpunkt
pull on stuck pipe Zug an festgewordenem Bohrgestänge
pull on the rope Zug auf dem Seil
pull on the stick Zug am Steuerknüppel (Hschr.-Simulator)
pull-out chassis Ausziehchassis
pull-out fuse Ausziehsicherung
pull-out, lower and...mechanism Absenk- u. Ausfahreinrichtung
pull-out mechanism Ausfahreinrichtung (für Ablagefächer)
pull out of a dive aus dem Sturzflug abfangen
pull out of commission außer Betrieb setzen
pull-out radius Abfangradius
pull-out range Abdrehentfernung
pull-out time Ziehzeit
pull-out, to abfangen, herausnehmen (Sturzflug, Trudeln), Höhensteuer geben
pull-out torque Aussertrittfallmoment
pull over überstreifen
pull-over gage Überstreiflehre
pull-over mill Überhebewalzwerk
pull procedure Ziehen (Freifallstellung)
pull-push rule Bandmaß (Stahl)
pull release-type firing device Zug- u. Zerschneidezünder
pull-relief loop (Zug)entlastungsschlaufe
pull rod Ausdrückgestänge, Ausdrückstange
pull rod carrier Zuggestängeträger
pull rod connection Zuggestängeverbindung
pull rod hanger Zuggestängeaufhänger
pull rope Zugleine
pull round Krängungsmoment, Kantmoment, Kent(er)moment, Kippmoment (im Wasser)
pull stand clear Gestängezug anheben
pull strip Aufreißband, Aufreißfaden
pull switch Zugschalter
pull system Anforderungsverfahren
pull tab (pack tray) Ziehband (für Packkontrollbuch von Fsch)
pull test Abreißprüfung (nicht Abklebbarkeitsprüfung), Zugprobe, Zugversuch
pull-test machine Ausziehkraftprüfmaschine, Zugprüfmaschine
pull the dot snap fastener Druckknopf mit Sperre
pull the drill pipes Bohrgestänge ausbauen, aufholen, herausholen, herausziehen
pull the drill stem Bohrgestänge aufholen, ausbauen, herausziehen
pull the drilling tools out Bohrwerkzeug herausziehen
pull the stick back ziehen (av)
pull-through durchdrehen (Luftschraube), Reinigungskette
pull-through aperture Durchführung (f. Kabel)
pull-through box Durchzugschachtel
pull-through rope for gun cleaning Wischstrick für Kanonenrohr
pull-through winding Durchzieherwicklung
pull, to hindurchziehen
pull, to apart (a bolt) abwürgen (Schraubengewinde)
pull type switch Schubschalter
pull-up das Hochziehen (av)
pull up an airplane abheben, ein Flugzeug hochziehen beim Start, abfangen
pull up command Kommando für Hochziehen
pull up, go round again starten Sie durch
pull-up path Abfangflugbahn
pull-up point Hochziehpunkt
puller Abziehvorrichtung, Ausziehvorrichtung
puller airscrew Zugschraube
pullers (broaching) Spannkopf, Ziehkopf (Räumen)
pulley Führungsrolle, Keilriemenscheibe, Kolben, Seilrolle
pulley assembly Seilrolle(nhebelvorgelege)
pulley, bailing Löffelseilrolle, Schlämmseilrolle, Schöpfseilscheibe
pulley, belt Riemenscheibe
pulley block Flaschenzug
pulley block or tackle or pulley hoist block and tackle Rollenzug
pulley bracket Lagerbock für Seilrolle
pulley, casing line Verrohrungsseilrolle
pulley chain Falschenzugkette
pulley, crown Turmkronenrolle
pulley drive Scheibenantrieb
pulley frame Kolbengehäuse einer Rolle
pulley grooved Riemenscheibenrolle, Seilrollennute
pulley guidance pin Seilrollenbolzen
pulley lever Seilrollenheber
pulley ratio Riemenscheiben-Übersetzungsverhältnis
pulley retainer Riemenscheibenbefestigung (Motor)
pulley, sand-line Löffelseilrolle, Schlämmseilrolle, Schlämmseilscheibe
pulley shell Falschengehäuse, Seilrollengehäuse
pulley weight Rollengewicht, Schnurgewicht
pulley wheel Nutrolle, Schnurscheibe, Seilscheibe
pulling Mitziehen (Frequenz), Frequenzmitziehen, Zerrung
pulling and running drill pipe Aus- u. Einbauen von Bohrgestänge
pulling back apparatus Rohrrückziehvorrichtung
pulling bush Abziehbuchse
pulling down Abbruch
pulling effect Mitnahmeeffekt, Mitzieheffekt, Zugwirkung

pulling eye Ausziehöse
pulling factor Lastverstimmungsmaß
pulling figure Lastverstimmungsmaß (Elektronenröhre)
pulling force Ziehkraft
pulling head Prüfkopf (Zugfestigkeitsprüfmaschine)
pulling-in Mitnahme
pulling-in range Fangbereich, Mitnahmebereich
pulling into tune Mitnahme
pulling jaw (broaching) Spannbacke (Räumen)
pulling lug Aufziehöse
pulling machine fahrbare Ölfeldwinde
pulling method Zugtechnik
pulling of oscillator Mitziehen des Oszillators
pulling of the final stage Mitnahme in der Endstufe
pulling on whites Nachziehen
pulling pliers Ziehspange
pulling power Zugkraft
pulling range Gangbereich, Mitnahmebereich
pulling rate Ausbaugeschwindigkeit
pulling roll Treibrolle
pulling screw Abziehschraube
pulling spanner Ziehschlüssel
pulling suction, pipe Ausbausog, Druckabfall
pulling test Zugversuch
"pulling the well" Ziehen von Pumpengestänge u. Steigrohren zur Reparatur u. Reinigung, Entrohren der Bohrung nach erfolgter Bohreinstellung
pulling together Zusammenziehung
pulling tubing into the derrick Einholen der Steigrohre in den Turm
pulloff Auszug
pulloff lanyard (PEC) Abziehgurt (am PEC-Gerät)(MB-Sitz)
pulloff lever Abziehhebel
pulloff load Zugbelastung, Zugkraft, Prüflast (Zünderprüfung)
pulloff spring Abziehfeder
pulloff, to abziehen, wegnehmen beim Start
pullout das Abfangen
pullout circuit Abschaltstromkreis (Gegenkurssperre)(Torpedo)
pullout pin Ausziehstift
pullout platform ausziehende Plattform (Transportflugzeug)
pullover gage Kipplehre (Rohrmessung)
pullover gage inspection Rohrmessung (mit Kipplehre)
pullover measurement Kalibermaß
pullup das Hochziehen
pulmotor (trade mark) Beatmungsgerät (Pulmotor)
pulp breiige Masse, Halbstoff (Papierfaserstoff)
pulp additive Halbstoffzusatz (Papierherstellung)
pulp cleaning Stoffreinigung (Papierherstellung)
pulp drying machine Entwässerungsmaschine (Papierherstellung)
pulp engine Holländer (Papier)
pulp factory Holzschleiferei
pulp grinder Holzschleifer (Papier)
pulp industry Zellstoffindustrie
pulp moulding Faserguß, Papierpreßteil, Papierbreipreßteil
pulp silo Baggergrube
pulp slurry Faserbrei
pulp strainer Knotenfänger
pulpit Kanzel (av)
pulsar Pulsar
pulsatance Kreisfrequenz
pulsate pulsieren, schlagen (Frequenz)
pulsating current pulsierender Gleichstrom
pulsating damper Schwingungsdämpfer
pulsating d.c. voltage pulsierende Gleichspannung
pulsating direct current pulsierender Gleichstrom
pulsating fatigue strength Schwellenfestigkeit
pulsating fatigue strength under bending stresses Biegeschwellenfestigkeit
pulsating gasoline heater pulsierendes Ottokraftstoffheizgerät
pulsating jet intermittierendes Luftstrahltriebwerk (Schmidt-Argus)
pulsating-jet engine Pulsostrahltriebwerk
pulsating load stoßweise Belastung
pulsating of the screw Schmelzpumpen (Extrusion)
pulsating stress stoßweise Beanspruchung
pulsating welding Mehrimpulspunktschweißen
pulsation Eckfrequenz, Flattern, Pulsation, Schwingung
pulsation damper Pulsationsdämpfer (Verdichter)
pulsation pipe Pulsationsrohr
pulsation train Pulsationswellenzug (Erdmagnetismus), wellenzugartige Pulsation (des Erdmagnetismus)
pulsation theory Pulsationstheorie
pulsation welding Impulsschweißen, Mehrimpuls(punkt)schweißen
pulsational single effect pulsationsartiger Einzeleffekt (Erdmagnetismus)
pulsatory klopfend, pochend, pulsierend, stoßweise
pulsatron Pulsatron (Thyratron) zur Impulserzeugung
pulse Impuls, Pulsschlag, regelmäßiger Schlag
pulse acquisition radar Impuls-Zielerfassungsradar(gerät)
pulse amplitude Impulsgröße, Impulsstärke, Pulsamplitude
pulse amplitude analysis Impulsamplitudenanalyse
pulse-amplitude modulation PAM
pulse-amplitude spectrum Impulsamplitudenspektrum
pulse analyzer Impulsanalysator, Impulsanalysiergerät
pulse, average...amplitude mittlere Amplitude
pulse bandwidth Breite des Impulsspektrums
pulse blanking generator Austastimpulsgenerator
pulse chamber Zählkammer
pulse clipp Impulsabtrennung, Impulsbegrenzung
pulse, clock Taktsignal, Systemtakt, Taktimpuls, Zeitimpuls
pulse code Impulscode
pulse code modulation (PCM) Impulscodemodulation, impulsverschlüsselte Modulation
pulse code telemetering Impulscode-Fernübertragung

pulse coder Impulsmodulator
pulse coding Impulsverschlüsselung
pulse-compressed Impulskompression (av)
pulse compression Impulskompression
pulse compression high resolution (CHIRP) hochauflösende Impulskompression
pulse-compression technique Impulskompressionstechnik
pulse compression to improve discrimination Impulskompression zur Verbesserung der Auflösung (Radar)
pulse compression version PC-Version
pulse control system Impulscodeverfahren
pulse counter Impulszähler
pulse counting Impulszählung
pulse counting ion chamber Impulsionisationskammer
pulse counting ionization chamber Impulsionisationskammer
pulse counting method Impulszählmethode
pulse crowding sehr dichte (zu dichte) Aufzeichnung von Impulsen auf Magnetbandschichten (dig)
pulse decay Impulsabfallzeit
pulse decay time Abfallzeit eines Impulses, Impulsabfallzeit
pulse delay Impulsverzögerung
pulse direction finder Impulspeilanlage, Impulspeiler
pulse direction finding Impulspeilung
pulse, disable Blockierimpuls, (Strecken)-sperrimpuls
pulse discharge Stoßentladung
pulse discharge tube Impulsentladungsröhre
pulse discriminator Impulsverteiler
pulse distortion Impulsverzerrung
pulse divider Impulsteiler
pulse Doppler Impuls-Doppler
pulse Doppler radar Pulsdopplerradar
pulse Doppler system Impuls-Doppler-Gerät
pulse Doppler technique Puls-Doppler-Technik
pulse-Doppler technology Impulsdopplertechnik (Radar)
pulse droop Dachschräge (eines Impulses) (dig)
pulse drop Impulsabfall
pulse duration Impulsbreite, Impulsdauer, Impulslänge
pulse duration modulation Impulsdauermodulation
pulse duty factor Verhältnis von Pulszeit zu Pausenzeit einer Pulsperiode
pulse E.H.T generator Impuls-(Hochspannungs)generator
pulse emission getastete Sendung
pulse excitation Stoßerregung
pulse DF Impulspeilanlage
pulse-for-pulse encoder-transmitter comparison Codierer/Senderpulsvergleich
pulse former Impulsformer, Pulsformer
pulse-forming impulsformend
pulse-forming circuit Impulsformer(schaltung), Laufzeitkette
pulse-forming line Impulserzeugerleitung, Rechteckimpulsformer(schaltung)
pulse-forming network Impulsformer(schaltung), impulsformendes Netzwerk, Laufzeitkette
pulse frame storage Rahmenspeicher
pulse-frequency modulation Pulsfrequenzmodulation (Impulsfrequenzmodulation, PFM)
pulse-frequency receiver section impulsfrequenter Empfängerteil
pulse function Dirakstoß, Stoßfunktion, Dirak'sche Deltafunktion
pulse, full read voller Leseimpuls
pulse, full write voller Schreibimpuls
pulse, gate Gatterimpuls, Torimpuls, Impulssperrschaltung
pulse generation Impulserzeugung
pulse generator with random repetition rate Impulsgenerator mit willkürlich veränderlicher Wiederholungsfrequenz
pulse group Impulsfolge, Impulsreihe, Impulszug, Puls
pulse, half Halbimpuls
pulse handling Impulsbehandlung
pulse heat durch Radarimpuls erzielte Wärme
pulse height Impulsamplitude, Impulshöhe
pulse height analyzer Impulshöhenanalysator
pulse height discriminator Impulshöhendiskriminator
pulse height selector Impulshöhenselektor
pulse impulsion Impulserregung
pulse, inhibit Blockierimpuls, Inhibitimpuls, Stellensperrimpuls
pulse input voltage Stör(ungs)impuls
pulse interference suppression Pulsstörunterdrückung
pulse interleaving Impulsverschachtelung
pulse interval Impulsperiode(ndauer)
pulse interval timing Impulsintervallmessung
pulse inverter Impulsumkehrer
pulse ionization chamber Impulsionisationskammer
pulse jammer Impulsstörer
pulse jet Pulsodüse, Verpuffungsstrahltriebwerk
pulse jet engine pulsierender Strahlmotor, Pulsstrahlmotor
pulse leading edge Vorderflanke (Impuls)
pulse-length Impulsdauer, Impulslänge
pulse length extrusion Schrittverlängerung
pulse length discrimination Pulsdauermessung
pulse length filter Impulslängenfilter
pulse length modulation Impulslängenmodulation
pulse length reduction Schrittverkürzung
pulse lengthener Impulsumformer
pulse limiting rate Impulsbegrenzungsmaß
pulse LORAN LORAN-Impuls
pulse mixing Impulsmischung
pulse-modulated impulsmoduliert
pulse-modulated laser beam pulscodemodulierter Laserstrahl (Radar)
pulse-modulated radar impulsmoduliertes Radar(gerät), Impulsradar(gerät)
pulse-modulated wave impulsmodulierte Welle (Radar)
pulse modulation Impulsmodulation
pulse modulation of the transmitter Pulsmodulation des Senders
pulse modulation recording Pulsmodulationsaufzeichnung (dig)
pulse-modulation system Impulsmodulationssystem

pulse modulator Pulsmodulator, Impulserzeuger, Impulsgenerator
pulse modulator radar impulsmoduliertes Radar
pulse motor Impulstriebwerk (FK)
pulse monitoring Impulsmessung
pulse motor Impulstriebwerk
pulse/no-pulse ratio Puls/Pausen-Verhältnis
pulse number Pulszahl
pulse-number(ed) modulation (Im)pulszahlmodulation
pulse of sound Schallimpuls
pulse operation Impulsbetrieb
pulse output Impulsausgabegruppe
pulse output power Impulsausgangsleistung
pulse overlap Impulsüberlagerung, Impulsüberschneidung
pulse packing dichte Aufzeichnung von Impulsen (dig), dichte Impulsaufzeichnung
pulse, partial drive partieller Ansteuerungsimpuls od. Steuerimpuls, Teil-Treiberimpuls
pulse-phase modulation Phasenmodulation, Impulsphasenmodulation, PPM
pulse-plus-d.c. operation Impuls- u. Gleichstrombetrieb
pulse position modulation Impulsphasenmodulation
pulse-position multivibrator Impulslagemultivibrator
pulse, postwrite disturb Schreibnachimpuls
pulse power Impulsleistung, Pulsspitzenleistung (Radar)
pulse power calibrator or measuring device Impulsleistungsmesser
pulse pre-amplifier Impulsvorverstärker
pulse, pre-read disturb Lesevorimpuls
pulse quality Impulsgüte
pulse radar Pulsradar
pulse radar equipment Impulsradargerät
pulse rate Radarimpulsfrequenz
pulse ratio Impulsverhältnis
pulse, read Abfrageimpuls, Leseimpuls
pulse, reading Abfrageimpuls, Leseimpuls
pulse recorder Impulsaufzeichner
pulse recording method Rückkehr-zu-Nullverfahren, RZ-Verfahren (Magnetschichtspeicher)(dig)
pulse recurrence frequency (PRF) Impuls-Folgefrequenz (ATC), Pulsfrequenz
pulse recurrence rate (PRR) Impulsfrequenz, Impulsübertragungsverhältnis
pulse recurrence time Impulsfolgezeit, Impulsperiodendauer
pulse reduction Schriftverkürzung
pulse reflectometer Impulsechomesser, Impulsreflektometer
pulse regenerating circuit Impulsregenerationsschaltung
pulse regenerating unit Auffrischer, Regenerierungsgerät
pulse regeneration Impulsregenerierung, Impulsverbesserung, Pulserneuerung
pulse repeater Impulsverstärker, Impulswiederholer
pulse-repeating deception device Impulswiederholung für Täuschzwecke (ELOKA)
pulse repetition Impulsübertragung
pulse repetition frequency Impulsübertragungsfrequenz, Pulsfolgefrequenz, PRF
pulse repetition frequency, high hohe Impulsfolgefrequenz
pulse-repetition frequency pulses per second Pulsfolgefrequenz (Hz)
pulse repetition frequency pulses per second mean power mittlere Impulsleistung, mittlere Pulsfolgefrequenz
pulse-repetition period Impulsübertragungszeit, Pulsfolgeperiode
pulse repetition rate Impulsübertragungsverhältnis, Impulsfolgefrequenz, Pulsfrequenz
pulse responder Impulswiederholer
pulse response Impulswiedergabe
pulse restoration Impulserneuerung
pulse rise time Anstiegszeit eines Impulses, Impulsanstiegszeit
pulse rocket motor Pulso-Raketenantriebswerk (sp)
pulse schedule Impulsplan
pulse selector Koinzidenzsieb
pulse separation Impulszwischenraum
pulse separator Impulstrennstufe
pulse shaper Impulsformer
pulse shaper circuit Impulsformerschaltung
pulse-shaping Impulsformgebung
pulse signal Impulssignal
pulse spacing Impulsabstand
pulse-spacing modulation Pulsphasenmodulation, Impulsphasenmodulation, PPM
pulse spike Störspitze
pulse spring Nummernschalterkontaktfeder, Stromstoßfeder
pulse step displacement Einsatzverschiebung
pulse stretcher Impulsdehner, Impulsspreizstufenschaltung
pulse stretching circuit Impulsverbreiterungsschaltung
pulse stripper Impulsabtrenner, Impulsbegrenzer
pulse stripping Impulsabtrennung, Impulsbegrenzung
pulse sweep generator impulsgesteuerter Kippgenerator
pulse synchronization Schrittsynchronisation
pulse tail Impulsschwanz
pulse target acquisition radar Impuls-Zielerfassungsradar
pulse technique Impulstechnik
pulse tilt Impulsdachschräge
pulse-time delay Impulslaufzeit
pulse-time modulation Impulszeitmodulation, Pulswinkelmodulation
pulse-time modulation system Impulsübertragungsverfahren
pulse, timing Taktsignal, Systemtakt, Taktimpuls
pulse top Impulsdach
pulse trailing edge Hinterflanke (Impuls)
pulse train aufeinanderfolgende Impulse, Impulsserie, Impulsgruppe, Impulsreihe, Impulszug, Puls
pulse transformer Impulstransformatorverstärker
pulse transmission Stromstoßübertragung, Impulsübertragung
pulse transmission in nervous system Impuls-

übertragung im Nervensystem
pulse transmitter Impulssender
pulse travel time Pulsfolgefrequenz
pulse trigger Impulsauslöser
pulse triggering Impulsauslösung
pulse-type chamber Impulskammer
pulse-type noise impulsartige Störung, stoßweises Stören
pulse-viewing equipment Impulssichtgerät
pulse width (PW) Impulsdauer
pulse-width modulation Pulsbreitenmodulation, Pulslängenmodulation
pulse-width recording (CRB) Impulsbreitenschrift, Wechseltaktschrift, Wechseltaktschreibverfahren ohne Rückkehr nach Null (CNRZ)
pulsed Impuls, Puls, Stoß
pulsed 94GHz active MMW seeker 94GHz-Impulsradarsuchkopf
pulsed altimeter Impulshöhenmesser, Radarhöhenmesser
pulsed cyclotron Impulszyklotron
pulsed Doppler Impuls-Doppler
pulsed Doppler system Impuls-Dopplersystem
pulsed emission Impulsemission
pulsed glide-path landing system Impulslandeverfahren
pulsed-guide path Impulslandeverfahren
pulsed illuminator gepulster Laserzielbeleuchter (Radarwarntechnik)
pulsed-laser beam Pulslaserstrahl
pulsed mass spectrometer Impulsmassenspektrometer
pulsed, multiple frequency frequenzmoduliertes (Chirp-)Signal (Radarwarntechnik)
pulsed neutron source diskontinuierliche Neutronenquelle
pulsed planar triode oscillator pulsgesteuerter Oszillator mit Scheibentriode
pulsed plasma motor Pulstriebwerk
pulsed-signal generator Impulsmeßsender
pulser Impulsgenerator
pulsing Impulsfolge, Impulsgabe
pulsing circuit Impulsstromkreis
pulsing timer Impulszeitregler
pulverize pulverisieren, zu Pulver verreiben
pulverized aluminium Aluminiumschliff
pulverized-coal bunker Kohlenstaubbunker
pulverized-coal storage bin Kohlenstaubbunker
pulverized or powered coal Kohlenmehl, Kohlenstaub
pulverizing Feinzerkleinerung, Zermahlung, Verreibung
pulverizing action Mahlwirkung
pulverizing equipment Feinmahlanlage, Mahlwerk
pulverizing plant Feinmahlanlage
pulverizing process Mahlprozeß, Zerkleinerungsvorgang, Mahlvorgang
pulverous pulverförmig, pulverig, staubartig
pulverulent feinpulverig, pulverförmig, pulverig, staubartig
pump assembly or set Pumpensatz
pump barrel Pumpenstiefel, Pumpenzylinder
pump, bleed air driven zapfluftgetriebene Pumpe
pump bodies Pumpenblöcke
pump, boiler feeding Kesselspeisepumpe
pump, bore hole Tiefpumpe
pump case drain Pumpengehäuseablaß (Hydraulikanlage)
pump casing Pumpengehäuse
pump cavity Pumpensumpf
pump, centrifugal Kreiselpumpe, Schleuderpumpe, Zentrifugalpumpe
pump defect Pumpendefekt
pump delivery Liefermenge einer Pumpe
pump depth Einbautiefe der Pumpe
pump, diaphragm Membranpumpe
pump, double acting piston doppelt wirkende Kolbenpumpe
pump drive Pumpenantrieb
pump force feed system Druckschmierung
pump gasoline Pumpenbenzin
pump, gear Zahnradpumpe
pump housing Pumpengehäuse
pump impeller Kreiselpumpe
pump lift Pumpenansaughöhe
pump line or pipe Pumpenleitung
pump, mud Schlammpumpe, Spülpumpe
pump, oil force Öldruckpumpe
pump or pumping station Pumpenhaus
pump packing Pumpenpackung
pump pinion Pumpenritzel
pump piston Pumpenkolben
pump, piston-type suction Kolbensaugpumpe
pump plunger Pumpenkolben
pump pressure Pumpendruck
pump pressure sensing switch Pumpendruckschalter
pump, reciprocating hin- u. hergehende Pumpe
pump ripple Pumpenpulsation
pump rods Pumpengestänge, Pumpenstäbe
pump seal drain Leckablaßleitung (Pumpe)
pump, self-priming selbstsaugende Pumpe
pump spindle bearing bushes Pumpenspindellagerbuchsen
pump station Pumpenstation
pump, sucking Saugpumpe
pump suction pipe Pumpensaugleitungsrohr
pump, vacuum Unterdruckpumpe, Vakuumpumpe
pump valve Pumpenventil
pump, vertical turbine Vertikalkreiselpumpe
pumpable, to pumpfähig
pumpage Pumpwirkung
pumped, duplex Zwillingspumpe
pumped-out abgepumpt, ausgepumpt
pumper Pumpsonde
pumping beam Pumpenschwengel
pumping efficiency Pumpenleistung
pumping engine Pump(en)motor
pumping equipment Pump(en)ausrüstung
pumping gear Pumpengetriebe
pumping, hydraulic long stroke hydraulische Langhubpumpe
pumping jack Pumpenbock
pumping losses Pumpverluste
pumping power Antriebsmaschine für mehrere Erdölpumpenböcke
pumping power, push and pull Kehrradpumpenantrieb
pumping speed Pumpgeschwindigkeit
pumping stroke, long and slow langer u. langsamer Pumphub

pumping test Förderversuch durch Pumpen, Pumpversuch
pumping unit, long stroke Langhubpumpe
pumping well Pumpbetrieb, fördernde Bohrung
punch Ankörnen, Ausstanzen, Durchschlag, Durchschlagen, Lochen, Oberstanze, Oberstempel, Stanze, Stanzer
punch, alphabetic Alphabetlocher, alphabetischer od. alphanumerischer Locher
punch, alphabetic duplicating Alphabetwiederholungslocher
punch, alphabetic printing Alphabet(schreib)-locher, Alphalocher
punch, alphameric alphanumerischer Stanzer
punch area Lochbereich
punch, automatic automatischer Locher od. Stanzer
punch, automatic multiplying Multipliziерlocher
punch, automatic reproducing Motorwiederholungslocher
punch barrier strip Stanzersperrstreifen
punch brush Stanzbürste (lo)
punch buffer Stanzerpuffer
punch, calculating Rechenstanzer
punch card Lochkarte
punch-card accounting Lochkartenbuchführung
punch, card-controlled tape (loch)kartengesteuerter Streifenlocher
punch card documentation Lochkarten-Karteiführung
punch card lever Stanzerkartenhebel
punch card machine Lochkartenmaschine
punch card programming Programmsteuerung mit Lochkarte
punch card reader Lochkartenabfühler, Lochkartenabtaster
punch card register Lochkartenkartei
punch card requisition Änderung od. Anforderung mittels Lochkarte
punch card system Lochkartenanlage, Lochkartensystem
punch, card-to-tape lochkartengesteuerter Streifenlocher od. Streifenstanzer, kartengesteuerter Streifenlocher, Lochkarten/Lochstreifen-Umsetzer
punch, carriage tape Lochbandlocher, Vorschubbandlocher
punch, center Körner (Werkzeug)
punch check Doppelloch- u. Leerspaltenkontrolle, Stanzkontrolle
punch circuit breaker Stanzerunterbrecher
punch clutch Locherkupplung, Stanzerkupplung
punch code Lochschrift, Stanzcode
punch code selector Stanzcodeselektor
punch column Lochspalte
punch column skip Springeinrichtung
punch column skip control Steuerung für Springeinrichtung
punch combination Lochkombination, Stanzkombination
punch compare error Stanzfehler
punch delay Stanzerverzögerung
punch die Lochermatrize, Stanzmatrize
punch die assembly Lochermatrizeneinheit
punch die principle Lochermatrizenprinzip
punch, digit numerische Lochung, Zahlenlochung, Ziffernlochung
punch drawer Kluppe
punch drive Loch(stempel)antrieb
punch, duplicating card Doppler, Kartendoppler, Lochkartendoppler
punch, electric Magnetlocher
punch, electronic calculating elektronischer Rechenlocher od. Rechenstanzer
punch emitter Ablochimpulsgeber
punch error Stanzfehler
punch feed Kartenbahn, Kartenzuführung (in einem Locher)
punch feed read Stanzen in die gleiche Karte
punch feed read control Steuerung für Stanzen in gleiche Karte
punch, gang Folgestanzer, Schnellstanzer
punch, gang summary Summenlocher, Summenstanzer
punch, gang tape Summenlochstreifen
punch, high-speed Schnellocher
punch, high-speed tape Lochstreifen-Schnellstanzer
punch interlock Stanzsperre
punch, key-controlled card manueller Kartenlocher, Lochkartenlocher
punch knife Stanzmesser, Stanzstempel
punch magnet Stanzmagnet
punch mark Ankörnung
punch marked angekörnt, durch Körnerschlag gekennzeichnet
punch marks Körnermarkierung
punch memory parity error (PMPE) Stanzspeicherparityfehler
punch mode Stanzbetrieb
punch, motor drive Motorlocher, Locher mit automatischer Zuführung, Motormagnetlocher
punch, motor-driven duplicating Motorwiederholungslocher
punch, numeric(al) numerische Lochung, Zahlenlochung, Ziffernlochung
punch operator Locherin, Datentypistin
punch, optical reader card Klarschrift-Kartenleser, Klarschrift-Kartenstanzer
punch out ablochen, lochen, stanzen
punch, output Ausgabelocher
punch output Stanz(er)ausgabe
punch, paper tape Lochstreifenstanzer, Lochstreifenlocher, Streifenlocher
punch position Lochposition, Lochstelle, Kartenpunkt, Stanzstelle (dig)
punch press Lochungspresse
punch, printing druckender Locher, Lochstreifenbeschrifter, Lochschreiber, Schreiblocher
punch, printing card Schreiblocher
punch, printing card proof Saldierschreiblocher
punch, printing summary Schreibsummenlocher
punch-read error Lese/Stanzfehler
punch-reader, card Lesestanzer, Lese/Stanzeinheit, Kartenabfühl- u. Kartenstanzeinheit
punch records Ablochunterlage
punch, reproducing Doppler, Kartendoppler, Lochkartendoppler
punch selector Kartenselektor
punch station Ablochstation, Lochstation, Stanzabteilung

punch storage Ausgabespeicher, Stanzspeicher
punch, summary Summenlocher, Summenstanzer
punch suppress Stanzunterdrückung
punch suppress switch Schalter "nicht stanzen"
punch switch Locherschalter, Locherumschalteinheit
punch tape Lochstreifen
punch, tape Lochstreifenstanzer, Lochstreifenlocher, Streifenlocher
punch, tape controlled card streifengesteuerter Kartenlocher
punch, tape-to-card streifengesteuerter Kartenlocher
punch, tape-to-card printing streifengesteuerter Schreiblocher
punch-through Durchgriff
punch, to auslochen, lochen, stanzen (Lochkarten, Lochstreifen)
punch validity check Gültigkeitsprüfung der Lochung
punch, zone Zonenlochung
punched, accumulated-total Einzelkartenverdichtung, Summenstanzen
punched card Lochkarte (gelocht)
punched-card accounting department Lochkartenabteilung
punched-card collator Kartenmischer (EDV)
punched card control system Lochkartensteuersystem
punched card device Lochkartengerät
punched card equipment Lochkartengerät, Lochkartenmaschine
punched card file Lochkartendatei
punched card format Lochkartenformat, Kartenformat
punched card interpreter Drucksatz mit Schreiblocher
punched-card machine Lochkartenmaschine
punched card method Lochkartenverfahren
punched card programming Lochkartenprogrammierung
punched card reader Kartenabfühler, Lochkartenabfühler, (Loch)kartenabtaster
punched card recorder Kartenstanzer
punched card verifier Kartenprüfer, Prüflocher
punched code gestanzte Codekombination
punched hole Lochstelle, Lochung, Stanzstelle (in Karte)(lo)
punched hole characteristic Kennlochung
punched hole combination Lochkombination
punched paper tape Lochband, Lochstreifen
punched tape Lochband, Lochstreifen
punched tape character Lochstreifenzeichen
punched tape code Lochstreifencode, Lochstreifenabfühler, Lochstreifenleser, Streifenabfühler, Streifenabtaster, Streifenleser, Lochstreifenschlüssel
punched-tape control milling machine Fräsmaschine mit Lochstreifensteuerung
punched tape, correction Korrekturlochstreifen
punched tape programming Lochstreifenprogrammierung
punched tape reader Lochstreifenlesegerät, Lochstreifenabfühler, Lochstreifenabtaster
punched tape reproducer Lochstreifendoppler
punched tape to magnetic tape conversion lochstreifengesteuerte Magnetbandbeschriftung
puncher Markierungsvorrichtung
punchhead Lochstation, Stanzstation
punching Ablochen, Einlochstanzen, Lochung
punching, alphameric alphamerisches Stanzen
punching, card-controlled tape lochkartengesteuertes Streifenlochen
punching, column binary spaltenbinäres Stanzen
punched, control Leitlochung, Kontrolllochung, Steuerlochung
punching, count-controlled zählabhängiges Stanzen
punching department Stanzerei
punching device Lochbandgerät
punching die Lochstempel
punching, digit numerische Lochung, Zahlenlochung, Ziffernlochung
punching error Stanzfehler
punching, extended character erweitertes Lochen
punching, interstage Stanzen zwischen Lochkartenzeilen, Zwischenlochung
punching, key manuelles od. tastaturgesteuertes Lochen, Handlochen
punching management Lochermagnet, Stanzmagnet
punching, numerical numerische Lochung, Zahlenlochung, Ziffernlochung
punching offset versetzte Ablage (Stanzer)(lo)
punching, offset gang versetztes Stanzen
punching-out Ausstanzen
punching pelleting machine stoßförmige Tablettiermaschine
punching pin Locherstift, Stanzstempel
punching position Locherposition, Lochstelle
punching, print Schreiblochen, schreibwerkgesteuertes Lochen
punching, printing Schreiblochen, schreibwerkgesteuertes Lochen
punching, process controlled tape prozeßgesteuertes Lochen od. Lochstreifenlochen
punching program Loch(er)programm
punching quality Stanzfähigkeit (pla)
punching rate Stanzgeschwindigkeit, Lochgeschwindigkeit, Stanzfolge, Stanzfrequenz
punching, row-binary Binärstanzen
punching scrap Stanzschrott
punching, single hole Einzellochung
punching, single item Einzelkartenlochung
punching station Stanz- (lo), Lochstation
punching, straight gang direktes Stanzen
punching, summary Summelochen, Summenstanzen
punching, synchronous synchromatisches Lochen, Synchronlochen
punching, tape controlled card lochstreifengesteuertes Kartenlochen
punching technique Stanztechnik
punching tool Lochwerkzeug, Stanzwerkzeug
punching track Stanzbahn
punching unit Lochereinheit, Stanzeinheit
punching, zone Zonenlochung
punctuation Satzzeichen
punctuation character Interpunktionszeichen (COBOL)
punctuation error Interpunktionsfehler
punctuation mark Interpunktionszeichen, Satzzeichen

punctuation sign Interpunktionszeichen
punctuation symbol Interpunktionszeichen, Satzzeichen
puncture Reifenpanne, durchstechen, durchschlagen, Spannungsdurchschlag
puncture resistance Sticheinreißfestiger (Fsch)
puncture strength Durchschlagfestigkeit, Spannungsfestigkeit
puncture voltage Durchschlagspannung
punctured carburetor float undichter Vergaserschwimmer
puncturing of an insulation Durchschlagen einer Isolierung
puncturing of a tire Undichtwerden eines Luftreifens
punner Erdstampfer
pupin cable pupinisiertes Kabel, Pupinkabel
pupin loading Belastung mit Spulen, Pupinisierung
pupinization Pupinpunkt
pupinization section Ladungsabschnitt, Spulenabschnitt, Spulenfeld
purchase card Wareneingangskarte
purchase chart Wareneingangsübersicht
purchase inspection gage Abnahmelehre für Besteller
purchase intention Beschaffungsabsicht
purchase journal Wareneingangsbuch
purchase of the royalty interest Ankauf von Bruttoförderprozenten
purchase order Beschaffungsauftrag
purchase price Anschaffungspreis
purchasing loan Kaufkredit
pruchasing power Kaufkraft
pure aerodynamic form aerodynamische günstige Formgebung
pure-air-rich-mixture sandwich system geschichtete Ladung aus reiner Luft u. reinem Gemisch
pure aluminium Reinaluminium
pure associative memory Katalogspeicher
pure binary code reiner Dualcode od. Binärcode
pure binary notation reine Binärdarstellung (math)
pure cantilever wing vollfreitragender Flügel
pure chemistry reine Chemie
pure cold-gas thruster reiner Kaltgasantrieb
pure copper Reinkupfer
pure direct current reiner Gleichstrom
pure dry air reine trockene Luft
pure helicopter reiner Hubschrauber
pure imaginary rein imaginär (math)
pure jet Einstromtriebwerk, TL-Triebwerk (Gegensatz zu PTL-Triebwerk)
pure jet engine Einstromtriebwerk, TL-Triebwerk (Gegensatz zu PTL-Triebwerk)
pure-lift engine reines Hubtriebwerk
pure oil wasserfreies Öl
pure pursuit course reiner Verfolgungskurs
pure quadrupole spectrum reines Quadrupolspektrum
pure scattering reine Streuung
pure sinusoidal rein sinusförmig
pure state Reinzustand
pure styrene reines Styrol
pure-vapour G.-M.-counter Geiger-Müller-Zähler mit reiner Dampffüllung
purge area Löschbereich
purge date Freigabedatum, Ungültigkeitsdatum, Verfalldatum
purge dump valve Ablassventil
purge gas Restgas
purge line Durchblaseleitung, Durchspülleitung
purge mat Inertisierungsbeutel (zur Verhindung von Kraftstoffexplosionen)
purge plug Entlüftungsschraube
purge pump Spülpumpe
purge, to durchblasen (Luft), entlüften (Bremsen u. Hydraulik), Daten löschen (EDV), ausräumen (Spritzzylinder), sauberspritzen (pla)
purge unit Entlüfter
purge valve Ablaßventil
purge valve access flap Klappe zum Schutz des Auslaßventils
purging Bestandsbereinigung (Datei), Datenlöschung (Datenbank)
purging (of fuel tanks or tank bays) Inertisierung (zur Verhinderung von Kraftstofftankexplosionen)
purging cock Reinigungshahn, Schlammhahn
purging compound Ausräummasse
purging dead time Ausblasezeit (Nachbrennertotzeit)
purging duct Belüftungsleitung (Waffenraum)
purging gas Spülgas
purging valve Durchblas(e)ventil
purification Klärung, Wässerung
purification plant Kläranlage
purification procedure Reinigungsverfahren
purification tower Reinigungsturm
purificator, designed to clean out liquid oxygen tanks Reinigungsanlage für Flüssigsauerstoffbehälter
purified petrol Reinigungsbenzin
purify, to abklären, abläutern, läutern, reinigen, säubern (chem)
purifying jar Absorptionszylinder, Waschflasche (chem)
purity coil Farbreinheitsspule
purity, degree of Reinheitsgrad (chem)
purity of the gas Gasreinheit
purple light Purpurlicht, Grellicht, Helligkeit
purple ore Kieselabbrand
purpose Absicht, Verwendungszweck
pursue fortsetzen, nachsetzen, verfolgen
pursuing course indication Jagdkurslenkung, Verfolgungslenkung
pursuit airplane Schnellkampfflugzeug
pursuit attack Angriff auf reinem Verfolgungskurs
pursuit course Verfolgungskurs
pursuit course guidance Verfolgungskurslenkung (Flugkörper)
pursuit curve or path Verfolgungskurve
pursuit flight Jagdflug
pursuit guidance Verfolgungslenkung, Flugbahn-Kontrollüberwachung
pursuit guiding method Jägerleitverfahren
pursuit heading Verfolgungskurs (Luftkampf)
pursuit phase Zielverfolgungsphase
pursuit pilot Jagdflugzeugführer
pursuit training aircraft Jagdschulflugzeug
push-back ram Rückdrückkolben

push back, to zurückdrängen
push bar Vorschubstange
push bar cross-girder Vorschubstangenquerträger (Brückenbau)
push bench Stoßbank
push bench plant Stoßbankanlage (zur Herstellung nahtloser Rohre)
push bracing Verstrebung von Gestängen
push broach Räumnadel
push button Druckknopf, Drucktaste
push-button air pressure relief valve Druckknopfablaßventil
push-button attenuator Eichleitung mit Druckknopfschaltung
push-button bleed valve Entlüftungsventil mit Druckknopfbetätigung
push-button control Drucktastensteuerung (dig)
push-button controlled cursor drucktastengesteuerter Sucher
push-button controller Drucktastenbediengerät
push-button dialing Tastenwahl
push-button for checking undercarriage acoustical warning Druckknopf für Fahrwerk-Warnsignalkontrolle
push-button operation Druckknopfbetätigung
push-button receiver Druckknopfempfänger, Empfänger mit Druckknopfeinstellung
push-button release Druckknopfauslösung
push-button release mechanism Steckverbindermechanismus
push-button relief valve Druckknopfüberdruckventil
push-button routing of message Druckknopfadressenwahl
push-button selection Druckknopfwahl
push-button selection of five frequencies Druckknopfwahl von fünf Frequenzen
push-button starter Druckknopfstarter
push-button switch Druckknopfschalter, Drucktaster, Tastenschalter
push-button switch with spring return Druckknopfschalter mit Rückholfeder
push-button tuner Druckknopf-Abstimmvorrichtung, Drucktastenabstimmung
push-button tuning Drucktastenabstimmung
push cam Stoßdaumen
push caused by aftercombustion Nachverbrennungsstoß
push contact Druckkontakt
push cut schiebender Schnitt
push down, to zurückstellen
push-down list Aufzeichnung nach dem Kellerungsprinzip
push-down stack Rückstellstapel
push-down storage Stapel-, Kellerspeicher
push-down store Speicher nach dem Stapelprinzip (EDV)
push drill Drillbohrer
push fit Schiebesitz
push force Initialkraft (Höhenruder, Flugzeug in Ruhe)
push-forward, to nachstoßen, vorbringen, vorschieben, vorstoßen
push igniter Druckzünder
push into action in Gang setzen
push into one another, to ineinanderschieben
push into service in Dienst stellen
push-key plug Drucktastenstecker
push off, to abstoßen (Boot usw)
push on, to weiter vordringen, vorschieben, vortreiben weiterdrängen
push or actuating cam Stoßdaumen
push-out door abwerfbare Tür
push-out, to herausdrücken, herausstoßen
push-out tube Spannrohr
push-over test Umstoßprüfung
push-over, to drücken
push pointer Anspitzmaschine (Walzwerk)
push-pull Zug- u. Druck, abwechselnd in entgegengesetzter Richtung arbeitend
push-pull amplifier Gegentaktverstärker
push-pull arrangement Gegentaktanordnung
push-pull carbon transmitter Doppelkohlemikrophon
push-pull circuit Gegentaktschaltung
push-pull circuit breaker Zug/Druck-Schutzschalter
push-pull communication Gegentaktverkehr
push-pull control Gestängesteuerung, Zug/-Druckbetätigungszug
push-pull detector Gegentaktdemodulator, Gegentaktgleichrichter
push-pull frequency doubler Gegentaktfrequenzverdoppler
push-pull input transformer Gegentakt-Eingangstrafo
push-pull microphone Gegentaktmikrophon, Zug/Druckmikrophon
push-pull oscillator Gegentaktgenerator, Zug/Druckgenerator
push-pull output stage Gegentaktendstufe
push-pull parallel Gegentaktparallelschaltung
push-pull power amplifier Gegentaktleistungsverstärker
push-pull recording Gegentaktaufzeichnung
push-pull recording track Gegentakt-Aufzeichnungsspur
push-pull rectifier Gegentaktgleichrichter
push-pull rod Schubstange, Schub/Zugstange
push-pull stage Gegentaktstufe
push-pull switch Zug- u. Druckschalter
push-pull track Gegentaktspur
push-pull transformer Gegentakttransformator
push-pull tube Stoßrohr, Stoßstange
push-pull variable area sound track Gegentakt-Zackenschrift
push-pull variable density sound track Gegentakt-Sprossenschrift
push rod Druckstange, Kolbenstößel, Schubstange, Stößelstange, Triebstange
push rod and rocker arm Stoßstange und Kipphebel
push rod ball end Kugelkopf der Stoßstange
push rod control Druckzug
push rod cover tube Stoßstangenverkleidungsrohr
push rod enclosure Stoßstangenverkleidung
push rod horn Umlenkwellenantriebshebel (Querruder)
push rod, valve Ventildruckstange, Ventilstoßstange
push-scale adapter Federwaage(n)ansatz
push spring Schubfeder
push switch Schubschalter, Tastschalter
push system Zuweisungssystem

push the stick forward drücken
push through, to durchstoßen
push, to schieben, stoßen
push-to-drain cock federbelasteter Ablaßhahn
push-to-operate switch Druckknopfschalter
push-to-reset circuit breaker Druck/Schutzschalter
push-to-test button Prüftaste
push-to-test light Anzeigeleuchte mit Taster
push-to-test warning light Warnleuchte mit Taster
push turn Drehung durch Armstoßen
push way in ganz hineindrücken (A)
pushed-down stack Rückstellstapel
pusher Druckschraube(nflugzeug)
pusher aeroplane Druckpropellerflugzeug, Druckschraubenflugzeug
pusher airplane Druckschraubenflugzeug
pusher airscrew Druckpropeller, Druckschraube
pusher airscrew propeller Druckluftschraube
pusher arm Kartenschiebearm
pusher operation Nachschiebefahrt
pusher propeller Druckschraube, -propeller
pusher-propeller powerplant Druckpropellerturbine
pusher-puller Abziehvorrichtung
pusher turboprop propulsion system Druckpropellerantrieb
pusher type airplane Schubflugzeug
pusher-type furnace Durchlaufofen, Stoßofen
pushing Frequenzverwerfung
pushing figure Stromverstimmungsmaß
pushing processing technology nachgeschalteter Prozessorteil (Bordcomputer)
pushup Stauchung
put down a well Bohrung abteufen od. herunterbringen
put in a gear einen Gang eindrücken
put in best shape, to in Höchstform bringen
put in the furnace in blast, to Hochofen anblasen
put in the piston, to den Kolben einbringen
put into a gear einen Gang einrücken
put into production, to in Betrieb nehmen
put on brakes Bremsen gebrauchen
put on left rudder linkes Seitensteuer geben
put on right rudder rechtes Seitensteuer geben
put on speed Flugzeug drücken
put on the market, to auf den Markt bringen (Ware)(komm)
put or set bricks, to den Brand einfahren
put out of action abschießen, außer Gefecht setzen, niederkämpfen, außer Betrieb setzen
put out of operation, to außer Betrieb od. Gang setzen
put out of service stillegen
put the machine into spin Flugzeug ins Trudeln bringen
put up opposition, to Widerstand entgegensetzen
put upright, to hochstellen
puterescent verrottend
puterescibility Faulfähigkeit
putty Kitt, Zinnasche, Zinnoxyd (Schleifmittel)
putty knife Spachtelmesser
puttying groove Kittfalz

PV ram progressive valve ram
PW pulse width
pycnometer Phiole zur Bestimmung des spezifischen Gewichts bei Flüssigkeiten (geol), Pyknometer (zur Bestimmung des Stoffgewichtes)
pylon Rotorbock, Ausleger (Hschr)(av)
pylon Pylon, viereckiger Turm, Wendelturm, Aussenbordlastträger
pylon antenna (Rohr)schlitzantenne
pylon drop tank abwerfbarer Außentank, Außenlastträger-Abwurftank (spezifisch)
pylon eights acht Flugfiguren (Kunstflugfigur)
pylon ejector Außenlastenträgersprengbolzen
pylon ejector arming switch Außenlastenträger-Abwurfschärschalter
pylon explosive bolt Außenlast(en)trägersprengbolzen
pylon jettison arming switch Außenlast(en)-Abwurfschalter
pylon jettison cannon Außenlast(en)trägersprengbolzen
pylon jettison circuit Außenlast(en)träger-Abwurfstromkreis
pylon jettison gun Außenlast(en)träger-Abstoßzylinder
pylon jettison switch Außenlast(en)träger-Abwurfschalter
pylon jettison system Außenlast(en)träger-Abwurfanlage
pylon mounting bolt Außenlast(en)träger-Befestigungsbolzen, Außenlast(en)träger-Sprengbolzen
pylon not directly attached to wing leading edge nicht direkt an der Flügelvorderkante sitzendes Triebwerkteil
pylon stores arming relay Außenlast(en)-trägerlasten-Schärferelais
pylon support Außenlast(en)trägereinhängeblock (Flugzeug)
pylon tank Außentank (abwerfbar), Außenlast(en)trägertank, Außenlast(en)trägerabwurftank
pylon tank ejector Außenlast(en)trägerabstoßzylinder
pylon tank fuel shut-off relay Schaltrelais für Kraftstoffabsperrventil
pylon tank jettison cylinder Außentankabstoßzylinder
pyramid wave Pyramidenwelle
pyramid of the second order Deuteropyramide
pyramid of the third order Tritopyramide
pyramid switchboard Pyramidenschrank
pyramidal horn Pyramidenhorn
pyramidal point Pyramidenspitze
pyramidal strut Pyramidenstrebe
pyranometer Gerät zur Messung der Intensität von Himmelsstrahlen
pyrheliometer Pyrheliometer, Sonnenstrahlungsmesser, Strahlungsthermometer
pyrite detector Pyritdetektor
pyritic kiesähnlich
pyritiferous kies(el)haltig
pyrochemical reprocessing pyrochemische Aufarbeitung
pyrocilic sprit Methylalkohol
pyroelectric pyroelektrisch
pyroelectricity Pyroelektrizität

pyrolusite graues Manganerz, Mangansuperoxyd
pyromechanical device pyromechanische Vorrichtung
pyrometallurgical reprocessing pyrometallurgische Aufarbeitung
pyrometer Hitzestrahlungsmesser
pyrometer fire end Pyrometereintauchende
pyrometer probe Temperaturfühler
pyrometer-protecting tube Pyrometerschutzrohr
pyrometer tube Temperaturfühler mit Schutzrohr
pyrometric cone Segerkegel
pyrometric effect Heizwert
pyrometry Wärmemeßwesen
pyromorphide Phosphorblei
pyron detector Pyrondetektor
pyro-nitro-cotton for explosive Dynamitwolle
pyrotechnic bomb pyrotechnische Bombe
pyrotechnic device pyrotechnische Vorrichtung, pyrotechnisches Leuchtmittel
pyrotechnic fuel pyrotechnischer Kraftstoff
pyrotechnic igniter assembly pyrotechnischer Zündsatz
pyrotechnic projector Leuchtgranatwerfer
pyrotechnical indicator pyrotechnischer Impulsgeber
pyrotechnical initiator pyrotechnischer Impulsgeber
pyrotechnics Signalmunition (FS-Betrieb)
pyrotechnics code pyrotechnischer Code
pyroxylin Kollodiumwolle
pyrrhotite Magnetkies, Magnettypit

Q

Q band (36 000 - 46 000 mc) Q-Band (36000-46 000 MHz)
Q-code Q-Gruppen, Q-Code
Q-factor Kreisgruppe (dv), Verhältnis von Blind- zu Wirkwiderstand
Q figure of merit Gütefaktor, Gütezahl
Q meter Gütefaktormeßgerät, Q-Meter
Q of a coil Gütezahl der Spule
Q of antenna Güte der Antenne, Kreisgüte
Q-register Quotientenregister
Q section transformer Lambda, Vier-Transformationsleitung
QAM (latest meteorological observation) QAM (letzte Wetterbeobachtung)
QC control, landing gear warning switch fahrabhängiger Fahrwerkwarnschalter
QC indicator Stillegungsanzeiger
QCB (queue control block) Warteschlangensteuerblock (EDV)
QCE quality control engineer
QDM magnetic heading (zero wind) mißweisender Steuerkurs (Windstärke Null)
QDR (magnetic bearing) QDR (mißweisende Peilung)
QFE (atmospheric pressure at aerodrome elevation (or at runway threshold) QFE (Luftdruck in Flugplatzhöhe (od. an der Start- u. Landebahnschwelle)
QFU (magnetic orientation of runway) QFU (mißweisende Richtung der Start- u. Landebahn)
QNH (altimeter subscale setting to) QNH (Höhenmesserskaleneinstellung um bei der Landung die Flugplatzhöhe zu erhalten)
QPL qualified-products list
quad cable Kabel mit Stern- od. Viererverseilung, Sternviererkabel, Kabel mit Viererseilen, viererpupinisiertes Kabel
quad formation Viererverseilung
quad pair cable Doppelsternkabel
quad pair formation Achtersternverseilung, Doppelsternverseilung
quadimension Quadrinom
quadrant kreissegmentförmige Skala, Quadrant, Viertelkreis (math)
quadrant angle of departure Abgangswinkel
quadrant compass Quadrantzirkel
quadrant electrometer Antennen-Quadrantenelektrometer
quadrant elevation Schußrohrerhöhung
quadrant elevation drum AAA Rohrerhöhungstrommel
quadrant seat structure Verstellgerät, Sitzgerät
quadrant stop Verstellsegmentanschlag
quadrantal altitude Quadrantflughöhe (ATC)
quadrantal cruising levels Quadrantenflughöhen (ATC)
quadrantal deviation viertelkreisige Deviation
quadrantal error viertelkreisige Funkablenkung, viertelkreisiger Fehler
quadrantal error clearing loop Funkbeschickungsdrahtschleife
quadrantal error compensation viertelkreisige Funkbeschickung od. Fehlerkomponente
quadrantal error corrector box mechanischer Funkbeschicker
quadrantal error curve Funkbeschickungskurve
quadrantal point Hauptzwischenrichtung, Kompaßpunkt: NO, NW, SO, SW
quadrantal rule Quadrantenflugregel
quadrantal separation Quadrantenstaffelung
quadratic quadratförmig, quadratisch
quadratic distortion quadratischer Differenzfaktor, quadratische Verzerrung
quadratic effect quadratische Verzerrung
quadratic equation Gleichung 2ten Grades, quadratische Gleichung
quadratic foot Quadratfuß
quadratic form quadratische Form
quadratic mean quadratischer Mittelwert
quadratic programming Programmierung mit quadratischen Funktionen
quadratics quadratische Gleichung
quadratron Vierpolvakuumröhre (Tetrode)
quadrature 90 Grad Verschiebung
quadrature axis component of a magnetomotive force or of a current Querdurchflutung einer Synchronmaschine
quadrature circuit Phasenschieberkreis
quadrature coil Phasenschieberspule
quadrature component Bildkomponente, Quadraturkomponente (Vektor)
quadrature error Blindkomponente
quadrature field wanderndes Feld aus zwei senkrechten Komponenten
quadrature filter Bildspannungsunterdrücker
quadrature, in um 90 Grad verschoben (Phase)
quadrature operation Phasenverschiebung

um 90 Grad
quadrature reactance Querreaktanz
quadrature stripper Blindspannungsunterdrücker
quadrature transformer Tranformator mit 90 Grad Phasenverschiebung zwischen Primär- u. Sekundärspannung
quadrature voltage Blindspannung
quadric inch Quadratzoll
quadricycle landing gear Vierpunktfahrwerk
quadrilateral Rechteck, rechteckig, Viereck
quadrilever spring Torsionsfeder mit Kreuzquerschnitt
quadrille paper Koordinatenpapier, kariertes Papier
quadrinomial Quadrinom
quadripole Vierpol
quadripunctal Anordnung an vier wahlfreien Lochungen
quadrophonic aural cues quadrofonische Wiedergabe von Betriebsgeräuschen
quadruplane Vierdecker (av)
quadruple air inlet indicators for "ramp" and "dump" nozzle pressure indicators vierfache Anzeigeskalen der Lufteinläufe und der Klappen für Zusatz bzw. Überschußluft (Raumfahrt)
quadruple input selection Vierfacheingabeauswahl
quadruple launcher Vierfach-Startgerät
quadruple-length register Register vierfacher Wortlänge
quadruple nanosecond pulse generator Vierfach-Nanosekunden-Impulsgenerator
quadruple output selection Vierfachausgabeauswahl
quadruple output selection logic Vierfachausgabeauswahllogik
quadruple-pair cable achterverseiltes Kabel
quadruple reaction control engines Vierfachsteuerraketenmotor
quadruple register Register vierfacher Wortlänge, Mehrzweckinstrument (Temperatur, Druck, Feuchtigkeit, Geschwindigkeit)
quadrupler Frequenzvervielfacher
quadruplex electro-hydraulic actuator elektrohydraulischer Vierfachstellmotor
quadruplex operation Doppelgegensprechbetrieb
quadruplex quad Quadruplextelegraph
quadruplex service Doppelgegensprechbetrieb
quadruplex system Doppelgegensprechsystem, Quadruplexsystem, Vierfachtelegraphie
quadruplex telegraph Quadruplextelegraph
quadruplex telegraphy Doppelgegenschreiben, Vierfachtelegraphie
quadruplex working Doppelgegensprechbetrieb, Quadruplexbetrieb
quadrupole beam high-voltage oscillograph Vierstrahl-Hochspannungsoszillograph
quadrupole focusing lens Quadrupolfokussierungslinie
quadrupole instruction Quadrupolwechselwirkung
quadrupole mass spectrometer Vierpol-Massten-spektrometer
quadrupole moment Quadrupolmoment
quadrupole or four-barrelled gun Vierling
quadrupole prism quartz spectrograph Vierprismen-Quarzspektrograph
quadrupole radiation Quadrupolstrahlung
quadrupole resonance method Quadrupolresonanzmethode
quadrupole spectrum Quadrupolspektrum
quadrupole spiral scanning disk Vierfachspirallochscheibe
quadstrippe Blindspannungsunterdrücker
qualification Befähigung, Eignung, Kennzeichnung (COBOL)
qualification launch Qualifikationsabschuß (sp)
qualification run Eignungslauf
qualification test Eignungsprüfung, Musterprüfung (Gerät), Qualifikationsprüflauf
qualification training Qualifikationserhaltung (simplification)
qualified befähigt, geschult, qualifiziert
qualified high temperature performance einsatzsicher bei hoher Temperatur
qualified name qualifizierter Name
qualified product zugelassenes Erzeugnis
qualified products list (QPL) Liste zulässiger Erzeugnisse
qualified swimmer Fahrtenschwimmer
qualifier Kennzeichner, Informationskennzeichnung, Qualifikationsbegriff
qualifier point Zeigerkennzeichner
qualify kennzeichnen (COBOL)
qualimeter Qualimeter (Meßgerät zur Feststellung der Strahlenhärte)
qualitative analysis qualitative, nicht mengenmäßig bestimmte Analyse
qualities and performances of the sailplane Eigenschaften u. Leistungen des Segelflugzeugs
qualities of the aeroplane Eigenschaften des Flugzeugs
quality Beschaffenheit, Eigenschaft, Güte, Qualität
quality assurance Gütesicherung, Qualitätssicherung
quality assurance specialists Qualitätssicherung durch Fachleute
quality characteristic Qualitätsmerkmal
quality check Gütebewertung, Qualitätskontrolle
quality control Qualitätsprüfung, Qualitätssteuerung, Qualitätsüberwachung, Güteprüfung (spezifisch), Güteprüfdienst
quality control engineer (QCE) Güteprüfer, Güteprüfingenieur
quality control engineering Qualitätssteuertechnik
quality control procedure Qualitätskontrollverfahren
quality criterion of control standard Gütekriterium für Regelungen
quality, determination of the...of service Bestimmung der Betriebsgüte
quality engineering Gütesteuerung, Qualitätssteuerung, Qualitätstechnik
quality factor Gütefaktor, Gütewert, Qualitätsfaktor
quality factor of control Gütekriterium für Regelungen
quality factor of reactor Induktorgütewert (Drossel)
quality factor of the core Kerngütefaktor

quality inspection Güteprüfung, Qualitätskontrolle
quality judgement Qualitätsbeurteilung
quality of a control Güte einer Regelung
quality of a hard spring federharte Eigenheit
quality of balance Nachbild(ungs)güte
quality of fit Passungsgüte
quality of leadership Führungseigenschaft
quality of maintenance work on aircraft Wartungs- u. Instandsetzungsqualität (av)
quality of picture Bildgüte, Filmwirkung
quality of ray Strahlengüte, Strahlenqualität, Strahlenzusammensetzung
quality of reproduction Wiedergabegüte
quality of sound Klangcharakter
quality of speech Sprachgüte
quality planning session Qualitätsplanungssitzung
quality product Qualitätserzeugnis
quality specification Abnahmevorschrift, Bestimmung der Bearbeitungsgüte
quant Quant (Meßeinheit)
quanta Lichtquanten, Photonen
quantification Quantisierung
quantify the pilot's workload Quantifizierung der Arbeitsanforderung des Piloten
quantitative analysis mengenmäßige quantitative Analyse
quantitative determination Quantitätsbestimmung
quantitative measurement or analysis quantitative Masse
quantities, physical physikalische Größe
quantity Menge, mathematische Größe, Quantität
quantity by volume Raummenge
quantity calculation Mengenrechnung
quantity, determination of order Auftragsmengenbestimmung, Bestellmengenermittlung
quantity discount Mengenrabatt
quantity discount of launch tariffs Startkostenmengenrabatt (sp)
quantity/distance table Nutzlast/Flugstreckentabelle, Sicherheitsabstandstabelle, Schutzabständetabelle
quantity factor Mengenfaktor
quantity field Mengenfeld
quantity-field number Mengenfeldnummer
quantity measurement system Mengenmeßgerät
quantity measuring fuse Rohrbruchventil
quantity number counter Mengenzähler (mangelnde Rohrbruchsicherung)
quantity, numeric(al) numerische Größe
quantity of charge Ladungsmenge
quantity of efficiency Wirkungsgrad
quantity of electricity Elektrizitätsmenge, Stromvolumen
quantity of heat Wärmemenge
quantity of illumination Belichtung
quantity of light Lichtmenge
quantity of magnetism Magnetismusmenge
quantity of radiant energy Strahlungsmenge
quantity of radiation Strahlungsmenge
quantity of scavenging air required Spülaufwand (Bohrung)
quantity production Massenherstellung, Reihenfertigung, Reihenherstellung, Serienfertigung
quantity, scalar skalare Größe
quantity transmitter Kraftstoffvorratsgeber (Kraftstoffangeber), Vorratsgeber
quantity unit Mengeneinheit
quantization Quantelung, Quantisierung, Analog-Digital-Umsetzung
quantization distortion Quantenverzerrung, Quantisierungsverzerrung, Quantisierungsrauschen
quantization level Quantisierungspegel
quantization noise Quantisierungsgeräusch
quantization of lattice waves Quantisierung der Gitterwellen
quantization range Quantisierungsbereich
quantize, to in gleiche Stufen aufteilen, quantisieren
quantized electromagnetic field gequanteltes elektromagnetisches Feld
quantized excited level gequanteltes Anregungsniveau
quantized interaction gequantelte Wechselwirkung
quantized pulse modulation quantisierte (Im)pulsmodulation, Deltamodulation
quantized symbol quantisiertes Zeichen
quantized system quantisiertes System
quantized Analog/Digitalumsetzer, Umwandler in digitale Daten, Quantisiereinrichtung
quantometer Kriechgalvanometer, Ladungsmesser
quantum Menge, Quant(um)
quantum chemistry Quantenchemie
quantum condition Quantenbedingung
quantum detection efficiency Quantennachweisvermögen
quantum detector Quantendetektor
quantum efficiency Quantenausbeute, Quantumausbeute, Quantenertrag
quanten electrodynamics Quantenelektrodynamik
quantum electronics Quantenelektronik
quantum field theory Quantenfeldtheorie
quantum index Mengenindex
quantum jump Quantensprung, Quantenübergang
quantum leap Quantensprung, Quantumübergang
quantum level Quantenniveau
quantum-mechanical quantenmechanisch
quantum-mechanical amplifier quantenmechanischer Verstärker
quantum-mechanical picture quantenmechanisches Bild
quantum mechanics Quantenmechanik
quantum multiplication Quantenmultiplikation
quantum number Quantenzahl
quantum number of angular momentum Drehimpuls-Quantenzahl
quantum of action Wirkungsquantum
quantum optics Quantenoptik
quantum or statistical weight Quantengewicht
quantum orbit or path Quantenbahn
quantum physics Quantenphysik
quantum postulate Planck'sche Hypothese (Atomphysik), Quantenpostulat
quantum potential Quantenpotential
quantum radiation Quantenstrahlung
quantum resonance Quantenresonanz

quantum restriction Quantenbeschränkung
quantum scattering Quantenstrahlung
quantum state Quantenzustand
quantum statistics Quantenstatistik
quantum theory Quantentheorie (math)
quantum transition Quantensprung, Quantenübergang
quantum yield Quantenausbeute, Quantenertrag
quart Quart (Flüssigkeitsmaß), 1/4 Gallone
quarter der vierte Teil, Viertel, Quartier, in vier Teile teilen, vierteln
quarter bag Viertelhülle (Fsch)
quarter band Haltebandsegment
quarter bend Rohrbogen von 90 Grad
quarter bill Reinschiffrolle
quarter-chord line Viertellinie
quarter-chord point Viertelpunkt
quarter circular frame Viertelkreisspant
quarter covered viertelbedeckt (meteor)
quarter crane Achterkran
quarter cycle Viertelperiode
quarter-deck Quarterdeck
quarter deployment bag innerer Verpakkungssack (Fsch)
quarter elliptic spring Viertelfeder
quarter fin Leitblechviertel (Flz)
quarter panel Seitenwandverkleidung
quarter phase system Zweiphasensystem
quarter plain bend Bogen von neunzig Grad (Rohr)
quarter point Viertelschiffslänge
quarter revolution Viertelumdrehung
quarter-squares multiplier Parabelmultiplizierer
quarter-turn Vierteldrehung
quarter-turn fastener Schnellverriegelung
quarter wave Lambdaviertel
quarter-wave aerial Viertelwellenantenne
quarter-wave attenuator Viertelwellensperre, Lambdaviertel-Dämpfungswelle
quarter-wave cavity resonator Viertelwellen-Hohlraumresonator
quarter-wave coupling Lambda/Viererkopplung
quarter-wave filter Viertelwellensperre
quarter-wave length Viertelwellenlänge
quarter-wavelength transformer Lambdaviertel-Transformationsglied, Lambdaviertel-Transformator
quarter-wave line Lambdaviertel-Leitung, Viertelwellenleitung
quarter-wave line transformer Viertelwellen-Anpassungsglied
quarter-wave open line offene Lambdaviertelleitung
quarter-wave plate Lambda-Viertelplättchen, Viertelwellenlängenplättchen (Optik)
quarter wave stub support Lambdaviertelstütze
quarter-wave termination Lambdaviertel-Abschluß(widerstand)
quarter-wave transmission line Lambdaviertelleitung, Viertelwellen-Übertragungsleitung
quartering gauge Nachprüfvorrichtung
quarternary ionization Ionisation 4ter Ordnung
quarternary steel Quarternärstahl, Stahl, der neben Kohlenstoff noch 2 Legierungsbestandteile enthält

quartic equation Gleichung vierten Grades
quartile Quadratur
quartering gauge Nachprüfvorrichtung
quartering machine Kurbelzapfensitzbohrmaschine
quarto Quart(format)
quartz Quarz, Fossilharz
quartz capacitor Quarzkondensator
quartz capsule Quarzkapsel
quartz captor Quarzgeber, Quarzmeßelement
quartz colour Quarfarbe
quartz core Quarzkern (TB)
quartz control Quarzsteuerung (Frequenzstabilität)
quartz crystal Schwingquarz, Steuerquarz (Radar), Quarzdruckelement
quartz fibre Quarzfaden
quartz fibre dosimeter Quarzfadendosimeter
quartz fibre electrometer Quarzfaden-elektrometer
quartz fibre electroscope Quarzfaden-elektroskop
quartz-fibre manometer Quarzfadenmanometer
quartz fibre type direct reading dosimeter Quarzfadendosimeter mit direkter Ablesung
quartz filament Quarzfaden
quartz glass Quarzglas
quartz-glass thermometer Quarzglasthermometer
quartz holder Quarzhalter
quartz lamp Quarzlampe
quartz lens Quarzlinse
quartz mica rock Quarzglimmerfels
quartz, milky Milchquarz
quartz plate Quarzplatte, Quarzscheibe
quartz resonator Quarzresonator, Schwingquarz
quartz rod Quarzstab
quartz sand Quarzsand
quartz spectrograph Quarzspektrograph
quartz thread Quarzdraht
quartz vein Quarzader
quartz, vibrator Schwingquarz
quartz wavemeter Quarzwellenmesser
quartz wind Quarzwind
quartz window Quarzfenster (IR-Strahler)
quartziferous quarzhaltig
quartzite Quarzit
quartzitic quarzitisch
quartzoid bulb Quarzfühler (Feuerlöscheinrichtung)
quartzose quarzhaltig
quartzous quarzartig
quasar (quasistellar radio source) Quasar (quasistellare Radioquelle)
quash, to zerdrücken, zerquetschen
quasi-arc welding Flußschweißen, Lichtbogenschweißen mit asbestummantelten Elektroden
quasi assembler language Quasi-Assemblersprache
quasi assembly language Quasi-Assemblersprache
quasi-compact cluster Klumpen in weiterer Nachbarschaft liegenden Einheiten
quasi-degree of freedom Quasifreiheitsgrad
quasi detonation Quasidetonation
quasi-direct set quasigerichtete Menge

quasi-distance Quasiabstand
quasi-factorial design quasifaktorielle Versuchsplanung, quasifaktorieller Versuchsplan
quasi-geostrophic approximation quasigeostrophische Approximation od. Näherung
quasi-group Quasigruppe
quasi-instruction Pseudobefehl, Blindbefehl, Scheinbefehl, Füllbefehl
quasi-instruction form Blindbefehl, Füllbefehl (EDV)
quasi-neutrality Quasineutralität
quasi on-line quasi-rechnerabhängig
quasi-optical range quasioptische Reichweite
quasi-ordered set quasigeordnete Menge
quasi-random quasidirekt (Speicherplatzzugriff auf Magnettrommel)(dv), quasizufallsverteilt
quasi-random access quasidirekter Zugriff (Speicherplätze einer Magnettrommel)
quasi-random model Modell mit Quasi-Zufallsverteilung
quasi-random sampling zufallsähnliches Stichprobenverfahren
quasi-scalar matrix quasiskalare Matrix
quasi-skew field Quasischiefkörper
quasi-stabilization Quasistabilisierung
quasi-stable quasistabil
quasi-static quasistatisch
quasi-static temperature quasistabile Temperatur
quasi-stationary front quasistationäre Front
quasi-stellar object (QSO) quasistellares Objekt
quasi-stellar radio sources (quasar) quasistellare Radioquelle (Quasar)
quasi-stellar radio waves quasistellare Radiowellen
quaternary alloy quaternäre Legierung (aus vier Grundbestandteilen)
quaternary fission quaternäre Spaltung, Vierachtelspaltung (Atomphysik)
quaternary frequency modulation quaternäre Frequenzmodulation
quaternary notation quaternäre Schreibweise
quaternary signalling Kombination von vier direkten Zuständen
quaternary steel Quaternärstahl
Quaternion integration scheme Quaternionenverfahren (Flugsimulatorsystem)
quay bulkhead Kaimauer
quay shed Kaischuppen
quay wall or edge Kaieinfassung, Kaimauer
quench age hardening Abschreckalterung
quench aging Abschreckalterung
quench circuit Löschkreis, Löschschaltung
quench cracking Härteriß
quench gas Löschgas
quench hardening (das) Abschreckhärten
quench oscillator Pendelgenerator
quench pulse Löschimpuls
quench oscillation Unterdrückungsschwingung
quench pulse Löschimpuls
quench, to lösen (einer Schmelze), abschrecken (Härtung), abbrausen
quenchant Abschreckflüssigkeit
quenched abgeschreckt
quenched-gap transmitter Löschfunksender
quenched spark Löschfunke
quenched-spark gap Löschfunkenstrecke
quenched-spark resistance value Funkenlösch-Widerstandswert
quencher Löschkessel (Schmelzen)
quenching Abschrecken, Abschreckung (Stahl)
quenching agent Löschmittel
quenching bath Abschreckbad
quenching choke Löschdrossel
quenching circuit Löschkreis, Löschschaltung
quenching coil Löschspule
quenching crack Härteriß
quenching frequency Hilfsfrequenz, Pendelfrequenz
quenching medium Abschreckmittel
quenching of fluorescence Fluoreszenzunterdrückung
quenching of the arc Lichtbogenlöschung
quenching oscillator Pendelfrequenzoszillator
quenching tank Abschreckbottich
quenching unit Löschschaltung
query Frage, Abfragen, Anfrage, Rechercheauftrag, Stationsaufforderung (EDV)
query/reply system Frage/Antwortsystem
query, to abfragen (Speicher)(EDV)
question length Stellenauswahl
questioning Abfragung
queue in Warteschlange einreihen
queue, input Eingabewarteschlange
queue, job Auftragswarteschlange
queue management Warteschlangenwartung
queue organization Warteschlangenorganisation
queue organization for data blocks Warteschlangenorganisation für Datenblöcke
queue, program Programmwarteschlange
queue start and end list Start- u. Endeadreßliste der E/A-Warteschlange
queue, to cancel an output eine Ausgabewarteschlange auflösen
queue, waiting...element Warteschlangenelement
queue, waiting...maintenance Warteschlangenverwaltung
queued access method erweiterte Zugriffsmethode
queueing circuit Warteschaltung
queueing condition Wartesituation
queueing field Wartebereich
queueing panel Wartefeld
queueing principle Wartezeitprinzip
queueing theory Bedienungstheorie, Theorie der Massenbedienung, Warteschlangentheorie
quibinary code Quibinärcode (dv)
quick-access door Schnellverschlußabdeckung
quick-access doors to avionics at chest level Schnellverschlußabdeckung in Brusthöhe (Avionik)
quick access recorder Schnellzugriffsaufzeichner
quick-access storage Schnellspeicher, Speicher mit schnellem Zugriff, Schnellzugriffsspeicher
quick-acting brake Schnellbremse
quick-acting engagement Schnelleinrückung
quick-acting fuse flinke Sicherung
quick-acting regulator Eilregler
quick-acting screw vise Schnellspannschraub-

stock
quick-acting triple valve (rail) schnellwirkendes Steuerventil
quick-action schnellreagierend
quick-action adjustment Schnellverstellung (Regeltechnik)
quick-action and release schnelles Ein- u. Ausschalten
quick-action chuck Schnellspannfutter
quick-action circuit-breaker Schnellausschalter
quick-action cup Kugelschnellverschluß
quick-action engine stopping device Vorrichtung zur schnellen Abstellung des Motors
quick-action stop valve Schnellschlußventil
quick-action switch Momentschalter
quick adjustment buckle Gurtschnellschieber (Fsch)
quick approach Anlauf (Werkzeugschlittenspindel)
quick break Momentunterbrecher
quick break cut-out Momentschalter, Schnellschalter
quick break fuse Hochleistungssicherung, Schnellsicherung
quick break switch Momentschalter, Schnappschalter, Schnellschalter
quick-change attachment (machine tool) Schnellwechseleinrichtung
quick-change barrel Schnellwechselrohr
quick-change chuck Schnellwechselfutter
quick-change electronic warfare kit (electronic warfare system) ELOKA-Schnellwechselsatz
quick change gear (mechanism) Norton-Getriebe
quick-change gear box Schnellwechselgetriebe, Schnellwechselräderkasten, Stufenräderkasten
quick-change gear drive Norton-Antrieb
quick-change gear feed Schnellwechselrädervorschub
quick charge Schnelladung
quick check Schnellkontrolle
quick check of the controls rasches Durchprobieren der Flugsteuerung
quick clay Fließton, Quickton
quick connector type parachute Einklinkfallschirm
quick-coupling Schnellkupplung für Rohre
quick-curing schnellhärtend
quick-curing moulding compound (E) Schnellpreßmaschine (pla)
quick-dead-beat instrument schnell zur Ruhe kommendes Meßgerät
quick disconnect Schnelltrennkupplung, Spannverschluß
quick disconnecting plug Schnelltrennkupplung
quick disconnecting pushrod Schnelltrennschubstange
quick-disconnection fitting (cables) Schnelltrennspannschloß
quick distributor valve (rail) schnellwirkendes Steuerventil
quick-drying schnelltrocknend
quick-elevating motion (machine tool) Schnellhubvorrichtung
quick engine change unit Schnellwechseltriebwerk (av)
quick-errection mechanism Schnellaufrichtmechanismus
quick feathering propeller Luftschraube mit Schnellverstellung (in Segelstellung)
quick-firing gun Schnellfeuerkanone, Schnellladekanone
quick-fixing device Schnellbefestigung
quick-flashing light Funkelfeuer
quick float Fließ-, Schwimm-, Treib-, Triebsand
quick fuse Augenblickzünder
quick get-away rasche Beschleunigung
quick-immersion thermocouple schnellanzeigendes Tauchthermoelement
quick-index Gruppeninhaltsverzeichnis
quick-levelling head Schnellhorizontieraufsatz
quick-lime gebrannter od. ungelöschter Kalk
quick locking pin Schnellverriegelung für Stecker
quick make-and-break Schnellunterbrecher
quick motion Schnellgang (Werkzeugmaschine), Zeitraffer (Optik)
quick-motion position Eilgangsstellung
quick-motion screw Grobeinstellschraube
quick opening adapter (for bomb cluster) schnellöffnendes Bombenbündelgerät
quick opening band Hinhalteband (Fsch)
quick opening side hatch schnell zu öffnende Seitenluke
quick-reaction alert cell (QRA) Schnellstartbereich
quick release assembly Zentralverschluß (Fsch)
quick release attachment Schnelltrennkupplung (Fsch)
quick release body Zentralschloßgehäuse (Fsch)
quick release box Zentralschloß (Fsch), Schnellauslösezentralschloß (Fsch)
quick-release buckle Schnelltrennschloß (Schlauchboot/Schwimmwesten)
quick release cable Auslöseseil
quick release connection Schnelltrennstelle
quick-release fastener Reiß-, Schnellverschluß
quick-release lever Schnellauslösehebel
quick release of fuel Kraftstoffschnellablaß
quick-release taper for milling machine arbor Schnellwechselkegel (Steilkegel) für Fräsmaschinendorn
quick release type nylon harness assembly Nylongurtzeug mit Zentralschloß (Fsch)
quick-release valve Schnellauslaßventil
quick-return mit schnellem Rückgang, Eilrückstellung
quick-return gearing (rail) Schnellumkehrgetriebe
quick-return lever Hebel für schnellen Rückgang
quick return traverse Eilrückgang, Eilrücklauf, Schnellrücklauf
quick reverse Eilrücklauf (w)
quick-run filter Schnellfilter
quick sand Fließ-, Schwimm-, Treib-, Triebsand
quick scan Schnellsuch...
quick search schneller Aufklärungsfächer
quick setting cement Schnellbindezement
quick snap connector Karabinerhaken

quick solder Schnellot
quick-starting device Schnellstartvorrichtung (Motor)
quick-stop device Schnellbremse (mechanisch)
quick sweep scharfe Rundung
quick throw-over switch Schnellumschalter
quick wave changing Schnellbereich(s)wechsel
quicken up beschleunigen
quicksilver mine Quecksilbergrube
quicksilver ore Quecksilbererz
quienting method Verfahren zur Geräuschdämpfung
quientness Laufruhe eines Motors, Ruhe, Stille
quiescent air gap Ruheluftspalt
quiescent anode current Anodenruhestrom
quiescent carrier modulation Modulation mit Trägerunterdrückung in den Pausen
quiescent carrier telephony Trägertelephonieverfahren mit Trägerunterdrückung in den Gesprächspausen
quiescent condition Ruhearbeitspunkt, Ruhezustand
quiescent d-c plate current Ruhestrom (Voltmeter)
quiescent period Ruhezeit (Impulsaustrahlung)
quiescent point Ruhepunkt, Ruhezustand, statischer Arbeitspunkt
quiescent push-pull Gegentaktschaltung ohne Ruhestrom
quiescent state Ruhearbeitspunkt, Ruhezustand (Flip-Flop)
quiescent-state bit Ruhezustandsbit
quiescent valve (elektronischer) Leerlaufwert, Ruhewert (einer Röhre)
quiet beruhigen, besänftigen, dämpfen (Geräusche, usw.) geräuschlos, ruhig, still
quiet nacelle lärmgedämpfte Triebwerkgondel
quiet nacelle set, installed installierte Schalldämpfergondel (Twk)
"quiet zone" within measurements störstrahlungsfreies Meßvolumen (av)
quietized cabines schalldämmender Schrank
quill Büschel, Federkiel, Federpose, Pinole, Hülse (Fräsmaschine), Spule, Wellenstück
quill-adjustable durch Pinole verstellbar
quill bearing Hohlwellenlager
quill drive Hohlwellenantrieb (bei E-Lok)
quill drive motor Motor mit Hohlwelle
quill feather Hohlfeder, Kielfeder
quill-gear drive Federtopfantrieb
quill shaft Drehstab, Hohlwelle, Radialwelle
quilting kaschiert (mit gleichzeitiger steppdeckenartiger Verschweißung)(pla)
quinhydrone electrode Chinhydron-Elektrode
quinhydron half-cell Chinhydron-Halbzelle
quinocaline Chinoxalin
quinolinic acid Chinolinsäure
quintuple harmonics fünffache Harmonische
quintuple launcher Fünflingswerfer
quit einen Ort verlassen, eine Stellung aufgeben
quitch-operating clutch Schnellschaltkupplung
quite or noiseless running ruhiger Gang
quite simple tor separate the plastic stripping medium from the paint debris and use it again einfache Wiederaufbereitung und Wiederverwendung des Strahlmittles
(Lackierung)
quivering Beben, Dröhnen
quoin Keil
quota Kontingent, Quote
quota of flying hours Flugstundenkredit
quota system Kontingentierung
quotation Angebot
quotation mark Anführungsstrich, Anführungszeichen (COBOL)
quote Anführungszeichen, Notierung
quote, to anführen, berechnen
quotient Quotient
quotient, differential Differentialquotient
quotient expansion Division mit erweiterten Quotienten
quotient register Quotientenregister
quotient relay Quotientenrelais
quotient start Beginn der Quotientenbildung
Q-value Q-Güte, Q-Wert

R

R (red) R (Rot)
R resolver synchro
R...(restricted area)(followed by identification) R...(Flugbeschränkungsgebiet)(folgt nähere Bezeichnung)
R (right)(runway identification) R (Rechts) (Start- u. Landebahnbezeichnung)
R dual amplifier Entfernungsverstärker
R.A.E.-porosity instrument R.A.E.-Luftdurchlässigkeitsmesser
RA range light
RA (rain) RA (Regen)
RA extent Großspeicherbereich
rabbed plane Falzhobel, Simshobel
rabbet Falz, Nut
rabbit Rohrpostbüchse, zur Aufnahme von Bestrahlungsproben
rabbit hole Rohrpostkanal
rabble out, to herauskratzen
RAC (random access controller)
RAC (rules of the air and air traffic services) RAC (Luftverkehrsregeln u. Flugverkehrsdienste)
RAC section receiving and classification section
Racal Decca RNVA Racal-Decca (Hubschraubernavigation)(av)
Racal Decca RNVA system is a full autopilot Racal-Decca RNVA-System ist eine komplette Flugregelanlage
race Wettfahrt, Wettrennen, Laufring eines Wälzlagers
race rotation Luftschraubenstrahldrehung
race rotation of a propeller Drehung einer Luftschraube
race the engine, to den Motor auf hohe Drehzahl bringen
race track holding pattern rennbahnförmige Warterunde
race-track molding pattern rennbahnförmige Warterunde
race-track molding procedure Rennbahnwarteverfahren
race-way Laufring eines Wälzlagers
racemate optisch inaktiver Quarz

racemic quartz optisch inaktiver Quarz
racemization optische Quarzinaktivierung
raceway Kabelleiste, Kabelrost, Führungsschiene
racing car shock absorber querstabilisierter Rennwagenstoßdämpfer
racing competition Geschwindigkeitsprüfung
racing plane Rennflugzeug
rack Bandsproße, Gerüst, Gestell, Halbschrank, Kabelrost, Kehrrad, Rahmen, Stellage, Zahnstange
rack-and-panel construction Gestellaufbau
rack-and-panel type connector Steckkontaktleiste
rack-and-pinion Zahnstangentrieb
rack-and-pinion cross movement (A) Querbewegung durch Zahnstange und Ritzel
rack-and-pinion drive Zahnstangen(an)trieb
rack-and-pinion gear Zahnstangengetriebe
rack-and-pinion processing Rahmenentwicklung
rack, card Kartenbett, Kartenkasten, Sortierregal
rack development Rahmenentwicklung
rack, luggage Gepäcknetz
rack milling Fräsen von Zahnstangen
rack mode Gestellbauweise (v. Geräten)
rack-mount Gestelleinschub
rack-mounting kit Bausatz zum Einschub des Geräts in ein Gestell, Gestelleinschubbausatz
rack-mounting model Gestelleinschub
rack-negative Rahmennegativ
rack pinion Zahnstangentriebrad
rack plate Rückwand
rack plunger tool (time relay unit) Spannschlüssel (Auslösezeitwerk)
rack-printer Typenstangendrucker
rack room Betriebsraum
rack row Gestellreihe
rack section Rahmeneinheit, Rahmenteil
rack shelving Fächergestell
rack, single-row einzeiliger Rahmen
rack stick Schnürleiste
rack tester Gerätesatztester
rack tool Kammstahl
rack-type core oven Kerntrockenofen mit ausziehbarer Trockenzelle
rack-type jack Zahnstangengewinde
rack-type printer Typenstangendrucker
racked drill pipe im Turm stehendes Bohrgestänge
racking apparatus Abfüllvorrichtung
racking cut (brewing) Abfülldarmschlauch
racking or bottling plant (brewing) Abfüllanlage
racks in the cabin hold signal and image processing Module für Signal- und Bildverarbeitung (Bordcomputer)
RACON Radarbake, RACON, Radarabfragefunkfeuer
radar Funkmeßgerät, Funkmeßtechnik, Funkmessung, Radar(gerät)
radar ability to detect and track air launched and sea-launched cruise missiles Ortungs- und Verfolgungspotential des Systems gegen luft- u. seegestützte MFK
radar-absorbent material (RAM) radarschluckender Werkstoff (RAM)
radar absorbing material Radarabsorptionsmaterial
radar absorbing nose cone radarabsorbierende Bugverkleidung
radar advisory Radarhindernis
radar aircraft altitude calculator Radarhöhenrechengerät, -rechner
radar air traffic control FS-Radarkontrolle, Radar-Flugsicherungsdienst
radar air traffic control facility FS-Radarkontrolleinrichtung (milit)
radar air traffic control procedure FS-Radarkontrollverfahren (milit)
radar air traffic service Radar-Flugkontrolldienst
radar altimeter Radarhöhenmesser
radar antenna Radarantenne
radar antijamming Maßnahmen gegen Radarstörung (elektronische Kampfführung) (ELOKA)
radar approach Radaranflug
radar-approach control Radar-Anflugkontrolle
radar-approach control center Anflugkontrollzentrum
radar-approach control service Radaranflugkontrolldienst
radar-approach log Radaranflugbericht (Formblatt)
radar-approach procedure Radaranflugverfahren, Radarkontrollverfahren
radar assistance Radarunterstützung
radar-assisted take-off Start mit Radarhilfe
radar astronomy Radarastronomie
radar ATC unit FS-Radarkontrollstelle
radar attenuation Radarsignaldämpfung
radar band Radarband
radar beacon Radar-Antwortsender, Radarbake, Radar-Funkfeuer, Radar-Wiederholerbake, Radarabfragefunkfeuer, RACON
radar beam Radar(abtast)strahl
radar beam pattern Radarrichtdiagramm, Radarstrahlungsdiagramm
radar blip Radarechoanzeige, (Radar)zacke
radar bomb scoring (RMS) Radartreffpunktermittlung (simulierter Bombenwurf)
radar bright (light) display equipment Radarhellanzeigegerät
radar burster Radarknacker
radar calibration Radareichung
radar camouflage Radartarnung
radar cancellation speed Blindgeschwindigkeit (milit)
radar cell Radarraumelement
radar chain Radarkette
radar check point Radarmeldepunkt (Flugsicherung), Radarnavigationshilfspunkt
radar confusion reflector Verwirrungsreflektor
radar console Radarkonsole
radar contact Radarkontakt, Radarerfassung (milit)
radar control Radarkontrolle (FS)
radar control and direction Radarkontrolle u. Radarführung
radar control area Radarkontrollbereich (Flugsicherung)
radar control procedure Radarkontrollverfahren
radar control station Wachleitstelle

radar control unit Radarkontrollstelle (allgem), Radarbediengerät
radar-controlled radarkontrolliert (FS)
radar-controlled approach plant (G.C.A.) Radar-Blindlandeanlage
radar controller Radarkontrolleiter (milit), Radarleiter, Radarlotse, Radarkontroller (Oe), Radarverkehrsleiter
radar controller's position of operation Radarflugverkehrsleiterplatz
radar cooling blower relay Schaltrelais des Radarkühlgebläses
radar counter-countermeasures Radarschutzmaßnahmen
radar countermeasures (RCM) Radargegenmaßnahmen
radar coverage Radarbereich, Radarerfassungsbereich, Radarüberdeckungsbereich
radar-cross-section Radarechoquerschnittsfläche, Rückstrahlquerschnitt, äquivalente Echofläche, Radarrückstrahlfläche
radar cross-section and scatterer identification measurement äquivalente Radarrückstrahlfläche (Radarquerschnitt)
radar cross-section, bistatic "bistatischer" Radarquerschnitt (radar absorbent material)
radar cross-section, low niedriger Radarquerschnitt
radar cross-section measuring range Radarstrahlcharakteristik, Testanlage zur Vermessung der äquivalenten Radarrückstrahlfläche (Stealth)
radar cross-section to be obtained verzugslose Vermessung des Radarquerschnitts
radar data Radarangabe, Radarinformation, Radardaten
radar data extractor Radardatenextraktor
radar data filtering Radardatenfilterung
radar data handling Radardatenübertragung
radar data processing Radardatenverarbeitungsmittel, Aufbereitung der Radardaten
radar data processor Radardatenprozessor
radar deception Radartäuschung
radar decoy Radarlockziel, Radartäuschreflektor, Radartäuschziel
radar departure clearance Radarflugfreigabe
radar-derived information Radarinformation
radar detectibility Erfassungsmöglichkeit mittels Radar
radar digit Radar-Digitalisierung
radar-directed radargeführt (FS)
radar dish Parabolreflektor für Radargerät
radar display Radarschirm(bild), Radarbildschirm, Radarsichtanzeige, Radarsichtgerät
radar display, afterglow on a raw Nachleuchten am Radarrohdatenbildschirm
radar display drum Radardatenspeichertrommel
radar display panel Radarschirm
radar display room Funkmeßkoppelraum
radar distribution switchboard Radarsignalverteilertafel
radar, downward looking nach unten gerichtete Radarkeule
radar drift Radarabtrift
radar duct Wellenleiter im Radarbereich, Radarbereichswellenleiter
radar echo Radarecho
radar-echo filled projectile Doppelgeschoß
radar echo return Radarechorücklauf
radar, electronically agile elektronisch agiles Radargerät
radar, electrostatics elektrostatisches Radarfeld
radar elevation error Radarhöhenwinkelfehler
radar emanation Radarausstrahlung, Radaremanation
radar engineering Radartechnik
radar equipment, electronics elektronische Funkmeßausrüstung
radar equipment or unit Radarausrüstung, Radareinheit, Radargerät
radar equipment pressurization system Druckbelüftungsanlage des Radargeräts
radar equation Radargleichung
radar evasion Ausweisen vor Radar
radar extends on tracks Radar auf Schienen ausziehbar
radar extractor Radarextraktor
radar facility Radareinrichtung
radar failure Ausfall des Radargeräts (FS)
radar fix Radarstandort
radar flight following Radarflugwegverfolgung (milit)
radar flight pattern Radarflugfigur
radar flips Radarechozacken
radar for typical helicopter roles and functions hubschrauberspezifisches Radargerät (Radardatenprozessor)
radar frequency Ortungsfrequenz
radar glide path Radargleitweg
radar glider position system Radarverfahren für Segelflieger
radar graphics unit grafisches Radargerät
radar guidance Radarlenkanlage
radar guidance system Radar-Lenksystem
radar-guided radargelenkt
radar-guided missile radargelenkter Flugkörper
radar-guided track Radarleitweg (Seefahrt), Radarlinie (Seefahrt)
radar gun-laying equipment Radarzielgerät
radar hand-off Radarübergabe (FS)
radar head selector Radarkopfwähler
radar height-finder Radarhöhenmeßgerät
radar high-altitude wind observation Radarhöhenwindmessung
radar-homer Radarzielfluggerät
radar-homing radargesteuert
radar-homing guidance gelenkter Radarzielflug
radar homing head, semi-active halbaktiver Radarzielsuchkopf
radar horn Radarhorn
radar-identified radaridentifiziert
radar identification Radarerkennung, Radar-Stationserkennung
radar identification equipment Radarerkennungsgerät
radar image(ry) or picture Radarbild
radar imagery for resource exploration Prospektionsradar
radar indicator Radaranzeigegerät, Radarbildschirm
radar indicator panel Sichtgerätbedienfeld
radar indicator power supply Radar-Stromzuführungsanzeiger

radar information Radarmeldung
radar information centre Funkmeßkoppelraum
radar intelligence Radarnachrichtendienst
radar intelligence collation section Radarleitstelle
radar interception Radarerfassung (elektronische Kampfführung)(ELOKA)
radar interference Radarstörung
radar interference technique Radareinblendverfahren
radar inverter Radarumkehrer
radar jammer Radarstörer
radar jammer station Funkmeßstörsender, Radarstörsender, Radarstörung (ELOKA)
radar landspace scanner Panoramagerät, Suchradar
radar link Radarnetz, Radarbildübertragungsstrecke
radar location Radarzielansprache
radar locator Radarortungsempfänger
radar loop mile Radarmeile
radar manual-control Radarhandsteuerung
radar map Elektronenkarte, Radarkarte
radar mapping of areas Radarprospektion für Gebiete
radar marker float Radarboje
radar measurement system Radarvermessungsstation (Bodenstation)
radar mechanic Radargerätemechaniker
radar meteorology Radarmeteorologie
radar mode transfer relay Radarumschaltrelais
radar modulator Radarmodulator
radar-monitored radarüberwacht (FS)
radar monitoring Radarüberwachung
radar mosaic (aero) Radarmosaik
radar navigation Radarnavigation
radar navigational pilot Radarleitfeuer
radar nose cooling fan Radarnasenkühlgebläse
radar nose package Bugradarbaugruppe
radar not functioning properly Radar arbeitet nicht einwandfrei
radar observation Radarbeobachtung
radar on target indicator light Zielerfassungsanzeigeleuchte
radar operator Meßmann, Radarbediener, Radaroperator
radar operator's seat Sitz des Radaroperators
radar optics Radaroptik
radar oscilloscope Radaroszilloskop
radar out of commission for parts Radar wegen fehlender Teile nicht einsatzbereit
radar-out switch Zielaufgabeschalter
radar output Radarausgangssignal
radar outswitch Zielausgabeschalter
radar paint Radarabsorptionsanstrich
radar pattern Radarflugweg
radar performance Radarleistung, Radarprüfwert
radar picket bewegliche vorgeschobene Radarstation, Radarpicket
radar picket ship Radarvorpostenboot
radar picket station Radarbeobachtungsstation
radar pick-up horn Hornantenne
radar picture Radarbild
radar pilotage Radarsichtnavigation
radar pilotage equipment Radarnavigationsgerät
radar planning device Radarerfassungsmodell
radar plot Flugwegaufzeichnung (Radar), Radarplott
radar plot extractor Radarplottextraktor
radar plotter Radarkoppeltisch
radar plotting (area) Flugwegzeichen
radar plotting computer Radarschaubildrechner
radar plotting equipment Flugbahnvermessungsradar
radar pod Radarbehälter
radar pointing Radarseiten- u. Höhenwinkelmessung
radar pointing command Radarrichtkommando
radar position Radarstandort (durch Radar bestimmter Standort)
radar position report Radarstandortmeldung
radar positioning for approach Radarführung zum Anflug
radar power circuit breaker Radarselbstschalter, Radarstromversorgung, Schutzschalter
radar prediction Radarbildvorhersage
radar prediction transparency Radarvorhersage-Auflagefolge
radar predictor Schirmbildaufzeichner
radar prepulse Radarvorimpuls
radar presentation Radarschirmbilddarstellung
radar presentation restitutor Radarbildentzerrer
radar pressure equipment Radardruckgebläse
radar probing Radarsondierung
radar processor Radardatenverarbeitungsgerät
radar profile Radarprofil
radar pulse repeater Radarwiederholer
radar range Radarentfernung, Radarreichweite, Reichweite eines Radargeräts od. Funkmeßgeräts
radar range-calibrator Radarentfernungsmeßsender
radar range circle Radarentfernungskreis
radar range data Radar-E-Meßwerte
radar range equation Radarreichweitengleichung
radar range octagon Radarbereichsachteck
radar range servo gear box Radarbereich-Servo-Getriebegehäuse
radar range signal Radarentfernungssignal
radar range spur Radarerfassungsbereich
radar range sweep Radar-E-Meßablenkung
radar range sweep control Entfernungsbereichsschalter, Radarsuchbereichseinsteller
radar ranging Radarentfernungsmessung
radar ranging antenna Radarantenne (APG30)
radar ranging equipment E-Meßradar, Entfernungsmeßradar(gerät)
radar ranging set E-Meßradar, Entfernungsmeßradar(gerät)
radar rating Radarberichtigung
radar receiver Radarempfänger
radar receiver noise figure Rauschfaktor des Radarempfängers
radar receiver transmitter Radar-Empfänger-sender
radar recognition Radarerkennung
radar recognition equipment Funkmeßerkennungsgerät, Radarerkennungsgerät
radar reconnaissance Radaraufklärung
radar recording camera Radarbildkamera, Radarbildregistrierkamera

radar reference position Radarbezugsposition
radar reflectant and anti-static coating integrierte Radarschutzbeschichtung, Beschichtung zur Verhinderung der statischen Aufladung
radar reflecting area Radarreflexionsquerschnitt
radar-reflecting chaff Düppel, Radarstörfolie
radar reflection interval Radarimpulslaufzeit
radar reflective signal radarreflektierendes Signal
radar reflectivity Radarreflexionsvermögen, Radarrückstrahlcharakteristik
radar reflector Radarreflektor, Rückstrahler
radar reflector (dan)buoy Radarreflektorboje
radar relay Radarbildübertragung
radar relay system Radar-Übertragungssystem
radar repeater Tochtersichtgerät
radar replier Radarimpulswiederholer
radar responder beacon Radarantwortbake
radar response Radarantwort
radar return Radarecho, Radarinformation
radar return code Radarechoschlüssel
radar return echo Radarzielecho
radar return pattern Radarechobild
radar ringing Radarentfernungsmessung
radar room Funkmeßraum, Radarraum
radar scan Radarabtaststrahlrichtung, Radarabtastung, Radarlenkung
radar scan coverage Radarabtastbereich
radar scan limit Radarabtastgrenze
radar scan pattern Radarabtastschema
radar scanner Radarabtaster, Radarantenne
radar scanning Radarabtastung
radar scope afterglow Nachleuchten des Radarschirmbildes
radar screen Radar(bild)schirm
radar screen display Radarschirmbilddarstellung
radar screen picture Radarschirmbild
radar screen watching Radarschirmbeobachtung
radar screening Strahlungshindernis
radar search Radardetektion
radar search and direction finder installation Radar-Peilanlage
radar search equipment Radarbeobachtungsgerät
radar search head Radarsuchkopf
radar search pulse Radarsuchimpuls
radar search with elevation deadman control Radarsuchbetrieb mit Höhensteuerung von Hand
radar search with elevation sector scan Radarsuchbetrieb mit automatischer Höhensektorabtastung
radar scope Radarbildschirm, Radarsichtgerät
radar scope photograph Schirmbildphoto
radar selector switch Radarwahlschalter
radar self-screening range Maskierungsgrenze (Radar), Maskierungsreichweite (Radar)
radar sensor Radarsensor
radar sensor applicable to space rendezvous and docking manoeuvres kombiniertes Zielerfassungs- u. Verfolgungsradar (CAT-Radar), das für Rendezvous- u. Kopplungsmanöver im Weltraum verwendet wird
radar separation Radarstaffelung
radar separation minima Radarmindeststaffelung
radar set Radargerät
radar set control Radarbediengerät
radar set group Radargerätesatz
radar shack (nike) Radarhütte
radar shadow Radarschatten
radar shadowing Radarabschattung
radar signal processing option Steigerung der Signalverarbeitungskapazität
radar signal sampler Radarsignalwertausmusterung
radar signal simulator Radarsignalsimulator
radar signals, horizontally polarised horizontal polarisierte Radarwellen (SAR)
radar signature Radarcharakteristik
radar silence Radarsendeverbot (milit)
radar simulation Radarsimulierung, simuliertes Radarschirmbild
radar siting Erkundung einer Radarstellung
radar sonde Radarsonde
radar sounding Radarsondenmessung, Radarsondierung
radar spike Impulsspitze, Impulszacke im Radar
radar speed meter Radargeschwindigkeitsmesser
radar spot Radarpunkt
radar spotting Aufschlagbeobachtung mit Radar
radar station Funkmeßstation, Radarüberwachungsstation
radar storm detection Radarunwettererfassung
radar storm tracker Radarsturmaufspürer
radar surface range Radaroberflächenreichweite
radar surveillance Radarleitdienst, Radarüberwachung
radar surveillance network Radarüberwachungsnetz
radar-sweep pedestal Entfernungsmeßbasissockelimpuls
radar system, passive bistatic passiver bistatischer Radarempfänger
radar system sensitivity Empfindlichkeit einer Radaranlage
radar target Radarobjekt, Radarortungsziel
radar target buoy Zieltonne mit Radarreflektor (Seefahrt)
radar target data Radarzielangaben
radar target plate Radarzielplatte
radar target position simulator Radarzielsimulator
radar target simulator Radarzielsimulator
radar telemetering system Radarfernmeßsystem
radar television and navigation (RATAN) Radar- Fernseh- u. Navigationssystem
radar test mast Radarprüfmast
radar test scope Radarprüfoszilloskop, Radarprüfschirm
radar test set Radarprüfgerät
radar test signal Radarprüfsignal
radar theodolite Radartheodolit
radar threat Radarbedrohung
radar tower Radarturm
radar trace Radarbildspur
radar track Radarbildspur, Radarflugweg
radar track breaker Störsender gegen

Zielverfolgungsradar
radar track position (computer extrapolation) Radarflugwegstandort
radar tracker Zielverfolgungsradargerät
radar tracking equipment Radarverfolgungsausrüstung
radar tracking information Radarverfolgungsdaten
radar tracking station Verfolgungsradarstelle, Zielverfolgungsstation (RTS)
radar traffic Radarverkehr
radar traffic information Radarverkehrsinformation
radar trailer Radaranhänger
radar trainer Radarübungsgerät
radar training set Radarausbildungssatz
radar trajectory measurement Radarvermessung der Flugbahn
radar transfer Radarübergabe
radar transmitter/receiver Radarsender/Empfänger
radar transmitter unit Radarsender
radar transparent material radardurchlässiger Werkstoff
radar transponder Radarantwortsender
radar transverse error Radarseitenwinkelfehler
radar trigger pulse Radarauslöseimpuls
radar tuning Radarabstimmung
radar TV-transformer Radar-Fernsehübertrager
radar unit Radaranlage, Radarstelle
radar uses multiple pencil beams and pulse compression to give high accuracy and long range Radar arbeitet mit Impulskompression und scharfgebündelten Mehrfachkeulen, um hohe Ortungsgenauigkeit mit großer Reichweite zu verbinden (Stril air defence)
radar van Radargeräteaufbau (auf Kfz), Radarwagen
radar vector Radarvektor
radar-vectored radargeführt
radar vectoring Radarführung
radar vertical gyro Radarvertikalkreisel
radar video Radarvideo(signal)
radar visibility Radarsicht
radar visualisation device Radardauerstellungsgerät
radar warning installation Radarflugmeldungsanlage, Radarflugmeldeeinrichtung
radar warning net Radarüberwachungsnetz
radar warning receiver Radarwarnempfänger
radar warning simulator Radarwarnsimulator
radar-wave, high-frequency hochfrequente Radarwelle
radar waypoint radargestützter Wegpunkt
radar weapon locator Artillerieradar(gerät)
radar weather Radarwetter
radar weather equation Radarwettergleichung
radar weather report (equipment) Radar-Wettermeldung(sausrüstung)
radar weather report no echoes observed bei Radarwettermeldung keine Echos beobachtet
radar weather report observation taken keine Beobachtung für Radarwettermeldung gemacht
radar wind observation Radarwindbeobachtung, Radarwindmessung (meteo)
radar wind system Radarhöhenwindmeßsystem
radar window Radarfenster
radar winds-aloft observation (RAWINS) Radarhöhenwindbeobachtungen
radar with effective burn-through capability Radar hoher Durchschlagsfähigkeit
radar with ferrite phase-shifter Radar mit passivem Phasenschieber auf Ferritbasis
radarman Radarbedienungsmann
radar's concical field konische Radarkeule
radarscope Radarbildschirm
radarscope camera Radarbildkamera, Radarschirmbildkamera
radarscope illustration Radarschirmbilddarstellung
radarscope illustration, simulation simulierte Radarschirmbilddarstellung
radarscope interpretation Radarschirmbildinterpretation
radarscope overlay Radarbilddeckpause
radarscope photo(graphy) Radarschirmbildaufnahme, Radarschirmbildphoto
radarsonde Radarhöhenwindmeßsystem
radiac calculator Radiacrechenschieber
radiac dosimeter Strahlendosimeter, Strahlenmeßgerät
radiac equipment Verstrahlungsmeßausrüstung, Strahlenspür- u.Meßgerät
radiac instrument Radiacgerät, Radiacinstrument, Strahlenspür- u. Meßgerät
radiac meter Radiacmeter (amerik. Strahlungsmeßgerät)
radiac monitoring Strahlenüberwachung
radiac reading Dosisleistung, Strahlenmeßwert
radiac set Dosisleistungsmeßgerät, Verstrahlungsmeßgerät (Truppe)
radiac sonde Radiacsonde
radiac telemetering system Radiacfernmeßanlage
radial Kurzstrahl, Radialstrahl, Radialstandlinie (nav), Radialtäfelchen, radförmig, sternförmig
radial acceleration Radialbeschleunigung
radial acceleration stress Radialbeschleunigungsstreß
radial adjustment Radialeinstellung
radial approach Radialanflug (TACAN)
radial arm schwenkbarer Arm
radial asymptotic line radiale Asymptotenstandlinie
radial axle-box housing Radialachslagergehäuse
radial axle pin (rail) Lenkachswelle
radial ball bearing Radialkugellager
radial beam tube Radialbündelröhre, Radialstrahlröhre
radial bearing Querlager
radial blade Radialschaufel (Turbine, Verdichter)
radial-bladed impeller Radialrad (Turbine, Verdichter)
radial boring machine Auslegerbohrmaschine, Radialbohrmaschine, Schwenkbohrmaschine
radial burning Radialabbrand (Raketenmotor)
radial burning motor Radialbrenner

radial burning pulse motor radial abbrennendes Impulstriebwerk
radial center Radialzentrum
radial-chart recorder Kreisdiagrammschreiber, Polarkoordinatenschreiber, Scheiberegistriergerät (dv)
radial clearance Seitenfreiwinkel, Spaltweite (radiales Spiel), Radialluft, Schneckenspindel
radial clearance of the position ring Kolbenringspiel
radial clutch bearing Kupplungsdrucklager
radial communication Sternverkehr
radial commutator Flachbahnkollektor
radial component Radialkomponente
radial component (of the closing velocity) radiale Komponente (der Annäherungsgeschwindigkeit)
radial component of cutting force Abdrängkraft
radial composite error (gear) Zweiflankenwälzabweichung
radial compressor Radialgebläse
radial copper radial angebrachter Kupferverstauchzylinder
radial crossing fix durch kreuzende Radialstandlinien gebildeter Festpunkt (nav)
radial cut (or section) Radialschnitt
radial cylinder supercharger or compressor (aero) Kreiskolbengebläse (zum Aufladen)
radial diffuser Ringraum (radialer Turboverdichter)
radial displacement radiale Verzeichnung (Photogrammetrie)
radial distortion radiale od. rotationssymmetrische Verzeichnung (Optik)
radial drill press Radialbohrmaschine
radial drilling machine Auslegerbohrmaschine, Schwenkbohrmaschine, Radialbohrmaschine
radial drive Radialantrieb
radial drive shaft Radialantriebswelle, Radialwelle (Twk)
radial drive support Schneckenradantriebsträger (Twk)
radial end axle kurvenbewegliche Hinterachse
radial-end measuring rod Kugelendmaß
radial engine Radialmotor, Sternmotor, Sterntriebwerk
radial engine cylinder Zylinder für Sternmotor
radial engine serration Radialmotorverzahnung, Sternmotorverzahnung
radial error Radialfehler
radial error of position radialer Lagefehler (nav)
radial expansion radiale Ausdehnung, Radialausdehnung
radial feeder electric power distribution system Strahlennetz
radial flexibility Fächerung
radial flow centrifugal pump Radialkreiselpumpe
radial flow compressor Radialverdichter (hoher Druck), Radialgebläse (niederer Druck), Radialkompressor
radial flow expansion Radialflußausdehnung
radial flow impeller Turbinenmischer, Radialflußschnellrührer
radial flow piston-type pump Radialkolbenpumpe
radial flow pump Radial(kreisel)pumpe
radial flow reaction turbine Überdruckturbine mit Radialdampfströmung
radial flow turbine Radialturbine
radial force radiale Komponente (Abdrängkraft) in Tiefenvorschubrichtung
radial flux radialer Fluß
radial gate Segmentwehr (Wasserbau), Radialgitter, Radialfilter
radial gear Stirnrad
radial grounding network sternförmige Erdung
radial impeller Radiallaufrad
radial intensity per unit area Strahldichte
radial internal clearance (bearing) radiale Lagerluft (Wälzlager)
radial inward-flow turbine außenbeaufschlagte Radialturbine
radial joint Radialfuge
radial lean radiale Schaufelschrägstellung (Twk)
radial line Radial(strahl)
radial-line method (or plot) Radialtriangulation
radial line of position Radialstandlinie
radial load Querbelastung (Lager), Radialbelastung
radial magnetic coupling Radialmagnetkupplung
radial method Radialmethode
radial-milling cutter Radialfräser
radial miss distance radiale Ablage
radial moment of inertia polares Trägheitsmoment
radial momentum Radialimpuls
radial motion Radialbewegung
radial motion chamber Radialkammer
radial movement of axle (rail) Kurvenbeweglichkeit
radial network Strahlennetz
radial oscillation radiale Schwingung
radial packing ring Simmerring, Wellendichtring, Wellendichtung
radial piston cylinder block Zylinderstern
radial piston engine Sterntriebwerk
radial piston pump Radialkolbenpumpe
radial plane Radialebene
radial planing Radialhobeln (w)
radial planing attachment Radialhobeleinrichtung (w)
radial play Radialspiel
radial plot Radialtriangulation
radial ply tire Gürtelreifen
radial point Radialpunkt
radial pressure Radialdruck
radial pulse Radialimpuls
radial quantum number radiale Quantenzahl
radial raceway Radiallaufring
radial rake (tool) Seitenspanwinkel
radial roller bearing Gleitrollenlager, Radialrollenlager
radial rotor Radialrotor
radial route (rail) Radialverbindung
radial run-out Rundlauf (Lagertoleranz), Radialschlag
radial seals for rotating shafts Radialdichtringe für Wellen
radial seam Hauptnaht, Radialnaht (für

Fallschirmkappe)
radial secator Radialsekator
radial serration Radialverzahnung, Stirnverzahnung (Hirth)
radial slot triangulation Radialschlitztriangulation
radial speed Radialgeschwindigkeit
radial spoke Radialspeiche
radial standard deviation radiale Standardabweichung
radial strain radiale Beanspruchung
radial stress Querkraft, Radialspannung
radial tape Radialband (bei Ringschlitzschrauben)
radial thrust Radialdruck, Lager für axiale u. radiale Belastung
radial time base radiale Zeitbasis
radial tire Gürtelreifen
radial tool holder Radialstahlhalter
radial tooth-to-tooth composite error (gear) Zweiflankenwälzsprung
radial transfer Radialübertragung (von u. zu Innenspeichern), radiale Übertragung
radial triangulator Radialtriangulator
radial turbine Radialturbine
radial velocity Radialgeschwindigkeit
radial ventilator Radialentlüfter
radial wake component Radialstromkomponente (Schiffspropeller)
radial waveguide Radialhohlleiter
radial wear on a commutator Kollektorabnutzung
radial wedge angle Seitenwinkel
radial well Horizontalfilterbrunnen, Radialsonde
radial wire Radialdraht, besonderer Verspannungsdraht (Luftschiff)
radially cut teeth achsparallele Zähne (Fräser)
radially expanding clutch Spreizringkupplung
radially slotted anode block (radar) geschlitzter Anodenblock
radially stressed radial beansprucht
radiameter Radiameter (Meßgerät zur Bestimmung der Dosisleistung in r/h)
radian Radiant, Radiationspunkt
radian energy Strahlungsenergie
radian frequency Kreisfrequenz, Winkelgeschwindigkeit
radian measure Bogenmaß
radiance Strahldichte, Strahlung
radiancy Strahlungsleistung (Watt)
radiansphere (around an antenna) Grenzsphäre zwischen Nah- u. Fernfeld
radians per second Radianten pro Sekunde
radiant glänzend, strahlend
radiant cooling Strahlungskühlung
radiant energy Strahlungsenergie
radiant excitance (früher: emittance) spezifische Ausstrahlung
radiant excitance at a point of a surface spezifische Ausstrahlung an einem Punkt einer Fläche
radiant exposure at a point of a surface Bestrahlung an einem Punkt einer Fläche
radiant field screen Leuchtfeldblende, Leuchtfeldschirm
radiant field stop Leuchtfeldbegrenzung
radiant flux Strahlungsfluß
radiant flux density Bestrahlungsstärke, Strahlungsflußdichte
radiant heat strahlende Wärme, Strahlungswärme
radiant heat transmission Wärmefortpflanzung durch Strahlung
radiant heating Strahlungsheizung
radiant intensity Strahlungsstärke, Strahlungsintensität
radiant intensity (of a source in a given direction) Strahlstärke (einer Strahlungsquelle in einer Richtung)
radiant intensity per unit area Leuchtdichte (Optik)
radiant power Strahlungsfluß
radiant reflectance Reflexionsfaktor
radiant sensitivity Empfindlichkeit (TV)
radiant wall tube Strahlungswandrohr
radiate, to abstrahlen, aussenden, ausstrahlen (Radar), sich strahlenförmig ausbreiten
radiatector Radiatektor
radiated beam Richtstrahl
radiated energy ausgestrahlte Energie, Strahlungsenergie
radiated field pattern Ausbreitungsdiagramm, Strahlungsdiagramm
radiated interference Fremdeinstrahlung (Radiowellen)
radiated power Antennenstrahlungsleistung, Strahlungsleistung einer Antenne
radiated transmitter power Strahlungsleistung
radiating aperture Aperturstrahler
radiating bridge Fächerbrücke
radiating capacity Ausstrahlungsvermögen, Emissionsvermögen
radiating circuit Strahlungskreis
radiating curtain (antenna) selbstrahlende Dipolebene
radiating doublet Hertz'scher Dipol
radiating element (antenna) Strahlungselement, Primärstrahler
radiating element of an antenna Antennenstrahler
radiating energy Strahlungsenergie
radiating guide Hohlleiterantenne
radiating heat Strahlungswärme
radiating point Strahlpunkt
radiating sheaves radialstrahlig
radiating surface Abstrahlungsfläche, strahlende Oberfläche
radiation Ausstrahlung, Bestrahlung, Radiation, Strahlenemission, Strahlungsbeheizung, Strahlung
radiation, abnormal Funkstreuung
radiation, absorbed dose absorbierte Strahlendosis (Abk. RAD)
radiation absorption Strahlungsabsorption
radiation analyser Strahlungsanalysator
radiation angle Abstrahlwinkel
radiation attenuation Strahlungsschwächung
radiation barrier Strahlungsschirmung
radiation belt Strahlungsgürtel
radiation biology Strahlenbiologie
radiation boiler Strahlungskessel
radiation burn Strahlungsverbrennung
radiation calculator Strahlungsrechenschieber
radiation capacity Strahlungsleistung (einer Strahlungsquelle)

radiation cataract Strahlenkatarakt
radiation chamber Bestrahlungszelle, Strahlenkammer
radiation characteristics Strahlungscharakteristik, Strahlungsdiagramm
radiation chemical reaction strahlenchemische Reaktion
radiation chemistry Strahlenchemie
radiation cone Strahlungskegel
radiation constant Leistungsfähigkeit eines Strahls, Meteramperezahl, Strahlungskonstante
radiation converter Strahlungswandler
radiation-cooled pentode strahlungsgekühlte Pentode
radiation cooling Strahlungskühlung
radiation, cosmic kosmische Strahlung
radiation counter (tube) Strahlungszähler, Strahlungszählrohr
radiation-coupled strahlungserregt, strahlungsgekoppelt
radiation-coupled system strahlungsgekoppeltes System
radiation coupling Strahlungskopplung
radiation damage durch Strahlung verursachte Schäden, physikalisch/chemischer Strahlenschaden
radiation damping Strahlungsdämpfung
radiation danger zone strahlengefährdeter od. strahlungsgefährdeter Bereich
radiation detection instrument Strahlennachweisgerät
radiation detector Strahlungsdetektor, Strahlungsnachweisgerät
radiation diagram Strahlungscharakteristik, Strahlungsdiagramm
radiation diffusion Strahlungsdiffusion
radiation dosage Strahlendosis
radiation dose-meter Strahlendosimeter (Strahlenmeßgerät), Dosi(s)meter
radiation dosimetry Strahlendosismessung, Strahlenmeßtechnik, Strahlungsdosismeßtechnik
radiation, dryer Trockner mit Strahlungsheizung
radiation effect Fernwirkung (Funkwellen), Strahlenwirkung, Strahlungseffekt
radiation efficiency Strahlungsleistung, Strahlungswirkungsgrad
radiation emissive surface Strahlfläche
radiation equilibrium Strahlungsgleichgewicht
radiation exposure Strahlenbelastung, Bestrahlung, Strahlenexponierung
radiation exposure badge Filmplättchendosimeter
radiation field Strahlungsfeld, Bestrahlungsfeld (Röntgenstrahlen)
radiation flux Strahlungsleistung
radiation flux density Strahlungsflußdichte
radiation flux meter Strahlenflußmesser
radiation fog Strahlungsnebel (meteo)
radiation frost Strahlungsfrost (meteo)
radiation hazard Strahlengefährdung, Strahlengefahr
radiation heating Strahlungsheizung
radiation height (antenna) Effektivhöhe, Wirkhöhe
radiation impedance Strahlungscharakteristik, Strahlungsimpedanz
radiation inactivation Strahlungsinaktivierung
radiation index Strahlungsvermögen
radiation indicator Strahlungsdetektor, Strahlungsnachweisgerät
radiation induced strahlungsinduziert (chem. Reaktion)
radiation-initiated strahlungsinduziert (chem. Reaktion)
radiation injury biologischer Strahlenschaden, Bestrahlungsschaden, Strahlenschädigung
radiation instrument Strahlungsmeßgerät
radiation intensity Bestrahlungsstärke, Strahlungsenergie, Strahlungsflußdichte, Strahlungsintensität
radiation ionization Strahlungsionisation
radiation laboratory Strahlenlaboratorium
radiation laboratory car Strahlungsmeßwagen
radiation leak(age) Leckstrahlung
radiation length Strahlungseinheit, Strahlungslänge
radiation lethality Sterblichkeit infolge Bestrahlung
radiation level Strahlungsniveau
radiation load Strahlenbelastung
radiation loss ohne Strahlung, strahlungslos, Strahlungsverlust
radiation loss transition strahlungsloser Übergang
radiation, magnetic magnetische Strahlung
radiation measurement Strahlungsmessung
radiation measuring satellite Strahlungsmeßsatellit
radiation meter Strahlungsmeßgerät
radiation monitor Strahlungsmonitor, Strahlungsüberwachung
radiation monitoring instrument Strahlungsüberwachungsgerät
radiation morbidity Strahlenkrankheit
radiation of the earth Erdstrahlung
radiation of the waves (phys) Wellenausbreitung, Wellenfortpflanzung
radiation pattern Antennenrichtcharakteristik, Strahlencharakteristik, Strahlungsdiagramm
radiation pattern pressure charakteristischer Strahlungsdruck, charakteristisches Strahlendiagramm
radiation physics Strahlenphysik
radiation poison radioaktives Gift
radiation potential Ionisierungsarbeit, Ionisierungsenergie, Strahlungspotential
radiation pressure Strahlungsdruck
radiation-pressure method Strahlungsdruckmethode
radiation principle Strahlungsprinzip
radiation-proof strahlensicher
radiation property Strahlungseigenschaft
radiation protection Strahlenschutz
radiation protection valve Strahlenschutztür
radiation protective cell Strahlenschutzzelle
radiation pyrometer optisches Pyrometer, Ardometer, Strahlungspyrometer
radiation reaction Strahlungsreaktion, Strahlungsrückwirkung, Strahlungsgegendruck
radiation receiver Strahlungsempfänger
radiation resistance Ausbreitungswiderstand (Optik), Strahlungsdämpfung, Strahlungs-

festigkeit, Strahlungswiderstand (Antenne)
radiation satellite, cosmic kosmischer Strahlensatellit
radiation sensitive material strahlenempfindliches Material (Filme usw)
radiation sensitive pick-up Strahlungsempfänger
radiation shield Strahlenabschirmung, Strahlenschild
radiation shielding Strahlenschutz
radiation sickness Strahlenkrankheit
radiation sound pressure Schallstrahlungsdruck
radiation source Strahlenquelle, Strahlungsquelle
radiation stability Strahlungsfestigkeit, Strahlungsintensität
radiation stepwise Strahlung in Stufen
radiation, stepwise abgestufte Strahlung
radiation sterilization Strahlungssterilisation
radition, stray falsche Strahlung
radiation survey meter Strahlenüberwachungsgerät
radiation surveying and monitoring installation Strahlenschutzeinrichtung
radiation syndrome Strahlensyndrom
radiation temperature Strahlungstemperatur
radiation therapy Strahlentherapie
radiation thermal cracking strahlenchemische Wärmespaltung (Öl)
radiation thermometer Radiationsthermometer, Schwarzkugelthermometer
radiation tolerance Strahlungstoleranz
radiation-tolerant (electron) strahlensicher, strahlenverträglich
radiation trap Strahlenschleuse
radiation treatment Strahlenbehandlung
radiation zone Fernfeld (Radio), aktive Zone (Reaktor), Bestrahlungszone
radiative strahlend, strahlungs...
radiative capture Strahlungseinfang (Einfang mit folgender Strahlenemission)
radiative collision elastischer Stoß
radiative cooling Strahlungskühlung
radiative energy loss Energieverlust durch Bestrahlung
radiative equilibrium Strahlungsgleichgewicht
radiative heat loss Wärmeabstrahlwirkung
radiative inelastic scattering cross section Wirkungsquerschnitt für elastische Streuung mit Strahlungsemission
radiative recombination Strahlungsrekombination
radiative stopping Bremsstrahlen
radiative transition Strahlungsübergang
radiator Heizkörper, Kühler, Strahler, Strahlenkörper
radiator auxiliary flap Kühlerhilfsklappe
radiator auxiliary flap electric actuator elektrischer Betätiger der Kühlerhilfsklappe
radiator box or frame Kühlerkörper, Kühlerrahmen
radiator cap Kühlerverschlußdeckel
radiator cleaning agent Kühlerreinigungsmittel
radiator core Kühlerkern
radiator cover Kühlerschutzhaube
radiator cowling Kühlerblende
radiator flap inching control Kühlerklappensteuerung
radiator flaps Kühlerabdeckung, Kühlerklappen
radiator grill Kühlerschutzgitter
radiator guard Kühlerschutzhaube
radiator in a duct Düsenkühler
radiator jointing material Kühlerdichtung
radiator main flap Kühlerhauptklappe
radiator main flap electric actuator elektrischer Betätiger der Kühlerhauptklappe
radiator mounting Kühlerabstützung
radiator relief valve Kühlerüberdruckventil
radiator screw cap Kühlerschraubverschluß
radiator shell Kühlerverkleidung
radiator shutter Kühlerjalousie
radiator standard or support Kühlerfuß
radiator stay Befestigungsband für Kühler, Kühlerstrebe
radiator strainer Kühlerschutzsieb
radiator tap Kühlerablaßhahn, Kühlerentleerungshahn
radiator tube Röntgenröhre mit Kühlrippen, Kühlerröhrchen
radiator union Kühlerverschraubung
radiator vent pipe Kühlerentlüftung
radiator with detachable section Teilblockkühler
radiatus Radiatus
radical energisch, durchgreifend, radikal, von Grund auf
radical design change Entwurfsmodifikation
radical sign Wurzelzeichen
RADINT radar intelligence
radio Funk..., drahtlose Telegraphie, Funkgerät
radio abbreviation Funkabkürzung
radio-activant dosimeter Radioaktivitätsdosimeter
radio-activation analysis Aktivierungsanalyse
radio-activation dosimeter Aktivierungsdosimeter
radio-active radioaktiv
radio-active age radioaktives Alter (Atomphys)
radio-active age determination radioaktive Altersbestimmung, Radiochronometrie
radio-active agent radioaktiver Kampfstoff
radio-active aggregate radioaktives Atomgerät
radio-active area verstrahltes Gebiet
radio-active calibration source Prüfstrahler, radioaktives Standardpräparat
radio-active chain radioaktive Kette (Atomphysik)
radio-active concentration radioaktive Konzentration
radio-active contaminant kontaminierender radioaktiver Stoff, radioaktive Verunreinigung, Verstrahlungsträger
radio-active contamination radioaktive Kontamination od. Verseuchung, Verstrahlung
radio-active dating radioaktive Datierung
radio-active debris radioaktive Detonationsprodukte
radio-active decay curve Zerfallskurve
radio-active effluent radioaktiver Abfallstoff
radio-active fall-out report Fall-out-Meldung
radio-active implant radioaktives Implantat
radio-active material radioaktives Material, radioaktiver Stoff
radio-active pollution radioaktive Verseuchung
radio-active simulant künstlicher radioak-

tiver Strahler
radio-active tracer radioaktiver Indikator od. Tracer, radioaktives Isotop
radio-active waste Atommüll, radioaktiver Abfallstoff od. Müll
radio-active waste disposal Unterbringung radioaktiver Abfälle u. Rückstände
radio-active waste processing Beseitigung od. Behandlung radioaktiver Abfälle
radio-actively labelled isotopenmarkiert
radio-activity prospecting radioaktives Abschlußverfahren (Lagerstättenaufschluß)
radio advertising Funkreklame, -werbung
radio aid Funkeinrichtung, Funkhilfsmittel
radio aid to air navigation Funknavigationshilfe
radio aid to collision warning Funkhilfsmittel bei Kollisionswarnung
radio aid to navigation Funknavigationshilfe
radio-aiming device Funkzielgerät
radio alert Funkbereitschaft
radio altimeter Funkhöhenmesser, Radarhöhenmesser, Funkecholot
radio altimetry Funkhöhenmessung
radio altitude Funkhöhe
radio-altitude dial Radarhöhenskala
radio amateur Radioamateur
radio analysis Funkanalyse
radio and communication facility Radio-Funk- Vermittlungseinrichtung
radio and TV station Rundfunk- u. Fernsehanstalt
radio antenna track Funkmastkraftwagen
radio approach aids Funkanflughilfen
radio armored car Funkkampfwagen
radio astronomy Funkastronomie
radio attack Funkangriff
radio auto-control Funkeigensteuerung
radio beacon MF u. LF Rundstrahlsender, Funkbake, Funkfeuer, Rundstrahlsender
radio beacon course Funkschneise
radio beacon homing facility Funkfeuer-Zielfluganlage
radio beacon identification Funkfeuerkennung
radio beacon station Funkfeuerstation
radio beam deviation Funkbeschickung
radio bearing Funkpeilrichtung, Funkpeilung
radio bearing chart Funkortungskarte
radio bearing, corrected korrigierte Funkpeilung
radio-bearing point Funkpeilzeiger
radio-biologist Radiobiologe
radio-carbon age C14-Alter, Kohlenstoffalter
radio blind landing equipment Funkblindlandegerät
radio broadcasting station Rundfunkstation
radio buoy Funkboje
radio cabin Funkkabine, Radioraum
radio cable Hochfrequenzkabel, Hochfrequenzleiter
radio call sign Funkrufzeichen
radio car Funkwagen
radio carrier frequency Funkträgerfrequenz
radio channel Radiowellenlänge, Funkspruchweg, Radioquerschnitt
radio check Prüfung der Funkverbindung
radio-chemical analysis radiochemische Analyse
radio-chemical analysis radiochemische Analyse
radio-chemical institute Institut für Radiochemie
radio-chemistry laboratory radiochemisches Laboratorium
radio circuit Funknetz, Funkverbindung
radio circuit discipline Funkverkehrsdisziplin
radio code Funkschlüssel
radio code message geschlüsselter Funkspruch
radio-colloid aggregate radioaktives Kolloidaggregat
radio-colloid structure Radiokolloidaggregat
radio command system Funkkommandolenkanlage
radio command tank Funkpanzerkampfwagen
radio communication Funkverbindung, Funkverkehr
radio communication failure Ausfall der Funkverbindung, Funkausfall
radio communication guard Funkbereitschaft mit sendebereitem Sender
radio communication synchronization system Funkverkehrssynchronisationssystem
radio communication transmitter Funknachrichtensender
radio communication watch Funkwache
radio company Funkkompanie
radio compartment Funkgeräteraum
radio compass Radiokompaß, Radiospitzzirkel, Funkkompaß
radio compass bearing indicator Radiokompaßpeilanzeigegerät
radio compass calibration data Funkkompaßbeschickungswert
radio compass deviation Funkkompaßbeschickungswert
radio compass deviation calibration Funkkompaßbeschickungsaufnahme
radio compass deviation calibration curve Funkkompaßbeschickungsaufnahmekurve
radio compass loop antenna Radiokompaßpeilrahmen
radio compass sensor Funkkompaßkommandogerät
radio contact Funkverbindung
radio contact, no keine Radio- od. Funkverbindung
radio contamination radioaktive Verseuchung
radio control Funksteuerung
radio control company Funkleitkompanie
radio controlled aerial-navigation zone Funkverkehrsbezirk
radio controlled glider model ferngesteuertes Segelflugmodell
radio-controlled mine Funkmine
radio conversation Funkgespräch
radio-counter-countermeasures Funkschutzmaßnahmen (elektronische Kampfführung), ELOKA
radio countermeasures Funkgegenmaßnahmen (elektronische Kampfführung), ELOKA
radio-countermeasures jamming equipment Funkstörgerät für Funkgegenmaßnahmen
radio-crystallography Radiokristallographie (Kristalluntersuchungen mit Hilfe von Strahlung)
radio deception Funktäuschung

radio defence Funkabwehr (E)
radio detection Entdeckung durch Funk (Objekt usw.), Funkerfassung
radio detection receiving system Funkerfassungsempfangssystem
radio detector Brückenmodulator, Radiodetektor
radio-determination service Ortungsfunkdienst
radio-determination station Ortungsfunkstelle
radio difficulties Schwierigkeiten mit dem Funkgerät
radio, direction bearing Funkseitenpeilung
radio direction finder Funkpeilgerät, Radioortungsgerät
radio direction finder error Funkfehlweisung
radio direction-finding Funkpeilen, Funkpeilgerät, Funkpeilwesen
radio-direction-finding chart Karte der Funkpeilung
radio-direction finding control station Leitpeilfunkstelle
radio direction finding station Funkpeilstelle
radio direction-finding system Funkpeilsystem
radio directive device Leitstrahlanlage
radio discipline Funkdisziplin
radio Doppler Funkdoppler
radio, duplex...traffic Funkwechselverkehr
radio echo Funkecho
radio ecology Radioökologie
radio-electric meteorology Radiometeorologie
radio-electric oscillator of low power Schwachstromschwingungsröhre
radio-electric storm detection elektrische Gewitterpeilung
radio element Radioelement
radio engineer Radiotechniker, Funktechniker
radio engineering Funktechnik, Radiotechnik
radio equipment, electronics elektronische Funkausrüstung
radio equipment for marshalling yards Rangierfunkanlage
radio evaluation Funkauswertung
radio examination Strahlenuntersuchung
radio exploration satellite Funkübermittlungssatellit
radio facility Funkanlage, Funkeinrichtung
radio facility chart Karte der Funkeinrichtung
radio fade-out Funkschwund
radio failure Ausfall der Funkverbindung
radio fan marker Fächer-Markierungsfunkfeuer
radio field intensity Hochfrequenzfeldstärke
radio fix Fächermarkierungsfunkfeuer, Funkbesteck, Funkstandort, Schnittpunkt, Standort zweier Peilstellen
radio, fixed...station feste Funkstelle
radio fixing aid Funkhilfe zur Standortbestimmung
radio flying Funkfliegen
radio frequency Funkfrequenz, Hochfrequenz
radio frequency alternator Hochfrequenzgenerator, Funkfrequenzgenerator, Hochfrequenzmaschine
radio-frequency amplification Hochfrequenzverstärkung
radio frequency amplifier Hochfrequenzverstärker, HF-Verstärker
radio frequency beam HF-Strahler
radio frequency bridge Hochfrequenzmeßbrücke
radio-frequency broadband transformer Hochfrequenz-Breitbandübertrager
radio-frequency cable Hochfrequenzkabel
radio frequency carrier Hochfrequenzträger, HF-Träger
radio frequency carrier telegraphy Hochfrequenz-Trägertelegraphie
radio frequency ceramic Hochfrequenzkeramik
radio frequency choke Hochfrequenzdrossel
radio frequency circuit Hochfrequenzkreis
radio frequency coil Hochfrequenzspule
radio frequency diode Hochfrequenzdiode
radio frequency direction finding Funkpeilung
radio-frequency electromagnetiac field Hochfrequenz-Magnetfeld
radio frequency field Hochfrequenzfeld, HF-Gebiet
radio frequency filter Hochfrequenzfilter
radio frequency ground HF-Masse
radio frequency head Hochfrequenzkopf
radio frequency heating Hochfrequenzerwärmung (Boiler)
radio frequency insulating material Hochfrequenzisolierstoff
radio frequency interference Hochfrequenzstörung
radio frequency interference shielding Abschirmung gegen HF-Störungen
radio frequency ion source Hochfrequenzionenquelle
radio frequency iron Hochfrequenzeisen
radio frequency machine Hochfrequenzmaschine
radio frequency mass spectrometer HF-Massenspektrometer
radio frequency measurement Hochfrequenzmessung
radio frequency multiple telephone Hochfrequenzmehrfachsprecher
radio frequency noise Hochfrequenzstörung
radio frequency oscillator Hochfrequenzoszillator
radio frequency pick-up HF-Aufnahme
radio frequency power Hochfrequenzleistung
radio frequency preselection stage Hochfrequenzvorstufenröhre
radio-frequency radiation Hochfrequenzstrahlung
radio-frequency region Hochfrequenzbereich, HF-Bereich
radio frequency resistance Hochfrequenzwiderstand
radio frequency signal generator Hochfrequenzmeßsender
radio frequency spectrometer Hochfrequenzspektrometer
radio frequency spectroscopy Hochfrequenzspektroskopie
radio frequency spectrum HF-Spektrum
radio frequency stage HF-Stufe, Hochfrequenzstufe
radio frequency system HF-Teil
radio-frequency television signal hochfrequentes Fernsehsignal
radio frequency transformer Hochfrequenztransformator
radio frequency transmission Hochfrequenzübertragung

radio frequency voltage hochfrequente Spannung, Hochfrequenzspannung
radio-frequency wave HF-Welle
radio-fuzed mine Funkmine, Mine mit Frequenzzünder
radio galaxy Radiogalaxie
radio goniometry Funkpeiltechnik
radio ground check Überprüfung (der Funkanlage) am Boden
radio guidance Funkführung
radio guidance and tracking radar Funkführungs- u. Bahnverfolgungsradar
radio guidance system Funkführungsanlage
radio-guided anti-tank missile Panzerabwehrflugkörper
radio ham Wellenreiter
radio homing aid Funkzielansteuerungshilfe, Funk-Zielflughilfe
radio horizon Funkhorizont
radio identification Funkrufzeichen (FS)
radio-induced current Hochfrequenzstrom
radio installation Funkanlage
radio installation and receiver Rundfunkanlage u. Empfangsgerät
radio intercept Funkerfassung
radio intercept service Funkhorchdienst
radio interception Funkaufklärung
radio interception or intelligence analysis post Funk- od. Horchauswertestelle
radio interference Störung des Funkverkehrs
radio interference and field density meter HF-Störungs- u. Feldstärkemeßgerät
radio interference suppression (fittings) Funkentstörung
radio iron radioaktives Eisen, Radioeisen
radio isotope dilution Radioisotopenverdünnung
radio isotope production Herstellung von Radioisotopen
radio isotope standard radioaktiver Standard
radio jamming Funkstörung (elektronische Kampfführung), ELOKA
radio jamming company Funkstörkompanie
radio jamming control company Funkstörleitkompanie
radio kit Radio-, Funkeinrichtung
radio landing aids Funklandehilfen
radio landing beam Gleitbahn für Blindlandeverfahren
radio lead Radioblei
radio leg Funkleitstrahl
radio line of sight (formula) optische Reichweite(nformel)
radio link Funksprechverbindung, Funkstrecke, Funkverbindung, Richtfunksystem
radio link network Richtfunknetz
radio link operator Bedienungspersonal von Richtfunkstrecken
radio-link protection Streckenschutz mit Funkverbindung
radio listening service Funkaufklärung
radio-listening silence Funksendeverbot
radio-location nichtnavigatorische Funkortung (Radar)
radio-location land station ortsfeste nichtnavigatorische Ortungsfunkstelle
radio-location mobile station bewegliche nichtnavigatorische Ortungsfunkstelle
radio-location service (nichtnavigatorischer) Funkortungsdienst
radio-location station Funkortungsstelle, nichtnavigatorische Ortungsfunkstelle
radio locator Abhörgerät (Radar)
radio log Funkkladde
radio loop Funkpeilrahmen
radio luminescence Radiolumineszenz
radio magnetic indicator Funkkompaßanzeiger, Funkpeiltochter
radio-mailles navigation system Funkgitternavigationssystem
radio maintenance funktechnischer Wartungsdienst
radio maintenance shop Funkwerkstatt
radio-marker beacon Markenpeilfunk, Markenpeilung, Markierungsfunkfeuer, Navigationsfunkfeuer
radio mast Funkmast
radio mechanic Funkmechaniker
radio mesh Funkgitter
radio-mesh navigation system Funkgitternavigationssystem, "Radio-Mailles"
radio message (in clear) (offener) Funkspruch
radio message transmission Funkstellenspruchvermittlung
radio-metallography Röntgenmetallographie, Radiometallographie
radio meteorography Radiosonde
radio meteorological service Funkwetterdienst
radio meteorology Radiometeorologie
radio, mobile...station bewegliche Funkstelle
radio monitoring (station) Funküberwachung(sstelle)
radio nav-aids Funknavigationshilfen
radio navigation Funknavigation
radio navigation aids Funknavigationseinrichtungen, Funknavigationshilfen, Funknavigationshilfsmittel
radio navigation chart Funknavigationskarte
radio navigation facility Funknavigationsanlage, -einrichtung
radio navigation land station feste Navigationsfunkstelle
radio navigation mobile station bewegliche Navigationsfunkstelle
radio navigation satellite service Satelliten-Navigationsfunkdienst
radio navigation service Funknavigationsstelle
radio navigation silence Navigationsfunkstille
radio navigation station Navigationsfunkstelle
radio navigational aid Funknavigationshilfe
radio noise filter Störschutz, Nebensignalfilter
radio, no wind aloft observation no gas available keine Radiohöhenwindbeobachtung, keine Ballons verfügbar
radio, no wind aloft observation, target not intercepted or transmitter not received keine Radiohöhenwindbeobachtung, Ziel nicht erkannt od. Sender nicht empfangen
radio, no winds aloft observation, no targets gust winds keine Radiohöhenwindbeobachtung, hohe u. böige Winde
radio, no winds aloft observation, high and Radiohöhenwindbeobachtung, nicht registriert
radio, no winds aloft observation, unfavorable weather keine Radiohöhenwindbeobachtung,

ungünstiges Wetter
radio, observed...bearing rohe Funkpeilung
radio operation Funkbetrieb
radio operator Funker, Radiooperator
radio paper chromatograph Radiopapier-chromatograph
radio-photoluminescence Radiophotolumineszenz
radio picture Funkbild
radio plant Funkanlage
radio procedure Funkverfahren
radio rack cooling Kühlung des Funkgeräts
radio/radar signal receiver Funk- u. Radar-überwachungsempfänger
radio range Leitstrahlbakensystem, Vierkreis-funkfeuer
radio-range course displacement Leitstrahl-Kursversetzung
radio-range filter NF-Filter
radio-range leg Leitstrahl eines Kursfunkfeuers
radio-range receiver Leitstrahlempfänger, "Radio-Range-Empfänger"
radio-range relay Funkbereichsrelais
radio range station Kursfunkfeuer
radio receiver Funkempfänger, Radioempfänger
radio receiver and transceiver, a type of Radione
radio reception Funkempfang
radio recognition Funkerkennung
radio reconnaissance Funkaufklärung (E)
radio reference line Funkstandlinie
radio regulatory bureau Funküberwachungs-büro
radio relay Funkübertragung
radio relay communication Richtfunkverbindung (RiFu-Verbindung), Richtfunkverkehr (RiFu-Verkehr)
radio relay exchange Rundfunk-Vermittlungs-anlage
radio relay station Vermittlungsfunkstelle, Richtfunkstelle
radio repeating Ballsenden
radio-repeating station Ballsendestelle, Ballstation
radio research laboratory Labor für Funk-forschung
radio-resistance Strahlenresistenz, Hochfre-quenzwiderstand
radio-resistant strahlungsfest
radio, revolving...beacon umlaufende Funkbake
radio screened abgeschirmt, funkentstört
radio search Funksuche, Funksuchempfang
radio-sensitive strahlungsempfindlich
radio sensitivity Strahlungsempfindlichkeit
radio service Funk(hilfs)dienst
radio sextant Radiosextant
radio shadow or pocket abgeschirmte Stelle
radio shielding Abschirmung, Störschutz
radio show Funkausstellung
radio signal Funksignal
radio silence Funksendeverbot (milit), Funkstille, Funkverbot
radio-silent satellite nichtsendender Satellit
radio sonde Funk-, Radio-, Wettersonde
radio sonde balloon Radiosondenballon, Wettersondenballon
radio sonde analysis and verification unit Radiosonden-Auswertungseinheit
radio sonde balloon wind data Radiosonden-ballon für Winddaten
radio sonde commutator Radiosondenkollektor
radio sonde observation Radiosondenmessung, Radiosondenbeobachtung
radio sonde station Funksondenstation, Radiosondenstation
radio-sonic buoy Sonoboje
radio sonobuoy Funksonoboje
radio spectroscope Radiospektroskop (Wel-lenanzeiger)
radio-spectrometric investigation of structure radiospektrometrische Untersuchung der Struktur
radio station Funkstelle
radio station interference Störung durch benachbarte Sender
radio system Funknetz
radio technician Funktechniker
radio technology Funktelegraphie, Funktechnik
radio telecontrol Funkfernsteuerung
radio telegram Funkspruch
radio telegraph Funktelegraph, Tastfunkgerät
radio telegraphic funktelegraphisch
radio telegraphy Funktelegraphie, Tastfunk, Telegraphieverkehr, Funktelephonie, Sprechfunk
radio telegraphy operator Funker, Tele-graphist
radio telephone or radiophone Radiofon
radio telephone push button Telefontaste
radio telephone system Funksprechanlage
radio telephone transmitter Telefonsender
radio-telephonic radiotelephonisch
radio telephony Radiofernsprechen, Radio-telephonie
radio telephony call sign Sprechfunkzeichen
radio telephony communication Funktelephonie-verbindung, Funk(telephonie)verkehr, Sprech-funkverbindung, Sprechfunkverkehr
radio telephony network Funktelephonienetz, Sprechfunknetz
radio telephony operator Funksprecher
radio telephony procedure Funktelephonie-verfahren, Sprechfunkverfahren
radio-telephony set Funksprechgerät, Telefon, Telephonie(r)gerät
radio-teleprinter Funkfernschreibmaschine
radio teleprinter network Funkfernschreibnetz
radio-teletype Funkfernschreiben
radio teletype circuit Funkfernschreibverbindung
radio-teletypewriter Funkfernschreibmaschine
radio teletypewriter system Funkfernschreib-system
radio terminal Funkendstelle
radio terminal box Funkanschlußkasten
radio terminal set Funkanlage
radio test socket Radioprüfsteckdose
radio theodolite Radiotheodolit (Peilung)
radio therapeutic instrument Strahlentherapie-gerät
radio therapist Radiologe, Röntgonologe
radio-therapy Strahlentherapie
radio-thermoluminescence Radiothermolumi-neszenz
radio-thermy Hochfrequenzdiathermie
radio time signal Funkzeitzeichen
radio timing-signal receiver Einschaltsignal-Funkempfänger
radio tolerance Strahlungsfestigkeit
radio-tolerant strahlungsfest

radio tower Funkturm
radio tracer Radioindikator, TRACER
radio tracking Funknachführung
radio traffic Funkverkehr
radio traffic superintendent Funkleiter
radio transceiver Funk-Sender/Empfänger, Funkgerät (Sender/Empfänger)
radio transformer HF-Transformator, Hochfrequenztransformator
radio transmission Funkübertragung
radio transmission control (RTC) Funkregelung
radio transmission formula Ausbreitungsformel, Übertragungsformel
radio transmitter Funksendegerät
radio transmitting center Funksendezentrale, Radiosendezentrale
radio transmitting frequency Funksendefrequenz
radio transmitting room Funksenderaum (Schiff)
radio transmitting station Funksendestelle
radio transponder Antwortsender, Funkantwortgerät, Funktransponder
radio triangulation Funktriangulierung
radio trouble Schwierigkeiten mit dem Funkgerät
radio truck Funkwagen
radio, true..bearing beschickte od. verbesserte Funkseitenpeilung
radio trunk extension Verlängerung der Fernleitung durch Funk
radio tube Elektronenröhre
radio tuning Funkabstimmung
radio two-way communication Funkdoppelverkehr, Radiodoppelverkehr
radio, uncorrected or charted...bearing unverbesserte Funkseitenpeilung
radio valve Radioröhre
radio, voice...communication Funksprechübermittlung
radio voice transmission Funksprechverkehr
radio volume Lautstärke
radio warfare Funkkampfführung, Funkkrieg
radio warfare control ship Eloka-Leitschiff
radio watch Funkwache
radio-wave propagation Funkwellenausbreitung, Radiowellenausbreitung
radio wave reflectivity Reflexionsvermögen bei Funkwellen
radio weather station Funkwetterstation
radio wind observation Radiowindmessung
radio wind station Radiowind(meß)station
radio-wire integration Sprechverbindung Draht/Funk
radio wiring and cables Drähte u. Kabel für Funkgerät
radio with multichannel push-button box Funkgerät mit Mehrkanal-Tastenwählgerät
radioactive background radioaktiver Untergrund
radioactive battery Atombatterie
radioactive by-product radioaktives Nebenprodukt
radioactive chain radioaktive Zerfallsreihe
radioactive change radioaktive(r) Umwandlung, ...Zerfall
radioactive cloud radioaktive Wolke
radioactive constant radioaktive Zerfallskonstante
radioactive contaminant radioaktiver Verseucher, ...Verseuchungsstoff
radioactive decay radioaktiver Zerfall
radioactive decay constant radioaktive Zerfallskonstante
radioactive decay law radioaktives Zerfallsgesetz
radioactive decay series radioaktive Zerfallsreihe
radioactive deposit radioaktiver Niederschlag
radioactive disintegration radioaktive Umwandlung, radioaktiver Zerfall
radioactive displacement law radioaktives Verschiebungsgesetz
radioactive drug radioaktives Präparat
radioactive dust radioaktiver Staub od. Nebel
radioactive element radioaktives Element
radioactive emanation radioaktive Emanation
radioactive equilibrium radioaktives Gleichgewicht
radioactive fall-out radioaktiver Niederschlag
radioactive family radioaktive Familie od. Zerfallsreihe
radioactive fission product radioaktives Spaltprodukt
radioactive half-life radioaktive Halbwertszeit
radioactive heat radiogene Wärme
radioactive insecticide radioaktives Insektenvernichtungsmittel
radioactive irradiation radioaktive Bestrahlung
radioactive isotope radioaktives Isotop, Radioisotop
radioactive material laboratory Laboratorium für radioaktive Stoffe
radioactive measurement radioaktive Messung
radioactive mineral radioaktives Mineral
radioactive nature radioaktiver Ursprung
radioactive nucleus radioaktiver Kern
radioactive nuclide radioaktives Nuklid
radioactive ore detector Nachweisgerät für radioaktives Erz, Prospektionszähler
radioactive period Halbwertszeit, mittlere Lebensdauer
radioactive poison radioaktives Gift
radioactive poisoning radioaktive Vergiftung, Verstrahlung
radioactive power dissipation Energiezerstreuung durch radioaktive Strahlung
radioactive preparation radioaktives Präparat
radioactive product radioaktives (Folge)produkt
radioactive radiation radioaktive Strahlung
radioactive rain radioaktiver Regen
radioactive series radioaktive Zerfallsreihe
radioactive source radioaktive Quelle, Strahlenquelle
radioactive standard radioaktives Standardpräparat
radioactive standardization radioaktive Eichung
radioactive static eliminator radioaktives Antistatikgerät
radioactive substance radioaktive Substanz
radioactive tracer radioaktiver Indikator, TRACER
radioactive tracer method radioaktives Markierungsverfahren, Tracerverfahren

radioactive transformation radioaktiver Übergang
radioactive waste radioaktiver Abfall od. Müll, Atommüll
radioactivity Radioaktivität
radioactivity detection Radioaktivitätsnachweis
radioactivity disintegration series radioaktive Zerfallsreihe
radioactivity level, chart of Karte der Gammaverstrahlung
radioactivity mapping system Gammakartografiesystem
radioactivity prospecting Prospektieren nach radioaktiven Mineralien
radioactivity standard radioaktives Standard
radioautograph technique Autoradiographietechnik
radiography Autoradiographie (Aufnahme)
radiobiologic action radiobiologische Wirkung
radiobiological study radiobiologische Untersuchung (med)
radiobiology Radiobiologie, Strahlenbiologie
radiocarbon radioaktiver Kohlenstoff, Radiokohlenstoff
radiochemical contamination radiochemische Verseuchung
radiochemical laboratory radiochemisches Labor(atorium)
radiochemical purity radiochemische Reinheit
radiochemical separation radiochemische Trennung
radiochemical work radiochemische Arbeit
radiochemist Radiochemiker
radiochemistry Radiochemie
radiochrometer Radiochrometer (Meßgerät für Strahlenhärte)
radiocobalt radioaktives Kobalt, Radiokobalt
radiocolloid Radiokolloid
radiode Radiumbehälter
radioelectric radioelektrisch
radioelectric storm detection elektrische Gewitterpeilung
radiogenic radiogen (durch radioaktiven Zerfall entstanden)
radiogenic heat radiogene Wärme, Zerfallswärme
radiogeometric radiogeometrisch
radiogold radioaktives Gold, Radiogold
radiogoniograph Radiogoniograph
radiogoniometer Goniometerfunkpeiler
radiogoniometry Radiogoniometrie
radiogram Funktelegramm
radiograph Radiogramm, Radiographie
radiograph examination Durchstrahlungsprüfung
radiograph, X-ray Röntgenaufnahmeverfahren
radiographic radiographisch, Röntgen...
radiographic equipment Röntgenausstattung
radiographic examination Durchstrahlungsprüfung (mit Röntgen- od. Gammastrahlen)
radiographic film Röntgenfilm
radiographic inspection Durchstrahlungsprüfung (mit Röntgen- od. Gammastrahlen), radiographische Prüfung
radiographic room Durchstrahlungsraum, Röntgenraum
radiographic source Strahlenquelle
radiography Radiographie
radiography equipment Durchstrahlungsausrüstung, Röntgenausstattung
radioisotope Radioisotop
radioisotope battery Isotopenbatterie
radioisotope gamma-ray source Radioisotopenquelle
radioisotope heat source radioaktive Wärmequelle
radioisotope thermal generator Isotopenbatterie
radioisotope thermoelectric power supply thermoelektrisches Stromversorgungsgerät mit Radioisotopen als Brennstoff
radioisotopic purity Radioisotopenreinheit
radiolaria Radiolarie (Ablagerung im Meer)
radiolocation (nichtnavigatorische) Funkortung (Radar)
radiological radiologisch
radiological agent radioaktiver Kampfstoff, atomares Kampfmittel
radiological apparatus Röntgengerät
radiological armor Strahlenschutzpanzerung
radiological armored pod Kabine mit Strahlenschutzpanzerung
radiological assistance team A-Hilfstrupp, Strahlenschutzhilfstrupp
radiological biology Radiobiologie
radiological bomb radiologische Bombe, schmutzige Atombombe
radiological contamination Verstrahlung
radiological control monitoring Strahlungsüberwachung
radiological control party ABC-Meldestelle
radiological crew pod strahlengeschützter Stand
radiological decontamination Entstrahlung
radiological defence officer Strahlungsschutzoffizier
radiological dosage Röntgendosis, Strahlendosis
radiological emergency medical team radiologischer Sanitätsnottrupp
radiological emergency team Spezialtrupp für Einsatz bei radiologischen Unfällen
radiological environment radioaktive od. verseuchte Umgebung
radiological examination das Röntgenstrahlen
radiological flaw radiologisch festgestellter Fehler
radiological hazard Strahlengefährdung
radiological health medizinische(r) Strahlenschutz u. Strahlentherapie
radiological health and safety officer Beauftragter für Strahlenschutz
radiological laboratory radiologisches Labor(atorium)
radiological monitoring radiologische Überwachung
radiological monitoring and decontamination team Strahlenmeß- u. Entstrahlungstrupp
radiological monitoring station Strahlenschutzüberwachungsstation
radiological operation Verstrahlungsmaßnahme
radiological physics Strahlenphysik
radiological safety Strahlensicherheit
radiological safety officer Beauftragter für Strahlenschutz
radiological shielding radiologische Abschirmung, Strahlenschutz
radiological treatment Röntgentherapie

radiological warfare (agents) radiologische(s) Kriegführung (Kriegsmittel)
radiological working group radiologische Arbeitsgruppe
radiologically protected pod strahlengeschützte Kabine, Strahlenschutzkabine
radiologist Radiologe
radiology Radiologie, Röntgenkunde, Röntgonolie
radiomaximograph Störungsfeldstärkeschreiber (Atmosphäre)
radiometer Radiometer, Lichtmühle, Strahlungsmeßgerät
radiometer effect Radiometereffekt
radiometer gauge Radiometer (Vakuummeter)
radiometer sonde Radiometersonde
radiometric analysis Indikatoranalyse, radiometrische Analyse
radiometric sun tracker radiometrischer Sonnenpeiler
radiometry Strahlungsmeßkunde, Strahlenmessung
radiomimetic agent (producing radiomutation) radiometrische Substanz
radionavigation Funknavigation
radionuclide Radionuklid
radioopacity Strahlenundurchlässigkeit
radiophone communication Fernfunksprechverkehr
radiophone message Funkspruch
radiophone patch Sprechfunkdurchschaltung
radioprotective agent Strahlenschutzmittel
radioscope Radioskop (Strahlenmeßgerät)
radioscope table Durchleuchtungstisch
radioscopic screen Durchleuchtungsschirm, Röntgenschirm
radioscopy Radioskopie, Durchleuchtung
radiosensitive strahlenempfindlich
radiosensitivity Strahlenempfindlichkeit
radiosonde station Radiosondenstation
radiotelegram Funktelegramm
radiotelegraph Funktelegraph, Tastfunkgerät
radiotelegraph alarm signal Telegraphiefunkalarmzeichen
radiotelegraph receiver Funktelegraphieempfänger, Tastenfunkempfänger
radiotelegraph transmitter Funktelegraphiesender, Tastenfunksender
radiotelegraphic radiotelegraphisch
radiotelephone Funksprechanlage, Sprechfunkgerät
radiotelephone alarm signal Sprechfunkalarmzeichen
radiotelegraph receiver Funktelegraphieempfänger, Tastenfunkempfänger
radiotelegraph transmitter Funktelegraphiesender, Tastenfunksender
radiotelegraphic radiotelegraphisch
radiotelephone Funksprechanlage, Sprechfunkgerät
radiotelephone alarm signal Sprechfunkalarmzeichen
radiotelephone call sign Funktelephonierufzeichen, Sprechfunkrufzeichen
radiotelephone channel Funktelephoniekanal
radiotelephone circuit Sprechfunkverbindung
radiotelephone communication system Sprechfunkanlage
radiotelephone communication Sprechfunkverbindung, Sprechfunkverkehr
radiotelephony equipment Sprechfunkgerät
radiotelephony procedure Sprechfunkverfahren
radioteleprinter Funkfernschreibmaschine
radioteletype message Funkfernschreiben
radiotherapy Strahlentherapie
radiotropism Strahlungstropismus
radiowave absorbing material funkwellenabsorbierendes Material
radiowind observation Funkhöhenwindbeobachtung
radium age Alter auf Grund des Radiumgehalts, Radiumalter
radium bearing material radiumhaltiges Material
radium-bearing core radiumhaltiger Kern
radium-bearing source Radium-Baryllliumquelle
radium coating Radiumbelag
radium emanation Radiumemanation, RaEm
radium isotope Radiumisotop
radium needle Radiumnadel
radium refinery Radiumgewinnungsanlage
radium series Radiumreihe
radium standard Radiumstandard
radium therapy Radiumbehandlung, Radiumbestrahlung, Radiumtherapie
radius Abrundung (eines Gewindezahns), Halbmesser, Radius, Speiche, Krümmungshalbmesser (bei Straßen)
radius arm (parachute container) Teleskopschwenkarm (Fallschirmwanne)
radius arm body Teleskopschwenkarmhülse
radius arm, sliding member of the Teleskopschwenkarmstange
radius arms Dreieckstreben
radius cross-cut saw machine Balanciersäge
radius cutter Halbkreisfräser, Radiusfräser
radius-end die sinking cutter Gesenkfräser mit halbrunder Stirn
radius error Radiusfehler
radius gage Radienlehre
radius milling Fräsen von Radien od. Rundungen
radius of action Aktionsradius, Fahrbereich
radius of action of a machine Radius des Arbeitskreises
radius of action of bomb Eindringtiefe
radius of action of steam Dampfstrecke
radius of action, superior überlegener Aktionsradius
radius of arc Radius des Kreisbogens
radius of bend Krümmungsradius
radius of centre of gravity Schwerpunkthalbmesser, Schwerpunktradius
radius of curvature Krümmungshalbmesser, Krümmungsradius
radius of curvature of the cutting edge Wölbungsradius der Bohrschneide
radius of curve Krümmungshalbmesser
radius of delay (radio transmission control) Verzögerungsradius
radius of damage Wirkungsradius
radius of effect Wirkungsradius (Atomsprengkörper)
radius of electron Elektronenreichweite
radius of gyration Drehungsradius, Gyrationsradius, Trägheitsradius
radius of head Kopfrundung (Niet), Kopfradius (Geschoß)

radius of inertia Trägheitsradius
radius of inertia photocathode curvature innerer Krümmungsradius der Photokathode
radius of influence Einflußzone
radius of lamor Lamorradius (Atomphysik)
radius of light damage Wirkungsradius für leichten Schaden
radius of notch Kerbhalbmesser
radius of oil drainage Entölungshalbmesser
radius of operation Aktionsradius (Flz)
radius of rod Radiusstange
radius of rupture Radius der Trümmerzone (unter der Erdoberfläche)
radius of rupture in demolition Wirkungshalbmesser
radius of safety Risikostand
radius of severe damage Wirkungsradius für schweren Schaden
radius of target Zielradius
radius of the earth Erdradius
radius of torsion Torsionsradius
radius of turn Drehkreisradius (Torpedofeuerleitung), Kurvenradius
radius of vortex core Wirbelkernhalbmesser
radius of vulnerability Radius der Verwundbarkeit
radius of weapon Waffenradius, -reichweite
radius planing Rundhobeln
radius planing device Rundhobeleinrichtung
radius point Umkehrradius
radius reference Bezugsradius
radius relief Hinterarbeitung des Radius (Muttern)
radius rod Achsstrebe, Längslenker, Schwenkstrebe, Hinterachsschubstange
radius rod drive Längslenker-Schubkraftübertragung
radius under head Radius unter dem Schraubenkopf
radius transom stern gerundetes Spiegelheck
radius vector Fahrstrahl, Polstrahl, Radiusvektor
radiussed abgerundet, gerundet, mit Radius versehen
radiussing Verrunden (Kanten)
radix Basis, Wurzel (eines Zahlensystems), Grundzahl, Radix
radix, assumed...point Rechnerradixpunkt (COBOL)
radix complement Basiskomplement, B-Komplement (EDV)
radix conversion Übergang zu einer Basis (Zahlensystem)
radix-minus-one complement B-minus-1 Komplement
radix notation Radixschreibweise, Stellenwertschreibung, Positionsdarstellung
radix of the number representation Basis der Zahlendarstellung
radix point Radixpunkt
radix representation Positionsdarstellung, Radixschreibweise, Stellenwertschreibung
radome Radom
radome aberration Radom-Aberration
radome cross-section Radomquerschnitt
radome look angle Radomblickwinkel
radome release Radomentriegelung
radome slope Radomneigung
radome structural assembly Radomzelle
radon isotope Radonisotop
RADOT recording automatic digital optical tracker
RAF Royal Air Force (Britische Luftwaffe)
raffinate lead Raffinatblei
raffined spector (zinc) Raffinadezink
raft Fähre mit Landeklappen, Floß
raft body system Floßkörpersystem
raft foundation Plattenfundament, Plattengründung
raft of coaches or wagons Zuggarnitur
raft port Ladehafen
rafted ice Schiebeeis
rafter Schraubenleiste, Sparren
rafter proof Sparrendach
rafting capacity (of ferrying equipment) Übersetzleitung (v. Übersetzmitteln)
rag Zacke (Metallbearbeitung)
ragged eingerissen, rauh, uneben, zackig
ragged cloud zerissene Wolken, Wolkenfetzen
ragged fracture zackiger Bruch (Material)
ragged pump Kettenpumpe
raglin Wetterführung
raid Anfall, Angriff(sfahrt), Feindflug, Stoßtruppunternehmung, Überfall, Einflug, erfaßtes Ziel
raid assessment during Pulkauflösung (fighter radar)(milit)
raid configuration Angriffskonfiguration
raid designation Flugwegbezeichnung
raid identification Flugwegidentifizierung
raid number Flugwegnummer
raider Bombenflieger
raiding base Angriffsbasis
raiding parity Streifenabteilung, Streifenkommando
rail ammunition drum Trommelschiene
rail bender Schienenbiegeapparat
rail-building machine Gleisbaumaschine
rail construction Schienenbau
rail contact Gleiskontakt, Schienenkontakt
rail contact making-device of mercury Quecksilberschienenkontakt
rail conveyor system or sliding platform installation Schienen-Schiebebühnenanlage
rail current Schienenstrom
rail-elevating manual control Senkrechtverstellung des Tisches von Hand (w)
rail-elevating screw Ständerspindel, Spindel zur Senkrechtverstellung des Querbalkens
rail freight container and car Bahnbehälter und Wagen
rail head (planer) Quersupport
rail jack Schienenhebewinde
rail-look clamp Querbalkenklemmung
rail milling head Querfrässupport (A)
rail plane Schienenhobel
rail planer Querbalken (A)
rail return Schienenrückschaltung
rail shaper Querführung (A)
rail switchblade planer Weichenzungenhobelmaschine (w)
rail wheel Heckrad
railcar Motorschienenwagen
railcar engine Triebwagenmotor
railhead Kopfbahnhof
railhead service area Nachschubsammelgebiet
railing Brüstung, Geländer

railings Staketten(zaun) (Radar)
railroad Eisenbahnlinie, Schienenweg
railroad crossing niveaugleicher Bahnübergang
railroad cut Eisenbahneinschnitt
railroad defense Eisenbahntransportschutz
railroad equipment Eisenbahnbetriebsmaterial
railroad gun car Geschützeisenbahnwagen
railroad junction Eisenbahnknotenpunkt
railroad loading point Eisenbahnbeladestelle
railroad net or system Eisenbahnnetz, Streckennetz
railroad roadbed Bahnhörper, Bettungskörper (Eisenb.)
railroad station guard detachment Bahnhofwachabteilung
railroad tank car Eisenbahnkesselwagen, EKW, Kesselwagen (Eisenb.)
railroad tie Eisenbahnschwelle
railroad track Oberbau
ailroad track spike Schienennagel
ailroad yard Rangierbahnhof
ailway antiaircraft gun Eisenbahnflak
ailway artillery battery Eisenbahnartillerie
ailway connection Bahnanschluß
ailway construction Eisenbahnbau
ailway container service vehicle bodies Eisenbahnbehälter-Fahrzeugaufbauten
ailway cross tie Eisenbahnschwelle
ailway engineer troops Eisenbahnpioniere
ailway equipment Bahnausrüstungsstelle
ailway gun Eisenbahngeschütz
ailway howitzer Eisenbahnhaubitze
ailway installation Eisenbahnausrüstungsgegenstand
ailway installation, electronics elektronische Eisenbahnausstattung
ilway loading point Eisenbahnverladungspunkt
ilway locomotive Eisenbahnlokomotive
ilway motor Bahnmotor
ilway network Schienennetz, Streckennetz
ilway operating company Eisenbahnbetriebskompanie
ilway-operating troops Eisenbahntruppen
ilway pier-building company Eisenbahnpfeiler-Baukompanie
ilway rate Bahnfrachtsatz
ilway repairshop Bahnbetriebswerkstatt
ilway rolling stock rollendes Eisenbahnmaterial
ilway siding Anschlußgleis, Gleisanschluß, Nebengleis
ilway signal and telecommunication equipment Eisenbahnsignal- u. Fernmeldeeinrichtung
lway signalling Eisenbahnsignalisierung
lway singalling regulations Eisenbahnsignalordnung
lway signalling system Eisenbahnsignalwesen, Streckensignalwesen
lway telecommunication Eisenbahnfernmeldeanlage
lway telecommunication installation Eisenbahn-Fernmeldeeinrichtung
lway terminal Abgangsbahnhof
nband Regenband
n cap Regenkappe

rain cloud Regenwolke
rain-drop impression fossiler Regentropfen (geol)
rain effect Regeneffekt
rainfall Niederschlagsmenge, Regenmenge
rainfall intensity Niederschlagsstärke, Regenstärke
rain gauge Regenmesser
rainless side regenlose Seite, Regenschatten
rain-out durch Regen ausgewaschener Staub
rain protecting cap Regenschutzkappe
rain remover circuit breaker Regenabweiser, Schutzschalter (Windschutzscheibe)
rain remover control switch Regenabweiserschalter (Windschutzscheibe)
rain remover duct Regenabweiserschalter
rain remover nozzle Regenabweiserdüse
rain remover shutoff valve Regenabweiserabweisventil
rain remover system Regenabweiseranlage
rain squall Regenboe
RAINIT routine Eröffnungsroutine, Open-Routine (EDV)
rainy niederschlagsreich
rainy phase or stage Regenstadium
raisable hebbar
raise aufwärtsbewegen, einfahren, erhöhen, hochstellen
raise nose and visor, to anheben der Nase u. schließen des Schutzschildes
raise off, to abheben (Späne)
raise the bit of bottom Bohrmeißel von Sohle anheben od. aufziehen
raise the drill pipes Bohrgestänge anziehen
raise the nosewheel on take-off Anheben des Bugrades beim Start, Bugradanhebung beim Start
raise, to abplatten (Holz), erheben (eine Potenz)(math), heraufziehen, hochheben, hochstellen
raise cable on poles, to Kabel auf Stangen verlegen
raised floor Doppelboden, Montageboden
raised ground floor Hochparterre
raised manhole (engine) Fahrstutzen
raised pad vorgezogene od. erhöhte Anbaufläche
raising Hebung, Hochstellen
raising of an area by filling Landerhöhung, Landaufschüttung
raising of lifting screw Hebeschraube
raising time Hubzeit
rake Gabelrechen, Maischgitter, Ofenküche, Spanfläche, Kratzeisen, Neigung (geom), Rechen, Überhang (geol)
rake angle Neigungswinkel (aerodyn), Spanwinkel (Drehstahl)
rake of wing tip Neigung der Flügelenden
rake out, to herauskratzen
rake with fire, to bestreichen mit Feuer
raker gage Sägenabrichtwerkzeug
rally Sammelpunkt, Versammlung (Sternflug)
rally balloon Fuchsballon (Windmessung)
RAM radar absorbing material schallschluckendes Materail
RAM rocket-and-missile
ram Fallbär, Hochdruckkolben (bei fließenden Medien), Preßkolben, Ramme, Widder,

unterer Preßtisch
ram air Frischluft, Stauluft (Klimaanlage)
ram air ground test adapter Staulufteitrohr (Bodengerät)
ram air induction Frischluftzufuhr, Stauluftzufuhr (Klimaanlage)
RAM material RAM-Werkstoff
ram-air parachute Stauluftfallschirm
ram air turbine Staulufturbine
ram air turbine ground test adapter Staulufleitrohr (Bodengerät)
ram air turbine test harness kit Prüfkabelsatz für Staulufturbine
ram air valve Frischluftventil, Stauluftventil (Klimaanlage)
ram air valve shutter Stauluftventilblende
ram air ventilation, direct direkte Stauluftkühlung (Turbine)
ram an engine Ansaugsystem des Motors unter Staudruck setzen
ram arm Gegenhalter (Fräsmaschine)
ram balance weight Stößelausgleichgewicht
ram bearing Stößelführung (A)
ram clamp Stößelklemmung
ram crane Fallwerkskran
ram drag Luftwirbelstand des Staus
ram-drive propulsion Staudüsenantrieb
ram effect Auftreffwucht, Stauwirkung, Staudruckeffekt (Luft)
ram extruder hydraulische Kolben(strang)-presse (pla)
ram face Stößelkopf
ram governor pump Steuerpumpe für Verstellzylinder
ram guard (shaper) Stößelschutz
ram guide Stößelführung
ram gyro Flügelkörperkreisel
ram piston Arbeitskolben
ram pressure Staudruck, Stempeldruck
ram return stroke Stößelrücklauf
ram shaft or socket Rammwelle
RAM (short for random access) Abk. für "wahlfreier Zugriff" (EDV)
ram stroke length Stößelhublänge
ram temperature rise staudruckabhängiger Temperaturanstieg
ram, to hydraulischer Arbeitszylinder, feststampfen, rammen, stampfen
ram up a mould eine Gußform ausstampfen
RAMARK Radarsendebake
ramie Ramiefaser (chem. Bastfaser)
ramification Verästelung
ramjet Staustrahlmotor, Staustrahltriebwerk
ramjet combustion and plenum chamber-burning Staustrahlverbrennung u. Vorkammerverbrennung
ramjet engine Staustrahltriebwerk
ramjet flight Staustrahlflug
ramjet insulation (rocket) Isolierung des Staustrahltriebwerks, Staustrahltriebwerkisolierung
ramjet operation Staustrahlantrieb
ram or beat down the earth, to die Erde rammen (Satellit)
rammer Hund, Ladestock, Ramme
rammer tube Schubstangengehäuse
ramming air intake Staulufteintritt für Vergaser
ramming airplane Rammflugzeug
ramming apparatus Rammapparat
ramming compound Stampfmasse (Bauwesen)
ramming cycle Ansetzvorgang
ramming cylinder Antriebszylinder für Ansetzer
ramming intake Staudruck-Lufteinlaß
ramming machine Stampfmaschine
ramming pressure Staudruck
ramming trial Aufsetzversuch
ramp Abfertigungsvorfeld, Schlauchbrücke, Flugsteig, Gleitschiene, Ladeplatz, Rampe, Vorfeld (Fluglandeplatz)
ramp actuating lever Rampenhebel
ramp articulator Rampenschwenkeinheit (Brücke)
ramp articulator panel Rampenverstelleinheit
ramp bay Rampenelement (Brücke)
ramp breakover angle Bauchfreiheitswinkel
ramp carrier Rampenwagen
ramp control Vorfeldkontrolle, Vorfeldüberwachung
ramp control valve Rampensteuerventil
ramp cylinder Rampenzylinder (leichter)
ramp door Hecktür
ramp door handle Hecktürverriegelungsgriff
ramp door handle lock Sperre zum Hecktürverriegelungsgriff
ramp duration Sägezahndauer (Oszilloskop)
ramp filler panel Rampenplatte (schwere Schlauchbootplatte)
ramp for climbing Auflaufzunge
ramp function Anstiegsfunktion, Rampenfunktion
ramp gate Bugrampe (Ladungsschiff)
ramp generator Rampengenerator, Sägezahngenerator
ramp girder Rampenträger
ramp hydraulic Rampenhydraulik
ramp launcher Startrampe
ramp lights Vorfeldlichter
ramp lock latch Rampenverriegelung
ramp lock lever Rampenverriegelungshebel
ramp nose Rampenspitze (Brücke)
ramp panel (scissor bridge) Auffahrtafel, Rampentafel
ramp pedestal Rampensockel
ramp reset Sägezahnrückstellung
ramp response Anstiegsantwort (EDV), Rampenverhalten (math. Funktion)
ramp service Vorfelddienst
ramp shaft ballig gedrehte Welle
ramp sight Rampenvisier
ramp signal Anstiegsfunktion
ramp slope Rampenneigung
ramp stiffener section Rampensicherung (zweiteilig) (schwere Schlauchbootbrücke)
ramp stiffener stop bar zweiteilige Rampensicherung (schwere Schlauchbootbrücke)
ramp sump Hydraulikkolbenbehälter
ramp, terminal Abfertigungsvorfeld, Flugsteig
ramp toe Rampenspitze (Brücke)
ramp tread panel Rampenträger (schwere Schlauchbootbrücke)
ramp type inlet, variable variabler Rampeneinlauf
ramp unit Rampenteil (Brücke)
ramp voltage Spannungsflanke

ramp wagon Rampenwagen
ramp weight Abstell-, Dienstgewicht (Flz)
rapart Wall, Anhäufung
rapart arch einhüftiger Bogen
ramped landing barge Landungsprahm mit Fallrampe
ramrocket Staustrahlraketenantrieb
Ramsauer cross section Ramsauer-Querschnitt
Ramsden dynamometer Austrittspupillen-Meßlupe nach Ramsden
ramsonde Kegelpenetrometer
ranching filler Füllschleifgrund
random stochastisch, zufällig, zufallsverteilt
random access Direktzugriff, direkter od. wahlfreier Zugriff bei konstanter Zugriffszeit zur Speicherzelle, beliebiger od. wortunabhängiger Zugriff (dig)
random-access addressing Adressierung für direkten Zugriff
random-access allocator Zuweisen von Großspeicherbereichen
random-access area Großspeicherbereich
random-access, autonomous...graphic display autonom graphischer Direktzugriffsschirm (EDV)
random-access computer Computer mit wahlfreiem Zugriff
random-access controller Großspeichersteuerung
random-access controller and disk storage maintenance program Wartungsprogramm für Großspeichersteuerung u. Plattenspeicher
random-access conventions Systemkonventionen für Großspeicher
random-access device Gerät mit wahlfreiem Zugriff
random-access edit Großspeicherauszug
random-access error recovery Fehlerbehandlung bei Großspeicher
random-access extent Großspeicherbereich
random-access file Datei mit direktem Zugriff, Direktzugriffsdatei, Großspeicherdatei (EDV)
random-access index edit Drucken des Etikettenbereichs od. Großspeicherbelegungsplans (EDV), Drucken des Zusatzspeicherinhalts (Rechner)
random-access initializer Vorbereiten eines Großspeichers
random-access label information Etiketteninformation u. Angaben für Großspeicherdateien
random-access memory Speicher mit Direktzugriff, Speicher mit wahlfreiem Zugriff, Randomspeicher, Direktzugriffsspeicher
random-access memory accounting Simultanabrechnung
random-access memory accounting machine Simultanabrechnungsmaschine
random-access memory or storage (RAM) Random-Access-Speicher (zufallsverteilter Zugriff schwankt wenig unter dem Mittelwert)(Rechner)
random-access method Direktzugriffsmethode, Direktzugriffsverfahren
random-access processing Behandlung einer Großspeicherdatei, Einzelverarbeitung
random-access programming Programmieren mit beliebiger Zugriffszeit, Random-Access-Programmieren, zugriffszeitunabhängiger Programmierer
random-access storage Direktzugriffsspeicher, Speicher mit direktem od. wahlfreiem Zugriff, Randomspeicher
random-access store Speicher mit direktem od. wahlfreiem Zugriff, Randomspeicher
random-access to service wahlfreier Zugang zur Abfertigung, zufallsbedingter Zugang zur Abfertigung
random-access volume Plattenstapel
random-access volume initializer Programm zum Neueinrichten eines Großspeichers, Programm zum Vorbereiten eines Großspeichers
random acquisition Zufallserfassung
random addressing Adressierung für direkten Zugriff, Einzeladressierung (EDV)
random adjustment willkürliche Justierung
random angular vibration regellose rotatorische Vibration
random approach Anflug aus beliebiger Richtung
random arming device Pausenuhr (Mine)
random, at unsystematisch
random bias zufälliger Einfluß
random bisection beliebige Zweiteilung (eines verschlüsselten Spruches)
random cargo gemischte Ladung
random cause Zufall, zufällige Ursache
random chain Zufallskette
random circuit richtungsunabhängige Schaltung
random coil Knäuel unregelmäßiger Ketten
random coincidence zufällige Koinzidenz, Zufallskoinzidenz (Atomphys)
random component Zufallskomponente
random criteria Zufallskriterien
random current Störstrom, Zufallsstrom, Randströmung (Halbleiter)
random data Zufallsdaten
random device Zufallsvorrichtung
random digit Zufallszahl
random distribution stochastische Verteilung, Zufallsverteilung
random drift Geschwindigkeit der Zufallsauswanderung
random drilling Testbohrung (Bergbau)
random drop (chaff) unregelmäßiger Düpelabwurf
random echo Zufallsecho
random effect Zufallserscheinung, Zufallsversager (A)
random error statistischer Fehler, Zufallsfehler (math, dig), unregelmäßiger Instrumentenfehler, zufällig od. statistisch verteilter Fehler
random excitation stochastische Erregung
random expansion zufällige Expansion (Nebelkammer)
random experiment Zufallsexperiment
random factor Zufallsfaktor
random failure Zufallsausfall
random-failure period Periode mit konstanter Ausfallsrate
random fluctuation zufällige Schwankung, Zufallsschwankung
random fluctuation, image degraded by statistisch gestörtes Bild

random force excitation ungeregelter od. zufälliger Anstoß
random forecast Blindlingsvorhersage
random function Zufallsfunktion
random generator Zufallszahlengenerator
random impulse process Prozeß des Zufallsimpuls
random-incidence response Empfindlichkeit mit diffusem Schallfeld
random input Zufallseingabe(wert)
random interference zufällige Störung, Zufallsstörung
random key beliebiger od. zufälliger Schlüssel
random length Herstellungslänge von Röhren
random linse (surveying) gebrochener Strahl
random list entry Zufallslisteneintrag
random load unregelmäßige od. schwankende Belastung
random loading Zufallsbelastung
random look Ansprechvorgang beliebiger Feldeinrichtung
random method Zufallsverfahren
random mining Streuverminung (UW-Mine)
random motion Zufallsbewegung
random network structure ungeordnete Netzwerkstruktur
random noise aleatorisches Signal, Zufallsgeräusch, Rauschstörung (Elektron), statistisch verteiltes od. weißes Rauschen
random noise vibration Schwingungsprüfung auf statisches od. weißes Rauschen
random noise weighting network (TV) Rauschbewertungsfilter
random number Randomzahl, Zufallszahl, Zufallsnummer (dig, math)
random number generator Zufalls(zahlen)-generator (päd)
random number processing Zufallszahlenrechnung (math)
random number seed Ausgangswert der Zufallszahl
random number sequence Zufallszahlenfolge
random operation ungewollte Auslösung
random-orbit satellite Satellit auf willkürlich gewählter Kreisbahn
random order Zufallsanordnung
random organization gestreute Speicherungsform (EDV)
random orientation regellose Orientierung, statistische Verteilung, Zufallsorientierung
random oscillation Zufallsschwingung
random output Ausgangsrauschen
random position zufällige Stellung
random-position scattering regellose od. zufällige Streuung
random process stochastischer Prozeß, Zufallsprozeß
random processing wahlfreie od. frei wählbare Verarbeitung (Rechner), wahlweise Verarbeitung
random production rate zufällige Produktionsquote
random pulse generator Zufallsimpulsgenerator
random response mittlere Empfindlichkeit des Mikrophons bei diffusem Schallausfall
random response curve Frequenzgang bei diffusem Schalleinfall
random sample Zufallsstichprobe
random sampling Stichprobennahme, zufällige Auswahl od. Stichprobe, Zufallsstichprobenverfahren
random sampling error Zufallsstichprobenfehler
random sampling number Zufallszahl
random satellite nichtabstandsstabilisierter Satellit
random scan stochastische Abtastung, wahlfreie Ablenkung (TV)
random scramble Zufallsverwürfelung
random sea unregelmäßiger Seegang
random selection Zufallsauswahl
random selection for service zufällige Abfertigungsauswahl, Zufallsauswahl für Abfertigungsauswahl, Zufallsfolge bei Abfertigung
random sensitivity Empfindlichkeit im diffusen Schallfeld
random sequence Zufallsfolge
random series Zufallsfolge
random signal Zufallssignal
random single unit Randomeinblockeinheit
random sound diffuser Schall
random start Zufallsanfangszahl, Zufallsstart
random structure Wirrordnung
random sweeping unabhängiges Räumen
random switching Abschaltung von Sendern in willkürlichen Abständen
random test Stichprobe
random time interval zufallsbedingter Zeitabstand
random track Zufallsstrecke (Kfz-Prüfung)
random traverse gebrochener Strahl
random trial bore hole Tastbohrloch
random triggering Fehlauslösung (identifizieren Freund/Feind)(Sekundärrundsichtradar)
random value Zufallswert
random variable stochastische Variable, Zufallsgröße, Zufallsvariable
random variation zufallsbedingte Veränderung zufällige Variation, aleatorische Schwankung
random vector abweichen Kursanweisung
random velocity ungerichtete Geschwindigkeit (Radioaktivität)
random vibration unregelmäßige Schwingung, Rauschen
random-vibration response unregelmäßige Schwingungskurve
random vibration test Rüttelversuch mit ungleichförmigen Schwingungen
random voltage Störspannung
random walk Zufallsschrittverfahren (Statistik), Zufallsweg
random-walk method Monte-Carlo-Methode (EDV)
random walk of a particle (nuclear) Irrfahrt eines Teilchens
random-walk problem Zufallswegproblem
random wave series unregelmäßige Wellenfolge
random winding Träufelwicklung (elektrische Maßeinheit)
random-wound wildgewickelt
randomization Randomisierung, Zufallszuteilung (Statistik)
randomize, to regellos anordnen, umrechnen auf Zufallszeichen, zufällig auswählen,

willkürlich anordnen od. verteilen, auf eine Zufallszahl umrechnen (Rechner)
randomized block Block mit Zufallszuteilung
randomized motion ungeordnete Bewegung
randomized strategy zufallsabhängige Strategie
randomizer Zufallsgenerator, Fahrstrecke (Schiff), Entmagnetisierungsstelle, magnetische Meßstelle, Schießbahn, Schießplatz, Schießentfernung, Schießgebiet (Torpedo), Eindringtiefe (taktisch)
randomizing Stichprobenzugriff (Suche nach freiem Speicherplatz), Umrechnen auf Zufallsnummer
randomizing formula Umwandlung einer Zahl in beliebige Adresse
randomy distributed regellos verteilt
range Aufzeichnungsbereich, Bereich, Bombenwurfplatz, Baumusterprogramm, Baureihe, Reichweite, Reichhöhe, Schußentfernung, Spannweite, Wertevorrat (einer Funktion), Tidenhub, Meßbereich, Entfernung, Empfangsspielraum (Funk), Fahrbereich
range (degaussing) Meßstelle (Schiff)
range (function) Argumentenbereich, Definitionsbereich
range (of frequency) Frequenzband, Frequenzbereich
range (surveying) Fluchtlinie
range (transport vehicle) Fahrstrecke (Lkw)
range accuracy Entfernungs(meß)genauigkeit (Radar, Sonar), Genauigkeit der Abstandsmessung
range accuracy firing Schießen zur Ermittlung der Längenstreuung
range adjustment Einschießen der Länge nach
range allowance Entfernungszugabe
range along line of sight from missile to target Entfernung Flugkörper/Ziel
range along line of sight from ship to missile Entfernung Schiff/Flugkörper
range along line of sight from ship to target Entfernung Schiff/Ziel
range along LMT Entfernung Flugkörper/Ziel (Torpedofeuerleitung)
range along LOS Entfernung Schiff/Ziel (Torpedofeuerleitung)
range along LSM Entfernung Schiff/Flugkörper (Torpedofeuerleitung)
range ambiguity check Entfernungsnachprüfung
range amplifier Verstärker für Entfernungssignal
range-amplitude display Anzeige für Entfernung, A-Schirm, Abstandsschirm, A-Darstellung, Abstandsdarstellung, Entfernungsbildschirm
range anchor light Ankerlicht, Richtlicht (Wasserfahrzeug, optisch)
range and azimuth Entfernung u. Reichweite (Radar)
range and bearing computation Entfernungs- u. Peilungsberechnung
range and bearing discrimination Auflösungsvermögen
range and bearing dual power amplifier Leistungsverstärker für Entfernung u. Richtung
range and range rate, from the beginning and end of a pulse, and a carrier-free radar could do that in the same way Entfernungsänderungsradar (kann die Geschwindigkeit des georteten Ziels aus den Laufzeiten der Vorder- u. der Rückflanke des Impulses ermitteln
range and range-rate information Entfernungs- und Dopplerinformation (modernes Waffenleitsystem)
range assembly Baugruppe, E-Anzeige u. Leuchtkreisverstellung
range at cruising speed Reichweite bei Reisegeschwindigkeit
range at economic speed Reichweite bei wirtschaftlicher Geschwindigkeit
range at full speed Reichweite bei voller Geschwindigkeit
range at maximum speed Reichweite bei Höchstgeschwindigkeit
range at % power Reichweite bei % Motorleistung
range attachment Meßzusatz
range automatic tracking error E-Meßfehler bei automatischer Zielverfolgung
range azimuth indicator Entfernungsazimutanzeiger
range balance E-Meßabgleich
range beacon Leitstrahlfunkfeuer, Streckenfunkfeuer
range-bearing display B-Schirmbild, B-Darstellung, Höhenschirm (Radar)
range between contact Kontaktspielraum
range bias potentiometer E-Meßpotentiometer
range bin Entfernungsinkrement
range blanking Nahbereichsausstattung
range boiler Wasserschiff
range bracket Feuerbereich
range bracket computer Feuerfreigaberechner
range by the dozen dutzendweise legen od. anordnen, in Dutzende abteilen
range calibrate pip E-Kalibrierimpuls, Entfernungskalibrierimpuls
range-calibrating-marker generator Entfernungskalibriermarkengeber, E-Eichgerät, Entfernungseichgerät, Entfernungseichmarkengenerator
range calibration Entfernungseichung
range calibrator Entfernungskalibriergerät, E-Eichgerät, Entfernungsmeßsender
range cam Laufscheibe
range capability (Grenz)reichweite
range card Punktplan, Zielpunktkarte
range carrier Gangplanetenträger
range change switch Entfernungsumschalter, Meßbereichsumschalter
range changing switch (radio) Bereichsumschalter
range chart Spannweitenkontrollkarte
range circuit Entfernungs(meß)kreis, Entfernungsmeßschaltung, Reichweitenumkreis
range clause Wertebereichseintragung, Wertebereichsklausel (COBOL)
range closure Annäherung
range clutch Schaltkupplung
range coding Entfernungscodierung, E-Codierung
range coefficient Ausdehnungsbeiwert
range comparison Entfernungsvergleich
range component Schußweitenkomponente

range computer Entfernungsrechner, E-Rechner
range cone E-Meßkegel
range control Entfernungsknopf, Entfernungsregler, Entfernungseinstellung, Steuerbereich
range control chart Kraftstoffdiagramm
range control shaft E-Steuerwelle
range control signal E-Steuersignal
range-control system Entfernungssteuersystem
range control tower Schießbahnkontrollturm
range control tube Steuerröhre für E-Fehlerspannung
range correction Entfernungskorrektur, -verbesserung, Standverbesserung, Verbesserung der Länge
range correction for deflection exclusive of drift Entfernungsvorhalt für Seitenabweichung durch Drall
range correction for relative motion of own ship and target Entfernungsvorhalt für Relativitätsgeschwindigkeit
range correction knob Entfernungskorrekturknopf (Rechner)
range counter Entfernungszählwerk
range coverage E-Meßbereich, Erfassungsmeßbereich
range crosshair Entfernungsmarke
range cursor Entfernungsanzeiger, E-Meßmarke
range curve Kurven abstecken
range data E-Daten, Entfernungsangaben, Entfernungsmeßwerte
range data out to the operating range Entfernungsinformation
range data transmission system E-Wertübertragungssystem
range DC voltage amplifier Gleichspannungsverstärkerspannung für E-Fehlerspannung
range decoder Entfernungsdecodiergerät, Entfernungsentschlüssler
range definition Entfernungsmeßschärfe
range delay E-Meßverzögerung, Laufzeitverzögerung
range delay of clutter scatter Laufzeitverzögerung der Rückstrahlung vom Störzeichenstreuobjekt
range detail Sicherheitsbefehl
range detection Entfernungserfassung
range detector E-Meßsignalgleichrichter
range determination Entfernungsbestimmung
range determining device E-Meßgerät, Entfernungsmeßgerät
range deviation Entfernungsabweichung
range diagram graphische Schußtafel (milit)
range dial Entfernungsskala
range discrimination radiale Auflösung, Entfernungsauflösungsvermögen (Radar)
range dispersion mittlere Längenstreuung
range dispersion on horizontal target Längenstreuung
range dispersion on vertical target Höhenstreuung
range displacement Entfernungsversetzung
range display Entfernungsanzeige
range Doppler shift ridge of ambiguity Dopplerverschiebungsdach der Mehrdeutigkeit
range drive assembly Entfernungsmeßtrieb
range drum Entfernungstrommel, Übertrommel
range dual amplifier Entfernungsverstärker
range endurancy maximale Fahrstrecke, Reichweite
range-energy relation Reichweiteenergie, Reichweitebeziehung
range error Entfernungsfehler
range error circuit Entfernungsfehlerschaltung
range error signal Entfernungsfehlersignal
range error voltage Entfernungsfehlerspannung
range finder Abstandsmesser, Geschützaufsatz, Empfangsstelle (Fernschreiber), Empfangssucher (FS), Entfernungsmeßgerät, Entfernungsmesser (Kamera), Basisentfernungsmesser (Vermessung), Einstandsentfernungsmesser, Teilkreiszeiger (Fernschreibmaschine)
range finder centerline Rotationsachse des E-Messers
range finder director E-Meßrichtgerät
range finder end window Austrittsfenster am E-Messer
range finder focus Fokus mit gekoppeltem Entfernungsmesser
range finder range Meßentfernung (Ballistik)
range finding Telemetrie, Entfernungsmessung
range-finding laser Laser-Entfernungsmesser
range flight Langstreckenflug
range focus control Scharfeinstellung
range follower Kathodenverfolger des Entfernungsanzeigers
range for alternating stresses Wechselbereich
range for fluctuating compressive stresses Druckschwellenbereich
range for fluctuating stresses Schwellenbereich
range for fluctuating tensile stresses Zugschwellenbereich
range for oscillating compressive stresses Druckschwellenbereich
range for pulsating compressive stresses Druckschwellenbereich
range for pulsating impressive stresses Eindruckschwellenbereich
range for pulsating or oscillating compressive stresses Druckschwellbereich (Test)
range frequency Leitstrahlfrequenz
range from short runway Reichweite ab kurzer Piste
range gate E-Meßimpuls, Entfernungstorimpuls, Entfernungstorschaltung
range gate channel E-Meßimpulskanal, Entfernungstorkanal
range gate circuit Entfernungstorschaltung
range gate in-out circuit E-Meßverstellschaltung, Entfernungstorverstellschaltung
range gate marker E-Meßmarke, Entfernungstormarke
range gate pulse Entfernungstorimpuls
range head (space) Zentrale am Kopf der Abschußzone
range height indicator (RHI) B-Schirm, Höhenschirm
range-IF-scan amplifier Entfernungs-ZF-Verstärker
range-in einfluchten, nach der Flucht ausrichten od. Einrichtung
range in a pole, to einen Stab einfluchten
range indicator E-Anzeiger, Entfernungsanzeigegerät, Bereichsanzeiger

range, instrument Instrumentenmeßbereich
range integrator Entfernungsintegrator
range into classes Klassifizieren, in Klassen ordnen
range knob Entfernungsknopf
range light Landerichtungsfeuer
range limit Reichweitengrenze
range, lower-powered unterer Schubbereich
range mark gate Entfernungsmarkentorimpuls
range marker Abstandsmeßmarke, Entfernungs(meß)marke, Entfernungsmarkierung (Radar)
range marker circuit Entfernungsmarkenschaltung
range marker generator Entfernungsmarkengenerator
range marker offset Entfernungsmarkenverschiebung
range measurement Abstandsmessung, Entfernungsmessung (Radar)
range-measuring circuit E-Meßkreis, Entfernungsmeßkreis
range-measuring Doppler Entfernungsmeß-Doppler
range memory circuit Entfernungsspeicherschaltung
range motor Entfernungs(stell)motor
range multiplier (instrument) Meßbereichs-Vorschaltwiderstand
range notch Entfernungsmeßkerbe
range of a DO statement (FORTRAN) Bereich einer DO-Schleife
range of action Wirkungsbereich, -breite
range of adaptability Anwendungsbereich
range of adaption Adaptionsbreite
range of adjustment Nachstellbarkeit, Regelbereich, Verstellbarkeit
range of aircraft Wirkung od. Reichweite eines Flugzeugs
range of an aircraft Reichweite eines Flugzeugs
range of an atom Atombezirk
range of an instrument Meßbereich des Instruments
range of application Verwendungsbereich, Anwendungsbereich
range of approach Zustellbereich
range of attack (aero) Anstellwinkelbereich
range of audibility Hörbereich
range of balanced error symmetrischer Fehlerbereich
range of brightness contrast Helligkeitsumfang
range of corpuscular emission Strahlenreichweite
range of elevation Höhenschichten, Höhenstufen
range of error Fehlerbereich
range of feed Vorschubbereich
range of fossil vertikale Verbreit(er)ung eines Fossils (geol)
range of frequency Frequenzband, Frequenzbereich
range of fusion Schmelzbereich
range of gun Schußbereich
range of magnification Vergrößerungsbereich
range of movement Spielraum (Rotorblatt)
range of nominal tension Nennspannungsbereich
range of positive pressure Überdruckgebiet
range of proportionality Proprotionalitätsbereich (allgem), elastischer Bereich (von Werkstoffen)
range of reception Empfangsreichweite (Radar)
range of revolution Drehzahlbereich
range of sight Sichtweite
range of speeds Drehzahlgeschwindigkeit
range of stress Schwingbreite der Spannung (Dauerschwingungsversuch)
range of temperature Temperaturbereich
range of tide Tidehub
range of transmission or transmitter Sendebereich
range of unambiguous number eindeutig darstellbarer Zahlenbereich
range of unbalanced error asymmetrischer Fehlerbereich
range of values Wertebereich (EDV)
range of visibility Sichtweite
range of vision Reichweite, Sichtweite
range of work Arbeitsbereich
range-only radar (ROR) Entfernungsmeßradar(gerät)
range or chain of hills Höhenzug
range or zone of dispersion or distribution Streuungsbereich
range ovens Ofenbatterie
range over ground Entfernung über Grund
range parameter Entfernungsparameter
range pattern E-Strichfigur (Radar)
range performance E-Meßleistung
range phanastron E-Meßphanastron
range pointer Entfernungszeiger (Radar)
range potential Reichweitenpotential (Flz)
range prediction Entfernungsvorhalt (Feuerleitung
range probable error fünfzigprozentige Längsstreuung (Radar)
range program initiate Flugprogrammeinleitungsimpuls (Radar)
range rate Entfernungsänderungsgeschwindigkeit
range rate integrator Entfernungsänderungsintegrator
range rate memory Entfernungsänderungsspeicher
range rate of change Entfernungsänderungsgeschwindigkeit
range rate readout Entfernungsänderungsanzeige
range receiver Entfernungssignalempfänger
range resolution Entfernungsauflösungsvermögen
range reticle Entfernungsleuchtkranz, Entfernungsleuchtkreis
range ring Entfernungsring
range ring generator Abstandsringgenerator
range safety command control system Bahnverfolgungs- u. Befehlsempfangsanlage
range selection Entfernungsbereichswahl
range selector Bereichswahlschalter, Bereichswähler, Meßbereichsschalter
range selector switch Entfernungsbereitschaftsschalter
range servo Entfernungsregelkreis
range slope potentiometer E-Spannungs-

gefälle, Potentiometer für Entfernungsgefälle
range step Entfernungsstufenmarke
range straggling Reichweitenstreuung
range strobe Hellmarke für Entfernungsmessung
range strobe clipper Entfernungsmeßmarkenkapper
range sweep E-Meßbasis, Entfernungsmeßbasis
range sweep control Maximal-Entfernungspotentiometer, Radarsuchbereichssteller, Suchbereichspotentiometer
range sweep generator E-Kippgenerator, Entfernungskippgenerator
range sweep pedestal E-Meßbasissockelimpuls, Entfernungsmeßbasissockelimpuls
range sweep potentiometer Maximal-Entfernungspotentiometer, Suchbereichspotentiometer
range sweep trace E-Meßspur, Entfernungsmeßspur
range switch Entfernungsfreigabeschalter
range table Zielkarte
range taker Meßmann
range timing distribution system Fern- u. Impulsverteilungssystem
range to station Entfernung zum Zielort
range to target Zielentfernung
range tracking and measuring circuit Zielverfolgungs- u. E-Meßkreis, Entfernungs-Nachführungs- u. Meßschaltung
range tracking circuit Zielverfolgungskreis (APG 3 U 51), Entfernungsnachführungsschaltung
range-tracking computer Entfernungs-Nachführungsrechner
range tracking unit Entfernungs-Nachführungsteil
range unit Entfernungsmeßteil
range unit for moving target Scheibenzuganlage für bewegliches Ziel
range view finder Meßsucher
range voltage E-Spannung, Entfernungsspannung
range wind component Längswindanteil, Längswindkomponente
range with auxiliary tank Reichweite mit Zusatzbehälter (Flugstrecke)
range zero E-Nulleinstellung, Entfernungsnulleinstellung
range zero potentiometer Potentiometer für Fußpunkteinstellung
range ZF amplifier Entfernungs-ZF-Verstärker
range ZF scan amplifier ZF-Abtastverstärker für Entfernung, Entfernungsmeß-ZF-Verstärker
ranging Meßbereichsumschaltung
ranging accuracy Entfernungsmeßgenauigkeit
ranging error Entfernungs-, E-Meßfehler
ranging fuse Zielzünder
ranging gun Einschießgeschütz
ranging information Entfernungsdaten
ranging observation Meßbeobachtung
ranging pattern E-Meßdiagramm, Entfernungsmeßdiagramm
rank Datenebene, Rang(folge)
rapid schnell, Stromschnelle
rapid access loop Schnellzugriffsspur
rapid-access memory Speicher mit kurzer od. unmittelbarer Zugriffszeit
rapid-access storage Speicher mit kurzer Zugriffszeit, Speicher mit unmittelbarem Zugriff
rapid-access store Speicher mit kurzer Zugriffszeit, Speicher mit unmittelbarem Zugriff
rapid align rasches Ausrichten
rapid buil-up of G Beschleunigungsgradient
rapid clamping Querbalkenklemmung (w)
rapid decompression schneller Druckabfall
rapid fading Schnellfading
rapid-fire gun Schnellfeuer(ungs)geschütz
rapid-fire weapon Schnellfeuerwaffe
rapid lens lichtstarkes Objektiv
rapid loading Schnellbeschickung
rapid memory Schnellzugriffspeicher, Schnellspeicher, Speicher mit kurzer Zugriffszeit (dig)
rapid neutron schnelles Neutron
rapid or instantaneous striking or firing Schnellzündung
rapid power or quick-return traverse Eilbewegung, Eilrückgang
rapid power traverse Schnellgang
rapid process Schnellverfahren (pla)
rapid reaction rasche Reaktionsbereitschaft
rapid reaction force (from the logistic support helicopter) Schnelleingriffskräfte (logistischer Transporthubschrauber)
rapid reaction installation Schnellangriffseinrichtung
"rapid-release" conventional spraying system "Schnellablaß" konventionelle Vorrichtung
rapid-return motion Eilbewegung, Eilrückgang
rapid scanning Schnellabtastung
rapid storage or store Schnell(zugriffs)-speicher, Speicher mit schnellem Zugriff
rapid table approach Schnellzuführung des Tisches (w)
rapid test Schnellprobe
rapid transfer rabbit Blitzrohrpost (Reaktor)
rapid transmitter Schnellgang (Werkzeugmaschine)
rapid traverse Schnellverstellung (w)
rapid traverse control Eilgangschaltung
rapid traverse control handle Eilgangschalthebel, Schnellgangschalthebel (w)
rapid traverse motor Eilgangmotor
rapid traverse shaft Eilgangwelle (w)
rapid warm-up and alignment schnelles Aufheizen u. Ausrichten
rapidity of a lens Objektivlichtkraft
rapidity of fire Feuer-, Schußgeschwindigkeit
rapidity of firing Abfeuergeschwindigkeit
rapidity of modulation Modulationsgeschwindigkeit
rapidity of vaporization Verdampfungsgeschwindigkeit
rap-the-pattern Modell zwecks Ausheben aus Gußform, losklopfen aus Gußform
rare action Differentialregelung
rare earth seltene Erdbeschaffenheit
rare faction Verdünnung
rare gas Edelgas, Helium, inertes Gas

rare gas cartridge Edelgassicherung
rare gas content Edelgasanteil (sp)
rare gas lighting arrester Edelgassicherung
rare gas photoelectric cell Edelgasphotozelle
rare gas rectifier Edelgasgleichrichter
rare metal Edelmetall
rare spark Knall-, Knarrfunken
rarefaction of air Luftverdünnung
rarefied atmosphere sauerstoffarme Zone
rarefy of a gas Gasverdünnung
RAS Radar-Abstandswarnsystem (Kfz)
RASH (rain showers) RASH (Regenschauer)
RASN (rain and snow or heavy rain and snow) RASN (Regen u. Schnee, schwere Regen- u. Schneefälle)
RASP (recognised air and surface picture)
rasp cut Raspelhieb
RASS Radio Acoustic Sounding System
RASS combines radio and acoustic technologies to determinate temperature RASS genanntes System für die Messung von Temperaturgradienten (Temperaturmeßradar)
RASS system, main applications of the... will be in forecasting fog formation and clearance, monitoring anomalies in the propagation of radio waves due to temperature inversion, optimising the use of power laser Anwendung findet **RASS** vor allem bei der Nebelvorhersage (Beginn der Nebelbildung, Auflösung), Messung elektromagnetischer Ausbreitungsanomalien durch Temperaturinversion, Optimierung des Einsatzes von Hochleistungslasern
raster display Rasterbildschirmgerät
raster element Rasterelement (bei digitaler Speicherung von Schriftzeichen)
raster presentation Raster(bild)darstellung (Elektronenstrahlröhre)
raster scan(ning) Rasterabtastung (TV)
raster scan digitizing device kartographischer Scanner-Digitizer
raster scan frame Rasterabtastungsmuster
raster-screen aperture Rasterblech
raster symbol Rastersymbol
raster width Rasterbreite
rastering process Rasterverfahren (bei Zeichenerkennung)(dig)
ratchet Klinkenrad, Sperrad
ratchet (maximum pointer) Zeigersperre (Drehzahlmesser)
ratchet antenna Sägezahnantenne
ratchet arrangement Sperrvorrichtung
ratchet assembly Sperrvorrichtung
ratchet brace Bohrknarre, Bohrratsche
ratchet brake Klemmsitz, Klemmsperre
ratchet, brake Zahnsegment für Bremsfeststellvorrichtung
ratchet chain hoist Kettenratsche (Spur)
ratchet cutter Knarrenfräser
ratchet die plate Knarrenkluppe
ratchet drill Knarrenbohrer
ratchet feed Sperrklinkenvorschub (lo)
ratchet gearing Sperrgetriebe, -mechanismus
ratchet handle Klinkengriff, Knarrenhebel
ratchet head Ratschenkopf
ratchet head adapter Aufsteckvierkant für Ratsche
ratchet-head screwdriver Drillschraubendreher
ratchet knob Klinkengriff
ratchet lever Klinkhebel
ratchet-lever jack Brückenheber
ratchet-lock disconnect Sperrklinkenkupplung
ratchet mechanism Sperrklinkenvorrichtung
ratchet oscillation Intermittenzschwingung
ratchet pipe stock Knarrenkluppe
ratchet pin Sperrklinkenbolzen
ratchet plunger Knarren(sperr)bolzen
ratchet reamer Rohraufbohrer
ratchet ring Gesperring
ratchet rod Klinkenstange
ratchet screwdriver umschaltbarer Drillschraubendreher
ratchet selector Knarrenstellbolzen
ratchet spanner Knarrenschlüssel
ratchet spindle Schaltachse
ratchet spring Klinkenfeder
ratchet starter Anwerfratsche (Außenbordmotor)
ratchet stop Ratschenantrieb (einer Schraublehre)(mech)
ratchet tractor (untracked) Radschlepper
ratchet valve Verblockungsventil (hydr)
ratchet wheel Klink(en)rad), Knarrenrad, Sperrad (Uhrwerk)
ratchet wrench Ratschenschlüssel
ratchet wrench, reversible Doppelratschenschlüssel
ratcheting Ratcheting (Brennstoffhülse)
rate Kennwort für Abhängigkeitsgefühl zweier Größenverhältnisse zueinander, Maßstab, Berechnung (math), Geschwindigkeit, Klasse, Lohnsatz, Rang, Kostensatz, Kostenverhältnis, Quote
rate (revolution per minute of engine) Fahrstufe
rate action Differentialverhalten
rate-aided tracking geschwindigkeitsunterstützte Flugverfolgung
rate altitude Nenn(leistungs)höhe
rate amplitude Vorhaltegrad
rate, at constant mit konstanter Geschwindigkeit
rate capacity Nennleistung
rate change Zeitänderung
rate channel Richtgeschwindigkeitskanal
rate circuit Geschwindigkeitsanpassungsschaltung, Geschwindigkeitsanpassungsstufe
rate combination point Tarifschnittpunkt (Eisenbahn- u. Straßentransport)
rate control D-Regelung, differential wirkende Regelung, Relativgeschwindigkeitskorrektur (Feuerleitung)
rate control device Schußfolgeregler
rate correction Geschwindigkeitsverbesserung
rate counter Häufigkeitszähler
rate demand control system Ansprechregelsystem
rate discriminating circuit Stärkeänderungsdiskriminationskreis (UW-Mine)
rate error Verhältnisfehler
rate-firing voltage Auslösespannung, Ansprechspannung
rate fixing Akkordberechnung
rate frequency Nennfrequenz
rate gap Entfernungsänderungslücke

rate generator Taktgeber
rate generator nozzle Prüfdüse für Brennstoffverbrauch (Torpedo)
rate growth Stufenziehen (Halbleiter), Zonenziehen (Transistor)
rate gyro Meßkreisel, Wendekreisel
rate gyro rotary selector switch Wendekreisel-Drehwahlschalter (Bodengerät)
rate gyro switch Schaltwendekreisel
rate gyro table Wendekreiselprüftisch
rate gyro test cable Wendekreiselprüfkabel (Torpedo)
"rate hole" Spülstangenabstelloch
rate hole packer Vorbohrlochpacker
rate I turn Instrumentenflugkurve I (3 Grad/sec), Standardkurve I (3 Grad/sec)
rate integrating gyro integrierender Wendekreisel
rate limiter Leistungsbegrenzer
rate loop Regler mit D-Verhalten, Regler mit Vorhalt(wirkung)
rate measurment error (Dreh)geschwindigkeitsmeßfehler
rate measuring arrangement Leistungsmeßanordnung
rate measuring gyroscope Wendekreisel
rate mechanism Geschwindigkeitsanpassungsgetriebe
rate meter Dosisleistungsmesser (radioaktiv), Ratemeter, Integrator, Leistungsmesser, Mittelwertmesser, Zählgeschwindigkeitsmesser
rate metering Gebührenerfassung
rate mode Betriebsart "Stabilisierung der Richtbewegung"
rate network Geschwindigkeitsanpassungsschaltung
rate of advance Vormarschgeschwindigkeit (Minensucher), Abbaufortschritt (Bergbau)
rate of air delivered Förderluftstrom
rate of air flow Luftdurchflußmenge, Luftdurchlaßsatz
rate of angular movement Winkelgeschwindigkeit
rate of ascent Steiggeschwindigkeit
rate of blow Schlagzahl (Bohrhammer)
rate of burning Abbrandgeschwindigkeit, Probeabbrand (Brennbarkeitsprüfung)
rate of caster change Nachlaufänderungsrate (Radaufhängung)
rate of catch Auffangmenge (Flugwetterb)
rate of change Änderungsgeschwindigkeit, Anstiegsgeschwindigkeit (Akustikmine), Änderungsbetrag (komm)
rate of change in pitch Änderungsgeschwindigkeit des Anstellwinkels
rate of change indicator Anzeigegerät für Wechselgeschwindigkeit
rate of change of altitude Höhenänderungsgeschwindigkeit
rate of change of bearing Peilwinkeländerungsgeschwindigkeit, Horizontalwinkeländerungsgeschwindigkeit, Seitenwinkeländerungsgeschwindigkeit (nav)
rate of change of compass bearing Änderungsgeschwindigkeit der Kompaßpeilung
rate of change of depth Tiefenänderungsgeschwindigkeit (U-Boot)
rate of change of error Fehlerwert-Änderungsgeschwindigkeit (Schiffsgeschütz)
rate of change of field Feldstärkeänderungsgeschwindigkeit (Magnetismus)
rate of change of field mine auf Feldstärkeänderung ansprechende Mine
rate of change of lead angle Änderungsgeschwindigkeit des Winkelvorhalts (Seite u/o Höhe)(Feuerleitung)
rate of change of leg difference Quergeschwindigkeit
rate of change of range Annäherungsgeschwindigkeit, Entfernungsänderungsgeschwindigkeit
rate of change of rate Annäherungsgeschwindigkeit
rate of change relay Gradientrelais, Stoßrelais
rate of charge Ladefähigkeit
rate of cleavage Spaltungsgeschwindigkeit
rate of climb Steiggeschwindigkeit
rate of climb gauge Steiggeschwindigkeitsmesser
rate of climb indicator Variometer
rate of climb measurement Steiggeschwindigkeitsmessung
rate of climb settles Steiggeschwindikeit stabilisiert sich
rate of climb speed Steigfluggeschwindigkeit
rate of closure Annäherungsgeschwindigkeit
rate-of-closure blank Umfang der Dunkelzone für Annäherungsgeschwindigkeit
rate of coagulation Koagulationsgeschwindigkeit
rate of combustion Verbrennungsgeschwindigkeit
rate of construction Baufortschritt
rate of conversion Umrechnungskurs
rate of cooling Abkühlungsgeschwindigkeit
rate of corrosion Korrosionsgeschwindigkeit
rate of creep Kriechgeschwindigkeit
rate of crystalline growth Kristallisationsgeschwindigkeit
rate of decay Abklinggeschwindigkeit, Zerfallsgeschwindigkeit, Zerfallsrate, Zerfallskurve (Atom)
rate of decline of production Maß des Förderabfalls
rate of decomposition Zersetzungsgeschwindigkeit
rate of decrease in temperature Wärmegefälle
rate of deflection Durchbiegungsgeschwindigkeit
rate of deformation Formänderungsgeschwindigkeit (Werkstoffprüfung), Verformungsgeschwindigkeit (Metall)
rate of delivery Lieferrate
rate of demand Anforderungshäufigkeit
rate of descent Sinkgeschwindigkeit
rate of desorption Ablösegeschwindigkeit (Farben)
rate of deterioration Abnutzungsgrad, Minderungsgrad
rate of detonation Detonationsgeschwindigkeit, Explosionsgeschwindigkeit
rate of development Entwicklungstempo
rate of dilution Durchmischungsgrad (Schweißtechnik)
rate of discharge Entladungsgeschwindigkeit

rate of disintegration Zerfallsgeschwindigkeit
rate of dispatch Abfertigungsgeschwindigkeit
rate of drilling process Bohrfortschritt
rate of duty Zollsatz
rate of effort Einsatzleistung
rate of elevation Höhenrichtgeschwindigkeit
rate of engine horsepower to frontal area Leistungsdichte
rate of evacuation (of vacuum pump) Sauggeschwindigkeit
rate of evaporation Verdampfungsmaß
rate of exchange Austauschgeschwindigkeit, Umrechnungskurs, Wechselkurs
rate of exhaust Massendurchsatz
rate of expenditure Verbrauchsrate
rate of extension Ausbreitungsgeschwindigkeit
rate of failure Ausfallquote, Fehlerquote, Fehlerrate
rate of fall Sinkgeschwindigkeit (Fsch)
rate of feed Vorschubgröße, -geschwindingkeit, Vorschubwert
rate of feed-off Seilablaufgeschwindigkeit von Trommel
rate of fire Feuer-, Gruppen-, Schußfolge
rate of flame propagation Zündgeschwindigkeit (Torpedo)
rate of flooding Wassereinbruchgeschwindigkeit (Bergbau)
rate of flow Durchflußmenge, Durchsatzgeschwindigkeit, Strömungsmenge
rate of fuel consumption Kraftsoffverbrauchssatz, Treibstoffverbrauchsrate
rate of growth Anwachsrate, Wachstumsrate, Zuwachsrate (komm)
rate of heat transfer Wärmedurchgangskoeffizient, Wärmedurchflußmenge
rate of icing Vereisungsgeschwindigkeit (Flugwetterberatung)
rate of information Informationsentropie, mittlerer Informationsgehalt je Symbol (EDV)
rate of information throughput Quote des Informationsflusses
rate of injection Einspritzgeschwindigkeit (Spritzgießmaschine)
rate of inversion Inversionsgeschwindigkeit
rate of landing Landefrequenz
rate of learning Lerngeschwindigkeit, Lernzuwachs (päd)
rate of length Längenquotient
rate of loading Belastungsgeschwindigkeit, Beanspruchungsrate
rate of march Marschgeschwindigkeit
rate of migration Wanderungsgeschwindigkeit
rate of movement Marschleistung
rate of oscillation Schwingungsdauer, Oszillationsrate
rate of oxidation Oxidierungsgeschwindigkeit
rate of pay Wechselkurs (komm)
rate of penetration in feet per minute Bohrfortschritt in Fuß pro Minute
rate of penetration log Bohrfortschrittsdiagramm
rate of penetration recorder Bohrfortschritts-Registrierinstrument
rate of power input Leistungsaufnahme
rate of pressure rise Druckanstiegsgeschwindigkeit
rate of production Fördermaß, Fördermenge, Maß der Fördermenge
rate of progress Bohrfortschritt
rate of propagation Ausbreitungsgeschwindigkeit, Fortpflanzungstempo (Wasser)
rate of proficiency attainment Leistungszuwachsrate (komm)
rate of rate Beschleunigung (zweite Ableitung), Winkelbeschleunigung
rate of rate turn Winkelbeschleunigung
rate of removal Geschwindigkeit der Abtragung (Metallurgie)
rate of roll Drehgeschwindigkeit um Längsachse, Rollgeschwindigkeit
rate of roll, best available maximal mögliche Rollgeschwindigkeit (Flz)
rate of rotation Dreh-, Rotationszahl
rate of scintillation Szintillationsrate
rate of side slip Quergeschwindigkeit
rate of slip Gleitgeschwindigkeit (Kristall)
rate of speech Sprechgeschwindigkeit, Sprechtempo (Funkspruch)
rate of spin Umdrehungs-, Rotationszahl
rate of spring Federkonstante
rate of straining Verformungsgrad
rate of target movement Winkelgeschwindigkeit des Ziels, Zielgeschwindigkeit
rate of thickening Maß der Mächtigkeitszunahme
rate of transfer Ausbreitungsgeschwindigkeit
rate of travel Wanderungsgeschwindigkeit
rate of traverse Seitenrichtgeschwindigkeit
rate of turn Drehgeschwindigkeit (Kurve), Rotations-, Umdrehungsgeschwindigkeit
rate-of-turn gyroscope (Gier-)Wendekreisel
rate-of-turn indicator Kurvenleistungsmesser, Wendezeiger (nav)
rate of vibration Schwingungszahl
rate one turn Standardkurve I (3 Grad/sec)
rate penetration recorder Bohrfortschrittsregistrierinstrument (Tiefbohren)
rate per hour stündliche Produktionsleistung
rate pilot fuel nozzle Brennstoffsteuerdüse (Torpedo)
rate potentiometer Geschwindigkeitspotentiometer
rate range Tarifspanne (komm)
rate, sampling Abtastfrequenz
rate sensor Winkelgeschwindigkeitsfühler, Winkelgeschwindigkeitssensor
rate signal Geschwindigkeits(ausgangs)signal, Wendesignal, Winkelgeschwindigkeitssignal
rate signal output Geschwindigkeitsausgangssignal, Geschwindigkeitssignalausgang, Winkelgeschwindigkeitsausgangssignal, Winkelgeschwindigkeitssignalausgang
rate table Drehmeßtisch (Bodengerät)
rate time Differentialzeit
rate, to Betriebsgröße angeben, beurteilen, vermessen, zuordnen
rate zone Gebührenbereich
rated altitude Nenn(leistungs)höhe
rated capacity Belastungsfähigkeit
rated coverage (of a radio beacon) Sollreichweite
rated cross section Nennquerschnitt

rated current Nennstrom
rated current load Nennstrombelastung
rated feed-back impulse dosierter Rückimpuls
rated height Nenn(leistungs)höhe
rated horsepower of an engine Nennleistung eines Motors
rated impedance Nennwiderstand, -bürde
rated load Nennbelastung, Nennlast
rated manifold pressure Nennladedruck
rated output or power Nennleistung
rated phase angle Fehlerwinkelgrenze der Genauigkeitsgrenze
rated power Nennleistung, -kraft (Motor)
rated pressure ND, Nenndruck
rated reliability Nennzuverlässigkeit
rated revolution Nenndrehzahl
rated size Nenngröße, Nennmaß
rated speed Nenndrehzahl
rated thrust Nennschub
rated total thermal power Gesamtwärmeleistung
rated transformation ratio Nennübersetzung
rated value Nennwert, Sollwert
rated voltage Nennspannung
rates of freight Frachtgebühren
rating Berichtigung, Dimensionierung, Gesamtheit der mit Nennleistung zusammenhängenden Betriebsgröße, Lizenzeintragung, Meßbereichendwert, Meßbereichnennwert, Grenzdaten (EDV)
rating plate (on machine) Daten-, Typenschild
ratings of the tube Röhrendaten
ratio Gleichgewichtigkeit, Verhältnis
ratio bridge circuit Vergleichsbrückenschaltung
ration computer Verhältnisrechner
ratio control Verhältnisregelung, -steuerung
ratio, dry hole-to-producer Verhältnis von Fehl- u. Fundbohrungen
ratio error Übersetzungsfehler
ratio meter Quotientenmesser
ratio of amplitude Amplitudenverhältnis
ratio of attenuation Dämpfungsverhältnis
ratio of capacitance Kapazitätsverhältnis
ratio of expansion Ausdehnungs-, Expansionsverhältnis
ratio of gearing Getriebe/Übersetzungsverhältnis
ratio of gyro angular momentum to gimbal inertia Quotient Drall/Trägheitsmoment um Rahmenachse (Wendekreisel)(nav)
ratio of inclination Neigungsverhältnis
ratio of lens aperture Öffnungsverhältnis od. relative Öffnung eines Objektivs
ratio of mixture Mischungsverhältnis
ratio of similitude Ähnlichkeitsverhältnis
ratio of slenderness Schlankheitsverhältnis
ratio of specific heats Verhältnis der spezifischen Wärmen
ratio of tension to thrust Zug/Druckverhältnis
ratio of the airflow from the low-pressure compressor Verhältnis des Luftdurchsatzes im Niederdruckverdichter
ratio of thickness to outside diameter Verhältnis der Wandstärke zum Außendurchmesser
ratio of viscosity relative Viskosität, Viskositätsverhältnis
ratio of weight to cylinder displacement Hubraumgewicht
ratio of yield point Streckgrenzenverhältnis
ratio, one-to-zero Eins-zu-Null-Verhältnis
ratiometer Quotientmesser
ratiometer type instrument Instrument nach Verhältnisprinzip arbeitend
ration Ration, Verpflegungsportion
ration allowance Verpflegungsgeld
ration and savings account Verpflegungsabrechnung
ration articles Verpflegungsgegenstände
ration depot Ersatz-, Verpflegungsmagazin
ration distributing point Verpflegungs(lager)-ausgabestelle
ration quantity Portionssatz
ration quantity scale Verpflegungssatz
ration requirement Verpflegungsbedarf
ration return Verpflegungsbezugsschein
ration saving Verpflegungsersparnis
ration stockage Verpflegungsbestand
ration storage Verpflegungsspeicher
ration strength Verpflegungsstärke
ration supply Beköstigungsmittel, Verpflegungsnachschub
ration supply depot Verpflegungslager
ration supply train Verpflegungszug
rational formula Konstitutionsformel
rational fraction rationaler Bruch (math)
rational horizon wahrer Horizont(Ebene durch den Erdmittelpunkt senkrecht zur Linie Zenit-Nadir)(Radar)
rational integral function rationale ganzzahlige Funktion (math)
rational number rationale Zahl
rational of instruction Rationalisierung des Unterrichts (päd)
rationalisation, internal interne Rationalisierung (Werftauslastung)
rationalize, to rationalisieren, wirtschaftlich gestalten
rationalizing effect Rationalisierungseffekt
rationalizing of its facilities Rationalisierung od. Konzentration der Betriebe, Betriebszusammenlegung
rationel rationell, vernünftig, wirtschaftlich
rationel fraction rationeller Bruch
rations and quarters Verpflegung u. Unterkunft
rations are relative to turbine speed Verhältnisse sind relativ zur Turbinengeschwindigkeit
rations delivery bomb Verpflegungsbombe
rations depot Verpflegungslager, -magazin
rations relative to crankshaft Verhältnisse relativ zur Kurbelwelle
rations subsistence supplies Verpflegungsmittel
RATO rocket-assisted take-off
RATO bottle Starthilfe, Starthilfsrakete
RATO unit Starthilfsrakete
RATT (radio teletype) Funkfernschreib...
rat-tail file Rattenschwanz (Sägeart)
rattle,to klappern, klirren, knattern
rattleproof klapperfrei
rattler attraction test (in a drum mill) Mahlversuch
rauvite Rauvit (uranhaltiges Erz)
raw data Originaldaten, Ursprungsdaten, Rohdaten (Rechner)
raw hide gear Rohhautgetriebe

raw hide mallet Rohhauthammer
raw material Ausgangswerkstoff, Rohstoff
raw material entrance Rohstoffeinlauf
raw or crude glycerine Rohglyzerin
raw radar data Radarrohdaten, rohe Radardaten
raw slag Rohschlacke
raw speed Grundgeschwindigkeit (dig)
raw video Rohvideo
raw video and synthetic data rohe Videodaten u. synthetische Daten
raw video display Rohvideobildschirm (nav)
ray atom Strahlatom
ray center Radialzentrum (Lubi)
ray contrast Strahlenkontrast
ray control electrode Strahlregelelektrode
ray deflection Strahlablenkung
ray filter Lichtfilter, Strahlenfilter
ray marker Radarbake
ray of light Lichtstrahl
ray path Bahnverlauf, Strahlenbahn
ray proofing Strahlenschutz
ray surface Strahlenfläche
"Raycheck" Raycheck
Raycheck departure control system Raycheck-Abflugkontrolle
Raycheck offers the very best in standalone check-in and load control system Raycheck bietet ein Maximum für die autonome Abfertigungs- u. Beladungskontrolle
Raycheck tackless delay by increasing agent efficiency using the same format for all types of check-in and optimising the use of standard and repeated data Raycheck gleicht Verzögerungen durch Erhöhen der Leistungsfähigkeit des Personals aus, indem es Standardverfahren für alle Arten der Abfertigung verwendet u. optimalen Gebrauch von genormten u. sich wiederholenden Eingaben macht
Raycheck takes a straight forward approach to load controls. It manages data, reduces manual entries, makes and checks all those calculations which will give the final information such as the underload before last minute changes and the laden index at zero fuel weight Raycheck dient aber auch zur direkten Beladungskontrolle. Es verarbeitet die entsprechenden Daten, reduziert die manuellen Eingaben, unternimmt u. prüft alle jene Berechnungen, welche die Endinformation geben, beispielsweise die Restladekapazität von Änderungen in letzter Minute u. den Ladeindex bei Kraftstoffleergewicht
rayon Rayon (Kunstseide)
rayon pulp Kunstseidenzellstoff
RB return to bias
RC Zeitkonstante
R.C. circuit RC-Glied
RCAF (Royal Canadian Air-Force) RCAF (Kanadische Luftwaffe)
RCC (rescue coordination center) RCC (SAR-Leitstelle)
RCF (radio communication failure message) RCF (Funkausfallmeldung)
RCIC system (nuclear) Notkondensationsanlage
RCIC-turbine (reactor) Nachspeisesystem-turbine, NSS-Turbine
RCL (runway centre line) RCL (Start- u. Landebahnmittellinie)
RCS measurement Radarrückstrahlverhalten
R&D stage Forschungs- u. Entwicklungsstadium
RDF radio direction finder
RDI radar Doppler impulsion
RDO (radio) RDO (Funk)
RE (rescent (/used to qualify weather phenomena such as rain, e.g.recent rain -RERA) RE (vor Kurzem) (zur Bezeichnung von Wettererscheinungen, wie Regen, z.B. vor kurzem Regen -RERA)
reach Einschraubstablänge, Einstreckung, Reichweite
reach at height of...m eine Höhe von...m erreichen
reacquisition time Wiedererfassungszeit
react ansprechen (Gerät usw)
reactance Blindwiderstand, Induktanz, Reaktanz
reactance characteristics Blindwiderstandskennlinie
reactance circle Blindkreis
reactance coil Drosselspule, Rückkopplungsspule
reactance component Blindkomponente
reactance drop of voltage Spannungsabfall durch Blindwiderstand
reactance modulator Blindmodulator
reactance protection Reaktionsschutz, Reaktanzschutz
reactance relay Reaktanzrelais
reactance theorem Reaktanztheorem
reactance transformer Reaktanztransformation
reactance tube Reaktanzröhre
reactance-tube modulator Blindröhrenmodulator, Frequenzmodler mit Blindwiderstands- u. Hubröhre
reactance voltage Blindspannung, Reaktanzspannung
reacting spring Gegenfeder
reacting value Milligrammäquivalent, Reaktionswert
reaction Antwort (Rechner), Rückkopplung (Elektron), Umsetzung (chem), Einwirkung, Reaktion (päd, med), Gegenwirkung, Rückwirkung
reaction amplifier Rückkopplungsverhältnisverstärker
reaction at the abutment Auflagedruck, Stützendruck
reaction boom control (satellite) Auslegersteuerung
reaction capacitor Rückkopplungskondensator
reaction chamber Reaktionskammer, Verbrennungskammer
reaction circuit Rückkopplungskreis, Rückkopplungsschaltung
reaction coil Drossel-, Rückkopplungsspule
reaction condenser Rückkopplungs-Drehkondensator
reaction conductance Rückwirkungsleitwert
reaction constant Reaktionskonstante
reaction control Reaktions-, Rückstoßsteuerung
reaction coupling Rückkopplung
reaction cross section Reaktionsquerschnitt
reaction engine Rückstoßtriebwerk
reaction energy Reaktionsenergie

reaction gas Reaktionsgas
reaction inhibitor Reaktionsverhinderer
reaction lump or stone Reaktionsstein
reaction of fuel-air mixture before ignition Vorreaktion (Brennstoff/Luftgemisch vor Zündung)
reaction of oxyhydrogen gas Knallgasreaktion
reaction point Auflagepunkt
reaction pressure Rückdruck
reaction rate Reaktionsgeschwindigkeit
reaction, reversible umkehrbare Reaktion (chem)
reaction spring (seat raising mechanism) Vorspannfeder (Sitzhöhenverstellung)
reaction temperature Reaktionstemperatur
reaction time Reaktionszeit
reaction time apparatus Reaktionszeitmesser
reaction time response Ansprechzeit, Reaktionszeit
reaction torque Reaktionsmoment
reaction transformer Rückkupplungstransformator
reaction type frequency meter Reaktionsfrequenzmesser
reaction type instrument Endwellenmeßinstrument
reaction vessel Reaktionsgefäß
reaction yield Reaktionsausbeute
reaction zone Reaktionsgebiet, Reaktionszone (Radioaktivität)
reactive absorber Reflexionsschalldämpfer, Resonanzschalldämpfer
reactive attenuator verlustfreier Abschwächer
reactive circuit Reaktanzkreis, Stromkreis mit Blindlast
reactive circuit element reaktives Schaltelement
reactive coil Drosselspule, Selbstinduktionsspule
reactive collector load Kollektorblindlast
reactive component Blindanteil, Blind(strom)-komponente, Blindwert, wattlose Komponente
reactive-component meter Blindverbrauchszähler
reactive current Blindstrom
reactive current meter Blindstromzähler
reactive diluent Härterverdünnung
reactive energy meter Blindleistungszähler, Blindverbrauchszähler
reactive factor Blind(leistungs)faktor
reactive foam pouring Reaktionsschaumgießen (pla)
reactive impedance Blindwiderstand
reactive injection moulding system (pla) Reaktionsspritzgußverfahren
reactive iron Reaktivitätseisen
reactive jet Rückstoßdüse, Treibstrahl (Strahltriebwerk)
reactive kilovolt-ampere Blindleistung in KVA
reactive load Blindlast, Blindbelastung, wattlose Belastung
reactive load bank Blindbelastungsbank
reactive modulation Blindmodulation (dv)
reactive network Kettenleiter aus wattlosen Elementen
reactive power Blindleistung
reactive power correction Blindleistungsausgleich
reactive power meter Blindleistungsmesser, Blindleistungszähler, Blindverbrauchszähler
reactive power relay Blindleistungsrelais
reactive termination reaktiver Abschlußwiderstand
reactive volt-ampere Blindleistung in VA
reactive volt-ampere-hour meter Blindleistungszähler, Blindverbrauchszähler
reactive voltage Blindspannung
reactive voltage component Blindspannungskomponente
reactivity Reagiervermögen, Reaktivität (nuklear, chem)
reactivity coefficient Reaktivitätskoeffizient
reactivity feedback Reaktivitätsrückkopplung
reactivity noise Reaktivitätsrauschen (Reaktor)
reactivity power coefficient Leistungskoeffizient der Reaktivität
reactivity rate Reaktivitätsrate (Reaktor)
reactivity temperature coefficient Temperaturkoeffizient der Reaktivität
reactivity worth (nuclear) Reaktivitätsäquivalent
reactor Drossel (dig), Atomreaktor, Kernreaktor, Reaktionskammer, Induktanzspule, Reaktionsgefäß, Dampfmischer
reactor accident Reaktorunfall
reactor art Reaktortechnik
reactor blanked Reaktorbrutmantel
reactor block Reaktorblock
reactor, boiling water Siedewasserreaktor
reactor capacitor firing Kondensatorzündung
reactor catastrophe Durchgehen eines Reaktors, Reaktorkatastrophe
reactor compartment Reaktorraum (U-Boot)
reactor compartment evacuation Entlüftung des Reaktorraums (U-Boot)
reactor compensation Drosselspulenkompensation
reactor compensator Drosselspulenkompensator
reactor condition Reaktorbedingung
reactor construction material Reaktorwerkstoff
reactor containment Reaktorschutzhülle, Reaktorsicherheitseinschließung, Reaktorsicherheitsschalter, Sicherheitsbehälter (am Reaktor), Reaktorsicherheitshülle (Euratom)
reactor control Reaktorregelung, -steuerung
reactor control board Reaktorregelpult
reactor control console Reaktorleitstand
reactor control room Reaktorkontrollraum, Reaktorzentrale
reactor control system Reaktorregelsystem
reactor core Reaktorspaltzone, Core, Reaktorkern, Spaltraum, Spaltzone
reactor core inventory control system (RCIC) RCIC-System, Notkondensationsanlage
reactor core inventory control turbine Nachspeisesystemturbine, NSS-Turbine
reactor coupling Drosselkupplung
reactor dosimetry Reaktordosimetrie
reactor dry containment (nuclear) Reaktorsicherheitsbehälter, Reaktorsicherheitshülle, Reaktorsicherheitsraum, Reaktorsicherheitsgebäude

reactor dynamic Reaktordynamik
reactor excursion Leistungsexkursion, Reaktorexkursion
reactor experiment physikalisches Reaktorexperiment
reactor, fast schneller Reaktor
reactor feed Spaltstoff
reactor fuel Kernbrennstoff, Spaltstoff
reactor fuel element Reaktorbrennelement
reactor hazard Reaktorrisiko
reactor, heavy water moderated schwerwassermoderierter Reaktor
reactor instrumentation Reaktorinstrumentierung
reactor kinetics Reaktorkinetik
reactor lattice Reaktorgitter
reactor, liquid-metal-cooled durch leichtschmelzende Metalle gekühlter Reaktor
reactor loading Reaktorbeschickung
reactor loop Kreislauf, Reaktor, Reaktorkreislauf, Reaktorversuchskreislauf, Reaktorloop
reactor noise Reaktorrauschen
reactor of a rocket Verbrennungsraum der Rakete
reactor operating log Reaktorlogbuch
reactor operator Reaktorfahrer, Reaktorbedienungspersonal, Reaktoroperator
reactor, organic-matter-cooled durch organische Stoffe gekühlter Reaktor
reactor oscillator Reaktoroszillator
reactor period Reaktorperiode, Reaktorzeitkonstante
reactor physics Reaktorphysik
reactor pin Stab im Reaktor, Reaktorstab
reactor plant Reaktoranlage (auf Schiffen)
reactor poison Reaktorgift
reactor power level Reaktorleistungsniveau
reactor pressure vessel Reaktordruckgefäß
reactor, pressurized water Druckwasserreaktor
reactor, pulsed Impulsreaktor
reactor pump Reaktorpumpe
reactor room Reaktorraum (Schiff)
reactor safety Reaktorsicherheit
reactor safety commission Reaktorsicherheitskommission, RSK
reactor safety fuse Reaktorschutzsicherung
reactor school Reaktorschule
reactor shell Reaktorhülle
reactor shield cooling Kühlung des Reaktorschilds
reactor shielding Reaktorabschirmung
reactor shielding calculation Reaktorabschirmungsberechnung
reactor shielding material Reaktorabschirmmaterial
reactor simulator Reaktormodell, Reaktorsimulator
reactor space Reaktorraum (Schiff)
reactor spectrum Energieverteilung für Neutronen im Reaktor
reactor sphere Reaktorkuppel
reactor string Reaktorbaureihe
reactor system Reaktorbaulinie
reactor tank Reaktorgefäß
reactor, tank-type Tankreaktor
reactor technology Reaktortechnologie
reactor theory Reaktortheorie
reactor, thermal thermischer Reaktor
reactor time constant Reaktorzeitkonstante, Reaktorperiode
reactor training school Reaktorschule
reactor transformer Drosseltransformator
reactor transfer function Reaktorübergangsfunktion
reactor trip Reaktortrip, schnelle Leistungsherabsetzung eines Reaktors, Schnellabschaltung (Reaktor)
reactor vessel Reaktorbehälter, Reaktor(druck)gefäß
reactor wall Reaktorwand
reactor waste Reaktormüll, Spaltstoffabfall
reactor water clean-up Reaktorwasserreinigung, RWR
reactor well Flutraum, Reaktorbecken
reactor with microporous fuel Reaktor mit mikroporösem Brennstoff
reactor with movable moderator Reaktor mit beweglichem Moderator
reactor, zero-power Nulleistungsreaktor, Nullenergiereaktor
read, additional...station zusätzliche Lesestation
read address Leseadresse
read, advanced vorgezogenes Lesen, Vorauslesen
read-after-write check Kontrollesen
read-after-write error Kontrollesefehler
read-after-write, to perform a...check kontrollesen
read amplifier Leseverstärker (Kernspeicher)
read and punch column binary Dualkartenverarbeitung
read-and-write store Lese- u. Schreibspeicher
read-around number Ablesezahl
read-around ratio Ablesezahl, Anzahl der Lesevorgänge in elektrostatischem Speicher mit einem Punkt
read back from storage, to Daten vom Speicher abrufen
read-back function test Rückmeldefunktionsprüfung
read-back pulse selector Rückmeldeimpulswahlschalter
read-back signal Lesesignal, Lesespannung
read back, to zurücklesen, wiederholen
read backward rückwärts lesen
read buffer Abfühlpuffer, Eingabepuffer(speicher), Lesepufferspeicher
read buffer storage Eingabepuffer(speicher), Lesepufferspeicher
read call Leseaufruf
read clutch Kartenkopfkupplung
read code selector Abfühlcodeselektor
read command Lesebefehl
read counter Ablesezähler
read current Lesestrom
read cycle Lesezyklus
read cycle time Lesezykluszeit
read data Lesedaten
read delay Abfühlverzögerung
read diode Readdiode, Lesediode
read direct (instruction) Lesen "direkt" (Befehl)
read, early card vorzeitige Kartenabfühlung
read error Lesefehler (dig), Abtastfehler

read feature Leseeinrichtung
read field Lesefeld
read gate Lesegatter
read head Abtastkopf (Magnetband), Lesekopf
read hopper Kartenmagazin
read impurity profile Read-Störstellenprofil (Halbleiter)
read in, to eingeben, einlesen, einspeichern
read-in program Eingabeprogramm, (Ein)-leseprogramm, Eingaberoutine
read-in routine Einleseroutine
read-in status Eingabezustand
read-in storage Speichereingabe
read information Leseinformation (EDV)
read instruction Abfühlinstruktion, Lesebefehl
read lockout Lesesperre
read mark Lesemarke
read, memory...amplifier Kernspeicherleseverstärker
read, nondestructive nichtlöschendes Lesen, zerstörungsfreies od. nichtzerstörendes Lesen
read-only, associative...memory (AROM) assoziativer Festwertspeicher
read-only, capacitor...storage Kondensatorfestwertspeicher
read-only control memory Mikroprogramm-Speicher
read-only instruction Festspeicherinstruktion
read-only, interchangeable...memory auswechselbarer Festwertspeicher
read-only memory Festwertspeicher, Lesespeicher, Totspeicher
read-only, semiconductor...memory Halbleiterfestwertspeicher
read-only storage Fest(wert)speicher, Lesespeicher, Totspeicher
read-only store Fest(wert)speicher, Lesespeicher, Totspeicher
read operation Leseoperation, -vorgang
read-out Ausgabe
read out and reset Ausgabe u. Löschung
read out circuit Ausgabespeicherschaltung
read out clock Ausgabezeitgeber
read out control Auslesekontrolle
read out exit Ausgabeausgang
read out pulse Abtastimpuls
read out station Lesestation (Streifenabtaster)
read out storage Speicheranzeige
read-out, to ausgeben, auslesen, ausspeichern, entnehmen (Daten aus Speicher)
read-out unit Abfühleinheit, Lesegerät (Magnetkern)(dig)
read out with check Ausgabe mit Prüfung
read output Lesesignal, Lesespannung
read output signal Lesesignal, Lesespannung
read parity error Abtastfehler, Lesefehler
read, partial...current Teillesestrom
read, partial...pulse Teilleseimpuls
read, permanent...error permanenter Lesefehler
read position Ablesestellung
read, postpunch Kontrollesen
read pulse Abfrageimpuls, Leseimpuls
read-punch, card...unit Lesestanzer, Lese-Stanzeinheit, Kartenabfühl- u. Kartenstanzeinheit
read, punch-feed Stanzen in gleiche Karte
read-punch machine Kartenabfühl- u. Stanzeinheit
read punch mode Stanzbetrieb
read, scatter gestreutes Lesen
read, scattered gestreutes Lesen
read, secondary Zweitkartenbürste, zweite Bürste
read statement Leseanweisung (COBOL), Lesebefehl
read-staticizing time Lesesignalauswertzeit
read station Lesestation
read, to lesen, einlesen, auslesen (dv)
read, unformatted...statement formatfreie Leseanweisung (FORTRAN)
read unit Abfühleinheit, Leseeinheit
read, unrecoverable...parity error permanenter Lesefehler
read winding Lesewicklung (eines Magnetkerns), Leseleitung, Lesewicklung
read word Faktorenspeicher
read-write amplifier Lese/Schreibverstärker
read/write check indicator Lese/Schreibprüfungsindikator
read/write circuit Lese/Schreibschaltung
read/write electronics Lese/Schreibelektronik
read-write head kombinierter Lese/Schreibkopf (Magnetbandgerät)(dig)
read/write rate Lese/Schreibgeschwindigkeit
readability Lesbarkeit, Verständlichkeit
readability scale Verständlichkeitsskala
readable ablesbar, lesbar
readback Wiederholen
readdress, to readressieren
readdressing Readressierung (Spruch)
reader Abfühler, Abfühlkartenkopf, Abtaster (dig), Lesegerät (EDV), Leser
reader, alphameric alphamerischer Leser
reader, alphameric optical alpha(nu)merischer Klarschriftleser
reader, badge Ausweisleser, Ausweisabtaster
reader, block Blockleser
reader, card (Loch)kartenleser, (Loch)kartenabtaster, Kartenabfühler
reader, card...program Kartenleseprogramm
reader, character Klarschriftleser
reader emitter Abfühlimpulsgeber
reader, high-speed Schnelleser
reader input Eingabe durch Lochstreifenleser
reader, magnetic character Magnetschriftleser
reader, microfilm Lesegerät, Mikrofilmlesegerät
reader, multi-font Multifontleser
reader, OCR tape Klarschriftstreifenleser
reader, operator's paper tape Bedienungslochstreifenleser
reader, optical optischer Klarschriftstreifenleser, optischer Leser
reader, optical character Klarschriftleser
reader, optical mark-page Markierungsleser
reader, optical mark scoring Markierungsleser
reader, page Blattleser
reader, paper tape Lochstreifenleser, Streifenabfühler, Streifenabtaster, Streifenleser, Lochstreifenabtaster, Lochstreifenabfühler
reader, perforated tape Lochstreifenabfühler, Lochstreifenabtaster, Lochstreifenabfühler

reader, photo-electric Fotoabfühler, optischer Abtaster
reader, photoelectric tape photoelektrischer Lochstreifenabtaster
reader-printer Lese- u. Rückvergrößerungsgerät, Leser- u. Rückvergrößerungssegment
reader-punch Lese/Stanzeinheit (EDV)
reader, punched card Lochkartenabfühler, Lochkartenabtaster
reader, punched tape Lochstreifenleser, (Loch)streifenabtaster, Lochstreifenabfühler, Streifenabfühler, Streifenleser
reader, selective Selektierleser
reader-sorter Magnetschriftsortierer, Sortierleser (EDV)
reader/sorter, optical optischer Belegsortierer
reader, strip Streifenleser
reader, tape (Loch)streifenleser, (Loch)-streifenabtaster, (Loch)streifenabfühler
readily volatile solvent schnellflüchtendes Lösemittel
readiness Feuerbereitschaft, Einsatzbereitschaft
readiness apron Alarmabstellplatz
readiness assurance Sicherstellung der Betriebsbereitschaft od. Betriebsfähigkeit
readiness condition Verfügbarkeitscode
readiness factor Betriebsfähigkeitsfaktor
readiness for action Einsatzbereitschaft, Feuerbereitschaft, Gefechtsbereitschaft
readiness for action or state for tactical preparedness Schlagfertigkeit
readiness for sea seeklar
readiness-for sea inspection Seeklarbesichtigung
readiness for take-off Startbereitschaft
readiness hangar Bereitschaftshalle
readiness inspection Betriebsbereitschaftsinspektion
readiness level Bereitschaftsgrad
readiness measures Bereitschaftsmaßnahmen
readiness mode Bereitschaftsstufe
readiness of forces Einsatzbereitschaft von Kräften
readiness posture Bereitschaftsgliederung, Einsatzbereitschaft
readiness room Bereitschaftsraum
readiness standard Präsenzmaßstab
readiness status Bereitschaftszustand
readiness test Überprüfung od. Kontrolle der Einsatzbereitschaft
readiness test program Bereitschaftsprogramm
readiness to accept command Befehlsübernahmebereitschaft
readiness to get under way Auslaufbereitschaft (Seefahrt)
reading Ablesewert, Ablesung, Anzeigewert, Lesen, Ablesemarke, Lesemarke, Stand am Anzeigegerät, Abtasten, Abfühlen, Meßgerätablesung
reading accuracy Ablesegenauigkeit
reading brush Abtastbürste
reading by mirror or reflection Spiegelablesung
reading, character Schriftlesen
reading, check Kontrollablesen
reading, continuous kontinuierliche Abtastung
reading device Lesegerät
reading, direct Vorwärtslesen
reading, document Beleglesen
reading error Abtastfehler, Lesefehler, Anzeigefehler
reading file Umlaufmappe
reading finger Abtasthebel
reading glass Ableselupe
reading head Lesekopf
reading, instrument Instrumentenanzeige, Instrumentenablesung
reading lamp Leseleuchte
reading machine Zeichenleser
reading, magnetic magnetische Abtastung
reading mechanism Abfühleinrichtung, Ableseeinrichtung
reading mirror Ablesespiegel
reading, nondestructive nichtlöschendes od. zerstörungsfreies Lesen, nichtzerstörendes Lesen
reading, optical mark optisches Markierungslesen
reading package Lesepaket
reading, photoelectric photoelektrische Abfühlung od. Abtastung
reading position Ablesestellung
reading prism Ableseprisma
reading pulse Abfrageimpuls, Leseimpuls
reading rate Lesegeschwindigkeit, Leseleitung
reading reliability Lesesicherheit
reading, reverse Rückwärtslesen
reading, selective Selektierlesen
reading, self-clocked Lesen mit Gewinnung des Taktes aus der Information
reading, serial Serienabtastung
reading signal Lesesignal
reading, slanted-mark...station Markierungslesestation für schräge Markierungen
reading speed (charge-storage tubes) Lesegeschwindigkeit
reading station Abfühlstation, Lesestation, Abführvorrichtung (Lochkartentechnik), Abtastvorrichtung (EDV), Lesegerät, Lesevorrichtung
reading track Lesespur (Plattenspeicher)
reading voltage Lesespannung (dig)
readings on the sight Visierablesemarken
readjust wiederherstellen, wieder in Übereinstimmung bringen
readout, bidirectional Zweirichtungsanzeige, Plus-Minus-Anzeige
readout cycle Ausgabezyklus (EDV)
readout error Anzeigefehler
readout head Schreibkopf
readout matrix Ausgabematrix (EDV)
readout, nondestructive nichtlöschendes od. zerstörungsfreies Lesen, nichtzerstörendes Lesen
readout recorder Ausgabeschreiber
readout sensitivity Abtastempfindlichkeit
readout speed Ausgabegeschwindigkeit
readout station Datenempfangsanlage
readout timer Schaltuhr mit Zeitdrucker
readout unit Anzeigeeinheit
readout, visual optische Anzeige
readout voltage Ausgabespannung
ready betriebsklar, klarmachen
ready (for operation) betriebsklar
ready (for take-off) startbereit, startklar
ready alert aircraft startklares Alarmflugzeug

ready area (pershing) Bereitschaftsbereich
ready building Bereitschaftsgebäude
ready crew Kampfbesatzung (Nike-Einheit)
ready disposition Bereitschaftsdisposition (Seetaktik)
ready-fixed fuse Fertigzünder
ready-fixed precussion fuse Fertigaufschlagzünder
ready for action einsatzbereit, feuerbereit
ready for action (said of an AA range finder) meßbereit, schlagfertig
ready for action (said of shell) schußfertig
ready for issue ausgabefertig (EDV)
ready for loading ladebereit
ready for mail postfertig, versandbereit
ready for operation betriebsbereit
ready for shipment versandfertig
ready for shipment report Versandbereitschaftsmeldung
ready for the field feldmäßig
ready for use streichfertig (pla)
ready for work betriebsbereit, betriebsklar
ready formation Bereitschaftsformation (Seetaktik)
ready lamp Sendebereitschaftslampe
ready light Feuerbereitschaftsleuchte, Fertiglampe (Torpedorohrsatz)
ready line Wartelinie
ready made gebrauchsfertig
ready missile startklarer Flugkörper
ready missile rate Flugkörperklarzustand
ready missile storage Raketenlagerplatz
ready operation betriebsbereit, betriebsfertig, betriebsklar
ready position Bereitschaftsplatz (Hschr)
ready pulse Fertigmeldung, Freigabeimpuls
ready reverse Verfügungsbereitschaft, "ready reverse" (US)
ready round feuerbereiter Flugkörper
ready spares Bereitschaftsersatzteile
ready storage area Bereitschaftslager
ready time Bereitschaftszeit, Zeit zur Herstellung der Betriebsbereitschaft (kreiseltechnisch)
ready to be fitted einbaubereit (Ersatzteil)
ready to compute auswert(e)bereit (aufklärende Art)
ready to depart Abfahrsignal
ready to fire schußbereit, startbereit (bereit zum Nullzählbeginn)(Rakete)
ready to fly flugklar
ready to move fahrbereit
ready to roll fahrbereit
ready to start startklar, startbereit, marschbereit
ready-to-transmit state Sendebereitschaft
ready to work einsatzbereit
ready to work control equipment einsatzbereite Flugsicherungsanlage
ready track Anrollschiene, Anrollstrecke
reafferent principle Reafferenzprinzip
reagents Reagenzien
real echt, tatsächlich, unverfälscht, wirklich
real real, reell (einfachgenau) (FORTRAN)
real address echte, reale od. wirkliche Adresse
real array side-locking radar seitwärts gerichtetes Radar mit echter Antenne
real axis reelle Achse
real component reelle Komponente
real constant reelle Konstante
real domain reelles Gebiet
real estate tax Grundsteuer
real horizon natürlicher Horizont
real memory Arbeitsspeicher, Realspeicher
real memory management Realspeicherverwaltung
real memory operating system (RMOS) Betriebssystem für reelle Speicher od. Adressierung
real mode reeller Modus
real number echte od. reelle Zahl (math)
real power Wattleistung, Wirkleistung
real precession reguläre Präzession
real property Immobilien
real sealing flight reiner Segelflug
real storage Arbeitsspeicher, Realspeicher
real-time Echtzeit..., Realzeit (in Zusammens.)
real time antenna Antenne für Echtzeitbetrieb
real-time behaviour Echtzeitverhalten, Realzeitverhalten
real time clock Digitaluhr für Realzeitbetrieb, Echtzeituhr, Uhrzeitgeber, Realzeituhr
real-time computer Echtzeitrechner
real-time computer-based system rechnergesteuertes Echtzeitsystem
real-time contact monitoring expander Puffer für Echtzeitkontaktüberwachung
real-time control Echtzeitsteuerung, Realzeitsteuerung
real-time control program Steuerprogramm für Echtzeitsystem
real-time data Echtzeitdaten
real-time data exchange on in-service engine performance Echtzeitaustausch von Daten über das Triebwerkverhalten
real-time data indexing system Echtzeitdatenindizierungssystem
real-time data processing schritthaltende Datenverarbeitung
real-time data reduction Echtzeitdatenreduktion
real-time display of runway visual range data (RVR) Auswertung u. aktuelle Anzeige der Pistenreichweite
real-time electroencephalogram (EEG) (biocybernetics) "In-Echtzeit" arbeitendes Elektronenenzephalograph (EEG)(Biokybernetik)
real-time evaluation of cine-theodolite measurements with reference to deviation Messungen unter Berücksichtigung der Ablage
real-time information, secure abhörsichere Echtzeitinformation
real-time input Echtzeiteingabe, Realzeiteingabe
real-time interactive graphic device Echtzeit-Grafikdialoggerät
real-time operation Realzeitbetrieb (Flugsicherung), schritthaltende Datenverarbeitung, Echtzeitbetrieb (EDV), schritthaltender Ablauf
real-time output Echtzeitausgabe, Realzeitausgabe
real-time procedure Echtzeitverfahren
real-time processing Echtzeitdatenverar-

beitung, schritthaltende Datenverarbeitung, Sofortverarbeitung (Rechner), Realzeitdatenverarbeitung (Flugsicherung), ständiger Kontakt mit Computer
real-time remote data processing Echtzeitdatenfern-, Realzeitdatenfernverarbeitung
real-time simulated image wirklichkeitsnahes Abbild (Radar)
real-time simulation Echtzeitsimulierung, Echtzeitsimulation, Realzeitsimulation
real-time simulator Echtzeitsimulator
real-time software centre Echtzeitprogrammzentrum
real-time synthetic aperture radar (SAR) Echtzeitgerät-Synthetic-Aperture-Radar
real-time system Echtzeit-, Realzeitsystem, Sofortverarbeitungssystem
real-time transmission of engine performance data been possible via data-link communications Echtzeitdatenübertragung der Triebwerkbetriebsdaten
real-time video enhancement Echtzeitvideoverstärkung (REVAL)
real-time visual flight information Echtzeitfluginformation
real-time working Echtzeit-, Realzeitbetrieb, schritthaltender Ablauf
real, to wiederausrichten (Moleküle)
real-to attack angriffsfertig, angriffsbereit
real-to-random ratio Verhältnis aus echten und zufälligen Impulsen
realignment of the missile coordinates system Neuausrichten des Lenkwaffenkoordinatensystems
realism in a simulator visual system, possible level of wirklichkeitsnahe Reproduktion der sichtbaren Umgebung (Hschr.-Simulator)
realism in flight simulation realistische Flugsimulation
realistic in steady flight states Nachbildung stabilisierter Betriebszustände (Hschr.-Simulator)
realistic reproduction of flying condition wirklichkeitsnahe Reproduktion der Flugbedingungen (GRIPEN)(Radar)
realistic view of the approaching terrain wirklichkeitsgetreue Sicht auf vorausliegendes Terrain (Gebiet)
realization Realisierung (Projekt)(komm), Verwirklichung (Plan)
realize, to ausführen, erkennen, klarmachen, begreifen, erfassen, sich vorstellen, verwirklichen
reallocate neu zuweisen, neu zuordnen
reallocation Neuzuordnung, Neuzuweisung
really in der Tat, tatsächlich, wirklich
ream, long Bogendruckpapier
ream out, to nachbüchsen
ream the hole out to gauge Bohrloch auf vollen Durchmesser nachbohren, nachnehmen, nachräumen
ream, to nachbohren, nachnehmen, nachräumen, aufweiten (Rohr), ausreiben, reiben
reamed bolt eingepaßte Schraube, Paßbolzen, Paßschraube
reamer Aufdornwerkzeug, Auftreiber, Bohrlochausräumer, Erweiterungsbohrer, Frei(schneide)bohrer, Gewindeschneidemaschine, Lochstrecker, Nachnehmer, Nachräumer, Vollbohrer, Räumer, Entgrater
reamer arbor Reibahlendorn
reamer bit Nachschneidbohrer
reamer blade Reibahlenmesser
reamer cutting e Reibahlenschneide
reaming Aufreiben, Aufräumarbeit, Gewindeschneiden, Nachschneiden, Schleifen
reaming attachment Aufreibevorrichtung, Auftreiber
reaming auger Nachbüchse
reaming bit Nachnehmebohrer, Nachschneidebüchse, Nachbohrmeißel
reaming fixture Reibvorrichtung
reaming instrument Erweiterungsgerät, Erweiterungsinstrument
reaming job Nachräumarbeit
reaming operation Reibarbeit
reaming press Aufweitepresse
reaming spindle Aufreibespindel
reamplify, to wiederverstärken
reams Glasschlieren
reams of figure große od. zahllose Mengen von...
reaping attachment Getriebeableger, Handablage
reapplication wiederholte Anwendung, erneutes Gesuch (od. Ersuchen)
reapply wieder(holt) anwenden od. beantragen, erneuten Antrag stellen, sich erneut bewerben
reapply a voltage, to Spannung wieder anlegen
reappoint wieder anstellen, wieder einsetzen, wieder ernennen
reappointment Wiederanstellung, Wiederernennung (komm)
rear Hinterseite, Hinterwand, Heck, Rückseite
rear access door hintere Zugangspforte (Ausblasekopf Torpedo)
rear anchoring clevis or stirrup Hinterbügel
rear access door hintere Zugangspforte (Ausblasekopf)
rear area control line rückwärtige Fliegerleitlinie
rear area damage control Schadensbekämpfung im rückwärtigen Gebiet
rear armor Heckpanzer
rear attack Rückenangriff
rear axle Hinterachse, Hinterbrücke
rear axle assembly Hinterachskörper
rear axle casing Hinterachsbrücke, Hinterachsgehäuse
rear axle coil spring Hinterachsschraubenfeder
rear-axle drive Hinterachsantrieb
rear-axle driving shaft Hinterachsenantriebswelle
rear-axle housing Hinterachsgehäuse
rear-axle housing cover Hinterachsengehäusedeckel
rear-axle shaft Hinterachswelle
rear-axle shaft joint driver Kreuzgelenkgabel
rear-axle tie bar Hinterachsstrebe
rear-axle tie rod Hinterachsuntersetzung
rear-axle torque bar Hinterachsstrebe
rear-axle tube Hinterachsrohr
rear ball race hinteres Kugellager
rear bearing Hinterlager, hinteres Lager

rear boundary of the communications zone Etappenanfangsort
rear bourrelet Führungswulst
rear brake hintere Bremse
rear buffer hinterer Puffer
rear buffer coil spring Schraubfeder zum hinteren Puffer
rear buffer ring spring Ringfeder zum hinteren Puffer
rear buffer washer Schlüssel zum hinteren Puffer
rear bumper hinterer Abweiser
rear cabin, without any window fensterlose Kabine (Flz)
rear cargo door hintere Frachtraumtür
rear cargo opening Heckladepforte
rear cockpit Rumpfkapsel, hinterer Führersitz
rear compressor casing hinteres Verdichtergehäuse
rear connection rückseitiger Anschluß
rear control cabin with built-in hydraulic platform Heckkabine mit aufgesetzter Hydraulikplattform
rear crankcase section Apparateträger, hinteres Kurbelgehäuseteil
rear cross section cargo hold hinteres Frachtabteil
rear door Bodenverschluß, hintere Klappe
rear drive Heckantrieb, Hinterantrieb, rückwärtiger Antrieb, rückwärts liegender Antrieb
rear echelon rückwärtige Staffel (LL)
rear echelon train Kolonnenstaffel
rear elevation hintere Ansicht, hintere Erhöhung, Rückansicht
rear engine Hecktriebwerk
rear engine jets heckmontiertes Triebwerk
rear-engine motor car Heckmotorwagen
rear-engined aircraft Flugzeug mit Hecktriebwerk
rear fuselage Rumpfheck, Rumpfhinterteil
rear fuselage angle template Heckkegelwinkellehre (Werkzeug)(Hschr)
rear fuselage under-surface Rumpfheckunterseite
rear gearbox hinteres Getriebe
rear guard action Nachhutgefecht
rear gun Heckgeschütz
rear gunner station Heckstand
rear handle attachment hintere Griffvorrichtung
rear hub hintere Nabe
rear, in the Hintergrund
rear landing gear Heckfahrwerk
rear light Hecklicht
rear loading ramp Heckladerampe
rear machine gun hinteres Maschinengewehr
rear main bearing or crankshaft hinteres Hauptlager der Kurbelwelle
rear-mounted heckmontiert
rear-mounted control surface heckmontierte Leitwerkfläche
rear-mounted jet turbine Heckstrahltriebwerk
rear number plate light Kennzeichenbeleuchtung
rear-mounted UDFs heckmontierte UDF-Triebwerke
rear nodal point bildseitiger od. hinterer Knotenpunkt
rear of receiver well Kreuzteil
rear-on wind Rückenwind
rear operating aperture bildseitige Apertur
rear or stern control surface Heckruder
rear or tail gunner Heckenschütze
rear point (of a march column) Nachspitze
rear position rückwärtige Stellung
rear pressure bulkhead Kabinendruckschott
rear propeller hinterer Propeller
rear recoil spring seat hinterer Rückstoßfedersitz
rear reflecting mirror Rückblickspiegel
rear rest Hintersupport
rear ring sight Hintersitzbank
rear scanning method Anschlußbolzen für Rumpfhinterteil
rear scavenge filter hinterer Spülfilter
rear seat bench Hintersitzbank
rear section attaching bolt Anschlußbolzen für Rumpfhinterteil
rear shaft air seal cap Wellendichtkappe (Twk)
rear shipping cap Transportschutzkappe (Raketenmotor)
rear shoe Ausrückbolzenfeder
rear sight base Visierfuß
rear sight leaf Visierklappe
rear sight pin Visierhaltestift
rear sight post Visierkimme
rear sight spring Visierfeder
rear spar Hinterholm
rear spring hanger Hinterfederbock
rear spring support Hinterfederstütze
rear steering system Rückwärtslenkung
rear step (on float gear) Nebenstufe
rear support Hinterstütze
rear toggle joint (on pistol) Hintergelenk
rear undercarriage strut hintere Fahrgestellstrebe
rear ventral door Heckladepforte
rear view hintere Ansicht, Rück(sicht)spiegel
rear-view mirror sphärischer Rückspiegel
rearward CG for high manoeuvrability Schwerpunktrücklage höherer Manövrierfähigkeit (Hschr)
rear-ward flight speed Rückwärtsfluggeschwindigkeit
rear-ward or down-ward engine noise field hintere od. untere Triebwerklärmzone
rear-ward position Rücklage
rear wheel attachment Hinterradeinrichtung
rear wheel brake Hinterradbremse
rear wheel hub Hinterradnabe
rear wheel pair Hinterradsatz
rear window Hinterfenster
rear zone impingement tube hinterer Kanal für Prallkühlung
rearmament Aufrüstung
rearrange, to umordnen, umverteilen (Daten bei Sortiervorgang), umorganisieren, neu ordnen (dig)
reason code Begründungscode
reasonable angemessen, maßvoll, vernünftig, verständlich
reasonableness check Plausibilitätskontrolle, Plausibilitätsprüfung
reasonably safe landing voraussichtlich

gute Landung ohne Bruch
reasoning Schlußfolgerung
reassemble a core barrel Kernrohr wieder zusammenbauen
reassembly Rückmontage, Wiederzusammenbau
reassign neu zuweisen, neu zuordnen
reassignment Neuzuordnung, Neuzuweisung
reassurance Bestätigung, wiederholte Versicherung
rebalancing potentiometer Abgleichpotentiometer
rebate (Preis)nachlaß
rebated joint (half lap) Falzfuge
rebating cutter (woodwork) Falzfräser
REBECCA Abfragesender des Eureka-Rebeccaverfahrens
REBECCA/Eureka beacon Rebecca-Eureka-Funkfeuer
rebending of the spring Nachspannen der Feder
reblock neublocken, umblocken
reblocking Neublocken, Umblocken
reboiler Nachverdämpfer
rebore, to nachbohren
rebound Rückprall, Springen (bei Landung), Zurückprallen
rebound hardness Rückprallhärte, Skleroskophärte
rebroadcast transmitter or station Ballsender(station), Rundfunksender
rebroadcasting Ballsenden, Rückfunkübertragung
rebuff Abweisung, Rückstoß
rebuild umbauen, umkonstruieren, wiederaufbauen
REC receive(r) Empfänger, Empfang
recalculate nochmal od. wiederholt rechnen
recalescence point Punkt in der Abkühl(ungs)-kurve von Stahl, an dem durch Karbidausscheidung eine vorübergehende Temperatursteigerung eintritt
recalibrate nacheichen
recalibration Nacheichung, Neueichung
recalibration shop Kaliberwerkstatt
recall data to the screen, to Daten auf Bildschirm zurückrufen
recall signal Nachrufsignal
recall, to abberufen, sich erinnern, wiederholen
receding target bewegliches od. gehendes Ziel
receipt Empfangsschein, Quittung, Wareneingang
receivable Außenstände (komm)
receive amplifier Empfangsverstärker
receive buffer Empfangspuffer
receive direction Empfangsrichtung
receive direction prompt entry Empfangsweckeintrag
receive direction prompter Empfangswecker
receive filter Empfangsfilter
receive frequency Empfangsfrequenz
receive instruction Empfangsinstruktion
receive line Empfängerleitung
receive macro Empfangsmakro
receive margin Empfangsspielraum
receive mode Empfangsbetrieb, -modus
receive pause Empfangspause
receive pause message Empfangspausenmeldung
receive pause supervision Empfangspausenüberwachung
receive picture Empfangsbild
receive program Empfangsprogramm
receive route number Empfangsrichtungsnummer
receive routine Empfangsroutine
receive sequence Empfangsablauf
receive side Empfangseite
receive subroutine Empfangsunterprogramm
receive terminal Empfangsterminal
receive unit Empfangsteil
receive wire Empfangsader
received, as im Anlieferungszustand
received data Empfangsdaten
received data message Empfangsdatenmeldung
received field strength Empfangsfeldstärke
received frequency Empfangsfrequenz
received power Empfangsleistung
received signal Empfangssignal
receiver Auffanggefäß, Empfänger, Fernhörer (Fsp), Kurshalteempfänger
receiver bandwidth Bandbreite des Empfängers
receiver cap Hörermuschel
receiver circuitry Empfängerschaltung
receiver clock Empfangstakt
receiver cover Hülsenbrücke
receiver cradle Telephonhörergabel
receiver difficulties Empfangsschwierigkeiten, Empfangsstörungen
receiver dipol Empfängerdipol
receiver failure Empfängerausfall (Funk)
receiver gating Empfängertastung, Entblockierung
receiver hoghorn Empfängerhornstrahler
receiver input circuit Empfängereingangsschaltung
receiver light Scheinwerfer für Luftbetankungsstutzer
receiver magnet Empfangsmagnet
receiver module Empfängerbaugruppe
receiver noise figure Empfängerrauschzahl
receiver noise level Empfängerrauschpegel
receiver output Empfängerausgangsleitung
receiver, range of Empfängerreichweite
receiver recovery Empfängererholung
receiver recovery time Empfängererholungszeit
receiver rest Telephonhörergabel
receiver scanning device Bildzusammensetzvorrichtung
receiver-side matching transformer empfangsseitiger Anpassungsübertrager
receiver selectivity Empfangstrennschärfe
receiver sensitivity Empfängerempfindlichkeit
receiver shell or case Hörergehäuse
receiver signal element timing Empfangsschrittakt
receiver silencing during band switching Empfängersperre für Frequenzbandumschaltung
receiver slide Zuführungsschlitten
receiver, synchronise the... Synchronisierung des Empfängers
receiver testing Empfängerprüfung
receiver top Kastendeckel
receiver/transmitter antenna (RTA) Empfangs-/Sendeantenne (RTA)

receiver tuning control Abstimmkontrolle des Empfängers
receiver video Empfängervideo
receiver vise Einspannblock für Gehäuse
receiver voucher Empfangsbeleg
receiving amplification Empfangsverstärkung
receiving and classification section Annahme- u. Klassifizierungsabteilung
receiving and measuring station Frequenzüberwachungszentrale
receiving antenna Empfangsantenne
receiving bin Auffangfach
receiving channel Empfangskanal
receiving circuit Empfangskreis
receiving circuit tester Empfangsprüfer
receiving controller übernehmender FS-Kontrolleiter
receiving current density Feldübertragungsmaß
receiving disk Empfangsscheibe
receiving distributor Empfangsverteiler
receiving end Empfangsseite, Verbraucherseite
receiving energy (electron) Empfangsenergie
receiving equipment Empfangsgerät
receiving facility (ATC) übernehmende FS-Kontrolleinrichtung
receiving field Aufnahmeplatz
receiving frequency Empfangsfrequenz
receiving group translator Empfangsgruppenumsetzer
receiving homing equipment Empfangs-/Zielfluggerät
receiving hopper Einlaßrumpf, -trichter
receiving inspection Eingangsprüfung (Qualitätskontrolle), Prüfung bei Anlieferung
receiving-line, virtual...number virtuelle Empfangsleitungsnummer
receiving loop Empfangsschleife
receiving magazine Ablagefach, Kartenablage(fach), Ablageschacht
receiving magnesyn Empfangsmagnesyn
receiving only (RONLY) nur auf Empfang, "nur empfangen"
receiving operator Empfangsfunkfeuer
receiving optics Empfangsoptik
receiving perforator Empfangslocher, Lochstreifenempfangslocher
receiving period Wartezeit
receiving power Hörstrom (Telephon)
receiving pulse Empfangsimpuls
receiving range Hörreichweite
receiving reel Aufwickelspule (Film)
receiving relay Aufnahmerelais
receiving repeater Empfangsverstärker
receiving report Empfangsbeleg
receiver response Empfangsfrequenzgang (Hydrophon), Empfangsübertragungsmaß, Empfangsempfindlichkeit (UW-Akustik)
receiving scraper trap Molchkammer für ankommende Pipeline
receiving sensitivity Empfangsempfindlichkeit (UW-Akustik)
receiving sequency Empfangsablauf
receiving set Empfangsanlage, Funkempfänger
receiving site Aufnahmeplatz
receiving speed Aufnahmegeschwindigkeit
receiving spool Aufwickelspule (nichtentwikkelter Film)
receiving station Empfänger einer Nachricht, Empfangsstation, -stelle
receiving system Empfangssystem
receiving tape Empfangsstreifen
receiving terminal (computer) Datensenke, Empfangsterminal, Empfangsstation
receiving terminal letter Kennbuchstabe der Empfangsstelle
receiving unit (communication) empfangende FS-Stelle
receiving voltage Empfangsspannung
receiving water Vorfluter
recent kürzlich entstanden, neu
recent formation rezente Bildung, heutige od. neue Ablagerung (geol)
recently built neukonstruiert
recentre, to auf Mittelstellung zurückbringen
receptacle Buchse(nteil) (feststehend od. beweglich), Kupplung (Kabel), Lochstecker, Steckerverbindung, Aufnahme für Stecker, Behälter
receptacle box Steckdosenkasten
receptacle connector terminal Buchsenanschluß
receptacle dummy connector Blindsteckdose
receptacle latch Kupplungsriegel (Luftbetankungsanlage)
reception area Empfangsbereich
reception basin Sammelbecken
reception capacity Aufnahmekapazität
reception diagram Empfangsdiagramm
reception facilities Aufnahmeeinrichtungen
reception fair (radiologs only) Empfang klar, rein, deutlich
reception good Empfang gut (Radio)
reception keying instrument Empfangstastengerät
reception nil (radiologs only) kein Empfang
reception plane Aufnahmeplan (Taktik)
reception pocket (Karten)ablagefach, Ablageschacht
reception poor (radiology only) empfangsarm
reception route number Empfangsrichtungsnummer
reception with vibrating relay Vibrationsempfang
receptor, sensory meßfühlerartiger Rezeptor (Bionik)
recess Absatz, Ausfräsung, Aussparung, Einbuchtung, Eindeckung, Eindrehung, Nische, Vertiefung
recess, to aussparen, eindrehen, vertiefen
recessed mit Aussparung versehen
recessed drive (screw) Innenantrieb
recessed-face flange Rücksprungflansch
recessed flange connection Flanschanschluß mit ausgesparter Anschlußfläche
recessed fuze versenkt eingeschraubter od. eingesetzter Zünder
recessed head Kreuzschlitz (Schraubenkopf)
recessed headlamp Einbauscheinwerfer
recessed lighting fitting Einbauleuchte
recessed pan head screw Halbrundschraube mit Kreuzschlitz
recessed pan-head tapping screw Linsenblechschraube mit Kreuzschlitz
recessed screw-in-type fuze versenkt eingeschraubter Zünder

recessed washer Napfscheibe, ausgesparte Scheibe, Schulterscheibe innen angesetzt
recessing lever Einstechhebel
recessing tool Hakenmeißel, Hinterstechwerkzeug, Nutendrehmeißel
recession gas generator Verdrängungsentwickler
recharge basin Anreicherungsbecken
recharge of a secondary cell Nachladung eines Sammlers
recharge, to neu aufladen, wiederladen, wieder beschicken
recharge well Grundwasseranreicherungsbrunnen, Sickerbrunnen
rechargeable nachladbar (FK-Startgerät)
rechargeable battery aufladbare Batterie
recharging apparatus Sauerstoffüllwagen
recharging trailer for flame throwers Flammenwerferfüllwagen
rechuck, to umspannen
rechucking device Umspanneinrichtung
rechucking of the rods Wiedereinspannen des Bohrgestänges in Bohrfutter
recipe Mischungsvorschrift, Rezept, nach Verordnung, nach Vorschrift
recipient Empfänger einer Nachricht
reciprocable hin- u. herbeweglich
reciprocal reziproker Wert (math), Kehrwert, reziprok, wechselseitig
reciprocal action Wechselwirkung, wechselseitige Handlung
reciprocal basin Anreicherungsbecken (chem)
reciprocal bearing Gegenpeilung, Gegenstandlinie, Rückenpeilung (Radar)
reciprocal cam Kurvenscheibe für Kehrwert
reciprocal course Gegenkurs
reciprocal course index Gegenkursnadel
reciprocal cross section reziproker Querschnitt
reciprocal equation reziproke Gleichung
reciprocal interstate air traffic Poolverkehr im Luftverkehr
reciprocal lattice reziprokes Gitter
reciprocal leg Gegenkursteil
reciprocal length reziproke Länge
reciprocal milling Pendelfräsen
reciprocal observation gegenseitige Anzielungen od. Beobachtung
reciprocal of amplification factor Anodendurchgriff
reciprocal of screen amplification factor Schirmgitterdurchgriff
reciprocal runway heading Startbahngegenkurs
reciprocal track entgegengesetzter Kurs od. Grund
reciprocal value reziproker Wert, Kehrwert
reciprocal velocity reziproke Geschwindigkeit
reciprocate, to hin- u. her bewegen, pendeln, schwingen
reciprocating aircraft Flugzeug mit Kolbentriebwerk
reciprocating beam Schwingbalken
reciprocating brush hin- u. herbewegende Bürste
reciprocating compressor Kolbenkompressor
reciprocating engine Kolbenmaschine, Kolbentriebwerk, Hubkolbentriebwerk, Motor mit hin- u. hergehendem Triebwerkteil
reciprocating engine-type test Leistungsnachweis von Kolbenmotor
reciprocating frame Hubrahmen (Kokillenhubeinrichtung)(Strangpressen)
reciprocating motion hin- u. hergehende Bewegung
reciprocating movement Pendelbewegung
reciprocating movement motor Schwingmotor
reciprocating part sich hin- u. herbewegendes Teil
reciprocating piston compressor Hubkolbenverdichter
reciprocating pump Hubkolbenpumpe
reciprocating pump for transmission oil Kurbelpumpe für Getriebeöl
reciprocating rack beweglicher Rechen (Kühlblatt)(Walzwerk)
reciprocating rolling process Pilgerschrittverfahren (Herstellung nahtloser Rohre)
reciprocating screw axial verschiebbare Schnecke (Spritzguß), Schneckenkolben (direkt einspritzende Schnecke), Schubschnecke (Extrusion)
reciprocating steam engine Dampfkolbenmaschine
reciprocating steam pump Dampfkolbenpumpe
reciprocating stroke hin- u. herbewegendes Werkzeugteil
reciprocating-type supercharger Kolbenverdichter
reciprocating voltage hin- u. herbewegende Spannung
reciprocation Hin- u. Herbewegung, Wechselwirkung
reciprocity Gegenseitigkeit
recirculated air Rezirkulationsluft
recirculated air riser duct Aufsteigsleitung für Rezirkulationsluft
recirculating air Umluft
recirculating air intake adapter Abgasführungsstück
recirculating air service Umluftbetrieb
recirculating ball screw nut Kugelumlaufmutter
recirculating ball-type worm-and-nut steering gear Kugelumlauflenkgetriebe (Sonderform des Schraubenlenkgetriebes), Kugelumlauflenkung
recirculating combustion air intake adapter Abgasführungsstück
recirculating heating Umlaufheizung
recirculating hot-air drier Umlufttrockner
recirculating line Rücklaufleitung
recirculating liquid-oxygen cooling cycle Flüssigsauerstoffkühlkreis mit Rezirkulation
recirculating loop Registerspur, Umlaufschleife
recirculating loop memory (computer) Umlaufspeicher
recirculating piping or line Rückleitung
recirculating pump Rückförderpumpe, Rückführpumpe, Rücksaugpumpe, Umlaufpumpe, Umwälzpumpe
recirculating register Umlaufregister
recirculating system Umlaufsystem
recirculating track Magnettrommelspur als dynamisches Register verwendet, Registerspur
recirculation ball-type steering Kugelumlauflenkung

recirculation changeover valve Rücklaufumschaltventil
recirculation effect Rezirkulationseffekt
recirculation or "shoestring" system Rezirkulationsanlage
recirculation pump Umwälzpumpe
recirculation valve Rücklaufventil
recirculator Umwälzvorrichtung
recirculatory pipe Rücklaufrohr
reckless flying rücksichtslose Luftfahrzeugführung, fahrlässiges Fliegen
reckless operation of aircraft rücksichtsloses Führen von Luftfahrzeugen
reckon in Ansatz bringen, mit einem Umstand rechnen
reckon up, to aufrechnen (komm)
reclaim heat Rückgewinnungswärme
reclaimable waste Abfallstoff
reclaimed of lubricating oil regeneriertes Schmieröl
reclaimed rubber regenerierter Altgummi
reclaiming of solid matter Feststoffgewinnung (geol)
reclaiming tank Rücklaufbehälter
reclamation (of equipment) Bearbeitung zur Wiederverwertung, Beschwerde, Reklamation, Wiedergewinnung
reclassification Neueinstufung, Umklassifizierung
reclearance Freigabeänderung, Neufreigabe
recleared Wiederfreigabe, Wiederfreigeben
reclining seat fitting Liegesitzbeschlag
reclosing, automatic automatische Wiedereinschaltung
recoat, to überstreichen
recoatability Reparaturfähigkeit, Überarbeitbarkeit
recoating Neulackierung
recock, to aufrichten (Kreisel), feststellen, sperren (Kreisel)
recocking lever Schlagbolzenspannhebel
recocking wire Sicherungsdraht (Torpedo)
recode Umcodierung
recode selector Umschlüsselungsselektor, Vergleichsselektor
recoding Umcodieren
recognise auswerten, bewerten
recognition Erkennung (päd), Gültigkeitsanmerkung (Art. 33 ICAO-Konvention), Identifizierung
recognition, call...time Ruferkennungszeit
recognition, character automatische Zeichenerkennung, Schriftzeichenerkennung
recognition, character circuits Zeichenerkennungslogik
recognition circuitry Erkennungslogik, Erkennungselektronik, Erkennungsschaltung
recognition, compensated character ausgleichende Zeichenerkennung
recognition, corner cut Eckenabschnittserkennung (Impuls)
recognition device Erkennungsgerät (EDV)
recognition differential Erkennbarkeitsmaß
recognition equipment Erkennungsgerät
recognition intelligence Unterlagen für Erkundung (Kriegsmaterial)
recognition light Kennleuchte, Erkennungslicht, Kennlicht (av)
recognition light switch Kennlichtschalter
recognition logic Erkennungslogik, -elektronik
recognition, mark Erkennung von Markierungen, Markierungserkennung
recognition notice Anerkennungsbescheid
recognition of visible constellation Identifizierung sichtbarer Sternbilder
recognition, optical character (OCR) optische Zeichenerkennung
recognition order Anerkennungsbescheid
recognition, pattern Flächenmustererkennung, Strukturerkennung
recognition program Erkennungsprogramm
recognition routine Erkennungsroutine (EDV)
recognition signal Erkennungssignal
recognition, speech Spracherkennung
recognition, speech-and-pattern Sprach- u. Zeichenerkennung
recognition storage or store Erkennungsspeicher
recognition threshold Wiedererkennbarkeitsschwelle
recognizable erkennbar, identifizierbar
recognize many levels of a particular signal in mehrere Energiebereiche zerlegen
recognize route Beförderungsweg
recognize, to (an)erkennen, wiedererkennen
recognizer Erkennungsgerät (EDV)
recognizer, memory protect Bereichsschutzauswertung
recoil Lafettenrücklauf, Rücklauf, Rückstoß, Rohrrücklauf
recoil adapter Rohrbremse, Rückstoßdämpfer
recoil adjuster Rücklaufwegregler
recoil and counterrecoil time cycle Rück- u. Vorlaufzyklus, Zeit für Rück- u. Vorlauf
recoil atom Rückstoßatom
recoil booster sleeve Rückstoßhülse
recoil brake Rückstoßdämpfung, Schußbremse
recoil buffer Rohrrücklaufbremse, Hemmkeil
recoil bushing Ringfederwiderleger
recoil compensating ring Rückstoßausgleichring
recoil counter Rückstoßzähler
recoil cylinder Rohrbremszylinder, Rücklaufzylinder
recoil cylinder filler plug Füllochschraube des Bremszylinders (Waffen)
recoil cylinder piston key ring Sicherungsring (geteilt)(Rohrbremse)
recoil cylinder piston retaining ring Bremskolbenring (Rohrbremse)
recoil cylinder replenisher valve Rohrbremszylinderfüllventil
recoil cylinder replenishing manifold Rohrbremszylinderfüllanschluß
recoil cylinder replenishing valve Rohrbremszylinderfüllventil
recoil cylinder spring retainer hinteres Vorholfedergegenlager
recoil cylinder spring ring vorderes Vorholfedergegenlager
recoil displacement Rücklaufweg
recoil effect Rückstoßeffekt
recoil electron Rückstoßelektron
recoil escapement rückspringende Hemmung
recoil feeder Rücklaufzubringer
recoil fluid Bremsluftflüssigkeit
recoil force Rückstoßkraft
recoil fragment Rückstoßbruchstück

recoil guard cover Abdeckblech im Abweiser
recoil guide key Führungskeil
recoil housing Rückstoßfedergehäuse
recoil indicator Rücklaufanzeigebolzen
recoil indicator assembly Rücklaufanzeiger
recoil indicator handle Rücklaufanzeige-rast(er)stift
recoil indicator holding bracket Rücklauf-anzeigergehäuse
recoil ion Rückstoßion
recoil length Rücklaufstrecke
recoil limit größter Rücklauf
recoil lockout kit Rücklaufregler
recoil lug Hülsenzapfen
recoil marker slide Rücklaufschieber
recoil mechanism Rücklaufstellvorrichtung, Rücklauf- u. Vorholvorrichtung
recoil mechanism exercising Durchbewegen der Rohrbremse
recoil mechanism oil pressure Öldruck in Rohrbremse
recoil momentum Rückstoßmoment, Rückstoßwucht (Waffen)
recoil motion Rücklauf
recoil nucleus Rückstoßkern
recoil oil filler gun Füllpresse für Rücklauf- u. Vorholvorrichtung
recoil operated gun Rückstoßlader
recoil particle Rückstoßteilchen
recoil path or track Rückstoßbahn
recoil piston Bremskolben
recoil piston rod Bremskolbenstange
recoil piston rod end nut Mutter zur Bremskolbenstange
recoil plate Rückstoßplatte
recoil potentiometer Rücklaufpotentiometer
recoil product Rückstoßprodukt
recoil proportional counter Rückstoßproportionalzähler
recoil proton Rückstoßproton
recoil retardation Rücklaufverzögerung
recoil rod pull Rückstoßkraft an Bremskolbenstange
recoil sleigh Rohrschlitten
recoil slide rail assembly Rücklaufführungsschiene
recoil spade Erdsporn
recoil spectrum Rückstoßspektrum
recoil spring Rückstoßfeder, Vorholfeder
recoil spring plug Rückstoßfederkappe, Vorholfederlager
recoil throttling rod Regelstange (Bremszylinder)
recoil throttling rod gear sector Regelstangen-Zahnsegment (Rohrbremse)
recoil, to zurücklaufen, zurückspringen, zurückstoßen
recoil valve Drosselring (am Fahrwerk)
recoiling nucleon Rückstoßnukleon
recoilless rivet hammer rückstoßarme Nietpistole (Flugzeugwartung)
recombination Rekombination, Wiedervereinigung, Mobilisierung
recombination center Rekombinationszentrum
recombination coefficient Widervereinigungskoeffizient, Rekombinationskoeffizient
recombination continuum Rekombinationskontinuum
recombination cross section Rekombinationsquerschnitt
recombination, dissociative dissoziative Rekombination
recombination radiation Rekombinationsstrahlung
recombination rate Rekombinationsabschnitt, Rekombinationskoeffizient
recombination velocity Mobilisierungsgeschwindigkeit, Rekombinationsgeschwindigkeit, Wiedervereinigungsgeschwindigkeit
recombine, to rekombinieren, (sich) wiedervereinigen
recommence wieder anfangen
recommended cruising output empfohlene Reiseleistung
recommended practice Empfehlung (in ICAO-Veröffentlichungen), empfohlene Verhaltungsmaßregeln (ICAO)
recompense Belohnung, Ersatz, Vergeltung
recomplement rückkomplementieren, wiederkehren
recomplementing Rekomplementierung
recompression Nachverdichtung
reconciliation of posting Abstimmung der Buchungen
recondition Instandsetzen, Nacharbeiten, Überarbeiten, Überholen
recondition drilling mud Bohrschlamm wiederaufbereiten
reconditioning Aufbereitung (Daten), Überarbeitung (EDV)
reconditioning of casing Instandsetzung von Futterrohren
reconfiigurable instrument display rekonfigurierbares Fluginstrument
reconfiguration Modernisierung
reconfiguration capability Rekonfigurationsmöglichkeit, Instandsetzungsmöglichkeit
reconfiguration routine Anlagenrestart, anlagentechnischer Restart
reconnaissance Begehung des Geländes, Erkundung, Auskundschaftung, Ausspähung, Luftaufklärung
reconnaissance, air Luftaufklärung
reconnaissance and security line Aufklärungs- und Sicherungslinie
reconnaissance and surveillance system Aufklär- und Überwachungssystem (Minenjagd)
reconnaissance area Aufklärungsraum
reconnaissance battalion Aufklärungsabteilung
reconnaissance, combat (Gefechts)aufklärung
reconnaissance coverage Aufklärungsüberdeckung
reconnaissance covering enemy-signal communication Nachrichtenaufklärung
reconnaissance depth Aufklärungstiefe
reconnaissance drone Aufklärungsdrone, Aufklärungsflugkörper
reconnaissance element Aufklärungskörper, Erkundungsorgan
reconnaissance flight Aufklärungsflug, Aufklärungsstaffel
reconnaissance forces Aufklärungsstreitkräfte
reconnaissance in force gewaltsame Erkundung
reconnaissance patrol Aufklärungsspähtrupp
reconnaissance, photographic Bilderkundung (Lubi)

reconnaissance plane Aufklärungsflugzeug
reconnaissance platoon Aufklärungszug
reconnaissance pod Aufklärungsbehälter (Zielverfolgungsradar)
reconnaissance regiment Beobachtungsregiment
reconnaissance satellite Aufklärungssatellit
reconnaissance sector Aufklärungsbreite, Aufklärungsstreifen
reconnaissance squadron Aufklärungsgruppe, Aufklärungsstaffel
reconnaissance station Aufklärungsstelle
reconnaissance survey Übersichtsaufnahme, Übersichtsvermessung
reconnaissance tank Aufklärungskampfwagen
reconnaissance troop Aufklärungsschwadron
reconnaissance vehicle Erkundungsfahrzeug
reconnaissance version to be tested Erprobung einer Aufklärungsversion (Flz)
reconnaissance voyage Aufklärungsfahrt, Erkundungsfahrt
reconnaissance work, geological geologische Erkundungsarbeit
reconnoitre, to aufklären, Aufklärung fliegen, ausspähen
reconstruction, dismantling Neukonstruktion, Rückbau, Umbau
reconversion Rekonversion, Rückverwandlung
reconvert, to rückverwandeln
record Anzeige (Meßgerät, Instrument), Aufzeichnung(ssatz), Bestleistung, Datensatz, Diagramm, Grundbuch, Journal, Nachweis, Zeitstudie, Datensatz (im Gegensatz zum Block)(COBOL), logischer Satz, Unterlage
record address Satzadresse
record address file Satzadressendatei
record advance Satzfortschaltung
record aeroplane Rekordflugzeug
record amplifier Schreibverstärker (für Magnettrommelspeicher)(dig)
record attempt Rekordversuch
record, basic Originaleintrag
record block Satzblock
record, blocked fixed-length geblockter Satz fester Länge
record breaking flight Flug, durch den ein neuer Rekord aufgestellt wird
record by oscillograph, to oszillographieren
record by record satzweise
record cards Karteikarten (allgemein mit unverschlüsselten Aufzeichnungen)
record carrier Aufzeichnungsträger (Magnetband), Datenträger (Lochkarte)
record, change Änderungssatz
record communication schriftlicher Nachrichtenaustausch
record contains clause Datensatzlängeneintragung, Datensatzlängenklausel (COBOL)
record, contiguous abhängiger Datensatz (COBOL)
record count Satzanzahl, Satzzählung
record counter Satzzähler
record description entry Datensatzerklärung, Datenworterklärung
record, drill-hole Bohrakte
record, end-of-file Dateiendblock
record, fixed-length Satz fester Länge
record, flagged markierter Satz
record flight time Rekordflugzeit
record flyer Rekordflieger
record format Satzaufbau, Satzformat, Satzstruktur
record, formatted Format im Datensatz, formatgebundener Datensatz (FORTRAN)
record gap Satzlücke (Magnetband), Satzzwischenraum (EDV)
record head Schreibkopf
record header Satzkopf
record identification code Satzkennzeichen
record identifier Satzkennung
record identifying code Satzerkennungscode
record, independent overflow Satz im unabhängigen Folgebereich
record, individual requirement Einzelbedarfssatz
record input/output satzweise Ein-/Ausgabe
record inventory Buch(ungs)inventur (komm)
record keeping Aufzeichnung von Nachrichtendaten (dig)
record, keyed Block mit Schlüsselfeld
record layout Aufzeichnungsanordnung, Satzaufbau, Satzformat, Satzstruktur
record length Satzlänge
record length field Satzlängenfeld
record level indicator Aussteuerungskontrolle
record, logical Datensatz (Gegensatz zum Blocksatz), logischer Satz (COBOL)
record mark Satzmarke
record mark control Satzmarkensteuerung
record marker Satzmarke
record, modification Änderungssatz
record name Datensatzname
record, no...of destination keine Angaben über Ziel
record, non-home Folgesatz, Überlaufsatz
record, non-keyed Block ohne Schlüssel
record number Satznummer
record of the rocks penetrated Aufzeichnung der durchfahrenen Schichten, Bohrprofil
record office Registratur
record, order requirement Auftragsbedarfssatz
record, output Ausgabesatz
record overflow Satzüberlauf, Spurverbindung
record overflow feature Spurwechseleinrichtung
record overhead Blocküberhang
record, parameter Parametersatz
record parameter Satzparameter
record, physical Block (im Gegensatz zum Datensatz), physi(kali)scher Satz (COBOL)
record-playback head Schreib/Lesekopf (Magnettrommelspeicher)(dig)
record, primary data Erstdatensatz
record, program Programmprotokoll
record protect feature Satzschutzfunktion
record protect function Satzschutzfunktion
record, requirement Bedarfssatz
record, revision Änderungssatz
record selection Satzauswahl
record sequence error Blockfolgefehler
record sequence number Satzfolgenummer
record-serial satzweise
record signal Schreibsignal
record start Satzanfang
record storage Satzspeicher
record storage mark Satzspeichermarke

recording driftmeter Derivograph
recording drum Schreibtrommel
recording electrode Schreibelektrode
recording, electron beam...system Elektronenstrahl-Aufzeichnungssystem
recording error Aufzeichnungsfehler, Registrierfehler, Schreibfehler
recording flow controller registrierender Strömungsmesser
recording flow meter registrierender Strömungsmesser
recording format Aufzeichnungsformat
recording, frequency-doubling Frequenzverdopplungsschrift, Wechseltaktschrift, Zweifrequenzschrift
recording galvanometer Registriergalvanometer
recording gamma-ray and neutron-radiation dosage around the station Vermessung der Gamma- und Neutronenstrahlung in der Umgebung der Raumstation (sp)
recording gap Schreibspalt(e) (Magnetkopf)
recording head Schreibkopf (Magnetschichtspeicher)
recording image of the counter Zählerabbildung
recording instrument Registrier-, Schreibgerät, Aufzeichnungsgerät
recording instrument or apparatus or automatic recorder Selbstschreiber
recording level indicator Aussteuerungsanzeiger
recording, magnetic magnetische Aufzeichnung
recording manometer Dampfzähler
recording mechanism Registriervorrichtung, schreibendes Meßgerät, mechanischer Schreiber
recording medium Datenträger, Informationsträger, Speichermedium
recording meter Registriergerät, -instrument
recording method Schreibverfahren, Registrierverfahren
recording mode Aufzeichnungsverfahren, -methode, Schreibart (COBOL), Schreibverfahren (manuelle)
recording-mode clause Schreibartklausel, Schreibarteintragung (COBOL)
recording, nonpolarized return-to-zero nichtpolarisiertes Schreibverfahren mit Rückkehr nach Null, NRZ-Schreibverfahren
recording, nonreturn-to-reference Schreibverfahren od. Aufzeichnung ohne Rückkehr zum Bezugspunkt od. Ausgangszustand
recording, nonreturn-to-zero-change Richtungsschrift, NRZ/C-Schreibverfahren, Richtungsschreibverfahren
recording, nonreturn-to-zero mark NRZ/M-Schreibverfahren, Wechselschreibverfahren
recording of data for maintenance and engineering use Wartungs- u. Leistungsaufzeichner
recording of data on a small magnetic card Speichern von Daten auf kleiner Magnetkarte
recording of measuring results Registrierung der Meßergebnisse
recording of the time difference gemessene Laufzeitdifferenz
recording or pen arm Schreibhebel
recording oscillograph Registrieroszillograph, Registrierschwingungsmesser
recording oscillometer Palograph
recording paper Registrierpapier
recording pendulum without natural frequency Pendel ohne Eigenschwingung
recording, phase encoding Phasenmodulationsaufzeichnung, Richtungs-Taktschrift
recording, phase modulation Phasenmodulationsaufzeichnung, Richtungs-Taktschrift
recording, polarised return-to-zero polarisierte Aufzeichnung mit Rückkehr nach Null, polarisiertes RZ-Schreibverfahren
recording pressure gauge Registriermanometer, selbstaufzeichnender Druckmesser
recording, pulse-width (CRB) Impulsbreitenschrift, Wechseltaktschrift, Wechseltaktschreibverfahren ohne Rückkehr nach Null
recording, return-to-reference Schreibverfahren mit Rückkehr zum Bezugswert, Aufzeichnung mit Rückkehr zum Bezugszustand
recording, return-to-zero...method (RZ) Rückkehr-zu-Nullmethode, Rückkehr-zu-Nullverfahren, RZ-Verfahren
recording, serial Serienaufzeichnung
recording speed Registriergeschwindigkeit
recording speed indicator Fahrtschreiber (registrierender Geschwindigkeitsmesser), Tachograph
recording station Aufzeichnungsstation, Registrierstelle
recording system Schreibverfahren
recording tape Tonband
recording technique Aufzeichnungsverfahren, -methode, Schreibart (COBOL), Schreibverfahren
recording theodolite Kinotheodolit, Schreibtheodolit, Aufzeichnungstheodolit
recording thermometer Registrierthermometer
recording torsiometer Verdrehungsschreiber
recording torsion meter Drehschwingungsschreiber
recording track Aufzeichnungsspur, Spur von der Nachrichtenaufzeichnung (Magnetband)(dig)
recording transmission measuring set Pegelschreiber
recording, two-frequency...mode Wechseltaktschrift, Wechseltaktschreibverfahren ohne Rückkehr nach Null
recording voltmeter Registriervoltmeter, Spannungsschreiber
records, grouped Satzgruppe
recotter neuversplinten
recovery from the spin aus dem Trudeln herauskommen (av)
recover, to bergen (Luftfahrtgerät), nachholen (Fsch)
recoverable cosmos-satellit rückführbarer Kosmossatellit
recovered charge Sperrverzugsladung
recovery Bergen, Bergung (Luftfahrtgerät), Darstellung, Gewinnung (chem), Rückgewinnung, Wiedererlangung
recovery effect Erholungseffekt
recovery, error Fehlerbehandlung
recovery, error...routine Fehlerbehandlungsroutine
recover from spin, to Trudeln beenden

und abfangen
recovery guide Wiederkehrleitung
recovery of butane Butangewinnung
recovery of casing Rückgewinnung der Futterrohre (Öl)
recovery of core Kernwiedergewinn(ung)
recovery of distillate Destillatgewinnung
recovery of energy Energierückgewinnung
recovery of oil Erdölausbeute
recovery of petroleum Erdölgewinnung
recovery of samples Probengewinnung (geol)
recovery of stages Stufenrückgewinnung
recovery of sulphur Schwefelgewinnung
recovery of the investment Amortisation des investierten Kapitals
recovery operation Bergung
recovery, overall core Gesamtkerngewinnung
recovery parachute Bergungsfallschirm
recovery party Bergungskommando, Lastenbergungstrupp (LL)
recovery plant for iron Eisenrückgewinnungsanlage
recovery procedure Rückstellprozedur
recovery, program error Programmfehlerbehandlung
recovery rate Erholungsgeschwindigkeit
recovery reclamation Rückgewinnung
recovery spike Landedorn
recovery temperature Erholungstemperatur
recovery time Erholungszeit, innere Totzeit, Verzögerungszeit, Verzug, Wiederherstellung, Zeitkonstante (eines Zählrohrs), Ausgleichszeit (Regelungstechnik), Einschwingdauer (Stromerzeugungsgerät), Erholzeit (Sperröhre), Verzögerungszeit
recovery time (ATR tube) Entionisierungszeit
recovery time (gas discharge tube) Mindestlöschzeit
recovery time, diode Diodenerholzeit, Diodensperrträgheit
recovery to free stream value Anstieg zur ungestörten Strömung (aerodynamisch)
recovery van bodies Kranwagenaufbauten
recovery voltage Wiederkehrspannung
recovery well Gewinnungsbohrung
recreation Erholungspause
recruiting and replacement administration Ersatzwesen
recruiting and replacement for the armed forces Wehrersatzwesen
recruiting area Wehrersatzbezirk
recruiting area commander Wehrersatzinspekteur
recruiting area headquarters Wehrersatzkommando
recruiting center Ersatzdienststelle
recruiting district headquarters Wehrbezirkskommando
recruiting office Annahmestelle, Wehrersatzdienststelle, Wehrstelle
recruiting service Erfassungswesen
rectangular Cartesian coordinates rechtwinklige kartesische Koordinaten (math)
rectangular cathode Rechteckkathode
rectangular connector plug Rechteckstecker
rectangular coordinates rechtwinklige Koordinaten
rectangular counter function rechtwinklige Zählerfunktion
rectangular cross-section Rechteckquerschnitt
rectangular field Rechteckfeld
rectangular guide Rechteckwellenleiter
rectangular hysteresis loop rechteckige Hystereseschleife
rectangular integration Rechteckintegration
rectangular moment of inertia axiales Trägheitsmoment
rectangular neutron burst rechtwinkliger Neutronenimpuls
rectangular parallel reactor quaderförmiger Reaktor
rectangular pulse Rechteckimpuls
rectangular scan Rechteckabtastung
rectangular search rechtwinklige Suche
rectangular section Rechteckquerschnitt
rectangular space coordinates rechtwinklige Raumkoordinaten
rectangular-to-polar resolver Koordinatenwandler für kartesische Polarkoordinaten
rectangular tube Rechteckröhre
rectangular-type structure rahmenartiger Bau
rectangular unifrom chromaticity scale (RUBS) Paßmarken (mehrfarbendrucken)
rectangular wave Rechteckkurve, -schwelle (Pulsräumen)
rectangular waveguide Rechteckhohlleiter
rectangular wing with rounded tips rechteckiger Flügel mit abgerundeten Enden
rectification Berichtung, Entzerrung (Foto), Gleichrichtung, Nacharbeitung, Rektifizierung (chem), Wiederverwendbarmachung, Wiedergebrauchsfähigmachung
rectification characteristic Gleichrichterkennlinie, Gleichrichtungscharakteristik
rectification efficiency Gleichrichterwirkungsgrad
rectification factor Gleichrichtungsfaktor, Richtfaktor
rectification of image Bildaufrichtung (Fotokamera)
rectification of planimetry Grundrißentzerrung
rectified airspeed berichtigte Fahrtmeßanzeige od. Fluggeschwindigkeit
rectified alternating current gleichgerichteter Wechselstrom
rectified current gerichteter Strom
rectified grid current gleichgerichteter Gitterstrom
rectified speed berichtigte Eigengeschwindigkeit
rectified voltage gleichgerichtete Spannung
rectifier Gleichrichter (Radar), Rektifiziergerät (chem), elektrisches Ventil, Angleicher, Entzerrer, Sperrschichtzelle, Demodulator
rectifier (electron) Entzerrvorrichtung für Luftbilder, Deklinationsbussole, Rektifikationsapparat
rectifier (photographic) Entzerrungsgerät
rectifier alternating current gleichgerichteter Wechselstrom
rectifier amplifier (electron) Gleichstromverstärker
rectifier-amplifier voltmeter Röhrenvoltmeter mit Gleichstromverstärker

rectifier bulb Gleichrichterkolben
rectifier cell Gleichrichterelement, Gleichrichterzelle, Sperrschichtzelle
rectifier characteristic Gleichrichterkennlinie
rectifier circuit Gleichrichterschaltung
rectifier control Stromrichtersteuerung
rectifier current regulator Stromregulator
rectifier disk Gleichrichterscheibe
rectifier echo suppressor Echosperre
rectifier element (electron) Gleichrichterelement, Sperrschichtzelle
rectifier equipment Gleichrichtergruppe
rectifier housing Gleichrichteranlage
rectifier instrument Gleichrichterinstrument, Meßgerät mit Gleichrichter
rectifier inverter vibrator Wechselrichter
rectifier leg Gleichrichterzweig
rectifier load resistance Richtwiderstand
rectifier locomotive Stromrichterlokomotive
rectifier-mixer Gleichrichter u. Mischstufe
rectifier modulator Ringmodulator
rectifier motor Stromrichtermotor
rectifier pile Gleichrichtersäule
rectifier power station Gleichrichterstation
rectifier power supply Stromversorgungsgleichrichter
rectifier ripple Gleichrichterwelligkeit
rectifier, selenium Selengleichrichter
rectifier stack Gleichrichterblock, Gleichrichtersäule
rectifier substation Gleichrichterunterstation, Gleichrichterunterwerk
rectifier tank Gleichrichtergefäß, -gehäuse, Stromrichtergefäß
rectifier transformer Transformatorgleichrichter
rectifier tube or valve Gleichrichterröhre
rectifier-type echo suppressor Echosperre mit Trockengleichrichter (kontinuierlich), stetig arbeitender Echounterdrücker
rectifier-type suppression filter Gleichrichtersperrglied
rectify berichtigen, gleichrichten, rektifizieren (chem), verbessern
rectify radials, to Radiallinien ausrichten
rectifying action Gleichrichtereffekt
rectifying apparatus Entzerrungsgerät (Foto)
rectifying bridge Gleichrichterbrücke
rectifying column Rektifikationssäule
rectifying computer Entzerrungsrechner
rectifying contact Gleichrichterkontakt, gleichrichtender Kontakt
rectifying crystal gleichrichtender Kristall
rectifying inspection Prüfung mit Ersatz der Ausschußstücke
rectifying installation Gleichrichteranlage
rectifying pencils of rays Entzerrungsstrahlenbündel
rectifying plane rektifizierende Ebene od. Fläche
rectifying tool Abgleichwerkzeug (für Kesselabsperrventil), Ventilfräser (Kesselabsperrventil
rectifying tube Gleichrichterröhre
rectifying unit Gleichrichter
rectifying valve Gleichrichterröhre, Detektorröhre, Ventilröhre
rectigon tube Rectigonröhre
rectilieanr display geradlinige Bildspur
rectilinear flight Geradeausflug
rectilinear manipulator Koordinatenmanipulator
rectilinear motion geradlinige Bewegung
rectilinear orbit geradlinige Bahn
rectilinear propagation geradlinige Wellenausbreitung
recumbent fold liegende Falte (geol)
recuperating means Rückgewinner
recuperative air preheater Rekuperativ-Luftvorwärmer (Verbrennungsluft)
recuperative furnace Rekuperativofen
recuperator Gegenstrom- Luft/Gasvorwärmer, Luftvorwärmer, Rekuperator (Hüttenwesen), Wärmeaustauscher (Gasturbine), Verschlußvorholer, Abgasspeicherofen
recuperator assembly Luftvorholer
recuperator cylinder Luftbehälter des Vorholers, Verdrängerzylinder, Vorholzylinder, Verdrängungszylinder zum Vorholer
recuperator cylinder front head Vorholzylinderkopf
recuperator cylinder head Verdrängungszylinderkopf
recuperator cylinder rear head Vorholzylinderboden
recuperator lug Halter für Vorholkolbenstange (Waffen)
recuperator or counter recoil piston Verdrängerkolben, Vorholerkolben
recuperator or running-out spring Vorholfeder
recuperator piston Verdrängerkolben
recuperator pressure, battery piston Anfangsdruck im Rohrvorholer
recuperator pressure, maximum recoil Enddruck im Rohrvorholer
recuperator rod Vorholerkolbenstange
recuperator spring Vorholfeder
recuring decimal periodischer Dezimalbruch
recurrence equation rekursive Gleichung
recurrence formular Rekursionsformel
recurrence rate Impedanzfolgefrequenz
recurrent periodisch rücklaufend, wiederkehrend
recurrent cold snap Kälterückfall (meteo)
recurrent functional cycles wiederkehrende Funktionsabläufe
recurrent network Kettenleiter
recurrent part Teil mit wiederkehrendem Bedarf (Wartungsdienst)
recurrent process rekursiver od. wiederkehrender Prozeß
recurrent pulse periodischer Impuls
recurrent state wiederkehrender Zustand
recurring decimal periodischer Dezimalbruch
recurring decimal fraction unendlicher periodischer Dezimalbruch
recurring demand wiederkehrender Bedarf
recurring impact test Stoßversuch mit wiederholten Stoßbeanspruchungen
recurring issue wiederkehrende Ausgaben
recurring operating costs wiederkehrende Betriebskosten
recurring voltage wiederkehrende Spannung
recursion Rekursion
recursive rekursiv, Rekursion...
recursive function rekursive od. berechenbare Funktion

recursive procedure (ALGOL) rekursive Prozedur
recursive process rekursiver Prozeß
recursive program rekursives Programm
recursive routine rekursives Programm
recursive sequence rekursive Folge
recurvature Umbiegung
recut Nachhieb
recut, to aufhauen, nachpolieren, feilen
recycle rückgeführtes Material (Phys), Rückführen, Rückführung
recycle camera automatische Kamera mit einem bestimmten Aufnahmeintervall
recycle compressor Zwischenlaufverdichter
recycle filtration Umlauffiltrierung
recycle gas (refinery) Kreislaufgas
recycle product Umlaufprodukt
recycle stock umlaufendes Gut (Verarbeitung)
recycle time Bildfolgezeit
recycling Rückgewinnung, Wiederverwendung, Rohstoffrückgewinnung, Rohstoffrückfluß, Wiederverwendung von Abfällen (im Zeichen der Rohstoffknappheit), Gaskreislaufverfahren (ein Sekundärverfahren zur Förderung von Erdöl u. Erdgas)
recycling (of aircraft missiles) turnusmäßige Einschleusung (in den Instandsetzungskreislauf)
recycling accident recorder Unfalldatenaufzeichner mit Rücklaufautomatik
recycling circuit Wiedereinschaltkreis
recycling device Regenerierschaltung (für regenerativen Speicher)(EDV)
recycling of sewage Abwasserwiederverwendung
recycling of waste Aufbereitung der Abfallstoffe
recycling pump Schlauchpumpe
recycling rate of the electrometer Elektrometerzyklusfolge
recycling relay Überstromauslöserelais mit Wiedereinschaltautomatik, Wiedereinschaltrelais
recycling system Kreislaufsystem, -verfahren
recypher, to umschlüsseln
red-brass bearing Rotgußlager
red copper Rotkupfer
red-far-red photoreaction system Hellrot-Dunkelrot-Reaktionssystem
red-filter set Rotfiltergerät
red fuming nitric acid (RFNA) rotrauchende Salpetersäure
red head rotglühend
red lead-paint Mennigefarbe
red light Backbordpositionsleuchte, rotes Licht (Backbord)
red mercuric iodide Jodzinnober
red print Rotpause
red shift formula Rotverschiebungsformel
red-short rotbrüchig
red-shortness Warmbrüchigkeit, Rotbruch
red tape instruction organisatorischer Befehl (dig), Organisationsbefehl
red-tape operation organisatorische Operation
redating Wiederinkraftsetzung
redefine, to neu definieren
redefines clause Neubelebungsklausel, Neubelebungseintragung (COBOL)
redefinition Neubelebung
redeployment Auflockerung (Luftwaffenverband im Alarmfall), Neuverteilung, Umgruppierung, Umverteilung, Stellungswechsel, Verlegung (milit)
redeployment accomodation agreement Umgruppierungsübereinkommen
redeployment accomodation program Umgruppierungsprogram
redeployment airfield Auflockerungs(flug)platz, Umdislozierungs(flug)platz
redeployment location Rückverlegeplatz, Rückverlegestellung
redeployment program Verlegungsprogram
redimension Neubemessung
redirect mit neuer Anschrift versehen, nachsenden, zurückleiten, zurücksenden
redirection card Nachsendeauftrag
redistribution Rückverteilung der Sekundärelektronen, Materialausgleich, Neuverteilung, Umverteilung
redistribution of stocks Materialausgleich
redline message Redline-Spruch
redox Redox (Reduktion u. Oxydation)
redox potential Redoxpotential
redress, to nachpolieren
redressing Nachdrehen
reduce einziehen (Durchmesser), herabsetzen, reduzieren, verkleinern, vermindern
reduce aerodynamic drag Verringerung des aerodynamischen Widerstands
reduce areas for further examination Suchbereichsbegrenzung (Zielverfolgungsradar)
reduce by, to reduzieren um...
reduce engine noise and smoke Triebwerkslärm und Triebwerksrauschemission reduzieren (Konfiguration)
reduce errors of navigation Navigationsfehler reduzieren
reduce interference Störechos ausfiltern (Radar)
reduce noise level and cabin vibration Senkung des Lärm- u. Schwingungsniveaus (Konfiguration)
reduce power, to Motorleistung verringern
reduce radar cross-section Verringerung der Radarrückstrahlfläche
reduce radar signature Radarreflexion verringern
reduce sound leakage verminderte Tonabstrahlung
reduce speed Geschwindigkeit reduzieren
reduce the emission of fan and turbine noise, to reduzieren des abgestrahlten Bläser- u. Turbinenlärms
reduce the sound pressure level Erniedrigung des Schalldruckpegels
reduce the systems capability Reduzierung der Systemkapazität (Flz)
reduce to lowest terms, to (durch)kürzen (Bruch)(math)
reduce, to out herausreduzieren
reduce wear, to Verschleiß herabsetzen
reduced bandwidth Bandkompression
reduced-capacity digital channel Nachrichtenkanal mit verminderter Kapazität
reduced drag verringerter Widerstand
reduced drag at high incidence verringerter Widerstand bei hoher Anstellung (AC)

reduced fares ermäßigte Tarife
reduced inspection reduzierte Prüfung
reduced mass reduzierte Masse
reduced payload capacity reduzierte Nutzlastkapazität (Luftverkehr)
reduced profile drag area verminderte Profilwiderstandsfläche
reduced-rate processing and subsequent off-line analysis Zeitlupenrechnung mit anschließender Off-Line-Auswertung (Hschr.-Simulation)
reduced runway separation herabgesetzte Staffelung
reduced separation verringerte Staffelung
reduced visibility verminderte Sicht
reducer Reduziermuffe (Rohrfitting)
reducer coupling R-Stück, Rohrreduzierstück
reducer solution Abschwächungslösung
reduces front fan noise schalldämmende Innenverkleidung für den Lufteintritt
reducing adpater Reduzierstück, Reduktionsteil, Übergangsstück
reducing agent Reduktionsmittel (chem)
reducing air speed verminderte Luftgeschwindigkeit
reducing bush Reduzierhülse
reducing bushing Reduziernippel
reducing coefficient Abminderungsfaktor
reducing coupling Rohr-Reduzierstück, R-Stück, Reduktionskupplung, Reduziermuffe, Übergangsmuffe, Reduzierverschraubung (Ermeto-Rohrverschraubungen), Reduzierrohr
reducing curve Übergangsbogen
reducing die Reduziergelenk
reducing drag Widerstandsverringerung
reducing elbow Reduzierkrümmer
reducing fitting Reduktionsstück, Reduzierstück, Übergangsstück
reducing flame Reduktionsflamme
reducing flange Übergangsflansch
reducing gas reduzierendes Gas
reducing gear(s) Drehzahlminderer, Hubverminderer, Reduktionsgetriebe, Untersetzungsgetriebe
reducing gearbox Untersetzungsgetriebe
reducing gear ratio Untersetzungsverhältnis
reducing hammer Einziehhammer
reducing machine Reduziermaschine
reducing mill Reduzierwalzwerk
reducing nipple Reduziernippel
reducing of noises Abdämpfung der Geräusche
reducing of the tidal capacity of an inlet Abflußvermögen
reducing or reduction gas Reduktionsgas
reducing piece Reduzierstutzen (Rohrverschraubung), Übergangsfläche
reducing pipe Übergangsrohr
reducing pipe-joint Absatzmuffe, Reduktionsmuffe, Reduziermuffe, Übergangsmuffe
reducing power Reduzierfähigkeit, Reduktionsfähigkeit
reducing radar signature Reduzierung der Radarrückstrahlfläche, Radarrückstrahlflächenreduzierung
reducing resistance Abschwächungswiderstand
reducing ring Reduzierring
reducing scale Tiefenmaßstab, Verjüngungsmaßstab

reducing sleeve Reduziermuffe (Rohrfitting), Übergangsmuffe
reducing socket Übergangsmuffe
reducing socket or sleeve Absatzmuffe, Reduktionsmuffe, Reduziermuffe
reducing Tee RT-Stück (Rohr)
reducing the level of ground handling costs Senkung der Umschlagkosten, Umschlagkostensenkung
reducing transformer Abwärtstransformator, Abwärtstrafo
reducing turbine Reduktionsturbine, Zwischenzapfturbine
reducing valve Druckminderungsventil, Reduzierventil
reducing valves and pressure cent pipes to drop tanks Reduzierventile u. Entlüfterleitungen zu den Abwurfbehältern
reduction Abnahme, Auflösung von Gleichungen (math), Minderung, Reduktion, Reduzierung, Querschnittverminderung, Verringerung, Verkleinerung Zurückführung, Entziehung des Sauerstoffs (chem), Rückstellung, Verkleinerungsfaktor
reduction catalyst Reduktionskatalysator
reduction compass Verkleinerungszirkel
reduction cone (machine tool) Einsatzfutter, Reduktionsfutter
reduction copy (photo) Verkleinerungskopie
reduction, data...system, informationsverarbeitendes System
reduction factor Reduktionsfaktor, Verkleinerungsfaktor
reduction factor (steel stream) Abminderungsbeiwert
reduction factor of a thermostat Güte eines Thermostats
reduction figure Reduktionsziffer
reduction flame reduzierende Flamme, Reduktionsflamme
reduction gas reduzierendes Gas
reduction gear Übersetzungsverhältnis eines Getriebes, Untersetzungsgetriebe, Übersetzungsmotor
reduction gear and bevel drive to cross-shaft Unterstützungs- u. Kugelgetriebe zur Querwelle
reduction gear room Getrieberaum (Schiffsantrieb)
reduction gear train Übersetzungsgetriebe, Untersetzungsgetriebe, Zwischenvorgelege
reduction gearing Untersetzungsgetriebe
reduction in amplitude Amplitudenabnahme
reduction in area Querschnittverminderung
reduction in landing speed Verringerung der Landegeschwindigkeit
reduction in lateral separation Verringerung der horizontalen Staffelung
reduction in permeability Durchlässigkeitsverringerer
reduction in phase velocity Phasenreduktion
reduction in pressure Druckerniedrigung, Druck(ver)minderung
reduction in the specific fuel consumption Reduzierung des spezifischen Kraftstoffverbrauchs (Reiseflugzeit)
reduction into alcohol Alkoholisierung (Vewandlung in Alkohol)

reduction of aerodynamic lift aerodynamischer Abtrieb
reduction of area Brucheinschnürung, Querschnittsverringerung, Kontraktion
reduction of chord Tiefenverringerung
reduction of cross-sectional area Querschnittsabnahme
reduction of emission Emissionsrückgang
reduction of lift Auftriebsverlust
reduction of load Kräfteherabsetzung
reduction of modulation depth Modulationsgradverringerung
reduction of radar cross-section by use of composition and radar-absorbing material Reduzierung des Radarechopegels durch Verwendung radarabsorbierender Werkstoffe
reduction of resistance Widerstandsverringerung
reduction of sensitivity Empfindlichkeitsrückgang
reduction of weight Gewichtsreduzierung, Gewichts(ver)minderung
reduction, on-line data On-Line-Datenreduktion
reduction pressure Druckerniedrigung, Druck(ver)minderung
reduction print Verkleinerungskopie
reduction printing process Reduzierkopierverfahren
reduction product (chem) Abbauprodukt
reduction ratio Übersetzungsverhältnis des Getriebes, Untersetzungsverhältnis, Verkleinerungsverhältnis, Verkleinerungsfaktor (Photo)
reduction scale Verkleinerungsmaßstab
reduction socket Reduzierfassung
reduction temperature Reduktionstemperatur (direkte Eisengewinnung)
reduction to grid distance Reduktion der Entfernung auf die Ebene
reduction valve Reduzierventil
reduction zone Reduktionszone
redundancy Redundanz, Überschußwert, Weitschweifigkeit
redundancy at the super-sign level Superzeichenredundanz
redundancy by modular operation Modularitätsredundanz
redundancy by modular working Modularitätsredundanz
redundancy by parallel operation Parallelarbeitsredundanz
redundancy by parallel working Parallelarbeitsredundanz
redundancy by steps Stufenredundanz
redundancy check Redundanzkontrolle, Redundanzprüfung
redundancy check character Redundanzprüfzeichen
redundancy, cyclic...check zyklische Redundanzkontrolle
redundancy failure modes redundantes Betriebsverhalten (Radar)
redundancy feedback Fehlererkennung
redundancy, longitudinal...check (LRC) Blockprüfung, Longitudinalprüfung, Längsparitykontrolle, -prüfung, Längssummenkontrolle
redundancy ratio Redundanzverhältnis
redundancy reconstruction Redundanzrekonstruktion (Datenübertragung)
redundancy reduction Redundanzreduktion (Datenübertragung)
redundancy, relative relative Redundanz
redundancy, software Softwareredundanz
redundancy theory of learning Redundanztheorie des Lernens (päd)
redundancy, vertical...check (VRC) Querparitykontrolle, Querprüfung, Vertikalprüfung
redundant redundant, im Überfluß vorhanden, überzählig
redundant AM demodulator Redundant-AM-Demodulator
redundant character redundantes od. selbstprüfendes Zeichen
redundant check Redundanzkontrolle (Befehl), Redundanzprüfung
redundant code redundanter Code, Sicherheitscode
redundant component redundantes Bauteil
redundant digit redundante Zahl od. Ziffer
redundant digital automat flight control system (AFCS) redundantes digitales automatisches Flugsteuersystem (AFCS)
redundant element redundantes Element
redundant gimbal Zusatzrahmen
redundant IF amplifier redundanter Zwischenfrequenzverstärker
redundant navigation mode redundante Navigationsart
redundant subsystem unit redundantes Untersystem
redundant system Reservesystem
redundant system feature Doppelsystemzusatz
Redwood Redwood (Maßeinheit)
reed control speed Geschwindigkeitsregelung mittels Stimmgabel
reed for horn Hupenstimme
reed frequency (meter) Zungenfrequenz(messer)
reed relay Zungenrelais
reed roller bit Zylinderrollenmeißel
reed tachometer Zungendrehzahlmesser, Zungenfrequenzmesser
reed valve Zungenventil
reefing line cutter Raffleinenkappvorrichtung (Fsch)
reefing ring Raffleinenring (Fsch)
reel Bandspule, Bandrolle, Ablaufhaspel, Gurttrommel, Drahthaspel, Filmkern, Garwinde, Magnetbandrolle, Rolle, Spule
reel antenna Kurbelantenne
reel brake Rollenbremse, Spulenbremse (Magnetbandgerät)(dig)
reel car Kabelverlegewagen
reel, forced...swap vorzeitiger od. vorverlegter Spulenwechsel
reel holddown Bandtellerbefestigung
reel, multi-file Mehrdateienband, -spule
reel number Kabelnummer, Spulennummer
reel of tape Bandrolle, -spule, -teller (Magnetbandträger)(dig)
reel off, to abhaspeln
reel, sand pump Löffelseilhaspel, Schlämmseilhaspel
reel storage bin Spulenablage

reel system Schlauchrollensystem
reel, take-up Aufwickelrolle, -spule
reel-to-reel recorder Magnetbandgerät mit 2 Rollen, Wickelbandspeicher (dv)
reel-to-reel tape station Magnetbandgerät mit 2 Rollen
reeled in antenna eingefahrene Antenne
reeling off machine Abhaspelmaschine
re-emission Sekundäremission
re-encipher, to nochmals verschlüsseln
re-encode, to nochmals codieren
re-encrypt, to nochmals verschlüsseln
reenlist, to kapitulieren, aufgeben
re-engined Remotorisierung
re-engining Remotorisierung, Umrüstung
re-engining to improve thrust Umrüstung auf leistungsstärkeres Triebwerk
reestablish entzerren (Lubi), wiederherstellen
re-establishing force Rückstellkraft (Regler)
reenter, to wieder eintreten, einfliegen
reenterable ablaufvariant, simultan von mehreren Programmen abrufbar (bei Multiprogrammverarbeitung)
reenterable program ablaufvariantes Programm, jederzeit verwendbares Programm
reentrant cavity resonator mehrfach zusammenhängender Hohlraumresonator
reentrant control Reentrantsteuerung
re-entrant horn gefalteter Trichter (Akustik)
reentrant program ablaufvariantes Programm, jederzeit verwendbares Programm
re-entry (rocket) Wiedereintauchen, Wiedereintritt, rückkehrend
reentry angle Wiedereintrittswinkel
reentry bodies development program Entwicklungsprogramm von Wiedereintrittskörpern
reentry body Wiedereintrittskörper
reentry branch of trajectory Wiedereintauchbahn
reentry capsule Wiedereintrittskegel
reentry corridor Wiedereintrittskorridor
reentry, earth...corridor Wiedereintrittsschneise
reentry guidance Wiedereintrittsfahrzeuglenkanlage
reentry glider Gleitfahrzeug für Wiedereintritt in Erdatmosphäre
reentry level Wiedereintrittsfläche
reentry nosene Wiedereintrittsbugkegel, Wiedereintrittskörper
reentry of atmosphere Wiedereintritt in die dichtere Schicht der Erdatmosphäre
reentry package Wiedereintrittssatz (Raumfahrt)
reentry phase Wiedereintrittsphase
reentry point Wiedereintrittspunkt, Rücksprungstelle (Magnetband)
reentry steering command Wiedereintritts-Steuerkommando
reentry system contains Wiedereintrittssystem
reentry type turbine Turbine mit mehrfacher Beschaufelung
reentry vehicle Wiedereintrittsfahrzeug, Wiedereintrittskörper, Wiedereintrittsgleiter
re-entry vehicle as used to carry the nuclear warhead Wiedereintrittskörper mit atomarem Gefechtskopf (milit)
reentry window Wiedereintrittsfenster
re-equipment policy Umrüstungspolitik
reestablish oneself, to wieder ausrichten, erneut ausrichten, wieder einfliegen
reevaporation Nachverdampfung
reevaporation nucleus Restkondensationskern
reevaporator Nachverdampfer
reeve wire, to Trossen durchholen
REF (reference, to...or refer to) REF (Bezugnahme auf..., beziehen auf...)
refer sicher beziehen auf, verweisen auf
reference Bezugnahme (dv)(komm), Literaturverzeichnis (FORTRAN)
reference address Bezugsadresse (dv), Solladresse
reference angle Winkel mit Messung
reference antenna Bezugsantenne
reference axis Bezugsachse
reference azimuth signal Peilrichtungsbezugssignal
reference ballast Normalvorschaltgerät
"reference beam scall-oping" "Bezugsstrahlverzackung"
reference bit Referenzbit
reference bursts Bezugsimpulsgruppe
reference capacitor Normalkondensator
reference character Bezugszeichen (bei Formelgrößen)
reference check point Hilfsziel
reference circle projector Bezugskreisprojektor
reference coaxial line Hilfskoaxiallinie
reference code Bezugsordnung (Flugplatzmerkmal), Referenzschlüssel
reference column Bezugssäule
reference condition Bezugsbedingung
reference configuration Referenzstudie (sp)
reference, critical...information kritische Sollinformation
reference data Richtwerte, Bezugsdaten
reference datum Bezugnahmedatum, Bezugswert
reference dipole Bezugsdipol
reference direction Bezugsrichtung
reference distortion Bezugsverzerrung
reference edge Bezugskante, Bezugsrand
reference electrode Bezugselektrode
reference engine pressure ratio EPR-Marke
reference equivalent Bezugsdämpfung
reference, external Bezugnahme auf externe Adresse od. Referenz, Externverweis
reference facility Bezugspunkt
reference file Bezugsdatei, Handakte
reference filter Bezugsfilter, Eichfilter, Maßfilter
reference form Bezugnahmeform
reference frame Bezugssystem
reference frequency (generator) Bezugsfrequenz(generator)
reference fuel Bezugskraftstoff (Oktanbestimmung)
reference gage Prüflehre
reference generator Bezugsgenerator
reference grid Bezugsgitter, -raster
reference gyro Bezugskreisel
reference humidity Bezugsfeuchte, -tigkeit
reference, hypothetical...circuit hypothetischer Bezugskreis

reference impedance Bezugscheinwiderstand
reference input Führungsgröße (Regeltechnik)
reference input signal point voltage Arbeitsspannung bei Bezugseingangssignal (Torpedo)
reference instrument Vergleichsapparat, Vergleichsinstrument
reference jet Bezugsdüse für Eichzwecke
reference junction Vergleichsstellung eines Thermopaares
reference junction temperature Vergleichsstellentemperatur
reference language Bezugssprache
reference level Bezugspegel
reference library Hand-, Standbücherei
reference line Bezugslinie, Nullinie
reference lobe Bezugsstrahlungskeule
reference manual Beschreibung, Handbuch, Betriebsanleitung
reference mark Bezugsmarke, Rahmenmarke
reference master gage Hauptbezugslehre
reference meridian Bezugsmeridian
reference message from your office Bezugnahmemeldung Ihres Büros
reference noise Bezugsrauschen
reference number Bezugsnummer, Kennummer
reference phase Bezugsphase
reference platform (control system) Referenzplattform (Steuersystem)
reference point Basispunkt, Bezugspunkt, artilleristischer Punkt, Fixpunkt, Vergleichspunkt
reference position Bezugslage, Basisposition
reference potential Bezugspotential
reference range Bezugsentfernung
reference record Bezugsdaten
reference resistance Bezugswiderstand, Basiswiderstand
reference sample Vergleichsprobe
reference signal Bezugssignal
reference signal frequency Bezugssignalfrequenz
reference source Bezugsspannungsquelle, Bezugspräparat, radioaktives Standardpräparat, Referenzquelle
reference space grid Bezugsraumraster
reference station Ausgangsort (Phi)
reference supply Bezugsspannungsquelle
reference system Bezugssystem, Basissystem
reference tape Bezugsband
reference telephone circuit Vergleichsstromkreis
reference telephone power Fernsprechbezugsleistung
reference to our telephone conversation Bezugnahme auf unser telephonisches Gespräch
reference trigger Bezugsauslöseimpuls
reference, unsatisfied...address unbefriedigte Bezugsadresse
reference value Bezugswert, Sollwert
reference, visual visueller Bezugspunkt
reference voltage Bezugsspannung, Hilfsspannung
reference voltage generator Bezugsspannungsgenerator
reference volume Bezugspegel
reference work Nachschlagewerk
reference card index Sichtkartei
references Hinweise, Quellenangaben
referent Referendum, Referent (päd)
refile Umsetzung (Spruch)
refile, to (Spruch) umsetzen
refill Nachfüllpackung
refill lead Bleistiftmine
refilled through a central pressure connection Druckbetankungsöffnung am Rumpf
refilling Nachfüllung, Gas abfüllen
refinability Raffinierbarkeit
refine a steel Stahl im Korn verfeinern
refine, to abläutern, abklären (chem)
refined copper Garkupfer, Raffinatkupfer
refined iron Feineisen, Raffineriestahl, Paketierschweißstahl
refined metal Feinmetall
refined trated raffiniert
refined wrough iron abgeschweißtes Eisen
refined zone Übergangszone
refinement Konstruktionsfeinheit, Raffinationsbehandlung, Raffinierung, Veredelung, Verfeinerung, Vollkommenheit
reffiners differential Raffinierspanne
refinery Destillationsbetrieb, Feinfeuer, Raffinationsanlage, Raffinieranlage
refinery gas Raffiniergas
refinery molasses Raffineriemelasse
refinery plant Raffinationsanlage
refinery process Herdfrisch(e)prozeß, Raffinationsprozeß
refinery reactor Raffiniationsanlage
refinery slag or cinder Herdfrisch(e)schlacke
refining action Raffinationswirkung
refining assay Garprobe
refining company Raffiniergesellschaft
refining crude oil Rohölraffinierung
refining effect Raffinationswirkung
refining furnace Feinofen, Raffinierfeuer, Raffinierherd, -ofen
refining means Läuterungsmittel
refining metal garen des Metalls
refining operation Raffinierarbeit
refining period Feinerungsperiode
refining plant Raffinerie, Veredelungsanlage
refining process Gargang, Raffinationsprozeß, -verfahren, -vorgang, Raffinierverfahren
refining-slag bed Gasschlackenboden
refining treatment Raffinationsbehandlung
refinish, to nachpolieren
reflect nachdenken, prellen, reflektieren, rückstrahlen, wiederspiegeln, zurückstrahlen, zurückwerfen
reflect and diffract raar energy auftreffende Radarenergie in unterschiedliche Richtungen streuen
reflectance Reflexionsgrad
reflectance, absolute absolute Remission
reflectance, background Umgebungsremission (Remissionsgrad in unmittelbarer Nähe eines Zeichens)
reflectance, coefficient of Remissionskoeffizient
reflected binary reflektiert binär
reflected binary code Graycode, Walkingcode
reflected code Graycode, Walkingcode, Bandmarke, Bandreflektormarke
reflected deception Täuschung durch Reflexion
reflected image pick-up Spiegelbildaufnahme

reflected jamming Störung durch Relfexion (elektronische Kampfführung)
reflected light Auflicht
reflected-light principle of scanning Reflexionsabtastung
reflected neutron reflektiertes Neutron
reflected power reflektierte Leistung
reflected pulse of light reflektierter Lichtimpuls
reflected ray Rückstrahl
reflected wave reflektierte Welle, Spiegelwelle
reflecting ability Rückstrahl(ungs)vermögen
reflecting area Reflektionsfläche, Abstrahlfläche
reflecting compass Spiegelkompaß
reflecting effect Spiegelwirkung, Reflektionswirkung
reflecting electrode Bremselektrode, Reflektorelektrode
reflecting galvanometer Lichtzeigergalvanometer, Spiegelgalvanometer
reflecting instrument Abstrahl-, Spiegelinstrument
reflecting material Reflexionsmaterial
reflecting medium Reflexionsmittel
reflecting microscope Spiegelmikroskop
reflecting mirror Umlenkspiegel
reflecting nephoscope Wolkenspiegel
reflecting object Rückstrahler
reflecting or mirror instrument Spiegelinstrument
reflecting plane Reflektorebene
reflecting power Reflektionsfähigkeit, Reflexionsvermögen
reflecting prism Reflexionsprisma
reflecting screen Aufhellschirm
reflecting sheet Abstrahlblech (Antenne)
reflecting telescope Spiegelfernrohr, Spiegelteleskop
reflecting-type sight assembly Reflexvisier
reflecting viewfinder Reflexsucher (Foto)
reflection Abbild, Abglanz, Reflexion, Rückstrahlung, Wiederschein
reflection angle Abstrahl(ungs)-, Reflexionswinkel
reflection area Reflexionsfläche
reflection area, low sensitivity to changes in geringer Empfindlichkeit auf Veränderung der Reflektionsfläche
reflection characteristic (of a target) Rückstrahleigenschaft (eines Ziels)
reflection coefficient (meter) Reflexionsfaktor(messer)
reflection cylinder Reflektionszylinder
reflection deception Täuschung durch Reflexion
reflection density Auflichtdichte
reflection echelon Reflexionsstufengitter
reflection effect Reflexionseffekt
reflection factor Falschanpassungsfaktor, Fehlanpassungsfaktor, Reflektionskoeffizient, Reflexionsfaktor
reflection factor (of a body or surface) Reflexionsgrad (eines Körpers)
reflection factor of the object Objektreflexionsfaktor
reflection from obstacle Rückstrahlung vom Hindernis, Hindernisreflexion
reflection gain Stoßstellenverstärkung (Leitungstechnik)
reflection grating Reflexionsgitter
reflection image Reflexbild
reflection insulation Reflexionsisolierung, Reflexionsschutz
reflection interval Echolaufzeit
reflection jamming Störung durch Reflexion (elektronische Kampfführung)
reflection loss Stoßstellendämpfung
reflection measuring set Fehlerdämpfungsmeßgerät
reflection nephoscope Wolkenspiegel
reflection of particle Teilchenreflexion
reflection of stress Spannungsreflexion
reflection panel Rückstrahlplatte, Reflexionsplotter, Zeichenaufsatz
reflection plotter Reflexionsplotter, Plottervorsatz (Feuerleitung), Zeichenaufsatz
reflection reducing coating Reflexionsschicht
reflection zone Reflexionszone
reflective bowl (lamp) reflektierender Kolbenhals (Strahler)
reflective coating Reflexionsschicht
reflective ink reflektierende Tinte, Leuchttinte
reflective insulation Reflexionsisolierung
reflective marker Reflektormarke (Magnetbandtechnik)
reflective mirror Reflexionsspiegel
reflective spot reflektierende Bandmarke, Bandreflektormarke, Reflektormarke
reflectivity of thermal radiation Reflexion der thermischen Strahlung
reflectivity zone Reflexionszone
reflectometer Fehlerdämpfungsmeßgerät, Reflektometer
reflector Bremselektrode, Katzenauge, Parabolspiegel, Reflektor(antenne), Reflektorelektrode, Rückstrahler, Lichtwerfer, Lichtspiegel, Spiegelteleskop
reflector aerial Spiegelantenne, Reflektorantenne
reflector aperture Spiegelöffnung
reflector bowl Hohlspiegelantenne
reflector control Rückstromspannungsregler
reflector element Reflektorelement, Rückstrahlgegenstand (Spiegel usw)
reflector flood lamp innenverspiegelte Lampe, Flutlicht
reflector framework Spiegelgerüst
reflector glass Quarzglasscheibe (am Zielgerätekopf), Reflexscheibe
reflector grid Reflektorgitter
reflector insert Rückstrahlereinsatz
reflector lamp Reflektorlampe, Strahlerlampe
reflector loss Reflektorverlust
reflector loudspeaker Reflektorlautsprecher
reflector luminar Reflektorleuchte
reflector or delineated, to be sich abbilden
reflector plate Reflektorscheibe
reflector rod Reflektorstab
reflector saving Reflektorgewinn
reflector screen Reflektorwand, Spiegelfeld
reflector sight Reflex(ions)visier
reflector space Reflexionsraum
reflector support Spiegelträger
reflector telescope Spiegelteleskop

reflector tracker Zeichenplatte
reflector-type cross level Spiegelkreuzlibelle
reflector voltage Reflexionsspannung, Rückstromspannung
reflector width-x-height (meters) Reflektorabmessung Breite x Höhe (m)
reflectorized placard selbstleuchtendes Schild
reflectorized road stud Straßenleuchtnagel
reflectors (swinging type) Pendelrückstrahler
reflectoscope Reflektoskop
reflex amplification Reflexverstärkung, gleichzeitige Hoch- und Niederfrequenzverstärkung
reflex bunching Reflexmodulation, Reflexphasenfokussierung
reflex camera Spiegelreflexkamera
reflex circuit Reflexschaltung
reflex clystron Reflexklystron
reflex copy Reflexkopie
reflex copying process Reflexkopierverfahren
reflex finder Reflexsucher (Foto)
reflex finder hood Lichtschacht (Kamera)
reflex klystron Reflexklystron
reflex oscillator Reflexoszillator
reflex printing Kontaktkopieren durch Reflexion
reflex receiver Reflexempfänger
reflex reception Reflexempfang
reflex reflecting device Rückstrahler (Kfz)
reflex reflector Rückstrahler
reflex sight Reflexvisier
reflex system Spiegelreflexeinrichtung
reflex telescope Spiegelteleskop
reflex telescopic camera Spiegeltelekamera
reflex tract Reflexbogen
reflex velocity modulated klystron geschwindigkeitsmoduliertes Reflexklystron
reflex viewer Reflexsucher
reflex viewfinder Reflexsucher (Photographie)
reflexed section Widderhornprofil
reflight opportunities by assured launch Wiederholungsflüge bei einem Fehlstart
refloat, to wieder flott machen
reflow soldering Aufschmelzlöten (Mikrobauelement, Chips)
reflow unit Aufschmelzeinheit (Bandbehandlungsanlage)(Walzwerk)
reflux Rückstrom, Zurückströmung
reflux assembly Rückflußanordnung
reflux condenser Dephlegmator, Rückflußkühler
reflux ratio Rückflußgrad (chem)
reflux-type condenser Gegenstromkondensator
refocus, to nachstellen (Optikschärfe)
refocusing Nachkonzentration
reformat Umformatieren
reformed gasoline reformiertes Benzin
refract, to (sich) brechen, lichtbrechen
refracted depression angle Sonarmeßtiefenwinkel im Horizontsystem nach Brechung (EDR)
refracted ray gebrochener Strahl
refracted surface-reflected sonar wave RSR-Betriebsart
refracted wave gebrochene Welle
refracting power Brechkraft (Linse)
refracting prism Ablenkprisma
refracting surface brechende Fläche
refracting telescope dioptisches Fernrohr, Linsenfernrohr, Refraktor
refraction Brechung (eines Strahlengangs), Refraktion, Strahlenbrechung (UW-Akustik)
refraction, atmospheric atmosphärische Refraktion
refraction angle (atmospheric) Refraktionswinkel
refraction error Brechungsfehler
refraction index Brechungsindex
refraction loss Brechungsverlust (UW-Akustik)
refraction method Brechungsverfahren
refraction of light Lichtbrechung, Refraktion des Lichts
refraction of sound Schallbrechung
refraction of waves Wellenbrechung
refractive error Refraktionsfehler
refractive index Brechzahl
refractive-index gradient Brechungszahlgradient, Gradient der Brechungszahl
refractive index of air Brechungsindex für Luft, Luftbrechungsindex
refractive medium brechendes Mittel
refractive optics brechende od. reflektierende Optik
refractive optics and low light lever TV brechende Optik u. Fernsehgerät mit Lichtverstärker
refractive power Brechkraft
refractivity Brechwert
refractometer Refraktometer
refractor dioptisches Fernrohr, Linsenfernrohr, Refraktor
refractor plate Refraktorplatte
refractoriness Feuerbeständigkeit, Feuerfestigkeit, feuerfester Stein
refractoriness under load Druckfeuerbeständigkeit
refractory feuerfest, schwer schmelzbar, hitzebeständig, strengflüssig, widerstandsfähig
refractory alloy hitzebeständige od. hochwarmfeste Legierung
refractory cement feuerfester Kitt (Industrie)
refractory coating feuerfeste Beschichtung
refractory fiber hitzebeständige Faser
refractory insulating brick feuerfester Isolierstein
refractory lining feuerfeste Auskleidung (Plastikform)
refractory metal hitzebeständiges Metall, hochwarmfeste Metallegierung
refractory metal alloy hochwarmfeste od. schwerschmelzbare Metallegierung
refractory-metal facing Verkleidung aus hitzebeständigem Metall
refractory period Refraktärperiode, -zeit
refractory product feuerfestes Erzeugnis
refractory silica mortar Silikonmörtel
refractory steel hitzebeständiger Stahl
refrasil hochwarmfeste Quarzglasseide
refresh auffrischen (Farbe), erfrischen
refresh memory Bildwiederholspeicher
refresh rate Wiederholungsgeschwindigkeit
refresher course Wiederauffrischungslehrgang, Wiederholungslehrgang
refresher instruction Wiederauffrischungsunterrichtung, Wiederholungsunterricht

refresher training Auffrischungsausbildung, Wiederholungsübung
refrigerant Kühlmittel, Kältemittel
refrigerant compressor Kältemittelverdichter (Kompressor-Kälteanlage)
refrigerant condenser Kältemittelkondensator
refrigerant piping Kältemittelleitung
refrigerated container Kühlcontainer
refrigerated storage Kühlraumlagerung
refrigerated traffic Kühlgütertransport
refrigerated wind tunnel Windtunnel mit Vereisungsanlage
refrigerating capacity Kälteleistung (Vereisungsmaschine)
refrigerating machine Kältemaschine
refrigeration Kälteerzeugung, -technik
refrigeration coach Kühlwagen
refrigeration plant Kälteanlage
refrigeration plant, gas Gaskühlanlage
refrigerator Kälteerzeugungsmaschine
refrigerator bodies Kühlwagenaufbauten
refrigerator for cold-storage transport Kältemaschine für Kühltransport
refrigerator trailer Kühlwagenanhänger
refrigerator truck Kühlwagen
refrigerator unit bypass valve Kühlerumgehungsventil
refrigerator van Kühlwagen (Eisenbahn)
refuel nachfüllen, tanken (Kraftstoffbehälter)
refuel manifold (line) Betankungsverteiler-(leitung)
refuel relay Betankungsrelais
refuel switch Betankungsschalter
refueling Auftanken
refueling and catapult launching ship schwimmender Flugstützpunkt
refueling and fuel warning system Kraftstoffüllstand- und Reststandwarnsystem
refueling boom Tank(er)rohr (Luftbetankung)
refueling circuit Betankungsstromkreis
refueling device Auftankvorrichtung
refueling during the flight Lufttanken, Tanken im Flug
refueling facility Tankanlage
refueling mission Luftbetankungseinsatz
refueling point of main tanks (fuel system) rumpfnaher Abschnitt des Flügeltanks
refueling probe Betankungsausleger
refueling pump Betankungspumpe
refueling station Tankstelle
refueling stop halten od. landen zum Auftanken
refueling unit Luftbetankungseinheit, Luftbetankungsverband
refueling valve Betankungsventil
refueling, with one aerial mit einmaliger Luftbetankung
refurbishing systems Wiederaufbereitung von System (av)
refurbishment cost Überholungskosten (Flugzeugwartungsdienst)
refurbishment program Renovierungsprogramm (Flugzeugkonfiguration)
refusal distance Startabbruchstrecke
refusal speed Startabbruchgeschwindigkeit
refusal speed circuit Startabbruchgeschwindigkeitskurve
refuse Abfall, Ausschuß, Kehricht, Müll
refuse collecting vehicle Müllkraftwagen
refuse lighter Abfallprahm
refuse oil Nachöl, Altöl
refuse spout Abfallrinne
refuse, to abweisen, nicht annehmen, verweigern, zurückweisen
refused call abgelehntes Gespräch
regain radar contact, to Radarverbindung wiedergewinnen
regenerate, to auffrischen, erneuern (Farbe), regenerieren, wieder einschreiben (Daten), wiedergewinnen (Speichereintragung)
regenerated cellulose regenerierte Zellulose
regeneration Energierückgewinnung, Informationsregeneration, Rückspeicherung, Regenerieren, Rückkopplung (Schalttechnik), Wiedereinschreiben (Daten in Speicher), biologischer Regenerationsprozeß, Dämpfungsreduktion, Nachladung, Neubildung, Rückkopplung (elektronisch)
regeneration control Regenerationssteuerung
regeneration counter Regenerationszyklenzähler
regeneration cycle Regenerationszyklus
regeneration letters Eintragungszeichen (für Luftfahrzeuge)
regeneration memory regenerativer Speicher
regeneration of current Stromrückgewinnung
regeneration of electrolyte Elektrolytregenerierung
regeneration period Regenerationsintervall
regeneration, pulse Impulsregenerierung
regeneration theory Regenerationstheorie
regeneration type storage regenerativer Speicher, Regenerationsspeicher
regenerative air preheater Regenerativ-Luftvorwärmer (f. Verbrennungsluft)(Dampferz.)
regenerative amplification Anfachung, Dämpfungsreduktion, Entdämpfung, Rückkopplungsverstärkung
regenerative audion Rückkopplungsaudion
regenerative audion receiver Audionempfänger mit Rückkopplung
regenerative braking rekuperatives Bremsen
regenerative chamber Regenerativkammer
regenerative circuit Rückkopplungskreis, Rückkopplungsschaltung
regenerative converter Konverter(reaktor)
regenerative cooling Regenerativkühlung, regenerative Kühlung
regenerative cooling channel of the combustion chamber Regenerativkühlkreis der Brennkammer (Turbine)
regenerative divider Rückmischteiler
regenerative feedback Mitkopplung, (positive) Rückkopplung od. Rückführung (Regeltechn)
regenerative furnace Abgasspeicherofen
regenerative heat-exchange Regenerativ-Wärmeausstauscher (Turbine)
regenerative principle involves passing the compressor flow through a recuperator where it is preheated by exhaust gases before being directed to flow into the combustion chamber beim Regenerativprinzip wird die den Verdichter durchströmende Luft von den Turbinenaustrittsgasen vorgewärmt, bevor sie in die Brennkammer gelangt
regenerative process Erneuerungsprozeß,

Regenerationsprozeß
regenerative reactor Konverterreaktor
regenerative receiver Rückkopplungsempfänger
regenerative reception Rückkopplungsempfang
regenerative reflex receiver Reflexempfänger
regenerative rocket motor (equipped with a cooling jacket through which the fuel flows on its way the injector carrying waste heat back into blast chamber) Wiedergewinnungsmotor
regenerative storage or store regenerativer Speicher, Regenerationsspeicher
regenerative telegraph repeater Regenerator
regenerative track Regenerationsspur
regenerative turboprop engine regeneratives Turboproptriebwerk
regenerative valve detector Rückkopplungsaudion
regime Betriebsbedingung (Motor), Drehzahl, Strömungszustand
regiment adjutant Regimentsadjutant
regiment command post Regimentsgefechtsstand
regiment commander Regimentskommandeur
regiment communication platoon Regimentsnachrichtenzug
regiment order Regimentsbefehl
regiment sector Regimentsabschnitt
regiment staff Regimentsstab
region Abschnitt, Bezirk, Bereich, Region
region of combustion instability Bereich der Verbrennungsunbeständigkeit
region of contraction, arc column Kontraktionsgebiet (Bogensäule)
region of limited proportionality Bereich begrenzter Proportionalität
region statement Bezirksanweisung
regional and domestic air route regionale u. nationale Flugstrecke
regional anticline Geoantikline (geol)
regional broadcast regionale Wettermeldeausstrahlung (meteo)
regional charts regionale Karten (nav)
regional guard frequency regionale Wachfrequenz
regional office Zweigstelle
regional teledetection regionales Fernerkundungszentrum (av)
regional transport system Regionalverkehrssystem
register Anschlag, Eintragebuch, Register, Speicher(zelle) für geringe Datenmengen (dig), Rast(er)stellung, Verzeichnis, Zählrelais, Impulsspeicher (Rechner)
register, access-control Zugriffskontrollregister
register, activity Trägheitsregister
register, addend Addendenregister, Summandenregister
register, address conversion Adressenhilfsregister
register, address modification Adressenhilfsregister
register addressing Registeradressierung
register, alarm group Alarmgruppenregister
register, alarm group...allocation Zuordnungsregister
register, analog output buffer Analogausgabe-Pufferregister
register, appendix Adressenanhangregister
register, arithmetic Rechnerregister, arithmetisches Register
register, auxiliary Hilfsregister
register, B- Indexregister, B-Register, Basisregister, Bezugsregister, Basisadreßregister
register, B-address B-Adreßregister
register, base Basis(adreß)register, B-Register, Bezugsregister, Indexregister
register, base address Basis(adreß)register
register, base...designator Basisregisterkennzeichnung
register, binary shift binäres Schieberegister
register, block Blockregister
register, buffer Pufferregister, Zwischen(speicher)register
register, buffer address Pufferadreßregister
register, buffer...block Pufferregisterblock
register, buffer limit address Grenzadreßregister
register, buffer number Puffernummernregister
register, byte annex counter Byteanhangzählregister
register, byte output Byteausgaberegister
register capacity Registerlänge
register, capacity utilization level Ausbaugrenzregister
register, carry Übertragungsregister
register, channel Kanalregister
register, channel block Kanalblockregister
register, channel command Kanalbefehlsregister
register, channel status Kanalzustandsregister
register, character Zeichenregister
register, check Prüfregister
register, circulating Ringschieberegister
register, clock-controlled activity taktsynchrones Tätigkeitsregister
register, command availability Befehlsverfügbarkeitsregister
register, connection Verbindungskippstufenregister
register content Registerinhalt, Registerstand
register, control Befehlsregister, Instruktionsregister, Steuerregister
register, counter Zählregister
register, counting address zählendes Adreßregister
register, covering Rahmenregister
register, cycle counter Zykluszählregister (ZZR)
register, cyclic shift Ringschieberegister
register, data collecting Datensammelregister
register, data input Dateneingaberegister (DER)
register, data output Datenausgaberegister (DAR)
register, data region address Datenbezirksadreßregister
register, delay-line Verzögerungsregister, dynamisches Register, Laufzeitregister
register designator, base Basisregisterkennzeichnung (dv)
register, device address Geräteadressenregister

register, electric cash elektrische Registrierkasse
register, electronic accumulating Additionsregister
register, end address Endadreßregister (EAR)
register, end-around shift Ringschieberegister
register, error word Fehlerwortregister (FWR)
register, fault Fehlerregister (FER)
register fault Registerfehler
register field Registerfeld
register, file mask Befehlsmaskenregister
register, flip-flop Flip-Flop-Register
register, floating(-point) Gleitkommaregister, Gleitpunktregister
register, free Freiregister
register, function state Funktionszustandsregister
register, general(-purpose) Mehrzweckregister, allgemeines Register
register glass Anlegeglasplatte (Foto)
register guides Vorlagenhalter
register, high speed general Hochleistungs-Mehrzweckregister
register, home Lokaldatenregister
register, housekeeping Organisationsregister
register housekeeping Registerhaushalt
register, index(ing) Bezugsregister, Indexregister, B-Register, Basis(adreß)register
register, indicator Anzeigenregister
register, information input Informationseingaberegister (INFER)
register, information input...comparator Informationseingaberegister-Vergleicher (INFERVGL)
register, information input...computer Informationseingaberegister-Rechner
register, information output Informationsausgaberegister
register, information output...clock pulse lockout Informationsausgaberegister-Taktsperre (INFARS)
register, information output...comparator Informationsausgaberegister-Vergleicher (INFARVGL)
register, initial address Anfangsadreßregister (AAR)
register, input Eingaberegister
register, input address Eingabeadreßregister (EAR)
register, input destination Eingabezielregister (EZR)
register, input destination buffer Eingabezielpufferregister (EZPR)
register, input/output (IOR) Eingabe-/Ausgabe-Register
register, input selection Eingabeauswahlregister (EAWR)
register, input selection junction Eingabeauswahlknotenregister (EAWKR)
register, input sequence Eingabefolgeregister (EFR)
register, input switching Eingabekopplungsregister (EKR)
register, input word Eingabewortregister (EWR)
register, instruction Befehlsregister, Instruktionsregister
register, instruction counter Befehlszählregister
register, instruction location Befehlsregister, Instruktionsregister
register, intermediate (IR) Zwischenregister
register, interrupt Unterbrechungsregister
register, interrupt flag Unterbrechungs-(marken)-Register
register, interrupt mark Unterbrechungsmarkenregister
register, interrupt status Funktionszustandsregister, Unterbrechungszustandsregister
register, interrupt-code Unterbrechungsschlüsselregister
register, interval time Intervallzeitregister
register, job distribution Ablaufverteil(er)-Register
register keeper Protokollführer
register length Registerkapazität, Registerlänge, Registerstellenzahl (dig)
register, line Ferndatenregister
register logic Registerlogik
register marks Paßmarken (Kartographie)
register, memory (MR) Speicherregister
register, memory address (MAR) Speicheradreßregister
register, memory bank address Speicherbankadreßregister (SBADR)
register, memory buffer Speicher-Pufferregister
register, memory cycle request Speicherzyklus-Anforderungsregister (SZAR)
register, memory location Speicheradreßregister
register, memory operation code Speicher-Operationscode-Register
register, memory output request Speicherausgabe-Anforderungsregister (SAFR)
register, memory protect deactivation Speicherschutz-Ungültigkeitsregister
register, memory region address Bezirksadreßregister
register, memory selection Speicherauswahlregister (SAR)
register, memory word address Speicherwortadressenregister
register, modifier B-Register, Basis(adreß)-register, Bezugsregister, Indexregister
register, multiplicand Multiplikand-Divisorregister
register, multiplier Multiplikatorregister
register number Registernummer
register, number Nummernregister
register of dues and taxes Heberolle
register, operand Operandenregister
register, operating Arbeitsregister
register, operating...pair Arbeitsregisterpaar
register, operating state sequence Betriebszustandsfolgeregister
register, operation Operationsregister
register, operation code Operationscodierregister
register, operation mode Operationsmodusregister
register, operation state Betriebszustandsregister
register, operation state sequence Betriebszustandsfolgeregister
register, output Ausgangsregister

register, output acknowledgement Ausgabe-Quittungsregister
register, output address Ausgabeadreßregister
register, output destination Ausgabezielregister
register, output selection Ausgabeauswahl-register
register, output switching Ausgabekopplungs-register
register, output word Ausgabewortregister
register, overflow Überlaufregister
register pair Registerpaar
register, peripheral unit selection Elementen-Auswahlregister
register, priority acceptance Prioritäts-übernahme-Register
register, priority exchange Prioritäts(aus)-Tauschregister
register, priority input Prioritätseingangs-register
register, priority output indicator Prioritätsausgabemelderegister
register, priority status Prioritätsstatus-register
register, process distribution Ablaufverteiler-register
register, process request Ablauf-/Anforderungs-register
register, processor state Funktionszustands-register
register, processor utility Hilfsregister
register, program request Programm-Anforderungsregister, Ablaufanforderungsregister
register, program Programmregister
register, program time Programmzeitregister
register, quadruple-length Register vierfacher Wortlänge
register, quotient Quotientenregister
register, request code Anforderungskenn-(ungs)register
register, request mode Anforderungsmodus-register
register, right overflow rechtes Überlaufregister
register, sequence Befehlsfolgeregister
register, sequence distribution Ablauf-verteil(er)register
register, sequence control Befehlsfolge-register, Befehlsfolgezähler, Operations-register, Befehlszählerregister, Programm-schrittzähler, Befehlsadreßregister
register, sequence request Ablaufanforderungs-register
register, sequence request auxiliary Ablauf-anforderungs-Hilfsregister
register, shift Schieberegister
register, shift...clock pluse Schieberegister-takt
register, shifting Schieberegister
register, sign Vorzeichenregister
register, special COBOL-Zähler
register, special...content Sonderregister-inhalt
register, special priority Sonderprioritäts-register (SPR)
register specification error Registerkenn-zeichnungsfehler
register, start address Startadreßregister (STR)
register, state Zustandsregister
register, staticizing Befehls- u. Adressen-register
register, status Statusregister
register, status signalling Betriebsmelde-register
register, storage or store Speicherregister
register, subchannel Unterkanalregister
register, telemetry Fernmeßregister
register, test run Durchlaufregister
register, testing state simulation Prüfzu-standssimulationsregister (PZR)
register, timer Zeitgeberregister
register, to for IFR flights Zulassen für IFR-Flüge
register, transfer Übernahmeregister
register, trunk failure Kabelausfallregister
register, trunk selection Kabelauswahl-register (KAR)
register-type switching system Registersystem
register, utility Hilfsregister
register, voltage test Spannungstestregister (STR)
register, word input Worteingaberegister, Speicher-Einheitsregister
register, word output Wortausgaberegister (WAR)
register, word-select Wortauswahlregister
register, working/standby Betriebs-/Ersatz-Kippstufenregister (BEKR)
register, working/standby control Betriebs-/Ersatz-Steuerregister (BESR)
register, working/standby fixing Betriebs-/Ersatz-Fixierregister (BEFR)
registered baggage eingetragenes od. registriertes Gepäck
registered capital eingetragenes od. registriertes Kapital
registered design Gebrauchsmuster
registered mark eingetragene od. registrierte Schutzmarke
registered trade name eingetragener od. registrierter Handelsname, Handelsname gesetzlich geschützt
registering arrangement Registrierapparat, Registriervorrichtung
registering balloon Registrierballon
registering-frame center Rahmenmittelpunkt
registering instrument Anzeiger, Anzeige-instrument
registering mark Kennmarke, Kennzeichen
registrary office Registratur
registration fire Kontrollschießen
registration hole Paßloch(ung) (Formular)
registration hole punch Paßlochstanzer (Formular)
registration line Paßlinie (Formular)
registration mark Eintragungszeichen, Zu-lassungszeichen
registration of aircrafts Eintragung von Luftfahrzeugen
regression analysis Regressionsanalyse
regression coefficient Regressionskoeffzient
regression curve (surface) Regressionskurve
regression function Regressionsfunktion
regrind Nachschliff
regrinding Feinzerkleinerung, Nachschleifen
reground material wiederaufgearbeitetes Material (pla)

regular isomerisch, regelmäßig, serienmäßig
regular aerodrome regulärer Flughafen
regular air service regelmäßige Flugverbindung
regular air traffic regelmäßiger Luftverkehr
regular equipment serienmäßig eingebaute Ausrüstung
regular field theory reguläre Feldtheorie
regular shorthaul service regelmäßiger Verkehr über kurze Entfernungen
regular time Normalarbeitszeit
regularity of air traffic Regelmäßigkeit des Luftverkehrs
regulate down, to heruntergehen, heruntersteuern
regulate in a downward direction, to herunterregeln, heruntersteuern
regulate over, to überregeln
regulate, to (nach)regulieren
regulated air pressure geregelter Luftdruck (meteo)
regulated altitude eingeregelte Höhe
regulated condition Stellgröße (Regelungstechnik)
regulated filament current heizabgestimmter Strom
regulated item zentralgesteuerter Versorgungsartikel od. Vorbehaltsartikel
regulated line section Regelungsabschnitt (einer Grundleitung)(Trägerfrequenztechnik)
regulated power supply spannungsregelndes Netzgerät, stabilisiertes Netzanschlugerät
regulated supply geregelte Spannungsversorgung, geregelte Stromversorgung
regulated voltage geregelte od. stabilisierte Spannung
regulating action Regelvorgang
regulating amplifier Regelverstärker
regulating cell Schaltzelle
regulating coil Regulierspule
regulating control Reguliergestänge
regulating device Regeleinrichtung, Reguliervorrichtung
regulating distance Stellweg
regulating grid Dichtegitter
regulating inductor Regeldrossel
regulating relay Regelrelais
regulating rod Regelstab
regulating speed Stellgeschwindigkeit
regulating station Verteilerbahnhof
regulating switch Regelschalter, Regulierschalter, Regulierwiderstand, Zellenschalter
regulating system Regelsystem
regulating transformer Regeltransformator
regulating unit Stellglied
regulating variable Stellgröße
regulating winding Regulierwicklung
regulation Bestimmung, Dienstvorschrift, Regelung, Regulation, Regulierung, Verordnung, Vorschrift
regulation accuracy Regelgenauigkeit
regulation characteristic Regelcharakteristik
regulation of behaviour Verhaltenssteuerung
regulation of the computation Wettbewerbsausschreibung
regulation of wires Durchhangregelung
regulation process Regelungsvorgang
regulation rod Regelstab, Regulierstab
regulation rod assembly Regelstabanordnung
regulation system Regelsystem
regulator Fensterhebel, Regelstange, Regler, Regulierstab, Regulator
regulator for altitude Höhenregler
regulator magnetic amplifier Magnetverstärker des Spannungsreglers
regulator of tension Spannungsregler
regulator power supply spannungsregelndes Netzgerät
regulator rod automatischer Feinregelstab
regulator spring Einstellfeder (Durchflußregler)
regulator, switching Schaltregler
regulator tube Kontrollrohr
regulator valve Regelventil, Reglerventil, Vorreglerventil
regulator, valve Druckregler
regulator with constant angular vane velocity Vollgeschwindigkeitsregler
reheat Nachbrenner, Nachbrennung, Zwischenverbrennung, Wiedererhitzen, Wiedererwärmen
reheat actuation Nachbrennereinstellung
reheat burner Nachbrenner-Kraftstoffkammer
reheat cancellation sequence Nachbrennerhutzenflammenhalter
reheat cancellation Nachbrennerabschaltung (Twk)
reheat cancellation sequence Nachbrennerabschaltfolge (Twk)
reheat chamber Staustrahlbrennraum, variable Einlauf- u. Schubdüsengeometrie
reheat colander gutter Nachbrennerhutzenflammenhalter (Twk)
reheat cold loss Druckverlust bei nicht gezündetem Nachbrenner (Twk)
reheat control Nachbrennerkraftstoffregelung
reheat control amplifier Nachbrennersteuerverstärker
reheat control system Nachbrennerkraftstoffregelanlage (Twk)
reheat control unit Nachbrennerkraftstoffregler
reheat fuel burner Nachbrenner-Kraftstoffbrenner
reheat fuel control system, modified and recalibrated engine and modifiziertes u. neukalibriertes Triebwerk und Nachbrenner-Kraftstoffzumeßsystem
reheat fuel control unit Nachbrenner-Kraftstoffregler
reheat fuel manifold Nachbrenner-Kraftstoffverteiler
reheat fuel pump Nachbrenner-Kraftstoffpumpe
reheat fuel system Nachbrenner-Kraftstoffanlage
reheat jet pipe Nachbrennerstrahlrohr
reheat lit Nachbrenner gezündet
reheat nozzle Schubdüse
reheat pipe Nachbrenner
reheat pressure-ratio control unit Nachbrenner-Druckverhältnisregler
reheat results in a large increase in thrust Nachverbrennung ergibt eine erhebliche Schubzunahme
reheat selected Nachbrenner eingeschaltet

reheat system Nachbrenneranlage
reheat system support strut Stützstrebe des Flammenhalters
reheat temperature Nachbrennertemperatur
reheat, turbojet Strahltriebwerk mit Nachbrenner
reheat unit Nachbrenner(anlage)
reheat unlit Nachbrenner ungezündet
reheated bypass engine Mantelstromtriebwerk mit Nachbrenner
reheated engine Triebwerk mit Nachbrenner
reheated version Nachbrennerversion (Twk)
reignition, dielectric dielektrisches Wiederzünden
reignition, thermal thermisches Wiederzünden
reignition voltage Wiederzündspannung
reimbursable issue Ausgabe gegen Werterstattung
reinforce kräftigen, verstärken, versteifen
reinforce epoxy plastic or sandwiched between thin layers of metal, to versteifen von Kunststofferzeugnissen zur Fertigung von Schichtbaustoffen
reinforced assembly verstärkter Zusammenbau
reinforced beam or grider Hängewerk
reinforced butt weld konvexe Stoßnaht, übergewölbte Stumpfnaht (Schweißen)
reinforced carbon-carbon composite (RCC) Kohlenstoff-Kohlenstoff-Verbundwerkstoff (KKV)
reinforced concertina roll Drahtwalze
reinforced concrete Eisenbeton
reinforced concrete arch Stahlbetonbogen
reonforced concrete arch bridge Stahlbetonbogenbrücke
reinforced concrete beam bewehrter Betonbalken
reinforced concrete column Stahlbetonsäule
reinforced concrete construction Stahlbetonbauweise, Stahlbetonkonstruktion
reinforced concrete frame Stahlbetonrahmenbau
reinforced concrete framed building Stahlbetonskelettbau
reinforced concrete, glazing Gasstahlbeton
reinforced concrete pipe Stahlbetonrohr
reinforced concrete slab bridge Stahlbetonplattenbrücke
reinforced concrete sleeper (track) Eisenbetonschwelle
reinforced concrete span truss Pfostenfachwerkträger
reinforced concrete structure Stahlbetonbau
reinforced deck-type concrete slab bridge Stahlbetonplattenbrücke mit obenliegender Fahrbahn
reinforced core wall Kernmauer von Eisenbeton
reinforced glass armiertes Glas
reinforced hose Spiralschlauch
reinforced member bewehrtes Bauteil
reinforced oscillation anwachsende Schwingung
reinforced plastics verstärkter Kunststoff
reinforced seam Wulstnaht (Schweißen)
reinforced shoulder verstärkte Randeinfaßung (einer Straße)
reinforced weld volle Schweißnaht
reinforcement Absteifung, Armierung, Verstärkung, Wulst
reinforcement bar Bewehrungsstab
reinforcement for laminates geharzte Bahn
reinforcement of oil screen Ölsiebversteifung
reinforcement plate Verstärkungsblech
reinforcement tape Verstärkungsbahnstück (Fsch)
reinforcement webbing Verstärkungsband (Fsch)
reinforcing bar Verstärkungsleiste
reinforcing-bar bending machine Betonstahlbiegemaschine
reinforcing channel webbing length Kappenlängsband (Fsch)
reinforcing chord Verstärkungsgurt (Brückenbau, Fsch)
reinforcing disk Verstärkungsplatte
reinforcing filler aktiver Füllstoff
reinforcing force Verstärkungsverband
reinforcing layer Armierungsschicht
reinforcing material Bewehrungsstoff, Verstärkungsmaterial
reinforcing mat Verstärkungsmatte
reinforcing net Armierungs-, Bewehrungsnetz
reinforcing plate Armierungsplatte
reinforcing ring Verstärkungsring
reinforcing sleeve Verstärkungshülse
reinforcing steel Bewehrungsstahl, Stahleinlage
reinforcing tape Verstärkungsband
reingestion Wiederansaugen
reinjection of gas Wiedereinpressen von Gas
reinjection of interface (pipeline) Wiedereinmischung von Mischgut
reinspection Wiederholungsprüfung
reinstall wiedereinbauen
reinstallation sequence Wiedereinbaufolge
reinstallation time Wiedereinbaudauer
reinstate wiedereinsetzen
reinsulation Nachisolieren (Leitung, Tank)
reintercept, to wiedereinfliegen, wiederanschneiden
reissue Annahmeverweigerung (Log), Neuausgabe, Wiederausgabe, Wiederherausgeben
reissue patent Abänderungspatent
reject Aussteuerfach, Fehlfluß, als Ausschuß ausscheiden, verwerfen (geol), zurückweisen
reject card ausgeworfene Karte (fehlende od. falsche Information)
reject character Rückweisungszeichen
reject frequency Ausschußquote
reject pocket Aussteuerungsfach, Restfach (in Sortiermaschine)(lo), Fehlerfach, (Zu)rückweisungsfach
reject rate Ausschußquote
reject stacker Aussteuerungsfach, Rückweisungsfach (Lochkartentechnik für Belegverarbeitung)
reject, to als Ausschuß ausscheiden, verwerfen, zurückweisen, aussteuern
rejectable quality level Rückweisegrenze (Qualitätskontrolle)
rejected as unfit ausgemustert
rejected take-off abgebremster Start
rejection Aussteuerung, Abnahmeverweigerung, Ausstoßung, Auswerfung, Beanstandung, Verwerfung, Zurückweisung
rejection (of interfering signals) Auspeilen
rejection band Sperrbereich (Filter), Dämpfungsbereich

rejection circuitry Überlastungssperre
rejection code Zurückweisungscode
rejection criteria Zurückweisungsmerkmal
rejection filter Sperrfilter
rejection frequency (of a band-pass filter) Antiresonanzpunkt, Sperrfrequenz
rejection limit Fehlergrenze (Vermessung)
rejection line Ablenkungslinie
rejection number Rückweisezahl
rejection phenomenon Abwehrerscheinung, Abwehrreaktion
rejection procedure Beanstandungsvorgang
rejection ratio Schwächungsfaktor, Unterdrückungsfaktor
rejection region Ablehnungsbereich
rejection slot (of crystal filter) Antiresonanzpunkt
rejection value Reaktionswert
rejector circuit Parallelresonanzkreis, Sperrfilter, Sperrkreis, Sperrsieb
rejuvenate, to regenerieren, erneuern, verjüngen
relate berichten, Bezug haben auf, in Beziehung setzen
related, to in Zusammenhang stehend mit...
relation between coefficients Koeffizientenbeziehung
relation code Beziehungscode (Dokumentation)
relation condition Vergleichsbedingung (COBOL)
relation of lever Hebelverhältnis
relation operation Vergleichsoperator (COBOL), Vergleichssymbol, Vergleichszeichen
relation operator Vergleichsoperator (COBOL)
relation test Vergleich (COBOL), Vergleichsprüfung, Vergleichstest
relational expression Vergleichsausdruck (FORTRAN), Vergleichsaussage
relational operator Vergleichsoperator, Vergleichssymbol, Vergleichszeichen, Verhältnis-Operator
relationship Vergleichswert (meteo)
relationship between approach speed and cloud ceiling Zusammenhang zwischen Anfluggeschwindigkeit und Wolkenuntergrenze (Hschr.-Blindlandeverfahren)
relationship symbol Beziehungssymbol
relative Meßziffer, das Relativ
relative absorption relative Absorption, relative Verminderung
relative absorption term relativer Absorptionskoeffizient
relative abundance relative Häufigkeit
relative acceptance, index of Index der relativen Beziehungsdichte (EDV)
relative accident probability relative Wahrscheinlichkeit eines besonderen Vorkommnisses
relative address relative Adresse (dv)
relative addressing relative Adressierung od. Codierung
relative air density relative Luftdichte
relative airspeed Geschwindigkeit über Grund
relative altitude relative Höhe
relative angle gegen Mittelschiffslinie gemessener Winkel
relative angle-of-attack indicator Anstellwinkelanzeiger, Aufbäumregleranzeiger
relative angle solution Relativwinkelbestimmung (Drehmelder)
relative angular bearing rate Meßseitengeschwindigkeit in Horizontalebene
relative angular movement in elevat Höhenwinkelauswanderung (Feuerleitung)
relative angular train rate Meßseitenwinkelgeschwindgkeit in Decksebene
relative aperture relative Aperture, relatives Öffnung, Öffnungsverhältnis
relative aperture of the lens Öffnungsverhältnis od. relative Öffnung eines Objektivs
relative atomic weight relatives Atomgewicht
relative bearing Bezugsseitenpeilung, Funkbezugspeilung, Funkseitenpeilung, Schiffsseitenpeilung, Meßseitenwinkel in Horizontalebene, relative Peilung, wahre Seitenpeilrichtung
relative bearing of advance position Meßseitenwinkel in Horizontalebene zum Teilvorhaltepunkt (Feuerleitung)
relative bearing of future target position Meßseitenwinkel in Horizontalebene zum errechneten Treffpunkt (Feuerleitung)
relative bearing of the loop Rahmenantennenazimut
relative biological effectiveness (RBE) relative biologische Wirksamkeit (RBW)
relative biological efficiency relative biologische Wirksamkeit
relative biological equivalence relatives biologisches Äquivalenz
relative body length relative Ringlänge od. Ringtiefe
relative coding relative Adressierung, relative Codierung
relative complement Relativkomplement
relative consistency Konsistenzzahl, Zustandszahl (Bodenmechanik)
relative corrected speed korrigierte relative Drehzahl
relative correction relative Korrektur
relative course apparent wind Winkel zwischen Mittelschiffslinie u. Richtung, in die der scheinbare Wind weht
relative coverage ratio relative Abdeckungsquote (Information u. Dokumentation)
relative current level relativer Strompegel
relative deformation Formänderung je Meßlängeneinheit
relative density bezogene Dichte (Bodenmechanik)
relative departure relative Abweichung
relative direction apparent wind Winkel zwischen Mittelschiffslinie u. Richtung aus der der scheinbare Wind weht
relative displacement relative Verschiebung
relative efficiency relative Leistungsfähigkeit
relative efficiency of biplane wings (stress analysis) Belastungsverhältnis zwischen oberer u. unterer Fläche
relative elevation relative Höhe (ü. Meer), Höhenzahl
relative equivalent relative Bezugsdämpfung
relative error relativer Fehler
relative escape Anteil der thermischen Neutronen die den Reaktor verlassen
relative fatigue life relative Lebensdauer
relative fore (propellant) relativer Gasdruck

relative frequency relative Häufigkeit
relative gain spezifische(r) Verstärkung(sfaktor)
relative gravity relative Schwere
relative guidance displacement Auswanderungsstrecke Ziel/Flugkörper während der Lenkphase (Flugkörperfeuerleitung)
relative humidity relative Feuchtigkeit
relative humidity of the air relative Luftfeuchtigkeit
relative illumination relative Beleuchtungsstärke
relative impact strength (notched) Kerbschlagzähigkeit
relative information relative Information
relative intensity Intensitätsverhältnis
relative isotopic abundance relative Isotopenhäufigkeit
relative level relativer Pegel
relative light efficiency Dämmerungsleistung (Fernrohr)
relative line of bearing Staffel nach Schiffspeilung
relative luminosity bearing spektrale Helleinstellung
relative luminosity factor spektrale Hellempfindlichkeit
relative missile bearing Torpedoseitenwinkel gegen Mittschiffslinie in Decksebene
relative missile movement Auswanderung Ziel/Flugkörper (Flugkörperfeuerleitung)
relative missile movement in elevation to aiming position Höhenauswanderung Ziel/Flugkörper bis Gesamtvorhaltpunkt in Decksebene
relative missile movement to aiming position Gesamtauswanderung Ziel/Flugkörper zum Gesamtvorhaltpunkt (Flugkörperfeuerleitung)
relative moisture of the soil relative Bodenfeuchtigkeit
relative motion Relativbewegung
relative motion deflection prediction Seitenvorhalt in der Horizontalebene für Relativbewegung
relative motion elevation prediction Höhenvorhalt für Relativbewegung während der Flugzeit
relative navigation Relativnavigation
relative number of sun spots Sonnenfleckenrelativzahl
relative period Begegnungsperiode
relative permeability Permeabilitätszahl
relative permitivity Dielektrizitätskonstante, Dielektrizitätszahl
relative plasticity index Fließindex
relative plateau slope relative Plateausteigung
relative position relativer Standort
relative programming Programmieren od. Programmierung mit relativen Adressen, relatives Programmieren
relative-rate fire control system mit Winkelwerten arbeitende Feuerleitanlage
relative redundancy relative Redundanz
relative resonance integral relatives Resonanzintegral
relative significance of the source of noise relative Bedeutung der einzelnen Triebwerklärmquellen
relative spectral curve Kurve der spektralen Energieverteilung
relative spectral energy distribution Strahlungsfunktion
relative stopping power relatives Bremsvermögen
relative survivals relativer Bestand
relative system Relativsystem
relative target bearing relative Zielseiten-Peilung, wahre Zielseitenrichtung
relative time clock Relativzeitgeber
relative, to (sich) beziehen auf
relative to high frequency hochfrequenzmäßig
relative track addressing relative Spuradressierung
relative velocity Relativgeschwindigkeit
relative velocity, impact Stoßrelativitätsgeschwindigkeit, Relativitätsgeschwindigkeit durch Stoßbewegung
relative viscosity relative Viskosität, Viskositätsverhältnis
relative volatility relative Flüchtigkeit
relative wind Anströmung, Fahrtwind
relative wind direction relative Anströmungsrichtung
relative yield relative Ausbeute
relatively poor response times geringe Empfangswahrscheinlichkeit (aufgrund sequentieller Signalabtastung)(Radarwarntechnik)
relatively porous fabric stark luftdurchlässiges Gewebe
relativistic electron relativistisches Elektron
relativistic field relativistisches Feld
relativistic formula relativistische Formel
relativistic ionizing particle relativistisches ionisierendes Teilchen
relativistic mass equation relativistische Massengleichung
relativistic mechanics Relativitätsmechanik
relativistic particle relativistisches Teilchen
relativistic quantum theory relativistische Quantentheorie
relativistic theory of rockets Relativitätstheorie der Raketen
relativistic velocity relativistische Geschwindigkeit
relativity mechanics Relativitätsmechanik
relativity postulate Relativitätspostulat
relaxation Entspannung, Erschlaffung, Nachlassen (der Kräfte), Kippschwingung, Relaxation
relaxation circuit Kippkreis, Kippschaltung, Röhrenkippschaltung
relaxation distance Relaxationsabstand
relaxation generator Kippgenerator, Kippgerät, Sägezahngenerator
relaxation inverter Kippschwingungswandler
relaxation length Relaxationslänge
relaxation or saw-tooth oscillation or wave Intermittenzschwingung
relaxation oscillator Kippgenerator, Kippgerät, Kippschwingungserzeuger, Kippschwingungsoszillator, Kippschaltung
relaxation-oscillation connection Kippschwingungsschaltung
relaxation period Kippschwingungsdauer
relaxation scanning Kippablenkung

relaxation theory Relaxationstheorie
relaxation time Relaxationszeit (elek)
relaxation-type oscillator Kippgenerator, Sägezahnoszillator
relaxation vibration Kippschwingung, Relaxationsschwingung
relaxed oscillation relaxierende Schwingung
relaxed state of accomodation Akkommmodationsruhe
relay Relais, Schütz, Wetterweiterübermittlung (Fernschreibbetrieb), Wettergabe, Rückstromrelais
relay a message, to einen Spruch weiterleiten
relay amplifier Komparatorverstärker (EDV)
relay and breaker panel Relais- u. Automatentafel, Relais- u. Selbstschalt(er)tafel, Relais- u. Schutzschalt(er)tafel
relay armature Relaisanker
relay assembly Relaissatz
relay bay Relaisgestell
relay board Relaistafel
relay calculator Relaisrechenmaschine, Relaisrechner
relay center Relaisspeichervermittlung
relay chain Relaiskette
relay chain circuit Relaiskettenschaltung
relay chatter Relaisflattern
relay circuit Relaisschaltung, Relaisstromkreis
relay coil Relaisspule
relay contact Relaiskontakt
relay control Relaissteuerung
relay control box Übertragungskasten (Kfz)
relay contrtube Relaissteuerröhre
relay cover Relaisdeckel
relay frame Relaisschrank
relay gram-scale Relaisfederwaage
relay group Relaisgruppe, Relaissatz
relay injector Übertragungsbrenner
relay interrupter Relaisunterbrecher
relay is sticking Relais klebt
relay line finder Relaisanrufsucher
relay link section Funkfeld
relay magnet Relaismagnet
relay matrix Relaiskoppelfeld
relay, metal-enclosed dry-reed Stahlkoppler, Stahlrelais
relay or starting motor Startmotor
relay plate Relaisplatte
relay platform Relais-Plattform (Hschr)
relay pickup voltage Relaisansprechspannung
relay point Relaiskontakt, Umschlagstelle
relay preselector Relaisvorwähler
relay receiver Ballempfänger
relay reception Ballempfang
relay releasing time Relaisabfallzeit
relay, satellite Satellitenrelais
relay screen Relaisschirm
relay, solid state polarised polarisiertes Relais in Festkörperbauweise
relay stage Relaisstufe
relay statement Freigabebefehl
relay station Weitergabestelle (Fernschreibbetrieb), Relaisstation, Umpolstation
relay storage or store Relaisspeicher
relay, switching Koppelrelais
relay switching center Speichervermittlung mit Lochstreifen
relay system Relaissystem
relay transmission Ballsendung, Weiterübertragung
relay transmitter Erregerstrahler, Ballsender, Relaissender, Zwischensender
relay unit Relaissatz
relay vibration Relaisprellung
relay winding Bespulung, Relaiswicklung
relaying Relaisübertragung
relaying station Relaissender, Relaisstation
releasable casing spear lösbarer Rohrkrebs
release Abfeuerungseinrichtung, Abwurf, Auslöser, Auslösung (Verbindung), Freigeben (Wecker, Datenblock), Befreiung, Entkopplung, Freigabe, Freisetzung
release a connection, to eine Verbindung auflösen
release a message transmission, to ein Telegramm aussenden
release, a relay Relais vollständig abfallen
release, allocation and...of an exchange-oriented data block Zuteilen u. Freigeben eines vermittlungstechnischen Datenblocks
release and ejector release unit with chocking wedge or swaybrace Auswurfauslösevorrichtung mit Sperrklinke u. Pratze
release and rejector unit Auslöse- u. Auswurfauslösevorrichtung
release bomb, to Bombe abwerfen od. auslösen
release button Griffplatte (Zentralschloß, Fsch), Auslöseknopf
release capital, to Kapital flüssig machen
release contact Auslösekontakt, Auslösemechanismus
release cord Reißleine (Fsch)
release current intensity Auslösestromstärke
release current strength Auslösestromstärke
release discrete Auslösesignal
release disk Auslösescheibe
release for shipment, to für den Versand freigeben
release for take-off, to für den Start freigeben (keine FS-Freigabe)
release, forced vorzeitige Auslösung
release from duties, to dienstentpflichten
release gas (balloon) ablassen, abblasen, Gas entweichen lassen
release gear Auslöseeinrichtung
release handle Auslösegriff
release hook Sicherungshaken (av)
release key Auslösetaste
release knob (parachute container) Federzugknopf (Fallschirmwanne)
release lever Auslösehebel, Ausklinkhaken
release lever locking arm Auslösesperre
release magnet Auslösemagnet
release mechanism Ausklinkvorrichtung
release nut Auslöser (Gurtförderer)
release of an aircraft Abgabe der FS-Kontrolle
release of electrons Elektronenauslösung
release of energy Energieabgabe
release of heat Wärmeentbindung
release of the armature Ankerabfall
release operating plunger (quick release) Zentralbolzen (Zentralschloß-Fsch)
release or open the parachute, to den Fallschirm öffnen

release piston Auslösekolben (Schleudersitz)
release piston spanner Ausbaunuß für Auslösekolben
release plunger Sperrklinkenriegel (Hilfsschirmkanone), Ankerbolzen (Zentralschloß)
release point Ausklinkpunkt (Bombe), Abgabepunkt (FS-Kontrolle), Abschußpunkt (Rakete), Auslösepunkt, Feuereröffnungspunkt (Kanone)
release range of selector switch Auslösebereich des Auslösesektorschalters
release relay Auslöserelais
release retardation Auslöseverzögerung
release signal Freigabesignal
release spring Auslösefeder
release statement Freigabeanweisung (COBOL)
release the (open) parachute, to den Fallschirm öffnen
release the towing cable Schleppseil ausklinken
release time Abgabezeit (FS-Kontrolle)
release, to abgeben (FS-Kontrolle), auslösen
release transfer relay Auslöseumschalterelais
release unit for arrestor barrier Auslösevorrichtung für Fangnetz, Fangnetzauslösevorrichtung
releasing current Auslösestrom
releasing officer Freigabeoffizier, der Genehmigende
releasing time Abfallzeit
relevancy Relevanz
relevant anwendbar, Bezug habend, erheblich, passend, sachgemäß
relevant failure Hauptausfall (statistisch)
reliability Betriebssicherheit, Zuverlässigkeit
reliability allocation Zuverlässigkeitsaufteilung
reliability assurance Zuverlässigkeitssicherung
reliability, better höhere Funktionssicherheit (Ziviltriebwerk)
reliability characteristic Zuverlässigkeitskenngröße
reliability control system Zuverlässigkeitsüberwachung
reliability data Zuverlässigkeitsangaben
reliability demonstration Zuverlässigkeitsnachweis
reliability engineering Zuverlässigkeitstechnik
reliabilty, enhanced erhöhte Zuverlässigkeit
reliability estimation Zuverlässigkeitsschätzung
reliability function Zuverlässigkeitsfunktion
reliability goal Zuverlässigkeitsziel
reliability index Zuverlässigkeitsindex
reliability, inherent inhärente Zuverlässigkeit
reliability level Zuverlässigkeitsniveau
reliability of digital avionics hohe Zuverlässigkeit digitaler Avionik
reliability record Einsatzregelmäßigkeit
reliability record, dispatch nachweisbare Einsatzmöglichkeit
reliability requirement Zuverlässigkeitsforderung
reliability shake-down testing Abk. RST
reliability test Zuverlässigkeitsprüfung
reliable betriebssicher, zuverlässig
reliable acoustic path (RAP) störungsarmes Schallortungsverfahren
reliable acoustic path sonar (RAP sonar) RAP-Sonargerät
reliable and relatively easy to use zuverlässig und bedienungsfreundlich (Ziviltriebwerk)
reliable in operation betriebssicher
reliable knowledge glaubhafte Kenntnis
reliable life Lebensdauer bei gegebener Zuverlässigkeit (Gerät)
reliable performance betriebssicheres Arbeiten
relief Aussparung, Bodenform, Entlastung, Erleichterung, Hilfe, Hinderniserkennung, Hinterdrehung, Freiarbeit, Hochbild, Geländedarstellung, Relief
relief attack Entlastungsangriff
relief computer Vorrechner (Entlastungsrechner)
relief curve Hinterdrehkurve
relief displacement Bildpunktverschiebung
relief due to endfixation Einspannentlastung
relief, eccentric Hinterdrehung
relief effect Bildplastik
relief grinding attachment Hinterschleifeinrichtung
relief map Höhenkarte, Reliefkarte
relief-mill, to hinterfräsen
relief oneself, to austreten
relief, topographical topographisches Relief
relief tube Bedürfnisrohr
relief valve Entlastungsventil, Maximaldruckventil, Druckentlastungsventil, Sicherheitsventil, Überdruckventil, Überströmventil
relief valve, sniffle Schnarrventil
relief well Entlastungsbohrung
relieve entlasten, erleichtern, hinterdrehen
relieve groove Freistich, Hinterdrehen
relieve of load, to entlasten
relieving attachment Hinterdrehvorrichtung
relieving or backing-off lathe Hinterdrehbank
relieving rest Hinterdrehsupport
relieving section Entlastungsteil (Streckwalze Walzwerk)
relieving work Hinterdreharbeit
relievo-engraving Hochätzung (Gravierung)
relight Neuzündung, das Wiederzünden im Fluge
relight, to luftanlassen, wieder zünden im Fluge
relighting, characteristics charakteristischer Wiederzündbereich (Twk)
reline brake shoes Bremsbacken neu belegen
relinquish aufgeben, auf etwas verzichten
reload a memory area, to Speicherinhalt wiederherstellen
reload phase Nachladephase
reloadable control memory ladbarer Mikroprogrammspeicher
reloading point Umschlagpunkt
relocatability Verschieblichkeit (math), Verschiebbarkeit, Relativierbarkeit
relocatable relativierbar, verschiebbar
relocatable address wiederauffindbare od. relative Adresse (dig)
relocatable expression relativer od. verschieblicher Ausdruck
relocatable format verschiebliches Format
relocatable library Bibliothek für verschiebliches Programm, Bibliothek für Objektmoduln
relocatable loader Ladeprogramm für ver-

schiebliche Programme, Relativlader
relocatable module library Bibliothek für verschiebliches Programm, Bibliothek für Objektmoduln
relocatable program verschiebliches od. verschiebbares (Modul)-Programm
relocatable program loader Relativlader, Ladeprogramm für verschiebliche Programme
relocatable subroutine verschiebliches Unterprogramm
relocatable symbol relative symbolische Adresse, verschiebliches Symbol
relocatable term relativer Elementarausdruck
relocatable value relativer od. verschieblicher Wert (math)
relocate a literal pool, to einen Literalbereich absetzen
relocate, to neuadressieren, umspeichern, verlagern, verlegen
relocated merge Mischen u. Umladen
relocating loader verschiebendes Ladeprogramm
relocating work Werkstückumspannung
relocation Verschiebung (math)
relocation address Verschiebeadresse, Verschiebungsadresse
relocation dictionary (RLD) Relativierungstabelle
relocation-dictionary card Relativierungskarte, RLD-Karte
relocation, dynamic dynamische (Adreß)-verschiebung
relocation, dynamic memory dynamische Speicherverschiebung
relocation factor Verschiebedifferenz, Verschiebungswert
relocation, program Programmverschiebung, Programmumadressierung
relocation, static statische Adreßverschiebung
reluctance magnetischer Widerstand, Reluktanz
reluctance differential transformer Reluktanzabgriff
reluctance generator Reluktanzgenerator
rely on electronics to pick out a restricted measuring range elektronische Meßbereichsumschaltung
remain in the air in der Luft bleiben (Warteschleife fliegen)
remain on this frequency bleiben Sie auf dieser Frequenz
remainder Rest(information), Rückstand, Überbleibsel
remainder field Restfeld (beim Sortieren)
remainder, floating divide gleitender Divisionsrest (math)
remainder value verbleibender Wert (math)
remaining character count Blocklängenrest
remaining life Restnutzungsdauer, Restlebensdauer (mikroelektronischer Sensor)
remaining magnetism verbleibende Magnetisierung
remaining metallurgically "healty" metallurgische Fehlerfreiheit "healthy"
remanent deviation Restablenkung, Restdeviation
remanent field remanentes Feld, Restfeld
remanent magnetism remanenter od. zurückbleibender Magnetismus
remanent magnetization zurückbleibende Magnetisierung
remark Anmerkung, Bemerkung, Notizaufzeichnung
remedial cementing Bodenzementierung, Druckzementierung
remedial maintenance Bedarfswartung
remedial measure Abhilfemaßnahme, Hilfsmaßnahme
remedial track Programmschleife
remedy the jam, to Ladehemmung beseitigen
remelting, to umschmelzen
remetal a bearing, to Lager neu ausgießen
remission of taxes Steuererleichterung
remittance Übersendung, Überweisung
remittance statement Überweisungsmitteilung (komm)
remote abseitsliegend, entfernt, fernliegend
remote access Fernzugriff (Speicher)
remote accounting Fernbuchung
remote adjustment or setting Fernabstimmung
remote alarm circuit Fernalarmleitung
remote altimeter setting Höhenmeßeinstellung mit fernübermittelten Werten
remote alitmeter setting source Fernübermittlungsstelle für Höhenmessereinstellung
remote area monitoring system Fernüberwachungssystem
remote-arming system Fernentsicherungssystem
remote-batch computing Stapelfernverarbeitung
remote-batch processing Stapelfernverarbeitung
remote compass Fernkompaß
remote compass transmitter Magnetfeldsonde
remote computing Datenfernverarbeitung, Fernrechnen
remote control Fernbedienung, Fernregelung, Fernsteuerung, Fernwirkanlage, Telemanipulation (av)
remote-control box Fernbedienungsgerät
remote-control cable Fernbedienungskabel
remote-control change Fernschaltung (Getriebe)
remote-control equipment Fernbedienanlage, Fernsteueranlage, Fernwirkanlage, Telemanipulator (av)
remote control equivalence ferngesteuertes Äquivalenz
remote control facility Fernsteuereinrichtung
remote control for cable railway Fernsteueranlage für Seilbahn
remote control forceps Fernsteuerpinzette
remote control gauging Fernmessung
remote control handle Außenzugriff (Feuerlöschanlage)
remote-control harness assembly Fernbediengerät (Druckluftanlage), Fernbediengerät für Flügelklappen (Bodengerät)
remote control head Geber eines Fernanzeigegerätes
remote-control impact wrench fernbetätigter Schlagschrauber
remote-control indicator Fernkontrollanzeiger
remote control indicator board Anzeigetafel für Fernbedienung
remote control key radio Ferntastgerät
remote control manipulator Fernbedien(ungs)-gerät
remote control of a receiver Empfänger-

fernschaltung
remote control of guns Waffenfernbedienung, Waffenfernlenkung
remote control panel Fernsteueranlage, Fernsteuerbedienerpult
remote control program for switching networks Fernsteuerung für Raummultiplexkoppelfeld
remote-control radar Fernlenkradar, Fernsteuerradar
remote-control, radar Radarfernsteuerung
remote control radio Funkfernbedienung
remote-control range Fernlenkreichweite
remote-control receiver Fernlenkkommandoempfänger, Fernbedienempfänger
remote control set Fernbediengerät
remote-control shift Fernschaltung (Getriebe)
remote-control steering gear elektrische Rudersteuerung
remote control switch Fernschalter
remote control system Fernwirksystem
remote control system for naval armament Schiffsgeschützfernsteueranlage
remote-control transmitter Fernlenksender
remote-control unit Fernbediengerät, Fernschaltgerät, Fernsteuereinheit
remote-controlled aircraft Fernlenkflugzeug
remote-controlled helical antenna ferngesteuerte Wendelantenne
remote-controlled master switch Ferntrennschalter
remote-controlled relay ferngesteuertes Relais
remote-controlled transmitter fernbedienter Sender
remote-cutoff pentode Regelpentode
remote-cutoff tube Exponentialröhre, Regelröhre
remote-cutoff valve Regelröhre, -pentode
remote data input Datenferneingabe
remote data output Datenfernausgabe
remote data processing Datenfernverarbeitung, Fernrechnen
remote data processing equipment Datenfernverarbeitungseinrichtung
remote data transmission system Datenfernübertragungssystem
remote dialog processing Dialogfernverarbeitung
remote Diesel control Dieselfernsteuerung
remote diplexer Diplexfernsystem
remote directional gyro Azimutkreiselinstrument
remote early warning radar Frühwarnradaranlage
remote effect Fernwirkung
remote entry Ferneingabe
remote format item R-Formatelement
remote gun control fernrichtendes Geschütz
remote handling (device) Fernbedienung(sgerät)
remote handling tool Fernbedien(ungs)werkzeug
remote heading transmitter Magnetfeldsonde
remote indicating compass Fernkompaß
remote indicating instrument Fernanzeigegerät, Meßgerät mit Fernablesung
remote indicating thermometer Fernthermometer, Fernregistrierthermometer
remote indication Fernanzeige(gerät), abgesetztes Anzeige- od. Sichtgerät
remote indicator Fernanzeigegerät, abgesetztes Anzeige- od. Sichtgerät, Tochteranzeigegerät (Kreiselkompaß)
remote input Ferneingabe
remote input station Ferneingabestation
remote input terminal Ferneingabestation
remote inquiry Abfrageeinheit, Fernanfrage, Fernabfrage
remote inquiry unit Fernabfrageeinheit
remote inverter Fernumformer
remote job entry Jobfernverarbeitung (EDV), Laden u. Starten eines Jobs von Datenendstation aus
remote-keying relay contact Fernbedienrelaiskontakt
remote level indicator Fernmelder für Flüssigkeitsstand
remote lighting Fernbeleuchtung
remote line Fernleitung
remote line amplifier Fernleitungsentzerrer
remote line concentrator Wählfernschalter
remote line driver Fernleitungsverstärker
remote Mach number Anström-Machzahl
remote maintenance Fernwartung (Rechner)
remote manipulation Fernbedienung
remote manipulator Fernbediener, Fernbedienungsgerät
remote manual control Handfernregelung (Kesselregelanlage), handbetätigte Fernsteuerung
remote master switch Fernbetätigungsschalter (E-Motor)
remote measurement Fernmessung
remote metering Fernmessen, Telemetrie
remote microwave power transmission drahtlose Energieübertragung
remote mine laying Minenfernverlegung
remote mode abhängiger Betrieb
remote multiplexer Geschwindigkeitsumsetzer
remote operation Fernbedienung
remote-piloted helicopter unbemannter Hubschrauber
remote platform Außenwetterwarte
remote position indicator Stellungsgeber
remote PPI abgesetztes PPI-Anzeige- od. Sichtgerät, abgesetztes Rundsichtanzeigegerät (Flugsicherung)
remote presentation Schirmbildübertragung
remote pressure transducer Ferndruckgeber
remote printing station getrennte Schreibstation
remote radar head operation with microwave or cable links to static or mobile control centre ferngesteuerte Radarantenne mit Richtfunk- od. Kabelverbindungen zur ortsfesten od. mobilen Leitzentrale
remote radar scope abgesetzter Radarbildschirm od. Tochterbildschirm
remote radar transmission Fernübertragung mittels Radar
remote range selection Fernwahl des Meßbereichs
remote reading Fernablesung
remote-reading compass Fernkompaß
remote-reading water-level indicator Fernwasserstandsanzeiger
remote-receiver building abgesetzte Empfangs-

zentrale
remote reconnaissance of mined areas Fernaufklärung von Minensperrgebieten
remote recording system Magnetbandfernanschluß
remote removal Fernausbau (Zünder)
remote roll gap indicator Walzspaltfernanzeiger (Walzwerk)
remote sample hoist Winden zum Einholen von Probensammlerschnüre
remote sampler Probensammler
remote search radar repeater Tochtersichtgerät des Suchradars
remote selection Fernwahl (ICAO)
remote sensing Fernabtastung, Fernmessung
remote-sensing data Erderkundungsdaten
remote sensing of fuze Fernzündung eines Zünders durch das Ziel
remote sensing, via synthetic-aperture radar satellitengestützte Fernerkundung mit Radargerät synthetischer Apertur
remote-set fuze Zünder mit Ferneinstellung
remote setting system Einstellvorrichtung für Fernbedienung, Fernbedieneinstellvorrichtung
remote shut-down Fernabschaltung
remote shutter release Fernauslöser (Foto)
remote site abgesetzte Stellung
remote sonar scope Tochtersonargerät
remote source of radiation Fernstrahlung
remote station abgesetzte Bedienerstellung, abgesetzte Station, Gegenstation, ferne Station od. Stellung, Gegenstelle
remote switch Fernbedien(ungs)schalter
remote switching unit Fernschaltgerät
remote synchronization Fernsynchronisierung
remote tape control system Magnetbandfernanschluß
remote tele-detection Fernmessung
remote terminal entfernt aufgestellte Datenstation, Empfänger einer Radarstation
remote test switch Fernprüfschalter
remote, to fernschalten, fernsteuern, rechnerfern
remote tracking facility abgesetzte Verfolgungseinrichtung
remote transducer Ferndruckgeber
remote transmission Fernübermittlung, Fernübertragung
remote transmission of bearing values Fernübertragung der Peilwerte
remote tuning Fernabstimmung
remote tuning device Fernabstimmgerät
remote underwater manipulator ferngesteuerter Unterwassermanipulator (Meerestechnik)
remote valve Fernsteuer(ungs)ventil
remote velocity Anström(ungs)geschwindigkeit
remote vertical gyro indicator Fernkreiselhorizont
remote video Fernleitungsvideo
remote viewing optics fernoptisches Gerät
remotely controlled ferngelenkt, ferngesteuert
remotely controlled aircraft ferngelenktes od. ferngesteuertes Flugzeug
remotely deliverable mine fernverlegbare Mine
remotely emplaced antitank mine fernverlegbare Panzerabwehrmine
remotely fired mine fernzündbare Mine
remotely-piloted ferngelenkt, ferngesteuert
remotely piloted helicopter (Telecopter) ferngesteuertes Hubschraubersystem
remotely piloted vehicle Fernlenkflugkörper
remotely sited magnetic compass magnetischer Fernkompaß
remotely slaved (by digital system) fernnachgeführt, ferngesteuert
remould, to runderneuern
remoulding index ratio Verhältniszahl für Kegelmeßwert des gestörten Bodens (Bodenmechanik)
remoulding press Vulkanisierpresse
removable abhebbar, abnehmbar, ausweichbar, herausnehmbar
removable aft fuselage fairing abnehmbare Endkappe
removable barrel auswechselbares Rohr
removable blade Umsteckklinge, Wechselklinge
removable cowl and quick opening access door abnehmbare Verkleidung u. schnell zu öffnender Wartungsdeckel
removable cowling abnehmbare Haubenverkleidung (Motor)
removable equipment bewegliche Einsatzausrüstung
removable furnace shell ausfahrbares Ofengefäß (Lichtbogenofen)(elektrischer Schmelzofen)
removable fuze ausbaubarer od. ausbaufähiger Zünder
removable inner boiler herausnehmbarer Einsatzkessel
removable panel abnehmbares Verkleidungsblech
removable perforated metal plate durchlöcherter Blecheinsatz (pla)
removable program panel austauschbare Programmplatte (Rechner), auswechselbarer Programmeinschub, Programmwechsel
removable sheath Abhebezylinder
removable skin panel abnehmbares Beplankungsfeld
removable substructure Einschubgerüst (Bohrturm)
removable top abnehmbares Dach (Container)
removal Abfuhr, Beseitigung
removal, connection and..program Zu- u. Abschalt(e)programm
removal cross section Ausschneidequerschnitt, Verlustquerschnitt
removal line Abhebeleine
removal of Fortschaffung, Räumung, Umzug, Verlegung, Versetzung, Wegschaffung
removal of calibration correction Ausschalten der Grundstufe, Grundstufenausschaltung
removal of chips (or metal) Spanabfuhr
removal of cuttings Bohrkleinentfernung, Entfernung von Bohrklein
removal of drilling cuttings from the flow channel Entfernung von Bohrgut aus Fließkanal
removal of material Materialabschub
removal of passenger-oriented equipment Ausbau von passagiergebundener Ausrüstung
removal of solvent Lösemittelentfernung (an Holz od. Kunststoff)
removal of sulphur Entschwefelung

removal of sulphurated hydrogen from the crude Entfernung von Schwefelwasserstoff aus Rohöl
removal program Abschalteprogramm
removal rate Ausbauquote
remove a core from barrel Kern aus Kernrohr entfernen od. herausnehmen
remove a pump, to Pumpe abbauen
remove burrs, to entgraten (Schweißstück)
remove by suction absaugen
remove carbon dioxide Entziehung von Kohlendioxyd, Kohlendioxydentziehung
remove clutter return, to Störzeichen unterdrücken
remove filings Feilspäne entfernen
remove heat, to (from a part) abkühlen (Teil)
remove insulation, to abisolieren
remove pull Futterrohre ausbauen, Verrohrung entfernen
remove the cutting from hole Bohrschmand aus Bohrloch entfernen
remove the leaves, to abblatten
remove the receiver, to Handapparat abnehmen, Hörer abhängen, abheben od. abnehmen
remove, to abführen, ausbauen, entfernen, abbefördern, abtransportieren, beseitigen, entfernen, lösen (Schraube), fortschaffen, wegnehmen, herausheben (Sieb)
remove with aqua fortis, to mit Scheidewasser abbeizen
remove with pipette herauspipettieren
removed rechnerfern
remover Ausbauwerkzeug, Kabinendachabwerfer
removing Lösen (Schraube, Mutter)
removing device Ausbauvorrichtung
removing exploder hook Übertragungsladungshaken
removing eyebolt, breechblock Ringschraube für Verschlüsselungskeil
removing tool Ausbauwerkzeug
rename umbenennen
rename clause Datenneubenennungseintragung, Datenneubenennungsklausel, Datenumbenennungsklausel (COBOL), Datei-Neubenennungseintragung
renames clause Neubenennungsklausel (COBOL)
renaming clause Datenneubenennungsklausel (COBOL), Datei-Neubenennungseintragung
renardite Renardit (uranhaltiges Mineral)
render wiedergeben, in Zusammensetzung: (wieder)machen
render audible, to hörbar machen
render conductive, to Röhre öffnen
render difficult erschweren
render fit gebrauchsfähig machen
render in effective, to lahmlegen, außer Gefecht setzen
render possible, to anwenden
render reoperative, to wieder in Betrieb bringen od. setzen
rendering (a certificate of airworthiness) valid Gültigkeitsanerkennung (von Lufttüchtigkeitszeugnis)
rendering (a licence) valid Gültigkeitsanerkennung (Erlaubnisschein)
rendering valid (PEL,AIR) Gültigkeitserklärung (Luftfahrerschein, Lufttüchtigkeitszeugnis)
rendezvous Sammelpunkt, Treffpunkt
rendezvous and docking manoeuvre Rendezvous u. Kopplungsmanöver (Raumfahrt)
rendezvous circuit Sammelkreis
rendezvous flight Rendezvousflug
rendezvous guidance Rendezvouslenkung
rendezvous guidance and recovery runway Stöße u. Stiche von Fremdkörpern auf Piste
rendezvous manoeuvring Rendezvousmanöver
rendezvous mission Rendezvousauftrag (Satellit)
rendezvous point Treffpunkt (Schiff)
rendezvous radar Rendezvousradar, Treffpunktradar
rendezvous satellite Zielsatellit
rendezvous simulation Rendezvoussimulation
rendezvous technique Rendezvoustechnik
rendezvous trajectory Rendezvousbahn
renewable abnehmbar, einsetzbar, ersetzbar
renewable carbide tip tool auswechselbares Hartmetallwerkzeug
renewable tread-band tire Reifen mit auswechselbarer Lauffläche
renewal commission Inkassoprovision
renewal of a patent Patentverlängerung
renewal premium Folgeprämie
renewal process Erneuerungsprozeß
renewal theory Erneuerungstheorie
renewal, valve Ventilerneuerung
renounce, to verzichten (auf), entsagen
renoval of a cable Kabelaufnahme
renovation of the flying material Erneuerung des fliegenden Materials
rent for hangar Hallenmiete
rent, to heuern, mieten, vermieten
rental business Vermietungsgeschäft
rentals Vermietungsgeschäft
Re-number Reynoldszahl
renunciation Verzichtsleistung
reopen, to wiedereröffnen, wieder in Betrieb setzen
reoperate, to wieder in Betrieb setzen
reoperative wieder betriebsklar
reorder point Ausfallpunkt (Depot), Bestellungsrichtzahl
reorganisation Reorganisationsphase
reorganization Neuaufstellung, Erneuerung
reorganize, to reorganisieren, sanieren
REP (reporting point) REP (Meldepunkt)
REP card Korrekturkarte
repack inspection Überprüfung beim Neupacken (Fsch)
repack or retamp the sleepers, to Gleis nachstopfen
repack, to nachstopfen, neupacken (Fsch)
repair Ausbesserung, Instandsetzung, Reparatur
repair and inspection of composite component Überprüfung und Instandsetzung der Verbundwerkstoffkomponente (av)
repair delay time Reparaturverzögerungszeit
repair, execution of a Ausführung einer Reparatur
repair firm Reparaturfirma
repair gang Instandsetzungstrupp(e)
repair gear truck Werkstattwagen
repair hangar Reparaturwerft

repair level Instandsetzungsebene
repair lift, economic wirtschaftliche Reparaturlebensdauer
repair of componentes Triebwerküberholung
repair of motor vehicle Kraftfahrzeuginstandsetzung, Instandsetzung des Kfz.
repair of rotor blades and shroud segments for the air-cooled vane rings Wiederherstellung der Schaufelprofile und luftgekühlter Turbinenschaufeln (TW-Instandsetzung)
repair shop Instandsetzungswerkstatt, Reparaturwerkstatt, Handwerksstube
repair-shop company Werkstattkompanie
repair shop for gas protective equipment Gasschutzgerätewerkstatt
repair shutdown Reparaturstillstand
repair stand Abstützbock, Montagebock, Reparaturbock
repair table Hefttisch (Fsch)
repair techniques Reparaturverfahren (av)
repair time Instandsetzungsdauer, -zeit, Reparaturdauer
repair, to reparieren, wieder instandsetzen
repair tolerance Instandsetzungstoleranz
repair work Instandsetzungsarbeit, Reparaturarbeit
repair yard Instandsetzungswert, Reparaturwert
repairable instandsetzungsbedürftig, reparaturbedürftig, instandsetzungsfähig, instandsetzungswürdig, reparaturwürdig
repairable generation Anfall an instandsetzungswürdigen Artikeln
reparation Entschädigung, Reparation, Wiedergutmachung
repayment schedule Tilgungsperiode (komm)
repeat, all-line...printing Allzeilen-Folgekartenbeschriftung
repeat an order, to nachbestellen
repeat count Wiederholzahl (COBOL), Wiederholzählung (FORTRAN)
repeat printing device Folgekartenbeschriftung
repeat specification Wiederholangabe (FORTRAN)
repeat time counter Wiederholzeitzähler
repeatability Möglichkeit der Wiederholung eines Arbeitsganges, Nachformfähigkeit, Reproduzierbarkeit, Repetierbarkeit, Wiederholbarkeit
repeated bending-stress test Dauerbiegeversuch
repeated-direct-stress test Dauerzugversuch
repeated impact-test Dauerschlagversuch
repeated inquiry wiederholte od. mehrfache Aufforderung, Mehrfachaufforderung
repeated observation Reihenbeobachtung
repeated stress wiederholte od. mehrfache Beanspruchung (pla)
repeated stress failure Dauerbruch, Ermüdungsbruch
repeated stress test Dauerversuch mit wechselnder Beanspruchung
repeated-stress testing machine Dauerbiegeversuchsmaschine
repeated-tension test Dauerzugversuch
repeated-torsion test Dauerverdrehungsversuch
repeated-transverse-stress strength Dauerschlagbiegefestigkeit
repeater Übertrager, Verstärker
repeater bay Verstärkerbucht, Verstärkergestell
repeater center Knotenamt, Vermittlungsstelle
repeater circuit Stromkreis mit Verstärker, Verstärkerschaltung
repeater coil Fernleitungsübertrager, Fernsprechübertrager, Leitungsübermittler
repeater compass Tochterkompaß, Kreiseltochterkompaß
repeater gain Entdämpfung, Verstärkungsziffer
repeater-gain measuring set Verstärkungsanzeiger, Verstärkungsmesser
repeater indicator Tochteranzeigegerät
repeater indicator compass Tochterkompaß
repeater jammer Täuschantwortsender (elektronische Kampfführung), Wiederholstörsender
repeater mechanism or engine Rückmeldevorrichtung auf Lokomotiven
repeater or amplifier station Verstärkeramt
repeater rack Verstärkergestell
repeater section Verstärkerabschnitt, Verstärkerfeld
repeater section length Verstärkerfeldlänge
repeater servo (air data computer) Tochterwellenstellkreis
repeater spacing Verstärkerabstand
repeater station Übertrageramt, Verstärkeramt, Zwischensender
repeater station, auxiliary ferngespeiste Verstärkerstelle
repeater, telegraph terminal Fernteilnehmeranschlußschaltung
repeater transmitter Tochtersender, Wiederholungssender
repeater unit Verstärkereinheit, Verstärkersatz
repeating center system Knotenamtssystem, Vermittlungssystem
repeating coil Fernsprechübertrager, Leitungsübertrager, Ringübertrager, Übertragerspule
repeating coil rack Übertragergestell
repeating motor Nachlaufmotor
repeating relay Übertragungsrelais, Weitergaberelais, Weitergeberrelais
repeating signal Rückmeldesignal
repeating station Übertragungsamt, Zwischenamtssender
repeating system Knotenamtssystem, Zonensystem
repeating telegraph station Telegraphenübertragungsamt
repeating theodolite Repetitionstheodolit
repeating unit sich wiederholende Einheit
repel abstoßen, zurückstoßen (phys)
repellent force abstoßende Kraft (phys)
repeller (clystron) Reflektoranode (Klystron)
repeller potential Reflektorpotential
repelling action of electron charge Eigenabstoßung der Elektronenwolke
repercussive spring Rückdruckfeder
reperforator Empfangslocher, Lochstreifen-Doppler (dig,o), Streifendoppler
reperforator attachment Anbauempfangslocher für Fernschreiber
reperforator, printing druckender Empfangslocher
reperforator, transmitter (RT) Lochstreifensender mit Empfangslocher
reperforator, typing druckender Empfangslocher

repertory Repertoire, Zeichenvorrat
repertory code Kurzrufnummer
repertory, command Befehlsliste
repertory, instruction Befehlsliste
repetition character Wiederholzeichen (COBOL)
repetition counter Wiederholungszähler
repetition factor Wiederholungsfaktor
repetition frequency Folgefrequenz, Wiederholungsfrequenz
repetition instruction Wiederhol(ungs)befehl
repetition, message Spruchwiederholung
repetition milling Fräsen großer Serien
repetition of beds Schichtenwiederholung (geol)
repetition of bending stress Dauerbiegebeanspruchung
repetition of dynamic stress Dauerschwingungsbeanspruchung, pulsierende Dauerbeanspruchung
repetition production Serienfertigung
repetition rate Folgefrequenz, Rückfragehäufigkeit (Fsp), Wiederholungsfrequenz, Wiederholfolge, Impulsfolgefrequenz
repetition rate of pulse Impulswiederholung
repetition request Rückfrage
repetition routine Wiederholungsroutine, Rückfrageroutine
repetition station Auswertstelle
repetition work Reihenfertigung, Serienfertigung (Gegensatz zu Einzelfertigung)
repetitive accuracy Einstellgenauigkeit, Reproduzierbarkeit (Empfangsfrequenz)
repetitive addressing Wiederholungsadressierung
repetitive analog computer repetierender Analogrechner
repetitive computation wiederholte Berechnung (dig)
repetitive error wiederholt auftretender Fehler, wiederkehrender Fehler, Regelabweichung
repetitive operation repetierende(s) Operation od. Rechnen
repetitive printing Folgekartenbeschriftung
repetitive specification Wiederholungsspezifikation
repetitive stress schwellende od. wechselnde Dauerbeanspruchung
repetitive turned part Automatendrehteil
repetitive work Serienarbeit
replaceable flow beam austausch- od. auswechselbare Eruptionsdüse
replace ersetzen, wieder an Ort u. Stelle bringen
replace card Korrekturkarte
replacement Auswechslung, Ersatzlieferung
replacement and supply of fuel and tires Nachschub von Kraftstoff u. Bereifung
replacement calandar block Kalandererersatzblock
replacement center Ergänzungsstelle
replacement character Ersetzungszeichen (COBOL), Austauschzeichen
replacement collision Austauschstoß
replacement engine Ersatzmotor
replacement in kind Naturalrestitution
replacement instrument Austauschgerät
replacement issue Ersatzlieferung
replacement markets Ersatzbeschaffungsregister
replacement or worm bit stumpfen Meißel auswechseln
replacement, page Seitensetzung
replacement part Ersatzteil
replacement reverse Ersatzteilwechsel
replacement reverse ribbon Farbbandwechsel
replacement/selection method Replacement-Selection-Verfahren
replacement/selection technique Replacement-Selection-Technik
replacement theory Ersatztheorie
replacement training group Ergänzungsgruppe, Ergänzungsstaffel
replay console Rückspielkonsole
replenish ergänzen, nachfüllen, wiederauffüllen
replenish ammunitioned aufmunitioniert (Kampfeinsatzhubschrauber)
replenishing chamber Nachfüllkammer
replenishing cup Einfülltopf
replenishing tank Nachfülltank (Bodengerät)
replenishment Bestandsergänzung
replenishment facility Betankgerät (Drohne)
replenishment oiler Betriebsstofftransporter, Versorgungstanker
replete angefüllt, voll
replica Nachbildung
replica polymerisation Replikapolymerisation
replica process Hautabdruckverfahren
replicator Wiederholangabe (ALGOL)
reply Transponderantwort (Sekundärrundsichtradar), Erwiderung, Rückmeldung
reply by message Erwiderung bei Meldung
reply by TWX Erwiderung bei TWX
reply code Antwortcode
reply, console Antwort über Blattschreiber
reply-frequency (ground-to-air transmission) Antwortfrequenz (Boden/Bord-Übermittlung)
reply hit Antworttreffer
reply message Rückantwort
reply missing Antwort bleibt aus, ohne Antwort
reply-path side-lobe-suppression (RSLS) Nebenzipfelunterdrückung auf Antwortweg
reply pulse (generator) Antwortimpuls
reply received Antwort empfangen
repolish, to wieder glätten
report Abschußknall, Abschußmeldung, Erfahrungsbericht, Liste (COBOL), Listennamenklausel (COBOL)
report after passing (altitude) melden Sie nach Durchfliegen von (Höhe), melden Sie nach Vorbeifliegen an (Ort)
report clause Listennameneintragung
report file Listendatei (COBOL)
report footing report group Listenfuß (COBOL)
report format Listenformat (COBOL)
report generator Listengenerator, Listenprogrammgenerator (LPG)
report group Listengruppe (COBOL)
report group description entry Listen(daten)erklärung, Listen(wort)erklärung für Liste-COBOL, Listendatenerklärung für Listenwort-COBOL
report group elementary item Listenelement (kurz für Listen-Datenwortelement-COBOL)

report group footing Listenfuß (COBOL)
report group heading Listenkopf (COBOL)
report group item Listengruppe (kurz für Listen-Datenwortgruppe-COBOL)
report group level Stufe der Listendatenerklärung
report group level number Stufennummer der Listendatenerklärung
report immediately upon leaving melden Sie sofort Ihren Start
report immediately upon reaching melden sie sofort Ihre Landung
report, job account Auftragsabrechnungsprotokoll
report item Listenwort (kurz für Listendatenwort-COBOL)
report name Listenname (COBOL)
report name description entry Listennamenerklärung
report of discrepancy Bericht über Lieferunstimmigkeiten, Fehlbestandsmeldung
report of diversion Meldung über Transportumdisposition
report of survey (RS) Untersuchungsbericht
report on friendly aircraft movements Meldung über befreundete Flugzeugbewegung
report overflow Listenüberlauf
report preparation Berichterstattung, Berichtschreibung
report produced by shell wave Geschoßknallecho
report program Listen-Programm(generator)
report program generator List(en)-Programmgenerator
report program generator language Listenprogrammgeneratorsprache
report program generator run Listenprogrammgeneratorlauf
report radio range course displacement concerning this station Meldung über Radio-Leitstrahl-Kursversetzung diese Station betreffend
report regarding glide path (instrument landing system) Meldung bezüglich Gleitpfad, ILS
report regarding localizer (instrument landing system) Meldung bezüglich Landekursfeuer ILS
report regarding this radio range station Meldung bezüglich des Vierkurs-Leitstrahlfunkfeuers
report section Kapitel LISTEN (COBOL)
report writer Listprogramm(generator)
report writer statement Listprogrammanweisung (COBOL), Listprogrammbefehl
reported traffic gemeldeter Verkehr
reporter Berichterstatter, Referent, Reporter
reporting order or directive Meldebefehl
reporting point Meldepunkt
reporting point, on request Meldepunkt auf Anforderung
reporting reference point (ICAO, ATC) Meldereferenzpunkt
repose, angle of Schüttungswinkel (geol)
repose escapement ruhende Hemmung
represent darstellen, vertreten, vorstellen
represent of good test, to realistische Testbedingung (automatische Landung)
representation Darstellung, Vorstellung, Representation, Vertretung
representation, alpha(nu)meric alpha(nu)merische Darstellung
representation, analog analoge Darstellung
representation, binary-coded decimal binär codierte Dezimaldarstellung, BCD-Darstellung
representation, binary incremental binäre inkrementale Darstellung
representation complement Komplement(är)-darstellung
representation, difference differente Darstellung
representation, digital digitale Darstellung, Zifferndarstellung
representation, external externe Darstellung (FORTRAN)
representation, fixed-base Zahlendarstellung mit fester Basis
representation, fixed point Festkommadarstellung, Festpunktdarstellung, Festpunktschreibweise
representation, fixed-radix Radixschreibweise mit fester Basis
representation, floating-point Gleitkommadarstellung, Gleitpunktdarstellung, halblogarithmische Schreibweise
representation, hardware maschinengebundene Darstellung (ALGOL)
representation, incremental inkrementale Darstellung
representation, internal interne Darstellung
representation, number Zahlendarstellung, Zahlenschreibweise
representation, numeric numerische Darstellung
representation of test results Versuchsauswertung
representation, positional Stellenschreibweise, Stellendarstellung
representation, radix Positionsdarstellung, Radixschreibweise, Stellenwertschreibung
representation, row-binary Zeilenbinärkartendarstellung, Zeilendualkartendarstellung
representation, schematic vereinfachte Darstellung
representation of test results Versuchsauswertung
representation, ternary incremental ternäre inkrementale Darstellung
representation transmission Schirmbildübertragung (Radar)
representation, variable-point Gleitkommadarstellung, halblogarithmische Schreibweise, Gleitpunktdarstellung
representative Stellverter, Vertreter, typisch für..., Geschäftsträger
representative calculating operation charakteristische Rechenoperation
representative calculating time charakteristische od. representative Rechenzeit, Kennzahl für Beurteilung der Rechengeschwindigkeit von Computern
representative fraction Maßstab
representative fuel Vergleichskraftstoff
representative observation Beobachtungen von Wetterbedingungen u. Luftströmungen,

representative (Wetter)beobachtung
representative scale darstellender Maßstab, Entfernungsskala auf Landkarten
representative weather observation repräsentative Wetterbeobachtung
repress, to nachpressen
repressurization rate control Druckanstiegsteuerung, Verzögerungsregler (Kabinendruckregler)
repressurizing the cabin Druckaufbau in Mondlandefähre (sp)
reprint Nachdruck (graph), Sonderabdruck, Wiederdruck
reprocess Aufarbeitung, Aufbereitung, Wiedergewinnung
reprocess, to aufarbeiten, aufbereiten, wiedergewinnen, wiederverarbeiten (pla)
reprocessed material wiederaufgearbeitetes Material (pla)
reprocessing loss Aufbereitungsverlust
reprocessing plant Aufbereitungsanlage
reproduce nachbilden, reproduzieren, wiedererzeugen, wiederhervorbringen
reproduce punched cards, to Lochkartenstreifen doppeln (am Kartendoppler)
reproduce, to doppeln (MB), duplizieren, nachbilden, reproduzieren, wiedererzeugen, wiederhervorbringen
reproducer Kartendoppler (Lochkarte), Doppler, Lochkartendoppler, Wiedergabegerät
reproducer, accumulating Saldierdoppler
reproducer and calculating punch Rechenstanzer und Doppler (dv)
reproducer, punched tape Lochstreifendoppler
reproducibility Reproduzierbarkeit (Meßgenauigkeit), Wiederholbarkeit
reproducibility of results Reproduzierbarkeit der Ergebnisse (geophys)
reproducible copy reproduzierbare Vorlage
reproducible implosion reproduzierbare Implosion
reproducible material reproduzierbares Material
reproducible result reproduzierbares Ergebnis
reproducing Doppeln (lo)
reproducing, automatic..punch Motorwiederholungslocher
reproducing camera Nachbildungskamera
reproducing or copying lathe Schablonendrehbank
reproducing punch Kartendoppler, (Lochkarten)doppler
reproducing unit Doppler, (Loch)kartendoppler
reproduction Nachbildung, Reproduktion, Wiederhervorbringung
reproduction code Funktionscode, Zeichen in Hauptband
reproduction equalizer Wiedergabeentzerrer
reproduction factor Reproduktionsfaktor, Vermehrungsfaktor
reproduction material Reproduktionsmaterial
reproduction of celestial events Darstellung von Himmelsvorgängen
reproduction of the faces Abdruck der Typen, Typenabdruck
reproduction set Wiedergabegerät
reproduction speed Wiedergabegeschwindigkeit
reprogram umprogrammieren
reprogramming Umprogrammierung
repulse Rückstoß
repulse, to abstoßen, zurückstoßen, zurückweisen
repulsion Abstoßung, Zurückweisung
repulsion induction Repulsions-, Rückstoßinduktion
repulsion-induction motor Repulsionsinduktionsmotor
repulsion motor Repulsions-, Rückstoßmotor
repulsion motor with damper winding Repulsionsmotor mit Dämpferwicklung
repulsion potential Abstoßungspotential
repulsive abstoßend, zurückweisend
repulsive force Abstoß(ungs)-, Rückstoßkraft
repulverizing Wiederzerkleinerung
repunch nachstanzen
REQ request(ed) REQ Ersuchen, ersucht
requalification test Musterneuprüfung
request Anforderung (dig), Unterbrechung (des Programms)
request a pilot, to einen Lotsen anfordern
request-acknowledgement cycle Anforderungs-Quittungssystem
request approved Anfrage genehmigt
request, attenuation interrupt Anrufunterbrechung(sanforderung)
request, automatic...for reception (ARQ) automatischer Wiederholungsruf
request button Anruftaste
request channel Anforderungsweg
request clearance erbitte Freigabe
request code register Anforderungskennungsregister
request, collective Sammelanforderung
request, conditional interrupt bedingte Anforderung
request, console Anforderung über Konsole
request, console interrupt Anforderung durch Anruftaste, Anrufunterbrechung, Anforderung des Blattschreibers
request, continuous cycle Dauerzyklusanforderung
request, cyclic program zyklische Programmanforderung
request, cyclical program...routine zyklische Programmanforderung
request, data Datenanforderung
request, disconnect Trennanforderung
request, dual cycle Doppelzyklusanforderung
request equipment, to Gerät anfordern
request, external externe Anforderung
request for air support Anforderung von Luftunterstützung
request for deviation authority Antrag auf Änderungsgenehmigung
request for information Antrag für Nachrichtengewinnung (Aufklärungsantrag, Aufklärungsanforderung)
request for retransmission Wiederholaufforderung
request for return Rückerbittung
request handling Anforderungsbearbeitung
request, input/output...list Liste der Ein- u. Ausgabeforderung
request job Laufanforderung (an Organisationsprogramm)

request light Fragelicht
request, line test Anforderung der Leitungsprüfung
request, manual manuelle Anforderung (durch Operator)
request, manual interrupt externe Unterbrechungsanforderung
request, memory and process...control Speicher- u. Anforderungssteuerung
request, memory output Speicherausgabeanforderung (SAF)
request, memory output...logic Speicherausgabeanforderungslogik
request, memory output...register Speicherausgabe-Anforderungsregister (SAFR)
request message, test Testanforderung
request mode register Anforderungsmodusregister
request number (for air support mission) Anforderungsnummer
request online status (ROL) Liste der Anforderungsparameter, Anforderungsparameterliste (EDV)
request, output Ausgabeanforderung
request panel Abfragepult
request permission erbitte Erlaubnis
request priority Dringlichkeitsstufe der Anforderung
request, process Ablaufanforderung
request, process...bit Ablaufanforderungsbit
request, process...code Ablaufanforderungscode
request, process...control Ablaufanforderungssteuerung
request, process...register Ablaufanforderungsregister
request, program...bit Programmanforderungsbit
request, program...buffer Programmanforderungspuffer
request, program...control Ablaufanforderungssteuerung
request, program...system Programmanforderungssystem
request, programmed sequence programmierte Ablaufanforderung
request record, checkpoint Prüfpunktsatz
request recovery Fehlerbehebungsanforderung
request repeat system Fehlererkennungssystem mit Wiederholung
request/replay communication Antwort/ Sendung Anfrage
request, sequence Ablaufanforderung
request, service...check Anforderungsprüfung
request servicing Anforderungsbearbeitung
request, simulated künstliche Anforderung
request, simulated...test control künstliche Anforderungssteuerung
request, termination Abschlußanforderung
request, test Prüfauftrag
request, test...branch control Testanforderungs-Abzweigsteuerung (TANAS)
request, test...signal Testanforderung
request, to anfordern, bitten, ersuchen, fordern, verlangen
request, upon auf Anfrage
requested circuit angeforderte Leitung, angeforderter Stromkreis
requested fire Anforderungsfeuer
requesting agency Bedarfsträger
require and actual costs accounting Soll-Ist-Vergleich
required accelerate-stop distance erforderliche Start(lauf)abbruchstrecke
required COBOL Grund-COBOL
required delivery data (RDD) gefordertes Lieferdatum
required distance erforderliche Strecke
required elevation dial Sollgeberhöhe (Radar)
required impuls notwendiger Impuls
required memory capacity Speicherbedarf, Speicherplatzbedarf
required overlap time erforderliche Überlappungszeit
required plus selective COBOL Voll-COBOL
required power Leistungsbedarf
required take-off distance erforderliche Startstrecke
required ultimate load geforderte Bruchlast
requirement Forderung (milit), Anforderung, Auflage (in einer Spezifikation)
requirement, chained gegliederte Frage
requirement, characteristics Merkmalfrage
requirement, combination kombinierte Anforderung
requirement computation Bedarfsrechnung
requirement contract Anforderungsübertrag
requirement data Bedarfsdaten, Bedarfswerte
requirement data card Bedarfsmengenkarte
requirement for combination Kombinationsanforderung
requirement for difficulty Schwierigkeitsanforderung
requirement, inspection Prüfbedingung
requirement interim file Bedarfszwischenspeicher
requirement, licensing Zulassungsauflage
requirement, material Materialbedarf
requirement, optional fixed fester Zusatzdarf (EDV)
requirement, licensing Zulassungsauflage
requirement, material Materialbedarf
requirement, optional fixed fester Zusatzbedarf (Wartungsdienst)
requirement, performance Leistungsbedingung
requirement procedure Materialentstehungsgang
requirement record Bedarfssatz
requirement space Bedingungsabstand
requirement, standard Standardfrage
requirements Bedürfnisse, Bestimmungen, Erfordernisse, Forderungen, Vorschriften
requirements contract Abrufvertrag
requirements figures Bedarfsziffern
requirements, machine erforderliche Maschinenausrüstung
requirements management Bedarfslenkung
requirements planning Bedarfsplanung
requirements schedule Bedarfsplan
requirements, to come within the den Anforderungen entsprechen
requirements unit Anforderungsstelle, Bedarfskontrollstelle
requisite erforderlich, notwendig
requisition Anforderung, Ersuchen, Requi-

rieren, Verlangen
requisition authority Anforderungsberechtigung
requisition card Anforderungskarte
requisition case Anforderungsrahmenvertrag
requisition cycle Anforderungsturnus, Bedarfszyklus
requisition form Bestellschein
requisition line item Position in Anforderung
requisition number Anforderungsnummer
requisition receipt Betreibungsschein
requisition register Anforderungsregister, Belegregister (EDV)
requisitioning channels Anforderungsweg
requisitioning number Anforderungsnummer
reradiate, to wiederabstrahlen, wiederausstrahlen
reradiation Wiederabstrahlung, Ballsenden, Oszillatorstörspannung, Relaissenden, Rückstrahlung, Störstrahlung, Wiederausstrahlung, Zurückstrahlung
reradiation attenuation Rücksprechdämpfung
rerailing equipment Aufgleisungseinrichtung (Eisenbahnwesen)
reranging Neueinschießen (Torpedo)
rering, to Ruf wiederholen
rerolling mill Nachwalzwerk
reroute, to den Leitweg festlegen
rerouting Ersatzschaltung, Neufestlegung des Leitwegs, Umleiten, Umleitung
rerouting facilities Umsteuereinrichtung
rerouting of traffic Umleitung des Verkehrs, Verkehrsumleitung
rerouting option Umwegverkehr
rerun Wiederholung (dv, Fernschreibwesen), Wiederholungsablauf (eines Programms)
rerun clause Aufsetzpunktklausel (COBOL)
rerun point Aufsetzpunkt (COBOL), Wiederholpunkt (dv), Wiederholungsstelle (Fernschreibwesen)
rerun procedure Wiederhol(punkt)prozedur (COBOL)
rerun program Wiederhol(ungs)programm
rerun routine Wiederhol(ungs)programm (dig)
rerun time Wiederhol(ungs)zeit (für Wiederholungslauf)
rerun, to nochmalssenden, wiederholen (dv, Fernschreibwesen)
resale value Wiederverkaufswert
resaturation Wiedersättung (Spannung)
resaturation voltage Wiedersättigungsspannung
re-schedule, to umplanen
rescrape, to nachschaben (Lager usw)
rescreen, to erneut überprüfen, eine Ergänzungsüberprüfung durchführen
rescreening Doppelrasterung
rescue Befreiung, Errettung, Rettungseinsatz, Seenot(rettungs)dienst
rescue, accident prevention and meteorological organization Rettungs- u. Wetterdienst
rescue aircraft Rettungsluftfahrzeug
rescue basket Rettungskorb
rescue beacon Rettungsbake
rescue boat Rettungs-, Seenotrettungsboot
rescue center Rettungszentrum
rescue chamber Rettungskammer
rescue chopper (slang) Rettungshubschrauber
rescue control center SAR-Leitstelle
rescue control frequency Leitfrequenz für Rettungseinsatz, Rettungseinsatzleitfrequenz
rescue coordination center Koordinierungs- od. Verbindungszentrale für Rettungsdienst, SAR-Leitstelle
rescue coordinator SAR-Leitstellenleiter, Leiter der SAR-Leitzentrale
rescue craft Rettungsfahrzeug
rescue crew Rettungsmannschaft
rescue door Bergungstür
rescue equipment Rettungsgerät
rescue facility Rettungseinrichtung
rescue harness Spezialrettungsausrüstung (f. Rettungsschwimmer)
rescue hoist Bergungswinde, Rettungswinde
rescue hoist, external externe Rettungswinde (Hschr)
rescue hoist for search and rescue Rettungswinde für Such- u. Rettungseinsatz
rescue kit Rettungsausrüstung
rescue launch Flugsicherheits-, Rettungsboot
rescue lifter equipment Außenbordtrage zur Rettung Verletzter
rescue mission Rettungseinsatz
rescue motor launch Seenotrettungsboot
rescue ocean tug Rettungshochseeschlepper
rescue operation Rettungseinsatz
rescue package (SAR package will include flight control system, electronic flight instrument system, EFIS features enhanced symbology and an expanded interface with sensor and a dual-vector generator) **Elektronik-Ausrüstungspaket** (besteht aus dem Flugregler, dem elektronischen Fluginstrument EFIS, das EFIS-System verbessert den Symbolgenerator erweitert die Sensorschnittstelle, sowie den Doppelvektorgrafikgenerator)
rescue parachute Rettungsfallschirm
rescue party Bergekommando, Rettungskommando, Rettungsmannschaft
rescue point Wiederanlaufadresse, Wiederanlaufpunkt (EDV)
rescue procedure Rettungsverfahren, Wiederanlaufprozedur (EDV)
rescue service Rettungsdienst
rescue ship Rettungsschiff
rescue sling or strop Rettungsschlinge
rescue subcenter SAR-Unterleitstelle
rescue submersible Rettungstauchfahrzeug
rescue system Rettungssystem
rescue tender Rettungstender
rescue transport Rettungsdiensttransporter
rescue unit Rettungseinheit, Rettungsstelle
rescue van Rettungswagen
rescue vehicle Rettungsfahrzeug
rescue vessel Rettungsschiff
rescue winch Rettungswinde
research aircraft Forschungsflugzeug
research airport Forschungsflughafen
research and development Forschung u. Entwicklung
research and development authority Forschungs- u. Entwicklungsstelle
research and development program R&D-Programm, Forschungs- u. Entwicklungs-

programm, F&E-Programm
research and development stage Forschungs- u. Entwicklungsstadium
research and development test Prüfung im Forschungs- u. Entwicklungsstadium
research and experimental institut Versuchs- u. Forschungsanstalt
research and studies Forschung
research assistance Forschungshilfe
research, basic Grundlagenforschung
research chemist wissenschaftlicher Chemiker
research contract Forschungsvertrag
research division Forschergemeinschaft, Forschergruppe, Vorentwicklungsabteilung
research expedition Forschungsgruppe
research experiment Versuch
research flight Forschungsflug
research game Forschungsspiel
research grant Forschungszuschuß
research in vocational education Berufsbildungsforschung
research institution Forschungsanstalt, Untersuchungsanstalt
research, joint gemeinsame Forschungsarbeit
research laboratory Forschungslabor(atorium)
research management Forschungsmanagement
research model Forschungsmuster, Labormuster (komm)
research on radiological protection Strahlenschutzforschung
research plane Versuchsflugzeug
research program Forschungsprogramm, Versuchsprogramm
research project Forschungsprojekt
research reactor Forschungsreaktor, Versuchsreaktor
research report Forschungsbericht
research rocket Forschungsrakete
research satellite Forschungssatellit
research section Nachforschungsstelle
research station Versuchsanlage
research team Forschungsgemeinschaft, Forschungsgruppe
research, to forschen, erkunden, versuchen
research tower Forschungsturm
research unit Forschungsgemeinschaft, Forschungsgruppe
research vehicle Forschungsfahrzeug, Forschungsflugkörper
research vessel Forschungsschiff
research work Forschungsarbeit
research work, fundamental Grundlagenforschung
reseat pressure Schließdruck
reseat, to nachschleifen (Ventil), Sitz neu schleifen (Ventil)
reseating tool Einschleifwerkzeug (Ventil)
reseau Gitterplatte
resection Rückwärtseinschnitt
resection in space Pyramidenverfahren, Rückwärtsschnitt im Raum
resection knife Resektionsmesser
resection saw Resektionssäge
resection, three-point Rückwärtseinschneiden (Dreipunktproblem)
resecure, to wieder festziehen (mechanisch)
reservation Belegung, buchungsmäßige Rückstellung
reservation and departure control system Reservierungs- u. Abflugkontrollsystem
reservation and loadsheet data for departure control Reservierungs- und Ladelisten für die Abflugkontrolle
reservation center Buchungszentrum
reservation message Platzbelegungsmeldung
reservation of seats Vorausbestellung der Plätze meldung, Platzbelegungsmeldung
reservation system Reservierungssystem
reservation system, computerized computergesteuertes Reservierungssystem
reservation terminal Buchungsplatz
reserve Reserve, Rücklage, Rückstellung, Bestand, Ersatz(mann), Haupttrupp, (Personen)vorrat
reserve a device, to ein Gerät belegen
reserve aircraft Reserveflugzeug, Ersatzflugzeug, Flugzeug als Reserve
reserve ballast tank (submarine) Reserveregelzelle
reserve battalion Bereitschaftbataillon
reserve battery Ersatzbatterie, latente Batterie
reserve buoyancy Reserveauftrieb (Schiff), Auftriebsreserve (Schiff)
reserve circuit Reserveleitung
reserve contingency stock Reservevorrat für unvorhergesehene Fälle
reserve contingent Reservekontingent
reserve cooling water tank Reservekühlwasserbehälter
reserve current relay Rückstromrelais
reserve cryptomaterial Reserveschlüsselmaterial
reserve demolition vorbehaltene Sprengung
reserve detachment Reserveeingreiftruppe, Restkommando
reserve displacement Reserveverdrängung
reserve division Eingreifdivision
reserve, estimation of Vorratsschätzung (Erdöl- und Erdgaslagerstätten)
reserve factor Reservefaktor, Zusatzfaktor
reserve feed tank Reservespeisewasserzelle
reserve feed water Speisewasservorrat, Reservespeisewasser
reserve fuel tank Kraftstoffreservebehälter
reserve function Reservefunktion
reserve gear Rückwärtsgang
reserve gun crew Ersatzbedienung
reserve idle gear Rücklaufrad
reserve inventory Reservebestand
reserve level Vorratssollsatz
reserve liability Bilanzreserve, Nachschubpflicht
reserve line Reservatsgrenze
reserve location Reservelageort (Vorratsartikel in Depot), zusätzlicher Lageort
reserve machine gun Ersatzmaschinengewehr
reserve of buoyancy Reserveauftrieb (Schiffbau)
reserve of fuel Brennstoffreserve
reserve of permanent circuits Schaltreserve (Fernmeldewesen)
reserve or storage tank Vorratstank
reserve osmosis Umkehrosmose
reserve pack assembly Reservefallschirmpack
reserve parachute Reservefallschirm
reserve pitch Brems/Steigungseinstellung

reserve position Auffangstellung (milit), rückwärtige Stellung
reserve protection (protective relay), Reserveschutz, überlagerter Schutz
reserve ratio Rückstellungsquote
reserve receiver Reserveempfänger
reserve sample Reserveprobe
reserve sparking power Zündleistungsreserve
reserve stock Reservebestand, Reservevorrat
reserve storage Reservespeicher
reserve supplies Reservebestände
reserve table components Teile der Reserve-Ausrüstungsnachweisung
reserve tank Reservebehälter
reserve wire Reserveader
reserved alert measures reservierte Alarmmaßnahmen
reserved area Schutzbereich, Sperrgebiet
reserved circuit reservierte Leitung, reservierter Stromkreis
reserved identifier reservierter Name (ALGOL)
reserved seat belegter Sitz, Sperrsitz
reserved word COBOL-Wort, reserviertes Wort
reserves Ergänzung, Nachschub, unausgerichtetes Feld, Verfügungstruppen
reserves of area Flächenreserve
reserving gear Umsteuergetriebe, Wendegetriebe
reservoir Behälter, Tank, Vorratsbehälter, Stausee
reservoir (pneumatic system) Behälter (Druckluftsystem)
reservoir and filter capacity Lade- u. Siebkapazität
reservoir, anticlinal Antiklinalspeicher
reservoir balance (line) Behälter-Überströmleitung (Hydraulikanlage)
reservoir bellows Magazinbalg
reservoir bladder Behälterblase
reservoir bleed Behälterentlüftung
reservoir capacitor Speicherkondensator, Ladekondensator
reservoir, closed geschlossenes Trägergestein (geol)
reservoir collecting pipe vessel or basin Sammelbecken
reservoir complete with regulator Behältervollständigkeit mit Regler
reservoir condenser Ladekondensator, Speicherkondensator, Vorratskondensator
reservoir cupola Kupolofen mit erweitertem Herd
reservoir drain Behälterablaß
reservoir energy Lagerstättenenergie (in Erdöl- und Erdgaslagerstätten)
reservoir engineering Lagerstättentechnik
reservoir of fluid hydrocarbon Lagerstätte flüssigen Kohlenwasserstoffs
reservoir outer shell Behältermantel
reservoir plug Gaskammerverschluß
reservoir pressure Lagerstättendruck, im "Träger" herrschender Druck (Druck an Bohrlochsohle)
reservoir pressure, maintain the Lagerstättendruck aufrecht erhalten
reservoir pressurization test gauge Behälterdruck-Prüfmanometer
reservoir relief valve Entlastungsventil (Hydraulikölbehälter)
reservoir rock Speichergestein (geol)
reservoir vent valve Luftdruckausgleichsventil
reset neu Einstellen, langsame Leistungsverminderung
reset a bit, to ein Bit löschen
reset a register, to ein Register (zu)rücksetzen
reset action Nachstellung
reset arm Rücksteller (Drehpulsrelais)
reset, automatic automatische Nullstellung
reset button Einschaltknopf (Rechner), Rückstellknopf
reset cam Rückstellnocken
reset clause Löscheintragung, Löschklausel (COBOL)
reset coil Einschaltspule
reset condition Bedingung bei Nullstellung (Zähler), Nullstellungszustand
reset contact Löschkontakt
reset device Rückholvorrichtung
reset key Berichtigungstaste
reset line Rückstelleitung (Flip-Flop-Schaltung)
reset magnet Löschmagnet
reset mechanism Sperrstiftrückholer
reset mode Betriebsart "Pause", Betriebsart "Rücksetzen"
reset polarity, to rückpolen
reset pulse Rücksetzimpuls
reset rate Anzahl der Korrekturschritte in Zeiteinheit bei Steuer- od. Regelsystem
reset solenoid Rückstellspule
reset, to auf Anfangswort zurückstellen, löschen, rücksetzen (lo), zurückstellen (bistabiles Element in Ausgangslage), neu einstellen, in Grundstellung bringen, nullstellen, auf N setzen
reset to N auf N setzen
reset winding Rückstellwicklung (Kernspeicher)
resetting accuracy Einstellgenauigkeit, Treffsicherheit
resetting, automatic automatische Rückstellung
resetting, binary-coded dual codiertes Löschen
resetting cam Auslösedaumen, Rückführnocke
resetting device Nullstellvorrichtung (Zählwerk), Rückstellvorrichtung
resetting excitation Rückstellerregung
resetting key Rückstelltaste
resetting magnet Rückstellmagnet
resetting, manual manuelles Rücksetzen, von Hand auf Nullstellung bringen
resetting of coil (direction finder) Nachführung des Rahmens
resetting of coil tuning Rahmennachstimmung
resetting of frame tuning Rahmennachstimmung
resetting of the work Umspannen des Werkstücks
resetting or readjustment of frame or coil (direction finder) Nachführung des Rahmens (Peiler)
resetting ratio Rückgangsverhältnis
resetting time Rückgangszeit, Rücklaufzeit
reshape, to regenerieren

reshaping of pulses Impulsformung, Wiederherstellung der Form (verzerrter) Impulse
resharpen, to nachschärfen (Schneidwerkzeug)
resharpening Nachschärfen
reshooting Nachschießen
reside stehen (gespeichert sein)(EDV)
residence, program Programmresidenz
residence, system...disk Systemplatte
residence time Verweilzeit (Daten im Speicher)
resident resident, geladen
resident, to be geladen sein
residual remanent, residuum, restlich, rückständig, übrigbleibend, zurückbleibend
residual acid Säurerückstand
residual affinity Restaffinität, Restbindung
residual, affinity Affinitätsrest
residual air Restluft
residual alkalinity Endalkalität
residual atomic charge Restladung des Atoms
residual attenuation Grunddämpfung
residual back current Restrückstrom
residual, carrier Trägerrest
residual charge Restladung
residual, charge Ladungsrückstand
residual charge of condenser Kondensatorrückstand
residual charge or recharging phenomenon Nachladeerscheinung
residual, chromatic aberration Farbenreste
residual collector back current Kollektorrestrückstrom
residual, combustion gas Feuergasrest
residual, compressive stress Druckeigenspannung
residual deflection Nullpunktfehler
residual depth Resttiefe
residual deviation Restablenkung, Restdeviation
residual dosimeter Dosimeter für Rückstandsstrahlung (ABC)
residual drag Restwiderstand (aerodyn)
residual drag area Restwiderstandsfläche
residual drift Reständerung
residual electrons Elektronenplasma, Restplasma
residual elongation Restdehnung
residual error Restfehler, verbleibender Fehler
residual error curve Restfehlerkurve
residual error rate Restfehlerquote, Restfehlerhäufigkeit
residual, exhaust gas Abgasrest
residual flux density Remanenz
residual force Restkraft
residual frequency modulation Restfrequenzmodulation
residual, frequency modulation Frequenzmodulationsrest
residual functionality program funktionsbezogenes Programm (Bordcomputer)
residual gas Gasrückstand
residual gas molecule Restgasmolekül
residual gases Restgase
residual, gases Gasrückstände
residual hardness (of water) Resthärte
residual heat Restwärme (Wärmeentwicklung durch Restaktivität)
residual hum voltage Restbrummspannung
residual image Nachleuchtbild
residual induction Remanenz
residual ion Restion
residual ionization Restionisierung
residual liquid Restflüssigkeit
residual loss of metal) magnetische Nachwirkung
residual losses Nachwirkungsverluste (ferromagnetisches Material)
residual magnetism verbleibende Magnetisierung, rückbleibender Magnetismus, magnetische Remanenz
residual magnetization remanente Magnetisierung
residual moisture Restfeuchtigkeit
residual, moisture Feuchtigkeitsrückstand
residual, naphtha Naphtharückstand
residual nuclear radiation Reststrahlung
residual oil Rückstandsöl, Restöl
residual or remanent deviation Restablenkung
residual, phase difference Phasenrestfehler
residual product Rückstandserzeugnis
residual pulse Restimpuls, Reststromstoß
residual radiation Reststrahlung
residual range Restreichweite, verbleibende Reichweite
residual ray Reststrahl
residual reflection Restreflexion
residual resistance Restwiderstand
residual reverse current Restrückstrom
residual sideband transmission Restseitenband-Übertragung
residual soil Eluvialboden (geol)
residual sound level Restschallpegel
residual spin Restdrall
residual stress Eigenspannung, Restspannungsverteilung
residual thrust Restschub
residual time constant Eigenzeitkonstante
residual tolerance Abweichung
residual vertical displacement bleibende Vertikalverschiebung
residual voltage Restspannung
residuary acid Abfallsäure
residuary product (weiter verwertbares) Abfallerzeugnis, Recyclingprodukt
residue Residuum (math), das Übrigbleibende, Rückstand
residue check Modulo-N-Kontrolle, Modulo-N-Prüfung, Restprüfung
residue from combustion Verbrennungsrückstand
residue gas Armgas, Restgas
residue gas, stripped von Gasolin befreites Erdgas
residue, insoluble unlöslicher Rückstand (chem)
residue of coal washing Nachwaschkohle
residue on evaporation Verdampfungsrückstand
residue on ignition Glührückstand
"residue"-phenomenon "Residue"-Phänomen
resilence Abprallung, Dehnbarkeit (rückfedernd), Druckfederung, Federungsvermögen, Rückfederung, Rückprall, Verformungsarbeit, Weichheit, Zurückspringen, elastischer Wirkungsgrad, Rückprallela-

stizität (bei Rückfederungsvermögen), Thermorückfederung (pla), Kerbzähigkeit, Abprall (Luftwiderstand)
resilence of a spring Federkraft
resilence spring-back Rückfederung
resiliency Abprallen, Elastizität, federhafte Eigenschaft, Prallkraft, Prellkraft, Rückstellkraft, Springkraft
resilent erschütterungsfrei, federnd
resilent coupling federnde Kupplung
resilent property Federungsvermögen
resilent roll Gummiwalze
resilent support erschütterungsfreie od. federnde Unterlage
resin adhesive Harzkleber
resin-asbestos composition or compound Harzasbestmasse (pla)
resin-bonded harzgebunden, kunstharzgetränkt
resin-bonded plywood Kunstharzsperrholz, kunstharzverleimtes Sperrholz
resin collector Auffangsgefäß
resin gas load isolator Harzgasleistungsschalter
resin-gas protector tube Harzgasableiter
resin-impregnated harzgetränkt, harzimprägniert
resin-loaded beharzt
resin-loaded mat Glasfasermatte
resin pocket Harz (pla-Preßfehler)
resin solder Harzlötzinn, Kolophoniumlötzinn
resinate, to harzen
resinification Harzbildung, Verharzung
resinify, to verharzen
resinophore zur Harzbildung neigend
resinous composition Harzmischung
resist Abdeckmittel, Abdecker, sich Widersetzen, Widerstandleistung, Widerstand leisten, Widerstehung
resist destabilizing moment Dämpfung destabilisierenden Moments
resistance Eigenwiderstand, Festigkeit, Widerstand(sfähigkeit)(auch elektrische insbesondere Ohm'scher-Widerstand)
resistance acceleration Widerstandsbeschleunigung
resistance alloy Widerstandslegierung
resistance attenuation Widerstandsdämpfung
resistance balance Widerstandsausgleich
resistance block Widerstandsblock
resistance box Widerstandskasten
resistance bridge Widerstandsmeßbrücke
resistance butt-welding Widerstandsstumpfschweißung
resistance bulb Meßeinsatz
resistance-butt capacitance coupling Widerstands-Kapazitätskopplung
resistance-butt filter Widerstandssiebkette
resistance capacity-coupled kapazitätswiderstandsgekoppelt
resistance-capacity coupling Widerstandskapazitätskopplung
resistance-choke coupling Widerstands-Drosselkopplung
resistance circuit Widerstandsschaltung
resistance circuit test Widerstandsprüfung
resistance coefficient Widerstandsbeiwert, Widerstandskoeffizient
resistance coil Widerstandsspule
resistance component Widerstandskomponente
resistance control Widerstandsregelung
resistance-coupled amplifier Widerstandsverstärker
resistance coupling galvanische Kupplung, Widerstandskopplung
resistance, creep Widerstand gegen plastische Verformung
resistance decade (radio) Widerstandsdekade
resistance derivative Widerstandsderivativum
resistance drop Ohm'scher Spannungsabfall
resistance furnace Widerstandsofen
resistance ga(u)ge Dehnungsmeßstreifen
resistance grid Widerstandsgitter
resistance heating Widerstandsheizung
resistance holder Widerstandshalter
resistance instrument Widerstandsinstrument
resistance lamp for ringing current Rufstrom-Widerstandslampe
resistance lap welding Überlapptschweißung
resistance line Widerstandsgerade
resistance loss Haul'scher-Wärmeverlust, Ohm'scher-Verlust
resistance material Widerstandsmaterial
resistance measurement Widerstandsmessung
resistance network Widerstandsnetz, Widerstandsschaltung
resistance of buckling Knickwiderstand
resistance of friction Reibungswiderstand
resistance of rolling or to motion Fahrwiderstand
resistance or measurement bridge Widerstandsbrücke
resistance pad Dämpfungsglied aus Ohm'schen Widerständen
resistance percussive welding Schlagschweißen
resistance, pipe Rohrleitungswiderstand
resistance probes Widerstandsmeßfühler
resistance projection welding Buckelschweißen
resistance pyrometer Widerstandspyrometer
resistance seam welding Nahtschweißen
resistance, shunt regulating Nebenschluß-Regulierwiderstand
resistance standard Widerstandsnormale
resistance step Widerstandsstufe
resistance strain ga(u)ge Dehnungsmeßstreifen
resistance strip Widerstandsstreifen
resistance taping Widerstandsabgriff
resistance temperature coefficient Widerstandstemperaturkoeffizient
resistance thermometer Widerstandsthermometer, Widerstandswärmegradmesser
resistance to abrasion Abnutzungswiderstand
resistance to aging Alterungsbeständigkeit
resistance to arcing Lichtbogenfestigkeit
resistance to boiling water Kochfestigkeit
resistance to creasing Knitterfestigkeit
resistance to creep stress Dauerstandsfestigkeit
resistance to cutting Zerspanungsfestigkeit
resistance to deformation Formbeständigkeit, Verformungswiderstand
resistance to dissociation Zersetzungswiderstand (chem)
resistance to fatigue Dauerermüdungsfestigkeit, Ermüdungsfestigkeit

resistance to flow Fließwiderstand
resistance to frost Frostbeständigkeit
resistance to fungus Schimmelfestigkeit
resistance to gun fire or penetration Beschußfestigkeit
resistance to heat Glutfestigkeit, Wärmefestigkeit, Hitzebeständigkeit
resistance to heat and humidity Feuchtwarmfestigkeit
resistance to hot water Heißwasserfestigkeit
resistance to ingestion damage Robustheit gegen Fremdkörpereintritt
resistance to moisture Feuchtfestigkeit
resistance to motion Bewegungswiderstand, Reibungswiderstand
resistance to over-modulation Übersteuerungsfestigkeit
resistance to over-modulation, high hohe Übersteuerungsfestigkeit
resistance to overstress Überbelastbarkeit (Festigkeit)
resistance to perforation Durchstoßfestigkeit
resistance to pressure Druckfestigkeit
resistance to repeated impact Dauerschlagfestigkeit
resistance to shearing Scherfestigkeit
resistance to shock Stoßfestigkeit, Stoß- und EMP-Festigkeit
resistance to splitting Spaltfestigkeit, Berstfestigkeit
resistance to stretching Streckfestigkeit
resistance to suction Saugfestigkeit
resistance to sudden change of temperature Temperatur-Wechselbeständigkeit
resistance to tearing Reißfestigkeit
resistance to temperature and shock or vibration (control system) Unempfindlichkeit gegen hohe Temperatur, Stöße od. Schwingungen (Avionik)
resistance to torsion Torsionswiderstand, Drehfestigkeit
resistance to tropical condition Tropenbeständigkeit, Tropenfestigkeit, Tropenwiderstandskraft
resistance to wear Abnutzungsfestigkeit, Verschleißfestigkeit
resistance to wear and fatigue Widerstandsfähigkeit gegen Abnutzung u. Ermüdung
resistance to weathering Widerstandsfähigkeit gegen atmosphärische Korrosion
resistance to wet wiping-up Naßwischfestigkeit
resistance transmitter Widerstandsfernsender
resistance twine Widerstandskordel
resistance-type thermometer Widerstandsthermometer
resistance vane Dämpfungsplättchen
resistance welding Widerstandsschweißen
resistance welding electrode Widerstands-Schweißelektrode
resistance width over Widerstandsbreite
resistance windings Ohmwicklung, Widerstandswendel
resistance wires and tapes Heiz- u. Elektrizitätswiderstandsdrähte
resistant fest, widerstandsfähig
resistant-coupled amplifier Widerstandsverstärker(schaltung)
resistant thermometer Widerstandsthermometer (elektr)
resistant to bending biegesteif
resistant to cold and tropical condition tropen- u. kältebeständig
resisting movement (of a beam or truss) Widerstandsmoment gegen Drehfestigkeit
resisting shear (of a beam or truss) Widerstandsmoment gegen Scherfestigkeit
resistive circuit Widerstandsschaltung aus Ohm'schen Widerständen bestehender Stromkreis
resistive coupling Widerstandskopplung
resistive voltage divider Ohm'scher Spannungsteiler
resistive-wall amplifier Mikrowellenverstärker (mit strukturloser absorbierender Wellenleitung)
resistivity spezifischer (elektrischer) Widerstand
resistivity, bulk Durchgangswiderstand
resistivity-departure curve Widerstandsabweichungskurve
resistivity, true formation wahrer Gebirgswiderstand (geol)
resistivity, volume Durchgangswiderstand
resistor Widerstand (Bauelement), Widerstandskörper (elektr), Auflösung, Widerstandsvorschaltung (elektr), Zerlegung
resistor bulb Widerstandstemperaturfühler (Thermometer
resistor card Widerstandsbrett
resistor colour code Widerstandsfarbcode
resistor core Widerstandskörper, Widerstandsträger
resistor element Widerstandsgegenstand
resistor-hearth furnace herdbeheizter Ofen (Walzwerk)
resistor network Widerstandsnetz
resistor-quenched counter circuit Zählrohrlöschkreis mit hohem Außenwiderstand
resistor tolerance Widerstandstoleranz
resize, to aufarbeiten
resol Resol (Phenolaldehydharz)
resolution Auflösung(svermögen) (Photometer), Wiederauflösung
resolution capability Auflösungsvermögen
resolution cell Auflösungselement
resolution error Auflösungsfehler
resolution function Auflösungsfunktion
resolution in azimuth Seitenauflösungsvermögen
resolution of an equation Lösung einer Gleichung (math)
resolution of capability Auflösungsvermögen
resolution of forces Kräftezerlegung
resolution on border (of a picture) Kantenschärfe (Foto)
resolution potential Auflösungsvermögen
resolution power Auflösung(svermögen)
resolution, six-figure sechstellige Auflösung
resolve, to sich auflösen, sich entriegeln, zerlegen
resolved time base method Umwandlung der Zeitbasis in Kreisform
resolvent Resolvente (die)

resolver Funktionsdrehmelder, Funktionsgeber, Rechner-Koordinatenwanderteil, Koordinatenwandler (mechanische Recheneinheit), Resolver, Auflösungsmittel
resolver amplifier Funktionsdrehmelder-verstärker
resolver amplifier module Verstärker für Koordinatenwandlersignal
resolver and integrator dual power amplifier Leistungsverstärker für Koordinatenwandler u. Integrator (Phi)
resolver, ball sphärischer Koordinatenwandler, Kugelkoordinatenwandler
resolver computer Rechner-Koordinatenwanderteil
resolver control transformer Funktionsempfänger
resolver differential transmitter (RDX) Funktionsdifferentialgeber (FDG)(Drehmelder)
resolver pickoff Funktionsgeber
resolver potentiometer Koordinatenwandlerpotentiometer
resolver receiver Funktionsempfänger (Drehmelder)
resolver repeater Funktionsempfänger (Drehmelder)
resolver, servo Servo-Koordinatenwandler
resolver, spherical Kugelkoordinatenwandler, sphärischer Koordinatenwandler
resolver synchro Funktionsdrehmelder, Koordinatenwandler
resolver transmitter Funktionsgeber (Drehmelder)
resolver-type pickoff Funktionsgeber
resolving capacity Auflösungsvermögen
resolving multiplier Auflösungsmultiplikator
resolving potentiometer Komponentenpotentiometer (Sinus/Cosinus-Potentiometer), Abbildungsvermögen (Oberbegriff)
resolving power Auflösungsvermögen (Photographie)
resolving time Auflösungszeit, Totzeit
resolving wing design conflicts Konfliktlösung bei Flügelentwurf (AC)
resonance Hall, Mischschwingung, Nachhall
resonance (in nuclear process) Resonanz
resonance absorber effect Resonanzabsorbereffekt
resonance absorption (energy) Resonanzabsorption(senergie)
resonance absorption integral Resonanzabsorptionsintegral
resonance accelerator Resonanzbeschleuniger
resonance activation Resonanzaktivierung
resonance activation cross section Resonanzaktivierungsquerschnitt
resonance activity Resonanzaktivität
resonance amplifier Resonanzverstärker, selektiver Verstärker
resonance band Resonanzband
resonance bridge Resonanzbrücke
resonance capacitor transformer kapazitiver Spannungswandler in Resonanzschaltung
resonance capture Resonanzeinfang
resonance cavity Resonanzkammer, Resonanzhohlraum
resonance cell (nuclear) Resonanzkammer, Resonanzzelle
resonance chamber Resonanzhohlraum, Resonanzkammer (Rhumbatron)
resonance characteristic Resonanzverlauf
resonance circuit Resonanzkreis
resonance condition Resonanzzustand
resonance cross section Resonanzquerschnitt
resonance curve Resonanzkurve, Resonanzverlauf
resonance detector Resonanzdetektor
resonance dwell test Resonanzversuch
resonance echo Wiederhall
resonance effect (TV) Resonanzeffekt, Resonanzwirkung
resonance energy Austauschenergie, Resonanzenergie
resonance epithermal reactor epithermischer Resonanzreaktor
resonance escape Resonanzflucht, Verminderung od. Vermeidung des Resonanzeinfangs
resonance escape probability (nuclear) Resonanzfluchtwahrscheinlichkeit, Bremsnutzung
resonance fluorescence Resonanzfluoreszenz
resonance flux Resonanzfluß
resonance force Austausch-, Resonanzkraft
resonance frequency Resonanzfrequenz
resonance frequency meter Resonanzfrequenzmesser
resonance heating Resonanzheizung
resonance hybrid Resonanzhybrid
resonance indication Resonanzanzeige
resonance indication coil Resonanzinduktor
resonance indicator Resonanzanzeiger
resonance integral Resonanzintegral
resonance level Resonanzzustand, Resonanzniveau (Atomphy)
resonance, line Reihenresonanz
resonance line (spectrum) Resonanzlinie
resonance liquid transducer Resonanz-Flüssigkeitsschallwandler
resonance matching Resonanzanpassung
resonance method Resonanzmethode
resonance mode Resonanzform
resonance neutron Resonanzneutron
resonance overlap Resonanzüberlagerung
resonance pattern Resonanzschema
resonance peak Resonanzmaximum
resonance phenomena Resonanzphänomen
resonance phenomenon Resonanzerscheinung, Resonanzphänomen
resonance point Resonanzpunkt, Resonanzstelle
resonance potential Anregungsspannung (phys), Resonanzspannung
resonance-proof resonanzfest
resonance radiation Resonanzstrahlung
resonance ratio (automatic control) Resonanzzubehör
resonance relay Resonanzrelais
resonance response Resonanzwirkung
resonance rise Aufschaukeln durch Resonanz
resonance rods Resonanzstäbchen
resonance scattering Resonanzstreuung
resonance scattering integral Resonanzstreuintegral
resonance search Suche nach Resonanzstellen

resonance shape Resonanzkurvenform
resonance state Resonanzzustand
resonance step-up Resonanzüberhöhung, Resonanzverstärkung
resonance structure Resonanzstruktur
resonance tachometer Resonanztachometer
resonance term Resonanzglied
resonance test Resonanzversuch (für komplettes Flugzeug)
resonance theory Resonanztheorie
resonance transducer Resonanzschallwandler
resonance transformer Resonanztransformator
resonance tube Senderrohr
resonance vibration Resonanzschwingung
resonance voltage Resonanzspannung
resonant frequenzabhängig, resonant
resonant cavity Hohlraumresonator
resonant cavity tuning control Hohlraumresonatorabstimmregler
resonant chamber Resonanzkammer (Hohlraumresonator)
resonant chamber (electron) Hohlraumresonator, Topfkreis
resonant circuit (electron) Lambda-Viertelkreis, Resonanzkreis, Schwing(ungs)kreis, Speicherkreis (Rechner)
resonant circuit drive or excitation Schwingkreisanregung
resonant conductor mitschwingender Leiter
resonant damp Resonanzdämpfung
resonant diaphragm (waveguide) Anpassungsblende
resonant dimension breite Seite, kritische Abmessung
resonant earth system kompensiertes od. gelöschtes Netz
resonant earthed distribution system gelöschtes od. kompensiertes Verteilernetz
resonant energy Resonanzenergie
resonant excitation Erregung auf Resonanzfrequenz
resonant frequency (nuclear, TV) Resonanzfrequenz
resonant frequency survey Ermittlung der Resonanzfrequenz
resonant gate transistor (RGT) Resonanzgittertransistor
resonant impedance Resonanzwiderstand
resonant layer sheet Resonanzschichtfolie
resonant LC circuit LC-Schwingkreis
resonant line (electron) Resonanzleitung, abgestimmte Leitung
resonant mode Resonanzmodus
resonant mode filter Resonanz-Wellentypefilter
resonant operating speed Resonanzdrehzahl (Geräuschboje)
resonant pile driver Resonanzpfahlramme
resonant point Resonanzpunkt
resonant pump Resonanzpumpe
resonant range Resonanzbereich, -lage
resonant reed instrument Zungenfrequenzmesser
resonant reed tachometer Zungentachometer
resonant relay Resonanzrelais
resonant response Resonanz(kurve)
resonant rise Aufschaukeln, Hinaufpendeln
resonant scatter Resonanzstreuer
resonant scattering Resonanzstreuung
resonant scattering integral Resonanzstreuintegral
resonant secondary circuit Resonanzsekundärkreis
resonant shunt Resonanznebenschluß
resonant speed Resonanzgeschwindigkeit
resonant structural response Resonanzkurve eines Körpers
resonant structure Resonanzkörper
resonant stub Resonanzleitung
resonant tank circuit Parallelschwingkreis
resonant transformer Resonanztransformator, Resonanzübertrager
resonant, to be in Resonanz sein
resonant velocity transformer stub (ultrasonic) Resonanzschnelle-Transformator, Resonanzschnelle-Stempel, Resonanzschnelle-Stab
resonant vibration Resonanzschwingung
resonant wavelength Resonanzwellenlänge
resonant width Resonanzbreite
resonant window Resonanzfenster
resonant with, to mitschwingen, sich in Resonanz befinden mit...
resonate, to in Resonanz schwingen, mitschwingend, resorbierend, in Resonanz befindlich, nachklingend, nachhallend, widerhallend, resonanzgebend
resonated auf Resonanz abgestimmt
resonating circuit Resonanzkreis
resonating method Resonanzmethode
resonator Funkanzeiger, (Hohlraum)resonator
resonator cavity Hohlraumresonator, Resonanzhohlraum (Elektron)
resonator crystal Filterquarz, Resonanzquarz
resonator current Resonatorstrom
resonator grid Hohlraumgitter, Resonanzgitter
resonator ringing circuit Echokreis, Nachschwingkreis
resonator termination Resonatorabschluß
resorption activity Resorptionsaktivität
resorption capacity Resorptionsfähigkeit
resorcin Resorzin
resorcinol Resorzinol
resotank Resotank (Elektronik)
resource Betriebsmittel, Systemelement, Hilfsmittel, Hilfsquelle
resource allocation Betriebsmittelzuweisung, Einsatzmittelzuweisung
resource category Kapazitätsartenkategorie
resource code Aufwandartenkennzeichnung
resource dynamic allocation dynamische Betriebsmittelzuweisung
resource exchange Einsatzmittelaustausch
resource input Hilfsmittelaufwand
resource inventory Einsatzmittelbestand
resource load Kapazitätsauslastung
resource loading Auslastung der Einsatzmittel, Einsatzmittelauslastung, Kapazitätsmittelauslastung
resource loading plan Kapazitätsauslastungsplan
resource management Betriebsmittelverwaltung (Betriebssystem)
resource mix Einsatzmittelkombination
resource nodes to accommodation various vital support system (space station) Betriebstun-

nel zur Aufnahme wichtiger Betriebs- und Versorgungssysteme (Raumstation)
resource planning Einsatzmittelplanung
resource quantity Einsatzmittelmenge
resource requirement Einsatzmittelbedarf
resource type Einsatzmittelart
resource usage Einsatzmittelnutzung, Mitteleinsatz
resources Hilfsmittel, Hilfsquellen, Resourcen
resources offshore Rohstoffquellen auf See
respective planning sector Planungsbereich
respirable air reserve Atemluftreserve
respirable atmosphere Atembeutelluft (Taucher)
respirator dust-filtering mask Staubschutzmaske
respirator facepiece Schutzmaskenkörper
respirator agent Atemgas
respiratory equipment, artificial Beatmungsgerät
respiratory heat loss Wärmeverlust durch Atmung
resplendent schimmernd, widerstrahlend
respond ansprechen (Gerät usw)
respond band Frequenzband
responder Antwortbake (DME), Antwortgerät, Impulswiederholer, Responder (Antwortsender)
responder beacon Antwortfunkfeuer (Radar), Wiederholerbake, Antwortsenderbake, Responderbake
responder beacon Antwortfunkfeuer, Ansprechfunkfeuer, Antwortsenderbake
response Ansprechempfindlichkeit, Antwort, Reaktion, Verhalten (auf eine programmtechnische Maßnahme)(dig), Responderantwort (Sekundärrundsichtradar), Anzeige, Ausschlag, Frequenzgang, Frequenzkurve
response, acoustic akustische Beantwortung
response alternative Ansprechmöglichkeit, Reaktionsmöglichkeit
response amplitude Reaktionsamplitude
response analysis Antwortanalyse (päd)
response area Antwortbereich
response, audio akustische Beantwortung
response characteristic Frequenzkurve, Ansprechmerkmal, Ansprechverhalten, Frequenzgangbestimmung, Empfindlichkeitskurve
response characteristic, dynamic dynamische Reaktionscharakteristik
response comparison Antwortvergleich
response coupling Richtwert-Rückübertragungskupplung
response curve Kennlinie (Verstärker), Frequenzkurve, Frequenzwiedergabekurve, Wiedergabekurve
response dial Rückwärtsskala
response distance Zielauffass(ungs)entfernung
response duration Ansprechdauer (EDV)
response, fault Fehlerreaktion
response, fault...program Fehler(reaktions)-programm
response equalization Frequenzentzerrung
response feedback capability Reaktionsrückführung
response frequency Antwortfrequenz, Kennungsfrequenz
response gear Rückmelderad (Feuerleitgerät)
response gearing Rückmeldegetriebe (Feuerleitgerät)
response height Ansprechhöhe
response input Rückmeldeeingang (Feuerleitgerät)
response lag Ansprechverzögerung, Anzeigeverzögerung, Reaktionsverzögerung
response level Ansprechschwelle
response message Antwortmeldung
response metameter transformierte Wirkungsgröße
response of bandpass filter Bandpaßcharakteristik, Bandfilterresonanzkurve
response pattern Reaktionskombination
response period Einstellzeit, Reaktionszeit
response position Markierungsposition, Markierungsstelle
response pump Gegendruckpumpe
response rate Reaktionszeit
response ratio Übertragungsverhältnis
response sensitivity Ansprechempfindlichkeit
response shaft Rückmeldewelle (Feuerleitgerät)
response signal Antwortsignal
response spectrum Reaktionsspektrum (seism) (Erdbeben), Ansprechspektrum (Seismik), Frequenzspektrum
response surface Wirkungsfläche
response time Ansprechzeit, Antwortzeit (EDV), Anlaufzeit, Beruhigungszeit, Einschwingzeit, Stellzeit, Reaktionszeit, Zeit zwischen Feueranforderung und Schuß
response time (of instrument) Einstelldauer, Einstellzeit
response-time distribution Reaktionszeitverteilung
response to controls Ansprechen auf Steuerung
response, undisturbed...signal ungestörte volle Lesespannung, Ausgangssignal eines ungestörten Speicherelements
response, undisturbed...voltage ungestörte volle Lesespannung, Ausgangssignal eines ungestörten Speicherelements
response value Ansprechwert
responser Antwortempfänger
responsibilities Aufgabenbereich, Verantwortlichkeit
responsibility code, inventory management Code Bewirtschaftungsverantwortlichkeit
responsibility matrix Aufgabenzuordnungsmatrix, Zuständigkeitsmatrix
responsible haftpflichtig, verantwortlich
responsiveness Ansprechempfindlichkeit
rest Rückführung, Auflage, Rücksetzung, Rest, Ruhe
rest against, on anliegen an
rest bar (rolling mill) Führungsbalken
rest contact Ruhekontakt
rest energy Ruheenergie
rest frequency Mittenfrequenz, unmodulierte Trägerfrequenz
rest group Rastgruppe
rest interval Pausenintervall
rest mass Ruhemasse
rest mass of electron Ruhemasse des Elektrons
rest mass of proton Ruhemasse des Protons
rest range E-Meß-Restspannung
rest storage kurzfristige Lagerung (Flüssigtreibstoff)

rest to be at sich in Ruhelage befinden, stillstehen
restaggering Umstaffelung (Schaufeln)
restaining pin Haltestift
restart Neuzündung, Wiederanlauf
restart capability Wiederanlauffähigkeit
restart condition Wiederanlaufbedingung, Wiederanlaufzustand (EDV)
restart criterion Wiederanlaufkennzeichen
restart, exchange-oriented vermittlungstechnischer Restart
restart facility Wiederstarteinrichtung
restart interface program Anschlußprogramm zum Restart (EDV)
restart instruction Wiederanlaufbefehl (EDV)
restart module Wiederstartbaugruppe
restart, notepad Notizblockrestart
restart parameter Wiederanlaufparameter
restart point Wiederanlaufadresse (EDV), Stützpunkt (milit), Wiederanlaufpunkt, Wiederaufnahmepunkt
restart procedure Wiederanlaufverfahren
restart program Restart-Programm, Wiedereinschaltprogramm, Wiederanlauf(programm)
restart-proof restartsicher, wiederanlaufgesichert
restart routine Restart-Routine, Wiederanlaufroutine
restart, to wieder anlaufen lassen (Motor)
restartable rocket engine wiederanzündbares Raketentriebwerk
restarting (of a weld) Wiederaufschmelzen (einer Schweißnaht)
resting contact Ruhekontakt, Öffner
resting frequency Ruhefrequenz, unmodulierte Trägerfrequenz
resting potential Ruhepotential
resting traffic ruhender Verkehr
restitution Restitution (Lubi), Wiedererstattung, Wiederherstellung des früheren Zustands, Entzerrung (Foto)
restitution of material Materialrückerstattung
restone mit Ölstein nachschleifen
restorability Instandsetzbarkeit
restorable change rückführbare Änderung
restoral Wiederinbetriebnahme, Wiedereinschaltung (nach technischer Störung)
restoration Wiederinbetriebnahme, Wiedereinschaltung, Wiederherstellung
restore the equilibrium Gleichgewicht (wieder)herstellen
restore, to erneuern, neu lagern, neu speichern, umlagern, wiedereinspeichern, wiederherstellen, auf Anfangswert zurückstellen (EDV)
restorer Erneuerer, Kabelreparaturschiff, Wiederhersteller
restoring amplifier Fesselverstärker
restoring ball Rückstellschwinge
restoring division Division mit Bildung des positiven Restes (dig)
restoring force Richtvermögen, Rückstellkraft
restoring interlock Rückstellsperre
restoring moment Rückdrehmoment, Rückstellmoment, Wiederherstellungskraft, Wiederherstellungsmoment
restoring moment field Luftmomentenfeld
restoring routine Umspeicherprogramm
restoring spring Abreißfeder, Rückführfeder, Rückzugfeder
restoring time Rückstellzeit
restoring torque Gegendrehmoment, Richtmoment, Rückführdrehmoment, Rückstellkraft, Rückstellmoment
restrain, to behindern, hemmen, hindern, abhalten, eindämmen (Lärm usw)
restrainer Verzögerungsmittel
restraining Eindämmung, Abdämmung, Verzögerungsmittel
restraining gold-painted "slippers" haftende Überschuhe (Raumfahrt)
restraining spring Fesselfeder
restraining substance Hemm(ungs)körper
restraining system (cargo aerial delivery) Verzurr(ungs)system
restraint Haltekraft, Beschränkung, Einhalt, Hemmung, Zwang
restrict, to drosseln, einschnüren, einschränken, verengen
restricted area Flugbeschränkungsgebiet, verbotenes Gelände
restricted data Daten für beschränkten Personenkreis
restricted distribution beschränkte(r) Absatz, Verteilung
restricted flow condition Teilförderung (Hydrauliksystem)(Hydraulikpumpe)
restricted flow-fee tube Drossel-T-Stück
restricted gating Punktanguß (Preßspritzen), verjüngter Angußkanal
restricted in clear beschränkt im Klartext
restricted lighting Abblendung
restricted mechanical stop Ausschlagbegrenzer
restricted of visibility beschränkte od. eingeschränkte Sicht
restricted theory of relativity spezielle Relativitätstheorie
restricted visibility begrenzte Sicht
restriction Beschränkung, Eindämmung, Einschränkung, Einschnürung, Einengung, Verengung (Rohre usw)
restriction, flying Startverbot
restriction for take-offs during night Nachtstartverbot
restriction of new construction (AGA) Neubaubeschränkung
restriction valve Drosselventil
restrictions, no keine Be- u. Einschränkungen
restrictor Drossel(stelle), Durchflußbegrenzer, Meßblende, Rücklaufdrossel, Durchflußbegrenzer
restrictor and dump valve Drosselventil, Ablaßventil
restrictor bar Zurückhaltung
restrike, to nachpressen
restructuring Restrukturierung, Umgliederung
restructuring of the ground organization Umgliederung der Bodenorganisation
result Ergebnis, Resultat, Meßwert
result data Ergebnisdaten
result of trial Versuchsergebnis
resultant Resultante, Resultierende
resultant action (of a group of forces) resultierende Kraft

resultant fire Erfolgsfeuer
resultant force Gesamtresultierende (P-Schnittkraft), Gesamtkraft, Mittelkraft, resultierende Kraft
resultant motion resultierende Bewegung
resultant projectile velocity resultierende Geschoßgeschwindigkeit
resultant vector connecting line Verbindungslinie
resultant velocity resultierende Geschwindigkeit
resultant wind force (flight) resultierende Windkraft im Flug
resulting data by microwave frequency transmission Übertragung der gewonnenen Information per Mikrowelle (Bordcomputer)
resulting sign (RS) Ergebnisvorzeichen
resulting stability is the difference of two large quantities (destabilizing forebody and stabilizing fin) resultierende Stabilität ist Differenz zweier großer Beiträge
results of reconnaissance Aufklärungsergebnis
results sign (RS) Ergebnisvorzeichen
resume kurz zusammenfassen, resümieren, wiederaufnehmen
resume search circuit Schaltung für Wiederaufnahme des Suchbetriebes
resume, to (normal navigation) wieder aufnehmen (normale Navigation)
resumed operation Wiederinbetriebnahme
resumption Wiederaufnahme
resupply flights Versorgungsflüge (sp)
resurvey Neuaufnahme, neue Vermessung, Wiederherstellungsmessung
retail price Ladenpreis
retain begrenzen, speichern, abstützen, befestigen, beibehalten, zurück(be)halten
retain, height Höhe (bei)behalten (av)
retain of shape of surface formtreue Oberfläche
retained earnings einbehaltener Gewinn
retainer Gesenkplatte, Halte(r)ring (Schnelltrennkupplung an Hydraulikanlage), zur Befestigung dienendes Bauteil
retainer band Gummiring (Fsch)
retainer band keeper (pack tay) Gummihalteschlaufe (äußerer Fallschirmverschluß)
retainer circlip Sicherungsring
retainer plate Halteplatte
retainer plunger Haltebolzen
retainer ring Federwiderlager (Schnelltrennkupplung), Sicherungsring
retainer screw Halteschraube
retainer sleeve, gear shift lever Haltemuffe für Getriebeschalthebel
retaining circuit Haltestromkreis
retaining clip Arretierfeder
retaining current Haltestrom
retaining nut Befestigungsmutter, Haltemutter, Radstellmutter
retaining pin Auswerferbolzen (Waffe), Schlüsselbolzen
retaining plate Flacheisenverankerung
retaining ring Halte(r)ring, Klammerring, Seegerring, Sicherungsring, Sperring
retaining rod Spannstange
retaining screw (radius arm) Anschlagschraube (Teleskopschwenkarm)
retaining spring (headlamp) Sprengfeder (Scheinwerfer)
retaining spring housing Schubaufnahmefedergehäuse
retaining the important passenger environmental benefits of a pressurized and temperature-controlled cabin ohne Beeinträchtigung des Passagierkomforts hinsichtlich Luftdruck u. Kabinentemperatur
retake Nachnahme, Wiederaufnahme
retaliation Erwiderung, Gegenschlag, Wiedervergeltung
retaliation attack Vergeltungsangriff, Gegenschlag (milit)
retaliation fire Erwiderungsfeuer, Gegenfeuer
retaliatory action Gegenschlag führen
retaliatory duty Kampfzoll
retaliatory force, strategic strategische Vergeltungsstreitkraft
retard hinausschlagen, verlangsamen, verzögern
retard a position, to eine Standlinie nach hinten verschieben
retard circuit Verzögerungskreis
retard mechanism Hemmwerk
retard, to hemmen, verlangsamen, verzögern
retardant Verzögerer (pla)
retarding potential analyser Gegenspannungsanalysator
retardation Abflachungsdrossel, Hemmung, Nacheilung, Verspätung, Verzögerung
retardation angle Verzögerungswinkel
retardation coil Drosselspule, Verzögerungswiderstand
retardation method Auslaufverfahren
retardation of electrons Elektronenbremsung
retardation pressure Verzögerungsdruck
retardation resistance Verzögerungswiderstand
retardation time Verzögerungszeit, Nachgang
retarded-action method Zeitlupenverfahren
retarded burst Spätzerspringer
retarded combustion zeitlupenartige od. verzögerte Verbrennung
retarded ignition Spätzündung
retarded motion verzögerte Bewegung
retarded spark Spätzündung
retarder Verzögerer (pla)
retarder parachute Verzögerungsschirm
retarding curve obstacle Hemmkurvenhindernis
retarding developer Ausgleichsentwickler
retarding electrode Bremselektrode
retarding field Bremsfeld
retarding field detector Bremsfeldaudion
retarding field electrode Bremsfeldelektrode
retarding field oscillation Bremsfeldschwingung
retarding field oscillator Bremsfeldgenerator
retarding force Bremskraft
retarding potential method Gegenfeldmethode
retarding torque Bremsmoment
retarding voltage Bremspotential, Bremskraft
retention Beibehaltung, Restaktivität, Rückstand
retention bolt Blattanschlußbolzen, Haltebolzen
retention cycle Sperrzeit
retention, polarity...flip flop Nachführkippe
retention range Halte-, Synchronisierungsbereich
retention span Umlaufzeit (dynamischer Speicher)

retention tank mixer Speichertankmischer
retention time Verweilzeit in Maschine
retentive festhaltend, klebend, klammernd
retentive force Kleb(e)kraft
retest Nachprüfung, Störzeichen, Wiederholungsversuch
rethread a pipe Rohrgewinde neu anschneiden
rethread, to wiedereinführen (Formular in Drucker)(dig)
reticence Verschwiegenheit, Zurückhaltung in Erteilung von Auskünften
reticle Fadenkreis, Leuchtkreis, Strichplatte
reticle dimensioning servo Leuchtkreisverstellvorrichtung
reticle glass Fadenkreuzlupe
reticle image Leuchtkreis (Bild), Leuchtkreuz
reticle lens or magnifier Fadenkreuzlupe
reticle of squares Rasterquadrat
reticle support (optics) Fadenstück
reticular netzförmig
reticule Fadenkreuz
retighten, to nachspannen
retire a line of position, to (LOP) eine Standlinie nach hinten verschieben
retire a position, to eine Position zurücksetzen (EDV)
retirement Ruhezustand, Ausserdienststellung (Maschinen, Geräte, Flugzeuge)
RETL Rocket Engine Test Laboratory
RETMA Radio-Electronics-Television Manufactures Association
retool einspannen anderer Werkzeuge, neurüsten, umrüsten
retort Destillierkolben
retort coke Gaskoks, Retortenkoks
retort-contact process or method Retortenkontaktverfahren
retouching Retusche
retrace Rücklauf(linie) (Kondensatorröhre)
retrace period Rücklaufzeit
retract cycle Einfahrvorgang
retract line Einfahrleitung
retract position limit switch Entriegelungsendschalter (vordere Flügelklappe)
retract the undercarriage Fahrgestell einziehen
retract, to einfahren (Bugräder)
retractable aerial mast einziehbarer Antennenmast
retractable beam Anstellschiene
retractable beam shaft Anstellschienenwelle
retractable beam shaft wrench Kurbel für Anstellschienenwelle
retractable canard einziehbarer Stützflügel
retractable canard foreplanes einziehbare Entenflügel
retractable engine einziehbarer Motor
retractable float einziehbarer Schwimmer
retractable landing gear einziehbares Fahrgestell
retractable landing or undercarriage Einziehfahrwerk
retractable landing light einziehbarer Landescheinwerfer
retractable nacelle ausklappbare Gondel
retractable radiator einziehbarer Kühler
retractable rotor einziehbarer od. versenkbarer Rotor
retractable screen einziehbares Schutzgitter
retractable target disc Klappzielscheibe
retractable, to einziehbar, zurückziehbar
retractable turret einziehbarer Drehturm
retractable undercarriage hochziehbares Fahrwerk, Einziehfahrwerk
retractable undercarriage operated by oil pressure durch Öldruck einziehbares Fahrgestell, Hydraulikfahrgestell
retracted antenna eingefahrene Antenne
retracted landing gear eingefahrenes Fahrwerk
retracted undercarriage eingezogenes Fahrgestell
retracting deformation Deformationsretraktion
retracting mechanism Einziehvorrichtung
retracting strut Einziehstrebe
retracting system Einfahranlage
retracting tape Zugband
retraction cylinder Arbeitszylinder, Rückholzylinder (Spritzgießmaschine)
retraction gear Einfahrvorrichtung
retraction jack Einfahrzylinder (Fahrwerk)
retraction lock (landing gear) Einfahrverriegelung
retraction mechanism Einziehkinematik
retraction of the undercarriage Einziehen des Fahrgestells
retraction of undercarriage Fahrgestelleinziehung
retraction spring Rückholfeder (Schlauchbackenbremse)
retraction system Rohrrückzieheinrichtung
retractor assembly Rückzugsatz
retractor spring Rückholfeder
retractor strut Retraktorstrebe, Rückziehstrebe
retransmission Nachrichtenweitergabe, nochmalige Übermittlung (Spruch)
retransition Retransition
retransmission Umtelegraphierung, Wiederaussendung, Weiterleitung, erneutes Aussenden
retransmission circuit Durchschaltkreis
retransmission unit Zwischensendegerät
retransmit, to weitergeben (Spruch)(FS)
retread process Runderneuerung
retreading Runderneuerung
retreading machinery Runderneuerungsanlage
retreat Rückzug
retreating blade rücklaufendes Blatt (Hschr)
retreating blade stall Abreißen der Strömung am rücklaufenden Blatt
retreating-blade stall effects Strömungsablösung am rücklaufenden Rotorblatt
retreating blade stall limit Grenze für Abreißen bei hoher Fluggeschwindigkeit
retreatmarch movement Rückmarschbewegung
retreatment magnetische Wiederbehandlung (Schiff)
retreatment compound Nachbehandlungsmittel
retrieval Rückgewinnung (von Ladungsträgern bei Halbleiter, Wiedergewinnung, Wiederauffinden
retrieval address Wiedergewinnungsadresse
retrieval of information Informationswiederauffindung
retrieval routine Suchprogramm zum Auffinden eines Plattensatzes
retrieval system Bergesystem, Rückhol-

einrichtung (Fanganlage), Informationsarchivsystem, System zum Wiederauffinden von Informationen, Suchsystem
retrieval time Wiederauffindungszeit (gespeicherte Informationen), Rückholeinrichtung (Flugzeug-Notfanganlage)
retrieve system Rückholeinrichtung (Flz.-Notfanganlage)
retrieve, to suchen u. holen (Sätze aus Speicher), wiederauffinden
retriever unit Zubringereinrichtung
retrieving line Einholleine
retrieving mission Bergungseinsatz
retrimming Nachtrimmen
retroactive price redetermination Preisneufestsetzung für zurückliegenden Zeitraum
retro-burning Brennvorgang
retrofit Nachrüstung, Nachrüstzusatz, Modernisierung (im Sinne laufender Anpassung an die technische Entwicklung)
retrofit change kit Nachrüstsatz
retrofit of engine Umrüsttriebwerk (Konfiguration)(av)
retrofit order Nachrüstanweisung
retrofit procedure Nachrüstverfahren
retrofitting Nachrüstung, Nachrüsten
retrofocus lens Retrofokusobjektiv (Weitwinkelobjektiv für Spiegelreflexkamera)
retrograde rückläufig, rückwärtsschreitend
retrograde condensate kondensiertes Sekundärgas
retrograde manoeuver rückwärtsgerichtete Bewegung
retrograde movement rückwärts gerichtete Bewegung
retrogression retrograde od. rückläufige Bewegung
retrogressive erosion rückschreitende Erosion
retroject brake Rückstoßbremse
retromanoeuvre Wendemanöver
retroreflection Parallelreflexion
retroreflector Parallelreflektor
retro-rocket Bremsrakete, Retrorakete, Rückstoßrakete
retro-rocket engine Bremsrakete(nmotor), Bremsraketentriebwerk, Trennrakete
retrospect mirror Rückblickspiegel
retrospective application Nachrüstvorschrift (VTOL-Hschr)
retry Wiederholungslauf
retry, automatic instruction automatische Befehlswiederholung
retry, micro-instruction Wiederholung von Mikroprogrammschritten
retubing of breech ring austauschen od. auswechseln eines Rohrs
return Rückgang, Rückkehr, Rücklauf (Werkzeugmaschine), Rücksprung (Unterprogramm), Rückverzweigen, Unterprogrammrücksprungbefehl
return address Rückkehradresse (dig), Rücksprungadresse
return, automatic carriage automatischer Wagenrücklauf
return beam Rückstrahl
return bend Doppelbogen (Rohrfitting)
return brightness Echointensität
return buffer Rücksprungpuffer
return cable Stromrückleit(ungs)kabel
return channel Umführungskanal
return channel blading Rückführbeschaufelung (Radialverdichter)
return circuit Fahrstromrückleitung, Herleitung, Rückführ(ungs)leitung
return clause Rückgabeeintragung
return code Rückkehrcode, Rücksprungbefehl
return code register Rückkehrcodespeicher, Rücksprungbefehlsspeicher (EDV)
return, combined...branch kombinierter Rücksprung
return command Rückkehrbefehl (EDV)
return conductor Rückleiter
return connection Rücklaufanschluß
return control Rücklaufbegrenzung, Rücklaufkontrolle
return control transfer Rückkehr zum Hauptprogramm (Befehl)(EDV)
return current Echostrom, Rück(fluß)strom
return current coefficient Reflexionsfaktor
return date of summons Ladungsfrist
return direction Rückwärtsrichtung
return duct Rückleitung, Zurückführungsleitung
return echo Echo
return echo pulse Echoimpuls, Rückimpuls
return end Umkehre (Förderband)
return flow Rückfluß, Rückstrom
return flow collector Rücklaufsammler
return flow combustion chamber Umlenkbrennkammer
return flow hydraulic accumulator Rückstrom-Druckspeicher
return flow wind tunnel geschlossener Windkanal
return force system Kraftrückleitung
return from dive brake selector Rücklauf von Sturzflugbremshebel
return from hatch selector Rücklauf vom Lukenwähler
return from undercarriage and flap selectors Rücklauf von Fahrwerk- u. Klappenwähler
return fuel gallery Kraftstoffrücklaufkanal
return function Ertragsfunktion
return ground path Erdrückleitung
return head Umkehrstation (Stetigförderer)
return header Umkehrvorlage (Kondensator)
return instruction Rücksprungbefehl (dig), Rückkehrbefehl, Rücksprunganweisung
return junction block Rücklaufverteiler
return lap Kantenüberlappung
return leg Rückflugstrecke
return line or wire Stromrückleitung, Rücklaufleitung, Rückleitung, Rücklaufstrahl, Rücklaufzeile (EDV)
return line, fuel Kraftstoffrücklaufleitung
return list Rückgabeliste
return loading Rückladung
return loss Echodämpfung, Fehlerdämpfung, Rückflußdämpfung
return loss equalizer Echoentzerrer
return-loss measuring set Nachmesser
return material Rückgut
return message Zuteilungstelegramm, Rückmeldung
return motion Rückbewegung, Rücklauf, Rückwärtsgang

return movement (of a position) Rücklauf (eines Kolbens)
return-no-return area contrast Helligkeitskontrast zwischen echofreien und echobedeckten Flächen
return, non-valve Rückschlagventil
return of condensate Kondensatrückführung (Fernheizung)
return of current Stromrücklauf
return of material Materialrücklieferung
return of motion Bewegungsumkehr
return of movement Bewegungsumkehr
return of time-base potential to zero Kippspannungsrücklauf
return oil Ölrücklauf, Rücklauföl
return oil heated mit Rücklauföl beheizt
return oil outlet Rücklaufölaustritt
return on capital (operating income on balance sheet total) Grenzleistungsfähigkeit (Betriebserträge/Bilanzsumme)(komm)
return on investment Kapitalrendite, Rendite des investierten Kapitals
return on sales Verkaufserlös
return passage Rückführkanal (radialer Turboverdichter)
return path Rückleitung, -führung, -weg
return pattern Echobild
return period Periode der Wiederkehr, Rückkehrperiode, Wiederkehrperiode
return pipe Rücklauf-, Absaugleitung
return plunger Rückziehkolben (Schlagbolzenrückholvorrichtung)
return plunger actuating shaft Schlagbolzenrückholwelle
return point Rückkehradresse, Rücksprungadresse
return pressure Rücklaufdruck
return propulsion module Rückkehrantriebseinheit
return pulley Umlenkrolle (Förderband)
return pulse Echoimpuls (Radar, Sonar), Rückimpuls
return pump Rücksaugpumpe
return reference Wiedervorlage
return remittance Rücküberweisung
return scrap Kreislaufschrott (Hüttenwesen)
return screw Rückführschnecke
return signal Echosignal, Rücksignal (Radar, Sonar), Rücksprunganweisung (Programm) (COBOL), Rückmeldung
return sludge Rücklaufschlamm
return speed Rücklaufgeschwindigkeit
return spring Ausdruckbolzenfeder, Rückstellfeder, Rückzugfeder, Membranfeder
return spring, brake pedal Bremspedalrückholfeder
return stage Rückführstufe (radialer Turboverdichter)
return statement Rückgabeanweisung (COBOL), Rücksprunganweisung, Rückgabebefehl
return stroke Rückgang, Rücklauf (Kolben)
return stroke slide Rücklaufschieberführung
return stroke pulley Riemenscheibe für Rücklaufhub (w)
return system Rückführteil (radialer Turboverdichter)
return tank Rücklaufbehälter
return ticket Hin- u. Rückflugschein
return to base subsonically Rückflug zum Stützpunkt mit Überschallgeschwindigkeit
return to bias (RB) Rückkehr zur Grundmagnetisierung
return-to-bias method RB-Verfahren (Aufzeichnungsverfahren für Magnetschichtträger mit Rückkehr zur Grundmagnetisierung (dig)
return-to-bias recording Schreibverfahren mit Rückkehr zur Grundmagnetisierung
return-to-idle automatic...state automatische Nullstellung
return to its state of equilibrium after a disturbance, to in seine Gleichgewichtslage zurückkehren
return-to-one gate Rückkehr-zu-Eins-Gatter
return to operation time ROT, Rückkehr zur normalen Betriebszeit
return-to-reference recording Schreibverfahren mit Rückkehr zum Bezugswert, Aufzeichnung mit Rückkehr zum Bezugszustand
return-to-reservoir Rücklauf zum Behälter
return to the starting point Rückkehr zum Ausgangs- od. Startpunkt
return-to-zero Rückkehr nach Null
return-to-zero code Rückkehr zum Nullcode
return-to-zero method Rückkehr nach Nullverfahren (Aufzeichnungsverfahren für Magnetschichtträger)
return-to-zero, polarized...recording polarisiertes Schreibverfahren
return-to-zero recording Rückkehr-zu-Nullverfahren
return-to-zero recording method (RZ) Rückkehr-zu-Nullmethode, RZ-Verfahren
return trace Rücklauf (Kathodenstrahlröhre)
return trace blanking Rücklaufaustastung, Rücklaufverdunkelung
return reverse Rückzugquerhaupt (Presse)
return spring Rückstell-, Rückhol-, Rückzugfeder
return-type steam trap Kondenswasserrückleiter
return vehicle Rückkehrfahrzeug (Raumfahrt)
return voltage Echospannung, Rückflußspannung
returnable container record Zweiwegbehälternachweis
returned frequency Frequenz der reflektierten Energie, Frequenz des Echoimpuls od. -signals
returned (time group only) zurückgekehrt
returned weather report unbestellbarer Wetterbericht
returning Umlenkung
retype, to umschreiben, nochmal schreiben (mit neuen Angaben), wiederverwenden
re-usability Wiederverwendungsmöglichkeit
reusable neuverwendbar, mehrfach aufrufbar (Multiprogramm), wieder benutzbar
reusable drone recovery chute wiederverwendbarer Flugkörper
reusable orbital transport wiederverwendbarer Raumtransporter
reusable, serially nacheinander von mehreren Programmen aufrufbar (Multiprogrammverarbeitung)

reusable space shuttle wiederverwendbares Trägerfahrzeug
revalorization Aufwertung (einer Währung) (komm)
revalue (a symbol) ein Symbol mit neuen Adressen versehen
revelation wrapper Sichtpackung
revenue aircraft-km flow Flugkilometer
revenue cargo Zahlfracht
revenue charter and special flights bezahlte Charter- u. Sonderflüge
revenue from engineering services Einnahmen aus technischen Dienstleistungen
revenue mail, excess baggage and freight bezahlte Post, Übergepäck und Fracht
revenue miles flown geflogene Meilen
revenue passenger zahlender Fluggast od. Passagier
revenue passenger carried beförderte Zahlgäste
revenue passenger-kilometres bezahlte Fluggastkilometer
revenue passenger load factor Auslastungsgrad zahlender Fluggäste, nutzbarer Passagierladefaktor
revenue passenger-miles verkaufte Passagiermeilen
revenue plane miles Flugmeilen
revenue scheduled services flugplanmäßige, zu bezahlende Flugstrecken
revenue-sharing pool Erlösausgleichpool
revenue stamp Banderole, Steuermarke
revenue ton-kilometres bezahlte Tonnenkilometer
revenue ton-kilometres available zur Verfügung stehende, zu zahlende Beladung in Tonnen per Kilometer
revenue ton-kilometres performed beförderte Tonnen per Kilometer
revenue tons carried bezahlte beförderte Tonnen
revenue tons-mile verkaufte Tonnenmeile
reverberate, to nachhallen
reverberating speech level Nachhallsprachpegel
reverberation Nachhallen, Zurückstrahlung, Zurückwerfen von Licht- od. Schallwellen
reverberation-controlled gain circuit Kontrastdehner
reverberation phenomenon Nachhallvorgang
reverberation reflection coefficient Reflexionskoeffizient bei Nachhall
reverberation room Nachhallkammer, Nachhallraum
reverberation time Nachhalldauer, -zeit
reverberation time frequency characteristic Nachhall-Frequenzkurve
reverberation time meter Nachhallmeßgerät
reverberation-transmission factor Durchlässigkeitskoeffizient bei Nachhall
reverberatory hearth furnace Herdflammofen
reversal Umkehrung, Richtungsumkehr, Umsteuerung
reversal development Umkehrentwicklung
reversal dwell Bewegungspause bei Umsteuerung
reversal indication Stornierungsvermerk
reversal of current Richtungswechsel des Stromflusses, Stromumkehr
reversal of magnetism Ummagnetisierung
reversal of point Umkehrpunkt
reversal of signs Vorzeichenumkehrung
reversal of stress Lastwechsel (Dauerbiegeversuch)
reversal of stroke Hubwechsel
reversal of the distribution Richtungsumkehr, Umsteuerung
reversal of the stroke Hubumsteuerung
reversal or inversion point Umkehrpunkt
reversal, polarity Polaritätswechsel, Zustandswechsel
reversal, route Richtungsumkehr
reversal zone (ILS) Umkehrzone
reverse Belegrückseite, Gegenteil, Gegenseite, Rückseite, Umkehrung der Steigung (Propeller)
reverse action negative Rückkopplung
reverse bend test Hin- u. Herbiegeversuch
reverse biased in Sperrichtung vorgespannt
reverse circulation Konterspulung
reverse control veränderte Steuerwirkung bei anomalem Flugzustand
reverse course, to umkehren, auf Gegenkurs gehen
reverse course and advise ändern Sie ihren Kurs um und melden Sie
reverse current Rück(wärts)strom
reverse current circuit breaker Kontaktgeber-Ausschalter, Rückstromselbstschalter
reverse current relay Gegenstromrelais, Rückstromrelais
reverse current switch Rückstromschalter
reverse dog Anschlag zur Stößelumsteuerung
reverse entry key or lever Storniertaster, Stornierhebel
reverse feedback negative Rückkopplung, Gegenkopplung
reverse flow Gegenstrom
reverse-flow annular combustor Ringbrennkammer in Umkehrbauart
reverse flow cooling Kühlung durch Rückbelüftung
reverse flow annular burner in Flugrichtung durchströmte Ringbrennkammer
reverse flow system (engine aero) Gegenstrombrennkammer
reverse gear Rückwärtsgang, Getriebe mit Wendung, Wendegetriebe
reverse gearbox Umkehrgetriebe
reverse grid current Rückgitterstrom
reverse gull wing umgekehrter Knickflügel
reverse idler gear Rücklaufrad
reverse idler gear bushing Rücklaufbuchse
reverse idler gear device Rücklaufsicherung
reverse idler gear shaft Rücklaufachse, Rücklaufwelle
mit Wendung, Wendegetriebe
reverse impedance Umkehrimpedanz
reverse interlocking (rail) Abhängigkeitsverschluß
reverse isotope dilution method umgekehrte Isotopenverdünnungsmethode
reverse leakage current (electron) Sperrstrom
reverse lock Rücklaufsperre
reverse milling Gegenlauffräsen
reverse motion Rückwärtsgang
reverse motion dobby (weave) Gegenzug-

schaftmaschine
reverse mould Mantelform (pla)
reverse movement Rückwärtsfahrt
reverse movement or motion Rückwärtsbewegung, Rückkehr, Rücklauf
reverse of natural gas Erdgasvorrat
reserve of negative grid current negativer Ionengitterstrom
reverse overload release Überlastungskupplung (Verbrennungsanlasser)
reverse pedal Fußhebel für Rückwärtsfahrt, Rückwärtspedal
reverse phenomenon (photo) Solarisation, Umkehrerscheinung der Platte
reverse pitch Luftschraubenumkehr, Bremssteigung, negative Steigung (Propeller)
reverse-pitch setting Luftschraubenbremsstellung
reverse posting, to Buchung stornieren
reverse power circuit breaking Rückleistungsauslösung
reverse power dissipation Rückwärtsverlustleistung
reverse power loss Rückwärtsverlustleistung
reverse power protection Rückleistungsschutz
reverse power relay Rückstromrelais, Rückleistungsrelais
reverse process Umkehrentwicklung
reverse radiation Rückstoßstrahlung
reverse reaction Gegenkopplung
reverse reading Rückwärtslesen (dv)
reverse recovery current Sperrverzögerungsstrom (Halbleiter)
reverse recovery time (electron) Sperrverzögerungszeit, Sperrverzug
reverse reeling machine Umkehraufrollmaschine
reverse resistance Sperrwiderstand
reverse roll coater gegenläufige Walzenlackieranlage für Bänder, Umkehrwalzenbeschichter
reverse roll coating Revers-Beschichten (Walzenbeschichter), Umkehr-Beschichten
reverse rotation entgegengesetzte Drehung
reverse rotation of the airscrew (GB) Gegendrehung, Gegenlauf od. Gegenrotation des Propellers
reverse saturation current (electron) Sperrsättigungsstrom
reverse scaving Umkehrspulung
reverse screw Steuerschraube
reverse shaft Kehrwelle
reverse-slope position Hinterhangstellung
reverse stereo pseudoskopischer Effekt
reverse switch actuator Rück(wärts)schaltbügel
reverse thrust Bremsschub, Schubumkehrung
reverse thrust setting Schubumkehrstellung
reverse time Umkehrzeit, Zeit für Richtungsumkehr (Magnetband)(dig)
reverse, to umsteuern, umspannen, umstellen
reverse transfer admittance (electron) Kurzschlußrücksteilheit, Rückwirkungsadmittanz
reverse transfer admittance, short-circuit Remittanz Kurzschluß-Übertragungsadmittanz rückwärts
reverse transfer admittance, small-signal short-circuit Remittanz Kurzschluß-Übertragungsadmittanz rückwärts
reverse transformation Rückverwandlung
reverse voltage Rückwärtsspannung, Sperrspannung
reverse voltage-current characteristic Rückwärtskennlinie (Halbleiter)
reversed bending strength Biegewechselfestigkeit
reverse voltage, continuous (direct) Rückwärts-Gleichspannung
reverse voltage, crest working Scheitelsperrspannung
reverse voltage, direct Gleichsperrspannung in Rückwärtsrichtung, Rückwärts-Gleichsperrspannung
reverse voltage, maximum recurrent periodische Spitzensperrspannung
reverse voltage, nominal crest working Nennsperrspannung
reversed circulation of the mud Gegenstromspülung, indirekte Spülung, umgekehrter Spülungsumlauf, Verkehrtspülung
reversed curve Kontrakurve, Kehre
reversed double loop Kehrdoppelwende
reversed feedback amplifier Gegenkopplungsverstärker
reversed fold überkippte Falte
reversed matrix Matrize mit Umkehrgruppierung
reversed or turn spiral Kehrwende
reversed switching matrix umgeklappte Matrixanordnung
reversed twin gear Gegenlaufdoppelrad
reversed valve Umsteuerventil
reversement halbe Rolle mit anschließendem halben Looping (av)
reverser Schubumkehrer
reverser, card Kartenwender, Doppelwendeanlage
reverser eyelid Umkehrklappe
reversibility Steigungsumkehr
reversible hin- u. zurück, reversibel, umkehrbar
reversible booster Zusatzmaschine für Zu- u. Gegenschaltung
reversible change umkehrbare Änderung
reversible counter umkehrbarer Zähler, Zweirichtungszähler
reversible electrode umkehrbare Elektrode
reversible gel reversibles Gel
reversible magnetic process reversibler magnetischer Vorgang
reversible permeability factor Rückgangsziffer
reversible pitch airscrew Luftschraube mit umkehrbarer Steigung
reversible pitch propeller Bremspropeller, (Verstell)propeller mit einstellbarer Bremsstellung
reversible propeller umsteuerbare Luftschraube
reversible tape guide umkehrbare Bandführung
reversing Umkehrstellung
reversing air-servomotor Manövrierluftservomotor
reversing cam Umschaltkurve
reversing contactor Wendeschütz

reversing cycle Umschaltperiode
reversing electric motor Wendemotor (w)
reversing entry Stornobuchung
reversing field Wendefeld
reversing friction clutch Umkehrreibkupplung
reversing gear Umkehrgetriebe, Umsteuergetriebe, Wendegetrieberad, Reversiergetriebe
reversing handle Kontrollkurbel, Richtungshebel, Richtungskurbel, Umsteuerhebel
reversing key Gegensprechtaste, Umkehrtaste, Umsteuer(ungs)hebel
reversing machine Umsteuerungsmaschine
reversing mechanism Umkehrmechanismus, Umschaltmechanismus
reversing motion or reversal or travel Umsteuerung
reversing motor housing or box Wendemotorkasten
reversing of current flow Stromrichtungsumkehr
reversing of the seam engine Umsteuern der Dampfmaschine
reversing or turning motor Wendemotor
reversing pin Ablaufstift (Schneideisenhalter)
reversing pump Rücklaufpumpe
reversing relay Umkehrrelais
reversing rolling mill Kehrwalzwerk, Umkehrwalzstraße
reversing shaft Umsteuerwelle
reversing slide-valve (control)(air motor) Umsteuermotor
reversing switch Fahrtrichtungsschalter, Wendeschalter
reversing switch drum Umschaltwalze
reversing thermometer Kippthermometer
reversing-type motor reversierbarer Motor
reversing valve Umsteuerventil
reversion, safe...to mechanical linkage sichere Umschaltung für mechanisches Steuermittel
revert scrap Rücklaufschrott
reverted erect image seitenverkehrtes aufrechtes Bild, Spiegelbild (Optik)
reverted image (optics) Spiegelbild
reverted inverted image umgekehrtes Bild
reverting-inverting system Umkehrsystem
revertive pulsing circuit Stromkreis mit Rückwärtsstromstoßgabe
revetment Splitterbox (av), Erdwall, Schutzwall
review Besichtigung, Musterung, Parade, Referat, Rezession, Rückschau
review item zu überprüfender Artikel
revised clearance Freigabeänderung, Neufreigabe
revised estimated time of arrival neue, geänderte voraussichtliche Ankunftszeit
revised estimated time of departure (EAT) neue, geänderte voraussichtliche Abflugzeit
revised expected approach time berichtigter, voraussichtlicher Anflugzeitpunkt
revised flow area for high and low pressure nozzle guide vane and exhaust mixer Strömungsquerschnitt im Bereich der Hoch- u. Niederdruckleitschaufel u. des Abgasmischers
reversed item identification überarbeitete Artikelidentifizierung
revision geänderte Fassung, Neuausgabe, Neufassung, Berichtigung, Überarbeitung, verbessernde Textänderung
revision, equipment...level (ERL) Ausgabestand, Gerätestand
revision, file Änderungsdatei, Bewegungsdatei, Kurzzeitdatei
revision letter Änderungsbuchstabe (Zeichnung)
revision, map Karteiberichtung für die Fortführung
revision module Änderungsmodul
revision program Änderungsprogramm, Routine
revision record Änderungssatz
revision run Änderungslauf
revision service Änderungsdienst, Fortschreibung
revision tape Änderungsband
revolution Drehung, Rotation, Umdrehung
revolution astronomy Umlauf eines Gestirns
revolution counter Tourenzähler, Umdrehungszähler
revolution disc Umlaufscheibe
revolution frequency Umdrehungszahl
revolution indication Drehzahlmessung
revolution indicator Drehzahlmesser, Umdrehungszähler
revolution mark Umdrehungsspur
revolution turn Tour
revolutionary improvements umwälzende od. revolutionierende Verbesserungen
revolutions per minute (RPM) Umdrehung in der Minute
revolve, to rotieren, rundlaufen, umlaufen (kreisförmig, ellipsenförmig)
revolve track negative Spur
revolver track (deprecated) Regenerationsspur
revolving armo(u)red turret Panzerdrehturm
revolving back Drehrahmen (Kamera)
revolving bath Karussellbad, Rotationsbad
revolving cone mixer Kegelkreiselmischer
revolving crane Drehbrückenrundlaufkran
revolving cylinder motor Umlaufmotor
revolving cylindrical furnace Drehrohrofen
revolving die head umlaufender Schneidkopf
revolving distributor Drehtrichter (Hochofen)
revolving drill rods rotierendes od. sich bewegendes Bohrgestänge
revolving drum Siebtrommel
revolving drum recorder Trommelschreiber
revolving fatigue testing machine Umlaufbiegemaschine
revolving feeding magazine drehbares Fördermagazin
revolving hopper Kartuschringwagen
revolving injection moulding machine Rundlaufspritzautomat
revolving kiln Drehofen
revolving light Drehfeuer (Seefahrt)
revolving mass umlaufendes Teil
revolving mechanism Drehwerk (Hochofen)
revolving nosepiece Objektivwechsler
revolving screen rotierendes Sieb, Trommelsieb (Aufbereitung)(Bergbau)
revolving screw feeder drehbarer Schneckenaufzug
revolving shutter Umlaufverschluß (Kinematographie)
revolving spider Transportstern
revolving stock fund Warenfonds

revolving storm Wirbelsturm (meteo)
revolving table press Drehtischpresse
revolving tube furnace Drehofen
revolving tubular kiln Drehrohrofen
revolving-type gun Revolverkanone, Trommelkanone
rewarehousing Umlagerung
rewash box Nachsetzkasten
rewashing machine Nachsetzmaschine
rewelding Nachschweißung
rewind Rücklauf (Magnetband), Rückspule, Umspulgerät, Rücksetzen
rewind, high-speed Schnellrücklauf
rewind instruction Befehl "Rückspulen", Rückspulbefehl, Rückspulinstruktion
rewind mechanism Rückspulvorrichtung
rewind motor Rückspulmotor (Fangeinrichtung), Wickelmotor
rewind, no "OHNE" Rückspulen (COBOL)
rewind one gap Rücksetzen um einen Block
rewind speed Rücklaufgeschwindigkeit (Magnetband), Rückspulgeschwindigkeit
rewind spool Aufspulhaspel (dig), Rücklaufspule
rewind statement Bandrückspulanweisung (Programmierung), Rückspulanweisung (FORTRAN)
rewind time Rückspulzeit (Rekorder)
rewind, to (zu)rückspulen, umspulen (Magnetband)
rewind to BT marker Rückspulen zur Anfangsmarke
rewind to tape mark Rücksetzen um einen Abschnitt
rewinding machine Umrollmaschine
rewinding material Regenerat, Rücklaufmaterial
rework cost Nacharbeitungskosten
rework, to umarbeiten, wiederaufarbeiten (pla), nacharbeiten (Werkstück)
reworked nachgebessert
reworked material wiederaufgearbeitetes Material
reworked, material Material wiederaufgearbeitet od. neuverarbeitet
reworking Aufarbeitung, Nachbearbeitung
reworking of scrap Abfallverwertung
reworking of sprue Angußverwendung (Spritzguß)
rewrite regenerieren, umschreiben, wiedereinschreiben (Daten in Sortiervorgang)
rewrite statement Rückschreibanweisung
rey Paßfeder
Reynold number: is velocity x flow density/viscosity Reynoldszahl: = Dichte x Geschwindigkeit dividiert durch Zähigkeit
Reynold's number RE (=Reynold'sche Zahl) (Verhältnis der Trägheitskräfte zu den Zähigkeitskräften)
RF (rf, r-f) radio frequency
RF replacement factor
RF representative fraction
RF amplifier HF-Verstärker, Hochfrequenzverstärker
RF amplifier stage HF-Verstärkerstufe
RF amplitude-amplitude monopulse system HF-Monopulssystem (Amplitude-Amplitude)
RF assembly HF-Bauteil
RF carrier signal HF-Trägersignal, Hochfrequenzträgersignal
RF chassis Hochfrequenzchassis
RF distortion Hochfrequenzklirrfaktor
RF envelope indicator Hüllkurvenanzeiger
RF grid current Gitter-Hochfrequenzstrom
RF head HF-Teil, Hochfrequenzteil, Radar-Sender/Empfänger-Einbausatz
RF heat-treatment generator Generator für Hochfrequenz-Wärmebehandlung
RF leak detector HF-Lecksucher, Hochfrequenzlecksucher
RF line Hochfrequenzleitung
RF mass spectrometer Hochfrequenzmassenspektrometer
RF oscillator Hochfrequenzoszillator
RF plumbing festverlegtes Wellenleitersystem
RF power, fixed allocation of... (or number of channels) starre gebietsweise Zuordnung des Sendeleitung (od. Sendekanäle)
RF probe Hochfrequenzsonde
RF pulse HF-Impuls, Hochfrequenzimpuls
RF section HF-Teil, Hochfrequenzteil
RF shielding Abschirmung gegen HF-Störungen, HF-Abschirmung
RF suppression Funkentstörung
RF test set HF-Prüfgerätesatz, Hochfrequenzprüfgerätesatz
RF transmission HF-Übertragung
RF trigger HF-Auslöseimpuls, Hochfrequenzauslöseimpuls
RF welding HF-Schweißen, Hochfrequenzschweißen
RF welding press HF-Schweißpresse
RF unit HF-Teil, Hochfrequenzteil
RFA request for alteration
RFC radio facility chart
RFF Rocket Fabrication Facility
RFK Raumflugkörper
RFNA red fuming nitric acid
RFP request for proposal
RG range (light) Reichweite (Feuer)
RG Rangierbaugruppe
RGT resonant gate transistor
RH relative humidity
rheology Fließkunde
rheopectic rheopektisch
rheostat elektrischer Widerstand (eines Bauteils), Rheostat (elektrisch regelbarer Widerstand)
rheotron Betatron
rhodium Rhodium
rhodochrosite Dialogit, Manganspat
rhodonite Kieselmangan, Manganstahl
rhombic rautenförmig, rhombisch
rhombic antenna Rauten-, Rhombenantenne
rhomboid schiefwinkliges Parallelogramm, Rhomboid
rho-meson Rho-Meson (o-Meson)
rho-ratio Kontraktionskoeffizient
RHO-THETA system polares Navigationsverfahren, RHO-THETA-Verfahren
RHR roughness height rating
rhumb line Kursgleiche, Loxodrome (nav)
rhumb-line route Flugweg auf der Kursgleichen od. Loxodromen
rhumb-line track Flugstrecke auf der Kursgleichen, loxodrome Flugstrecke, Loxodromenkurs über Grund

rhumbatron Hohlraumresonator, Rhumbatron
rhythm Arbeitstakt, Rhythmus
rhythm of identification Rhythmus der Kennung
RI radio-interval (guidance system)
rib Hilfsschirmfedergestell (Fsch), Rippe
rib capstrip Rippengurt
rib flange Rippengurtung
rib of the control surface Ruderspiere
rib reinforced to carry drop tank Rippe, verstärkt um Abwurftank zu tragen
rib-roof knife Dachrippenmesser
rib stiffening falsche Rippe
rib stitching Rippennaht (av)
rib web Rippensteg
ribbed gerippt, mit Rippen versehen
ribbed guide surface canopy Leitflächenschirm mit Spanten
ribbed plate Rippenplatte
ribbon Band (stranggepreßt), Farbband
ribbon agate Bandachat
ribbon, auxiliary...feeding feature erweiterter Farbtuchantrieb
ribbon blender Band(schnecken)mischer, Gegenmischer, Gegenstrommischwerk, Spezialmischmaschine (mit Gegenstrom-Doppelschneckenmischwerk)
ribbon brake chute Bänderbremsschirm
ribbon brake parachute Bänderbremsfallschirm
ribbon, carbon Kohle(farb)band
ribbon clip Bandschelle
ribbon coil Bandspule
ribbon element Bandheizelement
ribbon feed Farbbandtransport (Schreibmaschine)
ribbon feeding feature Farbtuchantrieb
ribbon guide Farbbandgabel
ribbon guide roll Farbbandführungsrolle
ribbon lift mechanism Farbbandanhebung
ribbon lightning Bandblitz
ribbon loom gaiter Bandeinrichter
ribbon loudspeaker Bandlautsprecher
ribbon marker Segmentmarkierung
ribbon mesh Bandgitterfeld (Fsch)
ribbon microphone Bändchenmikrophon
ribbon mixer Bandschneckenmischer
ribbon operating cam Farbbandführungsnocken
ribbon parachute Bänderfallschirm
ribbon porosity Streifenpulver
ribbon process Bandspinnverfahren
ribbon replacement Farbbandwechsel
ribbon resistor Streifenwiderstand
ribbon reverse Farbbandumkehrung
ribbon reverse lever Farbbandumschalthebel
ribbon-reversing arm Farbbandumschalthebel
ribbon-shaped cathode Bandkathode
ribbon shift Farbbandumschaltung
ribbon shift black Schwarzschreibung
ribbon shift red Rotschreibung
ribbon spinning Bandspinnverfahren
ribbon spool Farbbandspule
ribbon transmitter Bändchenmikrophon
ribboning grauschwarze Zeilen aus metallischem Blei, die wie Risse aussehen (in Bleibronzelager)
ribless guide surface canopy spantloser Leitflächenfallschirm
rich automatic selbsttätige Anreicherung (Reaktor, Vergaser)
rich blowout fette Verlöschgrenze
rich concentration hochwertige Anreicherung
rich gas hochwertiges Gas
rich in gas gasreich
rich in manganese manganreich
rich in oxygen sauerstoffreich
rich mixture fetter, reicher Gemischstoff (im Motor)
rich setting Einstellung auf "reich" od. "gesättigt"
rich shade kräftige Farbtönung
Richardson constant Mengenkonstante
Richardson effect Richardsoneffekt
Richardson equation Richardson'sche Gleichung
Richardson formular Richardson'sche Formel
Richter scale Richterskala (seism)
ricochet Indirekttreffer, Prallschuß
ricochet area Abprallerzone (Querschläger)
ricochet distance Abprallweite
ricochet effect Abpralleffekt
ricochet fire Abprallerschießen
ricochet hit Treffer durch Abpraller
ricochet stop Abprallerfangwand
ricochet trajectory Abprallerflugbahn
ricochet width Abprallweite nach der Seite
ricocheting Kugelrücksprung
riddle Schüttelsieb, Siebrahmen
"ride comfort" "Flugkomfort"
ride clearance zulässige Einfederung (Kfz)
ride over (relay), to hinweglaufen über
ride performance (of a vehicle) Fahrverhalten (eines Fahrzeugs)
ride quality Fahreigenschaften (Schiff), Seeverhalten (Schiff)
ride speed Fahrgeschwindigkeit
ride the clutch, to die Kupplung schleifen lassen
rider-limited speed antropotechnische Grenzgeschwindigkeit
rider roller Farbverteilerrolle, mitlaufende nicht getriebene Walze (Schichtstoff)
ridge Grat, Hochdruckrücken, hügelkettenartige Erhebung
ridge line Hochdruckrückenachse, Hochkeilachse, Kammlinie, Rückenlinie (meteo)
ridge of a roof Dachspitze
ridge of high pressure Hochdruckrücken, Hochdruckbrücke (meteor)
ridge tile Falzziegel
ridge waveguide Hohlleiter mit Steg
ridging Gratbildung (Metall)
ridging beam Leitstrahl
ridging lights Ankerlaternen (Lichterführung)
riding airship Starrluftschiff
riding comfort Fahrbequemlichkeit
riding quality Fahreigenschaft
riding ring Laufring
Riemann integral Riemannsches Integral
Riemann surface Riemannsche Fläche
RIE radar interference equipment
Rieke diagram Rieke-Diagramm (z. Entnahme von Anpassungsfehlern), Generatordiagramm
Riemann curvature Riemann'sche Krümmung
Riemann geometry Riemann'sche Geometrie
RI-FI-meter HF-Störungs- u. Feldstärkemesser

rifle accessories Gewehrzubehör
rifle ammunition Gewehrmunition
rifle bar Drallspindel (Bohrhammer)
rifle bore Gewehrlaufbohrung
rifle bore cleaner Waffenreinigungsmittel
rifle bullet Gewehrgeschoß
rifle butt Gewehrkolben
rifle cleaning kit Gewehrreinigungsgerät
rifle exercise Gewehrübung
rifle fire Gewehrfeuer, Schützenfeuer
rifle grenade Gewehrgranate
rifle half-squad Schützenabmarsch
rifle platoon Schützenzug
rifle range Gewehrschießstand
rifle shot Gewehrschuß
rifle sling Gewehrriemen
rifle stock Gewehrschaft
rifle target Ringscheibe
rifle test Gewehrversuch
rifle time Schützenzielzeit
rifling cant Anstellwinkel, Drallwinkel
rifling machine Drallnutenziehmaschine
rifling thrust Drallmoment
rifling torque Dralldrehmoment
rifling with increasing twist Keilzüge
rig Aufbau, Ausrüstung, Gestell, Takelung, Bohranlage
rig bar Einstellehre
rig, combination kombiniertes Seil- u. Drehbohrgerät
rig, company-owned Eigenbohranlage
rig compressor Prüfstandverdichter
rig, contract Unternehmerbohranlage
rig crew Bohrmannschaft
rig iron Eisenteil einer pennsylvanischen-Seilbohranlage
rig pin Absteckstift, Einstellstift
rig replaceability Auswechselbarkeit von Teilen der Bohranlage
rig test Prüfstandversuch
rig test installation Prüfstandaufbau
rig time Einsatzzeit des Bohrgerätes, Teile der Bohranlage
rig, to aufrüsten (Flugzeug), luftverlasten, packen (Fsch), takeln, einstellen
rigger Fallschirmwart (LL)
rigger roll Transportrolle (Fsch, LL)
rigger's blackout light Infrarot-Arbeitsscheinwerfer
rigger's IR light Heck-IR-Scheinwerfer
rigger's seal Packplombe (Fsch)
rigger's (service) light Arbeitsscheinwerfer
rigging Auftakeln, Leinenwerk, Rüsten, Takelage, Verspannung, Takelwerk
rigging and lashing techniques Gerüstbau
rigging angle of incidence Einstellwinkel
rigging band on captive balloon Ballongurt
rigging condition Rüstzustand
rigging datum line Verspannungsbezugslinie, Lehrbezugslinie, Rüstbezugslinie
rigging equipment Hebegeschirr
rigging fixture set Justiervorrichtung
rigging frame Rüstrahmen
rigging hole Absteckbohrung
rigging kit Einstellwerkzeugsatz
rigging line Fallschirmleine, Fangleine
rigging lines first deployment Entfaltung mit Fangleinen vorweg (Fsch)
rigging material Luftverlastegerät
rigging personnel Luftverlastepersonal
rigging position Aufrüstungsposition (av)
rigging screw Spannschraube
rigging set Luftverlastesatz
rigging-set for para-dropping purposes Luftverlastesatz zum Absetzen mit Fallschirm
rigging tolerance Einstelltoleranz
rigging-up time Aufbauzeit
right gerade, rechtsseitig
right accumulator rechter Akkumulator
right accumulator overflow rechter Überlauf
right aft door uplock switch Einfahrverriegelungsschalter der rechten hinteren Hauptfahrwerkklappe
right-aligned (numbers) rechtsbündig
right-alignment rechtsbündig (Nummer)
right angle rechter Winkel
right angle bend Winkelkrümmer
right-angle bend screw hook rechtwinkliger Schraubenhaken mit Bund
right-angle bevel gear Winkelgetriebe
right-angle check valve Winkelrückschlagventil
right-angle connector Winkelstrecker
right-angle drive Winkelgetriebe, Winkeltrieb
right-angle drive space housing Winkelgetriebegehäuse
right-angle finder Winkelsucher (Foto)
right-angle flashlight Taschenleuchte mit um 90 Grad abgewinkeltem Scheinwerfer
right-angle gearbox Winkeltrieb
right-angle master 90-Grad-Normale
right-angle prisma 90-Grad-Prisma
right-angle screw-driver Winkelschraubenzieher
right-angle transition Rechteckübergang
right-angle turn Messerflugkurve
right-angled isosceles triangle gleichschenklig/rechtwinkliges Dreieck
right-angled triangle rechtwinkliges Dreieck
right angularity Rechtwinkligkeit
right ascension Reaktaszension (astro)
right bank rechte Zylinderreihe (Motor), Rechtsneigung
right bank, to apply rechts Querruder geben
right body turn Rechtsdrehung durch Rüttelknicken (Freifallsprung)(Fsch)
right by reason or prior use Vorbenützungsrecht
right circular cylinder gerader Kreiszylinder
right circular cylindrical reactor gerader zylindrischer Reaktor
right circular polarization rechtsdrehende Zirkularpolarisation
right circularly polarized rechtsdrehend zirkular polarisiert
right control arm (manual control unit) Schaltzwischenhebel (Schaltlenkeinrichtung)
right decomposition Rechtszerlegung
right forward door uplock switch Einfahrverriegelungsschalter der rechten vorderen Hauptfahrwerkklappe
right gas exhaust connector rechter Anschluß für Gasauslaß
right gas inlet connector rechter Anschluß für Gaseinlaß
right-hand address Endadresse

right-hand airscrew rechtsgängiger Propeller
right-hand drive Rechtsantrieb, Rechtslenkung
right-hand end of extent Bereichsende
right-hand engine rechtslaufender Motor, rechtslaufendes Triebwerk, Rechtsmotor
right-hand feed Rechtszuführung
right-hand justified rechtsbündig
right-hand motor plate Antriebsplatte für Rechtsgewinde (Schlagschraubgerät)
right-hand or clockwise accessory rechtsdrehendes Hilfsgerät
right-hand parting tool rechter Stechmeißel
right-hand pitch Rechtsteilung (Verzahnung)
right-hand pitch line Rechtsflankenlinie (Verzahnung)
right-hand propeller Rechtsschraube
right-hand rotation Rechtsdrehung
right-hand sidebox Seitensupport
right-hand side-cutting roughing tool rechter Seitenschruppmeißel (Bergbau)
right-hand side head Seitensupport (w)
right-hand spiral Rechtsdrall
right-hand system Rechtssystem (math)
right-hand thread rechtsgängiges Gewinde
right-hand tool rechtsschneidender Meißel
right-hand tooth surface Rechtsflanke
right-hand traffic circuit Rechtsplatzrunde, Platzrunde "rechts"
right-hand turn approved Rechtskurve genehmigt
right-hand winding rechtsgängige Wicklung (Antenne)
right-handed coordinate system rechtsdrehendes Koordinatensystem, Rechtssystem
right-handed propeller rechtsdrehender Propeller
right-handed quartz Rechtsquarz
right-handed trihedral Rechtssystem
right helicoid Wendelfläche
right high density business route Strecke mit hohem Aufkommen
right-justified rechtsbündig, rechts angeglichen (EDV)
right-justify, to rechts angleichen, rechtsbündig machen
right margin rechter Rand (COBOL)
rightmost am weitesten rechts stehend (dv)
rightmost address Endadresse
rightmost position niedrigstwertige Stelle (math)
right multiple Rechtsvielfaches
right of inspection Inspektionsrecht
right of neutrality Neutralitätsrecht
right of passage Durchgangsrecht
right of prospecting Schürfrecht
right of setoff Aufrechnungsanspruch
right of way Vorflugrecht, Vortrittsrecht
right-of-way or railroad Bahngelände
right-of-way precedence höchste Dringlichkeit od. Priorität (Übertragung einer Nachricht)
right-of-way priority Vorfahrt
right-of-way rules Ausweichregeln
right-of-way signal Einfahrtzeichen
right or starboard wing Steuerbordflügel
right-oriented network rechtsorientierter Netzplan
right output oil pump assembly Zusatzpumpe
right output oil pump check valve Rückschlagventil, Umsteuerventil
right overflow register rechtes Überlaufregister
right, parenthesis rechte Klammer, Klammer "zu"
right push turn Rechtsdrehung durch Armstoßen (Freifallsprung)(Fsch)
right representative system Rechtsrepräsentationssystem
right-reading seitenrichtig (Foto)
right route pattern optimales Streckennetz
right rudder rechtes Seitenruderpedal, Seitenruderausschlag "rechts"
right rudder, to give Seitenruder rechts geben
right shift input Befehlseingabe Rechtsverschiebung
right shot Steuerbordschuß
right-side engine Steuerbordmotor
right-side round iron Hohlkehleisen
right side separation Rechtsstaffelung
right to issue instruction Weisungsbefugnis
right triangle rechtwinkliges Dreieck
right turn approved genehmigt, frei zur Rechtskurve
right unity element rechtes Einselement, Rechtseins, rechtsseitiges Einselement
right wrong omits counter (RWO counter) RWO-Zähler
right-zero scale Skala mit Skalennull "rechts"
righting force Stützkraft, Stützmoment
righting moment Rückstellmoment, Rückdrehmoment, aufrichtendes Moment, Aufrichtmoment, Richtmoment
righting of a plane Abfangen eines Flugzeugs
righting or restoring moment Rückdrehmoment, Rückholmoment
rigid starr, steif, streng, unbeugsam
rigid adherence to an instruction or a prescription peinlich genaue Befolgung einer Vorschrift
rigid airship starres Luftschiff
rigid connection feste Verbindung
rigid coupling system starre Luftbetankungsverbindung
rigid die starre Form (pla)
rigid engine duct starre Triebwerkrohrleitung
rigid-extensible prop verstellbar-starrer Stempel (Bergbau)
rigid foam harter Schaumstoff
rigid foundation starre Grundlage
rigid frame Rahmenbinder
rigid honeycomb laminate panelling Sandwichplattenbeplankung
rigid motion starre Bewegung
rigid pavement starre Decke
rigid plastics starrer od. steifer Kunststoff, hartes Material (pla)
rigid rotor gelenkloser Rotor, Starrotor
rigid-rotor helicopter Hubschrauber mit gelenklosem Rotor
rigid shaft (motor and pump assembly) Kupplungsstück
rigid shaft coupling starre Wellenkupplung
rigid sheet Hartfolie (pla)
rigid shoe-brake Klotzbremse (Fördermaschine)
rigid sidewall air cushion Luftkissen mit

festen od. starren Schürzen
rigid sidewall craft Luftkissen mit starren Seitenwänden (als Abströmbegrenzung)
rigid sidewall hovercraft Luftkissenfahrzeug mit festen Schürzen
rigid skirt feste od. starre Schürze (Luftkissenfahrzeug)
rigid strap wrench Stahlbandschlüssel
rigid support starrer od. steifer Kunststoff, hartes Material (pla)
rigid top starres Dach (Container)
rigid tram bar starrer Justierstab
rigid vinyl film nichtplastizierbarer PVC-Film
rigid waveguide starrer Hohlleiter
rigidity Hartnäckigkeit, Stabilität, Starrheit, Steifheit
rigidity in space Beharrungsvermögen im Raum
rigidity modulus Torsionsmodulus
rigidity of rotor Starrheitsgrad
rigorous genau, mathematisch genaue Formel, scharf, streng
rigup and drilling cost Aufbau- u. Bohrkosten
rim Deckelring (Autolicht), Felge, Krempe, Radreifen, Rand, Bohranlage
rim band Wulstband
rim, blower Laderingkanal (Sternmotor)
rim clutch Bandkupplung
rim-fire cartridge Randfeuerpatrone
rim of cutaway or cutout bucket Reiterschaufel
rim rounder Felgenabrunder
rim strip Randleiste
rime ice Eisansatz (körnig)
rimming steel unruhig, vergossener Stahl
ring klingeln, läuten, Ring
ring amplifier Ringverstärker
ring and expander Radialdichtung, Simmerring
ring and speaker key Rufumschalter
ring armature Ringanker
ring assembly Ringstück
ring back, to zurückrufen (Fsp)
ring back key Rückruftaste
ring balance Ringwaage
ring band tool Spannband für Kolbenringeinbau
ring barrage Ringsperre
ring belt pistons Streifenkolben
ring buff (Ring)schwabbel, Polier(ring)walze
ring burner Heizkranz
ring channel Abfangkanal, Ringkanal
ring circuit Ringkreis, Ringschaltung, Ringverzweigung (Hohlleiter)
ring circuit arrangement Ringschaltung
ring clearance Ringraum
ring-compression coupling Hülsenkupplung
ring connection Ringstutzen
ring core Ringkern
ring counter Ringzähler
ring cowl Ringhaube (Motorverkleidung), ringförmig verkleidet (Motor)
ring cowling ringförmige Verkleidung
ring current gage Ringstrommesser
ring demodulator Ringdemodulator
ring dial Ringskala
ring die Mahlleiter, Mahlring
ring-down junction Abfragebetrieb
ring dynamo Ringdynamo
ring envelope Hüllring
ring fastener Befestigungsring
ring filter Ringfilter
ring follower Gewindestift (Einpressen eines Außengewindes), Ringeinsatz
ring for fishing socket Kernfangring
ring gage Ringlehre, Kalibrierring, Lehrring
ring gape mixture nozzle Ringspaltmischdüse
ring gate ringförmiger Anguß
ring gear Glockenrad, Zahnkranz (Umlaufgetriebe)
ring groove Kolbenringnute
ring heater Ringheizkörper
ring intensity Meßringhelligkeit
ring land Ringsteg, Steg zwischen Kolbenringnuten
ring laser and fibre-optic gyroscope Ringlaser- und Faseroptik-Kreisel (av)
ring laser gyro (that has no moving parts) Ringlaser(gyroskop ohne beweglichen Komponenten)(av)
ring-laser gyro-based inertial navigation system Ringlasernavigationssystem, Ringlaserkreisel auf Trägheitsplattform, laserkreiselgestütztes Trägheitsnavigationssystem
ring laser gyro system Ringlaserkreiselsystem
ring laser gyro used in the ADIRS system Ringlaserkreisel in der Kurs- und Lageplattform ADIRS
ring-locked insert Gewindeeinsatz mit Sicherungsring
ring-locked stud Stiftschraube mit Sicherungsring
ring-lubricated bearing Ringschmierlager
ring main system or net Ringnetz
ring modulator Ringmodulator
ring mounting Maschinengewehrdrehkranz
ring-nut wrench Ringschlüssel
ring of atoms Atomring
ring of fortification Gürtelbefestigung
ring-off indicator Schlußklappe
ring-off signal Induktorschlußzeichen
ring-off system Abläutesystem
ring-off, to abrufen
ring oil bearing Lager mit Schmierring
ring or annular magnet Ringmagnet
ring or traverse girder Ringträger
ring oscillator Ringoszillator
ring-out point Alarmzentrale
ring pendulum Ringpendel
ring pendulum tachometer Ringpendeltachometer
ring pivot Ringzapfen
ring-porous ringporig, ringsprödig, rundumspródig
ring quartz Ringquarz
ring screw Doppelschraube, Schraubenring
ring seal Ringdichtung
ring section Ringquerschnitt
ring segment Kreisringsegment
ring-shaped electromagnet Ringelektromagnet
ring-shaped electronic equipment room ringförmiger Elektronikgeräteraum
ring-shaped induction furnace Induktionsofen mit ringförmigem Herd
ring-shaped inlet ringförmiger Einlauf, Ringeinlauf

ring-shaped powder Ringpulver
ring-shaped precision wiping resistor Ringfeinschleifwiderstand
ring-shaped stiffener Aussteifungsring
ring shot Kaliberlehre
ring sight fixture Ringvisier (für Waffenjustierung)
ring slot canopy Ringschlitzkappe (Fsch)
ring slot-type drag chute Ringschlitz-Landebremsschirm
ring spanner, offset gekröpfter Ringschlüssel
ring spring Ringfeder
ring stake Körnerschlagsicherung (Schnelltrennkupplung)
ring station, corner or angle Ringeck
ring stiffener ringförmiger Spant
ring structure Ringverfüger
ring surface Ringfläche
ring switch Resonanzschalter, Ringschalter, Resonanzringschalter
ring system Ringleitung
ring time Abklingzeit (Radar), Nachschwingzeit (Radar), Schwingzeit (Radar)
ring tool Reifenheber
ring transformer Ringtransformator, Ringübertrager
ring-type modulator Ringmodulator
ring vent ringförmige Öffnung (Fsch)
ring-wound armature Ringanker
ringaround kreisförmige Zielanzeigeverbreiterung
ringed network Ringnetz
ringing amplifier Resonanzverstärker
ringing and signaling installation Ruf- u. Signalanlage
ringing back key Rückrufschalter
ringing cavity Hohlraumresonator, schwingender Hohlraum
ringing circuit getastete Oszillatorstufe, Klingelschaltung, schwingende Schaltung (Rückkopplungsweg)(dig)
ringing code Rufcode
ringing connection Rufschaltung
ringing converter Rufumwandler
ringing current Rufstrom
ringing current ballast lamp Rufstromwiderstandslampe
ringing current indicator Rufstromanzeiger
ringing current source Rufstromerzeuger, Rufstromgeber
ringing dynamo Rufstromdynamo, Rufstrommaschine
ringing effect Klingeleffekt
ringing equipment Rufumsetzer
ringing frequency Rufstromfrequenz
ringing generator Rufstromerzeuger, Rufstromgeber, Rufstromgenerator, Rufstrommaschine
ringing inductor Rufinduktion
ringing lead Rufstromzuführung
ringing level Rufpegel
ringing machine Rufstrommaschine
ringing noise Klanggeräusch, Klingfähigkeit
ringing of bells during a thunderstorm Wetterläuten (Schiff)
ringing or resonance test Klangprobe
ringing oscillator Eichmarkenoszillator, Weckeroszillator, Meßmarkengenerator
ringing pilot lamp Rufkontrollampe, Rufüberwachungslampe
ringing pilot signal or lamp Pilotenrufsignal, Pilotenruflampe
ringing relay Anrufrelais, Läuterelais, Rufanschaltrelais
ringing set NF-Rufsatz
ringing time Abklingzeit (Radar), Nachschwingzeit (Radar), Schwingzeit (Radar)
ringing trip relay Rufabschaltrelais
rinsing screen Abbrausesieb
rip, to nachreißen (Fsch)
rip cord (balloon) Aufzugleine
rip open aufreißen, -schlitzen, -schneiden
rip panel Reißbahn (Fsch)
ripcord and handle Aufziehseil mit Griff (Fsch)
ripcord cable (stop) Aufziehseil(stop) (Fsch)
ripcord grip Aufziehgriff (Fsch)
ripcord handle Aufziehgriff (Fsch)
ripcord handle assembly Aufzieheinrichtung (Fsch)
ripcord handle pocket Aufziehgrifftasche (Fsch)
ripcord housing Aufzieh-Seilschlauch (Fsch)
ripcord igniter Abreißzünder
ripcord pin Verschlußstift, Vorsteckstift (Aufziehseil)(Fsch)
ripcord protector flap Verschlußschutzklappe (Fsch)
ripen reifen, zur Reife bringen
ripening time Reifungszeit (adhes)
ripidolite Chlorit
ripper Nachreißer
ripping lock Reißklinke
ripple Kabbelung (Meer), Kräuselung, Pulsation (Frequenz), Rippe, Welligkeit
ripple filter choke Netzdrossel
ripple frequency Brumm-, Welligkeitsfrequenz
ripple marks Rippenmarken
ripple quantity/distance Salven-Zahl/Folge
ripple ratio Brummfaktor, Brummspannungsverhältnis
ripple-through carry Schnellübertrag
ripple voltage Brummspannung, pulsierende Spannung, wellige Gleichspannung
ripples Riffelung (Flugzeugbeplankung)
rippling sea Kabbelsee
ripsaw Schrotsäge
ripstop rißhemmend
rise Anstieg, Anwachsen, Aufbruch, Bodenerhebung, Zunahme
rise and fall miller Planfräsmaschine mit Hebe- u. Senkeinrichtung für Spindel
rise from water vom Wasser aufsteigen
rise in resonance, to hinaufpendeln, hinaufschaukeln (Frequenz)
rise of gas bubbles Aufsteigen von Gasblasen (Tank)
rise of temperature Temperaturanstieg
rise-off-ground Bodenstart
rise-off-water Wasserstart
rise path Anstiegsverlauf
rise per tooth Zahnhöhenzunahme
rise time Anstiegszeit (eines Impulses)
rise, to give...to Anlaß geben zu
riser Haupttraggurtoberteil, Aufsatz, die Bauhöhe vergrößerndes Zwischenstück, Steiger (Gußform), Steigrohr (pla), Traggurt

riser (drag chute) Verbindungsseil (Bremsschirm), Verbindungsgurt (Bremsschirm)
riser (met) Steiger
riser gate Steiger (Gußform)
riser hold down tape (drag chute) Verbindungsgurthalteschlaufe, Verbindungsseil (Bremsschirm)
riser tie loop (deployment bag) äußere Gurtschlaufe (am inneren Verpackungssack)(Fsch)
rising Anstieg, Zunahme
rising cloud Aufgleitwolke (meteo)
rising column of mud aufsteigende Spülungssäule
rising floor Hebebühne
rising gust Steigboe
rising main Steigleitung, Steigrohr
rising mud column aufsteigende Spülungssäule (Bohrgestänge)
rising scaffold bridge Fahr-, Laufbrücke
rising-sun magnetron Sonnenstrahlmagnetron, Sonnentypmagnetron
rising warm front Aufgleitfront (meteo)
risk of collision akute Zusammenstoßgefahr
rival projection system konkurrierendes Sichtsimulationssystem (Hschr.-Simulation)
rival system rivalisierendes System (Navigationssystem für Hubschrauber)
rival team leaders konkurrierende Arbeitsgruppen (Flugzeugkonfiguration)
rivercraft Flußfahrzeug, Stromfahrzeug
river discharge Abflußmenge
river erosion Flußerosion (geol)
river gravel Flußkies (geol)
river navigation Stromschiffahrt
river terraces Flußterrassen (geol)
river water Oberwasser
rivet buster Nietenquetscher
rivet, counter-sunk Versenkkopfniet, versenkter Kopfniet
rivet edge spacing Nietrandabstand
rivet, flush Niete mit versenktem Kopf
rivet gun Nietkanone, pneumatische Nietmaschine
rivet hammer, conventional konventioneller Niethammer (av)
rivet hammer, recoilles rückstoßarme Nietpistole (av)
rivet hammer, user-friendly ergonomischer Niethammer (av)
rivet inserting Nietzuführung, -einsatz
rivet pitch or spacing Nietteilung
rivet row spacing Nietreihenabstand
rivet screw Niet(en)schraube
rivet set Nietgerät, Nietkopfsetzer, Nietenzieher (heiß)
rivet setter Nietenzieher
rivet shaft Nietschaft
rivet spacing Nietabstand, Nietteilung
rivet steel Nieteisen
rivet stress Nietbelastung
rivet stud Nietstift
rivet tong Nietenhalter, Nietzange
rivet wire Nietdraht
rivet-with prongs Niet mit Zinken
rivetability Nietbarkeit
riveted buckle Nietangle (Gattersäge)
riveted-burnishing pliers Nietkopfzange (Optikerzange)
riveted chain Kette mit eingenietetem Bolzen
riveted connection Nietverbindung
riveted-dressing machine Nietenabgratmaschine
riveted-head punch Nietkopfsetzer
riveted-heating tongs Nietenwarmzange
riveted-holding tongs Nietenhaltezange
riveted petrol tank genieteter Bezintank
riveted tang Nietangle (Handsäge)
riveted tube genietete Blechverrohrung
riveter Nietmaschine, Schlaghammer
riveting Nietung, Vernietung
riveting anvil Nietansatz
riveting brass plate cage genieteter Käfig aus Messingblech
riveting hammer Niethammer
riveting joint Nietverbindung
riveting machine Nietmaschine, Nietstanze
riveting of the stiffeners Vernietung der Versteifungsbleche (sp)
riveting pressure Nietdruck
riveting set Schellkopf (Nietung)
riveting sheet-steel cage genieteter Käfig aus Stahlblech
riveting snap or set Doepper, Schnelleisen
riveting work Nietarbeit
rivnut Nietmutter
RKT rocket
RL rocket launcher
RLD relocation dictionary
RLD card Relativierungskarte, RLD-Karte
r-meter Roentgenmeter
r-meter chamber Dosimeter, Roentgenmeterkammer
RMA radio manufactures association
RMI radio magnetic indicator
RMK (remark) Bemerkung
r.m.s current value Stromeffektivwert
r.m.s. roughness mittlere Rauhtiefe
r.m.s value Effektivwert
r.m.s. voltage effektive Spannung
RNAV (area navigation) Streckennavigation
RNC radio navigation chart
RNG (radio range) Kursfunkfeuer
RNPC required navigation performance capability
RNPC criteria RNPC-Kriterien
roach Hinterwelle (nautisch)
road adherence Bodenhaftung (Reifen)
road anchoring signal Reedeankersignal
road anchoring signal station Reede-Ankersignalstelle
road and trail network Straßen- u. Wegenetz
road barrier Straßensperre
road bend or curve Wegbiegung
road block Straßen-, Wegsperre
road blocking battalion Sperrbataillon
road bound straßengängig
road bridge Straßenbrücke
road capacity Straßenleistung in Fahrzeugen
road clearance Bodenfreiheit (Fahrzeug)
road clearance time Straßenbelegungszeit
road clearing Straßenräumung, Straßenreinigung
road condition Straßenzustand, Wegeverhältnis
road construction Straßenbau
road construction battalion Straßenbau-

bataillon
road construction equipment Straßenbaumaschinen
road construction machine Straßenbaumaschine
road construction work Straßenbauarbeiten
road crossing Straßenunterquerung (Rohr)
road crossover Straßenüberquerung
road decontamination battalion Straßenentgiftungsabteilung
road de-icing machine Winterstreugerät
road demolition Straßensprengung
road demolition shaft Straßensprengschacht
road discipline Verkehrsdisziplin
road disturbance Straßenunebenheit
road ditch Straßengraben
road diversion Straßenumlegung, Straßenumleitung, Straßenverlegung
road fillet Wegeinfassung
road foundation Straßenunterbau
road fund disc Kfz-Steueraufkleber
road gear Laufwerk
road grade Straßengefälle
road gully Straßenabfluß
road haulage Güterkraftverkehr
road holding properties Straßenhaftung (Reifen)
road joint Stoßfuge (Betonstraße)
road junction Straßengabel(ung), Straßenknotenpunkt, Straßenspinne
road life Straßennutzungsdauer
road link Verbindungsstraße
road maintenance Straßenunterhaltung
road maintenance equipment Straßenbaumaschinen
road manoeuvre network operatives Straßennetz
road map Straßenkarte
road marker post Straßenmarkierungspfahl
road marking Straßenmarkierung
road-marking paint Verkehrsmarkierungsfarbe
road mobility Straßenbeweglichkeit, Straßengängigkeit (Kfz)
road net(work) Straßennetz, Wegnetz
road over railway Wegüberführung
road pavement Straßendecke, Straßenpflaster
road payload Nutzlast bei Straßenfahrt
road performance Fahrleistung
road protection Straßenschutz
road/rail bridge SE-Brücke, Straßen/Eisenbahnbrücke
road/rail vehicle Straßen/Schienenfahrzeug
road range Fahrbereich auf Straßen
road reconnaissance report Straßenzustandsbericht
road repairing gang Straßenausbesserungstrupp
road resistance Fahrwiderstand
road rut Radspur
road-safety devices Bauelemente für die Sicherheit auf Straßen
road section Straßenabschnitt
road sign Richtungsschild, Verkehrsschild, Wegweiser
road signing Beschilderung (Straße)
road speed Straßengeschwindigkeit
road spring Laufwerkfeder, Tragfeder
road spring rocker arm Laufwerkfederschwinge
road structure Straßenkörper (Straßenbau)
road surface Fahrbahndecke, Fahrbahnoberfläche, Straßendecke
road surface classification Klassifizierung nach Straßendeckenbeschaffenheit
road sweeping machine Straßenkehrmaschine
road tanker Straßentankwagen
road test Probefahrt (Kfz)
road tipper Straßenkipper
road tractor Straßenzugmaschine
road traffic straßengebundener Verkehr
road traffic circulation plan Straßenverkehrsplan
road traffic control Verkehrsleitung
road traffic sign Straßenverkehrszeichen
road traffic volume Straßenverkehrsaufkommen
road transport plan Straßentransportplan
road transportation capacity Straßentransportleistung
road tread Lauffläche (Reifen)
road tunnel Straßentunnel, Straßenunterführung
road under railway Wegunterführung
road vehicle Straßenfahrzeug
road wheel Laufrolle (Kettenfahrzeug)
road wheel arm Laufrollenschwingarm (Kettenfahrzeug)
road wheel arm spindle Zapfen des Laufrollenschwingarms (Kettenfahrzeug)
road wheel arm support Lagerbock des Laufrollenschwingarms (Kettenfahrzeug), Anschlußarm des Laufradschwingarms
road wheel bump stop Anschlag für Laufrolle
road wheel hub Laufrollennabe (Kettenfahrzeug)
road wheel spindle Laufrollenachse (Kettenfahrzeug)
road wheel tire Laufradreifen, Laufrollenbandage
road wheel web Laufrollenscheibe
road with right-of-way vorfahrtberechtigte Straße
road worthiness Straßengängigkeit (Kfz auf schlechten Straßendecken), Straßentüchtigkeit
roadability Straßenabhängigkeit
roadability test Straßenabhängigkeitsprüfung
roadable straßenfähig (Flz)
roadable autogiro Hubschrauber mit Hinterradantrieb für Straßenverkehr
roadbed Bahnkörper, Bettungskörper (Eisenbahn), Fahrbahnkörper, Straßenkörper (Straßenbau)(Unterbaukrone)
roadbed foundation Bahnplanum, Bahnfundament
roadmaking Straßenbau
roadmaking equipment Straßenbaugerät
roadmaking machinery Straßenbaumaschine
roadrailer Straße/Schiene-Fahrzeug
roadside drainage ditch Straßengraben
roadside spoil Bankett (unfester Straßenrand)
roadside station Bedarfshaltestelle, Haltepunkt (Eisenbahn)
roadside storage straßennahe Lagerung
roadster Sportzweisitzer (Kfz)
roadway Damm der Straße, Fahrbahn, Fahrweg, Fahrstraße, Marschweg
roadway deck Fahrbahnplatte
roadway over bridge Brückenfahrbahn
roadway panel Fahrbahntafel
roadway ponton (ribbon bridge) Innenschwimm-

körper
roadway safety device Streckensicherungsanlage (Eisenbahn)
roadway slab Fahrbahnbreite
roadway transition strip Fahrbahnübergang
roadway width Fahrbahnbreite
roadway, width of Breite der Fahrbahn, Fahrbahnbreite (Straße)
roamer Bildschablone, Netzschablone
roaming electron freies Elektron
roaring forties stürmische Westwinde (meteo)
roast reaction Röstreaktion (Hüttenwesen)
roast-flotation process Röstflotation (Hüttenwesen)
roasted blende Röstblende (Hüttenw)
roasted ore Garerz
roasted pyrites Kiesabbrand
roasting or cleaning machine Röstofen
roasting reaction method Röstreaktionsverfahren (Hüttenwesen)
roasting reduction method Röstreaktionsverfahren (Hüttenwesen)
roasting-smelting Röstschmelzen
ROBCO readiness objective code
Robinson Adcock direction finder Robinson-Adcock-Peiler
Robinson direction-finding system Robinsonsystem, Maximalpeilverfahren
Robinson scanner principle Robinson-Abtaster-Prinzip
robot Roboter, automatische Vorrichtung
robot camera Robot(er)kamera
robot pilot Kreisellagengeber, Selbststeuergerät
robotic assembly and construction operation robotergestützte Bau- und Montageeinrichtung (sp)
robotic cutting machine uses a fine high-pressure water jet reaching three times the speed of sound, The new system allows precision cutting of metal and composite materials Roboter der alle Metalle und Verbundwerkstoffe mit Hochdruckflüssigkeit schneidet (die dreimal schneller sind als der Schall (av)
robotic plasma spray system Plasmasprühroboter (Flugzeuglackierung)
robotphone Anrufbeantwortungsanlage
robust derb, kräftig, stämmig, widerstandsfähig, unempfindlich
robustness testing procedure Standfestigkeitsversuch
Rochelle salt Kaliumnatriumnitrat, Rochellesalz, Seignettesalz
Rochelle salt crystal Rochellesalzkristall
Rochelle salt transducer Rochellesalzwandler
rock Felsen, hin- u. herbewegen, schaukeln, wiegen, schwingen
rock association Gesteinsvergesellschaftung (geol)
rock bed Gesteinsschicht (geol)
rock bind Kohlensandstein
rock bit Abbaumeißel, "Rockbit"
rock, brecciated Breccie, Trümmergestein
rock bucket Steinschaufel (Baumaschine)
rock, container Träger (Erdöl, Wasser)
rock cutting Bohrgut, Bohrschmand
rock description Gesteinsbeschreibung (geol)
rock-drill Gesteinsbohrer
rock-drill driven by compressed air Preßluftbohrer
rock drilling outfit Gesteinsbohrmaschine
rock, effusive Effusivgestein, Ergußgestein
rock flour Gesteinsmehl
rock formation hartes Gestein u. Gebirge
rock fragments Gesteinsbruchstücke
rock gas Erdgas, Naturgas
rock identification Gesteinsbestimmung
rock, intrusive Eindringungsgestein, Intrusivgestein
rock, mantle Verwitterungsdecke, Verwitterungsmantel (geol)
rock movement Gebirgsbewegung
rock oil Bergöl
rock outcrop Felsausbiß, Gesteinsausbiß
rock, plutonic Plutonit, Tiefengestein
rock pressure Lagendruck, Lagerdruck, Gebirgsdruck
rock, primary Primärgestein, Urgebirge
rock, reservoir Speichergestein
rock samples Gebirgsproben, Gesteinsproben
rock, sedimentary Absatzgestein, Schichtgestein, Sedimentgestein
rock, to (rotor) anschlagen (Rotornabe an der Welle)
rock, to (wings) wackeln
rock your wings wackeln Sie mit den Tragflächen
rocker Kipphebel, Mitnehmer, Schwinger, Wiege, Schwenkgehäuse, Schaukelhärteprüfer
rocker arm Kippehebel, Kurbelschwinge, Federschwinge (Laufwerk), Schwinge (Motor)
rocker arm adjusting screw Kipphebeleinstellschraube
rocker arm assembly cover Zylinderkopfhaube
rocker arm bearing Kipphebellagerung
rocker arm bracket Kipphebelbock, Schwinghebelbock
rocker arm bushes Kipphebelbuchsen
rocker arm cup Kipphebelkugelpfanne
rocker arm pin Kipphebelbolzen
rocker arm roller Schwinghebelrolle, Kipphebelrolle
rocker arm shaft Kipphebelachse, Kipphebelwelle, Schwinghebelachse
rocker arm shaft support Kipphebelbock
rocker arm shaft support bracket Lagerbock für Kipphebelachse
rocker arm toggle pin hole Bohrung für Gelenkbolzen zum Kipphebel (Raketenwerfer)
rocker bearing Kipplager
rocker box Kipphebelgehäuse
rocker box cover Zylinderkopfhaube
rocker box horn der das Kipphebelgehäuse bildende Ansatz des Zylinderkopfes
rocker bush Schwinghebelbuchse
rocker chamber Ansatz zum Zylinderkopf
rocker cover Zylinderkopfhaube
rocker gear Kipphebelsteuerung
rocker grease Kipphebelfett
rocker lever shaft bracket Lagerbock für Kipphebelachse (Motor)
rocker plate Wulstblech
rocker shaft Kipphebelachse, -hebelwelle
rocker shaft bracket Kipphebelbock

rocker support box Kipphebelgehäuse (Motor)
rocker switch Schwingschalter
rocker-type switch Wipp(en)schalter
rocket airplane Raketenflugzeug, Raketenbewaffnung am Flugzeug
rocket air travel Raketenluftfahrt
rocket and rocket/ramjet missile Flugkörper mit Raketenmotor und integrierten Raketen/Staustrahlmotoren
rocket apparatus (ship) Raketenapparat, Rettungsrakete
rocket assisted airplane Raketenflugzeug
rocket-assisted projectile (RAPS) Raketenstartgeschoß (A)
rocket-assisted take-off (RATO) Start mit Raketenhilfe, Raketenstart
rocket-assisted take-off gear (RATOG) Raketenstartgerät (GB)
rocket attachment or composition Raketensatz
rocket ballistics Raketenballistik, Raketenflugstrecke
rocket booster Raketenzusatztriebwerk, Startrakete
rocket booster, initial launch is by... startet mit Hilfe eines Raketenmotors
rocket case of epoxy resin-impregnated boron filaments Druckbehälter aus epoxydgetränkten Borfäden
rocket-case paper Raketenhülsenpapier
rocket chamber Raketenbrennkammer
rocket combustion chamber Raketenbrennkammergehäuse
rocket composition Raketentreibsatz
rocket delivery computer Raketeneinsatzbereichsrechner
rocket delivery computing mode Raketeneinsatzbereich, Rechnerbetriebsart
rocket depression angle Raketenneigungswinkel
rocket drive unit Raketenantrieb
rocket-driven aeroplane Flugzeug mit Raketenantrieb, Raketenflugzeug
rocket driven mode Raketenflugmodell
rocket engine Raketenantrieb, Raketentriebwerk, Brennkammer der Rakete (gemessen in Weber)
rocket-engined vehicle raketengetriebenes Fahrzeug
rocket engineer Raketeningenieur
rocket exit door Raketenaustrittsöffnung
rocket fighter Düsenjäger
rocket firing circuit Raketenabschußbasis
rocket firing signal Raketenabschußsignal
rocket flight Raketenflug
rocket fuel Raketentreibstoff
rocket function Raketenfunktion
rocket jettison test jig Prüfgerät für Raketennotwurfvorrichtung
rocket launcher Raketenwerfer, Startrampe für Rakete, Geschoßwerfer, Nebelwerfer, Salvengeschütz
rocket-launcher payload capability Nutzlastkapazität von Raketen/Trägerfahrzeugen
rocket launcher tube Abschußrohr für Rakete
rocket launching rack aiming device or apparatus Zielvorrichtung für Raketen
rocket launching site Raketenabschußbasis
rocket launching technology Starttechnologie
rocket leap-off Raketenstart
rocket manufacture Herstellung von Raketen, Raketenproduktion
rocket missile Flugkörper mit Raketenantrieb
rocket missile gliding mid-course antriebslose Phase bei Festflugkörpern
rocket mortar Mehrfachraketenwerfer
rocket motor Raketenmotor
rocket motor and structure repairman Raketenmechaniker
rocket motor, chemical chemischer Raketenantrieb
rocket motor, electrical elektrischer Raketenantrieb
rocket motor igniter Treibsatzanzünder
rocket motor igniter initiator Zündeineinrichtung für Raketenmotor
rocket motor loading building Fertigungsgebäude für Raketenmotore- u. triebwerke
rocket motor nozzle Raketenmotordüse
rocket motor, nuclear atomarer od. nuklearer Raketenantrieb
rocket motor simulator Raketenmotorsimulator
rocket motor thrust ring assembly Raketentriebwerkschubgerüst
rocket motor tube Brennkammer (Schlagschrauber)
rocket motor wall Raketenfeuerwand, Raketenmotorwand
rocket mount aligning scope Justiergerät für Raketenaufhängung
rocket nozzle Raketenmotordüse, Raketenbrennkammerdüse
rocket nozzle closure Raketendüsenverschluß
rocket pack Raketenladung
rocket paper Raketenhülsenpapier
rocket pile Raketenreaktor
rocket pistol Rückstoßpistole (Raumfahrt)
rocket pod Raketengondel
rocket preflight test Raketenvorflugprüfung
rocket probe Raketensonde
rocket projectile Raketengeschoß
rocket propellant tank Raketentreibstoffbehälter
rocket propelled space-ship Raketenraumschiff
rocket propulsion Raketenantrieb, Raketenverfahren
rocket rail Raketenstartschiene
rocket selector switch Raketenwahlschalter
rocket setting lever Raketenwahlschalter
rocket signal Raketensignal
rocket sled Raketenschlitten
rocket special starting (self-ignition hyperbolic propellant eliminates the need for an ignition system) Erstufenzündung (wenn Treibstoff und Oxidator unter Einwirkung der Schwerkraft zu fließen begrinnen und in Kontakt geraten, ohne daß eine besondere Zündanlage erforderlich ist)
rocket starting assist Raketenstarthilfe
rocket table Abschußplattform
rocket thruster (space) Steuerrakete
rocket time of flight Raketenflugziel
rocket vehicle Trägerrakete
rocket wing pot Raketenflächengehäuse
rocket with fragmentation or chaff-dis-

pensing warhead Rakete mit Splitter od. Düpelgefechtskopf
Rocketdyne H-I engines Flüssigraketenmotor Rocketdyne
rocketry Raketentechnik
rocketsight Zielgerät für Raketen
rocking device wiegenartige Vorrichtung
rocking position Kippstellung
rocking tree Schwingbaum
Rockwell hardness Rockwellhärte
Rockwell hardness number Rockwellhärtezahl
Rockwell hardness test Rockwellhärteprüfung, Härteprüfung nach Rockwell
rod Pleuel, Rundstab, Stab, Stange
rod and cable (hand braket) Zugstange mit Zugseil (Handbremse)
rod-anode tube Roentgenröhre mit rohrförmiger Anode
rod antenna Stielstrahler
rod assembly Schubstange
rod control Gestängesteuerung (av)
rod control in reactors Stabregelung in Reaktoren
rod end Stangenkopf
rod-end clevis pin Stangenkopfbolzen
rod-end fitting Schubstangenendstück (Kraftstoffreglergestänge), Stangenkopf
rod for sealing Dichtungsgestänge
rod insertion Stabeinführung
rod mirror Stabreflektor(wand)
rod of recuperator piston Vorholerkolbenstange
rod or push-pull control Stangensteuerung
rod pull-line Zugstangenstrang
rod puller, pneumatic Preßluftziehvorrichtung für Bohrgestänge
rod reflector Stabreflektor
rod, slide valve Schiebergestänge
rod vibration Gestängeschwingung
rod, welding Schweißdraht
roentgen Roentgen (Dosiseinheit, Abk.r)
roentgen equivalent Roentgenäquivalent
roentgen equivalent man biologisches Roentgenäquivalent
roentgen equivalent, physical physikalisches Roentgenäquivalent
roentgen per hours at one meter (RHM) Roentgen pro Stunde in 1m Entfernung
roentgen spectrum Roentgenspektrum
roger "verstanden"
roget spiral Rogetspirale
ROLAND cost effective weapon system ROLAND kostenwirksames Waffensystem
ROLBA arresting system ROLBA-Anlage
role indicator Aspektcode, Funktionsindikator, Codezeichen
roll Haspel, Krängung, Liste, Rolle (av), Walze, Ablaufhaspel
roll ailerons and spoilers for lateral control Rollsteuerung über Querruder und Störklappen
roll amount Querneigungsbetrag
roll and pitch control Fluglagegeber, -regler
roll and welded steel tube Motor aus einer gewalzten und geschweißten Stahlröhre (sp)
roll angle Rollwinkel (dynamisch), Querneigungswinkel (statisch)
roll attitude relay Rollagerelais
roll attitude synchro Rollagegeber
roll autostabilization Rollstabilisierungsautomatik
roll, auxiliary feed Hilfstransportrolle
roll axis Längsachse, Rollachse (körperfest)
roll axis steering Rollachsensteuerung
roll back attempt Wiederholungsversuch
roll back counter Wiederholungszähler
roll back point Wiederholpunkt, Wiederholungsstelle (dv)
roll back routine Wiederhol(ungs)programm
roll back, to wiederholen (dv)
roll bar Holländerschiene
roll-bending device Walzenvorspanneinrichtung (Folien)
roll by, to vorbeifahren, vorbeirollen
roll call of transponder-equipped aircraft gespeicherte Rufliste aller mit Transponder ausgerüsteten Flugzeuge
roll center distance Walzenmittenabstand (Walzwerk)
roll-changing C-hook Walzenausbauhaken
roll cloud Boeenkragen
roll-coat, to aufbringen (Walzenauftrag)
roll coater Walzenauftragsmaschine, Walzenbeschichter
roll coating Walzenauftrag(sverfahren)
roll command Rollsteuerung
roll control Rollsteuerung
roll control fan Rollsteuerbläser
roll control in hover Schwebeflugnicksteuerung
roll control installation Rollsteueranlage
roll control nozzle Rollsteuerdüse
roll control power Rollsteuermoment
a) combat and collision advoidance manoeuvres das Manövrieren im Kampf und zum Vermeiden von Zusammenstößen **-holding wind level when kicking off drift in a crosswind landing** -das Horizontalhalten des Tragwerks nach dem Ausrichten des Flugzeugs bei Querwindlandung **-controlling and trimming asymmetry** -das Aussteuern und Trimmen der Asymmetrie
b) rapid response in roll rasche Rollansprache
c) suppression of sideslip in rolling manoeuvres Unterdrückung der Schiebebewegung bei Rollmanöver
d) adequate directional stability so that sideslip generated in adertently is quickly corrected hohe Richtungsstabilität zur raschen Korrektur ungewollt erzeugter Schiebebewegungen
e) good damping of oscillation in yaw following disturbances in sideslip schnelles Abklingen von Gierschwingungen
f) advoidance of excessive roll due to sideslip Vermeidung übermäßiger Rollmomente im Schiebeflug
g) adequate rudder power for crosswind landing and for opossing asymmetry hinreichende Seitenruderkräfte für Querwindlandung und zum Ausgleich der Asymmetrie

roll control requirement for crosswind landing Rollsteuerforderung für Querwindlandung
roll control spoiler Spoiler zur Rollsteuerung, Rollsteuerspoiler
roll control stick steering Rollgriffsteuerung (Flugregler)
roll controls Rollsteuerarten:
a) type of control aileron: advantages: at low incidence. Some effectiveness retained post-stall.
a) Steuerart: Querruder, Vorteile: lineare Charakteristik, geringe Gierkopplung bei kleiner Anstellung, Wirksamkeit bleibt nach Strömungsabriß erhalten.
b) type of control: ailerons, disadvantages: Ineffective at extreme-sweep/high incidence. Adverse yaw at high incidence.
b) Steuerart: Querruder, Nachteile: Unwirksam bei starker Pfeilung / hoher Anstellung. Gegensinniges Gieren bei hoher Anstellung.
b)(I) type control: Ailerons, Disadvantage large torsion loads on wing. Loss of useable span for flaps. b)(I) Steuerart: Querruder, Nachteile: Hohe Torsionsbelastung des Flügels. Nutzbare Spannweite für Klappen nimmt ab.
b)(2) Type of Control: Ailerons. Means of overcoming disadvantages: Differential deflection - but this produces nose-up pitch on a swept wing. Aileron rudder interconnect.
b)(2) Steuerart: Querruder, Maßnahme zur Beseitigung der Nachteile: Differentialausschlag - ergibt aber bei Pfeilflügel Aufnickmoment. Quer-/Seitenruder-Kopplung.
b)(3) Type of Control: Ailerons: Means of overcoming disadvantages: Drooped ailerons - but this aggravates adverse yaw.
b)(3) Steuerart: Querruder, Maßnahme zur Beseitigung der Nachteile: Flaperons (kombinierte Querruder/Klappen) - verstärken aber gegensinniges Gieren.
c) Spoiler: Advantages: Full span flaps can be used. Effectiveness increases with flaps down - good for crosswind landing. Can be used also as "lift dumpers". Minimal increases in wing loads.
c) Spoiler: Disadvantages:
Loss of effectiveness at the stall - no use for spin recovery. Non-linear characteristic. Nose-up pitching moment on swept wings.
c) Spoiler: Nachteile:
Wirksamkeit geht bei Strömungsabriß verloren - nutzlos für Trudelgegenmaßnahmen. Nichtlineare Charakteristik. Aufnickmoment bei Pfeilflügel.
c) Spoiler: Means for overcoming disadvantages: Detail design measures - venting, ect. and/or non-linear stick/spoiler relationship. Spanwise positioning of spoilers to influence the tailplane. Tailplane control interconnect.
c) Spoiler: Maßnahmen zur Beseitigung der Nachteile: Detailentwurf - Anordnung der Schlitze usw. und/oder nichtlineare Knüppel/Spoiler-Kopplung, Spoiler-Anordnung in Spannweitenrichtung zur Beeinflussung des Höhenleitwerks, Koppelung mit Höhenrudersteuerung.
d) Differential tailplane: Advantages: Full-span flaps can be used. Retains effectiveness at extreme incidence (useful for spin recovery).
d) Pendelhöhenruder: Vorteile:
Über die Spannweite reichende Klappen möglich. Wirksamkeit bleibt auch bei extremen Anstellungen erhalten (nützlich für Trudelgegenmaßnahmen).
d) Differential tailplane: Disadvantages: Indequate effectiveness except with low aspect ratio wing. Pro-yaw large: detrimental at low incidence. Fuselage torsion loads increased.
d) Pendelhöhenruder: Nachteile:
Unzureichende Wirksamkeit außer bei Tragwerken geringer Streckung. Hohes gleichsinniges Giermoment: abträglich bei niedriger Anstellung. Erhöhte Torsionsbelastung des Rumpfes.
d) Differential tailplane: Means of overcoming disadvantages:
Use as supplementary roll control.
Rudder interconnect.
d) Pendelhöhenruder: Maßnahmen zur Beseitigung der Nachteile:
Einsatz zur Rollsteuerunterstützung.
Seitenruderkopplung

---

roll-crossing Walzenverschränkung
roll cutout switch Rolldämpferschalter
roll damper servo Rolldämpfungsservoventil, Umsteuerventil des Rolldämpfungskanals
roll damping, natural natürliche Rolldämpfung
roll designer Walzenkalibreur
roll designing Walzenkalibrierung
roll down Blech od. Band auf geringe Dicke auswalzen
roll electrodes Rolle od. Rad vom elektrischen Schweißgerät
roll-fed press Rollendruckpresse
roll film Rollfilm
roll film magazine Rollfilmmagazin
roll-flight director bar Rollkommandobalken
roll for cold-rolling metals Kaltwalze
roll-forming machine Wellmaschine
roll gimbal Rollrahmen
roll gimbal gyro Kardanaufhängung für Querneigungsgyro
roll gimbal torquer Rollrahmenüberwachungsmotor
roll groove Walzkaliber
roll-groove protective lubrication system Kaliberschutzschmieranlage (Walzwerk)
roll-grooving tool Riffelmeißel
roll in einspeichern
roll in, to Kurve einleiten
roll instability Rollinstabilität
roll kiss coater Walzenauftragsmaschine mit Tauchwalze
roll landing Rollandung (Hschr)
roll manoeuvre Rollmanöver
roll moment Rollmoment

roll-off Abgleiten (Frequenz), Rollbewegung
roll-off check Abkippprüfung (Grenzschichtbeeinflussung)
roll-off frequency Abrollfrequenz
roll-on/roll-off Horizontalbe- u. -Entladung (Container)
roll-on/roll-off method Verladung auf Seetransportfähren
roll-on/roll-off service Huckepackdienst
roll-on/roll-off ship Seetransportfähre Ro/Ro-Schiff, Roll-on-/Roll-off-Schiff (für Frachten auf Rädern)
roll-on/roll-off system Horizontalumschlag
roll on top of a loop Looping mit Rolle aus Rückenlage
roll-out machine Walzmaschine
roll-out point Endpunkt der Zielanflugkurve
roll-out, to ausspeichern, Kurve beenden
roll-over fixture Wendevorrichtung, Werkstückspannvorrichtung die um 180 Grad gewendet werden kann
roll-over pattern drawing machine Wendemaschine
roll-over ring Wenderahmen, Wendering
roll override switch Rolldämpferschalter, Rolldämpfungsschalter
roll-pack (antispin parachute) Rollpackung (für Antitrudelschirm)
roll, pitch and heave Roll- und Stampfbewegungen (Start- und Landeversuche von Aufklärungshubschraubern)
roll plane Rollebene
roll preloading Walzenvorspannung (Kalander)
roll pressure Walzendruck, Rollendruck (Magnetbandgerät)
roll rate Rollgeschwindigkeit
roll rate damper Rolldämpfer
roll rate gyro group Rollwendekreiselgruppe
roll reference Rollbezugslage
roll-reference gyro provides positioning data and a guidance computer calculate flightpath correction **Rollwendekreisel** liefert die zur Steuerung notwendingen Flugdateninformation
roll response to lateral gust Rollansprache auf Seitenböe
roll servo Querneigungsservo, Rollstellmotor
roll shaft Rollenschaft
roll stabilization of the aiming mark Rollstabilisierung der Zielmarke
roll-stabilized rollstabilisiert
roll-stabilized infra-red line scanner rollstabilisierter IR-Zeilenabtaster
roll synchro signal Rollsynchronsignal
roll, to herunterwalzen, rollen (Drehung um Längsachse), schlingern (Schiff), walzen (Drehung um Längsachse)
roll to the left Rolle "links"
roll to the right Rolle "rechts"
roll transfer relay Anzeigeumschaltrelais "Querneigung/Kurs u. Querneigung"
roll trim Querrudertrimmung
roll-up Abbau (von Einrichtungen)
roll-up door Rolltor
roll upright aufrechte Rolle
roll vertical reference Rollbezugsrichtung
roll-welding equipment Rollenschweißmaschine
roll/yaw detector Roll/Gier-Sensor
rollability Walzbarkeit
rollbending Biegevorspannung
rolldown Herunterwalzen
rolled and moulded laminated section gewickeltes u. formgespreßtes Schichtstoffprofil
rolled armor Panzerplatte aus Walzstahl
rolled bolt gerollte Schraube
rolled diameter of stock gewalzter Durchmesser des Walzgutes
rolled edge gerundete Kante, Walzkante
rolled-in scale eingewalzter Zünder
rolled joint Walzfuge, Walzverbindung
rolled laminated section gewickeltes Profil aus Schichtpreßstoff
rolled laminated tube gewickeltes Schichtstoffrohr
rolled on one pass in einem Arbeitsgang gewalzt
rolled-out abgewickelt
rolled paper condenser Wickelkondensator
rolled periphery eingerollte Basis, Kappendurchschlag mit Rolle (Fsch)
rolled product Walzerzeugnis
rolled section Walzprofil
rolled sheet or shape Walzblech, Walzfolie
rolled steel section Walzstahlprofil
rolled thread gewalztes Gewinde
roller Doppelscheibe, Führungsrolle, Gleitrolle, Hebescheibe (Uhrwerk), Kabelführungsrolle Rundkeil, Stützrolle, Tragrolle
roller, alignment Ausrichtrolle
roller and ball bearing steel Wälzlagerstahl
roller apron Stützrollengerüst (Stranggießen)
roller-apron segment frame Stützrollen-Gerüstsegment (Stranggießen)
roller assembly Montagerolle (für Triebwerkbau), Rollenbock
roller back rest turner Drehapparat mit Rollengegenhalter
roller-ball on the main console Rollsteuerung an der Bedienkonsole (Radarvermessungsstation)
roller beam Rollenbalken
roller beam support Rollenbalkenauflager (Brückenbau)
roller bearing Querlager, Rollenlager, Ringschräglager, Walzenlager
roller bearing axle Rollenlagerwelle
roller bearing axle box Rollenachslager
roller bearing brunishing Rollenlagerprägepolieren
roller bearing cone Rollenlagerinnenring
roller bearing cup Rollenlageraußenring
roller bit Rollenmeißel, Rollenbohrer
roller bit, reed Zylinderrollenmeißel
roller blind channel Jalousiestahlprofil (Walzwerkerzeugnis)
roller building machine Konfektionierungsmaschine (Walzengummierung)
roller bumper Abfangwalze
roller bushing Rollenbuchse
roller cage Rollenkäfig, Rollring, Walzenkäfig
roller cam Rollennocke
roller carriage Koordinatenschieber (Koppelgerät, nav)
roller catch Rollensperrhebel
roller chain Gall'sche Kette, Rollenkette

roller chain sprocket Rollenkettenrad
roller chock Rollenklampe
roller clutch Freilaufkupplung, Rollenkupplung
roller coating Beschichten im Aufwalzverfahren (pla)
roller-coating filler Walzspachtel
roller-coating viscosity Walzviskosität (Lack)
roller contact Rollenkontakt
roller contact force Rollenanpreßkraft (Transport-Richtmaschine)
roller conveyer Rollweg (im Flugzeug)
roller conveyor Rollenförderer
roller cooling bank Rollenkühlbett
roller cutter Rollenmeißel (Tunnelvortriebsmaschine)(Bergbau, Tiefbau)
roller cutting and wind-up machine Rollenschneidemaschine
roller cutting tool Rollenbohrwerkzeug
roller die Formrolle
roller-die cage Formrollenkäfig
roller-die cage bearing Rollenkorblager (Rohrstoßbank)(Walzwerk)
roller-die groove design Formrollenkalibrierung (Rohrstoßbank)
roller disc Rollenscheibe
roller dryer Walzentrockner
roller dynamometer Rollendynamometer
roller ejection Abwurf mittels Rollenbahn
roller expander Dichtmaschine
roller feed circular saw Säge mit beweglichem Tisch
roller follower Fühlerwalze
roller for cable Seilrolle
roller guide Rollenführung, Rollenschlitten
roller, guide Führungsrolle
roller-hearth conveyor furnace Rollenherdofen (Durchlaufofen)
roller hub (valve rocker) Rollennabe (Kipphebel)
roller hub pin Rollennabenbolzen
roller jack Rollenhebevorrichtung
roller journal Ringrollenlager
roller leveler Glättwalzensatz (Bandbeschichtungsanlage), Rollenrichtmaschine (Walzwerk)
roller map case Kartenroller
roller map display Rollkartendarstellung, Rollkartensystem
roller mechanism Rollenmechanismus
roller mill Mahlmaschine
roller-mounted stud (steering gear) rollengelagerter Lenkfinger
roller needle bearing Nadellager
roller path Bettung (Schiffsgeschütz), Laufrollenbahn, Rollenlaufring
roller-path corrector Tragrollenlaufringausgleicher
roller-path plane Laufrollenebene
roller-path tilt Bettungsfehler
roller-path tilt corrector Krängungsausgleicher
roller pawl Klinke mit Rolle
roller pin Rollenbolzen, Rollenstift
roller press Walzenpresse
roller printing Walzendruck
roller pump Rollenpumpe
roller race Rollenlaufring
roller rack Rollenkranz
roller reamer Rollenräumer
roller rock bit Rollenmeißel
roller seam welding Rollennahtschweißen
roller shackle Rollenschäkel
roller shaft Rollenwelle
roller shutter Rollverschluß (Kamera)
roller side guide unit Rollenseitenführung (Walzwerk)
roller sleeve bearing Gleitrollenlager
roller slideway Rollengleitführung
roller spacing Rollenteilung (Walzwerk)
roller straightener Rollenrichtmaschine
roller stud (steering gear) rollengelagerter Lenkfinger
roller thrust bearing Axial(druck)rollenlager, Rollendrucklager
roller tool Drückrolle, Rollwerkzeug
roller twist guide Rollendrallgerüst (Walzlager)
roller twist through Rollendrallrinne (Walzwerk)
roller-type cam follower Rollenstößel
roller type machine gun-mount Walzenlafette
roller type vale Rollenstößel
roller unit Krängungsgerät
rolleron Rolldämpfer
rolleron caging clip Rolldämpfersperrklammer
rolleron caging pin Rolldämpfersperrstift
rolling and kneading mixer Zwangsmischer
rolling and pitching motion Schlinger- u. Stampfbewegung
rolling attack rollender Angriff
rolling balance (wind tunnel) Rollwaage
rolling ball Rollkugel
rolling barrage Feuerwalze
rolling breaker rollender Brecher, schwere Brandung
rolling capability Rollvermögen (Flz)
rolling capacity Walzkapazität
rolling characteristic Rolleigenschaft (Flz)
rolling chock Schlingerkiel (Schiffsbau)
rolling circle Rollkreis, Walzkreis (Zahnrad)
rolling climb Steigflugrolle
rolling contact Wälzberührung, Wälzkontakt
rolling contact bearing Wälzlager
rolling damping Rolldämpfung
rolling defect Walzfehler (Walztechnik)
rolling die Walzbacke
rolling distance Abrollstrecke
rolling drag (landing gear) Rollwiderstand
rolling edge (on rolled material) Kaliberrand
rolling element Rollkörper (Kugel, Rolle) (Walzwerk)
rolling element bearing assembly Wälzlagerbaugruppe
rolling eye Rollauge
rolling fixture Zurollvorrichtung
rolling friction Bewegungswiderstand, Reibungswiderstand, Rollreibung
rolling friction wheel Wälzreibrad
rolling gear Wälz(zahn)rad
rolling gear transmission Wälzgetriebe (Verzahnung)
rolling gyro Schlingerkreisel
rolling hide crusher Walzhautbrecher
rolling induced field durch induziertes Magnetfeld schlingern (Schiff)
rolling instability Rollinstabilität
rolling into mesh Zahneintritt

rolling key clutch Drehkeilkupplung
rolling liquid transporter rollender Betriebsstoffbehälter
rolling lubricant Walzschmiermittel
rolling manoeuver Rollmanöver
rolling member Wälzkörper
rolling mill Walzstraße, Walzwerk
rolling mill for semifinished products Halbzeugwalzwerk
rolling mill gearing Walzwerkgetriebe
rolling mill product Walzwerkerzeugnis
rolling mill, tube Röhrenwalzwerk
rolling moment Quermoment, Rollmoment
rolling moment coefficient Schiebe/Rollmomentenbeiwert
rolling moment due to slip rolling and yawing moment Schieberollmoment
rolling moment of inertia Trägheitsrollmoment
rolling moment scattering Quermomentstreuung, Rollmomentstreuung
rolling motion Rollbewegung (um die Längsachse)
rolling operation Walzvorgang
rolling or rolled metal Walzmetall
rolling parameter Rollparameter
rolling performance Rollverhalten
rolling piston Wälzkolben (Hydraulik)
rolling point Wälzpunkt
rolling press Rollstanze
rolling radius wirksamer Halbmesser
rolling resistance Rollwiderstand
rolling ruler Rollenlineal
rolling speed Walzgeschwindigkeit (Walzwerk)
rolling stab Walztafel
rolling stability Querstabilität, Rollstabilität, Stabilität um die Längsachse
rolling stock Walzgut, Walzmasse
rolling-table-type sandblast machine Rollbahnsandstrahlgebläse
rolling take-off Anrollstart
rolling traffic rollender Verkehr, Umrollverkehr
rolling train for light sections Reineisenstraße (Walzwerk)
rolling tripod Schlingerstativ
rollover mechanism Umrollvorrichtung (Gießerei)
rollpaper, continuous Rollenpapier
rollpin Spannstift
rollumatic device Rollumatic
ROM read-only memory
ROMS real memory operating system
RON receiving only "Nur Empfang"
roof absolute Gipfelhöhe
roof antenna Dachantenne
roof batten Dachlatte
roof beams Dachgebälk
roof boarding Dachbretter, Dachschalung
roof bracket Dachholm, Dachstütze
roof diameter (of gearing) Kerndurchmesser
roof end stand Abspanndachständer
roof fastener Verdeckverschluß
roof fitting Verdecksbeschlag
roof handle Deckenhaltegriff
roof lamp Deckenleuchte
roof lamp cover Deckenleuchtenkappe
roof lamp insert Deckenleuchteneinsatz
roof lining Dachverkleidung
roof load Dachbelastung
roof over a pulpit Kanzeldach (Flz)
roof panel Wölbungsfeld (Fsch)
roof principal Dachrahmen
roof saturant Dachbedeckungsmittel, Dachimprägnierungsmittel
roof-shaped dachartig
roof spar or support Dachholm
roof standard Dachgestänge, Dachständer
roof still Dachunterzug
roof support Dachstützpunkt
roof-top heliport Hubschrauberlandeplatz auf dem Dach
roof-top or bevel-top transfer chain dachförmige Transportkette
roof truss Dachbinder, Dachgebinde, Dachstuhl
roof-type aerial radio Dachantenne
roof-type marker Dachreiter
roofed-over building berth überdachter Helling
roofing cover Dacheindeckung
roofing material Bedachungsmaterial (Ziegel, Eternit, Blech usw), Dachbedeckungsmaterial
rooflike dachartig
room acoustic Raumakustik
room and pillar system Kammer- u. Pfeilerbau
room scattering Raumstreuung
room temperature Raumtemperatur, Raumwärme
room temperature and elevated temperature tensile test Zugversuch bei Raumtemperatur
room temperature setting adhesive bei Raumtemperatur abbindender Klebstoff
roomy cabin geräumige Kabine (Flz)
roomy fuselage geräumiger Rumpf (Flz)
root ausfahrbare Anordnung des an der Wurzel sitzenden Vorflügels, Lösung einer Gleichung (math), unterster Teil
root area Wurzelbereich
root chord Wurzeltiefe
root circle Fußkreis
root diameter Kerndurchmesser (Gewinde)
root effect Flügelwurzeleinfluß
root extraction Radizierung
root fillet Fußausrundung (Zahnräder)
root fillet radius Fußausrundungsradius (Zahnräder)
root fixing Schaufelfußbefestigung
root fusion Wurzelverschweißung (Schweißtechnik)
root gap Stegabstand, Wurzelöffnung (Schweißen)
root imperfection Wurzelfehler (Schweißtechnik)
root layer Wurzellage (Schweißtechnik)
root load Hauptsegment, Wurzelsegment
root locus analysis or method Wurzelortungsverfahren
root locus plot Wurzelkurve
root-mean-square (RMS) quadratischer Mittelwert, Effektivwert
root-mean-square average Wurzel aus dem Mittelwert der Quadrate (math)
root-mean-square value Effektivwert
root-mean-square value or root-sum square value quadratischer Mittelwert
root of a gear tooth Zahnfuß, Zahnwurzel
root of notch Kerbgrund

root of the blade Schaufelfuß
root or positive blower Kapselgebläse
root phase Grundphase, Hauptphase
root retention Schaufelfußbefestigung
root section of a wing Flächenwurzel
root segment Wurzelsegment, Hauptsegment
root supercharging blower Kapselgebläse
Roots positive blower Roots-Gebläse
Roots supercharging blower Roots-Gebläse
Roots type compressor Rootslader, Kapselgebläse
Roots-typer supercharger Rootsumlaufgebläse mit 2 Gebläseräder
rope Düppelband, Seil, Strick, Tau
rope coil whirling line Wirbelleine
rope control Seilsteuerung
rope core Seilseele
rope drilling Seilbohren
rope drop-hammer Seilfallhammer
rope ferry Seilfähre, Zugfähre
rope grab Seilfänger (Bohranlage)
rope guide Seilführung
rope handle Seilgriff
rope knife Seilmesser
rope lashing Leinenbund
rope layers on drum Seillagen auf Trommel
rope loop (chain loop) Kettenschlinge
rope pulley Nutrolle, Schnurscheibe, Seilrolle
rope relief Seilentlastung
rope sheave Seilscheibe
rope spear (fishing tool for rope) Seilfangwerkzeug, Seilspeer
rope speed Fahrgeschwindigkeit des Bohr- od. Förderseils, Seilfahrgeschwindigkeit
rope-socket Seilfußstück, Seilhülse
rope trolley Seillaufkatze
rope yarn Kabelgarn
ROR rotor rocket
RORSAT radar ocean reconnaissance satellite
rosary or chain trompe Kettengebläse, Paternostergebläse
rose Saugkorb
rose copper disk Garscheibe
rosette-shaped path of electrons Rosettenbahn von Elektronen
rosin connection kalte od. schlechte Lötstelle
Rosseau diagram Rosseaudiagramm
Rosseau's luminous flux diagram Rosseau'sche Lichtstromkurve
ROT reusable orbital transport
rotable coaxial-coil transformer Klappentransformator
rotable coil drehbarer Rahmen
rotable component Umlaufkomponente
rotameter "Rota"-Durchflußmesser
rotaplane Drehflügelflugzeug mit beim Fluge frei umlaufenden Drehflügeln
rotary actuator Drehstellglied, Rotationsstellglied
rotary Adcock aerial Dreh-Adcock-Antenne
rotary and linear actuator Rotations- u. Linearstellglied
rotary antenna mast Antennendrehmast
rotary atomizer Dreh-, Fliehkraftzerstäuber
rotary-attachment binder Hebel zum Festklemmen des Rundtisches
rotary balance log Patentlog (Koppelgerät, nav)
rotary attenuator Drehscheibenabschwächer, Drehscheibenteiler
rotary beam aerial drehbare Richtstrahlantenne, Drehrichtstrahler
rotary bending Verwindung
rotary bit Drehbohrmeißel, Rotarybohrmeißel
rotary bleed air control actuator Rotationsstellglied für Zapfventil
rotary blower Drehkolbenverdichter, Umlaufgebläse
rotary-body-type gas producer Gaserzeuger mit drehbarem Schacht
rotary boring tool Drehbohrmeißel
rotary chanin tightener Gelenkkettenspanner
rotary chase converter Phasenumformer
rotary converter Einankerumformer
rotary corrector switch Korrektionsumschalter
rotary crusher Glockenmühle
rotary cut veneer Rundschälfurnier, Schälfurnier
rotary cutter rundlaufende Schneidmühle
rotary disc Drehscheibe, Drehteller
rotary disc valve flacher Drehschieber
rotary dispersion Rotationsstreuung
rotary draw work Rotary-Hebewerk, Rotary-Windwerk
rotary drilled hole Drehbohrung, Rotarybohrung
rotary drilling Drehspülbohren, Rotarybohren
rotary drilling line Rotarybohrseil
rotary drilling outfit Rotarybohrgerät
rotary drilling rig Rotarybohrgerät
rotary drilling system Drehspülbohrverfahren, Rotarybohrverfahren
rotary dryer rundlaufender Trockner, Trockner mit Trockentrommel
rotary elevation Höhe des Bohrtisches über dem Meeresspiegel
rotary encoder codierter Drehgeber
rotary engine Umlaufmotor (Sternmotor)
rotary exchange Vermittlung mit Drehwähler (Rotarysystem)
rotary feed Drehvorschub, Rundvorschub
rotary field umlaufendes Feld
rotary file Rotierfeile
rotary force Drehkraft
rotary-grate-type gas producer Gaserzeuger mit drehbarem Rost
rotary group selector Gruppendrehwähler
rotary hole Drehspülbohrung, Rotarybohrung
rotary hook Bohrhaken, Rotaryzughaken
rotary hose Rotary-Spülschlauch
rotary hose connection Spülschlauchverbinder
rotary hose, rubber Gummispülschlauch
rotary hunting connector Mehrfachleitungswähler, Sammelleitungswähler
rotary idler sich drehende, nicht antreibende Rolle (Laufwerk für Magnetbandgerät)
rotary induction system Umlaufgemischladesystem beim Sternmotor
rotary interrupter Maschinenunterbrecher, Rotationsunterbrecher
rotary jack Motor für pendelnde Drehbewegung
rotary joint Drehkopplung (Radar)
rotary kiln Drehofen
rotary knob Drehknopf
rotary magnet Drehmagnet
rotary milling Rundfräsen
rotary motion Drehbewegung, Kreisbewegung, Radbewegung

rotary mud Bohrschlamm, Spülschlamm, Spülung
rotary multiple switch mechanisch verbundener Vielstellendrehschalter
rotary or synchronization converter Einankerumformer
rotary oscillation Drehschwingung
rotary oscillator Drehschwinger
rotary pelleting machine Tablettiermaschine (Rundläufer)
rotary phase changer Drehphasenschieber
rotary phase shifter Drehphasenschieber
rotary piercing mill Hohlwalzwerk
rotary piston meter Drehkolbenzähler, Ringkolbenzähler
rotary piston valve Drehkolbenschieber, -ventil
rotary plunger pump Drehkolbenpumpe mit Tauchkolben
rotary plunger selector Drehtauchwähler
rotary pneumatic method of drilling Drehbohrverfahren mit Luft- u. Gasspülung
rotary potentiometer Drehpotentiometer
rotary preselecting line switch Drehwähler
rotary printing press Rotationspresse
rotary pump Rotationspumpe (Zahnradpumpe), Verdrängerpumpe (Drehkolbenpumpe), Kreiselpumpe, Rotarypumpe
rotary pump or helical pumpe Flügelpumpe, Kreiselpumpe, Schraubenpumpe
rotary release solenoid Auslösedrehsolenoid, drehbare Auslösemagnetspule
rotary rig, steam-powered Rotarybohranlage mit Dampfantrieb
rotary safety joint Sicherheitsgestängeverbinder
rotary selector Umsteuerdrehschieber
rotary selector bank radial angeordnetes Kontaktfeld
rotary shaft Drehachse, Rotationsscheibe
rotary shelf Drehteller
rotary sieve Siebtrommel
rotary single-pole switch einpoliger Vielstellendrehschalter
rotary slide tongs Gestängeabfangscheren
rotary slips with interchangeable inserts Abfangkeile mit auswechselbaren Schalen (Ölbohrung)
rotary snow blow Schneefräsmaschine
rotary snow plough Schneeschleuder
rotary stabilizer Ölschwungmesser
rotary step Drehschritt
rotary stiffness Drehsteifigkeit
rotary switch Drehschalter, Vielstellendrehschalter
rotary swivel Bohrwirbel, Drehkopf, Rotationskopf, Spülkopf
rotary system of drilling Drehspülbohrverfahren, Rotarybohrverfahren
rotary table bushing Drehtischeinsatz
rotary table, chain-driven Bohrtisch mit Kettenantrieb
rotary table, high-speed Schnelläuferdrehtisch
rotary-table milling machine Rundlauffräsmaschine, Rundtischfräsmaschine
rotary table, shaft-driven Bohrtisch mit Wellenantrieb
rotary table slip Bohrtischabfangkeil
rotary transducer Meßwertwandler
rotary transformer Dynamotor, Einankerumforer für Wechselstrom-Wechselstrom
rotary-type distributor Umlaufverteiler
rotary type of radial engine Sternumlaufmotor
rotary valve Drehschieber, Rotationsventil
rotary well Dreh(spül)bohrung, Rotationsbohrung, Rotarybohrung
rotary wing Drehflügel
rotary wing aircraft Drehflügelflugzeug, Drehflügler
rotary-wing technology Drehflüglertechnologie
rotatable drehbar
rotatable fuel test rig schwenkbarer Kraftstoffprüfstand
rotatable nozzle schwenkbare Düse, Schwenkdüse
rotate, to antreiben, drehen, kreisen, rotieren, umlaufen (feste Körper), verdrehen
rotated forward, to be nach vorne schwenken
rotating actuator for cock Rotationsstellglied für Hahn
rotating aerial or antenna Drehantenne, Rotationsantenne
rotating aerofoil Drehflügel
rotating anode tube Drehanodenröhre
rotating arc Wälzbogen
rotating armature Drehanker, umlaufender Anker
rotating at a high speed hochtourig rotierend
rotating band Führungsring
rotating bar fatigue test Dauerbiegeversuch mit Stabumdrehung
rotating barrel Drehtrommel
rotating beacon Drehfeuer (Radar), Drehleuchtfeuer (Schiffahrt), Drehscheinwerfer (Suchgerät)
rotating beam test Umlaufbiegeversuch
rotating beam testing machine Drehstabdauerfestigkeitsprüfmaschine
rotating bending test Umlaufbiegeversuch
rotating blade Laufschaufel, Rotationsturbine
rotating boiler umlaufender Dampferzeuger
rotating cascade Drehkaskade, Schubumlenkgitter
rotating centrifugal cutter Schleuderknotenfänger, Schleuderfräser
rotating coil antenna drehbare Rahmenantenne
rotating coil variometer Drehspulenvariometer
rotating combustion head umlaufendes Oberteil des Verbrennungsraums (Motor)
rotating compass card drehende Kompaß- od. Kursrose
rotating component, active cooling of zwangsgekühlte rotierende Baugruppe (Bläsertriebwerk)
rotating condenser rotierender Kondensator
rotating cradle Schwenkrahmen (für Triebwerkeinbau)
rotating crane Baudrehkran
rotating crystal Drehkristall, Schwenkkristall
rotating device Umlaufgerät
rotating direction Laufrichtung
rotating direction finder Drehpeiler
rotating-disc contactor (RDC) Zentrifugalextraktor (RDC), Drehscheibenkolonne
rotating-disc monochromator Drehscheibenmonochromator
rotating disc shutter Stroboskopblende,

Umlaufblende
rotating dual-sided magnetic disc rotierender doppelseitig beschriebener Magnetplattenspeicher
rotating electric machine umlaufende elektrische Maschine
rotating engine Umlaufmotor
rotating field Drehfeld, umlaufendes Feld
rotating field converter Drehfeldumformer
rotating field aerial Drehfeldantenne
rotating field instrument Drehfeldinstrument, Ferrariinstrument
rotating field magnet Sekundäranker
rotating field oscillation Drehfeldschwingung
rotating filter Trommelfilter, Zellenfilter
rotating forging Rotationsschmiedeteil
rotating frame aerial drehbare Rahmenantenne, Drehrahmen
rotating-frame direction finding Drehrahmen-Peilverfahren
rotating function Rundlauffunktion
rotating furnace Rotorofen
rotating guide vane (aero) Laufradeintrittsschaufel (Gebläse)
rotating hyperbolic field umlaufendes Hyperbelfeld
rotating impeller (instrument) Drehkolben
rotating inner race (or ring) load Umfanglast am Innenring
rotating in opposite direction Schnecke mit gegenläufigem Drehsinn
rotating jet pipe schwenkbares Schubrohr
rotating joint Drehkupplung
rotating joint of transmission line Drehgelenk einer Übertragungsleitung
rotating limit switch Spindelendschalter
rotating loop drehbarer Rahmen
rotating loop aerial or antenna drehbare Rahmenantenne, Drehrahmen
rotating-loop direction finder Drehrahmenpeiler
rotating mechanism Schwenkvorrichtung
rotating-mirror camera Drehspiegelkamera
rotating-mirror oscillograph Dreh(spiegel)-oszillograph
rotating motion Schwenkbewegung
rotating movement Schwenkbewegung
rotating nozzle Schwenkdüse, Tellerdüse
rotating nozzle jet engine Schwenkdüsenmotor
rotating piston air engine Lamellenmotor
rotating piston compressor Rollkolbenverdichter
rotating piston machine Drehkolbenmaschine
rotating piston pump Schwenkkolbenpumpe, Sogpumpe
rotating-prism camera Drehprismenkamera
rotating radio beacon Drehfunkfeuer
rotating range sweep (PPI) umlaufendes Zeitachsenrad (PPI)
rotating ring mounting Drehringlafette, Schwenklafette
rotating-screw traction vehicle Fahrzeug mit Antriebsschnecken
rotating sense Laufrichtung
rotating shutter Revolverblende
rotating spaced loop Doppelrahmenantenne
rotating speed Drehgeschwindigkeit
rotating table drehender Tisch, Rotationsplatte
rotating turning tool umlaufende Schneidscheibe
rotating valve Rotationsventil
rotating vector Drehvektor
rotating velocity Drehgeschwindigkeit
rotating viscosimeter Rotationsviskosimeter
rotating water bomb Rotationswasserbombe
rotating wheel anemograph Kreuzflügelanemograph, Windradanemograph
rotating wing aircraft Drehflügler, Schraubenflugzeug
rotation Drehbewegung, Drehsinn, Raddrehung, drehende Bewegung, Rotation, Drehvermögen, rotierende Bewegung, Wirbeldichte, Umdrehungsbewegung, Umlauf, Verdrallung, Verdrehung, Verdrillung, Radbewegung
rotation airplane Drehflügelflugzeug, Flugzeug mit umlaufenden Tragflügeln
rotation axis Drehachse, Umdrehungsachse
rotation cooling Umlaufkühlung
rotation dynamometer Rotationsdynamometer
rotation interlocking Wiederholungssperre
rotation interrupter Rotationsunterbrecher
rotation method Drehkristallverfahren, Rotationsverfahren
rotation of propeller Luftschraubendrehrichtung
rotation of the earth Rotation der Erde
rotation of the telescope Umschlagen des Fernrohrs
rotation plane Stabrotationsebene
rotation potentiometer Ringpotentiometer
rotation spectrum Rotationspektrum
rotation speed Startgeschwindigkeit vor dem Abheben (av), Aufrichtgeschwindigkeit (Start), Drehzahl (Kurbelwelle), Umlaufgeschwindigkeit, Rotationsgeschwindigkeit
rotation speed of revolving shaft without physical contact Drehzahl der Welle ohne physikalische Verbindung
rotation stretching Drehstreckung eines Vektors (math)
rotation wedge range-finder Drehkeilentfernungsmesser
rotational absorption line Rotationsabsorptionslinie
rotational axis Drehachse, Rotationsachse, Umdrehungsachse
rotational band Rotationsband
rotational constant Rotationskonstante
rotational delay Drehwartezeit, Umdrehungswartezeit
rotational energy Drehenergie, Rotationsenergie, Umdrehungsenergie
rotational entropy Rotationsentropie
rotational field Rotationsfeld, Wirbelfeld
rotational frequency Drehzahl, Umlauffrequenz (Elektronen)
rotational line Rotationslinie
rotational motion or movement Drehbewegung, Rotation, rotierende od. drehende Bewegung
rotational moulding Rotationsformen, Rotationsschmelzen (pla)
rotational moulding of plastic Schleuderverfahren für Kunststoff
rotational parabola Rotationsparabel
rotational plane of the jet nozzle Schwenkdüsengelenkachse
rotational quantum number Rotationsquantenzahl
rotational solid Rotationskörper, Umdrehungs-

körper
rotational spectra Rotationsschwingungsspektrum
rotational speed Drehgeschwindigkeit, Drehzahl, Radumlaufgeschwindigkeit, Umdrehungsgeschwindigkeit, Umlaufgeschwindigkeit
rotational state Rotationszustand
rotational state number Rotationszustandszahl
rotational structure Rotationsstruktur
rotational velocity Umlaufgeschwindigkeit
rotational wheel anemograph Kreuzflügelanemograph
rotatory Drillachse, kreisend, rotierend, um seine Achse drehend, umdrehungshervorbringend
rotatory contribution Drehwertanteil
rotatory converter Drehumformer, Motorgenerator, rotierender Umformer (GB)
rotatory dispersion Drehungssteuerung
rotatory force Drehkraft
rotatory motion or movement Drehbewegung, Rotation, drehende od. rotierende Bewegung
rotatory polarization Rotationspolarisation
rotatory reflection Drehspiegelung
ROTI range optical tracking equipment
rotochute rotierender Fallschirm
rotoforming Rotoformverfahren
rotogravure Rotogravüre
rotoprop Drehzahl
rotor Drehflügel, Drehflügler, Läufer, Laufrad, Knetkörper, Kreiselrad, Mahlscheibe (drehend), Rotor, Schwenkheckrotor, Verteilerläufer
rotor angular momentum Läuferdrehimpuls
rotor angular velocity Winkelgeschwindigkeit des Läufers
rotor anti-icing system Rotorenteisungssystem (Hschr)
rotor arm Zündverteilerarm
rotor arrangement Rotoranordnung, Läuferanordnung, Drehflügelanordnung
rotor assembly Läufer
rotor bearing Lauflager
rotor blade Lauf(rad)schaufel, Läuferschaufel, Rotorblatt, Rotorflügel (Hschr)
rotor blade array Rotorblattantenne
rotor blade assembly segment Bläserschaufel mit präzisionsgeschmiedetem Blatt
rotor-blade drop Rotorblattdurchhang
rotor blade efficiency Rotorblattwirkungsgrad
rotor blade erosion strip Erosionsschutzschale für Rotorblätter (Hschr)
rotor blade flapping Schlagen der Rotorblätter, Rotorblätterschlagen (Hschr)
rotor blade lagging Nachhängen der Rotorblätter, das Rotorblätternachhängen (Hschr)
rotor blade retention Blattanschluß
rotor blade rotation Rotorblattdrehung
rotor body Ankerkörper, Rotorkörper
rotor brake Rotorbremse (Hschr)
rotor bucket size blower Schaufelrad
rotor cage disintegrator Korbschleudermühle (Condux), Korbschleudermühle mit zwei gegenläufigen Schleudertrommeln
rotor cage impeller (mixer) Ekato-Korbkreiselrührer, Trommelrührwerk, Trommelkreiselrührer (Höschrührer)
rotor cap Rotorhaube (Hschr)
rotor case lock Rotorgehäusefeststeller
rotor center rear Hochdruckverdichterwellennabe (Twk)
rotor circuit Läuferkreis
rotor clearance Rotorfreiheit, Drehflügelfreiheit
rotor cloud Rotorwolke
rotor coil Läuferspule, Rotorspule
rotor configuration Läuferausführung (Kreisel)
rotor contact Drehkontakt, Läuferkontakt
rotor cooling Läuferkühlung
rotor craft Drehflügler, Drehflügelflugzeug, Hubschrauber, Helikopter
rotor current Läuferstrom, Rotorstrom
rotor detent Fliehbolzen für Rotor (Zünder)
rotor disc Rotorebene, Rotorscheibe, Rotorkreis (Hschr.-Simulation)
rotor disc diameter Rotorkreisflächendurchmesser
rotor-disc loading Strahlflächenbelastung (Hschr)
rotor disk Laufrad, Laufscheibe (un)beschaufelt, rotorbestrichene Fläche (Hschr), Rotorkreis, Läuferscheibe
rotor disk area Rotorkreis (Hschr)
rotor downwash Rotorabwind (Hschr)
rotor drive shaft Rotorwelle (Hschr)
rotor drum Läufertrommel
rotor drum of the intermediate-pressure compressor Läufertrommel des Mitteldruckverdichters
rotor fold mechanism Drehflügelfaltmechanismus, Rotorfaltmechanismus
rotor fold mechanism, hydraulic hydraulischer Drehflügel- od. Rotorfaltmechanismus
rotor gear Rotorzahnrad
rotor gear hub Rotorzahnradnabe
rotor gearing Rotorgetriebe (Hschr)
rotor gimbal Rotorkreuzgelenkring
rotor head Rotorkopf
rotor head fairing Verkleidung des Rotorkopfes, Drehflügelkopfverkleidung, Rotorkopfverkleidung (Hschr)
rotor-head mechanism Rotorkopfmechanismus
rotor head servo control Rotorkopfservosteuerung (Hschr)
rotor head servo control unit Stellglied für Rotorkopf
rotor head system Rotorkopflösung
rotor helicopter Drehflügler
rotor hinge Rotorgelenk (Hschr)
rotor, hingeless gelenkloser Rotor
rotor housing Kappe, Läuferkappe, Rotorkappe, Rotorgehäuse (Zünder)
rotor hub Rotornabe (Hschr)
rotor hub drag Rotornabenwiderstand (Hschr)
rotor hub segment Rotornabensegment (Radbremse)
rotor inertia Läuferträgheitsmoment
rotor load Drehflüglerbelastung, Rotorbelastung
rotor lock pin Sperrstift für Rotor (Zünder)
rotor mast Rotormast (Hschr)
rotor moment of inertia Läuferträgheitsmoment (Kreisel)
rotor of oil distributor Verteilerwalze des Ölverteilers (Torpedo)
rotor oil pump Rotorölpumpe

rotor periphery power Radumfangleistung
rotor piston, hydraulic motor Hydraulikmotor-radialkolben
rotor plane Drehflügelflugzeug, Drehflügler
rotor plate Rotorplatte
rotor position Läuferlage (Maschinen mit einem umlaufenden Teil)
rotor pylon Rotorbock (Hschr)
rotor-resistance starter Läuferanlasser
rotor rheostat Läuferanlasser, Regelanlasser
rotor rigidity (Form)steifigkeit des Läufers, Beharrungsvermögen
rotor rotation detector Läuferdrehzahl-überwacher (Kreiselgerät)
rotor run-up Kreiselanlauf
rotor safety spring Sicherungsfeder zum Drehteil
rotor seal housing Läuferdichtungsgehäuse
rotor section Läuferplatte, Rotorplatte
rotor segment Läufersegment (Kreisel), Rotorsegment (Radbremse)
rotor shaft Läuferwelle, Rotorwelle
rotor shaft bushing Rotorbuchse (Getriebe)
rotor shield Walzenblende
rotor shift Läuferverlängerung
rotor slot Läufernut
rotor slot frequency Läufernutfrequenz (Schiffsturbine)
rotor span Rotordurchmesser (Hschr)
rotor speed Läuferdrehzahl (Kreisel), Rotor-laufgeschwindigkeit
rotor stability (Form)steifigkeit des Läufers, Beharrungsvermögen
rotor starter Läuferanlasser
rotor stiffness Beharrungsvermögen, (Form)-steifigkeit des Läufers
rotor stop Rotoranschlag
rotor stop pin Anschlagstift für Rotor (Zünder)
rotor stub Rotoransatz
rotor stub shaft Stummelwelle des Läufers (Turbine)
rotor sweep Rotorkreis (Hschr)
rotor system, hingeless gelenkloses Rotorsystem
rotor system research aircraft demonstrator RSRA-Erprobungsträger (av)
rotor system, two-bladed zweiblättriger Hauptrotor
rotor technology Rotortechnologie
rotor tenon Mitnehmerkeil (Scheibenbremse)
rotor tension bolt Läuferspannbolzen (Turbine)
rotor teeth (Foster scanner) Rotorhalbdipol
rotor terminal Läuferklemme
rotor test switch Läuferprüfschalter
rotor track Führungsschiene
rotor transmission Rotorgetriebe (Hschr)
rotor tube Wellenstummel
rotor voltage Läuferspannung, Rotorspannung
rotor wash Rotorabwind
rotor whirl test Rotor-Rotationstest
rotor winding Läuferwicklung, Rotorwicklung, Rotorwindung
rotor wing Drehflügel
rotor/wing high speed VTOL aircraft Strahl-transporter mit Heißgasrotor
rotorcraft Drehflügler
rotorplane Rotorflugzeug
rotorprop Schwenkrotor
rotoscope Rotoskop

rot-proof, to fäulnishemmend ausrüsten
rotten morsch, verfallen, verfault, vermodert, wurmstichig
rotten stone Tripel, zersetzter Kalkstein (Schleifmittel)
rouge for polishing polierrot
rough grob (vorbearbeiten), hart, rauh, schruppen, unbearbeitet, uneben, unfertig
rough airfield unbefestigte Piste
rough atomic weight Massenzahl
rough boring Schruppbohren
rough burning ungleichmäßige Verbrennung
rough bush airstrip unebene Buschpiste
rough calculation Überschlagsrechnung
rough cast part Rohling, Rohteil
rough check Vorprüfung
rough cleaning Vorreinigung
rough coal of mine Rohkohle
rough corrugated box or container rauh-geriffelter Behälter
rough cut Grobbearbeitung, Schruppschnitt
rough cutting tool Schruppstahl
rough down, to herunterwalzen, vorwalzen
rough-drill, to Löscher vorbohren
rough drilling Vorbohren
rough elevation gear Höhenrichtgrobtrieb
rough engine rauher Motor
rough engine operation rauher Gang des Motors
rough field unbefestigte Piste
rough field capability Behelfspisteneignung, Eignung für Behelfspiste
rough file Grobfeile, Packfeile, Schruppfeile, Strohfeile
rough finishing planing Vorschlichten (w)
rough forge, to vorschmieden
rough forging Schmiederohling
rough grinding Vorschleifen
rough-grinding machine Schruppschleif-maschine
rough ground schwieriges Gelände, unebener Boden
rough hammer, to grob abhämmern
rough handling Grobbehandlung, Transport-beanspruchung
rough handling and transportation test Transportbeanspruchungsprüfung
rough handling test Grobbehandlungsprüfung, Transportbeanspruchungsprüfung
rough landing harte Landung
rough layout Rohaufmachung, Vorentwurf
rough machinery history book Maschinen-kladde
rough material history Materialkladde
rough mill, to vorfräsen
rough milling Schruppfräsen
rough milling cutting Schruppfräser
rough out, to ausschruppen, grobbearbeiten
rough-pierced tube blank Rohrkluppe
rough planing Schrupphobeln (w)
rough reamer Vorreibahle
rough request vorläufige Anforderung
rough roll Zackenwalze
rough rule Faustregel
rough service lamp stoßfeste Lampe (Schiff)
rough size Rohmaß
rough sketch grobe Skizze, Vorentwurf, Grobzeichnung

rough sod unebene Grasnarbe
rough stamping Schmiederohling
rough steering schwergängige Lenkung
rough surface welliger Boden
rough synchro Synchro für Grobeinstellung
rough terrain schwieriges Gelände
rough test of tightness Dichtigkeitsvorprüfung (Ausblasekopf)
rough, to herunterwalzen, vorwalzen
rough tracking sprunghafte Zielverfolgung (Radar)
rough trimmer Grobtrimmer (Kreisel)
rough-turned vorgedreht
rough turning das Schruppdrehen, Vordrehen (Metall)
rough usage test Transportbeanspruchungsprüfung
rough work, to herausarbeiten (aus einem Stück), vorbearbeiten
roughed-down section Vorprofil (Walzwerk)
roughen, to aufrauhen (Oberfläche usw), einhacken, schruppen
rougher Schruppzahn, Vorgerüst, Vorschmiedegesenk
roughing cherrying operation Vorfräsen runder Gesenkformen (A)
roughing cut Grobschnitt, Schruppschnitt, Schruppspan
roughing device for hoop iron Bandeisenschruppvorrichtung, Schrappvorrichtung für Bandeisen
roughing hob Vorwalzfräser
roughing lathe Schruppdrehbank
roughing mill Vor(walz)straße (Walzwerk)
roughing on the planer Vorschruppen auf der Hobelmaschine
roughing-out hammer, bodyworker's Ausbeulhammer, Treibhammer
roughing roll Streckwalze, Vorwalze
roughing tooth Schruppzahn (Räumwerkzeug)
roughing train Vorwalzstraße
roughness coefficient Rauhigkeitskoeffizient (Werkstoffoberfläche)
roughness constant Rauhigkeitskonstante
roughness factor Rauhigkeitsfaktor (Werkstoffoberfläche)
roughness ga(u)ge Rauhigkeitsmesser
roughness height average Mittenrauhwert
roughness height rating Mittenrauhwert
roughness parameter Rauhigkeitsparameter
round abgerundet, ausrunden, rundherum, verrunden, Runde
round aluminium tube rundes Aluminiumrohr
round arch Bogendach
round bar Rundstab, Rundstange
round belt Rundriemen
round belt coupling Riemenschloß
round block Rundkolben (pla)
round block for gear wheel gezahnter Rundkolben, Zahnradkolben (pla)
round bubble Dosenlibelle
round button Rundkopf
round cable Rundkabel, Rundseil
round cordage Leine, Seil (Fsch)
round-corner bevelling machine Eckenrundstoßmaschine
round countersunk head Halbrundsenkkopf
round edge center cutter Mittenschneider
round ejector Patronenausstoßer
round-end Faßfeder, Feder in Nut mit runden Ende
round-ended-feather (mach) rundstirnige Keilnutenfeder
round ended taper sunk key Einlegekeil mit abgerundeten Enden
round extended washer head (screw) halbrunder Kopf mit Bund
round flange gasket Rundflanschdichtung
round flask Rundkolben (chem)
round follower Patronenzubringer
round gage Lehrdorn
round grip washer runder Federring mit Eingreifansatz
round groove Rundkaliber (Walze)
round head Halbrundkopf (Kopfschraube)
round head bolt Rundkopfbolzen
round head rivet Rundkopfniet
round head screw Halbrundschraube, Rundkopfschraube
round head slotted pin Halbrundkerbnagel
round head square neck bolt Halbrundschraube mit Vierkantansatz
round head with wrench flats Zylinderkopf mit zweiseitigen Schlüsselabflachungen
round-house Rundgehäuse
round iron Rundeisen, Rundstahl
round lock Raketenhalter
round marking brush Schriftenpinsel
round material Rundmaterial
round neck nut Halsmutter
round-nose iron Hohlkehleisen
round-nose pliers Rundzange
round-nose tool Hohlschneidstahl für Rundnuten
round notch test Rundkerbprobe
round nut Rundmutter
round of angles, one ein Satz Winkelmessungen
round off a number to two decimals,to eine Zahl auf zwei Dezimalstellen abrunden
round-off end, to ankuppen
round-off error Abrundungsfehler (Fräsen), Rundungsfehler (math)
round-off, to aufrunden, abrunden (math), runden (Material)
round offset screw hoock gekröpfter Schraubhaken mit Bund
round offset shoulder screw hook gekröpfter Schraubhaken mit Bund
round or conical buddle Kegelherd (min.)
round-out, to abfangen (Gerät od. Flugzeug bei Landung)
round paint brush Anstreichpinsel
round pass Rundkaliber
round piercing punch runder Schneidstempel (Stanze)
round plan nut Rundmutter
round-point tapering die-sinking cutter kegeliger Gesenkfräser mit runder Stirn
round robin Rundflug
round roof truss Rahmen mit Fachwerkbinder und Bogendach
round rotor Trommelanker (Steuerempfänger)
round rubber cord Rundschnur
round screw hook runder Schraubhaken
round section seal Rundschnurring
round selection mechanism Munitionswähleinrichtung

round shape Rundkörper
round shot Rundkugel
round stock Rundmaterial
round-the-world flight Flug um die Welt
round thread Kordelgewinde, Rundgewinde
round top countersunk rivet Linsenniet
"round trip" Aus- u. Einbauen von Bohrgestänge
round trip fare Hin- u. Rückflugpreis
round trip for bit change Aus- u. Einbau des Bohrgestänges für Meißelwechsel
round-tripping the drill pipe Aus- u. Einbauen des Bohrgestänges
round trip tubing Steigrohr Aus- u. Einbauen
round tube or pipe Rundrohr
round washer runde Scheibe
round wedge (screw head) Rundkeil
round-wiring armouring Runddrahtarmierung, Runddrahtbewehrung
round with wrench flats (screw head) rund mit Schlüsselflächen
round wood pole hitch Rundholzstangenzugvorrichtung
rounded check abgerundete Kurbelwanne
rounded core Rundseele
rounded option Rundungsangabe (math), Rundungsoption (COBOL)
rounding circuit Rundungskette
rounding error Rundungsfehler (math)
rounding-off Abrundung
rounding off, automatic maschinelles Runden (Werkstoffe)
rounding tool Abrundstahl
roundness Rundheit, Rundung, Verrundung
"roustabout" Bohrarbeiter
route auf den Weg schicken, Route, Strecke, zuleiten, Leitweg (elekt)
route alternation Änderung der Richtungswahl
route beacon Streckenfeuer (av)
route chart (Flug)streckenkarte, Bandkarte, Streifenkarte, Wegekarte (Seefahrt)
route chit Leitwegblatt
route configuration Reiseflugzustand(sform)
route deviation indicator Navigationswarnanzeiger
route diagram Leitungsverlaufsskizze (Fms)
route, direct direktes Bündel
route familization flight (ICAO) Instruktionsstreckenflug, Streckeneinweisungsflug
route forecast Flugstreckenvorhersage, Streckenvorhersage (meteo)
route guide Streckenführer, Streckenhandbuch
route indication Leitwegangabe
route locking Fahrstraßenfestlegung, Routenbestimmung
route kilometres Fahrkilometer, Streckenkilometer
route manual Streckenhandbuch
route march Marschieren ohne Tritt
route marking Streckenmarkierung
route, master program for...selection Rahmenprogramm für Richtungswahl
route pattern Streckennetz
route, reception...number Empfangsrichtungsnummer
route reversal Richtungsumkehr
route segment Streckenabschnitt
route selection Leitweglenkung, Richtungswahl, Festlegung od. Wahl der Trasse
route selection generator Richtungswahlgenerator
route selection program Richtungswahlprogramm
route selection tree Richtungswahlbaum
route structure data Streckenstrukturdaten
route structure for certified route carries and commitment Streckenstruktur planmäßiger Gesellschaften und ihr Auftragsstand
route surveillance radar Streckenrundsichtradar(gerät), Streckenüberwachungsgerät, Streckenüberwachungsradar
route survey Streckenführung
route, to routen, steuern, zuleiten
route to be flow einzuhaltende Flugstrecke
route to be followed einzuhaltende Strecke
route weather forecast Streckenwettervorhersage
route width Streckenbreite
router Vorlageschneidemaschine
router drill template Bohrschablone
routine Maschinenprogramm (dig), Routine, Teilprogramm (dig), gewohnheitsmäßig(e Übung), laufend, normal, üblich
routine, aging Fälligkeitsroutine, Fälligkeitsprüfung
routine, application Anwendungsprogramm
routine, authorization Berechtigungsprüfroutine, Autorisierungsprüfroutine
routine, branch Verzweigungsprogramm
routine broadcast übliche Radiowettermeldung
routine check Routineprüfung
routine, check(ing) Prüfprogramm, Testprogramm
routine, computer Maschinenprogramm
routine, conversion Übersetzer(programm), Umsetzer, Übersetzungsprogramm, Umsetzungsprogramm
routine, device control Ausgabeprogramm, Ein-/Ausgaberoutine
routine diagnostic Diagnoseprogramm, Diagnostikprogramm, diagnostisches Programm, Fehlersuchprogramm
routine, error-correcting Fehlerkorrekturprogramm
routine, error-correction Fehlerkorrekturprogramm
routine, error-detecting Fehlerkorrekturroutine
routine, error recovery Fehlerroutine
routine, evaluation Auswertungsprogramm
routine, extension Erweiterungsprogramm
routine, external conversion externe Adreßumsetzung
routine, fault (blocking and unblocking of a line) Steuerroutine (Sperren und Entsperren einer Leitung)
routine, floating-point Gleitkommaprogramm, Gleitpunktprogramm
routine, galley-proof correction Fahnenkorrekturprogramm
routine, general monitor checking allgemeines Überwachungsprogramm
routine, general post-mortem allgemeines Post-Mortem-Programm
routine, generating Generator (erzeugendes Programm), Generatorprogramm, Generierer
routine, hardware Hardwareroutine
routine, hyphenation Silbentrennungsprogramm

routine, initializer Einleitungsprogramm, Einleitungsroutine, Programmvorbereiter
routine, input Eingabeprogramm, Einleseprogramm, Eingaberoutine, Leseprogramm
routine, input/output Ein-/Ausgabeprogramm, Ein-/Ausgaberoutine
routine, input/output control Ein-/Ausgabesteuerprogramm
routine inspection Fallschirmnachprüfung, Routineinspektion
routine, instruction Befehlsablauf
routine, instruction handling Befehlsablauf
routine, interpreting interpretierendes Programm, Interpretierprogramm, erläuterndes Programm, Interpreter
routine, interpretive erläuterndes od. interpretierendes Programm, Interpretierprogramm, Interpreter
routine, interrupt Eingriffsprogramm, Unterbrechungsprogramm
routine, interruptability Unterbrechbarkeitsroutine (UBR)
routine, I/O control Ein-/Ausgabesteuerprogramm
routine, job reporting Auftragsprotokollprogramm
routine, label checking Etikettprüfprogramm
routine, label-reading Kennungsroutine
routine library Programmbibliothek
routine, library Bibliotheksprogramm
routine, line-oriented leitungsorientiertes Programm
routine, loader Ladeprogramm, Lader, Laderoutine, Programmlader
routine, loading Ladeprogramm, Laderoutine, Lader (Programm)
routine loading Programmlader
routine, main Hauptprogramm
routine maintenance laufende Wartung, regelmäßige Unterhaltungsarbeit
routine, malfunction diagnostisches Programm, Diagnoseprogramm, Diagnostikprogramm, Fehlersuchprogramm
routine, master Hauptprogramm
routine, memory test Speicherprüfroutine (SPR), Speichertestprogramm
routine message Routinenachricht
routine, minimum-access Bestzeitprogramm, Optimalprogramm, optimales Programm
routine, monitor Monitor, Überwachungsprogramm, Monitorprogramm
routine name Programmname, Routinename, Teilnehmerprogrammname (COBOL)
routine, network-oriented netzorientiertes Programm
routine, object ladefähiges Programm, Maschinencodeprogramm, Objektprogramm, übersetztes Programm
routine observation planmäßige (Wetter)-beobachtung
routine, open offenes Programm, Openroutine
routine, operator Bedienungsprogramm
routine order Dienstbefehl (milit), Programmbefehl, Routineorder
routine, output Ausgabeprogramm
routine parameter Steueranweisung für Programm
routine, partial Teilablauf
routine, post-mortem Post-Mortem-(Fehlersuch)programm
routine, preparatory vorläufiges Programm, Vorlaufprogramm
routine, program control test Programmsteuerungsprüfroutine
routine, program-oriented programmorientierte Routine
routine, program test Testprogramm
routine prosign R Routine mit Betriebszeichen R, Vorrangbezeichnung
routine, reconfiguration Anlagenrestart, anlagentechnischer Restart
routine repair work laufende Instandsetzungsarbeiten
routine report planmäßige (Wetter)meldung, Routinemeldung
routine request Routineanforderung
routine, rerun Wiederhol(ungs)programm
routine, restart Restartroutine, Wiederanlaufroutine
routine, re-storing Umspeicherprogramm
routine, rollback Wiederhol(ungs)programm
routine, sequence checking Folgeprüfprogramm
routine, simulation Simulationsprogramm, Simulator(programm)
routine, specific spezifisches Programm
routine, standard Standardprogramm
routine, start Einschaltroutine (EIR)
routine, start of the diagnostic Diagnoseanstoß
routine, stored gespeichertes Programm
routine, subscriber services...s Teilnehmerdienste
routine, supervisory Leitprogramm, Superprogramm
routine, switching Vermittlungsroutine
routine, system service Anlagedienst, Hilfsprogramm
routine, system start Einschalt(er)routine (EIR)
routine, tape-bootstrap Band-Start-Routine
routine, tape edit Banddruckroutine
routine, test Prüfprogramm, Testprogramm
routine test Schnellkontrolle
routine test program Routineprüfprogramm
routine, test program Prüfprogrammablauf
routine test run Routinetestablauf
routine testing Routineüberprüfung, laufende Überwachung (Motor u. Gerät)
routine, trace Programm zur schrittweisen Protokollierung der Ausführung eines Programms, Protokollprogramm
routine, tracing Programm zur schrittweisen Protokollierung der Ausführung eines Programms, Protokollprogramm
routine, translating Übersetzer(programm, Übersetzungsprogramm, Umsetzer(programm)
routine, typewriter Blattschreiberroutine
routine, update Änderungsroutine, Änderungsprogramm
routine, utility Dienstprogramm
routine weather observation planmäßige Wetterbeobachtung
routine word Programmwort, Routinewort (COBOL), Teilprogrammwort
routines, program-oriented programmorientierte Routine
routing Leitung (Fernschreibdienst), Leit-

weg (Flugsicherung), Leitwegzuleitung, Leitweglenkung, Versandvorschriften, Nach formfräsen, Teilnehmersuche, Strecken-´ führung (Richtfunk), Routenanweisung
routing (aircraft) Streckenführung
routing card Arbeitskarte, Laufkarte für Werkstück
routing centre Leitvermittlungsstelle
routing chart Leitwegplan
routing criterion Richtungskriterium
routing cutter Gesenkfräser, Langlochvorfräser
routing desk Leitstelle, Leittisch
routing directive Leitbefehl
routing directory Leitwegverzeichnis
routing doctrine Leitvermerkschema (teg)
routing group selector Umsteuerwähler
routing guidance Richtlinie für Richtungswahl (teg)
routing guide Leitwegverzeichnis
routing indicator Leitweganzeiger, Leitwegkenngruppe (Flugsicherung), Routing-Indicator (Nato)
routing information Leitinformation
routing line Leitwegzeile (TO-Zeile)
routing line segregation Leitwegaufteilung
routing prefix character Leitvermerkankündigungszeichen (teg)
routing radio message Betriebsfunkspruch
routing the circuit Leitwegfestsetzung
router group bewegliche Befehlsstelle
roving package Flachspule (Glasfaser)
row Lochzeile, Reihe, Zeile (einer Matrix), Zylinderreihe, Sprosse
row binary Binärdarstellung auf Lochkarten
row-binary-card Binärlochkarte
row-binary punching Binärstanzen
row-binary representation Zeilenbinärkartendarstellung, Zeilendualkartendarstellung
row, card Kartenzeile
row or vortex series Wirbelreihe
row pitch Sprossenteilung
row video display Rohvideobildschirm
Royal Air Force Britische Luftwaffe
Royal Canadian Air Force Kanadische Luftwaffe
royal post Königszapfen
royalty Förderabgabe, Förderzins, Lizenzgebühr
RP (1) rocket propellant, (2) rocket projectile
RPG (report program generator) Listprogrammgenerator
RPG control card RPG-Vorlaufkarte
RPG language Listenprogrammgeneratorsprache
RPG listing Übersetzungsprotokoll
RPG run Listenprogrammgeneratorlauf
RPH remotely piloted helicopter
RPH surveillance system unbemannter Aufklärungshubschrauber
RPM Nenndrehzahl
RPM control level Umdrehungskontrollhebel
RPM 100% 100%ige Nenndrehzahl
RPP rocket propellant plant
RPT (repeat, I'm repeat) wiederholen, ich wiederhole
RPT rise per tooth
RPV remotely piloted vehicle
RQS (request supplementary flight plan message) Anforderung für Flugplanergänzungsmeldung
RRE Royal Radar Establishment
RRI Reaction Research Institute
RS result signs
RS resolver synchro
RSC Rescue sub-centre SAR-Unterleitstelle
RSK Reaktorsicherheitskommission
RSM manuelles Rücksetzen
RSP responder beacon Antwortsenderbake
RSR (en-)route surveillance radar Streckenrundsichtradar
RSRA Rotor System Research Aircraft
RSRA (rotor system research aircraft) **demonstrator** RSRA-Erprobungsträger
RST reliability shake-down testing
RT radiotelephony
RT reperforator/transmitter
RT resolver transformer
RT communication antenna Antenne für Funksprechanlage
RT operation Funksprechverkehr
RT switch Anti-SE-Schalter, ES-Weiche
RT taxying instructions Rollanweisungen für Sprechfunk
RTC radio technical committee
RTF radiotelephone Sprechfunkgerät
RTG radiotelegraph Tastfunkgerät
RTG running-take-off autogyro
RTMA Radio-Television Manufactures Association
RTO Return to Operation Time
RTS radar tracking station
RTT radio teletypewriter Funkfernschreibmaschine
RTV re-entry test vehicle
RU roughness unit
rub out, to ausradieren (Information), durch überstanzen löschen (lo)
rub, to abreiben
"rub tolerant" material abriebbeständiges Material
rubbed or polsihed with enemy abgeschmirgelt
rubber acoustic mount schalldämpfende Gummiunterlage
rubber adhesive Gummikleber, Kautschukkleber
rubber belt Gummiriemen
rubber blanker coating Streichen mit Rakel auf Gummituch
rubber blanket coating Gummituch-Streichverfahren
rubber boat Schlauchboot
rubber-bonded-to-metal component Gummi-Metallverbindung
rubber buffer Gummipuffer
rubber buffer mounting elastischer Einbau mittels Gummipuffer
rubber buffers for bonnets Haubenanschlaggummi
rubber bumper, tubular schlauchförmiges Gummikissen
rubber compound gummihaltige Verbindung
rubber, conductive leitendes Gummi
rubber coupling Gummikupplung
rubber cover Gummidecke
rubber cover protection Gummispritzschutz
rubber covered roller Gummiwalze
rubber cub Gummimanschette
rubber cushion Gummilager, Gummipuffer
rubber-cushioned gummigelagert

rubber diaphragm Gummimembran
rubber dinghy Gummischlauchboot
rubber disc Gummischeibe
rubber door check straps Gummitürhaltebänder
rubber door stop Türpuffer aus Gummi
rubber-driving disc Mitnehmerscheibe aus Gummi
rubber dust excluder Faltenschlauch
rubber dust excluder boot Gummischutzbalg
rubber end sleeve Endverschluß
rubber escutcheon Gummirosette
rubber fitting for door handles Türgriffgummirosette
rubber fixing hook Endhaken, Gummihaken
rubber hair packing Gummihaarauflage
rubber-hose gasket Gummischlauchdichtung
rubber hose ring Gummischlauchring
rubber-hose, wire-wrapped drahtumwickelter Gummischlauch
rubber joint Gummigelenk
rubber-lined pump gummierte Pumpe
rubber lining Gummibelag
rubber lining or packing piece Gummibeilage
rubber-modified kautschukmodifiziert
rubber motor Gummimotor
rubber motor lubricant Schmiermittel für Gummimotor
rubber moulding Formgummiteil
rubber moulding for body builders Profilleiste für Karosseriebau
rubber mounted center bearing Gummizwischenlager
rubber mounting pad Gummilager
rubber packing Gummipackung
rubber packing for stuffing box Stopfbuchsengummipackung
rubber pad Gummiklotz
rubber pad die Gummikissenform, Preßkissenform
rubber pedal ped Gummibezug für Pedal
rubber plug Gummistopfen
rubber protection cap for terminal Gummischutzkappe für Anschlußklemme
rubber protector for rear mud guard Gummischutzkappe für hinteren Kotflügel
rubber removal from grooved runway Gummispurentfernung von gerillter Piste, entfernen von Gummispur auf gerillter Piste
rubber rim tape Felgenband aus Gummi
rubber rope, launching by means of Gummiseilstart
rubber rotary hose Gummispülschlauch
rubber seal Gummidichtung
rubber sealing bar Dichtungsstab
rubber sealing material Gummiabdichtung
rubber sealing ring Gummidichtring
rubber sealing sheet Gummidichtungsplatte
rubber section Gummiprofil, Profilgummi
rubber section for door openings Türgummidichtung
rubber section for steering wheel spokes Profilgummi für Lenkerlasche
rubber shape and moulding Gummiformteil
rubber shock absorber Gummistoßdämpfer
rubber shock-mount Gummistoßdämpfer
rubber sleeve Gummimuffe, Gummitülle, Gummimanschette, Schlauchmanschette
rubber socket Gummitülle
rubber solution Gummilösung
rubber sponge Gummischwamm
rubber spreading Streichen mit Rakel auf Walze
rubber stop Gummipuffer
rubber stopper Kautschukstopfen
rubber strap Gummilasche
rubber string Gummikordel
rubber suspension strap Aufhängeband
rubber tension device (for rubber-motors) Aufziehvorrichtung für Gummimotor
rubber thrust pad Gummidruckstück
rubber tool Gummikissenform
rubber tread Laufbrettgummi, Trittbrettgummi
rubber tube Gummischlauch
rubber tubing Kautschukschaum
rubber universal joint Gummikreuzgelenk
rubber universal joint plate Gummigelenkscheibe
rubber ventilation hose Lüftungsschlauchgummi
rubberice gummieren (Stoff)
rubberized hair up-holstery Gummihaarpolster
rubberized hood material Gummiverdeckstoff
rubberized tape gummiimprägniertes Isolierband
rubber-like stage thermoelastischer Zustand
rubbing cone Nitschel
rubbing labyrith seals Kämmen der Turbinendichtungen
rubbing speed Gleitgeschwindigkeit (Lager)
rubbing strip Randleiste
rubbing surface aufeinander arbeitende Flächen
rubble grober Kies
rubble filter Kiesfilter
rubbly culm coke Feinkoks
rubidium Rubidium
ruby as light source Rubin aus Laserlichtquelle
RUCS rectangular uniform chromaticity scale
rudder Seitenruder
rudder adjustment Ruderwinkeleinstellung
rudder angle Seitenruderausschlag, Seitenruderwinkel
rudder angle in degrees Ruderlage in Grad
rudder angle indicator Ruder(lagean)zeiger (Schiff)
rudder bag or vertical lobe line Steuersackleine
rudder balance Seitenruderausgleich
rudder balance weight Ruderausgleichsgewicht
rudder bar Seitenruderhebel, Seitensteuerfußhebel
rudder bearer Ruderlager (Torpedo)
rudder blade Ruderblatt (Wasserfahrzeug)
rudder body Ruderkörper (Wasserfahrzeug)
rudder bracket Ruderlager (Torpedo)
rudder cable Ruderkabel, Steuerleine
rudder clutch coil Ruderkupplungsmagnet
rudder control Ruderkontrolle, Seitenrudersteuerung
rudder control cable Ruderseilzug
rudder control rod Rudersteuergestänge (Luftkissenfahrzeug)
rudder controls Seitensteuerwerk
rudder cross-linkage Ruderquerverbindungsgestänge (Luftkissenfahrzeug)
rudder deflection Seitenruderausschlag(winkel)

rudder, double-hinged zweifach angelenktes Ruder
rudder drive Rudergetriebe, Steuergetriebe
rudder effective speed Mindestgeschwindigkeit für Seitenruderwirkung
rudder fin Seitenflosse
rudder follow potentiometer Ruderfolgepotentiometer (Torpedo)
rudder force Seitenruderkraft
rudder hard to hard Ruder von einer Hartlage in die andere legen
rudder hinge Seitenrudergelenk
rudder hinge beam Seitenruderscharnierträger
rudder interconnecting rod Ruderverbindungsstange (Luftkissenfahrzeug)
rudder limit Ruderanschlag (Schiff), Ruderlagebegrenzung
rudder limit control Ruderlagebegrenzungsschalter
rudder lobe Steuersack
rudder mass balance Rudermassenausgleich
rudder operator or helmsman Seitensteuermann
rudder or elevator cable Ruderkabel
rudder order indicator Ruderlageanzeiger
rudder oscillation Seitenruderschwingung (Torpedo)
rudder pedal Seitenruderpedal (Schiff), Steuerruderpedal (Luftkissenfahrzeug)
rudder pedal adjustment handle Pedalverstellgriff
rudder pedal, fixed force-sensing... starres, kraftmessendes Seitenruderpedal
rudder pedal, full deflection of the... voll ausgeschlagenes Seidenruder
rudder pedal hanger (Seitenruder)pedalträger (Druckluftanlage)
rudder pedal or yaw control surface position Seitenruderpedal- od. Giersteuerflächenstellung
rudder pedal walking beam Schwenkbalken der Seitenruderpedale
rudder pintle Ruderzapfen (Lagerzapfen)
rudder position Seitenruderstellung
rudder post Ruderpfosten, Rudersteven, Seitenruderholm
rudder propeller unit Schraubenruder (Luftkissenfahrzeug)
rudder push rod Seitenruderschubstange
rudder quadrant Ruderquadrant (Schiff)
rudder servoactuator Seitenruderstellmotor
rudder shaft Ruderachse, Ruderwelle, Seitenruderachse (Torpedo)
rudder shaft deck bearing oberes Ruderwellenlager
rudder shoe Ruderlager (Torpedo)
rudder spar Ruderholm, Steuerholm
rudder speed Ruderlaufgeschwindigkeit
rudder stop Ruderanschlag (Torpedo), Steueranschlag (Luftkissenfahrzeug)
rudder stop, improved verbesserter Seitenruderanschlag
rudder strip Leistenruder
rudder strut Ruderstütze
rudder support bearing Ruderstützlager
rudder tachometer Rudermaschinentachometer (Torpedo)
rudder telltale Ruderlagenanzeiger (Schiff)
rudder, to give ruderlegen
rudder torque tube Ruderverdrehrohr (Luftkissenfahrzeug)
rudder trim tab Steuerrudertrimmblech, Steuerrudertrimmklappe
rudder trim tab actuator Seitenruder-Trimmklappenmotor
rudder trim tab control Seitenrudertrimmklappenverstellung
rudder trim tab control unit Rudertrimmklappenregelvorrichtung
rudder trim tab mechanism Rudertrimmklappenmechanismus
rudder trim tab wheel Seitenrudertrimmrad
rudder trim travel Seitenrudertrimmausschlag
rudder trimming Seitenrudertrimmung
rudder yoke Ruderjoch (Schiff)
rudderstock bushing Ruderschaftbuchse (Wasserfahrzeug)
rudderstock bushing Ruderschaftbuchse (Wasserfahrzeug)
ruddevator kombiniertes Seiten/Höhenruder, V-Leitwerk
rugged construction schwere Bauarbeit
rugged topography höckrige Topographie
ruggedness Stabilität, Widerstandsfähigkeit gegen rauhe Behandlung
Rumkorff coil Induktorium
ruin, to ruinieren, vernichten
rule Grundsatz, Lineal, Maßstab, Norm, Regel, Richtschnur, Schablone (zum Stanzen usw), Zollstock
rule for design Bemessungsregel (techn)
rule of application Durchführungsbestimmung
rule of precedence Rangfolge (ALGOL)
rule of signs Vorzeichenregel
rule of the competition or content Wettbewerbsregel, Wettbewerbsvorschrift
rule of the road Seestraßenordnung
rule of thumb rough formula Überschlagsformel
rule or law of hurricanes Orkanregel
rule width Linienstärke
ruler Lineal, Richtstab
rules Normen, Vorschriften, Satzungen (eines Ausschusses), Regelwerk
rules for jumping Sprungregel(n) (Fsch)
rules of procedure Geschäftsordnung, Verfahrensbestimmung
rules of programming Programmierungsregeln
rules of racing Wettfahrtbestimmungen
rules of the air Luftverkehrsregeln (ICAO)
rules of the air and air traffic control Luftverkehrsregeln und FS-Kontrolle
rules of the nautical road Seeschiffahrtsstraßenordnung
ruling engine Teilmaschine (Optik)
ruling machine Linienmaschine
ruling pen Linienfeder
ruling the layout for press registration einpassen der Montage für Druck
rumble Poliertrommel, Scheuertrommel
rumble, to trommeln (Luftkessel im Schleuderverfahren behandeln)(Torpedo)
run Ablauf, Durchlauf, Lauf, Maschinendurchlauf, Meßreihe, Programmdurchlauf (EDV), Rollstrecke (av), Bildflugphase, Neigungsabweichung (als Längenmaß)
run (in quarrying) Kluftflächenrichtung

mittelschwerer Spaltbarkeit
run (of cable) Kabelbahn
run (of an aircraft) Bildflugstreifen (Lubi)
run (of micrometer) periodischer Schraubenfehler, Run (der Mikrometerschraube)
run (of prints)(photogrammetry) Bildstreifen
run a cable through, to Kabel umtrommeln
run a ground, to auf Grund laufen (Schiff)
run a line overhead, to eine Leitung oberirdisch führen
run, benchmark Vergleichslauf
run cam Laufscheibe, Laufzeitnocke
run casing Futterrohr einbauen, Verrohrung
run casing in the hole Futterrohr ins Bohrloch einlassen, einbauen od. einbringen, Bohrloch verrohren
run counter Markenrad der Tiefenrudersperrung (Torpedo)
run, debugging Testlauf
run, demonstration Vorlauf
run-down a nut finger tight eine Mutter nur mit den Fingern anziehen
run-down costs Restabgeltungskosten
run-down drum or tank Destillationssammelgefäß
run-down time Auslaufzeit
run-down-type test Grenzwertbestimmung bei ständig abnehmender Fallhöhe
run-dry drive system trockenlauffähiges Antriebssystem
run duration Durchlaufzeit (EDV)
run, end Ende des Laufes
run difference Laufstreckendifferenz
run, erratic unregelmäßiger Lauf (Torpedo)
run-flat ability Notlauffähigkeit (Reifen)
run-flat capability Notlaufeigenschaft
run-flat tire Notlaufreifen
run, green Erstlauf (Triebwerkabnahme)
run idle leerlaufen
run-in einlaufen (lassen)(Motor, Lager usw), Ziellandung
run-in control Endanflugkontrolle
run-in cycle Karteneinlauf
run-in groove Einlaufrille
run-in lane Anflugschneise
run-in operation Karteneinlaufoperation
run-in rendezvous Einwärtssammeln
run-in test Prüfung nach Einfahren
run-in the drill pipe Bohrgestänge einbauen od. einlassen
run, in the short auf kurze Sicht, fürs Erste, vorerst
run-in time Einfahrzeit (Anlagen u. Maschinen)
run hot, to abbremsen (Twk)
run into liners, to einwickeln in Mitläufer
run modification Änderungslauf
run number Durchlaufnummer
run of a pipe Verlauf einer Rohrleitung
run of a rafter Sparrenlänge in der Horizontalen gemessen
run-of-mine coal Förderkohle
run of river power station Laufkraftwerk, Flußwasserkraftwerk
run-of-wind anemometer Windwegmeßgerät
run-off Oberflächenabfluß
run-off control Ablaufsteuerung
run-off effect Einlaufeffekt
run-off of water Wasserablauf (Straße), Wasserabfluß
run-off slag Vorlaufschlacke
run off the reel von der Rolle ablaufen
run-off, to abfließen (Späne), ablaufen (Kabel)
run-on landing Rollandung (VTOL)
run open, to mit offenem Schaltkreis laufen
run-out buffer Vorlaufpuffer
run-out buffer lock Vorlaufpufferanschlag
run-out cycle Kartenauslauf
run-out groove Auslaufrille
run-out key Auslauftaste
run-out of true, to nicht genau rundlaufen
run-out recorder Vorlaufmesser
run-out rendezvous Auswärtssammeln
run-out stroke Vorlauf
run-out tolerance Restfehler (Optik)
run-out trestle Abrollbock (Spiralrollschweißanlage)(Walzwerk)
run-out velocity Vorlaufgeschwindigkeit
run path the station (rail) Station überfahren
run phase Ablaufphase (EDV)
run production-type propulsor Technologieerprobungsphase (Hschr)
run, program Programmablauf, -durchlauf
run, program generating Programmgenerierungslauf
run rate Durchlaufquote
run, red Zusatzlauf (Triebwerkabnahme)
run report Schußmeldung
run revision Änderungslauf
run roughly unregelmäßig od. unruhig laufen
run, routine test Routinetestlauf
run setting Laufstreckeneinstellung (Torpedo)
run sheet Durchlaufblatt
run short, to ausgehen, knapp werden (Vorrat)
run solids, to Flächendruck durchführen
run, standard normaler Lauf
run switch Betriebsschalter
run, synthetic synthetischer Lauf
run tankage Betriebstankanlage (Flüssigtreibstoff)
run test Folgeprüfung
run test, to Prüflauf unternehmen
run the bailer into the hole Schöpfbüchse ins Bohrloch einlassen, mit Löffel ins Bohrloch einfahren
run the drill pipe into the hole Bohrgestänge ins Bohrloch einbauen
run the engine all out Motor voll ausfahren
run the plane out of the shed das Luftfahrzeug aushallen
run time Durchlaufzeit (EDV), Laufzeit (Torpedo)
run-time parameter Ablaufparameter, aktuelles Parameter
run-time system Laufzeitsystem
run, to arbeiten, laufen, leiten, lenken (Maschine, Motor, Gerät usw)
run, to be ablaufen (Programm)
run under monitor control, to unter Steuerung des Monitors ablaufen
run-up Anflug (auf Angriffsziel), Probelauf, Freiflug (drallloser Weg des Geschosses im Rohr), Warmlaufen
run-up a rectifier einen Gleichrichter hochfahren
run-up an engine Motor warmlaufen lassen

run-up and down time Anlauf- u. Auslaufzeit, Hochlauf- u. Auslaufzeit
run-up area Abbremsfläche, Abbremsplatz, Abbremsraum
run-up brake Auflaufbremse
run-up circuit Integrator (Oszillograph)
run-up of the lands Übergangskegel
run-up point Abbremspunkt
run-up position Abbremsstelle
run-up stand Prüfstand
run-up time Hochlaufzeit (Kreisel, Turbine)
run-up, to Prüflauf durchführen (Motor), hochdrehen (Kreisel)
run up to speed, to auf Drehzahl kommen
run, updating Änderungslauf
run without monitor control, to ohne Steuerung des Monitors ablaufen
runaway "Absacken" (Luftfahrzeug), Durchgehen (eines Reaktors)
runaway aircraft durchgebranntes Flugzeug
runaway electron Runawayelektron (Atomphy)
runaway escapement mechanism (PD fuze) massebetätigte Hemmung
runaway preignition weglaufende Frühzündung
runaway reaction unkontrollierte Reaktion, Überreaktion
runaway speed Durchgehdrehzahl
runaway surface ignition weglaufende Oberflächenzündung
runaway trim weglaufen der Trimmung
runback check Rücklaufsperre (Wagenumlauf)
runner Angußhauptkanal, Angußverteiler, Einguß (Gießerei), Läufer, Meldegänger, Meldeläufer
runner for casting Trichterzulauf
runner gate Eingußkanal, Eingußlauf, tangential verlaufender Zulauf zum Gußtrichter
running Fahraufnahme, Laufen (Motor)
running accumulator Kellerspeicher, Stapelspeicher
running accuracy Laufgenauigkeit
running balance dynamische Auswuchtung
running board Laufbrett, Laufleiste, Trittbrett
running board aerial Trittbrettantenne
running board strip Laufleistenprofil, Trittbrettleiste
running cable Laufkabel
running cetance rating Cetanzahlbestimmung im laufenden Motor (Zündverzugsverfahren)
running centre umlaufende Spitze (Drehbank)
running clearance Lagerspielraum
running commentary or reporting Reportageverfahren
running condition, to be in in Schuß sein
running costs Betriebskosten, laufende Kosten
running fit Laufanpassung
running fix Kreuzpeilung, Standortpeilung
running float Fließsand, Schwimmsand, Treibsand, Triebsand
running hot and cold water fließendes warmes u. kaltes Wasser
running hour Betriebsstunde (Gerät, Motor)
running-in Einlaufen, Einlaufvorgang (Motor)
running in of the drill pipe einlassen od. einbauen des Bohrgestänges
running-in surface finish durch Einlaufen entstandene Oberflächenbeschaffenheit (Lager)
running-in test log sheet Einlaufprotokoll
running landing Schlittenlandung
running light Positionsleuchte, Rampenlicht
running modification Jeweilsänderung (dig)
running of a problem "Durchlaufenlassen" eines Problems (Rechneranlage)
running or clearance fit Laufsitz
running order Betriebsfähigkeit
running out of gasoline, fuel Treibstoff wird knapp
running position Fahrstellung
running pressure, pipe Druckanstieg, Einbaudruck (Bohrgestänge)
running program betriebsfertiges od. laufendes Programm
running pulley Kreuzrolle
running rate, pipe Einbaugeschwindigkeit
running rigging Kreuztaurolle
running sand Schwimmsand, Treibsand
running source innere Quelle
running speed Umlaufgeschwindigkeit
running speed, pipe Einbaugeschwindigkeit
running state Laufstatus
running take-off Rollstart (Hschr)
running take-off autogyro (RTG) Rollstarttragschrauber
running test load Prüfbelastung (in Bewegung) (Hebezeug)
running time Betriebszeit, Laufzeit
running-time meter Betriebszeitzähler
running total laufende Summe (komm)
running, working betriebsfähiger Zustand
runout of thread Gewindeauslauf
runout roller table Abführrollgang, Ausführrollgang (Walzwerk), Transportrollgang (Stranggießanlage)
runup Abbrechen (das), Anflug (auf ein Ziel)
runway Piste, Start- u. Landebahn, Abstichrinne, Gießpinne, Flugdeck (Flugzeugträger)
runway acceptance rate Pistenkapazität
runway air temperature Lufttemperatur über der Piste
runway alignment beacon Pistenrichtungsfeuer, Start- u. Landebahnrichtungsfeuer
runway alignment indicator Pistenrichtungsanzeiger
runway and edge light Start- u. Landebahnrandfeuer
runway approach Landebahnanflug
runway assignment Start- u. Landebahnzuweisung
runway barrier Fangvorrichtung
runway barrier cable catch Fanghaken
runway braketing reflector (GCA) Kursreflektor
runway capacity Aufnahmefähigkeit der Piste, Pistenkapazität
runway caution control zone Start- u. Landebahn-Warnkontrollzone
runway center line Pistenmittellinie, Start- u. Landebahnmittellinie
runway center line, extended Anfluggrundlinie
runway centerline lights Start- u. Landebahnmittellinienfeuer, Pistenmittellinienfeuer (TERPS)
runway center line markings Pistenmittellinienmarken, Start- u. Landebahnmittel-

linienmarken
runway chute Schurre
runway, closed gesperrte Start- u. Landebahn
runway code letter Pistenkennbuchstabe, Start- u. Landebahnkennbuchstabe
runway condition Start- u. Landebahnzustand, Pistenzustand
runway controller FS-Lotse für Start- u. Landebahn
runway designation Pistenbezeichnung, Start- u. Landebahnbezeichnung
runway designation letter Pistenbezeichnungsbuchstabe, Start- u. Landebahnbezeichnungsbuchstabe
runway designation markings Start- u. Landebahnbezeichnung
runway designation numbers Pistenbezeichnungszahlen, Start- u. Landebahnbezeichnungsnummern
runway dimension Pistenausmaß, Start- u. Landebahndimension
runway distance markers Reststreckenmarken an der Piste
runway edge Start- u. Landebahnkante, Pistenrand, Start- u. Landebahnrand
runway edge light Pistenbegrenzungsfeuer, Pistenrandfeuer
runway edge lighting Pistenrandbefeuerung
runway edge lights Pistenrandfeuer
runway edge marking Pistenrandmarker, Start- u. Landebahnmarkierung
runway edge threshold and centre line lights Befeuerung von Pistenbegrenzung, Befeuerung der Pistenmittellinie u. Pistenschwelle
runway-end light (aero) Startbahn-Endfeuer
runway-end lighting Pistenendbefeuerung, Start- u. Landebahnendbefeuerung
runway end marking Pistenendmarkierung, Start- u. Landebahnendmarkierung
runway environment Pistenumfeld
runway exit lights Pistenausfahrtfeuer
runway extension Start- u. Landebahnerweiterung, Verlängerung (Landebahn)
runway flag Warnzeichen "runway"
runway floodlight Start- u. Landebahnscheinwerfer, Pistenscheinwerfer
runway floodlights Pistenfeuer
runway foaming unit Schaumteppichgerät für Pisten
runway heading Start- u. Landebahnrichtung
runway in use Betriebspiste, in Betrieb befindliche Start- u. Landebahn, Gebrauchspiste, zu benutzende Pistenrichtung od. Start- u. Landebahnrichtung, "Piste in Betrieb"
runway layout Pistenanordnung
runway lighting Pistenbefeuerung, Start- u. Landebahnbefeuerung
runway lights Pistenfeuer, Start- u. Landebahnfeuer
runway localiser ILS-Hauptbake, Landekurssender
runway localizer Landebahnbake
runway localizer receive Landebahnbakenempfang
runway localizing beacon Landefunkfeuer
runway marker Pistenmarkierung
runway markings Pisten-, Start- u. Landebahnmarken
runway mobile control Wegweiserfahrzeug
runway occupancy Pistenbelegung, Start- u. Landebahnbelegung
runway parallel line (RPL) Pistenparallellinie
runway pattern Pistenanordnung
runway pendant Fangseil
runway propeller Durchgehen od. Überdrehen einer Luftschraube
runway sanded "Piste gestreut"
runway selected basic length zugelassene Start- u. Landebahngrundlänge
runway selected basis Pistengrundlänge
runway separation Pistenstaffelung
runway sheave Umlenkrolle (Fanganlage)
runway shoulder Pistenschulter
runway slope Pistenneigung, Start- u. Landebahnneigung
runway snowplough with scraper blade Pistenschneepflug mit Räumschaufel
runway still occupied Landebahn noch belegt
runway strength Stärke der Start- u. Landebahn, Pistentragfähigkeit
runway surface Pistenoberfläche, Start- u. Landebahnoberfläche
runway surface light Pistenoberflächenfeuer
runway surfacing Landebahnbeschaffenheit
runway sweeping vehicle Startbahnkehrmaschine
runway texture and landing light effect Pistenoberfläche u. Landelichtwirkung
runway threshold Landebahnanfang, Landebahnschwelle, Start- u. Landebahnschwelle
runway threshold light Schwellenfeuer
runway threshold lighting Schwellenbefeuerung
runway threshold markings Schwellenmarkierung, Schwellenkennzeichnung
runway touchdown zone lighting Aufsetzzonenbefeuerung
runway touchdown zone markings Aufsetzzonenmarken
runway turn-off Pistenausgang, Start- u. Landebahnausgang
runway visibility measurement Ermittlung der Landebahnsichtweite
runway visual Pistensicht
runway visual marker Start- u. Landebahnsichtzeichen
runway visual range (RVR) Pistensichtweite, Landebahnsicht
runway visual range data Anzeige der Pistenreichweite
runway visual range meter Sichtweitemesser für Flugplatz
runway visual range monitoring system Pistensichtweitenmeßanlage
runway visual range of 360m at 30m cloud base 360m Pistensicht bei 30m Wolkenuntergrenze
rupture area Bruchfläche (allgm), Restbruchfläche (Dauerbruch)
rupturing load Bruchbelastung
rural district Landbezirk, Landnetzgruppe
rural power station Überlandzentrale
rural telephone plant Landfernsprechnetz
rush hours Spitzenstunde, Stunde starken Verkehrsandrang, hohes Verkehrsaufkommen

rush job dringende od. eilige Arbeit
rush, to beschleunigen, dahineilen, treiben
Russel lobe parachute Russel-Fallschirm
Russel-Saunders coupling Russel-Saunders-Kupplung
rust prevention Rostschutz
rust-proof rostgeschützt, imprägniert
rust proofing grease Rost- u. Korrosionsschutzfett
rust-proofing lacquer Rostschutzlack
rust removing machine Entrostungsmaschine
rust resistant steel witterungsbeständiger Stahl
rustle frequency Rauschfrequenz
rustle radiation Rauschstrahlung
rustle, to knistern, krachen, rascheln, rauschen
rustless schwer rostend
rusty rostig, verrostet
RUT (standard regional route transmitting frequency) regionale Streckenfrequenz
rut Fahrrinne, Furche, "S-Wagenspur"
ruthenium (chem RU) Ruthenium
Rutherford Rutherford (Aktivitätseinheit)
Rutherford-Bohr atom model Rutherford-Bohr'sches Atommodell
RV (rescue vessel) Rettungsboot
RVR (runway visual range) Start- u. Landebahnsichtweite
RWY (runway) Start- u. Landebahn
RX resolver transmitter
Rydberg constant Rydbergkonstante
Rydberg wave number Rydbergwellenkonstante, Rydberg-Wellenzahl
RYM reference your message
R2 crossing angle Schneidungswinkel im Treffpunkt (Flugkörperfeuerleitung)

S

S secret (classification)
S (south or southern latitude) Süd od. südliche Breite
S (scattering matrix) Steuermatrix
S (second) sek (Sekunde)
S (standing-wave ratio) k,s, Welligkeitsfaktor
S (sulphur) Schwefel
S (surface) O (Oberfläche)
S Steuerdrehmelder
S&A safety and arming (mechanism)
S3 (3-hourly surface synoptic charts) 3-stündige synoptische Bodenwetterkarten
S6 (6-hourly surface synoptic charts) 6-stündige synoptische Bodenwetterkarten
S-band S-Band (1500-5200 MHz)
S-band antenna S-Bandantenne
S-bolt S-Stütze
S-distortion S-Verzeichnung
S-effect Oberflächeneffekt
S, face to-spot-face
S folding Einlegen in S-Schlägen (Fsch)
S-link S-Haken
S-meter (signal-strength meter or indicator) Feldstärkeanzeiger (im Empfänger), S-Meter, Regelspannungsinstrument, HF-Anzeigeinstrument
S/mill straddle milling
S-shaped pipe gekröpftes Rohr
S-transistor (switching and swinging transistor) Schalt- u. Schwingtransistor, S-Transistor
S turning Rollen in Schlangenlinien
S valve Streufaktor
S-wire (teleph) Meßleitung, Prüfleitung
S-wrench S-Schlüssel (für Muttern)
SA (dust- or sandstorm) Staub- od. Sandsturm
SA Secretary of Army
SA (single-armored) mit einfacher Bewehrung
SAB scientific advisory board
SABA System de Surveillance Automatique des Bruits Aeriens (automatic aircraft noise monitoring system)
sabin Sabin (Einheit des Absorptionsvermögens)
sabotage Sabotage
SAC space application center
SAC strategic air command
SACEUR Supreme Allied Commander Europe
sack cell Beutelelement
sack cloth Sackleinwand
sack element Beutelelement
sack-type Leclanche element Beutelelement nach Leclanche
sacking equipment Absackanlage
SACLANT Supreme Allied Commander Atlantic
SACP Strategic Air Command Project (office)
sacrifice in accuracy, with a mit nachlassender Genauigkeit
saddle Achsensenke, Einmuldung der Sattelachse (geol), Bettschlitten, Querschlitten, Sattel, U-förmige Befestigungsklemme, Unterschlitten (Werkzeugmaschine)
saddle bag Beuteltasche, Packtasche
saddle binder screw Feststellschraube des Schlittens
saddle clamp Schlittenklemmung (w)
saddle-clamp lever Hebel zum Feststellen des Konsolsschlittens
saddle coil Sattelspule
saddle key Hohlkeil
saddle on the cross-rail Querbalkenschlitten (Werkzeugmaschine)
saddle on the rail Auslegerschlitten (w)
saddle pin, walking beam Schwengelbock-Jochbolzen
saddle point Sattel (einer Kurve)(math), Sattelpunkt, Gleichgewichtspunkt
saddle point solution Sattelpunktlösung
saddle tank Satteltank
saddle value Gleichgewichtspunkt, Sattelpunkt
saddle wire Leitung für Stangenspitze
SAE society of automatics engineers "Signalabfrageeinrichtung"
SAF Secretary of the Air Force
SAF Speicherausgabeanforderung
safe sicher, unter der gefährlichen Grenze bleibend, zuverlässig, Panzerschrank
safe air travel (SAT) Sicherheitsflugstrecke
safe current maximal zulässiger Strom, Sicherheitsstromstärke
safe data gesicherte Daten im Reserverechengerät
safe deployment speed limitation höchstzulässige Gebrauchsgeschwindigkeit
safe distance sicherer Abstand
safe filament current zulässiger Heizstrom
safe-fire switch Sicherheitsschalter

safe fuse Sicherung
"safe haven" emergency power totsicheres Notsystem (Sonnengenerator)(sp)
safe health level ungefährliches Strahlungsniveau
safe height, at a in sicherer Höhe
safe landing glatte Landung
safe life sichere Lebensdauer (Gerät)
safe load zulässige Belastung
safe-load factor Lastvielfaches
safe magnetic depth magnetische Sicherheitstiefe (von Minen)
safe operating temperature zulässige Betriebstemperatur
safe operation sichere(r) Betrieb(sweise)
safe procedure sichere Arbeitsweise
safe stress zulässige Belastung od. Spannung
safe to operate betriebssicher
safe value kritischer Minimal-, zulässiger Wert
safe vertical drop Sicherheitsfallhöhe
safeguard Schutz, Sicherung
safeguard system Sicherungsprogramm
safeguarding routine Sicherungsprogramm
safeguarding software Sicherungssoftware
safeguarding system Sicherungssystem
safely back at base Zuverlässigkeitssektor
safely supercritical pile sicherer überkritischer Reaktor
safety Sicherheit, Unverletzbarkeit, Absicherung, Sicherung
safety and survival Sicherheit und Überlebensfähigkeit (Hschr)
safety assembly Reaktorschutz
safety base Sicherheits-, Azetatträger
safety belt Anschnallgurt, Bauchgurt (Fsch), Sicherheitsgürtel
safety bolt Sicherheitsbolzen, Sicherungsbolzen
safety bow Gangbügel, Sicherheitsbügel
safety cap of fuse Sperrhülse der Sicherung
safety capacitor Berührungsschutzkondensator
safety catch Sicherheitsriegel, Arretierklinke, Sicherheitssperrvorrichtung, Sicherheitsstopp
safety catch on ripping line Abzugssicherung der Reißleine (Fsch)
safety chain Sicherheitskette
safety chamber Sicherheitskammer
safety cinch Obergurt (Fsch)
safety circuit Sicherheitskreis, Sicherheitsschaltung
safety clearance Sicherheitsspiel
safety clevis Sicherheitsschäkel
safety clip Kurzschlußklemme (Zündvorrichtung), Lyrafeder, Sicherungsgabel (Fsch)
safety clip retaining strap Sicherungsgabelband (Zentralschloß, Fsch)
safety clutch Sicherheitskupplung, Überlastungskupplung
safety clutch of lift Fangzeug
safety collar Haltering
safety communication (ATC) Sicherheitsverkehr
safety compartment Sicherheitszelle (Kfz)
safety competition Sicherheitswettbewerb
safety condition Schutz- u. Sicherheitsbestimmung (für Prüfung)
safety control Sicherheitsüberwachung
safety cotter pin Sicherungssplint, Sicherungsstift, Vorstecker, Raster
safety crab Sicherheitskabelwinde
safety craft Sicherheitsboot (Schiffsplatz)
safety criterion Sicherheitskriterium
safety critical sicherheitskritisch
safety cut-out Schmelzsicherung, Sicherungsausschalter
safety demand sicherheitstechnische Anforderung
safety device Schutzvorrichtung, Sicherheitsgerät, Sicherungsvorrichtung, Sicherungseinrichtung
safety device (naval mine) Scharfstellverzögerungsvorrichtung
safety devices peripherer Berührschutz für Flugzeugzel e (Wartungsanlagen)
safety diaphragm Berstscheibe
safety disc Sicherheitsberstscheibe, Sicherungsscheibe (Zeitzünder)
safety disconnector Notausrücker
safety distance Schutzabstand, Sicherheitsabstand
safety distance category Gefahrenklasse
safety distance table Schutzabstandstabelle
safety drop bar Werkzeugsicherungsstange
safety earth walls around tanks Erdsicherheitsdämme
safety element Sicherheitselement (Reaktor)
safety engineering Sicherheitstechnik
safety equipment Sicherheitsausrüstung, Sicherheitseinrichtung, Sicherheitsgerät
safety evaluation Beurteilung der Sicherheit
safety explosive Sicherheitssprengstoff
safety factor Sicherheitsfaktor, Sicherheitszahl
safety factor for drop-out Abfallsicherheitsfaktor
safety factor for durability Sicherheitsfaktor für Zahnflanke (Zahnradgetriebe)
safety factor for holding Haltesicherheitsfaktor
safety factor for pick-up Ansprechsicherheitsfaktor (Zünder)
safety factor for strength Sicherheitsfaktor für Zahnfuß (Zahnradgetriebe)
safety fairway Sicherheitsweg
safety feature Sicherheitseinrichtung, Sicherungselement, Sicherheitsvorrichtung
safety film nichtentzündbarer Film, Sicherheitsfilm
safety fire-trap Feuerschutzkanal
safety footwear Sicherheitsschuhe
safety fork Sicherheitsgabel, Sicherungsgabel, Sicherungsklammer
safety from interception Abhörsicherheit
safety fuel klopffester Kraftsstoff, Sicherheitskraftstoff
safety fuse Abschmelzsicherung, Leitfeuer, Sicherheitszünder, Sicherung, Zeitzünder, Zünderschnur
safety gag Sicherung, Sperre
safety glass Flexiglas, Sicherheitsglas, Sicherheitsverglasung, splitterfreies Glas
safety glass interlayer Sicherheitszwischenschicht
safety goggles Schutzbrille
safety governor Sicherheitsregler
safety graduation Sicherungsmarke
safety grapnel Sicherheitsfanghaken (Bergbau)
safety harness Anschnallgurtzeug, kombiniertes Gurtzeug (Fsch)
safety hazard Gefahrenquelle

safety head Sicherheitsventil (Kühlmantel)
safety height Sicherheitshöhe
safety hook Sicherheitshaken, Sicherungshaken
safety inspection Sicherheitsinspektion, Sicherheitskontrolle
safety interlock Sicherheitsblockierung, Sicherheitsvorkehrung
safety interlock circuit Sicherheitskreis, Sicherheitsverriegelungskreis
safety interlock switch Schutzschalter
safety jack Sicherheitsstütze
safety key Sicherungsdraht, Sicherungskeil, Sicherungsstift (Fsch), Sicherheitstaste (Prüfgerät)
safety lamp Sicherheitslampe, Wetterlampe
safety lane Sicherheitsflugschneise
safety latch Sicherheitsverriegelung, Sicherungshebel
safety latches for chemical oxygen compartment Sicherheitsriegel für Sauerstoffraum
safety leaf Sicherungsscheibe (Zeitzünder)
safety level Sicherheitszoll
safety lever Sicherungshebel, Zünderbügel
safety limit switch Sicherheitsgrenzschalter
safety line Sicherheits(fang)leine, Sicherheitsseil (Tiefbohranlage), Sicherungsleine (Torpedo)
safety link (antispin parachute) Sollbruchverbindungsstück (Antitrudelschirm)
safety lock Sicherheitsschloß, Sperrhebel, Diebstahlsicherung
safety locking wire Sicherungsdraht, Vorstecker
safety loop Sicherheitsschlinge
safety lug Sicherungsstück
safety margin Sicherheitsabstand, Sicherheitsspanne, Sicherheitstoleranz, vorgeschriebener Sicherheitsfaktor
safety margin on counterbalance Sicherheitsfaktor für Standmoment
safety marking Gefahrenpunkt (im Flugzeug)
safety measure Sicherheitsmaßnahme, Sicherheitsvorkehrung (z.B. Unfallverhütung)
safety member Sicherheitsorgan (Reaktor)
safety message Sicherheitsmeldung (ATC)
safety mining explosive Wettersprengmittel
safety must not be compromised Sicherheit darf nicht leiden
safety nut Sicherungsmutter
safety observer Sicherheitsbeobachter
safety of air navigation Sicherheit der Luftfahrt
safety of air traffic Sicherheit des Flugverkehrs
safety officer Sicherheitsbeauftragter, Unfallvertrauensmann
safety padding Sicherheitspolster
safety paint Sicherheitsfarbe
safety parachute with a chronobarometric control unit Spezialfallschirm mit chronobarometrischem Kontrollgerät
safety passenger compartment Sicherheitszelle
safety period Sicherheitszentrum, Karenzzeit, Sicherheitsperiode
safety pin Sicherheitsstift, Sicherungsstift, Vorstecker
safety pin and disc Sicherheitsstift mit Warnscheibe
safety pin with cord Sicherungsstift mit Entsicherungsschnur
safety pit Auffangraum (für Heizöltank)
safety plate Sicherungsstück
safety plug Schutzkappe, Sollbruchstopfen
safety plunger Sicherungsbolzen
safety precaution Sicherheitsmaßnahme, Sicherheitsvorkehrung, Sicherheits- u. Vorsichtsmaßregel
safety regulation Sicherheitsbestimmung, Unfallverhütungsvorschrift
safety regulator Schnellschlußregler
safety-related area sicherheitskritischer Bereich (Shuttle flight)
safety relay Sicherheitsrelais
safety release Sicherheitsauslösung
saftey requirements Sicherheitsbestimmungen
safety rod Abschaltstab (Reaktor), Sicherheitsstab, Sicherungsstab
safety rule Sicherheitsbestimmung, Unfallverhütungsvorschrift
safety service Sicherheitsfunkdienst
safety shakle Sicherheitsschäkel
safety shut-down Notabschaltung, Sicherheitsstillegung
safety signal Sicherheitssignal (RAC), Sicherheitszeichen (COM)
safety sliding bolt Sicherheitsschubriegel
safety spark gap Sicherheitsfunkenstrecke
safety-spring tension screw Zugfederschraube, Sicherungszugfederschraube
safety standard Sicherheitsnorm
safety stop Sicherheitsanschlag
safety stop dog Sicherheitsanschlagnocke
safety strap Stehgurt (Fsch)
safety strip (runway) Schutzstreifen, Sicherheitsstreifen der Startbahn
safety switch Entgleisungsweiche, Schutzschalter, Sicherungsweiche, Endlagenschalter
safety system Reaktorschutz
safety terminal Sicherheitsklemme
safety thread Sicherungsfaden, Sollbruchfaden
safety to life Schutz gegen Lebensgefahr
safety train Hilfszug
safety valve Sicherheitsventil
safety valve, lever Hebelsicherheitsventil
safety valve, spherical Kugelsicherheitsventil
safety warning profil Sicherheitswanrprofil
safety wire mittels Draht sichern, Sicherungsdraht
safety zone Sicherheitszone (GCA, ILS), Schutzinsel
SAFFIRE Synthetic-Aperture Fixed-Focus Imaging Radar Equipment
SAFR Speicherausgabe-Anforderungsregister
sag Durchhang, Pfeilhöhe (elektr), Knick in der Mitte nach unten (av), negative Dachschräge eines Impulses
sag gauge Winkelhaken für Durchhangsprüfung
sag of a line Leitungsdurchhang
sag weight Trimmgewicht (Kardanaufhängung der Kreisel)
sag, to absinken (Freuqenzkurve), durchhängen (Leitung), einbiegen, nachsacken (av), laufen (Lack), abtreiben (durch Wind), durchbiegen (Schiffskörper)
SAGE (semi-automatic ground environment) (defense system) halbautomatisches Luft-

abwehrleitsystem
sagger clay Kapselton
sagging Durchhang, Bodensenkung, Durchfederung, Einbiegung
sagging of beds on hillsides Hakenschlagen von Schichten an Abhängen (geol)
sagittal fluoroscopy sagittale Durchleuchtung
sagittal focal line sagittale Brennlinie
sagittal plane (optics) zweiter Hauptschnitt
sagittal ray Strahlenfpeil
Saha's equation Sahagleichung
sail about or around, to herumschiffen
sail cloth shelter half Zeltbahn
sailplane constructor Segelflugzeugbauer
sailplane design Segelflugzeugentwurf
sailplane experience Segelflugzeugerfahrung
sailplane model competition Segelflugmodell-Wettbewerb
sailplane pilot Segelflieger
sailplaning Segelfliegen
Saint Elmo's fire Sankt-Elms-Feuer
sal ammoniac cell Leclan'cheselement
salary pay cheques bargeldlose Gehaltsauszahlung
salary reduction list Gehaltsabzugsliste
salary roll Gehaltsabrechnung
sale for return Verkauf mit Rückgaberecht
sales accounting Verkaufsabrechnung (komm)
sales analysis Marktanalyse, Verkaufsstatistik, Vertriebsstatistik
sales and turnover tax Umsatzsteuer
sales condition Verkaufsbedingung
sales confirmation Auftragsbestägigung
sales controls Verkaufsüberwachung
sales department Vertriebs-, Verkaufsabteilung
sales engineer Verkaufsingenieur, Vertriebsingenieur
sales forecasting Absatzprognose
sales management Verkaufsleitung
sales manager Verkaufsleiter
sales office Buchungsbüro, Buchungsstelle, Verkaufsstelle (Platzreservierungssystem)
sales organization Verkaufsorganisation
sales personnel Verkaufspersonal
sales planning Vertriebsplanung
sales policies Verkaufspolitik
sales potential Absatzpotential, Verkaufsanzahl, verkaufte Menge
sales promotion Verkaufsunterstützung, forcierte Werbung, Umsatzförderung
sales promoter Vertriebschef, Werbemanager
sales register Warenausgangsbuch
sales report Verkaufsstatistik
sales staff Vertreterstab
sales statistics Umsatzstatistik, Verkaufsstatistik
sales stimulating zum Kauf anreizen
sales territory Vertreterbezirk
sales turnover Umsatzgeschwindigkeit
sales volume Umsatzvolumen, Verkaufsumfang
salicylic acid Salizylsäure
salient Ausbuchtung, Einbuchtung, Frontvorsprung, Knie, hervortretend, hervorragend, überstehend
salient pole ausgeprägter Pol
salient-pole rotor Schenkelpolläufer
salient stator pole ausgeprägter Statorpol
salient strap aufgelegte Feder
sally forth, to hervorbrechen
salt air salzhaltige Luft
salt-bearing crise salzhaltiges rohes Erdöl
salt brine Salzlake, Salzwasser, Sole
salt coal Salzkohle
salt content Salzgehalt
salt-cooling Natriumkühlung
salt core of a salt dome Salzkern eines Salzdomes
salt dome Salzdom, Salzkuppe
salt dome, deeply buried tiefliegender Salzdom
salt dome, piercement type Durchspießungssalzdom
salt filter Kochsalzfilter
salt intrusion Salzintrusion
salt-laden salzhaltig
salt plug, rim syncline of a Randmulde eines Salzstockes
salt-spray exposure Salznebeleinwirkung, Salzsprühprüfung (spezifisch)
salt structure Salzstruktur
salt test Salzprüfversuch
salt water disposal well Schluckbohrung für Salzwasser
salt water flow, strong starker Salzwasserzufluß
salt water ingestion test Salzwassereinsaugversuch
salt water, rate of ingress of Menge od. Maß des Salzwasserzutritts
salt water spring Salzquelle
salting agent (phys) Salzagens, Salzzuschlag
salvage bergen, Güter vor Vernichtung retten, Wrackbergung
salvage collecting company Sammelkompanie
salvage crane Abschleppkran
salvage depot for enemy material Beutesammelstelle
salvage detachment for captured material Beutebergungsabteilung
salvage dump Materialsammelstelle
salvage equipment, marine Rettungsgerät für Wasserflugzeuge
salvage pipe Rohre wiedergewinnen (Ölbohrung)
salvage platoon Bergezug, Sammelzug
salvage service Bergungsdienst, Sammelwesen
salvage staff for captured enemy material Beutestab
salvage, to Ausschuß durch Nacharbeit, gebrauchsfähig machen, ausschlachten, reparieren, rückgewinnen
salvage value Schrottwert
slavage yard Altmateriallager
salvo bombing Massenabwurf
salvo fire Gruppenfolge, Lagenfeuer, Salvenschuß
salvo release circuit Notwurfstromkreis, Salvenstromkreis (BBs), Schüttwurfkreis
salvo stick bombing Reihenabwurf
salvo switch Notwurfschalter (BBS)
salvo switch lever Notwurfschalterhebel, Salvenschalterhebel (BBS)
salvo switch lever spring Feder zum Notwurf- od. Salvenschalterhebel (BBS)
SAM (sequential access method) Speicherausgabenmeldung
SAM (surface-to-air missile) Flugkörper zur Bekämpfung von Flugzielen vom

Boden aus
SAM consist of two printed circuit boards mounted on both sides of a flow-through heat exchanger, with **VHSIC-level** integrated circuits **SAM** besteht aus zwei Leiterplatten zu beiden Seiten eines Wärmeaustauschers mit seitlich geordneten Zeilen aus hochintegrierten Schaltkreisen in VHSIC-Technik
samarskite (mineral) Samarskit, Uranotantal
SAMCAP surface-to-air missile capability enhacement
same-direction traffic Verkehr in gleicher Richtung
same-shaped curve gleichaussehende Kurve, gleichgeformte Kurve
sample Materialprobe, Muster, Probemuster, Stichprobe, Probestück (Werkstoffprüfung), Prüfpunkt
sample (video) Abfragewert, Amplitudenprobe, Teilbild, Abtastung
sample and hold amplifier Tastspeicherverstärker
sample, bailer Schlämmbüchsenprobe
sample bar Probestab
sample cam Zeitselektionsnocken (Torpedo)
sample catcher Probefänger
sample chamber Probenkammer
sample changer Probenwechsler
sample chart Musterkarte
sample, contaminated verunreinigte Probe, unbrauchbares Muster
sample container Probenbehälter
sample, core Kernprobe, Probe eines Bohrkerns
sample examination Überprüfung der Proben
sample, formation Gebirgsprobe (geol)
sample holder Probenhalter
sample hole Probenkanal
sample irradiation hole Bestrahlungskanal für Proben
sample line deployment rockets Raketen zum Auswerfen der Probensammlerschnüre
sample-lot inspection Prüfloskontrolle
sample observation Stichprobenbeobachtung
sample of percipitation Probenvorbereitung, Vorbereitung der Probe
sample pulse Abtastimpuls
sample punch Probenstanzer (Bandbehandlung) (Walzwerk)
sample-return mission Rückkehrmodul, unbemannte Rückkehremission (Raumfahrt)
sample-return modul Rückkehrmodul (sp)
sample size Stichprobenumfang, -größe
sample space Nachrichtenraum, Nachrichtenmenge, -umfang
sample, to Stichproben entnehmen, Proben nehemen, probieren
sample, unpicked unausgesuchte Probe
sample washer Probenwascher
sampled data abgetastete Werte
sampled-data control Abtastregelung, getastete Regelung, Schrittregelung, Impulsregelung
sampled-data system Abtastsystem (zur Gewinnung digitaler Informationen aus analogen Funktionen)(dig), Schrittregler
sampler Abtaster (zeitlich gerasterte Abfrage eines Kanals), Abfrageschalter, Probennehmer
sampler, side wall Seitenprobennehmer
samples, carefully selected sorgfältig ausgewählte Proben
samples, collection of Probensammlung
samples, get Proben entnehmen
sampling Abtasten (Ausblenden der Amplitude einer analogen Funktion in regelmäßigen Zeitabständen)(dig), Abtastung, Ausmusterung von Signalwerten, Meßplatzumschaltung, Probenahme (Werkstoffprüfung), Repräsentativstatistik, Durchmusterung (Radar), Farbschaltung (TV), Abfragemethode (Magnetband), Ausmusterung von Signalwerten, Bemusterung, Probennahme
sampling action periodische Einstellung (Regelungstechnik)
sampling, center-of-bit Bitmittenabtastung
sampling circuit Diskriminator
sampling cock Probehahn
sampling cycle channel Abtastzykluskanal
sampling dispersion Zufallsstreuung
sampling error Stichprobenfehler (dv)
sampling event Abtastvorgang
sampling fraction Auswahlsatz, Stichprobenanteil
sampling frequency Abtastfrequenz, Punktfrequenz, Schaltfrequenz
sampling inspection Stichprobenprüfung
sampling inspection plan Stichproben(prüf)plan
sampling interval Auswahlabstand, Entnahmeabstand, Zeitselektionsintervall (Torpedo)
sampling moment Moment einer Stichprobenverteilung
sampling plan Stichproben(prüf)plan
sampling plug-in unit Sampling-Einschub
sampling pulse generator Impulsgenerator zur Steuerung des Farbschalters
sampling rate Abtastfrequenz, Aufnahmegeschwindigkeit
sampling test Stichprobe
sampling theorem Abtasttheorem
sampling time slot pattern Abtastzeitraster
sampling valve Probeentnahmeventil
sampson post Bohrschwengelbock
sampson post braces Bohrschwengelbockstutzen, Bohrschwengelstrebebalken
SAMRAM surface-to-air medium-range advanced missile
SAMSO space and missile system organisation der USAF
sanction Bestätigung, Genehmigung
sand-aerating apparatus Sandauflockerungsmaschine
sand-and dust-exposure Sandstaubprüfung, Sandstaubwirkung (spezifisch)
sand-bag line Sandsack(aufhänge)leine
sand-bag loop Sandsackaufhängeöse
sand-blast Sandstrahlen, mit Sandstrahl abblasen
sand-blast nozzle Sandstrahldüse
sand-blast tank cabinet Kleinsandstrahlgebläse
sand blasting Sandstrahlen, Sandstrahlerei
sand-blasting using plastic fragments instead of sand Strahlverfahren mit Kunststoffschrot (painting)
sand, closely packet dickgepackter Sand
sand, consolidated verfestigter Sand
sand content of the mud Sandgehalt der

Spülung
sand, cross-bedded diagonal- od. kreuzgeschichteter Sand
sand, cross-stratified diagonal- od. kreuzgeschichteter Sand
sand dune Sanddüne
sand face Sandstoß
sand, gleuconitic gleukonitischer Sand
sand goggles Sandschutzbrille
sand inclusion Sandeinschluß
sand ladle Sandlöffel (Bagger)
sand, lenticular linsenförmer Sand
sand-lime stone Kalksandstein
"sand line" Löffelseil, Schlämmseil
sand line pulley Löffelseilrolle, Schlämmseilrolle, Schlämmseilscheibe
sand line spool Löffelseiltrommel, Schlämm- od. Schöpfseiltrommel
sand load Abschlußwiderstand aus Sand, Ersatzlast aus Sand
sand load (microwave) Sandwiderstand (Dämpfungsglied für Hohlleiter), Sandlast
sand loading test Sandbelastungsversuch
sand, micaceous glimmerhaltiger Sand
sand moulding Sandformerei
sand, oil-saturated ölgesättigter Sand
sand or hour glass Sanduhr
sand-paper Sand-, Schmirgel-, Glaspapier
sand pin Formerstift (Gießerei)
sand pit Sandgrube
sand packet Sandeinschluß (geol)
sand pump Kiespumpe, Sandpumpe
sand pump line Löffelseil, Schlämmseil, Schöpfseil
sand pump pulley Löffelseilrolle, Schlämmseilrolle, Schlämmseilscheibe
sand pump reel Löffelseilhapsel, Schlämmseilhapsel
sand reel drum Löffelseiltrommel, Schlämm- u. Schöpfseiltrommel
sand reel lever Löffelseilhapselhebel, Schlämm- od. Schöpfseilhaspelhebel
sand, salt and pepper Sand mit hellen u. dunklen Komponenten, Quarzsand mit dunklen Gemengeteilen
sand-searching power Neigung geschmolzener Metalle, in den Formsand eindringen
sand sheave Löffelseilrolle, Schlämmseilrolle, Schlämmseilscheibe
sand sheave pulley block Schöpfzug
sand spout Sandhose (meteo)
sand structure Sandgerüst
sand table exercise Sandkastenspiel (strategisch)
sand-tamped shot mit Sand verdämmter Schuß
sand-tamped well mit Sand verdämmte Bohrung
sand tamping in shooting oil wells sandbesetzt beim Torpedieren von Ölbohrungen
sand, to abschleifen (Schmirgelband), streuen, verteilen
sanded-up versandet
sanded-up casing perforation versandete Rohrperforation
sander Sandpapierschleifmaschine, Schmirgelschleifmaschine
sanding Sandschleifen, Schmirgelarbeit
sanding disc Schmirgelscheibe
sanding trouble Betriebsstörung durch versanden
sanding vehicle Sandstreufahrzeug
sandstone, asphaltic Asphaltsandstein
sandstone bound with lime Sandstein mit kalkigem Bindemittel
sandstone, conglomeratic konglomeratischer Sandstein
sandstone, tightly cemented bindemittelreicher Sandstein
sandwich eine falche Schicht fester Körper aber auch Flüssigkeiten od. Gase auf beiden Seiten mit anderen Schichten bedecken bzw. sie durch dieselben einschließen, Zwischenlage
sandwich armor Sandwich-Panzerung
sandwich brazed hart eingelötet (A)
sandwich-construction Sandwichbauweise, Stützstoffbauweise (pla), Verbundbauweise, Schichtenkonstruktion
sandwich conveyor Deckbandförderer (Material wird zwischen 2 Gurten gefördert)
sandwich detector Schichtendetektor
sandwich film doppelbeschichteter Film, Mehrschichtenfilm
sandwich form shell Schaumstoffgehäuse in Schichtbauweise (Flz)
sandwich laminate Sandwichschichtstoff
sandwich material Verbundmaterial (pla, Leichtstoff), Zwischenlagenmaterial
sandwich mold Sandwichform
sandwich molding Sandwichpressen
sandwich moulding Stützbaustoffbauweise (pla)
sandwich panel Verbundbauplatte (pla)
sandwich plate Verbundplatte
sandwich radomes Sandwichradarverkleidung
sandwich system Motorbetrieb mit geschichteter Ladung
sandwich-system, pure-air/rich-mixture geschichtete Ladung aus reiner Luft u. reinem Gemisch
sandwich technique Schichtemulsionstechnik
sandwich winding type transformer Transformator mit Scheibenwicklung
sandwich wound relay Relais mit Scheibenwicklung
sandwiched between zwischengelegt
sandwiched metal doppelseitig plattiertes Blech (Alclad)
sandwiched source Schichtquelle
sandy shale Sandschiefer
sandy soil Sandboden (geol)
sanitation Gesundheitsmaßnahmen, Sanierung
sans-serif type serifenlose Schrift
SAP (as soon as possible) so bald wie möglich
sapless splintfrei
saphire stylus Saphirnadel
sapropel clay Faulschlamm, Sapropel
SAR (real-time synthetic aperture radar) Echtzeitgerät "Synthetic Aperture Radar"
SAR Speicherauswahlregister
SAR (search and rescue) Such- u. Rettungsdienst, SAR
SAR air mission SAR-Lufteinsatz
SAR aircraft SAR-Luftfahrzeug
SAR coordinating committee SAR-Koor-

SAR coordinating post SAR-Bereichssuchstelle
SAR equipment SAR-Gerät, SAR-Such- u. Rettungsgerät
SAR facility/secondary SAR-Einrichtung 2. Grades
SAR frequency SAR-Frequenz
SAR helicopter SAR-Hubschrauber, Seenothubschrauber
SAR incident SAR-Fall
SAR launch Flugsicherheitsboot
SAR, primary...facilites SAR-Einrichtungen 1. Grades
SAR-scene-of-action frequency SAR-Frequenz im Suchgebiet
SAR, secondary...facilites SAR-Einrichtungen 2. Grades
saran Saran (thermoplastisches Isolationsmaterial)
SARIB (system of mechanical vibration dampers) SARIB (passives Schwingungsdämpfungssystem)
SARP signal automatic radar processing
SARPS (standards and recommended practices) Richtlinien u. Empfehlungen (ICAO)
SAS Speicher- u. Anforderungsbereich
sash Schieberrahmen
sash chain Drahtkette
sash saw Feilsäge
sash-window in die Höhe verschiebbares Fenster, Schiebefenster, Fallfenster
SAT safe air travel
SAT (saturday) Samstag
SATCO senior air traffic control office
SATCOM Satellitenkommunikationssystem
satellite Erdtrabant, kleines Zahnrad des Planetengetriebes, Satellit
satellite, adaptive to the bearing of the... Feldstärke des angepeilten Satellitensignals
satellite and flight propulsion separation device Vorrichtung zur Trennung von Satellit u. Reisetriebwerksaggregat
satellite and launcher debris in space Raumflugkörperstatistik
satellite and space probe projectors Satelliten- u. Weltraumsondenprojekt
satellite antenna Satellitenantenne
satellite body Satellitenkörper
satellite, body stabilized körperstabilisierter Satellit
satellite carrier Satellitenträger, Zapfenstern
satellite channel Satellitenkanal
satellite communication Satellitenfernmeldewesen
satellite communication system Satellitenfernmeldeanlage
satellite communication terminal Satellitenfernmeldestelle
satellite communications Satellitenfunk
satellite communications service Satellitenfernmeldedienst
satellite communications system Satellitenfernmeldewesen
satellite computer Satellitenrechner
satellite control Satellitenüberwachung, Kontrollzentrum
satellite data collection and navigation system Gerät für Satellitendatenerfassung u. -Navigation
satellite data handling project Satellitendatenverarbeitungsanlage
satellite-earth link Satelliten/Erdverbindung
satellite earth station Satelliten/Erdstation
satellite earth terminal transmitter Erdfunkstellensender
satellite environments and functions Untersuchung der Umweltbedingungen
satellite exchange Hilfsamt, Nebenamt, Teilamt
satellite fairing Satellitenverkleidung
satellite, geostationary geostationärer Satellit
satellite ground station Satelliten-Bodenstation, Satelliten-Erdstation (TV)
satellite launch Satellitenträger
satellite launcher Satellitenträgerflugzeug, -rakete
satellite launcher vehicle Raumfahrzeugträger
satellite launching ship Satellitenstartschiff
satellite launching vehicle Satellitenträgerfahrzeug
satellite line Begleitlinie
satellite memory Nebenspeicher
satellite navigation Satellitenanvigation
satellite navigation system satellitengestütztes Navigationssystem
satellite navigator Satellitennavigationsanlage
satellite orbit Satellitenbahn
satellite pass Satellitendurchlauf
satellite photography Satellitenphotographie
satellite processor Satellitenrechner
satellite program Satellitenprogramm
test satellite Versuchssatellit
satellite environments and function Untersuchung der Umweltbedingungen Funktionsübermittlungsforschungssatellit
REXS radio exploration satellite observation of plasma waves, plasma density, electron particle rays, electromagnetic waves and geomagnetism Forschungssatellit Beobachten von Plasmawellen, Plasmadichte, Elektronenteilchen, elektromagnetische Wellen u. Erdmagnetismus
SATS Solar radiation and thermospheric structure observation of solar soft X-rays, solar ultraviolet radiation, ultraviolet terrestrial corona lines Forschungssatellit SRATS: Solarstrahlen u. thermophärische Struktur Beobachten von solaren weichen Roentgenstrahlen, solaren Ultraviolettstrahlungen u. ultravioletten Koronalinien der Erde
CORSA cosmic radiation satellite observation of cosmic X-rays, cosmic particles and cosmic heavy particles Forschungssatellit CORSA kosmischer Strahlensatellit Beobachten von kosmischen Roentgenstrahlungen X-Teilchen u. schwere Teilchen
EXOS-A measurement of electron density and temperatures, observation of distribution of electron energies and aurora particles Forschungssatellit EXOS-A: Messen der Elektronendichte u. -temperatur, Beobachten der Verteilung von Elektronenenergie u. Aurorapartikeln

EXOS-B measurement of electron density, particles, plasma waves ect. Forschungssatellit EXOS-B: Messen der Elektronendichte, Teilchen, Plasmawellen usw.
Test Satellite test of satellite attitude control system Versuchssatellit Erprobung des Satellitenregelsystems
engineering test satellite rocket launching technology, satellite tracking and controlling technolgy, extension of antennas Entwicklungssatellit: Starttechnologie, Satellitenbahnverfolgungs- u. Steuertechnologie, Antennenentfaltung
geostationary satellite launching technology, attitude control of stationary satellite and other functions Starttechnologie für geostationäre Satelliten, Lageregelung stationärer Satelliten u. anderer Funktionen
ISS ionosphere sounding satellite ISS Ionosphären-Meßsatellit
observation of worldwide distribution of critical frequencies of ionosphere Beobachten der weltweiten Ausbreitung kritischer Frequenzen in der Ionosphäre
ECS experimental communication satellite space communications tests, and improvement of satellite functions ECS Fernmeldeversuchssatellit Fernmeldeversuche u. Verbesserung der Satellitenfunktionen
GMS geostationary meteorological satellite GMS geostationärer Meteorologiesatellit meteorologische Beobachtungen, Datensammlung u. -verteilung
satellite radiator Kühlanlage für Satelliten
satellite radio relay link Satelliten-Richtfunkverbindung
satellite receiver Satellitenempfänger
satellite reconnaissance Satellitenaufklärung
satellite relay station Satellitenrelaisfunkstelle
satellite solar power stations SSPS Satelliten-Sonnenkraftwerk
satellite sounding Satellitenmessung
satellite station Satellitenstation
satellite system Satellitensystem, Zubringeranlage (dig)
satellite system, mature ausgereiftes Satellitensystem
satellite tank farm Nebentankfarm
satellite technology Satellitentechnologie
satellite telecommunication satellitengestützte Fm-Verbindung
satellite, telemetry trajectory recording for...and deep space probes Telemetrieregistrieranlagen für Satelliten u. Raumsonden
satellite terminal station Satellitenendstelle
satellite time correction Zeitkorrektur für Satelliten
satellite-to-receiver telecasting unmittelbares Satellitenfernsehen
satellite town Satellitenstadt
satellite tracking Bahnbestimmung von Satelliten, Satellitenbahnverfolgung, Verfolgung von Satelliten, Satellitenortung, Satellitenverfolgung
satellite tracking network Satellitenbahnverfolgungsnetz
satellite tracking radar Satellitenverfolgungsradar
satellite tracking ship Satellitenbahnverfolgungsschiff
satellite tracking station Satellitenbahnverfolgungsstation
satellite tracking technology Satellitenbahnverfolgungstechnologie
satellite transmitter (TV) Füllsender, Satellitensender, Hilfssender
satellite, triaxial stabilization of dreiachsenstabilisierter Satellit
satellite vehicle künstlicher Satellit, Satellitenträger, Aussenstation
satellite weather picture Satellitenwetterbild
satellites, command, telemetry, tracking and trajectory recording for...and deep space probes Fernsteuer-, Telemetrie- u. Bahnregistrieranlagen für Satelliten u. Raumsonden
satellites, command trajectory...and deep space probes Fernsteueranlagen für Satelliten u. Raumsonden
satellites for navigation Satelliten für Navigationszwecke
satellites spin axle Drallachse für Satelliten, Satellitendrallachse
satellites, tracking and trajectory recording für...and deep space probes Bahnregistrieranlagen für Satelliten u. Raumsonden
satiation Absättigung, Sättigung
satin-etched bulb innenmattierter Kolben
satin-frost, to (incandescent lamp) satinieren
satin weave Köper (Glasfaser), Satingewebe
SATIR System für Auswertung taktischer Informationen auf Raketenzerstörern
SATIR control-indicator SATIR-Bedien- u. Anzeigegerät
SATIR I computer control room SATIR-I-Rechnerraum (Zerstörer)
SATIRE semiautomatic technical information retrieval/,...system
satisfaction of demand Bedarfsdeckung, Erfüllung einer Anforderung
satisfaction of material requirements Materialbedarfsdeckung
satisfactory ausreichend, einwandfrei, genügend, zufriedenstellend
satisfactory reception ausreichend Signalqualität (Radar)(av)
satisfiability Erfüllbarkeit
satisfy befriedigen, genügen (math), zufriedenstellen
satisfy the demand or requirement, to der Forderung entsprechen
SATO static army transportation operation
SATS short airfield for tactical support
SATS simulator air traffic service
SATS strategic air transport system
saturable core sättigbarer Kern
saturable core discriminator Diskriminator mit Sättigungsdrossel
saturable core magnetometer Sättigungskernmagnetometer
saturable core oscillator Oszillator mit Sättigungsdrossel

saturable reactor magnetischer Verstärker, Sättigungsdrossel, Steuerdrossel
saturable-reactor type compass Erdinduktionskompaß
saturable transformer Sättigungsdrossel, Sättigungstransformator, Transduktor
saturant Imprägniermittel, Sättigungsmittel
saturate easily, to leicht den Sättigungsstrom erreichen
saturate, to absättigen, niederkämpfen, eindecken (mit Wirkungsfeuer), sättigen
saturated activity Sättigungsaktivität
saturated adiabatic lapse rate feucht-, pseudo-, od. sättigungsadiabatisches Temperaturgefälle, gesättigter adiabatischer Zustand der Luft
saturated defense ausgelastete Abwehr
saturated diode valve gesättigte Diode
saturated diver Dauertaucher
saturated logic Logik mit gesättigten Transistoren (Rechner)
saturated magnetization Magnetisierung bis zur Sättigung
saturated mixing ratio Sättigungsmischerverhältnis
saturated soil wassergesättigter Boden
saturated solution gesättigte Lösung
saturated solution of boric acid Borwasser
saturated steam Naßdampf, Sattdampf
saturated steam cooled reactor sattdampfgekühlter Reaktor
saturated unit weight (soil mechanics) Raumgewicht od. Rohwichte des wassergesättigten Bodens
saturated vapo(u)r Naßdampf, Sattdampf
saturated with water wassergesättigt
saturating forces Sättigungskräfte
saturating integrator Entscheidungsintegrator, inkrementaler Integrierer, Servointegrierer
saturating servo mechanism Nachlaufregler mit Sättigung
saturation Sättigung (Grad der Verschiebung von Weiß- zur Spektralkurve im Farbtondiagramm, Magnetfleck), Übersteuerung (Verstärker), volle Belegung (Übertragungsnetz)
saturation activation Sättigungsaktivierung
saturation activity Sättigungsaktivität
saturation adiabat Sättigungsadiabate, Feuchtadiabate, Pseudoadiabate
saturation backscattering Rückstreusättigung
saturation backscattering correction Korrektur für Rückstreusättigung
saturation bend Sättigungsknie
saturation characteristic Sättigungskennlinie, Pseudokennlinie
saturation collection of ions Sammeln von Ionen im Sättigungsbereich
saturation current Grenzstrom, Sättigungsstrom
saturation current, T-F emission T-F-Emissionsstromdichte
saturation current, thermionic emission Thermoemissionssättigungsstrom, Thermoemissionsstromdichte
saturation curve Sättigungskurve
saturation density Sättigungsdichte
saturation disintegration rate Sättigungszerfallsrate
saturation diving system Sättigungstauchsystem (maritime system)
saturation drive Übersteuerung (Halbleiter)
saturation inductance Restinduktivität, Sättigungsinduktivität
saturation ion current Sättigungsionenstrom
saturation limit Sättigungsgrenze
saturation magnetic magnetische Sättigung
saturation magnetization Sättigungsmagnetisierung
saturation point Sättigungsmoment, Sättigungspunkt
saturation pressure, original ursprünglicher Sättigungsdruck
saturation reactance Restreaktanz, Sättigungsreaktanz
saturation signal Übersteuerungssignal (Radar)
saturation state Sättigungsgebiet, Sättigungszustand
saturation strength jamming sättigungsstarke Störung
saturation transformer Sättigungswandler
saturation value Grenzwert, Sättigungswert
saturation vapo(u)r pressure Sättigungs(dampf)-druck
saturation voltage Sättigungsspannung
saturation, zone of Sättigungszone (geol)
saucer-shaped furnace bottom Herdmulde
sausage aerial or antenna Reusenantenne
save area Sicherstellungsbereich, Verbindungsbereich, Zwischenspeicherbereich
save data, to Daten sicherstellen
save-oil Ölfänger, Ölsammler
save oneself by parachute sich mit dem Fallschirm retten
save, to bergen, bewahren, erretten, sparen
saving Einsparung, Errettung, Sicherstellung
saving in direct and indirect maintenance costs Einsparung bei den Wartungskosten
saving in labo(u)r Personaleinsparung
saving in material Materialeinsparung
saving in personnel Personalersparnis
saving in (or of) time Zeitersparnis
saving in weight Gewichtsersparnis, Tonnagemiderung
saving of distance Wegersparnis, Wegverkürzung
saving of material Materialersparnis, Werkstoffersparnis
saving of power Leistungsersparnis
savings in space Raumeinsparung
saw dust Sägemehl, Sägespäne, Sägestaub
saw for cuttting rock Gesteinssäge
saw rise Sägeblindschacht
saw saturation temperature Sägesättigungstemperatur
saw set Schränkeisen
saw setting machine Schränkmaschine
saw steel Sägenstahl
saw tang Sägeangel
saw tool Sägeabrichtwerkzeug
sawtooth antenna Sägezahnantenne
sawtooth, capacitive kapazitiver Sägezahngenerator
sawtooth coder Sägezahnverschlüsser, Sägezahncodierer
sawtooth current Sägezahnstrom
sawtooth, inductive induktiver Sägezahngenerator

saw-tooth leading edge in the wing Sägezahn in der Flügelvorderkante (av)
sawtooth oscillation Kippschwingung,Intermittenz-, Sägezahnschwingung
sawtooth oscillator Kippschwingungsschaltung
sawtooth reference voltage Bezugskippspannung
sawtooth-shaped sägezahnartig, sägezahnförmig
sawtooth-shaped current sägezahnförmiger Kippstrom
sawtooth shaped sweep current sägezahnförmiger Kippstrom
sawtooth time base Kippspannungserzeuger
sawtooth voltage Kippspannung, Sägezahnspannung
sawtooth waveform Sägezahnwellenform
sawtooth wave oscillator Kippgenerator, Kipposzillator, Sägezahngenerator
saw web Sägeblatt
sawhorse ramp obstacle Rampensperre
sawing Abtrennen (mit Kreissäge), Sägearbeit, Trenntechnik
sawing practice Sägetechnik
say again wiederholen Sie (Sprechgruppe)
say again all after... wiederholen Sie alles nach...
say again all before... wiederholen Sie alles vor...
say again all between... wiederholen Sie alles zwischen...
sb Maßeinheit für Lichtstärke
SBA (standard beam approach) Standardleitstrahlanflug
SBA let-down approach SBA-Anflug
SBA system SBA-Anlage
SBADR Speicherbankadreßregister
SBAF Speicherbankausgabefolge
SBBEL Speicherbankbelegung
SBF Speicherbankfreimeldung
SBNK Speicherbank-Normalanschlußkennung
SBRC Santa Barbary Research Center
SBSZ Speicherbankschrittzähler
SBZAD Speicherbankzyklusadresse
SC short-circuited
SC (stratocumulus) Stratocumulus
SC (scandium) Scandium
SC (silk-covered) mit Seide umsponnen, seidenumsponnen
SC (single current) Einfachstrom
SC (steel cored) mit Stahlader
SC (superimposed current) überlagerter Strom
s.c. (single contact) einpoliger Kontakt
s.c. (squirel cage) Käfigläufer
SC Cu (steel-cored copper wire) Kupferdraht mit Stahlader
SCAD subsonic cruise armed decoy
scaffolding Baugerüst, Bühne, Gerüstkonstruktion
scaffolding of girdes Balkengerüst
SCAI (steel-cored aluminium wire) Aludraht mit Stahlader
scalar skalar (math)
scalar expression skalarer Ausdruck (math)
scalar field Skalarfeld
scalar function Skalarfunktion (math)
scalar meson skalares Meson
scalar potential skalares Potential
scalar product inneres od. skalares Produkt, Skalarprodukt (math)
scalar quantity skalare Größe, Skalar, Mengenangabe in Bezug auf Stärke
scalar time vector skalarer Vektor (math)
scalar variable skalare Variable (math)
scalding tube Abbrühkessel
scale Gradeinteilung, Normieren, Skalieren, Skala, Stufenleiter, Verhältnismaßstab, Waagschale, Zumeßwaage
scale (metallurgy) Hammerschlag, Zunder
sacle (of drawing maps) Maßstab
sacle (on slotted line) Meßlineal
scale a drawing, to eine Zeichnung verjüngen
scale, at an enlarged in vergrößertem Maßstab
scale balance Waagebalken
scale, binary Binärcode, Binärsystem, binärer Zahlenbereich
scale calibration, full Einstellung des höchsten Bereichswertes
scale characteristic Skalenverlauf
scale-correction card Skalenberichtigungstabelle
scale deflection Skalenausschlag
scale disk Skalenscheibe
scale discrimination Skalenauflösung
scale division Skalen(ein)teilung
scale down, to maßstäblich verkleinern
scale effect Maßstab-, Größeneinfluß
scale-end mark Skalenendstrich, -marke
scale error Maßstabfehler, Skalenfehlanzeige
scale factor Maßstabbeiwert (Rechner), Maßstab(umrechnungs)faktor, Normierungsfaktor, Normalisierungsbeiwert, Skalenfaktor (dig), Skalenexponent, Skalenkonstante
scale factor designator Skalenfaktorangabe (FORTRAN)
scale factor, picture Maskenskalierfaktor
scale for measuring air resistance Schütt'sche Briefwaage
scale-four ring counter Vierringzähler
scale hyperbel maßstäbliches Hyperbel
scale hypsometric tints hypsometrische Farbenskala
scale image Bildmaßstab
scale, in...of im Maßstab von
scale lamp Anzeigelampe, Skalenlampe
scale magnifying glass Meßlupe
scale, margin stop Randstellerskala
scale mark Skalenmarke, Skalen-, Teilstrich
scale microscope Skalenmikroskop
scale model maßstabgerechtes Modell, Maßstabmodell, Prüfmodell (für Antenne)
scale modifier Präzisionsfaktor
scale numbering Skalenbezifferung
scale of a map or chart Maßstab einer Karte
scale of enlargement Vergrößerungsmaßstab
scale of-five circuit Fünferteiler
scale-of-five ring counter Fünferringzähler
scale of force Kräftemaßstab
scale of hardness Härteskala
scale of hypsometric tints Höhenschichtfarbskala
scale of height Höhenmaßstab
scale of latitude Breitenskala
scale of length Längenmaßstab

scale of moments Momentenmaßstab
scale of one to...,to a im Maßstab 1:...
scale of protection Schutzausmaß (Feuerschutz)
scale of reduction Verkleinerungsmaßstab
scale of-six ring counter Sechsringzähler
scale of ten circuit Dekadenuntersetzer, Dekadenzähler
scale of the antenna control circuit Abgleich der Antennensteuerschaltung
scale-of-two binary notation Binärcode, Binärsystem
scale-of-two circuit binärer Untersetzer od. Zähler, Frequenzhalbierschaltung
scale-to-two multivibrator bistabile Kippschaltung
scale of wind forces Windstärkenskala
scale of 1 to... im Maßstab 1:...
scale off abblättern, abklopfen
scale off a length eine Strecke abtragen
scale, on a technical im technischen Maßstab
scale pan Waagschale, Wiegeschale (Labor)
scale picture Bildmaßstab
scale printer Zähl- u. Druckwerk
scale range Skalen(meß)bereich, -länge
scale reading Skalenablesung
scale reduction (reducing scale) Verjüngungsmaßstab
scale register for maintaining the binary point of binary numbers Maßstabregister zur Erhaltung der Binärkommas bei Binärzahlen
scale room Waagenraum (Windkanal)
scale ruler Ableselineal
scale sector Skalenteil
scale setting Skaleneinteilung
scale shape Skalenform
scale shutup Abdeckblende (Instrument)
scale span Skalen(meß)bereich
scale switching Umschaltung des Meßbereichs
scale-three ring counter Dreiringzähler
scale, to Kesselstein abklopfen, maßstäblich ändern, mit einer Teilung versehen
scale, to draw to maßstäblich zeichnen
scale-two circuit Zweierteiler, Zweifachuntersetzer
scale-two ring counter Zweierringzähler
scale up, to maßstäblich vergrößern
scale, vertical Höhen- u. Tiefenmaßstab
scale-x (counting) circuit x-fache Zählschaltung (Impulszähler mit Teilverhältnis)
scaled-down im verkleinertem od. verjüngtem Maßstab
scaled paper Papier mit Maßeinteilung, Registrierpapier
scalene triangle ungleichseitiges Dreieck
scalenous triangle ungleichseitiges Dreieck
scaler Registriervorrichtung, Untersetzer, Festwertmultiplizierer, Koeffizientpotentiometer, Zähler
scalers and ratemeters Strahlungsmeßgeräte
scales of iron Eisenhammerschlag
scaling Maßstabänderung, Skalenbereichsänderung, Zählbereichsänderung (dig), Normalisierung, Schuppenbildung, Verzunderung
scaling attribute Präzisionsattribut
scaling circuit Zählkreis, Zählwerk
scaling circuit (bistable multivibrator) bistabiler Multivibrator
scaling couple Frequenzhalbierschaltung, Impulsfrequenzteiler mit Teilverhältnis 2:1
scaling-down Maßstabverkleinerung
scaling factor Normierungsfaktor, Skalenfaktor, Untersetzungsfaktor, Zählfaktor, Skalenexponent
scaling ladder Sturmleiter
scaling position Skalenstelle (COBOL)
scaling system or unit Registriervorrichtung, Zählwerk
scallop Aussparung, am Rande zackig od. wellenförmig, ausschneiden, auszacken, Zacke (an Saum od. Leiste)
scalloped blade Schaufel mit teilweise verkürzter Profiltiefe
scalpel kleines Messer, Seziermesser, Skalpell
scaly geschuppt, schuppig
SCAM (subcarrier amplitude modulation) Zwischenträger-Amplitudenmodulation
scan abfragen, absuchen, sorgfältig untersuchen, abtasten (dig)
scan, A-...,B-...,PPI-.., R-Darstellung
scan a file, to eine Datei durchsuchen
scan and signal processing, speeding schnellere Frequenzabtastung und Signalverarbeitung (Radarwarnempfänger)
scan converter Abtastumformer
scan converter tube Abtastwandlerröhre
scan-converted radar information Radarinformation aufbereiten
scan current generator Kippstromgenerator
scan hole Rasterblech
scan line Abtastzeile (dig)
scan matrix Abtastmatrix, Rasterindex
scan-mirror system Abtastspiegelsystem
scan pattern Abtastmuster, Rasterplatte
scan period Auswert(e)zeit, -intervall, Regenerationsintervall
scan position Abrufposition
scan rates Bildwiederholfrequenzen
scan technology Abtasttechnolgie
scanned abgetastet
scanned area abgetastetes Gebiet (Radar)
scanned coverage abgetastetes Gebiet (Radar)
scanned laser visual system Schwenkstrahl-Lasersystem
scanner Abtaster (Rechengerät), Abtastvorrichtung, Beobachter (SAR), Merßwerterfassung, Bildabtaster, Eingabesammler (Zusammenfassung von Kanälen)
scanner amplifier Abtastverstärker, Photozellenverstärker (Faksimile)
scanner antenna Abtastantenne
scanner, bar-code Strichmarkierungsleser
scanner beam Abtaststrahl
scanner converting system Abtastumsetzer
scanner disk Abtastscheibe
scanner, flying-spot Kathodenstrahlröhre zum Abtasten
scanner turning motor Drehantennenmotor
scanner unit Drehantenne, Radarabtaster
scanning Abtasten, Abtastung, Registrierung, periodische Bewegung einer Antenne, Abtastblendung, Bildabtastung, Bildpunktverteilung, Bildfeldzerlegung
scanning, A-...,B-..., PPI-... R-Abtastung

scanning antenna Abtaster-, Dreh-, Rundsuchantenne, Scanner
scanning aperture Abtastblende
scanning apparatus or disk Quirl
scanning, automatic selbsuchendes Lesen
scanning beam Abtaststrahl
scanning beam antenna Abtastkeulenantenne
scanning beam antenna, electronically steerable elektronisch gerichtete Abtastkeulenantenne
scanning-beam localizer Landekurssender mit Abtaststrahl
scanning beam of light Abtastlichtstrahl
scanning-beam system Abtaststrahlsystem
scanning beam technique Abtastkeulentechnik
scanning belt Abtastband
scanning capacitor Fühlerkondensator
scanning circuit Ablenkschaltung (Bildröhre), Abtastschaltung
scanning density Abtastdichte
scanning device Abtasteinrichtung, Rasterblende, Abtastmechanismus, Abtastgerät
scanning diaphragm Abtastblende
scanning disk Rasterscheibe (Oszillograph), Abtastscheibe
scanning drum Tonabnehmertrommel
scanning electron beam abgetasteter Elektronenstrahl
scanning element Bildpunkt, Rasterelement, Rasterpunkt
scanning equipment, multispectral multispektrale Abtastvorrichtung
scanning facility Durchstrahlungsanlage
scanning fan beam in space Abtastfächer im Raum
scanning frequency Abtastfrequenz, Rasterfrequenz
scanning, frequency Frequenzabtastung
scanning gate Abtastfenster
scanning heating zonenweise Erwärmung
scanning impulse Rasterstoß, Abtastimpuls
scanning interference Abtaststörung, Rasterstörung
scanning line Abtastlinie, Bildzeile
scanning linearity Abtastlinearität
scanning loss Abtastverlust, Rasterverlust
scanning method Abtastverfahren
scanning microwave radiometer mit Zellenabtastung arbeitendes Mikrowellenradiometer (Radarwarnempfänger)
scanning, optical optisches Abtasten
scanning, parallel Parallelabtastung
scanning period Analysierdauer
scanning, photoelectric photoelektrische Abfühlung od. Abtastung
scanning point Abtastpunkt, Bildpunkt
scanning program Abtastprogramm
scanning radiometer Abtastradiometer
scanning raster Abtastraster
scanning rate Abtastgeschwindigkeit, Analysiergeschwindigkeit, Bildwechselzahl
scanning sequence Reihenfolge der Abtastung
scanning slit Abtastschlitz
scanning speed Abtastgeschwindigkeit, Betrachungsgeschwindigkeit (Schneidetisch)
scanning spot abtastender Lichtfleck, schwenkbarer Spotbeam
scanning stage Bildablenkstufe
scanning technique Beobachtungsmethode
scanning, video Bildabtastung, Bild(feld)-zerlegung
scanning width Abtastfrequenzbreite, Analysierfrequenzbreite
scanning with a beam Strahlabtastung
scansion and flyback Hin- u. Rückführung
scantling Abfallstück, kleines Eckstück, Übergangsstück, Zwischenstück
scanvocoder Abtastvokoder
SCAP self-clearance authority provided
scar Narbe, Schramme
scarce Stoßlasche
scarf cloud Schleierwolke (meteo)
scarf joint Schaftverleimung, schräger od. verblätterter Stoß
scarf, to zusammenlaschen, abschärfen
scarf welding überlappte Schweißung
scarfed end of rail abgeschrägtes Schienenende
scarfed joint geschäftete Verbindung
scarfing Verlaschung, Flammstrahlen
scarfing angle Abschrägungswinkel
scarp Abdachung, steile Böschung
scatter Streuecho, Streuausbreitung, Streuung, Auflösung, Ausblendung
scatter bomb Streubrandbombe
scatter, by (prop) durch Streuübertragung
scatter curve Streuungskurve
scatter diagram Korrelationsdiagramm, Streudiagramm
scatter echo Streuecho
scatter electron Streuelektron
scatter, geographical geographische Verteilung
scatter leaflets from the air, to Flugblätter abwerfen
scatter link Richtverbindung
scatter loading gestreutes Laden
scatter of direction Richtungsstreuung
scatter propagation Mikrowellen(weiter)-verbindung, Streustrahlübertragung, Streustrahlung, Streuübertragung, Streustrahlausbreitung
scatter read gestreutes Lesen
scatter read write gestreutes Schreiben/Lesen
scatter signal Streustrahlsignal
scatter SSB technique Einseitenband-Scattertechnik, Einseitenband-Streustrahltechnik
scatter system Streuverbindung
scatter, to ausbreiten, umherstreuen, verbreiten, zerstreuen, streuen (Meßwerte)
scattered clouds Wolkenfetzen, stark aufgelockerte Bevölkung (meteo)
scattered light Streulicht (Photometer), zerstreutes Licht (nicht parallel gerichtet)
scattered load gestreutes Laden (dv)
scattered neutron gestreutes Neutron
scattered mines verstreut liegende Minen (Unterwasserminen)
scattered radiation Streustrahlungsübertragung, Streustrahlen, Streustrahlung
scattered rays Streustrahlen
scattered read gestreutes Lesen
scattered reflection zerstreute Reflexion
scatterer Streumaterial
scatterer (in a conductor) Streustelle
scatterer (propagation) streuendes Objekt
scattering Streuung
scattering, acoustic akustische Streuung
scattering amplitude Streuamplitude

scattering angle Streuwinkel
scattering area Streufläche
scattering cell Streuzelle
scattering center Streumittelpunkt, -zentrum
scattering collision Streu(zusammen)stoß
scattering cross section Streuquerschnitt
scattering event Streuakt, Streuung
scattering factor Streufaktor (Strahlen)
scattering integral Streuintegral
scattering interaction Streueffekt
scattering layer Streuschicht
scattering length Streulänge
scattering loss Streuverlust
scattering matrix Streumatrix
scattering mean free path mittlere Streuwertlänge
scattering of electromagnetic waves Streuung der elektromagnetischen Wellen
scattering of energy Energiezerstreuung (seism)
scattering of radio waves Streuung von Funkwellen
scattering of sound Schallzerstreuung
scattering of the plotted points Streuung der auftragenden Meßpunkte
scattering operator Streuoperator
scattering parameter (S-parameter) Streuparameter (Transistortechnik)
scattering power Streuvermögen, Zerstreuungskraft
scattering reaction Streureaktion
scattering zone Streuzone
scatterometer Streustrahlungsmesser
scavenge inlet (from centre and rear bearing) Spülöleintritt (vom mittleren u. hinteren Lager)
scavenge oil/air mixture Rücköl/Luft-Gemisch
scavenge oil filter Rückölfilter
scavenge oil line Rückölleitung
scavenge oil pick tube Rückölansaugrohr
scavenge oil pressure Spülöldruck
scavenge oil pump Ölabsaugpumpe, Ölspülpumpe, Rückölpumpe
scavenge oil system Rückölanlage
scavenge plug Ablaß-, Entwässerungsschraube (in der GA-Rudermaschine)(Torpedo)
scavenge port Spülschlitz
scavenge pump Spülölpumpe, Rückförderpumpe
scavenge system Rückölanlage, -system
scavenge, to kehren, reinigen, entionisieren
scavenged spure abgeschnittener Anguß
scavenger flotation machine Nachschäumer
scavenger flow jet Spülfluß
scavenger outlet tube Absaugpumpendruckleitung
scavenger pump Ölsaugpumpe
scavenger system Absauganlage (Windkanal), Rauchausblasevorrichtung (Waffe)
scavenging Abführsystem, Ausstoßen (Gase), Spülung (Entfernung unerwünschter Radionuklide), Entionisierung
scavenging blower Spülluftgebläse
scavenging engine Spülmotor
scavenging of residual gases Restausspülung
scavenging of two-stroke-cycle engines Nachladung von Zweitaktmaschinen
scavenging pump Rückförder-, Spülpumpe
SCC (single-cotton covered) einmal mit Baumwolle umsponnen
SCE (single-cotton enameled wire) einmal mit Baumwolle umsponnener Lackdraht
SCEL signal corps engineering laboratory (US-Army)
scene of action Suchgebiet
scene of air/sea rescue frequency Frequenz für Luftfahrzeuge in Seenoteinsatz
scene slating Synchronmarke
scentific analysis wissenschaftliche Analyse od. Berechnung
SCFM standard cubic feet per minute
schedule Terminplan (tele), Fahrplan, Tabelle, Verzeichnis, tabellarisch zusammenstellen
schedule of fits or limits Passungsliste
schedule of high frequency braodcasting Kurzwellenfunksendeplan
schedule of periodic tests Meßplan
schedule of reinforcement Verstärkungsplan
schedule of transmission Sendeplan
schedule operation time planmäßige Betriebszeit (EDV)
schedule, sensible zweckmäßiger Flugplan
schedule signal Sollwertsignal
schedule slippage Abweichung vom Zeitplan, Terminüberschreitung
schedule speed Reisegeschwindigkeit (Transformator)
schedule, to "einplanen", planen, zeitlich planen (dig)
scheduled air service flugplanmäßiger Luftverkehr
scheduled airline operator planmäßige Luftverkehrsgesellschaft
scheduled and charter planmäßiger Verkehr, Bedarfsverkehr
scheduled date geplanter Liefertermin
scheduled flight flugplanmäßiger Flug
scheduled frequencies festgelegte Wellenlängen
scheduled, machine loading Auslastungsplan
scheduled maintenance planmäßige Wartung, regelmäßig durchgeführte Instandsetzung
scheduled maintenance needs planmäßiger Wartungsbedarf (av)
scheduled maintenance time planmäßige Wartungszeit
scheduled market Markt für planmäßigen Dienst
scheduled mission planmäßiger Auftrag
scheduled operation time planmäßige Betriebszeit
scheduled position report planmäßige Standortmeldung
scheduled protection Solleistung
scheduled redemption planmäßige Tilgung
scheduled service fahrplanmäßiger Flugdienst, Liniendienst, Linienverkehr (Lufttransport)
scheduled speed Plangeschwindigkeit
scheduled start geplanter Anfangszeitpunkt der Tätigkeit
scheduled stop planmäßiger Halt
scheduled supply Versorgung nach Liefer- u. Zeitplan
scheduled target dates geplante Termine
scheduled watch planmäßige Wache
scheduled weather report planmäßige Wetter-

meldung
scheduler Scheduler (Steuerprogramm), Zeitplanungsprogramm
scheduler, job Auftragsprioritätssteuergerät
scheduler, master Masterscheduler
scheduler, priority Prioritätsscheduler
scheduler program Schedulersteuerprogramm
scheduler, task Prozeßprioritätssteuerung
scheduling Ablaufplanung, Maschinendurchlaufplanung
scheduling, advanced priority Steuerung mit vollem Vorrang
scheduling, deadline Zeitpunktüberwachung, Arbeitsplanung nach Endtermin
scheduling, detail Fertigungsfeinplanung
scheduling function Zeitplanungsfunktion
scheduling list Zeitplan(ungs)liste
scheduling, manpower Personalplanung
scheduling, master Fertigungsgrobplanung
scheduling network Netzwerk mit Terminangaben
scheduling problem Terminierungsproblem
scheduling section Zumeßabschnitt, Zumeßteil
scheduling, sequential Folgeverarbeitung, Massenverarbeitung
Scheiner degree Scheinergrad (Foto)
schematic Schaltschema
schematic circuit diagram Schaltschema
schematic designation Kurzzeichen
schematic diagram Funktionsplan, Prinzipschaltbild, Schemazeichnung, vereinfachter-Stromlaufplan, schematisches Schaltbild
schematic drawing Schemazeichnung, schematische Zeichnung, Schemaentwurf
schematic flow diagram schematischer Flußplan
schematic presentation schematische od. vereinfachte Darstellung
schematic representation of transistor schematische Darstellung eines Transistors
schematic sketch schematische Zeichnung
schematic wiring diagram Schaltschema
schematize, to schematisieren
scheme Anordnung, Entwurf, Plan, schematische Darstellung, Schema, System
scheme of defense Verteidigungsplan
scheme of operation Einsatzplan (Gerät)
Scherbius advancer Scherbiusphasenschieber, Kaskadenphasenschieber
Scherbius system Scherbiuskaskade
Schering-bridge Scheringbrücke
schist, bitumious Brandschiefer, Brennschiefer
schist, chloritic Chloritschiefer
schist, cicilious Kieselschiefer
schist, crystalline kristalliner Schiefer
schist, mica Glimmerschiefer
schist, siliceous Kieselschiefer
schist, spotted Fleckenschiefer
schlieren arrangement Schlierenanordnung
schlieren interferometer Schliereninterferometer
schlieren lighting Schlierenaufnahme
schlieren method schlierenoptisches Verfahren, Schlierenverfahren
schlieren optic Schlierenoptik
schlieren photography Schlierenphotographie
schlieren reflection method Reflexions-Schlierenverfahren
schlieren set-up Geräteaufbau für Schlierenbeobachtung
Schloemilch detector Schlömilchzelle, Elektrolytdetektor
Schmidt chart Schmidt-Leitungsdiagramm
Schmidt magnetometer Schmidt-Magnetometer
Schmidt optical system Schmidt-Optik
Schmitt trigger circuit Schmitt-Triggerschaltung
Schmitt trigger module Schmitt-Triggermodul (gerätetechnisch), Schmitt-Triggerglied (schaltungstechnisch)
school and training plane Schul- u. Übungsflugzeug
school flying Schulflug
school for engineers Pionierschule
school of air warfare Luftkriegsschule
school of parachitists Fallschirmspringerschule
school of the air arm Luftwaffenschule
school seaplane See-, Wasserschulflugzeug
school work, for für Schulzwecke (Flugzeug)
schooling or training Fachausbildung
Schottky barrier Schottky-Potentialschwelle
Schottky barrier diode Schottky-Sperrschichtdiode
Schottky defect Leerstelle, Schottky'sche Fehlordnung
Schottky diode Schottky-Diode
Schottky effect Schottkyeffekt
Schottky line Schottky'sche Gerade
Schottky noise ungeschwächter Schottkyeffekt
Schrader valve Schraderventil
Schrage motor Schragemotor, läufergespeister Mehrphasennebenschluß-Kommutator
Schroedinger equation Schroedinger Equation, Schroedinger-Gleichung
Schuler loop Schulerschleife
Schuler tube Schulerröhre (Vakuumröhre mit Hohlkathode)
Schuler tuning Schulerabstimmung
Schuler vertical Schulerlot
Schumann region Schumannbereich, Schumannzone (Wellenbereich in der Zone der ultravioletten Wellenlängen)
Schuster periodogram Schuster'sches Periodogramm
SCI (ship-controlled interception) Jägerführung vom Flugzeugträger aus
SCI (soft cast iron) weiches Gußeisen
sciatron Blauschriftröhre
science and engineering Wissenschaft u. Technik
science and technology agency Behörde für Wissenschaft u. Technik
science astronaut Wissenschaftsastronaut
science of colour Farbenlehre
science of communications Nachrichtentechnik
science of electrical measurements elektrische Meßtechnik, Elektronenmeßtechnik
science of material Werkstoffkunde
science of measurement Meßtechnik
science of metal Metallkunde
science of mineral deposit Lagerstättenkunde (geol)
science of process Verfahrenstechnik
science of strength of materials Festigkeits-

lehre
scientific and technical information and documentation committee (STIDC) wissenschaftlich/technische Information u. Dokumentation, Ausschuß für
scientific and technical research, committee Ausschuß für wissenschaftliche u. technische Forschung
scientific and technical system Fachinformationssystem
scientific application wissenschaftlich orientierte Nutzlast (sp)
scientific assistant wissenschaftlicher Assistent
scientific branch wissenschaftliche Disziplin
scientific chemist wissenschaftlicher Chemiker
scientific computer Rechner für technisch/wissenschaftliche Aufgabe od. Zwecke
scientific group wissenschaftliche Gruppe
scientific information processing Informationsverarbeitung der Wissenschaft
scientific instrument module (SIM)(space) Trägerstufe für wissenschaftliche Instrumente
scientific logic wissenschaftliche Logik
scientific management wissenschaftliche Betriebsführung
scientific program wissenschaftliches Programm
scientific research wissenschaftliche Forschung(sarbeit)
scientific rocket payloads Meßköpfe für Raumforschungsrakete
scientific satellite wissenschaftlicher Satellit, Forschungssatellit
scientific satellite carrying experiment Forschungssatellit mit Experimentiernutzlast
scientific spacecraft program wisschenschaftliches Raumfahrtprogramm
scientific staff wissenschaftlicher Arbeitsstab
scientific-technical sub-group wissenschaftlich-technische Untergruppe
scientific, to have had a...training wissenschaftlich ausgebildet sein
scimitar antenne Sichelantenne
scintigram Szintigramm
scintigraph Szintigraphie (phys)
scintillameter Szintillationszähler (radioaktiv)
scintillate, to funkeln, Funken sprühen, szintillieren
scintillating light Funkelfeuer
scintillating material szintillierendes Material, Szintillationsmaterial
scintillation Funkeln, Szintillation
scintillation counter Leuchtstoffzähler, Szintillationszähler, -messer, (Strahlenmessung), Strahlungsintensitätsmesser
scintillation counting Szintillationszählung
scintillation detector Szintillationsdetektor
scintillation head Szintillationskopf
scintillation logging Untersuchung mit od. von Szintillationszähler
scintillation meter Szintillometer (indirekte Höhenwindmessung)
scintillation method Szintillationsverfahren
scintillation noise Szintillationsrauschen
scintillation, plastics Kunststoffszintillator
scintillation response Szintillationsanzeige
scintillation solution Szintillationslösung
scintillation spectrometer Szintillationsspektrometer
scintillation twinkling Flimmern, Szintillation
scintillation-type solid counter Festkörperzähler
scintillation well counter Szintillationszähler mit Bohrlochkristall
scintillator Leuchtstoff, Szintillator (mißt die Intensität der Radioaktivität)
scintillometer Flimmermesser, Szintillometer
scintilloscope Szintilloskop
scintiscanner Gerät zur Aufnahme von Szintigrammen
scintiscanning Abtastung mittels Szintillationszähler
scission Aufsprengung, Spaltung
scission reaction Spaltungsrekation
scissor arm oberer Arm der Mitnehmerschere (Hschr)
scissor cylinder Faltzylinder (Faltbrücke)
scissor gear verspanntes Zahnrad
scissor jack Scherenheber
scissor lever Scherenhebel
scissor lift Scherenhubbühne
scissor-lift loader Scherenhubgerät
scissor link unterer Arm der Mitnehmerschere (Hschr)
scissor link type torque arm assembly Federbeinschere
scissor shackle Scherenschäkel (Gurtzeug)
scissor shackle restraining plunger Sperrbolzen für Scherenschäkel
scissors-type jack Scherenheber
scissoring bridge Faltbrücke
scissors Federbeinschere, Handschere
scissors blade Scherenklinge
scissors elevator system Scherenarme
sclerometerHärteprüfer, Härtemesser, Ritzhärteprüfer, Sklerometer
scoop Ausschürfung, Aufnehmer, Kellenschaufel, Lufthutze, Ansaugrohr (Turbine), Schaufel, Schöpfgefäß, Schöpfrohr, Trommelrad
scoop-type loader Schaufellader
scoop-type protector cable duct schalenartige Kabelschutzvorrichtung
scooping iron Bohrlöffel
scooter gear Schnellrichtanlage
scope Anwendungsbereich, Ausdehnung, Bereich, Bildschirm, Gültigkeitsbereich (EDV), Oszillograph, Oszilloskop (Kathodenmessung), Radaranzeigegerät, Schirmbild, (Braun'sche Röhre), Hellschreiber (Radaraufzeichnung), Umfang, Weite, Ziel
scope, A-..., B-..., PPI-..., R-Bildschirm
scope area Rahmenbereich
scope characteristic Schirmbildzeichen
scope for capital expenditure Investitionsspielraum
scope-mobile Laborwagen für Oszillograph
scope monitor Prüfoszillograph
scope of an invention Geletungsbereich einer Erfindung
scope of the exposition Ausstellungsbereich
scope of testing Umfang der Prüfung
scope of work Anwendungsbereich, Arbeitsgebiet
scope photo Schirmbildphoto
scope screen Bild-, Oszillographen-, Oszilloskopschirm
scorch dörren, durchschmoren (elektr), rösten, versengen

versengen
scorched contact verschmorter Kontakt
scorching together of contacts Kontaktschmoren, zusammenschmoren von Kontakten
score Einschnitt, Furche, Kerbe, Punkt, Ritze, Treffergebnis
score card Kurzlochkarte, perforierte (Loch)-karte
score card feature Abrißkartenzusatz
score storage Auswertespeicher, Speicher für die Auswertung, Zwischenspeicher
score, to (ein)kerben
scored card Kurzkarte, perforierte od. vorgeprägte Karte
scored places on threads Kerbstellen an Gewinden
scored pulley Keilriemenscheibe
scorification Schlackenbildung, Ablagerung
scoring Fressen (Lager, Gewinde)
scoring logic Auswertelogik
scoring sheet Auswertungsformular
scorsby base Taumeltisch
scorsby drift rate Auswanderung(sgeschwindigkeit) bei Taumelbewegung
scorby motion Taumelbewegung
scorsby platform Taumeltisch
scotch tape Klebstreifen (durchsichtig), Isolierband
scotofor Schwärzungsstoff (Material, dessen Lichtdurchlässigkeit durch Bestrahlung verringert werden kann)
Scott connection Scott'sche Schaltung
scouring powder Scheuerpulver
scout attack version of LHX Kampf- und Aufklärungsversion des LHX
scout bird Aufklärungshubschrauber, Beobachtungshubschrauber
scout helicopter Aufklärungs-, Beobachtungshubschrauber
scout regiment Beobachtungsregiment
scouting Erkundung, Aufklärung (Seetaktik)
scouting axis Aufklärungsachse (Seetaktik)
scouting distance Aufklärungsabstand (Seetaktik)
scouting line Ausklärungslinie (Seetaktik)
scouting mission Aufklärungsauftrag
scouting plane Aufklärer, Pfadfinderflugzeug
scouting raid Erkundungsvorstoß, Spähtruppvorstoß
scouting squadron Aufklärerstaffel
SCR THD screw thread
scragging Federschwingversuch
scram Einschießen von Sicherheitsstäben, Notabschaltung
scram rod Abschaltstab, Notabschaltstab
scram, to Schnellschluß auslösen (phys)
scramble Alarmstart
scramble-wound wild gewickelt
scrambled speech verschlüsselte od. verwürfelte Sprache
scrambled telephony Geheimtelephon
scrambler Sprachverzerrer (Gerät)
scrambling Sprachverschlüsselung
scrambling net Kletternetz
SCRAMJET (a supersonic combustion ramjet) Scramjet (Staustrahltriebwerk mit Überschallverbrennung)
scrammed rod eingeschlossener Notstab
scrap Abfall, Ausschuß, als nicht verwendbar ausscheiden, Bildausschnitt, Brocken, Bruchstück, Schnitzel, Stückchen
scrap billets Knüppelschrott
scrap component Ausschußteil
scrap factor Ausschußfaktor, prozentualer Ausschuß (Massenfertigung)
scrap ion Atombruchstück
scrap iron Abfalleisen, Alteisen, Eisenabfall
scrap, to verschrotten
scrap view Teilansicht
scrap waste Verschnitt
scrap wire Drahtabfall
scrap yard Schrottplatz
scrape abschaben, kratzen
scrape in, to einschaben (Lager usw)
scrape out, to herauskratzen
scrape the bearing, to Lager nachschaben
scrape to fit each other aufeinander eingeschabt
scraper Abschaber, Abstreicher, Kratzbock, Kratzer, Schabeisen, Schabmesser (pla)
scraper blade Schaberklinge
scraper, hand Handschaber
scraper motor Schürfschaufel-Motorwagen
scraper pulley-type Schürfschaufelanhänger
scraper ring Ölabstreifring
scraping cut Schabeschnitt
scratch Kratzer, Schramme
scratch area Arbeitsbereich
scratch disk Schmierplatte
scratch file ungeschützte Datei
scratch filter Geräuschfilter, Krachfilter
scratch hardness Ritzhärte
scratch hardness test Ritzhärteprüfung
scratch hardness tester Ritzhärteprüfer
scratch pad Notizblockspeicher, schneller Hilfsspeicher, Zwischenspeicher
scratch pad control register (SPCRS) Zwischenspeicher-Steuerregister
scratch pad entry Notizspeichereingang
scratch pad memory Notizblockspeicher, schneller Hilfsspeicher, Zwischenspeicher (mit kleiner Kapazität)(Datenwort)
scratch resistance Ritzhärte
scratch tape Arbeitsband
scratch test Ritzversuch
scratch, to kratzen, ritzen, schrammen, zerkratzen
scratches Rutschschrammen, Rutschstreifen, tektonische Bewegungsstreifen am Gestein (geol)
scratching noise kratzendes Geräusch, Kratzgeräusch
scratchy noise kratzendes Geräusch, Kratzgeräusch
screech, to (said of brake) quietschen
screeching sound kreischender Ton
screen Bildfeld, Gitter, Leinwand, Maske, Raster (graph), Rasterplatte, Schirm(gitter), Schleier, Sieb, Filter, Schutzwand (Röntgen), Sicherungsschleier, Wandschirm
screen (ground screen) Erdungsebene
screen (protection) Schutzwand
screen analysis of sand Korngrößenanalyse von Sand, Siebanalyse
screen, anti-arcing Schutzwand gegen Überschläge
screen, anti-diffusing Streustrahlblende

screen beater mill Siebschlagmühle
screen belt Siebband
screen belt dryer Laufbandtrockner (Siebtrockner)
screen black area, to blanke Flächen aufrasten
screen box or can Abschirmtopf
screen brightness Beleuchtungsstärke
screen burning Schirmeinbrennung
screen can Abschirmtopf
screen cloth filter cell Trockenfaserluftfilterzelle
screen curvature Schirmkrümmung
screen curve Schirmkurve
screen design Rasterzeichnung
screen diagonal Bildschirmdiagonale
screen disintegrator Rechengutzerkleinerer
screen dissipation Schirmgitterverlustleistung
screen dropping resistor Schirmgitterwiderstand
screen, electromagnetic elektromagnetischer Schirm
screen, electrostatic elektrostatischer od. kapazitiver Schirm
screen factor Schirmfaktor, Filterfaktor
screen for the projection of images by the visual system Projektionsschirm für Bildsimulationssystem (av)
screen grid Schirmgitter, Anodenschutznetz
screen grid current Schirmgitterstrom
screen grid dissipation Schirmgitterverlustleistung
screen grid feedback Schirmgitterrückkopplung
screen grid input Schirmgitterbelastung
screen grid lead Schirmgitterleitung, Schirmgitterzuführung
screen grid output tube Schirmgitterendröhre
screen grid power loss Schirmgitterverlustleistung
screen grid resistance Schirmgittervorwiderstand
screen-grid tube Schirmgitterröhre
screen grid tube with plate-current rectification Schirmgitterrichtverstärker
screen grid valve Schirmgitterröhre
screen-grid voltage(, sliding gleitende) Schirmgitterspannung
screen-grid voltage supply Schirmgitterspannungsquelle
screen luminance Bildausleuchtung (Film)
screen, magnetic magnetischer Schirm
screen, metallized metallisierter Schirm
screen modulation Schirmgittermodulation
screen, mud Schüttelsieb
screen of the shaker Schüttelsieb
screen of raster scan microscope Rastermikroskop
screen pattern Schirmraster
screen pentode Hochfrequenzpentode
screen pipe Siebfilterrohr
screen plate Rasterelement, Rasterplatte
screen printing Siebdruck
screen recess Schutzgittermischer (im Lufteintrittskanal)
screen reflector (antenna) Maschendrahtreflektor, Netzreflektor
screen-reflector-type antenna Antenne mit Netz-(Maschendraht)reflektor
screen rulings Rasterdichte
screen segment Siebsegment
screen, shaking Rüttelsieb
screen shredder Rechengutzerkleinerer
screen-side deflection plates schirmnahes Ablenkplattenpaar
screen supply Anzeigefeld, Schirmgitterspeisung
screen test Aussortierungsprüfung, Auswahlprüfung (Güteprüfung)
screen thermometer Hüttenthermometer, Schutzthermometer (meteo)
screen, to abschirmen, aussortieren (Güteprüfung), auswählen, blenden, klassieren, sichten, sieben, vernebeln
screen type centrifugal machine Siebschleuder, Siebzentrifuge
screen, vibrating Vibrationssieb
screen-wall counter Zählrohr mit Gitterkathode
screen width Schirmbreite
screened aerial abgeschirmte Antenne
screened-air intake valve abgeschirmtes Einlaßventil
screened apparatus gegen zufällige Berührung geschütztes Gerät
screened cable Abschirmkabel
screened coil (electron) abgeschirmte Spule, Spulentopf
screened-conductor cable induktionsfreies Kabel, Kabel mit abgeschirmtem Leiter
screened down lead abgeschirmte Niederführung (Radio)
screened electromagnet Topfmagnet
screened from each other gegeneinander abgeschirmt
screened grid electrode abgeschirmte Elektrode
screened grid tube Schirmgitterröhre
screened grid valve Schirmgitterröhre, Schutzgitterröhre
screened horn balance abgeschirmter Hornausgleich (av)
screened ignition abgeschirmte Zündung
screened line abgeschirmte Leitung
screened magneto abgeschirmtes Magnet
screened pentode abgeschirmte Pentode
screened room abgeschirmter Raum
screened scanning chamber abgeschirmte Durchstrahlungskammer (Umschlaggerät)(av)
screened spark-plug abgeschirmte Zündkerze
screened transformer abgeschirmter Transformator
screened wire abgeschirmter Draht
screening Abschirmung, Auswahlprüfung (Güteprüfung), Aussortierprüfung (Güteprüfung), Sichtung, Überprüfung
screening agent Nebelstoff
screening angle Abschirmungswinkel (taktisch)
screening-angle penetration Eindringen in den Radarschatten
screening box Abschirmhaube, Abschirmgehäuse, Kasten mit Schirmwänden
screening can Abschirmbecher
screening cap Abschirmhaube, -kappe
screening capacity of coverage Verschleierungsfähigkeit
screening case Abschirmgehäuse
screening constant Abschirmkonstante
screening correction Abschirmkorrektur (Radar)
screening drum Siebtrommel

screening effect Abschirmeffekt, Abschirmung, Abschirmwirkung, Influenzwirkung, Schirmwirkung
screening effect or raid and cable-sheath currents Induktionsminderung durch Schienen- u. Kabelmantelstrom
screening factor Abschirmfaktor, Reduktionsfaktor (Schirmung)
screening fire Abschirmfeuer
screening force Funkmeßstörverband
screening harness Kabelgeschirr für Störabschirmung
screening, ignition Abschirmen der Zündung, Zünd(ungs)abschirmung
screening inspection Hundertprozentprüfung, 100%-Prüfung
screening, magnetic magnetische (Ab)schirmung
screening mode Aufrasterungsmodus, Rastermodus
screening number Abschirmungskonstante, Abschirmungszahl
screening of checked baggage Handgepäckkontrolle
screening protector Schutzdrossel gegen Wanderwelle
screening smoke künstlicher Nebel, Nebelschleier, Rauchschleier, Vernebelung
screening tube Abschirmschlauch, Entstörschlauch, Abschirmrohr
screening unit Entstörer, Entstörglied
screw Luftschraube, Schraubenspiel, Schraubenspindel, Bolzen, Schraube
screw a nut on a bolt, to eine Mutter auf einen Bolzen aufschrauben
screw action twisting Schraubenwirkung
screw auger Holzbohrer
screw bolt Schraubenbolzen
screw cap Edisonsockel, Gewindesockel, Schraubdeckel, Schraubsockel
screw chuck Schraub(en)futter
screw clamp Schraub(en)zwinge
screw control Spindelführung
screw conveyor Förderschnecke (Transportband)
screw conveyor for dried material Förderschnecke für Trockengut (pla)
screw core pin Gewindestift (Einpressen eines Innengewindes)
screw, countersunk versenkte Schraube, Senkschraube
screw coupling Gewindekupplung, Schraub(en)kupplung, Verschraubung
screw curve Schraublinie
screw cutting lathe Zugspindeldrehbank
screw die Gewindeschneidebacke, Schneideisen
screw dog Schraubenklaue
screw, double-threaded doppelgängige od. zweigängige Schraube
screw down, to (a nut) festziehen
screw down, to (burner) zurückschrauben
screw drive Transportspindel, Verschiebungsspindel
screw driver Schraubenzieher
screw driver adjustment Schraubenziehereinstellung
screw driver adjustment (slottet shaft) Schlitzachse
screw driver bit Schraubenziehereinsatz
screw driver, electrical elektrischer Schraubenzieher
screw driver handle Schraubenziehergriff
screw extraction Gewindeziehen, das
screw extractor Gewindeauszieher, Schraubenauszieher
screw extruder Schraubenabzieher, Strangpresse (mit Schnecke), Schneckenpresse
screw feed Spindelvorschub
screw ga(u)ge Schraubenmeßlehre, Schraubenschablone
screw gear Hebewinde, Schraubensteuerung
screw, halfround halbrunder Schraubenkopf
screw head Schraubenkopf
screw head, countersunk Senkkopf
screw head file Schraubenkopffeile
screw-head slotting machine Schraubenkopfschlitzmaschine
screw hole Schraubenloch
screw-hole circle Lochkreis
screw-in einschrauben
screw-in socket Umrüstbuchse
screw jack Hebeschraube
screw jack assembly Schraubspindel
screw joint Schraubverbindung, Verschraubung
screw kneader Schneckenkneter, Schneckenrührer (pla)
screw, left-handed linksgängige Schraube
screw machine Fassondrehbank, Schraubenautomat
screw microscope Schraubenmikroskop
screw motion Schraubung
screw, multiple-thread mehrgängige Schraube
screw nut Schraubenmutter
screw off, to abschrauben
screw-on an-, festschrauben
screw-on cutter Aufschraubfräser
screw pitch gage Blattlehre, Gewindeschablone, Steigungslehre
screw plate Gewindeeisen, Kluppe, Schraubklemme
screw plug Verschlußschraube
screw plug cartridge fuse Schraubstöpselsicherung
screw propeller (marine) Schraube
screw pump Schraubenpumpe
screw race Propellerstrahl
screw race contraction Propellerstrahl-Kontraktion
screw retainer Schraubsicherung
screw retaining shaft Gabelbolzen (Abblasbandstellgerät)(Twk)
screw retraction Schneckenrückholung (Spritzgießmaschine)
screw, right-handed rechtsgängige Gewindeschraube, Schraube mit Rechtsgewinde
screw, self-tapping selbstschneidende Schraube
screw-shaped schraubenförmig
screw slot Schraubennut, Schraubenschlitz
screw slotting attachment Schraub(en)schlitzeinrichtung
screw slotting saw Schraubenschlitzsäge
screw socket Gewindebuchse
screw steel Schraubenstahl, Schraubenmaterial
screw steel bolt stock Schraubenmaterial
screw stock Gewindekluppe, hochschwefelhaltiger Stahl, (Schrauben)kluppe
screw, sunk eingesenkte Schraube
screw surface Wendelfläche

screw tang Schraubangel
screw tap Gewinde-, Schraubenbohrer
screw terminal Befestigungs-, Schraubklemme
screw thread Schraubengang, Schraubengewinde
screw thread nomenclature Bezeichnung des Schneckengewindes
screw thread joint Schraubekappenverbindung
screw thread T-connection T-Stück mit Schraubkappenanschluß
screw, three-bladed dreiflügelige Schraube
screw tight, to anziehen (Schraube usw)
screw together, to zusammenschrauben
screw top Schraubdeckel
screw, triple-thread dreigängige Schraube
screw, two-threaded zweigängige Schraube
screw-type compressor Schraubengebläse
screw-type conduit Kabelverschraubung
screw-type elevating mechanism Schraubenspindelrichtmaschine
screw type obstacle picket Hindernisschraub(en)pfahl
screw type post Schraubenpfahl
screw-type terminal Schraubklemme
screw-type valve Schraubenventil
screw type voltage Schraubenselbstanziehung
screw up, to zuschrauben, anziehen (eine Schraube)
screw wheel Flügelrad
screw with eye Ösenschraube
screw, wooden hölzerne Schraube, Holzschraube
screw wrench Schraubenschlüssel
screw wrench bar Schraubenschlüsselschaft
screwable verschraubbar
screwed (having a thread) mit Gewinde versehen
screwed and shrunk on warm aufgeschraubt u. geschrumpft
screwed cap Schraubkappe
screwed contact Schraubkontakt
screwed holder Schraubfassung (Lampe)
screwed home festverschraubt
screwed-in type Einschraubtyp
screwed joint (Rohr)verschraubung
screwed-on angeschraubt, aufgeschraubt
screwed pipe joint Schraubmuffe
screwed plug Mundlochdeckel, Schraubstöpsel
screwed rod Gewindestange
screwed sleeve Schraubmuffe
screwed socket Gewindemuffe, Schraubfassung
screwed spigot Führungszapfen mit Gewindeansatz
screwed steel ferrule Schraubennippel
screwed with spring action elastisch verschraubt
screwing Gewindeschneiden (mit Schneideisen, im Gegensatz zu threading)
screws, heated-treated vergütete Schrauben
screws rotating in the same direction gleichsinnige Schnecken, Schnecken mit gleichem Drehsinn
screwstack Kluppe
scribe, to anreißen, anzeichnen mit Reißnadel
scribed line Anrißlinie, Rißlinie
scriber Anreißnadel, Reißnadel
scriber point Anreißspitze
scribing block Anreißgerät, Anschlaglineal
scribing point Anreißschneide
scrim-back barrier sheet straminverstärktes Sperrschichtmaterial
scrim diffuser Weichzeichner
scroll Heißgasleitkranz, Schnecke, Schnörkel, Spindel, Spirale
scroll chuck Dreibackenfutter, selbstzentrierendes Spannfutter
scroll gear Triebkranz
scroopy feel knirschender Griff
scrop, to ziehschleifen
scrub out, to herauswaschen (geol)
scrub, to scheuern, schrubben
scrubbing Scheuerstelle, Naßreinigung
scrubbing process Reinigungsverfahren
scrubbing tower Waschturm
scruff, to drahtbürsten, mit Drahtbürste bearbeiten
scrunt, to grobschmirgeln
scrutinize, to eingehend prüfen, genau untersuchen, bis ins Detail erforschen
scrutiny genaue Nachforschung, Untersuchung
SCS stabilization and control system
SCS-51 system SCS-51-System, Schlechtwetteranflugsystem mit horizontaler u. vertikaler Leitstrahlführung
SCT (scattered) aufgelockert
SCTY (security) Sicherheit
scuba Schwimmtauchgerät
scuba diver Schwimmtaucher
SCUD (nimbostratus) vom Wind gejagte Wolken (meteo)
scuff panel Schonplatte, Verschleißplatte
scuff resistance Abriebbeständigkeit, Abriebfestigkeit, Beständigkeit gegen Abschürfen
scuff resistant kratzfest, scheuerfest, schürffest, stoßfest, trittfest
sculpture aushauen, ausmeißeln, schnitzen
scum cock Schlammhahn
scupper Überlaufsammelschale, Überlaufstutzen
scupper drain Überlaufschalenabfluß
scurf mop Polierscheibe (Filz)
scuttle Durchreichöffnung (Schiffstechnik), Springluke, Treibladungsschacht, Kiepe, Niedergang
scuttle feature Versenkvorrichtung
SCV sub clutter visibility
SD (soft drawn) warm gezogen
SDB standard device byte
SDC space defense center
SDD synthetic dynamic display
SDG Steuerdifferentialgeber
SDI (strategic defense initiative) strategische Verteidigungsinitiative
SDM (slugh drag meter) Gerät zum Messen des durch Schneematch hervorgerufenen Widerstands
SDPA small defense plant administration
SDRs special drawing rights
SE Steuerempfänger
SE (secondary electron) Sekundärelektron
SE (secondary electron multiplier) SEV (Sekundärelektronenvervielfacher)
SE (secondary emission) Sekundäremission
Se (selenium) Selen
SE (southeast) Südosten
SE Speichereinheit

Se-photocell Selenphotozelle
Se-rectifier Selengleichrichter
sea die See, Meer, Seegang, hohe Welle
sea, above...level über dem Meeresspiegel
sea/air interface Grenzfläche Meer/Luft
sea airline or airway See/Luftlinie
sea anchor Treibanker
sea background noise Geräuschkulisse des Meeres
sea barge Lastkahn
sea-based aircraft trägergestütztes Luftfahrzeug
sea-based missile seegestützte Rakete (auf U-Booten)
sea-based prepositioning Bereitstellung auf See
sea-based reactor Seefahrtreaktor
sea breeze Seewind
sea cabin Brückenkammer
sea chart hydrographische Karte, Paßkarte
sea clutter Seegangsecho, Seegangsreflex (Radarstörung)
sea-coast Seeküste, Strandlinie
sea cock Bodenventil (Schiff)
sea conditions Zustand der See
sea connection Bodenventil (Schiff)
sea control aircraft carrier Seeüberwachungs-Flugzeugträger
sea current blocking device Raumstromausschalter (UW-Mine)
sea cycle Seegang
sea disturbance scale Bewertungsskala für Seegang
sea elevation Erprobung in See (Material)
sea fog Seenebel
sea ga(u)ge Tiefenmesser
sea glider Wassergleiter
sea-going aircraft Hochseeflugzeug
sea-going or ocean-going seaplane Hochseeschwimmerflugzeug
sea-going platform hochseefähige Plattform
sea gyroplane Wassertragschrauber
sea helicopter Wasserhubschrauber
sea horizon sichtbarer Horizont, Kimme, Seehorizont
sea inlet valve Seeventil
sea ladder Steigeisen an Bordwand
sea-land lighter Amphibienleichter
sea launched cruise missle schiffsgestützter Marschflugkörper, von See abgeschoßener düsengetriebener Lenkflugkörper
sea-level Meereshöhe, Meeresspiegel
sea level altitude Höhe über Meeresspiegel
sea level atmospheric conditions atmosphärische Bedingungen in Meereshöhe
sea level canal Kanal im offenen Durchstich
sea level datum Gezeitenhöhennull
sea-level equivalent of power ideelle Bodenleistung
sea-level power Bodenleistung in Meereshöhe
sea-level pressure Druck in Meereshöhe, NN-Druck, Luftdruck in NN
sea-level rated engine Bodenmotor
sea-level rating Leistung in Meereshöhe (Twk)
sea level static, ISA thrust Standschub in Meereshöhe (Standardatmosphäre)
sea level static performance statische Leistung in Meereshöhe
sea-level thrust Schub in Meereshöhe
sea line Entladeleitung (Tanker zum Strand)
sea line of communication Seestraße, Seeverbindungsweg
sea marker Farbmarkierung (auf See als Fliegerzeichen für Rettungsaktionen), Seezeichen
sea noise Meeresgeräusch, Seegangsgeräusch
sea of clouds Wolkenmeer
sea ornithopter Wasser/Schwingenflügler
sea peak Meereskuppe, untermeerische Aufragung, unterseeische Kuppe
sea plates Seewasserschaltelektroden
sea pollution Meeresverschmutzung
sea rescue airplane Seenotflugzeug
sea rescue color Seenotfarbe
sea-rescue service Seenotdienst, Seenotrettungsdienst
sea rescue wing Seenotrettungsgeschwader
sea return See(gangs)echo, Seegangsreflex, Seeschlange, Reflexion durch die Seeoberfläche (Radar)
sea salt nucleus Seesalzkern
sea-search attack development unit (SADU) Einheit "Seezielsuche und Angriffsentwicklung"
sea search radar Seesuchradar(gerät)
sea skimmer tiefstfliegender Seezielflugkörper (Sea-Skimmer)
sea skimming missile tiefstfliegender Seezielflugkörper (Sea-Skimmer)
sea smoke Dampfnebel
sea speed Fahrtgeschwindigkeit
sea suction valve Seewasseransaugventil
sea surveillance Seeraumüberwachung
sea surveillance usual combination is military patrol with kombinierte Ausrüstung für Seeraumüberwachungs- und SAR-Aufgaben (Search and Rescue)
sea tint Farbtönung für Seegebiet (Karte)
sea-to-air missile See/Luft-Flugkörper
sea, to go down in the notwassern
sea-to-sea missile See/See-Flugkörper
sea-to-space missile See/Raum-Flugkörper
see-to-unterwater missile See/Unterwasserflugkörper
sea training Ausbildung auf See, Seetraining
sea transportation branch Schiffahrtsabteilung
sea trial Abnahmefahrt (Schiff), Erprobung auf See, Probefahrt (Schiff)
sea water Meerwasser, Salzwasser
sea water composition Meerwasserzusammensetzung
sea water corrosion Seewasserkorrosion
sea water density Meereswasserdichte
sea water intrusion Seewassereinbruch
seabee carrier Schutenträgerschiff "SEABEE"
seaborne auf dem See befördert, von See aus, von See her
seaborne antiballistic-missile intercept system (SABMIS) schiffsgestütztes BFK-Abfangsystem
seaborne craft Wasserfahrzeug
seaborne installation Bordanlage (Seefahrzeug)
seaborne invasion Landungsunternehmen von See aus
seaborne mine hunting Minenjagd mit Schiffen
seaborne missile schiffsgebundener Flugkörper
seaborne operation Unternehmen von See aus (taktisch)

seaborne supply auf dem Seeweg beförderte Güter
seaborne trade Seehandel
seaborne weapon system schwimmendes Waffensystem
SEAC (standard eastern automatic computer) elektronische Rechenmaschine des National Bureau of Standards USA
seaded treaty Meeresbodenvertrag
seagoing seefähig, hochsee...
seagoing armed service Hochseestreitkräfte
seagoing barge Seeleichter
seagoing capabilities Seefähigkeit, Seetüchtigkeit (Schiff)
seagoing dredge seegehender Bagger
seagoing endurance Seeausdauer (Schiff)
seagoing hovercraft Luftkissenboot, seegehendes Luftkissenfahrzeug, wassergebundenes Luftkissenfahrzeug
seagoing platform for acoustic research (SPAR) SPAR-Boje
seagoing ship seegehendes Schiff, Seeschiff
seagoing traffic Hochseeverkehr
seagoing tug Hochseeschlepper
seakeepability See-Eigenschaften, Seefähigkeit, Verhalten im Seegang
seakeeping seetüchtig
seakeeping capability Seetüchtigkeit
seal (gasket) Dichtung, Verschluß
seal (in waveguide) Wellenleiterfenster
seal (make tight) abdichten, abschließen
seal (with lead) plombieren
seal (with wax) versiegeln
seal adapter Dichtgehäuse (Twk)
seal and bearing retainer Dichtungs- u. Lagerdeckel (Hydraulikpumpenklimaanlage), Stopfbuchse mit Lagerdeckel
seal and search force Abriegelungs- u. Durchsuchungsverband (taktisch)
seal and search operation Unternehmen zur Abriegelung u. Durchsuchung (taktisch)
seal backup ring Stützring für Dichtung
seal boot Schutzkappe
seal box druckdichte Durchführung (des Steuerknüppels)
seal carrier Dichtungsträger
seal carrier flange Dichtungsträgerflansch
seal casing Dichtungsgehäuse
seal clearance Dichtungsspiel
seal coat (runway) Dichtungsanstrich, Porenschluß, Versiegelung
seal coating Dichtungsüberzug (Kraftstoffzelle)
seal connection to dipole Sperrtopf, Symmetrietopf
seal contact material Dichtungsmaterial
seal course Dichtungsschicht (Piste)
seal drain Leckablaßleitung (Pumpe), Leckölleitung (Hydraulikpumpe)
seal fin Dichtrippe
seal force Abriegelungsverband (taktisch)
seal gland Stopfbuchse
seal guide Aufnahmeblech (Twk)
seal hermetically, to vakuumdicht abschließen
seal housing Dichtungsgehäuse, Dichtungsträger
seal-in, to einschmelzen
seal land Dichtsteg
seal mating ring Dichtungspaßring, Gleitring
seal nut selbstsichernde Mutter, Pumpendeckel
seal of a penetration, to einen Einbruch abriegeln (taktisch)
seal oil system Sperrölsystem (Verdichter)
seal operation Abriegelungsunternehmen (taktisch)
seal piston Dichtungskolben
seal plate Dichtungsplatte, Dichtungsscheibe
seal retainer Dichtungsrahmen (Kabinendach)
seal ring Dichtring
seal ring expansion spring Spreizring (Twk)
seal seat Dichtungssitz
seal segment Dichtungssegment
seal tank Fallwasserkasten
seal the hole off Wandung des Bohrlochs mit Schlamm verkleiden
seal, to hermetisch abdichten, einschmelzen, plombieren, verschmelzen
seal wire Plombendraht
sealant Dichtungsmasse
"Sealcoat" metallurgical process Sealcoat-Verfahren (Twk)
sealed abgedichtet, isoliert
sealed, airtight vakuumdicht
sealed assembly welding process Walzschweißverfahren
sealed bellows Aneroid
sealed cable end Kabelstumpf
sealed end isoliertes Ende (einer Leitung)
sealed gimbal (Kreisel)kapsel (gasdichte Kappe)
sealed-off abgeschmolzen
sealed-off counter abgeschmolzener Zähler
sealed-off tube (or valve) abgeschmolzene Röhre
sealed rectifier abgeschmolzenes Ventil
sealed switch relay Schaltrelais mit eingeschmolzenen Kontakten
sealer Siegler (Glasfaser)
sealevel cosmic rays kosmische Strahlen in Meereshöhe
sealing Dichtung, Plombierung, Einschmelzung
sealing band Dichtleiste
sealing cement Dichtungskitt
sealing chamber Vergußkammer
sealing compound Ausgußmasse, Dichtungsmasse, Kabelvergußmasse, Vergußmasse (pla), Verschlußmasse, Versiegelungsmittel
sealing cuff Dichtungsmanschette
sealing dish Andichtschale
sealing end Kabelabschluß
sealing end cable terminal Enddose
sealing film Dichtungsfolie
sealing flap Dichtklappe
sealing fluid Sperrflüssigkeit
sealing frame Dichtungsrahmen
sealing-in machine Einschmelzmaschine
sealing liquid Sperrflüssigkeit
sealing machine Abschmelzmaschine, Kapselmaschine
sealing of cable Ausgießen des Kabels
sealing-off burner Abschmelzbrenner
sealing profile Dichtungsleiste, Dichtungsprofil
sealing ring Dichtungsmasse, Dichtring
sealing ring retainer Dichtringhalter
sealing run Kappnaht (Fsch)

sealing run, welding Schweißkappnaht
sealing screw Dichtungsschraube
sealing solution Lösung zum Dichten
sealing tape Klebstreifen
sealing thread Plombenfaden (Fsch), Sicherungsgarn (Fsch), Dichtgewinde
sealing wax Siegellack, Vergußwachs, Wachsabdichtung
sealing wire Plombendraht
seals and packings Abdichtungen
sealube Dichtungsfett
seam Gußnaht, Saum, Schlackenzelle (Metall), Schweißnaht
seam of cores Lagerstätte (geol)
seam on, to auffalzen
seam welding Nahtschweißung, Rollennahtschweißung
seam welding machine, roller-type Rollenschweißmaschine
seamark Seezeichen
seamless casing nahtlose Verrohrung
seamless drill pipe nahtloses Bohrgestänge
seamless drawn tube nahtlos gezogenes Rohr
seamless pipe nahtloses Rohr
seamless process nahtloses Rohrherstellungsverfahren
seamless profile rolled nahtlos profilgewalzt
seamless sheating nahtloser Mantel (Reifen)
seamless steel tube nahtloses Stahlrohr
seamless tube nahtloses Rohr
seamless tube mill Walzwerk für nahtlose Rohre
seaplane Schwimmerflugzeug, Wasserfahrzeug
seaplane airline Seeflugzeuglinie
seaplane airport Wasserflugplatz
seaplane base or station Wasserflugzeugstation
seaplane basin Wasserflughafenbecken
seaplane-carrier Flugzeugmutterschiff
seaplane hull Bootsrumpf des Wasserflugzeugs
seaplane pilot Wasserflugzeugführer
seaplane ramp Ablaufbahn
seaplane station Wasserflugstation
seaplane station base Seeflughafen
seaplane tank Treibstoffbehälter des Wasserflugzeugs
seaplane traffic Seeluftdienst, Seeluftverkehr
seaplane trim Trimmlage des Wasserflugzeugs
sear Schmelzstelle (Fsch)
sear bar Ablösestange
search action Suchaktion, Sucheinsatz
search aid Suchhilfe
search aircraft Suchluftfahrzeug
search-and-acquisition radar ("Sherloc") Sherloc-Such- und Erfassungsradar mit Impuls- und Dauerstrichbetrieb
search-and-lock jammer automatisches Such- u. Nachlaufstörgerät
search and rescue SAR
search-and-rescue aircraft SAR-Luftfahrzeug
search-and-rescue area SAR-Bereich, Such- u. Rettungsbezirk
search-and-rescue center Such- u. Rettungszentrale
search-and-rescue division Abteilung für Such- u. Rettungsdienst (ICAO)
search-and-rescue facility SAR-Einrichtung
search-and-rescue flight SAR-Flug, Such- u. Rettungsflug
search-and-rescue frequency SAR-Frequenz
search-and-rescue mission SAR-Einsatz, Such- und Rettungsmission
search-and-rescue net Luftnotnetz
search-and-rescue operation SAR-Einsatz
search-and-rescue region SAR-Bereich
search-and-rescue service Such- u. Rettungsdienst
search-and-rescue signal SAR-Signal
search antenna Rundsuchantenne
search area (SAR) Suchbereich, Suchgebiet
search argument Suchargument, Suchbegriff, Suchkriterium (EDV)
search, binary binäres od. eliminierendes Suchen, bisektionelle od. dichotomische Suche, Einstichverfahren (EDV)
search card Suchkarte
search coil Meßspule, Sonderspule, Such- u. Tastspule (Radar), Prüfspule, Induktionsstab (UW-Mine)
search command Suchbefehl
search control word Suchsteuerwort, Suchmaske
search curve Suchkurve
search cycle Suchschleife, Suchzyklus (EDV)
search, dichotomizing binäres, bisektionelles od. dichotomisches Suchen, Einstichverfahren (EDV)
search for minerals Aufsuchung von Mineralien (geol)
search for natural gas Suchen nach Erdgas
search for petroleum Erdölsuche, Suche von Petroleum
search frequency Suchton (Radar)
search instruction Suchbefehl
search key Suchbegriff (EDV)
search light Suchscheinwerfer
search lighting Zielanleuchtung durch Radar, Zielortung der Höhe nach
search master SAR-Einsatzleiter im Suchgebiet (CA)
search mission Suchaktion, Sucheinsatz
search mode Suchphase
search, non-satisfied...command unbefriedigter Suchbefehl
search or exploration coil Suchspule
search operation Sucheinsatz, Suchoperation, Suchvorgang
search pattern Suchmuster
search plane Suchflugzeug
search procedure Suchverfahren
search process Suchoperation, Suchvorgang
search radar Suchradar, Aufklärungsradar
search radar element Radarsuchgerät
search receiver Suchempfänger
search receiver, recording schreibender Suchempfänger
search space stabilization resolver Resolver für Raumstabilisierung in Suchfunktion
search stop pulse Suchstoppimpuls
search stopper Suchstoppimpuls
search store Suchmittelzuladung
search strategy Suchstrategie
search technique Suchmethode, Suchverfahren
search time Suchzeit (Merkmal in Datei)
search, to absuchen, abtasten (Speicher), durchsuchen, Recherchen machen, recherchieren, suchen, forschen, prüfen

search tone Suchton
search-track radar Such- u. Verfolgungsradar
search-track switching Umschaltung "Suchen- u. Nachlauf" (TACAN)
search voltage Suchspannung
search warrant Fahndungsgesuch
search word Suchbegriff
searched-for value gesuchter Wert
searcher elektronisches kampfführendes Aufklärungsschiff, "SEARCHER"
searching fire Tiefenfeuer
searching fire device Tiefenfeuereinrichtung
searching fire table Tiefenfeuertafel
searching gate Suchtor(impuls)
searching section Suchabschnitt, Suchsektor
searching time (time required by radar to get on target) Suchzeit
searchlight battalion Scheinwerferabteilung
searchlight control Scheinwerferrichtgerät, Scheinwerfersteuerung durch Radar
searchlight control apparatus Radarsteuergerät für Flakscheinwerfer
searchlight control equipment Radargerät zum Richten von Scheinwerfern
searchlight control pilar Richtungswerfer
searchlight detail Beleuchtungstrupp
searchlight lane Scheinwerferstraße
searchlight of...candle power Scheinwerfer von...(Anzahl) Kerzen
searchlight projector Scheinwerfer
searchlight section Scheinwerferzug
searchlight system Suchstrahlsonaranlage
searchlight-type sonar Suchstrahlsonar
searchlighting Absuchen mittels Radar, Scheinwerfer (dauerndes Einrichten eines Radargeräts auf ein Ziel, automatisch od. durch Nachregelung), Anstrahlen
searchlighting control Scheinwerferrichtgeräteeinrichtung
searing Verschmelzen (Fsch)
SEAS Speicher-Ein-/Ausgabesteuerung
season Jahreszeit, ablagern, altern
season crack Altersriß, Alterungsriß
seasonal availability (of an aerodrome) jahreszeitlich bedingte Benutzbarkeit (eines Flugplatzes)
seasonal fluctuation Saisonschwankung
seasonal item jahreszeitlich bedingter Artikel
seasonal level jahreszeitlich bedingter Bestand
seasonal tariff Saisontarif
seasonal variation jahreszeitliche Änderung od. Schwankung
seasoned kampferprobt, eingelaufen (Motor)
seasoning Alterung (Material u. Werkzeug), Lösemittelentfernung (Holz, Kunststoff)
Seastar utility amphibian Mehrzweckamphibium, Mehrzweckfahrzeug
seat Lagerpfanne, Sitz, einen Sitz anweisen, aufsitzen, ruhen auf, setzen
seat adjustable in flight während des Fluges verstellbarer Sitz
seat adjusters Sitzversteller
seat, adjusters Rastersitz
seat allocation Sitzplanverteilung
seat arrangement Sitzanordnung
seat-back that can move slightly in yaw and roll um die Längsachse bewegliche Rückenlehne (Cockpitausrüstung)
seat balance spring Ausgleichsfeder für Sitzhöhenverstellung
seat balance spring spool Haltebolzen für Ausgleichsfeder (Sitzhöhenverstellung)
seat belt attachment Sitzgurthalterung
seat belt, auto-relase selbsttätige Sitzgurtauflösung
seat ejection gun Schleudersitzkanone
seat-kilometre Sitzkilometer
seat-kilometre production Sitzkilometerproduktion
seat miles cost Sitzkilometerkosten, Sitzmeilenkosten
seat mounting Sitzträger
seat of a government board Verwaltungssitz
seat of magnetic induction or magnetic field magnetische Belegung
seat pack Kissenfallschirm
seat pack ejection Ausschleudern des Schleudersitzes
seat pack or type parachute Sitzkissenfallschirm, Sitzfallschirmpack
seat pan Sitzwanne
seat raising handle Sitzhöhenverstellhebel
seat raising lever Sitzhebelarm, Sitzhöhenverstellhebel
seat reservation (airline seat reservation) Platzreservierung
seat reservation computer elektronische Platzbuchung
seat reservation system Buchungssystem, Platzreservierungssystem
seat reservation system Sitzbuchungssystem (av)
seat rest bearing Sitzlehnenlager
seat sense or feeling Sitzgefühl
seat slide lock Schiebesitzverriegelung
seat tack or frame Gleitschiene an Sitzrohrrahmen
seat vertical adjustment lever Sitzhöhenverstellhebel
seatbelt Anschnallgurt
seated height Einbauhöhe
seathight packing seemäßige Verpackung
seating Sitzkomfort, Auflagefläche (Lager), Lagerung
seating arrangement Kabinenaufteilung
seating flexibility Sitzflexibilität, Sitzbeweglichkeit
seating of projectile Geschoßführung
seating tool Montagebock
seating, well...value gut aufsitzendes Ventil
seats, cabin equipment ect. Sitze, Kabinenausrüstung usw.
seats side-by-side Sitze nebeneinander
seawing Schwimmerstummel (Flugboot)
seaworthy seetauglich, seetüchtig
seaworthy packing Seeverpackung
sebacic acid Sebazinsäure, Talgsäure
SEC (seconds) Sekunden
sec (secondary winding or turns) Sekundärwicklung
SEC (spoiler and elevator computer) SEC kombinierte Störklappen- und Höhenrudersteuerung (av)
secant Schnittlinie, Sekante
secant conic map projection Schnittkegelprojektion

secant correction Sekansberichtigung, Sekanskorrektur
secant modulus Sekantenmodul
secant of latitude Sekans der geographischen Breite
secant potentiometer Sekanspotentiometer
SecNav Secretary of the Navy
second Sekunde, nächstfolgende(r), zweite(r)
second annealing Zwischenglühung
second anode Beschleunigungsanode, -elektrode, Bündelungselektrode
second approximation Näherung 2. Grades
second centesimal theodolite Sekundentheodolit neuer Teilung (400 Grad)
second channel attenuation Trennschärfe gegen übernächsten Kanal
second channel rejection Nebenwellenselektion
second channel selectance Trennschärfe gegen übernächsten Kanal
second choice route Zweitweg (im internationalen Fernsprechverkehr)
second-class conductor Leiter zweiter Klasse
second crossover point oberer Einspunkt (der Sekundäremission)
second-cut file Halbschlichtfeile
second-cycle operation zweiter Arbeitsgang
second-degree burn Verbrennung 2. Grades
second degree curve Kurve 2. Grades
second derivative zweite Abteilung od. Differentialquotient (math)
second derivative of the signal zweifach differenziertes Signal (Impulstechnik)
second detector Audion, Demodulationsröhre (Überlagerungsempfänger), Demodulationsstufe, Gleichrichterstufe, Zwischenfrequenzgleichrichter
second echelon maintenance Materialerhaltungsstufe 2
second flap mode Erste Biegeoberschwingung
second gear Querschnecke (Tachometer), zweiter Gang
second-generation computer Rechner der 2. Generation
second-generation language Programmiersprache 2. Grades
second-hand antiquarisch, aus zweiter Hand, schon gebraucht, Sekundenzeiger
second harmonics Zweite Harmonische
second intermediate roll äußere Stützwalze
second lens (in electron gun cathode ray tube) Hauptsammellinse
second level address indirekte Adresse
second limit theorem zweiter Grenzwertsatz
second line Zweitzeile
second line finder zweiter Anrufsucher
second line maintenance Wartungsstufe "zwei"
second line reserve unit Verband der Ersatzreserve
second mean chord mittlere Flügeltiefe
second member of an equation rechte Seite einer Gleichung
second moment Moment zweiter Ordnung
second of arc Bogensekunde
second of latitude and longitude Sekundenwert in geographischer Breite u. Länge
second operation work Werkstück in zweiter Aufspannung
second-order activity Sekundäraktivität
second-order bench mark Höhenmarke der zweiten Ordnung
second order condition Bedingung 2. Grades
second-order curve Parabel (Quarztechnik)
second-order distortion Klirrfaktor 2. Ordnung
second-order effect Effekt 2. Ordnung, Sekundärwirkung
second-order erection system I-Aufrichtsystem
second-order error terms Fehler 2. Grades
second-order lag Verzögerung zweiter Ordnung
second-order leveling Nivellement 2. Ordnung
second-order magnitude Größe 2. Ordnung
second-order mode Schwingung 2. Ordnung
second-order prediction Treffpunktberichtigung mittles Gleichung 2. Ordnung
second-order reaction Reaktion 2. Ordnung
second order spectrum Spektrum zweiter Ordnung
second-order term Ausdruck 2. Ordnung, quadratischer Ausdruck
second-order traverse Streckenzug zweiter Ordnung
second-order triangulation Triangulation 2. Ordnung
second-order work (control survey) Vermessung 2. Ordnung
second-phase report allgemeiner Bildauswertungsbericht (Lubi)
second-phase report Gesamtmeldung (Lubi)
second pilot 2. Flugzeugführer, 2. Luftfahrzeugführer, 2. Pilot, Copilot
second pilot's engine control box Motorbedienung für Copiloten
second platform oberes Plattformdeck
second preselctor zweiter Vorwähler
second principal point bildseitiger Hauptpunkt
second quantum number azimutale Quantenzahl
second reading Zweitkartenbürsten, zweite Bürste
second-reflection component Mittelfluß, Nachfluß
second-reflection component measuring set Mitflußmeßgerät
second-remove subroutine Unterprogramm zweiter Stufe
second speed zweiter Gang
second sprocket wheel Nachwickelrolle
second stage creep sekundäres Kriechen (Werkstoffeigenschaft)
second stage impeller Verdichterrad der zweiten Stufe (Twk), zweite Stufe Laderrad
second stage liquid engine Flüssigraketenmotor der Zweitstufe
second-stage propellant tank Treibstofftank der Zweitstufe
second-stage reaction control system Steuertriebwerksystem der Zweitstufe
second stage supercharger zweite Stufe des Laders
second surface aufgedampfte Metallschicht
second surface mirror Rückflächenspiegel
second-time-around echo Überreichweitenecho (Radar), Zweitauslenkecho (STAE)
second, to be auf dem zweiten Platz
second-tour pilot Pilot mit zweiter Ver-

pflichtung
second-trace echo Zweitauslenkecho
second train (IP)(IFF) Antwortwiederholung zur Standortidentifizierung od. Sonderidentifizierung
secondaries Zweitkarten
secondary Folgesteuerung (EDV), Sekundärwicklung, Hilfs..., sekundär, nächstfolgend, in zweiter Linie stehend, untergeordnet, Sekundärseite, zweitranging
secondary AC bus Sekundärdrehstrom(sammel)-schiene, Sekundärwechselstrom(sammel)-
secondary AC bus relay Schaltrelais der Sekundär-Drehstrom(sammel)schiene
secondary accuracy Genauigkeit zweiter Ordnung
secondary action Begleiterscheinung, Nebenwirkung
secondary address Sekundäradresse, Zweitadresse
secondary address code Sekundäradreßcode
secondary address code field indicator Sekundäradreßstellencode
secondary address coding Sekundäradressencodierung
secondary address indicator code Sekundäradressenstellencode
secondary air Nebenluft (Motor), Sekundärluft
secondary air bypass flap Sekundärluftklappe
secondary air cup Sekundärluftkuppel
secondary air mixer Mischflosse
secondary air passage Sekundärluftkanal
secondary air stream Sekundärstrom, Zweitluftsrömung
secondary allocation Sekundärzuweisung
secondary and primary structure, airframe extensive use of advanced composite and metal (aluminium-lithium) **materials for both** tragende und nichttragende Komponenten der Zelle aus Hochleistungsverbundwerkstoffen Aluminium-Lithium-Legierungen (av)
secondary area Nebenbereich
secondary arm of a canal Zweigkanal
secondary armature Sekundäranker
secondary attack Nebenangriff
secondary axis Nebenachse (math)
secondary azimuth reference Sekundärazimutreferenz
secondary barrel Mischkammer der zweiten Stufe (Vergaser)
secondary battery Nebenbatterie, Sammel- od. Sekundärbatterie, Übungsbatterie
secondary beam Zwischenträger
secondary blast effect sekundäre Explosionswirkung, Sekundärexplosionseffekt
secondary, Boolean boolescher Sekundärausdruck
secondary breakdown Sekundärdurchbruch
secondary bus bar Sekundärsammelschiene
secondary bus relay Schaltrelais der Sekundär-Drehstrom(sammel)schiene
secondary cell Sammelzelle, Sekundärelement, Sammlerbatterie, Akkumulatorbatterie
secondary cellulose acetate Cellit
secondary chain identifier Kettenunterbegriff
secondary channel Zweitkanal
secondary circuit sekundärer Kreislauf, Nebenkreis, Sekundärstromkreis
secondary circuit condenser (electron) Kondensator im Zwischenkreis
secondary circulation Sekundärzirkulation
secondary clock Nebenuhr
secondary coil Oberspannungswicklung, Sekundärspule, sekundäre Spule
secondary coil winding Zweitwicklung
secondary cold front zweite Kaltfront (meteo)
secondary collision Sekundärstoß
secondary column Nebenkolonne
secondary combustion chamber Nebenbrennkammer
secondary condition Nebenbedingung, Sekundärbedingung
secondary console Nebenbedienplatz
secondary constant Fortpflanzungskonstante, Sekundärkonstante
secondary control surface Hilfssteuerfläche
secondary coolant sekundäres Kühlmittel, Sekundärkühlmittel (Reaktor)
secondary coolant circuit Sekundärkühlkreis (Reaktor), Sekundärkühleinheit
secondary cosmic rays sekundäre kosmische Strahlen
secondary current Nebenstrom, Sekundärstrom
secondary cycle buffer Nebenzykluspuffer
secondary cycle counter Nebenzykluszähler
secondary cyclone Nebentief, Teiltief (meteo)
secondary deflection or angular movement Nebenanschlag
secondary depression Nebentief, Teiltief, Sekundärdepression, Randtief (meteo)
secondary development Zweitentwicklung
secondary diagonal Nebendiagonale, Sekundärdiagonale (math)
secondary discharge Nebenentladung, Sekundärentladung
secondary distribution system sekundäres Netz
secondary duct Nebenkanal, Sekundärkanal, Zweitkanal
secondary ear Nebenmaximum
secondary effect Nachwirkung, Nebeneffekt, Nebenwirkung, Sekundäreffekt, Sekundärwirkung
secondary electric cell Sekundärelement
secondary electrode Hilfselektrode
secondary electron Sekundärelektron
secondary electron emission Sekundärelektronenemission
secondary-electron multiplier Elektronenvervielfacher sekundärer Art, Sekundärelektronenvervielfacher
secondary emission Nebenemission, Sekundäremission
secondary emission cathode Sekundäremissionskathode
secondary emission characteristics Sekundäremissionscharakteristik
secondary emission coefficient Sekundäremissionsfaktor, -koeffizient
secondary emission electrode Sekundäremissionselektrode
secondary emission factor Sekundäremissionsfaktor, -koeffizient
secondary emission of the anode Anodensekundäremission
secondary emission photocell Sekundär-

emissionsphotozelle
secondary emission rate Sekundäremissionsausbeute, -faktor
secondary emission stage (dynode) Sekundäremissionsstufe
secondary enrichment sekundäre Anreicherung, Zementierung
secondary exchange Knotenamt
secondary exchanger Sekundärwärme(aus)tauscher
secondary failure Folgeausfall
secondary feed Zweitkartenmagazin, Zweitkartenzuführung
secondary file Sekundärdatei, Zweitkartendatei
secondary firing cable Notabzugsseil (Schleudersitz)
secondary firing handle Notabzugsgriff
secondary fixed frequency bus Sekundär(sammel)schiene mit konstanter Frequenz
secondary fixed frequency relay Schaltrelais der Sekundär-Drehstrom(sammel)schiene mit konstanter Frequenz
secondary flap Schubdüsenaußenklappe
secondary flow Nebenströmung, Sekundärströmung
secondary, format Formatsekundärausdruck (ALGOL)
secondary frequency Ausweichfrequenz, Nebenfrequenz, Sekundärfrequenz, Zweitfrequenz
secondary frequency surface Hilfssteuerflächen
secondary front Nebenfront, Sekundärfront, sekundäre Front, zweite Front (meteo)
secondary gearbox Sekundärgetriebe (Hschr)
secondary girder Zwischenträger
secondary Hall effect sekundärer Hall-Effekt
secondary hardening Aushärtung, Nachhärtung, Sekundärhärtung
secondary image Nebenbild, Sekundärbild
secondary importance zweitrangige Bedeutung
secondary indicator Fehleranzeige (Anzeige im Standardgerätebyte), Fehlerbyte "gesetzt"
secondary instrument runway Nebeninstrumentenpiste
secondary ion pair sekundäres Ionenpaar
secondary ionization Sekundärionisation
secondary leakage Sekundärstreuung
secondary line Nebenlinie, Sekundär(steuer)leitung (Umfüllabsperrventil in Kraftstoffleitung)
secondary line switch zweiter Anrufschaltersucher od. Vorwähler
secondary lobe Nebenmaximum
secondary loss Sekundärverlust (Turbine)
secondary low Nebentief, Randtief (meteo)
secondary member of an airplane Nebenteil od. Sekundärteil eines Flugzeugs
secondary meridional altitude Nebenmeridianhöhe (geol)
secondary meridional latitude Nebenmeridianbreite
secondary metal Umschmelzmetall
secondary monopulse radar Monopuls-Sekundärradar
secondary monopulse radar with microprocessor computing system Monopuls-Sekundärradar mit Sichtgeräten und mikroprozessorgestützter Datenverarbeitungsanlage
secondary natural radionuclide sekundäres natürliches Radionuklid
secondary nominal voltage nominelle Sekundärspannung
secondary nozzle Sekundärdüse
secondary nozzle flap Schubdüsenaussenklappe
secondary nuclear fuel sekundärer Spaltstoff, Nebenspaltstoff
secondary obstruction clearance area (missed approach) Sekundärhindernisfreibereich
secondary oil recovery Sekundärölgewinnung
secondary operation Nebenoperation, Sekundäroperation, Zweitoperation
secondary particle Nebenteilchen, Sekundärteilchen, sekundäres Teilchen
secondary plane Sekundärabschnitt, zweiter Hauptabschnitt
secondary program Nebenprogramm, Sekundärprogramm
secondary-proof Nebenbeweis
secondary propulsion Sekundärantriebssystem
secondary purge system Sekundärbelüftungsanlage (Waffenraum)
secondary quantum number Impulsquantenzahl, Nebenquantenzahl
secondary radar (SR) aktives Ortungsverfahren od. Radar, Sekundärradar, sekundäres Radargerät
secondary radar code Sekundärradarcode
secondary radar coverage Sekundärradarüberdeckung
secondary radar equipment Sekundärradarausrüstung
secondary radar flight plan Sekundärflugplandaten (Radar)
secondary radar (or the Air Traffic Control Radar Beacon System) Sekundärradar (ATCRBS)
secondary radar station Sekundärradarstation
secondary radiation Nebenmaximum, Seitenmaximum, Sekundärstrahlung
secondary radiation pattern Sekundärdiagramm
secondary radiator Sekundärstrahler
secondary radio isotope sekundäres Radioisotop, Nebenisotop
secondary reaction Folge-, Neben-, Sekundärreaktion (chem)
secondary reactor Sekundärreaktor (mit angereichertem Spaltstoff betriebener Reaktor)
secondary reads zweite Bürsten, Zweitkartenbürsten
secondary receiver Zweitempfänger
secondary recovery sekundäre Restölgewinnung, Sekundärgewinnung, Sekundärfördermenge
secondary repeater station Nebenverstärkeramt, Sekundärverstärkerstation
secondary requirement data Sekundärbedarfsinformation, Sekundärbedarfswert
secondary-requirement interim file Sekundärbedarfszwischenspeicher
secondary resistance Nebenwiderstand, Sekundärwiderstand
secondary rocket Steuerraktentriebwerk
secondary SAR facility SAR-Einrichtung 2. Grades, sekundäre Such- u. Rettungseinrichtung

secondary searchlight Nebenscheinwerfer, Sekundärscheinwerfer, Zweitscheinwerfer
secondary sector manifold Sekundärteillastringleitung (Nachbrenner)
secondary selector Zweitkartenauswähler, Zweitkarten-Steuerung
secondary selector mesh Sammelnetz
secondary sequence Zweitkartenfolge
secondary service area Fernempfangsgebiet (Radio), Raumwellenempfangsbereich
secondary services sekundäre od. zweitrangige Dienste, Nebenservice
secondary shear wire Verstärkungskabel
secondary shielding sekundäre Abschirmung
secondary side Sekundärseite
secondary source Fremdleuchter, Sekundärlichtquelle
secondary spectrum Sekundärspektrum
secondary squall front Kaltluftstaffel
secondary stall erneuter Strömungsabriß
secondary standard Kontrollprüfgerät, Kontrollprüflehre
secondary standard lamp Normallampe, Vergleichslampe
secondary storage Aussenspeicher, externer Speicher, Sekundärspeicher, Ergänzungsspeicher, Hilfsspeicher, Zweitspeicher, Zwischenspeicher, Hintergrundspeicher, Zubringerspeicher, Fremdspeicherung, Sekundärspeicherung, Zweitspeicherung
secondary store Ergänzungsspeicher, Gerätehilfsspeicher, Hilfsspeicher, Hintergrundspeicher
secondary stream Nebenströmung, Sekundärströmung
secondary stress Nebenspannung, Sekundärspannung, Zusatzbeanspruchung
secondary structure Sekundärbauteil
secondary-surface cooler Rippenkühler (av)
secondary surveillance radar (SSR) Rundsichtsekundärradar, sekundäres Überwachungsradar, Sekundärüberwachungsradar, Überwachungssekundärradar
secondary surveillance radar system (SSR) Sekundärrundsichtradarsystem, SSR-System
secondary suspension Wiegenaufhängung, Wiegenfederung
secondary target Nebenziel, Sekundärziel, Sekundärradarziel, Ausweichziel (Nachrichten)
secondary television receiver Blockempfänger
secondary terminal Sekundärklemme, sekundärseitiger Anschluß (Transformator)
secondary test point Nebenmeßpunkt, Sekundärmeßpunkt
secondary through-traffic line (rail) Nebenfernstrecke, Sekundärfernroute
secondary timer Federkraftzeitwerk (Zünder)
seondary timing unit Federkraftzeitwerk (Zünder)
secondary tone Nebenton
secondary trainer Übungsflugzeug (zweiter Ordnung)
secondary transformer Zusatztransformator
secondary treatment Nachbehandlung, Sekundärbehandlung, Zweitbehandlung
secondary tuning Nebenabstimmung, Sekundärabstimmung
secondary turn Sekundärwicklung, Zweitwicklung
secondary-type glider Leistungssegelflugzeug, Übungssegelflugzeug, Leistungssegler
secondary uniform manifold Sekundärvolllastringleitung (Nachbrenner)
secondary uranium ore sekundäres Uranerz, Nebenerz
secondary valency Nebenvalenz, Nebenwertigkeit, Sekundärvalenz, Zweitvalenz
secondary voltage induzierte Spannung, Sekundärspannung
secondary voltage, properly-loaded abgeschlossene Sekundärwicklung
secondary wave Sekundärwelle
secondary winding Nebenspannungswicklung, Oberspannungswicklung, Zweitwicklung (Umspanner)
secondary X-rays sekundäre Röntgenstrahlen
secondary zone Sekundärzone, zweite Zone
seconds contactor Sekundengeber
seconds counter (stop watch) Sekundenzähler
seconds hand Sekundenzeiger
seconds pulse Sekundenimpuls
seconds signal Sekundensignal
SECOR sequential correlation (system)
secrecy equipment or system Geheimsystem
secrecy of correspondence Fernmeldegeheimnis
secrecy of telecommunication Fernmeldegeheimnis
secrecy of the telegraph service Telegraphengeheimnis
secrecy of the telephone service Fernsprechgeheimnis
secret ear unsichtbare Ohrschnecke
secret field police geheime Feldpolizei
secret surveillance periscope Überwachungsperiskop
secret switch verschlossener Schalter
secret telephony Geheimtelephonie
secret transmission Geheimübertragung
secretarial system Vorzimmeranlage
secretion Absonderung, Ausscheidung
section Abbaufeld, Feld (Fsch), Kapitel, Paragraph, Abschnitt, Querschnitt, Abteilung, Partie, Profil, Sektion, Teil
section (formation) Sektion (Verbandsteil)
section (of a commutator) Segment
section (of a multiple system) Bandgruppe
section (of a network) Kettenglied
section (of MG platoon) Halbzug
section between stayed poles Abspannabschnitt
section block Durchgangsblockwerk
section-by-section switching Teilstreckentechnik
section-by-section transmission abschnittweise Übertragung
section, cambered gewölbtes Profil (AC)
section centre of gravity Schnittschwerpunkt, Profilschwerpunkt
section chamber boiler Teilkammerkessel
section, configuration Kapitel "Ausrüstung" (COBOL)
section, constant Kapitel "konstant" (COBOL)
section, control Programmabschnitt, -segment
section, declarative Kapitel "Prozedurvereinbarung" (COBOL), Vereinbarungskapitel
section, file Kapitel "Dateien" (COBOL)
section forged from high strength alloy

Schmiedestücke aus hochwiderstandsfähiger Leichtmetallegierung
section, input/output Kapitel "Ein-/Ausgabe" (COBOL)
section insulator Streckentrenner
section iron Formeisen
section leader Gruppenführer, Halbzugführer, Abteilungsleiter, Sektionsleiter
section, main crankcase mittleres Kurbelgehäuseteil bei Doppelsternmotor
section modulus Widerstandsmoment (Metallprüfung)
section name Abschnittsname, Kapitelname (COBOL)
section of a sphere Kugelausschnitt
section of core Kernquerschnitt
section of float Schwimmerausschnitt
section of groove Kaliberteil
section of line Leitungsabschnitt
section on which principal stress occurs Hauptschnitt
section or platoon leader Zugführer
section personnel Staffeltrupp
section point Festpunkt der Leitung
section, program Programmabschnitt, Programmsegment
section, report Kapitel "Listen" (COBOL)
section steel Formeisen, -stahl, Profilstahl
section switch Kuppelschalter
section, switchboard Schaltfeld
section through the nucleus Querschnittskern
section, working-storage Kapitel "Arbeitsspeicher" (COBOL)
sectional aeronautical chart Luftfahrtabschnittskarte
sectional aircraft reporting station Abschnitts-Flugmeldestellung
sectional antenna mast Steckmast
sectional area Querschnitt, Schnittfläche
sectional-area moment Spanflächenmoment
sectional area solid body Vollquerschnittsfläche
sectional area reduction Querschnittsverformung
sectional charts Abschnittskarten, Kartenausschnitte
sectional drawing Schnittansicht, Schnittzeichnung
sectional form Formprofil
sectional forming ratio Querschnittsverformung
sectional header of a boiler Teilkammer
sectional iron Profileisen
sectional main sling in Abschnitte unterteilter Haupttragegurt (Fsch)
sectional plane Schnittebene
sectional release route locking (railway) Festlegung von Teilfahrstraßen
sectional rubber moulding Profilleiste aus Gummi, Gummiprofilleiste
sectional screw Gliederschnecke
sectional shapes Fassonteile
sectional side elevation Ansicht im Auf- u. Seitenriß
sectional steel Profilstahl, Formeisen
sectional toll switching Auftrenntechnik (Fsch)
sectional vertical antenna mehrfach unterteilte Vertikalantenne
sectional view Längsschnitt, Schnittansicht
sectionalization Eingrenzung
sectionalization check Eingrenzungsmessung
sectionalization of a trouble Fehlereingrenzung
sectionalization test Eingrenzungsmessung
sectionalize a fault, to eine Störung eingrenzen
sectionalized bus bar Stromschiene zum Zellenschalter, Zellenschalterleitung
sectionalized design gegliederte Bauweise
sectioned aerial (or antenna) zerlegbare Antenne
sectioning Fahrleitungsunterteilung
sector Abschnittsreserve, Kreisausschnitt, Sektor
sector (of a circle) Kreisabschnitt, Peilabschnitt
sector address Abschnitts-, Sektoradresse
sector adressing range Sektoradressenbereich
sector area Normallochzone (Lochkarte), Ziffernlochzone
sector attack Sektorangriff
sector beacon Sektorfunkfeuer
sector block (transducer) Schleifkontakt (Meßwertwandler)
sector-by-sector timetable nach Industriesektoren aufgestellter Zeitplan
sector cone Sektormembrane
sector count Sektoranzahl, Sektorzählung
sector count overlay Sektoranzahlüberlagerung
sector counter Abschnittszähler
sector diaphragm Sektormembrane
sector display Sektordarstellung
sector frequency Sektorfrequenz
sector, frequency Frequenzabschnitt
sector horn Sektorhorn
sector indicator measure Sektoranzeigeeinheit (Radar)
sector left unattacked Angriffslücke
sector mosaic Sektormosaik
sector of fire Beobachtungs- u. Wirkungsstreifen
sector of occupied position Stellungsabschnitt
sector of nonambiguity Eindeutigkeitssektor
sector of target Zielabschnitt
sector-pattern instrument Profilinstrument
sector pick-off Sektorabgriff
sector point Spitze des Kreisausschnitts
sector-radar air-warning position Abschnitts-Flugmeldestellung
sector scale Sektorskala
sector scan Sektorabtastung
sector scanning Sektorabtastung, Sektorsuchbetrieb
sector separation Sektorenstaffelung
sectoring Sektorbildung
sectors of nuclear research Kernforschungsgebiete
secular equilibrium Dauergleichgewicht, ständiges Gleichgewicht
secular radioactive equilibrium dauerndes radioaktives Gleichgewicht
secure air-to-ground communication Störfestigkeit der Bord/Boden Verbindung
secure by bolts, to festschrauben
secure data link störfeste Datenbrücke (Bordcomputer)(Radar)(av)
secure in place, to anziehen (Schraube)

secure, to befestigen, sichern, anbringen, arretieren, schützen, sperren, bremsen festmachen, feststellen
secure voice communication system (Have Quick) gesichertes Sprechfunksystem
secured area geschützter Fernmeldebereich
secured short-term credit gesicherter kurzfristiger Kredit
secured storage geschützter Speicher
securing cord Befestigungsleine
securing ring Befestigungsring
securing strap Sicherheitsstreifen (Straße)
securing strip Halteband (Fsch)
securing the wheel Radsicherung
security Bürgschaft, Garantie, Kaution, Wertpapier, Schütz, Sicherheit
security accounting Depotbuchhaltung
security classification Geheimhaltungsstufe
security control Abwehrkontrolle
security division Sicherungsdivision
security field Sicherungsfeld (Spulenetikett)
security flight Schutzflug
security glass Sicherheitsglas
security limitation Sicherheitsbeschränkung
security matter Abwehrangelegenheit
security measure Abwehr-, Sicherheitsmaßnahme
security mission Sicherungsauftrag
security officer Abwehroffizier
security operation Sicherungsoperation
security or safety against buckling Knicksicherheit
security patrol Streifendienst
security system operator Alarmanlagenoperator
security tax Sicherheits-, Schutzgebühr
security, volume...identifier Spulensicherungskennzeichnung
SED sensor evolutionary development
sedecimal hexadezimal, sedezimal
sediment abgesetzter (Fest)stoff (chem), Ablagerung, Bodensatz, Niederschlag
sediment bowl Abscheidungsgefäß
sedimentary deposit sedimentare Ablagerung
sedimentary rock Absatzgestein (geol)
sedimentation Niederschlagung (chem)
sedimentation potential Sedimentationspotential
see our message sehen Sie unsere Meldung
see-saw circuit Wipp(en)schaltung
Seebeck effect Seebeckeffekt, thermoelektrischer Effekt
Seebeck EMF Seebeck-EMK
seed (crystal) Kristallkeim, Zuchtkeim
seed rotation rotieren des Zuchtkeims
seeing in relief plastisches od. räumliches Sehen
seek access time Suchzeit für Datenzugriff
seek address Suchadresse
seek check Positionierungsfehler, Positionsfehler, Auswahlkontrolle, Auswahlfehler (Speicher, EDV)
seek command Auswahlbefehl
seek cycle Suchschleife, Suchzyklus
seek operation Suchoperation, Suchvorgang
seek time Einstellungszeit, Auswertezeit, Positionier(ungs)zeit
seeker Sucher, Suchkopf
seeker-head sensitivity Ansprechempfindlichkeit
seeker level Sucherhebel
seeker toe Sucherfuß
seep durchlaufen lassen, durchsickern, lecken
seepage Durchsickern, Lecken, Leckflüssigkeit
seepage, gas Erdgasausbiß
seepage, oil ausschwitzendes Öl, Erdölaustritt, Ölausbiß
seesaw oscillations Kippschwingungen
Seger cone Segerkegel, Brennkegel
segment Bandabschnitt, Kreisabschnitt, Programmierabschnitt, Segment(abschnitt), Halbwort, Segmentierung
segment (of a collector) Lamelle
segment bend geschweißter Krümmer, Rohrbogen aus Segmenten, Rohrsegmentbogen
segment, executive ausführendes od. exekutives Segment
segment-fed loop Entkoppelschleife
segment length Gliederlänge
segment mark Segmentmarke
segment number Segmentnummer
segment of an ellipse Ellipsenabschnitt
segment of the bull wheel Förderradsegment
segment of the comutator Kollektorfläche
segment of the number series Abschnitt der Zahlenreihe
segment of the parabola Parabelabschnitt
segment, overlayable Überlagerungssegment (COBOL)
segment, permanent permanentes Segment (COBOL)
segment pitch Kollektorteilung, Lamellenteilung
segment, root Hauptsegment, Wurzelsegment
segment-shaped segmentförmig
segment statement Satzanweisung (SZ)
segment table (SGT) Segmenttabelle
segment table entry (STE) Segmenttabelleneintrag
segment transmission abschnittweise Übertragung, Segmentübertragung
segmental segmentförmig
segmental core disk Segmentblech
segmental paging blockweiser Seitenwechsel
segmental piece Segmentstück
segmental turntable element for trailers Segmentlenkkranz für Anhänger
segmentation Programmunterteilung, Segmentierung
segmentation philosophy Segmentauslegung
segmentation, program Programmunterteilung
segmentation, violation of...philosophy Bruch der Segmentphilosophie
segmented in Segmente unterteilt, segmentförmig
segmented butterfly valve Segmentventil
segmented-mirror concentrators aus Spiegelsegmenten aufgebauter Sonnenreflektor (Energieversorgung in Raumstation)(sp)
segmented ring Segmentring
segmenting Segmentieren
segments, inclusive inklusive Segmente
Segmer Segmer (sich wiederholender Baustein einer polymeren Verbindung)
segregate sich absondern, trennen (chem)
segregation Ausscheidung, Seigerung
segregation behaviour Seigerungsverhalten (Erstarrung von Metallen)

segregation constant Segregationskonstante, Verteilungskoeffizient (Halbleiter)
segregation line Seigerungsstreifen
segregation of the operational sectors Entflechtung des Bedienungsbereichs
segregation of the various kinds of air traffic Entflechtung der Luftverkehrsarten
segregation zone Seigerungszone (Erstarrung von Metallen)
S.E.I transducer S.E.I.-Geber
seismic crew seismischer Meßtrupp
seismic detector location seismischer Beobachtungspunkt
seismic disturbance seismische Erschütterung
seismic exploration seismische Erforschung od. Prospektierung, seismisches Schürfen (geol)
seismic mass seismisches Maß
seismic observation point seismischer Beobachtungspunkt
seismic observatory Erdbebenwarte
seismic party seismischer Meßtrupp
seismic prospecting seismisches Prospektieren od. Schürfen (geol)
seismic reflecting horizon seismisch reflektierender Horizont
seismic refraction method seismische Berechnungs- od. Refraktionsmethode
seismic structure map seismische Strukturkarte (geol)
seismic troop seismischer Meßtrupp
seismic waves propagation Fortpflanzung seismischer Wellen
seismograph method of propsecting seismische(s) Prospektionsmethode od. Schürfverfahren
seismograph or seismometer Bebenmesser, Bebenanzeiger
seismograph station Erdbebenwarte
seismographic record Aufzeichnung von Erschütterungswellen
seismometry Seismometrie
seismoscope Seismoskop
seize, to abfassen, belegen (Leitung, Teilnehmer), erfassen, einbringen, ergreifen, festnehmen, hängen bleiben, fressen (Lager)
seized belegt (Leitung, Teilnehmer)
seized-up (jammed) festgefressen
seizing Fressen, Festfressen, das Belegen (Vermittlungstechnik)
seizing mark Freßspur (Lager usw)
seizing signal Belegungszeichen (in Vorwärtsrichtung)(Vermittlung)
seizing-up Fressen (durch übermäßige Reibung)
seizure Anfressung, Festnahme, Beschlagnahme
seizure (jamming) Fressen (durch übermäßige Reibung)
seizure model Belegungsabbild (Koppelnetz)
seizure model of the switching network Belegungsabbild des Koppelnetzwerks
seizure of the outgoing line Belegen der abgehenden Leitung
seizure threshold Belegungsschwellwert
SEL (selective calling system)(SELCAL) Selektivrufsystem
sel (selectivity) Selektivität, Trennschärfe
SELCAL selective calling
select ansteuern, auswählen
select a marker Leitschicht auswählen
select at random Zufallsauswahl
select code (IFF)(SSR) gewählter Code (Identifizierung Freund/Feind)(Sekundärrundsichtradar)
select command Auswahlbefehl
select current Wählstrom (Speicher)(EDV)
select field Auswahlfeld
select in random order auswählen in zufälliger Reihenfolge, zufallsverteilt auswählen
select instruction Aussteuerungsbefehl, Wählinstruktion
select line Ansteuerungsleitung
select mode (IFF) gewählte Betriebsart (Identifizierung Freund/Feind), gewählter Modus SSR (Sekundärrundsichtradar)
select operation Wähloperation
select peripheral unit (instruction) Element "Auswählen" (Befehl)
select printed unit Schreibelement auswählen
select read station Auswahllesestation
select read status Auswahl-Lesemodus
select stacker gesteuerte Ablage
select tape selektiver Synchronstreifen, Auszugsstreifen
select, to auslesen, auswählen
selectable ansteuerbar, einstellbar (Belegfeld), einschaltbar, wählbar
selectable altitude filtering of the display in 100 ft increments wählbares Ausfiltern von Höhenbereichen auf der Darstellung in Schritten von 100 Fuß
selectable defruiting or interference blanking wählbare Unterdrückung nichtsynchroner Antworten
selectable video display of bracket code replies wählbare Videodarstellung von Rahmenimpulsantworten
selectable with switch mit Schalter wählbar
selected ausgewählt, ausgesteuert, belegt
selected airspeed Feineinstellung der gewählten Geschwindigkeit
selected area ausgewähltes Feld, Eichfeld
selected cell ausgewähltes Speicherelement
selected course gewählter Kurs od. Übergrundkurs
selected course track vorgewählte Kurslinie
selected cross level angle vorgewählter Kantwinkel
selected detection gewählter Zielort
selected elevation vorgewählter Höhenwinkel
selected field Auswahlfeld (EDV)
selected level angle vorgewählter Kippwinkel
selected line distributor Distributor mit stark selektiertem Sortiment
selected operating parameter list Liste mit ausgewähltem Betriebsparameter
selected reference Sollwert
selected ship station ausgewählte Schiffsstation
selected special meteorological report Auswahlmeldung
selected special observation Auswahlwetterbeobachtung, ausgewählte Sonder(wetter)beobachtung
selected special report Auswahl(wetter)meldung
selected special weather report Auswahl-

wettermeldung
selected test equipment Prüfgerät für bestimmte Zwecke
selected time gewählter Zeitwert
selected train vorgewählter Seitenwinkel
selecting Empfangsaufruf (dv), Auswählen
selecting address Empfangsauswahladresse
selecting circuit Auswahlschaltung, Aussteuer(ungs)schaltung
selecting comb Wählkamm
selecting commutator Sortierkommutator
selecting current Wählstrom
selecting lever Sucherhebel
selecting magnet Wählmagnet
selecting mechanism Wählorgan, Wählwerk
selecting mode Empfangsaufruf (dv)
selecting needle Abfühlnadel
selecting of coverage method Auswahl der Methode für Zielabdeckung
selecting pin Fühlnadel (Einspritzpumpe)
selecting sequence Empfangsaufrufzeichenfolge
selecting signal Auswahlsignal
selecting supervisory sequence Empfangsaufrufsteuerzeichenfolge
selection Abstimmung, Auslese, Aussteuerung, Klaubarbeit, Klauben, Trennung, Wahl, Selektion, Empfangsaufforderung, Rastung (Sender/Empfänger), Zeichenauswahl
selection and assignment of codes to aircraft fitted with transponder Zuweisung von Sekundärradarcode an Flugzeuge die mit Transponder ausgerüstet sind
selection and control of audio and microphone service Wahl u. Bedienung der Audio- u. Mikrofonanlage
selection, automatic...unit automatische Wähleinrichtung
selection, automatic station automatische Stationswahl
selection, block Blockauswahl, Blockansteuerung
selection character Wählzeichen
selection check Ansteuerungskontrolle, Auswahlkontrolle, Ansteuerungsprüfung, Auswahlprüfung, Aussteuerungsprüfung, Auswahlschaltung (dig)
selection circuit Ansteuerungsschaltung, Aussteuerungsschaltung
selection code Wahlcode
selection command Wahlbefehl
selection, continuous Dauerauswahl
selection course Auswahllehrgang
selection criteria Auswahlkriterien
selection, cycle...control Zyklusauswahlsteuerung (ZAS)
selection digit Wählziffer
selection digit sequence Wählziffernfolge
selection examination Auswahlprüfung
selection fading Selektivschwund (Fernschr)
selection field Auswahlfeld (EDV)
selection flip-flop Auswahlkippstufe (AK)
selection, indirect indirekte Wahl
selection information Wahlinformation
selection, input Eingabeauswahl (EAW)
selection, input...control Eingabewahlsteuerung
selection, input...junction register Eingabeauswahlknotenregister (EAWKR)
selection, input...register Eingabeauswahlregister (EAWR)
selection instruction Wahlbefehl
selection line Ansteuerungsleitung, Auswahlleitung
selection logic Auswahllogik (AWL)
selection logic indicator Auswahllogikanzeiger
selection, master program for route Rahmenprogramm für Richtungswahl
selection, memory Speicherauswahl
selection, memory...register Speicherauswahlregister (SAR)
selection mode Auswahlmodus
selection number Wählnummer
selection of related quantities and units ausgewählte verwandte Größen u. Einheiten
selection of related terms ausgewählte verwandte Bennungen
selection of route Festlegung der Trasse
selection of sites for drilling Auswahl von Bohrpunkten
selection overlay transparenter Auszug (Kartographie)
selection, output Ausgabeauswahl
selection, output...control Ausgabeauswahlsteuerung
selection, output...interval Ausgabeauswahlintervall
selection, output...register Ausgabeauswahlregister
selection phase Aufforderungsphase (Empfangsaufforderung)
selection procedure Auswahlverfahren
selection, program Programmauswahl (EDV)
selection pulse Wahlimpuls
selection, quadruple input Vierfacheingabeauswahl
selection, quadruple output Vierfachausgabeauswahl
selection, quadruple output...logic Vierfachausgabeauswahllogik
selection ratio Ansteuerungsverhältnis (Kernspeicher), Verhältnis des Ansteuerungsstroms zum Ummagnetisierungsstrom, Auswahlverhältnis
selection relay Umschaltsteuerrelais
selection requirement Selektionsbedingung
selection, route Richtungswahl
selection, route...generator Richtungswahlgenerator
selection, route...program Richtungswahlprogramm
selection, route...tree Richtungswahlbaum
selection rule Auswahlregel
selection sequence Empfangsaufforderung
selection sequence request Ablaufanforderungsauswahl
selection signal Empfangsaufforderung, Wählzeichen
selection signal buffer Wählzeichenpuffer
selection sort Auswahlsortieren
selection stage Wahlstufe (Vermittlung)
selection stage table Wahlstufenliste
selection standard Auswahl-, Standardnorm
selection system Auswahlsystem, -verfahren
selection test Ausleseprüfung, -verfahren
selection with arbitrary variable probabilty Auswahl mit willkürlich gesetzten Wahrscheinlichkeiten
selection, trunk...register Kabelauswahl-

register (KAR)
selective mit Auswahl u. Unterscheidung verfahrend od. erfolgend, selektiv, trennscharf, wahlweise
selective absorption selektive Absorption
selective amplifier selektiver Verstärker
selective assembly Auswahlpassung, Teil nach Einbauvorschrift auswählen
selective atmospheric attenuation selektive atmosphärische Dämpfung
selective automation selektive Automation
selective call selektiver Anruf
selective calling (SELCAL) Selektivruf
selective calling system Selektivrufsystem
selective character set Halterung für auswechselbaren Druckstab
selective circuit Selektionsmittel, selektiver Kreis, Siebkreis
selective code Auswahlimpuls, Selektivcode
selective coefficient of absorption wahrer Absorptionskoeffizient
selective combat range artillery missile Reichweitenauswahlwaffe
selective corrosion örtliche od. selektive Korrosion
selective coupler Selektivkoppler
selective diffuser selektiv steuernder Körper
selective digit emitter Impulseinsteuerung, (Ziffern)impulsgeber
selective display Selektivanzeige
selective dissemination selektive Informationsverarbeitung
selective dump bereichsweiser od. selektiver Speicherauszug
selective endorse wahlweise Beschriftung od. Indossierung (dig., log., komm.)
selective enlargement Ausschnittvergrößerung
selective entropy selektive od. wahlweise Entropie
selective entropy of choice class selektive Entropie der Wählklasse
selective fading Selektivschwund
selective filter Farb(auszugs)filter
selective fit (machine) variable handbearbeitete Einbaumöglichkeit
selective flocculation process selektives Ausflockungsverfahren (chem)
selective hardening Teilhärtung eines Werkstücks (Metallhärteverfahren)
selective heating Teilerhitzung
selective information exchange system selektiver Informationsringtausch
selective inspection Stichprobenkontrolle
selective interference selektive Störung
selective ionization gauge Ionisationsmanometer mit veränderbarem Meßbereich
selective jamming Selektivstörsender, gezieltes od. selektives Stören, selektive Störung (ELOKA)
selective line printing automatische Zeilenwahl
selective list control wahlweise od. selektive Schreibsteuerung (lo)
selective listing wahlweise od. selektive Einzelpostensteuerung (lo)
selective loading Auswahlverladung, Verladung nach Ausgabegesichtspunkten
selective localization selektive Ablagerung od. Aufnahme, selektive Speicherung
selective manual control Steuerung mit Wahl der Einstellung von Hand
selective mechanism Wählwerk
selective memory dump teilweiser Speicherabzug, bereichsweiser Speicherauszug
selective microvoltmeter selektives Mikrovoltmeter
selective movement Wählbewegung
selective noise selektives Rauschen
selective photoelectric emission selektiver Photoeffekt
selective pilot receiver selektiver Pilotenempfänger
selective process Wählvorgang
selective protection Selektivschutz
selective pulse Auswahlimpuls
selective quenching Teilabschreckung
selective radiation Selektivstrahlung
selective radiator Selektivstrahler
selective reaction selektive Reaktion
selective reader Selektivleser, Selektierleser
selective reading Selektierlesen, selektiertes Lesen
selective reflection selektive Reflexion
selective relay Selektivrelais
selective release eingeschränkte od. selektive Freigabe (Atomsprengkörper)
selective ringing Einzelanruf, Selektivruf, Wahlanruf, wahlweiser Anruf
selective sampling selektives Stichprobenverfahren (Qualitätskontrolle)
selective screen Farb(auszugs)filter
selective sequence steuerbare Rechenfolge
selective ship addressing Selektiverfahren
selective tape listing feature Papierbandbeschrifter
selective testing selektive Messung
selective trace Programm zur Untersuchung bestimmter Befehle, Traceprogramm
selective treatment Sonderbehandlung
selective VT voltmeter abstimmbares Röhrenvoltmeter
selective X-skip wahlweiser X-Sprung (lo)
selectively addressable memory Speicher mit Auswahlsteuerung
selectivity Selektivität, Trennschärfe, Trennungsvermögen
selectivity, adjacent-channel Trennschärfe gegen Nachbarkanal, Nahselektion
selectivity characteristic Abstimmkurve, Schutzkennlinie, Selektivitätskennlinie, Selektivitätskurve
selectivity control Selektivitätsregelung, Trennschärferegelung
selectivity control, automatic automatische Selektivitätsregelung
selectivity control, manual manuelle Selektivitätsregelung
selectivity curve Abstimmkurve, Durchlaßkurve, Selektivitätskurve
selectivity factor Trennschärfefaktor
selectivity of deflection Ablenkempfindlichkeit
selectivity, variable veränderliche Selektivität
selectode Selektode
selector Selektor, Steuerapparat
selector (computer) Wählermechanismus
selector (function) Betriebsartenschalter,

Wählschalter
selector, advance MZ-Zonensteuerung
selector-amplifier assembly Schaltverstärkerbaugruppe
selector arc Wählerbogen
selector cable Wählkabel
selector, calculate Programmselektor
selector, calculation Programmselektor
selector card Selektorkarte
selector carrying capacity Belastbarkeit des Wählers
selector channel Auswahlkanal, Selektorkanal
selector channel extension feature Selektorkanalausbau, Wählschaltelementerweiterung
selector channel trunk Selektorkanalanschluß
selector, combination field Kombinationsfeldwähler
selector control Erregung des Steuerapparats
selector dial Wählerscheibe
selector, digit Zahlenverteiler, Ziffernfilter, Ziffernselektor
selector fork Schaltgabel
selector, format Feldauswahlselektor
selector gate Auswahltorimpuls
selector hunting time Freiwahlzeit
selector lens Wähllinse
selector lever Wählhebel
selector line Wahlleitung
selector lubricating oil Wähleröl
selector, matrix-connected set decoder Koppelfeldanschlußdecodierauswahl
selector mechanism Auswahleinheit (im Kartenmischer)
selector multiple Wählervielfachfeld
selector, pilot Leitselektor
selector pin Abfühlstift
selector, primary Erstkartenauswähler
selector rack Wählergestell, Zuteilungsgestell
selector repeater Gruppenwähler mit Stromstoßübertrager, Wählimpulsspeicher
selector rod Kontaktarm(träger)
selector room Wählersaal
selector shaft Schaltwelle
selector shaft guide Führungsschlitz
selector shelf Wählerrahmen
selector station Fachauswahlstation (EDV)
selector stepping magnet Wählerschaltmagnet
selector subchannel Selektorunterkanal
selector switch Betriebsarten(wahl)schalter, Kreiselüberwachungsschalter, Meßstellenumschalter, Wahlschalter
selector switch assembly Bediengerät zum Zielgerät, Zielgerätbedienung
selector system Steuerapparatsystem, Wählersystem, Zuteilungssystem
selector, terminal address Anschlußadressenwähler
selector valve Dreiwegehahn, Umschaltventil, Umsteuerventil, Wahlventil
selector valve yoke Wahlventilkabelkopf
selector with repeater Gruppenwähler mit Übertragung
selector X side Arbeitsseite eines Steuerapparats
selectron Selektron
seleniferous selenhaltig
selenious acid selenige Säure
selenite Marienglas, Spatstein
selenium barrier cell Selensperrschicht-Photozelle, Selensperrschichtzelle
selenium, containing selenhaltig
selenium or selenic compass Selenkompaß
selenium rectifier Selengleichrichter, Selenventil
selenium relay Selenrelais, Selenschutz
selenographic exploration selenografische Erforschung
selenographic coordinates selenografische Koordinaten (sp)
selenology Selenologie
self-absorption Selbstabsorption
self-absorption coefficient Selbstabsorptionskoeffizient
self-absorption correction Korrektur für Selbstabsorption
self-absorption effect Selbstabsorptionseffekt
self-acting automatisch, selbsttätig
self-acting feed automatischer od. selbsttätiger Vorschub (w)
self-adapting computer automatischer od. selbstanpassender Rechner, Selbstanpassungsrechner
self-adapting program automatisches od. selbstanpassendes Programm, Selbstanpassungsprogramm
self-adapting system selbsteinstellendes System
self-adherent selbstklebend
self-adherent film Selbstklebefolie
self-adherent tape Selbstklebestreifen
self-adjoint selbstadjungiert
self-adjust, to selbsteinstellen
self-adjusting automatisierend, selbst einstellend, selbst regulierend
self-adjusting hydraulic tappet Ventilstößel mit hydraulischer selbsttätiger Ventilspiel-Einstellvorrichtung
self-adjustment Selbsteinstellung, Selbstregelung
self-aligning selbsteinstellend, selbstfluchtend
self-aligning ball bearing Pendelkugellager
self-aligning bearing Pendellager
self-aligning oilite bearing selbsteinstellendes -schmierendes Lager
self-alignment Spurzwang
self-aspirating engine selbstansaugender od. laderloser Motor
self-baking electrode Sinterelektrode
self-balancing selbstausgleichend
self-balancing bridge selbstausgleichende Brücke, Brückenschaltung mit Selbstausgleich
self-balancing bridge circuit selbstabgleichende Brückenschaltung
self-balancing magnetic amplifier magnetischer selbstausgleichender Verstärker
self-balancing potentiometer selbstausgleichender Potentiometer
self-balancing system selbstausgleichendes System
self-bearing method Eigenpeilverfahren
self-bias automatische Gittervorspannung, vollautomatische Gittervorspannung od. Polarisierung
self-biased stage Stufe mit automatischer Vorspannung

self-biased tube or valve Röhre mit automatischer Gittervorspannungserzeugung
self-biasing automatische Gittervorspannungserzeugung
self-blocking oscillator Sperrschwinger
self-calibrating pipette selbstkalibrierende Pipette
self-cancelling direction indicator switch automatischer Winkerschalter
self-capacitance verteilte Kapazität, Eigenkapazität
self-capacitance of winding Eigenwindungskapazität
self-cast selbstgegossen
self-centering selbstzentrierend
self-centering chuck Universalfutter
self-check facility Selbstkontrolleinrichtung, Eigenprüfeinrichtung
self-checking automatische Kontrolle, selbstprüfend
self-checking code Code zur automatischen Fehlererkennung, fehlererkennender, selbstkontrollierender od. selbstprüfender Code
self-checking gyro Kreisel mit Selbstüberwachung (av)
self-checking number Nummernprüfung, selbstprüfende Zahl
self-checking number device Schlüsselzahl-Prüfeinrichtung
self-checking number feature Nummernprüfeinrichtung
self-checking number punch elimination Prüflochunterdrückung
self-cleaning contact Wischkontakt
self-cleaning gas system selbstreinigendes Gassystem
self-clearing authority provised (SCAP) Berechtigung zur Fluggenehmigung erteilt
self-clearing seal berührungsfreie Dichtung
self-clipping device Selbstklemme
self-clocked reading Lesen mit Gewinnung des Taktes aus Information (dig)
self-closing jack selbstschaltende Klinke
self-closing valve Selbstschlußventil, Rohrbruchventil, Sicherheitsventil
self-compensated motor (with primary motor) läufergespeister kompensierter Induktionsmotor
self-compensated motor with primary rotor läufergespeister kompensierter Induktionsmotor des Rotors
self-connecting telephone exchange Selbstanschlußamt
self-consistent in sich widerspruchsfrei
self-consistent field Eigenfeld, selbständiges od. sich selbsterhaltendes Feld
self-consistent function selbständige od. selbsterhaltende Funktion, Eigenfunktion
self-contained komplett, in sich geschlossen, selbständig
self-contained aid bodenunabhängige Navigationshilfe
self-contained assembly vollautonomes Gerät (flight controls)
self-contained construction geschlossener Aufbau
self-contained drive Einzelantrieb (Werkzeugmaschine)
self-contained low level nav/attack system autonome Tiefflugnavigation u. Waffenzielanlage
self-contained mobile control and reporting centres mobile Flugmelde- und Leitzentrale (air defence)
self-contained navigation system autonomes od. bodenunabhängiges Navigationssystem
self-contained navigational equipment bodenunabhängiges od. autonomes Navigationsgerät
self-contained navigational system autonome od. bodenunabhängige Navigationsanlage
self-contained oil system Ölumlaufschmieranlage
self-contained power supply vollautomatische elektronische Steuereinheit (FLIR-System)
self-contained strip printer autonomer Streifendrucker
self-contained unit Geräteeinheit, unabhängige Anlage, unverpackter Artikel
self-cooled mit Selbstkühlung, eigenbelüftet
self-cooled oil transformer Öltransformator mit Selbstbelüftung
self-cooled transformer selbstgekühlter Transformator
self-cooling Selbstkühlung, automatische Kühlung
self-correcting code Code zur automatischen Fehlerkorrektur, selbstkorrigierender Code
self-crimping lug selbstanpressender Kabelschuh
self-curing of capacitor Selbstheilung des Kondensators
self-damping Eigendämpfung
self-defence/manoeuvring capability Manövrierfähigkeit zur Selbstverteidigung
self-defense Notwehr, Selbstverteidigung
self-defining term Direktwert, selbstdefinierender Wert
self-defining value Direktwert, selbstdefinierender od. sich selbst definierender Wert
self-destroying fuse Zerlegerzünder
self-destroying shell analyzer Zerleger
self-destruction charge Selbstzerstörer
self-destruction type fuze Selbstzerlegerzünder
self-diagnostic converter automatische Meßfehlerkorrektur (av)
self-diffusion Eigendiffusion, Selbstdiffusion
self-discharge Eigenentladung, Selbstentladung
self-emissive method Fremdlichtverfahren, Selbstleucht-, Selbststrahlungsverfahren
self-energy Eigenenergie, Ruheenergie
self examination Selbstkontrolle (päd)
self-excited AC generator with revolving armature selbsterregter Wechselstromgenerator mit umlaufender Kommutatorwicklung
self-excited generator selbsterregter Generator
self-exciting selbsterregend
self-exciting AC generator with revolving armature selbsterregter Wechselstromgenerator mit umlaufender Kommutatorwicklung
self-excited generator selbsterregter Generator

self-exciting oscillator selbsterregter Oszillator od. Röhrensender
self-exciting valve selbsterregte Röhre
self-excitation Eigenerregung
self-excitation, separate getrennte Selbsterregung (Transduktor)
self-extinguish, to sich selbst löschen
self-extinguishing Selbstlöschung
self-extinguishing melamine base selbstlöschendes Melamin (Sockelmaterial)
self-feed Selbstgang des Vorschubs (Werkzeugmaschine), Selbstvorschub
self-feeding selbstfördernd
self-focusing selbstfokussierend
self-government Selbstverwaltung
self-hardening selbsthärtend (Stahl)
self-hardening steel naturharter Stahl, Selbsthärter
self-healing capacitor selbstheilender (elektrolytischer) Kondensator
self-heterodyne receiver Überlagungsempfänger mit selbstschwingender Mischstufe
self-heterodyning selbstüberlagernd
self-heterodyning mixer selbstschwingende Mischröhre
self-ignitible selbstzündend
self-igniting hypergolic propellant hypergolischer selbstzündender Treibstoff
self-ignition Selbst(ent)zündung
self-inductance Induktionskoeffizient, Selbstinduktivität
self-inductance variation Induktivitätsänderung
self-inductance vibration Induktivitätsschwingung, Selbstschwingung
self-induction Selbstinduktion
self-inductive selbstinduktiv
self-instructed carry automatischer od. selbsttätiger Übertrag (math, Rechner)
self-interference Eigenstörung
self-jigging Schweißen ohne Vorrichtung
self-landing glider kit Segeldrachen
self-loading selbstladend
self-loading charge Selbstverladegut
self-loading memory print selbstladender Speicherauszug
self-loading or automatic pistol Selbstladepistole
self-loading or semiautomatic rifle Selbstladegewehr
self-loading or semiautomatic weapon Selbstladewaffe
self-loading program selbstladendes Programm
self-loading random access edit selbstladender Großspeicherauszug
self-loading rifle Selbstlader
self-loading tape selbstladendes Magnetband
self-loading tape edit (SLTE) selbstladender Bandauszug
self-locating plug Automatikanschluß für Stecker u. Buchse
self-locking selbsthemmend, selbstschließend, selbstsperrend, selbstverriegelnd, selbstsichernd
self-locking gear selbstarretierendes Gerät, selbstsperrendes Getriebe
self-locking nut selbstsichernde Mutter, Spring/Stop-Mutter
self-locking nut, slop-sided selbstsicherende Asymmetriemutter
self-locking tripod Schnappstativ
self-lubricating selbstschmierend
self-lubricating blade retention selbstschmierende Blattlagerung
self-luminescent material phosphoresziertes od. selbstleuchtendes Material
self-luminosity Eigenlicht (eines Himmelskörpers) (Astronav.)
self-luminosity method Selbstleuchtverfahren (im Elektronenmikroskop)
self-luminous selbstleuchtend
self-luminous dial Leuchtziffernblatt
self-luminous method Selbstleuchtverfahren (im Elektronenmikroskop)
self-maintaining discharge selbständige Entladung
self-mobile launcher vehicle Selbstfahrlafette
self-modivated spin Eigendrehimpuls (Atomphys)
self-modulation Eigenmodulation
self-monitoring capability System mit Selbstdiagnosefähigkeit (Bordcomputer)
self-monitoring check Selbstprüfung
self-motivated spin Eigendrehbewegung
self-mutilation Selbstverstümmelung
self-opening flap selbsttätige Klappenöffnung
self-operating oscillator selbsterregter Oszillator
self-organization Selbstorganisation
self-organizing computer selbstorganisierender Rechner, Selbstorganisierrechner
self-organizing machine selbstorganisierte Maschine
self-organizing program selbstorganisierendes Programm, Selbstorganisierprogramm
self-orientating selbstausrichtend, selbstorientierend
self-oscillating mixer selbstschwingende Mischstufe
self-oscillation Eigenschwingung
self-plugging rivet selbststauchender Niet
self-polar tetrahedron Polartetraeder
self-polymerization Autopolymerisation
self-potential Eigenpotential
self-potential curve Eigenpotentialkurve
self-power supply eingebauter Netzteil
self-powered automatic cannon with drum feed selbstangetriebene Trommelwaffe
self-powered model main deck loader Selbstfahrhauptdecklader
self-powered recorder Batterietonbandgerät
self-pressurizing reservoir Behälter mit automatischem Druckregler
self-priming selbstansaugend
self-priming carburetor Vergaser mit Ansaugeinspritzpumpe
self-propelled flying model Flugmodell mit Eigenantrieb
self-propelled ground power unit Selbstfahrgeneratorwagen
self-propelled gun Sturmgeschütz
self-propelled gun mounting Panzerselbstfahrlafette
self-propelled howitzer Panzerhaubitze
self-propelled manoeuvring unit Antriebstornister
self-propelled mount gun motor carriage

Selbstfahrlafette
self-protection Selbstschutz
self-protection in the combat zone Selbstschutz auf dem Gefechtsfeld
self-protection jamming pod Selbstschutz-Störsenderbehälter (av)
self-pulse modulation Modulation durch selbsterregten Impuls
self-purification, stream Selbstreinigung von Wasserläufen
self-quenched counter tube selbstlöschendes Zählrohr
self-quenched detector Superregenerativempfänger mit Pendelfrequenzerzeugung u. Gleichrichtung in derselben Röhre
self-quenching selbstlöschend
self-quenching counter selbstlöschender Zähler
self-quenching mixture selbstlöschendes Gemisch
self-radiating mast selbstschwingender Mast
self--reading selbstregistrierend
self-reading pocket dosimeter selbstregistrierender Taschendosimeter
self-recording barometer Luftdruckschreiber, Barograph, Registrierbarometer
self-recording instrument automatisches Registriergerät, Registrierinstrument
self-recording hygrometer selbstregistrierender Hygrometer (meteo)
self-recording temperature meter selbstregistrierender Temperaturmesser
self-recording thermometer Registrierthermometer, Temperaturschreiber, Thermograph
self-recovery Selbsterholung
self-rectifying valve voltmeter selbstgleichendes Röhrenvoltmeter
self-registering instrument Registrierinstrument
self-regulating arc-welding transformer selbstregelnder Lichtbogenschweißumspanner
self-regulating d.c. welding generator selbstregelnder Gleichstromschweißgenerator
self-regulating mini-cooler for infrared detectors operates on the Joule-Thomson principle and is suitable for IR detector fitted to tracked military vehicles, helicopters, aircraft and missiles miniaturisierte selbsterregende Joule-Thomson-Kühlung für IR-Sensoren in Flugkörpern, Luft- und Bodenfahrzeugen
self-regulating reactor selbstregelnder Reaktor
self-regulation Selbstregelung, Selbstregulierung, automatische od. selbsttätige Regelung
self-regulation time equipment Selbstüberwachungsanlage
self-reinforcing effect by elongation Dehnungsselbstverfetigung, Selbstverfestigung unter Dehnung
self-reinforcing of vibrations Aufschaukeln von mechanischen Schwingungen
self-reliant plant von außen unabhängige Anlage
self-repair Selbstreparatur
self-reproduction Selbstreproduktion
self-resetting automatische Rückstellung, Eigenrückstellung (Zähler)
self-resetting loop selbstrücksetzende Schleife
self-restoring drop Rückstellklappe
self-restoring indicator Rückstellklappe, selbststellende, selbsthebende Klappe
self-routing automatische Leitwegwahl
self-routing indicator Selbststeuerungsanzeige
self-running controlled time-base method selbständige mitgenommene Kippschwingmethode
self-running time base selbständige Kippschwingung
self-saturation (of transducer) direkte Selbsterregung, innere Mitkopplung
self-screening range Maskierungsgrenze, Maskierungsreichweite
self-seaked bearing selbstabdichtendes Lager
self-sealing bullet proof schußsicher
self-sealing connection selbstdichtende Kupplung
self-sealing disconnect selbstdichtende Trennstelle od. Verbindung
self-sealing fuel cell schußsicheres Kraftstoffbehälter od. Tank (selbstdichtend)
self-sealing fuel tank selbstdichtender Kraftstoffbehälter
self-sealing gasket selbstsicherende Dichtung
self-sealing inner tube or bullet-resisting inner tube schußsicherer Schlauch
self-sealing machine screw selbstsicherend
self-sealing puncture proof fuel tank selbstdichtender Kraftstoffbehälter
self-sealing tank schußsicherer Behälter od. Tank, selbstabdichtender Behälter
self-sealing valve selbstdichtendes Ventil
self-sequencing register Register mit selbsttätiger Fortschaltung
self-service supply center Verbrauchsmaterialausgabestelle mit Selbstbedienung
self-setting flight log selbsteinstellender Flugwegschreiber
self-shielding Selbstabschirmung, Selbstabsorption
self-starting selbsterregend, Selbsterregung, selbsterregt
self-starting oscillator selbsterregter Oszillator oder Röhrensender
self-sufficiency Eigenversorgung, Eigenproduktionsanteil
self-supported freitragend
self-supporting freitragend
self-supporting aerial mast freitragender Antennenmast
self-supporting (antenna) mast freitragender (Antennen)mast
self-supporting rack freitragendes Gestell
self-supporting radio mast freitragender Funkmast
self-supporting radio tower Funkmast
self-supporting semi-trailer of aluminium alloy construction Sattelauflieger in selbsttragender Alukonstruktion
self-sustained discharge selbständige Entladung
self-sustaining selbsterhaltend
self-sustaining chain reaction selbständige Kettenreaktion
self-sustaining pile Reaktor mit selbständiger

Kettenreaktion
self-sustaining pile Reaktor mit selbständiger Kettenreaktion
self-sustaining reaction selbständige Reaktion (chem)
self-synchronizing selbstsynchronisierend
self-synchronizing system (synchro transmitter and receiver) Drehmelder
self-tapping screw selbstschneidende Schraube, Blechschraube
self-teaching system of automatic optimization selbstoptimierendes System
self-test Selbstprüfung
self-test and maintenance data recording Eigenprüfung und Wartungsdatenaufzeichnung (av)
self-test facility Eigenprüfeinrichtung
self-test routine of the flight control system automatische Selbstprüfung des Flugregelsystems (av)
self-test switch Eigenprüfschalter
self-testing (BITE) Eigenprüfschaltung
self-testing feature Eigenprüfeinrichtung
self-thermometer selbstregistrierendes Thermometer (meteo)
self-timer Selbstauslöser
self-timer, built-in eingebauter Selbstauslöser
self-triggering program selbststartendes Programm
self-ventilated motor Motor mit Eigenbelüftung, selbstbelüftender Motor
self-whistles Eigenpfiffe, Überlagerungspfiffe
self-wiping contact selbstreinigender Kontakt, Wischkontakt
sell competitively, to wettbewerbsfähig verkaufen
selsyn Drehmelder (Gleichstrom), Selsyndrehfeldsystem, Selsyndrehmelder
selsyn generator Drehfeldgeber, Synchronisierspannungsgenerator
selsyn, locked-rotor rotorstarres Selsyn
selsyn phasing unit Phasengleichlaufselsyn
selsyn receiver Ringfeldempfänger
selsyn transmitter Ringfeldgeber
selvage tape Zackenband
SEM Speichereingabemeldung
semantic code semantischer Code
semantic differential Polaritätsprofil, Profilmethode, semantisches Differential
semantic function of sign semantische Zeichenfunktion (päd)
semantic information content semantischer Informationsbelag od. -gehalt
semantical equivalence semantische Äquivalenz
semantical information (content) semantische Information, semantischer Informationsgehalt, semantischer Informationsbetrag
semantical sphere semantische Sphäre (päd)
semaphore message (message transmitted by signaling disk or hand signals) Winkelspruch
semaphore signal Flügelsignal
semaphore station Semaphorstation
semi-absolute volt halbabsolutes Volt
semi-active radar guidance quasiaktive Radarlenkanlage
semi-active radar-guided missiles halbaktiver Radarsuchkopf
semi-active radar homing head halbaktiver Radarzielsuchkopf
semi-active radar missile in quadri-launches halbaktiver Radarsuchkopf
semi-active radar seeker and CW illumination frequenzagiles Dauerstrichüberwachungsradar
semi-active system halbaktives Zielflugsystem
semi-anthracite coal Magerkohle
semi-armor piercing bomb halbpanzerbrechende Bombe, Halbpanzerdurchschlagbombe
semi-articulated rotor halbstarrer Rotor
semiautomatic halbautomatisch, selbsttätig
semiautomatic advance gemischte Zündzeitpunktverstellung
semiautomatic control or timing gemischte Zündzeitpunktverstellung
semiautomatic cycle halbautomatischer Preßzyklus (pla), halbautomatischer Arbeitsablauf
semiautomatic electroplating halbautomatische Galvanisierung
semiautomatic exchange halbautomatisches Vermittlungsamt
semiautomatic key halbautomatische Taste
semiautomatic machine Halbautomat
semiautomatic model Halbautomat
semiautomatic radar identification equipment halbautomatisches Radarmeldegerät
semiautomatic relay installation halbautomatische Weitergabeeinrichtung
semiautomatic ringing halbselbsttätiger Ruf
semiautomatic switch Gruppenumschalter
semiautomatic switching center halbautomatische Speichervermittlung
semiautomatic system Halbwählsystem
semiautomatic tandem working halbselbsttätiger Durchgangsdienst
semiautomatic telegraph key halbautomatische Taste
semiautomatic teletypewriter system halbautomatisches Fernschreibsystem
semiaxis Halbachse
semiballistic halbballistisch
semiballistic vahicle halbballistischer Flugkörper
semibeam einseitig eingespannter Träger
semi-cantilever halbfreitragend
semi-cantilever monoplane halbfreitragender Eindecker
semicircle Halbkreis
semicircle diameter Radius
semicircle protractor halbrunder Winkelmesser
semicircular halbkreisförmig, semizirkular
semicircular arc Halbkreisbogen
semicircular area Halbkreisfläche
semicircular beta-spectrograph halbkreisförmiger Betaspektrograph
semicircular component Halbkreisfehlerkomponente
semicircular contact Kontakthalbring
semicircular cruising level Halbkreisflughöhe
semicircular error Halbkreisfehler
semicircular error component Halbkreisfehlerkomponente
semi-conducting halbleitend

semi-conduction property Halbleitereigenschaft
semi-conductive device Halbleiterbauelement
semi-conductivity Halbleitung
semi-conductor halbleitende Verbindung, Halbleiter, intermetallische Verbindung, Halbleiterbauteil, Ionenleiter
semi-conductor cooling element Halbleiter-Kühlelement
semi-conductor device Halbleiteranordnung, Halbleiterbauelement
semi-conductor diode Halbleiterdiode
semiconductor functional density Integrationsdichte des Halbleiters
semi-conductor indicator Halbleiterindikator
semi-conductor injector laser Halbleiter-Injektionslaser
semi-conductor junction Halbleiterzone, Übergangszone
semi-conductor layer Halbleiterschicht
semi-conductor main memory Halbleiter-arbeitsspeicher
semi-conductor material Halbleitermaterial
semi-conductor memory module Halbleiter-speichermodul
semi-conductor noise Halbleiterrauschen
semi-conductor photocell Halbleiterphotozelle
semi-conductor power device Starkstrom-Halbleitergerät
semi-conductor pressure, transducer, miniature miniaturisierter Hableiterdruckgeber
semi-conductor read-only memory Halbleiter-festwertspeicher
semi-conductor rectifier Halbleitergleichrichter, Halbleiterstromrichter, Halbleiterventil
semi-conductor rectifier diode Einkristallgleichrichterzelle, Halbleiter-Gleichrichterdiode
semi-conductor region Halbleiterzone
semi-conductor slices Halbleiterplättchen
semi-conductor substrate Halbleiterunterlage
semi-conductor trap Halbleiterfangstelle
semi-conductor valve Halbleiterventil
semi-conductor wattmeter Halbleiterleistungsmesser
semi-container ship Halbcontainerschiff, Teilcontainerschiff
semi-continuous halbkontinuierlich
semicontinuous function halbseitige Funktion
semi-controlled mosaic Bildplanskizze, grobmaßstäbliches Mosaik
semi-convergent Halbkonvergente
semicrystalline halbkristallinisch
semi-cutoff in der Ebene abgeschirmt, teilabgeschirmt
semi-darkness Halbdunkel (Radarschirm)
semidiameter Halbdurchmesser
semi-direct lighting halbdirekte od. vorwiegende direkte Beleuchtung
semi-directly heated cathode halbdirekt geheizte Kathode
semiductor and inverter Semiverter, statischer Frequenzumrichter mit Gleichstromzwischenkreis
semidull hellmatt
semiduplex system Halbduplexsystem, Halbduplexverfahren (bedingtes Gegensprechen)
semidynamic characteristic vordynamische Kennlinie
semielliptic halbelliptisch
semi-enclosed gegen Berührung geschützt
semi-enclosed dynamo ventiliert geschützter Dynamo
semi-fabricated form Halbzeugform
semi-finished goods Halbfertigfabrikat
semi-finished material Halbzeug
semi-finished parts Halbfertigprodukte
semifluid halbflüssig
semiflush light fitting halbversenkte Leuchte
semifused halbgeschmolzen
semifluxed cartridge Hülsenkartusche
semi-high-wing monoplane Schulterdecker
semihot laboratory halbheißes Laboratorium (10mC bis 1C)
semi-independent point tongue (rail) halbunabhängige Zunge
semi-indirect lighting halbindirekte od. vorwiegend direkte Beleuchtung
semi-infinite line quasiunendlich lange Leitung
semi-infinite solidified melt einseitig unendlich ausgedehnte, erstarrte Schmelze
semi-jacketed bullet Teilmantel
semikilled steel halbberuhigter Stahl
semiliquid halbflüssig
semilog einfachlogarithmisch
semilog decay curve einfachlogarithmische Abfallkurve
semilog plot einfachlogarithmische Darstellung
semi-logarithmic scale einfachlogarithmischer Maßstab
semilunar valve halbmondförmige Klappe, Semilunarklappe
semi-manufactured halbfertig
semi-manufactured article Halb(fertig)fabrikat
semi-manufactured product Halbfertigerzeugnis, Halbfertigfabrikat
semimatt halbmatt
semimechanical halbautomatisch
semimetal Halbmetall
semi-mobile bedingt beweglich, verlegefähig
semimodular lattice halbmodulares Gitter
semimonergol semimonergol
semi-monocoque Halbschalenbau
semi-monocoque construction Halbschalenbauweise
semi-monocoque design Halbschalenkonstruktion
semi-monocoque fuselage Rumpf in Halbschalenbauweise
semi-monocoque structure Halbschalenbauweise
semi-monocoque structure of circular cross-section kreisförmiger Halbschalenrumpf
semi-monocoque type Halbschalenbauweise
semimonthly halbmonatlich
semi-optical behaviour quasioptisches Verhalten
semioscillation Halbschwingung, Halbperiode
semiotic aspects of signs Zeichenfunktion
semiotics Semiotik, allgem. Zeichentheorie
semi-overhauling Teilüberholung
semi-permanent depression halbstationäres Tief (meteo)
semi-permanent joint lösbar/feste Verbindung
semi-permanent shelter behelfsmäßiger Schutzbau
semipermanent stop (torpedo) Anschlag für Schuß-

bereichbegrenzung
semi-permanent store semipermanenter Speicher
semi-perforated tape Schuppenlochstreifen
semipermeable halbdurchlässig
semiplane Halbebene
semiplastics halbteigig, halbweich, elastisch
semipneumatic tire Hohlraumreifen
semipolymeter process Zweistufenverfahren (Schaumstoff)
semiprecision zero set Nullgrobeinstellung
semiproduct or superrefined steel Edelstahlhalbzeug
semi-quantitative method halbquantitatives Verfahren
semi-range of the tide at a port Einheitskoeffizient der Tidehöhe eines Hafens
semi-reflecting surface halbdurchlässige Fläche (Optik)
semiremote manipulation Halbfernbedienung
semi-reverberant room Raum mit teilweiser Nachhalldämpfung od. Schallabsorption
semirig mounting halbstarre Befestigung, halbkardanische Aufhängung
semi-rigid halbhart
semi-rigid airship halbstarres Luftschiff
semi-rigid foam halbstarrer Schaum (pla)
semi-rigid high-density polyurethane foam mittelharter Schaumstoff hoher Dichte
semi-rigid mounting halbstarre Befestigung, halbkardanische Aufhängung
semi-rigid plastic halbharter od. halbsteifer Kunststoff
semi-rigid plenum halbstarre Verdichtungskammer
semi-rigid plenum-type air-cushing vehicle Luftkissenfahrzeug mit halbstarrer Druckkammer
semi-rigid rotor halbstarrer Rotor
semi-rigid self-sealing tank halbstarrer selbstdichtender Kraftstoffbehälter
semi-rigid suspension halbstarre Aufhängung
semirotary pump Flügelpumpe, Würgepumpe
semirotary wing pump Flügelpumpe
semi-schematic halbschematisch
semi-self-maintained discharge halbselbständige Entladung
semi-shrouded impeller halboffenes Laufrad
semi-significant halbsystematisch
semi-sinter, to vorsintern
semi-smokless rauchschwach
semisolid halbfest
semisolid dielectric Hohlraumisolation
semi-span Halbspannweite
semispherical lens Halbkugellinse
semi-stall halbüberzogener Gleitflug
semistatic ferrite amplifier semistatischer Ferritverstärker
semi-steel Gußeisen mit Stahlschrottzusatz
semi-strapped-down inertial reference Referenzplattform mit teilkardanischer Aufhängung (av)
semi-supporting halbtragend
semi-synchronized jamming teilsynchronisierte(s) Störung (Stören) (ELOKA)
semi-tempered glass halbgehärtetes Glas
semi-tracked vehicle Halbkettenfahrzeug
semi-trailer Sattelanhänger, Sattelschlepper
semi-trailer coupling Kupplung für Sattelschlepper
semi-trailer frame Sattelschlepperanhängerrahmen
semi-trailer truck tractor Sattelschlepper
semi-trailer with wide-track steerable axle unit Sattelauflieger mit Breitspur-Lenkachsaggregat
semi-tracked vehicle Halbkettenfahrzeug
semi-transparent halbdurchlässig, halbdurchsichtig
semi-transparent mirror halbdurchlässiger Spiegel
semi-tubular rivet Hohlniet
semi-tuned transponder halbabgestimmter Transponder
semi-wave Halbwelle
semi-water gas Halbwassergas
semi-wildcat well Suchbohrung in einiger Entfernung der bekannten Erdöllagerstätte
send after, to nachschicken, nachsenden, hinterherbringen
send amplifier Sendeverstärker
send-and-receive sides of a channel beide Gesprächsrichtungen eines Kanals
send buffer Sendepuffer
send by radio funken
send cipher operation Sendeschlüsselbetrieb
send code table Sendecodetabelle
send direction Senderichtung
send direction prompter Sendewecker
send distortion Sendeverzerrung
send distortion, static statische Sendeverzerrung
send filter Sendefilter
send for cash delivery, to nachnehmen
send key Sendetaste (Fernschreiber)
send line Sendeleitung
send mode Sendebetrieb, Sendemodus, Sendezustand
send out, to aussenden
send pause Sendepause
send program Sendeprogramm
send/receive line Sende/Empfangsleitung
send-receive method Duplexverfahren
send-receive set Sende/Empfangsgerät
send/receive switch Sende/Empfangsschalter
send/receive teletype service Fernschreib-Sende- u. Empfangsnetz
send/receive teletypewriter set Sende/Empfangsfernschreiber
send request circuit Steuerung für Senden u. Empfangen
send reversal, to wechselsenden
send routine Senderoutine
send run Betrieb Senden
send-side matching transformer sendeseitiger Anpassungsübertrager
send telegrams at a time, to Telegramme in Reihe od. Serie übermitteln
send terminal Sendeterminal
send tuning-fork tone, to Fremdton senden
send up solo auf Alleinflug schicken
send wire Sendeader
sender Geber eines Fernübertragungsgeräts, Sender, Absender, Geber, Stromstoßgeber, Zahlengeber
sender amplifier Sendeverstärker

sender armature Sendeanker
sender, automatic selbsttätiger Sender
sender end Sendeseite
sender key Zahlengebertaste
sender instruction Angabe des Absenders
sender receiver converter Sender/Empfänger-Umformer
sending Sendung, Übermittlung
sending area Ausgangsbereich, Sendebereich
sending coil Sendespule
sending controller absendender FS-Kontrolleiter
sending current Sendestrom
sending end Geberende
sending end, at the senderseitig
sending facility (communication) absendende FS-Einrichtung
sending key Handsender, Handtaste
sending loop Sendeschleife
sending or transmitting apparatus Sendapparat(ur)
sending pause Sendepause
sending pulses impulssenden
sending sequence Sendeablauf
sending speed Gebegeschwindigkeit, Sendegeschwindigkeit
sending station übermittelnde Funkstelle
sendytron Sendytron (eine Quecksilberdampfröhre mit Hochspannungszusendung)
Sendzimir cold mill Sendzimir-Kaltwalzwerk
Sendzimir process Sendzimir-Verfahren (kaltwalzen von Blechen)
senior airport control tower operator (ATC) dienstältester Kontrollturmoperator
senior air traffic control officer (SATCO) leitender Flugsicherungsoffizier
senior airway traffic controller Hauptkontrollbeamter des Luftverkehrs
senior commercial pilot Berufsflugzeugführer, Berufspilot 1. Klasse, Seniorverkehrspilot
senior controller aufsichtführender FS-Kontrolleiter
senior engineer Ingenieur mit langjähriger Praxis
sensation area Hörfläche
sensation area, auditory Hörfeld (Akustik)
sensation leve Lautstärkeskala, Schallempfangspegel
sensation of direction Ortseindruck
sensation of heat Wärmeempfindung
sensation of light Lichtempfindung, Lichtreiz
sense Gefühl, Peilseite, Sinn, Vernunft, festlegen einer Seite (Radar), Richtung (math)
sense aerial or antenna Seitenbestimmungsantenne, Seitenkennungsantenne
sense amplifier Lese(signal)verstärker
sense antenna Hilfsantenne (Seitenbestimmung)
sense bearing seitenbestimmte Peilung
sense byte Abfühlbyte, Fehlerbyte, Prüfbyte
sense condition Prüfbedingungen
sense determination Seitenbestimmung
sense direction finding Seitenabstimmung (Radar)
sense element Detektor
sense finder Seitenbestimmer(gerät)
sense finding Seitenbestimmung
sense finding switch Peilseitenschalter
sense light Prüflampe
sense line Leseleitung (EDV)
sense of
sense of absolute pitch absolutes Gehör
sense of action Wirkungsweise (Regeltechnik)
sense of armature rotation Ankerdrehrichtung
sense of balance Gleichgewichtssinn
sense of direction Drehsinn, Ortsgedächtnis, Richtungssinn
sense of direction of rotation Rotationssinn
sense of feeling Tastgefühl
sense of motion Bewegungssinn
sense of position Lageempfindung
sense of rotation Drehsinn
sense of safety Sicherheitsgefühl
sense of winding Wirkungssinn
sense organ biologischer Rezeptor, Sinnesorgan
sense output transformer Leseausgabeübertrager (EDV)
sense perception Sinneswahrnehmung
sense signal Lesesignal, Lesespannung, Leseleitung, Lesewicklung
sense, to abtasten (mechanisch), lesen, abfühlen, erfassen, fühlen, spüren
sense-winding Lesewicklung (Kernspeicher), Leseleitung
sense wire Lesedraht (Kernspeicher), Leseleitung, Lesewicklung
sensed voltage rectifier Meßspannungsgleichrichter
sensible heat fühlbare Wärme
sensible horizon scheinbarer Horizont
sensible or specific heat Eigenwärme
sensible to daylight tageslichtempfindlich
sensing Abfühlen, Abtasten, Lesen, Reizaufnahme, Seitenanzeige (Radar), Seitenbestimmung
sensing amplifier Leseverstärker (EDV)
sensing and control subsystem Fühl- u. Steueruntersystem
sensing brush Abfühlbürste, Abtastbürste
sensing, brush elektrische Abfühlung od. Abtastung
sensing capacitor Meßkondensator
sensing coil Fühlspule, Meßspule
sensing component Fühlerglied
sensing crew Spürtrupp
sensing cylinder Fühlerzylinder
sensing device Fühl(er)anordnung, Fühler, Sensor
sensing, electrical elektrische Abfühlung od. Abtastung
sensing, electrostatic elektrostatische Abfühlung od. Abtastung
sensing element Fühlglied, Meßkopf, Meßwertwandler (Anstellwinkel), Meßfühler, Meßumformer
sensing element (for counter) Wandler
sensing error instrumentenbedingter Verzug
sensing finger Abfühlstift
sensing, flight dynamisches Abfühlen od. Lesen
sensing head Abtastkopf, Meßfühlerkopf
sensing lever Fühlhebel
sensing line Geber-, Meß-, Steuerleitung (Umfüllabsperrventil, Kraftstoffanlage)
sensing, mark Markierungsabtasten, Markierungslesen, "Mark-Sensing" (Zeichenleseverfahren)
sensing mechanism Abfühleinrichtung,

Empfangsvorrichtung (UW-Mine)
sensing, photoelectric photoelektrische Abfühlung od. Abtastung
sensing pin Abfühlstift
sensing, pneumatic pneumatische Abfühlung od. Abtastung
sensing point Fühlerstelle, Meßstelle
sensing relay Spannungsfolgerelais
sensing station Abfühlstation, Abfühlstelle, Abtaststation (lo. dig), Abfühlvorrichtung, Abtastvorrichtung, Lesegerät, Lesestation, Lesevorrichtung (EDV)
sensing system peripherer Berührschutz für Flugzeugzellen (Wartungsanlagen)(av)
sensing unit Aufnehmer
sensistor Heißleiter, NTC-Widerstand
sensitive feinstufig, Feinstufe
sensitive airspeed indicator Feinfahrtmesser
sensitive altimeter Feinhöhenmesser
sensitive area nichtnachrichtengefährdetes Gebiet
sensitive axis Empfindlichkeitsachse, wahre Meßachse
sensitive circuit Empfindlichkeitsschaltung
sensitve-coarse altimeter Fein/Grob-Höhenmesser
sensitive control feinstufige Regelung, Feinstufenregelung
sensitive drilling Schnellbohrarbeit
sensitive element Fühlglied, Meßkopf, nordweisendes System, Stabilisierungselement (Stabilisierungsgerät)
sensitive feed feinstufiger Vorschub
sensitive fuse hochempfindlicher Zünder
sensitive installation nachrichtendienstlich gefährdete Anlage
sensitive paper lichtempfindliches Papier
sensitive phased-array antenna hochempfindliche phasengesteuerte Gruppenantenne
sensitive position Stellung bei der das Gerät anspricht
sensitive pressure gage Feinmeßmanometer
sensitive reed relay Zungenrelais
sensitive region empfindlicher (Meß)bereich
sensitive regulation Feinregulierung
sensitive relay Drehimpulsrelais, empfindliches Relais
sensitive switch Fühlerschalter
sensitive time Ansprechzeit (Nebelkammer, Atomphysik)
sensitive to aging alterungsempfindlich
sensitive to corrosion rostempfindlich
sensitive to heat wärmeempfindlich
sensitive to light lichtempfindlich
sensitive to noise lärmempfindlich
sensitive to shock stoßempfindlich
sensitive to water wasserempfindlich
sensitive two-axis gimballed scanning laser seeker kardanisch aufgehängter Lasersuchkopf mit Zielabtastung
sensitive voltage resistor Spannungswiderstand
sensitive volume Zählvolumen, strahlenempfindlicher Bereich der biologischen Zelle
sensitiveness Ansprechwert, Feinfühligkeit
sensitiveness testing Empfindlichkeitsprüfung
sensitiveness to direction Richtungsempfindlichkeit
sensitiveness to percussion Schlagempfindlichkeit
sensitiveness to position Lage(n)empfindlichkeit
sensitiveness to shock or vibration Erschütterungsempfindlichkeit
sensitivity Ansprechempfindlichkeit, Empfängerempfindlichkeit, Empfindlichkeit, Empfindsamkeit, Empfindlichkeitsabstufung, Indikationsschärfe (Farbe)
sensitivity adjustment Empfindlichkeitseinstellung (UW-Mine)
sensitivity amplifier Verstärker für Empfindlichkeitsströmung
sensitivity analysis Empfindlichkeitsabtastung, Sensibilitätsuntersuchung
sensitivity area empfindlicher Bereich
sensitivity change pressure switch hydrostatischer Empfindlichkeitsausschalter
sensitivity characteristic of the ears Kurve für Ohrenempfindlichkeit
sensitivity check Empfindlichkeitsprüfung
sensitivity coefficient Empfindlichkeitsfaktor
sensitivity constant Ansprechkonstante
sensitivity control Empfindlichkeitsregelung
sensitivity current Empfindlichkeitsstrom
sensitivity data Alles-oder-Nichts-Daten, Ja/-Nein-Beobachtungen, Sensitivitätsmessungen (Statik)
sensitivity decrease Empfindlichkeitsabnahme
sensitivity drift or shift Empfindlichkeitsveränderung
sensitivity factor Empfindlichkeitsfaktor
sensitivity in color change Farbumschlag, Indikationsschärfe
sensitivity, modulation Modulationssteilheit
sensitivity of a fuse Zünderempfindlichkeit
sensitivity of deflection Ablenkempfindlichkeit
sensitivity of selection (in tuning) Feintrennung
sensitivity of the eye Sehempfindlichkeit
sensitivity of the torsion balance Empfindlichkeit der Drehwaage
sensitivity parameter Empfindlichkeitsbeiwert
sensitivity plug Empfindlichkeitsstecker
sensitivity, pressure Schalldruckübertragungsfaktor (Druckmikrofon)
sensitivity, static statische Empfindlichkeit
sensitivity switch Empfindlichkeitsschalter
sensitivity test Empfindlichkeitsprüfung
sensitivity time control Nachechodämpfung, zeitabhängige Empfindlichkeits- od. Stärkeregelung
sensitivity time control radar Nachechodämpfungsschaltung
sensitivity to aging Alterungsempfindlichkeit
sensitivity to blue Blauempfindlichkeit
sensitivity to cracking Rißempfindlichkeit (Turbine)
sensitivity to hardening Härteempfindlichkeit
sensitivity to noise Lärmempfindlichkeit
sensitivity to overheating Überhitzungsempfindlichkeit
sensitivity of radiation Strahlenempfindlichkeit
sensitivity to reflection from obstacles, low geringe Empfindlichkeit auf Rückstrahlung von Hindernissen
sensitivity to welding cracks Schweißriß-

empfindlichkeit
sensitivity vernier control Empfindlichkeitsfeinabstimmung
sensitization of a surface Oberflächenbeladung
sensitize, to empfindlich machen, sensibilisieren
sensitized face Emulsionsseite, Schichtseite
sensitized material licht- od. strahlenempfindliches Material
sensitized paper lichtempfindliches Papier
sensitized plate lichtempfindliche Platte od. Folie
sensitized side Emulsionsseite, Schichtseite
sensitizer Aktivator, Sensibilisierer (Schweißtechnik), Sensibilisator
sensitizing Sensibilisierung
sensitizing dye Sensibilisierungsmittel (Foto)
sensitizing pulse Aktivierungsimpuls, Entsperrimpuls, Hellsteuerimpuls
sensitometer Empfindlichkeitsmesser, Sensitometer
sensitometric curve Dichtekurve, Schwärzungskurve (Foto)
sensitometry Sensitometrie
SENSO (Sensor Operator) Sensoroperater
sensor Meßfühler, Meßgeber, Meßumformer, Meßwertgeber, Sensor (Wahrnehmungseinrichtung)
sensor amplifier Rechenverstärker
sensor, aquire the magnetic north nordsuchender Sensor
sensor bay for camera and laser designator Sensorraum für Kamaera und Laserzielbeleuchter
sensor/camera, visually and/or by visuelle od. sensorgestützte Identifizierung (Zielverfolgungsradar)
sensor equipment Meßfühlereinrichtung, Sensoreinrichtung (Regeltechnik)
sensor for air and engine data Sensor für Luft- und Triebwerkdaten (av)
sensor for aircraft inertial platform (air bearing gyros of extra-ordinary accuracy) Meßwertwandler für Trägheitsplattform (luftgelagerter Kreisel außergewöhnlicher Genauigkeit)
sensor for detecting surface targets Radar zur Erfassung Überwasserzielen (Zielverfolgungsradar)
sensor for laser "paints" area indicated by the lasers Laserwarnempfänger sind durch Laserstrahlen markiert
sensor, format tape Lochstreifenabtaster
sensor in combination Sensorverbundsystem (av)
sensor in the engine overspeed protection system Maßaufnehmer des Überdrehzahlbegrenzungsreglers
sensor information (wide-angle cockpit) Sensorinformation (Weitwinkelcockpit)
sensor operator Sensoroperateur (SENSO)
sensor option Sensoreinschub (Aufklärungshubschrauber)
sensor, position Lagemeßrichtung, Wegmeßrichtung, Wegmeßsystem
sensor transformer induktiver Geber, Meßtransformator
sensor, untended unbemannter Sensor
sensors will by linked to the aircraft data bus to give them a G history of the aircraft Bewußtseinssensoren lassen sich über einen Datenbus mit den Bodensensoren in Verbindung bringen, um über die Entwicklung der Lastfaktoren auf dem laufenden zu sein (G-LOC)
sensors will be mounted beneath the main rotor, and will supply data to the system's transducedr and microprocessor-based electronic unit unterhalb des Rotors montierte Sensoren sind mit einem Druckwandler und einer mikroprozessorgestützten Auswerteelektronik gekoppelt
sensory device Kommandogerät
sensory equipment Meßfühlerrichtung, Sensoreinrichtung (Regeltechnik)
sensory instrument Kommandogerät
sentence Programmsatz (COBOL)
sentence, conditional bedingter (Programm)satz (COBOL)
sentence, imperative unbedingter Programmsatz (COBOL)
sentencer Programmsetzer
sentinel Hinweissysmbol, Marke, Markierung (EDV), Gruppenmarke (dv), Merkmal
sentinel flag Marke, Merkmal, Trennsymbol, Hinweissymbol, Markierung
sentron ultra high frequency tube Sentronröhre
SEO Satellit for Earth Observation
SEP specific excess power Überschußleistung
SEP (specific excess power) spezifische Überschußleistung (AC)
sep. (separate, separation) getrennt, Trennung
separable abscheidbar, lösbar, trennbar
separable connector link lösbares Verbindungsstück (Fsch)
separate abreißen (aerodyn), trennen
separate antenna feed separates Strahlerelement
separate application getrenntes Auftragen (chem)
separate application adhesive Mehrkomponentenklebstoff, Zweikomponentenkleber
separate component Einzelteil
separate entity separates Antriebssystem
separate excitation Fremderregung
separate field Fremdfeld
separate from, to absondern, abtrennen von...
separate fuel and oil supplies for each engine triebwerkseigene Kraftstoff- u. Ölversorgung
separate heater type thermocouple instrument Thermoinstrument mit indirekter Heizung
separate heterodyne reception Überlagerungsempfang mit Fremderregung
separate in flakes, to ausflocken
separate into, to aufteilen
separate-lead type cable Dreimantelkabel
separate loading ammunition getrennte Munition, Kartuschenmunition
separate loading or special purpose ammunition Sondermunition
separate man-tended free-flyer halbautomatische, freiliegende Raumplattform (sp)
separate master card decks getrennte Matrizensätze

separate network Einzelnetz, Trennwort, Trennungszeichen
separate out abscheiden
separate routine Einzelprogramm
separate self-excitation äußere Mischkopplung
separate, to Abstand herstellen, abfahren (Düse), abscheiden (chem), klassieren, staffeln, trennen
separated flow abgerissene od. nicht anliegende Strömung
separated isotope getrennter Isotop
separately addressable sectors getrennt adressierbare Sektoren
separately-excited fremderregt
separately-excited dynamo fremderregter Dynamo
separately excited generator fremderregter Generator
separately-instructed carry befohlener Übertrag, nicht automatischer od. gesteuerter Übertrag (math, dig)
separately-quenched frequency gesondert erzeugte Pendelfrequenz
separating angle Trennwinkel
separating calorimeter Abscheidekalorimeter
separating character Trennzeichen
separating column Trennsäule, Trennkolonne
separating filter Frequenzweiche
separating filter of eight terminals Achtpoldifferentialweiche
separating layer Separator, Trennschicht
separating the LM from the CM abtrennen des Mondlandefahrzeugs von Führungsbaugruppe (sp)
separation Abscheidung, Abstand, Absonderung, Abspaltung, Grenzschichtablösung, Staffelung, Trennung
separation allowance Trennungsentschädigung (komm)
separation apparatus Trennanlage
separation column Trennkolonne, Trennsäule
separation drag Ablösungswiderstand (AC)
separation energy Ablösearbeite, Trennenergie
separation explosive device Absprengvorrichtung
separation factor Trennfaktor
separation, head-to-drum Kopfabstand
separation, heavy-liquid Trennung durch schwere Flüssigkeit
separation minima Staffelungsminima
separation of coal Kohleaufbereitung
separation of connecting ring Lösen des Verbindungsrings (sp)
separation of frequencies Frequenzabstand
separation of isotopes Isotopentrennung
separation of parallel runways Abstand paralleler Startbahnen
separation of runway Abstand zwischen Parallelstart- u. Landebahn, Abstand zwischen Parallelpiste, Pistenabstand, Start- u. Landebahnabstand
separation of service module Abtrennen der Gerätebaugruppe
separation of spacecraft from rocket stage Abtrennung des Raumfahrzeugs von Raketenstufe (sp)
separation of the C/SM from the launch vehicle Trennung der Führungs- u. Gerätebaugruppe (sp)
separation of the command module from the service module Trennung von Führungs- u. Gerätebaugruppe des Raumfahrzeugs (sp)
separation of the emulsified water Abscheidung des Emulsionswassers
separation of the interstage connector Abwurf des Verbindungselements
separation or corrosion between panels Ablösungen od. Korrosion zwischen Blechen
separation over the rear of a body Strömungsablösung (aerodynamic)
separation phase Trennphase
separation plane Ablösungsfläche, Absonderungsfläche
separation plant Trennanlage
separation point Ablösungspunkt (Strömung), Trennebene
separation process Trennverfahren
separation profile, optimum optimales Trennungsprofil
separation ring Trennring
separation standard Staffelungsrichtlinie
separation, transposition and docking manoeuvres Trenn-, Umkehr- u. Wiederankopplungsmanöver (sp)
separation trajectory Trennungsflugbahn
separation velocity Trenn(ungs)geschwindigkeit
separative Trenn..., trennend
separative element Trennglied
separative power Trennvermögen (sp)
separator Abscheider, Separator, Scheider, Trenner, Trennsymbol, -zeichen, Trennwort, Trennungszeichen
separator (buffer) Trennstufe
separator (piece) Trennstück
separator, electromagnetic elektromagnetischer Separator
separator head Düsenspitze, Verteilerkopf
separator, information Informationstrennzeichen, Trennzeichen
separator, level of oil in the Ölspiegel im Gasabscheider
separator, mnemonic mnemotechnisches Trennwort (EDV)
separator, operand Operandentrennungszeichen
separator piece Distanzstück
separator stage Pufferstufe, Trennstufe
separator station Trennstation
separator throat Trennstationschleuse (EDV)
separator-type oil purifier Ölseparator
SEPR Societe d' Etude de la Propulsion par Reaction
septate durch eine Schallwand getrennt
septate waveguide Längssteghohlleiter
septivalent siebenwertig
septolet Septole
septum Scheidewand, Septum (durchlöcherte Membrane zur Umwandlung der Wellenform in Wellenführer)
septuple harmonics siebenfache Oberharmonische
septuplicate siebenfache Ausfertigung
sequence Aufreihen, in natürliche Reihenfolge bringen, sequentielles Ordnen, Aufeinanderfolge (die), Folge, Sequenz

sequence access Zugriff in bestimmter Reihenfolge, Zugriff in Reihenfolge der Speicherung
sequence, alphabetic alphabetische (Reihen)-folge
sequence, ascending aufsteigende Folge od. Ordnung
sequence block address Folgeblockadresse
sequence, block...check Blockfolgekontrolle
sequence, block check Blockprüfzeichenfolge
sequence, block...error Blockfolgefehler
sequence, calling Aufruffolge (von Unterprogrammen)
sequence calls Reihengespräche
sequence, card Karten(reihen)folge
sequence chart Folgediagramm, Programmübersicht, Arbeitsdiagramm
sequence chart for switching Folgekarte für Schaltvorgang
sequence check Folgekontrolle, -prüfung, Folgevergleich
sequence checking Folgekontrolle, Folgeprüfung
sequence checking program Folgeprüfprogramm
sequence checking routine Folgeprüfprogramm, Überwachungsprogramm, Kontrollprogramm
sequence, coding codierte Befehlsfolge
sequence, command Befehlsfolge
sequence contact Folgekontakt
sequence control Folgekontrolle, -prüfung, Ablaufsteuerung, Folgevergleich
sequence control register Adressenfolgeregister, Adreßfolgeregister, Befehlsadreßregister, Befehls(folge)register, Befehls(folge)zähler, Befehlszählregister, Operationszähler, Programmschrittzähler
sequence-control tape Programmband
sequence-controlled programmgesteuert
sequence-controlled calculator programmgesteuerte Rechenmaschine
sequence-controlled contact Folgekontakt
sequence coordination Ablaufkoordinierung
sequence counter Befehls(folge)zähler, Befehlsfolgeregister, Befehlsregister, Befehlszähler, Operationszähler, Befehlsadreßregister, Programmschrittzähler
sequence, cycle Zyklusfolge
sequence, descending absteigende (Reihen)folge, fallende Ordnung
sequence distribution register Ablaufverteil(er)register
sequence error Folgefehler, falsche Reihenfolge
sequence field Nummernfeld (Karte)
sequence flashing light Laufblinkfeuer
sequence, functional Funktionsablauf
sequence, identifier Identifizierungsablauf
sequence, in ascending numeric aufsteigend numerische Folge
sequence, input Eingabefolge (EF)
sequence, input...register Eingabefolgeregister (EFR)
sequence, instruction Befehlsfolge
sequence lamp or light Sperrwarnleuchte
sequence link Folgeadresse
sequence link field Folgeadreßfeld
sequence list Liste von Gesprächsanmeldungen
sequence, memory bank output Speicherbankausgabefolge (SBAF)
sequence monitor Folgeüberwachung
sequence monitor test Folgeüberwachungsprüfung, Folgeüberwachungstest
sequence network Kompetenznetzwerk
sequence number Folgenummer, Kartennummer, Laufnummer
sequence number check Laufnummernkontrolle
sequence number display Satznummernanzeige
sequence number indicator Laufnummernanzeiger (dig)
sequence of command Befehlsfolge, Instruktionsfolge
sequence of flight manoeuvre Flugverlauf
sequence of frame Bildreihe
sequence of instructions Befehlsfolge, Instruktionsfolge
sequence of numbers Zahlenfolge
sequence of operation Betriebsablauf, Operationsfolge, Arbeitsablauf, Folge der Arbeitsvorgänge, Betätigungsfolge
sequence of optical action Bildfolge
sequence of picture Bildreihe
sequence of signs Zeichenfolge, Zeichenreihe
sequence of zone (semiconductor) Zonenfolge
sequence, operating state...register Betriebszustandsfolgeregister
sequence, optional instruction wählbare Befehlsfolge
sequence, out of in falscher Reihenfolge
sequence phantom crossing Viererfolge
sequence, power-up and down Ein-/ u. Ausschaltreihenfolge
sequence, primary Erstkartenfolge
sequence priority Ablaufpriorität
sequence, program Programmfolge
sequence, programmed...request programmierte Ablaufanforderung
sequence, receive Empfangsablauf
sequence, receiving Empfangsablauf
sequence register Befehls(folge)register, Befehls(folge)zähler, Befehlsadreßregister, Operationszähler, Programmschrittzähler
sequence request Ablaufanforderung
sequence request auxiliary register Ablaufanforderungshilfsregister
sequence request bit Ablaufanforderungsbit
sequence request code Ablaufanforderungscode
sequence request control Ablaufanforderungssteuerung (ABAS)
sequence request register Ablaufanforderungsregister
sequence request selection Ablaufanforderungsauswahl
sequence request word output Ablaufanforderungswortausgabe
sequence selection Ablaufauswahl
sequence, selection Empfangsaufforderung
sequence selector plug Kommandoschlüssel
sequence, sending Sendeablauf
sequence sheet Fertigungsplan
sequence signal Folgesignal
sequence-signal cam Steuerdaumen, Steuernocken
sequence-signal mounting Folgeschaltermontierung
sequence, sorting Sortierreihenfolge
sequence, special Sonderablauf
sequence, supervisory Übertragungssteuerzeichenfolge

sequence switch Folgeschalter
sequence symbol Folgesymbol
sequence table Schalttabelle
sequence, task...number (TSN) Prozeß(folge)-nummer
sequence, unbroken Momentablauf
sequence unit Folgesteuerungseinheit, Folgekontrolleinheit (dig)
sequence valve Folgeventil
sequence warning Sperrwarnleuchte
sequenced clause Sortierfolgeklausel (COBOL), Sortierfolgeeintragung
sequencer Sortierer, Sortiermaschine, Sortiergerät
sequencing Ablaufplanung, Maschinendurchlaufplanung, Einstellung der Arbeitsfolge (E), Folgesteuerung (dig)
sequencing (of valve) Schaltfolge (Ventil)
sequencing aircraft by radar Einreihen von Flugzeugen mittels Radar
sequencing operation of the flaps Ausfahren der Flügelklappen mit Folgeschaltung
sequential aufeinanderfolgend, sequentiell, starr fortlaufend
sequential access serieller Zugriff, "sequentieller Zugriff"
sequential access method (SAM) sequentielle Zugriffsmethode
sequential access storage Speicher mit "sequentiellem Zugriff"
sequential addressing "sequentielle Adressierung"
sequential circuit Schaltwerk
sequential coding Reihenverfahren
sequential colour system Farbwechselverfahren, Zeitfolgeverfahren bei Farbfernsehen
sequential computer Sequentiellrechenanlage, Sequentiellrechengerät, Sequentiellrechner, Sequenzrechner, sequentielle Rechenanlage
sequential control Folgeregelung, Nachlaufregelung, Selbststeuerung, Folgesteuerung
sequential instruction nachfolgende Instruktion
sequential interlocking Folgeabhängigkeit
sequential job scheduling sequentielle (Job)-Bearbeitung
sequential operation folgegebundener Ablauf
sequential operator "Folgeoperator"
sequential organization starr fortlaufende od. serielle Speicherungsform, starr fortlaufende Speicher(ungs)organisation, serielle Organisation
sequential processing starr fortlaufende Verarbeitung(sfolge)
sequential processing scheduling starr fortlaufende Folgeverarbeitung
sequential rate Folgefrequenz (von Programmschritten)(dig)
sequential sampling (qualitiy control) Folgestichprobenprüfung
sequential scanning Folgeabtastung, Zeitfolgeverfahren, unmittelbar aufeinander folgende Abtasung, Zickzackabtasung
sequential scheduling Folgeverarbeitung, Massenverarbeitung
sequential starting Hochfahrschaltung
sequential test Folgeprüfung
sequentially constructed seriell aufgebaut od. organisiert
sequentially or seriatim nacheinander
sequentially organized seriell aufgebaut, seriell organisiert
sequentially organized file seriell aufgebaute Datei
sequentially-triggered traces nacheinander ausgelöste Bildspuren (Elektronenstrahlröhre)
ser. (series-wound) reihenschlußgewickelt
serial seriell, Serien...
serial access sequentieller od. serieller Zugriff
serial adder Serienaddierer, Serienaddierwerk
serial arithmetic unit Serienrechenwerk
serial by bit bitseriell
serial character input module Baustein für Zeichen/Serien-Eingabe
serial character output module Baustein für Zeichen/Serien-Ausgabe
serial cinematographer Reihenbildflieger
serial computational process serielle Datenverarbeitung (FLIR)
serial computer Serienmaschine, Serien-(digital)rechner
serial computer Serienmaschine, Serienrechner
serial configuration Seriendarstellung (Zeichen)
serial count fortlaufende Zählung
serial development Reihenentwicklung
serial digital computer Serien(digital)rechner
serial digital data Seriendigitaldaten
serial digital highway digitale Serienvielfachleitung
serial excitation Serienerregung
serial file organization serielle Dateiorganisation
serial film Fortsetzungsfilm
serial full subtracter serieller Vollsubtrahierer, serielles Subtrahierwerk
serial half subtracter serieller Halbsubtrahierer
serial number (of an instrument) Fabrikationsnummer, Fertigungsnummer, laufende Nummer, Laufnummer, Seriennummer, Werknummer (Fsch)
serial number of a call Laufnummer eines Gesprächs
serial number of radiotelegram Laufnummer eines Funktelegramms
serial number printing Seriennummerndruck
serial numbering fortlaufende Numerierung
serial operation Serienbetrieb (dv), Seriensystem (Fertigung), Reihenfertigung
serial-parallel Serienparallel....
serial-parallel conversion Serien-Parallel-Umsetzung
serial-parallel converter Serien-Parallel-Umsetzer od. -Umwandler
serial-parallel machine Serien-Parallelmaschine od. -Rechner (dig)
serial-parallel operation Serien-Parallel-Betrieb
serial printer Seriendrucker
serial processing Serienverarbeitung, serielle Verarbeitung
serial programming Programmierung eines Rechners (od. Computers), Serienprogram-

mierung
serial reading Serienabtastung
serial recording Serienaufzeichnung
serial representation Seriendarstellung (Zeichen)
serial scanning Serienabtastung
serial selection Serienauswahl
serial storage or store Serienspeicher, Serienspeicherung
serial transfer Serienübertragung, serielle Übertragung, Serientransport
serial transmission serielle Übertragung, Serienübertragung
serial, volume...number (VSN) Datenträgerarchivnummer, Spulenarchivnummer
serialize in bitserielle Form bringen
serially seriell, reihenmäßig
serially reusable nacheinander von mehreren Programmen aufrufbar (bei Multiprogrammverarbeitung)
series (Zahlen)reihe (math), Reihenschaltung
series (of touch and go landings) Reihe od. Anzahl (von Durchstartlandungen)
series aiding gleichsinning in Reihe
series-aiding connected load windings Reihenschaltung auf Arbeitsstromseite
series aircraft Flugzeug der...Serie, Luftfahrzeug der...Serie, Serienflugzeug
series arc lamp Hauptschlußbogenlampe
series arc regulator Hauptstromregelwerk
series, arithmetic arithmetische Reihe
series arrangement Hintereinanderschaltung, Reihenschaltung, Serienschaltung
series bomb release gear or mechanism Reihenbombenabwurfvorrichtung
series calculation Reihenentwicklung
series capacitance Serienkapazität
series capacitor Reihen-, Serienkondensator, Vor(schalt)kondensator
series characteristic charakteristische Serie, Reihencharakteristik
series circuit Kreisleitung, Reihenschaltung, Serienstromkreis, Staffelleitung, Serienschaltung (CH)
series coil Reihenschlußspule, Serienspule, Längsspule, Reihenspule
series commutator motor Reihenschlußkommutatormotor
series compensation Reihen-, Serienkompensation
series-connected in Reihe geschaltet, hintereinandergeschaltet
series-connected concentrators hintereinander geschaltete Konzentration
series-connected line section hintereinander geschalteter Leitungsabschnitt
series connection Hintereinanderordnung, -schaltung, Reihen-, Serienschaltung, Hintereinanderschaltung von Zweipolen
series connection of four-terminal networks (or quadripoles) Reihenschaltung von Vierpolen
series, convergent konvergente od. konvergierende Reihe
series distribution system Konstantstromnetz, Reihenschaltsystem, Serienschaltsystem
series dynamo Hauptstrom(dynamo)maschine, Hauptschlußdynamomaschine
series-efficiency diode Schalterdiode, Serienpaardiode
series element Längsglied
series engine Serientriebwerk, Serienmotor
series equalizer Längsentzerrer
series excitation Hauptstrom-, Reihenschlußerregung
series exciter coil Reihenschlußerregerwicklung
series expansion Reihen-, Serienentwicklung
series-fed vertical antenna seriengespeiste Vertikalantenne
series feeding Reihen-, Serienspeisung
series field Hauptfeld (eines Reihenschlußmotors), Serienfeld
series field coil Hauptstrommagnetwicklung
series field motor Hauptstrommotor
series, finite endliche Reihe
series formula Reihenformel
series gate modulation trägersteuernde Schirmgittermodulation
series generator Haupt-, Reihenschlußgenerator
series, geometrical geometrische Reihe
series heating Serienheizung
series impedance Längs-, Reihenimpedanz
series, in... n Reihe, hintereinander, in Serie, reihenweise
series inductance Längs-, Reihen-, Serieninduktivität
series, infinite unendliche Reihe
series inverter Speicherwechselrichter
series lamp Reihenlampe, Serienlampe
series law Reihen-, Seriengesetz
series limit Seriengrenze
series limit continuum Grenzkontinuum
series loading Pupinisier-, Serienbelastung
series lockout coil in Reihe liegende Verblockungsspule
series magnetic coil Reihenschlußspule
series modem Serienmodem
series modulation Serien-, Vorröhrenmodulation
series motor Hauptschluß-, Reihenschluß-Serienmotor
series multiple Gruppenschaltung
series multiple connection gemischte Schaltung
series of bearing, to take a Serienpeilungen machen
series of call signs Rufzeichenreihe
series of electronic test systems called (REMUS) rechnergesteuertes Meß- u. Prüfsystem
series of experiments Versuchsreihe
series of frequency Frequenzreihe
series of impulses Impulsfolge, Impulsreihe, Stromstoßreihe
series of measurment Meßreihe, Serienmessung
series of parallel connection gemischte Schaltung
series of shots Schußserie
series of single pictures Bildfolge
series of soundings Lotungsreihe
series of terms Zeichenreihe (math)
series of test Prüfreihe, Versuchsreihe
series of the cosine Kosinusreihe
series of trials Versuchsreihe
series-opposing connected controld windings gegensinninge Reihenschaltung auf der

Steuerseite
series-parallel circuit Reihen-Parallelschaltung, Serienparallelkreis, Serienparallelschaltung
series parallel connection Gruppenschaltung, Reihenparallelschaltung
series parallel control Regelung durch Reihenparallelschaltung
series parallel conversion Serien-Parallel-Umsetzung
series parallel system Serienparallelsystem
series-parallel winding Reihenparallel-, Serienparallelwicklung
series peaking coil Reihenresonanzspule
series peaking network Entzerrschaltung für obere Grenzfrequenz
series peaking transformer Spitzentransformator
series produced rocket serienmäßige Rakete, Serienrakete
series production Reihen-, Serienfertigung
series production, large scale Großserienbau
series propeller Serienluftschraube, -propeller
series reactor Saugspule, Vorschaltdrossel, Wellensauger
series regulator pass tube Regelröhre mit Längszweig
series regulator transistor Stromregeltransistor
series regulator valve Stromregelröhre, Stromregler
series rejector in Serie geschalteter Sperrkreis
series resistance Längswiderstand
series resistance (connected a head) Vorwiderstand
series resistance (crystaline) Serienwiderstand
series resistor Reihen-, Serien-, Vorwiderstand
series resonance Reihen-, Serienresonanz
series resonance frequency (or resonant frequency) Serienresonanzfrequenz
series resonant circuit Reihenresonanzschaltung, Serienresonanzkreis, SR-Schaltung, Reihenresonanzkreis
series-resonant shunt trap Leitkreis
series servo Reihensteller
series signal Seriensignal
series spark gap Vorschaltfunkenstrecke
series system (electro-refining) bipolare Schaltung
series system (power engine) Gleichstromübertragungssystem mit konstantem Strom
series T Serien-T-Glied, Serienverzweiger, Impedanz-T-Glied
series telephone set Reihenapparat
series, to connect in in Reihe schalten
series, to send in in Reihe übermitteln
series transductor Reihenschaltungstransduktor, Transduktor in Reihenschaltung
series transformer Reihen-, Vorschalttransformator, Stromwandler
series trip Überstromauslöser mit Strompfad des Leitungsschalters
series tripping Wandlerstromauslösung
series-tuned circuit Serienresonanzkreis
series-tuned IF trap Zwischenfrequenzsaugkreis
series-tuned wave trap Saugkreis
series ventilation Reihenbelüftung
series voltage Reihen-, Serienspannung
series winding Reihen(schluß)wicklung, Serien-, Wellenwicklung
series-wound dynamo Reihenschlußdynamo
series-wound generator Reihenschlußgenerator
series-wound machine Hauptstrommaschine, Reihenschlußmaschine
series-wound motor Hauptstrommotor, Reihenschlußmotor, reihenschlußgewickelter Motor
serious accident schwerer Unfall
serpentine Kehrschleife, Schlangenlinie
serpentuator Schlangenarm (Raumfahrt)
serrate, to riefen, riffeln
serrated geriffelt, gezackt, sägeartig ausgezackt
serrated drive shaft kerbverzahnte Antriebswelle
serrated hub Kerbzahnnabe
serrated jaw geriffelte Backe
serrated joint verzahnte Teilfuge (Pleuel)
serrated line Zackenlinie
serrated lock washer Zahnscheibe
serrated pliers Rohrzange
serrated pulse gezahnter Impuls, Synchronisierimpuls
serration Kerbverzahnung, Riffelung, Riffelverzahnung, sägenartige Auszackung, Riffelzahn
SERT space electric rocket test
serve as a guide richtungsweisend
serve, library Ausgabe von Bibliotheken
serve, to besetzen (Enden, Kausen usw)
serve with insulating tape, to mit Isolierband umwickeln
served cable Kabel mit Umhüllung, umhülltes Kabel
service Dienst(leistung), Instandhalten, Kundendienst, Nutzen, Unterhalten, Warten
service abbreviation vorschriftsmäßige Abkürzung
service advice Dienstspruch (Funk)
service aerodrome Fliegerhorst, Militärflugplatz
service age Lebensalter (Gerät)
service air line (air brake) Bremsleitung (Luftdruckbremse)
service air line cutout cock Druckluftleitungshahn
service airfield Militärflugplatz
service ammunition scharfe Munition
service and command service modules Führungs- u. Gerätebaugruppe
service and feeder line Versorgungs- u. Saugleitung
service and personnel record Führungsbuch
service announcement Dienstnachricht
service answering jack Dienstabfrageklinke
service application Anmeldung eines Fernsprechanschlusses
service arc Bestreichungswinkel
service area Sendebezirk, Versorgungsgebiet
service assembly Betriebsbaugruppe
service assignment code Bedarfsträgercode
service at the front Frontdienst
service band Frequenzband für kommerzielle Dienste
service bit Betriebsbit, Hilfsschritt
service blastproof Normaldrucksicherheit
service boat Betriebs-, Verkehrsboot
service brake Betriebsbremse (Kfz)
service brake apply arm Bremsbetätigungs-

hebel (am Getriebe)(Kettenfahrzeug)
service brake pedal Bremspedal
service braking line Bremsleitung (Zweileitungsbremse)
service bridge Bedien(ungs)steg
service bulletin Unterrichtsblatt über Wartung, Wartungsanweisung
service bureau charges Lohnarbeitskosten
service cable Verbraucherleitung
service call Bedieneranforderung, Bedienungsanforderung, Bedieneraufruf, Bedienungsaufruf, Dienstanruf (DA), Dienstgespräch
service call key Dienstanrufschalter
service capacity Nennleistung
service card Kundendienstkarte
service ceiling Betriebsgipfelhöhe, Dienstgipfelhöhe
service ceiling (of missiles) Gefechtsgipfelhöhe
service center Dienstleistungsrechenzentrum
service channel Abfertigungsstelle (Warteschlangentheorie), Bedienungsstelle, Truppendienstweg
service, class of Betriebsklasse, Teilnehmerklasse
service clearance light Hauptbegrenzungsleuchte
service code Dienstleistungscode, Tätigkeitsschlüssel (lo)
service color Waffenfarbe
service communication dienstlicher Verkehr
service condition Arbeitsbedingung, Betriebsbedingung
service connection Betriebsschaltung
service connector Dienstwähler (DW)
service control signal Steuersignal für Abfertigung
service cord Netzlitze
service craft Hafen- u. Hilfsfahrzeug (Schiff)
service creep life Betriebszeitkriechgrenze
service department Hilfsbetrieb, Kundendienstabteilung
service dial Einstellskala
service drive light position Schalterstellung "Normalbeleuchtung"
service durability Gebrauchsfestigkeit (pla)
service during flight Betriebsüberwachung im Fluge
service, EDS work area for...program EDS-Work-Area für Hilfsprogramm (EDSWKA), EDS-Betriebsbereich für Hilfsprogramm
service engineer Kundendienstingenieur
service equipment (box) Reparaturkasten
service evaluation test Brauchbarkeitstest, Verwendungsprüfung
service "F" facilities (interphone) Diensteinrichtung (Eigenverständigungsanlage)
service facility Abfertigungs-, Bedien(ungs)-einrichtung
service, fastest overhaul...available schnellste verfügbare Überholung
service fits and clearance chart Passungsliste für Wartungszwecke
service flap Wartungsklappe
service flow rate spezifische Belastung (Ionenaustausch)
service funnel Einfülltrichter
service generator Bordstromgenerator
service headlight Hauptscheinwerfer
service headlight panel Scheinwerferhalterung
service, high-quality qualitatic hochwertige Arbeit (Wartungsdienst)(av)
service hole Bezugsbohrung
service incidence dienstlicher Vorfall
service indication Dienstvermerk
service instruction Bedien(ungs)vorschrift, Dienstvorschrift
service instruction of radiointerference monitoring Dienstanweisung für Funkstör(ungs)meßdienst (SAF u. SToeMD)
service instrument Betriebsmeßgerät
service interruption Betriebsstörung, -unterbrechung
service interval Wartungsfrist
service jack Ausschaltklinke (Abfragegerät)
service life Brauchbarkeitsdauer, Lebensdauer, normale Gebrauchs-, Nutzungsdauer
service life (for battery) Entladungsdauer, zugelassene Lebensdauer (Fsch)
service life expectancy Erwartungswert der Betriebslebensdauer
service line Anschlußleitung
service load ratio Nutzlastgewicht
service loading Dienstzuladung
service log Betriebsbuch
service main connection Netzanschluß
service manual technisches Handbuch
service mechanic Betriebsmonteur
service message Dienstmeldung, -nachricht, Dienstgespräch, Dienstspruch
service message, format Nachrichtenformulierung
service message telegram Amts-, Diensttelegramm
service meter Gesprächszähler
service, modification Änderungsdienst, Fortschreibung
service module Gerätekapsel mit Antriebsraketen (zum Ansteuern u. Verlassen der Umlaufbahn), Versorgungseinheit (Apollo)
service observing board Überwachungsschrank
service observing desk Kontrollplatz
service of electromechanical instruments Wartung elektromechanischer Instrumente
service of radio-beacon stations Funkfeuerdienst
service or radiomaritime letters Schiffsbrieftelegramm
service of the piece drill Geschützexerzieren
service or delivery in kind Naturalleistung
service or duty with troops Truppendienst
service organization Kundendienstorganisation
service output Nutzleistung
service parachute Ausrüstungsfallschirm, Dienstfallschirm
service part Ersatzteil
service part supply Ersatzteillieferung
service pattern Dienstplan
service platform Wartungsbühne
service point Wartungspunkt
service power Betriebsleistung
service program Dienstprogramm, Hilfsprogramm
service, putting into Inbetriebnahme (Gerät), Inbetriebsetzung

service radiotelegram Funkdiensttelegramm
service range (of a frequency) Reichweite (einer Wellenlänge)
service record Lebenslaufakte (eines Gerätes)
service regulation Dienstvorschrift
service request Datenanforderung nicht berücksichtigt, Datenforderung (durch Programm), Bedienungsanruf, Bedienungsanforderung, Bedienungsaufruf, Betriebssignal
service request check Anforderungsprüfung
service request honoured Dienstanforderung nicht berücksichtigt
service requirement Instandhaltungsanforderung
service, revision Änderungsdienst, Fortschreibung
service routine Betriebsprogramm, Dienstprogramm, Hilfs-, Superprogramm (dig)
service routine (computer) Wartungsprogramm
service section Betriebsabteilung
service signal Dienstsignal
service stage Betriebsreife, Serienreife
service station dispensing pump Tankstellenpumpe
service stock Ersatzteilaußenlager
service store depot Truppenwirtschaftslager
service, system...routine Anlagendienst, Hilfsprogramm
service tank Entnahmebehälter
service telegram Diensttelegramm
service telephone Dienstanschluß
service telephone channel Dienstkanal
service test Arbeitsprüfung, Funktionsprüfung, Truppenerprobung, Truppenversuch
service-test aircraft Flugzeug für Truppenerprobung
service test oscillator Kontrollsender
service test, to Funktionsprüfung durchführen, Truppenerprobung od. Truppenversuch durchführen
service tool kit Bordwerkzeugtasche
service tower Kontrollturm, Startturm
service traffic Dienstverkehr
service transformer bank Gruppentransformator
service type parachute Militärfallschirm
service, updating Änderungsdienst
service use Dienstgebrauch
service voltage Gebrauchsspannung
service wire Anschluß-, Dienstleitung
serviceability Betriebsbereitschaft, Betriebseignung, Betriebsfähigkeit, Betriebszustand, Dauerhaltbarkeit, Leistungsfähigkeit (Gerät), Wartungseignung, Wartbarkeit, Nutzbarkeit
serviceability ratio Nutzbarkeitsgrad
serviceable betriebsfähig, betriebsbereit, brauchbar, einsatzfähig, gebrauchsfähig, dienlich, nützlich, wartbar, leistungsfähig, zweckentsprechend
serviceable autopilot einsatzfähiger Flugregler
serviceable condition betriebsfähiger Zustand
serviceable for use in the field feldbrauchbar
serviceable time verfügbare Betriebszeit
services for tourist Dienstleistungsgewerbe
servicing Ausrüstung, Wartungsablauf
servicing (of equipment) Pflege, Wartung
servicing capability Wartungspotential
servicing, easy einfache Wartung, wartungsfreundlich
servicing effort Wartungserfordernis
servicing equipment Pflegedienstgerät
servicing ladder and platform Arbeitsbühne, Arbeitsleiter mit Plattform
servicing of aircraft Versorgung mit Luftfahrzeug(en)
servicing platform Arbeitsbühne
servicing schedule (of equipment) Wartungsvorschrift
serving (cable) Umwickeln (des Kabels), Umwicklung
serving cord Wickeldraht für Spleisse
serving line Abnehmerleitung
serving or thread Fadenumschnürung
serving port Abnehmerleitung
servity code Bewertungsziffer
servo Folgeregler, Regelkreis, Regler, Folgesteuerungsmechanismus, Servomechanismus, Hilfs...
servo accelerometer (inertial sensor) Servobeschleunigungsmesser (Trägheitssensor)
servo actuated mechanism servobetätigter Mechanismus
servo actuator Servostelleinheit
servo air Flettnerruder, Regelluft
servo altimeter, with both pointer and numeric presentation Zeiger- u. Ziffernservohöhenmesser
servo-amplifier Servoverstärker
servo-assisted mit Servoeinrichtung
servo-assisted steering gear, hydraulic hydraulische Hilfskraftlenkung
servo-assisted steering mechanism Servolenkung
servo-brake Servobremse
servo component Bauteil der Steuer- u. Regel(ungs)technik
servo control Nachlaufregelung, Servosteuerung
servo controlled mit Hilfssteuerung
servo controlled system folgegesteuertes System
servo-controlled winch servobetätigte Winde
servo controls Hilfsvorrichtungen, Servomotor
servo-coupler automatisches Abstimmgerät (f. Antenne)
servo-drive Hilfsantrieb, Servoantrieb
servo-driven stellgliedbetätigt
servo-driven gimbal nachgeführter Rahmen
servo-flap Servoklappe
servo-flap like servoruderähnlich
servo integrator (deprecated) inkrementaler Integrierer, Servointegrierer
servo jack powered by hydraulic systems Hydraulikstellglied, welches von getrennten Systemen gespeist wird
servo line Servoleitung, Steuerleitung
servo loop Regelkreis, Servoschleife
servo-mechanism Hilfsvorrichtung, Servomechanismus, Hilfssteuerelement, Folgeregler, Reglerkreis, Regler, Servomechanismus, Folgesteuerungsmechanismus
servo-motor Folgesteuerungsmotor, Servomotor, meist hydraulisch betätigte Hilfseinrichtung zur Kraftverstärkung bei Regler, Kraftverstärker, Regelmotor
servo-motor, high performance Hochleistungsstellmotor
servo-motor, hydraulic hydraulischer Stell-

motor
servomotor operated controller Steuerschaltung mit Servomotor
servomotor, rate type geschwindigkeitsgesteuerter Stellmotor
servo multiplier Servomultiplizierer
servo-operated recording instrument registrierendes Meßgerät mit Reglerverstärkung
servo piston Kraftverstärkerkolben, öldruckbetätigter Hilfskolben, Servokolben
servo potentiometer Folgesteuerungspotentiometer, Servopotentiometer
servo resolver Servokoordinatenwandler
servo rudder Flettnerseitenruder
servo system Servoregelsystem, Folgesteuerungssystem
servo-system for automatic guidance of satellite Servoanlage für automatische Satellitenverfolgung
servo tab Servoklappe, Servoruder, Trimmklappe
servo unit Rudermaschine
servo valve Regelventil, Servo-, Steuerventil
servo valve assembly Hauptsteuerschieber mit Regelschieber, Kraftsteuergerät
servo valve assembly linkage arm Kraftsteuerventil mit Eingangshebel
servo valve feedback lever Eingangs- u. Rückführ(ungs)hebel (Stabilisator)
servo valve input linkage Eingangsgestänge des Steuerventils
servo valve spool Hauptsteuerschieber, Umsteuerkolben
servodyne Stellmotor
servoed gimbal nachgeführter Rahmen
servoed pneumatic altimeter pneumatischer Servohöhenmesser
servoed searchlight Zielstrahler
servomechanism Folgeregler, Regelkreis, Regler, Hilfssteuerelement
servometer, archieved by a compass or gyrodriven... kreisel- od. magnetkompaßgesteuerter Servomotor (av)
servomotor operated controller Steuerschaltung mit Servomotor
servomotor slide Einsteuerschieber (Tiefensteuermaschine)
servomotor supply lead Luftleitung der Tiefensteuermaschine (Torpedo)
servosystem Regelkreis, Regelsystem
sesquiplane Anderthalbdecker
set Anziehen (pla), Einstellen, Justieren, Menge, Satz, Garnitur, Reihenfolge, Nietensetzkopf, Verformung
set a fire, to in Brand setzen
set a pole, to eine Stange setzen
set a record Bestleistung aufstellen
set a ruler, to ein Lineal anlegen
set analyser Prüfgerät für Rundfunkempfänger
set arithmetic (SETA)(instruction) Setzen arithmetisch (SETA)(Befehl)
set aside for, to reservieren für
set at normal, to normal schalten
set at...degrees (cylinder) die Zylinder sind um...Grad zueinander geneigt
set-back Rückstellen (Regelung)
set binary (SETB)(instruction) Setzen binär (SETB)(Befehl)
set buoys, to abbaken (Fahrwasser)
set character (SETC)(instruction) Setzen Zeichen (SETC)(Befehl)
set conditional interrupt request (instruction) bedingte Anforderung setzen (Befehl)
set course abgesetzter Kurs (Karte), eingestellter Kurs (Gerät), Kurs absetzen (nav)
set-down Tiefstellen (Regelung)
set fire, to entzünden (Holz)
set free, to befreien
set going, to in Gang bringen od. setzen
set in motion, to in Gang setzen, starten, in Bewegung setzen
set instruction Set-Instruktion, Setzinstruktion, Setzanweisung
set into operation, to in Betrieb setzen
set land Verrohrung absetzen
set lights Aufnahmelampen
set location counter (instruction) Setzen Adreßpegel (Befehl)
set-maker Gerätebauer, Konstrukteur
set noise Eigenrauschen
set of accounts Buchungssystem
set of contacts Kontaktsatz
set of curves Kurvenschar
set of diagnostic program Satz von Diagnoseprogramm
set of drawings Zeichnungssatz
set of equation Gleichungssystem
set of frequency Verschiebefrequenz
set of gauge block Endmaßstab
set of high-consumption spares for equivalent parts kompletter Satz Verschleiß- und Austauschteile (commercial engines)
set of lenses or object glasses Objektivsatz
set of letters Buchstabensatz
set of magnets Magnetzusatz
set of moulds Formensatz
set of numbers Zahlenmenge
set of objective lenses Objektivsatz
set of points Punktmenge
set of pulses Impulskette
set of regulations Vorschriftenreihe
set of spare valve Ersatzröhrensatz
set of spring Federbündel, Federpaket
set of unipolar accumulator plates Akkumulatorplattensatz
set of wheel Radsatz
set of wings Tragwerksätze (av)
set out, to anreißen
set pint Haltezapfen, Paßstift
set point Ansprechpunkt, Sollwert
set point (of plasticity) plastischer Deformationspunkt
set-point adjustment Sollwerteinstellung
set point station Sollwertsteller
set program mask (instruction) Setzen Programmaske (Befehl)
set pulse Setzimpuls, Kippimpuls
set right, to korrigieren
set screw Ansatzschraube, Druckschraube, Klemmschraube (zur Befestigung von Reglerknöpfen), Feststellschraube, Madenschraube, Stellschraube
set screw wrench Steckschlüssel für Imbusschrauben, Imbusschlüssel
set-square Reißdreieck

set status Setzzustand
set storage key (instruction) Setzen Speicherschlüssel (Befehl)
set symbols Setzsymbole
set the altimeter, to den Höhenmesser auf Null stellen
set the course for, to Kurs nehmen auf
set the electrodes to, to Elektroden anlegen an...
set the fuse, to den Zünder einstellen
set theory Mengenlehre
set, to adjustieren, anrichten, anziehen, arretieren, anlegen (Winkel), anstellen (Arbeitsstähle), einregeln, einrichten, einstellen, hinstellen, setzen, schränken (Sägezahn), erstarren, sich setzen
set to a plug, to Lehrdorn abgreifen
set to center, to einstellen auf Mitte
set-up Anordnung, Aufbau, Hochstellen (Regelung), Kopplungsplan (Analogrechner), Aufspannung, Einrichtung (Werkzeugmaschine), Ansatz (math), Schwarzabhebung (Video)
set up a connection eine Verbindung herstellen
set up a magnetic field ein Magnetfeld aufbauen
set up bail Rückführschwinge
set up change Impulsschalterwechsel
set-up error maximale Regelabweichung
set up instruction Befehl einstellen
set up instrument Meßinstrument mit unterdrücktem Nullpunkt
set up interval (between blanking level and reference black level) Schwarzabhebung
set-up man Werkzeugmaschineneinrichter
set up ratchet Einstellsegment
set-up scale instrument Meßinstrument mit unterdrücktem Nullpunkt
set-up time Einrichtzeit, Rüstzeit
set-up, to Anlagen herstellen
set-up, to (a test assembly) zusammenstellen
set-up, to (a voltage) eine Spannung erzeugen
set-up, to (an equation) eine Gleichung aufstellen
set-up-zero instrument Meßinstrument mit unterdrücktem Nullpunkt
set user Benutzer des Gerätes
set valve operating gear Vorrichtung zur Schiebereinstellung
set winding Setzwicklung (Mangetkern), Einstellwicklung (dig)
set-zero instrument Meßinstrument mit unterdrücktem Nullpunkt
setback Rückschlag, langsame Leistungsverminderung, Trägheitskraft rückwärts
setback acceleration Rückschießbeschleunigung
setback force Trägheitskraft rückwärts
setscrew Anschlag-, Einstell-, Hemm-, Maden-, Öffnungsbegrenzungs-, Stellschraube, Feststellschraube, Gewindestift, Klemmschraube, Sicherungsschraube
setscrew wrench Sechskantstiftschlüssel
setter Schalter, Setzer, Taste
setter, teletype telegraphische Setzmaschine
setting Anstellung (Arbeitsstahl), Stellhemmung, Aufspannung, Bettung, Einsstellung, Abbinden (Zement), Erhärten, Erstarren, Schränkung (Zahn), vorbereitender Teil bei Schleifen (dig)
setting accuracy Einstellgenauigkeit, Treffsicherheit
setting accuracy, frequency Frequenzeinstellgenauigkeit
setting-a side margin Randaussparung
setting coil Einstellwicklung
setting depth for casing Einbautiefe für Futterrohre
setting device Einstellvorrichtung
setting gauge Einstellehre
setting heat Hydrationswärme
setting-in of impulse Impulseinsatz
setting-in of oscillation Schwingungseinsatz
setting knob Setzknopf (Kreisel), Einstellknopf (Regler)
setting of shutter Verschlußeinstellung
setting of the base Basiseinstellung
setting of the focal length Brennweiteneinstellung
setting or planting beacons Bebakung
setting out anreißen
setting out of patterns Setzen von Gewebemustern
setting point Erstarrungspunkt, Stockpunkt (Öl)
setting temperature Härtetemepratur
setting the tolerance Toleranzeinstellung
setting threshold Setzschwelle (Magnetkern), Ummagnetisierungsgrenze, Polarisationsschwelle
setting time Abbindezeit (Zement), Bindezeit (chem), Setzzeit (Magnetkern), Ummagnetisierungs-, Polarisationszeit, Umpolzeit (dig)
setting tolerance Einstelltoleranz
setting-up Einrichten (Automat usw), Zusammenstellung
setting-up of stresses Entstehen von Beanspruchungen
settle sich niederlassen od. festsetzen, zur Ruhe kommen, sich absetzen (lassen) (Flüssigkeit)
settle into the hole, to anstauchen (Niet)
settle out, to heraussetzen (chem)
settle, to klassieren, nachsacken
settled ansässige, beständig, festgesetzt, gesetzt, ruhig
settlement Abwicklung
settlement, rate of Absetzgeschwindigkeit
settler Absetzbehälter, Ansiedler, Klärbecken, Verdickungsbehälter
settling analysis Schlämmanalyse
settling basin or tank Klarbassin
settling sump Klärtopf
settling tank Absetztank, Absetzbehälter (chem), Klärbehälter, Klärbecken
settling time Anregelzeit, Ausregelzeit, Korrekturzeit (nav)
SEV sevete (used e.g. to quality icing and turbulence reports) schwer (wird z.B. verwendet zur Kennzeichnung von Vereisungs- u. Böigkeitsmeldungen)
seven arm titanium rotor hub Rotornabe mit sieben Blattanschlüssen aus Titan
seven-cylinder radial engine Siebenzylindersternmotor

seven-cylinder rotary engine Siebenzylinder-umlaufmotor
seven-love silencer Mischerdüse mit sieben keilförmigen Düsenelementen
seven-stage high-pressure compressor siebenstufiger Hochdruckverdichter
seven-strand siebenlitzig
severe lead attack Verbleiung
severe service condition höchste Beanspruchung
severe storm warning Orkanwarnung (meteo)
severe stress hohe Beanspruchung od. Spannung
severity of inspection (quality control) Prüfschärfe
sewage pump Kanalisationspumpe
sewage water Kanalisationsabwässer
sewage-water pump Kanalwasserpumpe
sewer cover Kanaldeckel
sewer gas Klargas
sewer pipe Kanal(isations)rohr
sewer system Kanalisation
sewing press Heftlade
sexadecimal sedezimal, hexadezimal
sexadecimal number Hexadezimalzahl, Sexadezimalzahl
sexivalent sechswertig
sexless connector Zwitterstecker
sextant Sextant
sextant telescope Sextantenfernrohr
sextol Sextol (Lösungsmittel Cyclohexanol)
sextol phthalate Sextolphthalat (Weichmacher)
sextuple sechsfach
sextuplicate sechsfache Ausfertigung
S.F. (signal frequency) Zeichenfrequenz, Signalfrequenz
SFC (specific fuel consumption)
SFC (surface) Oberfläche, Fläche, Decke, Boden
sferics atmosphärische elektrische Erscheinungen (meteo)
SFH Speicherfehlerinhalt
SFIM Societe de Fabrication d'Instruments de Mesure
SFM (split-field motor) Zweifeldmotor
SFTE Societe of Flight Test Engineers
SFTS Synthetic Flight Training System
SG Steuergeber
SG (screen grid) Schirmgitter
SG (signal generator, JAN nomenclature) Generatormeßsender
SG (single-groove insulator) Glockenisolator mit Bundrille
SG (specific gravity) spezifisches Gewicht
S-gear (supercharger-gear) zweiter Ladergang (volle Aufladung beim Höhenmotor)
SGS (single-green-silk-covered wire) einmal mit grüner Seide umsponnener Draht
SGSP (single-groove single-petticoat insulator) Insulator mit einer Glocke u. einer Bundrille
SH (showers) Schauer
SH (shield) Abschirmung, Schirm
SHA sideral hour angle
shackle Lastenschloß, Schäkel (Kette)
shackle block Kloben mit Schäkel
shackle eye Schäkelauge
shackle insulator Abspann-, Schäkelisolator
shackle pin Federlaschenbolzen
shade dunklere Farbnuance, Nuance, Schatten, Schattierung, Schirm
shade between (two colours) Zwischenfarbe
shade in, to schattieren
shade of gray Graustufe (Farbfernsehen)
shade, to beschatten, verdunkeln
shaded area schraffierte Fläche
shaded memory nichtadressierbarer Bereich des Arbeitsspeichers
shaded-pole motor Motor mit ausgeprägtem Pol
"shades of grey" "Grautönen"
shading Rauschpegelregelung, Verfärbung
shading (drawing) Schattierung, Schummerung, Schraffur
shading (video) Ungleichmäßigkeit im Bildschwarz
shading-compensation signal Schattenkompensationssignal
shading condenser Verdunk(e)lungskapazität
shading control Rauschpegelregelung (TV)
shading generator Schattengenerator
shading ring Abschirmring, Abschirmung
shading signal Schattensignal
shading value Helligkeitssufe, Helligkeitswert
shadow angle (of a tuning indicator) Schattenwinkel (einer Anzeigeröhre)
shadow area Schattengebiet (Radar)
shadow box Begrenzungsbehälter
shadow caused by an object as distinguished from shadow on the object I-self Schlagschatten
shadow column instrument Schattenzeigerinstrument
shadow cone Begrenzungskegel, Schattenkegel
shadow, cone-shaped kegelförmiger Schatten
shadow cone umbra Schattenkegel
shadow, conical kegelförmiger Schatten
shadow effect Abschirmung
shadow factor Schattenfaktor (LUBI)
shadow mask Lochmaske
shadow-mask CRT full-colour display which produces stroke and raster symbology Farbbildschirm mit Lochmaskenröhre für Grafik- und Rasterbetrieb (display system)
shadow-mask tube Schattenmaskenröhre
shadow-painting Tarnanstrich
shadow pencil or pen Schattenstift
shadow region Schattengebiet, Schattenzone (Radar)
shadow scattering Schattenstreuung
shadow scratch optische Verkratzung, Schramme
shadow region or region not penetrated by radio wave Schattenbereich
shadow shielding Teilabschirmung
shadow spot Schattenfleck
shadow table Schattenprüftisch (Fsch)
shadow transducer Schwinger (für Schattenbilddarstellung)
shadow, to Fühlung halten, im Dunkelfeld prüfen
shadow zone schalltote Zone, Schattenzone (UW-Akustik)
shadower Fühlungshalter
shadowgraph Schattenanzeiger, Schatten-

bild, Minenortungsgerät, Shadowgraph (Minenjagd)
shadowgraph representation Schattenbilddarstellung (Sonar)
shadowgraph sonar Schattenbildsonargerät (Minenjagd)
shadowing Abschattung (Bildschirm), Abschirmung, Blendung, Dunkelfeldprüfung
shadowing forces Fühlungshaltekräfte (Marine)
shadowing patch Abblendscheibe
shadowing technique Dunkelfeldverfahren
shaft Antriebswelle, Schaft, Spindel, Stiel, (Kohlen)schacht
shaft accomodation Wellenaufnahme
shaft alignment error Achsparallelitätsfehler (Zahnräder)
shaft alignment error in plane of axis Achsneigungsfehler (Komponente des Achsparallelitätsfehlers)(Zahnräder)
shaft alingment error perpendicular to plane of axis Achsschränkungsfehler (Komponente des Achsparallelitätsfehlers) (Zahnräder)
shaft alley Wellentunnel (Schiffsbau)
shaft angle Achs(en)winkel (Zahnräder)
shaft angle digitizer Drehwinkelanzeiger
shaft angle error Achswinkelfehler (Verzahnung)
shaft axis Wellenachse
shaft bearing Achslager, Wellenlager
shaft bender Gabelbieger
shaft bossing Wellenhose (Schiffsbau)
shaft bracket Wellenbock (Schiffstechnik)
shaft bushing Laufbüchse, Wellenbüchse
shaft cap Wellenhaut
shaft collar Sicherungsring für Wellen, Wellenbund
shaft compressor rotor Wellenverdichterläufer
shaft contact Wellenkontakt
shaft coupling Wellenkupplung
shaft cover Wellenhülse
shaft design, three- Dreiwellenkonzept
shaft detent Schaltstangenrast(er)vorrichtung
shaft displacement Wellenverlagerung
shaft door Schachtverschlußdeckel
shaft-driven rotary table Bohrtisch mit Wellenantrieb
shaft-driven to the rotor Rotorantriebswelle
shaft end Wellenstumpf
shaft end cap Wellenlagerschild
shaft end plate Wellenabschlußblech
shaft extension Abtriebszapfen, Achsverlängerung
shaft flat angefräste Wellenfläche
shaft, hand- Handschacht
shaft journal Wellenzapfen
shaft key Wellenkeil
shaft of a forked thil Gabelbaum, Gabelrohrschaft
shaft of the coil turret Spulentrommelachse
shaft packing Wellendichtung
shaft passing from end to end durchgehende Welle
shaft position encoder Winkelstellungsgeber mit digitalem Ausgang
shaft power Wellenleistung
shaft scale Schaftskala, Schaftanzeige
shaft shoulder Wellenschulter
shaft signaling plant Schachtsignalanlage
shaft sinking Schaftabteufen
shaft size Schachtdurchmesser, Wellendurchmesser
shaft stub Achsstumpf
shaft system with intershaft bearing Wellensystem mit Zwischenwellenlager
shaft to indicating dial Welle (zur Anzeigescheibe)
shaft tunnel Wellentunnel
shaft-type compressor rotor Wellenverdichterläufer
shake out, to ausschütteln (Fsch)
shake, to erschüttern, rütteln, schütteln
shakeout Ausschütteln (Fsch)
shakeout rope Ausschüttelseil (Fsch)
shakeproof erschütterungssicher
shaker Ausschüttelvorrichtung, Rüttler
shaker card (amplifier) Rüttelverstärkerplatine, Rüttelverstärkersteckkarte
shaking Erschütterung, Rütteln, Schütteln
shaking motion Rüttel-, Schüttelbewegung
shaking screen Rüttel-, Schüttelsieb
shaky (crevice) kernrissig
shale Ölschiefer
shale break in a sand Schiefertonzwischenlage in Sand
shale, oil Ölschiefer
shale oil Schieferöl
shale partings dünne Schiefertoneinlage in Sandstein (geol)
shaley schiefertonig
shallot Löffel, Mundstück, Schnabel
shallow flach, nicht tief eindringend, oberflächlich
shallow cut flacher Schnitt, Schnitt geringer Tiefe
shallow dive Stechflug
shallow drawing of metals (Tiefziehen des Metalls in kleinen Arbeitsstufen
shallow drilling Flachbohren
shallow fog flacher Bodennebel, Wiesennebel
shallow hole Flachbohrung, flaches Bohrloch
shallow out a turn, to Kurvenschräglage verringern
shallow punch press Flachstanze
shallow-water cable Küstenkabel
shallow-water deposits Flachseeablagerungen (geol)
shallow well Flachbohrung, flache Bohrung
sham attack Scheinangriff
sham or mock air battle Scheinluftkampf
sham position Scheinstellung
shank cutter Schaftfräser, Zapfenfräser
shank hob Schaftwalzfräser
shank ladle Gabelpfanne
shank of bit Meißelschaft
shank of the blade Schaft der Schaufel (TB)
shank tool Schaftwerkzeug
shape Form, Gestalt, Verlauf einer Kurve, Linienführung, Verfassung (phys)
shape a course for, to Kurs nehmen auf
shape factor Formfaktor
shape of a curve Kurvenform, -verlauf
shape of a curve as a function of time zeitlicher Verlauf einer Kurve
shape of cam Daumenform
shape of fuselage Rumpfform

shape of projectile Geschoßform
shape of surface Oberflächengestalt
shape of the frame Rahmenform
shape of the pressure curve Gasdruckverlauf
shape of the pore Gestalt der Poren (geol)
shape, to bilden, gestalten, formen, profilieren
shaped base Topfsockel
shaped-beam antenna Antenne mit besonderer (spezieller) Richtcharakteristik
shaped blank vorgepreßte Ronde
shaped canopy formierte Kappe (Fsch)
shaped ceiling gegliederte Decke
shaped charge Haftladung zum Rohrperforieren, geformte Sprengladung, Hohlladung
shaped-charge effect Hohlladungseffekt, -wirkung
shaped file pipe for oxygen A-Betankungsstutzen
shaped of drilling cuttings Formen des Bohrkleins
shaped parachute Fallschirm mit geformter Kappe
shaped piece Fassonteil
shaped-tube electrolyte machining elektrochemisches Bohren mit Formkathode (STEM)(TB)
shaper Feilmaschine, Shapinstoßmaschine, Waagerechtstoßmaschine
shaping Formbildung, Formgebung, Verhaltensformung
shaping amplifier Impulsformer
shaping circuit impulsformende Schaltung
shaping machine Shapingstoßmaschine, Waagerechtstoßmaschine
shaping network Entzerrernetzwerk
shaping reflector Strahlformungsreflektor
share device gemeinsam genutztes Gerät
share evenly gleichmäßig verteilen
share facilities gemeinsam benutzte Systemeinrichtungen
share file gemeinschaftliche Datei, gemeinsam genutzte Datei, Datei mit mehreren Benutzern, Datei für mehrere Programme
share memory gemeinsam genutzter Speicher
share of capital Kapitalanlage
share of the market Marktanteil
share storage gemeinsam genutzter Speicher
share, to gemeinsam benutzen
shared mehrfach ausgenutzt (Rechenwerk), (Übertragungsweg)
shared-band (service) Gemeinschaftswelle(nbetrieb)
shared channel Gemeinschaftskanal, -welle
shared-channel broadcasting Gemeinschaftswellenbetrieb, Gemeinschaftskanal
shared device gemeinsam genutztes Gerät
shared file gemeinsam genutzte Datei
shareholder equity Eigenkapital
shares are at par Aktien stehen auf pari
sharing conditions Teilbedingungen
sharing of centralised resources Teilung einer Zentraleinheit
sharing of frequencies Frequenzabstand, gemeinsame Benutzung von Frequenzen, Gleichwellenverfahren
SHARP (Strap-down Heading and Attitude Reference Platform)(av)
sharp bit scharfer Meißel
sharp climbing turn hochgezogene Steilkurve
sharp curve Steilkurve
sharp cut-off scharf begrenzt, scharf begrenzend, unterer Knick der Kennlinie einer ungeregelten Röhre
sharp cut-off tube (or valve) Röhre ohne Regelcharakteristik, ungeregelte Röhre
sharp cut-off wavelength Grenzwellenlänge
sharp-cutting filter steiles Filter
sharp-edged scharfkantig
sharp-edged gust scharf begrenzte Böe, harte Böe, scharfer Windstoß
sharp-edged orifice scharfkantige Öffnung
sharp-edged T-iron scharfkantiges T-Eisen
sharp-edges, with scharfkantig
sharp leading edge steile Vorderflanke (eines Impulses)
sharp notch scharfe Kerbe
sharp picture scharfes Bild
sharp ray scharfer Strahl
sharp series scharfe Serie
sharp, setting the instrument to give a... reading Scharfeinstellung
sharp thread scharfgängiges Gewinde, Spitzgewinde
sharp, to deutlich, durchdringend, hell, scharf, schneidend, steil
sharp tone scharfer Ton
sharp tuning scharfe Abstimmung, Scharfabstimmung
sharp turn (on to final) enge Kurve, Steilkurve (in den Endanflug), kurze Kehrtwendung
sharp turning (of radio) Feinregelung
sharp-V-thread Spitzgewinde
sharpcutoff Eckfrequenz
sharpen, bit Meißel schärfen
sharpen, to abziehen, anschleifen, schärfen (Werkzeug)
sharpen to a point, to anspitzen, zuspitzen (Werkzeug)
sharpen to an edge, to zu einer Schneide zuschleifen
sharpener for razor blades Klingenabziehapparat
sharpening burr Schleifgrat
sharpening of the minimum Schärfung des Peilminimums, Enttrübung des Minimums, Minimumenttrübung
sharply-defined scharf begrenzt
sharply-focused picture scharf eingestelltes Bild
sharply-swept arrow wing with high camber and twist stark gepfeilter Flügel großer Wölbung u. Verwindung
sharply-swept fin stark gepfeilte Seitenflosse
sharply-tuned scharf abgestimmt
sharply-tuned transmitter scharf abgestimmter Sender
sharpness limit Schärfenfeldgrenze
sharpness of edge Randschärfe
sharpness of resonance Resonanzschärfe
sharpness of the image Bildschärfe
sharpness of the spot Fleckschärfe
sharpness of tuning Abstimmschärfe
shatoyant buntschillernd
shatter, to erschüttern, in einzelne Bruchstücke zerfallen, zerschlagen, zerschmettern, zersplittern, zertrümmern
shattering (sea shatter) Zertrümmerung,

Zersplitterung, Zerschlagen
shattering effect Zertrümmerungswirkung
shave, to abschaben, abhobeln, rasieren, schaben
shavehook Bleifeile
shavings Späne, Stoffabfall
shaw sensor are variable-capacitance instrument Kapazitätsfeuchtemesser (Sensor)
sheaf of fire Feuergarbe, Geschoßgarbe, Maschinengewehrgarbe
sheaf of fire at point of impact Einschlaggarbe
shear Abscherung, Schub, Scherbeanspruchung, Scherspannung, Schubbeanspruchung, Schubspannung, das Verschieben (dv)
shear a gate, to Anguß abscheren
shear acceleration Schubbeschleunigung
shear beam Hilfsholm (Tragfläche)
shear blade Schermesser
shear bushing Scherhülse
shear chip Scherspan
shear cut Scherenschnitt
shear flow between the core exhaust at sonic speed and the fan flow Scherströmung zwischen dem schallschnellen Primärstrom und dem Sekundärstrom (av)
shear for cutting steel plate Stahlblechschere
shear lashing Kreuzbund
shear line Abscherungsebene
shear load Schubspannung
shear, loaded in auf Scherung beansprucht
shear member Abscherglied
shear mode of vibration Schubschwingungsart
shear modulus Gleitmodul, Scher(ungs)-modul, Schubmodul, Torsionsmodul
shear modulus of elasticity Schubmodul
shear pin Abscherbolzen, Abscherstift, Überlastungsschutz
shear pin type explosive bolt Kappatrone mit Schwenk- od. Scherwirkung (Fsch)
shear plane (machine tool) Scherebene, Scherfläche, Scherzone
shear platte Abscherplatte, Brechplatte, Scherplatte
shear rate Geschwindigkeitsgefälle
shear resistance Schubwiderstand
shear seal (four-way selector valve) Kolben (Vierwegventil)
shear strain Scherspannung, Schiebung, Schubspannung
shear strength profile Scherfestigkeitsprofil
shear strength or resistance Scher-, Schubfestigkeit
shear stress Beanspruchung auf Schub, Scherspannung, Schubbeanspruchung, Scherbeanspruchung, Scherfestigkeit, Tangentialspannung, Torsionsspannung
shear stroke Scherhub
shear, to abscheren
shear vibration Scherschwingung
shear vibrator Scherungsschwinger
shear viscosity Schubviskosität
shear wave Schubwelle
shear wave velocity Schubwellengeschwindigkeit (Ultraschall)
shear wire on a fuse Scherdraht an Sicherung
shear yielding Abgleiten einer Scherbeanspruchung
shear zone Abbruchzone, Staffelzone, Reibungszone, Scherebene, Scherfläche, Scherzone
shearing action Scherung(stätigkeit)
shearing area Scherfläche, Scherquerschnitt
shearing blade Abschneidemesser
shearing bolt Abscherbolzen
shearing cross-section Abscherquerschnitt
shearing cut Scherschnitt
shearing deformation Verformung durch Abscheren
shearing effect Schereffekt, Scherwirkung
shearing force Scher(quer)kraft, Scherbeanspruchung, Schubkraft, Schubspannung
shearing load Scherbelastung, Scherkraft, Querkraft
shearing member Bruchglied
shearing modulus Gleitmodul, Schubmodul
shearing-off abscheren
shearing pin Scherstift
shearing protection Schubsicherung
shearing resistance Abscherwiderstand, Schnittwiderstand (Werkzeug)
shearing rigidity Schubfestigkeit, Schubsteifigkeit
shearing section Scherfläche, Scherquerschnitt
shearing strain Schubbeanspruchung, Beanspruchung auf Abscherung, Scherspannung, Schubspannung, Schubverformung
shearing strength Abscherfestigkeit, Scherfestigkeit, Schubfestigkeit
shearing stress Scherspannung, Scherbeanspruchung, Scherfestigkeit, Schubspannung
shearing stress curve Querkraftlinie
shearing test Scherversuch
shearing waves Transversalwellen
shears Blechschere, Hebelschere, Metallschere, Pappschere, Schneideschere
sheath Hülle, Scheide, Umhüllung, Umkleidung
sheath eddies Mantelwirbelströme
sheath electron Hüllenelektron
sheath-reshaping converter Umwandlungselement in Hohlleitern
sheath theory Schichttheorie
sheath, to bekleiden, bewehren, beschlagen (Metall), beplanken, ummanteln
sheathed cable bewehrtes Kabel
sheathed electrode blechumhüllte od. ummantelte Elektrode, Mantelelektrode
sheathed explosive Mantelsprengstoff
sheathed wire ummantelter Draht
sheathing compounds for electric cable Kabelmasse (pla)
sheathing loss (cable) Mantelverlust
sheathing wire Schutzdraht
sheave Auflaufhaspel, Kettenleitrolle
sheave block and tackle Klobenrolle
sheave, casting line Verrohrungsseilscheibe (Ölbohrung)
sheave, catline Spillseilscheibe
sheave for wire line guide Seilführungsrolle
sheave, hemp-rope Hanfseilrolle
sheave hub Scheibenradnabe
shed (insulator) Isolierglocke
shedding of vortice Wirbelablösung
sheer off, to abgieren (Schiff)
sheet Folie (pla), Folienmaterial auf

Format, Stegblech, Blatt, Feinblech, Fläche, Lagerung, Laken, Lamelle, Mantel, Platte, Tafel
sheet, aluminium Aluminiumblech
sheet and hoop iron standard gauge Normallehre für Bleche u. Bandeisen
sheet, brass Messingblech
sheet, copper Kupferblech
sheet core Blechkern
sheet, cover Abdeckblech
sheet, discharge Flächenentladung
sheet, duralium Duralblech
sheet electron (magnesium alloy) Elektronenblech
sheet extruder Folienmaschine
sheet film Planfilm
sheet forming Folienverformung
sheet gasket Scheibendichtung
sheet gauge Folienmaß
sheet grating dreidimensionale axiale Anordnung von Blechfolien im inneren eines Hohlleiters (Bandfilterwirkung)
sheet identification Blechkennzeichnung
sheet iron diaphragm Eisenblechmembran
sheet iron shears Blechschere
sheet lead Tafelblei
sheet leveler Blechrichtmaschine (Walzwerk)
sheet lightning Flächenblitz
sheet line Blattschnitt (Kartographie)
sheet, magnesium Magnesiumblech
sheet memory Schichtspeicher (EDV)
sheet metal covering Blechbeplankung
sheet metal folding machine Abkantmaschine
sheet metal packing Dichtblech
sheet metal screw, dog-point slotted binder-head Zylinderblechschraube mit Schlitz und Zapfen
sheet metal stamping Blechpreßteil
sheet metal templet Blechschablone
sheet metal work Blecharbeit, Klempnerarbeit
sheet mica Plattenglimmer
sheet mill Feinblechanlage
sheet-mill stand Feinblechwalzwerk
sheet, nickel Nickelblech
sheet on a sheeting-out mill, to ausziehen auf einer Ausziehwalze
sheet piles and pilling Falzpfahl
sheet plate Lamelle einer Gurtung (Fsch)
sheet reinforcement Verstärkung (pla), in geordneten Lagen (Lamelle)
sheet reinforcement for laminates Preßbahn
sheet rolling Feinblechwalzerei
sheet-rolling mill Feinblechwalzwerk
sheet-rolling train or mill Feinblechstraße
sheet-rubber Kautschukplatte
sheet, steel Stahlblech
sheet-steel stamping Lamellenblech
sheet steel with good bending properties Falzblech
sheeter gauge Folienmaß
sheeter lines Schneidriefen
sheeting Folie (auf Format geschnitten), Folienmaterial (endlos), geschälte Folie
sheeting calander Folienkalander
sheeting die Breitschlitzdüse
sheeting dryer Bahnentrockner
sheeting for lining Auskleidefolie
Sheffer's function Sheffer-Funktion, Sheffer'sche Funktion
Sheffer's stroke function NAND-Funktion, NAND-Verknüpfung, NICHT-UND-Verknüpfung, Sheffer-Funktion, negierte Konjunktion
shelf Brett, Fach, Gestell, Regal, Riff, vorspringende Kante, Lagerrahmen
shelf (instrument) Konsole
shelf (of metal tube) Metallkolben (einer Röhre)
shelf dryer Heizplattentrockner, Trockenschrank (pla)
shelf-life Lagerfähigkeit (zeitlich)
shelf-life deterioration Lagerungsverschlechterung (zeitlich)
shelf, long-life große Lagerfähigkeit
shelf reliability Lagerungszuverlässigkeit
shelf test Lagerfähigkeitsprüfung
shell äußere Haut, Hohlgeschoß, Mantelgehäuse, Elektronenschale, Flügelmine, Geschoß, Hülse, Muschel, Lager(stütz)-schale, Schale
shell (electrotyping) Galvano
shell (for fused electrolyte) Ofenwanne
shell (foundry) Randzone
shell-and-tube heat exchanger Röhrenwärme-(aus)tauscher
shell auger Hohlbohrer, Schappe, Schappenbohrer
shell baffle zylindrisches Leitblech
shell base Geschoßboden
shell basket Geschoßkorb, Patronenkorb
shell body Minenkörper
shell burst Artillerieeinschlag
shell case Granathülse
shell casing (ballistics) Ladungshülle, Ladungshülse
shell cavity Geschoßhöhlung
shell contact Seitenkontakt
shell crater Granattrichter
shell depot Geschoßlager
shell distributor Munitionsverteilerkranz
shell drill Aufbohrer
shell electron Hüllenelektron
shell end mill Kopffräser, Senkfräser, Walzenstirnfräser
shell filter Füllung für Granaten
shell fired by infantry gun or howitzer Infantriegranate
shell fragment Granatsplitter, Sprengstück
shell frame Kolbengehäuse einer Rolle
shell furnace Rauchschacht
shell hit Artillerieeinschlag
shell hoist Munitionsaufzug
shell insulator Sattelisolator
shell lining Mantelfutter
shell model of nucleus Schalenmodell des Atomkerns
shell mold casting Schalengußverfahren
shell moulding Schalenguß
shell mud Bohrschappe, Schappe(nbohrer)
shell of a probe Mantel einer Sonde
shell of eighten Achtzehnerschale
shell-proof shelter bombensicherer Keller, Luftschutzbunker, -keller
shell reamer Aufsteckreibahle, Hohlreibahle
shell-still Destillierblase
shell structure Schalenaufbau
shell surface Mantelfläche

shell, to beschießen, unter Feuer nehmen
shell tracking Geschoßverfolgung
shell type tool Aufsteckwerkzeug, Werkzeug mit Bohrung
shell-type transformer Manteltransformator, Mantelübertrager
shell vacancy Leerstelle in der Schale
shell voltage Spannung des metallierten Schirms
shell wave Kopfwelle, Mantelwelle
shellack Schellack, Tafellack
shelled area Trichterfeld
shelled terrain Trichtergelände
shellproof cover schußsichere Deckung
shells, riveted genietete Mantelbleche
shelter Schutzdach, Schuppen, Hütte
shelter area Unterkunftsraum, -bezirk
shelter trench Deckungsgraben
sheltering effect Abdeckeffekt
shepherd aircraft Lotsenflugzeug
Sheppard's correction Sheppard'sche Korrektur
sheradisation Sheradisierung
sherardish, to (galvano) sherardisieren
sherardize, to sherardisieren, trocken verzinken
sherardizing (galvano) Sherardisieren (Oberflächenschutz für Stahlteile durch Einbrennen von Zinkstaub)
SHF (super high frequency) SHF (superhohe Frequenz 3 000-30 000 MHz)
SHF band will be used to demonstrate secure communications links störungsfestes Datenüberwachungssystem auf der Basis des Fernmeldesatellitennetzes (av)
SH.I. (sheet iron) Eisenblech
shield Abschirmung, Schutzschild (Radar), Panzer, Schild
shield (grounding) Erdungsebene
shield (protection) Schutzwand
shield base Abschirmträger
shield braid Abschirmschlitz
shield, electromagnetic elektromagnetischer Schirm
shield, face Gesichtsschutzschild
shield-grid thyratron Thyratron mit Wärmeabschirmung
shield, magnetic magnetischer Schirm
shield of shredded steel wire Schutzschild aus Stahlspänen
shield opening Öffnung in Abschirmung
shield support Schildstütze
shield tube Schutzrohr
shielded angle toter Winkel
shielded arc electrode Elektrode mit gasumhüllten Lichtbogen
shielded arc welding Schutzgasschweissung
shielded ball bearing abgedecktes, geschlossenes od. geschütztes Kugellager
shielded cable Abschirmkabel, abgeschirmtes Kabel, Strahlungsschutzkabel
shielded counter abgeschirmter Zähler
shielded electromagent Topfmagnet
shielded enclosure Schutzkammer
shielded for ratio interference funkengestört
shielded from each other gegeneinander abgeschirmt
shielded galvanometer Panzergalvanometer
shielded input lead abgeschirmte Zuführung
shielded line abgeschirmte Leitung, geschirmte Doppelleitung
shielded loop abgeschirmter Rahmen
shielded metal arc welding verdecktes Metall-Lichtbogenschweißen, Metallbogenschweißen mit Röhrchendraht
shielded nuclide abgeschirmtes Nuklid
shielded pair abgeschirmte symmetrische Leitung
shielded transformer abgeschirmter, gepanzerter od. isolierter Transformator, Käfigtransformator
shielded wire abgeschirmter Draht
shielded X-ray tube abgeschirmte Röntgenröhre
shielding Abschirmung, Abschirmzylinder (Kathodenstrahlröhre), Schutzbedeckung
shielding action Schirmwirkung
shielding atmosphere Schutzhülle
shielding can Abschirmbecher, Abschirmtopf
shielding castle Abschirmkammer, Schutzkammer
shielding container Abschirmbecher
shielding effect Abschirmeffekt, Schutzwirkung
shielding, electrostatic elektrostatische od. kapazitive Abschirmung
shielding factor Abschirmfaktor, Schutzfaktor
shielding geometry Abschirmgeometrie
shielding harness komplettes Abschirmsystem von Verbrennungskraftmaschinen
shielding, magnetic magnetische (Ab)schirmung
shielding material Abschirmmaterial, Schutzmaterial
shielding of atomic rockets Strahlungsschutz von Atomsprengköpfen
shielding property Abschirmeigenschaft, Schutzeigenschaft
shielding screen Schirmung
shielding tube Röhrenelektrode (Linearbeschleuniger)
shielding window Schutzfenster
shift Arbeitsschicht, Drehung (meteo), Notbehelf, das Schieben (EDV), Veränderung, Wechsel, Stellenversetzung (math), Verschiebung (dig, math), stellenversetzen, schiften, verschieben, versetzen, wegschieben
shift (computer) Kommaverschiebung (im Rechner)
shift (in wind) umlaufen(d), umspringen(d) (Wind)
shift (see to shift) Verschieben, Verstellen, Wandern, Wechsel
shift (work) Schicht
shift a gear ein Getriebe schalten
shift angle Fehlwinkel
shift by oil pressure, to ölhydraulisch verstellen
shift, change of Schichtwechsel
shift control Regelung der Strahlverschiebung, Zentrierung
shift, cyclic Ringschiften, zyklische Stellenwertverschiebung, zyklisches Verschieben, Ringschieben, zyklische Verschiebung, Stellenwertverschiebung
shift disk Umschaltscheibe
shift fire, to Feuer verlegen
shift information, to Nachrichten sieben od. aussortieren

shift instruction (Ver)schiebebefehl
shift key Umschalt(e)taste, Wechseltaste
shift left double (instruction) Verschieben links doppelt (Befehl)
shift left double logical (instruction) Verschieben links doppelt logisch (Befehl)
shift-left gate Linksverschiebungseingang
shift left single (instruction) Verschieben links (Befehl)
shift left single logical (instruction) Verschieben links logisch (Befehl)
shift logical binäres (Ver)schieben, logisches (Ver)schieben
shift mechanism Umschaltmechanismus
shift of axis Achsenverschiebung (geophys)
shift of line position Zeilenverlagerung
shift of the wind Windsprung
shift-out character (SO) Dauerumschalt(ungs)zeichen
shift premium Schichtzulage
shift rail Schaltstange
shift register Schieberegister
shift relay Kolonnenschalter, Stellenverschiebungsrelais (lo)
shift right double (instruction) Verschieben rechts doppelt (Befehl)
shift right double logical (instruction) Verschieben rechts doppelt logisch (Befehl)
shift right single (instruction) Verschieben rechts (Befehl)
shift right single logical (instruction) Verschieben rechts logisch (Befehl)
shift rod lever Übertragungshebel (am Getriebeschalthebel)
shift rod stud Verbindungsstange (Schaltgestänge)
shift signal Wechselzeichen
shift speed limit Geschwindigkeitsgrenze der Fahrstufe
shift storage Schiebespeicher
shift team Arbeitsschicht (Wartungsdienst)
shift, to verschieben (Stellen)(dig), wandern, umlegen, verstellen
shift to another wave, to auf eine andere Welle übergehen
shift unit Stellenversetzungseinheit, Verschiebeeinrichtung
shift voltage Spannung für Strahlverschiebung
shift winding Verschiebewicklung (Magnetkern)(dig)
shifter Steuerschieber
shifting Stellenversetzung
shifting ballast fliegender Ballast
shifting belt Umlegeriemen
shifting camshaft verschiebbare Nockenwelle
shifting fire Mähfeuer
shifting instruction Schiebebefehl, Verschiebebefehl (dig)
shifting of lines Umlegen von Leitungen
shifting register Schieberegister
shifting spanner verstellbarer Schraubenschlüssel
shifting weight Schiebegewicht
shim Ausgleichscheibe, Beilageblech, Distanzscheibe, Folie, Lamelle, Paßscheibe, Unterlegkeil, Zwischenscheibe, Zwischenlegplatte, dünne Beilage, Beilagefolie
shim plate Beilageblech
shim rod Anpassungs-, Regel-, Trimmstab
shim, to unterbauen
shimmy flattern od. tanzen von Schwenkrolle, Spornrad usw.
shimmy damper Flatterdämpfer
shimmy damper accumulator Druckspeicher für Flatterdämpfer
shimmy-damper and centering unit Flatterdämpfer mit Zentrierfeder
shimmy-damper cylinder Flatterdämpferarbeitszylinder
shin Lasche (Verbindung von Schienen u. Balken)
shining leuchtend, schimmernd
shining surface glänzende Oberfläche
ship Schiff, verfrachten, verschiffen, versenden
ship-based Schiffsflak
ship-based reconnaissance airplane Borderkunder
shipboard aerial Schiffsantenne
shipboard antiaircraft artillery Bordflak
shipboard environmental conditions schiffsspezifische Umweltbedingungen
shipboard equipment Bordgerät, Bordmittel (Schiff), Schiffsgerät
shipboard intermediate range combat system Schiffsgefechtssystem mittlerer Reichweite
shipboard radar Schiffsradar
ship-borne aircraft Flugzeug eines Flugzeugträgers
ship-borne capabilities schiffsgestütztes Seekriegspotential
ship-borne radar Schiffsradar
shipbuilding company Reederei
shipbuilding dock Baudock
shipbuilding plant Hellinganlage
shipbuilding plate Schiffsblech
shipbuilding port Bauhafen
ship charges Bordgebühren
ship communication terminal equipment schiffsgestütztes Satellitenendgerät Zielverfolgungsradar)
ship crane Bordkran
ship DF installation Schiffspeilanlage
ship direction-finding station Bordpeilstelle (auf Schiffen)
ship hoisting mechanism Schiffshebewerk
ship-launched missile schiffsgestützte Lenkwaffe
ship-launched cruis missiles Schiff-Schiff-Lenkwaffen
shipment planning Versandplanung
ship plane Bordflugzeug
ship radar scanner Schiffsradardrehantenne
ship radio receiver Seefunkempfänger
ship radiotelephone station Sprechseefunkstelle
ship reactor Schiffsreaktor
ship-shore working frequency Schiff/Land-Arbeitsfrequenz
ship station Seefunkstelle
ship station charge Bordgebühr
ship station of destination Bestimmungsbordfunkstelle
ship station of origin Aufgabe-Seefunkstelle, Aufgabe-Bordfunkstelle
ship-to-ship communication Bord-Bord-Verbindung
ship-to-ship exchanges Nachrichtenaustausch von Bord zu Bord

ship-to-ship radio communication Hochseefunk
ship-to-shore communication Bord/Land-verbindung
ship-to-shore radio Bord/Land-Funkverbindung
ship-to-shore radio service Küstenfunkdienst
ship-to-surface vessel radar Bordradargerät gegen Seeziele
ship transmitter Schiffssender
shipment Verfrachtung, Verladung, Versand, Verschiffung
shipment of supplies Versand von Versorgungsgütern
shipping Schiffswesen, Versand
shipping band Transportring (Bomben)
shipping bill Versandliste
shipping bottle Transportflasche, -gefäß
shipping box Versandkasten, Container
shipping by rail Bahnversand
shipping container Container, Transportbehälter, Versandkiste, -gefäß
shipping document Versandbeleg, Begleitpapier
shipping instructions Versandvorschriften
shipping line Reederei
shipping or load platform Verladerampe
shipping order Versandauftrag
shipping plug Blindkerze für Versand, Blindstopfer, Transportstopfer
shipping reliability Transportzuverlässigkeit
shipping to and from warehouse Niederlageverkehr (Depot)
shipping voucher Lieferschein
shipping weight Versandgewicht
ship's aerial Bordantenne
ship's bottom Schiffsboden
ship's certificate of rigidity Schiffsbrief
ship's checking position Schiffsortkontrolle, Schiffsortprüfung
ship's crew Schiffsbesatzung, Schiffsmannschaft
ship's direction operator Schiffsfunker
ship's emergency transmitter Notsender einer Seefunkstelle
ship's latitude Schiffsbreite
ship's light plant Schiffsbeleuchtung
ship's magnetism Schiffsmagnetismus
ship's manifest Ladungsmanifest, Ladungsverzeichnis
ship's or marine barometer Schiffsbarometer
ship's position Schiffsortung, Schiffsposition
ship's radio direction finder Bordfunkpeiler
ship's survival craft station Rettungsgerät-Funkstelle
shipwreck Schiffbruch, Seenot
shipyard Helling, Werft, Schiffswerft
shipyard winch Hellingwinde
shirt (microwave) Wellenfallenrand
shirt-pocket shotgun Westentaschenmodell (taktische Flugzeugkanone)
shoal flache Stelle, seicht, Untiefe
shock Aufprall, Erschütterung, Schlag
shock absorber Dämpfer, Puffer, Stauchglied, Stoßfang
shock absorber bracket Dämpfungsbock
shock absorber bush Stoßdämpferbüchse
shock absorber casing Stoßdämpfergehäuse
shock absorber component Stoßdämpferteil
shock absorber cover Stoßdämpferdeckel
shock absorber, hydraulic hydraulischer Stoßdämpfer
shock absorber limiter piston Stoßdämpferhubbegrenzungskolben
shock absorber made from silicon elastomers Stoßdämpfer mit nonbarometrischer Auslösung (sp)
shock absorber oil Stoßdämpferöl
shock absorber pad Dämpfungsblock
shock absorber piston Stoßdämpferkolben
shock absorber rubber Stoßdämpfergummi
shock absorber ring Stoßdämpferfeder
shock absorber type drag link for tractors Lenkstoßstange für Schlepper
shock absorber valve Stoßdämpferventil
shock absorbing stoßdämpfend
shock absorbing device Federungsaggregat
shock-absorbing mounting elastische od. stoßdämpfende Aufhängung od. Lagerung
shock absorbing strut Federbein
shock-absorbing system Aufpralldämpfungsanlage (LL)
shock absorption stoßdämpfend, Stoßaufnahme, Stoßdämpfung
shock acceleration plötzliche od. ruckartige Beschleunigung, Stoßbeschleunigung
shock and vibration resistance Stoß- u. Schwingungsfestigkeit (Twk)
shock component Stoßkomponente
shock cord Elastikseil, Gummiseil
shock-damping stoßdämpfend
shock drag Stoßwiderstand
shock excitation Stoßerregung
shock excitation type spark transmitter Knallfunksender
shock-excited durch Stoß erregt, durch Störungen ausgelöst
shock frequency Lastspielzahl
shock-hazard voltage Berührungsspannung
shock load Stoßbelastung, stoßweise Belastung, Stoßkraft
shock mount Stoßdämpferhalterung
shock-mounted gefedert montiert, gepuffert
shock mounting trunnion Federbein(zapfen)-lager
shock or assault troops Stoßtruppen
shock or impact plate Prallplatte
shock polar Stoßpolare
shock-proof, vibration erschütterungsfest
shock-protection capacitor Berührungsschutzkondensator
shock reception Zwangsempfang
shock resistance Stoßfestigkeit
shock stabilization Stoßstabilisation
shock stall, transonic transonische Stoßablösung (AC)
shock strength Stoßfestigkeit
shock strut Federstrebe, Stoßstrebe
shock strut cylinder Federbeinzylinder
shock strut piston Federbeinkolben, Federbeinzapfen, Tragezapfen (Federbein)
shock strut trunnion Tragezapfenträger (Federbein)
shock tube Stoßrohr
shock wave stoßender Luftstrom, Stoßwelle, Verdichtungsstoß (aerodynamisch)
shock-wave on the forward-facing (lower) surfaces of the wing Stoßwellenausbildung an den nach vorne gerichteten (unteren) Flügelflächen (aerodynamisch)

shock waves from supersonic and hypersonic flight Stoßwellen im Überschall- u. Hyperschallbereich
shock waves produced by forward-facing surfaces in supersonic flow Entstehung von Stoßwellen an vorgelagerten Ecken bei Überschallanströmung (aerodynamisch)
shocker Elektrisierapparat
shockless schlagfrei, stoßfrei
shockproof erschütterungsfest, stoßsicher, stoßfest
shockproof lampholder Berührungsschutzfassung
shockproof plug berührungssicherer Stecker
shockproof switch berührungssicherer Schalter
"shockwave" Stoßwelle
shoddy Reißwolle
shoe Gleitschuh, Laufreifen, Schuh, schuhförmiges Teil, Polschuh, Bremsbake, Bremsschuh, Schleifstück (eines Schienenstromabnehmerkontaktschuhs)
shoe, core Bohrkrone
shoe, electromagnetic...brake elektromagnetische Schienenbremse
shoe, float Rohrschuh mit Rückschlagventil, Schwimmschuh
shoe gear Schienenstromabnehmer-Kontaktschuh
shoe, guide Führungsschuh
shoe piston Gleitschuh (Hydraulikpumpe)
shoe pole angeschuhte Stange
shoe retainer plate Mitnehmerscheibe (Hydraulikpumpe)
shoe, spudding Stoßbohrschuh
shoeing hammer Hufhammer
"shoestring" sand Ölsandkörper in Form eines fossilen Flußlaufes (geol)
shoot down, to abschießen, herunterholen (Luftfahrzeug)
shoot down an enemy aircraft, to feindliches Flugzeug abschießen
shoot locations Orte einpeilen (av, Fossilfundpunkte geol)
shoot-off, to abschießen
shooting Beschuß, Schießen, Sprengarbeit
shooting angle Aufnahmewinkel
shooting gallery gedeckte Bahn
shooting line or practice range Schießbahn
shooting mark Schießscheibe
shooting plane Abkanthobel, Abschräghobel
shooting position Schießstellung
shooting range Sehfeld, Sichtfeld, Schießstand
shooting star rain Sternschnuppenregen
shooting station Schußpunkt (seism), Sprengpunkt, Sprengherd (seism)
shooting strength Schußleistung
"shooting" the horizon Horizontbeobachtung
shop mechanische Fertigungsstätte, Werkstatt, Produktionsstätte
shop accounting Betriebsabrechnung
shop and test equipment Werkstatt- u. Prüfausrüstung
shop check Bestandsaufnahme
shop-floor workload Umrüstaufträge (Flugzeugkonfiguration)(av)
shop gage Arbeitslehre, Werkzeugabnahmelehre
shop, machine (workroom, workshop) Maschinenraum, Maschinenwerkstatt
shop or cut off, to abhacken
shop overhaul Grundüberholung
shop plug gage Arbeitslehrdorn
shop safety Betriebssicherheit
shop scheduling zeitliche Planung der Arbeitsgänge
Shoran-radar Shoran-Radarsystem
shore anchor line Landankertau
shore-base radar Küstenradar, Land-Funkmeßstelle
shore-based landfest (Station)
shore bombardement beacon Radarbake für Küstenbombardierung
shore direction finder Küstenpeiler
shore effect Küsteneffekt
shore-end cable Küstenkabel
shore-going pass Landungsausweis
shore hardness Shorehärte, Rückprallhärte, Rücksprunghärte (nach Shore)
Shore-hardness number Shorehärte, Rückprall-, Rücksprunghärte (nach Shore)
Shore hardness test Härteprüfung nach Shore, Rücksprung-, Rückprallhärteprüfung nach Shore, Shorehärteprüfung
shore lighting Küstenbefeuerung
shore line effect Küsteneffekt (nach Shore)
shore radar station Küstenradarstelle
shore scleroscope hardness Rückprall-, Rücksprunghärte (nach Shore), Shorehärte
shore sill Uferbalken
shore station Küstenfunkstelle
shoreward ponton Landfahrzeug
shoreward side Landbord
short kurz, brüchig, unzureichend
short activity kurzlebige od. kurzzeitige Aktivität
short adjustable rod Schubstange, Kraftstoffreglergestänge
short and handy instrument kurzes handliches Instrument
short anneal(ing) Kurztemperung
short approach kurzer Anflug, Kurzanflug, verkürzter Anflug
short brittle (metall) kurzbrüchig
short burst kurzer Ionenstoß
short car Kurzgondel
short card pack feed Kurzkartenzuführung
short-chord winding Ankerwicklung mit kleinerer Spulenbreite als die Polteilung
short circuit Kurzschluß (Elektr)
short-circuit between plates Plattenkurzschluß
short-circuit calculator Nachbildung eines Leitungsnetzes zur Ermittlung eventueller Kurzschlußströme
short-circuit current test Kurzschlußstromprüfung
short-circuit detector Kurzschlußsucher
short-circuit frequency Kurzschlußfrequenz
short-circuit impedance Kurzschlußimpedanz, Kurzschlußscheinwiderstand
short-circuit or earthing terminal Körperschlußklemme, Rückschlußklemme
short circuit or earthing wire ground cable Körperschlußkabel, Rückschlußkabel
short circuit plug Kurzschlußstöpsel
short-circuit proof Kurzschlußschutz

short-circuit ratio Leerlauf-Kurzschlußverhältnis
short-circuit reporter Isolationsmeßgerät
short circuit switch Kurzschlußschalter
short-circuit termination (coaxial) koaxialer Kurzschlußstecker
short-circuit transfer impedance gegenseitiger Kurzschlußwiderstand
short-circuit transition Nebenschlußübergangsschaltung
short-circuit voltage Kurzschlußspannung
short-circuit winding Kurzschlußwicklung
short-circuited (SC) kurzgeschlossen
short-circuited line kurzgeschlossene Leitung
short-circuited rotor Anker mit kurzgeschlossener Wicklung, Kurzschlußläufer
short-circuited turn Kurzschlußwindung
short-circuited winding kurzgeschlossene Wicklung
short-circuiting device Kurzschlußvorrichtung
short-circuiting disk Kurzschlußscheibe
short-circuiting plunger Kurzschlußkolben
short-circuiting spring Kurzschlußfeder
short-circuiting switch Kurzschlußschalter
short-coming Mängel
short-cut multiplication Kurzmultiplikation (math)(dig)
short-cut, to kurzschließen
short-distance navigation Kurzstreckennavigation
short-distance radio aid to air navigation Nahbereichs-Funknavigationseinrichtung
short-distance receiver Nahverbindungsempfänger
short-distance reception Nahempfang
short-distance reconnaissance Nahaufklärung
short distance reconnaissance plane Nahaufklärer, Nahaufklärungsflugzeug
short distance traffic Nahverkehr
short-distance transmitter Nahsender, Kurzbereichsender
short division abgekürzte Division (math)
short duration power output Kurzleistung
short-duration pulse kurzzeitiger Impuls, Kurzimpuls
short-focus lens kurzbrennweitiges Objektiv, Linse mit kurzer Brennweite
short final kurzer Endteil, Endanflug
short-form catalog Kurzformkatalog
short gondola Kurzgondel
short half life material Material mit kurzer Halbwertszeit
short-haul air service Kurzstreckenfluglinie
short-haul characteristic Kurzstreckeneigenschaft
short-haul carrier system Nahverkehr-TV-System
short-haul carrier telephone system Trägerfrequenztelephoniesystem für Nahverkehr
short-haul field Kurzstreckenmarkt
short-haul fleet Kurzstreckenflotte
short-haul flight Kurzstreckenflug
short-haul intercity transport Kurzstrecken-Intercityverkehr
short-haul jet Kurzstreckenjet
short-haul passengers Kurzstreckenpassagiere
short-haul toll circuit Nahverkehrsleitung
short-haul traffic Kurzstreckenverkehr
short-haul transport market Kurzstreckenmarkt
short-haul traveller Kurzstreckenreisender
short hop Hüpflinie
short iron brüchiges Eisen
short irradiated sample kurzzeitig bestrahlte Probe
short irradiation Kurzzeitbestrahlung
short landing kurze Landung, Kurzlandung
short-lead milling (A) Fräsen von Spiralnuten mit kleiner Steigung
short-legged Kurzstrecken
short-link chain kurzgliedrige Kette
short-lived kurzlebig
short-lived activity kurzlebige Aktivität
short-lived isotope kurzlebiges Isotop
short-lived particle kurzlebiges Teilchen
short/medium-haul jet transport Kurz/Mittelstrecken-Strahlflugzeug
short medium range airliner Kurz/Mittelstreckenstrahlflugzeug
short of fuel Treibstoffmangel haben
short out, to durch Kurzschlußverbindung überbrücken, kurzschließen
short out a resistor, to einen Widerstand kurzschließen
short-period forecast Kurzfrist(wetter)vorhersage
short period parking space Kurzzeitparkplatz
short-period weather forecast Kurzfristwettervorhersage
short-pitch winding gesehnte od. schrittverkürzte Wicklung, Wicklung mit verkürztem Schritt
short precision floating point constant Gleitkommakonstante mit kurzer Mantissenlänge
short production run (A) Arbeit mit kleiner Stückzahl, kleine Serie, Kleinserie
short pulse Kurzimpuls, Punkt, Stoßimpuls
short-range Kurzstrecke, geringe Reichweite, Nahbereich
short-range aircraft Kurzstreckenverkehrsflugzeug
short range air navigation Kurzstreckennavigation
short-range alpha particle Alphateilchen geringer Reichweite
short-range anti-radar missile (SRARM) Kurzstrecken-Antiradar-Flugkörper (SRARM)
short-range civil air navigation system Kurzstreckennavigationssystem der Zivilluftfahrt
short-range exchange forces Austauschkräfte geringer Reichweite
short-range fading antenna Nahschwundantenne
short-range field Nahfeld
short-range field of antenna Antennennahfeld
short-range fighter unit Nahjagdstaffel
short-range flame thrower Nahwerfer
short-range focus Naheinstellung
short-range forces Kräfte geringer Reichweite
short-range forecast Kurzfrist(wetter)-vorhersage
short-range high acceleration interceptor missile Kurzstreckenabfangrakete mit

hoher Beschleunigung
short-range jet Kurzstreckenstrahlflugzeug
short-range navigation Kurzstreckennavigation
short-range navigation system Shoran-Radarsystem
short-range navigational aid Kurzstreckennavigationshilfe, Navigationshilfe für kurze Entfernung
short-range nuclear forces Kernkräfte geringer Reichweite
short-range particle Teilchen geringer Reichweite
short-range radar Nahbereichsradar(gerät) (Flugsicherung), Radargerät kleiner Reichweite
short-range reception Nahempfang
short-range reconnaissance Nahaufklärung
short-range search aircraft Kurzstreckensuchflugzeug
short-range weather forecast Kurzfristwettervorhersage
short-run job (A) kleine Serienarbeit, geringe Stückzahl
short-shot ungenügende Füllung, unvollständiges Spritzteil (Spritzfehler)
short-sighted kurzsichtig
short skip Kurzvorschub (lo)
short starting run kurzer Start, Kurzstart
short-stop bath Unterbrechungsbad (Galv)
short-stop landing Landung mit kurzem Rollweg
short-stroke connector Kurzhubstecker
short-stroke work Arbeit mit kurzem Hub, Kurzhubarbeit
short-sun casting mangelhaft ausgelaufener Abguß
short-sweep Kurzabtastung
short-takeoff and landing (STOL) Kurzstart u. -landung
short take-off and landing STOL capability Kurzstart- und -landeeigenschaften (STOL)
short-takeoff autogyro (STG) Kurzstarttragschrauber
short-takeoff characteristic Kurzstarteigenschaft
short-taxying start Kurzstart
short term kurze Sicht
short-term consecutive expansion stage kurzfristig aufeinanderfolgende Ausbaustufe
short term memory Kurzspeicher, Kurzzeitgedächtnis, Fluoreszenzgedächtnis, phosphoreszierendes Gedächtnis
short-term navigation Kurzstreckennavigation
short-term stability (nav) kurzzeitige Kursstabilität, Kurzzeitkonstanz (Funk)
short-term storage kurzzeitige Lagerung
short thread milling machine Kurzgewindefräsmaschine
short time assembly kurzfristige Ansammlung von Material
short-time duty kurzzeitiger Betrieb (mit gleichbleibender Belastung)
short-time operation kurzzeitiger Betrieb
short-time signal Kurzzeitzeichen
short-time stability Kurzzeitkonstanz (Funk)
short-time storage kurzzeitige Entladung
short-time test Kurzversuch
short-time testing method Kurzprüfverfahren
short-time work Kurzeinsatz
short to chassis, to gegen Masse kurzschließen
short to frame, to gegen Masse kurzschließen
short tubular pole Dachträger
short-wave kurzwellig
short-wave adapter Kurzwellenvorsatz(gerät)
short wave aerial Kurzwellenantenne
short-wave communication Kurzwellenverbindung
short-wave converter Kurzwellenvorsatz(gerät)
short-wave listener Kurzwellenhörer
short-wave long-wave switch Kurz/Langwellenschalter
short-wave operation Kurzwellenbetrieb
short-wave radiation kurzwellige Strahlung
short-wave receiver Kurzwellenempfänger
short-wave telegraphy Kurzwellentelegraphie
short-wave therapeutic apparatus Hochfrequenzheilgerät
short-wave transmission Kurzwellenübertragung
short-wave transmitter Kurzwellensender
short-wave treatment Kurzwellenbehandlung
short wavelength radiation kurzwellige Strahlung
short word computer Kurzwortmaschine
shortage Knappheit, Verknappung, Fehlbestand, Manko
shortcoming Mangel, Unzulänglichkeit
shorted-turn effect Windungsschlußeffekt
shorten instruction Verkürzungsinstruktion
shorten, to (downwind leg) abkürzen (Gegenanflug)
shortened segment kleiner Kontakt, verkürztes Segment
shortening capacitor Verkürzungskondensator
shortening plunger Kurzschlußkolben, Kurzschlußschieber
shortest distance between actual and theoretical impact point Restflugweite
shortest route problem Rundfahrtproblem
shorthaul airline Kurzstreckenverkehrsflugzeug
shorthaul jet Kurzstreckenstrahlflugzeug
shorting bar or link Kurzschlußbügel
shorting of the production process Reduzierung der Fertigungsdurchlaufzeit
shorting plunger Kurzschlußkolben, -schieber
shorting socket Kurzschlußbuchse
shorting strap Kurzschlußbügel
shorting switch Kurzschlußschalter
shortness Brüchigkeit, Sprödigkeit (Metall)
shot Geschoß, Kugel, Materialbedarf (Pressen pla), Schuß
shot bag Schrotbeutel
shot-bit, chilled Schrotbohrkrone
shot-blasting Kugelstrahlen (Oberflächenverfestigung, Schrotstrahlen
shot capacity Füllvolumen, maximales Schußgewicht (g/cm 3, Höchstgewicht das eine Spritzmaschine in eine Form spritzen kann), Spritzvolumen
shot, chilled Hartschrot
shot-down abgeschossen
shot-drilling Schrotbohren
shot effect Schroteffekt (phys)
shot-effect noise Schrotrauschen
shot-firing cable Schießleitung

shot gas bottle Kühlgaspatrone
shot group Einschlaggruppe
shot group dispersion pattern recording target Treff(er)bild
shot gun Flinte, Schrotgewehr
shot gun cartridge Jagdpatrone
shot gun shell Schrotpatrone
shot-hardening Kugelstrahlen (Oberflächenverfestigung), Schrotstrahlen
shot hole Schußloch (seism)
shot-hole drilling Bohren von Schußlöcher (seism)
shot hole gage Schußlehre
shot-lubrication system Eindrückschmierung
shot noise Schroteffekt, -geräusch, -rauschen
shot-noise reduction factor Schwächungsfaktor für Schroteffekt
shot or aiming group Zieldreieck
shot pattern Einschlaggruppe
shot peening das Kugelstrahlen, Kugel/Schrot-das Schrotstrahlen (Oberflächenbehandlung)
shot-point Schußpunkt (seism)
shot, sand-tamped sandverdämmter Schuß
shot weight Materialbedarf (Plastikpressen)
shoulder Absatz, Schulter, vorspringende Kante
shoulder adjuster Schultergurtschieber (Fsch)
shoulder ball bearing Schulterkugellager
shoulder cutting or milling Ansatzfräsen
shoulder harness (inertial reel lock) Schultergurt(verriegelung)
shoulder height Schulterhöhe
shoulder of a projectile Zentrierwulst
shoulder on the blade Schaufelschulter
shoulder outlet oberer Luftaustritt (Klimaanlage)
shoulder patch or piece Schulterstück
shoulder release fitting Schulterauslöser
shoulder release fitting for immediate release of the canopy upon landing Schulterauslöser zum sofortigen Ausklinken der Kappe nach der Landung (Fsch)
shoulder rod abgesetzte Welle
shoulder screw Ansatzschraube
shoulder stock Schulterstütze
shoulder strap Schultergurt (Fsch), Schulterklappe
shoulder wing design Schulterdeckerbauweise
shouldered abgesetzt (Bohrung, Bolzen)
shouldered work grinding Ansatzschleifen
shove, to schieben, stoßen
shove the throttle full open Drossel ganz öffnen, Vollgas geben
shovel Schaufel, Schippe, Spaten
shovel out, to herausschaufeln
show Ausstellung, Demonstration, zur Schau stellen, zeigen
show red, to rot (auf)leuchten
show-up, to hervortreten
shower Schauer (Entstehung zweier od. mehrerer Ionenpaare im selben Augenblick)
shower of ice pellets Frostgraupelschauer
shower of november meteors Novemberschwarm
shower of rain Regenschauer
shower of rain and snow Schneeregenschauer
shower of snow pellets Reifgraupelschauer
shower of sparks Funkenregen
shower particle Schauerteilchen
shower unit Schauerlänge
showings, gas Gasspuren
showings, oil Ölspuren
shows gas entry into suit (oxygen) Einführung des Gases in Anzug (Sauerstoff)
shrapnel ball Kartätschenkugel, Schrapnellkugel
shrapnel bomb Schrapnellbombe
shrapnel shell Kartätschengranate
shred, to zerfasern, in Streifen schneiden, zerschnitzeln
shrink schrumpfen, schwinden, sich zusammenziehen, zusammenschrumpfen
shrink band size Schrumpfmaß
shrink bar Längsbegrenzungsstange
shrink fit Schrumpfsitz
shrink-fit, to warm aufziehen od. einpassen
shrink hole Lunker, Schwingholmraum
shrink-on coating aufgeschrumpfter Überzug
shrink-on, to aufpressen (Kupplung auf Welle), aufschrumpfen (einen Überzug)
shrink rule Schwindmaßstab
shrink scale Schwundskala
shrink strut Längenbegrenzer
shrink washer Schrumpfring
shrinkable aufschrumpfbar
shrinkage Nachschrumpfung, Nachschwindung, Lunkerbildung, Schwindmaß, Schwindung, Schrumpfung, Zusammenschrumpfen
shrinkage allowance Schrumpfmaß
shrinkage block Kühlvorrichtung, Plastikschrumpfvorrichtung
shrink crack Schrumpfriß, Schwindriß
shrinkage factor Nachschrumpfung, Nachschwindung
shrinkage from mould dimension Schwindmaß, Schwindung
shrinkage stress Schrumpfspannung (pla)
shrinkage strut Einfahrbegrenzungsstrebe
shrinkage value Schrumpfwert
shrinkhole Schwindungshohlraum
shrinkhole formation Lunkerbildung
shrinking Begrenzung, Einengung, Schrumpfung
shrinking combination or connection Schrumpfverbindung
shrinking concentration Schrumpfung
shrinking crack Schrumpfriß (pla)
shrinking machine Dekatiermaschine
shrinking-on warmaufziehen
shrinking thread Schrumpfgewinde
shroud Abschirmung, Deckband (Läufer), Mantelring (Gehäuse), Umhüllung, Ummantelung, Verkleidung
shroud cap Deckplatte
shroud flap Schubdüsenaußenklappe
shroud gap Deckplattenspalt
shroud line Fangleine (Fsch)
shroud ring Mantelring, Ummantelungsring
shroud ring insulation Mantelringisolierung
shroud ring retaining plate Stirnring für Mantelring
shroud ring segment Mantelringsegment
shrouded blade Schaufel mit Deckband
shrouded or unshrouded propeller ummantelte od. freilaufende Luftschraube
shrouded or unshrouded propeller in composite material ummantelte od. freilaufende Luftschraube aus Kompositmaterial

shrouded propeller ummantelte Luftschraube, ummantelter od. freitragender Propeller
shrouded tail rotor Fenestron-Heckrotor (Hschr.)
shrouded tilt propeller ummantelter Kipppropeller
shrouded turbine disc ummantelte Turbinenscheibe
shroudless fan deckbandloser Bläser (Hschr.)
SH.S (sheet steel) Stahlblech
shrunk aufgeschrumpft
shrunk-on sleeve Klebemuffe (aufgeschrumpft) (Plastikrohr), Schrumpfmuffe
shuffle hin- u. herschieben, weiterschieben
shunt Abzweigstromkreis, elektrischer Nebenschluß, Nebengleis, Nebenwiderstand, mit Nebenschluß versehen, Shunt, Stromableitung
shunt across, to parallelschalten
shunt admittance komplexer Querleitwert
shunt admittance equalization Querentzerrung
shunt admittance equalizer Querentzerrer
shunt arc regulator Nebenschlußregelwerk
shunt arm Querglied, Querzweig
shunt brake Nebenschlußbremse
shunt capacitance Parallelkapazität
shunt capacitor Parallelkondensator
shunt capacity Querkapazität
shunt-characteristic polyphase commutator motor with double set of brushes läufergespeister Mehrphasen-Nebenschlußkommutatormotor
shunt circuit Nebenschlußstromkreis
shunt coil Querspule
shunt condenser Nebenschluß-, Querkondensator
shunt conductance Ableitung, Querleitwert
shunt-conduction motor Motor mit Nebenschlußverhalten, Nebenschluß-Kommutatormotor
shunt current Leitungsablaß
shunt current of voltage divider Querstrom (Spannungsteiler)
shunt distribution system Konstantspannungsverteilernetz, Parallelschaltsystem
shunt-driven vibrator Zerhacker (Nebenschluß)
shunt dynamo Nebenschlußdynamo
shunt-efficiency diode Shunt-Spardiode
shunt element Ableitungsglied
shunt-excitation Nebenschlußerregung
shunt-excited dynamo Nebenschlußdynamo
shunt-fed aerial parallelgespeiste Antenne
shunt-fed vertical aerial Vertikalantenne mit Zapfenspeisung
shunt-fed vertical antenna parallelgespeiste Vertikalantenne
shunt feed Parallelspeisung
shunt field regulator Nebenschlußregulierwiderstand
shunt-field relay Relais mit magnetischem Nebenschluß
shunt-field rheostat Nebenschlußregulierwiderstand
shunt generator Nebenschlußgenerator
shunt impedance Parallelimpedanz
shunt inductance Querinduktivität
shunt installation Rangiervorrichtung
shunt lead Nebenschlußleitung
shunt lead Nebenschlußleitung
shunt line Abzweigleitung, Rückleitung
shunt loading Querbelastung
shunt loss Ableitungsdämpfung
shunt magnetic coil Nebenschlußspule
shunt motor Nebenschlußmotor
shunt neutralization induktive Neutralisation
shunt path Parallelweg, Rangierweg
shunt peaking Nebenschlußspitzenwertbildung
shunt-peaking circuit Entzerrschaltung für Frequenzgang
shunt ratio Nebenschlußverhältnis
shunt regulating resistance Nebenschlußregulierwiderstand
shunt regulation Nebenschlußregelung
shunt regulator Nebenschlußregler
shunt resistance Nebenschluß-, Parallelwiderstand
shunt resistor Instrumentenwiderstand
shunt switch Umgehungsschalter
shunt T (microwave) Parallel-T-Glied, Parallelverzweiger, Admittanz-T-Glied, H-Verzweiger
shunt terminal Nebenschlußklemme
shunt, to Nebenschluß ableiten, rangieren
shunt transition Nebenschlußübergangsschaltung
shunt tripping Spannungsauslösung
shunt-type arc lamp Nebenschlußbogenlampe
shunt unit Querglied
shunt winding Nebenschlußwicklung, Parallelwicklung
shunt wire Ableitungsdraht
shunt with, in im Nebenschluß zu, parallel zu...
shunt-wound als Nebenschluß gewickelt
shunt-wound electric motor Nebenschlußmotor
shunt-wound generator Nebenschlußgenerator
shunted across im Nebenschluß zu
shunted-buzzer Nebenschlußsummer
shunted capacitor Kondensator mit Parallelwiderstand
shunted condenser Kondensator mit Ableitwiderstand
shunted instrument Instrument mit Nebenwiderstand
shunted telephone method Parallel-Ohm-Methode
shunting by pushing off the wagons Abstoßrangierbetrieb
shunting capacitor Querkondensator
shunting clip Kurzschließbügel
shunting coil Nebenschlußwicklung
shunting condenser Parallelimpedanzkondensator
shunting device or equipment Rangieranlage
shunting engine Rangierlokomotive
shunting resistor Neben(schluß)widerstand
shunting spring Nebenschlußfeder
shut-down Betriebsstillegung, Stillsetzen, vorübergehende Arbeitseinstellung, Betrieb stillegen, abstellen (Twk), (Bläser), (Schiffstechnik)
shutdwon amplifier Abschaltverstärker
shutdown cooler Leerlaufkühlanlage (Reaktor)
shutdown latch Luftklappensperre
shut-down procedure Abschaltverfahren, Abschaltvorgang

shut-down relay Abschalt-, Stillsetzungsrelais
shut-down rod Notabschalt-, Sicherheitsstab
shut-down switch Abschaltvorrichtung
shut-down, to abstellen (Twk), herunterfahren
shut-in or closed well abgeschlossene Sonde
shut-off stillsetzen
shut-off cock Absperrhahn
shut-off dropping mechanism Fallvorrichtung zum Abschalten
shut-off nozzle Abschlußdüse
shut-off rod Notabschaltstab, Sicherheitsstab
shut-off valve Absperrschieber, Absperrventil
shut-off valve with emergency override Absperrventil mit Sicherheitsöffnung
shutter Abdeckblende, Fensterladen, Klappe, Verschlußschieber, Riegel, Sicherheitsvorrichtung
shutter action Verschlußbetätigung
shutter aperture Blendenöffnung
shutter axis Blendenachse, Umlaufverschlußachse
shutter, between the lens Irisblende
shutter cut-off frequency Abdeckfrequenz
shutter disk Blendenscheibe
shutter disk or stop disk with spiral slot Abdeckscheibe
shutter efficiency Lichtwirkungsgrad
shutter flap filter cover Verschlußklappe
shutter gauge Leitschaufelpropellerlehre
shutter knob Stellknopf
shutter leave Verschlußlamelle
shutter mask Abdeckblende
shutter-mask method Abdeckverfahren
shutter of dark slide Kassettenschieber
shutter opening Hellsektor
shutter release Verschlußauslösung
shutter slide Verschlußschieber
shutter speed testing machine Verschlußzeitmeßgerät
shutter speeds Verschlußgeschwindigkeiten
shutter spring plate Spannscheibe
shutter trip mechanism Verschlußauslösevorrichtung (Kamera)
shutter wind spring Verschlußaufzugsfeder
shuttle Doppelventilkegel, Rohrpostbuchse
shuttle armature I-Anker
shuttle bus service Shuttlebus (sp)
shuttle external tank Shuttle-Außentank (sp)
shuttle list Pendelliste (sp)
shuttle service Pendelbetrieb, Pendelverkehr, Shuttledienst (sp)
shuttle service: there are four basic principles for a shuttle operation regular, easy-to-remember schedules with little seasonal variation; no reversation; guaranted seat; payment on board Shuttle-Dienst: Grundmerkmale des Shuttlebetriebs; Flugpläne nach regelmäßigem Zeittakt; keine Vorausbuchung; garantierter Sitz, Bezahlung an Bord
shuttle solid-rocket booster Shuttle-Feststoffzusatztriebwerk (sp)
shuttle valve Wechselventil
sh.w. (short-wave,HF) KW (Kurzwelle,HF)
Si Silizium
SIA (standard instrument approach) Standard-Instrumentenflug
siamesed doppelt, gegabelt, zwillings...
SIBS stella-inertial bombing system
S.I.C (specific inductive capacity) DK (dielektrische Konstante)
siccative Trockenmittel, Trockenstoff, sikkatives Mittel, Zusatzmittel zur Beschleunigung des Trocknens
SID (standard instrument departure) SID (Standardinstrumentenflug)
S.I.D. (sudden ionospheric disturbance) plötzliche ionosphärische Störung
side Spur
side air-lift agitator Seitenmischluftrührer
side and face milling cutter Scheibenfräser
side and tailboard iron wave Bordwandeisen
side arm (of mast) einseitiger Querträger, einseitige Traverse
side arm-type rectifier Quecksilberdampfgleichrichter mit Anoden
side-armature relay Seitenankerrelais
side-band Seitenband, Übersprechen der Seitenfrequenzen
side-band antenna Seitenbandantenne
side-band attenuation Seitenbanddämpfung
side-band component frequency Seiten(band)-frequenz
side-band energy Seitenbandleistung
side-band interference Seitenbandinterferenz
side-band, lower unteres Seitenband
side-band reduction Seitenbandschneidung
side-band splash Übersprechen der Seitenfrequenzen
side-band suppression Seitenbandunterdrückung
side-band, upper oberes Seitenband
side beam Seitenholm (MB-Sitz)
side binding Seitenbund
side boys Fallreepgasten (navy)
side car Seitengondel (Luftschiff), Beiwagen (Kfz)
side car jack Seitenwagenheber
side car lamp Seitenwagenleuchte
side car motorcycle Beiwagenkrad
side cargo door Seitenladetür
side circuit capacitance Stammkapazität
side circuit loading coil Stammspule
side clearance Seitenspiel(raum)
side clearance angle Freiwinkel der Nebenschneide (Drehstahl)
side contact base Außenkontaktsockel
side contact rail seitliche Stromschiene
side controller Seitengriffsteuerung
side cutting finishing tool Seitenschlichtmeißel
side cutting pliers Flachzange mit Seitenschneider
side cutting roughing tool Seitenschruppmeißel
side direction (stress analysis) Seitenrichtung (Spannungsprüfung)
side ditch Fanggraben
side-dump bucket Kastengehänge mit Seitenentleerung
side-dump scow Klappenprahm mit seitlichen Laderäumen
side-dump truck Holländerwagen
side elevation Seiten(auf)riß
side facing earth der Erde zugewandte Seite (sp)
side-firing helica antenna Rundstrahl-Wendel-

antenne
side flap Seitenklappe (Fsch)
side flap extension Seitenklappenverlängerung
side force Seitenkraft
side force surface Seitenkraftfläche
side frame Eckrahmen
side gangway or walking-way Seitenlaufgang
side guiding Seitenführung
side guy Seitenanker
side head Seitensupport
side in compression Druckseite
side lamp Positionsleuchte, Seitenleuchte
side-lap Seitenüberdeckung (Lubi)
side-lap term used in aerial photography seitliche Überdeckung (Lubi)
side light Begrenzungslicht
side-light screen Laternenkasten
side-line noise Seitenlärm
side link Kettentasche
side loads Querschubkomponente
side-lobe Nebenzipfel, Seitenzipfel, Nebenkeule, Seitenkeule
side-lobe attenuation Nebenzipfeldämpfung
side-lobe echo Seiten(zipfel)echo
side-lobe intensity Nebenkeulenintensität, Neben-, Seitenzipfelintensität
sidelobe penetration Seitenkeulendurchblick (Sonar)
side-lobe suppression Seitenkeulenunterdrückung, Seitenzipfelunterdrückung
side-looking airborne radar Schrägsichtradargerät, SLAR
side-looking airborne radar reconnaissance system (SLAR) Schrägsichtradar-Aufklärungssystem
side-looking radar (SLR) Seitensichtradar-(gerät)
side-looking radar surveillance system Seitenrichtradarsystem
side-looking sonar Schrägsichtsonar
side-looking transducer gerichteter Schallwandler od. Schwinger
side-marker lamp Begrenzungsleuchte (Kfz), Peilstableuchte (Kfz)
side mill Scheibenfräser
side milling Walzenstirnfräser
side milling cutter Scheibenfräser, Seitenfräser
side of a fault Verwerfungsflügel (geol)
side of an angle Schenkel eines Winkels
side of the frame or ring Ringseite
side of the polygon Polygonseite
side of the pulse Flanke des Impulses
side of thread Gewindeflanke
side panel Seiten(abdeck)blech, Seitenteil (am Verpackungssack)(Fsch)
side panel reinforcement (deployment bag) Seitenverstärkung (innerer Fallschirmverpackungssack)
side plate (of bearing) Staubdeckel
side play seitliches Spiel (eines Lagers)
side-port (docking) seitliche Kopplungsschleuse (space station)
side pressure (steel mill) indirekter Walzdruck
side projection Profilschnitt, Seitenriß
side rail Rödelbalken, Seitenstange
side rail clamp Rödelzange
side rail curb Rödelbalken
side rail lashing Rödelbund
side rail restraint Seitenschienenblockierung
side rail wedge Rödelkeil
side rake Spanwinkel
side-rake angle (Seiten)spanwinkel (Werkzeug)
side reaction Nebenreaktion
side reflector for bicycles Seitenstrahler für Fahrräder
side-relieved seitlich hinterschliffen, hohlgeschliffen (Säge)
side ring for disk wheel Seitenring für Scheibenrad
side rod or pole Seitenstange
side rougher Seitenschruppmeißel
side-scan mapping Zeilenabtastkartierung
side-scattering seitliche Streuung
side scap Seitenabfall (Walzwerk)
side skin planking Seitenhaut
side skip das Ausbrechen
side skirt Führungsblech (Förderer)
side-slip Slippen, Slip, Schiebewinkel (AC), Seitengleitflug
side-slip indicator Schiebefluganzeiger
side-slip, to abrutschen (seitlich)
side-slipping das Slippen (Fsch)
side slope (Seiten)spanwinkel
side-slope performance Verhalten beim Fahren quer zum Hang
side-slope stability Standfestigkeit
side-spectrum Nebenspektrum
side-sequence roll Seitenschließrolle (Längsnaht-Rohrschweißanlage)
side-stick control pitch Steuergrifftechnik
sidestick controller Seitengriffsteuerung
side-stick controls pitch direkt gekoppeltes Steuergestänge
side-stick function distribution Steuergriff mit Kraft- und Wegesteuerung
side-stick installation Seitengriffsteuerung
side-stick system Seitengriffsteuerung
side stream Seitengang, Seitenstrom (Destil)
side stringer Seitenstringer
side-strip lights Seitenstreifenfeuer
side-strip marking Seitenlinienmarken
side strut Knickstrebe (Hauptfahrwerk)
side strut fairing Knickstrebenverkleidung
side-suction pump Pumpe mit seitlichem Eintritt
side support Seitenstützplatte (der Stahlrohrlagerung), Auflagefitting (Rumpfbeschläge), Triebwerkaufhängung
side surface of pole shoe Polschuhseite
side terminal Seitenklemme, Seitenschraube
side-thrust seitliche Auslenkkraft
side-thrust vector Seitenschubvektor (Rakete)
side-thrust (of a shaft) Achsenlängsschub
side-to-side capacitance balance seitenunsymmetrische Kapazität
side-to-side capacity Vierer(schleifen)-kapazität
side-to-side far-end cross talk Gegenübersprechen
side-to-side unbalance Übersprechkopplung
side-tone Rückhörer
side-tone receiver Mithöreinrichtung
side-tone reference equivalent Rückhörbezugsdämpfung
side-tone telephone set Fernsprechapparat

ohne Rückhördämpfung
side tool Abflachstahl
side tool box Nebengleis
side tracking Ablenken von Bohrlöchern
side-tracking skate Verschiebeschlitten (Flz-Bordgerät)
side-turn bias Vorsignal für seitliche Abschwenkung
side-turn modification Berichtigung der seitlichen Abschwenkung
side-valve engine seitengesteuerter Motor
side-valve gasoline engine seitengesteuerter Ottomotor
side-walk manhole Kabelschacht für Gehbahn
side-wall coring Seitenkernen (Tiefbohrwesen), Wandkernen
side-wall covering Seitenwandbelag
side wall of a vein Gangbegrenzung
side wall sample Vorrichtung zur Entnahme von Gebirgsproben aus Bohrlochwand
side window Seitenwandfenster
side window aperture Seitenfensteröffnung
side window frame Seitenfensterrahmen
side-window Geiger-Müller counting tube Geiger-Müller-Zählrohr mit Seitenfenster
side window ventilator Seitenschwenkfenster
sideband antenna Seitenbandantenne
sideband energy Seitenbandleistung
sidelobe pattern Nebenzipfeldiagramm
sidenote Marginalien, Randbemerkung
sidereal-time converter Sternzeittransformator
sideslip angle Schiebewinkel
sideslip instrument Slipanzeiger
sideslipping Schleuder, Slippen (Fsch)
sidestream Seitenstrom, Siedelücke
sidewall Reifenschulter, Seitengummi (Reifen), Seitenwand (Luftkissenfahrzeug)
sidewall air cushion Luftkissen mit eingefangenen Luftblasen
sidewall attachment Kantengreifer (Gleiskette)
sidewall block profile Seitenblockprofil (Reifen)
sidewall clearance Bordwandfreiheit (Luftkissenfahrzeug)
sidewall craft Luftkissenfahrzeug mit starren Wänden (als Abströmbegrenzung)
sidewall hovercraft Seitenwand-Luftkissenfahrzeug
sidewall rib Seitenprofil (Reifen)
sidewall rubber Seitengummi (Reifen)
sidewall seal Seitenwandabdichtung (Luftkissenfahrzeug)
sidewall tread Seitenprofil (Reifen)
sideways and backwards flight horizontaler Vorwärts-, Seiten- und Rückwärtsflug (Hschr.-Simulation)
sideways flight limits Seitwärtsfluggeschwindigkeitsabgrenzung (Hschr)
sideway's load factor Querbelastung, Querbeschleunigung
sideways-looking airborne radar (SLAR) Seitensichtradar
sideways looking radar Seitensichtradar
sidewinder Air-to-Air solid-propellant missile, Sidewinder
sidewise force seitlich wirkende Kraft
siding Nebengleis, Rangiergleis, Abstellgleis, Verschiebegleis, Weiche
siding steel Schienenstahl
SIDS (standard instrument departures)
Siemens arc furnace Siemens-Lichtbogenofen
Siemens armature Siemens-Anker
Siemens-Hell character Siemens-Hell-Zeichen
Siemens-Hell keyboard sender Siemens-Hell-Tastaturgeber
Siemens-Hell printer Siemens-Hell-Schreiber, SH-Schreiber
Siemens-Hell telegraph system Siemens-Hell-Fernschreibtechnik
Siemens high-speed moving-coil recorder Siemens-Drehspulenschnellschreiber
Siemens high-speed telegraph printer Siemens-Schnelltelegraphie
Siemens-Martin steel Siemens-Martin-Flußstahl
sieve analysis Siebanalyse
sieve casing Siebmantel
sieve holder Siebhalter
sieve plate Siebblech, Siebboden, Siebplatte
sieve-plate column Siebplattenkolonne, Siebbodenkolonne
sieve socket Siebstütze
sieve tray column Siebbodenkolonne (Destillation)
SIF selected identification feature ausgewählte Identifizierung (ELOKA)
SIF selective identification feature selektives Freund/Feind-Kennungssystem
SIFAR surveillance imagery fast access recording
sig. (signal) Signal (Zeichen)
Sig C (signal corps) Nachrichtentruppe
Sig A Signalaufklärung
sight Anblick, Sehvermögen, Visier, anvisieren
sight adjustment Visierstellung
sight alignment Abstimmen des Visiers
sight amplifier Verstärkersatz für Zielgerät
sight amplifier rack Chassis für Verstärkersatz
sight and sound reporting Sicht- u. Schallmessung
sight arm Visierarm
sight at, to anvisieren, zielen auf
sight axis Sehachse
sight bar arm Visierstange
sight bracket Visierträger
sight chamber Sichtkammer
sight check Sichtprüfung, Sichtkontrolle, Blockkontrolle
sight defilade Sichtbedeckung
sight distance Blickweite, Sichtbereich
sight disturbance Sehstörung
sight-feed lubricator Öltropfgefäß, Schaumölapparat
sight-feed oiler Tropföler
sight function selector lever Funktionsartenwahlschalter (Zielgerät)
sight gauge shutter valve Schauglasabsperrhahn
sight glass Schauglas
sight, gyro-stabilized kreiselstabilisiertes Visier
sight head deflection cover plate Deckel zur Visierlinienjustierung (Zielgerät)
sight head elevation cover plate Deckel

zur Visierlinienjustierung (Zielgerät)
sight head elevation cover plate Deckel zur Visierlinienjustierung "Höhe" (Zielgerät)
sight land or coast, to Land in Sicht kommen
sight line level indicator adapter Visierlinienprüfgerät (Zielgerätekopf)
sight line stabilizer Visierlinienstabilisierungsgerät
sight mount for laying practice Richtausbildungsgestell
sight oil feed Schauöler
sight parallelogram error Visierparallelogrammfehler
sight plug (oil level) Ölstandsichtfenster
sight on, to anvisieren, zielen auf
sight restriction Sichtweitenbehinderung
sight reticle lamp filament selector switch Glühfadenwahlschalter (Projektor mit Zielgerätekopf)
sight ring retracting gear Verstellvorrichtung für Visierring
sight selector unit Bediengerät zum Zielgerät
sight shield Visierschild
sight slide Visierschieber
sight, stabilized stabilisiertes Visier(gerät)
sight vane Kompaßdiopter, Visierlineal, Visiertafel
sighthead Zielgerätekopf
sighthead deflection cover plate Deckel zur Visierlinienjustierung "Seite" (Zielgerätekopf)
sighthead elevation cover plate Deckel zur Visierlinienjustierung "Höhe" (Zielgerätekopf)
sighting axis Zielachse
sighting bar Zielschiene
sighting bellow target Feinkorn
sighting device Visiergerät, -vorrichtung
sighting device mechanism Visiervorrichtung
sichting distance (SAR) Erkennungsentfernung
sighting level Nivellierlibelle
sighting mark Index bei Meßstäben
sighting-mark error Indexfehler
sighting mechanism or device Erkennungsentfernung
sighting or exploring telescope Suchfernrohr
sighting or navigation pendant Visierdraht
sighting range (SAR) Erkennungsbereich
sighting rod Stabvisier, Zielstab
sighting shot Anschlußschuß, Richtungsschuß (der Flak), Wegweiserschuß
sighting telescope Zielfernrohr
sighting triangle aiming exercise Dreieckzielen, Dreieckschießen
sights on the horizon Horizontalbeobachtungen
SIGINT signal intelligence
sigma pile Sigmareaktor
sigment significant meteorological phenomenon
sigment information Sigment-Meldung
SIGMET information (in plain language) issued by meteorological watch offices concerning certain meteorological phenomena SIGMET Information, die von Flugwetterüberwachungsstellen im Klartext über bestimmte Wettererscheinungen herausgegeben werden, Hinweis auf markante Wettererscheinung
sigmoid curve S-Kurve
sign Vorzeichen (math), Zeichen
sign bit Vorzeichenbit
sign check indicator Vorzeichen-Prüfanzeiger
sign clause Rechenvorzeicheneintragung, Rechenvorzeichenklausel (COBOL)
sign control Vorzeichensteuerung (dv)
sign-control flip-flop Vorzeichen-Flip-Flop
sign conversion Vorzeichenumwandlung
sign, differential Differentialzeichen, Differentiationmerkmal
sign digit Vorzeichenregister (dig), Vorzeichenstelle (dv)
sign, floating report (COBOL) gleitendes Druckaufbereitungszeichen
sign for busy trunk line Fernbesetztzeichen
sign indication Kennlochung, Vorzeichenlochung, Vorzeichenanzeige, -kennzeichnung
sign of differential Differentialzeichen
sign of equivalence Kongruenzzeichen
sign of inequality Ungleichheitszeichen (math)
sign of integration Integralzeichen
sign of the charge Vorzeichen der Ladung
sign-off signal Beendigungszeichen
sign part Vorzeichenteil (ALGOL)
sign position Vorzeichenstelle
sign reading prohibited Verbotstafel
sign register Vorzeichenziffer (dig)
sign reverser Vorzeichenumkehrer, Inverter (EDV), Negationsglied (EDV), Negator (EDV)
signal Informationsgeber, Signal, Zeichenträger
signal alarm bell Läutwerk
signal amplifier Meß-, Signalverstärker
signal apparatus for domestic use Haussignalvorrichtung
signal area (or aerodrome) Signalfläche (milit), Signalplatz (ziv), Signalfeld
signal attenuation due to atmospheric phenomena atmosphärische Dämpfung (Lantrin)
signal averaging mitteln von Signalen
signal backlight Signalrücklicht
signal batt's Signalkellen
signal board Signaltafel
signal box (rail) Weichenstellwerk
signal box with individual levers Einzelhebelstellwerk
signal box with bush button geographical circuitry Gleisbildstellwerk
signal box with push-button routing or with key routing Drucktastenstellwerk
signal bridge (rail) Signalbrücke
signal cabin Signal-, Weichenstellwerk
signal cancellation Frequenzauslöschung
signal patrone Leucht-, Signalpatrone
signal centre Nachrichtenzentrale
signal change (electron) Lautstärkeänderung, Lautstärkeschwankung
signal check Sprechprobe
signal circuit (US)(automatic control) Pilotkreis, Steuerstromkreis
signal circuit controller Signalflügelkontakt, Signalschalter Schiene)
signal circuit distribution panel Signalverteiler
signal, clock Systemtakt, Taktsignal, -impuls
signal code Signal-, Zeichenschlüssel, Signalordnung
signal communication channel Nachrichtenweg
signal communication man Nachrichten-

übermittler
signal communication platoon Nachrichtenzug (milit)
signal communication truck Nachrichtenkraftwagen
signal company Nachrichtenkompanie
signal complex Impulsfahrplan (TV)
signal component Stromschritt, Zeichenelement, Zeichenkomponente
signal conditioner Signalumsetzer
signal conditioning Meßwertaufbereitung, Signalumformung
signal-construction truck Telegraphenbau-Kraftwagen
signal conversion equipment Signalumwandler, Signalumwandlung
signal converter Signaldatenumformer, Zeichen(um)wandler
signal converter storage tube Signalspeicherröhre
signal converter with programmable signal processor Signalumsetzer mit programmierbarem Signalprozessor (av)
signal corps Nachrichtenkorps, -truppe
signal corps equipment administration Nachrichtengeräteverwaltung
signal corps material Signalcorpsmaterial
signal current Schwachstrom, Steuerstrom, Telegraphiestrom
signal data converter Datenumsetzer, Meßwertwandler, Signaldatenumformer, Signaldatenwandler (SDC)
signal DC anode current Anodengleichstrom mit Signal
signal designation Nachrichtensenke
signal deviation Signalhub
signal device Signalvorrichtung
signal diode Signaldiode
signal, disabling Blockiersignal, Sperrsignal
signal discontinuity Signalunterbrechung
signal disk Signalscheibe
signal distance Hammingdistanz, Hammingabstand
signal distortion Signal-, Zeichenverzerrung
signal distortion margin Signal-, Zeichenspielraum
signal distributor Befehlsübermittlungsapparat, Zeichenüberbringergerät
signal, electric...box elektrisches Stellwerk
signal electrode Signalelektrode, Signalplatte
signal element Stromschritt, Zeichenelement, Zeichenschritt
signal element timing (computer) Schritttakt (Rechner)
signal engineering Fernmeldetechnik, Nachrichten-, Schwachstromtechnik
signal equipment Nachrichtengerät
signal, external externes Signal
signal feeder (line)(rail) Blockspeiseleitung
signal field Nutzfeld
signal flare Signalleuchtkugel, -patrone, Signalbombe, Sternsignal
signal flow diagram (automatic control) Signalflußbild, -diagramm, -darstellung
signal flow symbol Signalsymbol (Schaubild)
signal fluctuation Signalabweichung
signal format generation equipment Signalformaterzeugungsstufe
signal frame Signalrahmen für Selbstwählbetrieb
signal frequency Rufstromfrequenz, Telegraphie(strom)frequenz
signal from the TV seeker Ausgangssignal des Fernsehsuchkopfs (av)
signal gantry (rail) Signalbrücke
signal generator Meßoszillator, Meßsender, Prüfgenerator, Prüfsender (Antiblockieranlage), Prüfzeichengeber, Signalgeber
signal grid Zeichenfeld, Signalgitter
signal ground Bezugspegel eines Signals, "Null"-Signal
signal head Zeichenstirn
signal horn Bügelhorn
signal in controls Signal in Steuer- u. Regelungen
signal in the prescence of noise verrauschtes Signal
signal indication Signalbegriff, Signalbild, Signalstellung
signal indicator Signalmelder, -überwachung, Signalrückmelder
signal inertia drag Fahnenbildung
signal, inhibiting Blockiersignal, Sperrsignal
signal injection Signaleinsteuerung, Signaleinspeisung
signal input Signaleinspeisung
signal intelligence (SIGINT) Signalaufklärung (SigA)
signal intelligence center Nachrichtensammelstelle, Nachrichtenzentrum
signal intelligence-gathering aircraft ELOKA-Aufklärer (milit)
signal intensity Signalstärke, Zeichenintensität, Zeichenstärke
signal interpolation Zeicheninterpolation
signal lag Nachziehen (C.P.S.-Emitron)
signal lamp Anzeigelampe, -leuchte, Blinklampe, -leuchte, Kontrollämpchen, -lampe, Signallampe
signal lamp board Signallampentafel
signal lamp box Lampenzeichenkasten, Signallampenkasten
signal lamp team Blinktrupp
signal letters internationales Rufzeichen
signal level Signalpegel
signal light Leuchtkugel, Lichtsignal, Signallicht, Signalzeichen
signal light-proving Signallichtüberwachung
signal line Kommandoleitung
signal line balloon Zeichenballon
signal local oscillator Signalempfängeroszillator
signal mixer Signalmischer, Signalaustauscher
signal mixer unit Signalverteilungskasten
signal mixing Kursaufschaltung, Signalmischung (Video)
signal mixing for guide beam Leitstrahlaufschaltung
signal mixing motor Aufschaltmotor
signal modulator Meßwertumformer
signal motor vehicle Nachrichtenkraftfahrzeug
signal mounting Fallklappenstreifen
signal multiplexing Mehrfachübertragung von Signalen
signal-noise performance rating Rauschabstandbewertung

signal-noise ratio Rauschabstand, Störverhältnis
signal normalization Signaltransformation, Signalumsetzung
signal note Zeichenton
signal of distress Notsignal
signal officer of a flight unit Nachrichtenführer
signal-operation instruction Funkbetriebsunterlage
signal or rocket projector or smokeshell mortar Werfer
signal overload delay Übersteuerungsschutzrelais
signal packaging leistungsfähige Signalverarbeitung (Bordcomputer)
signal pedal (signalling) Schienenschließer für Signalsteuerung
signal pistol Leucht-, Signalpistole
signal plate Impulsplatte, Signalplatte
signal plug Hinweis(ungs)stöpsel
signal post Signalmast
signal potential Zeichenspannung
signal processing for active and passive sensors Signalverarbeitungsgeschwindigkeit für aktive und passive Sensoren
signal processing power Signalverarbeitungskapazität (Bordcomputer)
signal processing, programmable programmgesteuerte Signalverarbeitung
signal processing technique Signalverarbeitungsverfahren
signal processing time to allow a near-real-time target track Zielverfolgung in Quasi-Echtzeit (av)
signal processor, specialised programmable spezielle programmierbarer Signalprozessor
signal projectile Nachrichtenmine (mili)
signal, radar reflective radarreflektierendes Signal
signal range Signalbereich
signal redundancy Signalredundanz
signal relay Melderelais, Signalrelais
signal relayed by a satellite satellitengestrahltes od. von Satelliten abgestrahltes Signal (Radar)
signal repair truck Nachrichtenwerkstattkraftwagen
signal reproduction Zeichenwiedergabe
signal restoring Wiederherstellung eines Signals, Signalwiederherstellung
signal return Rückstrahlung
signal rocket Signalrakete
signal service Nachrichtenwesen
signal shaping Signalformung
signal simulator (Warn-)Signalgeber
signal source Impulsquelle
signal spread Zeichenverbreiterung
signal-square light Signaltafelleuchte (Flugplatzbefeuerung)
signal stability Signalstabilität, -standfestigkeit
signal strength Nutzfeldstärke, Signal(laut)stärke, Zeichen(laut)stärke
signal strength of reception Empfangsfeldstärke
signal substitution Prüfsignalzuführung
signal summing bridge Addierschaltung
signal supply column Nachrichtennachschubkolonne
signal supply depot Nachrichtenpark
signal tape Aufnahmestreifen
signal testing apparatus Rufprüfanlage, Rufprüfeinrichtung
signal, to Signal od. Zeichen geben, signalisieren
signal, to (flashing) blinken
signal-to-hum ratio Brummabstand
signal-to-image ratio Spiegelfrequenzselektion, Verhältnis der Empfangs- zur Spiegelfrequenz
signal-to-interference ratio Signal-Störungsverhältnis (Radar)
signal-to-noise power ratio Signal/Rauschverhältnis, Signal/Störverhältnis
signal-to-noise ratio (snr, S/N ratio) Signal/-Rauschverhältnis, Signal/-Störspannungsverhältnis, Rauschabstand, Störabstand, Stör/Nutzverhältnis, Störpegelabstand
signal-to-noise ratio, unweighted Fremdspannungsabstand
signal-to-noise ratio, weighted Geräuschspannungsabstand
signal tracer Signalverfolger
signal tracing Signalverfolgung
signal tracing, recording Aufzeichnung eines Signals
signal transformation Signaltransformation, Signalumsetzung
signal transmission Signalübermittlung, Zeichenübertragung
signal triggering Signalauslösung
signal troops Nachrichtentruppen
signal truck Nachrichtenwagen
signal unit Nachrichteneinheit, -verband
signal, up Kommandoimpuls zum Abheben
signal variation Signalvariation, Signal(ver)änderung
signal vehicle Nachrichtenfahrzeug
signal voltage Nutzspannung, Signalspannung
signal wagon or truck Nachrichtenwagen
signal wave Betriebswelle, Arbeitswelle, Zeichenwelle
signal waveform Signalwellenform, Form der Signalwelle
signal winding (of AC servo motor generator) Steuerwicklung (eines Stellmotors)
signal wire Klopfgestänge (min)
signal whistle Alarmpfeife
signaling Signalisierung, Signalangabe, Signalgebung, Signalwesen, Zeichengabe, Zeichengebung (telegr)
signaling character Signalisier(ungs)zeichen
signaling circuit Alarmleitung
signaling current Telegraphierstrom
signaling device Signalgerät
signaling disk Kelle, Signalscheibe
signaling disk semaphore Winkerkelle, -stab
signaling equipment Signalanlage, Nachrichtenanlage, -zentrale
signaling faults Rufstörungen
signaling frequency Rufstrom-, Telegraphiefrequenz
signaling installation Signalanlage
signaling lamp Signal(isier)lampe
signaling lines (E and M wires) Signalleitungen
signaling plant Lichtsignalanlage

signaling procedure Signalisierverfahren
signaling relay Rufrelais
signaling relay unit Rufrelaissatz (RRS)
signaling section Winkertrupp
signaling set Rufsatz, Wählsatz
signaling shelf Signalrahmen
signaling speed Übertragungsgeschwindigkeit
signaling system Signalsystem, Stellwerkanlage (Signal u. Weiche)
signaling technique Signaltechnik
signaling test Rufprüfung, -versuch
signaling troubles Rufstörungen, Signalstörungen
signaling unit Rufmaschine
signaling voltage Rufspannung
signalize, to signalisieren, melden, Signal od. Zeichen geben
signaller Fernmeldefunker
signals are failing Morsezeichen bleiben "aus"
signals from conventional wiring into optical signals Signale konventioneller Drahtnetze in optische Signale wandeln
signals run together Zeichen laufen zusammen
signals section Nachrichtenabteilung
signature group Unterschriftsgruppe
signature of a station Kennsignal
signature of the contract Vertragsunterzeichnung
signed mit Vorzeichen (FORTRAN)
signed exponent Exponent mit Vorzeichen
signed number mit Vorzeichen versehene Zahl
significance Bedeutung, Sinn, Wichtigkeit
significance level Testniveau, Irrtumswahrscheinlichkeit, Signifikanzgrenze
significance mask Gleitkommagültigkeit (Programmaske)
significance of storm cell movement Prüfung von Sturmzentrumsbewegung
significance-start character Startzeichen für Nullschreibung
significance trigger Markierschalter
significant bedeutend, bezeichnend, charakteristisch, kennzeichnend, markant, wesentlich
significant change markante Wetteränderung
significant cloud layer markante od. typische Wolkenformation (meteo)
significant comma gültiges Komma (COBOL)
significant condition Kennzustand eines Datenelements
significant condition of a modulation Modulationskennzustand (Fsch, EDV)
significant digit gültige od. signifikante Ziffer (dig), wesentliche Ziffer, bedeutsame od. kennzeichnende Ziffer (gültige Ziffern mit Ausnahme führender Nullen) (math)
significant digit arithmetic Arithmetik mit bedeutsamen od. kennzeichnenden Ziffern
significant figures bedeutsame od. signifikante Ziffern (gültige Ziffern mit Ausnahme führender Nullen)(math)
significant frequency charakteristische Frequenz
significant front markante Front
significant instant kennzeichnender Zeitpunkt
significant interval kennzeichnendes Intervall
significant meteorological phenomena markante od. typische Wettererscheinung
significant overtone charakteristischer Oberton
significant past weather markante od. typische zurückliegende Wettererscheinung
significant present weather markante augenblickliche Wettererscheinung
significant track wichtiger Flugweg
significant spike Reflektionsspitze (Radarecho)
significant turn Minderungskurve
significant volume of contract (know-how) Rahmenvertrag (für Kundenbetreuung) (Flugzeugwartungsdienst)
significant weather (SIGMET) markante Wettererscheinung
signify, to bezeichnen, Anzeichen sein (für etwas)
signing of field Markierung der Felder mit Vorzeichen (lo)
signpost Wegweiser
signs from the international series Rufzeichen aus internationaler Reihe
signs, rule of Vorzeichenregel
siki Windspringer
silance Silan (Glasfaserhaftmittel)
silcrome Ventilwerkstoff mit Chrom-Siliziumgehalt
silence, cone of Nullkegel, tote Zone über Funkfeuer
silenced magazine leise Kassette
silencer Auspufftopf, Knall-, Schalldämpfer
silencer clamp Auspufftopfschelle
silencer equipment Schalldämpfungsanlage
silencer muffler Sauggeräuschdämpfer
silencing Geräuschdämpfung
silencing kit Lärmdämpfungsbausatz
silencing nozzle lärmdämpfende Mischerdüse
silent geräuschlos, schweigend, geräuscharm
silent arc ruhiger Lichtbogen
silent area Schweigegebiet, -zone (Radar)
silent chain geräuschlose Kette, Zahnkette
silent chain drive Zahnkettenantrieb
silent discharge dunkle Entladung
silent or noiseless running ruhiger Gang od. Lauf
silent partnership stiller Gesellschafter od. Teilhaber
silent period Funkstille, Sendepause
silent test stumme Betriebsprobe
silent zone tote Zone
silhouette Schattenbild, -riß
silhouette target Figurscheibe
silica Kieselerde, Kieselsäure
silica gel Silikagel (Luftentfeuchtungsmittel)
silica gel cartridge Silikageltrockenpatrone
silica sand Spatsand
silicate Kieselsäureverbinder
silicated fibre glass sleeve siliziumverstärktes Glasfasergewebe (sp)
siliceous kieselartig, kieselsäurehaltig, kieselsauer
siliceous calamine Hemimorphit, Kieselgalmei, Kieselzinkerz
siliceous deposit kieselartiges, kalkiges Gestein
siliceous flux Kieselzuschlag
siliceous limestone Kieselkalk

siliceous rock Kieselgestein
siliceous sandstone Kieselsandstein
siliceous sinter Kieselsinter
siliceous sinter of gyser Kieseltuff
silicic acid Kieselsäure
silicic anhydride Kieselsäureanhydrid
silicol Silikol
silicomagnese steel Mangansiliziumstahl
silicon avalanche diode chip Silizium-Lawinendiodechip (integrierte Schaltung)
silicon blow Siliziumverbrennung (Konverterbetrieb)
silicon capacitance diode Silizium-Kapazitätsdiode
silicon carbide Siliziumkarbid
silicon-cell approach Fotozellen auf Siliziumbasis (Sonnenenergie)
silicon circuit Siliziumschaltung
silicon controlled rectifier Siliziumgleichrichter
silicon detector Siliziumdemodulator
silicon fluid Silikonöl
silicon fusion transistor Siliziumtransistor
silicon grease Silikonfett
silicon insulation Silikonisolierung
silicon junction diode Siliziumflächendiode
silicon junction power diode Silizium-Flächenleistungsdiode
silicon junction rectifier Silizium-Flächengleichrichter
silicon-manganese steel Mangan/Siliziumstahl
silicon monolithic integrated circuit monolitisch integrierte Siliziumschaltung
silicon nitride, sintering of reaktionsgesintertes Siliziumnitrid (TB)
silicon photovoltatic cell Silizium-Sperrschichtphotoelement
silicon plastic Silikonkunststoff
silicon pn-diode Silizium-pn-Diode
silicon rectifier Siliziumgleichrichter
silicon rubber Silikonkautschuk
silicon steel Siliziumstahl
silicone rubber silikongummigetränkt
silk-and-cotton-covered baumwoll- u. seidenumsponnen
silk-and-cotton-covered cable Baumwollseidenkabel, BS-Kabel
silk-and-cotton-covered cable for surface mounting in dry places Seidenbaumwollkabel für trockene Räume u. Verlegung auf Putz (SBK)
silk-and-cotton-covered cable with lead jacket for surface mounting in dry places Seidenbaumwollkabel mit Bleimantel für trockene Räume u. Verlegung auf Putz (SBM)
silk-and-cotton-covered wire Seidenbaumwolldraht (SB)
silk-covered mit Seide umsponnen, seidenumsponnen (Draht)
silk-covered wire seidenisolierter Draht, Seidendraht
silk insulation cable wire seidenisolierter Draht
silk parachute Seidenfallschirm
silk-screen printing Filmdruck, Siebdruckvorgang, Seidenrasterdruck, Serigraphie
silk screen printing ink Siebdruckfarbe
silk screen varnish Schablonenlack
sill Fensterbrett, Lagergang, Schwellenholz, Türschwelle
sill, ground Grundschwelle
sill moulding Schwellenleiste
sillimanite Sillimanit (feuerfester Stoff)
sillemite Kieselzinkerz
silphon Faltenbalg
silting Anschwemmung, Sedimentierung
silumin alloy Siliziumaluminium
silurian Silur, silurisch
silver amalgam Silberamalgam
silver bath Silberbad
silver bromide Silberbromid, Bromsilber
silver chloride Kreat, Silberchlorid
silver chloride battery Silberchloridbatterie
silver chloride cell Silberchloridelement
silver chlorbromide Silberchlorbromid
silver-coated versilbert
silver-coating Silberbelag, Silberauflage, Silberbelegung
silver-conductive top coat Silberoberschicht
silver electrode Silberelektrode
silver film Silberbelag, Silberbelegung, Silberfilm, Silberfolie, Silberschicht
silver foil Silberfolie, -papier
silver globule (of ionoscope mosaic) Rasterkorn
silver layer Silberbelag, -schicht
silver-mine Silbergrube, -mine
silver oxide cell Silberoxydelement
silver-plated silberplattiert, versilbert
silver-plating Versilbern, Versilberung
silver-plug Rasterkorn
silver solder Silberschlaglot
silver spindle Silberspindel
silver steel Silberstahl
silver storage battery Silber/Zink-Akkumulator
silver-style writing Silberschriftschreibverfahren
silver wire Silberdraht
silver-wire fuse Silberschmelzsicherung
silver-zinc battery Silber/Zinkbatterie
silvered-mica capacitor Kondensator aus versilberten Glimmerblättchen
silvering Silberbelegung, Versilbern
similar behaviour, of sich gleichverhaltend (math)
similar in action in der Wirkungsweise gleich
similar thrust-weight ratio vergleichbares Schub/Masse-Verhältnis (Twk)
similar to actual combat gefechtsmäßig
similar to condition in the field gefechtsmäßig
similarity Ähnlichkeit, Gleichartigkeit
similarity law Ähnlichkeitsgesetz
similarity transformation Ähnlichkeitstransformation
similary charged gleichnamig elektrisch
similary electrified gleichnamig elektrisch
similitude theory Ähnlichkeitstheorie
simple absolute expression einfacher absoluter Ausdruck
simple AGC unverzögerte Verstärkungsregelung
simple alloy steel Ternärstahl
simple arithmetic expression einfacher arithmetischer Ausdruck
simple beam einfacher Balken od. Licht-

strahl
simple Boolean einfacher logischer Ausdruck
simple Boolean expression einfacher boolescher Ausdruck (ALGOL)
simple bridge Einfachbrücke (telg)
simple conditional expression einfacher boolescher Ausdruck (COBOL), Einfachbedingung
simple criteria einfache Deckoperation
simple-cycle gas turbine Einstromgasturbine
simple cycle system Einfachsystem
simple-cycle turbine Gasturbine mit offenem Kreislauf
simple designation expression einfacher Zielausdruck (ALGOL)
simple distillation einfache Destillation
simple electrode Einfachelektrode
simple equation einfache Gleichung (math)
simple expression einfacher od. elementarer Ausdruck, Elementarausdruck
simple fixed pulley feste Rolle
simple flap Landeklappe, Wölbungsklappe
simple fraction gemeiner od. gewöhnlicher Bruch (math)
simple fuel system einfaches Kraftstoffsystem
simple function einfache Funktion (math)
simple harmonic motion (vibration) gleichbleibende harmonische Bewegung
simple jet (engine) Einstromtriebwerk, TL-Triebwerk (Gegensatz zu PTL-Triebwerk)
simple lens Einlinsenobjektiv
simple list einfache Ein-/Ausgabeliste (FORTRAN)
simple modular replacement rationeller Modulaustausch
simple movement einfache Schiebung
simple name einfacher Name (EDV)
simple overhead panel übersichtliche Deckeninstrumententafel (Cockpit)
simple parallel winding eingängige Parallelwicklung
simple process factor Trennfaktor einer Stufe
simple random sample einfache od. ungeschichtete Zufallsstichprobe (Qualitätskontrolle)
simple sight and flight information display einfaches Sicht- und Flugführungsvisier
simple sound source nichtgerichtete Schallquelle, Allrichtungsschallquelle
simple statement Einzelanweisung, einfacher Befehl (COBOL)
simple stationary gas producer Gaserzeuger mit festem Rost
simple stress gleichbleibende Spannung
simple trailing edge flap einfache Hinterkantenspaltklappe
simple twin-spool turbojet cycle with afterburner thrust boost einfaches Zweiwelleneinkreisprinzip mit Schuberhöhung durch Nachbrenner
simple variable einfache Variable (math)
simplex Simplexbetrieb, Simplexverkehr
simplex (teletype) Wechselschreiben, wechselweises Richtungsschreiben
simplex (voice communication) Wechselsprechen
simplex channel Einwegkanal
simplex circuit Wechselverkehrskreis (Sprechen/Schreiben), Einfachschaltung
simplex manufacturing-type milling machine Einspindelplanfräsmaschine (A)
simplex method Einfachmethode, Simplexmethode
simplex needle indicator Einfachnadelanzeiger
simplex of reference Basis eines linearen Raumes
simplex operation Einfachbetrieb, Simplexbetrieb, -verkehr, Wechselverkehr
simplex operation or working Einfachbetrieb, Einfachverkehr (Post)
simplex or half/duplex-split frequency action Simplex- od. Halbduplex-Spaltfrequenzbetrieb
simplex repeater Einwegverstärker
simplex telegraphy Einfachtelegraphie
simplex teletypewriter communication (UK) wechselweises Richtungsschreiben
simplex unit Wechselsprechgerät
simplex winding einfach geschlossene Ankerwicklung
simplex working Einfachbetrieb, Simplexbetrieb, Simplexverkehr
simplicity Einfachheit, Unkompliziertheit
simplicity of construction Einfachkonstruktion
simplicity of isolating a failed subassembly einfache Feststellung fehlerhafter Unterbaugruppen
simplicity of maintenance wartungsfreundliche Vorrichtung (Konfiguration)
simplified aerial system vereinfachtes Antennensystem
simplified circuit diagram Grundschema (einer Schaltung)
simplified heat sinking vereinfachte Wärmesenke
simplified illustration of the command system, a vereinfachte schematische Darstellung des Führungssystems
simplify vereinfachen, kürzen (Bruch)
SIMUL (simultaneous(ly) gleichzeitig
simulate closely, to genau nachbilden
simulate navigation and target situations Simulation von Navigations- und Waffeneinsatzverfahren
simulate, to nachahmen, vorgeben
simulated broadcast Scheinfunk
simulated data tape Band mit simulierten Daten
simulated echo simuliertes Echo
simulated equatorial flight pattern simulierte äquatoriale Flugbahn
simulated failure condition simulierte Notfallsituation
simulated fire representating an enemy gun target Geschützzielfeuer
simulated fire representating enemy rifle or MG target Gewehrzielfeuer
simulated instrument approach angenommener od. simulierter Instrumentenflug
simulated instrument flight Flug unter angenommenen IFR-Bedingungen, Scheininstrumentenflug, simulierter IFR-Flug
simulated instrument flight condition angenommene od. simulierte Instrumentenflugbedingung

simulated one engine landing Übungseinmotorenlandung
simulated, realism achiev wirklichkeitsnahe Simulation (Hschr.)
simulation Nachahmung, Simulation, Simulierung, Vortäuschung (elektronische Gegenmaßnahmen, Abkz. ELOKA)
simulation and training system Simulations- und Ausbildungssystem (av)
simulation blade element simuliertes Rotorblatt (Hschr.-Simulation)
simulation engineering technische Simulation (Slugsimulationssystem)
simulation equipment Nachbildungsgerät
simulation of a jet Strahlnachahmung
simulation of engine failure at M 1,2 simulierter Triebwerkausfall bei Mach 1,2
simulation of static and pitot pressure measurement Simulieren von statischen Staudruckmessungen
simulation of strategic games Simulieren strategischer Spiele
simulation of terrain Geländenachbildung
simulation of the automatic control system Simulation des inneren Regelkreises
simulation of the concepts Konzeptsimulation
simulation program Simulationsprogramm, Simulator(programm)
simulation, real-time Echtzeitsimulierung, Echtzeitsimulation, Realzeitsimulierung
simulation routine Simulationsprogramm, Simulator(programm)
simulation technology Simulationstechnologie
simulation technique Simulationsverfahren (Hschr.-Simulator)
simulation testing Simulationsprüfung
simulative damper checkout Dämpfungsreglerprüfgerät mit simulierten Signalen
simulative deception Täuschung durch simulierten Verkehr
simulator Simulationsprogramm, Simulator(programm), Nachbilder (Rechner), Simulierer, Linktrainer (av), Übungsgerät für Pilotenausbildung
simulator air data counter Luftwertezählwerk (Phi-Prüfsignalgeber)
simulator air traffic service SATS
simulator and digital interface equipment Simulator- u. Digitalinterfacegerät
simulator calibrated in azimuth Azimutstellung des Simulators
simulator capable for a variety of rolls mehrzweckgeeigneter Simulator (av)
simulator, centrifugal protection gear Flug- u. Schleudersitzgerät-Simulator
simulator feature Simulationsmöglichkeit
simulator maker Simulatorkonstrukteur
simulator program Simulationsprogramm, Simulator(programm)
simulator simple system for presenting the image of the ground einfaches Bodenbildsimulationssystem
simulator six-axis motion system Simulatorbewegungssystem mit sechs Freiheitsgraden
simulator unit Simulatorsystem (ATC)
simulator visual system Steuerung des Bildsimulationssystems
simulators in service simulatorgestützte Übung (av)
simulcast Simultansendung
simultaneity Gleichzeitigkeit, Simultanität
simultaneity factor Gleichzeitigkeitsfaktor
simultaneous gleichzeitig, simultan
simultaneous access Parallelzugriff
simultaneous broadcasting Gleichwellenbetrieb, Gleichwellenrundfunk, Simultanübertragung
simultaneous broadcasting network Gleichwellennetz
simultaneous broadcasting transmitter Gleichwellensender
simultaneous colour television Simultanfarbfernsehen
simultaneous computer Simultanrechenanlage, -rechengerät, -rechner
simultaneous dual communication Simultanfunksprechanlage
simultaneous equation Simultangleichung, simultane Gleichung
simultaneous linear equation simultane lineare Gleichung (math)
simultaneous method Gleichungsmethode, Simultanmethode
simultaneous mode Simultanbetrieb
simultaneous motion cycle chart Arbeitsablaufdiagramm
simultaneous operation Simultanbetrieb, Neuprogrammverarbeitung, Simultanverarbeitung, Mehrprogrammverarbeitung, Programmverzahnung
simultaneous read-while-write gleichzeitiges Lesen u. Schreiben (im Rechner)
simultaneous reception Simultanempfang
simultaneous telegraph and telephone working Simultanbetrieb
simultaneous transmission gleichzeitige, parallele od. simultane Übertragung, Paralleltransfer
simultaneous twin spindle milling gleichzeitiges Fräsen mit zwei Spindeln
simultaneously in flight against different targets simultane Zielsuche und Zielverfolgung (Simulator)
sine bar Sinuslineal
sine compass Sinusbussole
sine-cosinus card Funktionspotentiometer
sine-cosine potentiometer Funktionspotentiometer, Sinus/Cosinus-Potentiometer
sine curve Sinuskurve, -linie
sine electrometer Sinuselektrometer
sine function Sinusfunktion
sine galvanometer Sinusbussole
sine law Sinusgesetz
sine movement sinusförmige Bewegung
sine of amplitude Sinusamplitude
sine of the angle Sinus des Winkels
sine-shaped sinusförmig
sine-squared pulse glockenförmiger Impuls
sine table Sinustafel
sine term Sinusglied
sine wave sinusförmige Welle, Sinusschwingung, Sinuswelle
sine wave distortion sinusförmige Verzerrung
sine wave form Sinuswellenform
sine wave generator Sinus(wellen)geber
sine wave of sound sinusförmige Schallwelle
sine wave potential sinusförmige Spannungs-

verteilung
sine-wave supply sinusförmige Netzwechselspannung, sinusförmige Netzspeisung
singing, a line is eine Leitung ist nicht stabil (pfeift)
singing arc (of amplifier) singender od. sprechender Lichtbogen
singing limit Pfeifgrenze
singing margin Abstand vom Pfeifpunkt, Pfeifabstand
singing point Pfeifpunkt
singing sparks Tonfunken
singing suppressor Rückkopplungssperre
"single" Bohrgestängeeinheit
single acting einfachwirkend, einseitig wirkend, halbwirkend (mech)
single-acting address system Einadreßsystem (Rechner)
single-acting cylinder Einwegarbeitszylinder
single-acting engine einfachwirkende Maschine
single-action hydraulic cylinder Einwegarbeitszylinder
single-address code Einadreßcode (dv)
single-address instruction Einadreßbefehl
single-address machine Einadreßmaschine, Einadreßrechner (dig)
single-address message Spruch mit Einzeladresse (milit)
Meldung mit Einzeladresse (für Flugsicherung)(zivil)
single amount Einzelbetrag
single angle cutter with keywayed hole Winkelfräser
single angle cutter with threaded hole Winkelfräser mit Zylinderschaft
single-anode magnetron Vollanodenmagnetron
single-anode rectifier Einanodenventil
single-aperture core Ringkern (Magnetkern)(dig)
single armoured mit einfacher Bewehrung
single-axis floated integrating gyro Schwimm-I-Wendekreisel
single-axis vehicle Einfachfahrzeug
single-axle tractor Einachsschlepper
single barreled pointer Einbalkenzeiger
single-battery receiver Einbatterieempfänger
single-battery switch Einzelzellenschalter
single-bay relay receiving aerial Einfach-Ballempfangsantenne
single-bay staggered biplane einstieliger gestaffelter Doppeldecker
single-beam propellant einbasiges Treibmittel
single beam reflective infrared line sensor Einstrahl-Infrarotreflexionssensor
single-beam tube Einstrahlröhre
single-bevel einfache Abschrägung
single-bevel joint einseitiger V-Stoß
single-blade airscrew Einblatt-Luftschraube, einflügelige Luftschraube
single-blade propeller einflügelige Schraube
single-blade shutter Einflügelblende, Einflügelverschluß
single block of channels Einzelgruppe von Kanälen
single-blow cold upsetting machine Eindrückkaltpresse
single-button carbon microphone gewöhnliches eingekapseltes Kohlemikrophon
single cabinet system Eingehäusesystem
single card check(ing) Einzelkartenprüfung
single card control Einzelkartenprüfung
single-card groups Einkartengruppen
single card total elimination Summengangunterbindung bei Einkartengruppen
single-cavity mold Einfachform (pressen)
single cell Monozelle
single centrifugal compressor stage einstufiger HD-Radialverdichter
single-chamber oven Einfachthermostat
single-chamber pre-burner cycle engines Einkammertriebwerk mit Vorverbrennung
single-channel einkanalig
single-channel approach Anflug ohne Frequenzwechsel
single-channel communication controller Einkanal-Datenübertragungssteuerung
single-channel form Einkanalausführung (av)
single-channel GPS receiver GPS-Einkanalempfänger (av)
single-channel GPS specifically designed to be incorporated in a heading reference and attitude system einkanaliges **GPS-Gerät,** das speziell für die Integration in ein Kurs- u. Lagebezugssystem AHRS (attitude and heading reference system) konzipiert ist (av)
single-channel image dissection Einkanal-Bildzerlegung
single-channel operation (uniplex) Einkanalbetrieb, Uniplex
single-channel pulse height discriminator Einkanal-Impulshöhendiskriminator
single-channel pulsing Einkanaltastung
single-channel simplex Einkanalbetrieb, Simplexbetrieb
single channel transmission Einkanalübertragung
single-channel transmitter einkanaliger Sender
single character Einzelzeichen
single-chip phase shifter module Ein-Chip-Phasenschieber (Bordcomputer)
single circuit-closing jack einpolige Kurzschlußklinke
single-circuit drift tube Einkreistriftröhre
single circuit reception Einkreisempfang
single-class configuration Einheitsbestuhlung (Flugzeugkonfiguration)(av)
single-class seat pitch Einheitsklassenbestuhlung (av)
single-coil filameter Einfachwendel
single-coil indicator einschenkelige Klappe
single-coil lamp Einfachwendellampe
single-coil ringer Einspul(en)wecker
single-column duodecimal coding duodezimaler Einspaltencode, Sterlinglochung
single-column month listing and summary punching Einspalten-Monatsschreibung u. Summenlochung
single-compartment sandblast-tank machine Einkammersandstrahlapparat
single-conductor cable Einzelleiterkabel
single conductor cord Einadernschnur, einadrige Schnur
single contact system einfacher Fahrdraht
single control Einzelkontrolle
single control tuning Einknopfabstimmung

single coordinate recorder Einkomponentenschreiber
single-cord system Einschnursystem
single-core cable einadriges Kabel, Einleiterkabel
single core circuit Einfachleitung
single-cotton-covered einmal mit Baumwolle umsponnen (Draht)
single-cotton-covered copper wire Kupferdraht mit einfacher Baumwollumflechtung (CuB)
single counter Einfachzähler
single counting tube Einfachzählrohr
single-covered einfachumsponnen
single crank selection of feed Einhebelwahl des Vorschubs (w)
single-crystal growth Einkristallzüchtung
single-crystal parts Einkristallteile (TB)
single-crystal turbine blade Einkristall-Turbinenschaufel (Twk)
single-cup insulator Einfachglockenisolator
single current Einfachstrom
single-current message channels of a quadruplex telegraph circuit Einfachstromseite einer Vierertelegraphenschaltung
single current operation Einfachstrombetrieb
single current teleprinter Einfachstromfernschreiber
single current working Einfachstrombetrieb
single cut Einhub
single-cutter Einzelfräser
single curvature metal surface einfach gekrümmte Metalloberfläche
single cycle non process Einzelgang ohne (od. mit) Verarbeitung
single-cylinder calibration Messung am Einzylindermotor
single cylinder steam engine Einzylinderdampfmaschine, einzylindrige Dampfmaschine
single-cylinder test Einzylinderversuch
single-cylinder test bed or bench Einzylinderprüfstand
single-cylinder test unit Einzylindermotor
single-cylinder turbine eingehäusige Turbine, Eingehäuseturbine
single decade counter Eindekadenzähler
single defruiting (IFF)(SSR) Einfachunterdrückung nichtsynchroner Antworten (Identifizierung Freund/Feind)(Sekundärrundsichtradar)
single-degree of freedom gyro Kreisel mit zwei Freiheitsgraden (einschließlich Laufachse)
single-dial control Einknopfbedienung
single-dial tuning Einknopfabstimmung
single-digit operation Einfingerbedienung
single diode Einfachdiode, Einzeldiode
single disk brake Einscheibenbremse
single-dome bell einschaliger Wecker
single-drift correction flight Flug mit einfacher Abtriftberichtigung
single-duct einzügig
single-duct conduit Kanal aus einem Vollrohr
single earth Einfacherdschluß
single echo Einfachecho
single-edge guiding Einkantenführung, einseitige Bandführung (Magnetband)
single-edged einschneidig
single-edged tape card einseitige Lochstreifenkarte
single-edged tool einschneidiges Werkzeug
single-edged variable-width sound track Einzackenschrift
single-electrode capacitor Einelektrodenkondensator
single-electron limit Ein-Elektron-Grenze (Vervielfältiger)
single-ended amplifier Eintaktverstärker, unsymmetrischer Verstärker
single-ended circuit Eintaktschaltung
single-ended output unsymmetrischer Ausgang
single-ended push-pull transformatorlose Gegentaktendstufe
single-ended push-pull output stage Gegentaktendstufe mit Eintaktausgang
single-ended transmission power takeoff Nebenantrieb des Wechselgetriebes mit einer Antriebswelle
single-engine aeroplane einmotoriges Flugzeug
single-engine aircraft einmotoriges Luftfahrzeug
single-engine(d) einmotorig
single-engined V/STOL aircraft senkrechtstartfähiges Flugzeug mit einem Triebwerk
single-entry compressor einseitiger Kompressor
single equiphase line Linien gleicher Phase
single-eye CRT projector monokularer Bildschirmprojektor (Bordcomputer)
single-filled weld einseitige Kehlnaht
single flame einflammig
single-flight Einzelflug, Soloflug
single-float plane Einschwimmerflugzeug
single flow einspuriger Verkehrsfluß
single forces action Krafteinleitung
single frequency singulare Frequenz, Singularfrequenz
single-frequency approach Anflug ohne Frequenzwechsel
single-frequency signaling system Tonsignalsystem mit einer Frequenz
single-fuel attitude control thrust monogole Lageregelung
single-groove insulator Glockenisolator mit einer Bundrille
single-groove single-petticoat insulator Glockenisolator mit einer Glocke u. einer Bundrille
single-gun colour television tube Farbfilmbildröhre mit einem Elektronenstrahl
single-gyro compass Einkreiselkompaß
single-gyro system Einkreiselanordnung
single-head wrench Einfachschraubenschlüssel
single heading flight Flug mit nur einem Steuerkurs
single-hole mounting Einlochbefestigung
single hole punching Einzellochung
single-input mixing additive Mischung
single ionization Einfachionisation
single isolated wheel load vergleichbare Einzelradlast
single item ejection Einzelpostenvorschub (lo)
single item punching Einzelkartenlochung
single jet-driven rotor (SJR) strahlgetriebener Einzelrotor, Hubschrauber mit strahlgetriebenem Einzelrotor

single job scheduling Einfach-Job-Steuerung
single keyway broach Räumwerkzeug zum Schneiden einfacher Keilnuten
single-knob radio receiver Monoknopfempfänger
single lap joint einseitiger Stoß
single lapping with pure rubber einmal mit Gummi überzogen
single-layer einlagig
single-layer winding Einschichtwicklung, einlagige Wicklung
single-leaf electrometer Einblattelektrometer
single-leaf partition Einfachwand (Raumakustik)
single-lens camera Einfachkamera
single-lens reflex camera einäugige Reflexkamera
single-lever engagement Einhebeleinschaltung
single-lever power control Einhebel-Leistungsregelung
single line spectrum Spektrum mit einer Linie
single load Einzellast
single loader Einzellader
single lock einfache Kammerschleuse
single loop einschleifig, Einzellasche (des Zerfallgurtgliedes an Waffen)
single, main and tail rotor (MTR) Hubschrauber mit Einzel-, Haupt- u. Heckrotor
single manager ausschließliche Lenkungsstelle
single-mill train einachsige (Walz)straße
single molecule Einzelmolekül, Monokül
single motor drive Einzelmotorantrieb
single-note distortion Eintonverzerrung
single-nucleon-nucleon encounter Einzelstoß zweier Nukleonen
single obstruction light Einfachhindernisleuchte
single operation Einzelbetrieb, Einzeloperation
single-operator telegraph Einmanteltelegraph
single out aussortieren, heraussuchen
single-particle model of nucleus Schalenmodell des Atomkerns
single-particle oscillator wave function Wellenfunktion eines Einteilchenoszillators
single-pass compiler Einweg-Compiler
single-pass compiler, on-board bordgestützter Einweg-Compiler
single pass tap Einzelschneider
single pence coding duodezimaler Einspaltencode, Sterling-Lochung
single-phase einphasig, monophasig
single-phase alternating current einphasiger Wechselstrom
single-phase circuit Einphasenkreis
single-phase commutator motor with self-excitation kompensierter Repulsionsmotor
single-phase commutator motor with series compensating winding Einphasen-Reihenschlußmotor mit Kompensationswicklung
single-phase current Einphasenstromkreis
single-phase main Einphasennetz
single-phase meter Einphasenzähler
single-phase motor Einphasenmotor
single-phase power supply Einphasennetz
single-phase rectifier Einphasengleichrichter
single-phase series commutator motor with short-circuited compensating winding Einphasen-Reihenschlußmotor mit kurzgeschlossener Kompensationswicklung
single-phase starter Einphasenanlasser
single-phase synchronous generator Einphasen-Synchrongenerator
single-phase system Einphasensystem
single phenomenon Einzelerscheinung
single-picture crank and shaft (motion pictures) Einergangkurbel u. -welle
single-piece aluminium housing Aluminiumgehäuse aus einem Stück
single-piece, made of a aus einem Stück gefertigt
single-pilot crew Einmannbesatzung (LHX-Cockpit)
single-pilot operation Einmanncockpit (LHX-Cockpit)
single-plate dry disc clutch, integrated integrierte Einscheibentrockenkupplung
single-ply belt Einfachriemen
single-point cutter (threading) Einzelstahl
single point cutting einschneidig
single point ground refueling receptacle Einpunkt-Bodenbetankungsstutzen
single-point pressure refueling Einpunktdruckbetankung
single point pressure refueling plumbing Einpunktdruckbetankungsleitung (Kraftstoffanlage)
single-point recorder Einpunktschreiber
single-point refueling Einpunktbetankung
single-point refueling system Einpunkt-Betankungsanlage
single-polarity pulse unipolarer Impuls
single-pole disconnection einpolige Abschaltung
single-pole double-throw relay einpoliges Umschaltrelais
single-pole double-throw switch (single contact) einpoliges Umschaltrelais
single-pole flush switch einpoliger Schalter für Unterputzinstallation
single-pole line einfache Stangenlinie
single-pole over-current circuit breaker einpoliger Überstromselbstausschalter
single-pole plug einpoliger Stecker
single pole receiver einpoliger Fernhörer
single-pole single-throw relay (single contact) (N.C.) Relais mit einpoligem Ruhekontakt (Öffner), Relais mit einpoligem Arbeitskontakt (Schließer)
single-pole single-throw switch einpoliger Ein- u. Ausschalter, einpoliger Stell- od. Tastschalter
single-pole surface switch einpoliger Schalter für Aufputzinstallation
single-pole switch einpoliger Schalter
single-pontoon plane Einschwimmerflugzeug
single-porthole steerable canopy Steuerlochkappe (Fsch)
single-precision einfache Genauigkeit
single-precision floating point constant Gleitkommakonstante einfacher Genauigkeit
single printing element Kugelschreibkopf (Schreibmaschine)
single prism Ein(zel)prisma
single prism spectrograph Einzelprismaspektrograph
single processor unit with associated twin small-disc memory unit Datenverarbeitungseinheit mit Kleinplattenspeicher

single pulley drive Einscheibenantrieb
single pulley drive from a countershaft Antrieb durch Deckenvorgelege u. Einscheibe
single purpose computer Einzweckrechenautomat
single-purpose reactor Einzweckreaktor (Reaktor für Plutonium ohne Energieerzeugung)
single-rail launcher Einschienenvorrichtung
single-range meter Einfachbereichsinstrument, Einfachzweckgerät, -instrument
single-range signal generator Meßsender mit einem Bereich
single-range superhet Einbereichssuper
single rank or line Linie zu einem Glied
single-record instrument Einfachschreiber
single reduction gear Getriebe mit einfacher Zahnradübersetzung
single reference processing Einzelverarbeitung
single release Einzelabwurf (Bomben)
single release assembly Einfachtrennschloß (Fallschirm)
single-resonance level Einzelresonanzniveau
single-roll crusher Einfachwalzmühle
single rotor einrotorig
single rotor system with torque compensation by tail rotors Einrotorsystem mit Drehmoment(en)ausgleich durch Heckrotore
single-row aerial einreihige Antenne
single-row angular-contact ball bearing einreihiges Schrägkugellager
single-row deep groove ball bearing einreihiges Rillenkugellager
single-row inner race with taper bore (bearing) Kegelinnenring
single-row lighting Einzelreihenbefeuerung
single-row radial engine einreihiger Sternmotor, Einsternmotor
single-row rigid deep-groove ball journal bearing Hochschulterlager
single sampling Einfachstichprobenprüfung (Werkstoffprüfung)
single sampling plan Einfachstichprobenplan (Werkstoffprüfung)
single scattering (of electrons) Einzelstreuung
single seam Einfachnaht (Fsch)
single-seat flight Jagdeinsitzer
single seat motorcycle Solokrad
single-seat pressurized cockpit einsitzige druckbelüftete Kabine
single-seat trainer Übungseinsitzer
single-seated aircraft einsitziges Luftfahrzeug
single-seater fighter Jagd-, Kampfeinsitzer
single-section cabinet Einfachschrank
single-section capacitor Einfachdrehkondensator
single servo Einfachhydraulik
single-shaft low bypass fan engine einwelliges Zweikreistriebwerk mit niedrigem Durchsatzverhältnis
single-shaft regenerative repeater einachsiger Entzerrer
single-shaft variable-pitch turbofan einwelliges Zweikreistriebwerk mit verstellbarer Bläserschaufel
single-sheave block einrolliger Kolben
single sheet bend einfacher Schotsteg
single-shot multivibrator monostabiler Multivibrator
single-shot survey Einpunktvermessung (Bohrung)
single-shot weapon Einzellader
single side-band Einseitenband
single sideband amplitude modulation Einseitenband-Amplitudenmodulation
single sideband method Einseitenbandsystem, -verfahren
single sideband reception Einseitenbandempfang
single sideband suppression Unterdrückung eines Seitenbandes
single sideband system Einseitenbandsystem
single sideband technique Einseitenbandtechnik
single sideband transmission Ein(seiten)bandübertragung, Einseitenbandsender
single sideband transmitter Einseitenbandsender
single-sided rack einseitiges Gestell, einseitiger Rahmen
single-sided rotating cascade einseitige Drehkaskade
single-signal generator Einzelsignalgeber
single-signal ranging Einsignalentfernungsmessung
single-signal receiver Einzeichenempfänger
single-silk-covered einmal mit Seide umsponnen (Kabel)
single-silk-covered copper wire Kupferdraht mit einfacher Seidenumspannung
single sleeve valve engine Einschiebermotor
single slider coil Spule mit einem Gleitkontakt
single-space printing einzeiliges Drucken
single span Einbereich
single span stringer bridge Uferbrücke
single spar einholmig
single-stage blower Einstufenlader
single-stage centrifugal compressor einstufiger Radialverdichter
single-stage compressor einstufiger Kompressor
single-stage fan Einlaufleitschaufel
single-stage oven Einfachthermostat
single-stage planetary reduction gear einstufiges Planetenuntersetzungsgetriebe
single-stage recycle Einstufenrückführung
single-stage resin Resol (Phenolaldehydharz)
single stage self-saturating magnetic amplifier einstufiger selbstbetätigter Magnetverstärker
single-stage solid-fuel rocket motor einstufiger Feststoffraketenmotor
single-stage supercharger einstufiger Kompressor
single-stage supercharger low gear and high gear Einstufenvorverdichter unterer u. oberer Ladung
single-stand mill eingerüstiges Walzwerk
single-step einstufig
single-step operation Einzelschrittbetrieb
single-step rocket einstufige Rakete, Einstufenrakete
single-stroke bell Einschlagglocke, Einschlagwecker
single-strut undercarriage Einbeinfahrgestell
single-surface controllable horizontal

stabilizer der Stabilator
single switchboard unit Vermittlungskasten
single-tank circuit breaker Einkesselschalter
single-target desception Einzelzielvortäuschung
single-tasking Einzelverarbeitung
single test for comparison Vergleichseinzelversuch
single thread eingängiges Gewinde
single-throat Venturi tube Einfachsaugrohr
single-throw stitch Verzäckelung ohne Mittelstich (Fsch)
single-throw switch Hebelausschalter (im Gegensatz zum Hebelumschalter)
single-thrust ball bearing einseitig wirkendes Axialrillenkugellager
single time-multiplexed signal processor module Zeitmultiplex-Signalprozessormodul
single-tone modulation Eintonmodulation
single-tone start-stop teleprinter Eintonspringschreiber
single tow Einzelschlepp (Lufttransport)
single-trace magnetic head einspuriger Magnetkopf
single-trace oscillograph einspuriger Oszillograph
single-track recorder einspuriges Magnettongerät
single-track rotary-head machine Einkanalgerät mit rotierendem Aufnahmekopf
single-tube amplifier Einröhrenverstärker
single tuned circuit Einzelkreis
single-turn coupling Schnellkupplung
single undercoater Einheitsgrund
single unit Einblockeinheit
single use charge einmalige Zahlung (komm)
single V butt weld V-Naht (Fsch)
single valued function einwertige Funktion
single-valve amplifier Einröhrenverstärker
single-valve arrangement Eintaktanordnung
single-valve receiver Einröhrenempfänger
single volume file Einzelspulendatei (bei Bändern)
single wave operation Einwellenbetrieb
single-way distance measurement Einwegentfernungsmessung
single-way duct einzügiger Kanal
single-way rectification Einweggleichrichtung
single-way rectifier Einweggleichrichter
single-way switch Einwegschalter
single-wheel load Einzelradbelastung
single white-silk-covered einmal mit weißer Seide umsponnen (Kabel)
single-wire circuit Eindraht-, Einfachleitung
single-wire conductor eindrahtiger Leiter
single-wire feeder Eindrahtspeiseleitung
single-wire route eindrahtige Linie
single-X box stitch formation Vierecknaht mit Auskreuzung
single-X stitch Auskreuzung (Fsch-Naht)
singlet series Singulett
singly charged einfach geladen
singly charged cosmic rays einfach geladene kosmische Strahlen
singly ionized einfach ionisiert
singly re-entrant armature winding eingängige Ankerwicklung
singly refracting einfachbrechend
singly refractive einfachbrechend (Strahl)
singular point singulärer Punkt
singular solution singuläre Lösung (Differentialgleichung)(math)
singularity Einzelheit, einem Einzelnen zukommende Eigenschaft, Ungewöhnlichkeit, Seltenheit, singuläre Stelle (math), singulärer Punkt (math)
sinistro-propagating waves linkslaufende Wellen
sink Ausguß (Kanalisation), einsinken, fallen, niedergehen
sink a hole Bohrloch hinunterbringen
sink mark eingefallene Stelle (Preßfehler), Mulde (Stanzfehler)
sink of an oscillator Schwingungsloch
sinking Einfräsung
sinking speed Abwärtsgeschwindigkeit (Flz), Sinkgeschwindigkeit (Fsch)
SINPFEMO (code indicating radio signal quality) SINPFEMO (Code zur Kennzeichnung der Güte von Funksendungen)
SINPO (code indicating the quality of radio transmission) SINPO (Code zur Kennzeichnung der Güte von Funksendungen)
SINPO signal reporting code SINPO-Schlüssel
sinter-fuse, to aufsintern
sintered carbide Hartmetall, Sinterkarbid
sintered carbide tipped cutter hartmetallbestückter Fräser
sintered corundum Sinterkorund
sintered ore Sintereisen
sintered product Sintergut
sintering former Sinterschablone (zur Sinterung eines Tiegels)(Hüttenwesen)
sintering of silicon nitride reaktionsgesintertes Siliziumnitrid (TB)
sinosity Gewundenheit
sinus series Sinusreihe
sinusoidal current Sinusstrom, sinusförmiger Strom
sinusoidal diagram Sinoidaldiagramm
sinusoidal field Sinusfeld
sinusoidal oscillation Sinusschwingung, harmonische Schwingung
sinusoidal quantity Sinusgröße, sinusförmige Wechselgröße
sinusoidal variation sinusförmiger Verlauf
sinusoidal vibration (structure-borne sound) Sinusschwingung
sinusoidal voltage sinusförmige Spannung
sinusoidal wave Sinuswelle, sinusförmige Welle
sinusoide Sinusoide
siphon Druckdose, Faltenbalg, Heber, Kanaldrücker, Saugheber
siphon acidometer Hebersäuremesser
siphon barometer Heberbarometer, Heberluftdruckmesser, Saugheberbarometer
siphon diaphragm Membrandose
siphon gland Stopfbuchse mit Faltenbalgabdichtung
siphon pen Schreibröhrchen
siphon pipe Heberrohr
siphon recorder Farbröhrenschreiber, Heberschreiber
SIR strip inspection report
siren Heulpfeife
siren trumpet Sirenenschalltrichter

Sirio antenna Sirioantenne
sirufer core Siruferkern
sirufer (iron-dust) coil Siruferspule
sirus Sirus (astro-nav)
SITA Societe Internationale Telecommunications Aeronautiques
SITE satellite instructional television experiment
site örtliche Lage
site assembly Montagebauverfahren
site condition Platzverhältnis
site error Peilfehler infolge örtlicher Ablenkung der Peilwellen
site evaluation Standortauswahl, Standortbeurteilung, Standortwahl
site interference Störung auf dem Platz
site of a gauge Lage eines Pegels
site parameter örtlicher Parameter (Akustik)
site propagation characteristics örtliche Ausbreitungsverhältnisse (Akustik)
site-restricted power station standortgebundenes Kraftwerk
site work Ortsbauverfahren
siting criteria Kritien für Stellungswahl
sitting position sitzender Anschlag
situated gelegen, liegend, in einer Lage od. Stellung befindlich
situation Lage, Ort, Platz, Stellung, Situation, Zustand
situation afferency Situationsafferenz
situation map Lagekarte
situation monitor Situationsmonitor
situation of the game Spielsituation
situation report Lagebericht
SI-unit SI-Einheit
SIVAREP frame row SIVAREP-Streifen
SIWL (single isolated wheel load) vergleichbare Einzelradlast
six-bladed electric contra-rotating airscrew Sechsblattkoaxialluftblattschraube
six-component balance Sechskomponentenwaage
six-cylinder in-line engine stehender Sechszylinderreihenmotor
six-digit sechsstellig
six-edged sechskantig
six-electrode valve Hexode, Sechselektrodenröhre
six-engined sechsmotorig
six-fold sechsfach
six-hour circle Sechsuhrkreis
six-hourly observation sechsstündige Ablesung (Instrumente), sechsstündige Beobachtung
six-line switchboard Klappschrank mit sechs Leitungen
six-nation consortium Sechsstaatenarbeitsgemeinschaft
six-note scale of whole tones Ganztonleiter
six-phase current Sechsphasenstrom
six-phase rectifier Sechsphasengleichrichter
six-point recorder Sechsfachschreiber (Meßgerät)
six-spline shaft Sechskeilwelle
six-terminal network Sechspolnetz, Sechserleitung
six-wheel main landing-gear unit Hauptfahrwerkeinheit mit sechs Rädern (av)
six-wheeler dumper Dreiachserdtransportfahrzeug
six-wheeler end tipper Dreiachshinterkipper
six-wheeler tractor Dreiachssattelzugmaschine
six-wheeler truck Dreiachslastkraftwagen
sixteen-cylinder of H-formation Sechszylinder-H-Motor
size Abmessung, Format, Gestalt, Größe
size and weight Größe u. Gewicht
size clause Längeneintragung, Längenklausel (COBOL)
size error Überlauf (COBOL)
size, finish to auf Fertigmaß bearbeiten
size of grain Korngröße
size of mesh Maschengröße, -weite (Netz)
size of one or two cards Ein- od. Zweiplatinenmodell (Bordcomputer)
size of picture Bildgröße
size of picture point Bildpunktgröße
size of the hole Bohrlochdurchmesser
size of units Größe der Einheiten
size shape factor Formfaktor
size spray Schlichtung
size, to preßglätten, zuschneiden
sizing Bemessung, Dimensionierung, Größenbestimmung, Klassierung, Sortierung nach Größe, Siebung, Sortieren
sizing control, absolute in-process direkt messende Meßsteuerung
sizing (glue) dope Klebelack
sizing or classifying drum Klassiertrommel, Sortiertrommel
sizing or screening Siebung
sizing press Leimwerk (pap)
sizing the aircraft Größenbemessung (Flz)
sizing the fin Größenbemessung des Seitenleitwerks
sizing the tailplane Größenbemessung des Höhenleitwerks, Höhenleitwerkgrößenbemessung
sizing tooth of a broach Kaliberzahn einer Räumnadel
sizing work Kalibrierarbeit
SKC (sky clear) Himmel klar
skeagraph Röntgenaufnahme
SKED (schedule or scheduled) planmäßig
skeg Kufensporn
skeletal torso harness "maßgeschneidertes" Gurtzeug
skeleton Gerippe, Gestell, Lattenverschlag, Kappengerippe (Fsch)
skeleton chart Schemakarte, Umriß(karte)
skeleton crystal Kristallskelett
skeleton key Dietrich, Nachschlüssel
skeleton male tool rahmenartige Matrize
skeleton sketch schematische Zeichnung
skeletonize, to schematisch darstellen
sketch flüchtig entwerfen, Skizze, skizzieren, Zeichnung
sketch board Reißbrett
sketchmaster Luftbildzeichner
sketchy skizzenhaft
skew Scherwinkel, Schräglauf (Magnetband)
skew (in facsimile) Verzerrung eines rechteckigen Bildes infolge Synchronisierfehlers, schief
skew-back saw Säge mit geschweiftem Rücken
skew bevel gear Helixgetriebe, Hyperboloidrad

skew distribution asymmetrische Verteilung
skew, dynamic dynamischer Schräglauf
skew factor Schrägungsfaktor
skew ray schräger Strahl, Schrägstrahl
skew roller straightener Schrägrollen-richtmaschine (Walzwerk)
skewed aileron schrägangesetztes Querruder
skewed pole tip abgeschrägtes Polrad
skewed slot schräge Nut
skewing Schrägstellung von Nadeln in Nadellager
skewness Koeffizient der Asymmetrie, Schiefe, Schräge
ski-jump technique Skisprung-Startverfahren (av)
ski-sledges Skierschlitten
ski-undercarriage Fahrgestell mit Schneekufen
ski-wheel assembly Schneekufen/Rad-Kombination
ski-wheel landing gear Schneekufen/Rad-Fahrwerk
skiagram Röntgenaufnahme
skiagraph Röntgenapparat
skiatron Dunkelschriftröhre, Skiatron
skid Gleitschiene, Hemmzeug, Ladegestell, Landekufe, Schneekufe (Flz), Gleiten (ohne Drehung, wie ein gebremstes Rad)(av)
skid detector Signalgeber (Antiblockieranlage)
skid-fin aerial (of aircraft) Flossenantenne
skid mark Bremsspur
skid of the sailplane Segelflugzeugkufe
skid or load platform Landegestell
skid platform fitted with stakes Landegestell mit Rungen
skid shaft Kufenschaft, Spornschaft
skid, tail Schwanzsporn (Flz)
skid, to abrutschen, rutschen (am Boden), schieben (Flugzeug in Kurve), schleifen (in der Kurve nach außen)
skid turn Schiebekurve
skid undercarriage Kufenlandegestell
skidding Schleudern (Motor)
skiddometer Skiddometer Bremswertmesser
skill level Ausbildungsstufe, Leistungsebene
skimmer Abhebelöffel, Abscheider, Abstreifer, Kratzer, Schaber
skin Ballonhülle, Außenhaut, Beplankung, Gußhaut
skin construction Hüllenkonstruktion
skin decontamination agent Hautentgiftungsmittel
skin depth Eindringtiefe
skin-dive, to tauchen ohne Taucheranzug
skin dosage rate Oberflächendosis
skin drag Oberflächenwiderstand
skin effect Hautwirkung, Oberflächeneffekt, -wirkung, Skineffekt
skin-effect coefficient Koeffizient für Strom- u. Flußverdrängung
skin-effect loss Verlust der Eindringtiefe
skin-effect losses Hautwirkungsverlust, Skineffektverlust
skin-effect resistance Oberflächenwiderstand
skin fabric Stoffhülle
skin friction Hautreibung, Mantelreibung, Oberflächenreibung, Wandreibung
skin, friction reibungsbedingt
skin friction Hautreibung, Mantelreibung, Oberflächenreibung, Wandreibung
skin, friction reibungsbedingt
skin friction drag Reibungswiderstand
skin leg Beplankungsflansch (außer bei L-Profilen), Beplankungsschenkel (bei L-Profilen)
skin milling Beplankungsblech
skin milling machine Tragflächenhautfräsmaschine
skin milling technique Dünnhautwalztechnik
skin outer layer or surface of the rolled piece Walzhaut
skin plate Dichtungsblech
skin plates for the TriStar fuselage Rumpfbeplankung für die Tri-Star
skin rivet Versenkniet
skin-stressed mittragende Außenhaut
skin temperature Beplankungstemperatur, Hauttemperatur
skin temperature cycle Außenhauttemperaturzyklus
skin therapy Oberflächentherapie
skin tracking Verfolgen nach Echo od. Zielrückstrahlung
skinned wire abisolierter Draht
skinner isoliertes Drahtende
Skinner algorithm Skinner-Algorithmus (päd)
Skinner-device Skinner-Gerät
skip Leerbefehl (dv), Vorschubbewegung (lo), Übersprung (Raster), Sprung
skip area Schweigezone, stille od. tote Zone (Funk)
skip bar Sprungschiene, Übersprungtaste
skip bridge or hoist Kippwagenaufzug
skip charging Kippwagenbegichtung
skip-charging gear Begichtungsanlage mit Kippgefäß, Kippgefäßbegichtungsanlage (Hochofen)
skip charging or filling Kippgefäßbegichtung
skip code Funktionscode (bestimmte vorgegebene Felder zu überspringen)
skip control Spring-, Sprungsteuerung
skip distance Radius der stillen Zone, Schweigezone, Sprungentfernung (über tote Zone)
skip effect Raumwelleneffekt, Sprungeffekt (bei Kurzwellenausbreitung)
skip-feeding Sprungvorschub
skip, high-speed schneller Sprung
skip hoist Kippgefäßaufzug
skip, immediate Sofortvorschub (Lochkarten)
skip instruction No-Op-Befehl (Rechner), Leerbefehl (EDV), Übersprungbefehl (lo), Überspringbefehl (dig)
skip key Übersprungtaste
skip keying Impulsfolgefrequenzteilung
skip magnet Springmagnet (lo)
skip mechanism Übersprungmechanismus
skip motor bar Übersprungtaste
skip operation Sprungoperation (EDV)
skip start Springen-Anfang
skip stop Springen-Ende
skip suppression "kein Vorschub" (lo)
skip, to überspringen (eine Strecke)
skip vehicle Ferngleiter mit Sprunggleitflug
skip zone stille Zone
skiplane Flugzeug mit Schneekufen

skipping key Übersprungtaste
skipping line scanning Zwischenzeilenabtastung
skipping motion hüpfende Bewegung
skirt Basis (Fsch), Schurz, unterer Rand
skirt-end of a piston offenes Ende des Kolbens, kurbelseitiges Kolbenende
skirt hesitator Basisabbindung (Fsch)
skirt of engine cowl zylindrischer Teil der Haubenverkleidung am Sternmotor
skirt, piston Kolbenmantel
skirt reefing Basisreffen (Fsch)
skirt selectivity Flankensteilheit (einer Filterkurve)
skirted, full-type piston Topfkolben ohne Aussparung
skirting Fußleiste
skirting plate Kettenabdeckung
skittle ball Kegelkugel
skive, to abschaben, aufspalten, glätten
sky clears or improves sich aufklären (meteo)
sky condition Himmelssicht, Himmelszustand (meteo)
sky-lounge fliegender Warteraum
sky marker Höhenmarkierung
sky or smoke writing Himmelsschreiben
sky shine Luftstreuung
sky symbol Himmelszeichen (meteo)
sky wave indirekte Welle, Raumwelle, Himmelswelle
sky wave error Raumwellenfehler
sky-wave-synchronized Loran raumwellensynchronisierte Loran, Loranverfahren mit Kurzwellen
sky-writing Rauchschrift
skylight Deckfenster, Oberlicht
skylight turrent Dachaufsatz
skyline graph Horizontliniendiagramm
SL (sea level) Höhe über Meeresspiegel
SL (searchlight) Scheinwerfer
S-L (sound locator) Echolot (Schall)
SL cable Dreimantelkabel
S.L.-type cable Dreimantelkabel
slab Bramme, Metallplatte, Steintafel, Tafel (unregelmäßige Form), Silbe (12 bits)(NCR)
slab mill, to Flächen fräsen
slab-shaped combustion chamber flacher Verbrennungsraum
slabbing cutter Walzenfräser
slabbing machine Langfräsmaschine zum Flächenfräsen
slach variable Schlupfvariable
slack (cable) Kabelzuschlag (Vorratslänge)
slack adjustment Nachstellvorrichtung für das Spiel
slack chain lose Kette
slack consumption period Periode schwachen (Strom)verbrauchs
slack hours verkehrsschwache Zeit
slack of chain Kettendurchschlag
slack-off lockern
slack period verkehrsschwache Zeit
slack retainer Aufziehleinenführungsschlaufe (Fsch)
slack stand of chain loser Kettenstrang
slack traffic flauer od. schwacher Verkehr
slack wire Nachlaßdraht
slacken lockern, nachlassen, schlaff werden
slacken back a screw, to eine Schraube zurückdrehen
slackness Lagerspiel, das Lockersein, Schlaffheit
slackness of voltage Spannungslosigkeit
slag Schlacke(neinschluß)
slack break roller Schlackenbrecherwalze
slag cooling tube Schlackenkühlrohr
slag discharge Schlackenabzug
slag flowing ahead of the molten pool Schlackenvorlauf (Schweißtechnik)
slag inclusion Schlackeneinschluß
slag, layer of Schlackenkruste
slag wool Schlackenwolle (filzartiges Material)
slaged out abgeschlackt
slake lime, to löschen (Kalk)
slalom focusing Slalomfokussierung
SLAM stand-off land-attack
slam acceleration and deceleration are automatically controlled schlagartiges Hoch- und Herunterfahren der Leistung wird automatisch gesteuert (av)
slammed from idle to full power aus Leerlaufstellung voll hochreißen (av)
SLAMMR side-looking airborne multimission radar
slant component of beam crossing angle Schrägebenenkomponente des Leitstrahlschneidungswinkels (Flugkörperfeuerleitung)
slant component of R2 crossing angle Schrägebenenkomponente des Schneidungswinkels im Treffpunkt (Flugkörperfeuerleitung)
slant drilling Schrägbohren
slant plane Schrägebene
slant range Direktentfernung (Hypotenuse eines rechtwinkligen Dreiecks)(math), schräge Markierung, Schrägentfernung
slant range to present position Abschußentfernung, Meßentfernung
slant visibilty Schrägsicht
slant visual range Schrägsichtbereich
slanted mark Schrägstrichmarkierung, schräge Markierung
slanted mark reading station Markierungslesestation für schräge Markierung
slanting geneigt, schief, schräg
slanting bank Schrägufer
slanting tube Schrägrohr
slap back Slap-Back (Echo von Rückwand eines Raums)
slap, piston Kolbenkippen
slapping of the tool joint Anschlagen des Gestängeverbinders
SLAR side-looking airborne radar Seitensichtradar
SLAR-equipped aircraft SLAR-Seeraumüberwachungsradar
slash Schrägstrich
slash (SSR) Einzelstrich (Sekundärrundsichtradar)
slashing weapon Hiebwaffe
slate Vorflügel (av)
slate-retaining strap Vorflügelfeststellgurt
slate, strengthened verstärkter Vorflügel
slate track Vorflügelleitraum
slate track cup Kammer für Vorflügelgleitarm
slate break Schiefereinlage (geol)

slate-coloured schieferfarben
slate drill steilgängiger Spiralbohrer
slate pit Schieferbruch
slaty structure Schieferbruch (geol)
slave Arbeitsvorrichtung
slave a gyro, to einen Kreisel (nach)führen
slave afterburner Prüfnachbrenner
slave arm Arbeitsarm (Fernbediengerät)
slave cylinder Kraftverstärkerzylinder, Servozylinder
slave end Arbeitsseite (Fernbediengerät)
slave ground station Nebenbodenstelle
slave gudgeon pin blinder Kolbenbolzen, der zum Aufhängen des Pleuelsterns in einer Vorrichtung dient
slave in, to Pleuel einbauen
slave key abgeleiteter Schlüssel, Tochterschlüssel (lo)
slave mode Betriebsart "Nachführen"
slave out, to Prüfteil ausbauen
slave part Prüfteil, Hilfsteil
slave piece Hilfsteil, Hilfsstück
slave pipe Prüfstrahlrohr
slave pulse Nebenstellenimpuls
slave station Auswertestelle, Nebenstelle, Nebensender, Sekundärstrahler, korrigierte Station, Nebensendestation, Tochterstation (Radar)
slave, to führen, nachführen
slave unit Kraftverstärker, Servomotor
slave wrist joint Arbeitsgelenk (Fernbediengerät)
slaved compass Tochterkompaß
slaved directional gyro geführter od. überwachter Kurskreisel
slaved gyro magnetic compass Gyrosynfernkompaß, kompaßgeführter Kurskreisel
slaved mode Betriebsart "Nachführen"
slaved vertical gyro geführter od. überwachter Lotkreisel
slavel printing Anschreiben druckfertiger Daten (COBOL)
slaving Führen, Nachführen
slaving command Führsignal, Nachführsignal
slaving motor Richtmotor (am Gyrosynkompaß)
slaving signal Führsignal, Leitsignal, Nachführsignal
slaving system Führsystem, Nachführsystem
slaving time constant Führzeitkonstante, Nachführzeitkonstante
slaving torque motor Richtmotor (am Gyrosynkompaß)
slc (straight-line capacitance condenser) kapazitätsgerader Drehkondensator
SLCM Sea-Launched Cruise Missile
sled launcher Schlittenstartgerät, Startschlitten (Startrampe, sp)
sled runner or sleigh-mount runner Schlittenkufe
sledge Schlitten zur Beförderung von Lasten u. Personen
sledge hammer großer Zuschlaghammer, Schmiedehammer, Vorschlaghammer
sleek geschmeidig, glatt
sleeper Lagerschwelle (des Fußbodens), Schienenschwelle, Schlafwagen
sleeper plane Transozean-Großflugzeug mit Schlafeinrichtung für Gäste
sleeping cabin Schlafkabine
sleet Graupel, körniger Eis-, Schneeregen
sleet cutter Frostabstreifer, Eisschneider
sleet frost Eisregen, Frostgraupel
sleet shower Graupelschauer
sleeve Federhülse (Radbremse), Hülle, Manschette, Buchse, Dichtmanschette, Laufzylinder, Nippelhülse (Schnelltrennkupplung), Packschlauch (Fsch), Schneidhülse (Rohrverbindung), Rohrüberschieber
sleeve (for conduit) Muffe für Ventil
sleeve (of electrons) Hülle, Elektronenschale
sleeve (splicing) Verbindungsmuffe
sleeve bearing Gleitlager
sleeve collar Überschieber
sleeve computer Satellitenrechner, Tochterrechner
sleeve coupling Hülsenkupplung
sleeve dipole Hülsendipol
sleeve-dipole antenna Koaxialantenne mit Sperrkopf
sleeve drive Schieberantrieb
sleeve-engage latch (tripod mount) Gleitmuffensperrhebel
sleeve filling Einfüllschlauchschutzhülle
sleeve gasket Manschettendichtung
sleeve, holding Haltehülse (Rakete)
sleeve inductor magneto Magnetzünder mit Umlaufhülse
sleeve insert Zylinderlaufbuchseneinsatz (Motor)
sleeve jacket, to mit einer Hülse versehen
sleeve joint Muffenverbindung (für Kabel u. Leitungen)
sleeve joint of tubing Rohrschellenverbindung (Installation)
sleeve joint twisted (for wires) Hülsenbund
sleeve nut Hülsenmutter, Überwurfmutter
sleeve-nut spanner Hülsenmutterschlüssel
sleeve monopole Vier-Hülsenstrahler
sleeve of commutator Stromwendernabe
sleeve of terminal Kabelschuhhülse
sleeve-on plug Steckermanschette
sleeve propeller shaft äußere Treibschraubenwelle (Torpedo)
sleeve puller Büchsenausziehe r
sleeve retainer Lagerring für Gleitlager
sleeve retractor tool Hülsenabzieher
sleeve shaft äußere Treibschraubenwelle (Torpedo)
sleeve shutter bearing Verschlußrastlager
sleeve sliding Schieberhülse
sleeve spacer Abstandhülse
sleeve stock Paßeinsatz
sleeve spring Hülsenfeder
sleeve stub antenna Koaxialantenne mit Gegengewicht, Vier-Hülsenstrahler
sleeve target Schleppsack
sleeve, to mit einer Hülse versehen
sleeve tube Überschieb-, Überschubrohr
sleeve twisters Hebelkluppe
sleeve-type bearing Gleitlager
sleeve-type centering hub Nebenlager (zur Zentrierung der Leitschaufeln)(Turboverd.)

sleeve-type chain Hülsenkette
sleeve-type nut Schraubenschluß, Stangenschloß

sleeve valve Kolben-, Ring-, Rohrschieber
sleeve valve cylinder Schieberzylinder
sleeve valve engine Schiebermotor mit Rohrschieber
sleeve wire Ader zum Stöpselkörper u. zur Klinkenhülse (in der Regel C-Ader)
sleeving Bougierrohr
sleigh gun-barrel Rohrschlitten
sleigh-mount extension piece Schlittenaufsatzstück
sleigh rails Führungsklauen (Rohrschlitten)
slender pods on the wing-tips spindelförmiger Körper an Flügelenden
slenderness ratio factor Schlankheitsgrad (Werkstoffprüfung)
slew arc Schwenkwinkel
slew control Schnellrichtregler
slew rate Anstiegszeit (Operationsverstärker), Schnellgang (Richtanlage)
slew sight Schnellrichtvisier
slew speed Schnellschwenkgeschwindigkeit
slew switch Schnellgangschalter
slew, to schnell drehen od. schwenken, schnell richten
slewable conveyor Winkelabsetzer
slewing Schnellüberwachung
slewing clutch Schnellgangkupplung
slewing control relay Schnellrichtsteuerrelais (Feuerleitanlage)
slewing control unit Schnellrichtsteuergerät (Feuerleitanlage)
slewing couple Drehkräftepaar
slewing crane Schwenkkran
slewing gear Drehwerk (Kran), Schwenkwerk
slewing gearing Schnellrichtgetriebe
slewing jib crane Auslegedrehkran
slewing jib-type trolley Drehlaufkatze
slewing key Schnellrichttaste
slewing motor Schwenkmotor
slf (straight line frequency condenser) frequenzgerader Drehkondensator
slice, to schneiden (vom Block)
sliced fibres Schnittfasern
sliced film geschälte Folie, Schälfolie
slicer Doppelbegrenzer
sliced sheet geschälte Folie, Schälfolie
slidably mounted gleitend montiert
slide Gleitfläche, Gleitkopf, Gleitschiene, Objektträger, Schiebevorrichtung, Schlitten, Support
slide armature brake Verschiebeankerbremse
slide-away, to abgleiten, abrutschen
slide-back vacuum-tube voltmeter Kompensationsröhrenvoltmeter
slide-back voltage Gegenspannung (beim Kompensationsvoltmeter)
slide-back voltmeter Kompensationsröhrenvoltmeter
slide bar Führungsschiene, Gleitschiene
slide block, adjusting Stellschlitten
slide bridge Brücke mit Schleifkontakt
slide buckle Schiebeschnalle
slide caliper rule Schiebelehre
slide, contact Kontaktschieber
slide down on a top, to auf eine Spitze aufsetzen
slide fit Gleitsitz, Schiebesitz
slide follower Schieberbacke
slide gage Schublehre, Schiebelehre
slide in place, to einschieben
slide-in unit Geräteeinschub
slide key Zuführungsschlittenschiene
slide, microscope Durchziehglas
slide mould Schieberform (Kunststoffschlittenform)
slide mount axial verschiebbares Zapf(en)lager (Triebwerkaufhängung), Gleitlager
slide on, to hinaufschieben
slide, photo Diapositiv
slide projection Diapositivprojektion
slide projector Diaprojektor
slide resistance Schiebewiderstand, Schubwiderstand
slide rest (machine tool) Schlitten, Support
slide rest lathe Supportdrehmaschine
slide ring sealing Gleitringdichtung
slide rod Schieberstange, Schubstange
slide rule Rechenschieber, Rechenstab
slide rule dial (electron) Skala mit gradlinig bewegtem Zeiger
slide scanning Diaabtastung
slide-screw tuner verschiebbarer Tauchtrimmer
slide selector Umsteuerschieber
slide shaft Schieber-, Schubstange
slide sleeve Schiebemuffe (Rohrverbinder)
slide stability Gleitsicherheit
slide sweep Führungsbogen, Schablone
slide switch Schiebeschalter, Schleifschalter
slide together, to aneinanderschieben (Endmaße)
slide unit Schlitteneinheit
slide valve Absperrschieber, Schieber(ventil)
slide valve actuated microswitch Verriegelungskontaktschalter (Luftbetankungsstutzen)
slide valve based on flat surface Flachschieber
slide valve cross head Schieberstangenkreuz, Schieberkreuzkopf
slide valve chest Schieberkasten (Dampfmaschine)
slide valve gear Schiebersteuerung
slide valve lap Schieberüberdeckungsfläche
slide valve lead Schiebervoreilung
slide valve rod Schieberstange
slide valve steam trap Schieberkondenstopf
slide valve, three port Muschelschieber
slide-valve vacuum pump Schieberluftpumpe
slide vane bewegliche Ablesevorrichtung
slide viewer Betrachter (Dia)
slide wire (of a bridge) Meßdraht, Schleifdraht
slide wire bridge Meßdrahtbrücke, Schleifdrahtmeßbrücke
slide wire potentiometer Schleifdrahtkompensator
slide wire resistance or rheostat Schleifdrahtwiderstand
slide wire resistor Schleifdrahtwiderstand
slider (of potentiometer) Schleifer
slider (sliding part) Gleitstück, Schieber
slider assembly Gleiteinrichtung
slideway Führung, Gleitbahn
sliding Schiebetürbeschlag
sliding block Gleitbacke, Kulissenstein, Kurbelschwinge
sliding-bow carbon brush Bügelschleifkohle
sliding bridge Meßdrahtbrücke
sliding cam plate Kurvenschieber
sliding calipers Schublehre

sliding carriage change gear Schieberädergetriebe, Schiebewechselrad, Schubgetriebe, verschiebbares Zahnrad
sliding clutch Rutschkupplung
sliding coil verschiebbare Spule
sliding contact Schleifkontakt
sliding contact coil Schiebespule
sliding coupling Schiebekupplung
sliding cowl skirt verschiebbarer zylindrischer Teil der Haubenverkleidung
sliding damper Fallschieber
sliding desk ausziehbare Tischplatte
sliding displacement value Verschiebewert
sliding door Schiebetür
sliding door guide Schiebetürführung
sliding electrode verstellbare Elektrode
sliding endwise on a shaft auf einer Welle frei u. längs verschiebbar
sliding fit Gleitsitz
sliding-fit shaft Schiebesitzwelle
sliding friction gleitende Reibung, Gleitreibung, rollende od. wälzende Reibung, Schlüpf(ungs)reibung
sliding gear verschiebbares Zahnrad, Schieberrad
sliding gear clutch Schieberäderkupplung
sliding gear shaft Verschieberadwelle
sliding gear wheel Schiebezahnrad
sliding hatch Schiebeluke
sliding hood Schiebehaube (av)
sliding inductance Schiebespule
sliding jumper Gleitbügel bei Meßdrahtbrücke
sliding lock Verschlußschieber
sliding mount Gleitlafette
sliding part Gleitstück
sliding pin drive Kurbelschwinge
sliding pinion Schieberrad
sliding piston Steuer-, Schieberkolben (Dampfmaschine)
sliding plate Schiebermatrizenplatte, zweite Matrizenplatte
sliding property Gleitfähigkeit
sliding punch Schiebestempel
sliding release control lever Längsverstellhebel (Fahrersitz)
sliding roof Schiebedach (av)
sliding roof fastener Schiebedachverschluß
sliding, rule Rechenschieber
sliding scale Gleitskala, Schiebeskalenanzeige
sliding seat Gleitsitz, Schiebesitz
sliding seat support Schiebesitzträger
sliding single seat Schiebeeinzelsitz
sliding sleeve Abhebezylinder, verschiebbare Hülse, Gleitbuchse
sliding socket Abfüllhülse
sliding socket joint Schiebemuffe, Steckmuffe
sliding switch Schaltschieber
sliding table Schiebetisch
sliding tap (on resistor) Schelle (am abgreifbaren Widerstand)
sliding ticker Schleifdetektor
sliding tripod zusammenschiebbares Dreibeinstativ
sliding velocity Gleitgeschwindigkeit
sliding wedge type breechblock Gleithebelverschluß, Verschlußteil
sliding window Schiebefenster
sliding wing Gleitflügel
slight gering, leicht, oberflächlich, schwach, unbedeutend
slight audible knock leichtes gerade noch hörbares Klopfen (Verbrennungsmotor)
slight damping schwache Dämpfung
slight detonation schwaches Klopfen (Verbrennungsmotor)
slight pitch forward as landing flap comes down schwaches Abnicken beim Absenken der Landeklappen (av)
slightly damaged leicht beschädigt
slightly enriched uranium leicht angereichertes Uran(ium)
slim hole Engbohrloch, Kernbohrloch mit kleinem Durchmesser
slim taper file dünne Feile
slimert insert Gewindeeinsatz geringer Wandstärke
sline wear Kantenabnutzung
sling (helicopter) Außenlastgeschirr
sling an engine Motor an Seilschlingen aufhängen
sling lashing Schleuderbund
sling mine Schleudermine
sling psychrometer Schleuderpsychrometer (meteo)
sling-shot manoeuvre, in which residual launch liquid propellants were dumped Treibstoffabstoßmanöver (sp)
sling swivel Riemenbügel
slinger Ölschleuderring
slinger ring Schleuderring (pneumatisches System)
slinging strop Heißgeschirr
slip Schlupf (elektr), Papierblatt, -streifen, Parallelendmaß, ausgleiten, ausschweben, schlüpfen, schräg ausschweben
slip bush Bohrbuchse
slip coating Düppelgleitschicht (ELOKA)
slip coefficient or function Schlupfbeizahl
slip cut, to herausgleiten
slip elevator for long strings of casing Fahrstuhl mit Klemmkeile für langes Bohrgestänge
slip fastener Reißverschluß
slip forming Verformen mit gleitendem Niederhalter
slip fuel tank Abwurftank
slip gage Fühlerlehre, "Spion", Parallelendmaß
slip into, to hineinschieben
slip joint Dehnungsschlitz, flexible Verbindung im Auspuffsystem, Gleitfuge
slip kiln Abdampfofen
slip knot halber Schlag mit Schlippstick, Packerknoten (Fsch)
slip loop Packerknoten Nr 4 (Fsch)
slip off, to abrutschen
slip on, to aufstecken
slip-on cap Aufsteckkappe
slip-on segment (mandrel) Aufschiebe(backen)-segment (Walzwerk)(Wickelmaschine)
slip on the clutch, to Kupplung einschalten
slip or collector ring Schleifer
slip out of step, to aus dem Tritt fallen
slip out of synchronism, to aus dem Tritt fallen
slip-over current transformer Kabelstrom-

wandler
slip over, to überschieben, überstreifen, überstülpen
slip plane of the crystals Gleitfläche der Kristalle
slip regulator Schlupfregler
slip regulator induction motor Regulierschleifringmotor
slip resistance Rutschsicherheit, Schlupfwiderstand
slip ring Schleifring
slip ring brush Schleifringbürste
slip ring current Schleifringstrom
slip ring induction motor Schleifringankermotor, Schleifringläufermotor
slip ring motor Schleifringankermotor, Schleifring(läufer)motor
slip ring rotor Schleifringanker, -läufer
slip ring voltage Schleifringspannung
slip riser Haupttraggurtoberteil (Fsch)
slip socket Keilfänger
slip speed Ausschwebegeschwindigkeit (Helicopter)
slip stream Nachstrom der Luftschraube, Propellerstrahl
slip stream of velocity Abflußgeschwindigkeit
slip tank Abwurfbehälter
slip the cable, to Kette abschäkeln u. slippen
slip through durchschlüpfen
slip, to fehltreten, schieben (in Kurve nach innen), slippen, laufen (maschinell)
slip turn Rutschkurve
slippage Abgleitung, Slippen (Fsch), Rutschen, Schlüpfen
slippage of tire Reifenwanderung (auf Felge)
slipped banks verschränktes Kontaktvielfachfeld
slipped multiple verschränkte Vielfachschaltung
slipper brake, electromagnetic elektromagnetische Schienenbremse
slipper clutch Gleit-, Rutschkupplung
slipper or slipping clutch Rutschkupplung
slipper piston Gleitschuhkolben
slipper tank Abwurfbehälter
slippery glatt, rutschig, glitschig, schlüpfrig
slipping Durchschlüpfen (Gas)
slipping apparatus Fallapparat
slipping cam Leerlaufnocke
slipping clutch Gleit-, Rutschkupplung
slipping drive Gleitantrieb
slipping, free from schlupffrei
slipping instrument Fallinstrument
slipping of the ground Erdrutsch (seism)
slipping plane Gleitebene
slipping turns Slippkurve bei Landung
slips, serrated Abfangkeile mit sägegezahnter Innenseite
slips, spider Keiltopfabfangkeile
slipstream Abwind, Luftschraubenstrahl, Nachstrom, Propellerstrahl
slipstream deflection Propellerstrahlablenkung
slipstream field or region or zone Strahlfeld
slipstream propeller race Schraubenstrom
slipstream wake Schraubennachstrom
slipway Ablaufbahn für Segelflugzeug, Stapel (Schiffbau)
slit (for throwing a thing through) Einwurf
slit Blende, Fuge, Nut, Schraubenschlitz, Spalt, scharfe Kante od. Kerbe
slit and tongue joint Gabelverbindung, Kerbführung
slit burner Schlitz-, Schneidbrenner
slit diaphragm Schlitzblende
slit guidance Schlitzführung
slit illumination Spaltausleuchtung
slit image Schlitzbild
slit lamp Schlitzlampe, Spaltlampe
slit orifice Schlitzmundstück
slit skirt canopy Fehlbahnkappe mit unterbrochener Basis (Fsch)
slit, to in Streifen schneiden, längsschneiden (Kunststoff), schlitzen
slit trench Deckungsgraben, Fliegerschutzgraben
slit tubular film geschlitzte Schlauchfolie
slit width Schlitzbreite, Spaltbreite
slitter Keilhauer, Streifenschneidemaschine, Rollenschneidemaschine
slitting cutter Schlitzfräser, Schlitzfräser
slitting file Einstreichfeile, Schwertfeile
sliver ungedrehter Strang, Walzsplitter
sliver winding on tubes Aufwicklung
SLOE special list of equipment
slop übermäßiges Spiel (Lager)
slop control Potentiometer für Entfernungsspannungsgefälle, E-Gefälle
slop of valve characteristic Steilheit der Röhrenkennlinie
slop system Schlämmtankanlage
slope Böschung, Gefälle, Hang, Neigung, Schrägung, Steigung, Richtungsfaktor (math)
slope angle Geländewinkel, Hangwinkel, Inklinations-, Neigungswinkel
slope change Gefälleänderung
slope contour Umrißliniensteigung (math)
slope deviation Steigungsabweichung
slope down, to vollständig abfallen
slope gradient Hangwinkel
slope landing Landung am Hang (Hschr)
slope lift Hangaufwind
slope linearisation Anstiegslinearisierung
slope of a curve Steigung einer Kurve
slope of amplifier valve Verstärkerröhrensteilheit
slope of ground Gelände-, Hangwinkel
slope of surface Oberflächenneigung
slope of the lift curve Neigung der Auftriebskurve
slope resistance Wiederstandskomponente der Elektrodenimpedanz
slope, scale of Böschungsmaßstab
slope set control Anstiegsregler
slope soaring Hangsegelstellung
slope stability Standfestigkeit von Böschungen
slope steeply, to steil abfallen
slope, to (curve) sich senken, abfallen
sloping Abböschung, ansteigend, mit Steigung verlegt
sloping clamp Feilkluppe
sloping layer Schrägschicht
sloping pushrod Verbindungsstange zum Steuerknüppelbock
sloping rib piston Schrägrippenkolben

slops tank Nachlaufbehälter
slosh baffle Schwappdämpfer
sloshing das Schwappen
slot Kerbe, Nut, Schlitz(strahler)
slot aerial Schlitzantenne
slot and keyway milling machine Langloch- u. Keilnutenfräsmaschine
slot array Schlitzstrahlersystem
slot, automatic automatischer Vorflügel
slot, compressed air through the Luftdurchsatz durch die Anblasspalte (Twk)
slot cover Schlitzverkleidung
slot covering Spaltverkleidung (av)
slot diaphragm Schlitzblende
slot die Breitschlitzdüse, Schlitz(strangpreß)-form (für Folie), Schlitzmundstück
slot die extruder Breitspritzanlage
slot die extrusion Breitbandspritzverfahren, Schlitzpressen (pla)
slot discontinuity effect Schlitzstoß
slot drill Langlochfräser
slot field Nutenfeld
slot for holding work Aufnahmenut (Aufspanntisch)
slot-headed screw Schraube mit geschlitztem Kopf
slot insulation Nut(en)isolation
slot lining Nutauskleidung
slot milling Schlitzfräsen
slot-milling cutter Nut(en)fräser
slot mixer jet Schlitzmischer
slot opening Nut(en)schlitzbreite
slot or automatic gas apparatus Gasautomat
slot pitch Nutenschritt einer Wicklung
slot radiator Schlitzstrahler
slot ripple Ankernutwelligkeit
slot-ripple frequency Nut(en)wellenfrequenz
slot section Spaltquerschnitt
slot-shaped port geschlitzte Steueröffnung
slot shutter Schlitzverschluß
slot, to hobeln, kehlen, kerben, nuten, stoßen
slot wedge Nutverschlußkeil
slot weld Loch- u. Schlitznaht
slot winding Nutenwicklung
slot-wound mit Nutenwicklung versehen
slotted disk Rasterscheibe
slotted aerofoil Spaltflügel
slotted aileron Schlitz-, Spaltquerruder, Spaltflügelklappe
slotted armature Nutenanker
slotted binder-head sheet metal screw Zylinder schraube mit Schlitz
slotted coaxial line (leak pipe) geschlitzte Koaxialleitung
slotted cooler Spaltkühler
slotted dial plate Skalenschablone
slotted flap Spalt(flügel)klappe
slotted guide Schlitzführung
slotted line, coaxial line geschlitzte Meßleitung
slotted-link Kulisse (mech)
slotted machine Meßleitung
slotted measuring section geschlitzte Meßleitung
slotted nut Nutmutter
slotted oil control ring Breitschlitzring, Ölschlitzring
slotted-pipe opening Rohrschlitzöffnung
slotted plug Schlitzstopfen
slotted-ring antenna Stromschleifantenne
slotted rotor plate (of capacitor) geschlitzte Rotorplatte (zur Erleichterung des Abgleichs)
slotted screen pipe Schlitzfilterrohr
slotted section Meßleitung
slotted shutter Schlitzverschluß
slotted thread-type filter Gewindefilter
slotted waveguide geschlitzter Wellenleiter
slotted wing Schlitz-, Spaltflügel
slotted wing flap Schlitzhilfsflügel, Spaltflügelklappe
slotter Senkrechtstoßmaschine
slotter machine Stoßmaschine
slotter tool Stoßmeißel
slotting Keilnutenhobel, Nutenstößel, Senkrechtstoßen
slotting end mill Schaftnutenfräser
slotting into the cargo bay Einschub in den Nutzlastraum (av)
slotting machine Nutenstoßmaschine, Senkrechtstoßmaschine
slotting out interior parts Innenstoßen
slotting set-up Aufspannung für Senkrechtstoßarbeit
slotting tool carriage Stanzmesserwagen (Radialsektor)
slow-access storage "langsamer" Speicher, Speicher mit hoher od. langer Zugriffszeit
slow-access store Speicher mit langer od. hoher Zugriffszeit, langsamer Speicher
slow-acting langsam ansprechend od. wirkend, träge ansprechend
slow-acting relay Langzeitrelais, Verzögerungsrelais
slow-burning langsam abbrennend, schwelend
slow-blow fuse Träg(heits)sicherung
slow chopper langsamer Schopper
slow combustion langsame od. schleichende Verbrennung
slow component langsame Komponente
slow disconnection verzögerte Trennung
slow-down Fahrt wegnehmen, hemmen, Verlangsamung, verlangsamen, rollen Sie langsamer
slow-down signal bedingtes Haltesignal
slow-down, to (become slow) langsam werden
slow-down speed for severe gust Höchstgeschwindigkeit für starke Böigkeit
slow feed motion Arbeitsgang (als Vorschubbewegung im Gegensatz zum Schnellgang)
slow fission Langsamspaltung, Spaltung mit langsamen Neutronen
slow fuze Zünder mit langem SAT
slow indicator keyer Slow-Blinkgeber
slow interruption langsame Unterbrechung
slow landing speed geringe Landegeschwindigkeit
slow match Lunte
slow memory Speicher mit hoher od. langsamer Zugriffszeit, langsamer Speicher
slow motion Feinbewegung, Langsamgang (Werkzeugmaschine)
slow motion camera Zeitdehner, Zeitlupe
slow motion dial Fein(ein)stellkamera, Skala mit Untersetzungsgetriebe
slow motion drive Feinstelltrieb

slow motion, in im Zeitlupentempo
slow motion method Zeitlupenverfahren
slow motion of telescope altitude Höhenfeinbewegung des Fernrohrs
slow motion photography or picture Zeitlupenaufnahme
slow-motion screw Feinbewegungs(stell)-schraube
slow motion starter Ständeranlasser
slow neutron langsames Neutron
slow-neutron bombardement Beschuß mit langsamen Neutronen
slow-neutron capture reaction Einfang langsamer Neutronen
slow-neutron chain reaction Kettenreaktion mit langsamen Neutronen
slow-neutron cross section Wirkungsquerschnitt für langsame Neutronen
slow-neutron filter Filter für langsame Neutronen
slow-neutron fission Spaltung mit langsamen Neutronen
slow-neutron reaction Reaktion mit langsamen Neutronen
slow-neutron reactor Reaktor mit langsamen Neutronen, langsamer od. thermischer Reaktor
slow of telescope in azimuth Horizontalbewegungsfreiheit des Fernrohrs
slow-operating langsam ansprechend
slow-operating relay Relais mit verzögerter Auslösung, Langzeitrelais
slow operation verzögertes Arbeiten
slow period langsame Periode
slow pick-up verzögertes Ansprechen
slow reaction, to have reaktionsarm sein
slow reactor langsamer od. thermischer Reaktor
slow release verzögerte Trennung od. Unterbrechung, verzögerte Auslösung
slow release relay Relais mit verzögerter Auslösung
slow release wire-spring relay Ferndrahtrelais mit Abfallverzögerung
slow-releasing langsam auslösend
slow-releasing relay langsam abfallendes Relais, Relais mit Abfallverzögerung
slow-response langsam ansprechend
slow roll gesteuerte Rolle (Propeller), langsame Rolle (Flz)
slow-run adjustment cam Leerlaufeinstellnocken
slow-running langsam laufend, Langsamlauf, Leerlauf
slow running adjustment Leerlaufeinstellung
slow running cut-off control Leerlauf-Ausschaltregler
slow-running cut-off valve Leerlauf-Abstellvorrichtung (Vergaser)
slow-running engine langsam laufender Motor
slow-running jet Leerlaufdüse (Vergaser)
slow-running position Leerlaufstellung
slow-running stop Leerlaufbegrenzung (Drosselklappe)
slow-setting cement langsam abbindender Zement
slow setting cement Langsambinder
slow solvent schwaches Lösemittel (chem)
slow speed geringe Geschwindigkeit
slow-speed configuration Langsamflug
slow speed envelope Langsamflugbereich
slow speed interrupter Langsamunterbrecher
slow storage Speicher mit langer od. hoher Zugriffszeit, langsamer Speicher
slow store Speicher mit langer od. hoher Zugriffszeit, langsamer Speicher
slow-to-release relay langsam abfallendes Relais
slow-turning six-bladed langsamdrehender sechsblättriger Propeller (av)
slow, well-controlled vertical flight capability vollsteuerbarer Vertikal- u. Langsamflug
slowing-down Abbremsung
slowing-down area Bremsfläche
slowing-down density Bremsdichte
slowing-down effect Abbremseffekt, Abbremsung
slowing-down length Bremslänge
slowing-down medium Bremsmittel
slowing-down medium power Bremsmittelkraft
slowing-down process Bremsprozeß
slowing-down radiation Bremsstrahlung
slowing-down time Bremszeit
slowly volatile schwer flüchtig (chem)
SLS side-lobe suppression
SLT (searchlight) Scheinwerfer
SLT (standarized light source) Einheitslichtquelle
SLT-project (Satellite Lourd de Telecommunication)
SLTE self-loading tape edit
sludge Kohlenschlamm, Ölschlamm (Motor), wässrige Schneemasse
sludge basin Schlammbecken
sludge box Schlammkasten
sludge collection Aufsammlung von Spülproben
sludge drain Schlammablaß
sludge line Schlammleitung
sludge or waste (refinery) Raffinationsabfall
sludge sample Spülprobe
sludge valve Schlammventil, Schleusenventil, Schleusenschieber (Schiffssicherung)
sludge vessel Schmutzölschiff
sludging value Säureniederschlagswert
slug Block, Brocken, Propfen erstarrter Flüssigkeit in einer Rohrleitung, Würfel, Knüppel (Hüttentechnik)
slug (of coil) Spulenkern (zur Abstimmung)
slug (relay) Verzögerer
slug channel Kanal für Spaltstoff u. Regelstäbe
slugged relay Kupfermantelrelais (Verzögerungsrelais)
slugger orifice Dämpfungsbohrung
sluggish action träges Arbeiten (Regler)
sluggish in action träge ansprechend
sluggish in response, to be langsam ansprechen
sluggish, to be träge, zähflüssig sein
sluggishness Trägheit, Zähflüssigkeit
sluggishness of an instrument Trägheit eines Meßgerätes
sluice Schleuse, Absperrglied, Absperrteil, Absperrvorrichtung, Zugschütz
sluice chamber Schützkammer
sluice or lock with circular chamber

Kesselschleuse
sluice or valve with shutters Jalousieschütz
sluice valve Schieberventil
sluice valve with flat body Keilflachschieber
slurry Breiaufschlämmung, nasse Suspension, Schlamm
slurry, cement Zementbrühe
slurry, fuel Spaltstoffschlamm
slurry operation Sumpfphase
slurry reactor Reaktor mit nasser Suspension, Schlammreaktor
slush Schneematsch
slush an engine Motor einschmieren, mit Konservierungsmittel behandeln
slush drag meter Schneematschwiderstand
slush mo(u)lding Hohlgußverfahren (pla-Paste)
slush pit Schlammbecken, Schlammkule, Spülgrube
slush pump Rotarypumpe, Schlammpumpe, Spülpumpe
slush pump liner Schlammpumpenfutter
slush pump piston Schlammpumpenkolben
slushing oil Konservierungsmittel, Rostschutzöl
slw (straight-line wavelength condenser) wellengerader Drehkondensator
SM strategic missile
SM (semi-mat) halbmatt
SM (simulator) Flugtrainer (Gerät)
SM (synchronous motor) Synchronmotor
S/M (submarine) Unterwasser...
SMA squadron maintenance area
small angle scattering Streuung um kleine Winkel
small anvil Handamboß
small-area silicon rectifier Siliziumkleinflächen-Gleichrichter
small Bessemer converter Klein-Bessemerbirne
small block Kleinhebezeug
small board Schaltkarte (lo)
small-bore barrel Kleinkaliberlauf
small-bore machine gun kleinkalibriges Maschinengewehr
small-bore rifle shooting Kleinkaliberschießen
small-bore target range Kleinschießplatz
small-capacity cable Kabel mit geringer Adernzahl
small capillary tube Kapillarröhrchen
small castings Kleinguß
small-angle X-ray scattering Röntgenkleinwinkelstreuung
small-batch production Kleinserienfertigung
small-burner test Kleinbrennertest
small chain or hanging curtain from head of needle Befestigungskette an Nadelkopf
small chamber Kleinkammer
small charge kleine Ladung
small circle kleiner Kreis, Kleinkreis, Nebenkreis
small coastal transport kleiner Küsten-Truppentransporter
small coasting trade kleine Küstenfahrt
small cone oberer Verschlußkegel (Hochofen)
small converter Kleinbirne (Hochofen), Kleinförderanlage, Kleinkonverter
small cupola furnace Kleinkupolofen
small depth of velocity modulation Grad der Geschwindigkeitsmodulation bei kleinem Signal
small development requirement Förderung für die Entwicklung von Kleinprojekten
small diameter exits schmale Kopplungsschleuse (space station)
small diameter hole Borloch mit kleinem Durchmesser
small display unit kleines Anzeigegerät
small drilling machine kleine Bohrmaschine
small end Kolbenstangenkopf (Verbrennungsmotor)
small-end bearing Kolbenbolzenlager, Kreuzkopfzapfenlager (Kolbenmaschine)
small-end buoyancy chamber after bulkhead hinterer Auftriebskammerschott (Torpedo)
small-end bush(ing) Pleuelbuchse
small-end for corsshead verjüngtes Ende am Ruderjoch (Torpedo)
small end of master rod Kolbenbolzenende des Hauptpleuels
small end of tail cone Abschlußring des Schwanzstückes (Torpedo)
small engine Kleintriebwerk
small engine technology Kleintriebwerktechnologie
small flag Fähnchen (Toppzeichen auf Seezeichen)
small forging furnace Kleinschmiedeofen
small-gauge line dünndrähtige Leitung
small-gauge wire dünner Draht, Feindraht
small-gauge wire cable dünndrähtiges Kabel
small-gauge, of schwachdrähtig
small gear Kleinrad
small generator Kleinmaschinensatz
small grub screw Sicherungsgewindestift
small hail Graupel, Reifgraupel, kleiner Hagel
small hardware Kleineisenwaren
small hovering rig kleines Schwebegestell
small in bulk wenig Raum beanspruchend, gedrängt aufgebaut
small inflatable boat kleines Schlauchboot
small lifting equipment Kleinhebezeug
small lighting outfit Kleinbeleuchtung
small load kleine Ladung
small lot milling Kleinreihenfräser
small-lot production Kleinserienfertigung
small manufacturing production Fertigung kleiner Stückzahlen
small mine belt or block Minenriegel
small naval craft Kleinkriegsschiff
small nipper Federnzange
small nozzle throat Düsenhals
small nuclear weapon Atomsprengkörper mit niedrigem Detonationswert
small-object detector Suchgerät für kleine Gegenstände
small of the butt or stock Kolbenhals (Gewinde)
small-oil-volume circuit breaker ölarmer Schalter
small-opening jaw Backe mit enger Öffnung (Schlagschraubgerät)
small parcel despatch note Stückgutversandschein
small-part store Kleinteillager
small portable radar torch (SPART) Hand-Gefechtsfeldradargerät
small power electrometer Kleinelektrometer
small power station Kleinkraftwerk, Klein-

station
small-quantity production Kleinserienbau, Kleinreihenfertigung
small railroad station Kleinbahnhof
small radio truck Kleinfunk(kraft)wagen
small receiver Kleinempfänger, Kleinfernhörer
small rocket lift device (SRLD) Raketen- od. Sprenggürtel (Infanterie)
small run kleine Serienarbeit
small scale kleiner Maßstab, kleinmaßstäbig
small-scale chart kleinmaßstäbige Karte
small-scale exercise Übung geringen Ausmaßes
small-scale gap test Kleinformatabstandsprüfung (Prüfung von Sprengstoffen)
small-scale integration (SSI) Kleinintegration, Niederintegration
small-scale manufacturing operation Kleinbetrieb
small--scale map kleinmaßstäbliche Karte
small-scale production Kleinserienbau
small-scale test Kleinversuch
small seaplane tender kleiner Wasserflugzeugtender
small section mill Feinwalzstraße
small section mill train Feineisenstraße
small-section rolling mill Feinstahlwalzwerk
small signal capacitance differentielle Kapazität
small signal capacity Kleinsignalkapazität
small signal collector impedance Wechselstrom-Kollektorimpedanz für Kleinsignal
small signal forward transadmittance Leitwert bei kleinem Signal
small-signal open-circuit input admittance Leerlaufeingangsimpedanz (kleine Aussteuerung)
small-signal open-circuit output admittance Leerlaufausgangsadmittanz (bei kleiner Aussteuerung)
small signal resistance Kleinsignalwiderstand
small-signal short-circuit forward transfer admittance Kurzschlußübertragungsadmittanz vorwärts (bei kleiner Aussteuerung)
small single-anode rectifier Einanoden-Kleinstromrichter
small-sized kleinteilig, kleinstückig
small-sized jarring machine Kleinrüttler
small-sized scrap Kleinschlag
small slug Stößel (Spezialschießbolzen)
small square-head setscrew Vierkantschraube mit kleinem Kopf
small steel articles Kleinstahlwaren
small tank wagon Handtankwagen
small target Kleinziel
small tool Kleinwerkzeug
small tractor Kleinkraftschlepper
small truck Kleinlastkraftwagen
small twin correcting loops Doppelring-Kompensationsschleifen
small-type motor Kleinmotor
small-type radio link Kleinfunkbrücke
small unit training Gruppenausbildung
small valve Entlastungsventil
small vertical end-plates or "winglets" on the wing-tips "Winglets" sind kleine Endscheiben an Flügelspitzen
SMART Supersonic Military Air Research Track
smart blow with a hammer leichter Hammerschlag
smat-card readers intelligenter Kreditkartenleser
"smart" valve "selbstdenkendes" Ventil (av)
smash an atomic nucleus, to einen Atomkern zertrümmern
smash, to Bruch machen (av), plattdrücken, quetschen, zermalmen, zerschmettern
SMBL (semi-mobile) bedingt beweglich
SMC (surface movement control) Bodenbewegungskontrolle
smear, to einschmieren, bestreichen mit, schmieren, verstreichen, verschmieren, verteilen
smearing effect Nachzieheffekt
smelt, to schmelzen, verhütten
smeltery Hüttenwerk
smelting Hüttenarbeit
smelting chamber Schmelzherd, Schmelzofen
smelting plant Hüttenwerk
smelting room Hüttenraum
smelting-work requirement Hüttenbedarf
Smith chart Smith'sches Leitungsdiagramm, transformiertes Leitungsdiagramm (dig)
Smith's diagram Schleifendiagramm
smithsonite Zinkspat
SMO stabilized master oscillator
SMO (supplementary meteorological office) Flugwetternebenstelle
smog Smog
smog alarm Smogalarm
smog hazard Somggefahr
smoke Dunst, Qualm, Rauch
smoke accumulation rate Rauchkonzentrationsrate
smoke agent Nebelmittel, Nebelstoff
smoke band or trail Rauchstreifen
smoke bataillon Nebelwerferabteilung
smoke bomb Nebelbombe
smoke box Rauchbehälter, -kammer, -kasten
smoke box door Rauchkammertür
smoke candle Rauchkerze, Schwelkerze
smoke cartridge Nebelpatrone, Rauchmeldebuchse, Rauchpatrone
smoke-charge Rauchladung
smoke cloud Nebelwolke
smoke container firing device Nebelzündmittel
smoke curtain Rauchvorhang
smoke density Schadstoffemission
smoke detection system Rauchdetektoranlage
smoke detector Rauchgasanzeiger
smoke development Rauchentwicklung
smoke effect Raucherscheinung, -effekt, Rauchwirkung
smoke emitting projectile Rauchspurgeschoß
smoke equipment Nebelmittel
smoke equipment truck Nebelkraftwagen
smoke filament Rauchfaden
smoke filler Rauchkörper
smoke float schwimmendes Rauchzeichen
smoke flue or pipe Rauchrohr
smoke generation Rauchentwicklung
smoke generator Nebelbüchse, -gerät, Raucherzeuger, Rauchentwickler
smoke grenade Rauchgranate
smoke hand grenade Nebelhandgranate
smoke indicator Rauchanzeiger

smoke-laying apparatus Nebelgerät
smoke marker Rauchpatrone
smoke meter Rauchdichtemesser
smoke mixture or compensation Rauchsatz
smoke munition Nebelmunition
smoke nucleus Rauchkern
smoke party Nebeltrupp
smoke pellet Rauchsatz
smoke pot römische Kerze, Räucherkerze, Schwelkerze
smoke producer Nebelerzeugerofen, Räucherofen
smoke-producing unit Nebelabteilung
smoke projectile Nebelgeschoß
smoke-puff charge Rauchkörper
smoke-puff charge unit Kanonenschlag mit Raucherscheinung
smoke rifle grenade Nebelgewehrgranate
smoke screen Nebelschleier, Nebelwand, Rauchschirm, -schleier, -wand
smoke screen apparatus Nebelgerät
smoke screen tank Nebelpanzerkampfwagen
smoke-screened area or zone Nebelgebiet, Nebelzone
smoke-screening Selbstvernebelung
smoke-screening exercise Nebelübung
smoke-screening fire Blendungsschießen
smoke shell Nebelgranate, Rauchgranate
smoke-shell firing Nebelschießen
smoke shell mortar Nebelwerfer
smoke signal Rauchsignal, Rauchzeichen
smoke spray Nebelzerstäuber
smoke streamer Raucherzeuger
smoke troops Nebeltruppen
smoke tube boiler Rauchrohrkessel
smoke writing Himmelsschrift
smoke-writing substance Rauchschriftmasse
smoking mountain rauchender Berg (Wolkenform)(meteo)
smokeless motor rauchschwaches Raketentriebwerk (av)
smooth air ruhige, stille Luft
smooth and uniform transmission line homogene Leitung
smooth armature glatter Anker
smooth-bore barrel Schrotlauf
smooth-bore gun glattes Geschütz
smooth-bored glattgebohrt
smooth capacitor Siebkondensator
smooth change of direction without shocks stoßfreier Fahrtrichtungswechsel
smooth core nutenloser Anker
smooth-core rotor Vollpolläufer
smooth cut Schlichthieb (Feile), Schlichtspan (Drehen)
smooth cut file Schlichtfeile
smooth disc discharger glatte Scheibenfunkenstrecke
smooth finishing work Schlichtarbeit
smooth line gleichförmige, homogene Leitung
smooth limiter Begrenzer mit stetig gekrümmter Charakteristik
smooth regulation gleichförmige Regelung
smooth running geräuschloser, glatter Lauf
smooth skin glatte Außenhaut
smooth speed regulation weiche Drehzahl
smooth surface finish Oberflächenglätte
smooth, to abschleifen, glätten
smooth torque Drehmoment von geringem Ungleichförmigskeitgrad
smooth winding glatte Wicklung
smoothed pressure altitude mittlere Druckhöhe
smoothed voltage beruhigte, geglättete Spannung
smoothing Schlichtdrehen
smoothing capacitance abflachende Kapazität, Beruhigungskapazität
smoothing capacitor Abflach-, Beruhigungskondensator, Glättungskondensator
smoothing choke Abflachungs-, Glättungsdrossel
smoothing circuit Abflach-, Glättungsschaltung
smooting factor Glättungs-, Siebfaktor
smoothing filter Glättungsfilter, Siebfilter
smoothing network Glättungs-, Siebschaltung
smoothing plane Glätthobel, Schlichthobel
smoothing reactor Glättungdrossel, Siebreaktor
smoothing resistance Beruhigungswiderstand
smoothing roll Glättwalze
smoothing section Beruhigungsglied
smoothly variable gleitend regelbar
smoothness check Stetigkeitskontrolle (math)(dig)
smoothness of action ruhiger Gang od. Lauf einer Maschine
smoothness of surface Oberflächenglätte
SMPE society of motion picture engineers
SMPTE society of motion picture and television engineers
SMPTE intermodulated method Zwischenmodulationsverfahren nach SMPTE
smr (square mean root) quadratischer Mittelwert
SMR surface movement radar
SMRD spin motor running detector
smudgy impression unsauberer Abdruck
S-N diagram Wöhlerkurve
SN (snow) Schnee
SN (synchronizer) Synchrongenerator, Taktgeber
S/N (ratio) (signal/noise ratio) Rauschabstand, Störabstand
snag fehlerhafte Stelle (Fsch), Kleinfehler
snag and fire protection Feuer- u. Klemmschutz
snagging Kleinfehlerbehebung, das Vertörnen (Fsch)
snake drill Snake (Anflugart für Formation)
snake approach Snake-Anflug
snake drill Schlangenbohrer
snake climb Snake-Steigflug
snaked wire verdrillter, zusammengewirbelter Draht
snaker Verkröpfgesenk
snap-action Schnappfunktion
snap-action contact Schnapp-, Sprungkontakt
snap back Rückschlag von Bohrlochsohle
snap-back coating aufgeschrumpfter Überzug (pla)
"snap-back" of the drill pipe Zurückschnellen des Bohrgestänges
snap-back sleeve Klebmuffe (pla-Rohr)
snap chatch Schnapper
snap check Überwachung durch Stichproben
snap flask Klappformkasten

snap ga(u)ge Rachenlehre, Tasterlehre
snap hook Karabinerhaken
snap hook type turnbuckle Karabiner(spann)-schloß (Fsch)
snap in(to) place, to einschnappen, zuschnappen
snap lock pin Sicherheitsstift (Fsch)
snap magnet Schnappmagnet
snap manoeuvre abrupte Fluglageänderung
snap open aufschnappen (Feder)
snap ring Sprengring
snap roll gerissene od. schnelle ungesteuerte Rolle (av)
snap-shot dump dynamischer Speicherauszug
snap-shot program selektives Protokollprogramm
snap-shot, to knipsen, schnappschießen
snap switch Federschalter, Schnappschalter, Nockenschalter
snare Fallbrücke, Falle
snatch bag (antispin parachute) Reißhülle (Antitrudelschirm)
snatch block Kloben, Verankerungsblock
snatch-block anchorage Verankerungsblock
snatch brake Schnappbremse
snatch force Streckstoß(kraft) (Fsch)
snatch hinging spring loaded access panel selbstschließende Zugangsklappe
snatch operation of the throttle kurzzeitiges "aufreißen" der Drosselklappe
SNE (single-nylon enameled wire) nylonisolierter Lackdraht
sneak current Fremd-, Kriechstrom
sneak up-on, to herausschießen
sneeze gas Niesgas
Snellius' law Brechungsgesetz von Snellius, Snelliussches Brechungsgesetz
sniffing test Riechprobe
sniffle or poppet valve Schnüffelventil, Druckausgleichsventil
Snook (rectifier)(X-ray) Bezeichnung für einen rotierenden Umformer
snorkel charging Laden der Batterie bei Schnorchelfahrt (U-Boot)
snout Düsenschnabel, Lichtkonus
snow and ice on runways Schnee u. Eis auf Start- u. Landebahn
snow clearing equipment Schneeräumausrüstung
snow cloud Schneewolke
snow cover Schneedecke
snow crystal Schneekristall, Schneestern
snow drift Schneedrift, Schneetreiben, Schneewehe
snow, driving Schneegestöber
snow flake Schneeflocke
snow-free schneefrei, schneelos
snow ga(u)ge Schneemesser (meteo)
snow grain Schneegrießel
snow landing Schneelandung
snow line Schneegrenze
snow load Schneelast
snow on runways Schnee auf Start- u. Landebahn
snow pellet Reifgraupel
snow phase or period of snow Schneestadium
snow plough for runways Schneepflug für Start- u. Landebahn
snow removal equipment Schneeräumgerät
snow removal service Schneeräumdienst
snow-shifting machine Schneebearbeitungsgerät, Schneeräumfahrzeug
snow shoe Schneereifen
snow shower Schneeschauer
snow static Störung durch Schnee (für Radioempfang)
snow storm Schneesturm
snow sweeper Schneekehr- u. -blasegerät
snow water Schneewasser, Schmelzwasser
SNORT supersonic naval ordnance research track
SNOWTAM (a special series NOTAM notifying the presence or removal of hazardous conditions due to snow, ice slush or standing water associated with snow, slush and ice on the movement area, by means of a specific proforma "SNOWTAM" eine besondere NOTAM-Serie, die unter Verwendung eines hierfür vorgesehenen Vordrucks Auskunft gibt über das Vorhandensein oder die Entfernung gefährlicher Zustände, verursacht durch Schnee, Eis, Matsch od. Schnee, Matsch u. Eis auf den Bewegungsflächen
snr (signal-to-noise ratio) Rauschabstand
snubber block Dämpferblock (Hschr)
snubber clamp Dämpferblockklammer (Hschr-Werkzeug)
snubber strut Dämpferscheibe (Hschr)
snubber valve Dämpfungsventil
snubberless wide-chord fan Bläser mit breiten freitragenden Schaufeln (Hschr), freitragender Breitschaufelbläser
snug bolt Nasenschraube
snug fit enger, guter, knapper Sitz, saugend passender Gleitsitz, Paßsitz, dichtes Aufeinanderpassen, Engpassung
SNSH (snow showers) Schneeschauer
SO (slow operate)(relay) langsam ansprechen
SO (socket) BU (Buchse)
soak lime in water, to einkalken
soak, to einweichen, durchtränken, einziehen, längere Zeit einer Glühtemperatur aussetzen, vollständig durchglühen
soak up the bump, to den Stoß aufnehemen
soaked with oil öldurchtränkt
soaking charge Formierungsstrom
soaking pit Vergütungsanlage (Metallverarbeitung)
soaking zone Heißtemperaturzone (Walzstahl)
soapstone Speckstein, Talkstein
soapstone machine Talkumiermaschine
soapstone packing Talksteinpackung
soar sich in die Luft erheben, schweben, mit einem Segelflugzeug fliegen
soaring certificate Segelfliegerschein
soaring competition Segelflugwettbewerb
soaring demonstration Segelflugvorführung
soaring flight in formation Segelflug in Formation
soaring glider model Segelflugmodell
soaring in gusts dynamsicher Segelflug
soaring on standing wave Wellensegelflug
soaring or sailing bird Schweber, Segler
soaring over the slopes Hangsegelflug
soaring quality Schwebevermögen
soaring school Segelfliegerschule
soaring site Segelfluggelände
SOC shut-off cock

SOCATE Societe de Construction de Tourism et d'affaires
social airport environmental soziale Flughafenumwelt
society's demographic structure demografische Struktur
socio-structure Soziostruktur (päd)
sock Packschlauch (Fsch)
socket Buchse, Muffenkelch, Rohrmuffe, Steckdose, Tülle, Steckerhülse, Nuß (Werkz)
socket body groove Buchsennut (Schnelltrennkupplung)
socket connection Sockelschaltung
socket coupling Hülsenverbindung
socket end (of pipe) Muffenende
socket fitting Muffenverbindung
socket for ground starter battery Steckdose für Bodenstarterbatterie
socket for inspection lamps Steckdose für Handleuchten
socket-head cap screw Zylinderkopfschraube mit Innenvier- u. -sechskant, Innentriebschraube, Kopfschraube, Zylinderschraube
socket-head screw attachment Schraubendrehereinsatz für Schrauben mit Sechskant
socket-head screw key Sechskantschraubendreher abgewinkelt
socket-head self-locking cap screw Zylinderschraube mit Innensechskant (selbsts.)
socket in the rear (of cabinet) Steckdose an Rückwand
socket jack Bauwinde
socket joint Steckmuffe
socket joint, ball and Kugelgelenk
socket of the compass needle Kompaßhütchen
socket-output with earthing contact Schukobuchse
socket plate for phono connection Buchsenplatte für Tonabnehmeranschluß
socket plug Hülsenstopfer
socket ring Taumelscheibe
socket, rope Seilfußstück, Seilhülse
socket sleeve Klinkenhülse
socket, slip Keilfänger
socket switch connection Steckdosenverbindung
socket tube Muffenröhre
socket with shrouded contacts Kragensteckdose
socket wrench Aufsteckschlüssel
SOD (small object detector) Suchgerät für kleine Gegenstände
soda-lime glass Natronkalkglas
Sodar (sound radar) Sodar (akustisches Radarsystem nach Bell-Labor)
SODAR electronic cubicle SODAR-Elektronikschrank (Bordcomputer)
SODAR wind measurement and microburst detection station SODAR-Windmeßanlage (Temperaturmeßradar)(Bordcomputer)
sodium bicarbonate doppelkohlensaures Natron
sodium chloride Natriumchlorid, Chlornatrium, Kochsalz
sodium cooled valve natriumgekühltes Ventil
sodium cyanamide Cyanamidnatrium
sodium cyanide Cyanidnatrium
sodium discharge lamp Natriumdampflampe
sodium flame Natriumflamme
sodium fluosilicate Kieselfluornatrium
sodium graphite reactor Natriumgraphitreaktor
sodium hydrate Natronlauge
sodium hydroxide Natronlauge, kaustisches Natron, Ätznatron, Natronhydrat
sodium hypochlride Chlornatron, Natriumhypochlorid
sodium hyposulfite Fixiernatron
sodium lamp Natriumlampe
sodium light Natriumfeuer
sodium line reversal method Temperaturbestimmung nach Verfahren der Natriumlinien-Umkehr
sodium magnate mangansaures Natrium
sodium oxalate Natriumoxalat
sodium oxide Natriumoxyd
sodium phenolate Phenolnatrium
sodium photocell Natriumphotozelle
sodium pump Natriumpumpe
sodium silicate kieselsaures Natrium
sodium sulfide Schwefelnatrium
sodium thiosulphate Fixiernatron
sodium-vapour lamp Natrium(dampf)lampe
Sofar (sound finding and ranging) Sofar (akustisches Radarsystem der US-Navy)
soft leise, mild, mürbe, aufgeweicht, ungehärtet, weich
soft annealed wire weichgeglühter Draht
soft annealing weichglühen
soft-annealing temperature Weichglühtemperatur
soft-centered steel Weichkernstahl
soft component weiche Komponente
soft down, to abschwächen
soft-drawn wire weichgezogener Draht
soft-focus lens Weichzeichner, weitwinklige od. weichzeichnende Linse
soft formation cutter head Flügelkrone, Weichformationskopf
soft india rubber Weichkautschuk
soft-iron ammeter Dreheisenstrommesser Weicheisenamperemeter, Weicheisen-Strommesser
soft iron armature Weicheisenanker
soft-iron armature core Ankerkern aus Weicheisen
soft-iron mass Weicheisenmasse
soft-iron meter Dreheisen-, Weicheiseninstrument
soft-iron oscillograph Dreheisenoszillograph
soft landing Weichlandung
soft landing on moon weiche Mondlandung
soft lead Weichblei
soft limited integrator Integrierer mit weicher Begrenzung
soft limiter weicher Begrenzer
soft machinable material bearbeiteter weicher Werkstoff
soft magnetic material weichmagnetischer Stoff
soft magnetism flüchtiger Magnetismus
soft metal snip Bleischere
soft missile base nichtverbunkerte Flugkörperstellung
soft-mounted weich gebettet od. gelagert (Lager)
soft or smooth running leichter Gang

soft or tin solder Weichlot
soft picture weiches Bild
soft quenching alloy Weichtemperlegierung
soft radiation weiche Strahlung
soft rays weiche Strahlen
soft roentgen tube weiche Röntgenröhre
soft rubber Weichgummi
soft rubber earpiece for headphone Weichgummihörmuschel
soft rubber strip Weichgummistreifen
soft sized paper halbgeleimtes Papier
soft solder Weichlot, Zinnbleilot
soft soldering Weichlöten
soft steel Flußeisen, Flußstahl, Schmiedeeisen
soft tube gasgefüllte od. weiche Röhre, Niedervakuumröhre
soft water entkalktes od. weiches Wasser
soft X-rays weiche Röntgenstrahlen
soften, to weich werden, enthärten, aufweichen, weichmachen, dämpfen
softening Abschwächung (chem), Aufweichen, Erweichen, Weichmachen, Weichwerden, Dämpfung
softening agent Weichmacher
softening point Erweichungspunkt
softening range Erweichungsbereich, Aufweichungszone (Strahlen)
softening temperature Erweichungstemperatur
softness index Weichheitszahl (pla)
software nichtmaterialle Mittel (Verfahren), Gesamtbegriff für Programme und alle nicht gerätebedingten Hilfsmittel für den automatischen Betrieb von Rechenanlagen, Programmausrüstung, Programmierhilfen, Software
software and automatic collection and print-cut of test data automatische Erfassung und Ausdruck der Prüfdaten (Stoßprüfstand)(av)
software cartridge Programmkassette
software control function Programmsteuerfunktion (EDV)
software-controlled fire control system programmgesteuertes Feuerleitsystem (av)
software controlled superheterodyne receiver technology (amplitude comparison)(coarse), phased arra (fine), direction-finding modes Einpeilung des erfaßten Senders (Amplitudenvergleich (Grobpeilung), Phasendifferenzmessung)(Feinpeilung)
software correction Software-Korrektur (av)
software documentation Software-Dokumentation (EDV)
software error Programmier-, Softwarefehler
software "failure modes" programmed Software-Ausfallbetriebsarten (av)
"software gaps" Softwarelücken (av)
software package Programmausstattung
software problem Verfahrensproblem
software program counter programmierter Befehlszähler
software redundancy Software-Redundanz
software research theoretische Forschung
software service routine Betriebsprogramm
software system Programmiersystem, Softwaresystem
soil adherence Schutzhaftfestigkeit
soil aeration Bodenbelüftung
soil aggregate Bodengemenge, Bodengemisch
soil air Bodenluft
soil analysis Bodenanalyse, Bodenuntersuchung
soil anchor (shaft) Bodenanker(stange)
soil backfill Erdauffüllung
soil bearing quality Bodentragfähigkeit
soil burial test Bodenverrottungsprobe
soil cement Bodenbeton, Bodenverfestigung
soil cement operation Bodenverfestigungsarbeit
soil cement paste Bodenzementbrei
soil characteristics Bodenbeschaffenheit
soil classification Bodenklassifizierung
soil compacting Bodenverdichtung (auf mechanisch/maschinelle Art)
soil compaction resistance Bodenverdichtungswiderstand
soil conditions Bodenverhältnisse
soil conductivity Leitfähigkeit des Bodens
soil conservation Bodenerhaltung, Bodenschutz
soil consolidation Bodenverfestigung
soil constant Bodenkonstante
soil corrosion test Bodenkorrosionsversuch (Korrosionsprüfung)
soil, cultivation of a Bodenbearbeitung, Bodenkultivierung
soil density Bodendichte
soil destruction Bodenabtragung, Bodenzerstörung
soil displacement Bodenverdrängung
soil evaporation Bodenausdünstung
soil evaporimeter Bodenevaporimeter, Bodenverdunstungsmeßgerät
soil examination Bodenuntersuchung
soil exhaustion Bodenmüdigkeit, -erschöpfung
soil fraction Bodenkörnung
soil, gypsiferous gipshaltiger Boden
soil improvement Bodenverbesserung
soil investigation bodenkundliche od. bodenmechanische Untersuchung, Boden-, Baugrunduntersuchung
soil mechanics Bodenmechanik
soil moisture Bodenfeuchtigkeit
soil parameter Bodenparameter
soil particles Bodenteilchen
soil pan Schmutzfänger (für Kabelschacht)
soil pipe Abflußleitung, -rohr
soil pollution Bodenverunreinigung
soil porosity Bodendurchlässigkeit, -porosität, Bodensprödigkeit
soil pressure Bodendruck, -pressung
soil property Bodeneigenschaft
soil sample, undisturbed ungestörte Bodenprobe
soil stabilizer Bodenverfestigungsmittel
soil-structure interaction Wechselwirkung Boden/Bauwerk
soil-structure interface Grenzfläche Boden/Bauwerk
soil tamper Erdstampfer
soil testing hydrometer Aräometer zur Bodenuntersuchung
solar solar, durch Sonnenwärme betrieben
solar absorptivity standard Sonnenstrahlungsreferenzgerät
solar activities satellite zum Erforschen

der Sonnenaktivität bestimmter Satellit
solar activity period Sonnentätigkeitsperiode
solar activity variation, influence of Einfluß der Sonnenaktivität auf Dichteveränderung (Raumfahrt)
solar array Solarbatterie, Solarzellenausleger, Sonnenbatterie, Solarzellenträger, Sonnenzellentafel
solar array drive subsystem Sonnenzellenträger-Einstellanlage
solar array, flexible fold-up flexibler Solarzellenträger
solar array, flexible fold-up and high energy entfaltbare u. flexible Solarzellenausleger
solar array, high-energy entfaltbarer Solarzellenausleger
solar atmosphere battery Sonnenatmosphärebatterie
solar battery Solar-, Sonnenbatterie
solar cell Sonnenenergiewandler, Solarzelle
solar cell array Sonnenzellenanordnung
solar cell array, extendable drehbarer Sonnenzellenausleger (Raumfahrt)
solar cell assembly Solarzellenmontage
solar cell investigation Sonnenzellenuntersuchung
solar cell paddle Sonnenzellenausleger, Solarzellenausleger (Satellit)
solar cell panel Solar-, Sonnenzellenträger, Träger mit Sonnenenergiewandler
solar cell powered electrical propulsion module solarelektrisches Antriebsmodul
solar chromospheric eruption chromosphärische Eruption auf der Sonne
solar climate Solarklima
solar collector Sonnenenergiekollektor, Sonnen(wärme)kollektor
solar colour lamp Tageslichtlampe
solar compass Solarkompaß
solar concentrator Solarkonzentrator
solar constant Solar-, Sonnenkonstante
solar constant of radiation Solarkonstante
solar converter Solarkonverter, Sonnenenergiewandler
solar corona Sonnenhof, Sonnenkorona
solar corpuscles Solarkorpuskeln
solar corpuscular radiation Korpuskularstrahlung der Sonne
solar cosmic rays solare Höhenstrahlung, solare kosmische Strahlung
solar Coude refractor Sonnen-Coude-Refraktor
solar cycle Häufigkeitsperiode der Sonnenflecken, Zyklus der Sonnenaktivität
solar diagram Besonnungsdiagramm (Raumordnung)
solar-dynamic power generation system Sonnenzellentafeln
solar-dynamic system Stromerzeugung durch Sonnengeneratoren
"solar dynamic system", used: While photovoltaic systems are in mechanical terms static, solar dynamics could impact torques to the whole station structure, not only from the rotating turbines and alternators but also from the circulating fluids **Sonnenkraftmaschinen** arbeiten: Während Sonnenzellen in mechanischer Hinsicht "stationär" arbeiten, können rotierende Turbinen und Generatoren, aber auch strömende Fluide Drehmomente in die gesamte Raumstation einleiten (sp)
solar dynamic technology Sonnengeneratortechnik
solar-electric solar-, sonnenelektrisch
solar electricity Solarelektrizität
solar energy Sonnenenergie, Solarenergie, Sonnenlicht auf Kollektoren in ihrem Brennpunkt bündeln
solar energy, absorbed abgegebene Solarenergie
solar energy absorption Solar-, Sonnenenergieabsorption
solar energy concentrator Sonnenenergiekonzentrator
solar energy research Solar-, Sonnenenergieforschung
solar eruption Sonnenausbruch, -eruption
solar exploration Sonnenforschung
solar flare solares Protonenereignis, Sonneneruption, Sonnenfackel, Protuberanzen
solar flux Sonnenstrahlung
solar furnace Sonnenofen
solar generator Solargenerator, Sonnenkraftmaschine, Sonnenzellengenerator
solar generator and deployment system Sonnenzellenträger und Ausklappvorrichtung
solar generator boom Sonnenzellenträger
solar halo Sonnenhalo, Sonnenring
solar heat Sonnenwärme
solar heating Sonnenheizung
solar indicator Sonnenanzeiger
solar infrared radiation solare Infrarotstrahlung
solar interior das Sonneninnere
solar magnetic field solares Magnetfeld
solar noise Solar-, Sonnenrauschen
solar observatory satellite Sonnenobservatorium-Satellit
solar oil Gasöl, Solaröl
solar orbit Solarbahn, Satellitenbahn, Umlaufbahn um die Sonne, Sonnenumlaufbahn
solar paddle Sonnenenergiewandler-Träger, Sonnenzellenausleger
solar panel Sonnenbatterietafel, Sonnenenergiewandler-Träger, Sonnenzellenfläche (Satellit), Sonnenzellentafel
solar panel deployment actuator Sonnenzellenträgerstellglied
solar parallax Sonnenparallaxe (Horizontalparallaxe der Sonne)
solar physics Sonnenphysik
solar plasma solares Plasma, Solarplasma
solar plasma current solarer Plasmastrom
solar plasma radiation solare Plasmastrahlung
solar plexus Solarplexus, Sonnengeflecht
solar power Solar-, Sonnenenergie, Sonnenkraft
solar power generation Sonnenenergieerzeugung
solar power in space Sonnenkraftwerk im Weltraum
solar power satellite Sonnenenergiesatellit
solar power station Sonnenkraftwerk
solar powered mit Solar- od. Sonnenbatterie betrieben
solar powered heat exchanger sonnengetriebener Wärmeaustauscher
solar pressure vane Sonnensegel
solar prominence (Sonnen)protuberanz

solar-propelled rocket Rakete mit Solarantrieb
solar propulsion Solarantrieb
solar proton monitor Sonnenprotonenmesser
solar protuberance Sonnenprotuberanz
solar radiation Solarstrahlung, Sonnen(be)-strahlung
solar radiation and thermospheric structure Solarstrahlen u. thermosphärische Struktur
solar radiation in the ultraviolet range Sonnenstrahlen im Ultraviolettbereich
solar radiation lamp künstliche Höhensonne
solar radiation pressure Strahlungsdruck der Sonne, solarer Strahlungsdruck
solar radiation test Sonnenbestrahlungsprüfung
solar radio emission solare Radiostrahlung
solar radio noise Sonnenrauschen
solar ray Sonnenstrahl
solar reflector Sonnenreflektor, Sonnenstrahlenabweiser
solar research Sonnenforschung
solar sail Sonnensegel
solar second Sonnenzeitsekunde
solar sensor Sonnensensor (Satellit)
solar shell interplanetarischer Raum
solar simulation Sonnensimulation
solar spectrum Sonnenspektrum
solar spot Sonnenfleck
solar stabilization vane Sonnensegel
solar still (survival equipment) Sonnenkraftdestilliergerät (für Salzwasser)
solar storm Sonnensturm
solar stream solarer Teilchenstrom
solar structure Aufbau der Sonne
solar system Sonnensystem
solar telescope Sonnentelskop
solar-thermionic cell Sonnenthermionikelement
solar tide sonnenbedingte Tide, Wasserzeichen der Sonne
solar time Sonnenzeit
solar transit Durchgangsinstrument für Sonnenbeobachtungen
solar-type reaction sonnenähnliche Reaktion
solar ultraviolet radiation solare Ultraviolettstrahlen, Ultraviolettstrahlung der Sonne
solar visible radiation sichtbare Sonnenstrahlung
solar wind (electrically charged particles) Sonnenwind (Strom geladener Teilchen)
solar wind composition experiment Sonnenwindfolie
solar wind particles Partikel des Sonnenwinds
solar X-rays solare Röntgenstrahlen
solarimeter Pyranometer (Messung der diffusen Himmelsstrahlung), Solarimeter, Sonnenstrahlungsmesser, Sonnenwärmemeßgerät
solarisation Solarisation
solartron frequency response analyzer Solartronfrequenzganganalysator
solder in, to einlöten
solder-mounted crystal eingelöteter Kristall
solder, to weichlöten
solder to, to anlöten
solder together zusammenlöten
solder up, to verlöten, zusammenlöten
soldered and brazed connection Hartverbindung
soldered connection gelötete Verbindung, Lötverbindung
soldered flange Anlötflansch
soldered joint Lötnaht, -stelle, -verbindung
soldered, not unverlötet
soldered on aufgelötet
soldered-on lead angelötete Leitung
soldering, electric elektrisches Löten
soldering fit lötfertig
soldering fluid Lötwasser
soldering flux Flußmittel, Lötmittel
soldering furnace Lötofen
soldering gun Lötpistole
soldering iron Lötkolben, Löteisen
soldering lug Lötfahne, Lötöse
soldering-lug strip Lötösenstreifen
soldering material or metal Lötmetall, Löteisen
soldering outfit Lötanlage, Lötapparat (für Weichlötung)
soldering paste Lötpaste
soldering pin Lötstift
soldering process Lötverfahren
soldering seam Lötnaht
soldering sleeve Lötbuchse, -muffe
soldering solution Lötwasser
soldering surface Lötfläche
soldering tab or tag Lötfahne, Lötflasche, Lötöse, Lötklemme
soldering temperatur Lötwärme
soldering terminal disk Lötösenscheibe
soldering terminal strip Lötösenstreifen
soldering test Lötprüfung
soldering tongs Lötzange
soldering wire Lötdraht
solderless lötfrei, lötlos, nichtverlötet, unverlötet
solderless cone lötfreier Kegel
solderless connection lötfreie od. nichtverlötete Verbindung
solderless connector Klemmvorrichtung für nichtverlötete Drahtverbindung
solderless wrapped connection lötfreie gewickelte Verbindung
sole plate Lagerplatte
solenoid Magnetspule, Solenoid, Zylinderspule
solenoid-actuated friction clutch durch Magnetschalter betätigte Reibungskupplung
solenoid-actuated valve durch Solenoid betätigtes Ventil
solenoid brake Magnetspulenbremse, Solenoidbremse
solenoid chronograph Spulenchronograph
solenoid core Magnetspulenstößel
solenoid distributor Elektroverteiler
solenoid dump valve Magnetabsperr/Ablaßventil (Kabinendachdichtung)(Druckluftanlage), Magnetschnellablaßventil
solenoid-operated fuel valve Solenoidtreibstoffventil
solenoid operated shut-off valve Magnetabsperrventil
solenoid-operated switch Magnetschalter
solenoid-operated valve Elektromagnetventil, magnetbetätigtes Ventil
solenoid plunger Steuerschieber (Arbeitszylinder des automatische Aufbäumreglers)
solenoid primer valve Magneteinspritzventil
solenoid switch Einrückmagnetschalter
solenoid valve Magnetventil

solenoid valve on the exhaust side of the G-suit, this system makes fail-optional Magnetventil im Entlüftungsanschluß des Druckanzugs macht System ausfallsicher (av)
solenoidal (field) quellenfreies Feld
solenoidal magnetization Kreismagnetisierung
solex check Luftdurchsatzprüfung
solid massiv, fest, Festkörper, gediegen, aus einem Stück, fester Körper (Aggregatzustand), Körper (math)
solid aircraft wire fester Stahldraht für Spannzwecke
solid and air dielectric geschichtetes Dielektrikum
solid angle räumlicher Winkel, Raumwinkel
solid anode massive Anode, Vollanode
solid-back transmitter Mikrophon mit fester Rückwand
solid bearing einteiliges Lager
solid blade Vollschaufel
solid body Festkörper, Vollkörper
solid booster segment joints Segmentflansche der Feststoffmotore
solid-borne sound or vibration Körperschall
solid bullet Vollgeschoß
solid carbon Homogenkohle, Vollkohle
solid circuit Festkörperkreis
solid circuit structure Festkörperschaltung
solid clutch disc Kupplungsvollamelle
solid compound of butyl rubber and plexiglass grain moulded into cylindrical wafers which are stacked and bonded to the cylindrical case insulation Verbund von Butylkautschuk und Akrylglas der in zylindrischen Scheiben aufeinandergeschichtet und mit der Gehäuseisolierung verklebt wird
solid conductor massiver Leiter
solid content Festgehalt
solid-copper inner conductor massiver Kupferinnenleiter
solid-core nuclear propulsion Kernenergieantrieb mit fester Spaltzone
solid coupling feste Kupplung, Festkupplung
solid cross section voller Querschnitt, Vollquerschnitt
solid curve ausgezogene Kurve
solid dielectric festes Dielektrikum, Vollisolierung (eines Kabels)
solid diffusion Festkörperdiffusion
solid drawn nahtlosgezogen
solid drawn axle gezogene Achse
solid drawn tube nahtlosgezogenes Rohr
solid electrolyte Trockenfüllung
solid fluidization Staubfließverfahren
solid fuel fester Brennstoff
solid fuel booster rocket Feststoffstarttriebwerk (sp)
solid fuel motor Feststoffmotor
solid-fuel nuclear booster Festkernreaktorantrieb
solid-fuel rocket motor Feststoffraketenmotor
solid-fuel space research rocket Feststoff-Forschungsrakete
solid-fuel strap-on boosters Feststoff-Zusatzrakete
solid-gaseous interaction Wechselwirkung Feststoff/Gas
solid generated by rotation Rotationskörper
solid girder Vollwandträger
solid hook-up wire Stahldraht
solid-injection engine kompressorloser Motor
solid insulation Festisolation, Massivisolation
solid-insulated cable Vollkabel
solid insulator fester Isolator
solid-jacket cable Vollmantelkabel
solid jaw feste Backe
solid jet geschlossener, nicht aufgespaltener Strahl mit kleinem Öffnungswinkel, scharfer Strahl
solid journal bearing Augenlager
solid laying feste Verlegung, Festverlegung, Starranbringung
solid line ausgezogene, durchgehende Linie
solid-liquid interface Festflüssigtrennfläche, Erstarrungsfront
solid-liquid rocket Feststoff-Flüssig(keits)-rakete
solid-logic technology (SLT) Technik der integrierten Schaltkreise, Festkröper-Schaltkreistechnik, Festkörpertechnik
solid lubricant Feststoffschmiermittel
solid master connecting rod einteiliges, ungeteiltes Hauptpleuel
solid material Schleudergut, ausgeschleuderte od. zentrifugierte Masse
solid matter Feststoff
solid matter pipeline Feststoffpipeline
solid measure Festmaß
solid medium festes Medium, Feststoff
solid modeller, parametric parametrisches CAD-System (av)
solid motor Feststoffraketenantrieb
solid of cubical content körperlicher Inhalt
solid of revolution Dreh-, Rotationskörper
solid of rotation Rotations-, Umdrehungskörper
solid or liquid start/stop/restart motors wiederzündfähige Fest- und Flüssigtreibstoffraketen (sp)
solid pattern räumliches Strahlungsdiagramm (Antenne)
solid phase medium festes Medium
solid phase welding Preßschweißen
solid photo-voltaic cell Sperrschichtenzelle
solid plate Vollplatte
solid pole nichtlamellierter Pol
solid propellant Fest(treib)stoff, fester Treibstoff
solid propellant boost phase Beschleunigsphase
solid-propellant booster Feststoffstarttriebwerk
solid propellant electrical thruster (SPET) Feststoffelektrotriebwerk (Raumfahrt)
solid-propellant missile Feststoffrakete, Feststoffflugkörper
solid-propellant motor Raketenmotor für festen Brennstoff
solid-propellant ramjet Feststoffstaustrahltriebwerk
solid propellant research rocket von Feststoffmotoren angetriebe Forschungsrakete Feststoffflugkörper
solid-propellant motor Raketenmotor für festen Brennstoff

solid-propellant ramjet Feststoffstaustrahltriebwerk
solid propellant research rocket von Feststoffmotoren angetriebe Forschungsrakete
solid-propellant restrictor Festtreibstoffverbrennungshemmstoff
solid-propellant retro-rocket Feststoff-Bremsraketenmotor
solid-propellant rocket Feststoffrakete, Pulverrakete
solid-propellant rocket engine Feststoffraketenmotor, Feststoffraketentriebwerk
solid remaining at the bottom of a solution Bodenkörper
solid residue from evaporation Abdampfrückstand
solid rib Vollrippe
solid rivet Vollniete
solid rocket booster Feststoffraketen-Zusatzantrieb
solid rocket motor Feststoffraketenmotor
solid-rubber tire Vollgummireifen
solid rubber tyre Vollgummibereifung
solid sample feste Probe
solid scale model Holzmodell
solid scrap Kernschrott
solid shaft Vollwelle (Gegensatz Hohlwelle)
solid-sheet reflector Vollblechreflektor
solid skirt piston Vollschaftkolben
solid-skirt-type piston Topfkolben mit geschlitztem Mantel
solid soldering wire Lötzinnvolldraht
solid-solid blending mischen fester Stoffe
solid solubility Löslichkeit in festem Zustand
solid solution feste Lösung, Verbundwerkstoff
solid-solution alloy Mischkristallegierung
solid spar Vollholm
solid spar section Vollquerschnitt
solid square bolt die Schneidmutter
solid-state Festkörper, monolitisch, fester Aggregatzustand, transistorbestückt
solid-state active arrays with electronic scanning Halbleitersender mit aktiver Gruppenantenne und elektronischer Strahlschwenkung
solid state altimeter Halbleiterhöhenmeßgerät
solid-state broadband pre-amplifier mit Halbleitern aufgebauter Breitbandvorverstärker
solid-state circuit Festkörperkreis, -schaltung, Festkörperschaltkreis, Monolith, monolithischer Schaltkreis
solid-state component Festkörperbauelement
solid-state design Festkörperbauweise, Festkörperkonstruktion
solid-state device Festkörperbauelement, Festkörperbaustein
solid state dielectric circuit device dielektrisches Festkörperschaltelement
solid state diffusion Diffusion in festem Zustand
solid state digital encoding altitmeter Digitalcodierhöhenmesser in Solid-State-Bauweise
solid-state electrical/mechanical module elektrisch/mechanisches Festkörpersteckmodul
solid-state electronics Festkörperelektronik
solid-state element Festkörperbauteil
solid-state encoding Halbleitercodiergerät
solid state image intensifier Festkörperbildverstärker
solid-state inverter Halbleiterwechselrichter
solid-state maser Festkörpermaser, Festkörpermolekularverstärker
solid-state memory circuit Halbleiterspeicherschaltkreis
solid-state microwave amplifier Festkörperverstärker für Mikrowellen
solid state modular construction Festkörper-Modulbauweise, Transistormodulbauweise
solid-state modulator Festkörpermodulator, Halbleitermodulator
solid-state multiplexer Halbleitermultiplexer
solid-state nanosecond pulsed radar Nanosekundenimpulsradar in Festkörperbauweise
solid state of aggregation fester Aggregatzustand
solid state physics Festkörperphysik
solid state polarised relay polarisiertes Relais in Festkörperbauweise
solid state pressure transducer Druckmeßwertwandler
solid-state receiver Halbleiter-Navigationsempfänger
solid-state single equipment Einblockgerät in Festkörperbauweise
solid-state switching Festkörperschaltung
solid-state switching technique Halbleiterschaltung
solid-state technique Festkörpertechnik
solid state thyratron Halbleiterschalter, Halbleiterthyratron
solid state track detector Festkörperspurendetektor
solid-state transmitter Festkörpersender, Sender auf Halbleiterbasis
solid state UHF transceiver UHF-Sender/Empfänger in Festkörperausführung
solid steel square Anschlagstahlwinkel
solid structure clearance (Hovercraft) effektive Schwebehöhe
solid strut Vollstrebe
solid strut tang feste Strebenangel, Naturstrebenangel
solid system of axes räumlicher rechtwinkliger Koordinat
solid system of axes räumliches Koordinatenkreuz
solid teflon pulsed plasma thruster Teflon-Plasmabeschleuniger (sp)
solid-textile parachute canopy Breitgewebekappe (Fsch)
solid tire Vollreifen
solid tyre Vollgummireifen
solid-type interlocking mill geteilter Scheibenfräser mit festen Zähnen
solid-type steel cutter Stanzform aus massivem Stahl, Stanzmesser
solid viscosity innere Reibung
solid-wall, with vollwandig
solid wire massiver Draht, Volldraht
solidification Erstarrung, Festwerden, Solidifikation
solidification and crystal growth Solidifikation und Kristallwachstum
solidification of muds, high temperature Festwerden von Bohrschlamm bei hoher

Temperatur
solidification point Einfrierpunkt, Erstarrungspunkt
solidify, to erstarren, festwerden, zum Erstarren bringen
solidifying point (of oil) Kältepunkt
solidity Derbheit, Dichte, Dichtigkeit, Festigkeit, körperlicher Inhalt, Dauerhaftigkeit
solidity of blades Blattdichte
solidity ratio Blattvölligkeit
solidly build robuste Konstruktion (av)
solidus Schrägstrich
solidus point temperature Festpunkttemperatur, Soliduspunkttemperatur
solo flight Alleinflug
solo flight time Alleinflugzeit
solodyne receiver Röhrenempfänger ohne Anodenbatterie, Solodynempfänger
solodyne reception Solodynempfang
solstice Solstitium, Sonnenwende
solstice point Solstitialpunkt, Sonnenstillstandspunkt, Sonnenwendepunkt
solstitial law Sonnenstandsgesetz (phys)
solubility Auflösbarkeit, Lösbarkeit (chem)
solubility curve Lösbarkeitskurve
solubility of gas in oil Löslichkeit von Gas in Öl
soluble colorant lösliches Farbmittel, löslicher Farbstoff
soluble oil Bohröl, Schneidöl, wasserlösliches Öl
solution Auflösung, Lösung (auch math)
solution, alkaline alkalische Lösung
solution cavity Lösungshohlraum
solution discrete Bereitschaftssignal
solution, electrolytic...pressure elektrolytischer Lösungsdruck
solution, metal-bearing metallführende Lösung
solution of equations Auflösung von Gleichungen
solution, sodium chloride Steinsalzlösung
solution theory Phasenlehre, -theorie
solution treatment Vergütungsbehandlung, bei der Bestandteile der Legierung in Lösung vergehen, Homogenisieren
solution welding Quellschweißen
solvability Auflösbarkeit
solvated resin solvatisiertes Harz
solvation Solvation, Harzquellung
solve an equation with respect to n, to eine Gleichung nach n auflösen
solve for, to auflösen nach (math)
solvency Lösefähigkeit (chem)
solvent Klebelöser, Lösemittel, Lösungsmittel
solvent action Lösungswikrung
solvent capacity Lösungsfähigkeit (chem)
solvent extraction Lösungsextraktion
solvent for dissolving paraffin Paraffinlösungsmittel
solvent-free melting adhesive Schmelzkitt
solvent naphtha Testbenzin
solvent power Lösungskraft
solvent recovery Lösemittelwiedergewinnung
solvent recovery plant Lösungsmittel-Rückgewinnungsanlage
solvent, refined raffiniertes Lösungsmittel (Schmieröl)
solvent tolerance Lösungsmittelaufnahmefähigkeit (Lack)
solvent tolerance or compatibility Aufnahmefähigkeit der Lösemittel
solvent welding Quellschweißen
somersault Überschlag (auf Boden)(Flz)
somersaulting of the image Bildsturz (TV)
Sommerfeld's wire wave Sommerfeld'sche Drahtwelle
SON Statement of Operation Need
sonar (sound navigation and ranging) Sonar (Ultraschallunterwasserortungsverfahren, Unterwasserschallmeßsystem)
sonar countermeasures Sonargegenmaßnahmen
sonar data processing equipment Sonardatenverarbeitungsgerät
sonar deflection Sonarsonde, Sonarsuchkopf
sonar equipment Sonarausrüstung
sonar gear Sonaranlage, Sonargerät
sonar hover mode Betriebsart "Sonarbojenschwebeflug"
sonar power circuit Sonarstromversorgungskreis
sonar pulse load unit Impulsbelastungseinheit des Sornargeräts
sonic aircraft Flugzeug, das Schallgrenze erreicht
sonic altimeter Behmlot, Echolot, Relativhöhenmesser
sonic analyzer Schallanalysator, Schallauswertegerät
sonic bang Schallmauerknall
sonic barrier Schallmauer
sonic boom Schallmauerknall, Überschallknall
sonic delay line akustischer Speicher, akustische Verzögerungsleitung od. -strecke
sonic depth finder Behmlot, Echolot
sonic finder finding akustische Echolotung
sonic speed Schallgeschwindigkeit
SONIM (solid non-metallic impurity) mechanisch eingeschloßen, nichtmetallische Verunreinigung im Guß
sonobuoy and torpedo for ASW detection and attack Sonarboje und Torpedo für U-Boot-Entdeckung u. -Bekämpfung
sonobuoy data Schallbojendaten
sonobuoy reference system Schallbojenbezugssystem
sonobuoy release Schallbojenauswurfvorrichtung
sonometer magnet Schallstärkemeßmagnet, Sonometer(magnet)
sonometer spring Schallstärkemeßfeder, Sonometerfeder
sonorous figure Schwingungsfigur
SOP standard operating procedure
sophisticated coupling system mit der Flugsteuerung gekoppeltes Waffenleitsystem
sophisticated data handling and display system hochentwickelte Datenübertragungs- u. Darstellungseinrichtung
sophisticated electronic product komplexes elektronisches Erzeugnis
sophisticated phase synchronisation system for the low-speed propeller perfektioniertes System zur Phasensynchronisierung der Luftschraube (av)
sophisticated real-time digital signal pro-

cessing technique hochkomplexe Signalverarbeitung in Echtzeit (Bordcomputer)
sophisticated system for "dunking sonar" at night komplexes System für den Nachteinsatz von Tauchsonargeräten
SOPM Speicheroperationsmodus
sorbitic structure sorbitisches Gefüge
sort according to maturity Sortieren nach Fälligkeit
sort, alphabetic Alphabetsortierung
sort blocking Sortierblockfaktor
sort compare test Fachauswahlprüfung
sort criterion Sortierargument, Sortierbegriff, Sortierkriterium, -merkmal
sort file Sortierdatei
sort file description entry Sortierdateierklärung
sort file name Sortierdateiname (COBOL)
sort generator Sortierprogrammgenerator
sort key Sortierargument, Sortierbegriff, Sortierkriterium, -merkmal
sort merge generator Sortier-Misch-Generator
sort/merge generator Sortiermischprogramm-Generator
sort out auslesen, auswählen, sortieren
sort pocket Ablegefach (Sortiermaschine)
sort program Sortierprogramm
sort-reader Magnetschriftsortierer, Sortierleser
sort statement Sortieranweisung, Sortierbefehl (COBOL)
sorted tag table sortierte Adreßtabelle
sorter Sortiermaschine, Sortierer, Sortiergerät
sorter reader control Sortierlesersteuerung
sortie Bildflug(einsatz)nummer, Flugeinsatznummer
sortie reference Bildflug(einsatz)nummer
sorting Aussortierung, Aufbereitung, Trennung
sorting and classification of motor vehicle salvage Kraftfahrzeugverwertung
sorting facility Sortieranlage
sorting, group Leitkartensortierung
sorting machine Sortierer, Sortiergerät, Sortiermaschine
sorting magnet Sortiermagnet
sorting needle Sortiernadel
sorting or separation of charged particle Ladungsträgertrennung
sorting-out Aussonderung, Aussortierung
sorting procedure Sortiervorgang
sorting program Sortierprogramm
sorting speed Auslese-, Sortiergeschwindigkeit
soudobrasage Fugenlöten
sound-absorbent schallabsorbierend, schallschluckend
sound-absorbent material lärmdämpfende Triebwerkauskleidung, schallabsorbierender Werkstoff
sound-absorbing schallschluckend
sound-absorbing material Schallschluckstoff
sound-absorbing wall draping schallschluckende Wandbekleidung
sound absorption Schallabsorbierung, Schalltilgung
sound absorption coefficient Schallabsorptionskoeffizient, Schallschluckgrad, Schallschluckkoeffizient
sound absorption factor akustischer Absorptionsfaktor, Schallschluckgrad
sound amplification Schallverstärkung, Tonverstärkung
sound amplifier Tonverstärker
sound analyzer Klanganalysator, Schallanalysegerät
sound and vibration measuring equipment Lärm- u. Vibrationsmeßgerät
sound attenuating schalldämpfend
sound attenuation Schalldämpfung
sound barrier Schallgrenze, Schallmauer
sound beam Schallstrahl
sound-board Resonanzboden
sound booth schalldichte Zelle, Tonzelle
sound box Schalldose, Tonkabine
sound camera Magnettonkamera
sound carrier Schallträger, Tonträger
sound-carrier frequency Tonträgerfrequenz
sound centre IF mittlere Tonzwischenstufe
sound channel Tonkanal
sound column Tonsäule
sound communication akustische Verbindung, Schallverbindung, Tonverbindung
sound conductivity Schallfähigkeit
sound conductor Schalleiter
sound corrector Klang-, Tonregler
sound damper Dämpfungsmittel, Schalldämpfer
sound deadening Schalltilgung
sound delay computer Schallverzugsrechner
sound-detection training Hörausbildung
sound detector Horchgerät, Schalldetektor
sound, diffuse diffuser Schall
sound diffuser Klangdiffusor, Klangzerstreuer, Schalldiffusor
sound, direct direkter Schall
sound dissocation Klangzerfall
sound discriminator Tonfrequenzgleichrichter
sound dissipation coefficient Schalldissipationsgrad
sound distortion Klang-, Tonverzerrung
sound distribution Klang-, Tonverteilung
sound effect Knallerscheinung, Knallwirkung, Schallwirkung
sound effect track Schalleffektspur, Geräuschspur
sound embossing Schallaufzeichnung durch drücken von Rillen
sound-emission or impulse microphone Abgangsmikrophon
sound energy density Schallenergiedichte
sound energy per unit area Schallstärke, Schallintensität
sound engineering structure technisch gut durchdachte Bauform
sound equipment Schallapparat, -gerät
sound eraser Löschvorrichtung (für Ton)
sound fading Tonüberblendung
sound field, diffuse diffuses Schallfeld
sound field distortion Schallfeldverzerrung
sound-film installation Tonfilmanlage
sound-film lamp Tonfilmerregerlampe, Tonlampe
sound filter Klangfilter, Klangsieb, Tonfilter
sound finding and ranging (SOFAR) Sofar (akustisches Radarsystem der US-Navy)
sound focusing Schallbündelung, Tonraffung
sound, free progressive...waves sich frei

fortpflanzende Schallwellen
sound funnel Schalltrichter
sound gate Tonfenster
sound generation Schallerregung, -erzeugung
sound generator Schallerzeuger, Schallgeber, -quelle
sound groove Schallrille, Tonrille
sound head Tonkopf
sound head lens Tonoptik
sound hole Schalloch
sound image tape recorder Ton/Bildbandgerät
sound-impressed surface vertonte Oberfläche
sound incidence Schalleinfall
sound incidence, diffuse diffuser Schalleinfall
sound-insulating schalldämpfend, -dämmend
sound-insulating board Dämmplatte (gegen Lärm)
sound insulating material Geräuschdämpfungsmittel, Schalldämmstoff
sound insulation Schallabdichtung, -dämmung, -dämpfung, -isolation, -schutz
sound-insulation against structure-borne sounds Körperschalldämmung
sound insulation factor Dämmzahl
sound insulation factor of flexural way Biegewellendämmzahl
sound intelligibility Lautverständlichkeit
sound irradiation Beschallung, Schallbestrahlung
sound isolation Schallisolierung
sound lens Schallinse
sound level Lärmpegel, Schallpegel
sound level control Lärmbekämpfung
sound level difference Schallpegeldifferenz
sound level distribution Schallpegelverteilung
sound level meter Lärmpegelmesser, Schallpegelmesser
sound localization Lärmeingrenzung, Lokalisierung des Schalls
sound-locating lärmortend, schallortend
sound location akustische Ortung, Horchortung, Schallortung
sound locator Abhörgerät, Ortseindruck, Horchgerät, Richtungshörer, Schallortungsgerät
sound measuring equipment Lärmmeßeinrichtung, Schallmeßeinrichtung
sound mirror Schallspiegel
sound mixing Tonmischung
sound-modulated tonmoduliert
sound-modulated wave tonmodulierte Welle
sound modulation Tonmodulierung
sound navigation and ranging equipment Sonar (Ultraschall-Unterwasserortungsanlage)
sound-on-disc attachment or system Nadeltonverfahren
sound-on-film system Lichttonverfahren
sound or audio reception Höraufnahme
sound oscillation Schallschwingung
sound overshooting Übersteuerung
sound-path length Schallweglänge
sound pattern Klangfigur
sound perception Schallwahrnehmung
sound permeability Schalldurchlässigkeit
sound pick-up Schalldose, Tonabnehmer
sound pick-up head Hörkopf, Tonabnehmerkopf
sound pick-up point Tonabtaststelle
sound picture projector Tonfilmprojektor
sound power concentration Tonbündelungsgrad
sound-powered telephone batterieloses od. dynamisches Telephon, batterieloses Fernsprechgerät
sound pressure level Schalldruckpegel
sound pressure microphone Schalldruckmikrophon
sound pressure transformation Schalldrucktransformation
sound probe Echosonde, Schallsonde
sound-producing schallerzeugend
sound projection Klangprojektion, Schallabstrahlung
sound projection on film Knallbild
sound-proofed booth schalltote Kabine
sound propagating medium Schallmedium
sound propagation Schallausbreitung, -fortpflanzung, -übertragung
sound pulse Schallimpuls
sound radar (Sodar) akustisches Radarsystem (nach Bell-Labor)
sound radiation Schall(ab)strahlung
sound radiation impedance Schallstrahlungsimpedanz
sound radiation reactance Schallstrahlungsreaktanz
sound radiation resistance Schallstrahlungswiderstand
sound range Schallumfang
sound ranging Knallmeßverfahren, Schallmeßtechnik, Schallmeßbeobachtung, Schallmessung, Schallradar
sound ranging altimeter Luftecholot
sound ranging battery Schallmeßbatterie
sound ranging microphone Schallmeßmikrophon
sound ranging station Schallmeßstelle
sound ray Schallstrahl
sound receiver Schall-, Tonempfänger
sound reception Hörempfang, Schallempfang
sound record and scanning area Tonspurlage und Spaltbildbreite (Film)
sound record position in camera Tonspurlage in Kamera
sound recorder Schallaufnahmegerät, Schall-, Lärmaufzeichner, Tonaufnahmegerät
sound recording Schall-, Tonaufzeichnung, Tonaufnahme
sound recording amplifier Tonaufzeichnungsverstärker
sound recording, electrical elektrische Schallaufnahme
sound recording equipment Tonaufzeichnungsanlage
sound recording method Tonaufzeichnungsverfahren
sound recording studio Tonaufnahmeraum, Tonaufzeichnungszelle
sound reduction factor Schalldämmzahl, Schalldämpfungsfaktor, Schall(dämpfungs)-ionisationsmaß
sound reflecting schallreflektierend
sound reflection coefficient Schallreflexionsfaktor, -koeffizient
sound reinforcing means Schallverstärkungsmittel
sound rejection Tonunterdrückung
sound reproducer Tonwiedergabegerät
sound reproduction optics Tonwiedergabeoptik

sound reproduction quality Schallwiedergabequalität, Tonwiedergabequalität
sound scanning slit Tonabtastschlitz
sound section Tonteil
sound shadow Schallschatten, Echoschatten
sound signal akustisches Signal, Schall-, Tonsignal
sound signaling akustisches Signalisieren, Schallsignalisieren
sound source Schallerzeuger, Schallgeber, Schallsender
sound spectrum Klangbild, Klanggemisch, Schallspektrum, Tonspektrum
sound speed Schallgeschwindigkeit, Tonfilmgeschwindigkeit
sound stimulus Schallreiz
sound suppressor Schalldämpfer (akustisch), Rauschbegrenzer (Funk)
sound suppression Schalltilgung
sound synthesis system Sprachsynthesegerät (Flugsimulatorsystem)
sound take-off drum Tonabnehmertrommel
sound the upper air, to sondieren
sound track Tonspalte, Tonstreifen
sound-track scanning Tonspurabtastung
sound transmission Schalldurchgang, Schallübertragung
sound transmission channel Schallbündelung
sound transmission coefficient Schalldurchgangsgrad, Schalltransmissionsgrad
sound transmission factor Schalltransmissionsgrad, -faktor
sound transmission lens of walls Wanddämmung
sound transmittance Schalldurchlässigkeit
sound-transmitting schalldurchlässig
sound trap Saugsperrkreis, Tonsperrkreis
sound tuning Abstimmen der Tonhöhe am Fernsprechgerät
sound velocity Schallgeschwindigkeit
sound vibration Schallschwingung
sound volume Klangfülle
sound volume range akustische Dynamik
sound wall lining schallschluckende Wandbekleidung
sound wave of ultrasonic frequency Schallwellen der Ultraschallfrequenz
sounder Klopferapparat
sounding balloon Ballsonde, Radioballon, Radiosonde, Versuchsballon
sounding barrier Schallmauer
sounding device Peilgerät
sounding line Lotleine
sounding or registering balloon Sicht- u. Registrierballon
sounding plate Klang-, Schallplatte
sounding relay Klopfrelais
sounding rocket Registrierrakete
sounding, rocket Raketensonde
sounding the atmospheric with balloon to determine wind direction Ballonsondierung für Windbestimmung
sounding the ionosphere Echolotung der Ionosphäre
sounding together Zusammenklang, Klangharmonie
soundness Fehlerlosigkeit
soundproof schalldicht, schallsicher
soundproof cabinet schalldichte Fernsprechzelle, Kabine mit Schalldämpfung
soundproof test-chamber for the pump schalldämpfende Pumpenprüfkammer
soundproofing Echounterdrückung, Geräuschdämpfung, Schallschutz
soundproofing material geräuschdämpfendes Material, Schallschutzstoff
soundproofing method Schallschutzverfahren
source bed Erdölmuttergestein (geol)
source bibliography Quellenkunde
source calibration Eichung mit Strahlenquellen
source calibration, laboratory Laboratorium für Eichung von Strahlenquellen
source card Primärprogrammkarte, Ursprungskarte
source clause Ursprungseintragung, Ursprungsklausel (COBOL)
source computer Übersetzungsrechner, Übersetzungsanlage (COBOL), kompilierende Rechenanlage
source container Behälter für Strahlenquellen
source deck Primärprogrammstapel, symbolischer Kartensatz, Ursprungskartensatz
source disk Quellenscheibe
source distribution Verteilung von Strahlenquellen
source document Ausgangsdokument, Buchungsdokument, Originalbeleg, -dokument, Ur(sprungs)beleg, Ursprungsdokument
source, ergodic ergodische Quelle
source-free medium quellenfreies Medium
source holder Halter für Strahlenquellen
source image Kartenabbild in Primärsprache
source impedance Quellenwiderstand
source input Primärprogrammeingabe
source inspection Direktprüfung (am Arbeitsplatz)(EDV)
source language Primär-, Ursprungssprache
source language library tape Primärprogramm-(Bibliotheks)band
source language statement Anweisung in Primärsprache, Primäranweisung
source level minus noise level Sonarleistungszahl
source library Primär(programm)bibliothek
source library tape Primärprogramm(bibliotheks)band
source loading Aufladen von Strahlenquellen
source machine Übersetzungsanlage, Übersetzungsrechner, kompilierende Rechenanlage (COBOL)
source module Quellenmodul (EDV)
source of clock pulse Taktimpulsquelle
source of current Stromquelle
source of electrons Elektronenquelle
source of energy Energiequelle
source of error Fehlerquelle
source of error disturbance Fehlerstörungsquelle
source of finance for airport development Finanzierung des Flughafenausbaus, Flughafenausbaufinanzierung
source of heat Wärmequelle, Heizquelle
source of information Informationsquelle, Nachrichtenquelle
source of lights Beleuchtungsquelle
source of power Kraftquelle
source of radio noise Störer, Störquelle

source of sound Schallquelle
source of suction Sogversorgung
source of trouble Fehlerquelle
source output Primärprogrammausgabe
source pressurization Druckbelüftungsaggregat
source program Primärprogramm, Ursprungsprogramm (dig)
source program library Primär(programm)-bibliothek
source range Quellenbereich (Reaktor)
source region Luftmaßeursprungsgebiet, Urpsrungsgebiet (kalter Luftmassen)
source selector disc Resolvervorrichtung für Strahlenquellen
source-skin distance Strahlenquellen/Hautabstand
source slit Spalt in der Abschirmung von Strahlenquelle
source statement Anweisung in Primärsprache, Primäranweisung
source, stationary stationäre od. feststehende Quelle
source strength (volume increase per unit time) Quellenstärke, Stärke der Strahlenquellen
source-sum-value clause Ittefluß-Eintragung, Wertefluß-Klausel (COBOL)
source surface Quellenfläche
south-bound südwärts, in Südrichtung (fliegen)
south end or tip Südende
south magnetic südmagnetisch
south-point Südpunkt
south-polar circle südlicher Polarkreis
southern hemisphere Südhemisphäre, südliche Halbkugel
southern lights Südlicht
S.O.V. (sound of vision) Ton im Bild
sozzle, to konservieren
SP solid propellant
SP (single pole) einpolig
SP (sound-powered telephone) dynamisches Telephon
sp. gr (specific gravity) spezifisches Gewicht, spezifische Wichte
sp. ht (specific heat) spezifische Wärme
sp. vol (specific volume) spezifisches Volumen
space Keinstromschritt (E-Strom)(Fernschreibwesen), Leerstellenzeichen, Pausenschritt (E-Strom)(Fernschreiben), Leerspalte, Zeichenschritt (D-Strom), Zeilentransport (dig), Leertaste, Zwischenraumtaste (Schreibmaschine)
space age Raumfahrtalter, Weltraumzeitalter
space-age efficiency Raumfahrtwirkungsgrad
space and missile system organisation SAMSO
space application program Raumfahrtprogramm
space around the anode Anodenraum
space away from, to im Abstand halten von...
space bar Leertaste, Zwischenraumtaste (Schreibmaschine)
space-based satellite Anwendungssatellit
space between column Zwischenlage, Zwischenspalte
space between hole Steg zwischen Löcher
space between the line (rail) Gleiszwischenraum
space between words Wortzwischenraum
space bias Trennstromüberhang
space business Raumfahrtgeschäft
space cabin Raumkapsel
space camera Weltraumkamera
space center Raumflugzentrum
space charge Raumladung
space charge centre Ausgangspunkt der Raumladung
space charge cloud Raumladungswolke
space charge control Raumladungssteuerung
space charge debunching Defokussierung durch Raumladung
space-charge density Raumladedichte, Raumladungsdichte
space charge distortion Raumladungsverzerrung
space charge effect Raumladewirkung
space charge force (electron) Raumladungskraft
space charge field Raumladungsfeld
space charge grid Raumladungsgitter, Hilfsgitter, Sauggitter, Raumladungszerstreuungsgitter
space charge grid potential Raumladungsgitterspannung
space charge law Child'sches Gesetz
space charge limitation Sättigungszustand einer Röhre bedingt durch Raumladung
space-charge-limited (current) durch Raumladung begrenzt(er Strom)
space charge-limited current (tube) Raumladungsstrom
space charge-limited current region Raumladungsgebiet (eines Elektrons)
space charge-limited operation durch Raumladung begrenzter Betrieb
space charge modulation Raumladungsmodulation
space charge pentode Raumladungsgitterpentode (Elektron), Raumladungsröhre
space charge potential-depressed electron stream raumladungserschwerte Elektronenströmung
space charge region Raumladezone, Raumladungszone, Sperrschicht
space charge tube Raumladungsgitterröhre
space charge wave Raumladungswelle
space check Leerspaltenprüfung
space-cloth (electron) HF-Schluckstoff
space communications (aerial) system Weltraumfernmeldedatensystem
space communications test, and improvement of satellite function Fernmeldeversuch u. Verbesserung der Satellitenfunktion
space component Raumkomponente
space cone Rastpolkegel
space contact Zwischenraumkontakt
space control Steuerung der Zeilenschaltung
space coordinate Raumkoordinate
space-coordinated raumkoordiniert
spacecraft Raumfahrzeug, Raumkapsel, Weltraumfahrzeug, Weltraumflugkörper, Weltraumschiff
spacecraft and re-entry vehicle Raumfahrtgerät u. Wiedereintrittsfahrzeug
spacecraft cabin Raumkapsel
spacecraft evasive manoeuvre Raumfahrzeug-Ausweichmanöver (sp)
spacecraft navigation Raumfahrzeugnavigation

spacecraft requirement spezifische Weltraumanforderung
space current (electron) Anodenstrom, Arbeitsstrom, Raumladestrom, Thermoionenstrom
space current (of diode) Strom im Belastungswiderstand
space curvature Raumkrümmung
space curve Raumkurve
space density räumliche Dichte
space dependance Raumabhängigkeit
space development agency Raumfahrtentwicklungsbehörde
space deployment centre Raumfahrtentwicklungszentrum
space deployment committee Raumfahrtentwicklungsausschuß
space detection and tracking system (SPADATS) Raumüberwachungssystem
space diagram räumliches Schaubild, Raumschaubild
space distribution Raumverteilung
space distribution program Raumprogramm
space diversity Raumdiversity
space effort Raumfahrtaktivität
space electric rocket test (SERT) Ionenantriebsversuch
space electricity Welträumelektrizität
space electronics Raumfahrtelektronik
space element Raumelement
space encoder mechanischer Codeumsetzer
space engineering Raumfahrttechnik
space environment Raumumweltbedingung
space event support ship Raumfahrerbergungsschiff
space exploration Weltraumforschung, Raumforschung
space factor Raumfaktor, Gruppenfaktor (Antenne), Aussetzungsfaktor, Füllfaktor des Winkelraums
space ferry Raumfähre
space filled with rarefied air luftverdünnter Raum
space fixed radio coordinate raumfester Funkkoordinat
space flight Raumfahrt, -flug, Raumschiffahrt
space-flight living module Raumflugaufenthaltseinheit
space-flight physiology Raumfahrtphysiologie
space-flight simulator Raumfahrtsimulator
space four-bar mechanism viergliedriges Raumgetriebe
space frame structure räumliches Tragwerk
space group Raumgruppe
space hammer Raumfahr(er)hammer
space heating Raumheizung
space image reversed in depth tiefenverkehrtes Raumbild
space, interblock Blocklücke, Blockzwischenraum, Kluft
space interlock Zeilentransportumschaltung (Tabelliermaschine)
space key Leertaste, Zeilenschaltungstaste, Zwischenraumtaste
space laser communication system Satelliten-Laserfernmeldeanlage
space lattice Raumgitter (Kristallographie)
space launch vehicles Trägerraketen
space law "interplanetaris" Raumrecht
space lay-out Lagerungsplan, räumliche Anordnung, raummäßige Planung (innerhalb eines Depots)
space legislation Weltraumfahrtgesetzgebung
space lifeboat (space station) Raumrettungsboot (Raumstation)
space linkes between satellites Intersatellitenverbindungen
space-machine, to funkenerosiv erzeugen od. bearbeiten
spaceman Astronaut, Weltraumfahrer
space medicine Raumfahrtmedizin
space missile Raumflugkörper, RFK
space missions Raumeinsätze
space model Raummodel
space multiple Wegvielfache
space multiplex Raummultiplex
space multiplex switching network Wegvielfachschaltkreis
space navigation Raumfahrtnavigation, Raumschiffnavigation
space object Weltraumgegenstand
space occupied eingenommener Raum
space of number Zahlenraum (math)
space of time Zeitdauer, -spanne
space oneself properley, to genügend Abstand halten
space operation Raumfahrt
space or sky wave Höhenwelle
space orbit Raumflugbahn
space parallax (av) Raumparallaxe
space pattern Richtcharakteristik, -diagramm
space pattern of radiated energy Strahlungsdiagramm
space perspection räumliche Wahrnehmung, Raumwahrnehmung
space phasing Phasendifferenz
space pistol Raumpistole
space plant Sonnenkraftwerk im Weltraum
space platform Weltraumstation, Raumstation (für den Start von Flugkörpern od. Raumfahrzeugen)
space politics Raumpolitik, Weltraumpolitik
space probe bilaterale Raumsonde, Weltraumsonde
space propulsion Raumfahrtantrieb
space propulsion control system Steuersystem für Raumfahrtantrieb (Luft- und Raumfahrtsystem)
space-qualified raumtauglich
space quantization Raumquantelung
space radiation Raumstrahlung
space radio Weltraumfunk
space required Platz-, Raumbedarf
space requirement of a bay Gestellvolumenbedarf
space research Raumfahrtforschung, Weltraumforschung
space research service Weltraumforschungsfunkdienst
space research space station Weltraumfunkstelle für Weltraumforschung
space reservation system Platzbuchungssystem
space restriction Raummangel
space rocket engine Weltraumraketentriebwerk (Luft- und Raumfahrtsystem)

space room Nachhallkammer, -raum
space rule Durchschießlinie, Reglette
space-saver Schmalkeilriemen
space-saving raumsparend, Raumersparnis, Platzersparnis, platzsparend
space-saving construction raum- od. platzsparende Konstruktion
space science Raumfahrtforschung, Weltraumforschung
space science board raumfahrtwissenschaftlicher Ausschuß
space science centre Raumfahrtforschungszentrum
space scrap Weltraumschrott
space service Weltraumfunkdienst
sapce ship Raumschiff, Raumfahrzeug
space shot Raumflugkörperstart
space-shuttle bemannter Raumschlepper für erdnahe Entfernung, Raumgleiter, Raumpendler, Space-Shuttle, wiederverwendbares Pendelfahrzeug
space-shuttle main engine (SSME) Pendelfahrzeug-Hauptantrieb, Space-Shuttlehauptantrieb
space-shuttle orbiter Umlauftransporter, Umlauf des Raumtransporters, Umlaufeinheit des Space-Shuttle
space-shuttle program 'Raumfährenprojekt, Raumtransporterprogramm
space-shuttle, sperry...contract Nutzlastrichtsystem für Raumtransporter
space-shuttle support system Bodenhilfsgerät für den Space-Shuttle
space signal Zwischenraumzeichen
space simulation chamber Raumsimulationskammer, Weltraumsimulationskammer
space sled experiment Raumschlittenexperiment (life science)(sp)
space station Raumfunkstelle, Weltraumfunkstelle, Weltraumstation, Außenstation
space station and equipment Raumstation und Einrichtung
space station attitude-control star sensor Sternsensor für die Lagesteuerung der Raumstation (sp)
space station, circular ringförmige Raumstation
space station definition Definitionsphase der Raumstation
space station power system Stromversorgung der Raumstation
space station, segregation separate Raumstation (sp)
space step-out Aussteigen im Weltraum, Raumspaziergang
space structure hinausragender Strukturteil, Raumstruktur
space stud Stehbolzen
space suit Raumanzug
space suit pressurization and ventilation system Druck- u. Ventilationssystem des Raumanzugs
space suppression "kein Zeilentransport", Zeilentransportunterdrückung (im Drucker)
space surveillance system or facility Weltraum-Überwachungssystem (US-Navy)
space system (rail) Blockier-, Sperrsystem
space technicians Weltraumtechniker
space technology Raumfahrttechnik
space telegraphy Raumtelegraphy
space telemetering Weltraumfernmessung
space telescope, large großes Raumteleskop (Raumfahrt)
space theory stereochemische Forderung
space time Raumzeit
space-time continuum Raumzeitkontinuum
space-time structure Raumzeitstruktur
space-time yield Raum-Zeit-Ausbeute
space, to Abstand schaffen, anreisen, trennen (FS)
space tracking Weltraumflugbahnverfolgung
space tracking and data acquisition network (STADAN) Bahnverfolgungs- und Datenerfassungsnetzwerk
space transport system Trägerfahrzeugsystem, Raumtransportsystem
space travel Raumflug, Raumschiffahrt, Weltraumfahrt
space tug Raumschlepper, -transporter, Space-Tug
space utilization Raumaufteilung
space utilization program Flächennutzungsplan, Raumordnungsplanung
space vacuous luftleerer Raum
space vector Raumvektor
space vehicle Raumfahrzeug, -flugkörper, Raumschiff
space vehicle attitude control Raumfahrzeug-Lageregelanlage
space velocity Raumgeschwindigkeit
space visionary Weltraumdenker
space wave Raumwelle
space, where...is at a premium wo Raum knapp ist
space width (gear) Zahnlücke
space winding unterbrochener Wendel
space workshop Weltraumwerkstatt
space-wound weitläufig gewickelt
space yourself properly halten Sie genügend Abstand
space yourself properly, remain clear of halten Sie genügend Abstand
spaced mit Zwischenraum angeordnet
spaced aerials fadingmindernde Antennenkombination (voneinander getrennte Einzelantennen)
spaced apart getrennt, im Abstand
spaced armour Hohlraumpanzerung
spaced braking Abstandsbremsung
spaced crossed-loop aerial Doppelkreuz-Rahmenantenne
spaced equidistantly im gleichen Abstand
spaced frame aerial or antenna nacheffektfreie Antenne
spaced layer winding Lagenwicklung mit Abstand
spaced-loop direction finder Peilempfänger mit zwei Rahmen
spaced sleeper point Schienenstoß zwischen Einzelschwellen
spaced type Sperrdruck
Spacehab (is not to be confused with the Spacelab) Spacehab (ist nicht zu verwechseln mit Spacelab)
Spacehab (pressurised habitable cylinders) Spacehab (druckbelüfteter Wohnzylinder)

Spacehab concept Spacehab-Konzept
Spacehab integration centre Spacehab-Integrationszentrum
Spacehab module Spacehab-Modul
Spacehab order Spacehab-Auftrag
Spacehab pressurised module druckbelüftetes Spacehab-Modul
spacelab Weltraumlabor
Spacelab flight units Spacelab-Flugeinheiten
spacelab integration hall Integrationshalle für Spacelab, Spacelabintegrationshalle
Spacelab mission Spacelab-Mission
Spacelab module into elements of a manned space station Spacelab-Modul für Raumstationselement
spacelab payload project Spacelab-Nutzlastprojekt
spacer Abstandsblock, -platte, -ring, -stück, Abstandshalter, Beilage, Distanzhülse, Kartuschdeckel, Stellring, Sperrtaste, Zwischenring, -stück, Unterlegstück
spacer armour Hohlraumpanzerung, Schottpanzerung
spacer block Distanzblock, -stück
spacer bolt Stehbolzen
spacer clip Führungsstück (Hilfsschirm)
spacer research earth station Bodenfunkstelle für Weltraumforschung
spacer ring Abstandsring
spacer sleeve Abstandshülse, -ring
spacer tube Distanzrohr
spacesuit Raum-, Druckanzug
spacing Abstand, Sperrung, Teilung, Zwischenraum
spacing battery Pufferbatterie
spacing between transmitters Senderabstand
spacing bit Abstandsbit
spacing, bit Bitabstand
spacing cam Transport-, Vorschubdaumen
spacing chart Formularentwurfsblatt
spacing clamp Abstandsschelle
spacing clip Abstandsschelle, Rohrschelle
spacing, close...of fins dichtstehende Rippenanordnung
spacing collar Abstandsring (am Fräserdorn), Spindelring
spacing contact Ruhestromkontakt, Trennkontakt
spacing, continuous automatische Leertaste
spacing current Trennstrom, Zwischenzeichenstrom, Pausenstrom (Teg)
spacing element Pausenschritt, Trennschritt
spacing, horizontal horizontaler Zeichenabstand
spacing interval Trennschritt, Zeichenabstand
spacing key Zwischenraumtaste
spacing magnet Fortschubmagnet, Trennmagnet
spacing material Füllmaterial
spacing of antenna Raumabstandsantenne
spacing of blades Schaufelteilung (Turbine)
spacing of contour Zwischenraum der Tiefenlinie
spacing of frequency Frequenzabstand
spacing of hole Lochmittenabstand
spacing of infinity homologue (optics) Fernstpunktabstand
spacing of main girder Hauptträgerentfernung
spacing of mill stand Gerüstabstand
spacing of rivets Nietenanordnung
spacing of well Bohrlochabstand, -zwischenraum
spacing parameter Zwischenvorschubparameter
spacing piece Distanzstück, Abstandshalter, Abstands(zwischen)stück
spacing ring Abstandsring, Zwischenring
spacing side, on the trennseitig
spacing stop Ruheanschlag, -kontakt, Ruheschiene, hinterer Anschlag der Kontaktfeder (am Relais)
spacing valve Trennstromröhre
spacing, vertical Zeilenvorschub (FORTRAN)
spacing, vertical line Zeilendichte
spacing wave Distanzscheibe, Trennstromwelle, Zwischenzeichenwelle
spacious ausgedehnt, geräumig, räumlich, umfangreich
spacistor Spacistor (in Sperrichtung vorgespannter p-n-Kristall)
SPADATS space detection and tracking system
spade control lever Erdspornsteuerhebel
spade terminal gabelförmiger od. offener Kabelschuh
spade tuning magnetische Grobabstimmung
spaghetti (tubing) Isolierschlauch
spall, to abbröckeln, absplittern, klaffen
spallation Absplitterung, Spallation
spallation fragment Spallationsbruchstück
spallation reaction Spallationsreaktion
span Meßbereich, Spannweite, Stützweite
span a distance, to eine Strecke überbrücken
span between support Stützweite
span booster Zwischenträger
span ceiling Balkendecke
span holder Spannhalter
span lashing Spanntau
span length Feldlänge, Spannweite, Stützweite
span loading Spannweitenbelastung (av)
span of the lower wing Spannweite des Unterflügels (av)
span of the upper wing Spannweite des Oberflügels (av)
span rope Abspannseil, Pardune
span wire Spanndraht
span-wire holder Spanndrahthalter
span with wings folded Spannweite mit beigeklappten Flügeln
spandrel Dekorationsplatte
spanish burton Ladetakel
spanner Maulschlüssel, Schraubenschlüssel, in USA vorwiegend Haken- od. Gabelschlüssel
spanner, adjustable verstellbarer Schraubenschlüssel
spanner clearance Maulweite (des Schraubenschlüssels)
spanner, double ended Doppelschraubenschlüssel
spanner for caps Kappenschlüssel
spanner for square nut Vierkantschlüssel
spanner, hexagonal Sechskantschlüssel
spanner, single-ended einfacher Schraubenschlüssel
spanwise in Richtung der Querachse, quer-

axial (quer zur Flugrichtung)
spanwise flow of the boundary layer Grenzschichtquerverschiebung
spanwise loading, "peaky" "spitzige" Auftriebsverteilung (AC)
spar Ausleger, Balken, Sparren, Spiere
spar and skin miller Flügelholm- u. Außenhautfräsmaschine
spar attachment Holmanschluß
spar box Holmkasten
spar, box Kastenholm
spar cap Holmgurt
spar, continuous durchgehender Holm
spar cutter Holmfräser
spar, deflection of Holmdurchbiegung
spar depth Holmhöhe
spar, extruded gezogener Holm
spar failure Flächenholmdurchbruch
spar flange Holmgurt
spar mill Holmfräsmaschine
spar model Stab-, Holmmodell
spar of metal tubing Metallrohrholm
spar-plug electrode Kerzenelektrode
spar trestle Stangenbock
spar truss Holmsteg
spar varnish Außenlack, Holmfirnis
spar web Holmsteg
spar width Holmbreite, Holmtiefe
spare armature Ersatzanker
spare barrel Vorratslauf
spare battery Ersatz-, Reservebatterie
spare cable Reserve-, Vorratskabel
spare capital flüssiges Kapital, Rücklage
spare cell Abschaltzelle
spare channel Reservekanal
spare circuit Ersatz-, Reserveleitung
spare conductor Ersatzader, Reservekonduktor
spare drive zusätzlicher Hilfsantrieb
spare for vehicles Ersatzteil, Austauschstück
spare fuse Reservesicherung
spare jaw Ersatzbacke
spare level unbesetzter od. freier Höhenschritt
spare line Reserve-, Vorratsleitung
spare line repeater Reserveleitungsverstärker
spare pair of conductors Ersatzadernpaar
spare part Ersatz-, Vorratsteil
spare part for foreign vehicles Ersatzteil für ausländisches Fahrzeug
spare parts accounting Ersatzteilabrechnung
spare parts catalogue or list Ersatzteilliste
spare parts truck Werkstattgerätekraftwagen
spare pump Saug-, Druckpumpe
spare repeater Ersatzverstärker
spare set Reservesatz
spare termination set Vorratsgabelschaltung
spare transmitter Ersatzsender
spare tube kit Ersatzröhrensatz
spare wheel Hilfsrad, Ersatzrad
spare-wheel attachment Reserveradbefestigung
spare wheel carrier Ersatzradhalter
spare wheel container Reserveradbehälter
spare wheel lock Reserveradschloß
spare wire Vorratsader, -leitung, Ersatzleitung
spares and engine-lease business Ersatzteil- und Triebwerkleasinggeschäft
spares support arrangements Ersatzteilversorgungssystem (av)
spark absorber Funkenlöscher
spark at break Öffnungsfunke, Unterbrecherfunke
spark at make Schließ(ungs)funke
spark advance Vorzündung
spark advance and retard Vor- u. Spätzündung
spark arrester Funkenfänger, -löscher
spark before contact Schließ(ungs)funke
spark blow-out Funkenausblaser, Funkenlöscher
spark catcher Funkenfänger
spark coil Funkeninduktor, Induktionsspule, Zündspule, Induktorium
spark conductor Funkenleiter
spark counter Funkenzähler
spark discharge Funkenstrecke
spark drawer Funkenzieher
spark drawing Funkenziehen
spark erosion Elektroerosion
spark erosion equipment Funkenerosionsanlage
spark extinguisher Funkenlöscher
spark-extinguisher magnet Funkenlöschermagnet
spark-free power transmission funkenfreie Kraftübertragung
spark frequency Funkenfrequenz
spark-gap Elektrodenabstand, Funkenstrecke
spark-gap, coordinating abgestimmte Schutzfunkenstrecke
spark gap firing Überschlag an Funkenstrecke
spark gap length Elektrodenabstand der Zündkerze, Funkenabstand
spark gap rotor Läufer od. Rotor mit Funkenstrecke
spark gap tube elektrodenlose Röhre, Nullode
spark gap type of arrester Funkenstrecken-Blitzableiter
spark guard Sprühschutzring
spark ignition Funkenzündung
spark-ignition engine Ottomotor, Zündermotor
spark indicator Funkenanzeiger
spark killer Funkenlöscher, Funkenschutz
spark killer capacitor Funkenlöscherkondensator
spark length Funkenlänge
spark lighter Anzünder
spark micrometer Funkenmikrometer
spark of discharge Entladungsfunke
spark on opening Unterbrechungsfunke
spark-over Überschlag, überspringen (einer Funkenstrecke)
spark-over path Überschlagstrecke
spark-over voltage Überschalg-, Zündspannung
spark potential Funkenpotential
spark plug adapter Zündkerzeneinsatz (Zylinder)
spark-plug boss Zündkerzenauge
spark-plug bushing Zündkerzeneinsatz
spark-plug connector Zündkerzenstecker
spark-plug elbow Zündkerzenkniestück
spark-plug gap Elektrodenabstand der Zündkerze
spark-plug gasket thermocouple Thermoelement in Form einer Zündkerzendichtung
spark-plug hole Einschraubloch für Zündkerze
spark-plug ignition Kerzenzündung
spark-plug protection cap Schutzkappe für Zündkerze

spark-plug terminal Zündkerzenklemmschraube
spark-plug wrench Zündkerzenschlüssel
spark-quench capacitor Funkenlöschkondensator
spark quenching Funkenlöschung
spark-quenching capacitor Funkenlöschkondensator
spark-range facility Schießstand mit Funkenblitzeinrichtung
spark rate Funkenzahl
spark recorder Funkenschreiber
spark reducer Funken(ab)schwächer
spark-resistant funkenfrei (Werkzeug)
spark spacer Funkenstrecker
spark spectrum Funkenspektrum
spark spectrum line Funkenspektrallinie
spark-suppressor coil Funkenlöscherspule
spark timing Zündeinstellung
spark timing range Zündverstellbereich
spark voltage Überschlagspannung, Funkenspannung
sparker Abbrennkontaktstück
sparking Funkenbildung
sparking coil Zündspule
sparking contact Funkenlöscher, Kurzschlußkontakt
sparking gap Funkenstrecke
sparking gap length Elektrodenabstand der Zündkerze, Funkenstrecke
sparking gap stabilizer Glimmstreckenstabilisator
sparking heat Schweißhitze
sparking instant Zündzeitpunkt
sparking of brushes Bürstenfeuer
sparking-out Ausfeuern
sparking-over Überschlag, Überspringen der Funken
sparking pattern Funkenbild
sparking plug cleaner Zündkerzenreiniger
sparking plug lead Zündkerzenkabel
sparking plug opening Elektrodenabstand (Zündkerze)
sparking plug protector Zündkerzenschutzhülle
sparking plug shroud Zündkerzenschutzkappe
sparking plug shroud with suppression Zündkerzenschutzkappe mit Funkenstörung
sparking plug spanner Zündkerzenschlüssel
sparking plug tester Zündkerzenprüfer
sparking plugs, area oiled up verölte Zündkerzen
sparking power Zündleistung (Magnet)
sparking tip Abbrennkontaktspitze
sparking voltage Funkenspannung, Überschlagspannung
sparkle, to funkeln, funkensprühen
sparkless breaking funkenlose Unterbrechung
sparkover Funkenüberschlag
sparkover or flashover voltage Überschlagspannung
sparkproof funkensicher, überschlagsicher
SPASUR space surveillance system
spat Radverkleidung
spathic carbonate Carbonatspat
spathic chloride Chloridspat
spatial body Körper im Weltraum
spatial coordinate Raumkoordinate
spatial dispersion räumliche Ausbreitung od. Streuung
spatial distribution räumliche Verteilung
spatial distribution of fragments räumliche Verteilung der Splitter
spatial encoding Schablonenverschlüsselung (bei digitaler Anzeige)
spatial exploration Weltraum(er)forschung
spatial filtering räumliches Filtern
spatial frequency Raumfrequenz (Statik)
spatial memory Raumkoordinatenspeicher
spatial model räumlicher Eindruck, räumliches Bild, Raumbild, Raummodell, Stereomodell (virtuell)
spatial partial wave räumliche Teilwelle
spatial quantization Raumquantelung
spatial radar resolution cell Radarauflösungsraum
spatial residual charge density räumliche Dichte der Ladung
spatial resolution räumliche Auflösung
spatial separation räumliche Trennung
spatio-temporal raumzeitlich
spatted wheel verkleidetes Rad
spatter Auswurf (Konverter)
spatter coating Sprühflecken beim Aufdampfen (Optikfertigung)
spatula Farbmesser, Spachtel, Spatel
SPC (single-paper-covered wire) einmal mit Papier isolierter Draht
SPCRS (scratchpad control register special character) Sonderzeichen
SPD-BRK speed brake Bremsklappensteuerung (av)
speak before a microphone, to ein Mikrophon besprechen, vor einem Mikrophon sprechen
speak before a recording gramophone, to eine Schallplatte besprechen
speak key Sprechumschalter
speak into a microphone, to ein Mikrophon besprechen
speaker amplifier Lautsprecherverstärker
speaker cabinet Lautsprechertruhe
speaker circuit Sprecherstromkreis, -weg
speaker circuit between repeater stations Dienstleitung zwischen Verkehrsämtern
speaker cone Lautsprecherkonus
speaker housing Lautsprechergehäuse
speaker sample Sprechercharakteristik
speaker select panel Lautsprecherwählfeld
speaker transformer Anpassungs-, Lautsprecherübertrager
speaker wire Sprechleitung
speaking and ringing key Ruf/Sprechschalter
speaking circuit Sprechstromkreis, -weg
speaking clock announcement telephonische Zeitansage
speaking efficiency Wirkungsgrad der Sprechübertragung
speaking key Abfragetaste, Sprechkipper, Sprechschalter
speaking length Effektivlänge
speaking position Sprechstellung (des Schalters)
speaking range Sprechreichweite
speaking wire Sprechader, -leitung
spear Gleitdorn, Pricke, Speer, Stange
spear, bulldog Rohrfänger
spear head Stoßkeil
spear head (or point) of a bit Speerspitze eines Meißels

spear, rope Seilspeer (Seilfangwerkzeug)
SPECIAL special meteorological report (in plain language) relating to improvement or deterioration of meteorological conditions) Sonderwettermeldung (im Klartext), die sich auf die Verbesserung od. Verschlechterung von Witterungsverhältnissen bezieht
special ausdrücklich, besonders, extra, eigen
special adhesive Spezialkleber
special agreement Sonderabmachung
special air defense command Luftverteidigungsgebiet
special aircraft Spezialflugzeug
special air fare Sonderflugpreis
special air mission (SAM) Sonderflugauftrag
special ammunition Sondermunition
special ammunition load Sondermunitionsausstattung
special ammunition resupply Nachschub von Sondermunition
special analysis steel Stahl besonderer Zusammensetzung, Spezialstahl
special basic training Spezialgrundausbildung
special battalion Sonderabteilung
special bit stream Bitreihe (EDV)
special bolt Spezialschraube
special bolt and screw Spezialwerkzeug
special broadcasting message Rundfunk-Sonderdienst
special bronze die pressing Gesenkpreßteil aus Sonderbronze
special built-in light integrierte Spezialleuchte
special centrifugal air compressor Radialverdichterbauart (av)
special character Sonderformel (math), Sondernummer, Sonderzeichen
special character conversion Symbolumformung
special character printing Symbolschreibung
special chart Sonderkarte
special circuit Sonderleitung, Sonderschaltung
special code selection Dienstwähler, Hilfswähler
special communication squadron Kurierstaffel
special currency in occupied area Sonderwährung in besetztem Gebiet
special delivery durch Eilboten
special device Spezialeinrichtung, Zusatzeinrichtung, taktisches Zusatzgerät (UW-Mine)
special diameter Größe mit ungenormtem Durchmesser
special equipment Sonderausrüstung, Spezialausrüstung, Spezialgerät
special factor Sonderfaktor, besonderer Einfluß
special fighter detachment Jägersonderkommando
special film resistor Sonderschichtwiderstand (SSW)
special flight Sonderflug
special flight director symbology spezielle Flugführungssymbologie
special front cockpit spezielles Bugcockpit
special-function keyboard Funktionstaste arbeitet mit automatischer Bedienerführung (av)
special ga(u)ge Sonder(meß)lehre
special gas mask Spezialgasmaske
special gold-coated extra-vehicular visor assembly Schirm mit Goldauflage
special grade pig iron Sonderroheisen
special gun mount Sonderlafette
special holder Spezialfaßung
special informative publication informative Sonderveröffentlichung
special inventory Sonderinventur, Zusatzbestandsaufnahme
special inventory request Antrag auf Durchführung einer Sonderinventur
special job cover map Bilddeckungskarte (Lubi)
special locking bedingter Verschluß
special long-endurance grinding disc (such as boron nitride)(TB) Schleifscheibe mit hoher Standfestigkeit (beispielsweise aus Bornitrit)(TB)
special low-level radar altimeter Spezial-Tiefflugradarhöhenmesser
special machine Sondermaschine, Spezialmaschine, Zusatzmaschine
special machinery technique modernes Fertigungsverfahren (Metallurgie)
special-message broadcasting Rundfunksondersendung
special metal section Spezialmetallprofil
special meteorological report Sonderwettermeldung
special milling machine for sprocket rings Spezial-Zahnkranzwälzmaschine
special minesweeper (MSS) Sperrbrecher
special mirror plating Hochheim'sche Verspiegelung
special mission Sonderauftrag, -mission, Spezialauftrag
special name Sondername (COBOL)
special-names paragraph Sondernamenparagraph
special NBC defence unit Spezialeinheit zur ABC-Abwehr
special observation Sonderbeobachtung, Spezialbeobachtung
special observation post Mithörkästchen
special operating group besondere Betriebsgruppe
special operation Gefecht unter besonderen Verhältnissen, Spezialeinsatz
special orders for guard duty besondere Postenanweisung
special packing Spezialdichtung
special part Spezialteil
special pilot rating Flugzeugführerzusatzgenehmigung
special piston Spezialkolben
special-position indentificating pulse (SPI) Identifizierungssonderimpuls
special precision slow-flying training spezielle Langsamflugschulung
special procedure Sonderverfahren, Spezialverfahren
special program Sonderprogramm
special protective system Sonderschutzart, Spezialtschutzsystem
special publication Sonderveröffentlichung
special purpose armored vehicle Panzersonderfahrzeug, -spezialfahrzeug
special purpose bodies Spezialfahrzeugaufbauten
special purpose computer Spezialrechenanlage, Spezialrechengerät, -rechner
special purpose fixture Sonderzweckvorrichtung

special purpose item Sonder-, Spezialartikel
special purpose lamp Speziallampe
special purpose manipulator Spezialmanipulator
special purpose map Spezialkarte, Sonderkarte
special purpose motor truck Sonderlastkraftwager, Spezialfahrzeug
special purpose plane Sonderflugzeug, Flugzeug für Sonderzwecke
special purpose saw Spezialsäge
special-purpose system Sondercodesystem
special purpose trailer Spezialanhänger
special-purpose transport wing Kampfgeschwader für besonderen Einsatz
special purpose vehicles superstructure Aufbauten für Spezialfahrzeuge
special radio messages system Sonderfunksprucharten
special radio service Funksonderdienst
special rail carriage Eisenbahnsonderwagen
special register COBOL-Zähler
special regulation Sonderregelung
special relativity spezielle Relativitätstheorie, Sonderrelativität
special report Detailmeldung (Lubi)
special request Sonderanfrage (dv)
special requisition Sonderanforderung
special rotary machine Rotationssondermaschine
special route Sonderstrecke (Luftfahrt)
special rubber-insulated conductor Spezialgummiaderleiter
special rules zone via the specified helicopter routes vorgeschiebene Hubschrauberluftstraße
special screen Spezial-, Sonderabschirmung
special service Sonderfunkdienst
special service practice Belehrungs- u. Versuchsschießen
special services besondere Dienstzweige, Sonderluftverkehr, Sonder-, Spezialdienste
special space-based imaging sensor uses microwave energy to predict storms, hurricanes, and typhoons satellitengestützter Mikrowellensensor gibt Sturmwarnung vor möglichen Hurikanen und Taifunen
special steel Sonder-, Spezialstahl, Edelstahl
special stores drop circuit breaker Schalter für Speziallastenabwurf
special stores power relay Speziallasten-Schaltrelais
special tariff bargains tarifliche Vergünstigungen (komm)
special telephone call Sondergespräch
special temper-hardening Sondervergütung, Spezialvergütung (Stahl)
special theory or relativity spezielle Relativitätstheorie
special tool Sonder-, Spezialwerkzeug
special tooling Sonderbetriebsmittel
special trailer Spezialanhänger
special troops Sondertruppen
special type Sonderausführung, Spezialausführung
special unit Sondereinheit, Spezialverband
special vehicle to foam the runway Spezialfahrzeug für Landebahnbeschäumung
special version Sonder-, Spezialausführung
special VFR clearance Sonder-VFR-Freigabe
special VFR conditions Sonder-VFR-Bedingungen
special VFR flight Sonder-VFR-Flug
special VFR operations Sonder-VFR-Flugbetrieb, ...einsatz
special VFR routes Sonder-VFR-Luftstraße
special weapon Sonder-, Spezialwaffe
special weapons delivery Sonderwaffeneinsatz
special weather observation Sonderwetterbeobachtung
special weather report Sonderwettermeldung
special wire Sonder-, Spezialdraht
special wire-wound resistor Sonder-, Spezialdrahtwiderstand (SDW)
specialised maintenance hoher Wartungsaufwand (Flz)
specialised metallworking Formgebung metallischer Werkstücke (av)
specialist Fachmann, Sachverständiger, Sonderführer, Spezialist
specialist pod (Lantrin) Zielzuweisungsbehälter (Lantrin)
specialized forecast spezielle Wettervorhersage
specialized supersonic conversion trainer spezielle Überschallumschulung
specially made speziell hergestellt, Spezialanfertigung
specific acoustic impedance spezifische Schallimpedanz
specific acoustic reactance spezifische Schallreaktanz
specific acoustic resistance spezifische Schallresistanz
specific activity spezifische Aktivität
specific address spezifische Adresse (dv), absolute, echte, effektive od. tatsächliche Adresse
specific addressing absolute Adressierung, absolute od. spezifische Codierung
specific afferents spezifische Bahn
specific bulk gravity spezifisches Schüttgewicht
specific burn-up (nuclear) spezifischer Abbrand
specific capacitance spezifische Kapazität
specific capacity spezifische Kapazität
specific charge Verhältnis von Ladung zur Masse
specific code Maschinen-, Rechnercode
specific coding Speicherfolgecodierung, absolute od. spezifische Codierung, absolute Adressierung
specific commodity rate Spezialfrachtsatz
specific concentration spezifische Konzentration
specific conductance spezifisches Leitvermögen
specific conductivity spezifische Leitfähigkeit
specific consumption Lichtausbeute, spezifischer Kraftstoffverbrauch
specific cryptosystem spezifisches Schlüsselsystem
specific damping Dämpfungsfaktor, -konstante
specific density spezifische Dichte
specific depression spezifische Gefrierpunkterniedrigung
specific dielectric strength spezifische dielektrische Festigkeit

specific dose spezifische Dosis
specific electric loading Gesamtdurchflutung je cm Ankerumfang
specific electronic charge spezifische Elektronenladung, spezifische Elementladung
specific elongation spezifische Dehnung
specific energy spezifische Energie
specific energy consumption (rail) spezifischer Leistungsverbrauch
specific excess power (SEP) this is defined as: thrust minus drag x speed-weight spezifische Überschußleistung (SEP) die Sep Definition lautet: Schub minus Wiederstand x Geschwindigkeit ergibt Gewicht
specific excess thrust spezifischer Schubüberschuß (engine)
specific fuel consumption (SFC) spezifischer Brenn- od. Kraftstoffverbrauch, Einheitskraftstoffverbrauch
specific gamma-ray constant (emission) spezifische Gammastrahlenkonstante
specific gravity spezifisches Gewicht, Wichte
specific gravity curve (flotation) Wichtekurve, W-Kurve
specific ground pressure spezifischer Bodendruck (meteo)
specific heat spezifische Wärme (meteo)
specific heat capacity spezifische Wärmekapazität
specific heat of molten plastics spezifische Wärme des geschmolzenen Kunststoffs
specific heat ratio spezifisches Wärmeverhältnis
specific humidity spezifische Luftfeuchtigkeit (meteo)
specific impulse spezifischer Impuls
specific inductive capacitance or capacity Dielektrizitätskonstante, spezifische induktive Kapazität
specific ionization coefficient differentieller Ionisationskoeffizient, differentielle Ionisierung (Elektron)
specific ionization loss spezifischer Ionisationsverlust
specific key spezifischer Schlüssel
specific liquid consumption spezifischer Treibstoffverbrauch
specific lift (coefficient) Einheitsauftrieb
specific load Einheitsspannung
specific load factor, above-the-line überdurchschnittliche relative Nutzlastkapazität (av)
specific magnetic loading mittlere Flußdichte im Anker
specific material Sonderwerkstoff, spezielles Material
specific nuclear force spezifische Kernkraft
specific optical density spezifische optische Dichte
specific output spezifische Leistung, Leistungskonstante
specific power spezifische Leistung
specific power developed per unit air flow durchsatzspezifische Leistung (Turbine)
specific power output Literleistung (Motor)
specific pressure spezifischer Flächendruck
specific pressure on ground Flächeneinheitsdruck
specific primary ionization spezifische Primärionisation
specific program spezifisches Programm
specific propellant consumption spezifischer Treibstoffverbrauch
specific range of unique requirements (avionics) Anforderungspalette
specific reaction spezifische Reaktion
specific reaction rate Geschwindigkeitskonstante (erster Ordnung)
specific refraction spezifische Molekularrefraktion
specific reluctance spezifischer magnetischer Widerstand
specific resistance Leitungswiderstand, spezifischer Widerstand, Volumenwiderstand, spezifisch/elektrischer Widerstand
specific rotation (polarization) spezifische Drehung
specific routine spezifisches Programm
specific solidification rate geeignete Erstarrungsgeschwindigkeit (TB)
specific sound energy flux Schallstärke (Schallintensität)
specific sound impedance spezifische Schallimpedanz, äußerer Strömungswiderstand (eines Schallabsortionsstoffes)
specific speed Einheitsdrehzahl, spezifische Drehzahl
specific static lift (of a gas) spezifischer Auftrieb (eines Gases)
specific strain energy spezifische Formänderungsarbeit
specific strength spezifische Festigkeit
specific surface wirksame Oberfläche
specific system spezifische Bahn
specific tension spezifische Spannung
specific thrust spezifischer Schub, Einheitsschub
specific torque coefficient Maschinenkonstante
specific train resistance Fahrwiderstand
specific type Baumuster für bestimmten Verwendungszweck
specific viscosity Eigenviskosität, spezifische Viskosität, relative Viskositätserhöhung
specific volume (sp-vol) Eigenvolumen, spezifisches Volumen, reziproke Dichte
specific weight spezifisches Gewicht, Wichte
specific weight of the engine (av) Leistungsgewicht des Motors
specification ins Detail gehende Aufstellung, Stückliste, Verzeichnis, Vorschrift, Werkstoffliste, eingehende Beschreibung, Abnahmevorschrift, Gütebestimmung, Gütenorm, Baubeschreibung, Berechnung, Merkmal, Lieferbedingung, Liefervorschrift, Lastenheft, genaues Verzeichnis, Spezifikation, Zusammenstellung von Kenndaten
specification (of items) Spezifizierung
specification card Bestimmungskarte
specification for personnel licences Angaben für Personallizenz
specification of engine type Motormustertafel, Typenmuster
specification part Spezifikationsteil, Bennungsteil (Programmierung)
specification, repeat Wiederholungsangabe (FORTRAN)

specification sheet Datenblatt
specification statement Spezifikationsanweisung (FORTRAN)
specification subprogram Spezifikationsunterprogramm (FORTRAN)
specification table Übersichtstabelle
specification test Abnahmelauf, -prüfung
specifications Eigenschaften, Oberbegriff
specificator Spezifikator
specified mit technischen Daten festgelegt, vorgeschrieben, spezifiert
specified data input format Eingabeformalismus
specified maximum permissible deviation zulässige Regelabweichung (Regelungstechnik)
specified operating conditions vorgeschriebene Betriebsbedingungen
specified size Sollmaß
specifier Spezifierer (ALGOL), Spezifikationssymbol
specify, to spezifizieren, genau angeben
specimen Probe, Prüfling (Werkstoffprüfung), Materialprobe, Musterprobe
specimen holder Objektivhalter
speck Fleck, faulige od. poröse Stelle
spectral absorption spektrale Absorption
spectral analyser Spektralanalysator
spectral band Spektralband
spectral centroid Spektralschwerpunkt
spectral characteristic spektrale Verteilungscharakteristik
spectral colo(u)r Spektralfarbe
spectral concentration (of radiometric quantity) spektrale Dichte (einer Strahlungsgröße)
spectral concentration of a radiometric quantity spektrale Dichte einer Strahlungsgröße
spectral distribution spektrale Verteilung
spectral emittance spektrales Emissionsvermögen
spectral energy curve spektrale Energieverteilungskurve
spectral filter Farb-, Spektralfilter
spectral intensity spektrale Intensität
spectral line (broadening) Spektrallinie(nverbreiterung)
spectral line shape Form der Spektrallinie, Spektrallinienform
spectral notation Spektralbezeichnung
spectral radiant intensity spektrale Strahlungsintensität
spectral range Spektralbereich
spectral reflectance spektraler Reflexionsgrad
spectral response Farbempfindlichkeit
spectral sensitivity Farbempfindlichkeit
spectral series Spektralserie
spectral shift Spektralverschiebung
spectral transmission factor spektraler Übermittlungsfaktor
spectral transmittance spektraler Durchlaßgrad
spectrochemical spektrochemisch
spectrochemical analysis spektrochemische Analyse
spectrographic analysis spektrographische Analyse
spectroheliöscope Spektrohelioskop
spectrometer, direct reading Direktablesespektrometer
spectrometer method Spektrometermethode
spectrometric spektroanalytisch, spektrometrisch
spectrometric method Spektrometermethode
spectrometric technique Spektrometertechnik
spectrometry Spektrometrie
spectrometry of bright stars spektrometrische Eigenschaft helleuchtender Sterne
spectrometry of electron Spektraleigenschaft des Elektrons
spectrometry of proton Spektraleigenschaft des Protons
spectrometry of proton and electron spektrale Eigenschaft von Proton u. Elektron
spectrophotoelectric sensitivity spektrale Empfindlichkeit (einer Photozelle)
spectrophotometric analysis spektralphotometrische Analyse
spectralradiometer Spektralradiometer
spectroscope Spektralapparat, Spektroskop
spectroscopic spektralanalytisch, spektroskopisch
spectroscopical analysis spektroskopische Analyse
spectroscopically dispersed light spektral zerlegtes Licht
spectrum analysis Spektralanalyse
spectrum analyzer Frequenzspektrumanalysator
spectrum analyzer output Spektrumanalysatorausgang
spectrum line Spektrallinie
spectrum modulation Spektralmodulation
spectral of analog and digital avionics found in multimission aircraft Spektrum analoger u. digitaler Avionikanlagen der modernen Mehrzweckflugzeuge
spectrum of impact sound Körperschallspektrum für Stoßvorgang
spectrum of single lines Einlinienspektrum
spectrum pressure level Schalldruckpegel je Hz-Bandbreite
spectrum spreading Spektrumerweiterung
specular angle Reflexionswinkel
specular frequency Spiegelfrequenz
specular reflection ordentliche Reflexion (ohne Streuung), Spiegelreflexion
specular reflector spiegelnder Reflektor
specular surface spiegelnde Oberfläche
specular transmission density optische Dichte
speech amplifier Modulationsvorverstärker, Modulatorvorstufe
speech analyzer Sprachanalysator
speed-and-pattern-recognition Sprach- u. Zeichenerkennung
speech band Sprechfrequenzband, -bereich
speech-band inversion Bandumkehrung
speech channel Sprechweg
speech clipping Sprachbeschneidung
speech coil Sprechspule
speech communication Sprechverbindung
speech communication system Sprechübertragungsanlage
speech, compressed gepreßte Sprache
speech current Sprechstrom
speech, expanded gedehnte Sprache
speech filter Sprachfilter
speech frequency Sprach-, Sprechfrequenz
speech frequency, inverted umgekehrte

Sprachfrequenz
speech frequency range Sprachfrequenzband, Sprechfrequenzband
speech level Sprach-, Sprechpegel
speech level, useful nutzbarer Sprachpegel
speech-modulated besprochen, sprachmoduliert
speech modulation Sprachmodulation
speech or music modulated continuous wave (M.C.W.) sprach- u. musikmodulierte ungedämpfte Welle
speech path network Sprechwegnetz
speech-plug-duplex telegraphy Einlagerungstelegraphie (ET)
speech practice Sprechübung
speech recognition automatische Spracherkennung
speech scrambler Sprachverwürfler
speech synthesis Sprachsynthese
speech test Sprechversuch
speech transmission Sprachübertragung
speech volume Sprachlautstärke
speech waves Sprachschwingungen, -wellen
speech wire Sprechader
speech writer Sprachschreiber
speechless call Anruf bei Ausfall des Bordmikrofons
speechless code Code bei Ausfall des Bordmikrofons
speed Drehzahl, Geschwindigkeit, Getriebegang
speed (of travel) Fahrtgeschwindigkeit
speed allowance Vorhaltewert
speed and altitude sensor Geschwindigkeits- u. Höhenfluggerät mit Fühler
speed and timing Leistungs- u. Zeitwerte
speed at continuous rating Motordrehzahl bei Dauerleistung
speed at end of rheostatic starting period Anfahrendgeschwindigkeit
speed at one hour rating Motordrehzahl bei Stundenleistung
speed brake Luftbremse
speed-brake close line Bremsklappeneinfahrleitung
speed-brake control circuit Bremsklappensteuerstromkreis
speed-brake control relay Bremsklappensteuerrelais
speed-brake control switch Bremsklappenschalter
speed-brake dump valve Bremsklappen-Schnellablaßventil
speed-brake flap yoke Gabelkopf für Bremsklappenlenkung
speed-brake ground valve Bremsklappenbodensicherheitsventil
speed-brake ground-control handle Bremsklappenbodenbediengriff
speed-brake retract line Bremsklappeneinfahrleitung
speed-brake selector switch Bremsklappenschalter
speed-brake selector valve Bremsklappenumsteuerventil
speed-brake selector valve circuit Stromkreis für Bremsklappenumsteuerventil
speed-brake-up switch Bremsklappeneinfahr(end)schalter
speed-brake well Bremsklappennische
speed buffer Synchronzuordner
speed-buffer, to aneinander passen, anpassen (Übertragungsgeschwindigkeit mit Hilfe von Pufferspeicher)
speed, calculating Rechengeschwindigkeit
speed category Geschwindigkeitsklasse
speed change gear Gangwechselgetriebe
speed change instantaneous momentane Geschwindigkeitsänderung
speed-change lever Hebel für Spindelgeschwindigkeitswechsel, Hebel zum umstellen der Spindelgeschwindigkeit
speed control Drehzahlregelung, Geschwindigkeitsregelung, Drehzahlregler
speed controller Geschwindigkeitsregler
speed, conveying Durchlaufgeschwindigkeit
speed converter Geschwindigkeitswandler
speed correction for rendezvous Geschwindigkeitsänderungsangabe bei Rendezvous
speed counter Geschwindigkeitsmesser
speed counter revolutions Tourenzähler
speed-delivery characteristic Förderleistungskennlinie (Pumpe)
speed factor (vacuum) Ho-Faktor (von Diffusionspumpen), Ho-Koeffizient
speed for maximum rate of climb with normal rated power Geschwindigkeit für maximale Steiggeschwindigkeit bei Dauerleistung
speed-frequency Produkt aus Drehzahl u. Polpaarzahl
speed gate (Dopplerradar) Geschwindigkeitstor
speed governor Drehzahlregler, Geschwindigkeitsregler, Umlaufregler
speed governor for cars Fahrt(en)regler
speed graduation Drehzahlabstufung, Geschwindigkeitsabstufung
speed & height locks automatisches Einhalten von Geschwindigkeit u. Höhe
speed higher than that of the launch aircraft Relativgeschwindigkeit zur Trägerflugzeug
speed, hoisting Förder-, Hebegeschwindigkeit
speed increase Geschwindigkeitssteigerung
speed increase drive Antrieb mit Übersetzung ins Schnelle
speed increasing gear pair or gear train Getriebe mit Übersetzung ins Schnelle
speed increasing ratio (gear) Übersetzung ins Schnelle
speed indicator Fahrtanzeiger, Tachometer, Geschwindigkeitsmesser, -anzeiger
speed interference level (SIL) Störpegel
speed information Geschwindigkeitsinformation (Bordcomputer)
speed lathe Schnelldrehbank, Schnellaufdrehmaschine, Schnellschnittdrehmaschine
speed lever Reglerhebel
speed light optischer Fahrtanzeiger
speed limit höchstzulässige Geschwindigkeit, Geschwindigkeitsbegrenzung, -grenze
speed limit (over a section of track) Streckenhöchstgeschwindigkeit
speed-limiting device Geschwindigkeitsbegrenzer
speed line Geschwindigkeitsstandlinie
speed LOP (speed line of position) Geschwindigkeitsstandlinie
speed loss when heavy "draggy" ex-

ternal loads are carried Geschwindigkeitsverlust (beim Mitführen widerstandserhöhender Aussenlasten)(av)
speed measuring section Geschwindigkeitsmeßstrecke
speed model Rennmodell
speed nut Einsteckmutter
speed of a lens or objective Lichstärke einer Linse, Helligkeit eines Objektivs
speed of accomodation Anpaßungsgeschwindigkeit
speed of autorotation Eigendrehgeschwindigkeit
speed of ballistics wind ballistische Windgeschwindigkeit
speed of circulation Umlaufgeschwindigkeit, Rotationsgeschwindigkeit
speed of climb Steiggeschwindigkeit
speed of convergence Kovergenzschnelligkeit
speed of deformation Formänderungsgeschwindigkeit
speed of descent Sinkgeschwindigkeit
speed of electron Elektronenschnelligkeit
speed of emulsion Lichtempfindlichkeit des Films
speed of entry Eintrittsgeschwindigkeit
speed of exposure Aufnahmegeschwindigkeit (Foto)
speed of fall Fallgeschwindigkeit (Fsch)
speed of formation Bildungs-, Formationsgeschwindigkeit
speed of impact Auftreffgeschwindigkeit
speed of lift Hubgeschwindigkeit
speed of light Lichtgeschwindigkeit
speed of motion Bewegungsgeschwindigkeit, Verlängerungsgeschwindigkeit (meteo)
speed of operation Arbeitsgeschwindigkeit, Verarbeitungsgeschwindigkeit
speed of paper Papierdurchlaufgeschwindigkeit, Vorschubgeschwindigkeit
speed of plotting maps Kartier(ungs)geschwindigkeit
speed of propagation of electromagnetic waves (in vacuum) Ausbreitungsgeschwindigkeit von elektromagnetischen Wellen (im Vakuum)
speed of propagation of the signal Ausbreitungsgeschwindigkeit des Signals
speed of recorder Geschwindigkeitsschreiber
speed of reduction Geschwindigkeitsminderung
speed of registration Registriergeschwindigkeit
speed of resonant rise Aufschaukelgeschwindigkeit
speed of revolution Rotaions-, Umdrehungsgeschwindigkeit
speed of rotation Drehgeschwindigkeit, Drehzahl, Umdrehungsgeschwindigkeit, Verstellgeschwindigkeit
speed of rotation of the bit Umdrehungsgeschwindigkeit der Krone am Diamant(en)-bohrer
speed of rotation signaling Telegraphiergeschwindigkeit
speed of running-in of the tools Einlaßgeschwindigkeit des Bohrwerkzeugs
speed of service Betriebsgeschwindigkeit (Übertragung einer Nachricht zwischen Punkten)
speed of sound Schallgeschwindigkeit
speed of sound in air Luftschallgeschwindigkeit
speed of telegraph transmission Telegraphiergeschwindigkeit
speed of the airflow Geschwindigkeit des Luftstroms
speed of the driving motor Antriebsdrehzahl
speed of the shutter Verschlußgeschwindigkeit
speed of transmission Fortpflanzungs-, Übertragungsgeschwindigkeit
speed of travel Schweißfolge
speed of vertical descent Sinkgeschwindigkeit
speed of wear Abnutzungsgeschwindigkeit, Verschleißgeschwindigkeit
speed, on auf Touren
speed over a straight line course Geschwindikgeit über Grundstrecke
speed over 100 km Geschwindigkeit über 100 km
speed over ground Geschwindigkeit über Grund
speed, operating Arbeitsgeschwindigkeit
speed per hour Stundengeschwindigkeit
speed per second Sekundengeschwindigkeit
speed, pipe running Einbaugeschwindigkeit
speed problem Geschwindigkeitsproblem (Hschr)
speed pulley Stufenscheibe
speed, pumping Pumpleistung, Pumpgeschwindigkeit
speed range Drehzahl-, Geschwindigkeitsbereich, Geschwindigkeitsspanne
speed range of the engine Drehzahlbereich
speed ratio Übersetzungsverhältnis
speed record Geschwindigkeitsrekord
speed recorder Geschwindigkeitsschreiber
speed, recording Registriergeschwindigkeit
speed reducer Drehzahlmindergetriebe, Reduktionsgetriebe
speed reducing ratio (gear) Übersetzung ins Langsame
speed reduction Geschwindigkeitsabnahme
speed reduction gear Untersetzungsgetriebe
speed regulation Drehzahlregelung, Geschwindigkeitsregelung
speed regulator Drehzahl-, Geschwindigkeitsregler, Umlaufregler
speed resolution Übergrundgeschwindigkeitsauflösung
speed restriction Geschwindigkeitsbeschränkung
speed restriction, condition of Geschwindigkeitsbeschränkungsbedingungen, Bedingungen zur Tempominderung
speed restriction signal Langsamfahrsignal
speed retardation Geschwindigkeitsverzögerung
speed rig Schnelltrennschloß
speed, rope Seilfahrgeschwindigkeit
speed, rotational Umdrehungsgeschwindigkeit
speed, rotative Dreh-, Umdrehungsgeschwindigkeit
speed selector Gangwähler
speed-sensitive alternator drehzahlabhängiger Wechselstromgenerator
speed sensor Drehzahlabgriff (Kreisel mit Selbstüberwachung)
speed sensor (airframe status from throttle position and Mach number) Flugparameter (Leistungshebelstellung und Machzahl)(Flugregler)
speed sensor noise Rauschen des Drehzahl-

abgriffs
speed, signaling Schrittgeschwindigkeit
speed sprocket Transportrad
speed staging Drehzahlabstufung, Geschwindigkeitsabstufung
speed, table Drehtischgeschwindigkeit
speed table Fahrttafel
speed, telegraph Schrittgeschwindigkeit
speed test block Drehzahlprüfstand
speed-time chart Diagrammscheibe, Tachograph(en)scheibe
speed-time curve Geschwindigkeitszeitdiagramm
speed-torque characteristic Drehmoment/Tourenzahlkennlinie
speed-torque curve Drehmoment-Drehzahlkurve
speed-torque indicator Drehzahl-Drehmomentanzeiger
speed trial Meilenfahrt
speed up beschleunigen, Drehzahl erhöhen
speed up production, to Produktion beschleunigen (Luftfahrtindustrie)
speed-variable drehzahlstellbar
speed variation Geschwindigkeitsänderung, Tempoänderung
speed velocity Fahrgeschwindigkeit des Bohr- od. Förderseils
speedograph Fahrt(en)schreiber, Tachograph
speedometer Drehzahl-, Geschwindigkeitsmesser, Tachometer
speedometer body or casing Tachometergehäuse
speedometer case Tachometergehäuse
speedometer drive Tachometerantrieb
speedometer drive shaft Tachometerwelle
speedometer lights Tachometerleuchten
speedometer part Tachometerteil
speedometer pinion Schraubenritzel für Tachometer
speedway Rennbahn, Schnellverkehrsstraße
speedy beschleunigt, eilig, schnell
spelling alphabet Buchstabieralphabet
spelling list Buchstabiertafel
spelling table Buchstabiertafel
spelter unreines Zink, Hartlot
spend, to aufwenden, ausgeben, verausgaben, verbringen (Zeit)
spent ammunition bag Hülsensack
spent ammunition box Hülsenkasten
spent charge material verbrauchtes od. ausgebranntes Spaltmaterial
spent fuel erschöpfter Brennstoff, verbrauchter Spaltstoff
spent material Abfall, Müll
spent reactor fuel verbrauchter Spaltstoff
Sperry airborne data acquisition system SADAS
Sperry microwave landing system Sperry-Mikrowellensystem
Sperry navigation data assimilation center (NAVDAC) Navigationsdatenangleichungszentrale (NAVDAV) nach Sperry
Sperry space shuttle contract Nutzlastrichtsystem für Raumtransporter
Sperry's magnetic memory disc for storage of data Sperry's-Magnetplatte zum Speichern von Daten ihres Mehrzweckdigitalradars
SPET solid propellant electrical thruster
spew relief Füllraumspiel (zwischen Stempel u. Gesenk)
spewing seitliches herausquetschen des Nietschaftes zwischen Blech u. Nietung
Spey engine Triebwerk "Spey"
SPF superplastic forming
SPF/DB titanium superplastisch umgeformtes und diffusionsgeschweißtes Titan (av)
sphere atmosphärische Schicht, Kreis, Bereich, Erdkugel, Wirkungskreis, Skalenkugel
sphere-gap voltmeter Kugelfunkenstreckenvoltmeter
sphere of action Wirkungsfeld, -kreis
sphere of combustion gas Schwadenkugel
sphere of influence Einflußsphäre
"spheres of interests", thight control of development capacitiy, with regard to the growing division into Straffung der Entwicklungskapazität unter Berücksichtigung der gewachsenen Schwerpunktverteilung
spherical aberration sphärische Aberration
spherical bearing Lager mit Kurbelbewegung
spherical candle-power sphärische Lichtstärke
spherical cap Kugelkalotte, Kugelkappe
spherical captive balloon Kugelfesselballon
spherical command module kegelförmige Führungsbaugruppe
spherical condenser-type spectrometer Maskenspektrometer vom Kugelkondensatortyp
spherical coordinate Kugelkoordinate (math)
spherical coordinate integrator sphärischer Koordinatenintegrator
spherical dome sphärischer Boden (space)
spherical-end measuring rod Kugelendmaß
spherical feed valve Kugelspeiseventil
spherical free balloon Kugelballon
spherical function Kugelfunktion (math)
spherical grain kugelförmiges Korn
spherical harmonics Kugelfunktion
spherical indentation Kalotte, Kugeleindruck, Kugelabschnitt
spherical joint ring kugelförmiger Verbindungsring
spherical milling Fräsen von Kugel- od. Halbkugelformen
spherical mirror sphärischer Spiegel
spherical nucleus kugelförmiger Kern
spherical or ball float Kugelschwimmer
spherical or quadrantal corrector Kugelkorrektor
spherical or quadrantal zone Kugelzone
spherical or segment calotte Kugelkalotte
spherical parachute Kugelfallschirm
spherical pendulum Kugelpendel, sphärisches Pendel
spherical pile kugelförmiger Reaktor
spherical print element Kugelkopfdruckelement
spherical rear-view mirror sphärischer Rückspiegel
spherical rectangle sphärisches Rechteck
spherical reduction factor Reduktionsfaktor einer Lichtquelle
spherical resolver sphärischer Koordinatenwandler, Kugelkoordinatenwandler
spherical resonator kugelförmiger Resonator

spherical ring balliger Ring
spherical roller bearing Pendelrollenlager
spherical roller thrust bearing Axialpendel-Rollenlager
spherical safety valve Kugelsicherheitsventil
spherical seat ballige, kugelige Sitzfläche
spherical seating kugelige Lagerung
spherical sector Kugelausschnitt
spherical segment Kugelabschnitt, -segment
spherical shell Kugelschale
spherical source Kugelstrahler
spherical stop Drucklagerkugel
spherical stops, fabricated from elastomeric laminated kugelförmiges Drucklager aus laminiertem Kunststoff
spherical stylus tip kugelförmige Nadelspitze
spherical symmetry Kugelsymmetrie
spherical top mark Balltoppzeichen
spherical triangle sphärisches Dreieck
spherical trigonometry sphärische Trigonometrie
spherical washer Kugelscheibe, kugelförmige od. ballige Unterlegscheibe
spherical wave Kugelwelle
sphericity Abrundung
sphericized lattice cell Kugelgitterzelle
spheridian measure Raumwinkelmaß
spheriflex rotor hub Spheriflex-Rotorkopf
spherocolloid Kugelmolekül
spheroid Ellipsoid, keilflach, Sphäroid, Rotationsellipsoid
spheroidal cementite kugeliger Zementit
spheroidize auf kugeligem Zementit glühen
spheroidizing Glühung auf kugeligem Zementit, Zusammenballung
spherolite Sphärolith
spherometer sphärometrische Messung, Sphärometer, Wölbungsmesser
spherophone Sphärophon (tönendes elektronisches Gerät)
sphygmogram Sphygmogramm
sphygmograph Pulsschreiber, Sphygmograph
sphygmophone Sphygmophon (akustisches Pulsaufnahme- u. -wiedergabegerät)
SPI special-position identification
SPIA Solid Propellant Information Agency
SPICE Spacelab Payload Integration and Coordination in Europa
spider Anbauplatte (Hauptlaufrad), Expanderschlauchträger (Radbremse), Gelenkstück (Hilfsschirm), Statorträger (Rad), Ankerstern, Spinne, Ständerkörper, Läufer-, Rotorstern, drehbarer Halter, Keiltopf
"spider" (lunar module) Mondlandefahrzeug ("Spider" im Funksprechverkehr genannt)
spider (of speaker coil) Zentrierungsfeder
spider arm Spinnenarm (Hschr)
spider beam assembly Trennspant
spider bearing Armlager, Drehkreuzlager
spider, casing Rohrkeiltopf
spider control spindle Spinnenstange (Hschr)
spider line Fadenstrich
spider locking collar Spinnenblockierungshülse (Hschr, Werkzeug)
spider-shaped radförmig
spider slip Keiltopfabfangseil
spider, three-way type dreiarmiger Getriebestern (Farman-Getriebe)
spider-web aerial Fächerantenne
spider-web coil Korbbodenspule
spider-web winding Korbbodenwicklung
spiderlike formation of sprue Angußspinne
spider's web, electronic elektronisches Spinnennetz
spigot and socket joint Muffenverbindung (bei Gußeisenrohre), Steckmuffe (Rohrverbinder)
spigot end (of socket tube) Spitzende (des Muffenrohrs)
spigot joint geklebte Einsteckmuffe, Zapfenverbindung
spigot mortar projector Landungswerfer
spigot, screwed Führungszapfen mit Gewindeansatz
spike Angel (Schlangenbohrer), Eisenspitze, langer Nagel, Fehlimpuls, Spike
spike tank Angel (Heftnagel, Säge), Heftangel (Säge)
spiked chain Bahnkette
spiked collar Spikekranz
spiking (radar) Bildung von Überschwingspitze
spill Lamda-Halbedüppel, Halbwellenlängendipol, Streuung, Spill (Randladungsschärfe in elektronischen Speichern)
spill gap Schutzfunkenstrecke
spill hole Ausströmöffnung
spill-over echo bizarres Echo
spill-over position Überlaufposition
spill-over valve Überströmventil
spill piston Rücklaufkolben, -nadel
spill port Überlaufkanal
spill shield (of lamp) Raster
spill, to verschütten, verspritzen
spill to lower bevel housing Überlauf zum unteren Rädergehäuse
spill valve Überströmventil
spill-way coefficient Überfallbeiwert
spill-wave crest gate Überlaufverschluß
spillage Überlaufen, Verschütten, Verspritzen
spillage fuel übergelaufener Kraft- od. Treibstoff
spilley Riß im Leichtmetall (entstanden durch Nichtverschweißen einer Gasblase beim Walzen)
spilling erhöhter Luftablaß an der Basis
spillway crest Überfallkrone (Bohrung)
spin Eigendrehbewegung, -impuls, Trudeln (Flz), schnell drehen, drücken, spinnen, Elektronendrall, Spinerscheinung
spin-and three-axis body-stabilized design drall- u. dreiachsenstabilisierter Satellit
spin angular moment Spindrehimpuls
spin angular velocity Winkelgeschwindigkeit des Läufers
spin antenna rotierende Antenne, Spinantenne
spin axis Drallachse, Laufachse (Kreisel)
spin axis bearing Lauflager (Kreisel)
spin axis inertia Trägheitsmoment um die Laufachse
spin chute Notfallschirm für Trudelversuche eines Flugzeugs, Trudelschirm
spin coordinate Spinkoordinate
spin dependence Spinabhängigkeit
spin-dependent incoherence spinabhängige

Inkohärenz
spin-dependent scattering spinabhängige Streuung
spin direction Spinrichtung
spin distribution Spinverteilung
spin doubling Eigengeschwindigkeitsverdopplung, Spinverdopplung
spin, fall into a ins Trudeln kommen
spin flip umklappen des Spins
spin-independent spinunabhängig
spin, inverted Rücktrudeln
spin-lattice relaxation Spingitterrelaxation
spin matrix Spinmatrix, Trudelmatrix
spin model Trudelmodell
spin moment Eigendrehimpuls, Spinmoment
spin momentum (Kreisel)drall
spin-momentum density Spinmomentdichte
spin-momentum vector Spinmomentvektor
spin motor Kreiselmotor
spin motor running detector (SMRO) Drehzahlwächter, Kreiseldrehzahldetektor
spin of a projectile Geschoßdrall, -drehung
spin operator Spinoperator
spin-orbit coupling Spinbahndrehimpulskopplung, Spinimpulskopplung
spin-orbit coupling energy Energie der Spinbahndrehimpulskopplung
spin-orbit coupling shell model Schalenmodell für Spinbahndrehimpulskopplung
spin-orbit interaction Spinbahndrehimpuls-Wechselwirkung
spin orientation Spinorientierung
spin-over Überwalzen von Werkstoff über Kante eines Drehteils
spin-phase Rotationsphase
spin phenomenon Spinerscheinung
spin prevention and incidence limiting system SPILS-Anlage
spin quantum number Impuls-, Spinquantenzahl
spin reference axis (SRA) Arbeitsstellung der Laufachse
spin scan cloud camera SSCC
spin scan picture mit Drallabtastung gewonnes Bild
spin-spin interaction Spin-Spin-Wechselwirkung
spin-stabilized drall-, spinstabilisiert
spin-stabilized configuration drallstabilisierte Version
spin-stabilized satellite drallstabilisierter Satellit
spin-stabilized upper stage drallstabilisierte Oberstufe
spin studies in spin tunnel test Trudelverhalten im Windkanalversuch
spin table rotierende Halterung (av)
spin to the left Linksdrall, Linkstrudeln
spin-tuned magnetron Drallfrequenzmagnetron, Springfrequenzmagnetron (av)
spin vector Drehvektor, Spinvektor
spin velocity Winkelgeschwindigkeit des Läufers
spin welding Reibungsschweißen
spindle axis Spindelachse
spindle axis on the tail wheel Spornstrebenachse (Flz)
spindle cylinder Spindelzylinder
spindle, disk pack drive Stapel(antriebs)spindel
spindle drawback Spindelrückgang
spindle drive Spindelantrieb
spindle-engaging lever bracket Gradlaufapparatsäule
spindle lathe Spindelbank
spindle motor Spindelmotor
spindle oil Spindelöl
spindle point Meßzapfen
spindle, power Antriebsspindel (am Schneidetisch)
spindle reversing cam Spindelumkehrnocke
spindle shaft Spindelwelle
spindle sleeve Spindelhülse
spindle speed gear Spindelantrieb(srad)
spindle, take-up Aufnehmerspindel
spindle taper Spindelkegel
spindle transmission Spindelübertragung
spindle, winding Umrollspindel (am Schneidetisch)
spindle yoke Spindelgabel
spindly buoy Spierentonne
spine Gitterstab (des Reflektors)
spinel Magnesium-Titanspinell
spinnable glass spinnbares Glas
spinner Luftschraubennabenhaube, Propellerschraube, Rotor, rotorstabilisierter Satellit
spinneret Mehrlochdüse(nkopf), Spinndüse
spinning axis Laufachse
spinning, cyclic zyklischer Versuch
spinning disk atomizer Tellerdüse
spinning electron Kreiselelektron
spinning field pattern drehende Charakteristik
spinning lathe Drückbank (zum Drücken von Hohlkörpern aus Blech)
spinning molecule Kreiselmolekül
spinning nose dive Sturzspirale, Vorwärtstrudeln (av)
spinning nozzle Spindüse
spinning solid upper stage (SSUS) drallstabilisierte Feststoffraketenoberstufe
spinning solution Spinflüssigkeit
spinning system Drallmechanismus
spinning test Trudelprüfung
spinning top Kreiselpendel
spinning trial Trudelversuch
spinning upper stage drallstabilisierte Oberstufe (av)
spinning wheel Kreiselrad
spinthariscope Spinthariskop
spiral schneckenförmig, schraubenförmig, spiralförmig, Schneckenfeder, Spirale, Spiralfeder, Drall (am Fräser), spiralig
spiral agitator Bandrührer
spiral anchor Sprialanker
spiral angle Schraubenwinkel
spiral bevel gear Spiralkegelrad
spiral bevel gear generator Spiralkegelräder-Abwälzfräsmaschine
spiral bevel gear hobbing machine Spiralkegelräderhobelmaschine
spiral bit Holzspiralbohrer, Spiralmeißel
spiral cable twisting Doppelsternverseilung
spiral curve Drallinie, Spiralkurve, Spirallinie
spiral cut Spiralhub, Spiralschnitt
spiral cutter Spiralfräser
spiral descent Gleitspiralflug
spiral disk Abtastscheibe
spiral dive Korkenzieher, Sturzspirale, Spiralstechflug, Spiralsturzflug

spiral drill Schneckenbohrer
spiral drive Tischantrieb über Schrägverzahnung (w)
spiral fission counter Spiralzähler mit Spiralelektroden
spiral flight Spiralflug
spiral fluted miller spiralgenuteter Langlochfräser
spiral-four quad Sternviererkabel
spiral gear Schraubenrad
spiral gear hob Schraubenradabwälzfräser
spiral glide Spiralgleitflug
spiral groove Spiralnuten
spiral hobbing Abwälzfräsen von Werkstücken mit spiralgewundenen Profilierungen
spiral, hyperbolic hyperbolische Spirale
spiral-jaw clutch Klauenkupplung mit vier Klauen
spiral key spring Keildruckfeder
spiral, logarithmic logarithmische Spirale
spiral nozzle Dralldüse
spiral of archimedes archimedische Spirale
spiral or coiled wire Drahtspirale, Spiraldraht, Wendeldraht
spiral orbit Spiralbahn (eines künstlichen Mondes), spiralförmige Bahn
spiral, parabolic parabolische Spirale
spiral path Spiralbahn (eines künstlichen Mondes, spiralförmige Bahn
spiral point(ing) Schräganschnitt (Gewindebohrer)
spiral procedure Spiralflugverfahren
spiral quad formation Sternverseilung
spiral reinforcement Spiralbewehrung
spiral scanning spiralförmige Abtastung, Spiralabtastung
spiral-shaped resistance spiralförmige Widerstandsschicht
spiral spline shaft Schrägkeilwelle
spiral spring Schneckenfeder
spiral-spring equilibrator Spiralfederausgleicher
spiral target Schneckenscheibe
spiral time base Spiralzeitablenkung
spiral tooth schräger Zahn (Fräser)
spiral tooth system Spiralverzahnung
spiral-toothed schrägverzahnt
spiral tube piston unit for rocket fuel feed system Rohrschlangentriebwerk
spiral-weave cable Hochfrequenzkabel
spiral-weld tube making plant Spiralrohrschweißanlage (Walzwerk)
spiral winding Wechselstromwicklung
spiral winding fillet Spiralwendeleiste
spiral worm Spiralschnecke
spiraling orbit spiralförmige Umlauflaufbahn, Spiralumlaufbahn
spire Windung einer Wicklung
spirit level, circular Dosenlibelle
spirit-level clinometer Libellenquadrant
spirit level, tubular Röhrenlibelle
spirit of compass Schwimmkompaß
spirit thermometer Flüssigkeitsmesser, Flüssigkeitsthermometer, Weingeistthermometer
spirit varnish Spirituslack
spitfire Heißkopf
SPL (supplementary flight plan message) Flugplanergänzungsmeldung
SPL Sonderprioritätslogik
splash-and-circulating lubrication (Tauch)-Umlaufschmierung
splash carburetor Spritzvergaser
splash-down Wasserung (sp)
splash-down area Wasserungsbereich (sp)
splash-down manoeuvres Wasserung (sp)
splash feed refinery Spritzspeisung
splash guard Spritzblech, Spritzschutz(wand)
splash lubrication Tauch(bad)schmierung, Spritzumlaufschmierung
splash lubrication drain and scavenge oil Spritzschmierabfluß u. Spülöl
splash-proof schwall-, spritzwassergeschützt
splash-proof instrument spritzwassergeschütztes Meßgerät, spritzwassersicheres Meßinstrument
splatter Farbspritzer (außerhalb eines Zeichens)
splayed composite legabgespreiztes Verbundwerkstoffbein (Satelliten)
splayed joint abgeschrägte Verbindung
splice Doppeleinschlag, Spleiß, Trennstelle des Rumpfs, Übergangsverkleidung, Überlaschung
splice bolt Anschlußbolzen
splice bump Klebstellengeräusch
splice, overlap überlappende Klebstelle
splice piece Lasche (Verbindung von Schienen u. Balken)
splice plate Stoßblech (bei breitem Blech), Stoßlasche (bei schmalem Blech)
splice point Einbindestelle
splicer Filmklebepresse
splicing box Spleißkasten
splicing clamp Schäftzwinge, Spleißklammer, Spleißklemme, Verbindungsklammer
splicing jig or vice Spleißkluppe
splicing needle Spleißnadel
splicing pin Spleißstift
splicing tape Klebeband
splicing unit Klebeapparat, Klebepresse
splicing vise Spleißkluppe
spline Feder, Keil(nut einer Keilverzahnung), Splint, Verkeilen, Keilverzahnung befestigen, mit Keilnuten versehen, Nutung
spline grinding machine Keilwellenschleifmaschine
spline hob Keilwellenabwälzfräser
spline length Keilbahnlänge
spline oil jet Einstellschraube für Öl- u. Schmierstoffdüsenquerschnitt
spline-shaft Keilwelle, Schiebewelle, Sternkeilwelle
spline-shaft grinding attachment Keilnutenschleifeinrichtung
splined ball joint verzahnte Kugelgelenkverbindung
splined bolt Keilschraube
splined coupler verzahnte Kupplungshülse
splined-externally kerbverzahnt
splined hub with bevel gears verzahnte Naben mit Kugelräder
splined nut Mutter mit Kerbverzahnung
splined pin Kerbstift
splined shaft Keilwelle
splined sleeve verzahnte Hülse
splined trunnion langverzahnter Drehzahpfen
splines for propeller Keilnuten für Propeller
splines to drive coupling driving member Nuten zum Antrieb von Kupplungsteilen

splining Sternkeilwellenfräsen, Wellennuten
splinter Splitter
splinter-effect ammunition Splittermunition
splinter-proof splittersicher (Glas)
splinter-proof protection Splitterschutz
split aufschlitzen, schlitzen, sich spalten, trennen, zerteilen
split anode Schlitzanode
split-anode magnetron Schlitzanodenmagnetron, Anlegewandler, Zangenwandler
split-anode type transformer Zangenwandler, Anlegewandler
split axis geteilte Achse, getrennte Achsenaufschaltung
split axle combined undercarriage Fahrwerk mit geteilter Achse
split bearing geteiltes Lager
split camera Zweifachkammern
split cavity mehrteilige(s) Gesenk od. Matrize
split-cavity block mehrteiliges Matrizengesenk
split-cavity mold mehrteilige Form
split collet Schlitzspannhülse (Hschr)
split column control Eliminationssteuerung
split column realy X-Elimination
split cone Schlitzkegel
split core geschlitzter Kern
split-core type transformer Anlegewandler, Zangenwandler
split counter Zähleraufteilung
split detection Trackauflösungsversuch (Marinebefehlssprache), Zielwegauflösungsversuch
split duplex system Gegensprechgabelschaltung
split field at dual magnification missile and gun sight Teilfeldvisier mit umschaltbarer Vergrößerung für Lenkwaffensystem u. Geschütz
split-field coincidence range finder Halbbildentfernungsmesser
split-field range finder Schnittbild-Entfernugsmesser
split flap Spreiz(flügel)klappe
split flapper check valve zweiteiliges Klappenrückschlagventil
split flow reactor Reaktor mit gleitendem Kühlmittelfluß
split follower Backeneinsatz, Backenform, mehrteiliger Einsatz (Preßform)
split frequency Spaltfrequenz
split from fatigue Ermüdungsriß aufweisend
split gears verspannte Zahnräder
split hydrophone mehrzelliges Hydrophon
split image Detailbild, geteiltes Bild, Teilbild
split junction box geteilte Abzweigdose
split line Stoßfuge, Trennfuge
split-line clearance Trennfugenweite
split mandrel Spaltdorn
split mould Backenform, mehrteilige Form, mehrteiliges Gesenk
split-multigraph Mehrfachzeichner
split-multiplex telegraph Mehrfachtelegraph in Gabelschaltung
split nut verspannte Mutter
split of the radiation pattern into many side-lobes Auffiederung des Strahlungsfelds
split off, to abspalten
split-order wire circuit Sammeldienstleitung
split pair Zweifachsteilluftbild, vertauschte Verdrillung, Hilfsphase
split-phase excitation Hilfsphasenerregung
split-phase motor Motor mit Spaltphase, Spaltmotor
split-phase starting Anlaßen mit Hilfsphase
split-phase winding gespaltene Phasenwicklung
split picture Detailbild
split-pin extractor Splintauszieher
split pipe zweiteiliges Rohr
split point Scheitel der Differntialspule, Mitte einer Gabelschaltung
split pole converter Spaltpolumformer
split projector mehrzelliger Schalltrichter
split quadruplex Doppelgegensprechen für Gabelverkehr
split reel zweiteilige Spule
split response (radar) Doppelzeichen
split-ring coupling Kupplung mit geteiltem Kupplungsring
split "S" Abschwung
split second Sekundenbruchteil
split shroud ring Mantelring
split-skirt-type piston Kolben mit geteiltem Mantel
split-stator capacitor Differentialkolbenkondensator
split-stator variable capacitor Doppelstator-Drehkondensator
split tank circuit Gegentaktschwingkreis mit geerdetem Mittelpunkt
split, to aufreißen, aufteilen (Zeile einer Lochkarte), klaffen
split trail Spreizlafette, Spreizholm
split-trail gun carriage Spreizlafette
split transformer Anzapftransformator
split trunk group Verbindungsleitungsbündel für einen Teil der Abgangsplätze
split tubular clip geschlitzte rohrförmige Klemme
split turbine disc geteilte Turbinenscheibe
split-type wheel geteilte Radfelge
split undercarriage achsloses Fahrgestell
split undercart Zweibeinfahrwerk
split-up (formation flight) Trennung
split-up, to aufspalten, zerspalten, zerteilen
split-up water Wasser zersetzen
split valve spring washer lock geteiltes Ventilklemmstück
split-vertical photograph Zweifachsteilluftbild
split waveguide Quetschhohlleiter (Änderung des Wellenwiderstandes)
split winding Treppenwicklung
splitter, core Kernspaltvorrichtung
splitting Aufteilen in Lochkombinationen, Atomzertrümmerung, Spaltung
splitting a core Spalten eines Kern
splitting along the laminate Schicht(en)trennung, Schicht(en)spaltung
splitting factor Aufspalt(ungs)faktor
splitting key Abbrennschalter, Trennkippe
splitting load Trennlast
splitting position Trennstellung
splitting process (fuel) Aufspaltungsvorgang
splitting test Trennversuch
splitting, trunk group Bündeltrennung
splitting-up charge Zerlegerladung (Raketen-Übungskopf)
splutter auswerfen, herausspritzen, hervor-

sprudeln
spoil beschädigen, stören, unbrauchbar machen, verderben
spoiled beam asymmetrische Keule
spoiled casting Fehlguß, Kaltguß
spoiler Keulenverformer, Störklappe
spoiler aileron Flügelspoiler
spoiler control Störklappensteuerung
spoiler deflection system Spoilersystem
spoiler flap Störklappe
spoiling (ECM) Maskierung (Täuschen in der Navigation)
spoiling effect Wirbelbildung
spoiling loss Wirbelverlust
spoke sheave Ziehmesser, Schabhobel, Speichenhobel
spoke wheel Speichenrad
spoking Radareffekt
sponge, cells communicate with each other offenzelliger Schaum
sponge rubber components Schwammgummiteile
sponge-rubber shock-mount Schwammgummistoßdämpfer
spongy cell schwammförmige Zelle
spongy lead Bleischwamm
sponson Fachwerkträger, Panzerkastenoberteil, Schwimmerstummel
spontaneous decay nartürlich radioaktiver, spontaner Zerfall
spontaneous decompensation Selbstzersetzung
spontaneous discharge selbständige Entladung
spontaneous fission spontane Spaltung
spontaneous ignition selbstentzündlich, Selbstentzündung
spontaneous ionization spontane Ionisation
spontaneous nuclear reaction spontane Kernreaktion
spontaneous nuclear transformation natürlich radioaktiver Zerfall, spontane Kernumwandlung
spontaneous radioactive change natürlich radioaktiver Zerfall, spontane Kernumwandlung
spontaneous transmutation natürlich radioaktiver Zerfall, spontane Kernumwandlung
spontaneously ignitable propellat selbstzündbarer Treibstoff
spontaneously inflammable selbstentzündlich
spoof Täuschung (ELOKA, elektronische Gegenmaßnahmen)
spoof jamming Zielvortäuschung (aktiv)(ELOKA)
spoof traffic Täuschverkehr (ELOKA)
spool Aufnahmehaspel, Bandspule, Rolle, Schieber, Spule, Multiprogrammumformer
spoll and hardware (insulator) Rolle und Befestigungsteile
spool, bull wheel Bohrseiltrommel
spool file Spool-Datei
spool flange Spulenflansch
spool head Spulenkopf
spool-in Einspulen
spool-in status Eingabezustand
spool-out ausspulen
spool-out file Ausspulen von Dateien
spool-wound spulengewickelt
spooling Spulbetrieb
spooling file Ausspuldatei
spooling task Spulprozeß
spooling-up time from idle to maximum thrust Beschleunigungsdauer von Leerlauf auf Höchstschub (Twk)
spoon agitator Löffelrührer
spoon auger Stangenlöffelbohrer
sporadic sporadisch, vereinzelt vorkommend, zerstreut
sporadic E-layer sporadische E-Schicht
sporadic fault sporadischer Fehler
sporadic impulse noise kurzzeitige, vorübergehende Störspannung
sporadic reflection sporadische Reflexion
sporting and touring plane Sport- u. Reiseflugzeug
sporting flying Flugsport
sporting flying competition flugsportlicher Wettbewerb
sporting flying school Sportfliegerschule
spot Lichtzeiger, Spurelement, Fleck, Platz, Stelle, Leuchtfleck (Kathodenstrahlröhre)
spot (of arc on cathode or anode) Ansatzpunkt
spot a surface, to Anschneiden einer Auflagefläche
spot acceleration Punktbeschleunigung
spot-beam antenna Stiftstrahlantenne
spot check Stichprobe
spot checking Entnehmen von Stichproben
spot diameter Leuchtfleckdurchmesser
spot distortion Fleckverzerrung
spot drilling das Anbohren
spot elevation geographische Höhe eines Punktes
spot-face, to plansenken
spotbeam advantage Vorzüge von Spotbeams
spotbeam system (Inmarsat) Gebietsstrahlen ("Spotbeam")-System
spotbeams scharfgebündelte Gebietsstrahlen (("Spotbeams")
spotbeams for mobile services Spotbeams für bewegliche Funkdienste
spotface Auflageflanschring um die Löcher mit Senker glatt u. eben fräsen
spot facer Nabensenker, Oberflächenfräser
spot facing Anschneiden, Ansenken, Nabensenken
spot facing cutter Anschneidesenker
spot focus Fleckschärfe
spot formed on cathode Kathodenansatzpunkt
spot frequency gerastete Frequenz, Bildpunktfrequenz (Radar), Rastfrequenz
spot-frequency jammer Schmalbandstörsender
spot-frequency radiotelephony receiver Funksprechempfänger mit Rastfrequenz
spot galvanometer Drehspul-Lichtmarkengalvanometer, Lichtzeigergalvanometer
spot-grind, to überschleifen
spot height Höhenangabe auf Karte bezogen auf NN
spot-hole, to anbohren
spot-hover, to auf der Stelle schweben (Hschr)
spot jammer Schmalbandstörsender
spot jamming schmalbandiges Stören, Schmalbandstörung (ELOKA)
spot lamp Punktstrahllampe
spot landing Orts-, Punkt-, Ziellandung
spotlight Scheinwerfer, Sucher, Suchscheinwerfer (Auto), Punktleuchte
"spotlight" beam enggebündelter "Spotlight"-

Strahl
spotlight bulb Sucherglühlampe
spotlight galvanometer Lichtmarkengalvanometer
spot-light scanner for persons Personenabtaster
spot lighting Spielflächenbeleuchtung
spotlights Nebelscheinwerfer, Suchscheinwerfer, Suchleuchten
spot mark Punktmarkierung
spot noise factor or figure Punktrauschzahl
spot of light Lichtfleck
spot-on landing präzise Landung
spot or fancy lighting Effektbeleuchtung
spot position Leuchtfleckstellung (auf Schirmbild)
spot punch Lochzange
spot reflector Einzelreflektor
spot seggregation Gasblasenseigerung
spot-set (frequency) gerastet
spot-setting calibration screen (telemetry) Kalibrierschirm für Lichtpunkteinstellung
spot shift Bildpunktverlagerung
spot size Fleckgröße
spot speed Abtastgeschwindigkeit
spot-tack, to punktheften, punktlanden
spot test Fleckenprobe, Flecktest, Tropftest, Tüpfelanalyse, Tüpfelreaktion
spot, to anbohren, ankernen, rasten, zentrieren, beflecken
spot turn Dauerpirouette, Punktdrehung (av)
spot type brake Einscheibenbremse
spot weld etch solution Punktschweißätzlösung
spot weld test or specimen Punktschweißprobe
spot welder Punktschweißgerät
spot welding Punktschweißen, Punktschweißung
spot wobble Strahlwobbelung
spotface, to plansenken
spotlight Punktleuchte
spotted gefleckt, gesprenkelt, fleckig
spotted with (area spotted with rock formation) durchsetzt mit...
spotter (remote control) abgesetzter Beobachter
spotting Beoachtung, Fleckigwerden (galvanisch)
spotting detecting or fixing aircraft position by sound-locator device Abhorchen von Flugzeugen
spotting observation of fire Schußbeobachtung
spotting truck or lorry Vorwarnerkraftwagen
spout Aufguß, Düsenstrahl, Schnabel (am Gefäß), Wellenleiteröffnung
spout out, to herausspritzen
spout plane runder Hobel
SPR Speicherprüfroutine
sprag Fallstütze, Mitnehmer
sprag brake Knüppelbremse
spray Nebel, Sprühnebel, sprühen, spritzen, zerstäuben
spray and incubation test Sprüh- u. Inkubationsprüfung, -test
spray angle Zerstäubungswinkel
spray arrester Spritzschutzdeckel, Überspannungsableiter (in Form eines Wasserstrahls von einem geerdeten Rohr zum spannungsführenden Leiter)
spray attack Giftregenangriff
spray bar for high-volume spraying Sprühausleger für große Abgabemenge
spray bar, rotating rotierender Sprühdosenbehälter
spray carburetor Spritzvergaser
spraycleaner for pens Federreinigungsspritze (für Schreiber)
spray closure Sprühkappe
spray dryer Zerstäubungstrockner
spray drying Zerstäubungstrocknung
spray gun Spritzpistole, Zerstäuber
spray ion Sprühion
spray jet Einspritzdüse
spray lacquer Spritzlack
spray nozzle Spritzdüse, Spritzmundstück
spray nozzle, needle valve, -with pilot pin geschlossene Zapfendüse
spray-on schutzüberziehen, aufspritzen
spray or cover plate Abdeckscheibe
spray painting Spritzlackieren
spray painting equipment Farbspritzanlage
spray pattern Sprühbild
spray pistol Spritzpistole
spray point Sprühstelle (Hochspannungsanlage)
spray-shielded tube Röhre mit aufgespritzem Metallüberzug
spray strip Spritzwasserleiste, Zerstäuberstreifen
spray, to abbrausen, herumspritzen, spritzen, versprühen, zerstäuben
spray tube Sprührohr, Spritzrohr, Sprühschlauch, Spritzschlauch
spray varnishing Spritzlackierung
spray water Wasserzerstäuber, Spritzwasser, Einspritzwasser
sprayed die casting Spritzgußteil
sprayer Zerstäuber, Sprüher, Sprühgerät
sprayer valve Einspritzventil
spraying and cleaning gun Sprüh- u. Reinigungspistole
spraying and fire extinguishing vehicle Spreng- u. Feuerlöschwagen
spraying apparatus Sprühapparat, -gerät
spraying distance Spritzweite
spraying equipment Abspritzvorrichtung
spraying flight Sprühflug
spraying gun Spritzpistole, Zerstäuber
spraying oil Absprühöl
spraying oil, graphited graphitiertes Sprühöl
spraying pistol Spritzpistole, Zerstäuberdüse
spraying process Spritzverfahren
spread (of a bearing) Streuung (einer Peilung, Messung)
spread (of characteristic) Streubereich
spread, to ausspannen, ausstreuen, spreizen
spread apart, to auseinanderspreizen
spread, bead breite Schweißraupe
spread between unit Exemplarstreuung
spread by rubbing, to verreiben
spread coating Aufstreichen, Bestreichen, Streichverfahren, Klebstoffauftrag
spread factor Zonenfaktor (des Wicklungsfaktors)
spread ground signal, to Tuchzeichen auslegen (Fallschirmsprung)
spread in characteristics Streuung der Kennwerte

spread of beam Strahlerweiterung
spread of the wing Spannweite des Flügels
spread on, to aufstreichen
spread out, to auseinanderlegen, ausbreiten, zerlaufen (Lack)
spread over, to verstreichen
spread salve (of torpedo) Fächerschuß
spread-spectrum technique Bandspreizverfahren
spread the trails, to die Holme spreizen
spread, to aufstreichen, ausbreiten, verbreiten, streichen, ausspannen
spreadable condition streichfähiger Zustand
spreadable life Gebrauchsdauer
spreader Spreizkörper, Raa, Rahe
spreader assembly Spreizspant (am Außentank)
spreader bar Spannbalken, Spreizstange (um zwei Teile in Abstand voneinander zu halten)
spreader insulator Spreizisolator
spreader spacing body Spreizkörper
spreading adhesive ornamentally Faconbeleimung
spreading of groove Kaliberabdeckung
spreading rate Deckfähigkeit
sprengler pump Tropffallpumpe
spring Elastizität, Federkraft, Formstift
spring action Federwirkung
spring assembly or bank Federsatz
spring back, to abprallen, zurückspringen, zurückfedern, rückschnellen
spring bailer Federbüchse
spring balance Federwaage
spring-band dismantling Federbundabziehhammer
spring-band mounting press Federaufziehpresse
spring barrel Feder(n)gehäuse, Federhaus, Federtrommel
spring bearing federndes Lager, Federlager
spring-biased mit Federbelastung nach einer Seite
spring bit Federbohrer
spring bolt Federschraube
spring-bolt block Schnappschloß
spring bow compass Nullenzirkel
spring bracket Federbügel, Federbock
spring breather Federentlüftung
spring button federnder Führungsbolzen für Schubaufnahme
spring cap Federteller
spring capping machine Federkapselmaschine
spring cartridge Federpatrone
spring catch Federklinke, -raster, Schnappriegel, -schloß
spring catcher Fangfeder
spring centered durch Feder auf Mittelstellung zurückgeführt
spring-clamped durch Feder festgehalten, federnd eingespannt
spring clip Federklemmer, Klemmfeder, Federklammer, Federbinder
spring collar Federteller
spring collet Federspannmutter, Spannbüchse, federnder Futterring, Spannpatrone
spring collet chuck Spannpatronenfutter, Zangenspannfutter
spring commutator Tastenkommutator
spring commutator brush Spromabnehmerfeder
spring compression grease cap Federschmierbüchse
spring constant Federkonstante
spring contact Federkontakt, federnder Kontakt
spring contact assembly Schaltsatz, Federsatz
spring controlled switch Federschalter
spring cotter pin Federsplint
spring couple pin Federverschlußbolzen
spring coupling Federkupplung
spring cutters Federschneide
spring deflection Federdurchbiegung, Federweg
spring detent Federraster
spring disc bottom Federteller unten
spring disc top Federteller oben
spring divider Federzirkel, Federspitzzirkel, Federteilzirkel
spring drive federnder Antrieb, federndes Antriebsrad
spring drive gear federndes Antriebsgetrieberad
spring dynamometer Federzugmesser
spring equilibrator Federausgleicher
spring excursion Federweg
spring for seat cushion Federeinlage für Polster
spring force Federkraft
spring gaiter Federgamasche, Federschutz
spring governor Federkraftregler, Federkraftregulator
spring grid Federgitter
spring guide Federsäulensatz
spring guide bush Federführungshülse
spring hanger Federbock
spring hinge Federscharnier
spring hook Karabinerhaken
spring housing Federzylinder
spring in tension gespannte od. spannbare Feder
spring lamp holder federnde (Lampen)fassung
spring latch Federschloß
spring leaf Federblatt
spring leg Federbein
spring leg with annular spring Federbein, Ringfeder
spring length Federlänge
spring-like overcenter arrangement Endlagersperre
spring linkage system federndes Verbindungssystem
spring load, to abfedern
spring-load-and-fire mechanism federgespannte Auslöseeinrichtung
spring-loaded federbelastet, unter Federdruck, unter Federspannung stehend
spring-loaded governor Federregler
spring loaded keeper Sicherungszunge (federbelastet)(Aussenlastaufhängung)
spring-loaded locking plunger federbelasteter Verriegelungsbolzen
spring-loaded louvres unter Federdruck stehende Jalousienreihe
spring-loaded pad Federteller
spring-loaded parachute Fallschirm mit Federgestell
spring-loaded pawl lever gefederter Sperrklinkenhebel (Seemine)
spring-loaded pilot chute Hilfsschirm mit

Federgestell (Fsch)
spring-loaded shuttle valve Einfachwechselventil
spring-loaded stop federbelasteter Anschlag
spring-loaded toggle switch federbelasteter Kippschalter
spring-loaded valve federbelastetes Ventil
spring lock washer Federring, -scheibe
spring lubricator Federschmierbuchse, Federöler
spring manometer Federdruckmesser, Federmanometer
spring mechanism Federeinrichtung, -laufwerk, Federweg
spring motor Federlaufwerk, -motor, Federkraftantrieb
spring of low rate schwache Feder
spring of salt water Solsalzwasserquelle
spring off, to abspringen
spring oiler, gun type Pistolenfettpresse
spring or dead-stroke hammer Federhammer
spring or elastic temper Federhärte
spring out, to ausspringen
spring pad Federauflage
spring pin federnder Stift
spring pincers Federzange
spring-pivot seat Federsattel
spring plunger Federkolben
spring-pole jacket Federbalkenmantel
spring pressure Federdruck
spring pulley Federrad
spring quality Federeigenschaft
spring rate Federkonstante
spring-restrained gyro federgefesselter Kreisel
spring restraint Federfesselung
spring retaining block (radius arm) Federwiderlager (Teleskopschwenkarm)
spring return jack Kolben mit Rückführung durch Feder (E)
spring-return toggle switch nichtrastender Kippschalter
spring-returned mit Rückführung durch Feder
spring ring Federring, Sprengring
spring saddle clamp Federschuh
spring scale Federwaage
spring seat or clamp Federbuchse
spring seating washer Federsitzscheibe
spring separator tool Federblattwerkzeug
spring shackle Federaufhänger, Federlasche
spring shock absorber Federstoßfänger
spring snubber Dämpfungsfeder
spring, split ring core Sprengringfeder
spring steel Federstahl
spring-steel wire Federstahldraht
spring-stretching handle Federspanngriff
spring stud Federkopf
spring support Federlage
spring-supported von Federn getragen, auf Federn aufgehängt
spring suspension Federaufhängung, federnde Aufhängung
spring switch Federschalter
spring swivel Federwirbel
spring tab federbetätigtes Hilfsruder, Federruder
spring tape measure Rollmaß mit Feder
spring tension Federkraft
spring, tension Zugfeder
spring tension, hammer Hammerschlagregulierung
spring-tension mounting pad Auflager für Stoßdämpferbolzen
spring-tensioned split gears verspannte Zahnräder
spring-tensioning screw Federspannschraube
spring terminal Federklemme
spring-testing apparatus Federprüfapparat
spring-testing machine Federprüfmaschine
spring thread guide federnder Fadenführer
spring tide Springflut, Springtide
spring-tooth gang Federzahnsatz
spring, torsion Drehfeder
spring trap Federfalle
spring trigger Federschnapper
spring-type tube retainer gefederte Röhrenhalterung
spring type shock absorber Federstößdämpfer
spring U-bolt Federbügel
spring unit for rudder trim Federtrimmung
spring up, to aufspringen
spring washer federnde Unterlegscheibe, Federring
spring winder Wickelmaschine für Schraubenfeder
spring winding Federwindung
spring wire Federstahldraht
spring with left-handed helix linksgewundene Feder
spring with uppsed end gerolltes od. gestauchtes Federende
springback Rückfederung, Rückprall (Shorehärteprüfung), Rücksprung (Shorehärte)
springiness Elastizität, Federwirkung, Federelastizität, Federungsvermögen
springing Abfederung, Federung
springing undercarriage Fahrgestell(ab)federung
springy federnd, federhart
sprinkle anfeuchten, besprengen, sprenkeln
sprinkle drum Streutrommel
sprinkler Berieselungsanlage, -apparat, Feuerlöschbrause
sprinkler-sprayer vehicle Sprengwagen
sprinkler system Sprinkleranlage
sprinkling current Rieselstrom
sprinkling iconoscope Rieselikonoskop
SPROB solid propellant space booster plant
sprocket Ketten(zahn)rad, Transportrolle, Zahntrommel
sprocket bit Taktimpuls, abgeleitet vom Taktzahnrad einer Magnettrommel
sprocket chain Gelenkkette, Kettenradkette
sprocket cutter Kettenradfräser
sprocket, drawworks drum shaft Kettenzahnrad an Hebelwerktrommelachse
sprocket hob Kettenradwalzfräser
sprocket hole Transportloch in Lochstreifen, Führungsloch, Transportführungsloch, Perforationsloch
sprocket hum Perforationsgeräusch
sprocket modulation Perforationsaussteuerung
sprocket noise Perforationsgeräusch
sprocket or pin chain Gall'sche Kette
sprocket pulse Taktimpuls
sprocket shaft Kettenwelle

sprocket wheel Kettenrad, Stachelrad, Kettennuß, Kettenscheibe, Kettenrad, Taktzahnrad (an Mangettrommel), Schaltrolle
sprocket wheel, clutch Kettenzahnrad mit Kupplung
sprocketed film perforierter Film
sprue Eingußkanal, Einlauf, Angußkanal, Kegelanguß, Spritzkanal, Eingußtrichter
sprue bush Angußbuchse
sprue ejector Angußauswerferstift, Angußdrückstift
sprue ejector pin Angußaustoßer
sprue hole or opening Eingußloch
sprue lock pin Angußauswerferstift, Angußdrückstift
sprue pin Angußstift
sprue puller Angußabreißer, Angußausstoßer, Angußentferner
sprung tail skid Federsporn
spudder Stoßbohrvorrichtung
spudding shoe Stoßbohrschuh (Ölbohrung)
spudding the well Bohrbeginn
spun gesponnen, schnell gedreht
spun aluminium antenna Antenne mit Reflektor aus gedrücktem Aluminium
spun gear Stirnrad, stirnverzahntes Rad
spun gearing Schleudergußlager
spur Dorn, Sporn, Stachel
spur cable kurze Abzweigleitung
spur gear Stirnradgetriebe, Stirnzahnrad
spur-gear-drive planer Hobelmaschine mit Tischantrieb über Stirnzahnrad
spur gear generating machine Stirnradabwälzfräsmaschine
spur-geared chain block with planetary-gear system Flaschenzug mit Stirnradplanetengetriebe
spur gearing Stirnrädergetriebe, Stirnradgetriebe
spur gears including fine pitch and curvic couplings Stirnräder mit niedriger Kreisstellung u. Kurvengetriebe
spur line kurze Abzweigleitung
spur tooth Geradeverzahnung
spur wheel Stirnrad
spur wheel differential Stirnraddifferential
spur wheel drive Stirnradantrieb
spur wheel gearing Stirnradgetriebe
spurious capacities ungewollte kapazitive Kopplung
spurious count falscher, unechter Zählerstoß
spurious coupling Streukopplung
spurious emission Nebenaussendung, unerwünschte Ausstrahlung
spurious frequency Störfrequenz (im Gerät erzeugt), Streufrequenz
spurious halftone variations unregelmäßig verteilte Halbtonänderungen
spurious modulation Störmodulation
spurious oscillation Störschwingung, wilde Schwingung
spurious pulse falscher, unechter Impuls
spurious radiation Nebenaussendung, Nebenausstrahlung, Seitenausstrahlung, Nebenwellenstrahlung, unerwünschte, wilde Ausstrahlung
spurious resonance Nebenresonanz(stelle), Störresonanz
spurious response das Ansprechen auf unerwünschten Nebenwellen
spurious side-band störendes Seitenband
spurious signal Störsignal
spurious voltage Störspannung, Streuspannung
sputter, to (internal combustion engine) zeitweise aussetzen
sputtering (cathode) Kathodenzerstäubung
sputtering noise sprudelndes Geräusch
spy Ableselupe
spy-hole Guckloch, Schauloch
spying Ausspähung
SQ (squall) Boe
sq. inch (square inch) Quadratzoll
squadron Flugzeugverband, Staffel
squadron commander Gruppenkommandeur
squadron echelon part Gruppenkolonne links
squadron flight leader Gruppenkettenführer
squadron formation Staffelform, Staffelverband
squadron headquarters Luftwaffengruppenkommando
squadron leader Geschwaderführer, Staffelkapitän
squadron of carrier-based airplanes Bordfliegerstaffel
squadron organizational structure Staffelgliederung, Gliederung einer Staffel
squadron V-formation Staffelwinkel
squads for cordoning off dangerous area Absperrtruppe
squall Linienboe, ausgedehnte Boe
squall line Böenfront, Böenlinie
squall, rain Regenboe
squally or gusty stoßförmig
squally weather böigesWetter
square Anreißwinkel, Düppelblättchen, Kleinstdüppel, Quadrat, quadratisch, rechteckig, rechtwinklig, viereckiger freier Platz, viereckig machen, zweite Potenz (math)
square bar Flacheisen
square bloom gewalzter Quadratblock
square bolt Quadratbolzen
square broach Vierkantreibahle
square butt weld zweiseitige Vollnaht (Fsch)
square-cap screw Bauschraube
square cascade Stufenkaskade
square centimeter Quadratzentimeter
square clincher Klammerhaken
square coil quadratische Spule
square-cross-section mast Mast mit quadratischem Querschnitt
square distance quadratischer Abstand
square division vielgliedrige Division
square end cylindrical die-sinking cutter zylindrischer Gesenkfräser mit gerader Stirn (w)
square end type of end mill Schaftfräser mit gerader Stirn (A)
square face flatter Abschlichthammer
square face plate Vierkantplanscheibe
square-faced cathode-ray tube Kathodenstrahlröhre mit quadratischem Schirm
square flag Quadratflagge
square flattener Schlichthammer
square foot Quadratfuß
square grid quadratisches Liniennetz, Quadratnetz

square groove Quadratkaliber
square hammer Setzhammer
square head bolt Schraubenbolzen mit Vierkantkopf, Vierkantschraube
square head screw Vierkantschraube
square hole Vierkantloch
square inch hydrostatischer Prüfdruck in Pfund pro Quadratzoll, Quadratzoll
square inset Vierkantmeißel
square-jaw clutch Klauenkupplung mit drei Klauen
square joint rechtwinklige Verbindung
square key Quadratkeil
square knot Kreuzknoten, Packerknoten Nr. 5 (Fsch)
square law quadratischer Gleichrichter, quadratisches Gesetz (math)
square-law capacitor Drehkondensator mit quadratischer Kennlinie, Nierenplattenkondensator
square-law characteristics quadratische Charakteristik od. Kennlinie
square-law condenser Kondensator mit wellengerader Kennlinie, quadratischer Kondensator
square-law detector quadratischer Detektor
square-law meter Meßinstrument mit quadratischer Anzeige
square-law modulation quadratischer Modulator
square-law rectification quadratische Gleichrichtung
square-law rectifier quadratischer Gleichrichter
square-law scale quadratische Skalenteilung
square-law scan(ning) quadratische Abtastung
square loop viereckiger Dipolrahmen
square loop aerial quadratische Rahmenantenne
square loop core Kern mit rechteckiger Hystereseschleife
square-loop ferrite Ferrit mit rechteckiger Magnetisierungsschleife, Rechteckferrit
square loop ferrite core Ferritringkern
square loop reactor Drossel mit Rechteckschleife
square-motion selector Viereckwähler
square neck Vierkantansatz (einer Schraube)
square net Quadratnetz
square-nosed tool Breitmeißel, Flachmeißel, Kopfmeißel
square number Quadratzahl
square nut Vierkantmutter
square of the distance Entfernungsquadrat
square of the error Fehlerquadrat
square off, to abschneiden, rechtwinklig schneiden
square or picture frame girder Viereckträger
square or straight joint I-Stoß
square-oval roughing pass Quadratovalstreckkaliber
square parachute Viereckfallschirm
square pass Quadratkaliber
square pole Quadratstange
square poles Quadratgestänge
square pulse Rechteckimpuls (mit übereinander abgestimmter Puls- u. Pausenzeit)(dig)
square ratio Rechteckigkeitsverhältnis einer Hystereseschleife (von Magnetkernen)
square-rigged mit Rahen getakelt
square root Quadratwurzel, zweite Wurzel
square root sign Quadratwurzelzeichen
square roughing (-out) pass Quadratvorkaliber
square rubber file Armfeile
square rule rechtwinkliger Zeichenwinkel
square-screw head Vierkantschraubenkopf
square search Spiralsuche (SAR)
square section Quadratprofil
square shaft Vierkantwelle
square-shank tape bridge reamer Kesselreibahle
square shouldered screw bolt Vierkantschraubenbolzen
square signal Rechteckimpuls
square slide Querschlitten
square sluice Kastenschleuse
square socket wrench for spindles and screws Vierkantsteckschlüssel für Spindeln u. Schrauben
square steel bar Quadratstahlstange, Vierkantstahl
square stock Vierkantmaterial
square tang Vierkant (Werkzeug)
square-thread flachgängiges Gewinde
square-thread screw flachgängige Schraube
square-tip blade eckige Blattspitze (Propeller)
square, to quadrieren, zum Quadrat erheben
square-topped e.m.f. E.M.K. in rechteckiger Kurvenform
square-topped pulse Rechteckimpuls
square tube Vierkantrohr
square wave Rechteckwelle (Radar)
square-wave amplifier Rechteckspannungsverstärker
square-wave analyzer Rechteckwellenanalysator
square-wave frequency Rechteckwellenfrequenz
square-wave generator Rechteckspannungsgenerator
square-wave modulated mit rechteckiger Welle moduliert, mit Rechteckwellen moduliert
square-wave modulated jamming rechteckwellenmodulierte Störung
squared-wave modulation Rechteck(wellen)-modulation
square-wave oscillation Rechteck(wellen)-schwingung
square-wave voltage Rechteckspannung, Zinnenspannung
square-waved mit Rechteckwellen moduliert
square waveguide Hohlleiter mit quadratischem Querschnitt
square well rechteckige Bohrung
square winding quadratische Wicklung
square with each other rechtwinklig zueinander
square yard Quadratyard
squared map Quadratkarte
squared voltage per cps Spannungsquadrat pro Hertz
squareness error Lochungsfehler
squash Quetschfuß, Stempel
squash, to zermalmen, zerquetschen
squashed grid geformtes Gitter
squat attitude Hochstellung beim Fallschirmsprung
squat switch Fahrwerkscherenschalter, Fahrwerksicherheitsschalter

squawk Aufschreien, Radaridentifizierung bei Sekundärradar
squawk, to SSR (squawk code, squawk ident, squawk flash, squawk standby) schrill aufschreien (bei Sekundärrundsichtradargerät: Identifizierung)
squealing das Selbsttönen (Verstärker)
squeege roll Abquetschrolle (Bandbeschichtungsanlage)
squeege Gummiquetscher
squeezable waveguide Quetschhohlleiter (Änderung des Wellenwiderstands)
squeeze bore gun konisch gebohrtes Rohr
squeeze in, to einzwängen
squeeze off, to abklemmen
squeeze out, to auspressen, ausquetschen, herausdrücken, abquetschen, abstreichen
squeeze roll Abquetschwalze
squeeze rollers Abquetschvorrichtung
squeeze section Quetsch(meß)leitung
squeeze through, to durchpressen
squeeze, to abfiltern, ausdrücken, auspressen, ausquetschen, zusammendrücken
squeeze track Lichttonstreifen veränderlicher Breite
squeeze unit Abdeckstreifen
squeezed magnetic flux komprimierter magnetischer Fluß
squeezing Drücken, Zusammendrücken, Quetschung
squeezing cock Quetschhahn
squeezing cylinder Preßzylinder (Preßformmaschine)(Gießerei)
squeezing of band Bandeinengung
squeezing of film Filmeinschnürung
squegger Pendeloszillator (für Zeitbasisgenerator), periodische Instabilität (eines Oszillators)
squelch Geräuschsperre, Rauschsperre
squelch circuit automatische Geräuschsperre, Squelch
squelch circuit, adjustable einstellbarer Squelch
squib kleines Zündmittel, Sprengladung, Sprengsatz
squib bolt Sprengbolzen
squib sharpe (parachute) Schließform
squid, to Luft schlucken (Fsch)
squint angle Schielwinkel
squint curve Schielwinkelkurve
squinting "Schielen", Versetzen des gespeisten Dipols
squintless linear feed principle winkelfehlerfreie Linearspeisung
squirit jet Strahlflugzeug
squirrel cage Käfigwicklung, Rollenkäfig, Walzenkäfig, Kugelkäfig (bei Lager)
squirrel-cage aerial Doppelkorbstrahler
squirrel-cage armature Eichkatzenanker, Kurzschlußanker, Kurzschluß-, Käfigläufer
squirrel-cage induction motor Kurzschlußläufermotor, Kurzschluß(anker)motor
squirrel-cage induction-type motor Käfigläufermotor
squirrel-cage lamp Langdrahtlampe
squirrel-cage magnetron Käfigmagnetron
squirrel-cage motor Käfigankermotor, Käfigläufermotor, Kurzschlußläufermotor
squirrel-cage rotor Käfigläufer, Kurzschlußläufer
squirrel-cage winding Käfigwicklung
squirt Spritzer, Strahl
squirt out, to herausspritzen
squirted filament gespritzter Glühfaden
squirting machine Spritzmaschine
squitter ungewollte Transponderauslösung
squitter pulse Füllimpuls (TACAN)
SR (sunrise) Sonnenaufgang
SR (saturable reactor) Sättigungsdrossel
S.R. (slip-ring motor) Schleifringankermotor
SR (slow running) langsamer Gang
SR (secondary radar) SR (Sekundärradar)
SR (selective ringing) Selektivruf
SR (send-receive method) Duplexverfahren
SR (short range) kleine Reichweite, Nahbereich
SR (signal regulation) Fernmeldevollzugsordnung
SR (slow-release relay) Verzögerungsrelais
SR (sound ranging) Schallmessung
sr (specific resistance) spezifischer Widerstand
SR surveillance radar
SR fading Nahschwund
SR method Duplexverfahren
SR switch Sende/Empfangschalter
SRA spin reference axis
SRAM Short-Range Attack Missile
SRARM Short-Range Anti-Radar Missile
S-ratio (supercharger ratio) Laderübersetzung für volle Aufladung
SRE (surveillance radar equipment) Rundsichtradargerät, SRE-Gerät
SRE of GCA (surveillance radar element) Rundsichtradarteil für GCA
SRE approach SRE-Anflug
SRE controller FS-Lotse am SRE-Gerät
SRFW Schweizerische Rettungsflugwacht
SRG (short range) kleine Reichweite
SRR (search and rescue region) Such- u. Rettungsgebiet
SRS sonobuoy reference system
SRV Space Recovery Verhicle
SS (sunset) Sonnenuntergang
SS (spin-stabilized)(rocket)
SS (single signal) Einzelzeichen
SS (single-silk covered) einmal mit Seide umsponnen
SS Loran SS Loran
SS receiver Einzeichenempfänger
s.s.b. (single-side-band) ESB (Einseitenband)
SSB AM (single-side-band amplitude modulation) EAM (Einseitenband-Amplitudenmodulation)
SSB high-power amplifier Einseitenband-Leistungsverstärker
SSB modulation (single-side-band modulation) EM (Einseitenbandmodulation)
SSC (single-silk covered) einmal mit Seide umsponnen
SSCW (single-silk-covered wire) einmal mit Seide umsponnener Draht
SSE (south-south-east) Südsüdost
SSE (single-silk-covered enamelled wire) einmal mit Seide umsponnener Lackdraht
SSF (supersonic frequency) Ultraschallfrequenz
SSG (US-Navy Guided-Missile Submarine) Synthetiksichtgerät
SSG (standard signal generator) Empfänger-

meßsender
S-shaped air intake duct S-förmige Luftzuführung
SSM (surface-to-surface guide missile) Boden-Boden-Fernlenkflugkörper
SSME space shuttle main engine
SSMI microwave energy SSMI Mikrowellensensor
SSP Speichersonderpriorität
SSPS satelllite solar power station
SSPZ Speichersonderprioritätszustand
SSR (secondary surveillance radar) Rundsicht-Sekundärradar
SSR short-range-recovery
SSR (single-signal receiver) Einzeichenempfänger
SSS (single-signal superheterodyne receiver) Einzeichensuperhet
SSSC (single-side-band suppressed carrier) Einseitenbandbetrieb mit unterdrücktem Träger
SST stufenweise Prüfung (eines Programms)
SST (supersonic telegraphy) Ultraschalltelegraphie
SST (supersonic transport) Überschallbeförderung
SST aircraft Überschallverkehrsluftfahrzeug
SSTC space science and technology centre
SSUS spinning solid upper state
SSV (ship-to-surface vessel radar) Schiffsradargerät gegen Wasserfahrzeuge
ST space telescope
ST (sound telegraphy) WT (Wechselstromtelegraphie)
ST (standard-time) Normalzeit
ST (stratus) Stratus
STA straight in approach
STA (steel-tape armoured) eisenbandbewehrt
stab, to niederbringen (Bohrung)
stabilated by jets of bleed air mit Zapfluft stabilisieren
stabilator manifold Verteiler am Stabilator (Hydraulikanlage)
stabilator shield Stabilatorschild
stabilisation, arc Bogenstabilisierung
stabilisation en roulis Rollstabilisierung
stabilisation en tangage Nickstabilisierung
stabilisation plant Stabilisierungsanlage
stabiliser Schlingerdämpfer
stabiliser bar Stabilisierstange
stabiliser bar center frame Mittelrahmen der Stabilisierstange
stabiliser bar damper Stabilisierstangendämpfer
stabilit Stabilit (Hartgummiisoliermaterial)
Stabilitron Stabilitron
stability Stabilität (einer Frequenz über die Zeit), Beständigkeit, Dauerhaftigkeit, Festigkeit, Konstanz, Schneidhaltigkeit, Stabilität, Standfestigkeit, Standsicherheit, Pfeifsicherheit, dynamisches Gleichgewicht, Widerstandsfähigkeit, Lagefestigkeit (Kreisel), Haftung am Erdboden
stability and control conditions in the transition region Stabilitäts- u. Steuerverhalten im Transitionsbereich
stability and manoeuvrability breites Geschwindigkeitsspektrum
stability augmentation Stabilitätserhöhungsanlage
stability augmentation control system Dämpfungsregler, Dreiachsendämpfung
stability augmentation system Dämpfungsregler, Dreiachsendämpfung, Stabilitätserhöhungssystem
stability augmentation 3-axis amplifier assembly Dämpfungsregelverstärker, Dreiachsendämpfungsregelverstärker
stability characteristic Stabilitätskennlinie
stability condition Stabilitätsbedingung, Stabilitätskriterium
stability control Dämpfungsregelung, -regler
stability control system Lageregler
stability criterion Stabilitätskriterium
stability curve Stabilitätskurve, Stabilitätslinie
stability derivative Stabilitätsderivativum
stability diagram Stabilitätsdiagramm, Stabilitätsschaubild
stability factor Stabilitätsfaktor
stability, hydrolytic hydrolytische Stabilität
stability in dimension Maßhaltigkeit gegen Dehnung u. Schrumpfung
stability in gale force wind sturmstabile Flugeigenschaft
stability in rest position Kippsicherheit in Ruhelage
stability in space Beharrungsvermögen
stability in spins Spiralsturzstabilität
stability in storage Lagebeständigkeit, Lagefestigkeit
stability, insufficant mangelhafte Stabilität (av)
stability lever arm Stabilitätsarm, -hebel
stability limit Stabilitätsgrenze
stability margin Pfeifabstand
stability near enough Pfeifpunktabstand
stability of frequency Frequenzkonstanz
stability of refrigerator oil Kältemittelbeständigkeit von Kältemaschinenöl
stability of shape Formbeständigkeit, Formfestigkeit
stability of the game Stabilität eines Spiels
stability of trajectory Bahnfestigkeit (sp)
stability of volume Volumenbeständigkeit
stability of weights Gewichtsstabilität (Schiff)
stability rule Stabilitätsregel
stability testing Haftbarkeitsprüfung
stability under load Belastbarkeit, Standfestigkeit
stabilization Konstanthaltung, Stabilisierung
stabilization and control system (SOS) Flugregelsystem (Apolloprogramm), Stabilisierungs- u. Steueruntersystem (sp)
stabilization bake Hochtemperaturstabilisierung
stabilization brake parachute Stabilisierungsbremsfallschirm
stabilization of a compound Verfestigung einer Bindung, Beständigmachung, Stabilisieren
stabilization of amplitude Amplitudenstabilisierung
stabilization of rotation Drehstabilisierung (Satellit)
stabilization parachute Stabilisierungsschirm

stabilization range Regelbereich (bei Spannungsstabilisatoren)
stabilization system Lageregelsystem, Stabilisierungssystem
stabilize an engine, to Triebwerkdrehzahl od. Triebwerklauf stabilisieren
stabilize, to lagefest machen, stabilisieren
stabilized feedback amplifier gegengekoppelter Verstärker
stabilized-foam material Schaumstoff
stabilized head mirror stabilisierter Objektivspiegel (av)
stabilized local oscillator (STALO) stabilisierter Überlagerungsfaktor
stabilized master oscillation (SMO)(electron) stabilisierter Steuersender
stabilized power unit geregelte Stromversorgung
stabilized sight(ing system) stabilisiertes Visier (mili)
stabilized, steerable turret stabilisierter schwenkbarer Sensorkopf (Radar)
stabilizer Dämpfungsfläche, -floße, Glättungsröhre, Glimmstrecke, Konstanthalter, ausfahrbare Hilfsstütze
stabilizer (voltage stabilizer) Spannungskonstanthalter, -gleichrichter
stabilizer adjustment Höhenfloßeneinstellung
stabilizer bell-crank and stop Höhenfloßenkniehebel u. -anschlag
stabilizer casting Zurrbügel
stabilizer control access Zugang zum Höhenfloßengestänge
stabilizer hydraulic unit or servo Stabilisatorkraftsteuergerät
stabilizer setting Höhenfloßeneinstellung
stabilizer take-off trim indicator light Stabilisator-Starttrimmleuchte
stabilizer tip Dämpfungsflächenspitze
stabilizer tower Stabilierturm
stabilizer trim unit Nicktrimmgerät (av)
stabilizer tube Stabilisationsröhre, Stabilisator
stabilizers, hydraulic for motor vehicles hydraulische Stabilisatoren für Kraftfahrzeuge
stabilizing agent Stabilisator, Stabilisierungsmittel
stabilizing bar Stabilisator(gestänge)
stabilizing choke Stabilisierungsdrossel
stabilizing feedback stabilisierende Rückführung
stabilizing fin or surface Stabilisierungsfläche, -floße, -flügel, Stabilisator
stabilizing float Stützschwimmer
stabilizing gyro Stabilisierungskreisel
stabilizing influence gleichrichtende Wirkung
stabilizing jack ensure constant platform height Stützbein für konstante Plattformhöhe
stabilizing parachute Stabilisierungsfallschirm
stabilizing parachute deployed Entfaltung des Stabilisierungsfallschirms (sp)
stabilizing thruster Stabilisierungstriebwerk (sp)
stabilizing transformer Transformator-Stabilisierungsstufe
stabilizing trimming gear Stabilisierungsfloßenverstellung
stabilizing winding Stabilisierungswicklung
stabilovolt tube (electron) Stabilovoltröhre
stable lagefest, konstant, stabil, widerstandsfähig, haltbar, widerstandsfest
stable air ruhende od. stabile Luft(schichtung)
stable airfoil flugstabile Tragfläche
stable at one trim attitude punktstabil
stable electron orbit stabile Elektronenbahn
stable element stabiles Element
stable element or platform stabile od. stabilisierte Plattform (Flugregler)
stable equilibrium stabiles Gleichgewicht
stable in water wasserbeständig
stable instrument platform erschütterungsfreie Instrumentenplattform
stable isotope stabiles Isotop
stable launching platform robuste od. stabile Abschußplattform
stable local oscillator frequenzkonstanter Überlagerer
stable low carrier leak kleiner, stabiler Trägerrest
stable orbit stabile Bahn
stable oscillation stabile Schwingung
stable particle stabiles Teilchen
stable reference frequency stabile Bezugsfrequenz, Stabilbezugsfrequenz
stable side-slip stabilisierter Schiebeflug (av)
stable state stationärer od. stabiler Zustand
stable, to dauerhaft, fest, stabil, standhaft, beständig, starr
stable voltage harte, konstante od. gleichbleibende Spannung
stable when boiling kochbeständig, kochfest
stack Ausputzstutzen, Esse, Schornstein, Stapel(speicher), Wartestapel, Kellerspeicher
stack cutting Beschneiden eines Blechstapels
stack instruction Kellerbefehl
stack of cards Kartenstapel, Kartenpaket, Kartensatz
stack of document Belegstapel
stack of plate spring Blattfederbündel
stack one above the other, to übereinander anordnen
stack pipe Austrittsrohr
stack pointer Stapelzeiger
stack, push-down Rückstellstapel
stack, to auseinanderschichten, aufstapeln
stack up (ATC) Höheneinstufung im Warteraum
stacked übereinander geschichtet od. montiert
stacked aerial gestockte Antenne
stacked array Antennenkombination mit vertikal übereinander angeordneten Einzelantennen
stacked folded dipoles gestocktes Schleiferdipol
stacked job proecssing sequentielle (Job)-bearbeitung
stacked switch Schalter mit Stapelkontakt
stacked turnstile aerial Mehrfachquirl
stacker Ablagefach (zum Auffangen von Lochkarten), Kartenablage(fach), Ablageschacht, Kartenstapler, Kamerabühne
stacker, autofeed automatische Kartenauslösung
stacker control Ablagesteuerung
stacker drum Kartengreifer (lo)
stacker, lowering of the Absenkvorgang
stacker, offset versetzte Ablage

stacker, output Kartenmagazin für verarbeitete Karten
stacker, powered forms Papierzieh- u. Ablagevorrichtung
stacker select Ablageauswahl
stacker select command Ablagebefehl
stacker selection Ablagesteuerung
stacker, selection gesteuerte Ablagerung
stacker selector Ablagesteuerung
stacker transport Fachstrecke
stacker transport buffer Fachstreckenpuffer
stacker unit Ablageeinheit
stacking Aufschichtung
stacking (in the holding stack) das Stapeln (im Wartestapel)
stacking area Zwischenbereich für Veränderungen (Speicher)
stacking axis Stapelachse
stacking point Aufsteckpunkt
STADAN space tracking and data acquisition network
stadia Meßlatte mit Basis
STAE second-time around echo
staff Liniensystem
staff car Befehlswagen, Stabskraftwagen
staff demand Personalbedarf
staff locator system Personalsuchanlage
staff searching system Personalsuchanlage, Rufanlage
staffed, to be Personal haben
stage Atelier, Entwicklungsstufe, Barren, Bühne, Gestell, Getriebegang, Höhe des Spiegels, Objektivträger, Stativ, Stufe, Teilstrecke, Übersetzungsstufe
stage annulus diagram Stufenstrak
stage decompression stufenweisen Austauchen
stage diffuser Stufenladeleitrad
stage I engine gimbal point Kardanaufhängung des Erststufenmotors
stage I engine thrust chamber Schubdüse des Erststufenmotors
stage II engine thrust chamber Schubdüse des Zweitstufenmotors
stage I fuel/oxidiser consumption rate Treibstoffverbrauch der Erststufe
stage II fuel/oxidiser consumption rate Treibstoffverbrauch der Zweitstufe
stage gain Stufenverstärkung
stage has a shroud to protect the satellite from aerodynamic loads and aerothermal heating during the ascent phase (the inner structure of the fairing is coated with insulating material to damp the acoustic loads, while the exterior has a thermal protecting coating Nutzlastverkleidung schützt den Satelliten in der Aufstiegsphase vor aerodynamischen Belastungen und vor der Reibungswärme. (Innen ist diese Verkleidung mit einer schalldämpfenden Schicht versehen, während die Aussenseite eine wärmeisolierende Schicht aufweist.) (launch requirements)
stage heating stufenweise Erwärmung
stage joint stufenförmige Verbindung
stage lighting Bühnen-, Rampenbeleuchtung
stage-lighting control system Beleuchtungsstellwerk
stage lines Rastlinien (Werkstoffprüfung)
stage micrometer Objektivmikrometer
stage of amplification Verstärkerstufe
stage of degradation Abbaustufe
stage of ionization Ionisierungsstufe
stage of preselection Vorwahlstufe
stage rotor Stufenrotor
stage I separation Abtrennen der Erststufe
stage separation Stufentrennung (sp)
stage separation level Stufentrennebene
stage separation motor Stufentrennmotor
stage I thrust at lift-off Erststufenschub beim Start
stage II thrust at altitude Zweitstufenschub im Vakuum
stage unit Steckeinheit
staged abgestuft
staged modification program mehrphasiges Änderungsprogramm (AEW)(av)
stagewise stufenweise
stagger Staffelung (Flügel, Tragflächen)
stagger (of contact wire) Zickzack (der Fahrleitung)
stagger the brushes, to Bürsten staffeln
stagger, to auf Lücke stehen, gegeneinander versetzen, staffeln
stagger-tuned gegen Bandmitte versetzt, gegeneinander verstimmt, gestaffelt abgestimmt
stagger-tuned amplifier Breitbandresonanzverstärker
stagger-tuned resonant circuit gegeneinander verstimmter Resonanzkreis
stagger wire Stielauskreuzungsdraht, Verbindungsdraht zwischen unterer u. oberer Fläche (av)
staggered gegeneinander versetzt, versetzt angeordnet, auf Lücke
staggered arrangement Kreuzverzahnung
staggered biplane gestaffelter Doppeldecker
staggered brush versetzte Bürste
staggered circuit verstimmter Kreis
staggered lap riveting Überlappungs-Zickzacknietung
staggered pair verstimmtes Kreispaar
staggered PRF versetzte Impulsfolgefrequenz
staggered radial engine Doppelsternmotor mit gegeneinander versetzten Zylindersternen
staggerd reflection Zickzackreflexion
staggered riveting Zickzacknietung
staggered row of rivets versetzte Nietenreihe
staggered seats gestaffelte Sitze
staggered spot welding Zickzackpunktschweißung
staggered-tooth gear Verbundzahnrad
staggered-tooth side mill Verbundzahnscheibenfräser
staggered wings gestaffelte Flügel od. Tragflächen
staggering of groups Staffelung von Gruppen
staggering of the brushes Staffelung der Bürsten
staging Stufentrennung
staging event Trennvorgang
staging phase Stufentrennphase
stagnant stagnierend, stillstehend, stockend
stagnation Stillstand, Stockung, Stau
stagnation line Staupunktlinie
stagnation point aerodynamische Totlage, Staupunkt (aerodyn)

stagnation Stillstand, Stockung, Stau
stagnation line Staupunktlinie
stagnation point aerodynamische Totlage, Staupunkt (aerodyn)
stagnation temperature Stautemperatur
stain Beize, Flecken, fleckig machen, färben, beizen
stain spots (galvanic) Ausblühungen
stainless property Rostbeständigkeit
stainless steel korrosionsbeständiger, nichtrostender Stahl, rostfreier Stahl
stainless steel sheet Rostfreistahlblech
stainless steel spar Stahlholm
staircase (voltage) Treppenspannung
staircase form treppenförmig
staircase generator Treppengenerator
staircase tower Treppenturm
staircase voltage Treppenspannung
staircase-wave generator Treppengenerator
stake Anteil, Einsatz, Körnerschlag, Pflock, Picketpfahl
stake out a line, to eine Linie abpfählen, eine Leitung abstecken
stake, to verkörnen
stake with two round pointless ends Bechereisen
staked bearing festeingebautes Lager
stall durch Hindernis od. Ungeschicklichkeit zum Stillstand kommen od. bringen, Überziehen (Flz), Abbaustrecke, Stall, Strömungsabriß, Überziehverhalten
stall condition Überziehverhalten
stall effects Abreissen der Strömung an den Rotorblättern (av)
stall fence Wirbelerzeuger, Grenzschichtzaun
stall landing Dreipunktlandung aus überzogenem Gleitflug
stall-limited turn performance aerodynamisch bedingte Grenze der Kurvenleistung
stall on, to im überzogenen Flugzustand aufsetzen
stall practice Überziehversuch
stall pressure Strömungsabrißdruck
stall protection system Strömungsabrißsicherung
stall speed Abreißgeschwindigkeit, kritische Geschwindigkeit, Überziehgeschwindigkeit
stall test Überziehversuch
stall, to absacken, durchsacken, abreißen (Strömung), in den Strömungsabriß kommen, zum Strömungsabriß bringen, durch Hindernis zum Stillstand kommen, überziehen
stall torque Anzugsdrehmoment (E-Motor)
stall warning Strömungsabrißwarnung
stall warning (still shaker) Überziehwarnung
stall-warning and angle-of-attack indicator system System für Durchsackwarnung u. Anstellwinkelzeiger
stall-warning and autoignition relay Überziehwarn- u. Autozündrelais
stall warning device Strömungsabrißmelder, Abkippwarngerät, Überziehwarngerät
stall warning horn akustisches Überziehwarngerät
stall-warning system Überziehwarnanlage, Überziehwarngerät
stall with power überzogener Steilflug mit Motorkraft
stalled flight überzogener Flug
stalled motor durch überlasten blockierter Motor
stalling angle Höchstauftriebswinkel, kritischer Anstell- u. Strömungsabrißwinkel
stalling angle attack Abreißanstellwinkel, Höchstauftriebswinkel, kritischer Anstellwinkel
stalling characteristic Strömungsabrißcharakteristik, Strömungsabriß charakterisieren
stalling flight Langsamflug
stalling point Erstarrungspunkt
stalling speed Abkippgeschwindigkeit, Abreißgeschwindigkeit, Durchsackgeschwindigkeit, kritische Geschwindigkeit, Überdrehgeschwindigkeit, Überziehgeschwindigkeit (Flz), Mindestauftriebsgeschwindigkeit (Hschr)
stalling speed, clean Überziehgeschwindigkeit bei störungsfreier Konfiguration
stalling torque Überlastdrehmoment, bei dem die Drehzahl eines unter Last arbeitenden elektrischen Motors auf Null abfällt
stalloy (a steel alloy) Stalloy (Eisen-Aluminium-Siliziumlegierung)
STALO stabilised local oscillator
stalo (stable local oscillator) frequenzkonstanter Überlagerer
stalpeth cable Kabel mit gerilltem Alubandmantel, Kabel mit gerilltem Stahlband, weich verlötete Naht u. geschlossen aufgespritztem PET-Mantel
stalwart fest, kräftig, stark, stabil
stamp Abdruck, Fallwerk, Präge(stempel), Rasterstempel, Schlag, Stanze
stamp (used for marking accepted material) Schlagstempel
stamp feature Stempeleinrichtung
stamp recognition feature Stempelerkennungseinrichtung
stamp, to abstempeln, eichen, prägen, signieren
stamped steel gestanzter Stahl
stamped terminal Preßkabelschuh
stamped wiring (printed circuit) Stanztechnik
stamping Gepräge, Preßteil, Stanzartikel
stamping (lamination) Lamellen-, Kernblech
stamping (lamination for transformer) Trafoblech
stamping (product) Preßteil, Stanzstück
stamping of sheet metal Tiefziehverfahren
stamping technique Stanz(erei)technik
stamping work Fassonpreßen
stampings Stanzteile
STAN-automatic aircraft weight and balance Gewichts- u. Schwerpunktbestimmung mit STAN
weight and balance calculation Gewichts- u. Schwerpunktberechnung
prepared pallets vorgepackte Paletten
time consuming zeitraubend
weight distribution Gewichtsverteilung
time of turnaround Bodenzeit
belly holds Unterflurladeräume
system for measuring the pressures in the olea struts System zur Druckmessung in den Ölstoßdämpfern
take-off grossweight - TOWG Startgewicht
centre of gravity Schwerpunktlage
mena aerodynamic chord (MAC) Prozent

der mittleren Flügeltiefe
lateral centre of gravity seitliche Schwerpunktlage
STAN -sum total and nosegear
formula used for calculation of TOGW is as follows:
TOWG =**Fn**+**Flm**+**Frm**+**KI**
Fn,Flm and **Frm** are respectively the forces on the transducers fitted to the nosewheel, left main wheel and right main wheel. **KI** equals the weight of all portions of the three landing gear sections below the oleo strut hydraulic fluids and is therefore a constant for each aircraft. Forces on the nose, right and left main gears are computed on the basis of the diameter of the hydraulic pistons.
translation following:
Berechnung des Startgewichts TOGW benutzt man folgende Formeln:
TOGW - Fn,+Flm+Frm+KI,
wobei **Fn,Flm** u.**Frm** die Kräfte im Bugfahrwerk sowie im linken u. rechten Hauptfahrwerk darstellen, **KI** berücksichtigt das Gewicht sämtlicher Fahrwerkteile, die keinen Einfluß auf den Öldruck besitzen, ist also eine Flugzeugkonstante bestimmter Größe. Die Berechnung der Kräfte erfolgt aus dem gemessenen Druck, bezogen auf den Durchmesser der Hydraulikkolben
MAC is expressed in inches and is calculated by dividing the total wing area by the span. MAC od. die mittlere Flügeltiefe wird in cm ausgedrückt u. errechnet sich aus der Gesamtflügelfläche, geteilt durch die Spannweite.
MAC is established form the following equation:
zur Feststellung der Schwerpunktlage (in % MAC) folgende Formel:
MAC
% MAC = (Xcg +B) = C
Xcg is computed as follows:
TOGW
Xcg 0 A - A (Fn + K2)
now by substituting the Xcg formula into the % MAC formula we arrive at the final equation
Eingesetzt in die erste Formel folgt:
MAC
% MAC = ————————
TOWG
A-A (Fn +K2) +B-C
The following formula is used to determine the lateral centre of gravity (LCG):
zur Bestimmung der seitlichen Schwerpunktlage verwendet man folgende Formel:
TOGW
LCG=
X (F3 - F1)
where X is half the distance between the main gears, F3 and F1 are the forces on left and right main gears respectively (included weights of the those portions below the transducers).
wobei X den halben Abstand der beiden Hauptfahrwerkbeine kennzeichnet u. F3 bzw. F1 die Kräfte auf beiden Hauptfahrwerken samt den konstanten Beträgen.

---

stand Gestell, Ständer, Stand
stand (has a hydraulic pumping unit with flows up to 35gal/min. an intensifier manifold assembly) **Stoßprüfstand** (besteht aus einer Druckpumpe mit einer Förderleistung bis 132 l/min. einem Druckverstärker und einer Steuereinheit)(av)
stand-alone exchange Inselamt
stand-by Abwehrbereitschaft, Anheizstellung, Betriebsbereitschaft, Bereitschaft (Betriebsart LN-3), Reserve..., Sendebereitschaft
stand-by application Hilfsausrüstung, Hilfseinrichtung
stand-by battery Ersatzbatterie (in Betriebsbereitschaft)
stand-by block Speicherbereich
stand-by carrier Bereitschaftsträger
stand-by channel Bereitschaftskanal
stand-by circuit Reservestromkreis
stand-by circuit, automatic automatische Schaltung
stand-by circuit means Abhorchgerät
stand-by compass Notkompaß
stand-by computer Reserve(rechen)anlage, Reserverechengerät (dig)
stand-by condition Reservezustand, Wartestellung, Wartezustand
stand-by duty Bereitschaftsdienst
stand-by emergency lighting Bereitschaftsnotbefeuerung
stand-by energy passive Energie
stand-by equipment Bereitschaftsgerät, Hilfsapparat, passive Resere
stand-by for, to warten auf
stand-by for clearance erwarten Sie Freigabe
stand-by frequency Wachwelle
stand-by generator Notstromaggregat
stand-by light Hilfsfeuer
stand-by loss (heating) Leerlaufverlust (eines Elektroofens)
stand-by losses (of a power station) Abbrandverlust
stand-by message Bereitschaftsmeldung
stand-by notice Bereitstellungsschein
stand-by passenger Abrufpassagier
stand-by period Bereitstellungsdauer
stand-by plant Ersatzanlage, Reserveanlage, kalte Reserve
stand-by position Bereitschaftsstellung, Vorheizstellung, Wartestellung
stand-by readiness Verfügungsbereitschaft (als Status)
stand-by readiness component Verfügungsbereitschaft (konkret)
stand-by redundance passive Redundanz
stand-by register Hilfsregister
stand-by service (for manual exchange) (Fernsprech-)Bereitschaftsdienst
stand-by station Bereitschaftsfunkstelle
stand-by storage Reserve-, Hilfsspeicher
stand-by storage location Reservezelle (Speicher)
stand-by switch Bereitschaftsschalter

stand-by system Bereitschaftssystem, Reservesystem, Ersatzanlage
stand-by, to warten (Sprechgruppe)
stand-by torpedo Reservetorpedo
stand-by transmitter passive Reserve
stand-by unattended time Arbeitsunterbrechung
stand-by unit Ersatzgerät, Hilfsgerät für Notfall, Notaggregat
stand-by ventilator or fan Hilfsventilator, Reserveventilator
stand-down Flugstille
stand-features computer control and a self-calibration facility selbstkalibrierender und rechnergesteuerter Prüfstand (av)
stand-of-drill pipe Bohrgestänge, Gestängeschuß
stand-off bomb Vorreiterflugkörper, Vorreiterbombe
stand-off control teleoperator Teleoperator-Bodenleitstation
stand-off insulator Abstandsisolator
stand-off jammer abgesetzter Störsender
stand-off range (missiles) größte Angriffsreichweite
stand-off weapon Stand-Off-Flugkörper (Rakete)
stand-stool base Untersatz
stand the aerial upright, to Antenne aufrecht stellen
stand-to Alarmbereitschaft
stand-up time Standzeit
stand-up under the most severe conditions sich unter den schwierigsten Bedingungen behaupten
standard Eichmaß, Eichnormal, Feingehalt, Maß, Normal, Pfosten, Ständer, übliche Bauart
standard (of measurement) Richtmaß
standard (on roof) Dachabspanngestänge
standard abbreviation Standardabkürzung
standard absorber Standardabsorber, Normalabsorptionsmittel
standard air CINA-Atmosphäre, reduzierter Luftzustand, Standardatmosphäre
standard aircraft/spacecraft dc voltage Standardgleichspannung von Flugzeug-u. Raumfahrtgerätebordnetzen
standard alignment Standardjustierung
standard altimeter Grobhöhenmesser
standard altimeter setting Standardhöhenmessereinstellung
standard and special aircraft hinge Standard- und Spezialscharnier (av)
standard angular spacing Standardstreuwinkel (Torpedo)
standard apparatus Normalapparat
standard approach Standard-, Normalanflug
standard approach distance normaler Annäherungsabstand (Schiffahrt)
standard armament load Waffennormalzuladung
standard association Normenausschuß
standard atmosphere Standard-, Normalatmosphäre, Normalluftmesser, Normalluftzustand nach Cina
standard atmospheric condition Normalluftzustand nach Cina
standard atmoshperic conditions for testing atmosphärische Luftbedingunen für die Prüfung
standard atmospheric pressure Normalluftdruck
standard austere-type of building Standardgebäude in Einfachbauweise
standard avionic model (SAM) SAM-Format, Standardavioniksystem (Bordcomputer)
standard avionics Standardbordelektronik
standard ballistic conditions ballistische Normalbedingungen
standard ballistic message ballistische Wettermeldung
standard barrier target folder Einheitssperrheft
standard barometer Prüfungsluftdruckmesser
standard base Standard(gewinde)sockel
standard base length Standardparallaxabstand (Feuerleitung)
standard basic pitch Normteilung (Verzahnung)
standard bayonet cap Normalswandsockel (elek)
standard beam approach (SBA) Standard-Leitstrahlanflug, SBA-Anflug
standard beam approach equipment SBA-Landefunkfeueranlage
standard beam approach system SBA-Blindlandefunkfeuersystem, SBA-Landefunkfeueranlage, Leitstrahlanfluganlage
standard bearing Normallager
standard bench mark Normalhöhenpunkt
standard blind-flying panel Einheitsblindflug-Instrumentenbrett
standard body type Normalausführung
standard bore Einheitsbohrung
standard broadcast receiver issued to armed forces personnel Wehrmachtsrundfunkempfänger
standard cable Normalkabel, Standardkabel
standard calomel electrode Normalkalomelelektrode
standard cam Knopfnocke
standard candle Dezimalkerze
standard cap Normalsockel
standard capacitor Eich-, Normalkondensator, Kapazitätsnormale
standard caterpillar track Normalkette, Normalraupe
standard cargo palet Standardfrachtpalette
standard cell Normalelement
standard chamber Standardkammer (Atomphys)
standard civil time Normalzeit, Standard-Ortszeit
standard classification of defects Standardfehlerklassifizierung
standard clause Standardklausel (EDV)
standard climate Normalklima
standard code combined vertical field kombiniertes Standardcodevertikalfeld (Schiffsmagnetismus)
standard committee Normenausschuß
standard compass Norm(al)kompaß
standard condenser Normalkondensator
standard condenser microphone Kondensatormeßmikrophon
standard conditions Normalbedingungen, Standardbedingungen
standard cone Normalkegel, -konus
standard configuration Standardausrüstung
standard construction Normalausführung
standard-content map Karte in Übereinstimmung mit Musterblatt

standard cost system Standardkostensystem
standard costs accounting Plankostenrechnung
standard costs record Plankostenbeleg
standard counter Normalzähler
standard cubic feed per minute Norm(al)-kubikfuß pro Minute
standard datum plane Normalbezugsebene
standard density of air Einheitsluftdichte, Normalluftdichte
standard departure procedure Standard-abflugverfahren
standard departure route Standardabflugstrecke
standard deviation Standardabweichung, Normenabweichung
standard device assignment Standardgeräte-zuordnung
standard device bit Gerätebit (GB)
standard device byte (SDB) Geräte(zustands)-byte, Standardgerätebyte
standard dial Normalziffer(n)blatt
standard die-forging konventionelles Gesenk-schmieden (Wartungsdienst)
standard diode Halbleiterdiode
standard duty periods genormte Betriebszeiten
standard electrode potential Normalpotential einer Elektrode
standard engineer Normeningenieur
standard entry Standardparameter
standard EOF label Standarddateienetikett
standard equipment Normalausrüstung, Normal-zubehör, serienmäßiges Gerät
standard error Standardfehler, -abweichung
standard error procedure Standardfehler-prozedur
standard execute card normale Sofortbefehls-karte
standard feature Standardeinrichtung (dig)
standard file header label Standarddateien-anfangsetikett
standard file label Standarddateietikett
standard file trailer label Standarddateiende-etikett
standard flashlight cell Stabelement
standard foil Normal-, Standardfolie
standard for machine-readable ticket Norm für maschinenlesbare Flugscheine
standard form Einheitswetterschlüssel, Normalform, einheitliches Formular
standard form (of equipment) Einheitsaus-führung, serienmäßige Ausführung, serien-mäßiges Gerät
standard format Standardformat
standard frequency Normalfrequenz, Normal-häufigkeit (Radar)
standard frequency generator Normalfre-quenzgenerator
standard frequency service Normalfrequenz-funkdienst
standard frequency station Normalfrequenz-station
standard frequency transmission Normal-frequenzsendung
standard function Normalfunktion, Standard-funktion
standard ga(u)ge Normallehre, Regelspur, Prüfmaß, Urmaß
standard ga(u)ge railroad Vollspurbahn
standard ga(u)ge railway connection Vollbahn-gleisanschluß
standard geometry Normal-, Standardgeometrie
standard geopotential foot geopotentieller Normfuß
standard geopotential meter geopotentielles Normmeter
standard gravity Normalgravity, Normal-schwere
standard header label Standardanfangsetikett
standard header line Standardüberschriftzeile
standard holding pattern Normalwarterunde, Standardwarterunde, Warterunde, Warte-schleife
standard holding procedure Standardwarte-verfahren
standard hydrogen electrode Normalwasser-stoffelektrode
standard impact generator Normhammerwerk
standard in reliability Zuverlässigkeits-standard
standard inductance Selbstinduktionsnormale
standard instruction Standardbefehl
standard instrument Laborinstrument höchster Genauigkeit, Präzissionsinstrument, Ver-gleichsinstrument
standard instrument approach Standard-Instrumentenanflug
standard instrument departure Standard-instrumentenabflug
standard instrument landing system Normal-Blindlandeverfahren
standard interface Standardanschluß, Standard-nahtstelle(nordnung) (zwischen peripheren Geräten u. zentraler Datenverarbeitungs-einheit), Standardschnittstelle
standard interface control Normanschluß-steuerung
standard interface lockout Normanschluß-sperre
standard interface number Normanschluß-nummer
standard interface register Normanschluß-register
standard interface switch Schaltergruppe für Standardanschluß
standard interface trunk Normanschluß-, Standardanschlußkanal, Standardanschluß-stelle
standard interface trunk code Normanschluß-kennung
standard international atmosphere internati-onale Normalatmosphäre, internationaler Luftdruck -1013,2 mb bei 15 Grad NN
standard isobaric surface Normaldruckfläche
standard item Standardartikel
standard label Standardetikett, normiertes Etikett, Standardkennsatz
standard lamp (for tests) Eichlampe
standard length übliche Länge, Standardlänge
standard load Normalbelastung
standard load library Standard-Ladeprogramm-bibliothek
standard Loran Loran-Hyperbelnavigation
standard loudspeaker Normallautsprecher
standard magnetic tape Bezugsband
standard maximum load Regellast
standard measure Normalmaß, Urmaß
standard metal Regelmetall

standard method of drilling Standardseilbohrverfahren
standard metre Urmeter
standard microphone or transmitter Eichmikrophon, Meßmikrophon
standard mismatch Reflexionsnormale
standard mode normierter Modus
standard muzzle velocity schußtafelmäßige Anfangsgeschwindigkeit
standard nautical mile Seemeile (852 m)
standard note Normalnotiz
standard of comparison or reference Vergleichsmaßstab
standard of qualification, high hoher Qualifikationsstandard (Avionik)
standard Ohm Normalohm
standard operand Standardparameter
standard operating procedure model Standardbetriebsverfahren
standard operation Normal-, Standardausführung
standard or basis repeater unit Einheitsverstärker
standard or rated horsepower of an engine normale od. serienmäßige Pferdestärke eines Motors
standard output Standardausgleichsleitung
standard parallel Bezugsbreitenkreis, Bezugsparallele, Standardbreitengrad
standard part Normteil
standard-performance Normal-, Standardleistung
standard pitch Bezugssteigung, Nennsteigung (Propeller)
standard port Basisstation
standard prefix Standardadressenvorsatz
standard pressure altitude Normaldruckhöhe
standard pressure lapse rate Normaldruckgradient, vertikaler Druckgradient der Normalatmosphäre
standard production costs Planfertigungskosten
standard program Standardprogramm
standard propeller pitch Luftschraubennennsteigung
standard punched card reader Standardlochkartenleser
standard rack Normalgestell, Normalform
standard rack cabinet Normschrankgestell
standard radar altimeter Standarradarhöhenmesser
standard random access label Standardgroßspeicheretikett
standard random access volume label Standardgroßspeicheretikett
standard rate of turn Standarddrehgeschwindigkeit
standard rate turn Standardkurve I (3 Grad)(sec), Blindflugkurve, Drehung mit Standard-Drehgeschwindigkeit
standard receiver Normalfernhöhrer
standard recording tape Bezugsband
standard reference disk Parallelendmaß
standard reference frequency Leitfrequenz
standard reference telephone circuit Fernsprechvergleichsstromkreis
standard register Standardregister
standard release assembly Zentralverschluß, Schnellauslösezentralverschluß (Fsch)
standard reply code Standardantwortcode
standard requirement Normvorschrift, Pflichtenheftforderung
standard resistance Normwiderstand
standard resistance of a bridge Brückenvergleichswiderstand, Vergleichswiderstand
standard RLG INS standardisierter Ringlaser-TNS (militärisches Flugnavigationssystem)
standard routine Standardprogramm
standard rules allgemeingültige Regeln
standard run normaler Lauf
standard sample Normalprobe
standard scale Normenmaß
standard screw gauge Schraubenlehre
standard section Normalprofil
standard separation Standardstaffelung
standard series of relative apertures Öffnungsverhältnisse
standard set Seriengesetz, -satz
standard sheet Normblatt
standard sign on maps Signatur
standard signal generator Empfänger/Meßsender
standard silver Probesilber
standard size Normalformat, -größe, Regelgröße
standard-sized board Einfachflachbaugruppe
standard solution Normal-, Titrierlösung
standard space launch system Standard-Trägerfahrzeugsystem
standard specification Normvorschrift
standard specimen Normstab (Zugversuch)
standard square Anschlagwinkel
standard stretcher Standardtrage
standard subroutine Standardunterprogramm, Unterprogramm
standard symbol (strip marking) Standardkurzzeichen
standard table Standardtabelle
standard tape Bezugsband, Standardband
standard tape label normiertes Bandetikett
standard tapping machine Normhammerwerk
standard target Einheitsscheibe
standard telemetry range Standardtelemetriebereich
standard television receiver Einheitsfernsehempfänger
standard temperature Normaltemperatur
standard temperature lapse rate Normtemperaturgradient, vertikaler Temperaturgradient mit Normalatmosphäre
standard term Normbegriff
standard test bar Kontrollstab (genormt), Normstab (Prüfung)
standard test specimen Normstab (Prüfung)
standard text Textkonserve
standard thread Einheits-, Normalgewinde
standard time Normalzeit
standard time or legal time gesetzliche Zeit
standard-time system Normalzeitanlage
standard-time zone Einheitszeitzone
standard trade marked merchandise Markenerzeugnis
standard trailer label Standardendeetikett
standard transmitter Eichmikrophon
standard tube base genormter Stiftröhrensockel
standard turn Standardkurve I (3 Grad) (sec)
standard type assignment Standardbelegung
standard type construction Einheitsbauwert

standard typeout normale od. allgemeine Meldung
standard TV synchronizing signal generator Normtaktgeber
standard value Eichwert, Richtwert
standard vector Einheitsvektor
standard volume label Standarddatenträgeretikett
standard voltage Normal-, Nennspannung
standard wavemeter Normalwellenmesser
standard weight Normalgewicht
standard weld normale Schweißnaht
standard wind arrow Standardwindpfeil (LT,LL)
standard wire gauge Normaldrahtlehre
standardization Standardisierung, Typisierung
standardization factor Einstellungsfaktor
standardization of airport equipment Typisierung von flughafenbezogenen Geräten
standardization of frequency-response curve Frequenzgangnormung
standardization of material Wehrmaterialstandardisierung
standardization of procedures Standardisierung von Verfahren
standardization of square-wave response Toleranzschema für Einschwingverhalten
standardize normen, eichen (Instrumente)
standardized light source Einheitslichtquelle
standardized mode normierter Modus
standardized oil type Einheitsöl
standardized piece Normteil
standardized position of indicator Normalstellung eines Anzeigegeräts
standardized production Einheitserzeugung
standarized terminal rendezvous procedure standarisierte Endphase
standardized text normierter Text
standardizing chain Normierungskette
standards committee Normenausschuß
standby Austausch, Bereitschaft (Betriebsart LN-3), Reserve, Wechsel, Anheizstellung
standby and essential DC bus Reserve- und Vorranggleichstromschiene (Bordnetz)(av)
standby arithmetic unit Prallelrechenwerk
standby computer Reserverechenanlage, Reserverechner, Reserveanlage (dig)
standby condition Reservezustand, Wartestellung, Wartezustand
standby current Anheizstrom
standby equipment Ersatzgerät
standby flight instrument Reserve-Flugführungsinstrument
standby, hot heiße Reserve
standby instrument Reserveinstrument (av)
standby mode Reservebetrieb
standby storage Reservespeicher (dig)
standby storage location Reservezelle (Speicher)
standby system Bereitschafts-, Reservesystem
standby transmitter Reservesender
standimetric circle Entfernungsmeßkreis
standing enclosure Stehplatz
standing end langes Ende (eines Seils beim spleißen)
standing note Dauernotiz
standing notepad entry Dauernotiz
standing-on-nines carry Neunersprung
standing order Dauerauftrag, Dauerbefehl
standing over überstehend
standing part langes Ende (Seil zum Spleißen)
standing wave stehende Welle, Stehwelle, Interferenzwelle, Mantelwelle, Knoten
standing wave aerial Antenne mit stehenden Wellen
standing wave amplifier Anzeigeverstärker für Meßleitung
standing wave detector Meßleitung zur Abtastung einer stehenden Welle
standing wave meter Welligkeitsmesser
standing wave pattern Welligkeitskurve (Meßleitung)
standing-wave ratio (SWR) Welligkeit(sfaktor), Stehwellenverhältnis, Wellenziffer, Anpassungsfaktor, Stehwellenverhältnis
standpipe Steigrohr
stannic acid Zinnsäure
staple Heftklammer, Kloben
staple-commodity Stapelware
staple fastening Heften mit Klammern
staple fibre process Düsenblasverfahren
stapler Heftmaschine
stapling machine Heftmaschine (für Drahtheftung)
star aerial Sternantenne
starboard beam, on the querab Steuerbord
star chain Sternkette (Peilsendergruppe in Y-Form, mit Muttersender in Mitte)
star circuit Sternschaltung
star-connected sterngeschaltet, im Stern geschaltet
star connection Sternschaltung, Startweg, Beschleunigungszeit
star connection equivalent to delta connection Ersatzsternschaltung einer Dreieckschaltung
star-delta Sterndreieckschalter
star-delta connection Sterndreieckschaltung
star-delta starter Sterndreieckanlaßer
star-delta switch Sterndreieckschalter
star-delta transformation Sterndreieckübertragung
star formation Sternformation
star ga(u)ge Seelenmesser
star knob Sterngriff
star navigation simulator Sternnavigationssimulator
star point Sternpunkt
star polygon Sternvieleck
star polyhedron Sternflächner, Sternpolyeder, Sternvielfach
star-quad cable Sternviererkabel
star sensor Sternmeßfühler, Sternrichtungsgeber
star shake Strahlenriß
star-shaped coil former Sternkörper (Spule)
star-shaped data network sternförmiges Datennetz
star-shaped satellite sternförmige Flugsteigköpfe
star-shaped shed sternförmige Halle
star shell Leuchtgeschoß, -granate, Signalgeschoß, -granate, Sternleuchtpatrone
star-shell fire Beleuchtungsschießen
star spectrum Sternspektrum
star tracker Sternverfolger, Sternpeiler
star tracker intended for space vehicle guidance "Star Tracker" zur Führung

von Raumfahrzeugen
star transit Sterndurchgang
star-type impeller Schaufelstern
star wheel Sternrad (Rad mit scharfen Zähnen), Rasterscheibe
starboard Steuerbord "rechts"
starboard dolphin or pale Steuerborddalbe
starboard engines, to zu den Steuerbordmotoren
starboard fuel tank Steuerbord(brennstoff)tank
starboard harness and plugs rechtes Kabelgeschirr u. Zündkerzen
starboard light Steuerbordlampe, -leuchte, Steuerbordlicht
starboard outer engine äußerer Steuerbordmotor bei viermotorigem Flugzeug
starboard signal Steuerbordblinkzeichen, Steuerbordlichtzeichen
starboard tank to starboard engines Steuerbordtank zu den Steuerbordmotoren
starboard to all engines Steuerbordtank zu allen Motoren
starflex rotor head Starflexrotorkopf
staring mosaic array, cooled cryigenically tiefgekühlter statischer Mosaikdetektor (Bordcomputer)(av)
starmap Sternkarte (astro-nav)
STARS standard instrument arrivals
Starstreak laser beam-riding high-velocity missile laserleitstrahlgelenktes Hochgeschwindigkeits-FK "Starstreak"
start Abfahrt, Anlauf, Anschnitt (Gewindebohrer), Beginn, Einsatz, Ingangsetzung, anstoßen, Abflug, Start, abfliegen, anlassen, in Betrieb setzen, starten
start address Anfangs-, Startadresse
start address register Startadreßregister (STR)
start-and-stop control Anlaß- und Stillsetzregelung (Verdichter)
start and stop system Start- u. Stoppschritt, Halteschrittverfahren
start and stop pulse Start- u. Stoppschritt
start bit Einschaltbit, E-Bit
START block Inhaltverzeichnisblock (Rechner)
start call Startaufruf
start cams Anlaufnocken
start, continuous...generator Dauerstartgenerator
start cycle location Startzykluszelle
start, diagnosis Diagnoseanstoß
start distance Anlaufzeit, Startzeit
start edge Startflanke
start element Anlaufschritt, Startschritt (Zeichen), Startbatterie
start element (in a start stop system) Startbit
start event (PERT) Anfangsereignis der Tätigkeit
start, fresh Neustart
start impringement manifold Druckgasringleitung (Anlassen)
start impulse Startstromstoß
start, initial Urstart
start, instruction routine Befehlsablaufanstoß
start lever Lenker
start location Einschaltpunkt
start magnet Anlaßmagnet
start of block Blockanfang, Blockbeginn
start of heading Anfang des Kopfes (dv)
start-of-heading character (SOH) Kopfanfangszeichen (EDV)
start of message Beginn der Übertragung, Nachrichtenbeginn
start of message character Spruchbeginnzeichen
start-of-message signal Meldungs-, Nachrichtenbeginnzeichen
start-of-operation data Bearbeitungsgangbeginn-Meldung
start of oscillation Schwingungseinsatz
start of oscillation, gentle weicher Schwingungseinsatz
start of oscillation, hard harter Schwingungseinsatz
start of oscillation, smooth weicher Schwingungseinsatz
start of terminal intercept manoeuvre Endanflugmanöverbeginn, Beginn des Endanflugmanövers
start-of-text character (STX) Textanfangszeichen
start of the diagnostic routine Diagnoseanstoß
start of vibration Schwingungseinsatz
start-of-work card Arbeitsbeginnkarte
start organization Startorganisation
start point of the beam Startpunkt des Schreibstrahls (einer Kathodenstrahlröhre)
start-polarity element startpolarer Schritt
start-polarity pulse startpolarer Schritt
start, pool...address Poolanfangsadresse
start, programm Programmanfang, -start
start pulse Anlaufschritt, Startimpuls, Startschritt
start reset key Grundstellungstaste
start routine Einschaltroutine, Startorganisation, Startroutine
start sequence control program Einschaltfolgeprogramm
start signal Anlaufschritt, Startzeichen
start-stop distortion Geh-Steh-Verzerrung
start-stop distortion meter Bezugsverzerrungsmesser
start-stop method (in teletype) Geh-Steh-Verfahren, Start-Stop-Verfahren
start stop multivibrator Flip-Flop-Schaltung, monostabiler Multivibrator
start-stop-operation Start-Stop-Betrieb (Kernspeicher), Springschreibbetrieb (Fernschreiber)
start-stop recorder Springschreiber
start-stop system Springschreibverfahren, Start-Stop-System (Fernschreiber), Geh-Steh-System
start-stop telegraphy Start-Stop-Telegraphie
start-stop teleprinter Springschreiber
start-stop teletypewriter Springschreiber
start-stop transmission Start-Stop-Übertragung
start the engine den Motor anlassen
start time Anlaufzeit, Startweg, Startzeit (Magnetbandgerät), Beschleunigungszeit
start, to einsetzen, einleiten (einen Vorgang), in Gang bringen, in Bewegung setzen, ingangsetzen
start to oscillate, to in Schwung geraten
start transition Startflanke
start under full load, to unter Vollast anlaufen

start-up Anfahren, Inbetriebnahme
start-up accident Unfall beim Anfahren eines Reaktors, Anfahrzwischenfall, Startzwischenfall
start-up clearance Freigabe zum Anlassen eines Triebwerks
start-up period Anfahrperiode
start-up procedure Anfahrtvorrichtung
start-up, to in Gang bringen od. setzen
start without a jerk, to stoßfrei anlaufen
start without load, to leer anlaufen
starter Andrehvorrichtung, Anlasser, Motoranlasser, Starter
starter (of a glow-discharge cold-cathode tube) Zündelektrode
starter anode Starteranode
starter-anode bias voltage Starteranodenvorspannung
starter-anode trigger voltage Starteranodensteuerspannung
starter battery Anlasserbatterie, Starterbatterie
starter button Anlaß(druck)knopf
starter, buzzer-type Summeranlasser
starter cable Anlasserkabel
starter, cartridge Patronenanlasser
starter centrifugal switch Anlasser-Fliehkraftschalter
starter circuit breaker Starterschalter
starter, combustion-type Gasanlasser
starter contact Anlasserstufe
starter control Starterzug
starter control voltage Startersteuerspannung
starter crank Andrehkurbel
starter current Starterstrom
starter, cyclic program zyklische Programmanforderung
starter dog Anlasserklaue
starter drive pinion Starterantriebsrad
starter drum Anlasser(steuer)walze
starter, electric elektrischer Anlasser
starter fuel jet Starterkraftstoffdüse
starter gear part Anlassergetriebeteil
starter gear ring Anlasserzahnkranz, Starter(zahn)kranz
starter generator Anlassergenerator
starter-generator mounting part assembly Befestigungsflansch (Anlaßgenerator)
starter, impulse Abschnappkupplung beim Magnetzünder
starter, inertia Schwungkraftanlasser
starter jaw Anlasserklaue
starter, kick Kickstarter
starter knob for Bowden cable Starterknopf für Bowdenzug
starter motor Anlassermotor
starter motor armature Anlasseranker
starter motor field coil Anlasserfeldspule
starter motor for fuel gas generator Anlassermotor für Generator
starter motor lead Startermotorkabel
starter pinion or gear Anlassergetriebe, Anlasserritzel
starter push-button Anlasser(druck)knopf
starter rheostat Anlasserwiderstand, Regleranlasser
starter ring gear Anlasserzahnkranz
starter safeguard lock Starterwiederholsperre
starter shaft Anlasserwelle
starter solenoid Startermagnetspule
starter step Anlasserstufe
starter switch Anlasserschalter
starter truck Anlaßwagen (für Strahljäger usw), Batteriewagen (für Strahljäger)
starter unit Startergerät
starter unit reduction Startervorrichtungsuntersetzung
starter voltage Starterspannung
starter with speed regulation Anlasser mit Drehzahlregelung
starter with switching-in jerks Anlasser mit ruckweiser Schaltung od. Stufenschaltung
starting (of a plant) Inbetriebnahme, Inbetriebsetzung
starting a cold engine Kaltstart
starting ability Starteigenschaft, Startvermögen
starting acceleration schedule Anlaßbeschleunigungsgrenzlinie (Twk)
starting address Anfangsadresse, Startadresse
starting afferency bedingte Anlaßafferenz
starting air bottle Anlaßluftflasche
starting air compressor Anlaßluftverdichter
starting air distribution Anlaßluftsteuerung
starting air tank Anlaßluftbehälte, -flasche (Twk)
starting and braking distance recorder Anfahrt- u. Bremswegschreiber
starting and landing facility Start- u. Landeeinrichtung
starting and reducing valve group Druckregler mit Anlaßventil (Torpedo)
starting and reversing resistor Umkehranlasser
starting anode Anlaßanode, Zündanode
starting-automatically selbstanlaufend, selbstangehend
starting auxiliary winding Anlaßhilfswicklung
starting bar handle Steuerungsgriff
starting brush Anlaßkontaktstück
starting button Anlaßdruckknopf
starting cable Anlaßkabel
starting cam Anlaßnocke
starting capacity Anfahr-, Anlaufleistung
starting catapult Startschleuder (av)
starting carburetor Anlaßvergaser
starting character Anfangszeichen
starting characteristic (of machines) Anlaufkurve, Anfahreigenschaft (Motor)
starting changeover switch Anlaßumschalter
starting circuit Anlaßschaltung, Anlaß(strom)kreis
starting coil Anlaßspule, Ausgangswicklung
starting condition Anlaufverhältnis
starting crank Andrehkurbel, Anwurfkurbel
starting current Anfahrstrom, Anlaßstrom, Anlaufstrom, Anschwingstrom, Anzugsstrom, Einschaltstrom
starting cut Anschnitt (Gewindeschneidearbeit)
starting device Anlaßgerät, Anlaßvorrichtung, Startvorrichtung, Anlaßhilfsvorrichtung
starting distance Anfahrstrecke, Anfahrweg
starting duty Anlaßschwere (Verhältnis der Leistungsaufnahme)

starting-duty resistor Anlaßwiderstand
starting element Anregerglied, Stammelement
starting engine Startmotor (Explosionsmotor)
starting equation Ausgangsgleichung
starting erection rate Anfangsaufrichtgeschwindigkeit (Kreisel)
starting friction Anlaufreibung
starting fuel Startbrennstoff
starting gear Ingangsetzungsvorrichtung, Motoranlasser, Steuerung
starting groove Einlaufrille
starting handle Andrehkurbel, Manövrierhebel
starting handle dog Andrehklaue
starting handle of attack Ausfalltor
starting handle socket Andrehklauenmutter
starting heat Anlaufwärme
starting hole Führungsbohrung, Vorbohrung
starting hum Einschaltbrumm
starting ignition coil Anlaßzündspule
starting impulse Anlaßimpuls, Anlaßstromstoß, Auslösestromstoß
starting jaw Andrehklaue
starting key Ruftaste
starting lever Einschalthebel, Einrückhebel, Steuer(ungs)hebel
starting load Anlaufbelastung
starting load costs Anlaufkosten
starting location Anfangsadresse
starting loss Anlaufverlust
starting magneto Anlaßmagnetzünder
starting material Ausgangsmaterial, Rohstoff
starting motor Anfahrmotor, Anwerfmotor, Einschaltmotor
starting of oscillation Schwingungsanfachung, Schwingungseinsatz
starting output Anfahrleistung, Anlaufleistung
starting period Anlaufperiode, Anlaufzeit
starting point Anfangspunkt, Ansatzpunkt, Ausgangspunkt, Startpunkt
starting point or position of a controller Anlaßstufe eines Kontrollers
starting position Ausgangs-, Grund-, Ruhestellung
starting potential Einsatzspannung, Schwellenwert der Spannung
starting power Anzugskraft
starting power of the meter Zähleranlaufleistung
starting procedure Inbetriebsetzung
starting ratio Anlaufverhältnis
starting relay Anlaßrelais, Einschaltrelais
starting resistor Anlasser, Anlaßwiderstand, Regleranlasser
starting rheostat Regleranlasser
starting run Anlaufstrecke, Startlänge
starting shaft Steuerungswelle
starting-sheet (blank) Mutterblech (Kathodenblech)
starting shutter Lufteinlaßschieber
starting signal Abfahrsignal, Anfahrsignal, Startsignal, Einschaltsignal
starting speed Anlaßdrehzahl
starting spring Anschnellfeder
starting switch Anlaßschalter, Schaltanlasser
starting time Anlaßzeit, Anklingzeit (Ton), Anlaufzeit (Reaktor)
starting torque Anlaufdrehmoment, Torsionsmoment
starting track Abfahrgleis
starting transconductance Anschwingsteilheit (Röhre)
starting transformer Anlaßtransformator
starting-up connection Anlaßschaltung
starting-up operation Einschaltfunktion
starting-up time Startzeit
starting valve Anlaßventil
starting velocity Anfanggeschwindigkeit, Anlaufgeschwindigkeit, Anlaß-, Einsatz-Zündspannung
starting voltage (of counter tube) Plateauanfang
starting vortex Anfahrwirbel
starting winding Anlaßwicklung
starting-winding circuit Hilfsphasenkreis
starting with serial No ab Motornummer...
starting without shock stoßfreies Ingangsetzen
startup clearance Anlaßfreigabe
starved feeding sparsame Dosierung, Unterdosierung
starved joint ungenügende Klebfuge
state aircraft Zustand des Flugzeugs
state change Zustandsänderung
state control Zustandsprüfung (Gerät)
state diagram Zustandsdiagramm
state formula Zustandsformel
state key Zustandstaste
state of charge Ladungszustand
state of emergency Ausnahmezustand, Notlage
state of equilibrium Gleichgewichtszustand
state of inertia Beharrungszustand
state of insulation Isolationszustand
state of ionization Ionisierungszustand
state of motion Bewegungszustand
state of occupancy Belegungszustand
state of overvoltage überspannter Zustand
state of quiescence Ruhezustand (Kathodenstrahlröhre)
state of readiness Betriebsbereitschaft, Zünbereitschaftszustand, Bereitschaftszustand, Bereitschaftsgrad (LV)
state of register Registerstatus
state of rest Beharrungszustand, Ruhe(zu)stand
state of sea Seegang, Seewetterzustand
state of sky Zustand des Himmels
state of suspension Federungszustand
state of swell in open sea Grad der Dünung auf hoher See
state of the art Stand der Technik
"state-of-the art capability" "Einsatzanforderungen gewachsen sein" (av)
state of thermodynamic equilibrium thermodynamisches Gleichgewicht (TB)
state of transition Übergangsphase
state or emergency of distress Notstand
state probability Zustandswahrscheinlichkeit
state register Zustandsregister
state, running Laufstatus
state unit elektrostatische Einheit
statement Angabe, Aussage, Behauptung, bedingter Befehl (EDV), Feststellung, Anweisung, Erklärung, Übersicht (schriftlich)
statement, abnormal abnormale Anweisung
statement, accept Aufnahmeanweisung, Aufnahmebefehl (COBOL)
statement, add Additionsanweisung (COBOL)

statement adhesive weight Reibungsgewicht
statement, ALTER Schaltanweisung (COBOL), Schaltbefehl, ALTER-Anweisung (COBOL)
statement, area-definition Bereichsdefinition
statement, arithmetic arithmetische Anweisung, arithmetischer Befehl, Rechen(werks)-befehl
statement, arithmetic assignment arithmetische Ergibtanweisung (FORTRAN)
statement, assembly Assemblerbefehl, Assemblerinstruktion, Assembleranweisung
statement, assigned GO TO Anweisung für gesetzten Sprung, Setzsprunganweisung
statement, assignment Ergibt-Anweisung
statement, auxiliary input/output ergänzende Ein-/Ausgabeanweisung
statement, backspace Rücksetzanweisung (FORTRAN)
statement, basic Grundanweisung, Grundbefehl
statement, block data Blockdatenanweisung
statement bracket Anweisungsklammer (ALGOL)
statement breakdown condition statische Durchschlagsbedingung
statement breeze elektrostatischer Wind
statement calculation statische Berechnung
statement, call Anrufanweisung (FORTRAN)
statement charge statische Aufladung
statement collector Entstörer für statische Aufladung
statement, COBOL COBOL-Anweisung
statement, common Speicherblockanweisung (FORTRAN)
statement, compile-time Übersetzungszeit-statement, Vorübersetzeranweisung
statement, compiler declarative Vereinbarungsbefehl
statement, compiler direction Übersetzungsanweisung (COBOL)
statement, compound zusammengesetzte Anweisung, Verbundanweisung (COBOL)
statement, computer Rechenanweisung, Rechenbefehl (COBOL)
statement, computed GO TO Anweisung für berechneten Sprung, Rechensprunganweisung
statement, conditional bedingte Anweisung (COBOL,ALGOL), bedingter Befehl
statement, conditional GO TO bedingte Sprunganweisung (COBOL)
statement, continue Leeranweisung (FORTRAN)
statement, control Steueranweisung (FORTRAN)
statement, control...card Steuerkarte
statement conversion statische Umwandlung
statement converter Stromrichter
statement, data movement Zeichenfolgeverarbeitungsanweisung (COBOL), Zeichenreihenverarbeitungsbefehl, Zeichenübertragungsanweisung
statement, declarative Vereinbarung
statement, dimension Feldanweisung (FORTRAN)
statement, display Ausgabenanweisung (COBOL)
statement, divide Divisionsanweisung, -befehl (COBOL)
statement, DO Schleifenanweisung (FORTRAN), Laufanweisung
statement drain choke coil Entladedrossel
statement, dummy Leeranweisung, Pseudoanweisung, Scheinanweisung
statement, enfile Dateiabschlußanweisung (FORTRAN)
statement, enter Eintrittsanweisung, -befehl (COBOL)
statement, equivalence Äquivalenzanweisung (FORTRAN)
statement, examine Prüfbefehl, Prüfanweisung (COBOL)
statement, executable ausführende Anweisung (FORTRAN)
statement, exhibit Exhibitanweisung, Textausgabeanweisung (COBOL)
statement, exit Ausgangsbefehl, Leeranweisung (COBOL)
statement, external Externanweisung (FORTRAN)
statement fatigue Dauerstandsfestigkeit
statement, for Laufanweisung (ALGOL)
statement, format Formatanweisung (FORTRAN)
statement, formatted read formatgebundene Leseanweisung (FORTRAN)
statement, formatted write formatgebundene Schreibanweisung
statement, function Funktionsanweisung (FORTRAN)
statement function Formelfunktion (FORTRAN)
statement, function defining funktionsdefinierende Anweisung
statement, generate Erzeugungsanweisung, -befehl (COBOL)
statement, generated erzeugte Anweisungsfolge, generierte Anweisung
statement, GO TO Sprung(setz)anweisung (ALGOL, COBOL, FORTRAN)
statement grid voltage Grundgitterspannung
statement, header Anfangsanweisung
statement, heading Kopfanweisung, Kopfvereinbarung
statement, imperative unbedingte Anweisung (ALGOL)
statement, include Einführungsanweisung, Einfügungsanweisung (COBOL)
statement, initiate Listenanfangsanweisung (COBOL)
statement, input Listenanfangsbefehl
statement, input/output Ein-/Ausgabebefehl, Ein-/Ausgabeanweisung
statement interference atmosphärische Störung
statement label Anweisungsnummer (FORTRAN)
statement, language Sprachanweisung
statement, logical assignment boolesche Ergibtanweisung (FORTRAN)
statemen, logical IF boolesche Wennanweisung (FORTRAN)
statement luminous sensitivity statische Lichtempfindlichkeit
statement, macro prototype Makroprototypanweisung
statement, model Modellanweisung
statement, move Bringanweisung, Übertragungsbefehl, -anweisung (COBOL)
statement, multiply Multiplikationsanweisung (COBOL)
statement, non-executable nichtausführbare Anweisung (FORTRAN)

statement, note Merkanweisung, -befehl (COBOL)
statement, null Leeranweisung, Pseudoanweisung, Scheinanweisung
statement number Anweisungsnummer (FORTRAN)
statement of account Kontoauszug (komm)
statement of charges Anerkenntniserklärung, Haftungserklärung (bei Schaden)
statement of contents Inhaltsangabe
statement of lines Liniennachweis
statement, open Eröffnungsanweisung, Eröffnungsbefehl (COBOL)
statement, pause Pauseanweisung (FORTRAN)
statement, perform Laufanweisung (COBOL)
statement pressure increase Druckstauung
statement, procedural Prozeduranweisung
statement, procedure Prozeduranweisung
statement, procedure branching Verzweigungsanweisung (COBOL)
statement, processor-control Steueranweisung für den Übersetzer
statement, program Programmanweisung
statement, prototype Musteranweisung (in einer Makrodefinition)
statement, region Bezirksanweisung
statement, segment Satzanweisung (SZ)
statement sensitivity statische Empfindlichkeit
statement, simple Einzelanweisung, einfacher Befehl (COBOL)
statement, source language Anweisung in Primärsprache, Primäranweisung
statement, specification Spezifikationsanweisung (FORTRAN)
statement, stop Stopanweisung (COBOL, FORTRAN)
statement storage statischer Speicher
statement stress statische Beanspruchung
statement, subprogramm Unterprogrammanweisung (FORTRAN)
statement subroutine statisches Teilprogramm
statement, subtract Subtraktionsanweisung, -befehl (COBOL)
statement, suppression unterdrückte Anweisung
statement suppression Entstörung
statement, terminal letzte Anweisung (FORTRAN)
statement, terminate Listenabschlußanweisung, Abschlußanweisungsbefehl (COBOL), Listenendeanweisung, -befehl (COBOL)
statement, trace Testüberwachungsanweisung
statement, trailer Endanweisung
statement transmitter statisches Eichmikrophon
statement, type Typanweisung (FORTRAN)
statement, unconditional unbedingte Anweisung (ALGOL)
statement, unconditional GO TO unbedingter Sprungbefehl (COBOL, FORTRAN)
statement, unformatted read formatfreie Leseanweisung (FORTRAN)
statement, unformatted write formatfreie Schreibanweisung (FORTRAN)
statement, unlabeled basic nicht markierte Grundanweisung (ALGOL)
statement, user control Steuerinformation für Programme
statement vibration test Schüttelfestigkeitsversuch
statement, write Schreibanweisung (COBOL, FORTRAN)
static air defence radar system ortsfeste Luftverteidigungs-Radaranlage
static air pressure statischer Druck
static air temperature Umgebungstemperatur
static airscrew Bremsluftschraube
static alarm signal input statische Alarmanlage
static alarm signal input device statische Alarmeingabe
static atom ruhendes od. statisches Atom
static balance Gleichgewicht bei Ruhelage, statisches Gleichgewicht
static balance surface statisch ausgeglichenes Ruder
static bearing surface Paßfläche einer nichtdrehenden Lagerung (Hauptpleuelbuchse im Hauptpleuel)
static behaviour statisches Verhalten
static cable Ankerseil (LL)
static ceiling statische Höhe (Luftfahrzeug leichter als Luft)
static characteristic statische Kennlinie
static charge elektrostatische od. ruhende Ladung, statische Aufladung (elek)
static charging problem Probleme mit statischer Aufladung (av)
static check statische Prüfung, Zustandsprüfung
static coefficient of friction Haftreibungszahl
static cone-indentation test Kugeldruckprobe
static control gear statische Regeleinrichtung
static converter Röhrengleichrichter
static detector Knackstörpegel
static digital input device statische Digitaleingabe
static discharger Ableiter für statische Elektrizität
static drop test Absetzerprobung bei Nullgeschwindigkeit (Fsch)
static, dynamic stability statische od. dynamische Stabilität
static electric field elektrostatisches Feld
static electricity statische Elektrizität
static eliminator Antistatikgerät (zur Beseitigung elektrostatischer Aufladungen)
static equilibrium stabiles od. statisches Gleichgewicht
static error statischer Fehler
static error correction system Korrektursystem für statischen Druck
static firing Haftreibung
static-free frei von statischer Aufladung
static friction ruhende Reibung
static ground-based surveillance radar system stationäres Luftraumüberwachungssystem
static ground thrust Bodenschub
static ground wire Erdungsdraht
static head statische Druckhöhe, statisches Druckgefälle
static head or opening Saugöffnung
static hydraulic stand Hydraulikprüfstand
static induction elektrostatische Beeinflußung
static instability statische Unbeständigkeit
static invert(er) statischer Wechselrichter od. Wandler

static length klassische od. nicht relativistische Länge
static lift statischer Auftrieb (bei Luftfahrzeugen leichter als Luft)
staitc lift (of a mass of gas) statischer Auftrieb
static line Aufziehleine (Fsch), statische Druckleitung, Reißleine für Fallschirm (zwischen Fallschirm u. Flugzeug)
static line buffer Aufziehleinenschlaufenschutz
static line folding device Aufziehleinenfaltvorrichtung (Fsch)
static line operated reißleinenbetätigt
static line retainer Aufziehleineneinführungsschlaufe (Fsch)
static line retaining band Gummihalterung (Aufziehleinen)(Fsch)
static line slack control loop Aufziehleinenführungsschlaufe (Fsch)
static line sleeve Aufziehleinenschutzschlauch
static line snap Karabinerhaken (Aufziehleine)
static line snap button Karabinerhakensicherungsknopf (Fsch)
static line stowage loop durch Aufziehleine gebildete Schlaufe (Fsch)
static line strop Aufziehleinenstropp (LL)
static line time release unit Auslöseseil mit Auslöszeitwerk
static line type parachute automatischer Fallschirm mit Aufziehleine
static load statische od. ruhende Last, statische Belastung
static load test Belastungsprüfung
static loading statische Belastung
static loading stress ruhende Dauerbeanspruchung
static magnetic cell magnetisches Speicherelement, Magnetspeicherelement
static magnetic field magnetostatisches Feld
static marks Filmverblitzung durch elektrostatische Ladung
static multiple moment statisches Multipolmoment, statisches Mehrfachmoment
static or stagnation pressure Ruhedruck
static oxidation test statische Oxydationsprüfung
static pin Vorsteckstift (Fsch)
staitc plate Durchflußmengenmeßblende, Stauscheibe
static plate manometer Stauscheibendruckmesser
static power supply equipment Stromversorgungsgerät
static pressure compensator ausgleichendes Gerät für statischen Druck
static pressure ratio Ruhedruckverhältnis
static pressure sensor statischer Druckfühler
static pressure tube statisches Druckmeßrohr
static program statisches Programm
static propeller thrust statisches Druckmeßrohr
statiac radar head ortsfester Radarkopf
static radial engine Sternmotor (im Gegensatz zum Umlaufmotor)
static rail Ankerschiene (LL)
static register statisches Register (dig)
static relocation statische Adreßverschiebung
static sensing Abfühlung bei ruhender Karte
static skew statischer Schräglauf, statischer Bitversatz
static soaring statischer Segelflug
static source statische Druckentnahmestelle
static stability stabile Flugeigenschaft, stabile Festigkeit, statische Stabilität
static stop statische Sperre
static storage statische(r) Speicher(ung)
static store statischer Speicher
static stress statische Beanspruchung
static subroutine statisches Unterprogramm
static suction lift statische Saughöhe
static temperature Umgebungstemperatur
static-tensile-test specimen Dauerversuch-Zugprobe
static tension test Zugversuch mit ruhender Belastung
static test statischer (Belastungs)versuch, statische Prüfung, Zustandsprüfung
static test firing statischer Probelauf
static thrust Standschub
static thrust test Standschubmessung
static traffic ruhender Verkehr
static traverse field statisches Querfeld
static trim statische Gleichgewichtslage
static tube statische Drucksonde, Rohr zur Messung des statischen Drucks (Pitotrohr), Staurohr
static turn indicator statischer Wendezeiger
statically cast ruhend gegossen (nicht als Schleuderguß)
statically determined statisch bestimmt
statically indeterminate statisch unbestimmt
statically unstable, to be statisch instabil
staticize Serien-Parallel-Wandlung, Befehle übernehmen, Register zur Umwandlung von dynamischen in statische Daten od. Nachrichten, Serien-Parallel-Umsetzer
staticizing Befehlsübernahme, Betriebsübernahme Bereitstellen (Befehl)
staticizing breakpoint Adressenstopp nach dem Bereitstellen
staticizing memory address stop Adressenstopp nach dem Bereitstellen
staticizing register Befehls- u. Adressenregister
staticizor Serien-Parallel-Speicher, Serien-Parallel-Wandler
statics Gleichgewichtslehre, Statik, statische Aufladung, Empfangstörungen durch atmosphärische Entladung, Filmverblitzung durch elektrische Entladung
station Bahnhof, Haltestelle, Station, Standort, Längsstation, Vermessungsstation, Arbeitsstellung (eines Resolverkopfes), Stelle
station address Stationsadresse
station authentication Stationsauthentisierung
station, auxiliary Sekundärdatenstation
station barometer Stationsbarometer
station bearing Zielrichtung
station bearing pointer Peilrichrichtungszeiger, Peilzeiger
station belonging to a network Ballonsender, Ballonsenderstation
station block Befehlsstellwerk
station calibrator Zielwählereinsteller (Bodengerät)
station, called gerufene Station

station, calling rufende Station
station communication and tracking equipment (space station) Fernmelde- u. Bahnverfolgungseinrichtung (sp)
station, control Leitstation
station cycle polling feature Stationsabruf
station, degassing Entgasungsanlage, -station
station density Stationsdichte (geophys)
station duty Stationsdienst
station, exchange of...identification Identifikationsaustausch
station for instituting scientific experiments Versuchsanstalt
station fuel-supply manifold set Ausstattungs-Rohrverteiler für Pumpenaggregatbetankung
station, genetex Genetexteilnehmer
station identification Anschlußkennung, Bestimmung der Station
station identification code Identifikationstabelle (für Stationen)
station identification request Kennungsabfrage
station identification table Identifikationstabelle (für Stationen)
station index number Kennummer der meteorologischen Station
station interval Stationsabstand
station location marker Platz-Funksignalbake
station log Funk-Betriebsbuch
station logbook (Funk-)Betriebsbuch
station, master Sendestation
station meteorological station Stationswettermeldung
station of destination Bestimmungsfunkstelle
station of origin Aufgabestelle, Ursprungsfunkstelle
station, passive Wartestation
station pressure Stationsdruck
station, reading Abfühlstation, Lesestation
station ringer Stationswecker
station selection Stationsauswahl
station selector Stationswähler
station selector push button Zielwahltaste
station serial number Stationsseriennummer
station, slave Empfangsstation
station-to-aircraft bearing Boden/Bord-Peilung, Fremdpeilung
station tool kit Werkzeugausrüstung des Bodenpersonals (Gegensatz Bordwerkzeug)
station, torsion balance Drehwaagemeßpunkt, Drehwaagestation
station, tributary Trabantenstation
station wharf Ausladungsplatz, Landebrücke
stationary feststehend, ortsfest, unbeweglich
stationary anode tube Festanodenröhre
stationary armature stehender Anker
stationary axle fest(stehend)e Achse
stationary battery ortsfeste od. stationäre Batterie
stationary chain-reacting unit stationärer Kernreaktor
stationary channel stationärer Kanal
stationary distortion stationäre Verzerrung
stationary dryer Trockner mit ruhendem Gut
stationary engine Standmotor
stationary field stationäres (magnetisches) Feld
stationary fire extinguisher ortsfeste Feuerlöschanlage
stationary front stationäre Front (meteo)
stationary image stehendes Impulsbild
stationary inner race load Punktlast am Innenring
stationary interval Meßpunktabstand, Stationsabstand
stationary lip feststehende od. feststellbare Lippe (Düse)
stationary nucleus ruhender od. stationärer Kern
stationary or static test Standversuch
stationary orbit synchrone Umlaufbahn
stationary patrol stehender Spähtrupp
stationary pattern stehende Figur
stationary piston feststehender Kolben
stationary plant feststehende Anlage
stationary plunger feststehender Ankerbolzen (Fsch)
stationary (power) reactor stationärer (Leistungs)reaktor
stationary source stationäre Quelle
stationary state stationärer Zustand
stationary stochastic process stationärer stochastischer Prozeß
stationary target festes od. stehendes Ziel
stationary time series stationäre Zeitreihe (Statistik)
statistical accelerometer Beschleunigungszähler
statistical accuracy statistische Genauigkeit
statistical curve statistische Kurve
statistical data statistische Daten
statistical distribution statistische Verteilung
statistical error statistischer Fehler
statistical evaluation statistische Auswertung
statistical fluctuation statistische Schwankung
statistical information statistische Übersichten
statistical linguistics statistische Linguistik
statistical postulate statistisches Postulat
statistical quality control statistische Qualitätskontrolle
statistical sound field statistisches Schallfeld
statistical stragging statistische Streuung
statistical tolerance limits statistische Streubereichsabgrenzung (Qualitätskontrolle)
statistical uncertainty statistische Unsicherheit
statistical weight Quantenzahl, statistisches Gewicht
statistics, actuarial Versicherungsstatistik
statistics program Statistikprogramm
statistics, selected ausgewählte Vergleichszahlen
stator blade Statorplatte, Leitrad, Mahlscheibe (stehend), Turbinen-, Verdichterleitschaufel
stator blade assembly Leitkranz, Leitschaufel, Verdichterleitkranz, Verdichterleitschaufel
stator blade distance ring Leitschaufelhaltering
stator blade locking key Sicherungsbügel (Leitkranz)(Twk)
stator blade retaining ring Leitschaufelhaltering
stator coil Ständerspule, Statorspule
stator coil transposition Transponierung für Ständerspulen
stator core Blechkranz
stator current Ständerstrom
stator field Statorfeld
stator lamination Ständerblech
stator-resistance starter Ständeranlasser mit Widerstand

stator winding Ständerwicklung
statoscope Feinhöhenmesser, Statoskop
status bit Zustandsbit
status byte Zustandsbyte (dig)
status, channel...bit Kanalzustandsbit
status identifier Statuskennzeichen
status indicating Zustandsmeldung
status information Zustandsinformation
status interrogation Zustandsabfrage
status key Zustandstaste
status message Zustandsmeldung
status modifier bit Statusveränderungsbit
status modifyer Sprungbedingung (dig)
status of decomposition, advanced vorgerückter Zustand der Zersetzung (chem)
status of manoeuvring area Rollfeldzustand
status, priority Rangstufe
status register Zustandsregister
status signal Zustandmeldung
status signalling register Betriebsmelderegister
status snapping Zustandsermittlung
status test Zustandsprüfung (COBOL)
status test cycle Statusprüfgang
status word Statuswort
statute mile engl. Meile (1,60933 km)
statutory bar gesetzliches Hindernis
statvolt Statvolt
Stauffer grease cup Staufferbuchse
stave-backing and hollowing machine Hobelaussparmaschine für Dauben
stave crosscut saw Daubenabkürzungssäge
stave dressing machine Daubennachrichtmaschine
stave-grooving and tonguing machine Dauben-, Fuge-, Nut- u. Federmaschine
stave lining Daubenauskleidung
stave pipe hölzernes Daubenrohr
stave-shorting saw Daubenabkürzsäge
staving machine Daubenzurichtmaschine
stay Anker, Aufenthalt, Bolzen, Halteachse, bleiben, verweilen, sich aufhalten, verankern, verstreben
stay block Ankerfuß, Ankerklotz, Ankerpfahl
stay bolt Stehbolzen, Verankerungsbolzen
stay crutch Ankerstütze, Druckstab
stay-down key arretierbare Taste
stay guard Ankerschutz, Scheuerpfahl
stay pin Kettensteg
stay pole Abspannstange
stay rod Eingangszwischenstange (Stabilisator-Kraftsteuergerät)
stay rope fin line Segelleine
stay thimble Ankerkausche
stay tightener Ankerspannschraube
stay time Aufenthaltszeit
stay tube Ankerrohr
stay-up ability Vermögen bei Motorausfall die Höhe zu halten
stay wire Abspanndraht, Ankerdraht, Ankerseil
stayed pole verankertes Gestänge
STC sensitivity time control
STD CFM standard cubic feet per minute
steadiness of pressure Druckhaltung
steady feststehend, gleichmäßig (Motorlauf), standhaft, Lünette, sicher, stetig
steady anode current Anodenruhestrom
steady arm Seitenhalter
steady as a rock needle action stabile Nadelanzeige
steady beam ständiges Strahlenbündel
steady carrier eingeschwungener Träger
steady current resistance Ohm'scher Widerstand
steady field current konstanter Feldstrom
steady flight stationärer Flug, Geradeausflug
steady-flight speed stationäre, stetige Fluggeschwindigkeit, Geschwindigkeit bei stationärem Flug
steady flow stationäre Strömung
steady flow characteristics Förderdruckverhalten bei konstantem Durchfluß
steady flow reactor Reaktor mit stationärer Strömung
steady hum Dauerton (nav)
steady plate current Anodenruhestrom
steady plate sound stetiger Ton
steady rest feststehende Brille, Lünette
steady source konstante Strahlenquelle
steady start-polary current Dauerstartpolarität
steady state Beharrungszustand, Dauerzustand, stabilisierter Betriebszustand, stationäres Betriebsverhalten
steady-state characteristic statische Kennlinie
steady-state current eingeschwungener Strom
steady-state drift Auswanderung bei Dauerbetrieb
steady-state error bleibende (Regel)abweichung
steady state gain Übertragungsfaktor
steady-state gimbal angle eingeschwungener Rahmenwinkel
steady-state impedance statischer Scheinwiderstand (nach Abklingen des Einschaltstoßes)(dig)
steady-state measurement statische Meßmethode od. Messung
steady-state process model (quasi)stationäres Prozeßmodell
steady-state value Dauerwert
steady-state voltage limit statische Spannungsgrenze
steady stop-polarity current Dauerstopppolarität
steady wind velocity gleichbleibende Windgeschwindigkeit
steady working of the blast furnace Gargang des Hochofens
steadying resistance Beruhigungswiderstand
steadyness Beständigkeit, Gleichmäßigkeit, Standhaftigkeit, Stetigkeit
stealth aircraft RAM-shape RAM-beschichtetes Stealth-Flugzeug (milit)
steam air ejector Dampfstrahlluftpumpe
steam accumulator Dampfspeicher
steam-admission valve Dampfeinlaßventil
steam-admitting pipe Dampfeingangskanal, Dampfeinlaßrohr, Eingangskanal für Dampf
steam apparatus Dampftopf
steam atomization Dampfstrahlzerstäubung
steam atomizer Dampfzerstäuber
steam-atomizer burner Dampfzerstäubungsbrenner
steam atomizing oil burner Dampfzerstäubungs(öl)brenner
steam barrier Sperrdampf

steam blast, blower or blowing engine Dampfgebläse
steam-boat Dampfboot, -schiff
steam boiler Dampf(maschinen)kessel
steam-boiler fitting Dampfkesselarmatur
steam brewing plant Dampfsudwerk
steam channel Heizkanal
steam check valve Dampfrückschlagventil
steam chest Dampfbüchse, Schieberkasten
steam chest cover Schieberkastendeckel
steam clarifier Dampfreiniger
steam clarifier with fixed heating coil Dampfklärpfanne mit fester Heizspirale
steam cloud Cumulusfractus
steam coal Dampf(kessel)kohle
steam cock Dampfhahn
steam coil Dampfschlange (Dampfkessel), Heizschlange, Rohrschlange für Dampf
steam condensing turbine Kondensationsdampfturbine
steam cooking installation Dampfkochanlage
steam-cooled dampfgekühlt
steam-crane navy Dampfkraftlöffelbagger
steam-cylinder oil Dampfzylinderöl
steam desiccator or drier Dampfentwässerer
steam diagram Dampfdruckbild
steam distillation Wasserdampfdestillation
steam dome Dampfdom
steam douche Dampfsprudler
steam-dried dampfgetrocknet
steam drilling rig Dampfbohranlage
steam-driven durch Dampf angetrieben
steam-driven aircraft Dampfflugzeug
steam drum Oberkessel
steam dryer Dampftrockner
steam ejector Dampfstrahlpumpe
steam-emulsion number Dampfemulgierungszahl
steam engine, double cylinder Zwillingsdampfmaschine
steam engine governor Dampfmaschinenregulator
steam engine, high pressure Hochdruckdampfmaschine
steam engine, horizontal liegende Dampfmaschine
steam-engine, low-pressure Niederdruckdampfmaschine
steam-engine oil Dampfmaschinenöl
steam engine, single cylinder Einzylinderdampfmaschine
steam engine, twin Zwillingsdampfmaschine
steam engine, vertical stehende Dampfmaschine
steam entrance port Dampfauströmungskanal
steam-exhaust port Dampfausströmungskanal, Dampfaustrittsöffnung
steam fire engine Dampf(feuer)spritze
steam fitting Dampfarmatur
steam fog Dampfnebel
steam for heating Heizdampf
steam funnel Dampftrichter
steam gate valve Dampfabsperrschieber
steam gauge Dampfanzeiger, Dampfdruckmesser
steam gauge cock, controlling Kontrollmanometerhahn
steam-generating plant Dampferzeugungsanlage
steam generation Dampfbildung, Dampfentwicklung
steam generator Dampferzeuger
steam governor Dampfregulator
steam hammer Dampfhammer, mit Dampf angetriebener Hammer
steam-heated still Dampfblase
steam heating Dampfheizung
steam heating coil Dampfheizschlange
steam-heating line Heizdampfleitung
steam-heated mould heißwasserbeheizte Form
steam, high-pressure Hochdruckdampf
steam-hydraulic forging press Schmiedepresse mit dampfhydraulischem Antrieb
steam injector Dampfinjektor, Dampfspeisepumpe, Dampfstrahlapparat
steam-inlet port Dampfeinströmungskanal
steam intensifier Dampftreibapparat
steam jacket Dampfhülle, Dampfmantel
steam jet air pump Dampfluftejektor, Dampfstrahlluftpumpe
steam-jet blower Dampfstrahlgebläse
steam-jet flue-cleaning apparatus Dampfstrahlrauchrohrreiniger
steam-jet sandblast Dampfsandstrahlgebläse
steam-jet valve Dampfstrahlventil
steam, live Frischdampf
steam, low pressure Niederdruckdampf
steam meter or counter Dampfzähler
steam metering Dampfmengenmessung
steam-mixing jet Dampfstrahlrührgebläse
steam motor model Dampfmotormodell
steam-operated durch Dampf angetrieben
steam-operated air ejector Dampfstrahlluftsauger
steam-outlet pipe Dampfabzugsrohr
steam packing Dampfdichtung
steam pile driver Dampframme
steam-pile driving hoist Dampframmwinde
steam piping Dampfleitung
steam piston packing Dampfkolbenliederung
steam piston valve Dampfkolbenventil
steam pitching device Dampfentpichmaschine
steam plant T-Stoffanlage
steam point Verdampfungspunkt
steam port Dampfkanal, Dampfeinlaß
steam power Dampfkraft
steam power cycle Dampferzeugungskreislauf
steam power plant Dampfkraftanlage
steam-powered rotary rig Rotary-Bohranlage mit Dampfantrieb
steam-powered sawmill Dampfsäge, mit Dampf angetriebene Gattersäge
steam-powered station dampfgespeistes Kraftwerk
steam pressure Dampfkraft, Dampfspannung
steam pressure above atmospheric Dampfüberdruck
steam-pressure intensifier Dampfdruckübersetzer
steam-pressure reducing valve Dampfdruckminder(ungs)ventil
steam processing Dampfung
steam purifier Dampfreiniger
steam raising Dampferzeugung
steam raising coefficient Verdampfungsziffer, Verdampfungskoeffizient
steam ram Dampframme
steam reducer Dampfdruckverminderer
steam regulator or throttle Dampfzulaßventil

steam reversing gear Dampfumsteuerung
steam rig Dampfkabel
steam roller Dampfstraßenwalze, Dampfwalze
steam, saturated gesättigter Dampf, Sattdampf
steam separator Dampfabscheider, Kondenstopf, -wasserbehälter
steam shovel Dampfkaltlöffelbagger, Dampfschaufel
steam-slide stop valve Dampfabsperrschieber
steam sluice valve Dampfschieber
steam space Dampfraum
steam spraying station Dampfaussprühstation
steam sterilizer Dampfsterilisator, Dampfkonservierung
steam strainer Dampfreinigungssieb
steam superheater Dampfüberhitzer
steam-supply line or pipe Dampfzuleitungsrohr
steam throttle Dampfrohr
steam-to-water preheater Dampfwasservorwärmer
steam trap Dampfklappe, Kodenstopf, Kodenswasserableiter
steam trough drier Dampfmuldentrockner
steam truck Dampfwagen
steam tube Dampfrohr, Siederohr
steam-tube brush Siederohrbürste
steam-tube drier Dampfröhrentrockner
steam turbine Auspuffdampfturbine, Dampf(druck)turbine, Gegendruckturbine
steam-turbine oil Dampfturbinenöl
steam-turbine rotor Dampfturbinenläufer
steam-turbine test bed Dampfturbinenprüfstand
steam turboblower Dampfturbinengebläse
steam valve Dampfventil
steam veil sealing Dampfabschluß
steam void Dampfblase
steam washing Dampfdecke
steam-whistle valve Dampfpfeifventil
steam winch Dampfwinde
steaming Eindämpfung, Kaltblasen, Gasperiode
steaming apparatus Dekatierappart
steaming calender Dekadierkalander
steaming capacity Dampfleistungs, Verdampfungsleistung
steaming chamber (steam ager) Dampfkasten
steaming cone (or dome) Dampfhaube
steaming economiser Verdampfungsvorwärmer
steaming machine Dampfmaschine
steaming-out liquor Ausdampfwasser
steaming period Dämpfzeit, Gasen, Gasperiode, Kaltblasperiode, Wassergasperiode
steaming plant Dämpfanlage
steaming radius Fahrstrecke
steaming-vapor method Dampfstrommethode
stearic acid Cetylessigsäure, Talgsäure, Stearinsäure
steel alloy legierter Stahl
steel and concrete fortification Panzerwerk
steel-armour-piercing shell Panzerstahlgranate
steel-armoured cable Stahlpanzerkabel
steel-backed bearing Lager mit Stahlstützschale
steel-backed-lead bronze bearing Stahlbleibronzelager
steel-backed lining Lagermetallausguß mit Stahlstützschale
steel backing Stahlstützschale
steel ball Stahlkugel
steel band Eisenband
steel beam obstacle Sperre aus Stahlträger
steel belt-apron conveyor Blechgurtförder
steel-bit Stahlkrone
steel blade Stahlklinge
steel blank Stahlrohling (Halbzeug)
steel blasting shop Stahlstrahlerei
steel-block coupling Klotzkupplung
steel bodies Stahlaufbauten
steel bolt and nut Stahlschraube u. Mutter
steel bottle Stahlflasche
steel-bracked bearing bush Stahlstützlagerschale
steel bridge Stahlbrücke
steel bronze Stahlbronze
steel cable Stahlkabel, Stahlseil
steel, carbon Kohlenstoffstahl
steel casting Stahl(form)guß
steel casting work Stahlgußwerk
steel chain Stahlkette
steel check Stahlbacke
steel coil Stahlwendel, -spule
steel composition Stahlzusammensetzung
steel conduit Stahlpanzerrohr
steel construction Eisenbau, Stahlbau, Stahlkonstruktion
steel container Stahlblechcontainer, Stahlbelchzellenkasten
steel core Stahlseele
steel core bullet or armor piercing bullet Stahlkerngeschoß
steel-cored mit Stahlader od. Stahlkern versehen
steel-cored aluminium wire Aluminiumdraht mit Stahlader
steel-cored copper wire Kupferdraht mit Stahlader
steel, crucible cast Tiegelgußstahl
steel cutter or edge Stahlschneide
steel cutting spanabhebende Bearbeitung
steel derrick Stahlbohrturm
steel disc Stahllamelle, ungezahnte Säge, Stahlscheibe
steel disc brake Stahlscheibenbremse, stählerne Bremse
steel-drawn construction Konstruktion aus gezogenem Stahl
steel electrode Stahlelektrode
steel engraving Stahlstechen
steel face, to auflöten, verstählen (Stahlplättchen)
steel-faced wrought-iron armor plate Kompoundpanzerplatte
steel-facing Anstählen
steel-facing steel Verstählstahl
steel ferrule Eisenzwinge
steel for temperature service warmfester Stahl
steel forge Stahlhammer
steel founder Stahlgießer
steel frame Stahlrahmen
steel frame construction Stahlblechrahmenkonstruktion
steel frame structures Stahlbauten
steel-frame super-structure Stahlhochbau, Eisenhochbau
steel furnace Stahlofen
steel gear Stahlzahnrad
steel grade Stahlgüte
steel grillage Verankerung (Stahlrost)

steel grillage Verankerung (Stahlrost)
steel grinding balls Stahlmahlkugeln
steel grinding bodies Stahlmahlkörper
steel grit Stahlkorn, Stahlsand
steel guy wire Stahlpardune
steel handle Stahlheft
steel hardening oil Härteöl
steel hedgehog Stahligel
steel, high tensile nickel Nickelstahl von hoher Zugfestigkeit
steel hoop Stahlband
steel hull (of U-boat) Eisenkörper
steel impeller Stahlkoben
stee-improving process Stahlveredelungsverfahren (durch umschmelzen)
steel industry Stahlindustrie
steel ingot Stahlblock
steel inlay Stahleinlage
steel ladder, portable fahrbare Stahlleiter
steel landing strip Stahlstraße
steel lattice mast Eisengittermast
steel lead-loaded balance weight Gegengewicht aus Stahl mit Bleizusatzgewicht
steel leg vise Schloßerschraubstock
steel letter Buchstabenstempel
steel light-weight bridge deck Stahlleichtfahrbahn
steel link chain Stahlgelenkkette
steel made directly from the ore Rennstahl
steel maker Stahlerzeuger, -werker
steel making Stahlbereitung, Stahlherstellung, Stahlschmelzen
steel making furnace Stahlschmelzofen
steel making plant Stahlwerk(anlage)
steel making process Stahlgewinnungsverfahren
steel making shop Stahlwerkshalle
steel manufacture Stahlerzeugung, Stahlherstellung, -produktion
steel measure Stahlmaßstab
steel measuring tape Stahlmaßband, -meßband
steel melting furnace Stahlschmelzofen
steel-melting process Stahlschmelzprozeß
steel member used for erection purposes Richteeisen
steel mesh Stahldrahtgeflecht
steel mesh antenna Stahldrahtantenne, Stahlnetzreflektorantenne
steel mesh runway Stahlmattenpiste
steel metal straightening and rolling machine Blechwalz- u. Richtmaschine
steel mining support Stahlgrubenstempel
steel mold Stahlgußform
steel, molybdenum Molybdänstahl
steel monster Stahlungetüm
steel ore Stahlerz
steel parallel Parallelstück
steel picket or stake Haftpflock
steel plank, steel tie Stahlschwelle
steel plate Stahlpanzer, -platte, Flußeisenblech, Stahlteller
steel-plate apron conveyor Stahlgliederband
steel-plate engraving relief printing Stahlstichprägedruck
steel-plate line Stahlplattenpanzer
steel-plate lining Panzerung, Stahlblechauskleidung, Stahlplattenpanzerung
steel-plated verstählt
steel-pointed contact tip Meßhütchen mit Stahlfläche
steel poured abgestochene Rohstahlmenge je Schmelze
steel pressure vessel stählernes Druckgehäuse
steel printing plate Stahldruckplatte
steel production Stahlerzeugung, Stahlfabrikation, Stahlherstellung
steel projectile Stahlgeschoß
steel protecting disc Stahlschutzscheibe
steel punch Stahlstempel
steel quality Stahlgüte
steel quenched and drawn Stahl abgeschreckt u. angelassen
steel quieted in the last moment in the ingot mold im letzten Augenblick in der Blockform beruhigter Stahl
steel quill Stahlhohlwelle
steel rail Stahlschiene
steel rail antitank obstacle Schienensperre
steel rail obstacle Sperre aus Schienen
steel ready for casting unmittelbar vergießbarer Stahl
steel reciprocating rider Wechselreiter
steel reed Stahlzunge
steel-reinforced aluminium cable Aluminiumstahlkabel
steel reinforcement Armatur, Eiseneinlage
steel retainer Bohrerhalter
steel rider Stahlreiber
steel rigging stählerne Takelage
steel rimmer Glättstahl
steel rivet Stahlniet
steel roller chain Stahlrollenkette
steel rope Stahlpardune, Stahlseil
steel rope with moderate twist drallarmes Stahlseil
steel rotary hose Stahlspülschlauch (Bohrung)
steel rule Stahlmaßstab, Stahlschablone
steel rule die Bandstahlschnittwerkzeug
steel scrap Stahlabfall, -schrott
steel scratch brush Stahlkratzbürste
steel section Stahlprofil
steel sheet Stahlblechbahn
steel sheet panel Verkleidungsblech
steel sheet piling Eisenspundwand, Stahlspundwand
steel skeleton construction Stahlskelettbau
steel sleeve Stahlhülse
steel socket (pipe) Stahlmuffen(rohr)
steel spar Stahlholm
steel spigot tube Stahlmuffenrohr
steel spike Stahlnadel
steel-spoked wheel Stahlspeichenrad
steel spotweld Stahlpunktschweißverbindung
steel spring Stahlfeder
steel spring indicator Stahlfederindikator
steel spring landing gear Stahlfederfahrgestell
steel square for tool makers Anschlagwinkel für Werkzeugmacher
steel stamping letters and figures Stahleinschlagstempel
steel straight edge Stahllineal
steel strapping stretcher with scaler Bandeisenspannapparat
steel straps Verpackungsbandeisen
steel string Stahlsaite
steel-studded tire Gleitschutzreifen, Stahlnietengleitschutzreifen

steel stylus or needle Stahlnadel
steel-tank mercury-arc rectifier Quecksilberdampfgleichrichter mit Eisenkammer
steel-tank rectifier Eisengleichrichter mit Ventileisengefäß
steel tape Stahlband
steel-tape armored eisenbandbewehrt, stahlbandbewehrt, stahlbandarmiert
steel-tape armoring Bandeisenbewehrung, Stahlbandarmatur (bei Kabeln), Stahlbandbewehrung (Kabel)
steel tape armouring Stahlbandarmierung, Bandeisenbewehrung (Kabel), Stahlbandarmatur
steel tip Stahlspitze
steel tredway Stahlspurbahn
steel try square Anschlagstahlband
steel tube Innenbehälter
steel tube air preheater Stahlrohrlufterhitzer
steel tube bracket Stahlrohrbock
steel-tube engine mounting Stahlrohrtriebwerksgerüst
steel-tube framework Stahlrohrfachwerk
steel tube fuselage Stahlrohrrumpf
steel turnings Stahlspäne
steel wire armor Stahldrahtbeklöppelung
steel wire brush Stahldrahtbürste
steel-wire clip Stahlklammer
steel-wire frame Stahldrahtrahmen
steel-wire rope Stahl(draht)seil, Stahl(draht)-kabel
steel with high-temperature characteristic warmfester Stahl
steel wool Stahlspäne, Stahlwolle
steel worm Stahlschnecke
steel yard Balkenware, Laufgewichtsbalken, stählerner Tragarm
steels with high magnetic properties magnetisch weiche Stähle
steep-angle bearing Schrägrollenlager
steep-angle taper Steilkegel
steep approach angle steiler Anflugwinkel
steep attack angle Sturzwinkel (av)
steep climb steiler Steigflug
steep-climbing turn Steilkurve im Steigflug
steep descent steiler Sinkflug, steiles Niedergehen
steep-front pulse steilflankiger Impuls
steep-fronted steil ansteigend
steep glide or angle steiler Gleitflug
steep-gliding turn Steilkurve im Gleitflug
steep measures steile Lagerung
steep parawing sports chute steuerbarer Parawing-Sportfallschirm
steep rise steiler Abflug (Hschr)
steep slope steile Flanke, Steilhang
steep-spiral drill steilgängiger Spiralbohrer
steep-thread pitch große Gewindesteigung
steep turn Steilkurve
steep wave front steile Wellenfront od. Wellenstirn
steer a beam, to einen Richtstrahl lenken
steer cable Lenkseilzug
steer-linkage Lenkgestänge
steer, to fahren, führen, leiten, lenken, steuern (Drehung einer Antenne)
steer towards, to ansteuern
steerable aerial or antenna Antenne mit schwenkbarer Charakteristik, verstellbare Antenne
steerable parachute steurbarer Fallschirm
steerable seeker steuerbarer Suchkopf (Zielverfolgungsradar)
steerable tail wheel lenkbares Spornrad
steerable tool-mounted antenna for land vehicle nachführbare Dachantenne für Bodenfahrzeuge
steered course gesteuerter Kurs
steered trailer chassis Lenkgestell
steering arm Lenk(stock)hebel
steering arm and track rod arm Lenk- u. Spurhebel
steering axle Leitachse, Lenkachse
steering axle for tractor Lenkachse für Traktor u. Schlepper
steering axle for trailer Lenkachse für Anhänger
steering box Lenkungsgehäuse, Lenkgetriebe, Lenkstock
steering box casing Lenkungskasten
steering brake Lenkbremse
steering-brake drum Lenkbremstrommel
steering bush Lenk(ungs)buchse
steering cam Lenkschnecke
steering channel Steuerungskanal
steering circle Richt(ungs)kreis, Zielkreis
steering collar Lenkring
steering column Steuersäule
steering column attachment Lenksäulenbefestigung
steering column covering Lenksäulenverkleidung
steering column dip switch Lenksäulenabblendschalter
steering column direction indicator switch Lenksäulenwinkerschalter
steering column gear change Lenkradschaltung
steering column lock Lenkschloß
steering column seal Lenksäulenabdichtung
steering column support Lenksäulenbock
steering committee Lenkungsauschuß, Koordinierungskommitte
steering compass Steuerkompaß
steering component Lenkungsteil
steering control arm Lenkhebel, Lenkarm
steering control arm bolt Lenkhebelbolzen
steering control by homing device Zielsuchsteuerung
steering control member Lenkgestell
steering differential synchro Steuerdifferentialdrehmelder
steering dot Richtpunkt, Zielkorn
steering drag rod Lenkschubstange, Steuerschubstange
steering error Kursdifferenz (Bordnavigationsrechenanlage)
steering fin Steuerschwanz
steering finger-roller bearing Lenkfingerrollenlager
steering gear arm Lenkstockhebel
steering gear attachment Lenkstockhalterung
steering gear box Lenkgehäuse
steering gear bracket Lenkstockhalterung
steering gear case Lenkgehäuse, Steuergehäuse
steering gear clamp Lenkstockhalter
steering housing Lenkgehäuse, Steuer(ungs)-

gehäuse
steering gear clamp Lenkstockhalter
steering housing Lenkgehäuse, Steuer(ungs)-gehäuse
steering head Achsschenkelträger
steering information Vorhaltewerte, Steuer-information
steering instruction Lenkinformation (av)
steering knuckle Achsschenkel, Steuer-gelenk, Steuerschenkel
steering knuckle arm Lenk(er)hebel, Lenk-schenkel, Spurstangenhebel
steering knuckle bearing Achsschenkellager
steering knuckle pin Achsschenkelbolzen
steering knuckle pivot Vorderachszapfen
steering knuckle shaft Fingerhebelwelle, Vorderachswelle
steering knuckle type of steering Achsschen-kellenkung
steering lever Lenkhebel, Steuerhebel
steering lever-assembly Lenkansatz
steering lever-shaft Hebelwelle
steering linkage Lenkgestänge, Steuergestänge
steering lock attachment Lenkschloßbefestigung
steering machine with vane velocity control Laufgeschwindigkeitssteuermaschine
steering mechanism Lenkgetriebe, Steuer-anlage, Lenkung, Lenkvorrichtung, Steuerung (Flugzeug), Steuermechanismus, Steuerwerk
steering moment Steuermoment
steering motor Steuermotor
steering nozzle schwenkbare Düse (Wasser-strahlantrieb)
steering nut Lenkmutter, Steuermutter
steering order correction Steuerkom-mandokorrektur
steering output gear Lenkabtriebsrad
steering pivot pin Achs(schenkel)bolzen
steering play toter Gang
steering recording azimuth Horizontalsteu-erwertregistrierung (Torpedo)
steering recording common gemeinsame Steu-erwertregistrierhaltung (Torpedo)
steering relay Steuerrelais
steering relay lever Lenkzwischenhebel
steering ring gear Lenkantrieb (innen- und aussenverzahnt)
steering roller shaft Lenkrollenwelle, Steuer-rollenwelle
steering segment Lenksegment
steering sensitivity analysis Analyse der Steueransprechempfindlichkeit
steering shaft Lenkrolle, Lenk-, Steuerwelle
steering shaft supporting tube Lenkstützrohr
steering shock absorber Lenkungsdämpfer
steering signal Vorhaltesignal
steering spindle Lenk-, Steuerspindel
steering stop Lenkungsanschlag
steering stability Stabilität des Steuerkreises
steering switch Schalter für Bugradlenkanlage
steering wheel Lenk-, Steuerrad
steering wheel puller Lenkradabzieher
steering wheel slip ring Signalring für Lenkrad
steering worm Lenkschenkel, Lenkschnecke
steering-worm cam Lenkschraube
steering-worm sector Lenk-, Steuersegment
steersman Steuermann, Rudergänger
Stefan and Boltzmann's law Stefan-Boltz-mann'sches Gesetz, Energiestrahlungsgesetz schwarzer Körper
Steinmetz coefficient Steinmetzkoeffizient
stellar atmosphere Sternatmosphäre
stellar distillation Wasserdampfdestillation
stellar photometry Sternphotometrie
stellarator Stellarator
stellite Hartmetall, Stellit, stellitieren
stellite tip on a tool Stellitschneidkante
STEM (shaped-tube electrolytic machining) elektrochemisches Bohren mit Formkathode (TB)
stem Schaft, Stengel, Stiel, Spindel, Vorder-steven, Querglied, Querwiderstand, Quetsch-fuß, Zünderzapfen
stem bit Kolbenbohrer
stem caster Lenkrolle mit Bolzenschaft
stem correction Thermometerkorrektur
stem for casing dogs Backenbremse, Fangkeil
stem guide Spindel-, Stiftführung
stem hook Stengelhaken (zum Aufhängen des Lot's)
stem of fuse Zünderzapfen
stem or column correction Fadenkorrektion
stem point Staupunkt
stem press of the tube Röhrenpreßsteller
stem pressure device Staudruckeinrichtung
stem radiation Gehäusestrahlung, Stielstrahlung
stemmer Bohrstampfer
stemple Stempel, Prägeapparat
stemson Unterlauf
stencil Schablone, Signierschablone, Matrize, Vervielfältigungsschablone
stencil brush Schablonenpinsel
stencil duplicator Schablonenvervielfältiger
stencil ink Schabloniertinte
stencil paper Schablonenpapier
stencil varnish Korrekturlack
stencil wheel Nummernrad
stenode circuit hochselektiver Quarzfilterkreis
stenotron Stenotron
stentorphone Druckluftlautsprecher
step Leerschritt, Stufe, Abstufung, Schritt
step attenuator Stufenabschwächer
step back welding Pilgerschrittschweißung
step bearing Lager einer stehenden Welle, Lagerpfanne
step block abgestufter Block
step box or bearing Zapfenlager
step brass Lager einer stehenden Welle
step-by-step acting schrittweise arbeitend
step-by-step action Fortschaltung, Schritt-schaltung,Stufenwirkung, Weiterschaltung
step-by-step automatic system Schrittschalt-wählersystem
step-by-step central office Schrittschalt-wähleramt
step-by-step contact printer intermittierende Kontaktkopiermaschine
step-by-step excitation stufenweise Anregung
stee-by-step feed schrittweiser Vorschub
step-by-step office Schrittschaltwähleramt
step-by-step operation (Einzel)schrittbetrieb
step-by-step (rail) regulation stufenweise od. schrittweise Schienenregelung
step-by-step seam welding Rollenschritt-verfahren
step-by-step selection Schrittwahl

step-by-step selector Schrittschaltwähler
step-by-step starting Langsameinschaltung, schrittweise Anschaltung
step-by-step switch Schrittschalter, Schrittschaltwerk
step-by-step switchgear Schrittschaltwerk
step-by-step system Schrittschaltersystem
step-by-step telegraph Schrittschalttelegraph
step-by-step test stufenweise od. schrittweise Prüfung
step-by-step welding stufenweise Schweißung
step chuck Stufenfutter
step cone Stufenscheibe
step counter Schrittzähler
step covering Trittbrettverkleidung
step-down gearing Untersetzung eines Getriebes in kleiner Übersetzung
step-down ratio Untersetzungsverhältnis
step-down the voltage, to Spannung abstufen od. herunterdrücken
step-down, to abwärts-, herab-, heruntertransformieren
step-down transformation Abwärtstransformierung
step-down transformer Abwärtstransformator, Abwärtswandler
step effect Stufeneffekt
step fault Stufenbruch, Treppenbruch (geol)
step formation Stufenformation
step function Abwärtsübertragung, Sprungfunktion, Schrittfunktion, Treppenfunktion, Übergangsfunktion, Sprungfunktion
step function response Sprungcharakteristik, Sprungkennlinie
step grat Stufenrost, Treppenrost
step groove Stufennut
step hanger Trittbrettstütze
step height Sprunghöhe
step indicator Zahlenbügel
step jaw Stufenspannbacke
step joint stufenförmige Verbindung
step landing Stufenlandung (Wasserflugzeug)
step-landing indicator Stufenhöhenmesser
step, last letzte Stufe
step lens Stufenlinse
step light Trittbrettleuchte
step-like stufenartig
step motor Schrittmotor
step-off abspringen
step-on, to vorwärtsschalten
step or stage joint stufenförmige Verbindung
step photometer Stufenphotometer
step-recovery diode Step-Recovery-Diode
step-recovery diode to shift the phase of the microwave beam Spezialverfahren, das Speicherschaltdioden zur Phasenverschiebung des Mikrowellenstrahls verwendet
step resistance Stufenwiderstand
step response Sprungantwort, Übergangsfunktion
step section Stufenquerschnitt (Flugboot)
step switch Rasterschalter
step tapered tubing abgesetzte Rohrleitung
step, to absetzen (Spannkolben), abstufen, schrittweises fortschalten (mechanisches Zählwerk im elektronischen Schieberegister)
step, to fall out of aus dem Schritt fallen
step turning Absatzdrehen
step type transition Rechteckübergang
step-up gearing Übersetzung eines Getriebes ins Große, Eilganggetriebe
step-up in performance Leistungszunahme
step-up or step-down distance Stufung
step-up, to hinauftransformieren, hochtransformieren
step-up transformation Aufwärtstransformierung
step-up transformer Aufwärtstransformator, Aufwärtswandler
step-up transformer station Aufwärtsumspannwerk
step-variable stufenweise einstellbar
step-variable delay line stufenweise einstellbare Laufzeitkette
step wheel Schrittschaltrad
stepladder Trittleiter
steplessly variable stufenlos veränderlich
steplessly-variable speed stufenlos veränderliche Geschwindigkeit, stufenlos veränderliche Drehzahl
stepout well Felderweiterungsbohrung, Ausdehnungsbohrung auf bekannten Ölhorizont
stepp attenuator Stufenleiter
stepped abgestuft, abgesetzt (Bohrung, Bolzen, Welle)
stepped actuating drum Staffelwalze (mechanische Rechenanlage)
stepped addressing Fortschaltungsadressierung, implizite Adressierung
stepped cockpit level höhengestaffelter Tandemsitz
stepped compression ring Nasenring
stepped curve Stufenkennlinie
stepped curve distance-time protection Distanz mit Stufenkennlinie
stepped-down voltage untersetzte Spannung
stepped formation abgestufte Formation
stepped hand springender Zeiger
stepped hole abgesetzte Bohrung
stepped iron core abgestufter Eisenkern
stepped photometric absorption wedge Stufenkeil
stepped plug gauge abgesetzter Lehrdorn
stepped protection Staffelschutz
stepped-pulley drive Stufenscheibenantrieb
stepped resistance abgestufter Widerstand, Stufenwiderstand
stepped roller Stufenrolle
stepped start stop operation Start-Stop-Betrieb
stepped stud drilled abgestufte Stiftschraube mit Sicherungsloch
stepped-tone jamming Stufenmeßmarke
stepped-up combustion Zusatzverbrennung
stepped-up production beschleunigte Produktion
stepped voltage divider Schaltstufenteiler
stepped winding Treppenwicklung
stepping circuit Impulsleistung
stepping decive Fortschaltvorrichtung
stepping down (of potential gearing ect) Herabsetzung
stepping electromagnet Schrittschaltelektromagnet
stepping line Impulsleitung, Fortschaltlinie
stepping magnet Fortschaltmagnet, Schrittschaltmagnet
stepping mechanism Fortschaltwerk, Schrittschaltwerk, Schritthaltemechanismus

stepping motor drive Schrittmotorantrieb
stepping pawl Schaltwerkhebel
stepping switch Schrittwähler
stepping-switch breaker Schrittschalterunterbrecher
steps stowed inside Treppen innen gelagert
stepwise development Ausbau in Etappen
stepwise load increase stufenweisen ansteigende Last
stepwise piercing stufenförmiges Lochen (Lochpresse)(Walzwerk)(Herstellung nahtloser Rohre)
stepwise progressive switch Schrittschaltwerk
steradian Einheitsflächenwinkel, räumlicher Winkel
steradian measure Raumwinkelmaß
stereo amplifier Stereoverstärker
stereo apparatus or console Stereogerät
stereocomparator Raumbildmesser, Stereokomparator
stereogram Stereogramm
sterographic stereographisch
stereographic porjection raumbildliche od. stereographische Projektion
stereoisomer stereoisomer
stereoisomeric raumisomerisch
stereometry Stereometrie
stereopair Bildpaar, Stereobild
stereophonic plastisch hörbar, stereophonisch
stereophonic effect Raumwirkung
sterophonic film Stereophonfilm
steriophonic hearing zweiohriges Hören
sterophonic recorder stereophonisches Aufnahmegerät
stereophonic reproduction stereophonische Tonwiedergabe
stereophonic sensation räumliche Sensation
stereophonic sound effect Raumtoneffekt
stereophonic sound system stereophonische, räumliche od. stereophone Übertragungsanlage
stereophonic tape Stereophonieband
stereophonic TV sound stereophoner Fernsehton
sterophotogrammetry Stereo(photo)grammetrie
stereoplanigraph Stereoplanigraph
stereopreamplifier Raumbildmessung, Stereoverstärker
stereoradioscopy Stereodurchleuchtung
stereo record changer Stereoplattenwechsler
stereo-reflex camera Spiegelreflex-Stereokamera
stero reverberation Stereonachhall
stereoscopic körperlich od. plastisch erscheinend, stereoskopisch
stereoscopic complement Meßbildpaar
stereoscopic cover Stereobildabdeckung
stereoscopic effect Bildplastik, Raumeffekt, Raumwirkung, stereoskopische Tiefenwirkung
stereoscopic effect of image plastische Bildwirkung
stereoscopic film Stereofilm
stereoscopic fusion Verschmelzung der Halbbilder bei stereoskopischer Betrachtung
stereoscopic model Raumbild, Stereomodell
stereoscopic pair Stereobildpaar
stereoscopic photography Stereophotographie
stereoscopic picture Raumbild, Stereoaufnahme
stereoscopic plating machine Autokartograph
stereoscopic radiograph for locating defects Fehlertiefenbestimmung
stereoscopic range finder Raumbildentfernungsmesser, Stereotelemeter
stereoscopic television dreidimensionales, plastisches od. stereoskopisches Fernsehen
stereoscopic view of target Zielraumbild
stereoscopic vision räumliches od. zweiäugiges Sehen
stereoscopically covered surface stereoskopisch gedeckte Fläche
stereoscopy Stereoskopie
stereo tape recorder Stereotonbandgerät
stereotype metal Stereotypiemetall
stereotype plate block Klischee
steric arrangement of the atoms sterische Anordnung der Atome
sterile airlock sterile Luftschleuse (sp)
sterile mass taubes Mittel
sterilization dose Sterilisierungsdosis
sterilizer Entschärfungsvorrichtung (UW-M)
sterilizing device (SD) Sicherungseinrichtung (Zünder), Entschärfungseinrichtung (UW-M)
sterilizing screw Entschärferschraube (Torpedo)
stern frame or ring Heckring, Spant
stern framing Heckverstrebung
stern gas bag or cell Heckzelle
stern heavy heckschwer
stern landing Hecklandung (Wasserflugzeug)
stern light Hecklicht
stern mooring point Heckankerwerk, -spitze
stern or tail stiffening Heckversteifung
stern point or post or tip Heckspitze
stern-wards nach dem Heck zu
stern wave Heckwelle
stern-weighing device Meßgerät für Hecklast, Apparat zum Messen der Hubkraft am Heck
stern-wheel steamer Heckraddampfer
sternheavy hecklastig, schwanzlastig
steward`s call button Knopf zum Rufen des Stewards
STG short-take-off Autogyro
stick Stab, Steuerknüppel, Stock, ankleben, kleben bleiben
stick back Knüppel zurück (av)
stick bombing Bombenreihenabwurf
stick bombing correction Reihenwurfvorlage
stick control Knüppelsteuerung
stick control damper Steuerknüppeldämpfer
stick coordination Knüppelverfahren
stick damper Steuerknüppeldämpfer
stick dropping Reihenabsetzen (das)
stick electrode Stabelektrode (Schweißen)
stick-fixed stability Eigenstabilität bei festgehaltenem Steuerknüppel
stick force Knüppelkraft, Ruderkraft, Steuerkraft
stick forces Höhensteuerkräfte
stick forward Knüppel nach vorn (av)
stick-free stability Eigenstabilität bei losgelassenem Steuerknüppel
stick length Längssteuerung (eines Reihenabwurfs od. einer Springerreihe)
stick of men Springerreihe
stick on with wax, to mit Wachs aufkleben
stick position indicator Stellungsanzeiger des Steuerknüppels, Steuerknüppelstellungsanzeiger
stick pressure Steuerdruck

stick pusher Knüppeldrücker, Arbeitszylinder des Aufbäumreglers od. für die automatische Überziehsicherung, Drucksteller (regeltechn)
stick pusher actuator Arbeitszylinder des Aufbäumreglers, Drucksteller (regeltechn)
stick reversal Steuerwechsel
stick right back Knüppel an den Bauch
stick shaker Knüppelrüttler, Steuerknüppelrüttler
stick-slip Stick-Slip, ruckendes Gleiten
stick together, to zusammenkleben, zusammenhalten
stick trim lockout relay Sperrelais des Steuerknüppeltrimmschalters
stick-type incendiary bomb Stabbrandbombe
sticking Bildkonservierung, festklemmen, festkleben, haften
sticking electrode Haftelektrode
sticking of contacts Kontaktkleben
sticky limit Klebergrenze
stiction Haftreibung, statische Friktion
stiff drag brace Aussteifungsstrebe zur Aufnahme der Kräfte der Blattebene
stiff flow harter Fluß (Preßmasse), schlechter Fluß (durch Preßform)
stiffened-plate construction Plattenkonstruktion
stiffened skin panel versteiftes Hautblech
stiffener Aussteifung, Versteifung
stiffener cowl Versteifungswinkel
stiffener reinforcing web Verstärkungssteg
stiffener, ring ringförmiger Spant
stiffener tube Versteifungsrohr
stiffening bead Versteifungsknoten
stiffening corrugation Versteifungssicke
stiffening dope Spannlack
stiffening of the keel Kielversteifung
stiffening or reinforced rib Stützrippe, falsche Rippe
stiffening shoemaking Hinterkappe
stiffening structure Aussteifung
stiffening within pack body Packhüllenversteifung (Fsch), Verpackungsversteifung
stiffness Steifheit, Steifigkeit
stiffness and control adjustable Drallregelung
stiffness current Stützstrom (Kreisel)
stiffness factor Steifigkeitsfaktor
stiffness modulus Steifheitsmodul
stiffness of a material Steifheit od. Unbeweglichkeit eines Materials
stiffness motor Stützmotor (Kreisel)
stiffness of the stylus Nadelsteifheit
stiffness reactance Steifigkeitsreaktanz
stiffness test Steifigkeitsversuch, Steifeprüfung
stigmatism control Astimatismuskorrektur
still Destillationsblase, bewegungslos
still air ruhende Luft, Windstille
still picture Standphoto, Stehbild
still-picture transmission Bildtelegraphie
still tube Destillationsröhre
still-view projection attachment Diaeinrichtung
stimulated emission angeregte Strahlung (im Laser), erzwungene od. induzierte Emission, stimulierte Emission
stimulated relay angeregtes Relais
stimulating corrosion korrosionsfördernd
stimulating potential Anregungsspannung
stimulation energy Anregungsenergie
stimulation of production Anregung od. Beschleunigung der Förderung
stimuli device Anregungsgerät
stimulus Reiz, Triggerimpuls
stimulus control of behaviour Reizsteuerung des Verhaltens
stimuls of learning Lernanreiz (päd)
sting-beam antenna Nadelstrahlantenne
sting ray Nadelstrahl, scharfgebündelter Strahl
stipple Punktierung, punktieren, punktrasten
stipulated load vorgeschriebene Belastung
stipulated period of clothing Tragezeit
stipulation Bedingung, Forderung, Übereinkunft, Festsetzung, Klausel, Voraussetzung
stirr when cold, to kaltrühren
stirrer Maischegitter, Rührer (für Flüssigkeit), Rührgerät, Rührwerk
stirring ball mill Rührwerkkugelmühle
stirring device Rührvorrichtung, -werk
stirring wing Misch-, Rührflügel
stirrup Bügel, steigbügelähnlich geformtes Teil, Hakenbügel, Schubstangenbügel, Zugstangenbügel, Tragbügel
stirrup bolt Bügelschraube
stirrup gimbal Tragbügel
stirrup welding Heftschweißen, Hochfrequenznähen (pla)
STIRS (Strap-down inertial Reference System)
STIT-EUR scientific and technical information team (Europe)
stitching hook Heftklammer
stitching machine Heftmaschine
stitching wire Heftdraht
stochastic stochastisch, zufällig
stochastic analog stochastische Analogie
stochastic automaton stochastischer Automat
stochastic convergence stoachstische Konvergenz
stochastic dependence stochatische Abhängigkeit
stochastic process stochastischer Prozeß, stochastisches Verfahren, Zufallsprozeß
stochastic process, stationary stationärer od. feststehender stochastischer Prozeß
stochastic system stochastisches System od. Verfahren (päd)
stochastic variable Zufallsvariable, Zufallsgröße, stochastische Variable
stock Lager(bestand), Stangenmaterial (der noch zu zerspanenden Werkstoffe), Anleihkapital, Vorrat
stock aircraft Reihenflugzeug
stock allowance Werkstoffzugabe
stock and hand Lagervorrat
stock availability report Vorratsmeldung
stock balance Lagerbestand
stock balance and consumption report Lagerbestands- u. Verbrauchsmeldung
stock balance report card Lagerbestandskarte (Depot)
stock control level Bevorratungssoll, Sollbestand (Depot)
stock control record Lagerkontrollkarte, Lagerkontrollnachweis
stock control retention card Mindestbestands-

kontrollkarte
stock-exchange call office öffentliche Börsensprechstelle
stock fluctuation list Lagerbewegungsliste
stock fund item Warenfondartikel
stock holding company Holding-Gesellschaft
stock in trade Betriebsmaterial, Handelskapital
stock inventory Bestandsaufnahme, Bestandsinventur
stock keep Vorratslagerverwalter
stock-keeping theory Lagerhaltungstheorie
stock list Lagerliste, Versorgungskartei
stock list chart Änderung des Versorgungsartikelskatalog
stock locator card Lagerortkarte
stock number Versorgungsnummer
stock of ammunition Munitionsbestand
stock on hand am Lager vorhanden (komm)
stock of chemical defense equipment Gasschutzvorratsbestand
stock pile Vorratsreserve
stock position notice Meldung bei Erreichung der Bevorratungsrichtzahl
stock rail Backenschiene
stock receipt Lagerzugang, Wareneingang
stock record account Bestandsnachweis
stock record account number Bestandsnachweis, Dienststellennummer der Buchungseinheit, Kenntnis der bestandsnachweisführenden Dienststelle, Lagerkontennummer, Lagerkontor
stock record card Materialbestandskarte
stock record section Bestandsnachweisableitung, Lagerbuchungsabteilung
stock replenishment requisition Anforderung zur Aufhellung des Lagerbestandes, Lagerauffüllungsaufforderung
stock room designator Lagerraumcode
stock status calculation Lagerbestandsrechnung
stock status report Lagerbestandsbericht
stock stop Werkstoffanschlag
stock taking Bestandsaufnahme, Inventaraufnahme
stock template Schablone
stock, to aufbewahren, verwahren
stock, to make for auf Lager herstellen
stock, to take in auf Lager nehmen
stockage objective Bevorratungssoll, -ziel
stockbroker Effektenmakler
stockpile Lagervorrat
stockroom designator Lagerraumcode
stocks and dies Gewindeschneidzeug (Kluppen mit Schneidbacken)
stockwidth Vorratsmenge
"stoeckert" stumpfschweißen
stoichiometric impurity stoichiometrische Verunreinigung
stoichiometric ratio stoichiometrisches Verhältnis
stoichiometric temperature (deployed at maximum reheat thrust) stoichiometrische Temperatur (die bei maximalem Nachbrennschub entsteht)
stoichiometry Stoichiometrie
stoker Rostbeschicker
stoker coaling equipment Kohle(n)beschickungsvorrichtung
Stokes law or rule Stockes'sches Gesetz od. Regel
STOL (short take-off and landing) Kurzstart u. Kurzlandung
STOL aircraft for take-off of less than 1000 ft. The fixed wind turboprop fits this category. STOL-Flugzeuge für Startstrecken von weniger als 300m Länge, wie Starrflügler mit Propellerturbinen
STOL-aircraft for take-off of 1 500 to 2000 ft. The fixed wing turbofan aircraft fits this category. STOL-Flugzeuge für Startstrecken zwischen 450 u. 600 m. Dieser Kategorie würden Starrflügler mit Zweikreisstrahltriebwerken entsprechen.
STOL capability STOL-Fähigkeit
STOL characteristics, to test (the HTTB is geting a droop wing leading edge, fast-acting double-slotted flaps, wing spoilers, extended chord rudder and ailerons, plus a high-sinkrate undercarriage) Zur Erprobung der STOL-Eigenschaften erhält der HTTB nach unten gezogene Flügelvorderkanten, schnell ausfahrbare Doppelspaltklappen und Störklappen an den Tragflügeln, Seiten- und Höhenruder mit verlängerter Profilsehne und ein für hohe vertikale Aufsetzgeschwindigkeiten ausgelegtes Fahrwerk
STOL flight regime STOL-Flugzustand
STOL port STOL-Flughafen, STOL-Piste
STOL research program STOL-Forschungsprogramm
STOL runway STOL-Bahn
stone bolt Steinschraube
stone-bridge Steinbrücke
stone-cutting saw Steinsäge
stone drill Mauerbohrer, Steinbohrer
stone insulator Steingutisolator
stone jack Steinbruchwinde
stone oil Bergöl, Steinöl
stone powder Gesteinsmehl
stone stud Eckpfeiler
stoner (taining) Abbimser
stool Anhalten, Anschlag, Begrenzungsanschlag, Stillstand, Zwischenlandung, Blendenzahl (Foto), Einhalt, Halt, Hubbegrenzungsanschlag
stop a leak, to Leck abdichten
stop an engagement, to Gefecht abbrechen
stop an engine Motor abstellen
stop and blinker lamp Brems- u. Blinkleuchte
stop and check valve Absperrventil mit automatischer Schließung
stop arm Absperrhebel, Anschlagarm
stop assembly (trim actuator) Begrenzungshülse (Querruder-Trimmversteller)
stop, automatic automatischer Stop (festverdrahtet)
stop band Sperrbereich, -bezirk
stop bar Arretier(ungs)stange
stop bit Sperrschritt, Stoppbit
stop block Anschlagschraube, Anschlagstück, Haltebolzen
stop bush Anschlagbuchse
stop button Stopptaste, Schnellstopraster
stop, by undercarriage-operated fahrwerkbetätigter Anschlag
stop cam Sperrnocken

stop-cam disc Sperrnockenscheibe
stop clock Stoppuhr
stop cock Absperrhahn
stop-cocking an oil well stoßweises springen lassen einer Ölbohrung
stop code Haltecode, Leserstopp, Stoppcode
stop collar Anschlagring
stop condition Haltebedingung, Stoppbedingung
stop, conditional bedingter Stoppbefehl
stop distance Stoppweg (Magnetband)
stop dog Anschlagbolzen, -nocke, Schaltknagge, verstellbarer Begrenzungsanschlag
stop down, to abblenden
stop drilling of cracks Abbohren von Rissen
stop edge Stoppflanke
stop element Sperrschritt, Stoppschritt (Zeichen)
stop end of the runway Stoppende der Piste od. Start- u. Landebahn (D)
stop for non-traffic purposes nichtgewerbliche Landung
stop, hard harter Stopp
stop impulse or signal Halteschritt
stop instruction Stoppanweisung, -befehl, Programmstoppbefehl, Zwischenstoppbefehl
stop lamp Bremsleuchte
stop lamp bulb Bremslichtglühlampe
stop lamp pull switch Bremslichtzugschalter
stop lamp switch Bremslichtschalter
stop lever Arretierhebel
stop light Bremslicht, Stopplicht, Halteschlußleuchte, Stoppleuchte
stop light switch Brems-, Stopplichtschalter
stop location Ausschalt(e)punkt
stop location or register Raststellung
stop log Dammbalken
stop-log dam Dammwehr
stop maximum vane deflection Ruderanschlag
stop, memory fault Speicherfehlerhalt
stop nut Anschlagmutter, selbstsicherende Mutter, Nietmutter, Stoppmutter
stop-off Zwischenaufenthalt
stop-off, to abdecken, maskieren
stop on torque tube arm Anschlag auf der Mitnehmertraverse
stop or chocking block Hemmschuh
stop-over Zwischenlandung
stop pawl Sperrklinkenhebel
stop period Sperrdauer, Stoppdauer
stop pin Anschlagbolzen, Anschlagstift, Klebestift, Sperrstift
stop plate Schlagplatte
stop plug Steckblende
stop point of the beam Endlage des Schreibstrahls (einer Kathodenstrahlröhre)
stop-polarity element stoppolarer Schritt
stop-polarity pulse stoppolarer Stoß
stop program for central units Ausschaltprogramm für zentrale Einheiten
stop, programmed programmierter Stopp
stop, roll to a ausrollen
stop screw Anschlag-, Arretierschraube
stop signal Haltsignal, Haltezeichen, Stoppsignal, Stoppzeichen
stop, single-lenght...pulse einfacher Sperrschritt
stop sleeve Anschlagmuffe, Anschlaghülse
stop slot Begrenzungsschlitz
stop, soft weicher Stopp
stop spring Rast(er)feder
stop-start solid propulsion ein- und ausschaltbarer Feststoffantrieb (Flugkörper)
stop statement Stoppanweisung, Stoppbefehl (FORTRAN, COBOL)
stop step Sperr-, Stoppschritt (Fschr)
stop stud Anschlagstift
stop switch Abstellschalter
stop tail lamp Bremsschlußleuchte
stop tail number plate lamp Bremsschluß-Kennzeichenleuchte
stop the engine, to den Motor abstellen
stop time Haltezeit, Stoppzeit
stop transition Stoppflanke
stop valve Absperrventil
stop valve of a boiler Absperrventil eines Dampfkessels
stop-watch Stoppuhr
stop, to abstellen, anhalten, arretieren, abbremsen, ruhigstellen
stope out, to stoßweise abbauen
stope underhad, to einen Strossenstoß abbauen
stopover Reiseunterbrechung
stoppage (caused by broken cartridge) Hülsenreisser
stoppage in loading Ladehemmung, Ladeströmung (mech)
stopped rotor Stillsetzrotor
stopped section Schutzblockstrecke
stopped section circuit Stromkreis der Schutzblockstrecke
stopper Stopper, Propfen, Stöpsel, Störbefreiungsdrossel
stopper circuit Sperrkreis
stoppered centrifuge tube Zentrifugenglas mit Stopfen (Analyse)
stopping cross section Bremsquerschnit
stopping down of image of crystal Abblendung des Kristallbilds
stopping equivalent bremsäquivalent
stopping lever Arretierhebel
stopping number Arretierzahl, Bremszahl
stopping of the engagement Kampfabbruch
stopping-off Abdecken
stopping place at driveways Halteplatz an Vorfahrten
stopping place for public local traffic Halteplatz für öffentlichen Nahverkehr
stopping potential Bremspotential
stopping power Bremskraft, Bremsvermögen
stopway Stoppfläche (AGA./OPS)(Oe), Stoppbahn (AGA)(D)
stopway day marker Stoppbahnmarker, Stoppflächenmarker
stopway lighting or lights Stoppbahnbefeuerung, Stoppflächenbefeuerung
storage Einlagerung, Lagerung, Speicher, Speicherung
storage access Speicherzugriff
storage accumulator house Sammlergehäuse, Akkumulatorgehäuse
storage, acoustic akustischer Speicher
storage, active Aktivspeicher, aktiver od. betätigter Speicher
storage, additional core zusätzlicher Kernspeicher
storage address Speicheradresse

storage address counter Speicheradressenzähler
storage address dial switch Adressenwahlschalter
storage address select register Speicher-Adressenauswahlregister
storage, addressable adressierbarer Speicher
storage allocation Speicherplatzzuteilung, Speichervemittlung, Speicher(platz)zuweisung, Zuteilung des Speicherplatzes, Speicherverteilung, Speicherzuordnung
storage and production of statistics from traffic data Speicherung u. statistische Auswertung der Flugdaten
storage area Speicherbereich, -feld, Speicherabschnitt
storage area associated with the buffer pufferproportionaler Speicherabschnitt od. Speicherbereich
storage arrangement Speicheranordnung
storage assignment Speicherplatzzuweisung, Speicherplatzzuteilung, Speicherverteilung, Speicherzuordnung
storage assignment counter Speicherzuordnungszähler
storage, associative assoziativer od. inhaltsadressierter Speicher, Assoziativspeicher
storage, backing Ergänzungsspeicher, Hilfsspeicher, Hintergrundspeicher
storage bag for helicopter Schutzhülle für Hubschrauber
storage batteries Akkumulatoren
storage battery Akkumulator(batterie), Sammler, Sammelspeicher (dig), Kraftspeicher, Sekundärspeicher
storage battery acid Akkumulatorsäure
storage battery cell Platten(ein)satz
storage battery plate Sammlerplatte
storage battery, secondary Akkumulatorbatterie, Stromsammler
storage bin Behälter für Schleifen von Magnetbandgeräten (dig)
storage block Speicherblock
storage, buffer Puffer(speicher)
storage bulb Aufbewahrungskolben
storage, bulk Großraumspeicher
storage cabinet Aufbewahrungsschrank, Speicherschrank
storage camera Speicherkamera
storage camera tube Bildspeicherröhre
storage canal Aufbewahrungskanal
storage, capacitor Kondensatorspeicher, kapazitiver Speicher
storage capacity Lagerkapazität (Depot), Lagerungsvermögen, Lagerungsfähigkeit, Speichergröße, -kapazität
storage cave or container Vorratsbehälter
storage cell Akkumulatorzelle, Sammlerzelle, Speicherelement, Speicherzelle, Speichereinheit
storage change-over routine Speicherumschalteroutine
storage charges Lagergebühren
storage, circulating Umlaufspeicher
storage, coincident-current Koinzidenz-(strom)speicher
storage, content-addressed assoziativer od. inhaltsadressierter Speicher, Assoziativspeicher
storage control Speichersteuereinheit
storage core Speicherkern
storage, core (Magnet)kernspeicher
storage cost Lagerkosten, Speicherkosten
storage crane Lagerkran
storage, cryogenic Kryogenspeicher, kryogenischer Speicher, Supraleitungsspeicher
storage cycle Speicherzyklus
storage, cyclic Umlaufspeicher
storage dam Staudamm
storage, data Datenspeicher
storage, data-position Datenspeicherplatz
storage data register Speicherdatenregister
storage, delay-line Laufzeitspeicher
storage density Aufzeichnungsdichte (EDV), Speicherdichte (dig)
storage depreciation Leistungsverminderung durch Lagerung
storage device Speichervorrichtung
storage dolly Lagerkarren
storage drum Speichertrommel
storage, drum Magnettrommelspeicher, Trommelspeicher
storage dump Speicherabzug, -ausdruck, Speicherauszug
storage, dynamic dynamische(r) Speicher(ung)
storage economy Wirtschaftlichkeit der Speicherung (edv)
storage efficiency Speicherausnutzung
storage, electrolytic elektrolytische(r) Speicher(ung)
storage, electrostatic elektrostatische(r) Speicher(ung) Ladungsspeicher
storage element Speicherelement, -zelle
storage entry Speichereingabe
storage, erasable löschbarer Speicher
storage expenses Lagerkosten
storage, external externer od. äusserer Speicher, Aussenspeicher
storage facility Aufbewahrungsanlage, Lagerungsmöglichkeit
storage, factor Faktor(en)speicher
storage, fast Schnellspeicher, Speicher mit schnellem Zugriff, Schnellzugriffsspeicher
storage, fast-access Schnellspeicher, Speicher mit schnellem Zugriff, Schnellzugriffsspeicher
storage, ferromagnetic ferromagnetischer Speicher
storage, fixed Fest(wert)speicher, Totspeicher
storage, flip-flop Flip-Flop-Speicher, Merkkippstufe
storage, Forester-Haeff Forester-Haeffspeicher
storage, general Arbeits-, Haupt-, Primärspeicher
storage hierarchy Speicherhierarchie
storage, high-speed Schnell(zugriffs)speicher, Speicher mit schnellem Zugriff
storage, immediate-access Speicher mit kurzem Zugriff, od. kurzer Zugriffszeit, Speicher mit unmittelbarem Zugriff
storage input Speicheraufnahme, -eingabe
storage, input Eingabe-, Einlesespeicher
storage, input buffer Eingabepuffer(speicher), Lesepufferspeicher
storage, input/output buffer Eingabe-/Ausgabe-Pufferspeicher, Ein-/Ausgabepuffer

storage input/output control Speicher-Ein/ Ausgabesteuerung (SEAS)
storage, intermediate schneller Hilfsspeicher, Notizblockspeicher, Zwischenspeicher
storage, internal innerer od. interner Speicher, Zwischenspeicher
storage key Speicherschlüssel
storage location Speicheradresse, -platz, Speicherstelle, -zelle
storage loss Speicherverlust, Standverlust
storage, low access Speicher mit geringer Zugriffszeit
storage, magnetic-card Magnetkartenspeicher
storage, magnetic core (Magnet)kernspeicher
storage, magnetic disk (Magnet)plattenspeicher, Scheibenspeicher
storage, magnetic drum (Magnet)trommelspeicher
storage, magnetic film Magnetfilmspeicher
storage, magnetic tape (Magnet)bandspeicher
storage, magnetic wire Magnetdrahtspeicher
storage main Arbeits-, Hilfs-, Primärspeicher
storage mark Speichermarke
storage, mass Großspeicher
storage, mass...device Großspeichergerät
storage, matrix Matrizenspeicher, Matrixspeicher
storage matrix Speichermatrix
storage medium Datenträger, Informationsträger, Speichermedium (dig)
storage medium access Speicher mit mittlerer Zugriffszeit
storage, mercury Quecksilberspeicher
storage, n-core-per-bit Speicher mit N-Kernen pro Bit
storage, nonvolatile energieunabhängiger od. permanenter Speicher, Dauerspeicher, Energieverlust-Speicher, Strukturspeicher
storage occupancy table Speicherbelegungsliste, -tabelle, Speicherfreiliste
storage of energy Energiespeicherung
storage, off-line rechnerunabhängiger Speicher
storage, on-line rechnerabhängiger Speicher
storage operation Speicheroperation (ein- od. ausspeichern von Daten)
storage or store for building materials Baumateriallager
storage, output buffer Ausgabepuffer(speicher)
storage, parallel parallele Speicherung, Parallelspeicher, Parallelspeicherung
storage, parallel search assoziativer od. inhaltsadressierter Speicher, Assoziativspeicher
storage period Speicherungszeitraum
storage, peripheral peripherer Speicher
storage, permanent energieunabhängiger od. permanenter Speicher, Dauerspeicher, Strukturspeicher
storage, photographic fotographischer Speicher, Filmspeicher
storage plate Speicherplatte
storage position Speichereinheit, -zelle für Daten
storage power station Speicherkraftwerk
storage, primary Arbeits-, Haupt-, Primärspeicher
storage principle Speicherverfahren
storage, print Druckspeicher
storage print program Speicherabzugsprogramm, Speicherausdruckprogramm, Speicherdruckroutine
storage processing Bearbeitung des Materials für die Lagerung, Speicherverfahren
storage, processor Arbeits-, Haupt-, Primärspeicher
storage, program Programmspeicher
storage program Speicherprogramm
storage property or stability Lagerfähigkeit
storage, protected address geschützter Adressenspeicher
storage, protected...area geschützter Speicher(bereich)
storage protection (Hauptspeicher-)Schreibsperre, Speicherschutz
storage protection key Speicherschutzschlüssel, Bereichsschutzschlüssel, Speicherschlüssel
storage punch exits Ausgangsbuchsen für Speicherablochung (lo)
storage, push-down Keller-, Stapelspeicher
storage, quick-(access) Schnell(zugriffs)speicher, Speicher mit schnellem Zugriff
storage, random-access Randomspeicher, Speicher mit direktem od. wahlfreien Zugriff
storage, rapid Schnell(zugriffs)speicher, Speicher mit schnellem Zugriff
storage, rapid-access Speicher mit kurzem od. unmittelbarem Zugriff
storage, read buffer Eingabepuffer(speicher), Lesepufferspeicher
storage, read-only Fest(wert)speicher, Totspeicher
storage reference "Nachsehen" im Speicher, Bezugnahme auf eine Vergleichsinformation im Speicher
storage, regenerative regenerativer Speicher, Regenerationspeicher
storage register Speicherregister, -zelle
storage, register Registerspeicher
storage, relay Relaisspeicher
storage request enqueuing Einstellen von Hauptspeicheranforderung in Warteschlangen
storage requirement Speicherbedarf (für Daten)
storage scan Speicherprüfung, Speicherabsuchen, Speicherabtastung
storage, score Auswertespeicher, Speicher für Auswertung
storage section Speicherabschnitt, -bereich
storage selection register Speicherauswahlregister
storage selector Speicherselektor, Speicherauslesekopf, Speicherwähler
storage, sequential access Speicher mit sequentiellem Zugriff
storage, serial Serienspeicher(ung)
storage, shared gemeinsam genutzter Speicher, anteilig besetzter Speicher
storage, slow access Speicher mit hoher od. langer Zugriffszeit, langsamer Speicher
storage snapshot Speicherprotokoll, Kernspeicherprotokoll, Kernspeicherteilauszug
storage space-heater elektrischer Speicherofen
storage space utilization and occupancy report Bericht über Lagerbelegung u.

Lager(raum)ausnutzung
storage stability Lagerfähigkeit
storage, static statische(r) Speicher(ung)
storage stock Lagervorrat
storage surface Lagerplatz, Speicherfläche
storage swapping Programm- u. Datenaustausch zwischen Massen- u. Kernspeicher
storage tank Aufspeicherungsbehälter, Vorratstank, Zisterne, Lagerbehälter, Sammeltank
storage tank farm Lagertankgruppe
storage temperature Lager(ungs)temperatur, Transporttemperatur
storage temperature range Lagerungstemperaturbereich
storage, temporary Zwischenspeicher, schneller Hilfsspeicher, Notizblockspeicher, Zwischenspeicherung
storage test Lagerfähigkeitsprüfung, Speicherprobe
storage test control Speicherteststeuerung (STS)
storage test routine Speicherprüfroutine
storage, thin film Dünnfilm(schicht)speicher
storage transmitter Speichergeber, -sender
storage tube Speicherröhre (dig)
storage-tube defruiter Gerät zur Unterdrückung nicht synchroner Antworten mittels Speicherröhre
storage-tube type bright display Tageslichtdarstellungsgerät-Speicherbildröhre
storage-type camera tube Bilspeicherröhre
storage unit Speichereinheit, -element, Speicherwerk, -zelle, Lagereinheit (Depot)
storage unit attachment Anschluß für Plattenspeicher
storage unit, core Kernspeichereinheit
storage unit, disk Plattenspeichermodul
storage utilization Speicherausnutzung
storage, volatile energieunabhängiger od. nichtpermanenter Speicher
storage volume control, mass Massenspeicherdatenträger-Steuerung, MSVC
storage word Speicherwort
storage, word-organized Speicher mit Wortstruktur, wortorganisierter Speicher
storage, word-structured Speicher mit Wortstruktur, wortorganisierter Speicher
storage, working Arbeits-, Haupt-, Primärspeicher
storage, zero-access Schnell(zugriffs)speicher, Speicher mit schnellem Zugriff
storage zone Speicherzone
store Lager(ung), Magazin, Speicher
store accounting Lagerbuchführung
store, acoustic akustischer Speicher
store, active Aktivspeicher, aktiver Speicher
store, addressable adressierbarer Speicher
store, associative Assoziativspeicher, assoziativer od inhaltsadressierter Speicher
store, auxiliary Ergänzungs-, Hilfs-, Hintergrundspeicher
store away, to "abspeichern", speichern
store, backing Ergänzungs-, Hilfs-, Hintergrundspeicher
store, beam Strahlspeicher
store, buffer Puffer(speicher)
store, bulk Großraumspeicher
store, capacitor kapazitiver Speicher, Kondensatorspeicher
store character (instruction) Speicherzeichen (Befehl)
store check Speicherprüfung
store, circulating Umlaufspeicher
store, coincident-current Koinzidenz(strom)-speicher
store, computing Arbeits-, Haupt-, Primärspeicher
store, core (Magnet)kernspeicher
store, cryogenic Supraleitungsspeicher, Kryogenspeicher, kryogenischer Speicher
store, cyclic Umlaufspeicher
store, delay-line Laufzeitspeicher
store, disk (Magnet)plattenspeicher, Scheibenspeicher
store, drum (Magnet)trommelspeicher
store, dynamic dynamischer Speicher
store, electrolytic elektrolytischer Speicher
store, electrostatic elektrostatischer Speicher, Ladungsspeicher
store, erasable löschbarer Speicher
store, expanded control Mikroprogrammspeichererweiterung
store, external Aussenspeicher, externer Speicher
store, fast Schnell(zugriffs)speicher, Speicher mit schnellem Zugriff
store, ferromagnetic ferromagnetischer Speicher
store, file Dateispeicher
store, fixing Fest(wert)speicher, Totspeicher
store, flying spot Bildröhrenspeicher
store, general Arbeits-, Haupt-, Primärspeicher
store halfword speichern "Halbwort" (Befehl)
store heat, to Wärme speichern
store, high-speed Rapidspeicher, Schnell(zugriffs)speicher, Speicher mit schnellem Zugriff
store human energy menschliche Energie (auf)speichern
store, immediate-access Speicher mit kurzer Zugriffszeit, Speicher mit unmittelbarem Zugriff
store, input Eingabe-, Einlesespeicher
store, input buffer Eingabepuffer(speicher), Lese(puffer)speicher
store instruction Abspeicherbefehl
store, intermediate Notizblockspeicher, schneller Hilfsspeicher, Zwischenspeicher
store, internal interner od. innerer Speicher, Zentralspeicher
store long speichern "Lang" (Befehl)
store, magnetic core (Magnet)kernspeicher
store, magnetic disc (Magnet)plattenspeicher, Scheibenspeicher
store, magnetic drum (Magnet)trommelspeicher
store, magnetic film Magnetfilmspeicher
store, magnetic tape (Magnet)bandspeicher
store, magnetic wire Magnetdrahtspeicher
store management Außenlastenmanagementsystem (av)
store, matrix Matrizen-, Matrixspeicher
store medium access Speicher mit mittlerer Zugriffszeit
store, mercury Quecksilberspeicher

store module Speichermodul (av)
store, n-core-per-bit Speicher mit N-Kernen pro Bit
store, nesting Keller-, Stapelspeicher
store, nonvoltatile Dauerspeicher, energieunabhängiger od. permanenter Speicher, Strukturspeicher
store or storage cell Lagerkeller
store, output buffer Ausgabepuffer(speicher)
store, parallel Parallelspeicher
store, peripheral peripherer Speicher
store, permanent energieunabhängiger od. permanenter Speicher, Dauerspeicher, Strukturspeicher
store plate Herdplatte
store, push-down Keller-, Stapelspeicher
store, random-access Randomspeicher, Speicher mit direktem od. wahlfreien Zugriff
store, rapid Schnell(zugriffs)speicher, Speicher mit schnellem Zugriff
store, rapid-access Speicher mit kurzer Zugriffszeit, Speicher mit unmittelbarem Zugriff
store, read-only Fest(wert)speicher, Totspeicher
store, regenerative Regenerationsspeicher, regenerativer Speicher
store register Speicherregister
store, relay Relaisspeicher
store room Lagerraum
store scratch pad Speichern aus Zwischenspeicher (Befehl)
store, secondary Ergänzungs-, Hilfs-, Hintergrundspeicher
store, serial Serienspeicher
store-service abschnittweise Datenverarbeitung
store short Speichern "kurz" (Befehl)
store, slow Speicher mit hoher od. langer Zugriffszeit, langsamer Speicher
store, slow access Speicher mit langer od. hoher Zugriffszeit, langsamer Speicher
store, static statischer Speicher
store, temporary Notizblockspeicher, schneller Hilfsspeicher, Zwischenspeicher
store, thin film Dünnfilm(schicht)speicher
store, to einspeichern, lagern, speichern
store-to-line transfer Ausspeicherungseinrichtung (in elektronischer Speichervermittlung)(dig)
store together, to gemeinsam speichern
store-up, to aufspeichern
store, volatile energieabhängiger od. nichtpermanenter Speicher
store word Speichern "Wort" (Befehl)
store, word-organized Speicher mit Wortstruktur, wortorganisierter Speicher
store, word-structured Speicher mit Wortstruktur, wortorganisierter Speicher
store, working Arbeits-, Haupt-, Primärspeicher, Speicher mit Arbeitsgang
store, zero-access Schnell(zugriffs)speicher, Speicher mit schnellem Zugriff
stored control gespeicherter Steuerungsablauf
stored correction eingespeicherter Korrekturwert
stored-energy striker vorgespannter Schlagbolzen (Zünder)
stored-energy welding Speicherenergieschweißen
stored failure information gespeicherte Fehlinformation
stored impulse automatic telephone system Selbstanschlußsystem mit Stromstoßempfänger
stored in bottle Speicherflasche
stored missile gelagerter Flugkörper
stored nitrogen pressure Druckgas (Stickstoff)
stored program gespeichertes Programm
stored-program computer Rechenanlage mit gespeichertem Programm (dig), speicherprogrammierte Datenverarbeitungsanlage od. Rechenanlage, speicherprogrammiertes Rechengerät
stored program control speicherprogrammierte Steuerung
stored program controlled private telephony and message and data switching speicherprogrammierte Fernsprechnebenstellenanlage sowie Nachrichten u. Datenvermittlungsnetz
stored standby frequency gespeicherte Ausweichfrequenz
stored steady state gespeicherter stabilisierter Betriebszustand (av)
storehouse Depot
stores Versorgungsgüter (Marine), Vorräte
stores and internal transport Lagerung u. Materialtransport
stores ledger Lagerbuch (komm)
stores list Bordvorratsliste
stores management system Außenlastenmanagementsystem, Waffenmanagementsystem (Überwachungssystem)
storing equipment Lagereinrichtung
storing pin wheel Speicherscheibe
storm schwerer Sturm (Beaufortskala)
storm and turbulence areas Gewitter- u. Turbulenzzonen
storm area Sturmzone
storm cloud formation Sturmtief (meteo)
storm detector radar Sturmradar
storm direction finder Gewitterpeiler
storm-guyed pole Linienfestpunkt
storm light Gewitterleuchte
storm tracker Unwettermelder
storm warning Gewitter-, Sturmwarnung
storm-warning radar Sturmwarnradar
storm warning service Sturmwarnungsdienst
storm warning signal Sturmwarnzeichen
storm warning station Sturmwarn(ungs)stelle
stormy weather stürmisches Wetter
stove bolt Herdschraube
stove castings Ofenguß
stove distillate Heizöldestillat
stove-enamel ofenlackieren (mit glänzendem Lack)
stove pipe genietete Futterrohre u. Verrohrung
stove varnish Einbrennfirnis, Einbrennlack
STOVL demonstrator using an ejector-lift and vectored-thrust (ELVT) configuration STOVL-Erprobungsträger mit Ejektordüse und Schubvektorsteuerung
STOVL powerplant Triebwerk für STOVL-Flugzeug

stow eingezogene Schlaufe (Fsch)
stow away the roof, to nachreißen
stow hook Packhaken (Fsch)
stowage chart LKW-Beladeplan
stowage chart for vehicle Beladeplan
stowage for automatic pilot Raum für automatische Steuerung
stowage or packing box Verpackungskiste
stowage or packing tube Verpackungsrohr
stowed length Staulänge
stowed-rotor convertiplane Verwandlungsflugzeug mit Einziehrotor
stowing device for bombs Tragevorrichtung für Bomben
stowing loop reinforcing panel Verstärkungsunterlagen für Schaufeln (Fsch)
stowing plan Beladungsplan
stowing the canopy Spreizdübel
stradding dowl Spreizdübel
straddle milling gleichzeitiges Fräsen einer oberen Fläche u. der zwei angrenzenden Seitenflächen mittels eines aus einem Walzenfräser u. zwei Scheinfräsern bestehenden Satzfräsers, Planfräsen mit Satzfräsern
straddle wrench Gabelstiftschlüssel
strafe, to unter Feuer nehmen
strafing assault or attack Bordwaffenangriff
straggling Schwankung, Streuung
straight amplifier Geradeausverstärker
straight and level flight horizontaler od. waagerechter Geradeausflug
straight aviation gasoline reines Benzin (ohne Bleizustatz)
straight-back saw Säge mit geradem Rücken
straight banks unverschränktes Kontaktvielfachfeld
straight-bore stopcock Absperrhahn mit gerader Bohrung
straight carbon steel gewöhnlicher Kohlenstoffstahl
straight-chain molecule geradkettiges Molekül
straight circulation of the mud direkte Spülung
straight coupling rohrgerade Muffe
straight course gerader Kurs, Geradeauskurs
straight cut control Streckensteuerung
straight edge Abstreichlineal, Reißschiene, Richtscheit, Richtlineal, Schießlineal
straight edge cast iron Abrichtlineal
straight-eight engine Achtzylinder-Reihenmotor
straight ended cone konische Kreuzspule mit Präzisionswicklung
straight electrical connector plug gerader Stecker
straight engine Reihenmotor
straight filament gestreckter od. glatter Leuchtdraht
straight flat-lap weld durchlaufende, leichte Kehlnaht, Kehlnaht eines überlappten Stoßes
straight-flange beam Parallelflanschträger (Walzstahlprofil)
straight flight Geradeausflug
straight-flow double-compound unit Einkreis-Doppelverbundmaschine
straight-flow turbojet Einkreis-TL-Triebwerk
straight-flute drill Bohrer mit geraden (nicht schraubenförmig gewundenen Spannuten)
straight flutes achsenparalle Zähne
straight gang punching direktes Stanzen
straight grained längsgefasert
straight hole drilling Herunterbringen gerader Bohrlöcher
straight hole packer zylindrischer Bohrlochpacker
straight i-f rejection ZF-Durchschlagfestigkeit
straight in approach Anflug aus direktem Anflugkurs
straight in approach Anflug ohne Verfahrenskurve, Direktanflug, Geradeausanflug
straight-in penetration procedure Geradeausdurchstoßverfahren
straight jet Einstromtriebwerk, TL-Triebwerk (Gegensatz zu PTL-Triebwerk)
straight jet engine Einstromtriebwerk, TL-Triebwerk (Gegensatz zu PTL-Triebwerk)
straight knurled handle Rändelgriff
straight laminar flow by means of a light suction (pressure) Grenzschicht durch Schlitze absaugen
straight length Baufluchtlinie
straight-line Gerade, gerade Linie
straight line capacitance capacitor kapazitätsproportionaler Kondensator
straight line capacitance plate kapazitätslinear geschnittene Platte
straight-line capacity condenser kapazitätsgerader Kondenator
straight line chart Flucht(en)tafel, Fluchtlinientafel
straight line coding lineare Codierung
straight line detector linearer Gleichrichter
straight line distance gerade Entfernung, Luftlinienentfernung
straight line fit geradlinige Anordhung
straight line-frequency capacitor frequenzgerader Kondensator
straight line-frequency plates frequenzlineare Platten
straight-line interpolation lineare Interpolation (math)
straight-line lapping Läppen mit geradliniger Hin- u. Herbewegung des Läppwerkzeugs
straight line of infinity unendlichferne Gerade
straight-line-path landing Geradeweglandung
straight-line proportion direkt proportional
straight-line relationship geradlinige Beziehung (Schaubild)
straight-line wave condenser wellengerader Kondensator
straight-line wavelength capacitor wellengerader Drehkondensator
straight line-wavelength plate wellenlängenlineares System
straight multiple gerade Vielfachschaltung
straight on angle shot Waagerechtaufnahme
straight pin Zylinderstift
straight pole brace gerader Riegel
straight portion of the characteristic gerader Teil der Kennlinie
straight receiver Geradeausempfänger

straight-run fuel einfach destilliertes (nicht gekraktes) Benzin
straight-run gasoline klares unverfälschtes Gasolin
straight scanning fortlaufende Bildabtastung
straight-sided mit geradlinigen Seiten
straight slotting geradlining Stoßen (w)
straight spar Balkenholm
straight square hole gerades Vierkantloch
straight steel gewöhnlicher od. einfacher Kohlenstoffstahl
straight stitching needle Abheftnadel
straight tab gerade Vorkammer
straight-tab gating Vorkammerverfahren
straight-through reactor Durchlaufreaktor
straight-through receiver Geradeausempfänger
straight-through shaft durchgehende Welle
straight trajectory Sprengpunktentfernung
straight-type cable Papier-Hochspannungskabel
straight vacuum forming Vakuumsaugverfahren (pla)
straight wiring waagerechte Gruppierung, Geradeausgruppierung
straight yaw-off heftiges Gieren
straighten gerade Richten (bei Landung)
straighten a pole, to eine Stange ausrichten
straighten out, to abfangen (bei Landung)
straightened border Randversteifung
straightener Gleichrichter (Prüfstand)
straightening anvil Richtamboß
straightening of wire recken des Drahtes
straightening tongs Richtzange
straightforward circuit richtungsbetriebene Leitung
straightforward experiment einfacher Vorschub
straightforward patent application Patentanmeldung von gewöhnlichem Umfang
straightforward procedure einfaches Verfahren
straightway steam cock Dampfdurchgangshahn
strain 1. Spannung bei der eine bleibende Verformung auftritt, 2. diese Verformung selbst dient als Dehnung od. Stauchung
strain a line, to eine Leitung anspannen
strain-age hardening Reck-, Stauchalterung
strain aging Reck-, Stauchalterung
strain deviator Verzerrungsdeviator
strain ellipsoid Deformationsellipsoid
strain energy Formänderungsarbeit
strain-free glass spannungsfreies Glas
strain ga(u)ge Dehnungsmesser, Dehnungsmeßstreifen
strain gauge accelerometer Dehnungsmeßstreifenbeschleunigungsmesser
strain gauge transducer Meßgeber mit Dehnungsstreifen
strain ga(u)ging Spannungsfeldabtastung, Spannungsfeldmessung
strain harden, to aufhärten (Kaltverformung)
strain hardening Kaltverfestigung, Verfestigung durch Recken
strain insulator Sattelisolator, Spannisolator, Abspannisolator
strain mast Abspannstange
strain measurement Spannungsmessung
strain measuring instrument Dehnungsmesser
strain off, to (by sieve) abfiltern
strain on pole Gestängebelastung, Holmbeanspruchung
strain path Verformungsweg
strain rate Dehungsgeschwindigkeit, Verformbarkeitsgeschwindigkeit
strain relief Beseitigung von Eigenspannung durch Erwärmung
strain relieving notch spannungsvermindernde Kerbe (Entlastungskerbe)
strain resistance Knick-, Bruchfestigkeit
strain screen Siebeinsatz
strain sensor Dehnungsmeßstreifen
strain-stress relation Dehnungs/Spannungsbeziehung
strain tensor Verformungstensor, Dehnungstensor, Verzerrungstensor
strained ring gespannter Ring
strained structure Struktur der Kaltreckung
strained suspension Spannbandaufhängung
strainer Ankerspanner, Ansaugkorb, Durchguß, Durchschlag, Filter(einsatz), Reiniger, Saugkorb, Siebeinsatz, Spanner, Spannklemme, Knotenfänger, Filtriertrichter
strainer body Siebgehäuse
strainer bow Schmutzabscheidegehäuse
strainer screen Siebeinsatz
straining chain Abspannkette
straining clamp Abspannklemme
straining strap Ziehband
strainless spannungsfrei
strake Zusatzfläche (AC)
strand Kabelader, Kabellitze, Seillitze, Strang, Strähne, Kabeldrahtseil, Kaliberstreckgerüst
strand of chain Kettenstrang
strand of rolls Walzenstrecke
strand, to verlitzen, verseilen
stranded cable verseiltes Kabel
stranded conductor mehrdrahtiger Leiter (Kabel)
stranded copper wire Kupferlitze
stranded hook-up wire Schaltlitze
stranded together verlitzt, zusammengedreht
stranded wire Aderlitze, Drahtbündel, gelitzter Draht, Hochfrequenzlitze, Litzendraht, unterteilter Draht
stranded wire cable vielsträhniges Drahtkabel
stranded wire coil Litzenspule
stranded wire line verkabelte Leitung
stranding Verlitzung
stranding lay Verseilung
stranding machine Litzenmaschine, Verlitzmaschine
stranding or laying up machine Verseilmaschine
stranding roll Kaliberstreckwalze
strangler Gemischausgleichsvorrichtung, Luftklappe des Vergasers
strap Riemenbindung, Gurt, Riemen, Spannband (zur Befestigung des Zündmagneten), anschnallen, Pleuelstangenknopf, Fangband, Verbindungsstück, Ziehband
strap brake Bandbremse
strap-down floated integrating gyro körperfest eingebauter I-Windekreisel
strapdown reference system körperfest eingebautes Bezugssystem
strap-down navigation and attitude reference system flugzeugfestes Navigations- und Lagereferenzsystem
strap-down primary reference source körper-

feste Lageplattform (av)
strap hinge Bandscharnier
strap iron Bandeisen
strap of an eccentric Exzenterring
strap of the limber rail Gabelriegelband
strap-on booster Feststoffraketenmotor (Booster), Zusatzrakete
strap-on booster rocket Zusatzraketenmotor
strap-on liquid-propellant booster Flüssigkeitszusatztriebwerk
strap oneself in sich anschnallen
strap or stud Gabelstück der Pleuelstange
strap pocket Tasche für innere Gurtschlaufe (Fsch)
strap retraction Gurtzug
strapped-down gyro körperfest eingebauter Kreisel
strapped joint Laschenstopp
strapping Berechnen des Tankinhalts pro Zoll seiner Tiefe, Blankverdrahtung, Kreiskopplung
strapping of a multicavity magnetron Koppelleitung eines Vielfachmagnetrons
strata measuring Stufenmessung
stratameter Stratameter
strategic air reconnaissance operative od. strategische Luftaufklärung
strategic alert operative od. strategische Bereitschaft, strategischer Alarm
strategic equivalence strategische Äquivalenz, Äquivalenz von Spielen
strategic map operative od. strategische Karte
strategic missile support base strategischer Nachschubstützpunkt
strategic nuclear weapon Flugkörper mit Nukleargefechtskopf
strategic objective operatives od. strategisches Ziel
strategic reconnaissance operative od. strategische Aufklärung
strategic space system strategisches Weltraumsystem
strategic standby strategische Bereitschaft
strategy of attrition Abnutzungs-, Ermattungsstrategie
stratification Blattbeschichtung, Lager, Schichtung (geol)
stratified atmosphere geschichtete Atmosphäre
stratified charge geschichtete Ladung (Motorzylinder)
stratified lattice Schichtengitter
stratified (random) sample geschichtete Zufallsstichprobe
stratiform schichtenförmig (meteo)
stratiformium Stratiform
stratigraphic age stratigraphisches Alter
stratigraphic gap Lücke in der Schichtenfolge, stratigraphische Lücke (geol)
stratigraphic position stratigraphische Stellung
stratigraphic sequence of the beds Aufeinanderfolge der Schichten, Schichtenfolge (geol)
stratigraphic top edge stratigraphische Oberkante
stratigraphic unit stratigraphische Einheit
strato-cumulus cloud Stratokumuluswolke
stratopause Stratopause
stratosphere aeroplane Stratosphärenflugzeug
stratosphere balloon Stratosphärenballon
stratosphere bomber Stratosphärenbomber
stratosphere engine Stratosphärenmotor
stratosphere flight Stratosphärenflug
stratum Ablagerung, Schicht (meteo)
stratum of air Luftschicht
stratum of constant temperature wärmebeständige Schicht
stratum of warm air warme Luftschicht, Warmluftschicht
stratus cloud Schichtwolke
stray atmosphärische Störungen, Streuung
stray capacitance Streukapazität
stray current Irrstrom, herumirrender Strom, Streustrom, vagabundierender Strom, Erdstrom
stray discharge Nebenentladung
stray effect Einstreuung, Nebeneffekt
stray emission Streuemission
stray field Störfeld, Streufeld
stray flux Störfluß
stray inductance Streuinduktivität, Streukapazität
stray light falsches Licht, Streulicht
stray line pulse Vorläuferimpuls, Störimpuls
stray magnetic field magnetisches Streufeld
stray neutron Streuneutron, vagabundierendes Neutron
stray oscillation durch Nebenkopplung hervorgerufene Schwingung, Schwingung durch Nebenkopplung, Nebenkopplungsschwingung
stray pick-up Einstreuung, Energieaufnahme durch wilde Kopplung
stray power Verlustleistung
stray pulses Störung durch Streuimpuls
stray radiation flache Strahlung, Seitenstrahlung, Streustrahlung
stray reaction coefficient wilde Rückkopplungswirkung
stray reaction effect wilde Rückkopplung
stray voltage Streuspannung
streak Schliere, Streifen, Strich, Plankengang
streaked gemasert, streifig
streaking Nachzieheffekt, Nachziehen
streaks in the air Luftschliere
stream Strom, Strömung, Wasserlauf
stream back, to zurückströmen
stream crossing Flußübergang, Übersetzen über Wasser auf
stream-crossing equipment Übersetzmittel
stream-crossing means Übergangsmittel
stream-crossing point Übersetzstelle
stream from, to entströmen
stream in, to einströmen
stream line or tube Profilrohr, Stromlinie
stream of electrons Elektronenstrom
stream of ion Ionenstrom
stream of oil Ölstrom
stream out, to ausströmen
stream pebbles of quartz Flußkies
stream pollution Verunreinigung von Wasserläufen
stream self-purification Selbstreinigung von Wasserläufen
stream through, to durchströmen, durchfließen
stream transmission reihenweise Über-

tragung (EDV)
streamer Fahne, Düppelstreifen, Düppelband, Stabilisierungsband (Bombe), Windtrifter (LL)
streamer discharge strahlartige Entladung
streamer mechanism Kanalaufbau
streamer onset Leuchtfadeneinsatz
streaming potential Strömungspotential
streamline stromlinienförmig ausbilden, windschnittig verkleiden, Bahn der Flüssigkeitsteilchen, Stromfaden, Stromlinie
streamline contours stromlinienförmige od. -artige Form, Stromlinienform
streamline fairing Stromlinienverkleidung
streamline filter Spaltfilter
streamline flow Fadenströmung, glatte Strömung, Linearströmung, lineare od. wirbelfreie Strömung, Stromlinienfluß
streamline form or shape Stromlinien-, Tropfenform
streamline loop aerial stromlinienförmige Rahmenantenne
streamline or profile axle Profilachse
streamline procedure vereinfachtes Verfahren
streamline shape Stromlinienform
streamline strut Profilrohrstiel
streamline tube Stromlinienrohr
streamline wire Stromliniendraht
streamlined stromlinienförmig, windschlüpfrig, windschnittig
streamlined blocking body Zeppelinverdrängungskörper
streamlined body stromlinienförmiger Körper
streamlined fuselage stromlinienförmiger Rumpf
streamlined shell C-Geschoß
streamlined tire stromlinienförmiger od. windschnittiger Reifen
streamlining of the fuselage strömungsgünstige Rumpfform (av)
street car Straßenbahnwagen
street lighting Straßenbeleuchtung
street manhole Kabelschacht für Fahrbahn
street rail system Straßenbahnsystem
street reducer Reduzierstück mit einseitiger Muffe
street sweeper Straßenkehrmaschine
street washer Straßenwaschmaschine, Straßenreinigungsmaschine
strength Anreicherungsgerät, Festigkeit, Stärke, Tragfähigkeit
strength and flight loads Nr. 2 für Flugleistungsnachweise (Flugbelastungen)
strength at low temperature Kaltfestigkeit
strength, bursting Sprengfestigkeit
strength-duration curve Reizzeitsromkurve
strength, electric elektrische Festigkeit
strength, gel Gelstärke
strength, interval yield pressure Streckgrenze durch Innendruck
strength of a bridge Tragfähigkeit einer Brücke
strength of a tone Tonstärke
strength of a unit Kopfstärke
strength of a weld spot Punktfestigkeit (Schweißen)
strength of blow Schlagfestigkeit
strength of column Knickfestigkeit
strength of field Feldstärke
strength of material Materialfestigkeit
strength of pole Polstärke
strength of runway Bemessung der Pisten-, Start- u. Landebahnstrecke (D)
strength of solvent action Lösefähigkeit
strength of sound source Ergiebigkeit einer Schallquelle
strength property Festigkeitseigenschaft
strength report Stärkemeldung
strength, shearing Abscherfestigkeit
strength test Festigkeitsprüfung
strength, torsional Torsionsfestigkeit, Zugfestigkeit
strength variation Festigkeitsschwankung (Werkstoffprüfung)
strength-weight ratio Verhältnis Festigkeit/Gewicht
strength when dry Trockenfestigkeit
strengthen verstärken
strengthened slat verstärkter Vorflügel
strengthened structure verstärkte Zellenstruktur
strengthened wing verstärktes Tragwerk
strengthened with cross ribs versteift durch Querrippen
strengthening Verstärkung, Versteifung (von Querrippen, Träger usw.)
strengthening the main cabin floor Verstärkung des Kabinenbodens (Frachtraum)
strep-down reference sensor, flight control flugzeugfester Referenzsensor
stress Beanspruchung, Velastung, Festigkeitslehre, Festigkeitsberechnung, Spannung (als auf den Werkstoff ausgeübter Beanspruchung)
stress amplitude Spannungsausschlag der Beanspruchung
stress analysis Festigkeitsbeanspruchung
stress analysis in shell construction Schalenstatik, Schalenkonstruktion
stress and thermal shock condition Belastung und thermische Schockbeanspruchung (av)
stress-anneal durch Ausglühen spannungsfrei machen (Werkstoff)
stress application cycle Lastwechsel (Dauerversuch)
stress areas rißanfällige Zonen (av)
stress coat Reißlack (Werkstoffprüfung)
stress coat method Reißlackverfahren
stress concentration Spannungsanhäufung
stress concentration factor Formfaktor, Formzahl (Werkstoffprüfung), Spannungsanhäufungsbeiwert
stress concentration index Kerbempfindlichkeit
stress contour Spannungsverteilung
stress core Wickelkeule
stress corrosion Spannungskorrosion
stress-corrosion cracking Spannungsrißkorrosion
stress curve Spannungskurve, Formkurve
stress-cycle Lastwechsel (Dauerversuch)
stress-cycle diagram Wöhlerkurve
stress damage Schaden durch Überbeanspruchung, Versprödung durch Überbeanspruchung
stress distribution Spannungsverteilung
stress disturbance Spannungsstörung
stress ellipse Spannungsellipse
stress, expanding Ausdehnungsbeanspruchung
stress extension diagram Spannungs-Dehnungs-Schaubild

stress flow Spannungsverlauf
stress gradient Spannungsgefälle
stress imposed on material Materialbeanspruchung
stress in bending Knickbiegung
stress increase Spannungsanstieg
stress or limit fatigue strength Dauerstandfestigkeit
stress raising Spannungsanhäufung
stress rate Spannungsgeschwindigkeit
stress ratio Spannungsverhältnis (Werkstoffprüfung)
stress relaxation Spannungsrelaxation
stress-release entspannen (Werkstoff)
stress relief Spannungsentlastung
stress-relief annealing Entspannungsglühen
stress relief nut spannungsentlastende Mutter
stress-relieve entspannen, nachrichten (Werkstoff)
stress relieving spannungsfrei glühen
stress report Festigkeitsbericht
stress, shrinking Schrumpfspannung
stress-strain curve Spannungs/Dehnungskurve
stress-strain diagram Spannungs-Dehnungsdiagramm, Spannungs-Dehnungsschaubild, Spannungs-Verformungsdiagramm
stress-strain or expansion contraction diagram Spannungs-Dehnungs-Schaubild
stress-strain relation Spannungs-Dehnungs-Beziehung
stress-strain-time behaviour zeitabhängiges Spannungs-Dehnungs-Verhältnis
stress/time curve at a given strain Zeitspannungslinie
stress, to anziehen (Feder), beanspruchen, Nachdruck legen auf
stress-to-rupture (test) Zeitstandversuch (Werkstoffprüfung)
stress, torsional Dehnbeanspruchung, Verdrehungsspannung, Verformbarkeitsspannung
stress wrinkle Beanspruchungsfalte
stressed box tragender Rahmen
stressed shell construction tragende Schalenkonstruktion des Flugzeugs
stressed skin mittragende Außenhaut, tragende Beplankung
stressed-skin construction Bauweise mit mittragender Außenhaut, Schalenbauweise
stressed-skin fuselage Rumpfschale
stressed skin structure Schalenbauweise, selbsttragende Haut
stressed structure Schalenbauweise
stressed wing covering tragende Flügelhaut
stresses in marine use seeklimatische Einflüsse
stressing anziehen (Feder), Beanspruchung
stressing and structural claculation Struktur- und Belastungskalkulation (av)
stretch Einwirkstrecke (Räumgerät), Anspannung, Strecke, ausweiten, recken, spannen, strecken
stretch at breaking point Bruchdehnung
stretch break Entspannungspause
stretch control Spreizregelung (Impulsspreizung)
stretch control amplifier Spreizregelungsverstärker (Impulsspreizung)
stretch die Streck(zieh)form
stretch factor Dehnungsfaktor
stretch film Streckfolie
stretch film wrapping Streckfolienverpackung
stretch forming Streckform (für Acrylate)
stretch forming machine Streckpresse
stretch-forming press Streckziehpresse
stretch in the fuselage Rumpfstreckung
stretch interval Einwirkdauer (Räumgerät)
stretch of cables Kabeldehnung
stretch of casing Streckung von Futterrohren
stretch of road Wegstrecke
stretch of rope Reckung eines Seils, Seildehnung, Seillängung
stretch out or beat out iron, to das Eisen bearbeiten
stretch pack Streckverpackung
stretch potential Vergrößerungspotential
stretch-reducing mill Streckreduzierwalzwerk
stretch-slip Dehnungsschlupf (Schachtförderung)
stretch, to recken, strecken, dehnen, spannen, sich erstrecken
stretch-wrap forming press Streckformmaschine
stretchability Verstreckbarkeit
stretched acrylic windshields gestreckte Acrylicwindschutzscheibe
stretched cord gespannte Saite
stretched diaphragm gespannte Membrane (Akustik)
stretched filament gereckter Einzelfaden
stretched steel Streckstahl
stretcher bar Breithalter (Folie), Breithalterwalze, Spreizvorrichtung (Folie)
stretcher leveller Reckeinrichtung (Bahnbeschichtungsanlage)(Walzwerk), Blechstreckmaschine, Richtmaschine, Spannmaschine
stretcher line Kraftwirkungsfigur
stretcher nut Spannschloßmutter
stretcher strain Fließfigur, Reckspannung, Ziehriefe
stretcher circuit Impulsreizschaltung
stretching apparatus Spannbock, -vorrichtung
stretching at ordinary temperatures Kaltverstreckung
stretching capacitor Spreizkondensator (Impulsspreizung)
stretching gods Galette (Streckwalze)
stretching machine Plattenstrecker (Walzwerk)
stretching of wire Recken des Drahtes
stretching press Streckpresse
stretching ring Spannring
stretching screw Spannschraube
stretching speed Verstreckungsgeschwindigkeit
stretching strain Fließgrenze
strew in, to einstreuen
striae Rutschschramme, Rutschstreifen, tektonischer Bewegungsstreifen am Gestein (geol), Schlieren (Stellen verschiedener Lichtbrechung)
striae measuring apparatus Schlierenapparat
striae method Schlierenmethode (aerody)
striae picture of the flow Schlierenbild der Strömung
striae program Schlierenprogramm
striated discharge Streifenentladung
striated pattern Streifenmuster
striation Streifenbildung

striation hole Lochschliere (Schaumstoff)
strickle moulding Schablonenformerei
strickle moulding mixture Schabloniermasse
strict acceptance test standard Abnahmevorschrift
strident timbre helle Klangfarbe
strike Abgleichplatte, Einschlag, anschlagen, berühren, prägen, stoßen
strike a key, to eine Taste anschlagen
strike a wire, to in eine Leitung einschlagen (Blitz usw)
strike-abort procedure Verfahren mit Einsatzabbruch
strike aircraft Kampfflugzeug, Strike-Flugzeug (Nato)
strike against, to anprallen
strike analysis Wirkungsanalyse
strike arm Angriffsverband
strike assessment camera Waffenwirkungskamera
strike bath Vorgalvanisationsbad
strike camera Waffenwirkungskamera
strike camp, to Lager abbrechen
strike capability Angriffsmöglichkeit
strike command Eingreifkommando
strike control officer Angriffsleitoffizier
strike controller Einsatzleitoffizier für Atomangriff
strike cruiser Angriffskreuzer
strike curve Streichkurve (geol)
strike deposit Untergalvanisierung, Vorgalvanisierung
strike fault Längungsverwerfung, parallel zum Schichtenstreichen verlaufende Störung (geol)
strike flash Blitzvorstoß
strike force Angriffsverband, Atomeinsatzverband
strike ground mapping Bodenbilddarstellung während des Einsatzes
strike ground, to aufprallen, aufschlagen (auf Boden)
strike into position, to zurechtbiegen durch hämmern
strike lever Klöppelhebel
strike note Schlagton
strike of the bed Schichtenstreichen (geol)
strike of the bedding Streichung der Schichten
strike order Einsatzbefehl
strike photography Zielwirkungsluftbild
strike plating kurzzeitiges Vorgalvanisieren (Galvanotechnik)
strike-slip fault Blattverschiebung, Horizontalverschiebung (geol)
strike velocity Auftreffgeschwindigkeit
strike voltage Zündspannung (Gasentladungsröhre)
strikedown gear (standard missile) FK-Kammerbeladegerät
strikedown hatch Gleitbock (Schiff)
strikedown point Verladepunkt (Versorgung auf See)
striker Fallschiene, Kontaktstück, Schlagbolzen(spitze), Schlagkörper, Schlagstück, Zünd(er)nadel
striker arm Mitnehmer
striker assembly Schlagkreuz, Schlagwerk (Geräuschboje)
striker cup Nadelstück (Zünder)
striker fork Schaltgabel
striker guard Schlagbolzenschutzkappe
striker housing Nadelführung (Zünder)
striker nut Schlagbolzenmutter
striker plate Anschlagplatte, Schließkeil
striker ring Reibring (Signal)
striker spring Schlagfeder
striking Einschlagen, Untergalvanisierung, Vorgalvanisieren, Zündung
striking angle Aufschlagwinkel
striking current Ansprechstromstärke, Mindestzündstrom
striking distance Luftstrecke, Schlagweite
striking electron Primärelektron
striking energy Schlagkraft (Schlagbolzen)
striking fault streichende Strömung
striking fin Hammerschneide
striking hammer doppelbahniger Vorschlaghammer
striking head Schlagfläche, -kopf
striking, markant markanter Anschlag
striking momentum Auftreffimpuls, -wucht
striking of the arc Anspringen des Lichtbogens
striking parts aufeinander arbeitende Teile (gleitend, rollend, stoßend)
striking pendulum Pendelschlagwerk
striking point Aufschlagpunkt, Einschlagpunkt, Einschlagstelle
striking potential Angriffskraft, Zündspannung (Gasentladungsröhre)
striking power Schlagkraft
striking velocity Aufprallgeschwindigkeit (LL), Schlaggeschwindigkeit (Werkstoffprüfung)
striking voltage Zündspannung
Stril C 90 will be largerly software-controlled to give greater operation flexibility Stril C 90 soll vorwiegend unter Programmsteuerung mit breitgefächertem Einsatzspektrum arbeiten (av)
string geordnete Gruppe von Daten auf Magnetband, Reihe von Ziffern, Zeichenfolge, Kette (EDV)
string, conductor Leitrohrgruppe
string data Kettendaten (EDV)
string diagram Fadendiagramm
string drive Schnurantrieb
string electrometer Saitenelektrometer
string, floating gleitende Zeichenfolge
string format Zeichenreihenformat (ALGOL)
string/frame cleat Stringer/Rahmenklammer, Klammer zwischen Stringer u. Rahmen
string galvanometer Saitengalvanometer
string gauge Saitenelektrometer, Saitenmesser
string insulator unit Kettenisolator
string interrupter Saitenunterbrecher
string of casing, cement of Rohrfahrt einzementieren (Bohrloch)
string of casing, combinated Kombinationsstrang, kombinierte Rohrtour, zusammengesetzte Rohrfahrt (Bohrung)
string of casing, float-in Rohrfahrt schwimmend einbauen (Bohrung)
string of casing, "frozen" festgewordener Futterrohrstrang (Bohrung)
string of dedicated automatic test equipment

(ATE) hochspezialisiertes automatisches Testgerät (Avionik)
string of drill pipe Bohrgestängestrang
string of drill pipe, tapered kombiniertes Bohrgestänge
string operator Kettenoperator (EDV)
string oscillograph Schleif(en)oszillograph
string planing gleichzeitiges Hobeln mehrer in Reihe aufgespannter Werkstücke, Serienhobeln (w)
string polygon Strangvieleck
string problem Fadenproblem
string-proof test Fadenprobe
string, proper eigentliche Zeichenreihe (ALGOL)
string pulley Seiltreibrad
string quotes Zeichenreihen-Klammern, Zeichenfolge (Klammern) (ALGOL)
string suspension Fadenaufhängung
string, water wassersperrende Rohrfahrt (Bohrung)
stringent requirement strenge Anforderung (Materialprüfung)
stringer Längsversteifung, mittlerer Rumpfholm, Stringer, Verschlußstück für Strahlenkanal
stringer bead Strichraupe (Schweißen)
stringer bead welding Strichlagenschweißung
stringer-like reinforcement rippenartige Verstärkung
stringer of shale dünne Schiefertoneinlage (geol)
stringers, longitudinal Längsprofile, Pfletten (av)
strings auf- od. absteigend geordnete Ketten des Datensatzes, Folgen (dv)
strip Bildreihe (Lubi), Sicherheitsstreifen der Start- u. Landebahn, Streifen, Kontrollstreifen (im FS-Kontrolldienst), ablösen, abstreifen, demontieren, zerlegen
strip attenuator Streifenabschwächer
strip chart Meßstreifen, Streifenkarte
strip chart recorder Streifenblattschreiber, Streifenregistriergerät (dig)
strip, chromed verchromte Streifen
strip coat abstreifbarer Überzug
strip coating Düppelbeschwerung, abstreif- od. abziehbarer Überzug (pla)
strip cutter Streifenschneider
stip, endless endloser Streifen
strip elongation meter Bandlängungsmeßvorrichtung (Walzwerk)
strip entry angle Bandeinlaufwinkel (Spiralrohrschweißanlage)(Walzwerk)
strip feed Streifenmagazinzuführung
strip fuse Streifensicherung
strip, in flat...form in flacher Streifenform
strip inspection Zerlegungsprüfung
strip inspection report Zerlegungsbefundbericht
strip light Start- u. Landestreifenfeuer
strip line Band-, Streifenleitung
strip map Flugstreckenkarte, Streifenkarte
strip marking Ausfüllen v. Kontrollstreifen
strip-marking symbol Kontrollstreifensymbol
strip mill Bandstrahlstraße
strip mosaic Bildreihe (Lubi)
strip of answering Abfrageklinkenstreifen
strip of drops Klappenstreifen
strip of fuse Sicherungsleiste
strip of indicator Klappenstreifen
strip of keys Tastenstreifen
strip of sketched road map Wegeskizze
strip or tape printer Streifendrucker
strip out, to abstreifen (chemisch flüssige Teile aus Dampfphase)
strip photography Streifenaufnahme (Lubi)
strip plot Bildstreifenpause
strip-printing Streifendrucken
strip-printing unit Streifendrucker
strip reconnaissance Streifenaufklärung
strip replacement Kontrollstreifenersatz, Ersatz von Kontrollstreifen
strip sealing Streifendichtung
strip specimen from seamless pipe Streifenprobe von nahtlosem Rohr
strip spoiler Keulenverformer
strip steel Bandstahl
strip test Streifenprobe
strip theory Streifentheorie
strip, to abwürgen (Schraubengewinde), abziehen (Schraube), zerlegen
strip transmission line (technique) Bandleitung-(stechnik)
strip transmitter Streifengeber
strip weld Laschenstoß, Überlappstoß mit darunterliegendem Stumpfstoß
strip winding machine Bandwickelmaschine
striplight Leuchtschild
striplike mirror Lamellenspiegel
strippable coating abstreifbarer od. abziehbarer Überzug, Abdecklack
strippable plastic coating abziehbarer Kunststoffüberzug
stripped atom elektronenberaubtes od. hochionisiertes Atom
stripped emulsion abgezogene Emulsionsschicht
stripped fraction abgereicherter, verarmter Anteil
stripped merge Mischen ohne Folgeadreßfeld
stripped neutron abgestreiftes Neutron
stripped output Ausgang des abgereicherten Materials
stripped thread ausgerißenes Gewinde
stripper Abisoliermaschine, Abscheider, Abstreifer, Kabelmesser
stripper cam Gurtgliederabstreifer
stripper plate Abstreifplatte
stripper tank Blechbad für Muttern, Mutternblechbad
stripping Entplattierung
stripping compound Trennschicht, Trennsubstanz
stripping cross section Strippingquerschnitt, Wirkungsquerschnitt für Reaktion
stripping emulsion method Abziehfilmmethode, Strippingfilmmethode
stripping equipment Strahlgerät (Lackierung)
stripping film Abziehfilm
stripping fork Abstreifer
stripping paint Anstrich abtragen (av)
stripping pincers Abziehpinzette
stripping pliers Abziehzange
stripping reaction partieller Deuteroneneinfang, Strippingreaktion
stripping section Kaskade für abgereicherten Anteil

stripping shovel Seilbagger
stripping test Abwürgeversuch
stripping tongs Isolationsabziehzange
stripping tweezers Abisolierpinzette
strobe Meßmarkierung (Meßmarke), Abtastimpuls, Meßmarke (verstellbar)
strobe light Stroboskopleuchte
strobe line Meßlinie
strobe line indication Meßlinienanzeige (Radar)
strobe marker Meßmarke, Marke (Radar)
strobe pulse Abtastimpuls, Markierimpuls
strobing Signalauswertung
strobing pulse Auswerteimpuls (Generator)
stroboscope Stroboskop
stroboscope disc Stroboskopscheibe
stroboscope ring Stroboskopring
stroboscopic calibrating of a meter stroboskopische Zählereichung
stroboscopic direction finder stroboskopischer Peiler
stroboscopic disc stroboskopische Scheibe
stroboscopic method stroboskopisches Verfahren
stroboscopic tachometer stroboskopischer Tachometer
stroboscopic tube stroboskopische Röhre
strobotelescope Strobofernrohr, Stroboteleskop
strobotizer Impulsmagnetisierungsgerät, Stoßmagnetisierungsgerät
strobotron Strobotron (Spannungsregelung)
stroke Hieb, Schlag, Stoß, Streichtakt, Arbeitstakt (Kolben), Typenanschlag (Schreibmaschine)
stroke (of stock strut) Federweg (Federbein)
stroke adjusting gear Hubverstellvorrichtung (Stranggießanlage)
stroke and raster symbology raster- und vektorgrafisches Symbol (Bordcomputer)
stroke-arresting device Hubbegrenzungsanschlag
stroke-connecting rod ratio Pleuelstangenverhältnis
stroke counter Hubzähler
stroke decrease Hub(ver)minderung
stroke, file Feilstrich
stroke length adjustment Hublängenverstellung
stroke limit(ation) Hubbegrenzung
stroke, reversal of Hubwechsel
stroke, suction Ansaughub, Saughub
stroke-to-bore ratio (Hub)verhältnis zwischen Hub- u. Bohrung
stroke, up-and-down Auf- u. Abwärtshub, Doppelhub (Kolben)
stroking piston cam bearing Hubscheibenarm-Lager (Hydraulikpumpe)
strong box Panzerschrank
strong breeze kräftige Brise (Skala 6)
strong carrier starker Träger
strong coupling, approximation Näherung mit fester Kopplung
strong coupling meson theory Theorie der festen Kopplung
strong gale starker Sturmwind (Skala 9)
strong point Verstärkerbefestigungspunkt
strong salt-water flow starker Salzwasserfluß
strong shock starker Verdichtungsstoß (AC)
strong solvent starkes Lösemittel (chem)
strong torsional or twisting stress starke Torsionsspannung
strong wind starker Wind, Sturm
strongly folded region Gebiet mit intensiver Faltung (geol)
strontium age Strontiumalter
strontium carbonate Strontiumkarbonat
strontium nitrate used in tracers Strontiumnitrat
strop Aufziehleinenstropp (LL), am Streichriemen anziehen (Klingenschärfen)
strop carriage Ankerrolle (LL)
strophotron Strophotron
Strowger automate toll ticketing system Selbstwählerdienstsystem nach Strowger
Strowger selector Strowgerwähler
Strowger switch or selector Heb-, Drehwähler nach Strowger
struck particle Geschoßteilchen
structural alloy steel legierter Baustahl
structural analytical diagram strukturalanalytisches Diagramm
structural beam Bauwerkträger
structural built-up beam Fachwerkträger
structural condition Lagerungsbedingung, -verhältnis (geol)
structural contour line Streich-, Strukturlinie (geol)
structural core drilling Kernbohrung zur Bestimmung der Lagerungsbedingung (geol)
structural, crest Scheitel einer Struktur (geol)
structural crest Strukturscheitel
structural design gross weight Entwurfsfluggewicht
structural designer Gestaltungskonstrukteur
structural detail Konstruktionseinzelheit
structural diagram Strukturübersicht
structural difference in aircraft manufacture Strukturwandel im Flugzeugbau
structural drag schädlicher Widerstand
structural dynamics Strukturdynamik
structural engineer Bauingenieur, Konstruktionsingenieur
structural equation Bildungsgleichung
structural factor Zellenfaktor
structural failure organische Schwäche, Strukturermüdung, -fehler
structural fiber board Bauplatte (Faserplatte)
structural foresight zukunftsweisende Konstruktion (av)
structural formula Strukturformel (chem), Wertigkeitsformel
structural grade steel Präzisionsstahl
structural high Aufragung od. strukturelle Erhebung der Schichten (geol)
structural information selektive, strukturelle od. syntaktische Information
structural inspection, repair and modification work Inspektions-, Instandsetzungs- und Änderungsarbeit (av)
structural instability Strukturinstabilität
structural integrity Festigkeitsverband, Zellenfestigkeit, Zellenlebensdauer
structural iron Baueisen
structural lay-out Zellenaufbau
structural limit of the airframe Grenzlast-

faktor der Zelle (av)
structural limit of the airframe at any speed Grenzlastfaktor der Zelle bei irgend einer Geschwindigkeit (av)
structural load at the hub blade and shaft strukturelle Beanspruchung von Rotornabe, Rotorblatt und Rotorwelle (av)
structural material, corrosion-resistant korrosionsbeständige Zelle
structural member Bauelement, Bauwerkteil, tragendes od. kräfteaufnehmendes Bauteil
structural member subject to highest stresses stark beanspruchter Konstruktionsteil
structural part or number Bauwerk(s)teil
structural part subject to highest stresses stark beanspruchtes Konstruktionsteil
structural planning Strukturplanung
structural planning sector Planungsbereich, "Strukturplanung"
structural repair Zellenreparatur
structural reshaping strukturelle Neugliederung
structural resonance Raumresonanz
structural return-loss Rückflußdämpfung
structural shape Konstruktionsform, -profil
structural stability Gefügebeständigkeit
structural steel Baustahl, Konstruktionseisen, -stahl
structural steel construction Eisenkonstruktion
structural strength Baufestigkeit
structural term konstruktionsbezogener Term (Luftfahrzeugkonfiguration)
structural test hole Bohrloch für geologische Voruntersuchung, geologische Struktur- od. Schürfbohrung
structural unit Struktureinheit
structural up-lift strukturelle Aufragung od. Erhebung der Schichten (geol)
structural weight Eigengewicht, Konstruktionsgewicht
structural weight fraction Zellengewichtsanteil
structural work Zellenarbeit (av)
structural work below ground level Tiefbau
structure Bruchgefüge, Gerüst der Rakete (Raketengerüst), Struktur, Zelle, Oberflächengefüge (geol)
structure-borne sound in building Körperschall in Bauten
structure content Strukturgehalt
structure contour map Streich-, Strukturlinienkarte (geol)
structure hole geologische Schürf-, Strukturbohrung
structure, imbricate Schuppenstruktur (geol)
structure, laminated Laminarstruktur (geol)
structure, load-bearing tragende Struktur
structure loading coefficient Wagner'sche-Kennzahl
structure manufacture Strukturherstellung
structure of a rock Gesteinsgefüge (geol)
structure of airspace (chart) Luftraumgliederung
structure of economic regulation Struktur der wirtschaftlichen Reglementierung
structure of fuselage Aufbau des Rumpfes
structure of the subsurface Struktur des Untergrunds (geol)
structure, radiospectrometric investigation of radiospektrometrische Untersuchung der Struktur
structure simulator Struktursimulator
structure, synclinal muldenförmige od. synklinale Struktur (geol)
structure weight fraction Leermassenanteil (Nutzlast)(av)
strut Druckstab, Strebe(balken)
strut aligning point Federbeinausrichtmarke
strut-attachment fitting Strebenknotenstück
strut-attachment ring Strebenanschlußring
strut bearing Streben-, Stützlager, Wellenbocklager (Schiffsantrieb)
strut-braced verstrebt
strut-braced wing verstrebte Zelle
strut-bracing Strebenfachwerk
strut cover plate Strebendeckel
strut cylinder Federbeinzylinder
strut deflection Federbeinfederung, -weg
strut disk Strebenscheibe
strut distribution Strebenteilung
strut fairing Strebenverkleidung
strut in compression Druckstab
strut joint Stielknotenpunkt
strut of hollow section Hohlwandträger
strut section Strebenquerschnitt
strut socket Strebenglocke
strut slope Strebenneigung
strut spacing Strebenabstand
strut stop bolt Riegelanschlagbolzen
strut thermometer Strebenthermometer (außen montiert)(meteo)
strut traveling latch plunger Zurrstangenrastbolzen
strut-type radiator Strebenkühler
strutted pole Abspannmast, Linienfestpunkt, Stange mit Strebe, verstrebte Stange
strutting Versoreizung, Verstreben, Verstrebung
STS Speicherteststeuerung
stub Stummel, Stumpf, Stutzen
stub (waveguide) Blindleitung
stub aerial Stichleitungsantenne, Stabantenne
stub angular cutter Ansteckwinkelfräser
stub arbor Aufsteckdorn (fliegend angeordneter Dorn)
stub axle Achsschenkel, -stummel, Vorderachsschenkel
stub ball yoke Schweißzapfenmitnehmer
stub bar Kurzbalken
stub bolt Stiftschraube
stub boring bar Bohrstange
stub cable Abzweigkabel, Einführungskabel (Spulenkasten), Kabelstumpf, Stumpfkabel
stub card Abrißkarte, perforierte Abschnittskarte, Kurzkarte
stub exhaust pipe Auspuffstutzen
stub fin Seitenflossenansatz, Stummelwelle
stub-footh form or gearing Stumpfverzahnung
stub guy Luftanker, Überweganker
stub head Stangenkopf
stub, holm Holmstummel
stub line Stichleitung
stub mast Stumpfmast
stub-matched antenna mit Stichleitung angepaßter Dipol
stub pipe Umzündstutzen (Torpedo)
stub shaft Stummelwelle, Zapfenwelle
stub, shaft Wellenstummel
stub support Lamdaviertelstütze, Stichleitungsträger
stub thread Stumpfgewinde

stub tuner Abstimmstichleitung
stub wing Stummelflügel
stub-wing stabilizer Stummelfläche (Flugboot), Seitenfloßenstabilisator
stuck bewegungsunfähig, starr
stuck bit festgewordener Meißel
stuck casing festgewordene Verrohrung
stuck drill pipe festgewordenes Bohrgestänge
stuck frozen festgewordene Verrohrung
stud Anschlag, Dübel, Knopf, Kettensteg, Stiftschraube, Stehbolzen, Stutzen
stud bolt Stiftbolzen
stud chuck Zapfenklemme
stud connection Knopfverbindung
stud, cylinder Stiftschraube am Kurbelgehäuse zur Zylinderbefestigung
stud driver Schlüssel zum Einziehen von Stiftschrauben
stud fastener Dreh-, Planwirbel
stud hole Stehbolzenloch
stud inserting and extracting tool Stehbolzen Ein- u. Auszieher
stud lathe Stehbolzendrehbank
stud nut Bolzenmutter
stud pin Kettensteg
stud terminal Pluspol, Klemmschraube
stud washer Zapfenscheibe
studded disc Zahnscheibe
studded-disc discharger Zahnscheibenfunkenstrecke, rotierende Funkenstrecke mit Zähnen
studding Bestiften
student lock-out release button Rückschaltknopf für Schülersperranlage
student lock-out system Schülersperranlage
student pilot Flugschüler
studies of air and water pollution Studien über Verschmutzung von Luft u. Wasser
studies on advanced hypersonic speed Grenzschichtuntersuchung im Hyperschallbereich
studio broadcast Studiosendung, -übertragung
studio equipment Studioausrüstung
studio light Effektlampe
studio lining Studioauskleidung
studio pick-up Studiosendung
studio, recording Aufnahmestudio, -raum
studio-to-transmitter link Verbindung zwischen Studio u. Sender
studio-to-transmitter radio station Relaisfunkstation zur Übertragung der Sendung vom Studio zum Sender
studio-to-transmitter station Relaisfunkstation zur Übertragung
study of acoustic of room raumakustische Forschung od. Untersuchung
study of storm cell movement "Bildhaltung" Feststellen der Bewegung von Sturmzentren
studying X-ray and gamma-ray emission Untersuchung von Röntgen- und Gammastrahlen (durch Stratosphärenballon)
stuff Feinzeug, Grundstoff, Material
stuff chest Ganzzeugkasten
stuffer hydraulische Kolben(stangen)presse
stuffing Ausfüllmasse, Dichtung, Füllung, Packung, Polster
stuffing box Stopfbuchse
stuffing box cover Stopfbuchsendeckel
stuffing box flange Stopfbuchsenflansch
stuffing box gasket Stopfbüchsendichtung
stuffing box gland Stopfbuchsenbrille
stuffing box joint Stopfbuchsenverbindung
stuffing box, jointing abgedichte Stopfbuchse
stuffing box nut Stopfbuchsenmutter
stuffing box packing Stopfbuchsenliderung, -packung
stuffing box screw plug Stopfbuchsenverschlußschraube
stuffing box sealing Stopfbuchsendichtung
stuffing box stud Stopfbuchsenschraube
stuffing material Füll-, Packmaterial
stunt flying Kunstfliegen
stunt, to hohe Schule fliegen
stunting aircraft Kunstflugzeug
sturdiness Festigkeit, mechanische Stabilität
S-turn a cross a road S-Kurve mit der gerade Straßen mit 90 Grad geschnitten werden
S-turn for a landing S-förmiges Einschweben
style Abtaststift, Ritzstift, Stichel, Stil, Darstellungsweise, Schreibstift
stylus Fühler(stift), Taster
stylus apparatus Abtastgerät
stylus collet Schablonenstiftklemmung
stylus drag Rückstellkraft der Nadel
stylus excursion Nadelauslenkung
stylus force Auflage-, Nadeldruck
stylus-force gauge Auflagedruckmesser
stylus-groove resonance Rille u. Nadelresonanz
stylus jump Abspringen des Tonschneiders
stylus mounting Nadelbefestigung
stylus-pressure gauge Auflagendruckmesser
stylus printer Draht-, Matrix-, Mosaik-, Raster-, Stiftdrucker, Mosaikrasterdrucker
stylus recorder Ritzgerät
stylus valve Tasterventil
stylus velocity Nadelgeschwindigkeit
stylus wear Nadelabnutzung, Nadelverschleiß
styrene plastic Styrolkunststoff
styropon expanded Polystyrene
stwy Stopway
sub accounts heading Nebenkostenstellen
sub acoustic speed Unterschallgeschwindigkeit
subaqueous cable Unterwasserkabel
subacqueous cable loudspeaker Unterwasserlautsprecher
subassembly Bauteilgruppe, Teilmontage, Unter(bau)gruppe
subassembly of positive and negative accumulator plates Akkumulatorplattenblock
subassembly or unit of structural parts Bauteilgruppen
subatomic change Atomumwandlung, Atomzerfall
subatomic decomposition Atomumwandlung, Atomzerfall
subatomic particle Elementarteilchen, subatomares Teilchen
subaudio infraakustisch, unterhörfrequent
subaudio frequency Tieffrequenz, Unterhörfrequenz, Unterlagerungsfrequenz
subaudio telegraph station UT-Stelle
subaudio telegraphy Unterlagerungstelegraphie
subaudio telegraphy over overhead wire Unterlagerungstelegraphie auf Freileitungen
subaudio wave Unterschallwelle

subband Teilband, -bereich
sub-base Hilfsbasisstation
sub-base course (runway construction) untere Tragschicht
subcaliber aircraft rocket Flugzeugübungsrakete (Unterkaliber)
subcaliber ammunition Kleinkalibermunition
subcaliber barrel Selbstladeeinstecklauf
subcaliber projectile Unterkalibergeschoß
subcaliber target particle Kleinkaliberschießen
subcaliber tube Abkommrohr, Kleinkaliberlauf
subcarrier Trägerfrequenz zur Modulation einer anderen Trägerwelle
subcarrier amplitude modulation Zwischenträgeramplitudenmodulation
sub-carrier frequency Zwischenträgerfrequenz
sub-carrier frequency modulation Zwischenträger-Frequenzmodulation
sub-carrier frequency shift keying Hilfsträger-Frequenzumtastung
sub-carrier generator Hilfs-, Nebenträgergenerator
sub-carrier modulation Hilfsträgermodulation
subcarrier oscillator Hilfsträgeroszillator
sub-center Unterknotenamt
sub-channel Hilfs-, Neben-, Unterkanal (bei Multiplexbetrieb)(dig)
sub-chromate basisch-chromsaures Salz
sub-circuit Hilfs-, Nebenstromkreis
sub claim of a patent Patentunteranspruch
subclimation nucleus Subklimationskern
subclutter trackability Zielverfolgbarkeit bei Störzeichen (Radar)
subclutter visibility Zielerkennbarkeit (gegenüber Bodenechos)
sub committee Unterausschuß
sub-continental broadcast Kontinental-Wettermeldung
sub contract Untervertrag
subcontract repair facilities, low-cost kostengünstiger Unterauftragnehmer für Reparaturen (Flugzeugwartungsdienst)
sub contracting Vergebung von Aufträgen an Unterlieferanten
sub contractor Teilunternehmer, Unterlieferant
sub contractual effort Leistungen des Unterlieferanten (Daten)(dig)
sub-control office (in the basic communication network) Hilfskontrollgrundnetzschalt- und Vermittlungsstelle der Bundeswehr)
sub-control unit Unterzentrale
sub cooler Nachkühler
sub cooling Unterkühlung
sub-critical mass unterkritische Masse
sub-critical reactor unterkritischer Reaktor
sub-critical state of flow unterkritischer Strömungszustand
subdeterminant Unterdeterminante
subdivide, to (nochmals) unterteilen, einteilen
subdivided core unterteilter Kern
subdivided winding Doppelwicklung
subdivision Einteilung, Unterteilung
subdivision component part Untergliederung
subdivision of a plant Netzunterteilung
subdivision of an AAA group Flakuntergruppe
subdued geknickt
subdued light gedämpftes Licht
sub electron Subelektron (hypothetische Ladungseinheit, kleiner als die Elementarladung)
sub exchange Fernsprechunteramt, Unteramt, Untervermittlungsstelle
sub exchange switch Zwischenstellenumschalter
sub-feeder Nebenspeiseleitung
sub-field Teilfeld, Unterfeld
sub for bit and auger stem Übergang zwischen Meißel u. Bohrbär
sub frame Hilfs-, Unter-, Zwischenrahmen
sub-freezing temperature Minustemperatur, Temperaturgrad unter Null
sub-frequency dialling Unterlagerungsfernwahl
subfunction Teil-, Unterfunktion
subgeostrophic wind subgeostrophischer Wind
subgrad Unterbau (Straße, Landebahn)
sub-group Untergruppe
subharmonic subharmonische Frequenz
sub-harmonic generator Frequenzteiler
sub-harmonics subharmonische Schwingungen
sub insurance Unterversicherung
sub-interstellar probe Flug in den subinterstellaren Raum (Raumfahrt)
subjacent darunterliegend, unterlagert, unterliegend
subject Angelegenheit, Gegenstand, Objekt, Sparte, Stoff, Untergebener
subject card Ordnungskarte
subject matter adapted programming fachspezifische Programmierung
subject on trial zur Probe
subject to a tolerance of % for... mit einer Toleranz von % für...
subject to current, to anspannen
subject to gradual application of load, to allmählich belasten
subject to licence arrangements lizenzpflichtig
subjected to aerothermal heating wärmeisolierende Grenzschicht (av)
subjected to high-G-force Einfluß hoher Beschleunigungskraft (sp)
subjected to thermoplastic treatment warmgepreßt
subjection Abhängigkeit, Unterwerfung
subjective angular field subjektives Gesichtsfeld
subjective chromatic scale value empfindungsgerechte od. empfindungsmäßige Farbstufe
subjective field of view subjektives Gesichtsfeld
subjective information subjektive Information
subjective noise meter subjektiver Geräuschmesser
subjective perception or sensation subjektive Empfindung
subjective probability subjektive Wahrscheinlichkeit
subjective tone subjektiver Ton
subkiloton weapon Atomsprengkörper im Sub-KT-Bereich, Atomsprengkörper mit Detonationswert unter I KT
sublattice Teil-, Untergitter
sublevel Unterniveau, Unterstufe
sublimation Sublimation, Verflüchtigung fester Körper durch Hitze u. anschließende Niederschlagung
sublimation motor Sublimationstriebwerk

sublimation nucleus Sublimationskern
submarine Tauchboot, U-Boot, Unterseeboot
submarine cable Ozean-, Seekabel
submarine launched ballistic missile ballistischer Interkontinentalflugkörper
submarine line Unterseeleitung
submarine mine (field) Seemine(nspeere)
submarine oscillation Wasserschallsender
submarine photograph Taucher-, Unterwasseraufnahme
submarine reactor U-Boot-Reaktor, Unterseebootreaktor
submarine signal Unterwassersignal, -zeichen
submarine sound signal Unterwasserschallsignal, -zeichen
submarine telegraph cable Tiefseetelegraphenkabel
submarine telegraph system Seekabeltelegraphie
submarine telephone cable Seefernsprechkabel, Unterwasserkabel
submarine warfare Unterseebootskrieg
submediant Ober-, Superdominante, Sexte
submerge, to untertauchen, tauchen, versenken, eintauchen, unter dem Ölspiegel anbringen
submerged aerial Unterwasserantenne
submerged amplifier Unterseeverstärker
submerged arc verstärkter Lichtbogen
submerged arc welding verdeckte Lichtbogenschweißung
submerged displacement Unterwasserverdrängung
submerged engine installation versenkter Einbau des Motors in Tragfläche
submerged nozzle tiefliegende Düse
submerged object eingetauchter Körper
submerged plunger versenkter Schwimmer
submerged speed Unterwassergeschwindigkeit
submerged tubbing schwimmende Cuvelage
submerged unit weight Raumgewicht unter Wasser
submergence Eintauchung, Senkung, Überschwemmung
submersible untertauchbar, wasserdicht, tauchfähig
submersion test Tauchfestigkeitsprüfung
submersion-proof tauchsicher
submetallic cluster Halbmetallglanz
submicrometer Submikrometer
sub-micrometer geometry Submikrometergeometrie (av)
"sub-micron" (VHSIC phase 2 =50-100 MHz) "Superchips" (Phase-2-Bausteine =50 bis 100 MHz)(Bordcomputer)
submillimeter wave Submillimeterwelle
sub-millimetric region extrem hoher Frequenzbereich
subminiature blower Kleinstgebläse
subminiature camera Kleinstbildkamera
subminiature dynamic heading-aid microphone dynamisches hochempfindliches Kleinstmikrophon
subminiature electric equipment elektrisches Mikrogerät
sub-miniature electronics Subminiaturelektronik
subminiature integrated antenna integrierte Kleinstantenne
sub-miniature radio compass Kleinstfunkkompaß
sub-miniature time totaliser miniaturisierter luft- u. wasserdichter Stundenzähler
sub-miniature tube Subminiaturröhre
submit, to (a flight plan) abgeben (einen Flugplan)
submitting an accounting Rechnungsbelegung
submodulator Modulatorvorstufe
submultiple Faktor einer Zahl, in einer Zahl ohne Rest aufgehender Teiler
submultiple resonance ganzzahlig, untersynchrone od. vielfache Resonanz
submultiple resonance frequency Unterresonanzfrequenz
submultiplication Herabsetzung, Teilung, Unterteilung
submunition Tochterladung (Gefechtskopf)
subnormal Subnormale (math), unternormal
subnormal temperature unternormale Temperatur, Untertemperatur
suboffice Hilfs-, Unteramt
suboptimization Suboptimierung
subordinate patent Nebenpatent
subouncer unit Kleinst-, Miniaturgerät
subpanel Zwischenfrontplatte
sub-population Teilgesamtheit
subpost office Neben-, Unter-, Zwischenpostamt
sub-pressure Unterdruck(gebiet)(meteo)
sub product Teilprodukt
subprogram Subroutine, Teil-, Unterprogramm
subprogram, function Funktionsunterprogramm (FORTRAN)
subprogram, procedure Prozedur(unter)-programm
subprogram, specification Spezifikationsunterprogramm
subprogram statement Unterprogrammanweisung (FORTRAN)
subprogram, subroutine Subroutine(unter)-programm (FORTRAN)
subreflector Hilfsspiegel (Parabolantenne)
subrefraction Unterstrahlenbrechung, Infrabrechung
sub-regional broadcast Bezirkswettermeldung
subrepeater Hilfsverstärker
subresultant Teilresultante
sub-rounded abgekantet
subroutine abgeschlossenes Unterprogramm, Subroutine, Teil-, Unterprogramm
subroutine, arithmetic arithmetisches Unterprogramm
subroutine call Aufruf eines Unterprogramms
subroutine, closed verbundenes od. abgeschlossenes Unterprogramm
subroutine, direct insert offenes Unterprogramm
subroutine, external externe Subroutine (FORTRAN)
subroutine, first-order Unterprogramm erster Stufe
subroutine, first-remove Unterprogramm erster Stufe
subroutine, floating-point Gleitkommaunterprogramm
subroutine library Unterprogrammbibliothek
subroutine, library Bibliotheksunterprogramm
subroutine linkage point Absprungstelle
subroutine, linked verbundenes, (ab)geschlossenes Unterprogramm
subroutine, one level Unterprogramm mit einer Ebene

subroutine, open offenes Unterprogramm
subroutine procedure Subroutineprozedur, Unterprogrammprozedur
subroutine, relocatable verschiebliches Unterprogramm
subroutine, standard Standard-Unterprogramm
subroutine statement Subroutineanweisung, Unterprogrammanweisung (FORTRAN)
subroutine, static statisches Unterprogramm
subroutine subprogram Subroutine(unter)-programm (FORTRAN)
subscale Einstellskala
subscale altimeter Höhenmesserskala, Millibarskala
subscribed capital gezeichnetes Kapital
subscriber Inhaber eines Fernsprech- od. Hauptanschlußes, Teilnehmer
subscriber clears Teilnehmer hängt auf
subscriber extension Nebenstelle
subscriber is free Teilnehmer ist frei
subscriber line relay set Amtswählklinken-übertragung
subscriber trunk dialling Selbstwählferndienst
subscriber with several lines Inhaber mehrerer Anschlüsse
subscriber's account Teilnehmerrechnung
subscriber's annual rental Jahresgebühr für Fernsprecheranschluß
subscriber's annual rental for supplementary apparatus Jahresgebühr für Zusatzeinrichtung
subscriber's cable Orts-, Teilnehmerkabel
subscriber's contact Teilnehmeranschluß
subscribers contract Teilnehmervertrag
subscribers extension cable Innenkabel
subscribers extension station private Teilnehmerstelle
subscribers line connector Leitungsschaltung für Teilnehmeranschlußleitung od. -stelle
subscribers line finder erster Anrufsucher
subscribers line radio separating filter Drahtfunkteilnehmerweiche
subscribers loop Teilnehmerdoppelleitung, Teilnehmerschleife
subscribers main station Teilnehmerhauptstation, -hauptanschluß, -hauptstelle
subscribers multiple Teilnehmervielfachfeld
subscribers number Anschluß-, Ruf-, Telephonnummer
subscribers register Gesprächszähler
subscribers rental Grundgebühr
subscribers set Teilnehmerapparat, -sprechstelle
subscribers wired-wireless separating filter Drahtfunk-Teilnehmerweiche
subscript Index, Tiefzahl (math), tiefgestellter od. unterer Index
subscript bound Indexgrenze, Laufgrenze
subscript bracket Indexklammer (ALGOL)
subscript expression Indexausdruck
subscript name Indexname (COBOL)
subscript list Indexliste
subscript position Indexposition (ALGOL)
subscript value Indexlistenwert (FORTRAN), Feldfolgewert
subscripted qualified name indizierter gekennzeichneter Name (PL/I)
subscripted value indizierter Wert
subscripted variable indizierte Variable
subscription Abonnement, Abnahmevertrag
subscripts Indizes (dv)
subsection Unterabteilung, -abschnitt, Unterkapitel
subsector Unterabschnitt
subsequent anschließend, nachfolgend
subsequent compensation Nachausgleichung, Nachkompensierung
subsequent correction Zusatzkorrektur
subsequent equalization Nachentzerrung
subsequent contract Anschlußauftrag
subsequent machining Nacharbeit mit der Maschine
subsequent or aftercompensation Nachkompensierung
subsequent stage Folgestufe
subsequent supply Anschlußversorgung
sub-servo system Unterservosystem
subset Signalumsetzer, Teilsatz, Teilnehmerapparat, Teilnehmersprechstelle
subshell Unterhülle, Unterschale
subshell of electrons Elektronenunterhülse
subside, to nachlaßen, sich setzen, sinken, nachsacken, nachsinken
subsidiary Hilfssatz, Nebensatz, Zweigunternehmen, zusätzlich
subsidiary battery Zusatzbatterie
subsidiary channel Nebenkanal, -rinne
subsidiary circuit Hilfskreis
subsidiary company Tochtergesellschaft
subsidiary distributing box Unterverteiler
sunsidiary distribution point Unterverteilerstelle
subsidiary lamp Zusatzlampe
subsidiary motion zusätzliche Bewegung
subsidiary or small triangulation Kleintriangulation
subsidiary orientation Zusatzorientierung, Zusatzorientierung
subsidiary quantity Hilfs-, Zusatzgröße
subsidiary road Hilfsstrecke, Nebenstraße
subsidiary runway Nebenpiste, Nebenstart- u. Landebahn, Nebenstrecke
subsidiary triangulation Kleintriangulation
subsidiary wave Hilfs-, Nebenwelle
subsoil water-level contours Grundwassergleichen (geo)
subsolid halbfester Körper
subsonic Unterschall..., subsonisch
subsonic air superiority mission Luftüberlegenheitsmission (Unterschall)
subsonic aircraft Unterschallstrahlflugzeug
subsonic climb Unterschallsteigflug
subsonic combustion Unterschallverbrennung
subsonic cruise Unterschallreiseflug
subsonic descent Abstieg mit Unterschallgeschwindigkeit
subsonic diffuser Unterschalldiffusor
subsonic diversionary flight Ausweichflug mit Unterschallgeschwindigkeit
subsonic dog-fighting at medium altitude Luftkampfeigenschaft im Ultraschallbereich mittlerer Höhe (milit)
subsonic drag Unterschallwiderstand
subsonic fleet Unterschallflugpark
subsonic flight test-bed Unterschallprüfstand
subsonic handling Handhabung im Unterschallflug
subsonic inlet Unterschalleinlauf

subsonic jet Unterschallstrahlflugzeug
subsonic jet transport Unterschallverkehrsflugzeug
subsonic nozzle Unterschalldüse
subsonic parachute test sled Unterschall-Fallschirmerprobungsschlitten
subsonic power amplifier Tieftonleistungsverstärker
subsonic region Unterschallbereich
subsonic speed Unterschallgeschwindigkeit
subsonic tactical fighter taktischer Unterschalljäger, taktisches Unterschalljagdflugzeug
subsonic (wind) tunnel Unterschallwindkanal
subsonically, return to base Rückflug zum Stützpunkt mit Unterschallgeschwindigkeit
subspace Teilraum
substance Stoff, Substanz, wesentlicher Bestandteil
substance, diamagnetic diamagnetischer Stoff
substance, ferromagnetic ferromagnetischer Stoff
substance, paramagnetic paramagnetischer Stoff
substandard film Schmalfilm
substandard-gage railway Kleinbahn
substandard instrument Labor(atoriums)-instrument geringer Genauigkeit od. Präzision
substantial körperlich vorhanden, wirklich, beträchtlich, fest, kräftig, wesentlich
substantial damage erheblicher od. wesentlicher Schaden
substantial progress beträchtlicher od. wesentlicher Fortschritt
substantiate erhärten, tatsächliche Unterlagen liefern
substation Hilfs(unter)werk, Teilnehmeranschluß, -sprechstelle, Unterstation, Unterwerk
substitute Austauschstoff, Ersatz(mittel), ersetzen
substitute for, to ersetzen an Stelle von
substitute item Ausweichartikel
substitute material Austauschstoff, Umstellwerkstoff
substitute mode Substitutionsmodus
substitute standard Ersatzstandardmodell, Ersatz für Standardtyp
substitute, to austauschen, ersetzen, substituieren (dv)
substitution measurement methode Substitutionsmeßverfahren
substitution method Ersatzmethode, Subsitutionsmethode
substitution resistor Substitutionswiderstand
substitution system Substitutionsverfahren
substitutional induction coil Nebenschlußdrosselspule
substorage branch Aussenlager (Logistik)
substrate Substrat, Schicht(en)träger, Trägersubstanz (chem), untenliegende Schicht, Unteralge
substring Teilkette
substring notation Teilausdruck (Makrosprache)
substructure Unterbau, Zellengerüst
substructure, derrick Bohrturmunterbau
subsupplier Unterlieferant
subsurface, anisotropism of the Anisotropie des Untergrunds (geol)
subsurface cable two system Unterflurzugkabelsystem
subsurface conditions Untergrundbedingungen
subsurface contour map Isobathenkarte, Tiefenlinienkarte (geol)
subsurface contour map of the key bed Tiefenlinienkarte der Leitschicht (geol)
subsurface geological condition geologische Beschaffenheit des Untergrunds
subsurface geology Untergrundgeologie
subsurface isopatch map Mächtigkeitskarte des Untergrunds (geol)
subsurface map, geological geologische Untergrundkarte
subsurface map of the key bed, compile Tiefenlinienkarte der Leitschicht zusammenstellen (geol)
subsurface stress Spannung unter der Oberfläche
subsurface structure Struktur des Untergrunds, Untergrundstruktur
subsurface tank unterirdischer Lagertank
subsynchronous subsynchron, untersynchron
subsynchronous resonance untersynchrone Resonanz
subsystem Teilanlage, -system, Untersystem
subsystem requirement Untersystemanforderung
subtangent Subtangente, Teiltangente
subtend, to sich hinziehen
subterranean storage of gas unterirdische Gasspeicherung
subterranean water current Grundwasserstrom
subterraneous outcrop Oberflächenablagerung bedeckter Ausstrich (geol)
subtilisation Verflüchtigung (chem)
subtolerance Dosis unter der Toleranzgrenze, verträgliche Dosis
subtract abziehen, subtrahieren
subtract binary Subtrahieren "binär" (Befehl)
subtract carry Subtraktionsübertrag
subtract decimal Subtrahieren "dezimal" (Befehl)
subtract, fixed-point Festpunktsubtraktion (SUB)(Befehl)
subtract, floating gleitende Subtraktion
subtract halfword Subtrahieren "Halbwort" (Befehl)
subtract logical Subtrahieren ohne Vorzeichen (Befehl)
subtract normalized floating point Gleitpunktsubtraktion normalisiert (Befehl)
subtract normalized long Subtrahieren normalisiert "lang" (Befehl)
subtract normalized short Subtrahieren normalisiert "kurz" (Befehl)
subtract statement Subtraktionsanweisung, Subtraktionsbefehl (COBOL)
subtract unnormalized long Subtrahieren nicht normalisiert "lang" (Befehl)
subtract unnormalized short Subtrahieren nicht normalisiert "kurz" (Befehl)
subtract word Subtrahieren "Wort" (Befehl)
subtracter Subtrahierwerk
subtracter, digital digitaler Subtrahierer
subtracter, half Halbsubtrahierglied, Halb-

subtrahierer, Endziffernsubtrahierglied, Subtrahierglied mit zwei Eingängen
subtracter, one-digit Halbsubtrahierglied, Einziffer-Subtrahierglied, Halbsubtrahierer, Subtrahierglied mit zwei Eingängen
subtracter, parallel half paralleler Halbsubtrahierer
subtracter, serial full serielles Subtrahierwerk
subtracter, serial half serieller Halbsubtrahierer
subtracter, three-input Subtrahierglied mit drei Eingängen
subtracter, two-input Halbsubtrahierglied, Halbsubtrahierer, Einziffernsubtrahierglied, Subtrahierglied mit zwei Eingängen
subtraction Abziehen, Subtraktion
subtraction, fixed point Festkomma-Subtraktion
subtraction, floating-point Gleitkomma-Subtraktion
subtraction of color Subtraktion der Farbe
subtractive primary Primärfarbensubtrahend
subtractor, full Subtrahierwerk
subtrigger Hilfsauslöseimpuls
subtype Untertyp (Flugzeug)
suburban railway Vorort(s)bahn, Vorstadtbahn
suburban area Vorortsgebiet
suburban call Vorortsgespräch
suburban connection Vorortsverbindung
suburban junction Vorortsleitung
suburban position Vorortsplatz
suburban settlement Stadtrandsiedlung
subzero fog unter Nullgradnebel
subzero temperature Temperatur unter Null
subzero weather Wetter unter Nullgrad
subzone terminal exchange Netzgruppenendamt
subzone toll office Nebenfernamt
succeeding traffic nachfolgender Verkehr
successfully processed data programmäßig verarbeitete Daten (MB)
succession Aufeinanderfolge, Nachfolge, Reihenfolge
succession of angles of attack Referenzanstellwinkel (av)
succession of cranks Kurbelfolge
succession of cuttings Hiebfolge
succession of impulse Impulsstoßreihe, Stromstoßreihe
succession of passes Kaliberfolge
succession of phases Phasenfolge
successive aufeinanderfolgend, nacheinander
successive approximation technique Iterationsverfahren
successive beta-emission aufeinanderfolgende Betaemission
successive-card checking Prüfung auf Fehlerwiederholung
successive card feed stetige od. fortlaufende Kartenzuführung
successive cycles aufeinanderfolgende Gänge
successive detection Kettengleichrichtung
successive digits aufeinanderfolgende Zahlen
successive feed fortlaufende (Karten)zuführung
successive gamma-rays Gesamtstrahlkaskade
successive neutron capture aufeinanderfolgender Neutroneneinfang
successive, number Zahlenfolge
successive numbers fortlaufende Nummern
successive strate of automatic recovery action system hintereinandergeschaltetes automatisches Sicherheitssystem
successor Nachfolgemuster, Nachfolger
successor chain Kette von Nachfolgeprogrammen (EDV)
successor in function Aufgabennachfolger
successor program Folgeprogramm
successor program chaining Verknüpfung von Nachfolgeprogrammen
successor program initiation Folgeprogrammeinleitung
suck, to ansaugen, aufsaugen
sucker Pumpenschuh
sucker pin hydraulisch betätigter Stift (Einspritzung)
sucker pump Pumpengestänge, -stäbe
sucker rod breakage Pumpengestängebruch
sucker rod elevator Pumpengestängefahrstuhl
sucker rod hook Förderhaken für Pumpengestänge, Pumpengestängehaken
sucker rod pin breaks Pumpengestängezapfenbrüche
sucker rod pump Gestängepumpe
sucker rod rotator Drehvorrichtung für Pumpengestänge (Tiefpumpen mit Gestänge)
sucker rod wrench Pumpengestängedrehschlüssel
sucket off abgesaugt
sucking Ansaugen von Flüssigkeit
sucking and forcing pump Saug- u. Druckpumpe
sucking and relief valve Unterdruck/Überdruck-Ventil
sucking coil or solenoid Tauchkernspule
sucking jet pump Saugstrahlpumpe
sucking rod, pump Pumpengestänge, -stab
sucking solenoid Saugdrosselspule
sucking table Saugkasten
sucking valve Saugventil
suction Ansaugen, Hubhöhe, Saugfähigkeit, Saugwirkung, Unterdruck
suction air plant Saugluftanlage
suction air-tank or chamber or vessel Saugwindkessel
suction and delivery valve Saug- u. Druckventil
suction and discharge connection Anschluß für Ansaug- u. Druckseite
suction and relief valve Saug- u. Überdruckventil, Überdruck/Unterdruckventil
suction apparatus Exhaustor, Saugapparat
suction basket or head Saugkopf
suction bell Ansaugsonde, -glocke
suction bend Beschleunigungskrümmer, Saugkrümmer
suction blank feed attachment (machine tool) Teileansaugvorrichtung
suction booster negative Boostermaschine, Saugdynamo, Spannungserniedriger, Spannungsminderer
suction bottle Saugflasche
suction box Saugkasten
suction brush Saugbürste
suction bush saugseitige Buchse (Pumpe)
suction capacity Ansaugleistung (Schiffstechnik), Saugleistung

suction carburetor Vergaser mit Saugförderung
suction cell filter Saugzellenfilter
suction chamber Saugkammer, Unterdruckkammer
suction cleaner Saugreiniger
suction collection head Sammelstück (Rohr)
suction connection Sauganschluß
suction conveyor Saug(luft)förderer
suction couch-roll Saugwalze (pap)
suction crucible Saugtiegel
suction cup Saugnapf, -näpfchen
suction-cutter dredger Saugbagger mit Messerkopf
suction disc Saugteller (Kühlmaschine)
suction drag Saugwiderstand
suction dredger Saugbagger
suction dredger for emptying barges pneumatische Schutenleervorrichtung, Schutensauger (Schiffstechnik)
suction dredger power plane Baggersaugkraftwagen
suctio drum Saugtrommel (im Kartentransportmechanismus)
suction drum drier Lochtrommeltrockner
suction effect Saugeffekt, Saug-, Sogwirkung
suction equipment Sauggerät
suction extractor or filter Ansaugfilter
suction face Saugseite des Propellers, Propellersaugseite
suction fan Absauglüfter (Wetterführung im Bergbau), Ansauggebläse, Sauggebläse, saugender Ventilator
suction feed Saugvorschub
suction field Saugfeld
suction filter Saugfilter
suction filter press Saugfilterpresse
suction flange Saugflansch
suction flap Absaugklappe (av), Saugklappe
suction flask Saugkolben
suction flow weight Ansauggewicht (Strömungslehre, Verdichter)
suction force Saugkraft, Sogkraft, Sogwirkung (aerodynamisch)
suction funnel Saugtrichter
suction gage Saugmesser, Unterdruckmesser
suction gas Generatorgas, Sauggas
suction gas engine Sauggasmaschine, Sauggasmotor
suction gas producer gezogener Gaserzeuger
suction gun Saugheber
suction head Sauggefälle, Saughöhe, Unterdruck
suction header valve Saugschieber, Schieber an der Saugleitung
suction hose Ansaugschlauch, Saugkorb, Zuführungsschlauch
suction inlet Ansaugstutzen
suction insert Strömungsring (Pumpe)
suction line Saugleitung
suction line height Saugleitungshöhe
suction main Saugleitung
suction manifold Ansaugkrümmer
suction mounting Ansaugrohr
suction nozzle or head Gaseinlaß, Saugdüse
suction or intake stroke Saughub
suction outlet Unterdruckanschluß
suction pipe Saugrohr
suction pipe from vacuum pump Sogleitung von Saugpumpe
suction, pipe pulling Ausbausog
suction pipe socket Saugstutzen
suction pipeline Saugrohrleitung
suction piping line Saugrohrleitung
suction pit Saugschacht
suction plant Ansauganlage, Unterdruckanlage
suction plate saugseitige Steuerplatte (Pumpe)
suction plug Saugventilverschraubung
suction point Saugpunkt, -spitze
suction port Ansaugkanal, -öffnung, Saugöffnung
suction power Zugkraft, -stärke, Zugwirkung
suction pressure Saugkraft, Saugvermögen, Saugdruck
suction pressure recorder Saugdruckschreiber
suction probe Saugleitungsstandrohr
suction producer Saugerzeuger (Gasproduktion)
suction pump Ansaugpumpe, Saugpumpe
suction pyrometer Durchflußpyrometer
suction relief door Entlastungsklappe
suction relief tube Druckausgleichsrohr (im Aussentank)
suction relief valve Unterdruckventil
suction resistance Saugwiderstand
suction screen Ansaugsieb
suction side Saugseite (Schaufel)
suction side of wing Saugseite des Flügels
suction slot Absaugschlitz
suction socket Saugstutzen
suction speed Sauggeschwindigkeit, Saugvermögen
suction spike Saugspitze
suction strainer Saugkopf
suction strength Ansaugstärke, Saugfestigkeit
suction stroke Ansaughub
suction stub Saugstutzen
suction sucking Saugung, Sogwirkung
suction surface Saugseite (Flügel, Schaufel, Turbine, Gebläse usw)
suction surface of wing Flügelansaugseite
suction system Ansaugsystem (Klimaanlage), Unterdruckanlage
suction transformer Saugtransformator
suction tube bell Anssaugglocke (im Rohr)
suction-type carburetor Saugvergaser
suction-type hose sandblast tank Saugfreistrahlgebläse
suction vacuum höchstes erreichbares Vakuum
suction valve Saughahn, -klappe, -ventil
suction valve bushing Saugventilbuchse
suction valve cone Saugventilkegel
suction-valve control of fuel pump Saugventilregulierung der Brennstoffpumpe
suction valve spring Saugventilfeder
suction vane Saugflügel
suction volume Ansaugvolumen, Sauginhalt
suction wind loading Windlast auf der Leeseite
sudden break in the weather Wettersturz, Wetterumschwung, Wetterumschlag
sudden brightening up Helligkeitssprung
sudden change in frequency Frequenzsprung
sudden change in program velocity Programmsprung
sudden change of direction scharfkantige

Richtungsänderung
sudden change of frequency Frequenzsprung
sudden change of weather Witterungsumschlag
sudden change of wind Windsprung
sudden failure Sprungausfall
sudden gas absorption plötzliche Gasaufzehrung
sudden interruption plötzliche Unterbrechung
sudden ionoscopic disturbance plötzliche ionoskopische Störung od. Unterbrechung
sudden ionospheric disturbance plötzliche ionosphärische Störung
sudden load Stoßbelastung
sudden oscillating plötzliches Schwingen
sudden pull-out hartes herausnehmen aus einer überbeanspruchten Fluglage
sudden pull-up (stress analysis) hartes abfangen aus Sturzflug
sudden roll in the direction of flight gerissene Rolle im Kunstflug
sudden shift of wind Windsprung
sudden thump scharfer Einsatz
sufficating gas Stickgas
sufficient statistic ausreichende Stichprobe
sugar breaker Knotenbrecher
suggestion Andeutung, Anregung, Vorschlag
suggestion award Prämie für Verbesserungsvorschlag
suggestion for improvement Verbesserungsvorschlag
suit Anzahl zusammengehöriger Dinge,Anzug, Garnitur, Prozeß, passen, angemessen sein
suitability as pilot Eignung zum Flugzeugführer
suitability for storage Lagerfähigkeit, lagerungsfähig
suitable arrangement zweckmäßige Anordnung
suitable exhaust elbow passender Krümmer
suitable for printing bedruckbar
suitable for writing beschriftbar
sulfate pulp Natronzellstoffbrei, Natronpulp, Sulfatzellulose
sulfating agent Sulfatierungsmittel
sulfation Sulfatierung
sulfite liquor Sulfitlauge
sulfite or sulphite solution Sulfitlauge
sulfite pulp Sultifzellulose
sulfochloride Sulfochlorid
sulfo-compound Sulfoverbindung
sulfonamide resin Sulfonamidharz
sulfonated sulfoniert
sulfonation Sulfierung
sulphate cellulose Sulphatzellulose
sulphate of aluminia Aluminimsulfat, schwefelsaure Tonerde
sulphate of copper Kupfersulfat, Kupfervitriol
sulphate of lime Kalksulfat
sulphate resisting sulfatfest
sulphite cellulose Sulfitzellulose
sulphite liquor Sulfitlauge
sulphochromatic bath Chromschwefelsäurebad (Munitionsprüfung)
sulphonated oil geschwefeltes od. sulfoniertes Öl (Schneidöl)
sulphonation Sulfierung
sulphonic acid Sulphonsäure
sulphonic chloride Sulphonchlorid
sulphur content Schwefelgehalt
sulphur monochloride Chlorschwefel
sulphur print Schwefelabdruck
sulphur print Schwefelabdruck
sulphureted hydrogen Schwefelwasserstoff
sulphuric acid Schwefelsäure
sulphuric acid manufacture from natural gas Schwefelsäureherstellung aus Erdgas
sulphuric, diluted...acid verdünnte Schwefesäure
sulphuric, fuming...acid rauchende Schwefelsäure
sulphurous acid schwefelige Säure
sulphurous spring Schwefelquelle
sulphurous water Schwefelwasser
SUM surface-to-underwater missile
sum-and-difference amplifier Differenztonfaktorverstärker
sum and differential aerial Summen- u. Differenzantenne
sum channel Summenkanal
sum check Prüfung durch Summierung, Summenkontrolle,-probe
sum clause Summeneintrag(ung), Summenklausel (COBOL)
sum index Summenindex
sum of digits Quersumme
sum of momenta Impulssumme
sum of power Potenzsumme
sum of the angle Winkelsumme
sum of the series Reihensumme
sum rule Summenregel
sum subscript Summenindex
sum to infinity Summe der unendlichen Reihe (math.
sum total Endsumme, Gesamtsumme
sum-up addieren, summieren, zusammenfassen, zusammenrechnen
sum voltage Summenspannung
summable function summierbare Funktion
summarized reporting verdichtete Berichterstattung
summarizing article zusammenfassender Bericht
summarizing report zusammenfassender Bericht od. Meldung
summary sumarische Übersicht, Zusammenfassung, gedrängte Übersicht, Zusammenstellung, Abriß, Hauptinhalt
summary activity zusammengefaßter Vorgang
summary area Großmeldegebiet
summary card Summenkarte
summary measure Gesamtmeßwert
summary network kombinierter Netzplan
summary number Summenkontrollnummer
summary of counterintelligence information (SUMCI) Sicherheitslageübersicht
summary of evidence Tatbestandsaufnahme
summary photo-intelligence report zusammenfassender Bildauswertungsbericht
summary punch Summenlocher, -stanzer, Stanzer (mit Summenlocheinrichtung)
summary punch cable Summenlochkabel
summary punch emitter Summenlochanschluß
summary punch entry Summenlocheingang
summary punch exit Summenlochausgang
summary punch switch Summenlochschalter
summary punching Summenlochen, -lochung, Summenstanzen, -stanzung
summary punching after program Summenlochung nach Programm
summary reporting verdichtete Bericht-

erstattung
summation Summation, Summierung, Zusammenziehung, Zusammenzählung
summation amplifier Summenverstärker
summation check Prüfung durch Summierung, Summenkontrolle, -probe
summation equation Summengleichung
summation formula Summationsformel
summation instrument summieredes (Meß)-instrument
summation loudness Summenlautstärke
summation meter Summenzähler
summation method Summationsmethode, Summationsverfahren
summation sign Summenzeichen
summation telecounter Summenfernzählwerk
summation tone Summationston, Summenton
summator Summator
summer Additionsschaltung, Oberschwelle, Trägerschwelle, Summierer, Summierverstärker
summer time-table Sommerflugplan
summing bridge circuit or network Addier- u. Summierschaltung
summing integrator summierender Integrator, Summierintegrierverstärker, Summierintegrierer
summing point Summierpunkt
summit Gipfel, höchster Punkt, Spitze
summit or top of the cloud Wolkenkopf
summon (Kräfte) aufbieten, aufforden, vorladen
sump Ölsumpf (Motor), Schlammbecken, Schlammkule, Spülgrube (Ölbohrung)
sump vent check valve Entlüftungs- u. Rückschlagventil (Ölsumpf)
sumpner test Transformatorenprüfung im Rückarbeitsverfahren
sumpner wattmeter elektrodynamisches Wattmeter mit Eisenkern
sun and planet gear Planetenradgetriebe, Umlaufgetriebe
sun angle Einfallwinkel der Sonnenstrahlen
sun arc light 225-A-Bogenlampe
sun-blind Jalousie, Sonnenvorhang
sun compass Sonnenkompaß
sun cracks Trockenrisse (geol)
sun pillar Sonnensäule
sun pinion Sonnenrad
sun position Sonnenposition
sun reference method Sonnenbezugsverfahren
sun sensor Sonnenmeßfühler, Sonnenrichtungsgeber, Sonnensensor
sun-synchronous sonnensynchron
sun-synchronous orbit sonnensynchrone Umlaufbahn (Satellit)
sun tracker Sonnenpeiler
sun visor Sonnenblende
sunk spot eingefallene Stelle (Preßfehler)
sunk, to gesunken, versenkt, vertieft
sunken fascine rivetment Senkfaschine
sunken obstacle versenktes od. vertieftes Hindernis
sunken runway light Unterflurpistenleuchte
sunken rock dangerous to surface navigation gefährliche Unterwasserklippe (nav)
sunken screw-driver adjustment eingelassene Schlitzschraube
suns radiation Sonnenstrahlung
suns zenith angle Sonnenstandswinkel
sunset effect Dämmerungseffekt (Radar), Sonnenuntergangserscheinung
sunshine recorder Sonnenscheinanzeiger, -autograph, -messer, Registriergerät der Sonnenscheindauer
sunshine recorder heliograph Sonnenscheinautograph, -anzeiger, -messer
sunspot activity Sonnenfleckentätigkeit
sunspot cycle Sonnenfleckenperiode
sunspot number Sonnenfleckenzahl
sunspot period Sonnenfleckenperiode
super in Zusammensetzung: über.., ober.., über das Maß hinaus
super-aerodynamics Superaerodynamik, Über(schall)aerodynamik
super-alloy with higher melting point Superlegierung mit höherem Schmelzpunkt (Ganzmetallkonstruktion)(av)
superatomic bomb Wasserstoffbombe
super-audible überhörfrequent, ultraakustisch
super-audible frequency Frequenz über Hörbereich, Überhörfrequenz
super-audio telegraphy Überlagerungstelegraphie
super-bomb Wasserstoffbombe
super-carburization Überkohlung
supercharge Aufladen, Kompression, Zusatzladung
supercharge engine vorverdichteter Motor, Überladehöhe
supercharge gear change Ladegangwechsel
supercharge height Überladehöhe
supercharge pressure Ladedruck
supercharged aero engine Ladermotor
supercharged cabin Überdruckkabine
supercharged Diesel engine Dieselmotor mit Aufladung
supercharged engine Motor mit Vorverdichtung
supercharged height Gleichdruckhöhe
supercharged ignition verdichtetes Zündungsgeschirr
supercharged motor Kompressionsmotor, Motor mit Vorverdichtung
supercharger Gebläse, Kompressor, Lader (Kolbentriebwerk), Ladepumpe, Überlader, Überverdichter, Vorverdichter (TL-Triebwerk)
supercharger blast gate Kompressorluftaustritt
supercharger compression ratio Laderdruckverhältnis
supercharger control lever Laderbedienungshebel
supercharger delivery pressure Laderenddruck
supercharger depression Laderdepression
supercharger diffuser chamber Laderringkanal, Laderverteilergehäuse
supercharger distribution chamber Laderringkanal, Laderverteilergehäuse
supercharger drive Kompressorantrieb
supercharger drive gear Laderantriebsritzel
supercharger drive power Laderantriebsleistung
supercharger gear (zweiter) Ladergang (Vollaufladung beim Höhenmotor)
supercharger gear change Ladergangwechsel
supercharger housing Ladergehäuse
supercharger impeller Vorverdichterladerad

supercharger impeller drive bevel gear Hauptantriebskegelrad für Lagegebläse
supercharger intercooler Laderluftkühler
supercharger-pressure limiting control Laderdruckbegrenzer
supercharger ratio Laderübersetzung für volle Aufladung
supercharger pressure regulator Laderdruckregler
supercharger rotor impeller Laderlaufrad
supercharger speed Laderdrehzahl
supercharger-testing rig Laderprüfstand
supercharger volute Laderschnecke, -spirale
supercharging Vorverdichtung
super-compressed überkomprimiert
super-compressed engine überkomprimierter Motor
super-compression Überverdichter (Motor kann am Boden nur gedrosselt betrieben werden)
super-conducting supraleitend
super-conducting computer device Supraleitvermögen-Rechenmaschine
super-conducting magnet supraleitender Magnet
super-conduction electron supraleitendes Elektron, Supraleitelektron
super-conducting transmission supraleitende Übertragung
super-conduction transition Supraleitungsübergang
super-conductivity Superleitfähigkeit, Supraleitfähigkeit
super-conductivity technique Supraleitfähigkeit
super-conductor Supraleiter
super-control tube Regelröhre, Exponentialröhre, Regelpentode, Röhre mit veränderlichem Durchgriff, Röhre mit variabler Steilheit, Röhre mit variablem Verstärkungsfaktor
super-cooled unterkühlt
super-cooled amplifier tiefgekühlter Verstärker
super-cosmic rays ultraharte kosmische Strahlen
super-critical aerofoil flap superkritische Tragflügelklappe (av)
super-critical aerofoil section überkritischer Flügelabschnitt
supercritical-airfoil outlet guide vanes Leitschaufeln mit superkritischem Profil (av)
super-critical mass überkritische Masse
supercritical OVGs in the fan duct superkritisches Profil der Bläserschaufel (av)
super-critical pile überkritischer Reaktor
supercritical section superkritisches Profil (Tragflügelschraube)
supercritical shafting superkritische Wellenführung (av)
supercritical wing superkritischer Flügel, superkritisches Tragwerk
supercritical wing and propeller turboprop power plants superkritisches Tragflügelprofil und Propellerturbinen mit Schubstrahl
super-critical wing research Erforschung des überkritischen Flügels
super-dominant Oberdominante, Superdominante, Sexte
super-efficient high-bypass GE turbofan engine hochwirksames GE-Mantelstromtriebwerk mit hohem Nebenstromverhältnis
super-elevation Abhebung, Aufsatz (als vertikale Strecke), Aufsatzwinkel, Überhöhung
super-emitron Bildwandler-Ikonoskop, Bildwandler-Speicherröhre
super encryption Zeichenverschlüsselung durch Überlagerung (teg)
superFan-engine SuperFan-Triebwerk
"superfast" cargo, at a premium rate hochdringliche Fracht mit Tarifaufschlag
superficial current Oberflächenstrom
superficial deposit oberflächliche Lagerstätte (geol)
superficial layer Deckschicht, Oberflächenlage
superficial measure Flächenmaß
superficial pair density Doppelteilchen-Oberflächendichte
superficial smoothness Oberflächendichte
superficies Mantelfläche, Oberfläche
superfine file Feinschlichtfeile
superfinish(ing) Feinstziehschleifen
super flash Fotoblitzlampe
super flying boat Großflugboot
"super fueller" Großraumtanker
super fusion Überschiebungsschmelzung
supergroup allocation Übertragungslage der Sekundärgruppen (Trägerfrequenz)
super-group modulator or translator Übergruppenumsetzer
supergroup section Sekundärgruppenabschnitt (Trägerfrequenztechnik)
supergroup transfer point Sekundärgruppendurchschaltpunkt (Trägerfrequenztechnik)
supergroup translating equipment Sekundärgruppenumsetzer (TF-Übertragungswege)
superheat meter Überhitzungsmesser
superheated section überhitzter Teil
superheated slide for locomotive Heißdampfschieberring für Lokomotiven
superheated steam Heißdampf, überhitzter Dampf
superheater control Überhitzerregler
superheating meter Überhitzungsmesser
superheating of the steam Dampfüberhitzung
superhet Superhet, Überlagerungsempfänger
superhet receiver Superhet, Überlagerungsempfänger
superheterodyne Superhet, Überlagerungsempfänger
superheterodyne converter Überlagerungsvorsatzgerät
superheterodyne principle Überlagerungsprinzip
superheterodyne receiver Superhet, Transponierungsempfänger, Überlagerungsempfänger, Zwischenfrequenzempfänger
superheterodyne receiver undertakes a frequency conversion on the raw rceived signal im Überlagerungsempfänger wird das Antennensignal mit einer Oszillatorfrequenz gemischt (Radarwarntechnik)(av)
superheterodyne reception Überlagerungsempfang
superheterodyne tuning Superhetabstimmung
superheterodyning Überlagerung
superhigh frequency Superhochfrequenz, Zentimeterwellen, ZHF

superhigh gear wheel Schnellgangrad
superhoming machine Feinziehschleifmaschine
super hot engine bleed air ultraheiße Zapfluft
supericonoscope Bildwandler-, Superikonoskop
superimpose einblenden, aufsetzen, übereinanderlagern
superimposed coarse radio location network überlagertes Grobortungsnetz
superimposed connection Überlagerungsschaltung
superimposed concept Oberbegriff
superimposed current überlagerter Strom
superimposed field überlagertes Feld
superimposed frequency Überlagerungsfrequenz, Zwischenfrequenz
superimposed load aufgebrachte Last (Statik)
superimposed strate überlagernde Schichten (geol)
superimposed telegraphy Überlagerungstelegraphie
superimposed vector lines eingebaute Vektorlinie
superimposed working Arbeiten in Überlagerungsschaltung
superimposing Bildung von Simultanverbindungen, Überlagerungsherstellung
superintendent Fabrikationsleiter
superior mirage Luftspiegelung nach oben
superior phase performance überragendes Phasenverhalten
superior radius of action überlegener Aktionsradius
superior signal enhancement technique Signalverstärkungstechnik
superior steel Edelstahl
superiority air ... mission Luftüberlegenheitsmission (Überschall)
superiority in the air Luftüberlegenheit
superiority of arms and equipment Waffenüberlegenheit
super-normal temperature übernormale Temperatur
supernumerary call überzähliger Anruf
superorthicon Superorthikon
super-phantom circuit Simultanschaltung, Simultanverbindung, Achterleitung, Doppelphantomschaltung
superplastic forming superelastische Formgebung, (SPF) superplastisches Umformungsverfahren, superplatische Verformung (av)
superplastic forming and diffusion bonding titanium superlastisch umgeformtes und diffusionsgeschweißtes Titan (Turbine)
superplatic forming in aluminium alloy or in titanium lead superplastisches Formen von Aluminium od. Titanlegierung (structural components)
superlastic forming manufacturing technique superplastisches Formgebungsverfahren
superpolyamide Superpolyamid
superpolyester Superolyester
superpolymer Superpolymere
superposed connection Kunstschaltung, überlagerte Schaltung
superposed field überlagertes Feld
superposed gearing überlagertes Getriebe
superposed magnetization überlagerte Magnetisierung
superposed or subsidiary motion Zusatzbewegung
superposed ringing Rufen mit gleichstromüberlagertem Wechselstrom
superposed ringing current gleichstromüberlagerter Rufstrom
superposed telegraph Simultantelegraph
superposed telegraphy Überlagerungstelegraphie
superposed with direct current gleichstromüberlagert
superposition Auflagerung, Überlagerung, Übereinanderlagerung
superposition approximation Überlagerungs(an)näherung
superposition of a map Karteneinblendung
superposition of bearing on panoramic radar screen Einblendung der Peilung in Radarrundsichtgerät
superposition theorem Superpositionssatz
superpower distribution Großstromversorgung
superpower station Großkraftwerk
superpower transmitter Großsender
super pressure Überdruck(gebiet)
super program Superprogramm (päd)
superproton Hyperon
super quick fuse empfindlicher Zünder
super-quick impact fuse empfindlicher Aufschlagzünder
super reaction Pendelrückkopplung
super refined steel plate Edelstahlblech
super refraction Superbrechung, Überstrahl(en)brechung
superregeneration Pendelrückkopplung, erhöhte od. übertriebene Dämpfungsverminderung, Hilfsfrequenzrückkopplung, Überrückkupplung
superregenrative circuit Pendelrückkopplungsschaltung, Superregenerativschaltung, Pendelrückkupplung
superregenerative detector Pendelrückkopplungsaudion
superregenerative receiver Hilfsfrequenzempfänger, Hilfsfrequenzrückkopplungsempfänger, Pendelrückkopplungsempfänger
superregenerative reception Pendelfrequenzempfang, Pendelrückkopplungsempfang
superregenerator Hilfsfrequenz(rückkopplungs)empfänger
super-saturated übersättigt
super-saturated steam unterkühlter Wasserdampf
super-saturated solution übersättigte Lösung
superscaler tausendfacher Untersetzer od. Zähler
superscript oberer Index
super searcher PC airborne maritime suveillance radar PC-Version-Seeraumüberwachungsradar (milit)
supersede, to ersetzen, außer Gebrauch setzen, ungültig machen, abschaffen
supersensitive hoch-, überempfindlich
supersensitive altimeter Feinsthöhenmesser
supersensitivity Hochempfindlichkeit, Überempfindlichkeit
super-shrink-grip tool joint Schrumpfgestängeverbinder
supersonic oberhalb der Schallgeschwindigkeit liegen, supersonisch, Überschall

supersonic acceleration Beschleunigung auf Überschallgeschwindigkeit, Überschallbeschleunigung
supersonic aerodynamics Überschallaerodynamik
supersonic aircraft Flugzeug das Schallgrenze überschreitet, Überschallflugzeug
supersonic airliner Überschallverkehrsflugzeug
supersonic auxiliary intake door "Überschall"-Hilfseinlaufklappe
supersonic bang Schallmauerknall, Überschallknall
supersonic boom Schallmauerknall, Überschallknallen
supersonic carrier-based fighter trägergestütztes Überschallkampfflugzeug
supersonic cell Ultraschallzelle
supersonic climb Steigen mit Überschallgeschwindigkeit
supersonic combustion Überschallverbrennung
supersonic communication Ultraschallverbindung
supersonic conversion trainer Überschallumschulung
supersonic cruise Überschallreiseflug
supersonic descent Abstieg mit Überschallgeschwindigkeit
supersonic diffuser Überschalldiffusor
supersonic drag Überschallwiderstand
supersonic drag reducer Überschalltrimmwiderstand
supersonic echo-sounder Überschallwellen-Echolot
supersonic flar detector Überschallprüfgerät
supersonic flight Überschallflug
supersonic flight, absolute tranquility of absolute Ruhe des Überschallflugs
supersonic flight region Überschallbereich
supersonic flow Überschallströmung
supersonic frequency Ultrahörfrequenz, Überschallfrequenz, Ultraschallfrequenz
supersonic generator Ultraschallerzeuger, Ultraschallgenerator, Überschallerzeuger
supersonic heterodyne reception Überlagerungsempfang mit Überhörfrequenz
supersonic light relay or valve Überschall-Lichtzelle, Ultralichtzelle
supersonic modulation Überschallmodulation
supersonic multi-mission design Überschall-Mehrzweckflugzeug (AC)
supersonic nose cones from radar-transparent fibres überschallgeeignete Bugnase aus radardurchlässigen Fasern
supersonic performance Überschallflugfähigkeit
supersonic range Ultraschallbereich
supersonic region Überschallbereich
supersonic research aircraft Überschallforschungsflugzeug
supersonic rocket Überschallrakete
supersonic sound wave Überschallwelle
supersonic sounding Überschallecholotung
supersonic speed Überschallgeschwindigkeit
supersonic tactical support advanced aircraft Überschall-Erdkampfunterstützungsflugzeug
supersonic tactical support and advanced training aircraft Überschall-Erdkampfunterstützungs- u. Übungsflugzeug
supersonic target drone überschallschneller Zielflugkörper
supersonic telegraphy Überschalltelegraphie
supersonic thickness ga(u)ge Ultraschalldickenmesser
supersonic thickness indicator Ultraschalldickenmesser
supersonic training aircraft Überschall-Übungsflugzeug
supersonic transport (SST) Überschallverkehr
supersonic transport in the context of traffic right Überschallverkehr in Zusammenhang mit Verkehrsrecht
supersonic tunnel Überschallwindkanal
supersonic variable inlet verstellbarer Überschalleinlauf (av)
supersonic velocity Überschallgeschwindigkeit
supersonic venturi Überschallsaugrohr
supersonic wind tunnel Überschallwindkanal, Windkanal für Überschallgeschwindigkeit
super-stainless steel rostfreier Stahl hoher Qualität
superstructure Aufbau, Deckaufbau, Oberbau, Überbau, Überstruktur
superstructure equipment and material Oberbaugerät u. -Material
supersynchroton supersynchroton
supertension Höchstspannung
supertension cable Höchstspannungskabel
superthreshold überschwellig
superthreshold sound-intensity level überschwelliger Schallreiz
superthreshold sound stimulus überschwelliger Schallreiz
superturnstile antenna Schmetterlings-, Superturnstileantenne
superturnstile radiating element Strahlerelement der Schmetterlingsantenne
supervise, to beaufsichtigen, inspizieren
supervising department Überwachungsamt, -stelle
supervising or inspecting engineer Überwachungsingenieur
supervising service Aufsichtsdienst
supervision Aufsicht, Beaufsichtigung, Inspektion, Kontrollaufsicht, Kontrolle, Leitung, Überwachung
supervision of air navigation Flugüberwachung
supervision of construction Bauaufsicht, -leitung
supervision of drawings Zeichenkontrolle
supervision of flight operation Überwachung des Flugbetriebs, Flugbetriebsüberwachung
supervisor Organisationsleiter, Organisationsprogramm, -monitor, Ablaufüberwacher, Monitorprogramm, Überwachungsbeamter, Operator, Überwachung des Organisationsprogramms (cig), Überwachungsprogramm
supervisor call Anruf an Ablaufteil, Organisationsprogrammaufruf
supervisor call interrupt Unterbrechung durch Aufruf des Organisationsprogramms
supervisor communication region Mitteilungsbereich des Ablaufteils, Mitteilungsfeld
supervisor desk Kontrollplatz, Überwachungsplatz, -stelle
supervisor office Betriebsbüro
supervisor position Aufsichtsplatz, Überwachungsplatz, -stelle, Kontrollplatz

supervisor, primary primärer Supervisor
supervisor section Aufsichtsabteilung
supervisor, system tape Systembandablaufteil
supervisor, user program Benutzerprogramm-Ablaufteil
supervisory air pressure Überwachungsluftdruck
supervisory board Überwachungstafel
supervisory channel Überwachungskanal
supervisory character Überwachungszeichen
supervisory circuit Schlußzeichenschaltung, Überwachungsstromkreis
supervisory control program Überwachungssteuerprogramm (EDV)
supervisory cord Überwachungsschnur
supervisory drop Schlußklappe
supervisory equipment Überwachungseinrichtung
supervisory indicator Schlußzeichen, -klappe
supervisory information Überwachungsinformation
supervisory instruction Steueranweisung (Übertragungstechnik)
supervisory lamp Schlußleuchte, Überwachungslampe
supervisory panel Kontrollfeld
supervisory personnel Kontrollpersonal, Überwachungspersonal
supervisory program Leit-, Superprogramm
supervisory rack Überwachungsgestell
supervisory relay Kontroll-, Melde-, Schlußzeichen-, Überwachungsrelais
supervisory responsibility Aufsichtspflicht
supervisory routine Leit-, Superprogramm
supervisory signaling information Signalisierinformation
supervoltage Überspannung
supplant by ersetzen durch
supple biegsam, elastisch, nachgiebig, geschmeidig, weich, gelenkig
supple of current Stromlieferung, -versorgung
supplement Ergänzungswinkel, Nachtrag, Supplementwinkel
supplement carrier Bedarfsflugunternehmen
supplemental kit Ergänzungssatz
supplemental personnel Aushilfspersonal
supplementary ergänzend, nachträglich zusätzlich
supplementary aerodrome Hilfsflughafen
supplementary air Zusatzluft
supplementary air intake Nebenlufteinlaß
supplementary allowance Nachbewilligung
supplementary angle Ergänzungs-, Supplementärwinkel
supplementary apparatus Hilfs-, Zusatzgerät
supplementary carrier Zusatzträger
supplementary charge Zusatzladung
supplementary condition Nebenbedingung
supplementary earth wire Bei-, Zusatzdraht
supplementary feed Zuschlaggebühr
supplementary feedcock Zusatzhahn
supplementary feed spring Mehrmengenfeder
supplementary feed stop Mehrmengenanschlag
supplementary firing Zusatzfeuerung
supplementary flight Verdichtungskurs
supplementary impedance Ergänzungsimpedanz
supplementary intermediate circuit Zusatzzwischenkreis
supplementary lens Vorsatz-, Zusatzlinse
supplementary lighting Nebenbeleuchtung, Zusatzbeleuchtung
supplementary loss Zusatzverlust (komm)
supplementary magnification Übervergrößerung
supplementary maintenance ausserplanmäßige Wartung
supplementary maintenance time ausserplanmäßige Wartungszeit
supplementary meteorological office meteorologische Aussen- u. Nebenstelle, Flugwetternebenstelle
supplementary observation Ergänzungs (wetter)beobachtung
supplementary order Nachbestellung
supplementary procedures ergänzendes Verfahren
supplementary rate Extra-, Sonderzuschlag
supplementary reduction Zusatzunterstützung
supplementary relay Hilfs-, Zwischenrelais
supplementary resistance Zusatzwiderstand
supplementary weather observation Ergänzungswetterbeobachtung
supplementary work Mehrarbeit
supplemented (large scale localized or communicty passive) **air defense** erweiterte Selbsthilfe
supplementing ordnance Ergänzungsverordnung
supplied with a set mitgeliefert mit einem Gerät
supplier Zulieferer, Auftragnehmer, Lieferant
supplies Verbrauchszubehör, Verbrauchsgüter, Versorgungsartikel
supply Lieferung, Nachschub, Versorgung, Zufuhr, Zulieferung, Zuführung, Nachschubgut
supply action Versorgungsmaßnahme
supply activiy Nachschubstelle, Versorgungsdienststelle, -teileinheit
supply air terminal Zuluftrosette
supply and maintenance channel Versorgungs- und Materialerhaltungskanal
supply and maintenance formation Instandsetzungs- und Nachschubverband
supply area Versorgungsbereich
supply base Nachschubbasis, -stützpunkt, Versorgungsbasis
supply boat Nachschubboot, Versorgungsschiff
supply catalogue Angebotsverzeichnis, Versorgungsartikelkatalog
supply catalogue change notice Änderungsanzeige zum Versorgungsartikelkatalog
supply chamber vordere Luftkammer (_Anlaßventil)
supply circuit Speisestromkreis, Versorgungskreis
supply column Nachschubkolonne
supply company Nachschubkompanie, Versorgungseinheit
supply connection Anschluß für Versorgungsleitung
supply container (aerial supply) Versorgungsbehälter (Luftversorgung)
supply convoy Nachschubgeleit
supply cord Netzanschlußschnur
supply current Speisestrom
supply-demand control point (SDCP) Bedarfskontrollstelle
supply depot Nachschubdepot, zusäzliches Depot, Nachschubpark, Versorgungsdepot

Depot, Nachschubpark, Versorgungsdepot
supply detail Nachschubtrupp
supply directive memorandum Ausführungsanweisung zu einer Versorgungsverfügung
supply discipline Nachschub-, Versorgungsdisziplin
supply distributing point Nachschubverteilungsstelle
supply district Versorgungsgebiet
supply drop Versorgungsabwurf
supply dropping by means of aircraft Nachschub vom Flugzeug aus, Versorgung aus der Luft
supply dump Nachschubpark
supply engineering Versorgungstechnik
supply equipment Speiseapparatur
supply fluctuation Netzschwankung
supply frequency Netzfrequenz
supply land (on spool) Zufuhrsteuerkante (am Steuerkolben)
supply line Nachschublinie, Vorlaufleitung (Kraftstoff), Zuleitung
supply line fluctuation Netzschwankung, Netzunruhe
supply load Versorgungsbeladung
supply mains Netz(leitung), Stromversorgung(snetz), Zuführungs-, Zulaufleitung
supply management Materialwirtschaft
supply management code Materialbewirtschaftungscode
supply management data Bewirtschaftungsangaben
supply manual Nachschub-, Versorgungsvorschrift
supply meter Verbrauchsmesser, -zähler, Stromverbrauchszähler
supply network Stromversorgungsnetz
supply of current Stromlieferung, -versorgung
supply of foot Verpflegungsnachschub
supply of long-distance thermal energy Fernwärmeversorgung (Heizkraftwerk)
supply of power Stromlieferung, -versorgung
supply officer Nachschub-, Versorgungsoffizier
supply operating procedure Nachschub- u. Versorgungsverfahren
supply operations Versorgungsmission
supply or feed spool Vorratsspule
supply or maintenance vehicle Versorgungsfahrzeug
supply party Nachschubtrupp
supply pipe Einlaß-, Einlauf-, Zuführungsrohr
supply pipe to engine Kraftstoffzuführungsleitung
supply point Nachschubumschlagstelle, Übergabestelle (Fernheiznetz), Versorgungspunkt, Nachschubausgabestelle, Nachschubversorgungspunkt
supply point distribution Versorgung nach Abholprinzip
supply procedure Versorgungsverfahren
supply process Versorgungs-, Nachschubablauf
supply reel Ablaufrolle (Magnetband), Vorratsspule (dig), Transportrommel
supply requisitions Materialanforderungen
supply resources Bezugsquellen
supply retail store Lager für Verbrauchsmaterial, Verbrauchsgüterlager
supply roll Abwickelrolle
supply room Lagerraum
supply route Nachschub-, Versorgungsstraße, Zuführungsweg
supply service exercise Nachschubübung
supply service headquarters Nachschubdienststelle
supply services Nachschub-, Versorgungswesen
supply ship Troßschiff
supply situation Nachschub-, Versorgungslage
supply spares centre Ersatzteilversorgungszentrum (Flugzeugwartungsdienst)
supply spool Abspulhaspel, Abwickelrolle, Transporttrommel
supply staff Nachschub-, Versorgungsstab
supply station Kraftwerk
supply status card Versorgungsstatuskarte
supply status code Beschaffungshinweiscode
supply steam Zu(satz)dampf, Zuführungsdampf
supply system Nachschubsystem, Netz-, Versorgungssystem
supply table Ersatzteilliste für ein bestimmtes Zentrum, Bevorratungsliste
supply table podpack Bevorratungsliste für bestimmte Waffensysteme/Geräte od. Teile davon)
supply tank Nachschubkampfwagen
supply the carrier den Träger liefern
supply toggle lever Absperrhebel (Sauerstoffanlage)
supply train Nachschubkolonne, -zug
supply training school Schule für Versorgungswesen
supply transaction Materialbewegung, Versorgungsvorgang
supply transaction and back order listing Liste über Materialbewegungen u. Lieferverpflichtungen, Liste über Versorgungsvorgang u. Nachlieferungsvormerkungen
supply transformer Netztransformator
supply troops or units Nachschubtruppen
supply tube Zusatz-, Versorgungsleitung
supply turntable (tape recorder) Ablaufspulenteller
supply valve Zudampfventil, Zuführregelventil
supply variation Netzschwankung
supply vehicle Nachschub-, Rüstfahrzeug
supply vehicle with lifting towing and cutting equipment Rüstfahrzeug mit Hebe-, Zug- u. Schneidwerkzeug
supply vessel Versorgungsfahrzeug
supply voltage Lade-, Speisespannung
supple voltage (of an electrode) Elektrodengleichspannung
supply voltage fluctuation Netzschwankung der Spannung
supply volume Nachschub-, Zuführungsvolumen
supplying depot auslieferndes Depot
supplying industry Zubringerindustrie
supplying power to aircraft mains system Bordnetzversorgung
support Absteifung, Biegeauflager (Werkstoffprüfung), Abstützung, Absteifung (techn), Gestell, Rückhalt, Support, Sütze, Träger, Halter, Unterlage, -satz, Unterstützung
support activity Unterstützungseinheit
support aircraft Unterstützungsluftfahrzeug
support arm Halterarm
support arrangement Unterstützungsabkommen

support assembly Grundplatte, Halterung, Haltevorrichtung, Lagerbock, Stützbaugruppe, Trägerbaugruppe, Lagerschild (Kühlturbine)
support beam Stützträger
support bearing Auflager, Stütz-, Traglager, Unterstützungslager
support block Lagerträger, Seilhalteblock (Fangeinrichtung)
support box Seilhalteblockgehäuse (Fangvorrichtung)
support bracket Halterung, Konsole, Stützwinkel (Kfz)
support buffer Stoßfänger
support cable off ground, to Kabel im Hochbau verlegen
support cantilever Stützarm
support carrier U-Abwehrflugzeugträger
support center Unterstützungszentrale
support clamp Spannbügel zum Rumpfbeschlag der Triebwerkaufhängung
support combustion Verbrennung unterhalten
support command Kommando der Versorgungstruppen
support communication Übermittlung von Nachschub- u. Versorgungsdaten
support, compensated entzerrte Stütze
support conditions Auflage-, Stützbedingungen
support cone Stützkegel
support cup Sicherungshülse
support, dielectric dielektrische Stütze
support, dielectric...compensated for at the inner conductor einseitig kompensierte Stütze
support element Unterstützungselement
support equipment Bodengerät, Betreuungsausrüstung, Hilfsgerät, unterstützendes Gerät
support fire Unterstützungsfeuer
support fitting Auflagebock, Befestigungsbeschlag
support frame Ausbaurahmen (hydraulischer Ausbau), Stützrahmen
support function Unterstützungsfunktion
support group Unterstützungsgruppe
support helicopter Unterstützungshubschrauber
support hook Halterhaken
support items Zubehör u. Ersatzteile (für ein Endgerät)(EDV)
support landing craft (LCS) Landungs-/Unterstützungsboot
support leg Stützbein
support lever Klemmbügel
support list Versorgungsliste
support, logistics logistische Unterstützung
support maintenance Feldinstandsetzung (Materialerhaltungsstufe)
support mission Unterstützungsauftrag
support of catalyst Kontaktträger
support of the propeller reduction gearbox tragende Struktur des Propelleruntersetzungsgetriebes (Twk)
support operation Unterstützungseinsatz, -operation
support personnel Unterstützungspersonal (Materialerhaltung)
support pillar Abstandsblock, Unterlagstück (Abstandssäule), Unterlegstück (Beilegscheibe)
support pin Achsdrehzapfen, Lagerzapfen
support plate Befestigungs-, Montage-, Stütz-, Trägerplatte
support point Auflagepunkt
support, point of Stützpunkt
support pole stowing tube Aufnahme der Heckstütze
support pressure Auflagedruck
support, programming Programmunterstützung
support rack Auflagegestell
support reaction Auflage-, Stützkraft (Statik)
support resistance Ausbauwiderstand
support ring Aussen-, Stützring (Leitkranz)
support rod Stützstange
support rod clamp Stativmuffe (Laborgerät)
support roller Stützrolle (Kettenfahrzeug)
support service Versorgungsdienst
support ship Hilfs-, Versorgungs-, Unterstützungsschiff
support spacer Abstandsscheibe
support spacing Stützweite
support squad Unterstützungsgruppe
support squadron Versorgungs- u. Unterstützungstaffel
support stud Stützstift
support system Unterstützungssystem
support tactics Unterstützungstaktik
support tanker Betriebsstofftransporter
support tool Kabinendachstütze
support tower Stützgerüst
support tray Auflageschale
support trench Abwehrgraben
support tube Stütz-, Tragrohr
support unit Ausbau-, Unterstützungseinheit, Unterstützungsverband
supported flange Rohrklemmflansch
supported screwed joint Rohrklemmverschraubung
supported union Rohrklemmverschraubung
supporter Stütz-, Tragbalken
supporting area tragende Fläche
supporting artillery Unterstützungsarteillerie
supporting beam Stütz-, Tragbalken
supporting bracket Abstützbügel, Stützkonsole, Tragstütze
supporting column Vertikalsäule
supporting cylinder Stützzylinder (Tunnelvortriebsmaschine)(Bergbau)
supporting device Tragvorrichtung
supporting disc Stütz-, Tragscheibe
supporting documents Unterlagen
supporting electrolyte Trägerelektrolyt
supporting fire Unterstützungsfeuer
supporting flange Auflage-, Halte-, Stütz-Trägerflansch
supporting force Auflage-, Stützkraft (Statik)
supporting frame Stütz-, Traggerüst, Tragrahmen, Untergestell
supporting framework Traggerüst
supporting gas Traggas
supporting jacket Stützdoppelwand, Trägerhülle, Stützumkleidung, Trägerummantelung
supporting material Trägermaterial (pla)
supporting member Stützbalken, Trägerstütze
supporting membrane Objektivträgerhäutchen (Mikrotechnik)
supporting moment Stütz-, Tragmoment
supporting pillar Stütz-, Tragpfeiler, Stütz- u. Tragsäule

supporting pole Stützstange, Tragmast
supporting program Beiprogamm
supporting off-shore oil operation Versorgung der Erdölbohrinsel
supporting ring Halte-, Stütz-, Trägerring
supporting rod Stütz-, Trägerstab
supporting roll Stützwalze
supporting roller pedestal in box form kastenartiges Stützrollenlager
supporting schedule erläuternde Aufstellung
supporting strap Halterriemen, Tragegurt
supporting surface Tragwerk, tragende Fläche
supporting tube Abstützrohr, Stützröhre
supporting web Stützrippe, Trägerstrebe
supporting width of skin mittragende Breite
supporting wing rib Tragrippe
supporting yoke Stützbügel
suppress radio noise, to entstören
suppressed aerial in die Zelle eingelassene od. versenkte Antenne
suppressed carrier unterdrückter Träger
suppressed carrier operation Trägerfrequenz mit Unterdrückung der Trägerwelle
suppressed carrier transmission Übertragung mit unterdrücktem Träger
suppressed frame recording Halbbildverfahren (Bildaufzeichnung)
suppressed frequency band unterdrücktes (Frequenz)band, gesperrte Frequenz
suppressed plated antenna Flachantenne
suppressed sideband unterdrücktes Seitenband
suppressed sideband lobe aerial or antenna Annte mit Nebenkeulenunterdrückung
suppressed time delay unterdrückte Zeitverzögerung
suppressed, to entstört, gesperrt, unterdrückt
suppressed zero unterdrückter Nullpunkt
suppressed zero ammeter Strommesser mit unterdrücktem Nullpunkt
suppressed zero instrument Meßinstrument mit unterdrücktem Nullpunkt
suppressed zero scale Skala mit unterdrücktem Nullpunkt
suppressed zero square-law meter Meßinstrument mit quadratischer Anzeige u. unterdrücktem Nullpunkt
suppressed zero with mit unterdrücktem Nullpunkt
suppression capacitor Entstörkondensator
suppression device Entstörvorrichtung
suppression diode Unterdrückerdiode
suppression filter Sperrkreis, Entstörerdrossel
suppression of carrier Trägerwellenunterdrückung, Unterdrückung der Trägerwellen
suppression of false echoes Unterdrückung von Störzeichen
suppression of interference Entstörung
suppression rate limiter Unterdrückungsbegrenzer
suppressor Entstörer, Entstörervorrichtung, Fanggitter, Nachechodämpfung, Nullode, Sperrgerät
suppressor capacitor Entstörkondensator
suppressor component Entstörmittel
suppressor condensor Störschutzkondesator
suppressor diode Unterdrückerdiode
suppressor elbow Schutzkrümmer
suppressor grid Brems-, Fanggitter (in Pentode)
suppressor grid frequency doubler Bremsgitter-Frequenzverdoppler
suppressor grid modulation Bremsgittermodulation
suppressor or blocking impulse Sperrimpuls
suppressor plug Entstörstecker
supra conductive supraleitend
supra conductivity Supra-, Überleitfähigkeit
supraliminal überschwellig
supremancy of the air Luftherrschaft, Luftoberhoheit
supreme commander of all reconnaissance troops Befehlshaber der Aufklärungsstreitkräfte
surcharge Zusatz-, Zuschlaggebühr
surcharged airmail Luftpost mit Portoaufschlag
surd irrationale Zahl, Irrationszahl (math)
surd number irrationale Zahl
surf board effect Wirkung des Flugbootkiels als Brandungsreiter
surfe deflector Wellenbrecher
surface Außenseite, Bodenfläche, Flächenraum, Grundfläche, Mantelfläche, Oberfläche, Parallele, Tragfläche
surface action or effect Oberflächenwirkung
surface-active kapillar-, oberflächenaktiv
surface active agent Netzmittel
surface activity Oberflächenaktivität
surface adhesion Flächenanziehung
surface adsorption Oberflächenadsorption
surface amplitude Flächenamplitude (Welle)
surface analysis Boden(wetter)analyse, Oberflächenanalyse
surface analyzer Oberflächen(ab)taster
surface and structure treatment Oberflächen- u. Gefügebehandlung
surface apparence Oberflächenbild
surface area Flächengebiet, Flächeninhalt
surface area, minimum minimale Oberfläche
surface attraction Flächenanziehung
surface barrier transistor Oberflächentrennschichttransistor
surface beacon Bodenfunkfeuer
surface beacon transmitter Funkfeuersender
surface beacon transponder Funkfeuer-Antwortgerät, Funkfeuertransponder
surface blow Kochen der Form (Gießerei)
surface brightness Flächenhelle, -helligkeit
surface buoyancy Oberflächenauftrieb
surface carburizing Oberflächenkohlung
surface charge Oberflächen(auf)ladung
surface charge effect Oberflächen(aufladungs)-effekt
surface chart Bodenwetter-, Oberflächenkarte
surface checking fixture Einstellehre für Steuerfläche
surface clearance Bodenabstand(ssicherheit)
surface combustion Oberflächenverbrennung
surface condenser Oberflächenkondensator
surface condition Oberflächenbeschaffenheit
surface contour Oberflächenform, -kontur
surface control Steuerung (durch Steuerflächen)
surface control lock Steuerknüppelverriegelung
surface cooled motor Motor mit Oberflächenkühlung

surface cooling (Ober)flächenkühlung
surface crack Anriß, Mantel-, Oberflächenriß
surface craft Oberflächenschiff
surface curvature Oberflächenkrümmung
surface damping Boden-, Randdämpfung
surface decarburization Oberflächenentkohlung
surface defect Oberflächenmängel, oberflächliche Mängel
surface defect or imperfection Oberflächenfehler
surface deflection indicator Ruderausschlagslehre (Bodengerät)
surface density of electric charge Flächenladungsdichte
surface density of luminous flux Flächenlichtstromdichte
surface depris Oberflächenschutt (geol)
surface details Einzelheiten der Oberfläche (geol)
surface detection Ortung von Seezielen
surface diamond drill hole Diamantenbohrloch vom Tage herein
surface discharge (Ober)flächenentladung
surface disintegration Verwitterung (geol)
surface displacement Verdrängung aufgetaucht
surface distribution Oberflächenverteilung
surface distribution function Belegungsfunktion
surface distribution of the earth magnetism Oberflächenverteilung des Erdmagnetismus (seism)
surface distribution of the formation Oberflächenverbreitung od. -verteilung der Formation (geol)
surface dose Oberflächendosis
surface duct bodennaher Kanal, Oberflächendukt, -leitschicht
surface element Flächenelement
surface elevation of the well Höhe des Bohrlochansatzpunkts über dem Meeresspiegel
surface endurance testing machine Abreib- u. Verschleißprüfmaschine
surface energy (Ober)flächenenergie
surface extension of the beds (Ober)flächenausdehnung der Schichten (geol)
surface facer (Ober)flächenfräser
surface finish (Ober)flächenbeschaffenheit, (Ober)flächenstruktur (eines Aufzeichnungsträgers), Oberflächengüte (geol)
surface float Oberflächenschwimmer
surface force Oberflächenkraft
surface force navy Unterwasserstreitkräfte
surface formation Deckschicht, Flächenformation
surface friction Oberflächenreibung
surface ga(u)ge Höhenreißer, Oberflächenmeßgerät, Parallelreißer
surface generated by revolution Oberflächenreibung
surface generated by rotation Rotationsfläche
surface geology Oberflächengeologie
surface glow Glimmhaut
surface glow of the anode anodische Glimmhaut
surface grind Flächenschleifmaschine
surface grinding Flächen-, Planschleifen, Oberflächenschliff
surface hardened oberflächengehärtet
surface hardening Oberflächenhärtung
surface hardness Oberflächenhärte
surface heat or charging Oberflächenaufladungswärme
surface heat-transfer coefficient Oberflächenwärme-Übertragungsbeiwert, Oberflächenwärme-Übertragungskoeffizient
surface indication Oberflächen(an)zeichen (von Erdöl)
surface influence Oberflächeneinfluß
surface ionization source Oberflächenionisierungsquelle
surface integral (Ober)flächenintegral
surface inversion Bodeninversion (meteo)
surface irregularity Oberflächenunregelmäßigkeit
surface, iso-velocity Fläche gleicher Wellengeschwindigkeit (seism)
surface lacquer Deck-, Schichtlack
surface lathe Plandrehbank, Scheibendrehbank
surface-launched derivative to arm ship and coastal defence schiffs- od. küstengestütztes Seeziel-FK (milit)
surface layer Deck-, Oberflächenschicht
surface layers of limestone Schichten von Kalkstein
surface leakage Kriechen (von Strömen), Oberflächenableitung
surface leakage current Kriechstrom
surface leakage loss Belagverlust
surface leakage loss of a capacitor Kondensatorbelagverlust
surface leakage loss of a condenser Kondensatorbelagverlust
surface leakage path Kriechstrecke, -weg
surface line Mantellinie
surface location of the hole Bohrlochansatzpunkt an Erdoberfläche
surface loudspeaker Bodenlautsprecher
surface mapping Kartieren der Oberfläche Oberflächenkartierung (geol)
surface marking Oberflächenkennzeichnung
surface marking colo(u)rs Farben der Oberflächenmarkierung
surface measurement Messung der Oberfläche, Oberflächenmessung (geol), Flächenmaß
surface membrane Oberflächenabdeck(ungs)-schicht
surface migration Oberflächenwanderung
surface milling (Ober)flächenfräsen
surface missile research Unterwasserforschung
surface-mounted aussen angebracht
surface-mounted socket Aufputzdose
surface-mounted switch aufgesetzter Schalter
surface mounting Aufputzmontage
surface navigation Flächennavigation
surface, near oberflächennahe
surface noise Abspiel-, Nadel-, Platten- od. Schallplattengeräusch
surface normal Flächennormale (geom)
surface observation Boden(wetter)beobachtung
surface-observation report Bodenbeobachtungsmeldung, Bodenwetterbeobachtungsmeldung
surface of a crystal Kristalloberfläche
surface of a cylinder Zylinderfläche (Zylindermantel)

surface of a runway Oberfläche einer Start- u. Landebahn, Pistenoberfläche
surface of action Eingriffsfläche (Zahnräder)
surface of buoyancy Oberflächenauftrieb
surface of constant brightness Fläche konstanter Helligkeit, konstante Flächenhelligkeit
surface of contact Berührungsfläche
surface of continuity Kontinuitätsfläche
surface of cut Schnittfläche
surface of discontinuity Diskontinuitätsfläche, Unstetigkeitsfläche (geol, seism), Störungsfront (meteo), Trennfläche (techn)
surface of discontinuity of vorticity Wirbelfläche
surface of equivalent drag Widerstandsfläche
surface of fracture Bruchfläche
surface of instability Unstetigkeitsfläche
surface of intensity distribution Lichtverteilungsfläche
surface of intersection Schnittfläche
surface of low work function Oberfläche mit kleiner Austrittsarbeit
surface of milled work Fräsbild
surface of projection Projektionsfläche
surface of reference Einstellungsfläche
surface of revolution Rotationsfläche
surface of rupture Gleitfläche
surface of section Schnittfläche
surface of spherical indentation Kalottenoberfläche
surface of slide Schliffläche
surface of subsidence Abgleitfläche
surface of the earths Erd-, Tagesoberfläche
surface of the focal plane frame Meßrahmenfläche
surface of the third order Fläche dritter Ordnung (math)
surface of the water Wasserspiegel
surface oil cooler Oberflächenölkühler
surface oil indication Erdölanzeichen an Tagesoberfläche
surface ownership Oberflächeneigentum(srecht)
surface particle Oberflächenteilchen
surface passivation technique Oberflächenpassivierung
surface penetrating foil teilgetauchter Tragflügel, die Wasseroberfläche durchstoßender Tragflügel
surface phase Oberflächenphase
surface piercing foil teilgetauchter Tragflügel, die Wasseroberfläche durchstoßender Tragflügel
surface plate Abrichtplatte, Anreißplatte
surface plot Seezielplott (Radar)
surface point of the hole Bohrlochansatzpunkt an Erdoberfläche
surface preparation Oberflächenvorbehandlung
surface pressure Anpreßdruck, Flächendruck, Flächenpreßung, Bodenluftdruck, Mantel- u. Oberflächendruck
surface printing roller Reliefwalze
surface protection Oberflächenschutz
surface quality Oberflächengüte, -qualität
surface radar Radargerät für Abbildung der Erdoberfläche
surface radiator Flügel-, Flächen-, Tragdeckkühler
surface radio warfare information ELOKA-Information von Schiffen
surface range (sonar) Sonarreichweite gegen Überwasserziele
surface recombination Oberflächenrekombination
surface recombination rate or velocity Oberflächenrekombinationsgeschwindigkeit
surface reference standard Oberflächen-Vergleichsnormal
surface refinement Oberflächenveredelung
surface removing Oberflächenabtragung
surface replica Oberflächendruck
surface residual charge density Flächendichte der Ladung
surface resistance Oberflächenwiderstand, Verschleißfestigkeit
surface resistivity spezifischer Oberflächenwiderstand
surface reverberation Oberflächenhall (UW-Akustik)
surface roller Deckwalze
surface roughness Oberflächenrauhigkeit
surface sample Oberflächenprobe
surface scale Oberflächenmaßstab
surface scratch Hautriß, Oberflächenriß, Schramme, Nadelgeräusch bei Oberflächenrauheit
surface scratching test Rißhärteprobe
surface sheer stress Randschubspannung
surface sheet Oberflächenbogen
surface shell Flechtwerkmantel
surface ship sonar Unterwasserschiffssonar, Unterwasserschiffssonaranlage
surface showing of petroleum Erdölspuren an Erdoberfläche
surface sizing Oberflächenleimung, -zurichtung
surface slope Spiegelgefälle
surface socket Auf-, Überputzsteckdose
surface spacing of well Zwischenraum von Bohrung u. Oberfläche
surface speed Oberflächengeschwindigkeit, Umfanggeschwindigkeit des Werkstücks gegenüber dem Werkzeug
surface spray condenser Berieselungs-, Rieselkondensator
surface spray cooler Berieselungskondensator
surface stabilitiy or strenght Oberflächenfestigkeit
surface station Bodenfunkstelle
surface stress Oberflächenspannung
surface string Leitrohrtour, Standrohr
surface-structure map Oberflächenstrukturkarte, Strukturkarte der Oberfläche
surface switch aufgebauter Schalter
surface synoptic charte synoptische Boden(wetter)karte
surface table Anreißplatte
surface temperature Bodentemperatur
surface tenacity Oberflächenzähigkeit
surface tensiometer Oberflächenspannungsmesser, -prüfer
surface tension Oberflächenspannung
surface tension effect (fluid physics) Grenzflächenphänomen (Fluidphysik)
surface texture comparator Komparator zur Bestimmung der Oberflächenbeschaffenheit

surface, to abflachen, abrichten, ausschneiden (Nabe mit Senker), plandrehen
surface-to-air medium-range advanced missile (SAMRAM)
surface to air missile Flugkörper zur Bekämpfung von Flugzielen vom Boden aus
surface to air missile complex Boden/Luft-Lenkwaffenkomplex
surface-to-air ship fence missile Schiff/Luft-Flugkörpersystem
surface-to-surface guided missile Boden/Boden-Fernlenkflugkörper
surface-to-surface rocket Boden/Boden-Rakete
surface-to-underwater missile Flugkörper zur U-Boot-Bekämpfung vom Schiff aus
surface traction Spannung (auf Oberfläche wirkend)
surface transfer impedance Kopplungswiderstand
surface traverse or traveling platform unversenkte Schiebebühne
surface treatet material oberflächenbehandelter Werkstoff
surface treatment Oberflächenbearbeitung, Oberflächenbehandlung
surface true to profile profilgerechte Straßendecke
surface turbulent layer Bodenturbulenzschicht
surface turntable Kletterdrehscheibe, unversenkte Drehscheibe
surface type instrument Aufbauinstrument
surface unit Flächeneinheit
surface vessel Überwasserfahrzeug
surface vessel, detection of Erfassung (mittels Radar) von Überwasserschiffe
surface vibration Oberflächenerschütterung, -rüttelung
surface voltage Oberflächenspannung
surface warning radar Überwasserradarwarngerät
surface water Oberflächen-, Tageswasser, Wasser an freier Luft
surface-water mirror Wasserspiegel
surface wave Boden-, Oberflächenwelle, O-Welle
surface wave aerial O-(berflächen)wellen-Antenne
surface wave transmission line (G-line) Goubau-Leitung, Oberflächen(wellen)-leitung
surface waveguide Oberflächenwellenleiter, -leitung
surface waviness Oberflächenwelligkeit, Schlieren an der Oberfläche (pla)
surface wear Oberflächenabnutzung
surface weather analysis Bodenwetteranalyse
surface weather chart Bodenwetterkarte
surface weather observation Bodenwetterbeobachtung
surface welding Auftragsschweißen
surface wind Flächenwind
surface wind direction Bodenwindrichtung
surface wind velocity Bodenwindgeschwindigkeit
surface wind velocity component Bodenwindgeschwindigkeitskomponente
surface wire(ing) Leitung auf Putz, verlegen auf Putz
surface with absorbed gas gasbehaftete Oberfläche
surface work Oberflächenwirkung
surface working Oberflächenbearbeitung, Tagebau
surface zero Hyperzentrum
surfacer Oberflächenkitt
surfacing Auftragsschweißen, Einebenen (Piste)
surfacing gravity Oberflächengravität, Oberflächenschwere
surfacing pressure Oberflächendruck
surfused überschmolzen
surge Bewegung, Brandung, Pumpen (verursacht durch Übersteuerung der Regeleinrichtung), gestörte Verdichterförderung (Turbinenmotor), Schwingen, Saugwelle, Spannungsstoß, sprunghafte Änderung, Stoßspannung, Wellenwiderstand
surge absorber Wellenschlucker
surge admittance Scheinleitwert
surge back and forth, to hin- u. herbewegen
surge chamber Ansaugkammer (Kraftstofftank), Dämpfungskammer (Filter)
surge, compressor Verdichterabreißen, Verdichterpumpen
surge current Stoßstrom
surge, current Stromstoß
surge damper Druckstoßdämpfer
surge diverter Überspannungsableiter
surge forward current Durchlaß(spitzen)-strom
surge gap Überspannungsfunkenstrecke
surge generator Impulsgeber, -generator, Wanderwellengenerator
surge guard (of relay) Pendelsperre
surge impedance (Charakteristik)-Wellenwiderstand
surge limit Pumpgrenze
surge of the mud pressure Anschwellen des Spülungsdrucks
surge or compressor pulsation limit Pumpgrenze
surge or lighting generator Impulsgenerator
surge tank Windkessel
surge, to aufwallen, branden, hochgehen, schwingen
surge valve seal Abblasventildichtung
surge, valve spring Ventilfederschwingung
surge voltage Stoßspannung
surging ab- u. zunehmende Bewegung, Pumpen eines Gebläses, Hin- u. Herwallen, Pumpen
surging amplitude Schwebungsamplitude
surging of the boost control Schwingen des Ladedrucks(reglers)
surmount, to an Höhe übertreffen, übersteigen, überragen, überwinden (Schwierigkeiten)
surpass überschreiten, übertreffen
surplus Überschuß, überschüssig
surplus capacity Überkapazität, überschüssige Strömungsmenge
surplus heat Wärmeüberschuß
surplus level Flüssigkeitsstand über Norm (od. vorgeschriebenen Marke)
surplus induction Induktionsüberschuß
surplus load Mehrbelastung
surplus power Mehrleistung, Überschußenergie
surplus production Überproduktion
surprisal value Überraschungswert

surprise attack Überraschungsangriff
surprise gas-attack or -shell fire Gasüberfall
surrender Rücklauf (EDV), Auslieferung, Kapitulation, Übergabe, Unterwerfung, Waffenstreckung
surrender, to abgeben, loswerden
surround, to abschließen, einschließen, umgeben, umringen, umschließen, umspülen
surround a smoke screen einnebeln
surrounding lead shielding Bleidicke
surrounding noise Überlagerungslärm
surroundings luminance Umfeldleuchtdichte
surveillance Überwachung, Funktionskontrolle
surveillance aircraft Überwachungsflugzeug, Patrouillenflugzeug
surveillance and rescue service Leit- u. Rettungsdienst
surveillance approach ASR-Anflug
surveillance-approach guidance ASR-Anflugführung
surveillance approach minima ASR-Anflugminima
surveillance controller Überwachungskontrollgerät
surveillance controller (radar) Rundsichtradarkontoller, -lotse (D), -verkehrsleiter
surveillance drone Aufklärungsflugkörper
surveillance limit Beobachtungsgrenze (FS), Überwachungsradargerät
surveillance of traffic Verkehrsüberwachung
surveillance organization Überwachungsorganisation (dig)
surveillance radar Rundsichtradar(anlage), Rundsuchradargerät
surveillance radar equipment Rundsuchradaranlage
surveillance radar for aircraft carriers Rundsuchradar auf Flugzeugträgern
surveillance radar LAR II Überwachungsradar LAR II
LAR II if a high-power, high-resolution L-Band radar system able to scan more than 200 nautical miles out, 80 000 feet up, with a resolution of 1,2 degrees in azimuth and 90 metres in range. At the same time, it can operate efficiently at 0,5 Nmi
LAR II ist ein im L-Band arbeitendes Hochleistungs-Radarsystem mit hohem Auflösungsvermögen. Seine Entfernungsreichweite beträgt mehr als 200 sm und seine Höhenreichweite mehr als 24km bei einer Azimutauflösung von 1,2 Grad und einer Entfernungsauflösung von 90m. Zugleich kann es auf 0,5 sm zweckmäßig arbeiten.

---

surveillance radar station Überwachungsradarstation
surveillance requirement for operationally demonstrated capability Überwachungsfähigkeit
surveillance sonar Suchsonargerät
surveillance system Luftraumüberwachungssystem
surveillance test periodische Überprüfung, Überwachungsprüfung (Munition).
survey Aufnahme, Colin'scher-Hilfspunkt, Aufsicht, Gutachten, Überblick, Überwachung, Abschätzung, Landvermessung, Prüfung
survey air photography Luftmeßbildaufnahme
survey and mapping unit Vermessungs- u. Kartenabteilung
survey battery Meß-, Vermessungsbatterie
survey by tachymeter, to tachymetrieren
survey camera Meßbildkamera
survey chamber Strahlenüberwachungskammer
survey data Vermessungsdaten, -angabe
survey, detailed geologic geologische Spezialkartierung
survey diagram Übersichtszeichnung
survey instrument of meter Überwachungsgerät
survey measurement photogrammetrische Kartierung od. Vermessung
survey, multiple-shot Vielpunktvermessung (Bohrlochabweichung)
survey of cable route Kabelauskundung
survey of parcels of land Parzellenvermessung
survey of the trajectory Bahnvermessung
survey photography Übersichtsaufnahme (zur Kartierung)
survey plane Vermessungsflugzeug
survey report zusammenfassender Bericht
survey satellite, geodesic geodätischer Vermessungssatellit
survey, single-shot Einpunktvermessung (Bohrlochvermessung)
survey summary report Untersuchungsübersicht
surveying Auskundung, Besichtigung, Feld(ver)messen, Meßkunde, Prüfung, Vermessungskunde
surveying apparatus Aufnahmegerät, Bildfänger
surveying camera Meßbildkamera
surveying instrument Feldmeßinstrument
surveying office Vermessungsamt
surveying party Vermessungstrupp
surveying rod Absteckpfahl
surveying the land Landvermessung
surveyor Geometer, Vermessungsingenieur
surveyors chain Feldmesserkette
surveyors rod Fluchtstab, Meßlatte
surveyors transit Vermessungsinstrument
survivability Überlebensfähigkeit
survivable flight control system überlebensfähige Flugsteuerung
survival Bestand (von Betrachtungseinheiten), Überleben, Weiterleben
survival and rescue equipment Not- und Rettungsaurüstung (Luftnotdienst)
survival area Überlebensraum
survival beacon Funkboje für Überlebende
survival craft Rettungsfahrzeug
survival craft station Rettungsstation
survival curve Überlebenskurve
survival equation Gleichung der Verteilung gleicher Weglängen
survival function Bestandsfunktion (Güteprüfung)
survival kit (Schlauchbootpackung mit) Notausrüstung

survival pack Schlauchbootpackung mit Notausrüstung
survival probability distribution Überlebenswahrscheinlichkeitsverteilung
survival probability function Überlebenswahrscheinlichkeitsverteilung
survival radio equipment Notfunkgerät
survival time Überlebenszeit
survivals Bestände (Güteprüfung)
susceptance Blindleitwert, Leitwerk, -wert, Rückwirkungsleitwert, Suszeptanz
susceptibility Anfälligkeit, Aufnahmevermögen, Empfänglichkeit, Magnetisierkoeffizient, Suszeptibilität
susceptibility corrosion Korrosionsanfälligkeit, -neigung
susceptibility differential differentielle Suszeptibilität
susceptibility, electrical elektrische Empfindlichkeit od. Suszeptibilität
susceptibility, electrostatic elektrostatische Suszeptibilität
susceptibility, magnetic(al) magnetische Aufnahmefähigkeit od. Suszeptibilität
susceptibility of failure Stör(ungs)anfälligkeit
susceptibility to age hardening Alterungsneigung
susceptibility to aging Alterungsempfindlichkeit
susceptibility to binding Neigung zum Hängenbleiben (Regler)
susceptibility to corrosion Korrosionsneigung
susceptibility to cracking Rißempfindlichkeit
susceptibility to flake formation Flockenempfindlichkeit (des Stahls)
susceptibility to heat treatment Vergütbarkeit (Stahl)
susceptibility to interference Störempfindlichkeit
susceptibility to shock Stoßempfindlichkeit
susceptibility to trouble Störanfälligkeit (mechanischer Art)
susceptibility to strain-age hardening reckalterungsempfindlich
susceptible aufnahmefähig, empfänglich, empfindlich
susceptible to aging alterungsempfindlich
susceptor phase advancer Phasenschieber
suspend on gimbals kardanisch aufhängen
suspend on springs, to abfedern
suspend, to aufhängen, aufheben, aufschieben, aufsetzen, schwebend halten, suspendieren, unterbrechen
suspend traffic, to den Verkehr einstellen
suspended aufgehängt, fein verteilt, zerstreut
suspended insulator Hängeisolator
suspended load angehängte Last (Fsch)
suspended luminaire Pendelleuchte
suspended operation den Betrieb einstellen
suspended particle dryer Trockner mit Zerstäuber
suspender Aufhängevorrichtung, Schwebe, Trageband
suspender for aerial cables Traghaken für Luftkabel
suspender of clip Schnuranschlußklemme
suspending wire Aufhänge-, Tragdraht, Tragseil
suspense Aufschub, Spannung
suspense copy Arbeitsausfertigung, Wiedervorlage(ausfertigung)(Schriftverkehr), Zwischenbeleg (Versand od. Buchungsbeleg)
suspense file Arbeitsablage, Wiedervorlagemappe
suspension Aufhängung, feine Verteilung in einer Lösung (chem), Suspension, Unterbrechung
suspension (of operation) Einstellung (des Flugbetriebs)
suspension attachment Aufhängevorrichtung
suspension band Aufhängeband
suspension bar Aufhängebolzen
suspension basket Hängekorb
suspension clamp Aufhängeklemme, Hängeklemme, Seilklemme, Klemme zum Befestigen, Seilschelle
suspension device Aufhängevorrichtung
suspension eye Aufhängeöse
suspension fiber Aufhängefaden
suspension fitting Aufhängegabel (Fahrwerk)
suspension fastening Einhängebefestigung
suspension frame Aufhängerahmen
suspension gear Aufhängegestell, -vorrichtung, Gehänge
suspension hook Aufhängehaken
suspension insulator (Auf)hängeisolator
suspension line Fangleine (Fsch), Hängeleine
suspension line hold-down tab Fangleinenschlaufe (Landebremsschirm)
suspension line protector flap Fangleinenschutzklappe (Fsch)
suspension line rack Fangleinenkamm (Fsch)
suspension line retaining band keeper Fangleinenschlaufenhalterung (Fsch)
suspension line separator Fangleinenkamm, -ordner (Fsch)
suspension line storage flap Fangleinenschlaufenklappe (Fsch)
suspension line stowing hook Packhaken (Fsch)
suspension line twist Fangleinenquerverdrehung (Fsch)
suspension link Aufhängestange, Hängebügel, Pleuel-, Schubstange
suspension loop Aufhängebügel, -öse
suspension lug Aufhängelasche
suspension of the aircraft Luftschiffaufhängung, Aufhängung des Tragwerks
suspension of the counter-weight Gegengewichtsaufhängung
suspension of the spring Aufhängung der Feder
suspension of traffic Einstellen des Verkehrs
suspension or rigging band Gummiaufhängung
suspension point Aufhängepunkt
suspension polymerization Suspensionspolymerisation
suspension power or property Schwebefähigkeit
suspension reactor Suspensionsreaktor
suspension ribbon Aufhängeband
suspension rods Aufhängegestänge
suspension rubber Traggurt
suspension spring Tragfeder
suspension stowage flaps Fangleinenschlaufenklappe (Fsch)
suspension stirrup Aufhängebügel
suspension switch Schnurschalter

suspension system, electrodynamic elektrodynamische Aufhängung
suspension tube Tragrohr
suspension winch Hebekran, Winde
suspension wire Aufhängedraht
sustained hunt längeres Einpendeln
sustained increase in traffic growth Anwachsen des Verkehrsaufkommens
sustained manoeuvre (subsonic) stationäre Manöver (Überschall)
sustained oscillation ungedämpfte Schwingung
sustained reaction ununtrbrochene Reaktion
sustained short-circuit current Dauerkurzschlußstrom
sustained sinusoid ungedämpfte Sinusschwingung
sustained sound Dauerton, gehaltener Ton
sustained turn rate Dauerkurvengeschwindigkeit (av)
sustained wave ungedämpfte Welle
Sutherland constant Verdopplungstemperatur
Sutherland formula Sutherland-Korrektur
suture line Lobenlinie, Suturlinie
SVCBL (serviceable) benutzbar, einsetzbar
SVG Stromversorgungsgerät
s-w short-wave
SW (south-west) südwest
SWA Speicherwortausgabe
SWAD Speicherwortadresse
swab Abstrich, Pistonierkolben, Schwabbel, Schwabber, Pinsel zum Anfeuchten der Räder einer Gußform
swab a well Bohrkolben
swab, oil well Erdölförderkolben
swabbing of oils wells Kolben von Erdölbohrungen
swadged nipple Reduzier-, Übergangsnippel
swage Amboß-, Doppelgesenk, Präge, Gesenk, im Schmiedegesenk anspitzen, einschnüren, einziehen
swage-block Gesenkamboß
swage for lowering casing Verrohrungsbirne (Erdölbohrung)
swage or die head Setzkopf
swaged fitting gesenkgeschmiedetes Paßstück
swaging terminal aufgepreßtes Seilendstück
swallow einsaugen, schlucken, verschlingen
swallow-tail Schwalbenschwanz
swallow tail tab V-Lasche
swamping of a picture signal untergehen der Bildspannung
swamping signals durch Störung verdeckte Zeichen
swan cap Swan-Sockel
swan-neck insulator Hakenstützenisolator
swan-neck spindle Hakenstütze
swan-necked finisher gekröpfter Schlichtmeißel
swan-necked tool nach rückwärts gekröpfter Meißel
swap time Datentransferzeit
swapping Programmverkopplung beim Time-Sharing seitenweises Hin- u. Herschießen (EDV)
swapping reel Spulenwechsel
swarm of electrons Elektronenschwarm, Elektronenwolke
swashplate Taumelscheibe
swashplate and gimbal ring support bearing Taumelscheiben- u. Kreuzgelenkring-Supportlager
swashplate bearing Taumelscheibenlager
swashplate control Taumelscheibensteuerung
swashplate engine Taumelscheibenmotor, Trommelmotor
swashplate pump Taumelscheibenpumpe
swashplate scissor lever Taumelscheibenscherenhebel
swashplate-type injection pump Taumelscheiben-Einspritzpumpe
sway brace Feststellpratze
sway brace stem Spindel der Feststellpratze
sway, to schwanken, wackeln
swaying of aerial or antenna Antennenschwingung
SWC special weapons command
sweat cooling Schwitzkühlung
sweat out, to ausschwitzen
sweat-soldered terminal aufgelötetes Seilendstück
sweat, to heißlöten
sweating Flammenlötung
sweating stove Schwitzkammer
swedge, casing Rohrtreiberbirne
sweep Auslenkung, Zeitlinie, Zeitablenkung, Absuchen (mittels Radar), überstreichen, Weg eines drehbaren od. beweglichen Arms, Ausladung (Radialbohrmaschine), Pfeilung (der Flügel), Hinlauf, Kippgeschwindigkeit
sweep amplifier Ablenkverstärker, Ablenkweite, Kippamplitude
sweep-back (of wings) Pfeilung (Flügel)
sweep band-width Kippbandbreite
sweep blanking circuit Ablenkaustastschaltung
sweep circuit Abtastschaltung, Kippanordnung, Kippgenerator, Kippschaltung, Zeitablenkschaltung, Ablenkschaltung
sweep circuit with two-element glow lamp Kippschaltung mit Zweipolglimmlampe
sweep-coil pair Kippspulenpaar
sweep condenser Kippkondensator
sweep displacement Zeitbasisverschiebung
sweep flyback ratio Hin- u. Rücklaufverhältnis
sweep forward nach Vorne pfeilförmige Tragfläche
sweep frequency method Wobbelverfahren
sweep-frequency oscillograph Frequenzkurvenschreiber
sweep-frequency synchronized kippsynchron
sweep-frequency transmitter Durchdrehsender
sweep gas Spülgas
sweep gauge Übergreiflehre
sweep generator Ablenk-, Kipp(schwingungs)-generator
sweep-generator circuit Kippgeneratorschaltung
sweep hand Sekundenzeiger
sweep, increasing zunehmende Pfeilung
sweep, loop geringe Pfeilung (AC)
sweep magnification Zeitdehnung
sweep magnifier (Kipp)lupe, Zeitdehner
sweep milling Längsfräsen
sweep of the wind leading-edge Vorderkantenpfeilflügel
sweep of wing Tragflügelpfeilung

sweep or deflection Horizontalablenkung
sweep oscillator Ablenk(ungs)oszillator, Kipp(schwingungs)generator, Kipp(schwingungs)oszillator
sweep out of television screen Überstreichen des Leuchtschirms
sweep process Kippvorgang
sweep range Wobbelbereich
sweep rate Ablenkungstakt
sweep rate or velocity Wobbelgeschwindigkeit
sweep signal generator Wobbelgenerator, -meßsender, Wobbler
sweep signal generator speed Durchlaufgeschwindigkeit
sweep signal generator voltage Zeitablenkspannung
sweep signal generator width Analysierfrequenzbereich
sweep-through jammer Wobbelstörsender
sweep-through jamming das Wobbelstören
sweep-time interval Kippschwingungsintervall
sweep-timing multivibrator Hellsteuermultivibrator
sweep, to kippen, schleppen, ziehen, abtasten, durchlaufen, wobbeln, räumen (Minen), absuchen (mit Scheinwerfer od. Radar)
sweep trace Zeitlinie
sweep tube Kippröhre
sweep unit Zeitablenk(ungs)gerät (Kathodenstrahlröhre)
sweep voltage Ablenk-, Kipp-, Wobbelspannung
sweep width Suchstreifenbreite (SAR)
sweepback Pfeilung (der Flügel)
sweepback angle Pfeilform des Flügeleinstellwinkels
sweepback at 25% chord Pfeilung der 1/4 Punktlinie
sweepback, positive nach hinten gerichtete Pfeilform des Tragflügels
sweeper Schwingwinde
sweeping Durchlauf, Wobbeln
sweeping and blowing equipment Kehrblasgerät (Kehrmaschine)
sweeping antenna simulator system to drive display Schwenkantennensimulator zum Steuern der Anzeige
sweeping beam Schreibstrahl
sweeping coil Ablenkspule
sweeping electrode Reinigungs-, Ziehelektrode
sweeping field Reinigungs-, Ziehfeld
sweeping oscillator Wobbeloszillator
sweeping system Ablenksystem
sweeping with a beam Strahlabtastung
sweeps circuit with high-vacuum tubes (hard tubes) Kippschaltung mit Vakuumröhren
sweeps of the radar Radarumläufe
sweeps rod (cable) Schiebestange (für Kabelgestänge)
sweet running ruhiger Lauf
sweet running of an engine ruhiger Lauf eines Motors (od. Turbine)
sweet tester Kondenswasserprüfer
swell anschwellen, sich aufblähen, aufblasen, quellen
swell box Schwellkasten
swell organ Echowerk, Schwellwerk
swelling Hebung, Quaddel, Anschwellen, Ausbauchung, Quellen, Schwellen (Spaltstoff)
swelling pressure Druck beim aufgehen des Werkzeugs
swelling tone Schwell(ungs)ton
swept-back wing nach hinten gerichteter Flügel, Pfeilflügel
swept capacity or volume Hubraum, Hubvolumen, Zylinderinhalt
swept-forward wing negativer Pfeilflügel
swept frequency operation Frequenzwobbelung
swept frequency signal generator Wobbelgenerator, -meßsender, Wobbler
swept in frequency gewobbelt
swept vertical stabilizer gepfeiltes Seitenleitwerk
swept-wing aircraft with high-lift flap Pfeilflügel mit Hochauftriebsklappe
swimming pool reactor Schwimmbecken(pool)-reaktor
swing Drehdurchmesser, Frequenzhub, Kantung, Schaukeln, Schwingen, Schwenkung, schaukeln, schwingen, pendeln, sich in Angeln drehen, schwenken, herumschwenken, anwerfen (Luftschraube)
swing axle Pedalachse, Schwingachse
swing back, to zurückschwenken
swing bolt Gelenk-, Klapp-, Schwenkschraube, Schwingzapfen
swing bolt or swinging hinged propeller Schwenkschraube
swing check valve Klappen(rückschlags)-ventil
swing coil compensator Schwenkspulenkompensator
swing door Schwingtür
swing gauge Schaufelprofilkontrollvorrichtung
swing grinder Hängeschleifmaschine
swing jaw lose Backe
swing joint Drehanschluß, Gelenkrohr, Gelenkverbindung, Kugelgelenk
swing lamp Hänge-, Schwenklampe
swing lever operation typewriter Schwinghebelmaschine
swing of the pendulum Pendelausschlag, Pendelschwingung
swing off, to abkommen, ausschwingen
swing off the runway, to ausbrechen (bei Start od. Landung)
swing-out aufklappbar
swing-out chassis ausschwenkbares Chassis
swing-out condenser aufklappbarer Kondensator, Gelenkkondensator
swing-out leaf or arm Klappteil
swing-out mandrel ausschwenkbarer Einlagedorn
swing-out of the way, to wegschwenken
swing-out, to ausschwenken, ausschwingen, herausschwenken
swing-over bed Drehdurchmesser (über dem Bett)(Fräser)
swing-over gap Durchdrehmesser über dem Bett (Fräser)
swing-over saddle Drehdurchmesser über dem Bettschlitten
swing phenomenon Kipperscheinung
swing pipe Schwenk-, Schwingrohr

swing pivot Kipplager
swing rest schwenkbarer Support
swing roller Schwingtrommel
swing saw Pendelkreissäge
swing sledge mill Schwingmühle
swing stop Schwenk-, Schwinganschlag
swing the airscrew by hand Luftschraube von Hand durchdrehen
swing wing Schwenkflügel
swing-wing, automatic automatischer Schwenkflügel
swinging pendeln, schaukeln, schwingen
swinging arm beweglicher od. schwenkbarer Arm, Schwenkhebel
swinging back Rückschwingung
swinging base, compass Kompaßrose
swinging choke Schwingdrossel, Drossel mit veränderlicher Induktivität, Siebdrossel
swinging crane Drehlaufkatze, Schwenkkran
swinging cross Freileitungskurzschluß durch berühren der Leitungen
swinging device Schwenkvorrichtung
swinging disc Schwingscheibe
swinging filament schwingender Draht, Schwingdraht
swinging gripper lever Vorgreiferhebel
swinging hoist Schaukelaufzug
swinging isolator with suspending hook Pendelisolator
swinging lever Schwenkarm, Schwenkhebel, Schwingarm, Pendelanker
swinging movement Schwenkbewegung
swinging of aerial or antenna Antennenschwingung
swinging or pendulum lever Pendelheber
swinging right-handed rechtsdrehend, rechtslaufend (Motor)
swinging platform Schwenkbühne
swinging the propeller Propeller (mit der Hand) schwingen
swinging-type trailer coupling schwenkbare Anhängerkupplung
swinging valve Pendelventil
swirl angle Verwindungswinkel
swirl chamber Wirbelkammer
swirl fanes wirbelerzeugende Schaufeln
swirl finish, of getupft (Oberflächenbehandlung)
swirl flight Schwirrflug (Helikopter)
swirl mat Ringel-, Swirlmatte (Glasfaser)
swirl nozzle Dralldüse (an Rakete)
swirl or whirlpool eddy Strudel
swirl plug Drosselkegel
swirl port Einlaßdrallkanal
swirl vane Drallblech (Wasserabscheider), Wirbelblech (Twk)
swirler Drallkörper
swirling motion Wirbelbewegung
swish type supply directive Eil-Versorgungsverfügung
Swiss Air Rescue Service Schweizerische Rettungsflugwacht (SRFW)
switch Schalter (elek), Weiche (Eisenbahn)
switch-actuated by cylinder ball lock plunger Verriegelungsschalter
switch-actuating pin Kontaktstift (Anlaßsperre)
switch and instrument panel Schalt- u. Instrumententafel
switch arcs Schaltbögen
switch armature Schalteranker
switch armature spring Schalterankerfeder
switch-back design Über-Kreuz-Wiederholungsplan
switch base Schaltersockel
switch base plate Schaltergrundplatte
switch bay Schaltfeld
switch blade Schalterlamelle, Weichenzunge
switch-blade planing machine Weichenzungenhobelmaschine
switch capacitance box Kurbelkondensator
switch circuit breaker Kippschutzschalter
switch connection Schalteranschluß
switch contact Schalterkontakt
switch control unit Umschalter auf andere Steuereinheit
switch cover Schalterdeckel
switch correction of traverse Seitenänderung
switch declaration Verteilervereinbarung
switch designator Verteilerbezeichner (ALGOL), Zielverteiler
switch detector Tastendetektor
switch element Schaltmittel
switch engine Rangierlok(omotive)
switch filter Weiche
switch for changing wave length Verstimmungsschalter
switch for heat control Heizregelschrank
switch for ISC, two-channel Zweikanalschalter
switch for oscillating direction indicator Pendelwinkerschalter
switch for speaker playback, selector Wiedergabewählschalter
switch for surface mounting Aufputzschalter
switch frame Schalter-, Zuteilungsgestell
switch fuse Trennsicherung
switch gallery Schaltwarte
switch gear Schaltanlage, -vorrichtung, -werk, Schaltschrank, Schalttafel
switch gear panel Schaltfeld
switch handle or lever Schalthebel
switch handle position Schaltgriffstellung
switch hook Schalthaken
switch-horn firing Stoßkappenzündung
switch-house Schaltanlage, -raum
switch housing Schaltergehäuse
switch identifier Verteilername, -bezeichnung (ALGOL)
switch in resistance, to Widerstand einschalten
switch inductance box Kurbelinduktivität
switch interval Umschaltpause
switch into circuit, to einschalten (in Stromkreis)
switch jack Feder-, Messerkontakt
switch key Schalthebel
switch knob Schaltknopf
switch lamp Schalterlämpchen, Weichensignallampe
switch lever Fahrschalthebel, Schalthebel, Schaltknebel, Weichenhebel, Stellhebel, -vorrichtung, Umlegehebel, -schalter, Umleithebel, Weichenstellbock
switch list Verteilerliste (ALGOL)
switch lock Schalterfeststellvorrichtung, Schalterverriegelung
switch locomotive Rangierlokomotive

switch logic Schalterlogik
switch network schaltbares Netz
switch-off ab-, ausschalten, Aus! (beim anwerfen des Propellers)
switch-off the ignition, to Zündung ausschalten od. wegnehmen
switch-off time Ausschaltzeit
switch-on ein-, zuschalten
switch on the magneto, to Zündung einschalten
switch-operating cam Schalternocken
switch operating point Schaltpunkt (Schalter)
switch out, to ab-, ausschalten
switch out a repeater, to einen Verstärker löschen
switch out of circuit, to Stromkreis ausschalten
switch over plug umschaltbarer Stecker
switch over, to sich umstellen, umschalten
switch-over transformer umschaltbarer Transformator
switch overload contactor Überlastschütz
switch pin Schalterstift
switch plant Schaltanlage
switch plate Grundplatte der Weiche, Schaltergrundplatte
switch platform Schaltergrundplatte
switch plug Schalter mit Stecker
switch plunger Schalterstößel
switch point Programmweiche (EDV), Schaltstation
switch position Riegelstellung, Schaltschema, Schalt(ungs)stellung
switch position diagram Schalterdiagramm
switch position feedback Schalterstellungsrückführung
switch-position indication Schalterstellungsanzeige
switch positioning command Schalterstellkommando
switch, program Programmweiche, -schalter, variabler Konnektor
switch, protect Schreibringschalter
switch resistance box Kurbelwiderstand
switch rheostat Reglerwiderstand
switch section Schalterebene
switch selected durch Schalter gewählt, (um)schaltbar, wählbar mit Schalter
switch, semirecessed or semisunk halbversenkter Schalter
switch shelf Wählerrahmen
switch, snap-action Schnappschalter
switch spring Schalterfeder, Klinke
switch stand Weichenbock
switch starter Anlaßschalter
switch status condition Schalterzustandsbedingung (COBOL)
switch system Schaltschema, Schaltungsplan
switch tanks, to (pipeline) Tanks umschalten
switch through, to durchschalten (mit Schalter)
switch tie (railroad) Weichenschwelle
switch to low beam, to abblenden
switch tongue (railroad) Weichenzunge
switch, track Streckenschalter
switch transducer Schalt/Energiewandler
switch transient blanking Dunkelsteuerung während des Schaltvorgangs
switch trigger Schaltertaste
switch unit Schaltgerät
switch valve Umschaltventil
switch wafer Schalterebene, -platte, Schaltersegment
switch with spring contacts Federschalter
switch with spring tongs Federweiche
switchable line time base umschaltbare Zeilenablenkung (TV)
switchboard Schaltbrett, -tafel, Vermittlungsschrank
switchboard cable Schaltbrettkabel
switchboard connection Schalttafelanschluß
switchboard drop Anrufklappe, Schaltkreise einer Handvermittlungsstelle
switchboard for intercommunication sets Klappenschrank für Reihenanlagen
switchboard fuse Schaltbrett mit Sicherung
switchboard gallery Schalt(tafel)warte
switchboard gear Schaltgerät, -vorrichtung
switchboard hook Haken(um)schalter
switchboard inductance Kurbelinduktivität
switchboard instrument Schalttafelinstrument, -meßgerät
switchboard interval Umschaltphase
switchboard, isolated freistehende Schalttafel
switchboard lead Schalt(er)leitung
switchboard mounting Schalttafelmontage
switchboard n-point Wähler mit Kontakten
switchboard off position Ausschaltstellung
switchboard on position Einschaltstellung
switchboard panel Schalttafelfeld
switchboard pillar Schaltsäule
switchboard position Abfragestellung, Vermittlungsplatz
switchboard rack Schalttafelgestell
switchboard receiver Koppeltischempfänger
switchboard section Schalttafelfeld
switchboard switching Schalttafelumschaltung
switchboard unit Umschalteinheit
switchboard wire Abfrageschnur
switchboard with plug-restored indicator Rückstellklappenschrank
switched connection, circuit leitungsvermittelte Verbindung
switched connection, point-to-point Punkt-zu-Punkt-Wählleitung
switched frequency compensation geschaltete Frequenzkompensation
switched line, non- festgeschaltete Leitung
switching Rangierung, Schalten, Schaltung, Umschalten, Umschaltung, Vermittlung
switching action Schaltvorgang, Fortschaltung
switching algebra Schaltalgebra
switching amplifier Schleusenverstärker (Regelpult)
switching and programming centre Schalt- und Programmierteil (der Torpedosteuerung)
switching and swinging transfer Schalt- u. Schwingtransistor
switching arrangement Schaltungseinrichtung, Schaltungsanordnung
switching coefficient Schaltfaktor, Schaltzeitkonstante (dig), Oberflächenverluste
switching condition Schaltungsbedingung
switching contact Arbeitskontakt, Nummernschalter
switching cycle Schaltspiel
switching device Rangieranlage, Schaltadereinrichtung, Schaltelement, -mittel
switching diode Schaltdiode

switching effect Schalteffekt
switching element Schaltelement, -mittel
switching equipment Schaltadereinrichtung
switching frequency Schaltfrequenz, Schalthäufigkeit
switching function Schaltfunktion
switching gear Umschaltgetriebe
switching handle Arbeitskurbel, Schalterhebel
switching-in Aufschalten, Einschaltung
switching key Schaltcode, Schaltschlüssel
switching lever Schaltwippe
switching locomotive Rangier-, Verschiebelokomotive
switching magnet Schaltmagnet
switching magnet circuit Schaltelektromagnetenstromkreis
switching mechanism Schaltmechanismus
switching member Schaltorgang
switching networks Schaltkreise, Schaltnetzwerk
switching-off Abschalten, Abschaltung, Ausschaltung, Ausserbetriebsetzung
switching operation Schaltvorgan
switching pad-office Amt mit künstlichen Verlängerungsleitungen
switching panel Schalttafel
switching period Einschaltzeit (Motor), Schaltspanne, Schaltperiode
switching point Abzweigstelle, Schaltstelle, Verteilerpunkt
switching process Schaltvorgang
switching program Vermittlungsprogramm
switching pulse Schaltimpuls
switching rack T-Schaltgestell
switching relay Schaltorgang, -relais, Umschaltrelais, Verteilerrelais
switching selector repeater (dialsystem) Überbrückungsverstärker, -schaltung, Mitlaufwerk
switching speed Schaltgeschwindigkeit
switching starter Anlaßschalter
switching station Schaltstation, Verteilerwerk
switching system Umschaltungssystem, Wählersystem
switching system aboard the satellite, complicate the... komplexes Umschaltsys tem an Bord des Satelliten (Funksystem)
switching threshold Schaltschwelle
switching time Ansteuerungszeit, Schaltzeit (des Magnetkerns)
switching time in junction diodes Umschaltzeit in Flächendioden
switching to low beam Abblendung
switching track Rangiergleis, Verschiebegleis
switching transducer Schalt/Energiewandler
switching transient Schaltstoß
switching transistor Schalttransistor
switching trunk Fernplatzrufleitung, Vermittlungsleitung
switching valve Schaltröhre
switching variable Schaltvariable
switching yard Abstell-, Aufstell-, Verschiebebahnhof
swivel Drehteil des Werkzeughalters, Kettenwirbel, Spannschloß, drehen, Einhängestück, Drehwirbel, Kardandrehzapfen, Spülbohrkopf
swivel arm Schwenkarm
swivel axis of index head Drehachsmitte des Teilkopfes
swivel axle Achsschenkel
swivel back, to rückwärts-, zurückschwenken
swivel base Drehunterteil
swivel bearing of the drive system Antriebsschwenklager
swivel block Kenterschäkel
swivel carriage Drehtisch, Schwenkplatte
swivel chair Drehstuhl
swivel connection Gelenkverbindung, schwenkbare Verbindung, Schwenkverbindung
swivel damper Drehklappe, Drehschieber
swivel elbow schwenkbares Winkelstück
swivel extension for anti-aircraft machine gun Fliegerdrehstütze
swivel eye Gelenköse, Wirbelauge
swivel feature Schwenkbarkeit
swivel flow head Drehspülkopf
swivel guide bar for taper work schwenkbares Konuslineal
swivel gun Pivotgeschütz
swivel handle Drehgriff
swivel head Bohrwirbel, Drehsupport, Drehvorrichtung, Gelenkkopf, schwenkbarer Spindelkopf
swivel head miller Fräsmaschine mit drehbarem Spindelkopf
swivel headed tripod Verfolgungsstativ
swivel hinge Drehscharnier, Schwenkgelenk
swivel-hoist truck Kranwagen, Straßendrehkran
swivel hook drehbarer Haken, Drehkopfhaken, Spülkopf-, Wirbelhaken, Haken mit Drehgelenk
swivel jet engine Schwenkdüsenmotor
swivel joint Dreh-, Kugelgelenk, Kugellagerverbindung, Schwenkverschraubung
swivel-mounted schwenkbare Wippe
swivel of a bailer Schlämm-, Stopfbuchsenwirbel
swivel or pedestal-mounted gun Sockelgeschütz
swivel pen Kurvenziehfeder
swivel pin Drehachse, Schwingbolzen
swivel plus keystone link Kabelziehschlauch
swivel point Drehpunkt
swivel ring Gelenköse
swivel screw Anziehschraube
swivel shackle Kettenwirbel
swivel spindle Wirbelspindel
swivel stake Pflock mit Gelenkkopf
swivel through X degree um X Grad drehen
swivel union Gelenkverbindung
swivel vice drehbarer Schraubstock
swivel wheel schwenkbares Rad, Schwenkrad
swivelled ausgeschwenkt
swivelling drehbar, schwenkbar
swivelling arm schwenkbarer Arm
swivelling attachment Universalspindelkopf
swivelling axis Drehachse (geom)
swivelling ball bearing Druckkugellager
swivelling base Drehkeil (w)
swivelling boom Drehausleger
swivelling bracket Schwenklagerung
swivelling device Schwenkvorrichtung
swivelling hose drum schwenkbare Schlauchhaspel
swivelling installation schwenkbarer Einbau
swivelling-jib Drehausleger (am Kran)
swivelling lift engine unit Hubtriebwerkeinheit

swivelling link Drehgelenk
swivelling mechanism Schwenkgetriebe
swivelling milling spindle schwenkbare Frässpindel
swivelling movement Schwenkbewegung
swivelling nipple schwenkbares Rohranschlußstück
swivelling nozzle schwenkbare Düse, Schwenkdüse
swivelling nozzle jet engine Schwenkdüsenstrahltriebwerk
swivelling piece Drehgelenk
swivelling pod schwenkbare Gondel
swivelling propeller Schwenkschraube (VTOL aircraft)
swivelling pylon below the wing schwenkbare Station unter dem Tragflügel
swivelling soldering nipple schwenkbares Ringlötstück
swivelling template Schwenkschablone
swivelling tool-holder schwenkbarer Stahlhalter
swivelling V-block Schwenkprisma
swivelling wheel schwenkbares Rad, Schwenkrad
swollen cellulose aufgequollene Zellulose
sword control lever Schwertanhubhebel
swordlike part schwertartiger Teil
sword-shaped part schwertartiger Teil
S.W.R. bridge Welligkeitsmeßbrücke
S-wrench S-Schlüssel
swung, to be angesteuert werden (Gitter)
SWY (stopway) Stoppbahn, -fläche
syllabus Lehrplan, Verzeichnis (der Vorlesungs-, Prüfungsgegenstände)
sylphon Druckdose, Faltenbalg
sylphon gland Stopfbuchse mit Faltenbalgabdichtung
sylvanite Schrifterz, Sylvanit, Tellursilberblei, Weißgolderz, -tellur
symbol Formel, Kurzzeichen, Schaltzeichen, Symbol, Sinnbild, Zeichen
symbol (deprecated) Sonderzeichen (EDV)
symbol, absolute absolutes Symbol
symbol checking Symbolprüfung
symbol coding Symbol(ver)schlüsselung
symbol display Symboldarstellung
symbol, editing Druckaufbereitungs-, Editionszeichen (COBOL)
symbol, external externe Adresse, externes Symbol
symbol for earth Erdungszeichen
symbol for fitting system Passungskurzzeichen
symbol generator Symbolerzeuger, Symbolgenerator (Sichtgerät)
symbol generator converts signals to raster scan Symbolgenerator setzt Signale in geeignetes Fasterformat um (Gripen)(av)
symbol, linkage Programmverbindungssymbol, Verknüpfungsadresse
symbol, logic boolesches od. logisches System
symbol, logical boolesches, funktionelles od. logisches Symbol
symbol, mnemonic mnemonisches Symbol
symbol printing Symbolschreibung
symbol, relocatable verschiebliches Symbol
symbol shape Symbol-, Zeichengestalt
symbol table Symbol-, Zuordnungstabelle (bei Programmübersetzung)
symbolic address (relative) Pseudoadresse, symbolische Adresse (EDV)
symbolic addressing symbolische Adressierung od. Codierung (dig)
symbolic code symbolischer Code
symbolic coding symbolische Adressierung od. Codierung
symbolic deck symbolisch codierter Lochkartensatz
symbolic device addressing symbolische Geräteadressierung
symbolic device assignment symbolische Gerätezuweisung
symbolic device name symbolischer (Geräte)-name
symbolic instruction symbolischer Befehl, Übersetzerhilfsanweisung, symbolische Anweisung od. Instruktion
symbolic key symbolischer Code od. Schlüssel
symbolic language symbolische Programm(ier)-sprache, Symbolsprache
symbolic location symbolisch adressierte Arbeitsspeicherplatz
symbolic logic Logistik, Logikkalkül, mathematische od. symbolische Logik
symbolic name Name (COBOL, FORTRAN)
symbolic number symbolische Nummer od. Zahl
symbolic operation symbolische Operation
symbolic parameter symbolisches Parameter
symbolic program symbolisches od. adressenfreies Programm
symbolic programming symbolische Programmierung, adressfreies Programmieren
symbolic programming language Symbolsprache, symbolische Programmiersprache
symbolic programming system symbolisches od. adressfreies Programmiersystem, Symbol-Programm-System
symbolic representation symbolische Darstellung
symbolize, to symbolisieren, versinnbildlichen
symbology, electronically produced elektronisch erzeugtes Symbol
symbology or TV information Spezialsymbole od. Fernsehdaten
symmetric code symmetrischer Code
symmetric game symmetrisches Spiel
symmetrical about the axis achsensymmetrisch
symmetrical about the zero axis höhensymmetrisch, symmetrisch zur Nullinie
symmetrical alternating quantity symmetrische Wechselgröße
symmetrical angle cutter Prismenfräser
symmetrical arrangement Symmetrieschaltung
symmetrical breaking capacity symmetrische Ausschaltleistung (Schalter)
symmetrical conductivity richtungsabhängige Leitfähigkeit
symmetrical co-ordinated in a system symmetrisches Koordinatensystem
symmetrical cyclically magnetized condition symmetrisch zyklisch magnetisierter Zustand
symmetrical direction coupler symmetrischer Richtkoppler
symmetrical distribution symmetrische Verteilung

symmetrical drive symmetrische Steuerung (el)
symmetrical fission symmetrische Spaltung
symmetrical flight gleichmäßiges Fliegen, symmetrischer Flug, Normalflug
symmetrical flutter symmetrisches Flattern (Flz)
symmetrical fold aufrechte Falte
symmetrical grading gleichmäßige Staffelung
symmetrical heterostatic circuit Nadelschaltung, heterostatische Schaltung
symmetrical line of flange Flanschsymmetrielinie
symmetrical meson theory symmetrische Mesonentheorie
symmetrical network symmetrische(s) Netzwerk od. Schaltung
symmetrical profile spiegelgleiches od. symmetrisches Profil, Streckenprofil
symmetrical quadripole symmetrischer Vierpol
symmetrical section spiegelgleiches Profil
symmetrical splitting symmetrische Spaltung
symmetrical thrust Schubsymmetrie
symmetrical transducer symmetrischer Wandler
symmetrical transformer symmetrischer Übertrager, Symmetrieübertrager
symmetrical with respect to rotation rotationssymmetrisch
symmetrically conjugated phase displacement spiegelbildliche Phasenverschiebung
symmetrically tilted photographs gleichmäßig geneigte Aufnahmen
symmetrization Symmetrierung
symmetrize, to symmetrieren
symmetrizing line Symmetrieachse
symmetry Ebenmaß, Gleichmaßanordnung, Symmetrie
symmetry, centre of Symmetriezentrum
symmetry circuit Symmetrieschaltung
symmetry condition Symmetriebedingung
symmetry, having point punktsymmetrisch
symmetry, lack of mangelnde Symmetrie
symmetry, law of Symmetriegesetz
symmetry, n-fold n-fache Symmetrie
symmetry, odd-function Symmetrie einer ungeraden Funktion
symmetry of lattice Gittersymmetrie
symmetry of reflection Spiegelungssymmetrie
symmetry, plane of Symmetrieebene
Symons-crusher Taumelbrecher
symphathetic cord or string mitschwingende Saite
sympathetic vibration Mit-, Resonanzschwingung
symplectic matrix symplektische Matrix
symposium Symposium, Zusammenstellung
symptom Anzeichen, Begleiterscheinung, Kennzeichen, Vorzeichen
synaptic delay synaptische Verzögerung
sync check card column Spalte-Gleichlaufprüfung
sync check word Kontrollwort für Gleichlaufprüfung
sync generator Impulszentrale, Synchronisierungsgenerator, Taktgeber
sync-in-pulse Synchronisierungseingangsimpuls
sync pulse Gleichlaufimpuls
sync signal Gleichlaufzeichen, Synchronsignal (Gemisch) (Video)
sync separator Amplitudensieb
sync signal generator Impulszentrale, Taktgeber (TG)
sync to noise ratio Verhältnis Gleichlauf zur Störung
synch Startsignal
synch generator Impulszentrale, Taktgeber
synch pulse Synchronisierimpuls (dig)
synch window Synchronsichtmelderfenster
synchro Drehfeld(system), Drehmelder, Drehmeldeempfänger, Drehmeldegeber, Synchron...
synchro angle Gleichlaufwinkel
synchro command Synchrosteuerung
synchro control differntial transmitter (CDX) Steuerdifferentialgeber (SDG) (Drehmelder)
synchro control receiver (CT) Steuerempfänger (SE)(Drehmelder)
synchro control repeater Steuerempfänger (SE)(Drehmelder)
synchro control transformer Steuerempfänger (SE)(Drehmelder)
synchro control transmitter Steuergeber (SG)(Drehmelder)
synchro device mounted between the platform gimbal zwischen den Plattformaufhängern montierter Drehmelder
synchro differential (TDX, CDX) Differentialgeber (Begriff für MDG, SDG), Differentialdrehmelder
synchro differential motor Differentialempfänger (Drehmelder)
synchro dyne reception Synchrodynempfang
synchro generator Momentgeber (Drehmelder)
synchro mesh gear Synchrongetriebe
synchro motor Momentempfänger (Drehmelder)
synchro pick-off Drehmelderabgriff
synchro receiver Dreh-, Ringfeldempfänger, Momentempfänger (ME)(Drehmelder)
synchro resolver Koordinatenwandler, Funktionsdrehmelder
synchro-resolver differential transmitter (RDX) Funktionsdifferentialgeber (FDG)
synchro resolver receiver Funktionsempfänger (Drehmelder)
synchro resolver repeater Funktionsempfänger (Drehmelder)
synchro resolver transformer Funktionsempfänger (Drehmelder)
synchro resolver transmitter Funktionsgeber (Drehmelder), Funktionsdifferentialgeber (FDG)(Drehmelder)
synchro shaft Drehmelderwelle
synchro system Moment(an)-, Steuerempfänger, Drehfeldgeber/-nehmer, Drehfeldsystem, Drehmelder, elektrische Welle, Synchronsystem
synchro torque differential receiver Drehmomentdifferentialempfänger, Momentdifferentialempfänger (Drehmelder)
synchro torque differential repeater (Dreh)momentdifferentialempfänger (Drehmelder)
synchro torque differential transmitter (Dreh)momentdifferentialgeber (Drehmelder)
synchro torque receiver (Dreh)momentempfänger (Drehmelder)
synchro torque repeater (Dreh)momentempfänger (Drehmelder)
synchro torque transmitter (Dreh)moment-

geber (Drehmelder)
synchro transfer circuit Drehmelderumschaltkreis, Grob/Fein-Umschaltkreis
synchro transformer Drehmelder, Steuerempfänger, Stellungsrückmelder
synchro transmitter Drehfeldgeberausgang, Drehmeldegeber, Steuerdifferentialgeber, Ringfeldgeber, Momentgeber (MG)(Drehmelder), M-Geber
synchrocyclotron Phasotron, Synchrozyklotron
synchrocyclotron oscillator Phasotron-, Synchronzyklotrongenerator
synchromesh Gleichlauf, Synchrongetriebe
synchromesh gear Gleichlaufgetriebe
synchromesh transmission Aphongetriebe
synchrometer Synchro(n)meter
synchron Drehmelder
synchronisation built into the receiver system empfangsseitige Synchronisierung
synchronised by atomic clocks synchronisiert durch hochgenaue Atomuhr (av)
synchronism Gleichgang, -gängigkeit, -lauf, -zeitigkeit, Synchronismus
synchronism check Gleichlaufprüfung
synchronism, in synchron
synchronism speed Synchrongeschwindigkeit
synchronization Gleichlaufschaltung, Steuerung, Synchronisiereinrichtung, Synchronisierung
synchronization compression Zusammendrückung der Synchronisierung
synchronization control Gleichlaufregelung
synchronization, delayed...signal verzögertes Synchronisiergemisch
synchronization, locked Synchronisierzwang
synchronization set Synchronisiergerät
synchronization signal Koinzidenzsignal
synchronization stretcher Pegelstabilisierer
synchronization, to drift out of ausser Synchronisation geraten
synchronization troubles Gleichlaufstörung
synchronization with line frequency Zeilensynchronisierung
synchronize, to abstimmen, eine Frequenz nach der anderen einstellen, zum Gleichlauf bringen, in Übereinstimmung bringen, synchronisieren, in Takt kommen
synchronized broadcast station Gleichwellen-Rundfunksender
synchronized clause Speicherwortbündigkeitsklausel (COBOL)
synchronized condenser gleichlaufender Kondensator, Mehrfach-, Mehrgangkondensator
synchronized elevator Synchronhöhensteuer
synchronized induction motor Synchron-Induktionsmotor
synchronized jamming synchronisierte Störung (Radar)
synchronized LC divider or oscillator Mitnahmeteiler
synchronized machine gun gesteuertes Maschinengewehr
synchronized multivibrator fremdgesteuerter Multivibrator
synchronized picture-sequence camera synchronisierte Reihenbildkamera (Lubi)
synchronized shifting gear synchronisiertes Getriebe
synchronized sound locator Richtungshörer
synchronized transmission synchronisierte Sendung (Frequenz- u. Phasengleich)
synchronized transmitter Gleichwellensender
synchronized with field or frame frequency bildsynchron
synchronized with line frequency zeilensynchron
synchronizer Puffer, Steuersystem für periphere Geräte, peripheres Leit-, Steuerwerk, Zwischenspeicher für E/A (EDV), Synchronisiergerät, Gleichlaufeinrichtung, Synchronismusanzeiger
synchronizer correctur unit Gleichlaufeinstellgerät
synchronizer multiengine plane Gleichlaufregelanlage
synchronizer storage/printer Druckpuffer
synchronizing mit der Grundfrequenz in Tritt kommen, Synchronisierung, Synchronisation, Synchronisiereinrichtung
synchronizing circuit Gleichlaufschaltung, Synchronisier(ungs)schaltung
synchronizing device Gleichlaufgerät, Synchronisiergerät, Gleichlaufeinrichtung, Synchronisiervorrichtung
synchronizing disc Synchronscheibe
synchronizing discriminator Gleichlauffrequenzgleichrichter
synchronizing drum Synchronring
synchronizing element Gleichlauf-, Synchronisier(ungs)zeichen
synchronizing frequency Steuerfrequenz
synchronizing gap Bildsynchronisierlücke
synchronizing gear Synchron(isierungs)getriebe, Synchronisiervorrichtung
synchronizing generator Synchronisiergenerator, Taktgeber
synchronizing grid Synchronisiergitter
synchronizing impulse Gleichlaufimpuls, Synchronisier(ungs)impuls, Gleichlaufzeichen, Synchronisierzeichen, Taktimpuls
synchronizing knob Synchronisierknopf
synchronizing leader Synchronisierband
synchronizing level Synchronisierpegel, Synchronisierwert
synchronizing lock Synchronriegel
synchronizing mark Synchronisierzeitmarke
synchronizing method Synchronisierverfahren
synchronizing or timing impulse Taktimpuls
synchronizing pilot synchronisierende Pilotwelle
synchronizing potential Synchronisiersignal
synchronizing pulse Gleichlauf-, Synchronisier(ungs)impuls, Synchronisiersignal
synchronizing pulse generator Gleichlauf-, Synchronisierimpulsgenerator
synchronizing-pulse separation Impulstrennung
synchronizing separation Synchronisierimpulsabtrennung, -aussiebung
synchronizing separator Impulstrenner
synchronizing separator filter Synchronisierzeichensieb
synchronizing signal Gleichlaufsignal, -zeichen, synchronisiertes Signal, Taktsignal, Synchronisierungszeichen, Synchronsignal(gemisch)
synchronizing-signal, delayed verzögertes Synchronisiergemisch
synchronizing signal generator Gleichlauf-

generator, Impulsgeber, Taktgeber
synchronizing slide collar Synchronschiebehülse
synchronizing spark timing Zündungseinstellung bei Zweifunkenzündung
synchronizing spring Synchronfeder
synchronizing tube Synchronisationsröhre
synchronizing valve Synchronisationsröhre
synchronizing voltage Summerspannung
synchronometer Frequenzzähler, Synchronmesser, Synchronometer
synchronoscope Prüf-, Überwachungsoszillograph, Synchronoskop
synchronous gleichgängig, -gehend, -laufend, -zeitig, synchron(istisch), zusammenfallend, im Gleichlauf
synchronous admittance Nulladmittanz
synchronous alternator Synchrongenerator, Synchronmaschine
synchronous amplifier Synchronverstärker
synchronous asynchronous-motor synchronisierter Asynchronmotor
synchronous capacitor rotierender Phasenschieber
synchronous carrier system Gleichwellenrundfunk
synchronous check word Gleichlaufprüfungskontrollwort
synchronous clock Synchronuhr
synchronous communication adapter Synchrondatenanschluß (Rechner)
synchronous computer Synchronrechner
synchronous converter Einankerumformer
synchronous data adapter Synchrondatenanschluß (Rechner)
sychronous data set buffer Telephoniepuffer
synchronous demodulator Synchrondetektor
synchronous detector gleichlaufender Demodulator, Synchrondetektor
synchronous digital computer Synchrondigitalrechner, synchronisierter digitaler Rechner
synchronous drive Synchronantrieb
synchronous electric clock system elektrisches Synchronuhrensystem
synchronous fading synchrone Schwunderscheinung
synchronous gate synchroner Torimpuls, Synchrontor
synchronous generator Gleichlaufgenerator, Synchrongenerator
synchronous hysteresis motor Hysteresemotor
synchronous impedance synchrone Impedanz
synchronous induction motor synchronisierter Asynchron-, Induktionsmotor
synchronous machine Synchronmaschine
synchronous mixer Synchronmischstufe
synchronous mixing Synchronmischung
synchronous motor Synchronmotor
synchronous motor clock elektrische Synchronuhr
synchronous operation Gleichlauf, gleichzeitiger Arbeitsvorgang, synchrone Verarbeitung, Synchronlauf, Taktgeberbetrieb
synchronous orbit geostationäre od. synchrone (Umlauf)bahn, Synchronbahn, Synchronorbit
synchronous phase advancer Synchronphasenschieber
synchronous phase advancer of phase modifier rotierender Phasenschieber
synchronous pilot motor Synchronkleinstmotor
synchronous position indicator Synchronoskop
synchronous punching synchromatisches Lochen, Synchronlochen
synchronous radio telegraph system Funkgleichlaufsystem
synchronous reactance Nullreaktanz
synchronous rectifier phasenempfindlicher od. synchroner Gleichrichter
synchronous reed Zerhackerfeder
synchronous revolution per minute synchrone Drehzahl
synchronous rotating spark gap Synchronfunkenstrecke
synchronous satellite Synchronsatellit
synchronous scanning Synchronabtastung
synchronous self-starting motor clock selbstanlaufender Synchronmotor
synchronous spark-gap Synchronfunkenstrecke, synchronumlaufende Funkenstrecke
synchronous speed Synchrondrehzahl, Synchrongeschwindigkeit
synchronous speed regulating gear Gleichlaufregeleinrichtung
synchronous telegraph(y) Synchrontelegraph(ie)
synchronous timer Gleichlaufzeitschalter
synchronous vibrator Synchronvibrator, Synchronzerhacker
synchronous voltage Gleichlaufspannung
synchronous with gleichzeitig mit
synchronous working synchrones Arbeiten, Synchronbetrieb
synchrony Synchronimus
synchro-phaser Synchronphasenmesser
synchro-receiver Synchronhörer
synchroscope Oszillograph, Phasenlampe, Synchroskop
synchro-tie elektrische Welle
synchroton Synchroton
synchro-transmitter Synchronsender
synclinal gleiche Neigung mit anderen Schichten
synclinal core Muldenkern, Synklinalkern
synclinal flank Muldenflanke, -flügel, -schenkel, Synklinalflanke
synclinal formation Muldenbildung
syneresis Synerese (Ausschwitzung von Flüssigkeitsmengen)
synergistic effect Synergie-Effekt (av)
synopsis Abriß, Montage, vergleichende Übersicht, Zusammenfassung
synoptic synoptisch, übersichtlich
synoptic chart synoptische (Wetter)karte
synoptic hour synoptischer Termin
synoptic meteorological information synoptische Wettermeldung
synoptic meteorology synoptische od. übersichtliche Meteorologie od. Wetterkunde, Wetterbobachtungsauswertung
synoptic observation synoptische (Termin)-beobachtung, Wetterbeobachtung
synoptic or collection telegram Sammeltelegramm
synoptic weather chart synoptische Wetterkarte (Flugwetterkarte)
synoptic report synoptische (Wetter)meldung
synoptic rubber, a type of Mipolam, Perbunan

synoptic table synoptische Tabelle, Übersichtstabelle
synoptic telegram Sammeltelgramm
synoptic weather report synoptische Wettermeldung
synoptical sketch Übersichtsskizze
syntactic equivalence syntaktische Äquivalenz
syntax analysis with coding time Syntaxanalyse mit Codegenerierung (ATC)(Radar)
syntax-directed compiler syntaxabhängiger od. syntaxbezogener Compiler (EDV)
synthesis Aufbau, Darstellung, Synthese, Zusammensetzung
synthesize künstlich herstellen
synthetic Kunstprodukt, -stoff, Preßmasse, aufbauend, künstlich, synthetisch
synthetic address errechnete, generierte od. synthetische Adresse
synthetic aperture radar (SAR) processing SAR-Verarbeitung (MMW-Radar)
synthetic aperture radar system Radarsystem mit synthetischer Apertur
syntehtic array-radar synthetische Strahlöffnung (Radar)
synthetic bristles Kunst(faser)borsten
synthetic butadine rubber Buna(gummi)
synthetic compound Kunstmasse
synthetic copal Kunstkopal (Phenolharzbasis)
synthetic data synthetische Daten
synthetic display on a radar screen synthetische Radareinblendung
synthetic dynamic display Synthetikdatendarstellungsgerät, synthetische dynamische Darstellung
synthetic elastomer synthetisches Elastomer
synthetic fiber synthetische Faser
synthetic fluoride emulsifier synthetischer Fluoridemulsionsbildner
synthetic foil capacitor Kunststoffkondensator
synthetic fuel synthetischer Brennstoff
synthetic gasoline Kunstbenzin
synthetic image generation technology syntetischer Bildgenerator (Bordcomputer)
synthetic index künstlich geschaffener Kennwert
synthetic pig iron synthetisches Roheisen
synthetic plastic Kunststoff
synthetic presentation synthetische Darstellung
synthetic product Kunstprodukt, -stoff
synthetic resin Kunstharz, synthetisches Harz
synthetic-resin adhesive Schmelzklebstoff
synthetic-resin bonded paper tube (rolled) gewickeltes Rohr (mit Hartpapier)
synthetic resin bonded sheet Kunstharzschicht
synthetic resin finish Kunstharzüberzugslack
synthetic resin moulding compound Kunstharzpreßmasse
synthetic rubber Buna, künstliches od. synthetisches Gummi
synthetic rubber with aluminium additives as fuel Binder mit Aluminiumpulver als Brennstoff
synthetic stone synthetischer Stein
synthetic test pattern elektrisches Testbild
synthetic trainer Instrumentenflugübungssteuergerät
synthetize, to synthetisieren
syntonic wireless telegraph abgestimmte Funktelegraphie
syntonized in Resonanz
syntonizing coil Abstimmspule
syntonizing inductance Abstimminduktanz
syntony Abstimmung, Einklang, Resonanz, Tonbeständigkeit, Tongleichheit, Vorhandensein der Abstimmung
syntony, not in nicht abgestimmt
syphon Ansaugheber, Saugheber, Stechheber
syphon barometer Saugheber-Röhrenbarometer
syphon bellows Federbalgdichtung
syphon head Syphonkapsel
syphon recorder Heberschreiber
syphoning Auftreten einer saugheberartigen Wirkung
syringes with radiation protection Spritzen mit Strahlenschutz
system Anordnung, Anlage, Einrichtung, Formation, Gebilde, Netz(werk), System, Verfahren
system, absolute absolutes System
system accuracy Systemgenauigkeit
system administration Systemverwaltung
system analysis Störungssuche u. -Beseitigung, Systemanalyse
system analyzer Funktionsprüfgerät
system angular sensitivity Winkelempfindlichkeit des Systems
system architecture to permit "fail-soft" mode "fehlertolerierende" Systemarchitektur (Bordcomputer)
system, bulky sperriges System (av)
system call Systemaufruf
system catalog Dateienkatalog, Katalog aller Dateien
system chain Relaisstationsystem
system check Systemprüfung, -test
system, classical nicht quantisiertes System
system comparison Anlagenvergleich
system compatibility Anlagenverträglichkeit, Systemkompatibilität
system configuration Anlagenausrüstung, -ausstattung, Systemkonfiguration
system constant Systemkonstante
system contractor Systemauftragnehmer
system control panel Bedienungsfeld, -konsole, -pult, -steuerpult, Konsole, Steuerpult
system convention Systemkonvention
system development costs Systementwicklungskosten (av)
system design reliability Systemzuverlässigkeit
system, digital encryption digitales kryptologisches System
system direct routing System mit unmittelbar gesteuerter Wahl
system direct pulsing System mit direktem Stromstoß
system direct routing System mit unmittelbar gesteuerter Wahl
system earthed neutral System mit geerdetem Mittel- od. Sternpunkt
system effectiveness Systemwirksamkeit
system, electromagnetic elektromagnetisches System
system engineer Systemberater, -planer, technisch/wissenschaftlicher Spezialist

system engineering Systemplanung, -projektierung
system executive library Organisationsprogrammbibliothek
system expansion Systemausbau
system flexibility Systemflexibilität
system for accident/maintenance recording Unfall/Wartungsregistriergerät
system for detecting potential malfunction inflight System zur Auffinding potentieller Störungen während des Fluges
system for monitoring of radio navigation system Eichgerät für Funknavigationsanlage
system for navigation by satellite Satellitennavigationssystem
system for tracking Flugwegverfolgungssystem (Aufklärungshubschrauber)
system for transporting and sorting baggage and cargo Anlage zum Befördern u. Sortieren der Fracht
system function System-, Stammfunktion
system generation Systemgenerierung
system generation program Aufbauprogramm
system, hydrochemical hydrochemisches System (av)
system implementation Systemeinführung, Systeminbetriebnahme
system, in-plant innerbetriebliches System
system input file System-Eingabedatei
system input stream System-Eingabefluß
system input unit System-Eingabeeinheit
system, instruction Befehlsinstruktion, -system
system integration Systembetreuung, -integration (Avionik)
system integration work Systemintegration
system integrity is paramount geschlossenes System mit Funktionssicherheit (av)
system interface unit Systemanschlußeinheit
system involving scanning spotbeams System schwenkbarer Gebietsstrahlen (Radar)
system level, GaAs GaAs-Technologie
system library System(programm)bibliothek
system, linear lineares System
system load library System(programm)bibliothek
system, locking Systemarretierung
system macro instruction System-Makroinstruktion
system management Systemverwaltung
system master tape Ladeprogrammhauptband
system, metric metrisches System
system, million sechsstelliges System (Millionensystem)
system module Systemeinheit
system, moving bewegliches System
system, multi-loop vermaschtes System
system noise check Prüfung auf Störspannung
system of absolute unit absolutes Maßsystem
system of approach day system Anflug-Tagesmarkensystem
system of arc types gas discharge Bogentypen-Systematikentladung
system of arrow Zeigersystem
system of averages Durchschnittssystem
system of axes Achsenkreuz
system of baffles Leitblechsystem
system of bells Glockenanlage
system of boundary layer control for civil airliners Beeinflussung der Grenzschicht an Tragflügelprofilen (av)
system of buffer battery Pufferbatterie
system of building Bauart, -system
system of channels and passages System für Kanäle u. Bohrungen (TB)
system of circulation Zirkulationssystem, Umlaufsystem
system of coils Spulensatz
system of coordinates Koordinatenkreuz, -system, Achsenkreuz
system of crystallization Kristallsystem
system of current Stromgattung
system of curves Kurvenschar
system of debiting agents Istsystem
system of drilling Bohrsystem
system of equation Gleichungssystem
system of fits Passungssystem
system of forces Kräftesystem
system of forks Gabeltransportmechanismus
system of graphs Kurvenschar
system of heating flues Heizkanalsystem
system of lenses Linsenfolge, -satz, -system
system of levers Hebelverbindungen, Hebelwerk
system of lubrication Schmieranordnung, -system
system of measurement Maßsystem
system of needle Nadelsystem
system of non-linear equation nichtlineares Gleichungssystem
system of parallels Kartennetz
system of parallels distribution System mit Parallelschaltung
system of particle Teilchensystem
system of piping Röhrenwerk
system of points Punktsystem
system of progressive gear Durchzugsschaltung
system of quadruple channel Vierfachkanalsystem
system of radio beacons Funkbefeuerung
system of reveting impulse System mit rückwärtiger Stromstoßgabe
system of rotor spiders Speichensystem
system of sampling inspection Stichproben-(prüf)verfahren
system of shunt distribution System mit Parallelschaltung
system of spaces axes Raumachsenkreuz
system of spheres Kugelpackung
system of spherical coordinates Kreissystem
system of surface Flächenschar
system of the controlled Systemregelstrecke
system of units Einheitensystem
system of using average Durchschnittssystem
system of ventilation Lüftungsart
system of waveguides Hohlleitersystem
system of wires and cables Verteiler-(leitungs)system
system of working Abbausystem, Betriebsweise
system operating file Systemarbeitsband
system, optical optisches System
system-oriented systemorientiert
system output Systemausgabe
system output file Systemausgabedatei
system output unit Systemausgabeeinheit
system pack Systemstapel

system parameter Zustandsgröße
system performance Systemverfahren, Systemverhalten
system planning Anlagenplanung
system, power driven System mit Maschinenwählern
system, practical...of measurement praktisches Maßsystem
system programmed to give audible advice of critical altitude levels VTA (voice terrain advisory) Voice-Terrain-Advisory genannte Einrichtung die kritische Höhen akustisch anzeigt
system, programming Programmiersystem
system, quantized quantisiertes System
system, real-time Sofortverarbeitungssystem
system redundancy Systemredundanz
system, reset Grundstellung
system residence Systemresidenz
system, revertive pulsing Rückwärtsstromstoßsystem
system service program Systemverwaltungsprogramm
system simplification Systemvereinfachung
system simulation Analogtechnik
system specific increment systemspezifischer Abschnitt (eines Radarwarnsystems)
system standard interface Systemnormschnittstelle
system standards Systemkonventionen
system suitable for retrofitting nachrüstbares Fahrwerksystem (av)
system tape Systemband
system tape builder Systembanderzeuger
system tape generator Systembanderzeuger
system tape service routine Systembandhilfsprogramm
system tape supervisor Systembandablaufteil
system tape update Systembandänderung
system test Systemtest
system theory nachrichtentechnische Systemtheorie
system, three-digit Tausendersystem
system to be controlled Regelstrecke
system training for pilots (software) Systemschulung der Piloten
system trigger Hauptsteuerimpuls
system unit Systemeinheit
system uses sirens connected to magnetic or microswitch detectors. On request, CPM (controlled pulse microwave) detectors may be installed in the wheel wells. (security) System arbeitet mit Sirenen mit einem Schalldruckpegel die von Magnetfeldsensoren und Mikrokontakten ausgelöst werden (av)
system variable Zustandsgröße
system variable symbol flexibles Systemsymbol, Systemparameter
system voltage Netzspannung
system with caternary suspension Kettenfahrleitung
systematic planmäßig, rationell, systematisch
systematic error systembedingter od. systematischer Fehler (dig)
systematic error-checking code Gruppencode, systematischer Fehlerprüfcode
systematic failures systematische Ausfälle
systematic reaction Gesamtverhalten
systems designed to blind aircrew Laserwaffen (die Besatzung blenden)(zielsuchendes Kampfmittel)
systems of unit Einheitensystem
systems planning Systemplanung
systems residence Systemsteuereinheit
systems test Systemprüfung, -test
systems, testing geprüfte Systeme
systems verification and R and D programms Steuerüberprüfung von Forschungs- u. Entwicklungsprogramm
systoflex insulating tube Excelsior-Isolierrohr
SZ Satzanweisung
SZA Speicherzyklusanforderung
SZAR Speicherzyklus-Anforderungsregister
SZQ Speicherzyklusquittung
SZR Sonderziehungsrechte

T

t torque synchro
t Tonnen (Gewicht)
T (temperature) Temperatur
T (transformer) Tr, TF, Tf (Transformator)
T (transmission) S (Sendung)
T-beam T-Träger
T-bolt T-Bolzen
T drawing Bearbeitungsplan
T-empennage T-Leitwerk
T-fillet welding T-Stoßkehlnahtschweißung (Galvanik)
T-flanged T-Stück
T-girder T-Träger
T-guide slot T-Führungsnut
T-head-type engine Motor mit T-förmigem Verbrennungsraum
T-iron T-Eisen
T-joint Knotenverbindung
T-junction T-Verbindung, T-Verzweigung
T lever T-förmiger Hebel
T network Kettenleiter zweiter Art, T-Glied
T-pad T-Glied
T-piece T-Stück
T section Kettenglied zweiter Art
T-section attenuator Eichleiter in T-Schaltung, T-Regler
T-section filter Filter aus T-Gliedern
T-shaped aerial T-Antenne
T-shaped junction T-Verbindung, T-Verzweigung
T-slot T-Nut
T-splice Leitungsabzweigung
T-square Reißschiene
T-trap T-Sperrkreis
T-type aerial T-Antenne
T-welding T-Schweissung
T wire T-Ader, Ader zur Stößelspitze
T/X drawing time-experied drawing
Ta (tantalum) Ta (Tantal)
tab Hilfsklappe, -ruder, Nase (an Stanzteilen), Öhr, Reiter (Kartei), Streifen, Stützklappe, Vorsprung, tabellieren
tab angle protractor Trimmkantenwinkelmesser
tab angle setting block Trimmkantenbiegeblock
tab card Führungs-, Leitkarte
tab carrier (or socket) Tastbolzenhalter
tab check lever Tabulatoranschlaghebel

tab clear key Tabulatorlöschtaste
tab index card Leitkarte
tab operating skew-bar Trimmklappenbetätigungsgestänge
tab set key Tabulatorsetztaste
tab speed Sammelganggeschwindigkeit
tab washer Sicherungsblech (nach DIN 93), Sicherungsblech mit Lappen od. Nase
table Datentabelle, Liste, Planke, Planscheibe, Tabelle, Tafel, Übersicht, Zahlenfeld
table adjusting gear Tischeinstellungsgetriebe
table adjustment Tischverstellung
table bushing Bohr-, Dreh-, Rotarytischeinsatz
table concentration Herdarbeit (Walzwerk)
table control Tischsteuerung
table control-lever Tischsteuerhebel
table, engineering Konstruktionsmerkblatt
table feed device Tischvorschubantrieb
table, free memory Speicherbelegungsliste, -tabelle
table function Tabellenfunktion
table gear rim Planscheibenzahnkranz
table guides Tischgleitbahn
table hand vise Bankkloben
table instrument Tischinstrument
table, interrupt address Unterbrechungstabelle
table look-up Tabellenlesen, -suchen (dig)
table look-up address modification Adreßmodifikation bei Tabellenlesen
table look-up instruction Tabellensuchbefehl
table look-up method Tabellensuchverfahren
table look-up operation (ADP) Tabellensuchoperation
table movement Tischbewegung
table of abbreviations Abbreviaturensatz
table of address Adressenliste, -tabelle, Adreßbuch, -liste
table of allocation of call sign series Zuweisungsplan der Rufzeichenreihen
table of allocation of international call sign series Zuweisungsplan der internationalen Rufzeichenreihen
table of allowance Ausrüstungsnachweisung /T/A
table of altitude Höhentafel
table of atomic weight Atomgewichtstabelle
table of box type Aufspannkasten
table of clearance and fits Passungsliste
table of contents Inhaltsangabe, -register, -verzeichnis, Sachregister
table of data Zahlentafel
table of deviation Deviationstabelle
table of equipment Ausrüstungsnachweisung
table of error Fehlertafel
table of frequency allocation Frequenzbereichsplan
table of frequency and average Frequenz- u. Durchschnittswertetabelle
table of logarithm Logarithmentafel
table of minimum clearance Tiefenfeuertafel
table of movement Transportübersicht
table of organization and equipment Stärke- u. Ausrüstungsnachweisung
table of organization strength Planstärke
table of organization strength report Stärkenachweis
table of organization/TO Stärkenachweis/TO
table of organization unit /TO einheitsgemäß /TO
table of rates Gebührentafel
table of relative luminosity factor Tafel der spektralen Hellempfindlichkeit
table of replaceable parts Schaltteilliste, Stückliste
table or graphical presentaion of data graphische Darstellungsdaten
table positions Listenplätze
table reversal Tischumsteuerung
table reverse lever Tischumsteuerhebel
table reverse valve Tischumsteuerventil
table reversing mechanism Umsteuerung
table, rotary Dreh(bohr)tisch, Bohrtisch, Rotarytisch
table speed Drehtischgeschwindigkeit
table stop Tischanschlag
table-top simulator Tischsimulator
table travel control Klemmgriff zum ausrücken des Tischselbstgangs
table treatment Herdbearbeitung (Walzwerk)
table trips Tischknaggen (w)
table work Herdarbeit
table working surface Aufspannfläche (des Tisches)
tablet chart Schreibplatte
taboo frequency gesperrte Frequenz (ELOKA)
taboo track Begrenzungsschiene
tabular tabellarisch, tafelförmig, tafelig
tabular checking tabellarische Prüfung
tabular compilation Tabellenwerk
tabular data in Zahlentafel zusammengestellte Werte
tabular deposit plattenförmige Lagerstätte (geol)
tabular displays tabellarische Darstellung
tabular form Tabellenform
tabular insert Tabulatoreinlage
tabular spar (Wollastonite) Wollastonit
tabular synopsis Übersichtstabelle
tabular work Tabellensatz
tabularize, to tabellarisieren
tabulate, to abflachen, aufführen, katalogisieren, listenförmig od. tabellarisch zusammenstellen, tabellarisch ordnen, "anlisten" (EDV)
tabulated, can be läßt sich tabellarisch darstellen
tabulated message Fernschreiben in Tabellenform
tabulated, to be verzeichnet sein (in einer Tabelle)
tabulating equipment Maschinen der konventioneller Lochkartentechnik
tabulating machine Tabelliermaschine, Tabellierer
tabulation Tabellarisieren, zahlenmäßige Aufstellung Tabellarisierung
tabulation character Horizontaltabulatorzeichen
tabulation key Tabulliergleittaste
tabulation sequential block format Tabulatorschreibweise
tabulator Tabelliermaschine (dv), Tabellierer, Tabulator, Spaltensteller
tabulator button Tabulatorknopf
tabulator clear control Tabulatorlöschung

tabulator set key Kolonnensteller, Tabulatorsetztaste
tabulator stop rack Tabulatorzahnstange
TAC Tactical Air Command
TACAN (UHF tactical air navigation aid) TACAN (UHF taktische Flugnavigationshilfe), Radardistanzmessung mit Polarkoordinatendarstellung, TACAN-Verfahren
TACAN approach TACAN-Anflug
TACAN arc TACAN-Bogen
TACAN data link TACAN-Datenübertragung
TACAN fix TACAN-Standort
TACAN holding pattern TACAN-Warterunde
TACAN system (tactical air navigation) (radar)(lightweight, compact flexible) TACAN-System (leicht, anpassungsfähig)
TACCO taktischer Koordinator
TACCO is responsible for navigation off airways as well as having the task of overall mission co-ordination TACCO ist für die Navigation abseits der Luftstraßen sowie für die Missionskoordinierung verantwortlich (elektronisches Überwachungssystem)
tach feedback Drehzahlgeber-Rückführspannung
tach genrator Drehzahlgeber
tacho alternator Tachodynamo, -generator
tacho generator Tachodynamo, -generator, Tachosignalgeber
tacho generator voltage Tachogeneratorspannung
tachogram Tachogramm
tachograph Drehzahl-, Fahrten-, Geschwindigkeitsschreiber, Tachograph
tachograph chart Tachographenscheibe, Diagrammscheibe
tachometer Drehzahlmesser, Tourenzähler, Ferntachometer, Geschwindigkeitsmesser, Reibungsdrehzahlmesser, Strichzähler, Streckenmeßtheodolit, Tachometer, Umdrehungsmesser, -zähler, Umlaufgeschwindigkeitsmesser, Umlaufzähler, Wirbelstromdrehmesser
tachometer, battery-operated optical batteriebetriebener optischer Tachometer
tachometer drive Tachometerantrieb
tachometer equipment Tachometeranlage
tachometer feedback geschwindigkeitsabhängige Rückführung
tachometer generator Drehzahlgeber, Tachogenerator (für Stellmotore), (Touren)-impulsgeber für Drehzahlmesser
tachometer-generator drive Tachometergeneratorantrieb
tachometer generator gearbox Drehzahlgeberantrieb
tachometer mounting Tachometereinbau
tachomter recorder Tachograph
tachometric electrometer tachometrisches Elektrometer
tachometric relay Fliehkraftschreiber
tachoscope Tachoskop, Drehzahlmesser
tachygraph Geschwindigkeitsmesser
tachymeter Tachymeter
tachymetric survey tachymetrische Aufnahme
tachymetric traverse Tachymeterzug
tachymetry Tachymetrie, Schnellmessung
tack Drahtstift, Klemmzwecke, Nagel, Pinne, Stift, Zwecke
tack bolt Verbindungsbolzen
tack coat (AGA) Verbindungsschicht
tack detector Nagelsucher
tack range Klebrigkeitsdauer, Kontaktbindezeit
tack riveting Heftniet
tack welder Heftschweißgerät
tack welding Heftschweißen, Heftschweißung, Heftnietung, Stiftschweißen
tack-free Anstrichmasse ist trocken geworden
tackifier Klebrigmacher
tacking Handnaht, Heftschweißen
tacking effect Hafteffekt
tackle eine Aufgabe anpacken, Flaschenzug, Kleingerät, Rollenzug, Takel(ung), Taukloben, Tauwerk, Zugwinde
tackle block wire stretcher Drahtspanner
tackle line Seilzug
tacnode Selbstberührungspunkt (einer Kurve)
TACOS tactical air defense computer simulation (...model, tactical air combat)
TACP tactical air control party
TACS tactical air control system (electronics)
TACSATCOM (tactical satellite communication)
TACT transonic aircraft technology
tactical air assault helicopter taktischer Hubschrauber
tactical air defense fighter taktischer Raumschutzjäger
tactical air navigation TACAN
tactical air navigation system TACAN-Verfahren (Kurzform), taktisches Flugnavigationsverfahren, TANS
tactical airfield Gefechtslandeplatz
tactical application taktisches LV-Radar
tactical assignment console taktische Anweisungskonsole (Schiffsführungssystem)
tactical automatic digital switching system taktische automatische Schaltanlage
tactical ballistic missile taktisches ballistisches FK (milit)
tactical call sign taktisches Rufzeichen
tactical computer system taktisches Rechnersystem
tactical coordinator taktischer Koordinator (TACCO)
tactical cruise missile (rockets) taktischer Marschflugkörper
tactical data in real-time taktische Information in Echtzeit
tactical display scope taktische Bildschirmdarstellung
tactical employment or use taktischer Einsatz
tactical fighter-bomber version Jagdbomberversion
tactical fighter radar (multi-function, multimode...) Mehrzweckradar (Multifunktionsradar)(milit)
tactical fire classification taktische Feuerbegriffe
tactical firing Schießtaktik
tactical formation or flight Gruppenflug
tactical group of general staff sections Führungsabteilung
tactical grouping Gefechtsgliederung
tactical hot loop taktische Direktleitung, od. Direktverbindung
tactical instrument landing system (TILS)

Mikrowellen-Abstrahl-Landesystem, taktisches Instrumentenlandesystem
tactical map taktische Karte
tactical missiles taktischer Flugkörper
tactical mission taktischer Einsatz
tactical mobility Aufrechterhaltung der taktischen Beweglichkeit, taktische Mobilität
tactical moving map bewegliche Kartendarstellung
tactical moving map display (for reconnaissance navigation) bewegliche Kartendarstellung (für Navigation bei taktischen Aufklärungseinsätzen)
tactical nuclear forces taktische Kampfwaffenstreitkräfte
tactical nuclear program Kernwaffenprogramm
tactical of technique Waffenführung, -technik
tactical protection Abwehrmaßnahmen
tactical radio search taktischer Funk/-Suchempfang
tactical range recorder taktisches Reichweitenregistriergerät
tactical reconnaissance squadron attached to army ground units H-Staffel
tactical requirements taktische Anforderungen
tactical signals intelligence gathering taktische fernmeldeelektronische Aufklärung
tactical situation and systems management display Lage- und Systemmanagementbildschirm (av)
tactical support Erdkampfunterstützung
tactical surveillance radar system Nahbereichsüberwachungsgerät
tactical system for the civil MLS MLS für zivile taktische Einsatzaufgaben
tactical three-dimension phase array radar system Phasenantennenradar
tactical training Gefechtsausbildung
tactical transport aircraft Kampfzonentransporter
tactical unit Einheitsgruppe
tactical unit of 4-6 searchlights Leuchtgruppe
tactical use taktischer Einsatz
tactical vehicle taktisches Mehrzweckfahrzeug (Luftverteidigungsunterstützung)
tactics Gefechtslehre
tactile cell Tastzelle
tactile corpuscle Tastkörper
tactile device Taster
tactile indicator Tastzeichen
tactile lever Fühlhebel
tactometer Taktometer
TACV tracked air cushion vehicle
tadpole profile or section Kaulquappenflügelprofil
TADS target acquisition and designation system
TAF (aerodrome forecast) Flughafen-Wettervorhersage
tag Anhänger, Anhängerzettel, Etikett, Lötfahne, Lötklemme, Lötöse, Lötstift, Marke, Markierstelle im Befehlswort (dig), Markierung
tag-on calculation Anhängerkalkulation
tag strip Löt(ösen)streifen
tag wire Etikettendraht
tagged atom markiertes Atom
tagged molecule markiertes Molekül
tagging compound Markierungsverbindung
tags for bags Gepäckanhänger
tail Ansatz, Ausläufer, Bodenschwanz, Endstück, Heck, (of pulse) hintere Flanke, (radar) Nachleuchtschleppe, (of signal) Signalschwanz, (pulse), Trabant, Nachimpuls
tail and blinker lamp Bremsblinkschlußleuchte
tail area Schwanzfläche
tail assembly Leitwerk
tail attack Angriff von hinten, Schwanzangriff
tail bands Schwanzbänder
tail base Heckboden
tail bearing Schwanzlager
tail board loaders, hydraulic hydraulische Ladebrücken
tail boom Heckträger, Leitwerkstrebe, -träger
tail boom frame Leitwerkträgerspant
tail boom strut Gitterschwanzstrebe
tail buffering Leitwerkschütteln
tail carrier Schwanzwagen
tail center Gegen-, Reitstockspitze
tail chain Schwanzkette
tail chord Höhenflossentiefe
tail chute Bremsfallschirm
tail cockpit Heckgefechtsstand
tail cone Endkegel (Aussentank), Heckkegel, -konus (Hschr), Schubdüsenkegel (Hschr), Feuerschweif (eines Satelliten beim Wiedereintritt in die Atmosphäre), Heckverkleidung (Drohne), Schwanzstückgehäuse, -hülle
tail control Schwanzsteuerung
tail control fan Hecksteuerbläser
tail control installation Hecksteueranlage
tail-controlled plane schwanzgesteuertes Flugzeug
tail-controlled (steering) schwanzgesteuert
tail current Schwanzstrom
tail descalage Heckschränkung
tail disk Oberwagenscheibe, Zugschlußsignal
tail-down hecktief, schwanzlastig
tail-down landing Landung mit großem Anstellwinkel
tail drag Schwanzwirbelsog
tail edger (sawmill) Holzbesäumer
tail empennage Leitwerk (USA)
tail end Umlaufende
tail end of pointer Zeigerende
tail explosion Heckexplosion
tail feather Steuerfeder
tail fin Kielflosse, Leitbrett, Schwanzflosse, Seitenflosse
tail fin height, a Seitenleitwerkshöhe
tail-first airplane Entenflugmodell, -flugzeug
tail first machine kopfgesteuertes Flugzeug, Entenflugzeug
tail flare and guidance command automatische Kommandolenkung (av)
tail float Schwanz(stütz)schwimmer
tail fold hinge Leitwerkschwenklager
tail force Leitwerkskraft
tail fuse Heckzünder
tail gate Gegenschütze, hintere Bordwand, rückwärtige Klappwand, unteres Schleusentor, Niedertor, Ebbetor

tail group (Schwanz)leitwerk
tail group construction Leitwerkkonstruktion, Leitwerkschale
tail group area Leitwerkflächeninhalt
tail group or unit Schwanzeinheit
tail gun Heckmaschinengewehr, -waffe
tail-gun emplacement Heckstand
tail gun-mount Hecklafette
tail gun position Heckstand
tail-guy mooring Heckstroppverankerung (Ballon)
tail hammer Schwanzhammer
tail-heavy heck-, schwanzlastig, hinterlastig
tail hook Fanghaken
tail hull (guided missiles) Heckzelle ohne Einbauten
tail lamp Hecklicht, Schlußlicht, -leuchte
tail-lamp bracket Halter für Schlußlaterne
tail-lamp cable Schlußlichtleitung
tail-lamp for motorcycle Schlußleuchte für Motorräder
tail lamp insert Blinkleuchteneinsatz
tail lamp lens Leuchtenkappe
tail lamps harness Schlußlampenstrang
tail landing Schwanzlandung
tail-less delta design leitwerkloser Deltaflügelentwurf
tail light Heckpositionsleuchte
tail load Heck(leitwerk)kraft, Heck(leitwerk)last
tail mass Leitwerkmasse
tail moment Leitwerkmoment
tail-mounted, to heckmontiert
tail-mounted airbrake heckmontierte Luftbremse, am Heck montierte Luftbremse
tail nozzle Heckdüse
tail of a dressing machine Überschlag der Sichtmaschine
tail of a forge hammer Hammerschwanz
tail of the fuselage Rumpfende
tail of the wicket Betätigungsflügel
tail or head wind Längswind
tail parachute Antitrudelschirm, Heckbremsschirm, Landebremsschirm
tail piece Fallenhebel, Schlußleiste, Saitenhalter, Schluß-, Schwanzstück
tail pin Reitstockstift
tail pipe Absaugrohr, Auspuffrohr, Barometerröhre, Fußröhre, Saugrohr, Strahlrohr
tail pipe area Schubdüsenquerschnitt
tail pipe burning Nachverbrennung
tail pipe cone Strahlrohr-Austrittskegel
tail pipe exit area Strahlrohr-Düsenquerschnitt
tail pipe insulation blanket (clamp) (Spanngerät für) Strahlrohrisoliermantel
tail-pipe liner Abgasrohr mit Schallisolierung
tail-plane Dämpfungsflosse, Höhen-, Höhenfläche, Höhenleitfläche, Leitwerk, Schwanzfläche
tail-plane adjusting wheel Höhenflossenverstellrad
tail-plane area or tail unit group area Höhenflossenfläche, Schwanzflächeninhalt
tail-plane stabilizer Dämpfungsfläche, Dämpfungsflosse
tail-plane stabilizer tip Flossenende
tail-plane trimming gear Höhenflossenverstellung
tail position of rib Rippenendstück
tail propeller Leitwerkrotor
tail propeller pitch control actuator Stellmotor für Blattverstellung des Heckpropellers (Hschr)
tail pulley Fußrolle, Schlußtrommel, Umkehr-, Umlenktrommel
tail race Abfall-, Abzugsgraben
tail race tunnel Ablaufstollen
tail rack Hinterwand
tail rig Heckdock
tail-rod antenna Heckstabantenne
tail rope Hinterseil
tail-rotor Heckrotor (Hschr)
tail-rotor blade Heckrotorblatt
tail-rotor blade index pointer Heckrotor-Blattwinkellehre (Hschr)
tail rotor characteristics Verhalten des Heckrotors (Hschr)
tail-rotor control Heckrotorsteuerung
tail-rotor control pedal Heckrotorpedal
tail-rotor drive Heckrotorantrieb
tail-rotor drive gear Heckrotorantriebsgetriebe
tail-rotor drive shaft Heckrotorantriebswelle (Hschr)
tail-rotor gearbox Heckrotorgetriebe (Hschr)
tail-rotor grip Heckrotorblattanschluß
tail-rotor guard Heckrotorschutz
tail-rotor hub (bearing) Heckrotorkopf(lager)
tail-rotor pitch change Heckrotorblattverstellung
tail section Endkegel (Aussentank), Rumpfheck, Leitwerk
tail-setting angle Höhenflosseneinstellwinkel
tail shaft Kurbelwellenstumpf, Schraubenwelle
tail-shaft bracket Wellenbock
tail shield Kopf-, Schwanzschild
tailskid Hecksporn, -stütze, Notsporn (Hschr), Spornkufe, Schleifsporn, Schwanzkufe, -sporn
tailskid arrest or stop Spornrückschlag
tailskid control lever Spornhebel
tailskid extension mechanism Hecksporn in ausgefahrenem Zustand
tailskid spring Spornfeder
tailskid springing Sporn(ab)federung
tailskid stop Spornrückschlag
tailskid towing Schwanzspornschlepp am Boden
tail slide abrutschen nach hinten od. über den Schwanz, rückwärtiges Abrutschen
tail slip abrutschen
tail-spin curve Trudellinie
tail-spin speed Trudelgeschwindigkeit
tail-spin with power off Leerlauftrudel
tail-spin with power on Vollgastrudel
tail spindel lock Reitnagelklemmhebel
tail stabilizer chord Höhenflossentiefe
tail stand Heckstütze (Bodenbetrieb)
tail-steering airplane schwanzgesteuertes Flugzeug
tail step Heckstufe
tail stern or light Schwanzlicht
tail stiffening Heckversteifung
tail-stop-blinker-parking lamp Schluß-Brems-Blink-Park-Leuchte
tail strut axis Spornstrebenachse

tail surface hochliegendes Leitwerk, Leitwerkfläche, Schwanz(ober)fläche
tail tank water Fallwasser
tail trimming device or gear Schwanztrimmvorrichtung
tail trolley Schwanzwagen
tail-tube buoy Schwanztonne
tail tube lock screw Leitwerksicherungsschraube (U-Jagdpatrone)
tail turret Heckkanzel
tail undercarriage Spornradfahrgestell
tail unit Heckleitwerk, (Schwanz)leitwerk
tail unit loads Leitwerkbelastung, -last
tail unit strut Leitwerkstrebe
tail up, to get the Schwanz hochnehmen
tail vice Feilkolben
tail wags dog Antiresonanz (Rakete)
tail warning equipent Radarheckgerät
tail warning set Heckwarnradar
tail-water elevation Unterwassrspiegel
tail wave Heck-, Schwanzwelle
tail wedge angle Kantenwinkel
tail wheel Heck-, Schwanz-, Spornrad, Spornrolle
tail-wheel landing gear Spornradfahrgestell, -werk
tail-wheel position indicator Spornradanzeiger
tail wind Rückenwind, Wind von Hinten
tailcone bushing puller tool Ausziehvorrichtung für Schwanzstückbuchse (Torpedo)
tailcone drive adapter Prüfantrieb für Treibschraubenwelle (Torpedo)
tailcone joint band Schwanzstückkeilring
tailcone test stand Prüfstand für Schwanzstück (Torpedo)
tailcone vane Schwanzflosse (Torpedo)
tailed characteristic schleichende Kennlinie
tailerd for the job nach Maß (pla)
tailfirst aeroplane Entenflugzeug
tailheavy schwanzlastig
tailhook pendant Fanghakenseil
tailing Abfall, Ausschwingungsversuch, Rückstand (electro-winning) Haldenabfall
tailing motion Hin- u. Herschwanken
tailles (no flaps) Nurflügelflugzeug, Nurflügler (keine Klappen), schwanzloses Flugzeug
tailles airplane fliegender Flügel
tailles sailplane schwanzloses Segelflugzeug
tailored pattern zugeschnittenes Feldstärkediagramm (der Antenne)
tailored radiation pattern zugeschnittenes Strahlungsdiagramm
tailplane actuator Stellmotor der Höhenflosse
tailplane as a stabilizer Höhenleitwerk als Stabilisierungsfläche
tailplane effectiveness (stabilizing) stabilisierende Wirkung des Höhenleitwerks
tailplane flexibility Elastizität des Höhenleitwerks
tailplane leading-edge Leitwerkvorderkante
tailplane leading-edge blowing Anblasung der Höhenleitwerkvorderkante
tailplane's positive lift capability positive Auftriebserzeugung des Höhenleitwerks
tailplane size Höhenleitwerkgröße
tailplane sizing diagram Diagramm zur Größenbemessung des Höhenleitwerks
tailplane strake Höhenflossenwurzel (av)
tailshaft bracket Schraubenwellenbock
tailshaft passage (or tunnel) Wellentunnel
tailsitter Heckstarter
tailspar Schneekufe, -sporn, Schwanzkufe, Schwanzsporn
tailwheel Heckrad
tailwind testing Rückenwindgeschwindigkeitsversuch
take a bearing, to (of a star) anpeilen, peilen (Gestirn)
take a measurement eine Messung machen
take a picture aufnehmen, eine Aufnahme machen
take a reading ablesen, eine Ablesung vornhemen
take aim on, to anvisieren
take an angle, to einen Winkel messen
take apart, to auseinandernehmen, demontieren, zerlegen
take-away Abzugswalze
take away, to abnehmen, entfernen, fortschaffen, wegnehmen
take bearings on, to anvisieren, anpeilen
take care ofrouting calls to the geographically appropriate spotbeam Leitweganforderung für bestimmte geografische Gebiete (spotbeam)(av)
take charge of eine Funktion übernehmen, sich einer Sache annehmen
take cross bearings, to einschneiden
take current, to Strom ab- od. aufnehmen
take down, to (disassemble) auseinandernehmen, demontieren, abbrechen, abbauen, abreißen, abtragen
take down a connection eine Verbindung aufheben
take-down PAR, conventional herkömmliches PAR-Heruntersprechen
take effect, to sich auswirken
take evasive action, to ausweichen, Ausweichmanöver machen, Ausweichbewegung durchführen
take examination, to Prüfung machen
take fire, to Feuer fangen, entzünden
take from, to entnehmen (Daten aus Speicher)
take-in grip Einspannvorrichtung mit Klaue
take-in town abschleppen, ins Schleppseil nehmen, anpeilen, einpeilen, peilen
take-off Abfliegen, Abziehvorrichtung, Abflug, Tonunterdrückung, das Angleiten (Tragflügelboot), Abheben (spezifisch), Start (Flz), Abfahrt, Einsatz
take-off ability Startfähigkeit
take-off aid Starthilfe
take-off airspeed Startgeschwindigkeit
take-off and approach noise Geräuschpegel bei Start u. Anflug
take-off and landing technique Start- u. Landungstechnik
take-off and maximum continuous rating Start- u. höchste Dauerleistung
take-off and-wind-up units Abzugs- u. Aufwickelmaschine
take-off area Abflugsektor, Startbereich, Startzone
take-off boost Start(lade)druck, Startschub
take-off clearance Starterlaubnis, -freigabe

take-off climb area Abflugsektor (AGA)
take-off climb gradient restriction Steigwinkelbeschränkung
take-off climb performance Abflug-, Startsteigleistung
take-off climb surface Abflughöhe (AGA)
take-off configuration Startzustand(sform)
take-off contact Abhebekontakt
take-off direction Startrichtung
take-off distance Anlaufstrecke, Startlänge, -strecke (erforderlich)(verfügbar)
take-off distance available verfügbare Startstrecke
take-off distance, required erforderliche Startstrecke (Flugzeug)
take-off end of the runway Anfang der Piste
take-off fee Startgebühr
take-off field Aufstiegsplatz, Startgelände (Hschr)
take-off flight path Start(flug)bahn, Startflugweg
take-off flight path area Startflugbahnbereich
take-off flight path surface Startflugbahnfläche
take-off fuel weight Kraftstoffgewicht beim Start
takeoff gear Abtriebsrad
take-off gross weight Bruttostartgewicht, höchstzulässiges Startgewicht
take-off ground run Startrollstrecke
take-off instruction Abfluganweisung, Startanweisung (av)
take-off into wind gegen den Wind starten
take-off leg Geradeausflug nach dem Start
takeoff limit switch Startstellungsendschalter (Ausfahrweg der Flügelklappen)
takeoff limit switch (up) Startstellungsendschalter (Einfahrweg der Flügelklappen)
takeoff mass Startmasse (av)
take-off method Startart, -methode, -verfahren
take-off monitor Startleitsystem
take-off monitoring system Startüberwachungsanlage
takeoff noise Startlärm (av)
take-off noise level Startlärmpegel
take-off or and thrust rating Start-Nennleistung od./u. Nennschub
take-off path Startflugbahn
take-off performance Startleistung
take-off phase Startphase
take-off point Startpunkt, -stelle
take-off position Startpunkt
takeoff position switch Startstellungsanzeigeschalter (av)
take-off power Startleistung, -schub
take-off power and/or thrust rating (turbine eninges) Start-Nennleistung u./od. Schub (Turbinenmotor)
take-off power rating Startnennleistung
take-off power rating (reciprocating engine) Start-Nennleistung (Kolbenmotor)
take-off power ratio Start-Nennleistungsverhältnis
take-off procedure Startverfahren
take-off rate of climb Startgeschwindigkeit
take-off rating Abflugeinschätzung
take-off reel Vorratsspule, Abwickelspule, Abwickelrolle
take-off rocket Schub-, Startrakete
take-off roll Anrollen beim Start, Startrollstrecke, Abroll-, Abwickelwalze
take-off run Anlauf(strecke), Start(roll)-strecke
take-off run, available verfügbare Start(an)-laufstrecke
take-off run, required erforderliche Start(an)-laufstrecke
take-off safety speed sichere Startgeschwindigkeit, Mindestgeschwindigkeit zum Start, Sicherheitsstartrgeschwindigkeit
take-off speed Abhebe-, Abwickel-, Startgeschwindigkeit
take-off spool Aufnahme-, Aufwickelspule
take-off sproket wheel Nachwickelrolle
take-off surface Abflugebene, Startfläche
take-off through subsonic climb Unterschallsteigflug
take-off thrust Startschub
take-off thrust rating Start/Schubleistung
take-off time Startzeit
take-off, to abführen, abziehen (pla), starten
take-off trim indicator light (test switch) (Prüfschalter für) Starttrimmleuchte
take-off vertically in zero wind, to senkrechtstarten bei Windstille
take-off weight Abfluggewicht, -höchstmasse (av)
take-off with the wind Start mit Rückenwind
take-offs and landings in closer succession in dichter Folge zu Starten u. zu Landen
take out a patent ein Patent anmelden
take out the dent Beulen ausklopfen od. beseitigen (aus Blech usw)
take particular care, to besondere Sorgfalt walten lassen
take picture aufnehmen, photographieren
take readings, to ablesen (Ablesungen vornehmen)
take the average, to den Mittelwert bilden
take the bearings, to die Höhe nehmen
take the mean, to das Mittel bilden
take, to hin-, mit-, wegnehmen
take to frame, to an Masse legen
take-up a bearing, to ein Lager nachstellen
take-up a cable, to ein Kabel aufnehmen
take-up cassette Aufwickelkassette
take-up core Aufwickelkern
take-up device Aufwickelvorrichtung
take-up machine Rohrabziehmaschine
take-up passenger Fluggäste mitnehmen
take-up position Stellung übernehmen
take-up position of all-around defense, to einigeln
take-up pulley Spannrolle
take-up reel Aufwickelrolle (für Lochstreifen od. Magnetband), Aufwickelspule, Aufnahmespule, Auflaufrolle
take-up roll Abzugswalze, Aufwickelwalze
take-up roller Wickelwalze
take up spare capacity Kapazitätsüberhänge absorbieren (av)
take-up speed Aufwickelgeschwindigkeit
take-up spool Aufwickelrolle, -spule
take-up sproket wheel Nachwickelrolle
taker-off Blattabnehmer
taking attachment Aufnahmevorsatz

taking back Zurücknahme
taking bearings Peilung
taking filter Aufnahmefilter
taking objective Aufnahmeobjektiv
taking of a bearing Funkortbestimmung, Ortsbestimmung, Peilung
taking of current by grid Gitterstromaufnahme
taking of idle current Blindstromaufnahme
taking of reactive (or wattless) current Blindstromaufnahme
taking-off Masseberechnung, -ermittlung
taking on fuel Brennstoffübernahme
taking-out Aussertrittfallen
taking-over of the plant Abnahme der Anlage
taking-over report Übernahmebericht
taking-over test Abnahmeprüfung
taking the bearing of a beacon Eigenpeilung auf Funkbake
taking the readings Ablesung
taking samples nehmen von Proben
taking-up Aufnahme
TALAR cross pointer indicator TALAR-Kreuzzeiger
TALAR microwave precision approach system Mikrowellenpräzisionsanflugsystem
Talbot (continuous-open-hearth) **process** Talbot-Verfahren
talk-back Gegensprechen
talk-back circuit Gegen-, Wechselsprechanlage
talk-back microphone Rücksprechmikrophon
talk-back range Reichweite der beweglichen Station (im Gegensprechverkehr)
talk-back unit Kommandosteuerstufe
talk-down (GCA-procedure)(voice) heruntersprechen zur Landung
talk-down, to heruntersprechen (GCA-Verfahren)
talk-listen switch Hör/Sprech-Schalter
talk-out range Reichweite der festen Station (im Gegensprechverkehr)
talk power Sprechleistung
talker echo Rückhören, Sprecherecho
talking beacon akustische Bake, akustisches Funkfeuer, akustischer Leitstrahlsender
talking circuit Sprechkreis, -spule
talking current Sprechstrom
talking key Sprechschalter, Sprechschlüssel
talking microphone Sprechtastenmikrophon
talking motion picture sprechendes Bild
talking path Sprechweg
talking position Sprechstellung
talking range Sprechverständigung
talking-ringing key Ruf/Sprech-Schalter
talking test Sprechversuch
tallow einfetten, schmieren, talgen
tallow-melting plant Talgschmelzanlage
tally Kennzeichen, Strichliste, Zählstrich, Zähler (COBOL)
tally register Indexregister, Zählregister, Schrittzähler
TAM tactical air missile
tamp, to abrammen, besetzen, einstampfen, rammen, stampfen, unterstopfen, verdämmen
tamp down, to aufstampfen
tamp firm, to feststampfen
tamp full, to vollstampfen
tamp hole, to Bohrloch besetzen
tamped lining Stampffutter
tamped tie unterstopfte Schwelle
tamper Reflektor (Atombombe), Tamper, Gleisstopfgerät, Stößer
tamper cylinder Stopferkolben
tamper plate Stampferplatte
tamping Abdämmen, Einstampfen, Feststampfen, Unterstopfen, Versetzen
tamping bar Gerät zum Stopfen des Gleises, Schmierstange
tamping clay Stampfmasse
tamping-down Feststampfen
tamping iron Stampfereisen
tamping machine (Form)stampfmaschine
tamping performance Stopfarbeit
tamping roller Gürtelradwalze, Stampfwalze
tampion Mündungspropfen
tandem area Knotenamtsbereich
tandem arrangement Tandemflügelanordnung (Tragflügelboot)
tandem blower engine Tandemgebläse
tandem calender Doppelkalander
tandem/canard aircraft Tandem od. Entenflugzeug
tandem central office Durchgangsamt, Knotenamt
tandem compound engine Reihenverbundmaschine
tandem compound unit zweigehäusige Maschine in Einwellenbauart
tandem condenser Mehrfachkondensator
tandem-connected four-terminal networks in Kette geschaltete Vierpole
tandem-connected quadripoles in Kette geschaltete Vierpole
tandem connection Hintereinanderschaltung, Kaskadenschaltung
tandem-design propeller Doppelluftschraube
tandem dialling Durchgangswahl
tandem drive Tandemantrieb
tandem engine Reihen-, Tandemmaschine
tandem engines zwei hintereinanderliegende Motore
tandem exchange Durchgangsamt (während Umstellung auf automatisches Wählen), Vermittlungsstelle für durchgehenden Verkehr
tandem-extruded joint Mehrfachstrangpreßverfahren
tandem filter Stufenfilter
tandem fuel filter Kraftstoffstufenfilter
tandem gear Tandemgetriebe
tandem generator Tandemgenerator
tandem, in in Kaskade
tandem line Tandemlinie (Bandbeschichtungsanlage)(Walzwerk)
tandem mill Tandemwalzwerk
tandem monoplane Tandemflugzeug
tandem motor Tandemmotor
tandem nontracking nichtspurende Tandemordnung (Reihen)
tandem office Tandemamt, Vermittlungsstelle für durchgehenden Verkehr
tandem operation Fernsprechbetrieb, Knotenamtsbetrieb (mit Durchgangsvermittlung), Überweisungsverkehr
tandem plunger Tandemkolben

tandem position Durchgangsplatz
tandem propeller Doppelschraube, hintereinanderliegende Luftschrauben
tandem pump Doppelpumpe
tandem queues parallele Warteschlangen, Tandemanordnung von Warteschlangen
tandem rear axle Tandemhinterachse
tandem road roller Tandemwalze
tandem rotor Tandemrotor
tandem-rotor helicopter Tandemhubschrauber
tandem seater Tandemflugzeug
tandem seating Tandemsitzanordnung
tandem seats zwei Sitze hintereinander
tandem selector Gruppenwähler für den Durchgangsverkehr, Durchgangswähler
tandem servo valve Tandemsteuerschieber
tandem solid rocket booster Tandemfeststoffbooster
tandem steam road roller Dampftandemwalze
tandem superheated steam roller Heißdampftandemwalze
tandem-suspension lug Zweipunktaufhängeöse
tandem-tilt propeller aircraft Tandemflugzeug mit Kipp-Propeller
tandem tilt-wing Tandem-Kippflügler, Tandem-Schwenkflügler
tandem tilt-wing principle Tandemschwenkflügelprinzip
tandem-tilting propeller aircraft Tandem-Kipp-Propellerflugzeug
tandem toll-circuit dialing Fernsteuerung von Zwischenämtern
tandem tracking spurende Tandemanordnung (Reifen)
tandem transistor Tandemtransistor
tandem-tube (push-pull) **circuit organization** Doppelröhrenschaltung
tandem-type powerplant Hintereinander-Triebwerkanlage
tandem-type rollers Tandemwalze
tandem-warhead armament system Tandemgefechtskopf
tandem-wheel undercarriage Tandemfahrgestell, Hintereinanderfahrwerk
tandem wing Tandemflügel
tandem-winged all-composite turboprop (STOL transporter) Tandemflügler mit zwei Propellerturbinen (STOL-Transporter)
tandem winding Tandemförderung
tandem working Knotenamtsbetrieb
tang Angel, Bohrerangel, Dorn, Griff, Schaft eines Werkzeugs zur Befestigung im Griff, Mitnehmerzapfen, Mitnehmerlappen
tang and slot coupling Schlitzkupplung mit Mitnehmer (Aktivator)
tang breakage Zapfenbruch (am Werkzeug)
tang face Lappenfläche
tang of a drill Bohrerangel
tang slot Angelnute
tang, to Gewindeauslauf herstellen
tang washer Sicherungsblech
tanged-screw head file Schraubenkopffeile mit Nagel
tangent Berührende, Berührungslinie, Tangens, Tangente
tangent arc Berührungs-, Tangentenbogen
tangent brush Tangentialbürste
tangent-circle pattern Doppelkreisdiagramm
tangent compass Berührungslinie
tangent cone Berührungskegel
tangent distance Länge der Haupttangente
tangent elevation Aufsatzwinkel (Ballistik)
tangent equation Tangentensatz
tangent friction force tangentiale Reibung
tangent galvanometer Tangentenbussole
tangent image Tangentenbild
tangent key Tangentialkeil
tangent latitude Berührungsbreitenkreis, -meridian
tangent law or equation Tangentensatz
tangent leaf Kurvenvisier
tangent line to a curve in space Tangente einer Raumkurve
tangent line to a plane curve Tangente einer ebenen Kurve
tangent of elevation Aufsatzwinkel
tangent of flight path Flugbahntangente
tangent of loss angle dielektrischer Verlustfaktor
tangent of motion Bahnberührende, Bahntangente
tangent parallel Berührungsparallele
tangent roadway gerade Straßenstrecke
tangent section Aufsatz, Stangenaufsatz, -stab, -visier
tangent sighting mechanism Stangenvisiereinrichtung
tangent through the point of inflection Wendelstange
tangent to reversing point Wendeltangente
tangent to slope Neigungstangente
tangential acceleration Tangentialbeschleunigung
tangential accelerator Tangentialbeschleuniger
tangential admission tangentiale Beaufschlagung
tangential cam harmonischer Nocken
tangential channel Tangentialkanal
tangential component Tangential-, Umfangskomponente
tangential connection Tangentialanschluß
tangential cutting component Hauptschnittkraft, tangentiale Komponente
tangential distortion Bildzerdrehung, S-förmige Verzeichnung, Verzeichnung durch Zentrierfehler
tangential ellipse Tangentialellipse
tangential fade Tangentialschwund
tangential feed Tangentialvorschub
tangential force Drehschub, Tangentialkraft, Vorschubkraft
tangential incidence tangentialer Einfall
tangential key-way Tangentialkeilnut
tangential lighting Spitzlichter
tangential plane Berührungs-, Tangentialebene
tangential pressure Tangentialdruck
tangential ribbon parachute Tangentialbänderschirm
tangential speed or velocity Tangentialgeschwindigkeit
tangential spoke Tangentialspeiche
tangential stress Bogen-, Horizontalschub, Scherbeanspruchung, -kraft, -spannung, Tangentialbeanspruchung, -spannung, waagerechter Seitenschub

tangential stress on the wing Tangentialbeanspruchung
tangential thrust Bogen-, Horizontalschub, waagerechter Seitenschub
tangential transformation Berührungstransformation
tangential velocity Tangentialgeschwindigkeit
tangential wheel Tangentialrad
tangential wind stress Windschubspannung
tangible assets Sachanlagevermögen (komm)
tangible expenditure erfaßbare Ausgabe
tangle, to durchziehen (Fsch), verheddern, verwickeln, verwirren
tank Bassin, Kraftstoffbehälter, -tank, (Panzer)kampfwagen, Gefäß, Sammeltank, Schleifenspeicher (Rechner)
tank aeration Tankentlüftung
tank air charging line Tankbelüftungsleitung
tank apparatus Druckapparat
tank attack Panzerangriff
tank barrel Tankmantel (Tankwagen)
tank, bolted verschraubter Tank
tank bottom unterer Boden
tank capacity Kapazität eines Schwingkreises
tank car Kessel-, Tankwagen
tank car and truck loading set Ausstattungssatz EKW und TKW-Beladung
tank car elbow EKW-Krümmer
tank car elbow wrench Bedienungsschlüssel für EKW-Krümmer
tank car heating set Ausstattungssatz für die Beheizung von EKW
tank carried in the wing im Flügel aufgehängter Tank
tank cavity Pumpensumpf
tank cession price Lieferpreis im Tank (od. Behälter)
tank circuit Abstimm-, Parallelschwing-, Oszillatorschwingkreis, Stromresonanzkreis, Topfkreis
tank-circuit capacitance Kapazität eines Oszillatorschwingkreises
tank, clarifying Klärtank
tank coil Induktivität, Abstimmspule
tank condenser Speicher-, Vorratskondensator
tank container Flüssigkeitscontainer
tank current regulator for electrolysis Badstromregler für Elektrolyse
tank, cylindrical zylinderförmiger Tank
tank deck Tankdach
tank discharge valve Klärbeckenablaßventil
tank dozer Panzer mit Räumschild, Räumpanzer
tank drainage pump Abfüllpumpe
tank driving simulator Panzerfahrsimulator (milit)
tank empty float switches Leerwarnschalter
tank farm Behälterlager, -park
tank filler cap Verschluß für Kraftstoffbehälter
tank filler door reinforcing Verstärkung für Tankeinfüllstutzen
tank filler inlet Tankeinfüllstutzen
tank fire and gun control system Panzerfeuerleitsystem
tank flange Tankanschlußflansch
tank for water-borne sound Wasserschall-Meßbecken
tank, gauging Meßtank
tank gun Kampfwagengeschütz, Panzerkanone
tank hatch Panzerluke
tank hull and turret (armored part of a vehicle) Panzeraufbau
tank identification service Panzererkennungsdienst
tank interconnect valve Tankverbindungsventil
tank line Viertelwellenleitung (als Frequenzstabilisator in UKW-Kreisen)
tank, jettisonable Abwurfbehälter
tank-launched scissors bridge Panzerfaltbrücke
tank locomotive Tenderlokomotive
tank metering equipment Tankzählwerk
tank obstacle Panzer(kampfwagen)hindernis
tank of high impact strength Sackbehälter hoher Aufschlagfestigkeit
tank or bin Hochbehälter
tank or total capacity Kapazität eines Schwingkreises
tank outage Verdunstungs- u. Leckverluste eines Tanks
tank oxygen Bombensauerstoff
tank, petrol Bezinbehälter
tank platoon Panzerzug
tank pressure Behälterdruck
tank pressurizing Tankbelüftung
tank radio operator Panzerfunker
tank regulator valve voreingestelltes Behälterventil
tank repair battalion Panzerinstandsetzungsabteilung
tank, riveted genieteter Tank
tank, selfsealing selbstabdichtender Tank
tank shell Tankwandung
tank silhouette aiming target Panzerrichttafel
tank, spheroid kugelförmiger Tank, Kugeltank
tank strainer Einfüllsieb
tank strap Spannbandverbindung für Tankbefestigung
tank test or water channel test Wasserkanalversuch
tank top oberer Boden
tank track Panzerkette
tank trap Kampfwagenfalle, Panzerfahrzeugfalle, Panzerwagenfalle
tank trailer Tankanhänger
tank trolley Fahrgestell für Tank
tank truck Betriebsstoffwagen, Kraftwagen mit Behälter, Kesselwagen, Straßentankwagen, Tank(kraft)wagen
tank truck for powered coal Kohlenstaubwagen
tank turret Panzerturm
tank-type reactor Tankreaktor
tank unit Kraftstoffvorratsgeber, Tanksonde
tank up an airline Flugzeug mit zusätzlichen Kraftstoffbehältern versehen
tank vent Ablaßventil des Behälters
tank ventilation Behälter-, Tankentlüftung
tank voltage Badspannung
tank volume Tankinhalt, -volumen
tank waggon Kesselwagen
tank warning Panzerwarnung
tankage Fassungsvermögen, Tankinhalt
tanker Tankerflugzeug

tanker bodies Tankwagenaufbauten
tanker engineer Bordtankwart, Tankrohrbedienwart
tanker trailer Tankeranhänger
tanker transport Betankungsflugzeug
tanking Eintauchung (in Tank od. Behälter)
tanks for pressure supply of the fuel Heliumbehälter für die Treibstofförderung
tanned mit Tannin getränkt
tannometer Gerbsäuremesser
TANS tactical air navigation system
tantalum lamp Tantallampe
tantalum oxide Tantaloxyd
tantalum solid electrolytic capacitor trockener Tantal-Elko, Tantalkondensator mit festem Elektrolyt
tantalum wire Tantalleiter
tantalytic capacitor Tantalkondensator
TAO tactical air observation
tap Abgreifpunkt, Abgriff, Absteckhahn, Abzweig(punkt), Abzweigung, Anzapfung, Auslaufventil, Gewindebohrer, Gewindeschneidebohrer, Niederschraubhahn, Schneidbohrer, Spannungspunkt, Stromabnehmer, Unterteilungspunkt, Verzweigung, Zapfhahn
tap a message, to einen Funkspruch geben
tap (a screw thread), **to** eindrehen
tap and reamer fluting cutter Fräser zum Nuten von Gewindebohreren u. Reibahlen
tap binder Abzweigbund
tap bolt Dübel, Kopfschraube, Stiftschraube
tap bottoming Gewindenachschneider
tap breakage Gewindebohrerbruch
tap catcher Fangdorn
tap changer Anzapfschalter, Stufenschalter
tap-changing signal (from tapped transformer) Stufenmeldung
tap connection Zapfstelle
tap degassing Abstichentgasung (eine Art der Vakuumbehandlung des flüssigen Stahls)
tap drill Gewindebohrer
tap extractor Ausdreher für Innengewindeschneider
tap-field control Geschwindigkeitsregelung mit Hilfe einer angezapften Feldwicklung
tap gauge Gewindebohrerlehre
tap grease Hahnfet
tap holder Bohrfutter, Gewindebohrerhalter
tap-hole Abstichloch, -öffnung, Gewindebohrung, Stichauge, Zapflochen
tap-hole borer Zapflochbohrer
tap-hole bush Zapflochbüchse
tap-hole displacement Stichlochversetzung
tap-hole fitting Stichlocharmatur
tap-hole gun Stichlochstopfmaschine
tap-hole plug Stichpfropf
tap lead style resistor Widerstand mit radialen Anschlüssen
tap line Stichleitung
tap lock Zapfenschloß
tap, radiator Kühlerablaßhahn, Kühlerentleerungshahn
tap spout Abstichhahn, -rinne
tap switch Stufenschalter
tap the blast furnace, to den Hochofen abstechen
tap thread Gewindeschneider
tap, to ablassen, abnehmen, abzapfen, abziehen, abzweigen, anbohren, anstecken, anzapfen, aufschließen, eindrehen, einschneiden, entnehmen, Gewinde bohren od. schneiden, mithören, mit Stöpseln anschalten
tap switch Stufenschalter
tap switch, single-section threes position einpoliger Stufenschalter mit Dreierstellung
tap width (of potentiometer) Anzapfungsbreite
tap wrench Windeisen für Gewindebohrer
tape adpater unit Bandsteuereinheit
tape alternation Bandwechsel
tape antenna Bandantenne
tape-armoured aerial cable (AT) bandeisenbewehrtes Luftkabel
tape-armoured buried cable (BT) bandeisenbewehrtes Erdkabel
tape armouring Bandarmierung, Bandeisenbewehrung, Bewehrung in Bandform
tape assembler bandgespeichertes Assemblerprogramm (dig)
tape assembly program Magnetband-Speicherungsprogramm (MB)
tape background noise Bandrauschen
tape block Bandblock
tape bootstrap routine Band-Start-Routine
tape capacitor Bandkondensator
tape card Lochstreifenkarte
tape, carriage Lochband, Vorschubstreifen (am Drucker), Steuerlochstreifen, Vorschubband, Steuerlochband, Formularsteuerungslochband, Papiervorschublochband
tape, carriage control Lochband, Vorschubstreifen (am Drucker), Steuerlochstreifen, Steuerlochband, Vorschubband, Formularsteuerungslochband, Papiervorschublochband
tape case Lochstreifenmappe
tape, change Änderungsband, Wechselstreifen
tape channel Lochbandkanal
tape compare Streifencode
tape control Bandsteuereinheit, Bandsteuerung, Magnetbandsteuerung, Lochstreifenführung, Lochbandsteuerung
tape, control Vorschubstreifen (am Drucker), Steuerlochstreifen, Vorschublochband, Papiervorschublochband
tape control unit Magnetband-, Lochstreifen-Steuereinheit
tape-controlled band-, streifengesteuert
tape controlled calculating lochstreifengesteuertes Rechnen
tape controlled card punch streifengesteuerter Kartenlocher
tape controlled card punching lochstreifengesteuertes Kartenloch
tape-controlled carriage (loch)bandgesteuerter Vorschub, Lochbandvorschub
tape controlled composition lochstreifengesteuertes Setzen
tape controlled computation lochstreifengesteuertes Rechnen
tape controlled machine lochstreifengesteuerte Prüfanlage
tape controlled printer magnetbandgesteuerter Drucker
tape controlled tractor lochbandgesteuerter Formulartraktor
tape controller (Magnet)bandsteuerung

tape copy Streifenausfertigung
tape core (Schnitt)bandkern
tape counter Bandzählwerk
tape cutter Bandschneider
tape data selector Banddatenwähler, Bandangabewähler
tape deck Bandeinheit, Bandgerät, Einbaulaufwerk, Magnetbandeinheit, -gerät
tape delay Bandverzögerung
tape delivery Bandablage
tape-disk operating system Band-Platte-Betriebssystem (BPBS)
tape dressing Bandschleifen
tape drive Bandlaufwerk
tape drive motor Tonmotor
tape edit Bandauszug
tape edit routine Banddruckroutine
tape error Bandfehler
tape feed Bandbewegung, -transport, -vorschub, -zuführung
tape feed mechanism Streifenvorschubmechanismus
tape feed-out mechanism Bandmechanismus
tape feed roll detent Sperrollenhebel
tape-feed stepping mechanism Zeitschrittschaltwerk, Streifen-Vorschubmechanismus
tape feeding device Lochstreifenvorschubeinrichtung
tape file Banddatei, Banddatenbestand, Magnetbandablage, Streifenablage (dig)
tape file maintenance Verwalten einer Banddatei
tape footage counter Bandzählwerk
tape, force...swap vorzeitiger Spulenwechsel
tape galvanometer Bändchengalvanometer
tape gauge Streifenprüflehre
tape guide Bandführung
tape handler Bandeinheit, -gerät, Magnetbandeinheit, -gerät
tape helix coaxial cable Bandwendelkabel
tape identification card Bandidentifizierungskarte (MB)
tape indicating aircraft instrument Flugzeuginstrument mit Bandanzeige
tape indicator Bandanzeiger, -zähler, Streifenanzeiger
tape input Bandeingabe (Eingabe auf Band gespeicherter Daten), Streifeneingabe
tape input/output adapter Bandsteuerung
tape, insulating Isolierband
tape, intermix gemischter Bandbetrieb
tape jam Streifen "blockiert"
tape layout Satzeinteilung auf Magnetband
tape leader Bandvorsatz
tape length indicator Bandlängenanzeiger, Zählwerk
tape lid run out contact Lochstreifen-Kontrollkontakt
tape lifting device Bandabhebevorrichtung
tape loading Einlegen des Bandes, Bandeinlegen
tape loop recorder Magnetbandgerät mit endlosem Band
tape machine Börsenstreifendrucker
tape mark Band(schreib)marke
tape, master Bestandsband, Stammband, Hauptband, Norm(en)band, Systemurband
tape, measuring Bandmaß, Meßband
tape microphone Bändchenmikrophon
tape, modification Änderungsband
tape motion Bandgeschwindigkeit
tape multiplier Bandvervielfältiger
tape number Bandnummer
tape-operated band-, streifengesteuert
tape operated electric typewriting machine streifengesteuerter Schreibautomat
tape operated printer bandgesteuerter Drucker
tape operating system Band-Betriebssystem
tape option Bandversion (eines Programms)
tape-oriented bandorientiert
tape packing density Banddichte
tape perforator Empfangs-, Handlocher, Lochstreifenlocher,- stanzer, Streifenlocher
tape pin Kegelstift
tape plus header Rücklaufbüchse mit konischem Verschluß
tape pocket Lochstreifentasche
tape positioning Bandpositionierung
tape, prepunching vorgelochter Streifen
tape print Lochstreifenbeschriften
tape printer Streifenschreiber (teg)
tape, printer carriage Lochband-Vorschubstreifen (am Drucker), Lochstreifensteuerband, (Formular)steuerungslochband, Papiervorschublochband, Vorschublochstreifen
tape-programmed automatic machine riveting bandprogrammiertes automatisches maschinelles Nieten
tape-programmed HUD system for VTOL bandgesteuertes Blickfelddarstellungssystem für VTOL
tape punch Lochstreifenlocher, -stanzer, Streifenlocher
tape race Streifenbahn
tape reader Bandlesegerät, Lochstreifenleser, (Loch)streifenabfühler, Streifenleser, Streifenlesekopf, (Loch)streifenabtaster
tape-reading device Abfühlapparat
tape record Bandsatz
tape record coordinator Satz(zwischen)-speicher
tape recorder Magnetbandgerät, Mangetofon
tape recording Schallbandaufnahme
tape recording system recording speed is said to be in excess of three megabits per second and each cassette gives up to two hour's recording time. In anti-submarine applications, the interface unit can accept analog signals from four sonobuoys **Einsatzdatenschreiber** registriert Sprache und Daten mit oder ohne Aufbereitung von den verschiedenen Bordsensoren mit einer Rate von 3 Megabits/s und einer Dauer von zwei Stunden pro Kassette. Die Schnittstelleneinheit kann jede beliebige Kombination aus vier Analogsignalen von Sonarbojen und von sechs analogen Sprachsignalen aufzeichnen (Bordcomputer)(av)
tape recording system records directly data bus interface, the data from an entire mission, from take-off to touchdown Datenschreiber der alle einsatzbezogenen Daten einschließlich der Triebwerkparameter vom Start bis zur Landung speicher (Bordcomputer)
tape reel Bandrolle, -teller (dig), Bandspule, Rolle, Spule
tape reeling device Bandwickelvorrichtung,

Streifenaufwickelvorrichtung (dig)
tape, reference Bezugsband
tape relay Lochstreifenbetrieb, Lochstreifenweitergabe, Lochstreifenrelaisverfahren
tape relay center Lochstreifenvermittlung
tape relay heading Lochstreifenvorsatz
tape relay network Fernschreibnetz für Lochstreifenweitergabe, Lochstreifenbetriebsnetz
tape relay operation Lochstreifenbetrieb
tape relay procedure Lochstreifensendebetrieb
tape reperforator automatischer Lochstreifenstanzer
tape reproducer Streifendoppler
tape, revision Änderungsband
tape rewind speed Rückspulzeit
tape roll Streifenrolle
tape roll holder (Papier-)Rollenhalter
tape roller Bandwalze
tape, rubberized gummiimprägniertes Isolierband
tape run Bandlauf
tape scale display Bandskalenanzeige
tape sensing contact Streifenabfühlkontakt
tape sensing device Abfühlapparat
tape shrouding Bandumwicklung
tape skew Schräglauf (des Bandes)
tape speed Bandgeschwindigkeit
tape splicing equipment Bandklebevorrichtung
tape spool Bandspule
tape, standard Bezugsband
tape start Bandanlauf
tape station Bandeinheit, -gerät, Magnetbandeinheit, Magnetbandgerät
tape store (Magnet)bandspeicher
tape supply Lochstreifenvorrat
tape supply loop Lochstreifenvorratsschlaufe
tape system Bandsystem
tape take-up system Bandaufnahmeeinrichtung (im Magnetbandgerät)
tape tension Band-, Streifenspannung
tape tension arm Lochstreifenspanner, Spannungsbegrenzungshebel
tape tension contact Band-, Streifenprüfkontakt
tape tensioning arm Spannarm (Magnetlaufwerk zur Steuerung des Bandwicklers) (dig)
tape tensioning motor Wickelmotor
tape test Band-, Ankleb-, Streifenprüfung
tape theory Bandtheorie
tape thickness Banddicke, Streifendurchmesser
tape thread path Bandführung (Magnetband)
tape threading Bandeinführung
tape to card converter lochstreifengesteuertes Kartenlochen, Lochstreifen-in-Lochkarten-Umwandlung
tape-to-card converter Lochstreifen-in-Lochkarten-Umwandler, Band-Karten-Umsetzer
tape-to-card printing punch streifengesteuerter Schreiblocher
tape-to-card punch streifengesteuerter Kartenlocher
tape-to-tape converter Band-Band-Umsetzer, Lochstreifen-Band-Umsetzer, Band-Lochstreifen-Umsetzer
tape track Tonspur
tape, transaction Änderungsband
tape transmission (Loch)streifensendung
tape transmitter (Loch)streifengeber, Streifensender
tape transport Bandlaufwerk, Bandtransport, Streifentransport (Magnetbandlaufwerk), Bandantrieb (dig)
tape transport mechanism Magnetbandlaufwerk
tape travel Bandleserichtung
tape-type teleprinter Streifenschreiber
tape typewriter Lochstreifenschreibmaschine
tape, unilateral...card einseitige Lochstreifenkarte
tape unit Bandeinheit, (Magnet)bandgerät, Magnetbandeinheit
tape unit for teleprocessing Magnetbandeinheit für Datenverarbeitung
tape unit indicator Bandeinheitenanzeiger
tape unreeling device Bandabwickelvorrichtung, Streifenabwickelvorrichtung
tape unwinder Abwickelteller
tape, updating Änderungsband
tape velocity Banddurchlaufgeschwindigkeit
tape version Bandversion (eines Programms)
tape, virgin unvorbereitetes Magnetband
tape-wound core Bandkern, Schnittbandkern, bandumwickelter Kern
taped wire umwickelter Leitungsdraht
tapeing Bandschleifen, das
taper Abschrägung, Kegel, Konizität, Keilanzug, kegeliger Verlauf, (Keil)verjüngung, Zuspitzung (AC), abnehmender Querschnitt, Widerstandsverteilung
taper (microwave) Querschnittsanpaßer
taper adapter Kegel-, Konuseinsatz
taper attachment Kegeldrehvorrichtung, Kegelleitapparat, Konusdrehapparat, Konusleitapparat
taper ball bearing Konuskugellager
taper bar Konuslineal
taper bolt kegeliger Bolzen
taper bore Kegelbohrung, kegelige Bohrung
taper-bore mounted fliegend gelagert
taper bored hole kegelige Bohrung
taper boring Kegelbohren
taper bridge reamer Nietlochreibahle
taper bushing kegelige Buchse
taper coaxial waveguide Stufentransformator für konzentrische u. Hohlraummischerkreise
taper cone Verjüngung
taper cut Kegeldrehschnitt
taper die Vorschneideisen
taper-drill socket verlängerte Kegelhülse
taper end of crankshaft Kurbelwellenkegel
taper file Spitzfeile
taper fit Kegelpassung
taper-flute die sinking cutter kegeliger Gesenkfräser
taper gauge Kegellehre
taper gauging Kegelmessung
taper gib Keilleiste, Prismenführung
taper-grinding konisch schleifen
taper guide bar Kegel-, Konusschiene
taper in airfoil plan form Verjüngung mit Tragflächengrundriß
taper in airfoil plan form and thickness Verjüngung in Grundfläche u. Stärke

der Tragfläche
taper key Anzugskeil
taper lead Anschnitt (v. Reibahlen für durchgehende Löcher), kegeliger Anschnitt (e. Handreibahle)
taper-loaded cable an den Enden belastetes Kabel
taper-milled wing skin keilförmig gefrästes Beplankungsblech
taper milling Kegelfräsen
taper of center Körnerspitzkegel, Spitzenkonus
taper of crankshaft or propeller cone or pin stub shaft Wellenstumpf
taper of groove Kaliberanzug
taper of key Keilanzug
taper of milling spindle Frässpindelkegel
tape of potentiometer Widerstandsverlauf des Potentiometers
taper of the thread Konizität des Gewindes
taper pin kegeliger Stift, Keilstift, Kegelstift
taper pin reamer Kegel-, Stiftlochreibahle
taper pin twist drill kegeliger Spiralbohrer
taper pulley Stufenscheibe
taper ratio Verjüngungsgrad
taper reamer Nietlochreibahle
taper ring Hülse, Konusring
taper roller thrust bearing Axialkegelrollenlager
taper rolling bearing Kegelrollenlager, Schrägrollenlager, Kegelwalzenlager, konisches Rollenlager
taper shank Kegelschaft, Konusdorn, -schaft
taper shank drill Bohrer mit Konusschaft
taper shank reamer Kegelreibahle
taper sheet pile Eckbohle
taper sleeve Einsatzbüchse, -hülse, Kegelhülse, Reduziereinsatz
taper socket Konusaufnahme
taper square file Flachstumpffeile
taper sunk key Treibkeil
taper tap Vorschneider (Gewindebohrer)
taper thread konisches (Schnecken)gewinde
taper, to abschrägen, kegeln, konisch machen, anpsitzen, sich verjüngen (konisch), spitz zulaufen, zuspitzen
taper turning kegeligdrehen, konischdrehen
taper-turning attachment Konuslineal
taper-turning work konische Drehbank
tapered abgeschrägt, hohlflächig, kegelförmig, kegelig, konisch, spitz zulaufend, trichterförmig, verjüngt, zugespitzt
tapered bearing konisches Lager, Ringkegellager
tapered bore choke Würgebohrung
tapered collar Ringkeil
tapered compression piston ring Minutenring (um einen kleinen Winkel kegelig abschrägen im Kolbenring)
tapered cone Klemmkonus
tapered countersink konische Aussenkung
tapered drum head setting technique spezielles Kopfjustierverfahren mit konischer Magnettrommel
tapered end verjüngtes Ende
tapered face (of key) Rückenfläche
tapered glue joint Schäft(e)verleimung
tapered head Ansatzkegel (Kolbenstange)
tapered insert Konuseinsatz (Spritzgußform)
tapered line Leitung mit kontinuierlich verändertem Wellenwiderstand
tapered machine handle Kegelgriff
tapered or conical drum Kegeltrommel
tapered overlap geschäftete(r) Stoß od. Verbindung, Schäftung (abgeschrägte Überlappung)
tapered ring Kegelring
tapered-roller bearing Kegel-, Schrägrollenlager, Ringkegellager
tapered roller thrust bearing Scheibenkegelrollenlager
tapered shank arbor Kegeldorn
tapered spindle konische Spindel
tapered spigot Kegelzapfen
tapered spur wheel Kegelstirnrad (am Bagger)
tapered square hole kegeliger Vierkant
tapered string of drill pipe kombiniertes Bohrgestänge
tapered thread konisches Gewinde
tapered, to kegelig, konisch, spitz zulaufend, verjüngt
tapered top Kegelkuppe
tapered transition Kegelübergang
tapered-tune pole nach oben verjüngte Rohrpost
tapered washer Schrägscheibe
tapered washout plug Reinigungsschraube
tapered well abgeschrägter Potentialtopf
tapered wing Dreieckflügel, verjüngter Flügel, Flügel mit Verjüngung
tapered wing, in plan form and thickness im Grundriß u. Profil verjüngter Flügel
taperer cam Schrägnocken
tapering Anspitzung, Konizität, Verjüngung, Verjüngungsstelle, Zuspitzung
tapering bore kegelige Bohrung
tapering cable distributing system offenes Kabelverteilungssystem
tapering cabling system offenes Verkabelungssystem, Zweigsystem
tapering in section Profilverjüngung
tapering of wing Verjüngung des Flügels
tapering scale Verjüngungsmaßstab
tapering surface konische Fläche
taping intermittierende Bandumwicklung, Bewicklung, Umlappung mit Band, Umwicklung
taping machine Bandwickler
taping wire Wickeldraht
tapped abgegriffen, abgelassen, abgestoßen, abgezapft, angezapft, Hebedaumen, Hebekopf
tapped blind hole Grundloch mit Innengewinde, Sackloch mit Gewinde
tapped coil Abzweig-, Anzapfspule, angezapfte Spule
tapped condenser Mehrfachkondensator
tapped hole Gewindebohrung, -loch, Schraubenloch
tapped inductance Abzweigspule
tapped-potentiometer function generator Funktionsgeber mit abgezapftem Potentiometer
tapped resistor (Ohm'scher) Widerstand mit Anzapfung
tapped rod guide Ventilstößelführung

tapped transformer Abzweig-, Anzapfungs-, Stufentransformator, Transformator mit Anzapfung
tapped variable inductor Anzapfdrossel
tapped winding angezapfte Wicklung
tapper Abgreifer, Dekohärer, Gewindeschneider, Morsetaste
tapper coil Klopferspule
tapper magnet Klopfermagnet
tapper tap Maschinenmuttergewindebohrer mit langem Schaft
tappet Anschlag, Daumen, Greifer, Hebedaumen, Hebekopf, Knagge, Nocken, Mitnehmer(bolzen), Schieberkerbe, (Ventil)-stößel, Verschlußknagge
tappet base Stößelpfanne
tappet chamber Stoßstangenraum
tappet clamping device Stößelklemmer
tappet clearance Spiel der Ventile, Stößelspiel
tappet clearance guide Stößelspielführung
tappet cover Stößelstangenraumdeckel
tappet finding groove Stößelführungsnut
tappet gear Nockensteuerung
tappet guide Nocken-, Stößelführung
tappet head Stößelkopf, Stößelsteller, Ventilstößelkopf
tappet lever Schwunghebel
tappet rod Gleitstößel
tappet rod of eccentric-cam type Abwälzstößel
tappet rod guiding bush Ventilstößelführungsbuchse
tappet, self adjusting hydraulic Ventilstößel mit hydraulisch arbeitender, selbsttätiger Ventilspieleinstellung
tapping Abgriff, Abhörverfahren, Abziehen, Abzweigung, Anzapfstelle, Anzapfung, Eindrehung, Gewindebohren, -schneiden, Spulenanzapfung, Stromableitung, intermittierend
tapping attachment (Gewinde)bohrvorrichtung
tapping bar Abstechspieß, Räumeisen
tapping binding Abzweigbund
tapping circuit Abhörstromlauf
tapping contact intermittierender Kontakt, zeitweise Leitungsberührung
tapping device Anschaltvorrichtung
tapping device attachable set Anschaltgerät für Morseleitungen
tapping knife Zapfmesser
tapping machine Gewindebohrmaschine, Gewindeschneidmaschine, Hammerwerk, Bandwickler
tapping out on signaling lamp Blink(relais)-tasten
tapping panel Sicherungsbrettchen, -leiste, Spannungswähler
tapping plant Vorschaltanlage
tapping platform Abstichbühne
tapping point Abgreifpunkt, Anzapfpunkt, Entnahmepunkt
tapping-point valve Entnahmeventil
tapping screw Schneidschraube (für Muttergewinde, selbst schneidende Schraube)
tapping selector Stufenwähler
tapping service Abhördienst
tapping splice Leitungsabzweigung
tapping stage Entnahmestufe
tapping switch Regelschalter, Stufenschalter
tapping technique Abzweigtechnik
tapping turbine Anzapfturbine
taps Abzweigung von Leitungen
TAR terminal-area surveillance radar TAR Platzrundsicht-, Nahverkehrsbereichsradar
tar coating Kohlenteeranstrich
tar cooler box Teerkühler
tar distillation product Teerdestillat
tar-distilling apparatus Teerschwelapparat
tar extraction Teerabscheidung
tar-extraction plant Teergewinnungsanlage
tar-fired furnace Teerfeuerung
tar fumes Teerdampf, -dunst
tar oil Teeröl
tar paper Asphaltpapier
tar residue Teerrückstand
tar separation Entteerung, Teerabscheidung
tar value Verteerungszahl
tare Eigengewicht, -verbrauch, Leergewicht, Tara (Gewicht der Verpackung), Verpackungsgewicht
tare reading Eigenverbrauchsablesung
tare washer Probewäsche
tare weight Leergewicht
tared capacitance Nennkapazität
target Angriffsziel, Antikathode, Auffanganode, Aufhänger, aufnehmender od. führender Teil, Auftreffplatte,Leuchtschirm Meßobjekt, Prallplatte, Reflektor, Scheibe, Stellungsunterschiede, Strahlungselektrode, Weichensignal, Zielkern, Zielscheibe
target (final anode) Fangelektrode
target (of camera tube) Photokathode
target (of cyclotron) Auffänger
target (storage) Speicherplatte, -schicht
target (X-rays) Antikathode (einer Röntgenröhre)
target acquisition Zielauffassungsleistung, Zielerfassung, Zielortung
target airplane Zielflugzeug
target angle Anoden-, Zielwinkel
target angular position Winkelposition des Ziels
target area Bombenwurfplatz, Target-, Zielfläche, Zielgelände
target area sector of fire Zielraum
target beam Stichstrahl, Zielsuchstrahl
target blip Zielzeichen
target board Justierscheibe
target board aiming mark Richtmarke auf Justierscheibe
target break-up Zielauflösung (Radar)
target butt Kugelfang
target changing Ziel dreht sich
target circle or area Zielkreis
target coordinates Zielkoordinaten
target course between present and future positions Auswanderungsstrecke
target-course map Zielwegkarte
target cursor dot Zielmarkierungsring (Bordradarbildschirm)
target data Zielunterlagen
target designation Zielansprache, -bestimmung, -bezeichnung, -darstellung, -feststellung, -zuweisung
target designation system Zielbeleuchter

target detection Zielerfassung, -entdeckung, -ortung
target detection and identification equipment Ortungs- und Zielklassifizierung (Zielverfolgungsradar)
target detector Zielkopf
target detector circuit Zielortungsnetz
target deuteron (electron) Treffplatten-deuteron
target differentiator Zielwertdifferentiator (Feuerleitanlage)
target discrimination Zielunterscheidung
target discrimination capability Zielaufschaltfähigkeit
target distance Zielabstand, -entfernung
target divided into squares Felderscheibe
target drone Zielflugkörper
target electrode Auftreff-, Bildwurf-, Prall-, Rückprallelektrode, Hilfsanode
target element Speicherplattenelement
target engagement capability Zielbeleuchtungsradar
target fade-out Zielbildschwinden, Zielechoschwund
target finder or detector Zielkopf
target flight Anflugweg
target frame Scheibenrahmen
target function Zielfunktion
target generator Zielgenerator
target hand-off Zielübergabe
target handoff system, automatic (ATHS) automatisches Zielübergabesystem (Radar)
target horizontal ground speed Horizontalkomponente der Gegnergeschwindigkeit
target identification Zielidentifizierung (Radar)
target identification beacon Zielerkennungsbake
target identification bomb Zielidentifizierungsbombe, Zielmarkierungsbombe
target illuminating Zielausleuchtung
target illuminating radar Dauerstrich-Zielbeleuchtungsradar
target illustration print Zielbild (Lubi)
target image Zielbild
target impact Einschlag im Ziel
target in his HUD reticle Zielmarke im Blickfeldsichtgerät
target indication fire Zielzuweisungsschießen
target-indication searchlight Zielanweisungsscheinwerfer
target killing Zielunterdrückung
target lamp Signallampe
target language Zielsprache
target leg between present and future position Auswanderungsstrecke
target lenght Zielbreite
target level Planungskennzeichen
target level of safety Sicherheitsollniveau
target locating set Zielortungsgerät (Radar)
target location Zielsuchlenkung
target location data Zielpositionswerte
target location drone Panzerabwehrdrohne (PAD)(milit)
target marking for bombers Zielmarkierung
target-marking flare Kaskadenbomben
target missile Zieldarstellungsflugkörper
target normal movement Auswanderung Ziel in Normalebene (Feuerleitung
target/non-target decision Unterscheidung zwischen Zielen und Nichtzielen (Lantrin)
target nucleus Zielkern
target observation Target-, Zielbeobachtung
target of opportunity Gelegenheitsziel
target office Scheibenausgabe
target offset distance Stellungsunterschied
target or impactor plate Fangplatte
target oscillator Prüfsender für Zielverfolgungsgerät
target pickup Zielauffassung, Zielerfassung (Radar), Zielaufnahme (Lubi)
target pip Zielzeichen (Radar)
target pistol Scheibenpistole
target pistol shooting Scheibenpistolenschießen
target plane ferngelenktes Zielflugzeug
target plane steered by remote control ferngelenktes Zielflugzeug
target plate Auffänger-, Fangplatte
target plate distance Fokusplattenabstand
target-position indicator Standortzielanzeiger
target practice projectile Übungsgeschoß
target prediction range servo Vorhalteregelkreis
target projector Lichtpunktsteuergerät
target range and direction Zielentfernung u. -richtung
target ranging radar (TRR) Zielentfernungsmeßradar(gerät)
target recognition process Zielerkennungsprozeß (Lantrin)
target reconnaissance Zielerkundung
target reflection Zielreflexion
target reject button Zielaufgabeknopf
target rejection Aufgeben des Ziels
target relative bearing relativer Kurs zum Ziel
target representation Zielauflösung
target sector Zielteil
target-seeking and DF device Zielsuch- u. Ortungsgerät
target selection information Zielwahlinformation
target set Zielausrüstung
target ship Zielschiff
target simulator Zielsimulator
target simulator, miniaturized and largely system-independent miniaturisierter unabhängiger Zielsimulator
target slant range Schrägdistanz zum Ziel
target span lever Spannweitenhebel
target speed Eigengeschwindigkeit des Ziels, Zielgeschwindigkeit
target speed ratio Geschwindigkeitsverhältnis, Verhältnis Ziel- zur Eigengeschwindigkeit
arget speed switch Zielgeschwindigkeitsschalter
target steering cues Zielansteuerungssignal (Avionik)
target theory Treffertheorie
target thickness Auffängerdicke
target, to dive upon the auf das Ziel stürzen
target towing aircraft Scheibenschleppflugzeug
target tracking Zielverfolgung
target tracking radar Zielverfolgungsradar
target-type thrust reverser Target-Type-Schubumkehrer
target verification Überprüfung der Zieldaten
target voltage Bildschirmspannung
target warning Zielwarnung

target zero Nullbezugspunkt der Justierscheibe
targeting Zielzuteilung
targeting and verification Zielzuteilung u. Prüfung
targeting FLIR and coaxial laser designator/ranger FLIR-Zielerfassungskamera und kombinierter Entfernungsmesser
targeting role Zielzuweisungsaufgabe
targeting tapes Bänder mit Zieldaten
tariff Gebühr(entarif), Kostenordnung, Tarif, Zolltarif
tariff meter with locking device Sperrschalttarifzähler
tariff rate of tare Tarasatz
tariff regulations Tarifordnung
tariff system Tarifsystem
tariff unit Gebühren-, Tarifeinheit
tarmac Abfertigungsvorfeld, Abstellposition, Vorfeld
tarnish anlaufen, beschlagen, mattieren, Metallbeschlag
tarnish-proofness Anlaufbeständigkeit
tarnish-resistent beschlagbeständig
TARP test and repair processor
tarpaulin Persenning, Segeltuchplane, Regendecke
tarpaulin for vehicle Wagenplane
tarred felt Teerpappe
tarred pole geteerte Stange
tarred rope geteertes Seil od. Tau
tarred type Isolier-, Teerband
tarring Verteerung
TAS (true airspeed) wahre Fluggeschwindigkeit, wahre Eigengeschwindigkeit
TAS vector Vektor der wahren Eigengeschwindigkeit
TASES tactical airborne signal explosion system
tasimeter Tasimeter (Temperaturmeßgerät)
task Arbeit(sleistung), Aufgabe, auferlegte Arbeit, Task
task control block (TCB) Task-Steuerblock
task dispatcher Taskzuteilung
task force Kampfgruppe
task force assault Kampfkraftangriff
task force usually comprising one army and miscellaneous units Armeegruppe
task management Aufgabenverwaltung, Task-Management
task scheduling algorithm Algorithmus zur Aufgabenplanung
tasking, single Einzelverarbeitung
TASO (television allocations study organization) Arbeitsausschuß für die Aufstellung von Regeln für Organisation des FS-Dienstes
tau meson Tau-Meson (e-Meson)
taut gespannt, prall, straff
taut strip suspension Spannbandaufhängung
taut tape attachment Spannbügelschalter, Spannspügelvorrichtung
tautness Prallheit, Spannung, Straffheit
tautness of the fabric Stoffspannung
tautness warning device Prallmelder
tautomeric transformation tautomerer Übergang
TAV Trans-Atmospheric Vehicle
TAX (taxying or taxi) rollend od. rollen
tax adjustment Steuerausgleich
tax-aided steuerbegünstigt
tax balance sheet Steuerbilanz
tax delinquency Steuerrückstand
tax examination Steuerprüfung
tax exempt steuerfrei, von Steuer befreit
tax-free gebührenfrei
tax remission Nachlaß, Steuerermäßigung
tax refund Steuer(rück)erstattung
tax unpaid unversteuert
taxable steuerpflichtig
taxable income versteuerbares Einkommen
taxation Abschätzung
taxi back, to zurückrollen
taxi channel Zufahrtrinne
taxi channel digit Zufahrtrinnenbefeuerung
taxi circuit Rollplan, Rollverkehr
taxi clearance Rollfreigabe
taxi gross weight Rollgewicht
taxi holding position (Roll)haltepunkt, Rollhalteort, -stelle
taxi hook Feststellhaken (für Kabinendach beim Rollen)
taxi meter Fahrpreisanzeiger, Taxameter
taxi phone Münzfernsprecher
taxi path Rollweg
taxi plane Mietflugzeug, Charterflugzeug
taxi route Rollweg
taxi run Rollversuch
taxi strip Rollstreifen
taxi test Rollversuch
taxi-test, to Rollversuch durchführen
taxi weight Rollgewicht
taxiing das Rollen
taxiing characteristic Rollverhalten
taxiing guidance system Wegweiseranlage für das Rollen
taxiing motion Rollzustand
taxiing quality Rolleigenschaft
taxiing weight Rollgewicht
taximeter Fahrpreisanzeiger, Taxameter
taxiway Rollbahn, Rollweg
taxiway center line Rollbahn-, Rollwegmittellinie
taxiway fillets Rollbahn-, Rollwegausrundungen
taxiway holding position marking Rollhalt(e)-marken
taxiway intersection Rollbahnabzweigung
taxiway lighting Rollbahn-, Rollwegbefeuerung
taxiway light Rollbahn-, Rollwegfeuer
taxiway slop Rollbahn-, Rollwegneigung
taxying aids Rollhilfen
taxying characteristic Rolleigenschaften, Rollverhalten
taxying guidance system Wegweiseranlage für das Rollen
taxying qualities Rolleigenschaften, Rollverhalten
taxying stresses analyzed Messung der Rollbelastung, Rollbelastungsmessung
Taylor connection Taylorschaltung
Taylor expansion Taylorentwicklung (math)
Taylor expansion series Taylorentwicklungsreihen, -serien
Taylor formula Taylor'sche Formel
Taylor series Taylor'sche Reihe (math)
Taylor series expansion Taylor-Reihenentwicklung (math)

Tb (terbium) Tb (Terbium)
TB cell (transmitter-blocker cell) Sende(r)-sperrzelle, Nullode, Sendersperrteil
TBG Testbaugruppe
TBM tactical ballistic missile
TBO time between overhaul Zwischenüberholungszeit (Flugzeugwartungsdienst)
TBWP (triple-braid weatherproof) dreifach umsponnen u. wetterfest
TC thrust chamber
TC (temperature coefficient) TK (Temperaturkoeffizient)
TC (temperature compensation) TK (Temperaturkompensation)
TC hour Belegungsstunde (Verkehrseinheit)
Tc (technetium) TC (Technetium)
TCA thrust-chamber assembly
TCAS Traffic Alert and Collision Avoidance System
Tchebycheff parameter filter Filter mit Tschebyscheff-Verhalten
TCG (time-controlled gain) verzögerte Verstärkungsregelung
TCU (towering cumulus) Quellcumulus
TDDO time delay drop out
TDMA time division multiple access
TDR torque differential receiver or repeater
TDRSS tracking and data relay satellite system
TDRSS data-link antenna Datenfunkantenne für das TDRSS (tracking and data relay satellite system)
TDS cathode ray tube projection tactical display system TDS taktische Darstellung mittels Kathodenstrahlröhre
TDT target-destination transmitter
TDX torque differential transmitter
TDZ (touchdown zone) Aufsetzzone
TE trailing edge
TE mode H-Type, TE-Typ, H-Modus, TE-Modus
TE-wave TE-Welle, H-Welle
teaching automation lehrender Automat
teaching function Lehrfunktion (päd)
teaching machine Lehrautomat, korrekter Lehrautomat, Lehrmaschine, maschinelle Lehrhilfe, Unterrichtsmaschine (im Gegensatz zur lernenden Maschine)
teaching machine program Lernmaschinenprogramm
teaching system Lernsystem
team formation Rottenformation
team of experts Expertengruppe, Sachverständigengruppe
team sweep Räumen mit verbundenem Räumgerät (UW-Minen)
team work Teamarbeit, Zusammenarbeit
TEAMS two-element aircraft mover system
tear apart, to auseinanderreißen, zerreißen, lostrennen
tear asunder, to auseinanderreißen, durchreißen, zerreißen
tear chip Reißspan
tear-down auseinanderreißen, zerreißen, einreißen
tar-down inspection Zerlegungsprüfung, Befundaufnahme (eines zerlegten Motors)
tear-drop approach pattern tropfenförmiges Anflugverfahren
tear-drop penetration procedure tropfenförmiges Durchstoßverfahren
tear-drop turn Kurve des tropfenförmigen Durchstoßverfahrens
tear gas Augenreizstoff, Reizgas, Tränengas
tear gas pot Tränengaskerze
tear in two, to (durch)reißen
tear-off cover Reißlasche (Fsch)
tear out, to (her)ausreißen
tear resistance Zerreißfestigkeit, Einreißfestigkeit
tear-shaped tropfenförmig
tear strength Weiterreißwiderstand, Reißfestigkeit, Einreißfestigkeit (Papier usw)
tear, to reißen, zerreißen, zerren
tear-up thermically thermisches Aufreißen
tearing length Reißlänge
tears Ablauf (Anstreichverfahrensfehler)
tears of material in fatigue Ausrisse
teaser winding Hilfsphasenwicklung
teat drill Zapfenbohrer
tecalemiting Sommerung (Decke des Luftreifens)
Tch Taf technical training Air Force
technical adviser Fachberater, technischer Berater
technical aeronautics Luftfahrttechnik
technical aid agreement Abkommen über technische Hilfe
technical assessment technische Bewertung
technical assistance command section technische Führungsgruppe, Wehrmachtshilfe
technical assistant technischer Gehilfe
technical atmosphere technische Atmosphäre
technical brochures technische Unterlagen (Prospekte)
technical centre and design authority Technikzentrum und Entwurfsbüro (Flugzeugkonfiguration)(av)
technical characteristics technische Daten
technical college Gewerbeschule, technische Hochschule
technical compliance item TOC-Artikel, Versorgungsartikel, für Formänderung angeordnet
technical compliance modification kit Formänderungssatz (gemäß TAM-F)
technical cost per capacity tonnage-kilometre Technikaufwand pro angebotenem Tkm (av)
technical data technische Daten, technische Unterlagen (Zeichnungen)
technical development technische Entwicklungsaktivität (Flugzeugkonfiguration)
technical difficulties technische Schwierigkeiten
technical director technischer Direktor
technical education Fach(aus)bildung
technical emergency service technische Nothilfe
technical examination theoretische Prüfung
technical expression Fachausdruck
technical features technische Besonderheiten
technical, firing schießtechnisch
technical from a military point of view wehrtechnisch
technical goods technische Artikel
technical hot loop technische Direktleitung, od. Direktverbindung

technical information technische Unterlagen (Zeichnungen)
technical innovation technische Innovation
technical inspection Waffen- u. Geräteuntersuchung
technical journal technisches Fachblatt
technical language Fachsprache, technische Ausdrücke
technical literature or press Fachliteratur, Fachschrifttum, Fachpresse
technical maintenance and control system TMCS
technical manual Gerätebeschreibung, technische Beschreibung
technical model of learning technisches Lernmodell (päd)
technical monitoring and control system (TMCS) Überwachungs- u. Betriebssystem (av)
technical office technisches Büro
technical officer technischer Offizier, Ingenieur
technical operations manager Betriebsleiter
technical or prefessional education Fachausbildung
technical order technische (Luftwaffen)-Vorschrift
technical order compliance Durchführung einer technischen Anweisung (für Materialformänderung)
technical order compliance item Formänderungsteil
technical order compliance modification kit Formänderungssatz
technical order kit Formänderungssatz, Nachrüstsatz
technical paper or publication Fachblatt, -zeitschrift
technical press or literature Fachpresse, Fachliteratur
technical proceding of survey Aufnahmetechnik
technical publication system System der technischen Veröffentlichungen
technical radio search technischer Funk-/Suchempfang
technical representative with field grade Intendanturinspektor
technical requirements technische Voraussetzungen
technical risk technologisches Risiko (av)
technical schooling Fachausbildung
technical sergeant Feuerwerker, technischer Beauftragter
technical service item Versorgungsartikel eines technischen Dienstes
technical skills technische Fähigkeiten od. Fertigkeiten
technical staff technisches Personal
technical standard Fachnorm
technical superversion technische Überwachung
technical supply operations Nachschubaufgaben der Versorgungs- und Instandsetzungseinheiten
technical survey technische Aufnahme
technical term Betriebs-, Fachausdruck, Fachwort
technical terminology Fachsprache des Technikers, Fachterminologie
technical test technische Prüfung, technischer Wettbewerb
technical training Fachausbildung
technically substantiated output quota technisch begründete Arbeitsnorm
technician Facharbeiter, Techniker
technician installing wire harness Einbau der Verkabelung, Verkabelungsinstallation
technique Arbeits-, Ausführungsverfahren, technische Handhabung, technische Methode, technisches Verfahren, Technik
technique of electrical measurement elektrische Meßtechnik
technique of order Befehlstechnik
technique of programming Programmierungstechnik (EDV)
technological advances in aeronautical research technologische Erkenntnis der Luftfahrtforschung
technological education technisch wissenschaftliche Ausbildung
technological institute technische Hochschule
technological training technische Ausbildung
technologist Technologe
technology Technik, Technologie
technology, advanced...wing Tragfläche mit fortgeschrittener Technik
technology and system testbed Erprobungsträger für Technologien (av)
technology demonstration phase Technologieerprobungsphase (av)
technology for air breathing propulsion systems Technologie luftatmender Antriebssysteme (Aerospace systems)
technology of software Softwaretechnologie
technology transfer Technologietransfer
tecnetron Tecnetron
tedious langwierig (chemischer Prozeß), ermüdend, zeitraubend
Tee T-Stück
tee-fitting T-Fitting
Tee-joint forming slot weld Dreistoß
Tee-joint with double fillet weld T-Stoß
Tee-joint with square butt weld Dreistoß
tee slot T-Nuten
tee-slotted cross slide Planschieber mit T-Nuten
tee together, to parallelschalten
teed across in Brücke geschaltet
teeing-off substation Abzweigungsunterstation
teeming lip Ausgußschnabel
teeming nozzle Ausflußöffnung, Gießloch, Lochstein
teeming platform Gießbühne
teetering rotor halbstarrer Rotor (Hschr)
teeth closly set enger Zahnabstand (Zahnräder)
teeth lookwasher federnde Zahnscheibe
teeth surfaces Zahnflanken
telautograph Handschriftschreiber, Telautograph
telautography Schriftübertragung, Telautographie
Teflon sleeve Teflonmanschette
TEL (telephone) Fernsprecher
TEL (aeronautical telecommunication service) Flugfernmeldedienst
teleammeter Stromfernmeßgerät
tele-ASI Fernfahrtmesser
teleautograph Teleautograph
telebreaker Fernbrecher, Ferntrenner

telebrief Direkteinweisungsverbindung
telecamera Fern(seh)kamera
telecast Fernsehsendung, -übertragung
telecasting installation Fernsehsendeanlage
telecasting station Fernsehsender
telecentric telezentrisch
telecentric ray path telezentrischer Strahlengang
telecine equipment Filmabtaster
telecine projector Fernsehbildprojektor
telecine mathography Fernkinematographie, Fernkino
telecine transmission Fernabtastung, -übertragung
telecode Fernschreib(er)code, Telecode
telecode character Telecodezeichen
telecode encription Telecodeverschlüsselung (EDV)
telecommand Fernkommando
telecommunication Datenübertragung, Nachrichtenaustausch, Fernmeldeverkehr, -wesen
telecommunication accounting office Fernmelderechnungsstelle
telecommunication electronics Fernmeldewesen u. -elektronik
telecommunication circuit Fernmeldeverbindung
telecommunication engineering Fernmeldetechnik
telecommunication log Fernmeldelog
telecommunication measuring instrument Meßgerät für Fernmeldetechnik
telecommunication network (or system) Fernmelde-, Nachrichtennetz
telecommunication program Fernmeldeprogramm
telecommunication satellite link Fernmeldesatellitenverbindung
telecommunication satellite system Satellitenrichtfunksystem
telecommunication service Fernmeldedienst
telecommunication system Übertragungssystem
telecommunications Fernmeldewesen, Nachrichtentechnik
telecommunications control authority Fernmeldehoheit
telecommunications/electronics Fernmeldewesen u. Fernmeldeelektronik
telecompass Fern(seh)kompaß
teleconference Telekonferenz
telecontrol Fernbedienung, -regelung, -steuerung
telecontrol engineering Fernwirktechnik
telecontrol of guns Geschützfernsteuerung
telecontrolled fernbedient, -gelenkt, -gesteuert
telecontrolled of steering gear elektrische Rudermaschine
telecontrolled pulse Fernwirkimpuls
telecontrolled substation ferngesteuertes Unterwerk
telecontrolled tachometer Ferntachometer
Telecopter (is a highly mobile intervention vehicle and would by controlled from a stand-off mobile) Telecopter (wird von einem mobilen Bodenleistand aus fernbedient)(av)
telectrograph Telektrograph (Fernschreibsystem)
telecurie unit Tiefentherapieanlage
telediffusion Fernausbreitung
telefinder Telesucher
telefocus cathode Fernfokuskathode
telegauge Fernmeßgerät, Meßinstrument mit Fernablesung
telegen effect Wechselwirkungseffekt
telegram Kabe brief, Telegramm
telegraph Fernschreiber, Telegraph
telegraph adapter Fernschreibanschluß
telegraph alphabet Telegraphenalphabet
telegraph automatic relay equipment automatische Fernschreibvermittlungs- u. Relaisstelle
telegraph blank Telegrammformular, -vordruck
telegraph by line grounding, to mittels Erdschluß telegraphieren
telegraph by-pass set Telegraphenumgehungseinrichtung
telegraph-cable beacon Telegraphiekabelbake (Seefahrt)
telegraph channel Fernschreib-, Telegraphenkanal
telegraph character Fernschreibzeichen
telegraph charge Telegraphengebühr
telegraph circuit or current Telegraphiestromkreis
telegraph code Fernschreibcode, Telegraphenalphabet, -code
telegraph composite set Simultaneinrichtung
telegraph construction office Telegraphenbauamt
telegraph construction material Telegraphenbauzug (TBG)
telegraph dial Kommandoscheibe
telegraph dial exchange TW-Vermittlungsstelle, Telegraphie-Wählvermittlungsstelle
telegraph engineering Telegraphentechnik
telegraph form Telegrammformular
telegraph, harmonic-multiple Mehrfachtelegraph mit abgestimmten Wechselströmen
telegraph interference (or noise) Telegraphiergeräusch
telegraph input output feature Fernschreib-Ein-/Ausgabe
telegraph, international...alphabet internationales Fernschreibalphabet
telegraph, international...code internationaler Fernschreibcode
telegraph key Morsetaste
telegraph language Telegraphiesprache, Fernschreibcode
telegraph line Telegraphenleitung, T-Leitung
telegraph magnifier Telegraphievorverstärker
telegraph material Telegraphenbauzug (TBZ)
telegraph material supply office Telegraphenzeugamt
telegraph message Morsespruch
telegraph modulated wave getastete ungedämpfte Welle
telegraph modulation Telegraphiemodulation, Telegraphietastung
telegraph modulator Telegraphenmodulator
telegraph noise Telegraphiergeräusch
telegraph office Telegraphenamt, -station
telegraph office of origin Aufgabetelegraphenamt
telegraph operator Telegraphist, Fernschreiber

telegraph order-wire working Summermeldebetrieb
telegraph plant Telegraphenanlage
telegraph printer Fernschreiber
telegraph receiver Telegraphieempfänger
telegraph reception Telegraphieempfang
telegraph recorder Morseempfänger, -schreiber
telegraph recording methode Ohne-Rückkehr-zu-Nullverfahren, NRZ-Verfahren (magnetisches Aufzeichnungsverfahren)(dig)
telegraph regenrative repeater entzerrender Telegraphieübertrager
telegraph regulation Vollzugsordnung für Telegraphendienst, Telegraphenordnung (TO)
telegraph relay center Lochstreifenvermittlung, Speichervemittlung (teg)
telegraph repeater Telegraphenübertrager, Telegraphenübertragung, Übertragung in Telegraphenleitung
telegraph route Leitweg, Telegraphieweg
telegraph signal Telegraphie(r)signal
telegraph signal element (Telegraphie)-schritt
telegraph signal reception Telegraphiezeichenempfang
telegraph sounder Klopfer
telegraph speed Telegraphiergeschwindigkeit
telegraph station Telegraphenamt
telegraph superposed circuit Simultantelegraphenleitung
telegraph tariff Telegrammgebührentarif
telegraph terminal cable Telegraphenabschlußkabel
telegraph transmission coefficient Kennzahl für Telegraphieübertragungen
telegraph transmission speed Telegraphiergeschwindigkeit
telegraph transmitter (Telegraphier)geber
telegraph unit Fernschreibelement
telegraph wire Telegraphendraht
telegraphic address Draht-, Telegrammanschrift, Telegrammadresse
telegraphic alphabet Telegraphenalphabet
telegraphic ciphers Depeschenschlüssel, Telexcode
telegraphic circuit Telegraphenleitung
telegraphic distortion Telegraphierverzerrung
telegraphic equation Telegraphengleichung
telegraphic frequency Telegraphierfrequenz
telegraphic keying Telegraphiertastung
telegraphic modulator Telegraphenmodulator, Telegraphenmodler
telegraphic noise Telegraphiergeräusch
telegraphic service Telegraphendienst
telegraphic signal Telegraphie(r)zeichen
telegraphic speed Telegraphiergeschwindigkeit
telegraphic transfer telegraphische Überweisung
telegraphic transmitter Telegraphiersender
telegraphical time-signal distributor Zeitsignalübertrager
telegraphone sound-recording method Magnettonverfahren
telegraphy Telegraphenwesen, Telegraphie
telegraphy guided aircraft ferngesteuertes Flugzeug
telegraphy hydrobarometer Wasserstandsfernmelder
telegraphy iconography Fernbildsendung
telegraphy indicating Fernanzeige
telegraphy-lens or objective Fernobjektiv
telegraphy mechanics drahtlose Übertragung, elektrische Energie, mechanische Fernsteuerung, Telemechanik
telegraphy mechanism Fernsteuerung
telegraphy meter Entfernungsmesser, Fernanzeiger, Fernmesser, Fernmeßgerät (mit Fernablesung), Telemeter
telegraphy metered data Sendewerte
telegraphy on pure continuous wave unmodulierte Telegraphie, Telegraphie tonlos
telegraphy reception Telegraphieempfang
tele-guidance Fernlenkung
tele-indicator of level (elektrischer) Fernmelder für Flüssigkeitsstand
telement Entfernungsmesser, Fernmeßanlage, -einrichtung, Meßgerät mit Fernablesung
telemetering Fernmessen, Fernmessung, -übertragung, Fernregistration, Teleregistration
telemetering flight Meßflug
telemetering system Fernmeßanlage
telemetric action Fernsteuerung, -wirkung
telemetric device Fernmeßeinrichtung
telemetric integrator Fernmeßsummengeber
telemetric receiver Fernmeßempfänger
telemetric scale Entfernungsmaßstab
telemetric system Fernmeßanlage, -system
telemetry Entfernungsmessen, Fernmeßtechnik, Fernmessung, Telemetrie
telemetry control Fernwirktechnik
telemetry data Telemetriedaten
telemetry data compressor Telemetriedatenkompressor
telemetry ground station Telemetriebodenstation
telemetry input Fernmeßeingang
telemetry multiplexer encoder Telemetrie-Multiplexer Codiergerät
telemetry, readout, the von Rechnern nach Telemetrieangaben gelieferte Anzeigen
telemetry receiver Telemetrieempfänger
telemetry register Fernmeßregister
telemetry system Telemetriesystem
telemetry transmission Telemetriedatenübermittlung
telemetry transmitter Telemetriesender
telemotor steering hydraulische Steuerung
telemotor transmitter Telemotorgeber
teleology Teleologie
tele-periscope day and passive night kombiniertes Tag- u. Nachtsichtwinkelzielfernrohr
telephone account section Fernsprechrechnungsstelle
telephone adapter Telephonadapter, -abnehmer
telephone amplifier Leitungsverstärker
telephone amplifying valve Fernsprechverstärkerröhre
telephone answer Telephonantwortgerät
telephone answering service Kundendienst
telephone area Sprachbereich
telephone block system Raumfolge mit Zugmeldedienst
telephone booth Fernsprechzelle, Zelle mit

öffentlichem Fernsprecher
telephone break-down Fernsprechstörung
telephone buoy Fernsprechboje
telephone cable Fernsprechkabel
telephone call Anruf, Ferngespräch, Fernspruch
telephone carrier current Telephonieträgerstrom
telephone central officer Fernsprechvermittlung, Fernsprechzentrale, Telephonzentrale
telephone channel Fernsprechkanal, (Fern)-sprechweg
telephone channel group Fernsprechbündel
telephone charges Fernsprech-, Telephongebühren
telephone circuit Fernsprech-, Telephonleitung
telephone code Fernsprechschlüssel
telephone communication Fernsprechverbindung
telephone communication Sprechverbindung
telephone communication company Fernsprechkompanie
telephone connecting plane and towed glider Schleppflugfernsprechanlage
telephone connection Fernsprech-, Telephonanschluß
telephone-construction car Fernsprechbauwagen
telephone-construction company Fernsprechbaukompanie
telephone-construction crew Fernsprechbautrupp
telephone-construction truck Fernsprechbauwagen
telephone construction unit Fernsprechbaugerätkolonne
telephone conversation Ferngespräch
telephone current Sprech-, Telephoniestrom
telephone density Fernsprechdichte
telephone dial Telephonscheibe, Wählscheibe
telephone directory Fernsprechamtsbuch, -teilnehmerverzeichnis
telephone end cable Fernsprechabschlußkabel
telephone equipment Fernsprechanlage, -gerät, Telefonanlage
telephone exchange Amts(anschließer), Fernsprechvermittlung(stelle)
telephone-exchange attachment Amtszusatz
telephone extension set Fernsprechnebenstelle
telephone fee control section Gebührenüberwachungsstelle
telephone for towed-flight Schleppflugzeug-Fernsprecher
telephone frequency Fernsprechfrequenz
telephone frequency losses Verluste bei Sprechfrequenz
telephone installation Telephonanlage
telephone interference factor Fernsprechformfaktor, -störfaktor
telephone intermediate repeater (Fernsprech)-zwischenverstärker
telephone lightning protector Fernsprechblitzableiter
telephone line Fernsprechleitung, Linienführung, Sprechverbindung
telephone line with protection against high tension hochspannungsgeschützte Fernsprechleitung
telephone loop Fernsprechamtdoppelleitung
telephone message fernmündliche Mitteilung, Fernspruch
telephone meter Gesprächszähler
telephone network Fernleitungs-, Fernsprechnetz
telephone number Fernsprechnummer, Telephonnummer
telephone operating platoon Fernsprechbetriebszug
telephone operation Fernsprechbetrieb
telephone plant Fernsprechanlage, -netz, Telephonanlage
telephone plug wall plate Telephonsteckerplatte
telephone pole Leitungsmast
telephone receiver Fernhörer, Fernsprechempfangsgerät, Telefon(hörer)
telephone regulation Fernsprechordnung
telephone relay Fernsprechrelais
telephone-repeater Fernsprechverstärker
telephone-repeater operation Fernsprechverstärkerbetrieb
telephone-repeater station Fernsprechverstärkeramt
telephone responder Anrufbeantworter
telephone ringer Telephonwecker
telephone section Fernsprechtrupp
telephone service Fernsprechamtsbetrieb, -dienst
telephone service with two wires Schleifenleitungsbetrieb
telephone set Fernsprechapparat, Fernsprecher, Telephonapparat
telephone short-circuit contact Telephonkurzschlußkontakt
telephone signal Fernsprechsignal, -zeichen, Fernsprechsignal, -zeichen
telephone station Fernsprechamtsanschluß, Fernsprecher, Fernsprechstelle, Sprechstelle, Telephonstation
telephone subscriber Fernsprechteilnehmer
telephone switchboard Fernsprech-, Vermittlungsschrank
telephone switchboard for private-branch exchange Klappenschrank für Nebenstellen
telephone switch box Telephonanschlußkasten
telephone switching engineer Vermittlungstechniker
telephone switching point Verteilerfernamt
telephone system Fernleitungs-, Fernsprechnetz
telephone tariff Fernsprechtarif
telephone-telegram circuit Sprechleitung für Telegrammübermittlung
telephone-traffic recorder Verkehrsschreiber
telephone transformer in operators circuit Induktionsspule der Platzschaltung
telephone transmission rating Bewertung für Fernsprechübertragung
telephone transmission reference circuit Fernsprecheichkreis
telephone transmitter Fernsprechmikrophon
telephone truck Fern(sprech)kraftwagen
telephone-trunk line board Fernleitungstafel
telephone trunk zone Fernverkehrsbereich, -zone
telephone-voice record Gerät zum Aufzeichnen von Gesprächen
telephone-voltage form factor Fernsprech-

formfaktor
telephone wire Fernsprechleitung, Telephondraht
telephone zone Fernsprechzone
telephone-zone center Fernsprechzonenhauptpunkt
telephonic connection Telephonverbindung
telephonic frequency losses Lautstärkemessung (am Fernhörer)
telephonically silent generator oberschwingungsfreier Gleichstromerzeuger
telephonometry Lautstärkemessung (am Fernhörer)
tele-photo Fernsehapparat mit durch Stimmgabel gesteuertem Vibrationsspiegel
telephoto lens Teleobjektiv
telephoto transmission Bildübertragung
telephotograph service Bildtelegraphendienst
telephotographical bildtelegraphisch, fernphotographisch
telephotographical transmission bildtelegraphische Übertragung
telephotography Bildtelegraphie, Bildübertragung, Fernphotographie
telephotometer Telephotometer
teleprint, by fernschriftlich
teleprint connection Fernschreibvermittlung
teleprint exchange fernschriftlich vermitteln, Fernschreibvermittlung
teleprint gauge Fernschreibgerätelehre
teleprinter Drucktelegraph, Empfangsmagnet mit Teilkreis, Ferndrucker, Fernschreiber, Fernschreibmaschine, Typendrucker, Typendrucktelegraph
teleprinter code Fernschreibcode
teleprinter exchange Fernschreibvermittlung
teleprinter governor Fernschreibregler
teleprinter mechanic Fernschreibmechaniker
teleprinter message (TWX) Fernschreiben (Schriftstück)
teleprinter message switching center Fernschreibspeichervermittlung
teleprinter network Fernschreibnetz
teleprinter-on-multiplex (TOM) Multiplexfernschreib...
teleprinter-on-radio (TOR) Funkfernschreib...
teleprinter operator Fernschreiber
teleprinter perforator Fernschreiblocher
teleprinter reception Buchstabenschreibempfang
teleprinter signal Fernschreibsignal
teleprinter signal generator Fernschreibmeßsender
teleprinter switching center Fernschreibvermittlung
teleprinter system and demand buttons Ausgabedrucker u. Abfragetastatur
teleprinter tape Aufnahmestreifen
teleprinter type switching center Fernschreibspeichervermittlung
teleprinter velocity Fernschreibgeschwindigkeit
teleprinting on multiplex Fernschreiben auf Multiplex
teleprinting on radio Funkfernschreiben
teleprocessing Datenfernübertragung, Datenfernverarbeitung
telepsychrometer Fernpsychrometer
tele-radar Teleradar
TELERAN (television-radar-air navigation) TELERAN-Verfahren
tele-reception Hellschreiber
tele-repeating device Fernsteuervorrichtung mit Rückmeldung
telescope Fernrohr, Sehrohr, Teleskop
telescope adjustment screw Fernrohrschlüssel
telescope carrier Fernrohrträger
telescope center section Fernrohrhals
telescope clamp Höhenklemmschraube
telescope curve Zählrohrteleskopkurve
telescope head Fernrohrkopf
telescope mount Aufsatz eines Fernrohrs, Aufsatzzeiger
telescope mount reference pointer Visierzeiger
telescope mounted on trunnion in fork hearing in Gabelaufhängung gelagertes Fernrohr
telescope slide Teleskopschiene
telescope support Fernrohrsteg, -träger
telescopic ausschiebbar, ausziehbar
telescopic aerial Schubstange (für Autoradioantenne)
telescopic altimeter Visierhöhenmesser
telescopic bomb sight Bombenfernrohr
telescopic bridge Teleskopbrücke (Flughafen)
telescopic carriage Stauchlafette
telescopic coil Teleskopspule
telescopic condenser posaunenartige Leitung
telescopic cylinder Teleskopzylinder
telescopic feed shaft ausziehbare Antriebswelle
telescopic finder Sucherfernrohr
telescopic fork Teleskopgabel
telescopic gangway Teleskopflugsteig
telescopic jack retraction line Hubpressenrückzugsleitung
telescopic landing gear strut Posaunenfahrgestellstrebe
telescopic leg Federstrebe
telescopic leg landing gear Teleskopfederbeinfahrwerk
telescopic lens Triebrohr
telescopic lighting towers for construction site teleskopische Türme zur Beleuchtung von Baustellen
telescopic magnifier Fernrohrlinse
telescopic maintenance platform, mobile fahrbahre Teleskopwartungsbühne
telescopic mast Kurbel-, Teleskopmast, zusammenschiebbarer Mast
telescopic mast, crank-type Kurbelmast
telescopic passenger bridge Teleskoppassagierbrücke
telescopic performance Fernrohrleistung
telescopic pole zusammenschiebbarer Mast
telescopic ram Hubpresse
telescopic retraction rod Teleskopschließstange
telescopic rifle sight Gewehrzielfernrohr
telescopic runner ausziehbare Schiene
telescopic screw Teleskopspindel
telescopic shaft ausziehbare Gelenkwelle
telescopic shock absorber Teleskopfederung, -stoßdämpfer
telescopic shock course Federweg
telescopic sight Aufsatzfernrohr, Fernrohr-

aufsatz, Okulardiopter, Richtaufsatz, Richt-, Visierfernrohr, Zielfernrohr
telescopic sight mount Zielfernrohrträger
telescopic span wing Aufziehflügel
telescopic stuffing box Posaunenstopfbüchse
telescopic strut Aufziehrohr, Posaunenrohr, Tauchrohr, Teleskopbetätigungsstrebe, Triebrohr
telescopic support Teleskopstütze
telescopic suspension Teleskopfederung
telescopic tube Teleskoprohr
telescopic tube stuffing box Tauchrohrstopfbüchse
telescoping Ineinanderschiebung, posaunenartig verschiebbar
telescoping coil transformer Tauchkerntransformator
telescoping coils ineinanderschiebbare Spulen
telescoping derrick ausziehbarer Bohrturm
telescoping girder Teleskopträger
telescoping length Einschieblänge
telescoping tram bar Teleskop-Justierband
telescoping tripod zusammenschiebbares Stativ
telescribed notice handschriftlich ferngeschriebene Mitteilung
telespeedometer Fernfahrtmesser
telestereograph stereographischer Bildtelegraph
telestudio Atelier, Aufnahmeraum
tele-switch Fernschalter
teletachometer Ferndrehzahlmesser
teletext screen at LCD display alphanumerischer Bildschirm mit LCD-Anzeige
telethermometer Fernthermometer
tele-ticketing Fernbuchung
teletransmission system Fernübertragungsanlage
teletransmitter for differential pressure meter Ferngeber für Druckdifferenzmesser
teletype Fernschreib..., fernschreiben, Fernschreiber, Fernschreibmaschine, Schreibempfänger, Springschreiber, Teletype
teletype apparatus Ferndrucker, -schreiber
teletype circuit Fernschreibleitung
teletype code Fernschreibcode
teletype communication Fernschreibverbindung
teletype company Fernschreibkompanie
teletype conference circuit Fernschreib-Konferenzschaltung
teletype control panel (or network) Fernschreibmeßgestell
teletype exchange Fernschreibvermittlung
teletype message Fernschreibmeldung, Fernschreiben (Schriftstück)
teletype service Fernschreibdienst
teletype subscriber Fernschreibteilnehmer
teletype tape Fernschreibstreifen, Streifen
teletype tape punch Fernschreiblochstreifen
teletype technician Fernschreibtechniker
teletype telegraph printer Schnelltelegraph
teletyper test tape Fernschreibprüfstreifen
teletypesetting Fernsetzen (Druck)
teletypewriter Fernschreiber, Fernschreibmaschine
teletypewriter apparatus Fernschreibgerät
teletypewriter circuit Fernschreibleitung, -verbindung
teletypewriter code Fernschreibalphabet
teletypewriter equipment Fernschreibgerät
teletypewriter operation Fernschreibbetrieb
teletypewriter operator Fernschreiber
teletypewriter signal distortion Bezugsverzerrung (Telegraphie)
teletypewriter tape Fernschreiblochstreifen, Fernschreib-Prüflochstreifen
teletypewriter test tape Fernschreib-Prüflochstreifen
teletypewriter word counter Wortzähler für Fernschreiber
televising car (Fernseh)aufnahmewagen
television aerial Fernsehantenne
television apparatus Fernseher, Fernsehgerät
television broadcast Fernsehsendung
televison broadcasting station Fernsehsendeanlage, -station
television by electronic methods Kathodenstrahlfernsehen
television camera channel Fernsehkamerakanal
television camera truck (Fernseh)aufnahmewagen
television cathode-ray tube Fernsehröhre
television cinema Fernsehkino
television combined with telephone service Fernsprechen, Fernsprechnetz
television connection Fernsehverbindung
television control, with ferngesteuert
television-controlled missile fernsehtechnisch gesteuerter Flugkörper
television engineer Fernsehingenieur
television engineering Fernsehtechnik
television equipment, electronics elektronische Fernsehgeräteausrüstung
television frame Fernsehbildraster
television frequency converter unit Fernsehkanalumsetzer
television guidance system Fernzielsuchanlage, Fernsehlenksystem, Videolenkanlage
television guided missile fernsehgelenkte Lenkwaffe
television image Fernsehbild
television intercommunication network Fernsehsprechnetz
television interference Fernsehstörung
television-like picture, to provide a fernsehbildähnlich
television mechanic Fernsehmechaniker, -techniker
television monitoring Fernsehverkehrslenkung
television pattern generator Fernsehprüfgenerator
television pickup Fernsehaufnahme
television pickup tube Fernsehaufnahmeröhre
television picture Fernsehbild
television picture tube Bildröhre
television projection tube Projektionsfernsehröhre
television radar air navigation Fernsehradar-Flugsicherungssystem Teleran
television radar navigation Fernsehradarnavigation
television raster Fernsehraster
television receiver Fernsehapparat, -gerät, Bild-, Fernsehempfänger, Fernseher
television reception Fernsehempfang
television recording Fernsehbildaufzeichnung,

Konservierung von Fernsehsendungen
television recording unit Bildaufzeichnungsgerät
television relay link Fernsehrelaiskette
television reporting van Fernsehaufnahmewagen
television scanning device Bildabtaster
television screen Fernsehbildwand, -wandschirm
television set Fernsehgerät
television signal Fernsehsignal
television sound relay receiver Fernsehtonrelaisübertrager
television sound transmitter FS-Tonsender
television standard Fernsehnorm
television station link Fernsehrelaisbindeglied
television studio Fernsehaufnahmeraum, Fernsehstudio
television studio equipment FS-Aufnahmeeinrichtung
television studio technique Bild-, Fernsehaufnahmetechnik
television synchronization Fernsehsynchronisierung
television system for guidance, fire control and night viewing Fernsehanlage für Lenk-, Feuerleit- u. Nachtsehaufgaben
television telephone Fernsehsprecher, Fernsehtelephon
television terminal Fernsehendeinrichtung
television transmission Bildfunk, Fernsehsendung, Fernsehübertragung
television transmission pickup tube Fernsehsenderöhre
television transmitter Fernseher, Fernsehsender
television transmitter with electric scanning Fernsehgeber mit elektrischer Abtastung
television transponder Fernsehübertrager, -umsetzer
television tube Bildröhre, Fernsehröhre
televisor Bildabtaster, Fernsehapparat, -empfänger, Fernseher
televoltmeter Fernvoltmeter, Spannungsfernmeßgerät
telewattmeter Leistungsfernmeßgerät
telewriter Fernschreibmeßgerät, schreibendes Fernanzeigegerät, Teleautograph, Handschriftschreiber
telewriting Fernschreiben
telex (TWX) Telex (TX), Fernschreibdienst
telex (on letterheads) Fernschreibadresse
telex engineering control Fernschreibprüfstelle
telex exchange system Fernschreibvermittlungsanlage
telex line Fernschreibleitung, Telexleitung
telex operation Telexbetrieb
telex network, to be connected to the Fernschreibanschluß haben
telex number Fernschreibnummer
telex position Telexplatz
telex service Teilnehmerfernschreibdienst
telex subscriber Fernschreibteilnehmer
telex system Teilnehmer-Fernschreibsystem
"tell-back", automatic automatische Rückmeldung
teller terminal Schalteranlage
telltale Anzeigevorrichtung mit Rückmeldeeinrichtung für Betriebszustände, Kontrolluhr, (selbsttätige) Registriervorrichtung, Wächteruhr, Warnzeichen
telltale clock Kontrolluhr
telltale device Überwachung
telltale d Anzeigeskale
telltale gauge Axiometer
telltale indicating system Lichtwarnungssystem
telltale indicator Anzeigemeßgerät mit Rückmeldeeinrichtung (Einziehfahrwerk)
telltale lamp Kontroll-, Meldelampe
telltale marking Unterscheidungsmarkierung
telltale means Schauzeichen
telltale pipe connection Signalrohranschluß
telltale spark gap Kontrollfunkenstrecke
telltale system Schülerüberwachungsanlage
telltale watch Wächterkontrolluhr
tellurium bismuth Wismuttellur
tellurium pre-alloy Tellurvorlegierung
telomer Telomere
telpher fitted with driver's stand Führerstandlaufkatze
telpher line elektrische Drahtseilbahn, Telpherbahn
TEM mode L-Type, TEM-Typ, TEM-Modus, L-Modus
TEM-wave TEM-Welle
temper Abschreckung, Härte, Härtegrad (Stahl)
temper brittleness Ablaß-, Anlaßsprödigkeit
temper carbon Temperkohle
temper colour Anlauffarbe
temper effect Anlaßwirkung
temper graphite Temperkohle
temper hardening Anlaßhärtung, Temperhärtung
temper pass mill Dressierwalzwerk
temper reel Nachlaßwinde
temper screw Nachlaßschraube, -spindel, Setzschraube
temper structure Anlaßgefüge
temper, to abhärten, abschrecken, anfeuchten, anlassen, anmengen, ausglühen, entspannen, härten, mildern, mischen, nacherhitzen, nachglühen, nachlassen, temperieren, tempern, vergüten (Stahl)
temperature Temperatur, Wärme(grad), Wärmeeinheit
temperature amplifier Temperatursignalverstärker
temperature and humidity control Temperatur- u. Feuchtigkeitskontrolle
temperature anticipator Temperaturfühler für Heizkanal
temperature balance Temperaturausgleich
temperature bottom, hole Sohlentemperatur, Temperatur auf Bohrlochsohle
temperature bulb Temperaturfühler
temperature capsule Temperaturmeßdose
temperature coefficient Temperaturkoeffizient, -zahl, Wärmekoeffizient, -zahl
temperature coefficient of resistance Widerstandstemperaturkoeffizient
temperature coefficient of viscosity Temperaturkoeffizient der Viskosität
temperature-compensated capacitor TK-Kondensator
temperature compensating device Temperatur-Ausgleichsdose
temperature compensation Temperaturkompensation, Wärmeausgleich

temperature compensator Temperatur-, Wärmeausgleicher
temperature constancy Temperatur-, Wärmebeständigkeit
temperature control Temperaturregelung, -regler
temperature control equipment Temperaturregleranlage
temperature control for hydraulic system Wärmeregelsystem für Hydraulikanlage
temperature control panel Heizungs-, Temperaturschalttafel
temperature control valve indicator Temperatursteuerventil-Anzeigegerät
temperature control, zig-zag radiation built in for Zickzackradiator zur Temperaturregelung
temperature control zone Temperaturregelzone
temperature-controlled temperaturgeregelt, -gesteuert
temperature controller Temperaturregler
temperature controller shaft Temperaturreglerspindel
temperature correction Wärmeausgleich, Temperaturkorrektur
temperature correction table Temperaturberichtigungstabelle
temperature curve Temperatur-, Wärmekurve
temperature decrease Temperaturabfall, -abnahme, Wärmeabnahme
temperature decrease with height höhenabhängiger Temperaturabfall
temperature dependence Temperaturabhängigkeit
temperature-dependent temperaturabhängig
temperature difference Temperaturdifferenz, -gefälle, Wärmegradunterschied
temperature distribution Temperaturverteilung (Bogensäule)
temperature drawing Anlaßtemperatur
temperature drift Temperatureinwirkung
temperature drop Temperaturabfall, -gefälle, Wärmeabnahme
temperature eddy Temperatur-, Wärmewirbel
temperature effect Einfluß der Temperatur, Temperatur-, Wärmewirkung
temperature, effect of Temperaturgang
temperature embrittlement Wärmeversprödung
temperature emission of electrons Elektronenverdampfung, glühelektrische Elektronenemission, Glühelektronenemission
temperature entropy diagram Wärmebild
temperature equilibrium Temperaturgleichgewicht
temperature equivalent Temperaturausgleich, -äquivalent
temperature extremes of space enormer Temperaturunterschied im Weltraum
temperature factor Temperaturfaktor, -koeffizient, Wärmefaktor
temperature feeler Temperaturfühler
temperature field Temperatur-, Wärmefeld
temperature-field emission Temperaturfeldemission
temperature field pattern Temperaturfeld
temperature fluctuation Temperaturschwankung
temperature gauge Kühlwasser-, Temperaturanzeiger, Temperaturmesser
temperature gradient Temperaturgradient, geometrische Tiefenstufe, Temperaturfeld, -gefälle, -steigerung, Wärmegefälle, -gradient
temperature hysteresis Temperaturhysterese
temperature in the shade Schattentemperatur
temperature increase Temperaturerhöhung, Temperatur-, Wärmezunahme, Temperaturanstieg
temperature-indicating equipment Temperaturregistrieranlage
temperature indication Temperaturanzeige
temperature indicator Temperaturanzeiger, Thermometer, Wärmegradmesser
temperature, initial Anfangstemperatur
temperature interlock Temperaturregelventil (Turbine)
temperature interval Temperaturintervall, -unterschied
temperature inversion Temperaturinversion, -umkehr(ung)
temperature ionization Wärmeionisation
temperature lapse rate Temperaturgradient, vertikales Temperaturgefälle, Wärmegradverlauf
temperature level Temperaturniveau
temperature limit Temperaturgrenze (nach oben u. unten)
temperature limited temperaturbegrenzt
temperature-limited noise diode im Sättigungsgebiet arbeitende Rauschdiode
temperature limiting system Temperaturbegrenzungsanlage
temperature measurement Temperatur-, Wärmegradmessung
temperature-measuring instrument Temperaturmeßinstrument
temperature-measuring thermocouple Thermopaar (Thermoelement)
temperature monitor for fluid and gas Temperaturüberwachung von Flüssigkeit und Gas (flight control)
temperature observation Temperaturbeobachtung
temperature of combustion pyrometrischer Wärmeeffekt, Verbrennungstemperatur
temperature of cooling medium Kühlmitteltemperatur
temperature of the boundary layer Grenzschichttemperatur
temperature of the cooling water Kühlwasserwärmegrad
temperature of the earth Erdwärme
temperature of the filling Füllungswärmegrad
temperature of the inflation gas Füllungswärme
temperature of the mud Spülungstemperatur
temperature of the radiator Kühlwasserwärmegrad, -temperatur
temperature of reaction Reaktionstemperatur
temperature of various altitudes Höhentemperatur
temperature phial Temperaturfühler
temperature probe Temperaturfühler
temperature radiation Wärmestrahlung
temperature range Temperaturbereich, Temperaturgebiet
temperature reading by tape Temperaturmeßband
temperature recorder Registrierthermometer,

Temperaturregistrierapparat, -schreiber, selbstaufzeichnender Wärmegradmesser, Thermograph
temperature reducing set Temperaturreduzieranlage
temperature reduction factor Temperaturregelfaktor
temperature reference circuit Temperatur-Bezugsstromkreis
temperature regulation Temperaturregelanlage, Kühlerregelung
temperature regulator Temperaturregler
temperature-resistance bulb Temperaturfühler (Widerstandsthermometer)
temperature response Temperaturempfindlichkeit, Temperaturgang
temperature responsive temperaturabhängig
temperature-rise Erwärmung, Temperatursteig(er)ung, Temperaturerhöhung, -anstieg
temperature-rise computation Wärmeberechnung
temperature-rise voltage maximal zulässige Betriebsspannung
temperature-rise within limits Grenzerwärmung
temperature scale Temperaturskala
temperature schedule Temperaturprogramm
temperature selector Temperaturwahlschalter
temperature-sensing bulb Temperaturfühler (Widerstandsthermometer)
temperature sensing unit or sensor Temperaturfühler
temperature-sensitive temperaturempfindlich
temperature sensor Temperaturfühler
temperature sounding Registrierung des Temperaturverlaufs
temperature stability Temperatur-, Wärmebeständigkeit
temperature stress Temperatur-, Wärmespannung
temperature switch Temperaturschalter
temperature transducer Temperaturmeßwertwandler
temperature variation Temperaturschwankung
temperature wave Temperaturwelle
tempered castings schmiedbarer Guß
tempered glass Vulkanglas, getempertes Glas
tempered glass apparatus Härteglasgerät
tempered specimen piece vergütete Probe
tempered steel gehärteter Stahl
tempering Abschrecken, Anlassen, Härten, Rückglühung, Vergütung, Spannungsfreiglühen (Stahl)
tempering agent Härte-, Tempermittel
tempering bath Härte-, Temperierbad
tempering colo(u)r Anlaß, Temperfarbe
tempering compound Härtemittel
tempering effect Ablaßwirkung
tempering flame furnace Härteflammofen
tempering furnace Ablaß-, Anlaß-, Härte-, Temper(ier)ofen
tempering heat Anlaßtemperatur
tempering machine Härtungsmaschine
tempering material Tempermittel
tempering medium Ablaßmittel, Abschreckform, Anlaßmittel, Temper(ier)medium
tempering operation Anlaßvorgang
tempering periode Anlaßzeit (Metall)
tempering process Härteverfahren
tempering quality Vergütbarkeit
tempering temperature Anlaß-, Nachglühtemperatur
tempering treatment Anlassbehandlung (Wärmebehandlung der Stähle)
template Anreißschablone, Einstellring, Formblatt, -stück, Führungsgerüst, Lehrmutter, Paßlehre, Schablone
template board Musterbrett
template casting Schablonenguß
template controlled machining schablonengesteuertes Bearbeiten
template copying attachment Schablonennachformeinrichtung
template follower Leitschablone
template gauge Gewindelehrmutter, Lehrschablone
template guide Schablonenführung
template machine Schablonenmaschine
template method (for filter calculations) Schablonenverfahren (zur Filterberechnung)
template molding Schablonenformerei
template pool Schablonenspeicher
template swiveling device Schablonenschwenkeinrichtung
template tracer technique Nachformung mit Schablone u. Fühler
temple (weaving) Zeugspanner
templet Leitblech (Abziehen von der Strangpresse), Kopierschablone
templet milling machine Fräsmaschine zur Herstellung von Schablonen
TEMPO (temporary) vorübergehend
temporal inhibition zeitliche Hemmung
temporarily suspended vorübergehend eingestellt (Flugverkehr usw)
temporary interimistisch, kurzzeitig, nicht ständig, provisorisch, temporär, vorläufig, vorübergehend, zeitweilig
temporary airspeed reservation vorübergehende Luftraumbelegung
temporary antenna Behelfsantenne
temporary bottom Gleichgewichtsboden
temporary bridge Knotenverbindung
temporary casing vorläufige Verrohrung
temporary-cathode system Verfahren mit provisorischer Kathode
temporary closure vorübergehende Sperrung
temporary connection zeitweilige Verbindung
temporary dam provisorisches Wehr
temporary earth vorübergehender Erdschluß
temporary emergency lighting Befehlsnotbefeuerung
temporary end sleeve Transportverschluß
temporary exchange fliegendes Fernsprechamt, Notamt
temporary failure frequency temporäre Ausfallhäufigkeit
temporary failure probability temporäre Ausfallwahrscheinlichkeit
temporary hardness Karbonathärte (Wasser)
temporary injunction einstweilige Verfügung
temporary joint Knotenverbindung
temporary locking pin Vorstecker(stift)
temporary magnet nicht permanenter od. temporärer Magnet
temporary operator Aushilfsfunker
temporary or false frame Hilfskranz

temporary overload Förderspitze
temporary plant fliegende od. zeitweilige Anlage
temporary probability of survival temporäre Überlebenswahrscheinlichkeit
temporary railway line Interimsbahn
temporary repair einstweilige Ausbesserung, Zwischenausbesserung
temporary rivet Heftniet
temporary service contract vorübergehender Fernsprechanschluß
temporary stop Kurzstop (Bandlauf)
temporary storage Zwischenspeicher, Zwischenspeicherung, kurzzeitig beanspruchte Hilfsspeicherung (dig)
temporary store Notizblockspeicher, schneller Hilfsspeicher, Zwischenspeicher
temporary structure Behelfsbauten
temporary withdrawal vorübergehende Aufhebung
ten-bit code Zehn-Bitcode
ten-bit coding Zehnbitcodierung
ten-button key set Zehnertastensatz
ten-lobe flow mixer Strahlmischer mit Zehndüsenelementen
ten-point preselector zehnteiliger Vorwähler
ten-point selector Wähler mit zehn Ausgängen, zehnteiliger Wähler
ten-second cycle signal format Zehnsekundenzyklussignalformat
ten-second cycle signal information Zehnsekundenzyklussignalinformation
ten-second division Zehnersekunde
ten-thousands of an inch hundertstel Millimeter
ten-time attenuation zehnfache Dämpfung
ten-tube container Zehnfachstarter (av)
ten-turn potentiometer Zehn-zu-Eins-Potentiometer
ten-way telephone station Fernsprecher für zehn Leitungen
tenacious bruchfest, zähfest
tenacity Ausdauer, Fähigkeit (des Festhaltens), (Reiß)festigkeit, Zähfestigkeit, Zugfestigkeit
tenacity test Festigkeitsuntersuchung, Reißprüfung
tent, to abzielen auf, gerichtet sein, neigen, zustreben
tend to the centre, to dem Mittelpunkt zustreben
tendency Neigung (zu), Richtung, Streben, Tendenz, Strömung
tendency to(ward) corrosion Korrosionsneigung
tendency to crack at corners Kantenrissigkeit
tendency to cracking Rißanfälligkeit
tendency to expand Ausdehnungsdrang
tendency to flow Fließfähigkeit
tendency to fracture Bruchneigung
tendency to hunt Neigung zur Überdrehzahl, Neigung zum Übersteuern
tendency to profiled metal pile to deform Auslängen
tendency to rotate Drehstreben
tendency to rust Korrosions-, Rostneigung
tendency to sing Pfeifneigung
tendency to tear at corners Kantenrissigkeit
tendency to tip Kippstreben
tendency towards oscillation Schwing(ungs)neigung
tendency to work loose Lockerungsbestreben
tender Kostenanschlag, Liefer(ungs)angebot, Mutterschiff
tender locomotive Tenderlokomotive
tender water-tank plate Tenderwasserkastenblech
tending to the velocity of light indefinitely der Lichtgeschwindigkeit sich unbeschränkt nähernd
tending to zero indefinitely der Null sich unbegrenzt nähernd
tenebrescence Schwärzung (Erhöhung der Lichtabsorption durch Bestrahlung mit Elektronen)
tenebrescence screen Schwärzungsschirm
tenon Dübel, Feder, Vorsprung, Zapfen
tenon-cutting machine Zapfenschneidemaschine
tenon saw Ansatzsäge
tenoner Zapfenschneidemesser
tenoning Zapfenschneiden
tenoning auger Zapfenfertigungsmaschine, -schneidemaschine
tenoning machinist Maschinenzapfenschneider
tenoning tenter Zapfenschneider
tenorite Tenorit
tens complement Zehnerkomplement
tens digit Zehnersatz, -stufe
tens relay Zehnerrelais
tens transfer mechanism Zehnerschaltwerk (Rechen- od. Zählwerk)
tense, to einspannen, straff werden, stramm machen, sich straffen
tensibility Spannbarkeit
tensile bar Zugprobekörper, -stab
tensile deformation Zugverformung
tensile fatigue strength Verformungswiderstand, Zugschwellenfestigkeit, Zugfestigkeitswert
tensile fatigue test Zugermüdungsversuch
tensile force Dehnfestigkeit, Zieh-, Zugkraft
tensile-impact stress Schlagzerreißbeanspruchung
tensile-impact test Fallzerreißversuch
tensile load Zugbeanspruchung, -belastung
tensile point Streckgrenze
tensile property Festigkeitseigenschaft
tensile reinforcing bar Tragstab
tensile spring balance Zugdynamometer
tensile strain Dehnungs-, Reck-, Zugspannung, positive Spannung, Reckbelastung
tensile-strength Biege-, Bruchfestigkeit, Bruchwiderstand, Dehn-, Reißfestigkeit, Reißkraft, Verformungswiderstand, Zerreißfestigkeit, Zugfestigkeit
tensile-strength at yield Streckspannung
tensile-strength test Zugfestigkeitsuntersuchung
tensile-strength testing machine Zugfestigkeitsprüfmaschine
tensile stress Dehnungsspannung, positive Spannung, Reckspannung, Zugbeanspruchung, Zugspannung
tensile test Reckprobe, Zerreißprobe, -versuch, Zugprüfung, Zugversuch
tensile test at elevated temperature Warm-

zerreißversuch
tensile-test machine Zerreißmaschine, Zugprüfmaschine
tensile-test rod Zugprobestab
tensile-test specimen Zerreiß,- Ziehprobe
tensile-testing machine Zerreiß-, Zugprüfungsmaschine
tensimeter Dampf(druck)messer, Gasmesser
tensiometer Dehnungs-, Spannungs-, Zugmesser
tension Anspannung, Anstrengung, Dehnung, Druck, Federkraft, Materialspannung, Spannkraft, (Strom)spannung, Zug(kraft)
tension a spring, to eine Feder spannen
tension adjusting knob Spitzendruckadjustierschraube
tension and compression testing machine Zug- u. Druckprüfmaschine
tension bar Bremsleiste, -stange
tension bar bearing Zahnstangenlager
tension block Spannblock
tension bolt Spannbolzen, Zugschraube
tension brace Zugdiagonale, auf Zug beanspruchte Schräge
tension bridge Balkenbogenbrücke, Bogenhängewerkbrücke, Hängeträgerbrücke
tension bridle Spannrollenstand, Zuggerüst, Zugrollenstand (Bandbehandlungsanlage)(Walzw.)
tension bush for external application Aufspannbuchse
tension cable Spanndraht
tension cable drum Zugkabeltrommel
tension chain Spann-, Zugkette
tension characteristic Spannungskennlinie
tension chord Zuggurt
tension-compression fatigue strength Zug-Druck-Dauerfestigkeit
tension-compression fatigue testing machine Zug/Druck-Dauerprüfmaschine
tension compression fuel cell Kraftstofftank mit Formstütze
tension compression post fuel cell Kraftstofftank mit Formstütze
tension-compression test Zug/Druck-Versuch
tension cone Spannkonus
tension-controlled wire rope Drahtleine mit Zugregelung
tension cord Zuggurt
tension crack Spannungsriß
tension curve Spannungskurve
tension device Aufziehvorrichtung
tension device for light wires Kniehebelklemme
tension diagonal Zugdiagonale, auf Zug beanspruchte Schräge
tension difference Spannungsunterschied
tension dynamometer Dynamometer, Zugmesser
tension-field beam Zugblechträger, Zugfeldträgerstrahl
tension flange Zuggurt
tension force Spannkraft
tension fork Spanngabel
tension-free spannungsfrei
tension-free rolling zugfreies Walzen (Draht) (Walzwerk)
tension-frequency converter Spannungsfrequenzumsetzer
tension increase Spannungssteigerung
tension index of a (tension) member Spannziffer eines Zugstabes
tension indicator Spannungsanzeiger, -messer
tension insulator Abspannisolator, Zugisolator, zugfester Isolator
tension, interfacial Grenzflächenspannung
tension load Zugbelastung, Spannkraft, Zugbeanspruchung
tension lock Spannschloß, Vorstecker (Sicherung)
tension loss Spannungsverlust
tension medium Zugmittel
tension member Spannstange, Zuganker, Zugband, Zugglied, Zugstab (Twk)
tension moulding machine Ziehpresse
tension nut screw Spannmutterschraube
tension of belt Riemenspannung
tension of magnetic tape Bandzug
tension of steam Dampfdruck, -spannung
tension of the cable Seilspannung
tension of the main Netzspannung
tension of the warp Streckung der Kette
tension pulley Spannrolle
tension rack Zugstange
tension ratchet Drahtspannungsdynamometer
tension reduced to unit area Einheitsspannung, spezifische Spannung
tension regulator Spannungsregler
tension release Entspannung
tension-release igniter Zerschneidezünder
tension-release lever Spannungslösehebel
tension removing device Entspannungseinrichtung
tension retainer Sicherungsdraht, Sperring
tension ring Spannring für Ringverspannung, Stellring (Sicherung)
tension rod Bremsleiste, -stange, Spannbolzen, Zuganker, Zugglied, Zugstab, Zugstange, Stangenanker, Zugband, Spannstange
tension roll Spannwalze
tension roll stand Zugrollengerüst
tension roll unit Zugwalzeneinheit
tension roller crank Spannrollenarm
tension screw Federspann-, Zugfederschraube
tension-setting ring of fuse Satzstück
tension-setting time ring of fuse Satzstück
tension shackle Einspannkopf
tension sheave Seilspannrolle
tension sheave adjusting frame lever Seilspannrolleneinstellhebel
tension sleeve Spannmutter, -schloß, Spannmutter mit Rechts- u. Linksgewinde
tension spring Spann(ungs)feder, Zugfeder
tension spring arrestor Fadenwächterbügel
tension-spring hook Zughaken (Haken an einer Feder)
tension station or terminal Spannstation
tension steel Zugbewehrung
tension stop Stellplättchen
tension, surface Oberflächenspannung (Flüssigkeit)
tension tape Spanngurt (Fsch)
tension test Zerreißprobe, Zugprüfung, -versuch
tension-testing machine Zerreißprüfmaschine, Zug(festigkeits)prüfmaschine
tension theory Spannungstheorie
tension thread Spannfaden

tension-tie bellows Balganschluß (Grenzschichtbeeinflussung)
tension-torsion strap Torsionslamelle
tension-torsion test Zug-Verdrehversuch (Werkstoffprüfung)
tension voltmeter Spannungsanzeiger
tension washer Spannscheibe
tension weight Spanngewicht
tension wire Spann-, Zugdraht
tension wrench Drehmomentschraubenschlüssel
tensional force Spannkraft
tensional load Zugbelastung (Bohrgestänge)
tensional member Zugstab
tensional properties Zugfestigkeitseigenschaften
tensioned cord ausgespannte Saite
tensioned wire rig Spannleinengeschirr Versorgung in See
tensioner sheave Seilspannrolle
tensioner wire rope Spannseil (Riemenspannvorrichtung)
tensioning (of bearings) Verspannung
tensioning device or appliance Spannvorrichtung
tensioning device for light wires Kniehebelklemme
tensioning eccentric Spannexzenter
tensioning equipment Spannungsvorrichtung
tensioning jaw Spannbacke
tensioning nut Spannmutter
tensioning nut screw Spannmutterschraube
tensioning of valve spring Spannung der Ventilfeder
tensioning pulley Spannrolle
tensioning segment Spannsegment
tensioning tool Spannwerkzeug
tensionproof zugfest
tensometer Dehnungsmesser, Spannungsmesser, Tensometer
tensor absoluter Vektor, Tensor
tensor algebra Tensoralgebra
tensor analysis Tensoranalyse
tensor calculus Tensorrechnung
tensor component Tensorkomponente
tensor density Tensordichte
tensor force Tensorkraft
tensor (force) interaction Tensorwechselwirkung
tensor invariant Tensorinvariante
tensor notation Tensorschreibweise
tensor operator Tensoroperator
tensor quadric quadratische Form eines Tensors
tensorial mean square tensorielles mittleres Quadrat
tentacle Fühlungshalter
tentacle fuze Fühlerdruckzünder, Tentakelzünder
tentative probe-, versuchsweise, versuchend, vorfühlend
tentative data vorläufige Kenndaten od. Kennwerte
tentative experiment Tastversuch
tentative instruction book vorläufige Beschreibung
tentative schedule vorläufiger Sendeplan
tentative standard Richtliniennorm, Standardnorm, Vornorm, versuchsweise aufgestellte Norm
tentative standard specification Normentwurf
tenter Spannrahmen
tenter dryer Spannrahmentrockner, Breitbandtrockner, Gewebetrockner (mit Spannung)
tentering frame Spannrahmen
tentering limit Spannfeld
tenth-normal solution Zehntellösung
tenth power Zehnerpotenz
tenth-value layer Zehntelwertschicht
tenth-value thickness Zehntelwertdicke
tenuity factor Zähigkeitsfaktor
terebinthine Terpentin
TERCOM terrain comparison, terrain-contour matching
TERLS thumba equatorial rocket launching station
term Ausdruck, arithmetischer Term (FORTRAN), Begriff, Benennung, Frist, Bezeichnung, Glied (math), Energiestufe, Energieterm, Energiewert, Zeitdauer, Bedingung
term displacement Gliederversetzung
term in parentheses Klammerausdruck (die Glieder am Ausdruck sind vertauschbar)
term in the numerator Glied im Zähler
term logical boolescher, logischer Term
term of copyright Schutzfrist
term of delivery Lieferfrist, Liefer(ungs)-bedingung
term of limitation Verjährungsfrist
term postponement or shift Termverschiebung
term station Fristenstelle
term values Termlagen
terminal Anschlagstelle, -stück, Anschluß(klemme), Anschlußschraube, Datenstelle, -station, Drahthalter, -klemme, Elektrodenende, Endbahnhof, Ende, Endgerät, Endstation, -stelle, Erfassungsplatz (Datenübertragung), Endschluß, -verschluß, Klemme, Klemmschraube, Kontaktbuchse, -klemme, Kopfstation, Umschlaghafen, Verbindungsklemme, Versandstation
terminal (flowchart) Grenzstelle (Ablaufplan)
terminal (screw type) Schraubklemme
terminal acceptance point Endnahmepunkt
terminal acquisition point Erfassungspunkt für Endphasenlenkung
terminal address selector Anschlußadreßwähler
terminal aerodrome Zielflugplatz
terminal aerodrome forecast Zielflugplatzwettervorhersage
terminal air traffic control Nahbereichsflugsicherungskontrolle (milit), Nahbereichsflugverkehrskontrolle (ziv)
terminal airport Bestimmungsflughafen
terminal amplifier Endverstärker
terminal apparatus Endapparat
terminal approach Endanflug
terminal area Nah(verkehrs)bereich
terminal area and long range surveillance radar Radargerät zur Nah- u. Fernbereichsüberwachung
terminal-area chart Nahbereichskarte
terminal-area radar control Nahbereichsradarkontrolle (FS)
terminal-area surveillance radar Nahbereichsrundsichtradar(gerät), Nahbereichsüberwachungsradar(gerät)
terminal assembly port Endsammelhafen, Endzusammenstellungshafen

terminal attack phase, hazardous gefährliche Zielanflugphase
terminal bar Verbindungsleiste
terminal base loading Fußpunktwiderstand (Antenne)
terminal block Anschlußklemmleiste, Endverzweiger, Klemmenkasten, Anschlußsockel eines Thermometers
terminal board Klemm(en)brett, -block, Klemmleiste
terminal box Abschlußmuffe, Anschlußkasten, Kabelendverschluß, Klemmenschutzkasten, Kraftspeicher
terminal box for recorder Anschlußkasten für Schreiber
terminal bracket Abspannstütze
terminal building Abfertigungsgebäude, Flughof
terminal bushing Endtülle
terminal cable Einführungskabel (Luftleitung), Abschluß-, Endkabel, Fernleitungskabel
terminal carrier primärer Träger
terminal charges End-, Abfertigungsgebühren
terminal circuit End(kunst)schaltung
terminal clamp Leitungs-, Lötanschlußstück
terminal coil section Anlauflänge
terminal connection Klemmanschluß
terminal connector Anschlußklemme, Kabelanschlußstück
terminal control area Nahverkehrsbereich, Nahkontrollbezirk, FS-Nahverkehrsbereich
terminal control center, military militärische FS-Bereichszentrale
terminal corrosion Zerfressen der Klemme
terminal cover Klemmenabdeckung, -deckel
terminal current Klemmstrom
terminal descent during a control systems test Landeabstieg des Steuersystem (sp)
terminal disconnecting strip Trennverteilerstreifen
terminal distribution board Verteilerklemmbrett
terminal dive accuracy Lenkgenauigkeit im Zielsturzflug (milit)
terminal double pin Abspanndoppelstütze
terminal duplex repeater set Gegensprechsatz
terminal echo suppressor End-, Gabelechosperre
terminal edge Polkante
terminal equipment Endausstattung, Endstellengerät, Endapparatur, -satz, Überführungsgerät
terminal exchange group selector Endamtgruppenwähler
terminal face of a crystal Kristallendfläche
terminal forecast Zielflughafen (Wettervorhersage), Zielflugplatzwettervorhersage
terminal guidance for general purpose bombs System zur Endphasenlenkung von Mehrzweckbomben (Avionik)
terminal guidance radar Endanfluglenkung
terminal half-loop structure halbringförmiges Abfertigungsgebäude
terminal holder Klemmenhalter
terminal impedance Abschluß-, Endimpedanz, Fußpunktwiderstand (einer Antenne), Klemmen(schein)widerstand
terminal impulse Endimpuls
terminal insulator Abspannisolator, Überführungsisolator
terminal, job oriented aufgabenorientierte Außenstation
terminal line Stichbahn
terminal loss Endverlust
terminal lug Lötfahne, -öse, Sockelstift
terminal marking Klemmenbezeichnung
terminal meteorological sector Wetter um den Zielflughafen
terminal network Anschluß(kunst)schaltung, Endkunstschaltung
terminal nose dive Kopfsturz mit Endgeschwindigkeit
terminal nut Abschlußmutter
terminal office Endamt
terminal pair Anschlußklemmenpaar
terminal parameter Endparameter (einer Schleife)(FORTRAN)
terminal phase initiation Beginn der Endphase
terminal pillar Polbolzen
terminal point Endpunkt, -stelle
terminal pole Abspannmast, Endmast, Abspannstange, Abspanngestänge, Überführungsgestänge, -säule, Anschlußklemme (BBS)
terminal positive, making a positive Polung
terminal potential Klemmspannung
terminal pressure Auspuffdruck
terminal printer Ausgabedrucker
terminal pulse Schlußimpuls
terminal punching Sockelstift
terminal rack Klemmenleiste
terminal radio relay station Richtfunkendstelle
terminal rate Endgebühr
terminal, receiving Empfangsstation
terminal relay station Endvermittlung
terminal, remote entfernt aufgestellte Datenstation
terminal repeater End(schalt)satz, Fernleitungsendverstärker
terminal-repeater circuit Endverstärkerschaltung
terminal resistance Klemmenwiderstand, Abschluß-, Endwiderstand (Elektronen)
terminal resistance of potentiometer Gesamtwiderstand des Potentiometers, Potentiometergesamtwiderstand
terminal return loss Rückflußdämpfung
terminal saturation Übersättigung des Abfertigungsplatzes
terminal screw Anschlußbolzenschraube
terminal selector Endwähler
terminal separating box head Abspannisolatorstütze
terminal sleeve Abschlußhülse, Endhülse
terminal spindle Abspannstütze
terminal spring Klemmfeder
terminal state Endzustand
terminal statement letzte Anweisung (einer Schleife) (FORTRAN)
terminal station Datenstation, Endstelle, Endamt
terminal strain insulator Abspannisolator
terminal strip Anschlußstreifen, Klemmendose, Klemmenleiste, -streifen, Kontaktbürstenstreifen, Klemmleiste, Kabelanschlußleiste, Messerleiste
terminal structure Abfertigungsgebäude

terminal-to-terminal continuity Durchgang von Klemme zu Klemme
terminal tower Endmast
terminal traffic Endverkehr
terminal traffic control Nahbereichsflugsicherung
terminal transformer Abschlußtransformator, Abschlußübertrager, Endtransformator
terminal trunk exchange (EF) Endfernamt, Überweisungsfernamt
terminal unit Datenstation, Endgerät, Endsatz, -stelle
terminal velocity End-, Grenzgeschwindigkeit, Freifallgeschwindigkeit (Fsch)
terminal-velocity dive Sturzflug mit Endgeschwindigkeit
terminal-velocity engine speed Sturzflugdrehzahl
terminal, video data Datensichtstation
terminal voltage Klemmenspannung, Klemmsitz, Klemmsperre
terminal VOR (TVOR) Flughafendrehfunkfeuer, Flugplatzdrehfunkfeuer
terminal wall Trennschott
terminal yoke Verbindungsleiste
terminally guided submunition endphasengelenkter Mars-Gefechtskopf (milit)
terminally guided submunitions with infrared sensor endphasengelenkter Gefechtskopf mit IR-Suchkopf (milit)
terminate a line in its impedance, to eine Leitung in ihrem Wellenwiderstand abschließen
terminate flag Beendigungskennzeichen
terminate statement Listenendbefehl
terminate, to auslaufen, enden, schließen, abspannen, begrenzen, beenden
terminated by a resistance abgeschlossen durch einen Widerstand
terminated level Pegel bei abgeschlossener Leitung
terminated line abgeschlossene Leitung
terminated on jacks an Klinken endend
terminating box Klemmenendverschluß
terminating capacitor End-, Schlußkondensator
terminating capacity Endkapazität
terminating circuit Endleitung
terminating condenser Abschluß-, End-, Schlußkondensator
terminating decimal endlicher Dezimalbruch
terminating element Endelement
terminating impedance Abschluß(schein)-widerstand, Abschlußimpedanz
terminating inductor Enddrosselspule
terminating office Ankunfts-, Bestimmungsanstalt
terminating point (of a line) Endpunkt
terminating resistance Endwiderstand
terminating resistor Abschlußwiderstand
terminating set Gabelschaltung
terminating symbol Blockendezeichen
terminating transformer Abschlußtransformator, -übertrager
terminating unit Gabelschaltung
termination Abschluß, Abspannung, Ausgang, Begrenzung, Endung, Schluß (reflexionsfreie Übertragungsleitung), Ablauf einer Versicherung, Abschluß-, Ausgangswiderstand
termination circuit Leitungsanschlußschaltung
termination code Beendigungsschlüssel
termination interrupt Ende-Unterbrechung
termination interrupt bending Abschlußunterbrechung nicht abgefertigt (dig)
termination module Systemanschlußbaugruppe
termination of control Beendigung der FS-Kontrolle
termination phase Abschlußphase (Übertragungstechnik)
termination, program Programmbeendigung
termination set Systemanschlußgruppe
termination sleeve Abschlußmuffe
termination supervisory sequence Abschlußsteuerzeichenfolge (Übertragungstechnik)
terminator Terminator (Grenzlinie zwischen Beleuchtung u. Schatten der Himmelskörper)
terminological standard Verständigungsnorm
terminus Endpunkt, -station, Kopfbahnhof
termocouple Temperaturgeber
terms Beendigung, Bestimmung, Festsetzung, Formelausdruck, Vertragsfestsetzung
terms of contract Submissionsbedingungen
terms of delivery Bezugsbedingungen
terms of payment Zahlungsbedingungen
terms of safety Sicherheitsabstand (Hschr)
terms of sale Verkaufsbedingungen
terms of the first order Glieder erster Ordnung
terms radar pictures Schmalband-Echtzeitübertragung von Radarbildern
ternary dreizählig, ternär
ternary alloy Dreistofflegierung, ternäre Legierung
ternary code Dreiphasenalphabet, Ternärcode
ternary compound Dreifachverbindung
ternary critical point kritischer Mischungspunkt
ternary fission Kernspaltung in drei Bruchstücken
ternary fuel Dreiergemisch (Kraftstoff)
ternary notation ternäre Schreibweise
ternary number Ternärzahl (math)
ternary product Dreiphasenprodukt
ternary steel Ternärstahl, Stahl mit einem Legierungsbestandteil neben Kohlenstoff
ternary system Dreistoffsystem
terne plate Mattblech, Terneblech, verbleites Blech, Weißblech (durch Tauchen in eine Blei/Zinnlegierung von etwa 30% Sn u. 70% Pb hergestellt)
terpen group Terpengruppe
terpene Terpen
terpene chemistry Terpenchemie
terpenic acid Terpensäure
terrace Geländestufe, Terrasse
terrain advoice Hinderniswarnung (Rechner für...)
terrain advoice radar Terrainfolgeradar
terrain advoice system Hinderniswarnanlage
terrain avoidance manuelles Hindernisumfliegen (mit Hilfe eines Radargerätes)
terrain clearance Bodenabstand, -freiheit
terrain clearance computer Hinderniswarnrechner
terrain clearance display Bodenabstands-

anzeiger
terrain clearance indicator Funk-Feinhöhen-anzeiger
terrain clearance monitor Bodenabstands-überwachung
terrain clearance radar Bodenabstandsradar
terrain clearance sensor Konturenflugsensor
terrain clearance warning indicator Echolot-warngerät
terrain comparison Geländevergleich
terrain computer clearance Rechner für Hinderniswarner
terrain condition Geländeverhältnis
terrain contamination Geländevergiftung
terrain-contour matching (TERCOM) Gelände-konturanpassung
terrain effect Gelände-, Terraineinfluß (Schweremessung)
terrain following Terrainfolge
terrain following and advoidance problem Terrainfolgeproblem
terrain-following radar Geländefolgeradar
terrain-following radar capability Terrain-folgeradargerät
terrain level Geländeniveau
terrain marking Geländemarkierung
terrain obstacle Geländehindernis
terrain of attack Angriffsgelände
terrain point Geländepunkt, Punkt im Gelände
terrain profiler Terrainprofilfolgegerät
terrain reconnaissance Geländeerkundung
terrain reflection Geländereflexion
terrain sector Geländeabschnitt, -streifen
terrain survey Geländevermessung
terrestrial atmosphere Erdatmosphäre
terrestrial camera terrestrische Kamera
terrestrial communication system erdgebundenes Fernmeldesystem
terrestrial distance erdgebundene Entfernung (Radar)
terrestrial emission Erdausstrahlung, -emission
terrestrial equator Erdäquator, Erdgleicher
terrestrial magnetic activity magnetische Aktivität der Erde od. des Erdmagnetismus
terrestrial magnetic field erdmagnetisches Feld, Erdmagnetfeld
terrestrial magnetic pole erdmagnetischer Pol, magnetischer Pol der Erde
terrestrial magnetism Erdmagnetismus
terrestrial navigation terrestrische Navigation
terrestrial orbit Erdbahn
terrestrial photogrammetry Erdbildmessung, Geländephotogrammetrie, Geophotogrammetrie, terrestrische Fotogrammetrie
terrestrial photographic camera Geländekamera
terrestrial radiation Abendthermik, Erdstrahlung
terrestrial reference guidance Lenkung durch erdfestes Koordinatensystem mit Bezugspunkt
terrestrial survey Erdbildaufnahme
terrestrial telescope terrestrisches Fernrohr
terrestrial triangle Projektion des sphärisch/astronomischen Grunddreiecks auf der Erdoberfläche, Koppeldreieck
territorial air Territorialluft
territories Absatzgebiete
tertiary chain relay Stellenversetzungsrelais
tertiary circuit Tertiärkreis
tertiary formation Tertiärformation
tertiary radiation Tertiärstrahlen
tertiary winding Dritt-, Tertiärwicklung (eines Transformators)
tertiary zone dritte Zone
terylene Terylen
Tesla coil Teslaspule
Tesla coil glow test Teslaprobe
Tesla current Teslastrom
Tesla induction coil Teslatransformator
Tesla transformer Teslatransformator
Tesla tube Teslaröhre
tessular würfelig
test Analyse, Messung, Probe, Prüfbefund, -merkmal, Prüfung, Test, Untersuchung, Versuch
test a shaft for truth Welle auf Rundlauf prüfen
test acid Probesäure
test adapter Prüfadapter
test air supply Bodendruckluftanschluß
test aircraft Erprobungsflugzeug
test amplifier Meßverstärker
test and check under flight condition, to nachfliegen
test and repair processor (TARP) Prüf- u. Reperaturprozessor (Raumfahrt)
test animal Versuchtstier
test antenna Meßantenne
test apparatus Prüfvorrichtung
test applicance for injection nozzle Prüfvorrichtung für Einspritzdüse
test assembly Meßaufbau, -platz
test atmosphere Prüfklima
test, bailing Schöpfversuch
test-balancing method Kapazitätsausgleich(sverfahren) durch Adernkreuzung
test bar Probespezimen, -stab, -stange, Versuchsstab, Zerreißstab
test-bar head Stabkopf
test barometer Prüfungsluftdruckmesser
test battery Meß-, Prüfbatterie
test bay Meßgestell (Elektron)
test bay or bed Versuchsstand
test bed Prüfstand, Versuchsanlage, -träger
test bed calibration Prüfstandkalibrierung
test bed firing Probelauf auf Prüfstand
test bench Prüfraum, -stand
test bench running Probelauf auf Prüfstand
test block Klemmleistenbrett (Bodengerät)
test board Probetafel, Prüfgestell
test box Trennstellenkasten, Prüfkasten, -schrank, Überführungs-, Untersuchungskasten
test brush C-Kontaktarm, Prüfkontaktarm
test, built-in eingebaute Prüfeinrichtung
test bureau or station Untersuchungsstelle
test by free oscillation Ausschwing(ungs)-versuch
test by means of X-rays mit Röntgenstrahlen untersuchen
test by sound-ranging auspeilen
test by torsion Torsionsversuch
test cable Prüfschnur
test cage (ab)geschirmter Prüfraum
test call Probe-, Versuchsverbindung
test card Prüfkarte
test cartridge Meßkartusche

test case Kartenuntersuchungsstelle, Prüfschrank, Untersuchungskasten, -raum
test cell Prüfgefäß
test center Testzentrum
test centrifuge for supersonic pilot Testzentrifuge für Überschallpiloten
test certificate Meßprotokoll, Prüfbescheinigung, Prüfprotokoll, -schein
test chamber Prüfkammer, -raum, Untersuchungskammer, Versuchsraum (Windkanal)
test chamber, strongly armoured gepanzerte Prüfkammer (av)
test change-over switch Prüfumschalter
test circuit Prüfkreis, Kontrollstromkreis, Meßkreis, Prüfleitung
test clerk Prüf(ungs)beamter
test clip Prüfklemme
test cock Probe-, Prüfhahn
test code Abnahmebedingung, Meßtext
test coil Prüfspule
test condition Prüfbedingung, -bestimmung, -vorschrift
test, condition of Versuchsbedingung
test configuration Prüfanordnung
test conformance Einhaltung der Prüfbestimmungen (av)
test connection Anschlußprüfgerät
test connector Prüfklemme, Prüfleitungswähler, -stecker
test control Prüfkontrolle, -steuerung
test control panel Prüfschaltplatte
test control unit Bediengerät zum Prüfgerät, Spannungsprüfteil (Nike)
test cord Prüfschnur
test curve Prüfungsschleife
test cycle Prüfzyklus
test cylinder Probezylinder
test data Meß-, Prüfwerte, Prüfdaten, Prüfpunkte, Versuchsergebnisse
test data generator Prüf-, Testdatengenerator
test deck Prüfkartensatz
test, deep Ölfeldsuchbohrung nach tieferem Horizont
test demodulator Meßdemodulator
test department Prüffeld
test desk Meß-, Prüfschrank, Prüftisch
test device Geräteprüfbefehl
test drilling Versuchsbohrung
test, drill-steam Förderversuch der Bohrgestänge
test, dynamic dynamische Prüfung
test electron tube Teströhre
test engineer Prüffeldingenieur, Versuchsingenieur
test equipment Meßgerät, Prüfeinrichtung
test equipment, modular automatic modulare automatische Prüfausrüstung
test error Versuchsfehler
test evaluation Versuchsbericht
test, extension Felderweiterungsbohrung
test facility Prüfstand, Versuchsanlage, Versuchsträger
test fan Testbläser (Turbine)
test/fire switch Prüf/Feuer-Schalter
test firing Probelauf, -schießen, Versuchsschießen, Versuchsabschuß (Torpedo)
test firing at armor plate Panzerbeschuß
test flexibility Prüfflexibilität
test flight Erprobungsflug, Werkstattflug (nach Inspektion Probe- od. Prüfflug)
test flight, official amtlicher Probe- od. Versuchsflug
test-fly,to im Fluge erproben
test for faults, to auf Fehler prüfen
test for gas Gasprobe
test gauge Eichgerät, -instrument
test gears Prüfräder
test glass Reagensglas, -röhrchen, Probeglas
test glass heater Reagensglaserhitzer
test grid Prüfgitter
test hole Versuchskanal
test hop Erprobungsflug, Werkstattflug (nach Inspektion usw)
test, 50 hour duration Fünfzigstunden(dauer)lauf (Motor)
test, HSM addressing Schnellspeicheradressierungstest
test, HSM noise Schnellspeicherstörungstest
test hut Untersuchungshäuschen
test, hydrostatic pressure Wasserdruckprobe
test in site, to am Einsatzort prüfen (EDV)
test installation Erprobungsinstallation
test instruction Prüfordnung, Prüfungsbescheid, Prüfvorschrift
test insulator Trennisolator
test jack Meßbüchse, Prüfklinke
test jack panel Meßtisch, Prüfklinkenfeld
test jack strip Meßbuchsenleiste
test jar Probekolben
test jet Prüfstrahl
test key Meß-, Prüftaste
test kit Analysenkoffer (chem)
test laboratory, high-temperature thermisches Prüflabor (SIMOUN)
test lamp Prüf-, Testlampe
test lead Maßkabel, -strippe, Prüfschnur
test lead coupling Meßkabelkupplung
test letter Prüfleitungskennbuchstabe
test level Meßpegel, Pegel für Meßzwecke
test line inserter Prüfzeileneinmischer
test liquid Probeflüssigkeit
test load Probebelastung, Probelast, Prüflast
test log Versuchsaufschreibung, -protokoll
test loop Meßschleife
test-loop oscillograph Schleifenoszillograph
test, marginal Grenz(wert)prüfung, Randwertkontrolle, Randwertprüfung
test mark Justiermarke, Prüfzeichen
test mast Justiermast (Antenne)
test material Versuchsmaterial
test menue is deplayed to the operator on a CRT screen menügestützte Bedienerführung (av)
test meter Prüfinstrument
test method Meßtechnik, Prüfmethode, Meßverfahren, Prüfverfahren
test method using lumped circuits stationäre Meßmethode
test mock-up Prüfmodell
test mode Testbetrieb, -zustand, Testmodus
test model Versuchsmodell (Windkanal)
test modulation Prüfmodulation
test, non-destructive zerstörungsfreier Versuch
test nondestructively, to zerstörungsfrei Prüfen
test of long duration Langzeitversuch (Korro-

sionsprüfung)(Werkstoffe)
test of material Materialerprobung, Stoffprobe
test of satellite attitude control systems Erprobung des Satellitenlageregelsystems
test of short duration Kurzzeitversuch
test of water shut-off Prüfung der Wassersperre
test oil supply (or feed) line Prüfölzuleitung
test operation Prüfläufe
test oscillator Meßoszillator, Meßsender (ohne eingebautem Spannungsanzeiger), Prüfgenerator, Prüfsender (Peilanlage), Peilprüfsender
test output Meßausgang
test panel Prüfpaneel, Meßfeld
test paper Reagens-, Reaktionspapier (chem)
test path Versuchsbahn
test pattern Bildmuster, Einstellbild, Prüfbild, Testbild, -muster, -vorlage
test pattern generator Testbildgenerator (TV), Bildmustergenerator, -sender
test, performance of Versuchsdurchführung
test peripheral unit Element prüfen (Befehl)
test pictorial record Prüfbildaufzeichnung
test picture Probeaufnahme, Probebild
test piece Probekörper, -stab, Prüfling, Probestück, Prüfstück, Untersuchungsobjekt, vergütete Probe, Versuchskörper, Versuchsstück
test piece with U-notch Rundkörperprobe
test piece with V-notch Spitzkerbprobe
test pilot Erprobungsluftfahrzeugführer, Erprobungspilot, Testluftfahrzeugführer, Testpilot, Einflieger, Prüfflieger
test pin Meßstift
test plane Versuchsflugzeug
test plant Prüfstand(sanlage), Versuchsanlage, Versuchsträger
test plate Prüfschild
test plot Prüfsteckleiste (Elektron)
test plug Meß-, Prüfstöpsel
test point Meß-, Prüfpunkt
test-point receptacle Meßpunktsteckbuchse
test pole Trenn-, Untersuchungsstange
test portion Probeentnahme (chem)
test position Prüf-, Untersuchungsstelle
test potential dispenser Prüfverteiler
test power control unit (TPCU) Prüfnetzteil
test press (Druck)prüfpresse
test pressure Einstell-, Probe-, Prüf-, Versuchsdruck
test print Probekopie, Probeabzug, Probedruck
test printing machine Probendruckmaschine
test probe Meßsonde
test procedure Prüfverfahren
test prod Meß-, Prüfspitze (Elektron)
test, production Förderversuch
test program Prüf-, Test-, Versuchsprogramm
test, program Programmprüfung, -test
test programs, complete library of komplette Bibliothek von Testprogrammen (Avionik)
test-prong Meßklemme (Autopilot)
test propeller Prüfstandsluftschraube
test pulse Versuchsimpuls
test pump Kesselprobierpumpe
test, pumping Förderversuch durch Pumpen, Pumpversuch
test rail Prüfungs-, Versuchsbahn
test reactor Prüfreaktor
test reading Ablesung, Meßergebnis
test receiver Prüfhörer
test record Meßplatte, Prüfbericht, Testplatte, Prüfniederschrift, Prüfprotokoll
test relay Meß-, Prüfrelais
test reliability Testzuverlässigkeit
test report Prüfbericht, Prüfprotokoll, Untersuchungs-, Versuchsbericht
test resistance Eich-, Prüfwiderstand
test result Meßwert, Prüf-, Versuchsergebnis
test rig Meß-, Prüfgerüst, Versuchsstand, Werkstoffprüfanlage (SIMOUN)
test rig for aeronautical component Versuchsstand für Bauteile der Luftfahrt
test rings Prüfringe
test road Einfahrstraße, Versuchsbahn, Versuchsstrecke
test room Prüffeld
test routine (Maschinen-)Prüfprogramm, Testprogramm
test, routine Programmprüfung, Programmtest
test run Durchschalteversuch, Probe(durch)lauf, Versuchsfahrt, Versuchslauf
test sample Probe, Prüfkörper, Prüfspezimen, Probestück (Werkstoffprüfung), Prüfling, Untersuchungsobjekt
test satellite Meß-, Testsatellit
test scope Prüfoszillograph, -oszilloskop
test scoring machine Prüfzählmaschine
test screw plug Prüfschraube
test section Untersuchungsabschnitt, Wegmeßlänge, Meßschnitt
test selector prüfender Wähler, Prüfwähler
test selector switch Prüfwahlschalter
test, sequence monitor Folgeüberwachungstest
test set Vielfachinstrument
test set for steering machine Heckkoffer
test set-up Versuchsaufbau
test sheet or report Prüfprotokoll, -schein
test shop Prüffeld
test shot kalte Probe, Probeaufnahme
test, sign Vorzeichenprüfung (COBOL)
test signal Eichsignal, Prüfungslampe, Prüfspannung für Oszillator (Elektron), Abstimmzeichen
test signal generator Meß-, Prüfsender, Meßsignalgenerator
test signal or lamp Prüf(ungs)lampe
test site Versuchsgelände
test sleeve Prüfhülse
test socket Anschlußprüfgerät, Meßbuchse
test solution Prüfungsflüssigkeit
test specification Prüfbedingung, -bestimmung, -vorschrift
test specimen Probe (Werkstoffprüfung), Prüfling, Probespezimen, Probestand
test splice Adernkreuzung für Kapazitätsausgleich
test-splice, to Adern auskreuzen
test-splicing method Kapazitätsausgleich durch Adernkreuzung
test stability, to auf Prüfsicherheit prüfen
test stand Bremsstand, Probeblock, Prüfstand, Versuchsanlage, -träger
test-stand area Prüfstandbereich

test-stand arrangement Prüfstandaufbau
test-stand for compressed air equipment Prüfstand für Druckluftgeräte
test-stand for engine and instruments Prüfstand für Motore u. Instrumente
test-stand for fuel injection pumps Prüfstand für Einspritzpumpen
test standard Prüfnorm
test, static statische Prüfung
test station Erprobungsstelle, Versuchsstation
test, status Zustandsprüfung (COBOL)
test stripe for teleprinting testing Prüfschleife für Fernschreibprüfungen
test-support aircraft Versuchsträger(flugzeug)
test switch Prüftaste, Prüfschalter
test, system Systemprüfung, -test
test system for gyro, automatic automatisches Kreiselprüfgerät
test tank Versuchsbassin
test tape (Magnet)bezugsband, Prüf(loch)-streifen
test, tape Bandprüfung
test terminal box Prüfklemmenblock
test terminal strip Prüfklemmenstreifen
test the engine, to abbremsen, Motor prüfen
test the quality of conversation, to die Verständigung prüfen
test the signalling den Ruf prüfen
test, to ausprobieren, erproben, prüfen, testen, Versuch machen, versuchen, kontrollieren, Prüfung machen, experimentieren, untersuchen, Probeflug durchführen
test to failure Prüfung bis zum Ausfall
test track Probe(lauf)bahn, Versuchsbahn
test tube Probierröhrchen, Reagensglas
test under mask Testen mit Maske (Befehl)
test value Prüfwert
test vehicle Absetz-, Abwurf-, Fallversuchskörper (LL), Prüffahrzeug, Prüfgerät
test vibrating device for bulbs Glühlampenschüttelvorrichtung
test voltage symbol Meß-, Prüfspannungszeichen
test voltmeter Prüfvoltmeter
test-wave generator Stoßgenerator
test, wear Verschleißversuch
test weight Probegewicht
test welding Probeschweißung
test wiring Meßverkabelung
test work Prüfarbeit, Versuchstätigkeit
test zone Testen Zone (Befehl)
testbed aircraft fliegender Prüfstand
testbed for the re-engining fliegender Erprobungsträger für das Nachbrennertriebwerk
testbed of aerodynamic performance Testung aerodynamischer Leistungen (im transsonischen Windkanal)
testbed of artificial intelligence and robotic system Prüfstand für das System künstliche Intelligenz und Roboter
tester Prüfer, Prüfgerät, -maschine, Prüfvorrichtung, Sucher
tester for calibration circuit Eichleitungsprüfer
tester, formation Formationsprüfgerät
testing Ausprobieren, Erprobung, Experiment, Inspektion, Kontrolle, Prüfen, Prüfung, Probe, Untersuchung, Versuch
testing aircraft hydraulic components Funktionskontrolle der Flugzeughydraulik
testing air data system Prüfung des Luftwertesystems
testing apparatus Prüf-, Untersuchungsapparat, Prüfgerät, Prüfvorrichtung
testing apparatus for all radio antennas C-Gestell
testing appliance Prüfvorrichtung
testing arbor with reticule Prüfdorn mit Fadenkreuz
testing bank C-Kontaktbank
testing bar Stellungsprüfer
testing battery Meß-, Prüfbatterie
testing bed Versuchsstand
testing body Probefahrtkarosserie
testing button Prüfknopf
testing by electric induction elektroinduktive Prüfung
testing circuit Meß(strom)kreis
testing commutator Meßumschalter
testing, condition name Bedingungsnamenprüfung (COBOL)
testing crew Meßtrupp
testing current Meß-, Prüfstrom
testing current intensity Meßstromdichte, Meßstromstärke
testing data Meß-, Prüfwerte
testing department Erprobungsstelle
testing device Prüfeinrichtung
testing device for current transformer Stromwandlerprüfeinrichtung
testing device for receiver sensitivity Empfindlichkeitsprüfer
testing direction Versuchsvorschrift
testing engine Prüfmotor
testing engineer Prüf(ungs)ingenieur
testing equipment Prüfapparatur, Prüfeinrichtung
testing equipment, high-precision automatic automatische Präzisionsprüfeinrichtung
testing floor Prüffeld
testing fusibility Schmelzpunktermittlung
testing gross vehicle weight, specified angegebenes Fahrzeuggesamtgewicht (TGVW)
testing ground Prüffeld
testing installation Versuchseinrichtung
testing instruction for field storage Feldspeicherüberprüfungsanweisung
testing laboratory Erprobungsstelle, Materialprüfanstalt, Materialprüfstand, Prüflabor(atorium)
testing machine (Werkstoff)prüfmaschine
testing-machine for bending tests Prüfmaschine für Biegeversuche
testing-machine for repetition of torsional stress Dauerversuchsmaschine für Drehschwingungsbeanspruchung
testing-machine for torsion test Prüfmaschine für Drehversuche
testing, marginal Grenz(wert)prüfung, Randwertkontrolle, Randwertprüfung
testing mark Prüfungszeichen
testing method Meßmethode, -verfahren, Prüfungsmethode
testing, non-destructive zerstörungsfreie Werkstoffprüfung
testing of hardness Härteprüfung

testing of materials Material-, Werkstoffprüfung, Werkstoffuntersuchung
testing of spacecraft components Erprobung von Raumfahrzeugbauteilen
testing of structural parts containing sources of defects Schwachstellenprüfung
testing of structures Bau-, Gefügeprüfung
testing of thermal insulation material wärmeschutztechnische Prüfung
testing of weakest points in design Schwachstellenprüfung
test of weakest points in a structural member Schwachstellenprüfung
testing, on-the-rig Erproben od. Prüfen an Bohrstelle
testing operator Prüftechniker
testing outfit Prüfeinrichtung
testing phase Erprobungsphase
testing plant Versuchsanlage
testing point Trenn-, Untersuchungsstelle
testing point with remote control Untersuchungsstelle mit elektrischer Fernsteuerung
testing position Prüfplatz, -stelle
testing power level Prüfleistung
testing probe Sonde (verwendet bei Zeichenerkennung)
testing process Probeverfahren, Prüfverfahren
testing push button Prüftaste
testing range Erprobungsgebiet
testing reactor Prüf-, Versuchsreaktor, Testreaktor
testing rig Prüfstandsbock
testing schedule Prüfplan
testing screen Brennrahmen
testing section Untersuchungsabschnitt
testing, selective selektive Messung
testing service Meß-, Prüfdienst
testing set Prüfgerät, -vorrichtung, Prüfeinrichtung
testing ship Versuchsschiff
testing state Prüfzustand
testing system Prüfsystem
testing, system Systemprüfung, -test
testing target Justiertafel
testing technique Meßtechnik
testing temperature Prüftemperatur
testing terminal Untersuchungsklemme
testing the fuel system Prüfung der Kraftstoffanlage (av)
testing time Meßzeit, Versuchskapazität, Versuchszeit (Erprobung im Großwindkanal)
testing to destruction zerstörende Prüfung
testing track Probefahrbahn
testing transformer Prüftransformator, Prüftrafo
testing transmitter Normalgenerator
testing under the use conditions Prüfung unter Praxisbedingungen
testing voltage Prüfspannung
testing wire Meß-, Prüfdraht, Meßleitung, Prüfleitung
testing work Prüf-, Untersuchungsarbeit, Versuchsarbeit
testing yard Prüfstand (Waffen)
testmeter Prüfinstrument
Testor hardness Testor-Härteprüfer
tests of random number tables Prüfung von Zufallszahlentabellen
tests of water regeneration Anlagenerprobung zur Wasserregeneration
TET technical elevation test
TETAM tactical effectiveness testing antitank/...missiles
tether line Halteseil
tethered aerial instrument carrying platform gefesselte schwebende Instrumentenplattform
tethered instrument platform gefesselte Instrumentenplattform
tethered platform Fesselplattform, gefesselte Plattform
tethered rotor platform gefesselte Rotorplattform
tethering links Fesselbeschläge (Hschr)
tetra basic vierbasisch
tetra chloride Tetrachlorid
tetra ethyl lead fuel Bleibenzin, Bleikraftstoff
tetra fluoro ethylene Tetrafluoräthylen
tetrad Tetrade, vierwertiges Atom, Vierzahl
tetragonal packing of spheres trapezförmige Kugellagerung
tetragonal thread trapezförmiges Gewinde
tetrafunctional structural unit tetrafunktionelles Grundmolekül
tetrahedron Tetraeder, Vierflach
tetrahexahedron Pyramidenwürfel, Tetrakishexäder
tetrahydro furance Tetrahydrofuran
tetrajunction transistor Doppeltransistor mit Vierergrenzschicht
tetratomic vieratomig
tetravalence Vierwertigkeit
tetravalent vierwertig
tetrode Doppelgitterröhre, Tetrode, Vierelektroden-, Vierpol-, Zweigitterröhre
tetrode transistor Tetrodentransistor
tetrode, transistor Tansistortetrode
texrope belt gewobener Gurt
texrope drive Keilriemenantrieb
text Text, Wortlaut
text cards Maschinenprogrammkarten, Textkarten
textimat Textimatte (Glasfasermatte)
texture faserige Gefüge, Faserung, Gewebe, Struktur, Textur, Oberflächengefüge (geol)
texture of rock Gesteinsgefüge, Textur des Gesteins (geol)
texture of the formation Gebirgsgefüge
texture patterns on-line On-Line-Strukturmodelle (Simulatoren)(av)
textured image Geländestrukturierung
textured plastic Kunststoff mit Gewebestruktur
textured sheeting genarbte Folie
texturized mat nachgehärtete Matte
TF Testfelf
TFC (traffic) Verkehr
T.F.O. (tuning fork oscillator) Stimmgabelgenerator, -oszillator
TGC travel group charter
TGC(time controlled gain) zeitabhängige Verstärkungsregelung
TGL (tough-and-go landing) Aufsetzen und Durchstarten
TGRLSS two-gas regenerative life support system
TGSM terminally guided sub-munition

TGVW test gross vehicle weight
TH true heading
thaimine Thaimin
thallic bromide Thallibromid
thallic ion Thallion
thallic oxide Thalliumoxyd
thallic sulfat Thallisulfat
thallium chloride Thalliumchlorid
thallium-mercury vertical sensor Thallium-Quecksilber-Lotgeber
thalofide cell Thalliumsulfid-Widerstands-photozelle
thaw, to (to melt) tauen, schmelzen
thawing bore holes Auftauen der Bohrlöcher
thawing device Auftaugerät
thawing point Taupunkt
"the broomstick check" Besenstielprüfung (Turbine)
the man in front Vordermann
the planet's upper atmospheric layer obere Schichten der Planetenatmosphäre
the visor up voll hochgefahrenes Visier
the-wing balancing at cruise speed of the complete propeller assembly-prop, spinner, shaft and associated components Auswuchten des gesamten Luftschraubensystems - Propeller, Haube, Welle u. Zubehör
then dann (ALGOL)
theater of operation Operationsgebiet, Operationsraum
theater of war Kriegsgebiet, -schauplatz
theme Kennsignal
theodolite Theodolite, Winkelmesser
theodolite with compass Bussoleninstrument
theodolite with stadia lines Theodolit mit Distanzmeßeinrichtung
theorem Lehrsatz (math), Theorem, Satz
theorem of conversation of momentum Impulserhaltungssatz
theorem of Feinstein Feinstein'scher Satz
theorem of impulse Impulssatz
theorem of McMillan McMillan'scher Satz, Äquipartitionseigenschaft, asymptotische Gleichverteilung
theorem of the sine Sinussatz
theorem of proving program Beweisprogramme
theoretical absolute zero moisture level (-237°C dewpoint) theoretische Feuchte am absoluten Nullpunkt (Taupunkt -237°C)
theoretical best gliding angle theoretisch bester Gleitflugwinkel
theoretical boundary theoretische Grenze
theoretical ceiling Rechnungsgipfelhöhe, theoretische Gipfelhöhe
theoretical cross section Sollquerschnitt
theoretical curve Rechenkurve, theoretische Kurve
theoretical cut-off theoretische Grenzfrequenz
theoretical deflection schußtafelmäßige Seitenverschiebung
theoretical instruction theoretischer Unterricht
theoretical limit of impact attenuation theoretische Grenze der Aufschlagdämpfung
theoretical margin theoretischer Spielraum
theoretical model theoretisches Modell
theoretical nuclear physics theoretische Kernphysik
theoretical plate theoretischer Boden (Trennkolonne)
theoretical quantity Sollmenge
theoretical range schußtafelmäßige Schußweite
theoretical rate of revolution Bezugsdrehzahl
theoretical time of flight schußtafelmäßige Flugzeit
theories of learning Lerntheorien, Lernmodelle
theory, anticlinal Antiklinaltheorie
theory concentrated defenses at key points Schwerpunktgedanke
theory of AA fire Flakschießlehre
theory of arc cathode Bogenkathodentheorie
theory of arc column, dynamic dynamische Bogensäulentheorie
theory of automata Automatentheorie, Theorie des Automaten
theory of beams Balkentheorie
theory of boundary layer Grenzschichtlehre (aerodyn)
theory of circulation around the wing Zirkulationstheorie
theory of color Trägerfrequenz
theory of combination Kombinationstheorie
theory of communication Informationstheorie
theory of contiguous conditioning Kontiguitätstheorie (päd)
theory of continuous action Nahewirkungstheorie
theory of dispersion Dispersionstheorie
theory of elasticity Elastizitätstheorie
theory of elementary divisor Elementarteilertheorie
theory of ellipticity Abplattungstheorie (nach Hertz)
theory of emission Emissionslehre, Strahlungslehre
theory of error Fehlertheorie
theory of function Funktionstheorie
theory of games Spieltheorie, Theorie der strategischen Spiele
theory of information Informationstheorie
theory of interlacing Bindungslehre
theory of lift Aufstiegs-, Auftriebstheorie
theory of logical nets Theorie der Ionennetze
theory of low-pressure column Niederdrucksäulentheorie
theory of mapping Abbildtheorie
theory of measurement theoretische Messung, Grundsätzliches zur Messung
theory of mesotrons Mesotrontheorie
theory of method Didaktik
theory of minimum arc voltage minimale Brennspannungstheorie (Minimumprinzip)
theory of nerve nets Nervennetztheorie, Theorie des Neuronennetzes
theory of number Zahlentheorie
theory of plain bearings Gleitlagertheorie
theory of radiation Strahlungstheorie
theory of proportion Ähnlichkeitstheorem
theory of relativity Relativitätstheorie, Standpunktlehre
theory of reliability Sicherheits-, Zuverlässigkeitstheorie
theory of sets Mengenlehre (päd)(math)
theory of simularity, steady stationäre Ähnlichkeitstheorie
theory of stability Stabilitätslehre, -theorie

theory of strength of materials Werkstofffestigkeitslehre
theory of structure Baustatik
theory of the ionosphere Ionosphärentheorie
theory of transmission lines Leitungstheorie
theory of valence Basizitätstheorie
theory of vortices Wirbellehre
therapeutic effect of centrifugation (space) therapeutischer Effekt der Zentrifugalkraft (Raumfahrtmedizin)
therapy dose Therapiedosis
therapy tube Therapieröhre
theremins ether-wave instrument Ätherwelleninstrument
thermal absorber plate Wärmeabsorptionsplatte
thermal absorption Wärmeabsorption, Absorption thermischer Neutronen
thermal accumulator Wärmespeicher (eines Heizkraftwerkes)
thermal action Wärmeaktion
thermal activation cross section Aktivierungsquerschnitt für thermische Neutronen
thermal agitation thermische Bewegung, Wärmebewegung, thermische Erregung
thermalagitation noise thermisches Rauschen, Wärme-, Widerstandsrauschen
thermal agitation voltage Wärmerauschspannung
thermal ammeter Hitzebandamperemesser, Hitzedrahtamperemeter, Hitzedrahtstrommesser
thermal analysis Thermoanalyse (Werkstoffprüfung), thermische Analyse (Metallurgie)
thermal and axidative characteristics Temperaturverhalten u. Oxydationsmerkmal
thermal anti-icer thermischer Vereisungsschutz
thermal balance Wärmebilanz
thermal barrier Hitzegrenze (Reibungsfläche an Lfz)
thermal base Reaktorbetriebstemperatur
thermal beam Strahlenbündel thermischer Neutronen
thermal bolt Reifenüberdrucksicherung (Thermalsicherung)
thermal breakdown thermische Instabilität od. Rückkopplung, thermischer Durchbruch (im Halbleiterelement)(dig)
thermal breeden langsamer, thermischer Brüter
thermal bubble Thermikblase
thermal bump Thermikstoß
thermal capacity Wärmekapazität
thermal change point Umwandlungspunkt
thermal characteristic Temperaturcharakteristik
thermal circle thermischer Kreisprozeß
thermal circuit-breaking thermische Auslösung
thermal coefficient Wärme(leit)wert, Wärme(leiter)zahl
thermal condition Wärmezustand
thermal conduction Wärme(fort)leitung
thermal column thermische Säule
thermal column beam Neutronenstrahl aus thermischer Säule
thermal conductivity due to molecular dissociation Dissoziations-Wärmeleitfähigkeit
thermal conductivity detector Wärmeleitfähigkeitszelle
thermal contact thermische Kopplung, Thermokontakt
thermal contrast Temperaturkontrast (Lantrin)
thermal control louvres Jalousien zur Wärmeregulierung
thermal control-switchboard Wärmewarte
thermal control system components thermische Bauteile (sp)
thermal convection Wärmekonvektion, thermische Strahlung
thermal converter Thermoumformer
thermal crack Vielhärtungsriß, Wärmeriß
thermal cross Thermokreuzbrücke
thermal cross section thermischer Wirkungsquerschnitt
thermal cutout thermischer Auslöser, thermische Auslösung
thermal cycle thermischer Kreisprozeß, Wärmeübertragungssystem
thermal cycling thermische Wechselbeanspruchung
thermal decomposition thermische Zersetzung
thermal deformation Wärmeverformung
thermal de-icing control in nacelles (inboard) thermische Enteisungsregelung in Motorgondeln (Innenbord)
thermal delay relay Thermoverzögerungsrelais
thermal derating factor thermischer Reduzierkoeffizient (für Verlustleistung)
thermal detecting cell Thermoumformer
thermal detector Nachweisgerät für thermische Neutronen, Schmelzlotmelder
thermal diffusion Thermodiffusion, Wärmezerstreuung, thermische Diffusion
thermal diffusion factor Thermodiffusionsfaktor
thermal diffusion length Diffusionslänge für thermische Neutronen
thermal diffusion method Thermodiffusionsmethode
thermal diffusion separation Trennung durch Thermodiffusion
thermal diffusivity Thermodiffusion, Temperaturleitwert-, Wärmeausbreitungsvermögen
thermal distribution Temperaturverteilung
thermal dosage Dosis thermischer Neutronen
thermal drift thermischbedingte Abweichung (langsam)
thermal eddies Thermikwirbel
thermal effect Wärmetönung, -wirkung
thermal efficiency Hitzewirkungsgrad, thermischer Wirkungsgrad, Wärmewirkungsgrad, Wärmeausnutzung, -leistung
thermal effusion Wärmeübertragung
thermal energy thermische Energie, Wärmekraftmaschine
thermal equation of state thermische Zustandsgleichung
thermal equilibrium Wärmegleichgewicht
thermal equivalent mechanisches Wärmeäquivalent, Wärmearbeitswert
thermal equivalent of mechanical energy kalorisches Arbeitsäquivalent
thermal excitation thermische Anregung
thermal excitation energy thermische Anregungsenergie
thermal expansion Wärme(aus)dehnung, thermische Ausdehnung
thermal expansion coefficient Wärmeausdehnungszahl

thermal expansivity Wärmeausdehnungsvermögen
thermal explosion Wärmeexplosion
thermal fatigue thermische Ermüdung
thermal fence outer ring Wärmezaunaußenring
thermal fission Spaltung durch thermische Neutronen, thermische Spaltung
thermal fluctuation Wärmeschwankung
thermal flux Fluß thermischer Neutronen, thermischer Fluß
thermal gliding Thermiksegelflug
thermal gradient geometrische Tiefenstufe
thermal gradiometer thermischer Neigungsmesser
thermal hysteresis thermische Hysterese
thermal ice elimination Warmluftenteisung
thermal imager Wärmebildanzeiger
thermal-imaging common module Wärmebildmodul
thermal-imaging system Wärmebildgerät, funktionsfähiges Wärmebildsystem
thermal imaging system, portable (electro-optics) tragbares Wärmebildsystem (Optronik)
thermal impulse welding Wärmeimpulsschweißen
thermal inertia Wärmeträgheit
thermal influence Wärmewirkung
thermal influence heat effect Wärmewirkung
thermal instability thermische Instabilität
thermal instrument thermisches Instrument, thermisches Meßgerät
thermal insulating material Wärmeisolierstoff
thermal insulation Wärmedämmung
thermal ionization thermische Ionisation, Thermoionisation
thermal jet Heißluftstrahl
thermal jet-engine Heißstrahltriebwerk, Heißstrahlmotor
thermal jet propulsion Vortrieb durch Heißstrahltriebwerk
thermal junction Thermokreuz
thermal lag thermische Verzögerung, Wärmeverzug
thermal-lag switch Thermoschalter
thermal leakage thermischer Verlust
thermal leakage factor thermischer Entweichungsfaktor
thermal life-time Lebensdauer thermischer Neutronen
thermal lift thermischer Auftrieb, Thermik
thermal limit Erwärmungsgrenze, thermische Höchstlast od. Einschränkung
thermal limit current thermischer Grenzstrom (Stromumwandler)
thermal load thermische Belastung
thermal loop Wärmeübertragungssystem
thermal loss Erwärmungs-, Wärmeverlust
thermal magnetic trip thermisch magnetische Auslösung (Schaltautomat)
thermal map Wärmekarte
thermal matching thermisch aufeinander abgestimmtes Bauteil
thermal metamorphism Thermometamorphose
thermal motion Wärmebewegung
thermal motion of electrons Wärmerauschen
thermal neutron langsames od. thermisches Neutron
thermal neutron activation Aktivierung durch thermische Neutronen
thermal neutron capture cross section Einfangquerschnitt für thermisches od. langsames Neutron
thermal neutron fission cross section Spaltquerschnitt für thermisches od. langsames Neutron
thermal night sight thermisches Nachtsichtgerät
thermal noise thermisches Rauschen, Wärmegeräusch, Widerstandsrauschen (Röhre)
thermal noise generator Wärmerauschgenerator
thermal noise source thermisches Rauschen
thermal noise standard Rauschnormal
thermal non-equilibrium thermisches Nichtgleichgewicht
thermal nuclear reactor thermischer Reaktor
thermal or hot spring Thermalquelle
thermal or hot-wire ammeter Hitzeband-, Hitzedrahtamperemeter
thermal or temperature coefficient Wärmezahl
thermal overload capacity thermische Überlastbarkeit
thermal overload relay thermisches Überlastrelais
thermal phenomenon Wärmephenomen
thermal phial Temperaturfühler
thermal pile or reactor langsamer, thermischer Reaktor
thermal pollution Störung im Wärmegleichgewicht, Wärmegleichgewichtsstörung
thermal potential Thermopotential
thermal power Heiz-, Wärmekraft
thermal power installation Wärmekraftanlage
thermal power station Wärmekraftwerk
thermal process Wärmevorgang
thermal protection during entries ausreichender Wärmeschutz beim Wiedereintritt in die Erdatmosphäre (sp)
thermal radiation Wärmeabstrahlung, Wärme(be)strahlung
thermal range thermisches Energiegebiet
thermal ray Wärmestrahl
thermal reactor Reaktor mit thermischen od. langsamen Neutronen
thermal receiver Empfänger mit thermischem Hörer, Thermophon
thermal relay Thermorelais
thermal region thermischer Bereich
thermal relief valve Thermo-Enlastungs- od. Überdruckventil (Kraftstoffanlage), Wärmesicherheitsventil
thermal requirement Wärmebedarf
thermal response Temperaturanstieg(s)rate
thermal resistance Heißleiter, thermischer Widerstand, Wärmewiderstand
thermal resistivity Wärmebeständigkeit, Wärmewiderstand(sfähigkeit)
thermal retardation Haltezeit
thermal salt and heat pipe questions Wärmetransport- und -übertragungsproblem (Raumstationsenergie)(sp)
thermal salts (lithium hydroxide in the Rankine engine, lithium fluoride in the Brayton engine) Wärmetransportmedium (Lithiumhydroxid bei der Rankine-Maschine und Lithiumfluorid bei der Brayton-Turbine)

thermal shield Wärmeabschirmung, -schild
thermal shock Wärmeschock, -stoß, plötzliche Temperaturveränderung
thermal-shock cracking Wärmeschockriß
thermal-shock effect Wärmeschockwirkung
thermal shock test Wärmestoßprüfung
thermal soaring Thermiksegelflug, thermischer Segelflug
thermal space simulation tests Wärmefestigkeitsprüfprogramm
thermal spectrum Spektrum thermischer Neutronen, thermisches Spektrum, Wärmespektrum
thermal spike Wärme-Maximum
thermal stability Wärmebeständigkeit, -festigkeit, -stabilität
thermal starter Heißstarter
thermal station Heizkraftwerk, kalorisches Kraftwerk
thermal storage water heater elektrischer Heißwasserspeicher
thermal strain thermale Verformung (von Halbleitern), Wärmespannung
thermal stratification Temperaturschichtung (meteo)
thermal stress Temperaturspannung, Wärmebelastung, -spannung
thermal stress or heat tension Wärmespannung
thermal stress-relief Spannungsfreiglühen
thermal switch Thermoschalter
thermal switch is provided to warn of excessive hydraulic fluid temperature (hydraulic system) Thermoschalter löst beim Überschreiten der zulässigen Betriebstemperatur die entsprechenden Wärmesignale aus (av)
thermal target wärmeabstrahlendes Ziel
thermal telephone receiver Empfänger mit thermischem Hörer
thermal thrust thermischer Lagerregelungsantrieb
thermal time constant Wärmekonstante, Kathodenanheizzeit
thermal time element thermische Verzögerungseinrichtung
thermal treatment Wärmebehandlung
thermal transmitter Thermomikrophon
thermal transpiration thermische Strömung, Wärmediffusion, -übertragung
thermal tuning thermische Abstimmung od. Verstimmung
thermal tuning sensitivity thermische Abstimmempfindlichkeit
thermal tuning time thermische Abstimmzeit beim Anwärmen
thermal tuning time constant Zeitkonstante der thermischen Abstimmung
thermal unit Kalorie, Wärmeeinheit
thermal upcurrent thermischer Aufwind, thermischer Nutzfaktor
thermal utilization factor thermischer Nutzfaktor
thermal value Wärmewert, Heizwert
thermal valve Thermoventil, thermostatgesteuertes Ventil
thermal velocity thermische Geschwindigkeit, Thermogeschwindigkeit
thermal velocity neutron langsames od. thermisches Neutron
thermal ventilation Luftdurchwirbelung
thermal voltmeter thermischer Spannungsmesser
thermal wave Wärmewelle
thermal wind Scherwind, thermischer Wind
thermal yield Wärmeausbeute
thermally absorbing nucleus thermisch absorbierender Kern
thermally fissionable material thermisch spaltbares Material
thermally homogeneous design of azimuth thermisch homogene Auslegung des Azimutteils
thermally-insulated wärmeisoliert
thermally isolated reagent storage wärmeisolierter Behälter für Reagenzmittel
thermally-operated thermisch betätigt
thermatron Thermatron
thermautostat elektronisches Thermostat
thermic thermisch, wärmetechnisch
thermic copy Wärmekopie, Wärmeablichtung
thermic development Wärmeentwicklung
thermic flight Thermikflug
thermic insulant thermischer Isolierstoff, Dämmstoff, Wärmeisolierstoff
thermic protection Wärmeschutz
thermic relay Thermorelais
thermic upwash near ground Bodenthermik
thermic weight Wärmegewicht (phys)
thermion Thermoelektron, Thermion, Glühelektrode
thermion relay Elektronenrelais, Relaisröhre, Thermoionenrelais
thermionic glühelektrisch, thermionisch
thermionic amplifier Glühkathoden-, Röhrenverstärker
thermionic apparatus Elektronenröhrengerät
thermionic arc thermischer Lichtbogen
thermionic cathode Glühkathode
thermionic conduction thermionische Leitung
thermionic constant Glühemissionskonstante
thermionic converter Glühemissionskonverter, thermionischer Konverter, Thermionikelement (Energiewandler)
thermionic current Anodenstrom, Arbeitsstrom, Glühelektronenstrom, Thermionenstrom, Strom von Thermionen
thermionic detection Röhrenabtasten
thermionic detector Röhrendetektor
thermionic diode heiße Diode
thermionic discharge (Glüh)elektronenentladung
thermionic electron emission thermische Elektronenemission
thermionic emission Elektronenverdampfung, glühelektrische Elektronenabgabe od. Emission, glühelektrischer Effekt, thermische Elektronenemission, Glühemission, Glühelektronenabgabe
thermionic emission microscope (Glüh)emissionsmikroskop
thermionic emission of grid thermische Gitteremission
thermionic emission properties Glühemissionseigenschaften
thermionic flow Wärmestrom
thermionic generator thermionischer Generator, Thermionikgenerator (aus Thermoelementen)
thermionic grid emission primäre Gitteremission
thermionic magnifier Röhrenverstärker

thermionic oscillator Röhrengenerator, Röhrenoszillator, -sender
thermionic reactor Thermionik-Reaktor
thermionik rectifier Glühkathodengleichrichter, Röhrengleich(strom)richter
thermionic relay Elektronen-, Röhrenrelais, Thermionenrelais, Verstärkerröhre
thermionic trigger device Selbstschwingungsvorrichtung
thermionic tube Elektronen(strahl)röhre, Glühkathodenröhre, Kathodenstrahlröhre
thermionic vacuum tube or valve Elektronenröhre, Thermionenröhre
thermionic-valve Detektorempfänger, Elektronen-, Kathodenröhre, Röhrenempfänger, Glühkastenröhre, thermionischer Gleichrichter, Thermionenröhre
thermionic-valve detector Röhrendetektor
thermionic-valve receiver Röhrenempfänger
thermionic-valve sender Röhrensender
thermionic voltmeter Röhrenvoltmeter
thermionics Lehre von den Elektronenröhren, Thermionen, Thermionik
thermistor Heißleiter, Thermistor
thermistor and a fixed capacitor to measure temperatur Thermistor mit Festkondensator zur Temperaturmessung
thermistor bridge Heißleiterbrücke
thermistor calorimeter Thermistorkalorimeter, thermischer Leistungsmesser
thermistor-controlled regulator Thermistorregler
thermistor detector Thermistor-Detektor
thermistor mount Thermistormeßkopf
thermit Thermit
thermit welding aluminiumthermisches Schweißverfahren, aluminiumthermische Schweißung, Thermitschweißung
thermite bomb Thermitbombe
thermite charge Thermitladung
thermite filling Thermitfüllung
thermite fusion welding Thermitgießverfahren
thermite incendiary bomb Thermitbrandbombe
thermite iron Thermiteisen
thermite process Thermitverfahren
thermite weld(ing) Thermitschweißung
thermo ammeter Thermostrommesser, thermoelektrisches Amperemeter
thermoand pressure bonding thermisches Kleben, Druckkleben
thermo barograph Thermobarograph
thermobarometer Kock-, Siede-, Thermobarometer
thermo-chemical thermochemisch
thermo-chemical diffusion thermochemische Diffusion
thermochemistry chemische Thermodynamik
thermo-chromism Thermochromie
thermochrosy Thermochrose, Wärmefärbung (durch Infrarotstrahlen)
thermo colo(u)r auf Wärme ansprechende Farbe, Thermofarbe
thermo-compression welding Thermokompressionsschweißung
thermo contact Hitzedrahtfedersatz
thermo converter Thermoumformer
thermocouple thermoelektrisches Element, Thermoelement, -kreuz, -paar, -zelle, Thermokopplung
thermocouple ammeter Thermostrommesser, thermoelektrischer Strommesser
thermocouple carrier Thermoelemententräger
thermocouple circuit Thermoelementenkreis
thermocouple cross Thermokreuzbrücke
thermocouple detector Thermokreuz
thermocouple element Thermoelement
thermocouple galvanometer Thermogalvanometer
thermocouple instrument thermoelektrisches Meßinstrument, Thermoumformer-Meßgerät, Thermo(umformer)-Instrument
thermocouple joint Anschlußkopf
thermocouple meter thermoelektrisches Meßgerät, Thermokreuzinstrument
thermocouple needle stabförmiges Thermoelement
thermocouple point (automatic control) Thermoelement-Anschlußpunkt
thermocouple signal amplifier Thermoelementverstärker
thermocouple temperature transmitter Thermotransmitter
thermocouple vacuum gauge Thermokreuz zur Messung von Gasdruck
thermocouple voltmeter Thermovoltmeter
thermocouple wire Thermoelementendraht
thermo current thermoelektrischer Strom, Thermostrom
thermo detector Thermodetektor
thermo diffusion Wärme(fließ)diffusion, Wärmeübertragung, Thermodiffusion
thermoduric hitzebeständig
thermodynamic(al) thermodynamisch
thermo dynamic barrier Wärmemauer
thermo dynamic concentration ideale od. thermodynamische Konzentration
thermo dynamic cycle thermodynamischer Kreisprozeß
thermodynamic cycle efficiency thermodynamischer Wirkungsgrad des Kreisprozesses
thermo-dynamic degeneracy thermodynamische Entartung
thermodynamic diagram thermodynamisches Diagramm
thermo dynamic efficiency thermodynamischer Wirkungsgrad
thermodynamic equilibrium thermodynamisches Gleichgewicht
thermo-dynamic function thermodynamische Funktion
thermo-dynamic horsepower thermodynamische Auftriebskraft
thermo-dynamic nuclear rocket thermische Spaltstoffrakete
thermo-dynamic potential thermodynamisches Potential
thermo-dynamic power rating thermodynamische Leistung (av)
thermo-dynamic temperature Kelvintemperatur, thermodynamische Temperatur
thermo dynamics Thermodynamik, Wärmedynamik, Wärme(kraft)lehre
thermo-economy Wärmewirtschaft
thermo-elastic thermo-, wärmeelastisch
thermo-elastatic stage thermoelastischer Zustand

thermo-elasticity Thermoelastizität
thermo-electric elektrokalorisch, thermo-, wärmeelektrisch, Wärmeeinsaugung, Wärmeeinstrahlung
thermo-electic battery Thermosäule
thermo-electric couple Thermoelement
thermo-electric current thermoelektrischer Strom, Thermostrom
thermo-electric effect thermoelektrische(r) Effekt od. Kraftwirkung, Seebeck-Effekt
thermo-electric element Thermoelement (bestehend aus positiv u. negativ)
thermo-electric force Thermokraft
thermo-electric generating set Wärmekraftaggregat, -stromerzeuger, thermische Generatorgruppe
thermo-electric generation thermoelektrische Energieerzeugung, Wärmekrafterzeugung
thermo-electric instrument thermoelektrisches Meßgerät
thermo-electric inversion thermoelektrische Umkehrung
thermo-electric material Thermoelektrikmaterial
thermo-electric method of generation thermoelektrische Stromerzeugung
thermo-electric pile thermoelektrische Säule, Thermosäule
thermo-electric potential Thermospannung
thermo-electric power thermoelektrische Kraft, Thermokraft, -spannung
thermo-electric refrigeration thermoelektrische Kälteerzeugung (od. Kühlung)
thermo-electric relay Thermorelais
thermo-electric series thermoelektrische Spannungsreihe
thermo-electric thermometer thermoelektrisches Thermometer
thermo-electric traction thermoelektrische Zugförderung
thermo-electric voltage Thermospannung
thermo-electric wire Thermoelementendraht
thermo electrical elektrokalorisch, wärmeelektrisch
thermo-electricity Thermo-, Wärmeelektrizität
thermo-electromotive thermoelektromotorisch
thermo-electromotive force thermoelektromotorische Kraft
thermo electron Glüh-, Thermoelektron
thermo-element Thermoelement, -kette, Thermozelle
thermo-e.m.f. Thermokraft, Thermo-EMK
thermo-emission Thermoemission
thermo engine Wärmekraftmaschine
thermoform warmformen
thermo-forming Thermoverformung (pla)
thermo-forming machine Thermoformmaschine
thermo for catalytic cracking katalytisches Reformieren, Thermoformprozeß
thermo galvanometer thermoelektrisches Galvanometer, Thermokreuz
thermo gauge Thermomanometer
thermogen Wärmestoff
thermo-generator Wärmegenerator
thermogram Temperaturbild, Thermogramm
thermograph registrierendes Thermometer, Schreibthermometer, Thermograph, Wärme(grad)schreiber, Temperaturschreiber
thermo-gravimetric thermogravimetrisch
thermo-gravimetry Thermogravimetrie
thermo-hardening aushärtbar
thermohydrometer Thermoaerometer, Thermohydrometer
thermo-ionic tube Elektronenröhre
thermo-isopleth Thermo-, Wärmeisoplethe
thermojet Düsen-, Strahltriebwerk
thermo-junction thermoelektrische Lötstelle, Lötstelle an Thermoelement, thermoelektrisch wirkende Verbindung (Lötstelle)
thermo-junction instrument thermoelektrisches Meßgerät
thermo-kinetic energy of gas exhaust kinetische Energie des Gasstroms
thermo-kinetic fuel equivalent thermokinetisches Wärmeelement
thermo-labile wärmeunbeständig, thermolabil
thermo-locating thermische Ortung, Wärme(an)peilung
thermo-location Wärmeanpeilung, thermische Ortung
thermo-luminescence Thermolumineszenz
thermo-luminescence dosimeter Thermolumineszenzdosimeter
thermolysis thermische Dissoziation
thermomagnetic thermomagnetisch
thermo-mechanical transducer thermomechanischer Wandler
thermo-metallurgy Thermometallurgie
thermometer Temperaturmesser, Thermometer, Wärmegradmesser
thermometer branch Thermometerstutzen
thermometer bulb Thermometerblase, -kugel
thermometer column Thermometerröhre
thermometer, electronic elektronisches od. selbstanzeigendes Thermometer
thermometer for heating boilers Heißkesselthermometer
thermometer graduated on the stem Stabthermometer
thermometer housing Gehäuse zum Einstecken eines Thermometers, Thermometergehäuse
thermometer probe Temperaturfühler
thermometer resistor Thermometerwiderstand
thermometer scale Thermometereinteilung, -skala
thermometer screen Instrumentenhaus (meteo), Thermometerhütte, Wärmegradmesserhütte
thermometer shelter Instrumentenhütte, Thermometerhütte
thermometer stem Thermometerschaft
thermometer stem or tube Thermometerhals, -röhre
thermometer tube Temperaturfühler mit Schutzrohr
thermometer-type instrument thermometerartige Anzeige
thermometer well Thermometerhülse, -tasche
thermometer with enclosed scale Einschlußthermometer
thermometric thermometrisch, mittels Thermometer, wärmemessend
thermometric column Thermometerfaden Thermometersäule
thermometric scale Temperatur-, Wärmeskala
thermometrograph selbstregistrierendes Thermometer

thermometry Thermometrie, Wärmemessung
thermomotive thermomotorisch
thermomotor Heißluftmaschine
thermonic glühelektrisch
thermo-nuclear thermonuklear
thermo-nuclear bomb H-Bombe, Wasserstoffbombe, thermonukleare Bombe
thermo-nuclear burning Fusion, Kernverschmelzung, thermonukleare Reaktion
thermo-nuclear energy thermonukleare Energie, Atomenergie
thermo-nuclear energy generation Erzeugung nuklearer Energie
thermo-nuclear fusion Kernfusion, Kernverschmelzung, thermonukleare Reaktion
thermo-nuclear reaction Fusion, Kernverschmelzung, thermonukleare Reaktion
thermo-nuclear warhead thermonuklearer Sprengkopf
thermonucleonics thermonukleare Technik
thermopane glass Thermopanglas
thermopane-glazing thermopane Verglasung
thermo-pile Thermosäule
thermophone Thermophon, thermisches od. auf Wärme ansprechendes Telefon
thermo-phosphorescence Thermophosphoreszenz
thermo-physical thermophysikalisch
thermo-physics Thermophysik
thermo-pile thermoelektrische Säule, Thermokette, -säule
thermoplast Thermoplast
thermoplastic härtbare Masse, thermoplastisch(er Stoff), warm verformbar, Thermoplast, in der Wärme bildsam
thermoplastic adhesive Schmelzkitt, Schmelzklebstoff, thermoplastischer Klebstoff
thermoplastic binding machine Klebebindemaschine
thermoplastic die-casting machine Thermoplast-Spritzgießmaschine
thermoplastic material thermoplastischer Kunststoff, Thermoplast
thermoplastic moulding thermoplastisches Formteil
thermoplastic moulding material nichthärtbare Formmasse
thermoplastic pattern thermoplastischer Werkstoff (TB)
thermoplastic plastic thermoplastisches Kunstharz
thermoplastic recording thermoplastische Aufzeichnung
thermoplastic rib cords Zwillingsleitung
thermoplasticity Thermoplastizität, Warmbindsamkeit
thermo-regulation Wärmeregulierung
thermo-regulator Temperatur-, Thermo-, Wärmeregler (durch Ausdehnung einer Flüssigkeit)
thermorelay Bimetallrelais, -schalter
thermo-resistant thermostabil, wärmebeständig, hitzebeständig, thermoresistent
thermos bottle Thermosflasche
thermos flask Thermosflasche, Warmhalteflasche
thermoscope Thermoskop
thermo-sensitive temperatur-, wärmeempfindlich
thermoset, to durch Wärme härten, warmhärten
thermosetting durch Hitze erhärtend, durch Wärme härtbar, hitzeerhärten, duroplastisch, warm härtend, warmhärtbar
thermosetting adhesive hitzehärtbarer Kunst- od. Klebstoff, wärmehärtbarer Kunst- od. Klebstoff
thermosetting film adhesive hitzehärtbare Klebefolie
thermosetting material Duromer, Duroplast, hitzehärtbarer Kunststoff, in der Hitze aushärtendes Metall
thermosetting moulding material härtbare Formmassen
thermosetting plastics Duroplast, hitzehärtbarer Kunststoff, thermostatplastischer Werkstoff
thermosetting polyference resin laminierbares u. wärmeaushärtendes Polyferrozenharz
thermosetting reflow method Schmelzlackierung
thermosetting resin hitze- od. wärmehärtbares Harz, warmhärtendes Harz
thermosiphon Thermosiphon
thermosiphon circulation system Schwerkraftumlauf
thermosiphon cooling Wärmeumlaufkühlung, Thermosyphonkühlung
thermosol process Thermosolieren, Thermosolprozeß
thermosphere Thermosphäre
thermostable thermostabil, wärmebeständig, hitzebeständig
thermostat Temperaturregler, Thermostat, Wärmefühler, -halter, -regler
thermostat connection Fühleranschluß (Thermometer)
thermostat unit Temperaturreglereinheit, Thermostateinheit
thermostatic bath Temperaturbad
thermostatic control thermostatischer Regler
thermostatic control valve Kühlerventil
thermostatic expansion valve thermostatisches Expansionsventil (Tiefkühltruhe)
thermostatic insert Thermostateinsatz
thermostatic regulator Temperaturregler
thermostatic switch Thermoschalter
thermostatically safeguarded heater coil thermostatgeschützte Heizspirale
thermosyphon cooling system Thermosyphonkühlung
thermotest melting powder Thermotestschmelzpulver
thermotransformer Thermoumformer, Wärmeumformer
thermotron measuring tube Thermotronmeßröhre
thermovalue range Wärmewertbereich
thermovalve Thermoventil
thermoviscous number Thermoviskositätszahl
"thermovision" Thermovision, sichtbarmachen von Wärme
"thermovision" infrared radiation detection system "Thermovision" System zur Detektion von Infrarotstrahlung
thesaurus Thesaurus
theta function Thetafunktion
theta rhythm Thetarhythmus
theta waves Thetawellen

thick board Planke
thick film network, integrated integrierte Dickfilmschaltung
thick fog dichter Nebel
thick milled skin dickwandig gefräste Hautfeder
thick plate Grobblech
thick profile dickes Profil
thick sheet Grobfolie
thick wing dicker Flügel
thicken eindicken, verdicken, verstärken
thickener Absatzbehälter, Eindicker, Verdickungsbehälter, -mittel
thickening filter Eindickfilter
thickening of the blades Verstärkung der Messer
thickening substance Eindickungs-, Verdickungsmittel
thickness, alternating wechselnde Mächtigkeit
thickness, apparat scheinbare Mächtigkeit
thickness chart (Karte der) relativen Topographie
thickness/chord ratio Dickenverhältnis (AC), relative Profildicke (Flügel usw), Profildickenverhältnis, Verhältnis zwischen Stärke u. Tiefe eines Flügelprofils
thickness distribution Dickenverteilung
thickness, drilled Bohrlochmächtigkeit, erbohrte Mächtigkeit
thickness feeler Fühlblech
thickness-function curve Tropfenkurve
thickness gauge Abstandsmesser, Dickenlehre, Fühlerlehre, Dickenmesser, Zwischenraummesser
thickness gradient Dickengradient, -stufe
thickness line Linie gleicher Schichtdicke
thickness measurement of layers Schichtdickenmessung
thickness meter Dickenmesser, -meßgerät
thickness of armor Panzerstärke
thickness of boundary layer Grenzschichtdicke
thickness of chip Spandicke
thickness of cloud Dichte od. Stärke (der Wolken), Wolkendichtigkeit, Wolkenmächtigkeit
thickness of concrete Betonstärke
thickness of cover Deckungsstärke
thickness of cutting edge (saw) Stärke der Zahnschneide
thickness of deposit Flözmächtigkeit (Bergbau)
thickness of film Schichtdicke
thickness of head Kopfhöhe
thickness of key Keilhöhe
thickness of layer Dicke der Schicht, Schicht(en)dicke
thickness of nut Mutterhöhe
thickness of overburden Stärke der Deckschicht
thickness of profile Profildicke
thickness of rib web Rippenstegstärke
thickness of shaving Spanstärke
thickness of sheet gauge Stärke der Blechlehre
thickness of shock layer Stoßfronttiefe
thickness of spar web Holmstegstärke
thickness of stratum Lagerungsdichte (geol)
thickness of strut Stiel-, Strebenbreite, Strebendicke
thickness of the earths crust Erdkrustendicke (geol)
thickness of the weathered layer Mächtigkeit der Verwitterungsschicht (geol)
thickness of tooth Zahnstärke
thickness of volution Dicke der Windung, Windungsdicke
thickness range Mächtigkeit schwankt
thickness ratio (Profil)dickenverhältnis, relative Profildicke, Sehnendicke, Sehnenstärkeverhältnis
thickness resonator Dickenresonator, Dickenschwinger
thickness shear crystal Dickenscherungsschwinger
thickness shear mode (of motion) Dickungsscherungsschwingung (Schwingquarze)
thickness-shear vibrating quartz plate Dickenscherungs schwingende Quarzplatte
thickness/sweep boundary Grenzwert für Dicke/Pfeilung (AC)
thickness tester Dickenprüfgerät
thickness, total Gesamtmächtigkeit
thickness, uniform wall gleichmäßige Wandstärke
thickness, unkown unbekannte Mächtigkeit
thickness, variable wechselnde Mächtigkeit (geol)
thickness vibration Dickenschwingung
thickness vibration of a crystal Kristalldickenschwingung
thickness vibrator Dickenschwinger
thickness, wall Dicke der Wandung (geol)
thief pump Wasserzapfpumpe
thief refinery Probenehmer
thief zone of well Schluckzone der Bohrung
thigh guard manual release lever Handauslösehebel für Schenkelschutz (Fsch)
thigh guard mechanism Schenkelschutzmechanismus
thigh guard operating lever Hebel der automatischen Schutzschenkelauslösung
thigh spring Schenkelfeder
thigh strap Bauchgurt (Anschnallgurtzeug)
thimble Tauchhülse
thimble (of rope) Kausche, Kauschring, Seilkausche, Kabelschleife, -schuh, Kleinkammer, Fingerhut, Hülse, Muffe, Zwinge
thimble chamber Fingerhutkammer
thimble hook Haken mit Kausche
thimble ionization chamber Fingerhutionizationskammer
thimble tube Fingerhutröhre
thimble-type diffuser Fingerhutzerstäuber
thimble-type thermocouple Thermoelement zum Einschrauben od. Verstemmen einer Bohrung
thin dünn(flüssig), fein, schwach
thin and medium sheet metal working Fein- u. Mittelblechbearbeitung
thin and thick film hybrid microcircuit Dünnfilmschaltung
thin-bodied dünnflüssig
thin boron counter dünnwandiger Borzähler
thin brazier rivet flacher Rundkopf
thin combustion chamber flacher Verbrennungsraum
thin-film dünne Folie, Häutchen
thin-film circuit Dünnfilm-, Dünnschicht-

schaltung
thin-film field electron emission Aufladungsemission
thin-film memory Dünnfilmspeicher, Speicher mit dünnen Schichten (EDV)
thin-film storage Dünnfilm-, Dünnschichtspeicher
thin-film store Dünnfilm-, Dünnschichtspeicher
thin-film thickness measurement Dünnfilmdickenmessung
thin-film transistor Dünnschichttransistor
thin fluid dünnflüssig
thin gauge metal block Metalldünnklischee
thin-gauge plate Feinblech
thin-gauge sheet metal Dünnblech
thin glass or plastic rod with a metallized coating metallbeschichtetes Glas od. Kunststoffstäbchen
thin gold layer Goldfolienschicht
thin-magnetic film magnetischer Dünnfilm
thin metal plate Feinblech
thin metal target dünne Metallschicht
thin mica plate Glimmerplättchen
thin nut flache Mutter
thin orifice plate Scheibenblende
thin printing paper Dünndruckpapier
thin profile Dünnprofil, dünnes Profil
thin rubber tubing dünner Gummischlauch
thin section Dünnschliff, -schnitt (für mikroskopische Geräte)
thin-section wing dünner Flügel
thin sheet dünnes Blech, Sturzblech
thin-skinned dünnschalig
thin steel square Anschlagwinkel mit dünnen Stahlblechschenkeln
thin straight double plane cutter Doppelhobeleisen
thin target dünne Treffplatte, dünnes Target
thin track dünne Nebelspur
thin-wall bearing dünnwandiges Lager
thin-wall counter tube dünnwandiges Zählrohr
thin-walled dünnwandig
thin-walled blast furnace dünnwandiger Hochofen
thin-walled castings dünnwandiger Guß
thin-walled Geiger counter dünnwandiger Geigerzähler
thin-walled ionization chamber dünnwandige Ionisationskammer
thin-walled section dünnwandiges Profil
thin-walled tubing Feinfolienschlauch (av)
thin window dünnes Fenster
thin-window counter tube Zählrohr mit dünnem Fenster
thing language Objektsprache (päd)
thinner Farb-, Lackverdünner, Verdünnungsmittel
thinness of walls Dünnwandigkeit
thinning Mächtigkeitsabnahme, Nachstrecken, Verdünnung, Verflüssigung
thinning agent Verdünnungs-, Verflüssigungsmittel
thinning, to nachstrecken
thio compound Thioverbindung
thio cyanic acid Rhodanwasserstoffsäure, Thiocyansäure
thiophenol Thiophenol
thiourea resin Thioharnstoffharz
third anode dritte Anode, Nachbeschleunigungsanode
third-brush control Stromregelung durch eine dritte Bürste
third-brush dynamo Dreibürstenmaschine, Stromregel- u. Lichtmaschine
third carbonization dritte Saturation
third-class conductor Heißleiter mit negativem Widerstand behafteter Leiter, Leiter dritter Klasse
third-class resistance negativer Widerstand
third degree burn Verbrennung dritten Grades
third differential of characteristic dritte Ableitung der Charakteristik
third gear (speedometer) Steigschnecke
third harmonic dreifache Oberharmonische
third level air transport Luftverkehr der dritten Ebene
third-motion shaft dritte Getriebewelle
third order curve kubische Parabel
third order distortion kubische Verzerrung
third order intermodulation products Modulationsprodukte dritter Ordnung
third order reflected wave Mitfluß
third order reflection Mitfluß
third-order terms Glieder dritter Ordnung
third part of a sheet Drittelbogen
third-party insurance Haftpflichtversicherung
third-phase report Detailmeldung (Lubi)
third power root dritte Wurzel
third rail Stromschiene
third-rail insulator Fahrschienenisolator
third-rail system Stromleitungssystem mit dritter Schiene
third-speed dritter Gang
third-stage mock-up Attrappe der dritten Stufe (Rakete)
third-stage solid motor Feststoffraketenmotor der Drittstufe
third stages for the geostationary transfer orbits Drittstufentriebwerk für geostationäres Orbit (sp)
third wire Mittelleiter, Prüfleitung
thirty-line automatic telephone exchange Fernsprechwählamt für 30 Anschlußeinheiten
thixotropic thixotropisch
thixotropy Thixotropie (verschiedene Viskosität)
Thomas process Thomasverfahren
Thomas steel Thomaseisen, Thomas(fluß)stahl
Thomas-type calculating machine Staffelwalzenrechenmaschine, Thomas-Rechenmaschine
Thomsom bridge Doppel-, Thomsonbrücke
Thomson cable Thomsonkabel
Thomson cross section Thomson-Steuerquerschnitt
Thomson effect Thomsoneffekt
Thomson filter Thomsonfilter
Thomson formula Thomson'sche Formel
Thomson meter dynamometrischer Motorzähler
Thomson scattering klassische od. Thomson-Steuerung
Thomson thermoelectric effect thermoelektrischer Effekt entlang einer Leitung
thorianite Thorianit (uranhaltiges Mineral)

thoriate, to thorieren
thoriated cathode thorierte Kathode
thoriated filament thorierter Heizfaden, Thoriumheizfaden, Thorium(glüh)faden
thoriated-filament valve or tube Thorium(faden)röhre
thoriated tungsten thorierter Wolfram
thoriated-tungsten cathode thorierte Wolframkathode
thoriated tungsten filament thorhaltiger od. thorierter Wolframfaden
thorium-chloride Thoriumchlorid
thorium-coated filament thorierter Glühfaden
thorium family Thoriumfamilie
thorium filament Thoriumfaden
thorium filament valve Thoriumröhre
thorium series Thoriumreihe, -serie
thoron Thoriumemanation
thoroughly purified nitrocellulose absolut reine Nitrozellulose
thousand cycles/sec Kilohertz
THR (threshold) Schwelle
thread Draht, Einschraubgewinde, Gang(zahl), Gewindegang, Schraubengewinde
thread adjusting core Gewindeabgleichkern
thread angle deviation Flankenwinkelabweichung
thread-balancing core Gewindeabgleichkern
thread base Gewindefuß
thread-base fatigue Ermüdung am letzten Gewindegang
thread beam Fadenstrahl
thread bolt Gewindebolzen
thread brush Gewindebürste
thread-bulging machine Gewindedrückmaschine
thread calipers Gewindetaster
thread chamfer Gewindeauslauf
thread chaser Gewindesträhler, -strehler
thread chasing Gewindeschneiden mittels Strehler, Gewindestrehlen
thread chasing attachment Gewindestrehleinrichtung
thread compound Gewindefett
thread contour microscope Gewindeprofil-Mikroskop
thread core diameter Gewindekerndurchmesser
thread crest Gewindespitze
thread cutter Gewindestahl
thread-cutting indicator Gewindeganganzeiger
thread-cutting lathe Gewindedrehbank
thread-cutting machine Gewindeherstellungsmaschine, Gewindeschneid(e)maschine
thread-cutting protective cap Gewindeschutzkappe
thread damage Gewindeschaden
thread depth Gewindetiefe
thread diameter Gewindedurchmesser
thread direction (Gewinde-)Gangrichtung
thread electrometer Fadenelektrometer
thread-engine configuration Konfiguration mit Triebwerken
thread for drawn-in bolt Anzugsgewinde
thread forming insert Gewindestift (Einpressen eines Innen- u. Außenstifts)
thread galling Gewindefressen
thread galvanometer Fadengalvanometer
thread gauge Gewindekaliber, -lehre, Prüfschraube
thread gauge wire Meßdraht
thread grinding (das) Gewindeschleifen (Gewindeherstellungsverfahren)
thread-grinding machine Gewindeschleifmaschine
thread-groove Gewinderille, -kanal
thread guide Fadenführung, -leiter
thread hair Faden im Okular
thread height Gewindehöhe
thread insert Gewindeeinsatz
thread interval meter Fadendistanzmesser
thread like defect of glass Glasfaden
thread lapping machine Gewindelappmaschine
thread, last engaged letzter verschraubter Gewindegang
thread limit Gewindegrenzmaß
thread limit roll snap gauges Grenzgewinderollenlehren
thread line Horizontalfaden
thread lube Gewindefett
thread lug Gewindeansatz
thread measured in inches Zollgewinde
thread milling Gewindefräsen
thread milling hob Mehrrillengewindefräser
thread-milling machine Gewindefräsmaschine
thread nipple Gewindenippel
thread per unit Gewindegang
thread pitch Gewindegang, -steigung
thread-pitch diameter Flankendurchmesser (Gewinde)
thread plug gauge Gewindelehrdorn
thread profile projector Gewindeprojektionsapparat
thread ray discharge Fadenladung, Fadenstrahlentladung
thread reducer Reduzierstück mit beiderseitigem Gewinde
thread roller anvil Gewinderolle
thread-rolling Gewinderollen, -walzen
thread-rolling die Gewindewalzbacke, Werkzeug zum Gewinderollen
thread-rolling head Gewinderollkopf
thread-rolling machine Gewinderoll-, Gewindewalzmaschine
thread root Gewindegrund
thread setting gauge Einstellgewindelehre
thread-shaped fadenförmig
thread standards Gewindenorm(blatt(
thread-stitching machine Heftmaschine für Fadenheftung (Fsch)
thread system Gewindesystem
thread-take-up lever Fadenleiter
thread template Spitzenlehre
thread-tension device Fadenspanner
thread, to aufreihen, einlegen, durchführen, durchstecken
thread tolerance Gewindetoleranz
thread tool Gewindestahl
thread-type, slotted...filter Gewindefilter
thread width Schraubenführungsgangbreite
threaded gängig, mit Gewinde versehen, augeschraubt
threaded and coupled pipe mit Gewinde und Muffe versehenes Rohr
threaded angle connection piece or socket Einschraubwinkelstutzen
threaded anvil Amboßschraube
threaded arbor Gewindedorn

threaded-base percussion fuse Schlagzündschraube
threaded bolt Schraubenbolzen
threaded bush Gewindebuchse
threaded bushing Einschraubstutzen, Gewindebuchse
threaded cap Deckel mit Gewinde, Endverschraubung, Rohrkappe
threaded collar ringförmige Mutter, Ringmutter
threaded conduit hub Gewinderohreinführung
threaded connection Anschlußgewinde, Gewindeverbindung
threaded coupling Gewindestück (Kupplung)
threaded drill-bit nipple Bohrkronengewindenippel
threaded end of the stud Einschraubende der Stiftschraube
threaded extension Gewindefortsatz
threaded, externally mit Außengewinde versehen
threaded eye Gewindeauge
threaded female chuck Gewindefutter
threaded flange Gewindeflansch
threaded hole Bohrung mit Gewinde, Gewindeloch
threaded hose nipple Schlauchgewindestutzen
threaded joint Schraubenverbindung
threaded journal Gewindezapfen
threaded knuckle Gewindegelenk
threaded nipple Gewindestück
threaded nose cap Verschlußschraube
threaded percussion primer Schlagzündschraube
threaded pin Gewindestift
threaded pin pivoted Gewindestift mit Zapfen
threaded pin with tapering end Gewindestift mit Spitze
threaded pipe connection Gewindeanschluß
threaded plate Gewindeplatte
threaded portion of a tape Gangzahl des Gewindeteils eines Gewindebohrers
threaded primer Zündschraube
threaded ring Gewindering
threaded rod Gewindestift
threaded seal pin Gewindedicht(ungs)stift
threaded seat Gewindeeinschraubsitz
threaded setting gauge Einstellgewindelehre
threaded shouldered pin Bolzen
threaded sleeve Gewindebuchse, -hülse, -muffe, Rohrverschraubung, Schraubmuffe
threaded socket Einschraubstutzen, Mutterstück
threaded spindle Gewindespindel
threaded test piece Gewindekopfprobe
threaded tube or valve Gewinderohr
threaded valve stem Schraube ohne Ende
threaded with quarter-twenty threads mit 1/4 Zoll Withworth-Gewinde (20 Gänge auf ein Zoll) versehen
threading Gewindeschneidarbeit (außen), Gewindeschneiden (mit Stichel im Gegensatz zu screwing), Umschnürung
threading attachment Gewindedrehvorrichtung
threading bar Hilfsleiterstab (Magnetpulverprüfung)
threading die Gewinde(schneide)backe, Gewindeeisen, Kluppe, Schneideeisen
threading die grinding machine Schneideisenschleifmaschine
threading die head Gewindeschneidkopf
threading die tapper Gewinderollwerkzeug
threading end of film Filmeinlaufseite
threading machine Gewindeschneidemaschine
threading operation Gewindeschneidgang
threading tool Gewindeschneidestahl, -Gewinde(schneid)werkzeug
threading tool chaser Gewindeschneidzahn, Gewindespitzzahl
threading-tool holder Gewindezahnhalter
threading-up Filmeinfädelung
threadlike molecule Fadenmolekül
threads, break out auseinander geschraubte Gewinde
threads, clean sorgfältig gereinigte Gewinde
threads, exposed freiliegende Gewindegänge
threads, fatigue breakage of Gewindeermüdungsbruch
threads, improper cutting of field shop ungenaues Schneiden von Gewinden in Feldwerkstatt
threads, make-up Gewinde zusammenschrauben
threads, number of Anzahl der Gewindegänge
threads per inch Anzahl der Gänge auf Zoll, Gänge auf einen Zoll, Gewindegänge pro Zoll
threat signature libraries gespeicherter Feindsenderkatalog (Radarwarntechnik)
threat warner Radar- und Laserwarnempfänger (Radarwarntechnik)(milit)
threat warning system Bedrohungswarnsystem (Radarwarntechnik)(milit)
threats priority Bedrohungspriorität (Radarwarntechnik)(milit)
three-address code Dreiadreßcode (EDV), 3-Adressencode
three-address instruction Dreiadressenbefehl
three-address machine Dreiadreßmaschine
three-address system Dreiadressensystem
three-ammeter method Drei-Ampereverfahren
three-and-three arrangement Drei-Plus-Dreianordnung
three-and-two seating arrangement Fünferbestuhlung
three-antenna spaced diversity Dreifach-Antennendiversity
three-axis automatic flight control system Dreiachsenflugregelsystem
three-axis body stabilized spacecraft Dreiachsenkörperstabilisierung u. Vielkanalkapazität
three-axis damper amplifier Dreiachsendämpfungsregelverstärker (Hydraulikanlage)
three-axis damper analyzer (ground equipment) Einstellgerät für Anstellwinkelfühler
three-axis manoeuvrable automatization Dreiachsendämpfung
three-axis motion system Dreiachsen-Bewegungssystem
three-axis pointing system would be driven by gyros kreiselgestütztes dreiachsiges Nachführungssystem
three-axis stabilization and fulled apogee motor and carbon fibre technology Dreiachsenstabilisierung des Flüssigkeitsapogaumantrieb und der Kohlenfasertechnologie

three-axis stabilization system Dreiachsenstabilisierungssystem
three-axis stabilized platform for high precision orientation of scientific payloads dreiachsenstabilisierte Plattform für das hochpräzise Ausrichten von wissenschaftlichen Geräten
three-axis stick plus rudder pedals Dreiachsensteuergriff und Seitenruderpedale (3+1=Achsensteuerung)
three-axis velocity sensor Dreiachsengeschwindigkeitsgeber
three-bank upright motor Dreireihenstandmotor
three-bar dreilamellig
three-bar magneto dreilamelliger Kurbelinduktor
three-barreled gun Drilling
three-beam headlight Dreistrahler
three-beam problem Dreistrahlproblem
three-bearing crankshaft dreimal gelagerte Kurbelwelle
three-blade airscrew Dreiblattluftschraube
three-blade controllable propeller Dreiblattverstellschraube
three-blade ducted tilting propeller Dreiblattdruckschraube
three-blade rotor with a teetering, gimballed head halbstarrer, kardanisch aufgehängter Rotorkopf (av)
three-bladed propeller dreiflügelige Luftschraube, Dreiflügelschraube
three-body collision Dreierstoß
three-body forces Dreikörperkräfte
three-body system Dreikörpersystem
three-button switch Dreiknopfschalter
three-carrier model Dreiladungsträgermodell
three-case shift doppelte Umschaltung
three-channel method Dreikanalverfahren
three-channel voice-frequency telegraphy (VFT-3) Dreikanal-Wechselstromtelegraphie
three-circuit receiver Dreikreisempfänger, Dreikreiser
three-circuit reception Tertiärempfang, Dreierempfang
three-circuit set Dreikreisempfänger, Dreikreiser
three-class cabins Dreiklaßkabinen
three-class layout Drei-Klassen-Konfiguration (Verkehrsluftfahrt)
three-coil transformer Symmetrieübertrager
three-color camera Dreifarbenaufnahmekamera
three-color photography apparatus Helichromoskop
three-color printing Dreifarbendruck
three-color process Dreifarbenverfahren
three-color screen Dreifarbenraster
three-color separation Dreifarbentrennung
three-color vidicon Dreifarbenvidikon
three-colored dreifarbig
three-column dreispaltig
three-component alloy Dreistofflegierung
three-component balance Dreikomponentenwaage
three-component system Dreistoffsystem
three-component wave Dreikomponentenwelle
three-condition cable code trivalenter Code
three-conductor cable dreiadriges Kabel, Dreifach-, Dreileiterkabel
three-conductor cord Dreileiterschnur
three-contact system Dreikontaktsystem
three-control airplane dreidimensional gesteuertes Flugzeug, Dreisteuerflugzeug
three-core cable dreiadriges Kabel, Dreifachkabel, Dreileiterkabel
three-cornered dreikantig
three-cornered file Dreikantfeile
three-cure flight director Drei-Befehl-Flugleitgerät (Hschr.-Blindlandeverfahren)
three-cylinder compressed-air motor Dreizylinderpreßluftmotor
three-cylinder engine Dreizylindermotor, Drillingsmaschine
three-cylinder inverted engine hängender Dreizylindermotor
three-cylinder radial engine Dreizylindersternmotor
three-cylinder reciprocating pump Drei(zylinder)-kolbenpumpe, Drillingskolbenpumpe
three-decade resistance Dreidekadenstufenwiderstand
three-digit group Trigramm
three-digit number dreistellige Zahl
three-digit system Tausendersystem
three-dimension räumliche Fläche
three-dimension direction-finding Raumpeilung
three-dimensional curve Raumkurve
three-dimension DF station Raumpeilstation
three-dimension framework Raumfahr-, Raumtragwerk
three-dimensional dreidimensional, körperlich, räumlich
three-dimensional air-defense radar dreidimensionales LV-Radar
three-dimensional analysis dreidimensionale Analyse
three-dimensional autopilot Dreiachsensteuerung
three-dimensional bracing Raumverspannung
three-dimensional coordinates räumliches Achsenkreuz
three-dimensional cross-slide system räumliches Kreuzschlittensystem, Raumschlittensystem
three-dimensional design unregelmäßige Körperformen
three-dimensional direction finding Raumpeilung
three-dimensional flow räumliche Strömung, Raumströmung (aerody)
three-dimensional HP dreidimensioner HD-Regler
three-dimensional lattice Raumgitter
three-dimensional load diagram Belastungsgebirge
three-dimensional microwave lens antenna dreidimensionale Mikrowellenlinsenantenne
three-dimensional object körperlicher Gegenstand
three-dimensional pantograph Storchschnabel für Raumformen, Pantograph für dreidimensioneles Fräsen
three-dimensional plot Relief (graphische Darstellung)

three-dimensional problem räumliches Problem
three-dimensional (system of) axes räumliches Koordinatenkreuz
three-dimensional target d dreidimensionale Ziekoordinaten (Zielverfolgung)(milit)
three-dimensional texturing dreidimensionale Geländestruktur (Zielverfolgungsradar)
three-dimensional video game dreidimensionales Videospiel (Big-Picture system)
three-dimensional video picture plastisches Fernsehbild
three-dimensional woven for nose cone dreidimensionaler Gewebesocken für Bugnasen
three-draft wire dreimal gezogener Draht
three-electrode cell Steuergitterphotozelle
three-electrode photocell Steuergitterphotozelle
three-electrode tube Dreipol-, Eingitterröhre, Triode
three-element antenna Dreielementenantenne
three-element control Dreikomponentenregelung
three-element semiconductor Halbleiter aus drei Elementen
three-element voltage and current regulator Dreielementknickträger
three-engine set Dreimaschinensatz
three-engined dreimotorig
three-engined travelling crane Dreimotorenlaufkran
three-faced dreiflächig
three-figure exchange Tausenderamt
three-figure number dreistellige Zahl
three-figure system Tausendersystem
three-filament lamp Dreifadenlampe
three-finger rule Dreifingerregel
three-flame tube bottle Dreiflammrohrkessel
three-flamed dreiflammig
three-fold dreidrähtig, dreifach, dreizählig
three-fold collision Dreierstoß
three-frequency tracking Dreipunktgleichlauf
three-gang capacitor Dreifach-, Dreigangdrehkondensator
three-gang condenser Dreifachdrehkondensator
three-gear pump Dreiräderpumpe
three-gimbal antenna vollkardanische Antenne
three-gimbal inertial guidance system Dreirahmen-Trägheitsführungsanlage
three-gimbal platform Dreirahmenplattform
three-girder design Dreiträgerbauart
three-grid tube or valve Dreigitterröhre, Pentode
three-groove drill dreinutiger Spiralbohrer (Tiefbohrungen)
three-gun color tube Dreistrahl-Farbfernsehröhre
three-gyro platform Dreikreiselplattform
three-gyro system Dreikreiselanordnung
three-halves-power law Emissions-, Entladungs-, Raumladungsgesetz
three-high arrangement Trioanordnung
three-high blooming mill train Trioblockstraße
three-high finishing train Triofertigstraße
three-high mill arrangement Triowalzensystem
three-high reversing mill Trioumkehrwalzwerk
three-high rolling mill (Doppel)triowalzwerk
three-high universal rolling mill Triouniversalwalzwerk
three-hinged arch Dreigelenkbogen
three-hole flange Dreilochflansch
three-horn antenna Dreihornantenne
three-hourly observation dreistündliche Ablesung (meteo)
three-hundred and sixty degrees overhead approach Vollkreisanflug über Platz
three-hundred sixty degress (spiral) accuracy landing 360 Grad Ziellandung
three-index symbol Dreiindexsymbol, Dreiindizeßsymbol
three induction motor Drehstrom-Asynchronmotor
three-input adder Addierglied mit drei Eingängen
three-input subtractor Subtrahierglied mit drei Eingängen
three-jaw chuck Dreibackenfutter
three-jaw drill chuck Dreibackenbohrfutter
three-jaw hand operate chuck Dreibackenfutter mit Handspannung
three-key perforator Klöppellocher
three-key perforator for cable code Handlocher für Kabelbetrieb
three-knife trimmer Dreischneider
three-layer filter Dreischichteneinsatz (Filter)
three-lead cord Dreileiterschnut
three-leg compasses Dreispitzzirkel
three-legged choke coil or reactor Dreischenkeldrossel
three-legged tongs Dreiarmklemme
three-lens combination dreiteiliges Objektiv
three-letter office code system dreistelliges Amtsbuchstabensystem
three-lip drill Dreischneidenbohrer
three-lipped core drill Aufbohrer
three-lipped drill Bohrer mit drei Schneiden, Dreischneidenbohrer
three-mast consol system Dreimast-Konsolanlage
three-member joint (welding) Dreiblechnaht
three-membered dreiglied(e)rig
three-mile limit Dreimeilenzone
three-minute ceiling (of a missile) Dreiminuten-Gipfelhöhe (milit)
three-mode layout Dreibetriebsartenversion
three-momentum Dreierimpuls
three-motored traveling crane Dreimotorenlaufkran
three-necked flask Dreihalskolben
three-nozzle atomizer Dreidüsenzerstäuber
three-parameter wave function dreiparametrige Wellenfunktion
three-particle Coulomb problem Coulomb'sches Dreikörperproblem
three-phase AC. exciter Drehstromerregermaschine
three-phase account Dreiphasenschwung
three-phase alternating current Drehstrom, Dreiphasenstrom, dreiphasiger Wechselstrom
three-phase alternating motor Dreiphasenwechselstrommotor
three-phase asynchroneous motor Drehstrom-Asynchronmotor

three-phase boost control Ladedruckregler für (od. mit) drei Regelstufen
three-phase bridge-type rectifying circuit Dreiphasen-Grätzschaltung
three-phase circuit Dreiphasenschaltung
three-phase commutator motor Drehstromkollektormotor, Drehstromkommutatormotor
three-phase confluent zone Dreiphasenkontaktzone
three-phase connection Dreiphasenschaltung
three-phase current Drehstrom, Dreierstrom, Dreiphasen(wechsel)strom
three-phase current fly-wheel generator Drehstromschwungradgenerator
three-phase current generator Drehstromgenerator
three-phase current oil transformer Drehstromölumformer
three-phase-current outputmeter Drehstromleistungsmesser
three-phase-current plant Drehstromanlage
three-phase electricity meter Drehstromzähler
three-phase equilibrium Dreiphasengleichgewicht
three-phase four-wire system Dreistromvierleitersystem
three-phase full wave rectifier Dreiphasen-Vollweggleichrichter
three-phase furnace current Drehstromofen
three-phase generator Drehstrom-, Dreiphasengenerator, Drehstrom-, Dreiphasendynamo
three-phase grounded Y primary supply system Dreiphasenstromversorgungsanlage in Sternschaltung (Nullpunkt an Masse)
three-phase induction generator Asynchrondrehstromgenerator
three-phase inverter Drehrichter
three-phase low-voltage plant Drehstromniederspannungsanlage
three-phase magnet Drehstrommagnet
three-phase main Drehstromnetz
three-phase meter for four-wire circuits Drehstrom-Vierleiterzähler
three-phase meter for three-wire circuit Drehstrom-Dreileiterzähler
three-phase motor Dreiphasenmotor, Drehstrommotor
three-phase network Dreiphasennetz
three-phase network with four wires Dreiphasenvierleiternetz
three-phase or three-stage boost control Ladedruckregler mit drei Stufen
three-phase RC oscillator Dreiphasen-RC-Oszillator
three-phase rectifier Dreiphasengleichrichter
three-phase repulsion motor Drehstromrepulsionsmotor
three-phase reversing starter Drehstromreversieranlasser
three-phase selsyn Drehstromselsyn
three-phase sequence indicator Dreifeldrichtungsanzeiger
three-phase series commutator motor Drehstromreihenschlußmotor
three-phase series-wound short circuit motor Drehstromreihenschlußkurzschlußmotor
three-phase squirrel cage motor Drehstromkurzschlußmotor
three-phase supply Dreiphasenzuführung
three-phase supply network Drehstromnetz
three-phase starter Drehstromanlasser
three-phase switch Drehstromschalter
three-phase synchronoscope Dreiphasensynchronoskop
three-phase synchronous motor Drehstrom-Synchronometermotor
three-phase system Dreiphasensystem
three-phase three-wire meter Drehstromdreileiterzähler
three-phase transformer Drehstromtransformator
three-phase voltage source Drehstromspannungsquelle
three-phase wattmeter on unbalanced circuit Drehstromwattmeter bei ungleichbelastetem Stromkreis
three-phase winding Dreiphasenwicklung
three-photon annihilation Dreiquantenvernichtung
three-pin central base Dreistift-Zentralsockel
three-pin plug Dreifachstecker, dreipoliger Normstecker, Drillingsstecker
three-pin safety sockets and plugs Dreistiftsicherheitssteckvorrichtungen
three-piston pressure pump doppelte Drillingspreßpumpe
three-piston pump Dreikolbenpumpe
three-place number dreistellige Zahl
three-plane autopilot Dreiachsenkurssteuerung
three-plunger pressure pump doppelte Drillingspreßpumpe
three-plus one address instruction Vieradreßbefehl, Drei-Plus-Eins-Adreßbefehl
three-ply dreifach, dreischichtig (Sperrholz)
three-point bearing Dreipunktlagerung
three-point contact on the ground Dreipunktauflage
three-point curve drawing recorder Dreikurvenschreiber
three-point-double-W stitch Dreipunkt-Doppel-W-Vernähung (Fsch)
three-point engine suspension Dreipunktaufhängung
three-point jack dreiteilige Klinke
three-point landing Dreipunktlandung, Eierlandung (slang)
three-point linkage Dreipunktaufhängung
three-point lock Dreiklinkenschloß
three-point measuring instrument Dreipunktmeßgerät
three-point mooring Dreipunktverankerung
three-point problem (ebener) Rückwärtseinschnitt
three-point resection Einschneiden nach drei Punkten
three-point spark drawer Dreispitzenfunkenzieher
three-point spring suspension Federung mit Quer- u. Längsfedern
three-point suspension Dreieck-, Dreipunktaufhängung
three-point switch Dreiwegschalter
three-polar dreipolig
three-pole socket dreipolige Steckdose
three-pole switch dreipoliger Schalter
three-position balanced-center valve Schieber mit

3 Stellungen und Rückführung in Mittellage
three-position center-open valve Schieber mit 3 Stellungen u. freiem Durchfluß in Neutralstellung
three-position flap Hochauftriebsklappe in Dreierstellung
three-position key Hebelschalter mit drei Stellungen
three-position manual exposure control Dreistellungsbelichtungswähler
three-position relay Dreistellungsrelais
three-position switch Dreiwegschalter, Schalten in drei Stellungen
three-pronged dreizackig, dreizinkig
three-purpose tube Dreifachröhre
three-quantum annihilation Dreiquantenvernichtung
three-quarter cutaway view Schräganansicht
three-quarter floating axle dreiviertelfliegende Achse
three-quarters front view Dreiviertelvorderansicht
three-quarters rear view Dreiviertelrückansicht
three-rail gravity-roller conveyor dreigleisige Rollenbahn
three-rail track Dreischienengleis
three-rate meter Dreifachtarifzähler
three-reel machine Dreirollenmaschine
three-ring short-circuit armature Dreinutkurzschlußanker
three-roll crusher Dreiwalzenbrecher
three-roller compensating device Dreiwalzenkompensator
three-roller plate-bending machine Dreiwalzenblechbiegemaschine, Dreiwalzenblechrundmaschine
three-screw base Dreifuß (Zwischenstück zwischen Stativ u. Theodolit)
three-seat dreisitzig
three-seater airplane Dreisitzer
three section band-pass filter Dreifachbandfilter
three-section filter dreieckiger Filter
three-section spoilers on each wing will be used for flightpath and roll control, as well as for lift dumping on the ground dreiteilige Störklappen auf jeder Seite unterstützen die Rollsteuerung und dienen als Auftriebsvernichter am Boden
three-shaft concept Dreiwellenkonzept
three-shaft design Dreiwellenkonstruktion
three-shaft layout Dreiwellenauslegung des Triebwerks, Dreiwellenkonfiguration
three-shaft principle Dreiwellenprinzip
three-shot recycling sequence dreimalige Überstromauslösung mit automatischer Wiedereinschaltung
three-sided file Dreikantfeile
three-sixty (degree turn) Vollkreis
three-slot magnetron Dreischlitzmagnetron
three-slot winding Dreilochwicklung
three-speed backgears Dreifachvorgelege
three-speed gear Dreiganggetriebe
three-speed motor Dreistufenmotor
three-speed transmission Dreiganggetriebe
three-split magnetron Dreischlitzmagnetfeldröhre
three-square file Dreikantfeile
three-square scraper dreischneidiger Schaber, Lagerschaber
three-stage amplifier Dreifachverstärker, dreistufiger Verstärker
three-stage automatic boost control selbsttätige dreistufige Ladedruckregelung
three-stage boost control Ladedruckregler mit drei Stufen, Dreistufenladedruckregler
three-stage fan dreistufiger Bläser
three-stage fan to improve resistance to bird strike and to give more airflow Dreierbläserstufe zur Erhöhung der Vogelschlagfestigkeit und des Luftdurchsatzes
three-stage heating device Dreistufenheizung
three-stage low-pressure turbine dreistufige Niederdruckturbine
three-stage sense amplifier Dreistufen-Lesesignalverstärker
three-stage vehicle Dreistufenrakete
three-step cone pulley dreifache Stufenscheibe
three-step pulley drive Dreistufenscheibenantrieb
three-stimulus equation dreigliedrige Farbgleichung
three-storied furnace Dreietagenofen
three-strand cable dreischäftiges Kabel
three-strand round rope dreilitziges Rundseil
three-strand wire rope dreilitziges Drahtseil
three-stranded rope dreischäftiges Tau
three-strutter Dreistieler (av)
three-surface configuration "Dreiflächenkonzept" (Flugzeugkonfiguration)
three-surface layout "Dreiflächen-Konfiguration" (av)
three-switch connection Dreigangverbindung (über drei zwischenstaatliche Leitungen)
three-term controller Dreipunktregler
three-termed dreigliedrig
three-thread dreigängig
three-throw crankshaft dreikurbelige Welle
three-throw switch verschränkte Doppelweiche
three-to-fivefold improvement in gunnery performance drei- bis fünffache Steigerung der Treffleistung (neues Waffensystem)
three-tone signal Dreiklangsignal
three-tower antenna Dreiturmantenne
three-tube camera Dreiröhrenkamera
three-tube receiver Dreiröhrenempfänger
three-unit code Dreieralphabet
three-unit tube Dreifachröhre
three-valve amplifier Dreiröhrenverstärker
three-valve set Dreiröhrenempfänger
three-view drawing Dreiseitenansicht
three-voltmeter method Dreivoltmeterverfahren
three-wattmeter method Dreiwattmeterverfahren
three-way cock Dreiweg(e)hahn
three-way delivery van Dreiradlieferkraftwagen
three-way dumper Dreiwegkipper
three-way flange cock Dreiwegflanschhahn
three-way jack dreiteilige Klinke
three-way multiple spindle special drilling machine Dreiwege-Vielspindelsonderbohrmaschine
three-way pipe Dreiwegeleitung
three-way plug dreiteiliger Stecker
three-way series drilling machine Dreispindel-

reihenbohrmaschine
three-way switch Dreiwegschalter
three-way tap Dreiwegehahn
three-way trim switch Dreiachsentrimmschalter
three-way type spider dreiarmiger Getriebestern (Farman-Getriebe)
three-way valve Dreiwegeschieber, -ventil
three-wheel "bootstrap" unit Dreiläufer-Bedarfssystem
three-wheel Diesel motor roller Dieselmotor-Dreiradwalze
three-wheel superheated stream roller Heißdampfdreiradwalze
three-wheel undercarriage Dreiradfahrgestell
three-winding transformer Ausgleichstransformator
three-wing bit Dreiflügelmeißel
three-wire automatic telephone system Drei(er)selbstanschlußsystem
three-wire conductor dreiadriges Kabel
three-wire generator Dreileiterdynamo, -maschine
three-wire method Dreifaden-, Dreinahtmeßmethode
three-wire supply system Dreileiternetz
three-wire system Dreileiter-, Dreiphasensystem
three-wire three-phase AC. Dreileiterdrehstrom
three-wire trunk dreiadrige Verbindungsleitung
thresh, wind Pfeifen des Windes in den Spanndrähten des Flugzeugs
threshold Ansprechwert, Pistenschwelle, Schallempfindungsschwelle, Schwellenwert
threshold, absolute Absolutschwelle
threshold audiogram Audiogramm
threshold behaviour Schwellenverhalten
threshold bias Verzögerungsspannung
threshold condition Grenzbedingung, Schwellenbedingung
threshold contrast bar Schwellenkontrastbalken
threshold control Schwellenwertgeber, -regelung
threshold current Schwellenwertstrom (Laser)
threshold curve Schwellenkurve
threshold definition Schwellenmarkierung
threshold detector Schwellenwertdetektor (Elektron)
threshold diode Begrenzerdiode
threshold discriminator Schwellenwertdiskriminator
threshold dose (dosage) Schwellen(wert)dosis
threshold effect Ursprungszerrung (TV), Einsatzeffekt
threshold, electrical elektrischer Schwellenwert
threshold element Schwellenglied, Schwellenwertschaltelement
threshold energy Schwellenenergie
threshold energy of fission Spaltungs-Energieschwelle
threshold field curve Schwellenfeldkurve
threshold frequency (photoelectric effect) Schwellenfrequenz, untere Grenzfrequenz
threshold function (automatic control) Schwellenwertfunktion
threshold law for single ionization Schwellengesetz für Einfachionisation
threshold level Regeltiefe
threshold light THR, Schwellenfeuer
threshold lighting Schwellenbefeuerung
threshold limit value maximaler Arbeitsplatzkonzentrationswert, MAK-Wert (Radioaktivitätsgrenzwert)
threshold line Schwellengerade (Elektron)
threshold logic Schwellenwertlogik
threshold markings Schwellenmarken, -markierung
threshold, normal...of feeling normale Schmerzschwelle
threshold of acoustic perception Schallempfindungsschwelle
threshold of audibility Hörbarkeitsgrenze, Hör(barkeits)schwelle, Schallempfindungsschwelle
threshold detectability untere Empfindlichkeitsschwelle
threshold of difference Unterschiedsschwelle
threshold of energy Energieschwelle
threshold of feeling Schmerzgrenze, -schwelle
threshold of hearing Hörschwelle
threshold of intensity of a color Farbschwellenwert
threshold of luminescence Lumineszenzschwelle, Helligkeitsschwelle
threshold of perception Reizschwelle
threshold of response Ansprechschwelle
threshold of sensation or stimulation Reizschwelle
threshold of time-sense Zeitschwelle
threshold of visibility or vision Sichtbarkeitsschwelle
threshold pain Schmerzgrenze, -schwelle
threshold point Schwellenwertpunkt
threshold potentiometer Leistungsregelpotentiometer
threshold rail Stoßschiene
threshold rate Geschwindigkeitsschwellenwert
threshold reaction (nuclear) Schwellenwertreaktion
threshold relation for streamer discharge Zündbedingung für Entladung
threshold sensitivity Empfindlichkeitsschwellenwert
threshold setting Schwellenfestigung
threshold-sound intensity Schallwellenstärke
threshold tube Schwellenröhre
threshold value Grenz-, Schwellenwert
threshold value curve of response Schwellenwertkurve
threshold voltage Ansprechspannung, Schleusenspannung, Schwellenspannung
threshold wavelength (photoelectric effect) obere Grenzwellenlänge
"thrible" aus drei Bohrstangen bestehender Gestängezug
throat Bruchdicke, Dünnung, Düsenhals, Einschnürung (eines Rohres), Eintrittsöffnung, Kehle, Schlund, Stärke der Schweißnaht, engster Düsenquerschnitt
throat area Halsfläche, -querschnitt
throat depth Ausbuchtung, Kehlnahttiefe (Schweißen), Maultiefe (Mechanik)
throat latch Kehlriemen

throat loudspeaker Kehlkopflautsprecher
throat microphone Kehlkopfmikrophon
throat of blast furnace Hochofenkranz
throat of horn Lautsprechertrichtermundstück, Trichterhals, -mundstück
throat of the tunnel Düse des Windkanals
throat of welded seam Dicke der Schweißnaht
throat on threading die Anschnitt einer Gewindeschneidbacke
throat phone Kehlkopftelephon
throat pipe gage Schaufelknallehre
throat seam Kehlnaht
throat section enger Düsen- od. Halsquerschnitt
throat stopper Gichtverschluß
throat stopper for blast furnaces Hochofengichtverschluß
throat stopper winch Gichtglockenwinde
throat temperature Gichttemperatur
throttle adjusting screw Leerlaufbegrenzungsschraube, Reglerschraube
throttle angle Reglerhebelstellung, Reglerhebelwinkel
throttle back, to drosseln (Motor)
throttle body Drosselkörper
throttle box Gas-, Motorhebelbock
throttle box lamp switch Schalter für Gashebelkastenlampe
throttle burst Aufreißen des Leistungs- od. Reglerhebels, Fahrhebel aufreißen, Aufreißen des Fahrhebels (Prüfstand), schnellbeschleunigen
throttle bush Drosselbüchse
throttle by-pass adjuster Regulierungsschraube für Umleg(ungs)drossel
throttle chamber Drosselkammer
throttle chop Zurückreißen des Leistungs-, Regler- od. Fahrhebels (Prüfstand)
throttle-chop, to Fahr-, Leistungs- od. Reglerhebel zurückreißen (Prüfstand)
throttle-clack valve Drosselabsperrklappe, Gashebel (Kolbenmotor), Leistungshebel
throttle control Gasdrosselgestänge, Gashebelsteuerung, Kraftstoffregler (von Hand), Leistungshebel
throttle control rod Gasgestänge
throttle control shaft Bedienhebelwelle für Drosselklappe
throttle controls Gashebelsteuerung, Gaszüge
throttle down, to abdrosseln, absperren, abwürgen
throttle down the engine, to Gas zurücknehmen
throttle effect Drosselwirkung
throttle flange Meßblende
throttle flap Drosselklappe
throttle frame Drosselgestell
throttle friction lock Gas-, Leistungshebelreibungssperre
throttle gate Kulisse des Gashebels
throttle governing Drosselregulierung
throttle grip Drosselgriff
throttle hand-lever tube Gasspindel des Gashebels
throttle jockey Flugzeugführer (Slang)
throttle lever Drossel(klappen)hebel, Kraftstoffreglerhebel, Kraftstoffregler-Leistungshebel (Stellwerk)
throttle lever and ranging control twist grip Gashebel u. Drehgriff für Reichweitenregelung
throttle lever for normal flight Normalgashebel
throttle lever microswitch Zündmikroschalter am Kraftstoffreglerhebel (Regler)
throttle lever switch Zündschalter am Kraftstoffreglerhebel (Regler)
throttle linkage Gas-, Leistungshebelgestänge
throttle nozzle Drosseldüse
throttle opening Drosseleinlaß
throttle plate Drosselklappe
throttle position versus a reference position Drosselstellung mit einer Bezugsstellung
throttle quadrant Gashebelbock, -führung, Leistungshebelführung
throttle response Ansprechen (des Motors) auf Verstellung der Drosselklappe
throttle response of motor Beschleunigungsverhalten des Motors
throttle shaft Drosselklappenwelle
throttle spindle Drosselspindel
throttle stop Drosselanschlag
throttle stop horsepower Motorleistung bei Anschlagstellung der Drossel
throttle stop screw Leerlaufbegrenzungsschraube
throttle twis grip Drehgasgriff (Hsch)
throttle-type metering valve Drossel-, Meßventil
throttle valve Drosselklappe, -ventil, Leistungs(regel)ventil
throttle wide open mit Vollgas
throttled passage eingeengter Kanal
throttling Abdrosselung, Drosselung, Verminderung
throttling action Drosselwirkung
throttling calorimeter Drosselkalorimeter
throttling experiment Überleitungsversuch
throttling valve Sparventil
through THRU
through air service durchgehende Fluglinie
through-airline operation Durchgangsfluglinienbetrieb
through bolt durchgehender Bolzen, Zuganker
through bore Durchgangsloch
through-call Durchgangsgespräch
through capacitance Durchgriffskapazität
through circuit Durchgangs(fern)leitung, durchgehende Leitung
through clearing Trennung zu Gunsten des Fernverkehrs
through connection Durchverbindung
"through-deck" Glattdeckkreuzer
through deck cruiser concept Konzept des Glattdeckkreuzers, Glattdeckkreuzerkonzept
through-dialing Durchwählen
through-dialing over toll (or trunk) circuits with multifrequency impulses Mehrfrequenzfernwahl
through-flight durchgehender Flug, Nonstopflug
through hardening Durchhärtung
through hole Durchgangsbohrung, Durchgangsloch
through hole guide pilot Durchgangslochzapfen
through line Durchgangsleitung, durchgehende(s) Gleis od. Leitung

through-line repeater (permanently connected in circuit) eingeschalteter Verstärker, (fester) Zwischenverstärker
through message Übermittlungsgespräch
through perforated tape durchgelochter Lochstreifen
through pin Durchsteckstift
through-put Durchflußleistung (Jobzahl pro Zeiteinheit), Durchsatz, durchgehende Leistung
through-put capacity Durchsatzleistung
through-put of a machine Durchsatz
through-put rate Durchsatzrate (z.B. einer Zeiteinheit), maximale Datenrate
through-put rating Durchgangsleistung
through-put time Durchlaufzeit
through rate Gesamtgebühr
through-run filter Durchlauffilter
through station Durchgangsstation
through supergroup filter Sekundärgruppen-Durchschaltefilter (TF-Übertragungsweg)
through-switch(ing) board Durchgangs(fern)-schrank
through switching position Ferndurchgangsplatz
through track Durchlaufgleis
through traffic Durchgangsverkehr
through vulcanization Durchvulkanisation
through-type axle durchgehende Achse
through-way valve Durchgangsventil
through wire durchgehender Draht, Durchgangsdraht
throw Ausschlag, Galvanometerausschlag, Hub(höhe), Ruderausschlag, Kurbelkröpfung, Umschaltklinke
throw-away Werkzeug das nicht nachgeschliffen wird
throw-away tip tool Meißelansatz der nicht nachgeschliffen wird
throw crankshaft Kurbelwellenkröpfung
throw, double-switch (Hebel)umschalter (Gegensatz zu Hebelschalter)
throw-down, to herunter-, hinwerfen
throw in, to einrücken, einschalten (Getriebe)
throw in gear, to anwerfen, einkuppeln, in Gang setzen, in Wirksamkeit setzen (Motor od. Gerät)
throw into, to einblasen
throw key Schaltschlüssel
throw line überschlagene Fangleine (Fsch)
throw of a pinch roller Auslenkung, Bewegungsspielraum einer Andruckrolle (Magnetbandlaufwerk)
throw of crankshaft Kurbelkröpfung
throw of fault Sprunghöhe (geol)
throw-off Abstellung, Druckabsteller
throw-off the belt, to den Riemen ausrücken
throw-off regulating lever Abstellhebel, Reguliereinsteller
throw-out Ausschaltung, Auswerfer, Faltblatt, Umschaltklinke, ausklinken (Getriebe), ausstoßen, auswerfen, herausschleudern
throw-out antenna Wurfantenne
throw-out bearing sleeve Ausrückmuffe
throw-out cam Entkupplungskurve
throw-out lever Ausschalt(e)hebel
throw-out mechanism Schaltstück
throw-over switch Umschalter
throw-over switch with break Umschalter mit Unterbrechung
throw-over switchboard Umschalter mit zwei Stellungen
throw switch Stellungsschalter
thrower Spritzring, Wurfförderer
throwing Ausschlagen, Laufeinschaltung (Motor od. Getriebe), Umlegen (Hebelschalter)
throwing of points Weichenstellung
throwing-out of gear Ausrückung, Entkupplung
throwing-out of sparks Funkenwurf
throwing power Streufähigkeit, -vermögen, Streuung
throwing pull of the cable Kabelzugentlastung
throwing range Wurfweite (Fangleine)
thrown silk mulinierte Seide (Fsch)
thru-flight inspection Zwischenlandeinspektion
thru hole Durchgangsloch
thru-put Durchflußleistung (Jobzahl pro Zeiteinheit), Durchsatz
thrust Axialdruck, Druck, Längsdruck, Schub, Schiebkraft, Schubleistung, Stoß, Überschiebung, Vorschub, Vorstoß, Widerlagerdruck, Schraubenzug (Propeller)
thrust acceleration Schubbeschleunigung
thrust, added zusätzlicher Schub
thrust airscrew Schraubenzug der Luftschraube
thrust after, to nachstoßen
thrust abd consumption of the engine Schub und Kraftstoffverbrauch des Triebwerks
thrust, asymmetric asymmetrischer Schub
thrust augmentation Schuberhöhung (av), Schubverstärkung
thrust augmented mit erhöhtem Schub
thrust augmented wing Schubverstärkerflügel
thrust augmented wing (TAW) Schubverstärkertragwerk
thrust augmented wing concept Flügelkonzept mit Auftriebsvermehrung durch Triebwerkabgase
thrust augmentor Schubverstärker (z.B. in Form einer Mischdüse bei Strahltriebwerk)
thrust augmeter Schub(kraft)verstärker, Schubvermehrer, Schubvergrößerer
thrust ball bearing Druckkugellager, Scheibenrillenlager
thrust bearing (Axial)drucklager, Hochschulterlager, Längslager, Schublager, Spur(zapfen)-lager, Tragstützlager
thrust bearing shell Paßlagerschalter
thrust blade switch Schubtrennschalter
thrust block Drucklager, Querstück, Stützwinkel
thrust bolt Druckbolzen, -schraube
thrust borer Erdbohrer mit Stoßbewegung, Stoßbohrer
thrust-borne flight strahlgestützter Flug
thrust brake Schubumkehr
thrust buildup Schubaufbau
thrust carrying piece or member Druckstück
thrust center Schubmittelpunkt
thrust chamber Brennkammer
thrust chamber assembly Brennkammerabschnitt
thrust chamber test Brennkammerexperiment
thrust class Schubklasse
thrust coefficient Schraubenschubzahl,

Schubbeiwert, -belastungsgrad
thrust coefficient value Schubbelastungswert
thrust collar Druckring
thrust cone Schubkonus
thrust control Schubregler
thrust cradle Schubmeßrahmen
thrust crank(shaft) Schubkurbel
thrust cut-off Schubabschaltung
thrust curve Schubverlauf
thrust cylindrical roller bearing Axial-Zylinderrollenlager
thrust decay Schubabfall
thrust decrease at cutoff Abschaltabfall
thrust deflection Schubab-, Schubumlenkung
thrust deflector Schubablenker, Schubdeflektor
thrust deflector door Schubablenkklappe
thrust die-away Schubabfall
thrust diverter Schubablenker
thrust due to heat Wärmeschub
thrust face Druck- od. Schubseite der Luftschraube
thrust fin projectile Treibflossengeschoß
thrust flange yoke Druckflansch
thrust force Abdrängkraft (Schnittkraftkomponente), Radialkraft, Rückkraft
thrust from the reserver verfügbarer Umkehrschub, Schubumkehrer
thrust frontal area ratio Stirnflächenschub
thrust gain Schubrückgewinn
thrust gauge Druckkraftmesser
thrust generator Druckkrafterzeuger
thrust grating Schubrost
thrust growth Schubsteigerung
thrust growth potential Schubsteigerungspotential
thrust horsepower effektive Propellerleistung, Schubleistung der Luftschraube, Stoßkraft, Zug(pferde)kraft
thrust increase program Schuberhöhungsprogramm
thrust increment Schubzunahme (Düse)
thrust journal Druck-, Spurzapfen
thrust level Schubniveau
thrust/lift jet arrangement Schub/Hubbläseraggregat
thrust line Angriffsrichtung des Luftschraubenschubs, Luftschraubenachse, Vortriebsachse
thrust load Axialbelastung, -schub, Längsbelastung, -druck, -schub, Schubbelastung
thrust loss Schubverlust
thrust-measuring apparatus Druckkraftmesser
thrust-measuring cradle Schubmeßrahmen
thrust-measuring stand Schubmeßwaage
thrust member or piece Druckstück
thrust misalignment Schubfalschrichtung, Schubversatz (Rakete)
thrust modulation Schubmodulation, Schubmodulierung (Rakete)
thrust motion Schubbewegung
thrust needle Schubdüsennadel
thrust nozzle Rückstoß-, Schubdüse
thrust nozzle actuation equipment Anlage zum Verstellen von Schubdüsen
thrust nozzle extension cooled Verlängerung der Schubdüse gekühlt
thrust nozzle fairing Schubdüsenmantel
thrust nut Druckmutter
thrust pad (machine tool) Druckstück
thrust pawl Stoßklinke
thrust performance Schubleistung
thrust piece Druckstück
thrust pin Federstütze, Gleitbolzen
thrust piston Schubkolben
thrust plane Druckebene, Schürfebene, Überschiebungsfläche, Verschiebungsebene
thrust plate Anpreßplatte, Kupplungsscheibe
thrust point Schwerpunkt
thrust position Schubstellung
thrust power of propeller Schubleistung der Luftschraube
thrust program Schubprogramm (Rakete)
thrust race Schublager
thrust range Schubbereich
thrust recorder Schubmeßgerät
thrust resistance Zerknickungsfestigkeit
thrust reversal Schubumkehr, Umkehr des Bläserluftstroms, Schubumlenkung
thrust reversal system Schubumkehranlage
thrust reverse Schubumkehranlage
thrust reverse control unit Schubumkehrregler
thrust reverse installation Schubumkehrvorrichtung
thrust reverse installation, electrically controlled elektrisch gesteuerte Schubumkehrvorrichtung
thrust reverse installation, hydraulically actuated hydraulisch betätigte Schubumkehrvorrichtung
thrust reverse system Schubumkehrsystem
thrust reverser Schubumkehrer, Schubumkehrvorrichtung, Schubumlenker
thrust reverser actuator Schubumkehrstellglied
thrust reverser mechanism Schubumkehrmechanismus
thrust reversing flap and leading edge actuation system Betätigung von Schubumkehrklappen u. Nasenklappen
thrust ring Laufring mit Stiftloch, Schubaufnahmering, Druck-, Stütz-, Treib-, Zugring, Stoßscheibenring
thrust ring structure Gerüstring
thrust rod Schubstange
thrust screw Gegendruckschraube, Preßschraube
thrust section Triebwerkseinheit
thrust shaft Druckwelle
thrust-sheet Überschiebungsfläche (geol)
thrust side Druckseite (am Kolben), Schubseite
thrust-specific fuel consumption schubspezifischer Kraftstoffverbrauch (TB)
thrust spectrum Schubspektrum
thrust spoiler Strahlbremse (av)
thrust spring Schubaufnahmefeder (Kupplung)
thrust strength Schubstärke
thrust structure Schubaufnahmegerüst
thrust termination Brennschluß, Schubbeendigung
thrust throttling Schubdrosselung
thrust to weight ratio gewichtspezifischer Schub (TB)
thrust transmitting piece or member Druckstück

thrust trunnion projectile Treibzapfengeschoß
thrust-type grooved ball bearing Axialrillenkugellager
thrust unit Schubaggregat
thrust value Schubwert
thrust variation Schubdifferenzierung
thrust vector Schubvektor
thrust vector angle Schubvektorwinkel
thrust vector control Schubvektorregelung, Schubvektorsteuerung (Rakete)
thrust vector control system Schubvektorsteuersystem
thrust vector control valve Schubvektorsteuerventil
thrust vector operation Schubvektorsteuerung
thrust vector steering control Schubvektorsteueranlage
thrust vectoring Schubrichtungsänderung, Schubvektorsteuerung
thrust-vectoring paddles Strahlruder für flugtaugliches Schubvektorelement, Strahlruder für Schubvektorsteuerung
thrust washer Druckscheibe, Sicherungsscheibe (gegen seitliches Verschieben), Stoßring, Stoßscheibe, Gegendruckunterlegscheibe
thrust-weight ratio reziprokes Schubgewicht (Triebwerk), reziproke Schubbelastung (Flugzeug)
thrust wire Schubkabel (av)
thrust with bypass flow reheat Schubnebenstromaufheizung
thruster Druckvorrichtung, Gasdruckzylinder (pneumatisches System), Presse zur Erzeugung gradliniger Bewegungen, patronenbetätigter Druckgeber (Schleudersitz), Ruderpropeller, Triebwerk
thrusting ahead with engine servicing Triebwerkwartung mit vollem Schub
thrusting power Schieb(e)kraft
thrusting weapon Stich-, Stoßwaffe
thrustor Gasdruckzylinder (Schleudersitz), patronenbetätigter Druckgeber
thrusts, by schubweise
THS actuator (trimmable horizontal surface) Höhenflossentrimmung
Thu (thursday) Donnerstag
thulium Thulium, TH
Thumatronic system Thumatroniksystem (elektronisches Dosiersystem)
thumb Daumen, (dumpfer) Schlag, Simultangeräusch
thumb bolt Ohrenschraube
thumb head Lappenkopf
thumb index perforating machine Registrierloch-Perforiermaschine
thumb jump Daumensprung
thumb latch Daumenfalle
thumb nut Daumen-, Flügelmutter
thumb plate Daumenplatte
thumb rule Daumen-, Dreifingerregel
thumb screw Daumen-, Druck-, Flügel-, Klemm-, Lappen-, Ohrenschraube
thumb screw sleeve Stellschraubenhülse
thumb shaft Daumenwelle
thumb tack Heft-, Reißzwecke
thumb wheel Daumenrad, Einstellknopf
thumb width Daumenbreite
thunder cloud Gewitterwolke
thunder head Gewitterkopf
thunderstorm Gewittersturm
thunderstorm center Gewitterherd, -zentrum
thunderstorm formation Gewitterbildung
thunderstorm light Gewitterleuchten
thunderstorm stage Gewitterstufe
thunderstorm tendency Gewitterneigung
thunderstorm whirl Gewitterwirbel
thwart or cross pole force Querschiffskraft
thwart or cross ship iron mass Querschiffseisenmasse
thwartship magnet Schiffsmagnet
thwartship pole Querschiffspol
thymotrol panel Elektronensteuerung
thyration Thyration
thyratron Gasentladungsgefäß, gittergesteuerte Gasentladungsröhre od. Ionenröhre, Glühkathodenstromrichter, Ionensteuerrohr, Stromtor, Thyratron, Umformer, Wandstromverstärker
thyratron switch Thyratronschalter
thyristor controlled motor thyristorgesteuerter Elektromotor
thyristor controlled servomotor thyristorgesteuerter Stellmotor
tick Rahmenmarke (Karte), Teilstrich, Ton (eines Zeitzeichens)
tick impulse Teilungsstufe
tick over, to auf dem Flugplatz rollen
thicker intermittierender Kontakt
ticket Abriß-, Abschnitts-, Kurzkarte, perforierte Karte, Einlaßkarte, Flugschein, Ticket
ticket automation, non-standard system of... nichtgenormtes System der Flugscheinautomatisierung
ticket distributing system Fördereinrichtung
ticket distribution position Leitstelle, Zettelverteiler(stelle)
ticket file Terminkartei
ticket machine and accessories Fahrscheinautomat u. Zubehör
ticket nippers Kartenlocher(zange), Knipser
ticket office Kartenausgabe, Kasse
ticket printer Einsteigkartendrucker
ticket reservation Platzreservierung
ticket sale Kartenverkauf
ticket time Gesprächsminuten, Gesprächszeit
ticket window (Fahrkarten)schalter, Zahlschalter
ticking frequency Tickfrequenz
tickler coil Drossel, Rückkopplungsspule, Rückkupplungsspule (des Schwingaudions), Stromstärkeregler
TICM II (thermal imaging commun module) TICM 2-Einheitsmoduln
TID (touch input device)
tidal die Gezeiten betreffend
tidal air Luftvorlagerung
tidal barrage Flutsperre, Gezeitenstaudamm
tidal component Gezeitenbeschleunigung
tidal computing machine Gezeitenrechenmaschine
tidal corrosion test Ebbeflut-Korrosionsversuch
tidal current Gezeitenstrom, Tideströmung
tidal flat Niedrigwasser, Watt

tidal forces Gezeitenkräfte
tidal gravimeter Gezeitengravimeter
tidal impulse Gezeiten-, Tidebewegung
tidal light Gezeitenfeuer
tidal mud deposit Gezeitenablagerung (geol)
tidal power installation Ebbe- u. Flutmaschine
tidal power plant Gezeitenkraftwerk
tidal range Tidehub
tidal signal Wasserstand(s)zeichen
tidal wave Gezeitenwelle
tide-calculating machine Gezeitenrechenmaschine
tide constant Gezeitenkonstante
tide head Flutgrenze
tide lift Gezeitenfeuer, Tidehub
tide lock Flutschleuse
tide producing force gezeitenerzeugende Kraft
tide table Gezeitentafel, Wasserstandstabelle
tie Band, Bindedraht, -glied, Boden-, Eisenbahnschwelle, Gleisbalken, gewöhnlicher Drahtbund, Verbindungstück
tie anchor Gewölbeanker
tie bar Ankerbolzen, -stange, Spannschloß, Spurstange, Zuganker
tie beam Balkenzug, Dachbinderbalken, Eisenbahnschwelle, Gebindesparren, Spannbalken, -riegel, Verankerung
tie beam of a truss frame Spannriegel eines Hängewerks
tie beam plate Stoßlasche (des Spannriegels)
tie bolt Anker-, Verbindungsbolzen
tie brace Zugdiagonale
tie cable Querverbindungskabel
tie-down anchor Zurröse
tie-down bolt Ankerschraube
tie-down cable Verankerungsseil
tie-down chain Haltekette
tie-down cup Zurröse
tie-down equipment Verzurrausrüstung, Verzurrausstattung
tie-down fitting Zurrbeschlag
tie-down kit Verzurrausstattung (LL)
tie-down loop Verzurrschlaufe (LL), Ankeröse
tie-down point Verzurrpunkt
tie-down ring Zurring
tie-down sense Verzurrichtung (Lufttransport)
tie-down strap Verzurrband
tie-down, to verankern, verzurren (Lfz)
tie element Anker
tie flight Übersichtsbildstreifen
tie gum Klebefolie
tie hook Bandhaken
tie, hook Hakenband
tie line Abzweigung, Querverbindung(sleitung), Stichleitung
tie member Verbindungslasche (Brücke)
tie-in Einschalten (Gerät in eine Anlage), Berührungsstelle
tie-net Knotennetz
tie-over credit Überbrückungskredit (komm)
tie plate Anker-, Unterlegplatte, Verbindungslasche (Brücke)
tie point angeschlossener Punkt, Anschlußpunkt, Anschlußstelle
tie ro
tie rod Anker(bolzen), Ankerstange, Gestängeverbindung, Haltestrebe, Kuppelstange, Spannschloß, -stange, Spurhalter, Verbindungsstange, -stück, Zuganker, -band, Zugstange
tie-rod assembly (bomb cluster adapter) Befestigungsrohr für das Leitwerk
tie-rod ball Spurstangenkugelzapfen
tie-rod material Zugbandstoff
tie section Schwellenprofil
tie strap Bindegurt (Beuteltreibladung)
tie string Bänderring (Fallschirmgepäck)
tie strip Übersichtsbildstreifen (Lubi)
tie tape Befestigungsband
tie trunk Querverbindung (FS-techn)
tie-up Kreuzungsstelle
tie-up time (illuminator) Zielwechselzeit
tie wire Bandagendraht, Bindedraht
tied-off abgeschnürt
tied-up blockiert, lahmgelegt, stillstehend
tier Ebene, Wicklungsetage
tier-construction platform Ladegestell mit Etagenaufsatz
tiering attachment Hubvorrichtung
tiering truck Hubwagen mit Hebevorrichtung
TIFS total in-flight simulator
tight dicht, druckdicht, gespannt, prall, straff
tight alignment Abgleich der Durchlaßkurve, Frequenzkurventrimmung
tight-binding approximation Näherung bei fester Bindung
tight bailer geschlossene Stopfbüchse
tight cable fest verseiltes Kabel
tight-core cable Kabel mit enger Umwicklung
tight coupling feste Kopplung, Festkupplung, Überkopplung
tight engine durch längeren Stillstand od. zu zähes Öl verklebter und schwer durchzudrehender Motor
tight fabric dichtes Gewebe
tight fit Fest-, Haft-, Treibsitz
tight-fit screw Paßschraube
tight-fitting gutschließend, druckdicht
tight-fitting baffle dicht anschließendes und gut passendes od. sitzendes Leitblech
tight framing enge Umrahmung, Paßrahmen
tight-marking iron Dichteisen
tight plane in the hole enge Bohrlochstelle
tight pulley drive Festscheibenantrieb
tight radies enge Radien
tieght spiral enge steile Spirale
tight strand of belt gespannter Riemenstrang
tight strand of chain gezogener Kettenstrang
tight thread Dicht(ungs)gewinde
tight weave dichtes Gewebe
tight weld Dichtnaht (Fsch)
tighten, to andrehen, anspannen, anziehen (Schraube), befestigen, dichten, dicht machen, fest anziehen, festschrauben, spannen (Gurt), zusammenziehen
tight a bolt, to festziehen (eine Schraube)
tight the screw, to Schraube fest anziehen
tight a spring, to eine Feder anspannen
tightened cover Spannbezug
tightened inspection verschärfte Prüfung
tightener Riemenspanner, Spannrolle, Spanner
tightening Anpressen, Anziehen, Befestigen

tightening belt Spannriemen
thightening bolt Spannschraube, Halteschraube (Schraubringausbaugerät)
tightening device Streckvorrichtung
tightening eyebolt Ösenspannschraube
tightening handle Spanngriff
tightening key Spannschlüssel
tightening layer Dichtungsschicht
tightening nut Anzugsmutter, Spannmutter
tightening ring Spannring
tightening screw Anziehschraube, Haltschraube, Spannschraube
tightening sheet Abdichtungsblech
tightening spring Anzugsfeder
tightening toggle Aufziehstift
tightening torque Anzugs-, Festdreh-, Festziehmoment
tightening wedge Kreuzkopfkeil, Stellkegel
tightly cemented sandstone bindemittelreicher Sandstein
tightly coupled festgekoppelt
tightly joined fugensicher
tightly meshed telephone network engmaschiges Fernsprechnetz
tightly packed experimental program dichtgedrängtes Experimentalprogramm (sp)
tightly sealed gutschließend
tightness of turbine blades Festigkeit der Turbinenschaufeln
TIL (unitl) bis
tiller obere Angel (Sägeblattende), Ruderspinne, Lenkstange
TILS (tactical instrument landing system) Mikrowellen-Abstrahl-Landesystem
tilt Abstrahlwinkel (Wellenausbreitung), Kippwinkel (Gerät), Impulsabflachung, Querneigung (Lubi), Kippung, Schwenkung, Nadirdistanz, Wagenplane
tilt angle Querneigungswinkel (Lubi), Kippwinkel (VTOL)
tilt axis Abgriff(s)achse (Wendekreisel)
tilt axis bearing Abgriffachsenlager
tilt bearing Kipplager
tilt brace Hammerband
tilt chain Planenkette
tilt comparator Kippstellungsvergleichseinheit
tilt control Höhenwinkeländerung (Antennenparabol bei Entfernungsbereichänderung)
tilt-duct aircraft Kippmantelflugzeug
tilt error Kippwinkelfehler, Neigungsfehler
tilt eyelet Planenöse
tilt feed back to control box Kippstellungssignalrückführung
tilt hoops and frames Planengestelle
tilt indicator Kippungs-, Neigungsanzeiger (Lubi)
tilt material Planenstoff
tilt meter Neigungsmesser
tilt mixer Zeilenverzerrungskompensator
tilt-prop aircraft Kippropellerflugzeug
tilt propeller Kippropeller
tilt rotor aircraft Kipprotorflugzeug
tilt stabilization, automatic automatische Elevationsstabilisierung
tilt, to (an)kippen, krängen, schwenken, sich neigen, stellen, umlegen, verkanten
tilt wing Kippflügel, Kippflügler mit Luftschraube
tilt-wing aircraft Kippflügler, Kippflügelflugzeug, Kipprotorflugzeug
tilt wing transport Kippflügeltransporter
tilt-wingV/STOL aircraft Kippflügelflugzeug
tiltable kippbar, schrägstellbar, neigbar, (ver)schwenkbar
tiltable engine kippbares Triebwerk, Kipptriebwerk
tiltable engine nacelle kippbare Triebwerkgondel
tiltable lifting beam kippbare Traverse
tilted schräggestellt aus der Horizontalen, gekippt, geneigt, schiefwinklig
tilted axis geneigte Achse (geol)
tilted-cylinder dryer eccentric axis Taumeltrockner
tilted-cylinder mixer stehender Trommelmischer, Schrägtrommelmischer
tilted photography verschwenkte Aufnahme
tilted wave front geneigte Wellenfront od. Wellenstirn
tilted wave head geneigte Wellenfront
tilter Kantvorrichtung
tilting Kantung, Kippen, Schrägstellen, Umlegen, Verkanten, schwenkbar
tilting bearing Klapplager
tilting bin Schütte (Kippbehälter)
tilting box Schwenkscheibe
tilting converter kippbarer Konverter
tilting device Kantvorrichtung, Kippgerät, Kippvorrichtung
tilting-ducted fan Kippmantelgebläse
tilting-ducted propeller schwenkbare ummantelte Luftschraube
tilting-ducted propeller aircraft Kippmantelpropellerflugzeug
tilting engine Kipptriebwerk, schwenkbares Triebwerk
tilting equipment Kippvorrichtung
tilting force Kippkraft
tilting gear Kippgetriebe
tilting gearing Kippantrieb
tilting head Neigekopf
tilting head press Kippresse (pla), Scharnierpresse
tilting insulator switch Hochspannungstrennschalter
tilting level screw Kippschraube (Nivellierinstrument)
tilting lever adapter Schwenkhebelstutzen
tilting machinery Kippwerk
tilting motion Kipp-, Schaukelbewegung
tilting oscillation Intermittenz-, Kipp-, Relaxationsschwingung
tilting platform Schwenkbühne
tilting position Auskippstellung
tilting problem Parkettierungsproblem
tilting-propeller aircraft Kippropellerflugzeug
tilting rail Auflaufzunge (Schwenkbühne)
tilting reflector Kippspiegel
tilting rod Kippgestänge
tilting screw Kippschraube
tilting stage Drehschwingungsrahmen
tilting table Hebe-, Keil-, Kipptisch, schräg verstellbarer Tisch, Schwenktisch
tilting trap Kippwassermesser
tilting testle Wendebock
tilting-type mixer Kippmischer

tilting-type window Kippfenster
tilting yoke Schwenkkörper
tiltometer Tiltometer
timber-and iron-cased concrete foundation Mantelgründung
timber crib Balkenstapel, Holzgerippe
timber facing Holzverkleidung
timber framing Holzfachwerk
timber lining Holzbekleidung
timber loading winch Langholzverladeseilwinde
timber or lumber economy Holzbewirtschaftung
timber road block Balkensperre
timber roadway Balkenbahn
timber shelter Holzbunker
timber tie Holzschwelle
timber transporter Langholzwagen
timber upright hölzerne Anschlagleiste
timber water seal hölzerne Dichtungsleiste
timbered wall Bohlwand
timbering joint Anschlußzimmerung
timbre Klangfarbe, Färbung des Schalls, Schallfärbung, Tonfarbe
time der Zeit od. den Umständen entsprechend einrichten, Steuer- u. Zündzeiten einstellen, Geräte einregeln, Zeitdauer
time adjustment Zeiteinstellung
time advance relay Zeitvorgaberelais
time allowed for payment Stundungsfrist
time-and-job card Kontrollkarte
time angle Zeitwinkel
time assignment Zeitzuweisung
time at spacecraft separation Trennung des Raumfahrzeugs nach...
time at stage operation Stufentrennung nach...
time at which exact position is ascertained by means of dead reckoning Koppelzeit
time axis Zeitachse
time-axis plate Abszissenplatte
time bargin Termingeschäft
time base Ablenkgerät, Abtastperiode, Zeitachse, Zeitskala
time-base action Kippvorgang
time-base circuit Basis-, Kippkreis, Kippspannungsschaltung
time-base condenser Kippkapazität, Zeitkreiskondensator
time-base deflection Ablenkverstärker
time-base device Kippgerät
time-base error Zeitbasisfehler
time-base expansion unit Mikroskopzeitbasisgerät
time-base frequency Kipp-, Zeitablenkfrequenz
time-base generator Generator für Zeitablenkung, Zeitablenkgenerator, Zeitbasisgenerator
time-base or ratchet action Kippvorgang
time-base or scale time reference Zeitmeßstab
time-base or tilting oscillation Intermittenzschwingung
time-base oscillator Kippschwinger
time-base period Kipperiode
time-base unit Kippspannungsapparat
time-base unlock speed Rückkippgeschwindigkeit
time-base voltage Zeitbasisspannung
time behavior Übertragungsverhalten
time-between overhauls period Zwischenüberholungszeit
time bomb Bombe mit Verzugszeit, Zeitbombe
time calculation Zeitrechnung
time call storage location Weckerzelle
time card Arbeitsstempelkarte, Abwesenheitszeitkarte (Lo)
time change item Fristaustauschartikel, zeitbefreisteter Austauschteil
time characteristic Zeitstaffelung
time chart Laufzeitdiagramm, Uhrenvergleich
time charter Befrachtungskontrakt für lange Dauer
time check Telefonometer, Uhrenvergleich, Zeitvergleich
time check lamp Gesprächsuhr mit Lampensignal
time circle Annäherungszeitkreis
time clock Kontrolluhr
time-coincidence error detector Zeitfehlerdetektor
time comparability factor zeitlicher Korrekturfaktor
time compliance technical order termingebundene TAM-F
time consolidation curve Zeitsetzungskurve
time-constant Zeitkonstante
time-constant, convection Konvektionszeitkonstante
time-constant during elongation of an arc Zeitkonstante beim Verlängern eines Bogens
time-constant, gas temperature Gastemperatur-Zeitkonstante
time-constant multiplier Zeitkonstantenvervielfacher
time-constant of fall Abfallkonstante
time-constant of resonant amplification Aufschauke zeit
time-constant of rise Anstiegszeitkonstante
time-constant of time delay Verzögerungszeitkonstante
time-constant setting Zeitkonstante
time consumed in making connections Zeitverbrauch zum Zusammenschrauben
time-consuming zeitraubend
time control Zeitprüfung
time-control equipment Zeitkontrollapparat
time-control pulse Zeitkontrollimpuls
time-control unit Zeitschalter
time-control wheel Kontrollrad, Zeitrad
time-controlled operated Betrieb mit Zeitvorwahl (Strahlenmessung)
time correction Zeitverbesserung
time criteria Zeitkriterien
time cross section Zeitquerschnitt
time-cycle operation Übertragungsverhalten
time-cycling device Taktgeber
time-decision multiplex Zeitmultiplex-Verfahren
time deflection Zeitablenkung
time-delay circuit Verzögerungskreis, -schaltung
time-delay closing Relais mit Einschaltverzögerung
time-delay connection Langzeitschaltung
time-delay drop-out Relais mit Abschaltverzögerung
time-delay fuse Zeitverzögerungssicherung

time-delay mechanism Auslösezeitwerk (mechanisch)(MB-Sitz)
time-delay motor Verzögerungsmotor
time-delay relay Verzögerungsrelais
time-delay switch Zeitkontakteinrichtung
time-delay valve Verzögerungsventil
time-delay voltage Zeitverzögerungskraft
time demodulation Zeitimpulsdemodulation
time dependence Zeitabhängigkeit
time-dependent workload zeitabhängige Arbeit
time derivative Zeitableitung
time difference method Zeitunterschiedsverfahren
time-difference or interval Zeitunterschied
time-dilation Zeitdehnung, Zeitdilation
time discriminability Gegenwartsdichte
time discriminator Zeitdiskriminator
time displacement zeitliche Verschiebung
time-distance curve chronische Kurve, Laufzeitkurve
time-distance-speed recorder Zeit-Weg-Geschwindigkeitsschreiber
time distribution system Zentraluhrenanlage
time division multiple access (TDMA) **radio terminal** Funkstation für Zeitaufteilung und Mehrfachzugang
time division multiple access system for satellite Zeitmultiplexzugriffssystem für Satelliten, Setelliten-Zeitmultiplexzugriffssystem
time division multiplex Zeitmultiplex
time-division multiplex frame Zeitmultiplexrahmen
time-division multiplex network Zeitmultiplex-Durchschaltnetz
time-division multiplexor terminal Zeitmultiplex-Anschluß
time division multiplier unit Modulationsmultiplizierer, Time-Division-Multiplizierer (nicht empfohlen)
time element of automatic circuit breaker Eigenzeit
time en route Flugzeit
time error indicator Periodenkontrolluhr
time-expired drawing ungültige od. zeitbefristete Zeichnung
time expired item abgelaufener Artikel
time extension Aufschub, Fristverlängerung, Nachfrist
time factor Zeitfaktor
time-fatigue resistance Zeitstandfestigkeit
time fire Brennzünderschluß, Schießen mit Doppelzünder, Zeitzünderschluß
time fuel graph Flugverlaufskurve
time function Zeitfunktion
time fuse Brenn-, Doppel-, Zeitzünder, Zeitsicherung, Zeitzündschnur
time gate Zeitsteuertor (Radar)
time generator Zeitimpulsgenerator
time generator start signal Zeitimpulsgeneratorstartsignal
time heading Zeitgruppe
time history zeitlicher Ablauf (einer physikalischen Erscheinung)
time integral Zeitintegral
time interval Zeitabstand, -folge, -intervall, -reserve, Zwischenpause
-reserve, Zwischenpause
time jitter Flackern, Unsicherheit des Impulseinsatzes, Unstabilität der Zeitlinie
time keeper Zeitmesser, -nehmer
time-keeping Arbeitszeiterfassung
time-keeping check Kontrollindexmarke
time lag Anzeigeverzögerung, Auslösezeit, zeitliche Nacheilung, zeitlicher Verzug, Trägheit, Verzögerung, Schleppzeit, Zeitdifferenz, -verschiebung, zeitliche Rücktrift
time-lag due to loading Ladeverzug(szeit)
time-lag film Zeitrafferfilm
time-lag switching and shock of firing pin innerer Verzug
time-lapse camera Zeitraff(er)aufnahmekamera
time-lapse motion camera Zeitraffer
time-lapse photography Zeitrafferaufnahmeverfahren
time-limit Endtermin
time-limit protection verzögerter Schutz
time-limit relay Relais mit Zeitauslösung, Zeitauslöserrelais
time-limit release unabhängig verzögerter Auslöser
time line Laufzeitkette
time marker Kontaktgeber, Zeitmarkengeber, Zeitmarkierer
time-marking lamp Zeitmarkenlampe
time metering Zählung nach Zeitdauer
time-mileage recorder Zeitwegschreiber
time modulation Zeitimpulsmodulation
time modulator Zeitimpulsmodulator
time multiplex Zeitmultiplexsystem
time multiplex technique Zeitmultiplextechnik
time of acceptance Aufgabezeit
time of appearance Entwicklungsfaktor
time of approach Anflugzeitpunkt
time of arrival Ankunftszeit
time of ascent Startzeit, Aufstiegszeit (Ballon)
time of attack Angriffsbeginn, -zeit
time of beginning of operation Inbetriebnahme
time of blast Blasezeit
time of burning Brenndauer, -länge
time of climb Steigzeit
time of contact Berührungsdauer
time of decay Anschwing-, Ausschwing(ungs)-zeit (Oszillator)
time of delivery Lieferzeit, Quittungszeit (bei befördernder Fernmeldestelle), Aushändigungszeit (an Adressaten)
time of departure Abfahrtzeit, Abflugzeit, Startzeit
time of dispatch Aufgabezeit (Funkspruch)
time of dwell Bewegungspause, Stillstandszeit, Verzögerungsdauer
time of efflux Ausfließ-, Ausflußzeit
time of expiry (of a clearance) Freigabeablauf
time of filing Aufgabezeit (Meldung)
time of fall Fallzeit (Fsch)
time of firing Abschuß, Moment der Explosion (seism)
time of flight Flugzeit, Laufzeit
time-of-flight analyser Flugzeitanalysator
time of flight method Laufzeitmethode
time of flight of projectile Geschoßflugzeit

time of flight servo Geschoßflugzeitservo
time of flow Durchflußzeit
time of fusing Abschmelzzeit
time of handling in Aufgabezeit (einer Meldung)
time of heating Erwärmungsdauer
time of incidence of the shock Ankunftszeit der Erschütterung (seism)
time of issuance Ausgabezeit
time of landing run Landungszeit
time of melting Schmelzzeit
time of occurence Zeit des Vorfalls
time of one cycle Periodendauer
time of operation Betriebsdauer, Einstellzeit
time of operation of a relay Ansprechzeit eines Relais
time of ordering Bestellzeit
time of origin Abfassungzeit, Aufgabezeit, Datum/Zeitgruppe
time of oscillation Periodendauer, -zeit
time of overhaul Überholungszeit (Gerät, Motor usw)
time of passage Durchgangszeit (Raumfahrt), Vorbeiflugzeit
time of phase transmission Phasenlaufzeit
time of preparation Rüstzeit
time of propagation Betriebslauf-, Latenzzeit
time of raise Anhebezeit (Hubzeit)
time of recovery Erholungszeit
time of relaxation Kippzeit
time of relay Ansprechgeschwindigkeit
time of release Ausgabezeit
time of rotation Rotations-, Umschwungzeit, Umdrehungslaufzeit
time of rotation in hours Stundenumlaufzeit
time of running down of the dial Ablaufzeit des Nummernschalters
time of set Bindungszeit, Verfestigungszeit
time of setting up a call Ausführungszeit einer Verbindung
time of stage I engine burning Brenndauer des Erststufenmotors
time of stage II engine burning Brenndauer des Zweitstufenmotors
time of starting Abfahrtzeit, Startzeit
time of training Ausbildungszeit
time of transition Phasenlaufzeit
time of transmission Übermittlungszeit
time of vibration Perioden-, Schwingzeit, Schwingdauer
time of warehousing Lagerfrist
time off the ground Abhebezeit
time on in percent Schalthäufigkeit
time or interval between exposures or timing of shuter Zeitfolge der Auflösung
time order Terminauftrag
time-ordered basis Zeitaufteilungsbasis
time-out Zeitsperre
time pattern record Zeitplanregelung
time per charge Durchsatzzeit
time pressure history zeitlicher Druckverlauf
time-proportional zeitproportional
time-pulse distribution Zeitimpulsverteilung
time-pulse distributor Zeitimpulsverteiler
time-pulse generator Taktimpulsgenerator
time pulse relay Impulsrelais
time punch Zeit-, Datenlocher
time quenching zeitweises Härten mit unterbrochener Abschreckung, Zeithärtung
time recorder Fahrt-, Zeitschreiber, Zeitzähler
time recording equipment Zeitregistriergerät
time reference scanning beam (TRSB) Abtaststrahlsystem mit Zeitbezugswert
time reference scanning beam system (TRSB) Abstrahlsystem mit Zeitbezugswert, Zeitbezugs-Abtastkeulensystem
time regulator Zeitregler, Zeitregulierer
time relay Zeitrelais, -schütz
time-relay call connection Zeitrelais-Anrufschaltung
time release Zeitauslösung
time release assembly Auslösezeitpunkt
time replacement item Fristaustauschteil, zeitbefristetes Austauschteil
time required for roll changing Umbauzeit (beim Walzenwechsel)(Walzwerk)
time resolution Zeitauflösung
time response Ansprechzeit
time reversal invariance Zeitumkehrvarianz
time, running Laufzeit
time-saving Zeitersparnis, zeitsparend, Zeitvorteil
time-saving feature Wirtschaftlichkeit
time-saving test connector zeitsparender Prüfanschluß
time scale Synchronisierzeitmarke, Zeitdehnung, -marke, Zeitmaßstab
time scale factor Zeitmaßfaktor, Zeitmeßfaktor
time scale instrument Zeitskaleninstrument
time schedule Zeiteinteilung, -plan
time scheduling Zeitplan
time selection Zeitselektion
time selection band Adressenwahlspur
time-selector transducer Zeitdiskriminatorkreis
time separation Zeitabstand, -staffelung
time sequence Zeitfolge
time series Zeitreihe (Statistik)
time service Zeitdienst
time-settlement curve Zeitsetzungskurve
time-shared Zeitmultiplex (Simultan)
time-shared amplifier Zeitmultiplexverstärker
time-shared operation "mehrgleisiger" Betrieb, Parallelarbeit (dig), Simultanzeit-Multiplex
time sharing Überlappung, gleichzeitiges Arbeiten mehrer Programme eines Computers, zeitlich verzahnte Verarbeitung mehrerer Programme, Zeitmultiplex, Zeitteilverfahren
time-sharing circuit Zeitteilerschaltung
time-sharing mode Teilnehmerbetrieb
time-sharing operating system (TSOS) Teilnehmer-Betriebssystem (TBS)
time-sharing sequence Zeiteinteilungsfolge
time-sharing system Teilnehmer-(Rechen)-system, Mehrbenutzersystem
time shift Zeitverschiebung
time shuter Zeitverschluß
time-signal Uhrzeitangabe, Zeitsignal, Zeitzeichen
time-signal injector Zeitmarkengeber
time-signal recorder Zeitzeichenschreiber
time-signal service Zeitzeichendienst
time-signal station Zeitzeichenstelle
time-signal system Zeitsignalanlage
time-signal transmitter Zeitgeber, Zeit-

signal-, Zeitzeichengeber
time slope zeitlicher Verlauf
time slot pattern Zeitraster
time space periodische Größe, Zeitabschnitt
time-spark system Taktfunkensystem
time-standard for operation Vorgabezeit
time strength Zeitfestigkeit
time study Akkordwesen, Refa-Zeitwesen
time-study instrument Zeitstudienapparat
time study man Kalkulator, Refa-Ingenieur, Zeitnehmer
time sweep Zeitablenkung
time switch Schaltuhr, Zeitschalter, Zeitschaltwerk
time-synchronized zeitsynchronisiert
time system Zeitsystem
time table Dienst-, Fahr-, Stundenplan
time temperature curve Zeittemperaturkurve
time tested bewährt, erprobt
time tick Zeitsignal, -zeichen
time, to zeitmessen, einstellen der Steuerzeiten, einteilen
time to go Annäherungszeit
time-to-go circle Annäherungszeitkreis
time tone Zeitzeichen
time trace on oscillogram Zeitmarke
time train indicator Brennlängenschieber (Sicherung)
time travel Einstellzeit
time-traverse diagram Zeitwegschaubild
time unit Zeiteinheit
time used Zeitaufwand
time valve Taktgeber
time variations of loss zeitliche Änderungen des Verlustes
time varied gain zeitabhängig geregelte Verstärkung
time vector Zeitlinie
time window Zeitfenster
time yield Zeitdehnung
time zone Zeitzone, Zone gleicher Uhrzeit
time zone meter Zeitzonenzähler
timed approach zeitgesteuerter od. fahrplanmäßiger Anflug, zeitgesteuerter Platzanflug
timed deflection or sweep taktmäßige Ablenkung
timed ignition gesteuerte Zündung
timed oiler Zeitöler
timed spark Steuerfunken, zeitlich gesteuerter Funken
timed spark discharger Funkenstrecke für die Erzeugung ungedämpfter Wellen, Vielfachfeld für die Erzeugung ungedämpfter Schwingungen
timed spark gap Knallfunkenstrecke
timed spark system Taktfunkensystem
timed turn zeitgesteuerter Kurvenflug
timely information zeitgerechte Nachrichten (Fernschreiben)
timely topics program Zeitfunk
timepiece Verzögerungselement, Zeitgeber
timer Impulszeitregler, Stoppuhr, Taktgeber, Zeit(takt)geber, Zeitmarkengeber, Zeitglied, -schalter, -werk, Zeitnehmer
timer contact Zeitkartenkontaktgabe
timer controlled automatische Zeitkontrolle
timer distributor Zündverteiler
timer hold relay Zeitgeberhalterelais
timer pulse switch Zeitgeberimpulsschalter
timer register Zeitgeberregister
times in Multiplikation, mal
times-ten frequency multiplication Frequenzverzehnfachung
times-ten frequency multiplier Frequenzverzehnfacher
times-ten voltage amplifier Spannungsverzehnfacher
timeslicing Zuteilung von Rechnerzeiten
timetable Stundeneinteilung, Zeitplan
timing Einstellung (Steuerzeiten), Gleichlauf, Maschinengewehrsteuerung, Regelung, Synchronisierung, Taktsteuerung, zeitlicher Ablauf, Zeitablenkung, -bestimmung, -gabe, -messung, Zeitberechnung
timing adjustment range Zündverstellbereich
timing angle Regulierwinkel
timing apparatus in fuse Uhrwerk
timing box Schaltkasten
timing chain Steuerkette, Zündeinstellungskette
timing chart Ablaufdiagramm, Einstellschaukarte der Steuerung, Impulsübersicht, Zeitdiagramm, Steuerungsdiagramm
timing circuit Zeitgeberschaltung, -glied, Zeitkreis, Zeitschaltung, Zeitüberwachung
timing complete relay Laufzeitrelais, Auslaufzeittaktgeber
timing constant Zeitkonstante
timing cycle Gesamtlaufzeit des Zeitgebers, Zeitzyklus
timing device Uhr, Zeitmarke(ngeber), Zeitmesser
timing diagram Einstellschaubild der Steuerung
timing disk Zündeinstellgerät
timing electrode Zeitablenkungselektrode
timing element Zeitglied
timing error Fehler in der Taktsteuerung, Taktsteuerungsfehler, Zeitfehler (dig)
timing gear Nockenwellenrad
timing gear cover Steuergehäusedeckel
timing generator Taktgeber, unabhängiger variabler Geber, UV-Geber, Zeitgeber
timing impulse Takt, Zeitsteuerimpuls
timing interrupter Zeitkontakteinrichter
timing line Zeitmarke
timing machine Zeitregelmaschine
timing mark Steuer-, Zeitmarke
timing mark on fly wheel Schwungradmarke
timing mark sensing cell Steuermarken-Fotozelle
timing motor Schaltmotor, Zeitgebermotor
timing of calls Gesprächszeitmessung, Bestimmung od. Festsetzung der Gesprächsdauer
timing of engine automatische Steuerung
timing of ignition Zündungseinstellung
timing of pause Pausenlänge
timing of the ignition Zündverstellung
timing oscillator Zeitmarkengeber mit Hilfe von Schwingungen
timing pin Einstellstift
timing pointer Einstellzeiger, Zeiger zur Einstellung der Steuerzeiten
timing pulse Einstell-, Taktimpuls, (Zeit)-steuerimpuls

timing pulse generator Zeitgeber
timing pulse rate Taktfrequenz, Taktimpulsfolge
timing register Gesprächszeitmesser
timing resistance Verzögerungswiderstand
timing start relay Laufzeitrelais, Zeitrelais
timing system Zeitmesser, Zeitmeßgerät, Zeitschreibgerät
timing tape Zeitregulierband, Zwischenband
timken bearing Kegelrollenlager
tin alloy Zinnlegierung
tin box jointing machine Falzverschlußmaschine
tin cap Zinnkapsel
tin coat, to feuerverzinnen
tin coated wire feuerverzinnter Draht
tin coating Feuerverzinnen, Feuerverzinnung
tin composition Mischzinn
tin dioxide Kassiterit
tin foil Blattzinn, Stanniolpapier, Zinnfolie
tin foil coating Stanniolbelag
tin foil covering Stanniolüberzug
tin foil electrode Stanniolelektrode
tin foil tape Stanniolband
tin funnel Blechtrichter
tin fuse Stanniolsicherung
tin metal printing Blechdruck
tin obtained from slag Schlackenzinn
tinlidding auftreten von Spannungsbeulen
tinplate Blechplatte, verzinntes Eisenblech, Weißblech, Zinnblech
tinplate doubler Weißblechwalzer
tinplate folder Blechfalt(e)maschine
tinplate manufacturer Weißblechhersteller
tinplate works Weißblechwerke
tin-plated verzinnt
tin-plated container Blechgefäß
tin-plating Verzinnung
tin printing machine Blechdruckmaschine
tin-refining plant Zinnraffinationsanlage
tin residue Zinnrückstand
tin roller Antriebstrommel
tin sheet Zinnplatte
tin smith Blechschmied, Klempner, Spengler
tin solder Lötzinn, Weichlot, Zinnlot
tin solution Zinnlösung
tinctorial power Ergiebigkeit eines Farbstoffs, Färbekraft
tine of tuning works Stimmgabelzinken
tinfoil (radar) Stanniolstreifen
tinge einen Anstrich geben, färben
tingeing method Anstrichmethode
tinnman's anvil Spengleramboß
tinned in Blechbüchsen eingemacht, Konserve (verzinnt)
tinned iron sheet verzinntes Eisenblech
tinned wire verzinnter Draht
tinning Reiblöten, Verzinnen, Verzinnung
tinsel rope Flitterseil
tint Einkopierraster, Farbe(nstufe), Farbstufe, Farbton, hellgetönte Farbe, Nuance, Schattierung, Tönung
tint, to aufhellen, abtönen
tinting color Abtönfarbe
tinting strength Färbekraft
tintometer Farbenmesser
TIOS tactical information organisation system
TIP target identification point
tip Auflage, Bestückung, Bodenkippe, Blättchen, Düse, Kopf, Mundstück, Punktschweißelektrode, Rand, Spitze (äußerstes Ende, Tragflächenende), Steckerspitze, Längsneigung (Lubi)
tip aileron Verwindungsklappe am Flächenende (Flz)
tip and sleeve contact Berührung zwischen Stößelspitze und Schaft
tip balance Seitenausgleich
tip border printing Kopfleistendruck
tip cap Schaufelspitzenabdeckung, Spitzenkappe
tip-change switch Kippumschalter
tip chord Endtiefe
tip clearance Kopfspiel (Zahnrad)
tip contact of the tooth Zahnkanteneingriff
tip cross section Blattspitzenquerschnitt
tip diameter Schaufelspitzendurchmesser
tip drag Punkt-, Spitzenwiderstand
tip-driven helicopter Hubschrauber mit Blattspitzenantrieb
tip-driven rotor Rotor mit Blattspitzenantrieb
tip-driven-rotor helicopter Hubschrauber mit Blattspitzenantrieb
tip effect Flügelspitzeneinfluß
tip electrode Punktschweißelektrode
tip engagement Kanteneingriff
tip failure of propeller Schaden an der Blattspitze der Luftschraube
tip fence Spaltabdichtung
tip frame Kipprahmen
tip incidence on deflected wing Spitzenanstellung bei verformtem Flügel
tip jack Prüfspitzenbuchse
tip-jet helicopter rotor Blattspitzen-Antriebsprinzip
tip loss Antriebsverlust am Tragflächenende, Randverlust, Spitzenverlust
tip-loss factor Randwirbelfaktor
tip missile arming relay Raketenabfeuer(ungs)-relais (Flügelspitze)
tip of brush Bürstenspitze
tip of plug Stöpselspitze
tip of the foreplane Spitze des Vorderflügels (Lfz)
tip of the pointer Zeigerspitze
tip of tooth Zahnkopf, -spitze
tip over, to auf den Kopf stehen, überschlagen
tip plate Blattspitzenklappe (Hschr)
tip plug Einpolstecker
tip radius Außenradius, Halbmesser der Flächenspitze, Propellerradius
tip relief Kopfabrundung (Zahn)
tip rock Wurzelspiel (an der Schaufelspitze bemessen), Tangential-, Transversalspiel
tip screw Kippschnecke
tip section Schaufelspitzen(ab)schnitt
tip shake Wurzelspiel (an der Schaufelspitze gemessen)
tip speed Schaufelspitzengeschwindigkeit, Spitzengeschwindigkeit (der Luftschrauben)
tip stall Strömungsabriß an Flügelspitzen, Flügelendesackflug
tip stall tendency Strömungsabriß (AC)
tip strip Randbogen
tip tank formation light Flügelspitzen-

tank-Positionsleuchte
tip tank jettison rectifier assembly Abwurf-Sperrgleichrichter (Außenlasten)
tip, to abkippen, ausschütten, kanten, kippen, umkippen, umlegen, stürzen, zuspitzen, auflöten (Hartmetallplättchen)
tip turbine Gebläserandturbine
tip-turbine lift fan Strahlgebläse mit Umfangsturbine
tip turbojet Blattspitzenturbostrahler
tip-up set Klappsitz
tip vortex Rand-, Spitzenwirbel, Luftwirbel an der Flächenspitze
tip-weighted booms an Enden mit Gewichten versehene Ausleger
tip wire Ader zur Stößelspitze, A-Ader, Stößelspitzenzuführung
tip wobble Wurzelspiel
tipless bulb spitzenloser Kolben
tipped off abgeschmolzen (Sicherung)
tipped solid cutter massiver Fräser mit bestückter Schneide
tipped up, to be nach oben auslaufen (Kurve)
tipped with sintered carbide hartmetallbestückt
tipper car Kippwagen
tipper gear Kippgetriebe
tipper hinges Kippscharniere
tipper lock Kippverschluß
tipper oil Kipperöl
tipping angle Kippwinkel, Verkantungswinkel
tipping arrangement Sturzanordnung
tipping bracket Abrollbock, umkippbarer Bremsklotz
tipping bucket Kippbecher, -gefäß, Klappkübel
tipping converter kippbarer Konverter
tipping cradle Chargiervorrichtung
tipping cutting tools Bestücken von Werkzeugen
tipping gearing Kippantrieb, Kippvorrichtungsgetriebe
tipping gradient Kippneigung
tipping lever Kipphebel
tipping mechanism Kippmechanismus, Kippvorrichtung
tipping moment Kippmoment (Längsmoment)
tipping motion Kippbewegung
tipping platform Kippbühne
tipping scale Kippwaage
tipping speed Schlußdrehzahl
tipping stage Kippbühne, Kippkatzenbrücke, Sturzbühne
tipping through or hopper Kippmulde
tipping-through four-bolted wagon Vierzapfenkipper
tipping-type mixer Kippmischer
tipple-mechanism Kippmechanismus
tippler Kippkasten, Kreiselwippe
TIR twin intermeshing rotors
TIR (total indicator reading) Gesamtbereich der Meßuhrablesung
tiral pit Schürfschacht, Versuchsschacht
tire Flanschstreifen (einer Kupplung), Pneumatik, Radkranz, Radreifen, Schiene
tire air-pressure controller Luftdruckkontroller
tire bead Reifenwulst
tire-bending machine Reifenbiegemaschine
tire-boring mill Radreifenbohrbank
tire capacity Reifentragfähigkeit
tire contact area Bodenaufstandsfläche (Reifen)
tire cover Laufreifen, Decke, Reifenmantel
tire deflection Reifeneinsenkung, -federung
tire fastening Radreifensicherung
tire-fitting gear Reifenmontagegerät
tire flap Schlauchschoner
tire footprint Reifenauflagefläche
tire gage Radreifenlehre
tire gauge Druckprüfer für Luftreifen, Reifendruckprüfer
tire grip Griffigkeit der Reifen, Reifengriffigkeit
tire indicator lamp Reifenanzeigelampe
tire inflating set Reifenfüllanlage
tire inflation pressure Reifenluftdruck
tire inflator Reifenfüller
tire inflator assembly Einsteckreifenluftpumpe
tire iron Reifenheber, Montiereisen, Bandageeisen
tire lever Aufzieh-, Montiereisen, Reifenmontierhebel
tire mounting Reifenmontage
tire-mounting press Radaufziehpresse
tire pattern Reifenprofil
tire presses, mechanic and hydraulic mechanische und hydraulische Reifenaufziehpresse
tire pressure Reifendruck
tire pressure gauge Streckmanometer
tire pressure indicator lamp Reifendruckanzeigelampe
tire protection Reifenschutz
tire puncture Luftschlauchbeschädigung
tire removing apparatus Reifenabziehgerät
tire removing device Abwalkmaschine
tire repair kit Reifenflickzeug
tire repairing Reifenvulkanisierung
tire rolling mill Bandagenwalzwerk, Radwalzwerk
tire-rolling practice Bandagewalzerei
tire section Reifenprofil, Radreifenprofil (spezial), Reifenbreite (o. Seitenprofil)
tire separation Bandagenablösung
tire setting Bereifung
tire steel or iron Bandageneisen
tire tread depth Reifenprofiltiefe
tire tread depth gage Reifenprofilmesser
tire wall Seitengummi
tire wrapping machine Reifenwickelmaschine
tirill regulator Tirill-, Vibrationsregler
T-iron Doppel-T-Eisen, T-Eisen, T-Stück
Tiros spacecraft (weather satellite, and their on-board sensors perform an excellent job of remotely sensing temperature and humidity gradient at different levels within the atmosphere, and also of producing imagery from which the strength and direction of winds and ocean currents can be calculated **Tiros-Satellit** (ist ein Wettersatellit mit leistungsfähigen Sensoren zur Fernmessung der Temperatur- und Feuchtigkeitsgradienten in verschiedenen Schichten der Atmosphäre sowie zur Aufnahme von Bildern, aus denen Stärke und Richtung von Luftbewegungen und Meeresströ-

mungen berechnet werden.
tissue belt Geweberiemen
tissue dosage or dose Gewebedosis (Bestrahlung)
tissue-equivalent Gewebeäquivalent
tissue-equivalent ionization chamber gewebeäquivalente Ionisationskammer
tissue-equivalent gas mixture gewebeäquivalentes Gasgemisch
tissue-equivalent ionization chamber gewebeäquivalente Ionisationskammer
tissue-equivalent material gewebeäquivalentes Material
tissue-equivalent medium gewebeäquivalentes Medium
tissue-equivalent proportional chamber gewebeäquivalente Proportionalkammer
tissue fraction Gewebeanteil
tissue injury Gewebeschaden (Bestrahlung)
tissue ionization chamber gewebeäquivalente Ionisationskammer
tissue paper Seidenpapier
tissue-paper feeler Fühl- u. Prüfstreifen aus Seidenpapier
tissue roentgen Geweberöntgen (im Gewebe absorbierende Strahlenmenge)
titan booster Trägerfahrzeug Titan
titan crane Titankran
titan traveling pedestal Laufgerüst des Titankrans
titanium Titan, Titanium, Ti
titanium and boron-composite materials Titan-Bor-Verbundwerkstoffe
titanium chloride Titanchlorid
titanium compound Titanverbindung
titanium dioxide Titandioxyd, Titansäure
titanium fluid adapter Leitungsadapter aus Titan, Titanleitungsadapter
titanium forging Titanschmiedestück
titanium nitride Titanstickstoff
titanium sandwich material mit Titan beplankte Sandwichplatte
titanium vaporizer Titanverdampfer
titanium wet installed fastener naßeingesetztes Titanverbindungselement
titanium white Titanweiß
titanium wing box Titanflügelkasten
titeflex hose Metallschlauch
title box Erläuterungsfeld (Lubi), Zeichenschriftfeld
title format Textformat (ALGOL)
title of a licence Umfang eines Berechtigungsscheines
titling strip Kennstreifen (Lubi)
titrate, to titrieren, tirieren
titrating apparatus Titrierapparat
titration Titration, Titrierung, volumetrische Analyse
titration method Titriermethode
titration value Umschlagzahl
titration voltmeter Titrationsvoltmeter
Tjc trajectory chart
TjD trajectory diagram
T-joint Knotenverbindung
T-junction T-Verzweigung
TKOF (take-off) Start
T-lever T-förmiger Hebel
TLM telemetry of telemetering
TM tactical missile
TM (torque motor) Drehmoment(en)antrieb
TMA (terminal control area) Nahverkehrsbereich
TMCS technical maintenance and control system, technical monitoring and control system
TMCS terminal TMCS-Station
TMD Tieffliegermeldedienst
TMG tactical missile group (USAF)
TMW tactical missile wing (USAF)
T-network Kettenleiter zweiter Art
TO table of organization
to-and-fro bending tester Hin- u. Herbiegeprüfer
to-and-fro canister Pendelatmungsabsorber (Tauchen)
to-and-fro focusing movement Tiefenfokussierung
to-and-fro motion Hin- u. Herbewegung
to-and-fro telegraph Klipp-Klapp-Telegraph
to delay going metric Übergang zum metrischen System verzögern
to-from flag To-From-Zeichen (An-, Abflug)
to-from indication Von-zu-Anzeige
to-from indicator Richtungsweiser
to head for in Richtung...steuern
to kit Formänderungssatz, Nach(rüst)satz
to verify separation condition tolerance Verifizierung der Trennungsbedingung u. Toleranz
TOC technical order compliance
TOC item TOC-Artikel
Tocco-hardening Tocco-Härtung (örtliche Oberflächenhärtung durch Erhitzung im Induktionsofen)
tockens Fördermarken
TOD time of delivery
toe bearing Spitzenlagerung
toe dog Niederhalter, Spannfinger
toe-in Neigung gegeneinander, Vorderlauf, Vorspur
toe-in torque gegenläufiges Drehmoment
toe method of recording Durchhangverfahren (Film)
toe negative method Deltaverfahren (Foto)
toe of disconnector lever Ansatz am Unterbrecherhebel
toe-on Neigung gegeneinander, Vorlauf-, Vorspur
toe pan tunnel mittleres Fußblech (Abdeckblech für Kupplung)
toeing Tragbild
Toepler Schlieren system Toepler'sches Schlierenverfahren
toggle Gelenkstück, bistabile Kippschaltung, Flip-Flop-Schaltung, bistabiles Element, Kipphebel (BBS), Knebel, Kniegelenk, Kniehebel, Schwimmergewicht
toggle actuated kipphebelbetätigt
toggle arm Kniehebelarm
toggle bolt Kniehebel, Paßbolzen
toggle circuit bistabile Schaltung
toggle clamp Kniehebelzwinge, hebelartiger Verschluß
toggle collapsible tube press Kniehebeltubenpresse
toggle drawing press Exzenterziehpreßmaschine
toggle joint Gelenkhebel, Knebeldichtung,

-gelenk, Knieglenk, Winkelgelenk
toggle-joint press Kniegelenk-, Kniehebelpresse
toggle-joint riveting machine Kniehebelnietmaschine
toggle lever Gelenkstück, Kniehebel, Winkelhebel, Kipphebel
toggle-lever press Kniehebelpresse
toggle-lever tongs Kniehebelzange
toggle lock Kniehebelsperre
toggle loop Kniehebelschlaufe
toggle motion Kniehebelbewegung
toggle press Knebelpresse, Kniehebelpresse
toggle rope or line Knebeltau
toggle switch Kipphebelschalter, Knebelschalter, Kniehebel, doppelpoliger Umschalter
toggle-type lock hebelartiger Verschluß
toggle unit press Kniehebelpresse
toggle upset Kniehebelstauchung
toilet service vehicle Toilettenfahrzeug
toilet servicing Bedienung sanitärer Anlagen
toilet water heater circuit-breaker Toilettenwasser-Heizstromschalter
tolerable error zulässiger Fehler
tolerable limit zulässige Grenze, Höchstgrenze
tolerable value zulässiger Wert
tolerance Abmaß (mech), Abweichung (Toleranz), Spielraum, Verträglichkeit, zulässige Abweichung, zulässige Maßstababweichung
tolerance accumulation Abmaßsummierung
tolerance, allowable limits of zulässige Toleranzgrenze
tolerance chart Toleranzkarte
tolerance dosage Toleranzfluß
tolerance dose Toleranzdosis, zulässige Dosis
tolerance fast flux Toleranzdosis schneller Neutronen
tolerance for rises in temperature Toleranz für temperaturbedingte Abweichung
tolerance frequency Frequenzabstand, Toleranzabstand
tolerance indicator (unit) Toleranzanzeiger
tolerance level Toleranzniveau
tolerance limit Toleranzgrenze (Güteprüfung)
tolerance, manufacturing Herstellungstoleranz
tolerance of distortion Verzerrungstoleranz
tolerance of fit Paßtoleranz
tolerance of impedance Impedanztoleranz
tolerance on fit Paßmaß, Paßtoleranz
tolerance on measurement Maßtoleranz
tolerance-plug gauge Grenzlehrdorn, -lochlehre, Toleranzkaliberdorn
tolerance range Toleranzbereich
tolerance rate Toleranz(dosis)rate
tolerance space Toleranz(zwischen)raum
tolerance, subject to a...of mit einer Toleranz von...
tolerance surpassing indicator Toleranzüberschreitungsanzeiger
tolerance unit Passungseinheit, Toleranzeinheit
tolerance value Toleranzwert
tolerance variation zulässige Abweichung
tolerance zone Toleranzfeld, -zone
tolerances Einpaßgrößen, Plus- u. Minusabmaß
tolerant, to be in Kauf nehmen
toll Übergangsgebühr, Wegezoll, Wegesteuer
toll answering jack Fernabfrageklinke
toll area Ortsverkehrsbereich, Vorortsverkehrsbereich
toll broadcasting gebührenpflichtiger Rundfunk
toll-busy cable fernbesetztes Kabel
toll call Nah-, Schnellverkehrsgespräch
toll center Endfernamt, Knotenvermittlungsstelle, Überweisungsvermittlung (Endfernamt)
toll circuit Schnellamtsleitung, Vororts-, Fernleitung
toll exchange Fern-, Nahverkehrs-, Schnellamt
toll final selector Fernleitungs-, Schnellverkehrswähler
toll-free gebührenfrei
toll information desk Fernamtsauskunft-(sstelle)
toll intermediate cable Fernleitungszwischenkabel
toll-line Fernleitung(slinie), Nahverkehrs-, Schnellamts-, Vorortsleitung
toll-line dialing Fernwählen, Fernwahl, Selbstwahlfernverkehr, Wahlfernsteuerung
toll network Fernleitungsnetz, Nah-, Schnellverkehrsnetz
toll position Fernplatz
toll preparing connection Fernvorbereitungsschaltung
toll-rate chart Ferngebührentafel
toll record circuit Meldeleitung
toll recording Gesprächsanmeldung
toll service observation Fernbetriebsüberwachung
toll station Überweisungsamt
toll switchboard Fernschrank, Umschaltschrank für Fernverkehr
toll switching position Schnellverkehrsplatz
toll-switching trunk Fernvermittlungsleitung
toll telephone circuit Fernleitung
toll terminal Teilnehmerleitung für Fernverkehr
toll test board Fernprüfschrank
toll test panel Klinkenumschalter
toll-ticketing Gebührenverrechnung für Fernwahlnachrichten
toll traffic Bezirks-, Nah-, Schnell-, Vorortsverkehr
toll turning lathe Walzendrehbank
TOM teleprinter-on-multiplex
tommy Knebelgriff, Stellstift
tommy bar Drehstift, Knebel, Stecker
tommy gun Maschinenpistole
tommy head Knebelkopf
tommy screw Knebel(griff)schraube
ton, by the tonnenweise
ton burden Tonnentragfähigkeit
ton control means Tonblende
ton kilometer Tonnenkilometer
ton-kilometer, available angebotene od. verfügbare Tonnenkilometer
ton-kilometer, performed zurückgelegte Tonnenkilometer
ton measurement Tonnenmaß
ton method Tonnenverfahren
ton per day Tagestonne, TATO
ton per month Monatstonne, MATO

ton per year Jahrestonne, JATO
tonal Impulsgeber
tonal center of frequencies Tonzentrum
tonal frequency Hörfrequenz
tonal fusion Tonverschmelzung
tonal generator Impulsgeber, Tongenerator
tonal pattern Tonbild
tonal range Tonumfang
tonal reception Tonempfang
tonal signal tönendes Signal
tonal value Helligkeitsstufe, Tönungswert, Bildton
tonalizer Klangfarbenregler, -blende, Tonblende, Tonfärbemittel
Toncan iron Toncan-Eisen
tone Tonwert (Foto)
tone arm bearing Tonarmlager
tone arm locking device Tonarmverriegelung
tone arm, the...unlocks der Tonarm entriegelt sich
tone burst tonfrequenter Schwingimpuls, Tonfrequenzburst
tone channel Tonkanal
tone colour Färbung des Schalls, Schallfärbung
tone compensating network Tonkompensationsschaltung
tone-control Aussteuerung, Klangblende, -farbenregelung, -farbenregler, -färber, Klangregler
tone-control aperture Helligkeitsskala
tone-control choke Klangdrossel
tone-control means Klangfärbemittel
tone-control or switch Klangblende
tone converter Tonwender
tone correction Klangfärbekorrektur, -verbesserung, Tonveredelung
tone correctness Tonrichtigkeit
tone corrector Tonveredler
tone divider Frequenzteiler
tone-down, to abschwächen
tone filter Tonfilter, Tongeber
tone generator NF-Meßsender, Tongenerator
tone-heading means Klangbildblende, Klangfärbemittel
tone identification Tonkennung
tone-idle system Dauerstromverfahren
tone interval Tonabstand, -intervall
tone mile load factor Nutzladefaktor
tone mixer Tonmischer
tone-modulated telegraphic transmitter tonmodulierter Telegraphiesender
tone-modulated wave tonmodulierte Welle
tone modulation NF-Modulation
tone of relay Relaisanker
tone of tuning fork Stimmgabelton
tone or timbre-control means Klangfärbemittel
tone oscillator NF-Meßsender, Tongenerator, Tonsummer
tone perception Schallwahrnehmung
tone producer Tonerreger
tone quality Schallfärbung, Tonfarbe
tone-reducer switch Drosselschalter
tone rendering Tonwiedergabe
tone ringer Tonwecker
tone-shading means Klangblende, -färbemittel, Tonfärbemittel
tone signal Besetztprüfung mit Summerton, Klangsignal
tone signalling system Tonimpulssystem
tone source Tonquelle
tone tester Tonprüfer
tone tuning Tonabstimmung
tone value Tonwert
tone variator Tonhöhenvergleicher
tone wheel Einstimmungsrad, phonisches Rad, Tonrad
tones of brightness Helligkeitsunterschiede
tonging longitudinal cut Spanabnehmung in Längsrichtung
tongs, rotary Gestängeabfangschere, -zange
tongs, tubing coupling Steigrohrmuffenzange
tongue Ansatz, Ausläufer, Dorn, Knebel, Lasche, Lenkbaum, Ösenblatt, Paßleiste, Relaisanker, Stachel, Vortrieb, Zunge
tongue-and-groove Nut- u. Federfuge
tongue-and-groove joint Nut- u. Federverbindung, Nut- u. Federverkleidung
tongue-and-groove pass geschlossenes Stauchkaliber
tongue file Gabelfeile
tongue holding the safety catch Rasterzunge
tongue of a crossing Herzstück einer Kreuzung
tongue of relay Anker eines Relais, Relaisanker
tongue of sliding door Führungsfeder einer Schiebetür
tongue of terminal Kabelschuhklappe
tonguing and grooving machine Spundmaschine
tonic ascent Tonakzent
tonic spectrum Tonspektrum
tonic train signalling Tonfrequenzsignalisierung, Zeichengebung
tonic transmitter Tonsender
toning bath Ton(fixier)bad
tonnage Laderaum, Schiffsraum, Tonnage, Tonnengehalt, Tragfähigkeit
tonnage of steel tapped per heat abgestochene Rohstahlmenge per Schmelze
tonnage production Großerzeugung
tonnage scale Tonnengehaltsskala
tonometer Tonfrequenzmeßgerät
tonsit test Tonprobe, Tontest
tonus Elastizität, Spannkraft, Tonus
too (high, low, fast) zu (hoch, tief, schnell)
too heavy oberlastig
tool Drehbank, -stahl, Meißel, Prägestempel, Stößel, Werkzeug(maschine)
tool accessories Werkzeugzubehör
tool accounting Werkzeugabrechnung
tool adjustment Einstellen der Werkzeuge
tool allowance Werkzeugwechselzeit
tool and cutter grinder Werkzeugschleifmaschine
tool angle Schnittwinkel, Werkzeugwinkel
tool arm slide Werkzeughalterschlitten
tool, automatic automatisches Bearbeitungswerkzeug
tool back-out attachment Stahlrückzugeinrichtung
tool bag Werkzeugbeutel, -tasche
tool bar Montiereisen
tool binder Stahl-, Werkzeughalter
tool bit Drehstahl, -zahn, Meißeleinsatz, Schneidplatte

tool body Werkzeugkörper
tool cabinet Werkzeugkasten
tool carriage Werkzeugschlitten, Support
tool carrier Längssupport, Werkzeugaufnehmer, -schlitten
tool-carrying head Werkzeugsupport
tool chuck Werkzeugfutter
tool collar Werkzeugbund
tool crib Werkzeugausgabe
tool department Werkzeugabteil, -macherei
tool disc grinding machine Werkzeugschleifmaschine
tool dresser Werkzeug(ein)richter
tool engineer Werkzeugfachmann
tool equipment Werkzeugausrüstung, -ausstattung
tool-fitting dimension Einbaumaß
tool for non-cutting shaping Werkzeug für spanlose Formung
tool for observation Beobachtungsmittel
tool for piston fitting Werkzeug für Kolbenmontage
tool for ramming earth Erdstampfer
tool for turning up centers Stahl zum Abdrehen von Spitzen
tool for working tin and metal Werkzeug für Blech- u. Metallbearbeitung
tool gauge Geräte-, Werkzeuglehre, Werkzeugschablone
tool-grind Nachschliff des Werkzeugs
tool grinder Schleifmaschine
tool-grinding machine Werkzeugschleifmaschine
tool handle Werkzeuggriff
tool-head for longitudinal planing Werkzeugsupport für Längshobeln
tool-head for traverse planing Support zum Querhobeln
tool holder Stahl-, Werkzeughalter
tool holder bit Drehzahn, Einsatzdrehstrahl (für Stahlhalter), Einsatzmesser (zum Einsetzen in Stahlhalter)
tool holder top slide Stahlhalter-Obersupport
tool holding strap Stahlspannlasche
tool jack Gewindeabschraubvorrichtung, Werkzeugschraubgewinde
tool joint Außenmuffe, Gestängeverbinder, -verbindung
tool joint, drilling Bohrgestänge-Zugverbinder
tool joint, flash-weld Vorschweißverbinder
tool joint, full-hole Gestängeverbinder mit großem Durchflußquerschnitt
tool joint, internal flash Gestängeverbinder mit freiem Durchgangsquerschnitt
tool joint, regular Gestängeverbinder mit kleinerem Durchflußquerschnitt
tool joint, shoulder of a Gestängeverbinderschulter
tool kit Werkzeugausrüstung, -ausstattung, Werkzeugkasten
tool layout Einstellplan, -zeichnung, Einstellung
tool-life curve Standzeitkurve
tool-lifter Meißelabheber
tool lifting gear Meißelabhebeeinrichtung
tool lifting shaft Meißelhebelwelle, Meißellüfterwelle (w)
tool made from plastic Kunststoffwerkzeug
tool maker's calipers Federkaliber
tool maker's flat Meßscheibe
tool maker's lathe Werkzeugdrehbank
tool making or manufacture Werkzeugbau
tool milling machine Werkzeugfräsmaschine
tool of fabrication Fabrikationswerkzeug
tool oilstoned mit Ölstein geläppte Werkzeugschneide
tool operated at standard frequency Normalfrequenzwerkzeug
tool parting Abstechwirkung
tool, pneumatic Preßluftwerkzeug
tool position Werkzeugstellung
tool post Längssupport, Stahlhalter, Werkzeugschlitten
tool-post grinding Supportschleifarbeiten
tool pressure Stahldruck
tool rack Halter für Werkzeuge
tool-rake angle Spanwinkel
tool reconditioning Werkzeuginstandhaltung
tool relief Werkzeugabhebung, -entlastung
tool relieving Werkzeugabhebung
tool rest Werkzeugsupport
tool-rest holder Stahlauflageuntersatz
tool-rest swivel Supportdrehteil
tool roll zusammenrollbare Werkzeugtasche
tool room department Werkzeugabteilung
tool room lathe Leit- u. Zugspindeldrehbank
tool saver control button Werkzeugschutz-Schaltknopf (w)
tool set Werkzeugsatz
tool-set-up-time Aufspannzeit für Werkzeuge, Werkzeug-Einrichtzeit
tool setter Werkzeugeinrichter
tool setting Werkzeugeinstellung
tool-setting gage Lehre zur Höheneinstellung der Schneide, Werkzeugeinstellehre
tool-setting time Einrichtzeit
tool setup Werkzeugeinrichtung
tool slide Werkzeugschlitten, Werkzeugsupport (Hobelmaschine), Stahlhalter(schlitten), Stichel-, Supportschlitten
tool slide for facing Plandrehschlitten
tool spindle Werkzeugspindel
tool steel Werkzeugstahl
tool steel for mining industry Bergbauwerkzeugstahl
tool-storage room Geräteraum, Werkzeugaufbewahrungsraum
tool store Werkzeugmagazin
tool swivel Gerätewirbel
tool templet Werkzeugschablone
tool thrust Arbeitsdruck, Schneiddruck
tool tipping Werkzeugauftragschweißung
tool trolley Werkzeugwagen
tool used for plastic Kunststoffwerkzeug (für Plastikverarbeitung)
tool wear Werkzeugverschleiß
tool with a leading angle Werkzeug mit negativem Neigungswinkel
tool withdrawal mechanism Stahlrückzugeinrichtung
tool withdrawer Abziehvorrichtung
tool wrench Geräte-, Werkzeugschlüssel
toolbox on cross slide Quersupport (Hobelmaschine)
tooled surface bearbeitete Fläche
tooling Arbeitsverfahren (mit Arbeitsstahl), Einrichten einer Bearbeitungsmaschine,

Schneidstahlverarbeitung, Werkzeugausrüstung, -ausstattung

tooling cost analysis Werkzeugkostenanalyse

tooling diagram Einstellplan, -zeichnung, Einstellung, Werkzeuganordnung

tooling layout Werkzeuganordnung

tooling nest Bearbeitungssatz

toolkit-holder for motorcycles Werkzeugtrommel für Motorräder

toolmaker Werkzeugschlosser

toolmaker's calipers Federkaliber

tools for glueing Verleimungswerkzeug

tools of secondary importance Werkzeuge zweiter Ordnung (Werkzeuge für Wartung am Boden)

toolsetting gauge Lehre zur Höheneinstellung der Schneide, Werkzeugeinstellehre

tooth Absatz, Schneide, Radzahn, Zacke(n), Zahn, Zinke(n)

tooth accuracy Verzahnungsgenauigkeit

tooth back Zahnrücken

tooth bar Absatzschwelle

tooth chain gear Zahnkettentrieb

tooth chamfer Zahnabschrägung

tooth chamfering hub Abkantwälzfräser, Abrundwälzfräser

tooth-chamfering machine for thoothed wheels Zahnabrundfräsmaschine für Zahnräder

tooth construction Verzahnung

tooth crumbling up and disloading Ablöser-u. Ablösezahn

tooth curve Zahnkurve

tooth cutter Nachbohrer

tooth cuttering machine Zahnschneidemaschine

tooth depth Zahntiefe

tooth edge copy milling machine Zahnkantennachformfräsmaschine

tooth face Zahnform

tooth face angle Zahnbrustwinkel

tooth flank grinding machine Zahnflankenschleifmaschine

tooth form correction Zahnformkorrektur

tooth form or section Zahnform

tooth generation by twin reciprocating tool Zweistahlabwälzhobel

tooth increment Überhöhung je Zahn, Zahnabstufung

tooth induction Zahninduktion

tooth line Zahnverlauf

tooth measuring ga(u)ge Zahnmeßlehre

tooth milled free from backlash spielfreigefräster Zahn

tooth milling cutter Messerkopf, Verzahnungsfräser

tooth of the fluted type gefräster Zahn

tooth pitch Zahnbreite, -länge, -teilung

tooth pressure Zahnanlage, -druck

tooth profile Zahnflanke, -form, -profil

tooth ripple Nutenwelle

tooth rounding machine Zahnkantenabrundmaschine

tooth section Zahnbogen, -segment

tooth spacing Zahnabstand, -teilung

tooth thickness Rückenbreite, Zahndicke

tooth thickness error Zahndickenfehler

tooth thickness tolerance Zahndickentoleranz

tooth thickness variation Zahndickenschwankung

tooth, to mit Zähnen versehen

tooth-to-tooth spacing Einzelteilung

tooth-wheel drive Zahntrieb

tooth-wheel synchronizer Zahnsirene

toothed ausgezackt, gekerbt, gezahnt, mit Zähnen versehen, verzinkt, zackenförmig, zackig, zahnig

toothed attrition mill Excelsiormühle, Zahnscheibenmühle

toothed chisel Scharnier-, Zahneisen

toothed cutter head Zahnbohrkrone

toothed disc federnde Zahnscheibe, verzahnte Unterlegscheibe, gezahnte Scheibe, Zahnscheibe

toothed disc mill Excelsiormühle

toothed disk Zahnscheibe

toothed distributor bar Ablegezahnstange

toothed flywheel rim Schwungrad mit Anlasserzahnkranz

toothed-gear cutting Zahnräderschneiden

toothed lock washer federnde Zahnscheibe

toothed mica space gezähnte Glimmerscheibe

toothed quadrant Zahnbogen

toothed rack gezahnte Stange, Zahnraster, -stange

toothed ring armature Zahnanker

toothed roll Riffelwalze

toothed sector Zahnsektor

toothed segment Zahnbogen, -segment

toothed spring disc federnde Zahnscheibe

toothed spring washer federnde Zahnscheibe, verzahnte u. federnde Unterlegscheibe

toothed, to be mit Zähnen versehen

toothed washer Zahnscheibe

toothed wheel Zahnkranz, -rad

toothed-wheel circuit breaker Zahnradunterbrecher

toothed-wheel gearing Zahnrädergetriebe, Zahnradgetriebe, Zahnvorgelege

toothed-wheel tempering machine Zahnradhärtemaschine

toothing Bezahnung, Verzahnung, Zahnung

toothing of face Planverzahnung

TOP (cloud top) Wolkenobergrenze

top Aufsatz, Deckel, Gipfel, Kopfende, Krone, Oberteil, Spitze, in Höchstform bringen, Kreisel (eines Gewindes)

top aileron Oberflügelquerruder

top air Vorspannluft

top anchorage Halsverankerung

top antenna Dachantenne

top anti-collision Zusammenstoßwarnlicht (am Rumpf)

top area Deckfläche

top back slope Neigungswinkel der Schneidkante (Drehstahl)

top binding Kopfbindung, Oberbund

top boom Holmobergurt

top border printing Kopfleistendruck

top-bottom suspension gegenfädige Aufhängung

top bridge Querhaupt

top camber Oberflächenwölbung

top cap Anodenkappe, Anschlußkontakt (an einer Spitze), Besohlung (vulkanisieren), Gitter-, Röhrenkappe, Kopfanschlußkappe

top cap of hexode tube Hexodenkappe

top capacitor aerial or antenna Antenne mit Dachkapazität, kapazitivbeschwerte Antenne
top capacity Dach-, Spitzenkapazität
top casting fallender Guß
top center gore obere Mittelbahn, Stempelbahn (Fsch)
top charge (explosive) Aufladung
top charging Begichtung
top-charging gear Schüttvorrichtung
top circle Kopfkreis
top clamp plate Düsenflansch "vorne"
top clamping bar Oberwange (Abkantmaschine)
top coat letzter od. oberster Anstrich, Deckanstrich
top coating Deckanstrich, -aufstrich, Deckschicht
top cover oberer Deckel
top cover cloth Verdeckstoff, Verdeckhülle, Luftraumsicherung (Gefechtsfeld)
top cross-piece Oberriegel
top cylinder casting Zylinderkopf
top cylinder cover oberer Zylinderabschluß
top dead center höchster od. oberer Totpunkt
top diameter Zopfdruckmesser, Zopfstärke
top disc Deckelhut, oberer Teiler (Motoraufhängung)
top drive oberer Antrieb
top-driven centrifugal Schleuder mit oberem Antrieb
top drum Obertrommel
top edge Außen-, Oberkante
top ejection Ausdrücken von oben
top end of an ingot Blockkopf
top end of a pipe Lunkerkopf
top fed aerial or antenna obengespeiste Antenne
top feed Aufgabe od. Speisung von oben
top fence Gitteraufsatz
top figure obenstehende Ziffer
top fixing bracket Deckenträger
top flange of truss Binderobergurt
top force Oberstempel (Preßform)
top gas Gichtgas
top gear dritter Gang
top going cutter linksdrehender Fräser
top groove Kopfrille, oberes Drahtlager, Scheitelrille
top gun position Rumpfoberstand
top header Vorstauchstempel
top-heavy kopf-, oberlastig, mit hoher Schwerpunktlage
top-hole choke Düse mit Eruptionskopf
top jaw Aufsatzklaue
top lamination Deckblatt
top land Feuersteg, oberster Kolbensteg, Kopffläche (Zahn)
top layer Deckschicht
top layer of a weld Deckraupe
top level obere Grundstrecke
top light Spitzenfeuer, Topplicht
top limit of visibility Bewölkungshöhe
top line of the tooth Kopflinie des Zahnes
top load wire Haupttragseil
top-loaded antenna or aerial Antenne mit Dachkapazität, kapazitiv beschwerte Antenne
top loaded capacitance dachbelastete Kapazität
top loading capacitance Dachkapazität
top mark Toppzeichen
top of a bed Oberkante einer Schicht (geol)
top of a crest Deich-, Wellenkrone
top of arch Bogenscheitel
top of clouds Wolkenobergrenze
top of crankcase Kurbelgehäuseoberteil
top of descent Sinkflugbeginn
top of Fermi distribution Fermipotential (in Metallen)
top of fin Leitflossenoberkante (Lfkf)
top of loop or shaft Wellenoberkante
top of piston Kolbenboden
top of rail Schienenoberkante
top of roadbed Oberbau (Straße)
top of shaft Wellenoberkante
top of sleeper Schwellendecke
top of tank Oberseite des Tanks
top of the piston Kolbenboden
top-of-the-range business Expansionstendenz
top of the strut Stielkopf
top or upper drum Obertrommel
top or upper surface of wing Saugseite des Flügels
top overhaul Teilüberholung des Motors (ohne Ausbau aus Flugzeug), Steuerung u. Kolbenringe umfassend), Überholung des oberen Teils eines Motors
top panel of deployment bag Oberteil des inneren Verpackungssackes (Fsch)
top part molding box Oberkasten
top plan view Ansicht von oben, Draufsicht, Grundsicht
top plate Deckplatte
top-poured steel fallend gegossener Stahl
top pressure Dachdruck, Oberdruck
top quality erstklassige od. hochwertige Qualität
top radius Kopfabrundung (Zahn)
top rake Spitzenspanwinkel, Brustwinkel
top roll obere Walze, Oberwalze
top-roll cooler Oberwalzenkühlervorrichtung (Walzwerk)
top roll lift Anstellhub der Oberwalze (Walzwerk)
top roll pressure Oberdruck (Walzwerk)
top roller with a tilting device hochkippbare Oberwalze
top rollers Zylinderbelastung
top row obere Reihe
top secret geheime Kommandosache
top section Haubenkörner
top-shaft frame Ohrjoch
top side slope Spanwinkel
top slide Oberschieber, -schlitten
top speed Höchstfahrt, -geschwindigkeit, Spitzendrehzahl, -geschwindigkeit
top speed governor Höchstdrehzahlregler, Nenndrehzahlregler
top spreader waagerechter Teil der L-Antenne
top sprocket obere Führungsrolle (Film), Zahnrolle (Getriebe)
top stage Endstufe (einer Rakete)
top structure Spitzengliederung
top surface Deckfläche
top surface covering Oberflächenbelag

top swedge hoher Setzhammer
top timbering Dachverkleidung
top-to-top von Spitze zu Spitze
top traverse größte Schwenkung, Richtbereich (der Seite nach), Seitenrichtfeld (Geschütz)
top up, to auf-, nachfüllen
top vane guide oberes Schwanzflossenfhrungsstück (Torpedo)
top view Ansicht von oben, Draufsicht (bei einem Gerät)
top weight Obergewicht
top wing spar Oberflügelholm
topochemical reaction topochemische Reaktion
topographic base topographische Grundlage od. Vermessungsstation
topographic correction Gelände-, Terrainkorrektur
topographic form Erdoberflächenform
topographic map Meßtischblatt, topographische (Land)karte
topographic relief topographisches Relief
topographic section Kartenbatterie
topographic survey topographische Vermessung
topographic tachometer topographischer Entfernungsmesser
topographical detail topographische Einzelheit
topographical effects topographische Einflüsse
topographical features topographische Merkmale
topographical fixing of position topographische Ortsbestimmung
topographical map topographische (Gelände)-karte
topographical mapping Landesaufnahme, topographische Abbildung
topographical ordnance Generalstabskarte
topographical particular Situationsgegenstand
topographical point (topo)graphischer Punkt
topographical position finding topographische Ortsbestimmung
topographical representation Geländedarstellung
topographical surface Topographen-, Geländefläche
topographical survey Landesaufnahme, Mappierung, Landvermessung, topographische Vermessung
topography Geländekunde, Oberflächengestaltung, Ortsbeschreibung, Topographie
topological adaptive teaching algorithm topologischer adaptiver Lehralgorithmus
topology Netzstruktur (im Nachrichtensystem), Topologie
topology engineering Projektierung der Netzstruktur (Nachrichtennetz)
TOPO MAP moving map display TOPO/MAP bewegliche Kartendarstellung
toposcope Toposkop
toposoil Oberboden, Obergrund
topped crude Rückstand der ersten Destillation
topped, flat-combustion chamber Verbrennungsraum mit flachem Boden
topped, flat-electrode Elektrode mit flachem Ende (Zündkerze)
topping primäre Destillation, Topping, Überguß
topping (of a thread) das Kürzen (einer Gewindespitze)
topping cutter Gewindefräser
topping device Köpfvorrichtung
topping plant Topanlage
topping turbine Vorschaltturbine
topping-up, to gasnachfüllen
topple, to kippen (Kreisel)
toppled condition of pictures Bildstromstürzung
tops of haze Dunstobergrenze
TOR time of receipt
TOR teleprinter on radio
torbenite Torbenit (uranhaltiges Mineral), (Kupfer)uranglimmer
torch Brenner, insbesondere Schneid- od. Schweißbrenner, Fackel, Taschenlampe
torch battery Stabbatterie
torch bulb Taschenlampenbirne
torch case Taschenlampengehäuse, -hülse
torch form of discharge Fackelentladung
torch igniter Fackelzünder
torch igniter feed pump Stabzünderförderpumpe
torch igniter solenoid Solenoidstabzünder
torch or autogenous welding Gasschweißung, Gasschweißverfahren
torching Nachzündung
torching start Anlasserüberhitzung
tore Ringwulst
torn-tape condition Lochstreifen "gerissen"
torn-tape relay installation Lochstreifenweitergabeeinrichtung, nichtautomatische (Schnittstreifen-)Weitergabeeinrichtung
torn-tape reperforator switching center Lochstreifenvermittlung mit geschnittenem Lochstreifen (dig)
torn-tape switching center Lochstreifenvermittlung mit geschnittenen Lochstreifen
toroid Ringröhre, Ringwulst, Toroid
toroid coil Toroidspule
toroid core Ringkern
toroid doughnut Ringröhre (Beschleunigungsmaschine)
toroid-shaped core toroidförmiger Kern
toroidal ring-, wulstförmig
toroidal arch Toroidalbogen
toroidal autotransformer Ringkerntransformator mit Sparwicklung
toroidal configuration toroidale Konfiguration
toroidal coordinate Toruskoordinate
toroidal-core variable transformer Ring-Stelltransformator
toroidal discharge toroidale Entladung
toroidal ferrite core Ferritringkern (Speicher)
toroidal nozzle Toroidaldüse (Strahltriebwerk)
toroidal permeability Ringkernpermeabilität
toroidal repeating coil (Fernsprech-)Ringübertrager
toroidal transformer Ringübertrager, Ringtransformator
toroidal winding Ringwicklung
torpedo Alarm-, Sprengpatrone, Knallkapsel, Torpedo
torpedo advance Einsteuerversatz (Torpedo)
torpedo afterbody tilt stand Kipp-Prüfstand für Torpedohinterteil
torpedo air flask Torpedoluftkessel
torpedo air speed Torpedofluggeschwindigkeit
torpedo aircraft Torpedoflugzeug
torpedo arm Torpedowaffe

torpedo armament Torpedoarmierung
torpedo bearing Torpedoaufrichtung
torpedo bearing transmitter Zielwinkelgeber
torpedo body or fuselage Torpedorumpf
torpedo bomber or plane Torpedoflugzeug
torpedo calculator Torpedorechner
torpedo carrier Torpedoflugzeug
torpedo-carrying flying boat Flugtorpedoboot
torpedo-carrying missile Flugkörper mit Torpedo, Raketentorpedo
torpedo-carrying seaplane Torpedosegel-, Torpedowasserflugzeug
torpedo catalyst cartridge Torpedoverdampferkartusche
torpedo component Torpedobaugruppe
torpedo control assembly Torpedoeinstellvorrichtung
torpedo control circuit Torpedosteuerkreis
torpedo control disc Torpedovorhalterechenscheibe, Torpedotiefenmembrane
torpedo control system Steueranlage des Torpedos, Torpedosteuereinrichtung
torpedo course angle Torpedoschußwinkel
torpedo course attachment Torpedoschußwertempfänger (T-Rohrsatz)
torpedo course, base or basic Torpedogrundkurs (rechtsweisend)
torepdo course indicator Torpedolaufrichtungsanzeiger
torpedo course order Torpedoschußwinkelwert
torpedo course use, actual tatsächlicher Torpedokurs
torpedo damage Torpedoschaden
torpedo danger zone Torpedogefahrenzone
torpedo data computer Torpedorechner
torpedo decoy Torpedotäuschziel
torpedo defense Torpedoabwehr
torpedo defense net Torpedoschutznetz
torpedo deflection Torpedoauswanderung
torpedo delivery Abwurf von Torpedos, Torpedoeinsatz
torpedo depth Torpedolauftiefe
torpedo depth keeping Tiefenlaufhaltung des Torpedos
torpedo detection Torpedoortung
torpedo director Torpedorichtgerät
torpedo discharge recording gear Torpedoausstoßregistriergerät, -pistole
torpedo duty cycle zulässige Gesamtlaufzeit
torpedo engine Torpedoantriebsmaschine
torpedo establishment Torpedowaffenplatz
torpedo exercise run Torpedoübungsschuß
torpedo exploder mechanism Torpedozünder
torpedo fan Torpedolüfter
torpedo gyroscopic setting device Torpedorohrkreiswinkelrichter
torpedo hit Torpedotreffer
torpedo launching mechanism or gear Torpedoabschußvorrichtung
torpedo net Torpedoschutznetz
torpedo-recovery boat or vessel Torpedofangboot
torpedo release Torpedoabwurf
torpedo-shaped torpedoförmig
torpedo speed boat E-Boot
torpedo tail assembly Torpedoleitwerk
torpedo, to torpedieren
torpedo tube Ausstoßrohr, Torpedo(ausstoß)rohr
torpedo tube above water Überwasserrohr
torpedo-tube door Torpedorohröffnung
torpedo-tube shutter Torpedorohrverschluß
torpedo turning radius Torpedoeinsteuerradius
torpedoing of oil wells torpedieren von Erdölbohrungen
torpedoman Torpedomechaniker, Torpedowaffenvormann
torpedo's control surface Ruderfläche
Torqflow transmission Torqflow-Getriebe
torque Abfallmoment, Anziehmoment, Motor/...Motor (in funktionellen Wortverbindungen), Verdrehungskraft, Raddrehung, Torsionskraft, Schraubendrehmoment (Propeller)
torque a gyroscope, to auf einen Kreisel ein Moment ausüben, einen Kreisel momentieren
torque adapter Zwischenstück für Drehmomentschlüssel
torque adjustment Drehmomentabgleich
torque amplifier Drehmomentverstärker
torque arm Bremshebel, Dreharm, Federbeinschere (Fahrwerk), Torsionsstrebe
torque axis (Dreh)momentachse
torque balance Drehmomentwaage
torque-balance accelerometer Beschleunigungsmesser mit Drehmomentausgleich
torque-balance system Drehmomentkompensator
torque-balancing tab Trimmkarte
torque ball Schubkegel
torque bar Bremsblockwiderlager
torque bed Brems-, Prüfstand, Prüfraum
torque box Drehmomentkasten, Drehungskasten, Torsionskasten
torque characteristic Drehmomentcharakteristik, -kurve
torque check gear Synchrongetriebe mit (besonderer) Einrichtung zur Beseitigung von Drehmomentstößen
torque clutch Rastkupplung
torque coefficient Schraubendrehmoment
torque coil Momentspule
torque compensation Dreh(moment)ausgleich
torque control Angleichvorrichtung
torque converter Drehmomentwandler
torque converter transmission Wandlergetriebe
torque convertor/power shift transmission Drehmomentwandler und Kraftübertragung
torque coupling Momentkupplung
torque cylinder Drehmomentübertragungszylinder
torque diagram Drehmomentdiagramm
torque differential receiver Drehmoment-Differentialempfänger, Momentdifferentialempfänger (MDE)(Drehmelder)
torque differential repeater (TDR) Momentdifferentialempfänger (MDE)(Drehmelder)
torque differential transmitter (TDX) Momentdifferentialgeber (MDG)(Drehmelder)
torque divider Differentialwandler, Drehmomentverteiler
torque division or split Drehmomentverzweigung, Leistungsverzweigung
torque drive key Mitnehmerkeil
torque due to gas and inertia forces Gas- u. Massendrehkraft

torque dynamometer Drehmomentwaage
troque effect Drehmomenteffekt
torque gauge Drehmomentdose
torque generator Drehmomenterzeuger, Drehmomentgenerator Motor/...Motor (in funktionellen Wortverbindungen)
torque gradient Drehmomentgefälle
torque horsepower Pferdekraft der Schraubendrehung
torque imposed on the engine by the slip stream on the cradle frame durch den Luftschraubennachstrom auf die Pendelwaage des Prüfstands ausgeübtes Drallmoment
torque indicating wrench Schraubenschlüssel mit Drehmomentanzeige
torque indicator Drehmomentmeßgerät, (Drehmoment)meßnabe
torque limiter Drehmomentbegrenzer (av)
torque limiting Drehmomentbegrenzung
torque link Drehmomentstückgabel, Federbeinschere
torque line, lower untere Federbeinstrebe
torque meter Anzugskraft, Drehmomentmesser, Torsionsmesser
torque metering hub Drehmomentmeßnabe
torque-metering pressure transmitter Drehmomentdruckübertrager
torque-metering spanner Drehmomentmeßschlüssel
torque motor Drehmomenterzeuger, Motor/... Motor (in funktionellen Wortverbindungen), Drehmomentantrieb, -motor, Motor mit konstantem Drehmoment, Nachsteuermotor, Zungensteller (Ventil), Schaltmotor
torque overload Rutschkupplung
torque overload release clutch Drehmoment-Überlast(ungs)kupplung, Rutschkupplung
torque pickup Drehmomentaufnehmer, Drehmomentgeber
torque piston Drehmomentkolben
torque pressure Drehmomentmeßdruck
torque-producing element Momentenerzeuger
torque rating Anzugsverhältnis (Drehmomentverhältnis), Drehmomentbemessung
torque reaction Gegendrehmoment
torque reaction, dial Ziffernblatt zur Ablesung des Drehmomentrückdrucks
torque receiver Drehmoment-, Drehwinkelempfänger, Momentempfänger (ME)(Drehmelder)
torque repeater Drehmoment, Drehwinkelempfänger, Momentempfänger (ME)(Drehmelder)
torque rod Achsabstrebung, Drehstab(feder), Schubstange, Torsionsfeder
torque room Prems-, Prüfstand, Prüfraum
torque r.p.m. Standdrehzahl
torque scale Drehmomentwaage
torque shaft Torsionswelle, Verdrehstab
torque spanner Drehmomentschlüssel
torque/speed characteristic Drehmomentkennlinie
torque spider Rotorsegmentträger (Radbremse)
torque stand Brems-, Prüfstand, Prüfraum, Drehmomentmeßstand, Probeblock, Untersuchungsstand für Schraubendrehmoment
torque-stand truck Prüfstandwagen
torque stay rod Momentstütze
torque synchro Drehmoment-Drehmelder, Drehwinkelsynchro, Momentdrehmelder (Oberbegriff)
torque synchro receiver Moment-Differentialempfänger
torque synchro transmitter Moment-Differentialgeber
torque test Drallprüfung
torque, to mit Drehmomentschlüssel anziehen, ein Moment ausbauen (Kreisel), ein Drehmoment montieren
torque to bore volume ratio Drehschub
torque transmitter Drehmoment-, Drehwinkelgeber, Momentgeber (MG)(Drehmelder)
torque tube Drehwiderstandsröhre, Drehrohr, Hohlwelle, Schubrohr, Torsionsrohr, Verdrehrohr, Rotorträger (Scheibenbremse)
torque-tube aileron control Verdrehrohr-Hilfsflügelmechanismus
torque tube arm Mitnehmertraverse
torque tube ball joint (rear axle) Schubkegelgelenk (Kfz)
torque tube drive Schubrohrkraftübertragung
torque twist diagram Drehmomentverformungsschaubild
torque value Anziehdrehmoment, Anzugsmoment
torque-weight ratio bezogenes Drehmoment (beim Zähler)
torque wrench Drehmomentschlüssel
torqueless drehmomentfrei
torquer Drehmomenterzeuger, Motor/...Motor (in funktionellen Wortverbindungen)
torquer magnet Stellmagnet
torquing amplifier Drehmomentsignalverstärker
torquing rate Präzisionsgeschwindigkeit (Kreisel)
torquing signal Überwachungssignal (Kreisel)
torrid zone heiße Zone
torsibility Verdrehungsfähigkeit
torsiograph Drehschwingungsschreiber, Torsiograph
torsiometer Torsionsmeßgerät
torsion Drehung, Drehachse, Drehbeanspruchung, Drilling, Raddrehung, Schiebungsmodulus, Torsion, Verdrehung, Verdrillung, Verwindung, Windung, Zusammendrehung
torsion angle Torsions-, Verdrehungswinkel
torsion alternation testing machine Torsionswechselprüfmaschine
torsion balance Dreh(feder)-, Torsionswaage
torsion balance party Drehwaagetrupp
torsion balance station Drehwaagemeßpunkt, Drehwaagestation
torsion bar Drillstab, Federstab, Torsionsstab, Torsionswelle
torsion bar axle Torsionsfederachse
torsion bar axle assemblies for private car trailers Drehstabfederachsen für Pkw-Anhänger
torsion bar spring Drehstabfeder, Torsionsfeder
torsion bar springing Torsionsstabfederung
torsion-bar suspension Drehstabfederung
torsion box Torsionskasten
torsion circle Torsionskreis
torsion constant Torsions-, Verdrehungskonstante

torsion couple Drillung, Torsionsmoment
torsion dynamometer Torsionsdynamometer
torsion-endurance test Dauerverdrehungsversuch
torsion failure Verdrehungsbruch
torsion-flexure Torsionsbiegung
torsion filter Torsionsfilter
torsion-free chassis verwindungsfreies Fahrgestell
torsion galvanometer Torsionsgalvanometer
torsion head Torsionskopf
torsion, impact Stoßtorsion
torsion indicator Torsionsindikator, -messer, Verdrehungsindikator, -messer
torsion load Verdrehungskraft
torsion-magnetometer Torsionsmagnetometer
torsion meter Drillschreiber, Torsiograph, Torsionsmesser, Verdrehungsmesser
torsion modulus Drillings-, Gleit-, Scherungsmodul, Torsionsmodulus
torsion nose Torsionsnase, Verdrillungsnase
torsion pendulum Dreh-, Torsionspendel
torsion restoring pin Torsionsstift
torsion rod Drehstabfeder, Drillstab, Torsionsstab (Hschr), Verdrehstab
torsion rod lock Sicherungsstück für Torsionsstab (Hschr)
torsion rod lock sealing ring Dichtungsring für Torsionsstabsicherung, Sicherungsstück für Torsionsstab (Hschr)
torsion spring Drehungs-, Torsionsfeder, Verdrehfeder
torsion spring restraint Torsionsfesselung
torsion strain gauge Torsion/Dehnungsmeßstreifen
torsion string galvanometer Torsionsfadengalvanometer
torsion suspension Torsionsaufhängung
torsion/tension straps between the pairs of blades Rotorblätter werden durch Zug- u. Torsionsstäbe gehalten
torsion test Drehungsversuch, Torsionsprobe, Torsions-, Verdrehungsversuch, Verwindeprobe, Verwindungsversuch
torsion test for metals Verdrehungsbefestigungsversuch für Metalle
torsion testing machine Drehfestigkeitsmaschine, Torsionsprüfmaschine, Verdrehungsfestigkeitsmaschine, Verdrehungsprüfmaschine
torsion torque Torsionsmoment
torsion tube Biegerohr
torsion-type suspension Torsionsfeder
torsion vector Drallvektor
torsion wire Aufhängedraht (Drehwaage), Torsionsdraht, -faden
torsional Verdreh..., Verdrehungs..., Dreh..., Torsions...
torsional angle of twist Verdrehwinkel
torsional axis Drillachse
torsional buckling Dreh-, Drillknicken
torsional clamp Torsionsnase
torsional deformation Drillverformung
torsional-endurance limit Drehschwingungsfestigkeit
torsional fatigue Verdrehungsermüdung
torsional force Drall, Dreh-, Torsions-, Verdrehungskraft
torsional frequency Torsionsschwingungsfrequenz
torsional instability Drehungsinstabilität
torsional modes Drehschwingungen
torsional moment Dreh(ungs)-, Torsionsmoment, verdrehendes Moment, Verdrehungsmoment
torsional oscillation Torsions-, Verdrehungsschwingung
torsional oscillation resonance Drehresonanz
torsional quartz crystal Torsionsquarz
torsional resilience Dreh-, Torsionsspannung
torsional resistance or rigidity or stiffness Verdrehsteifigkeit, Verdrehungs-, Drehwiderstand
torsional resonance frequency Torsions-Resonanzfrequenz
torsional restraint Torsionalfesselung
torsional rigidity Drill-, Verdreh(ungs)-steifigkeit
torsional-shear strain Gleitung
torsional-shearing stress Schubspannung
torsional stiffness Drillsteifigkeit, Torsionsfestigkeit
torsional strain Drehbeanspruchung, Drehspannung, Torsionsspannung, Verdrehungsmesser
torsional-strain indicator Torsions-, Verdrehungsmesser
torsional-strain meter Verdrehungsmesser
torsional strength Dreh(ungs)festigkeit, Torsions-, Verdrehungsfestigkeit od. Steifigkeit
torsional strength limit Torsionsfestigkeitsgrenze
torsional strenght of drill pipes Torsionsfestigkeit der Bohrgestänge
torsional stress Dreh(ungs)beanspruchung, Drehspannung, Torsionsbeanspruchung, Torsionsspannung, Verdrehungsbeanspruchung
torsional stress-strain diagram Spannungsschiebungsdiagramm
torsional tester Torsionsprüfmaschine
torsional vibration Dreh(ungs)schwingung, Kristalldrehungs-, Kristalldrillungsschwingung, Torsionsschwingung
torsional vibration of a crystal Kristalldreh-, Kristalldrillungsschwingung
torsional vibration of shaft Drehschwingung der Welle, Wellendrehschwingung
torsional vibration testing machine Drehschwingungsprüfmaschine
torsional wave Torsionsschwingung, -welle
torsionally-mounted verdreht eingebaut
torsionless suspension torsionsfreie od. torsionslose Aufhängung
torso-dummy Torsopuppe (LL)
torsometer Elastizitätsmesser
tortuous path of lighting flash verschlungene Blitzbahn
tortus Drehkörper mit ringförmigem Querschnitt, Kreisring mit Querschnitt, Ring-(kanal) (Kühlturbine), Ringraum, Ringwulst, Torus, Wulst
TOS (tape operating system) BBS (Bandbetriebssystem)
toss hin- u. herbewegen, durchschütteln
total gänzlich, vollständig, Gesamtbetrag, Gesamtsumme
total a board Alle an Bord

total absorbed dose gesamte absorbierte od. integrale Dosis
total absorption Gesamtabsorption
total absorption coefficient Gesamtabsorptionskoeffizient, totaler Absorptionskoeffizient
total acceleration voltage Gesamtbeschleunigungsspannung
total accumulate switch Schalter "Saldieren"
total activity discharge or release Gesamtaktivitätsabgabe, -ausstoß, -freisetzung (Reaktor)
total air-gas mixture Gas/Luftgemisch für vollständige Verbrennung
total air IT market gesamter Pauschalflugreisemarkt
total airplane weight Betriebs-, Flugzeuggesamtgewicht
total air traffic system umfassende Luftverkehrskontrolle
total amount of flow Gesamtdurchsatz
total amount of insurance Gesamtversicherungswert
total amplitude of oscillation Schwingungsbreite
total angle Gesamtwinkel
total angle of lead Gesamtvorhaltewinkel
total angular momentum quantum number äquatoriale od. magnetische Quantenzahl, Gesamtdrehimpulsquantenzahl
total antenna resistance Gesamtdämpfungswiderstand
total area Gesamt(ober)fläche
total area of fuselage bottom Gesamtrumpffläche
total attenuation Dämpfungsmaß, Gesamtdämpfung
total ballistic correction Gesamtverbesserung für aussenballistische Einflüsse
total binding energy totale Bindungsenergie
total-blast nozzle area Ganzdüsenquerschnitt
total body irradiation Ganzkörperbestrahlung
total break time Ausschalter (einer Schaltvorrichtung)
total burn time Gesamtbrenndauer
total cable equivalent Gesamtdämpfung
total cable force Gesamtseilkraft
total capacity with extra tanks totale Kapazität od. Gesamtkapazität mit Extratanks
total carbon Gesamtkohlenstoff
total carbon content Gesamtkohlenstoffgehalt (Metall)
total characteristic Schwinglinie
total charge number Gesamtladungszahl
total chord of tail unit Gesamtleitwerktiefe
total circulating capacity or quantity Umlaufmenge
total cloudiness Gesamtbewölkung
total communications infrastructure Gesamtfernmeldeinfrastruktur
total connected load or wattage Gesamtanschlußwert
total connection Gesamtanschluß
total consumption Gesamtbedarf
total contact ratio Gesamtüberdeckung (Getriebe)
total correction Gesamtverbesserung
total cost Gesamt(un)kosten
total counter Sammelzähler
total cross section totaler Wirkungsquerschnitt
total cross section measurement Gesamtwirkungsquerschnittsmessung
total cross section of nuclear reactions Gesamtquerschnitt von Kernprozessen
total current Gesamtstrom, Hellstrom
total curvature Gesamtkrümmung
total cutting capacity Gesamtspanquerschnitt
total cycle Summengang
total cylinder capacity Gesamtzylinderinhalt, -volumen
total cylinder displacement Gesamtzylinderhubraum
total decarburization Auskohlung
total declination Gesamtabweichung
total deflection Gesamtseitenrichtung
total delay Gesamtverzögerung
total demand Gesamtbedarf
total departure Gesamtabweichung
total depth of a wall Endtiefe der Bohrung
total depth of teeth Zahnhöhe, -tiefe
total development costs Gesamtentwicklungskosten
total deviation Gesamtablenkung, -deviation
total differential totales od. vollständiges Differential (math)
total dimension Außenmaß, Gesamtabmessung
total displacement Gesamthubraum
total distance to clear an obstacle Startstrecke bis zum Überfliegen eines Hindernisses
total distortion Summenklirrfaktor
total distortion of a telegraph cable Längenmaß eines Telegraphenkabels
total drag Gesamtwiderstand (aerodyn)
total draw-off tray Totalabnahmeboden
total effect Gesamtwirkung
total effective collision cross section totaler Wirkungsquerschnitt
total effective fare effektiver Gesamttarif
total electrode capacitance Elektrodenkapazität
total electromotive force Ersatzspannung
total electron binding energy totale Elektronenbindungsenergie
total emission noise Gesamtemissionsrauscher, Emissionsrauschstrom
total emissivity of a thermal radiator Emissionsgrad eines Temperaturstrahlers
total empty weight Leergewicht
total energy system Totalenergiesystem
total enthalpy Ruheenthalpie (phys)
total entropy statischer od. untätiger Zustand
total equivalent brake horsepower gesamte äquivalente Bremsleistung
total equivalent shaft horsepower gesamte gleichwertige Wellenleistung in Pferdestärken
total exhaust energy Auslaß-, Austrittsenergie
total exit Summenausgang
total expansion Gesamtdehnung
total expense Gesamtaufwand, -unkosten
total facilities Gesamtheit der Einrichtungen
total fading Gesamtfading
total fatal accident Gesamtunfallziffer
total field dose Gesamtfelddosis
total flight time Gesamtflugzeit
total flux Gesamtfluß
total flying time Gesamtflugzeit

total flying weight Fluggewicht
total flux gesamte Kraftlinienzahl, Gesamtfluß
total force Gesamtkraft
total freight (tonnes) beförderte Frachten (in Tonnen)
total fuel contents summation indicator summierender Gesamtkraftstoffvorratsanzeiger
total gauging error Gesamtmeßfehler
total gross traffic Gesamtbruttoverkehr
total guidance lead angle Flugkörpergesamtwinkelvorhalt (Flugkörperfeuerleitung)
total harmonic distortion (THD) Gesamtklirrfaktor
total head Förderhöhe, Gesamtdruck, -höhe, totaler Druckverlust
total heat Gesamtsaugwirkung, -wärme(inhalt)
total heat-entropy diagram IS-Diagramm
total heat of a body Eigenwärme des Körpers
total hydraulic system Gesamthydraulik
total immersion thermometer Eintauchthermometer
total impact Gesamtstoß
total impulse Gesamtimpuls
total indicated air pressure gemessener Gesamtdruck
total indicated temperature gemessene Gesamttemperatur
total in-flight simulator TIFS
total indicator reading (TIR) Ablesung über den gesamten Meßbereich
total internal fuel Gesamtinnenkraftstoffmenge
total internal reflection Totalreflexion
total internal work function Ablösearbeit, Ablösungsarbeit, Ablösungsenergie (des Elektrons), Auslösearbeit
total ionization Gesamtzahl der gebildeten Ionen, totale Ionisierungsarbeit, Ionisierungsstärke
total key Endsummentaste
total length Baulänge, Gesamtlänge, gestreckte Länge
total length of an a.c. system Drehstromsystemlänge
total level width totale Niveaubreite
total life cycle Einsatzlebensdauer (AC)
total life cycle cost Gesamtlebensdauerkosten
total lift Gesamtauftrieb
total lift of crane hook Gesamthub
total light emitted Lichtsumme
total light flux Gesamtlichtstrom
total line Summenzeile (Rechner), Gruppenzeile
total list speed Sammelganggeschwindigkeit (lo)
total load Fluggewicht, Gesamtbelastung, Gesamtlast, Rohlast
total load at fracture (Gesamt)bruchlast
total load factor Gesamtnutzladefaktor
total load on the derrick Gesamtbelastung vom Bohrturm
total load switch Gesamtlastschalter, Gesamtdämpfung, Gesamtverlust
loaded deflection Gesamteinfederung unter Last
total loss Totalverlust
total losses Gesamtausfall
total luminous reflectance Gesamtreflexionsvermögen (Optik)
total manometric height Förderhöhe
total market Gesamtmarkt
total mass number absolute Massenzahl
total mass stopping power Massebremsvermögen (radioaktiv)
total mileage odometer Gesamtkilometerzähler
total modulation Ganzdurchmodulierung
total moment of momentum Gesamtdrehimpuls, Gesamtdrall, Gesamtspin
total moment of resistance Gesamtwiderstandsmoment
total normal curvature Gauß'sche Krümmung (math)
total movement in elevation Höhenrichtfeld
total neutron cross section totaler Wirkungsquerschnitt für Neutronen
total of harmonics Summe der Harmonischen
total open-loop frequency response Frequenzgang des Regelkreises
total operating expenses Gesamtaufwendung "Verkauf"
total operating revenues Gesamtbetriebseinnahmen, gesamte Betriebseinnahmen, Gesamteinnahmen "Verkehr"
total operation time Abschaltzeit
total output Gesamtausbeute, -ertrag, Gesamtleistung
total overflow Summenübertragung
total package plan Gesamtpreiskonzept
total permissible transmission equivalent zulässige Gesamtdämpfung, zulässiges Übertragungsmaß
total piston displacement Gesamthubraum (Motor)
total piston load gesamte Kolbenbelastung, Totalkolbenbelastung
total power output of the engines Gesamtmaschinenleistung
total pressure Gesamtdruck
total pressure rake Gesamtdruckkammsonde
total pretax profit Gesamtgewinn vor Steuern
total print control Steuerung der Endsummenschreibung
total printing Summenschreibung, -druck
total production Gesamtförderung, -produktion, Totalproduktion
total production figures Gesamtproduktionswert
total quantum number Gesamt-, Hauptquantenzahl
total radiation Gesamtstrahlung
total radiation flux meter Gesamtstrahlungsdosismesser
total radiation pyrometer Gesamtstrahlungspyrometer
total range Aktionsradius, Ganzreichweite, ganze Reichweite (av), Gesamtskala
total range of controller output Stellbereich
total range of manipulated variable Stellbereich
total receipt Gesamteinnahme
total recovery Gesamtausbeute, -ertrag
total reduction Gesamtuntersetzung, Reckgrad
total-reflection Totalreflexion, Totalrückstrahlung, vollständige Reflexion
total-reflection coefficient Extinktionskoeffizient
total refraction Gesamtbrechung

total register Resultatwerk
total response elektroakustischer Wirkungsgrad
total resistance Gesamtwiderstand
total resisting effort Gesamtfahrwiderstand
total rolling Summenübertragung
total running time Gesamtbetriebszeit, -laufzeit
total sample Rohprobe (Sammelprobe)
total scrap rate Ausmusterungsquote
total sectional area Gesamtquerschnittsfläche
total sensitivity Gesamtempfindlichkeit
total sensitivity current Gesamtempfindlichkeitsstrom
total situation Gesamtlage
total solids Eindampfrückstand, Gesamttrockensubstanz
total soluble matter Gesamtlösliches
total space required Gesamtraumbedarf
total spin Gesamtdrall, -drehimpuls, Gesamtspin
total spread Gesamtstreuung
total standard tankage Hauptbenzintankanlage
total step method Gesamtschrittverfahren
total strain Gesamtverzerrung
total strength Gesamtstreuung, Gesamtstärke
total stress Summenspannung
total suction action Gesamtsaugwirkung
total synthesis Totalsynthese
total system Gesamtsystem, komplette Systemlösung (Avionik)
total system acquisition cost Gesamtsystemkosten
total taking key Endsummentaste
total telegraph distortion Gesamtverzerrung
total temperature Betriebs-, Gesamttemperatur
total temperature probe Betriebs-, Gesamttemperaturfühler (ADC)
total thrust Gesamtschub
total time constant Gesamtzeitkonstante
total time standards Gesamtvorgabezeiten
total, to summieren
total ton-kilometres performed zurückgelegte Gesamtkilometer
total tour price Gesamtreisepreis
total transfer Summenübertragung (dig)
total transition time Gesamttransitionszeit
total transmission Totaldurchgang
total transmission equivalent Dämpfungsmaß, Gesamtdämpfung, gesamtes Übertragungsmaß
total transparency vollständige Durchlässigkeit
total thrust vector of the main rotor die Luftkraftresultierende des Rotors
total valve lift period Gesamtventilöffnungszeit, gesamte Ventilöffnungszeit
total voltage Gesamtspannung
total weight fuel, stages I and II Gesamtbrennstoffgewicht der Erst- u. Zweitstufe
total width of frequency band Gesamtbandbreite
totalizing current transformer Summenwandler
totally digital automatic flight control system volldigital automatischer Flugregler
totally enclosed vollständig geschlossen
totally enclosed apparatus geschlossenes Gerät
totally enclosed dynamo geschlossener Dynamo
totally reflected ray total reflektierter Strahl
totally reflecting prism totalreflektierendes Prisma
totally standarised high-order language intended for real-time military application straff standardisierte Sprache für die militärische Echtzeitdatenverarbeitung
tote box Ladekasten, Transportbehälter
tote line Statusleitung (Nike)
totem pole cathode follower Kathodenverstärker mit sehr niedriger Ausgangstemperatur
tottering contact Wackelkontakt
touch-and-go aufsetzen und durchstarten
touch-and-go landing Aufsetz- u. Durchstartlandung, Landung mit anschließendem Durchstarten (Flzg)
touchdown Aufsetzen, touchdown point, Aufsetzpunkt, Landung (Flz)
touchdown guidance Aufsetzhilfe
touchdown marker Aufsetzmarke
touchdown marking Aufsetzzonenmarke
touchdown point Aufsetzpunkt (auf Landebahn)
touchdown position Aufsetzposition
touchdown short of runway, to vor der Landebahn aufsetzen
touchdown speed Aufsetzgeschwindigkeit
touchdown zone Aufsetzgebiet, -zone
touchdown zone lights Aufsetzzonenbefeuerung, Befeuerung der Aufsetzzone
touchdown zone marking Aufsetzzonenmarke
touch input device Berührungsdrahtvorrichtung
touch needle Probier-, Streichnadel
touch rod Kontaktelektrode
touch signals Berührungszeichen
touch spark Abreißfunken
touch typewriting blindes Maschinenschreiben, blindes Stanzen, Blindschreiben
touch welding Schweißung mit Schleppführung
touch wire display unit Darstellungseinheit mit Testdrähten
touching ground Aufsetzen
touching of wires Draht-, Leitungsberührung
touching point Berührungspunkt
touchstone schwarzer Kieselschiefer
touchwise input device Berührungsdrahteingabemittel
tough unnachgiebig, widerstandsfähig, zähe
tough cover einseitiger Umschlag
tough-rubber-sheated cable Gummischlauchleitung
tough textures zähes Gefüge
toughen zäh machen od. werden (Lack)
toughen workening, to hochtrainieren (Motor)
toughened glass vorgespanntes Glas (Art von Sicherheitsglas)
toughened iron Zäheisen
toughening Anlassen (Stahl)
tougher environmental consideration harte Umweltbedingungen
toughness Zähfestigkeit, Zähigkeit
toughness index Zähigkeitsziffer
toughness of a material Zähigkeit eines Materials
toughness property Zähigkeitswert (pla)
toughness test Zähigkeitsprobe, -versuch
tour operator of sufficient size leistungsfähiger Reiseveranstalter

touring aircraft Reise-, Touristikflugzeug
touring body Tourenkarosserie
tourist explosion Explosion des Flugtourismus
tourist organization Reiseorganisation
tourist traffic all included Pauschalreiseverkehr
TOW tube-launched, optically-tracked, wire-guided
tow alongside, to längsseits schleppen
tow bar Schleppstange
tow diffusion chamber Turmdiffusionskammer
tow hook for trucks Zughaken für Lastkraftwagen
tow line Schleppleine, Seilzug, Treil, Zugleine
tow line winch Vorholwinde
tow lug Abschlepp-, Freischleppbeschlag
tow rope Abschleppseil, Zugtau
tow rope eyes Kauschen für Abschleppseil
tow rope with handhold Knebeltau
tow target Schleppseil
tow target aircraft Zielschleppflugzeug
tow-target cable brake Schleppbremse
tow, to ins Schlepptau nehmen, schleppen
tow truck Abschleppwagen
tow winch Schleppwinde
towed boat or barge Schleppkahn
towed flight Schleppflug
towed gradiometer geschlepptes Gradiometer (Minenjagdgerät)
towed resistance Schleppwiderstand
towed sonar Schleppsonar
towed start Schleppstart
towed sweep Kabelfernräumgerät
towed target gezogenes Ziel, Luftsack, Schleppsack, -scheibe, -ziel
towed target, flight with Zielschleppflug
towed, to be sich schleppen lassen
tower Kommandoturm, Kontrollturm, Kolonnen, Mast, Turm
tower aerial or antenna Turmantenne
tower cab Kontrollturmkanzel
tower crane Turmkran
tower equipment Turmgerät
tower filter Turmfilter (Entstaubung von Abgasen)
tower frame Turmgerüst
tower frequency Turmfrequenz
tower identification light Erkennungslicht am Kommandoturm
tower jettison motor nozzle Düse des Motors zum Anwerfen der Rettungsanlage
tower-like turmartig
tower packing Füllkörper
tower plier Monierzange
tower refinery Destillierturm, Kolonnenturm
tower shaft attachm Aufsatz für Schaftbefestigung
tower skirt Turmsockel
towering cloud Quellwolke
towing aircraft Schleppflugzeug
towing and steering arm Schlepp- u. Lenkstange
towing angle Schleppwinkel
towing axle Abschleppkarren
towing bar Schleppstange
towing basing Schleppbehälter, -kanal, Schlepprinne
towing by aircraft Flugzeugschlepp
towing by automobile Autoschlepp
towing cable Schleppseil (Antitrudelschirm)
towing coupling Abschleppkupplung
towing detachment detail Abschleppkommando
towing drag Schleppwiderstand
towing equipment Abschleppgerät
towing eye (Ab)schleppöse
towing flight Schleppflug
towing gear Schleppgerät
towing jumper Zugüberbrückungskabel (Räumgerät)
towing lug (Ab)schleppöse
towing or recovery of the airship Einholen eines Luftschiffs
towing pole Abschleppstange
towing service Abschleppdienst
towing sleeve Schleppziel
towing speed Schleppgeschwindigkeit
towing test Schleppversuch
Townend ring Townendring
Townsend avalanche Elektronenlawine
Townsend build-up Ionisierungsspielaufbau
Townsend coefficient Townsend-Koeffizient
township line Stadtgebietsgrenze
toxic ingredients giftige Bestandteile
toxic sludge Giftschlamm
toxic smoke Giftnebel
toxic-smoke candle Giftrauchkerze
TP injection Spritzguß für Thermoplast
TPCU test power control unit
TPEDT (tape edit) Bandauszug
TPI target position indicator
TPI (threads per inch)**-thread** Zollgewinde
TPN two-position nozzle
TPPD technical program planning document
TPZ Testprotokollzelle
TR (track) Kurs über Grund
TR torque receiver or repeater
TR (position of target speed switch) Übungsschießen (Schalterstellung des Zielgeschwindigkeitsschalters)
TR box Antennenweiche, Sende/Empfangsweiche (Radar), Empfangssperrschalter (Radar), TR-Box
TR-hi-lo switch Zielgeschwindigkeitsschalter
TR switch transmit-receive switch
TR tube (transmit-receive) TR-Röhre, Sende/Empfängerröhre, Empfängersperröhre (Radar), Sperröhre
TR unit Sende/Empfangsweiche (Radar), Empfängersperrschalter (Radar), Duplexer
trace Leuchtfleck, Leuchtspur, Spur(menge), Spur verfolgen, zeichnen, aufreißen, anreißen, durchpausen, mit Tusche nachziehen
trace (oscilloscope) Bildspur
trace a curve, to kurven (auf Schirm des Sichtegeräts)(dig)
trace a fault, to einen Fehler (auf)suchen
trace a ray, to einen Strahl durchrechnen
trace additive Spurenzusatz
trace adjusting control knob Schreibstrahlhelligkeitsregler (WX-Radar)
trace ammunition Leuchtspurmunition
trace amount geringe Menge, Spur
trace an error, to einen Fehler (auf)suchen
trace automatic checkout system Trace-Funktionsprüfgerät (Hawker)
trace back, to zurückführen
trace bar swingle Schwengel

trace brightness Bildspurhelligkeit
trace chemistry Mikrochemie
trace concentration Spurenkonzentration
trace contamination Spurenverseuchung
trace drift Bildspurauswanderung
trace elements Bestimmung von Spurenelementen
trace impurity Spurenverunreinigung
trace in a graph in einem Diagramm veranschaulichen
trace interval Zeilenabtastdauer (TV)
trace loop Strangschlaufe
trace of curing Härtungsgeschwindigkeit
trace of trajectory Bahnspur
trace or swingle tree bar Vorderbalken
trace program Programm zur schrittweisen Protokollierung der Ausführung eines Programms, Protokollprogramm
trace recording pictorial display Kartendarstellungsgerät mit Flugwegaufzeichnung
trace routine Programm zur schrittweisen Protokollierung der Ausführung eines Programms, Protokollprogramm
trace statement Testüberwachungsanweisung
trace, to abtasten, nachspüren, kopieren, nachzeichnen, Linienführung festlegen, Spur verfolgen, trassieren, untersuchen
trace, width of Strichstärke
traceable nachweisbar, zu verfolgen, zurückführbar
traced chart or map Planpause
traceless spurlos
tracer Fühlfinger, Fühlstift, Indikator, Isotopenindikator, Kennfaden, -streifen, Leitisotop, Leuchtspur, Nachforschungsdienstspruch, Spurengeschoß, technischer Zeichner, Überwacher(programm), Überwachungsprogramm
tracer agent radioaktiver Indikator
tracer airfield approach lighting Leuchtspur-Flughafenanflugfeuer
tracer ammunition Leuchtspurmunition
tracer amount geringe Menge, Spur
tracer bullet Leuchtkugel, Rauchspurgeschoß
tracer cartridge Leuchtpatrone
tracer chemistry Indikator-, Mikro-, Spuren- u. Tracerchemie
tracer composition or mixture Leuchtspursatz
tracer concentration Spuren-, Tracerkonzentration
tracer compound Indikatorverbindung
tracer control Fühlersteuerung
tracer controlled fühlergesteuert
tracer controlled hydraulic planer durch Fühler gesteuerte hydraulische Hobelmaschine (w)
tracer controller Fühlersteuergerät
tracer current Tasterstrom
tracer element Indikatorelement, radioaktiver Indikator, Tracerelement
tracer finger Tastfinger, Taststift
tracer flare Leuchtsatz
tracer head Fühlerkopf (Fühlersteuerung)
tracer igniter Anfeuerungssatz
tracer inserting machine Einschraubmaschine für Leuchtspurkörper
tracer isotope Markierungs-, Tracerisotop
tracer-isotope atom Markierungs-, Tracerisotop
tracer method Abtastverfahren, Indikatormethode, -verfahren, Tracermethode
tracer methodology Indikator-, Tracerverfahren
tracer projectile Spuren-, Suchgeschoß
tracer-propelled rauchspurangetrieben
tracer remover Ausbauwerkzeug für Leuchtspurkörper
tracer-scale extraction Extraktion im Tracermaßstab
tracer shell Leuchtspurgeschoß, -granate, Rauchbahngranate
tracer solution Indikator-, Tracerlösung
tracer spindle Fühler-, Tastspindel
tracer study Indikator-, Traceruntersuchung
tracer technique Indikatortechnik, Leitisotopenmethode, Tracertechnik
tracer tip Tasterspitze
tracer travel Feintasterweg
traces of fossils Fossilspuren (geol)
traces of impurity Spurenverunreinigung
traces of natural gas Erdgasspuren
traces of the landing Landespuren (Raumfahrt)
tracing Anreißen, Aufsuchen, Aufzeichnen, Durchzeichnen, (automatisch) protokollieren beim Testen (dv), Schreiben, Verfolgung
tracing accuracy Nachfahrgenauigkeit (pausen)
tracing arm Zeichenarm
tracing attachment Fühlernachformeinrichtung, Kopiereinrichtung
tracing by means of a string Fadenkonstruktion
tracing distortion Rillenverzerrung
tracing of an ellipse Fadenkonstruktion der Ellipse
tracing of conics by means of pedal points Fußpunktkonstruktion der Kegelschnitte
tracing of curves Kurvenaufzeichnung
tracing of the circle Fadenkonstruktion des Kreises
tracing of the involutes Fadenkonstruktion der Evolventen
tracing or tracking point Fahrstift
tracing paper Durchzeichen-, Pauspapier
tracing program Ablaufverfolger
tracing routine Kontroll-, Protokoll-, Überwachungsprogramm, Programm zur schrittweisen Protokollierung der Ausführung eines Programms
tracing speed (oscilloscope) Schreibgeschwindigkeit
tracing tape Trassierband
track Auflager, Bahn(spur), Bettbalken, Fahrbahn, -schiene, -straße, Flugweg, Führungsbahn, -schiene, Gleis, Gleitbahn, Kurs (über Grund) (nav), Laufbahn, -rille, Schienenweg, Speicherrille, Speicherspur der Track (Marinebefehlssprache), Spur (Magnettrommel, -band, od. Lochband), Kanal, Lochzeile, -spur, Lochreihe, Speicherspur (für Adressen)
track address Hausadresse, Spuradresse
track-adjusting gear case Kettenspannvorrichtung
track and camber gauge Spur-Sturzmesser
track angle (rechtweisender) Kurs über Grund, Übergrundkurswinkel

track angle error Kurswinkelfehler
track arrangement Spuranordnung
track assembly Gleitschiene (Triebwerkeinbau)
track, average gemittelter Kurs über Grund
track beam Führungsstrahl, Leitstrahl
track blades, to Blattlauf einstellen
track bolt Laschenschraube
track bolt for fastening fishplate Laschenbolzen
track-bolt hole Laschenloch
track capacity Spurkapazität
track check Spurzustandskontrolle
track circuit Gleisstromkreis (mit Ruhestrom)
track circuit with polarized relay Gleisstromkreis für Gleichstrom
track circuiting for interlocking Gleisbesetzung
track classification Trackklassifizierung (Marinebefehlssprache), Flug-, Zielwegklassifizierung
track condensation Bahnkondensation, Kondensation längs der Teilchenbahn
track-connecting tool Kettenspanner
track-crawl search (SAR) Streckensuche
track curvature Bahnkrümmung
track curve Bahn-, Fahrkurve
track, defective unbrauchbare Spur
track description record Spurbeschreibungssatz, Spurkennblock
track descriptor record Spurbeschreibungssatz, Spurkennblock
track designation Flugwegbezeichnung, Trackbezeichnung (Marinebefehlssprache), Zielwegbezeichnung
track, desired gewünschter Übergrundkurs
track diagram Gleistafel
track diagram desk Gleisbildtisch
track diagram interlocking Gleisbildstellwerk
track diagram push-button system Gleisbildstellwerk
track diagrammatic push-button control system Spurplanstellwerk
track displacement Spurverschiebung
track display Flugweg-, Trackdarstellung (Marinebefehlssprache), Zielwegdarstellung
track distance Streckenentfernung
track down a glide path, to einem Gleitweg folgen
track drill Schienenbohrmaschine
track edge Spurbegrenzung
track element Spurelement
track end Spurende
track engraved in film strip eingeprägte Tonspur
track error Kursdifferenz (Bodennavigationsrechenanlage), Spurfehler
track error angle Übergrundkursfehlerwinkel
track floating personnel carrier vehicle (production Fertigung von) Gleiskettenschützenschwimmpanzern
track flow Kursdifferenz (Bordnavigationsrechenanlage)
track format Spureinteilung
track, formatting of a Einteilen einer Spur
track ga(u)ge Schienenspurmaß
track gate Nachlauftorimpuls
track groove Führungsrille
track guidance Kurshaltehilfe
track head Lese/Schreibkopf
track history Flugwegverlauf, Trackverlauf (Marinebefehlssprache), Zielwegverlauf
track-in Kameravorschub
track initialization Spureröffnung
track initiation Trackbeginn (Marinebefehlssprache), Zielwegbeginn
track, insulated...rail isolierter Schienenstrang
track interlock system Spurplanstellwerk
track jack Zahnstangengewinde
track keeping Flugwegeinhaltung
track layer Gleiskettengerät, Streckenarbeiter
track-laying machine Gleisbaumaschine
track-laying vehicle Kettenfahrzeug
track lifter Gleisheber, -traghaken
track link steering arm Lenkspurhebel
track lock Gleissperre
track locking Gleisverriegelung (Signale)
track, low modulation schwach ausgesteuerter Tonstreifen
track made good geflogener Kurs über Grund
track magnet Gleismagnet
track method Schlierenmethode
track noise Spurverwaschung
track number Flugwegnummer, Tracknummer (Marinebefehlssprache), Zielwegnummer
track of external ring of ball bearing Laufrille des Kugellageraussenrings
track of lighting Blitzbahn
track of the undercarriage Fahrgestellspur
track of travel Bewegungsbahn
track-out Zurückführen der Kamera
track overrun Spurüberschreitung
track packing tool Schwellenstampfer
track-pad separation Kettenpolsterablösung
track pin Kettenbolzen
track pitch Spurverteilung (Magnettrommelspeicher), Spurabstand
track property Spureigenschaft
track, recirculating Registerspur
track rerquired erforderlicher Kurs über Grund
track resistance Kriechstromfestigkeit
track return system Schienenrückleitung
track ring Laufring
track rod Lenkspurstange
track rod arms Lenkspurhebel
track rod bush Spurstangenbuchse
track rod end fitting Lenkspurstangenkopf, Spurstangenendstück
track runway rail Laufschiene
track section Gleisabschnitt
track sectioning cabin Blockstelle, Schalthaus zur Speisung von Gleisabschnitten
track segment Bahnabschnitt
track selection Spurauswahl
track-sensitive volume empfindlicher Inhalt, empfindliches Volumen
track separation Kursstaffelung über Grund
track shield Kettenabdeckung, Laufwerkpanzerung
track shift, automatic automatische Zielfolgeumschaltung
track shifter Gleisrückvorrichtung
track shoe Kettenglied, Raupenkettenschuh
track shot Fahraufnahme (Film)
track signal Kursmeldung

track skip control Spurensprungsteuerung
track spacing (SAR) Such/Kursabstand
track spike Schienennagel
track status Flug-, Zielwegstatus
track support Aufzeichnungsträger
track supporting roller Stützrolle
track switch Streckenschalter
track, to Blattlauf einstellen, nachführen, Spur halten, sich im Gleichlauf befinden, tracken (Marinebefehlssprache), folgen (Zielweg), verfolgen (Zielweg)
track-tracing facility Flugwegaufzeichnung
track way Fahrbahn
track width spurbreite (Magnetband, -trommel)
track-while-scan (system)(TWS) kombiniertes Zielverfolgungs- u. Suchradar(system)
track-while-scan, velocity search relativgeschwindigkeitsabhängige Zielsuche
trackage for pile driver Rammbahn
tracked air cushion vehicle (TACV) trassengebundenes Luftkissenfahrzeug
tracked gear Raupenfahrzeug
tracked landing gear Raupenfahrwerk
tracked personnel carrier, amphibious amphibischer Schützengleiskettenpanzer
tracked vehicle Kettenfahrzeug
tracked version Gleiskettenfahrzeug
tracker Abstrakte (math), Registerzug, Zielverfolgungsgerät
tracking Abgleich, Abtasten, Bahnverfolgung, dynamische Hellsteuerung (TV), Gleichlauf, Kriechwegbildung (elektr), Kursflug (nav), Verfolgen (Ortung), Verfolgung (Radar)
tracking a target Zielverfolgung
tracking accuracy Kursgenauigkeit, Zielverfolgungsgenauigkeit, Vermessungsgenauigkeit
tracking algorithm Zielverfolgungsalgorithmus
tracking and surveillance system Bahnverfolgungs- u. Beobachtungssystem
tracking apparatus Bespurungsmaschine
tracking at three frequencies Dreipunktgleichlauf
tracking at two frequencies Zweipunktgleichlauf
tracking beam Spurstrahl
tracking circuit Nachlaufschaltung
tracking computer Zielfolgerechner
tracking device Spurvorrichtung
tracking distortion Abtast-, Spurverzerrung
tracking dog Suchhund, Spürhund
tracking down seat Fehlereingrenzung
tracking error Rillenfehler, Spurverzerrung
tracking facility Kursführungseinrichtung
tracking factor Spurfaktor
tracking flag Spurfahne
tracking flares for guided missile Bahnverfolgungsleuchtsatz
tracking force Auflagedruck, Nadeldruck
tracking in range Zielverfolgung der Entfernung nach, Zielverfolgung in Bezug auf Entfernung (Radar)
tracking inbound Anflug auf Sollkurslinie
tracking merit Flugdatenzuverlässigkeit, Trackzuverlässigkeit (Marinebefehlssprache), Zieldatenzuverlässigkeit (Bordnavigationsrechenanlage)
tracking meter Kursführungsmeßinstrument
tracking network Bahnverfolgungsnetz
tracking operation Blattlaufeinstellung
tracking outbound Abflug auf Sollkurslinie
tracking pattern Kursführungsdiagramm
tracking pole Spurfahnenstange
tracking radar Verfolgungsradargerät
tracking ring Spurring
tracking shot Folgeaufnahme
tracking slave station Kursführungsnebenstation
tracking spot Zielmarkierungszeichen
tracking station Flugbahnvermessungsstation, Bahnverfolgungsstation
tracking status Flugwegstatus, Trackstatus (Marinebefehlssprache), Zielwegstatus
tracking system Kursführungssystem
trackless trolly bus Oberleitungs(auto)bus
tract Leitungsbahn
tractable behandelbar, gefügig, lenkbar
traction Beförderung, Förderung, Ziehkraft, Zugförderung, Zugkraft
traction aid Gleisschutzmittel
traction band Geländekette
traction battery Fahrzeugbatterie
traction coefficient Traktionskoeffizient
traction current Fahrstrom
traction device Greifvorrichtung
traction dynamometer Zugdynamometer, -kraftmesser, -messer
traction engine Dampftraktor, Lokomobil, Zugmaschine
traction gear Geländegang
traction generator Fahrzeuggenerator
traction lever Zughebel
traction motor Fahr(zeug)motor
traction motor insulating contactor Fahrmotor(en)trennschütz
traction power Durchzug
traction propeller Zugpropeller
traction rope Antriebsseil der Bohrseiltrommel, Zugseil
traction switch Fahrschalter
traction system Bahnnetz
tractional resistance Fahr-, Zugwiderstand
tractive effort Zugkraft am Radumfang
tractive effort of starting Anzugskraft
tractive force Anfahr-, Durchzugs-, Schleppkraft
tractive force meter Zugkraftgeber
tractive power Zugleistung
tractive resistance Fahrtwiderstand
tractoil Schwerpetroleum
tractor Elektrozugkarren, Kraftschlepper, Kraftzug, Lokomobil, Schlepper, Trecker, Zugkarren, -maschine, -wagen
tractor aeroplane Schleppflugzeug, Zugpropellerflugzeug
tractor airplane Zugpropellerflugzeug
tractor airscrew Zugluftschraube
tractor attachment Anbaugerät für Schlepper
tractor brake valve Zugwagenbremsventil
tractor engine Zugschraubenmotor
tractor gear transmission Zugmaschinengetriebe
tractor platoon Traktorenzug
tractor propeller Zugschraube, -propeller
tractor pump Schlepperanhägepumpe, Schlepperpumpe, Zapfwellenpumpe
tractor push binder Traktorhängevorrichtung für Stoßbinder

tractor spring Treckerfeder
tractor trailer Traktor-, Zugmaschinenanhänger
tractor-trailer brake valve Lastzugbremsventil
tractor transmission Schleppertriebwerk
tractor transmission component Schleppertriebwerkeinzelteil
tractor-wrecker truck Sattelschlepperkranwagen
tractrix Schleppkurve, Zuglinie
trade accessories handelsmäßiges Zubehör
trade designation Handelsbezeichnung
trade discount Handeslrabatt
trade journal Fachzeitschrift
trade mark Fabrikzeichen, Handelsmarke, Schutzmarke, Warenzeichen
trade-mark counterfeiting Warenzeichenverfälschung
trade-mark protection Musterschutz
trade-mark rights Schutzrechte, Copyrights
trade name Deckname, Erkennung, Code, Handelsbezeichnung
trade paper Fachzeitschrift
trade restriction Handelsrestruktion
trade terms Bezugsbedingungen
trade wind belt Passatwindgürtel
trades Passat(wind)
trades directory Handelsadreßbuch
tradic transistor digital computer
tradition Überlieferung
traditional cooling system konventionelles Kühlsystem
traffic Betrieb, Handels-, Straßenverkehr, Verkehrswesen
traffic, accumulation of Verkehrshäufung
traffic advisory Verkehrsinformation
traffic aid Verkehrshilfe
traffic and capacity forecast Verkehrs- u. Kapazitätsvorhersage
traffic area Verkehrsgebiet, -kreis
traffic arteries Verkehrsachse
traffic branch Verkehrsabteilung
traffic by-law Verkehrsbetimmung, -vorschrift
traffic call Belegungsstunde
traffic capacity Aufnahmefähigkeit, Verkehrsaufkommen
traffic center Verkehrspunkt
traffic channel Leitweg, Verkehrsweg
traffic circle Verteilerkreis
traffic circuit Platzrunde
traffic circulation map Verkehrskarte
traffic code Straßenverkehrsordnung
traffic concentration Konzentration des Nachrichtenverkehrs (teg)
traffic conditions Verkehrsverhältnisse
traffic congestion Verkehrsanhäufung, Verkehrsballung, -stauung
traffic control Vehrkehrsleitung, -streife
traffic control control battalion Verkehrsregelungsbataillon
traffic control clearance Einfluggenehmigung, Verkehrsfreigabe
traffic control equipment Verkehrsüberwachungseinrichtung
traffic control problems Verkehrsleitungsprobleme
traffic control system Verkehrskontrollsystem
traffic controller entries Eingaben der Fluglotsen
traffic counter Verkehrszähleinrichtung
traffic counting Verkehrszählung
traffic curve Verkehrsbewegung, -kurve
traffic data Verkehrsdaten, -zahlen
traffic data processing Datenverarbeitung im Verkehr
traffic demand Beförderungsnachfrage, Verkehrsbedarf, -nachfrage
traffic density Verkehrsaufkommen, -dichte
traffic department Betriebsdienst
traffic development Verkehrsentwicklung
traffic direction indicator Verkehrsrichtungszeichen
traffic direction net Verkehrsleitnetz
traffic director Verkehrsleiter
traffic dispatch Verkehrsabwicklung
traffic distribution Anrufordner
traffic duplex Wechselverkehr
traffic education Verkehrserziehung
traffic facilities Verkehrsanlagen
traffic flow Verkehrsfluß
traffic flow analysis Verkehrsdichtebestimmung
traffic fluctuation Verkehrsänderung, bewegung, -schwankung
traffic forecast Verkehrsvorhersage
traffic frequency Verkehrsfrequenz, Arbeitsfrequenz
traffic generating area aufkommensintensives Gebiet
traffic growth Verkehrszuwachs
traffic handling Verkehrsabwicklung
traffic handling capacity Übertragungskapazität
traffic, incoming ankommender Verkehr
traffic increase Aufkommenssteigerung, Verkehrszunahme, Umschlagzunahme
traffic information Verkehrsinformation
traffic infrastructure Verkehrsinfrastruktur
traffic intensity Verkehrsdichte, -stärke
traffic, interruption of Verkehrsstörung
traffic jam Verkehrsanhäufung, -stauung
traffic law Straßendisziplin, Verkehrsdisziplin
traffic light Verkehrsampel
traffic load Nutzlast, Verkehrsbelastung, -leistung, -stärke, -umfang
traffic meter Belegungszähler, Verkehrszähler
traffic metering Verkehrsmessung
traffic, no reported kein Verkehr gemeldet
traffic noise Verkehrsgeräusch, -lärm
traffic observation Verkehrsbeobachtung
traffic offered Verkehrsangebot
traffic on request Verkehr auf Anordnung
traffic, one way Einbahnverkehr, Einwegverkehr
traffic, outgoing abgehender Verkehr
traffic pattern Platzrunde, Verkehrsschema
traffic peak Verkehrsspitze
traffic permissible load Verkehrsregellast (Brücke)
traffic permitting falls die Verkehrslage es erlaubt
traffic pilot Mehrwegschalter
traffic point Straßenmarkierungsfarbe
traffic rate of flow Beförderungsfluß
traffic receipt Verkehrseinnahme
traffic received Verkehr empfangen

traffic recorder Gesamtbelegungszähler
traffic recording machine Gerät od. Maschine zur Verkehrsüberwachung (Luftfahrt)
traffic regulation Fahrordnung, -vorschrift, Verkehrsbestimmungen, -vorschrift
traffic report Fahr-, Verkehrsbericht
traffic requirement data Verkehrsbedarfswert
traffic requirement index Verkehrsbedarfswert
traffic research station Verkehrsversuchsanlage
traffic rights Verkehrsrechte
traffic route Absatz-, Verkehrsweg
traffic route and their function Verkehrsweg und seine Funktion
traffic rule Verkehrsregeln, -vorschrift
traffic safety Verkehrssicherheit
traffic section Betriebsdienst
traffic signal Verkehrssignal, -zeichen
traffic signal installation Verkehrssignalanlage
traffic situation Verkehrslage
traffic statistics Verkehrsstatistiken
traffic stop gewerbliche Landung
traffic summary Verkehrsergebnis
traffic system, automatic vollautomatisches Verkehrssystem
traffic terminal Verkehrslandeplatz
traffic tunnel Bahnunterführung
traffic TV equipment Verkehrsfernsehanlage
traffic unit Gesprächs-, Verkehrseinheit
traffic vibration Straßen-, Verkehrsschwingung
traffic volume Verkehrsaufkommen, -volumen, Verkehrswert
traffic, volume of Verkehrsumfang
traffic wave Verkehrswelle
traffic zone Verkehrszone
trafficator Richtungsanzeiger
trail Nacheilen, Rücktrift, Schwanz, Spur
trail angle Rücktriftwinkel
trail box Lafettenkasten
trail distance Rücktriftstrecke (Torpedo)
trail dot Spurpunkt
trail eye Protzöse
trail ferrying Gieren
trail flying bridge Gierbrücke
trail float Schwanzblech
trail formation Reihenformation
trail mark Wegmarkierung
trail of the gun carriage Lafettenschwanzgriff
trail or streak of rain Regenstreifen
trail plate Lafettenplatte
trail spade Lafettenschwanzsporn
trail-spade trunnion Lagerzapfen
trail, to abhängen (antenne), hinterherschleifen, kleben, nachschleppen, verfolgen
trailer Beiwagen, Bespannfahrzeug, Triebwagenanhänger
trailer address Beisatzadresse
trailer air brake Anhängerbremse
trailer axle Anhängerachse
trailer block Ergänzungsblock
trailer brake Anhängerbremse
trailer brake cylinder Anhängerbremszylinder
trailer brake linkage Anhängerbremsgestänge
trailer brake valve Anhängerbremsventil
trailer card Folge-, Zusatzkarte (lo), Fortsetzungskarte (Rechner)
trailer chassis Anhängerfahrgestell
trailer control valve Anhängersteuerventil
trailer coupling Anhängerkupplung, -vorrichtung
trailer, end-of-file...label (EOF) Dateiendeetikett, -nachsatz, Endeetikett, Nachsatz
trailer-file block Beisatzblockbereich (Platte)
trailer, file...identifier Dateiendeetikett, Dateinachsatz, Endeetikett, Nachsatz
trailer for guided missile Zugwagen für Raketen
trailer for sailplane Segelflugzeugtransporter
trailer label (Datei)endeetikett, (Datei)nachsatz
trailer light coupling Anhängerlichtkupplung
trailer lighting connection Anhängerlichtkupplung
trailer lights Anhängerbeleuchtung
trailer load Anhänge(r)last
trailer mount Lafettenfahrzeug
trailer plug and socket fitting Anhängersteckvorrichtung
trailer plug box Anhängersteckdose
trailer sprayer for application of de-icing chemicals to airport runway anhängermontiertes Sprühgerät zur Pistenenteisung
trailer spring Anhängerfeder
trailer statement End(e)anweisung
trailer superstructure Aufbauten für Anhänger
trailer sweeper Anhängerkehrmaschine (Pistenfahrzeug)
trailer tipping gear Anhängerkippvorrichtung
trailer towhook Anhängerzughaken
trailer warning sign Anhängerwarnzeichen
trailing aerial or antenna Hänge-, Schleif- od. Schleppantenne
trailing apron Schleppsegel
trailing cable Schleppkabel, Steuerleitung
trailing contact Folge-, Schleppkontakt
trailing control surface Hinterkantensteuerfläche
trailing-edge Ablaßkante, ablaufende od. hintere Kante, Austrittskante, hinterer Rand, Hinterflanke (eines Impulses), Hinterkante-, -teil, ablaufendes Teil eines Tragflügelprofils, Schleppkante, Profilhinter-, Rückkante
trailing-edge angle Hinterkantenwinkel
trailing-edge elevators or elevon kombiniertes Quer-/Höherruder
trailing-edge film cooling on pressure side Filmkühlbohrung an Druckseite der Austrittskante
trailing-edge flap hintere Flügelklappe, Lande-, Wölbungsklappe
trailing-edge flap actuator Stellmotor für hintere Flügelklappe(n)
trailing-edge flap extending along entire sich über die ganze Hinterkante erstreckende Wölbungsklappen
trailing-edge flap relay Schaltrelais der hinteren Flügelklappen
trailing-edge flaperon Differentialquerruder
trailing-edge H-box Schaltkasten für hintere Flügelklappen
trailing-edge of airfoil Blatthinterkante
trailing-edge of a propeller blade austretende Kante eines Propellerflügels
trailing-edge of pulse Impulshinterflanke
trailing-edge of wing Endleiste, Flügelhinterkante

trailing-edge static discharger Ableiter statischer Elektrizität an der Rückkante des Flügelprofils
trailing-edge sweep Hinterkantenpfeilung
trailing-edge vortices Wirbel an Flächenhinterkante
trailing end Endband
trailing idler Leitrad
trailing idler arm Leitradschwingarm
trailing idler eccentric spindle exzentrische Leitradachse
trailing idler hub Leitradnabe
trailing idler wheel Leitrad
trailing idler wheel spindle Leitradachse
trailing link Längslenker (Vorderachse)(Kfz)
trailing load Bruttoanhänge(r)last
trailing platinium anode Platinschleppanode
trailing pointer Schleppzeiger
trailing pole horn ablaufende Polkante
trailing ramp Auslauf (einer Stromschiene)
trailing section schließender Halbzug
trailing side Ablaufseite
trailing strip end hinteres Bandende (Walzwerk)
trailing sweep Rückwärtspfeilung (Propeller)
trailing undercarriage freihängendes Fahrgestell (Luftkissenfahrzeug)
trailing vortex abgehende Wirbelbahn, freier Wirbel, Wirbelschleppe
trailing vortex drag Wirbelwiderstand
trailing wave front Endflanke
trailing wheel Tragrad
trailing wire Schleppantenne
trailing-wire aerial of antenna freihängende Antenne, Hängedraht-, Kurbel-, Schleppantenne, Weicheiseninstrument
train rückwärtige Dienst, Seitenwinkel, Schleppzug, Straße, Zündkette (Treib- od. Sprengladung), Räderkette, Eisenbahnzug, Reihe, kinematische Kette, Räderwerk, Schleppe, schulen
train a searchlight on a thing, to einen Scheinwerfer auf etwas richten
train acquisition system Seitenwinkelteil der Zielerfassungsanlage
train alinement Seitenabstimmung
train and elevation limit stop Seiten- u. Höhenrichtbegrenzer
train angular speed Seitenwinkelgeschwindigkeit
train axis (of the sight case) Schwenkachse (des Visiergehäuses)
train angle Schwenkwinkel, Seitenwinkel in der Decksebene
train angle lead Seitenwinkelvorhalt
train control Signalübertragung (auf Zug)
train control officer Zugleitung
train damper Seitenrichtdämpfer
train dial light Seitenwinkelskalenleuchte
train direction indicator Zugrichtungsmelder
train dispatch service Zugabfertigungsdienst
train exchange Zugvermittlungsstelle
train gearing Schwenkgetriebe
train indicator Zuglaufanzeiger
train kilometre Zugkilometer
train lighting equipment Zugbeleuchtungsanlage
train line Zugleitung
train of gears Zahnradübersetzungsgetriebe, Zahnradvorgelege
train of pulse Impulsreihe
train of vehicles Fahrzeugkolonne
train of waves Wellenzug
train of wheels Räderwerk
train, optical optisches System
train patrol Zugstreife
train printer Gliederdrucker
train progress recording apparatus Zugzeitschreiber
train protection installation Zugsicherungsanlage
train shunt Achswiderstand eines Zuges
train, to lernen, schulen, trainieren, üben, schalten (Schalterstellung des Zielgeschwindigkeitsschalters verändern)
train traffic line Zugverkehrsleitung
train vehicle Trassenfahrzeug
trained mechanic ausgebildeter od. geschulter Monteur
trained personnel or staff geschultes Personal
trainer Schul-, Übungsflugzeug
trainer's cockpit Simulatorcockpit
training adviser Ausbildungsberater, Überwacher von Übungen
training aerodrome Übungsflugplatz
training aircraft Schulflugzeug
trainig airport Übungsflugplatz
training ammunition Übungsmunition
training and testion procedures Schulungs- u. Prüfungsverfahren
training apparatus Ausbildungseinrichtung
training approach or flight Ausbildungsflug, Übungsflug
training area or field Übungsgebiet, -feld, Übungsplatz
training bomb Übungsbombe
training center Ausbildungs-, Übungsstelle
training device inoperative for parts Ausbildungsgeräte wegen fehlender Teile nicht verwendbar
training director Lehrgangsleiter
training equipment Ausbildungs-, Übungsgerät
training facility Ausbildungseinrichtung
training field (aircraft) Übungsplatz
training flight Schulflug, Übungsflug
training for orbital star previews of planned launch times Studium der Bahnen der Gestirne zu den geplanten Abschußzeiten
training gear Seitenrichtvorrichtung
training glider Übungssegelflugzeug
training in aiming Zielausbildung
training in firing Schießausbildung
training manual Ausbildungshandbuch, Ausbildungsvorschrift, Druckvorschrift
training mask Übungsmaske
training memorandum (ICAO) Ausbildungsmemorandum
training of pilot Heranbildung von Flugzeugführern
training of replacement reserves Ersatz-Reserveausbildung
training on a different type aeroplane, to have umschulen auf andere Flugzeuge
training or dummy bomb Schulbombe
training order Ausbildungsanweisung
training phase Ausbildungsstufe

training plane Schul-, Übungsflugzeug
training program Ausbildungs-, Übungsprogramm
training regulation Ausbildungsrichtlinie(n), -vorschrift(en)
training schedule Ausbildungsplan, Schulungsprogrammplan, Übungsplan
training seaplane Wasserübungsflugzeug
training ship Schulschiff
training simulation (simulator like flying helicopter) simulatorgestützte Ausbildung
training simulator Einsatzsimulator
training station Ausbildungsstation (ATC)
training system Trainings-, Übungssystem
training unit Ersatzeinheit
trajectory Bahnkurve, -verlauf, Bogenbahn, Flugbahn, Geschoßbahn, Leitebene, Trajektorie, Umlaufbahn, Wurflinie
trajectory analysis Bahnberechnung
trajectory analysis and simulation Bahnberechnung u. -simulierung
trajectory base Metermündungswaagerechte
trajectory chart graphische Schuß- od. Schießtafel
trajectory correction Bahnänderung, -korrektur
trajectory diagram Flugbahnbild
trajectory line of fire Schußbahn
trajectory of projectile Geschoßflugbahn
trajectory of the bomb Wurfbahn der Fallkurve
trajectory of the projectile Flugbahn des Geschoßes
trajectory of wind Windbahn
trajectory oscillation Bahnschwingung
trajectory oscillation about guide gear beam Leitstrahlschwingung
trajectory parabola Wurfparabel
trajectory plane Flugbahnebene
trajectory resulting from the TLI (translunar injection) **manoeuvre** Einschuß in die Bahn zum Mond
trajectory simulation Bahnsimulierung
trajectory tangent Bahntangente
trajectory zenith Scheitel der Flugbahn
tram Förderwagen, Laufkarren, Straßenkarren
tram rail or road Falzschiene
trammel Ellipsen-, Stangenzirkel
tramp iron separator Eisenbahnabscheider
tramway or streetcar Straßenbahn
TRANS Senden ohne Sender
transaction data Datum der Materialbewegung od. des Versorgungsvorgangs
transaction file Vorgangsdaten, -kartei (Magnetband), Änderungs-, Bewegungsdatei
transaction listing Materialbewegungsliste
transaction tape Änderungsband, -streifen
transaction tape out Bewegungsband (Ausgabe)
transactor Transaktor
transadmittance Gegenscheinleitwert, Transadmittanz
transadmittance compression ratio Kompressionsverhältnis des Leitwerts
transatlantic cable Überseekabel
transatlantic charter market Transatlantikbedarfsverkehr
transatlantic plane Transatlantikflugzeug
transceiver Lautsprecherempfänger, Senderempfänger, Senderempfangsapparat, Funksenderempfänger, kombinierter Sender/Empfänger
transceiver system Fernlocheranlage, Sender/Empfängersystem
transcendental equation transzendente Gleichung (math)
transcendental function transzendente Funktion (math)
transcendental number transzendente Zahl
transcident ray durchfallender Strahl
transcoder Datenumcodierschaltung, Schaltung für Datenumschlüsselung
transcribe abgreifen, abtasten, umschreiben (Lochstreifen auf Lochkarten)
transcriber Daten-, Codeumsetzer, Übertragungsgerät, Umschreibegerät
transcript, program Programmprotokoll
transcription Übertragung eines Textes von Schreibart zu Schreibart (Lochstreifen auf Lochkarten)
transcrystalline transkristallin
transcurium nuclide Transkuriumnuklid
transducer Energie-, Meßwertwandler, Kraftübertrager, Übertragungssystem, Umformer, Umsetzungsgerät, Umformer (verschiedener Energiearten), Wandler (gleicher Energieart)
transducer chassis calibrator Eichgeräte für Druckgeber
transducer dissipation loss Streuverlust, Wärmeableitungsverlust
transducer equation Vierpolgleichung
transducer equivalent noise pressure äquivalenter Rauschdruck
transducer for digital-data transmission system Informationswandler für Digital/-Daten-Übertragungssystem
transducer gain Übertragungsgewinn
transducer indicator system Wandler/Anzeigesystem
transducer loss Übertragungsverlust
transducer, mechanical-electrical mechanoelektrischer Wandler
transducer output Meßwertwandlersignal
transducer sensitivity Wandlerempfindlichkeit
transducer vane Anstellwinkelfühler
transducing device Wandler
transduction Leistungsumsatz, Umsetzung
transductor Regeldrossel, Übertragungsgerät, Umsetzungsgerät, vormagnetisierte Spule
transductor amplifier Transduktorverstärker
transductor reactor Blindlasttransduktor
transductor regulator Transduktorregler
TRANSEC transmission security
trans-earth injection (TEI) Einschuß in die Bahn zur Erde, Erdumlaufbahneinschuß
trans-earth insertion Einschuß in die Rückkehrbahn zur Erde (sp)
transfer Abdruck, Förderung, Überführung, Übergang, Überladen, Übertrag(ung), Umlegung, Versetzung, Wanderung
transfer a circuit to a reverse-position, to Leitung auf einen freien Platz legen
transfer a connection, to Verbindung umlegen
transfer address Sprungadresse
transfer admittance Kurzschlußleitwert (nach Piloty), gegenseitiger Kennleitwert (nach Feldkeller), Übergangsleitwert
transfer and pressure pump Vordruck- u. Förderdruckpumpe (Kraftstoff)

transfer area Übertragungsfläche
transfer bead Randwulst (Glasbehälter)
transfer, block Blocktransfer, -übertragung blockweise Übertragung
transfer blocking Blockiersystem
transfer button Signaltaste
transfer chain Förderkette
transfer chamber Spritzkammer
transfer chamber retainer plate Druckkammerplatte
transfer characteristic Übergangsleitwert Charakteristik der Röhre
transfer charge Überführungskosten
transfer check Transfer-, Transport-, Übertragungskontrolle, Übertragungsprüfung
transfer circuit An-, Weiterschaltung, Übertragungsglied (Kennwert eines...es)
transfer coefficient Übertragungsfaktor
transfer, conditional bedingte(r) Sprung, Verzweigung
transfer, conditional (control)...instruction bedingter Sprung- od. Verzweigungsbefehl
transfer constant Übertragungskonstante
transfer contact Übertragungs-, Umschaltekontakt
transfer, control Sprung, Verzweigung
transfer cross section Übergangswirkungsquerschnitt
transfer curve statische Kennlinie, statische Charakteristik
transfer cylinder Übertragungszylinder
transfer drum Überleitungsrolle
transfer efficiency Transportfaktor
transfer element Übertragungsglied
transfer exchange Überleitungsamt, Überweisungsfernamt
transfer factor Übertragungsfaktor
transfer frequency Zwischenfrequenz
transfer from a thing to, to von etwas umfüllen in
transfer function Sprungantwort, Übergangsfunktion, Übertragungsfunktion, -probe
transfer function analyser Übertragungsfunktionsanalysator
transfer function block diagram Blockdiagramm der Übertragungsfunktion
transfer gearboax Übertragungs-, Zwischengetriebe
transfer gearbox assembly Übertragungsgetriebeeinheit, Zwischengetriebeeinheit
transfer gearbox bearing retainer Zubehörgetriebelage
transfer gearbox driving for and aft Kraftübertragung für Bug- und Heckgebläse (Luftkissenfahrzeug)
transfer impedance Kopplungswiderstand
transfer in channel Kanalsprungbefehl
transfer instruction Sprung-, Transport-, Verzweigungsbefehl (dig, teg)
transfer instrument Meßgerät mit gleichzeitiger Ablesung für Gleich- u. Wechselstrom
transfer jack Umschalte-, Verlegeklinke
transfer joint Knotenverbindung
transfer key Weiterschalttaste, Zuteilschalter
transfer line automatische Linie, Transporttrasse, Überweisungsleitung(skennlinie)
transfer locus Ortskurve des Frequenzgangs
transfer loss Kopierverlust, Übertragungsdämpfung
transfer mechanism Übertragungswerk (Zehnerschaltung in Rechenmaschine)
transfer molding Spritzpreßformung
transfer money by telegraph, to Geld telegraphisch überweisen
transfer mould Spritzpreßform, Spritzpreßwerkzeug
transfer moulding Spritzpressen
transfer number Überführungszahl
transfer of a subscribers phone Verlegen eines Fernsprechanschlußes
transfer-of-control Programmsprung (dig), Übergabe der (FS-)Kontrolle, Übergabe der Verkehrskontrolle od. -leitung
transfer-of-control card Startkarte
transfer-of-control, conditional bedingter Sprung
transfer-of-control message Übergangsmeldung
transfer-of-control point Übergabepunkt der Verkehrskontrolle od. -leitung
transfer of current Stromübernahme
transfer of energy Energie-, Sprachübertragung
transfer of force Kraftübertragung
transfer of identity Übermittlung der Identität (Radar)
transfer of information Informationsübertragung, Übertragung von Informationen (EDV)
transfer of LM crew to the CM Transfer vom Mondlandefahrzeug in die Führungsbaugruppe (sp)
transfer of materials Werkstoffwanderung
transfer of money Geldüberweisung
transfer of vibration Schwingungsübertragung
transfer operation Übertragungsoperation
transfer operator Übertragungskontrolle(u)r
transfer orbit Übergangsbahn
transfer period Umschlagdauer
transfer, peripheral periphere Übertragung
transfer pipe Übergangsstutzen
transfer plating (method) galvanische Übertragungstechnik für gedruckte Schaltungen
transfer plunger Preßspritzkolben
transfer plunger cylinder Preßspritzzylinder
transfer plunger retainer plate Spritzkolbenplatte
transfer point Übergabepunkt, Umschaltkontaktstreifen
transfer port Überstromkanal
transfer position Spitzenplatz
transfer power control Übergabeleistungsregelung
transfer press Zweikolbenpresse
transfer print entry gesteuerte Schreibstelle
transfer printing apparatus Bügeldruckapparat
transfer process Umdruck
transfer pump Umfüll-, Zubringerpumpe
transfer pump float switch Umfüllpumpenschalter
transfer pump for fuel oil and lubricants Umfüllpumpe (Brennstoff, Öl, Schmiermittel)
transfer, radial Übertragung von/zu Innenspeichern, radiale Übertragung
transfer rate Übertragungsverhältnis

transfer resistance Übergangswiderstand
transfer, return control Rückkehr zum Hauptprogramm
transfer sequence switch Übertragungsfolgeschalter
transfer, serial serielle Übertragung, Serienübertragung
transfer signal Umlegungszeichen
transfer stage engine Kickstufenantrieb
transfer switch Umschalter (BBS)
transfer switch cam Nocke zur Aufziehersteuerung
transfer time Ausspeicher-, Übertragungszeit
transfer, to springen, transferieren (Programm), transportieren, übersetzen, -tragen, verlegen, weitergeben, weiterleiten (dig)
transfer to surplus Gewinnübertragung
transfer, total Summenübertragung, unbedingte Verzweigung
transfer tripping Freigabesystem
transfer trunk change Überweisungsfernamt
transfer tunnel for entering the LM Tunnel zum Hinüberwechseln in das Mondlandefahrzeug (sp)
transfer, unconditional unbedingter Sprung
transfer, unconditional...instruction unbedingter Sprungbefehl
transfer, unconditional...of control unbedingte(r) Sprung od. Verzweigung
transfer unit Umschalt(e)gerät
transfer valve Umschaltventil
transferability Übertragbarkeit
transferable übertragbar, verlegefähig
transference Übertragung
transference number Überführungszahl, Übergangszahl (einer Lösung)
transference of heat Wärmedurchgang
transference of oil Öldurchtritt
transference of oil past the piston Öldurchtritt längs des Kolbens
transfering control unit übergebende Flugverkehrskontrolle od. -leitstelle
transfiguration Netzumgestaltung, Transfiguration
transfluxor Transfluxor (magnetisches Steuerungsglied)
transform into power, to in Energie umsetzen
transform matter into energy, to Materie in Energie verwandeln
transform of a matrix transformierte Matrix
transform, to transformieren, umbilden, umformen, umsetzen, umwandeln, umspannen
transformable into a landplane in ein Landflugzeug umwandelbar
transformable into an ambulance plane in Sanitätsflugzeug umwandelbares Reiseflugzeug
transformable into an seaplane in ein Wasserflugzeug umwandelbar
transformation Transformation, Transformierung, Umsetzung, Umspannung, Umwandelbarkeit, Umwandlung, Verwandlung, Zerfall (radioaktiver Substanzen)
transformation chain radioaktive Zerfallsreihe, Umwandlungskette
transformation constant Zerfallskonstante
transformation diagram Umwandlungsschaubild (Metallurgie, Metallographie)
transformation equation Transformationsgleichung
transformation family Umwandlungsfamilie, Zerfallsreihe
transformation figure Übersetzungszahl
transformation in solids Übergang in Festkörpern
tranformation line Transformations-, Übergangsleitung
transformation of an equation Umrechnung einer Gleichung
transformation of coordinates Koordinatentransformation
transformation of elements Elementenumwandlung
transformation of energy Energieumsetzung, -umwandlung
transformation of the variable Variablentransformation
transformation period Halbwert, Umwandlungsperiode
transformation point Transformations-, Umwandlungspunkt
transformation process Umwandlungsprozeß, -vorgang
transformation range Umwandlungsbereich
transformation ratio Nennübersetzung, Transformations-, Übersetzungsverhältnis, Übersetzungszahl, Umformungs-, Umwandlungsverhältnis, Wandlungsverhältnis
transformation series Umwandlungsreihe
transformed equivalent circuit diagram transformiertes Ersatzschaltbild
transformed program transformiertes Programm
transformer Mehrphasenreihenschlußmotor mit Zwischentransformator, Gitterüberträger, Polwechsler, Spannungswandler, Trafo, Transformator, Umwandler, Umspanner, Umformersatz
transformer amplifier Transformatorverstärker
transformer and rectifier compartment Gehäuse für Transformatorgleichrichter (Druckluftanlage)
transformer bar Stabtransformator, -wandler
transformer booster Transformator mit Spannungserhöhung
transformer bridge Übertragerbrücke
transformer can Übertragerbecher
transformer capacity Transformator-, Umspannerleistung
transformer carriage Transformatorwagen
transformer centre cap Mittelanzapfung
transformer circuit Stamm-, Übertragerkreis
transformer coil Transformatorspule, Übertrager
transformer container Transformator-, Umspannergehäuse
transformer core Transformatorkern
transformer-coupled mit Transformatoren gekoppelt
transformer-coupled amplifier Übertragerkopplung, -verstärker, Übertrager mit Transformatorenkopplung
transformer coupling Anpaßungsübertragung, induktive Kupplung, Transformatorenkupplung
transformer current Streu-, Stromflußtransformator, Transformatorenstrom

transformer distortion Übertragerverzerrung
transformer efficiency Transformator-, Übertragerwirkungsgrad
transformer electromotive force Transformations-EMK
transformer grid-control ruhende Gittersteuerung
transformer house Transformatorenhaus
transformer kiosk Umspannerzelle
transformer lamination Transformatorenblech
transformer law curve Transformatorensatzkurve
transformer leakage reactance Streutranstransformator
transformer loss Transformatorverlustleistung, Übertragerverlust
transformer-operated ammeter Strommesser für Wandleranschluß
transformer-operated meter Zähler für Wandleranschluß
transformer output winding Transformatorausgangswicklung
transformer pillar Transformator(en)säule
transformer plant Umspannwerk
transformer plate Transformatorblech
transformer primary winding Primärwicklung
transformer rating Umspannerbelastbarkeit
transformer ratio Übersetzungsverhältnis, Transformatorübersetzung
transformer-rectifier Transformatorgleichrichter
transformer rectifier box Transformatoren-Gleichrichterbüchse
transformer rectifier unit Trafo-, Transformatorgleichrichtergruppe, -einheit
transformer repeating amplifier Verstärker mit magnetischer Kopplung
transformer repeating coil Übertrager
transformer safety fuse Transformatorsicherung
transformer, self-cooled selbstgekühlter Transformator
transformer sheet Transformatorenblech
transformer, slip-over current Kabelstrom-Wandler (überschiebbar)
transformer stamping Transformatorenblech
transformer starter Anlaßtransformator
transformer station Abspannwerk, Umspannanlage, -werk, Transformatorstation
transformer substation Transformatorenstation, Umspannwerk
transformer sweep unit Transformatorkippgerät
transformer tank Transformatorkessel
transformer tap Transformatoranzapfung
transformer theorem (curve) Transformatorsatz(kurve)
transformer time-base Transformatorkippgerät
transformer voltage Transformatorspannung
transformer waggon Transformatorwagen
tranformer winding Transformatorwicklung
transformer with center, applied secondary Transformator mit Mittelanzapfung
transformer with center tapped secondary Transformator mit Mittelanzapfung
transformerless output stage eisenlose Endstufe
transforming Transformierung, Umspannung
transforming section Transformationsableitung
transgression Überschreitung, Übertretung
transhorizon communication Überhorizontverbindung
transhorizon propagation Überhorizontübertragung, Überreichweiteausrbeitung
transhorizon signal Überreichweitesignal
transiency Flüchtigkeit
transient flüchtiger Vorgang, schneller gehend, schnellvergehend, Übergangsstrom, Übergangszustand, Ausgleichsvorgang, Stoß(vorgang), Übergangsvorgang, Einschalt(vorgang), Einschwing(vorgang), Übergangserscheinung
transient acceleration Übergangsbeschleunigung
transient aircraft Luftfahrzeug im Durchgangsverkehr
transient analyzer Schwingungsmodell
transient analysis Analyse von Einschwingvorgängen
transient bearing Kurzzeitpeilung
transient behaviour Einschwing-, Übertragungsverhalten, zeitliches Verhalten
transient componente flüchtige Komponente
transient current Anpassungs-, Ausgleichs-, Einschwingstrom
transient decay current Nachwirkungsstrom
transient distortion Laufzeitverzerrung, Sprungverzerrung, Verzerrung durch Ein- u. Ausschwingen od. durch Einschwingvorgänge
transient disturbance vorübergehende Störung
transient effect Ausgleichsvorgang
transient equilibirum laufendes Gleichgewicht, Übergangsgleichgewicht
transient fault vorübergehender od. selbstlöschender Fehler od. Schaden
transient flow Übergangsströmung
transient imperfections vorübergehende Störungen
transient impuls Einschwingimpuls, flüchtiger Stromstoß
transient internal voltage Hauptfeldspannung
transient load response Ausregelzeit
transient motion Übergangsbewegung
transient noise Geräusche durch Einschwingung
transient peak Einschaltspitze
transient period Einschwing-, Einstellzeit, Übergangsperiode
transient phenomena Ausgleichs-, Einschalt-, Einschwingvorgänge (vorübergehende Erscheinungen)
transient point Ablösungspunkt der Strömung, Reflexionsstelle (Leitung), Sprung-, Übergangspunkt, Übergangsstelle
transient process Einschwingverhalten, -vorgang
transient pulse Einschaltstoß, Einschwingimpuls, Störimpuls
transient radioactive equilibrium laufendes radioaktives Gleichgewicht
transient ray durchfallender Strahl
transient reactance Transientreaktanz
transient response Einschwingverhalten, Übergangsfunktion, zeitlicher Verlauf, Übergangsverhalten (der Regeltechnik)
transient response curve Frequenzdurchlaßkurve
transient response measuring set Sprungfunktionsmeßgerät

transient rise kurzzeitiger Anstieg
transient sound Übergangston
transient stability dynamische Stabilität
transient stage Übergangszustand
transient state Einschwingzustand, Übergangsstadium, Übergangsbetriebszustand, vorübergehender Zustand
transient target Augenblicksziel
transient three-phase short-circuit current transistorischer Kurzschlußwechselstrom
transient time Einschwingzeit
transient transaction vorübergehender Vorgang
transient transistory vergänglich
transient voltage Abgleich-, Ausgleichspannung, Stoßspannung (Einschwingvorgang), flüchtige Spannung
transient wave Wanderwelle
transientness Flüchtigkeit, Vergänglichkeit
transients durch Ein- u. Ausschaltvorgänge hervorgerufene vorübergehende, aperiodisch abklingende Wellen od. Schwingungen, Einschaltstösse
transilluminate, to durchleuchten
transillumination Durchleuchtung
transimpedance Transimpedanz
transinformation Transinformation (päd), übertragene Information
transinformation content Transinformationsgehalt
transistor Halbleitertriode, Transistor
transistor amplifier Transistorverstärker
transistor beta Stromverstärkungsfaktor, Transistorgröße Beta
transistor bias circuit Transistorvorspannschaltung
transistor circuit Transistorschaltung
transistor circuit for engine ignition Transistorzündschaltung für Verbrennungsmaschine
transistor cut-off frequency Transistorgrenzfrequenz
transistor d-c converter Transistorgleichstromwandler
transistor device Transistorgerät
transistor hearing aid Transistorhörgerät
transistor matrix wiring Verdrahtung der Transistormatrix
transistor metal Transistorenmetall
transistor oscillator Transistoroszillator
transistor parameter Transistorkenngröße
transistor pre-amplifier Transistorvorverstärker
transistor switch Schalttransistor
transistor type transmitter distributor Telegraphielochstreifensender mit Transistorverstärker
transistorize, to mit Transistoren bestücken, transistorisieren
transistorized transistorbestückt, transistorisiert
transistorized amplifier Transistorverstärker
transistorized chopper circuit Zerhackerschaltung mit Transistor
transistorized circuit transistorisierte Schaltung
transistorized, free-power...receiver mit kostenloser Energie betriebener Transistorempfänger
transistorized, fully voll transistorisiert
transistorized telemetry transmitter transistorisierter Telemetriesender
transistory fault vorübergehender Fehler
transit Anschreidetheodolit, Durchfahren, Durchgang(sverstärker), Durchgangsverkehr, Übergang
transit airport Durchgangsflughafen
transit angle Lauf-, Wegwinkel
transit bearing Deckpeilung
transit book Durchgangsbuch (tele)
transit call Durchgangsgespräch
transit case Transportbehälter
transit charge Durchgangsgebühr
transit circuit Durchgangsleitung
transit exchange Durchgangsamt, -zentrale
transit flight Durchflug
transit, for für den Transport
transit instrument Durchgangsinstrument, Richtkreis
transit layer Übergangsschicht
transit line durchgehende Leitung
transit of a star through the meridian Durchgang eines Sterns durch den Meridian
transit office Durchgangsamt
transit path Leitbahn
transit-path motion Leitbahnbewegung
transit phase angle Laufzeitwinkel
transit rate Durchgangsgebühr
transit route Durchgangsweg
transit speed Marschgeschwindigkeit
transit state current Anschwingstrom
transit station Theodolitstandpunkt, Durchgangsbahnhof, Übergangsbahnhof
transit tariff Durchfahrtarif (Eisenbahn)
transit ticket Durchgangsblatt
transit-time Durchgangs-, Durchlauf-, Lauf-, Übertragungszeit, Umschlagzeit
transit-time compensation Laufzeitausgleich
transit-time compression Komprimieren der Laufzeit, Laufzeitkomprimierung
transit-time computer Durchlaufzeitrechner
transit-time correction Laufzeitentzerrung
transit-time damping Laufzeitdämpfung
transit-time dependence Laufzeitabhängigkeit
transit-time distortion Laufzeitverzerrung
transit-time distortion in the deflection system Laufzeitfehler im Ablenksystem
transit-time effect Laufzeiteinfluß, Laufzeiterscheinung
transit-time frequency Leitkreisfrequenz
transit-time frequency of a magnetron Magnetronleitkreisfrequenz
transit-time local oscillator Laufzeit-Überlagerungsoszillator
transit-time mode Laufzeitmodus
transit-time of characteristic Einwirkzeit der Schiffscharakteristik
transit-time of minority carriers Laufzeit der Nebenträger
transit-time or electron-path oscillation Magnetronleitbahnwelle
transit-time oscillation Leitbahnwelle
transit-time oscillations Laufzeitschwingungen
transit-time theory Laufzeittheorie
transit-time tube Laufzeitröhre, Triftröhre
transit, to hindurchgehen, übertragen, verpflanzen
transit, to be in in eins peilen
transit traffic Durchgangs-, Übergangsverkehr, Transitverkehr

transit traverse Streckenzug (mit Theodolit und Meßband gemessen)
transit tray Transportkorb
transit van aufnehmbarer Wagenkasten
transiting telescope durchschlagbares Fernrohr (Theodolit)
transition Überführung, Übergang(szeit), Umschlag (aerodynamisch), Phasenumwandlung (Metallurgie), Transition
transition account Rechnungsübertragung(sfaktor)
transition agreement Übergangsvereinbarung
transition altitude Übergangshöhe
transition anode Kommutierungsanode
transition approach segment Übergangsanflugabschnitt
transition area Sichtfluggebiet (Flugplatz)
transition box Übergangskasten
transition burst niedrige Luftdetonation
transition cam Übergangsnocken
transition card Startkarte
transition color Übergangsfarbe
transition coil Stromleiterteiler, Überschaltdrossel
transition control Übergangskontrolle
transition corridor Transitionskorridor
transition curve (AGA) Übergangsbogen, -krümmung, -kurve
transition discharge path Kommutierungsentladungsweg
transition distance Übergangsstrecke
transition effect Übergangseffekt
transition element Übergangselement
transition elbow or curve Übergangsbogen (einer Straße od. Trasse)
transition energy Übergangsenergie
transition factor Falsch-, Fehlanpassungsfaktor, Reflexionskoeffizient
transition field Übergangsfeld
transition fit Haftsitz, Passung mit teilweiser Überschneidung der Toleranzfelder, Übergangspassung, Übergangssitz
transition flight regime Transitionsflugzustand
transition flow umschlagende Strömung, Übergangsströmung (zwischen laminarer u. turbulenter Strömung)
transition for landing Landetransition
transition frequency Transit-, Übergangsfrequenz
transition function Überführungs-, Übergangsfunktion
transition group Übergangsgruppe
transition into trajectory around the moon Einsteuerung in die Mondumlaufbahn
transition jet Übergangsdüse (Vergaser)
transition layer Übergangsschicht
transition level Übergangsebene, -fläche
transition liner Brennkammersammler (Twk), Flammrohrübergangsstück
transition loss Stoßdämpfung, Übergangsverlust
transition matrix Übergangsmatrix (EDV)
transition member Übergangsglied
transition metal Übergangsmetall
transition multipole moment Übergangsmultipolmoment
transition of heat Wärmedurchgang
transition of radiation heat Strahlungswärmeübergang
transition period Transitionszeit, Übergangszeit (Flugverfahren), Übergangsperiode
transition phase Transitionsablauf, -phase
transition piece Übergangsstück
transition point Ablösungspunkt, Sprungpunkt, Übergangspunkt (Luftbewegung), Übergangsstelle, Umschlagpunkt (Ware)
transition point of boundary layer Umschlagpunkt (aerodynamisch)
transition probability Übergangswahrscheinlichkeit, Wahrscheinlichkeit der Zustandsänderung
transition range Umschlaggebiet, Schulgefechtsschießstand
transition rate Übergangsgeschwindigkeit
transition region Übergangsbereich, -gebiet, -region
transition resistance Überschaltwiderstand
transition screw Durchführungsschraube
transition shot Überbrückungsaufnahme (Lubi)
transition stage Übergangsschicht, -stufe, Übergangsstadium, -zustand
transition state Übergangsbetriebszustand
transition steel Übergangsstahl
transition strip Durchgangszone, Übergangsstreifen (Landebahn)
transition substance Übergangsbestandteil
transition temperature Sprung-, Übergangs-, Umwandlungstemperatur
transition time Elektronenlaufzeit, Sprungzeit, Übergangszeit
transition-time distortion Laufzeitverzerrung
transition time oscillography Laufzeitoszillographie
transition-time stretch Laufzeitstrecke
transition, to Transition ausführen
transition to a new type without any actual flying simulatorgestütze Umschulung
transition training Typenumschulung
transition-type Übergangsglied, -muster
transition with nontransition metals Übergangs- mit Nicht-Übergangsmetallen
transition with vertical take-off Starttransition mit senkrechtem Steigen
transition zone Durchgangsgebiet, Übergangszone, Umwandlungszone
transitional agreement Übergangsvertrag
transitional flight Transition (Hschr)
transitional flow Übergangsstrom
transitional point Übergangspunkt
transitional surface Übergangsfläche (Landflugplätze)
transitional surface area (airfield) Einflugschneise
transitional training Typenumschulung
transitioned to production produktionsreife (eines Flugzeugtyps)
transitron Transitron, Frequenznachstimmröhre
transitron circuit Transitronschaltung
transjunction Transjunktion
translate and test Umsetzen und Testen (Befehl)(EDV)
translate into mathematical symbols in mathematische Zeichen übertragen
translate, to übersetzen, umsetzen, umwandeln, zuordnen

translated, not unübersetzt
translating circuit Demodulator, Modulatorschaltung, Übersetzerstromkreis
translating computer Übersetzungsmaschine, Umrechnungsmaschine
translating cowls on the cold-stream thrust reverser Umlenkklappen für die Schubumkehr des Kaltstroms
translating device Umrechner
translating field Umrechnerfeld (Computer)
translating gear Umwandlungsrad, Wechselrad
translating gears Umsetzungsgetriebe
translating program Übersetzer(programm), Umsetzer
translating routine Übersetzerprogramm, Übersetzungsprogramm
translation fortschreitende Bewegung, Modulation, Parallelverschiebung, Translation, Übersetzung (Sprache od. Code), Übertragung, Versetzung, Umwerter, (Code-) umsetzer
translation component Translationskomponente
translation conversion Umrechnung
translation, dynamic address dynamische Adreßumrechnung
translation in the hyperbolic plane Schiebung in der hyperbolischen Ebene
translation memory Umwandlungsspeicher
translation of language Sprachübersetzung
translation of tidal wave Fortpflanzung der Flutwelle
translation plane Translationsebene, -fläche
translation point Belichtungsrolle (Film)
translation system Kennungsstreifen, Translationssystem
translational motor Zusatzrakete
translational movement Fortschreitungsbewegung
translational partition function Translationszustandssumme
translational velocity Längsgeschwindigkeit
translator Funktionsschalter, Codeübersetzer, -umsetzer, Umwerter, Umsetzer, Zuordner, Übersetzerprogramm, Umsetzprogramm
translator (TLTR) Codeumsetzer (EDV)
translator cam distributor Übersetzernockenverteiler
translator, code Codeübersetzer, -umwandler, Codeumsetzer
translator, one-to-one Eins-zu-Eins-Übersetzer
translator's note Anmerkung des Übersetzer
translatory translatorisch
translatory key Übertragerschalter
translatory motion fortschreitende Bewegung, Parallelverschiebung
translatory movement Vorwärtsbewegung
translatory shift Parallelverschiebung
translatory speed Fortbewegungsgeschwindigkeit
transliterate transliterieren, umcodieren, umschlüsseln
transload, to umschlagen
transloading point Umschlagpunkt, -stelle
translocation diastase Translokationsdiastase
translucency Durchsichtigkeit
translucent durchscheinend, -sichtig, lichtdurchlässig, optisch dünn
translucent body durchscheinender Körper
translucent perspex cylindrical screen walzenförmig durchscheinender Perspexschirm
translucent picture Durchsichtsbild
translucent screen Durchprojektionswand
translucent wall lichtdurchlässige Wand
translunar coast Eintritt in die Freiflugbahn zum Mond (sp)
translunar injection Einschuß in die (Flug)bahn zum Mond (sp)
transmarine cable Überseekabel
transmission Abgabe, Aussendung, Durchgabe, Durchlässigkeit, Fortpflanzung, Kraftübertragung, Leitung, Sendung, Transmission, Übermittlung, Übertragung, Wechselgetriebe, Weiterbeförderung
transmission agent Übertragungsorgan, Transmissionsorgan, Übertragungsmittel
transmission analogue äquivalentes Leitungsschema
transmission angle Übertragungsphasenwinkel
transmission authentication einseitige (Sende)-authentisierung
transmission-balancing network Kunstschaltung
transmission band Durchlaßband (Filter) (dig), Durchlässigkeitsbereich des Filters
transmission beam method Durchstrahlungsverfahren
transmission belt Treib-, Übertragungsriemen
transmission brake (drum) Getriebebrems(e)-(trommel)
transmission by amplification Übermittlung durch Verstärkung
transmission by double current Doppelstrombetrieb
transmission by means of low-powered laser link digitale Datenverbindung aus Laserbasis
transmission by series Übermittlung in Reihe
transmission by simplex current Einfachstrombetrieb
transmission cable Übertragungsleitung
transmission case Antriebsgehäuse, Getriebeflansch
transmission chain Transmissionsgliederkette
transmission channel Sende-, Übertragungskanal
transmission characteristic Durchlaßkennlinie, Übertragungsgröße
transmission checking camera Fotojustierkamera
transmission coefficient Durchdringwahrscheinlichkeit, Durchgangskoeffizient, Durchgangszahl, Durchlässigkeits-, Übertragungsfaktor
transmission components Getriebeteile
transmission constant Überlagerungskonstante
transmission-control apparatus Sendekontrollapparat
transmission control character Übertragungsleitzeichen
transmission cross section Durchlässigkeitsquerschnitt
transmission curve Übertragungskurve
transmission deception Täuschung durch Ausstrahlung (Radar)
transmission delay Übertragungsverzögerung
transmission device Übersetzgerät
transmission diagram Sendediagramm
transmission diffraction Durchstrahlungs-

beugung
transmission distortion Übertragungsverzerrung
transmission distortion measuring set Verzerrungsmeßgerät
transmission drive Transmissionsantrieb
transmission drive shaft Getriebewelle
transmission dynamometer Einschalt(ungs)-dynamometer, Torsionsindikator (zur Drehmomentmessung)
transmission efficiency Gesamtdämpfung, Gesamtübertragungsmaß, gesamtes Übertragungsmaß, Übertragungswirkungsgrad, Wirkdämpfung
transmission efficiency measuring set (Strekken)dämpfungsmesser
transmission equation Leitungsgleichung
transmission equipment Sendeeinrichtung, Übertragungsamt
transmission equivalent Bezugs-, Leitungsdämpfung, Übertragungsäquivalent, -maß
transmission experiment Durchgangsversuch
transmission factor Durchlässigkeit, (elektroakustischer) Übertragungsfaktor
transmission filter durchlässige Kette
transmission filter circuit Übertragungsfilter
transmission frequency Übertragungsfrequenz
transmission-frequency characteristic Übertragungscharakteristik, -frequenzlinie, Übertragungsfrequenzkurve
transmission frequency meter Durchgangswellenmesser
transmission function Übertragungsfunktion
transmission gain Entdämpfung, Übertragungsgewinn, Leistungsverstärkung (des Übertragungssystems)
transmission gear Übersetzungsgetriebe
transmission grease Getriebefett
transmission identification Kennzeichnung der Übermittlung, Übermittlungskennzeichnung (ICAO), Übermittlungs(er)kennung, Weitergabekennung
transmission identification tape Weitergabekenn(ungs)streifen
transmission impairment Minderung der Übertragungsgüte
transmission in real time Echtzeitverarbeitung
transmission in series Übermittlung in Reihen
transmission interconnection shaft Rotorgetriebeverbindungswelle
transmission interval Sendepause, Übermittlungsunterbrechung
transmission jamming Störung durch Ausstrahlung (ELOKA)
transmission lag Übertragungsverzögerung
transmission layout Fernsprechübertragungsmaßregeln
transmission level (relativer) Pegel, Sprachhöhenlinie, Sprachlinienverlauf, Übertragungsniveau, -pegel
transmission level indicator Pegelanzeiger
transmission level meter Pegelmesser
transmission line Energieleitung (Sender), Fernmeldeleitung, Übertragungs-, Wellenleitung
transmission-line amplifier Kettenverstärker
transmission line characteristic Leitungseigenschaften
transmission line characteristic calculator Impedanzrechner
transmission line circuit Leitungskreis
transmission line, long Überlandleitung
transmission line stub Übertragungsleitungsstück
transmission line with capacitive and inductive tuning Leitungskreis mit kapazitiver u. induktiver Abstimmung
transmission line with constant Leitungskonstante
transmission line with impedance transformer Transformationsleitung
transmission line with parameters Leitungseigenschaften
transmission lock Getriebeschloß
transmission loss Dämmwert, -zahl, Schalldämmung, Übertragungsdämpfung, -verlust
transmission lubricant Getriebefett, -öl, Schmieröl, Transmissionsöl
transmission machinery Triebwerk(sanlage)
transmission maintenance work Netzüberwachung
transmission measure Übertragungsmaß
transmission measurement Durchlässigkeits-Dämpfungs-, Übertragungsmessung
transmission measuring set Dämpfungszeiger
transmission method Durchstrahlungsverfahren
transmission monitor Endkontrollgerät, Endkontrollvorrichtung
transmission network Sieb-, Strahlungskette, Übertragungsnetz
transmission of electrical energy elektrische Kraftübertragung
transmission of energy Energieübertragung
transmission of feed Vorschubübertragung
transmission of heat Wärmeabfuhr, -durchgang, -übertragung
transmission of indication Anzeigeübermittlung
transmission of information Benachrichtung
transmission of intelligence Nachrichtenübermittlung, -übertragung
transmission of intelligence or communications Nachrichtenübertragung
transmission of load Lastübertragung
transmission of metering intelligence Meßwertübertragung
transmission of morsecode message Morsen
transmission of motion Bewegungsübertragung
transmission of pressure Druckfortpflanzung
transmission of radiations Durchstrahlung
transmission of signals Zeichengabe, Zeichengebung
transmission of telephone and radio message befördern von Fern- u. Funksprüchen
transmission oil cooling Getriebeölkühlanlage
transmission oil pump Getriebeölpumpe
transmission part Triebwerkteil
transmission path Übertragungsweg
transmission performance Übertragungsgüte, -qualität
transmission performance rating zahlenmäßige Bewertung der Übertragungsgüte
transmission range Durchlaßbereich, -weite, Durchlässigkeitsbereich, Lochbereich, Lochbreite (eines Frequenzsiebs), Frequenzdurchlässigkeit, Sendereichweite, Übertragungsbereich
transmission range of band pass Lochgrenze

transmission ratio Übersetzungsverhältnis
transmission reference system Übertragungsvergleichssystem
transmission reliability Übertragungssicherheit
transmission rod Übertragungsstange
transmission rod support Halterung für Übertragungsgestänge
transmission security Übermittlungssicherheit
transmission, serial serielle Übertragung, Serienübertragung
transmission shaft Getriebe-, Haupt-, Transmissions-, Triebwerkwelle, Anlauf-, Antriebs-, Kardanwelle
transmission shaft with pinion Antriebswelle mit Antriebszahnrad
transmission shock absorber Übersetzungsstoßdämpfer
transmission, simulataneous gleichzeitige od. simultane Übertragung, Paralleltransfer, Simultanübertragung
transmission spectrograph Durchstrahlungsspektrograph
transmission speed Übermittlungs-, Übersetzung-, Übertragungsgeschwindigkeit
transmission speed ajustment Übertragungsgeschwindigkeitsausgleicher
transmission standard Sende-, Übertragungsnorm
transmission support Getriebeverbindungsschiene
transmission, suppressed carrier Senden mit unterdrücktem Träger
transmission suspension system schwingungsfreie Transmissionsaufhängung
transmission system Kraftübertragungssystem, Durchstrahlungssystem
transmission target Durchlaßtreffplatte
transmission technique Übertragungstechnik
transmission test Dämpfungs-, Übertragungsmessung
transmission throttle valve rod Voll- und Teillastschiebergestänge
transmission time Laufzeit, Übertragungszeit
transmission trouble mangelhafte od. schlechte Verständigung
transmission-type instrument Durchgangswellen-Meßinstrument
transmission unit Übertragungseinheit, Übertragungsmaß
transmissivity Durchlässigkeit (Luft, Licht), Transparenz (Licht)
transmissometer Sichtmeßgerät
transmit "Senden Sie", senden, übermitteln, übertragen, übersenden, überweisen
transmit blind, to blind senden (Funk), blind übermitteln (Fernschreiben)
transmit by radio, to drahtlos senden
transmit control Übertragungssteuerung (dig)
transmit for D/F, to zwecks Peilung senden
transmit for identification Senden Sie zwecks Radaridentifizierung
transmit heat, to Wärme durchlassen od. leiten
transmit instruction Sendeinstruktion
transmit position reformation by laser pulse Flugsteuersignal durch Laserimpuls
transmit-receive box or switch Sende/Empfang-Schalter
transmit-receive duplexing arrangement Sende/Empfangsumschalter, Duplexer
transmit-receive tube Empfängersperröhre
transmit side Sendeseite
transmit traffic lists, to Sammelanrufe senden
transmittal record Übertragungssatz
transmitted band Frequenzsieblochbreite
transmit band of frequencies durchgelassener Frequenzbereich, Lochbreite eines Frequenzsiebes
transmitted beam durchgegangenes Strahlenbündel
transmitted echo coefficient Mitflußfaktor
transmitted energy hindurchgelassene Energie
transmitted frquency Schwebungsfrequenz
transmitted frequency band Übertragungsbereich eines Übertragungssystems
transmitted information Transinformation(sgehalt), übertragene Information
transmitted light durchgelassenes Licht, Durchlicht, durchfallender Strahl
transmitted pulse Vorlaufimpuls
transmitted ray durchfallender od. durchlaufender Strahl
transmitted wave ausgesandte Welle, Sendewelle
transmitter Fernkompaßgeber, Geber (eines Meßgeräts), Quelle, Sender, Sendestation, Übermittler, Überträger, Übertragungsgerät, -mittel, Nachrichtenquelle
transmitter-allotter Sendezuordner (Speicher vermittlung)(teg)
transmitter amplifier Sendeverstärker
transmitter antenna Sendeantenne
transmitter apparatus Gebeeinrichtung
transmitter arm Mikrofonarm, -träger
transmitter attenuation Sendedämpfung
transmitter battery Mikrophonbatterie, Mikrophonelement
transmitter blocker cell Nullode, Sendersperrzelle
transmitter bracket Mikrophonbügel
transmitter button Einsatz-, Mikrophonkapsel, Sprechtaste
transmitter camshaft Sendernockenwelle
transmitter center Senderzentrale (Radar)
transmitter chain Sendekette
tranmitter, channelized Sender mit Simultankanälen
transmitter circuit Mikrophonstromkreis
transmitter code bar Senderwählschiene
transmitter combining filter Senderweiche
transmitter connection Senderanschluß
transmitter contact Sendekontakt
transmitter, continuous-wave ungedämpfter Sender
transmitter control station Senderzentrale
transmitter, controlled fremdgesteuerter Sender
transmitter, crystal-controlled quarzgesteuerter Sender
transmitter, crystal-stabilized quarzstabilisierter Sender
transmitter current Erst-, Mikrophonstrom
transmitter current feed Mikrophonspeisung
transmitter decrement Senderdekrement
transmitter diaphragm Mikrophonmembran
transmitter distributor Sendeverteiler

transmitter, driven fremdgesteuerter Sender
transmitter end, at the senderseitig
transmitter energy Sendeenergie
transmitter failure Sendeausfall
transmitter, feed-back rückgekoppelter Sender
transmitter filament transformer Heizspannungstrafo des Senders
transmitter, fixed stationärer Sender
transmitter for very long-waves Längswellensender
transmitter frequency Sendefrequenz
transmitter hook-up Senderanschluß
transmitter, inductive induktivgekoppelter Sender
transmitter input amplifier Sendereingangsverstärker
transmitter installation Sendeanlage
transmitter modulator Sendermodulator
transmitter mounting frame Senderrahmen
transmitter noise Mikrophongeräusch
transmitter operate coherently Sender kohärent schwingen
transmitter oscillation Sendeoszillator
transmitter outage Senderausfall
transmitter output stage Senderausgangsstufe
transmitter output tube Senderendröhre
transmitter overload spark gap Überspannungs-Funkenstrecke des Senders
transmitter phase comparison Senderphasenvergleich
transmitter power output Senderausgangsleistung
transmitter power, radiated ausgestrahlte Senderleistung
transmitter power, unmodulated unmodulierte Senderleistung
transmitter pre-heating Sendervorheizung
transmitter pulse Sendeimpuls
transmitter queueing device Sender-Warteschaltung
transmitter receiver Sende/Empfangsgerät, Sender/Empfänger (im Gehäuse)
transmitter-receiver modulrs capable of handling all the interface Sender- u. Empfängermodule unmittelbar in Antenneneinheit integrieren
transmitter, self-excited eigenerregter Sender
transmitter shaft Sendeachse
transmitter stage Senderstufe
transmitter station Senderanlage
transmitter supply Senderspeisung
transmitter swing Senderpendelung
transmitter, transportable tragbarer od. transportabler Sender
transmitter trigger Senderauslöseimpuls
transmitter tube Senderöhre
transmitter tuning Senderabstimmung
transmitter tuning unit Senderabstimmeinrichtung
transmitter, unlicensed or unregistered Schwarzsender
transmitter valve Senderöhre
transmitter voice or modulation Senderbesprechung, Sprechweg
transmitter voltage Mikrophonspannung
transmitter with automatiac fault-operated change-over equipment Sender mit passiver Reserve
transmitter with reserve unit operating in parallel Sender mit aktiver Reserve
transmitter with stright-through operation Sender mit Frequenzvervielfachung
transmitting aerial or antenna Sendeantenne
transmitting amplifier Sendeverstärker
transmitting and receiving facilities Sende- u. Empfangsanlage
transmitting and receiving facilities resumed operation Sende- u. Empfangsanlage wieder in Betrieb (Frequenz)
transmitting and receiving set Sende-/ u. Empfangsgerät
transmitting blind Blindübermittlung
transmitting cam cylinder Sendersteuerbuchse
transmitting capacity Übertragungsfähigkeit
transmitting, central...receiving aerial zentrale Sende-/Empfangsantenne
transmitting characteristics Durchlaßkennlinie
transmitting cooled-anode valve Senderöhre mit Anodenkühlung
transmitting current Sendestrom
transmitting, demodulate auseinandernehmbarer od. demontierbarer Sender
transmitting direction Durchlaßrichtung
transmitting disc Sendescheibe
transmitting distortion Sendeverzerrung
transmitting distributor Sende-, Übertragungsverteiler
transmitting efficiency Wirkungsgrad eines akustischen Wandlers
transmitting end Geberseite (einer Meßeinrichtung), Sendeseite
transmitting equipment Sendeanlage, Sendegerät
transmitting filter Sendebandfilter
transmitting frequency Sendefrequenz
transmitting in clear im Klartext funken, Klartextfunken
transmitting installation Sendeeinrichtung
transmitting lever Sendehebel
transmitting loop Sendeschleife
transmitting medium Übertrangungsmedium, -mittel
transmitting plant Sendeanlage
transmitting power Durchlässigkeit, Sendeenergie, -leistung
transmitting receiver switch Sende/Empfangsschalter
transmitting relay Senderelais
transmitting resistance Durchlaßwiderstand
transmitting resonance Senderfrequenzgang (Sendeschwinger), Sendeübertragungsmaß
transmitting section Sendeabschnitt, Sendeteil
transmitting segment Sendesegment
transmitting set Sendegerät
transmitting shaft Senderachse
transmitting station drahtloser Sender, Geberamt, -station, Sender(amt), Senderstation, Sendestelle, Senderstation, Vermittlungsstation
transmitting tape Sendestreifen
transmitting terminal Sendestation
transmitting triode Sendetriode
transmitting tube Senderöhre
transmitting-type device Geber eines Meßgeräts
transmitting-type ga(u)ge Fernmeßinstrument,

Meßgerät mit Fernübertragung
transmitting typewriter with card punch Sende/Schreibmaschine mit Kartenlocher
transmitting typewriter with tape punch Sende/Schreibmaschine mit Streifenlocher
transmitting valve Senderöhre
transmitting valve cooler Senderöhrenkühler
transmitting voltage response Schalldruck als Funktion der Spannung
transmitting wave Geber-, Sendewelle
transmutation Übergang, Umwandlung, Zerfall
transmutation of elements Elementenumwandlung
transmutation of radiation heat Strahlungswärmeübergang
transocean receiver Überseempfänger
transoceanic air traffic Ozeanluftverkehr
transoceanic broadcast Fernfunk
transoceanic cable Überseekabel
transoceanic communication Überseenachrichtendienst, -verkehr
transoceanic extension Überseeverbindung
transoceanic radio receiving installation Überseefunk/Empfangsanlage
transoceanic rocket Transozeanrakete
transoceanic traffic Überseeverkehr
transom bed Lenk-, Wendeschemel
transom screw Querholzschraube
transonic schallnah, transsonisch, Transschall, Überschall
transonic acceleration transsonische Beschleunigung
transonic aircraft technology TACT-Programm
transonic and subsonic region Unterschall- u. Transsonikbereich
transonic barrier Schallmauer
transonic drag transsonischer Widerstand
transonic drag rise Widerstandsanstieg im transsonischen Bereich (AC)
transonic flight Flug im schallnahen Bereich, transonischer Flug
transonic flow schallnahe Strömung
transonic Mach range schallnaher Mach'scher Bereich
transonic nozzle flow schallnahe Düsenströmung
transonic parachute test sled Fallschirmerprobungsschlitten für schallnahen Bereich
transonic range schallnaher Bereich, Überschallbereich
transonic region schallnaher Bereich, transsonischer Flugbereich
transonic rocket Überschallrakete
transonic shock stall transsonische Stoßablösung (AC)
transonic speed range Transsonikbereich
transonic trim change Trimmänderung im transsonischen Bereich
transonic wind tunnel transsonischer Windkanal
transonic zone schallnaher Bereich, Übergangszone
transparence Transparenz
transparency Diapositiv, Durchsichtigkeit, Transparenz
transparency mount Diarahmen
transparent durchlässig, durchleuchtend, durchscheinend, durchsichtig, transparent
transparent body durchsichtiger Körper
transparent color Lasurfarbe
transparent copy Durchleuchtungskopie
transparent cover sheet durchsichtiges Deckblatt
transparent cupola Kuppel aus durchsichtigem Werkstoff
transparent density Durchscheindichte
transparent diapositive Transparentbild
transparent finish Transparentausrüstung
transparent layer lasierte Schicht, Lasurschicht
transparent pane Lichtscheibe
transparent photo-cathode Durchsichtskathode
transparent plastic material durchsichtiger Werkstoff
transparent plastic metal durchsichtiges od. transparentes Metall od. Folie
transparent polycarbonate sheet for glazing transparente Platte für Verglasungszweck
transparent reflector Reflexglas
transparent screen Durchscheinschirm, Durchsichtsschirm
transparent substance durchsichtiger Schichtträger
transparent tape pocket Klarsichttasche (für Lochstreifen)
transparent to heat wärmedurchlässig
transparent wing durchsichtige Tragfläche (am Flugmodell)
transpiration Kapillarströmung
transpiration cooling Schwitzkühlung
transpiration manometer Strömungsmanometer
transplantation Propfen, Transplantation, Verpflanzung, Versetzung
transponder Antwortgerät, -sender, DME-Wiederholerbake, automatisches Antwortgerät, Impulsübertrager
transponder control Transponderbediengerät
transponder control group Transponder-Steuergruppe
transponder dead time tote Zeit während des Umschaltvorgangs
transponder efficiency Nutzeffekt des Antwortgeräts
transponder suppressed time delay Verzögerungszeit zwischen Frage u. Antwort, (SSR) Sekundärradar-Antwortverzögerung
transport Beförderung, Transport, Überbringung, Übertragung
transport aircraft Transportluftfahrzeug
transport and transport infrastructure planning Verkehrs- u. Verkehrswegeplanung
transport aviation Transportflugwesen
transport bridge Transportbrücke
transport capacity Beförderungskapazität
transport capacity offered Beförderungs- u. Verkehrsangebot
transport chain Transportkette
transport check Transportkontrolle (Rechner)
transport control headquarters Transportkommandantur
transport cross section Transportquerschnitt
transport cycle Transportrad, -zyklus
transport delay Bewegungsverzug
transport device Transporteinrichtung
transport efficiency Bewegungs-, Transportwirkungsgrad

transport element Transportglied
transport equation Transportgleichung
transport factor Transportfaktor
transport for general movement Verlegungstransport
transport glider Lastensegler
transport helicopter Transporthubschrauber, Lastenhelikopter
transport kernel Transportintegralkern
transport locking catch Verriegelungsklinke für Bandtransport (Kartentransportiereinrichtung)(lo)
transport means free path mittlere freie Transportweglänge
transport mechanism Laufwerkplatte
transport number Bewegungsnummer, Überführungszahl
transport of energy Energieübertragung
transport of loads in gravity-free condition Transport von Lasten bei Schwerelosigkeit
transport of supplies Nachschubtransport
transport operator Verkehrsteilnehmer
transport phenomena Übergangsphänomen
transport pilot Verkehrsflugzeugführer
transport plane Transporter
transport pool Fahrbereitschaft
transport precession Fahrtauswanderung
transport problem Distributionsmethodik, Transportproblem, Verteilungsmethode
transport rocket Transportrakete
transport route Verkehrslinie, -richtung
transport section Fahrabteilung
transport speed Fahr-, Transportgeschwindigkeit
transport supplier Verkehrszulieferer
transport system Transporteinrichtung
transport theory Transporttheorie
transport user Verkehrs(be)nutzer
transport wing modification Tragwerkmodifikation
transportable beförderbar, transportabel, transportierbar, transportfähig
transportable control tower (TCT) transportabler Kontrollturm
transportable electric welding set transportable elektrische Schweißausrüstung
transportable L-band, medium range, pulse doppler tragbares Mittelbereichs-Impuls-Dopplerradar
transportable light transportables (bewegliches) Feuer
transportable power reactor beweglicher Leistungsreaktor
transportable satellite communications ground station transportable Fernmeldesatelliten-Bodenstation
transportable space, radio and digital communication system transportable Raumfahrt-, Funk- u. Digitalübertragungssystem
transportable station transportable Station (bei Transport nicht betrieben)
transportation box Transportkasten
transportation brace Transportstütze (für Triebwerkeinbau)
transportation by water Wassertransport
transportation case Transport-, Versandbehälter
transportation characteristics Verkehrsmerkmale
transportation charges Transportgebühren
transportation damage Transportschaden
transportation device Fördermittel
transportation dolly fahrbares Montagegestell (Flugzeugwartung)
transportation equipment Förder-, Transportanlage
transportation fleet Transportflotte
transportation of petroleum Erdöltransport
transportation system Beförderungs-, Transportsystem
transportation system, hectometric hektometrisches Transportsystem
transportation test Fahrversuch
transporter-erector Start- und Aufrichtlafette
transporter travel gear Brückenfahrwerk
transporting slung loads Außenlastbeförderung (Lastenhubschrauber)
transpose of a matrix transportierte Matrix
transpose rows and columns in a matrix, to Reihen u. Kolonnen in einer Matrix vertauschen
transpose, to auf die andere Seite einer Gleichung schaffen (math), kreuzen, transponieren, umordnen, umstellen, umwandeln, vertauschen
transpose two wires, to zwei Leitungen kreuzen
transposed diagram versetztes Diagramm
transposed line gekreuzte Leitung
transposed pair gekreuzte Doppel-, od. Fernsprechleitung
transposed pair conductor gekreuztes Leitungspaar
transposed telephone line gekreuzte Fernsprechleitung
transposer Umsetzer
transposing equalization Kreuzungsausgleich
transposing gear Umwandlungsrad
transposition Kreuzung, Lagewechsel, Umlagerung, Umstellung, Verdrillung, Versetzung, -tauschung, Kreuzung am Gestänge, Lagewechsel
transposition bracket Einschiebestütze
transposition cipher Kastenschlüssel (Signal)
transposition crossing Platzwechsel
transposition error Transpositionsfehler
transposition insulator Doppel-, Kreuzungsisolator
transposition line Leitung mit Induktionsschutz, Linie mit gekreuzten Leitungen
transposition point Abschnitts-, Kreuzungs-, Umstellungspunkt
transposition pole Abschnitts-, Kreuzungsgestänge, Platzwechselgestänge
transposition receiver Zwischenfrequenzempfänger
transposition reception Transponierungsempfang
transposition section Leitungsstrecke mit vollem Induktionsschutz
transposition section point Kreuzungsfestpunkt
transposition step Kreuzungsabstand
transposition system Kreuzungssystem, Platzwechselfolge, Versetzungsverfahren, Transpositionsverfahren
transrectification Gleichrichtung die im Stromkreis auftritt, wenn die Wechsel-

spannung einem anderen Stromkreis zugeführt wird
transrectifier Gleichrichter mit Gittersteuerung
transrector idealer Gleichrichter
transship, to überladen, umladen, umschlagen
transshipment Umladung, Überschiffung, Überladung, Umschiffung
transshipment activity Umschlagdienststelle
transshipment charges Umschlagkosten
transshipment organization Umschlagorganisation
transshipment point Umschlagpunkt
transshipment system Frachtumschlagsystem
transstage Übergangsstufe, -zeit
transstage engine Übergangsstufe (Rakete)
transstage ignition Übergangsstufenmotor
transuranic element Transuran
transversal Extrem-Normale, Querrichtung, Standlinienschlitten, quergerichtet, transversal
transversal effect Quereffekt (Halbleiter)
transversal forming Planformarbeit
transversal forming attachment Planformvorrichtung
transversal modulation Quermodulation
transversal strength Querfestigkeit
transversal vibration Querschwingung
transverse quer(laufend), transversal, Ausleger, Querwelle, diagonal, schräg, Verkantungslibelle
transverse aberration seitliche Abweichung
tranverse acceleration Transversalbeschleunigung
transverse accelerometer Querbeschleunigungsmesser
transverse-advance-clutch Planvorkupplung
transverse axis Haupt-, Holm-, Querachse
transverse bar Querbewehrung, -stab
transverse beam Biegebalken
transverse beam travelling-wavetube Querstrahl-Wanderfeldröhre
transverse bend test Querbiegeversuch
transverse bending strength Durchbiegungsfestigkeit
transverse-bending test Biegeversuch
transverse-bending-test machine Biegeprüfmaschine
transverse bore Querbohrung
transverse bulkhead Querschott (av)
transverse cable Quertragseil, -draht
transverse circuit Querkreis
transverse conductivity Querleitfähigkeit
transverse contraction Querschrumpfung, -zusammenziehung
transverse contraction ratio Querkontraktionszahl
transverse crack Querriß
transverse current microphone Querstrommikrophon, Reißmikrophon
transverse current travelling-wavetube Wanderfeldröhre mit transversalem Strom
transverse cutting tool-head Querhobel-Werkzeugsupport
transverse cylinder Planzylinder
transverse diameter Querdurchmesser
transverse differential protection Quervergleichsschutz
transverse dimension Querdimension
transverse direction Planrichtung, Quere, Querrichtung
transverse elasticity elastische Durchbiegung
transverse electric querelektrisch
transverse electric wave elektrische Transversalwelle, H-Welle
transversal electromagnetic querelektromagnetisch
transverse electromagnetic wave elektromagnetische Transversalwelle
transverse expansion Querdehnung(sziffer)
transverse failure Ausknickung
transverse-fatigue test Biegeermüdungsversuch
transverse fault Querverwerfung
transverse feed Planvorschub
transverse feed gear Planzuggetriebe
transverse fibre Querfaser
transverse field Quer-, Transversalfeld
transverse finning Querberippung
transverse flattening test Querfaltversuch
transverse flux Querfluß
transverse focusing Querfokussierung
transverse force Querkraft
transverse forward clutch Planvorkupplung
transverse frame Rumpfspant
transverse frame or ring bracing Ringverspannung
transverse gallery Querstollen (Bergbau)
transverse girder Binderquerträger, Ringträger
transverse guiding link Querlenker
transverse impact test Schlagbiegeversuch
transverse inclination Querneigung (geol)
transverse joint Querfuge
transverse lamina Holzfüllstück, Querlamelle
transverse level Verkantungslibelle
transverse lever Querhebelarm (Schiffsstab.)
transverse link Querlenker (Vorderachse)(Kfz)
transverse load horizontale Last, Querbelastung, Querschnittsbelastung, Querlast
transverse longitudinal bearing Querlängslager
transverse loop Längs-, Querschleife
transverse loss Querverlust
transverse magnet Ausgleichungsquermagnet
transverse magnetic field Quermagnetfeld, transversales Magnetfeld
transverse magnetic wave magnetische Transversalwelle, TM-Welle
transverse magnetization Quermagnetisierung
transverse mercator projection transversale Mercatorprojektion
transverse metacenter Breitenmetazentrum
transverse motion Plangang, Querbewegung, transversale Eigenschwingung
transverse movement Plangang, Querbewegung
transverse oscillation Querschwingung
transverse pitch Querteilung, Umfangsstellung (Zahnrad), Stirnfläche
transverse planing Querhobeln
transverse plate Querplatte
transverse potential Querspannung
transverse pressure angle Stirneingriffswinkel
transverse pulse Querimpuls
transverse-read pulse Querleseimpuls
transverse resilence Druckbiegungsspannung
transverse response Richtungsselektivität
transverse return clutch Planrücklaufkupplung

transverse ring Querring
transverse ring bracing Ringverspannung
transverse rotary movement Planbewegung
transverse scale Transversalmaßstab
transverse section Querprofil, -schnitt, Schnittansicht, Schnittdarstellung
transverse section of ring Ringquerschnitt
transverse septum Markstrahl
transverse shaft Querwelle
transverse-sheet pilling Querspundwand
transverse ship magnet Querschiffmagnet
transverse shrinkage Querschrumpfung
transverse shutter Querschnittsblende
transverse slope Quergefälle (geol), Querneigung (av)
transverse spacing Querteilung
transverse spherical aberration seitliche sphärische Abweichung
transverse spring Querfeder
transverse stability Querfestigkeit, -stabilität (av), Stabilität um die Längs- u. Höhenachse (av)
transverse stay Windanker
transverse stiffener Querstrebe (Brückenbau), Unterzug mit Halteklappen (Spurtafelbrücke)
transverse strain Querbeanspruchung
transverse strength Biegestigkeit, Festigkeit in der Querrichtung
transverse stress Biege-, Scherspannung
transverse structural bulkhead Querverbandsschott (Marine)
transverse strut Hilfsachse
transverse support girder Riegel
transverse suspension Queraufhängung
transverse test Biegeversuch
transverse testing machine Biegemaschine
transverse thrust Querschubkomponente
transverse torque tubes Stabilisatorsteuerwelle (Steuerknüppelbock)
transverse track transversale Spur
transverse travelling-wave tube Querfeld-Wanderfeldröhre
transverse tube (parachute center) Distanzrohr (Fallschirmwanne)
transverse velocity Transversalgeschwindigkeit
transverse vibration (Kristall)querschwingung, Transversalschwingung
transverse vibrations Dickenschwingungen (Kristalle)
transverse view Seiten-, Spantenriß (Schiffbau)
transverse voltage Querspannung
transverse wave Transversalwelle, Querwelle
transverse wedge Querkeil
transverse welding unit Querschweißeinheit (Rohrschweißanlage)
transverse wire Quertragseil
transversely corrugated quergewellt
transversely-finned tube Querrippenrohr
transversely jointed chain Kreuzgelenkkette
transversely spread and longitudinally rolled quergebreitet und längsgewalzt (Panzerplatte)
transversely wave system Querwellensystem
transversely wire Quertragseil und Querdraht
transversing condenser roller Nitschelwalze
transverter Umrichter, transistorbestückter Gleichspannungsumformer (Transverter)
transviewer Bildübertragungsgerät

trap Abscheider, Abfang-, Auffangvorrichtung, Falle, Fangstelle, Haftstelle, Hebevorrichtung, Heberohrverschluß, Fallbrücke, nichtprogrammierter Sprung, Trap, Zeithaftstelle
trap amplifier Trennverstärker
trap board Fallklappe
trap box Auffangkasten (am Drucker)
trap circuit Sperrkreis
trap cover Verschlußdeckel
trap door Falltor, -tür, Klappe
trap door of a pit Schachtdeckel
trap door an roof Dachaussteigeluke
trap-fork elevator Fanggabelförderstuhl
trap-free material fangstellenfreies Halbleitermaterial
trap, gasoline Gasolinabscheider
trap module Saugmodul
trap refinery Syphon
trap system Schleusensystem
trap, to abfangen, einfangen, eine Falle stellen
TRAPATT diode TRAPATT-Diode
trapeze bar Hängekorb (Ballon)
trapezium distortion kissenförmige Verzeichnung, Schlußsteinverzerrung, Trapezfehler, -verzeichnung
trapezohedron Ikositetraeder, Trapezoeder
trapezoid Trapez(oid)
trapezoidal base trapezförmige Unterlage
trapezoidal distortion Trapezfehler
trapezoidal generator Trapezgenerator
trapezoidal insert trapezförmige Einlage
trapezoidal integration Trapezintegration
trapezoidal modulation waveform Modulationsdreieck
trapezoidal pulse Trapezimpuls
trapezoidal raster Trapezraster
trapezoidal thread Trapezgewinde
trapezoidal wave Trapezschwingung, -welle
trapezoidal wing trapezförmiger Flügel
trapped eingefangen, in der Falle gefangen, eingeschlossen (Flüssigkeit, Luftblasen)
trapped electron eingefangenes od. lokalisiertes Elektron (in Ionenkristallen)
trapped fuel Restkraftstoff
trapped lip (rubber pipe) eingezogene Dichtlippe (Gummischlauchleitung)
trapped magnetic field eingefangenes Magnetfeld, eingeschlossener magnetischer Fluß
trapped mode geleitete Schwingungsart
trapped plasma eingefangenes Plasma
trapped plasma avalanche triggered transit diode TRAPATT-Diode
trapped radiation eingefangene Strahlung
trapped radiation instrument Instrument zum Messen von magnetisch festgehaltener Strahlung
trapped sheet eingespannte Folie
trapping Abfangen, Einfangen (Elektronen)
trapping condenser Fraktionssammler mit Kühlschlange (Destillation)
trapping effect Fang(stellen)effekt (Halbleiter)
trapping of liquid Einschließen von Flüssigkeit, Bildung von Quetschflüssigkeit (geol)
trapping spot Fangstelle
trautonium Trautonium
travel Arbeitsbewegung, Ausschlag, Bewegung,

Hub, Lauf, Umschlag, Zeigerausschlag
travel allowance Fahr(t)kostenentschädigung, Reisespesen, -zuschuß
travel compensating spring Wegausgleichsfeder
travel direction Fahr(t)richtung
travel drive Fahr(t)antrieb
travel equipment Reiseausrüstung
travel information, automatic automatische Reiseauskunft
travel limiting spring Wegfeder
travel of drill spindle Bohrspindelhub
travel of hook Hakenbewegung, Hakenweg
travel of spindle Spindellauf
travel of spindle velocity Spindellaufgeschwindigkeit
travel of target during dead time Vorauswanderungsstrecke
travel out, to auslenken
travel resistance Wanderwiderstand
travel reversing switch Endumschalter
travel shot Folgeaufnahme
travel stop Bewegungs-, Spielraumsperre, Endanschlag, Begrenzungsanschlag
travel stroke Federweg
travel through, to durcheilen, durchstreifen, hindurchlaufen
travel through an angle, to einen Winkel durchlaufen
travel time Laufzeit
travel time of pulse geeichte Laufzeitkette bei Pulsverfahren
travel, to sich fortbewegen, sich vorwärtsbewegen, wandern od. strömen (Ionen u. Elektronen)
travel velocity Wanderungsgeschwindigkeit
traveler Ausholring, Läufer, Reisender
traveling Bewegung, Wanderung, bewegend, laufend, wandernd
traveling aerial Antenne mit fortschreitenden Wellen
traveling along mitbewegend
traveling amplifier Wanderfeld-, Wanderwellenverstärker
traveling-belt screen Bandsieb, endloses Sieb
traveling blower Wandergebläse
traveling board Rollbrett
traveling bracket crane Konsollaufkran
traveling capactiy Fahrleistung
traveling carriage Lauf-, Rohrwagen
traveling contact Wanderkontakt
traveling crane Bedienungswagen, Brückenkran, Fahr-, Lauf-, Roll-, Wandlaufkran
traveling detector Detektorsonde (einer Meßleitung), verschiebbare Sonde
traveling feed gripper Zuführgreifer
traveling feed table Kettenbandeinleger, Tisch mit automatischer Einlage
traveling field Wanderfeld, wanderndes Feld
traveling frequency multiplier Wanderfeldröhren-Frequenzvervielfacher
traveling grate firing Wanderrostfeuerung
traveling grate width Wanderrostbreite
traveling ladder Schiebeleiter
traveling light crane Beleuchtungsbrücke
traveling magnetron Magnetfeldröhre, Wanderfeldmagnetron
traveling masks bewegliche Masken (w)
traveling mechanism Fahrwerk
traveling motion Fahrbewegung
traveling motor hoist Motorlaufwinde
traveling-overhead hoist assembly Brückenlaufkran, Katzfahrwerk
traveling paddle mixer fahrbares Rührwerk
traveling plane wave fortschreitende ebene Welle
traveling position Fahr-, Marschstellung
traveling rail Unterflanschlaufwerk
traveling receiver Reiseempfänger
traveling-screen washing machine Siebbandwaschmaschine
traveling shot Fahr-, Folgeaufnahme
traveling single beam crane Laufkran für einen Hauptträger
traveling sleeve Gleitmutter
traveling speed Durchsatz-, Fahrgeschwindigkeit
traveling speed of crab Katzfahrgeschwindigkeit
traveling stoker feed Wanderrostbeschickung (Stahlerzeugung)
traveling stripper crane Strippenlaufkran
traveling valve fahrendes Druckventil
traveling utensils Reisegepäck (Zoll)
traveling velocity Reisegeschwindigkeit, Fluggeschwindigkeit (av)(Elektronen)
traveling wave fortschreitende od. sich ausbreitende Welle, Wanderwelle
traveling wave amplifier Wanderfeldverstärker
traveling-wave antenna Wanderwellenantenne
traveling-wave ferromagnetic amplifier ferromagnetischer Wanderwellenverstärker
traveling-wave helix Wanderwellenschraube
traveling wave magnetron Wanderwellenmagnetron
traveling-wave protection Wanderwellenschutz
traveling-wave reflection Reflexion einer Welle
traveling wave tube Wanderfeldröhre
traveling-wave tube, high-power Hochleistungswanderfeldröhre
traveling wheel Laufrad
traveling-winch Laufkatze, -winde
travelling luffing crane fahrbarer Wippkran
travelling nut Gleitmutter
travelling probe Gleitsonde (geschlitzte Meßleitung)
travelling roller table fahrbarer Rollgang (Walzwerk)
travelling speed Laufgeschwindigkeit
travelling-wave aerial Antenne mit fortschreitenden Wellen, Wanderwellenantenne
travelling-wave linear accelerator Wanderwellenbeschleuniger
travelling-wave magnetron Lauffeldröhre mit gekreuzten Feldern, Wanderfeld-Magnetfeldröhre
travelling-wave oscillator Lauffeldoszillator
traverse Bahnkreuzung, Durchgang (Bearbeitung), Querbalken, -stück, -vorschub, Schulterwehr, Streckenzug, querverlaufend, durchdringend, seitwärts richten
traverse a lever, to einen Hebel umlegen
traverse and elevate, to in Seite und Höhe verstellen
traverse bolt Quer-, Traversebolzen
traverse drum Quertrommel

traverse gear Richtmaschine, Schwenkwerk, Seitenrichtantrieb, -maschine
traverse glide Traversegleitstück
traverse handwheel Handrad zur Seitenrichtung
traverse handwheel shaft Seitenrichtschraube
traverse joist Querstück
traverse lever Seitenhebel
traverse lock Festklemmvorrichtung
traverse mechanism Seitenrichtmaschine, Seitenrichttrieb
traverse microscope Schlittenmikroskop
traverse motion Changierung
traverse pinion Quertriebrad
traverse platform Fahrbühne, Lafettenrahmen
traverse ply Querfurnier
traverse saddle gleitendes Querhaupt, Traverse(n)gleitstück
traverse section of float Schwimmerquerschnitt
traverse shaper traversierende Waagerechtstoßmaschine
traverse slide Führungshülse, -schlitten
traverse speed Vorschubgeschwindigkeit
traverse stop Seitenbegrenzer
traverse stop on machine gun Begrenzungsstift
traverse table or compound arrangement Koppeltischanlage (nav)
traverse table sender (switchboard transmitter) Koppeltischgeber (nav)
traverse the power jet timing den Zeitpunkt für das Ansprechen der Hauptdüse verlegen (Vergaser)
traverse, to durchkreuzen, durchlaufen (Programm)(dig)
traverser Schiebebühne, Schwenkung, Traversen vermessen
traversing and searching fire Breiten- u. Höhenfeuer
traversing arc Führungsbogen
traversing clamp Begrenzungshebel
traversing drive Seiten(richt)trieb
traversing gear Richtmaschine, Schwenkwerk, Seitenrichtantrieb, Seitenrichtmaschine
traversing gear of mechanism Seitenrichtmaschine
traversing gear or rotating mechanism Schwenkwerk
traversing handwheel Seitenrichtrad
traversing handwheel shaft Seitenrichtschraube
traversing head milling machine Fräsmaschine mit verstellbarer Spindel
traversing instrument Abtastvorrichtung (Twk)
traversing lock Festklemmvorrichtung
traversing mechanism Seitenrichtwerk
traversing mechanism handwheel bevel gear Antriebskegelradwelle der Seitenrichtvorrichtung
traversing mechanism pinion Seitenrichtwelle mit Ritzel
traversing mechanism, screw-type Spindel-Seitenrichtvorrichtung
traversing mechanism, turret Schwenkgetriebe
traversing platform Lafettenrahmen
traversing pointer Seitenrichtungszeiger
traversing power control handle Seitenrichtgriff
traversing race Bettungsring
traversing roller Schwenkrolle
traversing screw Seitenrichtschraube, Seitenrichtspindel
traversing shaft Seitenrichtwelle
traversing shaft bracket Lagerbock für Seitenrichtwelle
traversing table Schiebebrücke, Übergangsscheibe
traversing valve (gun) Steuerschieber zum Schwenken der Ladevorrichtung
traversing wheel brake Laufradbremse
tray Ablegetisch, Batterietrog, Einsatz (pla), Koffereinsatz, Mulde, Schale, Tablett
tray cell Trogelement
tray development Rahmen-, Schalenentwicklung
tray dryer Trockenschrank mit herausnehmbaren Trockenblechen
tray elevator Schaukelelevator
tray riser Überlauf der Sprudelplatte
tray support Bodenunterstützung, Plattenträger
tread Tritt, Trittfläche einer Treppenstufe, Gleitfläche eines Rades, Reifenprofil, Lauffläche (Autoreifen)
tread compound Laufflächenmischung
tread plate Laufflächenplatte
tread cracking Laufflächenrisse
tread roll Spurkranzwalze
tread roller Laufrolle (einer Gleiskette)
treading contact Treibkontakt
treading wheel Tretrad, Trittrad
treadle Pedal, Tretkurbel, Fußhebel, Fußtritt
treadle drive Fußbetrieb
treadle press Fußhebelpresse
treadle road Kupplungsstange
treadle switch Fußtrittschalter
treat, to bearbeiten, behandeln, beschichten, präparieren, vergüten, verhandeln, versetzen
treat by eloxal process, to eloxieren
treat subsequently, to nachbehandeln
treat with mordants, to ätzen
treat with sulfur, to ausschwefeln
treat with X-rays, to röntgenisieren
treatable bearbeitbar, behandelbar
treated boiler feed water aufbereitetes Kesselspeisewasser (Schiffahrt)
treated butt zubereitetes (Stamm)ende
treated effluent behandeltes Abwasser
treated pole getränkte od präparierte Stange
treating of optical glass Glasveredelung, Glasvergütung
treating process Raffinationsprozeß, -verfahren, -vorgang, Raffinierverfahren
treatise Abhandlung, Aufsatz
treatment Aufbereitung, Aufschluß, Bearbeitung, Behandlung, Vorbearbeitung, Vorbereitungsverfahren
treatment by ultraviolet radiation Ultraviolettbestrahlung
treatment contrary to regulations vorschriftswidrige Behandlung
treatment couch Bestrahlungsbank
treatment of the nozzles and gas generator turbine blades (protective coating) Oberflächenbehandlung von Diffusionsgehäusen und Gaserzeugerturbinenschaufeln (Triebwerkinstandsetzung)

treble (frequency) hohe Tonfrequenzen
treble band Hochfrequenzband
treble block Flaschenzug
treble channel Dreikanal
treble control Höhenregler, Hochtonregler
treble correction Höhenentzerrung (Radar)
treble corrector Höhenentzerrer (akustisch)
treble cut Höhenbeschneidung
treble draft dreifache Gabelspannung
treble equalization Höhenentzerrung
treble lift Höhenanhebung
treble loudspeaker Hochtonlautsprecher
treble modulation Dreifachmodulation
treble range Hochfrequenzbereich
treelike crystal Dendrit
trefoil cluster Dreiertraube (Fsch)
trefoil parachute pack Dreitraubenpackhülle, Dreiertrauben- Verpackungssack (Fsch)
trellised gat Gittertor
Trelon co-polyamide filaments Trelon (Nylon u. Perlon)(Fsch)
trembler Gleichstromunterbrecher, -wecker, Kontakthammer, Unterbrecher
trembler bell Wecker mit Selbstunterbrecher
trembler coil Hammerinduktor, Zündspulenunterbrecher
trembler contact Selbstunterbrecherkontakt
trembler vibrator Gleichstromunterbrecher
trembling Tanzen des Bildes (TV)
trembling bell Gleichstromwecker
tremolo effect Tremolostimmung
trench Einflußrinne, Kabelkanal, Sammelgraben, durch Schürfgraben verfolgen (geol), Straßenrinne
trench-crossing ability Überschreitfähigkeit
trench excavator Grabenaushebebagger
trench mortar Grabenmörser, Granatwerfer, Minenwerfer
trench of traverser Schiebebühnengrube
trench, to erodieren, Gräben ausheben od. ziehen, einen Kabelgraben herstellen
trenching ausheben eines Kabelgrabens
trend Entwicklungsrichtung, Neigung(stendenz), Orientierung, Strömung, Tendenz, Trend, Verlauf, voraussichtliche Wetterentwicklung
trend of a fault Streichen einer Verwerfung (geol)
trend-setting richtungsweisend
trepan Bohrmaschine
trepan, to kreisschneiden
trepan with central water clearing Bohrmeißel mit zentraler Wasserspülung
trepanning Hohlbohren
trepanning machine Hohlbohrmaschine
tresspass übertreten (Vorschrift), widerrechtlich aneignen
trestle Abstützbock, Bockkonstruktion, Gerüstbock, Gestell, Schwellenjoch, Spindelbock
trestle balance standard Balanzierblock
trestle bridge Bockbrücke
trestle gear Bockgerät
trestle-work bridge Gerüstbrücke
triacetate Triacetat
triac thyristor bidirektionaler Thyristor
triad Dreier, dreiwertiges Element
trial Bewährung, Erprobung, Probe, Prüfung, Versuch
trial-and error Versuch und Irrtum, empirisch
trial-and error method Annäherungsverfahren, empirisches Ermittlungsverfahren, Näherungsverfahren, Trial-and-Error-Methode (Versuch-und-Irrtummethode)
trial-and error solution empirische Lösung, Näherungslösung**trial assembly** Werkstattmontage
trial balance Rohbilanz (komm)
trial base Erprobungsstelle (av)
trial, by durch Ausprobieren u. Versuch
trial calculation Rechnung mit fortschreitenden Näherungswerten
trial connection Probeverbindung
trial fire Einschießen
trial flight Einfliegen, Probe-, Versuchsflug
trial function Ausgangsfunktion
trial installation Versuchsanlage
trial mould Versuchsform
trial or testing needle Probiernadel
trial order Probeauftrag
trial pumping Probepumpen
trial rail Versuchsbahn
trial rod Gareisen, Probestab
trial run Probe(durch)lauf, Versuchsfahrt, Versuchslauf
trial shipment Probelieferung
trial shot Probeaufnahme, -schuß
trial stage Versuchsstadium, Versuchszustand
trial track Versuchsstrecke, Teststrecke
trial trip Probefahrt, -lauf
trials committee Erprobungsausschuß
triangle, actuate angle spitzwinkliges Dreieck
triangle, equilateral gleichseitiges od. gleichschenkliges Dreieck (math)
triangle of error Fehlerdreieck
triangle of force Kräftedreieck
triangle of velocity Geschwindigkeits-, Winddreieck
triangle pulse Dreieck(s)impuls
triangle, right angled rechtwinkliges Dreieck
triangle, scalenous ungleichseitiges Dreieck
triangle symmetry Dreiecksymmetrie
triangle wing Dreieckflügel
triangular dreieckig, -kantig, -seitig, -winklig
triangular antenna Dreieckantenne
triangular aperture Zackenblende
triangular arrangement Dreiecksanordnung
triangular arrangement of the engine pairs Anordnung der Triebwerkspaare im Dreieck
triangular bar Dreikantschiene, -stab
triangular base Lafettendreieck
triangular coil Dreieckspule
triangular coordinates Dreieckkoordinaten
triangular corner-piece Dreikantbeschlag
triangular file Dreikantfeile
triangular frame Dreieckbügel, -rahmen
triangular lifting eye Ladebügel
triangular loop antenna dreieckiger Dipolrahmen
triangular opening Dreikantmundstück
triangular parachute Dreieckfallschirm
triangular pattern Dreieckflugfigur
triangular pattern to the left/right Dreieck nach link/rechts (Flugfigur)
triangular pattern of the right Dreieck nach rechts (Flugfigur)
triangular pulse Dreiecksimpuls
triangular pulse oscillation Dreieckstoßschwingung

triangular thread scharfgängiges Gewinde
triangular thread screw scharfgängige Schraube
triangular warning sign Dreieckwarnzeichen
triangular wave Dreieckwelle (Impulszug aus dreieckförmigen Signalen)
triangular wedge Dreieckskeil
triangular wing Dreieckflügel
triangulated wing structure dreieckige Flügelkonstruktion
triangulation Dreiecksaufnahme, -messung, Triangulation, Triangulierung
triangulation balloon Markierungsfesselballon für Vermessung
triangulation from equal angle points Fokalpunktstriangulation, Triangulation aus winkeltreuen Punkten
triangulation from photographs Bildtriangulation
triangulation, highly accurate hochpräzise Landvermessung
triangulation method of surveying Meßdreieckverfahren
triangulation net Triangulationsnetz
triangulation network Landvermessungsnetz, trigonometrisches Netz
triangulation network not or primary order Kleintriangulation
triangulation of differential delay times Triangulation der Laufzeitdifferenz
triangulation point Dreieckspunkt, Triangulationspunkt, trigonometrischer Punkt
triangulation station Dreieckspunkt
triangulation system Schnittpeilanzeigegerät
triatomic dreiatomig
triaxial ellipsoid dreiachsiges Erdellipsoid
triaxial mount Dreiachslafette
triaxial stabilization of satellite dreiachsenstabilisierter Satellit
triaxial stress triaxiale Spannung
triaxial test dreiaxialer Druckversuch (Bodenprüfung), Dreiaxialversuch
triboelectricity Reibungselektrizität
tribometer Reibungsmesser
tributary functions Nebenfunktionen
tributary station Fernmeldenebenstelle
tri-camera photography Dreifachkammeraufnahme
trick button Tricktaste
trick circuit Kunstschaltung
trick flying Kunstflug
trickle charge Dauerladung, Pufferladung (Bleiakkumulator)
trickle charger Gleichrichter für Dauerladung, Kleinlader
trickle down, to abtropfen, herabrieseln, heruntertröpfeln
trickle-type cooling Sickerkühlung
trickling plant Rieselanlage
tricolor cinescope Dreifarbenröhre
tricolor picture tube Dreifarbenbildröhre
tricolor tube Dreifarbenröhre
Tricon radar system Tricon-Radarsystem
tricone rock bit Dreikelgelmeißel
tricycle alighting gear Bugradfahrgestell
tricycle gear Dreibeinfahrwerk
tricycle landing Dreibeinfahrwerk, dreirädriges Fahrwerk
tricycle undercarriage Bugradfahrgestell, Bugradfahrwerk, Dreibeinfahrwerk
tridimensional dreidimensional
tridimensionality Dreidimensionalität
tri-finned lifting body auftriebserzeugender Körper
trifluoro-monochlore ethylene Triflormonochloräthylen
trifurcate dreigablig
trifurcating box Dreileiterendverschluß
trigatron Trigatron, gesteuerte Funkenschaltröhre
trigger Abzug (mechanisch), Auslöseimpuls, Drücker, Hemmzug, Schaltstange, Speicher für 1 Bit (EDV), Steuerimpuls, Trigger
trigger action Impulsauslösung, Schaltwirkung, Triggerung
trigger-action relay Kipprelais
trigger amplifier Auslöseimpulsverstärker
trigger arm Abzugshebel
trigger assembly Auslösegruppe, Sperrgabel
trigger bar Abzugsschiene, Abzugsstange
trigger, bistable bistabile Kippschaltung, bistabiler Multivibrator, Flip-Flopschaltung, Triggerschaltung
trigger cable Abzugskabel
trigger cam Schaltnocken
trigger circuit Kippschwingkreis, -schaltung, Steuergenerator, Triggerschaltung, Röhrenwippe
trigger circuit tube Kippschwingkreisröhre
trigger clamper Auslöseimpuls-Stabilisierröhre
trigger clipper Auslöseimpulsbegrenzer
trigger control Auslöseknopf (Sitzhöhenverstellhebel)
trigger-guard screw Kreuzschraube
trigger input Steuerimpulseingang, Triggersignal
trigger level Triggerstufe
trigger magnet Abzugs-, Auslöse-, Einrückmagnet
trigger, monostable... circuit monostabile (Kipp)schaltung, monostabiler Multivibrator, monostabiles Flip-Flop
trigger output Steuerimpulsausgang
trigger peak Tastspitze
trigger pin Abzugsstift, Bolzen zum Abzugstift
trigger pulse Auslöse-, Steuerimpuls, Starter, Trigger
trigger rate source Synchronimpulsgenerator
trigger relay Kipprelais, Schwingrelais
trigger signal Auslöse-, Triggerimpulssignal
trigger spring Abzugsfeder
trigger switch Abzugschalter, Kipphebel, Tumblerschalter
trigger switch with lock Drückerschalter mit Feststellvorrichtung
trigger timing pulse Zeitkontrollimpuls
trigger, to ausklinken, auslösen, entriegeln
trigger tube Klimmrelais-, Kippschwingröhre
trigger unit Steuerstufe
trigger voltage Steuer-, Triggerspannung
triggered start-stop sweep circuit Ein-/Auskippschwingkreis
triggering Ansteuern, Auslösen, Tasten, Austastung, Auslösung, Triggerung, Zündung,

Transponderauslösung (SSR)
triggering agency Auslöseursache
triggering electron auslösendes Elektron
triggering energy Auslöseenergie
triggering function Auslösefunktion, -kriterium
triggering level Auslösepegel, Triggerhöhe, -spannung
triggering limit Triggergrenzswert
triggering pulse Auslöseimpuls
triggering range Triggerbereich, Auslösebereich
triggering signal Trigger-, Zündsignal (Zünderentsicherung)
triggering source Triggerquelle
triggering stage Triggerstufe
triggering transistor Auslöse-, Triggertransistor
triggering uncertainty Einschaltgenauigkeit
triglycol Triglykol
trigonal dodecahedron Trigondodekaeder
trigonal lattice trigonales Gitter
trigonal reflector aerial Dreiecksreflektorantenne
trigonometric trigonometrisch
trigonometric equation trigonometrische Gleichung
trigonometric function Kreisfunktion, trigonometrische Funktion, Winkelfunktion
trigonometric leveling trigonometrische Höhenmessung
trigonometric point trigonometrischer Punkt
trigonometric ratio trigonometrisches Verhältnis
trigonometric series trigonometrische Reihe
trigonometrical function trigonometrische (Kreis)funktion
trigonometrically fixed point Dreieckspunkt
trigonometry Dreiecksberechnung, Dreieckslehre, Dreiecksmessung, Trigonometrie
trihedral bracing rod Dreikantstange, Dreikantträger
trihedron Dreiflächner
tri-jet transport dreistrahliges Verkehrsflugzeug
trilateral and multilateral examinations of country plans tri- u. multilaterale Überprüfung der Länderpläne (Nato-V-Planung)
trilateration Streckennetz, Trilateration
trilateration surveying method Trilaterationsmeßverfahren
trilinear surveying Rückwärtsschneiden, Rückwärtsschnitt
trilock fastener Druckknopf mit Drehsicherung
trilux sight Triluxvisier
trim Steuerlastigkeit, Trimmlage, Trimmung, ausputzen, beschneiden, geradeschneiden, abkanten, abrichten (Schleifscheibe), in die richtige Lage bringen, trimmen (Flugzeug), Feinabstimmung, Lastigkeit (U-Boot), Trimm (Schwimmlage)
trim actuator Trimmotor, Trimmbetätiger
trim air Trimmluft (U-Boot)
trim angle Trimm(ungs)winkel, Trimmausschlag (Wasserfahrzeug)
trim application Verzierung (galvanisierter Kunststoff)
trim aspect Trimmlage
trim ballast Trimmballast
trim by the head, to vorlastig trimmen (Wasserfahrzeug)
trim by the stern, to achter- od. hecklastig trimmen (Wasserfahrzeug)
trim change Lastigkeits-, Trimmänderung
trim change due to fuel transfer Trimmänderung wegen Kraftstoffpumpe
trim change, extension of flaps procedures a further slight nose-down... Ausfahren der Landeklappen verstärkt Trimmeffekt
trim compensation Trimmung
trim control Trimmorgan, -steuer, -stellung
trim control knob Trimmstellknopf
trim control setting Trimmruderstellung
trim controls Trimmsteuerung
trim cover Verkleidungsbezug
trim device Trimmvorrichtung
trim flap Trimmklappe
trim flap position indicator Trimmungsanzeiger
trim gear Trimmvorrichtung
trim indicator Lastigkeitswaage, Trimmindikator
trim indicator cable attack crank Kabelanschlußhebe für Trimmanzeige
trim out of vertrimmt
trim panel Trimmschalttafel, Wandverkleidung
trim position Positionstrimmrad
trim position indicator Trimmanzeiger
trim problem Zuschnittproblem
trim selector switch Trimmwahlschalter
trim sheet Formblatt zur Ermittlung der Trimmlage
trim speed Trimmgeschwindigkeit
trim strip Trimmschalttafel, Zierleiste
trim strip (inserted between panels) Halteleiste (zwischen den Verkleidungsteilen eingesetzt)
trim strip pull grommet Haltleistenklemme
trim system follow up cable Nachführungskabel des Trimmsystems
trim system limit control drum Trimmsystembegrenzungskontrollrolle
trim tab Trimmkante, -klappe, -ruder, Trimmsicherungstaste
trim tab control gear pedestal Trimmklappenreglergetriebe mit Säulenfuß
trim tab ground adjustment only Trimmklappenverstellung nur am Boden
trim tab guide tube Trimmklappenführungsrohr
trim template Trimmschablone
trim, to abgleichen, abgraten, abkanten, abziehen, austrimmen (Luftfahrzeug, Schiff), besäumen (Rand), beschneiden, zurichten (Werkmaterial), zuschneiden
trim wheel Trimmrad
trimetrogon camera Trimetrogonsatz (Foto)
trimetrogon camera mount Aufhäufung für Trimetrogonsatz
trimetrogon photography Trimetrogonphotographie
trimmability Trimmung
trimmed edge beschnittener Rand, bestoßene Kante
trimmer Beschneidemaschine, -messer, Schneidemaschine, Trimmer(ruder), Trimm(er)-

kondensator
trimmer capacitor Trimmerkondensator
trimmer circuit Schaltdruckregelkreis (Getriebe)
trimmer condenser Trimmkondensator
trimmer of rafters Quersparren
trimmer pair Trimmerplattenpaar
trimmer plug Schaltdruckregelkolben (Getriebe)
trimmer potentiometer Trimmpotentiometer
trimming Abgratarbeit, Kantenbeschneiden, Besäumen, Lastigkeitsregelung, Trimmlage, Justieren
trimming (adjustment) Feinabgleich, Nachstimmung, Trimmung
trimming (cloth) Nachschneiden (Besäumung)
trimming accessories Polsterzubehör
trimming adjustment Korrekturvorrichtung
trimming aggregate Trimmgerät
trimming back knob Rücktrimmknopf
trimming balancing turbofans and jet engines Auswuchten von Zwei- u. Einkreistriebwerken
trimming capacitor Trimmerkondensator, Abgleich(ungs)-, Nachstimmkondensator
trimming catch-bin (ship) Trimm- u. Ausgleichbunker
trimming condensator Trimmkondensator
trimming cutter Besäummaschine
trimming cutter and wind-up roll Rollenschneidmaschine
trimming die (press) Abgratschnitt
trimming frame Abgratrahmen
trimming gear Trimmvorrichtung
trimming joist Stichbalken
trimming lathe Abstechdrehbank
trimming machine Abgratpresse
trimming moment Trimmoment
trimming out the foot load Austrimmen um die Hochachse
trimming press Abgratpresse
trimming punch Seitenschneider am Stanzwerk
trimming shear Abgrat-, Besäumschere
trimming strip (aero) Trimmkante, -streifen
trimming tab Trimmkante, Trimmruderklappe
trimming tank Trimmtank
trimming testboard Abgleichtisch
trimming tool Abgleichstift, Abgratwerkzeug
trimmings Abgratschrott, Stanzabfälle, Verkleidungen
trimolecular drei-, trimolekular
tringle covering a joint Fugenleiste
trimotor dreimotorig
trinitrobenzoic acid Trinitrobenzoesäure
trinitro-cellulose Nitrocellulose, Schießbaumwolle
trinitro toluene (TNT) Trinitrotoluol
trinsistor Thyristortriode
trio mill or rollers Dreiwalzenstraße, Drillingswalzwerk, Triowalzwerk
triode amplifier Triodenverstärker
triode connected pentode als Triode geschaltete Pentode
triode field-effect transistor Feldeffekt-(transistor)diode
triode half Triodenstrecke
triode-hexode Triode(misch)hexode, Triodehexodenmischröhre, Doppelröhre, Kombinationsröhre, Fading(misch)hexode
triode hexode frequency changer Triode-Hexode-Mischröhre
triode-pentode Triodepentode
triode power pentode Leistungspentode, Triode
triode section Triodenstrecke
triode transistor Dreielektrodenröhre, Transistortriode, Triode
triodes Kristalloden
trip Auslösevorrichtung, Auslösung, plötzlich in Gang setzen, entriegeln (Schutzrelais)
trip a camera, to Kamera auslösen
trip amplifier (reactor) Abschaltsignalverstärker
trip cam Schaltknagge, -nocke, Schaltnase (Werkzeugmaschine)
trip circuit Auslöserstromkreis, Betätigungskreis
trip coil Auslöserspule, Anzugsspule, Magnetspule, Ausschaltspule
trip-coil magnet Schaltelektromagnet
trip current Steuerstrom für Relais
trip cycle Arbeitsspiel
trip dog Anschlagnase, Schaltknagge, -nocken, Schaltstift
trip free mit Freiauslösung
trip-free circuit breaker Selbstschalter mit Freiauslösung
trip-free release unabhängige Auslösung
trip fuel consumption Streckenkraftstoffverbrauch
trip gear Ventilsteuerung
trip gearing Ausklinkmechanismus, Ausklinkvorrichtung
trip latch Auslöser, Auslöseklinke
trip lever Anschlaghebel, Auslösehebel, Schalthebel
trip magnet Auslöse-, Einrück-, Lösungsmagnet
trip mechanism Auslösemechanismus, Schnellschlußeinrichtung (bei Turbinen)
trip or release gear Klinkwerk
trip out Ausschaltbewegung auslösen, sich Ausschalten
trip-out switch Kippausschalter
trip pin Anschlagbolzen, -nocken, Schaltknagge, Anschlagstift
trip plate Auslöseplatte
trip point Auslösezeitpunkt
trip pressure switch Anstoßschalter
trip relay Schnellauslöserelais, Steuerrelais
trip rod Abzugsstange (Schleudersitz)
trip setting Auslöseeinstellung
trip speed Schnellschlußdrehzahl (TB)
trip spark Auslösefunken
trip spindle Bürstenauslöser, -bolzen, Bürstenwähler
trip switch Auslöseschalter für Fernsteuerung, Betätigungsschalter für Fernsteuerung
trip switch timer Zeitauslöserelais
trip time Reisezeit
trip, to ansprechen (Relais), ausklinken (Kamera), auslösen, ausrücken (Strom), ausschalten, einrücken, entriegeln, herausspringen, losreißen, plötzlich in Gang setzen, schalten
trip wire Stolperdraht

trip wire mine Stolperdrahtmine
trip worm Fallschnecke
tripack Dreischichtemulsion
tripartite dreiteilig
tripartition Dreiteiligkeit, Kernspaltung in drei Stücke
triphase current Dreiphasenstrom
triphase motor Dreispul(en)motor
triphase switch Dreiphasenschalter
triphenyl phosphate Triphenylphosphat
triplane Dreidecker
triple antenna selection Dreifachantennendiversity
triple block chain hoist Triplexflaschenzug
triple-bond Dreifachbindung
triple braid(ed) dreifache Umspinnung
triple braid weatherproof dreifachumsponnen wetterfest
triple cipher key Dreinullentaste
triple-circuit receiver Tertiärkreisempfänger
triple combination pumper Tanklöschfahrzeug
triple coincidence Dreifachkoinzidenz
triple coincidence chamber Dreifachkoinzidenzkammer
triple collision Dreifachstoß
triple concentric cable konzentrische Dreifachleitung, konzentrisches Dreiaderkabel od. Dreifachkabel
triple cord Dreifachschnur
triple-core cable dreiadriges Kabel, Dreileiterkabel
triple corrugated iron Dreifachwellenblech, Tripelwellblech
triple cotton-covered dreimal mit Baumwolle umsponnen
triple cut planing Hobeln mit dreifachem Schnitt (w)
triple cylinder steam engine Dreizylindermaschine, Drillings(dampf)maschine
triple-detector reception Doppelsuperempfang
triple diode a.g.c. circuit Dreidiodenschaltung zum Schwundausgleich
triple diode triode Dreifachdiode-Triode
triple diversity Dreifachdiversity
triple diversity antenna selection Dreifach-Antennendiversity
triple diversity reception Dreifach-Diversityempfang
triple effect evaporator Dreikörperverdampfer
triple expansion steam engine Dreifachexpansionsmaschine
triple frequency echo sounder Dreifrequenz-Echolot
triple-fuel combination triergole Höchstleistungskombination
triple fusion Spaltung in drei Teile, Dreierspaltung
triple gamm-ray cascade dreistufige Gammakaskade
triple geared mit dreifachem Rädervorgelege
triple grid valve Dreigitterröhre
triple harmonics dreifache Oberharmonische
triple index center dreifaches Teilgerät
triple integral Dreifach-, Raumintegral (math)
triple interplaced scanning Dreifach-Zeilensprungabtastung
triple lanced window Drillingsfenster
triple length dreifache Stellenzahl (math)
triple mirror Tripelspiegel
triple mix system Vor- u. Rückumsetzschleife
triple modulation Dreifachmodulation
triple motor Dreiermotor
triple-movement switch Reihenschalter od. Serienschalter für Beleuchtung
triple paper covered TPC dreifach papierisoliert
triple paper covered cable dreimal mit Papier isoliertes Kabel
triple petticoat insulator Dreifachglocken-, Dreimantelisolator
triple pole dreipolig
triple precision dreifache Stellenzahl od. Wortlänge
triple prism dreiteiliges (O, aus drei Gläsern zusammengesetztes) Prisma, Tripelprisma (Rückstrahler)
triple reentrant dreifach geschlossen
triple reflector Tripelspiegel
triple revolving nosepiece Objektivrevolver mit drei Objektiven
triple-roller chain Dreifachrollenkette
triple roller machine Dreiwalzenmaschine
triple root Dreifachwurzel (math)
triple-row single shear staggered lap joint dreireihige einschnittige Zickzacküberlappungsnietung
triple scanning Dreifach(ab)tastung
triple screw Dreischrauben (Schiff)
triple-sector clutch hub Dreiarmnabe (Getriebe)
triple-sloted trailing edge flap Dreifachspaltklappe
triple sounder Dreifachlotgerät
triple space interlock Zeilentransportumschlag von drei- auf zweizeilig (Tabelliermaschine)
triple-throw pump Dreizylinder(preß)pumpe, Drillings(preß)pumpe
triple tariff meter Dreifachtarifzähler
triple tone horn Dreiklanghorn
triple tuned IF transformer ZF-Dreifachbandfilter
triple voltage generator Dreispannungsaggregat
triple wing spares dreiholmiger Flügelkasten
triple X dreifache Kreuznaht (Fsch)
triplejack Drillingsklinke
tripler (Frequenz)verdreifacher
tripler distribution function Dreiteilchen-Verteilungsfunktion
triplet Dreiergruppe (math), Triade (math), dreifache Spektrallinie (Spektroskop), dreiadrig, Drilling, Triode
triplet crystal Drillingskristall
triplet piston pump Drillingskolbenpumpe
triplet state Triplettzustand
triplet transmitter Triplettsender
triplex actuator for all three control axes Triplex-Stellantrieb für alle drei Achsen
triplex disconnect Dreifachabschaltung
triplex equalization design Dreifachausgleich
triplex equipment Dreifachsystem
triplex pitch and roll autopilot dreifacher Nick- u, Rollflugregler
triplex process Triplexverfahren
triplex system Triplexsystem
triplexer Dreifachsenderweiche
triplicate dritte Ausfertigung (Dokument)
triplite Manganpecherz

triplug Dreifachstecker
triply orthogonal dreifach-rechtwinklig
tripod Dreibein-, Dreifußstativ
tripod AA mounting for machine-gun Fliegerdreibein
tripod head or top Stativkopf, Dreifußkopf
tripod heat plate Sternplatte
tripod jack Gerüstschraube
tripod landing gear achsloses Fahrgestell
tripod marker Dreibeinmarker
tripod stand Dreibeinstativ
tripolar dreipolig
tripole aerial or antenna Tripolantenne
tripper Abwurfwagen
tripping Abschaltung (eines Vorschubs), Ankerumlegung, Vorbeilaufen des Gangzahnrads
tripping bar Absatzschwelle, Auslösewelle
tripping battery Auslöse-, Steuerstrombatterie
tripping cam Abstreichdaumen, Ausklinknocken
tripping chain Kippkette
tripping characteristic Auslösekennlinie
tripping circuit Auslösestromkreis
tripping circuit action Auslösung
tripping coil Betätigungsspule
tripping current Auslösestrom
tripping device Auslöser, Auslösevorrichtung
tripping gear Ausklinkmechanismus, Ausklinkvorrichtung, Ausrückvorrichtung, Bimetallstreifen
tripping impulse Auslöse-, Kippimpuls
tripping lanyard Schlippleine
tripping latch assembly Anlaßgestänge (Torp)
tripping lever Auslösehebel
tripping magnet Schnellauslösemagnet, magnetischer Schnellauslöser
tripping mechanism Ausklinkeinrichtung, Schaltmechanismus, Schnellschluß
tripping of circuit breaker Schalterfall
tripping of shutter Verschlußauslösung
tripping pulse Auslösesynchronimpuls
tripping relay Ausklink-, Auslöse-, Einschalt-, Rufabschalt-, Trennrelais
tripping signal Gleichlaufsignal, -zeichen
tripping speed Schnellschlußdrehzahl (TB)
tripping spring Auslösefeder
tri-propellant Dreistoffsystem
tri-rectangular dreifachrechtwinklig
trip-rod coupler Dreistabkopplung
trisection Dreiteilung, Teilung in drei gleiche Teile
"trisector" hub fairing dreieckige Rotornabenverkleidung
trisectrix Trisektrix
trislot dish Dreischlitzscheibe
trislot scanner Dreischlitzabtaster
tri-stimulus filter Farbmeßfilter
tri-stimulus method Dreibereichsverfahren
tri-stimulus value Farbwert (eines Lichts)
tri-stimulus value of the spectrum Farbwert der Spektralreize, Spektralwert
tri-tet oscillator Tri-Tet-Oszillator, Tritetoszillator
tritium (heavy hydrogen) Tritium (überschwerer Wasserstoff H1/3)(sp)
tritium estimation Tritiumabschätzung
tritium unit Tritiumeinheit
triton bombardement Tritonbeschuß
triturability Zerreibbarkeit
triturable zerreibbar, zerreiblich
triturate feinmahlen, pulverisieren, zerstäuben (feste Stoffe), triturieren, zerquetschen, zerstoßen
trituration Zerreibung
triturator Labor(atoriums)mühle
trivacancy Dreifachleerstelle (Halbleiter)
trivalence Dreiwertigkeit
trivalent atom dreiwertiges Atom
trochoidal analyzer Trochoidalanalysator
trochoidal mass analyzer Zykloidenmassenspektrometer
trochotron dekadische Schaltungsröhre, Magnetfeld(zähl)röhre, Trochotron, Zählröhre
troegerite Troegerit (uranhaltiges Mineral)
trolitul insulation Trolitulisolation
trolley Förderschacht, Laufkatze, Rollenstromabnehmer, Stromabnehmerrolle, Seilbahnunterwagen
trolley adapter Laufblockzwischenstück
trolley arm Abnehmerarm, Rollenkontaktstange, Stromabnehmer
trolley-arm contact rod Abnehmerstange
trolley base Federbock für Stromabnehmer
trolley beam track Katzenfahrbahn
trolley block Flaschenzug mit eingebauter Laufkatze
trolley boom Stromabnehmerstange
trolley brush Stromabnehmer
trolley bush Graphitlager bei Stromabnehmer
trolley bus Oberleitungs(omni)bus
trolley cam Abnehmerknagge
trolley carriage Katze
trolley chain hoist Laufkatze mit Hebezeug
trolley contact Rollenkontakt, Rollenstromabnehmer
trolley contact wire Fahrdraht
trolley current collector Stangenstromabnehmer
trolley engine Katzfahrmotor
trolley exhaust system (vacuum) Pumpstraße
trolley for tail skid moving aircraft about Heuschrecke
trolley frame Katzengestell, -rahmen
trolley frog Fahrdraht-, Luft-, Oberleitungsweiche
trolley harp Rollenträger
trolley head or harp (Rollen)stromabnehmerkopf
trolley hoist Katze mit Hebezug
trolley jack Garagen-, Rangier-, Werkstattheber
trolley jib Laufkatzenausleger
trolley line Fahr-, Oberleitung
trolley locomotive Fahrdrahtlokomotive
trolley of contact wire insulator Fahrdrahtisolator
trolley pivot Königszapfen, Stromabnehmerdrehzapfen
trolley pole Rollenkontakt-, Rollenstromabnehmerstange, Stromabnehmerstange
trolley-pole contact rod Abnehmerstange
trolley runway Katzenfahrbahn, -gang, Laufkatzenfahrbahn, -fahrwerk, Laufkatzengang
trolley shield Rollengabel
trolley shoe Schleifstück
trolley-span wire Fahrbahnaufhängung
trolley support isolierter Stromabnehmer-

träger, Stromabnehmerbock
trolley system Rollenstromabnehmersystem
trolley track Katz(en)bahn
trolley-travel gearing Katzenfahrwerk
trolley-travel or motion Katzenfahrt
trolley-travel rail Katzenschiene
trolley traverse drive Katzfahrantrieb
trolley wheel Katzenlaufdraht, Stromabnehmerrolle
trolley wire Fahrdraht, -leitung, Oberleitung
trolley-wire compensator Oberleitungsspanner
trolley-wire insulator Fahrdrahtisolator
trolley-wire suspension Oberleitungsaufhängung
trombone Trombone (Anflugart für Formation) (Radar), ausziehbare Leitung, Posaune
trombone feeder Posaunenabgleich
trombone tuning Posauneneinstellung
troop aircraft reporting service Truppenflugmeldedienst, -stelle
troop/cargo Truppen-/Frachttransport
troop carier Truppenfahrzeug, Truppenbeförderungsfahrzeug, Truppentransporter
troop carrier airplane Truppentransportflugzeug
troop-carying glider Lastensegelflugzeug, Lastensegler
troop concentration Truppenansammlung
troop fire Truppenfeuer
troop movement Truppenbewegung
troop movement or shift Truppenverschiebung
troops of the air fleet Luftflottentruppen
Tropenas converter Tropenas-Konverter
tropic-proof tropenbeständig, -sicher
tropic proof quality Tropenfestigkeit
tropical air tropische Luft, Tropikluft
tropical air mass Luft über dem tropischen Meer, tropische Luftmasse
tropical continental air (mass) tropische Festslandsluft(massen)
tropical cyclone tropischer Wirbelsturm
tropical cyclonic circulation tropische Wirbelstürme
tropical disturbance tropische Störung
tropical front tropische Front
tropical maritime air tropische (feuchte) Meeresluft, maritime Tropikluft
tropical pacific air mass tropische pazifische Luftmassen
tropical revolving storm tropischer Wirbelsturm
tropical storm tropischer Sturm, tropisches Unwetter
tropical switch Feuchtraumschalter
tropicalization Tropenfestmachen, Tropisieren
tropicalization of aircraft Vorbereitung u. Ausrüstung eines Luftfahrzeugs für Tropeneinsatz
tropicalize, to tropisieren
tropicalized Tropenausführung
tropicalized packing tropenfeste Verpackung
tropically packed mit Tropenverpackung
tropopause chart Tropopausenkarte
troposcatter microwave link troposphärische Mikrowellenverbindung
tropospheric beyond-the-horizon propagation troposphärische Ausbreitung über den Horizont hinaus
tropospheric forward scatter troposphärische Streustrahlverbindung
tropospheric scatter troposphärische Streuausbreitung
tropospheric scatter communication troposphärische Streu(strahl)verbindung, Funkverbindung mittels troposphärischer Streuausbreitung
tropospheric wave troposphärische Welle
tropotron Tropotron
Trosifol Trosifol (Sicherheitsglas)
TR-switch Sende/Empfangsweiche, SE-Weiche
TR tube Empfängersperröhre
trotol Trinitroltoluol
trotyl Trotyl
trouble Fehler, Funktionsstörung, Störung, Verwirrung (Funkspruch)
trouble analyzer Störungssuchgerät
trouble bell Störungsglocke
trouble desk Störungsplatz, -stelle
trouble-free fehler-, störungsfrei, pannensicher, spannungssicher
trouble-free operation fehler- od. störungsfreier Betrieb
trouble-free running störungsfreier Lauf einer Maschine
trouble-free service störungsfreier Betrieb, störungsfreie Betriebszeit (EDV)
trouble hunting Fehlersuche
trouble in calibration Eichfehler
trouble in integration Integrationsschwierigkeit
trouble indicator Störmelder (Elektronik)
trouble junction Störungsmeldeleitung
trouble-location problem Fehlerort(sucher)-problem (dig)
trouble-location problem program Fehlersuchprogramm
trouble-man Störungssucher
trouble position Störungsüberwachungsplatz
trouble record Störungsbericht
trouble recorder Störungsaufzeichner
trouble relay Störungsrelais
trouble-shoot, to Fehler u. Störungen suchen (dig)(EDV)
trouble shooting Fehlersuche, Störungssuche u. -beseitigung
trouble-shooting, simplified vereinfachte Fehlersuche
trouble-shooting table Störungstafel
trouble sign Überhangstörzeichen
trouble symptom Störungsanzeichen
trouble time Störzeit (Ausfall des Geräts)
trouble tracking Fehlersuche
trough Abflußrinne, Ablaufrinne, Muldenband, Tiefdruckrinne (meteo), Tränkbrunnen, Trog(linie) (meteo), Zuführungsrinne
trough band Muldenband, -gurt
trough battery Trogbatterie
trough compass Röhrenbussole
trough conveyor Förderrinne
trough curve Muldenbiegung
trough drier Mulden-, Schaufel-, Schneckentrockner
trough fault Grabenbruch, -senke (geol)
trough for signal rode Gestängekanal
trough for signal wire Drahtzugkanal
trough line Tiefdrucklinie (meteo)
trough of low pressure Tiefdruckzone
trough plate girder bridge Blechträgertrogbrücke

trough reflector Lichtwanne (Scheinwerfer)
trough-shaped trogförmig
trough-shaped girder doppelwandiger Träger
trough sheet Trogblech
trough terminal Trogendverschluß
trough type line Trogkreis
troughing Kabelkanal
troughlike edging guide Kipprinne
troweled jointless flooring mit Kelle aufgetragener Fußbodenbelag (pla)
troweling Abspachteln (Farbe)
troy weight Karatgewicht, Troygewicht (Feingewichtssystem)
TRSB time reference scanning beam
TR-tube (radio) Empfängersperröhre
TRU (transformer rectifier unit) Trafogleichrichter
TRU PLN flight plan through intermediate stops
truarc inverted ring V-Ring, Seegerring
truarc triangular nut Dreieckschraubenring
truce örtlicher Waffenstillstand, Waffenruhe
truck Drehgestell, Fahrgestell, Förderwagen, Güterwagen, Lastkraftwagen, Lore, Plattformwagen, Transporter, Transportwagen
truck beam Fahrwerkschemel
truck-borne gun Kraftwagengeschütz
truck center pin Drehzapfen
truck crane Auto(mobil)kran (selbstfahrend)
truck for transporting floats Schwimmerwagen
truck frame Fahrzeugrahmen für Lkw
truck jack Lastkraftwagenheber
truck platform Karrentisch, Traktortisch
truck shot Fahr-, Folgeaufnahme
truck stop Wagensperre
truck swing Winkelausschlag des Drehgestells
truck-to-truck method Truck-to-Truck-Methode (von Gabelstapler auf Gabelstapler)
truck transport business Rollfuhrunternehmen
truck wheel Traktor-, Transporterrad
truck winches Seilwinden für Lkw
truckster Kleintransporter
true genau, getreu, rechtweisend, wahr, richtig "eins" (Signalwert logischer Schaltung)
true absorption absolute Absorption
true add echte Addition
true adhesion effektive Haftreibung
true air speed wahre Eigengeschwindigkeit (ICAO)(nav), wahre Fluggeschwindigkeit, Absolutfahrt
true airspeed indicator Absolutfahrtmesser
true airspeed transmitter Geber für wahre Eigengeschwindigkeit
true altitude Höhe über Meer od. NN, wahre Höhe (NN)
true ambinet sensing connection Anschluß für statischen Druck
true angle of attack wahrer Anstellwinkel
true angle of incidence effektiver Anstellwinkel (nav)
true-anneal über A3 hinausglühen
true atmosphere statischer Druck
true axial position genaue od. wahre Achslage
true bearing rechtsweisende Peilung, Standlinie (nav)
true bearing rechtsweisende Peilung, Standlinie (nav)
true bearing station to traffic Funkstandlinie
true bearing unit Meßgerät für rechtweisende od. wahre Peilung
true boiling point curve (TBP) wahre Siedekurve
true cellulose native Cellulose
true coefficient of absorption wahrer Absorptionskoeffizient
true coincidence absolute Koinzidenz
true color CRT Farbkathodenstrahlröhre
true color filter tonrichter Filter (Optik)
true color perception Farbentüchtigkeit
true compass bearing rechtweisende Peilung
true complement Basiskomplement, B-Komplement (Rechner)
true copy gleichlautende Abschrift
true course Kartenkurs, rechtweisender Kurs (nav)
true course to steer rechtweisender Zielkurs
true current Wirkstrom
true depression angle wahrer Neigungswinkel
true diamond Abziehwerkzeug
true dip wahres Einfallen (Ölschichten)
true direction rechtweisende od. wahre Richtung (nav)
true director elevation Richtgeräthöhenwinkel über Horizontalabene
true director train Meßseitenwinkel in Decksebene gegen Nord (Feuerl)
true distance Geradeausentfernung, rechter Abstand, tatsächliche Entfernung
true distances, with abstandsgetreu
true extract tatsächlicher od. wirklicher Extraktgehalt (chem)
true failure rate effektive Ausfallquote
true-false positiv-negativ
true-false test Ja-Nein-Test
true figure reguläre Zahl
true fissure vein echter Spalt(en)gang
true flight rechtweisender Flug(weg)
true flux ratio wahres Flußverhältnis
true form Realwert, Regulärwert (Rechner)
true full volume Prallgasinhalt
true grinding wheel Schleifscheiben abrichten
true ground range Kartenentfernung, Luftlinie
true heading rechtweisender Steuer- od. Windkurs
true height wahre Höhe
true horizon wahrer Horizont (Lubi)
true in form formgetreu
true level wahrer Horizont
true Mach number wahre Machzahl
true-map grid system Koordinatennetz
true meridian wahrer od. wirklicher Meridian
true-motion plotting table display Darstellungstisch für echten Bewegungsablauf
true motion radar absolut anzeigendes Radargerät, Kursradargerät, True-Motion-Radargerät, Radar für absolute Bewegungsanzeige
true north astronomische od. geographische Nordrichtung, rechtweisend Nord(richtung)
true ohm wahres Ohm
true, out of nicht rundlaufend, mit Schlag behaftet, unrund (Fehler)
true parabola ideale Parabelform
true phased richtigphasig
true plot angabentreue od. wahre Zeichnung

true power wahre od. wirkliche Leistung, Wirkleistung
true rake Spanfläche des Stahls
true-rake angle Spanwinkel
true rate Mach numbers Änderungsgeschwindigkeit der wahren Machzahl
true ratio Grundverhältnis, reelles Verhältnis
true resistance Ohmscher Widerstand
true running Rundlaufen
true running spindle accuracy Spindelrundlaufgenauigkeit
true section nicht überhöhtes Längsprofil
true shuttle aircraft Flugzeug im Pendelverkehr
true solar time wahre Sonnenzeit
true solution molekulare Lösung
true specific heat wahre spezifische Wärme
true state richtiger od. wahrer Zustand
true static pressure wahrer statischer Druck
true stress at fracture wahre Bruchspannung
true, to abdrehen (Schleifscheibe), ablehren, abrunden
true to dimension or gauge maßgerecht
true-to-life sound reproduction vollkommene Tonwiedergabe
true-to-scale maßstabgerecht
true-to-shaped formgerecht, der Sollform entsprechend
true track (angle) rechtweisender Kurs(winkel) über Grund
true truck required beabsichtigter od. erforderlicher rechtweisender Kurs über Grund
true ultimate stress bezogene Spannung, wahre Bruchspannung
true value richtiger od. wahrer Wert
true vertical echter od. wahrer Lot
true-vertical picture echtes od. wahres Senkrechtbild (Lubi)
true vertical sensor Wahrlotfühler, wahrer Lotfühler
true vertical take-off (TVTO) echter od. wahrer Vertikalstart
true volume Volumen (eines Stoffes ohne Porenraum), Reinvolumen
true wheels Räder ausrichten od. zentrieren
true with center line of a bore konzentrisch mit Mittellinie einer Bohrung
trueing Ausrichten, Ausrichtung (Schleifscheibe), Abrichten, Abdrehen
trueing attachment for wheels Abrichtvorrichtung
trueing device Abdrehapparat, Abrichter, Abrichtwerkzeug (für Schleifscheiben)
trueing diamond Abrichtdiamant
trueing plane Abdrehebene
trueing-up trunnion Spannzapfen
truly aligned fluchtgerecht
truly positive mould Füllform
truncate abbrechen, abändern, abstumpfen, verkürzen, (Stelle) vernachlässigen (math)
truncate cone Kegelstumpf
truncated cone abgestumpfter Kegel, Kegelstumpf, kegelstumpfförmiger Teil, Stumpfkegel
truncated cylinder stumpfer Zylinder
truncated distribution Rumpfverteilung
truncated picture abgehacktes Bild
truncated prism stumpfes Prisma
truncated pyramid Pyramidenstumpf
truncated screw-driver Kreuzschlitzschraubendreher
truncated tail end abgestumpftes Schwanzende
truncated thread abgeflachtes Gewinde
truncating face Abstumpfungsfläche
truncating of threads Abflachen od. Abrunden von Gewinden
truncation, area of Abtragungsgebiet
truncation error Abbrech(ungs)fehler, Approximationsfehler, Verfahrensfehler, Rundungsfehler
truncation of crystals Abstumpfung der Kristallkanten
truning device Abziehvorrichtung für Schleifscheibe
truning diamond Abziehdiamant
truning diamond holder Abziehdiamanthalter
truning-in Einpassen, Einschleifen (Lager)
trunk Fernleitung, Hauptteil, Kanal, Koffer, Rumpf, Sammelschiene, Stammleitung, Verbindungsleitung, Vielfachleitung
trunk a circuit is insulated at the...position eine Leitung ist am Fernplatz abgesteckt
trunk airline Langstrecken-Fluggesellschaft
trunk airway Hauptluftstraße
trunk answering jack Fernabfrageklinke
trunk box Gehäuse der Gestängedurchführung
trunk box lever Übertragungshebel der Gestängedurchführung (Torpedo)
trunk busy fernbesetzt
trunk cable Fernkabel, Ortsverbindungskabel, Verbindungsleitungskabel
trunk-cable jointer Fernkabellöter
trunk cable testing staff Fernkabelmeßstelle
trunk call Fernanruf
trunk call signal Fernanrufzeichen
trunk calling lamp Fernanruflampe
trunk calling signal Fernanrufzeichen
trunk center Lastverteilungszentrale
trunk circuit with dialing facility Fernwahlleitung
trunk communication Fernleitung, Fernverbindung
trunk compartment Kofferraum
trunk concentration position Sammelfernplatz
trunk connection Fernanschluß, -verbindung
trunk connection cancelling relay Trennrelais
trunk control center Lastverteilungszentrale
trunk cost coefficient Umwegfaktor
trunk directory inquiry Fernamtsauskunft(sstelle)
trunk distribution frame Fernleitungshauptverteiler
trunk engine Dampfmaschine mit rohrförmiger Kolbenstange
trunk entering relay Einsteigerelais
trunk exchange Fernamt, -vermittlung
trunk exchange with automatic call distribution Fernamt mit Anrufsucher
trunk feeder Hauptverbindungsleitung
trunk group Verbindungsleitungsbündel
trunk group area Bereich eines Überweisungsfernamts
trunk group fully available to outward positions Gesamtheit der abgehenden Verbindungsleitungen

trunk-group selector Amtsgruppenwähler
trunk holding and automatic sequence calls relay Halte- u. Kettengesprächsrelais
trunk-hunting switch zweiter Vorwähler, Sucherwähler
trunk inquiry Fernamtsauskunft(sstelle)
trunk junction Seitenamtsleitung
trunk junction circuit Fernvermittlungsleitung
trunk junction jack Fernvermittlungsklinke
trunk junction line Fernvermittlungsleitung
trunk junction section Fernvermittlungsschrank
trunk lid Kofferdeckel, -klappe
trunk-line Amts-, Fernleitung, Fernlinie, Fernverbindung, Hauptlinie, Stammkreis, Stammleitung
trunk-line bundle Verbindungsleitungsbündel
trunk-line construction Stammleitungsbau
trunk-line dialing Wählerfernsteuerung
trunk-line finder zweiter Anrufsucher
trunk-line observation Fernbetriebsüberwachung
trunk-line repeater Fernleitungsverstärker
trunk-line road Fernverkehrsstraße
trunk-line telephone Verbindungsrichtung
trunk lock Fallschloß
trunk loss Nutzdämpfung der Fernleitung
trunk multiple Fernvielfachfeld
trunk network Fernkabelplatz
trunk offering line Fernleitung
trunk-offering selector Anbietwähler
trunk-offering signal Anbietsignal
trunk operator Fernamts-, Vermittlungsbeamter, Fernamtsvermittler
trunk pipe line Hauptrohrleitung
trunk piston Hohlkolben
trunk-piston engine Hohlkolbenmotor
trunk position Fernplatz
trunk rack Gepäckbrücke
trunk record circuit Fernamtsmeldeleitung
trunk record position Meldeplatz
trunk route Fernleitungslinie, Hauptflugleitung, Hauptstreckenführung, Hauptflugstreckenverkehr, Linienzug
trunk route traffic Hauptflugstreckenverkehr
trunk section Fernschrank
trunk signaling working Anrufbetrieb auf Fernleitungen
trunk subscriber's line Fernanschluß
trunk switchboard Fernschrank
trunk switching scheme Netzgestaltung, Fernleitungsschaltplan
trunk system Fernleitungsnetz
trunk telephone cable Fernkabel
trunk telephone circuit Fernleitung
trunk telephone station Fernamtsanschluß
trunk traffic Fernverkehr
trunk-type piston engine Tauchkolbenmotor
trunk zone Fernverkehrsbereich, Fernzone
trunk zone cable Bezirkskabel, Fernleitungsbezirkskabel
trunking Verbindungsleitungsbetrieb, Verbindungsverkehr
trunking arrangement Gruppierung
trunking circuit Verbindungsleitung
trunking diagram Fernleitungsschema, Gruppenverbindungsplan
trunking scheme Verbindungsaufbau
trunking traffic Verbindungsleitungsverkehr
trunks, all...busy alle Fernleitungen besetzt
trunnion Achse, Auflager, Dreh-, Kurbel-, Lager-, Pivot, Schild-, Trag-, Wendezapfen, Zapfenlager
trunnion adapter tool Vorrichtung zum Ausbessern der vorderen Waffenlagerung
trunnion arm of the compass Kompaßbügel, Kompaßgabel
trunnion assembly Schildzapfenlager (kpl), Zapfenlager (komplett)
trunnion ball Kugel der schwimmenden Zapfenaufhängung
trunnion bearing Pivotlager, Schildzapfenlager
trunnion-bearing cover Schildzapfenlagerdeckel
trunnion-bearing pan Schildzapfenlagerpfanne
trunnion block Tragzapfenblock
trunnion body Kugelzapfentragplatte
trunnion bracket Schildzapfenhalter
trunnion cap Schildzapfenlagerdeckel
trunnion cap cover Lagerblatter der Ausgleicherstellspindel
trunnion carriage Schildzapfenträger
trunnion droop Schildzapfenverkantung
trunnion droop correction Berichtigung für Schildzapfenverkantung
trunnion end plate Schildzapfenplatte
trunnion fastener Spannschloß
trunnion guide Zapfenlager
trunnion mount Triebwerkaufhängungsbeschlag, Zapfenlager
trunnion mounted schildzapfengelagert
trunnion of extractor Auswerfernocken
trunnion pin Drehzapfen, Lagerzapfen, Schildzapfen, Tragzapfen (Federbein)
trunnion pin nut Schildzapfenmutter
trunnion plug Scheibenstopfen der Triebwerkzapfenaufhängung
trunnion pull Bremskraft
trunnion ring Kupplungsdruckring
trunnion roller bearing Schildzapfenrollenlager
trunnion rollers Zapfenlagerwalzen
trunnion screw Befestigungsschraube (Minenanker), Schildzapfenschraube
trunnion seat Zapfenlager
trunnion shaft Schildzapfen
trunnion socket Schildzapfenpfanne
trunnion support Zapfenlagerträger (Federbein)
trunnion support bearing (manual control box) Kippblocklager (Schaltlenkeinrichtung)
trunnion tilt Schildzapfenlager, Schildzapfenverkantung
trunnion tilt angle Schildzapfenverkantungswinkel (Feuerleitung)
trunnion tilt correction Verbesserung für Schildzapfenverkantung (Feuerleitung)
trunnion tilt corrector Schildzapfenverkantungsausgleicher
trunnion tilt elevation correction Höhenwinkelverbesserung für Schildzapfenverkantung (Feuerleitung)
truss Gitterträger, Hängewerk, Hallenbinder, Fachwerk, Strebe, verstrebter Träger
truss assembly Verstrebungsbaugruppe
truss bridge Fachwerkbrücke

truss frame Fachwerkrahmen, -verbund
truss fuselage Fachwerkrumpf
truss girder Fachwerkbalken
truss head cap screw Flachrundschraube
truss head screw Flachrundkopf
truss member Fachwerkträger
truss pole Stange mit Verspannung
truss rivet Flachrundniet
truss, to Gestänge verstärken
trussed arch Fachwerkbogen
trussed frame Rahmenfachwerk, versteifter Rahmen (Auto)
trussing of the frame Rahmenunterzug
truth function Wahrheitsfunktion
truth of rotation Rundlaufen
truth of running Laufgenauigkeit
truth table boolesche Verknüpfungstafel, Definitions-, Funktionstabelle, Wahrheitswertetafel, -tabelle, Wahrheitsmatrix, Definitionstabelle
truth value Wahrheitswert
try probieren, versuchen, ausprobieren, experimentieren, prüfen
try and error method empirisches Ermittlungsverfahren
try cock Probehahn
try-out, to einschießen, erproben
try square Anschlagwinkel, rechter Winkel
Trydine system Trydinesystem
TS (thunderstorm) Gewitter
TS (top secret)(classification) "streng geheim"
T-screw fitting T-Verschraubung
T-section Kettenglied zweiter Art, T-Profil
T-shaped antenna T-Antenne
T-square Kreuzwinkel, Reißschiene
T-strap Krückeisen
T-type antenna T-Antenne
T-type attenuation network Entzerrungskette mit Brücken-T
T-type fitting Winkelanschlußstück
T-type network attenuator Entzerrungsglied mit Brücken-T-Schaltung
T-type section attenuator T-Regler
TT (teletypewriter) Fernschreibmaschine
TTLSa team-training launch station
TTR twin tandem rotors
TTT time-to-target
tub file Ziehkartei
tube Hülse, Pneumatik, Röhrchen, Röhre, Röhrentunnel, Schlauch, Staurohr, zylindrische Kreuzspule
tube adapter Röhrenzwischenstecker, Sockeladapter, Vorsatzstecksockel
tube, air-cooled luftgekühlte Röhre
tube amplifier (Vakuum)röhrenverstärker
tube-annular combustion chamber Ringrohrbrennkammer
tube aperture Rohröffnung, Strahlenaustrittsfenster
tube, bailing Schöpfbütte
tube bantam Subminiaturröhre
tube base Röhrensockel
tube bender Rohrbiegewerkzeug
tube-bending principle Rohrbiegeprinzip
tube bias clamping Stabilisator
tube bit Kanonenbohrer
tube blank Hohlkörper, Luppe
tube boiler, fire Flammrohrkessel
tube butt joint Rohrstoß
tube, butt-welded stumpfgeschweißtes Rohr
tube, by durch Rohrpost
tube carrier Tubusträger
tube, cathode-heater indirektgeheizte Röhre
tube, cathode-ray Braun'sche Röhre
tube characteristic Röhren(kenn)daten, Röhrenwert
tube checker Röhrenprüfer
tube clamp Rohrschelle
tube clamp assembly Rohrklemme
tube clamp socket Rohrschellenfassung
tube cleaner Rohrputzturbine
tube complement Röhrenbestückung, -mehraufwand
tube containing phosphor Leuchtstofflampe
tube contraction Rohrverkürzung
tube control of the fork Röhrensteuerung der Gabel
tube conveyor Förderrohr, -röhre, Zuführungsrohr
tube counter röhrenförmiges Ionenzählgerät
tube current Glimm-, Quer-, Röhrenstrom
tube cut-off Röhrensperrpunkt
tube cutter Rohrschneider
tube cutting device Hülsenabstechmaschine
tube detector Kathodenröhrendetektor
tube diameter Röhrenquerschnitt, Hülsenlochdurchmesser
tube electrometer Röhrenelektrometer
tube expander Aufdornwerkzeug, Röhrenwalzvorrichtung, Rohrerweiterer, -walzapparat, Siederohrdichtmaschine
tube, exponential Röhre mit veränderlichem Durchgriff
tube extruder Schlauchspritzmaschine (pla)
tube extrusion schlauchspritzen (pla)
tube failure Röhrenausfall
tube feed Hülsenzuführung
tube feeder Rohrzuleitung
tube ferrule Expansionsbüchse
tube filling Röhrenfüllung
tube filling machine Tubenfüllmaschine
tube filter Pumpenkorb, Röhren-, Schlauchfilter
tube firing burner Tauchrohrbrenner
tube frame Gitterrohr
tube fuse Rohrsicherung
tube galvanometer Röhrengalvanometer
tube, gas-content gasgefüllte Röhre
tube gluing machine Hülsenklebemaschine
tube hanger Rohraufhänger, Röhrenhänger
tube heading machine Rohreinwalzmaschine
tube heat exchanger Röhrenwärmeaustauscher
tube heating Röhrenheizung
tube hiss or noise Röhrenrauschen
tube hum Röhrenbrummen
tube illumination Röhrenbeleuchtung
tube, inner inneres Rohr
tube joint connection Rohrstoßverbindung
tube jointing sleeve Rohrverbindungshülse
tube lamp Röhrenlampe
tube, lap-welded überlappt geschweißtes Rohr
tube-launched rocket Rohrflugkörper
tube length Tubuslänge
tube life Röhrenlebensdauer
tube locking pin hole framer Reibahle für

Rohrsicherungsbohrung
tube locking pin removing tool Abzieher für Rohrsicherungsstift (Werkzeug)
tube, loctal fußlose Röhre
tube manufacture Röhrenherstellung, Röhrproduktion
tube, master-excited fremdgesteuerte Röhre
tube melting Röhrenschmelzung
tube-mill drying Röhrentrocknung
tube mount(ing) (Zähl)rohrhalter, Rohrmontierung
tube, narrow conductive metal stromführendes metallisches Röhrchen (TB)
tube, narrowing the Rohrverengung
tube of a hole, to ein Bohrloch verrohren
tube of flow Stromröhre
tube of flux Feldröhre
tube of force Kraftlinie, -röhre
tube of magnetic force magnetische Kraftröhre
tube of magnetic induction magnetische Induktionsröhre
tube of streamlined section Profilrohr
tube of the scintillator Szintillatorschlauch
tube oil Öl für Rohrinnenkonservierung
tube or barrel length Seelenlänge
tube, outer äusseres Rohr
tube over-loading Röhrenübersteuerung
tube photometer Röhrenphotometer
tube pin Röhrensockelstift
tube-pliers Röhrenzange
tube plug ram Rohrstopfstange
tube, pneumatic Rohrpost
tube prong Röhrensockelstift
tube push bench Rohrstoßbank
tube reactor modulator Reaktanzröhrenkreis
tube receiver Röhrenempfänger
tube reclaim Luftschlauchregenerat
tube recoil Rohrrücklauf
tube rectifier Röhrengleichrichter
tube replacement Röhrenwechsel
tube resistance welding plant Rohrwiderstandsschweißanlage (Herstellung von geschweißten Rohren)
tube retainer (range finder) Ausgleichsstirnradträger
tube rivet Rohrniete
tube, rolled gewalzte Rohr
tube rolling mill Röhren-, Rohrwalzwerk
tube rounds Rohrrohlinge
tube sample boring Bohrprobenbüchse, Bohrung mit Kernbüchsen
tube sandpapering machine Röhrenabschleifmaschine
tube, screened grid Röhre mit abgeschirmtem Gitter
tube, seamless nahtloses Rohr
tube, separately excited fremdgesteuerte Röhre
tube shield Röhren(ab)schirmung, Röhrenschutzgehäuse
tube shield ground Erdung der Röhren(ab)schirmung
tube shutter Verschluß für Röntgenröhre
tube slide Tubusschlitten
tube socket Röhrenfassung, Rohrhülse
tube, socket of a Röhrensockel
tube spring manometer Rohrfederdruckmesser
tube stay Röhrenstrebe
tube, static Röhre zur Messung des statischen Drucks
tube, subminature Subminiatur-, Kleinströhre
tube support Rohraufhängung, Röhrenhänger, -träger, Tubusträger
tube surface Kanalfläche
tube, test Probierröhrchen
tube tester Röhrenprüfer, Röhrenprüfgerät
tube testing Brauchbarkeitsprüfung der Vakuumröhren
tube-testing switch Röhrenprüfschalter
tube-time meter Heizstundenzähler für Röhren
tube trimming machine Rohrentgratmaschine
tube tripping circuit Röhrenkippschaltung
tube tunnel Röhrentunnel
tube turn Rohrbogen
tube-type Röhrentyp, schlauchförmig
tube-uranium interface Rohr-Urangrenzfläche
tube ventilation Röhrenentlüftung
tube vise Rohrschraubstock, Schraubstock für (Gas)rohr
tube voltage Röhrenspannung
tube voltage drop Spannungsabfall
tube voltage reference Stabilisator
tube volume Rohrinhalt, Rohrvolumen
tube wall Röhrenwand
tube warrantly card Röhrengarantieschein
tube, water-cooled wassergekühlte Röhre
tube wattmeter Röhrenwattmeter
tube, welded geschweißtes Rohr
tube welding Rohrschweißung
tube-welding machine Rohrschweißmaschine
tube winding machine Rohrwickelmaschine
tube window (Strahlen)austrittsfenster
tube with ground joint Schliffrohr
tube with deflection control Ablenksteuerröhre
tube with screw cap Gewindeglas, Glas mit Gewinde
tube wrapping machine Hülsenwickelmaschine
tubeless tire schlauchloser Reifen
tubercular corrosion grübchenartige Rostanfressung
tubing Pumpenröhre, Rohranlage, -leitung, Röhrenanlage, -leitung, Schachtverrohrung, Schlauch, Stahlrohrleitung
tubing action Rohrblock
tubing and drill pipe, stretch of casing Streckung von Futterrohre, Steigrohre u. Bohrgestänge durch Eigengewicht
tubing bailer Verrohrungsbüchse
tubing catcher Pumpenrohrkrebs
tubing connection Schlauchstück
tubing coupling tongs Steigrohrmuffenzange
tubing elevator Förderstuhl für Steigrohre, Steigrohrelevator
tubing, flexible Isolierschlauch (nichtmetall)
tubing gages Rohrlehren
tubing head Steigrohrkopf
tubing-head pressure Druck am Kopf der Steigrohre, Steigrohrkopfdruck
tubing hanger Pumpenrohrhänger
tubing sheet Schlauchplatte
tubing spider Pumpenrohranhänger
tubing tongs Steigrohrzange
tubo-annular combustion system Ringrohrbrennkammer

tubular röhrchenförmig, röhrenartig, röhrenförmig
tubular anode Hohlanode
tubular arch bridge Rohrbogenbrücke
tubular backbone chassis Mittelrohrrahmen
tubular boiler Flammrohr-, Rohrdampf-, Röhrenkessel
tubuluar bolt Rohrbolzen
tubular braided cordage hohlgeklöppelte Leinen
tubular capacitor Rohrkondensator
tubular cell Stabbatterie
tubular chassis frame Rohrrahmen
tubular combustion chamber Flammrohr, Rohrbrennkammer
tubular combustor Rohrbrennkammer
tubular compass Röhrenbussole
tubular conductor line Hohlleiter, Rohrleitungsstück
tubular conduit Rohrleitung
tubular construction Rohrbauweise
tubular core Hohlkern
tubular die Ringdüse
tubular discharge lamp röhrenförmige Entladungslampe
tubular draught excluder Dichtungsschlauch
tubular drive shaft Antriebsrohrwelle
tubular electron multipliers Kanal-Elektronenvervielfacher
tubular fabric machine Schlauchmaschine
tubular film Folienschlauch, Schlauchfolie
tubular flame tube zylindrisches Flammrohr
tubular flashlight battery Stablampenbatterie
tubular frame Rohrgerüst, Rohrrahmen, Stahlrohrfachwerk (av)
tubular fuse Röhrensicherung
tubular fuselage, model with Modell mit Rohrrumpf
tubular goods, oil country Ölfeldröhrengüter
tubular guard Schutzrohr
tubular hollow core Hohlkern
tubular indicator Klappe mit Topfmagnet, Mantelklappe
tubular insulator Röhrenisolator
tubular lamp Röhren-, Soffitten-, Zweisockellampe
tubular lamp wire Soffitenleitung
tubular lattice tower Rohrgittermast
tubular level Röhrenlibelle
tubular lubricating-oil cooler Röhrenschmierölkühler
tubular magnet Röhrenmagnet
tubular mast Röhrenmast, Rohrmast
tubular mount Röhrenlafette
tubular multiplier plates Kanal-Vervielfacherplättchen
tubular nitroglycerin powder Nitroglyzerin-Röhrenpulver
tubular pinch experiment schlauchförmiger Pinchexperiment
tubular pole Hohlmast, Rohrmast, -ständer
tubular powder Röhrenpulver
tubular product runder Hohlkörper
tubular radiator Röhrchenkühler, Röhrenkühler (Motor)
tubular rivet Hohlniet(e), Lochniete, Rohrniet
tubular rubber bumper schlauchförmiges Gummikissen
tubular rubber piping Köderschlauch aus Gummi
tubular rubber seal hohler Gummidichtungsring
tubular shaft hohle Welle, Hohlwelle
tubular sheeting Folienschlauch
tubular shell Mantelrohr
tubular slug Hohlzylinderblock
tubular socket wrench Steckschlüssel aus Rohr
tubular source rohrförmige Quelle
tubular spar Röhrenholm Rohrholm
tubular spirit level Röhrenlibelle
tubular stand Röhrengestell
tubular steel mast Stahlrohrmast, -ständer
tubular steel spar Stahlrohrholm
tubular stern Stevenrohr
tubular structure Röhrenkonstruktion
tubular switch Röhrenschalter
tubular telescoping mast Teleskopröhrenmast
tubular thermograph Rohrthermograph, Rohrgradwärmemesserschreiber
tubular thermometer Rohrthermometer, Rohrwärmegradmesser
tubular transmission shaft Kardanrohr
tubular wall regeneratively cooled Wand aus Rohre für regenerative Kühlung
tubulate, to tubulieren
tubulure Rohrstutzen
tucholite Tucholit (uranhaltiges Mineral)
tuck position Fang-, Halbeinschließstellung
Tudybury machine elektrischer Generator
tug Bindestrang, Geschirrtau, Spannseil, Zugtau, ziehen, ins Schlepptau nehmen
tulip-shaped tulpenförmig
tulip-type valve tulpenförmiges Ventil, Tulpenventil
tumbing barrel Putztrommel
tumble durcheinanderfallen, taumeln (Bremsfallschirm), umfallen, zu Fall bringen, unregelmäßig rotieren
tumbler Auslösevorrichtung, Nocken, Putztrommel, Richtwelle, Schnepper, Trommeltrockner, Fanghebel (BBS), Taumelbewegung
tumbler lever Hebelschwinge
tumbler movement Taumelbewegung
tumbler spring Zuhaltungsfeder
tumber switch Kipphebel, Kipp-, Tumblerschalter
tumbling Kippen, Polierzylinder, Taumelschwingung, Trommeln (Fertigung), Taumelscheibe
tumbling barrel Gußputz-, Lackier-, Naßputztrommel
tumbling barrel with dust exhaust Putztrommel mit Staubabsaugung
tumbling device for hoop iron Bandeisenschleudervorrichtung
tumbling dryer with eccentric axis Taumeltrockner
tumbling error Taumelfehler
tumbling hook Fallhaken
tumbling motion Taumelbewegung
tunable all-metal magnetron abstimmbares Ganzmetallmagnetron
tunable amplifier abstimmbarer Verstärker
tunable filter abstimmbares od. variables Filter
tunable transmission waveguide filter abstimmbares Hohlleiterfilter
tundish Verteilerrinne, Gießwanne, Zwischen-

pfanne (Gießerei)
tundish cover Verteilerinnenabdeckung
tundish preheating station Verteilerrinnen-Beheizungseinrichtung (Stranggießanlage)
tune in Übereinstimmung bringen, abstimmen (Funkempfang), in Resonanz bringen, anstellen, einpassen
tune finely, to fein abstimmen, nachstimmen
tune-in, to abstimmen, anstimmen, Funkgerät auf einen Sender einstellen
tune point Abstimmpunkt
tune, to abgreifen, abschirmen, abstimmen, anpassen, einstellen, in Resonanz od. Übereinstimmung bringen
tune up, to einfahren, rennfertig od. startbereit machen
tuned aerial abgestimmte Antenne
tuned amplifier abgestimmter Verstärker, Resonanzverstärker
tuned anode circuit abgestimmter Anodenkreis
tuned buzzer abgestimmter Summer
tuned cavity abgestimmter Hohlraumresonator
tuned circuit abgestimmter Kreis, Abstimmkreis, Resonanz-, Schwingkreis
tuned dipole abgestimmter Dipol
tuned filter abgestimmtes Filter
tuned-grid tickler induktive Rückkopplungsschaltung mit abgestimmtem Gitterkreis
tuned in transmitter gepeilter Sender
tuned intermediate circuit abgestimmter Zwischenkreis
tuned-not-tuned oscillator Oszillator mit abgestimmtem Anodenkreis u. nichtabgestimmem Gitterkreis
tuned plate grid oscillator Huth-Kühn-Schaltung od. Sender
tuned plate oscillation Gitteranodenschwingung
tuned radio frequency Geradeausfrequenz
tuned radio frequency amplifier abgestimmter Hochfrequenzverstärker
tuned radio frequency receiver Geradeausempfänger
tuned-reed frequency meter Zungenfrequenzmesser
tuned-reed indicator Zungenfrequenzindikator
tuned-reed relay Resonanz-, Tonfrequenz- od. Zungenfrequenzrelais
tuned reed selector Resonanzrelais
tuned resonating cavity abgestimmter Hohlraumkreisel
tuned ringing abgestimmter Anruf, Wahlanruf mit abgestimmten Einrichtungen
tuned rope abgestimmtes Düppelband
tuned spark system Tonfunkensystem
tuned to resonance auf Resonanz abstimmen
tuned together, to gleichstimmen
tuned transformer Resonanztransformator, abgestimmter Transformator
tuner Abstimmapparat, -spule, -vorrichtung, Antennenabstimmgerät
tungar rectifier Edelgasglühkathodengleichrichter, Tungar-Gleichrichter
tungar tube Quecksilberdampflampe mit Heizkathode, Tungarröhre
tungsten alloyed steel wolframlegierter Stahl
tungsten arc-lamp Wolframbogenlampe, punktförmige Lichtquelle, Punktglimmlampe
tungsten-carbide face milling cutter Hartmetallfräser
tungsten-carbide insert Wolframkarbideinsatz
tungsten-carbide tipped blade wolframkarbidbestücktes Messer
tungsten-carbide tool tip Wolframkarbidplättchen, -schneide
tungsten-carbide wear band Verschleißbänder aus Wolframkarbid
tungsten contact Wolframkontakt
tungsten contact for magneto and battery ignition unit Wolframkontakt für Magnet- u. Batteriezünder
tungsten copper alloy Wolfram-Kupfer-Legierung
tungsten disk Wolframscheibe
tungsten disulphide Wolframdisulfid
tungsten electrode Wolframelektrode
tungsten filament Wolframdraht, -faden
tungsten filament lamp Wolframdrahtlampe
tungsten filament valve Wolframfadenröhre
tungsten heater wire Wolframheizdraht
tungsten lamp Metallfadenlampe, Wolframlampe
tungsten rectifier Wolframgleichrichter
tungsten silicide Wolframsilizid
tungsten steel wolframlegierter Stahl, Wolframstahl
tungsten tube Wolframröhre
tungsten wire Wolframdraht, -faden
tuning Abstimmen, Abstimmung, Anpassung, Rastereinstellung
tuning aid Einstellhilfe
tuning antenna künstliche Antenne
tuning apparat Abstimmvorrichtung, Richtapparat
tuning arch Stimmbogen
tuning band Abstimmband
tuning box for frequency doubler Verdopplerabstimmkästchen
tuning bridge Abstimmbrücke
tuning cabin Abstimmhäuschen
tuning capacitor or condenser Abstimmkondensator, Richtkondensator
tuning circuit Abstimm-, Richtkreis
tuning coil Abstimm-, Kreisspule
tuning condenser sensibly braked fühlbare Abstimmung
tuning control Abstimmeinrichtung, Abstimmung, Frequenzeinstellung
tuning crank Abstimmkurbel
tuning curve Abstimm-, Richtkurve
tuning crystal meter or indicator Abstimmanzeiger
tuning dial Abstimmskala
tuning drift Abstimmänderung
tuning error Abstimmfehler, Richtfehler
tuning eye Abstimmanzeigeröhre, Abstimmungsauge, magisches Auge
tuning-fork chronoscope schreibende Stimmgabel
tuning-fork circuit breaker Stimmgabelunterbrecher
tuning-fork controlled oscillator Stimmgabelgenerator, -sender, Stimmgabelröhrengenerator
tuning-fork gyro Stimmgabelkreisel
tuning-fork interrupter Stimmgabel(selbst)-

unterbrecher
tuning-fork oscillator drive Stimmgabelsteuerung
tuning-fork stabilization Stimmgabelstabilisierung
tuning-fork, valve-maintained röhrenerregte Stimmgabel
tuning hut Abstimmhäuschen
tuning indicator Abstimmelder, -zeiger, Abstimmungsanzeiger, Abstimmungskreuz, Amplitudenanzeiger, -glimmröhre, Resonanzanzeiger, -röhre, Stationsmelder
tuning-indicator glow tube Abstimmglimmröhre
tuning indicator tube (Abstimm)anzeigeröhre
tuning inductance Abstimmspule
tuning key Stimmschlüssel
tuning knob Abstimmknopf, Frequenzangleicher
tuning lamp and choke coil Syntonisierlampe mit Impedanzspule
tuning length Abstimmlampe
tuning means Abstimmeinrichtung, -mittel
tuning message Abstimmspruch
tuning meter Abstimmanzeigeinstrument
tuning noise Abstimmgeräusch
tuning note Abstimmton, Kennsignal
tuning of an engine Einregulieren eines Motors (Vergaser, Zünder usw)
tuning of filament circuit Heizabstimmung
tuning of lists Abstimmung von Listen, Listenabstimmung
tuning of the television receiver Abstimmung des Fernsehempfängers, TV-Abstimmung
tuning out of jamming Entkopplung von gewollten Störungen
tuning peg or pin Stimmwirbel
tuning piston Abstimmkolben
tuning plate Abgleich-, Abstimmplatte
tuning plunger Abstimmkolben (Höchstfrequenztechnik)
tuning probe einstellbare Sonde
tuning property Abstimmfähigkeit
tuning range Abstimmbereich
tuning ring Abstimmring
tuning scale Abstimmskala, Einstellskala
tuning screw Abstimm-, Einstellschraube
tuning set Abstimmungsaggregat
tuning slide Abstimmschieber
tuning slug Abgleich-, Abstimmkern
tuning spade Abgleich-, Abstimmplatte
tuning spring Steuerfeder
tuning strip or susceptance Abstimmleitwert
tuning tool Abgleichwerkzeug, Abstimmschlüssel
tuning unit Abstimmeinheit, Abstimmungsaggregat
tuning wave Welle der Abstimmung
tuning wire Stimmdraht
T-union T-Verschraubung
tunnel Durchstich, Hohlgang, Nut, Tunnel, Windkanal (aerodyn)
tunnel diode Tunneldiode
tunnel dryer Durchlauf-, Kammertrockner
tunnel-drying oven Kanaltrockner
tunnel effect Tunneleffekt
tunnel furnace Stoß-, Tunnelofen
tunnel gun starre Rumpfwaffe
tunnel kiln Kanalofen
tunnel or channel radius Kanalradius
tunnel slots Tunnelnuten
tunnel structure tunnelartiges Gefüge
tunnel-type radiator Düsenkühler, Hängekühler, in Luftführung eingeschlossener Kühler, einziehbarer Hängekühler
tunneling effect Tunneleffekt
TURB (turbulence) Böigkeit, Turbulenz(en)
turbidity current Trübungsströmung, Dichtestrom, Suspensionsströmung
turbidity of the air Lufttrübung (meteo)
turbidometer Opacimeter (optische Messung der Turbulenz einer Flüssigkeitsströmung)
turbine Kreiselrad, Läufer, Turbine
turbine air cooling system Turbinenkühlsystem
turbine air tube Turbinenluftrohr (Twk)
turbine aircraft Turbinenluftfahrzeug
turbine and cooler unit Turbine- u. Kühleranlage
turbine and gear train pipe aligning fixture Richtschablone für die Rohrleitung zum Rohrverteiler
turbine and faneblade repair Verdichter- u. Turbinenlagerreparatur
turbine assembly Turbinengruppe
turbine bearing Turbinenlager
turbine bearing support Turbinenlagerträger (Turbine)
turbine blade Lauf-, Turbinenschaufel
turbine blade catcher Turbinenschaufelfanggehäuse
turbine blade cooling Turbinenschaufelkühlung
turbine blade, curvature of the Schaufelblattverwindung, Verwindung des Schaufelblatts (TB)
turbine blade, effusion cooling of effusionsgekühlte Turbinenschaufel
turbine blade manufacture Fertigung von Turbinenschaufeln, Turbinenschaufelfertigung (TB):
blade material Schaufelwerkstoff
blade wall, porous poröse Schaufelwand
bore passage with more complex cross-section Bohrung mit kompliziertem Querschnitt
capillary, tapering konische Kapillare
cathode, thin noble-metal...wire Kathode in Form eines dünnen Edelmetalldrahts
ceramic core Keramikkern
controlled-solidification eutectic alloy gerichtet erstarrte eutektische Legierung
controlled-solidification and fibre reinforcement of high-melting-point alloy gerichtet erstarrte, hochschmelzende und faserverstärkte Legierung
convection cooling current Konvektionskühlung
cooling passage Kühlluftkanal
cooling technology Kühltechnik
core, load-bearing tragender Kern
curvature of the turbine blade Verwindung des Schaufelblatts
drilling, electrochemical elektrochemisches Bohrverfahren
effusion cooling of turbine blade effusionsgekühlte Turbinenschaufel
effusion cooling principle Effusionskühlprinzip
electrochemical drilling elektrochemisches

Bohrverfahren
electro discharge machining (EDM) Funkenerosionsbohren
electro-steam drilling (ESD) Elektrolytstrahlbohren
electron beam drilling Elektronenstrahlbohren
electron-stream drilling Elektronenstrahlbohren
fine cylindrical glass tube zylindrisches Glasröhrchen
flat or rotary profile grinding Flach- od. Rundprofilschleifen
hardening procedure Härtungsmechanismus
heat resistance Warmfestigkeit
high-temperature diffusion soldering under vacuum, using a nickel-based solder Hochtemperatur- od. Diffusionslöten mit Nickelbasislöten im Vakuum
high-temperature material field Gebiet der Hochtemperaturwerkstoffe
high-temperature resistant nickel alloy casting hochwarmfeste Nickelgußlegierung
hot-gas corrosion protection of turbine blade Heißgaskorrosionsschutz der Turbinenschaufel
impingement-cooling Prallkühlung
insert cover at the end of the blade Verschlußplatte am Blattende
interior surface of the borehole Bohrungswandoberfläche
laser beam drilling Laserstrahlbohren
layer, air-permeable outer luftdurchlässige äussere Schicht
long-term resistance to static and dynamic langzeitige statische und dynamische Belastung
manufacturing and machining properties Herstellung- und Verabreitungseigenschaft
manufacturing technology Fertigungstechnik
material and manufacturing development aspect Entwicklungsaspekt der Werkstoff- und Fertigungstechnik
mechanical endurance test Schwingfestigkeitsuntersuchung
melting and vaporization of the material Schmelz- und Verdampfungsvorgang
melting-point reduction additive schmelzpunkterniedrigendes Element
mutually complementary metal-forming process sich ergänzendes formgebendes Verfahren
narrow conductive metal tube stromführendes metallisches Röhrchen
nickel alloy casting, high-temperature resistant hochwarmfeste Nickelgußlegierung
pattern, thermoplastics thermoplastischer Werkstoff
porous blade wall poröse Schaufelwand
porous outer layer poröses Blech
power-specific fuel consumption leistungsspezifischer Kraftstoffverbrauch
precision casting technology Feingießtechnik
precision electro-chemical drilling elektrochemisches Feinbohren (ECF)
production technique for blade cooling system Fertigungstechnik für Kühlsystem
quartz core Quarzkern
sensitivity to cracking Rißempfindlichkeit
shaped-tube electrolytic machine elektrochemisches Bohren mit Formkathode (STEM)
silicon nitride, sintering of reaktionsgesintertes Siliziumnitrid
sintering of silicon nitride reaktionsgesintertes Siliziumnitrid
special long-endurance grinding disc (such as boron nitride) Schleifscheibe mit hoher Standfestigkeit (beispielsweise aus Bornitrid)
specific power developed per unit air flow durchsatzspezifische Leistung
specific solidification rate geeignete Erstarrungsgeschwindigkeit
state of thermodynamic equilibrium thermodynamisches Gleichgewicht
system of channel and passage System von Kanälen und Bohrungen
thermoplastic pattern thermoplastischer Werkstoff
thrust-specific fuel consumption schubspezifischer Kraftstoffverbrauch
thrust to weight ratio gewichtsspezifischer Schub
tube, narrow conductive metal stromführendes metallisches Röhrchen
turbine blade, curvature of the Schaufelblattverwindung, Verwindung des Schaufelblatts
turbine blade, effusion cooling of Turbinenschaufel mit Effusionskühlung, effusionsgekühlte Turbinenschaufel
turbine blade with radial bore Turbinenschaufel mit radialer Bohrung
turbine stator segment Turbinenleitschaufelsegment
turbojet engine Schubtriebwerk
turbo-shaft engine Wellenleistungsturbine
vacuum casting Vakuumfeinguß
vacuum precision casting technique Vakuumfeingußverfahren
Woehler fatigue test curve for nickel alloy casting (Wöhlerkurve-) Schwingfestigkeit von ungebohrten Proben aus einer Nickelgußlegierung (TB)

---

turbine blade tester Turbinenschaufelprüfgerät
turbine blade with radial bore Turbinenschaufel mit radialer Bohrung
turbine blades Turbinenradschaufeln
turbine blading, electrical discharge drilling of cooling passages in funkenerosives Bohren von Kühlluftkanälen in Turbinenschaufeln
turbine blower Turbinengebläse
turbine bolt Wellenkupplung (Twk)
turbine break or interrupter Turbinenunterbrecher
turbine bucket Drehschaufel, Turbinenlaufschaufel
turbine bypass valve Kühlturbinen-Umgehungsventil
turbine casing Schaufelzylinder, Turbinengebläse, -mantel
turbine chamber Turbinen(brenn)kammer
turbine combustion and nozzle vane case

Turbineneintrittsleitkranz
turbine compressor disk Verdichterlaufscheibe
turbine compressor unit Turbinenpumpaggregat
turbine coupling bolt Turbinenspannbolzen
turbine cylinder Turbinengehäuse
turbine disc Turbinenläufer, -scheibe
turbine drive Turbinenantrieb
turbine-driven auxiliary Turboaggregat
turbine-driven feed water pump Turbospeisepumpe
turbine-driven pump Pumpe mit Turbinenantrieb
turbine-driven set Turbogeneratorsatz
turbine-driven supercharger Abgas(turbo)lader
turbine driving impeller Turbine zum Antrieb des Laufrads
turbine drum Turbinentrommel
turbine effluent Turbinenabgas
turbine engine Turbinenmotor, -triebwerk, Turbomotor
turbine engine, abradable seal for abreibbare Dichtug für Gasturbinentriebwerk
turbine engine, aerodynamic flow component investigation Komponentenuntersuchung an Strömungsturbine (av)
turbine-engine aircraft Luftfahrzeug mit Turbinenantrieb
turbine engine overhaul and repair facility Überholungs- u. Instandsetzungsanlage
turbine-engined civil helicopter Zivilhubschrauber mit Turboantrieb
turbine-engined fleet Hubschrauberflotte mit Turbomotor, mit Turbomotoren ausgestatteter Hubschrauber
turbine-engined helicopter Hubschrauber mit Gasturbinentriebwerk, mit Turbomotoren ausgestatteter Hubschrauber
turbine engines type tests für Leistungsnachweis von Turbinenmotoren
turbine entry duct Brennrohraustritt
turbine entry guide blade unit Turbineneintrittsleitkranz
turbine entry temperature thermodynamischer Wirkungsgrad, Turbineneintrittstemperatur
turbine exhaust Turbinenabgas
turbine exhaust flange Turbinenaustrittsgehäuseflansch
turbine exhaust propelling nozzle Heißgasdüse
turbine exhaust steam Turbinenabdampf
turbine exit casing Turbinenaustrittsgehäuse
turbine forging Turbinenschmiedestück, Turbinenschmiedeteil
turbine frame Turbinenaustrittsgehäuse
turbine gear Turbinenvorgelege
turbine generator Turboaggregat
turbine generator set Turbogeneratorgruppe
turbine housing Turbinengehäuse
turbine impeller Turbinenrad, Spritzring (Twk)
turbine impeller mixer Radialflußschnellrührer, Schaufelradmischer, Turbinenmischer
turbine inlet temperature Turbineneingangstemperatur
turbine nip washer Turbinenabstandsscheibe
turbine noise Turbinengeräusch, -lärm
turbine nozzle Leitschaufelkranz, -ring, Turbinenleit(schaufel)kranz
turbine nozzle blade Turbinendüsenschaufel
turbine nozzle box Turbineneintrittsgehäuse
turbine nozzle control Leit-, Turbinenschaufelkontrolle
turbine nozzle guide vane Turbineneintrittsdüsenkranz
turbine-nozzle loss factor Turbinendüsenverlustbeiwert
turbine nozzle partition Turbinenleitschaufel
turbine nozzle vane Turbinenleitschaufel
turbine oil Turbinenöl
turbine outlet temperature (gas producer turbine)(TOT) Arbeitsturbineneintrittstemperatur (Twk)
turbine out-of-balance caused by fan blade failure Umwuchtfall bei Bläserschaufelbruch
turbine parts repair Instandsetzung von Triebwerkkomponenten
turbine pipeline Turbinenrohrleitung
turbine piping Turbinenleitungsrohre
turbine powered helicopter Turbohubschrauber
turbine powerplant Turbinentriebwerk
turbine pressure Ladedruck
turbine pressure-ratio transducer Turbinendruckverhältnisgeber
turbine pump Kreiselpumpe
turbine ring (of guide blade) Führungsschaufelring
turbine rotor Turbinenläufer
turbine rotor blade Turbinen(läufer)schaufel, Turbinenrotorschaufel
turbine rotor retaining shaft Turbinenläuferzuganker
turbine rotor shaft Turbinenwelle
turbine running forward Vorwärtsturbine
turbine seal Turbinendichtung
turbine shaft Turbinenwelle
turbine shaft bolt Tubinenläuferzuganker
turbine shop Turbinenhalle
turbine shroud band Turbinendeckband
turbine shroud ring Turbinenmantelring, Turbinendeckband (Twk)
turbine shroud segment gap Spaltöffnung zwischen Deckbandsegment u. Turbine
turbine stator Turbinengehäuse
turbine stator blade Turbinenleitschaufel
turbine stator guide vane Turbinenleitgitter
turbine stator segment Turbinenleitkranzsegment, Turbinenleitschaufelsegment
turbine steamer Turbinendampfer
turbine temperature, engine can achieves its thrust at lower... niedrige Turbinentemperatur bei gleichem Schub
turbine tie-bolt Turbinenläuferzuganker
turbine tip seal material and compressor blade tip seal Schaufelspitzenabdichtung in Turbine und Verdichter
turbine unit Turbinensatz
turbine valve Turbinenschieber
turbine vane Dreh-, Turbinenschaufel
turbine wheel Laufrad, Turbinenlaufrad
turbine wheel disc Turbinenradscheibe
turbo (abbreviation for turbines used in compounds) Turbinen..., Turbo...
turbo afterburner Nachbrenner
turbo alternator Turboalternator
turbo-annular combustion system Ringrohrbrennkammer
turbo blower Kreisel-, Turbo-, Zentrifugal-

gebläse
turbo burner Turbobrenner
turbo-charged engine with constant speed feathering propeller Turbolademotor mit drehzahlkonstanter Verstellschraube
turbo-charger Turbokompressor, Abgasturbolader,Turbogebläse, -lader
turbo-compound drive turbokomprimierter Antrieb
turbo compressor Kreiselgebläse, -verdichter, Turboverdichter
turbo dispenser Turbodispenser
turbo dryer Turbinentrockner
turbo-electric drive turboelektrischer Antrieb
turbo-electric propulsion turboelektrischer Antrieb
turbo engine (Propeller)turbinenlaufstrahlmotor
turbo-engined aircraft Luftfahrzeug mit Turbinenantrieb
turbo fan Ventilator, Zweikreisgebläse
turbo fan aircraft Zweikreisstrahltriebwerk
turbo fan engine Bläsertriebwerk, Mantelstromtriebwerk
turbo fan engine, super-efficient high-bypass GE hochwirksames GE-Mantelstromtriebwerk mit hohem Nebenstromverhältnis
turbo gas exhauster Turbogasexhaustor
turbo generator Turbinendynamo, -satz
turbo-jet Düse, Strahlturbine, TL-Triebwerk, Turbostrahltriebwerk
turbo-jet aircraft Luftfahrzeug mit Turbinenantrieb
turbo-jet burner with "gutter-flame" stabilizer for the hot turbine efflux Turbostrahlbrenner mit -Gutterflamme- Stabilisator für Heißluftabströmung
turbo-jet engine Schubtriebwerk, Turbinenladermaschine, Turbinenstrahlmotor, Turbo(strahl)motor
turbo-jet engine with regeneration Zweikreisturbinenluftstrahlwerk
turbo-jet, mounted in the fuselage im Rumpf gelagerter Gasgenerator
turbo-jet transformer Turbotransformator
turbo liner Düsenverkehrsflugzeug
turbo-machinery associated noise Lärm der rotierenden Baugruppe
turbo-prop Propellerturbine
turbo-prop aircraft Luftfahrzeug mit Turbinenpropellerantrieb, Luftfahrzeug mit PTL-Antrieb, Luftfahrzeug mit Turbopropellerantrieb
turbo-prop engine Propellerturbomotor, Turbinenpropellermotor
turbo-propeller engine Propellerturbine, Propellerturbomotor, Turbinenpropellermotor
turbo pump Serien-, Turbinenpumpe
turbo pump feed system Turbopumpenförderung
turbo-ram jet Turbinenstaustrahltriebwerk
turbo-ram jet engine, in which "turbine" and "ramjet" functions combined Turboaustrittsstrahltriebwerk
turbo rocket Turboraketenantrieb
turbo set Turbosatz
turbo-shaft engine Wellenleistungsturbine, Wellenleistungsturbinentriebwerk
turbo-shaft engine for helicopter Wellenleistungs-Gasturbine für Hubschrauber
turbo-supercharger Abgasturbogebläse, Turbolader (für Abgas)
turbo-vacuum machine Turbinensaugreiniger
turbo vane Turbinenschaufel
turbo ventilator Kreisellüfter
turbochanger air inlet Turbolader-Lufteinlaß
turbochanger air inlet tube Abgasturbolader-Lufteinlaßrohr (Twk)
turbocharger air line Abgasturbolader-Luftsaugrohr (Twk)
turbocharger bypass valve Abgasturboladerregelventil
turbocharger compressor Turbolader-Verdichterlaufrad (Twk)
turbofan, economical low-noise sparsames geräuscharmes Mantelstromtriebwerk
turbofan, equivalent-power leistungsgleicher Mantelstrommotor
turbofan-powered aircraft ZTL-Flugzeug
turboflo dryer Turboflo-Trockner (Wirbelschichttrockner)
turbogenerator Turbogenerator
turbojet TL-Triebwerk, Turbinen(luft)strahltriebwerk
turbojet, afterburning Nachbrenner-TL-Triebwerk, TL-Triebwerk mit Nachbrenner
turbojet aircraft Luftfahrzeug mit Gasgebläseantrieb
turbojet engine TL-Triebwerk, Turbinen(luft)strahltriebwerk, Turbostrahltriebwerk
turboprop Propeller-Luftstrahltriebwerk, PTL-Triebwerk, Turboproptriebwerk
turboprop aircraft Luftfahrzeug mit Turbopropantrieb
turboprop engine Propellerturbinen(luftstrahl)triebwerk, PTL-Triebwerk, Turboproptriebwerk, Flugzeug mit Propellerturbinenantrieb (PTL)
turboprop exhaust Turbopumpenauslaß
turbopump Turbopumpe
turbopump assembly, power in the Leistungsdichte des Turbopumpenaggregats
turbopumps, total power of the Gesamtleistungsdruck der Turbopumpen
turboramjet kombiniertes TL-Staustrahltriebwerk
turborocket kombiniertes Turbinen-Rückstoßtriebwerk od. TL-Raketenstaustrahltriebwerk, Turboraketentriebwerk
turborocket engine kombiniertes Turbinen-Raketentriebwerk, kombiniertes TL-Raketenstaustrahltriebwerk
turboset Turbosatz
turbulence Aufwirbeln, Böigkeit, Turbulenz, Unruhe, Wirbelbildung
turbulence chamber Wirbelkammer
turbulence detection Turbulenzortung (Radar)
turbulence penetration mode Betriebsart für Turbulenzzonen
turbulence plane Wirbelebene
turbulence-produced turbulenzerzeugt
turbulence warning Böigkeitswarnung
turbulent böig, stürmisch, turbulent, unruhig, verwirbelt (Strömung)
turbulent air Turbulenz, turbulente Strömung
turbulent air current Turbulenzströmung, turbulente Strömung

turbulent boundary layer turbulente Grenzschicht
turbulent-chamber engine Wirbelkammermaschine
turbulent film evaporator Turbulenzschichtverdampfer
turbulent flow turbulente od. ungeordnete Strömung (aerodyn), Wirbelströmung, Flachströmung
turbulent friction turbulente od. unruhige Reibung
turbulent motion Wirbelbewegung
turbulent motion of the air Durchwirbelung der Luft
turbulent movement of gas Gaswirbelbewegung
turbulent region Strömungsabschnitt, Strömungsschatten
turbulent separation Ablösung einer turbulenten Grenzschicht
turbulent solar atmosphere turbulente Solaratmosphäre
turbulent spot Turbulenzflecken
turbulent stream turbulente Strömung
turbulent wake Flächenrandwirbel, Luftwirbelschleppe, Randwirbel, Wirbelschleppe
turbulent wedge Turbulenzkeil
Turing machine Turingmaschine
turn Aufeinanderfolge, Ausschlag, Drehung, Doppelschlag, Biegung, Kehre, Kehrkurve, Kehrtwendung, Kurvenflug, Querneigung, Schlängelung, Schraubenwindung, Schwenkung, Tour, Umdrehung, Umlauf, Umwindung, Verdrehung (Feder, Spule usw.), Wendeflug
turn (of a picture) Verdrallung, Verdrehung, Verdrillung, Verseilung
turn a control at maximum, to einen Regler vollaufdrehen
turn a knob, to einen Knopf drehen
turn a shoulder, to absetzen
turn-about umklappen, umwenden, umwälzen
turn all the way in, to voll eindrehen (Kehre)
turn-and-bank indicator Wendezeiger
turn-and-slip indicator Wendezeiger (im Scheinlot)
turn-around "Kurven Sie"
turn around, to umdrehen, umwälzen, umschwenken
turn-around area Umkehrfläche, Wendefläche
turn-around line Abfertigungszeit an den Streckenendpunkten
turn-around operation Abfertigungsarbeit
turn-around time Bodenabfertigungszeit, Standzeit am Umkehrpunkt, Durchlaufzeiten
turn-back dose Umkehrdosis (ABC)
turn-back, to zurückdrehen
turn backwards with a crank, to zurückkurbeln
turn barrel Spannschloßmutter
turn bridge Drehbrücke
turnbuckle Spannanker, -schloß, -schraube, -vorrichtung, -wirbel, Spanner
turnbuckle barrel Spannschloßmutter
turnbuckle eye Spannschloßauge, -öse
turnbuckle nut Spannschloßmutter
turnbuckle of a window Fensterwirbel
turnbuckle safetying Spannschloßsicherung
turnbuckle screw Anziehschraube
turnbuckle thread Spannschloßgewinde
turn button Drehverschluß, Drehknopf
turn control Richtungsgeber
turn control amplifier of an automatic pilot Verstärker für Kurssteuerelement einer Selbststeueranlage
turn control signal Vorgabe
turn coordination in the landing configuration Kurvenflug im Landezustand
turn coordinator Wendekoordinator
turn cutout Kurvenabschaltung (Kreiselüberwachung)
turn down, to einbiegen, niederklappen
turn-down a control, to einen Regler zudrehen
turn-down lights, to Befeuerung herunterschalten
turn error Kurvenfehler (am Instrument)
turn first diameter Andrehen (Werkzeug)
turn flux Flußverbindung, Kupplung, Windungsfluß
turn flux linkage Windungsfluß
turn full left, to ganz zudrehen
turn full right, to ganz aufdrehen
turn-in, to nach innen biegen
turn-in slip Rücklieferungszeichen
turn indicator Drehungs-, Kurven-, Wendemesser, Wendezeiger
turn inside out, to umstülpen (außen)
turn inside the wake, to zu kurz drehen
turning Abdrehen, Drehung, Verdrehung, Wendung, Windung, Drehmanöver (Fsch)
turning altitude Wendehöhe
turning angle Drehungswinkel
turning attachment Drehvorrichtung
turning axis Drehungsachse
turning bar Wendestange
turning basin Wendebecken (Wasserflugplatz)
turning basin lights Wendbeckenfeuer (Wasserflugplatz)
turning boring and cutting-off bench Dreh-, Bohr- und Abstechbank
turning bridge Drehbrücke
turning capacity Drehbereich
turning carriage Bett-, Langdreh-, Längsschlitten
turning center Drehmitte, -spitze
turning change-over switch Drehumschalter
turning circle Drehkreis, Einschlag
turning clockwise rechtsdrehend
turning combat Kurvenkampf
turning condensator Drehkondensator
turning cut Drehschnitt
turning cylinder Wendewalze
turning device Andrehvorrichtung
turning drum Wendetrommel
turning effort Drehmoment
turning error Querneigungsfehler
turning error of magnetic compass Drehfehler des Magnetkompasses
turning force Drehkraft
turning gear Dreh-, Schwenk-, Wendegetriebe, Durchdrehungsvorrichtung
turning-gear pinion Schwenkritzel
turning gyrometer Drehungsmesser
turning-inbound method Einkurvverfahren
turning length Arbeitslänge (einer Drehbank)
turning limit stop Einschlagbegrenzung
turning mechanism Drehvorrichtung
turning missed approach area Kurvenfehlanflugbereich

turning missed approach area Kurvenfehlanflugbereich
turning missed approach obstruction clearance Hindernisfreiheit im Kurvenfehlanflugbereich
turning moment Drehmoment
turning motion Drehbewegung, Kurveneinschlag
turning motor Schwenkmotor (Antenne)
turning multiple diameters Absatzdrehen
turning of tide Gezeitenwechsel
turning-over device for stored engines Drehvorrichtung für eingelagerte Motoren
turning performance Kurvenleistung, Wendigkeit
turning point Kursänderungspunkt, Umkehrpunkt, Wendepunkt
turning radius Kurvenradius, Wendekreishalbmesser
turning ratio Windungsübersetzung
turning slide Drehschlitten, Vordrehsupport
turning speed Drehgeschwindigkeit
turning square Loch-, Schubwinkel, Tiefenmaß
turning support Langdrehsupport
turning test Drehversuch
turning tool Abdrehstahl, Drehmeißel, Drehmesser, Drehstahl, Langdrehstahl
turning unit Bedienungsgerät
turning wall Kantwand
turning web Schweifsägeblatt
turnings Drehspäne
turn-into the wind, to in den Wind drehen
turnkey, integrated radio telephone communications system schlüsselfertiges integriertes Sprechfunksystem (Avionik)
turnkey job gebrauchsfertige Ablieferung
turnkey project "schlüsselfertige" Anlage
turn-off abdrehen, abschalten, ausschalten, wegschalten
turn-off a repeater, to einen Verstärker löschen
turn-off of highspeed taxiway Schnellabrollbahn
turn-off taxiway Abrollbahn, Abrollweg
turn-off time Abschaltzeit
turn-off, to außer Betrieb nehmen od. setzen
turn-on a repeater, to einen Verstärker zünden
turn-on error Einkurvfehler
turn-on point Einkurvpunkt
turn-on, to einschalten, zuschalten
turn-out track Ausweichgleis
turnover durchdrehen, umwenden
turnover capacity Wendeleistung
turnover frame Wenderahmen
turnover frequency Übergangsfrequenz
turnover fear Wendegetriebe
turnover manipulator Drehgestell
turnover molding machine Formmaschine mit Wendeplatte, Wendeformmaschine
turnover patterndraw machine Wendeplattenformmaschine mit Abhebevorrichtung
turnover plate Wendeplatte
turnover point Umkehrpunkt
turnover power sequencing machine Wendeplattenpreßformmaschine
turnover ratio Umschlaghäufigkeit
turnover-table jolter Rüttelformmaschine
turnover voltage Zehnerspannung
turn pinion Andrehritzel
turn point Knickpunkt
turn ratio Transformatorübersetzung
turn relay Kurvenrelais
turn round Umlenkung
turn-round time Durchlaufzeit, Liegezeit
turn screw Schraubenzieher, Spannschraube
turn sleeve Drehhülse
turnstile antenna Drehkreuzantenne
turnstile jammer Störsender mit Quirlantenne
turnstiles Draht-Tripelspiegel (ELOKA)
turntable Bohrtisch, Drehkranz, Drehtisch, Drehteller, Plattenteller, Schwenktisch, Wendetisch
turntable bolt Sperrklaue der Drehscheibe
turntable carriage Pivotlafette
turntable gun carriage Drehscheibenlafette
turntable ladder of fire engines Drehleiter für Feuerwehrzwecke
turntable racer Drehring
turntable rim Plattentellerrand
turntable rumble Laufgeräusch (Platte), Rumpelgeräusch
turntable speed Plattentellerdrehzahl
turn the engine past a compression point Motor über oberen Totpunkt (Verdichtungshub) hinwegheben
turn the screw home Schraube fest anziehen
turn the tuning control, to die Abstimmung ändern
turn tile Drehkreuz, Sternrad
turn to einkurven auf
turn, to gerinnen (durch Sieden), hinrichten, kehren, kreisen, schwenken
turn-up, to aufbiegen, aufklappen, hochklappen
turn upside down hochkant stellen, auf den Kopf stellen, umwenden
turn volume control at maximum, to den Lautstärkeregler voll aufdrehen
turpentine separator Terpentinabscheider
turpentine substitute Testbenzin
turret Drehbankknopf, drehbarer Panzerturm, Revolverkopf, Sechskantrevolversupport
turret arrangement Revolveranordnung
turret basket Gefechtsraum
turret bearing Revolverkopflager
turret connection Turmanschluß
turret designed for high-speed flight schwenkbarer Sensorkopf für hohe Fluggeschwindigkeit (FLIR-System)
turret face Revolverkopffläche
turret hatch Dachluke, Turmklappe, -luke
turret-hatch cover Turmlukendeckel
turret-index disc Revolverkopfschaltscheibe
turret indexing machine Revolverschaltapparat
turret lathe Revolverdrehbank
turret locking clamp Turmzurrung
turret pneumatic gauge Stickstoffdruckprüfmanometer (K-Panzer)
turret power relay box Pumpenmotorschaltrelais
turret power switch Turmhauptschalter (Panzer)
turret saddle Revolverkopfschlitten
turret servo motor Quarztrommelmotor
turret shaft Revolverkopfwelle
turret side-plate Turmseitenwand
turret stop screw Revolverhemmschraube
turret stud Revolverkopfachse, -zapfen
turret telescope Turmfernrohr

turret tool Revolverkopfwerkzeug
turret tool hole Werkzeugloch
turret traverse mechanism Schwenkgetriebe
turret traversing mechanism Turmschwenkwerk
turret traversing system Seitenrichtanlage
turret tuner induktiver Kanalwähler (TV)
turret type television tuner Trommeltyp-Kanalwähler
turret ventilating blower ring Befestigungsring für Turmbelüfter (Panzer)
turret with allround visibility or full-vision turret Vollsichtkanzel
turret work Revolverarbeit
turret work head Revolveraufspanntisch
turtleback gewölbte Verkleidung
turtle-deck Kabinenhaubenanschlußverkleidung
tuyere Blasrohr, Düse des Blasebalgs, Luftdüse, Rohrstutzen, Winddüse, Windform
tuyere arrangement Düsenanordnung
tuyere bottom Düsenboden
tuyere cap Düsenstockklappe
tuyere connection pipe Anschlußstück
tuyere controller Düsenstockregler
tuyere-cooling plate Windformkühlkasten
tuyere gate Düsenabsperrschieber, Windschieber
tuyere hole Blasöffnung, Formauge
tuyere level Düsenhöhe, Formebene
tuyere outlet Düsenaustritt
tuyere pipe Düsenrohr, Rüssel, Windrohr
tuyere stock Düsenstock (Hochof), Kniestück
tuyere system Düsensystem
TV (1) test vehicle (guided missiles) (2) terminal velocity, (3) television
TV and FLIR sight Fernseh- und Infrarotlenkung
TV band TS-Band
TV camera channel Fernsehkamerazug
TV camera for satellites Fernsehkamera für Satelliten
TV demodulator Niquist-Demodulator
TV directional array Fernseh-Richtstrahlfeld
TV-guided missile fernsehgelenkte Lenkwaffe
TV gunsight camera Videovisierkamera
TV kinescope tube Fernsehbildröhre
TV life transmission Fernsehdirektsendung, Lifesendung, Lifeübertragung
TV microscope Fernsehmikroskop
TV pattern generator Fernsehtestbildgeber
TV picture Fernsehbild
TV picture monitor Bildkontrollempfänger
TV radar Fernseh-GCA
TV receiver Fernsehapparatempfänger
TV script Fernsehmanuskript
TV slide projector Diageber
TV sound Fernsehton
TV studio recorder Fernsehstudioregistriergerät
TV transmission Fernsehaufnahme
TV-type display Rastergrafikbildschirm
TV-type touch-sensitive display Sensorbildschimr (ATC)
TV with low light level Fernsehgerät mit Lichtverstärkung
TVOR (terminal VOR) Platz-UKW-Drehfunkfeuer
TVTO true vertical take-off
tweeter (loudspeaker) Hochtonlautsprecher, Hochtonkonus, Lautsprecher mit hohem Ton
tweezer Federzange, Noppzange
T-weld T-Stoß
T-welding T-Schweißung
twelve-cell lead battery zwölfzellige Bleibatterie
twelve channel group Vorgruppe
twelve channel terminal set Zwölfbandsatz
twelve channel type system Zwölfbandsystem
twelve-cylinder inverted V-engine hängender Zwölfzylinder-V-Motor
twelve-cylinder inverted W-engine hängender Zwölfzylinder-W-Motor
twelve-cylinder V-engine Zwölfzylinder-V-Motor
twelve-four-cylinder H-shaped engine Vierundzwanzigzylinder-H-Motor
twelve punch Y-Loch (12er Loch), Y-Lochung, Loch in der Zwölferzeile einer Lochkarte
twelve tone scale Zwölftonskala
twelve word machine Zwölfwortmaschine
twenty-four sided solid Vierundzwanzigflächner
twice zweimal (Sprechgruppe)
twice the volume doppeltes Einbauvolumen (av)
twilight Dämmerung, Halbdunkel, astronomische Dämmerung, Helldunkel, Zwielicht
twilight after sunset Abenddämmerung
twilight attack Dämmerungsangriff
twilight effet Zwielichteffekt, Dämmerungseffekt
twilight switch Dämmerungsschalter
twilight vision Dämmerungssehen
twilight zone Gebiet des Zwielichts, Mischzone
twill weave Köpergewebe
twin doppeladrig, doppelt, zweiadrig, Zwilling
twin action Doppel-, Zwillingswirkung
twin aerial or antenna Doppel-, Zwillingsantenne
twin air supply Zweiluftzufuhr
twin-arc light Zwillingsbogenlampe
twin-ax cable konzentrisches Kabel mit zwei Innenleitern
twin band telephone cable Zweibandkabel
twin-barreled machine gun Zwillingsmaschinengewehr
twin barrels Zwillingslafette
twin blinker Doppelblinkleuchte
twin block Zwillingsflaschenzug
twin boom (mit) Doppelleitwerkträger
twin-boom aircraft Flugzeug mit Doppelleitwerkträger
twin break contact Zwillingsruhekontakt
twin cable doppeladriges Kabel, paarverseiltes Kabel, Zweierbündelkabel
twin-cantilever truss doppelseitiger Kragträger
twin capacitor Doppel-, Zwillingskondensator
twin-carbon-arc brazing Lichtbogenhartlöten mit zwei Kohleelektroden
twin carbon-arc lamp Zwillingsbogenlampe
twin-cathode-arc-welding Lichtbogenschweissen mit zwei Kohleelektroden
twin carrier Zwillingsträger
twin casting Zwillingsguß (Stranggießverfahren unterteilter Brammenkokille)
twin cathode-ray beam Zwillingselektronenstrahl
twin check Doppelkontrolle, Duplikat-, Duplizierprüfung, Zwillingskontrolle,

-prüfung
twin choke Zweifachdrossel
twin circuit Doppelleitung
twin-circuit welding powder supply system Zwei-Kreis-Schweißpulverversorgungseinrichtung (Spiralrohrschweißanlage)
twin collecting piece Doppel-, Zwillingssammelstück
twin compressor Zwillingsverdichter
twin concentric cable konzentrisches Kabel mit zwei Innenleitern
twin condenser Doppel-, Zwillingskondensator
twin conductor Doppelleiter, -leitung, Zwillingsleitung
twin contact Doppel-, Zwillingskontakt
twin contact connector or jack zweipolige Buchse
twin contact wire Doppelfahrleitung
twin-cord zweiadrige Schnur, Zweileiterkabel, -schnur
twin core cable zweiadriges Kabel, Zweileiterkabel
twin crystal Doppelkristall, Zwillingskristall
twin-cylinder Doppelzylinder
twin-cylinder drying machine Zweiwalzentrockner
twin-cylinder engine Doppelreihenmaschine, Zwillingsmaschine
twin-cylinder engine with triple bearing Dreilagerzwillingsmaschine
twin-cylinder mixer Zwillingstrommelmischer
twin detonating wire Doppelsprengkabel
twin diode Diodenpaar, Doppeldiode, Zwillingsdiode, Duodiode mit gemeinsamer Kathode
twin diode with separate cathodes Zweifachdiode mit getrennten Kathoden
twin-drive train Doppeltriebwagenzug
twin-drum dryer Zweiwalzentrockner (nach außen rotierende Walzen)
twin engine Doppelmotor, Duomotor, Zwillingstriebwerk
twin-engine car Zweimaschinengondel
twin-engine fighter airplane Zerstörerflugzeug
twin-engine fighter pilot school Zerstörerschule
twin-engine fighter wing Zerstörergeschwader
twin-engine trainer from Link Zweimotortrainer von Link
twin-engined zweimotorig
twin-engined convertible aircraft zweimotoriges Verbundflugzeug
twin-engined interceptor for tactical support and photographic reconnaissance zweistrahliges Jagdflugzeug für Erdkampfunterstützung u. fotographische Aufklärung
twin-engined version (passenger operations only) zweistrahliges Passagierflugzeug
twin feeder cable Dopplerzuleitungskabel
twin fin doppeltes Seitenleitwerk
twin flex(ible cable) doppeladrige Schnur, Doppelschnit
twin float Doppel-, Zweischwimmer
twin-float plane Zweischwimmerflugzeug
twin-float seaplane Zweischwimmerseeflugzeug
twin floodlight Doppelreflektorflutlicht
twin foam tube Zwillingsschaumrohr
twin formation Doppel-, Zwillingsbildung
twin-fuel propellant system for kick stage diergoler Hauptantrieb der Kickstufe
twin fuel pump Zwillingsbrennstoffpumpe
twin fuselage Doppelrumpf
twin gas lever or throttle Zwillingsgashebel
twin gliding plane Zwillingsgleitungsfläche
twin-grid tube Doppelgitterröhre
twin-hulled flying boat Flugzeug mit zwei Bootskörpern
twin hydraulic motor Doppelhydraulikmotor
twin intake Doppel-, Zwillingseinlauf
twin intermeshing rotors (TIR) ineinander kämmende Zwillingsrotore
twin ionization chamber Doppelionisationskammer
twin jack Zwillingsklinke
twin-jet zweistrahlig(es Flugzeug)
twin lamina Doppel-, Zwillingslamelle
twin lead Verteilerkabel
twin-lead transmission line Antennenstegleitung
twin leader Doppel-, Zwillingsader
twin-lens reflex camera zweiäugige Spiegelreflexkamera
twin liftfans with vertical thrust in nacelle Doppelhubbläser mit vertikaler Schubkomponente in Gondeln
twin loop Doppel-, Zwillingsrahmen
twin make contact Zwillingsarbeitskontakt
twin mill Doppelspindelfräsmaschine mit feststehendem Tisch, Doppelspindel-Planfräsmaschine
twin mode Twinmode
twin-motor(ed) zweimotorig
twin-motor airplane zweimotoriges Flugzeug
twin-nose wheel Zwillingsbugrad
twin optical apparatus Doppelleuchte (Marine)
twin or bifilar cable doppeladriges Kabel
twin or duplex fuel pump Zwillingsbrennstoffpumpe
twin parachute pack Zweitraubenpackhülle, Zweitraubenverpackungsack (Fsch)
twin pedal Doppel-, Zwillingshebel
twin photogrammetric camera Zweifachmeßkamera
twin piston engine Doppelkolbenmotor
twin plates Doppel-, Zwillingsplatten
twin-plex method Zweikanalfrequenzumtastung
twin plug Doppel-, Zwillingsstecker
twin pneumatic tires Doppelpneu (Reifen)
twin pod Zwillings(stiel)gondel
twin power section turbo-prop engine Zwillingspropellerturbinenmotor
twin propeller Doppelluftschraube, Zweierschraube
twin pump Doppel-, Zwillingspumpe
twin-pump set Zwillingspumpensatz
twin-range case Vorschaltgetriebe
twin-ring-type surface tensiometer Doppelring-Oberflächenspannungsmesser
twin-roller pull Zwillingsrollenzug
twin-row radial engine Doppelsternmotor
twin rudder Doppelruder, doppeltes Seitenleitwerk
twin-screw Doppelschraube
twin-screw conveyor Doppelschnecke
twin-screw elevating mechanism Doppel-

schraubenrichtmaschine
twin-screw model Zweischraubenmodell
twin-screw ship Doppel-, Zweischraubenschiff
twin-serial camera Zweifachreihenbildkamera
twin-sheet pilers Spundbohlen mit Nuten und Federn
twin-shell blender Zwillingstrommelmischer
twin side-by-side rotors (TSR) nebeneinander liegende Zwillingsrotoren
twin-skid chassis Zwillingskufengestell
twin slipping Doppel-, Zwillingsleitung
twin sound locator Doppelrichtungshörer
twin spark ignition Zweifunkenzündung
twin spark magneto Zweifunkenmagnetapparat
twin-spool design with the low press spool incorporating a single stage fan as well as a single-stage supercharger compressor Zweiwellentriebwerk mit Vorverdichter
twin-spool high by-pass turbofan Doppelverdichtertriebwerk mit hohem Nebenstromverhältnis
twin-spool turbofan zweiwelliges Bläsertriebwerk
twin-spool turbofan engine Zweikreismantelstromtriebwerk
twin-spool turbojet cycle with afterburner thrust boost Zweiwellen-Einkreisprinzip mit Schuberhöhung durch Nachbrenner
twin steam engine Zwillingsdampfmaschine
twin synchronizing commutator Doppelsynchronunterbrecher
twin synchronizing pulse generator Doppelimpulsgeber
twin T-connection doppeltes T-Anschlußstück
twin T-network Doppel-T-Netzwerk
twin tail Gabelschwanz
twin tandem rotors (TTR) Zwillingsrotoren in Tandemanordnung
twin tape transporter Zwillingstransportorgan
twin track Doppel-, Zwillingsspur
twin traveling crane Zwillingslaufkran
twin triode Doppel-, Zweiertriode
twin tube Doppel-, Zweierröhre
twin tunnel Doppeltunnel
twin-type collecting connection Zwillingssammelstutzen
twin-type refrigerator Zwillingskühlschrank
twin-type screwing connection Zwillingsschraubstutzen
twin vacuum tube or valve voltmeter Doppelröhrenvoltmeter
twin variable delivery pump Zweifachregelpumpe
twin V-belt Doppelkeilriemen
twin-wheel node landing gear zwillingsbereiftes Bugfahrrad
twin wire doppeladrig, Doppeldraht
twine knife Fadenmesser
twine, to zusammendrehen, zwirnen
twinkle, to szintillieren, flimmern, funkeln
twinning paarigstehen der Zeilen, Verknüpfung, Zwillingsbildung
twinning axis Zwillingsachse
twinning machine Vierer-Verseilmaschine
twinning mechanism Zwillingsbildung
twinning plane Zwillingsebene, -fläche
T-wire a-Ader, Ader zur Stöpselspitze
twirl, to quirlen, umdrehen
twist Drall, Drehung, Drilling, Torsion, Twist, Verdrillung, Verwindung, Windung, Verdrehung, Verziehen
twist angle Drallwinkel
twist belt geflochtener Riemen
twist bit Schneckenbohrer
twist chain Würgekette
twist clamp Würgeklemme
twist compensator Drallausgleicher
twist direction Drehungsrichtung
twist drill Spiral-, Wendelbohrer
twist-drill center grinding apparatus Spiralbohrspitzenschleifapparat
twist-drill lifters Spiralbohrerausheber
twist-drill spear Drillbohrerspeer
twist-drill stem Seele eines Spiralbohrers
twist-drill tester Spiralbohrerprüfgerät
twist drilling knifes Spiralbohrermesser
twist effect of slip stream Drallwirkung
twist equalizer Feinentzerrer
twist-free drallfrei, verdrehungsfrei
twist grip control Drehgriff
twist grip release button Drehgasgriffauslöseknopf (Hschr)
twist grip release rod Drehgasgriffauslösestange (Hschr)
twist grip throttle control Gasdrehgriff (Motorrad)
twist in opposite direction Kreuzschlag (Seil)
twist gyro Drehschwingkreisel
twist iron Würgeeisen
twist joint Wickellötstelle, Würgeverbindung
twist key Schwenktaster
twist-link chain Kette mit gedrehten Gliedern, gedrehte Kette
twist milling Fräsen mit Spiralnuten
twist of wire layers Lagendrall
twist off, to abbrechen (Mitnehmerlappen)
twist-off Gestängeausreißer, Gestängebruch
twist on the blade Schaufelverwindung
twist range Drehungsbereich
twist ring Schwenkring
twist rope Torsionsseil
twist section bewegliches Profil
twist the wing, to Flügelklappen verdrehen
twist, to verdrehen, verdrillen, verwinden, verziehen (diagonal), zusammendrehen, zwirnen
twist together miteinander verwürgen, zusammendrehen
twist transportation system Platztausch in Form einer Drehung (bei Drehkreuzachsen)
twist weld(ing) Rührschweißen, Rührschweißung (pla)
twisted gedreht, gewunden, gezogen, schraubenförmig, verdrallt, verschlungen, verwunden
twisted arrow wing verwundener Pfeilflügel
twisted auger Schneckenbohrer (Gewinde)
twisted blade verwundene Verdichterschaufel
twisted-cassegrin aerial asymmetrische Cassegrin-Antenne
twisted cordage geschlagenes Tauwerk
twisted horn Faltenhorn (Lautsprecher)
twisted joint Würgeverbindung

twisted loudspeaker horn aufgewundenes Lautsprecherhorn
twisted pair verdrillte Doppelleitung
twisted pair conductor verdrillter Leiter
twisted pairs of wires verdrillte Leiterpaare
twisted section (waveguide) verdrehter Hohlleiterabschnitt
twisted sleece joint Hülsenwürgebund
twisted strip or band galvanometer Bandgalvanometer, Bändchen-, Bändergalvanometer
twisted to together zusammengedreht
twisted wire verdrillter od. verseilter Draht
twister Kettenandreher, Windhose (meteo)
twister crystal Drillingskristall
twisting Anstoßen, Drahtgebung, einfacher Drall, Drehen, einfache Drehung, Krümmung, Platzwechsel, Verdrallung, Verdrehung, Verdrilling, Verseilung, Verwindung
twisting fatigue Verdrehungsermüdung
twisting force Dreh-, Torsionskraft
twisting machine Verseilmaschine
twisting moment Verdrehungsmoment
twisting moment, centrifugal zentrifugaler Verwindungsmoment
twisting of cable Kabelverseilung
twisting pliers Windeisen
twisting resistance Torsionswiderstand
twisting strain Torsionsspannung
twisting strength Drehfestigkeit
twisting stress Torsionsbeanspruchung, Torsionsspannung, Verdrehungsbeanspruchung
twisting test Drehungs-, Torsions-, Verdrehungsversuch, Verwindungsprobe
two address code Zweiadressencode
two-address instruction Zweiadreßbefehl, Eins-Plus-Eins-Adreßbefehl
two-address machine Zweiadreßmaschine
two and half winger Zweieinhalbdecker
two armed lever zweiarmiger Hebel
two-axis gyro Zweiachsenkreisel
two-axis full-freedom gyro voll durchdrehbarer Lagekreisel
two-axis gyroflex Zweiachsentrockenкreisel Gyroflex
two-axis gyro group Zweiachsenkreiselgruppe
two-axis gyroscope Zweiachsenkreisel
two-axis stick, plus rudder pedals and collective side-stick or lever Zweichensensteuergriff, Seitendruderpedale u. Blattverstellhebel bzw. -griff (2+1+1+Achsensteuerung)
two-barrel mount Doppellafette
two bay aerial Zweifachantenne
two-bay biplane zweiteiliger Doppeldecker
two-bay rack zweibuchtiges Gestell
two-bay relay receiving aerial Zweifach-Ballempfangsantenne
two beam aerial Zweikeulenantenne
two-beam line storage tube Zweistrahllinienspeicherröhre
two-beam plane storage tube Zweistrahlflächenspeicherröhre
two-bearing rigid rotor zweifach gelagerter Rotor
two-blade paddle mixer Zweischaufelrührer
two-bladed airscrew zweiflügelige Luftschraube
two-bladed rotor system zweiblättriger Hauptrotor
two-bladed, variable-pitch automatically controlled propeller automatisch geregelter Zweiblatt-Verstellpropellel (Variostat)
two-body decay Zerfall in zwei Teilchen
two-body interaction Wechselwirkung zweier Körper
two-body problem Zweikörperproblem
two-body reaction Wechselwirkung zweier Körper
two-body theory Zweikörpertheorie
two-cabled dredger or bucket grab Zweiseilgreifer
two cell accumulator Doppelakkumulator
two-channel amplifier Zweikanalverstärker
two-channel electronic switch Zweikanal-Elektronenschalter
two-channel GPS to be integrated an multisensor navigation system GPS-Zweikanalempfänger zur Nachrüstung in Hybridsystemen
two-channel intensity gate Zweikanal-Helltastimpuls
two-channel listening zweiohriges Hören
two-channel reference signal generator Zweikanalgenerator, Bezugssignalgenerator
two-channel system Zweibandsystem
two-channel system, a line is running in Leitung verläuft über Zweibandsystem
two-circuit reflex klystron Zweikreisreflexklystron
two-circuit tuning Zweikreisabstimmung
two-circuit turbine jet unit Doppelstrom-Turbodüsentriebwerk
two-circuit winding Wechselstromwicklung
two-coil indicator zweischenklige Klappe
two-column press Zweisäulenpresse
two-component adhesive Zweikomponentenklebstoff
two-condition telegraph code aus zwei Zuständen aufgebauter Fernschreibcode
two conductor cord Doppelschnur, zweiadrige Schnur
two-conductor firing wire Doppelsprengkabel
two contact plug Zweipolstecker
two core cable doppel- od. zweiadriges Kabel, Zweileiterkabel
two course radio range Funkbake mit Zweiarmausrüstung (Leuchtfeuer)
two-crystal digital frequency synthesizer Zweiquarzdigitalfrequenzaufbereitungsschaltung
two-cycle aircraft engine Zweitaktflugmotor
two cylinder turbine zweigehäusige Turbine
two-degree-of-freedom gyro Kreisel mit drei Freiheitsgraden (einschließlich um die Laufachse)
two-digit zweistellig
two-dimension eben, zweidimensional
two-dimensional design testing in the wind tunnel Windkanal für zweidimensionalen Strömungsversuch
two-dimensional flow ebene Strömung
two-dimensional intakes zweidimensionale Lufteinläufe
two-dimensional lattice zweidimensionales Flächengitter
two-dimensional modulation and contour

texture zweidimensional strukturierte Darstellung (Simulator)
two-dimensional motion zweidimensionale Bewegung
two-dimensional problem ebenes od. zweidimensionales Problem
two-dimensional testing Zweidimensionalströmungsversuch
two-dimensional vectoring/reversing nozzle zweidimensionale schwenkbare Schubdüse
two-direction bearing zweiseitig wirkendes Lager
two-directional focus(s)ing Richtungsdoppelfokussierung
two-draft wire zweimal gezogener Draht
two-dynamo operation Zweimaschinenbetrieb
two-edged doppel-, zweischneidig
two-electrode tube Diode, Doppelzweipolröhre
two-electrode vacuum tube Richtröhre
two-electrode valve Gleichrichterröhre, Diode, Zweipolröhre
two-element aerial Zweielementantenne
two-element regulator Zwei-Element-Regler
two-engine drive Zweimotorenantrieb
two-engine nacelle Zweimotorengondel
two-equal force Kräftepaar
two-event characteristic function vierdimensionales Eikonal
two-faced zweiflächig
two-faceted mirror Doppelspiegel
two-figure zweistellig, zweiteilig
two-filament bulb Biluxlampe, Zweifadenlampe
two-flanged girder Zweigurtträger (Fsch)
two-flank rolling gear tester Zweiflankenabrollgerät
two-flight squadron formation Doppelflugkettenformation
two-float bridge ferry Zweiboot-Brückenfähre
two-fluid cell Volta-Element
two-fluid manometer Zweistoffmanometer
two-flute end mill Langlochfräser
two-flute light spiral single-end-mill with morse taper shank leicht spiralgenuteter Langlochfräser mit Morsekegel
two-flute light spiral single-end mill with straight shank leicht spiralgenuteter Langlochfräser mit Zylinderschaft
two-fold diagonal, doppelt, zweifach
two-fold expansion steam engine Zweifachexpansionsdampfmaschine
two-fold security zweifache Sicherheit
two fractional scans per frame Zweierverfahren
two-frequency channel Duplexsprechweg
two-frequency recording mode Wechseltaktschreibverfahren ohne Rückkehr nach Null, Wechseltaktschrift
two gang capacitor Doppeldreh-, Zweifachkondensator
two-gas regenerative life support system (TGRLSS) Zweigaslebensunterstützungsanlage
two-gimbal platform vollkardanisch aufgehängte Trägheitsplattform
two-group model Zweigruppenmodell
two-gyro platform Zweikreiselplattform
two-handed hammer Zuschlaghammer
two-handled zweistielig
two-hole flange Zweilochflansch
two-hook for trailer Anhängerzughaken
two-hourly observation zweistündliche Wetterbeobachtung
two image photogrammetry Zweibildmessung
two-input adder Halbaddierer(glied), Einzifferaddierglied, einstelliges Addierwerk, serielles Addierwerk, Serienaddierer
two-input subtractor Halbsubtrahierer, Halbsubtrahierglied, Einziffer-Subtrahierglied, Subtrahierglied mit zwei Eingängen
two-layer thermal barrier coating Zweischicht-Hitzesperrbeschichtung
two-legged zweischenklig
two lens objective zweiteiliges Objektiv
two level antenna Zweiebenenantenne
two-level operation Zweiebenenverkehr
two-level store Speicher mit zwei verschiedenen Zugriffszeiten (dig)
two-line series scans per frame Zweierverfahren
two-line service Zweileitungsbetrieb
two-lipped end miller zweischneidiger Langlochfräser
two-magazine composing machine Doppelmagazinsetzmaschine
two-man crew Zweimanncockpit (LHX-Cockpit)
two-man shelter Zweierzelt
two-man spacecraft Zweimannkapsel (sp)
two-man tank Zweimannkampfwagen
two-mast system Zweimastanlage
two-meson system Zweimesonensystem
two mode waveguide Hohlleiter für Zweiwellentyp
two-motion selector Hebedrehwähler
two-network Zweipol
two-network containing reactance Reaktanzzweipol
two-noded oscillation zweiknotige Schwingung
two-nucleon system Zweinukleonensystem
two-out-of-five code Zwei-aus-fünf Code, Zwei-von-fünf Code
two-out-of-six code Zwei-aus-sechs Code
two pair core cable Doppelzwilling, zweipaariges Kabel
two-part code zweiteiliges Codebuch
two-part mold zweiteilige Kastenform
two-party line system Zweieranschluß
two-pass merge Mischen in zwei Durchläufen
two-phase alternating current Zweiphasenwechselstrom
two-phase alternating-current relay Wechselstromphasenrelais
two-phase alternator Zweiphasengenerator
two-phase armature Zweiphasenstromanker
two-phase circuit Zweiphasenschaltung
two-phase connection Zweiphasenschaltung
two-phase current Zweiphasenstrom
two-phase equilibrium Zweiphasengleichgewicht
two-phase field Zweiphasenraum
two-phase four-wired system Zweiphasen-Vierleitersystem
two-phase generator Zweiphasenstromerzeuger
two-phase induction motor Zweiphasenmotor
two-phase mains Zweiphasennetz
two-phase meter Zweiphasenzähler
two-phase modulation Zweiphasenmodulation

two-phase motor Zweiphasenmotor
two-phase sampling Doppelstichprobenprüfung
two-phase servomotor Zweiphasen-Stellmotor
two-phase system Zweiphasennetz, -system
two-phase three-wire system Zweiphasendreileitersystem
two-phase (vapour and liquid toluene) **system** Zweiphasensystem (Toluol in flüssiger und in dampfender Phase)
two-piece geteilt, zweiteilig
two-piece crankshaft zweiteilige Kurbelwelle
two-piece master rod geteiltes Hauptpleuel
two-pin base Zweistiftsockel
two-pin plug zweipoliger Stecker
two-pipe installation Zweileitungsmontage
two-pivot steering gear Zweizapfenlenkung
two-place zweistellig
two-place airplane Zweisitzerflugzeug
two-place procedural simulator zweisitziger Verfahrenstrainer (sp)
two-ply belt Doppelriemen
two-point boundary value problem Randwertproblem für zwei Punkte
two-point characteristic Zweipunktcharakteristik
two-point contact bearing Zweipunktlager
two-point control switch arrangement Wechselschaltung
two-point curve drawing instrument Zweikurvenschreiber
two-point emergency cell switch Doppelzellenschalter
two-point end cell switch Doppelzellenschalter
two-point fixing or fastening Zweipunktbefestigung
two-point landing Flach-, Zweipunktlandung, Radlandung
two-point loading Belastung an zwei Punkten
two-point measuring equipment Zweipunktmeßgerät
two-point measuring system Zweipunktmeßverfahren
two-point or way jack zweiteilige Klinke
two-point resection Zweipunktverfahren
two-point scanning Zweipunktabtastung
two-point socket zweiteilige Büchse
two-pole heater plug zweipolige Glühkerze
two-pole magnetic system zweipoliges Magnetsystem
two-pole phonograph motor zweipoliger Grammophonmotor
two-pole protection pin plug Stecker mit Schutzkontakt
two-pole shunt generator or dynamo zweipolige Nebenschlußmaschine
two-pole switch zweipoliger Schalter
two-pole trolley wire doppelpolige Fahrleitung
two port network Vierpol
two-position Zweigang
two-position action Zweipunkt-, Zweistellenregelung
two-position action controller Zweipunktregler, Zweipunkteinrichtung (Regelungstechnik)
two-position controllable airscrew Verstellschraube mit zwei Steigungsstellungen, Zweistellungsschraube
two-position controllable propeller Zweigangschraube
two-position lever Zweistellungshebel
two-position nozzle Zweistellungsdüse
two-position propeller verstellbare Flugschraube
two-position regulator zweistufiger Regler, Zweistufenregler
two-position six-point switch sechsstelliger Schalter mit zwei Stellungen
two-position thrust nozzle Zweipositionenschubdüse
two-position wing Zweistellungsflügel
two-power signal zweiwertiges Zeichen
two-prism spectrograph Zweiprismenspektrograph
two-pronged aircraft Zweizweckflugzeug
two-quantum annihilation Zweiquantenvernichtung
two-rail gravity conveyor zweigleisige Rollenbahn
two-rate meter Doppeltarifmesser, Doppeltarifzähler, Vergütungszähler
two-rate subscribers meter Doppelzähler
two-ratio gear Zweiganggetriebe
two-reel rotary printing machine Zweirollenrotationsdruckmaschine
two-reel system Schlepptrommelsystem (Luft- u. Raumfahrtsystem)
two-revolution press Zweiautomatenmaschine
two-ribbed nut Zweirippenmutter
two-ribbon light valve Zweibandlichtschleuse
two right angles gestreckter Winkel
two-row radial engine Doppelsternmotor
two-seater fighter Jagd-, Kampfzweisitzer
two-seater sailplane zweisitziges Segelflugzeug
two-seater with tandem seats Tandemzweisitzer
two-section bandpass filter Zweikreisbandfilter
two-section filter Zweikreisfilter, zweigliedriges Siebgebilde
two-section network zweigliedriger Kettenleiter
two-section transmission-line transformer zweistufige Transformationsleitung
two-section tube Verbundröhre
two-segment landing approach Zweiphasenflugverfahren
two-segment magnetron Zweischlitzmagnetron
two-shaft turbofan Zweiwellen-Zweistromtriebwerk
two-sheet zweischalige
two-sheet folder Doppelbogenfalzmaschine
two-sided mosaic pickup tube doppelseitige Bildabtaströhre
two-sided tape card zweiseitige Lochstreifenkarte
two-sided target zweiseitiger Bildschirm
two-sided winding engine drive doppelseitiger Fördermaschinenantrieb (Schachtförderung)
two-slot flange Zweischlitzflansch
two-spar zweiholmig
two-spar type of construction Zweiholmbauart
two-spar wing zweiholmiger Flügel
two-spark coil Zweifunkenspule
two-speed blower Zweiganglader, Schaltlader
two-speed countershaft Vorgelegewelle mit zwei Drehzahlen

two-speed drill Zweiganghandbohrer
two-speed gear Doppelübersetzung
two-speed loader Schaltlader
two-speed meter movement Meßwerk mit zwei Einstellzeiten
two-speed motor polumschaltbarer Motor
two-speed planetary gear Zweigangplanetengetriebe
two-speed supercharger Zweiganglader, Zweiphasenvorverdichter
two-spindle lathe Zweispindelbank
two-split magnetron Zweischlitzmagnetron
two-spool afterburning turbofan Zweispulentriebwerk mit Nachbrenner angetrieben
two-spool lift engine Zweikreishubtriebwerk
two-spring compensation Zweifederrückführung
two-stage zweistufige, Zweistufen...
two-stage air compressor Zweistufenluftpumpe
two-stage amplification Zweistufenverstärkung
two-stage amplifier Zweifachverstärker, zweistufiger Verstärker
two-stage blower Zweistufengebläse, Zweistufenlader
two-stage compressor zweistufiger Kompressor od. Verdichter, Zweistufenverdichter
two-stage control Regler mit zwei Regelstellungen
two-stage filter Doppelfilter
two-stage magnetic switch Zweistufenmagnetschalter
two-stage melting process Zweimalschmelzerei
two-stage process Zweistufenprozeß, Zweistufenverfahren
two-stage self-saturating magnetic amplifier zweistufiger selbstsättigender Magnetverstärker
two-stage supercharger Zweistufenlader
two-stage superheater zweistufiger Überhitzer
two-stage transonic axial single stage centrifugal compressor zweistufiger Transsonicaxialverdichter, einstufiger Radialverdichter
two-stage turbine Zweistufenturbine
two-stage variable amplifier zweistufiger Regelverstärker
two stages Hauptgetriebe mit zwei Untersetzungsstufen
two-state control Zweipunktregelung
two-state device Binärspeicherelement, bistabiles Bauelement
two-state process Zweistufenprozeß
two-state system System mit zwei stabilen Zuständen (binäres System)
two-station fixture Zweistückspannvorrichtung
two-station net Funklinie
two-station range finder Zweistandentfernungsmesser
two-step zweistufig
two-step action controller Schwarz/Weiß-Regler, Zweipunktregler
two-step magnetic switch Doppelmagnetschalter
two-step magnetic-type starting switch Anlaßdoppelmagnetschalter
two-step relay Stufenrelais, Zweistufenrelais, zweistufiges Relais
two-step rocket Zweistufenrakete
two-step titration Zweistufentitration
two string oscillograph Zweischleifenoszillograph
two-story folded dipole antenna Zweistock-Faltdipol-Antenne
two-strand field cable Feldfernkabel
two-stranded zweiadrig
two-stroke cycle Zweitaktprozeß
two-stroke engine Zweitaktmotor
two-stroke Diesel engine Zweitaktdiesel
two-stroke opposed piston Diesel engine Zweitakt-Diesel mit gegenläufiger Kolbenstange
two-subcarrier system Zweihilfsträgersystem
two-target reeling machine Schleppzielwinde
two term controller PI-Regler
two-termed zweigliedrig
two-terminal capacitor Zweipolkondensator
two terminal measurement Zweipolmessung
two terminal network Zweipol
two terminal-pair network Vierpol
two terminal-type equalizer Querimpedanzentzerrer
two-tone Preßfehler
two-tone detector Doppeltondetektor
two-tone keying Zweitonverfahren
two-tone signal Zweiklangsignal
two-tone system Zweiklanganlage
two-tone voice-frequency telegraphy Doppelton-WT, Wechselstromtelegraphie
two-tooth generating roughers Zweizahnwälzschrubber (w)
two-trace cathode ray tube Braun'sches Zweispurrohr
two-track recorder Zweispurschreiber
two tube bridge circuit Röhrenbrückenschaltung
two tube receiver Zweiröhrenempfänger
two turntable type player Zweitellergerät
two type of equipment spacially adapted for hypersonic speeds: the firing tunnel and the shock wave tube zwei neue Arten von Hyperschallversuchsanlagen: Schießkanal und Stoßrohr
two-valve amplifier Zweiröhrenverstärker
two-valve bridge circuit Röhrenbrückenschaltung
two-valve intermediate repeater Doppelrohrverstärker, Zweirohrverstärker
two-valve two-way intermediate repeater Zweiröhrenzwischenverstärker
two-valve two-wire (intermediate) repeater Zweidrahtdoppelrohrverstärker
two-voltage changeover Zweispannungsumstecker
two-wave property Zweiwelligkeit
two-way communication Zweiwegverbindung, Zweiwegverkehr
two-way communication between aircraft Verständigung von Flugzeug zur Flugzeug
two-way contact Umschaltkontakt
two-way contact with neutral position Umschaltkontakt mit neutraler Stellung, Wechselkontakt
two-way doppler shift zweifache Dopplerverschiebung
two-way frequency distribution zweiseitige Häufigkeitsverteilung

two-way hydraulic cylinder Zweiwegarbeitszylinder
two-way information transmission Zweiwegdatenaustausch (Bordrechner)
two-way intercommunications Fernsprechverkehr durch Fernsehen
two-way jack zweiteilige Klinke
two-way junction Verbindungsleitung für Wechselverkehr
two-way merge Zweimischvorgang (lo)
two-way planing Hobeln in beiden Richtungen
two-way plug Doppelstecker, Zweiwegstecker
two-way pump Zweiwegpumpe
two-way radio communication Gabelverkehr
two-way simplex system Zweikanalsimplex
two-way valve Wechselventil
two-wheel bootstrap alternate system Zweiläufer-Bedarfssystem
two-wheel pole trailer Langmaterialnachläufer
two-wheeled trailer Einachsenanhäger
two winding transformer Übertrager mit zwei Wicklungen
two wing shutter Zweiflügelblende
two-wire Zweidraht, doppeladrig, doppeldrähtig
two-wire aerial Zweidrahtantenne
two-wire amplifier Zweidrahtverstärker, Zweidrahtzwischenverstärker
two-wire antenna zweidrähtige Antenne
two-wire automatic telephone system Schleifensystem
two-wire cable doppel-, zweiadriges Kabel
two-wire circuit Zweidrahtschaltung, Doppeladerleitung
two-wire conductor Doppelschnur, zweiadriges Kabel
two-wire connection Gabel, Zwischendrahtschaltung
two-wire intermediate amplifier Zweidrahtzwischenverstärker
two-wire junction zweiadrige Ortsverbindungsleitung
two-wire lead cable zweiadriges Bleirohrkabel
two-wire line Doppel-, Zweidrahtleitung
two-wire loop circuit zweidrähtige Leitung
two-wire metallic circuit Doppelleitung
two-wire meter Zweileiterzähler
two-wire network Zweileiternetz
two-wire operation Zweidrahtbetrieb, Doppelleitungsbetrieb
two-wire repeater Zweidrahtverstärker
two-wire resonant line Lecherleitung
two-wire route Doppelleitungslinie
two-wire side circuit Zweidrahtstammleitung
two-wire system Schleifenleitungsbetrieb, Zweidrahtsystem, Zweileitersystem
two-wire telephone circuit Fernsprechamt-Doppelleitung
two-wire termination Zweidrahtgabel
two-wire trunk zweiadrige Ortsverbindungsleitung
two-wire two-valve intermediate repeater Zweidrahtdoppelrohrzwischenverstärker
two-wire two-way repeater Zweidrahtzwischenverstärker
two-wire working Schleifenleitungsbetrieb
two-word buffer memory Zweiwortpufferspeicher (EDV)
TWR (aerodrome control tower or service) Platzkontrollstelle od. Platzkontrolle
TWS tail-warning radar set, track-while-scan (system)
TWT technology Wanderfeldröhrentechnologie
twyer Düse, Rohrstutzen
TWX teletypewriter exchange (message)
TWY (taxiway) Rollbahn
TX item time-expired item
TXT card Maschinenprogrammkarte, Textkarte
tying (von to tie) Festmachen
tying the break cord Binden der Sollbruchstelle (Fsch)
Tylose Tylose (Methylcelluloseverbindung)
tympan clamp Aufzugsklappe
tympan reel Spannschiene
tympan shut Einsteckbogen
type Art, Ausführung, Druckletter, Entwurf, Form, Machart, Modell, Muster, Schriftcharakter, Setzkasten, Sorte, Type(nbezeichnung), Typus
type (of manufacture) Machart
type A display A-Darstellung, A-Schirmbilddarstellung
type acceptance test Typen(druck)prüfung
type alignment Typenausrichtung
type approval Baumuster, Musterzulassung
type attribute Typenattribut (Makrosprache)
type-approved mustergeprüft
type B display B-(Schirmbild)darstellung
type B facsimile Bildfunk mit Halbtönung
type B wave gedämpfte Welle
type badge Typenzeichen
type bar Typenhebel, -stange, Druckstab, Druckstange
type bar basket Typenhebelkorb
type bar guide Typenstangenführung
type bar plate Schreibplatte, Typenstangenantriebsplatte
type bar translator Typenhebelübersetzer
type basket Typenkorb
type C display C-Darstellung, C-Schirmbilddarstellung
type certificate Typenbeschreibung
type certificate drawings Typenbeschreibungsbezeichnungen
type certification insurance Erteilung der Typenzulassung (av)
type classification Materialkennung
type classification code Standardisierungscode
type clause Leistenarteneintragung, Leistenart(en)klausel (COBOL)
type cylinder Typenwalze
type D display D-Darstellung, D-Schirmbilddarstellung
type declaration Typenvereinbarung
type design Bau-, Musterunterlagen
type designation Musterbezeichnung
type designation, by nach Typenbezeichnung
type E display E-Darstellung, E-Schirmbilddarstellung
type EPI display EPI-Schirmbilddarstellung, vergrößerte Sektordarstellung am Rundsichtschirm
type F display F-Darstellung, F-Schirmbilddarstellung

type face Schriftart, Schrifttype
type font Zeichensatz
type foundry Schriftgießerei
type G display G-Darstellung, G-Schirmbilddarstellung
type H display H-Darstellung, H-Schirmbilddarstellung
type, interchangeable...bar ausweichbare(r) Typenstab od. Typenstange
type J display J-(Schirmbild)darstellung
type K display K-Darstellung, K-Schirmbilddarstellung
type L display L-Darstellung, L-Schirmbilddarstellung
type list Typenliste
type M display M-Darstellung, M-Schirmbilddarstellung
type marker Fächermarker
type mat Typenmatrize
type metal Schriftmetall
type N display N-Darstellung, N-Schirmbilddarstellung
type NI carrier system Trägerfrequenzsystem NI
type number Typennummer
type O carrier system TF-System O
type of AA sight, a type Linealvisier
type of accident Unfallart
type of agreement Vertragsart
type of aircraft Luftfahrzeugbaumuster, Flugzeugtyp
type of airship Luftschiffsystem
type of assurance Versicherungsform
type of bearing Lagerart
type of boiler Kesseltyp
type of bomb release Wurfart
type of bombsight Bombenabwurfvisier, Lotfernrohr
type of cable Kabelart
type of call Gesprächsart
type of chain Kettenart, -sorte, -type
type of circuit Leitungsart
type of cleaning fluid for optical glass Klarinöl
type of clouds Wolkentyp
type of cold-resistant grease Calypsol
type of combat Kampfart, Kampfweise
type of construction Bauweise, Konstruktionsart, -typ
type of duty Grundform der Betriebsart
type of electric-wire insulation Isolierstoffkapsel
type of emission Art der Ausstrahlung, Emissionsart
type of engine Motorbaumuster
type of error Fehlerart, Fehlertyp
type of fault radar Fehlart
type of fire Feuerform
tyoe of fire-control Schießverfahren
type of front Art der Wetterfront
type of ignition oil Dialinzündöl
type of jet deflectors for thrust-vectored stability control during the take-off and hovering phases Düsen mit Strahlablenker die eine Stabilisierung durch Schubvektorsteuerung ermöglichen
type of low-carbon steel Izettstahl
type of model Modellbaumuster
type of operation Betriebsart
type of powder Pulverart
type of roll control Art der Rollsteuerung, Rollsteuer(ungs)art
type of sailplane Segelflugzeugmuster
type of soil Bodenart, -beschaffenheit, Bodenklasse
type of stand balancing propellers Balancierbock
type of test specimen Probenform
type of transmitter Sendertyp
type of triphenylmenthyl salt Carbenium
type of wave Wellenart
type of wire Kabelsorte, Kabeltyp
type ON short-haul carrier system TF-System ON für kurze Entfernungen
type PI system Trägerfrequenzsystem PI
type PPI display PPI-Darstellung, Rundsichtdarstellung
type plate Motor-, Typenschild
type pool Schreibmaschinenzimmer
type print Typendrucker
type printing Typendruck
type printing telegraph Typendrucktelegraph
type pusher Buchstabenausstoßer
type rating Musterberechtigung, Typenbeurteilung
type reader Zeichenleser
type sample Ausfall-, Qualitätsmuster
type-script reception Druckempfang
type series Typenradreihe
type setting Setzen (von Druckbuchstaben)
type setting and distribution machine Setz- und Ablegemaschine
type setting machine Setzmaschine
type shaft Typenschaft
type size Typengröße
type specimen book Schriftprobenbuch
type statement Typanweisung (FORTRAN)
type style Schriftart
type surface Typen(druck)fläche
type test (Bau)musterprüfung, Typenradteilprüfung
type-tested mustergeprüft
type title Typenbezeichnung
type wheel Schreibrad, Typen(druck)rad
type-wheel printing position Typenradschreibstelle
type-wheel shaft Typen(druck)radachse
type wheel shift magnet Typenradwechselmagnet
typecasting Letterguß, Schriftguß
typed identification strip Schriftstreifen
types of arc Bogentypen
types of commodity Materialarten
types of expenditure Ausgabenbereich
type of specimen Probearten
typescript Maschinenschrift(satz), Typoscript
typewriter accessories Schreibmaschinenzubehör
typewriter card punch Schreibmaschine mit Kartenlocher
typewriter keyboard Schreibmaschinentastenwerk
typewriter mechanic Schreibmaschinenmechaniker
typewriter, phonetic phonetische Schreibmaschine

typewriter printing card punch Schreibmaschine mit Schreiblocher
typewriter ribbon Schreibmaschinenband
typewriter repair pliers Schreibmaschinenreparaturstange
typewriter roller Schreibmaschinenwalze
typewriter tape punch Schreibmaschine mit Streifenlocher
typhoon Taifun
typhoon warning Taifunwarnung
typical kennzeichnend, typisch
typical aircraft installation (would consist of receiver and processor, a digital computer, and a control display unit) typische Bordanlage (würde aus Empfänger, Zentraleinheit, Digitalrechner u. einem Bedien- u. Darstellungsgerät u. einer Antenne bestehen)
typical drawing Musterzeichnung
typical electronics assembly Elektronikgeräteeinschub
typical elevation Regelquerschnitt
typical fault typischer Fehler
typical flap Regelklappe
typical meter reading Regelmeßwert
typical wing section typischer Tragflächenabschnitt (für Störanfälligkeit)
typing force Anschlagstärke
typing perforator Lochstreifensender, Lochstreifenstanzer
typing reception Druckempfang
typing reperforator druckender Empfangslocher (teg)
typing speed Schreibgeschwindigkeit
typing station Schreibstation
typing width Schreibbreite
typographic family Schriftfamilie
typographic series Schriftgarnitur
tyre case or cover Laufdecke, Mantel
tyre gauge Reifendruckprüfer
tyre inflating cylinder Reifenfüllflasche
tyre levers Montiereisen
tyre pressure-indicating system zentrales Reifendruckanzeigesystem
tyre pressure testing appliance Prüfvorrichtung für Reifenluftdruck
tyre properties Reifeneigenschaften
tyre tape Isolierband
tyres Bereifungen
tyring inflation valve Reifendruckventil

U

U unclassified (classification)
U-and-V (packing) rings Nutringe
U-bend U-Bogen
U bolt Bügelschraube, Federbügel, Haltebügel, Spannbügel, Bügelbolzen
U-bolt saddle obere Federspannplatte
U bracket U-Stütze
U-frame U-Rahmen
U-free (uranium free) uranfrei
U-graphite reactor Uran-Graphit-Reaktor
U-link (resonant line) U-förmige Resonanzleitung
U-link mounting U-Hakenmontage
U-piece for fastening terminal boxes U-Eisenstück zur Befestigung von Endverschlüssen an Masten
U-rail Hohlschiene, U-Schiene
U-section U-Querschnitt
U-shaped U-förmig
U-shaped plate Kanalblech
U-strut U-Strebe
U-tube U-Rohr
U-tube gauge U-Rohrmanometer
U-tube manometer U-Rohrmanometer
U-type spanner Maulschlüssel
U-value Wärmedurchgangszahl
U-washer Vorsteckscheibe zum seitlichen Einschieben
U1 (100 mb chart) absolute Topographie der 100 mb Fläche
U2 (200 mb chart) absolute Topographie der 200 mb Fläche
U3 (300 mb chart) absolute Topographie der 300 mb Fläche)
U5 (500 mb chart) absolute Topographie der 500 mb Fläche
U7 (700 mb chart) absolute Topographie der 700 mb Fläche
U85 (850 mb chart) absolute Topographie der 850 mb Fläche
UA (upper advisory route) Flugverkehrsberatungsstrecke
UAC (upper area control centre)
UAC (upper airspace control (FVL im oberen Luftraum), Bezirkskontrollstelle für den oberen Luftraum
UACC upper-area control center
UAM underwater-to-air-missile
UBR Unterbrechbarkeitsroutine
UCRL University of California Radiation Laboratory
UDF (UHF, direction-finding station) Dezimeterwellen-Peilstelle
UDF highly stressed component hochbeanspruchtes UDF-Teil
UEE unit essential equipment
UFN (until further notice) bis auf weiters
UFO unidentified flying object
UHB ultra-high engine
UHB demonstrator UHB-Erprobungsträger
UHF (ultra high frequency 300 to 3000MHz) Dezimeterwellen (300-3 000 MHz)
UHF dummy load Dezi-Meßwiderstand mit sehr guter Anpassung
UHF grounded grid amplifier dm-Gitterbasisverstärker
UHF/L-band blade UHF/L-Band-Schwertantenne
UHF radio-link equipment Dezimeter-Rundfunk- od. Richtfunkanlage
UHF, uhf, uh-f ultrahigh frequency
UHF waveguide Dezimeterbereich, UHF-Bereich
UIC (upper information centre) Zentrale für oberes Fluginformationsgebiet
UIR (upper flight information region) oberes Fluginformationsgebiet
UIS (upper airspace flight information service) Fluginformation für den oberen Luftraum
UK United Kingdom
ULI underwriters laboratories, Inc.
ULISS system (the best possible combination of inertial GPS data) ULISS-Trägheits-

plattform (optimale Kombination der Trägheits- u. GPS-Information)
ullage (of a tank) Tankleerraum
ulrichite (uraninite) Ulrichit (uranhaltiges Mineral)
ultimate analysis Elementaranalyse
ultimate anode Sammelanode
ultimate bearing resistance Grenzbelastung, Tragfähigkeit beim Bruch
ultimate capacity Höchstaufnahmefähigkeit, Ausbauleistung, Vollausbau
ultimate compressive strength Druckfestigkeit
ultimate consumer Letztverbraucher (komm)
ultimate crushing stress Endstauchung
ultimate damping Grenzdämpfung
ultimate delustering Nachmattieren
ultimate factor of safety äusserste Belastbarkeit im Einklang mit Sicherungsvorschriften
ultimate lift capability Höchstauftrieb
ultimate load Bruchlast, Grenzbelastung, Überlastung
ultimate load factor Bruchlastvielfaches
ultimate load in lb. (P) Grenzlast, Knickkraft in (englischem) Pfund
ultimate or limiting fatigue stress obere Grenzspannung
ultimate partial pressure Endpartialdruck
ultimate production Gesamtförderung, -produktion, Totalförderung, -produktion
ultimate recovery Geamtausbeute, -ertrag
ultimate-rigid extrahart
ultimate ripening Nachreife
ultimate strength absolute Festigkeit, Bruchfestigkeit, -spannung, -widerstand, Dehnungsgrenze, Endfestigkeit, Endstabilität, höchste Widerstandskraft, Höchstlast, Prüfbelastung, Reißkraft, Tragfestigkeit, Zerreißfestigkeit
ultimate stress Bruchbelastung, -spannung, Festigkeitszahl, Höchstspannung
ultimate stress limit Bruchgrenze
ultimate stress value Festigkeitswert
ultimate structure strength Gestaltfestigkeit
ultimate tensile strength Bruch-, Zugfestigkeit, Zerreißfestigkeit
ultimate tensile stress Zerreißbelastung
ultimate total pressure Endtotaldruck
ultimate vacuum Endvakuum
ultimate value Endwert
ultor Endanode (TV), Hochspannungsanode
ultor voltage Anodenspannung
ultra accelerator Ultrabeschleuniger
ultra-audible überhörfrequent
ultra-audible frequency Überhörfrequenz, Ultraschallfrequenz, Superschallfrequenz, Supraschallfrequenz, Überschallschallfrequenz
ultra-audible wave Überschallwelle
ultra-audion Einkreisempfänger, rückgekoppeltes Audion, Rückkopplungsaudion, Ultraudion
ultra-audion wave Ultraschallwelle
ultra centrifuge Ultrazentrifuge
ultra dyne receiver Ultradynempfänger
ultra dyne reception Ultradynempfang
ultra-fast memory system ultraschnelles Speichersystem
ultra fax Ultrafax
ultra filter Spulenkette
ultra gravity waves ultraschwere Wellen
ultrahigh frequency (UHF) Dezimeterwelle(nfrequenz), Ultrahochfrequenz, ultrahohe Frequenz, Ultrakurzwelle
ultrahigh-frequency antenna UHF-Antenne
ultrahigh-frequency oscillator Laufzeitgenerator
ultrahigh-frequency receiver Ultrakurzwellenempfänger, UKW-Empfänger
ultrahigh-frequency screened vollentstört für Ultrakurzwellen
ultrahigh-frequency transmitter Ultrakurzwellensender
ultrahigh-frequency tube UHF-Röhre, Habanröhre
ultrahigh-frequency wave Ultrakurzwelle, ultrakurze Welle
ultrahigh-sensitivy moisture detector ultrahochempfindlicher Feuchtemesser
ultrahigh speed airplane Höchstgeschwindigkeitsflugzeug
ultrahigh speed camera Kurzzeitphotographie
ultrahigh-speed objective höchstlichtstarkes Objektiv
ultrahigh temperature resistance ultrahoch temperaturfest
ultrahigh vacuum Hochvakuum
ultrahigh-vacuum pressure Ultrahochvakuumdruck
ultrahigh vacuum range Ultrahochvakuumgebiet
ultra-ionization Ultra-Ionisierung
ultra-ionization potential Ultra-Ionisationspotential
ultra-light überleicht, ultraleicht
ultra lightweight headset ultraleichte Kopfgarnitur
ultra linear amplifier Ultralinearverstärker
ultra-long-haul airplane Ultralangstreckenflugzeug
ultra-long-range search-radar Fernsuchanlage
ultra marine ultramarin
ultra microchemical ultramikrochemisch
ultra microchemical scale ultramikrochemischer Maßstab
ultra micrometer Übermikrometer, Ultramikrometer
ultra microscope ultramikroskopisch
ultra rapid lens höchstlichtstarkes Objektiv
ultra rays kosmische Strahlen, Ultrastrahlen
ultrared ultrarot
ultrared emission Ultrarotemission
ultrared radiation Ultrarotstrahlung
ultrared ray ultraroter Strahl
ultrared transmittancy Ultrarotdurchlässigkeit
ultra-reliable radar (URR) **program** URR-Programm
ultra sensitive hochempfindlich, überempfindlich
ultra sensitivity höchste Empfindlichkeit, Überempfindlichkeit, ultrahochempfindlich
ultrashort, medium and long waves Ultrakurz-, Mittel- u. Langwellen
ultra-short take-off and landing aircraft USTOL-Flugzeug
ultrashort wave Hertzian radiation Hertz'sche Wellen
ultrashort wave extrem kurze Welle, Ultrakurzwelle

ultrashort-wave apparatus Ultrakurzwellengerät
ultrashort-wave part Ultrakurzwellenteil
ultrashort-wave preamplifier Ultrakurzwellenvorverstärker
ultrashort-wave region Ultrakurzwellengebiet
ultrashort-wave set Ultrakurzwellenanlage
ultrashort-wave transmission Ultrakurzwellenübertragung
ultra-small microelectronics switch ultrahoch-integrierter mikroelektronischer Schaltkreis (Bordcomputer)
ultrasoft ultraweich
ultrasonic Überschall, Ultraschall
ultrasonic absorption Ultraschallabsorption
ultrasonic attenuation Ultraschalldämpfung
ultrasonic beam Überschallstrahl, Ultraschallstrahl
ultrasonic cleaning plant Ultraschallreinigungsanlage
ultrasonic component Ultraschallkomponente
ultrasonic crossgrating Beugungsgitter (acoust.)
ultrasonic delay line Ultraschall-Laufzeitglied, Ultraschallverzögerungsleitung, Verzögerungsglied für Ultraschall
ultrasonic depth finder Ultraschallecholot
ultrasonic detection unit Ultraschalldetektionsgerät, Ultraschallortungsgerät
ultrasonic detector Ultraschalldetektor
ultrasonic detector generator Ultraschalldetektorschwinger
ultrasonic echo sounding Ultraschallecholotung
ultrasonic energy Ultraschallenergie
ultrasonic frequency Überhörfrequenz
ultrasonic generator Ultraschallgenerator, Ultraschallschwinger
ultrasonic grating constant Brechungskonstante
ultrasonic inspection Ultraschalluntersuchung
ultrasonic intensity Ultraschallintensität
ultrasonic interferometer Ultraschallinterferometer
ultrasonic joining unit Ultraschall-Löt- u. -Schweißgerät
ultrasonic leak detector Ultraschall-Lecksuchgerät
ultrasonic light diffraction Lichtbeugung durch Ultraschall
ultrasonic material dispersion Materialdispersion durch Ultraschall
ultrasonic sensing Ultraschallfühler
ultrasonic sounding Ultraschallotung
ultrasonic storage cell Verzögerungsglied für Ultraschall
ultrasonic stroboscope Ultraschallstroboskop
ultrasonic test Ultraschallprüfung
ultrasonic testing Ultraschallkontrolle, Ultraschallprüfung
ultrasonic testing equipment Ultraschallprüfgerät
ultrasonic vibration Ultraschallschwingung
ultrasonic wave Ultraschallwelle, Überschallwelle
ultrasonics Ultraschall(lehre)
ultrasound transit time Ultraschall-Laufzeitstrecke
ultraspeed lens hochlichtstarkes Objektiv
ultrastability Ultrastabilität
ultraviolet absorber UV-Strahlenabsorber
ultraviolet and infrared optical detectors optischer Ultraviolett- u. Infrarotdetektor
ultraviolet lamp Ultraleuchtröhre, Ultraviolettlampe, UV-Lampe, Uviollampe
ultraviolet light UV-Leuchte
ultraviolet light radiation equipment Vorrichtung zum Bestrahlen mit ultraviolettem Licht (sp)
ultraviolet radiation ultraviolette Strahlung
ultraviolet radiation, interplanetary spacecraft to measure interplanetare Ultraviolettstrahlung
ultraviolet rays ultraviolette Strahlen
ultraviolet spectrometer Ultraviolettspektrometer
ultraviolet spectroscopy Ultraviolettspektroskopie
ultrawhite region Ultraweißgebiet
ultra wide frequency range extrem breiter Frequenzbereich
ultra X rays Ultraröntgenstrahlen
umbilical mast Nabelschnurmast (U-Boot)
umbilical tube for oxygen purge Leitung zur Sauerstoffreinigungsanlage
umbilicus Nabelpunkt (geom)
umbra Kernschatten
umbrella insulator Pilzisolator
umbrella type generator Wechselstromgenerator
umbrella type insulator Schirmisolator
umpire assigned to a subordinate unit Unterschiedsrichter
unabatic wind Hangwind
unable to approve kann nicht genehmigt werden
unable to maintain altitude Flughöhe kann nicht genehmigt werden
unable to monitor (range of frequency) nicht in der Lage, zu Überwachen (Leitstrahl od. Frequenz)
unaccelerated flight unbeschleunigzer Flug
unaccommodated eye akkommodationsloses Auge
unaccompanied baggage unbegleitetes Gepäck
unaffected nicht betroffen, unberührt, unbeeinflußt
unaffected by air luftbeständig
unaffected by light lichtecht
unaged tube or valve nichtgealterte Röhre
unaided ohne Hilfe
unaided inertial system nichtaktualisiertes Trägheitssystem
unalloted number nichtzugeteilte Nummer, Reservenummer
unalloyed unlegiert
unambigious threat indication eindeutige Bedrohungsidentifizierung (Radar)
unamplified unverstärkt, nicht gehalten werden
unannealed ungetempert
unannealed malleable iron weißes Gußeisen
unarmoured nichtbewehrt (Kabel)
unassited nicht unterstützt, ohne Hilfe
unattackable unangreifbar
unattended exchange unbesetztes Amt
unattended operation unbesetzter Betrieb
unattended repeater station fernüber-

wachte od. unbemannte Verstärkerstelle
unattended station unbesetztes Amt
unauthorized unerlaubt, nicht genehmigt
unavoidability Unvermeidbarkeit, Unvermeidlichkeit
unbaffled cylinder Zylinder ohne Leitblech
unbalance Abgleichfehler, Ausgleichungsfehler, Gleichgewichtsfehler, Nebensprechkopplung, schlechte Abgleichung od. Ausgleichung, Übergewicht, Ungleichgewicht, Ungleichheit, Unsymmetrie, Störung der Gleichgewichtslage, Unausgeglichenheit, Unwucht
unbalance attenuation measuring set Fehlerdämpfungsmesser
unbalance between phases Phasenunsymmetrie
unbalance current Nebensprechstrom, durch Unsymmetrie verursachter Strom, Störstrom infolge schlechter Ausgleichung
unbalance kick Störstromstoß
unbalance of shaft Unwucht
unbalance spiral asymmetrische Spiralantenne
unbalance, to aus dem Gleichgewicht bringen
unbalance voltage Diagonalarmspannung
unbalanced unausgeglichen, unsymmetrisch
unbalanced crosstalk attenuation Unsymmetrienebensprechdämpfung (Fsp)
unbalanced end thrust unausgeglichener Achsialdruck
unbalanced equation Ungleichung
unbalanced error, range of asymmetrischer Fehlerbereich
unbalanced gyro nicht ausgewogener od. schwerer Kreisel (Rahmen), nicht ausgewuchteter Kreisel (Läufer)
unbalanced impact Überwucht
unbalanced ladder circuit unsymmetrische Leiterschaltung
unbalanced load unsymmetrische Belastung
unbalanced network (erd)unsymmetrisches Netzwerk
unbalanced resistance unabgeglichener Widerstand
unbalanced section unkompensierter Abschnitt
unbalanced to ground erdunsymmetrisch
unbalanced voltage unsymmetrische Spannung
unbalanced wire circuit unsymmetrischer Kreis
unbalancing Gleichgewichtsstörung
unbedded ungeschichtet (geol)
unbiased unbefangen, vorurteilsfrei
unblanking circuit Zündkreis
unblanking pulse Helltastimpuls, nichtgetasteter Impuls, nicht ausgetasteter Impuls
unblemished fleckenlos, fleckenfrei
unblock, to entriegeln
unblocking Freigabe, Deblockierung
unblocking potential Schaltspannung
unboosted engine nicht aufgeladener od. überladener Motor
unbound electron freies Elektron
unbound levels unverbundene Niveaus
unbound particle freies Teilchen
unbounded schrankenlos, unbegrenzt, unermeßlich
unbounded isotropic medium unendliches isotropes Mittel
unbraced unverspannt, unverstrebt
unbraked ungebremst
unbreakable bruchfest, bruchsicher, unzerbrechlich, unbrechbar
unbreakable record unzerbrechliche Platte
unbridged unüberbrückt
unbroken light ununterbrochenes Licht
unbuffered ungepuffert
unbunching Entbündeln
unburned unverbrannt
unbypassed unüberbrückt
uncage relay Entriegelungsrelais, Freigaberelais, Löserelais (Kreisel)
uncage, to lösen (Kreisel)
uncaging error Fehler beim Lösen
uncaging mechanism Lösemechanismus
uncaging time Lösezeit
uncalibrated ungeeicht
uncalibrated-light Nichteichstellungs-Anzeigelicht
uncapped-tip blade Schaufel ohne Spitzenabdeckung
uncased part of the holes "offenes" Bohrloch, unverrohrter Teil vom Bohrloch
uncased thermometer Stabthermometer
uncertain unbestimmt, unsicher
uncertain mass assignment genährter Massenwert od. Massenzahl
uncertaintly principle Ungewissheitsprinzip
uncertainty Unschärfe, Unsicherheit
uncertainty condition Unschärfebedingung
uncertainty effect Unbestimmtheitseffekt
uncertainty factor Unsicherheitsfaktor
uncertainty phase Alarmstufe 1 (Ungewißheitsstufe)
uncertainty principle Unschärfeprinzip, Unbestimmtheitsprinzip, Ungewißheitsprinzip
uncertainty relation Unschärfebeziehung, -relation
uncertainty torque Zufallsstörmoment
unchangeable unverstellbar, unveränderlich
unchanged unverändert, einwellig
unchanged eject unveränderte Ablage
uncharged unelektrisch, ungeladen
uncharged engine Motor ohne Aufladung
uncharged particle ungeladenes Teilchen
unchopped beam ununterbrochener Strahl
unchopped ringing voltage unzerhackte Rufspannung
unclad nichtplattiert
unclamp, to abspannen, entzurren
unclassified nichtklassifiziert
unclear ungeklärt, unklar
uncleared zero Funktrübung
unclinched rivet noch nicht geschlagener Niet, Rohniet
uncoated electrode Blankelektrode
uncoated film base unbeschichteter Blankfilm
uncoated paper unbeschichtetes Papier
uncoded unverschlüsselt
uncoded language offene Sprache
uncoil abrollen, abwickeln, abspulen
uncoiler Ablaufhaspel, Abrollhaspel, Auseinanderrollmaschine
uncoiling Abspulen, Abspulung
uncoiling spool Ablaufspule
uncollimated ungebündelt (Strahl)

uncolored crystals ungefärbte Kristalle
uncombined frei, ungebunden
uncombined carbon graphitischer Kohlenstoff
uncombined heat freie Wärme
uncompensated unausgeglichen, unausgelenkt, unkompensiert
uncompleted call nicht zustandegekommene Verbindung
uncondensable unkondensierbar
unconditional bedingungslos, unbedingt
unconditional address equality interrupt request unbedingte Anforderung durch Gleichheit der Adressen
unconditional branch "unbedingter Sprung", unbedingte Verzweigung
unconditional control transfrer instruction unbedingter Sprungbefehl
unconditional GO TO statement (COBOL) (FORTRAN) unbedingter Sprungbefehl
unconditional interrupt request button Taste "unbedingter Anforderung"
unconditional jump instruction unbedingter Sprungbefehl (dig), unbedingte Verzweigung
unconditional program interrupt request unbedingte Anforderung an die Programmsteuerung
unconditional pushbutton interrupt request unbedingte Anforderung durch Taste
unconditional statement unbedingte Anweisung
unconditional stop unbedingter Stopp
unconditional transfer unbedingter Sprung, unbedingte Verzweigung
unconditional transfer of control unbedingter Sprung, unbedingte Verzweigung
unconformability of dip ungleichförmige Überlagerung mit Fallwinkelunterschied, ungleichförmige Überlagerung mit verschiedenem Einfallen (geol), Winkeldiskordanz
unconformable diskordant, ungleichförmig (geol)
unconformably overlain ungleichförmig überlagert (geol)
unconformity Diskordanz, ungleichförmige Überlagerung (geol)
unconformity, angle of Winkeldiskordanz
unconformity, local örtliche od. ungleichförmige Überlagerung (geol)
unconformity, parallel Paralleldiskordanz
unconsolidated deposit unverfestigte Ablagerung (geol)
unconsolidated undrained test (soil mech.) undrainierter unkonsolidierter Scherversuch
uncontrasty picture weiches Bild
uncontrollable unfreiwillig, unkontrollierbar, unübersehbar
uncontrolled ungesteuert, nicht kontrolliert
uncontrolled aerodrome Flugplatz ohne FS-Kontrolle (milit), Flugplatz ohne Verkehrskontrolle (zivil), unkontrollierter Flugplatz
uncontrolled airspace unkontrollierter Luftraum
uncontrolled atmospheric destruction unkontrollierter Absturz (Satellit) durch die Atmosphäre
uncontrolled mosaic nichtmaßstäbliches Mosaik
uncontrolled particle freies Teilchen
uncontrolled spin unfreiwilliges Trudeln
unconventional aussergewöhnlich, vom Üblichen abweichend, unkonventionell
unconventional aeroplane aussergewöhnliches Flugzeug
uncorrected coefficient unberichtigter Koeffizient
uncorrected for drift ohne Windberichtigung
uncorrelated unkorreliert
uncorrelated air movement data nicht zugeordnete Flugzielmeldungen
uncouple, to ab-, aus-, entkuppeln
uncoupled, to entkuppelt, feuerbereit
uncoupling Auslösen, Ausrücken, Entkuppeln
uncoupling field Auskoppelfeld
uncover, to abdecken, aufdecken
uncovered unbedeckt, ungedeckt, frei, blanko, unbespannt
uncovered cable Drahtkabel, Blankkabel
uncovered part of a slab or file offenes Feld
uncrossed ungekreuzt
uncrystallizable unkristallisierbar
uncurved wölbungsfrei
undamaged unbeschädigt, unversehrt
undamped circuit Generatorkreis
undamped natural frequency ungedämfte Eigenfrequenz
undamped oscillation ungedämpfte Schwingung od. Welle
undamped wave ungedämpfte Welle
undamped wave signals ungedämpfte Zeichen
undecomposed unzersetzt
undefined nicht fest umrissen, unbegrenzt, undefiniert, unbestimmt, unerklärt
undefined scale wilder Maßstab
undeflected nicht aus der Richtung abgelenkt
undeflected shape unverformte Gestalt
undeformed undeformiert
undelayed neutron nichtverzögertes Neutron
undelivered nicht zugestellt, unbestellt
undelustered nichtmattiert, Naturglanz (synthetische Faser)
underbridge Unterbrückung, Unterführung
underbunching Unterballung, unterelektrische Ballung, Unterbündelung
undercar antenna Unterwagenantenne
undercarriage Fahrwerk, Rollwerk
undercarriage attachment collar Fahrwerkbefestigungslasche
undercarriage chassis Wagengestell
undercarriage control Fahrwerkbetätigung
undercarriage cushioning Fahrwerkfederung
undercarriage diaphragm abgetrennter Raum für eingezogenes Fahrwerk, Fahrwerkzwischenstand
undercarriage doors emergency indicator Notanzeige für Fahrwerkklappen
undercarriage down Fahrwerk ausgefahren
undercarriage emergency control Fahrwerk-Notsteuerung
undercarriage emergency distributor Fahrwerknotverteiler
undercarriage fairing Fahrgestellverkleidung
undercarriage half Fahrgestellhälfte
undercarriage indicator Fahrwerkanzeiger
undercarriage jack Fahrwerkheber
undercarriage legs Fahrgestellbeine
undercarriage lock mechanism Fahrwerk-

verriegelung
undercarriage position indicator Fahrgestellanzeiger
undercarriage position warning light Fahrwerkstellungswarnlampe
undercarriage retractable by hand von Hand ausziehbares Fahrgestell
undercarriage retracting into the engine nacelles in die Motorgondel einziehbares Fahrgestell
undercarriage retracting into te sides of the fuselagerumpfseitig einziehbares Fahrgestell
undercarriage retracting into the wings in die Flügel einziehbares Fahrgestell
undercarriage retracting sideways into the wings seitwärts in die Tragflächen einziehbares Fahrgestell
undercarriage selector lever Fahrwerkwahlschalter
undercarriage shock absorber Landepuffer
undercarriage socket Fahrgestellschuh
undercarriage springing Fahrgestellabfederung
undercarriage strut Fahrgestellstrebe, Flugzeugbein
undercarriage switch Bodensicherheitsschalter (Fahrwerk)
undercarriage test switch Bodensicherheits-Überbrückungsschalter
undercarriage, to unterlastig, zuwenig laden
undercarriage track Spurweite
undercarriage up Fahrwerk eingefahren
undercarriage warning Fahrwerkwarnlampe
undercarriage wheel brake Fahrwerklaufradbremse
undercart Fahrwerk
undercharged zu wenig geladen, unterladen
undercoat Grundiermittel
undercoating Voranstrich
undercommand manövrierfähig
undercompensate, to unterkompensieren
undercompensation Unterkonoidierung, Unterkorrektur
undercompounded unterkompoundiert
undercondition statement unbedingte Anweisung
under construction im Bau befindlich
under contact rail Unterleitung
undercontrol (aircraft) unter Kontrolle (Lfz)
undercooled liquid unterkühlte Flüssigkeit
undercoupling unterkritische Kopplung (Filter)
undercrossing structure Unterführung
undercure Unterhärtung (pla)(Nichtaushärtung), nicht ausgehärtet (pla)
undercurrent Grundströmung der Flut, Unterströmung
undercurrent circuit breaker Unterstromausschalter
undercurrent protection Unterstromschutz
undercurrent relay Minimal-, Unterstromrelais
undercurrent release Unterstromauslösung
undercut, to hinterschnitten, unterfahren, unterhöhlen, unterschneiden, unterschnitten, unterteufen
undercut flat head countersunk head soul-dered) abgesetzter Senkkopf
undercut internal stop hinterdrehter Anschlag
(Ermeto-Rohrverbindung)
undercutting Schleuderei, Schlitzarbeit, Unterschneiden, Unterschrämmen
underdamped oscillation unterkritisch gedämpfte Schwingung
underdamping Unterdämpfung
underdeveloped unterentwickelt
underdriven mit Antrieb von unten
underdriven centrifugal Schleuder mit unterem Antrieb
underestimated zu niedrig veranschlagt
under-excited untererregt
under expansion Unterexpansion
under-expose, to unterbelichten
underexposure Unterbelichtung (Foto)
underface Unterfläche
underfeed firing Unterschubbefeuerung
underfeed furnace Unterschubfeuerung
unterfeed grate Unterschubrost
underfire, to unterfeuern
underfilm corrosion Fadenkorrosion, Unterschutzschichtkorrosion, Filigrankorrosion
underfloor baggage container Unterflurgepäckcontainer
unterfloor cargo capacity Unterflur-Frachtraumkapazität
underfloor cargo hold Unterflurfrachtabteil
underfloor cargo compartment Unterflurladeluke
underfloor gallery Unterflurküche
underfloor gallery for position and ease of provisioning Lage u. Versorgung der Unterflurküche
underflow, floating-point Gleitkomma-Unterlauf
underfly, to unterfliegen
underfold ausgefranster Saum
underfrequency protection Unterfrequenzschutz
underfrequency relay Unterfrequenzrelais
underfuselage mountings Aufhängungen unter dem Rumpf
under-fuselage strakes create box of high-pressure air under the tail (graphite-epoxy canards) Flossen an der Rumpfunterseite bauen bei sehr hohem Anstellwinkel ein Luftkissen unter dem Heck auf (Entenruder)
under-fuselage trough Unterflügellastträger (Transporter)
undergo intermediate reflection, to zwischenreflektiert werden
undergoing tests in der Erprobung
undergrade (narrow gage railway) Hohlgangsbahn (Schmalspur), Untergrundbahn
underground, a circuit is eine Leitung ist erdverlegt
underground aerial Untergrundantenne, unterirdische Antenne
underground aerodrome unterirdischer Flugplatz
underground antenna Bodenantenne, Erdantenne
unterground blackening Untergrundschwärzung
underground burst unterirdische Explosion
underground cable Erd-, Landkabel, versenktes Kabel
underground cable box Landkabelmuffe
underground-cable distributing point Kabelabzweigpunkt
underground circuit unterirdische Leitung

underground collector Stromabnehmer für unterirdische Stromschiene
underground construction engineer Tiefbauingenieur
unterground conveyance Förderung unter Tage, unterirdische Förderung
unterground corrosion unterirdische Korrosion
underground current flow unterirdischer Stromfluß
underground distribution chamber Kabelkeller
underground emplacement unterirdische Basen
underground fuel delivery Unterflurbetankungsanlage
underground gasification Untergrundvergasung, Vergasung der Lagerstätte
underground garage Tiefgarage
underground geology Untergrundgeologie
underground hangar unterirdische Flugzeughalle
underground hydrant Unterflurhydrant
underground hydro-electric power station Kavernenkraftwerk
underground laying Erdverlegung
underground line Erdkabelleitung, Grubenbahn, unterirdische Linie
underground mining Untertagebau
underground observation Untergrundbeobachtung
underground operation Untertagebetrieb
underground pipe Erdleitungsrohr, erdverlegtes Rohr
underground piping Erdrohrleitung, Unterflurrohrleitung
underground piping network unterirdisch verlegtes Rohrleitungsnetz
underground pole reinforcement Bodenverstärkung
underground repeater station Unterflur-Verstärkerstelle
underground shelter Unterstand, unterirdischer Schutzraum
underground structure Tiefbau
underground tank Tiefbehälter, versenkter Behälter
underground transmission path unterirdischer Leitungsweg
underground-water packing Grundwasserabdichtung
underground working Abbau od. Arbeit unter Tage
underhead rocker gear Schwinghebelantrieb mit nicht obenliegender Nockenwelle
underheating unterheizen
underlap Betriebszustand zu kleinem Bildpunkt
underlayer Unterlage, Unterzug
underlie (y) Fallen gegen die Vertikale (bei Gängen), Einfallen, Fallen (geol), unterworfen sein, zu Grunde liegend
underload Restladekapazität
underloading Unterbelastung
underlubrication nicht ausreichende Schmierung
undermatch Unteranpassung
undermatching of impedance Widerstandsunteranpassung
undermine, to untergraben, unterminieren
undermodulation Untermodulation, Untersteuerung
underneath view in flight Ansicht im Flug von unten
underpass (Bahn)unterführung, Wegunterführung
underpinning Abstützen, Abstützmaterial, Stützwerk, Unterbau, Unterfangung, Untermauerung
unterpinning work Unterfangarbeiten
underpoled copper übergares Kupfer
underpower relay Minimalleistungsrelais
underpowered motor glider Segelflugzeug mit Hilfsmotor
underpressure Unterdruck
underpressure wake Unterdrucknachlauf en
underrate, to unterschätzen, zu niedrig ansetzen
underreamer Nachnahmebohrer, Unterschneider
underreamer dogs Unterschneidemesser
underreving Lauf mit zu niedriger Drehzahl
underrun, to klarscheren, unterfahren
underrunning voltage Unterspannung
undersaturate, to untersättigen
undersaturated crude untersättigtes rohes Erdöl
undersaturated with gas mit Gas untersättigt
underscore character Unterstreichungszeichen
underscouring Unterspülung, Unterwaschung
undersea long-range missile system Flugkörpersystem großer Reichweite mit Unterwasserstart, System für den Unterwasserstart von Flugkörpern großer Reichweite
undersea surveillance (system) Unterwasserüberwachung(system)
undershield unterer Ölschutz, Motorschutzblech
undershoot Überschwingen in negativer Richtung, Unterschwung
undershoot, to unterschwingen (unter Bezugswert), sich verrechnen, zu tief gleiten (bei einer Landung), nicht weit genug gehen (Bezugswort)
underside of the fuselage Rumpfunterseite
underside of the wing Flügelunterseite
under-simulated operating condition unter simulierten Betriebsbedingungen
under-simulated space conditions unter simulierten Raum(umwelt)bedingungen
undersize Innenzugabe, Siebdurchgang, Untergröße, Untermaß
undersized Untermaß aufweisend, unter Normalgröße
undersling unternehmende Bauweise
underslung radiator Bauch-, Hängekühler
underslung spring unterbaute Feder
undersource, to unterstreichen
underspeed mit zu niedriger Drehzahl, Geschwindigkeit od. Drehzahl liegt unter dem gewollten Wert
understamping Nachstampfen
understanding Einvernehmen, Einverständnis, Übereinkommen, Vereinbarung, Verständigung
understood sign(al) Verstandenzeichen
understressing Vorbehandlung durch hohe Zahl von Lastwechsel unterhalb der Dauerfestigkeit, Wechsellastvorbehandlung
understructure Fahrwerkgerät, Untergestell
undersurface of the wing Flügelunterseite
undertonging ungenügende Zangenverschraubung
undertripping Unterspannungsauslösung (Relais)

undervacuum luftleer
undervoltage amplifier Unterspannungsverstärker
undervoltage coil Unterspannungsspule
undervoltage protection Unterspannungsschutz
undervoltage protective system Spannungsrückgangsschutz
undervoltage relay Minimalspannungs-, Unterspannungsrelais
undervoltage release Unterspannungsauslung
undervoltage release coil Unterspannungsauslösespule
undervoltage switch Unterspannungsschalter
undervoltage tripping Null-, Unterspannungsauslösung
undervoltage winding Unterspannungswicklung
undervolting Unterspannung
underwater acoustic Akustik unter Wasser
underwater acoustic echo ranging akustische Unterwasserentfernungsmessung
underwater acoustic system Unterwasserschallsystem
underwater ambient noise Unterwassergeräuschkulisse (UW-Akustik), Unterwasserumgebungsgeräusch
underwater antenna Unterwasserantenne
underwater attack Unterwasserangriff
underwater ballistics Unterwasserballistik
underwater battery Unterwasserwaffen
underwater battery fire control Unterwasserwaffen-Feuerleitung
underwater battery fire control system Unterwasser-Feuerleitanlage
underwater battery plot Sonarraum, Unterwasserwaffenrechenstelle
underwater battery weapon control system Unterwasserwaffen-Feuerleitanlage
underwater body Unterwasserschiff (Schiffbau)
underwater burst Unterwasserdetonation
underwater burst, nuclear Unterwasserdetonation (Atom)
underwater camera Unterwasserkamera
underwater charge Unterwassersprengladung
underwater clothing Unterwasserbekleidung
underwater communication system Unterwasserfernmeldeverkehr
underwater construction Unterwasserkonstruktion
underwater contour scanning Abtasten von Unterwasserkonturen
underwater craft Unterwasserfahrzeug
underwater cutting Unterwasserschneiden, UW-Brennschneiden
underwater cutting and welding detachment Unterwasserschweißtruppe
underwater cutting burner or torch Unterwasserschneidbrenner
underwater defence weapons Sperrwaffen
underwater demolition Unterwassersprengung
underwater demolition team Kampfschwimmtrupp, Unterwassersprengtrupp
underwater depth charge launcher Wasserbombenwerfer
underwater detection Unterwasserschallempfänger
underwater ejection device Unterwasserausstoßanlage
underwater equipment Unterwasseranlage
underwater fixing and ranging Unterwasserechoortung
underwater launch Unterwasserabschuß
underwater locator beacon Unterwasserleuchte
underwater manipulator Unterwassermanipulator
underwater pick-up Unterwasserschallempfänger
underwater photograph Unterwasserlichtbildaufnahme
underwater projector Unterwasserschallsender
underwater receiver Geräuschempfänger
underwater reflector Unterwasserspiegel
underwater shielding Unterwasserabschirmung
underwater sound Unterwasserschall
underwater sound transmitter Unterwasserschallgeber
underwater station Unterwasserstation
underwater television camera Unterwasser-Fernsehkamera
underwater-to-air missile Unterwassergeschoß gegen Flugziele
underwater transport equipment Unterwasser-Transportgerät
underwater tripod launch Unterwasserdreibeinstart
underwater tunnel Unterwassertunnel
underwater welder Unterwasserschneider
underway in Fahrt (Flz)
underweight Gewichtsausfall, Minder-, Untergewicht
underwing drop tank Abwurftank an Unterflügelstation
underwing fueling Unterflügelbetankung
underwing fuselage station Unterflügelstation
underwing hardpoint verstärkte Unterflügelstation
underwing hardpoint and store pylon Unterflügelaufhängung
underwing load hardpoint Flügelstation
underwing loads Unterflügelasten
underwing pod Unterflügelgondel
underwing pod mounted engines Triebwerkinstallierung unter den Flügeln
underwing pod-mounted layout Unterflügelaufhängung
underwing pylon Unterflügellastträger
underwing refueling Unterflügelbetankung
underwing store Unterflügellast
underwing weapon pylon Unterflügelwaffenträger
undesired coupling Streukopplung, wilde Kupplung
undesired oscillatting selbständige Schwingerzeugung
undesired oscillation Pfeifen
undesired reflection Störreflexion
undesired signal unerwünschtes Signal
undetachable untrennbar, unzerlegbar
undetectably low concentration Konzentration unterhalb der Nachweisgrenze
undetermined nicht festgesetzt, unbestimmt, unentschieden
undeveloped area unentwickeltes Gebiet
undirected flow ungerichtete Strömung
undirectional lighting ungerichtete Beleuchtung

undiscernible unmerklich, ununterscheidbar
undischarged counter nichtentladener Zähler
undiscoverable unauffindbar
undispersed light unzerlegtes Licht
undissolved ungelöst
undistorted formgerecht, formtreu, unverzeichnet, unverzerrt, verzerrungsfrei
undistorted chart verzerrungsfreie Karte
undistorted picture unverzeichnetes Bild
undistorted recpetion unverzerrter Empfang
undistorted visual presentation verzerrungsfreie Geländedarstellung
undisturbed ruhig, unerschüttert, ungestört, störungsfrei
undisturbed bed ungestörte Schicht (geol)
undisturbed flow ungestörte Strömung
undisturbed one output signal Ausgangssignal einer ungestörten Eins, Spitzenspannung der ungestörten EINS
undisturbed output signal (ungstörte) volle Lesespannung, Ausgangssignal eines ungestörten Speicherelements
undisturbed response signal ungestörtes Ausgangssignal eines ungestörten Speicherelements
undisturbed response voltage ungestörte (volle) Lesespannung, Ausgangssignal eines ungestörten Speicherelements
undisturbed voltage ONE Ausgangssignal einer ungestörten Eins, Lese- od. Spitzenspannung der ungestörten "Eins" (dig)
undisturbed voltage ZERO Ausgangssignal od. Spitzenspannung einer ungestörten "Null", Lesespannung der ungestörten "Null"
undisturbed zero output signal Spitzenspannung der ungestörten Null, Ausgangssignal einer ungestörten "Null"
undisturbed-zero output Spitzenspannung od. Ausgangssignal einer ungestörten "Null"
undivided ungeteilt
undo, to aufmachen (Paket), aufknüpfen, lösen (Knoten), auseinandernehmen (Gerät), zerlegen, losschrauben (Motor)
undock, to ausdocken, ein Luftschiff von der Vertäuung losmachen
undocking Abkupplung (sp)
undoped fuel Kraftstoff ohne Blei- od. andere Zusätze
undoubling angle Entdoublierungsvorrichtung
undrawn tow unverstrecktes Kabel
undressed castings Rohguß
undriven rivet Rohniet
unduced-draught blower Saugzuzugsgebläse
unducted fan (UDF) UDF-Triebwerk
unductile steelband undehnbares Stahlband
unduction noise induziertes Geräusch
undue unangemessen, ungebührlich, unzulässig, nicht erlaubt
undue hazard vermeidbare Gefährdung
undue strain unzulässige Beanspruchung
undue wear zusätzlicher Verschleiß
undulate, to hochziehen und drücken, pendeln, schwingen, sich wellenförmig bewegen, undulieren, sich krümmen
undulated gewellt, schlangenlinienförmig
undulated current welliger Strom
undulating current undulierter Strom, Wellenstrom
undulating flight Wellenflug
undulating light Feuer mit periodisch veränderlicher Lichterscheinung
undulating mechanics Wellenlehre
undulating quantity pulsierende Größe
undulating seams flachwellige Lagerung
undulation Riffelbildung, Schwankung, Schwingung(swelle), Wellenbewegung, Wellenschwingung, Wellung
undulation, gentle sanfte od. schwache Wölbung (geol)
undulation of the groove Rillenauslenkung
undulator Undulator, Wellenschreiber
undulatory schwingend, undulierend, wellenartig, -förmig
undulatory character Welleneigenschaft
undulatory current undulierender Strom, Wellenstrom
undulatory line Wellenlinie
undulatory motion Wellenbewegung
undulatory theory Wellentheorie
undulatory winding Wellenwicklung
undulatus Undulatus
unearthed system ungeerdetes System
uneconomic unökonomisch, unrational, unrentabel, unwirtschaftlich
uneffective unwirksam
unelastical scattered unelastisch gestreut
unemployed arbeitslos, beschäftigungslos
unemployment Arbeitslosigkeit, Beschäftigungslosigkeit, Erwerbslosigkeit
employment allowance Erwerbslosenunterstützung
unemployment relief Arbeitslosenunterstützung
unending decimal unendlicher Dezimalbruch
unequal in keinem Verhältnis stehend, ungleich, unpaarig (Lochkarten), ungleichgroß, ungleichförmig
unequal cards ungleiche od. unpaarige Karten
unequal impuls Ungleichimpuls
unequal letter telegraph Telegraph mit ungleich langen Zeichen
unequal sided ungleichschenklig
unequal sided angle iron ungleichschenkliges Winkeleisen
unequal spacing ungleicher Abstand
unequal span biplane Doppeldecker mit ungleichgroßen Flächen
unequal T reduziertes T-Stück, Verengungs-T-Stück
unequally armed ungleicharmig
unetched ungeätzt
uneven holpering, unausgeglichen, ungerade (Zahl), ungleich(mäßig), ungerade (Zahl), unstetig
uneven fracture irreguläre Bruchfläche
uneven number ungerade Zahl
uneven radiation ungleichmäßige Strahlung
uneven running unruhiger Lauf (Motor)
uneveness Unebenheit, Ungleichmäßigkeit
uneveness of the ground Bodenunebenheit
unevenly spaced in ungleichem Abstand, ungleich geteilt
unexcited unerregt, nicht erregt
unexplained cause (accidents) unbekannte

Ursache (der Störung)
unexplained system failure unerklärlicher Funktionsfehler (Bordrechner)
unexposed unbelichtet, unbestrahlt
unfaced bit nicht mit Hartmetall besetzter Meißel, unbesetzter Meißel
unfaired unverkleidet
unfasten losbinden, losmachen
unfasten the safety belt, to losschnallen
unfavourable weather ungünstiges Wetter
unfeathering Rücklauf aus der Segelstellung
unfeathering switch Schalter zum Fahren von Segel- auf Reisestellung
unfilled beam unausgefüllter Strahl
unfilled state unbesetzter Zustand
unfinished unbearbeitet, unfertig, unvollendet
unfinished bolt rohe Schraube
unfinished nut rohe Mutter, Rohniet
unfinished part or piece Rohling
unfinished seating unbearbeitete Auflage (am Werkstück für Schraubenkopf od. Mutter)
unfired pressure vessel Stahlbolzenzylinder
unfix abnehmen, losmachen
unfixed unbefestigt, rollig
unfocused picture unscharfes od. verwaschenes Bild
unfold, to aufspannen, ausbreiten, auseinanderklappen, ausklappen, darlegen, entfalten, entwickeln
unformated record formatfreier Datensatz (FORTRAN)
unformated read statement formatfreie Leseanweisung (FORTRAN)
unformated write statement formatfreie Schreibanweisung (FORTRAN)
unforseen development and production problems, escalation of labour and material costs unvorhergesehene Entwicklungs- u. Produktionsprobleme, Anstieg der Lohn- u. Werkstoffkosten
unfortified unbefestigt
unfuzing Zünderausbau
unfurnable mesh antenna its beam-forming capability ausrollbare Antenne aus Drahtgeflecht ist fähig scharfgebündelte Strahlen zu erzeugen
ungalvanized unverzinkt
ungarbling Entschlüsselung
ungasiviable unvergasbar
ungathered parasheet Parasheet ohne Basisverstärkung
ungeared getriebelos, unübersetzt
ungeared engine getriebeloser od. nicht übersetzter Motor
ungeared radial engine getriebeloser Sternmotor
unglazed unglasiert
unground ungeschärft, ungeschliffen (Schneide)
unground resin undispergiertes Harz
ungrounded erdfrei, ungeerdet
unguarded unüberwacht
unguided rocket pod Startbehälter für ungelenkte Raketen
unhardened steel ungehärteter Stahl
unguided aerial rocket (UAR) ungelenkte Flugzeugrakete
unguided airbreather ungelenkter Luftstrahler
unhinging tang Aushängeangel (Säge)
unhomogenous ungleichstoffig
unhook the receiver, to den Hörer abnehmen
unhook, to abheben, aushaken, abheften, loshaken, abspannen
uniaxial einachsig
uniaxial magnetic anisotropy einachsige, magnetische Anisotropie
unicontrol Einknopfbedienung, Einknopfkontrolle
unicontrol radio receiver Einknopf-, Monoknopfempfänger
unicontrol wide-range oscillator einfach gesteuerter Breitbandoszillator
unidentified aircraft nicht identifizierbares Luftfahrzeug
unidentified flying object nichtidentifizierbares fliegendes Objekt
unidiameter joint Kabellötmuffe von Durchmesser des Kabels
unidimensional eindimensional
unidirectional einseitig gerichtet od. wirkend
unidirectional action einseitige Richtwirkung
unidirectional antenna einseitige Richtantenne, Richtstrahlantenne
unidirectional circuit Einwegleitung
unidirectional conductance unipolare Leitung
unidirectional conductivity unipolare Leitfähigkeit
unidirectional current Gleichstrom, Stromgleichrichtung, Strom gleicher Richtung
unidirectional current principle Gleichstromprinzip
unidirectional cyclic load(ing) Schnellbeanspruchung
unidirectional direction finding eindeutige Richtungsanzeige
unidirectional discharge aperiodische Entladung
unidirectional effect Richteffekt, Richtwirkung
unidirectional flow scavenging Gleichstromspülung (Motorzylinder)
unidirectional lightning disturbance einpolige Blitzstörung
unidirectional lights einseitig strahlende Feuer
unidirectional line Einwegleitung
unidirectional motion Bewegung in nur eine Richtung
unidirectional pulse Gleichstromimpuls
unidirectional radio direction finder ungerichteter Funkpeiler
unidirectional ray (or beam) receiver Strahlempfänger
unidirectional resistance Richtwiderstand
unidirectional transducer Einrichtungswandler
unidirectional transmission line Einwegleitung
unidirectional transmitter Einstrahlsender, Strahlsendestelle
unidirectional weave gerichtetes od. kettenartiges Gewebe
unified coarse thread genormtes Grobgewinde
unified field theory einheitliche Feldtheorie
unified fine thread genormtes Feingewinde
unified radar bomb sight Einheitsvisier für gesteuerte Bomben
unified special thread genormtes Spezialgewinde
unified system of filing Einheitsklassifikation
unifilar eindrähtig, einfädig, einfilar

unifilar suspension einfädige Aufhängung
unifilar winding unifilare Wicklung
uniflow drier Gleichstromtrockner
uniflow engine Unflowmaschine
uniflow scavenging Gleichstromspülung (Motorzylinder)
uniflow twin engine Gleichstromzwillingsmaschine
uniflow-type compressor Gleichstromkompressor
uniform Uniform, einheitlich, einförmig, gleichbleibend, gleichförmig, gleichmäßig, unbeschleunigt
uniform acceleration einheitliche Beschleunigung, gleichmäßige Beschleunigung
uniform change of wind regelmäßiger Windwechsel
uniform charge Gleichbelastung
uniform color homochrom
uniform convergence gleichmäßige Konvergenz (math)
uniform density, of gleichmäßige Dichte
uniform diffuser Lambertfläche, vollkommen glatte Fläche
uniform discharge temperature gleichbleibende Austrittstemperatur
uniform electric field homogenes elektrisches Feld
uniform field gleichförmiges Feld
uniform in hardness von gleicher Härte
uniform line gleichförmige od. homogene Leitung
uniform load Gleichbelastung, gleichmäßig verteilte Last, Streckenlast
uniform loading Rechteckbelastung
uniform longitudinal load Längeneinheitsbelastung
uniform method of analysis einheitliche od. gleichbleibende Untersuchungsmethode
uniform model of nucleus kollektives Kernmodell (Atom)
uniform plane wave einheitliche ebene od. gleichbleibende Welle
uniform radiation flux gleichmäßiger Strahlenfluß
uniform random noise weißes Rauschen
uniform rifling gleichbleibender Drall
uniform-spectrum random noise weißes Rauschen
uniform speed gleichförmige Geschwindigkeit
uniform stress gleichförmige od. gleichbleibende Spannung
uniform sweeping gleichmäßiges Freiräumen (von Minen)
uniform torsion gleichförmige Torsion
uniform velocity gleichförmige od. gleichmäßige Geschwindigkeit
uniform wall strength gleichmäßige Wandstärke (Bohrung)
uniform waveguide homogener Hohlleiter
uniform wavelength Nierenplattenkondensator
uniformalization Vereinheitlichung
uniformalize, to gleichförmig machen, vereinheitlichen
uniformed error normierter Fehler
uniformity Gleichartigkeit, Gleichförmigkeit, Gleichmäßigkeit, Konstanz, Stetigkeit
uniformity and smoothness Homogenität
uniformity coefficient Gleichförmigkeitsgrad
uniformity error Lochungs-, Perforationsfehler (lo)
uniformity of reproduction Herstellungs- u. Produktionsgleichmäßigkeit
uniformity of the structure Gleichförmigkeit der Struktur (geol)
uniformity ratio of illumination Gleichmäßigkeitsgrad der Beleuchtung
uniformly accelerated motion gleichförmige beschleunigte Bewegung
uniformly continuous gleichmäßig, stetig
uniformly decreasing motion gleichförmig verzögerte Bewegung
uniformly distributed stetig od. gleichmäßig verteilt
uniformly distributed inductance gleichmäßig od. stetig verteilte Induktivität
uniformly distributed load gleichförmig verteilte Last
uniformly divided scale gleichmäßige Teilung
uniformly heated gleichtemperiert, gleichwarm
uniformly moving particle gleichmäßig bewegtes Teilchen
uniformly or continuously distributed loading gleichförmige Ladung
uniformly varying load gleichmäßige variierende Belastung
unilateral einseitig, nichtreziprok (Vierpol), nicht symmetrisch
unilateral antenna Richtantenne
unilateral area track Abdeckeinfachzackenspur
unilateral conductance asymmetrische Leitfähigkeit
unilateral conductivity unipolare Leitfähigkeit
unilateral gear einseitiges Zahnradgetriebe
unilateral stress einseitge Anspannung od. Beanspruchung
unilateral tape card einseitige Lochstreifenkarte
unilateral tolerance Plus-Abweichung, einseitige Toleranz (Qualitätskontrolle), zulässiger Spielraum (mech)
unilateral transducer unilateraler Wandler
unilateral variable-area track (Abdeck-) Einfachzackenspur
unilateral variable-area track made with single-vane shutter Einfachzackenschrift mit Abdeckung
unilaterally biassed einseitig vorgespannt
unilaterally open einseitig offen
unilayer Einfachschicht
uniline Einwegleitung
unimodular unimodular
unimodular condition unimodulare Bedingung
unimolecular layer Monomolekularschicht
unimpaired unbeeinträchtigt, ungeschwächt, unvermindert
unimpended magnetization freie Magnetisierung
uninflammable unentzündbar
unintelligibility Unverständlichkeit (Spruch)
unintelligible crosstalk unverständliches Nebensprechen
unintelligible telegram unverständliches Telegramm
unintentional interference unbeabsichtigte Störung
uninterrupted ununterbrochen, fortlaufend

uninverted crosstalk unverständliches Nebensprechen
union Angliederung, Anschluß(stück), Arbeitergemeinschaft, Bindung, Gesellschaft, Rohrverschraubung, Stutzen, Überwurfmutter, Verbindung, Vereinigung, Verschraubung
union carbide plasma arc torch Plasmalichtbogenbrenner
union flange Ansatzflansch
union joint hose Schlauchverbindung
union nipple Rohrnippel für Verbindung durch Überwurfmutter
union nut Anschluß-, Verschraubungsmutter, Überwurfmutter
union point Verbindungspunkt, Vereinigungsstelle
union, reducer Reduktionsklemme
union socket Verbindungsmuffe
union tailpiece Verschraubungskonus
unionized nicht-, unionisiert
unipivot bearing Einspitzenlagerung
unipivot moving coil Drehspule mit einem Lager
uniplex Einkanalbetrieb, Uniplexbetrieb
unipolar einpolig, homopolar, gleichpolig, unipolar
unipolar dynamo Unipolardynamo
unipolar electrode system unipolare Elektrodenanordnung, Unipolarsystem
unipolar integrated circuit unipolare integrierte (Mikro-)Schaltung
unipolar machine or geneator Unipolarmaschine
unipolar transistor Unipolar-, Feldeffekttransistor
unipolarity Unipolarität
unipole Rundstrahler
unipole antenna Viertelwellenantenne, Viertelwellenstrahler
unipotential Äquipotentialkathode
unipotential cathode indirekt geheizte Glühkathode, Äquipotentialkathode
unipotential lens Einzellinse
unique characteristic einmaliges Merkmal
unique definition eindeutige Definition
unique defined eindeutig definiert
unique rear cargo door außergewöhnlich große Heckfrachttür
unique snubberless wide-chord fan blades freitragender Breitschaufelbläser
unique vacuum drive system einheitliches Vakuum-Bandantriebssystem
uniquely defined eindeutig definiert
uniqueness Eindeutigkeit, Einmaligkeit, Einzigartigkeit
unirefringent mit Einfachberechnung (math)
uniroll mill Einwalzenstuhl
uniselector Drehwähler, Einknopfkontrolle, Wähler mit einziger Bewegungsrichtung
unison Einklang, Übereinstimmung, Gleichgang, Gleichklang
unison impulse Gleichlaufstromstoß
unison signal Gleichlaufstoß, -zeichen
unisonant gleichtönend
unit Aufbaueinheit, Einheit, Maßeinheit, Bauteilgruppe, Aggregat, Dienststelle, Vorrichtung, Block
unit arc Einheitsbogen
unit area coustic impedance spezifische Schallimpedanz
unit area coustic resistance spezifische Schallresistanz
unit area capacitance Kapazität pro Flächeneinheit
unit area resistance Widerstand pro Flächeneinheit
unit assemblage Geräteeinheit
unit assembly system Baukastensystem
unit attenuation Dämpfungsmaß
unit automatic exchange automatische Landzentrale, kleines Wahlamt, Kleinwählerzentrale
unit body Anlagenkörper
unit bore system Einheitsbohrung
unit cell Basiszelle, Einheitszelle
unit charge Einheitsladung, Elementarladung
unit, charge Ladungseinheit
unit check Einheitskontrolle, Einheitenprüfung
unit circle Einheitskreis (math)
unit communication officer Truppennachrichtenoffizier
unit communication platoon Truppennachrichtenzug
unit construction Aufbau als geschlossene Einheit
unit construction practice Baukastenprinzip
unit construction principle Baukastenprinzip
unit cost Kosten pro Einheit, Stückkosten, Stückpreis
unit cost versus production units Gestehungskosten im Verhältnis zur Anzahl der gebauten Einheiten
unit counter Einerzähler, Einheitenzähler
unit crystal Einheitszelle
unit current Stromeinheit
unit detachment Truppenabteilung
unit diagram Einheitsdiagramm
unit-distance code Code mit Hammingabstand Eins, einschrittiger Code
unit duration of elementary interval Schrittlänge
unit duration of signal Schrittlänge
unit duration of signal element Schrittlängenelement
unit element Einheitsschritt, Einheitenelement
unit, engine and airframe-mounted zellenseitig montiertes Gerät
unit engineer official Truppeningenieur
unit flange Einheitsflansch
unit form Einheitsfläche, Einheitsform
unit function Einheitsfunktion
unit fuse alarm lamp Einzelalarmlampe
unit impulse Einheitenimpuls
unit impulse function Einheitsimpuls
unit, in...time in der Zeiteinheit
unit indicator Kurzbezeichnung für Einheit
unit inductance Einheitsinduktivität
unit interval Spulen(seiten)teilung, Zeichenelement
unit interval in a winding Spulenseitenteilung
unit interval of the commutator Lamellenteilung
unit lattice Einheitsgitter
unit length Einheitslänge
unit, length Längeneinheit (Magnetband)

unit level test equipment Feldprüfgerät
unit, levered-suspension design schwinghebelgefederte Einheit
unit light intensity Einheit der Lichtintensität
unit line Einheitslinie
unit load Flächeneinheitslast, Ladeeinheit
unit load of single caliber ammunition Kalibereinheit
unit loading spezifische Kufenbelastung, geschlossene Verladung
unit magnetic mass elektromagnetische Polarstärkeeinheit
unit magnetic pole magnetischer Einheitspol
unit manning document worksheet (UMDW) Formblatt zur UMD-Stärkenachweisung
unit mass Maßeinheit
unit matrix Einheitsmatrix
unit mission equipment (UME) UME-Erstausstattung
unit nominal register Stammrolle
unit number Stromverbrauchernummer (Kabelkennung)
unit of absorption Absorptionseinheit
unit of action Aktionseinheit
unit of angle Winkeleinheit
unit of area Flächen(inhalts)einheit, Oberflächeneinheit
unit of attenuation Dämpfungseinheit
unit of capacity Arbeitseinheit
unit of construction Konstruktionsglied
unit of density Dichteeinheit, Schwärzungseinheit (Film)
unit of displacement Verschiebungseinheit
unit of dosage Dosiseinheit
unit of dynamic viscosity Einheit der dynamischen Viskosität
unit of electricity Einheit der Elektrizitätsmenge
unit of energy Leistungseinheit
unit of equipment Gerätesatz
unit of fit Paßeinheit
unit of force Krafteinheit, -stärke
unit of frequency Frequenzeinheit
unit of hardness Härteeinheit
unit of heat Wärmeeinheit, Wärmemaß
unit of illumination Einheit der Beleuchtungsstärke
unit of issue Bezugseinheit
unit of measurement Maßeinheit
unit of power Kraft-, Leistungseinheit
unit of production Herstellungs-, Fertigungs-, Produktionseinheit
unit of quantity Mengeneinheit
unit of resistance Widerstandsgruppe
unit of sound absorption Schalldämpfung
unit of space Raumeinheit
unit of speed Geschwindigkeits-, Tempoeinheit
unit of standard of temperature Temperaturmaßeinheit
unit of structural parts Bauteilgruppe
unit of tolerance Toleranzeinheit
unit of volume Raum-, Volumeneinheit
unit of wave length for X-rays X-Einheit
unit of weight Gewichtseinheit, Wichte
unit of work Arbeitseinheit
unit or principal point Einheitspunkt
unit pack Einheits-, Versorgungspackung
unit place Einerstelle
unit pole Einheitspol (magnetisch)
unit price Einheitspreis, Preis je Einheit, Stückpreis
unit principle Einheitsprinzip
unit process Einheitsprozeß
unit production Einzelfertigung
unit property card Inventarkarte, Materialbestandskarte der Einheit
unit property records Materialbestandskartei der Einheit
unit quantity of electricity Einheit der Elektrizitätsmenge
unit rack Einheitsgestell
unit rack stop Einheitenwiderstand, Einheitsquerschnitt
unit radius Einheitsradius
unit record Lochkartenmaschine, elektromagnetisch gesteuerte Informationsverarbeitungsmaschine
unit record machine Lochkartenmaschine
unit reproducing (Karten)doppler, Lochkartendoppler
unit section or area of section Einheitsquerschnitt
unit shaft system Einheitswelle (Passungssystem)
unit source of light Einheitslichtquelle, Normallampe
unit sphere Einheitskugel
unit spin Einheitsspin
unit step function Einheitsstoß
unit-step response Sprungübergangsfunktion
unit stress Belastung der Flächeneinheit, Spannung, spezifische Belastung od. Beanspruchung
unit, storage Speichereinheit, Speicherelement, Speicherzelle
unit support equipment USE, standortgebundene Ausrüstung einer Einheit, Friedenszustandsausstattung
unit system power station Blockkraftwerk
unit tensor Einheitstensor
unit test Prüfung des Triebwerks als Ganzes, Vollmotorprüfung
unit transformation Einheitstransformation
unit value Einheitswert
unit vector Einheitsvektor
unit volume Einheitsvolumen
unit wave-length constant Phasenfaktor, Winkelmaß
unit weight Raumgewicht (ohne Wasser)
unitary head Einzelkopf (Magnetkopf)
unitary matrix unitäre Matrix
unitary operator unitärer Operator
unitisation of load Konsolidierung zur Ladeeinheit, Ladeeinheitkonsolidierung
unitized machine tool Werkzeugmaschine aus Baueinheiten
units Einer, Einheiten
units and tens component transfer Teilproduktionsübertragung (lo)
units digit Einerstufe
units of measure Masse(n)einheiten
units of speed Einheiten der Geschwindigkeit
units of time Zeiteinheiten
units position Einerstelle
unity-power magnification Abbildung im

univariant equilibrium einfachfreies od. monovariantes Gleichgewicht
universal adjustable Universaleinstellbarkeit
universal aerial refueling slipway installation UARSI
universal amplifier Allverstärker
universal apparatus Universalgerät
universal assembly Kreuzgelenk
universal ball coupling Gelenkkupplung
universal ball joint Kugelkardan
universal bar Schrittauslösebügel
universal bevel Schrägwinkel, Universalschmiege
universal bevel protractor Universalwinkelmesser
universal bore gauge Innendrall- u. Durchbiegungsmesser
universal bridge Universalbrücke
universal camera attachment Universalaufsetzkamera
universal carriage Universalfahrzeug
universal case Allzweckgehäuse
universal character set feature Universaltypensatz
universal chopper for fodder dehydrator Alleszerkleinerer
universal chuck Universal(drehbacken)futter, selbstzentrierendes Dreibackenfutter
universal cinetheodolite and tracking mount Universal-Kinetheodolit mit Verfolgungsgerät
universal container Unterwassercontainer
universal control panel Universalbedienfeld
universal copy dial Universalschablonenhalter
universal cord pair Einheitsschnurpaar
universal coupling kardanisches Gelenk, Kreuzgelenkkupplung
universal current Allstrom
universal cylindrical grinding machine Universalrundschleifmaschine
universal dismantling tool Universalabziehvorrichtung
universal drill Universalhandbohrer
universal drive Verteilerantrieb
universal extension Kreuzgelenkverlängerung
universal fitting Schwenkfitting
universal flange roll Universalflanschwalze
universal function universelle Funktion
universal gauge Universallehre
universal grinding machine Universalschleifmaschine
universal grip Universalgreifer
universal guiding machine Universalführungsmaschine
universal head Universalspindelkopf
universal installation harness Universal-Installationskabelgeschirr
universal-joint Kardan-, Kreuz-, Universalgelenk, Doppelkreuzgelenk, Kardankupplung, Kugelgelenk, -kupplung, Kugelschalenlager, Kugelschalenlagerung, Rollendoppelgelenk, Rollengelenk, Schubkegel
universal-joint disc Gelenkscheibe
universal-joint housing Kardangehäuse
universal-joint ring Kardankranz
universal-joint shaft gelenkige Welle, Gelenkwelle
universal-joint sleeve Gelenkstulpe
universal jointed shaft Kugelgelenkwelle
universal keyboard Normaltastenfeld, Universaltastatur
universal laser bomb kit Laserbombenrüstsatz
universal lathe Stahlwechseldrehbank
universal lens adapter Universalobjektivring
universal lighting Allgemeinbeleuchtung
universal machine tool Vielzweckmaschine
universal meridian Meridian von Greenwich, mittlerer Meridian od. Längengrad
universal mill Universalwalzwerk
universal mill for rolling beams Universalträgerwalzwerk
universal mill plate Breiteisen, Universaleisen
universal milling attachment Universalfräskopf
universal motor Allstrommotor, Universalmotor
universal mount of regulator Universallafettenregler
universal mounting vollkardanische Aufhängung
universal neon-tube tester Universalglimmlampengerät
universal network Allpaßnetzwerk
universal notching machine Universalausklinkmaschine
universal pliers Universalzange
universal postal convention Weltpostvertrag
universal postal union Weltpostverein
universal precision navaid universelle Präzisionsnavigationshilfe
universal punching and notching machine Universalloch- u. Ausklinkmaschine
universal radio network Weltfunknetz
universal rail anchor Einheitsklemme
universal receiver Allstrom-, Universalempfänger
universal relay Einheitsrelais
universal relieving lathe Universalhinter-Drehbank
universal rotating stage Universaldrehtisch
universal screw driver Universalschraubendreher
universal screw-wrench Engländer, Universalschlüssel
universal scroll chuck Universalspannfutter
universal seismograph Universalseismograph
universal shapers Universaleisen
universal shunt Universalnebenschluß
universal sleeve Gelenkführung
universal square Universalwinkel
universal surface gauge Universalreißlehre, Universalreißstock
universal switch Generalumschalter
universal suspension framework Kardanrahmen
universal telephone ringer Einheitsläutwerk
universal testing machine Universalprüfmaschine
universal time mittlere Greenwichzeit, Weltzeit
universal time clock Weltzeituhr
universal timing disk (motor) Einstellscheibe für Nockenwelle u. Zündung
universal tool and cutter grinder Universalwerkzeugschleifmaschine
universal trestle Universalmontagebock
universal trunnion Kreuzzapfen
universal tube Universalröhre
universal-type timing impulse regulator Universalimpulsgeber
universal valve Universalröhre

universal wheel dressing and profiling attachment Universalabziehvorrichtung (für Kraftfahrzeugbereifung)
universal wrench englischer Schraubenschlüssel
universally gimbaled vollkardanisch aufgehängt
universally-jointed jet deflection nozzle schwenkbare Abgasstrahldüse
universe Grundgesamtheit
univibrator Univibrator
unknown quantity unbekannte Größe
UNL (unlimited) unbegrenzt
unlabeled nichtmarkiert
unlabeled basic statement nicht markierte Grundanweisung
unlabeled block "nicht markierter" Block
unlabeled compound "nicht markierter" Verbund, nicht markierte zusammengesetzte Anweisung (ALGOL)
unlabeled file Datei ohne Kennsätze od. Etiketten
unlading Ausladen, das
unlatching wedge Entriegelungskeil
unlay a rope, to ein Tau in Kardeele zerlegen
unleaded ungebleit (Kraftstoff)
unlike charges entgegengesetzte Ladungen
unlimited unbeschränkt, grenzenlos, unbegrenzt
unlimited ceiling unbeschränkte Gipfelhöhe, Wolkenlosigkeit, behinderungsfreie Hauptwolkengrenze (Fs)
unlimited fatigue life unbegrenzte Lebensdauer
unlimited visibility unbeschränkte Sicht
unload abladen, entladen, entlasten
unload instruction Entladeinstruktion
unload the structure, to Entlastung der Zellenstruktur
unloaded hinge unbelastetes Schlaggelenk
unloaded plant for bulk goods Ladeanlage für Massengüter
unloader valve Überdruckabblaseventil
unloading control Überlaufkontrolle
unloading detachment Abladetrupp, Ausladekommando
unloading machine Entlademaschine
unloading staff Entladestab (Hafen)
unloading the file Entladen des Plattenspeichers
unloading trough Entladerinne
unlock aufschließen, eine Hemmung, Sperre od. Sicherung entfernen, freimachen, Fahrwerk entriegeln
unlock field Entriegelungsfeldwicklung
unlock position limit switch Entriegelungsendschalter (vordere Flügelklappen)
unlocking device Entriegelung
unlocking magnet Entriegelungsmagnet
unlocking mechanism Auslösevorrichtung
unlocking port Entriegelungsanschluß
unloop, to entschlaufen (EDV)
unmachinable unbearbeitbar
unmagnetized unmagnetisch
unmanageable unlenksam
unmanned cargo vehicle unbemannter Materialtransporter
unmanned deep space flights unbemannte Vorstöße in den erdfernen Raum
unmanned operation unbemannter Betrieb (einer Anlage)
unmanned, orbiter unbemannte Umlaufeinheit
unmanned rocket unbemannte Rakete
unmanned space travel unbemannter Raumflug
unmanned submersible for remote-controlled offshore work unbemanntes U-Boot für ferngesteuerte Offshorearbeiten
unmark, to Markierung löschen (dig)
unmarked unmarkiert, nicht gekennzeichnet
unmasked altitude Erfassungsgrenzhöhe eines Flugkörpers
unmatched cards unpaarige Karten (MB)
unmitigated nicht abgeschwächt, ungemindert
unmoderated ungebremst
unmoderated fission neutron ungebremstes Spaltneutron
unmoderated reactor nicht moderierter Reaktor
unmodified instruction unmodifizierter Befehl
unmodified phenolic resin unmodifiziertes Phenolharz
unobserved fire Planschießen, Schießen ohne Beobachtung
unobstructed approach hindernisfreier Anflug
unobstructed field of fire freies Schußfeld
unobstructed light unbehindert sichtbares Licht
unobstructed view freie Sicht, freier Ausblick
unpack durch Intersektionsbefehle aufteilen, entpacken
unpacked decimal digit ungepackte Dezimalziffer
unpaid nicht freigemacht, nicht bezahlt, unfrankiert
unparalleled beispiellos, unvergleichlich, vergleichslos
unpaved road unbefestigte Straße
unpaved runway unbefestigte Piste od. Start- u. Landebahn
unpicked sample unausgesuchte od. ungesuchte Probe
unplasticized frei von Weichmacher (pla)
unpowered guided launches gelenkter Abwurf ohne Eigenantrieb
unpowered rotor nichtangetriebener Rotor
unpredictable nicht im voraus bestimmbar
unpressurized range Außendruckbereich, nicht druckbelüfteter Bereich
unproclaimed ground freies Feld
unproductive unproduktiv
unprotected ungeschützt
unprotected thermometer ungeschütztes Kippthermometer (Seethermometer)
unquantized law ungequanteltes Gesetz
unravel, to zerfasern
unreactive unempfindlich, nicht leicht anpsrechbar (Gerät), reaktionsträge
unreadable unleserlich, unverständlich
unreadable message unleserliche Meldung
unreasonable terms unbillige Bindungen
unreel, to abspulen
unregistered routing character nicht registrierter Leitvermerk (teg)
UNREL (unreliable) unzuverlässig
unreliable unzuverlässig
unrelieved nicht hinterschliffen
unregulated voltage nichtstabilisierte od. ungeregelte Spannung
unreported ungemeldet, nicht gemeldet
unreported aircraft nicht gemeldetes Luft-

fahrzeug
unrestricted uneingeschränkt, ungehemmt
unrestricted-burning charge Treibsatz mit ungehemmtem Abbrand
unrestricted flow ungehemmter Fluß (Preßform)
unrestricted passage area freier Durchflußquerschnitt
unrestricted throttle movement der Leistungshebel ist einschränkungslos verstellbar
unriggered abgetakelt
unsafe warning light Warnlampe, -leuchte
unsatisfactory report (UR) Beanstandungsmeldung
unsaturated linkage ungesättigte Verbindung
unscheduled außerplanmäßig
unscheduled maintenance außerplanmäßige Materialerhaltungsarbeiten (av)
unscheduled maintenanceunplanmäßige Wartung
unscreened nicht abgeschirmt
unscrew, to abschrauben, herausschrauben, losschrauben
unscrew pin from box Gestängezugverbinder "brechen"
unseal entsiegeln, öffnen
unselective breaking of bonds nichtselektives Zerbrechen von Bindungen
unserviceability light (AGA) Sperrungsfeuer
unserviceability marking Anschlußzeichen, Kennzeichnung für Unbrauchbarkeit, Sperrungsmarke
unserviceable stillgelegt, unbenutzbar, unbrauchbar, unklar
unsettle, to in Unordnung bringen, in Unruhe versetzen
unsettled noch nicht zur Ruhe gekommen, unbeständig
unscheduled außerplanmäßig
unshielded nicht abgeschirmt
unshielded telescope nicht abgeschirmtes Zählrohrteleskop
unshift Buchstabenumschaltung, -wechsel, Rückschub
unshielded (wire) nicht abgeschirmt
unshielded arc welding offenes Lichtbogenschweißen
unshrouded blade Schaufel ohne Deckband
unshunted ohne Nebenschluß
unshuttered ohne Unterbrechung der Zündkette
unsigned integer vorzeichenlose ganze Zahl
unsigned integer format Format für natürliche Zahlen (ALGOL)
unsigned number vorzeichenlose Zahl
unsilenced engine ungedämpftes Triebwerk
unsinkable nicht versenkbar, sinksicher
unsolder, to ablöten, auflöten, loslöten
unsoldered joint Würgestelle
unsolicited unaufgefordert, unverlangt
unsoling pincers Abreißzange
unsophisticated launcher Trägerfahrzeugcharakteristik
unsound fehlerhaft (Werkstoff), brüchig, mit Fehlerstellen behaftet, undicht
unspillable accumulator Akkumulator mit gelantiertem Elektrolyt
unspillable cell Trockenelement
unsplit anode Vollanode
unsplit ring ungeteilter Ring
unstable gleitend, haltlos, instabil, labil, unbeständig, unstabil, unstetig, veränderlich
unstable air unruhige Luft
unstable aircraft instabiles Flugzeug
unstable airfoil unstabile Fläche
unstable atmospheric condition labile Wetterlage
unstable element instabiles Element
unstable equilibrium instabiles Gleichgewicht, labiles od. unsicheres Gleichgewicht
instable multivibrator astabiler Multivibrator
unstable nucleus instabiler Kern
unstable oil zur Zersetzung neigendes Öl
unstable oscillation labile od. unstete Schwingung
unstable particle unstabiles od. labiles Teilchen
unstall, to Strömungsabriß beenden
unstayed strebenlos
unsteadiness Haltlosigkeit, Unruhe, Veränderlichkeit, Verwackeln
unsteadiness of image mangelhaftes Stehen (des Bildes)(TV)
unsteadiness of picture Bildtanzen, Bildzittern (TV)
unsteady haltlos, instabil, labil, nicht stationär, unbeständig, unruhig, unstabil, veränderlich, wankelhaft, wacklig, schwankend
unsteady arc flackernder Lichtbogen
unsteady weather labile Wetterlage
unstick etwas Angeklebtes wieder lösen, vom Wasser abheben (Flugboot), abheben (Flugzeug von Piste)
unstick point Abhebepunkt (Start)
unstick speed Abhebegeschwindigkeit
unstick time Startzeit
unstiffened unversteift
unstratified schichtungslos, ungeschichtet (geol)
unstressed spannungsfrei, unbeansprucht
unstrippable nicht abblätternd (Deckschicht)
unsubsidized nicht subventioniert
unsuitable ungeeignet, unpassend, untauglich, unzweckmäßig
unsupercharged engine Motor ohne Aufladung, selbstansaugender Motor
unsupported haltlos, strebenlos, trägerlos
unsupported film trägerlose Schlauchfolie
unsupported length of column freie Knicklänge
unsupported piston selbsttragender Kolben
unsupported sheeting trägerlose (Schlauch)-folien (pla)
unsurfaced pavement Befestigung ohne Deckenanschluß
unsurpassed unübertroffen
unsurveyed unaufgenommen
unsymmetric-resonance characteristic schiefe Resonanzkurve
unsymmetrical dimethylhydrazine (UDMH) asymmetrisches Dimethylhydrazin
unsymmetrical flight ungleicher Flug
unsymmetrical flight condition ungleiche Flugbedingungen
unsymmetrical loading ungleich verteilte Ladung, unsymmetrische Belastung
unsymmetrical propeller thrust ungleich wirkender Luftschraubenschub
untempered unangelassen
untension, to eine Feder entspannen

untensioning of a spring Entspannen einer Feder
untie, abschnüren, aufbinden, aufknoten, losbinden, lösen, losknüpfen, loslösen, losmachen
untie the form, to Form auflösen
untie the page cord, to die Kolumnenschnur abbinden (Druck)
until advised bis Sie beraten werden (Spruch)
until advised by approach control bis Sie beraten werden von der Anflugkontrolle
until advised by the tower bis zur Freigabe durch Kontrollturm
until cleared to land, by the tower bis zur Freigabe durch Kontrollturm
until cleared down bis Sie freigegeben werden zur Landung
until further advised bis Sie weiter beraten werden, bis weitere Meldung erfolgt
until further notice bis auf weitere Bekanntgabe, bis auf Weiters
untimely ungünstig, unpassend, zur Unzeit
untoleranced dimension Maß ohne Toleranzgabe (Passungen und Toleranzen)
untrimmed unbeschnitten (Folie)
untrue ungenau, unrund
untuned nicht abgestimmt, unabgestimmt, verstimmt
untuned antenna aperiodische od. nicht abgestimmte Antenne
untwisted ungeschränkt
untwisting Lösung, Rückdrehung
untwisting machine Abwickelmaschine
unusable fuel supply tote Kraft- od. Treibstoffmenge, nicht ausfliegbare Kraftstoffmenge
unwanted frequency deviation Störfrequenzhub
unwanted frequency modulation Störfrequenzmodulation
unwanted frequency swing Störfrequenzhub
unwanted response Nebenresonanzstelle, Störresonanz (Schwingquarze)
unwanted transmitter Störsender
unwarranted ohne Gewähr, ungerechtfertigt, unverantwortlich
unweldable nicht schweißbar
unweighted noise voltage Fremdspannung
unweighted signal-to-noise ratio Fremdspannungsabstand
unwind abspulen, abwickeln, gestreckt, loswinden, programmieren, strecken
unwinder Bandwickel (Zünder), Rückwindespirale (Zünder)
unwinding mechanism Abwickelvorrichtung
unwinding shaft Abrollwelle
unwinding spool Ablaufspule
unwired ungeschaltet
unworked piece or part Rohling
unwound abgewickelt
unwound ribbon abgelaufenes Farbband
unyielding unbeugsam, unergiebig, unnachgiebig
up-and-down cathode follower Kathodenverstärkerstufe
up-and-down cut shear zweischnittige Schere (Walzwerk)
up-and-down line Hin- u. Rückleitung
up-and-down stroke Doppelhub (Kolben)
uparching of strata Abwölbung der Schichten (geol)
up-current Aufwind
up-current field Aufwindfeld
up-current hill side Hangwind
up-current region Aufwindgebiet (Segelflug)
up-current soaring im Aufwind segeln
update information Informationen u. Daten auf den neuesten Stand bringen (EDV)
update, to auf den neuesten Stand bringen, laufend ändern (Kartei), aktualisieren, fortschreiben
update file Änderungs-, Bewegungsdatei
update kit to modify Küstenwachversion
updated master file auf den neuesten Stand gebrachte Leitdaten (dig)
update program Änderungsprogramm, -routine, Kampfwertsteigerungsprogramm (Avionik)
update routine Änderungsprogramm, -routine
updating of wiring günstige Verkabelung
updating program Aktualisierungsprogramm
updating run Änderungslauf
updating tape Änderungsband
up/down trim brake relays auf/ab Trimmbremsrelais
updraft Aufwind, Steigstrom
updraft carburetor Steigstromvergaser, Aufstromvergaser, Steigstromvorrichtung, Vergaser mit aufsteigendem Luftzug
updraft-type furnace Ofen mit steigender Flamme
updraught carburetor Steigstromvergaser
upend, to hochkant stellen
upgear, to Fahrgestell einziehen, nach hören Stufen schalten
upgrade pumping station Steigungspumpstation
upgraded flight simulator leistungsgesteigerter Flugsimulator
upgraded version leistungsfähige Version
upgrading infrastructure ergonomische Studie (Cockpit, Avionik)
upgrading its maintenance installations Verbesserung der Instandhaltungsanlagen
upgrading program includes wing-lift spoilers and a braking parachute to shorten the landing run and improve control Einbau von Störklappen und eines Bremsfallschirms zur Verkürzung der Landerollstrecke
upgust Steigböe
upkeep Aufrechterhaltung, Instandhaltung, Unterhaltung, Wartung
upkeep schedule Wartungsplan
uplift Auftrieb, gehobener Flügel einer Verwerfung (av), Heraushebung, Preiserhöhung, Unterdruck
uplift fault block Hochscholle (geol)
uplift of strata Aufrichten der Schichten (geol)
uplift pressure Unterdruck
uplift pressure, artesian artesisches Auftrieb
uplock Einfahrverriegelung (Fahrwerk), Fahrwerkeinfahrverriegelung (Flz)
uplock block Innenverriegelungsblock
uplock bolt Einfahrverriegelungszapfen
uplock cylinder Einfahrverriegelungszylinder (Fahrwerk)
uplock hook Einfahrverriegelungshaken

uplock indicator switch Einfahrverriegelungsschalter
uplock linkage Sperrhakengestänge, Sperrhakenschalter
uplock lug Einfahrverriegelungsansatz
uplock pin Einfahrverriegelungszapfen
uplock recess Innenverriegelungsaussparung
uplock release cylinder Einfahrverriegelungszylinder
uplock release emergency cable Handauslöseseilzug der Einfahrverriegelung
uplock roller Einfahrverriegelungsrolle, Verriegelungsrolle der Fahrwerkklappe
uplock roller bracket Verriegelungsrollenträger
uplock switch Einfahrverriegelungsschalter, Innenverriegelungsschalter
uplock switch actuating screw Betätiger für Einfahrverriegelungsschalter
up-market integrated navigation and attack system hochwertiges integriertes Navigations- u. Waffenzielsystem
up-milling Gegenlauffräsen
up-milling process Gegenlauffräsverfahren
up-movement Aufwärtsbewegung
upper access door Höhenzugangsöffnung
upper air analysis Höhenwetteranalyse, Untersuchung höherer Luftschichten
upper air ascent Höhenaufstieg
upper air chamber Windkasten
upper air chart Höhenkarte (meteo)
upper air observation Beobachtung höherer Luftschichten, Höhenwetterbeobachtung
upper air pressure Luftdruck in höheren Luftschichten
upper airspace oberer Luftraum
upper area control centre Bezirkskontrollstelle od. Bezirksleitstelle für den oberen Luftraum
upper atmosphere Luft in höheren Schichten
upper attaching bolt oberer Haltebolzen
upper backlash gear oberes Spielausgleichrad (Richtanlage)
upper band (radio or direction finder) Oberring, Oberstreich
upper band spring Oberringfeder
upper base course (runway construction) obere Tragschicht
upper beam control lamp Fernlichtanzeigerleuchte
upper bend of valve characteristic oberer Knick der Röhrenkennlinie, oberer Kennlinienknick
upper bend or knee of characteristic oberer Kennlinienknick
upper blade Obermesser (Werkzeugmaschine)
upper boiler Oberkessel
upper boom Obergurt
upper brace of fixed frame oberes Querstück des Schützes (elektr.)
upper bound obere Grenze (ALGOL,COBOL)
upper boundary obere Grenze (ALGOL, COBOL)
upper brushes obere Bürsten
upper cap Zünderkappe
upper carrying chassis of a crane Kranoberwagen
upper case Ziffernfeld
upper case characters Großbuchstaben
upper case lock Feststeller für Großbuchstabe
upper case print Druck mit Großbuchstaben
upper case printing Großbuchstabendruck
upper channel Obergerinne, oberer Durchlauf
upper chart Höhenwetterkarte
upper cold front Höhenkaltfront
upper component (of a composite aircraft) Oberteil, Oberflugzeug
upper connection contact Kopfschalterkontakt
upper constant impulse Impuls der oberen Kanten
upper control area oberer Kontrollbezirk, oberer FS-Kontrollbezirk
upper controlled airspace oberer kontrollierter Luftraum
upper course Oberlauf
upper createous sandstone Quarzstein
upper current Oberstrom
upper curtate obere (Lochungs)zone
upper cutoff frequency obere Grenzfrequenz
upper cylinder lubricant Obenschmieröl
upper cylinder lubrication Kopf-, Oberschmierung (Zylinder)
upper deck Oberdeck, oberes Deck, Peildeck
upper deck cover oberer Verkleidungskonus
upper deviation oberes Abmaß
upper die Gesenkoberteil, Matrize, Obergesenk, Oberstempel
upper drag link oberer Teil der Hauptfahrwerkstrebe, Knickstrebe, obere Zugverbindung am Bugrad
upper drag strut pin oberer Knickstrebenbolzen
upper drum Obertrommel
upper-edge of plate Plattenoberkante
upper-edge of probing hole Sondierloch (Ölbohrung)
upper-edge of separator Separatoroberkante
upper-end flap extension obere Endklappenverlängerung
upper-end of electrode Elektrodenkopf
upper-end of lens cone bildseitige Grundfläche, bildseitiges Stutzenende
upper fairing obere Verkleidung
upper feed sprocket Vorwickler
upper flange Obergrut
upper flight information region oberes Fluginformationsgebiet
upper frequency limit obere Frequenzgrenze
upper frog of the hinge Oberpfanne der Türangel
upper front Höhenfront (meteo)
upper fuel pump obere Brennstoffpumpe
upper half nut Mutterschloßoberteil
upper half of pillow block Stehlageroberschale
upper harmonics Oberharmonische
upper heating value oberer Heizwert
upper jaw (landing gear) oberer Verriegelungshaken
upper ladder Oberleiter
upper layer Deckenschicht
upper lateral band Scheitelband (Fsch)
upper leg Oberschenkel (einer Strebe)
upper limit oberer Grenzwert, Obergrenze
upper limit release signal Freigabesignal für obere Suchspiegelbegrenzung
upper limiting filter Spulenkette

upper limiting filter Spulenkette
upper limiting frequency obere Grenzfrequenz
upper mechanical stops obere mechanische Sperren
upper microwave frequencies oberer Mikrowellenbereich
upper mount assembly Oberrahmen
upper nozzle obere Düse
upper observation Höhenwetterbeobachtung
upper or higher harmonic oberharmonisch
upper pallet loads Palettenlast im Oberdeck
upper part Haubenkörper, Oberteil
upper part of camshaft casing Steuerwellengehäuseoberteil
upper pintle castings Stützwinkel
upper platform obere Bühne
upper pool elevation gestauter Wasserspiegel, Oberwasserspiegel, Wasserstand der oberen Haltung
upper portion of casing drainage well Aufsatzrohr (Ölbohrung)
upper pressure Höhenluftdruck
upper prism micrometer heat driving propeller Triebschraube
upper ram Oberstempel
upper rib flange Rippenobergurt
upper round head Leitwand
upper scavenge pump gears oberes Spülpumpengetriebe
upper shell or blast furnace Ofenkegel
upper shield Oberschild
upper side of the wing Flügeloberseite
upper sideband oberes Seitenband
upper slide rest Obersupport
upper state höherer Zustand
upper steering spindle obere Lenkspindel (Rotor)
upper stratum obere Schicht (geol)
upper surface Oberseite (Flügel), obere Flügelfläche
upper surface aileron Oberseitenquerruder
upper surface blowing Anblasen der Flügeloberseite
upper-surface blowing for high lift hoher Auftrieb bei niedriger Geschwindigkeit
upper-surface-blown wing angeblasene Flügeloberseite
upper surface of wing Saugseite des Flügels
upper temperature Temperatur in höherer Luftschicht
upper torque link oberer Teil der Federbeinschere
upper transom Oberriegel
upper tuyere obere Düse
upper valve Hubventil, oberes Ventil
upper warm front Höhenwarmfront
upper wind Höhenwind, Oberwind
upper wind electronic observation elektronische Höhenwindmessung
upper wind chart Höhenwindkarte
upper wind radar observation elektronische Höhenwindmessung
upper wind report Höhenwindmeldung
upper wind visual observation optische Höhenwindmessung
upper wing Oberflügel
upper wing blowing Anblasen der Saugseite des Tragwerks
up-position switch Einfahrstellungsanzeigeschalter
up-power relay Flügelklappenschaltrelais (Einfahrstellungsanzeiger)
uprating Leistung erhöhen
upright Bohr-, Maschinenständer, Pfeiler, Pfosten, Ständer, Stütze, aufrecht, hochkant, scheitelrecht
upright bend of firing arm Lappen des Sperrarms (Zeitzünder)
upright conical vault Trichtergewölbe
upright converter stehender Konverter
upright cross Stehkreuz
upright cylinder stehender Zylinder
upright drill Rennspindel, Vertikalbohrmaschine
upright drilling machine Senkrechtbohrmaschine
upright format Hochformat (Foto)
upright picture Hochaufnahme, Senkrechtbild
upright position Hochkantstellung
upright radiator Standkühler
upright-screw cutting machine Ständergewinde-Schneidmaschine
upright shot Hochaufnahme (Foto)
upright-type engine stehender Motor
upset Aufhieb, Störung, Umkippen, Umwerfen
upset end joint feste Enddichtung
upset pass Stauchkaliber
upset ratio Stauchverhältnis
upset, to stauchen, anstauchen, aus der Fassung bringen, kippen, stauchen, umkippen, umschlagen (av), umstürzen, umwerfen, zusammenstauchen
upsets to the basic cycle thermodynamische Auslegung (Flugzeug-Konfiguration)
upsetting Anstauchung, Stauchen, Stauchung
upsetting clouds Stauchwolken
upsetting device Stauchvorrichtung, Vorstauchanrichtung, -apparat
upsetting die Preßbacke, Stauchmatrize
upsetting effect Stauchwirkung
upsetting factor Stauchfaktor
upsetting press Röhrenstauchpresse
upsetting pressure Stauchdruck
upsetting slide Stauchschlitten (Schweißapparatvorrichtung)
upsetting temperature Erweichungstemperatur
upsetting test Stauchprobe, -test
upside Aufwärtsseite (des Querruderarbeitszylinders)
upside-down mit der Unterseite nach oben
upside-down flight Rückenflug
upside-down flight carburetor Rückenflugvergaser
upside-down position Rückenlage
upslope landing Landung hangaufwärts
upstairs im oberen od. höheren Stockwerk
upstabilizer Ziehsignal (Flugregler)
upstop Einfahrbegrenzungsanschlag
upstop bumper Einfahranschlag
upstream oberhalb, Oberstrom, Oberwasserseite, fluß-, stromaufwärts
upstream anchor Stromanker
upstream cofferdam oberer Fangdamm
upstream discharge Stromaufwirkung
upstream face Oberseite des Wehrkörpers
upstream pressure Eingangsdruck
upstroke Aufwärtshub, aufgehender Hub,

Aufwärtsbewegung
upstroke press Unterkolbenpresse
upstructure deflection of the bore hole Bohrlochabweichung gegen Schichteneinfahren (geol)
upswing Aufschwung (komm), rasches Aufsteigen
upswing of prices Haussebewegung (komm)
uptake Aufnahme, Steigkanal, Steigleitung, Steigrohr
uptake factor Aufnahmefaktor
uptake rate Aufnahmegeschwindigkeit
uptake-off limit switch Startstellungs-Endschalter (Einfahrweg der Flügelklappen)
upthrust Auftrieb
uptime Benutzerzeit, Klarzeit
up-to-date auf der Höhe, auf dem Laufenden, hochmodern, neuzeitlich, nach dem heutigen Stand
up-to-date information neueste Information
uptrend steigende Tendenz (komm)
upward nach oben gerichtet, aufwärts
upward-and-downward motion Heb- u. Senkbewegung
upward bore hole Hochbohrloch
upward compound Aufkomponente
upward current of air aufsteigende Strömung
upward displacement hochseitige Verschiebung
upward draft Saugwirkung
upward flow Aufwärtsströmung
upward modulation additive Modulation
upward motion Aufwärts-, Haussebewegung (komm)
upward movement of tension spring Hochschnappen der Spannfeder
upward-pointing hole Hochbohrloch
upward pressure on foundations Auftrieb, Unterdruck
upward pull Saugwirkung
upward-sloping schrägansteigend
upward spin Aufwärtstrudeln
upward stroke Aufwärtsgang, -hub (Kolben)
upward tendency Aufwärtsbewegung, Hausse, steigende Tendenz (komm)
upward view Sicht nach oben
upward visibility Sicht nach oben
upward welding Schweißung mit Aufwärtsführung
upwash Aufströmung, Aufwind, Frontaufwind, Thermik
upwash due to heat rising in the evening Abendthermik
upwind Aufwind, Gegenwind, gegen den Wind, windwärts
upwind region Aufwindzone
U-rail Brückenschiene, Hohlschiene
UR unsatisfactory report
U/R upset ratio
uran pile Uranbrenner
uranide Transuran, Uranid
uraninite Uraninit (uranhaltiges Mineral)
uranite Uranit (uranhaltiges Mineral)
uranium-actnium series Uranaktniumreihe
uranium-and-heavy-water pile Schwerwasserreaktor mit Uran
uranium bearing uranhaltig
uranium bearing ore unranhaltiges Erz
uranium-bearing slime uranhaltiger Schlamm
uranium cartridge Uranstabhülse
uranium content Urangehalt
uranium decay Uranzerfall
uranium dioxide-type thermistor Urdox-widerstand
uranium family Uranfamilie, -reihe
uranium fission Uranspaltung
uranium-free unranfrei
uranium fuel rod Uranspaltstoffstab
uranium furnace Uranreaktor
uranium glass Uranglas
uranium intensifier Uranverstärker
uranium lattice Urangitter
uranium lead Uranblei
uranium lump Uranklumpen
uranium metal Uranmetall
uranium-mining industry Uranbergbau
uranium nitrite salpetersaures Uranoxyd
uranium nucleus Urankern
uranium ore Uranerz
uranium oxide Uranoxyd
uranium pile Uranbrenner, -reaktor
uranium-radium family Uran-Radiumfamilie
uranium-radium series Uran-Radiumreihe
uranium rays Uranstrahlen
uranium reactor Uranreaktor, -brenner
uranium series Uranreihe
uranium slug Uranblock
uranochalcite Uranochalcit (uranhaltiges Mineral)
uranocircite Uranocircit (uranhaltiges Mineral)
uranolepidite Uranolepidit (uranhaltiges Mineral)
uranophane Uranophan (uranhaltiges Mineral)
uranopilite Uranopilit (uranhaltiges Mineral)
uranospathite Uranospathit (uranhaltiges Mineral)
uranosphaerite Uranosphärit (uranhaltiges Mineral)
uranospinite Uranospinit (uranhaltiges Mineral)
uranothallite Uranothallit (uranhaltiges Mineral)
urano-thorianite Uranothorianit (uranhaltiges u. thoriumhaltiges Mineral)
uranothorite Uranothorit (uranhaltiges Mineral)
uranous compound Uranoverbindung
uranous salt Uranosalz
uranous uranate Uranouranat
uranyl phosphate Uranylphosphat
urea laminated sheet Harnstoffharzschicht
urea resin Harnharzstoff
urban economic and social airport environment urbanistische wirtschaftliche u. soziale Flughafenumwelt
urethane film (laminated on either side of a polyvinylidene chloride sheet) Urethanfolie (beidseitig mit Polyvinylidenchlorid beschichtet)
urgency Dringlichkeit, Notwendigkeit
urgency communication Dringlichkeitsverkehr
urgency message Dringlichkeitsmeldung
urgency-of-need designator Bedarfsdringlichkeitsstufe(kennung) (BDS)
urgency signal Dringlichkeitssignal, -zeichen
urgent Urgent (militärische Vorrangbezeichnung für Funkspruch), dringend, dringlich, eilig
urgent call Aufnahmegespräch, dringender Anruf, dringendes Gespräch
urgent message Dringlichkeitsmeldung, drin-

gendes Telegramm
urgent telephone call dringendes Ferngespräch
urine transfer connector, bio-medial injection and dosimeter access flap Klappe zum Schutz der biomedizinischen Sensoren
URSI International Scientific Radio Union
U/S (unserviceable) unbrauchbar
USAAF United States Army Air Force
usability Anwendbarkeit, Anwendungsmöglichkeit
usability factor Brauchbarkeitsfaktor, Brauchbarkeitszahl
usable female thread length nutzbare Innengewindelänge
usable oil Ölverbrauch
usable thread length nutzbare Gewindelänge
usable volume nutzbares Volumen
USAF United States Air Force
USAF stock numbering system Versorgungsnummernsystem der US-Luftwaffe
USAFE United States Air Force Europe amerikanische Luftwaffe -Europa-
usage clause Verwendungseintragung, Verwendungsklausel (COBOL)
usage code Anwendungscode, Bestandsverwendungscode
usage is computational rechenbetonte Verwendung
usage monitoring Beanspruchungswerte (Bläsertriebwerk)
USAMC U.S.Army Missile Command
USAREUR (US-Army-Europe) amerikanische Armee -Europa-
USBER (U.S.Mission Berlin) US-Mission Berlin
USCG United States Coast Guard
USE unit support equipment
use Anwendung, Benutzung, Gebrauch, Gebräuchlichkeit, Verwendung(szweck), benutzen, gebrauchen, nutzen
use aileron Querruder geben
use allowance Nutzungsentscheidung
use caution seien Sie vorsichtig
use charge Nutzungsgebühr
use declarative Benutzungsvereinbarung (COBOL), Zusatzprozedurvereinbarung
use efficiency Nutzeffekt
use factor Benutzungsfaktor
use in aircraft interior Flugzeuginnenausstattung
use of airspace Ausnutzung des verfügbaren Luftraums
use of material Materialeinsatz
use of mines Mineneinsatz
use of television to provide flight information Einsatz von Fernsehanlagen zur Fluginformation
use of the parachute Gebrauch des Fallschirms
use procedure Benutzerprozedur (COBOL)
use protection Verwendungsschutz
use rate Benutzungsrate
use reliability Benutzer-, Gebrauchszuverlässigkeit
"use runway only" benutzen Sie nur Start- u. Landebahn
use statement Benutzungsanweisung
use test Verbraucherprüfung
use up, to aufarbeiten
use utilization Zuhilfenahme
useful brauchbar, dienlich, nutzbar, nützlich, sachdienlich, tauglich, zweckdienlich, zweckentsprechend
useful aperture of a lens nutzbarer Linsendurchmesser
useful area Nutzfläche
useful beam Nutzstrahl
useful capacity Nutzkapazität
useful circuit Nutzkreis
useful conductance Nutzleitwert
useful cross section Nutzquerschnitt
useful current Nutzstrom
useful diameter lichte Weite, Nutzdurchmesser
useful effect Nutzeffekt, -leistung, -wirkung
useful efficiency Nutzleistung, Wirkleistung
useful effort Nutzwirkung (Werkmaschinenausnutzung)
useful field Nutzfeld
useful field of vision nutzbares Sehfeld
useful length brauchbare Länge der Piste, Nutzlänge der Lande- u. Startbahn
useful life Brauchbarkeitsdauer, Nutzungsdauer, Verwendbarkeitszeitraum
useful lift Luftkraft, nützlicher Auftrieb (meteo), Nutzauftrieb
useful load Gesamtlast, Nutzlast, Zuladung
useful magnification Abbildungsmaßstab
useful output Nutzleistung
useful performance load Nutzleistungsbelastung
useful power Nutzleistung, Schubkraft
useful reactance Nutzblindwiderstand
useful resistance Nutzdämpfung, -widerstand
useful voltage Nutzspannung, Gebrauchsspannung
useful work effektive od. nutzbare Leistung, Nutzarbeit, -leistung
usefulness Brauchbarkeit, Verwendbarkeit, Anwendbarkeit, Anwendungsmöglichkeit, Verwendungsfähigkeit
useless, making Unbrauchbarmachen
useless multiplication of measurments Häufung der Einzelmessungen
uselessness Nutzlosigkeit, Unbrauchbarkeit
user Anwender, Benutzer, Teilnehmer, Verbraucher, Verwender
user code Benutzercode
user ned-of-volume label Benutzer-Bandendekennsatz (Dateistruktur)
user flag byte Benutzeranzeigebit, Kennzeichenbyte des Benutzers
user header label Benutzeranfangs-Etikett
user of an aircraft Flugzeugbenutzer
user program Anwender-, Benutzerprogramm
user program supervisor Benutzerprogramm-Ablaufteil
user trailer label Benutzerend-Etikett
USGS U.S. Geological Survey
using Basisregister zuweisen
using activity Benutzer
using pick-off gears Aufstecken der Wechselräder
using the trolley as the hydraulic power source Wartungsfahrzeug als Hydraulikenergiequelle
using up Aufarbeiten, Verarbeitung (Daten)
USM underwater-to-surface missile
USMC U.S. Marine Corps
USN U.S. Navy

USNAMTC U.S. Naval Air Missile Test Center
USNARTS U.S. Naval Air Rocket Test Station
US-of-AF Under Secretary of the Air Force
USSTAF Unites States Strategic Air Force
USTOL Ultra-Short Take-Off and Landing
US-UK United States-United Kingdom
usurpation of patent rights Patentanmaßung
UTA /upper control area) oberer Kontrollbezirk
UTC United Technology Center
utilance Raumwirkungsgrad
utilisation ratio Nutzungsgrad
utilitarian value Nutzwert
utilitarianism Nützlichkeitsgrundsatz
utilities Versorgungseinrichtungen, Versorgungsleitungen
utilities plant öffentlicher Versorgungsbetrieb (Gas, Strom, Wasser)
utility Brauchbarkeitsdauer, Zuverlässigkeitsgrad
utility aircraft Mehrzweckflugzeug
utility aircraft carrier Mehrzweckflugzeugträger
utility billing Rechnungsschreibung (Versorgungsbetriebe)(komm)
utility boat Verbindungsboot, Verkehrsboot, Versorgungsschiff
utility category Mehrzweckeinsatz
utility function Auszählungsfunktion, Gewinnfunktion, Nutzenfunktion
utility fuselage nutzbarer Flugzeugrumpf
utility helicopter Mehrzweckhubschrauber
utility landing craft Mehrzwecklandungsboot
utility line Energieversorgungsleitung
utility model, German Deutsches Gebrauchsmuster
utility operation Hilfsoperation, Umsetzoperation
utility pocket containing lanyards Tasche für Seile
utility program Dienstprogramm, Füllprogramm
utility register Hilfsregister (dig)
utility rocket Rakete für allgemeine Verwendungszwecke
utility routine Dienstprogramm, Hilfsprogramm
utility satellite Mehrzwecksatellit
utility scale Nutzwertmaßstab, Nutzwertskala
utility spanner wrench Mehrzweckschlüssel
utility/speaker panel Mehrzweck-Lautsprecheraufbauplatte
utility spot light Handleuchte
utility/tactical transport helicopter Mehrzweck-Transporthubschrauber
utility tactical transport helicopter taktischer Allzwecktransporthubschrauber
utility theory Nutzentheorie
utility transport Mehrzwecktransporter
utility truck Mehrzwecklastkraftwagen, Nutzfahrzeug
utility tunnel Versorgungstunnel
utilizable nutzbar, verwertbar
utilization Anwendung, Ausnutzung, Benutzung, Gebrauch, Nutzung, Verwendbarkeit, Verwendung, Verwertung, Inanspruchnahme
utilization code Kurzzeichen der Fernmeldenetze (Schaltorganisation), Verwendungscode
utilization coefficient Ausnutzungskoeffizient
utilization cycle Nutzungszyklus (Werkstoff)
utilization cycle (material) Werkstoffnutzungszyklus
utilization factor Auszahlungsfunktion, Gewinnfunktion, Beleuchtungswirkungsgrad, Nutzenfunktion, Brauchbarkeitszahl, Nutzungsfaktor
utilization field Verwendungsgebiet
utilization of crew Personaleinsatz
utilization of heat of exhaust gases Abgaswärmeverwertung
utilization of manpower Einsatz von Arbeitskräften
utilization of vocational qualifications berufsbezogene Verwendung
utilization of waste heat Abdampfverwertung
utilization statistic Nutzungsstatistik
utilization time Hauptnutzzeit
utilization, waste heat Nutzung des Wärmeüberschußes
utilize, to ausnutzen, benutzen, verwerten, auslasten (Produktionsanlage od. Maschine)
UTM universal transverse mercator
UTM grid UTM-Gitter
UTM grid ticks UTM-Gitterrandmarkierungen
utmost äusserst, das Äusserste
UUM underwater-underwater missile
UV-absorbing primer Lichtschutzgrund
UV dosimeter UV-Dosimeter
UV-light source UV-Lichtquelle
UV rays UV-Strahlen
UV resistance UV-Beständigkeit
uvanite Uvanit (uranhaltiges Mineral)
UWOA unconventional warfare operations area

V

V amplifier Verstärker für senkrechte Ablenkung
V antenna V-Antenne
V band V-Band
V-band clamp V-Spannband (Grenzschichtbeeinflussung)
V-beam system V-Strahlradarsystem
V belt Keilriemen
V-belt pulley Keilriemenscheibe
V-belt sheave Keilriemenscheibe
V-block Anreißprisma
V-depression meteorologische Zone tiefen Druckes zwischen Hochdruckzonen
V-formation V-Form(ation)
V-formation of a flight Staffelkeil(flug)
V groove Keilspundung
V-joint V-Verbindung
V notch scharfe Kerbe
V-particle V-Teilchen
V-ring V-Ring
V-rope drive Keilriemenantrieb
V-serration Riffelung
V-shaped dachförmig
V-shaped belt Keilriemen
V-shaped depression Linien von Zonen tiefen Druckes auf Wetterkarten
V-shaped tooth Dreieckzahn

V-shaped track V-förmige Bahn
V-spin V-Spin
V/STOL vertical/short take off and landing
V/STOL aircraft Kurzstartflugzeug
V/STOL capability V/STOL-Fähigkeit
V tab V-Lasche (Fsch)
V-tail V-förmiges Leitwerk, V-Leitwerk, Schmetterlingsleitwerk
V-thread scharfgängiges Gewinde, Spitzgewinde
V-transmission V-Getriebe (Verzahnung)
V-type engine Gabelmotor, V-Motor, Motor mit V-förmig angeordneten Zylindern
V-way Prismenführung (Werkzeugmaschine)
V-welding with binder Keilschweißen
V-wires untere Festhalteleine (Fsch)
vacancy Leere, Leerstelle, Freizeit, Lücke, unbesetzte Stelle
vacancy formation Leerstellenbildung
vacancy mechanism Leerstellenmechanismus
vacancy migration Leerstellenwanderung
vacancy principle Lückensatz
vacant anion Leerstelle
vacant caution lattice Gitterlücke (Halbleiter)
vacant electron site Elektronenleerstelle
vacant level unbesetzter od. freier Höhenschritt
vacant position Gitterlücke, Leerstelle
vacant post offene Stelle
vacant shell freie Schale
vacant space Lücke
vacant storage area freier Speicherbereich
vacant terminal freier Kontaktstift, Leerlaufkontakt
vacate, to freimachen (Flughöhe), räumen, verlassen
VAC-system symbolic pictorial indicator VAC-Symbolbildanzeiger
VAC-system waypoint selector panel VAC-Streckenpunktwähler
vacuum Leere, leerer Raum, Luftleere, luftleerer Raum, Luftverdünnung, Saugluft, Unterdruck, Vakuum
vacuum accumulator Unterdruckspeicher
vacuum advance mechanism Unterdruckversteller (Zündzeitpunkt)
vacuum advance sensing line Unterdruckverstellerleitung (Zündverteiler)
vacuum arc furnace Vakuum-Lichtbogenofen
vacuum arrester Luftleerspannungssicherung
vacuum back Vakuumandruckplatte (Luftbildkamera)
vacuum bell jar Vakuumglocke
vacuum belt dryer Vakuumbandtrockner
vacuum blower Absauggebläse
vacuum bottle or flask Isolierflasche
vacuum box Unterdruckdose
vacuum brake Saugluft-, Undruckbremse
vacuum breaker Rückschlagventil, Saugstromunterbrecher
vacuum buffer chamber Vakuumpufferkammer
vacuum capacitor condenser Vakuumkondensator
vacuum cast Vakuumguß
vacuum casting Vakuumfeinguß (Turbine)
vacuum casting steels vakuumgegoßener Stahl
vacuum chamber Vakuumkammer
vacuum cleaner Staubsauger, Vakuumreiniger
vacuum cleaner tube Staubsaugerschlauch
vacuum cleaning Saugluftreinigung
vacuum connection Sauganschluß
vacuum control curve Unterdruckverstellinie
vaccum controller Unterdruckversteller
vacuum conveyor tube Saugluftförderer
vacuum cup Saugnapf
vacuum degassing Vakuumentgasung
vacuum deposition Vakuumbedämpfung
vacuum diffusion pump Diffusionspumpe
vacuum discharge Vakuumentladung
vacuum distillation Vakuumdestillation
vacuum doughnut ringförmige Vakuumkammer
vacuum drawn unter Vakuum gezogen (Plastikfolie)
vacuum drier Vakuumtrockner
vacuum drive system Saugluftantrieb, Vakuumantrieb
vacuum drum dryer Vakuumwalzentrockner
vacuum dryer fitted with agitator Vakuumtrockner mit Rührwerk
vacuum eccentric tumbing dryer Vakuumtaumeltrockner
vacuum electro valve Vakuumelektroventil
vacuum electron Vakuumelektron
vacuum evaporator Vakuumverdampfer, -verdampfungsapparat
vacuum feed Vakuumförderung
vacuum filter Nutsche, Saug-, Vakuumfilter
vacuum filtration Absaugung, Filtration
vacuum forming Saugverfahren, Vakuumformung (Plastikherstellungsverfahren)
vacuum freeze drier Vakuumtiefkühltrockner, Vakuumgefriertrockner
vacuum fuel-feed device Unterdruckbrennstoffförderung
vacuum fuel pumpe Unterdruckbrennstoffpumpe, Unterdruckförderer
vacuum fusion Vakuumschmelze, Vakuumschmelzverfahren
vacuum ga(u)ge Unterdruckmanometer, Vakuummeter
vacuum gauge for negative pressure Unterdruckmeßgerät
vacuum generator Vakuumerzeuger, Saugluft-erzeuger
vacuum governor Saugluftversteller, Unterdruckregler, -versteller
vacuum grating spectrograph Vakuumgitterspektrograph
vacuum grease Hahnfett, Vakuumfett
vacuum induction furnace Vakuuminduktionsofen
vacuum ionization gauge Ionisationsmanometer
vacuum jacket Vakuummantel
vacuum jet Dampfstrahlsauger
vacuum laminating kaschieren eines Formkörpers unter Vakuum, Vakuumkaschieren
vacuum lamp Dampfstrahler, Vakuumlampe
vacuum leak detector Lecksucher
vacuum lightning arrester Luftleerblitzableiter
vacuum lightning protector Edelgasblitzableiter, Vakuumblitzableiter
vacuum lift machine Vakuumhebevorrichtung
vacuum line Saugleitung, Vakuumkanal, Vakuumleitung

vacuum line-connection Soganschluß
vacuum lock Vakuumverschluß (Lebensmittel)
vacuum measurment Vakuummessung
vacuum measuring instrument Vakuummeßinstrument
vacuum-melted nickel- and cobalt-based superalloy vakuumgeschmolzene Nickel- u. Kobaltlegierung (komplexes Schweißteil)
vacuum metalizing Vakuumbedampfung, Vakuummetallisieren, Aufdampfen
vacuum meter Vakuummesser, -meter
vacuum or inert gas chamber Vakuum- od. Inertgaskammer
vacuum oscillator Röhrensummer
vacuum paddle dryer Vakuumschaufeltrockner
vacuum paddle mixer Vakuumtrockner mit Rührwerk
vacuum photocell Hochvakuumzelle
vacuum pipe Saugleitung, Unterdruckleitung, Saugrohr
vacuum piping Unterdruckleitung, -pipeline
vacuum piping of diffusion pump Vakuumleitung der Diffusionspumpe
vacuum plant Vakuumanlage
vacuum precision casting technique Vakuumfeingußverfahren (TB)
vacuum pressure Unterdruck
vacuum pressure gauge Saugdruckmesser
vacuum processing Vakuumtechnik
vacuum producing priming device Selbstansaugvorrichtung
vacuum pump Absaug-, Aussaug-, Sogpumpe, Vakuumpumpe
vacuum pump line Vakuumpumpleitung
vacuum pump oil pressure pipe Sogpumpenöldruckleitung
vacuum pump system Vakuumpumpensatz
vacuum pumping equipment Vakuumpumpeneinrichtung
vacuum rectifier valve Vakuumgleichrichter
vacuum regulator Vakuumregler
vacuum relief operation Unterdrucksteuerung
vacuum relief valve Schnarr-, Sicherheitsventil
vacuum rotary drier Vakuumtrommeltrockner
vacuum seal Vakuumverschluß
vacuum servo brake Saugluftvorbremse
vacuum-servo brake cylinder Saugluft-Servobremszylinder
vacuum shelf drier Vakuumschranktrockner
vacuum snap-back pneumatische Vorstreckung (pla)
vacuum space Unterdruckraum, Vakuumkammer
vacuum spectrograph Vakuumspektrograph
vacuum still Vakuumdestillierblase
vacuum stripper Vakuumausstoßsystem
vacuum tank Vakuumbehälter, -kessel
vacuum tap Vakuumhahn
vacuum technique Vakuumtechnik
vacuum test chamber Vakuumprüfkammer
vacuum tester Unterdruckprüfgerät
vacuum thermocouple Vakuumthermoelement
vacuum thrust Vakuumschub
vacuum thrust engine Triebwerk mit Vakuumsschub
vacuum toilet Saugtoilette
vacuum-tight luftdicht, vakuumdicht
vacuum trap Vakuumbehälter
vacuum-tube Elektronenröhre, Vakuumröhre
vacuum-tube ammeter Röhrenamperemeter
vacuum-tube amplifier Röhrenverstärker
vacuum-tube arrester Vakuumblitzableiter
vacuum-tube characteristic Kennlinie der Elektronenröhre, Röhrencharakteristik, Röhrenkennlinie
vacuum-tube constant charakteristische Größe der Röhre, charakteristische Röhrenkonstante
vacuum-tube detector Röhrendetektor
vacuum-tube electrometer Röhrenelektrometer
vacuum-tube generator Röhrengenerator
vacuum-tube mixer Röhrenmischstufe
vacuum-tube modulator Röhrenmodulator
vacuum-tube noise Röhrenrauschen, Verstärkergeräusch
vacuum-tube ohmmeter Röhrenohmmeter
vacuum-tube oscillator Röhrenoszillator, Röhrensummer
vacuum-tube rectifier Hochvakuum-, Kenotrongleichrichter
vacuum-tube transmitter Röhrensender, Sender mit Vakuumröhre
vacuum-tube voltmeter Röhrenvoltmesser, Röhrenvoltmeter
vacuum-tube wattmeter Röhrenwattmesser
vacuum-type bulb luftleere Birne
vacuum unit Unterdruckaggregat
vacuum valve Hochvakuumröhre
vacuum valve receiver Vakuumröhrenempfänger
vacuum vessel Saugluftkessel
vacuum wash Innen-, Saugwäsche
vadose water Vadosewasser
vag-machine knife Holländermesser
vagabound current Streustrom, vagabundierender Strom
vagabound streams Kriech-, Schleichströme
vagrant current vagabundierender Strom
VAL (visual approach and landing chart) Sichtanflug- und Landekarte
valence chemische Wertigkeit, Valenz
valence band Wertigkeitsband, Valenzband
valence binding Valenzbindung
valence bond Valenzbindung
valence electron kernfreies Elektron, Leucht-, Valenzelektron
valence force Valenzkraft
valence force field Valenzkraftfeld
valence formula Wertigkeitsformel
valence link(age) Valenzbindung
valence shell Valenzschale
valence stage Valenzstufe
valency Valenz, Wertigkeit(sstufe)
valency dependence Wertigkeitsabhängigkeit
valency electron Wertigkeitselektron
valency stage Wertigkeitsstufe
valid allgemeingültig, bündig, logisch gültig, gut begründet, stichhaltig, richtungsweisend
valid vouchers gültige Belege
validation Gültigkeitserklärung, Richtigkeitsprüfung (päd)
validation phase Vorentwicklungsphase
validity Echtheit, Gültigkeit, Stichhaltigkeit, Wertigkeit
validity check Gültigkeitskontrolle, -prüfung (dig)

validity check circuit Stromkreis für Gültigkeitsprüfung
validity coefficient Gültigkeitskoeffizient
validity duration Gültigkeitsdauer
valley, anticlinal Antiklinaltal (geol)
valley breeze Talwind
valley channel or gutter Kehlrinne
valley floor Talboden
valley formation Talbildung
valley rafter Kehlschifter, Kehlsparren
valley, transverse Quertal (geol)
valuation Abschätzung, Auswertung, Beurteilung, Bewertung, Schätzung, Wertbestimmung
valuation adjustment Bewertungsausgleich
valuation factor Bewertungsfaktor
valuation file Reserverechnungsregister
valuation figure Bewertungsziffer
valuation interest rate Rechnungszins
valuation law Bewertungsgesetz
valuation, oil property Bewertung des Erdölgelände, Öllandbewertung
valuation report Bewertungsbericht
value Meßwert, Zahlenwert, Nützlichkeit
value analysis Wertanalyse, -darstellung
value-classifying unit Klassiereinschub
value clause Werteingang, -klausel (COBOL)
value matric Wertetabelle, -tafel
value of a game Wert eines Spiels
value of capacitance Kapazitätswert
value of clause Etikettenwerteintragung
value of curvature Krümmungsröße
value of damping Dämpfungswert
value of distribution Verteilungswert
value of dynamic pressure Staudruckwert
value of elasticity Elastizitätsmaß
value of moisture Feuchtigkeitswert
value of momentum Impulswert
value of probability Wahrscheinlichkeitswert
value of remarkableness Auffälligkeitswert
value of stability Stabilitätswert
value of the self-inductance Selbstinduktionswert
value of thrust Schraubenzugzahl
value part Werteteil
value to be determined Bestimmungsgröße
valve Absperrglied, -organ, -teil, -vorrichtung, Absperr- od. Regelorgan für eine Strömung, Röhre, Schütz, Stoßstange, Ventil(büchse), Verstärkerlampe, Zugschütz
valve absorption modulation Modulation in Röhrenabsorptionsschaltung
valve action Ventilwirkung
valve action, delayed verzögerte Ventiltätigkeit
valve adapter Röhrenzwischenstecker, Zwischenstecker für Röhren
valve adjuster Ventileinsteller
valve-adjusting, initial Ventilgrundeinstellung (av)
valve-adjusting screw Ventileinstellschraube
valve-adjusting stud Ventilstellschraube
valve-adjusting wrench Ventileinstellschlüssel
valve-adjustment Ventileinstellung (Motor)
valve aging Röhrenalterung
valve amplifier Röhrenverstärker
valve area Ventilquerschnitt
valve arm Ventilhebel
valve assembly komplettes Ventil
valve, bailer Schlämm-, Schöpfbüchsenventil
valve, ball Kugelventil
valve ball Stahlkugel
valve base gauge Röhrensockellehre
valve battery Steuerbatterie
valve blade Schütztafel
valve body Ventilgehäuse, -körper
valve body separator plate Steuerblocktrennplatte (Getriebe)
valve body shaft Ventilkörperschaft
valve bonnet or cap Ventilklappe
valve box Ventilgehäuse
valve bridge circuit Röhrenbrückenschaltung
valve buckle Schieberrahmen
valve bush Schieberbuchse
valve butterfly Drosselklappe
valve cage Ventilaufsatz, -deckel, -kappe, -verschraubung, Verschlußkappe
valve-cap gasket Ventilverschraubungsdichtung
valve carrier Ventilträger
valve case Ventileinsatz, -sitzbüchse
valve casing Schiebergehäuse, -kasten
valve, cast steel Gußstahlventil
valve cell Ventilzelle
valve chamber Ventilgehäuse, -kammer
valve chamber cover Ventilkammerdeckel
valve characteristic Röhrencharakteristik, Röhrenkennlinie
valve checking Röhrenprüfung
valve clamp Röhrenhalter
valve clearance Spiel der Ventile, Ventilspalt
valve-clearance gauge Ventilabstandsmesser, Ventilspiellehre
valve clearance adjusting screw Ventilspiel-Einstellschraube
valve closing period Schließperiode des Ventils (Zeit, während der das Ventil geschlossen wird)
valve collar Ventilklemmkegel, Ventilring
valve complement Röhrenbestückung
valve component Venteilteil
valve compressor Ventilkompressor, -spanner
valve computaion Ventilbrechung
valve cone Ventilkegel, Verschlußklappe
valve cone blank Ventilkegelrohling
valve cone grinder Ventilkegelschleifmaschine
valve connection Klappenstutzen, Ventilanschluß
valve control Ventilregelung, -steuerung
valve-control panel Ventiltafel
valve core Ventileinsatz
valve core housing Ventilgehäuse
valve cotter Ventilkegelstück, Ventilkeil
valve coupling Röhrenkopplung
valve coupling head Ventilkupplungskopf
valve cover Ventildeckel, -einsatz
valve cover gasket Ventildeckeldichtung
valve cover plate Ventilgehäusedeckel
valve covering Ventilabdeckung
valve crown dem Verbrennungsraum zugekehte Fläche des Ventiltellers
valve current Ventilstrom
valve, dead-weight type relief Druckentlastungsventil mit Gewichtsbelastung
valve, defective schadhaftes Ventil
valve detector Audion, Röhrendetektor
valve diameter Sitzdurchmesser
valve disc Keilabschluß, Ventilteller

valve dropping Schließen des Ventils
valve edge Ventilrand
valve effect Richtwiderstand, Ventilzellenwirkung
valve electrometer Röhrenelektrometer
valve extension Ventilverlängerung
valve face Schieberfläche, Schieberlappen, Ventilsitzfläche
valve facing Hartmetallauflage des Ventils
valve failure Röhrenausfall
valve, flap Klappenventil
valve flap Ventilklappe
valve for superheated gases Heißgasschieber
valve fracture Ventilbruch
valve frequence meter Röhrenfrequenzmesser
valve galvanometer Röhrengalvanometer
valve gas tightness Dichthalten
valve gear Steuerung(santrieb), Ventilanrieb, Ventilgestänge, -steuerung(sorgan), Ventilteil
valve gear air piping Steuerungsdruckluftleitung
valve-gear housing Ventilverkleidung
valve grinder Ventilschleifer
valve grinding tool Ventilschleifwerkzeug
valve guard Hubbegrenzung eines Ventils, Fängerglocke
valve guide Ventil(schaft)führung
valve head Ventilteller
valve head of air bottle Luftflaschenkopf
valve heterodyne receiver Röhrenschwebungsempfänger
valve hiss Röhrenrauschen
valve holder federnde Röhrenfassung
valve hood Ventilhaube, -kappe, -klappe
valve hum Röhrenbrumm
valve in head hängendes od. obengesteuertes Ventil
valve-in-head engine Motor mit hängendem Ventil, obengesteuerter Motor
valve inserts Ventilsitzringe
valve installation Ventileinbau, -montage
valve jamming Klemmen des Ventilkolbens
valve, kick-off Steigrohrstartventil
valve land Steuerschieberkante
valve lead Ventilvoreröffnung
valve lever Ventilhebel
valve life Röhrenlebensdauer
valve lift Hubhöhe des Ventils, Ventilerhebung
valve-lift diagram Ventilerhebungsdiagramm
valve-lift period Ventilöffnungszeit
valve lift resistor Ventilhubbegrenzer
valve-lift stop Hubbegrenzung eines Ventils
valve lifter (guide) Ventilstößel(führung)
valve lifting velocity Ventilöffnungsgeschwindigkeit
valve line-up Röhrenbestückung
valve location Anordnung der Ventile, Ventilanordung, Ventilreihe
valve manifold Wechselventilkasten
valve manufacturer Röhrenhersteller
valve mechanism Steuerungsgetriebe, Ventilgestänge, Ventilsteuerung
valve modulator Röhrenmodulator
valve mounting Ventileinbau, -montage
valve, mud-pump Schlammpumpenventil
valve, needle Nadelventil
valve noise Röhrenrauschen
valve of bottle Flaschenventil
valve of gas container Gasflaschenventil
valve on the side seitlich angeordnetes Ventil
valve opening duration Ventilöffnungsdauer, Ausschlag des Ventils, Schützöffnung
valve opening area Durchströmquerschnitt
valve-opening duration Ventilöffnungsdauer
valve operating gear Ventilsteuerungsvorrichtung
valve operating lever Ventilsteuerhebel
valve oscillator Röhrengenerator, -oszillator, Röhrensender
valve outlet Ventilauslaß
valve output Röhrenleistung
valve overlap Überschneiden der Ventilöffnungszeiten, Ventil(öffnungszeit)überschneidung
valve packing disc Ventildichtungsscheibe
valve pad Dicht(e)kegel aus Gummi
valve, parallel-slide gate Parallelschieber
valve pet cock Abflußhahn
valve petticoat Ventilschutzhaube
valve pin Röhrensockelstift
valve piston Saugkolben
valve plate lever Plattenhebel
valve play gauge Ventileinstellehre
valve plug Ventilgehäuseverschluß, Ventilzapfen
valve port Ventilkanal, -öffnung
valve position indicator Ventilpositionsanzeiger
valve-position potentiometer Hubpotentiometer
valve positioner Ventilstellungsregler, Ventilstellwerk
valve power Röhren-, Ventilleistung
valve, pressure regulating Druckregulierventil
valve, pressure relieving Druckentlastungsventil
valve property Röhreneigenschaft
valve push Stoßstangenkammerdeckel
valve push-rod Anhubstange des Ventils, Ventilhubstange, Ventilstößelstange
valve push-rod ball Ventilstößelstangenkugelpfanne
valve push-rod chamber Ventilstoßstangenkammer
valve push-rod eye Ventilstoßstangenauge
valve push-rod guide Ventilstoßstangenführung
valve reactor Hubröhre, Reaktanzröhre
valve receiver Röhrenempfänger
valve reception Röhrenempfang
valve recess Ventiltasche
valve rectifier Röhrengleichrichter
valve refacer Ventilnachschleifvorrichtung, Ventilsitzfräser
valve refacing tool Ventilbearbeitungswerkzeug
valve rejection test Röhrenprüfung
valve relay Röhrenrelais
valve removal Ventilausbau
valve renewal Röhren-, Ventilerneuerung
valve replacement Röhrenerneuerung, Röhrenwechsel
valve-reseating machine Ventil-Schleifapparat
valve-reseating tool Ventilsitzfräser
valve retainer Ventilanschlag
valve ring Ventilring
valve rocker Kipp-, Schwing-, Ventilhebel, Ventilstößel
valve-rocker arm Kipp-, Schwing-, Ventilhebel
valve-rocker bracket Kipp-, Schwinghebelblock,

Ventilsteuerhebelstütze
valve-rocker bush Kipphebeldrehpunktbolzen, Schwinghebellagerbuchse, Ventilsteuerhebelbuchse
valve-rocker bushing Kipphebeldrehpunktbolzen, Schwinghebellagerbuchse
valve-rocker fulcrum pin Kipphebelzapfen, Schwinghebeldrehpunktbolzen, Ventilsteuerhebelachse
valve-rocker pedestal Kipp-, Schwinghebelbock
valve-rocker roller Kipp-, Schwinhebelrolle
valve-rocker roller pin Kipp-, Schwinghebelrollenbolzen
valve-rocker shaft Kipphebelachse
valve rocker shaft bracket Kipphebelbock
valve-rocking lever Ventilsteuerhebelarm
valve rod Schieber(schub)stange, Spindel, Ventilspinde, -stange
valve roller Ventilhebelrolle
valve roller lock Sicherung für Ventilhebelrolle
valve rope cutter Klappseilmesser
valve, rotary Drehschieber
valve rotator Ventildreher
valve rustle Röhrenrauschen
valve scavenging Ventilspülung
valve scissors Ventilschere
valve seal Ventilverschluß (Luftschiff)
valve sealing surface Ventildichtungsfläche
valve-seat Aufsitzfläche, Sitzfläche des Ventiltellers, Ventilsitz(fläche)
valve seat and retainer Ventilsitzreduziernippel
valve seat angle Ventilsitzwinkel
valve-seat bush Ventilsitzbuchse
valve-seat contact Ventilschluß
valve-seat grinder Ventileinschleifer. Ventileinschleifmaschine
valve-seat insert or ring Ventilsitzring
valve-seat milling and grind tools Ventilsitz-Fräs- u. Schleifwerkzeug
valve seating Aufsitzen des Ventils, Klappensitzfläche, Ventilstitzring
valve setting gauge Ventileinstellehre
valve shaft Ventilschaft
valve shield Röhrenabschirmung
valve shutter Ventilverschluß
valve silencer Ventilgeräuschdämpfer
valve, sleeve Kolben-, Röhrenschieber
valve slide Ventilschieber
valve, slide Absperrschieber, Gleitschieber der Dampfmaschine
valve socket Röhrenfassung, -sockel, Fallbüchse
valve spindle Ventilspindel
valve spool Steuer-, Ventilschieber
valve-spring Ventilerhebung, -feder
valve-spring cap Ventilfedergehäuse, Ventilfederhaube, Ventilfederkappe
valve-spring collar Ventilfederteller
valve-spring computation Ventilfederberechnung
valve-spring cotter Ventil(feder)keil
valve-spring housing Ventilfedergehäuse, Ventilfederhaube, -kappe
valve-spring key Ventilfederkeil
valve-spring lifter Ventilfedermitnehmer
valve-spring lifting plier Ventilfederhebezange
valve, spring load type relief Druckentlastungsventil mit Federdruckauslösung
valve-spring remover Ventilheber
valve-spring retainer (Ventil)federteller
valve-spring retainer lock Ventilkeil
valve-spring seat Ventilfedersitz
valve-spring seating Ventilfederkegelsitz
valve-spring split collets Ventilklemmstück
valve-spring surge Ventilfederschwingung
valve-spring testing machine Ventilfederprüfmaschine
valve-spring washer Ventilfederteller
valve stabilizer Röhrenstabilisator
valve starter air filter Startluft-Filterventil
valve steel Ventilstahl
valve stem Ventilschaft, -spindel, -stange, -stößel, Zugstange
valve-stem guide Schieberstangenführung, Ventilschaftführung
valve-stem guide bearing Ventilführungsbuchse
valve-stem rest Schieberstangenstütze
valve sticks Ventil "hängt"
valve stopper Ventilstopfen
valve support Ventilträger
valve tappet Ventilstößel
valve-tappet roller pin Ventilstößelrollenbolzen
valve-tappet guide Ventilstößelführung
valve-tappet roller Ventilstößelrolle
valve-tappet roller pin Ventilstößelrollenbolzen
valve tappet socket Ventilstößelstangensitz
valve tappet valve Ventilplatte (Ventilstößel)
valve test run (guided missiles) Luftversuch
valve-testing Röhrenprüfung
valve-testing outfit Röhrenprüfgerät
valve throat area Ventildurchströmöffnung
valve thumbscrew Ventilflügelschraube
valve timing Einstellung der Ventilsteuerzeit, Ventilsteuerung, Ventilzündeinstellung
valve timing diagram Steuerdiagramm
valve timing gear Ventilsteuerungsvorrichtung
valve, to Gas ablassen (Luftfahrzeug leichter als Luft)
valve transmitter Röhrensender
valve travel Hubweg eines Ventils, Ventilhub
valve-tube constant charakteristische Größe der Röhre
valve-type Röhrentyp
valve-type echo suppressor stetig arbeitende Echosperre
valve-type lightning arrester Ventilableiter
valve, "unloader" Überdruckablaßventil
valve voltage drop Spannungsabfall (in Röhre)
valve voltmeter Röhrenvoltmeter
valve washer Ventilfederteller
valve-washer lock Ventilklemmstück
valve wattmeter Röhrenwattmeter
valve wing Fensterflügelrahmen
vaned ring Leitschaufelring
valveless engine ventilloser Motor
valves at side seitlich angeordnete Ventile
valves, suction and pressure Saug- u. Druckventile
VAM Verbdingungsaufbau manuell
van Gepäck-, Güter-, Möbel-, Packwagen
van Allen belt Van-Allen-Gürtel
van-Allen radiation belt Van-Allen-Strahlungsgürtel
van bodies Kofferaufbauten
van deGraaff accelerator Van-de-Graaff-Generator (Teilchenbeschleuniger)

van der Pol differential equation Van-der-Polsche Differentialgleichung
vanadic vanadinhaltig
vanadic sulfate Vanadinsulfat
vanadiferous vanadinenthaltend
vanadium Vanad(ium)
vanadium carbide Vanadinkarbid
vanadium compound Vanadinverbindung
vanadium nitride Vanadinstickstoff
vanadium, nitride Stickstoffvanadin
vanadium steel Vanadinstahl, Vanadiumstahl
vandenbrandeit Vandenbrandeit (uranhaltiges Mineral)
vane Abdeckflügel, Dämpfungsfahne, Flansch, Flügel, Leitschaufel, Propellerflügel, Rippe, Schaufel, Schwingschiene, Stellglied, Steuerfläche, Strömungssonde, Wind(mühlen)-flügel, Windrichtungsanzeiger
vane (parachute) Längsgleitfläche (am Fallschirm)
vane alignment box Ruderabgleich-, Ruderabstimmkasten
vane and pin type arming Propeller- u. Sicherungsvorsteckerschärfung
vane anemometer Flügelradwindmesser
vane angle Ruderausschlagwinkel, Winkelstellung des Anstellwinkelfühlers
vane armature Flügelanker
vane-armature relay Flügelankerrelais
vane assembly Propellergruppe (Bombenzünder)
vane beam Flügelbalken
vane chamber Schaufelkammer
vane coefficient Ruder-, Steuerflächenkonstante
vane control Drallregulierung
vane cup Propellerschutzkappe (Bombenzünder)
vane diffusor plate Diffusor (Lader), Leitapparat
vane drum Flügeltrommel
vane feed pump Flügelspeisepumpe
vane form Flügel-, Schaufelform
vane gage Einstellgerät der Anstellwinkelfühler (Bodengerät)
vane horizontal in level flight Stabilisierung für den Horizontalflug, Strömungssondenstellung bei Waagerechtflug, Leitschaufel in Horizontalflugstellung
vane linkage Rudergestänge
vane magnetron Fahnenmagnetron
vane motor Ruderantrieb, Stellmotor
vane piston Flügelkolben
vane pocket Schaufeltasche
vane-position indication Ruderlagenanzeige
vane-restoring potentiometer Rückführpotentiometer
vane retaining plate Leitschaufelstirnblech
vane retaining ring Leitschaufelhaltering
vane ring Leitschaufelkranz (Lader, Turbine)
vane setting Flügelstellung
vane slot Führungssitz des Flügels
vane technique Lamellentechnik, Propellerflügelanordnung
vane-type arming Propellerschärfung (Bombenzünder)
vane-type fluid meter Flügelmesser
vane-type pilot chute Hilfsschirm mit Längsflächen (Fsch)
vane-type pump Flügelradpumpe, Kapselpumpe, Drehkolbenpumpe
vane-type supercharger Flügelradkompressor
vane water meter Flügelradwassermesser
vane wheel Fahnenrad, Schaufelrad
vane wheel pump Schaufelradpumpe
vaned diffuser Leitschaufelapparat
vaned disc Leitschaufelrad
vaned plate Leitapparatverdichter
vaneless schaufellos
vanishing Hilfenreduktion
vanishing line Verschwindlinie, Verschwindungsgerade
vanishing point Flucht-, Verschwindungspunkt
vanishing-point control Fluchtpunktsteuerung (Entzerrungsgerät)
vapor Abgase, Brüdendampf, Dampf, Dunst, Flüssigkeitsdampf, Luftfeuchtigkeit, Nebel, Rauch
vapor barrier Feuchtigkeitsabdichtung, Dampfsperre
vapor beam Dampfstrahl
vapor blast process Dämpfungstechnik (Metall Glasscheiben)
vapor blasting (das) Dampfstrahlen (Oberflächenbearbeitung)
vapor carry-over Mitreißen von Gas od. Dampf
vapor channel Zug eines Kolbenmeilers
vapor cloud Dampfwolke
vapor compression Dampfkompression
vapor concentrate pump Luftfeuchtigkeits(absaug)pumpe
vapor concentration absolute Feuchte od. Feuchtigkeit
vapor condenser Abgaskondensator
vapor-cooled crystal-referenced magnetron dampfgekühltes Quarzmagnetron
vapor cooling Dampfkühlung
vapor cooling for cathode Kathodensiedekühlung
vapor deposition Aufdampfen
vapor electron tube dampfgefüllte Elektronenröhre
vapor escape Dampfabzug
vapor-exhaust system Dunstabsauganlage
vapor-expansion chamber Nebelkammer
vapor formation Dunstbildung
vapor fractometer Gasfraktometer
vapor hood Brüdenhaube (pla)
vapor lamp Höchstdrucklampe
vapor lock Dampfsack, Gassperre, Unterbrechung des Flüssigkeitsstroms durch Dampfblasenbildung
vapor locking Dampfblasenbildung
vapor nozzle Dampfdüse, Dampfventil
vapor outlet Dampfaustritt
vapor path Kondensstreifen
vapor phase Dampfform, -phase
vapor phase inhibitor dampfförmiger Inhibitor
vapor pipe Brüdenrohr
vapor plating Aufdampfen
vapor pression Dampfdruck
vapor pressure Dampfdruck, -spannung, Verdunstungsdruck, Sättigungsdruck
vapor-pressure igniter Dampfdruckzünder
vapor pressure thermometer Dampfspannungsthermometer

vapor-proof motor gasdicht gekapselter Motor
vapor pump Treibmittelpumpe
vapor-pump evaporator Brüdenpumpe (Kunststoffverarbeitung)
vapor scarf Kondensstreifen
vapor shroud Dampfhülle
vapor slide valve Brüdenschieber
vapor space Gasraum
vapor streamer Kondensstreifen
vapor tension Dampfdruck, -spannung
vapor trail Auspuffschweif, Kondensstreifen, Kometen-, Wolkenschweif
vapor velocity (Dampf)schwadengeschwindigkeit
vapor vent condenser Schwadenkondensator
vaporimeter Dampfspannungsmesser
vaporizability Verdampfbarkeit
vaporizable verdampfbar, verdunstbar, verdampfungsfähig, vergasbar
vaporization Eindampfen, Verdampfung, Verdunsten, Vergasung
vaporization coil Verdampfungswendel
vaporization heat Verdampfungswärme
vaporization, latent heat of Verdampfungswärme
vaporization point Verdampfungspunkt
vaporize, to abdampfen, eindampfen, verdampfen, vergasen, verpuffen, zerstäuben
vaporized carbon resistance aufgedampfter Kohlewiderstand
vaporizer Verdampfapparat, Verdampfer, Vergaser, Zerstäuber
vaporizing carburetor Verdampfungsvergaser
vaporizing cathode Aufdampfkathode
vaporizing foamed elastomeric material elastomerischer Schaum
vaporizing operation Aufdämpfen
vaporizing unit Verdampfungsaggregat
vaporous dampfförmig
vaporous envelope or sheat Dampf-, Dunsthülle
VAR Vierkursfunkfeuer mit Sicht- u. Höhenanzeige
VAR (magnetic variation) Ortsmißweisung
VAR "VAR" optisch/akustisches Leitstrahlbakensystem, Ukw-Vierfunkfeuer "VAR"
varactor Kapazitätsdiode (Varaktor)
variability Gestaltungsvermögen, Ungleichförmigkeit, Variabilität, Veränderlichkeit
variability factor Streuvielfaches
variability of volume Raumveränderlichkeit
variability with frequency Frequenzabhängigkeit
variable Größenfaktor, Kenngröße, Variable, Veränderliche, abwandelbar, abwechselnd, schwankend, unbeständig, veränderlich, variabel, wechselnd
variable (wind) wechselhaft, wechselnd, veränderlich, umlaufend (Wind)
variable address indizierte, variable, veränderbare Adresse
variable admission veränderliche Füllung
variable air condenser Kreisplattenkondensator
variable air intake guide vane verstellbare Eintrittsleitschaufel
variable area veränderliche Fläche, veränderlicher Querschnitt, veränderliches Feld
variable area final nozzle Schubdüse veränderlicher Querschnittsfläche
variable area method Transversalmethod
variable-area nozzle variable Schubdüse eines Nachbrennertriebswerks
variable area nozzle system Schubdüsenverstellanlage
variable area plug nozzle Primärdüse mit verstellbarem Querschnitt
variable area recording method Kurvenlichtmethode
variable area sound track Amplitudenschrift
variable attenuator Dämpfungsregler
variable-bearing signal veränderliches Peil- od. Richtungssignal
variable bypass propelling nozzle variable Schubdüse des Bypaßstroms
variable camber veränderliche Krümmung od. Wölbung
variable camber flap Wölbungsklappe
variable camber propeller Luftschraube mit veränderlicher Wölbung
variable-camber wing Tragflügel variabler Wölbung
variable-camber wing adjusts its curvature under computer control to the optimum aerofoil for subsonic, transonic and supersonic flight Tragflügel mit variabler Wölbung nimmt rechnergesteuert für sämtliche Geschwindigkeitsbreiche eine optimale Profilform an (Erprobung)
variable camber wing profile Verstellprofil, Verstellquerschnitt
variable-camber wing technology, advanced moderner Tragflügel mit veränderlicher Profilwölbung
variable capacitance diode Halbleiterdiode mit veränderbarer Kapazität
variable capacitor einstellbarer, regelbarer, variabler, veränderlicher, verstellbarer Kondensator, Drehkondensator, Blockkondensator
variable capacity veränderliche Kapazität
variable composition-film resistor Massedrehwiderstand
variable compression ratio veränderliches Kompressionsverhältnis od. Verdichterverhältnis (Vielstoffmotoren)
variable condenser Anodenrückwirkung, Drehkondensator, Drehspannungsgleicher, einstellbarer, regelbarer, variabler, veränderlicher, verstellbarer Kondensator, veränderliche Kapazität
variable connection Wackelkontakt
variable connector variabler Konnektor (Programmablaufplan), Verzweigungspunkt, Programmschalter, -weiche
variable control rate Verstellgeschwindigkeit
variable coupling verstellbarer Übertrager
variable-crank condenser Kurbelkondensator
variable-crankthrow engine Motor mit verstellbarem od. veränderlichem Hub
variable-cycle operation Asynchronbetrieb, Arbeitsweise mit variablem Takt
variable data abweichende, variable Angaben
variable datum boost control Ladedruckregler mit veränderlicher Ausgangsstellung der Reglerdose
variable datum cam veränderliche Meßwertnocke

variable-delay coincidence Koinzidenz mit variabler Verzögerung
variable delivery pump employing axial reciprocating piston Axialkolbendruckpumpe mit veränderlicher Förderleistung
variable delivery rate pump Pumpe mit variabler Förderleistung
variable-density method Intensitätsverfahren
variable density process Intensitätsverfahren
variable-density sound track Dichteschrift, Intensitäts-, Sprossenschrift
variable-density wind tunnel Höhenwindkanal, Windkanal der veränderlichen Luftdichte
variable displacement pump Pumpe mit variabler Förderleistung, Pumpe mit veränderlichem Hub, Pumpe mit veränderlicher Verdrängung
variable distance along helical channel ungleichmäßige Steigerung
variable drive Variator
variable drive with cone pulley Kegel(trommel)trieb
variable elevation beam veränderlicher Höhenmeßstrahl
variable engine geometry variabler Lufteinlauf
variable engine within the engine Triebwerk mit variabler Geometrie
variable expansion veränderliche Ausdehnung
variable feed attachment Vorschubwechseleinrichtung
variable feedback nachgebende Rückführung
variable feedback controller Steuer- od. Regeleinrichrichtung
variable field veränderliches Feld
variable filter section Regelsiebglied
variable, fixed point Festkommavariable
variable focus and variable magnification veränderliche Brennweite u. Größe
variable frequency bus Sammelschiene mit veränderlicher Frequenz
variable-frequency oscillator abstimmbarer od. durchstimmbarer Oszillator
variable frequency power supply regelbare Stromversorgung
variable frequency supply Stromversorgung mit veränderlicher Frequenz
variable gain amplifier Regelverstärker
variable gear Wechselgetriebe
variable gearing Stufenrädergetriebe
variable geometry veränderliche Geometrie
variable-geometry aircraft Schwenkflügler
variable-geometry intake and nozzle Einlauf und Düse mit veränderlichem Querschnitt
variable-geometry wings Flügel mit veränderlicher Geometrie
variable heat torch Wechselbrenner
variable heat welding torch Wechselschweißbrenner
variable height nosewheel leg in der Höhe verstellbares Bugfahrwerk
variable-hexode Regelhexode
variable, hidden verborgene Variable (ALGOL)
variable identifier Variablenbezeichnung, Variablenname
variable-incidence veränderlicher Einfallswinkel
variable-incidence wing Flügel mit verstellbarem Einstellwinkel, anstellungsvariables Tragwerk
variable inductance veränderliche Induktivität
variable inductor Induktionsvariometer
variable inlet guide vane (VIGV) system verstellbarer Eintrittsleitschaufelkranz
variable intake throat Einlaufhals
variable intensity method Schwärzungsmethode, veränderliches Einführungsverfahren
variable item Versorgungsartikel od. Versorgungskarte mit schwankendem Bedarf
variable-jet nozzle control Schubdüsenverstellung
variable-length card feed device Einrichtung für Kurzkartenverarbeitung
variable-length card feeding variable Kartenzuführung
variable-length computer Rechner mit variabler Wortlänge, Stellenmaschine
variable-length feed wahlweise Kurzkartenzuführung
variable-length item Datenwort mit variabler Länge
variable-length mantissa variable Mantissenlänge
variable-length overflow variable Zeilenbegrenzung
variable-length record Satz variabler Länge
variable-length record, blocked geblockter Satz mit variabler Länge
variable-length record system System mit variablen Wortlängen (dv)
variable-length record, unblocked ungeblockter Satz mit variabler Länge
variable-length representation Gleitkommadarstellung, halblogarithmische Schreibweise, Gleitpunktdarstellung
varible lift auftriebsveränderlich
variable lift device verstellbares Auftriebsaggregat
variable lifting surface, aeroplane with Flugzeug mit veränderlicher Flügelfläche
variable load veränderliche Ausrüstung, veränderbare Lasten (je Flugkontstante), pulsierende Belastung
variable, logic Logikvariable, Schaltvariable
variable, logical Logik-Variable, Schalt-Variable
variable motion veränderliche Bewegung
variable-mu amplifier Röhre mit veränderlichem Durchgriff
variable-mu hexode Exponentialhexode
variable-mu high-frequency pentode Exponential(hochfrequenz)pentode, Fünfpolschirmregelröhre
variable-mu pentode Regelpentode
variable-mu screen-grid tube Exponentialschirmgitterröhre, Exponentialtetrode, Schirmgitterröhre mit veränderlichem Durchgriff, Vierpolschirmgitterregelröhre
variable-mu tube Exponentialröhre, Regelröhre, Röhre mit variablem Verstärkungsfaktor od. Durchgriff
variable-mu valve Exponentialröhre, Regelpentode, -röhre, Röhre mit variablem Verstärkungsfaktor od. Durchgriff
variable multiplier unit Analogmultiplizierer, analoger Multiplizierer
variable mutual conductance valve Exponential-

röhre, Regelröhre, Röhre mit variablem Verstärkungsfaktor od. Durchgriff
variable mutual tube or valve Regelröhre
variable-MY tube (greek letter MY) Exponentialröhre, Regelröhre
variable nozzle Schubdüse mit veränderlichem Querschnitt
variable-nozzle clamshell Schubdüsenschale
variable nozzle position indicator circuit Stromkreis der Schubdüsenstellungsanzeige
variable number Laufzahl
variable oscillator variable Steuerstufe, variabler Oszillator
variable penetration nicht vollständige Durchschweißung
variable pentode Regelpentode
variable permeability veränderliche Permeabilität
variable pitch (ship propeller) veränderliche Steigung
variable pitch airscrew im Fluge verstellbare Luftschraube, Verstellschraube
variable pitch propeller verstallbare Luftschraube, Verstelluftschraube
variable-point representation Gleitpunkt-, Gleitkommadarstellung
variable potentiometer veränderliches Potentiometer
variable precision capacitor Meßdrehkondensator
variable propagation Zitterbewegung
variable propulsive nozzle Schubdüse mit veränderlichem Querschnitt
variable quantity veränderliche Größe, Regelgröße
variable ramp type inlet variabler Rampeneinlauf
variable, random stochastische Variable, Zufallsgröße, -variable
variable random access variabler direkter Zugriff
variable range ballistic missile ballistische Rakete mit variabler Reichweite
variable range marker Entfernungsmeßmarke
variable range ring Entfernungsmeßring
variable-reactance amplifier parametrischer Verstärker, Reaktanzverstärker
variable recoil veränderlicher Rücklauf
variable recoil cam assembly Rücklaufregler
variable recoil cam body Rücklaufregler-Steuerhülse
variable recoil cam bracket Rücklaufregler-Steuerhülsenlager
variable recoil cam gear sector Steuerhülsen-Zahnsegment (Rücklaufregler)
variable recoil cam housing Steuerhülsengehäuse (Rücklaufregler)
variable recoil cam pin Steuerbolzen am Rücklaufregler
variable recoil camshaft Schubstange für Rücklaufregler
variable recoil camshaft pin Steuerbolzen am Rücklaufregler
variable record length variable Wortlänge (dig), veränderbare Satzlänge im Rechner
variable record length punching device Satzlängen-Steuereinheit
variable reluctance veränderlicher magnetischer Widerstand
variable reluctance generator Flußwendegenerator
variable reluctance pickoff Reluktanzabgriff
variable reluctance signal generator Reluktanzabgriff
variable relutance type transmitter Drehmelde-Druckgeber
variable resistance Regelwiderstand, Regulier-, Überschaltwiderstand, regelbarer veränderlicher od. verstellbarer Widerstand, Rheostat
variable-resistance-controlled transformer Transformator mit regelbarem Widerstand
variable resistance for running Fahreinstellungswiderstand
variable-resistance magnetometer Magnetometer mit veränderlichem Widerstand
variable resistance pick-up Tonbandabnehmer mit veränderlichem Widerstand
variable resistor verstellbarer Ohm'scher Widerstand
variable restrictor veränderlicher, regelbarer od. variabler Durchflußbegrenzer
variable rheostat Heizregler
variable selectivity regelbare Trennschärfe
variable selector switch stufenlos einstellbares Ziel-/Bediengerät
variable, simple einfache Variable (ALGOL)
variable speed drive variables Geschwindigkeitsgetriebe
variable speed scanning Abtastung mit veränderlicher Geschwindigkeitsmodulation
variable stability characteristic variable Stabilitätscharakteristik
variable stator verstellbare Leitschaufel
variable stator vane actuator Verdichterleitschaufelverstellzylinder
variable stator vane repositioner valve circuit Stellventilstromkreis (verstellbare Eintrittsschaufeln)
variable, stochastic Zufallsvariable, stochastische Variable, Zufallsgröße
variable supplies for the focus and first anode respectively variable Spannung für die Fokussier- u. Beschleunigungsanode
variable surface or area wing Teleskopflügel
variable sweep (of wing) veränderliche Pfeilung
variable-sweep aircraft Flugzeug mit veränderlicher Flügelpfeilung
variable sweep concept Prinzip der variablen Flügelpfeilung
variable-sweep wing Flügel mit veränderlicher Pfeilung, schwenkbarer Tragflügel
varaible-sweep wing design variable Flügelpfeilung
variable temporary duty kurzzeitiger Betrieb mit veränderlicher Belastung
variable tetrode Reglertrode
variable thrust engine schubvariabler Abstiegsraketenmotor
variable thrust motor schubveränderlicher Motor
variable-time fuze Annäherungszünder, VT-Zünder
variable transformer regelbarer Übertrager, Drehtransformator
variable tuning capacitor Drehkondensator
variable-U-tube Regelröhre
variable vanes in the LP and HP compres-

sors, fuel valves in the core and augmentor and exhaust nozzle Stellgeräte im Triebwerk (verstellbare Leitschaufeln im ND/HD-Verdichter, Zumeßventile in der Haupt- u. Nachbrennerkraftstoffanlage, Schubdüse)
variable-voltage regulator Spannungsregler
variable volume pump Pumpe mit veränderlicher Förderleistung
variable weather wechselhafte Witterungsbedingung
variable weather report unbeständige, verschiedene Wettermeldungen
variable wing Tragflügel veränderlicher Pfeilung
variable-wing airplane Flugzeug mit verstellbaren Flügeln
variable without steps stufenlos veränderlich
variable word length variable Wortlänge
variable word-length computer Rechner mit variabler Wortlänge, Stellenmaschine
Variac (trade name) Drehtransformator (Handelsbezeichnung)
variance Abweichung (Unstimmigkeit), Auswahl, Unterschied, Varianz
variance analysis Varianzanalyse
variance of course Kursabweichung
variance reducing technique Verfahren der Varianzverminderung
variance reduction Varianzverminderung
variate Variable, Zufallsgröße, -variable
variation Abart, Abmaß, Abstufung, Abweichung, Änderung, Deviation, Mißweisung, Schwanken, Schwankung, Variation, Wechsel, Deklination (Kompaß)
variation angle Ortsmißweisung
variation calculus Variationsrechnung
variation diurnal magnetische Tagesvariation
variation fluctuation Richtungsschwankung
variation in density Dichtewechsel (geophy)
variation in density within the earth crust Dichteänderung innerhalb der Erdkruste (geol)
variation in electrical conductibility Änderung der elektrischen Leitfähigkeit (geophys)
variation in hardness value Härtewertschwankung
variation in incidence Anstellwinkeländerung
variation in intensity Intensitätsschwankung
variation in magnetron Wechsel der magnetischen Intensität (geophs)
variation in pressure Druckschwankung
variation in program Programmstreuung
variation in susceptibility Wechsel der magnetischen Erregbarkeit (geophys)
variation in the centre of gravity Schwerpunktwanderung
variation in velocity Änderung der Geschwindigkeit
variation, intrabasement Änderung innerhalb des Grundgebirges (geol)
variation of amplitude Amplitudenänderung
variation of armature voltage Ankerspannungsverstellung
variation of audio voltage Sprechwechselspannung
variation of boiling point Siedepunktverlauf
variation of capacity Kapazitätsänderung
variation of compass Tagesänderung
variation of compass diurnal Änderung des Kompasses
variation of cross-section Querschnitt(s)-verlauf
variation of current density Stromschwankung
variation of density Dichteverteilung
variation of diameter Durchmesserabweichung
variation of dimension Maßtoleranz
variation of exposure Lichtwechsel
variation of fin effectivness Veränderung der Seitenfloßenwirksamkeit
variation of frequency Frequenzschwankung
variation of pressure Druckschwankung
variation of stick force Knüppelkraftänderung
variation of temperature Temperaturänderung, -schwankung
variation of the path angle Verlauf der Bahnneigung (sp)
variation of volume Volumenänderung
variation of wall thickness Wandstärkeverlauf
variation or range of temperature Temperaturgang, Wärmegang
variational condition Variationsbedingung
variational ionization potential Ionisierungspotential durch Variationsmethode
variational method Variationsmethode
variational principle Variationsprinzip
varied mannigfach, mannigfaltig, verändert, verschiedenartig
variegated geflammt
variety reduction Typenbeschränkung
vario-coupler Variokoppler, -kuppler, veränderbare Kupplung, veränderliche Kopplungsspule, veränderlicher Hochfrequenztransformator
variometer Dreh-, Schiebedrossel, Variometer, variable Induktionsspule
variometer compass Variometerkompaß
variometer rotor drehbare Variometerspule
variometer stator feste Variometerspule
various mannigfaltig, verschiedenartig
various degrees of icing unterschiedliche Vereisungsbedingungen
varistor spannungsabhängiger od. veränderlicher Widerstand, Varistor (Halbleiter)
varitron Varitron
Varley loop test Erdfehlerschleifenmessung nach Varley
varmeter Blindleistungsmesser
varnish Anstrichstoff, Beglasung, Lacküberzug, vom Öl herrührender lackartiger Überzug der Motorteile
varnish base Lackunterlage
varnish coat Lackanstrich, -überzug
varnish content Firnisgehalt
varnish filler Lackspachtel
varnish paint Firnisfarbe
varnish remover Abbeizmittel
varnish thinner Lackverdünner
varnishable lackierfähig
varnished lackiert, mit Lasur überzogen
varnished conductor Lackader
varnished fabric getränktes Gewebe (Kabel)
varnished paper Lackpapierbahn
varnished paper board Elektrolackpapier
varnished rush Lackrohr
varnished wire Lack(ader)draht
varnished wiring Lack(adern)leitung

varnishing machine Lackauftragmaschine
Varta-lamp Vartalampe
varved clay Bänderton
vary as the measure X sich mit gleichen Verhältnissen wie des Maß X ändern
vary at the 2nd power sich mit der zweiten Potenz ändern
vary, to abändern, abarten, abwandeln, abwechseln, abweichen (nach oben od. unten), schwanken, sich (ver)ändern, variieren, verschieden sein
vary with, to schwanken mit, sich ändern mit
varying schwankend, verändernd, Wechsel
varying aerodynamic centre wandernder Neutralpunkt
varying electrical field sich veränderndes elektrisches Feld
varying length of time wechselnde Zeitdauer
varying magnetic field sich veränderndes Magnetfeld
varying option Laufangabe, Variationsangabe (COBOL), Veränderungsangabe
varying period wechselnde Zeitdauer
varying the centre of gravity position Schwerpunktverlagerung
VAS visible infrared spin-scan radiometer atmospheric sound
VASIS (visual approach slope indicator system) Gleitwinkelbefeuerung
vault of cloud Gewitter-, Wolkenkragen
vault support Gewölbeträger
vaulting gewölbtes Mauerwerk, Unterkellerung
vaulting pillar Gewölbepfeiler
VAX host computer VAX-Dienstleistungsrechner (für Rotor u. Triebwerk)
V-bar control Vertikalbalkenregler
V-beam V-Bündel, V-Strahl
V-belt Dreikant-, Keilriemen
V-belt drive Keilriemenantrieb, Keilriemenübersetzung
V-belt pulley Keilriemenritzel, -scheibe
V-belt pulley half Keilriemenscheibenhälfte
V-block Auflegebock, Bohrprisma
VBH Verbindungs- u. Beobachtungshubschrauber
V/B vapour blasting
VCD vertical climb and descent
VCS Vice Chief of Staff
VDF (very high frequency direction finding station) UKW-Peilstelle, Ultrakurzwellen-Peilstelle
vector Leitstrahl, Vektor, vektorielle Größe (math)
vector addition geometrische Addition, Vektoraddition
vector analysis Vektoranalyse, Vektorenrechnung
vector analog computer (VAC) Vektoranalogrechner
vector angle Vektorwinkel
vector calculus Vektorrechnung
vector cardiogram Vektor(elektor)kardiogramm
vector component Vektorkomponente
vector density Vektordichte
vector diagram Vektordiagramm, Leitstrahldiagramm, Vektorzeichnung, Zeigerdiagramm
vector division Vektordivision
vector equation Vektorgleichung
vector electro-cardiogram Vektor(elektro)-kardiogramm
vector field Vektorfeld
vector function Vektorfunktion
vector group Vektor-, Schaltergruppe
vector meter Vektormesser
vector point geometrischer Ort
vector potential function Vektorpotentialfunktion
vector power Leistungsvektor, Leistungszeiger
vector quantitiy Vektor(größe)
vector, radiant Strahlungsvektor
vector representation vektorielle Darstellung
vector-response index Vektorindikation
vector sheet Vektorblatt
vector sum Vektorsumme
vector sum geometrische Summe, Vektorsumme
vector testing plant Mehrkomponentenprüfstand
vector, to leiten (mittels Funk), mit Radar führen, durch Kursanweisungen führen
vector tube Vektorröhre
vectored thrust control Schubvektorsteuerung
vectored-thrust engine Triebwerk mit Schubvektorregelung
vectored-thrust engine modified to demonstrate supersonic performance and fitted Triebwerk wurde für Überschallmarschflug modifiziert
vectored-thrust propulsion engine Schwenkdüsentriebwerk
vectored-thrust turbofan Bläsertriebwerk mit Schubvektorsteuerung
vectored-thrust vertical take-off and landing technique Schubvektorsteuerung für Vertikalstart- u. -landung
vectorial angel Vertikalwinkel
vectorial display Vektordarstellung
vectorial field Vektorfeld
vectorial product Vektorenprodukt
vectorial recorder vektorieller Schreiber
vectorial representation vektorielle Darstellung, Vektordarstellung
vectoring (das) Einweisen (von Flugzeugen), Kursführung, (das) Führen (durch Kursanweisungen)(Flz)
vectoring command Kursführungsbefehl
vectoring error Richtungs-, Vektorfehler
vectoring computer Einlenkrechengerät
vectoring in forward flight (VIFF) Veränderung des Schubvektors im Vorwärtsflug
vectoring nozzle Schwenkdüse
vectoring procedure Kursführungsverfahren
vectoring technique Kursführungstechnik
vectoring paddles periphere Strahlenruder
vee-and-flat-way Prismen- u. Flachführung
vee belt Keilriemen
vee-belt drive agitator Antriebsrad für Strudelrad
vee-coupling Keilkupplung
vee-engine V-Motor
vee-formation Dreieck-, Keilformation
vee-groove prismatische od. schwalbenschwanzförmige Nut
vee or V-belt drive Keilriemenantrieb
vee-pulley Riemenscheibe
vee-shaped prismenförmig, V-förmig
vee-twin engine Zweizylinder-V-Motor
veer a cable, to die Kette ausstecken
veer off the course, to ausbrechen

veer, to umschwenken, umschwingen, wenden
vees Führungsprismen, Prismenführung (Werkzeugmaschine)
Vega-Venus-Halley probe Venus- u. Halley-Instrumententräger
vegetable fibre Pflanzenfaser, pflanzliche Kunstfaser
vegetable glue pflanzlicher Leim, Pflanzenleim
vegetable lubricant pflanzliches Schmiermittel
vegetable oil pflanzliches (Schmier)öl
vegetation moisture Vegetationswasser
vehicle Beförderungsmittel, Bindemittel, Fuhrwerk, Fahrzeug, Gefährt, Verkehrsmittel
vehicle bodies Aufbauten
vehicle chain Kraftfahrzeugkette
vehicle clock Autouhr, Zeituhr für Kfz
vehicle correlator (has a 21-board processing filter to eliminate the clutter from ground vehicle movement) **Fahrzeugkorrelator** (besitzt einen 21-Platinen-Prozessor zur Ausfilterung von Störechos, die von Bodenfahrzeugen reflektiert werden)(AEW)
vehicle deadline for parts Fahrzeug wegen fehlender Teile nicht fahrbar
vehicle fire extinguisher Feuerlöscher für Kraftfahrzeug
vehicle fitted with chemical spray apparatus Zisternenfahrzeug (ausgerüstes mit chem. Sprühgerät)
vehicle for drugs Beibringungsmittel
vehicle hardware Beschläge für Kraftfahrzeug
vehicle lift, (air)hydraulics lufthydraulische Hebebühne
vehicle lock Autoschloß
vehicle-mounted container fahrzeuggestützter Transport- u. Startcontainer
vehicle of a mixture Grundbestandteil eines Gemisches
vehicle registration certificate Kraftfahrzeugschein
vehicle statistics Fahrzeugstatistik
vehicle trackway Fahrzeugrollstreifen
vehicle washing equipment Wagenwaschanlage
vehicle-way cutoff, intersection Autobahnabzweigung
vehicles bodies for fire fighting purpose feuerwerktechnische Aufbauten für Kraftfahrzeug
vehicle with solid fuel propellant unit Rollwagen mit Pulverraketenantrieb
veil of cirrostratus Cirrostratuswolkenschleier, Schleier von Cirrostratus (meteo)
vein following bedding planes Lagergang
vein infilling Gangfüllung
veined geädert, gemasert, marmoriert
velocity Anströmungsgeschwindigkeit (elektr), Beschleunigung, Geschwindigkeit, Schnelligkeit, Tempo
velocity amplitude Bewegungs-, Geschwindigkeitamplitude
velocity analysis Bewegungs-, Geschwindigkeitsanalyse
velocity antiresonance Geschwindigkeitsresonanz
velocity at main cutoff signal Hauptkommandogeschwindigkeit
velocity at preliminary cut-off signal (guided missile) Vorkommandogeschwindigkeit
velocity band Bewegungsbereich
velocity change caused by dislocation Geschwindigkeitsänderung infolge von Versetzung
velocity comparison indicator Geschwindigkeitsvergleichsanzeiger
velocity component Geschwindigkeitskomponente
velocity control Laufgeschwindigkeitssteuermaschine
velocity control (Doppler radar) Geschwindigkeitsmeßkopf
velocity control (radar) Ablenkgeschwindigkeitsregelung
velocity correction Geschwindigkeitskorrektur
velocity correlation function Geschwindigkeitseinflußfunktion
velocity curve Geschwindigkeitskurve
velocity dependence Geschwindigkeitsabhängigkeit
velocity differential separator geschwindigkeitsabhängiger Abscheider (Kompressor)
velocity diffusion or equalization Geschwindigkeitsausgleich
velocity discontinuity Geschwindigkeitsunstetigkeit (seism)
velocity dispersion Geschwindigkeitsstreuung
velocity distribution Bewegungseinstufung, Bereichsgeschwindigkeitsverteilung, Geschwindigkeitsverteilung
velocity distribution, Bolztman Boltzmann'sche Geschwindigkeitsverteilung
velocity distribution in a duct Geschwindigkeitsprofil
velocity factor Verkürzungsfaktor
velocity field Geschwindigkeitsfeld
velocity filter Geschwindigkeitstor (Dopplerradar)
velocity fluctuation Geschwindigkeitsschwankung
velocity-focussed geschwindigkeitsfokussierend
velocity focussing Geschwindigkeitsfokussierung
velocity gate Geschwindigkeitstor (Dopplerradar)
velocity gradient Geschwindigkeitsradient
velocity gun station jumper Kontaktlasche der Eigengeschwindigkeitseinstellung
velocity head Geschwindigkeitshöhe, Staudruck
velocity-head speed indicator Staudruckfahrtmesser (av)
velocity-head tachometer Staudrucktachometer
velocity-in sensitve geschwindigkeitsunempfindlich
velocity increase Beschleunigungssteigerung, Geschwindigkeitszunahme, -zuwachs
velocity increment Zusatzgeschwindigkeit
velocity inhomogenity Geschwindigkeitsinhomogenität
velocity jump Abgangsfehler, Geschwindigkeitssprung
velocity jump angle Abgangsfehlerwinkel
velocity law Geschwindigkeitsgesetz
velocity level Geschwindigkeitspegel
velocity, limit of Grenzgeschwindigkeit
velocity, linear increase of lineare Geschwindigkeitszunahme
velocity matching manoeuvre Geschwindigkeitsangleichung
velocity memory Gschwindigkeitsspeicher

velocity meter Schnellmesser
velocity microphone Bändchenmikrophon, Bewegungsempfänger, -mikrophon, Druckgradientenmikrophon, -empfänger, Geschwindigkeitsempfänger, -mikrophon, Schallgeschwindigkeitsempfänger
velocity-modulated electron beam or pencil geschwindigkeitsgesteuerter Elektronenstrahl
velocity-modulated oscillator geschwindigkeitsmodulierter Oszillator
velocity-modulated tube geschwindigkeitsmodulierte Röhre, Laufzeitröhre
velocity modulating effect Laufzeiteffekt
velocity modulation Geschwindigkeitsmodulation, -steuerung, Laufzeit-, Zeilensteuerung, Spannungsmodulation, Zeitmodulation
velocity-modulation principle Geschwindigkeitsmodulationsprinzip
velocity-modulation tube or valve Durchlaufzeitröhre, Laufzeitröhre, Reflexionsröhre
velocity, mud-return Geschwindigkeit der Spülung im Ringraum
velocity of advance Wandergeschwindigkeit
velocity of agitation ungeordnete Geschwindigkeit
velocity of air flow Luftdurchfluß-, Luftdurchsatz-, Luftdurchlaßgeschwindigkeit
velocity of an ion Effektiv- od. Wandergeschwindigkeit eines Ions
velocity of approach Anfluggeschwindigkeit
velocity of conversion Umsetzungsgeschwindigkeit
velocity of crawl or creep Wander(ungs)-geschwindigkeit
velocity of deflection Ab-, Ausweichgeschwindigkeit
velocity of departure Abgangsgeschwindigkeit, Abfluggeschwindigkeit
velocity of descent Sinkgeschwindigkeit
velocity of diffusion Diffusionsgeschwindigkeit
velocity of discharge Ausflußgeschwindigkeit
velocity of draining Abflußgeschwindigkeit
velocity of electrons Elektronengeschwindigkeit
velocity of emission Austritts-, Emissionsgeschwindigkeit
velocity of energy transmission Geschwindigkeit der Energiefortpflanzung
velocity of fall Fallgeschwindigkeit
velocity of flame propagation Brenngeschwindigkeit
velocity of flow Fließ-, Leistungs-, Strömungsgeschwindigkeit
velocity of flow from initial direction Anströmgeschwindigkeit
velocity of light Lichtgeschwindigkeit
velocity of molecule Molekulargeschwindigkeit
velocity of molecule, average mittleres Geschwindigkeitsmolekular
velocity of molecule, components Komponente der Molekulargeschwindigkeit
velocity of molecule, effective effektives Geschwindigkeitsmolekül
velocity of molecules most probale wahrscheinlichstes Geschwindigkeitsmolekular
velocity of molecules of charge carriers Geschwindigkeitsmolekular der Ladungsträger
velocity of periodic wave Fortpflanzungsgeschwindigkeit der periodischen Welle
velocity of precission Präzessionsgeschwindigkeit
velocity of progression Laufgeschwindigkeit
velocity of propagation Ausbreitungs-, Fortpflanzungs-, Wandergeschwindigkeit (einer Welle)
velocity of of propagation of electromagnetic waves (in vacuum) Ausbreitungsgeschwindigkeit von elektromagnetischen Wellen (im Vakuum)
velocity of propagation of sound Fortpflanzungsgeschwindigkeit des Schalls, Schallfortpflanzungsgeschwindigkeit
velocity of propagation of wave front Geschwindigkeit der Wellenfront
velocity of rebound Abprallgeschwindigkeit (Ballistik)
velocity of rotation Rotationsgeschwindigkeit, Umdrehungsgeschwindigkeit
velocity of scanning Abtastgeschwindigkeit
velocity of seismic waves Geschwindigkeit der seismischen Wellen (geol)
velocity of shear Abschergeschwindigkeit
velocity of side slipping Abrutschgeschwindigkeit
velocity of slip stream Abflußgeschwindigkeit
velocity of sound Schall-, Tongeschwindigkeit
velocity of trajectory Bahngeschwindigkeit (g/m)
velocity of transmission Fortpflanzungsgeschwindigkeit (Schall, Wellen usw)
velocity of translation of an unmodulation Fortschrittsgeschwindigkeit einer Welle
velocity of transport Beförderungs-, Transportgeschwindigkeit
velocity of wake or wash Abflußgeschwindigkeit
velocity of waste flow Abflußgeschwindigkeit
velocity of wave Gruppengeschwindigkeit einer Welle
velocity of wave propagation Fortpflanzungsgeschwindigkeit der Wellen
velocity of writing Schreibgeschwindigkeit
velocity oriented control system geschwindigkeitsorientierte Steuerung
velocity, peripheral Umfangsgeschwindigkeit
velocity pick-up Geschwindigkeitstonabnehmer
velocity potential Geschwindigkeitspotential, Potential der Schallschnelle, Schnellpotential
velocity preset assembly Geschwindigkeitsvorgabebaugruppe
velocity prevention Fließgeschwindigkeit in Rohrleitung
velocity profile Geschwindigkeitsprofil
velocity range curve Geschwindigkeitsweglinie
velocity rate Verkürzungsfaktor
velocity ratio Geschwindigkeitsaufteilung, Geschwindigkeitsverhältnis
velocity reduction Geschwindigkeitsverminderung
velocity resolution Geschwindigkeitsauflösung
velocity resonance Phasenresonanz
velocity response system geschwindigkeitsabhängiges System
velocity screen Geschwindigkeitsmeßgitter
velocity-selection apparatus or selector Geschwindigkeitsselektor
velocity selector curve Geschwindigkeits-

selektorkurve
velocity-sensitive geschwindigkeitsempfindlich
velocity servo amplifier Geschwindigkeitssignal-Regelverstärker
velocity, sliding Gleitgeschwindigkeit
velocity sorting Geschwindigkeitsortierung
velocity spectrograph or analyzer Geschwindigkeitsanalyser, -spektrograph
velocity stage Geschwindigkeitsstufe
velocity staging Geschwindigkeitsabstufung
velocity step Geschwindigkeitsstufe
velocity summing amplifier Geschwindigkeitssignalsummenverstärker
velocity triangle Winddreieck
velocity, variation in Änderung der Geschwindigkeit (seism)
velocity update Geschwindigkeitsaktualisierung
velocity vector Geschwindigkeitsvektor
velocity vector aircraft symbol Geschwindigkeitsvektor "Flugzeug"
velocity vector diagram Geschwindigkeitsdreieck
velographer Schnellpauser
vendor quality rating Bewertung der Herstellers
veneer Deckblatt, -span, Dünnschnitt, Furnierholz, -platte, Verputz
veneer clamper Furnierpresser
veneer-cutting machine Furnierschneidemaschine
veneer frame saw Furnierrahmensäge
veneer glue Lagenleim
veneer-saw frame Furnierschneidemaschine
veneer spoke shaves Furnierschabhobel
veneering kaschiert (dicke Folie mit dünnen Folien)
veneering circular saw Furnierkreissäge
veneering press Furnierpresse
Venetian blind Fensterjalousie, Jalousie, Klappladen, Schalterladen
Venetian-blind-type shutter Jalousieschütz
Venera craft Venera-Landeeinheit
vent Abzug(söffnung), Auslaßröhre, Austritt, Belüftung, Druckausgleichöffnung, Dunstloch, Düse, Entüfterstutzen, Entlüftung(söffnung), Luftabzug, Lüfter, Rauchklappe, Raumloch, Scheitelöffnung, Schlitz, Ventil(ationskamin), Zündkanal, -loch
vent and pressure topping umbilical Druckleitung für Be- u. Entlüften des Oxydatortanks
vent and pressure topping valve Zweiwegventil
vent at atmosphere Entlüfter nach aussen
vent box Entlüftungsgehäuse
vent branch Entlüfterstutzen
vent bush Zündlochstollen
vent cap Entlüftungskappe, Scheitelöffnungskappe (Fsch)
vent collar Lüftungssatz, Stoffkragen (Fsch)
vent covering Schlitzabdeckung
vent eyelet Verstärkung für Belüftungsloch
vent disconnect Abschluß für Entlüftung
vent/flame arrestor Flammrohr-Entlüftersperre
vent flange Flansch für Entlüftungsleitung
vent float valve Entlüftungs-, Schwimmerventil
vent hole Entlüftungsloch, Luftloch, Lüftungsschlitz, Windloch, Windpfeife, Zugloch
vent line Belüftungsleitung, Entlüftungsleitung, Leckleitungsrohr
vent line center loop Scheitelschlaufe (Fsch)
vent manifold Belüftungsverteiler, Entlüftungssammler
vent manifold assembly Entlüftungssammelstück (Haupttank)
vent opening Scheitelöffnung (Fsch)
vent outlet Entgasungsstutzen
vent patch Scheitelöffnungskappe (Fsch)
vent pipe Abdampfrohr, Abzugsrohr, Abzugsröhre, Dunstabzugsrohr, Ablaßstopfen, Entlüftungstopfen
vent plug Abdampfstößel, Entlüfterstutzen, Luftnadel, Luftspieß
vent port Entlüftungsöffnung
vent screw Entlüfterschraube
vent stack Abzugsrohr, -röhre (Lampe)
vent stack of arc lamp Bogenlampenabzugsrohr
vent system Be-, Ent-, Lüftungsanlage
vent, to auflockern, durchlüften, entlüften, ventilieren
vent valve Atmungsventil, Entlüfter-, Entweichungsventil
vent valve for tank protection Lüftungsventil für Kraftstoffbehälter
vent valve thrust control Schubregelung durch Abblaseventil (g/m)
vented cap entlüfteter Abschlußkopf
ventilate, to auslüften, belüften, durchlüften, entlüften, lüften, ventilieren
ventilated commutator kollektorbelüftet
ventilated radiator Radiatorkühlung
ventilated ribbed surface mit belüftetem Rippengehäuse
ventilating air blower motor Umluftgebläsemotor
ventilating air outlet Warmluft-Austrittsöffnung
ventilating aperture Ventilationsklappe
ventilating blade Ventilationsflügel
ventilating channel Entlüferkanal, Abzug
ventilating chimney Dunstkamin
ventilating cover Schachtabdeckung mit Entlüftungsschlitz
ventilating current Wetterstrom
ventilating duct Entlüftungsrohr, Kühlschlitz, Luftkanal
ventilating equipment Belüftungsanlage
ventilating exhaust Ablaufstutzen
ventilating fan Wetterrad
ventilating hose Belüftungsschlauch
ventilating line attaching cap Belüftungskappe
ventilating louver Belüftungsschlitz
ventilating metering valve, crankcase Kurbelgehäuse-Entlüftungsventil
ventilating or heating Gebläse für Kühlung od. Heizung
ventilating outlet Abluftstutzen
ventilating pipe Dunstrohr
ventilating plate Lüftungsblech
ventilating shaft Entlüftungskanal, -schlot, Abzugskamin
ventilating slot Belüftungsspalt
ventilating stub Abzugsstutzen
ventilating system Be-, Entlüftungsanlage, Lüftungssystem

ventilating system in mines Wetterführung im Bergwerk
ventilation appliance Lüftungsvorrichtung
ventilation duct Lüftungsrohr, -schacht
ventilation flap Lüftungsflügel, -klappe
ventilation hole Luftloch, Atmungsöffnung
ventilation hood Abzugshaube
ventilation of commutator Kollektorbelüftung
ventilation of passenger cabin Fluggastraumlüftung
ventilation of the core Kernlüftung
ventilation opening Luftöffnung
ventilation pipe Lüftungsrohr
ventilation plant (Be)lüftungsanlage
ventilation plug-in unit Lüftereinschub
ventilation slide Lüftungsschieber
ventilation system Belüftungs-, Ventilationssystem, Entlüftungseinrichtung
ventilation top Ventilationsaufsatz
ventilation window Entlüftungsscheibe
ventilator Bläser, Entlüfter, Entlüftungsschlitz, Flügelgebläse, Gebläse, Lüfter(gebläse), Rauchabzugskanal, Ventilator, Windabzug
ventilator bolt Lüfterschraube
ventilator contactor Lüfterschütz
ventilator fan Windradgebläse
ventilator fastener Gebläsebefestigung
ventilator griller Entlüftungsrosette
ventilator hub Lüfternabe
ventilator impeller Entlüftungslaufrad
ventilator indicator lamp Lüfteranzeigelampe
ventilator pipe Hygrometerrohr
ventilator, roof Dachentlüfter
ventilator separator Gebläseseparator, Gebläseabscheider
ventilator thrust Ventilatorpressung
ventialtor tube Entlüfterröhre, Dunstschlot
ventilator valve Entlüftungsventil
venting Entlüftung, Gasabfuhr, Gasentweichung
venting pressure Entlüftungsdruck
venting property (Luft)durchlässigkeit
venting purpose Entlüftungszweck
venting quality Luftdurchlässigkeit
venting screw Entlüftungsschraube
venting valve Belüftungsventil
ventless delay-action cap gasloser Zeitzünder
ventral fin Stabilisierungsflosse
ventral stairway Rumpftreppe
Venturi Glühhalse, Venturirohr (Vergaser)
Venturi articulation level Düsenschwenkebene
Venturi flow generator Venturi-Durchflußbegrenzer
Venturi head Ofenkopf (Rakete)
Venturi meter Einsatz-, Venturimesser
Venturi-pitot tube Saug- u. Staurohr, Venturi-Pitotrohr
Venturi-shaped venturiförmig
Venturi tube Düse, Lufttrichter, Saugdüse, -rohr, Venturidüse, -rohr
verb name Programmierverb
Verdet's constant Rotationsvermögen
verge of oscillating, on the Schwingungsneigung
verge-perforated card Randlochkarte, randgelochte od. randgekerbte Karte, Rasterpunktkarte
verge-punched card Randlochkarte, randgelochte od. randgekerbte Karte
verification Beglaubigung, Bestätigung nach Überprüfung, Datenvergleichsprüfung, Verifizierung, Nachprüfung, Kontrolle
verification countdown Nullzählung zur Überprüfung
verification facility Prüfeinrichtung
verification fire Prüfungsschießen
verification message Verifizierung des Funkspruchs
verification test Nachprüfung
verifier Kartenprüfer, Lochprüfer, Übertragungsprüfeinrichtung
verifier, numerical Kartenprüfer, Kartenprüfgerät, Lochprüfer, Prüflocher
verifier operator Lochprüfer
verify command Schreibprüf(ungs)befehl
verifying pageprinter Vergleichsblattschreiber
verifying unit Kartenprüfer, Kartenprüfgerät, Lochprüfer, Prüflocher
vernier Feinsteller, Feinstellschraube, Noniuseinrichtung, Gradteiler, Steuerrakete, Transporteur, Vernier, Steuerdüsen
vernier adjust screw Feineinstellschraube
vernier adjustment Feineinstellung
vernier arrangement Feineinstell(er)vorrichtung
vernier caliper Schublehre
vernier caliper with locating arbor Schiebelehre mit Aufnahmedorn
vernier capacitor Nachstimm(ungs)kondensator
vernier condenser Vernierkondensator
vernier control capacitor Feinabstimm-, Feineinstellkondensator, Vernierkondensator
vernier coupling Kreuz-, Feineinstellkupplung
vernier depth gauge Tiefenlehre mit Nonius
vernier dial Feineinstellung (Radar), Feinstellskala
vernier division Noniusteilstrich
vernier drive Feinantrieb
vernier engine kleines Raketentriebwerk, Steuermotor, Steuertriebwerk
vernier gauge Schieb-, Schublehre
vernier height gauge Höhenschublehre
vernier housing Ritzelgetriebe
vernier lock plate Vielnutensperritzel
vernier magnifier Noniuslupe
vernier mark Noniusteilstrich
vernier potentiometer Feinpotentiometer
vernier propulsion rocket Steuerrakete
vernier reading Noniusablesung
vernier rocket motor Steuerrakete
vernier scale Noniusskala, -teilung
vernier scale mark Noniusstrich
vernier screen Ablesefenster für Feineinstellung
vernier screw Feineinstellschraube
vernier tube Noniusröhre
vernier tuning Feineinstellung, Frequenzangleich, Vernier
vernier tuning condenser Feineinstellkondensator
vernier voltage control Spannungsfeinregler
vernier zero link or mark Noniusnullstrich
versatile digital computer Mehrzweckdigitalrechner
versatile worldwide communication satellite mehrzwecktauglicher Weltfernmeldesatellit
versatility Vielseitigkeit, Anpassungsfähigkeit, Wandelbarkeit

versatility of service vielseitige Verwendbarkeit
versatility of the helicopter Manövrierverhalten des Hubschraubers
version Ausführung(sart), Fassung, Lesart, Version
version, longer-range reichweitengesteigerte Version (Flz)
versus Abhängigkeit, in...von, Funktion, als...von
vertex Gipfel, Scheitelpunkt
vertex angle Scheitelwinkel
vertex depth Pfeilhöhe
vertex plate Scheitelplatte (Antenne)
vertex power or refraction Scheitelbrechwert
vertex refractometer Scheitelbrechwertmesser
vertex tangent Scheiteltangente
vertical Lotlinie, Senkrechte, Vertikale, aufrecht, im Lot, lotrecht, scheitelrecht, senkrecht stehend, vertikal
vertical acceleration Vertikalbeschleunigung
vertical acceleration from gravity Schwerkraft-Vertikalbeschleunigung
vertical accelerometer Vertikalbeschleunigungsmesser
vertical accuracy Höhengenauigkeit, Lotgenauigkeit
vertical adjustment Höhen-, Senkrechtverstellung
vertical aerial cartographic photography Senkrechtluftmeßbild
vertical aerial photograph Vertikalluftbild, Senkrechtluftbild
vertical air currents vertikale Luftströmung
vertical air photograph Vertikalluftbild
vertical amplifier Verstärker für senkrechte Ablenkung
vertical amplifier input Y-Verstärkereingang
vertical and forward pointing camera Vertikal- u. Vorwärtssichtkamera
vertical and horizontal wing component horizontale u. vertikale Luftbewegung
vertical and rotary selector Höhendrehwähler
vertical anemometer Senkrechtanemometer
vertical angle Höhen-, Scheitel-, Vertikalwinkel
vertical angular acceleration Höhenwinkelbeschleunigung
vertical angular travel (of target) Höhenauswanderung
vertical angular velocity Höhenwinkelgeschwindigkeit
vertical angulation trigonometrische Höhenmessung
vertical antenna or aerial vertikal polarisierte Antenne, Vertikalantenne
vertical ascent senkrechter, vertikaler Aufstieg
vertical ascent of guided missiles senkrechter Abschuß
vertical ascent rockets Senkrechtstartrakete
vertical atmospheric turbulence vertikale Luftturbulenz
vertical attitude Nicklage
vertical axis Gierachse (erdlotfest), Hochachse (körperfest), Stehachse, Vertikalachse
vertical band saw stehende Bandsäge
vertical bank (flight) Messerfluglage
vertical bar-oscillation Vertikalbalkengenerator
vertical barrel distortion vertikale Tonnenverzeichnung
vertical barrel pump Topfgehäusepumpe
vertical beamwidth vertikale Strahlbreite (Sonarschwinger), vertikaler Öffnungswinkel (Sonarschwinger)
vertical bed vertikal stehende Schicht (geol)
vertical black band vertikaler schwarzer Streifen (TV)
vertical blanking pulse Bildaustastimpuls, Vertikalaustastimpuls
vertical blanking signal Bildaustastsignal
vertical bob Ausweichmanöver nach der Höhe
vertical boiler stehender Dampfkessel
vertical bomb container Vertikalbombenmagazin
vertical borer Vertikalbohrmaschine
vertical boresight knob Höhenjustierknopf
vertical boring and turning mill Karusselldrehbank, Vertikalbohrmaschine
vertical boring mill Ständerbohrmaschine
vertical brace Versteifungsschiene, Vertikalverband
vertical breakway voltage Abdrehkreuz-Vertikalabspannung
vertical bridge clearance Brückendruckfahrthöhe
vertical bridging Folgebildanschluß (Höhe)
vertical bucket elevator Becherwerk für senkrechte Förderung (Ölbohrung)
vertical bucket-type pump Ventilkolbenpumpe
vertical calibrating knob Höhenjustierknopf
vertical capacity Prüfhöhe (Werkzeugmaschine)
vertical capstan shaft Achse(nwelle)
vertical capture movement Vertikalauswanderung bei Lenkbeginn (Flugkörperfeuerleitung), Vertikalauswanderungsstrecke
vertical center section Meridianschnitt
vertical centering control Vertikalbildlageregler, Vertikalentriegler, Vertikalzentrierer
vertical central shaft stehende Zentralwelle
vertical chamber oven Vertikalkammerofen
vertical channel preamplifier Vertikalvorverstärkerkanal
vertical chassis construction Vertikalbauweise, Vertikalkonstruktion
vertical check Querprüfung, Zeichenprüfung
vertical circle Höhenindexlibelle, Höhenteilkreis, Höhenkreislibelle, senkrechter Kreis, Senkrechtkreis, Kollimationslibelle, Vertikalkreislibelle
vertical circle level Höhenindexlibelle, Höhenkreisel-, Vertikalkreisellibelle, Kollimationslibelle
vertical circle tangent screw Höhenfeinstellschraube (Theodolit), Höhenfeintrieb
vertical circulation Vertikalzirkulation (Meereskunde)
vertical clamp Höhenklemme, Höhenklemmschraube
vertical clamper Kappstufe für Vertikalablenkung
vertical clearance Durchfahrtshöhe, Höhenabstand, lichte Höhe
vertical climb vertikaler Steigflug

vertical climb and descent (VCD) Vertikalsteig- u. Sinkflug
vertical coincidence counter curve Zahl der Koinzidenzen in Abhängigkeit von der Höhe
vertical collimation Höhenkollimation
vertical collimation adjustment beseitigen des Indexfehlers, justieren des Höhenindex
vertical column senkrechte Spalte, Spalte in Matrix (Lochkarte, -streifen)
vertical commutator Stirnkollektor
vertical component lotrechte Komponente, Vertikalkomponente
vertical of earths magnetic field Vertikalintensität
vertical component of speed Vertikalgeschwindigkeit
vertical component of target speed Vertikalgeschwindigkeit des Ziels
vertical component of target travel (during time of flight of projectile) vertikale Auswanderungsstrecke des Ziels
vertical component of the fault movement vertikale Komponente der Verschiebung an einer Verwerfung (geol)
vertical component of velocity Sinkgeschwindigkeit
vertical control Höhen(ver)messung (kartographische Photogrammetrie), Vertikalsteuerung (ALGOL)(EDV), Nivellierung (Höhenvermessung), Erhöhungswinkeleinstellung, Vertikalbildablageregler, Vertikalzentrierlageregler, Vertikalzentrierung
vertical coordinate senkrechte Koordinate
vertical correction knob Höhenwinkelverbesserungsknopf, Höhenwinkelverstellknopf
vertical crossrail screw Spindel für Querbalkenhöhenstellung
vertical cross-section vertikale Querschnittsfläche (Gleithubschrauber)
vertical cut Senkrechtschnitt
vertical crystallizer stehender Kristallisator
vertical definition Senkrecht-, Vertikalauflösung
vertical deflecting electrode Meßplatte, Vertikalablenkplatte
vertical deflection vertikale Ablenkung, Ablenkungswechsel, Höhenunterschied, Vertikalablenkung
vertical-deflection circuit vertikaler Ablenkkreis, Vertikalablenkgerät
vertical-deflection cycle Ablenkungswechsel
vertical deflection electrode or plate Y-Ablenkplatte, Meßplatte
vertical deflection plate vertikale Ablenkplatte (einer Kathodenstrahlröhre)
vertical deviation Höhenabweichung
vertical diagram Ablenkdiagramm, vertikales Strahlungsdiagramm
vertical diaphragm line Zielstrich
vertical difference Höhendifferenz
vertical difference between director and battery center vertikaler Stellungsunterschied
vertical diffusion Vertikalausbreitung
vertical-diffusion of sound Schallvertikale
vertical dimension Höhenmaß
vertical direction Vertikalrichtung, Lotrichtung, senkrechte Richtung, Senkrechtrichtung
vertical dispersion Höhenstreuung
vertical displacement Höhenverstellung
vertical directive pattern senkrechte Richtcharachteristik (Antenne)
vertical directivity pattern Vertikaldiagramm
vertical display Vertikalanzeige (Instrument)
vertical distribution Höhenverteilung
vertical dive Kopfsturz, senkrechter od. vertikaler Sturzflug
vertical divergence (of lights) Vertikaldivergenz
vertical double-anemometer Senkrechtdoppel-Anemometer
vertical drilling machine Senkrecht-, Vertikalbohrmaschine
vertical drive Senkrechtantrieb
vertical driving shaft Vertikal(antriebs)welle
vertical driving-shaft gear Antriebsrad zur Vertikalstellung
vertical dynamic balance of force scale Vertikalkraftwaage
vertical effect Antenneneffekt
vertical elevator Steilaufzug
vertical engine Motor mit stehenden od. hängenden Zylindern, Reihenmotor
vertical envelopment Luftlandeoperation
vertical erection pickup Lotgeber
vertical-erection reversing switch Horizontaufrichtung (Autopilot)
vertical error Antennenfehler
vertical factor Vertikalkomponente
vertical feed Senkrechtvorschub
vertical feed lever Zustellhebel
vertical feed pinion Vertikalvorschubzahnrad
vertical feed rod Vertikalvorschubspindel
vertical feed trip block feststehender Anschlag für Auslösung der selbsttätigen Vertikalbewegung
vertical feed wheel Handrad für Vertikaleinstellung
vertical field-strength diagram Vertikalfeldstärkediagramm
vertical figure of eight senkrecht stehende Loopingacht
vertical fin Kiel-, Seitenflosse
vertical fin adjustment Seitenflossenverstellung
vertical fine adjustment Höhenfeinverstellung
vertical flash ring Abquetschring
vertical flight control Schwebeflugsteuerung
vertical focussing Vertikalfokussierung
vertical force Senkrechtkraft, senkrecht wirkende Kraft, Vertikalintensität
vertical force scale Vertikalkraftwaage
vertical forms control Steuerung für Formularvorschub
vertical frame member Seitenprofil
vertical frequency Teilbild-, Vertikalfrequenz
vertical friction drive Reibgetriebe
vertical gain reduction (stacked-beam technique) Feldstärkeherabsetzung in der Vertikale
vertical girder Ständer
vertical guidance Höhenführung, -lenkung, Vertikalführung, -navigation
vertical guidance in conjunction with area navigation system Erprobung der Vertikalführung im Einsatz mit Flächennavigations-

system
vertical guidance readout Vertikalführungsanzeige
vertical guide Vertikalführung
vertical gust bump Steigböe
vertical gust recorder Fallwindschreiber, Steigböenanzeiger
vertical gyro Lotkreisel, Vertikalkreisel
vertical gyro control Vertikalkreiselführung
vertical gyro drift Lotkreiselauswanderung
vertical gyroscope Nahdrehgetriebe
vertical gyro transmitter Vertikalkreiselgeber
vertical heading furnace Herdtiefofen
vertical hold control vertikaler Bildfang
vertical, impact...velocity peak input vertikale Spitzenaufschlagbelastung
vertical injection press Vertikalspritzpresse
vertical intensity Senkrechtstärke
vertical interval Höhenabstand, senkrechter od. vertikaler Zwischenraum
vertical jump of gun Abgangsfehler
vertical landing Senkrechtlandung
vertical lift bridge Hebebrücke
vertical line spacing Zeilendichte
vertical linearity Vertikallinearität
vertical lobe line Steuersackleine
vertical lock spring Hebesperrfeder
vertical magazine Vertikalmagazin
vertical magnet Hebemagnet
vertical magnetic force senkrechte magnetische Kraft
vertical mark reading station Markierungslesestation für senkrechte Markierung
vertical member (in inertial navigation) Vertikalglied (in der Trägheitsnavigation)
vertical mill and jig borer Senkrechtfräse- u. Lehrenbohrmaschine
vertical milling Senkrechtfräsarbeit
vertical milling machine Senkrechtfräsmaschine
vertical missile offset movement Höhenauswanderung des Flugkörpers, Vertikalkomponente der Flugkörpergesamtauswanderungsstrecke (Flugkörperfeuerleitung)
vertical mode, the main inlets feed the fan Gaserzeuger im Parallelbetrieb
vertical multipass dryer Trockner mit vertikaler Bahnenführung
vertical navigation data selector Vertikalnavigationsdatenwähler
vertical navigational parallax displacement Vertikalkomponente des Navigationsparallaxabstandes
vertical obstacle chamber Vertikalkammer
vertical opening nose section hochschwenkbarer Rumpf
vertical operated chamber Vertikalkammer
vertical optimeter Optimeter mit senkrechtem Ständer
vertical or short take-off transport aircraft senkrecht- od. steilstartendes Verkehrsflugzeug
vertical oriented spin axis lotrechte Laufachse
vertical parallax slide Vertikalparallaxenschlitten
vertical parity check vertikale Gleichheitskontrolle, vertikale Paritätskontrolle od. Parityprüfung, Querparitykontrolle
vertical pattern Vertikaldiagramm
vertical photo Senkrechtaufnahme
vertical piston pump stehende Kolbenpumpe
vertical plane senkrechte Ebene, Vertikalebene
vertical plane of flight reference vertikale Leitebene
vertical plot Vertikalplott
vertical-plane direction pattern Vertikaldiagramm
vertical-plane milling machine Senkrechtlangfräsmaschine
vertical plate Stehblech
vertical point Lotpunkt
vertical pointer Höhenrichtmann
vertical pointing correction Höhenverbesserung
vertical polarization vertikale Polarisation, Vertikalpolarisation
vertical position Senkrechtstellung, vertikaler Standort, Vertikallage (Bildspur)
vertical position of center of gravity Höhenlage des Schwerpunktes
vertical position welding Senkrechtschweißen
vertical positioning control Bildhöhenverschiebung
vertical pressure gradient Druckänderungszahl (bezogen auf Höhe)
vertical profile pattern Echobild von Bauwerken mit vertikalen Flächen
vertical pulse Vertikalimpuls
vertical pump Vertikalpumpe
vertical radiation Steilstrahlung
vertical range vertikale Schußweite, Steighöhe
vertical rate of descent vertikale Komponente der Sinkgeschwindigkeit
vertical reaction vertikale Stützkraft
vertical red lights übereinanderstehende rote Lichter
vertical redundancy vertikale Redundanz der Bitanzahl
vertical redundancy check Vertikal(paritäts)-prüfung, Querprüfung, Querparatykontrolle, Vertikalprüfung
vertical reference Lotgeber
vertical reference accumulator Vertikalbeschleunigungsmesser
vertical reference gyro Lotkreisel
vertical replenishment (VERTREP) vertikale Versorgung (Hubschrauber/Schiff, Schiff/-Hubschrauber)(Versorgung in See)
vertical resolution Senkrecht-, Vertikalauflösung
vertical ring lock Vertikalringfeststeller
vertical rising Vertikalstart
vertical rod großer Stößel zum Ausrasten der Winkeleinstellvorrichtung (Kreisel)
vertical row index Spaltenindex
vertical row matrix Spaltenmatrix
vertical running torpedo Vertikalsuchtorpedo
vertical S Vertikal-S
vertical S-1 Vertikal S-1
vertical scale Höhenmaßstab, Vertikalmaßstab
vertical scale engine instrument Vertikalinstrument für Triebwerküberwachung, Vertikal-Triebwerkinstrument
vertical scale indicator codierender Höhenmesser (sp), Vertikalanzeigeinstrument, Vertikalskaleninstrument
vertical scale terrain-clearance indicator Vertikalanzeiger für Terrainfolge
vertical scanning senkrechte Abtastung,

Vertikalabtastung
vertical scrubber Standkasten
vertical seam Vertikalnaht
vertical search Vertikalsuche (Torpedo)
vertical section Aufriß, Profillinie, Seigerriß, senkrechter Schnitt, Vertikalschnitt
vertical sensitivity (oscilloscope) Y-Ablenkkoeffizient
vertical separation Höhenstaffelung
vertical separation minima Höhenstaffelungsminima
vertical separation procedure Höhenstaffelungsverfahren
vertical shaft Königswelle, seigerer Schacht, Senkrechtwelle, stehende Welle
vertical shaper Senkrechtstoßmaschine
vertical shaping operation Senkrechtstoßarbeit
vertical shear senkrechte Schere
vertical shift control senkrechte Zentrierung
vertical/short take-off and landing V/STOL Vertikal-Kurzstart u. Vertikallandung
vertical short take-off and landing aircraft V-STOL-Flugzeug
vertical shot group Scheibentreffbild
vertical sighting or view telescope Senkrecht- u. Vertikalsichtfernrohr
vertical situation and head-up display (HUP) Vertikalisations- u. Blickfelddarstellungsgerät
vertical situation display Vertikallagesichtgerät
vertical skew Vertikalverschiebung
vertical slide Höhenschieber (Rechenvisier)
vertical sliding breechblock Fallblockverschluß
vertical slot Senkrechtschlitz
vertical solid angle Polecke
vertical slow-motion screw Höhenfeineinstellschraube, Höhenfeintrieb (Theodolit)
vertical sonar depression Sonartiefenwinkel (bezogen auf Horizontalebene)
vertical spacing Zeilenvorschub (FORTRAN)
vertical speed Senkrecht-, Vertikalgeschwindigkeit
vertical speed-indicator Variometer
vertical speed selection Vorwahl der Vertikalgeschwindigkeit
vertical spin tunnel senkrechter Windkanal, Windkanal für Trudelmessung an Flugzeugen
vertical spindle grinder Senkrechtschleifmaschine
vertical spot correction Höhenverbesserung (auf Grund Trefferbeobachtung)
vertical spread of sound Schallvertikale
vertical spring rate Federkonstante, Federsteife (vertikal)
vertical stability vertikale Stabilität (Luftkissenfahrzeug)
vertical stabilizer Kiel-, Seitenflosse
vertical stabilizer fin cap Seitenflossenspitze
vertical stabilizer front spar Kielflossenfrontholm
vertical stabilizer leading edge Seitenflossenvorderkante
vertical stabilizer nose section Kielflossenvorderkante
vertical stabilizer tip Kielflossenspitze
vertical stall Männchen (Kunstflug), Luftfahrzeug überziehen
vertical steering circle voltage Zielkreis-Vertikalablenkspannung
vertical stiffening strut abstützender Pfosten
vertical strut or member up-right Vertikalstab
vertical surface senkrechte Fläche
vertical sweep Bildabtastung (TV), vertikale Abtastung, vertikale Ablenkung (einer Kathodenstrahlröhre)
vertical swivel mount setting scale Einstellteilung für Senkrechtschwenklager
vertical synchronization Vertikalsynchronisierung
vertical synchronizing cycle Vertikalwechsel
vertical synchronizing impulse Bildgleichlaufzeichen
vertical synchronizing pulse Vertikalwechsel
vertical table screw feed Senkrechtvorschub durch Tischspindel
vertical tail Senkrechtleitwerk
vertical tail area Seitenleitwerkfläche, Oberfläche des Seitenleitwerks
vertical tail fin Kielflosse
vertical tail surface Hochachsensteuerung
vertical take-off Senkrechtstart, Vertikalstart
vertical take-off aircraft Senkrechttransporter
vertical take-off and landing (VTOL) Vertikalstart- u. Vertikallanding
vertical take-off autogyro (VTG) Vertikalstarttragschrauber
vertical take-off strike aircraft vertikal startendes Kampfflugzeug
vertical take-off technique Senkrechtstarttechnik
vertical take-off technology Senkrechtstarttechnik
vertical take-off, true echter Vertikalstart
vertical take-off weight Senkrechtstartgewicht
vertical tape display Längsskala
vertical temperature gradient Temperaturänderungszahl bezogen auf Höhe, senkrechter Temperaturgradient
vertical test building vertikaler Versuchsstand
vertical thermal air current Senkrechtströmung der Luft
vertical tracking scope Höhenrichtfernrohr
vertical trajectory Anstiegs- u. Vertikalbahn
VERTICAL TRIM Vertical Trim, Vertikaltrimmung
vertical trapezoidal sluice Rollkeilschütz
vertical travel Senkrechtbewegung
vertical tube boiler Steilrohrkessel
vertical-tube evaporator Steilrohrverdampfer
vertical turn senkrechte Kurve od. Wendung
vertical turret lathe Karussellrevolverdrehbank
vertical type carburetor Steigstromvergaser, Steigstromvorrichtung
vertical-type support Senkrechthalter
vertical upward motion Hebebewegung
vertical valve stehendes Ventil
vertical visibility Vertikalsicht
vertical visual angle Höhenwinkel
vertical wall duct Hochführungskanal, Hochführungsschacht
vertical wind component vertikale Windgeschwindigkeit
vertical wind gust vertikale Windböe
vertical wind tunnel for spinning tests

Trudelwindkanal
vertical wire aerial Vertikaldrahtantenne
vertical wire or thread Vertikalfaden
vertical wires Y-Drähte (in Speichermatrix)
verticality Lotgenauigkeit
vertically adjustable seat in der Höhe verstellbarer Sitz
vertically downward nadirwärts
vertically mounted jet engine vertikal montiertes Strahltriebwerk
vertically polarized directional radiator vertikal polarisierter Richtstrahler
vertically polarized ground waves vertikal polarisierte Bodenwelle
verticircuit VTOL-Platzrunde
verticraft Vertikalstarter
vertifan concept Hubgebläsesystem
vertimeter Fall- u. Steiganzeige für Aerostat
VERTREP vertical replenishment ship-by-ship cargo
very accurate geocentric altitude hochpräziser geozentrischer Höhenwert
very critical audible range sehr kritischer hörbarer Bereich
very heavy überschwer
very-high carbon steel hochkohlenstoffhaltiger Stahl
very-high frequency (VHF) Meterwellen (Bereich), UKW-Bereich, VHF-Bereich, sehr hohe Frequenz, Meterwellen, Ultrakurzwelle
very-high frequency antenna UKW-Antenne, Ultrakurzwellenantenne
very-high frequency DF VHF-Fernpeilstation
very-high frequency direction finding station UKW-Peilstelle, UKW-Funkpeilstelle
very-high frequency omnirange (VOR) Drehfunkfeuer VOR, UKW-Drehfunkfeuer
very high power integrated circuit höchstintegrierter Schaltkreis
very-high rate climb hohe Steiggeschwindigkeit
very-high-speed integrated circuit (VHSIC) **technology** superschneller integrierter VHSIC-Schaltkreisüberlagerungsempfänger
very high-speed integrated circuitry (VHSIC) hochintegrierte Schaltung
very high-speed missile is extremely manoeuvrable through its high impulse motor, rear control surfaces and thrust vectoring FK mit Heckleitwerk u. ein Triebwerk mit steuerbarer Schburichtung u. hohem spezifischem Schub
very high thrust: weight ratio leads to very high performance optimales Schub/Gewichts-Verhältnis gewährleistet außerordentliche gute Leistungen (TURBOFAN-Trainer)
very-high thrust-to-weight ratio hoher spezischer Schub
Very light Leuchtkugel, -patrone (nach Very)
very long range sehr große Reichweite
very long-range radar Radargerät sehr großer Reichweite
very long range search aircraft Großreichweitensuchflugzeug
very-low frequency Myrameterwellen, sehr niedrige Frequenz, Ultralangwelle, VLF-Längstwellen(bereich)
very low gust response extreme Unempfindlichkeit gegen Böen (Aufklärungs-Hschr)
very-low thrust engine Triebwerk mit Seitenleitwerk
very low tunnel Tieftemperaturwindkanal
Very pistol Leuchtpistole (nach Very)
very rough äusserst stürmisch (meteo)
very short-range radar Radargerät sehr kleiner Reichweite
vesicant agents hautätzende Kampfstoffe
vesicant irrigant gas ätzender Kampfstoff
vessel Becken, Behälter, Birne, Fahrzeug, Gefäß, Küvette, Wasserfahrzeug
vessel holder Gefäßhalter
vessel index Gebindekartei
vestige Spur, Überbleibsel
V.F (voice frequency) Tonfrequenz
V.F.current Sprechströme
V.F. ringer Tonfrequenzrufsatz
V.F. ringing set Tonfrequenzrufsatz
V fork Wegeinmündung
V formation Keilform
V-groove Keilspundung
VFR (visual flight rules) Sichtflugregeln
VFR flight VFR-Flug
VFR movement message VFR-Bewegungsmeldung
VFR tower, a self-contained, transportable autonomer, transportabler VFR-Turm
VFR-weather condition VFR-Wetterbedingung
VHF very high frequency (30 000 to 300MHZ), Ultrakurzwellen (30 000 k+z bis 300 MHz)
VHF communication equipment VHF-Sprechfunkausrüstung
VHF compact direction finder VHF-Kompaktpeiler
VHF fan marker beacon Ultrakurz-Fächerbake
VHF multi-track pulse range UKW-Leitlinienimpulsverfahren
VHF navigation antenna VHF-Navigationsantenne
VHF omnidirectional range UKW-Drehfunkfeuer
VHF omnirange VHF-Allrichtungs-Leitstrahlbakensystem
VHF omnirange (VOR) Drehfunkfeuer VOT, UKW-Drehfunkfeuer
VHF omnirange radio range (VOR) UKW-Drehfunkfeuer (VOR)
VHF radio range UKW-Sprechfunk
VHF switch VHF-Schalter
VHF-visual-aural range VHF-Vierkursfunkfeuer mit optisch-akustischer Anzeige
VHF/DF station VHF-Peilstelle
VHPIC very high power integrated circuit
VHSIC (very high speed integrated circuit) höchstintegrierter schneller Prozessor
VHSIC device in an operational weapon system Avioniksystem in VHSIC-Technik
VG vertical gyro
VIA (by way of) über
vial Phiole
vibrate, able to schwingfähig
vibrate throughly, to durchschütteln
vibrate, to beben erschüttern, pendeln, prellen, rütteln, schütteln, schwingen, vibrieren, zittern
vibrate to a harmonic, to in einer Harmonischen schwingen

vibrating break Hammerunterbrecher
vibrating capacitor Schwing(ungs)kondensator
vibrating chute Schüttelrinne, Vibrationsrinne
vibrating circuit Schwingkreis, Vibrationskreis
vibrating condenser Schwingkondensator
vibrating contact schwingender Kontakt od. Unterbrecher
vibrating contactor Unterbrecher, Zerhacker
vibrating conveyor Schwingförderer
vibrating conveyor drier Rütteltrockner
vibrating dynamic condenser Schwingkondensator
vibrating electrode Zitterelektrode
vibrating electrometer Schwingkondensator-Elektrometer
vibrating governor Zitterregler
vibrating mirror Kipp-, Schwingspiegel, schwingender Spiegel
vibrating-mirror scanner Schwingspiegelabtaster
vibrating motion Rüttel-, Schüttelbewegung
vibrating plate Schwing(ungs)teller
vibrating plate compactor Plattenrüttler, Plattenvibrator, Rüttelplatte
vibrating point Rüttelnadel
vibrating rate gyro Gyrotron, Stimmgabelwinkelgeschwindigkeitsmesser
vibrating rectifier Pendelgleichrichter, Pendelumformer
vibrating-reed schwingende Blattfeder od. Zunge
vibrating-reed break Zungenunterbrecher
vibrating-reed electrometer Zungenelektrometer
vibrating-reed frequency meter Zungenfrequenzmesser
vibrating-reed gyro Schwingzungenkreisel
vibrating-reed instrument Vibrationsmeßgerät, Zungenfrequenzmesser
vibrating-reed pattern vibrationsfrequenzcharakteristisch
vibrating-reed rectifier Nadelschalter, Schwingkontaktgleichrichter
vibrating-reed screen Schlag-, Schüttel-, Vibrations-, Zittersieb
vibrating-reed tachometer Resonanztachometer
vibrating-reed transmitter Stimmgabelsender
vibrating relay Tonfrequenz-, Vibrations-, Zungenfrequenzrelais
vibrating screen Schlag-, Schüttel-, Vibrations-, Zittersieb
vibrating shock Rüttelstoß
vibrating strength Schüttelfestigkeit
vibrating stress Vibrationsbeanspruchung
vibrating string accelerometer (gyro) Seitenbeschleunigungsmesser, Vibrationsdraht-Beschleunigungsmesser
vibrating string extensometer Dehnungsmesser mit schwingenden Saiten
vibrating table Vibriertisch
vibrating wire schwingender Draht
vibration Beben, Einschwingung, Erschütterung, Schwingung, Schwung, Vibration, Zittern
vibration absorber or damper Schwingungsaufnehmer, -dämpfer, -minderer
vibration absorption Schwingungs-, Vibrationsdämpfung
vibration amplitude Schwingungsweite
vibration and flutter testing Schwingungs- u. Flatterversuch
vibration and shock levels, withstanding Stoß- u. Rüttelsicherheit
vibration balancer/analyser rechnerunterstütztes Schwingungsanalysegerät
vibration balancer/analyser device can store data on floppy disk Schwingungsanalysegerät speichert Schwingwerte auf Diskette
vibration centre Schwingungsmittelpunkt
vibration clamp Flatterbock
vibration contact Erschütterungskontakt
vibration damper Schwingungs-, Tondämpfer
vibration damping schwingungsdämpfend, Schwingungsdämpfung
vibration damping properties Schwingungsdämpfungsvermögen
vibration device Schüttelvorrichtung
vibration direction Schwingungsrichtung
vibration energy Schwingungsenergie
vibration environment, helicopter hubschraubertypischer Schwingungspegel
vibration exposure Schüttelprüfung (spezifisch), Schüttelwirkung
vibration failure Schwingungsbruch
vibration fatigue Schwingungsermüdung
vibration-free schwingungs-, vibrationsfrei, vibrationslos
vibration-free mounting schwingungsfreies od. erschütterungsfreies System
vibration frequency Schwing(ungs)zahl
vibration frequency meter Schwingungs(zahl)-messer
vibration frequency oscillator Vibrations-, Schwingungsmesser
vibration fuse Erschütterungszünder
vibration friction damper Reib(ungs)schwing-(ungs)dämpfer
vibration galvanometer Resonanz-, Saiten-, Vibrationsgalvanometer
vibration generator Schwingungserreger
vibration in forward flight Vibrationsminischub
vibration indicator Schwingungsanzeiger
vibration isolator stoßdämpfende Halterung
vibration-less erschütterungsfrei, schwingungsfrei, vibrationslos
vibration levels on the turbine section and the diffuser case Schwingungsverhalten im Turbinen- u. Diffusionsbereich
vibration load Schwingungsbeanspruchung
vibration-measurement Körperschallmessung
vibration-measuring apparatus Vibrograph
vibration measuring instrument Schwingungsmeßgerät
vibration meter Erschütterungsmesser, Körperschallmesser
vibration method Schüttelverfahren, Schwebungsmethode, Schwingungsverfahren
vibration mill Vibrator
vibration motion infinitely adjustable stufenlos einstellbare Querreibung
vibration mount or anti-vibration unit Gummimetallelement, Schwingmetall
vibration mounting Vibrationsunterlage
vibration nodal point Schwingungsknoten
vibration node Schwingungsknoten
vibration of air Luftschwingung
vibration of antenna Antennenschwingung

vibration of contacts prellende Kontaktöffnung
vibration of mold Schalungsrütteln
vibration of molecule Molekülschwingung
vibration of the drilling cable Schwingung des Bohrseils
vibration of the package cradle Rahmenschwingung
vibration of the shaft Schwingung der Welle
vibration, own natural period of Eigenschwingungsdauer
vibration period Schwingungsdauer, Schwingzeit
vibration phase Schwingungsphase
vibration phenomenon Schwingungs-, Vibrationserscheinung
vibration pickup Schwingungsabtaster, Schwingungsaufnehmer, Körperschallaufnehmer, Körperschallmikrophon, Schwingungsempfänger
vibration prevention Schwingungs-, Vibrationsverhütung
vibration process Rüttelverfahren
vibration-proof erschüterungsfrei
vibration-proof construction erschütterungsfreie od. rüttelfeste Bauart
vibration quantum Schwingungsquant
vibration, reduced niedriger Schwingungspegel
vibration reducer Schwingungsdämpfer
vibration remaining undamped Restschwingung
vibration research Schwingungsforschung
vibration resistance Vibrationsfestigkeit
vibration resonance Schüttelresonanz
vibration-rotation spectrum Rotationsschwingungsspektrum
vibration sander Vibrationsschleifmaschine
vibration sifter Vibrationssieb
vibration strain pickup Gebergerät zur Messung von Schwingungsbeanspruchung
vibration strength Schwingungs-, Vibrationsfestigkeit
vibration stress Schwingungsbeanspruchung
vibration superposition Schwingungsüberlagerung
vibration test Rüttel-, Schüttelprüfung, Schüttelversuch, Schwingungsprüfung, Schwingungsversuch
vibration test band Schwingversuchsband
vibration test stand Schwingprüfstand, Schwingtisch, Rüttelprüfstand
vibration threshold Vibrationsschwelle
vibration torque Drehmoment infolge Schüttelns
vibrational behaviour Schwingungs-, Vibrationsverhalten
vibrational forces Erschütterungskräfte
vibrational load Schwingungsbelastung
vibrational quantum number Schwingungs-, Vibrationsquantenzahl
vibrational spectrum Schwingungsverhalten
vibrational stress Vibrationsbeanspruchung
vibrational threshold Vibrationsschwelle
vibrationless running erschütterungsfreier Lauf (w)
vibrations Schwingungs-, Vibrationserscheinungen
vibrations during free decay Ausschwingversuch
vibrator Resonator, Rüttelapparat, Schwinger, Schwingungsprüfmaschine, Summer, Unterbrecher, Vibrator, Wechsel(gleich)richter, Zerhacker, Zunge
vibrator-and-distributor roller Reib- u. Hebwalze
vibrator blade Pendelfeder
vibrator converter Zerhackerumformer
vibrator ignition Summerzündgerät
vibrator oscillograph Schleifenoszillograph
vibrator power supply Stromversorgungsteil mit Zerhacker
vibrator rectifier Schüttelgleichrichter
vibrator reed Pendelfeder
vibrator-separator Vibrationsabschweller
vibrator shaft Heberwelle
vibrator spring Pendelfeder
vibrator unit Wechselsatz
vibratory schwingungsfähig, stoßweise, vibrierend
vibratory electrode Zitterelektrode
vibratory feeder Schüttelzuführer
vibratory inverter Pendelwechselrichter
vibratory movement Schwingbewegung
vibratory power Schwungkraft
vibratory-shock load stoßweise Belastung
vibratory spring Schwingfeder
vibratory stress Schlagbeanspruchung
vibratory test Dauerversuch
vibratory testing machine Schwingungsprüfmaschine
vibratory voltage or tension Schüttelspannung, Vibrationsspannung
vibrator-tactile device Vibrationstastgerät
vibrograph Schwingungsaufzeichner, Vibrograph, Wellenschreiber
vibrometer Schwingungsmeßgerät
vibromotive force schwingungs-, vibrationserzeugende Kraft
vibroplex key Morsetaste mit selbsttätiger Punktgebung
vibroscope Schwingungsmesser
vicarious element Vertauschungselement
vice Aufspannblock, Feilkolben, Maschinenschraubstock, Spannblech, Spannstock
vice cheeks Schraubstockbacken
vice dog Schraubstockklaue
vice jaw Schraubstockbacke
vicinity of antenna Antennennahfeld
vicinity-target fuze Annäherungszünder
vicious fehlerhaft, verdorben, schlecht
Vickers hardness Pyramidenhärte, Vickershärte
Vickers hardness number Pyramiden-, Vickershärte
Vickers hardness test Härteprüfung nach Vickers, Pyramidenhärteprüfung, Vickershärteprüfung
victim zu bekämpfendes Objekt (ELOKA)
Victoreen "r" meter Victoreen-Dosimeter
Victoreen survey chamber Victoreen-Strahlenüberwachungskammer
Victoreen survey meter Victoreen-Strahlenüberwachungsgerät
video Bild..., Fernseh..., Video...
video acc Video AVR
video amplification Videoverstärkung
video amplifier Bild-, Videoverstärker
video automatic gain control automatische Video-Verstärkungsregler
video-based information for operator console videogestütztes Fluginformations-

video bus (Fernseh)aufnahmewagen
video camera Fernseher, Videokamera
video carrier Bildträger
video channel Videokanal
video compensating control Videokompensierungsregler
video console Bildmischpult
video converter Videokonverter
video correlator Video-Korrelator
video current Bildstrom
video data Videodaten
video data terminal Datensichtstation, Videodatenterminal
video detection Bild-, Videogleichrichtung
video detector Bildgleichrichter, Videodetektor
video display optische Ausgabe, Bildschirmeinheit, Sicht(anzeige)gerät
video distributor Bildpunktverteiler
video engineer Bildingenieur
video extractor Videoextraktor
video follower Bild-, Videofolgeschaltung
video frequency Bild(modulations)frequenz, Bildpunktfrequenz, Videofrequenz
video-frequency amplifier Bildfrequenz-, Videoverstärker
video-gain control Intensitätsbegrenzer
video impulses Bildschwingungen
video information Bildinhalt
video insertion Video-Einblendung
video integration Videointegration
video interference blanking equipment Ausblendschaltung für Videointerferenz
video map Videokarte
video mapping Videokartendarstellung, Karten-video-Einblendung
video mapping unit Karten-Videogerät, Video-Kartendarstellungsgerät
video mixer Bildmischer, Bildmischpult
video monitoring Bildübewachung
video monitoring desk Bildmischpultüberwachung
video output Ausgangsleistung des Bildgleichrichters, Bildausgang, Videoausgang
video output stage Bildendstufe
video pair cable Fernsehkabel
video pickup camera Bildfänger
video preamplifier Bild-, Videovorverstärker
video projector Bild-, Videoprojektor
video pulse Videoimpuls
video quantization Videoquantelung
video second detector Bilddemodulator
video signal Bild-, Videosignal, Signalgemisch (TV)
video signal unit Videosignaleinheit
video signal wave potential Bildwellenspannung
video surveillance pod Fernsehüberwachungsbehälter
video switch Bildpunktabtaster
video system Bildsimulationssystem
video tape recording Magnetbildverfahren
video telephone Fernsehsprecher, -telephon
video terminal Datenterminalgerät (Bordcomputer)
video time base Bild-Zeitbasis
video transmitter Bildsender
videocassette instrument-panel recorder Videokassettenaufnahmegerät
videocassette recorder/player Videokassettenwiedergabegerät
videoscan document reader optischer Belegleser
view Ansicht, Betrachtung, Bildkreis, Schnittzeichnung, Veranschaulichung
view, air Luftansicht
view finder Ansichtssucher, Bildsucher, Sichtattrappe, Visiereinrichtung, -vorrichtung
view-finder grid Bildsuchergitter
view-finder image Sucherbild
view from above Ansicht von oben
view looking aft Ansicht von hinten
view looking down Draufsicht
view looking down at electrical electronical compartment Schnittzeichnung für die elektrische u. elektronische Bordanlage
view looking forward Ansicht von vorne
view meter Bildmesser
view of seam Ansicht auf Teilfuge
view of the interior Innenansicht
view point Veranschaulichung
view room Besichtigungs-, Feinmeßraum
view room inspection Kontrolle im Prüfraum (Qualitätskontrolle)
view to the sides Sicht nach der Seite
viewed critically kritische Betrachtung
viewfinder Bildsucher (Kamera)
viewfinder defogging fan Bildsucher-Kondensschutzgebläse (Luftbildkamera)
viewfinder defogging system Bildsucher-Kondensschutzanlage
viewfinder dehydrating system Bildsucher-Entfeuchtungsanlage (Luftbildkamera)
viewfinder door Bildsucherklappe, Klappe für Bildsucher (Luftbildkamera)
viewfinder grid Bildsuchergitter (L-Kamera)
viewfinder grid track line Mittellinie des Bildsuchergitters
viewing angle Betrachtungs-, Blick-, Sichtwinkel
viewing apparatus Betrachtungsapparat
viewing apparatus for negatives Negativbetrachtungsgerät
viewing box Betrachtungseinrichtung
viewing distance Betrachtungsabstand
viewing filter Blaufilter (Foto)
viewing hole Schauloch
viewing lens Beobachtungsobjektiv, Schaulinse
viewing lens frame Lupenrahmen
viewing mirror Spiegelreflektor
viewing objective Beobachtungsobjektiv
viewing ratio Betrachtungsverhältnis
viewing screen Negativschaukasten, Sichtschirm
viewing stereoscope Stereobetrachter
viewing storage tube speichernde Bildempfangsröhre
viewing system optisches Überwachungssystem
viewing tube Bildschreibröhre, Sehrohr
viewing visor for finder Einblicktubus für Sucher
viewing window Beobachtungsfenster
VIFCS (vertical integrated flight control system)
vignetting effect Vignettierwirkung
vignetting mask Vignettiermaske
vignetting of cone of light Lichtbündelvigenettierung, Vignettieren des Lichtbündels

VIGV variable inlet guide vane
vinyl acetal Vinylacetal
vinyl acetate Vinylacetat
vinyl acetylene Vinylacetylen
vinyl benzene Vinylbenzol (Styrol)
vinyl benzoate Vinylbenzoat
vinyl butyrate Vinylbutyrat
vinyl carbazol Vinylcarbazol
vinyl chloride Vinylchlorid
vinyl crotonate Vinylcrotonat
vinyl ester Vinylester
vinyl formate Vinylformat
vinyl-plastic tape Polyvinylband
vinyl plastics Vinylkunstoffe
vinyl polymers Vinylpolymerisate
vinyl propionate Vinylpropionat
vinyl resin Vinylharz
vinyl sheet Vinylfolie
vinyl toluene Vinyltoluol
vinyl tubing (distributes water to reduce body temperature) Röhre aus Vinyl (zur Kühlwasserverteilung)
VIO heavy (used to qualify interference or static reports) schwer (wird verwendet zur Kennzeichnung von Störungen od. atmosphärisch elektrischen Entladung)
violent fluctuation or jumb Sprunghaftigkeit
violent storm orkanartiger Sturm (Beaufort)
VIP (very important person) sehr wichtige Persönlichkeit
VIP transport VIP-Beförderung
virgin ungebraucht, unvermischt, rein
virgin cork Naturkork
virgin curve Gesetz der Erstbelastung, jungfräuliche Kurve
virgin curve of pressure-void diagram Hauptast des Druckporenzifferdiagramms
virgin field unverritztes Feld
virgin material materialfrisch hergestellt, frisches Material
virgin medium unvorbereiteter Datenträger
virgin metal Frischmetall, Hüttenaluminium, Neumetall
virgin neutron jungfräuliches Neutron (Neutron das noch keinen Zusammenstoß erlitten hat)
virgin neutron flux jungfräulicher Neutronenfluß
virgin tape unvorbereitetes Magnetband
virgin test Erstprüfung
virginal groove unmodulierte Rille
virial Viralwert, kinetische Größe
virial coefficient Virialkoeffizient (Gase)
virial correction Virialberichtigungsfaktor
virial theorem Virialsatz
virtual address virtuelle Adresse
virtual addressing scheinbare Adressierung
virtual anode virtuelle Anode
virtual base virtuelle Basis
virtual cathode scheinbare od. virtuelle Kathode
virtual course relativer Torpedokurs
virtual displacement scheinbare od. virtuelle Verschiebung
virtual field virtuelles Feld
virtual focus Zerstreuungspunkt
virtual height (of an ionized layer) scheinbare Höhe (einer Ionosphärenschicht), effektive Höhe, Reflexionshöhe
virtual hyperbolic field virtuelles Hyperbolfeld
virtual image virtuelles Bild
virtual inertia (aeroelasticity) scheinbare Trägheit
virtual level quasistatisches od. virtuelles Niveau
virtual linear spread wirksame lineare Fächerbreite
virtual machine virtuelle Maschine (EDV)
virtual mass scheinbare Masse
virtual model virtuelles od. scheinbares Modell
virtual particle niveau virtuelles Teilchenniveau
virtual photon field virtuelles Photonenfeld
virtual PPI reflectoscope Karteneinblendgerät für PPI
virtual quantum virtuelles Quant
virtual speed Relativgeschwindigkeit
virtual storage scheinbarer od. virtueller Kartenspeicher
virtual storage access method (VSAM) Zugriffsart od. Zugriffsmethode für Systeme mit virtuellem Speicher (EDV)
virtual storage region Region mit virtuellem Speicher (EDV)
virtual temperature virtuelle Temperatur, innere Ersatztemperatur
virtual tube angenommener od. fiktiver Rohrpunkt (Torpedo)
virtual tube bearing Peilung zum fiktivem Rohrpunkt (Torpedo)
virtual value Effektivwert, quadratischer Mittelwert
virtual work virtuelle od. scheinbare Arbeit
virtue innewohnende Kraft, Wirksamkeit
VIS (visibility) Sicht
vis inertia Beharrungsvermögen
visa Sichtvermerk, Visum
visbreaking kurzzeitiges thermisches Vorspalten
viscid dickflüssig, klebrig
viscid flow viskose Strömung
viscidity Dick-, Zähflüssigkiet
visco-elastic melt zähelastische Schmelze
viscoelastic theory Viskoelastizitätstheorie
viscoelasticity Viskoelastizität
viscometer Dichte-, Dichtigkeitsmesser, Viskosimeter
viscometer cylinder Viskosimeterzylinder
viscometer flask Viskosimeterkolben, Viskosimeterrohr
viscoplastic viskoplastisch
viscoplasticity plastische Viskosität, Viskoplastizität
viscose Viskose, viskos, zähflüssig
viscose filament Viskosezellgarn
viscose foil printing press Zellglasdruckmaschine
viscose spinning pump Spinnpumpe
viscose staple Viskoseschnittfaser, -zellwolle
viscose yarn Viskosezellgarn
viscosimeter Flüssigkeitsgradmeser, Konsistenzmeser, Visko(si)meter, Zähigkeitsmesser
viscosimeter cone Viskosimeterkonus
viscosity Ausgiebigkeit, Flüssigkeitsgrad, Klebrigkeit, Konsistenz, Reibung, Viskosität,

Zähigkeitsgrad, Zähfluß, Zähflüssigkeit
viscosity breaking Herabminderung der Viskosität
viscosity concept Zähigkeitsbegriff
viscosity-density ratio kinematische Viskosität, Viskosität/Dichteverhältnis
viscosity factor Zähigkeitsfaktor
viscosity friction innere Reibung
viscosity index Viskositäts-, Zähigkeitsfaktor
viscosity manometer Molekulardruckmanometer
viscosity measurement Viskositätsmessung
viscosity of air Viskosität der Luft
viscosity ratio relative Viskosität, Viskositätssatz, -verhältnis
viscosity reducing by heat treatment Viskositätsherabsetzung durch Wärmebehandlung
viscosity regulator Zähigkeitsregler
viscosity stability Viskositätsstabilität
viscosity temperature coefficient Viskositätstemperaturkoeffizient
viscosity test Viskositäts-, Zähigkeitsprüfung
viscothermal viskothermisch
viscous dickflüssig, klebrig, plastisch, schwerflüssig, strengflüssig, viskos, zähflüssig
viscous damper Flüssigkeitsdämpfer, viskoser Dämpfer
viscous elasticity viskose Elastizität
viscous flow plastisches Fließen
viscous fluid zähe Flüssigkeit
viscous-impingement-type air filter Prallfilter für Luft mit Ölbenetzung
viscous loss Zähigkeitsverlust
viscous products zähflüssige Medien
viscous restraining viskose Dämpfung (I-Wendekreisel)
viscous shear Schubspannung (Zähigkeit)
viscous shear damper viskoser Schubdämpfer
viscous torque geschwindigkeitsproportionales Drehmoment
viscousness Dicht-, Zähflüssigkeit
vise Aufspannblock, Klemmer, Schraubstock, Maschinenschraubstock, Spannstock, Zwinge
vise clamp Spannkluppe
vise coupling Schraubkupplung
vise dog Schraubstockklaue
vise jaw Reifkloben, Schraubstockbacke
vise screw Schraubstockspindel
vise tool Greifwerkzeug (Fernbediengerät)
visibility Gesichtsfeld, Sichtbarkeit, Sichtbereich, Wahrnehmbarkeit
visibility (excellent, good, poor) Sicht (ausgezeichnet, gut, schlecht)
visibility conditions Sichtbedingungen
visibility curves Eichreizkurven (Elektron)
visibility indicator Sichtanzeiger
visibility measuring instrument Gerät zur Bestimmung der Sichtbarkeitsgrenze
visibility meter Sicht(barkeits)messer, Sichtmeßgerät
visibility navigation Sichtnavigation
visibility range Sichtbericht
visibility, unlimited unbeschränkte Sicht
visible augenscheinlich, mit dem Auge wahrnehmbar
visible file Sichtkartei (EDV)
visible horizon Kimm, natürlicher od. sichtbarer Horizont
visible image sichtbares Bild
visible light das Sichtbare, sichtbares Licht
visible mark Lichtzeichen
visible measuring bowl sichtbares Meßgefäß
visible pump Ölsichtkontrolle, sichtbarmessende Ölpumpe
visible range Reichweite des Lichts
visible signal sichtbares Signal od. Zeichen
visible spectrum sichtbares Spektrum
vision bandwidth Bildbandbreite
vision carrier Bildträger
vision channel Bildkanal
vision frequency Bildträgerfrequenz
vision horizon sichtbarer, natürlicher Horizont, Kimm (Nautik)
vision IF amplifier Bildzeichenfrequenzverstärker
vision mixer Bildmischpult
vision modulation Bildmodulation
vision pickup tube Bildfängerröhre
vision receiver Bildempfänger
vision signal Bildsignal
vision transmitter Bildsender
vision transmitter, monitoring equipment Meßgestell des Bildsenders
vision transmitter power Bildsenderleistung
visionics Visioniksystem
visiting aircraft Gastluftfahrzeug
visiting correspondent Sonderberichterstatter
visor Schirm, Schutzschild, Visier
visor glazing Visierverglasung, Visierscheibe
VISSR (visible infrared spin-scan radiometer)
visual sichtbar, visuell, wahrnehmbar
visual acquisition mode Betriebsart "optische Zielerfassung"
visual aids optische Hilfen, Sehhilfen
visual aiming device optisches Zielgerät
visual alarm optische Alarmvorrichtung
visual alarm signal Alarmsichtzeichen, sichtbares Alarmzeichen
visual and radio approach aids optische u. funkelektrische Anflughilfen
visual angle Sehwinkel
visual apparatus indicator Sichtgerät
visual approach Sichtanflug, sichtbare Annäherung
visual approach chart Sichtanflugkarte
visual approach slope indicator Anflugwinkelanzeiger, visueller Gleitweganzeiger
visual approach slope indicator system (VASIS) Gleitwinkelbefeuerung
visual aquisition mode Betriebsart "optische Zielerfassung"
visual aural range optisch-akustische anzeigendes Vierkreis-Leitstrahlbakensystem
visual-aural radio range Vierkursfunkfeuer mit Sicht- u. Höranzeige, Kursfunkfeuer mit optisch/akustischer Anzeige
visual axis Gesichtsachse
visual bearing optische Peilung
visual broadcasting Fernsehrundfunk
visual busy lamp Besetzt-, Freimeldelampe
visual busy signal optische Besetztprüfung
visual carrier Bildträger (TV)
visual check Kontrolle durch Überprüfung einer Anzeige, Sichtprüfung, Sichtkontrolle, Blickkontrolle
visual circling, orbiting Sichtplatzrunde,

Platzrunde mit Sicht
visual communication optischer Fernmeldeverkehr, visuelle Kommunikation, Sehverbindung, Sichtverständigung
visual communication by flag or hand signal Winkverbindung
visual communication display Eigenfernsehanlage
visual condition Sichtbedingung
visual contact Sichtverbindung
visual contact approach Sichtanflug
visual control facility Beobachtungseinrichtung
visual course indication optische Kursanzeige
visual DF receiver Sichtpeilempfänger
visual direction finder Sichtpeiler
visual direction finding optische Peilung
visual display optische Anzeige, Sichtanzeige
visal display device optische Anzeigeeinheit
visual display unit optische Anzeigeeinheit
visual distance Sichtweite
visual distress signal optisches od. sichtbares Notsignal, optisches NS
visual education Anschauungsunterricht
visual engaged lamp Besetztlampe
visual engaged signal optisches Besetztzeichen
visual engaged test with key control optische Besetztprüfung mit Druckknopf
visual field angle Gesichtsfeldwinkel
visual file Sichtkartei
visual flashing beacon Kennungsfeuer
visual flight rules (VFR) Sichtflugregeln
visual flight rules approach Anflug nach Sichtflugregeln
visual flying Fliegen mit Sicht, Sichtflug
visual-forced-landing pattern Sichtnotlandeschema
visual fouling indicator Absperrsichtanzeige
visual frequency Bildfrequenz
visual function Sehfunktion
visual glide-path indicator (UK) Anflugwinkelanzeiger
visual ground aid optische Bodenhilfsmittel auf Flugplatz
visual holding point Sichtwartepunkt
visual image system, computer-generated rechnergestützts Bildsimulationssystem
visual impression Gesichts-, Lichteindruck
visual indication optische Anzeige, Sichtanzeige
visual indicator Anzeigeeinrichtung (dig), Ausgangsspannungsmesser, Leuchtschaubild, Sichtanzeiger
visual indicator mechanism Anzeige-Schauzeichen (Glimmlampenfeld)
visual indicator tube Anzeigeröhre
visual inspection Inaugenscheinnahme, Sichtprüfung, Sichtkontrolle, äusserliche Untersuchung
visual inspection hole Sichtschlitz
visual inspection of the fuselage exterior Sichtprüfung der Außenhaut
visual inspection opening Sichtschlitz
visual line of a telescope Gesichtsfeldlinie eines Fernrohrs
visual manoeuvering Fliegen mit Sicht
visual means of communication optisches Nachrichtenmittel
visual meteorological condition Sicht-Wetterbedingungen
visual method Sichtbarmachung der Störung
visual navigation Sichtnavigation
visual navigation chart Sichtnavigationskarte
visual observation Betrachtung, subjektive Beobachtung, Sichtbeobachtung (Wetter)
visual observation method optische Ortung
visual paging system Personensuchanlage
visual photometer visuelles, subjektives Photometer
visual presentation optische Einblendung
visual presentation of aircraft positions Standort der Flugzeuge darstellen
visual range Sichtbereich, Sichtweite, visuelle Reichweite
visual-range formula Sichtweitenformel
visual ray Gesichts- u. Sehstrahl
visual readout "Auslesen" u. optisch Anzeigen von ausgespeicherten Daten
visual reconnaissance Augenaufklärung, Augenerkundung
visual record optische Aufzeichnung
visual reference visueller Bezugspunkt (aerodynamisch)
visual reference to the ground, with mit Erdsicht
visual report Augenbeobachtungsmeldung
visual reporting point Sichtmeldepunkt
visual requirements erforderliches od. verlangtes Sehvermögen
visual sighting mechanism optisches Zielgerät
visual signal Sichtsignal, Bildsignal, optisches Signal
visual signal battery Schauzeichenbatterie
visual signal device optische Signalvorrichtung
visual signaling optische Telegraphie
visual simulation Sichtsimulierung
visual system Beobachtungs-, Betrachtungssystem
visual threshold Sehschwelle
visual-transmitter power Bildsendeleistung
visual tuning Abstimmanzeigerröhre
visual-tuning indicator Abstimmanzeiger mit magischem Auge
visual video signal Sichtanzeige
visualization Sichtbarmachung, Visualisation
visualize, to sichtbarmachen, sich deutliche Vorstellungen machen
vital importance, of lebenswichtig, lebensnotwendig
vital parts of aero engine lebenswichtes Teil des Flugmotors
vital point lebenswichtiges Ziel
vitiate in der Brauchbarkeit beeinträchtigen, verderben, verfälschen
vitreous glasähnlich, glasartig, glasig
vitreous electricity Glaselektrizität
vitreous-enamelling Feueremaillierung
vitreous humor Glaskörperflüssigkeit
vitreous state Glaszustand
vitrifiable color or pigment Schmelzfarbe
vitrifications Glasschmelzwaren
vitrified bond keramische Bindung
vitrified coating Schmelzüberzug
vitriolic acid Vitriolöl, -säure
VLF, vlf, vl-f (very low frequency)
VLR (very low range) sehr kurze Reichweite
VMC (visual meteorological conditions) Sichtwetterbedingungen
VMC approach VMC-Anflug

V notch scharfer Kerb, Spitzkerb, Scharfkerb, V-Kerb (Werkstoffprüfung)
V-notch specimen Spitzkerbprobe (Werkstoffprüfung)
VNAV (vertical navigation) vertikale Navigation
vocal call sign Sprechrufzeichen
vocal recording Sprechaufnahme
vocal register Stammregister, -umfang
vocational test Berufseignungsprüfung
vocoder Vocoder
VODARO vertical ozone distribution (from the) absorption and radiation of ozone
vodas Rückkupplungssperre
voder Sprachsimulator, Voder, synthetischer Sprecher
voice-actuated modulator besprochener Modulator, Sprachmodulator
voice and data links JTIDS gesichertes Sprech- und Datenfunksystem JTIDS
voice call sign Sprechfunkrufzeichen
voice channel Sprachkanal
voice coding system Sprachverschlüsselungssystem
voice coil Schwingspule (des Lautsprechers), Tauchspule
voice communication Sprachverbindung, Sprechverkehr
voice communication channel Funksprechkanal, Sprechfunkkanal
voice communication (frequency) resumed operation Sprechverbindung wieder in Betrieb
voice control Beeinflussung durch die Sprache, Besprechung (einer Röhre), Tauchspule, Sprachein- u. -ausgabesystem
voice control link Sprechkontrolltaste
voice control system sprachgestütztes Steuersystem (LHX-Cockpit)
voice coordination Verständigungsverkehr
voice current Sprechstrom
voice-ear test Sprech-Hör-Versuch
voice-frequency Sprachfrequenz
voice-frequency dialing Tonfrequenzfernwahl
voice-frequency key sending Tonfrequenzwahl
voice-frequency ring Tonfrequenzrufsatz
voice-frequency selective signaling system Einrichtung für Tonfrequenzfernwahl
voice-frequency signaling current tonfrequenter Rufstrom
voice-frequency signaling test Tonfrequenzrufstrommessung
voice-frequency telegraphy Tonfrequenz-, Wechselstromtelegraphie
voice-frequency telephony Niederfrequenzfernsprechen
voice-impressed modulator besprochener Modulator
voice input system (the computer gives verbal instructions, repeats the inspector's words for verification) sprachgesteuertes Eingabesystem (der Computer generiert gesprochene Anweisungen, wiederholt die vom Prüfer gesprochenen Worte und speichert sie nach erfolgter Betätigung)
voice-modulated sprachmoduliert
voice-modulated telephony transmitter sprachgeschalteter Telephoniesender
voice modulation Sprach-, Tonmodulation
voice network with digital communication techniques Funksprechnetz mit digitalem Verfahren
voice operation demonstrator Sprachsimulator, Voder
voice radio Sprechfunk
voice recorder Sprachaufzeichnungsgerät
voice recording Sprachaufzeichnung
voice reproduction Sprachwiedergabe
voice-signal current Tonstrom
voice-test result mit Sprache gemessener Wert
voice transmission Sprechfunksendung, Sprechfunkübertragung
voice transmission radio Funksprechen
voice warning akustische Warnung
void Aussparung, Leerstelle, Loch, farbfreie Stelle, Hohlraum, unausgefüllt, nichtig, ungültig
void coefficient Blasenkoeffizient, Anpassungsfaktor
void content Porengehalt
void result Ergebnis ohne Aussage, unbestimmtes Ergebnis (O/O)(math)
voidage Porosität
volanized yarn volanisiertes Garn
volatile ätherisch, leicht flüchtig, energieabhängig (Speicher), verdampfungsfähig
volatile constituent flüchtiger Bestandteil
volatile corrosion inhibitor Mittel zur Korrosionsverhinderung
volatile fission product flüchtiges Spaltprodukt
volatile gas flüchtiger Kampfstoff
volatile loss Verdampfungsverlust
volatile matter flüchtiger Bestandteil
volatile memory energie- od. leistungsabhängiger Speicher, Regenerationsspeicher, regenerativer od. nichtpermanenter Speicher
volatile spirit flüchtiger od. verdunsteter Anteil einer Mischung
volatile storage energieabhängiger od. nicht permanenter Speicher
volatile store nichtpermanenter od. energieabhängiger Speicher
volatile thinner flüchtiges Verdunstungsmittel
volatilization Verdunstung, Verflüchtigung
volatilize in Dämpfe auflösen, verflüchtigen
volcano, mud Salze, Schlammvulkan
volley fire Gruppenfeuer, Gruppenschießen
VOLMET (meteorological information for aircraft in flight) Wetterinformation für Luftfahrzeuge während des Fluges
volocity gun station jumper Kontaktlasche der Eigengeschwindigkeitseinstellung
volt-ammeter Stromspannungsmesser, Voltamperemeter
volt-ammeter ampere Voltampere
volt-ammeter hour meter Scheinleistungszähler
volt-ammeter meter Scheinleistungsmesser
volt-ammeter reactive Var (Einheit der Blindleistung)
volt-ampere Voltampere
volt-ampere characteristic Stromspannungskennlinie
volt-ampere reactive hour Blindwattstunde
volt-amperes diagram statische Chrakteristik

volt-and-ammeter Strom- u. Spannungsmesser, Coulomb-Meter
volt-hour meter Voltstundenzähler
volt-ohme-milliammeter Multimeter
voltage elektrische Spannung, Lichtbogenspannung, Stromspannung, Voltspannung, Voltzahl
voltage across the circuit Kreisspannung
voltage amplification Spannungsverstärkung
voltage amplification factor Spannungsverstärkungsfaktor
voltage amplifier Heizdrahtfaden
voltage amplifying tube Spannungsverstärkerröhre
voltage balance Spannungsgleichheit
voltage between lines Leiterspannung, verkettete Spannung
voltage breakdown Isolationsdurchschlag, zusammenbrechen der Spannung, Stromspannungszusammenbruch
voltage by-passing Spannungsverschiebung
voltage carrying spannungsführend, unter Spannung befindlich
voltage carbon discharge gap Kohlenblitzableiter
voltage change Spannungsveränderung
voltage characteristic Spannungscharakteristik, Spannungsverlauf
voltage circuit Spannungskreis
voltage clipper Abflacher
voltage coefficient Spannungskoeffizient
voltage comparison Spannungsvergleich
voltage comparison converter Codeumsetzer mit Spannungsvergleich
voltage component Spannungskomponente
voltage control Spannungsregelung, Spannungsregler, -regulierung
voltage control-relay Spannungsrelais
voltage controlling dynamo spannungsregulierende Lichtmaschine
voltage, conventional...double Stabilivoltschaltung, üblicher Spannungsverdoppler
voltage current characteristic Strom/Spannungskennlinie
voltage curve Spannungskurve
voltage cutout Spannungssicherung
voltage degree Spannungsstufe
voltage dependent capacitor Kapazitätsdiode
voltage-dependent resistor spannungsabhängiger Widerstand
voltage detector Spannungssucher, Spannungsprüfer
voltage difference Spannungsdifferenz
voltage-discharge gap Blitzableiter, Spannungsbegrenzer
voltage distribution Spannungsverteilung
voltage divider Spannungs(ver)teiler, Widerstandskette
voltage division Spannungseinheit
voltage doubler Spannungsverdoppler, Spannungsschaltung
voltage doubler circuit Spannungsverdopplerschaltung
voltage doubler network Spannungsverdoppler schaltung, -netzwerk
voltage doubling Spannungsverdopplung
voltage-doubling circuit Spannungsverdopplungsschaltung
voltage drop Spannungsabfall, -gefälle, Spannungsabnahme, Voltverlust
voltage dropping resistor Spannungsvorwiderstand
voltage equivalent of thermal energy Temperaturspannung
voltage factor Verstärkungsfaktor
voltage-fed spannungsgespeist
voltage-fed antenna spannungs- od. hochohmgespeiste Antenne
voltage-feed Spannungsspeisung
voltage-feedback Spannungsgegenkopplung
voltage fluctuation Spannungsschwankung
voltage for adjustment of astigmation Astigmationskorrekturspannung
voltage for adjustment of pattern Geometriekorrekturspannung
voltage for starting Anlaßspannung
voltage fuse Spannungssicherung
voltage gain Spannungsverstärkung
voltage gain factor Spannungsverstärkungsfaktor
voltage gradient Spannungsgradient
voltage gradient electrode Spannungsteilergitter
voltage increase Spannungserhöhung
voltage indicator Spannungsanzeiger (ungeeicht)
voltage isolated from ground hochliegende Spannung
voltage jump Spannungssprung
voltage-less spannungslos
voltage level Spannungsniveau, Spannungspegel
voltage limiter Spannungsbegrenzer
voltage-limiting device Spannungsbegrenzer
voltage loop Spannungsbauch, -schleife
voltage loss Spannungsverlust
voltage magnification Spannungsverhältnis, Verstärkungsziffer
voltage maximum Spannungsbauch, Spannungsmaximum
voltage modulation Spannungsmodulation
voltage multiplier Präzisionswiderstand, Spannungsvervielfacher, Vor(schalt)widerstand
voltage-multiplying circuit Spannungsvervielfachungsschaltung
voltage network Spannungsnetz
voltage nodal point Spannungsknotenpunkt
voltage nullifying Voltvernichtung
voltage of the Wehnelt cylinder Wehneltspannung
voltage optical spannungsoptisch
voltage, out-of-balance Meßdiagonalspannung
voltage output coefficient Spannungskoeffizient
voltage overload or overstress Spannungsüberbeanspruchung
voltage path Spannungspfad
voltage peak Spannungsspitze
voltage-peak indicator Spannungsspitzenanzeiger
voltage-peak limiter Spannungsspitzennivellierer
voltage pickoff Spannungsabgriff
voltage plateau Spannungsplateau (Plateau der Zählrohrcharakteristik)

voltage, plug on...divider Vorsteckverteiler (aufsteckbar)
voltage power amplifier Spannungsverstärker
voltage protection Spannungsschutz
voltage pulse Spannungsimpuls, Spannungsstoß
voltage quadrupler Spannungsvervielfacher
voltage rating Nennspannung, vorgeschriebene Spannung
voltage rating of a capacitor Kondensatornennspannung
voltage ratio Spannungsübersetzung, Spannungsverhältnis, Spannungsverstärkungsfaktor
voltage ratio type pressure indicator Drehmelde-Druckanzeiger
voltage reaction Spannungsrückwirkung
voltage recorder Spannungsschreiber
voltage reduction Spannungsrückgang
voltage reference Spannungsstabilisator
voltage reference diode (Spannungs)referenzdiode
voltage reference tube Stabilisator (Glimmerröhre)
voltage reflection coefficient Spannungsreflexionsfaktor
voltage regulating tube Stabilisator
voltage regulating valve Stabilivolt
voltage regulation Spannungsgleichhaltung, -konstanthaltung, -stabilisierung, -regulierung
voltage regulator Baretter, Reglerschalter, Netzspannregler, Spannungsgleichhalter, Spannungsregler, -regulator
voltage regulator diode Spannungsstabilisatordiode (dig)
voltage regulator tube Stabilisatorröhre
voltage relay Spannungsrelais
voltage resonance Spannungsresonanz
voltage response of an exciter Erregergeschwindigkeit
voltage rise Spannungsanstieg, -erhöhung
voltage, screw-in...divider Vorsteckverteiler (einschraubbar)
voltage select switch Spannungsumschalter
voltage-selecting switch Spannungswahlschalter
voltage selector Spannungswähler
voltage, self-induced Selbstinduktionsspannung
voltage sensitive oscillator spannungsgesteuerter Oszillator
voltage-sensitive resistance spannungsgesteuerter Widerstand
voltage sensitiviy Spannungsempfindlichkeit
voltage source Spannungsquelle
voltage stability Spannungskonstanz
voltage stabilization Spannungsgleichhaltung, -konstanthaltung, -stabilisierung
voltage stabilizer Spannungsgleichhalter, -konstanthalter, -stabilisator, Stabilivolt
voltage stabilizer of the variable series impedance Spannungskonstanthaler mit variabler Drossel
voltage stabilizing circuit Spannungsgleichhalterschaltung
voltage-stabilizing tube Spannungsstabilisierungsrohr, Stabilisator
voltage standard Spannungsnormal
voltage standardizer Spannungsstabilisator
voltage standing wave ratio Anpassungsfaktor, Welligkeitsfaktor, Stehwellenverhältnis, Spannungsreflektionsfaktor, Wellenziffer
voltage standing-wave ratio indicator Anzeigeverstärker für Meßleitungen
voltage step Spannungssprung
voltage step-up Spannungserhöhung
voltage step-up means Spannungserhöher
voltage step-up transformer Spannungserhöhungstransformator
voltage strength Spannungssicherheit
voltage stress Spannungsbeanspruchung
voltage surge Spannungssprung, -stoß, -welle
voltage telephone-influence factor or interference factor Fernsprechformfaktor der Spannung
voltage test Prüfung der Speisestromspannung, Spannungsprüfung
voltage test box Spannungsprüfkasten
voltage test terminal Spannungsprüfklemme
voltage time-base generator Spannungskippgenerator
voltage time to breakdown Spannungszeitkurve
voltage to current ratio Spannung/Strom-Verhältnis
voltage to earth or ground Spannung gegen Erde
voltage to neutral Leitererdspannung, Leitersternpunktspannung, Phasen-, Sternspannung, Strangpunktspannung
voltage transformation Spannungsübersetzung
voltage transformer Spannungstransformator, Spannungswandler
voltage transient Spannungssprung
voltage transmission coefficient Spannungsübertragungskonstante
voltage trebling Spannungsverdreifachung
voltage turnable oscillator Oszillator mit abstimmbarer Spannung
voltage-type telemeter spannungsgekoppeltes Telemeter
voltage, undisturbed...ONE Ausgangssignal einer ungestörten EINS, Spitzenspannung der ungestörten EINS
voltage, undisturbed...ZERO Ausgangssignal einer ungestörten NULL, Spitzenspannung der ungestörten NULL
voltage, undisturbed response ungestörte volle Lesespannung, volle Lesespannung, Ausgangssignal eines ungestörten Speicherelements
voltage variable-capacitor Kapazitätsdiode, kapazitätsvariable Diode, spannungsveränderlicher Kondensator
voltage variation Spannungsänderung, Spannungsschwankung
voltage variation of mains Netzspannungsschwankung
voltage vector Spannungsvektor, -zeiger
voltage wave Spannungswelle
voltage waveform Spannungsverlauf
voltaic arc Lichtbogen
voltaic battery Volta'sche Säule
voltaic cell galvanische(s) Element od. Kette, Primärelement
voltaic couple galvanische(s) Element od. Kette, Voltapaar
voltaic circuit Volta'scher Stromkreis
voltaic electricity Berührungselektrizität
voltaic pile voltaische Säule

voltmeter Gewichtsspannungsmeser, Stromspannungsmesser, Volt(ampere)meter, Gewichtsstrommesser, Spannungsmesser, Spannungszeiger
voltmeter-ammeter method Stromspannungsmesser, -messung
voltmeter change-over switch Spannungsumschalter
voltmeter frequency response Frequenzgang der Spannungsanzeige
voltmeter multiplier Voltmeter mit Hilfsnebenwiderständen
voltmeter phase select switch Voltmeterumschalter
voltmeter plug Stecker für Voltmeter
voltmeter resistor Voltmeterwiderstand
voltmeter switch Voltmesser(um)schalter, Voltmeter(um)schalter
volume Größe, Datenträger, körperlicher Inhalt, Lautstärke, Menge, Raum(inhalt), Raummaß, -menge, -teil, Umfang, Volumen
volume adjustment Lautstärkeregelung
volume advantage factor räumlicher Überschußfaktor, Vorteilfaktor
volume and multiple load paths nutzbares Innenvolumen
volume brightness Raumhelligkeit
volume calculation Kubizierung
volume charge density räumliche Ladungsdichte
volume comparison Sprech-Hör-Versuch
volume compression Dynamikkompression, -verdrängung, Verdichtsteife
volume compression and expansion Dynamikdrängung, Dynamikdehnung
volume constancy test Raumbeständigkeitsprüfung
volume contraction Dynamikverringerung, Raumverminderung, Volumenkontraktion, Dynamik(ver)drängung, Dynamikkompression
volume-control Lautstärke(regelung), -regler, Mengenregelung, Verstärkungsregelung, -regler
volume-control circuit Schwundausgleich
volume-control means Dynamikregler
volume-control potential Schwungregelspannung
volume-control regulator Lautstärkeregler
volume-control system Schwundausgleich-(system)
volume current Geschwindigkeitsamplitude, Schallschnelle
volume defined chamber Kammer mit einstellbarem Volumen
volume density of charge räumliche Ladungsdichte
volume density of impurity center Störstellendichte
volume dilatometer Volumendilatometer
volume displacement card Verschiebekarte
volume dose Raumdosis, Volumendosis
volume energy Volumenenergie
volume equivalent Bezugsdämpfung (eines Übertragungssystems), Nutzdämpfung
volume expansion Dynamikdehner, -steigerung
volume flutter Volumenschwankung
volume, forced end of (FEOV) vorverlegtes Spulenende
volume gauge Volumenmesser
volume governor Mengenregler
volume implant Volumenimplantation
volume in the overhead bin Ablagevolumen (Kabineneinrichtung)
volume indicator Aussteuerungsanzeiger, Lautstärke(an)zeiger, Prallanzeiger, Tonmesser, Volumen(an)zeiger
volume initializer Vorbereiten eines Datenträgers
volume integral Raum-, Volumenintegral
volume ionization Raumionisation
volume label Datenträgerkennsatz, Datenträgeretikett, Großspeicher-, Spulenetikett
volume level Lautstärkeregler
volume lifetime Trägerlebensdauer
volume limiter Lautstärkebegrenzer
volume loss Bezugsdämpfung
volume loss per unit of length Bezugsdämpfung je Längeneinheit
volume measurement Raummaß, Volumen
volume meter Lautstärkemesser
volume of cylinder Zylinderinhalt, -volumen
volume of data Datenmenge
volume of fire Feuerdichte, -stärke
volume of gas Gasinhalt, -menge, -volumen
volume of pores Porenvolumen
volume of reception Empfangslautstärke
volume of solution Lösungsvolumen
volume of speech Lautstärke der Sprache
volume of traffic Verkehrsaufkommen, Gesprächsdichte, Verkehrsumfang
volume or content of gas bag or cells Zelleninhalt, -volumen
volume parameter card Spulensteuerkarte
volume percentage Raum-, Volumenprozent
volume-percentage scale Volumenprozentskala
volume production Herstellung in großer Stückzahl, Massenproduktion
volume-range Lautstärkebereich, -umfang
volume-range characteristic Dynamiklinie
volume-range compression Dynamikpressung
volume-range limiter Dynamikbegrenzer
volume-range ratio Lautstärke-, Volumenverhältnis
volume recombination Volumenrekombination
volume recombination ratio Volumenrekombinationshäufigkeit
volume rectification Volumengleichrichtung
volume regulation Lautstärkeregelung
volume regulator Lautstärkeregler
volume relation Raum-, Volumenverhältnis
volume resistance Durchgangswiderstand
volume resistivity spezifischer (Durchgangs)-Widerstand (Ohm/cm)
volume shrinkage Raum-, Volumenschwund
volume stability Volumenbeständigkeit
volume strain Volumendilatation
volume table of contents (VTOC) Datenträger-Inhaltsverzeichnis
volume unit Volumeneinheit
volume unit meter Druckpegelmesser, Aussteuerungs-, Schallpegelmesser
volume velocity Schallfluß
volume voltameter Volumenvoltameter
volume weight Volum(en)gewicht
volume weight calculation Volumengewichtsberechnung
volumenometer Mengenmesser

volumeter Durchflußmengenmesser
volumetric analysis Maßanalyse, volumetrische Analyse
volumetric capacity Fassungsvermögen
volumetric coder vane-type flow meter for telemetering the quantity of fuel remaining codierender Durchflußmesser für die Übermittlung der Restkraftstoffanzeige (sp)
volumetric coverage volumetrischer Erfassungsbereich
volumetric density Raumdichte
volumetric determination of unsaturation Enometrie
volumetric drag flow along channel tangentiales Vorschubvolumen
volumetric efficiency Füllungsgrad, volumetrischer Wirkungsgrad, Völligkeitsgrad
volumetric increase Volumenvergrößerung
volumetric leakage flow across flights axiales Rückdruckvolumen, Schneckenrückdruckvolumen (axial)(Leckfluß, Leckströmung)
volumetric liquid Mengenmeßgerät für Flüssigkeit
volumetric meter Volumenzähler, volumetrischer Flüssigkeitszähler
volumetric modulus of elasticity Elastizitätsmodul für Druck
volumetric part Maßteil
volumetric pressure flow anlong channel tangentiales Rückdruckvolumen
volumetric ratio of discharge Ausstoßvolumen, Durchsatzvolumen
volumetric solution Maßlösung
volumetric weight Raumgewicht
voluminous massig, stark, sperrig, umfangreich, voluminös
voluntary acceptance of pecuniary liability freiwillige Anerkennung der geldlichen Haftung
volute Ausströmraum, Kegel, Ladereintrittsspirale, Rollenschnecke, Spirale, Spiralgehäuse
volute buffer spring Wickelfeder
volute casing Gehäuse der Ladereintrittsspirale, Schneckengehäuse des Diffusorteils
volute chamber Auslaufraum, Diffusor
volute collecting chamber Sammelspirale
volute compass Spiralenzirkel
volute spiral spring Kegelfeder
vomit ausspeisen, auswerfen
VOR (VHF omnidirectional radio range) UKW-Drehfunkfeuer
VOR/LOC receiver VOR/LOC-Konverter
VOR radial VOR-Radial, VOR-Standlinie, VOR-Leitstrahl
VOR receiver (gliders) VOR-Hochleistungsempfänger (Segelflugrechner)
VORTAC VOR and TACAN combination
VORTAC course line computer VORTAC-Flugwegrechner
vortex Luftwirbel, Strudel, Turbulenz, Vortexring, Walze, Wirbel
vortex burner Wirbelbrenner
vortex center Wirbelkern, -zentrum
vortex chamber Wirbelkammer
vortex core Wirbelkern
"vortex drag", drag due to lift Flügelkraftstoßvolumen
vortex distribution Wirbelbelegung
vortex element Wirbelelement
vortex filameter Wirbelfaden
vortex flow Querströmung (Wandler)
vortex fuel element Vortex-Brennstoffelement
vortex gate Rückenfloße
vortex generator Störklappe, Wirbelerzeuger, Wirbelgenerator
vortex lift auftriebserhöhender Wirbel (aerodynamisch), auftriebsabhängiger Wirbelwiderstand
vortex line stretching Wirbellinienstreckung
vortex motion Wirbelbewegung
vortex motion of gas Gaswirbelbewegung
vortex nucleus Wirbelkern
vortex path Wirbelstraße
vortex period Wirbelperiode, -zeit
vortex phenomenon Wirbelerscheinung
vortex rate sensor Rotationsmeßfühler
vortex ring Wirbelring
vortex ring concentration Wirbelringverengung
vortex ring enlargement Wirbelringerweiterung
vortex ring state Wirbelringzustand (Hschr), Wirbelringeffekt
vortex sheet Wirbelband, -fläche, -blatt, Wirbelschicht
vortex source Wirbelquelle
vortex street Wirbelstraße
vortex stretching mechanism Wirbeldehnungsmechanismus
vortex surface Wirbelfläche
vortex system Wirbelsystem
vortex theorem Wirbelsatz
vortex theory Wirbeltheorie
vortex thermometer Wirbelluftthermometer
vortex trail Wirbelschleppe
vortex train Wirbelzopf
vortex tube Wirbelrohr
vortex turbulence Wirbelturbulenz
vortex-type flow Wirbelströmung
vortical kreisend, wirbelig
vorticity Verwirbelung, Wirbelbildung, Wirbelgröße (meteo)
vorticity average theorem Wirbelmittelwertsatz
vorticity effect Wirbeleinfluß
vorticity equation Wirbelgleichung
vorticity formula Wirbelformel
vorticity measure Wirbelmaß
vorticity tensor Wirbeltensor
vorticity theorem Wirbelsatz
vorticity transport theory Wirbeltransporttheorie
vorticity vector Wirbelvektor
VOS video operating system
VOT (VOR receiver test facility) VOR-Empfänger-Versuchsanlage
votator Votator
voter Mehrheitsgatter (dig, log)
voucher Antwortschein, Beleg, Quittung, Rechnungsbeleg, Unterlage
voucher audit Belegkontrolle
voucher final number Beleg-End(e)nummer
voucher issuing mechanism Zettelausgabevorrichtung (Registrierkasse)
voucher number Belegnummer
voucher register Belegregister

voucher suspense card Belegarbeitskarte, Zwischenbelegkarte
voucher system Belegsystem, Buchungssystem
vouchsafe bewilligen, gewähren, gewährleisten
voyage Reise größerer Ausdehnung, See- od. Schiffsreise
voyage by air Luftreise
voyage out and in Hin- u. Rückreise
V.P airscrew Luftschraube mit verstellbarer Steigung, Verstellschraube
VPI vapour phase inhibitor
VRBL (variable) veränderlich
VS versus
VS (stalling speed) Überziehgeschwindigkeit
VSMF visual search microfilm files
VSO (1) vacuum tube oscillator, (2) very stable oscillator
VSSC Vikram Sarabhai Space Centre

V/STOL

avionics functional chart of V/STOL systems automatic flight control system
certificated to category III minimums
speed command- angle of attack and airspeed hold
automatic throttle
flight director computation
stability augmentation if required
navigation:
dual ADF - ARINC 570
dual digital air data - ARINC 575
dual DME - ARINC 568
dual radio alt. - ARINC 552
dual ATC transponder - ARINC 572
dual weather X-band radar-ARNIC 564/1
dual VHF navigation receiver-ARINC 547
dual area navigation capability
dual magnetic compass
triple vertical gyros-with consideration for HAS-2 system as gyro replacement but compatible with area navigation equipment precision landing aid
communications:
triple VHF transceivers - ARINC 546
selcal capability
PA system -ARINC 560
boarding music
attendant/passenger call with aural chimes at F/A stations and lights at seats
aircraft interphone between flight screw and observer. Separate pilot and co-pilot control panels with microphone/headset/ speaker selectors
data link capability
flight instruments:
each attitude director indicator with display of attitude, vertical and lateral commands, radio altimeter, speed command, localizer glideslope deviation inclinometer and rate of turn
map display, CDI
course indicator
vertical speed indicator
airspeed indicator (and Mach if required)
radio altimeter indicator
servoed altimeter
RMI
electronic clock
center instrument panel to have:
pneumatic airspeed indicator
servo pneumatic altimeter
true airspeed/static air temperature indicator
recorders:
cockpit voice recorder and flight data recorder in accordance with ARINC 557 and new applicable FAR's
independent landing monitor
precision radar or radiometric

Zusammenstellung der Avionikfunktionen von V/STOL Systemen
Flugregelung
Zulassung für Landeminima der Kategorie 3
Geschwindigkeitsregelung- Anstellwinkel- und Geschwindigkeitshaltung
automatische Leistungsregelung
Kommandoberechnung für Flight-Director
Stabilitätserhöhung wenn erforderlich
Navigation
doppeltes ADF - ARINC 570
doppelte Digitalanzeige von Luftwerten - ARINC 575
doppeltes DME - ARINC 568
doppelter Funkhöhenmesser - ARINC552
doppelter Flugsicherungs-Transponder - ARINC 572
doppeltes X-Band-Wetterradar - ARINC564/1
doppelter VHF-Navigationsempfänger -ARNIC 547
doppelte Anlage zur Flächennavigation
doppelter Magnetkompaß
dreifacher Vertikalkreisel - wobei das HAS-2-System als Kreiselersatz dienen kann, falls es mit der Flächennavigationsausrüstung kompatibel ist
Präzisionslandehilfe
Nachrichtenübermittlung:
dreifacher VHF-Sender/Empfänger -ARINC 546
SELCAL-Eignung (Selektivruf)
Bordlautsprecheranlage - ARINC 560
Musikdarbietung beim Einsteigen der Passagiere
Rufanlage für Kabinenpersonal mit Glokkenzeichen an den Servicepunkten und Leuchten an den Sitzen
Bordverständigungsanlage zwischen fliegender Besatzung und Beobachter. Getrennte Schaltpulte mit Mikrophon/ Kopfhörer/Lautsprecher-Wählschaltern für Pilot und Co-Pilot
Eignung für Datenübertragung
Fluginstrumentierung
Instrumentenbretter der Piloten:
Fluglagen-Kommandoanzeiger ADI mit Anzeigen für Fluglage, Vertikal- und Seitenbefehle, Funkhöhe, Geschwindigkeitskommandos, Landekurs- und Gleitwegabweichung sowie Wendegeschwindigkeit
Kartendarstellungsgerät DCI
Kursanzeiger
Variometer
Fahrtmesser (und eventuell Machmeter)
Funkhöhenmesser
Servohöhenmesser
Funkpeiltochterkompaß RMI
elektronischer Zeitmesser
mittleres Instrumentenbrett:

pneumatischer Fahrtmesser
pneumatischer Servohöhenmesser
Absolutfahrtmesser/statischer Lufttemperatur
Registriergeräte
Sprach- und Flugdatenregistriergerät
für das Cockpit, nach ARINC 557 und
den entsprechenden neunen FAR-Vorschriften
unabhängige Überwachung des Landevorgangs

V/STOL in hover flight, aileron movement is simulated by varying blade pitch, yaw and pitch control are achivied by the use of ducted fans in the tail. Im Schwebeflug erfolgt die Quersteuerung durch differentielle Blattwinkelverstellung, die Gier- und Nicksteuerung mit Hilfe ummantelter Rotor am Heck

V/STOL-aircraft for airfield of less than 1000 ft. The tilt-wing turboprop aircraft fits this category V/STOL-Flugzeuge mit begrenzter Senkrechtstartfähigkeit sowie der Möglichkeit für Kurzstarts auf Pisten von weniger als 300m Länge. In dieser Kategorie fiele das Propellerturbinenflugzeug mit Kippflügel

V/STOL air frame structure V/STOL-Tarifstruktur

V/STOL capability V/STOL-Fähigkeit

V/STOL city-centre operation interurbaner Verkehr mit V/STOL-Gerät

V/STOL high-low mission profile V/STOL Hoch-Tief-Einsatz

V/STOL intratheatre tactical transport V/STOL-fähiges taktisches Transportflugzeug

V/STOL propulsion system V/STOL-Antriebssystem

V/STOL short-haul air services V/STOL-Dienste

V/STOL vertical/short take-off and landing Präzisionsradar oder Funkmeßgerät

VSTT variable speed training target

VSWR voltage standing wave ratio

VSWR indicator Anzeigeverstärker für Meßleitungen

VT variable-time (adj)

VT fuze (variable-time fuze) Abstandszünder, Annäherungszünder, VT-Zünder

VTA voice terrain advisory

V-tail kombiniertes Höhen/Seitenruder

VTG vertical-take-off autogyro

VTO vertical take-off

VTOL (vertical take-off and landing) Senkrechtstart und Landung

VTOL aircraft Senkrechtstarter, Senkrechtstartflugzeug, Vertikalstarter, VTOL-Flugzeug

VTOL aircraft carry much more payload VTOL-Konstruktion mit höherer Nutzlastkapazität

VTOL capability VTOL-Fähigkeit

VTOL capacity: unique vertical take-off capabilities and certificated to full group A performance standard; the ability to survive an engine failure either by landing back on the take-off surface or continuing to an intended destination **VTOL-Kapazität** des Hubschraubers: unbeschränkte Zulassung nach Kategorie A; sichere Landung auf dem Startplatz oder Fortsetzung des Fluges zum geplanten Bestimmungsort nach einem Triebwerkausfall

VTOL ferry range VTOL-Überführungsreichweite

VTOL nozzle actuation and control Düsenbetätigung für VTOL

VTOL nozzle control VTOL-Düsenregelung

VTOL strike aircraft VTOL-Kampfflugzeug

VTOL transport VTOL-Verkehr

VTOL transport aircraft configuration VTOL-Konfiguration

VTOL weight VTOL-Gewicht

vulcanite sheathing Hartgummiüberzug

vulcanite stage Harttisch

vulcanizate Vulkanisat

vulcanization Vulkanisation, Vulkanisierung

vulcanize, to schwefeln, vulkanisieren

vulcanized caoutchouc vulkanisierter Kautschuk

vulcanized fiber Vulkanfaser, -fiber

vulcanized fiber grinding wheel Vulkanisierfiberschleifscheibe

vulcanized india rubber wire Gummidraht

vulcanized-rubber cable Gummiader

vulcanized-rubber wire Gummidraht

vulcanizer Vulkanisierapparat

vulcanizing heater Vulkanisationskessel

vulcanizing plant Vulkanisiereinrichtung

V-way Prismenführung

V-weight V-Nettogewicht

V-welding with binder Keilschweißen

VW Windstärke

W

W (west(ern) longitude) west(liche) Länge

W (white) weiß

wabble schwanken, torkeln (sich drehender Körper), wackeln

wabbler Taumelscheibe

WAC World Aeronautical Chart

wad Filzpfropfen, Ladepfropfen, Polster, Wattepfropfen, Wattierung

wad punch Henkellocheisen

WADAC canopy flache Tangentialbänderkappe (Fsch)

WADC wright air development center

wadding Ladepfropfen, Polsterung, Schutzpolster

wadding of canopy Kappenballung (Fsch)

WADF Western Air Defense Force

wafer dotierter Schichtträger (Transformator), Halbleiterscheibe (in integrierten Schaltungen), Modulplatte, Mikroplättchen, Schalterebene, Schaltersegment, Siegelmarke

wafer loudspeaker Flachlautsprecher

wafer pattern Waffelmuster

wafer puller Ziehhaken für Steckkarten

wafer rectifier Tablettengleichrichter

wafer socket Plättchenfassung

wafer switch Scheibenschalter, Vielstellen-Segmentschalter, Flachbahnregler, Mischpult

wafer wage for piecework Stücklohn

waffle construction Waffelkonstruktion

waffle cutter kreuzhiebige rotierende Feile

waffling Schlichtfeilen
wag, to hin- u. herbewegen, wedeln, wackeln
wage control Steuerung der Lohnentwicklung
wage differential Lohnunterschied (komm)
wagging frequency Wedelschwingung
Wagner beam Wagnerträger
Wagner ground Wagner'sche Erdung
wagon Förder-, Gepäck-, Güter-, Lastwagen
wagon boiler Kofferkessel
wagon circulation Wagenumlauf
wagon elevator Wagenelevator
wagon ferry Wagenfähre
wagon fitting Wagenbeschlag
wagon grease Wagenfett
wagon hoist Wagenaufzug
wagon load Wagenladung
wagon pushing device Wagenstoßvorrichtung
wagon road runner Zugbegleiter
wagon spring Trag-, Wagenfeder
wagon tipple Wagenkipper
wagon tippler Wagenfüller
wagon tongue Wagendeichsel
wagon way Förderbahn
wagon with shaft Gabelwagen
waist eingezogenes Mittelstück, Einschnürung, Mitteldeck, Prüfabnahmeschnürung
waist anchor Hauptanker
waist band Bauchgurt (Fsch)
waist band adjuster or buckle Bauchgurtschieber (Fsch)
waist rail Gürtelleiste (Fsch)
waisted eingeschnürt
wait for, to warten auf
waiting facility Warteeinrichtung (Warteschlangentheorie)
waiting line inventory Material in der Warteschlange
waiting period Karenzzeit
waiting signal Wartezeichen
waiting state Wartestatus (dig)
waiting time Wartezeit (dv)
wake Abwind, Kielwasser, Nachstrom, Nachströmung, Luftschraubenstrahl, Schraubennachstrom, Sog, Totwasser, Wirbelschleppe (aerodynamisch)
wake detection Kielwasserortung
wake detector Kielwasserortungsgerät
wake drag Schleppleistung
wake effect Nachlaufeffekt, Wirbelschleppeffekt
wake efficiency Schubwirkungsgrad
wake fraction Nachstromziffer (Schiffspropeller)
wake light Kielwasserlampe
wake of velocity Abflußgeschwindigkeit
wake turbulence Randwirbel
wake velocity Propellerstromgeschwindigkeit
wake velocity vector Propellerstrom-Geschwindigkeitsvektor
wake vortex avoidance system Wirbelanzeigesystem
wake zone Totwassergebiet (mechanisch)
wako-canopy Kugelgroßkreis-Bänderkappe (Fsch)
walkable deck begehbares Deck
walk-around Laufsteg, Umgang (Bohrturminsel)(Tiefbohranlage)
walk-around oxygen bottle tragbare Sauerstofflasche
walkdown Lesesignalabbau (EDV)
walkie-talkie Feldfunksprecher, Feldfunksprechgerät, Tornisterfunkgerät
walk-in cold room begehbarer Kühlraum
walk-in type hood begehbarer Abzug (chemische Anlage)
Walker probability function Walker'sche Wahrscheinlichkeitsfunktion
walking a bed Verfolger des Ausstriches einer Schicht (geol)
walking beam Balancier, Bohrschwengel, mehrarmiger Hebel, Schwenkbalken
walking-beam cooling bed Hubbalkenkühlbett (Walzwerk)
walking-beam link Schwenkbalken-Verbindungsstange
walking-beam saddle pin Schwenkblock-Jochbolzen
walking dragline Eimerseilschreitbagger
walking patrol (pipeline) Leitungskontrolltrupp zu Fuß, Strangläufer
walkway Bedienungssteg, Hubsteg, Kranbühne, Laufbrücke, Laufgang, Verbindungssteg, Trittfläche
walkway girder Laufganggerüst, -träger (Luftschiff)
walkway for operating bridges Gang zum Operieren der Tore
wall Abbaustoß, Einfassung, Mauer, Wall, Wand(ung)
wall absorption Wandabsorption
wall admittance Wandleitwert
wall anchor plate Wandankerplatte
wall attachment Wandbefestigung
wall-bracket Säulenhängelager, Wandarm, Wandbock, -gestell, -konsole, Winkelarm, Winkelkonsole
wall-bracket bearing Mauerlager
wall-bracket crane Konsolkran
wall-building properties of the mud Bohrlochwand verkleidende Eigenschaften der Spülung
wall brush Anstreichbürste-, -pinsel
wall bushing insert Durchsteck-, Wanddurchführung
wall bushing insulator Wanddurchführungsisolator
wall channel Mauerdurchführung, Mauerkanal
wall clamp Maueranker, Rohrschelle, Stichanker
wall clearance Wandabstand
wall displacement Wandverschiebung (Weiß'scher Bezirk eines ferromagnetischen Materials)
wall drill Wandbohrmaschine, Mauerbohrer
wall duct Wandkanal
wall effect Wandeffekt, -einfluß
wall entrance Wandeinführung
wall fixture Wandbefestigung, Wandanordnung
wall friction (Wand-)Mantelreibung
wall friction, angle of Wandreibungswinkel
wall heater Wandheizkörper
wall holder Wandhalter
wall hook Fang-, Glücks-, Rohrhaken, Rohrschelle, Wandhaken, Meißelfanghaken
wall impedance Wandwiderstand
wall in, to ummauern

wall insulator Mauer-, Wandisolator
wall lead-in insulator Wanddurchführungs-isolator
wall mirror Wandspiegel
wall motion Wandverschiebung
wall mounting Wandbefestigung, -montage
wall of a container Behälterwandung
wall of compass bowl Kesselwand
wall of fog Nebelschicht, -wand
wall of pipe Rohrwand
wall of planks Bohlwand
wall of the boring Bohrlochwandung
wall of the rivet hole Lochwandung des Niets
wall or side of the bracket Korbwand
wall paper embosser Tapetenpräger
wall pattern switchboard Wandumschalte-, Wandvermittlungsschrank
wall plug Steckdose, Wandstecker
wall plug with movable contact pins Wandstecker mit bewegliche Kontaktstiften
wall pressure Wanddruck
wall radial drill Wandradialbohrmaschine
wall recombination Wandrekombination
wall scraper drehender Unterschneider
wall screw Steinschraube
wall siphoning Wandabsaugung
wall socket Anschluß-, Ansteck-, Steck-, Wandsteckdose
wall socket for line-radio facility Drahtfunk-Anschaltdose
wall socket for wired-wireless facility Drahtfunk-Anschaltdose
wall switchboard Wandschalttafel
wall-syphoning jet Wandabsaugdüse
wall telephone set Fernsprechapparat mit festem Mikrophon, Wandapparat
wall telephone station Wandfernspreche
wall thickness Wanddicke
wall thickness future spacecraft Wandstärke künftiger Raumfahrzeuge
wall tube Durchführungsrohr
wall tube insulator Durchführungsisolator
wall upright pier Wandpfeiler, -stütze
wall ventilator Wandlüfter
walling board Längsbrett
walling in mines Grubenmauerung
walling of a shaft Schachtausbau
walling-off Verschließen
walls of boreholes Bohrlochwand
walls of interior cooling Aussenwandung eines Kompressors
walls of slot Seitenwände des Schlitzes
Walloon iron Walloneneisen
Walloon process Walloonenarbeit, Zweimalschmelzerei
wamoscope Wamoskop
wand assembly Prüfstab (Grenzschichtbeeinflußung)(Bodengerät)
wander-off vom Kurs abkommen, abweichen
wandering wandernder Nullpunkt
wandering direction of arrival schwankende Einfallsrichtung
wandering of the zero Abwanderung des Nullpunkts
wandering stroke Hubverlegung
want of balance schlechte Abgleichung
wanted signal Nutzsignal
wanted subscriber verlangter Teilnehmer
WAPS Wortausgabepuffersteuerung
WAR Wortausgaberegister
war equipment Kriegsausrüstung
war head Gefechts-, Sprengkopf, Nutzlastkörper, Nutzlastspitze, Sprengstoffraum
war industry Rüstungshandel, -industrie
war telegraphy Feldtelegraphie
warbling carrier system Verschlüsselungsverfahren mit Inverter u. gewobbeltem Träger
warbling condensor Heulkondensator
Ward-Leonard type of control gear Wardleonard-Steuergetriebe
warding file Schlüsselfeile
warehouse Ablage, Depot, Kaufhaus, Lagerhaus, Magazin, Niederlage, Speicher, Stapel, Vorratsraum, Warenlager
warehouse and depot Lagerhaus und Schuppen
warehouse balance Lagerbestand
warehouse crane Lagerkran
warehouse location change notice Lagerort(s)veränderung
warehouse receipt Lagerschein
warehouse refusal Lagerfehlanzeige
warehouse, to auf Lager nehmen, im Magazin aufbewahren
warfare, electronic elektronische Kampfführung
warhead Gefechtskopf, Sprengkopf, Nutzlastkörper, Nutzlastspitze
warhead containing slim steel Gefechtskopf enthält dünnen Pfeilstahl
warhead, conventional konventioneller Gefechtskopf
warm glühend, heiß, warm, eifrig, lebhaft
warm air mass Warmluftmassen
warm coiled warmgeformt
warm front Warmfront (meteo)
warm-front thunderstorm Warmfrontgewitter
warm gas to drive the turbine Heißgas zum Antrieb der Turbine
warm mould casting procedure Warmumformverfahren, Warmverformungsverfahren
warm part or first stage (chem) Warmast der ersten Stufe
warm pressing Warmpreßarbeit
warm pressured piece Warmpreßteil
warm sector Warmsektor
warm separator Warmabscheider
warm spreading warmkleben (pla)
warm, to erhitzen, wärmen
warm-up, to anwärmen, auf Betriebstemperatur kommen lassen, warmfahren (ein Triebwerk), warmlaufen lassen (Triebwerk), vorwärmen (Flugkörper), warmspielen
warm-up drift Frequenzabweichung beim Anheizen
warm-up period Anheizzeit, Einlaufzeit
warm-up time Aufheizzeit, Anlaufzeit (Kreisel), Warmlaufzeit (Twk)
warm-up the engine Motor warmlaufen lassen
warm-up- to "warmlaufen" (Gerät)(dig)
warm weather warmes Wetter, Schönwetterabschnitt
warmed-up condition betriebswarmer Zustand
warming-up time of an engine zum Anwärmen des Motors erforderliche Zeit

warning Achtung, Alarm, Ankündigung, Anzeichen, Aufkündigung, Vormeldung, Warnung
warning and control airborne fliegende Luftwarnradarstation
warning and danger signal Warnsignal
warning apparatus Ankündigungsvorrichtung
warning bulletin Warnblatt
warning buzzer for overtaking Warnsummer
warning device Warnanlage
warning device for fire fighting vehicles Feuerwehrsignale
warning duty Warndienst
warning envelope parameter Warnhüllkurve-Parameter
warning indicator Warnanlage, Warnungsanzeiger
warning indicator showing the number of trailers Warnzeichen für das Mitführen von Anhängern
warning light Signallampe, Warnlampe, Warnleuchte, Warnungslicht, Signalfeuer (Seefahrt)
warning light and wing flap interlock check Prüfung der Verblockung zwischen Flügelklappen u. Aufbäumregler
warning light annunciator panel Warnleuchttafel
warning light for pitot heating Warnlicht für Staudruckheizung
warning light identification lamps Warnlicht für Kennlichter
warning light panel Warnleuchttafel (Hydraulikanlage), Anzeigeleuchtentafel, Kontrolleuchtentafel
warning light strip Warnleuchteschild (Hydraulikanlage)
warning light test switch Prüfschalter für Warnleuchte, Warnleuchtenprüfschalter
warning lights dim lock-in relay Abdunkel-Einschaltrelais
warning limit Warngrenze
warning logic, to master... zum Hauptwarnsteuerteil
warning mode envelope Warnungshüllkurve
warning monitor indicator Warnleuchtentafel
warning notice Warnmeldung
warning-no-warning level Warnpegel
warning of dangerous phenomena Warnung vor gefährlichen Wettererscheinungen od. Zeichen
warning order Vorbefehl, Vorwarnung
warning plate Warn(ungs)schild
warning point level Bestellungsrichtzahl
warning pointer zero position Warnzeigerruhestellung
warning relay Stör(ungs)relais
warning ring Warnungsring
warning sensing line Warnsteuerleitung
warning sign Warn(ungs)zeichen
warning signal Ankündigungssignal, Vorsignal, Warn(ungs)signal
warning system Meldenetz, Warnanlage, Warndienst, Warnsystem (Umweltschutz), Ankündigungssystem
warning system to detect radar and laser signal Radar- und Laserwarnempfänger
warp Formänderung, Kette, Trosse
warp control Verwindungshebel
warp effect Kettenreaktion, Ketteneffekt
warp, to anscheren, biegen, krümmen, krumm machen od. werden, schweifen, verbiegen, verwerfen, verdrehen, verwölben, verwinden
warpage Verkrümmung, Verwerfung (geol), Verziehen
warping Verwerfung (Festigkeitslehre), Verwölbung, Verwindung, Werfen (Blasen werfen bei Kunststoffverarbeitung)
warping distortion Verziehen
warping operation Vorholmanöver
warping wing verwindbarer Flügel
warping wire Verwindungsseil
warping wires Drehdrähte (aerodynamisch), Drehkabel (av)
warrant Bürgschaft, Lagerschein, Vollmacht, garantieren, gewährleisten, rechtfertigen
warranty Garantie(schein)
warranty period Garantiezeit
warren truss dreieckförmige Konstruktion
WAS certificate Amateurlizenz für Funkverkehr in den Staaten
wash glatter Abfluß der Strömung (aerodynamisch), Strahl, Wind, Strömungsabfluß, Nachstrom, Nachströmung, Sog
wash board tension Gitterbremse
wash boring Spülbohrung (Ölförderung)
wash box Berieselungshütte
wash-brush operation Waschbürstenanschluß
wash entry Durchlaufbuchung
wash fluid, aqueous wässrige Waschflüssigkeit
wash-in positive Verwindung eines Flügels
wash-in/wash-out Verwindung der Flügelspitze in Richtung auf größeren od. kleineren Anstellwinkel
wash-in wing nach oben verwundener Flügel
wash of velocity Abflußgeschwindigkeit
wash-off, to abspülen, abspritzen, abwaschen
wash-out of thread Gewindeauslauf
wash-out, to herausspülen, negative Verwindung (Flügel), herauswaschen (geol)
wash-out magnet Löschmagnet
wash-out wing nach unten verwundener Flügel
wash over a stuck drilling string festgewordenen Bohrgestängestrang überbohren
wash over drill piper Bohrgestänge überbohren
wash pipe Überbohrrohr
wash solution Waschlösung
wash the perforation clean Perforation sauber waschen
washability Aufbereitbarkeit
washability curve Verwaschungskurve
washed electrode Tauchelektrode, dünngetauchte Elektrode
washed-out aileron Querruder mit verjüngten Enden
washed-out relief Auswaschrelief (Foto)
washer Abdeckscheibe, Abdicht(ungs)ring, Dichtungsscheibe, Fächerscheibe, Gummiabdichtung, Lager(ab)dichtung, Reinigungsapparat, Scheibe, Unterlegplatte, -scheibe, Zwischenlegscheibe
washer for the removal of carbon dioxide Kohlensäureabscheider
washer leather Dichtungsleder
washer thermocouple als Unterlegscheibe

ausgebildetes Thermoelement
washer, U- Vorsteckscheibe zum seitlichen Einschieben
washer, 1st. gear Anlaufscheibe für ersten Gang
washing positive Flügelverwindung (nach oben)
washing-away effect Abbau von Bestrahlungsprodukten
washing booth abgetrennter Verschlag zum Waschen von Motorteilen mit Waschbenzin
washing bucket Autowascheimer
washing cylinder Läutertrommel
washing device Deck-, Schlämmvorrichtung
washing plant Aufbereitungs-, Reinigungsanlage, Autowaschanlage
washing process Flotationsverfahren, Schlämmverfahren, Waschprozeß
washing rolls Auspreßwalzen
washing soda Natriumkarbonat
washing tank Waschkammer
washout card Dauersignal-Unterdrückerplatine, Dauersignalunterdrücker-Steckkarte
wasp-shaped glass tank Taillenwanne
Wasserab's theory Wasserab'sche Theorie
wastage Vergeudung, Verschwendung
waste Abfall(stoff), Altmaterial, Ausschuß, Fabrikationsabfälle, Makulatur, Schrott, Stoffabfall, Überlauf
waste air fan Ablüfter
waste air tube Abluftleitung
waste-and-test valve Prüf- und Entleerungsventil
waste book Kladde
waste casting Fehlgußstück
waste coal Abfallkohle
waste current Abfallstrom, Abfallenergie
waste cutter Abfallschneider
waste disposal Abfallbeseitigung, Beseitigung radioaktiver Abfälle
waste flue-gas drier Abgastrockner
waste fuel Leckkraftstoff
waste gas Abgas
waste-gas cleaning Abgasreinigung
waste-gas collecting channel Abgassammelkanal
waste-gas dedusting Abgasentstaubung
waste-gas escape tube Abgasaustrittsrohr
waste-gas, fired by refiners Raffinerieabgas beheizt
waste-gas flue Rauchkanal, -zug
waste-gas purifying plant Abgasreinigungsanlage
waste gate Nebenauslaß ins Freie des zum Betrieb der Turbine nicht benötigten Abgases (Abgasturbolader)
waste gate valve Abgasventil
waste-heat abgehende Hitze, Abwärme, Wärmeabfuhr
waste-heat boiler Abgaskessel
waste-heat economy Abhitzeverwertung
waste-heat flue Abhitzekanal
waste-heat loss Abwärmeverlust
waste-heat recovery Wärmerückgewinnung
waste-heat recuperation Abhitzeverwertungsanlage, Abwärmeverwerter
waste-heat utilization Abwärmeverwertung
waste-heat velocity Abhitzegeschwindigkeit
waste-in mining Abbauverlust
waste instruction Befehl für "keine Operation", NO-OP-Befehl, Übersprungbefehl, Überspringbefehl, Leerbefehl
waste liquor Abfallauge (Natronzellstoffprozeß)
waste material Abfallstoff
waste of fuel Brennstoffverschwendung
waste of gas Gasvergeudung, -verschwendung
waste of oil Ölvergeudung
waste of space Raumverschwendung
waste of timber Verschnitt (von Bauholz)
waste of time Zeitvergeudung, -verschwendung
waste oil container Schmutzölbehälter
waste oil regeneration plant Ölablaßpfropfen
waste of flue-gas-utilizing plant Abgasverwertungsanlage
waste paper Altpapier, Ausschußpapier, Makulatur, Papierabfall
waster paper cleaning plant Altpapierreinigungsanlage
waste paper cutting plant Altpapierschneideanlage
waste pipe Abgangsrohr
waste product Abfallerzeugnis, -produkt
waste radio frequency energy by radiating it into empty space, to Sendeenergie durch Abstrahlung in den leeren Raum verschwenden
waste recovery Abfallaufbereitung
waste regeneration Regenerierung von Abfällen
waste rubber Altgummi
waste salt Abfallsalz
waste sheet Ausschußblech, Makulatorbogen, Vorlaufpapier
waste steam Abdampf
waste steam heating Abdampfheizung
waste steam pipe Dampfableitungsrohr
waste steel Stahlabfall
waste sump Abwassersumpf
waste tank installation Abwassertankinstallation, Abwassertankeinbau
waste tip Müllablagerung
waste transportation method Abfallverbrinungsverfahren
waste treatment Abfallverwertung, Behandlung von Abfallstoffen
waste treatment plant Müllverwertungsanlage
waste utilization Abfälleverwertung
waste utilizating plant Abfallverwertungsanlage
waste valve Abdampfventil
waste vapor Brüden (Abdampf)
waste water Schutzwasser (Schiffstechnik)
waste water clarification Abwasserklärung
waste water collection tank Abwassersammeltank
waste water purifying plant Abwasserkläranlage
waste weir Fluter, Überfallwehr (Wasserbau)
waste well Schwind-, Senkgrube
wasteful unökonomisch, verschwenderisch
wasteful resistance Verlustwiderstand
waster casting Fehlgußstück, Abfallstück
wasting of energy Energieverschwendung
wasting of time Aufwand an Arbeit, Zeitverschwendung
WAT (weight altitude & temperature) **limits** WAT-Grenzwerte (Hschr)
watch Besetzung, Bewachung, Wachmannschaft

watch (radio communication) Funkwache (Seenotfrequenz)
watch case Uhrengehäuse
watch-case receiver Dosenfernhörer
watchdog Watchdog (Luftwarnschiff)
watchdog device, fitted with a... (which automatically raises the alarm) eingebaute Eigenprüfeinrichtung (schlägt bei der geringsten Funktionsstörung Alarm)
watchdog timer Laufzeitüberwacher (EDV)
watch frequency Wachfrequenz
watchman!s clock Kontrolluhr
watchman's control system Wächterkontrollanlage
watchman's detector Wächterkontrolluhr
watchman's time detector Wächteruhr
watch spring Uhrfeder
watch supervisor FS-Wachleiter
watch test Uhrprüfung
watch tower Wachturm
watching Überwachung
watchword Parole
water absorbent wasserabsorbierend, wasserbindend, wasseraufnehmend
water absorbing wasseraufsaugend
water absorbing capacity Wasserabsorptionsvermögen
water absorption Wasserabsorption, -aufnahme
water absorption capacity Wasserkapazität
water absorption, speed of Geschwindigkeit der Wasseraufnahme
water absorptivity capacity Wasserbindevermögen
water activated battery wasseraktivierbare Batterie
water accumulating area Wassereinzugsgebiet
water aerodrome or airport Wasserflughafen
water air interface Wasser-Luft-Trennungsfläche
water alarm Wasserstandsmelder
water anchorage Wasserverankerung
water-and-ration kit Wasser- und Verpflegungsnotausrüstung
water appliance Wasserarmatur
water area Wasserfläche
water aspirator Wasserstrahlpumpe
water atomizer Wasserzerstäuber
water attracting wasseranziehend
water balance Wasserbilanz, -haushalt
water ballast indicator Wasserballastuhr (Schiffahrt)
water ballast tank Ballastwasserzelle, Wasserballasttank (Luftkissenfahrzeug)
water barrier Wasserschutzwand, -hindernis, Wassersperre
water base fluid Flüssigkeit auf Wasserbasis (Emulsion von Öl in Wasser)
water base mud Wasserbasisspülung (Tiefbohrwesen)
water bath Wasserbad
water-bearing rock wasserführendes Gestein
water-bearing sand wasserführender Sand
water boat Frischwasserboot
water boiler Wasserkesselreaktor, Nachkühler
water, boiler feed Kesselspeisewasser
water boiler neutron source Wasserboiler-Neutronenquelle
water boiler reactor Kochwasserreaktor, Wasserboilerreaktor
water bombing abregnen von Wasser
water box Wasserkasten, Zulaufkasten
water brake Wasserbremse
water-brake dynamometer Wasserwirbeldynamometer
water bubbler Durchperlungsgefäß (Reaktortechnik)
water buoyancy Wasserauftrieb
water burst Wasserdurchbruch
water, by auf dem Wasserweg
water bypass tube Kühlflüssigkeitskurzschlußleitung, Kühlwasserkurzschlußleitung
water calorimeter Mischungskalorimeter
water can bracket Wasserkanisterhalterung
water cannon Wasserwerfer
water catching area Wassereinzugsgebiet
water catchment area Wassereinzugsgebiet
water chamber Wasserkammer
water channel Wasserrinne
water channel (flow tests) offener Wasserkanal
water check valve Wasserrückschlagventil
water, circulating zirkulierendes Wasser
water circulating pump Wasserumwälzpumpe (Kühlung)
water circulation Wasserkreislauf, -umlauf
water circulation coefficient Wasserkreislaufzahl
water circulation jacket surrounding the electrodes Elektrodenwasserkühlmantel
water clarifier Wasserreinigungsanlage
water clearance Abstand der Luftschraubenblattspitzen von Wasseroberfläche bei Wasserflugzeug
water clearing plant Wasserkläranlage
water cock Wasserhahn
water color Feuchtwasserfarbe
water column Wassersäule
water column pressure Wassersäulendruck
water column pressure gauge Wassersäulendruckmesser
water company Wassergenossenschaft
water collector Wasserfangkasten (Stranggießen)
water condition Wasserbeschaffenheit
water conditioner Wasseraufbereiter
water conditions (for sonar) Ortungswetter, Schallwetter, Sonarwetter
water connecting piece Wasseranschlußstutzen
water connection Kühlwasserrohranschlußstück
water conservation Wasserhaushalt
water consumption Wasserverbrauch
water container Wasserbehälter
water containing wasserführend
water contamination Wasserverunreinigung
water content Wasser(dampf)gehalt
water content, air Feuchtigkeitsgehalt der Luft
water conveying by wind Wasserförderung mit Windbetrieb
water-cooled wassergekühlt
water-cooled electrode collar wassergekühltes Elektrodenanschlußstück
water-cooled heat rap Kühlküvette
water-cooled (nuclear) reactor wassergekühlter (Atom)reaktor
water-cooled tube wassergekühlte Röhre
water-cooled valve wassergekühlte Röhre
water cooler Wasserkühler (Bandbeschichtungsanlage), Trinkwasserkühler

anlage), Trinkwasserkühler
water cooling installation Wasserkühlanlage
water cooling jacket Wasserkühlmantel
water cooling system Kühlsystem, Wasserkühlung
water cooling tower Wasserkühlturm
water course Spülkanal, Wasserlauf
water craft Wasserfahrzeug
water crossover pipe Kühlwasserquerrohr
water cushion Beruhigungskammer, Tosbecken, -kammer, Wasserkissen
water cure Heißwasservulkanisation
water cut Wassergehalt im gefördertem Erdöl
water cycle Wasserkreislauf
water demanganesing Wasserentmanganung
water depth gauge Pegel, Wasserstandsmesser
water detector Wasserdetektor
water dilution Verdünnung durch Wasser
water-discharge tube Wasserabflußrohr
water disposal well, salt Schluckbohrung für Salzwasser
water distillation company Wasserdestillationskompanie
water-distilling apparatus Wasserdestillationsapparat
water distributing point Wasserverteilungsstelle
water distributor Wasserführung
water drain Wasserableiter, ableitung, Wasserabflußleitung, Wasserleckleitung
water drain cock Wasserablaßhahn
water drain outlets Wasserdurchlaufventile
water-draw-off cock Wasserablaßhahn
water drip Unterschneidung
water drive Wasserantriebsverfahren, Wassertreibverfahren
water drive, active aktiver Wassertrieb
water driven centrifugal Schleuder od. Zentrifuge mit Wasserantrieb
water duct or passage Wasserführung, Wasserweg
water encroachment Randwasserverdrängung im Ölträger
water evaporation Wasserverdunstung
water feed supply Wasserzufluß
water feeding piston Wasserzuführungskolben
water filler pipe Wassereinfüllstutzen
water filter Wasserfilter
water filtering Wasserfiltrierung
water, filtered filtriertes Wasser
water-finished paper maschinenglattes Papier
water floodability Flutbarkeit
water flooding Fluten, Wassertrieb, Wassertreibverfahren
water, flowing artesian Springwasser
water-gas (karburiertes) Wassergas
water-gas drive Gasantrieb
water-gas equilibrium Wassergasgleichgewicht
water-gas press welding Wassergas-Preßschweißung
water-gas producer Wassergaserzeuger, Wassergasegenerator
water-gauge hydraulischer Druckmesser, Wassermesser, -säule, -stand, Wasserstandsanzeiger, Wasserstandsrohr, -zeiger
water-gauge cock Wasserstandshahn
water-gauge glass Wasserstandsanzeiger, Wasserstandsglas
water-gauge level Pegelhöhe
water-gauge presevering tube Wasserstandsschutzglas
water-glass Wasserglas
water hammer Druck-, Wasser-, Widderstoß
water handling characteristic Betriebseigenschaft od. -verhalten auf dem Wasser
water handling qualities Betriebseigenschaften od. Betriebsverhalten auf dem Wasser
water hardening Abschrecken in Wasser, Wasserhärtung, Wasservergüten
water hardening steel Wasserhärtungsstahl
water, high head Wasser mit großem Auftrieb
water hole Wasserloch, -stelle
water identification glider Wasseridentifizierungsflugzeug, Wasserortungsflugzeug
water-in gaseous state gasförmiges Wasser
water inhibient wasserbindend
water injection Wassereinspritzung
water, injection of Einspritzen von Wasser
water inlet Wassereinlaß, -eintritt
water inlet of radiator Einlaßstutzen des Kühlers, Kühlereinlaßstutzen
water inlet pipe Wassereinlaßrohr
water input well Wassereinpreßbohrung
water insolubility Wasserunlöslichkeit
water irrigation Wasserberieselung
water jacket Kühlmantel, Wasser(kühl)-mantel
water jacket plug Kernlochstopfen
water-jacket-type producer Wassermantelgenerator
water-jacketed mit einem Wassermantel versehen
water-jet aspirator Wasserluftpumpe
water-jet drive system Wasserstrahlantriebsanlage
water-jet heater Wasserstrahl-Elektrodenkessel
water-jet injector Wasserstrahlpumpe
water-jet pipe Spühlrohr
water-jet propulsion Wasserstrahlantrieb
water-jet type lightning arrester Wasserstrahlerder
water-jet vacuum pump Wasserstrahlpumpe
water landing Wasserlandung
water-landing gear Schwimmer(werk) bei Wasserflugzeugen
water-level Grundwasserspiegel, -strecke, Pegelstand, Wasserstand(slinie), Wasserspiegel
water-level contours, subsoil Grundwassergleichen (geol)
water-level in well Tauchtiefe
water level indicating probe Wasserstandsanzeigeabfühler
water-level indicator Wasserstandsanzeiger
water-level overflow Wasserüberlauf
water-level page Pegel
water-level regulator Wasserstandsregler
water-level tele-indicator Wasserstands-Fernmeldeapparat
water-level transmitter Wasserstandsmelder
water line Wasser(stands)linie, Wasserspiegel
water line, edge Randwasserlinie
water loads Belastung durch Wasserkräfte, Wassergehalt, Wasserendlast
water-load-methanol injection Wasser-

Methanoleinspritzung
water meter with mechanism and indicator operating dry Trockenläufer
water-methanol injection pump Wasser-Methanol-Einspritzpumpe
water-methanol injection system Wasser-Methanol-Einspritzanlage
water-methanol pump Wasser-Methanol-Pumpe
water-methanol unit lever Wasser-Methanol-Anlagehebel
water milling Wasser(walz)fräsen
water miscibility Entemulgierfähigkeit, Wasserentmischfähigkeit
water-moderated pile wassermoderierter Reaktor
water monitor Wasserüberwachungsgerät, Wasserüberwachungsanlage
water neutron shield Wasserabschirmung für Neutronen
water obstacle Wassersperre
water of combustion Verbrennungswasser
water of condensation Kondens(ations)-wasser
water of contraction Schwindungswasser
water of crystallization Kristallwasser
water of hydration Hydratwasser
water or sea anchor Wasseranker
water operations Flugbetrieb auf dem Wasser (FS)
water outlet Wasseraustritts(stutzen), Wasserauslaßstutzen
water pipe Wasserleitung, -rohr
water plane Hochstation
water pocket Wasserecke, -sack
water power cane mill Rohrmühle mit Wasserkraftantrieb
water power plant Wasserkraftanlage
water power station Wasserkraftwerk
water preparation plant Wasseraufbereitungsanlage (für Kessel)
water pressure, balanced ausgespiegelte Wasserstände
water-proof wasserbeständig, -dicht, -fest, wasserundurchlässig, -unlöslich
water-proof cement wasserfester Kitt
water-proof material wasserdichtes Material
water-proof paint wasserabhaltender Anstrich
water-proof paper-proof Pappdach
water-proofing (Ab)dichtung
water-proofing asphalt Pech für wasserdichte Anlagen
water-proofing solution Flutlösung
water-proofness Wasserundurchlässigkeit
water-propelled hovercraft Luftkissenfahrzeug mit Schiffspropellerantrieb
water-pump Wasserpumpe
water-pump bodies Wasserpumpengehäuse
water-pump bushes Wasserpumpenbüchsen
water-pump drive Wasserpumpenantrieb
water-pump impeller Wasserpumpenantrieb
water-pump nut pliers Wasserpumpenzange
water-pump shaft Wasserpumpenwelle
water-pump thrust bush Wasserpumpenstopfbüchse (Tiefbohrung)
water pumping by wind Wasserförderung mit Windbetrieb
water pumping machine Wasserschöpfgerät
water pumping packing gland Wasserpumpenpackung
water purification unit Trinkwasserbereiter
water purifier Wasserreinigungsapparat, Wasserreinigungsvorlage
water purity meter elektrischer Salzgehaltmesser
water quantity-recording apparatus Wassermengenregistrierapparat
water quenching Abschrecken in Wasser (Galvanisierung)
water radiator Wasserkühler
water raising machine Wasserhebungsmaschine
water receiver around the exhaust valve Wassermante um Auspuffventil
water recooling system Wasserrückkühlung
water recovery Ballastgewinnung, Wasserzurückgewinnung
water-recovery apparatus Wasserrückgewinnungsapparat
water-recovery condenser Wasserkondensationsapparat, Wasserrückgewinnungskondensator
water regeneration Wasserregeneration
water repellent wasserabstoßen, -abweisend
water repellent finish wasserabweisender Überzug
water replacement Wasserersatz
water requirement Wasserbedarf
water reservoir Wasserbehälter, -speicher
water resistance Wasserdurchflußwiderstand
water-resistant wasserbeständig
water resistor Wasser(anlaß)widerstand
water rheostat Wasserwiderstand (Rheostat)
water rudder Wasser(seiten)ruder
water sand Wassersand
water saturation Wassersättigung
water scooping machine Wasserschöpfmaschine
water seal hydraulische Dichtung, Sicherheitsvorlage, Wasservorlage, wasserdichter Abschluß (einer Dichtung)
water separator Dephlegmator, Entwässerer, Wasserabscheider
water separator temperature control Wasserabscheidertemperaturkontrolle
water separator temperature control valve Wasserabscheidertemperatur-Reglerventil
water shielding Wasserabschirmung
water shortage Wasserknappheit, -mangel
water shut-off, defective fehlerhafte Wassersperre
water shut-off, effectivness of the Wirksamkeit des Wasserabschlusses
water shut-off test Prüfung der Wassersperre
water sluice valve Wasserschieber
water slurry wässrige Suspension
water softener Mittel zum Weichmachen des Wasser, Weichmacher
water softening Wasserenthärtung
water softening plant Wasserenthärtungsanlage
water solubility Wasserlöslichkeit
water-soluble wasserlöslich
water spout Wasserhose (meteo)
water spray Spritzwasser, Wassersprühregen, Wasserzerstäubung
water sprayers for crowd dispersal Wasserwerferaufbauten
water sterilizing bag Wasserreinigungssack

water string Bohrkolonne, Wassersperrkolonne, wassersperrende Rohrfahrt (Tiefbohrung)
water, sulphurous schwefelwasserstoffhaltiges Wasser
water-supply Wasserspeisung, -versorgung, -vorrat, -zulauf, -zufluß
water-supply and pumping station Wasserhebewerk
water-supply company Wasserversorgungskompanie
water-supply from springs Hochquellenleitung
water-supply pipe Wasserzuleitungsrohr
water-supply plant Wasserversorgungsstelle
water-supply source Wasserversorgungsquelle
water-supply system Wasserversorgungssystem
water supply tank component arrangement Zubehöranordnung des Wasserversorgungstanks
water surface Wasserfläche, Wasserspiegel
water surface condition Beschaffenheit der Wasseroberfläche
water table, contour map of the Grundwassergleichenkarte (geol)
water table, lowered abgesenkter Grundwasserspiegel
water table, raised angestiegener Grundwasserspiegel (geol)
water take-off Wasserabflug, Wasserstart
water tank Wasserbecken, -behälter, -kasten, -kessel, -tank
water tap Wasser(leitungs)hahn
water temperature gauge Fernthermometer
water tempering Wasservergüten (Galvanisierung)
water test Wasserprobe
water thermometer Kühlwasserthermometer
water throttle Drosselschraube
water thrower Wasserabweisring
water-tight wasserdicht, -undurchlässig, wasserfest
water-tight bulk-head wasserdichtes Schott
water-thight compartment wasserdichtes Abteil
water-tight joint wasserdichte Verbindung
water-tight protection Druckwasserschutz
water-tight ring or seal Dichtungsring
water-tightness Dichtheit, Dichtigkeit, Verschlußzustand, Wasserdichtigkeit
water-to-air heat exchanger Wasser/Luft-Wärmeaustauscher
water-to-carbide gas generator Überschwemmungs-, Wasserzuflußentwickler
water treating plant Wasseraufbereitungsanlage
water treatment Wasseraufbereitung
water trunks Wasserballasthosen
water tube boiler Siederohrkessel, Wasserröhrenkessel, Wasserrohrkessel
water tube boiler with two headers Zweikammerwasserrohrkessel
water tube cooler Wasserkühler
water tube radiator Wasserröhrenkühler
water tunnel Wasserkanal (hydrodynamisch)
water turbine (oil) Wasserturbine(nöl)
water vacuum pump Wasserluftpumpe
water valve cover Wasserventildeckel
water vapor permeability Wasserdampfdurchlässigkeit
water vapo(u)r pressure Wasserdampfdruck
water vapor transmission Wasserdampfdurchlässigkeit
water wave Wasserwelle
water way Durchlaßprofil, Spülkanal in Bohrkrone, Wassergang, -straße
water way marking Fahrwasserbezeichnung
water well Wasserbohrung, -brunnen
water well, flowing frei ausfließende Wasserbohrung
water wheel generator Wasserkraftgenerator
water wheel paddle Wasserradschaufel
water-works Wasseranlage, -versorgung, Wasserwerk
water-works plant Wassertriebwerk
watered bespült, geflammt
watering Ablöschen, Bewässerung, Tränkung
watering car Löschwagen, Wassersprengwagen
watering ditch Berieselungsanlage
watering equipment Sprenkelvorrichtung
watering plant Berieselungsanlage, Regenanlage
waterless gas holder Scheibengasbehälter
waterline Wasserlinie
waterplane Schwimmer-, Wasserflugzeug
waterproof wasserfest, wasserunlöslich
watershed Wasserscheide
watertight and waterproof flashing light wasserdichte und witterungsgeschützte Blitzleuchte (Radar)
watertight cable wasserdichtes Kabel
watertight joint wasserdichte Verbindung
watertight junction box wasserdichte Abzweigdose
watertight plug Marinestecke
watertightness Wasserdichtigkeit, Wasserundurchlässigkeit
waterway construction Wasserstraßenbau
waterway marking Fahrwasserbezeichnung
waterway network Wasserstraßennetz
watt component Wattkomponente
watt consumption Wattleistungsverbrauch
watt current Arbeits-, Verluststrom
watt-hour Wattstunde
watt-hour capability Leitungskapazität
watt-hour capacity w/h Kapazität
watt-hour capacity of a storage cell (Leistungs)kapazität eines Sammlers
watt-hour efficiency w/h Wirkungsgrad
watt-hour meter Induktions-, Wattstunden- od. Wirkleistungszähler, Wirkleistungsverbrauchszähler
watt range Wattdauerleistung
wattsecond Wattsekunde
wattage Wattleistung, Wattverbrauch, Wattzahl, Wirkleistung
wattless blind, energielos, leistungslos, ohne Energieverbrauch, stromlos, wattlos
wattless component Blindkomponente, wattlose Komponente
wattless component of the current Blindstromkomponente
wattless component of electric value Blindwert elektrischer Größen
wattless component of electromotive force Blindspannungskomponente
wattless component of voltage Blindspannungskomponente
wattless current Blind-, Querstrom, wattloser

Strom
wattless current meter Blindstrommesser
wattless energy Blindenergie
wattless power Blindleistung
wattmeter Energiemesser, Leistungsmesser, Leistungszeiger, Wattmesser, -meter, Wirkleistungsmesser
wattmeter method Leistungsmethode
wave Schwingung(swelle), Wellenkamm
wave action Wellenschlag, -stoß
wave amplitude Wellenausschlag
wave angle Strahlungswinkel
wave antenna Wellenantenne
wave attenuation constant Wellendämpfungskonstante
wave band Wellenband, -bereich (Funk u. Radar)
wave band filter Bandfilter, Filtersiebkette
wave band indicator Wellenbereich(s)melder
wave band switch Wellenbereich(s)filter
wave breaker Wellenbrecher
wave by a rising stage Hebungswelle
wave caused by a rising stage Hebungswelle
wave change switch Wellenbereich(s)schalter
wave changing switch Verstimmungsschalter
wave characteristic Wellencharakteristik, -eigenschaft, Wellennatur
wave cloud Wogenwolke
wave clutter Seegangsecho, Wellenreflexion
wave collector Empfangsantenne
wave concentration Wellenbündelung
wave constant Wellenkonstante
wave converter Modusumformer, Wellenformwandler
wave crest Scheitel einer Welle, Wellenberg, Wellenkamm
wave curve Wellenlinie
wave detector Wellenanzeiger, -detektor
wave diffraction Wellenbrechung
wave disturbance Wellenstörung
wave drag Wellenwiderstand (Überschallflug)
wave drag due to lift auftriebsabhängiger Wellenwiderstand (AC)
wave drag due to volume, in supersonic flow volumenabhängiger Wellenwiderstand, Überschallströmung (AC)
wave duct Leitschicht (Wellenausbreitung), Dukt, Wellenführung
wave echo Wellenecho
wave energy Schwingungsenergie
wave energy absorber Wellenschlucker
wave equation Dirac-Gleichung, Wellengleichung
wave excitation Schwingungsanfachung
wave exciter Wellenerreger, -erzeuger
wave extent Wellenausschlag
wave field Wellenfeld
wave filament Wellenstrahl
wave filter Schwingungssieb, Siebkette, Wellenfilter
wave filter terminated at mid-series (mid-shunt) mit einem halben Längsglied (Querglied) beginnender Kettenleiter
wave for daytime transmission Tageswelle
wave form Kurven-, Wellenform
wave-form converter Wellenformwandler
wave-form distortion Amplituden-, Klirrverzerrung, nichtlinear od. ungradlinige Verzerrung
wave-form generator Funktionsgenerator
wave-form response Wellenformcharakteristik
waveforms, multiple verschiedene Signalmuster (Bordcomputer)
wave frequency Wellenfrequenz
wave frequency control Wellenmesser
wave front Anstiegsflanke, Wellenfront, Wellenkopf, Wellenstirn
wave front angle Wellenfrontwinkel
wave front of sweep voltage Kippflanke
wave front plotter Wellenfrontschreiber
wave function Wellenfunktion
wave generation Schwingungsanfachung, Wellenanregung
wave generation by sheltering effect Wellenanfachung durch Leerwirbel
wave generator Wellenerzeuger, -generator
wave group Wellengruppe
wave-guide Hohlleiter, Wellenführung, Wellenleiter, -leitung
waveguide array, low-inertia, planar... trägheitsarme, planare Hohlleiterantenne
wave-guide assembly Hohlleiteranlage
wave-guide circuit Hohlraummischerkreis, Raumfiltermischkreis
wave-guide cutoff frequency Hohlleitergrenzfrequenz
wave-guide elbow Hohlleiterknie
wave-guide feed Hohlleiterzuführung
wave-guide gasket Wellenleiterdichtung
wave-guide mode Hohlleiterwelle
wave-guide plunger Hohlleiterabstimmkolben
wave-guide shim Flanschzwischenlage, Hohlleiterkontaktblech
wave-guide slotted line Hohlleitermeßleitung
wave-guide stub Stichleitung
wave-guide switch Hohlleiter(um)schalter
wave-guide termination Hohlleiterabschluß
wave-guide tuner einstellbarer Hohlleitertransformator
wave-guide-to-coaxial adapter Hohlleiter-Koaxial-Übergang
wave-guide twist Hohlleiterverdrehung, Torsionshohlleiter, Torsionsstück, verdrillter Hohlleiter
wave-guide twist section bewegliches Hohlleiterprofil
wave impedance komplexer Feldwiderstand
wave impulse Wellenstoß
wave interference Welleninterferenz
wave, interference Interferenzwelle
wave launching Wellenablösung
wave-length Wellenlänge (Funk, Radar)
wave-length changing switch Wellenumschalter
wave-length constant Phasenkonstante, Phasenmaß, Wellenlängenkonstante, Winkelmaß (je Längeneinheit), Winkelkonstante
wave-length constant per section Kettenwinkelmaß je Glied
wave-length extension Wellenverlängerung
wave-length in air Wellenlänge in Luft
wave-length meter Wellenmesser
wave-length of operating frequency Betriebswellenlänge
wave-length prolongation Wellenverlängerung
wave-length shortening Wellenverkürzung
wave-length standard Wellennormale

wave-length step Wellenstufe
wave-length switching Wellenumschaltung
wavelike wellenartig, -förmig
wavelike motion wellenartige Schwingung, Wellenschwingung
wave line recorder Wellenlinienschreiber
wave loop Wellenbauch
wave measurement Wellenmessung
wave-mechanical wellenmechanisch
wave-mechanical description wellenmechanische Beschreibung
wave mechanics Wellenmechanik
wave meter Frequenzmesser, Wellenmessergerät, Frequenzkontrollgerät, Frequenzprüfgerät
wave, modulated modulierte Schwingung
wave modulation Wellenmodulation
wave molding Sprungleisten
wave motion Wellenbewegung
wave normal Wellenfrontnormale
wave number (Kreis)wellenzahl, Phasenkonstante
wave of daytime transmission Tageswelle
wave of high potential Spannungswelle
wave of medium of high frequency Grenzwelle
wave of sound Schallwelle
wave on outer surface of coaxial cable Mantelwelle
wave of translation Übertragungswelle
wave optics Wellenoptik
wave packet Wellenpaket
wave parameter Wellenparameter
wave-particle duality Wellenteilchendualismus
wave-particle parallelism Wellenteilchendualismus
wave passage button Welleneinstellknopf
wave path Wellenbahn
wave pattern Wellenbild
wave period Wellenperiode
wave polarization Wellenpolarisation
wave profile Wellenform
wave propagation Ausbreitung drahtloser Wellen, Wellenausbreitung, -fortpflanzung
wave property Welleneigenschaft
wave quenching Wellenlöschung
wave radiation Wellenstrahlung
wave range Wellenbereich (Radar), Wendungsfeld
wave range switch Wellen(um)schalter
wave range switching Wellenbereich(um)-schaltung
wave receiver Wellenempfänger
wave reduction Wellenvernichtung
wave reflection Wellenreflexion, Wellenrückstrahlung
wave region Wellengebiet
wave retarding means Phasenverschiebungsplättchen
wave sequence Wellenfolge
wave screen Wellensieb
wave shape Kurvenform, Wellenform, Wellengestalt
wave shape analysis Frequenzanalyse einer Wellenform
wave shaper Wellenformer
wave signals Wellenbetrieb
wave superposed on direct current gleichstromüberlagerte Welle
wave surface Wellenfläche
wave switch Bandschalter
wave switch range Wellenschalterbereich
wave system Wellensystem
wave tail Wellenschwanz
wave theory Undulationstheorie, Wellentheorie
wave tilt Wellenfrontwinkel
wave train Wellenzug
wave train frequency Gruppenfrequenz, Wellenzugfrequenz
wave trap Beruhigungsbecken, Sperrkreis, Sperrtopf, Wellensauger, -saugkreis, Wellenschlucker
wave trough Tal einer Welle, Wellental
wave-type separator Wellenseparator
wave variable Wellenvariable, Wellenveränderliche
wave vector Wellenvektor
wave velocity Phasengeschwindigkeit, Wellenausbreitungsgeschwindigkeit
wave voltage Wellenspannung
wave winding Wellenwicklung
wave winding attachment Kreuzspulenzusatz
wave zone Wellenzone
waver plates Trägerplättchen
waver, to schwanken, wanken
waviness Welligkeit
waviness height Rauhtiefe
waving Wellenbildung
waving line wellenförmige Linie
wavy gebuchtet, gewellt, wellenartig, wellenförmig, wellig
wavy distortion by wave action Wellenstrahl
wavy fibered growth Wellenfas(e)rigkeit
wavy set gewellte Zahnung (Säge)
wavy slip-lines Welligkeit der Gleitlinien
wavy surface of beds Wellenfurchen
wax Wachs, wachsähnliche Substanz
wax composition Wachsfirnismasse
wax compensation Wachsfirnismasse
wax disc Wachsplatte, Wachsscheibe
wax distillate paraffinhaltiges Destillat
wax for technical purposes Wachs für Industrieverwendungszwecke
wax original Wachsaufnahme
wax record Wachsplatte
wax recording Wachsaufnahme, -matrize
wax seal Lacksiegel
wax, sealing Siegellack
waxed cotton-covered wire Baumwollwachsdraht
waxed paper Wachspapier
waxed wire Wachsdraht
waxing and waining of noise Atmen des Störgeräusches, Störgeräuschatmen
way Art und Weise, Bahn, Führungsbahn, Richtung, Straße, Weg
way ball valve, three Dreiwegekugelventil
way circuit Gemeinschaftsleitung
way side signal Streckensignal
way slide Schmierplanke
way station Zwischenamt, -station, -stelle
waybill Luftfrachtbrief
waypoint Streckenpunkt
waypoint coordinates Wegpunktkoordinaten
waypoint information Wegpunktinformation (nav)
ways Führungen an Werkzeugmaschinen,

Gleitbahn, Bettführungen (an Drehbank)
WB (weather bureau) Wetterstation
WBS (weight and balance system)
WCEMA west coast electronics manufactures association
WDD Western Development Division
WDI (wind direction indicator) Windrichtungsanzeige
we forward subject to correction wir übersenden Angelegenheit zur Korrektur
weak arm, mager (Benzingemisch), kraftlos, schwach, verdünnt
weak absorber schwach absorbierendes Mittel
weak ammonia liquor Gaswasser
weak, automatic selbsttätig arm (Vergaser)
weak burst Fehlerzerspringer
weak charge Ausbläser
weak coupling lose Kopplung
weak convergence schwache Konvergenz
weak current schwacher Strom, Schwachstrom
weak-current cable Schwachstromkabel
weak-current cable fitting Schwachstromkabelgarnitur
weak-current line Schwachstromleitung
weak, faint schwach, matt
weak fuel mixture Spargemisch (Kraftstoff)
weak gas mixture gasarmes Gemisch
weak interference schwache Störung
weak line Sollbruchstelle (Fsch)
weak mixture armes Gemisch, Spargemisch
weak mixture cruising conditions Reiseflug mit Spargemisch
weak point schwacher Punkt
weak-sighted schwachsichtig
weak signal schwaches Signal od. Zeichen
weak source schwache Quelle
weak tie Sollbruchstelle (Fsch)
weaken, to abbauen, abschwächen, entkräftigen, erschlaffen, nachlassen, schwächen, schwächer machen, verarmen
weakening Abschwächung, räumliche Dämpfung, Schwächung
weakening of cross section Querschnitt(s)-schwächung
weakening of current Stromabschwächung
weakening of tensile strength Reißentfestigung
weakening of the color Farbabschwächung, Verwaschen der Farbe
weakening of the field Feldschwächung
weakening ratio Feldschwächungsverhältnis
weakening the shock disturbance widerstandsgünstiges Doppelstoßsystem
WEAPD Western Air Procurement District
weapon aiming calculation Waffenzielberechnung
weapon aiming circuit breaker Schutzschalter für Waffenschärfung
weapon aiming computer Waffenzielrechner, Feuerleitrechner
weapon aiming error Zielfehler
weapon-aiming, gyro-stabilized kreisstabilisiertes Zielen
weapon and ancillary system Einsatz- u. Unterstützungssystem
weapon angular speed Winkelgeschwindigkeit der Waffe
weapon away switch Raketenträger-Abwurfsperrschalter
weapon characteristics Waffendaten
weapon control Feuerleitung, Waffeneinsatzleitung
weapon control console Feuerleitkonsole
weapon control order Feuerregelungsbefehl
weapon control panel Waffenbediengerät
weapon control system Feuerleitanlage
weapon debris Detonationstrümmer
weapon delivery system Waffeneinsatzsystem
weapon development pattern Verteilung der Waffenstationierung
weapon development program Waffenentwicklungsprogram
weapon direction Waffeneinsatzleitung
weapon direction equipment Waffenleitgerät
weapon discreet Feuer nach Zielanweisung (Feuerregelungsbefehl)
weapon laboratory Waffenerprobungsstelle, waffentechnische Versuchsanstalt
weapon load Waffenausrüstung, Waffenlast (Flugzeug), Waffenzuladung
weapon of attack Angriffswaffe
weapon officer Waffenleitoffizier
weapon performance data Waffenleistungsdaten
weapon procurement plan Waffenbeschaffungsplan
weapon proving system Waffenerprobungssystem
weapon pylons, inner innere Außenlastträger (milit)
weapon radius Waffenwirk(ungs)radius
weapon release computer Waffenauslösungsrechner
weapon selector Waffenstationswahlschalter, transparentes Meßblatt (Sprengkörperwahl)
weapon selector switch Waffenstationswahlschalter
weapon sight Visier-, Zieleinrichtung
weapon simulator Abfeuerungssimulator
weapon support system Waffenunterstützungssystem
weapon system test set (WSTS)
weapon system alignment Justierung des Waffensystems
weapon system code Waffensystemcode
weapon system, designator code Waffensystemcode
weapon system management Waffensystemleitung
weapon system partnership Waffensystempartnerschaft
weapon system support equipment Waffensystemzubehör
weapon technology Waffentechnik
weapon torch attachment Zielscheinwerfer
weapon training Ausbildung an der Waffe
weaponeer Waffentechniker
weapons bay Waffenschaft
weapons carrier Waffenträger, Waffenfahrzeug
weapons classification Waffeneinstufung, Waffenklassifizierung
weapons control station Waffenleitstand
weapon control status Feuerregelungsstufe
weapons delivery accuracy Treffgenauigkeit
weapons delivery and navigation system integriertes Navigations- und Waffenzielsystem
weapons duell Feuergefecht, -kampf

weapons platform Waffenträger
weapons rack Waffeneinhängevorrichtung
weapons system "Waffensystem" (Raketeneinheit der Raketentechnik)
weapons system storage site Versorgungslager für Waffensystem
weapons system support manager Lenkungsstelle für Waffensystemversorgung
weapons test site Waffenversuchsgelände
wear Abnutzung durch Gebrauch, Verschleiß
wear, amount of Abnutzungsgrad, Verschleißbetrag
wear by rubbing abreiben (Gummi)
wear limit Abnutzungsgrenze, Verschleißgrenze, Grenzwert der Rohrabnutzung (gun tube)
wear indicator pin Verschleißanzeigestift
wear of attrition Abnutzungsverschleiß
wear of the bearings Abnutzung der Lager, Lagerabnutzung (durch Reibung)
wear on bit Meißelabnutzung
wear out, to auslaufen
wear-out failure Verschleißausfall
wear-out failure point Verschleißausfallphase
wear-out period Verschleißphase (Kurzform von Verschleißausfallphase)
wear plate Gleitscheibe (Hydraulikpumpe)
wear reduction Verschleißminderung
wear resistance Verschleißfestigkeit, Verschleißwiderstand, Widerstand gegen Verschleiß
wear resistance of tungsten carbide Verschleißfestigkeit von Wolframkarbid
wear-resistant verschleißfest
wear take-up Ausgleich für Verschleiß
wear testing plug gage Abnutzungsprüfdorn
wearability Abnutzbarkeit, Verschleißfähigkeit
wearing capacity or property or quality Abnutzbarkeit
wearing curve Verschleißschicht
wearing depth zulässiges Abnutzungsmaß
wearing part dem Verschleiß ausgesetzter Teil, Verschleißteil
wearing strips Scheuerleisten
wearout Schrottreife, Verschleiß
weather Wetter, Witterungsbedingungen aussetzen, verwittern
weather adjustment Gierungseinstellung
weather analysis Wetteranalyse
weather and tracking data kombinierte Wetter- und Navigationsanzeige
weather announcing device Wetterrundspruchanlage
weather balloon Wetterballon
weather beacon Wetterbake, -boje
weather briefing mündliche Wetterberatung
weather briefing information Wetterberatungsinformation
weather broadcast service Wetterrundstrahldienst
weather broadcasting station Funk-Wetterwarte
weather broadcasting system Wetterrundspruchanlage
weather bulletin Wettermeldung
weather bureau Wetterzentralamt
weather change Wetteränderung, -wechsel, Wetterumschwung
weather chart Wetterkarte
weather check Alterungsrißbildung
weather clutter unerwünschte Wetterechos (Radar)
weather clutter suppression wetterbedingtes Störecho
weather cock Wetterhahn
weather code Wettercode, -schlüssel
weather condition Wetterbedingung, Wetterlage, Wetterverhältnis
weather condition, advent of critical Entstehung kritischer Wetterbedingung
weather control Wetterbeeinflußung
weather cover Wetterschutz
weather data Wetterdaten, Wetterangaben
weather data acquisition Wetterdatenerfassung
weather deterioration Wetterverschlechterung
weather device meteorologisches Gerät
weather equipment Allwetteranlage, Wetterausrüstung
weather exposure test Bewitterungsprobe
weather factor Wetterelement, Wetterfaktor, Witterungseinfluß
weather favorable for surprise attacks günstige Überraschungswetterlage
weather flag Wetterfahne, Windfahne
weather forecast Wettervorhersage
weather forecast center Wettervorhersagezentrale
weather forecast chart Wettervorhersagekarte
weather forecast folder Wetterberatungsmappe
weather forecast, longitudinal langfristige Wettervorhersage
weather forecaster Wetterberater
weather improvement Wetterbesserung
weather, inclemency of Witterungsbildung
weather intelligence Erkenntnisse aus der Wettererkundung (Bordrechner)
weather log, daily Wettertagebuch
weather limit Wetterscheide
weather leakage Wetternebenschluß
weather lore Wetterkunde
weather-manometer Verwitterungsmesser (geol)
weather map Wetterkarte
weather maximum Wetterregel, Wetterspruch
weather message Wettermeldung, Wetterrapport
weather minima Wettermindestbedingungen
weather minimum Minimumwetterzustand, Wettermindestbedingung(en)
weather observation service Wetterbeobachtungsdienst
weather observation station Wetterbeobachtungsstation
weather observer Wetterbeobachter, Wettererkunder
weather off course Wetter abseits vom Kurs
weather office Wetteramt
weather on-course Streckenwetter
weather or meteorological minima Wettermindestbedingungen
weather outlook Tendenz, Wetteraussichten
weather pattern with fault indication Wetterbilddarstellung mit Fehleranzeige (Bordcomputer)(Radar)
weather permitting falls das Wetter es erlaubt
weather phenomenon Wettererscheinung
weather-proof witterungsbeständig, wetterfest, wettersicher

weather-proof line wetterfeste od. wettersichere Leitung
weather proofed wetterfest gemacht
weather-protected wettergeschützt
weather protection Wetterschutz
weather radar Wetterradar
weather radar data Wetterradardaten, Wetterradarangaben
weather radar, digital digitales Wetterradar
weather radar equipment Wetterradargerät
weather radar interface Wetterradarschirm
weather-radar observation Wetterradar-Beobachtung
weather-recognition "Color-Radar"
instant weather recognition unmittelbare Wetterkennung
accurate, safe interpretation of storm densit pattern, no guessing genaues, sicheres Interpretieren der Sturmstruktur, kein Herumraten
bright light legibility erkennbar auch in heller Umgebung
color-coded weather makes interpretation instinctive...easly remembered instinktives Interpretieren...und leichtes Behalten der farbcodierten Wetterinformation
uniform brightness & highest digital resolution ever gleichmäßige Helligkeit und bisher höchste digitale Auflösung
lowers viewing fatigue...no deciphering geringes Ermüden der Augen...kein Entziffern
different color codes for radar and ground mapping verschiedene Farbcode für Wetter- und Bodendarstellung
contour reveals storm cell edges and identifies red danger area while displaying the complete weather Konturen lassen die Ränder der Sturmzellen gut erkennen und identifizieren. Die roten Gefahrengebiete, und dies bei Gesamtdarstellung der Wetterlage
range/mode alphanumerics don't interference with weather display alphanumerische Darstellung von Reichweiten und Betriebsart beeinflußt die Wetteranzeige nicht
many other pilot conveniences: Freeze, Target-alert 120/60 degree scan. 30 degree azimuth markers. Simple pushbutton controls. Weite Ähnlichkeiten für den Piloten sind: Bildhaltung, Zielwarnung, 120/60 Grad-Abtastung, 30 Grad-Azimutmarkierungen, einfache Drucktastenbedienung
weather reconnaissance Wettererkundung
weather report Wetterbericht, -meldung
weather report not field for transmission Wettermeldung nicht geordnet für Übermittlung
weather research Wetterbeobachtung, Wetterforschung
weather resistance Wetterbeständigkeit
weather resistant witterungsbeständig
weather-resisting witterungsbeständig
weather satellite Wettersatellit
weather section or platoon Wetterzug
weather service Warnungsdienst, Wetterdienst
weather service radio station Wettersendestelle, Wettersendestation (amtl.)
weather shade Taukappe
weather shooting gun fire against hail Wetterschießen gegen Hagel
weather side Luv(seite), Windseite
weather signal Wettersignal, -zeichen
weather stability Wetterbeständigkeit
weather-stable wetterbeständig
weather station Funkwetterwarte, Wetterstation, -stelle, -warte
weather strip Zugluftabschließer
weather strip for pivoting windows Drehfensterabdichtung
weather support Wetterberatung (für die Besatzung)(av)
weather suppression Wetterzielunterdrückung
weather symbol Wettersymbol, Wetteranzeichen
weather tight construction wetterdichte Konstruktion
weather tight rubber section Gummiprofildichtung
weather track Wettererkundungsstrecke
weather vane Wetter-, Windfahne, Windanzeiger
weather vaning effect Windfahneneffekt
weather, variable wechselhafte Witterungsbedingung
weather warning Sturm-, Unwetterwarnung
"weathercock stability" "Windfahnenstabilität"
weathercock, to sich in den Wind drehen
weathered pointing abgeschrägte Fuge
weathering Verwitterung
weathering bars for window winders Dichtungsschienen für Fensterheber
weathering layer Verwitterungsschicht (geol)
weathering of exposures Verwitterung von Aufschlüssen (geol)
weathering resistance Witterungsbeständigkeit
weathering test Bewitterungsprobe, -prüfung, Bewitterungsversuch, Witterungsversuch
weathers contours Wetterkonturen
weave Zwischenlinienflimmer, Zwischenzeilenflimmer
weaving unregelmäßige Seitenschwankung
web Aussteifung, Bahn, Band, Fußrippe, Gewebe(bahn), Kern (eines Spiralbohrers), Rippe, Radscheibe, Sägeblatt, Schneide, Versteifung
web belt Stoffgurt
web break detector Papierrießsicherung
web breaking roller Abreißwalze
web, crank Kurbelschenkel, Kurbelwange
web drier Bahnentrockner
web fed rotary letter Buchdruckrollenrotation
web feeding speed Einziehgeschwindigkeit
web flange Flanschpartie
web frame Rahmenspant
web gear Stegrad
web girder Stegträger, Stehblech, vollwandiger Träger, vollmaschiges Gitter
web guide Bahnenführung
web member Füll(ungs)stab
web member of a truss Mittelteil eines Gerüstes
web of a wheel Radscheibe
web of graticule Faden im Okular
web of railroads Schienennetz
web of rib Rippensteg

web of spar Holmsteg
web plate Fußrippe, Stehblech, Mittelsteg
web plate joint Stegblechstoß
web punching Steglochung
web reinforcement Schubbewehrung
web rib Stegrippe
web roll Scheibenwalze
web rounding Kurbelwangenausrundung
web saw Furniersäge, Schreinerspannsäge
web, saw Sägeblatt
web thickness Stegstärke
web thickness control Bahndickenregelung
web tie-down lock Bindeverschluß (Verpackungssack)
web tie-down loop Bindeschlaufe , Verschlußschlaufe (innerer Verpackungssack)
web to be coated Trägermaterial
web-type impeller halboffenes Laufrad
webbed verrippt
webbing Gurtband, Brückenbildung (warmformen),Faltenbildung (warmformen), Schwimmhautbildung (Folien)(Spritzgießen)
webbing locking loop Gurtbandverriegelungsschlaufen (Fsch)
webbing system Gurtführungssystem
Weber law Webersches Gesetz
Weber volt Weber-Voltsekunde
wedge Anzug (eines Keils), Backe, Füllkeil, Fütterung, Hochdruckkeil (meteo), spitzwinkliger Keil
wedge actuated collet chuck Keilspannfutter
wedge angle Keilwinkel
wedge block Keiltopf
wedge bolt Backenschraube, Fixierschraube, Nachstellkeil
wedge buckle Keilangel (Gattersäge)
wedge clamp Keilklemme
wedge coupling Verbindungskeil
wedge crown (low key) Klemmkrone
wedge error Keilfehler
wedge filter Graukeil (Optik), Keilfilter, Verlauffilter
Helmkeil
wedge formation Winkel, keilförmiger Geschwaderflug, Keilformation, Kettenkeil
wedge formation of aircraft Schwarmwinkel
wedge-formed part Keilstück
wedge-friction gear Keilradgetriebe
wedge-friction wheel Keilrad
wedge gate valve Absperrschieber
wedge hammer Keilhammer
wedge-in, to einkeilen
wedge-notched friction wheel Keilnutentreibrad
wedge of cold air Kaltluftkeil
wedge of fastening helve to hammer Helmkeil
wedge of high press Hochdruckkeil
wedge of high pressure Keil hohen Luftdrucks
wedge out auskeilen, ausspitzen
wedge-pass-gap setting device Keilanstellung
wedge photometer Graukeilphotometer
wedge profile piece Keilprofilstück
wedge-shaped keilähnlich, keilartig, keilförmig
wedge-shaped bar wound armature Keilstabanker
wedge-shaped guard Keilschutz
wedge-shaped lightning arrester Schneidenblitzableiter
wedge-sized copper Keilkupfer
wedge sluice valve Keilschieber
wedge spectrograph Graukeilspektrograph
wedge stirrup coupling Keilbügelkupplung
wedge stop holder Keilpuffergerhäuse
wedge surface Keilfläche
wedge together, to zusammenkeilen
wedge-type breechblock Keilverschluß
wedge-type cap cheek buckle Keileinschubangel
wedge-type door securing catch Schließkeil
wedge-type door striker fitting Türschließkeil
wedge-type flat slide valve Keilflachschieber
wedge-type printing frame Keilkopierrahmen
wedge-type screw Keilschraube
wedge-type transistor Keiltransistor
wedge valve Keilschieber
wedge zero Keilnull
wedging Festklemmen, Keilung, Klemmen
wedging away Auskeilen
wedging effect Schmierkeilwirkung
wedge of a tubing Verkeilung
weekend ticket Wochenendflugschein
"weep" hole Loch zum Einweichen der Spülung aus Einfachkernrohr
weeper Abzugsloch (Brückenbau)
weeping core tropfender Kern
weft counter Schußzähler
weft distributor Spulenverteiler
weft fork Abstellgabel, Einschlaggabel
Wehnelt cylinder Steuerelektrode, Steuergitter, Wehneltzylinder
WEF (with effect(ive) from) mit Wirkung vom
weigh anchor, to Anker lichter
weighing function Bewertungsfunktion
weighing lever with movable jockey Laufgewichtswaage
weighing tube Wägeröhrchen
weight Gewicht, Last, Schwere(empfindung), Senkung
weight, actual all-up tatsächliches Ganzgewicht od. Fluggewicht
weight, actual gross tatsächliches Fluggewicht
weight, actual landing tatsächliches Landegewicht
weight, actual take-off tatsächliches Fluggewicht
weight, actual taxi(ing) tatsächliches Rollgewicht
weight, actual zero-fuel tatsächliches Leertankgewicht
weight after separation Gewicht nach der Stufentrennung (sp)
weight, all-up Fluggewicht
weight altitude & temperature (WAT)
weight analysis Gewichtsanalyse
weight and balance clearance Lademanifest
weight and balance figurework Gewichts- u. Schwerpunktberechnung
weight and balance system WBS
weight and balancing data gewichts- u. schwerpunktbestimmende Daten
weight and balancing report form Gewichtsrapport
weight and strength advantage Gewichts- und Festigkeitsvorteil

weight at burn-out Leergewicht beim Brennschluß (sp)
weight at lift-off Gewicht beim Start
weight at stage I engine burnout Gewicht beim Brennschluß der Erststufe (sp)
weight at stage II engine Gewicht beim Brennschluß der Zweitstufe (sp)
weight at take-off Startgewicht
weight balance Gewichtsausgleich (av)
weight-balanced control surface Ruder mit Masseausgleich
weight, basic Grundgewicht, Standardbetriebsgewicht
weight batching Gewichtsdosierung
weight brake Gewichtsbremse
weight breakdown Gewichtsaufteilung
weight calculation rechnerische Gewichtsermittlung
weight carried on the bit Bohrdruck
weight category Gewichtsklasse
weight code gewichteter od. systematischer Code
weight compensating lens Gewichtsausgleichsglas
weight control Gewichtskontrolle
weight control program Gewichtskontrollprogramm
weight density spezifisches Gewicht
weight, delivery empty Leergewicht
weight, design actual zero-wing-fuel tatsächliches Flügelleertankgewicht
weight, design landing Bemessungslandegewicht
weight, design maximum Bemessungshöchstgewicht
weight, design take-off Bemessungsstartgewicht
weight, design taxi(ing) Bemessungsrollgewicht
weight distribution balance Gewichtsverteilung
weight driven clock Uhrwerk mit Gewichtsantrieb
weight-dropping technique Fallgewichtstechnik
weight, empty Leergewicht
weight, empty...dry Trockenleergewicht
weight equalizer Gewichtsausgleicher
weight factor Gewichtsfaktor, -zahl
weight feeder Dosiervorrichtung
weight feeding dosiert zuführen, Gewichtsdosierung
weight, fleet Standardflottengewicht
weight function Gewichtsfunktion
weight governor Gewichtsregler
weight, gross Fluggewicht
weight holder Gewichtsträger
weight in running order Betriebsgewicht
weight increase Gewichtserhöhung
weight index bewertete Kennziffer
weight indicator Bohrdruckmesser
weight indicator chart Bohrdruckdiagramm
weight, landing Landegewicht
weight-lenses on astronauts Schwerelosigkeit aus dem menschlichen Körper
weight lever system Gewichtshebeleinrichtung
weight-lifting capacity Hublast
weight limitation Gewichtsbeschränkung
weight loaded Betriebsgewicht
weight loaded friction gewichtsabhängige Friktion od. Reibung
weight loss by vaporization Verdampfungsverlust
weight, maximum all-up höchstzulässiges Fluggewicht
weight, maximum gross höchstzulässiges Fluggewicht
weight, maximum in-flight höchstzulässiges Fluggewicht
weight, maximum landing höchstzulässiges Landegewicht
weight, maximum take-off höchstzulässiges Startgewicht
weight, maximum taxi(ing) höchstzulässiges Rollgewicht
weight, maximum zero fuel höchstzulässiges Leertankgewicht
weight, maximum zero-wing-fuel höchstzulässiges Flügelleertankgewicht
weight, minimum Mindestfluggewicht
weight of balloon gas Füllungsgewicht
weight of charge Schmelzgewicht
weight of engine equipped Triebwerkgewicht mit Zubehör
weight of error Fehlergewicht (math)
weight of flywheel Schwungkranzgewicht
weight of fuel Brennstoffgewicht
weight of lifting or inflation gas Füllgasgewicht, Traggasgewicht
weight of load Ladegewicht
weight of material to be supplied Liefergewicht
weight of oil Brennstoffgewicht
weight of oil carried Schmierstoffgewicht
weight of power charge Ladungsgewicht
weight of projectile Geschoßgewicht
weight of standard air Norm(al)luftgewicht
weight of the aeroplane at take-off Startgewicht eines Flugzeugs
weight of the air Luftgewicht
weight of the drilling mud Bohrschlammdichte, -gewicht
weight of unit volume Volumengewicht
weight on the bit Bohrdruck
weight on the wheel Radgewicht
weight operated feed Gewichtsvorschub
weight, operating Betriebsgewicht, Einsatzgewicht
weight, operating...empty Betriebsleergewicht
weight, operational empty Betriebsleergewicht
weight, operational landing zulässiges Landegewicht
weight, operational take-off zulässiges Startgewicht
weight penalty Mehrgewicht
weight per horsepower Gewicht je PS, Leistungsgewicht (Kolbentriebwerk)
weight per unit volume Gewicht je Volumeninhalt, Raumgewicht
weight percentage Gewichtsprozent
weight percentage of balloon gas Füllungsgewichtprozent
weight percentage scale Gewichtsprozentskala
weight rate of flow Durchsatz (eines strömenden Mittels)
weight ratio Gewicht/Massen-Verhältnis
weight register Gewichtsregister (für Ziffernbewertung)
weight saving construction Leichtbauweise (Aluminiumkonstruktion)

weight saving way of appropriate structural arrangement Formleichtbau
weight-savings Gewichteinsparung, gewichtsersparnis
weight, shipping Versandgewicht
weight stand hook Gewichtsträgerhaken
weight suspending properties of the mud Tragfähigkeit der Spülung
weight, take-off Startgewicht
weight, tare Leergewicht
weight, taxi(ing) Rollgewicht
weight to horsepower ratio Leistungsgewicht
weight-to-thrust-ratio Gewicht/Druck-Verhältnis
weight tolerance Gewichtszuschlag
weight velocity of flow Mengenstrom (aerodynamisch), sekundliche Förder- od. Durchflußmenge
weight voltameter Gewichts-Voltameter, Massen-Voltameter
weight, zero fuel Leertankgewicht
weight, zero wing-fuel Flügelleertankgewicht
weighted antenna gewichtsbelastete Antenne, Eierantenne
weighted binary binär bewertet (dig, math)
weighted binary signal binär bewertetes Signal
weighted index bewertete Kennziffer
weighted lever gewichtsbeschwerter Hebel
weighted pendulum testing machine Prüfmaschine mit Pendelwaage
weighted spring mit einem Gewicht versehene Feder
weighted tension roller Belastungsrolle
weighting agent Beschwerungsmittel
weighting and properting Gewichtsdosierung
weighting factor (ballistics) Einflußzahl
weighting filler Beschwerungsmittel
weighting function Einfluß-, Gewichtsfunktion
weighting material Beschwerungsmittel, -substand
weighting network Bewertungsfilter, Bewertungsnetzwerk
weighting network selector Meßwertschalter
weightless gewichtslos, ohne Gewicht, leicht, schwerelos
weightlessness Gewichtslosigkeit, Schwerelosigkeit
weights and loads Masse- und Leistungsdaten (Hschr)
weights, governor Reglergewichte
weights loaded Abgangsgewichte
weir Fangbühne, Überlauf, Wehrdamm, Wehrkörper
weir box Staukasten, Überlauf
weir coefficient Überfallbeiwert
weir dam plate Stirnplatte des Überlaufs
welch plug plombierter Verschlußdeckel
weld Brennerdüse, Schweißarbeit, Schweißkuppe, Schweißstelle, Spleißstelle, V-Stoß, Gasflaschenmantel, Kopfschutzhaube, Raupe
weld, autogenously autogen schweißen
weld cracking Schweißrissigkeit
weld decay Korngrenzkorrosion, Versprödung nach dem Schweißen
weld down-hand, to abwärtsschweißen
weld deposit Ausschweißung
weld dimension Nahtstärke
weld hard facing on drilling tool Hartmetallbesatz auf Bohrwerkzeug aufschweißen
weld-harden, to schweißhärten
weld-in flange Einschweißstutzen
weld iron Schweiß(schmiede)eisen
weld junction cross section Anschlußquerschnitt (Schweißnaht)
weld junction strength Anschlußfestigkeit (Schweißnaht)
weld knot Schweißknoten
weld metal eingeschweißtes Material, Schweißgut
weld metal recovery Schweißgutausbeute
weld nugget Schweißlinse, Schweißpunktkern
weld-on, to anschweißen, aufschweißen
weld-on terminal Lötanschlußstück
weld recorder Schweiß(ungs)aufzeichner
weld reinforcement Schweißüberhöhung
weld size Bruchquerschnitt
weld steel schweißbarer Stahl, Schweißstahl
weld tab Schweißzunge
weld test data Schweißwerte
weld, to ausbrennen, auskreuzen, einbrennen, einschließen, einschweißen, heißlöten, schweißen, verschweißen
weld-up, to zusammenschweißen
weld up-hand, to aufwärtsschweißen
weldable schweißbar
welded an-, aufgeschweißt
welded area Schweißstelle
welded band geschweißtes Band
welded butt joint Stumpfschweißstelle
welded design Schweißkonstruktion
welded framing geschweißte Rahmenkonstruktion
welded gasoline tank geschweißter od. verlöteter Benzintank
welded joint Schweißnaht, -stelle, Schweiß(gut)verbindung
welded neck flange geschweißter Flansch
welded oil storage tank geschweißter Erdölvorratstank
welded overlapped joint überlappte Schweißstelle
welded petrol tank geschweißter Benzintank
welded rail joint Schweißnahtstoß
welded sleeve Rohrschweißmuffe
welded stainless steel skin and frame geschweißte Hauptfelder u. Spante (rostfreier Stahl)
welded steel-tube fuselage rumpfgeschweißtes Stahlrohrgerüst
welded steel tubing geschweißtes Stahlrohr
welded structure Schweißkonstruktion
welded tubular structure geschweißte Rohrkonstruktion
welded vessel test plate Prüfblech für geschweißten Behälter
welder Schweißer, Schweißmaschine, Schweißvorrichtung
welder's outfit Schweißausrüstung
welder's screen Schweißerschutzschild
welder's shield Schweißerschutzschild
welding Aufschweißen, Kunstschweißung, Schweißarbeit, Verschweißung
welding apparatus Schweißapparat, -gerät
welding arc Schweiß(licht)bogen
welding arc voltage Schweißspannung

welding area Schweißstelle
welding bar Schweißstab
welding bead Schweißtropfen
welding bolts Schweißschrauben
welding burner Schweißbrenner
welding cable Schweißkabel
welding capacity Schweißleistung
welding carbon electrode Schweißelektrode, Schweißkohle
welding characteristic Schweißeigenschaft, Schweißverfahren
welding circuit Schweißstromkreis
welding collars Vorschweißbunde
welding compound Metallmischung zum Schweißen, Schweißmittel
welding converter Schweißumformer
welding crack Schweißriß
welding current Schweißstrom
welding current regulator Schweißstromregler
welding data Schweißbedingungen
welding defect Schweißfehler
welding die Schweißbacke
welding dynamo Schweißgenerator
welding, electric-flash elektrisches Abbrennschweißen
welding, electric-resistance elektrisches Widerstandsschweißen
welding electrode Schweißelektrode, -stab
welding electrode covering press Schweißelektrodenumhüllungspresse
welding end (An)schweißende
welding engineer Schweißingenieur
welding equipment Schweißanlage, Schweißausrüstung, -einrichtung
welding fissure Schweißriß
welding flame Schweißflamme
welding flaw Schweißfehler, Schweißriß
welding flux Flußmittel, Schweißmittel, Schweißpulver
welding, forge Feuer-, Hammerschweißung
welding furnace Schweißofen
welding generator Schweißgenerator
welding globule Schweißperle
welding glove Schweißhandschuh
welding gun Punktschweißbügel, Punktschweißzange, Schweißpistole
welding handle Schweißkolben, (Schweiß)-pistole
welding head Schweißkopf
welding heat Schweißflut, -glut, -hitze, Schweißtemperatur, -wärme
welding heat condition schweißthermische Bedingung
welding helmet Schweißhelm
welding interrupter Schweißschalter
welding jig Schweißvorrichtung (zum Schweißen)
welding job Schweißarbeit
welding joint Schweißfuge
welding line Schweißstraße
welding machine Schweißapparat, -gerät, Schweißmaschine
welding, manual open arc offene Lichtbogenschweißung von Hand
welding material Schweißgut
welding method Schweißmethode, -verfahren
welding nozzle tip Schweißdüsenmundstück
welding motor generator rotierender Umformer für Schweißzwecke
welding of preheated cast iron Gußwarmschweißung
welding of plastics Kunststoffschweißen
welding outfit Schweißausrüstung
welding period Punktfolge, Schweißzeit
welding plant Schweißanlage, Schweißerei
welding plate Schweißplatte
welding point Anschweißstelle
welding position Schweißstelle
welding powder Schweißpulver
welding practice Schweißerei
welding press Schweißpresse
welding pressure Schweißdruck
welding process Schweißprozeß, -verfahren
welding resistance Schweißwiderstand
welding, resistance Widerstandsschweißung
welding rod Schweißdraht, -stab
welding seam Schweißfuge, Schweißnaht
welding set Schweißsatz(aggregat)
welding set generator Schweißumformer
welding stress arc voltage Schweißspannung
welding system, creep feed grind Schutzgas-Wolfram-Schweißeinrichtung
welding technique Schweißtechnik
welding temperatur Schweißtemperatur
welding test Schweißversuch, Schweißprobe
welding timer Schweißtaktater, Schweißzeitgeber
welding tip Schweißdüse, Schweißbrennereinsatz
welding tongs Schweißzangen
welding tool Schweißwerkzeug
welding torch Schweißbrenner, -lampe
welding transformer Schweißtransformator, Schweißumspanner
welding unit Schweißaggregat, -einrichtung
welding upset Schweißdruck
welding weld or weldable metal Schweißmetall
welding wheel Schweißrad
welding wheel shaft Schweißradwelle
welding wire Schweißdraht
welding with pre- and post-heating Warmschweißung
welding yoke Schweißzapfenmitnehmer
welding yoke type universal joint Schweißzapfengelenk
weldless link nahtloser Hebebügel
weldless pipe nahtlos gezogenes Rohr
weldless tube nahtloses Rohr
welfare unit Betreuungsabteilung
well Behälter, Bohrung, Bohrloch, Brunnen, Vorratsraum, Vertiefung
well, abandoned drilling vorzeitig eingestellte Bohrung
well, bailing im Schöpfbetrieb fördernde Sonde
well-balanced gut ausgewuchtet, wohl abgewogen
well, bare footed Bohrung ohne Filterrohre
well base rim Tiefbettfolge
well-bedded gut geschichtet
well boring drill Brunnenbohrer
well, cable tool Seilbohrloch, Seilbohrung
well casing Bohrlochfutterrohr
well cavity Bohrlochauskesselung
well cleaner Bohrlochreiniger

well-collimated beam gutgebundener Strahl
well, commercially productive wirtschaftliche produktive Bohrung
well completion Fertigstellung einer Bohrung durch Förder(ungs)aufnahme
well completion method Fertigstellungsverfahren von Bohrlöchern
well constructed machine durchkonstruierte Maschine
well-core analysis Bohrkernanalyse
well crew Bohrmannschaft
well cuttings Bohrgut, Bohrschmand
well crystal Bohrlochkristall
well data, accurate genaue Bohrlochdaten
well, deplete a Bohrung erschöpfen
well, depleted erschöpfte Bohrung
well depth parameter Potentialtopftiefe
well dimension Bohrlochabmessung
well, directional gerichtete Bohrung
well, discovery Entdeckungsbohrung, Erschließungsbohrung, Fundbohrung, förderne od. fündige Bohrung
well, drowned verwässerte Bohrung
well, economic limit of a Wirtschaftlichkeitsgrenze einer Bohrung
well, edge water Randwasserbohrung
well-elevation Seehöhe des Bohrlochansatzpunktes
well-exchange trade Tauschgeschäfte mit Bohrergebnissen
well file Bohrarchiv, Bohrdatei
well flow Schüttung der Bohrung
well-focused beam gutfokussierter Strahl
well, follow-up Folgebohrung
well-formed formula Aussageform
well, gas Erdgasbohrung, Gassonde
well, gas input Gaseinpreßbohrung, -sonde
well, gravel-packed Bohrung mit Kiespackung, Kies(el)schüttungsbrunnen, verkieste Bohrung
well has been pumped off Bohrung ist abgepumpt
well head Bohrlochkopf
well-head connection Anschlußkopf am Bohrlochkopf, Bohrlochkopfanschluß
well-head pressure Druck am Bohrlochkopf, Bohrlochkopfdruck
well-head price of natural gas Erdgaspreis ab Bohrfeld
well, high-drift angle Bohrung mit starker Vertikalabweichung
well, high-pressure Hochdruckbohrung
well informed gut unterrichtet
well, input Einpreßbohrung
well, intermediate Zwischenbohrung
well log Bohrprofil
well logs, corrections of Korrelation von Bohrprofilen
well log, final endgültiges Bohrprofil
well logging, electrical elektrische Bohrlochmessung
well, marginal Randbohrung
well-moderated reactor gut durchmoderierter Reaktor
well, observation Beobachtungsbohrung
well obtained by driving pipe into water-bearing stratum Rammbrunnen
well, offsetting Produktionsbohrung
well on fire in Brand geratene Sonde
well-ordered arrangement Übersichtlichkeit
well, outpost Aussenbohrung, Felderweiterungsbohrung
well packer Bohrlochpacker
well pit Brunnenfeld, Schachtfeld
well points Filterbrunnenaggregat
well producing by flow Eruptivsonde frei (durch Düsen) aufschließende Bohrung
well pulling machine fahrbare Ölfeldwinde
well recognized fact anerkannte Tatsache
well, salt-water disposal Schluckbohrung für Salzwasser
well shooting Bohrlochschießen
well sinking enterprise Tiefbohrgeschäft
well spacing Bohrlochabstand, Bohrlochzwischenraum
well-stratified gut geschichtet (pla)
well surveying instrument Bohrlochmeßinstrument
well symbol Bohrlochkartenzeichen, Bohrlochsymbol
well tests, dry Bohrförderversuch ohne Ölzufluß
well through-out design gut durchdachte Konstruktion
well to the left (right) weit links (rechts)
well-type counter Zähler mit Probenkanal
well-type ionization chamber Schachtionisationskammer
well-type scintillation counter Szintillationszähler mit Bohrlochkristall
well ventilated gut belüftet (Bohrloch)
well wagon or drop frame car Tieflade(r)wagen
well wall Bohrlochwandung
well went to water verwässerte Bohrung
well width Schachtbreite
well with perforated pipe casing Abbessinierbrunnen
wells in the viscinity Nachbohrungen
wells location plant Bohrplan, -punktkarte
Welsbach gaslight Auerlicht (Gasglühlicht)
Welsbach mantle Auerstrumpf (Gasstrumpf)
welsh plug Blindstopfen, Dehnstopfen
Weltner method Weltnerverfahren
werping verwerfen (geol)
WESCON Western Electronic Show and Convention
westbound in Westrichtung fliegen
west terminal Endstelle "west"
westerlies Antipassat (meteo)
western european time westeuropäische Zeit
wet benetzten, feucht, durchfeuchten, durchnässen, naß
wet abrasion effect Naßschauerwirkung
wet adiabat Pseudoadiabate, Feuchtadiabate, Sättigungsadiabate
wet air outlet Abzug für feuchte Abluft (Kunststoffverarbeitung)
wet and dry bulb hygrometer Psychrometer
wet and dry bulb psychrometer Aspirationspsychrometer
wet and dry bulb temperature Feuchtigkeitstemperatur
wet battery or cell Naßelement
wet blasting Naßstrahlen
wet bonding strength Naßbindefestigkeit
wet bottom boiler Schmelzkammerkessel

wet bottom gas producer Gaserzeuger ohne Rost, rostloser Gaserzeuger
wet bottom producer Abstichgenerator
wet bulb temperature Feuchttemperatur
wet bulb thermometer feuchtes (Kugel)-thermometer, Naß(glas)thermometer, Thermometer mit feucht gehaltener Kugel (Psychrometer)
wet cell Füllelement, Naßelement, nasses Element
wet-cell battery Naßbatterie
wet-charged battery naßgeladene Batterie
wet cleaner Naßreiniger
wet cleaning Naßaufbereitung, -reinigung, Naßwäsche
wet cleaning process nasses Putzverfahren
wet compression machine Naßkompressionsmaschine
wet crushing Naßmahlen, Naßzerkleinerung
wet developing method Naßentwicklungsverfahren
wet dial water meter Naßläufer
wet-diving suit Kampfschwimmeranzug
wet electrolytic capacitor Naßelektrolytkondensator
wet elongation Naßdehnung
wet feed Naßgutbeschickung (pla)
wet feed inlet Naßgutzuführung
wet finishing process Naßbehandlung
wet flashover voltage Überschlagsspannung (bei nassen Isolatoren)
wet float Stützschwimmertank
wet fog feuchter od. nässender Nebel
wet-friction disk brake Flüssigkeitsscheibenbremse
wet gas meter nasser Gasmesser, nasse Gasuhr
wet grinding Naßmahlen, Naßschleifen, Naßschliff, Naßschroten
wet grinding process Naßmahlverfahren
wet hook-up Luftbetankung
wet lattice Eintauchgitter
wet lay-up Naßlaminieren
wet lay-up moulding Mattenpreßverfahren
wet liner vom Kühlmittel umspülte Zylinderlaufbüchse
wet machine Entwässerungsmaschine, Siebtischentwässerungsmaschine
wet mechanical analysis Schlammanalyse
wet meter Naßzähler
wet mill concentration naßmechanische Aufbereitung
wet-motor pump Naßmotorpumpe
wet offset printing Naßoffsetdruck
wet-on-wet spraying Naß-auf-Naßspritzen
wet-operating deduster naßarbeitender Entstauber
wet pan grinding Naßmahlgang
wet-pan mill Naßkneter
wet paste electrolyte feuchte Elektrolytpaste
wet process Naßmethode, -verfahren
wet rot Naßfäule
wet-rub strength Naßreibechtheit (Lack)
wet slag dünnflüssige Schlacke
wet spinning Naßspinnverfahren
wet steam Naßdampf, nasser Dampf
wet steam cooled reactor naßdampfgekühlter Reaktor
wet-steam field Naßdampfvorkommen
wet storage battery Naßbatterie
wet start Anlaßüberflutung
wet strength Naß(binde)festigkeit
wet strength paper naßfestes Papier
wet submersible Naß-Unterseebot (Taucher), Unterwasserjeep
wet suid (divers) Naßtauchanzug
wet sump feuchter Ölsumpf (enthält das ganze Motorenöl)
wet-sump full-pressure lubrication Naßsumpf-Druckumlaufschmierung
wet-sump system Ölsumpfschmierung
wet tenacity Zugfestigkeit im Feuchten
wet test Naßversuch, Beregnungsversuch
wet tool grinder Naßschleifständer
wet tool grinding machine Naßschleifmaschine
wet turning attachment Kühlwassereinrichtung für Drehbänke
wet turning equipment Naßdreheinrichtung
wet turning installation Naßdreheinrichtung
wet-type air cleaner Naßluftfilter, Ölbadluftfilter
wet-type clutch in Öl laufende Kupplung, Ölbadkupplung
wet-type gasometer Tassengasometer
wet washer Naßreiniger
wet washing Naßreinigung
wet weight Einbaugewicht (Twk)
wetting power Benetzungsvermögen
wetness Feuchtigkeit, Nässe
wettability Benetzbarkeit
wetted area die vom Kühlmantel benetzte bzw. vom Luftstrom umspülte Fläche
wetted permitter benetzter Umfang des Querschnitts
wetted surface benetzte od. feuchte Oberfläche
wetted type surface air cooler Naßluftkühler
wetting agent Benetzungsmittel, Netzmittel
wetting angle Randwinkel
wetting effect Netzwirkung
wetting liquid benetzende Feuchtigkeit
wetting power Benetzungsvermögen
wetting screen Naßsieb
wharf Anlandevorrichtung, Auslandungsplatz, Flußdamm, Ladeplatz, Landebrücke, Landungssteg, Quaianlage
wharf revolving crane Hafendrehkran
wharfage Ausladungs-, Kai-, Löschgebühr
Wheatstone bridge Wheatstonsche Brücke (für elektrische Widerstandsmessung)
wheel Blockscheibe, Drehung, Kreisbewegung, Laufrad, Rädchen, Scheibe, Walze
wheel alignment Rad(ab)stand
wheel and axle-set grinder Achssatzschleifmaschine
wheel and column control Radsteuerung (des Flugzeugs)
wheel and disc device Reibradantrieb
wheel and disc integrator Scheibenintegrierer
wheel and hub ring Felgenring (ungeteilt)
wheel arch Radabdeckung (Kfz, innen auf Ladefläche)
wheel arm retainer Schwingarmhalter
wheel arm spindle Schwingarmzapfen

wheel arm support Schwingarmlagerbock
wheel assembly Gaserzeugerturbinenlaufrad (Twk)
wheel axle Radachse
wheel axle and brake flange Radachse und Bremsflansch
wheel balancing device Laufradschwinge
wheel barometer Zeigerbarometer
wheel-barrow handles Karrenschenkel, Transportwagenschenkel
wheel base Achsen(ab)stand, Achsenentfernung, Achsstand, Radabstand, Spurweite
wheel bearing Radlager
wheel bearing cap Achslagerdeckel
wheel bearing grease Radlagerfett
wheel mounting bolt or stud Radbefestigungsbolzen (Kfz)
wheel bearing nut Radlagereinstellmutter
wheel bearing retaining nut Radstellmutter (Fahrwerk)
wheel bearing sleeve Laufradlagerbuchse
wheel bearing spindle Achsschenkel
wheel bearing spindle bushing Achslagerspindelbüchse
wheel blade Radschaufel
wheel body Radkörper
wheel bolt Radbolzen
wheel boss or hub Radnabe
wheel brace Radabzieher, Radmutternschlüssel
wheel brake Radbremse
wheel brake articulating link Lenker für Bremsbacken
wheel brake system Bremsanlage
wheel brakes drum Bremsentrommel des Rades
wheel brakes with shoes Balkenbremse
wheel braking cylinder Radbremszylinder
wheel brush Bürstenscheide
wheel bumper Radabweiser (Kfz)
wheel cap Radzierkappe, Staubschutzkappe (am Rad)
wheel casing Radverkleidung
wheel cell Radtank (Polbeförderung)
wheel center Radkörper
wheel center disc Radscheibe
wheel centering cams Radzentrierführung
wheel centre Läuferlager (Kreisel), Stellschraube des Läuferlagers (Kreisel)
wheel check gauge Räderprüflehre
wheel chock Bremsklotz, Radkeil
wheel, cog mit stumpfen Zähnen (Zahnrad)
wheel control Radsteuerung (Flz), Handradsteuer
wheel cylinder Bremszylinder
wheel deflection Radausschlag
wheel diameter Raddurchmesser
wheel disk Rad(verblend)scheibe
wheel drag Hemmschuh, Hemmzeug
wheel dresser Abrichtwerkzeug (für Schleifscheiben), Abrunder, Abziehwerkzeug, Abziehvorrichtung für Schleifscheibe, Steinabrunder
wheel drive Radantrieb
wheel drive, eight Achtradantrieb
wheel drive key Bremsscheiben-Mitnehmerkeil
wheel elevator Heberad
wheel escapement Radschaltung
wheel face Scheibenkranz
wheel fairing Radverkleidung
wheel flange Felgenhorn, Radflansch, Spurkranz
wheel flutter Radflattern
wheel fork Lenker, Radgabel
wheel fork assembly Radgabel
wheel fork bearing Radgabellager
wheel fork fairing Radgabelverkleidung
wheel frame Fahrgestell
wheel from groove or gorge of hyperboloid Kehlrad
wheel generator Signalgeber (Antiblockieranlage)
wheel grinding guard Schleifscheibenschutzhaube
wheel guide Rödelbalken
wheel, helically toothed Rad mit Schrägverzahnung
wheel, herringbone Rad mit Winkelzähnen
wheel house Radkasten
wheel housing trim Radkastenverkleidung
wheel hub stud Radbefestigungsbolzen
wheel hubs, unfinished and finish-machined rohe und bearbeitete Radnaben
wheel landing Radlandung
wheel load Rad(be)last(ung)
wheel load weighing machine Raddruckwaage
wheel lock Radsperre
wheel, measuring Meßrad
wheel molding machine Räderformmaschine
wheel motion Radbewegung
wheel nut Radmutter, Radbefestigungsmutter
wheel nut spanner Radmutternschlüssel
wheel nut wrench Radmutternschlüssel
wheel-operated means Radtaster
wheel ornament(al) cap Radzierkappe
wheel package Radverpackung
wheel pants Radverkleidung(en)
wheel pickup Störspannung durch Motorstreufeld
wheel, pitch of the Radteilung
wheel, pneumatic-tire luftbereiftes Rad
wheel positioning lever Radschwenkhebel
wheel positioning rod Radverstellstange
wheel pressure Raddruck
wheel printer Typenraddrucker
wheel range velocity Radbereichsumdrehungsgeschwindigkeit
wheel remover Radabzieher
wheel replacement ski Radersatzski
wheel retaining collar and towing eye Achskappe mit Schleppauge (Fahrwerk, Hschr)
wheel retaining nut Radstellmutter
wheel, retractable einziehbares Rad
wheel rim Binderreifen, Radfelge
wheel rim joint Felgenstoß
wheel rim section Radfelgenprofil (Spezialprofil)(Walzwerkerzeugnis)
wheel ring retaining nut Felgenringmutter
wheel rolling mill Radwalzwerk
wheel rotation Radbewegung
wheel scraper Radabstreicher
wheel seat or fit Achsenkopf, Nabensitz
wheel set Radsatz
wheel-shaped radförmig
wheel shimmy Radflattern
wheel side cover Laufradverkleidung
wheel side rim Radfelgenring

wheel slide Schleifspindelschlitten
wheel spats Radverkleidung (Fahrgestell)
wheel speed at the blade tip Schaufelspitzengeschwindigkeit
wheel speed test Läuferdrehzahlprüfung
wheel speed transducer Radgeschwindigkeitsübertrager
wheel spider Radstern
wheel spin up (electr) Rädchenumdrehung
wheel spindle Schleifscheibenschenkel, Schwingschenkel, Achsschwingschenkel
wheel spinning device Laufradantrieb
wheel, split gesprengtes Rad
wheel spoke Radspeiche
wheel-spoke planing machine Radspeichenhobelmaschine (w)
wheel stand Schleifbock
wheel stand revolving plate Schleifbockdrehplatte
wheel stand slide Schleifbockschlitten
wheel stud Radbolzen, Radstift
wheel, swivel schwenkbares Rad
wheel tank fahrbarer Tank
wheel testing machine Laufrädermaschine
wheel tie bolt Felgenschraube
wheel tire Radbandage
wheel tooth Radzahn
wheel track Radspur, Spurweite (des Fahrgestells), Wagenspur
wheel tracked vehicle Räderraupenfahrzeug
wheel trolley Stromabnehmerrolle
wheel turning lathe Raddrehbank
wheel-type landing gear Landefahrwerk
wheel-type of milling cutter Frässcheibe
wheel undercarriage Radfahrgestell
wheel-up landing Bauchlandung
wheel web rolling mill Radscheibenwalzwerk
wheel well Fahrwerkschacht, Radkammer
wheel with stepped teeth Zahnrad mit Stufenzähnen
wheel work with conical gearing Kegelradwerk
wheel wright Radmacher, Stellmacher
wheel wright's compass Speichenmesser
wheeled fahrbar, mit Rädern versehen
wheeled aircraft Flugzeug mit Radfahrwerk
wheeled cable drum carriage Auf- und Abwindhaspel
wheeled gun carriage Radlafette
wheeled lifter carrier Krankentragenfahrgerät, Räderbahre
wheeled mixer fahrbares Mischpult
wheeled vehicle Räderfahrzeug
wheeler Radlandung
wheeler chisel Kantbeitel
wheeling working Karrenförderung
wheels with brakes bremsbare Räder
wheels with independent legs Einbeinfahrgestell
wheels up landing Bauchlandung
wheelwork with conical bearing Kegelradwerk
when finally completed Endausbauzustand
whet abziehen, ausschleifen, schärfen, schleifen, wetzen (mit Ölstein abziehen)
while installed in eingebautem Zustand
whip Klappläufer, Wippe
whip antenna Peitschenantenne
whipping Besatz, Bewicklung, Umspinnung, Umwicklung
whipping cable Eisendrahtbeflechtung
whirl Strudel, Wirbel
whirl chamber Wirbelkammer
whirl high, to hochwirbeln
whirl rig Schleuderprüfstand
whirl-sintering Aufdüsen, Aufspritzen, Wirbelsintern
whirlibird Hubschrauber (Slang)
whirling Flattern, Wirbelströmung, Wirbelung
whirling arm Rundlauf (aerodynamisches Meßgerät)
whirling arm test Rundlaufversuch
whirling chamber Wirbelkammer
whirling current Wirbelstrom
whirling effect Wirbeleffekt
whirling line Wirbelleine
whirling motion Wirbelbewegung
whirling rig Schleuderprüfstand
whirling speed Schwirrgeschwindigkeit
whirling test Schleuderprobe, Probelauf eines Hubschraubers
whirling test stand Schleuderprüfstand
whirling wing Drehflügel
whirlwind Windhose, Wirbelsturm, Wirbelwind
whirlwind storage tube Wirbelwind-Speicherröhre
whisker Kontaktdraht, -feder, Metallspitze, Suchdraht (Detektor), Geschwindigkeitsschwankung
whispered speech Flüstersprache
whispering pump Flüsterpumpe
whistle light Pfeifensignal, Sirenensignal
whistle signal Pfeifsignal
whistle stability Pfeifsicherheit
whistle, to pfeifen, rauschen, sausen
whistle tone Pfeifton
whistle valve Pfeifventil
whistle with double tone Zweiklangpfeife
whistling cartridge Pfeifpatrone
whistling light buoy Leuchtheulboje
whistling or howling buoy Heulboje
white annealing zweite Glühung
white brass Weißmessing
white cast iron Weißguß
white castings ungetemperter Guß
white compression Weißpegelkompression
white copper ore Weißkupfererz
white discharge Weißsätze
white frost Haarfrost
white glow Blauglut
white heart malleable iron weißer Temperguß, Weißkernguß
white heat Glühhitze, weiße Glut, Weißglut, Weißhitze
white hot weißglühend, weißwarm
white hot ingot glühender Stahlblock
white iron pyrites Markasit, Speerkies
white iron sheet Weißblech
white iron steel Tempereisenstahl
white key Untertaste
white lead basischer Bleikarbonat, kohlensaures Bleioxyd, Bleiweiß
white lead paint Bleiweißfarbe
white level Weißpegel
white control Weißautomatik
white light weißes Licht (Hecklicht)
white-light transmissometer Weißlicht-Trans-

missometer
white malleable cast iron weißer Temperguß, Weißguß
white metal Büchsenmetall, Konzentrationsstein (kupferhaltig), Lagermetall, Weißeisen, Weißmetall, weißer Kupferstein
white metal bearing Weißmetallager
white metal composite bearing Weißmetallverbundlager
white metal ingot Weißmetallbarren
white noise statisch verteiltes Rauschen, weißes Rauschen
white oil farbloses Paraffinöl
white paste Erregerpaste
white peak Maximum an Weiß
white pig iron weißes Roheisen
white print Weißpause
white product Weißprodukt
white radiation Bremsstrahlung
white resin Galipot
white saturation Weißpegelsättigung
white slag Einschmelzschlacke (Elektrometallverarbeitung), Fertig-, Reduktionsschlacke
white slag meltdown Schmelzen ohne Oxydation
white spirit Lackbenzin (Petroleumdestillat als Verdünnungsmittel für Ölfarben u. Lacke), Terpentinölersatz, Testbenzin
white-to-black amplitude range Bildamplitudenbereich (beim AM-Bildübertrager), Weiß/Schwarz-Amplitudengebiet
white-to-black swing Bildfrequenzbereich
Whitworth thread Whitworth-Gewinde
whole audible range ganzer hörbarer Bereich
whole-body dose Ganzkörperdosis (Bestrahlung)
whole-body irradiation Ganzkörperbestrahlung
whole current ammeter direkt angeschalteter Strommesser
whole current meter Zähler für direkten Anschluß
whole depth of tooth Zahngesamthöhe
whole effect Gesamtleistung
whole gale Orkan Stärke 10 (meteo), sehr starker Sturmwind (meteo)
whole line ausgezogene Linie
whole multiple ganzes Vielfaches
whole material Gesamtmaterial
whole number ganze Zahl (math)
whole number multiple ganzzahlige Vielfache
whole range Gesamtauswanderung des Flugzeugs während der Bombenfallzeit
whole spacing volle Streubreite (Torpedo)
whole tone Ganzton (akustisch)
whole tone scale Ganztonleiter
wholly resistive rein ohmisch
wibbling stufenweises Abtragen (Werkstoff)
wichet Hubschütztafel
wick carburetor Dochtverdampfer
wick feed system Dochtschmierung
wick holder Dochtträger
wick lubrication Dochtschmierung
wick lubricator Dochtöler, Dochtschmierapparat, Dochtschmierung
wicket Gegenschütze, Hubschütztafel, Staufliigel, Zwischenrahmen
wicket of a lock gate Klinke eines Schleusentors
wicking Dochtwirkung
wide breit, umfangreich, weit
wide-angle weitwinklig
wide-angle aerial camera Weitwinkelkamera
wide-angle and head-up display Weitwinkel-Blickfeldsichtgerät
wide-angle cathode Weitwinkelkathode
wide-angle diffraction-optics head-up display (HUD) holografischer Weitwinkel-HUD
wide-angle diffractive-optics holografischer Weitwinkel (Sichtgerät)
wide-angle electronic target collimator elektronischer Weitwinkel-Zielkollimator
wide-angle field glasses Weitwinkelfeldstecher
wide-angle head-up display Weitwinkel-HUD
wide-angle holographic HUDs holografischer Weitwinkel-HUD (head-up display)
wide-angle lens Weitwinkelobjektiv
wide-angle lighting fitting Breitstrahler
wide-angle magnifier Weitwinkellupe
wide-angle photograph Weitwinkelaufnahme
wide-angle picture Weitwinkelbild
wide-angled picture weitwinklige Aufnahme
wide angle search Weitwinkelabtastung
wide-aperture DF system Großbasis-Sichtpeilanlage
wide-aperture DF system, automatic VHF/UHF automatische VHF/UHF Grossbasis-Sichtpeilanlage
wide aperture Doppler principle Großbasis-Doppler-Prinzip
wide-aperture radar breitstrahliges Radar
wideband amplifier Breitbandverstärker
wideband antenna Breitbandantenne
wideband cable Breitbandkabel
wideband circuit Breitbandschaltung
wideband control amplifier Breitband-Steuerverstärker
wideband dipole Breitbanddipol, -verstärker
wideband duplexer Breitbandduplexer
wideband improvement Gewinn am Rausch-Signal-Abstand
wideband jammers Breitbandstörsender
wideband microphone Breitbandmikrophon
wideband microwave relay Breitband-Richtfunkübertragung
wide-band omnidirectional radiator Breitbandrundstrahler
wideband oscillograph Breitbandoszillograph
wideband output amplifier Breitband-Endverstärker
wideband parametric amplifier parametrischer Breitbandverstärker
wideband power amplifier Breitband-Leistungsverstärker
wideband preamplifier Breitbandvorverstärker
wideband property Breitbandeigenschaft
wideband ratio Frequenzbandausbeute
wideband receiver Breitbandempfänger
wideband RF amplifier Breitbandverstärker
wideband set Breitbandgerät
wideband spiral antenna Breitbandspiralantenne
wideband sweep oscillator Breitband-Kippgerät
wideband telegraphy Breitbandtelegraphie

wide-band-pass filter Breitbandfilter
wide-base circular antenna array kreisförmige Großbasisantenne
wide beam headlight Breitstrahler, Weitstrahler (Suchstrahler)
wide-bodied aircraft Breitrumpfflugzeug
wide-bodied comfort Breitrumpfkomfort
wide-bodied computer airlines Breitrumpfzubringerflugzeug
widebody main deck loader Hauptdecklader für Großraumflugzeug
wide-body twin-jet Großraum-Twin-Jet
wide-body type Großraumausführung (av), Umlaufbahn (space)
wide differential große Schaltdifferenz
wide-chord fan Breitschaufelbläser
wide-chord fan (the blades are hollow, two diffusion-bonded titanium alloy sheets enclosing titanium honeycomb) Breitschaufelbläser (Konstruktion: hohle Schaufeln bestehen aus zwei diffusionsgeschweißten Blechen aus Titanlegierung mit einem Titanwabenkern)
wide field of uses vielseitige Einsatzmöglichkeit
wide-field-of-view binocular helmet-mounted display binokulares Weitwinkelhelmvisier
wide-flanged beam Breitflanschträger
wide-flanged steel-I-beam Differdingerträger, Peinerträger
wide-flanged structural steel I-beam Greyträger
wide fuel type-range breites Brennstoffband (Kesselfeuerung)(Dampferzeugungsanlage)
wide gauge Breitspur
wide late gate breiter Spättorimpuls
wide-meshed grob-, weitmaschig
wide-meshed grid weitmaschiges Gitter
wide-open weitgeöffnet
wide open cone weitgeöffneter Konus
wide open V-rearsight Hohlvisierung
wide operational capability Einsatzvielfalt
wide-pitched mit großer Teilung
wide punched tape Breitbandstreifen, Breitlochstreifen
wide-range divider Teilkopf für weite Bereiche
wide range electrostatic loadspeaker elektrostatischer Breitbandlautsprecher
wide range governor Regler mit großem Regelbereich
wide range instrument transformer Großbereichswandler
wide range of application großer Anwendungsbereich, Großanwendebereich
wide range of cable-laying equipment sämtliche Kabelverlegegeräte
wide range speaker Breitstrahler
wide shoulder tire Breitschulterreifen
widespread weitverbreitet
widespread rain showers verbreitet Regenschauer
widespread use verbreiteter Gebrauch
wide strip mill Breitbandwalzwerk
wide-track undercarriage Breitspurfahrwerk, breitspuriges Fahrgestell
wide-tracked breitspurig
wide wall of the cradle Wiegenwange
widely circulated weitverbreitet
widen, to auseinandertreiben, ausweiten, breiten, erweitern, nachbohren, sich ausbauchen
widen by blasting, to nachschießen
widener Nachreißer
widening Erweiterung, Ausbauchung, Verbreiterung, Weitung
widening of the credit base Kreditausweitung
widening out Gestein nachreißen (geol)
widening the network Ausbau des Streckennetzes (Bahn)
widespread weit ausgedehnt
wideview scan Weitwinkelabtastung
width adjusting spindle Breitstellspindel
width between jaws Rachenweite
width control Bildbreitenregelung, Bildbreitenregler
width gauge Breitenmaß
width in the clear lichte Weite
width indicator lamp Begrenzungsanzeigelampe
width indicator standard Begrenzungsmarkierstab
width milling operation Breitfräsarbeit
width of band pass Durchlaßbreite
width of bed Bettbreite (Drehbank)
width of chip Spanbreite
width of cut Schnittweite
width of distribution Verteilungsbreite
width of field Bildfeldgröße
width of framing Gestellweite
width of front cutting edge Vorderkantenbreite
width of fuselage Rumpfbreite
width of gear ring Zahnkranzbreite
width of groove Kaliberbreite
width of half transmission Halbwertsbreite
width of keyway Nut(en)breite
width of illustration picture Bildweite
width of march column Marschbreite
width of material Materialbreite
width of milling cutter Fräserstärke
width of navigable passage under a bridge Durchfahrt(s)breite unter einer Brücke
width of opening Öffnungsweite
width of passage Durchgangsöffnung
width of propeller blade Blattbreite
width of set Schränkweite
width of shadow Schattenbreite
width of slab Plattenbreite
width of strip photographed Aufnahmebreite
width of strut Stieltiefe
width of suction connection Sauganschlußweite
width of summit Kammbreite
width of the support Stuhlungsbreite
width of the thread Gangbreite der Schraube
width of tooth Zahnbreite
width of tooth space Zahnlückenbreite
width of transition interval Flankensteilheit
width of transmission steepness Flankensteilheit
width of undercarriage Spurweite des Fahrgestells
width of wire in filter (paper manufacturing) Siebbreite
width over flats of nuts Schlüsselweite
WIE (with immediate effect or effective immediatly) mit sofortiger Wirkung
Wien bridge Kapazitätsbrücke
Wien bridge circuit Wien-Brückenschaltung

wiggle line Schlangenlinie
wiggle strip Wellband
wiggling motion Brown'sche Molekularbewegung
wigwag scan Wedelabtastung
wilco (willdo) wird ausgeführt (Sprechgruppe), einverstanden (Spruch)
wildcat Schurfbohrung (nach Öl)
wildcat, new field Lagerstättenaufschlußbohrung
wildcat well Aufschlußbohrung, Pionierbohrung, Prospektionsbohrung, Sucbohrung (geol)
wildcatting campaign Suchbohrprogramm
wild gasoline sehr flüchtiges Benzin
wild steel beunruhigter Stahl
wild traverse motion wilde Changierung
wild well wildes Bohrloch
Williams tube Williams-Speicherröhre
willowing machine Reißwolf (Aktenvernichter)
Wilson chamber method Nebelspurmethode
Wilson cloud chamber photograph Wilsonkammeraufnahme
Wilson cloud-track method Nebelspurmethode nach Wilson
Wilson electrometer Kippelektrometer
winch Handkurbel, Hebehaspel, Drehstock, Erdwinde, Förderwerk, Räderwinde, Winde für Räder
winch box Windenkasten
winch brake Windenbremse
winch cable Windenkabel
winch condenser Hilfskondensator
winch drive Windenantrieb
winch drum Hubtrommel
winch for tipper bodies Winde für Kipperaufbauten
winch frame Windenrahmen
winch launching Windenstart
winch launching, motor car for Windenauto
winch lever Windenknüppel
winch motor operating lever Windenschalthebel
winch, mounting Aufbauwinde, Winde zum Bohrturmaufbau
winch operating-engine Aufzugsmaschine
winch rope Spillseil
winch, to aufspulen, aufwickeln, bewickeln, sich schlängeln, spulen, umwickeln, sich winden
winch, servo-controlled servobetätigte Winde
winch tube for anchor rope Duchtrohr
wind Wind, aufwinden, umwinden, auspulen, aufhaspeln, aufziehen
wind, aloft Höhenwind
wind angle Windwinkel
wind antenna Windführer
wind around, to umschlingen
wind arrow head Windpfeilspitze
wind arrow tail Windpfeilende
wind belt Windmantel
wind box Windkasten, Windmantel
wind by day Tagwind
wind cap Windschutzkappe
wind catching area Windangriffsfläche
wind channel Windkanal, Prüfkanal
wind chart Luftkasten, Windkarte (meteo)
wind compass card Windrosendarstellung
wind component Windkomponente
wind component indicator Wetterspinne
wind condition Windverhältnis
wind cone Windkegel, -sack, Windrichtungsanzeiger
wind controls Windeingabeknöpfe (Phi)
wind correction Ausschalten des Windes, Windverbesserung
wind correction angle Luvwinkel, Windkorrigierungswinkel
wind course Windbahn
wind cracked windrissig
wind deflection Windablenkung
wind determination Windbestimmung
wind diagram Winddreieck (nav)
wind direction Windkurs, -richtung
wind direction angle Windrosenwinkel
wind direction computer Windfahrtrechner
wind direction control Windrichtungsknopf
wind direction index Windrichtungsmarke
wind direction indicator Windrichtungsanzeiger
wind direction set knob Windrichtungsknopf
wind drift (Wind)abtrift
wind driven electric power station Windelektrizitätswerk
wind driven generator Fahrtwindgenerator, windbetriebener Generator, Windgenerator
wind-driven power station Windkraftwerk
wind erosion Winderosion, Windabtragung
wind factors Windverhältnisse
wind field Windfeld
wind find Windbestimmung
wind force Windbelastung, -stärke
wind frequency, mean mittlere Windhäufigkeit
wind function output Windbestimmung
wind gate Hauptwetterstrecke
wind gauge Anemomesser, Anemometer, Wind(stärken)messer
wind generator Windgenerator
wind governor controlling gear Windrosensteuerung
wind gradient Windgradient
wind guard Windschutz
wind in the aerial Antennen einziehen
wind indicator Wind(richtungs)anzeiger, Windfahne
wind influence Windeinfluß
wind intensity Windstärke
wind jet Windstrahl
wind-lass Ankerspill, Auflaufhaspel, Förderkorbkranwinde, Haspelwinde, Räderwinde, Zahnradwinde
wind-lass drilling Bohrhaspel
wind layer Windschicht, Windstufe
wind load(ing) Windbelastung
wind loading capacity Windbelastung, Windkapazität, Windstärke
wind measurement Windmessung
wind measuring device Windmeßvorrichtung
wind measuring instrument Windmeßgerät
wind-mill Windstromerzeuger
wind-mill driven fuel pump Windschraubenbrennstoffpumpe
wind-mill driven generator durch Windschraube angetriebener Generator
wind-mill generator Windkraftgenerator
wind-mill motor Windmotor
wind-milling Antrieb der Luftschraube

durch den Fahrtwind, durch Luftstrom angetrieben, Schleppdrehzahl
wind-milling drag Schleppwiderstand, Widerstand der Luftschraube eines ausgefallenen Motors, die vom Fahrtwind angetrieben wird
wind-milling torque Propeller-Schleppdrehmoment
wind movement Windbewegung
wind of...meters per second Wind von... Sekundenmetern
wind-off and wind-up reel Abwickel- u. Aufwickelhaspel
wind-off spool Ablaufspule
wind pipe Windzuführungsrohr
wind polished rocks Windschliffe
wind power Windkraft
wind-powered lighting system Windrotorleuchte
wind pressure Luftdruck, Windbelastung, Winddruck
wind pressure formula Winddruckformel
wind pressure gauge Winddruckmesser
wind-proof winddicht
wind reading Windangabe
wind reference number Windziffer
wind resistance Windwiderstand
wind resolver Windfunktionsdrehmelder
wind rose Windrose
wind scale Windskala
wind-screen Wind(schutz)scheibe, Windschirm, Windschutz
wind-screen defroster Scheibenentfrostung
wind-screen demister Scheibenkläranlage
wind-screen of a blast furnace Gichtschirm
wind-screen wiper shaft Wischerachse
wind semaphore Windsemaphor
wind set swich Windfreigabeschalter
wind shear Scherwind, Windscherung
wind shield deicer Scheibenenteiser
wind-shield temperature control Windschutzscheibentemperaturregler
wind shift Winddrehung, Windumschlag, Windveränderung
wind sleeve or cone Windkegel, -sack
wind sock Windsack
wind speed Windgeschwindigkeit
wind-speed button or control Windgeschwindigkeitsknopf (Phi)
wind-speed counter Windgeschwindigkeitszählwerk
wind speed indicator Auswertegerät, Windgeschwindigkeitsanzeiger
wind-speed knob Windgeschwindigkeitsknopf
wind speed pressure Windlast (Hoch- und Brückenbau)
wind-speed reckoner Windfahrtrechner
wind-speed transmitter Windgeber
wind spout Windhose
wind star Windstern
wind stocking Windsack
wind strength Windstärke
wind stress Spannung durch Windbelastung
wind structure vertikale Windstruktur
wind surface Windangriffsfläche
wind Tee Landewindzeiger
wind test Windmessung
wind testing apparatus Windmeßgerät
wind thresh Pfeifen des Windes
wind-tipped stereocomparator windschiefer Stereokomparator
wind triangle Winddreieck
wind truss Windträger
wind-tunnel Kanal, Strömungskanal, Windkanal, Windtunnel
wind-tunnel balance aerodynamische Waage, Windkanalwaage
wind-tunnel bell or funnel Windkanaldüse
wind-tunnel exit Windkanalausgang
wind-tunnel for spinning test, vertical Trudel-Windkanal
wind-tunnel investigation Windkanaluntersuchung
wind-tunnel measurement Messung im Windkanal, Windkanalmessung
wind-tunnel model Windkanalmodell
wind-tunnel of closed circuit type Ringkanal
wind-tunnel return flow Windkanalrückleitung
wind-tunnel test Windkanalversuch
wind-tunnel throat Meßstrecke eines Windkanals
wind-tunnel with open working-section Freistrahlwindkanal
wind-tunnel with reflected shock Windkanal mit Stoßwellenreflektion
wind unit Windeingabegerat
wind-up aufwickeln, hochwinden
wind-up roll Aufwickelwalze
wind-up tester for wires Wickeldorneinsatzgerät
wind vane Wetterfahne, Windrichtungsmesser
wind-vane anemograph Windradanemograph
wind-vane front sight Windausgleichsvorrichtung, Windfahnenkorn
wind vector Windvektor
wind velocity Windgeschwindigkeit, Windstärke
wind-velocity indicator Anemotachometer, Windgeschwindigkeitsmesser
wind volume Luftmenge, Windmenge
wind wall on the mouth of a blast furnace Gichtmantel, Gichtmauer
wind-ward luvwärts, windseitig, windwärts
wind-ward eddy Luvwirbel
wind wave Luftwegwelle, Luftwoge, Windwoge
wind-wave front sight Windfahnenkorn
wind wheel anemograph Windradanemograph
wind wheel drum Windradzylinder
wind worn Fazettengeschiebe
windage Spaltreibung, Spielraum (Zwischenspalt)
windage correction Windverbesserung
windage loss Luftreibungsverlust, Ventilationsverlust
windage power loss Ventilationsverlustleistung
winded aufgewickelt werden, sich wickeln od. winden (um)
winder brake Seiltrommelbremse
winders knife Winkelmesser
winding Aufspulen, Bewicklung, Haspel, Magnetspule, Krümmung, Windung (einer Spule), Wicklung, schlangenförmig
winding barrel Fördertrommel
winding bobbin Aufwickelspule
winding cable Förderseil, Schachtkabel
winding capacitance Wicklungskapazität

winding coefficient Wicklungsfaktor
winding coil Relaisspule
winding condition Aufwindungsverhältnis
winding construction Bespulungskonstruktion, Wickelaufbau
winding core Wickelkern
winding cycle Aufzugsbewegung
winding diagram Wicklungsdiagramm, Bespulungsschema, Wicklungsschema
winding drum Auflaufhaspel, Fördertrommel, Wickeltrommel, Wickelrolle
winding engine Förderhaspelmaschine, Hebezeug
winding face Wickelstirnseite
winding factor Wicklungsfaktor
winding form Wicklungshalter, Wicklungsschablone (elektr)
winding from tower-type headgear Turmförderung
winding gear Fördereinrichtung
winding head Wickelkopf
winding insulation Wicklungs-, Windungsisolation
winding knob Aufzugsknopf
winding machine Haspel-, Spulmaschine
winding mandrel Wickeldorn
winding motor Fördermotor, Windantriebsmotor
winding nut Spannmutter (Gurtförderer)
winding of reversing pole Wendepolwicklung
winding of the shutter Verschlußaufzug
winding-off Abwicklung
winding-on cam Aufwindefortschaltkurve
winding operation Wickeln
winding pin Wickeldorn
winding pitch Wicklungsschritt (resultierender)
winding plane Windungsebene
winding process Spul-, Wicklungsvorgang
winding retainer Wicklungshalter
winding rope Förderseil, Schachtkabel, Windetau
winding shaft Windwelle
winding space Wicklungsraum
winding speed Förder-, Wickelgeschwindigkeit
winding spool Ab-, Aufwickelspule
winding stem Aufziehachse
winding support Wicklungsträger
winding table Wicklungstabelle
winding tackle Flaschenzug, Schwertakel, Talje
winding tackle block Gierblock
winding unit Spindelzahl
winding-up machine Aufziehwerk
winding-up of dial Aufziehen der Nummernscheibe
winding width reducing lock Wickelbreitenverkürzungsschloß
winding winch Aufziehwinde
winding wing verwindbarer Flügel
winding wire Wickeldraht
windjumper Windspringer (Fsch)
windlass Auflaufhaspel, Haspel, Spill, Winde
windless unbewettert
windmill drive gasoline pump Windschraubenbenzinpumpe
windmill plane Windmühlenflugzeug
windmill propeller, to Propeller sich im Fahrtwind drehen
windmill, to sich im Fahrtwind drehen, vom Fahrtwind (an)getrieben werden
windmill torque Windmühlendrall
windmilling Antrieb der Luftschraube durch den Fahrtwind
windmilling drag Widerstand der Luftschraube eines ausgefallenen Motors, die vom Fahrtwind angetrieben wird
windmilling propeller frei umlaufende, vom Fahrtwind angetriebene Luftschraube
windmilling torque Schleppdrehmoment (eines Propellers), Fahrtwinddrehmoment
window Düppel (Radar), Fenster, fensterartige Öffnung, Sichtfenster, Störfolie (Radar)
window absorption Absorption im Zählrohrfenster
window amplifier Kanalverstärker
window and windshield anti-ice/anti-fog diagram Fenster- u. Windschutzscheiben-Vereisungs- u. Nebelschutzdarstellung
window burst Düppelstoß (Radar)
window case Fenstereinfassung, Fenstergestell, Fensterstock
window chain Kettenzug
window channel Fensterhalteschiene
window cloud Düppelstraße (Radar)
window compartment sealing Fensterschachtabdichtung
window corridor Düppelschneise, verdüppelte Zone (Radar)
window crank handle Fensterkurbelgriff
window deception Düppeltäuschung (Radar)
window de-icer Fensterenteiser
wind demister sheets Klarsichtblätter
window dial Fensterskala
window elevating rails Hebeschienen für Fensterheber
window fastener Fensterfeststeller
window fasteners Basquilverschlüsse
window fitting Fensterbeschlag
window frame Fensterrahmen
window glass temperature controller Scheibentemperaturregler
window glazing Fensterverglasung
window guide rail Fensterführungsschiene
window guides Fensterführungen
window holder Schauglashalter
window jamming Düppelstörung, Folienstörung, Verdüppelung (Radar)
window lifter Fensterheber
window locks Basquilschlösser
window opening of the outside nach außen aufschlagendes Fenster
window pane Feld eines Glasfensters
window panes and sections Fensterrahmen und Profile
window parapet Fensterbrüstung
window regulator Fensterversteller
window regulator handle Kurbel od. Griff für Fensterheber
window rocket Düppelrakete (Radar)
window roller Fensteroller
"window-shade" of solar cells "Jalousie" der Sonnenzellenanlage
window shield Sichtscheibe
wind-shield, heated beheizte Windschutzscheibe
window weight per unit area Massenbelegung des Fensters
window winder Fensterheber
window winding gear Fensterkurbelapparat

window wiper Schutzscheibenwischer
windowless fensterlos
windowless counter fensterloser Zähler
windowless gas-flow counter fensterloser Gasflußzähler
windowless Geiger-Mueller counter fensterloser Geiger-Müller-Zähler
windowless X-ray tube fensterlose Röntgenröhre
windrow cloud Wogenwolken
winds aloft observation made by radio methods and without optical aid Höhenwindbeobachtung durch Radiomethoden u. ohne optische Hilfsmittel
winds aloft report Bericht über Bewegung höherer Winde
windscreen Windschutzscheibe
windscreen defrosting system Windschutzscheiben-Entfrostungsanlage
windscreen demister Klarsichtscheibe
windscreen demisting equipment Beschlagfreihaltungsanlage
windscreen de-misting switch Schalter für Fensterreiniger
windscreen fitting Windschutzscheibenbeschlag
windscreen, frameless rahmenlose Front-Scheibe (Weitwinkelcockpit)
windscreen heating system Heizsystem der Windschutzscheibe, Windschutzscheibenheizanlage
windscreen or shelter Windschutz
windscreen, six-element sechsteilige Frontverglasung
windscreen spray switch and push-button Fensterbespritzungsschalter und Druckknopf
windscreen wiper fairing Scheibenwischerverkleidung
windscreen wiper joint Scheibenwischergelenk
windscreen wiper linkage Scheibenwischergestänge
wind-shears Windscherungen (Avionik)
windshield Windschutzscheibe
windshield and canopy defogging system Sichtscheibenkondensschutzanlage
windshield and window defog Windschutzscheiben- u. Fensterkondensschutz
windshield angle scale Skala für Auftriebswinkel des Leuchtbildes auf Quarzglasscheibe
windshield anti-ice Sichtscheibenenteisung (selbsttätige durch Bordrechner)
windshield defroster Entfroster
windshield de-icer Windschutzscheibenenteiser
windshield de-icing system Enteisungssystem für Cockpitfrontscheiben
windshield hinged for equipment access angelenkte Frontscheibe für einfache Gerätewartung
windshield rain remover system Windschutzscheiben-Regenabweiseranlage
windshield, rain-swept regengepeitschte Frontscheibe
windshield temperature control Windschutzscheibentemperaturregler
windshield washing equipment Scheibenwaschanlage
windshift Winddrehung
windsock light Windsackleuchte
windspeed transmitter Windgeber
windup innere Verdrehung
windward gegen den Wind, Luv...
wing Anode einer Elektronenröhre, Ansatz, Ende, Flügel, Schenkel, Schwinge, Tragflügel, Tragwerk, Tragfläche
wing access Tragflächenzugang
wing aileron Flügelendquerruder, Hilfsruder an Flügelspitze
wing altitude Flügelanstellung
wing-and a half plane Anderthalbdecker
wing and empennage tip Tragflächen- und Leitwerkspitze
wing and rolleron Flügel- und Rolldämpfer
wing and tail section Trag- u. Leitwerkbaugruppe
wing angle Flügelwinkel
wing anti-icing Tragflächenenteisung
wing area Flügelfläche(ninhalt), Tragflächeninhalt
wing area for growth versions and fuel capacity Kraftstoffkapazität des Flügels sowie der Eignung für gestreckte Version
wing arrangement Flügelanordnung, -anschluß
wing assembly Tragwerk
wing attachment Flügel-, Holmanschluß
wing attachment joint Tragflächenbauverbindung
wing aux Flügeltank (Schalterbezeichnung)
wing axis Flügelachse, -fläche
wing bar lights (runway) Assenkettenfeuer
wing battle Geschwaderkampf
wing beam Flügelholm
wing bending load Biegebelastung des Flügels
wing bit Backenmeißel
wing bolt Flügelschraube
wing booster flap Hilfsklappe
wing boundary layer control system Grenzschichtbeeinflussungsanlage
wing bow Tragflächenkrümmung
wing bracing Flügelverspannung, -verstrebung
wing built in one piece Flügel in einem Stück
wing built in three parts dreiteiliger Flügel
wing burner Flach-, Schlitzbrenner
wing calipers Bogenzirkel
wing cam Nadelsenker
wing camber Flächenwölbung
wing-cambered leading edge Wölbung im Bereich der Flügelnase
wing cell Flügel-, Tragflächenzelle
wing center box Tragflügelmittelkasten
wing center section Flügelmittelstück
wing center section built integral with the fuselage Flügelmittelstück fest am Rumpf
wing chord Flügelsehne, -tiefe, Profilsehne, Tragflächensehne
wing clearance Flügelabstand
wing clearance angle Flügelabstandswinkel
wing clearance light Flügelendlampe, Flügelendleuchte
wing column Flügelkiellinie, -kolonne
wing compass Flügel-, Tragdeck-, Tragflügelkompaß
wing components Flügelbaugruppen
wing contour Flügelgrundriß, -umriß
wing control Flügelsteuerung

wing controlled flügelgesteuert
wing covering Bespannung, Flügelbehäutung, -beplankung, -bespannung, Tragflächenverkleidung
wing cross section Flügelflächenquerschnitt
wing de-icer Flächenenteiser
wing deployment spring Flügelausschwenkfeder
wing depth Flügelbauart, -tiefe, Tragflächentiefe
wing design concept, aerodynamic aerodynamisches Flügelkonzept
wing dihedral V-Form der Fläche
wing distortion Flächenverdrehung
wing distribution duct Verteilerleitung (Grenzschichtbeeinflussung)
wing divider Bogenzirkel
wing down lock Flügelverriegelung
wing drag Flächen-, Flügelwiderstand, Flügelgesamtwiderstand, Tragflächenwiderstand
wing duct Flügelkanal
wing edge Randkappe
wing electrode Seitenelektrode (eines Magnetrons)
wing end Flächen-, Flügelende
wing external stores jettison circuit Flügellasten-Abwurfstromkreis
wing external stores jettison system Flügellasten-Abwurfanlage
wing fabric Außenhaut, Flügelhaut, Tragflächenverkleidung
wing failure Flügelbruch
wing fan Flügelgebläse
wing fastening Tragflügelbefestigung
wing fatigue strength Flügelbruchfestigkeit
wing fence Grenzschichtzaun
wing fillet Anschlußstück, Flügelübergang
wing fitting Flächen-, Flügelbeschlag
wing fixing Flügel-, Tragflächenbefestigung
wing flap Flügelklappe, Hilfsflügel(klappe), Landeklappe, Querruder, Verwindungsklappe
wing flap actuating bell crank Dreieckshebel für Landeklappenbetätigung
wing-flap actuating fitting Landeklappenantriebsbeschlag
wing-flap actuating lever Antriebshebel der Landeklappen
wing flap actuator Antriebswelle der hinteren Flügelklappe, Flügelklappenstellmotor
wing flap and slat control lever Landeklappen- und Vorflügelbetätigungshebel
wing flap control circuit Flügelklappen-Steuerstromkreis
wing flap control lever Landeklappenbedienhebel
wing flap control mechanism Landeklappen-Betätigungsvorrichtung
wing-flap control switch Landeklappenschalter
wing-flap control system Landeklappenbetätigung
wing-flap-extended speed Geschwindigkeit bei ausgefahrenen Flügelklappen, Höchstgeschwindigkeit bei vorgeschriebener Flügelklappenstellung
wing-flap guide roller Landeklappenführungsrolle
wing flap maximum operating times maximale Flügelklappen-Stell- u. Verriegelungszeiten
wing-flap remote control harness assembly Fernbediengerät für Flügelklappen
wing flare Flügelendefackel, Flügelleuchtpatrone, Landefackel od. Landeleuchte an der Flügelspitze
wing float Flügel-, Hilfs-, Stützschwimmer, Gleitflosse, Seitenschwimmer
wing float stump Flossenstummel (Flugboot)
wing flutter Flattern der Tragflügel, Flügelschwingung
wing fold position Flügelfaltstellung
wing folded Spannweite mit hochgeklapptem Flügel
wing folding control Flügelfaltbedienvorrichtung, Flügelfaltbedienorgan
wing for ferrying command Überführungsgeschwader
wing form Flügel-, Tragflächengrundriß
wing former Randbogen
wing frame Fensterflügelrahmen
wing-fuselage age break Flügel/Rumpfanschluß
wing-fuselage disconnect Flügel/Rumpfanschluß
wing-fuselage splice Flügel/Rumpfanschluß
wing gap Flächen-, Flügel-, Tragflächenabstand
wing gasoline tank Flügelkraftstoffbehälter
wing geometry Tragflügelgeometrie
wing ground support Flügelkufe
wing guided mit Richtungsflügel versehen
wing gun Tragflächen-, Flügelmaschinengewehr
wing half Halbflügel
wing heaviness Querlastigkeit
wing-heavy flügel-, querlastig
wing, high hochgesetzter Flügel
wing ice protection low pressure switch Niederdruckbehälter der Landeklappenvereisungsschutzanlage
wing ice protection shutoff valve Verschlußventil der Landeklappenvereisungsschutzanlage
wing in two sections zweiteiliger Flügel
wing incidence Flügelanstellung
wing is unlocked Entriegelung des Flügels
wing joint Flächenanschluß
wing junction Flügelanschluß
wing lamp Flügelendleuchte
wing landing light Landescheinwerfer an den Tragflächen
wing leader Geschwaderkommandeur
wing leading edge Flügelvorderteil
wing leading-edge device Flügelvorderkantenklappe, Klappe an Flügelvorderkante
wing lift Flügelauftrieb
wing lift distribution Flügelauftriebsverteilung
wing light Flügellicht
wing load Flächenanziehungsbelastung, Flügelbelastung
wing loading Flächenanziehungsbelastung, vom Flügel getragene Last, Tragflächenbelastung
wing loss Flügelspitzenauftriebsverlust
wing maximum lift maximaler Flügelauftrieb
wing mid-chord point mittlere Tragflügelsehne
wing momentum Flügelmoment
wing-mounted ailerons, roll control tragflächenmontiertes Hilfsruder
wing-mounted engine Strahltriebwerk unter Tragflächen

wing-mounted pod Flügelspitzenbehälter
wing mud flap Spritzschutzklappe für Kotflügel (Kfz)
wing nacelle Flügelgondel
wing nose Flügelnase
wing nut Flügelmutter, -schraube
wing of night fighters Nachtjagdgeschwader
wing on head Flügelansatz (Schraubenzieherklinge)
wing or surface radiator Tagdeckkühler
wing outer panel Flügelhautfeld, Aussenflügel
wing over Kehre über den Flügeln (av), Wing-Over-Flugfigur
wing overhang Flügelüberhang
wing panel Flächenfeld, Flügel(haut)feld
wing piping Kotflügelköder
wing pivot Flügelanlenkung, Flügelschwenklager
wing plan Flügelgrundriß, -umriß
wing planform Flügelgrundriß
wing planking Flügelbeplankung, Tragflächenbespannung
wing plate Flügelendscheibe
wing pod Flügelgondel, Stielgondel
wing position Flügelanordnung
wing power Flächenleistung
wing profile Flügelform, -profil, -querschnitt, Tragflächenschnitt
wing profile thickness Flügelprofildicke
wing pylon Unterflügelträger
wing pylon tank Unterflügeltank
wing radiator Flügelkühler, in Tragflügel eingebauter Kühler, Tragdeck-, Tragflächenkühler
wing rake Flügelspitzenumriß
wing reaction control system Steuerdüsensystem für das Tragwerk
wing rib Flügelrippe, -spant
wing rib former Formrippe, Nasen-, Stirnleiste
wing roll Flügelrollmoment (Rollmoment)
wing root Flügelanschluß, Flügelansatz, Flügel-, Tragflächenwurzel
wing root fairing Flügelanschlußverkleidung, Rumpfflügelübergang(sverkleidung)
wing rotor Rollflügel
wing row Flügelbiegung
wing screw Daumenflügelschraube
wing section Flügelquerschnitt, Flügeleinteilung, Flügelschnitt
wing shape Flügelform, -umriß
wing skeleton Flügelgerippe
wing skid Flächen-, Flügelkufe
wing skin Beplankung, Flügelbehäutung, Tragflächenhaut
wing skin panel Flügelhautfeld
wing slot Flügelnute, Flügelschlitz, Tragflächenschlitz, Tragflügelschlitz, -spalt
wing slot door Flügelschlitzklappe
wing span Flügelspannweite
wing span control lever Spannweitenhebel
wing spar Flügelholm, -sparren, Tragflächenholm, Tragflügelholm
wing spar connector Holmanschlußverzweiger
wing spoiler actuation system Spoilerbetätigungssystem
wing spoiler and movable tailplane need power Flügelspoiler u. Höhenflosse kraftverstärkt
wing spread Spannweite
lügelstützen
wing stay Kotflügelstützen
wing strip Randbogen
wing structural arrangement Tragflächenstrukturanordnung
wing structure Flügelaufbau, Tragflächengerippe
wing strut Flügelstiel, -strebe
wing stub Flügelansatz, Flügelstummel, Flügelwurzelteil
wing, supercritical superkritischer Flügel, superkritisches Tragwerk
wing support Flügelbefestigung
wing support strut Abfangstrebe
wing surface Flügelfläche
wing sweep actuation Tragwerkschwenkmechanismus
wing-sweep actutator Schwenkflügelstellglied
wing sweep at 1/4 chord Pfeilung der Einviertelpunktlinie
wing-sweep system Flügelschwenkvorrichtung
wing station Flügelstation
wing, strengthened verstärktes Tragwerk
wing tank Flügeltank (aussen od. innen), Flügelstützschwimmer
wing tank access doors Tragflächenzugangsöffnungen
wing tank emergency switch Notschalter für Flächentank
wing tank emergency warning light Flächentank-Notwarnlampe
wing tank warning light Flächentankwarnlampe
wing tanks fuel booster pump control switch Schalter für Brennstoffdruckverstärkungspumpe für Flügeltanks
wing tanks vent pipe Flächentanksentlüfterleitung
wing taper Flügelverjüngung
wing tapering in plan, form and thickness im Grundriß und Profil verjüngter Flügel
wing thickness Flügel-, Profildicke, Flügelstärke, Flügeltragkraft
wing threshold light seitliches Schwellenfeuer
wing tilt Flügelkippbewegung
wing tilt actuation Kippflügelmechanismus
wing tilt actuator Stellspindel des Kippflügels
wing tilt and flap adjustment mechanism Flügelkipp- und Klappenverstellvorrichtung
wing tilt angle Kippwinkel des Flügels
wing-tilt screw jack Flügelkippspindel
wing tilt switch Flügelkippmechanismus
wing tip Flächenspitze, Flügelende, -spitze, Wingtip
wing tip aileron Flächenendquerruder, Hilfsflügel an Flügelspitze
wing tip clearance Flügelendfreiheit
wing tip distance durch Blick über Flügelende od-. -spitze bestimmter Abstand
wing tip edge Rundbogen einer Fläche
wing tip flare Flächenendensignallicht
wing tip float Flügelendschwimmer, Stützschwimmer
wing tip lamp Glühlampe der Flügelpositionsleuchte
wing tip light Flügelpositionsleuchte
wing tip light control relay Umschaltrelais, Flügelspitzen-, Positionsleuchten, Flügelspitzenpositionsleuchten-Umschaltrelais
wing tip rake Flächenspitzenneigung

wing tip skid Flächenstützkufe
wing tip trailing edge Flächenhinterkante
wing tip vortex Randwirbel
wing tip vortices Flächenspitzenwirbel, Wirbelschleppe, Randwirbel, Flügelendwirbel
wing to fuselage fairing Verkleidung des Flächenrumpfes
wing top Schlitzaufsatz
wing trailing edge Flügelhinterkante, Flügelhinterteil
wing trailing-edge panel Beplankungsfeld für Flügelhinterkante
wing truck Flächenwagen
wing truss Flächenverstrebung, Flügelfachwerk
wing truss structure Flugwerk, Tragwerk, Tragzelle
wing twist Flügelverwindung
wing twist jig Prüflehre für Flügelverwindung
wing twisting Flügelverdrehung
wing undersurface Mittelflügelunterseite
wing unit Flugwerk, Tragwerk
wing, variable-incidence anstellungsvariables Tragwerk
wing vortex Flügelspitzenwirbel
wing vortex drag Wirbelschleppe der Tragfläche
wing walk Trittmatte
wing walls Flügelmauer
wing-warp Verwindung
wing warping Flächenverwindung, (das) Verwin dungsgeben
wing which generates positive upward lift Tragflügel mit positivem Auftrieb
wing-width Flächenbreite
wing with its dog-toothed and cambered leading edge and the engine inlets Flügel mit seinem "Sägezahn" und der gewölbten Vorderkante
wingborne flight flügeltragender Flug
winged cross Flügelkreuz
winged head Flügelkopf
winged helicopter Flugschrauber, Verbundhubschrauber
winged missile Flugkörper mit Flügeln
winged nut Flügelmutter
winged pole Flügelstange
winged, re-usable first stage tragflügelgestützte wiederverwendbare Erststufe (Rakete)
winged screw Flügelschraube
winged wedge Flügelkeil
wingless flügellos
wingless airplane Flugzeug ohne Flächen (Windtunnel)
"winglets" (small vertical end-plates on the wing-tips) "Winglets" sind kleine Endscheiben an den Flügelspitzen
"winglet" on the wing-tips "Winglet" kleine Endscheibe an Flügelspitze
wingman Kettenflieger
wings Plattenvorsprung (Palette), Leitwerk, seitliche Flügel
wings level sector switch Horizontallagenschalter (MA-2)
wingspan Spannweite
wingspan control lever Spannweitenhebel
wingtip clearance light Flügelspitzenleuchte (konstr), Flügelspitzenlicht (optisch)
wingtip landing Flügelspitzenlandung
wingtip mounted fans an den Tragflächenspitzen angeordneter Rollsteuerbläser
wingtip outrigger gear Flügelspitzenstützfahrwerk
wingtip sidewinders Sidewinder an den Flügelspitzen
wingtip tank Flügelspitzentank
winter equipment Winterausrüstung
winter jet Winterdüse
winter schedule Winterflugplan
winterization winterfestmachen
WIP (work in progress) Durchführung von Arbeiten
WIP Wartungs- und Instandsetzungsprogramm (Marineführungssystem)
wipe Tricküberblendung
wipe off, to abreiben, abwischen, wegreiben, wegwischen
wipe resistance Wischbeständigkeit
wipe spark Unterbrechungsfunke
wipe, to entmagnetisieren, reinigen
wiped joint Lötstelle, Lötwulst
wiper Abgreifer, Abstreicher, Abstreifer, (Kohle)bürste, Hebedaumen, Kontaktarm, -bürste, Schleifer, Schleiffeder, Schmierkamme, Wischer(blatt)
wiper arm Abstreifarm, Schleifarm, Kontaktarm
wiper assembly Kontaktarmsatz
wiper axle or spindle Wischerachse
wiper blade Scheibenwischerschiene, Wischerblatt, Wischerschneide
wiper blade holder Wischerblattfassung
wiper brush spring Kontaktbürstenfeder
wiper contact Wischkontakt
wiper follower Abstreiferschraubring
wiper motor Wischermotor
wiper packing Abstreifpackung
wiper ring (tool) Abstreif-, Wischerring
wiper rubber Wischergummi
wiper set Kontaktarmsatz
wiper shaft Bürstenarmspindel, Kontaktarmträger, Schaltwelle, Schaltarmachse
wiper-shaft rod Kontaktarmträger
wiper spring Kontaktarmfeder
wiper tension Schleiferandruck
wiper tongs Abstreiferzange
wiping efficiency Wischleistung
wiping frequency Löschfrequenz
wiping operation Gleitvorgang
wiping solder Schmierplombe
wiping solvent Abwischlösemittel
wiping speed Wischgeschwindigkeit
wiping spring contact Zungenkontakt
wiping station Entmagnetisierungsstation
wire Ader, Draht, Faden (im Okular), Kabel, Leitungsdraht, Rundeisen in Drahtform, Sicherung, Stahldraht
wire annealing Drahtglühen
wire antenna Drahtantenne
wire arm with wiping rubber Drahthebel mit Wischgummi
wire armoring (Profil)drahtbewehrung
wire bar copper Leitungskupfer
wire bending apparatus Drahtbiegegerät
wire binding machine Drahtbindemaschine
wire binding pliers Drahtbindezange

wire bobbin Drahtspule
wire bow Drahtbügel
wire-braced drahtverspannt
wire-braced low wing monoplane (draht)-verspannter Tiefdecker
wire-braced wooden aircraft drahtverspanntes Flugzeug aus Holz
wire-braced wood hull Holzdrahtboot
wire bracing Drahtverspannug
wire brad Drahtstift
wire braiding machine Drahtumflechtmaschine
wire break protective circuit Drahtbruch-Schutzschaltung
wire breakage Drahtbruch
wire broadcast Leitungsübertragung, Leitungsrundfunk
wire broadcasting Draht(rund)funk
wire brush Drahtbürste, -besen
wire cable obstacle Drahtseilhindernis
wire cage Drahtschutzkappe
wire carrier Leitungsträger
wire carrier system Drahtfunksystem
wire carrying current stromdurchflossene Leitung
wire cart Kabelkarren
wire center Drahtseele
wire channel Drahtkanal
wire clamp Drahtklemme, Drahtklammer
wire clamp lever Drahtklemmhebel
wire clamp sheath Seilklemmhülse
wire cloth Drahtgeflecht, -gewebe, endloses Sieb, Metallgewebe, Siebband
wire coating apparatus Drahtumspulgerät, Umspulapparat für Draht
wire coil Drahtspule, Spirale
wire coil handling crane Drahtbündeltransportkran
wire coiling Drahtwicklung
wire coiling and winding machine Drahtspul- u. Drahtwickelmaschine
wire communication Drahtverbindung
wire compensator Spannwerk
wire connector Drahtklemmer, Leitungsverbinder
wire core Drahteinlage, Drahtkern, Drahtseele, unterteilter Eisenkern
wire core coil Drahtkernspule
wire covering machine Drahtumspinnmaschine
wire cross bracing Diagonalverspannung
wire cross section Drahtquerschnitt
wire crossing Drahtkreuzung
wire cutter Drahtabschneider, Drahtschneidemaschine
wire dispenser Kabeltrommel, Übertragungsdrahtbehälter
wire distribution Rundfunkvermittlung
wire drawing bench Drahtziehbank
wire drawing die Durchzugmatrize
wire drawing effect Engpaß, Einschnürung
wire drawing in exhaust (or intake) Drosselung im Auslaß (od. Einlaß)
wire-drawing mill Drahtziehwerk
wire edge Grad an der Schneide nach dem Anschleifen
wire enameling machine Drahtemailiermaschine
wire entanglement Drahthindernis, -verwicklung
wire-frame view finder Ikonometer
wire fuse Schmelzdrahtsicherung, Drahtsicherung
wire gauge Drahtlehre, Drahtkaliber, Drahtmesser, Drahtstärke(tabelle)
wire gauge plate Bohrerlehre
wire gauge table Drahtstärketabelle
wire-gauze Drahtnetzelektrode, Drahtschale
wire-gauze with flat asbestos center Drahtgewebe mit eingepreßter Asbestschicht (in Mitte)
wire-gauze with hemispherical asbestos center Asbestdrahtnetz mit kugelförmiger Vertiefung
wire grating Drahtgitter
wire grip Drahtklemme, -ziehstrumpf
wire guard Schutzkorb
wire guidance Drahtkommandosteuerung
wire guidance system durch Draht übermitteltes Steuersignal
wire-guided anti-tank missile drahtgelenkter Panzerabwehrflugkörper
wire-guided telephony leitungsgerichtete Hochfrequenztelephonie
wire-guided weapon drahtgelenktes Milan-System
wire guiding lock Drahtführungsschloß
wire head Nachrichtenkopf
wire hook lacing Drahthakenverbindung
wire identification Kabelkennung
wire impulse transmitter Stoßdrahtgeber
wire jumper Einzelverbindung
wire lacing Dämpfungsdraht (Turbinenschaufel)
wire laying aircraft Kabellege-Luftfahrzeug
wire laying detail for placing two-strand field cable or team Feldfernkabeltrupp
wire lead-in point Kabelaufführungspunkt
wire line coring Drahtseilkernbohrer
wire line cutting Einschneiden durch Drahtseil
wire loop Drahtschleife, -schlinge, Spiralöse
wire man Bau-, Telegraphenarbeiter
wire manifold Kabelführungsrohr, -geschirr, Nabenrohr
wire mark Siebmarke, Markierung
wire-mesh Drahtgaze, Maschendraht, Maschengeflecht, Maschennetz
wire-mesh road Drahtstraße
wire-mesh screen Maschendrahtabdeckung
wire-meshing Drahtgewebe
wire mounting Meßdrahthalter
wire nail Drahtstift
wire net Draht(nachrichten)netz
wire net system Leitungssystem
wire netting Drahtgeflecht, -gewebe, Drahtmaschengitter, Eisendrahtgewebe, Maschendraht
wire netting insertion Drahtgewebeeinlage
wire netting tapping Abzweigung einer Leitung
wire network Eisendrahtgewebe
wire number Kabelkennung, Kabelnummer
wire party Hindernisbautrupp
wire patrol Störungssuchtrupp
wire penetrometer Drahthärtemesser
wire plant Leitungsanlage
wire plug Kabelstecker
wire probe for measuring flame temperature Drahtsonde zur Flammentemperaturmessung
wire printer Matrixdrucker, Mosaikdrucker, Drahtdrucker, (Mosaik)rasterdrucker, Stiftd

Stiftdrucker
wire program distribution Drahtfunk
wire pull Draht(seil)zug
wire puller or pulling tank Hindernisräumer
wire radio system Hochfrequenzdrahtsystem
wire recorder Tondrahtgerät
wire reel Drahthaspel, Winde zum Abspulen von Drähten
wire release Drahtauslösung
wire relay Drahtbruchrelais
wire release lever Drahtauslösehebel
wire-rod finishing mill Drahtfertigstraße
wire-rod guide Drahtführung
wire-rod mill train Drahtstrecke
wire-rod pass Drahtkaliber
wire-rod rolling train Drahtstraße
wire rolling mill Drahtstraße
wire-rope dralloses Kabel, Drahtseil, (Stahl)-trosse
wire-rope and cable manufacture Kabelherstellung, -produktion
wire-rope block Drahtseilflaschenzug
wire-rope chopper Seilreißer
wire-rope clamp or clip Drahtseilklemme
wire-rope drive Drahtseiltrieb
wire-rope pulley Drahtseilblock, Seilscheibe
wire-rope sling Drahtseilschlaufe
wire-rope stay Drahtseilanker
wire-rope strightening machine Seilrichtmaschine
wire-rope with hemp center Drahtseil mit Hanfseele
wire sag Drahtdurchgang
wire screen Drahtschirm, -sieb
wire screen basket Drahtsiebkorb
wire segment letter Kabelabschnitt-Kennbuchstabe (Kabelkennung)
wire sharp gestochen scharf
wire sharpening machine Drahtanspitzmaschine
wire sheating Drahtbewehrung
wire size number Kabelkennummer, Größen-Kennummer (von Kabeln)
wire skimmer Abisolierer, Entisolierer
wire spiral Drahtspirale
wire sproke wheel Drahtspeichenrad
wire spring Drahtbogen, -feder
wire spring relay Federdrahtrelais
wire stain gauge Dehnungsmeßstreifen
wire stay Drahtseilanker
wire stitched quires drahtgeflechteter Bogensatz
wire stitching apparatus Drahtheftapparat
wire strainer Drahtspanner
wire strand Ankerseil, Drahtlitze, Drahtseil
wire strand core Drahtlitzenseele
wire stress table Drahtzugtabelle
wire stretcher Drahtspanner
wire stripper Abisolier-, Abstreifzange
wire suspension Drahtaufhängung
wire system Drahtnachrichtennetz, Leitungssystem, Signalleitungsnetz
wire tape Drahtband
wire tapping Abhör-, Mithöreinrichtung
wire-tapping clamp Lauschzange
wire temperature Drahttemperatur
wire tension Drahtspannung
wire tension table Spannungstabelle, -tafel
wire thermocouple Drahtthermoelement
wire tightener Drahtspannschloß
wire tinning plant Drahtverzinnerei
wire to earth capacitance Erdkapazität
wire transmission of picture Bildtelegraphie
wire transport Drahtmitnehmer
wire twisting apparatus Drahttorsionsgerät, Drahtverwindungsgerät
wire type tunnel balance Drahtaufhängung für große Modelle im Windkanal
wire wave telegraphy Drahtwellentelegraphie
wire wheel Drahtspeichenrad
wire winding Drahtschleife
wire winding apparatus Drahtumspulgerät
wire wiper arm Drahtwischhebel
wire-wound drahtgewickelt, drahtumwickelt
wire-wound armature Anker mit Knäuelwicklung
wire-wound potentiometer Drahtpotentiometer
wire-wound resistor Drahtwiderstand
wire-wound trimmer Drahttrimmer
wire-wound variable resistor Drahtdrehwiderstand
wire wrap connection Wickeldrahtverbindung
wire wrapped mit Draht umwickelt
wire zincification Drahtverzinkung
wirrahteter Prüfeinrichtung, festverdrahtete Kontrolle
wired message Kabelnachricht
wired or line radio Hochfrequenzverbindung über Leitungen
wired photograph Funkbild
wired photography Bildtelegraphie
wired picture Bildfunk
wired program festverdrahtetes Programm
wired radio Drahtfunk, Drahtwellentelegraphie, Hochfrequenzverbindung (über Leitung), Leitungsübertragung
wired radio system Hochfrequenzdrahtsystem
wired wave telegraphy leitungsgerichtete Trägerwellentelegraphie
wired wireless amplifier Drahtfunkverstärker
wired wireless feeder Drahtfunkanschlußspeiseleitung, Drahtfunk-Zuführungsleitung
wireless drahtlos
wireless amateur Funkamateuer, Radioamateur
wireless aircraft service Flugfunkdienst
wireless apparatus Funkgerät
wireless call drahtloser Anruf
wireless communication drahtlose Verbindung, drahtloser Funkverkehr, Funkwesen
wireless compass Funkkompaß
wireless controlled drahtlose Fernsteuerung, ferngelenkt
wireless direction finder Funkpeilgerät
wireless direction finding drahtlose Richtungsbestimmung
wireless direction-finding transmitter Peilfunksender
wireless equipment Funk(telegraphie)ausrüstung, Funkeinrichtung, Funkgerät
wireless installation Leitungsverlegung, Radioanlage
wireless interception service Horchfunk
wireless message Funkspruch
wireless meteorological service Funk-Wetterdienst
wireless operator (Bord)funker, Funkertelegraphist
wireless picture telegraph Bildrundfunkempfänger, Funkbildgerät

wireless plant Funkanlage
wireless receiver Funkempfänger
wireless remote control Funkfernführung
wireless set Funkapparat, -gerät
wireless station Funkstation, -stelle
wireless telegraph controlling-station Funkleitstelle
wireless telegraph guard boat Funkwachboot, Funkwetterdienst
wireless telegraphy and radio telegraphy apparatus Funktelegraphie- und Telephoniegerät
wireless telegraphy link Funkwiederholer
wireless telegraphy operator Funker, Funktelegraphist
wireless telegraphy screening Funkentstörer
wireless telephone receiver Empfangsfernhörer
wireless transmission of image currents drahtlose Übertragung der Bildströme
wireless transmitter Funksender
wireless transmitter receiver Funksenderempfänger
wireless wave Radiowelle
wireless waves Hertzsche Wellen
wireless weather service Funk-Wetterdienst
wirelessly controlled aeroplane drahtlos gesteuertes Flugzeug
wires and cables Stromleiter
wiring Anschluß an das Netz, Drahteinlegen (Bördeln mit Drahteinlage), Beschaltung, Drahtverbinding, Leitungsführung, Verdrahtung, Verkabelung, Verspannung, Zündleitung
wiring array Schaltmatrix
wiring cables Verdrahtungskabel
wiring capacity Streukapazität
wiring change Umlötung, Umschaltung
wiring clip Drahtverschluß
wiring connection Drahtverbindung
wiring continuity Leitungsdurchgang
wiring diagram Bedrahtungsplan, Leitungsskizze, Verdrahtungsplan, Schaltungsschema, Schaltunterlage, Installationsplan, Schaltungszeichnung, Strom(ver)laufzeichnung
wiring in diagonal pairs Diagonalgruppierung
wiring layout Bauschaltbild
wiring machine Drahteinlegemaschine
wiring plan Beschaltungsplan, Schaltschema
wiring plate Drahtschluß, Schaltungsplatte
wiring point Verdrahtungspunkt, -stelle
wiring resistance Schaltungswiderstand
wiring scheme Beschaltungsplan, Leitungsnetzschema, Schaltplan
wiring specification sheet Schaltliste
wiring switch Installationsschalter
wiring symbol Schaltsymbol
wiring system elektrische Installation
wiring table Verdrahtungstabelle
wishbone Lenkerhebel
wishbone support Lenkerhebellagerung
with constant thread Schnecke mit gleichbleibender Gangtiefe
with continuous circulation Wärmeschrank mit zwangsläufiger Durchlüftung
with delay mit Verzögerung (Geräte ansprechen)
with effect from... mit Wirkung vom..,ab...
with engine full out Vollgas
with equal depth of thread Schnecke mit gleichbleibender Gangtiefe
with equal pitch Schnecke mit gleichbleibender Steigung
with flaps (landing speed) mit Klappen
with firced circulation Wärmeschrank mit zwangsläufiger Durchlüftung
with full throttle mit vollaufendem Motor
with forward vision augmentation system, six-degrees-of-freedom Vorwärtsbewegungs-Sichtsystem mit sechs Freiheitsgraden
with helical cutting edges spiralgenutet
with internal air circulation Wärmeschrank mit Luftdurchwirbelung
with...kg useful load mit...kg Nutzlas
with lock "mit verriegeln"
with low tin content zinnarm
with natural circulation Wärmeschrank mit naürlicher Durchlüftung
with no rewind ohne Rückspulen
with no wind ohne Wind
with one aerial refuelling mit einmaliger Luftbetankung
with he grain in der Walzrichtung
with three spars dreiholmig
withdraw abziehen, herausziehen, wegziehen, zurückziehen, zurücknehmen, widerrufen, sich zurückziehen, herausziehen (Gerät), wegziehen, entnehmen (Daten aus Speicher), die Form herausnehmen (Stahlerzeugung)
withdraw from a well Bohrloch ausbauen
withdraw pull Entbohren
withdraw the drill pipe from the hole Bohrgestänge ausbauen
withdrawal cam Abzugskurve
withdrawal finger Kupplungsausrückgabel
withdrawal form Entnahmebereich
withdrawal form circulation Ausserkurssetzung
withdrawal gas delivery Gasabgang
withdrawal knob Federzugknopf (an Fallschirmwanne)
withdrawal lever Rückzughebel
withdrawal line Verbindungsleine (am Schleudersitz)
withdrawal of heat Wärmeableitung
withdrawal of slag Schlackenziehen
withdrawal of telephone service Fernsprechsperre
withdrawal opening Aushebeöffnung
withdrawal rectification Abgangsberichtigung
withdrawal resistance Rückzugswiderstand
withdrawal roller Abzugsrolle
withdrawal sleeve Abziehhülse
withdrawal, temporary vorübergehende Aufhebung
withdrawing movement to new position Ausweichbewegung
withdrawn abgeschnitten, abgezogen, isoliert
withdrawn plug Leerstecker, Blindstecker
withhold, to einhalten, vorenthalten, zurückhalten
withhold delivery, to Lieferung zurückhalten
withholding tax einbehaltene Steuer (entspricht der Lohnsteuer)(komm)
within ear shot im Hörbereich
within-limits bridge circuit Begrenzer-Brückenschaltung

within reasonable distance in erreichbarer Nähe
within time limit fristgerecht
without accessories ohne Zubehör
without additional stiffening unversteift
without adjustment Nachkorrektur
without after-effect nachwirkungsfrei
without aid of control ungesteuert, ungelenkt
without angular displacement between parts ungeschränkt
without auto throttle thrust control Schubregelung ohne Regelautomatik
without compressor kompressorlos
without cost and obligation kostenlos, ohne Verpflichtung
without danger gefahrenlos, ohne Gefahr
without distortion verzeichnungsfrei
without disturbance störungsfrei, störungslos
without drainage abflußlos
without electrodes elektrodenlos
without exchange facilites Hausstelle
without filler trägerlos (pla)
without flywheel schwingradlos
without flap (landing speed) ohne Klappe
without interruption lückenlos
without intervals anstandslos
without jerk stoßfrei
without limit unbegrenzt
without a motive unmotiviert
without shearing bruchlos
without slowing down nicht nachlaufend
without spatter reflexionsfrei
without surcharge zuschlagsfrei
without surfacing ohne Beleg
without tension spannugslos
without time limit fristlos, unbefristet
without undulation wellenfrei
without zero mit unterdrücktem Nullpunkt
withstand Widerstand leisten
withstand moderate force winds Windvermögen gewährleisten
Withworth leads Gewindegangzahlen
Withworth thread Withworth-Gewinde
witness Bezugsfläche (Metallbearbeitung)
witness shot Richtungsschuß
WMO world meteorological organization
WNW (west-north-west) west-nord-west
wobble Schlag einer Welle, schwanken, wackeln, Taumelbewegung (exzentrische Bewegung des Bohrgestänges), Wobbeln
wobble engine Taumelscheibenmotor
wobble frequency Taumelfrequenz, Wobbelfrequenz
wobble modulation Wobbeln, das
wobble plate Taumelscheibe
wobble plate engine Taumelscheibenmotor
wobble pump Taumelscheibenpumpe, Wobbelpumpe
wobbled carrier current zeitlich veränderlicher Trägerstrom
wobbler Kuppelzapfen, Taumelscheibe, Verschleißzapfen, Wobbler, Zapfenhohlkehle
wobbling Pendelung, Wobbeln (Heulkondensator), Taumelsendung
wobbling condensator Heulkondensator
wobbling frequency Heultonfrequenz, überlagerte niederfrequentierte Schwingung, Wobbelfrequenz
wobbling radio Taumelsendung, Wobbelsendung
wobbulation Frequenzschwankung, Frequenzwobbelung
wobbulator Wobbelgenerator, Wobbler
Woehler diagram Wöhlerschaubild
Woehler fatigue test curve for nickel alloy casting Schwingfestigkeit (Wöhlerkurve) von ungebohrten Proben aus einer Nickelgußlegierung (TB)
Woehler method Wöhlerverfahren
Wolman combustion cut-off method (guided missile) Wolman-Abschaltverfahren
wood alcohol Holzgeist, Methylalkohol
wood and wire body frame Holzdrahtrumpf
wood bit Holzbohrer
wood-block brake Holzklotzbremse
wood-block printing Holztafeldruck
wood-block tire Holzblockreifen
wood burning gas generator or producer Holzvergaser
wood capping hölzernes Paßstück
wood carving knife Holzschraubenmesser
wood case Lattenverschlag
wood cellulose Holzstoff, -zellulose
wood cement Kaltleim
wood chips Holzspäne
wood chisel Holzmeißel
wood chopper Grobholzraspelmaschine
wood construction Holzbauweise
wood consuming gas generator Holzgasanlage
wood copper Holzkupfererz
wood cover Mantelholz
wood creosote Holzkohlenkreosot
wood crep Holzwellpappe
wood distilling apparatus Holzvergaser
wood dust Holzmehl
wood engraving graviertes Holzstück, Holzschnitt
wood felling Holzabrieb, Holz(ein)schlag
wood fiber building Holzfaserplatte
wood fiber material Holzfaserwerkstoff
wood filling Holzfüllstück, Querlamelle
wood frame construction Holzkonstruktion
wood frame rib saw Schlitzkreissäge
wood gas engine Holzgasmotor, Treibgasmotor
wood gas generator Holzkohlengasgenerator, Holzgasanlage
wood grinding Holzschleiferei
wood impregnation Holzimprägnierung
wood insulation Holzisolierung
wood lattice mast Holzgittermast
wood material Leichtbauplatte
wood milling cutter Holzfräser
wood milling cutter knife Holzfräsermesser
wood molding Holzsims
wood mordant Holzbeize
wood oil finishing varnish Holzölüberzugslack
wood oil rubbing varnish Holzölschleiflack
wood packing Holzbeilage(scheibe)
wood packing piece Futterholz, Auskleideholz
wood paneling Holztäfelung
wood pavement Holzpflaster
wood-peeling machine Holzschälmaschine, Furnierschälmaschine
wood pile shoe Rammspitze für Holzpfähle
wood pilling or shoring Holzverschalung zum Absteifen eines Kabelgrabens, Längs-

brett (Verschalungsbretter)
wood planing machine Holzhobelmaschine
wood preservation oil Imprägnierungsöl für Holz
wood preservative Holzkonservierungsmittel, Holztränkungsmittel
wood printing press Holzbedruckungsmaschine
wood pulley Holzriemenscheibe
wood-pulp Holzstoff, Zellstoff, Zellulose
wood-pulp making machine Zelluloseherstellungsmaschine
wood-pulp paper Holzpapier, Zellulosepapier
wood revetment Holzverkleidung, Holzvertäfelung
wood scaffold Holzgerüst
wood screw Holzschraube
wood screw knife Holzschraubenmesser
wood screw thread Holzschraubengewinde
wood separator Holz(ab)scheider, Holzzwischenlage
wood separator in storage battery Holzzwischenlage
wood shaving basket Spankorb
wood shoring Holzverschalung zum Absteifen eines Kabelgrabens
wood spirit oil Holzgeistöl
wood spoked wheel Holzspeichenrad
wood stain Holzbeize
wood steel construction Holzeisenkonstruktion
wood structure Holzstruktur
wood-tooth bevel gear Kegelrad mit Holzverzahnung
wood-turning lathe Holzdrehmaschine, Drechselbank
wood veneer Holzfurnier
wood window blind Holzjalousie
wood working tool Holzbearbeitungswerkzeug
wooden adapter for nose projectile Geschoßklotz
wooden adjustable pitch airscrew or propeller einstellbare Holzschraube
wooden aircraft Holzflugzeug
wood airscrew with metal-sheathed leading edge Holzschraube mit metallgeschützten Kanten
wooden apron Sohlenverkleidung von Holz
wooden baffle Holzgehäuse
wooden beading material Holzstabgewebe
wooden beam floor Holzbalkendecke
wooden blade hölzernes Luftschraubenblatt
wooden board bed Holzpritsche
wooden box-mine Holzmine
wooden brake shoe Bremsklotz
wooden bridge Holzbrücke
wooden cabinet Holzkasten
wooden clamp Holzklemmschraube
wooden construction Holzbauweise
wooden dowel Holzdübel
wooden drilling derrick Holzbohrturm
wooden flange Holzkranz
wooden float Holzschwimmer
wooden floor Holzboden
wooden frame Holzgerüst, -gestell, -rahmen, Vorderrahmen
wooden framework erected to support poles during renewals Stützbock (für den Einbau von Stangenfüßen)
wooden funnel Holztrichter
wooden fuselage Holzrumpf
wooden gauge of hub Holznabenlehre
wooden grating Holzrost
wooden knife Holzmesser
wooden lattice Holzgitter
wooden lid Holzdeckel
wooden lining Holzverkleidung
wooden mast Holzmast
wooden monocoque fuselage Holzschalenrumpf
wooden peg or stage Holzpfosten, Holzständer
wooden pile Holzpfahl
wooden planking hölzerner Verschlag
wooden plug Holzdeckel
wooden projectile Holzgeschoß
wooden propeller hölzerne Luftschraube, Holzpropeller
wooden rack Holzgestell, Holzverschlag
wooden reinforcement Stützpfahl
wooden rib Holzrippe
wooden ring Holzkranz
wooden shield Holzschutz
wooden spar Holzholm
wooden support Grubenholzausbau, Holzträger
wooden tank Holzwanne
wooden target Holzscheibe
wooden tripod Holzstativ
wooden tube Holzrohr
wooden wheel Holzrad
wooden wing Holzflügel
woodruff key Scheibenfeder, Scheibenkeil
woofer Konusmembran, Tiefenkonus (Lautsprecher), Tieftoneinheit, Tieftonlautsprecher
wooliness übermäßiger Nachhall
word Befehl, Datenwort, Maschinenwort, Wort
word, access-control Zugriffskontrollwort
word after das Wort nach...
word, alphabetic alphabetisches Wort, Alphawort
word, alphanumeric alphabetisches Wort, Alphawort
word boundary Wortgrenze
word buffer register Puffer-Register-Wort
word count Wortzählung
word counter Wortzwischenraum
word decoding Wortendecodierung, Wortentschlüsselung
word, defining...mark begrenzende Wortmarke
word delimiter Wortsymbol (ALGOL)
word, floating-point Gleitpunktwort
word field limit Wortfeldgrenze
word format Einteilung eines Befehls- od. Datenwortes, Zusammensetzung
word index Stichwortverzeichnis
word intelligibility Wortverständlichkeit
word length Wortlänge
word line Wortleitung
word line conductor Wortleitung
word mark(er) Wortmarke (dv)(dig)
word, numeric numerisches Wort
word organized memory wortorganisierter Speicher, Speicher mit Wortadresse
word-organized storage or store Speicher mit Wortstruktur, wortorganisierter Speicher
word-oriented wortorientier
word oriented operation wortorientierte Operation
word period Wortbearbeitungszeit, Wortdauer,

Wort(takt)zeit
word plane Wortebene
wort process-style program Texterstellungsprogramm (Bordrechner)
word rate Wortfortschritt pro Zeiteinheit
word, reversed COBOL-Wort (COBOL)
word selection system Wortaufrufsystem
word separator Wortbegrenzungszeichen, Wort-Trennzeichen
word size emitter Wortlängenimpuls
word size entry Wortlängeneingang
word structure Aufbau eines Befehls od. Datenwortes, Befehlsstruktur, Wortdauerstellung (dig)
word-structured storage Speicher mit Wortstruktur, wortorganisierter Speicher
word-structured store Speicher mit Wortstruktur, wortorganisierter Speicher
word time Wortlaufzeit (im Rechner), Wortlesezeit, Wort(übertragungs)zeit, Wortdauer, Wortbearbeitungszeit, Worttaktzeit
word trade mark Wortzeichen
wording Abfassung, (Ver)fassung (eines Dokuments), Wortlaut (eines Berichts)
words charged for Taxwörter
words for core storage Wörterkernspeicherkapazität
words twice alles doppelt od. zweimal (Sprechgruppe eines mehrzwecktauglichen Weltraummeldesatelliten)
work Arbeit, Beschäftigung, Tätigkeit, Werktätigkeit
work a mine, to eine Grube abbauen
work against, to entgegenarbeiten, entgegenwirken
work area Arbeitsbereich
work back stage by stage, to sich Stufe für Stufe zurückarbeiten
work by contract, to im Akkord arbeiten
work by piece, to im Akkord arbeiten
work by the day Arbeit in Schichtlohn
work chute Werkstückrutsche
work clamping area Aufspannfläche des Tisches od. einer Werkbank
work coil (heat induction) Heizleiter
work control Arbeitskontrolle
work cycle Arbeitsablauf
work cylinder Arbeitszylinder
work done in deformation Verformungsarbeit (Kunststoffverarbeitung)
work done under full pressure Volldruckarbeit
work down, to nach unten durchsickern (Flüssigkeit), herabarbeiten, nach unten verarbeiten
work driving arm and pin Mitnehmer für das Arbeitsstück
work driving dog Mitnehmerzapfen für Werkstück
work due to friction Reibungsarbeit
work exchange, direct direktes Arbeitsaustausch (Wartungsarbeiten)
work file Arbeitsbereich auf externen Speichern
work fixture bracket Montagehalterung
work fixture setting angles for spiral grinding work Einstellwinkel des Werkstückträgers beim Spiralschleifen
work function Ablösearbeit, Austrittsarbeit
work function of electrons Elektronenaustrittsarbeit
work gradually toward grades of steel leistungsfähige Knetlegierung erreichen (Konstruktionskomponenten)
work harden, to kaltverfestigen
work hardening Kaltverfestigung
work in niello, to niellieren
work in open circuit, to mit Arbeitsstrom betreiben
work in opposition, to gegenarbeiten
work in process laufende Aufträge
work in process file laufende Kartei
work input hineingesteckte Arbeitsleistung
work input control Steuerung und Überwachung des Arbeitsaufwands
work laboratory Betriebslabor(atorium)
work lead Werkblei
work load on machine Maschinenbelegung
work load planning Kapazitätsplanung
work locating fixture Spannvorrichtung
work mounting Werkstückaufspannung
work number Werknummer
work of braking Bremsarbeit, Bremsenergie
work of cohesion Kohäsionsarbeit
work of compression Verdichtungsarbeit
work of defence Schutzwerk
work of deformation Formänderungsarbeit, Verformungsarbeit
work of elastic strain cushioning action Federungsarbeit
work of protection Schutzwerk
work of resistance Widerstandsarbeit
work of throttle Abwürgetätigkeit, Drosselungsarbeit
work of upsetting Staucharbeit
work off, to abarbeiten
work on dosed circuit, to mit Ruhestrom betrieben
work on open circuit, to mit Arbeitsstrom betrieben
work order Arbeitsauftrag, Werkstattauftrag
work order balance card Bestandskarte für Werkstättenaufträge
work order status card Veränderungskarte für Werkstättenaufträge
word order transaction card Veränderungskarte für Werkstättenaufträge
work out at, to sich beziffern auf
work out mentally, to im Kopf rechnen (Gegensatz zu Taschenrechner)
work out, to herausarbeiten
work over, to umarbeiten
work performed during expansion Ausdehnungsarbeit
work piece Arbeits-, Werkstück
work piece holder Werkstückauflage
work planner Arbeitsorganisator, Arbeitsvorbereiter
work platform suspended from overhead gantries Kranbühne für Wartungszwecke
work platforms translated longitudinally and laterally Kranbühnenbewegung in Längs- und Querrichtung (Wartungsanlage)
work print Arbeitskopie
work quantity per time unit Arbeitsmenge pro Zeiteinheit

work roll Arbeitsrolle
work sample Werkstückmuster
work sampling Arbeitsuntersuchung (Stichprobenverfahren)
work schedule Arbeitsfolgeplan
work sheet Kalkulationszettel
work sensitivity Empfindlichkeit gegen Kaltverformung
work simplification Arbeitsvereinfachung
work softening Verformungsentfestigung
work space Nutzraum
work specification Arbeitsbeschreibung, Arbeitsspezifikation
work spindle Werkstoffspindel
work statement Arbeitsprogramm
work stoppage Arbeits-, Betriebseinstellung
work study Arbeitsstudie
work table Arbeitstisch
work through, to durcharbeiten
work tolerance Fertigungstoleranz
work toughening Hochtrainieren
work tracks Arbeitsspuren
work unit code Arbeitseinheitscode, Systemcode (Luftwaffe)
work-up, to aufarbeiten, aufbereiten, verbrauchen
work-up training Einfahrausbildung (Schiffsbesatzung)
work with a material, to einen Werkstoff verarbeiten
work with hydrofoil program Tragflügelbootentwicklung
workability Bearbeitbarkeit, Bearbeitungsgrad, Formbarkeit, Verarbeitungsfähigkeit, Verformbarkeit
workable in cold state kalt verformbar
workable, to abbauwürdig, bearbeitbar, behandelbar, betriebsfähig, verformbar
worked by hand von Hand betätigt, handbetätigt
worked out abgebaut
worked up aufgearbeitet
worker performing heavy labor Schwerarbeiter
worker, skilled Facharbeiter
worker, ultra-skilled Spitzenarbeiter
working Abbau, Ausbeutung, Bearbeitung (durch Verformung), Verarbeitung
working accuracy Arbeitsgenauigkeit
working allowance Bearbeitungszugabe
working aperture Blendenöffnung, große effektive Öffnung
working area Arbeitsplatz
working back pressure Betriebsgegendruck
working barrel Kolbenrohr, Pumpengehäuse, Tiefpumpenzylinder
working, autonomous autonome Befehlsausführung, autonomer Simultanbetrieb
working barrel pump Kolbenrohrpumpe
working beam Balancier, Bohrschwengel
working blade Arbeitsschieber (am Kompressor), Flügelblende (Optik)
working body of piston Kolbenfläche
working cam Arbeitsnocke
working capacity Arbeitsleistung, Arbeitsvermögen
working capital Betriebskapital, -mittel
working chamber Arbeitsraum
working channel Betriebskanal (EDV)
working characteristic Arbeitscharakteristik, Arbeitskennlinie, Bearbeitungsverfahren
working circuit betriebsfähige Leitung
working clearance Betriebsspiel (des Maschinenteils)
working coil Betätigungsspule
working, concurrent Simultanbetrieb
working committee Wirtschaftsgruppe
working conditions Arbeitsbedingungen, betriebsfähiger Zustand, Betriebsbedingungen
working contents Nutzinhalt
working control Arbeitskontrolle, Gangkontrolle
working cost Bedienungskosten, Betriebskosten
working current Arbeits-, Betriebsstrom
working cycle Arbeitsgang, -takt, -zyklus, Spiel
working cylinder Arbeitszylinder
working data Betriebsdaten
working depth Angriffshöhe (Zahn), Eingriffsstrecke, Meßtiefe
working depth capacity Tiefenleistungsvermögen
working depth of tooth wirksame Zahnhöhe, Zahnangriffstiefe
working distance Arbeits-, Betriebsabstand
working edge Hauptschneide, Hochkante
working efficiency Arbeits-, Nutzleistung
working equation Fehlergleichung
working face of the tooth of a gear Eingriffsfläche eines Zahnradzahns
working feed Arbeitsweg (einer Gewindeschneidemaschine)
working field Abbaufeld, Arbeitsgebiet
working fluid Arbeitsflüssigkeit (Hydraulikpumpe), Treibmittel (Dampfpumpe)
working frame Schütztafelrahmen
working frequency Arbeits-, Betriebsfrequenz
working gauge Arbeitslehre, -maß
working gear Bewegungsmechanismus, Bewegungsvorrichtung, Laufwerk
working group Arbeitsgruppe
working height Arbeitshöhe
working hour Arbeits-, Betriebsstunden, Betriebszeit, Laufzeit
working impulse transmitted on voltage substantially above normal Hochtastung
working instructions Arbeits-, Bedienungs- u. Betriebsvorschriften
working instrument Betriebsapparat, -gerät
working length Arbeitslänge
working life Lebensdauer eines Maschinenteils
working line Belastungskurve
working load Arbeitsbelastung, Arbeitslast, Betriebsbelastung, Drucklast, Nutzlast, Schwungmasse
working losses Betriebsverluste
working magnet Arbeitselektromagnet, Betriebsmagnet
working material Arbeitsunterlage, Betriebsstoff
working medium Arbeits-, Betriebsstoff
working memory Arbeits-, Haupt-, Primärspeicher
working method Abbau-, Arbeitsverfahren, Arbeitsmethode
working model Arbeitsmodell, Gebrauchsmuster
working motion Arbeitsbewegung, Schnittbewegung
working of heat Ofenführung

working of intensification Arbeitsintensivierung
working of the switches Umlegen der Weichen
working on primers which do not contain any chromates chromatfreies Haftgrundiermittel
working operation Bearbeitungsvorgang, Arbeitsgang
working order Betriebsfähigkeit, -zustand
working order, in betriebsfähig
working part Triebwerkteil, Werkstück
working path Arbeits-, Schnittweg
working piston Arbeitskolben
working place Abbauort, Arbeitsstelle
working plane Arbeits-, Meßebene, Arbeitsfläche
working platform Arbeitsbühne des Bohrturms
working point Angriffspunkt, Ruhepunkt, Schaltstufe, Fahrstufe
working point of the valve characteristic Arbeitslage auf der Röhrenkennlinie
working position Arbeits-, Betriebsstellung
working power Wirkungsvermögen
working pressure Arbeits-, Betriebsdruck
working pressure gauge Arbeitsmanometer
working principle Arbeitsgrundlage, Arbeitsprinzip
working procedure Arbeitsgang
working process Arbeits(vor)gang, Arbeitsprozeß
working program Arbeits(ablaufs)programm
working promoting leistungsfördernd
working qualities Arbeits-, Betriebseigenschaften
working radius Ausladung
working range Arbeits-, Betriebsbereich
working, real-time Echtzeitbetrieb, Realzeitbetrieb, schritthaltender Ablauf
working revolution die den Arbeitshub enthaltende Umdrehung eines Motors
working resistance Arbeitswiderstand, Betriebswiderstand
working roll Arbeitswalze
working rollers drive gear Knetwalzenantriebsrad
working scale Arbeitsskala
working schedule Arbeitsgang
working scheme Arbeitsplan, Betriebsplan
working scope Arbeitsschirm (Monitor am Kontrollgerät)
working sequence Arbeitsablauf
working service Arbeitsleistung, Betriebsservice
working set Betriebsapparat
working shaft Zugstange
working space Anfachraum, Arbeitsraum, Arbeitsspeicher (im Rechner)
working speed Arbeits-, Betriebsgeschwindigkeit
working spindle Arbeitsspindel
working spindle head Arbeitsspindelkopf (einer Fräsmaschine)
working stage Arbeitsgang, -stufe
working station Betriebsstation
working stem Zugstange
working step Arbeitsgang, -stufe
working storage or store Arbeits-, Haupt-, Primär, Zwischenergebnisspeicher
working storage section "Kapitel" Arbeitsspeicher (COBOL)
working strength Arbeitsfestigkeit
working stress Arbeitsbeanspruchung, Gebrauchsspannung, Nutzspannung
working stroke Arbeitshub, Arbeitstakt
working surface Aufspannfläche, Ballenoberfläche, Angriffsfläche, Gleitfläche (eines Zylinders)
working surface of cylinder Zylinderlauffläche
working surface or electrode wirksame Elektrodenfläche
working tanks Pufferbehälter
working temperature Arbeits-, Betriebstemperatur
working tension Belastungsspannung, Betriebsdruck
working time Arbeitszeit, Betriebsdauer
working, time-dependent zeitabhängige Arbeit
working tolerance Fertigungstoleranz
working tool Bearbeitungswerkzeug
working travel Arbeitsgang (Preßstößel)
working traverse Arbeitsweg
working valve Arbeitsventil, Bedienungshahn, Kolbenrohrventil
working voltage Arbeits-, Nutzspannung
working wave Arbeits-, Betriebswelle
working width nutzbare Breite, Nutzbreite
workload analysis Beanspruchungsanalyse
workmanship Fertigungsgüte, Bearbeitungsgüte, Werkstattarbeit, Werkstattausführung
workpiece Werkstück
works certificate Gütezeugnis
works engineer Betriebsingenieur
works inspector Fertigungsprüfer
works number Bau-, Werksnummer
works standard Fabriknorm
works test Betriebswerksprüfung
workshop crane Werkstattkran
workshop drawing Werkstattzeichnung
workshop equipment Werkstattausrüstung
workshop gauge Arbeitsmaß
workshop press Arbeits-, Werkstattpresse
workshop specification Werkstattvorschrift
workshop tool kit große Werkzeugausrüstung der Werkstatt (im Gegensatz zum Bordwerkzeug)
workshop vehicle Werkstattwagen
world acceleration vector Weltbeschleunigungsvektor
world aeronautical chart Luftfahrtweltkarte
world aeronautical planning chart Weltluftfahrtplankarte
world air traffic Weltluftverkehr
world coordinate Weltkoordinate
world flight Weltflug
world flying-endurance record Dauerflug-Weltrekord
world health organization (WHO), Weltgesundheitsorganisation
world total, approach and landing accidents Anflug- u. Landeunfall mit Todesfolge
world total jet/large turboprop fatal accidents Weltunfallziffer für Strahl- und Turbinenluftfahrzeuge
world total traffic Weltgesamtverkehr
world vorticity tensor Weltwirbeltensor
world weather watch (WWW)Welt-Wetterwacht

world wide weltumspannend
world wide after sales support organization weltumspannende Kundendienstorganisation
world wide field serivce weltweiter Kundendienst
worm Gewinde, Kühlschlange, Rohrschlange, Schlangenrohr, Schneckengewinde, Schraube ohne Ende, Schraubengewinde, Schraubennut, Schraubenzahngetriebe
worm and sector steering mechanism Schneckenlenkung
worm and sector steering system Segment-, Zahnkranzlenkung
worm and wheel drive Schneckentrieb
worm bearing Lenkstocklager
worm blank Schneckenkörper
worm conveyor Schneckenförderer
worm, conveyor Förderschnecke, Transportschnecke
worm cutter Schneckenfräser
worm drive Schnecken(rad)getriebe, Spindeltrieb
worm drive shaft Schneckenantriebswelle
worm drive starter Schneckentriebanlasser
worm driven quadrant Schneckenquadrant
worm-gear Schneckengetriebe, -rad, -vorgelege, Schraubengetriebe, Schraubenrad, Spindeltrieb, Wurmgetriebe
worm, gear Getriebeschnecke
worm-gear drive Schneckenantrieb
worm-gear hob Schneckenradwalzfräser
worm-gear rear-axle drive Schneckenhinterachsantrieb
worm-gear reducers Schneckenuntersetzungsgetriebe
worm-gear shaft Schneckenradwelle
worm geared winch Schneckenwinde
worm gearing Schnecken(rad)getriebe, Schneckentrieb
worm generating hob Schneckenwalzfräser
worm grinding machine Schneckenschleifmaschine
worm reduction gear Schneckenreduziergetriebe
worm reduction drive planing machine Hobelmaschine mit Antrieb über Schneckenuntersetzungsgetriebe
worm screw Fänger, Fanggerät, Schneckenschraube
worm segment Schneckensegment
worm shaft Schneckenachse, -welle
worm shaft at an angle schräge Schneckenwelle (w)
worm shaft spur gear Schneckenwellenstirnrad
worm-shaped schneckenförmig
worm tappet head abgenutzter Stößelkopf
worm thread Schneckengewinde
worm thread milling cutter Schneckenfräser
worm-wheel Flügelrad, Schraubenrad, Schnecken-, Wurmrad
worm-wheel axle Schneckenradachse
worm-wheel cutter Schneckenradfräser
worm-wheel cutting machine Schneckenradschneidemaschine
worm-wheel drive Schneckentrieb
worm-wheel generating Schneckenraderzeugung
worm-wheel generating machine Schneckenradabwälzfräsmaschine
worm-wheel hob Schneckenradfräser
worm-wheel lifting (screw) Schneckenradhubschraube
worm-wheel roller bearing Schraubenrad mit Lagerbüchse
worm-wheel segment Schneckenradsegment
worming pair Adernpaar, Trensenadernpaar, Trensendoppelader
worn contact ausgefressener Kontakt
worn cylinder unrunder Zylinder
worn-out bearing ausgelaufenes Gleitlager
worn-out type abgenutzte Schrift
worn-up type abgenutze Schrift
worst effect tiegreifende Auswirkung (Diversifikation, Triebwerkkonstruktion)
wound capacitor of fixed value Wickelblockkondensator
wound coil Doppelwendel
wound filter element Wickelfiltereinsatz
wound motor Asynchronmotor mit gewickeltem Anker
wound rotor induction motor Schleifringläufermotor
wound-up aufgezogen
woven carbon fibres Kohlenstoffasergewebe
woven conical, ogival and half spherical shapes from glass konisches, gewölbtes halbkugelförmiges Gewölbe (Burgnase)
woven resistor elektrisches Heizgewebe
woven-screen memory Gittespeicher (EDV)
woven-wire fabric geknüpfte Armierungsmatte
wow schnelle periodische Geschwindigkeitsschwankung (Magnetband)
WPAFB Wright-Patterson Air Force Base
wrap einhüllen, einwickeln, umhüllen, umlappen, umlegen, umschlagen
wrap and solder splice Spleiß bei nicht flexiblem Kabel
wrap around zyklischer Arbeitsablauf im Kernspeicher, zyklische Adreßfolge
wrap-around multiplier Tubusvervielfacher
wrap around, to herumschlagen, umbinden, umschlingen, umwickeln
wrap-around window Panoramascheibe
wrap in, to einhüllen, einwickeln
wrap-round boosters aussen angeordnete Starttriebwerke
wrap up, to aufwickeln, einpacken, umwickeln
wrap upon, to aufwickeln
wrap width Streifenbreite
wrapped eingehüllt, packetiert, umsponnen
wrapped joint Wickellötstelle, Wickelverbindung
wrapped tube gewickeltes Rohr
wrapped wire Manteldraht
wrapper Schutzfolie, Aussenumhüllung, Aussenverpackung, Einschlagmaterial (Folie), Verpackungshülle
wrapper glueing machine Streifbandumklebeautomat
wrapping Bewehrung, Bewicklung, Umhüllung, Umlappung, Umwicklung
wrapping machine Einhängemaschine, Umschnürungsmaschine
wrapping test Wickelprobe
wrapping wire Wickeldraht
wreck Trümmer, Wrack
wreck buoy Wrackboje, Wracktonne

wreck signal Wracksignal
wreckage analysis Wrackuntersuchung
wrecked aeroplane zerstörtes Flugzeug
wrecker Abschleppwagen, Bergungsschiff
wrecker platoon Abschleppzug
wrecking Abbruch, Abwracken, Abwrackung
wrecking bar Brecheisen, -stange
wrecking company Abbruchunternehmen
wrecking truck Abschleppkraftwagen, Hilfswagen
wrench Bolzenschlüssel, Mutterschlüssel, Schraubenschlüssel, Schlüssel (in Verbindung mit anderen Begriffen), Verstauchung
wrench, adjustable Universalschraubenschlüssel
wrench, articulated Gelenkschlüssel
wrench board Bohrbank
wrench circle Drehschlüsselkranz
wrenching clamp Renkung, Schlüsselkopf (Federbeinschere)
wrest Stimmschlüssel
wrest pin Stimmwirbel
wriggle schlängelnd hin- und herbewegen, sich schlängeln, sich winden
wriggle instability Torsionsunbeständigkeit
wring, to auswringen, pressen, drücken
wring together, to aneinandersprengen, anschieben (Endmasse)
wringing distance Ansprengdistanz
wringing fit Schiebesitz
wringing layer Ansprengschicht
wringing pole Wringeisen, -pfahl
wrinkle Falte, Furch, Kniff
wrinkle-free faltenlos sitzend
wrinkle finish Kräusel-, Runzel-, Schrumpflack
wrinkle proofness Bauschelastizität
wrinkle varnish Runzellack
wrinkle washer federnde, gewellte Unterlegscheibe, Riffelscheibe
wrinkled faltig (Fsch)
wrinkled sheet ausgebeultes Blech
wrinkling Faltenbildung, Faltung (Fsch), Runzelbildung, Verbeulung
wrinkling limit Beulgrenze
wrinkling stress Beul(en)spannung
wrist Kurbelzapfen
wrist compass Armbandkompaß
wrist pin Anlenkbolzen, Kolbenbolzen, Zapfen
wrist pin bearing Kolbenbolzenlager
wrist plate Gelenkplatte
wrist strap Gelenkriemen
write Einschreiben, Schreiben
write and punch Lochschreiben
write call Schreibinstruktion
write column binary mode spaltenweises Binärstanzen
write control Schreibsteuerung
write control code Schreibsteuerungscode, -schlüssel
write current Schreibstrom
write disk storage Schreibplattenspeicher
write disturbed voltage zero Spitzenspannung der schreibgestörten Null
write-enable ring Schreib(sicherungs)ring
write, gathered sammelndes Schreiben
write head Schreibkopf (dig)
write in, to einschreiben, eingeben
write instruction Schreibbefehl
write lockout Schreibsperre
write-off as a loss, to als Verlust abschreiben
write-off for depreciation Abschreibung
write on, to beschriften
write-out, to ausgeben, schreiben (dv)
write, partial...current Teilschreibstrom
write, partial...pulse Teilschreibimpuls
write pulse Schreibimpuls
write shorthand, to stenographieren
write statement Schreibbefehl, Schreibanweisung (COBOL, FORTRAN)
write, unformatted...statement formatfreie Schreibanweisung (FORTRAN)
writer Farbschreiber, Schreiber, Urheber, Verfasser
writing back Stornobuchung
writing bar Schreibstange
writing beam Schreibstrahl
writing current Schreibstrom (zur Einspeicherung von Signalen)(dig)
writing gun Schreibkathode
writing head Schreibkopf
writing, in schriftlich
writing lever Schreibgestänge
writing-off of depreciations Wertfortschreibung
writing operation Schreiboperation, Schreibverfahren
writing pad Schreibblock
writing pulse Schreibimpuls
writing reading head Schreib-Lesekopf
writing shelf Schreibpult
writing surface Schreibfläche
writing system Schreibverfahren
writing timer Schreibtaktgeber
writing-up Abschreiben
written consent schriftliche Zustimmung
written evidence Beweismaterial
written guide schriftliche Anleitung
written identification slip Schriftstreifen
written notice schriftliche Mitteilung
written off abgesetzt, abgeschrieben
written-out program abgeschriebenes Programm
written proceedings schriftliches Verfahren
written record Niederschrift
wrong connection Verschaltung
wrong connection indicating relay Fehlbedienungsrelais
wrong-length record falsche Satzlänge
wrong manipulation Fehlgriff
wrong number call Falschanruf
wrong setting Fehleinstellung
wrong way-round insertion falsches Anschließen od. Einstecken (Gerät usw)
wrong work Fehlarbeit
wrought-iron geschmiedetes Eisen, Luppeneisen, schmiedbares Eisen, Schweißeisen, Schweißmetall
wrought-iron bar Schweißeisenstab
wrought-iron four-pointed knife rest schmiedeeiserner Vierspitz
wrought-iron lip union Lippenkupplung
wrought steel schmiedbares Eisen, Schmiedeeisen, Schmiedestahl, Schweißstahl, warmverformter Flußstahl
wrought steel pole Stahlrohrmast
wrought steel shoe schmiedeeiserner Pfahlschuh
WS (weapon system) Waffensystem
WSEG Weaponse Systems Evaluation Group

WRMR White Sand Missile Range
WSPG (1) White Sand Proving Ground (2) weapon system phasing group
WSIR White Sand Integrated Range
WSPO weapon system project office
WSW (west-south-west) Westsüdwest
w,t-diagram W,t-Diagramm
W/T message Funkspruch
W/T transmitting set Funkgerät
WTT weapons tactics trainers
W-type engine Fächermotor, Motor mit W-förmig angeordneten Zylindern, W-Motor
WVAS Wake Vortex Avoidance System
WWW world weather watch Weltwetterwacht
WX (weather) Wetter
wye-connection Sternschaltung

X

X-amplifier X-Verstärker
X-axis Abzissenachse, X-Achse
X-band X-Band
X-band radar with wideband X-Bandradar mit hoher Bandbreite
X-control X-Steuerung
X-control brush X-Bürstenkontrolle, X-Steuerbürste
X-cut crystal X-Schnittkristall
X-irradiation Röntgenbestrahlung
X-line waagerechte Gitterlinie
X-particle (meson) Meson
X-pickup X-Erregung, Selektorerregung-X
X-punch X-Loch (11er Lock), X-Lochung
X-ray analysis Röntgenanalyse
X-ray and ultrasonic test and quality control practices Röntgen- und Ultraschallverfahren bei Fertigungs- u. Qualitätsprüfung
X-ray assistant Röntgenassistent
X-ray atomic formfactor Atomfaktor für Röntgenstrahlen
X-ray background Röntgenhintergrund
X-ray beam Röntgenstrahlenbündel
X-ray-brake radiation Röntgenbremsstrahlung
X-ray clip Röntgenfilmkammer
X-ray coverage Röntgenstrahlenfeld
X-ray crystal density Röntgenstrahlenkristalldichte
X-ray crystallography Röntgenkristallographie
X-ray dermatitis Röntgendermatitis
X-ray diffraction Bewegung von Röntgenstrahlen
X-ray diffraction exposure Röntgenbeugungsaufnahme
X-ray diffraction instrument Röntgenbeugungsgerät
X-ray diffraction pattern Röntgenbeugungsbildaufnahme
X-ray diffraction picture Röntgenbeugungsaufnahme
X-ray diffractometer Röntgenbeugungsgerät
X-ray dosimeter Röntgendosimeter, Röntgenstrahlenmesser
X-ray equipment Röntgenanlage, -einrichtung, -gerät
X-ray examination Röntgenuntersuchung
X-ray film Röntgenfilm
X-ray flash interferences Röntgenblitzinterferenzen
X-ray image Röntgenaufnahme, -bild
X-ray image amplifier Röntgenbildverstärker
X-ray inspection radiographische Untersuchung der Metalle, Röntgenkontrolle, -prüfung
X-ray intensifying screen Röntgenverstärkerfolie
X-ray intensimeter Röntgenstrahlenmesser
X-ray interference Röntgeninterferenzen
X-ray investigation Röntgenuntersuchung
X-ray iontoquantimeter Röntgenstrahlenmesser
X-ray levels Röntgenterme
X-ray machine Röntgengerät, Röntgenstrahlenerzeuger
X-ray metallography Röntgenmetallographie
X-ray meter Dosismesser, Röntgenstrahlenmesser
X-ray monochromator Monochromator für Röntgenstrahlen
X-ray mutation durch Röntgenstrahlen verursachte Mutation
X-ray or gamma-ray scanning of cargo-containers Durchstrahlungsprüfung von Luftfrachtcontainern
X-ray outfit Röntgenausstattung, -einrichtung
X-ray output Strahlenausbeute
X-ray paper Röntgenpapier
X-ray pattern Röntgendiagramm
X-ray photograph Röntgenaufnahme, -bild, Durchleuchtungsbild, Röntgenograph
X-ray photography Röntgenphotographie
X-ray picture Röntgenaufnahme, -bild
X-ray port Strahlenaustritt
X-ray processing trailer Röntgenschirmbildauswerteanhänger
X-ray protective glass Röntgenschutzglas
X-ray protection Röntgen(strahlen)schutz
X-ray radiation Röntgenstrahlung
X-ray radiation investigation of the sun Untersuchung der Sonnen-Röntgenstrahlen
X-ray radiation of the sun Sonnenröntgenstrahlen (space)
X-ray radiometer or roentgonometer Röntgenstrahlenmesser
X-ray rotation method Röntgenrotationsmethode
X-ray scattering Röntgenstrahlenstreuung, Streuung von Röntgenstrahlen
X-ray source observer Röntgensatellit
X-ray spectrograph Röntgenspektrograph
X-ray spectrometer Röntgenspektrometer
X-ray spectroscopy Röntgenstrahlenspektroskopie
X-ray spectrum Röntgenspektrum
X-ray spectrum, the spektrale Zusammensetzung des Röntgenlichts
X-ray stress analysis Spannungsberechnung (mit Hilfe von Röntgenstrahlen)
X-ray technique Röntgentechnik, Strahlentechnik
X-ray test Röntgenuntersuchung, Strahlentest
X-ray testing apparatus Röntgenprüfeinrichtung
X-ray therapy applicator Bestrahlungstubus
X-ray thickness gauge Röntgendickemeßgerät
X-ray treatment Röntgenbehandlung
X-ray tube or valve Röntgenröhre

X-ray vacuum Röntgenvakuum
X-raying of examination Durchleuchtung zur Röntgenbildaufnahme
X's atmosphärische Störungen, Betriebsstörung, Interferenz
X-scale X-Maßstab
X-shape X-geschnitten
X-side of a selector Arbeitsseite eines Steuerapparates
X-skip X-Sprung
X subzone center zweiter Zonenhauptort
XSM experimental strategic missile
X-type engine X-Motor, Motor mit X-förmig angeordneten Zylindern, X-Triebwerk, X-Formmotor
X-unit X-Einheit
xanthate Xanthat, Xanthogenat
xanthein Xanthein
xantic oxide Xanthogenoxyd
xanthogenate Xanthogenat
XBAR crossbar (of approach lighting system) Querbalken (des Anflugbefeuerungssystems)
xenon (X, Xe) Xenon
xenon bubble chamber Xenonblasenkammer
xenon lamp Xenonlampe
xenon poisoning Xenonvergiftung
xenon tube Xenonröhre
xerographic printer xerographischer Drucker (elektrostatisches Verfahren)
XETB; transparent and transmission block Ende des transparenten Übertragungsblocks
XETX; transparent end of text Ende des transparenten Textes
XITB; transparent intermediate block Blockzwischenprüfung eines transparenten Textes
XPT; external page table Tabelle externer Seiten
XSTX; transparent start of text Start eines transparenten Textes
XSYN; transparent synchronous/idle Synchronisierzeichen im Transparenzmodus
XTTD; transparent TTD zeitweilige Verzögerung des transparenten Textes
XX heavy (used to qualify weather phenomena such as rain, e.g. heavy rain -XXRA) stark (zur Bezeichnung von Wettererscheinungen, wie Regen, z.B. starker Regen -XXRA)
xylographer Xylograph
xylol Xylol
xylolith Steinholz
xylometer Xylometer
xylonic acid Xylonsäure
xyloplastic Xyloplastik
xylose Holzzucker, Xylose

Y

Y-antenna Delta-Antenne
Y-axis Ordinatenachse, Y-Achse, Querachse
Y-component Hochwertkomponente
Y-connected sterngeschaltet
Y-connected three-phase system with star connection Y-Schaltung
Y-connection Sternschaltung
Y-coordinate number Hochwert
Y-cut Y-geschnitten
Y-cut crystal Dickenschwinger, Y-Schnittkristall
Y-edge leading Zuführung mit Oberkante
Y-fitting Hosenstück, Zweifachverteiler
Y-grouping Sternschaltung
Y-line of map grid senkrechte Gitterlinie
Y-needle Y-Nadel
Y-parameter Y-Kenngröße
Y-piece Gabel-, Hosenrohr (an Flansch)
Y-pipe Hosenrohr, Y-Rohr
Y-plates Vertikalablenkplatten
Y-punch Y-Loch, Zwölferlochung, Y-Lochung, Loch in der Zwölfer-Trennzeile einer Lochkarte
Y-shaped Y-förmig
Y-shaped branches halbschräge Abzweige
Y-shaped fittings schräge Abzweige
Y-splice Abzweigspleißstelle
Y-scale Y-Maßstab
Y-voltage Sternspannung
yacht Segelboot, Yacht
yagi antenna Yagi-Antenne
yagi antenna reflector, the deflector and dipoles Yagi-Antenne, Yagi-Strahler, Faltdipol
yard Yard (englisches Längenmaß), Hofraum, Rangierbahnhof, Schiffswerft, Werksgelände
yard belt Platzladeband
yard crane Lagerplatzkran
yard foreman Lagerplatzmeister
yard indicator Zählwerk
yard paving Geländepflasterung
yard radio Rangierfunkgerät
yard stick Maßstab
yard storage tank Lagertank im Gelände
yard transporter crane Lagerplatzbrücke
yard travelling crane Hoflaufkran
yardage Flächenleistung
yarn-changing attachement Garnwechseleinrichtung
yarn-reel core Garnrollenkern
yarn sizing Garnschlichtung
yarn steamer Garnverdämpfer
yarn taker-off Garnaufhänger
yarn-tentering machine Garnstreckmaschine
yarn winding machine Garnhaspelmaschine
Yates' correlation Yetessche Anpassung, Yatessche Korrektur für Stetigkeit
yaw Gierung, Kursabweichung, Gier (Drehung um Hochachse), Gierbewegung, Anstellwinkel (Geschoß), Geschoßpendelung, Gierwinkel
yaw, to abtreiben, gieren (Drehung um die Hochachse)(nautisch)
yaw angle Windwinkel, Gierwinkel
yaw-angle isolation amplifier Giersignaltrennverstärker
yaw angle position Gierwinkel(lage)
yaw axis Gier-, Hochachse (körperfest)
yaw condition Gierzustand
yaw canard Gierruder (Drohne)
yaw channel Gier(signal)kanal
yaw computer Gierrechner (Bordcomputer)
yaw control Giersteuerung
yaw control nozzle Giersteuerdüse
yaw control power Seitensteuerkraft (Flz)
yaw controlled giergesteuert
yaw cutout switch Gierdämpferschalter

yaw damp actuation Gierdämpferbetätigung
yaw damper Gierdämpfer
yaw damper circuit Gierdämpferschalter
yaw damper-cum-rudder control system, duplex zweifaches Gierdämpfungssystem im Seitenruderkreis
yaw damper operation Gierdämpferbedienung, Arbeitsweise des Backendämpfers (Seitenruderstellung)
yaw damper servo Gierdämpfungsservoventil, Umsteuerventil des Gierdämpfungskanals
yaw drive motor Gierstabilisierungsmotor
yaw duct Gierkanal (Luftkissenfahrzeug)
yaw error signal Gierfehlersignal
yaw damper servo actuator Gierdämpfer-Stelleinheit
yaw damper, switched off ausgeschalteter Gierdämpfer (Überziehen u. Stabilität)
yaw fin Seitenruder
yaw gain potentiometer Potentiometer zur Gierkanaleinstellung
yaw gimbal Azimutrahmen (bei Kreiselplattform), Gierrahmen
yaw gimbal torquer Gierrahmendrehmomenterzeuger, Gierrahmenmomentierer
yaw guidance Giersteuerung
yaw in bore Geschoßführungswinkel
yaw integrator Hochachsenintegrator
yaw jet Gierdüse, Giersteuerdüse
yaw line Bugseitenleine, Fangleine von Luftschiff zum Ankermast
yaw meter Gierungsmesser
yaw moment Giermoment
yaw override switch Gierdämpferschalter
yaw plane Gierebene
yaw rate Giergeschwindigkeit
yaw rate gyro Gierwendekreisel
yaw-rate gyro unit and pitch trim actuator Kreiseleinheit zur Messung der Giergeschwindigkeit
yaw rate signal Giergeschwindigkeitssignal, Giersignal
yaw reference Gierbezugsrichtung
yaw-roll gyro Gier/Rollkreisel, Kurs (Querneigungskreisel)
yaw-roll instability Abrutschinstabilität
yaw rotation Drehung um die Hochachse
yaw signal Giersignal
yaw signal channel Giersignalkanal
yaw sonde Giersonde
yaw stability Gierstabilität
yaw stability augmentation control Flugregler- und Gierdämpferkanal
yaw torquer Gier-Torquer (Gierdrehmomentgeber)
yaw trim control (switch) Seitenruder-Trimmschalter
yaw trim potentiometer Seitenruder-Trimmpotentiometer
yaw zero pulse Gierwinkel-Nullimpuls
yawed wing schiebender Flügel
yawing Gieren, Gierschwingung, Kursschwankung, Seitenbewegung
yawing angle Gierwinkel
yawing attitude Gierzustand
yawing conditions Gierbedingungen, Schieberflugzustände
yawing gauge designed by Anschütz Anschütz-Punkter
yawing moment Gier-, Kurs-, Scher-, Seiten-, Wendemoment, Abtreibungsmoment, Abtriftmoment
yawing moment coefficient Schiebe-Giermomentbeiwert
yawing moment due to side Schiebegiermoment
yawing motion in yaw Gierbewegung
yawing, periodic periodische Gierbewegung
yawing recording gauge Punkter
yawing the aircraft absichtliche Gierbewegung
yawl Yolle
yawmeter Gierungsmesser
Yaxlex type switch Paketschalter
YCZ yellow cuation zone (runway lighting) gelbe Warnzone (Start- und Landebahnbefeuerung)
year, fiscal Rechnungsjahr
year-to-date, sales amount SAYTD, aufgelaufener Jahresverkaufserlös
year-to-date, sales quantity SQYD, aufgelaufene Jahresverkaufsmenge
year under report Berichtsjahr
yearly settlement Jahresbericht
yeast-cultivating apparatus Hefeaufziehvorrichtung
yeast fermenter Hefekulturapparat
yellow brass Gelbkupfer, Messing, Neumessing
yellow cadmium Kadmiumgelb
yellow-copper ore Kupferkies
yellow filter Gelbfilter
yellow glass-bulb Gelbglasglühlampe
yellow mica Goldglimmer
yellow screen Gelbfilter, -scheibe
yellow section gelber Sektor
yellow tungsten bronze Wolframgelb
yellowing at high temperatures Wärmevergilbung (Lack)
yellowing in the dark Dunkelvergilbung
yellowing on exposure to light Licht(ver)gilbung
yield Anfall, Ausbeute(grad), Ausbringen, Ausgiebigkeit, Empfindlichkeit, Ergebnis, Ertrag(sfeld), Fertigung, Fördering, Gewinnung, Produktion, Tragfähigkeit
yield behavior Fließverhalten
yield bending moment Fließmoment
yield condition Fließbedingung
yield criterion Abgleitung
yield curve Ausbeutekurve, Förderkurve
yield deformation Fließverformung, Fließverzug
yield distortion Fließverzug
yield equivalence factor Äquivalenzfaktor (für Detonationswert)
yield factor Ausbeutefaktor
yield factor of safety Sicherheitsfaktor (für Dauerverformung)
yield force Fließkraft
yield hinge Fließgelenk
yield level Streckspannung (Erdbeben)(seism)
yield-line method Durchbiegungsmethode (Baustatik)
yield-line theory Theorie der Flußlinie
yield load begrenzte Belastung, Fließbelastung, Nachgebedruck (av), Weichdruck
yield locus Fließspannungsort

yield-mass curve Ausbeutemassekurve
yield-mass distribution Ausbeutemasseverteilung
yield phenomenon Streckgrenzenerscheinung
yield, nuclear Detonationswert
yield of depreciation Abnutzungssatz
yield of ores Metallgehalt
yield of pulp Zellstoffausbeute
yield of radiation Strahlungsausbeute
yield of scrap Schrottaufkommen, Schrottanhäufung
yield-point Ausweich-, Bruchpunkt, Dehnungs-, Fließ-, Federungs-, Streckgrenze, Fließ-, Nachgebepunkt
yield-point (according to application) Federungsgrenze
yield point in bending Biegegrenze
yield-point of torsional shear Dreh-, Torsions-, Verdrehungsgrenze
yield-point phenomenon Streckgrenzüberhöhung
yield-point ratio Streckgrenzverhältnis
yield-point under pressure Quetschgrenze
yield pressure Fließdruck
yield rectangle Fließrechteck
yield resistance Fließwiderstand
yield strain Dehnung bei Streckspannung, Dehnung bis zur Streckgrenze, Fließdehnung
yield strength Fließfestigkeit, Quetschgrenze, Fließ-, Streckgrenze
yield strength at elevated temperature Warmstreckgrenze
yield stress Fließ-, Streckspannung, Quetschgrenze
yield stress value Fließspannungswert
yield, to abgeben, anfallen, ausbringen, einbringen, einräumen, hervorbringen, nachgeben, nachlassen, sich ergeben (chem)
yield value Ausgiebigkeit(swert), Fließwert (einer Farbe), Streckwert
yield zone Fließzone
yielding Übergabe, federnd, fließend, nachgebend, soft, weich
yielding drive nachgiebiger Friktionsantrieb
yielding point Fließpunkt (pla)
yielding property Fließeigenschaft
yielding stop mechanism for control rod nachgiebiger Reglerstangenanschlag
yielding voltage regulator nachgiebiger Spannungsregler
yields Ausbeutemengen
ylem Urplasma
yoke Ablenkjoch (CTR), Bügel, Exzenterrolle, Gabelgelenk, -kopf, Joch, Kreuzkopf, Magnetjoch, Querhaupt
yoke (bipod) Gleitstück mit Spindelmutter, Querträger
yoke (float) Gabel der Schneidvorrichtung
yoke (of a cathode-ray tube) Ablenkjoch
yoke (recoil and counterrecoil piston rods) Kolbenstangenbrücke
yoke (torpedo) Ruderjoch
yoke armature Jochanker (in Zündspule)
yoke assembly Jochbaugruppe, Stützjoch
yoke bearing Jochlager
yoke block Rahmenverstärkung
yoke core Jochkern
yoke drive Jochantrieb
yoke driver Mitnehmerkreuz
yoke end Gabelkopf
yoke frame Gehäusemasse (Lichtmaschine)
yoke fulcrum Jochdreh-, Jochstützpunkt
yoke kickback Jochrückkopplung
yoke nut retaining ring Spindelaufsatzhaltering
yoke nuts and bolts Spindelaufsatzverschraubung
yoke of a magnet Magnetjoch
yoke of a relay Joch eines Relais
yoke ring Jochring
yoke shaft clutch shifter lever Windenkupplungshebel
yoke-type shutoff valve Aufsatzabsperrventil
youngs module Elastizitätsmodul
your message date Datum Ihrer Meldung
YR your Ihr
ytterbium Ytterbium, Yb
yttrocerite Ytterflußspat, Yttrozerit
yucca Yucca, Yu (Naturfaser)
Yukawa particle Yukawateilchen
Yukawa potential Yukawapotential
Yukawa quantum Yukawaquant, Yukon (Meson)

Z

Z-axis Z-Achse
Z-axis modulation Aufhellungssteuerung, Helligkeitsmodulation
Z-bar Z-Eisen
Z-crank Taumelscheibe (mit Antriebswelle verbunden)
Z-crank pump Axialkolbenpumpe, Taumelscheibenpumpe
Z marker (ZM) Markierungsfunkfeuer mit kreisförmigem Querschnitt des Strahlungsfeldes, Z-Funkfeuer, Z-Feuer, Z-Markierungsfunkfeuer
Z-marker beacon Z-Markierungsfunkfeuer, Nullkegelfunkfeuer
Z plunger Z-Kolben
Z-rail Z-Schiene
Z scale Z-Maßstab
Z-time Z-Zeit (mittlere Greenwichzeit), Zuluzeit (m.GZ)
Zambonis dry cell Zambonische Säule
zap flap Zapfklappe
zap wing flap Spreizklappe
zapon varnish Zaponlack
ZAS Zyklusauswahlsteuerung
zein fibre Maiseiweißfaser
Zeiss parallelogram Zeissparallelogramm
zener current Zener-Strom
zener diode Zener-Diode
zener impedance Zener-Widerstand
zener voltage Zenerspannung, Z-Spannung
zenith angle Zenitwinkel
zenith distance Scheitelabstand, Zenitdistanz, Zenitentfernung
zenith nadir axis Zenitnadirachse
zenith of trajectory Gipfelpunkt
zenith photograph Zenitphotograph
zenit plumbing Zenitlotung
zenith telescope Zenitteleskop
zerk fitting Fettnippel

zerk gun Fettschmierpresse
zerk gun adapter Schmiernippel für Zerkfettschmierpresse
zero Grundzahl, Null(stelle), Nullpunkt
zero-access memory Schnellspeicher, zugriffszeitfreier Speicher
zero-access storage or store Schnellspeicher, Speicher mit schnellem Zugriff, Schnellzugriffsspeicher, zugriffszeitfreie Speicherung
zero activity Nullaktivität
zero address Nulladresse
zero-address instruction adreßfreier Befehl, Nulladreßbefehl, adressenloser Befehl, Leeradreßbefehl
zero-address instruction format adressenloses Befehlsformat, addressenlose Befehlsstruktur
zero-address system Nulladreßsystem
zero adjust Frequenzabgleich, Nulljustierung
zero adjust screw Nulleinstellschraube
zero adjuster Nullsteller, Nullpunktrücker, Nullkorrektur
zero adjusting Nullpunkteinstellvorrichtung
zero-adjusting lever Einstell-, Nullhebel
zero adjustment Nulleinstellknopf (Radar), Nullpunkteinstellung
zero adjustment control Nullpunktkontrolle
zero adjustment filter Nullstellenfilter, Steigung bei Vorschub "Null"
zero airspeed Eigengeschwindigkeit Null
zero altitude Bodennähe
zero angle of lift Auftriebsnullpunkt
zero area Nullabgleichbereich
zero axis Nullachse, -linie
zero axis of operation (tape recorder) Arbeits-, Funktionswechselpunkt
zero balance Nullage, Nullpunktkompensation, Nullsaldo
zero balancing Nullkontrolle
zero base Nullwert
zero bearing approach direkter Anflug
zero beat Nullschwebung, Schwebungslücke, Schwebungsnull
zero-beat frequency Schwebungsfrequenz "Null"
zero-beat indicator Schwebungsnullanzeiger
zero-beat lamp Frequenzabgleichleuchte
zero-beat reception Empfang mit schwingendem Audion in Schwebungsnull, Homodynempfang, Monodynempfang
zero bias Nullpotential, Nullvorspannung, ohne Vorspannung
zero bit flip-flop Nullbit-Flipflop
zero body angle Nullastigkeit
zero-carrier Nullamplitude, Trägernull
zero ceiling Wolkenhöhe Null
zero center (milliammeter) Mittelstellungszeiger
zero centigrade isotherm Nullgrad-Celsius-Isotherm
zero charge ladungsfrei
zero check Nullabgleichprüfung, Nullkontrolle
zero clearance Nullspiel (Paßsitzlager)
zero clearing Bereinigung od. Enttrübung des Minimums, Minimumbereinigung, Minimumenttrübung, Minimumschärfen
zero clearing cam Funkbeschickungskurvenscheibe
zero clearing frame Enttrübungsrahmen
zero clip Nullenklammer
zero coefficient Nullkoeffizient
zero coefficient temperature Temperaturumkehrpunkt
zero compression Nullverdichtung
zero compressor stage Verdichternullstufe
zero condition Nullförderung (hydraulisches System) Nullzustand
zero control Nullangleichregler, Nullungsregler
zero-crossing Nulldurchgang (Funknavigation)
zero-crossing detector Nulldurchgangsdetektor
zero crossover Nulldurchgang
zero current Nullstrom, Strompause
zero current cut-out Nullstromausschalter
zero current indicator Nullstromanzeiger
zero cutout Nullausschalter
zero defect Nullfehler (dv)
zero degree cut Orientierung
zero delivery Nullförderung
zero delivery position Nullhubstellung
zero depth Nulltiefe
zero detection Nullfeststellung
zero deviation Nullpunktabweichug
zero dimensional nulldimensional
zero direction Nullpunkt(s)richtung
zero dispersion Nulldispersion
zero displacement Nullpunktverschiebung
zero divisor Nullteiler
zero drift Nullpunktauswanderung, Nullpunktänderung, Nullpunktwanderung, Nullpunktverschiebung
zero duty Nullzoll
zero edge (of the barometer) Nullkante
zero effect Nulleffekt
zero elevation Nullhöhenwinkel, Nullauslassung, Null-Elimination, Null(en)unterdrückung
zero-energy level Nullenergieniveau
zero-energy range Nullastbereich
zero-energy reactor Null(leistungs)reaktor
zero error Nullfehlergrenze, Abweichung des Nullpunktes, Nullpunktabweichung, Fehler der Nullpunktstellung (dv), Nullbezugszeitfehler (EDV)
zero error point Nullfehlerpunkt
zero field emission feldlose Emission, Glühemission in einem feldfreien Raum
zero fill Nulleinsteuerung, auf Null stellen
zero-fill, to Leerspalten mit Nullen ausfüllen
zero flow Nullförderung (Pumpe)
zero fluctuation Nullpunktschwankung
zero foot balance potentiometer Abgleichpotentiometer für Nulltiefe
zero frequency Frequenz "Null", Nullfrequenz
zero-frequency component Gleichstromkomponenten
zero-frequency current Gleichstrom
zero-frequency spacing Nullfrequenzabstand
zero fuel Kraftstoffnullgewicht
zero fuel weight Leertankgewicht, zulässiges Fluggewicht mit leeren Flügeltanks, Gewicht ohne Treibstoff
zero gears Nullräder
zero graduation Nullmarke, Nullstrich
zero graph Zerograph
zero gravity Schwerelosigkeit

zero gyro angle GA-Nullwinkel
zero, high-order führende Null
zero hour X-Zeit (Takt), Angriffszeit, Nullzeit
zero hyperbola Nullhyperbel
zero impedance Scheinwiderstand (Null)
zero incidence Nullanstellung
zero indication Nullanzeige
zero input Eingangsstellung Null, Nulleingangsspannung
zero input voltage Eingangsspannungsnull, Nulleingangsspannung
zero insert Nulleinsteuerung
zero jitter Nullpunktunruhe
zero launcher Nullstartanlage, -einrichtung, Nullstartvorrichtung, -verfahren
zero, leading führende Null
zero, left-hand führende Null
zero length Nullänge
zero level Nullpunkt
zero-level address unmittelbare Adresse (Operand statt Adresse)(EDV)
zero-level of radiation Strahlungsnullspiegel
zero-level sensitivity Empfindlichkeit beim relativen Pegel Null, Nullpunktempfindlichkeit
zero lift Nullauftrieb
zero lift angle Nullaufstiegswinkel
zero lift angle of attack Nullauftriebswinkel
zero lift, direction of Nullauftriebsrichtung
zero lift incidence Anstellung des Flügels für Auftrieb Null
zero-lift line Linie durch Hinterkante eines Flächensektors parallel zur Windrichtung bei Nullauftrieb, Nullauftriebslinie
zero line Grundrichtung, Nullinie
zero-line of sight Radarsichtlinie bei Nullgrad-Erhöhung, Sichtlinie bei Nullgraderhöhung
zero-line or edge system Kantensystem
zero load Nullast
zero loop capstan Nullschleifen-Kapstan
zero-loss circuit verlustlose Leitung
zero magnetic declination magnetische Nulldeklination
zero-magnetostrictive composition Nullmagnetostriktion
zero mark Nullmarke, Nullstrich
zero mark of the vernier Noniusnullstrich
zero marker Z-Markierungs(funk)feuer
zero matrix Nullmatrix
zero meridian Anfangslängenkreis, Anfangsmeridian, Nullmeridian, -methode, -mittagskreis, -punktmethode
zero method Brückenverfahren, Nullabgleichverfahren(smethode), Nullmethode
zero modulation unmodulierter Zustand
zero multiplier Multiplikator "Null"
zero neutron-absorption cross section verschwindender Neutronenabsorptionsquerschnitt
zero of a polynominal Nullstelle eines Polynoms
zero of operating range Einsatzpunkt
zero offset Nullpunktkorrektur (Werkzeugmaschine)
zero order correlation coefficient Korrelationskoeffizient nullter Ordnung
zero-order function Funktion nullter Ordnung
zero output Ausgangssignal Null, Lesespannung bei gespeicherter binärer Null, Nullausgang
zero output signal Ausgangssignal Null
zero passage Nulldurchgang
zero perdiction position Nullstellung des Vorhalt(e)pegels
zero-phase modulation Nullphasenmodulation
zero-phase sequence protection Nullsystemschutz
zero-phase sequency reactance Nullreaktanz
zero-phase sequence system gleichphasiges Dreiphasensystem
zero-phase setting Nullphase
zero-phase sun angle Nullsonnenphasenwinkel (schattenfreie Zone)
zero photocurrent Fotot(zellen)strom Null
zero pitch angle relay Nulleingangswinkelrelais
zero place Nullsteller
zero point Grundrichtungspunkt, Nullpunkt(fehler), Detonationspunkt (Atomphysik), Skalennullpunkt (Instrument), Geschütznullpunkt, Nullpunktfehler der Teilkreise
zero-point clearing Nullpunktschärfung
zero-point director Gerätenullpunkt
zero-point energy Nullpunktenergie, -leistung
zero-point of the battery Batterienullpunkt
zero pole diagram Nullstellenpoldiagramm
zero position Nullstellung, Nullage (beim Drehmelder)
zero position error Nullstellungsfehler, Normalstellungsfehler
zero potential Nullpotential, Nullspannung
zero potentiometer Nullabgleichpotentiometer
zero power brechkraftlose Wirkung
zero power-factor characteristic Belastungskennlinie für Blindlast
zero-power reactor Nullenergiereaktor, Nullastreaktor
zero predicting sight line Visierlinie ohne Vorhalt
zero prediction position Nullstellung des Vorhaltspiegels
"zero prebreath" suit starres Anzugsmodell
zero pressure Nullbezugsdruck, Nulldruck
zero range Entfernung Null
zero range switch Entfernung-Null-Schalter
zero rate error Nullpunktfehler (Wendekreisel)
zero reader Universal-Fluganzeigegerät, Zero-Radar
zero-reading Nullablesung
zero reference Nulltastung
zero reference depth line Tiefennullinie
zero reference point Nullbezugspunkt (Meßtechnik)
zero reference roll line Krängungsnullinie
zero resetting Nulleinstellung
zero-resistance property Null-, Restwiderstand
zero rest mass Nullruhemasse
zero-return, to auf Null zurückstellen
zero-roll position Nullschlinkerwinkelposition
zero rule Knotensatz
zero-scattering Streuung ohne effektive Ablenkung
zero sequence coordinate Nullkoordinate
zero-sequence field impedance Null(feld)-

impedanz
zero-sequence homo-coordinate Nullkoordinate
zero set Nullpunkteinstellung
zero-set control Potentiometer für Fußpunkteinstellung
zero set switch Nullpunktschalter
zero setting Eichphasenschieber, Grundstellung, Nulleinstellung (Meßtechnik)
zero setting error Nullstellungsfehler
zero sharpening Minimumschärfen (Funkpeiler)
zero-sharpening frame Enttrübungsrahmen
zero shift Nullpunktänderung, Nullpunktverschiebung
zero signal direct anode current Anodenruhestrom
zero-signal condition nichtausgesteuerter Betriebszustand (einer Röhre)
zero-signal direction finding method Minimumpeilung
zero signal plate current Anodenruhestrom
zero skip frequency kritische Sprungfrequenz
zero slip Schlupf Null
zero-speed output voltage Nullspannung (Tachogenerator)
zero-speed target stehendes Ziel
zero-speed voltage Nullspannung (Tachogenerator)
zero spin Spin Null
zero splitting Nullabsplitt(er)ung
zero spring Nullfeder
zero stage Nullstufe
zero state Nullzustand
zero stroke Nullhub
zero-sum-game Nullsummenspiel
zero suppression Enthüllen, Nullunterdrückung, Nullelimination, Nullen-Unterdrückung
zero suppression system Nullunterdrückungssystem (Registriergerät)
zero suppression vernier Nullunterdrückungs-Feineinstellung (Registriergerät)
zero swirl inlet flow drallfreie Anströmung
zero target Punktjustierscheibe
zero terminal Nullklemme
zero thrust Nullschub
zero-thrust pitch Nullschubsteigung, Steigung bei Schub Null
zero-time Nullzeit, Zeitpunkt Null
zero-time activity Scheintätigkeit
zero-time reference Nullzeitbezugspunkt
zero, to auf Null(marke) einstellen od. setzen, auf Null löschen (EDV)
zero to space Null nach Leerspalte
zero-torque pitch Steigung bei Drehmoment Null
zero train Nullseitenwinkel
zero-train alignment Seitenwinkel-Nullabstimmung
zero-train line Seitennullinie
zero traverse point Seitenzentrierzeiger
zero trim Nulltrimmausschlag
zero uncertainty Nullpunktsicherheit
zero valence Nullwertigung
zero value Nullwert
zero variation Nullpunktabweichung
zero visibility keine Sicht
zero visibility, of unsichtig
zero voltage Nullspannung
zero voltage axis Nullspannungsachse
zero-voltage position Spannungsnullinie
zero watt speed Nullwattdrehzahl
zero wavelength verschwindende Wellenlänge
zero wind Windstille
zero wing fuel gross weight höchstzulässiges Flügelleertankgewicht
zero wing-fuel weight Flügelleertankgewicht
zero-yaw Gieren ohne..., Gierwinkel Null, Nullschieberwinkel, Schiebewinkel Null
zero-zero bail out Schleudersitzabschuß aus dem Stand
zero-zero condition Sicht Null-Null, sichtloser Zustand Sichtweite und Entscheidungshöhe
zero-zero ejection chute Null/Null-Schleudersitz
zero-zero ejection seat Standschleudersitz, Null/Null-Schleudersitz
zero-zero transition Null-Null-Übergang
zeroed in, to be auf Nullmarke zeigen
zerofill, to mit Nullen auffüllen (Register)
zeroing Nullung, Nulleinstellung
zeroing group Anschieß-Schußgruppe
zeroing of sight Nullabgleich der Zieleinrichtung, Nullabgleich des Visiers
zeroing pin Nullungsstift (Drehmelder)
zeroing potentiometer Nullabgleichpotentiometer
zeroing procedure Nulleinstellverfahren
zeroing range Einschießstand
zeroing relay Rückstellrelais
zeroing ring Nullstellring
zeroing target Anschießscheibe
zeroize, to nullstellen, auf Null stellen (Zähler)
zerol gear Kegelrad (Spiralkegelrad mit 0 Grad Spiralwinkel)
zerol gearshaft Kegelradwelle (siehe zerol gear)
zeroth order nullte Ordnung
zeta function Riemann'sche Funktion, Zetafunktion
zeta potential Zetapotential (elektrokinetisches Potential)
zeunerite Zeunerit (uranhaltiges Mineral)
ZF zone of fire
ZF-one finger (Ross) steering ZF-Einfinger-Ross-Systemlenkung
ZI zone of interior
zigzag antenna Sägezahnantenne
zigzag barrage Zickzacksperre
zigzag clock Zickzackkursuhr
zigzag connection Zickzackschaltung, Zickzackverbindung
zigzag hour Wendezeit im Zickzackkurs
zigzag lightening Zickzackblitz
zigzag line Zickzacklinie
zigzag maneuver Schlangenfahrt (Manövrierversuch)
zigzag motion Zickzackbewegung
zigzag pattern Zickzackprofil (Reifen)
zigzag radiator built in for temperature control Zickzackradiator zur Temperaturregelung
zigzag resistance Zickzackwiderstand
zigzag ribbing Zickzackverrippung
zigzag riveting Zickzacknietung
zigzag seam Schlangennaht (Fsch)

zigzag target Zickzackscheibe
zinc alloy Zink(guß)legierung
zinc aluminium alloy Zinkaluminiumlegierung
zing amalgam Zinkamalgam
zinc base alloy zinkhaltige Legierung
zinc battery Zinkbatterie
zing blende Zinkblende
zinc box Fällkasten, Zinkkasten
zinc cadmium sulfate Zinkkadmiumsulfat
zinc carbonate kohlensaures Zink
zing chromate Zinkchromat
zinc-chromate finish verzinkt mit Chromatbadnachbehandlung
zinc-chromate primer Zinkchromat-Grundierfarbe
zinc-chromated zinkchromiert
zinc coat Zinkauflage, -überzug
zinc-coated sheet verzinktes Blech
zinc-coated steel verzinkter Stahl
zinc coating Zinküberzug
zinc coating furnace Verzinkungsofen
zinc coating kettle Verzinkungspfanne
zinc coating shop Verzinkerei
zinc container Zinkbecher
zinc corrosion preventer Zinkschutz
zinc die-casting Zinkspritzguß
zinc dust Zinkmehl, -staub
zinc dust paint Zinkstaubfarbe
zinc dust paint coating Zinkstaubfarbüberzug
zinc-dust priming paste Grundiermittel auf Zinkbasis
zinc finish Verzinkung
zinc for coating Verzinkereizink
zinc isotope Zinkisotop
zinc-lining Zinkeinsatz
zinc mush Ofengalmei
zing nitrate salpetersaures Zink(oxyd)
zinc ore Ofengalmei
zinc orthosilicate Kieselzinkerz
zinc oxide Zinkoxyd
zinc-oxide paper Zinkoxydpapier
zinc phosphate Zinkphosphat
zinc phosphate coating Phosphatieren (Galvanotechnik)
zinc plate Zinkblech, Zinkplatte
zinc plate, to verzinken
zinc plating Verzinken
zinc powder Zinkmehl
zinc printing Zinkdruckverfahren
zinc-printing plate Zinkdruckplatte
zinc refinery Zinkraffinerie
zinc-rich conducting paint elektrisch leitende Zinkfarbe
zinc-rich polystyrene zinkhaltiges Polystyrol
zinc-rich polystyrene paint zinkhaltiger Polystyrollack
zinc sheet Zinkblech
zinc solution Zinklösung
zinc spar Galmei, Zinkspat
zinc sulfide screen Zinksulfidschirm
zinc sulphate Zinksulfat
zinc terminal Zinkpol
zinc welding rod Zinkschweißdraht
zinc white paint Zinkweißfarbe
zinc wire Zinkdraht
zincing fittings Verzinkungseinrichtung
zincite Rotzinkerz
zincography Zinkographie

zipp fastener Reißverschluß
zippeite Zippeit (uranhaltiges Mineral)
zipper tubing schlitzbarer Schlauch
zirconium burner Zirkonbrenner
zirconium compound Zirkoniumverbindung
zirconium filament Zirkonbrenner
zirconium isotope Zirkoniumisotop
zirconium metal Zirkon(ium)metall
ZM Z-marker
Zn true azimuth
zodiacal counterglow Zodiakallicht
zodiacal light Zodiakallicht
zombie (hostile missile) Zombie (Codewort für Feindflugkörper)
zonal aberration Flächenaberration, Flächenabweichung, Zonen-, Zwischenfehler
zonal beams focusing greater RF power hohes Fm-Aufkommen (Empfangsfeldstärke)
zonal circulation zonale Zirkulation
zonal depot Zonendepot
zonal frontier Zonengrenze
zonal index zonaler Index (meteo), Zonenindex (meteo)
zonal sampling Streifenstichprobenverfahren
zonal spotbeams per satellite regionales Strahlungsbündel über Satellit (Inmarsat)
Zond 5-8 around-the-moon flights Zond-Instrumententräger in Mondumlaufbahn
Zond circumlunar flights Zond-Instrumententräger auf Mondumlaufbahn gebracht
zone Bereich (dig, dv), Bezirk, Codezone, Ladung, Schicht, Sektor, Abschnitt, Zone
zone axis Zonenachse
zone bar Zonenstange
zone bit Zonenbit, Zonenteil eines Bits (EDV
zone blanking Sektoraustastung
zone center innerstaatliches Durchgangsamt, Nahverkehrszentrale
zone center through exchange Durchgangsfernamt
zone covered by barrage fire Sperrfeuerzone
zone depth Zonentiefe (geol)
zone displacement vector Zugvektorschicht
zone entry hub Zonenimpulseingang
zone, equiphase Zone gleicher Phase
zone, equisignal Dauerstrichzone
zone field selection Zonenfeldauswahl
zone fire Flächenfeuer, -schießen, Streuungsfeuer, -schießen
zone for tip-off Bereich für Pumpstutzen
zone, fractured Bruchzone, Verrüttungszone, Ruschelzone, Zerrüttungszone (geol)
zone free of nuclear weapons atomwaffenfreie Zone
zone hole Zonenlochung
zone, identifiable feststellbare Zone
zone improvement Postleitzahlplan
zone improvement program Postleitzahlprogramm
zone identification meter Zonenidentifikationssystem
zone loading Zonenverladungsverfahren
zone melting Zonenschmelzung
zone metering Zonenzählung, -einheit
zone nivelling Zonennivellierung
zone of abnormal audibility Zone abnormaler

Hörbarkeit
zone of action Kampfhandlungsgebiet
zone of advance Bewegungsstreifen
zone of aeration Grundluftzone (lufterfüllte Zone oberhalb des Grundwasserspiegels), Sickerzone (geol)
zone of allowance Streubereich
zone of attack Angriffsraum, -zone
zone of audibility Zone der Hörbarkeit
zone of best reception Bereich bester Ortungsmöglichkeit (Sonar)
zone of communication Verbindungszone
zone of contact Eingriffsbereich, -fläche
zone of convergence Konvergenzzone
zone of coverage Überdeckungszone
zone of dispersion Streuungsbereich, Trefferraum
zone of fire Feuerbereich, -zone, Wirkungsbereich
zone of fusion Schmelzzone (Hochofen), Verbindungszone
zone of immediate operational concern Zone unmittelbar gefährdeten Gefechtsablaufs
zone of indifference Indifferenzbereich
zone of interest Interessengebiet
zone of intersection Schnittlinienzone, Überlappung zweier ziviler Luftstrecken (Flugroute)
zone of invasion of bore hole fluid Eindringungszone der Bohrlochflüssigkeit
zone of lost returns Spülverlustzone (geol)
zone of movement Bewegungsstreifen
zone of observation Beobachtungsbereich
zone of operation Operationsgebiet, -raum
zone of operational concern Zone gefährdeten Gefechtsablaufs
zone of penetration Eindringungsbereich
zone of percolation durchlüftete Gesteinszone, Sickerzone (geol)
zone of preference Entscheidungsbereich
zone of protection Sicherheitszone
zone of reconnaissance Aufklärungsbereich
zone of reduced density Verarmungszone (des Halbleiters)
zone of reflectivity Reflexionszone
zone of resistance Tiefenzone, Zonenwiderstand (häufig Widerstandszone)
zone of saturation Grundwasserleiter, gesättigte (Boden)zone, Sättigungszone (geol)
zone of secondary hazard Zone sekundärer Gefährdung
zone of silence tote Zone, Tot-, Nullzone
zone of soil moisture Boden-, Grundfeuchtigkeitszone, Zone der Boden- u. Grundfeuchte
zone of trade wind Passatzone
zone of upwelling Auftriebsgebiet (Ozeanogr)
zone of weakness Erweichungszone
zone pawl Zonenklinke, -schieber
zone phase-sequence protection Nullsystemschutz
zone phase-sequence reactance Nullreaktanz
zone pitch angle relay Nullneigungswinkelrelais
zone plate Zonenlinse, -platte
zone point Nullpunkt, Skalennullpunkt (auf Instrumenten), Grundrichtungspunkt
zone pole diagram Nullstellen-Poldiagramm
zone portion Zonen(an)teil (lo)
zone position Spaltenlänge (Lochung)(dv)
zone position error Nullstellungsfehler
zone position indicator Einweisungs-, Zielverfolgungsradar, Zoneneinweisungsgerät (Radar)
zone predicting sight line Visierlinie ohne Vorhalt
zone prediction position Nullstellung des Vorhaltespiegels
zone pressure ladungsbedingter Gasdruck
zone punching Zonenlochung
zone range Entfernung Null
zone range switch Entfernungs-Null-Schalter
zone rate error Nullpunktfehler (Wendekreisel)
zone refining Zonenveredelungsverfahren
zone register Zoneneinteilung, registrierung
zone registration Zonenzählung
zone section Bereichsteil, Zonenabschnitt
zone selection Zonenauswahl
zone selection common exit Zonensteuerungsausgang
zone set up pawl Zoneneinstellklinke
zone signal Quadranten-, Zonensignal
zone slide Zonenschieber
zone suffic Zeitzonenindex, Zonensuffix
zone suppression Zonenunterdrückung
zone system Zonensystem, -einheit
zone television partielle Bildaufnahme
zone time Zonenzeit
zone-to-zone tariff Zonentarif
zone, transition Übergangszone
zone velocity ladungsbedingte Anfangsgeschwindigkeit
zone weighing Zonenauswägung (geol)
zoned format ungepackte(s) Form(at)
zoning Raumordnung (großräumige Planung zur Nutzung von Gebieten), Zonung, Gebietsabgrenzung, Zonengliederung
zoning and fuzing tray Treibladungs- u. Zünderschale
zoning law Raumordnungsgesetz
zoning pawl restoring lever cam Zonenschieber-Rückstellnocke
zoning plan Baubeschränkungsplan, Plan über Bauschutzbereiche
zoom Flugzeug steil hochreißen (über Hindernis od. bei Start)
zoom away shot Gummilinsenaufnahme mit zunehmender Brennweite
zoom effect Fahreffekt (Kinematographie)
zoom in shoot Gummilinsenaufnahme mit abnehmender Brennweite
zoom lens Gummilinse, Objektiv veränderlicher Brennweite, Varioobjektiv, Vario-Optik
zoom lever Brennweitenhebel (Optik)
zoom optical system Pankratisches System
zoom shoot Fahraufnahme (Kinematographie)
zoom stereoscope Stereoskop mit Gummilinse
zooming kurzes Hochreißen od. Hochziehen
zomming up senkrechtes Hochreißen
ZPI (zone position indicator) Einweisungsradar, Hilfsradar
ZSF (zero skip frequency) kritische Sprungfrequenz
zyklotron Zyklotron